ENCYCLOPÉDIE

MÉTHODIQUE,

OU

PAR ORDRE DE MATIÈRES;

PAR UNE SOCIÉTÉ DE GENS DE LETTRES, DE SAVANS ET D'ARTISTES;

Précédée d'un Vocabulaire univerfel, *fervant de Table pour tout* l'Ouvrage, ornée des Portraits de MM. DIDEROT & D'ALEMBERT, premiers Éditeurs de l'Encyclopédie.

ENCYCLOPÉDIE

MÉTHODIQUE.

JURISPRUDENCE,

DÉDIÉE ET PRÉSENTÉE

A *Monseigneur* HUE DE MIROMESNIL, *Garde des Sceaux de France,* &c.

TOME QUATRIÈME.

A PARIS,

Chez PANCKOUCKE, Libraire, hôtel de Thou, rue des Poitevins.

A Liège,

Chez PLOMTEUX, Imprimeur des États.

M. DCC. LXXXIV.

Avec Approbation, et Privilège du Roi.

DON, f. m. (*Jurifprudence.*) c'eſt en général une libéralité ou purement gratuite, ou à titre de récompenſe. Ce mot paroît être ſynonyme de celui de *donation*. Mais on ne s'en ſert pas pour ſignifier toutes ſortes de dónations indifféremment ; on ne l'applique qu'aux *dons* faits par le roi, aux *dons* gratuits du clergé, aux *dons* mobiles, aux *dons* mutuels, & à quelques autres eſpèces que nous allons expliquer par ordre alphabétique.

Le *don* eſt la voie la plus gracieuſe pour acquérir ; & c'eſt ce que Loiſel, dans ſes *Inſtitutes coutumières*, exprime par cette maxime : *n'eſt ſi bel acquêt que don.*

En terme de pratique, lorſqu'on fait remiſe d'une dette, ou d'une obligation à quelqu'un, on dit ordinairement dans l'acte de décharge, qu'on lui en fait *don* & remiſe.

DON *abſolu*, dans la province de Hainaut, ſignifie l'avantage qui eſt fait par père ou mère à quelqu'un de leurs enfans, ſans aucune relation à la ſucceſſion future du donateur, & uniquement pour la bonne amitié qu'il porte au donataire, enſorte que, ſuivant l'uſage de cette province, un tel *don* eſt un véritable acquêt en la perſonne du donataire, attendu qu'il a acquis la choſe indépendamment de la diſpoſition de la loi, & comme auroit pu faire quelqu'un étranger à la famille ; au moyen de quoi le ſeigneur eſt bien fondé en ce cas à demander au donataire un demi-droit pour la mutation, ſuivant la coutume de Hainaut, *chap. 104, art. 17* ; ce qui eſt contraire au droit commun du pays coutumier, ſuivant lequel toute donation en ligne directe forme des propres, & n'eſt point ſujette aux droits de mutation. Les biens compris dans un *don abſolu* fait par le père à ſon fils, retournent au père dans le cas du prédécès du fils. Il faut obſerver que dans la coutume de Hainaut, les *dons abſolus* ne peuvent être faits que par ceux qui ſont capables d'aliéner.

DON *de baptême*, dans les provinces des Pays-Bas, ſignifient les donations faites par les parrains & marraines, à leurs filleuls le jour de baptême.

Les placards des 7 octobre 1531, & 30 janvier 1545, avoient déclaré nuls & de nul effet les *dons de baptême*, qui excédoient la ſomme modique de trois florins. Mais ces loix n'ayant pour but que d'empêcher les dépenſes exceſſives, occaſionnées par les baptêmes, elles ont eu le ſort de toutes les loix ſomptuaires, c'eſt-à-dire, qu'elles ſont reſtées ſans exécution. Les *dons de baptême* ſont même permis par pluſieurs coutumes, dont l'homologation a été ordonnée par la même autorité qui les avoit proſcrits.

Ces *dons* conſiſtent en meubles ou en immeubles. Dans le premier cas, la coutume d'Anvers, *tit. 41, art. 66*, en accorde la propriété aux père &

mère, à moins qu'une deſtination particulière du donateur, clairement exprimée, ne les attribue à l'enfant ; cette diſpoſition doit s'étendre aux autres coutumes. Mais quand l'objet de la donation eſt un immeuble, le *don* appartient à l'enfant, ſurtout ſi l'enfant eſt indiqué dans l'acte, comme celui à qui il eſt fait. C'eſt la diſpoſition de la coutume de Berg-Op-Zoom, *tit. 14, art. 33.*

DON *charitatif* : anciennement on a donné quelquefois cette qualification aux *dons* gratuits ou décimes extraordinaires, que le clergé paie au roi de temps en temps ; on les nommoit indifféremment *dons gratuits* ou *octrois charitatifs*, équipollens à décimes, quoique le terme de *charitatif* ſoit encore plus impropre en cette occaſion que le terme de *don gratuit* ; l'épithète de *charitatif* ne convient qu'à un certain ſubſide, que le concile accorde quelquefois à l'évêque pour ſon voyage. *Voyez* DÉCIMES, DON GRATUIT, SUBSIDE CHARITATIF. (*A*)

DON *corrompable* : on appelloit ainſi dans l'ancien ſtyle, les préſens qui pouvoient être faits aux magiſtrats & aux juges, pour les corrompre.

Ces ſortes de préſens ont toujours été réprouvés par toutes les loix divines & humaines.

L'écriture dit que *xenia & munera excæcant oculos judicum.*

Chez les Athéniens, un juge qui s'étoit laiſſé corrompre par argent, étoit condamné à dédommager la partie léſée, en lui rendant le double de ce qu'il lui avoit fait perdre.

Les décemvirs qui rédigèrent la loi des douze tables, ne crurent point cette peine ſuffiſante pour réprimer l'avidité des magiſtrats injuſtes ; c'eſt pourquoi la loi des douze tables ordonna qu'un juge ou arbitre donné par juſtice, qui auroit reçu de l'argent pour juger, ſeroit puni de mort.

Cicéron dit dans ſa quatrième Verrine, que de tous les crimes il n'y en a point de plus odieux ni de plus funeſte à l'état, que celui des juges qui vendent leur ſuffrage.

Il étoit défendu aux magiſtrats de rien exiger de ceux qui leur étoient ſubordonnés ; c'étoit le crime appellé *repetundarum*, c'eſt-à-dire de concuſſion. *Voyez* CONCUSSION.

Il n'étoit même pas permis aux juges de recevoir les préſens qui leur étoient offerts volontairement, excepté *eſculentum & potulentum*, c'eſt-à-dire, des choſes à boire & à manger, pourvu qu'elles fuſſent de peu de valeur, & qu'elles puſſent ſe conſommer en peu de jours, comme du gibier ou venaiſon ; mais les loix condamnent abſolument celui qui reçoit des préſens un peu conſidérables. Il paroît néanmoins que l'on s'étoit relâché de la ſévérité de la loi des douzes tables. Lorſque le juge étoit convaincu de s'être laiſſé corrompre par argent, & d'avoir rendu un jugement injuste, ou d'avoir pris de l'argent des deux parties; si c'étoit en cause civile, on le condamnoit à restituer le triple, & il étoit privé de son office; si c'étoit en matière criminelle, il étoit banni, & son bien confisqué.

En France, il a toujours été défendu aux magistrats & autres juges, d'exiger aucuns présens, ni même d'en recevoir de ceux qui ont des affaires pendantes devant eux.

Il paroît seulement que dans la disposition des anciennes ordonnances, on n'avoit pas poussé si loin le scrupule & la délicatesse que l'on fait présentement; ce que l'on doit imputer à la simplicité, ou, si l'on veut, à la grossièreté des temps où ces réglemens ont été faits.

L'ordonnance de Philippe-le-Bel, du 23 mars 1302, article 17, défend aux conseillers du roi de recevoir des pensions d'aucune personne ecclésiastique ou séculière, ni d'aucune ville ou communauté; & veut que s'ils en ont, ils y renoncent au plutôt.

On voit par l'article 40 de la même ordonnance, que les baillis, sénéchaux, & autres juges, devoient faire serment de ne recevoir directement ni indirectement ni or ni argent, ni autre don mobilier ou immobilier, à quelque titre que ce fût, excepté des choses à manger ou à boire. Ils ne devoient cependant en recevoir que modérément, selon la condition de chacun, & en telle quantité que le tout pût être consommé en un jour, sans dissipation.

S'ils recevoient du vin, ce ne pouvoit être qu'en barils, ou en bouteilles ou pots, sans aucune fraude; & il ne leur étoit pas permis de vendre le superflu. C'est ce qu'ordonne l'article 42.

Il leur étoit aussi défendu, art. 43, d'emprunter de ceux qui avoient des causes devant eux, sinon jusqu'à concurrence de 50 liv. tournois; & à condition de les rendre dans deux mois, quand même le créancier voudroit leur faire crédit plus long-temps.

On leur faisoit aussi prêter serment de ne faire aucun présent à ceux qui étoient députés du conseil pour aller informer de leur administration; même de donner rien à leurs femmes, enfans ou autres personnes subordonnées. Art. 44.

Il est défendu, par l'article 48, aux baillis & sénéchaux de recevoir des officiers, qui leur étoient subordonnés, aucun gîte, repas, droit de procuration, ni autres dons.

Enfin, l'article 49 leur défend de recevoir aucun présent des personnes religieuses, domiciliées dans l'étendue de leur administration, non pas même des choses à manger ou à boire: l'ordonnance leur permet seulement d'en recevoir une fois ou deux l'année, au plus, & lorsqu'ils en seroient requis avec grande instance, des chevaliers, seigneurs, bourgeois & autres personnes riches & considérables.

L'ancienne formule du serment que prêtoit le chancelier de France au roi, porte qu'il ne recevra robes, pensions ou profits d'aucun autre seigneur ou dame, sans la permission du roi, & qu'il ne prendra aucun don corrompable.

On faisoit prêter le même serment à tous les officiers royaux. Il y a, à la chambre des comptes, une ordonnance de l'an 1454, qui défend à tous officiers de recevoir aucuns dons corrompables, sous peine de privation de leurs offices.

L'ordonnance d'Orléans, du mois de janvier 1560, défend, article 43, à tous juges, avocats & procureurs, tant des cours souveraines que des siéges subalternes & inférieurs, de prendre ni permettre être pris des parties plaidantes, directement, aucun don ou présent, quelque petit qu'il soit, de vivres ou autres choses quelconques, à peine de crime de concussion; mais cette ordonnance est encore imparfaite, en ce que le même article excepte la venaison ou gibier pris ès forêts & terres des princes & seigneurs qui les donneront.

Cette même ordonnance est cependant moins indulgente pour plusieurs autres officiers.

En effet, elle défend, article 77, aux clercs ou commis des greffiers, d'exiger ni prendre des parties aucune chose que le droit des greffiers, non pas même ce qui leur seroit offert volontairement, à peine, contre le greffier, qui le permettra ou dissimulera, de privation de son office, & à l'égard du clerc, qui exigeroit ou prendroit quelque chose, sous peine de prison & de punition exemplaire.

L'art. 79 défend aux substituts d'exiger ni prendre des parties aucune chose pour la visitation des procès criminels, à peine d'être punis comme de crime de concussion.

L'article 132 de la même ordonnance défend aux élus, procureurs du roi, greffiers, receveurs & autres officiers des tailles & aides, de prendre ni exiger des sujets du roi aucun don, soit en argent, gibier, volaille, bétail, grain, foin ou autre chose quelconque, directement ou indirectement, à peine de privation de leurs états, sans que les juges puissent modérer cette peine.

L'ordonnance de Moulins n'admet point, comme celle d'Orléans, d'exceptions d'aucuns présens, même modiques; elle défend purement & simplement, article 19, à tous juges de rien prendre des parties, sinon ce qui est permis par les ordonnances. L'article 20 fait la même défense aux avocats & procureurs du roi.

On pourroit encore faire quelque équivoque sur les termes de cette ordonnance; mais celle de Blois y a pourvu, article 114, en défendant à tous officiers & autres, ayant charge & commission du roi, de quelque état & condition qu'ils soient, de prendre ni recevoir de ceux qui ont affaire à eux, aucuns dons & présens de quelque chose que ce soit, sur peine de concussion: ainsi aucun juge ne peut plus recevoir des présens, même de gibier, vin ou autres choses semblables.

Les épices étoient, dans leur origine, des préſens volontaires de dragées & confitures que celui qui avoit gagné ſon procès, avoit coutume de faire aux juges ; ce qui paſſa en uſage & devint de néceſſité : elles furent enſuite converties en argent, & autoriſées par divers réglemens. *Voyez* ÉPICES. (*A*)

DON *au droit & aîné hoir*, dans la coutume de Hainaut, ſignifie la donation faite par les pere ou mere, à l'un de leurs enfans, en avancement d'hoirie. Mais il faut obſerver que cette donation ne peut avoir lieu qu'en faveur des héritiers préſomptifs des biens qui en font l'objet. Ainſi un pere ne peut donner un fief à ſes petits-enfans, enfans de ſon fils aîné prédécédé, ſous le prétexte de *don au droit & aîné hoir*, parce que, ſuivant l'article 5 du chapitre 90 de cette coutume, la repréſentation n'a pas lieu dans les ſucceſſions féodales.

Le *don au droit & aîné hoir* differe de pluſieurs manieres du *don abſolu*, dont nous avons parlé ci-deſſus. 1°. L'incapacité d'aliéner n'emporte pas toujours avec elle celle de donner *au droit & aîné hoir* ; en effet, celui qui poſſede fief de patrimoine ou d'acquêt, peut en diſpoſer en quelque état qu'il ſoit : une femme veuve ou ſéparée de biens peut également ſe déshériter d'un fief, au profit de leur droit & aîné hoir.

2°. Les *dons* de cette eſpece ſont propres en la perſonne du donataire, ils ſont exempts des droits ſeigneuriaux ; & ne reviennent point au donateur par le prédécès de l'enfant donataire.

DON *gratuit*, ſignifie en général ce qui eſt donné volontairement & ſans nulle contrainte, par pure libéralité, & ſans en retirer aucun intérêt ni autre profit.

On a donné le nom de *don gratuit* aux ſubventions que le clergé & quelques-uns des pays d'états paient au roi. Nous parlerons ci-après des *dons gratuits du clergé*, ſous un mot particulier.

Pour ce qui eſt des *dons gratuits* que certains pays d'états accordent au roi de temps en temps, c'eſt un uſage qui paroît venir des *dons & préſens* que la nobleſſe & le peuple faiſoient tous les ans au roi, ſous les deux premieres races. Ces pays d'états ſe ſont conſervés dans cet uſage, & ont appellé *don gratuit* ce que la province paie pour tenir lieu des impoſitions, par leſquelles les autres ſujets du roi contribuent aux dépenſes de l'état.

Il y a dans ces pays d'états un *don gratuit* ordinaire, qui eſt d'une ſomme fixe par an ; un *don gratuit* extraordinaire, dont l'intendant fait la demande dans le temps de l'aſſemblée des états, & que l'on regle à une certaine ſomme.

Outre ces *dons gratuits*, la province paie encore au roi, dans les temps de guerre & autres beſoins preſſans, des ſecours extraordinaires.

C'eſt ainſi que l'on en uſe dans la province du duché de Bourgogne.

Les états de Bretagne & de Languedoc accordent auſſi un *don gratuit* au roi. *Voyez* ASSEMBLÉE des *Etats*, & les mots ARTOIS, BRETAGNE, BOURGOGNE, LANGUEDOC, PROVENCE.

DON *gratuit du clergé*, eſt une ſubvention ou ſecours d'argent que le clergé de France paie de temps en temps au roi, pour les beſoins de l'état.

On appelle ces *dons gratuits*, ce qui ne devroit ſignifier autre choſe, ſinon qu'ils ne ſont point faits à titre de prêt, & que le clergé ne retire aucun intérêt des ſommes qu'il paie au roi ; cependant l'idée que l'on a attachée communément aux termes de *dons gratuits*, eſt que c'eſt une ſubvention offerte volontairement par le clergé, & non pas une impoſition faite par le roi ; & c'eſt en ce ſens que les ſubventions payées par le clergé ſont auſſi nommées dans quelques anciennes ordonnances, *dons charitatifs*.

Il eſt certain que le clergé prévient ordinairement, par des offres volontaires, les ſecours que le roi eſt en droit d'attendre de lui pour les beſoins de l'état ; & il y a néanmoins quelques exemples de ſommes qui ont été impoſées ſur le clergé, en vertu ſeulement de lettres-patentes du roi ou d'arrêt du conſeil, ainſi qu'on le remarquera en ſon lieu.

Les ſubventions que le clergé fournit au roi, étoient autrefois toutes qualifiées d'*aides*, *dixiemes* ou *décimes*.

Depuis 1516, temps auquel les décimes devinrent ordinaires & annuelles, le clergé commença à les qualifier de *dons & de préſens*, ou de *dons gratuits & charitatifs*, équipollens à *décimes*.

Lorſqu'on impoſa, en 1527, deux millions ſur tous les ſujets du roi, pour la rançon des enfans de François I, il fut queſtion, dans un lit de juſtice tenu à ce ſujet le 20 décembre de cette année, de régler comment le clergé contribueroit à cette impoſition : le cardinal de Bourbon dit, que *l'égliſe pourroit donner & faire préſent au roi de* 130000 liv. mais ces offres furent rejettées, & le clergé fût impoſé comme les autres ſujets du roi.

Le clergé ayant octroyé à François I trois décimes, en 1534, il y eut deux déclarations rendues à cette occaſion, les 28 juillet & 19 août 1535, dans leſquelles ces trois décimes ſont qualifiées de *don gratuit & charitatif*, équipollent à trois *décimes* ; c'eſt-à-dire, que ce *don* revenoit à ce que le clergé auroit payé pour trois années de décimes.

La déclaration de Henri II, du 19 mai 1547, au ſujet des décimes, eſt adreſſée, entre autres perſonnes, à tous commiſſaires commis & à commettre pour faire payer les deniers-ſubſides, *dons & octrois* charitatifs qui pourroient ci-après être impoſés ſur le clergé.

Au lit de juſtice, tenu par Henri II, le 12 février 1551, le cardinal de Bourbon s'énonça encore à-peu-près comme en 1527. Il dit « que s'é- » tant aſſemblés la veille juſqu'à ſix cardinaux, » environ trente archevêques & évêques, tous » d'un commun accord avoient arrêté de donner au

» roi fi grande part en leurs biens, qu'il auroit
» matière de contentement ».

Henri II, par un édit du mois de juin 1557,
créa un receveur de toutes les impofitions extraordinaires, *y compris les dons gratuits des eccléfiaftiques*; & par une déclaration du 3 janvier 1558,
il nomme cumulativement les décimes, *dons*,
octrois charitatifs, équipolens à icelles à lui accordées, & qu'il a ordonné être levées fur le clergé
de fon royaume.

Les *dons gratuits*, proprement dits, dans le fens
que ces termes s'entendent aujourd'hui, n'ont commencé à être diftingués des décimes que depuis le
contrat paffé entre le roi & le clergé, le 11 octobre 1561, appellé communément le *contrat de
Poiffy*.

Le clergé prit par ce contrat deux engagemens
différens.

L'un fut d'acquitter & racheter, dans les dix
années fuivantes, le fort principal des rentes alors
conftituées fur la ville de Paris, montant à fept
millions cinq cens foixante mille cinquante-fix liv.
feize fous huit deniers; & cependant, d'en payer
les arrérages en l'acquit du clergé, à compter du premier janvier 1568. C'eft là l'origine des rentes
affignées fur le clergé, qui ont depuis été augmentées en divers temps, & dont le contrat fe
renouvelle avec le clergé tous les dix ans. Ce que
le clergé paie pour cet objet, a retenu le nom
de *décimes*; on les appelle auffi *anciennes décimes*
ou *décimes ordinaires*, pour les diftinguer des *dons
gratuits* & autres fubventions, que l'on comprend
quelquefois fous le terme de *décimes extraordinaires*.

L'autre engagement que le clergé prit par le
contrat de Poiffy, fut de payer au roi, pendant
fix ans, la fomme de 1600000 liv. par an, revenant le tout à neuf millions fix cens mille livres:
c'eft-là l'origine des *dons gratuits* proprement dits,
dans le fens que ces termes s'entendent aujour-
d'hui. Il y a eu depuis ce temps de pareilles fubventions, fournies par le clergé à-peu-près tous
les cinq ans; & pour cet effet, le clergé paffe des
contrats féparés de ceux des décimes. Il y a encore quelquefois d'autres *dons gratuits* ou fubventions extraordinaires, qui fe paient dans les befoins
extraordinaires de l'état.

Pendant le cours des termes portés par le contrat de Poiffy, le roi tira encore différens fecours
du clergé, & notamment par des fubventions extraordinaires ou *dons gratuits* que le clergé paya
au roi. Par exemple, en 1573, le clergé accorda
au roi 800000 liv. pour les frais du voyage du
duc d'Anjou, frère du roi, qui étoit appellé à la
couronne de Pologne, & qui fut depuis le roi
Henri III. Le clergé accorda auffi deux millions
en 1574, pour les befoins preffans de l'état.

Le contrat de 1580 fait mention d'un million
de livres impofé en 1575, & d'une autre levée
accordée à Blois, pour la folde de quatre mille
hommes de pied & de mille chevaux.

Par le contrat du 3 juin 1586, le clergé promit de payer au roi un million, pour être employé aux frais de la guerre que le roi étoit contraint d'entretenir contre ceux qui vouloient s'oppofer à l'exécution de fon édit de réunion de tous
fes fujets à l'églife catholique, apoftolique & romaine. Cette levée devoit être faite en quinze
mois, fur les fruits, par forme de décimes, ou
par conftitution de rentes fur les bénéfices; ou
par vente de bois, ou autre moyen licite que chaque bénéficier pourroit avifer; ou fubfidiairement,
par aliénation de quelque partie du temporel du
bénéfice, faute d'autre moyen au bénéficier pour
payer fa taxe.

Le contrat des décimes fut renouvellé en 1596,
avec la claufe qui eft ordinaire dans tous ces contrats, de ne demander au clergé, pendant les dix
ans du contrat, aucunes décimes, emprunt, ni
dons gratuits; & il fut néanmoins expédié des lettres-
patentes, le 4 mars 1598, pour lever deux décimes extraordinaires en la province du Dauphiné,
fur tous les eccléfiaftiques & bénéficiers de ce pays,
pour fubvenir à la dépenfe de la guerre. Ces décimes extraordinaires étoient la même chofe que ce
que l'on entend préfentement par *don gratuit*; mais
fur les repréfentations des agens du clergé, qui
réclamèrent l'exécution des contrats de 1586 &
de 1596, les deux décimes extraordinaires qui
étoient demandées, furent révoquées par d'autres
lettres-patentes du 22 avril fuivant.

On avoit promis de même au clergé, par le
contrat des décimes ordinaires, fait en 1615, de ne
lui demander aucunes autres décimes ni *dons gratuits*, pendant les dix ans du contrat; mais la guerre
que le roi avoit à foutenir contre les proteftans,
l'obligea de demander au clergé, en 1621, une
fubvention extraordinaire, ou *don gratuit*, lequel,
par contrat du 2 octobre de ladite année, fut réglé
à 303064 liv. de rente en fonds, au principal de
trois millions fix cens mille livres, dont fa majefté, ou ceux qui auroient fes droits, jouiroient
du premier janvier 1622.

Il fut paffé un nouveau contrat entre le clergé
& les commiffaires du roi, le 11 février 1626, par
lequel les gens du clergé, pour ne pas demeurer
feuls à donner quelques fecours au roi pour le
fiège de la Rochelle, & faire paroître l'obéiffance
qu'ils vouloient rendre aux commandemens de fa
majefté, firent ceffion & tranfport au roi de la
fomme de 1745500 livres, qui devoit provenir
du contrat fait avec le receveur général du clergé,
le 16 décembre 1625.

Le clergé, affemblé extraordinairement à Fon-
tenay-le-comte, en 1628, accorda & donna au
roi, par contrat du 17 juin, trois millions de
livres, pour employer à la continuation du fiège
de la Rochelle.

L'affemblée qui devoit fe tenir en 1630, ayant
été remife en 1635, pour diminuer les dépenfes
du clergé, le contrat ne fut paffé que le 9 avril

1636. Le clergé accorda & confentit, au profit du roi, à caufe de la guerre étrangère, une fubvention extraordinaire de 316000 livres de rente en fonds, pour en difpofer, par fa majefté, comme il lui plairoit.

Il n'y eut point de fubvention extraordinaire payée par le clergé, jufqu'au contrat paffé à Mantes le 14 août 1641, par lequel le clergé accorda au roi cinq millions cinq cens mille livres, payables en trois années.

Le 19 juillet 1646, environ quatre années après le contrat de Mantes, il en fut paffé un autre à Paris, dans lequel on voit que les commiffaires du roi expofèrent à l'affemblée que fa majefté les avoit chargés de lui demander, tant pour la révocation de plufieurs traités que l'on avoit propofé de faire par rapport au clergé, que pour un *don extraordinaire*, la fomme de dix millions de livres. C'eft la première fois, à ce qu'il paroît, que le roi, ou du moins fes commiffaires, aient qualifié de *don* ces fubventions. Les députés du clergé eux-mêmes ne fe fervirent pas de ce terme en cette occafion, ils alléguèrent feulement que le clergé étoit hors d'état de payer cette fomme, & au lieu de dix millions, en accordèrent quatre. Les commiffaires du roi accordèrent de leur part, que tous les articles qui regardent les immunités & privilèges de l'églife, couchés dans les contrats, tant des *décimes ordinaires que des dons extraordinaires*, feroient ponctuellement obfervés. Et dans un autre contrat, paffé à cette occafion le 18 du même mois, pour les arrangemens du clergé avec fon receveur général, cette fubvention eft qualifiée de *fecours extraordinaire, demandé & accordé à fa majefté*.

L'affemblée du clergé, tenue en 1650, ne fit aucun contrat avec le roi; mais fuivant la délibération du 25 janvier 1651, il fut réfolu d'un commun confentement, qu'attendu la dépenfe extraordinaire qu'il convenoit de faire pour le facre du roi, d'accorder à fa majefté un département de la fomme de 600000 liv. payables en deux termes; favoir, octobre lors prochain & février 1652.

On voit, par le contrat du 19 mai 1657, que les commiffaires du roi repréfentèrent à l'affemblée du clergé, le befoin que le roi avoit d'un fecours confidérable d'argent, par rapport à la continuation de la guerre; *qu'il attendoit ce fecours du clergé*: ce font leurs termes. Le clergé accorda au roi deux millions fept cens mille livres. Un peu plus loin, cette fomme eft qualifiée de *fubvention*, & dans un autre endroit de *don*; mais il n'eft pas encore qualifié de *gratuit*.

Le contrat que le clergé fit le 17 juin 1661, eft à-peu-près du même ftyle que le précédent. Les commiffaires du roi demandèrent au clergé affiftance de quatre millions, que le roi devoit de la récompenfe de l'Alface, & pour un *don gratuit* & ordinaire dans les mariages de nos rois; c'eft la première fois que les termes

de *don gratuit* aient été employés dans ces contrats. Les députés du clergé, en parlant de cette fubvention, ne la qualifient pas de *don gratuit*: ils difent que le clergé avoit donné au roi des fecours extraordinaires. Ils ajoutent, à la vérité, que, par le dernier contrat, le roi ne s'étoit engagé à ne plus requérir l'églife de lui faire aucun *don gratuit*, quoique la guerre continuât plus long-temps: mais cette claufe du contrat de 1657, qu'ils rappellent, qualifie feulement de *fecours* la fubvention qui fut alors accordée par le clergé. Enfin, après diverfes obfervations, les députés concluent que l'affemblée fouhaitant témoigner à fa majefté qu'elle ne cède point au zèle de quelques affemblées précédentes, lefquelles, en des occafions femblables ont fait des préfens au roi, elle accorde deux millions.

Le préambule des députés du clergé, dans le contrat du 16 avril 1666, eft encore le même que celui du précédent contrat, fi ce n'eft qu'en parlant de celui de 1646, ils ne fe fervent pas du terme de *don gratuit*, & difent feulement que le roi s'étoit engagé à ne plus requérir l'églife de lui faire aucun *don extraordinaire*; mais l'affemblée confidérant la guerre nouvellement déclarée contre les Anglois, protecteurs de l'héréfie, & les anciens ennemis de l'état, accorde deux millions quatre cens mille livres, dont un million neuf cens mille livres feroient impofés fur le clergé, & que, pour parfaire le *don* fait à fa majefté, les 500000 livres reftantes feroient levées fur les officiers des décimes.

Lors du contrat qui fut paffé avec le clergé, à Pontoife, en 1670, la guerre étoit finie; mais comme le roi ne laiffoit pas d'être obligé d'entretenir beaucoup de troupes fur terre & de vaiffeaux fur les deux mers, & qu'il y avoit encore d'autres dépenfes extraordinaires, on demanda au clergé un nouveau fecours proportionné aux circonftances; les députés répondirent d'abord, entre autres chofes, que le clergé étoit affez chargé par les décimes ordinaires qu'il paie annuellement & gratuitement; cependant ils accordèrent encore, pour cette fois, deux millions deux cens mille livres.

Les dépenfes extraordinaires pour lefquelles cette fomme avoit été fournie, continuant toujours, le roi demanda une nouvelle fubvention au clergé en 1675; le contrat fut paffé à S. Germain-en-Laye, le 11 feptembre; les députés du clergé obfervèrent que jufqu'alors il avoit fait les derniers efforts pour fecourir le roi dans tous fes befoins, &c. mais confidérant l'emploi fi utile que fa majefté faifoit des deniers du clergé, ils veulent bien, difent-ils, pour cette fois (claufe qui étoit déjà dans le précédent contrat) préférer leur devoir & le zèle qu'ils ont pour le fervice du roi & le bien de l'état, à la confidération de leurs immunités & de leur impuiffance; & pour cet effet, ils accordent au roi quatre millions cinq cens mille livres; & dans un autre endroit, ils qualifient cette fubvention de *don* fimplement.

Il y eut encore, dans les années suivantes, trois contrats passés avec le clergé à S. Germain-en-Laye : par le premier, qui est du 10 juillet 1680, le clergé accorda au roi une subvention extraordinaire de trois millions ; par le second, qui est du 21 juillet 1685, la subvention fut de la même somme ; & par le troisième, qui est du 17 juillet 1690, elle fut de douze millions. Ces trois contrats ne contiennent rien de particulier par rapport aux termes dont on s'est servi pour désigner ces subventions.

L'assemblée du clergé, tenue à Paris en 1693, accorda au roi quatre millions, pour lui aider à subvenir aux dépenses de la guerre ; il n'y eut point de contrat passé à ce sujet avec le roi.

La délibération du 8 juillet 1695 porte, entre autres choses, que l'assemblée avoit ordonné que l'on pourvoiroit au remboursement de tous les ecclésiastiques qui avoient payé le tout ou partie de la taxe qui avoit été faite sur eux pour raison des bois.

Jusqu'ici les sommes fournies par le clergé au roi, avoient été qualifiées tantôt de secours & de subvention, tantôt de présent ou don simplement ; on s'étoit peu servi des termes de don gratuit : mais dans la suite on les trouvera plus fréquemment employés, tant de la part des commissaires du roi que des députés du clergé. Les uns & les autres se sont cependant quelquefois exprimés autrement.

Par la délibération que le clergé fit le 30 juin de la même année 1695, il accorda au roi la somme de dix millions : il ne se sert pas en cet endroit du terme de don gratuit ; mais en parlant des quatre millions qui avoient été accordés en 1693, il les qualifie de don gratuit, quoique la délibération de 1693 ne se servît pas de cette expression ; & il est dit un peu plus loin, que moyennant les secours considérables que le clergé a accordés ci-devant, & qu'il donne encore à sa majesté, on ne pourra lui demander à l'avenir aucune chose.

Nous ne parlons pas ici d'une autre délibération qui fut faite en la même année, par laquelle le clergé accorda au roi quatre millions par an, pour & au lieu de la capitation qui venoit d'être établie ; cette subvention extraordinaire ayant un objet particulier, différent de celles que l'on appelle communément dons gratuits.

Dans le contrat du 24 août 1700, les députés du clergé disent qu'ils ont fait jusqu'ici les derniers efforts pour secourir sa majesté, particulièrement dans la dernière guerre, dans le cours de laquelle, pour satisfaire au paiement des dons gratuits faits à sa majesté par les assemblées de 1690, 1693 & 1695, & celui de la subvention extraordinaire accordée par la même assemblée de 1695, ils avoient payé sur leurs revenus courans dix-sept millions de livres, &c... que considérant néanmoins l'emploi glorieux & utile que le roi a fait des de-

niers du clergé, pour la défense de l'église & de l'état, ils veulent oublier pour cette fois leur épuisement, & ne consulter que leur zèle pour le service de sa majesté. Les députés reconnoissoient bien par-là que leurs subventions ne sont pas destinées seulement aux affaires de la religion, mais aussi à celles de l'état. Ils ajoutent que c'est dans l'espérance que la soumission aveugle que leur ordre a eu à tout ce qui porte le caractère de son autorité, pendant la terrible guerre qui vient de finir, où on peut dire que la nécessité n'avoit point de loi, soit tirée dorénavant à conséquence contre eux, & fasse ainsi une brèche irréparable à leurs privilèges ; & pour cet effet, ils accordent à sa majesté la somme de trois millions cinq cens mille livres.

La guerre d'Espagne ayant obligé le roi de faire des dépenses extraordinaires, on demanda au clergé une subvention de six millions ; ce qu'il accorda par sa délibération du 31 juillet 1705, dans laquelle il ne donne aucune qualification particulière à cette subvention. Le contrat qui fut passé, relativement à cette délibération, le 12 juillet suivant, annonce le désir que le roi avoit de procurer la paix à ses sujets ; que le moyen d'y parvenir étoit de mettre le roi en état de vaincre ses ennemis ; que le clergé le pouvoit, en contribuant, de sa libéralité ordinaire, à la subsistance de ses nombreuses armées. Les députés répondirent que le clergé, toujours attaché aux intérêts du roi, toujours touché des besoins de l'état, n'avoit de peine que de ne pouvoir donner à sa majesté autant qu'il le souhaiteroit : ils accordèrent ensuite au roi les six millions qui leur étoient demandés de sa part ; savoir, trois millions de don gratuit, & pareille somme pour prévenir la création des officiers des chambres ecclésiastiques, diocésaines & supérieures : le tout énoncé de même dans des lettres-patentes du 24 septembre suivant, portant règlement pour la levée de cette subvention.

Les vingt-quatre millions que le clergé paya au roi en 1710, pour le rachat de la capitation, furent quelquefois qualifiés de don gratuit, dans un discours des commissaires du roi ; mais dans un contrat qui fut passé à cette occasion, le 5 juillet 1710, on s'est exprimé autrement. Les commissaires y demandent, au nom du roi, la somme de vingt-quatre millions, à titre de rachat de quatre millions de subvention ou secours extraordinaire tenant lieu de capitation. Les députés du clergé disent que les dons que le clergé fait au roi, étant une juste contribution pour le bien de l'état, un hommage de sa reconnoissance pour sa majesté, & par là un acte de justice & de religion, quelque brèche qu'il fasse à ses affaires, elle se peut réparer, &c. Et après quelques autres réflexions, les députés accordent à sa majesté, de faire l'emprunt de vingt-quatre millions, pour le rachat des quatre millions de subvention annuelle, tenant lieu de capitation ; & il est dit, qu'en considération

de ce que le roi ne demandoit pas de *don gratuit* (c'est-à-dire le *don* qui se paie ordinairement
tous les cinq ans), le clergé ne demanderoit point
au roi les intérêts de ces vingt-quatre millions. Ces
dernières expressions paroissent justifier ce que nous
avons d'abord annoncé, que le sens naturel de ces
termes, *don gratuit*, est que c'est une somme que
l'on donne sans en tirer d'intérêts.

Louis XIV ayant, par sa déclaration du 14 octobre 1710, établi la levée du dixième des revenus de tous les biens du royaume, sur tous ses
sujets, le clergé n'y fut pas compris nommément,
& obtint au mois d'octobre 1711 une déclaration
qui l'exempta de la retenue du dixième. Le roi fit
dans le même temps demander au clergé une subvention de huit millions, qui lui fut accordée par
contrat le 13 juillet de ladite année. Les députés
du clergé, en parlant de l'exemption du dixième,
dirent que ce nouveau bienfait de sa majesté demandoit seul toute leur reconnoissance, rien ne
leur étant plus sensible que la juste distinction que
le roi faisoit des biens ecclésiastiques, des biens
temporels, & la bonté que sa majesté avoit de
laisser au clergé la liberté de lui offrir volontairement ce qui dépend de lui, & de vouloir bien
recevoir de sa part comme des *dons*, ce qu'il exige
de ses autres sujets comme des tributs ;.... que
l'assemblée connoissoit les pressans besoins de l'état,
& étoit disposée à y contribuer autant qu'elle
pourroit ; qu'elle n'opposeroit point pour s'en défendre, que le clergé avoit été déchargé l'année
précédente du *don gratuit*, & que cette décharge
n'avoit pas été gratuite, puisqu'elle fut le prix de
la renonciation que fit l'assemblée, à l'intérêt au
denier 20 des vingt-quatre millions donnés pour
le rachat de la subvention : c'est ainsi que les députés du clergé parlèrent de leurs *dons*.

L'assemblée suivante du clergé, qui fut en 1715,
accorda au roi douze millions de *don gratuit* ; &
l'on voit dans le contrat qui fut passé à ce sujet
le 31 octobre, que les commissaires du roi se servirent eux-mêmes du terme de *don gratuit* ; mais
ils se servirent des mêmes termes, en parlant de
ce que devoient payer les autres sujets du roi, ajoutant que sa majesté ne doutoit point, qu'à l'exemple du clergé, les pays d'états, les généralités
taillables & les bonnes villes du royaume, se porteroient volontiers à fournir des *dons gratuits* proportionnés à la libéralité du clergé.

Pendant la régence qui vint ensuite, il n'y eut
qu'une seule assemblée du clergé en 1723, dans
laquelle il fut accordé au roi douze millions, aussi
par forme de *don gratuit*. Dans le contrat qui fut
passé le 19 août, les commissaires dirent qu'ils
venoient exposer au clergé les besoins de l'état,
& lui demander une partie des secours nécessaires
pour les soulager ; que les *dons* du clergé devoient
être proportionnés à la situation présente de ses
affaires ;.... que le clergé étoit le premier ordre
de l'état, & qu'il s'étoit toujours empressé de don-

ner l'exemple aux deux autres ;.... que tout le
temps de la minorité s'étoit écoulé sans qu'il eût
été demandé aucun secours au clergé.

Le contrat du 8 décembre 1726, par lequel le
clergé accorda au roi cinq millions par forme de
don gratuit, ne contient rien de particulier par
rapport à cette qualification. Nous remarquerons
seulement ici, qu'à la séance du 18 novembre 1726,
il fut dit que les *dons gratuits* qui se paient par
voie d'emprunt à constitution de rente, sans aucun
fonds pour le remboursement du capital, ont toujours été imposés à un tiers & même quelquefois
davantage, sur le pied du département de 1516,
& le surplus sur le pied de celui de 1646 ; que
les *dons gratuits* payés par voie d'emprunt à constitution de rente, avec un fonds annuel pour le
remboursement du capital, sont imposés à raison
d'un quart sur le pied de 1516, & trois quarts sur
le pied de 1646 ; enfin que les *dons gratuits* qui se
lèvent par impositions, sont imposés en entier sur
le pied du département de 1641, rectifié en 1646.

Le *don gratuit* accordé au roi en 1730, ne fut
que de quatre millions : on voit dans le contrat
qui fut passé le 17 septembre, que les commissaires
du roi, après avoir observé que le clergé est de
tous les corps de l'état celui qui a le plus d'intérêt
à l'entretien de la paix, & qu'aucuns des sujets du
roi ne doivent plus justement que le clergé, fournir une partie des secours, dont la destination n'a
d'autre but que la conservation de ceux à qui il
les demande ; les députés du clergé répondirent
que le premier corps du royaume se feroit toujours
gloire de donner aux autres sujets l'exemple de la
fidélité & de la soumission qui sont dues au roi,
&c. que comme ministres du seigneur, ils croyoient
toujours juste & légitime l'usage qu'ils feroient des
biens, dont ils ne sont que les dépositaires, en les
employant au secours du protecteur de la religion ; que comme citoyens, ils s'étoient fait dans
tous les temps un devoir de partager les charges
de l'état avec les autres membres qui le composent ;.... que les besoins de l'état, pour assurer
la paix dont ils jouissoient, étant le motif de la
demande faite de la part de sa majesté, il étoit
juste qu'ils y contribuassent, afin de se conserver
un bien pour lequel ils ne cessoient de faire des
prières.

La guerre qui commença en 1733, ayant obligé
le roi de demander au clergé un secours extraordinaire, le clergé accorda en 1734 un *don gratuit*
de douze millions : les députés du clergé, en passant le contrat le 19 mars, observèrent seulement
que, malgré les dettes immenses contractées par le
clergé dans les dernières guerres, il ne consultoit
que son empressement à donner à sa majesté des
preuves éclatantes de son fidèle & respectueux
attachement.

Lors de l'assemblée ordinaire du clergé, tenue
en 1735, la guerre continuoit encore ; ce fut un
double motif pour demander au clergé un *don gra-*

tuit de dix millions : le clergé allégua d'abord l'épuifement de ſes facultés, & néanmoins il accorda ce qui étoit demandé, comme il paroît par le contrat du 14 feptembre de ladite année.

Le contrat du 18 août 1740, eſt encore plus ſimple que le précédent : les députés du clergé diſent ſeulement que le clergé a été dans tous les temps jaloux de mériter la protection de ſes ſouverains... Ils prient les commiſſaires d'aſſurer ſa majeſté de toute la reconnoiſſance du clergé ; & en conféquence, l'aſſemblée accorde au roi trois millions cinq cens mille livres par forme de don gratuit.

La guerre qui avoit recommencé dès 1741, obligea encore le roi de demander au clergé en 1742 un don gratuit extraordinaire de douze millions : il fut accordé par le clergé, & le roi, pour rendre ce don gratuit moins à charge au clergé, lui remit, ſur le don gratuit accordé en 1740, 100000 livres pour l'année 1742, autant pour l'année 1743 & autant pour 1744 : il promit même, ſi la guerre finiſſoit avant 1745, de remettre au clergé tout ce qu'il devroit à ce moment, du don gratuit de 1740 ; mais cette clauſe demeura ſans effet, la paix n'ayant été conclue qu'en 1748.

Nous ne nous arrêterons pas ſur les derniers contrats paſſés par le clergé, qui ne contiennent rien de particulier pour notre objet ; nous dirons ſeulement que l'aſſemblée ordinaire du clergé, tenue en 1745, accorda au roi un don gratuit de quinze millions ; que le clergé aſſemblé extraordinairement en 1747, accorda encore au roi un don gratuit de onze millions, & que l'aſſemblée de 1748 en accorda un autre de ſeize millions : toutes ces ſubventions paroiſſent avoir été qualifiées de don gratuit, tant de la part des commiſſaires du roi que des députés du clergé.

Dans l'aſſemblée tenue en 1750, il ne fut point parlé de don gratuit de la part des commiſſaires du roi : ils demandèrent de ſa part au clergé ſept millions cinq cens mille livres, dont la levée feroit faite, par cinq portions égales, ſur le pied de 1500000 liv. par an, à commencer dans cette même année, pour employer au remboursement des dettes du clergé : ils ajoutèrent que le roi, toujours plein d'affection pour le clergé, n'entendoit rien changer dans l'ancien uſage de lui confier le ſoin de faire la répartition & le recouvrement des ſommes pour leſquelles il devoit contribuer aux beſoins de l'état ; .... que c'eſt une diſtinction éminente dont le clergé jouit depuis long-temps ; qu'elle le rend en cette partie dépoſitaire d'une portion de l'autorité du roi.

Les députés du clergé obſervèrent dans leurs délibérations, que les commiſſaires du roi ne s'étoient point ſervi du terme de don gratuit ; que la demande qu'ils étoient venus faire de ſa part, reſſembloit moins à une demande qui laiſſât la liberté des ſuffrages & le mérite de l'offre, qu'à un ordre abſolu, après lequel il ne reſtoit plus qu'à impo-

ſer : l'aſſemblée écrivit au roi une lettre à ce ſujet, & le corps du clergé fit le 10 novembre 1750, de très-humbles remontrances à ſa majeſté, ſur la liberté de ſes dons.

Le roi ayant fait connoître ſa volonté au clergé, tant par pluſieurs réponſes verbales que par deux lettres adreſſées à l'aſſemblée, en date du 15 ſeptembre de la même année, rendit le même jour un arrêt en ſon conſeil d'état, portant qu'à commencer de ladite année 1750, il ſeroit impoſé & levé, en la manière & dans les termes accoutumés, ſur les diocèſes du clergé de France, par les bureaux diocéſains, & conformément aux départemens ſur leſquels ſont aſſiſes les impoſitions actuelles du clergé de France, la ſomme de 1500000 liv. annuellement, pendant le cours de cinq années ; que par l'aſſemblée du clergé, il ſeroit fait un département de ladite ſomme de 1500000 livres, dont le recouvrement feroit fait par le receveur général du clergé de France, & ſubordonnément par les receveurs des décimes, pour être ladite ſomme annuellement employée aux rembourſemens des capitaux des rentes, dus par le clergé, & ajoutées à celles déjà deſtinées à ces rembourſemens.

Le clergé fit encore des remontrances ſur cet arrêt. Voyez CLERGÉ, DÉCIMES ; les Mémoires & Procès-verbaux du clergé ; les Mémoires de Patru, ſur les aſſemblées du clergé & ſur les décimes. (A)

ADDITION à l'article DON GRATUIT. Dans l'aſſemblée de 1755, les commiſſaires du roi, après avoir expoſé les beſoins de l'état, ajoutèrent : « ces différentes circonſtances ont obligé le » roi de nous ordonner de vous faire la demande » d'un don gratuit de ſeize millions ». Dans la réponſe du préſident de l'aſſemblée, les ſommes demandées ſont qualifiées de ſecours. Les ſeize millions furent accordés. Voici les termes de la délibération : « arrêté d'accorder au roi la ſomme » de ſeize millions par forme de don gratuit..... » aux conditions qui ſeront ſtipulées dans le con» trat qui ſera paſſé entre le roi & le clergé ». Dans toutes les aſſemblées ſuivantes, on ſuit la même forme dans les délibérations au ſujet du don gratuit.

En 1758, à l'occaſion de la guerre, les commiſſaires du roi demandèrent ſimplement une ſomme de ſeize millions. Le cardinal de Tavanes, préſident, en répondant aux commiſſaires du roi, leur dit : « le clergé met au rang de ſes devoirs » les plus ſacrés, de donner en tout l'exemple » au reſte des citoyens ; & s'il a l'avantage d'être » le premier corps de l'état, on ne peut lui re» fuſer la juſtice d'être un des plus empreſſés à » le ſecourir. Ses dons pour être libres, n'en ont » été que plus multipliés. Auſſi ſa ſituation pré» ſente vous eſt-elle aſſez connue, pour que ſes » plaintes ſur l'épuiſement de ſes forces ne puiſ» ſent être traitées d'exagération ». L'aſſemblée accorda les ſeize millions.

Dans

Dans l'affemblée de 1760, les commiffaires fe fervirent de cette formule : « fa majefté nous a » ordonné de vous demander un *don gratuit* de » feize millions ». Il fut accordé.

En 1762, fur la demande des commiffaires d'un *don gratuit* de fept millions cinq cens mille livres, il fut unanimement accordé. L'affemblée fupplia fa majefté de vouloir bien accepter en outre un million, pour l'augmentation de la marine.

En 1765, demande dans la même forme d'un *don gratuit* de douze millions. Arrêté d'en accorder huit, & de furfeoir à délibérer fur le furplus. Le gouvernement infifte, & le 2 juillet les quatre autres millions font accordés.

En 1770, les commiffaires demandent de la part du roi un *don gratuit* de feize millions. L'abbé de la Luzerne, promoteur de l'affemblée, dit : « après les efforts tant fois réitérés par le » clergé; après cent-dix millions de *dons gratuits* » dans l'efpace de vingt ans, le roi vous demande » de nouveaux fecours, & fa confiance dans votre » zèle pour le bien de l'état eft telle, qu'il attend » encore de vous un *don gratuit* de feize millions ». Les feize millions furent accordés, & on arrêta qu'il feroit ouvert un emprunt au denier vingt.

En 1772, dix millions accordés par forme de *don gratuit* & par anticipation des demandes qui auroient pu être faites en 1775.

En 1775, feize millions accordés par forme de *don gratuit*.

En 1780, demande de trente millions, à la charge du roi de verfer dans la caiffe du rece- veur du clergé, un million chaque année pendant quatorze ans. Accordé fous cette condition. Ainfi le clergé, cette année donna feize millions au roi, & lui en prêta quatorze, rembourfables en qua- torze années.

Enfin, le 18 octobre 1782, le clergé extraor- dinairement affemblé, voulant contribuer avec le refte de la nation, à réparer une perte d'autant plus fenfible qu'elle fufpendoit le cours de nos fuccès militaires, offre au roi un *don gratuit* de quinze millions pour le fervice de l'état, & d'un million que fa majefté feroit fupliée d'employer au foulagement des matelots que les bleffures re- çues dans la préfente guerre, mettent hors d'état de continuer le fervice, & des veuves & orphe- lins de ceux qui ont péri dans la guerre.

Un auteur dont l'ouvrage a paru en 1758, en voulant répondre aux clameurs qui s'élèvent fi fou- vent contre l'opulence du clergé en France, a en- trepris de prouver que ce corps n'eft pas auffi riche qu'on le croit ordinairement, & qu'il con- tribue, autant que tous les autres, aux befoins de l'état. Il fuppofe que l'églife poffède en France quarante millions de revenu, & qu'il y a deux cens mille eccléfiaftiques, tant féculiers que régu- liers, des deux fexes. D'après cela, voici fon cal- cul. Il obferve d'abord que les eccléfiaftiques paient leur contingent de la gabelle, de la ferme du

tabac, de celle du contrôle, du domaine d'occi- dent, des droits d'entrées de la ville de Paris; qu'ils paient auffi la taille des domaines qu'ils pof- fèdent dans les pays où elle eft réelle, & que dans ceux où elle eft perfonnelle, aucun fujet du roi ne s'apperçoit fi bien qu'elle eft arbitraire, que les fermiers des biens d'églife.

A l'égard de la capitation, elle a, dit-il, été abonnée en 1701, moyennant 32 millions, dont on peut re- garder les intérêts comme une capitation annuelle d'un million fix cens mille livres, qu'il ne fait point entrer en ligne de compte. Il eftime la contribution des eccléfiaftiques pour les gabelles, le contrôle, &c. à 1666660 liv. en y joignant 1300000 liv. pour le contrat de Poiffy, cela formera 2966666 livres. Il prend cette fomme pendant 24 ans, y ajoute les *dons gratuits* faits pendant cet intervalle, c'eft-à-dire depuis 1734 jufqu'en 1755 inclufivement, & il trouve un total de cent cinquante-deux millions deux cens mille livres. Or, continue l'auteur, le clergé confidéré quant au nombre de fes individus, eft comme un à quatre-vingt-dix, en fuppofant dix-huit millions d'habitans en France. Quatre-vingt-dix contribu- tions égales à celles du clergé, auroient fait ver- fer dans les coffres du roi pendant vingt-quatre ans, treize milliards fix cens quatre-vingt-dix-huit millions, ce qui divifé en vingt-quatre portions, qui eft le nombre des années de contribution, donne annuellement cinq cens foixante & dix mil- lions fept cens cinquante mille livres. Qu'on juge de-là (réflexion de l'auteur cité) fi le clergé a payé fon contingent.

Le même auteur fait fon calcul d'une autre ma- nière. En divifant par vingt-quatre les cent cin- quante-deux millions deux cens mille livres, payés par le clergé pendant vingt-quatre ans, fa contri- bution annuelle feroit de fept millions dix mille fix cens foixante-fix livres treize fols quatre deniers. Les eccléfiaftiques ne formant que la quatre-vingt- dixième partie des citoyens, fi les autres contri- buoient à proportion, il fe verferoit annuellement dans les coffres de l'état fix cens trente-un millions cinq cens mille livres. Ce qui fournit encore à l'auteur cette conféquence, « ainfi ceux qui vou- » droient enlever au clergé la gloire de contri- » buer aux befoins de l'état plus qu'aucun autre » corps, trouveroient moins leur compte à ce » dernier calcul qu'au premier ».

Nous n'adoptons, ni ne rejettons ces calculs; nous ne les avons préfentés à nos lecteurs que pour leur donner une idée des moyens dont fe fervent les défenfeurs du clergé pour répondre à fes dé- tracteurs. Quoi qu'il en foit, à partir de 1755, il eft évident que le clergé de France a fourni en feuls *dons gratuits*, cent cinquante-fix millions cinq cens mille livres. Il en réfulte qu'il fupporte certaine- ment fa part des charges publiques : il reconnoît même que c'eft pour lui une obligation; mais il fe prétend juge de la quotité qu'il doit fournir,

B

& maître de la perception qu'il doit faire des sommes qu'il accorde. Si le clergé appuie cette prétention fur le caractère imprimé à fes biens, lorfqu'ils ont été deftinés au culte religieux & à fes miniftres, c'eft une erreur. Les donations faites à l'églife n'ont jamais pu fouftraire les biens donnés, aux loix qui font une fuite néceffaire de la réunion des hommes en fociété ; & une de ces premières loix eft que chacun contribue, au prorata de ce qu'il poffède, à la défenfe commune & aux charges générales. Les biens confacrés à la religion & à l'entretien de fes miniftres, étoient foumis aux impôts avant qu'ils euffent été donnés à l'églife : on n'a pu les en affranchir fans augmenter la contribution de chacun de ceux qui reftoient dans les mains des autres citoyens, ou, ce qui eft la même chofe, fans augmenter la portion contributoire des autres biens. Cette exemption excédoit le pouvoir des donateurs, & pour l'établir, il eût fallu le confentement non feulement du prince, mais même de la nation entière. Ce confentement n'a jamais été donné, & les monumens hiftoriques prouvent le contraire.

Tant que la religion chrétienne ne fut point reconnue ni reçue dans l'empire, fes miniftres poffédèrent peu d'immeubles. Perfécutée ou fimplement tolérée par le gouvernement, fes biens n'étoient pas affez confidérables pour fixer l'attention de ceux qui percevoient l'impôt, ou peut-être y étoient-ils affujettis, comme ceux de tous les autres citoyens.

Mais lorfque Conftantin eut arboré l'étendard de la croix, & fût devenu feul maître de l'empire, les chofes changèrent abfolument de face. Le paganifme fut profcrit, fes temples renverfés, fes prêtres perfécutés ou méprifés, & la religion chrétienne triompha avec celui qui lui devoit & fes victoires & fon trône. Ses miniftres obtinrent une foule de privilèges & d'immunités perfonnelles, les églifes furent richement dotées. Le clergé paffa tout-à-coup de l'indigence ou de la mendicité à l'opulence, & perdit en vertus ce qu'il gagnoit en richeffes.

Parmi toutes les immunités accordées à l'églife, ou pour mieux dire, à fes miniftres, on ne voit point que fes biens aient reçu l'exemption de contribuer aux charges de l'état : au contraire, les papes encore pénétrés de la doctrine de l'évangile & de S. Paul, regardoient comme un devoir le paiement de l'impôt public. En 404, S. Innocent, pape, écrit à S. Victrice, évêque de Rouen, que les terres de l'églife doivent le tribut. Honorius, en 412, ordonna qu'elle fuffent fujettes aux charges ordinaires, & les affranchit feulement des extraordinaires. Juftinien, dans fa novelle 37, permet aux évêques d'Afrique, de rentrer dans les biens dont les Ariens les avoient dépouillés, à condition de payer les charges ordinaires ; ailleurs il les exempte des extraordinaires. S. Ambroife & S. Auguftin, fi attachés aux immunités

eccléfiaftiques, reconnoiffent que les terres de l'églife font fujettes au tribut comme les autres.

Cependant on ne peut fe diffimuler, d'après ces anciens monumens, que les biens de l'églife jouiffoient de quelque affranchiffement, que leur deftination fembloit leur mériter, puifqu'il paroît qu'ils étoient au moins exempts des charges extraordinaires.

Lorfque les Francs s'établirent dans les Gaules, Clovis protégea les églifes. Il devoit même en politique, des égards à la religion qu'il venoit d'embraffer, & qui ne contribua pas peu à lui faciliter & à lui affurer fa conquête. Cependant le clergé fut foumis à caufe de fes terres, au droit de gîte & de procuration, c'eft-à-dire, à défrayer les rois dans leurs voyages. Les évêques & les abbés, poffeffeurs de ce qu'on appelloit alors bénéfices, c'eft-à-dire des terres tenues de la couronne, furent confidérés comme les autres vaffaux & affujettis aux mêmes devoirs. Les affranchiffemens accordés dans ces fiècles à certaines églifes, prouvent que le clergé contribuoit aux tributs ordinaires & extraordinaires. Clotaire ordonna que les eccléfiaftiques paieroient le tiers de leurs revenus, & on retrouve plufieurs exemples de pareilles ordonnances.

Sous les rois de la feconde race, les biens de l'églife ne font pas plus affranchis des tributs publics. Les évêques & les abbés deviennent un corps dans l'état ; ils affiftent aux parlemens ou affemblées nationales, comme les grands du royaume ; leurs biens reçoivent tous les caractères de la féodalité, à mefure qu'elle s'établit. Ils ne font pas même exempts du fervice militaire. Dès que les rois avoient une guerre à foutenir, les églifes qui poffédoient des fiefs, étoient obligés d'envoyer à l'armée un certain nombre de leurs hommes, & de les y entretenir. L'évêque ou l'abbé devoit être à leur tête. Hincmar, archevêque de Reims, écrit au pape Nicolas, qu'il doit bientôt partir, malgré fes infirmités, pour aller à l'armée avec fes vaffaux, contre les Bretons & les Normands. Il ajoute que les autres évêques font obligés d'y aller comme lui, fuivant la dure coutume du pays. « Si les évê- » ques, dit ailleurs ce prélat, tiennent des biens » confidérables du roi & de l'état, peuvent-ils fe » difpenfer de rendre à l'état les fervices que leurs » prédéceffeurs lui ont toujours rendus » ? Il n'eft donc pas douteux que, fous les rois de la feconde race & même de la troifième, les évêques & les abbés, propriétaires de fiefs, étoient obligés envers le roi à tous les fervices de la féodalité. Mais en même temps, il paroît que fous les rois de la famille de Charlemagne, chaque églife avoit une certaine quantité de terre, *unum manfum*, libre de toute charge & de tout fervice.

L'autorité abfolue que les papes s'arrogèrent bientôt, & à laquelle ils fembloient appellés par la foibleffe des princes & par l'ignorance du clergé, féduit & trompé par les fauffes décrétales, fubftitua aux principes toujours fuivis en matière d'impôt, pour les biens de l'églife, un fyftême qui tendoit tout à la fois à les mettre dans leurs mains & à les fouftraire totalement aux charges publiques. Il n'eft pas étonnant que ceux qui prétendoient avoir le droit de difpofer des couronnes, & qui en difpoferent effectivement, fe cruffent autorifés à rendre facrés des biens qu'ils confidéroient comme appartenant au faint fiège. Les évêques adoptèrent facilement une opinion qui leur étoit avantageufe, ils ne virent pas qu'ils alloient eux-mêmes au-devant du defpotifme qui s'établiffoit; ils firent retentir la France des maximes ultramontaines. L'efprit faint, difoient-ils, enfeigne que les biens de l'églife font appellés *oblations*, parce qu'ils font confacrés à Dieu; ils font les vœux des fidèles, le prix des péchés: y toucher, c'eft commettre un facrilège, c'eft s'expofer au même châtiment que Saphire & Ananie; & les immunités des biens & des perfonnes eccléfiaftiques font de droit divin. Alexandre III, dans le concile de Latran de 1179, défendit aux confuls & aux recteurs des villes, fous peine d'excommunication, d'obliger les clercs à contribuer aux charges publiques. Dans celui de Latran de 1215, Innocent III renouvella les mêmes défenfes fous les mêmes peines, & ajouta que le clergé ne pourroit faire de contribution même volontaire, fans confulter le pape. La terreur des excommunications vint à l'appui de ces principes, & ne permit pas feulement de les examiner.

Le torrent de l'opinion fut fi rapide, que les rois ne crurent pas devoir s'y oppofer directement. Obligés de lutter fans ceffe contre leurs propres vaffaux, ils attendirent des temps plus favorables pour mettre un frein aux entreprifes de la cour de Rome. Les croifades, origine de plufieurs révolutions, fournirent l'occafion d'impofer des taxes fur le clergé: on s'y accoutuma infenfiblement. Les décimes eurent enfuite d'autres motifs; on les leva pour les befoins & les néceffités de l'état. Toujours fermes & conftans dans leurs prétentions, les papes foutenoient qu'on ne pouvoit les impofer fans leur confentement. Nos monarques, de leur côté, devenus plus puiffans, rejettoient hautement une prétention qui étoit attentatoire aux droits de la couronne. Le clergé profitoit habilement de ces quérelles entre le facerdoce & l'empire. Lorfque les papes demandoient une décime à leur profit, il s'y refufoit, parce que les rois ne l'avoient pas permife; lorfque les rois vouloient la percevoir de leur feule autorité, il oppofoit le défaut d'approbation ou de permiffion de la cour de Rome. Philippe-le-Bel ayant voulu lever un centième & un cinquantième des biens eccléfiaftiques, Boniface VIII donna en 1296 la fameufe bulle *clericis laïcos*, par laquelle il défendoit aux eccléfiaftiques de payer aucuns fubfides aux princes, fans l'autorité du faint fiège, à peine d'excommunication, dont l'abfolution feroit réfervée au pape feul. Cette bulle excita la réclama-

tion du roi & des grands de l'état. Les prélats du royaume interpoferent leur médiation. Le caractère altier de Boniface plia pour cette fois: il donna en 1297 une bulle interprétative de la première. Parmi les modifications qu'il y apporte, il reconnoît formellement que fi le roi ou fes fucceffeurs, pour la défenfe générale ou particulière du royaume, fe trouvent dans une néceffité preffante, la précédente bulle ne s'étend point à ce cas de néceffité; même que le roi & fes fucceffeurs peuvent demander aux prélats & autres perfonnes eccléfiaftiques, & recevoir d'eux pour la défenfe du royaume un fubfide ou contribution; que les prélats & autres eccléfiaftiques feront tenus de le donner au roi & à fes fucceffeurs, foit par forme de quotité ou autrement, même fans confulter le faint fiège, nonobftant toute exemption ou autre privilège, tel qu'il pût être. Si le roi ou fes fucceffeurs reçoivent quelque chofe au-delà de ce qui fera néceffaire, il en charge leur confcience.

Cette feconde bulle laiffoit toujours fubfifter une foule de difficultés. Ce n'étoit que pour les cas de néceffité urgente, que l'impofition fur le clergé étoit permife fans confulter le faint-fiège. Et qui pouvoit être juge de cette néceffité? on voit Philippe-le-Bel, tantôt de fa feule autorité, tantôt avec le confentement des papes, impofer & lever des décimes fur le clergé. Dans ces temps où les principes, quoique certains, n'étoient pas encore fixés, chacune des deux puiffances profitoit des circonftances pour fe procurer de l'argent. Quelquefois elles faifoient des traités dont les eccléfiaftiques étoient les victimes: Jean XXII voulant obtenir de Charles-le-Bel, la permiffion de lever des décimes en France, lui en accorda de fon côté deux, c'eft-à-dire une levée proportionnelle au revenu des églifes, qui devoit durer pendant deux ans. Sous le règne de Philippe-de-Valois, fon fucceffeur, les décimes lui furent prodiguées; Jean XXII, Benoît XII & Clément VI, lui en accordèrent un fi grand nombre, que le clergé fut exceffivement chargé.

Il faut avouer que les eccléfiaftiques payoient alors bien cher, l'exemption prétendue de ne pas contribuer aux charges ordinaires de l'état. Egalement preffés par les papes & par les princes, ils fourniffoient fouvent des décimes aux uns & aux autres. Le tribut n'étoit point fixé; tantôt c'étoit une portion du revenu annuel, tantôt c'étoit une partie même de la valeur intrinfèque des fonds: par exemple la décime centième, levée par Philippe-le-Bel, fe montoit au centième des fonds. La décime cinquantième, fous le même prince, étoit le double de la précédente. On appelloit décimes entières, celles qui étoient réellement le dixième des revenus eccléfiaftiques: telles furent celles que Innocent IV accorda à S. Louis, pour fa délivrance en 1252.

On peut conclure, de ce tableau que nous venons de tracer rapidement, 1°. que pendant plufieurs

B 2

ſiècles le clergé payoit, à raiſon de ſes biens, les charges publiques ordinaires ; 2°. qu'en France, ſous la première race de nos rois, & ſous une partie de la ſeconde, il n'en fut point exempt, & que les égliſes propriétaires des fiefs furent ſoumiſes à toutes les loix de la féodalité, même au ſervice militaire. Boniface VIII, dans ſa bulle de 1297, fut obligé de convenir que la franchiſe du clergé qu'il ſoutenoit avec tant de hauteur, ne regardoit point les droits féodaux, cenſuels, & autres qui peuvent avoir été retenus dans la ceſſion des biens eccléſiaſtiques, ou autres ſervices dus, tant de droit que de coutume au roi & à ſes ſucceſſeurs, ainſi qu'aux comtes, barons, nobles & autres ſeigneurs temporels ; 3°. que l'affranchiſſement des charges ordinaires ne s'introduiſit que dans ces temps de trouble & d'ignorance, où les papes élevèrent la chaire de S. Pierre, pour le temporel, au-deſſus du trône des rois ; 4°. que ſi le clergé parvint à ne point payer les charges publiques ordinaires, les princes & l'état ſe dédommagèrent en levant ſur lui des ſubſides extraordinaires, peut-être plus onéreux qu'un tribut annuel & déterminé ; 5°. que ſi nos rois ont pris ſouvent l'attache des papes pour lever des décimes ſur le clergé, ce fut uniquement par des raiſons de ménagement & de condeſcendance, & ſans reconnoître la néceſſité du concours du ſouverain pontife, dans une matière purement temporelle.

Il eſt donc plus que prouvé que les biens eccléſiaſtiques doivent être ſoumis à l'impôt comme les autres : leur deſtination, quelque reſpectable qu'elle ſoit, ne peut les y ſouſtraire. Mais ſi cette deſtination ne peut leur procurer cet affranchiſſement, donnera-t-elle au clergé le droit de s'impoſer lui-même & à volonté ? ſans doute. Ce n'eſt point ſur des opinions généralement reconnues erronées, que le clergé doit fonder ſes privilèges & ſes exemptions. Il forme un corps dans l'état & le premier corps de l'état : ſous ce point de vue politique, il peut avoir des privilèges & des immunités : ſous ce point de vue, il peut avoir le droit de s'impoſer & de percevoir, ſuivant ſes loix particulières, l'impôt qu'il aſſeoit ſur lui-même. Une poſſeſſion conſtante & reconnue ſeroit un fondement légitime de ce droit : on ne peut la lui conteſter ; la ſuite des procès-verbaux de ſes aſſemblées, depuis plus de deux ſiècles, établit qu'il ne refuſe point de contribuer aux beſoins de l'état, mais qu'il s'impoſe librement, & qu'il répartit & perçoit l'impôt lui-même & par ſes propres mains. Ses contrats paſſés avec le roi à chaque *don gratuit*, en fourniſſent une preuve ſans replique.

Il répugne ſans doute à la nature des choſes, qu'il y ait dans un gouvernement quelconque, un corps propriétaire d'immeubles, qui ne contribue pas aux charges publiques & communes ; mais il ne répugne point, que dans un gouvernement monarchique, il y ait des corps qui ſoient juges de la quotité qu'ils peuvent apporter à la maſſe générale. Le corps entier de la nation, lorſque les états généraux s'aſſembloient, déterminoit ce qu'il pouvoit ou devoit fournir relativement aux circonſtances. Nos pays d'état ſont encore une foible image de ces grandes & impoſantes aſſemblées ; le clergé légalement convoqué, nous retrace d'antiques & précieux uſages : il n'y a que les fauteurs intéreſſés du deſpotiſme, ou des fanatiques aveuglés par la haine qu'ils ont vouée aux prêtres, qui puiſſent le conſidérer d'un mauvais œil.

Quand on examinera de ſang-froid la conſtitution de notre gouvernement ; quand on fera attention au dévouement conſtant du clergé, aux ſecours multipliés qu'il accorde, à la manière dont ſes impoſitions ſe lèvent, à la ſimplicité avec laquelle elles parviennent dans les coffres du roi ; quand on voudra voir que ſes revenus paſſent ſucceſſivement dans toutes les familles, & ſont pour ainſi dire le patrimoine de la nation entière, que ſes terres ſont en bon état & bien entretenues ; quand on voudra jetter un coup-d'œil ſur ce que ſont devenus les immeubles de cinq ordres monaſtiques ſupprimés de nos jours, on pourra répondre aux réformateurs qui demandent à grands cris qu'on dépouille le clergé de ſes propriétés : de quel droit le feroit-on ? en ſerions-nous plus heureux ? garantiſſons-nous de l'illuſion dans l'état actuel des choſes ; les gouvernemens n'ont que trop de pente à s'emparer de tout : ce n'eſt pas en rendant les ſouverains plus riches, qu'on travaille au bonheur des peuples. Voyez les états qui ont admis, il y a deux ſiècles, la réforme, & dans leſquels les princes ou les hommes puiſſans ſe ſont emparés des biens du clergé, les citoyens en ſont-ils moins foulés ? les impôts y ont-ils diminué à proportion des revenus qu'on a enlevés aux miniſtres de la religion ? que l'exemple d'un ſouverain voiſin ne nous ſéduiſe pas ; il faut attendre le ſuccès de ſes opérations arbitraires ; ſes coffres pourront ſe remplir ; il pourra entretenir plus de canons & de bayonnettes, étendre ſes frontières, devenir conquérant ; les biens du clergé de ſes états pourront lui faciliter les moyens de ſuivre ſes vaſtes projets, & de ſe faire également redouter à Rome & à Conſtantinople. Mais ſes peuples auront-ils le droit de lui demander compte des richeſſes enlevées aux égliſes : de lui dire, défalquez-les ſur le tribut que nous vous payons ; ſi nos enfans n'ont plus de droit aux bénéfices dotés par nos pères, du moins que les biens qui ne ſont point à vous, & dont vous diſpoſez comme s'ils vous appartenoient, rentrent dans la maſſe générale, en ſervant à alléger le poids de nos charges ordinaires ? Ce langage ne ſeroit point écouté par un prince abſolu ; il le ſeroit encore moins par ſes ſucceſſeurs. Si quelque choſe pouvoit autoriſer à attenter au droit de propriété des particuliers ou des corps, ce ſeroit le motif de procurer l'avantage commun & général : nous oſons dire que ſous le gouvernement d'un ſeul, ce motif eſt illuſoire & dangereux : illuſoire, parce que la propriété ravie ne fera que pallier un inſtant un mal qui renaîtra bientôt: dangereux, parce qu'on parviendroit inſenſiblement à l'étendre de manière à changer le droit de propriété en un ſimple droit d'uſufruit précaire & ſoumis à une volonté arbitraire, que rien ne pourroit arrêter ou circonſcrire.

Ces réflexions ſont ſans doute inutiles pour la France ; la juſtice & la piété de nos rois a toujours garanti le clergé du royaume, des révolutions qui ont eu lieu dans pluſieurs autres parties de l'Europe. Il y forme le premier corps de l'état, il a ſes privilèges, ſes immunités comme les autres corps ; on ne peut l'en dépouiller ſans injuſtice & ſans détruire une partie de notre conſtitution.

Nous ne nous étendrons pas davantage ſur ces réflexions. Nous oſons aſſurer que ce n'eſt ni l'eſprit de corps, ni un motif d'intérêt particulier qui nous les ont dictées. La carrière que nous parcourons doit être un ſûr garant que notre foible plume n'eſt dirigée ni par l'adulation, ni par le deſir de plaire à perſonne. Nous ne cherchons que la vérité, & nous nous eſtimerions trop heureux, ſi nous parvenions à la préſenter à nos lecteurs.

Après avoir fait voir l'origine des *dons gratuits*, avoir rendu compte de tous ceux qui ont été arrêtés dans les différentes aſſemblées du clergé, avoir expoſé que, néceſſaires en eux-mêmes, ils étoient libres quant à la quotité & à la perception, il ne nous reſte plus qu'à parler de la manière dont ſe fait cette perception, & ſur qui elle ſe fait.

On n'a pas toujours employé les mêmes moyens pour fournir au roi les ſommes que le clergé lui accorde ou lui offre par forme de *don gratuit*, ou de ſubvention extraordinaire : quelquefois on a permis l'aliénation des biens eccléſiaſtiques, juſqu'à concurrence d'une ſomme déterminée. C'eſt ce que l'on fit ſous Charles IX, un édit de 1563 autoriſa le clergé à vendre juſqu'à la ſomme de cent mille écus de rente & revenu ; mais ce moyen étoit dangereux, il tendoit à dépouiller inſenſiblement l'égliſe de France de ſon temporel, dont la conſervation eſt cependant indiſpenſable pour la ſubſiſtance des miniſtres des autels.

Dans certaines circonſtances, on a créé de nouvelles charges & offices de receveurs des décimes, & l'on a fait payer aux anciens receveurs des augmentations de finance, en leur donnant cependant une augmentation de gages. C'eſt ce qui ſe pratiqua en 1626.

Cette reſſource employée ſouvent par le gouvernement, & qui lui eſt certainement onéreuſe, l'étoit à plus forte raiſon pour le clergé ; c'étoit mettre des impoſitions & des taxes perpétuelles ſur ſes revenus ; il n'étoit pas d'ailleurs poſſible de créer de nouveaux officiers chaque fois que l'on auroit été dans le cas d'accorder des *dons gratuits*.

On a eu depuis recours, & on s'en tient à deux moyens plus ſimples & plus faciles : on partage le paiement de la ſubvention accordée en pluſieurs termes, & à chacun de ces termes, on fait payer

aux bénéficiers une partie des fonds néceſſaires : ou lorſque les beſoins de l'état ſont preſſans, & qu'il n'eſt pas poſſible de lever à la fois ſur les bénéficiers la ſomme accordée, le clergé eſt autoriſé à faire un emprunt, & à conſtituer des rentes pour les ſommes qu'on lui prête. Les deniers provenans de ces emprunts, ſont verſés au tréſor royal.

La première de ces deux méthodes fut ſuivie en 1700 : les trois millions cinq cens mille livres accordées cette année, furent ſtipulées payables en cinq termes égaux. La ſeconde fut employée en 1710, le clergé emprunta vingt-quatre millions, & conſtitua pour cette ſomme des rentes au denier douze : elles ont été depuis réduites au denier vingt.

Cette dernière manière de parvenir au paiement des ſubventions extraordinaires, eſt la plus facile & la plus prompte. Il paroît qu'elle eſt actuellement adoptée, elle a cependant ſes dangers. Pour les prévenir, il faut que le clergé lève ſur lui-même chaque année des ſommes plus conſidérables que les arrérages des rentes conſtituées, & qu'il en emploie l'excédent à rembourſer annuellement une partie des capitaux, & c'eſt ce qu'il a grand ſoin de faire. Il faut, pour ainſi, qu'on lui laiſſe le temps de ſe libérer : le forcer à emprunter au-delà de ſon revenu, ce ſeroit le forcer à manquer à ſes engagemens, ou à aliéner ſes fonds ; mais cet inconvénient n'eſt point à craindre. Son adminiſtration eſt ſage & bien réglée, & le gouvernement eſt trop éclairé pour lui demander, & à plus forte raiſon pour en exiger au-delà de ſes facultés. Un champ dont on retire deux moiſſons dans la même année, s'épuiſe & devient ſtérile pour les années ſuivantes.

Le département des *dons gratuits* n'eſt pas le même que celui des décimes, arrêté en 1516. *Voyez* DÉCIMES. Il a été réglé long-temps par celui arrêté dans l'aſſemblée de Mantes. Les eccléſiaſtiques du ſecond ordre ſe plaignent & ſe ſont plaints depuis bien des années que leur répartition n'étoit pas juſte, eu égard aux revenus des grands bénéficiers. Dans l'aſſemblée de 1755, le roi, ſans doute ſenſible à ces plaintes, fit demander par ſes commiſſaires, qu'il fût procédé à un nouveau département. Le clergé s'en occupa ſérieuſement. Une commiſſion particulière fut chargée de ce travail intéreſſant : le plan en fut préſenté à l'aſſemblée de 1760, qui l'adopta. On a depuis remis la main à cet ouvrage, & le nouveau département général ſe porte, dit-on, d'une aſſemblée à l'autre, à l'état de perfection dont il eſt ſuſceptible : il a ſervi à la répartition de 1762.

Il y a dans le royaume des provinces où les décimes n'ont pas lieu, pour les eccléſiaſtiques qui ne ſont pas non plus ſoumis au *don gratuit* du clergé de France. Ce ſont les Trois-Evêchés & leurs dépendances, le comté d'Artois, la Flandre françoiſe, la Franche-Comté, l'Alſace & le Rouſſillon. Dans l'Artois, l'impoſition ordinaire ſur tous les fonds, est le centième de la valeur qui fut imposée en 1569 par les Espagnols. Les ecclésiastiques réguliers & séculiers doivent acquitter ce droit de même que les nobles & les roturiers, avec cette différence que les clercs & les nobles ne paient jamais qu'un centième par an des maisons qu'ils occupent & des fonds qu'ils font valoir, & que les autres habitans de la province en supportent souvent plusieurs dans une même année. Dans le Hainaut, les ecclésiastiques sont soumis à tous les droits qu'on lève sur les terres, sur les bestiaux & sur la consommation. Dans la province de Lille, qui est un pays d'état, le peuple fait tous les ans un présent au roi, ensuite l'intendant assemble le clergé & la noblesse, qui accordent ordinairement le vingtième & demi des biens qu'ils font valoir par leurs mains.

Il est des provinces qui ne peuvent être imposées au *don gratuit*, quoiqu'elles soient soumises aux décimes. Ce sont celles qui sont abonnées à une somme fixe, tant pour les décimes que pour les subventions extraordinaires; la règle est qu'on ne puisse rien exiger d'elles au-delà de la somme abonnée. Cependant depuis que les *dons gratuits* se sont multipliés, le clergé a cru devoir demander des dérogations à ces abonnemens, & elles lui ont été accordées par plusieurs lettres-patentes dont les premières sont de 1715. Ces dérogations sont justes; dans le temps des abonnemens, on ne prévoyoit point les circonstances qui exigeroient des secours pour l'état aussi considérables que fréquens, & il en résulteroit une surcharge trop forte pour les provinces non abonnées. Il y a un abonnement pour les pays de Bresse, Bugey, Gex & Valromey. En conséquence de lettres-patentes dérogatoires, on les a forcés plusieurs fois à contribuer aux *dons gratuits*. Il fut même proposé dans l'assemblée de 1762, sur les représentations des diocèses de Lyon, Châlons & Mâcon, d'augmenter l'imposition des bénéfices de Bresse. Les agens furent chargés de faire les recherches relatives à ces bénéfices, pour en rendre compte à la prochaine assemblée.

Autrefois les *dons gratuits* ne se levoient que sur les bénéficiers & les communautés qui payoient les décimes: on y a, depuis quelque temps, assujetti tous ceux qui percevoient des revenus consacrés à l'église, ou qui participoient à ses privilèges. Les lettres-patentes de 1715 ont mis dans la classe des contribuables, « les universités, collèges, séminaires, maisons nouvellement établies, menses » conventuelles, soit qu'elles soient composées de » fonds, ou seulement payables en pensions d'argent ou autrement; les offices claustraux, les » dignités dans les églises, les chapelles, les obits » en quelque église, paroisse ou chapelle qu'ils » soient fondés; les fabriques, les confrairies, » même de pénitens; les fondations rurales payant » ou non payant taille; les distributions, & géné-» ralement tous les possédans & jouissans des biens » ecclésiastiques payant & non payant décimes; » les communautés & toutes personnes compo-» sant les communautés séculières & régulières de » l'un & l'autre sexe, qui jusqu'à présent n'ont » contribué aux décimes, ni aux *dons gratuits* ».

Malgré la généralité des dispositions de ces lettres-patentes de 1715, dispositions qui ont été renouvellées dans toutes celles qui les ont suivies, dispositions qui ont été nécessitées par l'augmentation des secours dont le gouvernement a eu besoin, l'abbaye de Fontevrault a prétendu être exempte de toute espèce d'imposition mise par le clergé sur les biens ecclésiastiques. Elle réclamoit en sa faveur un titre ancien, un titre onéreux, un échange fait en 1293 avec Philippe-le-bel; plusieurs lettres-patentes confirmatives de son exemption; seize arrêts rendus en sa faveur, dont plusieurs étoient contradictoires avec les agens du clergé & les échevins de la ville de Paris. Nonobstant tous ces titres, le clergé insista & demanda que cette abbaye, ainsi que ses dépendances, fût imposée comme l'ont toujours été même les exempts. Il fit voir qu'il y avoit été autorisé par toutes les lettres-patentes rendues au sujet de ses *dons gratuits*, depuis 1715. « Il ajouta que sa majesté ne » souffriroit pas que les graces qu'il lui plaisoit de » faire à cette abbaye, tournassent à la charge des » autres contribuables: que si le roi jugeoit à pro-» pos de la gratifier, il seroit juste qu'il ordonnât » en faveur du clergé, sur les deniers de son » trésor royal, une indemnité équivalente ». Sur ces représentations, il intervint le 6 octobre 1767, un arrêt du conseil, revêtu de lettres-patentes enregistrées en la chambre des comptes, qui ordonna 1°. que l'abbaye de Fontevrault & le prieuré de Tusson en dépendant, seront compris dans le rôle des décimes & autres impositions ecclésiastiques du diocèse de Poitiers, de quelque nature qu'elles soient; 2°. que pour indemniser cette abbaye, il lui sera payé annuellement, par le receveur général du clergé, une somme de 17000 liv. sur laquelle il sera tenu compte chaque année, au receveur, par le garde du trésor royal, de la somme de 13000 liv. hypothéquée à cet effet sur les domaines de la couronne, sauf à être, par sa majesté, statué dans la suite sur les 4000 liv. qui demeureront à la charge du clergé; 3°. dans le cas où les décimes de l'abbaye ou du prieuré seroient diminuées ou augmentées de 3000 liv. au moins, il y sera pourvu ainsi que de raison.

Quelques communautés religieuses, telles que les carmélites, sont ordinairement exemptes de toute subvention.

Lorsque les bénéfices sont annexés à d'autres bénéfices ou à des communautés, les lettres-patentes de 1758 ordonnent que les taxes pour les décimes ou *dons gratuits* de ces annexes, « seront » imposées & payées à leur chef-lieu, même » celles qui sont situées dans les provinces qui » ne sont pas du clergé de France, & qui ne sont

» pas fujettes aux décimes, pourvû que lefdites
» annexes foient fituées fous la domination du
» roi, à moins qu'elles ne foient employées aux
» rôles des décimes ordinaires de quelque dio-
» cèfe, ou qu'elles n'aient en outre été féparé-
» ment taxées dans le département de l'année
» 1641, rectifié en 1646 ». Les lettres-patentes
de 1760 portent la même difpofition.

Les penfions fur bénéfices ne font point exemptes
des fubventions ordinaires & extraordinaires que
fournit le clergé; la quotité de leur impofition a
varié. Aujourd'hui elle eft fixée aux trois dixièmes, pour les penfions accordées par le roi fur
les évêchés, abbayes & autres bénéfices qui font
à fa difpofition. On demande, s'il en doit être de
même de celles qui font créées en cour de Rome,
fur réfignation ou permutation, avec la claufe
d'exemption de toute charge ordinaire ou extraordinaire ? Les lettres-patentes de 1760 femblent
décider la queftion : « Voulons que toutes per-
» fonnes qui jouiffent & qui jouiront de penfions
» fur bénéfices, & qui contribuoient du quart de
» leur penfion, contribueront à l'avenir, à com-
» mencer du premier janvier 1761, des trois
» dixièmes de leurs penfions, tant pour les im-
» pofitions anciennes.... que pour le *don gratuit*,
» & ce jufqu'à ce que lefdits emprunts foient en-
» tiérement acquittés en principaux & arrérages;
» & paieront les trois dixièmes de leurs penfions,
» nonobftant les claufes de leurs brevets, figna-
» tures & concordats de création defdites pen-
» fions, & encore qu'il foit porté que lefdites pen-
» fions feront franches & quittes de toutes charges,
» à l'exception néanmoins de ceux qui ont réfigné
» des cures après les avoir defervies pendant
» quinze ans, ou qui ont réfervé une penfion pour
» vivre, à caufe d'une notable infirmité, lefquels
» ne païeront rien fur lefdites penfions, à la dé-
» charge des titulaires ».

Malgré les lettres-patentes obtenues par l'affemblée du clergé, il eft des auteurs qui penfent
qu'entre réfignans & réfignataires & entre copermutans, les claufes d'exemptions de toutes charges, inférées dans les provifions & fignatures de
cour de Rome, fur les penfions, doivent être
exécutées. Il paroît que la loi n'a ici en vue que
l'intérêt des titulaires, puifque la contribution à
laquelle on foumet la penfion, tourne entièrement
à leur décharge, fans égard à la quotité de l'impofition totale du bénéfice. Si la loi reçoit fon exécution, il en réfultera que pour s'indemnifer de
la taxe à laquelle leurs penfions feront foumifes,
les réfignans & permutans, fe les réferveront les
plus fortes qu'il leur fera poffible.

Un motif d'humanité a fait exempter de toutes
charges, même des *dons gratuits*, les penfions que
fe font réfervées des curés, après avoir defervi
leurs bénéfices pendant quinze ans, ou qui ont
été contraints de les quitter avant ce temps, pour
caufe d'infirmités. La juftice fembleroit exiger une

femblable exemption pour les curés à fimple portion congrue. Depuis 1768, leur fort a été amé-
lioré; mais on ne craindra point de dire qu'il n'eft
pas encore tel qu'il devroit être.

L'ordre de Malte a fait en 1606 un abonnement
pour les décimes, que l'on nomme *la compofition
des Rhodiens*. On l'a depuis, en quelques occafions,
impofé aux fubventions extraordinaires. Il paroît
que pour qu'il en foit exempt, il eft néceffaire
qu'il foit nommément excepté dans les lettres-
patentes ou contrat paffé pour le *don gratuit*, comme
il l'a été en 1758 & en 1760. Il eft cependant
vrai de dire que, fur-tout dans l'état actuel des
chofes, les commandeurs de Malte font bien moins
favorables que ne devroient l'être les curés à portion congrue. Quant aux cures & autres bénéfices
dont le patronage dépend de l'ordre de Malte, la
queftion a été plufieurs fois agitée au confeil de
fa majefté. Les rapports d'agence de 1745 & 1750,
prouvent que le confeil, avant faire droit, a plufieurs fois ordonné que les rôles dans lefquels ils
avoient été compris, feroient exécutés par provifion. On cite cependant en leur faveur un arrêt
du grand-confeil, du 19 février 1725, qui les a
déclarés non fujets aux décimes & autres impofitions du clergé.

Quand les papes impofoient des décimes, les
cardinaux en étoient exempts. Ils ont continué à
jouir de ce privilège jufqu'au département fait par
l'affemblée de Poiffy, en 1561, dans lequel ils
furent compris. Bientôt après, le roi leur accorda
une indemnité qui fut fixée en 1636 à 36000 liv.
à prendre fur le receveur général du clergé. Les
troubles du royaume ayant caufé des non-valeurs
dans la perception faite par les bureaux diocéfains,
l'affemblée de 1650 fupplia fa majefté de vouloir
bien permettre que l'on fît tourner à la décharge
des bénéfices fpoliés, les fommes deftinées à l'indemnité des cardinaux; ce qui lui fut accordé. On
eut foin de faire inférer cette claufe dans le contrat de 1657, & elle l'a encore été dans plufieurs autres. Aujourd'hui lorfque les 36000 liv. ne font pas
néceffaires pour le remplacement des non-valeurs,
les fix plus anciens cardinaux de France fe les
partagent entre eux; pour jouir de ce privilège,
les cardinaux font dans l'ufage d'obtenir un arrêt
du confeil, revêtu de lettres-patentes.

Une raifon d'exemption ou de modération pour
les bénéfices foumis aux fubventions, tant ordinaires qu'extraordinaires, eft l'impoffibilité d'acquitter
leur contribution en tout ou en partie. Si cette impoffibilité eft caufée par les armées du prince, les
incurfions des ennemis & autres cas femblables,
pour lors les non-valeurs font au compte du roi.
Si elle eft la fuite des grêles, des débordemens,
des incendies & autres événemens particuliers, c'eft
aux diocèfes dans lefquels ces bénéfices font fitués, à fupporter ces pertes.

Quelquefois le clergé accorde des exemptions
de toutes fubventions, par générofité ou par recon-

noissance; c'est ainsi qu'il s'est conduit à l'égard des enfans de plusieurs chanceliers de France.

Les bornes de cet ouvrage ne nous permettent pas d'entrer dans les détails des proportions qui règnent dans les répartitions entre les bénéfices de différente nature; on peut à ce sujet consulter les procès-verbaux des assemblées du clergé.

Nous ne pouvons mieux terminer cet article, qu'en rapportant le sage réglement fait par le parlement de Paris, le 3 mars 1768. Il fait défenses de lever aucuns deniers sur les ecclésiastiques, qu'en vertu de lettres-patentes duement enregistrées; il enjoint aux receveurs des décimes de déclarer dans leurs quittances, aux contribuables, les taxes imposées sur les bénéficiers pour les décimes & pour les deniers extraordinaires, & les titres de ces levées; de faire imprimer chaque année le département des impositions du diocèse pour l'année suivante, où seront spécifiées les sommes qui doivent être portées à la caisse générale, & celles imposées pour les dettes & charges du diocèse, ainsi que la somme imposée sur chaque contribuable, avec l'évaluation du revenu sur lequel elle est assise; d'afficher cet imprimé au greffe du bureau diocésain, & d'en donner des exemplaires à tous les bénéficiers qui en demanderont. L'exécution de ce réglement seroit un obstacle insurmontable à l'arbitraire que l'on dit régner dans les répartitions des chambres diocésaines. L'impression & l'affiche des départemens mettroient chacun à portée de voir & de connoître s'il est surchargé, relativement à ses revenus & à ceux des autres bénéficiers du diocèse. C'est le moyen assuré de prévenir les injustices & de faire réparer celles que des erreurs pourroient occasionner. (Cette Addition est de M. l'abbé BERTOLIO.)

DON mobile, en Normandie, est un avantage que la femme accorde ordinairement au mari sur sa dot.

Il ne peut être fait que par contrat de mariage, & en faveur d'icelui; c'est pourquoi quelques-uns l'appellent aussi présens de noces: il ne peut être fait depuis le mariage, quand même il n'y auroit point d'enfans de ce mariage, ni espérance d'en avoir.

Le don mobile n'est point dû de plein droit, non-obstant quelques arrêts que l'on suppose avoir jugé le contraire; cela résulte des articles 74 & 79 du réglement de 1666, par lesquels il paroît que si l'on n'en a point promis au mari, il n'en peut point prétendre.

La femme donne ordinairement en don mobile, à son futur époux, la totalité de ses meubles en propriété, & le tiers de ses immeubles aussi en propriété: il n'est pas permis de donner plus, mais on peut donner moins, cela dépend du contrat de mariage.

Il est permis à la femme mineure, pourvu qu'elle soit autorisée de ses parens, de faire le même avantage à son mari.

Mais une femme qui auroit des enfans d'un précédent mariage, ne pourroit donner à son second mari que jusqu'à concurrence d'une part d'enfant le moins prenant dans sa succession. Article 405 du réglement de 1666.

Le don mobile peut avoir lieu sans stipulation, par l'effet d'une convention tacite. Ainsi, quand une femme apporte une somme en mariage, & qu'elle stipule une dot inférieure, constituée sur les biens du mari, pour servir de remplacement, le surplus appartient au mari, à titre de don mobile. De même lorsque le père n'exprime pas que les sommes qu'il promet ou donne seront constituées en dot pour la totalité, la jurisprudence en accorde le tiers au mari par forme de don mobile. Mais il faut observer que ce don ne peut avoir lieu sur les immeubles de la femme, s'il n'est expressément stipulé par le contrat de mariage.

Le don mobile n'est point réciproque, le mari ne pouvant donner à sa femme aucune part de ses immeubles, suivant l'article 73 du réglement de 1666.

Le don mobile est assujetti à la formalité de l'insinuation, & au paiement des droits qu'elle entraîne; mais le défaut d'insinuation du contrat de mariage n'en empêche pas la validité. Réglement de 1666, article 74, & déclarations des 25 juillet 1729, & 17 février 1731.

Le mari est saisi du don mobile du jour de la mort de sa femme, sans qu'il soit obligé d'en former la demande pour entrer en jouissance.

Quand le beau-père a promis à son gendre une somme pour don mobile, elle ne peut être prise sur les biens de la mère de la femme, au cas que ceux du père ne suffisent pas.

On peut donner au mari, en paiement de son don mobile, des héritages de la succession du père de sa femme, & il ne peut pas exiger qu'on lui paie son don mobile en argent.

Le mari qui n'a point eu de don mobile, doit faire emploi de la moitié des meubles échus à sa femme, pendant le mariage. Réglement de 1666, article 79.

Le don mobile n'est point détruit par la survenance d'enfans, soit du mariage en faveur duquel il a été promis, ou d'un mariage subséquent.

Le douaire de la femme ne peut être pris sur les immeubles qu'elle a donnés en dot à son mari, que quand ils se trouvent en nature dans sa succession; car comme le don mobile est donné au mari pour lui aider à supporter les charges du mariage, il peut l'aliéner & en disposer, même du vivant de sa femme. (A)

DON mutuel, ce terme pris dans un sens étendu, peut comprendre toute libéralité que deux personnes se font réciproquement l'une à l'autre; mais le don mutuel, proprement dit, est une convention faite entre mari & femme depuis le mariage, par laquelle ils consentent que le survivant d'eux jouira par usufruit, sa vie durant, de la moitié des biens

biens de la communauté appartenante aux héritiers du prédécédé.

On ne doit pas confondre le *don mutuel* avec la *donation mutuelle*. Celle-ci peut être faite entre toutes fortes de perfonnes autres que les conjoints par mariage, & elle peut comprendre tous les biens dont il eft permis par la loi de difpofer. Les futurs conjoints peuvent auffi, par contrat de mariage, fe faire de femblables donations mutuelles; au lieu que le *don mutuel* n'a lieu qu'entre conjoints, & ne comprend que l'ufufruit de la moitié de la communauté qui appartient au prédécédé. *Voyez ci-après* DONATION *mutuelle*.

· Le *don mutuel*, entre les conjoints, étoit inconnu chez les Romains; les conjoints avoient toute liberté de s'avantager par teftament, mais ils ne pouvoient rien fe donner entre-vifs : il y a donc lieu de croire que l'ufage du *don mutuel* vient plutôt des Germains; en effet, on le pratiquoit déjà en France dès le temps de la première race de nos rois, comme il paroît par les formules de Marculphe, *chap.* 12, *liv. I*, où M. Bignon applique l'article 280 de la coutume de Paris, qui concerne le *don mutuel*.

Quelques anciens praticiens l'appellent *le foulas des mariés privés d'enfans*, parce qu'il n'a ordinairement lieu que dans le cas où les conjoints n'ont point d'enfans ni autres defcendans, foit de leur mariage commun ou d'un précédent mariage.

Il a été introduit afin que les conjoints qui n'ont point d'enfans ne fe dégoûtent point de travailler pour le bien de la communauté, afin que le furvivant n'ait point le chagrin de voir, de fon vivant, paffer à des collatéraux du prédécédé la moitié du fruit de leur commune élaboration, & afin que les deux conjoints concourent par leurs foins à augmenter la communauté, dans l'efpérance que chacun d'eux peut avoir de jouir de la totalité, en vertu du *don mutuel*.

Variété des coutumes par rapport au don mutuel. La coutume de Paris & plufieurs autres n'autorifent le *don mutuel*, que dans le cas où les conjoints n'ont aucun enfant, lors de la diffolution du mariage : celles de Reims & de Péronne le permettent, entre conjoints dans tous les cas, foit qu'il y ait enfans nés de leur mariage, foit qu'il n'y en ait point.

Les coutumes de Mantes & de Poitou autorifent bien le *don mutuel* entre les conjoints, mais chacun d'eux a la faculté de le révoquer fans le confentement de l'autre; il lui fuffit de notifier de fon vivant la révocation.

Celle de Dunois exige, pour la validité du *don mutuel*, qu'il foit confirmé par un teftament mutuel.

Dans la coutume d'Auvergne, la femme ne peut rien donner au mari de quelque manière que ce foit, mais le mari peut donner à la femme : & dans celle de Chartres, le *don mutuel* n'eft permis dans aucun cas.

Les coutumes de Paris & Orléans, défendent d'étendre le *don mutuel*, au-delà des biens de la

communauté : d'autres permettent de le compofer de tous les meubles, acquêts & conquêts : une troifième claffe autorife les conjoints à y comprendre une partie de leurs propres : d'autres enfin, diftinguent à cet égard, le cas où il y a des enfans, & celui où il n'y en a pas.

Il exifte encore entre les coutumes une autre variété, qui confifte en ce que celle de Paris & quelques autres permettent le *don mutuel* en ufufruit feulement, tandis que d'autres autorifent les conjoints à fe donner mutuellement la propriété.

Ces dernières n'ont pas fur cet objet les mêmes difpofitions, elles diftinguent les différentes efpèces de biens. Les unes, en autorifant dans le *don mutuel* la propriété des meubles & des acquêts, ne permettent que l'ufufruit des propres : celle du grand-Perche & quelques autres reftreignent la propriété aux meubles feulement : dans la coutume de Berry les conjoints, qui n'ont point d'enfans, peuvent fe donner en propriété le tiers de leurs meubles & l'ufufruit de leurs conquêts : celle de Blois permet, dans le *don mutuel*, la propriété des meubles & des conquêts, lorfqu'il n'y a pas d'enfans, mais s'il y en exifte, elle n'autorife le *don mutuel* qu'en ufufruit.

Dans quelques coutumes, le *don mutuel* n'eft permis entre les conjoints, qu'autant que l'âge de l'un eft à-peu-près égal à celui de l'autre. Celle d'Auxerre répute les conjoints égaux d'âge, lorfque l'un n'a pas quinze ans de plus que l'autre; mais fuivant celle de Nivernois, il n'y a plus d'égalité d'âge, lorfque la différence eft de plus de dix ans.

· Le *don mutuel* n'eft valable, felon la coutume de Paris & quelques autres, que quand il y a égalité parfaite entre les chofes que les conjoints fe donnent réciproquement; celles de Tours & d'Anjou n'exigent pas cette égalité, il fuffit que chacune ait des biens de la même efpèce, c'eft-à-dire des propres & des acquêts, fi on y fait entrer des propres & des acquêts.

Dans plufieurs coutumes, le *don mutuel* eft fujet à délivrance : dans quelques autres, le furvivant en eft faifi de plein droit : dans celle de Bourbonnois, il eft faifi immédiatement après la mort du conjoint prédécédé : quelques-unes ne le faififfent qu'après avoir offert une caution.

Dans prefque toutes les coutumes qui autorifent le *don mutuel* en ufufruit, le furvivant doit donner bonne & fuffifante caution : mais celle du grand-Perche n'exige qu'une caution juratoire, lorfque le furvivant affirme qu'il n'en peut donner d'autre; & celle de Blois ne la demande que lorfque le furvivant convole en fecondes noces. Mais dans tous les cas, il eft obligé de faire inventaire, fans néanmoins être contraint de vendre les meubles, parce qu'il a le droit d'en jouir en nature, & que fes héritiers, après fon décès, les rendent en l'état qu'ils font. Les coutumes de Bretagne & de Châteauneuf décident que le conjoint furvivant qui a des enfans, & qui convole en fecondes noces, doit

C

être privé du *don mutuel*; mais cette difposition ne s'étend pas aux coutumes muettes fur cet objet.

Des perfonnes entre lefquelles le don mutuel peut avoir lieu. Le *don mutuel*, dont parlent les coutumes ne peut avoir lieu, 1°. qu'entre ceux qui font unis par les liens d'un mariage légitime, c'eft-à-dire, qui a les effets civils. D'où il fuit que fi, par la fuite, le mariage vient à être déclaré nul, cette nullité entraîne celle du *don mutuel* fait par les conjoints. Cependant, il faudroit en excepter celui qui, contracté de bonne-foi, par l'un d'eux, d'après les certificats du décès d'un premier mari ou d'une première femme, fe trouve nul par le retour inopiné de celui qu'on croyoit défunt.

2°. Il faut que les conjoints foient communs en biens, ce qui prive de la faculté du *don mutuel* ceux qui font féparés de biens, foit que cette féparation ait été introduite par le contrat de mariage, ou qu'elle lui foit poftérieure. Il en eft de même fi le contrat de mariage porte une fimple exclufion de communauté, ou qu'on y ait ftipulé en faveur des héritiers du prédécédé une fomme quelconque, pour tout droit de communauté.

3°. Les conjoints doivent être en bonne fanté, lors de la paffation du *don mutuel*, ce qui doit s'entendre, non d'une maladie légère, telle qu'une fièvre réglée, mais feulement d'une maladie grave & dangereufe, qui menace les jours de celui qui en eft attaqué.

Pothier penfe que, dans la coutume de Paris, un *don mutuel* fait pendant une maladie dangereufe, eft radicalement nul, même après le retour de la fanté du conjoint; mais Dupleffis & Ricard prétendent qu'il eft valable, s'il n'a pas été révoqué depuis la convalefcence. Le Maître & d'autres auteurs croient qu'il fuffit pour la validité d'un pareil *don mutuel*, que le conjoint ne foit pas mort de la maladie dont il étoit affecté. Cette dernière opinion eft conforme au texte des coutumes de Châlons, de Laon, de Montfort & du grand-Perche : elle eft d'ailleurs appuyée fur un arrêt du 14 janvier 1558, cité par le Maître.

Il ne faut pas mettre dans la même claffe le *don mutuel* fait par une femme enceinte, quand même elle accoucheroit peu de jours après, & que par l'événement elle viendroit à décéder. En effet, une groffeffe, tant qu'il ne furvient pas d'accident, eft l'état naturel d'une femme, & non une maladie.

4°. Quelques coutumes, ainfi que nous l'avons remarqué, exigent à-peu-près l'égalité d'âge entre les contractans, mais on ne doit pas étendre cette difpofition aux coutumes muettes, dans lefquelles le *don mutuel* eft valable entre une jeune femme & un vieillard, quoique goutteux & valétudinaire.

5°. La plupart des coutumes exigent encore que les conjoints n'aient aucun enfant, ce qui doit s'entendre, non au moment de la paffation du *don mutuel*, mais du temps du décès, qui attribue la jouiffance de ce *don* au furvivant.

6°. Deux conjoints mineurs, ou dont l'un eft mineur, peuvent fe faire un *don mutuel*, parce que l'avantage eft égal de part & d'autre. Par la même raifon, celui qui a été fait par un mari interdit, pour caufe de prodigalité, eft également valable.

7°. Les étrangers qui font mariés dans le royaume, & qui y ont leur domicile, peuvent valablement contracter un *don mutuel*, quoiqu'ils ne puiffent pas difpofer de leurs biens par teftament, par la raifon que le premier de ces actes appartient au droit des gens, qui eft commun à toutes les nations.

Des formalités néceffaires pour le don mutuel. Quoique le *don mutuel* ne foit pas affujetti aux formes & aux règles prefcrites par l'ordonnance de 1731, pour les donations entre-vifs, il eft néanmoins néceffaire qu'il foit revêtu de quelques formalités.

D'abord, il doit être fait par les conjoints, par un même acte devant notaire, dont il doit refter minute.

L'acceptation expreffe n'eft pas néceffaire, parce que la réciprocité emporte implicitement une acceptation. Il en eft de même de la tradition requife dans les donations entre-vifs, parce que le *don mutuel* ne s'applique qu'aux chofes que le donateur laiffera après fon décès.

Le mari doit autorifer fa femme dans l'acte du *don mutuel*, il feroit nul à défaut de cette autorifation. Auzanet rapporte un arrêt du 28 août 1635, qui l'a jugé ainfi.

Le *don mutuel* doit être infinué dans les quatre mois du jour qu'il eft fait, ou du moins du vivant des deux conjoints. L'infinuation faite à la diligence de l'un d'eux, fert pour l'autre : mais les quatre mois ne courent contre la femme que du jour du décès du mari, parce que tant qu'elle eft fous la puiffance maritale, c'eft au mari à veiller pour elle à la confervation de fes droits, & que ni lui ni fes héritiers ne peuvent être admis à oppofer à la femme le défaut d'infinuation, puifqu'il étoit chargé lui-même de remplir cette formalité.

L'infinuation dont nous parlons, doit fe faire dans le lieu du domicile que les parties avoient lors du contrat, fi elle a lieu dans les quatre mois de fa date; mais fi elle ne fe fait qu'après ce délai fixé par la coutume, elle doit fe faire dans l'endroit où les parties ont leur domicile actuel.

De la nature du don mutuel. L'irrévocabilité eft un caractère propre au *don mutuel*, enforte que dès que l'acte, qui le contient, a reçu fa perfection, & a été infinué, il ne peut plus être révoqué que par le confentement des deux parties. Ce principe eft tellement certain, que le *don mutuel* feroit nul, fi l'un ou l'autre des conjoints, ou tous les deux s'étoient réfervé la liberté de le révoquer, ou même la faculté de le diminuer ou d'y donner atteinte, de quelque manière que ce foit. Ils peuvent néanmoins fe réferver le droit d'excepter de ce *don* une certaine fomme, & le pouvoir d'en difpofer par teftament, mais alors cette fomme eft toujours exceptée du *don mutuel*, foit que les conjoints en aient difpofé ou non.

Le fecond caractère propre au *don mutuel* eft,

ainſi que nous l'avons dit, une parfaite égalité dans les choſes données réciproquement. Delà il ſuit que ſi, par le contrat de mariage, l'un des conjoints avoit donné à l'autre le tiers des meubles & acquêts, en uſufruit ou en propriété, ſans en avoir reçu le même avantage, le *don mutuel* ne doit s'étendre qu'aux deux tiers des meubles & acquêts : parce que celui qui en a donné le tiers par contrat de mariage, ne peut plus diſpoſer que des deux autres tiers, & que s'il recevoit au-delà, l'égalité néceſſaire pour la validité du *don mutuel* ne ſubſiſteroit plus.

A l'égard des choſes qui forment l'objet du *don mutuel*, nous avons remarqué au commencement de cet article, qu'il y avoit à cet égard une grande diverſité dans les coutumes; ainſi pour déterminer ce qui doit y entrer, il faut conſulter les conditions preſcrites par chacune d'elles, pour les biens ſitués dans ſon territoire.

Des charges & obligations impoſées au donataire mutuel. Conformément à l'art. 286 de la coutume de Paris, le donataire mutuel eſt tenu d'avancer & de payer les obſèques & funérailles du conjoint prédécédé, ainſi que la moitié des dettes, dont la part du défunt dans les biens de la communauté eſt chargée; mais lorſque ce donataire vient à mourir, ſes héritiers ont le droit de déduire moitié de ces avances, ſur ce qu'ils ſont obligés de rendre à l'héritier du prédécédé.

Les legs & autres diſpoſitions teſtamentaires, & les dettes particulières de la ſucceſſion du défunt ne ſont pas à la charge du donataire mutuel, & il n'eſt pas tenu d'en faire les avances. Ainſi le douaire dû à la femme, les choſes données dans le contrat de mariage, par la femme à ſon mari, ſont payés ſur les biens du défunt, ſans aucune diminution ſur le *don mutuel*, & ſans confuſion.

Cette diſpoſition de la coutume de Paris forme le droit commun, pour celles qui ont gardé le ſilence à cet égard. Mais celles de Châlons & de Bourbonnois veulent que le conjoint ſurvivant accompliſſe, ſur les biens compris au *don mutuel*, le teſtament du prédécédé. Ce qui néanmoins ne doit s'entendre que de legs modiques, & proportionnés à la valeur des biens dont le *don mutuel* eſt compoſé.

Le donataire mutuel eſt auſſi chargé d'avancer les frais d'inventaire & de liquidation, pour ce qu'en doit ſupporter la ſucceſſion du prédécédé, puiſque ces frais ſont une charge de la communauté.

Il eſt également tenu de faire faire les réparations qu'exigent les héritages, ſur leſquels s'étend le *don mutuel*, d'en payer les cens & charges annuelles, ainſi que les arrérages, tant des rentes foncières que des rentes conſtituées pendant la communauté, échus depuis la jouiſſance du *don mutuel*, ſans eſpérance de les recouvrer, parce que par la nature de ces charges, tous les uſufruitiers en doivent être tenus.

Le *don mutuel* s'éteint par la mort naturelle ou civile du donataire, & dès ce moment les héritiers du conjoint prédécédé ont la propriété des choſes, dont le *don mutuel* étoit compoſé, & ils rentrent de plein droit dans la jouiſſance de ces mêmes choſes. Il ſuit de-là que les fruits à recueillir ſur les héritages leur appartiennent, en tenant compte des frais de culture & ſemence, avancés par le donataire mutuel; qu'il en eſt de même des loyers & fermages à écheoir : mais ils ne ſont tenus de l'entretien des baux que pour l'année courante.

Lorſque le *don mutuel* ne conſiſte qu'en deniers & effets mobiliers, la mort du donataire donne ouverture à une action, que les héritiers du conjoint prédécédé ont contre ſes héritiers, pour ſe faire rendre & reſtituer la ſomme à laquelle montoit, ſuivant la priſée de l'inventaire, la part du conjoint prédécédé dans le mobilier de la communauté.

Les mêmes héritiers ſont tenus envers la ſucceſſion du donataire des groſſes réparations qu'il a fait faire ſur les héritages, qui compoſoient le *don mutuel*, & qui ne provenoient ni de ſa faute, ni d'un défaut d'entretien. Ils ont également contre elle une action, pour être indemniſé des dégradations & des pertes arrivées par ſa faute.

DONS *du roi*, ſont les libéralités qu'il fait à ſes ſujets, ſoit par brevet ou par des lettres-patentes, par leſquels il leur confère quelque bénéfice, office ou commiſſion, ou leur fait *don* de quelque confiſcation, amende, biens échus par droit d'aubaine, déſhérence ou bâtardiſe.

On voit, par les loix du code, que du temps des empereurs il étoit défendu de demander les biens confiſqués; il étoit ſeulement permis de les recevoir, quand le prince les donnoit *proprio motu*.

En France, le roi ne peut donner aucune portion du domaine de la couronne, & lorſqu'il en a été fait quelques donations, elles ont été dans la ſuite révoquées. *Voyez* DOMAINE *de la couronne*.

Mais le roi peut donner ou diſpoſer autrement des confiſcations, amendes & autres biens caſuels qui n'ont pas encore été unis au domaine de la couronne. Ces *dons* ne doivent pas s'obtenir du roi, avant que ce qui en fait l'objet n'ait été adjugé à ſa majeſté : ils ne ſont même valables qu'autant qu'ils ſont faits après le jugement définitif, ou après les cinq ans depuis le jugement de contumace.

Les *dons* exceſſifs qui avoient été ſurpris de la libéralité de quelques rois, ont été pluſieurs fois révoqués, ou du moins réduits à moitié ou autre portion.

Suivant les édits & déclarations d'avril 1645, janvier 1651, février 1704 & mars 1716, tous brevets & lettres de *dons du roi* doivent être vérifiés au parlement, enregiſtrés en la chambre des comptes, & aux bureaux des finances, & inſinués aux greffes des inſinuations du reſſort du bailliage ou juſtice, du domicile du donataire, & du lieu où les biens ſont ſitués.

Les *dons* ou conceffions de terres, feigneuries ou autres chofes qui dépendent du domaine, pour en jouir fans finance par les donataires, & fans claufe de retour à la couronne, font nuls, quand même les lettres porteroient que le *don* ou la conceffion ont eu lieu, pour récompenfe de fervices rendus à l'état.

Ces *dons* produifent néanmoins, pendant la vie du roi qui les a faits, l'effet dont ils font fufceptibles, & le donataire ni fes héritiers ne doivent pas être obligés à la reftitution des fruits perçus avant la demande en réunion, parce qu'ils ont joui fous la foi d'un titre.

La déclaration de François I, du 30 mai 1539, ordonne qu'après le décès des donataires, les terres dépendantes du domaine, dont ils ont joui en vertu de *dons*, y foient réunies de plein droit, fans que leurs enfans puiffent y fuccéder.

DONATAIRE & DONATEUR, f. m. DONATION, f. f. (*Jurifpr.*) on appelle *donataire*, celui qui a reçu une *donation* de quelqu'un : *donateur* eft celui qui a fait, ou qui fait actuellement quelque libéralité à un autre, à titre de *donation* : *donation*, eft une pure libéralité faite volontairement, par une perfonne à une autre.

Le terme de *donation* fe prend auffi quelquefois pour l'acte même, qui contient la libéralité.

La *donation* eft une manière d'acquérir, qui naît du droit naturel, dont le droit civil a déterminé la forme, & qu'elle a aftreint à certaines règles. En effet, rien n'eft plus naturel à l'homme, que de faire du bien & de répandre fes bienfaits fur fes femblables à l'exemple de la divinité : rien n'eft également plus conforme à la raifon naturelle & à l'équité, que d'approuver & de regarder comme irrévocable la volonté du propriétaire, qui transfère à un autre le domaine de fa chofe, foit par pure libéralité, foit par une autre raifon. Auffi, on peut affurer que l'ufage de donner eft de tous les temps & de tous les lieux, qu'il eft même pratiqué parmi les nations fauvages & barbares.

Les Romains avoient fait plufieurs loix au fujet des *donations*, que nous fuivons encore en partie. Nos rois ont auffi fait également plufieurs réglemens fur cette matière, & entre autres, une ordonnance exprès, du mois de février 1731, qu'on appelle *l'ordonnance des donations*.

Quoique les jurifconfultes diftinguent plufieurs fortes de *donations*, ainfi que nous le dirons par la fuite, en parlant de chacune d'elles, il eft exactement vrai qu'il n'y en a proprement qu'une feule efpèce, favoir celle par laquelle on donne par pure libéralité une chofe à une perfonne, dans le deffein de la propriété lui en appartienne fur le champ, & ne puiffe jamais parvenir au *donateur*.

C'eft improprement que l'on appelle *donation*, tout ce qui eft donné pour une certaine caufe, fous un mode, fous une condition, telles que font les *donations* pour noces, pour fervices rendus ou à ren-

dre, &c. Ces efpèces appartiennent plutôt à la claffe des contrats innommés, *do ut des*, *do ut facias*.

Nous traiterons d'abord de la *donation* proprement dite, & enfuite des autres efpèces de *donations*, en les diftinguant par leur qualification particulière, & nous en formerons autant de mots diftincts & féparés.

DONATION *proprement dite*, eft celle qui part d'une pure libéralité, qui n'eft contrainte par aucune obligation, & qui de fa nature eft irrévocable. D'où eft née la maxime *donner & retenir ne vaut*.

Des perfonnes qui peuvent donner ou recevoir. Les princes font des dons à ceux de leurs fujets qu'ils veulent gratifier ou récompenfer de leurs fervices. Les pères & mères & autres afcendans font des *donations* à leurs enfans & petits-enfans, foit en faveur de mariage ou autrement. Les conjoints fe font des *donations* avant ou après le mariage. Les parens, & même des étrangers, peuvent faire des *donations*, pour la bonne amitié qu'ils portent au *donataire*. En général, il eft permis à toute perfonne majeure & faine d'entendement, de donner, & à toute perfonne majeure ou mineure de recevoir, à moins qu'il n'y ait quelque incapacité particulière, en la perfonne du *donateur* ou du *donataire*.

Les caufes qui empêchent de donner, font lorfque le *donateur* ne jouit pas de fes droits; par exemple, fi c'eft un fils de famille, un muet & fourd de naiffance, un interdit.

Ceux qui font condamnés à mort naturelle ou civile ne peuvent donner; celui qui eft *in reatu*, c'eft-à-dire, accufé d'un crime capital, peut donner; mais la *donation* eft nulle, fi, par l'évènement, il eft condamné. Dans le cas où le condamné appelle, & qu'il décède pendant l'appel, la *donation* vaut au préjudice du fifc. Il faut néanmoins excepter les coupables de lèfe-majefté au premier chef, ou d'autres crimes publics pour lefquels on fait le procès à la mémoire du défunt, tels que l'homicide de foi-même, le duel.

Lorfque les condamnés par coutumace meurent dans les cinq ans, les *donations* qu'ils ont faites, devant & après fubfiftent.

Un tuteur, curateur ou autre adminiftrateur, ne peut donner pour celui dont il prend foin : le mari ne peut rien donner entre-vifs à fa femme, ni la femme à fon mari.

Un mineur en général ne peut donner; mais celui qui fe marie, ou qui eft émancipé par juftice, peut difpofer de fes meubles à vingt ans accomplis.

Les religieux & religieufes ne peuvent donner après leur profeffion.

Les perfonnes auxquelles on ne peut pas donner, font premièrement les conjoints, qui ne peuvent rien fe donner entre-vifs.

Les concubins & concubines, adultères & bâtards, ne peuvent pareillement rien recevoir, fi ce n'eft de modiques objets à titre d'alimens.

Les juges & autres perfonnes qui exercent le

ministère public, ne peuvent rien recevoir des accusés, ni même en général des parties : il ne leur est pas permis d'en recevoir même de légers présens, en quoi la jurisprudence est présentement plus délicate que n'étoit la disposition des anciennes ordonnances, qui permettoient aux juges de recevoir du vin, pourvu qu'il fût en bouteilles.

Les avocats, procureurs *ad lites*, gens d'affaires & solliciteurs, ne peuvent recevoir aucune *donation* de ceux dont ils font les affaires, pendant que le procès dure, sauf ce qui peut leur être dû légitimement pour récompense de services.

Les intendans, mandataires & procureurs *ad negotia*, ne sont pas compris dans cette prohibition, parce que leur fonction n'est pas présumée leur donner assez d'empire pour pouvoir exiger une *donation*.

Un malade ne peut donner à son médecin, chirurgien & apothicaire, ni à leurs enfans, pendant sa maladie.

Les mineurs & autres personnes, étant en la puissance d'autrui, ne peuvent donner directement ni indirectement à leurs tuteurs, curateurs, pédagogues, ou autres administrateurs ni à leurs enfans, durant le temps de leur administration, jusqu'à ce que ces tuteurs ou autres administrateurs aient rendu compte & payé le *reliquat*, si aucun est dû. Cette prohibition est fondée sur l'ordonnance de François I, *art. 131*; la déclaration d'Henri II, sur cet article, en 1549; & l'article 276 de la coutume de Paris, qui est en ce point conforme au droit commun.

On excepte néanmoins de cette prohibition les pères, mères & autres ascendans qui sont tuteurs, curateurs, baillistes ou gardiens de leurs enfans, pourvu qu'ils ne soient pas remariés.

L'héritier présomptif qui se trouve tuteur ou curateur, est aussi excepté de la prohibition.

Le subrogé tuteur cesse aussi d'être prohibé dès que sa fonction est finie, c'est-à-dire, après l'inventaire.

Après le décès du tuteur, le mineur peut donner à ses enfans.

Les parens des tuteurs & curateurs, autres que les enfans, ne sont point prohibés, à moins qu'il ne paroisse que ce soit un fidéicommis tacite pour remettre à la personne prohibée.

Un apprenti ne peut donner à son maître; mais un compagnon le peut, parce que celui-ci n'est pas en la puissance du maître, comme l'apprentif.

Les domestiques peuvent aussi faire des *donations* à leur maître. *Voyez* DOMESTIQUE.

Les novices ne peuvent donner au monastère, dans lequel ils font profession, ni même à aucun autre monastère, si ce n'est une dot, laquelle ne doit pas excéder ce que les réglemens permettent de donner. *Voyez* DOT *des religieux & religieuses*.

Il n'est pas permis de faire aucun don considérable aux confesseurs ni aux directeurs de conscience, ni au monastère, dont le confesseur ou directeur est religieux, s'il paroît qu'il y ait de la suggestion de la part de celui-ci.

La coutume de Paris, *art. 277*, exige pour la validité d'une *donation* entre-vifs, que le *donateur* soit en santé, c'est-à-dire, qu'il ne soit pas attaqué d'une maladie réputée mortelle. Celles de Poitou, de Normandie, de Bar, de Sens, d'Auxerre & de Lorris, veulent que le *donateur* survive pendant quarante jours aux *donations* qu'il a faites. Celles d'Auvergne, de Blois, de Nivernois & du Perche décident qu'on doit regarder comme *donations à cause de mort*, celles que le *donateur* a faites pendant la maladie dont il est décédé, ou pendant une maladie dangereuse.

Des choses qu'on peut donner. Par rapport aux choses que l'on peut donner, celui qui a la capacité de disposer entre-vifs, peut, dans les pays de droit écrit, donner entre-vifs tous ses biens meubles & immeubles, pourvu que ce soit à personne capable, & sans fraude; & sauf le droit acquis aux créanciers, & la légitime des enfans du *donateur*, s'il en a.

La liberté de disposer n'est pas si grande en pays coutumier, il faut distinguer les meubles & les immeubles.

Quelques coutumes, donnant au mineur une émancipation légale à l'âge de vingt ans, lui permettent, à cet âge, de disposer de ses meubles; quelques-unes même lui permettent de le faire plutôt : d'autres, au contraire, où les émancipations légales ne sont point connues, ne permettent aucune disposition avant l'âge de vingt-cinq ans. Celle de Paris, *art. 272*, permet à celui qui se marie, ou qui a obtenu bénéfice d'âge entériné en justice, ayant l'âge de vingt ans accomplis, de disposer de ses meubles.

Il est permis communément de donner entre-vifs la totalité de ses meubles; il y a néanmoins quelques coutumes qui en restreignent la disposition à la moitié, à l'égard du *donateur* qui a des enfans : d'autres, comme celle de Loudunois, qui ne permettent de disposer que du tiers des propres, veulent, qu'à défaut de propres, les acquêts soient subrogés; & qu'à défaut de propres & d'acquêts, ils soient représentés par les meubles, de manière qu'en ce cas on n'en peut donner que le tiers.

A l'égard des immeubles, il faut distinguer les acquêts & les propres.

La disposition des acquêts est en général beaucoup plus libre que celle des propres; il y a cependant quelques coutumes qui la restreignent, même pour les *donations* entre-vifs, soit en fixant purement & simplement la quotité que l'on en peut donner, soit en subrogeant les acquêts aux propres, comme dans la coutume de Loudunois. *Voyez* COUTUME *de subrogation*.

La plupart des coutumes permettent de donner entre-vifs la totalité des propres; il y en a néanmoins quelques-unes qui ne permettent d'en donner que le tiers ou autre quotité.

Aucune *donation* entre-vifs ne peut comprendre d'autres biens que ceux qui appartiennent au *donateur* dans le temps de la *donation* ; & les *donations* de biens préfens & à venir font préfentement nulles, même pour les biens préfens, quand même elles auroient été exécutées en tout ou partie.

L'ordonnance déclare pareillement nulles les *donations* de biens préfens, lorfqu'elles font faites à condition de payer les dettes & charges de la fucceffion du *donateur* en tout ou partie, ou autres dettes & charges que celles qui exiftoient lors de la *donation* ; même de payer les légitimes des enfans du *donateur*, au-delà de ce dont ledit *donataire* peut être tenu de droit.

On obferve la même chofe pour toutes les *donations* faites fous des conditions dont l'exécution dépend de la feule volonté du *donateur*.

Au cas que le *donateur* fe foit réfervé la liberté de difpofer d'un effet compris dans la *donation*, ou d'une fomme fixe à prendre fur les biens donnés, cet effet ou cette fomme ne font point compris dans la *donation*, quand même le *donateur* feroit mort fans en avoir difpofé ; & en ce cas, cet effet ou fomme appartient aux héritiers du *donateur*, nonobftant toutes claufes contraires.

Les *donations* faites, par contrat de mariage, en faveur des conjoints ou de leurs defcendans, même par des collatéraux ou par des étrangers, peuvent comprendre tant les biens à venir que les biens préfens, en tout ou partie ; &, en ce cas, il eft au choix du *donataire* de prendre les biens tels qu'ils fe trouvent au jour du décès du *donateur*, en payant toutes les dettes & charges, même celles qui feroient poftérieures à la *donation*, ou de s'en tenir aux biens qui exiftoient dans le temps qu'elle a été faite, en payant feulement les dettes & charges qui étoient alors exiftantes.

L'ordonnance veut auffi que les *donations* des biens préfens, faites à condition de payer indiftinctement toutes les dettes & charges de la fucceffion du *donateur*, même les légitimes indéfiniment, ou fous d'autres conditions dont l'exécution dépendroit de la volonté du *donateur*, puiffent avoir lieu dans les contrats de mariage en faveur des conjoints ou de leurs defcendans, par quelques perfonnes que lefdites *donations* foient faites ; & que le *donataire* foit tenu d'accomplir lefdites conditions, s'il n'aime mieux renoncer à la *donation* ; & au cas que le *donateur* fe fût réfervé la liberté de difpofer d'un effet compris dans la *donation* de fes biens préfens, ou d'une fomme fixe à prendre fur ces biens, s'il meurt fans en avoir difpofé, cet effet ou fomme appartiendront au *donataire* ou à fes héritiers, & font cenfés compris dans la *donation*.

Des formalités & conditions de la donation. La capacité perfonnelle de difpofer en général, fe règle par la coutume du domicile du *donateur* ; mais l'âge auquel on peut donner tels & tels biens, la qualité & la quotité des biens que l'on peut donner, les perfonnes auxquelles on peut donner, fe rè-

glent par la loi du lieu de la fituation des biens.

Pour ce qui eft des formalités & des conditions de la *donation*, il faut diftinguer celles qui font de la forme extérieure, & qui ne fervent qu'à rendre l'acte probant & authentique, comme l'écriture & la fignature, de celles qui font de la fubftance de l'acte, & proprement des conditions attachées à la difpofition des biens, telles que la tradition, l'acceptation & l'infinuation. Les formalités de la première claffe fe règlent par la loi du lieu où fe paffe l'acte ; les autres fe règlent par la loi de la fituation des biens.

Toute *donation* doit avoir une caufe légitime : par exemple, on donne en faveur de mariage, ou en avancement d'hoirie ; pour la bonne amitié que l'on porte au *donataire*, ou pour l'engager à faire quelque chofe ; une *donation* fans caufe feroit nulle, de même que toute autre obligation qui feroit infectée de ce vice.

Suivant la nouvelle ordonnance des *donations*, *article 1*, tous actes portant *donation* entre-vifs, doivent être paffés devant deux notaires, ou un notaire & deux témoins, & il en doit refter minute, à peine de nullité : enforte qu'on n'auroit aucun égard à une *donation* fous fignature privée, & dépofée enfuite chez un notaire, quand même il refteroit minute de l'acte de dépôt. L'article de l'ordonnance dont eft queftion, eft impératif, & contient un commandement abfolu, qui doit être exécuté à la lettre.

Les *donations* entre-vifs doivent être faites dans la forme ordinaire des contrats devant notaire, & revêtues des autres formalités qui font requifes par l'ufage & la coutume du lieu où l'acte fe paffe.

Toutes *donations* à caufe de mort, à l'exception de celles qui fe font par contrat de mariage, ne font plus valables qu'elles ne foient revêtues des formalités prefcrites pour les teftamens ou codicilles, & une *donation* entre-vifs qui ne feroit pas valable en cette qualité, ne peut valoir comme *donation* à caufe de mort.

Les principales formalités intrinfèques des *donations* entre-vifs, font la tradition, l'acceptation & l'infinuation.

La tradition eft réelle ou fictive : elle eft réelle, lorfque le *donateur* remet en main la chofe donnée, ce qui ne peut avoir lieu que pour les effets mobiliers ; & l'ordonnance des *donations*, *article 15*, veut que fi la *donation* renferme des meubles & effets mobiliers, dont elle ne contienne pas une tradition réelle, il en foit fait un état figné des parties, qui demeure annexé à la minute de la *donation*, faute de quoi le *donataire* ne pourra prétendre aucun des meubles ou effets mobiliers, même contre le *donateur* ou fes héritiers.

La tradition fictive, qui a lieu pour les immeubles, fe fait en fe deffaififfant par le *donateur* au profit du *donataire*, en remettant les titres de propriété, les clefs de la maifon.

Quelques coutumes exigent, pour la tradition,

certaines formalités particulières, qu'on appelle *veft* & *deveft*, ou *faifine* & *deffaifine* : il faut, à cet égard, fuivre l'ufage du lieu où font les biens donnés.

Le *donateur* peut fe réferver l'ufufruit fa vie durant ; te qui n'empêche pas qu'il y ait tradition actuelle de la propriété.

Comme le deffaififfement actuel des chofes données, eft ce qui caractérife particuliérement, de la part du *donateur*, la *donation* entre-vifs, il fuit de cette néceffité de la tradition, que la *donation* d'une chofe qui ne m'appartient pas feroit illufoire, puif-qu'elle ne pourroit être accompagnée de la tradition. C'eft encore à caufe du défaut de tradition que l'ordonnance a déclaré nulles, ainfi que nous l'avons dit plus haut, les *donations* de biens préfens & à venir.

L'acceptation de la part du *donataire* eft tellement effentielle dans les *donations* entre-vifs, que celles mêmes qui feroient faites en faveur de l'églife, ou pour caufe pie, ne peuvent engager le *donateur*, ni produire aucun autre effet, que du jour qu'elles ont été acceptées par le *donataire* ou par fon fondé de procuration, générale ou fpéciale, qui doit demeurer annexée à la minute de la *donation*.

Si le *donataire* eft abfent, & que la *donation* ait été acceptée par une perfonne qui ait déclaré fe porter fort pour lui, elle n'aura effet que du jour de la ratification expreffe, faite par le *donataire* par acte paffé devant notaire, & dont il doit refter minute.

Autrefois le notaire acceptoit pour le *donataire* abfent ; mais la nouvelle ordonnance défend à tous notaires-tabellions de faire ces fortes d'acceptations, à peine de nullité.

L'acceptation doit être expreffe & en termes formels, fans que les juges puiffent avoir égard aux circonftances dont on prétendroit induire une acceptation tacite ; & cela quand même le *donataire* auroit été préfent à l'acte de *donation*, & qu'il l'auroit figné, ou qu'il fe feroit mis en poffeffion des biens donnés.

Lorfque le *donataire* eft mineur de vingt-cinq ans, ou interdit par autorité de juftice, l'acceptation peut être faite pour lui par fon tuteur ou curateur, ou par fes père & mère ou autres afcendans, même du vivant du père ou de la mère, fans qu'il foit befoin d'aucun avis de parens pour rendre l'acceptation valable.

Les *donations* faites aux hôpitaux, & autres établiffemens de charité, doivent être acceptées par les adminiftrateurs ; & celles qui font faites pour le fervice divin, pour fondations particulières, ou pour la fubfiftance & le foulagement des pauvres d'une paroiffe, doivent être acceptées par le curé & les marguilliers.

Les femmes mariées, même celles qui feroient non-communes en biens, ou qui auroient été féparées par fentence ou arrêt, ne peuvent accepter aucune *donation* entre-vifs fans être autorifées par leurs maris, ou par juftice à leur refus : cette autorifation ne feroit cependant pas néceffaire pour les *donations* qui feroient faites à la femme à titre de paraphernal, dans les pays où les femmes peuvent avoir des biens de cette qualité, & peuvent en difpofer à leur gré, tant en ufufruit qu'en propriété.

Il y a encore plufieurs fortes de *donations*, dans lefquelles l'acceptation n'eft pas néceffaire ; favoir :

1°. Celles qui font faites par contrat de mariage aux conjoints, ou à leurs enfans à naître, foit par les conjoints même, ou par les afcendans ou parens collatéraux, même par des étrangers.

2°. Lorfque la *donation* eft faite en faveur du *donataire* & des enfans qui en naîtront, ou que le *donataire* eft chargé de fubftitution au profit de fes enfans ou autres perfonnes nées ou à naître, elle vaut en faveur defdits enfans ou autres perfonnes, par la feule acceptation du *donataire*, encore qu'elle ne foit pas faite par contrat de mariage, & que le *donateur* foit un collatéral ou un étranger.

3°. Dans une *donation* faite à des enfans nés & à naître, l'acceptation faite par ceux qui étoient déjà nés au temps de la *donation*, ou par leurs tuteurs ou curateurs, père & mère, ou autres afcendans, vaut également pour les enfans qui naîtroient dans la fuite, encore que la *donation* ne foit pas faite par contrat de mariage, & que le *donateur* foit un collatéral ou étranger.

4°. Les inftitutions contractuelles & les difpofitions à caufe de mort, qui feroient faites dans un contrat de mariage, même par des collatéraux, ou par des étrangers, ne peuvent pareillement être attaquées par le défaut d'acceptation.

Les mineurs, les interdits, l'églife, les hôpitaux, les communautés, ou autres, qui jouiffent des privilèges des mineurs, ne peuvent être relevés du défaut d'acceptation des *donations* entre-vifs ; ils ont feulement leur recours, tel que de droit, contre leurs tuteurs, curateurs, ou autres perfonnes, qui pourroient être chargées de faire l'acceptation : mais la *donation* ne doit point être confirmée fous prétexte de l'infolvabilité de ceux contre lefquels ce recours eft donné.

Outre la tradition & l'acceptation, les *donations* pour être valides, exigent encore l'infinuation. Cette formalité établie d'abord fous François I, par l'article 132 de l'ordonnance de 1539, a été confirmée par plufieurs édits, ordonnances & déclarations poftérieures, & finguliérement par l'ordonnance de 1731. Elle a été introduite pour rendre notoire par l'enregiftrement les difpofitions des actes, dont il importe au public d'avoir connoiffance, & pour empêcher les fraudes auxquelles le défaut de publicité de ces actes pourroit donner lieu.

La formalité de l'infinuation a lieu dans tout le

royaume, à l'exception du reffort du parlement de Flandres, dont les pays qui le compofent, en ont été difpenfés par l'*article 33* de l'ordonnance de 1731, & par une déclaration du 17 janvier 1736, rendue pour l'Artois. Dans ces provinces, les regiftres des œuvres de loi opèrent les mêmes effets que l'infinuation, en prévenant les fraudes qui pourroient naître des *donations* clandeftines.

Les *donations* faites par contrat de mariage en ligne directe, ne font pas fujettes à infinuation.

Mais toutes autres *donations*, même rémunératoires, mutuelles, ou égales, & celles qui feroient faites à la charge de fervices & de fondations, doivent être infinuées dans les quatre mois, fuivant les ordonnances, à peine de nullité.

Cette peine n'a cependant pas lieu à l'égard des dons mobiles, augmens, contre-augmens, engagemens, droits de rétention, agencemens, gains de noce & de furvie, dans les pays où ils font en ufage; le défaut d'infinuation de ces fortes de ftipulations, fait feulement encourir les autres peines portées par les édits, notamment par la déclaration du 25 juin 1729, & du 7 février 1731, qui a prononcé la peine du double droit contre les parties, qui ont négligé de fatisfaire à cette formalité dans les quatre mois poftérieurs à la date des actes.

Il en eft de même du défaut d'infinuation pour les *donations* de chofes mobiliaires, quand il y a tradition réelle, ou quand elles n'excèdent pas la fomme de 1000 liv. une fois payée.

Dans les cas où l'infinuation eft néceffaire à peine de nullité, les *donations* d'immeubles réels, ou de ceux qui fuivant la loi ont une affiette fixe & ne fuivent pas la perfonne, doivent être infinuées aux greffes des bailliages, ou fénéchauffées royales, ou autre fiège royal, reffortiffant nuement aux cours du parlement, tant du domicile du *donateur*, que du lieu dans lequel les biens donnés font fitués, ou ont leur affiette.

A l'égard des *donations* de chofes mobiliaires, même des immobiliaires, qui n'ont point d'affiette fixe & fuivent la perfonne, on les fait feulement infinuer au greffe du bailliage, ou fénéchauffée royale, ou autre fiège royal, reffortiffant au parlement du domicile du *donateur*. Si le *donateur* eft domicilié dans une pairie ou autre juftice feigneuriale, ou que les biens donnés y foient fitués, l'infinuation doit être faite au greffe du fiège qui connoît des cas royaux qui arrivent dans le lieu du domicile, ou de la fituation des biens.

La *donation* doit être tranfcrite en entier dans le regiftre des infinuations, ou du moins la partie de l'acte qui contient la *donation*, & fes charges, claufes, & conditions, fans rien omettre, à l'effet de quoi la groffe doit être repréfentée.

L'infinuation étant faite dans les quatre mois, même après le décès du *donateur* ou du *donataire*, la *donation* a fon effet du jour de fa date, à l'égard de toutes fortes de perfonnes: elle peut néanmoins être infinuée après les quatre mois, même après

le décès du *donataire*, pourvu que le *donateur* foit encore vivant; mais en ce cas, elle n'a effet que du jour de l'infinuation.

Le défaut d'infinuation, lorfqu'elle eft requife à peine de nullité, peut être oppofé par tous ceux qui y ont intérêt, foit tiers-acquéreurs & créanciers du *donateur*, ou par fes héritiers, donataires, ou légataires.

Il peut pareillement être oppofé à la femme commune ou féparée de biens, & à fes héritiers, pour toutes les *donations* faites à fon profit, même à titre de dot, fauf à elle ou à fes héritiers leur recours, s'il y a lieu, contre le mari ou fes héritiers, fans que l'infolvabilité de ceux-ci puiffe couvrir le défaut d'infinuation.

Le mari n'eft point garant de l'infinuation envers fa femme, quand il s'agit de *donations* à elle faites, pour lui tenir lieu de paraphernal, à moins qu'il n'en eût eu la jouiffance du confentement de fa femme.

Les perfonnes qui ne peuvent exciper du défaut d'infinuation, font:

1°. Le donateur, lequel ne peut l'oppofer en aucun cas, encore qu'il fe fût expreffément chargé de faire infinuer la *donation*.

2°. Le mari, ni fes héritiers, ou ayans caufe, ne peuvent auffi en aucun cas oppofer le défaut d'infinuation à la femme ou à fes héritiers, à moins que la *donation* ne lui eût été faite à titre de paraphernal, & qu'elle n'en eût joui librement.

3°. Les tuteurs, curateurs, & autres, qui par leur qualité font chargés de faire infinuer les *donations* faites, foit par eux ou par d'autres perfonnes, ne peuvent, ni leurs héritiers ou ayans caufe, oppofer le défaut d'infinuation.

Les mineurs, l'églife, les hôpitaux, communautés, & autres qui jouiffent du privilège des mineurs, ne peuvent être reftitués contre le défaut d'infinuation, fauf leur recours contre ceux qui étoient chargés de faire infinuer, fans que l'infolvabilité de ceux-ci puiffe faire admettre la reftitution. *Voyez* par rapport aux droits d'infinuation, le *Dictionnaire des finances*.

De la révocation des donations. L'effet de la *donation* entre-vifs, lorfqu'elle eft revêtue de toutes fes formalités, eft d'être irrévocable.

Les engagemens du *donateur* font en conféquence d'exécuter la *donation*, en faifant jouir le *donataire* des chofes données, autant qu'il dépend de lui; & même de les garantir, fi la *donation* eft faite fous cette condition.

Le *donataire* de fa part doit exécuter les claufes, charges, & conditions de la *donation*; il doit ufer de reconnoiffance envers le *donateur*, & fi le *donateur* tombe dans l'indigence, il doit lui fournir des alimens, à peine dans l'un ou l'autre cas d'être dépouillé de la *donation*.

Ces deux caufes de révocation d'une *donation* font établies par la loi dernière au code *de revocandis donationibus*, & elles ont été confirmées par

la

la jurisprudence des arrêts. Mais dans ces deux cas, le droit de faire révoquer une *donation* ne passe pas aux héritiers du *donateur*, lorsque ayant lui-même connu l'ingratitude, il n'a pas jugé à propos de s'en plaindre.

Toutes les causes qui peuvent donner lieu à l'exhérédation, sont également des motifs suffisans pour faire révoquer une *donation*.

Cependant les *donations* faites en faveur de mariage, ne sont pas sujettes à être révoquées pour cause d'ingratitude : 1°. parce qu'on présume, que sans la *donation* le mariage n'auroit pas été contracté : 2°. parce que ayant également été faites en faveur des enfans à naître, il n'est pas juste de leur faire supporter la peine due à la faute de leurs parens.

Une seconde cause de révocation des *donations*, est la survenance d'un enfant légitime au *donateur*. La naissance d'un enfant, postérieure à une *donation*, suivant la loi *si unquam*, au code *de revocandis donationibus*, dont les dispositions ont été confirmées par l'ordonnance de 1731, fait révoquer de plein droit toutes *donations*, même celles faites par contrat de mariage par autres que par les conjoints ou les ascendans.

La légitimation d'un enfant naturel du *donateur*, par mariage subséquent, produit aussi le même effet.

La révocation a lieu, encore que l'enfant du *donateur* fût conçu au temps de la *donation*.

Elle demeure pareillement révoquée, quand même le *donataire* seroit entré en possession des biens donnés, & qu'il y auroit été laissé par le *donateur* depuis la survenance d'enfans : & dans ce cas, le *donataire* n'est point tenu de restituer les fruits par lui perçus, de quelque nature qu'ils soient, si ce n'est du jour que la naissance de l'enfant, ou sa légitimation par mariage subséquent, lui a été notifiée juridiquement.

Les biens compris dans la *donation* révoquée de plein droit, rentrent dans le patrimoine du *donateur*, libres de toutes charges & hypothèques du chef du *donataire*, sans qu'ils puissent demeurer affectés, même subsidiairement, à la restitution de la dot de la femme du *donataire*, ni à ses reprises, douaire & autres conventions matrimoniales : & cela a lieu quand même la *donation* auroit été faite en faveur du mariage du *donataire*, & insérée dans le contrat, & que le *donateur* se seroit obligé comme caution par la *donation*, à l'exécution du contrat de mariage.

Les *donations* une fois révoquées, ne peuvent revivre par la mort de l'enfant du *donateur*, ni par aucun acte confirmatif; si le *donateur* veut donner les mêmes biens au même *donataire*, soit avant ou après la mort de l'enfant, par la naissance duquel la *donation* avoit été révoquée, il ne le peut faire que par une nouvelle disposition, & avec les mêmes formalités qui étoient requises pour la première *donation*.

Toute clause par laquelle le *donateur* auroit re-

noncé à la révocation de la *donation* pour survenance d'enfans, est regardée comme nulle, & ne peut produire aucun effet.

Le *donataire*, ses héritiers, ou ceux qui sont à ses droits pour les choses données, ne peuvent opposer la prescription pour faire valoir la *donation* révoquée par survenance d'enfans, qu'après une possession de trente années, qui ne commencent à courir que du jour de la naissance du dernier enfant du *donateur*, même posthume, sans préjudice des interruptions telles que de droit.

Une troisième cause de révocation des *donations* est le défaut d'une légitime suffisante pour les enfans du *donateur*. Ainsi toutes les fois que les biens laissés par le *donateur* à son décès ne suffisent pas pour la légitime des enfans, le supplément de la légitime se prend d'abord sur la dernière *donation*, & subsidiairement sur les précédentes, en suivant l'ordre des *donations*; & si quelqu'un des *donataires* sujets à ce recours se trouve du nombre des légitimaires, il a droit de retenir les biens donnés jusqu'à concurrence de sa légitime, & n'est tenu de celle des autres enfans, que pour l'excédent des biens qu'il possède comme *donataire*.

Les dots, même celles qui ont été fournies en deniers, sont aussi sujettes au retranchement pour la légitime, dans le même ordre que les autres *donations*; & cela a lieu, soit que la légitime des enfans soit demandée pendant la vie du mari, ou qu'elle ne soit qu'après sa mort, & quand il auroit joui de la dot pendant plus de trente ans, ou quand même la fille dotée auroit renoncé à la succession de ses père & mère par son contrat de mariage ou autrement, ou qu'elle en seroit exclue de droit, suivant la disposition des loix du pays.

Dans le cas d'une *donation* de tous biens présens & à venir, qui ne se peut faire que par contrat de mariage, le *donataire* est tenu indéfiniment de payer les légitimes des enfans du *donateur*, soit qu'il en ait été chargé nommément par la *donation*, soit que cette charge n'y ait pas été exprimée : quand la *donation* n'est que d'une partie des biens présens & à venir, le *donataire* n'est obligé de payer les légitimes au-delà de ce dont il peut être tenu de droit, qu'en cas qu'il en ait été expressément chargé par la *donation*, & non autrement ; & dans le cas où il en a été chargé, il est tenu directement & avant tous les autres *donataires*, quoique postérieurs, d'acquitter les légitimes, suivant qu'il en a été chargé; & si l'on n'a pas expliqué pour quelle portion elle sera fixée à une portion semblable à celle pour laquelle les biens présens & à venir se trouvent compris dans la *donation*, sauf au *donataire* dans tous les cas, à renoncer à la *donation*.

Mais si celui qui est *donataire* par contrat de mariage du tout ou de partie des biens présens & à venir, déclare qu'il s'en tient aux biens qui appartenoient au *donateur* au temps de la *donation*, & qu'il renonce aux biens acquis depuis par le *donateur*, comme il en a l'option, en ce cas les légitimes des enfans se prendront sur les biens postérieurement acquis, s'ils suffisent ; sinon, ce qui s'en manquera sera pris sur tous les biens qui appartenoient au *donateur* au temps de la *donation*, si elle comprend la totalité des biens ; & si elle n'est que d'une partie des biens & qu'il y ait plusieurs *donataires*, les légitimaires auront leur recours contre eux suivant l'ordre des *donations*, en commençant par les dernières, comme il a été dit ci-devant.

La prescription ne commence à courir en faveur des *donataires* contre les légitimaires, que du jour de la mort de ceux sur les biens desquels la légitime est demandée.

Tels sont les principes communs aux *donations* en général ; il ne reste plus qu'à donner quelques notions des différentes espèces de *donations*.

DONATION ALIMENTAIRE, est celle qui est faite à quelqu'un pour lui tenir lieu d'alimens. On ne peut faire que des *donations alimentaires* aux concubins & concubines & aux bâtards ; mais on peut aussi en faire à des personnes non-prohibées en leur donnant à ce titre, afin que la chose donnée ait la faveur des alimens, & ne soit pas saisissable. (*A*)

DONATION ANTENUPTIALE, *donatio ante nuptias*, étoit dans l'ancien droit romain la *donation* que les fiancés se faisoient en considération de leur futur mariage. Avant Constantin-le-Grand il n'y avoit aucune différence entre les *donations* en faveur de mariage & les *donations* ordinaires. On ne suppléoit point, comme on a fait depuis dans les *donations* en faveur de mariage, la condition tacite qu'elles n'auront lieu qu'en cas que le mariage s'accomplit ; dès que les fiancés s'étoient fait une *donation*, même en faveur de leur futur mariage, elle étoit irrévocable comme toute autre *donation* entre-vifs, encore que le mariage n'eût pas suivi, à moins qu'il n'y eût clause expresse que la *donation* seroit révoquée si le mariage n'avoit pas lieu. Constantin fut le premier qui ordonna que les *donations* en faveur de mariage seroient révoquées de plein droit, en cas que le mariage n'eût pas lieu ; & comme les conjoints ne pouvoient plus se faire aucune *donation*, les fiancés étoient obligés de se donner avant le mariage tout ce dont ils vouloient s'avantager ; c'est pourquoi Constantin nomma ces sortes de *donations* entre fiancés, *donationes ante nuptias* ; elles différoient des *donations* appellées *propter nuptias*, que les conjoints faisoient depuis le mariage, mais qui ne furent permises que par les empereurs Justin & Justinien. *Voyez ci-après* DONATION A CAUSE DE NOCES. (*A*)

DONATION *en avancement d'hoirie*, c'est ce que les père & mère, & autres ascendans, donnent entre-vifs à leurs enfans & autres descendans. Ces sortes de *donations* sont toujours réputées faites d'avance, & en déduction sur la future succession des *donateurs* ; c'est pourquoi elles sont sujettes à rapport. *Voyez* RAPPORT. (*A*)

DONATION *des biens présens & à venir*, ou qu'on

aura au jour de son décès. Nous en avons parlé ci-dessus au mot *Donation*, en faisant l'énumération des choses qu'on peut donner.

DONATION *à cause de mort*, est celle qui est faite en vue de sa mort, & pour avoir lieu seulement après le décès du *donateur*, de manière qu'elle est toujours révocable jusqu'à son décès.

Chez les Romains, les *donations à cause de mort* formoient une troisième espèce de disposition à titre gratuit, différente des *donations* entre-vifs, des testamens & codicilles. Elles étoient en usage dans les provinces de France qui suivent le droit écrit, & même dans quelques coutumes voisines, telles que celle d'Auvergne.

Mais par l'ordonnance de 1731, elles ont été abrogées, ensorte que toute *donation*, faite pour être valable, doit être revêtue des formalités des *donations* entre-vifs, ou de celles des testamens & codicilles.

L'ordonnance excepte seulement les *donations à cause de mort*, faites par contrat de mariage.

De-là il suit que toute *donation* entre-vifs qui n'est pas valable en cette qualité, ne peut valoir comme *donation à cause de mort*, parce que le législateur a voulu qu'on ne pût à l'avenir disposer de ses biens à titre gratuit, que de deux manières, par *donation* entre-vifs légitimement faite, & par testament ou codicille.

DONATION *à cause de noces*, appellée chez les Romains *donatio propter nuptias*, étoit celle que les conjoints se faisoient, soit avant le mariage ou depuis. Par l'ancien droit romain, les conjoints ne pouvant se faire aucune *donation* entre-vifs, les fiancés qui vouloient s'avantager, devoient le faire avant le mariage ; c'est pourquoi ces *donations* s'appelloient *donationes ante nuptias*. Elles étoient réciproques entre les deux parties, c'est-à-dire, que l'on comprenoit également sous ce nom de *donatio ante nuptias*, & la dot que la future apportoit à son futur époux, & la *donation* que celui-ci faisoit à sa future, en considération de la dot qu'elle lui apportoit. Justinien considérant que la dot de la femme étoit souvent beaucoup augmentée pendant le mariage, permit aussi d'augmenter, pendant le mariage, la *donation* faite à la femme à proportion de l'augmentation de sa dot. Justinien fit plus ; il permit de faire de telles *donations*, encore qu'il n'y en eût point de commencement avant le mariage, & en conséquence il ordonna que ces *donations* seroient à l'avenir appellées *donationes propter nuptias*.

Il n'est point parlé de ces *donations* dans le digeste, attendu qu'elles étoient absolument inconnues aux jurisconsultes, dont les livres servirent à composer le digeste. Cette matière est seulement traitée au code, aux instituts, & dans les novelles.

Les principes que l'on suivoit par rapport à ces *donations*, étoient que toute dot méritoit une *donation à cause de noces* ; mais la *donation* n'étoit due que quand la dot avoit été payée, ou à propor-tion de ce qui en avoit été payé. La *donation* devoit être réciproque, la dot étant regardée comme une *donation* que la femme faisoit au mari, la *donation à cause de noces* devoit être égale à la dot; le mari survivant gagnoit en certains cas la dot de sa femme, de même que la femme survivante gagnoit la *donation à cause de noces* sur les biens du mari. La *donation* appartenoit en propriété au survivant, lorsqu'il n'y avoit point d'enfans; & au cas qu'il y en eût, le survivant n'avoit que l'usufruit de la *donation* ou gain de survie. Si le survivant restoit en viduité, il gagnoit en outre une virile en propriété; & s'il se remarioit, il perdoit tout droit de propriété dans la *donation*, & étoit réduit à l'usufruit.

Sous les derniers empereurs de Constantinople, les *donations à cause de noces* proprement dites, tombèrent en non-usage. Les Romains s'accoutumèrent insensiblement à pratiquer, au lieu de ces *donations*, un don de survie qui étoit usité chez les Grecs en faveur de la femme, appellé *hypobolon*, qui signifie *incrementum dotis*; d'où l'augment de dot, qui est présentement usité dans les pays de droit, tire son origine. *Voyez* AUGMENT *de dot*. (*A*)

DONATION *pour cause pie*, est celle qui a pour objet quelque disposition pieuse & charitable. *Voyez* LEGS PIEUX. (*A*)

DONATION *à charge de retour*, est celle que le *donateur* fait à condition que si le *donataire* décède le premier, les choses données retourneront au *donateur*.

Les *donations* d'immeubles qui se font à charge de retour, renferment ordinairement cette clause, qu'au cas que le *donataire* décède sans enfans avant le *donateur*, ce dernier rentrera de plein droit dans la propriété des choses données.

On ne supplée point cette clause contre un *donataire* étranger, ou ses héritiers; mais elle est toujours sous-entendue dans les *donations* d'immeubles que les ascendans font à leurs descendans.

La condition de retour, au cas que le *donataire* decede sans enfans, s'étend aussi au cas où les enfans & autres descendans décèdent sans enfans. (*A*)

DONATION *conditionnelle*, est celle dont l'accom-plissement dépend de l'événement de quelque con-dition: par exemple, si le *donateur* ne donne au *donataire*, qu'au cas qu'il épouse une certaine personne. *Voyez* CONDITION *&* DISPOSITION *con-ditionnelle*. (*A*)

DONATION *entre conjoints*, est celle qui est faite par l'un des conjoints au profit de l'autre pendant le mariage, au lieu que la *donation* entre futurs conjoints est celle qui précède le mariage. Les futurs conjoints peuvent jusqu'à la célébration se faire telles *donations* qu'ils jugent à propos; mais depuis la célébration, ils ne peuvent plus se don-ner rien entre-vifs; & même en pays coûtumier,

ils ne peuvent se faire aucune libéralité par testa-ment. (*A*)

DONATION *par contrat de mariage*, est toute *donation* contenue dans ce contrat, soit qu'elle soit faite par un des futurs conjoints à l'autre, ou par un de leurs ascendans, ou autre parent, ou par un étranger. On peut par contrat de mariage faire toutes sortes de *donations* entre-vifs, ou à cause de mort, de tous biens présens & à venir, & y apposer telles conditions que l'on veut, attendu que les contrats de mariage sont susceptibles de toutes sortes de clauses, qui ne sont point con-traires aux bonnes mœurs, ni à quelque statut pro-hibitif. (*A*)

DONATION *en faveur de mariage*, est celle qui est faite à l'un des conjoints, ou à tous les deux, en considération de leur futur mariage. Ces sortes de *donations* peuvent être faites par un des futurs conjoints au profit de l'autre, ou par leurs parens & amis; elles sont ordinairement faites par con-trat de mariage, & peuvent néanmoins être faites par un acte séparé, soit avant ou après le con-trat de mariage, pourvu que cet acte précède la célébration. Mais pour jouir des privilèges parti-culiers accordés par l'ordonnance à certaines *dona-tions*, il faut qu'elles soient faites par contrat de mariage; par exemple, si la *donation* en faveur de mariage est une *donation* à cause de mort, elle ne peut valoir, à moins qu'elle ne soit faite par le contrat de mariage. (*A*)

DONATION *illusoire*, est celle dont le *donataire* ne peut pas profiter, soit parce que celui qui donne manque de pouvoir, soit parce que celui qui reçoit est dans l'impossibilité de jouir de la chose donnée. On trouve dans le code & le digeste plusieurs loix qui concernent les *donations*, qui sont ou qui paroissent illusoires.

On peut ranger dans cette classe, 1°. les *dona-tions* faites autrefois par les papes, des couronnes, des sceptres & des empires; 2°. la cession faite par eux du territoire de l'Amérique en faveur des Espagnols; 3°. la fameuse ligne de démarcation, tracée sur le globe par le pape Alexandre VI, pour limiter dans les Indes les propriétés des rois d'Es-pagne & de Portugal; 4°. la *donation* solemnelle que Louis XI fit en 1478, en faveur de la Sainte-Vierge, du droit & titre du fief & hommage du comté de Boulogne; dont il se réservoit les revenus.

DONATION *inofficieuse*, est celle qui préjudi-cieroit à la légitime, si elle n'étoit révoquée ou retranchée jusqu'à concurrence de la légitime. *Voyez* au mot DONATION ce qui a été dit du retranche-ment des *donations* par rapport à la légitime.

DONATION *en ligne collatérale*, est celle qui est faite à un collatéral du *donateur*. (*A*)

DONATION *en ligne directe*, est la *donation* faite par père ou mère à leurs enfans, ou petits-en-fans; ou par un descendant, au profit de son ascen-dant. (*A*)

D 2

DONATION *mutuelle*, eſt celle par laquelle deux perſonnes ſe donnent réciproquement tous leurs biens, ou du moins un certain genre de biens.

On diſtingue la *donation mutuelle* entre conjoints du don mutuel. La première ſe fait par le contrat de mariage, ou par quelque autre acte qui précède la célébration; elle peut être de tous biens, au lieu que le don mutuel ſe fait pendant le mariage, & ne comprend ordinairement que les biens de la communauté. Elle diffère auſſi de la *donation* réciproque, en ce que celle-ci peut être inégale & d'objets différens.

Les *donations mutuelles* faites entre autres perſonnes que celles qui veulent s'unir par le lien conjugal, diffèrent des *donations mutuelles* entre conjoints, en ce que par les dernières on peut valablement ſtipuler que les biens qui appartiendront au premier mourant, paſſeront au ſurvivant en propriété ou en uſufruit, au lieu que les premières ne peuvent comprendre que les biens dont les contractans jouiſſent actuellement.

Les *donations mutuelles* entre étrangers doivent être inſinuées dans les quatre mois de leur date; mais celles faites entre conjoints peuvent ne l'être que dans les quatre mois poſtérieurs au décès de l'un des *donateurs*. Mais le droit de centième-denier n'eſt exigible qu'au moment où le ſurvivant recueille les immeubles du prédécédé.

DONATION *onéreuſe*, eſt celle qui eſt faite ſous certaines charges impoſées au *donataire*, ſoit envers le *donateur*, ou au profit de quelque autre perſonne qu'il a déſignée. Le *donateur* peut impoſer à ſa libéralité telle charge qu'il juge à propos, & le *donataire* eſt tenu de les accomplir. S'il y manque, le *donateur* eſt fondé à intenter une action pour faire révoquer la *donation*.

DONATION *pieuſe*, eſt celle qui eſt faite au profit de quelque égliſe, communauté eccléſiaſtique, hôpital, ou autre établiſſement de charité.

Il y a un code des *donations pieuſes* par Aubert le Mire, qui concerne les fondations faites en Flandre. (*A*)

DONATION *réciproque*, eſt lorſque deux perſonnes ſe donnent chacune quelque choſe. Toute *donation mutuelle* eſt réciproque; mais toute *donation réciproque* n'eſt pas mutuelle, parce que celle-ci ſuppoſe l'égalité: au lieu que la *donation réciproque* peut être inégale de part & d'autre. (*A*)

DONATION *rémunératoire*, eſt celle qui eſt faite pour récompenſe de ſervices. Ces ſortes de *donations* ſont plutôt un paiement qu'une *donation* proprement dite: cependant elles ſont aſſujetties à la formalité de l'inſinuation, comme les autres *donations*. (*A*)

DONATION *de ſurvie*, eſt celle qui eſt faite au *donataire*, ſous la condition qu'il ſurvivra au *donateur*. Ces ſortes de *donations* ſont principalement uſitées entre futurs conjoints dans certaines provinces de droit écrit, comme en Provence & en

Breſſe. *Voyez* GAINS *nuptiaux*, GAINS *de ſurvie*. (*A*)

DONATION *teſtamentaire*, eſt une *donation* à cauſe de mort, faite par teſtament. (*A*)

DONATION *univerſelle*, eſt celle qui comprend tous les biens du donateur, ou du moins tout un certain genre de biens, comme la totalité des meubles ou des immeubles. (*A*)

DONJON, ſ. m. (*Droit féodal.*) il eſt dit dans le ſecond Scaligerana, « que le *donjon* eſt une tour » d'où ſort un eſcalier, & que le reſte au haut » s'appelle un *donjon* ». Fauchet, au livre 1 de *l'Origine des chevaliers*, dérive ce mot du latin *domicilium*; & l'auteur des *Geſtes des ſeigneurs d'Amboiſe*, nomme effectivement *domicilium*, le *donjon* du château d'Amboiſe. Menage fait venir le même mot de *dominio*, *dominionis*. Le *donjon* eſt, dit-il, appellé *dominionus* dans un titre du roi Henri I au cardinal de Limoges.

Ce mot eſt quelquefois pris en droit pour le corps d'un château. Loiſel dit, par exemple, qu'on ne doit pas comprendre dans les biens ſujets au douaire, *la couronne, comtés & baronnies tenues d'icelle, & quelques donjons & fortereſſes*. Laurière dit que cela ne doit s'entendre que des châteaux jurables & rendables, ſuivant l'article 59 de la coutume de Bourges. *Voyez ſes Notes ſur Loiſel, liv. I, tit. 3, règle 1.*

Pluſieurs coutumes excluent encore aujourd'hui les châteaux & forterreſſes du douaire. *Voyez l'article 21 de celle d'Amiens.* (*M.* GARRAN DE COULON.)

DONNER ET RETENIR NE VAUT, (*Coutume de Paris, art. 274.*) cette maxime eſt devenue une eſpèce de proverbe au palais, qui ſignifie qu'il n'y a pas de donation toutes les fois que le donateur retient ce qu'il donne, & ne ſe dépouille pas de ſa propriété; car il eſt de l'eſſence de la donation que le domaine de la choſe *donnée* paſſe irrévocablement en la perſonne du donataire.

En conſéquence de ce principe, on doit regarder comme nulles toutes donations dans leſquelles le donateur ou ſe réſerve la liberté de diſpoſer de la choſe *donnée*, où en demeure en poſſeſſion juſqu'au jour de ſon décès, & celles dont les circonſtances indiquent qu'il ne s'eſt pas dépouillé irrévocablément.

Mais ce n'eſt pas *donner & retenir*, lorſque le donateur retient pardevers lui l'uſufruit des héritages dont il *donne* la propriété, ſoit qu'il réſerve cet uſufruit pour un temps limité, ou pour la durée de ſa vie; il en eſt de même lorſqu'on inſère dans l'acte de donation une clauſe de conſtitut ou de précaire, ſur laquelle le donateur, après s'être deſſaiſi de ſa propriété, reconnoît ne poſſéder par la ſuite la choſe *donnée*, que précairement & au nom du donataire. *Voyez* CONSTITUT, DONATION, PRÉCAIRE.

DOOMO-DAY-BOOK. *Voyez* DOMESDAY.
DORMANT. *Voyez* DORMIR.

DORMIR, v. a. (*Jurifpr.*) ce terme eft ufité en cette matière en plufieurs fens différens.

C'eft une maxime, en fait de mouvance féodale, que tant que le vaffal *dort*, le feigneur veille ; & que tant que le feigneur *dort*, le vaffal veille ; c'eft-à-dire, comme l'explique l'article 62 de la coutume de Paris, que le feigneur ne fait point les fruits fiens avant qu'il ait faifi, & qu'après la faifie il gagne les fruits jufqu'à ce que le vaffal ait fait fon devoir, en renouvellant toutefois par le feigneur la faifie de trois ans en trois ans. *Voyez* VASSAL.

On dit auffi, en ftyle de palais, que quand la cour fe lève le matin, elle *dort* l'après-dînée, pour dire que quand elle a été obligée de lever l'audience du matin plutôt qu'à l'ordinaire, pour quelque cérémonie ou affaire publique, il n'eft pas d'ufage qu'elle entre en de relevée.

On dit auffi, en parlant d'un ufage pratiqué dans certaines provinces, comme en Bretagne, laiffer *dormir* fa nobleffe ; c'eft-à-dire, que fans y déroger pour toujours, elle demeure en fufpens, avec intention de la reprendre au bout d'un certain temps ; ce qui arrive lorfqu'un gentilhomme qui veut faire commerce, déclare, pour ne pas perdre fa nobleffe, qu'il n'entend faire le commerce que pendant un certain temps. *Voyez* DÉROGEANCE, GENTILHOMME, NOBLE, NOBLESSE. (*A*)

La coutume de Montargis appelle *commiffaire-dormant*, en fait de faifie féodale, celui qui ne jouit point du fief, & qui ne poffède point le vaffal ou fon fermier. L'art. 81 du titre 1 de cette coutume, porte « que s'il n'y avoit que fimple » faifie ou établiffement de commiffaire-dormant, » comme détenteur, ou autant qui ne levât de » fait, & en laiffât jouir le vaffal, ou fes fer- » miers, ou métayers, ne pourroit ledit feigneur » de fief demander que l'année dudit faififfement, » & non les fubféquentes, finon qu'il y eût nou- » vel faififfement pour chacune année, auquel » cas lui feroient acquis les fruits & droits féo- » daux de chacune année dûement faifie & figni- » fiée ».

La même coutume, & quelques autres appellent *exécution dormante*, en fait de faifie mobiliaire, celle qui fe fait fans déplacement de meubles, foit qu'on ait établi le débiteur même pour dépofitaire, foit qu'on y ait établi un dépofitaire étranger. L'article 11 du titre 20 de cette coutume porte « qu'une exécution de cette efpèce eft réputée » nulle, quant aux autres créanciers, & n'em- » pêche point qu'ils ne puiffent faire enlever les » meubles ». Mais Dumoulin obferve, dans fon *Apoftille* fur cet article, que lorfque le dépofitaire a fuivi la foi du débiteur, & lui a laiffé les meubles, le premier faififfant a fon recours contre ce dépofitaire. (*M. GARRAN DE COULON.*)

DOSSAGE, f. m. (*Droit féodal.*) c'eft une efpèce de tribut ou de redevance que l'on perçevoit fur diverfes efpèces d'artifans. Le regiftre des fiefs du comté de Chartres, cité par Ducange & de Laurière, porte au *folio 16* : « les feupliers » doivent en l'an, chacun 18 deniers, le jour de » la S. Barthelemi. *Item*, ils doivent chacun deux » deniers de *doffage* le jour de S. André. *Item*, » les pelletiers de *doffage* chacun deux deniers le » jour de la S. André, &c. ». (*M. GARRAN DE COULON.*)

DOSSIER, f. m. (*Jurifpr.*) eft une feuille de papier qui couvre une liaffe de pièces pliées en deux, avec lefquelles elle eft attachée.

Quelquefois le terme de *doffier* fe prend pour toute la liaffe des pièces ; c'eft en ce fens que le juge ordonne que les parties, les avocats ou leurs procureurs, fe communiqueront leurs *doffiers*, ou qu'ils les remettront entre les mains du juge, ou fur le bureau.

On marque ordinairement fur le *doffier* quel eft l'objet des pièces qu'il contient.

Les procureurs font autant de *doffiers* qu'ils ont de parties ; & fouvent pour une même partie, ils forment autant de *doffiers* qu'il y a d'adverfaires, ou qu'il y a de nouvelles demandes qui ont chacune un objet particulier.

Ils marquent fur le *doffier* d'abord le tribunal où l'affaire eft pendante, enfuite les noms & qualités des parties, la date des exploits, le nom de l'avocat, & au bas du *doffier*, les noms des procureurs : celui auquel eft le *doffier*, met fon nom à droite, & met le nom de fon confrère à gauche.

Ils marquent auffi quelquefois fur le *doffier* la date de leur préfentation, celle des fentences par défaut, la date des principaux titres & procédures : à cet égard, il n'y a point d'ufage uniforme, chacun fuit fon idée.

Dans les tribunaux inférieurs, où les affaires d'audience font ordinairement peu chargées de procédures, & s'expédient promptement, on fe contente d'envelopper les pièces fous des *doffiers* ; mais dans les inftances appointées, & dans les appellations, foit verbales ou par écrit, qui fe portent au parlement, il eft d'ufage, pour la confervation des pièces, de les enfermer dans des facs, fur l'étiquette defquels on marque fi c'eft une caufe, inftance, ou procès, le nom du tribunal, les qualités des parties, le nom du rapporteur s'il y en a un, & celui des procureurs : cela n'empêche pas que les pièces enfermées dans le fac ne foient encore enveloppées d'un *doffier*, dont la fufcription eft femblable à celle de l'étiquette. Un même fac renferme fouvent plufieurs *doffiers*, foit contre différentes parties, fi c'eft dans une caufe d'audience, ou différentes cotes & liaffes de production, fi c'eft dans une affaire appointée.

On change la fufcription du *doffier*, fuivant l'état de l'affaire ; on ne l'intitule d'abord qu'*exploit*, jufqu'à ce que l'affaire foit portée à l'audience ; enfuite lorfqu'on pourfuit l'audience, on l'intitule *caufe* : dans les affaires appointées, le *doffier* eft intitulé *production* ; & s'il y a plufieurs productions, la première est intitulée *production principale*, & les autres, *production nouvelle*. On change les noms des procureurs en cause d'appel sur le *dossier*, quand ce ne sont pas les mêmes qui occupoient en cause principale.

On appelle quelquefois *cote du dossier*, la feuille qui enveloppe les pièces, à cause que l'on y cote les noms des parties. Dans les affaires qui se vuident par expédient, soit par l'avis des gens du roi, soit par l'avis d'un ancien avocat, ou par l'avis d'un ancien procureur ; celui devant qui l'affaire est portée, écrit sommairement son appointement ou avis sur la cote du *dossier* de l'avocat ou procureur, qui obtient à ses fins ; & lorsque l'appointement est expédié en conséquence, & qu'on le veut faire parapher à celui qui a jugé, il faut lui représenter la cote du *dossier*, pour voir si ce qu'on lui présente est conforme à son arrêté ; & après cette vérification, il bâtonne ce qu'il avoit écrit sur le *dossier*. (*A*)

DOT, s. f. (*Jurispr.*) ce terme se prend en plusieurs sens différens ; on entend communément par-là, ce qu'une femme apporte en mariage ; quelquefois, au contraire, *dot* signifie ce que le mari donne à sa femme en faveur du mariage. On appelle aussi *dot*, ce que les peres, meres & autres ascendans donnent à leurs enfans, soit mâles ou femelles, en faveur du mariage ; ce que l'on donne pour la fondation & entretien des églises, chapitres, séminaires, monasteres, communautés, hôpitaux & autres établissemens de charité ; & ce que l'on donne à un monastere pour l'entrée en religion. Nous expliquerons séparément ce qui concerne chacune de ces différentes sortes de *dots*, en commençant par celle des femmes. (*A*)

DOT *de la femme*, signifie ordinairement ce qu'elle apporte à son mari pour lui aider à soutenir les charges du mariage. Ce terme est aussi quelquefois pris pour une donation à cause de noces, que lui fait son mari, ou pour le douaire qu'il lui constitue.

C'étoit la coutume chez les Hébreux, que les hommes qui se marioient, étoient obligés de constituer une *dot* aux filles qu'ils épousoient, ou à leurs peres : c'est ce que l'on voit en plusieurs endroits de la Genèse, entre autres, *chap. 29, v. 18, chap. 31, v. 15 & 16, & chap. 34, v. 12.*

On y voit que Jacob servit quatorze ans Laban, pour obtenir Lia & Rachel ses filles.

Sichem, demandant en mariage Dina, fille de Jacob, promet à ses parens de lui donner tout ce qu'ils demanderont pour elle : *inveni gratiam, dit-il, coram vobis, & quæcumque statueritis dabo. Augete dotem & munera postulate, & libenter tribuam quod petieritis ; tantùm date mihi puellam hanc uxorem.* Ce n'étoit pas une augmentation de *dot* que Sichem demandoit aux parens ; par ces mots, *augete dotem* ; il entendoit, au contraire, parler de la donation ou douaire qu'il étoit dans l'intention de faire à sa future, & laissoit les parens de Dina maîtres d'aug-

menter cette donation, que l'on qualifioit de *dot*, parce qu'en effet elle en tenoit lieu à la femme.

David donna cent prépuces de Philistins à Saül, pour la *dot* de Michol sa fille, Saül lui ayant fait dire qu'il ne vouloit point d'autre *dot. Reg. chap. 18.*

C'est encore une loi observée chez les Juifs, que le mari doit doter sa femme, & non pas exiger d'elle une *dot*.

Lycurgue, roi des Lacédémoniens, établit la même loi dans son royaume. Solon avoit ordonné que les femmes Athéniennes n'apporteroient en *dot* à leurs maris que trois robes, avec quelques autres meubles de peu de valeur. Les peuples de Thrace, au rapport d'Hérodote, ne recevoient aucune *dot* de leurs femmes, & c'étoit aussi la coutume chez tous les peuples du Nord. Frothon, roi de Danemarck, en fit une loi dans ses états.

Cette loi ou coutume avoit deux objets ; l'un de faire ensorte que toutes les filles fussent pourvues, & qu'il n'en restât point, comme il arrive présentement, faute de biens ; l'autre étoit que les maris fussent plus libres dans le choix de leurs femmes, & plus en état de les contenir dans leur devoir : car on a toujours remarqué que le mari qui reçoit une grande *dot* de sa femme, semble par-là perdre une partie de sa liberté & de son autorité, & qu'il a communément beaucoup plus de peine à contenir sa femme dans une sage modération, lorsqu'elle a du goût pour le faste : *ita istæ solent quæ viros subvenire sibi postulant dote fretæ feroces*, dit Plaute, *in Mœrech.*

Chez les Assyriens & les Babyloniens, aucun pere n'avoit droit de disposer de sa fille. Toutes les filles nubiles étoient exposées dans une grande place, pour y être vendues l'une après l'autre, & il ne manquoit pas d'acheteurs. Les plus belles se délivroient au plus fort & dernier enchérisseur ; & l'argent provenu de leur vente servoit à doter celles qui avoient reçu de la nature moins de graces & d'appas. De cette maniere toutes les filles étoient mariées ; on exigeoit seulement que ceux qui préféroient l'argent à la beauté donnassent caution d'épouser celles qui leur étoient échues en partage, ou de leur restituer l'argent qu'ils avoient reçu pour leur *dot*.

Arrien raconte des peuples de l'Inde que la *dot* des femmes ne consistoit que dans leur vertu, qui faisoit le bonheur des mariages, & encore aujourd'hui les Banians, nation la plus ancienne des Indes & peut-être du monde, ne permettent aux femmes d'apporter en *dot* que leurs habits, leurs bijoux & deux ou trois esclaves.

Il n'étoit pas non plus d'usage chez les Germains, que la femme apportât une *dot* à son mari, c'étoit au contraire le mari qui dotoit sa femme ; elle lui faisoit seulement un léger présent de noces, lequel, pour se conformer au goût belliqueux de cette nation, consistoit seulement en quelques armes, un cheval, &c. c'est ce que rapporte Tacite, en parlant des mœurs des Germains de son temps :

dotem non uxor marito, sed uxori maritus offert. In-
terfunt parentes & propinqui, ac munera probant ; mu-
nera non ad delicias muliebres quæfita, nec quibus novā
nupta comatur, fed bovem & frænatum equum, cum
frameā gladioque.

Préfentement en Allemagne l'ufage eft changé ;
les femmes y apportent des *dots* à leurs maris,
mais ces *dots* font ordinairement fort modiques,
fur-tout pour les filles de qualité. Par exemple,
les princeffes de la maifon électorale de Saxe ont
feulement 30000 écus ; celles des autres branches
de la même maifon, 20000 florins ; les princeffes
des maifons de Brunfwic & de Bade, 15000 florins, & une fomme pour les habits, les bijoux
& l'équipage.

Chez les Romains l'ufage fut toujours de recevoir des *dots des femmes ;* & en confidération de
leur *dot*, ils leur faifoient un avantage réciproque
& proportionné, connu fous le nom de *donation
à caufe des noces.*

Cette même jurifprudence fut obfervée chez les
Grecs, depuis la tranflation de l'empire à Conftantinople, comme il paroît par ce que dit Harmeno-
pule de l'*hypobolon* des Grecs, qui étoit une efpèce
de donation à caufe de noces, que l'on régloit à
proportion de la *dot*, & dont le *morghengeba* des
Allemands paroît avoir tiré fon origine.

Céfar, en fes commentaires, parlant des mœurs
des Gaulois, & de ce qui s'obfervoit de fon temps
chez eux entre mari & femme pour leurs conventions matrimoniales, fait mention que la femme
apportoit en *dot* à fon mari une fomme d'argent ;
que le mari de fa part prenoit fur fes biens une
fomme égale à la *dot ;* que les deux fommes étoient
mifes en commun ; que l'on en confervoit les profits, & que le tout appartenoit au furvivant des
conjoints : *quantas pecunias ab uxoribus dotis nomine
acceperunt, tantas ex his bonis æftimatione factā cum
dotibus communicant ; hujus omnis pecuniæ conjunctim
ratio habetur, fructufque fervantur ; uter eorum vitâ
fuperavit, ad eum pars utriufque cum fructibus fu-
periorum temporum pervenit.* Mais fi les femmes
Gauloifes apportoient quelque argent en *dot* à
leurs maris, elles étoient entièrement exclufes des
fucceffions, &, par conféquent, le defir d'époufer des femmes riches ne pouvoit déterminer les
mariages. Chacun choififfoit à fon gré la compagne
de fes travaux, & la principale *dot* qu'il exigeoit
étoit un courage à toute épreuve, & une fidélité
inviolable.

Lorfque les Francs eurent fait la conquête des
Gaules, ils laifsèrent aux Gaulois la liberté de vivre
fuivant leurs anciennes coutumes ; pour eux, ils
retinrent celles des Germains dont ils tiroient leur
origine : ils étoient donc dans l'ufage d'acheter
leurs femmes, tant veuves que filles, & le prix
étoit pour les parens, & à leur défaut au roi, fuivant le titre 46 de la loi falique. Les femmes donnoient à leurs maris quelques armes, mais elles ne
leur donnoient ni terres ni argent ; c'étoient, au

contraire, les maris qui les dotoient. Cette efpèce
d'achat donnoit un fi grand pouvoir au mari, fuivant le titre 37 des loix ripuaires, que s'il venoit à
diffiper les fucceffions échues à fa femme, elle n'é-
toit point en droit de lui en demander la reftitution.

Tel fut l'ufage obfervé entre les Francs, fous
la première & la feconde race de nos rois. Cette
coutume s'obfervoit encore vers le dixième fiècle,
comme il paroît par un cartulaire de l'abbaye de faint
Pierre-en-Vallée, lequel, au dire de M. le Laboureur, a plus de fept cens ans d'antiquité. On y
trouve une donation faite à ce couvent par Hilde-
garde, comteffe d'Amiens, veuve de Valeran,
comte de Vexin ; elle donne à cette abbaye un aleu
qu'elle avoit reçu, en fe mariant, de fon feigneur,
fuivant l'ufage de la loi falique, qui oblige, dit-elle,
les maris de doter leurs femmes.

On trouve dans Marculphe, Sirmond & autres
auteurs, plufieurs formules anciennes de ces conftitutions de *dots* faites par le mari à fa femme ;
cela s'appelloit *libellus dotis.* C'eft de cette *dot*, conftituée par le mari, que le douaire tire fon origine ;
auffi plufieurs de nos coutumes ne le qualifient point
autrement que de *dot :* c'eft pourquoi nous renvoyons *au mot* DOUAIRE ce qui a rapport à ce
genre de *dot.*

Dans le temps que Marfeille, ancienne colonie
des Phocéens, vivoit fous fes loix & formoit une
république, auffi riche, mais plus modérée que Carthage, il exiftoit une loi qui fixoit la *dot* la plus
riche à environ cent livres, & le trouffeau, le plus
magnifique de celle qui fe marioit, ne pouvoit
excéder cinq robes.

Il eft inutile de rapporter qu'à la Chine, à la
Cochinchine, au Tonquin, au Japon & dans la
plupart des cantons de l'Afrique, les femmes, loin
d'apporter des *dots* à leurs maris, reçoivent, au
contraire, d'eux une fomme d'argent, qui appartient à leurs parens, ou qui fert à l'acquifition de
leur trouffeau.

Les Turcs & tous les Mufulmans en général,
regardent le mariage comme une chofe fainte, &
un engagement indifpenfable, ordonné par le créateur. Les filles n'y apportent point de *dot*, & le
mari eft fouvent obligé de leur envoyer de l'argent
pour former leur trouffeau, & leur affurer, en
outre, un douaire, c'eft-à-dire, une fomme convenue, pour en jouir en cas de veuvage ou de
divorce.

On ne peut pas douter que la pureté des mœurs,
que la fimplicité & la vertu des femmes, chez les
peuples anciens & modernes, où la conftitution
de la *dot* en faveur des femmes n'avoit pas lieu,
doivent être uniquement attribuées à ce que dans
ces contrées heureufes elles ne pouvoient tirer de
leurs *dots* & de leurs richeffes, le droit de maîtri-
fer leurs maris & de leur faire infidélité. C'eft ce
que nous dit élégamment Horace, en parlant des
Scythes :

Nec dotata regit virum
Conjux , nec nitido fidit adultero.
Dos est magna parentum
Virtus , & metuens alterius viri
Certo fœdere castitas ,
Et peccare nefas , aut pretium est mori.

Il eût été avantageux aux gouvernemens de conserver l'exacte & sévère observance des anciennes loix par rapport aux *dots des femmes*, c'eût été le moyen le plus sûr de conserver la sainteté des mariages & des mœurs, & d'exciter ce goût naturel que chaque homme conserve dans son cœur, de s'assurer un fils pour fermer ses yeux au dernier de ses jours. L'homme, en cherchant à s'associer une compagne, n'eût point contracté cette espèce d'obligation de fournir aux extravagances de la mode & du luxe. En recevant une *dot*, qui, quoique excessive, ne sauroit à présent équipoller aux goûts immodérés, que la dépravation & l'avarice des marchands s'empressent d'exciter & de faire naître, il n'eût pas trouvé un motif de ruine, dans celle qui devroit veiller à l'économie de ses biens & de sa maison. Tout ce qu'exige à présent le commun des femmes, c'est que la fortune d'un mari puisse fournir aux appétits insatiables de leur luxe. Le mariage n'est décrié chez les hommes que dans les siècles de luxe : la plupart sont effrayés de ses charges, que le caprice & l'orgueil ont rendues accablantes.

Aujourd'hui l'appréhension des suites du mariage en a augmenté les inconvéniens : à mesure que les hommes se sont éloignés de tout engagement, les pères de famille se sont empressés de plus en plus, en augmentant les *dots* de leurs filles, de présenter un appât, une amorce qui pût faciliter leur établissement ; ils n'ont pas senti que ce moyen étoit insuffisant, qu'il étoit fonciérement opposé à leur système, puisqu'en augmentant les *dots*, on donnoit aux femmes un surcroît de prétention aux plus hautes impertinences du luxe. Avec moins de bien, elles eussent été plus modestes, plus retenues, & les célibataires, moins prévenus, eussent cherché dans une union plus étroite avec elles, un bonheur qu'aucun d'eux n'entrevoit dans leur éloignement, & dans la privation de leur société. Mais,

Tace stulte, non tu nunc hominum mores vides ?
Quojus modi ? Hic cum malâ famâ facile nubitur,
Dum dos sit ; nullum vitium vitio vortitur.

Plaut. Pers.

Cette vérité a été sentie dans tous les temps, & a fait la base des législations les plus sages.

Les Vénitiens ont encore une loi sévérement exécutée, qui défend aux plus riches, même des sénateurs, de doter leurs filles au-delà de six mille ducats. Aussi, malgré les richesses immenses de ces républicains, il n'est pas de contrée en Europe où les femmes connoissent moins le luxe.

Charles-Quint avoit goûté ce genre de police très-utile pour la manutention des bonnes mœurs & du bon ordre ; il y pourvut par de sages réglemens, qui sont contenus dans une ordonnance qu'il promulgua pour l'Espagne en 1534.

François I, à qui l'on ne sauroit attribuer des vues d'avarice & d'économie, inséra un pareil article dans l'ordonnance qu'il publia à Châteaubriant en 1532 : « ordonnons, y est-il dit, que nuls, ayant » offices, états, charges, commission & maniement » de nos finances, en quel état, qualité & condi- » tion que ce soit, ne donnent à leurs filles, dons » & mariages excédens la dixième partie de leurs » biens ».

Nous avons des exemples moins éloignés de la nécessité de réprimer le luxe pour favoriser les mariages. Cette vérité s'est fait sentir à un des plus grands princes qui existent : Léopold, grand duc de Toscane, frappé des excès du luxe dans ses états, & de la nécessité d'en contenir le désordre fit circuler naguère, une lettre adressée au sénateur Nelli de Florence (elle est du 17 août 1781), où sont consignées ces maximes mémorables : « ce » caprice dispendieux que la mode a apporté dans » la capitale, & qui de-là se glisse, par une ridicule » imitation, dans les provinces & jusques dans les » campagnes, met les plus grands obstacles aux » mariages, & conséquemment à la population : » de ce luxe, peu réfléchi, naissent le défaut de » moyens pour la bonne éducation des enfans des » deux sexes, les déficit trop fréquens dans les » caisses des employés, leurs dettes & souvent leurs » infidélités, la rareté des capitaux dans le com- » merce, le peu de secours accordé aux agricul- » teurs, le malheur en général des familles, les » dissentions, &c. ».

Mais puisque les richesses & le luxe ont rendu nécessaires les *dots des femmes*, nous allons donner le précis des loix qui concernent cette matière.

Suivant les loix romaines, rapportées dans le code & le digeste, il paroît que la *dot* & les instrumens dotaux n'étoient point de l'essence du mariage ; on en trouve la preuve dans la loi 4 , *ff. de pign.* loi 31 , *pr. ff. de donat.* loi 9 , 13 & 22 , *c. de nupt.* quoique cependant Ulpien, loi 11 , *ff. de pact.* dise qu'il est indigne qu'une femme soit mariée sans *dot*.

Mais en l'année 458 , selon Contius, ou en 460 , suivant Haloander, Majorien, par la novelle *de sanctimonialibus & viduis* , déclara nuls les mariages qui seroient contractés sans *dot*. Son objet fut de pourvoir à la subsistance & à l'éducation des enfans : & pour cet effet, il ordonna que la femme apporteroit en *dot* autant que son mari lui donneroit de sa part ; que ceux qui se marieroient sans *dot* encourroient tous deux une note d'infamie, & que les enfans qui naîtroient de ces mariages, ne seroient pas légitimes.

L'empereur Justinien ordonna que cette loi de Majorien n'auroit lieu que pour certaines personnes, marquées dans ses novelles 11 , chap. 4 ; & 74 , chap. 4.

Les

Les papes ordonnèrent aussi que les femmes seroient dotées, comme il paroît par une épître attribuée faussement à Évariste, *can. consanguin. cause. 4, quæst. 3, §. 1.*

L'église gallicane qui se régloit anciennement par le code théodosien, & par les novelles qui sont imprimées avec ce code, suivit la loi de Majorien, & ordonna, comme les papes, que toutes les femmes seroient dotées : *nullum sine dote fiat conjugium,* dit un concile d'Arles, en 524 : *juxta possibilitatem fiat dos*, dit Gratien, *cause. 30, quæst. 5, can. nullum.* Charlemagne dit aussi dans un capitulaire, *tunc per consilium & benedictionem sacerdotis, & consultu aliorum bonorum hominum, eam sponsare & legitimè dotare debet.*

La *dot* ayant été ainsi requise en France, dans les mariages, par les loix civiles & ecclésiastiques, les prêtres ne donnoient point la bénédiction nuptiale à ceux qui se présentoient, sans être auparavant certains que la femme fût dotée; & comme c'étoient alors les maris qui dotoient leurs femmes, on les obligea de le faire suivant l'avis des amis communs, & du prêtre qui devoit donner la bénédiction nuptiale : & afin de donner à la constitution de *dot* une plus grande publicité, elle se faisoit à la porte de l'église; mais ceci convient encore plutôt au douaire qu'à la *dot* proprement dite.

Dans l'usage présent la *dot* n'est point de l'essence du mariage; mais comme la femme apporte ordinairement quelque chose en *dot* à son mari, on a établi beaucoup de règles sur cette matière.

Les privilèges de la *dot* sont beaucoup plus étendus dans les pays de droit écrit que dans les pays coutumiers : dans ceux-ci tout ce qu'une femme apporte en mariage, ou qui lui échet pendant le cours d'icelui, compose sa *dot*, sans aucune distinction; au lieu que dans les pays de droit écrit, la *dot* peut à la vérité comprendre tous les biens présens & à venir, mais elle peut aussi ne comprendre qu'une partie des biens présens ou à venir, & & il n'y a de biens dotaux que ceux qui sont constitués à ce titre; les autres forment ce qu'on appelle *des biens paraphernaux*, dont la femme demeure la maîtresse.

Les femmes avoient encore à Rome un troisième genre de biens qu'on appelloit *res receptitiæ*, comme le remarquent Ulpien & Aulu-Gelle; c'étoient les choses que la femme apportoit pour son usage particulier. Ces biens n'étoient ni dotaux, ni paraphernaux; mais cette troisième espèce de biens est inconnue parmi nous, même en pays de droit écrit.

Dans les pays où l'usage est que la femme apporte une *dot* à son mari, usage qui est à présent devenu presque général, on a fait quelques réglemens pour fixer la quotité de ces *dots*.

Les Romains avoient aussi fixé les *dots*, du moins pour certaines personnes, comme pour les filles des décurions; & suivant la novelle 22, la *dot* la plus

forte ne pouvoit excéder 100 livres d'or; c'est pourquoi Cujas prétend que quand les loix parlent d'une grande *dot*, on doit entendre une somme égale à celle dont parle la novelle 22; mais Accurse estime avec plus de raison, que cela dépend de la qualité des personnes.

Il y a eu aussi en France quelques réglemens pour les *dots*, même pour celles des filles de France.

Anciennement nos rois demandoient à leurs sujets des dons ou subsides pour les doter.

Dans la suite, on leur donnoit des terres en apanage, de même qu'aux enfans mâles; mais Charles V, par des lettres du mois d'octobre 1374, ordonna que sa fille Marie se contenteroit de 100 mille francs qu'il lui avoit donnés en mariage, avec tels estoremens & garnisons, comme il appartient à une fille de France, & pour tout droit de partage ou apanage; que Isabelle, son autre fille, auroit pour tout droit de partage ou apanage 60 mille francs, avec les estoremens & garnisons convenables à une fille de roi; & que s'il avoit d'autres filles, leur mariage seroit réglé de même : & depuis ce temps on ne leur donne plus d'apanage; ou si on leur donne quelquefois des terres, ce n'est qu'en paiement de leurs deniers dotaux, & non à titre d'apanage, & seulement par forme d'engagement toujours sujet au rachat.

Les *dots* étoient encore plus modiques dans le siècle précédent. Marguerite de Provence, qui épousa S. Louis en 1234, n'eut que 20 mille livres en *dot*; toute la dépense du mariage coûta 2500 liv. Cela paroît bien modique; mais il faut juger de cela eu égard au temps, & au prix que l'argent avoit alors.

Par rapport aux *dots* des particuliers, je ne trouve que deux réglemens. Le premier l'ordonnance donnée par François I à Château-Briant, en 1532, dont nous avons parlé plus haut; le second, l'ordonnance de Roussillon du mois de janvier 1563, où il est dit, *art.* 17, que les pères ou mères, aïeuls ou aïeules, en mariant leurs filles, ne pourront leur donner en *dot* plus de 10000 liv. tournois, à peine, contre les contrevenans, de 3000 livres d'amende. Cet article excepte néanmoins ce qui seroit avenu aux filles par succession ou donation d'autres que de leurs ascendans.

Mais ces deux ordonnances ne sont plus observées. Dans le siècle dernier, Hortense Mancini, duchesse de Mazarin, avoit en *dot* vingt millions, somme plus considérable que toutes les *dots* des reines de l'Europe ensemble.

Dans les pays de droit écrit, le père est obligé de doter sa fille selon ses facultés, soit qu'elle soit encore en sa puissance ou émancipée; & si après la mort du mari il a retiré la *dot* en vertu de quelque clause du contrat de mariage, ou par droit de puissance paternelle, il est obligé de la redoter une seconde fois en la remariant, à moins que la *dot* n'eût été perdue par là faute de la femme. Il peut même y être contraint par autorité de justice, ainfi qu'il eft décidé par la loi _19_, _ff. de ritu nupt._ dont la difpofition eft confirmée par les arrêts des parlemens de Touloufe & de Bordeaux, rapportés par Defpeiffes.

Mais lorfque le père a de juftes raifons de ne pas confentir au mariage de fa fille, comme dans le cas où elle fe méfallieroit, il ne peut être forcé à la doter, fi après avoir atteint l'âge de majorité, & fait à fon père les fommations refpectueufes, elle accomplit un mariage auquel il refufe fon confentement.

Il en eft de même lorfqu'une fille, pour forcer fon père à lui laiffer contracter un mariage qui lui déplaît, s'abandonne à un commerce illicite. La coutume de Bordeaux contient une difpofition expreffe à cet égard, & décide que le père, dans ces deux cas, n'eft tenu de _bailler dot._ Cette fage difpofition, dans le premier cas, eft un frein qui contient les enfans, au moins par le motif de leur intérêt, à ne pas méprifer l'autorité paternelle : dans le fecond, elle eft conforme aux règles de l'honnêteté & des bonnes mœurs.

Suivant la même coutume, & la novelle 115, fi le père par mauvaife volonté, laiffe venir fa fille à vingt-cinq ans fans la marier, & qu'elle époufe quelqu'un de condition fortable, elle peut forcer fon père à lui donner _dot_, quand bien même elle auroit méfait de fon corps.

Lorfque le père dote fa fille, on préfume que c'eft du bien du père, & non de celui que la fille peut avoir d'ailleurs. Il peut ftipuler que la _dot_ qu'il conftitue ne fera payable qu'après fa mort, pourvu que la femme ait d'ailleurs de quoi vivre ; car, fi elle eft dans l'indigence, il peut être contraint à lui payer _dot_, fuivant fes facultés.

La _dot_ ainfi conftituée par le père, s'appelle _profectice_, à caufe qu'elle vient de lui, à la différence de la _dot adventice_, qui eft celle qui provient d'ailleurs que des biens du père.

La fille mariée décédant fans enfans, la _dot profectice_ retourne au père par droit de reverfion, quand même il auroit émancipé fa fille ; mais la _dot_ adventice n'eft pas fujette à cette reverfion.

Si le père eft hors d'état de doter fa fille, l'aïeul eft tenu de le faire pour lui ; &, à leur défaut, le bifaïeul paternel ; & ces afcendans ont, comme le père, le droit de retour.

La mère n'eft obligée de doter fa fille que dans certains cas exprimés dans la _L. 19, §. 1, c. de hæret. & manic._ Mais cette obligation ne s'étend pas aux frères, ni aux autres parens ou étrangers qui peuvent bien doter celle qui fe marie, s'ils le veulent ; mais qui, dans le cas où ils l'auroient fait, n'ont pas le droit de retour ou reverfion comme le père & l'aïeul.

Les loix difent que la caufe de la _dot_ eft perpétuelle, c'eft-à-dire, que la _dot_ eft donnée au mari, pour en jouir par lui tant que le mariage durera : d'où il fuit que la _dot_ promife n'eft point due, lorfque le mariage n'eft pas accompli, & que

le fiancé qui l'a reçue d'avance, eft tenu de la reftituer comme l'ayant eue fans caufe.

L'action qui appartient au mari pour demander le paiement de la _dot_ à ceux qui l'ont conftituée, dure trente ans, comme toutes les autres actions perfonnelles ; mais fi ayant donné quittance de la _dot_, quoiqu'il ne l'ait pas reçue, il eft dix ans fans oppofer l'exception, _non numeratæ dotis_, il n'y eft plus enfuite recevable ; il en eft auffi refponfable envers fa femme, lorfqu'il a négligé pendant dix ans d'en demander le paiement.

Les revenus de la _dot_ appartiennent au mari, & font deftinés à lui aider à foutenir les charges du mariage, telles que l'entretien des deux conjoints, celui de leurs enfans, & autres dépenfes que le mari juge convenables ; & c'eft par cette raifon, qu'à moins d'une convention contraire, les intérêts lui en font dus du jour de la bénédiction nuptiale, ou du terme de la payer convenu par le contrat de mariage, fi le débiteur de la _dot_ eft parent de la femme ; & s'il eft étranger du jour de la demande.

Le mari a feul l'adminiftration de la _dot_, & fa femme ne peut lui ôter ; il peut agir feul en juftice pour la confervation & le recouvrement de la _dot_, contre ceux qui en font débiteurs ou détenteurs, ce qui n'empêche pas que la femme ne demeure ordinairement propriétaire des biens par elle apportés.

La femme peut cependant auffi, fuivant notre ufage, agir en juftice pour fes biens dotaux, foit lorfqu'elle eft féparée de biens d'avec fon mari, ou lorfqu'elle eft autorifée à cet effet par lui, ou à fon refus par juftice.

La _dot_, comme toute autre obligation, doit être d'une chofe ou d'une fomme certaine, autrement elle eft nulle, ainfi que le décide la _L. 1, c. de dote promif._ ; ce qui a lieu principalement lorfqu'une fille majeure, & maîtreffe de fes droits, fe dote elle-même, & promet de porter _dot_, fans exprimer aucun corps, efpèce ni quantité. Mais cette règle ne concerne pas le père ou autre afcendant de la fille, qui eft obligé par la loi à doter fa fille, parce que fon gendre a action contre lui en vertu de la loi, pour le contraindre à fournir une _dot_ fuivant fes facultés. _L. 69, §. 4, ff. de jur. dot. L. 7, c. de dot. prom._

En pays de droit écrit, comme en pays coutumier, lorfque la _dot_ confifte en deniers, ou autres chofes mobiliaires qui ont été eftimées par le contrat, le mari en devient propriétaire ; c'eft-à-dire, qu'au lieu des chofes qu'il a reçues en nature, il devient débiteur envers fa femme ou fes héritiers du prix de l'eftimation.

Mais par rapport aux immeubles apportés en _dot_ par la femme, lorfqu'ils ont été eftimés par le contrat, cette eftimation, dans les pays de droit écrit, forme une véritable vente au profit du mari, & la _dot_ confifte dans le prix convenu, tellement que fi les chofes ainfi eftimées viennent à périr ou à fe détériorer, la perte tombe fur le mari comme en étant devenu propriétaire.

Au contraire, en pays coutumier, l'eftimation de l'immeuble dotal n'en rend pas le mari pro-priétaire; il ne peut en difpofer fans le confente-ment de fa femme, & doit le rendre en nature après la diffolution du mariage.

La loi *Julia*, ff. *de fundo dotali*, défend auffi au mari d'aliéner la *dot* fans le confentement de fa femme, & de l'hypothéquer même avec fon confentement; mais préfentement dans les pays de droit écrit du reffort du parlement de Paris, les femmes peuvent, fuivant la déclaration de 1664, s'obliger pour leurs maris, & à cet effet aliéner & hypothéquer leur *dot*; ce qui a été ainfi permis pour la facilité du commerce de ces provinces.

Dans les autres pays de droit écrit, la *dot* ne peut être aliénée fans néceffité, comme pour la fubfiftance de la famille; il faut auffi en ce cas plufieurs formalités, telles qu'un avis de parens & une permiffion du juge. Le mari peut auffi aliéner un fonds dotal, malgré la prohibition de la loi *Julia*, lorfque ce fonds lui a été donné par eftimation, & qu'elle n'a point été faite à vil prix. Mais fi le mari devient infolvable, la femme peut évincer l'acquéreur, conformément à la *novelle 61*, & à la *L. 30, c. de dot. prom.*

Après la diffolution du mariage, le mari ou fes héritiers font obligés de rendre la *dot* à la femme & à fon père conjointement, lorfque c'eft lui qui a doté fa fille. Si le père dotateur eft décédé, ou que la *dot* ait été conftituée par un étranger, elle doit être rendue à la femme ou à fes héritiers.

Quand la *dot* confifte en immeubles, elle doit être rendue auffi-tôt après la diffolution du ma-riage; lorfqu'elle confifte en argent, le mari ou fes héritiers avoient par l'ancien droit trois ans pour la payer en trois paiemens égaux, *annuâ, bimâ, trimâ die* : par le nouveau droit, elle doit être rendue au bout de l'an, fans intérêt pour cette année; mais les héritiers du mari doivent pendant cette année nourrir & entretenir la femme felon fa condition.

Il n'eft pas permis en pays de droit écrit de ftipuler, même par contrat de mariage, des termes plus longs pour la reftitution de la *dot*, à moins que ce foit du confentement du père dota-teur, & que la fille foit dans la fuite héritière de fon père. Un étranger qui dote la femme, peut auffi mettre à fa libéralité telles conditions que bon lui femble.

Le mari ou fes héritiers peuvent retenir fur la *dot* la portion que le mari en a gagnée à titre de *furvie*, foit aux termes du contrat de mariage, ou en vertu de la coutume ou ufage du pays, lequel gain s'appelle en quelques endroits *contre-augment*, parce qu'il eft oppofé à l'augment de *dot*.

On doit auffi laiffer au mari une portion de la *dot*, lorfqu'il n'a pas de quoi vivre d'ailleurs.

La loi *affiduis*, au code *qui potiores*, donne à la femme une hypothèque tacite fur les biens de fon mari pour la répétition de fa *dot*, par préférence à tous autres créanciers hypothécaires, même an-térieurs au mariage. Mais cette préférence fur les créanciers antérieurs n'a lieu qu'au parlement de Touloufe; & elle n'eft accordée qu'à la femme & à fes enfans, & non aux autres héritiers; il faut auffi que la quittance de *dot* porte numération des deniers; & les créanciers antérieurs font préférés à la femme, lorfqu'ils lui ont fait fignifier leurs créances avant le mariage.

Dans les autres pays de droit écrit, la femme a feulement hypothèque du jour du contrat, ou s'il n'y en a point, du jour de la célébration.

Pour ce qui eft des meubles du mari, la femme y eft préférée pour fa *dot* à tous autres créanciers.

A défaut de biens libres, la *dot* fe répète fur les biens fubftitués, foit en directe ou en collatérale.

En pays coutumier, la mère eft obligée auffi-bien que le père, de doter fa fille : fi le père dote feul, cela fe prend fur la communauté; ainfi la mère y contribue, & elle eft perfonnellement obligée au paiement, jufqu'à concurrence du bé-néfice qu'elle tire de la communauté; fi elle y renonce, elle ne doit rien. Mais fi la mère a parlé au contrat de mariage, & doté conjointement avec fon mari, la *dot* devient pour elle une dette per-fonnelle, qu'elle eft tenue d'acquitter pour moitié même fur fes biens propres, dans le cas où elle renonce à la communauté.

Tous les biens que la femme apporte en ma-riage, font cenfés dotaux, & le mari en a la jouif-fance, foit qu'il y ait communauté ou non, à moins qu'il n'y ait dans le contrat claufe de fépa-ration de biens.

Pour empêcher que la *dot* mobiliaire ne tombe toute en la communauté, on en ftipule ordinaire-ment une partie propre à la femme; les différentes gradations de ces fortes de ftipulations, & leur effet, feront expliqués au mot PROPRES.

Les intérêts de la *dot* courent de plein droit tant contre le père, & autres qui l'ont conftituée, que contre le mari, lorfqu'il eft dans le cas de la rendre.

La femme autorifée de fon mari peut vendre, hypothéquer, même donner entre-vifs fes biens dotaux, fauf fon action pour le remploi ou pour l'indemnité.

La reftitution de la *dot* doit être faite auffi-tôt après la diffolution du mariage, & les intérêts cou-rent de ce jour-là : à moins que le contrat de mariage ne contienne à cet égard quelque autre con-vention. Mais dans les pays de droit écrit, lorfque la *dot* confifte en meubles & en deniers, on ne peut la répéter qu'après l'an de deuil expiré.

L'hypothèque de la femme pour la reftitution de fa *dot* & pour fes remplois & indemnités, qui en font une fuite, a lieu du jour du contrat; & s'il n'y en a point, du jour de la célébration : elle n'a aucune préférence fur les meubles de fon mari.

Cette dernière maxime n'a lieu que dans les pays coutumiers; car, dans ceux de droit écrit, ainfi que nous l'avons déjà obfervé, la femme a fur les meubles de fon mari une hypothèque privilégiée à tous les créanciers antérieurs & poftérieurs ; ce qui eft fondé fur ce que la femme, au moment de fon mariage, devient maîtreffe des meubles qui font dans la maifon de fon mari ; qu'ils font dans fes mains un gage naturel de la fûreté de fa dot, dont elle eft nantie, & dont on ne peut la dépouiller.

Dans le Lyonnois, ce privilège de la femme s'étend non-feulement fur les meubles, mais encore fur tous les autres effets mobiliers du mari, à l'exception feulement des fonds qu'il a mis dans une fociété de commerce, fur lefquels elle ne peut exercer fon privilège, tant que la fociété dure.

En Beaujolois, le privilège de la femme fe reftraint aux meubles meublans, & n'a pas lieu fur l'or, l'argent & les fruits pendans par les racines. Mais dans le Mâconnois, le Forez, & la partie d'Auvergne régie par le droit écrit, il s'étend généralement fur tout le mobilier du mari mort & vif, même fur les effets & fur les fruits pendans par les racines.

La dot fe prefcrit dans les pays de droit écrit par dix ans, en faveur de tous ceux qui l'ont conftituée de fuo, foit père, mère, aïeul, ou autre afcendant, parens ou étrangers, non-feulement au préjudice de la femme à qui elle a été promife, mais encore contre le mari majeur & fes héritiers, s'il n'a fait aucune diligence pendant cet efpace de temps, pour la faire payer par ceux qui l'ont promife, ou la faire rapporter à la femme, dans le cas où, majeure & maîtreffe de fes droits, elle s'eft elle-même conftitué fa dot fans le fecours de perfonne.

Nous venons de dire que cette prefcription décennale a lieu, lorfque la dot a été conftituée de fuo. En effet, fi un père, une mère, ou autre perfonne ne donne pas la dot de fon bien, & qu'elle foit donnée en paiement d'une dette, d'un legs, d'une légitime, l'action pour le paiement de cette dot étant de droit fubrogée au lieu d'une autre, elle ne peut fe prefcrire felon les loix de la fubrogation, par un moindre temps que cette action.

Au refte, la prefcription de dix ans ne commence à courir que du jour que la dot doit être payée ; & fi c'eft par terme, que du jour de l'échéance de chaque terme, fans que le dernier faffe revivre le premier prefcrit. Mais fi le débiteur de la dot avoit écrit des lettres pour obtenir de nouveaux termes ou délais, la prefcription ne peut reprendre cours que du jour de la dernière lettre écrite, ou de toute autre promeffe de la payer, la bonne-foi ne permettant pas d'employer une pareille rufe pour éluder le paiement de ce qu'on doit : il feroit peut-être avantageux de faire contrôler dans ce cas les lettres, pour en affurer la date, & cette formalité feroit effentielle, fi les lettres écrites n'avoient aucune date.

La nature de cette collection encyclopédique ne nous permet pas de traiter à fond toutes les queftions qu'on peut former fur la dot des femmes. C'eft pourquoi nous renvoyons nos lecteurs aux titres du digefte, *foluto matrim. quemad. dos petat. de jure dotium, de pact. dotalib.., de fundo dotali, pro dote, de collat. dotis, de impen. in res dotal. factis ;* aux titres du code de dot. promiff. de dote caufâ & non numer., de rei uxor. actione, &c, ; & aux novelles 18, 61, 91, 97, 100 & 117.

Dot du mari, fe dit de ce que le mari apporte de fa part en mariage, ou plutôt de ce qui lui eft donné en faveur du mariage par fes père & mère, ou autres perfonnes. Il en eft peu parlé dans les livres de droit, parce que la femme n'en pouvant être chargée vis-à-vis de fon mari, il étoit inutile de prendre pour elle les précautions que les loix ont jugées néceffaires pour les *dots* des femmes.

En pays coutumier, les propres du mari qui font partie de fa dot, fe reprennent fur la communauté après ceux de la femme. (A)

DOTAL, adj. (Jurifpr.) fe dit de ce qui appartient à la dot : on dit *un bien* ou *fonds dotal,* des deniers *dotaux,* c'eft-à-dire, qui font partie de la dot. *Voyez ci-devant* DOT. (A)

DOTATION, f. f. (Jurifpr.) fignifie l'action de doter. Il fe prend auffi pour les biens donnés en dot. On ne fe fert ordinairement de ce terme que pour exprimer ce qui eft donné aux églifes, hôpitaux, communautés, & aux religieux & religieufes, pour leur entrée en religion.

Les conciles & les ordonnances ont pourvu à la dotation des cures. Voyez ce que dit à ce fujet M. Huet, liv. II, chap. 10.

La dotation d'un bénéfice eft un des moyens par lefquels on en acquiert le droit de patronage. Voyez PATRONAGE.

On diftingue, en certains cas, les biens provenans de la première dotation ou fondation d'une églife, de ceux qui lui ont été donnés depuis ; par exemple, en matière de dixme, l'ancien domaine de la cure en eft exempt envers les décimateurs, mais non pas les fonds donnés à la cure depuis fa première dotation. Voyez ci-devant DIXME. (A)

DOTATION de religieux ou de religieufe, c'eft un acte par lequel les parens de la perfonne qui fait profeffion en religion, ou elle-même, s'obligent de payer au monaftère une fomme en argent, une rente, &c., en confidération de la réception, de la prife d'habit, & de la profeffion, ou pour la fubfiftance de la perfonne qui fait profeffion.

La difcipline de l'églife n'a pas toujours été uniforme relativement aux conventions de cette nature, & l'on diftingue à cet égard trois différentes époques :

Dans la première, il fut défendu de rien exiger ; & l'on permettoit feulement de recevoir ce qui étoit offert volontairement. C'eft ce que juftifie le canon 19 du fecond concile de Nicée, tenu en 789.

qui défend la fimonie pour la réception dans les monaftères, fous peine de dépofition contre l'abbé, & pour l'abbeffe d'être tirée du monaftère & mife dans un autre. Mais ce même canon ajoute, que ce que les parens donnent pour dot, ou ce que le religieux apporte de fes propres biens, doit demeurer au monaftère, foit que le moine y refte ou qu'il en forte, à moins que la fortie ne foit occafionnée par la faute du fupérieur.

Le chapitre *veniens 19*, *extr. de fimon.* tiré du canon du concile de Tours tenu en 1163, défend toute convention pour l'entrée en religion, fous peine de fufpenfe & de reftitution de la fomme à un autre monaftère du même ordre, & veut que l'on y transfère celui qui a donné l'argent, fuppofé qu'il l'ait fait de bonne foi, & non pour acheter l'entrée en religion, autrement il doit être transféré dans un monaftère plus rigide. Le chapitre 30, *eod.*, permet de prendre les fommes offertes volontairement. Le troifième concile général de Latran, tenu fous Alexandre III, en 1179, ordonne que celui dont on auroit exigé quelque chofe pour fa réception dans un monaftère, ne feroit point promu aux ordres facrés, & que le fupérieur qui l'auroit reçu, feroit fufpendu pour un temps de fes fonctions.

L'ufage des *dotations* s'étant auffi introduit dans les monaftères de filles, le chapitre 40, *extra de fimoniâ*, tiré du concile général de Latran, tenu en 1215, défendit pareillement d'exiger à l'avenir de ces fortes de *dotations*, & ordonna que fi quelque religieufe contrevenoit à ce réglement, on chafferoit du monaftère celle qui auroit été reçue & celle qui l'auroit reçue, fans qu'elles puffent efpérer d'y être rappellées, & qu'elles feroient renfermées dans un couvent plus auftère pour y faire pénitence toute leur vie.

Le concile ordonna que cette règle feroit auffi obfervée par les moines & par les autres réguliers, & que les évêques la feroient publier annuellement dans leurs diocèfes, afin que perfonne ne pût en prétendre caufe d'ignorance.

Dans le chapitre 41 du même concile, il fût dit que les évêques qui exigeroient des préfens pour l'entrée en religion, feroient tenus de rendre le double au profit du monaftère.

L'extravagante commune, *fanè in vineâ domini*, traite de portions fimoniaques, les fommes mêmes les plus légères que l'on auroit données, foit fous prétexte de repas ou autrement; elle défend de rien exiger directement ni indirectement, & permet feulement de recevoir ce qui eft offert librement.

Enfin le concile de Trente, *feff. 25, chap. 3*, défend de donner des biens du novice au monaftère, à peine d'anathême contre ceux qui donnent ou qui reçoivent, fous quelque prétexte que ce foit, pendant le temps du noviciat, excepté ce qui eft néceffaire pour la nourriture & entretien du novice.

Dans la feconde époque, il fut de même défendu aux novices de difpofer de leurs biens en faveur du monaftère: c'eft ce que prouvent l'art. 19 de l'ordonnance d'Orléans, & l'art. 28 de celle de Blois. Mais on permit aux monaftères de ftipuler des penfions modiques.

Le concile de Sens, tenu en 1528, donna lieu à cette nouvelle difcipline; il voulut que dans les monaftères de filles, on n'en reçût qu'autant que la maifon en pourroit nourrir commodément, & défendit de rien exiger de celles qui feroient ainfi reçues, fous quelque prétexte que ce fût: mais il régla, que fi outre le nombre compétent, quelque perfonne fe préfentoit pour être reçue, on pourroit la recevoir, à la charge de payer une penfion fuffifante pour fa nourriture.

Le concile de Tours, tenu en 1583, permet pareillement de recevoir des religieufes furnuméraires avec des penfions.

La faculté de Paris avoit déjà décidé en 1471, que ces penfions ne pouvoient être reçues que quand le monaftère étoit pauvre, & qu'il étoit mieux de ne recevoir aucune religieufe furnuméraire. Denis le Chartreux, *de fimon.*, n'excepte pareillement de la règle, que les monaftères pauvres.

Au fecond concile de Milan, tenu en 1573, S. Charles-Boromée confentit à cette exception en faveur d'un grand nombre de filles de ce diocèfe, qui voulant faire profeffion, ne trouvoient point de places vacantes; mais il ordonna que l'évêque fixeroit la penfion. Cette facilité augmenta beaucoup le nombre des religieufes & les biens des monaftères.

Les parlemens tinrent auffi la main à ce que l'on n'exigeât pas des fommes exceffives. Celui de Paris, par arrêt du 11 janvier 1635, défendit à toutes les fupérieures des couvens de filles, de prendre ou fouffrir qu'il fût pris aucune fomme de deniers d'entrée pour la réception ou profeffion d'aucune religieufe; mais il permit de recevoir une penfion viagère modérée, à la charge qu'elle ne pourroit, pour les riches, excéder la fomme de cinq cens livres tournois, à peine de nullité & de reftitution des fommes reçues.

Il intervint même un arrêt de réglement le 4 avril 1667, qui réitéra les défenfes faites à toutes religieufes, d'exiger ni de prendre aucune fomme de deniers, ni préfens, bienfait temporel ou penfion viagère, fous prétexte de fondation, ou quelque autre que ce fût, pour la réception des novices à l'habit ou profeffion, à peine de reftitution du double au profit des hôpitaux; mais on ne voit pas que cet arrêt ait été ponctuellement exécuté.

Le parlement de Dijon ne reçut en 1526, les religieufes de Châlons-fur-Saone, qu'à la charge que les filles jouiffant d'un bien de douze mille livres, & au-deffus, ne pourroient en donner que cinq mille livres, & que celles qui ne jouiroient que d'un bien au-deffous de douze mille livres, ne pourroient en donner que le quart ; encore à la charge que quand le monaftère auroit quatre mille livres de rente, elles ne pourroient plus recevoir de penfion viagère.

Le parlement d'Aix, par un arrêt du 5 août 1646, déclara nulle une claufe, portant qu'en cas de décès de la novice, fans avoir fait profeffion, fa dotation appartiendroit en tout ou en partie au couvent.

La troifième époque que l'on diftingue dans la matière dont il s'agit, & qui en forme le dernier état, eft celle qui a fuivi la déclaration du roi du 28 avril 1693 ; fur quoi il eft important d'obferver que l'éditeur du commentaire de Dupuy, fur les libertés de l'églife gallicane, tome 2, édition de 1715, a rapporté une autre prétendue déclaration datée pareillement du mois d'avril 1693, & qu'il fuppofe avoir été enregiftrée le 24 du même mois. Cette prétendue déclaration permet à toutes les communautés de filles, dans les villes où il y a parlement, de prendre des dots : mais c'eft par erreur que l'éditeur a donné pour une loi formée, ce qui n'étoit qu'un fimple projet ; lequel fut réformé & mis en l'état où l'on voit la véritable déclaration du 28 avril 1693 ; & la prétendue déclaration & enregiftrement du 24 avril, ont été fupprimés par arrêt rendu en la grand'chambre au mois de mai 1746, au rapport de M. Severt, fur les conclufions de M. le procureur général.

La déclaration du 28 avril 1693, regiftrée le 7 mai fuivant, qui eft la véritable, ordonne d'abord que les faints décrets, ordonnances & réglemens concernant la réception des perfonnes qui entrent dans les monaftères pour y embraffer la profeffion religieufe, feront exécutés ; en conféquence défend à tous les fupérieurs & fupérieures d'exiger aucune chofe directement ni indirectement, en vue de la réception, prife d'habit, ou de la profeffion : mais cette loi admet quatre exceptions.

1°. Elle permet aux Carmélites, aux filles Sainte-Marie, aux Urfulines & autres, qui ne font point fondées, & qui font établies depuis l'an 1600, en vertu de lettres-patentes bien & duement enregiftrées aux cours de parlement, de recevoir des penfions viagères pour la fubfiftance des perfonnes qui y prennent l'habit & y font profeffion : il eft dit qu'il en fera paffé acte devant notaires avec les pères, mères, tuteurs ou curateurs ; que les penfions ne pourront, fous quelque prétexte que ce foit, excéder cinq cens livres par an, à Paris & dans les autres villes où il y a parlement, & trois cens cinquante livres dans les autres villes & lieux du royaume ; que pour fûreté de ces penfions, on pourra affigner des fonds particuliers dont les revenus ne feront pas faififfables, jufqu'à concurrence de ces penfions, pour dettes créées depuis leur conftitution.

2°. La déclaration permet auffi à ces monaftères de recevoir pour les meubles, habits & autres chofes abfolument néceffaires aux religieufes, jufqu'à la fomme de deux mille livres une fois payée, dans les villes où il y a parlement, & douze cens livres dans les autres villes & lieux, à la charge d'en paffer acte devant notaire.

3°. Au cas que les parens & héritiers des perfonnes qui entrent dans les monaftères ne foient pas en difpofition d'affurer une penfion viagère, les fupérieurs peuvent recevoir une fomme d'argent ou des immeubles, pourvu que la fomme ou la valeur des biens n'excède pas huit mille livres dans les villes où il y a parlement, & ailleurs fix mille livres : il eft ajouté que les biens ainfi donnés feront eftimés préalablement par experts, nommés d'office par les principaux juges des lieux, lefquels permettront de recevoir ces biens, & qu'il fera paffé acte de la délivrance devant notaire.

4°. Il eft permis aux autres monaftères, même aux abbayes & prieurés qui ont des revenus par leurs fondations, & qui prétendent ne pouvoir entretenir le nombre de leurs religieufes, de repréfenter à l'évêque ou archevêque des états de leurs revenus ou de leurs charges, fur lefquels il donnera l'avis qu'il jugera à propos touchant les monaftères de cette qualité, eftimera ce que l'on peut permettre de recevoir des penfions, des fommes d'argent & des immeubles de la valeur ci-deffus exprimée, & fur le nombre des religieufes qui y pourront être reçues à l'avenir, au-delà de celui qu'il croira que ces monaftères peuvent entretenir avec leurs revenus ; pour, fur cet avis de l'évêque ou archevêque, être pourvu ainfi qu'il appartiendra.

L'édit des gens de main-morte, du mois d'août 1749, a fait quelque changement à ces difpofitions de la déclaration de 1693, en ce qui concerne les immeubles qui peuvent être donnés en paiement des *dotations* permifes par cette loi. Depuis l'édit qui a remis en vigueur les anciennes loix fur cette matière, il ne feroit plus permis de délivrer aux communautés d'autres immeubles, que les fictifs y mentionnés. La déclaration du 20 juillet 1762, interprétative de l'édit de 1749, porte, article 7, « il a été permis de recevoir des dots, par la dé-
» claration du 28 avril 1693, pourront ftipuler que
» la dot fera payable en un ou plufieurs termes,
» & que cependant l'intérêt en fera payé fur le
» pied fixé par nos ordonnances : pourront même
» renouveller lefdites obligations à l'échéance des
» termes, fi mieux n'aiment convenir, que pour
» tenir lieu de dot, il fera payé une rente viagère
» pendant la vie de celle qui fera reçue religieufe :
» voulons que le paiement de la dot, tant en
» principal, qu'en intérêts des rentes viagères
» conftituées pour dot, ne puiffe être fait qu'en
» deniers ou effets mobiliers, ou en rente de la
» nature de celles qu'il eft permis aux gens de
» main-morte d'acquérir, fans que lefdites communautés puiffent, fous prétexte de défaut de
» paiement, ni fous aucun autre, acquérir la pro-

» priété, ou fe faire envoyer en poffeffion d'aucun
» autre immeuble pour l'acquittement defdits dots,
» & ce nonobftant toutes loix, ufages & coutu-
» mes à ce contraires, auxquels nous avons dé-
» rogé ».

Pour obvier aux fraudes que l'on pourroit commettre, dans la vue d'éluder la loi de 1693, le
roi défend aux femmes veuves & filles qui s'engagent dans les communautés féculières, où l'on
conferve, fous l'autorité de la fupérieure, la jouiffance & la propriété de fes biens, d'y donner plus
de trois mille livres en fonds, outre les penfions
viagères, telles qu'elles font ci-deffus expliquées.

Il eft auffi défendu aux pères, aux mères, & à
toute autre perfonne, de donner directement ni
indirectement aux monaftères & communautés,
aucune chofe autre que ce qui eft permis par cette
déclaration, en confidération des perfonnes qui
font profeffion & s'engagent, à peine de trois mille
livres d'aumône contre les donateurs; & à l'égard
des monaftères, de perdre les chofes à eux données,
ou la valeur, fi elles ne font plus en nature; le
tout applicable aux hôpitaux des lieux.

Enfin le roi déclare qu'il n'entend pas comprendre dans cette prohibition, les donations faites aux
monaftères pour une rétribution jufte & proportionnée des prières qui y pourront être fondées,
quand même les fondateurs y auroient des parens,
à quelque degré que ce pût être.

Cette déclaration doit être obfervée à l'égard des
communautés d'hommes, de même que pour les
communautés de filles.

Obfervez, 1°. que les héritiers des biens d'une
fille qui fe fait religieufe, font tenus de contribuer
à proportion de l'émolument, au paiement de fa
dotation, attendu que c'eft une charge réelle qui
affecte toute la fucceffion.

2°. Qu'un couvent qui a renvoyé un religieux ou
une religieufe, ne peut pas conferver la *dotation*.

3°. Que fi des religieux ou des religieufes paffoient dans un ordre plus auftère, leurs *dotations*
les fuivroient, fur-tout fi cela avoit été ainfi
ftipulé.

4°. Que les monaftères font obligés de rendre
les *dotations* aux religieux & aux religieufes qu'on
a relevés de leurs vœux.

Par arrêt du parlement du 3 juillet 1756, confirmatif d'une fentence de la fénéchauffée de Lyon,
il a été jugé que quand une femme en pays de
droit écrit, s'obligeoit avec fon mari dans un acte
qui contenoit un engagement pour la *dotation* &
entrée en religion d'un enfant commun, elle n'étoit
pas cenfée prendre fur elle la moitié de l'engagement, & qu'il devoit être rempli proportionnément
aux biens que la mère poffédoit relativement à ceux
du père.

L'article 3 de la déclaration du 20 mars 1708,
déclare les actes de *dotation* fujets à l'infinuation;
& le droit eft dû fur le pied réglé par l'article
premier du tarif du 29 feptembre 1722, à raifon

du capital au denier dix de la rente viagère, en y
joignant les fommes données en argent.

Par arrêt du 9 juin 1722, le confeil, fans s'arrêter
à une ordonnance de l'intendant de Bordeaux, a
jugé que le droit d'infinuation avoit été bien perçu
fur un contrat entre les religieufes annonciades de
Bordeaux & Jeanne Mazeran, portant création de
fommes mobiliaires pour fa dotation: elle difoit
que ces fommes devoient être confommées dans
la communauté pour fon entretien & fa nourriture; & l'intendant avoit décidé que ces actes devoient
être confidérés comme des donations pour caufe
de mariage en ligne directe.

Le confeil a auffi jugé le 6 juin 1723, que le
droit d'infinuation étoit dû au fujet d'un acte, par
lequel un père & une mère ayant droit de jouir
d'une rente appartenant à leur fille, avoient renoncé à leur ufufruit en faveur de fa profeffion
en religion & pour lui tenir lieu de *dotation*.

Et le 24 juillet de la même année, le confeil a
encore jugé qu'il étoit dû un droit d'infinuation
pour un acte, par lequel la perfonne qui entre en
religion abandonne à la communauté la jouiffance
d'une rente viagère créée fur fa tête.

Par arrêt du 20 feptembre 1729, rendu en réglement fur ce que les notaires, de concert avec
les parties, & dans la vue d'éluder le paiement
des droits d'infinuation des *dotations*, ne faifoient
plus de contrats de conftitution de dot, & fe con-
tentoient des quittances des fommes promifes pour
ces *dotations*, le confeil ordonna que les quittances qui feroient données par les fupérieurs &
fupérieures des couvens ou monaftères, aux perfonnes chargées d'acquitter les *dotations* des religieux ou religieufes, les notaires feroient tenus d'y
faire mention du contrat de *dotation* qui auroit été
fait, de l'infinuation de ce contrat, du nom du
bureau où il auroit été infinué, & de la fomme
reçue; & que faute par eux d'y fatisfaire, ou dans
le cas où il n'auroit point été paffé de contrat de
dotation, le droit d'infinuation feroit perçu fur la
fomme énoncée dans la quittance en même temps
qu'elle feroit contrôlée.

Une inftance générale portée au confeil par le
clergé de France, au fujet des *dotations* de religieux
& religieufes, donna lieu à une décifion du 23
décembre 1738, portant qu'il feroit furfis à faire
droit, & cependant que le fermier ne feroit aucune
pourfuite contre les communautés.

Dans le cours de cette inftance, les agens généraux du clergé repréfentèrent qu'il y avoit deux
fortes de *dotations*; que celles qui contiennent donation ou affectation d'immeubles, ont toujours
été affujetties au contrôle & à l'infinuation, & même
au centième denier, & que ce n'étoit qu'à titre
de grace qu'ils en demandoient l'exemption; mais
que par rapport aux *dotations* faites fans contrat ni
quittance, au moyen d'une fomme modique que
les parens donnent annuellement à la communauté
par forme d'aumône, le clergé foutenoit que les

dotations de cette efpèce ne pouvoient & ne devoient être affujettis ni au contrôle ni à l'infinuation.

Par arrêt du confeil du 3 mars 1739, rendu fur
cette conteftation, & fur plufieurs autres objets,
il fut ordonné qu'il feroit furfis à toute pourfuite
contre les communautés de religieux & religieufes,
pour le paiement des droits d'infinuation des *dotations*, dont il n'y avoit ni contrats ni quittances
paffés devant notaires, jufqu'à ce qu'il en eût été
autrement ordonné.

En conféquence de cet arrêt, non-feulement
on évitoit de paffer la plupart des actes de *dotation* religieufe pardevant notaires, on fe contentoit encore de donner aux parens une fimple quittance fous fignature privée, de laquelle on faifoit
mention fur le regiftre d'adminiftration ou fur quelque autre regiftre particulier; & quand le fermier
en demandoit les droits, ou lui oppofoit la furféance ordonnée par l'arrêt du 3 mars 1739, pour
les *dotations* dont il n'y avoit ni contrats ni quittance paffés devant notaires.

Ces confidérations ont déterminé l'adjudicataire
général des fermes à préfenter au confeil une requête, fur laquelle eft intervenu arrêt le 19 février
1771, qui a ordonné qu'elle feroit communiquée
aux agens généraux du clergé, pour y répondre
dans le délai du réglement.

Et par un arrêt du 14 feptembre 1773, il a été
ordonné que les déclarations des 28 avril 1693 &
20 mars 1708, l'article premier du tarif de l'infinuation du 29 feptembre 1722, & l'arrêt du confeil du 20 feptembre 1729, feroient exécutés felon
leur forme & teneur; en conféquence qu'il feroit
paffé à l'avenir, fous les peines portées par la déclaration du 28 avril 1693, des actes pardevant
notaires, de toutes les donations, ceffions ou obligations, faites pour caufe de *dotation* en faveur de
profeffion religieufe, dans les communautés & monaftères, à la feule exception des donations de
chofes mobiliaires, qui n'excéderoient pas trois cens
livres; & que ces actes devant notaires, feroient
contrôlés & infinués dans les délais fixés par les
réglemens: le même arrêt a déchargé par grace,
les communautés religieufes des peines & amendes
encourues par le paffé, même du paiement des
droits des actes de *dotation* fous fignature privée,
antérieurs au premier janvier 1773, à la charge
toutefois qu'on ne pourroit faire ufage de ces actes,
ni les produire en juftice, à moins qu'ils n'euffent
été préalablement contrôlés & infinués, fous les
peines portées par les réglemens.

Le droit de contrôle des actes de *dotation* religieufe a été fixé par l'article 27 du tarif du 29 feptembre 1722, portant que pour les conftitutions
de penfions ou rentes viagères pour *dotation* de
religieux ou religieufe, les droits feront payés fur
le pied du capital de la rente au denier dix, fuivant l'article 3 du tarif; & que lorfque dans les

conftitutions de penfion pour *dotation*, il y aura
des fommes payées en argent, le capital de la penfion au denier dix y fera joint & le droit payé pour
le total.

Il n'eft point dû de droit d'amortiffement pour
raifon des fommes en argent données pour *dotations* de religieux & religieufes, ni pour les rentes
conftituées, qui font créées ou cédées pour le
même objet, parce que la main-morte les poffède
librement & fans charge de fondation.

C'eft en conféquence de cette règle, que par
arrêt du 20 avril 1728, le confeil a ordonné la
reftitution d'un droit d'amortiffement payé par les
Urfulines de la ville d'Eu, à caufe de rentes conftituées pour *dotations* de religieufes.

Il a été rendu un autre arrêt femblable le 9 feptembre 1732, en faveur des Urfulines de Dol.

Et par une décifion du 27 octobre 1745, le confeil a déchargé les religieufes de Laffay, du droit
d'amortiffement relatif à la *dotation* de la demoifelle Guyon. Elle avoit abandonné fes biens à fes
frères, moyennant deux mille livres qu'elle avoit
déclaré donner aux religieufes pour *dotation*;
& pour tenir lieu de cette fomme, les frères s'étoient
obligés de payer une rente de cent livres au monaftère: ainfi il ne s'agiffoit que d'une rente purement conftituée, puifqu'elle avoit un capital faifant
le prix convenu & donné aux religieufes, qui
l'avoient converti en une rente.

Mais quand pour une *dotation* on cède à un
monaftère des immeubles ou une rente foncière,
rachetable ou non rachetable, le droit d'amortiffement en eft dû. La raifon en eft, que ces biens ne
peuvent paffer dans la poffeffion de la main-morte,
à quelque titre que ce puiffe être, fans être amortis.

Deux décifions du confeil des 25 mars 1572,
& 23 mars 1727, ont condamné les religieufes
Minimes de Soiffons, & les Urfulines de Mâcon,
à payer le droit d'amortiffement de biens fonds
qui leur avoient été donnés pour *dotations* de religieufes.

Par une autre décifion du 21 octobre 1749, le
confeil faifant droit fur un renvoi de l'intendant
de Rouen, a condamné les religieufes de l'Adora-
tion perpétuelle du faint facrement, établies en cette
ville, à payer le droit d'amortiffement d'une rente
foncière de foixante-dix livres, provenante de bail
à rente rachetable, à elles cédée en 1729 par Marie-
Anne le Sueur pour fa *dotation*. M. l'intendant en
renvoyant au confeil, avoit donné un avis favorable aux religieufes, fur le fondement que la rente
étoit rachetable à la volonté du débiteur. Mais on
a confidéré que toute rente foncière étant un immeuble, la faculté de rachat n'en changeoit point
la nature. D'ailleurs en cas de rembourfement, la
main-morte peut faire un nouvel emploi du prix,
fans être affujettie à un nouveau droit. *Voyez les
articles* AMORTISSEMENT, FONDATION, NOVICE,
RELIGIEUX, &c. (*Art. de M. l'abbé* BERTOLIO.)

DOUADE,

DOUADE, f. f. (*Jurisprud.*) dans le pays de la Marche, c'est la corvée d'un homme pendant un jour. *Voyez le traité de la chambre des comptes, pag. 97.* (*A*)

DOUAGERE, terme que l'on rencontre dans plusieurs coutumes, qui signifie *douairière*, & par lequel on désigne une femme qui jouit de son douaire. *Voyez* DOUAIRE.

DOUAI, f. m. (*Jurispr.*) ville des Pays-Bas, dans la Flandre françoise. Jules-César, dans ses commentaires, fait mention de quelques peuples de la Gaule Belgique, qu'il nomme *Catuaci* ; & il semble que cette ville, qu'on appelle en latin *Duacum*, en a tiré le nom.

Cette ville, très-belle, & plus grande que celle de Lille de six verges, est beaucoup moins peuplée ; on n'y compte que vingt mille habitans, & dans celle de Lille quatre-vingt mille.

Elle dépendoit autrefois du comté de Hainaut, dont elle a été séparée en 1072, & jointe au comté de Flandre ; & lorsqu'elle étoit sous la domination d'Espagne, on appelloit, pour les causes civiles, au conseil souverain de Malines. Pour le spirituel, elle dépend de l'évêché d'Arras.

Elle est le siège d'un parlement, qui fut créé en la ville de Tournay par édit du mois d'avril 1668, sous le titre de conseil souverain de Tournai. Ce conseil étoit composé d'un premier président, garde-scel dudit conseil, d'un président, de quatre conseillers, d'un procureur-général, d'un greffier, d'un premier huissier, & de quatre autres huissiers, & ne formoit qu'une seule chambre.

Le roi, par un édit du mois de juillet de la même année, créa deux chevaliers d'honneur pour ledit conseil.

Par autre édit du mois de décembre 1670, ce conseil fut augmenté de deux conseillers, d'un substitut du procureur-général, d'un second greffier, & d'une seconde chambre.

Des lettres-patentes du mois d'octobre 1671, accordent aux officiers de ce conseil le port des robes rouges dans les assemblées & cérémonies publiques.

Etablissement d'une chancellerie près ce conseil, & création des officiers d'icelle, par édit du mois de décembre 1680.

Par édit du mois de février 1686, ce conseil fut érigé en parlement.

Edit du mois de mai 1689, portant création d'une troisième chambre, appellée *tournelle* ; de neuf conseillers, d'un troisième président, & d'un greffier.

Edit du mois de mars 1693, portant création en titre d'offices formés & héréditaires des charges de conseillers dudit parlement de Tournai, & des sièges royaux de son ressort, à l'exception de celles du premier président & du procureur-général, dont le roi se réserve la disposition pour y pourvoir, vacation arrivant, avec augmentation du nombre de ses officiers, comme il suit : savoir, un premier

président, trois présidens à mortier, deux chevaliers d'honneur, vingt-quatre conseillers, dont deux clercs, un avocat-général, un procureur-général, un greffier en chef, trois autres greffiers au plumitif, & un substitut.

Edit du mois de février 1694, portant création d'un troisième chevalier d'honneur.

Edit du mois d'avril 1704, portant création d'une chambre des eaux & forêts audit parlement.

Autre édit du mois de septembre 1704, portant création d'une quatrième chambre, avec union de la chambre des eaux & forêts.

Edit du mois de septembre 1705, portant création de deux secrétaires de la cour. Ces charges ont été supprimées par autre édit du mois de mars 1716.

Edit du mois de septembre 1705, portant création de contrôleurs-généraux des bois, supprimés par autre édit du mois de mars 1715.

Edit du mois d'août 1709, qui ordonne la translation du parlement de Tournai en la ville de Cambrai.

Edit du mois de décembre 1713, qui ordonne la translation dudit parlement de la ville de Cambrai en celle de *Douai*, & la suppression de la quatrième chambre.

Lettres-patentes du mois d'octobre 1723, qui rendent le ministère du procureur-général du parlement de Flandre, gratuit.

Edit du mois de janvier 1726, qui supprime l'hérédité de l'office de procureur-général du parlement de Flandre, & crée un second substitut.

Déclaration du mois de janvier 1755, qui confirme les présidens, conseillers, avocats & procureurs-généraux au parlement de Flandre, dans la noblesse au premier degré.

Edit du mois d'août 1771, qui supprime ce parlement.

Edit du mois de septembre 1771, portant établissement d'un conseil supérieur en la ville de *Douai*, composé d'un premier président, de deux présidens, de vingt conseillers, dont deux clercs, d'un avocat-général, d'un procureur-général, de deux substituts du procureur-général, & de deux greffiers.

Ce conseil fut installé le 4 octobre suivant, par M. le comte du Muy, lieutenant-général de la province, & par M. de Caumartin, intendant.

Edit du mois de novembre 1774, qui supprime ce conseil, & rétablit le parlement de Flandre sur son ancien pied. Il fut réinstallé le dimanche 2 du mois de décembre suivant, par M. le marquis de Castries, lieutenant-général de la province, & par M. de Caumartin, intendant.

Cette cour est aujourd'hui composée d'un premier président, de cinq présidens à mortier, de vingt-quatre conseillers, dont deux clercs, d'un avocat-général, d'un procureur-général, de deux substituts du procureur-général, d'un greffier en chef, & de trois autres greffiers, d'un receveur des confignations, d'un commiffaire aux faifies-réelles & contrôleur, d'un receveur-payeur des gages, épices, vacations & amendes; & d'un contrôleur ancien, alternatif & triennal, du receveur des amendes & aumônes de la cour.

Cette cour fouveraine n'a jamais voulu adopter le ftyle civil, porté par l'ordonnance de 1667. On y fuit l'ancien ftyle du pays, qui eft parfaitement conforme au droit romain; & les particuliers ont droit de fe pourvoir contre les arrêts dudit parlement, par la voie de revifion & de propofition d'erreur, à l'inftar de ce qui fe pratique aux confeils fouverains de Malines, & du Hainaut en la ville de Mons, & ce par l'édit de 1688, qui retrace toutes les formalités qu'on doit obferver à la rigueur pour faire la revifion des arrêts, qui doit s'intenter dans les deux ans, à dater du jour de la prononciation des arrêts, & qui défend même par l'article premier, à tous les fujets de la Gaule Belgique, & à tous autres, de fe pourvoir par caffation au confeil d'état du roi contre lefdits arrêts, & qui leur permet feulement de fe fervir de la propofition d'erreur ou revifion contre lefdits arrêts.

Gouvernance. Le fiège de la gouvernance du fouverain bailliage de *Douai* & Orchies, eft auffi en cette ville de *Douai*, & eft ainfi nommé, parce que le gouverneur de la province en eft le chef; elle reffortit au parlement. Ses officiers font juges en première inftance, tant en ville que dans tous les villages de fon reffort, de tous les cas royaux, civils & criminels; ils font auffi juges d'appel des fentences rendues par les échevins de *Douai* & Orchies, & l'on a l'avantage de pouvoir s'adreffer à leur fiège, en première inftance, quand on eft fondé en titre, ou fi c'eft une action perfonnelle, pour fomme excédente dix carolus d'or; mais fi c'eft pour fomme en-deffous, l'affigné peut demander fon renvoi pardevant les échevins, & on le lui accorde; cet avantage eft reconnu dans un concordat fait en 1548, entre les officiers de la gouvernance & les échevins de *Douai*. Cette gouvernance eft compofée d'un lieutenant-général, civil & criminel, d'un lieutenant-particulier, de cinq confeillers, d'un procureur du roi, d'un greffier, de fix procureurs, & de fix huiffiers.

Prévôté. La prévôté de *Douai*, qui eft auffi ancienne que la ville, a été érigée en titre de fief noble & de dignité même au-deffus des châtellenies de la Flandres, par autorité immédiate du roi, de qui elle eft tenue & relève directement à caufe de fon château de ladite ville.

Cette prévôté eft exempte de toutes impofitions de ville; ce qui eft confirmé par différens arrêts du confeil. Elle eft notoirement qualifiée *juftice de la prévôté de Douai.*

Ce fief a, de tout temps, appartenu aux premières maifons du royaume, & eft aujourd'hui dans celle de Ghiftelles-Richebourg, par l'alliance qu'a contractée M. Philippe-Alexandre-Emmanuel-François-

Jofeph, prince de Ghiftelles-Richebourg, prince du Saint-Empire, grand d'Efpagne de la première claffe, connétable héréditaire de Flandres, marquis de Richebourg, Saint-Floris, Vieille-Chapelle & de Croix, baron d'Eclimeux, châtelain de Bailleul, pair de la Foffe, vicomte de Gand & de Montreuil, fénéchal du Hainaut, pair & baron de Bretagne, feigneur des villes & châtellenies de Beuvri, Sailli, la Bourfe, Bonvigny, Boyeffles, Montbernenchon, Domvaft, Tours, Corroye, Elencourt, feigneur-prévôt héréditaire de la ville de *Douai*, & feigneur de plufieurs autres lieux, &c. avec demoifelle Louife-Elifabeth, née princeffe de Melun-Epinoy, dernière de fa maifon.

Les feigneurs-prévôts de cette ville avoient autrefois la garde-noble de la ville, ce qui fe prouve par les dénombremens qu'ils ont fucceffivement fervis, tant aux comtes de Flandres qu'au roi, par des arrentemens qui conftatent que les anciens foffés, flégards, rejets & warefchais leur appartiennent, & dont ils ont la garde; ainfi que celle des rivières, de forte que perfonne n'y peut fouir, bâtir, ni planter fans leur agrément, à peine de l'amende coutumière à leur profit, & par des anciens concordats faits entre eux & les échevins de ladite ville, qui y ont été établis par les fouverains en l'an 1228, lefquels prononcent, au nom du roi, fur toutes caufes de police, civiles & criminelles, fans pouvoir cependant mettre à exécution aucun de leurs jugemens, ce droit, quant aux fentences civiles, appartenant audit feigneur-prévôt ou à fon lieutenant, notoirement qualifié dans tous les actes, *juftice de la prévôté.*

Le prévôt de cette ville prend le titre de *feigneur-prévôt*, qui lui eft donné même par la coutume de ladite ville, *chap. 8, art. 3.* C'eft en cette qualité de feigneur-prévôt qu'il jouit de plufieurs droits honorifiques & utiles dans toute l'étendue de fa feigneurie; tels que ceux 1°. d'avoir des moulins bannaux, tant à eau qu'à vent, pour moudre les grains fervant à la fabrication de la bière, que nul ne peut faire moudre ailleurs qu'auxdits moulins.

2°. D'avoir des prifons dans fon hôtel, nommé *prévôté*, pour la détention des perfonnes, bourgeois ou forains, arrêtés pour dettes civiles, defquels il n'eft refponfable que pendant l'efpace de fept jours & fept nuits, fi ce n'eft qu'il fe faffe une nouvelle convention entre ledit prévôt ou fon lieutenant, & l'arrêtant; & fi l'arrêté veut avoir main-levée de fa perfonne, ou de fes biens faifis, il doit nantir ou donner caution à l'appaifement de ladite juftice, à qui il revient, foit pour ledit nantiffement, ou pour ladite caution, quatre deniers à la livre.

3°. De tenir fous la main de fa juftice tous les effets, meubles réputés tels, ou immeubles faifis, arrêtés & pris par exécution, & de les vendre à l'encan.

De recevoir les devoirs de deffaifine & de faifine en préfence de deux échevins.

D'être préfent aux renonciations des veuves; de recevoir à fon profit leur ceinture, qu'elles lui remettent avec leurs poches & les clefs de la maifon mortuaire, à la confervation de laquelle maifon, ladite juftice appofe gardien après avoir fait l'inventaire des meubles & effets y exiftans, & les vend lorfque le cas échet.

D'être préfent à la diftribution des effets de la chambre étoffée defdites veuves; de prendre deux deniers parifis de chacune livre de vingt gros des fommes pour lefquelles faifines fe font à la requête defdites veuves renoncées, foit qu'elles obtiennent faifine ou non; & fi tels biens fe vendent, nul ne fe peut vendre que l'officier de ladite prévôté, & il revient alors quatre deniers au lieu de deux.

De prendre fur toutes les ventes qui fe font en fa feigneurie, pour droit feigneurial, deux deniers à la livre, à l'exception des ventes des effets des maifons mortuaires, lorfqu'elles fe font endedans l'an du trépas, finon le même droit feigneurial fe perçoit de l'importance de la vente après l'expiration de ce terme annal.

De faifir & vendre tous les meubles & effets catheux, & héritages délaiffés, vacans ou abandonnés, fur lefquelles il a le droit de quatre deniers à la livre, au lieu de deux.

De prendre fur les biens-fonds fubhaftés, lorfqu'il reçoit les devoirs de la faifine, trois deniers à la livre, dont deux fe paient par le vendeur, & un par l'acheteur.

Le droit de fix lots vineret fur chaque braffin de bière qui fe fabrique en ladite ville.

Le droit d'épave.

Celui de prendre un verre ou un pot dans les maifons mortuaires de fucceffion vacante, & ce à fon choix.

Dans les ventes & fubhaftations d'héritages, il a le droit de prendre la pièce (telle qu'elle foit), que l'on jette fur le bureau pour être admis à la mife à prix.

Toutes ventes volontaires fe font par les fergens-à-verge des échevins, lefquels font tenus de les fignifier à ladite juftice de la prévôté.

Droit de quatre fols fix deniers douifiens par an, payables par tous les boulangers.

Droit de fept deniers douifiens par an, payables par tous les marchands merciers.

Droit de fept deniers douifiens par an, payables par ceux qui vendent poivre, fieu ou oing, fi leur étalage avance de plus d'un pied & demi hors de la maifon.

Droit de deux deniers douifiens fur chaque tronc de foulon; & fur le maître tronc, cinq deniers douifiens.

Le tiers de tout faux-argent.

Tous faux poids, fauffes balances & fauffes mefures lui appartiennent quand on en fait juftice d'ar-

doire, & le tiers du fourfait de la loi avec le denier douifien qui eft defeur.

Le droit d'avoir des gardes pour les rivières; & autres fonctions judiciaires.

Tous arbres croiffant fur lefdits foffés, warefchais, &c. qui viennent à tomber, à être arrachés ou coupés, appartiennent audit feigneur prévôt.

On ne peut faire bâtir moulin à eau dans ladite ville, fans l'agrément dudit feigneur-prévôt.

De chaque brafferie de ladite ville eft dû par an douze deniers douifiens pour l'eau qu'ils prennent en ladite rivière, une quantité d'arrentemens dûs par les propriétaires des maifons bâties fur les anciennes crêtes & foffés de la ville.

Enfin une quantité d'autres droits relatifs aux quatre moulins bannaux de ladite prévôté, dont le détail feroit trop long.

Il y a dans la ville de *Douai* une autre prévôté nommée *de Saint-Albin*; c'étoit autrefois un village de ce nom qui s'eft trouvé renfermé dans la ville par les agrandiffemens qui ont été faits. Cette prévôté a toujours appartenu, ainfi que celle de la ville, à de très-grands feigneurs; & aujourd'hui elle appartient à M. le chevalier des Razières, fieur des Enclofes. Elle a les mêmes droits que celle de la ville, excepté qu'elle n'a pas de moulins bannaux; autrefois elle avoit des fours bannaux, mais ils n'exiftent plus; fa jurifdiction s'étend dehors la ville, fur les villages d'Orignie & de Vagnonville, qui font de la paroiffe de S. Albin en *Douai*.

Corps municipal. Ce corps eft compofé de douze échevins, dont le premier eft nommé chef, ou premier échevin-maire.

Ce fiège a toute jurifdiction, tant en matière civile que criminelle, la police & la voierie dans toute l'étendue de la ville & banlieue; & conféquemment il eft juge naturel des bourgeois & habitans de ladite ville.

Son établiffement eft de l'an 1228, & eft à l'inftar de tous les fiéges municipaux de la Flandre, du Hainaut, de l'Artois & du Cambrefis, c'eft-à-dire, qu'il ne peut que rendre des jugemens fans pouvoir les mettre à exécution, ainfi qu'il a été vu dans l'article des prévôtés de la ville & de S. Albin.

Le confeil qui fait partie de ce corps, eft compofé des douze échevins defcendans, & l'arrière-confeil des douze du tour antérieur; & ces trois confeils affemblés repréfentent le corps & la communauté de ladite ville.

Officiers permanens dudit corps. Deux confeillers-penfionnaires, deux procureurs-fyndics, deux greffiers, un tréforier, quatre fergens-à-verge, & douze valets de ville.

Le Bailliage. La charge de bailli de cette ville ayant été remboursée par les échevins, autorifés par arrêt du confeil, qui l'a réuni au corps-de-ville, les fonctions s'en rempliffent par le premier échevin.

F 2

Université. L'université de *Douai* doit son établissement à Philippe II, roi d'Espagne : ses lettres d'érection sont du 19 janvier 1561. Elle est composée de cinq facultés, celle de droit étant partagée en droit canonique & en droit civil. Elle a pour chef un recteur, qu'elle élit tous les ans au commencement d'octobre. Son chancelier est le prévôt de la collégiale de Saint-Amé, qui, en son absence, est remplacé par celui de la collégiale de Saint-Pierre ; & en l'absence des deux, pour vice-chancelier, par le doyen dudit Saint-Amé.

Cette université a sa jurisdiction qui s'étend sur tous ses suppôts.

Jurisdiction de Saint-Amé. Le chapitre de cette collégiale à dans la ville de *Douai* un territoire composé de son cloître & dépendances, où il a toute justice & police, sauf l'appel au conseil provincial d'Artois, auquel il ressortit. Sa justice est composée d'un bailli, d'un avocat-fiscal, d'un greffier, & de plusieurs hommes de fief. (*Cet article m'a été envoyé par M.* MANOUVRIER, *lieutenant de M. le prince de Ghistelle, & la prévôté.*)

DOUAIRE, s. m. (*Jurisprud.*) est une espèce de pension alimentaire pour la femme qui survit à son mari ; & dans la plupart des coutumes, c'est aussi une espèce de légitime pour les enfans qui survivent à leurs père & mère, & ne sont point héritiers de leur père.

Il résulte de-là, que nous avons admis dans nos mœurs deux espèces de *douaire*, celui de la femme & celui des enfans ; le premier consistant en usufruit seulement, le second en pleine propriété.

SECTION PREMIÈRE,

Du douaire de la femme.

Quelques auteurs ont défini ce *douaire*, *præmium deflorata virginis* : définition qui n'est point juste, puisque le *douaire* est accordé aux veuves qui se remarient, aussi bien qu'aux filles ; ce seroit plutôt, *præmium delibatæ pudicitiæ.* En effet, autrefois la femme ne gagnoit son *douaire* qu'au coucher, c'est-à-dire après la consommation du mariage. Il y a encore quelques coutumes qui y apposent cette condition : celle de Chartres, *art. 52*, dit que le *douaire* s'acquiert dès la première nuit que le mari a couché avec son mari : celle de Normandie, *art. 367*; de Clermont, *art. 259*; Boulonnois, *art. 98*, s'expriment de même : celle de Ponthieu, *art. 32*, requiert seulement que la femme ait passé les pieds du lit pour coucher avec son mari : celle de Bretagne, *art. 450*, dit que la femme gagne son *douaire* ayant mis le pied au lit après être épousée avec son seigneur & mari, encore qu'il n'ait jamais eu affaire avec elle, pourvu que la faute n'en advienne par impuissance naturelle & perpétuelle de l'un ou l'autre des mariés, pour laquelle le mariage ait été déclaré nul. Mais dans le plus grand nombre des coutumes, le *douaire* est acquis à la femme du moment de la bénédiction nuptiale, quand même

le mariage n'auroit pas été consommé, & que la femme n'auroit pas couché avec son mari.

Ce droit est qualifié de *dot* en quelques coutumes, comme dans celle d'Angoumois, *art. 81*; & dans la basse latinité, il est appellé *dotarium, doarium, dotalitium, vitalitium.*

Les deux objets pour lesquels il a été établi, savoir d'assurer à la femme une subsistance honnête après la mort de son mari, & aux enfans une espèce de légitime, ont mérité l'attention de presque toutes les loix; mais elles y ont pourvu différemment.

Le *douaire* n'est usité que dans les pays coutumiers, & n'a point lieu dans les pays de droit écrit, à moins que ce ne fût en vertu d'une stipulation expresse portée par contrat de mariage. Cet usage étoit absolument inconnu aux Romains, du moins jusqu'au temps du bas empire; ensorte qu'il n'en est fait aucune mention, ni dans le code Théodosien, ni dans les loix de Justinien.

L'avantage que les Romains faisoient ordinairement à leurs femmes, étoit la donation appellée d'abord *anténuptiale*, & ensuite *donation à cause de noces, donatio propter nuptias*, depuis qu'il fut permis de la faire, même après le mariage : mais cette donation n'avoit pas lieu si elle n'étoit stipulée, & elle se régloit à proportion de la dot ; de sorte que celle qui n'avoit point de dot, ou dont la dot n'avoit pas été payée, n'avoit point de donation à cause de noces.

Si la femme survivante n'avoit pas de quoi subsister de son chef, on lui donnoit, suivant l'authentique *præterea*, la troisième partie des biens du mari; lorsqu'il n'y avoit que trois enfans & au-dessous; s'il y en avoit plus, elle avoit autant que l'un des enfans.

Depuis que le siège de l'empire eut été transféré à Constantinople, les Romains s'accoutumèrent à pratiquer une convention qui étoit usitée chez les Grecs, appellée ὑποβολον, *id est incrementum dotis*, & en françois *augment de dot*; c'étoit aussi un avantage que le mari faisoit à sa femme en considération de sa dot. Cet augment étoit d'abord de la moitié de la dot; il fut ensuite réduit au tiers. L'usage de l'augment a été reçu dans les pays de droit écrit; mais la quotité de cet avantage n'est pas par-tout la même. *Voyez* AUGMENT.

Les Allemands ont aussi leur *morghangeba*, qui est comme l'*hypobolon* des Grecs, une donation que le futur époux fait le jour du mariage, avant la célébration, à la future.

Tous ces différens avantages ont en effet quelque rapport dans leur objet avec le *douaire* : mais du reste celui-ci est un droit différent, soit pour la quotité & les conditions, soit pour les autres règles que l'on y observe.

Il n'est pas douteux que l'usage du *douaire* vient des Gaulois. César & Tacite, en parlant des mœurs de ces peuples, désignent le *douaire* comme une dot que le mari constituoit à sa femme : *Dotem*, dit Tacite, *non uxor marito, sed uxori maritus offert.* Cet usage fut confirmé par les plus anciennes loix, qui furent rédigées par écrit dans les Gaules. La loi Gombette, *tit. xlij & lxij*, dit que la femme qui se remarioit, conservoit sa vie durant l'usufruit de la dot qu'elle avoit reçue de son mari, la propriété demeurant réservée aux enfans.

La loi Salique, *tit. xlvj*, fit de cet usage une loi expresse, à laquelle Clovis se soumit en épousant Clotilde.

Dans une chartre du roi Lothaire I, le *douaire* est appellé *dotarium & dotalitium*.

Les formules du moine Marculfe, qui vivoit dans le vij.[e] siècle, justifient que ce *douaire* qualifié alors de *dot*, étoit toujours usité.

On constituoit le *douaire* à la porte du moustier, c'est-à-dire de l'église; car comme les paroisses étoient alors la plupart desservies par les moines, on les confondoit souvent avec les monastères, que l'on appelloit alors *moustier* par corruption du latin *monasterium*. L'usage de constituer le *douaire* à la porte de l'église, donna lieu à la jurisdiction ecclésiastique de connoître du *douaire*, & des autres conventions matrimoniales. Le prêtre étoit le témoin de ces conventions, attendu qu'il n'y avoit point encore d'acte devant notaire. C'est encore par un reste de cet ancien usage, qu'entre les cérémonies du mariage, le futur époux dit, en face du prêtre, à sa future épouse : *je vous doue du douaire qui a été convenu entre vos parens & les miens*. L'anneau qu'il met au doigt de son épouse en disant ces paroles, est la marque de la tradition. Les termes de *douaire convenu*, marquent qu'il n'y avoit alors d'autre *douaire* que le préfix.

On voit pourtant par une charte du xij.[e] siècle, que l'on regardoit le *douaire* comme un droit fondé tant sur la coutume, que sur la loi Salique : Edelgarde, veuve de Walneram, donne un aleu qu'elle avoit eu, dit-elle, de son mari : *secundùm legem Salicam, & secundùm consuetudinem, quâ viri proprias uxores dotant*.

Il étoit donc d'usage de donner à la femme un *douaire*; mais la quotité n'en étant point réglée, il dépendoit d'abord entièrement de la convention, jusqu'à ce que Philippe-Auguste par une ordonnance ou édit de l'an 1214, le régla à la jouissance de la moitié des biens que le mari avoit au jour du mariage, ce qui comprenoit tant les biens féodaux que roturiers; & ce fut-là l'origine de ce *douaire* coutumier ou légal, & de la distinction de ce *douaire* d'avec le préfix ou conventionnel.

Henri II, roi d'Angleterre, qui possédoit une grande partie de la France, établit la même chose dans les pays de son obéissance, excepté qu'il fixa le *douaire* à la jouissance du tiers des biens, dont Philippe-Auguste avoit accordé à la femme la moitié, ce qui fut confirmé par les établissemens de S. Louis, *chap. xiv & cxxxj*.

Le *douaire* de Marguerite de Provence, veuve de S. Louis, fut assigné sur les Juifs, qui lui payoient 219 liv. 7 sous 6 den. par quartier, ce qui faisoit 877 liv. 10 sous par an. Ce *douaire* étoit proportionné à sa dot, & à la valeur que l'argent avoit alors, comme nous l'avons observé au mot DOT.

Lorsque les coutumes furent rédigées par écrit, ce que l'on commença dans le xv.[e] siècle, on y adopta l'usage du *douaire* qui étoit déjà établi par l'ordonnance de Philippe-Auguste : mais cette ordonnance ne fut pas par-tout suivie ponctuellement pour la quotité du *douaire*, laquelle fut réglée différemment par les coutumes.

Dans celles qui sont en-deçà de la Loire, le *douaire* est communément de la moitié des biens qui y sont sujets.

Au contraire, dans les provinces qui sont au-delà de la Loire, le *douaire* est demeuré fixe au tiers de ces mêmes biens, comme il l'avoit été par Henri II, roi d'Angleterre, lorsque ces provinces étoient soumises à sa domination.

Il seroit trop long d'entrer ici dans le détail des différentes dispositions des coutumes, par rapport à la qualité des biens sujets au *douaire*, & pour les conditions auxquelles il est accordé : c'est pourquoi nous nous bornerons aux principes qui sont reçus dans l'usage le plus général.

La femme a ordinairement un *douaire* préfix; mais s'il n'est pas stipulé, elle prend le *douaire* coutumier.

Il y a quelques coutumes, comme celles de Saintonge, *art. 76*, & Angoumois, *art. 82*, qui n'accordent point de *douaire* coutumier entre roturiers; mais dans ces coutumes la veuve d'un noble, quoique roturière, peut demander le *douaire* coutumier.

Suivant le droit commun, la femme qui a stipulé un *douaire* préfix, ne peut plus demander le coutumier, à moins que cela ne fût expressément réservé par le contrat de mariage; néanmoins les coutumes de Chauny, Meaux, Chaumont, Vitry, Amiens, Noyon, Ribemont, Grand-Perche, & Poitou, lui donnent l'option du *douaire* coutumier ou préfix, à moins qu'elle n'eût expressément renoncé à cette option par contrat de mariage.

Pour avoir droit de prendre l'un ou l'autre, il faut que le mariage produise les effets civils, autrement il n'y auroit point de *douaire*, même coutumier.

A Paris, & dans un grand nombre de coutumes, le *douaire* de la femme, lorsqu'il n'a point été réglé autrement par le contrat, est de la moitié des héritages que le mari possédoit lors de la bénédiction nuptiale, & qui lui sont échus pendant le mariage en ligne directe.

Ce que la femme peut prendre à titre de *douaire* coutumier, se règle par chaque coutume pour les biens qui y sont situés.

Quoique la coutume donne à la femme un *douaire*, dans le cas même où il n'y en a point eu de stipulé, la femme y peut cependant renoncer, tant pour elle que pour ses enfans; mais il faut que cette renonciation soit expresse, auquel cas la mère n'ayant point de *douaire*, les enfans n'en peuvent pas non plus demander, quand même on n'auroit pas parlé d'eux.

Pour ce qui est des biens sur lesquels se prend le *douaire* coutumier, on n'y comprend point les héritages provenus aux ascendans de la succession de leurs descendans.

Mais les héritages donnés en ligne directe pendant le mariage, y sont sujets.

Il en est de même des biens échus aux enfans, soit à titre de *douaire*, soit à titre de substitution, même faite par un collatéral, pourvu que l'héritage soit échu en ligne directe.

Les biens échus par droit de reversion, sont pareillement sujets au *douaire*, pourvu que cette reversion se fasse à titre successif de la ligne directe descendante ou collatérale.

Les héritages que le mari possède à titre d'engagement ou par bail emphytéotique, sont sujets au *douaire*, de même que ceux dont il a la propriété incommutable.

Si le mari est évincé par retrait féodal, lignager, ou conventionnel, d'un héritage qu'il possédoit au jour du mariage, les deniers provenans du retrait sont sujets au *douaire*, comme l'auroit été l'héritage qu'ils représentent.

Dans les coutumes où les rentes constituées sont immeubles, elles sont sujettes au *douaire* coutumier, aussi bien que les rentes foncières, quand même elles seroient rachetées depuis le mariage.

A défaut de biens libres suffisans pour fournir le *douaire*, il se prend subsidiairement sur les biens substitués, tant en directe qu'en collatérale ; & s'il n'y a point eu d'enfans du premier mariage du grevé de substitution, les biens substitués sont aussi sujets au *douaire* de la seconde femme, & ainsi des autres mariages subséquens ; ce qui est fondé sur le principe, *qui vult finem, vult & media*, qui a son application à la substitution faite par un collatéral, aussi bien qu'à celle qui a été faite par un ascendant.

Les offices, soit domaniaux ou autres, sont sujets au *douaire* coutumier, de même que les autres immeubles ; mais il en faut excepter les offices de la maison du roi & de la reine, & des princes du sang, qui sont plutôt des dons personnels que des biens patrimoniaux.

Les deniers donnés à un fils par ses père & mère en faveur de mariage, pour être employés en achat d'héritage, ou lui tenir nature de propre, sont aussi sujets au *douaire* coutumier, soit que l'emploi des deniers ait été fait ou non.

Si au contraire le mari a ameubli par contrat de mariage quelqu'un de ses propres, la femme n'y peut prétendre *douaire*.

A défaut de biens propres du mari, sur lesquels la femme puisse prendre son *douaire*, quelques coutumes, & particulièrement celle d'Orléans, *article 221*, lui accordent un *douaire* subsidiaire sur la portion des conquêts immeubles de la communauté,

qui appartient aux héritiers de son mari, & l'autorisent à en prendre la moitié, c'est-à-dire le quart au total, pour en jouir en usufruit en payant les charges : & s'il n'y a conquêts, la même coutume lui accorde le quart des meubles à perpétuité, les dettes déduites.

Lorsqu'un homme a été marié plusieurs fois, le *douaire* coutumier de la première femme & des enfans du premier lit, est, comme on l'a dit, de la moitié des immeubles qu'il avoit lors du premier mariage, & qui lui sont advenus pendant icelui en ligne directe. Le *douaire* coutumier du second mariage est du quart des mêmes immeubles, & de la moitié, tant de la portion des conquêts appartenans au mari, faits pendant le premier mariage, que des acquêts par lui faits depuis la dissolution du premier mariage jusqu'au jour de la consommation du second, & la moitié des immeubles qui lui échéent en ligne directe, & ainsi conséquemment des autres mariages ; c'est ainsi que ces *douaires* sont réglés par l'*article 253* de la coutume de Paris, & par plusieurs autres coutumes.

Si les enfans du premier mariage meurent avant leur père pendant le second mariage, la veuve & les enfans du second mariage qui leur ont survécu, n'ont que tel *douaire* qu'ils auroient eu si les enfans du premier mariage étoient vivans, en sorte que par la mort des enfans du premier mariage, le *douaire* de la femme & enfans du second mariage n'est point augmenté, & ainsi conséquemment des autres mariages. *Coutume de Paris, article 254.*

Le mari ne peut rien faire au préjudice du *douaire* de sa femme, soit par aliénation ou par une renonciation faite en fraude ou autrement.

La femme, autorisée de son mari, peut consentir à l'aliénation de quelques héritages sujets au *douaire* ; mais, en ce cas, elle en doit être indemnisée sur les autres biens de son mari.

L'hypothèque de la femme & des enfans, pour le *douaire*, est du jour du contrat de mariage, s'il y en a un, sinon il y a une hypothèque légale du jour de la bénédiction nuptiale.

La dot, la reprise des deniers stipulés propres, & le remploi des propres, dont l'aliénation a été forcée, sont préférés au *douaire* ; mais il passe avant le remploi des aliénations volontaires, & avant les indemnités & autres reprises de la femme.

Le *douaire* coutumier ou préfix saisit, sans qu'il soit besoin de le demander en jugement ; & les fruits & arrérages courent du jour du décès du mari.

Il n'y a ouverture au *douaire* que par la mort naturelle du mari ; la longue absence, la faillite, la séparation de corps & de biens, & même la mort civile du mari, ne donnent pas lieu au plein *douaire* ; on accorde seulement, en ce cas, à la femme une pension, qui est ordinairement fixée à la moitié du *douaire*, & que l'on appelle *le mi-douaire* ou *demi-douaire*.

"Au cas que la femme ne se remarie pas, elle doit avoir délivrance de son *douaire* à sa caution juratoire; mais si elle se remarie, elle doit donner bonne & suffisante caution, tant pour le *douaire* coutumier que pour le préfix, à moins que celui-ci ne fût stipulé sans retour, auquel cas il ne seroit point dû de caution, excepté dans le cas où il y auroit des enfans, & que la mère se remarieroit, attendu qu'elle perd la propriété de son *douaire*.

Il y a des cas où la femme est privée de son *douaire*, par exemple, lorsqu'elle suppose un enfant à son mari, ou si elle se remarie dans l'an du deuil, avant qu'il y ait du moins neuf mois écoulés; ce qui est sujet à des inconvéniens, *propter turbationem sanguinis & incertitudinem prolis*. Il en est de même lorsque la femme est condamnée à quelque peine qui emporte mort civile & confiscation.

La profession religieuse de la femme opère aussi l'extinction du *douaire*, à moins qu'elle ne l'ait réservé par forme de pension alimentaire.

Dans quelques coutumes le *douaire* préfix ne peut excéder le coutumier: dans celles qui ne contiennent point une semblable prohibition, il est libre de faire le *douaire* telles conventions que l'on juge à propos, comme de donner à la femme l'usufruit de tous les biens de son mari pour son *douaire*, ou de le stipuler sans retour; & toutes ces conventions ne sont sujettes à insinuation, le *douaire* coutumier ou préfix n'étant point considéré comme une donation du mariage, mais comme une convention ordinaire.

La femme pour son *douaire* prend les héritages du mari en l'état qu'ils se trouvent, & profite des fruits pendans par les racines, sans être tenue de rembourser les labours & semences, si ce n'est la moitié qu'elle en doit, au cas qu'elle accepte la communauté.

En qualité de douairière, elle est obligée d'acquitter toutes les charges réelles, & d'entretenir les héritages de toutes réparations viagères, ce qui comprend toutes les réparations d'entretenement hors les quatre gros murs, poutres, couvertures entières & voûtes; mais l'héritier est tenu de lui donner ces lieux en état.

Le *douaire* préfix en rente ou deniers se prend sur la part du mari, sans aucune confusion de la communauté & hors part.

Lorsque la femme douée de *douaire* préfix d'une somme de deniers à une fois payer ou d'une rente, est en même temps donataire mutuelle, elle prend son *douaire* & sa donation sans aucune diminution ni confusion.

S'il n'y a point de propres du mari, en ce cas la femme, donataire mutuelle, prend son *douaire* sur le fond des conquêts, qu'elle peut faire vendre à la charge de l'usufruit.

Le légataire universel contribue avec l'héritier des propres, chacun à proportion de l'émolument, au paiement du *douaire* préfix, qui est en deniers ou rente; mais le fils aîné n'en paie pas plus que

chaque puîné, nonobstant les avantages qu'il a, comme aîné; telle est la disposition de l'art. 334 de la coutume de Paris.

Le *douaire* coutumier ou préfix, soit en espèces ou rente, n'est que viager à l'égard de la femme, à moins qu'il n'y ait clause au contraire.

Si le *douaire* est d'une somme d'argent, il doit en être fait emploi, afin que la veuve ait la jouissance des revenus, & que le fonds retourne aux enfans ou autres héritiers.

Les héritages retournent aux héritiers du mari en l'état qu'ils se trouvent lors du décès de la douairière, sans que ses héritiers puissent rien prétendre dans les fruits pendans par les racines; mais les héritiers du mari sont obligés de rendre les frais des labours & semences, quoique la femme se soit mise, au temps de son *douaire*, en possession des héritages, sans être tenue de rembourser les frais de labours & semences. La raison de différence entre la femme & les héritiers de son mari est fondée sur ce que la loi ou la convention, qui lui accorde un *douaire* sur les héritages de son mari, le lui donne sur ces mêmes héritages, dans l'état où ils se trouvent au moment du *douaire*, au lieu que la douairière, en les cultivant, a cru les cultiver pour son avantage particulier, & non pour celui du propriétaire.

SECTION II.
Du douaire des enfans.

Selon le droit commun, le *douaire* coutumier ou préfix est propre aux enfans, c'est-à-dire, qu'il leur est affecté dès l'instant du mariage, & qu'il doit leur advenir après la mort des père & mère.

Dès que la femme en a la jouissance, il est aussi ouvert pour les enfans quant à la propriété, tellement qu'ils peuvent dès-lors faire tous actes de propriétaire, & doivent veiller à la conservation de leur droit, dont la prescription peut commencer à courir contre eux dès ce moment.

Une autre conséquence, qui résulte de cette maxime, que le *douaire* est propre aux enfans, c'est que les père & mère ne le peuvent vendre, engager, ni hypothéquer à leur préjudice, au cas que les enfans se portent seulement douairiers; car s'ils étoient héritiers de leurs père & mère, ils seroient tenus de leurs faits.

Il y a néanmoins quelques coutumes singulières & exorbitantes du droit commun, où le *douaire* n'est qu'à la vie de la femme seulement, & ne passe point aux enfans; telles sont les coutumes de Meaux, Sens, Vitry & Poitou.

En Normandie, ce qui forme le *douaire* coutumier de la mère, s'appelle *tiers coutumier*, en la personne des enfans, le *douaire* étant du tiers des biens qui y sont sujets. Quoique la femme ait un *douaire* préfix, les enfans ont toujours le tiers coutumier; ils ont aussi un tiers coutumier ou espèce de *douaire* sur les biens de la mère. *Voyez* la Coutume de Normandie, *art.* 399 & *suiv.*

Dans les autres coutumes, le *douaire* des enfans est le même que celui de la mère : ils ont aussi la même option qu'avoit eue leur mère, si elle ne l'a pas consommée.

Si les enfans viennent à décéder avant le père, le *douaire* est propre aux petits-enfans.

Pour pouvoir prendre le *douaire* à ce titre, il faut renoncer à la succession de celui sur les biens duquel on demande ce *douaire* ; car il est de principe qu'on ne peut être héritier & douairier, soit qu'il s'agisse d'un *douaire* coutumier ou d'un *douaire* préfix.

Néanmoins l'héritier bénéficiaire, ayant le privilège de ne pas confondre ses droits, peut, en rendant compte aux créanciers du contenu en l'inventaire, retenir sa part afférente du *douaire*.

Celui qui veut avoir le *douaire* doit rapporter ce qu'il a eu de son père en mariage, & autres avantages, ou moins prendre sur le *douaire* ; il est aussi obligé de rapporter ce qui a été donné à ses enfans, attendu que c'est la même chose que si on avoit donné au père.

Mais l'enfant n'est point obligé d'imputer ce qu'il a reçu de son aïeul, sur le *douaire* qu'il prend dans la succession de son père.

Le rapport qui se fait à la succession pour prendre le *douaire*, doit comprendre les fruits depuis le décès du père.

Les parts des enfans qui renoncent au *douaire*, n'accroissent point aux autres enfans qui se portent douairiers ; elles demeurent confuses dans la succession.

Lorsqu'il s'agit de fixer la part qu'un enfant peut prendre dans le *douaire*, on compte tous les enfans habiles à succéder, même ceux qui ont renoncé au *douaire* & à la succession ; mais on ne compte pas l'exhérédé, lequel n'a pas de part au *douaire*, & n'est pas habile à succéder.

Les héritages & rentes que les enfans ont pris à titre de *douaire* coutumier ou préfix, forment en leur personne des propres de succession.

Pour ce qui est du *douaire* préfix d'une somme de deniers, dès qu'il est parvenu aux enfans, il est réputé mobilier, & les plus proches héritiers des enfans y succèdent.

Le décret des héritages & le sceau pour les offices purgent le *douaire*, lorsqu'il est ouvert, tant à l'égard de la femme que des enfans, quoique ceux-ci n'en aient encore que la nue propriété, parce qu'ils peuvent & doivent également y veiller, quoiqu'un autre en ait l'usufruit.

DOUAIRE *accordé* : quelques coutumes se servent de cette expression pour désigner le *douaire* préfix ou conventionnel.

DOUAIRE *en bordelage*, est celui qui se prend sur des héritages chargés envers le seigneur de la préstation annuelle appellée *bordelage*, usitée dans quelques coutumes, comme Nivernois. La femme ne peut prendre son *douaire* sur ces sortes d'héritages ; à moins qu'il n'y ait un héritier, parce qu'autre-

ment l'héritage retourne au seigneur. *Voyez* Coquille, *quest.* 61.

DOUAIRE *conventionnel* ou *préfix*, est celui qui est fondé sur le contrat de mariage, & dont la quotité est fixée par le contrat, soit en argent, soit en fonds ou en rentes. *Voyez* ce qui est dit ci-devant sur le *douaire* en général.

DOUAIRE *coutumier* ou *légal*, est celui qui est fondé uniquement sur la disposition de la coutume, ou pour lequel les parties s'en sont rapportées dans le contrat de mariage à la disposition de la coutume. *Voyez* ce qui est dit ci-devant du *douaire* en général.

DOUAIRE *divis*, est la même chose que *douaire conventionnel* ou *préfix*. Ce nom ne lui convient néanmoins que quand le *douaire* est fixé à la jouissance de quelque héritage, rente ou somme d'argent ; de manière que la femme n'ait rien en commun avec les héritiers. *Voyez* Taisant, *sur la coutume de Bourgogne, tit.* 4, *art.* 8.

DOUAIRE (*demi-*), ou MI-DOUAIRE ; c'est ainsi que l'on appelle une pension alimentaire, que l'on donne à la femme en certains cas, pour lui tenir lieu de *douaire*, lorsque le mari est encore vivant, & conséquemment que le *douaire* n'est pas ouvert. Ce *mi-douaire* s'adjuge à la femme, en cas de mort civile, faillite ou longue absence du mari, lorsque l'on n'a point de certitude de sa mort naturelle. Dans les séparations volontaires on engage ordinairement le mari à donner à sa femme une pension égale au *mi-douaire*, ou au tiers du *douaire* ; cela dépend de la convention. *Voyez* MI-DOUAIRE.

DOUAIRE *égaré* : on donne quelquefois ce nom au *douaire* ordinaire, soit coutumier ou préfix, tandis que le mari, la femme ou les enfans vivent, à cause de l'incertitude de l'événement de ce *douaire*, soit pour la femme, soit pour les enfans. *Voyez* Loysel, en ses *Inst. coutum. liv. II, tit.* 3, *n.* 37.

DOUAIRE *entier*, est opposé au *mi-douaire*, qui a lieu en certains cas. *Voyez* DEMI-DOUAIRE & MI-DOUAIRE.

DOUAIRE *en espèce* ne signifie pas un *douaire* préfix en deniers ; c'est au contraire le *douaire* coutumier, lorsqu'il se prend en nature d'héritage. *Voyez* la Coutume de Paris, *art.* 263.

DOUAIRE *légal*, est la même chose que le coutumier.

DOUAIRE *limité* se dit dans quelques coutumes pour *douaire* préfix.

DOUAIRE *du mari* : par la coutume de Lorraine, *tit.* 3, *art.* 12, le mari, en quelques lieux, prend *douaire* sur les biens de sa femme. *Voyez* CONTRE-AUGMENT.

DOUAIRE (*MI-*), DEMI-DOUAIRE ou DOUAIRE *de moitié*. *Voyez* ci-dessus DEMI-DOUAIRE. Il y a une autre sorte de *mi-douaire* qui a lieu en quelques coutumes, comme en celle d'Anjou, *art.* 303, qui porte que la femme, après le décès des père & mère de son mari, prend pour *douaire* le tiers de ce que son mari auroit eu dans leur succession ; mais

mais que si les père & mère ont consenti au mariage, ils seront contraints de donner à la femme provision sur leur terre, savoir la moitié du tiers qui seroit échu au mari. Cette moitié du tiers destiné au *douaire*, est appelé *mi-douaire* par Dupineau & par les autres commentateurs. *Voyez* aussi la *Coutume de Péronne, art. 150.*

DOUAIRE *ouvert*, est celui que la femme ou les enfans sont en état de demander; ce qui n'arrive, à l'égard de la femme, que par la mort de son mari : à l'égard des enfans, il est ouvert en même temps pour la propriété; mais il ne l'est pour l'usufruit qu'après la mort de leur mère.

DOUAIRE (*plein*), est la même chose que *douaire* entier, & est opposé au *mi-douaire*. Voyez la *Coutume de Péronne, article 150*; & aux mots DEMI-DOUAIRE & MI-DOUAIRE.

DOUAIRE *préfix* ou *conventionnel*, est celui qui est fixé, par le contrat de mariage, à une certaine somme ou rente, ou à la jouissance déterminée de quelque héritage.

DOUAIRE *propre aux enfans*, est celui que la coutume assure aux enfans après la mort de la mère, ou qui est stipulé tel par le contrat de mariage. Ce terme *propre* ne veut pas dire que ce *douaire* forme un propre de ligne, mais que la propriété en est assurée aux enfans.

DOUAIRE *sans retour*, est un *douaire* conventionnel ou préfix que la femme gagne en pleine propriété, sans qu'il doive retourner à ses enfans ni aux autres héritiers du mari; ce qui dépend des clauses du contrat de mariage, le *douaire* étant naturellement propre aux enfans, &, à leur défaut, reversible aux autres héritiers du mari, à moins que la coutume ne dise le contraire.

DOUAIRE *reversible*, est celui dont la femme n'a que l'usufruit sa vie durant, & qui doit retourner aux enfans ou aux héritiers du mari.

DOUAIRE *viager*, est celui qui n'est que pour la vie de la femme, & ne doit point passer aux enfans à titre de *douaire*. Voyez le *Traité du Douaire* de Renusson, & les commentateurs des coutumes, au titre des *Douaires*. (*A*)

DOUAIRIER, adj. se dit de l'enfant qui renonce à la succession de son père, pour s'en tenir au douaire de sa mère, que la coutume lui défère en propriété. *Voyez* DOUAIRE.

DOUAIRIÈRE, adj. se dit en général de la veuve qui jouit de son douaire. Dans l'usage, ce mot se dit particulièrement des femmes distinguées : c'est dans ce sens qu'on appelle la veuve d'un roi, d'un prince, *la reine douairière, la princesse douairière*.

DOUANE, s. f. (*terme de Finances*.) c'est le lieu où l'on est obligé de porter ou de conduire les marchandises, pour acquitter les droits fixés par les ordonnances. Nous n'entrerons pas dans le détail des réglemens qui concernent cette matière : on les trouvera dans le *Dictionnaire des Finances*.

DOUBLAGE, s. m. (*Jurispr.*) est un droit que le seigneur prend extraordinairement en cer-

tain cas, dans quelques coutumes, sur ses hommes ou sujets. On appelle ce droit *doublage*, parce qu'il consiste ordinairement à prendre en ce cas le double de ce que le sujet a coutume de payer à son seigneur.

Ce droit est connu sous ce nom dans les coutumes d'Anjou & du Maine; dans d'autres, il est usité sous le nom de *double cens, double taille, &c.* La coutume d'Anjou, *article 128*, dit que la coutume entre nobles est que le seigneur noble peut doubler ses devoirs sur ses hommes, en trois cas : pour sa chevalerie, pour le mariage de sa fille aînée emparagée noblement, & pour payer sa rançon .... que le sujet est tenu payer à son seigneur, dans ces cas, pour le *doublage* de tous ses devoirs, tels qu'ils soient, après la prochaine fête d'août, jusqu'à la somme de 25 sols tournois, & au-dessous. Ce *doublage* s'entend de manière que si le sujet sur qui le devoir sera doublé, doit avoine, bled, vin, & plusieurs autres cens, rentes ou devoirs à son seigneur de fief, montant à plus grande somme que 25 sous tournois, il ne sera pourtant tenu de payer pour le *doublage* de tous ces devoirs, que 25 sols tournois; si au contraire il doit un denier, deux deniers, ou autre somme de moins que les 25 sols tournois, il ne doublera que le devoir qu'il doit à la prochaine fête après août; & s'il est dû cens, service & rente pour raison d'une même chose, le cens & service se pourront doubler, & non la rente.

L'article suivant porte que pour les trois causes du *doublage* expliquées en l'article précédent, l'homme de foi simple doit le double de la taille annuelle qu'il doit, ce qui s'entend de la taille seigneuriale; que s'il ne doit point de taille, il paiera le double du devoir ou service annuel qu'il doit à son seigneur, auquel sera dû le double; & que s'il ne doit ni taille, ni devoir ou service annuel, il sera tenu de payer 25 sols pour le *doublage*.

Enfin l'article 130 porte que les hommes de foi-lige doivent payer au seigneur, auquel sera dû le *doublage*, les tailles jugées & abonnées qu'ils lui doivent; que s'ils ne doivent point de tailles jugées, ils paieront chacun 25 sols tournois pour le *doublage*; & qu'en payant ces *doublages*, les hommes de foi simple & lige peuvent contraindre leurs sujets coutumiers à leur payer autant qu'ils paient à leur seigneur, & non plus.

La coutume du Maine contient les mêmes dispositions, *art. 138, 140 & 141.*

L'article 139 contient une disposition particulière sur le *doublage*, qui n'est point en la coutume d'Anjou; savoir, qu'à l'égard du *doublage* appellé *relief*, dont on use en quelques baronnies & châtellenies du pays du Maine, qui est le double du cens ou rente qui se paie par l'héritier par le trépas de son prédécesseur tenant l'héritage à cens, ceux qui l'ont par titres & aveux, en jouiront & prendront le droit de *doublage*, tels qu'ils ont accoutumé user. *Voyez* les commentateurs de ces

coutumes fur lefdits articles ; & *ci-après* DOUBLE
CENS , DOUBLE DEVOIR , DOUBLE RELIEF ,
DOUBLE TAILLE. *(A)*

On doit diftinguer trois fortes de *doublage,* 1°.
celui qui tient lieu des *aides coutumières,* ou *loyaux-
aides,* & des tailles aux quatre cas. Il fait le principal objet des difpofitions des coutumes d'Anjou
& du Maine ; 2°. le *doublage* dû pour la mutation
du cenfitaire dans quelques feigneuries, feulement
de la coutume du Maine, fuivant l'article 139.
On en parlera particuliérement au mot DOUBLE
CENS ; 3°. enfin le *doublage* dû par les roturiers
à leur feigneur, lorfque celui-ci paie lui-même ce
droit au feigneur fupérieur.

Cette dernière efpèce de *doublage* paroît être
une fuite des principes admis dans les coutumes
de parage. Comme dans ces fortes de coutumes
le vaffal eft tenu de garantir fous fon hommage,
ceux auxquels il a tranfporté une partie de fon
fief, foit à titre de parage, foit par fous-inféoda-
tion ou accenfement, on y a établi que les poffeffeurs de ces portions diftraites du corps du fief,
aideroient le propriétaire des portions réfervées à
payer une partie des charges du fief. Les coutumes
d'Anjou & du Maine font les feules où le *doublage*
ait-lieu au profit du vaffal, quand il paie lui-même
ce droit à fon feigneur, pour lui tenir lieu de
loyaux-aides. Mais il fubfifte des droits du même genre
dans prefque toutes les coutumes de parage, & on
n'en connoît point, ou prefque point de femblables
dans les autres coutumes.

Ainfi la coutume de Normandie admet les *aides
de relief,* qui font dus par les arrière-vaffaux à
l'héritier du vaffal décédé. La coutume de Poitou
admet auffi, pour une grande quantité de fiefs, le
droit de rachat, de plect , de morte-main, & de
cheval de fervice à mutation de feigneur, comme
à mutation de vaffal. Enfin les chevaux de fervice
font également dus à mutation de feigneur dans
bien des feigneuries, fuivant les coutumes de
Tours & de Loudun. *Voyez les articles* CHEVAL
de fervice, PLECT *de main-morte,* RACHAT, RE-
LIEF & ROUSSIN *de fervice.*

On parlera de plufieurs autres efpèces de doublement de devoirs au mot DOUBLE CENS. (*M.
GARRAN DE COULON.*)

DOUBLE, adj. *pris en droit fubft.* Suivant les
loix romaines, le mot *double* s'entend particuliérement de l'effet que doit produire une action judiciaire. Ils avoient des actions fimples, *doubles ,*
triples ou quadruples : c'eft-à-dire que le demandeur ne demandoit par l'action fimple, que la reftitution de l'objet qui en étoit le fondement, au
lieu que par l'action *double* , triple ou quadruple ,
il répétoit l'eftimation *double,* triple ou quadruple
de la chofe qu'il redemandoit.

Le demandeur concluoit au *double,* c'eft-à-dire
fon action étoit *double, actio dabatur in duplum,*
dans le cas de la pourfuite d'un vol fait avec
adreffe, appelé en droit *furtum non manifeftum ;* de

la demande en réparation du dommage reçu , autorifée par la loi *aquilia ;* de la reftitution d'un
dépôt fait dans le cas de tumulte, d'incendie, de
ruine , de naufrage , fi le dépofitaire nioit le dépôt ;
lorfqu'il s'agiffoit de pourfuivre le corrupteur d'un
efclave , ou de demander un legs fait aux lieux faints.

Le demandeur qui offroit le libelle, & ne con-
teftoit pas dans deux mois, devoit payer le *double,*
fuivant l'authent. *libellum.* L'offre du *double* faite
par le vendeur, n'étoit pas un moyen pour faire
refcinder la vente. *Code 4, tit. xliv, liv. 6. Voyez*
LÉSION, RESCISION, RESTITUTION.

On ftipuloit auffi quelquefois la peine du *double*
dans les arrhes que fe donnoient les fiancés, en
cas d'inexécution de la promeffe de mariage. *Cod. 5,
tit. j, l. 1, §. 1. Voyez* DÉDIT.

Dans notre ufage , le *double* fe confidère par
rapport à plufieurs objets , comme on va l'expliquer
dans les fubdivifions fuivantes.

DOUBLE ACTION s'entend de trois manières :

1°. De l'action qui tendoit à faire payer le *double* de la chofe, appelée *actio in duplum,* comme
cela avoit lieu en certains cas chez les Romains ;
par exemple , pour l'action du vol commis par
adreffe & fans violence, appelée *actio furti nec
manifefti.* Ces fortes d'actions étoient oppofées aux
actions fimples, triples, ou quadruples.

2°. On appelle auffi en droit *action double,* celle
qui réfulte d'un contrat qui produit action refpec-
tive au profit de chacun des contractans contre
l'autre, comme dans le louage ou dans la vente.

3°. On appelle *double action,* lorfqu'un titre produit deux actions différentes au profit de la même
perfonne, & contre le même obligé, comme quand
l'action perfonnelle concourt avec l'action hypothécaire. (*A*)

DOUBLE D'AOUT, f. m. *(Droit féodal.*) c'eft
une efpèce de taille feigneuriale qui n'eft connue
que dans la coutume de la Marche. Pour bien
entendre les difpofitions de cette coutume fur le
double d'août, & le diftinguer de la taille ordinaire & de la *quefte courant,* autre efpèce de taille
admife dans la même coutume , il faut obferver
1°. que, fuivant l'article 123 de cette coutume,
il n'y a point de ferfs perfonnels, mais que ceux
qui font nommés & réputés ferfs & mortaillables,
ne le font qu'à caufe des héritages qu'ils poffèdent,
quand ces héritages font ferfs & mortaillables ;
2°. que, fuivant l'article 124, quiconque doit, à
raifon de fon héritage , *trois tailles,* c'eft-à-dire,
trois devoirs payables à trois termes, lorfque ces
redevances comprennent *avoine & géline,* eft réputé ferf coutumier, s'il doit tels devoirs à homme
lai, & homme mortaillable, s'il les doit à l'églife ;
3°. que l'ancienne coutume de la Marche exigeoit
que l'une de ces trois tailles, ou devoirs ordinaires, fût dû au mois d'août, pour rendre l'héritage ferf ou mortaillable, mais que cette condition fut fupprimée dans l'article 124, lors de la
réformation de la coutume, parce qu'on en con-

tefta la néceffité ; 4°. enfin qu'il n'en eft pas moins vrai que, fuivant l'ufage commun de la province, l'un des trois termes de la taille eft payable en août, & qu'on ne fongea point à fupprimer dans les autres articles les énonciations relatives à cet ufage. D'après cela, il eft aifé d'entendre ce que la coutume de la Marche appelle *double d'août*, & les règles de ce droit fingulier.

Suivant l'article 126, « tous hommes réputés » ferfs coutumiers, ou autres, à droit de fervi- » tude, qui doivent taille en août, doivent à leur » feigneur, en une année, le *double d'août*, qui » eft pareille fomme que ce qu'ils doivent en » deniers de taille ordinaire rendable audit mois » d'août ; & une autre année ils doivent la quefte- » courant, laquelle les feigneurs peuvent impofer » pour icelle faire payer audit mois d'août, felon » la faculté des biens defdits hommes, pourvu » qu'elle n'excède plus que ledit *double d'août* dû » audit feigneur par tous lefdits hommes qu'il a » en ladite châtellenie, fur lefquels il impofe ladite » quefte, laquelle doit être impofée également, » le fort portant le foible. Comme fi le *double* » *d'août* de tous les hommes que le feigneur a » en la châtellenie de Guéret, ne peut monter » que cent fous, ladite quefte-courant ne peut » être impofée fur tous lefdits hommes que pour » cent fous, & ainfi des autres châtellenies. Mais » il en peut bailler à l'un defdits hommes pour » ladite année, plus qu'il ne doit de *double d'août*, » fi la faculté de fes biens le porte, & à l'autre » qui doit d'ordinaire par aventure plus du *double* » d'août, il le peut impofer moins, le fort por- » tant le foible ».

Ainfi le *double d'août* ne peut jamais excéder la taille ou redevance ordinaire due au terme d'août, mais elle peut être moindre. La cote-part de chaque particulier dans la quefte-courant peut au contraire excéder cette redevance, quoique la totalité de celle qui eft due par la feigneurie ne puiffe pas être plus forte que le *double d'août*.

L'article 127 ajoute que le feigneur a le choix de prendre *le double d'août chacun an*, ou ladite *quefte-courant une année*, & *le double d'août en l'autre*.

Les héritages ferfs doivent de plus la taille aux quatre cas. Mais, fuivant l'article 141, les héritages mortaillables, c'eft-à-dire, ceux qui font tenus de l'églife aux conditions portées dans l'article 123, ne doivent ni *double d'août*, ni quefte-courant, ni même la taille aux quatre cas, quand bien même l'églife les auroit nouvellement acquis des laïques ; mais ces trois efpèces de taille revivent lorfque l'héritage rentre dans la main des laïques. Cela ne doit néanmoins s'entendre que des biens que l'on prouve avoir originairement été fujets à ces fortes de tailles, comme ayant déjà ci-devant appartenu à des laïques. Jabely cite un arrêt du 6 avril 1661, qui l'a ainfi jugé. Cette décifion eft d'autant plus jufte, que la coutume de la Marche

admet des mortaillables *jure conftituti*, c'eft-à-dire, qui fe font eux-mêmes affujettis de plein gré au droit de mortaille envers l'églife. *Voyez* DOUBLE TAILLE & MORTAILLE. (*M. GARRAN DE COU-LON.*)

DOUBLE BREVET, fe dit lorfqu'il y a deux originaux d'un acte en brevet paffé devant notaire. *Voyez* BREVET.

DOUBLE CENS, f. m. (*Droit féodal.*) Le *double cens* a lieu de différentes manières, fuivant la diverfité des coutumes.

Dans quelques feigneuries de la coutume du Maine, le cens ou rente dû au feigneur eft payé double par l'héritier du cenfitaire, fuivant l'article 139.

Dans la coutume de Berry, les cens doublent au profit du roi, en cas d'aliénation, foit à titre de vente, échanges, ou autres contrats, des chofes cenfuelles tenues du roi. Au moyen de ce *double cens*, il n'eft dû au roi aucuns accordemens, lods, ni ventes. Il y a néanmoins quelques héritages cenfuels, où lefdits accordemens, lods & ventes, font dus au roi, *par convention appofée au bail defdits héritages*, ou autrement par droit conftitué ou prefcrit. Il en eft de même des cenfives acquifes au roi par acquifition, confifcation, aubaine ou autrement, lefquelles demeurent dans leur première qualité.

Les autres biens roturiers ne font fujets au *double cens*, dans cette coutume, qu'en vertu d'un titre, quand bien même ils feroient dans des feigneuries où les accordemens, lods & ventes n'ont pas lieu. Mais cette exemption ne difpenfe pas les acquéreurs de la formalité de l'exhibition. *Voyez* ACCORDEMENT, FETAGE ; & *les articles* 1, 2, 4 5, 20 & 21 du titre 6 de la Coutume de Berry.

L'acquéreur d'un héritage tenu à cens, eft auffi tenu de payer au feigneur le *double cens* pour la première année, au jour que le cens échet, dans la coutume de Soefmes locale de Blois. C'eft ce qu'on y appelle *cens truant. Voyez* l'art. 3.

Dans celle du Grand-Perche au contraire, le *double cens* eft dû non-feulement en cas d'acquifition, mais auffi à toute mutation du cenfitaire. Ce *double cens* doit être payé dans les quarante jours après la mutation, & il n'empêche pas que le fimple cens ne foit dû au terme ordinaire. *Voyez les articles* 82 & 84.

Dans plufieurs coutumes de Flandre & de Picardie, il eft dû auffi relief pour les coteries ou rotures, & ce relief eft communément le double du devoir ordinaire. C'eft la difpofition particulière de la coutume d'Hefdin en Artois. Lorfqu'il y a fur l'héritage un furcens réalifé, les héritiers ont l'alternative de payer le double de la redevance qui a été impofée par le feigneur lors de la prife à furcens, s'il y en a eu une, ou le double dudit cens foncier, ou dudit furcens. Mais les terres qui ne font affujetties qu'à la dîme & terrage, doivent feulement pour relief au feigneur 12 deniers parifis pour chaque mesure. Enfin on ne peut déguerpir les héritages cotiers qu'en payant le double du cens, rente ou censive, auxquels l'héritage est sujet, outre les arrérages échus. *Voyez les articles* 11, 14 & 15.

Les *relevoisons* & les *marciages* sont aussi des reliefs de roture. *Voyez ces mots.*

Le doublement de cens a également lieu dans une partie du Poitou, mais seulement lorsque le seigneur jouit du fief de son vassal à titre de relief. En Gatine, les cens en argent doublent & redoublent, dans ce cas, jusqu'à 5 sols, au profit du seigneur. Mais ce qui excède les 5 sols ne double & ne redouble point. « Car s'il y a dix » sols, ajoute l'*article* 160, l'on paiera vingt sous ; » & s'il y a onze sous, l'on en paiera *vingt-deux* » *sous* ».

C'est ainsi qu'on lit dans tous les textes de cette coutume : mais il est clair qu'au lieu de *vingt-deux sols*, on doit lire *vingt-un sols*; & il est étonnant qu'aucun des commentateurs de cette coutume n'en ait pas fait l'observation. Constant a seulement vu que cet article étoit obscur & embrouillé. Mais la manière dont il a voulu l'éclaircir, d'après l'ancienne coutume, n'est pas moins contraire au texte de cette ancienne coutume, qu'à celui de la nouvelle. Il suffit de lire avec soin ces textes & son commentaire, pour s'en convaincre.

Dans une autre partie du Poitou, où le rachat a aussi lieu, les cens doublent seulement jusqu'à cinq sols, mais ils ne redoublent pas.

Les cens en grains ou en volailles, & généralement tous ceux qui ne sont pas en argent, ne doublent & ne redoublent pas. Il en est de même des devoirs en argent, qui ne sont pas des cens, tels que les cens. *Voyez les articles* 148, 149 & 150.

Par l'ancienne coutume de Mehun-sur-Yere en Berry, le cens doubloit au profit du seigneur dans l'année où le possesseur avoit manqué de le payer aux lieu, jour & heure accoutumés. *Voyez l'art.* 2 *du titre* VI *dans la Thaumassière.*

On peut voir d'autres espèces de doublement de cens au mot DOUBLAGE. (*M. GARRAN DE COULON.*)

DOUBLE DEVOIR, f. m. (*Droit féodal.*) est lorsque la taille ordinaire, le cens, ou autre redevance annuelle, double au profit du seigneur. *Voyez* ci-devant au mot DOUBLAGE, DOUBLE CENS, & la *Coutume de Bourbonnois*, *art.* 345 & 346. *Voyez aussi* DOUBLE TAILLE. (*A*)

DOUBLE DROIT, est une peine pécuniaire qui a lieu, en certains cas, contre qui ont manqué à faire quelque chose dans le temps prescrit ; comme de faire insinuer un acte, payer le centième denier, droit de contrôle, ou autre semblable. Il dépend du fermier de ces droits, de remettre ou modérer la peine du *double* ou triple droit qui a été encourue. *Voyez* le *Dictionnaire de finance.*

DOUBLE ÉCRIT *ou* ÉCRIT FAIT DOUBLE, est un écrit sous signature privée, dont il y a deux originaux conformes l'un à l'autre, & tous deux signés des parties qui s'y engagent.

Les actes sous signature privée ne se font point *doubles*, lorsque l'obligation qui en résulte, ne concerne qu'une seule partie ; ainsi un billet portant reconnoissance d'argent prêté, & promesse de le rendre dans un certain temps, n'est donné que par l'emprunteur, & il est inutile que le prêteur lui en donne un *double*.

Mais toutes les fois qu'un acte contient une obligation respective, il doit être écrit & signé double entre les parties, afin qu'étant entre les mains de chacune d'elles, l'une ne puisse pas éluder ses obligations, & forcer l'autre à remplir les siennes ; & c'est par cette raison, que, suivant la jurisprudence des arrêts, tout écrit, contenant une obligation synallagmatique, est regardé comme nul, s'il n'est signé *double*, & s'il n'y est déclaré formellement qu'il a été fait *double*.

Lorsqu'il y a plus de deux parties dans un acte, l'écrit qui le constate doit être triple, quadruple ou quintuple, suivant le nombre des contractans.

Il n'est pas nécessaire, dans un acte *double*, que la signature des deux parties soit sur chaque exemplaire ; il est assez ordinaire qu'elles se contentent de l'échange respectif de leurs signatures : d'ailleurs le porteur de l'exemplaire signé de l'autre contractant n'a pas besoin d'y apposer sa propre signature, puisqu'il ne peut pas s'engager envers lui-même. On trouve dans le journal du parlement de Bretagne, un arrêt du 27 mars 1738, qui l'a ainsi jugé.

DOUBLE EMPLOI, se dit de l'action d'employer une même somme deux fois en recette ou en dépense dans un compte.

L'ordonnance de 1667, *tit. xxix*, de la reddition des comptes, *art.* 21, porte qu'il ne sera procédé à la revision d'aucun compte ; mais que s'il y a des erreurs, omissions de recette, ou *faux emplois*, les parties pourront en former leur demande, ou interjetter appel de la clôture du compte, & plaider leurs prétendus griefs en l'audience. Cet article ne parle pas nommément des *doubles emplois*, à moins qu'on ne les comprenne sous le terme de *faux emplois*, quoique *faux emploi* soit différent de *double emploi*, en ce que tout *emploi double* est faux ; au lieu qu'un emploi peut être faux, sans être *double* : par exemple, si la partie employée ne concerne point l'oyant. Quoi qu'il en soit, il est certain, dans l'usage, que les *doubles emplois* ne se couvrent point, non plus que les *faux emplois*, ni les erreurs de calcul & omissions.

Cette maxime est fondée sur l'équité naturelle, qui ne permet pas qu'on fasse payer à un débiteur plus qu'il ne doit. Lorsqu'il a une fois payé ce qu'il devoir, il est libéré ; & si par erreur il vient à payer une seconde fois, il a contre son créancier une action en répétition, que les jurisconsultes romains appelloient *conditio indebiti*, dont l'effet est de lui faire rendre ce qu'il a donné injustement par le second paiement.

Il n'eſt pas néceſſaire d'obtenir des lettres de chancellerie pour ſe faire reſtituer contre les *doubles emplois*, il ſuffit de faire voir clairement qu'il en exiſte dans un compte, pour être fondé à obtenir la reſtitution de ce que l'on a payé mal à propos. Le défendeur à la demande pour cauſe de *double emploi*, n'eſt point condamné aux dépens, lorſqu'il a reçu de bonne foi l'objet de la réclamation, & qu'il le reſtitue ſans conteſtation : parce que ſi d'un côté le créancier ne doit recevoir que ce qui lui eſt dû, le débiteur doit également ſavoir ce qu'il doit & ne rien payer au-delà.

DOUBLE LIEN, ſe dit 1°. de la parenté qui ſe trouve entre ceux qui ſont parens en même-temps du côté paternel & maternel : 2°. du droit, privilège & avantage, qu'ont ces parens de ſe ſuccéder les uns aux autres en tout ou en partie, à l'excluſion des parens qui ne ſont joints que d'un côté ſeulement.

Suivant la définition que nous venons de donner du *double lien*, il a lieu entre les frères & ſœurs, enfans de mêmes père & mère, & que l'on appelle par cette raiſon *frères & ſœurs germains*; à la différence de ceux qui ſont de même père ſeulement, que l'on appelle *conſanguins*; & de ceux qui ſont ſeulement d'une même mère, que l'on appelle *frères & ſœurs utérins*.

Dans quelques provinces, les frères & ſœurs conſanguins & utérins ſont appellés demi-frères, demi-ſœurs, *quaſi juncti ex uno tantùm latere*. Cette expreſſion eſt adoptée dans la coutume de Saint-Quentin.

La diſtinction du *double lien* n'a lieu dans quelques pays que pour les frères & ſœurs ſeulement, & pour leurs enfans. Dans d'autres pays, elle s'étend plus loin : c'eſt ce que l'on expliquera, après avoir parlé de l'origine du *double lien*.

Le privilège ou prérogative attaché au *double lien* dans les pays où il a lieu, conſiſte en ce que celui qui eſt parent du défunt *ex utroque latere*, eſt préféré dans ſa ſucceſſion à celui qui eſt ſeulement parent du côté de père ou de mère.

Cette diſtinction du *double lien* étoit abſolument inconnue dans l'ancien droit romain. Il n'en eſt fait aucune mention dans le digeſte, ni dans les inſtitutes; on y voit ſeulement que l'on diſtinguoit dans l'ancien droit, deux ſortes de parens & d'héritiers en collatérale, ſavoir les *agnats* & les *cognats*; que les premiers appellés *agnati* ou *conſanguinei*, étoient tous les parens mâles ou femelles qui étoient joints du côté du père : il étoit indifférent qu'ils vinſſent auſſi de la même mère que le défunt, cette circonſtance n'ajoutoit rien à leur droit. Les cognats, *cognati*, étoient tous les parens du côté maternel.

Les agnats les plus proches étoient appellés à la ſucceſſion, à l'excluſion des cognats mâles ou femelles, quoiqu'en même degré.

Par rapport aux agnats entr'eux, la loi des douze tables n'avoit établi aucune diſtinction entre les

mâles & les femelles du côté paternel; mais la juriſprudence avoit depuis introduit, que les mâles étoient habiles à ſuccéder en quelque degré qu'ils fuſſent, pourvu qu'ils fuſſent les plus proches d'entre les agnats; au lieu que les femelles, même du côté paternel, ne ſuccédoient point, à moins que ce ne fuſſent des ſœurs du défunt.

Les préteurs corrigèrent cette juriſprudence, en accordant la poſſeſſion des biens aux femmes, qui n'avoient pas le droit de conſanguinité comme les ſœurs.

Enfin Juſtinien rétablit les choſes ſur le même pied où elles étoient par la loi des douze tables, en ordonnant que tous les parens mâles ou femelles, deſcendans du côté paternel, viendroient en leur rang à la ſucceſſion, & que les femelles ne ſeroient point excluſes ſous prétexte qu'elles ne ſeroient point ſœurs du père du défunt, & quoique *conſanguinitatis jura ſicut germanæ non haberent*. Inſtit. *lib. III, tit. ij*, §. 3.

Il ajouta, que non-ſeulement le fils & la fille du frère viendroient à la ſucceſſion de leur oncle, mais que les enfans de la ſœur germaine-conſanguine & de la ſœur utérine y viendroient auſſi concurremment.

On voit ici les termes de *germain, conſanguin, & utérin*, employés pour les frères & ſœurs; mais on ne diſtinguoit point alors les frères & ſœurs ſimplement conſanguins, de ceux que nous appellons *germains* : on leur donnoit ces deux noms confuſément, parce que les germains n'avoient pas plus de droit que les conſanguins.

Ainſi juſque-là le privilège du *double lien* étoit totalement inconnu; il n'y avoit d'autre diſtinction dans les ſucceſſions collatérales, que celle des agnats & des cognats; diſtinction qui fut abrogée par la novelle 118, qui les admit tous également à ſuccéder, ſelon la proximité de leur degré.

Pour ce qui eſt de la diſtinction & prérogative du *double lien*, quelques auteurs, du nombre deſquels eſt Guiné lui-même, qui a fait un traité du *double lien*, ſuppoſent mal-à-propos que cette diſtinction ne tire ſon origine que des novelles de Juſtinien.

En effet elle commença à être introduite par pluſieurs loix du code. Il eſt vrai qu'elle n'étoit pas encore connue ſous pluſieurs empereurs, dont les loix ſont inſérées dans le code; ce qui fait qu'il ſe trouve quelque contradiction entre ces loix & celles qui ont enſuite admis le *double lien*. Par exemple, la loi 1ʳᵉ au code *de legitimis hæredibus*, qui eſt de l'empereur Alexandre Sévère, décide que les frères & ſœurs ſuccèdent également, quoiqu'ils ne ſoient pas tous d'une même mère : ainſi l'on ne connoiſſoit point encore de *double lien*.

La plus ancienne loi qui en faſſe mention, eſt la loi *quæcumque* 4ᵉ, au code *de bonis quæ liberis*, &c. Cette loi eſt des empereurs Léon & Anthemius, qui tenoient l'empire en 468, ſoixante ans avant Juſtinien. Elle ordonne que tous les biens advenus aux enfans ou petits-enfans, mâles ou femelles, d'un premier, fecond, ou autre mariage, foit à titre de dot ou donation, ou qu'ils ont eu par fucceffion, legs, ou fidei-commis, appartiendront, quant à l'ufufruit, au père qui avoit les enfans en fa puiffance ; que la propriété appartiendra aux enfans ou petits-enfans, mâles & femelles, du défunt, quoiqu'ils ne fuffent pas tous procréés du même mariage dont les biens font provenus à leurs père ou mère.

Que fi quelqu'un defdits frères ou fœurs décède fans enfans, fa portion appartiendra à fes autres frères & fœurs furvivans, qui feront conjoints des deux côtés.

Que s'il ne refte plus aucun de ces frères & fœurs germains, alors ces biens pafferont aux autres frères & fœurs qui font procréés d'un autre mariage.

Voilà certainement la diftinction & la prérogative du *double lien* bien établies par cette loi, du moins pour le cas qui y eft prévu. Il n'eft donc pas vrai, comme l'ont dit Guiné & quelques autres auteurs, que le privilège du *double lien* ait été introduit par Juftinien ; il ne s'agiffoit plus que de l'étendre aux biens dont l'empereur Léon n'avoit pas parlé : c'eft ce qui a été fait par deux autres loix du code, & par trois des novelles.

La feconde loi qui eft de l'empereur Juftinien, eft la loi *fancimus* onzième & dernière, au code *communia de fucceffionibus*. Cette loi, dans l'arrangement du code, fe trouve précédée par la troifième, dont on parlera dans un moment : mais elle eft la plus ancienne dans l'ordre des dates & de la publication.

Juftinien y rappelle d'abord ce qui avoit été réglé pour l'ordre de fuccéder aux biens que les fils de famille avoient recueillis de leur mariage. Il paroît qu'il a eu en vue la loi *quæcumque* de l'empereur Léon : l'analyfe qu'il en fait n'eft cependant pas parfaitement exacte, car il fuppofe que cette loi ne parle que des biens que le fils de famille a acquis à l'occafion de fon mariage : cependant elle comprend auffi, dans fa difpofition, ceux qui font advenus au fils de famille par fucceffion, legs ou fidéi-commis.

Quoi qu'il en foit, Juftinien ordonne que le même ordre, qui a été établi pour la fucceffion aux biens que le fils de famille a gagnés à l'occafion de fon mariage, fera obfervé pour les biens qui lui font échus de la ligne maternelle, à quelque titre ou occafion que ce foit, entre-vifs, à caufe de mort, ou *ab inteftat* : il détaille même cet ordre à-peu-près dans les mêmes termes que l'empereur Léon, & par-là adopte expreffément l'ufage du *double lien*.

La troifième loi qui eft auffi de l'empereur Juftinien, eft la loi *de emancipatis 13*, au code *de legitimis hæredibus* ; elle ordonne que fi un fils de famille, émancipé par fon père, décède *ab inteftat* & fans enfans, fa fucceffion fera réglée fuivant ce qui avoit déjà été ordonné pour les biens mater-

nels & autres. Il paroît qu'en cet endroit il veut parler de la loi *fancimus* : « le père, dit-il, aura » l'ufufruit des biens fa vie durant, & les frères » & fœurs la propriété, excepté néanmoins les » biens maternels, qui appartiendront aux frères & » fœurs procréés de la même mère, à l'exclufion » des autres frères & fœurs ».

La dernière partie de cette loi, fi on la prend à la lettre, femble, à la vérité, établir la diftinction des biens & des lignes, plutôt que la prérogative du *double lien* ; c'eft pourquoi l'explication de cette loi a beaucoup partagé les docteurs. La plus faine partie a foutenu que cette difpofition ne pouvoit s'entendre que des frères & fœurs germains, & non des utérins, qui n'ont pas encore le droit de fuccéder concurremment avec les confanguins ; & pour être convaincu de la folidité de cette interprétation, fans entrer dans une longue difcuffion à ce fujet, il fuffit d'obferver que dans la première partie la loi fe réfère aux deux loix précédentes, qui établiffent fuffifamment la prérogative du *double lien*, & qu'il n'y a pas d'apparence que Juftinien ait entendu dans la dernière partie de cette loi, ordonner quelque chofe de contraire à la première partie, & aux deux loix précédentes qu'il a laiffé fubfifter. Les loix 14 & 15 du même titre confirment encore ce que l'on vient de dire ; car elles appellent les frères & fœurs confanguins & utérins, & leurs enfans concurremment, dans les cas qui y font exprimés.

Quoi qu'il en foit, il eft certain, de l'aveu des auteurs, que la novelle 118, qui appelle indiftinctement après les frères germains, tous ceux d'un feul côté, abolit en fa préface toutes loix contraires ; au moyen de quoi elle auroit dérogé à la diftinction des biens & des lignes, fuppofé qu'elle eût été établie par la loi *de emancipatis*.

Nous ne parlons point ici cet endroit des authentiques qui font mention de la prérogative du *double lien*, & que l'on a inférées en différens titres du code, étant plus convenable, pour voir les progrès de la jurifprudence, de remonter d'abord aux novelles qui en font la fource ; & de rapporter, fous chacune, les authentiques qui en ont été tirées.

Il eft fingulier que Guiné & quelques autres auteurs qui ont traité du *double lien*, n'aient fait mention de la novelle 118 & n'aient rien dit des novelles 84 & 127, dont l'une précède la novelle 118, & l'autre a pour objet de l'interpréter.

La novelle 84 eft compofée d'une préface & de deux chapitres.

Dans la préface l'empereur propofe l'efpèce d'un homme, qui, ayant des enfans d'un premier mariage, convole en fecondes noces, dont il a des enfans qui font, dit-il, confanguins à l'égard de ceux du premier lit, mais non pas utérins. Cet homme paffe enfuite à un troifième mariage, & en a des enfans : après fa mort, fa femme fe remarie

& a de son second mariage des enfans, qui sont frères utérins de ceux de son premier mari, mais non pas consanguins. La mère étant décédée, un des enfans du troisième mariage meurt aussi, sans enfans & *ab intestat*, laissant plusieurs frères, les uns consanguins, les autres utérins, d'autres consanguins & utérins : ce sont les termes de la novelle. Il fut question de savoir si tous les frères du défunt, germains, consanguins & utérins, devoient être admis tous ensemble à la succession.

Dans le chapitre 1, Justinien dit qu'ayant examiné toutes les loix anciennes, & celles qu'il avoit faites lui-même, il n'en avoit point trouvé qui eût décidé la question; que des frères du défunt, les uns (c'est-à-dire les utérins) avoient les droits de cognation, que l'empereur avoit fait concourir avec les héritiers légitimes (c'est-à-dire les frères consanguins, qui succédoient en vertu de la loi); que les uns tenoient au défunt du côté du père, d'autres du côté de la mère; enfin que d'autres étoient procréés des mêmes père & mère, & *undique veluti quoddam signum germanitatis in eis resplendebat*.

Il y a apparence que plusieurs de nos coutumes ont tiré de-là le nom de *frères & sœurs germains*. On trouve bien, dans quelques loix du code, les termes de *sœurs germaines-consanguines*, *germanæ consanguineæ* ou *germanæ* simplement; mais ces termes ne signifioient encore autre chose que des *sœurs consanguines* : on les appelloit *germanas*, *quasi ex eodem germine natas*; c'est pourquoi *germanæ* & *consanguineæ* étoient des termes synonymes, & même souvent conjoints.

La novelle décide que les frères germains doivent être préférés aux frères consanguins & utérins.

Justinien donne pour motif de cette décision, la loi qu'il avoit déjà faite pour les biens maternels, qui est la loi *sancimus*, dont il rappelle les dispositions; & il ajoute que, puisque cette loi avoit lieu au profit des frères germains, dans le cas où le père étoit encore vivant, à plus forte raison devoit-elle avoir lieu lorsque le père étoit mort, & que ce qui avoit été ordonné, tant pour les biens maternels que pour ceux que le défunt avoit gagnés à l'occasion de son mariage, & autres dont le père n'avoit pas la propriété, auroit lieu pareillement pour tous les autres biens du frère défunt; c'est-à-dire que les frères germains seroient préférés aux frères consanguins & utérins, pour tous les biens, sans aucune distinction de côté paternel & maternel.

Il ordonne encore que la même règle sera observée, au cas que le père n'eût contracté que deux mariages, & *excludant duplici utentes jure eos qui uno solo uti possunt* : c'est sans doute de-là qu'on a pris l'idée du terme de *double lien*.

Enfin, dans le chapitre 2, il ordonne que s'il ne se trouve point de frères germains, mais seulement des frères consanguins ou utérins, la succession sera réglée entre eux suivant les anciennes loix;

par où il paroît avoir eu en vue les loix du code, dont on a ci-devant fait l'analyse.

Cette novelle ne parle, comme on voit, que des frères germains; mais le motif étant le même pour les sœurs germaines, & la novelle se référant aux précédentes loix, qui mettent en même rang les frères & les sœurs, il est évident que les sœurs sont aussi comprises tacitement dans la disposition que l'on vient de rapporter.

Ce doute est d'ailleurs pleinement levé par la novelle 118, qui fait mention des sœurs comme des frères.

Il est dit dans le chapitre 2 de cette novelle, que si le défunt meurt sans enfans & autres descendans, il aura pour héritiers ses père & mère, ou, à leur défaut, les autres ascendans les plus proches, à l'exclusion de tous collatéraux, excepté néanmoins les frères germains, *fratribus ex utroque parente conjunctis defuncto*, comme il sera dit ensuite; ce qui est relatif au §. *si vero*, où il est parlé des sœurs.

Ce paragraphe explique que si avec les ascendans il se trouve des frères & sœurs germains, ils succéderont concurremment & par égales portions : *si vero cum ascendentibus inveniuntur fratres aut sorores ex utrisque parentibus conjuncti defuncto, cum proximi gradus ascendentibus vocabuntur .... differentiâ nullâ servandâ inter personas istas, sive feminæ, sive masculi fuerint qui ad hæreditatem vocantur*.

C'est de ce chapitre qu'a été tirée l'authentique *defuncto*, qui a été insérée au code *ad s. c. Tertullian*. Elle porte pareillement que *fratres utrinque defuncto conjuncti vocantur cum ascendentibus.... exclusâ prorsùs omni differentiâ sexûs*, &c.

Le chapitre 3, qui traite du cas où il n'y a que des collatéraux, porte que la succession sera d'abord dévolue aux frères & sœurs germains, *primùm ad hæreditatem vocamus fratres & sorores ex eodem patre & ex eâdem matre natos*.

Au défaut de ceux-ci, la loi appelle les frères qui ne sont joints que d'un côté, soit par le père ou par la mère : *fratres ad hæreditatem vocamus qui ex uno parente conjuncti sunt defuncto, sive per patrem solùm, sive per matrem*.

Si le défunt a laissé des frères, des enfans de quelque autre frère ou sœur, ces enfans viendront avec leurs oncles & tantes paternels ou maternels, & auront la même part que leur père auroit eue.

Mais si le père de ces enfans étoit un frère germain du défunt, ils seront préférés à leurs oncles, qui ne seroient que frères consanguins ou utérins du défunt : *si fortè præmortuus frater cujus filii vivunt per utramque patrem nunc defunctæ personæ jungebatur; superstites autem fratres per patrem solùm, forsan aut matrem ei jungebantur, præponantur istius filii propriis Thiis, licet in tertio gradu sint, sive à patre, sive à matre sint Thii, & sive masculi, sive feminæ sint, sicut eorum parens præponeretur, si viveret*.

Si, au contraire, le frère survivant est germain du défunt, & que l'autre frère prédécédé ne fût joint que d'un côté, les enfans de ce dernier font exclus par leur oncle : c'eſt encore la diſpoſition littérale de la novelle.

Il eſt encore dit que ce privilège n'eſt accordé qu'aux enfans mâles ou femelles des frères & des ſœurs, & non aux autres collatéraux.

Enfin, la novelle déclare que les enfans même des frères ne jouiſſent de ce privilège que quand ils ſont appellés avec leurs oncles & tantes; que ſi, avec les frères du défunt, il ſe trouve des aſcendans, les enfans d'un autre frère ou ſœur ne peuvent être admis avec eux à la ſucceſſion, quand même les père ou mère de ces enfans auroient été frères ou ſœurs germains du défunt, le droit de repréſentation n'étant alors accordé aux enfans, que lorſqu'ils concouroient avec leurs oncles & tantes ſeulement, & non pour concourir avec leurs aſcendans; ce qui a été depuis réformé par la novelle 127, dont il nous reſte à parler.

De ce troiſième chapitre de la novelle 118 ont été tirées deux authentiques qui parlent du *double lien.*

La première qui commence par ces mots, *ceſſante ſucceſſione,* a été inſérée au code *de legitimis hæredibus;* elle porte qu'à défaut de deſcendans & aſcendans du défunt, les frères & les enfans des frères prédécédés ſuccèdent : *dico autem de fratre ejuſque fratris filiis qui ex utroque parente contingunt, eum de cujus.... quò perſonæ veniunt, & ſine.... parentibus & cum proximis gradu aſcendentibus, & quidem prædicti fratris filius, etſi tertio gradu ſit, præſertur gradibus defuncti qui ex uno tantùm parente cognati ſunt; in hâc ſucceſſione omnis differentia ſexûs.... ceſſat.*

La ſeconde authentique inſérée au même titre, eſt l'authentique *fratres,* qui porte qu'après les frères germains & leurs enfans, on admet les frères & ſœurs conjoints d'un côté ſeulement, &c.

La novelle 127 a d'abord pour titre, *ut fratrum filii ſuccedant pariter ad imitationem fratrum, etiam aſcendentibus exſtantibus.*

L'empereur annonce dans le préambule, qu'il n'a point honte de corriger ſes propres loix, lorſqu'il s'agit du bien de ſes ſujets. Il rappelle enſuite dans le chapitre premier la diſpoſition de la novelle 118, qui excluoit les enfans des frères, lorſqu'ils concouroient avec des aſcendans. Il ordonne que ſi le défunt laiſſe des aſcendans, des frères & des enfans d'un autre frère prédécédé, ces enfans concourront avec les aſcendans & les frères, & auront la même part que leur père auroit eue, s'il eût vécu. Enfin, il eſt dit que cette déciſion ne doit s'appliquer qu'aux enfans des frères germains.

Le premier chapitre de cette novelle a ſervi avec le troiſième chapitre de la 118ᵉ; à former l'authentique *ceſſante,* dont on a parlé il y a un moment.

Telles ſont les diſpoſitions des loix romaines au ſujet du *double lien,* par leſquelles on voit que ce n'eſt point Juſtinien qui a le premier introduit ce privilège, que les empereurs Léon & Anthemius

avoient déjà commencé à introduire, & que Juſtinien ne fit qu'étendre ce droit; que la novelle 118 de cet empereur n'eſt pas non plus la première loi qu'il fit ſur cette matière; qu'il avoit déjà réglé pluſieurs cas, tant par les loix *ſancimus & de emancipatis,* que par ſa novelle 84, qui fut ſuivie des novelles 118 & 127, qui achevèrent d'établir le privilège du *double lien.*

Aux termes de la novelle 118, les enfans des frères germains excluent leurs oncles conſanguins ou utérins; mais elle ne décide pas s'ils ont le même droit contre les enfans des frères conſanguins ou utérins.

Cette queſtion peut ſe préſenter dans deux eſpèces différentes. Les enfans d'un frère germain peuvent être appellés à la ſucceſſion de leur oncle, conjointement avec un demi-frère du défunt, & des neveux fils d'un autre demi-frère : ou bien ils y ſont appellés avec les enfans d'un demi-frère, ſans concurrence avec des frères du défunt.

Dans la première hypothèſe, comme les enfans du frère germain ſont appellés à la ſucceſſion de leur oncle par repréſentation de leur père, & qu'en vertu de ce droit ils excluent néceſſairement le demi-frère, ils doivent, par la même raiſon, exclure leurs couſins, fils d'un demi-frère, de même qu'ils auroient exclu leur père. Et cela avec d'autant plus de raiſon, qu'au moyen de la repréſentation, la ſucceſſion du défunt doit ſe diviſer par ſouches & non par têtes.

A l'égard de la ſeconde eſpèce, les opinions ſont partagées : ceux qui ſoutiennent que les neveux parens du *double lien* doivent ſuccéder à l'excluſion des autres neveux conjoints par un côté ſeulement, diſent que les enfans des frères germains, excluant leurs oncles conſanguins & utérins, à plus forte raiſon, doivent-ils exclure les enfans de ces mêmes frères, ſuivant la règle *ſi vinco vincentem te, à fortiori te vinco.* Cujas *ſur cette novelle;* Henrys, *tome I, liv.* 5, *queſt.* 56; Dumoulin, *ſur l'article* 155 *de la coutume de Blois, & ſur le* 90ᵉ *de celle de Dreux,* ſont de cet avis.

Ceux qui tiennent la négative, diſent que les novelles ſont de droit étroit, & ne s'étendent point d'un cas à un autre; de ce nombre ſont le Brun, *des ſucc. liv. I, chap.* 6, *ſect.* 2, *n°.* 8, & d'Olive, *liv. V, chap.* 35, qui rapporte quatre arrêts du parlement de Toulouſe, qu'il dit avoir jugé pour ſon opinion.

La première nous paroît néanmoins mieux fondée, par une raiſon bien ſimple; ſavoir, que les enfans des oncles conſanguins ou utérins, ne peuvent avoir plus de droit que leur père. Mais la juriſprudence des arrêts paroît y être totalement contraire, car outre ceux rapportés par d'Olive, dont nous venons de faire mention, du Rouſſeaud de la Combe en cite un, du 22 avril 1612, rendu dans la coutume de Chartres, conforme à cet égard au droit écrit.

L'uſage des Romains, par rapport au *double lien;*

à été adopté en France, dans les pays que l'on appelle *de droit écrit*, & dans quelques-uns des pays coutumiers ; mais l'époque de cet usage ne peut guère remonter plus haut que la fin du douzième siècle. En effet, jusques-là on ne connoissoit en France que le code théodosien, lequel ne faisoit point mention du *double lien*; & les livres de Justinien, qui avoient été long-temps perdus, ne furent retrouvés, en Italie, que vers le milieu du douzième siècle, d'où ils se répandirent ensuite dans le reste de l'Europe.

Ainsi nos coutumes n'ayant commencé à être rédigées par écrit que vers le milieu du quinzième siècle, il est évident que celles qui ont adopté l'usage du *double lien*, l'ont emprunté du code de Justinien & de ses novelles.

Les coutumes peuvent à cet égard être partagées en onze classes différentes ; savoir,

1°. De celles qui rejettent expressément le *double lien*, comme celle de Paris, *art. 340*, qui fait concourir les frères consanguins, & utérins avec les frères germains. L'article 341 ordonne la même chose pour les autres collatéraux. Il y a encore d'autres coutumes semblables, telles que Melun, *art. 360*; Châlons, *art. 89*; Etampes, *art. 127*; Sens, *art. 83*; Auxerre, *art. 240*; Senlis, *art. 168*; Bayonne, *art. 277*; Bergerac, *art. 53*; Bordeaux, *art. 65*; Calais, *art. 129 & 130*; Dourdan, *art. 122*; Douai, *tit. 1, art. 10*; Laon, *art. 80*; Lille, *art. 9*; Nantes, *art. 171*; Meaux, *art. 44*; Montfort, *art. 115*; Normandie, *art. 311*; Ponthieu, *art. 15 & 16*; la Salle de Lille, *chap. 2, art. 11*; Sedan, *art. 172*; Tournai, *tit. 24, art. 6*; Valois, *art. 89 & 90*; & Vitry, *art. 82*.

On peut remarquer que dans ces coutumes, qui, pour la plupart, sont situées dans la partie la plus septentrionale de la France, la représentation n'y est point admise en collatérale, ou qu'elle n'y a été introduite que dans le temps de leur réformation, ainsi qu'on le voit par celle de Paris, réformée en 1580. Ainsi dans toutes les coutumes dont nous venons de parler, il n'y a de préférence qu'à l'égard des propres, pour ceux qui sont de la ligne dont ils procèdent.

2°. Quelques coutumes rejettent indirectement le *double lien*, en ce qu'elles partagent les meubles & acquêts entre les héritiers paternels & les maternels, donnant les trois quarts des meubles & acquêts au frère germain, & un quart à l'utérin ou au consanguin ; telles sont les coutumes du Maine, *art. 286*; celle d'Anjou, *art. 268*; celle de Loudunois, *chap. 9, article dernier*. On pourroit néanmoins dire de ces coutumes qu'elles restreignent seulement l'effet du *double lien*, plutôt qu'elles ne le rejettent.

3°. Plusieurs coutumes, telles que celles d'Amiens, de Bretagne, & quelques autres, ne font aucune mention du *double lien*; & dans celles-là il n'a point lieu ; à-moins qu'il n'y ait été introduit par un usage constant, comme dans la coutume de Ribe-

mont en Vermandois, qui n'a aucune disposition sur le *double lien*. C'est par cette raison que, surtout en matière de succession, le parlement de Paris ne rend ses arrêts que d'après des actes de notoriété. On en trouve plusieurs exemples par rapport au *double lien* en particulier ; & c'est ce qui donne lieu de concilier la jurisprudence des arrêts, lorsqu'elle semble contradictoire.

4°. Quelques-unes au contraire l'admettent expressément, conformément à la disposition du droit, telles que Berry, *tit. XIV, art. 6*; Bayonne, *titre XII, art. 12*; Saintonge, *art. 98*; Tours, *art. 289*.

5°. Il s'en trouve d'autres qui limitent ce privilège aux frères & sœurs germains, sans l'étendre à leurs enfans ; telles sont les coutumes de Poitou, *art. 295*; Troyes, *tit. VI, art. 93*; Chaumont, *tit. VI, art. 80*; Saint-Quentin, *art. 50*; Grand-Perche, *art. 153*; Châteauneuf, *art. 126*; Dreux, *art. 90*; la Rochelle, *art. 51*; la Douit, *tit. XII, art. 6*; Bar, *art. 129*; Artois, *art. 105*.

6°. Quelques coutumes, loin de restreindre l'exercice de ce privilège, l'étendent jusqu'aux cousins-germains, telles que les coutumes du duché de Bourgogne, *tit. 7, art. 18*; Nivernois, *ch. 24, art. 16*.

7°. D'autres portent ce privilège jusqu'aux oncles & tantes ; telles sont les coutumes de Cambrai, *titre II, art. 5*; & Orléans, *art. 330*, qui porte que les collatéraux, conjoints des deux côtés, excluent en pareil degré ceux qui sont conjoints d'un côté seulement, jusqu'au degré des oncles & tantes, neveux & nièces du décédé inclusivement. M. Berroyer a prétendu que cet article étoit mal conçu, & que dans cette coutume l'oncle ne peut prétendre le privilège du *double lien* ; il a fait à ce sujet une dissertation qui est à la fin du second tome des arrêts de Bardet ; cependant les auteurs qui ont commenté la coutume d'Orléans, tiennent pour le texte de la coutume : c'est l'avis de MM. Lalande & Pothier.

8°. Dans quelques coutumes le *double lien* a lieu à l'infini ; telles sont les coutumes de Péronne, *article 189*; celle de Montargis, *chap. 15, art. 12*; celle de Blois, *art. 155*; Bourbonnois, *art. 317*; Poitou, *art. 295*.

9°. Le *double lien*, dans quelques coutumes, n'est admis que pour certains biens. La coutume de Berry, par exemple, ne l'admet que pour les propres, sans parler des meubles & acquêts ; & celle de Saint-Quentin au contraire ne l'admet point pour les propres, ce qui est conforme au droit commun, qui n'admet ce privilège que pour les meubles & acquêts.

10°. Ce privilège est fixé dans quelques coutumes à une certaine quotité de biens ; comme dans celle de Reims, *article 311*, qui donne les trois quarts des meubles & acquêts au frère germain, & un quart seulement au consanguin ; les coutumes de la feconde claffe femblent auffi rentrer dans celle-ci.

11°. Enfin le *double lien* eft admis pour tous les biens, fans diftinction, dans quelques coutumes, telles que celles du duché de Bourgogne, *tit. 7, art. 18; &* Bayonne, *tit. 12, art. 12.*

De tout ce que nous venons de dire, il réfulte que la prérogative du *double lien* eft admife dans les provinces de droit écrit, & dans plufieurs coutumes. Mais il y a cette différence entre les pays coutumiers & ceux de droit écrit, que dans ceux-ci le *double lien* s'étend indifféremment à toutes fortes des biens, parce qu'on n'y fait point la diftinction de biens propres & acquêts, au lieu que dans les premiers, les acquêts & les meubles font feuls fujets à ce privilège, parce que les propres font toujours déférés aux parens du côté dont ils proviennent, conformément aux difpofitions & modifications de chaque coutume.

DOUBLE LIGNE, eft la même chofe que le *double lien* dont nous venons de parler. Le terme de *double ligne* eft ufité dans quelques coutumes, dans la même fignification que celui de *double lien*.

DOUBLE LODS, f. m. (*Droit féodal.*) lorfqu'un roturier acquiert un fief en Dauphiné, il doit payer le *double lods* pour fon acquifition, tandis que les nobles ne doivent que le fimple lods. *Voyez* Salvaing, *chap. 53 & 84.* (M. GARRAN DE COULON.)

DOUBLE RELIEF, f. m. (*Droit féodal.*) ce droit a lieu principalement dans la coutume d'Artois, dans celle de Boulogne, & dans quelques coutumes voifines. Dans toutes ces coutumes, le relief ordinaire qui eft abonné à une certaine fomme en argent, & le chambellage, font dûs à chaque mutation de vaffal à titre fucceffif, même en ligne directe. Les droits de quint, ou autres droits dus en cas de vente, le font auffi pour les aliénations à titre de don, d'échange, ou à quelque autre titre que ce foit. Comme on doutoit fi les donations faites en avancement d'hoirie à l'héritier préfomptif, devoient être mifes dans la claffe des aliénations ou des mutations à titre fucceffif, on a pris le tempérament d'accorder au feigneur un *double relief* dans ce cas.

Tel eft le fondement des difpofitions de ces coutumes. L'article 79 de celle d'Artois eft ainfi conçu : « chacun peut valablement donner en » avancement d'hoirie & de fucceffion à fon héri- » tier apparent, fes fiefs, terres & héritages patri- » moniaux & d'acquêts; & les feigneurs dont tels » héritages font tenus, ne peuvent demander pour » l'appréhenfion de tel don que *double relief*, » felon la nature du fief & héritage; & un cam- » bellage (c'eft-à-dire chambellage) s'ils font appré- » hendés du vivant du donateur. Autrement fi le » donateur attend les appréhender jufques après le » trépas d'icelui donateur, il ne doit que fimple » relief & cambellaige ».

On peut confulter fur cet article le *Commentaire* & la *Conférence de* Maillard & de Brunel. (M. GARRAN DE COULON.)

DOUBLE DU SURCENS, f. m. (*Droit féodal.*) c'eft une efpèce de relief dû pour les rotures dans plufieurs coutumes de Flandre & de Picardie. Ce droit confifte dans le double de la rente ou furcens, que l'héritier du propriétaire doit payer au feigneur. Telle eft en particulier la difpofition de la coutume de Boulonnois. Mais, fuivant M. le Camus d'Houlouve, cette efpèce de relief n'eft point due pour le bail même, par lequel le furcens eft établi. *Voyez* le titre *IV, chap.* 6 de fon *Ouvrage*, où cette queftion eft approfondie.

Plufieurs coutumes locales du Boulonnois ont introduit la même efpèce de relief au profit du propriétaire même d'une rente foncière, ou du furcens créé fur tout héritage fitué dans les villes où font établies ces coutumes locales, & dans leur banlieue. Ce doublement du furcens, dit M. le Camus d'Houlouve, eft fondé fur ce que, dans ces coutumes locales, chacun eft feigneur en droit foi, c'eft-à-dire, a la propriété directe & utile du fonds, ou de la rente qu'il y poffède. *Voyez* les *Coutumes de Boulogne, art. 8 & 9; Etaples, art. 2; &* Wiffant, *art. 2, 3 & 5.* (M. GARRAN DE COULON.)

DOUBLE TAILLE, f. f. (*Droit féodal.*) dans quelques coutumes, la taille aux quatre cas eft le *double* de la taille ordinaire, lorfqu'elle n'eft pas réglée autrement par les titres. *Voyez* TAILLE *aux quatre cas,* & les *art. 344 & fuivans de la coutume du Bourbonnois.* (M. GARRAN DE COULON.)

DOUBLEMENT, f. m. (*terme de Finance, d'Eaux & Forêts.*) qui fe dit de l'enchère, par laquelle on augmente de moitié le prix de la vente; enforte que fi l'adjudication eft de 1500 liv. le *doublement* doit être de 750 liv. L'enchère par *doublement* eft au-deffus de celle qu'on appelle *tiercement*, qui n'augmente le prix de l'adjudication que du tiers; ainfi dans le cas fuppofé, le *tiercement* ne feroit que de 500 liv.; d'où il fuit que le *doublement* eft compofé d'un tiercement & d'un demi-tiercement.

En matière d'eaux & forêts, le demi-tiercement n'eft reçu que fur le tiercement; mais on peut d'une feule enchère faire le tiercement & demi-tiercement, ce qui s'appelle *doublement*: telle eft la difpofition de l'ordonnance des eaux & forêts, *titre 15, art. 35.*

Mais en fait d'adjudication des fermes & domaines du roi, le *doublement* n'a lieu qu'après l'enchère par tiercement, & ce dans la huitaine qui en fuit la réception. *Voyez* ADJUDICATION, ALIÉNATION, *fect.* 6; TIERCEMENT.

Dans la coutume de la Marche, *tit. 16, art. 117,* lors de l'adjudication d'une ferme appartenante au domaine, ou à un feigneur haut-jufticier, pourvu qu'elle fe faffe dans la juftice, on admet dans la huitaine de l'adjudication judiciaire ; le tiers du montant de la première mise , & dans la huitaine fuivante le *doublement*.

DOUBLON. *Voyez* BORRETS.

DOUTE, f. m. (*Jurifpr.*) fe dit de l'incertitude où l'on eft fur la vérité d'un fait, d'une propofition, d'une affertion, de la volonté, & généralement de toute autre chofe.

Le *doute* peut fe rencontrer en matière civile, criminelle ou eccléfiaftique. Les loix ont établi plufieurs règles pour déterminer le juge à donner une décifion dans les cas douteux. Nous allons les préfenter à nos lecteurs.

En matière civile, 1°. lorfque le *doute* naît de la loi même & de l'interprétation qu'on doit lui donner, les magiftrats doivent recourir au légiflateur pour obtenir une décifion conforme à fa volonté.

2°. Dans toute efpèce de caufe, celui qui ne prouve pas, & au pouvoir duquel il étoit de prendre des précautions pour s'affurer l'objet de fa demande, doit en être débouté, fuivant cet axiome : *actore non probante reus abfolvitur*.

3°. Dans les conventions, les claufes douteufes doivent être interprétées contre celui en faveur duquel elles font ftipulées. C'eft fa faute de ne s'être pas expliqué d'une manière claire.

4°. Dans le *doute* s'il y a de la fraude & du dol dans un acte ou dans un fait, ils ne peuvent être préfumés, & celui qui les allègue doit les prouver : *fraus nunquam præfumitur*. Cette règle reçoit néanmoins une exception, lorfqu'il s'agit de la fraude intervenue entre proches parens, parce que la collufion fe pratique aifément entre eux.

5°. Dans le *doute* qui peut faire naître une caufe entre le créancier & le débiteur, on doit toujours regarder ce dernier plus favorablement. Par exemple, fi le créancier a reçu quelque chofe de fon débiteur, & qu'il y ait *doute* qu'il l'ait reçu en don ou en paiement, on doit préfumer que c'eft en paiement, parce qu'il eft plus naturel de payer fes dettes que de paroître libéral.

6°. Dans les teftamens, on doit donner à la volonté du teftateur l'extenfion la plus grande.

7°. Dans le *doute*, fi les difpofitions d'une loi doivent s'étendre à des cas femblables, on doit, fuivant la règle *odia reftringenda funt, favores ampliandi*, fe décider pour l'affirmative en matière favorable, & penfer différemment dans les cas de rigueur.

8°. Lorfqu'il s'agit de l'interprétation des ftatuts & ufages locaux, on a recours pour lever les *doutes*, à des actes de notoriété. *Voyez* NOTORIÉTÉ.

En matière criminelle, les *doutes* qui s'élèvent pour la juftification, ou la conviction d'un accufé, ne doivent jamais influer fur fon fort. Dès que l'accufation n'eft pas prouvée, il doit être renvoyé abfous. Tout ce que la juftice la plus févère & la plus rigoureufe peut permettre au juge, c'eft

de ne point accorder à l'accufé violemment foupçonné, une décharge auffi complette, qu'à celui qui a été la victime innocente de l'impofture ou de la calomnie.

En matière eccléfiaftique & de morale, dans tous les cas douteux ou difficiles qui fe préfentent, on doit toujours prendre le parti le plus fûr. Ainfi dans le *doute*, fi une chofe eft permife ou défendue, il faut s'en abftenir, conformément à la maxime : *in dubiis tutior pars eligenda eft*.

DOUVE, f. f. (*terme de Coutume.*) fignifie la terre qu'on a tirée d'un foffé, & qu'on rejette fur les deux côtés, ou fur l'un des deux.

Suivant la difpofition de plufieurs coutumes, lorfque la terre n'eft jettée que d'un côté, c'eft une preuve que le foffé appartient en entier au propriétaire du terrein fur lequel eft la *douve* ; car qui a *douve* a foffé. Le foffé au contraire eft préfumé commun aux deux héritages qu'il fépare, lorfque la *douve* eft également partagée & rejettée. *Voyez* FOSSÉ.

DOUZAIN, ou DOUZIÈME, (*Droit féodal.*) c'eft un droit feigneurial particulier à la coutume de Hainaut. L'origine en eft la même que celle du droit de meilleur cattel, c'eft-à-dire qu'il fe paie au feigneur par ceux de fes hommes à qui il a donné la liberté, & par leurs defcendans.

Ce droit eft appellé *douzain* ou *douzième*, parce qu'il eft de douze deniers pour les hommes ; & comme il n'eft que de fix deniers pour les femmes, on lui donne alors le nom de *fixain*.

L'obligation de payer ce droit ne dépend pas de la qualité du père, mais elle fuit le ventre maternel, fuivant l'article 2 du chapitre 125 des chartes générales.

Il doit fe payer tous les ans le jour de Saint-Remi, entre les mains des officiers du comte de Hainaut, qui, fuivant l'article 14, doivent également en rendre compte tous les ans au receveur-général des mortes-mains.

DOUZIÈME, f. m. (*Dr. féod.*) indépendamment du *douzième* ou douzain particulier à la coutume de Hainaut, il y a à Paris des maifons, fituées en l'étendue du lieu vulgairement appellé *la Couture*, ou *la Culture Sainte-Catherine*, dont les acquéreurs font fujets, outre le droit de lods & ventes dû au feigneur, à un droit de *douzième* envers le prieuré de Sainte-Catherine-du-Val-des-Ecoliers, qui les a baillés à rente fous cette condition. Ce droit de mutation n'eft point feigneurial ; & par cette raifon, il fe perd à défaut d'oppofition, foit au décret, foit aux lettres de ratification du fonds qui en eft chargé. Brodeau, fur l'article 76 de la *Coutume de Paris*, n°. 10, cite un arrêt du 4 décembre 1599, qui a ainfi jugé en cas de décret. (*M. GARRAN DE COULON.*)

DOYEN, f. m. (*Jurifpr. & Hift. anc. & mod.*) fignifie celui qui eft au-deffus des autres membres de sa compagnie. Ce titre est commun à plusieurs sortes de fonctions & de dignités.

Le terme latin *decanus*, que l'on rend en notre langue par celui de *doyen*, tire son étymologie des Romains, chez lesquels on appelloit *decanus* celui qui commandoit à dix soldats, à l'imitation de quoi les François établirent des dixainiers; usage qui s'est encore conservé parmi les officiers municipaux de la ville de Paris.

On entendoit aussi quelquefois chez les Romains par le terme *decanus*, un juge inférieur qui rendoit la justice à dix villages. Il y avoit aussi dans le palais des empereurs de Constantinople, des *doyens*, *decani*, qui étoient préposés sur dix autres officiers inférieurs : il en est parlé dans le code Théodosien, & dans celui de Justinien.

Le gouvernement de l'église ayant été formé sur le modèle du gouvernement civil, l'église eut aussi ses *doyens*; il y en avoit dans plusieurs églises grecques, & sur-tout dans celle de Constantinople. Ces premiers *doyens* étoient laïques; on en établit ensuite d'ecclésiastiques dans les églises cathédrales & collégiales, & dans les monastères : cet usage passa en Occident.

Les compagnies séculières, & principalement celles de justice, ont aussi établi des *doyens*; & c'est dans ce sens qu'on dit le *doyen des conseillers*, le *doyen des avocats*. Ce titre est particuliérement en usage dans les chapitres & dans les universités.

Nous allons expliquer plus particuliérement ce qui concerne ces différentes sortes de *doyens*, dans les subdivisions suivantes.

DOYEN *d'âge*, est celui qui se trouve le plus âgé de sa compagnie, *senior*. C'est par-là qu'ont commencé la plupart des seigneuries temporelles & des dignités ecclésiastiques. On déféroit à celui qui étoit le plus âgé, comme étant présumé avoir plus d'expérience, & plus capable de conduire les autres. La qualité de *doyen d'âge* donnoit autrefois quelque pouvoir dans les assemblées d'habitans & autres compagnies; mais depuis l'établissement des syndics & autres préposés, le *doyen d'âge* n'a plus d'autre distinction que le rang & la préséance que la qualité de *doyen* lui donne sur ceux qui sont moins âgés que lui, & la considération que son grand âge & son expérience peuvent lui attirer. On confond quelquefois, mais mal-à-propos, le *doyen d'âge* avec le *doyen d'ancienneté*, celui-ci n'étant pas toujours le plus âgé de sa compagnie, mais le plus ancien en réception. *Voyez ci-après* DOYEN *d'ancienneté* (*A*)

DOYEN *d'ancienneté*, est celui qui est le plus ancien en réception de tous les membres de sa compagnie. Le *doyen d'ancienneté* n'est pas toujours le premier en dignité ni en fonction; il défère au *doyen en charge*, syndic, ou autre préposé. Dans les compagnies où il y a un *doyen en charge*, le *doyen d'ancienneté* est ordinairement appelé l'an-

cien, pour le distinguer du *doyen en charge* : c'est ainsi que cela s'observe dans la faculté de médecine de Paris. (*A*)

DOYEN *des avocats*, est celui qui est le premier inscrit dans la matricule. La manutention de la discipline de l'ordre n'appartient pas au *doyen*, mais au bâtonnier ou syndic; & dans les assemblées le *doyen* ne siège qu'après le bâtonnier. *Voyez* AVOCAT & BATONNIER.

DOYEN *des bourgeois*, à Verdun est le premier officier de corps de ville, lequel est composé d'un *doyen* séculier, d'un maître échevin, de deux autres échevins, &c. *Voyez l'Histoire de Verdun, aux preuves, pag. 88. & 254.* (*A*)

DOYEN *des cardinaux ou du sacré collège*, est le plus ancien en promotion du collège des cardinaux. (*A*)

DOYEN *d'une cathédrale*, est celui qui est à la tête du chapitre d'une église cathédrale. Il y a des *doyens en dignité*, au bénéfice desquels ce titre est attaché : le *doyen en dignité* a rang au-dessus de tous les chanoines. On appelle *doyen d'ancienneté* le plus ancien chanoine; il n'a rang qu'après le *doyen en dignité. Voyez ci-après* DOYEN *d'un chapitre*, DOYEN *d'une collégiale*, DOYEN *d'un monastère.* (*A*)

DOYEN *d'un chapitre*, est celui qui est à la tête du chapitre, soit comme étant le plus ancien en réception, ou comme étant le premier en dignité.

L'institution de la dignité de *doyen* dans les églises séculières & régulières, paroît remonter jusqu'aux premiers siècles de l'église, du moins pour les cathédrales : en effet, outre l'archiprêtre qui étoit à la tête des prêtres, & l'archidiacre qui étoit établi sur les diacres, il y avoit le *primicerius*, comme qui diroit le *premier clerc*, qui étoit établi sur tout le clergé inférieur, & dont la dignité avoit quelque rapport avec celle de *doyen*. Il est fait mention de ces primiciers ou *doyens* ecclésiastiques, dans les canons arabiques du concile de Nicée; & le dixième canon du concile de Merida, tenu en 666, ordonne à chaque évêque d'avoir dans sa cathédrale, outre l'archiprêtre & l'archidiacre, un primicier; mais il ne dit pas quelles étoient ses fonctions. Cet ordre ne subsista pas long-temps : les primiciers furent abolis, excepté en quelques endroits, où ce nom est demeuré au chef du chapitre, comme à S. Marc de Venise, où le *doyen* prend la qualité de *primicier*; & dans quelques compagnies séculières, telles que les facultés de droit, dont le *doyen* prend en latin le titre de *primicerius*; ce qui confirme le rapport que la dignité de primicier avoit avec celle de *doyen*.

Ce qui est singulier dans la dignité de *doyen*, c'est qu'étant à la tête du chapitre, il n'est pas néanmoins du corps du chapitre, à moins qu'il ne soit en même temps prébendé, ou qu'il n'ait ce droit par un privilège spécial, ou en vertu de l'usage observé dans son église, ce qui est commun aux autres dignitaires des chapitres; c'est pourquoi dans les actes qui intéressent le *doyen*, aussi-bien que le chapitre, on a toujours soin de mettre le *doyen* nommément en qualité.

Les fonctions du *doyen* ne regardent que l'intérieur de l'église cathédrale ou collégiale dans laquelle il est établi; elles ne s'étendent point au gouvernement du diocèse, comme celle des archidiacres.

Il y a des *doyens* en dignité dans les églises régulières, aussi-bien que dans les séculières : ce n'étoient d'abord que des officiers destituables au gré des prélats; ils se font dans la suite érigés en titre de bénéfices, d'abord dans les chapitres séculiers, & ensuite dans les monastères.

Le concile de Cologne, en 1260, distingue les *doyens* des prévôts résidans dans la cathédrale. La principale fonction de ces prévôts étoit de veiller à la conservation du temporel de l'église, & d'être les dépositaires des revenus; au lieu que les *doyens* étoient les chefs de la discipline intérieure du chapitre : *consistente autem penes decanos ecclesiarum potestate, lege & gubernatione canonicæ disciplinæ exercendâ.*

Dans quelques églises cathédrales, le *doyen* est avant le prévôt; dans d'autres, le prévôt est la première dignité, ce qui dépend des titres & de la possession. La raison de cette différence vient communément de celle qui se trouve dans l'origine des églises. Dans celles qui étoient régulières *ab origine*, le prévôt est ordinairement le premier en dignité, parce que, dès son institution, il étoit préposé sur tout le chapitre; au lieu que le *doyen* n'avoit que dix moines sous sa conduite.

Cet usage passa ensuite des monastères dans les églises cathédrales, ensorte qu'il y avoit anciennement plusieurs *doyens* dans un même chapitre. Le réglement qu'on prétend avoir été fait par Ebbon, archevêque de Rheims, pour les officiers de cette église, donne toute l'intendance spirituelle & temporelle au prévôt, sous lequel il y avoit plusieurs *doyens* soumis à l'autorité & à la jurisdiction du prévôt.

Dans la suite, les différens *doyens* d'une même église ont été réduits à un seul; il y a même quelques églises dans lesquelles il n'y a point de *doyen*, mais seulement un prévôt ou autre dignitaire. Dans les cathédrales qui sont séculières *ab origine*, le *doyen* est ordinairement le premier après l'évêque.

La jurisdiction & le pouvoir des *doyens* dépendent des titres & de la possession qu'ils ont, & de l'usage des lieux; car de droit commun, le *doyen* n'est pas une dignité, & sa jurisdiction est plus de privilége que de droit commun : il est toujours nommé le premier avant les chanoines & le corps du chapitre, parce qu'il remplit la première place; ce qui s'entend lorsqu'il est *doyen en dignité*.

La place de *doyen* n'est pas élective, si ce n'est par quelque coutume particulière ou statut du cha-

pitre. Dumoulin prétend que les *doyens* ne sont pas compris dans le concordat; cependant, suivant les indults accordés par Clément IX, & Innocent XI, le roi a droit de nommer au pape des personnes capables pour les dignités majeures des églises cathédrales de Metz, Toul & Verdun, & aux principales dignités des collégiales, de quelque nom qu'on les appelle.

Le nouveau droit canonique attribue au *doyen* une jurisdiction correctionnelle sur le chapitre, mais cela n'est point reçu en France; un *doyen* n'y auroit pas le droit d'excommunier un des membres du chapitre, cela est réservé à l'évêque, qui a la pleine jurisdiction dans toutes les matières spirituelles.

Il y a néanmoins beaucoup d'églises collégiales où le *doyen* a une certaine jurisdiction avec droit de correction légère sur les chanoines & autres ecclésiastiques habitués dans son église, lesquels ne peuvent sortir du chœur sans la permission du *doyen*. Il peut infliger quelques peines légères à ceux qui manquent à leur devoir; par exemple, les priver de l'entrée du chœur pendant quelque temps. Tel est le droit commun, dans lequel ils ont été maintenus par les arrêts. Dans quelques endroits cette jurisdiction appartient au *doyen* seul; dans d'autres, elle est commune au *doyen* & au chapitre; dans d'autres enfin, elle appartient au chapitre en corps. Dans les églises cathédrales, il est rare que le *doyen* ait une jurisdiction : elle est ordinairement toute réservée à l'évêque, à moins qu'il n'y ait titre ou possession contraires.

Le *doyen* du chapitre est considéré comme le curé de tous les membres qui le composent, & des autres ecclésiastiques qui y sont attachés; il exerce, au nom du chapitre, toutes les fonctions curiales envers eux.

Les autres fonctions les plus ordinaires des *doyens* dans les églises où ils forment la première dignité, comme cela se voit communément, sont d'officier aux fêtes solemnelles, en l'absence de l'évêque; d'être à la tête du chapitre en toutes assemblées publiques & particulières; d'y porter la parole, à l'exclusion de tous autres; de présider au chœur & au chapitre; d'y avoir la préséance & les honneurs; le droit d'y régler par provision tout ce qui concerne la discipline du chapitre, comme la décence des habits, la tonsure & les places de chacun, excepté pour ce dernier point dans les églises où ce droit est réservé au chantre en dignité, comme maître du chœur. Au surplus, les prérogatives attachées à la qualité de *doyen* d'un chapitre, dépendent entièrement des titres, de l'usage & de la possession; ensorte qu'on ne peut rien conclure des droits attribués au *doyen* d'un chapitre, en faveur du *doyen* d'un autre chapitre. C'est la seule manière de concilier les différens arrêts rendus sur cette matière.

Quand les chanoines sont en possession d'assembler extraordinairement le chapitre, au refus ou en l'abfence du *doyen*, pour quelques affaires urgentes, ils doivent y être maintenus, fuivant un arrêt du parlement. du 13 juin 1690, rapporté au *Journal des audiences*.

On a dit, il y a un moment, que le *doyen* a droit de préfider au chapitre ; à quoi il faut ajouter qu'il a droit d'y recueillir les fuffrages, & d'y prononcer fur toutes affaires ; mais s'il n'eft pas chanoine, il n'a pas de voix au chapitre, & doit s'en abftenir toutes les fois qu'il s'agit du revenu temporel & du réglement des prébendes : il peut néanmoins, quoique non-prébendé, entrer & préfider aux chapitres, pour toutes les affaires qui regardent la difcipline & le fervice divin, les cérémonies extraordinaires, la correction des mœurs, & même lorf-qu'il s'agit de préfenter aux bénéfices dépendans du chapitre en corps, de la réception & inftallation des chanoines, infinuation des gradués, fuivant les arrêts rapportés au *Journal des audiences*, *tome III*, *liv. 6*, *chap. 8*, & par M. Fuet, *tit. 2*, *chap. 3*.

Le *doyen* a double voix, c'eft-à-dire, voix prépondérante, dans les délibérations du chapitre pour la nomination ou préfentation aux bénéfices ; mais dans toutes autres affaires il n'a qu'une feule voix, tant comme *doyen* que comme chanoine : cette diftinction paroît établie par les arrêts rapportés par M. Fuet, *loco cit.*

Sur les doyennés eccléfiaftiques, *voyez* ce qui eft répandu dans les *Mémoires du clergé*, aux endroits indiqués par l'abrégé, *au mot* DOYENNÉ. (*A*)

DOYEN *en charge*, eft un des membres d'une compagnie féculière, qui fait pendant un certain temps là fonction de *doyen*, laquelle ne dure ordinairement qu'un an. C'eft lui qui eft chargé de veiller à la manutention de la difcipline de la compagnie, & à l'adminiftration des affaires communes. On l'appelle *doyen en charge*, pour le diftinguer du *doyen d'ancienneté*, qui eft un fimple titre, fans aucune fonction particulière ; au lieu que le *doyen en charge* eft électif, & chargé, en cette qualité, de prendre certains foins. (*A*)

DOYEN *du Châtelet*, eft le plus ancien en réception des confeillers au châtelet de Paris. La préféance & la qualité de *doyen* ayant été conteftées au fieur Petitpied, confeiller-clerc au châtelet de Paris, fur le fondement que la place de *doyen* ne pouvoit être remplie que par un laïque, il intervint arrêt du confeil, le 17 mars 1682, qui le maintint au droit de préfider & de décanifer ; ce qui eft conforme à l'ufage de tous les préfidiaux & de quelques autres compagnies. *Voyez* DOYEN *du parlement.* (*A*)

DOYEN *d'une collégiale*, eft un eccléfiaftique qui eft à la tête d'un chapitre. Il y a, comme dans les cathédrales, des *doyens* en dignité & des chanoines qui font *doyens* d'ancienneté. *Voyez* DOYEN *d'un chapitre.* (*A*)

DOYEN *d'une compagnie*, eft celui qui eft le plus ancien en réception. Dans les compagnies de juftice, les préfidens & autres officiers qui ont un rang

particulier, ne prennent point le titre de *doyen*, lors même qu'ils fe trouvent les plus anciens en réception. Le titre de *doyen*, & les prérogatives qui y font attachées, appartiennent à celui des confeillers qui eft le plus ancien en réception. Le *doyen* eft ordinairement difpenfé du fervice, en confidération de fon grand âge, & néanmoins il eft réputé préfent, de forte qu'il a part à tous les émolumens, quoiqu'il foit abfent. Dans la plupart des cours fouveraines, le *doyen* a ordinairement une penfion du roi, en confidération de fes fervices. Dans certaines compagnies dont le *doyen* eft le chef, il a la voix conclufive ou prépondérante. *Voyez* UNIVERSITÉ & VOIX *prépondérante.* (*A*)

DOYEN *du confeil*, ou *du confeil d'état*, ou *du confeil du roi*, voyez ce qui a été dit ci-devant à l'article du CONSEIL *du roi.* (*A*)

DOYEN *des confeillers*, eft le plus ancien en réception de tous les confeillers d'un fiège. Ce n'eft pas la date des provifions qui règle l'ancienneté, mais la réception & preftation de ferment. Le *doyen des confeillers*, foit d'une cour fouveraine ou autre fiège, a le droit de préfider en l'abfence des préfidens ou autres premiers magiftrats. Dans ce cas, il peut au parlement tenir l'audience, & s'y revêtir de la robe rouge, de la fourrure & du mortier, comme les préfidens ont coutume de les porter à l'audience. C'eft ce qu'obferve la Rocheflavin, en fon *Traité des Parlemens*, *liv. II*, *chap. 6*, *n°. 28*. Duluc en cite auffi un exemple, & dit que cela fut ainfi pratiqué à Paris en 1463. (*A*)

DOYEN *des confeillers-clercs*, eft le plus ancien d'entre eux en réception. Au parlement de Paris, où les confeillers-clercs forment entre eux une efpèce d'ordre à part pour monter à la grand'chambre, le plus ancien confeiller-clerc des enquêtes eft le *doyen*, & le premier montant à la grand'-chambre. (*A*)

DOYEN *en dignité*, eft oppofé à *doyen d'ancienneté*. On donne ce titre à celui qui, par le droit attaché à fon bénéfice, eft à la tête du chapitre. Le *doyen* eft ordinairement le premier en dignité du chapitre, comme à Paris ; il jouit, en cette qualité, de plufieurs droits honorifiques qui dépendent des titres & de la poffeffion du *doyen*, & de l'ufage de chaque églife. *Voyez* au *Journal du Palais*, l'arrêt du 15 juin 1622, & celui du 17 janvier 1673. (*A*)

DOYEN *des doyens*, eft le titre que l'on donne au plus ancien des maîtres des requêtes ; il eft ainfi appelé, parce que les maîtres des requêtes fervant par quartier au confeil & aux requêtes de l'hôtel, le plus ancien de chaque quartier prend le titre de *doyen de fon quartier*; & celui des quatre *doyens* qui eft le plus ancien, s'appelle *grand-doyen* ou *doyen des doyens*. Il y a au greffe des requêtes de l'hôtel un réglement fait par les maîtres des requêtes, du 11 juin 1544, qui le difpenfe du fervice. *Hiftoire du Confeil*, par Guillard, *pag. 122*. Il a le titre de *confeiller d'état ordinaire*, & a toute l'année entrée, féance & voix délibérative au confeil du roi, fuivant le règlement du confeil du 16 juin 1644. *Voyez* l'*Hiftoire du Confeil*, par Guillard, *pag. 52. Voyez* ce qui en eft dit ci-devant au mot CONSEIL *du roi*, & ci-après au mot DOYEN *de quartier.* (*A*)

DOYEN *d'une églife*, eft la même chofe que *doyen* d'un chapitre, c'eft-à-dire, d'une églife cathédrale ou collégiale. *Voyez* DOYEN *d'une cathédrale, d'un chapitre, d'une collégiale.* (*A*)

DOYEN *électif*, eft celui qui eft élu par les membres de la compagnie à la tête de laquelle il doit être placé. Les *doyens* en charge de certaines compagnies féculières font ordinairement électifs, tels que le *doyen* de la faculté de médecine de Paris. Il y a auffi des chapitres où le *doyen* eft électif, c'eft-à-dire, eft à la nomination du chapitre. (*A*)

DOYEN *des enquêtes*, c'eft le confeiller le plus ancien en réception de tous ceux qui compofent les chambres des enquêtes du parlement; chaque chambre des enquêtes a fon *doyen* particulier, & le plus ancien de tous ces *doyens* eft celui que l'on appelle le *doyen des enquêtes*: on entend par-là le plus ancien de tous les confeillers, foit laïques ou clercs, excepté au parlement de Paris, où les confeillers-clercs forment un ordre à part pour monter à la grand'chambre; au moyen de quoi il y a deux *doyens des enquêtes*; favoir, le *doyen* des confeillers-laïques, & le *doyen* des confeillers-clercs; l'un & l'autre eft le premier montant à la grand'chambre, lorfqu'il y vaque une place de fon ordre. Le *doyen des enquêtes* a ordinairement une penfion du roi, qu'il perd en montant à la grand'chambre; il eft néanmoins obligé d'y monter à fon rang. (*A*)

DOYEN *d'une faculté*, eft celui qui eft à la tête de cette compagnie, foit par ancienneté ou par charge. Dans l'univerfité de Paris, les *doyens* des facultés de théologie, de droit & de médecine, font confeillers-nés du recteur, avec les quatre procureurs des quatre nations qui compofent la faculté des arts. Dans la faculté de théologie, c'eft le plus ancien des docteurs féculiers réfidans à Paris, qui eft le *doyen* de la faculté: il préfide aux affemblées de la compagnie, recueille les fuffrages, prononce les conclufions, & à féance au tribunal du recteur de l'univerfité au nom de la faculté, laquelle s'élit outre cela tous les deux ans un fyndic.

Dans la faculté de droit, le *doyen* ou ancien des fix profeffeurs s'appelle *primicerius*. Ils élifent tous les ans entre eux à tour de rôle, le jour de faint Matthias, un *doyen en charge*, qui affifte au tribunal du recteur, & a voix conclufive dans les affemblées de la faculté. Ils élifent auffi tous les deux ans, le même jour, un *doyen d'honneur*, qui eft une perfonne conftituée en dignité, & choifie parmi les douze docteurs honoraires ou agrégés d'honneur.

La faculté de médecine, outre fon *doyen d'ancienneté*, a un *doyen en charge*, dont l'élection fe fait tous les ans le premier famedi d'après la Touffaint; il eft ordinairement continué pendant deux années: c'eft lui qui a place au tribunal du recteur.

Ce *doyen en charge*, avec fix autres docteurs donnent *gratis* tous les famedis leurs confultations aux pauvres dans l'école fupérieure de médecine. Il eft auffi d'ufage que ce *doyen* & douze docteurs s'y rendent tous les premiers famedis de chaque mois, pour conférer enfemble des maladies courantes, & fur-tout de celles où il y a de la malignité. (*A*)

DOYEN *de la grand'chambre*, eft le plus ancien de tous les confeillers laïques ou clercs de la grand'-chambre du parlement. (*A*)

DOYEN *d'honneur, honoris decanus*, eft une perfonne conftituée en dignité, choifie parmi les douze agrégés d'honneur. *Voyez* ce qui en eft dit ci-devant à l'article DOYEN *d'une faculté.* (*A*)

DOYEN *juge*: il y avoit chez les Romains des juges qui étoient ainfi appellés, & à l'imitation des Romains, on en avoit établi de même en France, du temps de la première race, fous les ducs & les comtes. *Voyez* les *Lettres hiftoriques fur le Parlement, partie I, pag. 125, &* ce qui a été dit ci-devant au commencement de ce mot DOYEN. (*A*)

DOYEN *ou maire*, dans les Vofges de Lorraine; c'eft le titre que l'on donne au chef d'un certain diftrict ou mairie du domaine du prince, qu'on appelle *doyenné*, enforte que *doyen* veut dire autant que *maire. Voyez* les *Mémoires fur la Lorraine & le Barrois, pag. 142.* (*A*)

DOYEN *des maîtres des requêtes*, ce titre fe donne au plus ancien de chaque quartier: *voyez* ce qui a été dit ci-devant au titre DOYEN *des doyens*. Le réglement du confeil, du 3 juin 1628, donne au *doyen* de chaque quartier féance aux confeils de direction & des parties, dans les trois mois qui fuivent le quartier pendant lequel il a été de fervice au confeil. *Voyez* Guillard, *Hiftoire du Confeil, pag. 123.* (*A*)

DOYEN *d'un monaftère*, étoit un religieux établi fous l'abbé pour le foulager & avoir infpection fur dix moines. Il y avoit un *doyen* pour chaque dixaine. Dans quelques monaftères ces *doyens* étoient bénis par l'évêque ou par l'abbé, ce qui leur donnoit lieu de s'égaler à l'abbé: ils étoient électifs & pouvoient être dépofés après trois avertiffemens. Comme les monaftères font préfentement moins nombreux, l'abbé ou le prieur n'ont plus tant befoin d'aides; c'eft pourquoi il n'y a plus de *doyen* dans les monaftères. *Voyez* la *Règle de S. Benoît, traduite par* M. de Rancé, *tom. II, chap. 21,* & ci-devant à l'article DOYEN *d'un chapitre.* (*A*)

DOYEN *du parlement*, eft le plus ancien en réception de tous les confeillers laïques du parlement, tant de la grand'chambre que des enquêtes. Il arriva avant la révocation de l'édit de Nantes, que M. Madeleine, ci-devant *doyen* de la feconde des enquêtes, étant de la R. P. R. & ne pouvant par cette raifon monter à la grand'chambre, le décanat fut déféré à celui qui le fuivoit, & M. Madeleine fut obligé de defcendre d'un degré. Guillard, *Hiftoire du Confeil, pag. 180.*

Les conseillers-clercs ont quelquefois prétendu avoir le droit de *décaniser* à leur tour, lorsqu'ils se trouvoient plus anciens que les conseillers laïques : pour soutenir leur prétention, ils alléguoient l'usage observé au conseil, dans plusieurs cours supérieures, & autres tribunaux : ils citoient aussi, pour le parlement de Paris, qu'en 1284 Michel Mauconduit, conseiller-clerc, étoit-*doyen* : mais il paroît constant que depuis il n'y a aucun exemple qu'un conseiller-clerc ait *décanisé* en la grand'chambre, & les conseillers laïques ont toujours été maintenus dans le droit de *décaniser* seuls, à l'exclusion des conseillers-clercs ; la question fut ainsi décidée par un arrêté du parlement, en 1737, après la mort de M. Morel, *doyen du parlement*, en faveur de M. de Canaye, contre M. l'abbé Pucelle, conseiller-clerc, quoique celui-ci fût plus ancien que M. de Canaye. Le roi accorda néanmoins une pension à M. l'abbé Pucelle, en considération de son mérite personnel & de ses longs services.

Au parlement de Besançon, l'usage est le même que dans celui de Paris : il y a même un réglement de ce parlement, du 20 juillet 1697, qui porte qu'un conseiller-clerc n'y pourra jamais présider, parce que le rang ne peut être occupé que par un laïque, le corps étant de cette qualité, comme l'observe de Ferrière, en son *Traité des droits honorifiques, chap. 5., n. 11*, & que l'on est informé que tel est l'usage des autres parlemens. Ce sont les termes du réglement de 1697, qui est exactement observé.

Il en est aussi de même aux parlemens de Toulouse, de Bordeaux & de Dijon ; le fait est ainsi attesté dans les mémoires qui furent faits au conseil, pour M. de la Reynie, contre M. l'archevêque de Reims, au sujet du *décanat*.

Il faut néanmoins observer, pour le parlement de Dijon, qu'il est d'usage dans ce parlement que l'abbé de Citeaux précède le *doyen*, & qu'en l'absence de l'abbé de Citeaux, un autre conseiller-clerc a cette préséance ; mais cela n'ôte pas au *doyen* cette qualité.

La place de *doyen* de ce parlement est d'autant plus avantageuse, que M. de Pouffier, mort-*doyen*, en 1736, a laissé à ses successeurs *doyens* sa maison, ses meubles, & ses contrats, dont la valeur est de 6000 liv. de revenu, à la charge de présider à une société de savans, & de distribuer par an trois prix de 300 livres chacun. *Voyez* ce qui est dit de cette fondation dans le *Mercure de France du mois de mai 1736, pag. 1021.*

Les mémoires que l'on vient de citer, mettoient dans la même classe le parlement de Rouen : on trouve néanmoins dans ceux qui furent faits au conseil pour l'abbé de Savary, conseiller-clerc au parlement de Metz, que MM. Brice & de Martel conseillers-clercs au parlement de Rouen, y sont morts *doyens*, & que le dernier y avoit rempli cette place pendant 20 ans.

On tient qu'il en est de même au parlement de Provence.

Quelques-uns croyoient ci-devant qu'au parlement de Metz les conseillers clercs ne pouvoient *décaniser* ; mais le contraire a été jugé par arrêt du conseil du 28 octobre 1713, en faveur de l'abbé Savary, conseiller-clerc.

Au parlement de Grenoble, où l'on a conservé les usages delphinaux, les laïques & les clercs *décanisent* concurremment selon leur ancienneté. MM. Pilon, Morel & de Galles, conseillers-clercs, y ont présidé & *décanisé* en leur rang d'ancienneté. M. Marnais-de Roussilière, *doyen* de l'église de Notre-Dame de Grenoble, est décédé en 1707, *doyen* de ce parlement.

Il n'y a point de charges affectées à des ecclésiastiques dans les parlemens de Bretagne & de Pau, mais ils peuvent y posséder des charges de conseillers laïcs & *décaniser* à leur tour. Gabriel Constantin, prêtre & *doyen* de l'église d'Angers, est mort *doyen* du parlement de Bretagne : de même dans celui de Pau, lorsqu'un ecclésiastique est le plus ancien des conseillers, il *décanise* & est à la droite du premier président.

Ces différens exemples font voir qu'il n'y a point de principe uniforme sur cette matière, & que le droit de *décaniser* dépend de l'usage & de la possession de chaque compagnie. *(A)*

DOYEN DES PRISONS, qu'on appelle aussi *prévôt*, est le plus ancien des prisonniers, c'est-à-dire celui qui est détenu le plus anciennement dans la prison où il est. L'ordonnance de 1670, *tit. xiij, art. 14*, défend à tous geoliers, greffiers, guichetiers, & à l'ancien des prisonniers appellé *doyen* ou *prévôt*, sous prétexte de bien-venue, de rien prendre des prisonniers en argent ou vivres, quand même il seroit volontairement offert, ni de cacher leurs hardes, ou de les maltraiter & excéder, à peine de punition exemplaire.

DOYEN RURAL, est un curé de la campagne, qui a droit d'inspection & de visite dans un certain district du diocèse, qu'on appelle *doyenné rural*, lequel est composé de plusieurs cures. Chaque diocèse est divisé en deux, trois, ou quatre doyennés ruraux, plus ou moins, selon son étendue.

Les *doyens ruraux* sont pour la campagne ce que les archiprêtres sont dans quelques diocèses par rapport aux autres curés des villes ; c'est pourquoi les décrétales les qualifient d'archiprêtres de la campagne, *cap. ministerium x., de officio archipresbyteri.*

L'institution des archiprêtres des villes est beaucoup plus ancienne que celle des *doyens ruraux*, dont on ne voit point qu'il soit parlé avant le xj.e siècle. Le concile d'Aix-la-Chapelle, en 836, fait mention que les archiprêtres avoient chacun un département & un certain nombre de curés à la campagne sur lesquels ils devoient veiller. Ces départemens étoient appellés *doyennés*, parce que les curés

curés de chaque département faisoient des conférences entr'eux, & choisissoient un ancien ou *doyen* pour y présider; usage qui s'est encore conservé dans plusieurs diocèses.

Le concile de Pavie, en 850, *canon 6*, dit que c'étoit à eux d'exciter à la pénitence publique, ceux qui étoient coupables de crimes publics, & de nommer, conjointement avec les évêques, des prêtres & des curés pour recevoir les confessions des crimes secrets.

Le même concile, *can. 13*, recommande aux évêques, de nommer des archiprêtres qui puissent les soulager, en portant une partie du pesant fardeau de l'épiscopat, dans l'instruction des fidèles & dans la direction des curés; il paroît que les *doyens ruraux* n'étoient point encore alors distingués des archiprêtres.

Le capitulaire de Carloman, de l'an 883, oblige les évêques qui sortoient de leur diocèse, de laisser dans les villes des co-adjuteurs habiles, & d'établir dans la campagne des prêtres capables de suppléer, en leur absence, à l'instruction du peuple & à ce qui regarde le gouvernement du diocèse.

Leon IX, qui siégeoit en 1049, désigne encore les *doyens ruraux* sous le *titre d'archiprêtres*, de manière néanmoins que l'on voit clairement qu'il y avoit des archiprêtres pour la campagne, qui étoient chargés des mêmes soins qu'ont aujourd'hui les *doyens ruraux*. Il ordonne que *singulæ plebes archipresbyterum habeant* pour avoir soin du service de Dieu, non-seulement par rapport au vulgaire ignorant, mais aussi pour avoir inspection sur la conduite des curés de la campagne, qui sont désignés par ces mots, *presbyterorum qui per minores titulos habitant.*

Le concile provincial de Tours, qui se tint à Saumur en 1253, charge les archiprêtres ou *doyens ruraux*, de veiller sur la décence religieuse avec laquelle il faut garder ou porter l'eucharistie & le saint-chrême, comme aussi d'avoir soin des fonts baptismaux, des saintes-huiles, & du saint-chrême, & de les faire enfermer sous la clef; il leur enjoint de se faire promouvoir à l'ordre de prêtrise au moins dans la première année de leur possession, sur peine de privation de leur bénéfice.

Au concile de Pont-Audemer, en 1279, il leur fut recommandé par le *canon 21*, de prendre garde dans leurs kalendes ou assemblées, que tous les ecclésiastiques de leur ressort portent la tonsure & l'habit ecclésiastique; il paroît même par ce dernier concile qu'ils avoient jurisdiction, puisque par le *canon 16*, il leur est défendu de suspendre & d'excommunier sans mettre leur sentence par écrit.

Le concile de Saintes, en 1280, ordonne aux prêtres d'avertir les *doyens ruraux* des crimes publics & scandaleux, afin qu'ils en informent l'archidiacre ou l'évêque; que si l'évêque en étoit averti par d'autres que par eux, ils seroient sujets aux peines canoniques.

Il y eut quelque changement dans la forme de cette discipline depuis les conciles de Milan, tenus sous S. Charles, qui établirent des vicaires forains des évêques, & les chargèrent de toutes les fonctions qui étoient auparavant commises aux archiprêtres ou aux *doyens ruraux*, comme de tenir des assemblées tous les mois, d'y conférer avec les curés, de leurs obligations communes, & des cas de conscience difficiles, de veiller sur la vie des curés & sur l'administration de leurs paroisses. Ces vicaires forains étoient amovibles au gré de l'évêque; ce n'étoient que des commissions qu'il révoquoit quand il jugeoit à propos.

Il est parlé des *doyens ruraux* dans les décrétales, où ils sont encore appellés *archiprêtres de la campagne*; c'est la décrétale de Léon IX: *provideat etiam archipresbyter vitam sacerdotum cardinalium præceptis sui obtemperando episcopi, ne aliquando cedant aut scurrilitate torpeant. Cap. ministerium, x. de offic. archipresbyt.*

La discipline présente de l'église gallicane, est que chaque archidiaconé est divisé en plusieurs *doyennés*, qui ont chacun leur nom particulier, & auxquels on donne pour chef un des curés du district, que l'on appelle *doyen rural* ou *archiprêtre rural*; par exemple, le diocèse de Paris est divisé en trois archidiaconés; le premier, appellé le *grand archidiaconé* ou *archidiaconé de Paris*, contient deux *doyennés*, savoir, celui de Montmorency & celui de Chelles; l'archidiaconé de Josas a les *doyennés* de Monthléry & de Châteaufort; l'archidiaconé de Brie a trois *doyennés*, Lagny, le vieux Corbeil & Champeaux.

Une des principales fonctions des *doyens ruraux*, est de veiller sur les curés de leur *doyenné*, & de rendre compte à l'évêque de toute leur conduite.

En général, les droits & les fonctions des *doyens ruraux* sont réglés par les statuts de chaque diocèse & par les termes de la commission qui leur est donnée. Leurs fonctions les plus ordinaires sont de visiter les paroisses de leur doyenné ou district, d'administrer les sacremens aux curés qui sont malades, de mettre en possession de leur bénéfice les nouveaux curés, de présider aux calendes ou conférences ecclésiastiques qui se tenoient autrefois au commencement de chaque mois, de distribuer aux autres curés les saintes huiles qui leur sont adressées par l'évêque, & de leur faire tenir ses ordonnances & mandemens. Au reste, quelque étendue que soit leur commission, ils ne doivent rien faire que conformément aux ordres qu'ils ont reçus de lui, & doivent lui rapporter fidelement tout ce qui se passe.

Comme les *doyens ruraux* ont également à répondre à leur évêque & à l'archidiacre dans le district duquel est leur doyenné, le droit commun est qu'ils doivent être nommés par l'évêque & par l'archidiacre conjointement. C'est pourquoi, dans la plupart des diocèses, l'évêque donne la commission de *doyen rural* sur la présentation de l'archi-

I

diacre ; il y a néanmoins des diocèses où l'évêque choisit feul les *doyens ruraux*, d'autres où ce choix appartient aux curés du doyenné qui préfentent à l'évêque celui qu'ils ont élu.

La commiffion des *doyens ruraux* contient ordinairement la claufe, qu'*elle ne vaudra que tant qu'il plaira à l'évêque ;* cette claufe y eft même toujours fous-entendue ; enforte que l'évêque peut les révoquer quand il le juge à propos, à moins que l'archidiacre ou les curés du doyenné n'aient eu quelque part à leur nomination, auquel cas ils ne pourroient être révoqués que du confentement de ceux qui les auroient nommés.

Il y a encore dans quelques églifes cathédrales des archiprêtres de la ville épifcopale, qui ont fur les curés de la ville la même autorité que les *doyens ruraux* ont fur les curés de la campagne. A Verdun, l'archiprêtre eft nommé *doyen urbain. Voyez ci-après* DOYEN URBAIN.

Les *doyens ruraux*, en Normandie, étoient obligés de veiller à ce que les curés fiffent faire les réparations qui font à leurs charges, & ils en étoient refponfables en cas d'infolvabilité des curés. Mais une déclaration du 17 janvier 1716 les a déchargés de cette garantie.

Sur les doyennés ruraux, *voyez ce qui eft dit dans les mémoires du Clergé.* (A)

DOYEN DU SACRÉ COLLÈGE, eft la même chofe que *doyen* des cardinaux ; c'eft le plus ancien en promotion. (A)

DOYEN URBAIN, eft le titre que prend l'archiprêtre ou *primicier* de l'églife cathédrale de Verdun, *quafi primicerius*. Le doyenné *urbain* de cette ville comprend les dix paroiffes de la ville & fauxbourgs. *Voyez l'hiftoire de Verdun, liv. II, part. III, pag. 119.* (A)

DOYENNÉ, f. m. (*Jurifprud.*) ce mot a deux fignifications. Dans le premier fens, il eft pris pour le titre & la dignité de doyen en général : dans le fecond, il fignifie le diftrict d'un doyen rural. *Voyez* DOYEN.

D R

DRAULÉE, en latin *DRAULIA* & *DRUAYLIA* f. m. (*Droit féodal.*) ce mot, fuivant M. de Valbonnois, dans fes *Mémoires pour l'hiftoire du Dauphiné*, fignifie 1°. un préfent d'étoffes ou d'habillement, donné par forme de pot-de-vin en achetant une maifon ; 2°. les menues réferves qu'on fait dans un bail à ferme ; 3°. on le trouve employé dans une ordonnance de 1333, pour exprimer les droits exceffifs que les officiers des feigneurs exigeoient des criminels ou des accufés. (*M. GARRAN DE COULON.*)

DREUILLES, *voyez* DROUILLES.

DROIT, f. m. (*Jurifpr.*) ce mot s'emploie comme adjectif, comme fubftantif, & comme adverbe. Il offre tantôt un fens phyfique, tantôt un fens fpirituel : il fe prend au propre & au figuré : il dé-

figne des idées différentes, dont les unes ont entre elles de l'analogie, tandis que d'autres n'y ont aucun rapport. Il eft en même temps terme de phyfiologie, de géométrie, de morale, de jurifprudence ; & fous chacune de ces faces il reçoit des fens différens : il en a même plufieurs en jurifprudence.

Dans une première acception, on entend par *droit* tout ce qui eft conforme à la raifon, à la juftice & à l'équité ; il fignifie alors le recueil de toutes les loix & les obligations que l'homme doit remplir felon fa nature, fon état, fa diftinction & fes relations ; pour arriver à la perfection & au bonheur, & fuivre dans fes actions les règles de la juftice & de l'équité.

Sous ce point de vue, le *droit* peut être confidéré comme un objet de fcience & d'étude, ou bien il eft la fcience même, qui nous apprend à connoître dans tous les cas ce que nous devons faire. C'eft en ce fens que le *droit* fe divife en *droit* divin, *droit* naturel, *droit* des gens, *droit* civil, *droit* public, *droit* particulier, *droit* canonique, &c......

2°. On entend par *droit*, l'exercice de tout ce qui eft conforme à l'équité & à la bonté ; *jus*, difent les jurifconfultes Romains, *eft ars æqui & boni*. Dans cette acception il y a quelques différences entre la juftice, le *droit*, l'équité & la jurifprudence.

La juftice fe prend ici pour une vertu qui confifte à rendre à chacun ce qui lui appartient ; le *droit* eft proprement la pratique de cette vertu ; la jurifprudence eft la fcience du *droit*: L'équité eft oppofée au *droit*, lorfque par ce dernier terme on entend la loi prife dans fa plus grande rigueur ; au lieu que l'équité, fupérieure à toutes les loix, s'en écarte lorfque cela paroît plus convenable.

L'exercice du *droit* dans le fens dont nous parlons, fe trouve renfermé dans la pratique des trois préceptes fuivans : vivre honnêtement, ne bleffer perfonne, & rendre à chacun ce qui lui appartient.

On appelle règles de *droit*, certaines décifions ou maximes générales, qui font comme les fondemens de la jurifprudence.

3°. *Droit* fignifie ce qu'une perfonne eft obligée de faire vis-à-vis d'une autre, ou ce qu'elle peut en exiger en vertu d'une obligation, d'un contrat, d'une relation, enforte que le *droit* fignifie alors la faculté qui appartient à quelqu'un de faire quelque chofe, ou de jouir de quelque chofe de réel & d'incorporel. C'eft dans ce fens qu'on dit *droit* d'aîneffe, *droits* acquis, *droits* honorifiques, *droit* religieux, *droits* de fucceffion, &c.

4°. On entend par *droit* une puiffance accordée à une perfonne que l'on dit être à cet égard *fui juris*, c'eft-à-dire, jouiffant de fes *droits*, & ayant la liberté d'en ufer. Par exemple, dans notre jurifprudence un mineur de vingt-cinq ans eft privé de la faculté de difpofer de fes immeubles par vente, donation, &c.; mais lorsqu'il a atteint cet âge, il jouit de fes *droits*, & peut valablement contracter à cet égard, ainfi qu'il le juge à propos.

5°. Le terme *droit* eft quelquefois oppofé à celui de *fait*; ainfi il y a poffeffion de *droit* & de fait.

6°. *Droit* fignifie quelquefois le lieu où fe rend la juftice; c'eft en ce fens qu'il eft pris dans les titres *ff.* & *C. de in jus vocando.*

7°. *Droit* fe prend quelquefois pour la décifion du juge, comme dans le titre *ff. fi quis jus dicenti non-obtemperaverit.* Et c'eft en ce fens que l'on dit parmi nous, *ouir droit, efter à droit, faire droit,* &c.

Nous confidérons ici le mot *droit* fous deux rapports principaux, 1°. comme objet de fcience, & comme recueil de ce qui eft conforme à la juftice & à l'équité; 2°. comme faculté qui appartient à quelqu'un.

PREMIÈRE SECTION.

Du droit envifagé comme fcience, & comme recueil de loix.

Le *droit* dans cette acception, défigne le fyftème méthodique des enfeignemens par lefquels on donne à l'homme les connoiffances néceffaires pour le diriger dans fes actions, & les rendre conformes aux loix de la raifon & de l'équité. Nous allons en fuivre les différentes divifions par ordre alphabétique.

DROIT *ælien*, c'eft ainfi qu'on appella chez les Romains l'explication des nouvelles formules inventées par les praticiens, qui fut donnée au public par Sextus-Ælius-Pætus-Catus, étant édile curule, l'an 553. Les premières formules inventées par Appius Claudius, le plus méchant des décemvirs, & qui étoient un myftere pour le peuple, ayant été divulguées par Cnæus Flavius, fecrétaire d'Appius Claudius, cela fut appellé le *droit Flavien*. Les patriciens jaloux d'être toujours feuls dépofitaires des formules, en inventèrent de nouvelles, qu'ils cachèrent encore avec plus de foin que les premières: ce furent ces nouvelles formules que Sextus Ælius rendit publiques, qu'on appelle *droit Ælien*. Quelques-uns ont douté fi ce *droit Ælien* étoit la même chofe que les tri-partites d'Ælius. Guillaume Grotius & Bertrand, dans leurs livres intit. *vitæ jurifconfultorum* & *de jurifperitis*, ont prétendu que c'étoient deux ouvrages différens; mais la loi. 2, §. 38, ff. *de origine juris*, prouve que les formules furent comprifes dans les tri-partites d'Ælius. Il y eut un autre Ælius, auteur de quelques ouvrages fur la jurifprudence, mais qui n'ont rien de commun avec le *droit Ælien*. Cet ouvrage n'eft point parvenu jufqu'à nous. Les formules ayant été négligées fous les empereurs, & enfin entièrement abrogées par Théodofe le jeune, pour toutes fortes d'actes, on en a cependant raffemblé quelques fragmens. Le recueil le plus ample qui en ait été

fait, eft celui du préfident Briffon, intitulé *de fortmulis & folemnibus populi Romani verbis.* Voyez l'*hift. de la jurifpr. R.* par M. Terraffon, *pag. 209*, & *ci-après* DROIT FLAVIEN, & *au mot* FORMULES. (*A*)

DROIT *allemand*, fon origine remonte jufqu'au temps des Germains. Cet ancien *droit* ne confiftoit que dans des coutumes non écrites, qui fe confervoient chez ces peuples par tradition. Il ne nous eft guère connu que par ce qu'en rapportent Céfar & Tacite.

Le premier, dans fes commentaires *de bello Gallico*, dit que les Germains n'avoient point de druides comme les Gaulois; que toute leur vie étoit partagée entre la chaffe & la guerre. Ils s'attachoient peu à l'agriculture, & ne poffédoient point de terre en propre: mais leurs magiftrats & leurs princes leur affignoient à chacun tous les ans une certaine étendue de terrein, & chaque année on les changeoit de lieu, afin qu'ils ne s'attachaffent point trop à leurs établiffemens, & qu'ils n'abandonnaffent point les exercices militaires. En temps de guerre, on élifoit des magiftrats pour commander, avec droit de vie & de mort: mais en temps de paix, il n'y avoit point de magiftrats; les princes de chaque canton y rendoient la juftice. Le larcin n'emportoit aucune note d'infamie, pourvu qu'il fût commis hors du lieu que l'on habitoit; ce qui avoit pour objet de rendre la jeuneffe plus adroite. Il n'étoit pas permis de violer l'hofpitalité. C'eft à-peu-près tout ce que l'on peut recueillir dans Céfar fur les mœurs des Germains qui ont rapport au *droit*.

Tacite, en fon livre *de fitu, moribus & populis Germaniæ*, entre dans un détail un peu plus grand. L'Allemagne étoit alors partagée en plufieurs petits états qui avoient chacun leur roi, pour le choix duquel on avoit égard à la nobleffe; on choififfoit auffi des chefs, eu égard à leur courage. Le pouvoir de ces rois n'étoit pas fans bornes; pour les affaires ordinaires, ils prenoient confeil des princes, ou grands de la nation; les affaires importantes fe traitoient dans l'affemblée générale de la nation, laquelle fe tenoit toujours dans un certain temps: chacun s'y rendoit avec fes armes; là les affaires étoient propofées foit par le roi ou par quelque prince, felon la confidération que l'âge, la nobleffe, les fervices ou l'éloquence naturelle, donnoient à chacun d'eux. On y employoit la voie de la perfuafion, plutôt que celle de l'autorité. Si la propofition déplaifoit au peuple, il le témoignoit auffi-tôt par un murmure général; fi au contraire elle lui étoit agréable, il le marquoit en frappant fur fes boucliers. C'étoit dans ces affemblées que l'on élifoit les princes qui rendoient la juftice dans chaque lieu où le peuple campoit; car ils n'avoient point de ville ni d'habitation fixe. On leur donnoit pour confeillers *comites*, cent perfonnes choifies parmi le peuple, qui partageoient avec le prince l'autorité; ils étoient toujours armés lorfqu'il s'agiffoit de traiter quelque affaire publique ou particulière. La guerre & la chaffe faifoient l'occupation principale de ces peuples, & leurs beftiaux leurs richeffes ; enforte que leurs différends ordinaires n'étoient que pour des querelles ou larcins : on les décidoit dans des affemblées publiques, ou fur les dépofitions des témoins que l'on produifoit fur le champ, ou par le duel, ou par les épreuves de l'eau & du feu. Chaque canton avoit coutume de faire à fon prince des préfens d'armes, de chevaux, & autres beftiaux, de fruits, & dans la fuite elles donnoient auffi de l'argent. Tacite parle auffi des prêtres de ces peuples, & de la police qui s'obfervoit par rapport au culte de la religion. Il rapporte de quelle manière les différens crimes étoient punis ; les loix de leurs mariages n'y font pas non plus oubliées ; chaque homme n'avoit ordinairement qu'une feule femme, excepté un très-petit nombre de perfonnes qui en avoient plufieurs à la fois, non par débauche, mais par honneur. La femme n'apportoit point de dot à fon mari ; c'étoit au contraire le mari qui dotoit fa femme. Les parens affiftoient à ces conventions, & y donnoient leur confentement. C'étoit alors un cas bien rare que l'adultère ; la peine dépendoit du mari. Suivant l'ufage, la femme nue & les cheveux épars, en préfence de fes parens, étoit chaffée de la maifon de fon mari, lequel la fouettoit de verges dans tout le lieu ; car pour les fautes de cette efpèce, ni la beauté, ni la jeuneffe, ni les biens, ne pouvoient faire efpérer de grace. C'étoit un crime capital de faire quelque chofe pour diminuer le nombre de fes enfans. Tacite fait à cette occafion un bel éloge des Germains, en difant que les bonnes mœurs avoient chez eux plus de force qu'n'en ont ailleurs les loix. Les teftamens n'étoient point ufités parmi eux ; enforte que les fucceffions étoient déférées ab inteflat ; d'abord aux enfans, & à défaut d'enfans, au parent le plus proche ; d'abord aux frères, enfuite aux oncles. Ils traitoient doucement leurs efclaves ; & néanmoins ils pouvoient les punir, foit en leur mettant des fers, ou en les chargeant de travaux pénibles : il leur arrivoit même quelquefois de les tuer, non pas par principe de juftice ni de févérité, mais par un mouvement de colère ; & ces faits demeuroient impunis. Les terres étoient diftribuées aux habitans de chaque canton, à proportion du nombre des cultivateurs ; & ceux-ci les fubdivifoient enfuite entre eux.

Telles étoient en fubftance les coutumes des Germains au temps dont parle Tacite, qui vivoit fous l'empire de Vefpafien.

Les Romains avoient cependant déja remporté quelques avantages fur certains peuples de la Germanie, mais ils ne les fubjuguèrent jamais entièrement. Il eft vrai que les peuples qui demeuroient entre l'Italie & le Rhin, furent foumis aux Romains du temps d'Augufte & de Tibère, ce qui a pu commencer à introduire le droit en Allemagne ; mais

après la mort de ces empereurs, les Romains ne purent conferver que les peuples qui portèrent les premiers le nom d'Allemands : encore ceux-ci fe révoltèrent-ils vers l'an 200, & firent fouvent des courfes dans les Gaules. Le refte de l'Allemagne au-delà du Danube & de l'Elbe, ne fut jamais affujetti aux Romains ; on voit au contraire que les Cimbres, les Saxons, les Huns, & autres peuples de Germanie, firent fouvent des courfes fur les terres de l'empire en Occident, & les occupèrent prefque toutes ; de forte que les Germains confervèrent toujours leurs anciennes coutumes, à moins que le mélange qui fe fit des vainqueurs avec les vaincus, ne contribuât encore à faire adopter infenfiblement les loix romaines aux Germains.

Un des peuples de Germanie qui habitoit entre le Danube & le Rhin, ayant pris le nom d'Allemand, ce nom devint dans la fuite celui de toute la nation Germanique ; ce qui arriva vers le temps de l'empereur Frédéric.

Les coutumes & les loix des Francs qui étoient un mélange de différens peuples de Germanie, peuvent auffi être confidérées comme des veftiges du droit Allemand ou de Germanie en général. En effet Clovis défit les Allemands proprement dits l'an 496 ; d'autres peuples de Germanie fe foumirent à lui ; Clotaire & Thierri, fils de Clovis, défirent les Thuringiens en 530 & en 532 ; dans la fuite, les fucceffeurs de Thierri gouvernèrent par des ducs les peuples qu'ils avoient foumis en Allemagne.

On commença alors à rédiger par écrit les coutumes des Germains, & ces coutumes furent appellées loix : de ce nombre eft la loi des Allemands, laquelle fut d'abord rédigée par écrit à Châlons-fur-Marne, conformément à la tradition, par ordre de Thierri, roi de France, fils de Clovis. Elle fut enfuite corrigée par Childebert, & enfin par Clotaire : cette dernière rédaction porte en titre dans les anciennes éditions, qu'elle a été réfolue par Clotaire, par fes princes ou juges, favoir par trente-quatre évêques, trente-quatre ducs, foixante-douze comtes, & par tout le peuple. Les loix fe faifoient alors dans l'affemblée générale de la nation.

Il ne faut pas croire cependant que la loi des Allemands fût le droit de toute la Germanie, ce n'étoit que la loi particulière des peuples d'Alface & du haut Palatinat. Il y avoit encore plufieurs autres loix qui furent rédigées par écrit pour chacune des principales nations, dont la Germanie étoit compofée ; & qui étoient foumifes aux Francs, ou dont quelques détachemens les avoient fuivis dans les Gaules.

Ainfi la loi falique, faite de l'autorité des rois Childebert & Clotaire, enfans de Clovis, étoit la loi particulière des Francs, & par conféquent d'une partie des peuples de Germanie.

La loi des ripuaires ou des ripuariens, qui n'eft

quafi qu'une répétition de la loi falique, étoit auffi pour les Francs ; on croit feulement que la loi falique étoit pour ceux qui habitoient entre la Loire & la Meufe, & que l'autre étoit pour ceux qui habitoient entre la Meufe & le Rhin.

On rédigea auffi dans le même temps la loi des Bavarois & celle des Saxons, tous peuples de Germanie.

Toutes ces différentes loix furent rédigées en latin par des Romains, qui étoient alors prefque les feuls qui euffent l'ufage des lettres. Elles font remplies de mots allemands. Nous n'entreprendrons point ici d'entrer dans le détail de leurs difpofitions, qui nous meneroit trop loin : on les peut voir toutes raffemblées dans le recueil intitulé, *codex legum antiquarum*. Nous obferverons feulement qu'Agathias, *liv. I, pag. 18, édit. reg.* écrit que du temps de Juftinien, les Allemands fuivoient, pour l'adminiftration de la juftice, les loix faites par les rois des Francs.

Pour ce qui eft du *droit* obfervé préfentement en Allemagne, il eft de deux fortes : favoir, le *droit* commun à toute l'Allemagne ; & le *droit* particulier de chaque état dont le corps Germanique eft compofé.

Le *droit commun* & général de l'empire eft compofé des conftitutions anciennes, de la bulle d'or, de la pacification de Paffau, des traités de Weftphalie & autres femblables, & du *droit* romain, lequel y a fans doute été introduit infenfiblement, de même qu'en France, par le mélange des Allemands avec les Romains, & avec les Gaulois qui obfervoient le *droit* romain.

Lorfque Charlemagne parvint à l'empire d'Occident, il ordonna que l'on fuivroit en Allemagne le code Théodofien dans tous les cas qui n'étoient pas décidés par les coutumes particulières, telles que celles des Saxons qui avoient leur loi, dans l'ufage de laquelle il les confirma.

On fuivit ainfi pendant plus d'un fiècle en Allemagne le code Théodofien ; ce code, les loix faxones, & les coutumes, formèrent pendant plus de 200 ans tout le *droit* obfervé en Allemagne.

Les loix de Juftinien ne commencèrent à y être obfervées que depuis qu'on les eut retrouvées en Italie dans le douzième fiècle. Irnerius, qui étoit allemand de naiffance, obtint de l'empereur Lothaire que les ouvrages de Juftinien feroient cités dans le barreau, & qu'ils auroient force de loi dans l'empire à la place du code Théodofien. Il n'y avoit cependant point encore d'écoles de *droit* en Allemagne. Ce fut Haloander, auffi allemand de naiffance, lequel, vers l'an 1500, mit en vogue l'étude des loix romaines dans fa patrie.

La loi des Saxons, qui étoit l'ancien *droit* d'une grande partie de l'Allemagne, continua cependant d'y être obfervée dans les provinces qui l'avoient adoptée avant le recouvrement du digefte ; mais le *droit* romain a été depuis ce temps confidéré comme le *droit* commun du pays, auquel on a

recours pour décider les cas qui ne font pas nettement prévus par le *droit* faxon, ou par les coutumes particulières des villes ou des provinces, ou par les conftitutions des fouverains. Cet ufage fut confirmé par un décret exprès de l'Empire du temps de Maximilien : cependant quelques novatéurs ont contefté ce principe en Allemagne, comme on l'a contefté en France : mais les gens les mieux inftruits font demeurés fermes dans l'ancienne doctrine, qui eft auffi celle des cours de juftice d'Allemagne.

Pour les matières bénéficiales, on fuit le concordat germanique fait entre le pape Nicolas V, l'empereur Frédéric III, & les princes d'Allemagne, le 16 mars 1448. *Voyez* CONCORDAT GERMANIQUE.

A l'égard du *droit* particulier de chaque état d'Allemagne, il eft compofé des coutumes particulières & ftatuts des provinces & villes, & des ordonnances des fouverains. En Pruffe, on a formé un nouveau corps de loix fous le nom de *code Frédéric. Voyez* ce qui en a été dit au mot CODE.

L'Allemagne a produit un grand nombre de jurifconfultes, qui ont fait divers traités fur le *droit* romain ; tels que Wefenbec, Borcholten, Bredorode, & une infinité d'autres.

Sur l'origine & la nature du *droit allemand*, on peut voir Chrift. Godef. Hoffman, *fpecim. conject. de origine & naturâ legum germanic. p. 103 ;* & Joan. Gotlied. Heineccius, *hift. juris roman. & german. lib. II, cap. iv, §. 102.* Struvius, *hift. jur. c. vj, §. 39 & feq: Le journ. de Trév. d'avril 1715, pag. 722. Voyez* CONSTITUTION DE L'EMPIRE. (*A*)

DROIT *ancien*, qui eft oppofé au *droit nouveau*, & que l'on obferve actuellement, peut être confidéré en plufieurs temps, de manière que ce qui faifoit le nouveau *droit*, relativement à celui que l'on obfervoit plus anciennement, eft devenu à fon tour une partie de l'ancien *droit*, en cédant à un autre *droit* introduit depuis.

Ainfi, en fait de *droit romain*, le plus ancien eft celui des loix royales, ou du code papyrien. La loi des douze tables forma dans fon temps le nouveau *droit*, & elle eft devenue elle-même une partie de l'ancien *droit*, relativement à tout ce qui a fuivi ; & toutes les loix poftérieures, jufque & compris le code Théodofien, forment aujourd'hui l'ancien *droit* romain par rapport aux loix de Juftinien, qui forment le dernier état de la jurifprudence romaine. Quelquefois, par *droit ancien*, on entend le digefte, eu égard au code dont la dernière rédaction eft poftérieure au digefte ; & que par cette raifon on appelle *droit nouveau*, comme on appelle *jus noviffimum*, les novelles qui forment le dernier état du *droit* romain. Il y a, comme on voit, différens âges & différentes époques à diftinguer, pour défigner juftement ce que l'on entend par *droit ancien*.

Il en eft de même par rapport au *droit françois*. On appelle *ancien droit*, la loi falique ou des Francs, les loix ripuaires & autres, qui font recueillies dans le code des loix antiques; on met auffi dans cette claffe les capitulaires, & toutes les loix faites jufqu'au commencement de la troifième race; il y a même des ordonnances des rois de cette race, que l'on peut auffi confidérer comme un *droit-ancien*, relativement à une nouvelle jurifprudence qui peut s'être introduite depuis.

Quant au *droit coutumier*, l'ancien eft celui qui s'obfervoit avant la rédaction ou la dernière réformation des coutumes, car il y en a quelques-unes qui ont été réformées plufieurs fois: de forte que ce *droit* peut avoir plufieurs âges, de même que le *droit romain* & le *droit françois*. *Voyez* DROIT *coutumier*, DROIT *françois*, DROIT *romain*. (*A*)

DROIT *anglois*. Les Bretons, fortis des Gaules, ayant été les premiers habitans de la Grande-Bretagne, appellée depuis *Angleterre*, il eft fenfible que ces peuples y portèrent leurs mœurs & leurs coutumes; &, en effet, Jules-Céfar, qui fut le premier des Romains, qui entra dans la Grande-Bretagne, trouva que la religion de fes habitans, leur langue & leurs coutumes étoient prefque les mêmes que celles des Gaulois.

Les Bretons anglois fe révoltèrent au commencement de l'empire d'Augufte, & s'efforcèrent de fecoüer le joug des Romains; mais ils furent toujours vaincus. L'empereur Claude dompta pareillement les plus rebelles. Les légions romaines que l'on envoya dans leur pays les accoutumèrent infenfiblement à une efpèce de dépendance. Ils furent entièrement foumis fous l'empire de Domitien, & demeurèrent tributaires des Romains jufques vers l'an 446. Il eft à croire que pendant ce temps ils empruntèrent beaucoup d'ufages des Romains, de même que les Gaulois.

Les habitans de la Grande-Bretagne étoient diftingués en plufieurs peuples particuliers, tels que les Scots & les Pictes, avec lefquels les Bretons, proprement dits, étoient en guerre: ces peuples avoient chacun leurs coutumes particulières. Les Bretons ayant appellé à leur fecours les Saxons, qui étoient fubdivifés en plufieurs peuples, dont le principal eft les Angles, ces Saxons & Anglo-Saxons s'emparèrent peu-à-peu de toute la Grande-Bretagne, à laquelle ils donnèrent le nom d'*Angleterre*; ils en chaffèrent les Bretons, qui fe refugièrent dans la province de Bretagne en France.

Ces Saxons portèrent en Angleterre les loix de leur pays, qu'on appelloit la *loi des Saxons*, & quelquefois celle *des Angles*; cette loi eft la même qui fut confirmée par Charlemagne, lorfqu'il eut foumis les Saxons d'Allemagne.

Les Anglo-Saxons ayant conquis toute la Grande-Bretagne, il s'y forma jufqu'à fept royaumes différens, qui reçurent chacun de nouvelles loix de leurs fouverains. Le premier qui donna des loix par écrit à fes fujets, fut Ethelbert, roi de la province de Kent, lequel commença à régner en 561: ces loix

font fort concifes & affez groffières. Inas, qui commença à régner l'an 712 fur les Saxons occidentaux, dans la province de Weft-Sex, leur donna auffi des loix. Offa, roi de Mercie, qui régna l'an 758, en fit pareillement pour fes fujets. Enfin, Egbert, roi de Weft-Sex, ayant réuni fous fa domination prefque toute l'Angleterre, fit revoir les loix d'Ethelbert, d'Inas & d'Offa; & ayant pris tout ce qui parut convenable, & fupprimé le refte, il en compofa une nouvelle loi; c'eft pourquoi il eft regardé comme l'auteur des loix anglicanes: il mourut l'an 900. Cette nouvelle loi appellée *Weftfenelaga*, fut faite, dit un hiftorien, *inter ftridores lituorum & inter fremitus armorum*, c'eft-à-dire dans l'affemblée de la nation, qui étoit toujours armée, comme c'étoit la coutume des Germains, & des peuples qui en étoient fortis. La loi d'Egbert fut principalement obfervée dans les neuf provinces méridionales que la Tamife fépare du refte de l'Angleterre.

Les Danois s'étant emparés de l'Angleterre l'an 1017, y donnèrent une loi nouvelle, qui fut appellée *denelaga*, c'eft-à-dire, *loi des Danois*, elle étoit fuivie dans les quinze provinces orientales & feptentrionales de l'Angleterre.

De ces trois fortes de loix, c'eft-à-dire de celles des rois Merciens, des Saxons occidentaux & des Danois, Edgar, furnommé le *Pacifique*, forma une loi nouvelle qu'on appella *la loi commune*: ce prince mourut l'an 975, n'ayant régné que 17 ans. Après fa mort, la loi qu'il avoit faite tomba dans l'oubli pendant 68 années, jufqu'au règne d'Edouard II, dit *le Confeffeur*, lequel, après l'avoir réformée par le confeil des barons d'Angleterre, la remit en vigueur; ce qui lui fit donner le nom de *loi d'Edouard*, quoiqu'il n'en fût pas le premier auteur.

Guillaume, dit *le Conquérant*, duc de Normandie, ayant conquis l'Angleterre en 1066, donna de nouvelles loix à ce pays, compofées, felon quelques auteurs de celles des Morins, des Danois, Anglois & Normands. Il ordonna, dit-on, qu'elles fuffent écrites en langage normand; ce furent l'archevêque d'Yorck & l'évêque de Londres qui les écrivirent de leur propre main: il voulut même que les caufes fuffent plaidées en langue normande, ufage qui a fubfifté jufqu'en 1361, que le parlement, tenu à Weftminfter, ordonna que tous actes de juftice & plaidoiries fe feroient en langue angloife.

Polydore Virgile dit, en parlant des nouvelles loix données à l'Angleterre par Guillaume-le-Conquérant, & qui étoient rédigées en langage normand, que c'étoit une chofe étrange, vu que ces loix qui devoient être connues de tout le monde, n'étoient cependant entendues ni des François, ni des Anglois.

Quelques-uns tiennent que Guillaume-le-Conquérant ne donna point proprement de nouvelles loix à l'Angleterre, & qu'il ne fit que confirmer les anciennes, principalement la loi d'Edouard II, à laquelle il fit feulement quelques additions ; qu'à la vérité fon intention étoit de donner la préférence aux loix des Bavarois & des Danois, parce que lui & fes principaux barons de Normandie tiroient leur origine de Danemarck ; mais que les Anglois l'ayant prié de les laiffer vivre fuivant leurs anciennes loix, c'eft-à-dire, fuivant la loi d'Edouard, il le leur accorda, fans néanmoins que l'on eût abrogé tout-à-fait les anciennes loix des Merciens, des Saxons occidentaux & des Danois, dont on retint beaucoup de chofes, fur-tout par rapport aux amendes & compofitions, comme il paroît par différens chapitres de la loi d'Edouard, & par les loix que Guillaume fit.

Il eft certain, en effet, que ce prince en donna de nouvelles aux Anglois, qui font écrites en vieux langage françois, à l'exception de quelques chapitres qui fe trouvent en latin. Le premier qui les ait données au public eft Selden, dans fes notes fur Edmer, & enfuite Weloc dans fa *Collection des loix anglicanes*, avec une traduction latine de Selden, laquelle, n'étant point parfaitement exacte ni conforme au texte, fut dans la fuite corrigée par le célèbre Ducange, à la prière de D. Gabriel Gerberon, bénédictin, qui travailloit fur Selden.

Henri I donna auffi de nouvelles loix à fes fujets, qui ont été publiées par Weloc.

Les différentes ordonnances, tant de ce prince que des autres rois d'Angleterre, ont depuis été recueillies en un volume appellé *la grande charte*, imprimé à Londres en 1618. *Voyez* ce qui a été dit de la grande charte au mot CHARTRE.

Le droit obfervé préfentement en Angleterre, eft compofé de ce qu'ils appellent *le droit commun*, des ftatuts, du *droit civil*, du *droit canon*, des loix foreftières, des loix militaires, & des coutumes & ordonnances particulières.

Ils entendent par *droit commun* ou *loi commune*, la coutume générale du royaume, à laquelle le temps a donné force de loi : on l'appelle auffi *loi non écrite*, quoiqu'elle fe trouve rédigée en vieux langage normand, parce qu'elle eft fondée fur d'anciens ufages, qui dans l'origine n'étoient point écrits. Edouard II & fes fucceffeurs ont confirmé ce droit par diverfes ordonnances dont nous avons parlé, & ils y ont ajouté des ftatuts pour expliquer ce que cette loi ou coutume n'avoit pas prévu ou décidé nettement.

On fupplée encore ce qui manque à ces deux fortes de loix, par ce qu'ils appellent le *droit civil*, qui eft un précis de ce que les autres nations ont de plus équitable ; ou pour parler plus jufte, ce n'eft autre chofe que le *droit romain*, lequel étoit autrefois fort cultivé en Angleterre ; mais préfentement ce *droit* n'eft plus obfervé que dans les cours eccléfiaftiques, dans l'amirauté, dans l'univerfité, & dans la cour du lord maréchal.

Le *droit canon* d'Angleterre, qu'on appelle le *droit eccléfiaftique du roi*, eft compofé de divers canons des conciles, de plufieurs décrets des papes, & de paffages tirés des écrits des pères, que les Anglois ont accommodés à leur créance dans le changement qui s'eft fait dans leur églife. Suivant la vingt-cinquième ordonnance de Henri VIII, les loix eccléfiaftiques ne doivent être contraires ni à l'écriture, ni aux *droits* du roi, ni aux ftatuts & coutumes ordinaires de l'état.

Les loix foreftières concernent la chaffe & les crimes qui fe commettent dans les bois, & il y a fur cette matière des ordonnances d'Edouard III, & le recueil qu'ils appellent *charta de forefta*.

La loi militaire n'a de force qu'en temps de guerre, & ne s'étend que fur les foldats & fur les matelots ; elle dépend de la volonté du roi ou de fon lieutenant-général.

Le roi donne auffi pouvoir aux magiftrats de quelques villes, de faire des loix particulières pour l'avantage des habitans, pourvu qu'elles ne foient point contraires aux loix du royaume ; du refte il ne peut faire aucune autre loi, ni ordonner aucune levée d'argent fur fon peuple, que conjointement avec le parlement affemblé.

Le gouvernement d'Angleterre eft en partie monarchique & en partie républicain, le parlement devant concourir avec le roi lorfqu'il s'agit de faire de nouvelles loix, ou d'ordonner de nouvelles levées. Le roi a un confeil d'état, où il règle ce qui regarde le bien public & la défenfe du royaume, fans juger ce qui peut être décidé par les loix dans les cours de juftice.

Ces cours font au nombre de cinq ; favoir, celle de la chancellerie, celle du banc du roi, des plaidoyers communs, de l'échiquier, & du duché de Lancaftre.

Quand il s'agit de fraudes & de complots, la chancellerie juge felon l'équité, & non felon la rigueur des loix.

Chaque ville ou bourg a haute, moyenne & baffe-juftice.

Nous ne nous étendrons pas davantage ici fur ce qui concerne les offices de judicature d'Angleterre, attendu que l'on parlera de chacun en fon lieu.

Suivant la jurifprudence des Saxons, on puniffoit rarement de mort les criminels ; ils étoient condamnés à une amende, ou bien on les mutiloit de quelque membre.

Préfentement les crimes que l'on punit de mort, font ceux de haute trahifon, de petite trahifon & de félonie.

Ceux qui font coupables de haute trahifon, font traînés fur la claie & enfuite pendus ; mais avant qu'ils expirent on coupe la corde, on leur arrache les entrailles, qu'on brûle, & l'on fépare leurs membres pour être expofés en différens endroits.

Le crime de fauffe monnoie y eft auffi réputé de haute trahifon, il n'eft cependant pas puni fi févèrement ; on laiffe mourir le criminel à la potence.

Dans le cas de haute trahison, tous les biens du coupable sont confisqués au roi; la femme perd son douaire, & les enfans la noblesse : la peine des autres crimes ne s'étend pas sur les héritiers des criminels.

La *misprision* ou crime de haute trahison que l'on commet en ne déclarant pas à l'état celui que l'on sait être coupable de haute trahison, n'est puni que de la prison perpétuelle.

Le crime de petite trahison a lieu lorsqu'un valet tue son maître, une femme son mari, un clerc son prélat, un sujet son seigneur : ces crimes sont punis du gibet, la femme est brûlée vive; on punit de même les sorciers.

Les autres crimes capitaux, tels que le vol & le meurtre, sont compris sous le terme de *félonie*; on se contente de pendre le coupable : mais si le voleur a assassiné, on le suspend avec des chaînes au lieu où il a commis le meurtre, pour servir de pâture aux oiseaux de proie.

Ceux qui refusent de répondre ou d'être jugés, selon les loix du pays, sont obligés de subir ce qu'ils appellent *peine forte & dure*. Le criminel est attaché par les bras & les jambes dans une basse-fosse, où on lui met quelque chose de fort pesant sur la poitrine; le lendemain on lui donne trois morceaux de pain d'orge, le troisième jour on lui donne de l'eau, & on le laisse mourir en cet état. Dans le cas de haute trahison, quoique le criminel refuse de répondre, on ne laisse pas, s'il y a preuve d'ailleurs, de le juger à mort.

Celui qui commet un parjure, est condamné au pilori, & déclaré incapable de posséder aucun emploi, comme aussi d'être témoin.

Ceux qui frappent quelqu'un dans les cours de Westminster, & que l'on détient actuellement, sont condamnés à une prison perpétuelle, & leurs biens confisqués.

Les usages les plus singuliers en matière civile, sont, par exemple, qu'une femme noble ne déroge point en épousant un roturier; & néanmoins si elle épouse un homme dont le rang est moindre que le sien, elle suit le rang de son mari.

Lorsque le mari & la femme commettent un crime ensemble, la femme n'est point réputée auteur ni complice du crime; on présume qu'elle a été forcée par son mari d'agir comme elle a fait.

Le mari doit reconnoître l'enfant dont sa femme est accouchée pendant son absence, même depuis plusieurs années, pourvu qu'il ne soit pas sorti des quatre mers & des isles britanniques.

Les pères peuvent disposer de tous leurs biens entre leurs enfans, & même donner tout à l'un d'eux au préjudice des autres; quand il n'y a point de testament, l'aîné ne donne aux puînés que ce qu'il veut.

Les enfans mâles qui ont perdu leur père, peuvent, à 14 ans, se choisir un tuteur, demander leurs terres en roture, & disposer par testament de leurs meubles & autres biens : on peut, à 15 ans,

les obliger de prêter serment de fidélité au roi, & à 21 ans ils sont majeurs.

Les filles, à l'âge de 7 ans, peuvent demander quelque chose pour leur mariage, aux fermiers & aux vassaux de leur père; à neuf ans elles peuvent avoir un douaire, comme si elles étoient nubiles; à douze ans elles peuvent ratifier le premier consentement qu'elles ont donné pour leur mariage; & si elles ne le rompent pas à cet âge, elles sont liées irrévocablement; à dix-sept ans elles sortent de tutèle, & à vingt-un ans elles sont majeures.

Il y a en Angleterre deux sortes de tenures en vasselage; les unes dont la tenure est noble, les autres dont la tenure, & les hommes même qui les afferment, sont serviles & soumis en tout au seigneur, jusqu'à lui donner tout ce qu'ils gagnent; la loi les appelle *pursvillains*.

Ceux qui voudront s'instruire plus à fond des usages d'Angleterre, peuvent consulter les auteurs anglois, comme Brito, Bracton, Cok, Cowel, Glanville, Lithleton, Stanfort, Siknœus, Thomas Smith, &c.

On ne doit pas oublier non plus un commentaire sur le *droit anglois*, intitulé *fleta*, composé en 1340 par quelques jurisconsultes détenus pour crime de concussion dans une prison de Londres, nommée *fleta*, sous le règne d'Edouard I.

L'Irlande est soumise aux mêmes loix & coutumes que l'Angleterre, & la forme de l'administration de la justice est la même dans ces deux royaumes.

A l'égard de l'Ecosse, son *droit* municipal a aussi beaucoup de rapport avec celui d'Angleterre. Les loix romaines y ont beaucoup d'autorité; mais dans les cas que le *droit* municipal du pays a prévu, il l'emporte sur les loix romaines. (*A*)

DROIT *du Barrois*, voyez DROIT *de Lorraine & Barrois.*

DROIT *Belgique*, est celui qui s'observe dans les dix-sept provinces des Pays-Bas & dans le pays de Liège : il est composé, 1°. des édits, placards, ordonnances & déclarations des souverains; 2°. des coutumes particulières des villes & territoires; 3°. des usages généraux de chaque province; 4°. du *droit* romain; 5°. des statuts & réglemens politiques des villes & autres communautés séculières; 6°. des arrêts des cours souveraines; 7°. des sentences des juges subalternes; 8°. des avis & consultations d'avocats.

Les édits, placards & ordonnances des souverains, qui forment le principal *droit* des Pays-Bas, ont deux époques par rapport au parlement de Flandres; le temps qui a précédé la conquête ou cession de chaque province, & celui qui a suivi.

Les édits, placards & ordonnances qui ont précédé la première époque, sont actuellement observés au parlement de Flandres, nonobstant le changement de domination, à moins que le roi n'y ait dérogé par des déclarations particulières. Une grande

grande partie de ces placards & ordonnances font compris en huit volumes *in-folio*; quatre fous le titre de *Placards de Flandres*, & quatre fous celui de *Placards de Brabant*: Anfelme en a fait une efpèce de répertoire fous le titre de *Code belgique*. Comme ce répertoire & la plûpart de ces placards & ordonnances font en flamand, ceux qui n'entendent pas cette langue, peuvent voir le traité que le même Anfelme a donné fous le titre de *Tribonianus belgicus*: c'eft un commentaire fur les placards qui méritent le plus d'attention. On peut auffi voir Zypeus *de notitiâ juris belgici*, où il rapporte plufieurs placards qui ont rapport aux matières qu'il traite. Le principal de ces placards eft l'édit perpétuel des archiducs, du 12 juillet 1711, & le plus important, foit par rapport à la quantité de cas, ou à la qualité des matières qu'on y trouve réglées. Anfelme a fait un commentaire latin fur cet édit, & Rommelius une differtation fur l'article 9 du même édit; elle fe trouve à la fuite des œuvres du même Anfelme.

Les édits & déclarations qui ont été donnés depuis que les villes du reffort du parlement de Flandres font fous la domination françoife, jufqu'en l'année 1700, fe trouvent dans l'*Hiftoire du parlement de Flandres*, compofée par M. Pinault des Jaunaux, à fon décès préfident à mortier de ce parlement. La fuite de ces réglemens fe trouve dans un recueil d'édits pour ce même parlement, depuis fon établiffement jufqu'en 1730, imprimé à Douai.

Il y a plufieurs coutumes particulières dans les Pays-Bas; les unes qui font homologuées, d'autres qui ne le font point encore.

Les premières, avant leur homologation, ne confiftoient que dans un fimple ufage, fujet à être contefté. Ces homologations ont commencé du temps de Charles-Quint, & ont été finies fous le règne de Charles II, roi d'Efpagne: depuis leur homologation elles ont acquis force de loi.

Il y a auffi, comme on l'a annoncé, plufieurs coutumes qui ne font pas encore homologuées, entre autres celles de la ville, châtellenie & cour féodale de Warneton; celle du bailliage de Tournay, Mortagne & Saint-Amand, celle du gouvernance de Douai, & celle d'Anvers; de forte que fi les ufages en étoient conteftés, il faudroit les prouver par turbes, ce qui paroît encore ufité au parlement de Flandres.

Les principales coutumes des Pays-Bas font celles d'Artois, de Lille, de Hainaut, de Gand, de Malines, d'Anvers, Namur & plufieurs autres.

La Hollande a auffi fes coutumes, & plufieurs villes ont leurs ftatuts particuliers.

Le pays de Liège eft pareillement régi par une coutume qui lui eft propre.

Quoique la Flandre foit un pays coutumier, le *droit* romain y a plus d'autorité que dans les autres pays coutumiers de France, où il n'eft confidéré que comme raifon écrite; au lieu qu'en Flandres il eft reçu comme une loi écrite, plufieurs coutumes

de ce pays portant en termes exprès que pour les cas omis on fe réglera fuivant le *droit* romain.

Les ftatuts & ordonnances politiques que les magiftrats municipaux font en droit de faire, font auffi confidérés comme une partie du *droit belgique*; & comme dans ces pays les magiftrats des villes changent tous les ans, quelques-uns ont prétendu que leurs réglemens devoient auffi être publiés tous les ans, ce qui néanmoins ne fe pratique point: on en renouvelle feulement la publication lorfque ces réglemens deviennent anciens, & qu'ils paroiffent tombés dans l'oubli par les contraventions journalières qui fe commettent.

Les fentences des juges fubalternes ont beaucoup d'autorité en Flandres, non-feulement lorfqu'elles font paffées en force de chofe jugée, mais même en caufe d'appel, lorfqu'il s'agit d'ufages locaux, dont on préfume toujours que les premiers juges font bien informés: il étoit même autrefois d'ufage au parlement, qu'en cas de partage fur un appel, on déféroit à la fentence des premiers juges; mais cela ne s'obferve plus que fur les appels des confeillers-commiffaires aux audiences.

Lorfque les avis & confultations des avocats ont été donnés après dénomination par le juge fupérieur, pour des caufes inftruites pardevant des juges pédanés, ceux-ci font obligés d'y déférer. Ces avis forment des efpèces d'actes de notoriété.

Les nobles jouiffent de plufieurs privilèges en Hainaut, fuivant la coutume générale de la province, où il eft dit, entre autres chofes, *chap. 36, art. 2*, que quand tout le bien d'un noble eft en arrêt, il doit obtenir provifion de vivre. Ils jouiffent auffi de plufieurs privilèges en Artois & dans la Flandre françoife; mais ils n'ont aucun dans la Flandre flamande, où il n'y a aucune différence entre les nobles & les roturiers, quant à l'acquifition des fiefs, excepté que les nobles n'y font pas fujets, comme les roturiers, au *droit* de nouvel acquêt, dans les endroits où ce *droit* eft en ufage.

Suivant l'ancien ufage des Pays-Bas, le *droit* d'aubaine appartenoit aux feigneurs hauts-jufticiers; mais préfentement il appartient au fouverain, privativement aux feigneurs.

On devient bourgeois d'une ville par la naiffance, par réfidence ou par rachat. Ceux qui ne réfident pas dans le lieu de leur bourgeoifie, font appellés bourgeois *forains*, & ne laiffent pas de jouir des mêmes avantages que les bourgeois de réfidence. Par la coutume de Liège la bourgeoifie foraine ne fert de rien, fi le bourgeois ne demeure chaque année, au moins, fix mois dans la franchife de Liège. Dans le Hainaut, il n'y a point de bourgeois forains, il leur eft feulement permis de s'abfenter pour vaquer à leurs affaires. Dans la Flandre flamande on ne peut pas jouir en même temps de deux bourgeoifies; quand on accepte une feconde bourgeoifie, on perd l'autre.

La puiffance paternelle a lieu, même au-delà de la majorité, fuivant le *droit* romain, dans certaines coutumes des Pays-Bas, telles que celles de la ville de Lille, de Bergues Saint-Winox, & de Courtray; dans quelques autres coutumes ses effets sont moins étendus.

Il y a quelques serfs de coutume dans la Flandre flamande, où les marques de l'ancien esclavage sont réduites au *droit* de meilleur catel que les seigneurs y lèvent à la mort de leurs serfs : il y en a aussi dans la coutume de Hainaut.

Pour ce qui concerne les matieres ecclésiastiques, il est défendu, par un placard du 4 octobre 1540, aux évêques des Pays-Bas de fulminer des interdits & des excommunications contre les juges séculiers, sans en communiquer auparavant aux gens du roi.

Toutes les règles de la chancellerie romaine ne sont pas reçues dans ce pays; celles qu'on y suit ordinairement, sont *de triennali possessore*, *de infirmis resignantibus*, *de publicandis*, *de verisimili notitiâ*, *de idiomate*, *de subrogando litigatore*. Celle des huit mois, & celle par laquelle le pape se réserve les bénéfices qui ont vaqué pendant les huit mois seulement, sont aussi reçues dans plusieurs églises des Pays-Bas.

Quelques praticiens s'étant avisés de soutenir que la règle de huit mois étoit reçue par le *droit* commun en Flandres, *comme pays d'obédience*, il intervint arrêt du parlement de Flandres, le 22 décembre 1703, qui fit défenses aux avocats & à tous autres de dire que la Flandre soit un pays d'obédience.

Le concordat germanique fait en 1448, entre Nicolas V & l'empereur Frédéric III, qui accorde entre autres choses au saint-siège la collation des bénéfices pendant six mois alternatifs contre les ordinaires, est reçu à Cambray comme loi, & le pape ne peut y déroger.

La régale a lieu en Artois, & dans l'église de Notre-Dame de Tournay.

Quelques villes & communautés de Flandres jouissent du *droit* d'issue ou écart, qui consiste dans le dixieme denier de ce que les étrangers viennent recueillir dans la succession d'un bourgeois de la province. Christin dit que ce *droit* doit son origine à Auguste; d'autres la tirent des Hébreux, qui payoient un certain *droit* lorsqu'ils changeoient de tribu, *indè jus migrationis*. Quelques villes & communautés jouissent de ce *droit* par l'homologation de leurs coutumes; d'autres par une concession particuliere du souverain; d'autres par une possession immémoriale, comme à Lille. Dans la Flandre flamande le *droit* d'écart est dû pour tous les biens d'un bourgeois, qui se trouvent dans la province sous une même domination.

On distingue en Flandres trois sortes de biens; les fiefs, les mainfermes ou censives, & les terres allodiales.

Les conjoints pratiquent entre eux des ravetissemens semblables à nos dons mutuels.

Le *droit* de dévolution, si connu dans le Brabant, a lieu dans quelques-unes des coutumes de Flandres; c'est l'obligation que la coutume impose au survivant des conjoints, de conserver ses biens aux enfans & petits-enfans du premier mariage qui lui survivent, à l'exclusion des enfans des autres mariages suivans.

On y pratique aussi plusieurs sortes de retraits : outre le féodal & le lignager, il y a le retrait partiaire entre co-propriétaires, dont l'un vend sa part; & le *droit* de bourgeoisie que quelques coutumes accordent contre les étrangers qui viennent faire des acquisitions dans leur territoire.

Ceux qui voudront avoir une connoissance plus complete du *droit belgique*, peuvent consulter l'institution faite par M. George de Ghewiet, ancien avocat au parlement de Flandres, imprimé à Lille en 1736. (*A*)

DROIT *de Bohême*, on y suit les loix saxones; & au défaut de ces loix & des autres constitutions municipales, on y suit les loix romaines, comme *droit* commun. (*A*)

DROIT *canonique*, c'est le corps des loix de l'église chrétienne. On l'appelle *canonique*, soit du mot grec *canon*, qui signifie *règle*, soit parce qu'il est composé en grande partie des canons des apôtres & de ceux des conciles. Ce corps de loix n'a pas toujours été le même, il y a été fait des augmentations & des changemens. Pour en donner une juste idée, il faut partager cette longue suite de siecles qui se sont écoulés depuis le divin auteur de la religion chrétienne jusqu'à nous, en quatre époques. Dans la première, qui commence à Jesus-Christ, & finit au premier concile de Nicée, on verra l'origine du droit canonique. On suivra ses progrès dans la seconde, qui comprendra le temps écoulé depuis Constantin, jusqu'aux fausses décrétales d'Isidore Mercator ou le Marchand. La troisième nous présentera la décadence du *droit* canonique ancien, & l'introduction d'un nouveau, ce qui nous conduira depuis les fausses décrétales jusqu'au grand schisme d'Occident. La quatrieme enfin, sera celle du rétablissement qu'on a fait en partie dans ces derniers siecles du *droit* ancien : elle commence aux conciles de Constance & de Bâle, & continue jusqu'à nos jours. Ainsi l'origine du *droit* canonique, ses progrès, ses variations, son rétablissement, du moins en partie, seront les quatre points de vue sous lequel nous le considérerons.

Première époque. Le fondateur & le législateur de l'église chrétienne, s'est contenté d'en annoncer de vive voix les dogmes, les principes, & d'enseigner ainsi tout ce qui étoit nécessaire à sa police & à son gouvernement. Jesus-Christ n'a rien écrit; il a gravé sa doctrine dans le cœur de ses apôtres & de ses disciples; il a même réservé à la descente du S. Esprit, la communication des vérités les plus sublimes, que la grossiéreté & la foiblesse des hommes qu'il avoit destinés à la prédication évangélique, ne lui permettoient pas de leur révéler pendant sa vie mortelle. *Adhuc habeo multa vobis dicere, sed non potestis portare modo; cùm autem venerit paracletus.... ille vos docebit omnia & suggeret vobis omnia quæcumque dixero vobis.*

On voit cependant les apôtres se servir souvent de l'ancien testament; l'intelligence des anciennes écritures que Jesus-Christ leur avoit donnée, leur faisoit distinguer les loix qu'elles contiennent & qui avoient été promulguées comme pour servir d'introduction à la loi nouvelle, d'avec celles qui n'étoient propres qu'à la synagogue.

Bientôt après, l'empressement que les fidèles avoient de connoître plus particuliérement toutes les actions de la vie de Jesus-Christ détermina à écrire les quatre évangiles. Ces histoires qui n'en font, à proprement parler, qu'une, & les différens écrits que les apôtres composèrent pour l'instruction & l'édification des fidèles, formèrent le nouveau testament. Le dogme mêlé avec la morale & la discipline dans ces livres saints, les fit regarder comme la règle de la foi, de la conduite des chrétiens, & de la police de l'église. Pendant plus de trois siècles, le christianisme n'eut pas d'autre code.

Il suffisoit sans doute, ce code simple, dans ces temps où la tradition, dégagée de toutes les difficultés qui croissent à mesure qu'elle s'éloigne de sa source, rendoit toutes les questions qui se présentoient rarement, faciles à résoudre. L'évêque s'acquittoit alors par lui-même du saint ministère de la parole; ses coopérateurs du second ordre, n'avoient qu'un même esprit avec lui. L'unité de doctrine & de sentiment étoit la suite nécessaire de ce concert & de cette harmonie.

Les questions peu difficiles étoient terminées sur le champ par l'évêque & son presbytère, qui lui servoit de conseil. Si au contraire elles étoient embarrassées, les évêques de plusieurs villes voisines s'assembloient & décidoient. Les apôtres l'avoient ainsi pratiqué, au sujet de la circoncision, & ils n'avoient point hésité à prononcer en leur nom & en celui de l'esprit saint, *visum est nobis & spiritui sancto.* Ces assemblées se nommèrent conciles.

Les persécutions dont l'église fut affligée jusqu'à Constantin, ne permirent pas de les tenir souvent; leurs décisions furent ajoutées aux saintes écritures & firent partie du code canonique: mais comme elles n'étoient que particulières à quelques églises, elles ne furent point des loix générales & n'eurent de force que dans celles où elles furent reçues.

Ces décisions furent recueillies; on les a depuis appellées *canons apostoliques.* Cette collection a partagé, quant à son origine, les opinions des savans. Turrien croit que les apôtres en font les auteurs: Daillé l'attribue à un imposteur qui vivoit au cinquième siècle. Baronius & Bellarmin pensent que les cinquante premiers canons font des apôtres, & que les autres font supposés & ont été ajoutés après coup. M. de l'Aube-Epine, évêque d'Orléans, & un Anglois nommé *Bettevège*, embrassent une quatrième opinion; ils estiment que les canons

apostoliques ne font autre chose que les décisions des premiers conciles.

Cette dernière opinion nous paroît la plus conforme à la vérité; on ne peut certainement attribuer aux apôtres, les canons nommés *apostoliques.* Les Grecs en comptent tantôt 84, tantôt 85; les Latins tantôt 50, tantôt 60: cette différence provient de la variété des églises particulières, dont les unes ont reçu quelques-unes de ces loix, & les autres ne les ont point adoptées; d'ailleurs on voit dans ces canons la décision de plusieurs questions, qui ne se sont élevées dans l'église que long-temps après les apôtres. Le canon 69 défend de faire la pâque avec les Juifs; cependant cette question n'a été terminée qu'au concile de Nicée. Le canon 46, & quelques autres prononcent sur le baptême des hérétiques d'une manière opposée à la doctrine de l'église; & lorsque cette question importante a été agitée dans les conciles, personne n'a cité aucun de ces canons.

Il y a des anciens manuscrits où cette collection est appellée *canons anciens, règles des pères.* Il y a apparence que l'auteur *des constitutions apostoliques,* dont nous parlerons dans un instant, recueillit tous les canons qu'il trouva dans les différens rituels des églises. Voilà pourquoi on y lit plusieurs décisions qui n'ont pu être portées que long-temps après les apôtres. Pour donner plus de poids & plus d'autorité à son recueil, l'auteur l'intitule hardiment *canones sanctorum apostolorum, à Petro dictati, à sancto Clemente conscripti.* Il se permet des additions au texte; qu'il se trouve dans quelques manuscrits. *Le seigneur a dit,* est changé en *le seigneur nous a dit:* où il y avoit *Simon a été déposé par S. Pierre,* l'auteur met, *Simon a été déposé par moi Pierre,* ainsi du reste.

Cette fourberie n'a pas généralement réussi: si en Orient les canons apostoliques ont été approuvés par Justinien & le concile *in trullo* de l'année 692, à Rome le pape Gelase les a mis au nombre des livres apocryphes. Ils n'ont paru que tard en France; Grégoire de Tours rapporte qu'on y fit un nouveau cahier, pour y mettre les canons *quasi apostolicos.* Hincmar nous apprend plus en détail, comment ils y furent reçus: il dit, comme Grégoire de Tours, qu'on les mit dans un cahier à part, à la tête du code à l'usage de France: *les canons,* ajoute-t-il, *que l'on dit des apôtres, recueillis par quelques chrétiens, font du temps que les évêques ne pouvoient s'assembler: ils ordonnent plusieurs choses qu'on peut recevoir, mais ils en ordonnent aussi d'autres qu'il ne faut point observer.* On peut d'après cela juger du degré d'autorité qu'avoit acquis le recueil peu volumineux des canons apostoliques; on le regardoit dans les églises d'Occident comme un monument respectable, mais qui cependant ne devoit pas avoir force de loi.

Il ne faut pas porter le même jugement des constitutions apostoliques: on les croit de la même main que les canons apostoliques, avec la différence qu'elles contiennent des absurdités & des erreurs. On y voit par exemple, qu'il faut raser la barbe aux femmes & non pas aux hommes; qu'il est permis aux esclaves de se laisser abuser par leurs maîtres; que les troisièmes noces sont une luxure manifeste. On les accuse encore d'être infectées des erreurs de l'Arianisme : ce qui paroît singulier, c'est de voir le concile *in trullo* les approuver, en disant cependant qu'elles ont été corrompues par les Ariens.

On a encore voulu attribuer aux apôtres neuf canons d'un prétendu concile, tenu par eux à Antioche; ils ont été inconnus à toute l'antiquité : il paroît que ceux qui les ont imaginés, ne se sont appuyés que sur un passage de l'épître 18 du pape Innocent I, dans lequel il s'est glissé une erreur de copiste : ce pontife, en relevant la gloire de l'église d'Antioche, & parlant du concile que les apôtres ont tenu à Jérusalem à son occasion, a dit, *ecclesiam Antiochenam quæ meruit propter se celeberrimum apostolorum conventum* : au lieu de ces expressions *propter se*, un copiste a écrit *apud se*, ce qui a suffi pour supposer un concile à Antioche, & lui attribuer des canons qui ne peuvent être son ouvrage, puisqu'ils sont pleins d'anachronismes, & qu'un d'entr'eux n'a aucun sens.

Telles étoient les loix qui ont régné parmi les chrétiens, pendant les trois premiers siècles de l'église; heureux s'ils n'en avoient jamais eu besoin d'autres. L'évangile, quelques épîtres, & les actes des apôtres : un petit nombre de canons, décisions respectables des conciles, que les circonstances permettoient d'assembler, formoient le code peu volumineux qui suffisoit à la simplicité de la foi & à la pureté des mœurs de ces temps, qu'on peut appeler à juste titre l'*âge d'or du christianisme*.

Seconde époque. Lorsque Constantin eut donné la paix à l'église, & l'eut élevée sur les débris du paganisme, il fut plus facile aux évêques de s'assembler; l'esprit de discussion avoit déja embarrassé la théologie d'une foule de questions, auxquelles les anciens chrétiens n'avoient pas pensé, ou que la tradition à la lumière de laquelle ils avoient constamment marché, n'avoit pas permis d'élever; il fallut les décider pour conserver l'unité du dogme & de la discipline. Les conciles que les princes favoriserent, devinrent alors plus nécessaires & plus fréquens. Celui de Nicée est mis ordinairement le premier parmi les œcuméniques, c'est-à-dire, généraux : ses canons furent acceptés par toutes les églises, & devinrent la règle de la doctrine & de la discipline. On y ajouta ceux des conciles particuliers tenus avant la paix donnée à la religion par Constantin; ils furent encore augmentés des décisions de quelques papes & de quelques saints évêques : mais ces derniers canons, ainsi que les décisions particulières, ne furent pas universellement adoptés. Ce qui fit que bientôt chaque église eut un code qui lui étoit propre.

L'église romaine en eut deux depuis Constantin

jusqu'à Charlemagne : celui qu'on appelle l'*ancien*, & la collection de Denis-le-Petit. Il fut fait différentes additions à l'ancien. Jusqu'à Innocent I, Rome ne reconnoissoit, ou du moins ne croyoit reconnoître pour ses canons, que ceux du concile de Nicée; il est cependant certain qu'Innocent I lui-même en cite comme de Nicée, qui sont de celui de Sardique. On comprendra combien cette méprise étoit facile, lorsqu'on fera attention à la méthode que l'on suivoit en écrivant les canons, tant en Occident qu'en Orient. On les écrivoit de suite sans distinguer de quels conciles ils étoient, avec la seule précaution de les chiffrer & de les numéroter. On apportoit pour raison de cet usage, que c'étoit pour empêcher qu'on en insérât de faux, parce que la falsification eut été facile à reconnoître, le nombre des canons étant une fois fixé.

Sous Innocent I, l'église romaine enrichit ses canons de ceux de l'église d'Afrique. Le pape Zozime y ajouta ceux des conciles d'Ancyre, de Néocésarée & de Gangres, tenus avant le concile œcuménique de Nicée.

S. Léon fit la quatrième addition à l'ancien code romain; il y inséra quatre épîtres du pape Innocent I : ce sont les premières décrétales qu'on ait mises au rang des canons. Autrefois, quelque respect qu'on portât aux rescrits des papes, on ne leur accordoit force de loi, que lorsqu'ils étoient insérés dans le code public, & recevoient par ce moyen la promulgation nécessaire; autrement on se contentoit de les déposer dans les archives, d'où vient la différence de *referre in scrinia* & *referre in canones*. Bientôt après, on ajouta au code de l'église romaine des lambeaux du concile de Calcédoine : les canons de ceux d'Ephèse, d'Antioche, de Laodicée & de Constantinople; plusieurs décrétales des papes, des lettres de plusieurs saints évêques, & quelques ordonnances des empereurs.

Tant d'additions ne firent que jetter de la confusion dans ce corps de loix. Vers l'an 500, le savant abbé Denis-le-Petit, entreprit une nouvelle collection plus méthodique & plus fidelle pour la version; il ajouta à tout ce que l'ancien code pouvoit contenir, les canons apostoliques, & un amas de toutes les décrétales, depuis le pape Sirice qui vivoit en 385, jusqu'à Anastase II, qui mourut en 525. Cette collection eut tant d'autorité à Rome dès qu'elle parut, qu'on l'appella simplement le *corps des canons.* Elle fut en usage jusqu'à la publication des fausses décrétales.

L'église d'Orient s'étoit formé un corps particulier de loix de discipline. On croit que la première collection parut vers l'an 385; elle étoit composée des canons de Nicée & des six autres conciles d'Orient, transcrits à la suite les uns des autres, sans autre distinction que des chiffres ou des numéros; on en comptoit cent soixante-cinq : ce fut cette collection qui, au concile de Calcédoine, fut mise au niveau de l'évangile & placée avec lui fut un même trône, pour fervir de règles aux décifions qu'on alloit prononcer.

La feconde collection de l'églife d'Orient fut bientôt portée à deux cens fept canons; on y en ajouta trois du concile de Conftantinople, huit du concile d'Ephèfe, & vingt-neuf du concile de Calcédoine.

Les conciles devenant plus fréquens, il parut un troifième code, dans lequel on inféra les canons apoftoliques, ceux du concile de Sardique; ce qui forma trois cens quinze canons.

Le concile *in trullo* en approuva un quatrième, qui devint très-volumineux. Il adopta cent trente-deux canons de l'églife d'Afrique, en fit lui-même cent deux, & y joignit les épîtres canoniques d'un grand nombre de faints évêques & de faints docteurs. Bientôt après, vingt-deux canons du feptième concile œcuménique vinrent augmenter ce nouveau code: on fit alors en Orient ce qu'on avoit fait en Occident; il parut plufieurs compilations, qui eurent pour but de mettre par ordre toutes les loix qu'on avoit inférées à la fuite les unes des autres, à mefure qu'elles avoient été promulguées. Le fameux Photius donna fon *nomo-canon*, c'eft-à-dire, canons rangés par ordre. Il avoit eu foin dans une compilation, qu'il avoit donnée avant fon *nomo-canon*, de retrancher du fymbole, *filioque*, & de fubftituer au huitième concile œcuménique qui avoit condamné fes erreurs & l'avoit dépofé, les actes du *conciliabule*, qui le rétablit. Depuis ce temps, le code canonique de l'Orient n'a pas éprouvé de variations fenfibles. Le fchifme des Grecs les a empêchés de fe fentir des innovations introduites par les fauffes décrétales.

L'églife de France avoit fon code particulier; il étoit formé du concile de Nicée & de quelques canons de fes propres conciles: ce ne fut que fous Charlemagne, que l'on commença à y faire ufage de la collection de Denis-le-petit: on n'y connut que fort tard les canons apoftoliques; ils y furent reçus, non pas comme loi, mais comme une autorité refpectable, qu'il étoit cependant permis de difcuter.

Troifième époque. Telles étoient les loix felon lefquelles les différentes églifes de la chrétienté fe gouvernoient, lorfqu'on vit paroître une immenfe collection de canons, fous le titre de *corpus canonum hifpanienfe*, & publiée fous le nom de *Ifidorus peccator* ou *mercator*. Elle contenoit, outre tous les anciens canons renfermés dans les autres codes, les épîtres décrétales des anciens papes jufqu'à Damafe. Quelques recherches qu'ait pu faire Denis-le-Petit, il n'avoit pu remonter au-delà du pape Sirice. Le prétendu *Ifidorus* fut plus habile, il ne fe fit point de fcrupule de forger lui-même des épîtres des premiers papes; mais plus fourbe qu'éclairé, il les remplit de maximes les plus nouvelles, d'erreurs les plus groffières & d'anachronifmes les plus marqués. Il eft vifible qu'il n'a eu d'autre but que de rendre l'églife, les évê-

ques & les clercs indépendans des princes féculiers, & d'élever la puiffance du pape au-deffus de celle des rois. Les circonftances étoient favorables: les évêques de Rome étoient déjà fouverains d'un territoire affez étendu; il crut qu'ils n'avoient plus qu'un pas à faire pour arriver à la monarchie univerfelle, & il voulut leur en fournir les moyens, en fubjuguant les efprits par une doctrine qu'il fuppofa celle des hommes les plus refpectables.

L'ouvrage du faux Ifidore fut d'abord reçu en France avec le plus grand refpect; on crut d'abord qu'il étoit de S. Ifidore de Seville. Au concile d'Aix, tenu en 838, on cita un paffage d'une épître attribuée à S. Fabien; on en remplit les capitulaires de Charlemagne & de Louis-le-Débonnaire, qui firent alors le droit commun de la France.

Mais bientôt après, l'examen fit naître des doutes, on ne contefta pas la vérité des pièces contenues dans le nouveau recueil; nos pères n'étoient pas affez habiles dans la critique & l'art de vérifier les dates, pour appercevoir au premier coup-d'œil les anachronifmes & les erreurs de chronologie; on fe contenta de leur refufer l'autorité. Le clergé, à la tête duquel étoit Hincmar, archevêque de Rheims, les rejetta, non pas comme fauffes, mais comme ne pouvant avoir force de loi, n'ayant pas été recueillies dans les anciens codes. Perfonne n'a jamais dit que les papes euffent été les auteurs ou les complices de la fraude & de la fuppofition qui a été l'origine de tant de maux; mais ils défendirent avec la dernière opiniâtreté, l'ouvrage & la doctrine qu'il renferme; ils en firent la bafe de cette puiffance énorme qu'ils ont exercée depuis, & d'un droit nouveau qui a fubfifté jufqu'au concile de Bâle.

La nouvelle collection, outre les fauffetés & les fuppofitions dont elle fourmilloit, avoit encore le défaut des anciennes; elle étoit, non pas felon l'ordre des matières, mais felon la date des temps. Burchard, évêque de Wormes, en donna une compilation qu'il divifa en cinq livres. Il fuivit en aveugle le faux Ifidore. En l'année 1100, Yves de Chartres en donna une feconde; ces deux compilations furent effacées par celle de Gratien. Il fut vingt-trois ans à la compofer, & elle parut en 1151, fous le titre de *concordia difcordantium canonum*; on l'appelle le *décret* par excellence. C'eft cet ouvrage trop accrédité, qui a été la fource du *droit canonique* de l'églife catholique pendant plufieurs fiècles. Nous ne nous arrêterons point ici à l'analyfer: nous renvoyons nos lecteurs au mot DÉCRET.

Cette immenfe collection ne parut pas fuffifante. Depuis Gratien jufqu'à Grégoire IX, on vit paroître huit compilations différentes de décrétales, c'eft-à-dire, de décifions des papes. Grégoire IX fe fervit de Raymond de Pegnafort, dominicain, pour les réduire en une feule, qu'il approuva & publia en 1251. *Voyez* DÉCRÉTALES.

Soixante ans après la collection de Grégoire IX, Boniface VIII publia le *fexte*. Il contient fes propres décifions, & quelques-unes de Grégoire IX & de fes fucceffeurs. On y fuit le même ordre que dans les décrétales ; & comme elles, il eft divifé en cinq livres. Les différends que Boniface VIII eut avec Philippe-le-Bel, ont été caufe que le *fexte* n'a jamais eu d'autorité en France.

Si la multiplicité des loix eft un mal, on peut dire que l'églife en a été affligée. Après le *fexte* parurent les clémentines. Elles font auffi divifées en cinq livres ; elles contiennent les décrétales de Clément V, & les décrets du concile de Vienne. Jean XXII, fon fucceffeur, les publia.

On ajouta depuis les *extravagantes*. Ce mot étoit autrefois employé pour fignifier tout ce qui ne fe trouve pas dans Gratien. On l'a depuis appliqué à deux collections particulières, dont l'une, s'appelle *extravagantes* de Jean XXII, l'autre *extravagantes communes*. Les premières ont été rédigées en quatorze titres. On dit que les fecondes font divifées en cinq livres dans le même ordre que les décrétales. Mais comme il n'y a s'y trouve rien fur le mariage qui fait la matière du quatrième des décrétales, on ajoute que le quatrième livre manque aux extravagantes communes.

Outre toutes ces compilations, on connoît encore à Rome *le bullaire*, le directoire des inquifiteurs, & les règles de chancellerie. Nous ne nous arrêterons point ici à difcuter l'autorité de ces différens corps de loix. Nous le ferons à l'article *Droit public, ecclésiaftique, françois*. Nous nous contenterons de dire pour le moment, qu'elles partent toutes des principes établis dans les fauffes décrétales, & qu'elles ont été en vigueur, fur-tout dans les pays d'obédience, jufqu'au rétabliffement en partie de l'ancien *droit*, comme on va le voir dans la quatrième époque que nous avons annoncée.

Quatrième époque. Rétabliffement d'une partie du droit ancien. Les faux principes répandus dans la collection d'Ifidore *Mercator*, ayant été adoptés par les papes, & étant devenus, pour ainfi dire, des opinions générales, produifirent des maux dont l'églife gémit encore. On voit les fouverains pontifes s'arroger une autorité fuprême dans le temporel comme dans le fpirituel. De-là les fanglantes querelles à l'occafion des inveftitures, querelles qui firent livrer foixante & dix-huit batailles rangées, & périr plufieurs millions d'hommes : de-là les différends fcandaleux entre Boniface VIII & Philippe-le-Bel ; de-là les mandats, les réferves, les expectatives, les annates, & tant d'autres inventions nouvelles qui rendoient la cour de Rome maîtreffe abfolue de tous les bénéfices, & faifoient paffer dans fes coffres tout l'or du monde chrétien. On feroit un volume entier, fi l'on vouloit décrire tous les maux dont l'églife fut affligée. Le grand fchifme d'Occident y mit le comble. L'excès des abus fit ouvrir les yeux fafcinés depuis fi long-temps ; & il n'y eut perfonne qui ne foupirât

après une réforme *in capite & in membris*. Les pères du concile de Conftance eurent le courage de l'entreprendre. Mais dès qu'ils voulurent toucher aux prétentions du pape, aux privilèges des cardinaux, aux ufages nouveaux qui étoient utiles & lucratifs à la cour de Rome, ils éprouvèrent tant de difficultés, qu'ils furent obligés de fe féparer fans avoir atteint leur but. Le concile de Bâle travailla d'une main plus affurée & plus conftante au grand ouvrage de la réformation. Mais fes conteftations avec le pape, qui lui oppofa l'affemblée de Florence, compofée de fes partifans, empêchèrent le bien qu'il auroit pu produire. Il n'y eut que la France qui profita de fes fages décifions. *Voyez* PRAGMATIQUE-SANCTION. Les églifes particulières des autres états entreprirent de fe réformer elles-mêmes, & de s'oppofer aux entreprifes de la cour romaine. Alors les papes eurent recours à la négociation ; ils facrifièrent quelques-uns de leurs prétendus *droits* pour en conferver la majeure partie. Tel fut l'efprit qui dirigea Eugène IV, lorfqu'il paffa en 1447 le concordat germanique avec l'empereur Frédéric III. *Voyez* CONCORDAT GERMANIQUE. Léon X fe conduifit de même avec François I en 1516. *Voyez* CONCORDAT FRANÇOIS.

Mais les efforts des églifes particulières, & les concordats paffés avec les princes & les nations, ne furent que de légers palliatifs. Les défordres continuèrent. Luther & Calvin en profitèrent pour établir leurs erreurs & leurs fectes. L'Angleterre, d'abord fchifmatique, embraffa bientôt l'héréfie. Un concile général parut le feul remède propre à tant de maux ; on affembla celui de Trente. Cette célèbre affemblée s'occupa avec fruit de la réformation. On ne peut qu'applaudir à la fageffe de fes décifions, & à la manière pleine de clarté & de précifion avec laquelle elles ont été rédigées. (Il eft fans doute inutile d'avertir que nous ne parlons point des décifions dogmatiques que nous reconnoiffons avec toute l'églife catholique être infpirées par l'efprit-faint, lorfqu'elles font prononcées par un concile vraiment œcuménique.) Mais les pères de Trente eurent encore trop de ménagement pour les prétentions de la cour de Rome ; ils ne rétablirent pas les évêques dans cette plénitude d'autorité, dont ils n'ont jamais pu être légitimement dépouillés : ils ont femblé vouloir confacrer quelques entreprifes de la puiffance eccléfiaftique fur la jurifdiction féculière. C'eft pourquoi leurs réglemens de difcipline n'ont jamais été reçus en France.

Il y a à Rome une congrégation de cardinaux qui doit uniquement s'occuper d'interpréter & d'expliquer le concile de Trente. *Voyez* CONGRÉGATION.

Si le concile de Trente a laiffé fubfifter des abus, on ne peut nier qu'il n'en ait retranché un grand nombre, & qu'il n'ait mis quelques entraves à cette puiffance abfolue que les papes s'étoient arrogée. Il a été reçu en Italie, en Espagne, en Portugal, & dans l'empire catholique, dans les états héréditaires de la maison d'Autriche, & dans la Pologne. Il forme dans tous ces pays une partie considérable du *droit canonique*, & sert, en beaucoup de points, de règle à la discipline eccléfiastique.

L'empereur vient de faire, & fait encore tous les jours des changemens considérables au *droit canonique* de ses états. Il a supprimé un grand nombre de monastères, & même des ordres entiers. Il a défendu à ceux qu'il a conservés, toute communication & toute correspondance avec les généraux résidans à Rome ou en pays étrangers. Il a aboli toute influence de la cour de Rome dans la nomination ou la confirmation des évêques. Il a établi de nouvelles loix pour l'éducation eccléfiastique, & déterminé la manière dont on pouvoit parvenir aux bénéfices. Il a fixé le revenu des curés & des vicaires : tout annonce qu'il fixera aussi celui des archevêques & des évêques. Une ordonnance rendue pour les Pays-Bas Autrichiens, a aboli la règle *de mensibus* qui y étoit en usage, & toutes les provisions de bénéfices émanées de la cour de Rome, ainsi que le tribunal de la nonciature qui existoit à Bruxelles. Il a rendu aux ordinaires la nomination libre des bénéfices vacans dans les mois réservés au pape ; & dans le cas où ils ne conféreroient pas dans les six mois de la vacance, il a établi le *droit* de dévolution en faveur du gouvernement. Il n'a conservé ce *droit* aux supérieurs hiérarchiques que pour les bénéfices vacans dans les mois non réservés au souverain pontife. Il a défendu les résignations & les permutations, & prohibé le dévolut ; il a réduit à deux sentences conformes, les trois qui étoient autrefois nécessaires pour former un jugement sans appel en matière eccléfiastique ; & si les deux sentences ne sont pas conformes, l'appel ne sera plus relevé devant le pape, mais le métropolitain nommera de nouveaux commissaires qui prononceront en dernier ressort.

Il paroît que ce souverain ne s'en tiendra pas à ces réformes, & qu'il en médite d'autres. Sans entreprendre de porter l'œil de la critique sur les opérations d'un prince étranger, & que nous devons respecter à plus d'un titre, nous nous contenterons de dire que parmi les loix qu'il vient de promulguer, il en est qui semblent n'avoir pour but que le rétablissement du *droit* primitif de l'église, comme il en est qui paroissent s'en écarter. Il en est que l'on peut attribuer au zèle & à l'amour de la religion ; & il en est qu'on pourroit regarder comme l'effet d'une politique ombrageuse & intéressée. Nous ajouterons qu'il eût peut-être été plus conforme à l'esprit de l'église, dont les princes sont toujours les protecteurs, & rarement les légiflateurs, de faire concourir le clergé lui-même à une réforme que le souverain a entreprise lui seul, & de sa seule autorité. Constantin, présidant

au concile de Nicée, & Charles VII à la tête des grands & des prélats de son royaume, sont de beaux exemples à suivre. Si le despotisme des papes a causé tant de maux à la religion, le despotisme des princes ne pourroit-il pas lui être fatal ? Tous les extrêmes sont également à craindre.

Nous nous réservons à parler du *droit canonique* de la France, à l'article DROIT *public ecclésiastique françois*. (*Article de M. l'abbé* BERTOLIO.)

DROIT CIVIL, est le *droit* particulier de chaque peuple, *quasi jus proprium cujusque civitatis*, à la différence du *droit naturel* & du *droit des gens*, qui sont communs à toutes les nations. Justinien nous dit dans le titre premier *des institutes*, que les loix de Solon & de Dracon formoient le *droit civil* des Athéniens ; que les loix dont les Romains se servoient, étoient leur *droit civil* ; & que quand on parloit du *droit civil*, sans ajouter de quel pays, c'étoit le *droit romain*, que l'on appelloit ainsi le *droit civil* par excellence. L'usage est encore le même à cet égard : cependant quelquefois on dit le *droit civil romain*, pour le distinguer du *droit canonique romain*, & de notre *droit civil françois*, qui est composé des loix propres à la France, telles que les ordonnances, édits & déclarations de nos rois, les coutumes, &c. (A)

Droit civil s'entend aussi quelquefois de celui qui est émané de la puissance séculière, & qui en ce sens est opposé au *droit canonique*, lequel est composé des loix divines, ou de celles qui sont émanées de l'église. Quand on parle de *droit civil* & de *droit canon*, on entend communément le *droit romain* de Justinien, & le *droit canonique romain*. (A)

Droit civil est pris aussi quelquefois pour les loix qui concernent les matières civiles seulement, & en ce sens il est opposé au *droit criminel*, c'est-à-dire, aux loix qui concernent les matières criminelles. (A)

Droit civil flavien, voyez DROIT *flavien*.

Droit civil papyrien, voyez DROIT *papyrien*.

Droit civil romain, voyez ci-dessus le premier article DROIT CIVIL, & ci-après DROIT *romain*.

DROIT COMMUN, est celui qui sert à plusieurs nations, ou à une nation entière, ou au moins à toute une province, à la différence du *droit particulier*, dont l'usage est moins étendu.

Le *droit des gens*, est le *droit commun* de toutes les nations policées, lesquelles ont d'ailleurs chacune leur *droit* particulier.

Le *droit commun* d'un état, par exemple, de la France, est ce que toute la nation observe sur certaines matières, quoique sur d'autres chaque province ait ses loix ou coutumes propres. Philippe-le-Bel, dans une charte de 1312, portant établissement de l'université d'Orléans, dit qu'on a coutume en France de juger suivant les règles de l'équité & de la raison, quand les ordonnances & les coutumes n'ont pas décidé les questions qui se présentent. Il ne dit pas que le *droit romain* fût le *droit commun* ; mais c'eſt qu'alors on ne le proſeſ-ſoit pas ordinairement à Paris, il avoit même été défendu de l'y enſeigner : mais depuis que l'étude en a été rétablie dans toutes les univerſités, il a toujours été conſidéré comme le *droit commun* du royaume, tant parce qu'il eſt la loi municipale des provinces appellées *pays de droit écrit*, qu'à cauſe que dans les pays coutumiers même il ſupplée au défaut des coutumes. Le préſident Lizet, dans les coutumes qu'il a fait rédiger, le qualifie toujours de *droit commun* ; le préſident de Thou l'appelle *la raiſon écrite. Voyez la diſſertation* de M. Bretonnier, *tom. I d'Henrys.*

De même, le *droit commun* d'une province, eſt la loi qui eſt ſuivie ſur certains points par tous ſes habitans, quoique ſur d'autres matieres chaque ville ou canton ait ſes ſtatuts ou uſages particuliers ; ainſi la coutume générale d'Auvergne fait le *droit commun* du pays, & le *droit* particulier eſt compoſé de toutes les coutumes locales. (*A*)

DROIT *conſulaire*, ce ſont les ordonnances, édits, déclarations, lettres-patentes & arrêts de réglement intervenus pour régler l'adminiſtration de la juſtice dans les juſtices conſulaires ou juriſdictions établies pour les affaires de commerce.

On entend auſſi quelquefois par le terme de *droit conſulaire*, la juriſprudence qui eſt ſuivie dans ces tribunaux, ce qui rentre dans la premiere définition de ce *droit*, auquel cette juriſprudence doit être conforme. *Voyez les Inſtitutes du droit conſulaire*, par Toubeau, *Paris 1682, in-4°.* (*A*)

DROIT COUTUMIER, eſt celui qui conſiſte dans l'obſervation des coutumes : il eſt oppoſé au *droit* écrit, qui eſt fondé ſur des loix écrites dès le temps de leur établiſſement, au lieu que les coutumes, dans leur origine, n'étoient point écrites ; ce n'étoient point des loix émanées de la puiſſance publique, mais de ſimples uſages que les peuples s'étoient accoutumés à ſuivre, & qui par leur ancienneté ont inſenſiblement acquis force de loi ; & comme chaque nation avoit ſes mœurs & ſes uſages long-temps avant que l'écriture fût inventée, & que l'on eût rédigé des loix par écrit, il en réſulte néceſſairement que le *droit coutumier*, qui a pris naiſſance avec les coutumes, eſt beaucoup plus ancien que le *droit écrit*, c'eſt-à-dire que les loix écrites.

Dans les pays même où il y avoit déjà des loix écrites, il y avoit en même temps un autre *droit coutumier*, c'eſt-à-dire *non écrit* ; c'eſt ce qu'expli-que Juſtinien, *lib. I, tit. ij des inſtitutes.* Le *droit* dont ſe ſervent les Romains, eſt, dit-il, de deux ſortes, écrit & non écrit ; & il en étoit de même chez les Grecs, qui avoient des loix écrites & d'au-tres non écrites. Le *droit* non écrit des Romains étoit celui qu'un long uſage avoit introduit, *ſine ſcripto jus venit quod uſus comprobavit, nam diuturni mores conſenſu utentium comprobati legem imitantur.* Ce *droit* non écrit des Romains, étoit la même choſe que

notre *droit coutumier* avant que les coutumes fuſſent rédigées par écrit.

Il n'y a encore préſentement guere d'état dans lequel, outre les loix proprement dites, il n'y ait auſſi des coutumes, & par conféquent un *droit coutumier.* Il y en a même dans les pays où l'on ſuit principalement le *droit écrit*, c'eſt-à-dire le *droit* romain, comme en Allemagne & dans les provinces de France, appellées *pays de droit écrit*, il ne laiſſe pas d'y avoir auſſi quelques coutumes ou ſtatuts ; de ſorte que ces pays ſont régis principalement par le *droit écrit*, & ſur les matieres prévues par la coutume, elles ſont régies par leur *droit coutumier.*

Chaque coutume forme le *droit coutumier* particulier du pays qu'elle régit ; mais lorſque dans une même province ou dans un même état il y a pluſieurs coutumes, elles forment toutes enſem-ble le *droit coutumier* de la nation ou de la pro-vince : celles de leurs diſpoſitions qui ſont d'un uſage général, ou dont l'uſage eſt le plus étendu, ſont conſidérées comme *droit commun coutumier* du pays.

Le *droit coutumier* de France eſt compoſé de plus de 300 coutumes différentes, tant générales que locales. Il n'a commencé à être rédigé par écrit, du moins pour la plus grande partie, que vers le xve ſiecle, à l'exception de quelques coutumes qui ont été écrites plutôt.

Le *droit coutumier* traite de pluſieurs matieres, qui ont auſſi été prévues par le *droit* romain, comme les ſucceſſions, teſtamens, donations, &c. mais il y a certaines matieres qui ſont propres au *droit coutumier*, telles que les fiefs, la communauté, le douaire, les propres, le retrait lignager, &c. *Voyez* COUTUMES. (*A*)

DROIT DE DANEMARCK, eſt compoſé des loix que Valdemire, roi de ce pays, fit raſſembler en un corps, & qu'il tira en partie du *droit* romain. Les Danois n'ayant jamais été ſoumis aux Romains, n'ont point été aſtreints à ſuivre leurs loix ; elles ſont cependant en grand crédit dans ce pays, & l'on y a recours au défaut du *droit* municipal. (*A*)

DROIT DIVIN, ce ſont les loix & préceptes que Dieu a révélés aux hommes, & qui ſe trou-vent renfermés dans l'écriture-ſainte ; tels ſont les préceptes contenus dans le Décalogue, & autres qui ſe trouvent répandus dans l'évangile.

Le *droit divin* eſt de deux ſortes ; l'un, fondé ſur quelque raiſon, comme le commandement d'honorer ſes pere & mere ; l'autre, qu'on appelle *droit divin poſitif*, qui n'eſt fondé que ſur la ſeule volonté de Dieu, ſans que la raiſon en ait été révélée, tel que la loi cérémoniale des Juifs. Le terme de *droit divin* eſt oppoſé à celui du *droit humain*, qui eſt l'ouvrage des hommes.

On ne doit pas confondre le *droit eccléſiaſtique* ou canonique avec le *droit divin* ; le *droit* canoni-que comprend à la vérité le *droit divin*, mais il

comprend

compread auſſi des loix faites par l'égliſe, leſquelles ſont un *droit* humain auſſi-bien que les loix civiles : les unes & les autres ſont ſujettes à être changées, au lieu que le *droit divin* ne change point.

La miſſion des évêques & des curés eſt de *droit divin*, c'eſt-à-dire d'inſtitution divine.

Quelques auteurs prétendent auſſi que les diſmes ſont de *droit divin* ; d'autres ſoutiennent qu'elles ſont ſeulement d'inſtitution eccléſiaſtique, & autoriſées par les puiſſances ſéculières. *Voyez* DIXMES. (*A*)

DROIT ECCLESIASTIQUE. *Voyez ci-devant* DROIT CANONIQUE, *& ci-après* DROIT PUBLIC ECCLÉSIASTIQUE.

DROIT ÉCRIT, peut s'entendre en général de toutes les loix & uſages qui ſont actuellement rédigés par écrit : mais le ſens le plus ordinaire dans lequel on prend ce terme, eſt qu'il ſignifie ſeulement les loix, qui dans leur origine ont été écrites, à la différence de celles qui ne l'ont été que long-temps après, telles que nos coutumes. Les Grecs & les Romains avoient un *droit écrit* & un *droit* non écrit : le *droit écrit* conſiſtoit dans les loix proprement dites ; le *droit* non écrit conſiſtoit dans quelques uſages non écrits, qui avoient force de loi. En France, le *droit* romain eſt ſouvent appelé le *droit écrit*, quoique préſentement nous ayons d'autres loix écrites ; la raiſon eſt que dans l'origine c'étoit la ſeule loi écrite qu'il y eût, les coutumes n'ayant commencé à être rédigées par écrit que long-temps après.

On appelle *pays de droit écrit*, ceux où le *droit* romain eſt obſervé comme loi. *Voyez* DROIT COUTUMIER. (*A*)

DROIT D'ESPAGNE & DE PORTUGAL : avant que ces pays fuſſent ſoumis aux Romains, ils n'avoient d'autres loix que leurs coutumes & uſages, qui n'étoient point rédigés par écrit : on en voit encore des veſtiges dans les loix que les rois d'Eſpagne ont faites dans la ſuite.

Depuis qu'Auguſte eut rendu ces pays tributaires de l'empire, on n'y connut que les loix romaines, juſqu'à ce que les Viſigoths & les Vandales en ayant chaſſé les Romains, y introduiſirent leurs loix ; & pour les mettre à portée d'être entendus des Eſpagnols, ils les firent traduire en latin, telles qu'on les voit raſſemblées, en douze livres, dans le code des loix antiques. Les loix romaines n'y furent cependant pas abolies, & continuèrent d'y être obſervées conjointement avec celles des Goths juſqu'en 714, que les Maures & les Sarraſins s'emparèrent de l'Eſpagne, & en chaſſèrent les Goths. La domination des Maures & des Sarraſins dura dans pluſieurs parties de l'Eſpagne pendant plus de ſept ſiècles. Ce fut dans cet eſpace de temps, & dans le courant du xije ſiècle, que le digeſte fut retrouvé en Italie, & donna occaſion de rétablir l'obſervation des loix de Juſtinien dans pluſieurs états de l'Europe. Alphonſe IX & Alphonſe X les adoptèrent dans leur royaume d'A-

ragon ; ils les firent même traduire en eſpagnol : Ferdinand V, roi d'Aragon, & Iſabelle de Caſtille ayant chaſſé les Sarraſins & les Maures en 1492, depuis ce temps on abandonna le *droit* gothique ; & les rois d'Eſpagne ſe formèrent un *droit* particulier, compoſé tant de leurs ordonnances que du *droit* romain & des anciennes coutumes, ce qui fut appellé *droit royal*. Quelques auteurs ont révoqué en doute, que le *droit* romain fût le *droit* commun d'Eſpagne, y ayant, diſent-ils, une loi qui défend, ſous peine de la vie, de le citer. Mais cette loi, qui apparemment avoit été faite par Alaric I, roi des Goths, n'étant plus d'aucune autorité, on ne voit rien qui empêche de regarder le *droit* romain comme le *droit* commun. Les loix faites à Madrid en 1502, ordonnent même d'interpréter le *droit d'Eſpagne* par le *droit* romain. On ſuit les mêmes loix dans la partie des Indes qui appartient aux Eſpagnols. *Voyez las ſiete partidas del rey D. Alfonſo el nono, por Greg. Lopez, imprimé à Madrid en 1611, 3 vol. in-fol. le même con la gloſſa del dotor Diez de Montalvo, Lyon, 1658, in-fol. Hyeronim. de Coevallos, hiſpani j. c. ſpeculum opinium communionum.* L'Eſpagne a produit depuis le xvje ſiècle un grand nombre d'autres juriſconſultes, dont M. Terraſſon fait mention en ſon *Hiſtoire de la juriſprudence romaine, p. 432 & ſuiv.* (*A*).

DROIT ÉTRANGER, eſt celui qui eſt ſuivi par d'autres nations ; ainſi le *droit* allemand, le *droit* eſpagnol, ſont un *droit étranger* par rapport à la France, de même que le *droit* françois ſont étranger par rapport aux autres états. *Voyez* DROIT ALLEMAND, ANGLOIS, BELGIQUE, ESPAGNOL, &c. (*A*)

DROIT ÉTROIT, ſignifie *la lettre de la loi* priſe dans la plus grande rigueur ; au lieu que dans certains cas où la loi paroît trop dure, on juge des choſes ſelon la bonne foi & l'équité. La loi 90, au ff. *de regulis juris*, ordonne qu'en toutes affaires, & ſur-tout en jugement, on ait principalement égard à l'équité. La loi 3, au code *de judiciis*, s'explique encore plus nettement au ſujet du *droit étroit*, auquel elle veut que l'on préfère la juſtice & l'équité : *placuit in omnibus rebus præcipuam eſſe juſtitiæ æquitatiſque, quam ſtricti juris rationem.*

Il y avoit chez les Romains des contrats de bonne foi, & des contrats de *droit étroit, ſtricti juris.* Les premiers étoient les actes obligatoires de part & d'autre, & qui, à cauſe de cette obligation réciproque, demandoient plus de bonne foi que les autres, comme la ſociété : les contrats de *droit étroit* étoient ceux qui n'obligeoient que d'un côté, & dans leſquels on n'étoit tenu que de remplir ſtrictement la convention, tels que le prêt, la ſtipulation, & les contrats innommés.

Il y avoit auſſi pluſieurs ſortes d'actions, les unes appellées *de bonne foi*, d'autres *arbitraires*, d'autres *de droit étroit.* Les actions de bonne foi étoient celles qui dérivoient de contrats où la clauſe de

L

bonne foi étoit appofée, au moyen de quoi l'interprétation s'en devoit faire équitablement. Les actions arbitraires dépendoient pour leur eftimation de l'arbitrage du juge; au lieu que dans les actions de *droit étroit*, du nombre defquelles étoient toutes les actions qui n'étoient ni de bonne foi ni arbitraires, le juge devoit fe régler précifément fur la demande du demandeur; il falloit lui adjuger tout ou rien, comme dans l'action de prêt; celui qui avoit prêté cent écus les demandoit, il n'y avoit point de plus ni de moins à arbitrer.

En France, tous les contrats & les actions font cenfés de bonne foi; il y a néanmoins certaines règles que l'on peut encore regarder comme de *droit étroit*, telles que les loix pénales, qui ne s'étendent point d'un cas à un autre, & les loix qui gênent la liberté du commerce, telles que celles qui admettent le retrait lignager, que l'on doit renfermer dans fes juftes bornes, fans lui donner aucune extenfion. (*A*)

DROIT FLAVIEN : on donna ce nom, chez les Romains, à un ouvrage de Cneius Flavius, qui contenoit l'explication des formules & des faftes.

Pour bien entendre quel étoit l'objet de cet ouvrage, il faut obferver qu'après la rédaction de la loi des douze tables, Appius Claudius, l'un des décemvirs, fut chargé par les patriciens & par les pontifes, de rédiger des formules qui ferviffent à diriger les actions réfultantes de la loi. Ces formules étoient fort embarraffantes, elles reffembloient beaucoup à notre procédure, & furent nommées *legis actiones*.

Outre ces formules, il y avoit auffi les faftes, c'eft-à-dire un livre dans lequel étoit marquée la deftination de tous les jours de l'année, & fingulièrement de ceux qu'on appelloit *dies fafti*, *dies nefafti*, *dies intercifi*, &c. Il contenoit auffi la lifte des fêtes, les cérémonies des facrifices; les formules des prières, les loix concernant le culte des dieux, les jeux publics; & les victoires, les temps des femences, de la récolte, des vendanges, & beaucoup d'autres cérémonies & ufages.

Les pontifes & les patriciens, qui étoient les dépofitaires des formules & des faftes, en faifoient un myftère pour le peuple : mais Cneius Flavius, qui étoit fecrétaire d'Appius, ayant eu par fon moyen communication des faftes & des formules, il les rendit publiques; ce qui fut fi agréable au peuple, que Flavius fut fait tribun, fénateur, & édile curule, & que l'on appella fon livre le *droit civil Flavien*; il en eft parlé dans Tite-Live, *décad. 1, lib. IX*, & au digefte, *de origine juris, leg. 2, §. 7.* (*A*)

DROIT FRANÇOIS, fignifie les loix, coutumes, & ufages que l'on obferve en France.

On diftingue ce *droit* en ancien & nouveau. L'ancien *droit* eft compofé des loix antiques, des capitulaires, & anciennes coutumes. Le *droit* nouveau eft compofé d'une partie de l'ancien *droit*, c'eft-à-dire de ce qui en eft encore obfervé; de

partie du *droit* canonique & civil romain; des ordonnances, édits, déclarations, & lettres-patentes de nos rois; des coutumes, des arrêts de règlement, & de la jurifprudence des arrêts; enfin des ufages non écrits, qui ont infenfiblement acquis force de loi.

Le plus ancien *droit* qui ait été obfervé dans les Gaules, eft fans contredit celui des Gaulois, lefquels n'avoient point de loix écrites. M. Argou en fon *Hiftoire du droit françois*, a touché quelque chofe de leurs mœurs comme par fimple curiofité, & a paru douter qu'il nous reftât encore quelque *droit* qui vînt immédiatement des Gaulois.

Il eft néanmoins certain que nous avons encore plufieurs coutumes ou ufages qui viennent d'eux : tels que la communauté de biens, l'ufage des propres & du retrait lignager. Céfar, en fes commentaires *de bello gallico*, fait mention de la communauté; Tacite parle du douaire : le retrait lignager, qui fuppofe l'ufage des propres, vient auffi des Gaulois, comme le remarquent Pithou fur l'*article 144* de la coutume de Troyes, & l'auteur des recherches fur l'*origine du droit françois*.

Lorfque Jules Céfar eut fait la conquête des Gaules, il ne contraignit point les peuples qu'il avoit foumis à fuivre les loix romaines : mais le mêlange qui fe fit des Romains avec les Gaulois, fut caufe que ces derniers s'accoutumèrent infenfiblement à fuivre les loix romaines, lefquelles devinrent enfin la loi municipale des provinces les plus voifines de l'Italie, tellement qu'elles ne confervèrent prefque rien de leurs anciens ufages.

Le premier *droit* romain obfervé dans les Gaules, fut le code théodofien avec les inftitutes de Caius, les fragmens d'Ulpien, & les fentences de Paul.

Les Vifigoths, les Bourguignons, les Francs & les Allemands, qui s'emparèrent chacun d'une partie des Gaules, y apportèrent les ufages de leur pays, c'eft-à-dire des coutumes non écrites, qu'on qualifioit néanmoins de *loix* felon le langage du temps; delà vinrent la loi des Vifigoths qui occupoient l'Efpagne & une grande partie de l'Aquitaine; la loi des Bourguignons, lefquels, fous le nom de *Bourgogne*, occupoient environ un quart de ce qui compofe le royaume de France; la loi Salique & la loi des Ripuariens, qui étoient les loix des Francs : l'une pour ceux qui habitoient entre la Loire & la Meufe : l'autre, qui n'eft proprement qu'une répétition de la loi Salique, étoit pour ceux qui habitoient entre la Meufe & le Rhin; & la loi des Allemands, qui étoit pour les peuples d'Alface & du haut Palatinat.

Comme tous ces peuples n'étoient occupés que de la guerre & de la chaffe, leurs loix étoient fort fimples.

Ils ne contraignirent point les Gaulois de les fuivre; ils leur laiffèrent la liberté de fuivre leurs anciennes loix ou coutumes; chacun avoit même la liberté de choifir la loi fous laquelle il vouloit vivre,

& l'on étoit obligé de juger chacun suivant la loi sous laquelle il étoit né, ou qu'il avoit choisie : les uns vivoient selon la loi romaine ; d'autres suivoient celle des Visigoths ; d'autres la loi gombette ou les loix des Francs.

L'embarras & l'incertitude que causoit cette diversité de loix, qui, à l'exception des loix romaines, n'étoient point écrites, engagea à les faire rédiger par écrit ; elles furent écrites en **** par des Gaulois ou Romains, & cela fut fait de l'autorité des rois de la première race : quelques-unes, après une première rédaction, furent ensuite réformées & augmentées ; & elles ont été toutes recueillies en un même volume, que l'on a intitulé *codex legum antiquarum*, qui contient aussi les anciennes loix des Bavarois, des Saxons, des Anglois, des Frisons, &c. A ces anciennes loix succédèrent en France les capitulaires ou ordonnances des rois de la seconde race ; de même que sous la troisième, les ordonnances, édits, déclarations, ont pris la place des capitulaires. *Voyez* CAPITULAIRES, & LOI DES GOTHS, LOI SALIQUE, &c. & aux mots ORDONNANCE, ÉDIT, DÉCLARATION, COUTUME.

Les Gaulois & les Romains établis dans les Gaules suivoient la loi romaine, qui consistoit alors dans le code théodosien, dont Alaric fit faire un abrégé par Anien son chancelier ; & dans le xije siècle, les loix de Justinien ayant été retrouvées en Italie, furent aussi introduites en France, & observées au lieu du code théodosien. *Voyez* CODE & DIGESTE.

Les provinces les plus méridionales de la France, plus attachées au *droit* romain que les autres, l'ont conservé comme leur droit municipal, & n'ont point d'autre loi, si l'on en excepte quelques statuts locaux ; & les ordonnances, édits, & déclarations, qui dérogent au droit romain ; & comme les loix romaines étoient dans l'origine les seules qui fussent écrites, les provinces où ces loix sont suivies comme droit municipal, sont appellées *pays de droit écrit. Voyez* DROIT ROMAIN & PAYS DE DROIT ÉCRIT.

Dans les provinces les plus septentrionales de la France, les coutumes ont prévalu peu-à-peu sur le *droit* romain, de sorte qu'elles en forment le *droit* municipal ; & le *droit* romain n'y est considéré que comme une raison écrite, qui supplée aux cas où les coutumes n'ont pas prévus ; & comme ces provinces sont régies principalement par leurs coutumes, on les appelle *pays coutumier. Voyez* COUTUME.

On voit donc que le *droit françois* n'est point une seule loi uniforme dans tout le royaume, mais un composé du *droit* romain, civil & canonique, des coutumes, des ordonnances, édits & déclarations, lettres-patentes, arrêts de réglement : il y a même aussi différens usages écrits qui ont force de loi, & qui font partie du *droit françois*.

Ainsi le *droit* romain, même dans les pays de *droit* écrit où il est observé, ne peut être appellé le *droit françois*, mais il fait partie de ce *droit*. Il en est de même des coutumes, ce *droit* n'étant propre qu'aux pays coutumiers, comme le *droit* romain aux pays de droit écrit.

Mais les ordonnances, édits & déclarations, peuvent à juste titre être qualifiés de *droit françois*, attendu que, quand les dispositions de ces loix sont générales, elles forment un *droit* commun pour tout le royaume.

Le *droit françois* se divise comme celui de tout autre pays, en *droit public* & *droit privé*.

On appelle *droit public françois*, ou de la France, celui qui a pour objet le gouvernement général du royaume, ou qui concerne quelque partie de ce gouvernement.

Le *droit françois privé* est celui qui concerne les intérêts des particuliers, considérés chacun séparément & non collectivement. *Voyez ci-après* DROIT PUBLIC & DROIT PRIVÉ.

On divise encore le *droit françois* en civil & canonique. Le premier est celui qui s'applique aux matières civiles. L'autre, qui a pour objet les matières canoniques & bénéficiales, est le *droit* canonique tel qu'il s'observe en France, c'est-à-dire conformément aux anciens canons, aux libertés de l'église Gallicane, & aux ordonnances du royaume.

M. l'abbé Fleury a fait une histoire fort curieuse du *droit françois*, qui est imprimée en tête de l'institution d'Argou, & dans laquelle il donne non-seulement l'histoire du *droit françois* en général, mais aussi des différentes parties qui le composent, c'est-à-dire des loix antiques, des capitulaires, du *droit* romain, des coutumes, & des ordonnances : mais comme ici ce qui est propre à chacun de ces objets doit être expliqué en son lieu, afin de ne pas tomber dans des répétitions, on s'est borné à donner une idée de ce que l'on entend par *droit françois* en général ; & pour le surplus, on renvoie le lecteur à l'histoire de M. l'abbé Fleury, & aux articles particuliers qui ont rapport au *droit françois*.

Plusieurs auteurs ont fait divers traités sur le *droit françois*. Les uns ont fait des institutions du *droit françois*, comme Coquille & Argou ; d'autres ont fait les règles du *droit françois*, comme Poquet de Livonnière ; Lhommeau a donné les maximes générales du *droit* général ; Jérôme Mercier a donné des remarques ; Bouchel, la bibliothèque du *droit françois* ; Automne, une conférence du *droit françois* avec le *droit* romain ; Bourgeon a donné le *droit* commun de la France. Il y a encore une foule d'auteurs qui ont donné des traités *ex professo* sur le *droit françois*, ou qui en ont traité sous d'autres titres ; ce qui seroit ici d'un trop long détail. Pour les connoître, on peut recourir aux meilleurs catalogues des bibliothèques.

L'étude du *droit françois* n'a été établie dans les universités du royaume qu'en 1680 ; auparavant on n'y enseignoit que le droit civil & canonique. *Voyez*

le discours de M. Delaunay professeur en *droit françois*, prononcé à Paris pour l'ouverture de ses leçons, le 28 décembre 1680. (*A*)

DROIT DES GENS, est une jurisprudence que la
raison naturelle a établie sur certaines matieres entre
tous les hommes, & qui est observée chez toutes
les nations.

On l'appelle aussi quelquefois *droit public des
gens* ou *droit public* simplement; mais quoique l'on
distingue deux sortes de *droit public*, l'un général
qui est commun à toutes les nations, l'autre particulier qui est propre à un état seulement, le terme
de *droit des gens* est plus ancien & plus usité, pour
exprimer le *droit* qui est commun à toutes les
nations.

Les loix romaines distinguent le droit naturel
d'avec le *droit des gens*; & en effet le premier
considéré dans le sens le plus étendu que ce terme
présente, est un certain sentiment que la nature
inspire à tous les animaux aussi-bien qu'aux
hommes.

Mais si l'on considere le droit naturel qui est
propre à l'homme, & qui est fondé sur les seules
lumieres de la raison, dont les bêtes ne sont pas
capables, il faut convenir que dans ce point de
vue le droit naturel est la même chose que le
droit des gens, l'un & l'autre étant fondés sur les
lumieres naturelles de la raison: aussi voit-on que
la plûpart des auteurs qui ont écrit sur cette matiere, ont confondu ces deux objets; tels que le
baron de Puffendorf, qui a intitulé son ouvrage
le droit de la nature & des gens, ou système général de la morale, de la jurisprudence & de la
politique.

On distinguoit aussi chez les Romains deux sortes
de *droit des gens*; savoir, l'un primitif appellé *primarium*, l'autre *secundarium*.

Le *droit des gens* appellé *primarium*, c'est-à-dire,
primitif ou *plus ancien*, est proprement le seul que
la raison naturelle a suggéré aux hommes; comme
le culte que l'on rend à Dieu, le respect & la soumission que les enfans ont pour leurs pere & mere,
l'attachement que les citoyens ont pour leur patrie,
la bonne-foi qui doit être l'ame des conventions,
& plusieurs autres choses semblables.

Le *droit des gens* appellé *secundarium*, sont de
certains usages qui se sont établis entre les hommes par succession de temps, à mesure que l'on
en a senti la nécessité.

Les effets du *droit des gens* par rapport aux personnes, sont la distinction des villes & des états,
le *droit* de la guerre & de la paix, la servitude
personnelle, & plusieurs autres choses semblables.
Ses effets, par rapport aux biens, sont la distinction des patrimoines, les relations que les hommes
ont entre eux pour le commerce & pour les autres
besoins de la vie; & la plûpart des contrats, lesquels tirent leur origine du *droit des gens*, & sont
appellés *contrats du droit des gens*, parce qu'ils sont
usités également chez toutes les nations; tels que

les contrats de vente, d'échange, de louage, de
prêt, &c.

On voit par ce qui vient d'être dit, que le *droit
des gens* ne s'applique pas seulement à ce qui fait
partie du *droit* public général, & qui a rapport
aux liaisons que les différentes nations ont les unes
avec les autres, mais aussi à certains usages du *droit*
privé, lesquels sont aussi regardés comme étant du
droit des gens, parce que ces usages sont communs
à toutes les nations, tels que les différens contrats dont on a fait mention; mais quand on parle
simplement du *droit des gens*, on entend ordinairement le *droit public des gens*.

Le *droit primitif des gens* est aussi ancien que les
hommes; & il a tant de rapport avec le *droit naturel*, qui est propre aux hommes, qu'il est par
essence aussi invariable que le *droit naturel*. Les
cérémonies de la religion peuvent changer, mais
le culte que l'on doit à Dieu ne doit souffrir aucun
changement: il en est de même des devoirs des
enfans envers les peres & meres, ou des citoyens
envers la patrie, & de la bonne-foi due entre les
contractans; si ces devoirs ne sont pas toujours
remplis bien pleinement, au moins ils doivent l'être,
& sont invariables de leur nature.

Pour ce qui est du second *droit des gens* appellé
par les Romains *secundarium*, celui-ci ne s'est formé,
comme on l'a déjà dit, que par succession de temps,
& à mesure que l'on en a senti la nécessité: ainsi les
devoirs réciproques des citoyens ont commencé
lorsque les hommes ont bâti des villes pour vivre
en société; les devoirs des sujets envers l'état ont
commencé, lorsque les hommes de chaque pays
qui ne composoient entre eux qu'une même famille soumise au seul gouvernement paternel, établirent au-dessus d'eux une puissance publique, qu'ils
déférerent à un ou plusieurs d'entre eux.

L'ambition, l'intérêt, & autres sujets de différends entre les puissances voisines, ont donné lieu
aux guerres & aux servitudes personnelles; telles
sont les sources funestes d'une partie de ce second
droit des gens.

Les différentes nations, quoique la plûpart divisées d'intérêt, sont convenues entre elles tacitement, tant en paix qu'en guerre, certaines regles de bienséance, d'humanité & de justice; comme de ne point attenter à la personne
des ambassadeurs, ou autres personnes envoyées
pour faire des propositions de paix ou de trève;
de ne point empoisonner les fontaines; de respecter les temples; d'épargner les femmes, les vieillards & les enfans: ces usages & plusieurs autres
semblables, qui, par succession de temps, ont
acquis force de loi, ont formé ce que l'on appelle
droit des gens, ou droit commun aux divers peuples.

Les nations policées ont cependant plus ou moins
de *droits* communs avec certains peuples qu'avec
d'autres, selon que ces peuples sont eux-mêmes
plus ou moins civilisés, & qu'ils connoissent les
loix de l'humanité, de la justice & de l'honneur,

Par exemple, avec les fauvages antropophages, qui font dans une profonde ignorance & fans forme de gouvernement, il y a peu de communication, & prefque aucune fûreté de leur part. Il eft permis aux autres hommes de s'en défendre, même par la force, comme des bêtes féroces ; on ne doit cependant jamais leur faire de mal fans néceffité ; on peut habiter dans leur pays pour le cultiver, & s'ils veulent trafiquer avec nous, les inftruire de la vraie religion, & leur communiquer les commodités de la vie.

Chez les Barbares qui vivent en forme d'état, on peut trafiquer & faire toutes les autres chofes qu'ils permettent, comme on feroit avec des peuples plus polis.

Avec les infidèles on peut faire tout ce qui ne tend point à autorifer leur religion, ni à nier ou déguifer la nôtre.

Les diverfes nations mahométanes, quoique attachées la plupart à différentes fectes & foumifes à diverfes puiffances, ont entre elles plufieurs *droits communs* qui forment leur *droit des gens*, l'alcoran étant le fondement de toutes leurs loix, même pour le temporel.

Les chrétiens, lorfqu'ils font en guerre les uns contre les autres, font des prifonniers, comme les autres nations ; mais ils ne traitent point leurs prifonniers en efclaves : c'eft auffi une loi entre eux de fe donner un mutuel fecours contre les infidèles.

Le *droit des gens* qui s'obferve préfentement en Europe, s'eft formé de plufieurs ufages venus en partie des Romains, en partie des loix germaniques, & n'eft arrivé que par degrés au point de perfection où il eft aujourd'hui.

Les Germains, d'où font fortis les Francs, ne connoiffoient encore prefque aucun *droit des gens* du temps de Tacite ; puifque cet auteur, en parlant des mœurs de ces peuples, dit que toute leur politique à l'égard des étrangers, confiftoit à enlever ouvertement à leurs voifins le fruit de leur labeur, ayant pour maxime qu'il y avoit de la lâcheté à n'acquérir qu'à force de travaux & de fueurs, ce que l'on pouvoit avoir en un moment au prix de fon fang.

Les loix & les mœurs de la France s'étendirent depuis Charlemagne dans toute l'Italie, Efpagne, Sicile, Hongrie, Allemagne, Pologne, Suède, Danemarck, Angleterre ; & généralement dans toute l'Europe, excepté ce qui dépendoit de l'empire de Conftantinople. Dans tous ces pays le nom d'*empereur romain* a toujours été refpecté ; & celui qui en a le titre tient le premier rang entre les fouverains. On remarque auffi que dans les différens états de l'Europe, on ufe à-peu-près des mêmes titres de dignité ; que dans chaque état il y a un roi ou autre fouverain ; que les principaux feigneurs portent par-tout les mêmes titres de princes, ducs, comtes, &c. que les officiers ont auffi les mêmes titres de connétables, chanceliers, maréchaux, fénéchaux, amiraux, &c. qu'il y a par-tout des affem-

blées publiques à-peu-près femblables, fous le nom de *parlemens*, *états*, *diètes*, *confeils*, *chambres*, &c. qu'on y obferve par-tout la diftinction des différens ordres, tels que le clergé, la nobleffe, & le tiers-état ; celle de la robe avec l'épée, celle des nobles d'avec les roturiers : enfin que toute la forme du gouvernement y eft prife fur le même modèle ; ce qui vient de ce que ces peuples étoient tous fujets de Charlemagne, ou fes voifins, qui faifoient gloire de l'imiter.

C'eft auffi de-là que plufieurs de ceux qui ont traité du *droit public* ou *droit des gens* de l'Europe, difent que la véritable origine de ce *droit* ne remonte qu'au temps de Charlemagne, parce qu'en effet les diverfes nations de l'Europe étoient jufqu'alors peu civilifées, & obfervoient peu de règles entre elles. C'eft à cette époque mémorable du règne de Charlemagne, que commence le corps univerfel diplomatique du *droit des gens*, par Jean Dumont, qui contient en dix-fept tomes *in-folio* tous les traités d'alliance, de paix, de navigation & de commerce, & autres actes relatifs au *droit des gens* depuis Charlemagne.

D'autres prétendent que l'on ne doit reprendre l'étude du *droit des gens* qu'au temps de l'empereur Maximilien I, de Loüis XI, & de Ferdinand-le-catholique, tous deux rois, l'un de France, l'autre d'Efpagne ; que tout ce qui fe trouve au-deffus de ce temps, fert moins pour l'inftruction que pour la curiofité, & que ce n'eft que depuis ces princes que l'on voit une politique bien formée & bien établie. *Voyez l'Europe pacifiée par l'équité de la reine de Hongrie*, p. 5.

Ce que dit cet auteur feroit véritable, fi par le terme de *politique* on n'entendoit autre chofe que la fcience de vivre avec les peuples voifins, & les règles que l'on doit obferver avec eux ; mais, fuivant l'idée que l'on attache communément au terme de *politique*, c'eft une certaine prudence propre au gouvernement, tant pour l'intérieur que pour les affaires du dehors : c'eft l'art de connoître les véritables intérêts de l'état, & ceux des puiffances voifines ; de cacher fes deffeins, de prévenir & rompre ceux des ennemis ; or, en ce fens, la politique eft totalement différente du *droit public des gens*, qui n'eft autre chofe que certaines règles obfervées par toutes les nations entre elles, par rapport aux liaifons réciproques qu'elles ont.

Le traité de Grotius, *de jure belli & pacis*, qui, fuivant fon titre, femble n'annoncer que les loix de la guerre, lefquelles en font en effet le principal objet, ne laiffe pas de renfermer auffi les principes du *droit naturel* & ceux du *droit des gens*. Il y traite du *droit* en général, des *droits communs* à tous les hommes, des différentes manières d'acquérir, du mariage, du pouvoir des pères fur leurs enfans, de celui des maîtres fur leurs efclaves ; & des fouverains fur leurs fujets, des promeffes, contrats, fermens, traités publics, du *droit* des ambaffadeurs, des *droits* de fépulture ; des

peines & autres matières qui font du *droit des gens*.
Les loix même de la guerre & de la paix en font
partie; c'est pourquoi il examine ce que c'est que
la guerre, en quel cas elle est juste; ce qu'il est
permis de faire pendant la guerre, & comment
on doit garder la foi promise aux ennemis, de
quelle manière on doit traiter les vaincus.

Mais, quoique cet ouvrage contienne d'excellentes
choses sur le *droit des gens*, on ne peut le regarder comme un traité méthodique de ce *droit* en
général; & c'est sans doute ce qui a engagé Puffendorf à composer son traité *de jure naturæ & gentium*, dans lequel il a observé plus d'ordre pour
la distribution des matières. Ce traité a été traduit
en françois, comme celui de Grotius, par Barbeyrac, & accompagné de notes très-utiles : on
en va faire ici une courte analyse, rien n'étant plus
propre à donner une juste idée des matières qu'embrasse le *droit des gens*.

L'auteur (Puffendorf), dans le premier livre,
cherche d'abord la source du *droit naturel & des
gens* dans l'essence des êtres moraux, dont il examine l'origine & les différentes sortes. Il appelle
êtres moraux certains modes que les êtres intelligens attachent aux choses naturelles ou aux mouvemens physiques; en vue de diriger & de res-
traindre la liberté des actions volontaires de l'homme,
& pour mettre quelque ordre, quelque convenance & quelque beauté dans la vie humaine, il
examine ce que l'on doit penser de la certitude
des sciences morales, comment l'entendement
humain & la volonté font des principes des actions
morales : il traite ensuite des actions morales en
général, & de la part qu'y a l'agent, ou ce qui
fait qu'elles peuvent être imputées; de la règle qui
dirige les actions morales, & de la loi en général; des qualités des actions morales, de la quantité
ou de l'estimation de ces actions, & de leur imputation actuelle.

Après ces préliminaires sur tout ce qui a rapport
à la morale, l'auteur, dans le livre second, traite
de l'état de nature & des fondemens généraux de
la loi naturelle même. Il établit qu'il n'est pas
convenable à la nature de l'homme de vivre sans
quelque loi; puis il examine singulièrement ce
que c'est que l'état de nature, & ce que c'est que
la loi naturelle en général; quels sont les devoirs
de l'homme par rapport à lui-même, tant pour ce
qui regarde le soin de son ame, que pour ce qui
concerne le soin de son corps & de sa vie; jusqu'où s'étendent la juste défense de soi-même, &
les *droits* & privilèges de la nécessité.

Jusqu'ici il ne s'agit que du *droit* naturel; mais
dans le livre troisième, l'auteur paroît avoir en
vue le *droit des gens* : en effet, il traite en général des devoirs absolus des hommes les uns envers
les autres, & des promesses ou des conventions
en général. Les principes qu'il établit font qu'il
ne faut faire de mal à personne; que si l'on a
causé du dommage, on doit le réparer; que tous

les hommes doivent se regarder les uns les autres
comme naturellement égaux, & à cette occasion
il explique les devoirs communs de l'humanité;
avec quelle fidélité inviolable on doit tenir sa parole, & accomplir les différentes sortes d'obligations; quelle est la nature des promesses & des
conventions en général, ce qui en fait la matière,
& quel consentement y est requis; les conditions
& autres clauses que l'on peut ajouter aux engagemens, & comment on peut contracter par procureur.

Le quatrième livre paroît se rapporter à deux
principaux objets; l'un est l'obligation qui concerne
l'usage de la parole & l'usage du serment : il traite
aussi à cette occasion de la nature du mensonge.
L'autre objet est le *droit* de propriété, & les différentes manières d'acquérir : il explique à ce sujet
les *droits* des hommes sur les choses, l'origine de
la propriété des biens, les choses qui peuvent entrer en propriété, l'acquisition qui se fait par *droit*
de premier occupant, celle des accessoires; le
droit que l'on peut avoir sur le bien d'autrui, les
différentes manières d'aliéner, les dispositions testamentaires, les successions *ab intestat*, les règles
de la prescription, enfin les devoirs qui résultent
de la propriété des biens considérée en elle-même,
& sur-tout à quoi est tenu un possesseur de bonne
foi.

Puffendorf traite ensuite dans le cinquième livre,
du prix des choses; des contrats en général; de
l'égalité qu'il doit y avoir dans ceux qu'il appelle
intéressés de part & d'autre, c'est-à-dire, qui sont
synallagmatiques; des contrats qui contiennent
quelque libéralité; de l'échange & la vente,
qui sont les deux premières sortes de contrats
synallagmatiques; du louage, du prêt de consomp-
tion, qui est celui que l'on appelle en droit, *mu-
tuum*, & des intérêts de la société; des contrats
aléatoires; des conventions accessoires; comment
on est dégagé des engagemens où l'on est entré
personnellement; de quelle manière on doit interpréter les conventions & les loix, & comment
se vuident les différends survenus entre ceux qui
vivent dans l'état de liberté naturelle.

Le sixième livre concerne le mariage, le pouvoir paternel, & le pouvoir des maîtres sur leurs
serviteurs ou sur leurs esclaves.

Le septième traite des motifs qui ont porté les
hommes à former des sociétés civiles, de la constitution intérieure des états, de l'origine & des fondemens de la souveraineté, de ses parties & de
leur liaison naturelle, des diverses formes de gouvernement, des caractères propres & des modifications de la souveraineté, des différentes manières de l'acquérir, enfin des *droits* & devoirs du
souverain.

Dans le huitième & dernier livre, l'auteur explique le pouvoir législatif qui appartient aux souverains, celui qu'ils ont sur la vie de leurs sujets à l'occasion de la défense de l'état, & celui

qu'ils ont fur la vie & les biens de leurs fujets pour la punition des crimes & délits. Il traite auffi de l'eftime en général, & du pouvoir qu'ont les fouverains de régler le degré d'eftime & de confidération où doit être chaque citoyen ; en quel cas ils peuvent difpofer du domaine de l'état & des biens des particuliers. Le *droit* de la guerre, qui fait auffi un des objets de ce livre, fait feul la matière du traité de Grotius. Les conventions que l'on fait avec les ennemis pendant la guerre, celles qui tendent à rétablir la paix, font auffi expliquées par Puffendorf. Il termine ce livre par ce qui concerne les alliances & les conventions publiques faites fans ordre du fouverain ; les contrats & autres conventions ou promeffes des rois ; comment on ceffe d'être citoyen ou fujet d'un état ; enfin des changemens & de la deftruction des états.

Tel eft le fyftème de Puffendorf, & l'ordre qu'il a fuivi dans fon traité ; ouvrage rempli d'érudition, & fans contredit fort utile, mais dans lequel il y a plufieurs chofes qui ne conviennent point à nos mœurs, comme ce qu'il dit du *droit* du premier occupant par rapport à la chaffe ; & fur le mariage, finguliérement fur le divorce, à l'égard duquel il paroît beaucoup fe relâcher.

M. Burlamaqui, dans fes *Principes du droit naturel*, touche auffi quelque chofe du *droit des gens*, & finguliérement dans le *chap. 6 de la feconde partie*, où il examine comment fe forment les fociétés civiles, & fait voir que l'état civil ne détruit pas l'état naturel, qu'il ne fait que le perfectionner. Il explique ce que c'eft que le *droit des gens*, la certitude de ce droit. Il diftingue deux fortes de *droit des gens*, l'un de néceffité & obligatoire par lui-même, l'autre arbitraire & conventionnel. Il difcute auffi le fentiment de Grotius par rapport au *droit des gens*. On parlera plus au long ci-après de ce traité, par rapport au *droit naturel*. *Voyez auffi* le *codex juris gentium diplomaticus* de Leibnitz, & ci-après DROIT PUBLIC. (*A*)

DROIT *humain*, eft celui que les hommes ont établi, à la différence du *droit divin*, qui vient de Dieu. Il eft plus ou moins général, felon l'autorité qui l'a établi, & le confentement de ceux qui l'ont reçu. Lorfqu'il eft rédigé par écrit & par autorité publique, il porte le titre de *loi* ou *conftitution* : celui qui n'eft pas écrit, s'appelle *coutume* ou *ufage*.

Ce n'eft pas feulement le *droit* civil qui eft *humain*, il y a un *droit* eccléfiaftique que l'on appelle *droit humain & pofitif*, pour le diftinguer du *droit eccléfiaftique divin*.

Le *droit divin naturel* eft immuable, le *droit humain pofitif* eft fujet à changer. *Voyez l'inftitut. au droit ecclef.* de M. Fleury, *tome I, ch. 2.* Voyez *auffi ci-devant* DROIT *divin*, DROIT *des gens*, & *ci-après* DROIT *naturel*. (*A*)

DROIT *d'Italie* : les loix romaines forment le *droit* commun des différens états qui compofent l'Italie ; mais outre ce *droit* principal, il n'y a prefque point d'état qui n'ait fes conftitutions particulières, telles que celles du royaume de Naples & Sicile, celles de Sardaigne & de Savoie, les ftatuts des républiques de Gênes, Venife, Lucques : il y a même beaucoup de villes qui ont des coutumes & ftatuts qui leur font propres, tels que les ftatuts de la ville de Rome, ceux de Benevent, de Padoue, de Vicence, de Ferrare, Boulogne, & beaucoup d'autres. (*A*)

DROIT *de Lorraine & Barrois* : fans nous jetter dans une longue difcuffion fur le *droit* qui a pu être obfervé dans ces pays, avant que leur gouvernement eût pris la forme à laquelle il fe trouve réduit préfentement, nous nous contenterons d'obferver que fous la première race des rois de France, lors des partages faits entre les enfans de Clovis & de Clotaire, la Lorraine fit partie du royaume d'Auftrafie, & fut par conféquent fujette aux mêmes loix. Sous la feconde race, la Lorraine forma pendant quelque temps un royaume particulier ; elle revint enfuite fous la domination de Charles-le-Simple ; puis l'empereur Henri s'en empara, & la divifa en deux duchés dont l'empereur donnoit l'inveftiture ; ce qui dura environ jufques vers le temps de Philippe-le-Bel, que les ducs de Lorraine s'exemptèrent de la foi & hommage qu'ils devoient à l'empereur.

Depuis ce temps, les ducs de Lorraine eurent feuls le pouvoir de faire des loix dans leurs états.

Les loix eccléfiaftiques de ce pays ne font ni bien fixes, ni les mêmes par-tout ; la différence des refforts des diocèfes & des ufages les font varier (*Mémoires fur la Lorraine*). Nous obferverons feulement que dans la difpofition des bénéfices, la Lorraine ne s'eft jamais gouvernée par le concordat germanique ; qu'elle a reçu pour la difcipline le concile de Trente dans toute fon étendue, comme il paroît par le troifième arrêt rapporté au *fecond tome du recueil* de M. Augeard.

Les loix civiles font, 1°. les ordonnances du fouverain : le feu duc Léopold fit imprimer les fiennes en 1701 ; *voyez* ce qu'on en a dit *au mot* CODE LÉOPOLD ; 2°. les différentes coutumes municipales ; 3°. la jurifprudence des tribunaux fupérieurs ; 4°. dans quelques endroits on fuit le *droit* romain, comme dans le pays Toulois.

La forme judiciaire eft peu différente de celle de France.

Les coutumes qui forment le principal *droit de la Lorraine*, font de trois fortes ; les unes pour la Lorraine, les autres pour le Barrois, d'autres pour les trois évêchés de Metz, Toul & Verdun.

La coutume de Lorraine eft intitulée : *Coutume générale du duché de Lorraine*. L'ancienne coutume fut réformée par le duc Charles III, dans les états affemblés à Nancy, le premier mars 1594. Ce prince & le duc Léopold y ont fait depuis plufieurs changemens ; elle a été commentée par Canon & par

Florentin Thiriat, sous le nom de *Faber*. Brayé a traité des donations & des fiefs ; d'autres ont aussi écrit sur la coutume de Lorraine.

Il y avoit autrefois une coutume particulière à Remiremont, mais elle a été abrogée depuis la rédaction de celle de Lorraine, que l'on suit dans tout le bailliage de Remiremont ; il y a néanmoins dans ce bailliage une coutume locale pour la seigneurie & justice de la Bresse : les habitans de ce canton se gouvernent par des coutumes qui sont l'image des anciens temps. Le duc Charles III ordonna en 1595 qu'on les mit par écrit, & les homologua le 26 février 1603 ; le duc Charles IV les confirma en 1661, Léopold en 1699, François III en 1730, & le roi Stanislas le 23 mai 1749. Les habitans de la Bresse, à l'occasion d'un édit du roi Stanislas, du mois de juin 1751, portant suppression des anciens bailliages, & création d'autres nouveaux, obtinrent le premier juillet 1752 arrêt au conseil de Lunéville, portant qu'ils continueront de faire rendre la justice par leurs maire & échevins, suivant l'arrêt du même conseil, du 7 avril 1699, sauf les cas royaux & privilégiés qui sont réservés au bailliage de Remiremont, de même que l'appel des jugemens de ces maire & échevins.

Les coutumes du bailliage de Saint-Mihiel furent rédigées & examinées à la cour des grands-jours & dans les états de 1571, en présence de Jean de Lenoncourt, bailli de Saint-Mihiel, & en 1598, devant le bailli Théodore de Lenoncourt. Les trois états de ce bailliage ayant fait des représentations au duc Charles III sur leurs coutumes, il ordonna le 5 septembre 1607, à Théodore de Lenoncourt de les convoquer encore à ce sujet, le 25 du même mois, ce qui ne fut pourtant fait que le 26 & jours suivans. Les coutumes y furent réformées ; mais le duc Charles étant mort en 1608, elles ne furent confirmées que le 23 juillet 1609 par Henri-le-Bon son successeur. Henri Bousmard qui avoit exercé pendant vingt ans la profession d'avocat en la cour souveraine de Lorraine, s'étant ensuite établi à Saint-Mihiel, y travailla à un commentaire de la coutume de ce bailliage. *Voyez* ce qui en est dit dans *l'Hist. de Verdun*, p. 65.

Le Blamontois a ses coutumes particulières, homologuées par le duc Charles III, le 19 mars 1596. On les avoit tellement négligées, que les praticiens même des lieux les ignoroient ; mais par arrêt du conseil de Lunéville, du 22 mars 1743, sur la requête du procureur-général de la cour souveraine de Nancy, le roi Stanislas ordonna que ces coutumes seroient suivies & observées dans le comté de Blamont : il y a cependant quelques villages qui sont sous la coutume de Lorraine.

La coutume de Chaumont en Bassigni fut réformée dans le château de la Mothe, en 1680, par les états de Bassigni, qui s'y étoient assemblés sur une ordonnance du grand-duc Charles, du premier octobre de la même année, & vérifiée au parlement de Paris en 1685 ; elle est pour tout le Bassigni barrisien : mais le bailliage de Bourmont étant sous le ressort de la cour souveraine de Lorraine, & le surplus du Bassigni sous celui du parlement de Paris, ces deux cours expliquent, chacune suivant leurs principes, les difficultés qui s'élèvent sur cette loi municipale.

Les anciens bailliages de Lorraine ont été supprimés par édit du roi Stanislas, du mois de juin 1751, par lequel il a créé trente-cinq nouveaux bailliages royaux, qui ont chacun un bailli d'épée par commission. Ces bailliages sont Nancy, Rozières, Châteausalin, Nomeni, Lunéville, Blamont, Saint-Diez, Vezelize, Commerci, Neuf-château, Mirecourt, Charme, Chaté, Epinal, Bruyères, Remiremont, Darnei, Sarguemines, Dieuse, Boulai, Bouzonville, Bitche, Lixhein, Schambourg, Fenetrange, Bar-la-Marche, Bourmont, & Saint-Mihiel.

Il y a eu aussi sept prévôtés royales créées par le même édit, savoir, Radonvilles, bailliage de Lunéville ; Sainte-Marie aux Mines & Saint-Hippolyte, bailliage de Saint-Diez ; Dompaire, bailliage de Darnei ; Sarable & Boucquenon, bailliage de Sarguemines ; Lignes, bailliage de Bar.

Le Barrois n'a pas toujours été sous la même domination que la Lorraine, & a été pendant long-temps soumis à des comtes & ducs particuliers. On le distingue présentement en Barrois mouvant, & Barrois non mouvant : le premier, composé des bailliages de Bar & de la Marche, & de la prévôté de Lignes, est sous le ressort du parlement de Paris : le Barrois non mouvant, dans le ressort duquel est enclavé le bailliage de Bourmont, est sous le ressort de la cour souveraine de Lorraine.

Depuis le traité de Bruges, en 1301, les comtes & ducs de Bar ont toujours fait la foi & hommage à la France pour le Barrois ; ils ont cependant conservé sur ce pays tous les *droits régaliens*, du nombre desquels est le pouvoir législatif.

Lorsque le roi Jean érigea le comté de Bar en duché, en 1364, il confirma aux seigneurs de ce pays tous les *droits royaux* qui leur avoient été conservés par le traité de Bruges.

Louis XII, François I, Henri II, & François II, en usèrent de même.

Cependant, en 1555, lorsqu'on rédigea la coutume de Sens, le duc Charles y fut compris pour son duché de Bar : il en porta ses plaintes à Charles IX ; cela fit la matière d'un grand procès au parlement de Paris ; & cette dispute fameuse fut terminée par un concordat que le roi fit avec le duc Charles, le 25 janvier 1571, par lequel le roi stipula, tant pour lui que pour ses successeurs, que le duc Charles & ses descendans pourroient jouir & user librement de tous *droits* de régale & de souveraineté sur le Barrois, à la charge seulement de l'hommage & du ressort.

Ce concordat fut enregistré au parlement le 21 mars

mars 1571 ; mais comme il étoit conçu en termes trop généraux, il s'éleva de nouvelles difficultés par rapport aux *droits* régaliens sur le comté de Bar : ce qui engagea Henri III à donner une déclaration le 8 août 1575, qui fut enregistrée au parlement de Paris le 17 du même mois, par laquelle le roi déclara que, sous la réserve de fief & de reffort portée au concordat de 1571, les rois de France ne prétendent autres *droits* que la féodalité & la connoissance des caufes d'appel seulement, fans vouloir entreprendre fur les *droits*, tis, ftyles & coutumes du bailliage de Bar, & autres de la mouvance ; que leur volonté & intention eft que les ducs de Bar, leurs officiers, vaffaux & fujets, foient confervés en leur liberté, franchife & immunité ; & qu'au moyen du concordat de 1571, le duc de Bar jouiffe fur fes fujets de tous *droits* de régale & de fouveraineté ; & qu'il lui foit loifible de faire en fon bailliage de Bar & terres de la mouvance, toutes loix, ordonnances & conftitutions, pour lier & obliger fes fujets ; d'établir coutumes générales, locales, & particulières, us & ftyles judiciaires, fuivant lefquels les procès & caufes de lui & de fes fujets, feront jugés & terminés, à peine de nullité ; qu'il puiffe faire & donner réglemens à fes officiers, juftices & jurifdictions ; convoquer états, impofer tailles & fubfides, accorder lettres de grace & de juftice, donner les amortiffemens, créer les nobles, & généralement qu'il puiffe jouir de tous les *droits* qui font l'attribut de la fouveraineté.

Les ducs de Lorraine & de Bar ont été confirmés dans tous leurs droits par tous les traités poftérieurs, & notamment par les lettres-patentes du roi du 7 avril 1718 ; l'arrêt d'enregistrement de ces lettres portant la claufe, que c'eft fans préjudice des droits appartenans aux ducs de Bar, en vertu des concordats de 1571 & 1575.

Quoique cette queftion femble aujourd'hui moins intéreffante pour la France, attendu que la Lorraine & le Barrois y font réunis, on a cru cependant devoir obferver ici ce qui s'eft paffé par rapport au pouvoir légiflatif dans le Barrois, afin que l'on n'applique point au Barrois les loix de France avant le temps où elles doivent commencer à y être obfervées.

C'eft en conféquence du pouvoir légiflatif des ducs de Bar, que la coutume de Bar-le-Duc fut rédigée de leur autorité : cette coutume fut formée vraifemblablement fur celle de Sens, préfidial, où cette partie du Barrois reffortiffoit avant l'établiffement de celui de Châlons. Les anciennes coutumes de Bar furent rédigées dès 1506, par ordonnance des gens des trois états. Charles III les fit réformer en 1579, en l'affemblée des états tenue devant le bailli René de Flôrainville. Le procureur général du parlement de Paris ayant appellé de cette rédaction, la cour ordonna, par arrêt du 4 décembre 1581, que les coutumes du bailliage de Bar feroient reçues & mifes en fon greffe, ainfi que les coutu-

Jurifprudence, Tome IV.

mes qui font arrêtées par l'ordonnance & fous l'autorité du roi. Elles ont été commentées par Jean le Paige, maître des comptes du Barrois, qui fit imprimer fon ouvrage d'abord à Paris en 1698, & depuis, avec des augmentations, à Bar même en 1711.

Depuis le traité de Vienne du 3 octobre 1735, confirmé en 1736, par lequel la Lorraine & le Barrois ont été cédés au roi Staniflas, beau-père de Louis XV, avec claufe de réunion à perpétuité, & en toute fouveraineté à la couronne de France, le roi de France, & le roi de Pologne duc de Lorraine & de Bar, ont donné plufieurs édits & déclarations en faveur de leurs fujets refpectifs : on trouve notamment un édit du roi Staniflas, du 30 juin 1738, & un du roi de France du mois de juillet fuivant, qui déclarent leurs fujets regnicoles de part & d'autre : le même édit du roi de France ordonne que les contrats paffés en Lorraine, emporteront hypothèque fur les biens de France, & que les jugemens de Lorraine feront exécutés en France. Le roi Staniflas par une déclaration du 27 juin 1746, & le roi de France par une déclaration du 9 avril 1747, ont auffi ordonné que la difcuffion des biens d'un débiteur qui aura du bien en France & en Lorraine, fera faite pour le tout devant le juge du domicile du débiteur.

Les coutumes qui s'obfervent dans les trois évêchés de Metz, font celle de Metz, celle de l'évêché, & celle de Remberviller qui en eft locale, quoique Remberviller foit dans la fouveraineté de Lorraine.

La coutume de Verdun comprend quelques endroits qui font de Lorraine. L'original de cette coutume ayant été perdu, les gens de loi en raffemblèrent & reftituèrent de mémoire les difpofitions. On l'imprima en 1678 : elle n'avoit alors aucune authenticité, ni date certaine, & ne tiroit fon autorité que du privilège d'imprimer accordé par Louis XIV en 1677. Louis XV, en 1741, ordonna qu'elle feroit réformée : ce qui a été fait au mois de février 1743, par un confeiller du parlement de Metz, en l'affemblée des trois états. Cette rédaction approuvée par lettres-patentes du roi de France en 1747, eft préfumée inconnue en Lorraine, & les changemens qui furent faits alors, ne font point encore reçus : on y fuit l'ancienne coutume. *Voyez les commentateurs des coutumes de Lorraine, & les nouveaux mémoires fur la Lorraine & le Barrois.*

DROIT MARITIME, ce font les loix, règles, & ufages que l'on fuit pour la navigation, le commerce par mer, & en cas de guerre par mer.

Ce *droit* eft public ou privé.

Le premier eft celui qui regarde l'intérêt de la nation ; & fi fon objet s'étend jufqu'aux autres nations, alors il fait partie du droit des gens.

Le plus ancien réglement que l'on trouve pour la marine de France, eft un édit de François I, du mois de juillet 1517, concernant la jurifdiction de l'amiral.

M

Il y a eu depuis, quelques édits & déclarations, portant réglement pour les fonctions des différens officiers de la marine.

Mais la première ordonnance générale sur cette matière, est celle de Louis XIV, du 10 décembre 1680, qu'on appelle *l'ordonnance de la marine* : elle est divisée en cinq livres, & chaque livre en plusieurs titres, contenant différens articles.

Le premier livre traite des officiers de l'amirauté & de leur jurisdiction : le second, des gens & bâtimens de mer : le troisième, des contrats maritimes : le quatrième, de la police des ports, côtes, rades & rivages de la mer : & le cinquième, de la pêche qui se fait en mer.

Il y a encore une autre ordonnance pour la marine du 15 avril 1689 ; mais celle-ci concerne les armées navales.

Outre ces deux grandes ordonnances, il y a encore en depuis divers édits & déclarations sur cette matière, qui sont indiqués dans le dictionnaire de Dechales au mot *Marine*, & dont plusieurs sont rapportés dans le recueil des édits & déclarations regiftrés au parlement de Dijon. *Voyez aussi ce qui a été dit au mot* CONSEIL DES PRISES. (A)

DROIT DE LA NATURE, *ou* DROIT NATUREL, dans le sens le plus étendu, se prend pour certains principes que la nature inspire, & qui font communs à tous les animaux, aussi bien qu'aux hommes : c'est sur ce *droit* que sont fondés l'union du mâle & de la femelle, la procréation des enfans, & le soin de leur éducation, l'amour de la liberté, la conservation de son individu, & le soin que chacun prend de se défendre contre ceux qui l'attaquent.

Mais c'est abusivement que l'on appelle *droit naturel*, les mouvemens par lesquels se conduisent les animaux ; car n'ayant pas l'usage de la raison, ils sont incapables de connoître aucun droit ni justice.

On entend plus souvent par *droit naturel*, certaines règles de justice & d'équité, que la seule raison naturelle a établies entre tous les hommes, ou pour mieux dire, que Dieu a gravées dans nos cœurs.

Tels sont ces préceptes fondamentaux du *droit* & de toute justice, de vivre honnêtement, de n'offenser personne, & de rendre à chacun ce qui lui appartient. De ces préceptes généraux dérivent encore beaucoup d'autres règles particulières, que la nature seule, c'est-à-dire la raison & l'équité, suggèrent aux hommes.

Ce *droit naturel* étant fondé sur des principes si essentiels, est perpétuel & invariable : on ne peut y déroger par aucune convention, ni même par aucune loi, ni dispenser des obligations qu'il impose ; en quoi il diffère du droit positif, c'est-à-dire des règles, qui n'ont lieu que parce qu'elles ont été établies par des loix précises. Ce *droit* positif étant sujet à être changé de la même autorité qu'il a été établi, les particuliers peuvent même y

déroger par une convention expresse, pourvu que la loi ne soit pas prohibitive.

Quelques-uns confondent mal-à-propos le *droit naturel* avec le droit des gens : celui-ci est bien aussi composé en partie des règles que la droite raison a établies entre tous les hommes ; mais il comprend de plus, certains usages dont les hommes sont convenus entr'eux contre l'ordre naturel, tels que les guerres, les servitudes : au lieu que le *droit naturel* n'admet rien que de conforme à la droite raison & à l'équité.

Les principes du *droit naturel* entrent donc dans le droit des gens, & singulièrement dans celui qui est primitif ; ils entrent aussi dans le droit public & dans le droit privé : car les préceptes de *droit naturel* que l'on a rapportés, sont la source la plus pure, & la base de la plus grande partie du droit public & privé. Mais les droits public & privé renferment aussi d'autres règles qui sont fondées sur des loix positives. *Voyez* DROIT DES GENS, DROIT POSITIF, DROIT PUBLIC, DROIT PRIVÉ.

De ces idées générales que l'on vient de donner sur le *droit naturel*, il résulte que ce droit n'est proprement autre chose que la science des mœurs qu'on appelle *morale*.

Cette science des mœurs ou du *droit naturel*, n'a été connue que très-imparfaitement des anciens ; leurs sages même & leurs philosophes n'en ont parlé la plûpart que très-superficiellement ; ils y ont mêlé beaucoup d'erreurs & de vices. Pythagore fut le premier qui entreprit de traiter de la vertu. Après lui, Socrate le fit plus exactement & avec plus d'étendue : mais celui-ci n'écrivit rien ; il se contenta d'instruire ses disciples par des conversations familières : on le regarde néanmoins comme le père de la philosophie morale. Platon, disciple de Socrate, a renfermé toute sa morale en dix dialogues, dont plusieurs ont singulièrement pour objet le *droit naturel* & la politique : tels que son traité de la république, celui des loix, celui de la politique, &c. Aristote, le plus célèbre des disciples de Platon, est le premier philosophe de l'antiquité qui ait donné un système de morale un peu méthodique ; mais il y traite plûtôt des devoirs du citoyen, que de l'homme en général, & des devoirs réciproques de ceux qui sont citoyens de divers états.

Le meilleur traité de morale que nous ayons de l'antiquité, est le livre des offices de Cicéron, qui contient en abrégé les principes du *droit naturel*. Il y manque cependant encore bien des choses, que l'on auroit peut-être trouvées dans son traité de la république, dont il ne nous reste que quelques fragmens. Il y a aussi de bonnes choses dans son traité des loix, où il s'attache à prouver qu'il y a un *droit naturel* indépendant de l'institution des hommes, & qui tire son origine de la volonté de Dieu. Il fait voir que c'est-là le fondement de toutes les loix justes & raisonnables ; il montre l'utilité de la religion dans la société civile, &

déduit au long les devoirs réciproques des hommes.

Les principes de l'équité naturelle n'étoient pas inconnus aux jurisconsultes romains ; quelques-uns d'entr'eux faisoient même profession de s'y attacher, plutôt qu'à la rigueur du droit ; telle étoit la secte des Proculéiens : au lieu que les Sabiniens s'attachoient plus à la lettre de la loi qu'à l'équité. Mais dans ce qui nous est resté des ouvrages de ce grand nombre de jurisconsultes, on ne voit point qu'aucun d'eux eût traité *ex professo* du *droit naturel*, ni du droit des gens.

Les livres même de Justinien, contiennent à peine quelques définitions & notions très-sommaires du *droit naturel*, & des gens ; c'est ce que l'on trouve au digeste *de justitiâ & jure*, & aux instituts *de jure naturali, gentium & civili.*

Entre les auteurs modernes, Melancthon, dans sa *morale*, a donné une ébauche du *droit naturel*. Benedict Wincler en touche aussi quelque chose dans ses *principes du droit :* mais il confond souvent le *droit positif* avec le *droit naturel.*

Le célèbre Grotius est le premier qui ait formé un *système* du *droit naturel*, dans un traité intitulé *de jure belli & pacis*, divisé en trois livres. Le titre de cet ouvrage n'annonce qu'une matière du droit des gens ; & en effet la plus grande partie de l'ouvrage roule sur le *droit* de la guerre : mais les principes du *droit naturel* se trouvent établis, tant dans le discours préliminaire sur la certitude du *droit* en général, que dans le chapitre premier, où, après avoir annoncé l'ordre de tout l'ouvrage, & défini ce que c'est que la guerre, les différentes choses que l'on entend par le terme de *droit*, il explique que le *droit* pris pour une certaine règle, se divise en *droit naturel* & arbitraire. Le *droit naturel* consiste, selon lui, dans certains principes de la droite raison, qui nous font connoître qu'une action est moralement honnête ou deshonnête, selon la convenance ou disconvenance nécessaire qu'elle a avec une nature raisonnable & sociable ; & par conséquent que Dieu, qui est l'auteur de la nature, ordonne ou défend une telle action. Il examine combien il y a de sortes de *droit naturel*, & comment on peut le distinguer d'avec certaines choses auxquelles on donne ce nom improprement. Il soutient que ni l'instinct commun à tous les animaux, ni même celui qui est particulier à l'homme, ne constituent point un *droit naturel* proprement dit. Il examine enfin de quelle manière on peut prouver les maximes du *droit naturel.*

Le surplus de cet ouvrage concerne principalement les loix de la guerre, & par conséquent le *droit* des gens & la politique. Il y a cependant quelques titres qui peuvent avoir aussi rapport au *droit naturel ;* comme de la juste défense de soi-même, des *droits* communs à tous les hommes, de l'acquisition primitive des choses, & des autres manières d'acquérir ; du pouvoir paternel, du mariage, des corps ou communautés, du pouvoir des souverains sur leurs sujets, & des maîtres

sur leurs esclaves ; des biens des souverainetés, & de leur aliénation ; des successions *ab intestat*, des promesses & contrats ; du serment, des promesses & sermens des souverains, des traités publics faits par le souverain lui-même, ou sans son ordre, du dommage causé injustement, & de l'obligation qui en résulte ; du *droit* des ambassades, du *droit* de sépulture, des peines, & comment elles se communiquent d'une personne à l'autre.

Quelque temps après que le traité de Grotius eut paru, Jean Selden, célèbre jurisconsulte anglois, fit un système de toutes les loix des Hébreux qui concernent le *droit naturel ;* il l'intitula *de jure naturâ & gentium apud Hebræos.* Cet ouvrage est rempli d'érudition, mais sans ordre, & écrit d'un style obscur : d'ailleurs cet auteur ne tire pas les principes naturels des seules lumières de la raison ; il les tire seulement des sept préceptes prétendus donnés à Noé, dont le nombre est fort incertain, & qui ne sont fondés que sur une tradition fort douteuse ; il se contente même souvent de rapporter les décisions des rabbins, sans examiner si elles sont bien ou mal fondées.

Thomas Hobbes, un des plus grands génies de son siècle, mais malheureusement trop prévenu par l'indignation qu'excitoient en lui les esprits séditieux qui brouilloient alors l'Angleterre, publia à Paris en 1642, un traité du citoyen, où entre autres opinions dangereuses, il s'efforce d'établir, suivant la morale d'Epicure, que le principe des sociétés est la conservation de soi-même, & l'utilité particulière ; il conclut de-là que tous les hommes ont la volonté, les forces, & le pouvoir de se faire du mal les uns aux autres, & que l'état de nature est un état de guerre contre tous ; il attribue aux roi une autorité sans bornes, non-seulement dans les affaires d'état, mais aussi en matière de religion. Lambert Vertuysen, philosophe des Provinces-unies, fit une dissertation pour justifier la manière dont les loix naturelles sont présentées dans le traité du citoyen ; mais ce ne fut qu'en abandonnant les principes d'Hobbes, ou en tâchant d'y donner un sens favorable. Hobbes donna encore au public un autre ouvrage intitulé *leviathan*, dont le précis est que sans la paix il n'y a point de sûreté dans un état ; que la paix ne peut subsister sans le commandement, ni le commandement sans les armes ; que les armes ne valent rien, si elles ne sont mises entre les mains d'une personne, &c. Il soutient ouvertement, que la volonté du souverain fait non-seulement ce qui est juste ou injuste, mais même la religion ; qu'aucune révélation divine ne peut obliger la conscience, que quand le souverain, auquel il attribue une puissance arbitraire, lui a donné force de loi.

Spinosa a eu depuis les mêmes idées de l'état de nature, qu'il fonde sur les mêmes principes.

On ne s'engagera pas ici à réfuter le système pernicieux de ces deux philosophes, dont on apperçoit aisément les erreurs.

Le baron de Puffendorf ayant conçu le deſſein de former un ſyſtême du *droit de la nature* & des gens, ſuivit l'eſprit & la méthode de Grotius ; il examina les choſes dans leurs ſources, & profita des lumières de ceux qui l'avoient précédé ; il y joignit ſes propres découvertes, & donna d'abord un premier traité ſous le titre d'*élémens de juriſprudence univerſelle*. Cet ouvrage, quoiqu'encore imparfait, donna une ſi haute idée de l'auteur, que l'électeur palatin Charles-Louis l'appella, l'année ſuivante, dans ſon univerſité d'Heidelberg, & fonda pour lui une chaire de profeſſeur en *droit de la nature & des gens*.

M. de Barbeyrac, dans la préface qu'il a miſe en tête de la traduction du traité du *droit de la nature & des gens* de Puffendorf, fait mention d'un autre profeſſeur allemand, nommé *Buddæus*, qui avoit été profeſſeur en *droit naturel* & en morale à Hall en Saxe, & qui eſt auteur d'une hiſtoire du *droit naturel*.

M. Burlamaqui, auteur des *principes du droit naturel*, dont on parlera dans un moment, étoit auparavant profeſſeur en *droit naturel* & civil à Genève ; ce qui donne lieu de remarquer en paſſant que, dans pluſieurs états d'Allemagne & d'Italie, on a reconnu l'utilité qu'il y avoit d'établir une école publique, du *droit naturel* & des gens, qui eſt la ſource du *droit* civil, public, & privé : il ſeroit à ſouhaiter que l'étude du *droit naturel* & des gens, & celle du *droit* public, fuſſent par-tout autant en recommandation : revenons à Puffendorf que nous avions quitté pour un moment.

Les élémens de juriſprudence univerſelle ne ſont pas ſon ſeul ouvrage ſur le *droit naturel* ; il donna, deux ans après, ſon traité du *droit de jure naturæ & gentium*, qui a été traduit par Barbeyrac, & accompagné de notes ; Puffendorf a auſſi donné un abrégé de ce traité, intitulé *des devoirs de l'homme & du citoyen*. Quoique ſon grand traité ſoit également intitulé du *droit de la nature & des gens*, il s'étend néanmoins beaucoup plus ſur le *droit* des gens que ſur le *droit naturel* : on en a déjà donné l'analyſe au mot DROIT DES GENS, auquel nous renvoyons le lecteur.

L'ouvrage le plus récent, le plus précis, & le plus méthodique que nous ayons ſur le *droit naturel*, eſt celui que nous avons déjà annoncé de J. J. Burlamaqui, conſeiller d'état, & ci-devant profeſſeur en *droit naturel* & civil à Genève, imprimé à Genève en 1747, *in-4°*. Il eſt intitulé *principes du droit naturel*, diviſés en deux parties.

La première a pour objet les principes généraux du *droit* ; la ſeconde les loix naturelles : chacune de ces deux parties eſt diviſée en pluſieurs chapitres, & chaque chapitre en pluſieurs paragraphes.

Dans la première partie, qui concerne les principes généraux du *droit naturel*, après avoir défini le *droit naturel*, il cherche les principes de cette ſcience dans la nature & l'état de l'homme ; il examine ſes différentes actions, & ſingulièrement celles qui ſont l'objet du *droit* ; il explique que l'entendement eſt naturellement droit, que ſa perfection conſiſte dans la connoiſſance de la vérité, que l'ignorance & l'erreur ſont deux obſtacles à cette connoiſſance.

Delà il paſſe à la volonté de l'homme, à ſes inſtincts, inclinations, paſſions, à l'uſage qu'il fait de ſa liberté par rapport au vrai & aux choſes même évidentes, par rapport au bien & au mal, & aux choſes indifférentes.

L'homme eſt capable de direction dans ſa conduite ; il eſt comptable de ſes actions, elles peuvent lui être imputées.

La diſtinction des divers états de l'homme entre auſſi dans la connoiſſance du *droit naturel* : il faut conſidérer ſon état primitif par rapport à Dieu, par rapport à la ſociété ou à la ſolitude ; à l'égard de la paix & de la guerre ; certains états ſont acceſſoires & adventifs, tels que ceux qui réſultent de la naiſſance & du mariage. L'état de foibleſſe où l'homme eſt à ſa naiſſance, met les enfans dans la dépendance naturelle de leurs père & mère ; la poſition de l'homme par rapport à la propriété des biens & par rapport au gouvernement, lui conſtituent encore divers autres états acceſſoires.

Il ne ſeroit pas convenable que l'homme vécût ſans aucune règle : la règle ſuppoſe une fin ; celle de l'homme eſt de tendre à ſon bonheur ; c'eſt le ſyſtême de la providence ; c'eſt un déſir eſſentiel à l'homme & inſéparable de la raiſon, qui eſt la règle primitive de l'homme.

Les règles de conduite qui en dérivent, ſont de faire un juſte diſcernement des biens & des maux ; que le vrai bonheur ne ſauroit conſiſter dans des choſes incompatibles avec la nature & l'état de l'homme ; de comparer enſemble le préſent & l'avenir ; de ne pas rechercher un bien qui apporte un plus grand mal ; de ſouffrir un mal léger lorſqu'il eſt ſuivi d'un bien plus conſidérable ; donner la préférence aux biens les plus parfaits ; dans certains cas ſe déterminer par la ſeule poſſibilité, & à plus forte raiſon par la vraiſemblance ; enfin, prendre le goût des vrais biens.

Pour bien connoître le *droit naturel*, il faut entendre ce que c'eſt que l'obligation conſidérée en général. Le *droit* pris en tant que faculté produit obligation : les droits & obligations ſont de pluſieurs ſortes ; les uns ſont naturels, les autres acquis ; quelques-uns ſont tels que l'on ne peut en uſer en toute rigueur, d'autres auxquels on ne peut renoncer : on les diſtingue auſſi par rapport à leurs objets ; ſavoir, le *droit* que nous avons ſur nous-mêmes, qui eſt ce que l'on appelle *liberté* ; le *droit* de propriété, ou domaines ſur les choſes qui nous appartiennent ; le *droit* que l'on a ſur la perſonne & ſur les actions des autres, qui eſt ce qu'on appelle *empire* ou *autorité* ; enfin, le *droit* que l'on peut avoir ſur les choſes appartenantes à autrui, qui eſt auſſi de pluſieurs ſortes.

L'homme étant de ſa nature un être dépendant, doit prendre pour règle de ſes actions la loi, qui n'eſt autre choſe qu'une règle preſcrite par le ſouverain : les véritables fondemens de la ſouveraineté ſont la puiſſance, la ſageſſe, & la bonté jointes enſemble. Le but des loix n'eſt pas de gêner la liberté, mais de diriger convenablement toutes les actions des hommes.

Tels ſont en ſubſtance les objets que M. Burlamaqui enviſage dans la première partie de ſon traité ; dans la ſeconde, qui traite ſpécialement des loix naturelles, il définit la loi naturelle, une loi que Dieu impoſe à tous les hommes, qu'ils peuvent découvrir & connoître par les ſeules lumières de la raiſon, en conſidérant avec attention leur nature & leur état.

Le *droit naturel* eſt le ſyſtème, l'aſſemblage, ou le corps de ces mêmes loix.

La juriſprudence naturelle eſt l'art de parvenir à la connoiſſance des loix de la nature, de les développer, & de les appliquer aux actions humaines.

On ne peut douter qu'il y ait des loix naturelles, puiſque tout concourt à nous prouver l'exiſtence de Dieu, lequel ayant droit de preſcrire des loix aux hommes, c'eſt une ſuite de ſa puiſſance, de ſa ſageſſe, & de ſa bonté, de leur donner des règles pour ſe conduire.

Les moyens qui ſervent à diſtinguer ce qui eſt juſte ou injuſte, ou ce qui eſt dicté par la loi naturelle, ſont 1°. l'inſtinct, ou un certain ſentiment intérieur qui porte à de certaines actions, ou qui en détourne : 2°. la raiſon qui ſert à vérifier l'inſtinct ; elle développe les principes, & en tire les conſéquences : 3°. la volonté de Dieu, laquelle étant connue à l'homme devient ſa règle ſuprême. L'homme ne peut parvenir à la connoiſſance des loix naturelles, qu'en examinant ſa nature, ſa conſtitution & ſon état.

Toutes les loix naturelles ſe rapportent à trois objets, à Dieu, à ſoi, ou à autrui.

La religion eſt le principe de celles qui ſe rapportent à Dieu.

L'amour de ſoi-même eſt le principe des loix naturelles, qui nous concernent nous-mêmes.

L'eſprit de ſociété eſt le fondement de celles qui ſe rapportent à autrui.

Dieu a ſuffiſamment notifié aux hommes les loix naturelles ; les hommes peuvent encore s'aider les uns les autres à les connoître. Ces loix ſont l'ouvrage de la bonté de Dieu, elles ne dépendent point d'une inſtitution arbitraire ; leur effet eſt d'obliger tous les hommes à s'y conformer ; elles ſont perpétuelles & immuables, & ne ſouffrent aucune diſpenſe.

Pour appliquer les loix naturelles aux actions, c'eſt-à-dire, en porter un jugement juſte, on doit conſulter ſa conſcience, qui n'eſt autre choſe que la raiſon ; & lorſqu'il s'agit d'imputer à quelqu'un les ſuites d'une mauvaiſe action, il faut qu'il ait eu connoiſſance de la loi & du fait, & qu'il n'ait pas été contraint par une force majeure à faire ce qui étoit contraire au *droit naturel*.

L'autorité des loix naturelles vient de ce qu'elles ont Dieu pour auteur ; la fonction de ces mêmes loix, c'eſt-à-dire ce qui tend à obliger les hommes de s'y ſoumettre, eſt que l'obſervation de ces loix fait le bonheur de l'homme & de la ſociété ; c'eſt une vérité que la raiſon nous démontre, & dans le fait il eſt conſtant que la vertu eſt par elle-même le principe d'une ſatisfaction intérieure, comme le vice eſt un principe d'inquiétude & de trouble ; il eſt également certain que la vertu produit de grands avantages extérieurs, & le vice de grands maux.

La vertu n'a cependant pas toujours extérieurement des effets auſſi heureux qu'elle devroit avoir pour celui qui la pratique : on voit ſouvent les biens & les maux de la nature & de la fortune diſtribués inégalement & non ſelon le mérite de chacun ; les maux produits par l'injuſtice tomber ſur les innocens comme ſur les coupables, & quelquefois la vertu même attirer la perſécution.

Toute la prudence humaine ne ſuffit pas pour remédier à ces déſordres : il faut donc qu'une autre conſidération engage encore les hommes à obſerver les loix naturelles ; c'eſt l'immortalité de l'ame & la croyance d'un avenir, où ce qui peut manquer dans l'état préſent à la ſanction des loix naturelles s'exécutera dans la ſuite, ſi la ſageſſe divine le trouve à propos.

C'eſt ainſi que notre auteur établit l'autorité du *droit naturel* ſur la raiſon & la religion, qui ſont les deux grandes lumières que Dieu a données à l'homme pour ſe conduire.

L'avertiſſement qui eſt en tête de l'ouvrage, annonce que ce traité n'eſt que le commencement d'un ouvrage plus étendu, ou d'un ſyſtème complet ſur le *droit de la nature* & des gens, que l'auteur ſe propoſoit de donner au public ; mais qu'ayant été traverſé dans ce deſſein par d'autres occupations & par la foibleſſe de ſa ſanté, il s'eſt déterminé à publier ce premier morceau. Depuis cette époque M. Burlamaqui a publié un ſecond ouvrage ſur la même matière, ſous le titre *de principes du droit politique* ; ces deux traités forment un tout, dont on ne ſauroit détacher une partie, ſans rompre l'harmonie de l'enſemble.

On peut encore voir ſur cette matière, ce que dit l'auteur de l'*eſprit des loix* en pluſieurs endroits de ſon ouvrage, qui ont rapport au *droit naturel*, & le grand ouvrage latin de M. Wolf ſur le droit de la nature & des gens, en 8 volumes in-4°. dont M. de Formey nous a donné un abregé en françois, en 3 volumes in-12. (*A*)

DROIT PAPYRIEN, eſt la même choſe que le code Papyrien. *Voyez au mot* CODE.

DROIT PARTICULIER, eſt oppoſé au *droit* commun & général ; ainſi les coutumes locales ou les ſtatuts d'une ville ou d'une communauté forment leur *droit particulier*.

DROIT PERPÉTUEL, *jus perpetuum*, eſt le nom que les empereurs Dioclétien & Maximien donnèrent à l'édit perpétuel, ou collection des édits des

préteurs faite par Salvius Julianus. *Voyez* EDIT
PERPÉTUEL. (*A*)

DROIT POLITIQUE, qu'on appelle auffi quelquefois *politique* fimplement, ce font les règles que
l'on doit fuivre pour le gouvernement d'une ville,
d'une province, ou d'un état, ce qui rentre dans
l'idée du *droit public. Voyez* DROIT PUBLIC &
DROIT DES GENS. (*A*)

DROIT DE POLOGNE, eft compofé de trois
fortes de loix; favoir, 1°. des loix particulières du
pays, qui ont été faites par Cafimir le Grand, La-
diflas Jagello, Sigifmond I & Sigifmond II, rois de
Pologne; il y a auffi quelques ftatuts & coutumes
particulières pour certaines provinces ou villes.
2°. Au défaut de ces loix municipales on a recours
au *droit* faxon. 3°. S'il s'agit d'un cas qui ne foit
pas prévu par le *droit* faxon, ou fur lequel ce *droit*
ne s'explique pas clairement, les juges n'ont pas le
pouvoir de décider felon leurs lumières, ils font
obligés de fe conformer au *droit* romain. *Voyez* l'*Hif-*
toire de la jurifprudence romaine, par M. Terraffon,
& *ci-après* DROIT SAXON, LOI DES SAXONS. (*A*)

DROIT DE PORTUGAL, eft de deux fortes;
favoir, le *droit* royal compofé des ordonnances des
rois de Portugal, & le *droit* romain auquel on a
recours pour fuppléer ce que les loix du pays n'ont
pas prévu. (*A*)

DROIT POSITIF, eft celui qui eft fondé fur une
loi qui dépend abfolument de la volonté de celui
dont elle eft émanée : on l'appelle ainfi par oppofition au *droit* naturel propre aux hommes, lequel
n'eft autre chofe que la lumière de la droite raifon
fur ce qui regarde la juftice, ou qui confifte dans une
loi fondée fur la raifon; ainfi, fous la loi écrite par
Moyfe la défenfe de manger certains animaux étoit
de *droit* pofitif, au lieu que le commandement d'honorer fon père & fa mère eft de *droit* naturel. Le
droit pofitif eft fujet à changement; mais le *droit*
naturel eft invariable, étant fondé fur la raifon &
la juftice, qui font immuables de leur nature.

Le *droit* pofitif eft de deux fortes, favoir divin &
humain.

On appelle *droit* pofitif divin, ce qu'il a plu à
Dieu de commander aux hommes, foit qu'il leur
en ait déclaré la raifon, ou non. Pour qu'on puiffe
le qualifier *droit* divin, il faut que la révélation
foit certaine, comme pour les autres points de morale & les articles de foi. *Voyez* DROIT DIVIN.

Le *droit* pofitif humain eft ce qu'il a plu aux hommes d'établir entre eux, foit avec raifon, ou non;
mais étant établi, il eft raifonnable de l'obferver,
à moins qu'il ne foit contraire au *droit* naturel ou
au *droit* divin.

On diftingue deux fortes de *droit* pofitif humain:
favoir, celui qui eft établi du confentement de plufieurs peuples, lequel forme un *droit* des gens,
comme ce qui regarde le commerce, la navigation,
la guerre; & le *droit* pofitif humain particulier à un
peuple, lequel forme un *droit* civil, & doit être
établi par la puiffance publique, fouveraine du

même peuple, après quoi tous les particuliers y
font obligés : tels font les *droits* des mariages, des
fucceffions, des jugemens. Ces *droits*, quoique
communs à la plupart des peuples, font réglés différemment par chacun d'eux. *Voyez* DROIT DES
GENS & DROIT NATUREL. (*A*)

DROIT PRÉTORIEN, chez les Romains étoit une
jurifprudence fondée fur les édits des préteurs. On
comprenoit auffi quelquefois fous ce terme les édits
des édiles - curules. Les préteurs & les édiles
accordoient par leurs édits certaines actions & privilèges que le *droit* civil refufoit; enforte que le
droit prétorien étoit oppofé au *droit* civil : par exemple, ceux qui ne pouvoient fuccéder comme héritiers, fuivant le *droit* civil, prenoient en certains
cas, en vertu du *droit* prétorien, la poffeffion des
biens, appellée en *droit* bonorum poffeffio.

Comme la fonction des préteurs étoit annale,
leurs édits ne duroient auffi qu'un an, de même
que les actions qui dérivoient de ces édits. Chaque nouveau préteur annonçoit par un nouvel édit
gravé fur un carton blanc appellé *album prætoris*,
qui étoit expofé au-deffus de fa porte, la manière
dont il exerceroit fa jurifdiction pendant fon année.
Le jurifconfulte Julien fit, par ordre de l'empereur
Adrien, une compilation de tous ces édits, pour
fervir dorénavant de règle aux préteurs dans l'adminiftration de la juftice. Cette compilation fut
appellée *édit perpétuel. Voyez* EDIT DES EDILES,
EDIT PERPÉTUEL, & EDIT DU PRÉTEUR. (*A*)

DROIT PRIVÉ, eft celui qui a directement pour
objet l'intérêt des particuliers, confidérés chacun
féparément, & non collectivement.

Il eft compofé en partie du *droit* naturel, en
partie du *droit* des gens, & du *droit* civil.

Ses difpofitions s'étendent fur les perfonnes, fur
les biens, fur les obligations & les actions. *Voyez*
ce qui en eft dit au digefte *de juftitiâ & jure*, &
aux inftitutes, *eodem tit. Voyez* auffi ce qui eft dit
du *droit* aux articles qui précèdent & à ceux qui fuivent. (*A*)

DROIT PUBLIC, eft celui qui eft établi pour
l'utilité commune des peuples confidérés comme
corps politique, à la différence du *droit* privé, qui
eft fait pour l'utilité de chaque perfonne confidérée en particulier, & indépendamment des autres
hommes.

Le *droit* public eft général ou particulier.

On appelle *droit* public général, celui qui règle
les fondemens de la fociété civile, commune à la
plupart des états, & les intérêts que ces états ont
les uns avec les autres.

Quelques-uns confondent le *droit* public général
avec le *droit* des gens, ce qui n'eft pourtant pas
jufte, du moins indiftinctement; car le *droit* des
gens ayant, comme tout le *droit* en général, deux
objets, l'utilité publique & celle des particuliers,
fe divife en *droit* public des gens & *droit* privé des
gens : ainfi le *droit* public général eft bien une partie du *droit* des gens, & la même chofe que le *droit*

public des gens, mais il ne comprend pas tout le *droit* des gens, puisqu'il ne comprend pas le *droit* privé des gens. *Voyez ci-devant* DROIT DES GENS.

Le *droit public* particulier est celui qui règle les fondemens de chaque état; en quoi il diffère & du *droit public* général, qui concerne les liaisons que les différens états peuvent avoir entre eux, & du *droit* privé ou particulier simplement, qui concerne chacun des membres d'un état séparément.

Ce *droit public* particulier est composé en partie des préceptes du *droit* divin & du *droit* naturel, qui sont invariables; en partie du *droit* des gens, qui change peu, si ce n'est par une longue suite d'années; & enfin il est encore composé d'une partie du *droit* civil de l'état qu'il concerne, c'est-à-dire de la partie de ce *droit* qui a pour objet le corps de l'état: ainsi, une partie du *droit public* particulier est fondée sur les anciennes coutumes écrites ou non écrites, sur les loix, ordonnances, édits, déclarations, chartres, diplômes, &c. Cette partie du *droit public* particulier étant fondée sur un *droit* positif humain, peut être changée, selon les temps & les conjonctures, par ceux qui ont la puissance publique.

L'objet du *droit public* particulier de chaque état, est en général d'établir & de maintenir cette police générale, nécessaire pour le bon ordre & la tranquillité de l'état; de procurer ce qui est de plus avantageux à tous les membres de l'état, considérés collectivement ou séparément, soit pour les biens de l'ame, soit pour les biens du corps, ou pour les biens de la fortune.

La destination des hommes dans l'ordre de la providence, est de cultiver la terre, & d'aspirer au souverain bien. Les hommes qui habitent un même pays ayant senti la nécessité qu'ils avoient de se prêter un mutuel secours, se sont unis en société: c'est ce qui a formé les différens états.

Pour maintenir le bon ordre dans chacune de ces sociétés ou états, il a fallu établir une certaine forme de gouvernement; & pour faire observer cette forme ou police générale, les membres de chaque société ou état ont été obligés d'établir au-dessus d'eux une puissance publique.

Cette puissance a été déférée à un seul homme ou à plusieurs, ou à tous ceux qui composent l'état, & en quelques endroits elle est perpétuelle; dans d'autres ceux qui en sont revêtus, ne l'exercent que pendant un certain temps fixé par les loix: delà vient la distinction des états monarchiques, aristocratiques, & démocratiques ou populaires.

Les *droits* de la puissance publique sont le pouvoir législatif; le *droit* de faire exécuter les loix, ou d'en dispenser; de rendre & faire rendre la justice; d'accorder des graces, distribuer les emplois & honneurs; instituer des officiers & les destituer, avoir un fisc ou patrimoine public, mettre des impositions, faire battre monnoie, permettre à certaines personnes de former ensemble un corps politique, régler les états, faire avec les étrangers des

traités d'alliance, de navigation & de commerce; faire fortifier les places, lever des troupes & les licencier, faire la guerre & la paix.

Ces *droits* s'étendent, non-seulement sur ceux qui sont membres d'un état; mais la plupart de ces mêmes *droits* s'étendent aussi sur les étrangers, lesquels sont soumis aux loix générales de police de l'état pendant tout le temps qu'ils y demeurent, & pour les biens qu'ils y possèdent, quand même ils n'y demeureroient pas.

Les engagemens de celui ou ceux auxquels la puissance publique est déférée, sont de maintenir le bon ordre dans l'état.

Les membres de l'état doivent de leur part être soumis à la puissance publique, & aux personnes qui la représentent dans quelque portion du gouvernement; ils doivent pareillement être soumis aux loix, & les observer.

Le bien commun & particulier de chacun des membres de l'état, qui forme en général l'objet du *droit public* particulier, renferme en soi plusieurs objets dépendans de celui-ci, & qui en forment quelque portion plus ou moins considérable.

Tout ce qui a rapport au gouvernement ecclésiastique, civil, de justice, militaire ou des finances, est donc du ressort du *droit public*.

Ainsi c'est au *droit public* à régler tout ce qui concerne la religion, à prévenir les troubles que peuvent causer les diverses opinions, faire respecter les lieux saints, observer les fêtes, & autres règles de discipline relatives à la religion; conserver dans les cérémonies pieuses l'ordre & la décence convenable; empêcher les abus qui peuvent se commettre à l'occasion des pratiques les plus saintes, & qu'il ne se forme aucuns nouveaux établissemens en matière de religion, avant d'être approuvés par ceux qui ont le pouvoir de le faire. Il faut seulement faire attention que le soin de maintenir la religion dans sa pureté, & d'en faire observer le culte extérieur, est confié aux deux puissances, la spirituelle & la temporelle, chacune selon l'étendue de son pouvoir.

On doit aussi comprendre sous ce même point de vue ce qui concerne le clergé en général, les différens corps & particuliers dont il est composé, soit séculiers ou réguliers, & tout ce qui a quelque rapport à la religion & à la piété, comme les universités, les colléges & académies pour l'instruction de la jeunesse, les hôpitaux, &c.

Le *droit public* envisage pareillement tout ce qui a rapport aux mœurs, comme le luxe, l'intempérance, les jeux défendus, la décence des spectacles, la débauche, la fréquentation des mauvais lieux, les juremens & blasphêmes, l'astrologie judiciaire, & les imposteurs connus sous le nom de *devins*, *sorciers*, *magiciens*, & ceux qui ont la foiblesse de se laisser abuser par eux.

Comme le *droit public* pourvoit aux biens de l'ame, c'est-à-dire à ce qui touche la religion & les mœurs, il pourvoit aussi aux biens corporels: delà les loix qui ont pour objet la fanté, c'eft-à-dire de conferver ou rétablir la falubrité de l'air & la pureté de l'eau, la bonne qualité des autres alimens, le choix des remèdes, la capacité des médecins, chirurgiens; les précautions que l'on prend contre les maladies contagieufes.

C'eft auffi une fuite du même objet, de pourvoir à ce qui concerne les vivres, comme le pain, le vin, la viande & les autres alimens, tant par rapport à la culture, pour ceux qui en demandent, que pour la garde, tranfport, vente & préparation que l'on en peut faire, même pour ce qui fert à la nourriture des animaux qui fervent à la culture de la terre ou aux voitures.

La diftinction des habits, felon les états & qualités des perfonnes, & le foin de réprimer le luxe, font pareillement des objets du *droit public* de chaque état.

Les loix contiennent auffi plufieurs règles par rapport aux habillemens, comme ce qui concerne la qualité que les étoffes doivent avoir; la diftinction des habits felon les états, & ce qui tend à réprimer le luxe.

Il pourvoit encore à ce que les bâtimens foient conftruits d'une manière folide, & que l'on ne faffe rien de contraire à la décoration des villes; que les rues & voies publiques foient rendues sûres & commodes, & ne foient point embarraffées : ce qui a produit une foule de réglemens particuliers, dont l'objet eft de prévenir divers accidens qui pourroient arriver par l'imprudence des ouvriers, ou de ceux qui conduifent des chevaux ou voitures, &c.

Un des plus grands objets du *droit public* de chaque état, c'eft l'adminiftration de la juftice en général; mais tout ce qui y a rapport n'appartient pas également au *droit public* : il faut à cet égard diftinguer la forme & le fond, les matières civiles & les matières criminelles.

La forme de l'adminiftration de la juftice eft du *droit public*, en matière civile auffi-bien qu'en matière criminelle; c'eft pourquoi il n'eft pas permis aux particuliers d'y déroger.

Mais la difpofition des loix au fond, pour ce qui touche les particuliers en matière civile, eft du *droit privé*; ainfi les particuliers y peuvent déroger par des conventions, à moins qu'il n'y ait quelque loi contraire, auquel cas cette loi fait partie du *droit public*.

Pour ce qui eft de la punition des crimes & délits, elle eft entièrement du reffort du *droit public*; on ne comprend point dans cette claffe certains faits qui n'intéreffent que des particuliers, mais feulement ceux qui troublent l'ordre public directement ou indirectement, tels que les héréfies, blafphèmes, facrilèges, & autres impiétés; le crime de lèze-majefté, les rebellions à juftice, affemblées illicites, ports d'armes, & voies de fait; les duels, le crime de péculat, les concuffions, & autres malverfations des officiers; le crime de fauffe monnoie, les af-

faffinats, homicides, empoifonnemens, parricides, & autres attentats fur la vie des autres ou fur la fienne; l'expofition des enfans, les vols & larcins, les banqueroutes frauduleufes, le crime de faux, les attentats faits contre la pudeur, les libelles, & autres actes injurieux au gouvernement, &c.

On conçoit par ce qui vient d'être dit, que ce qui touche les fonctions des officiers de judicature, & autres officiers publics, eft pareillement une matière de *droit public*.

Le *droit public* de chaque état a encore pour objet tout ce qui dépend du gouvernement des finances, comme l'affiette & levée des impofitions, la proportion qui doit être gardée dans la répartition, les abus qui peuvent fe gliffer dans ces opérations, ou dans le recouvrement.

Enfin, ce même *droit* embraffe tout ce qui a rapport à l'utilité commune, comme la navigation & le commerce, les colonies, les manufactures, les fciences, les arts & métiers, les ouvriers de toute efpèce, la puiffance des maîtres fur leurs ferviteurs & domeftiques, & la foumiffion que ceux-ci doivent à leurs maîtres, & tout ce qui intéreffe la tranquillité publique, comme les réglemens faits pour le foulagement des pauvres, pour obliger les mendians valides de travailler, & renfermer les vagabonds & gens fans aveu.

Toutes ces matières feroient fort curieufes à détailler; mais comme on ne le pourroit faire fans répéter une partie de ce qui fait la matière des articles CRIME, GOUVERNEMENT, PUISSANCE PUBLIQUE, & autres femblables, on fe contentera de renvoyer à ces articles. (*A*)

DROIT PUBLIC ECCLÉSIASTIQUE; ce font les loix qui ont pour objet le gouvernement de l'églife univerfelle, ou du moins le gouvernement de l'églife d'un certain état : par exemple, le *droit public eccléfiaftique* françois eft celui que l'on fuit pour le gouvernement de l'églife gallicane.

Le *droit public eccléfiaftique* eft oppofé au *droit particulier, eccléfiaftique*, qui a bien auffi pour objet ceux qui font partie de l'églife, mais qui les confidère chacun féparément, & non pas collectivement.

Ainfi une loi canonique qui prefcrit quelque règle pour les réfignations des bénéfices, eft un *droit particulier eccléfiaftique* qui eft fait pour décider des intérêts refpectifs d'une ou deux perfonnes; au lieu que les loix qui règlent la forme des conciles, ou quelque autre point de difcipline, font pour l'églife un *droit public*, de même que les loix civiles de police font un *droit public* pour l'état en général.

Le *droit public eccléfiaftique* de France n'eft point recueilli féparément du refte du *droit* canonique ou eccléfiaftique; il fe trouve, à la vérité, quelques loix canoniques du nombre de celles qui font obfervées en France, qui concernent principalement le gouvernement général de l'églife; mais il s'en trouve auffi beaucoup qui concernent en même temps les intérêts particuliers des membres de l'églife, foit que le même acte contienne plufieurs difpofitions, les

unes

unes générales dans leur objet, les autres particuliè-res, soit que la même disposition envisage tout à la fois la police générale de l'église, & les intérêts des particuliers.

On ne doit pas confondre les libertés de l'église gallicane avec le *droit public ecclésiastique* de France. En effet, les libertés de l'église gallicane consistant dans l'observation d'un grand nombre de points de l'ancienne discipline ecclésiastique que l'église galli-cane a toujours suivis, il s'en trouve beaucoup, à la vérité, qui s'appliquent au gouvernement général de l'église de France ; mais il y en a aussi plusieurs qui n'ont pour objet que le *droit* des particuliers ; ces li-bertés d'ailleurs ne forment pas seules tout notre *droit* canonique ou ecclésiastique ; & le *droit public* se trouve répandu dans les autres loix, aussi bien que dans nos libertés. (*A*)

ADDITION à *l'article* DROIT *public ecclésiastique françois*. L'église gallicane, comme nous l'avons dit, article DROIT *canonique*, a eu son code par-ticulier, ainsi que les églises d'Orient, de Rome, d'Afrique. Il n'étoit composé que des canons du concile de Nicée, & de quelques-uns de ses con-ciles provinciaux. Elle n'a point connu d'autres loix, jusqu'à ce que Charlemagne eut apporté d'Ita-lie la collection de Denis-le-petit.

L'attachement constant de l'église gallicane aux anciens canons & à l'ancienne discipline, a été le fondement de son *droit public*. Nous entendons par *droit public*, celui selon lequel elle se gouverne universellement : il n'a point été recueilli sépare-ment du reste de son *droit canonique*, c'est-à-dire, des loix qui règlent les intérêts des particuliers. Cependant on peut les distinguer & en donner une idée générale ; c'est ce que nous allons en-treprendre.

On a toujours mis en France une grande diffé-rence entre les loix sur le dogme & les loix sur la discipline. Quant au dogme, l'église gallicane a toujours reconnu les décisions des conciles gé-néraux, & rien n'a jamais rompu son unité de croyance avec les autres églises qui forment l'église universelle & catholique. Mais il n'en a pas été de même quant à la discipline. Nous avons tou-jours conservé ce *droit* précieux dont chaque église jouissoit, dans les premiers siècles du christianisme, d'adopter ou de rejetter les nouveaux réglemens de police, que les circonstances faisoient établir, quelle que fût la source d'où ils fussent émanés.

Par une suite de ce droit toujours conservé, malgré les atteintes qui y ont été portées, le clergé de France repoussa les fausses décrétales, lorsqu'on voulut les lui opposer comme étant d'une nou-velle puissance qui tendoit & qui n'a que trop réussi à tout envahir. Elles n'ont point d'autorité, disoient nos évêques à Nicolas I, parce qu'elles ne sont point comprises ni insérées dans les canons. Preuve incontestable que l'on croyoit dès-lors en France que nous avions le *droit* de nous gouverner selon les loix que nous avions reçues, & qu'on ne pou-

voit nous contraindre à en adopter de nouvelles ou d'inconnues.

C'est pourquoi même à présent la collection de Gratien, & les autres qui l'ont suivie, & qui forment ce qu'on appelle *corpus juris canonici*, ainsi que les réglemens du concile de Trente sur la dis-cipline, n'ont d'autorité parmi nous qu'autant que leurs dispositions sont conformes à notre discipline, à nos mœurs & à la saine raison. L'on peut dire qu'ils sont dans la législation ecclésiastique, ce que le *droit* romain est dans la législation civile pour nos provinces, où l'on ne suit que la coutume & l'ordonnance. Lorsque l'une ou l'autre n'ont pas prévu le cas particulier sur lequel il faut pronon-cer, on a recours aux loix romaines comme à la ressource la plus assurée : de même quand il se présente une question de discipline ecclésiastique qui n'est pas décidée par les loix du royaume, on consulte le *droit* canonique romain ou le concile de Trente. Nous nous en servons, non comme d'une autorité qui doive entraîner malgré nous nos suffrages, mais comme d'une raison écrite qui nous porte à les donner.

On peut dire que notre *droit public ecclésiastique* consiste dans des maximes qui ne sont que la con-séquence nécessaire des anciens canons & de l'an-cienne discipline, & dans des loix écrites générale-ment observées, dont les unes émanent de la puissance ecclésiastique, & les autres de l'autorité civile, le plus souvent excitée & sollicitée par la nation entière, ou par le clergé seul.

Les maximes que l'on doit regarder comme le fondement & la base de notre *droit public*, sont éminemment renfermées dans la rédaction qu'a faite le célèbre Pithou, de ce que l'on appelle *les libertés de l'église gallicane*. On les retrouve encore dans les quatre propositions arrêtées par le clergé de France dans son assemblée de 1682, que leur brièveté nous permet de rapporter ici.

1°. Ni le pape, ni l'église n'ont aucun pouvoir sur le temporel des rois ; & ils ne peuvent être déposés directement ou indirectement, ni leurs su-jets dispensés du serment de fidélité.

2°. Le concile général est au-dessus du pape.

3°. La puissance du pape a été limitée par les canons, & il ne peut rien faire ni statuer qui soit contraire aux maximes établies par les anciens conci-les & par les anciens canons, ni aux libertés de l'église gallicane qui ne sont point des immunités ni des privilèges, mais des barrières établies contre les abus que les papes font de leur autorité, ou contre leurs atteintes sur le *droit* des rois, sur les anciens usages & les anciennes constitutions de l'église.

4°. Le pape n'est point infaillible, non-seulement quant au fait, mais même quant au *droit*, à moins qu'il ne soit à la tête du concile.

Le roi revêtit ces quatre articles d'une déclara-tion qui enjoint à toutes les écoles de théologie & de *droit* canon de les enseigner. Le parlement l'enregistra le 23 mars 1682, en ordonna l'exécution dans tout son ressort, & se transporta par députés avec M. le procureur-général, à l'université, en sorbonne & à la faculté de droit, pour faire insérer le tout dans leurs registres, avec injonction de s'y conformer. Le grand Bossuet défendit ouvertement les quatre articles, & il n'est point de François qui ne les regarde comme une règle dont il n'est pas permis de s'écarter.

A la tête des loix écrites qui forment notre droit public, il faut sans doute mettre ces anciens canons qui composoient le premier code de l'église gallicane. Les innovations introduites par les fausses décrétales ont nécessité dans différentes occasions des loix qui servissent de digues à un torrent qui menaçoit de tout inonder. La plus ancienne dont nous ferons ici mention, est la pragmatique de S. Louis. Elle n'a fait que renouveller un édit donné, en 1228, par ce pieux monarque, qui la publia en 1268, dans une assemblée des états, en présence du légat du saint-siège, & au moment d'entreprendre son dernier voyage pour la terre-sainte. Nous n'en donnerons point ici l'analyse ; on la trouvera à l'article PRAGMATIQUE de S. Louis. Nous nous contenterons de dire, pour le moment, qu'elle ordonne l'exécution des anciennes règles sur la discipline ecclésiastique, sur la nomination & les provisions des bénéfices, & sur la simonie ; qu'elle défend les exactions de la cour de Rome, & qu'enfin elle maintient les églises de France dans leurs libertés, franchises & privilèges.

Après la pragmatique de S. Louis ; on peut, en suivant l'ordre des dates, mettre au nombre de nos loix publiques, qui tiennent au droit ecclésiastique, l'ordonnance de Philippe-le-Bel, appellée la Philippine ; elle règle la manière dont les dixmes doivent être perçues par l'église.

La pragmatique-sanction doit être aussi regardée comme une de nos loix publiques ecclésiastiques. Elle n'est autre chose que la réunion des canons du concile de Bâle, modifiés & accommodés à nos libertés. Charles VII, après l'avis des états du royaume, la publia en 1438, & elle fut enregistrée au parlement en 1439. Voyez PRAGMATIQUE-SANCTION. Elle nous sert encore de loi dans tous les articles auxquels il n'a point été dérogé par le concordat passé entre Léon X & François I.

Ce concordat ne fut reçu en France qu'après beaucoup de difficultés de la part du parlement de Paris, de l'université & des chapitres du royaume. Voyez CONCORDAT FRANÇOIS.

Malgré les instances réitérées & les efforts des papes, & même d'une partie du clergé, le concile de Trente, quant à la discipline, n'a jamais été reçu en France. Cependant on ne peut nier qu'il ne contienne beaucoup de dispositions très-sages. L'ordonnance de Blois, rendue sur les remontrances des états assemblés, en a adopté plusieurs, qui sont en vigueur parmi nous, non pas parce qu'elles sont du concile, mais parce qu'elles émanent de l'autorité publique. L'ordonnance de Blois fut publiée en l'an 1576. Il y a soixante & quatre articles relatifs à l'église, & deux relatifs aux hôpitaux : le surplus regarde des matières civiles. Des soixante & quatre articles qui concernent l'église, il y en a onze qui paroissent puisés dans le concile de Trente. La cour de Rome & le clergé ont insisté jusqu'en 1615, pour en obtenir la révocation, & faire adopter purement & simplement le concile. Mais toutes leurs instances ont été inutiles, & l'ordonnance de Blois a toujours continué à avoir autorité dans tout le royaume pour les matières ecclésiastiques, comme pour les matières civiles.

L'ordonnance d'Orléans renferme aussi des dispositions importantes pour le droit public ecclésiastique françois. Elle avoit rétabli en partie la pragmatique-sanction révoquée par le concordat. Mais il a été dérogé à la plupart de ces dispositions par des déclarations postérieures, & les autres ont été expliquées ou étendues par l'ordonnance de Blois.

L'édit de 1606, rendu à la sollicitation du clergé, a modifié quelques parties du concordat, & renferme plusieurs articles intéressans pour la discipline ecclésiastique. Mais il n'a point été enregistré au grand-conseil & au parlement de Bordeaux ; c'est pourquoi on ne peut pas le regarder comme faisant partie de notre droit public, c'est-à-dire, de nos loix universellement observées.

L'ordonnance de 1629, appellée code Michaux, du nom de Michel de Marillac son auteur, contient beaucoup d'articles relatifs au droit canonique françois. Mais les malheurs de son auteur ont semblé répandre une espèce de disgrace sur son ouvrage. M. le président Henault va même jusqu'à dire qu'on n'ose plus le citer au barreau. Cependant l'ordonnance de 1629 renferme une foule de dispositions très-sages ; elle a été enregistrée dans les cours souveraines : & malgré l'opinion, peut-être inexacte, du célèbre magistrat historien, nous ne voyons pas pourquoi on ne la suivroit point dans les articles auxquels il n'a point été dérogé par des loix postérieures.

L'édit du contrôle de 1637, la déclaration de 1646, & l'édit des insinuations de 1695, dans ses articles qui ne sont pas purement bursaux, doivent encore être regardés comme faisant partie de notre droit public ecclésiastique. On y trouve des règles à suivre pour la validité des résignations, permutations, & autres provisions des bénéfices. On les suit exactement dans toutes leurs dispositions, qui n'ont d'autre but que de prévenir la fraude & l'infraction aux loix canoniques. Il n'en est pas de même de celles qui n'ont pour objet que l'augmentation des deniers du fisc.

Les déclarations de 1686 & 1690, & l'édit de 1768 au sujet des portions congrues, sont, à juste titre, comptées parmi nos loix publiques. Elles sont d'autant plus intéressantes, qu'elles ont été

promulguées pour affurer la fubfiftance d'une portion du clergé auffi précieufe à l'églife qu'à l'état,
puifque c'eft d'elle que dépend la propagation de
la faine doctrine, & la confervation des mœurs
parmi le peuple.

L'édit de 1695, appellé l'*édit de la jurifdiction*,
eft une des loix les plus importantes de notre
droit eccléfiaftique. On s'eft toujours plaint qu'elle
étoit plus favorable au clergé du premier ordre
qu'à celui du fecond. Cette opinion règne au
barreau, où on la confidère moins comme une
loi publique que comme un réglement auquel il
feroit à defirer qu'on apportât plufieurs changemens. Le corps épifcopal la regarde fous un autre
point de vue, & fait tous fes efforts pour qu'elle
continue à être exécutée dans fon entier. Il faut
obferver que, quelque autorité qu'elle donne aux
évêques, la voie falutaire du recours au prince,
c'eft-à-dire de l'appel comme d'abus, y eft prefque
toujours confervée au clergé du fecond ordre. Les
pouvoirs des curés, quant à la jurifdiction qui
leur appartient à titre de fucceffeurs des difciples,
& la faculté de la déléguer ou d'approuver leurs
vicaires & autres coopérateurs, y ont été limités;
& on peut dire que dans cette matière elle a introduit un *droit* nouveau. *Voyez l'article* CURÉ.

Cet édit, compofé de foixante articles, eft un
code abrégé de la jurifdiction eccléfiaftique. On
y règle l'autorité des évêques & archevêques, au
fujet des eccléfiaftiques pourvus de bénéfices en
cour de Rome, & de ceux en général qui ont
befoin de lettres de vifa; de quelle manière on doit
fe pourvoir contre le refus de ces lettres de vifa;
quels font ceux qui doivent avoir des pouvoirs
émanés des évêques pour prêcher & confeffer; les
droits des évêques pendant la vifite de leurs diocèfes, fur le clergé féculier & régulier, fur les
exempts & les non-exempts. Leur autorité pour
ordonner les reconftructions, réparations & entre-
tiens des églifes, les érections & unions des bénéfices; pour régler les honoraires des eccléfiaftiques;
les prières publiques; pour connoître & juger de
tout ce qui concerne la doctrine.

Le même édit rappelle les devoirs des prélats
& autres perfonnes eccléfiaftiques, touchant la réfidence & les réparations de leurs bénéfices. Il
fixe la compétence & les *droits* des juges d'églife;
la manière d'inftruire les procès-criminels des clercs;
les devoirs des officiaux fur la publication des monitoires; enfin ce qui doit s'obferver lorfqu'on interjette des appels comme d'abus. *Voyez* JURIS-
DICTION ECCLÉSIASTIQUE.

L'édit de 1695 a été commenté par Jouffe,
Duperrai, Gibert, & J. B. Coudert.

Telles font les principales loix écrites qui font
regardées parmi nous comme formant notre *droit
public eccléfiaftique*; elles émanent toutes du légiflateur temporel. Comme chef de la fociété dans
laquelle l'églife a été reçue, & en qualité de protecteur de la religion de l'état, il a en *droit de*

les porter. En les promulguant, il n'a point mis
la main à l'encenfoir; il n'a point entrepris fur la
puiffance fpirituelle; il n'a fait qu'ufer d'un *droit*
inféparable de la couronne. Sans jamais prononcer
fur le dogme, il a ordonné l'exécution des canons, & décidé des queftions qui ont un rapport
immédiat avec l'ordre & la tranquillité publiques,
dont il eft le confervateur & le vengeur naturel.
Il faut cependant rendre hommage à la piété délicate de nos rois: ils ont rarement publié des
loix générales fur la difcipline & la jurifdiction
eccléfiaftique, fans avoir confulté le clergé, foit
comme faifant partie des états généraux, foit affemblé particuliérement: fouvent même ces loix ont
été follicitées par le clergé lui-même. On peut
citer en preuve de ces faits les édits de 1606, &
d'avril 1695, ainfi que les déclarations & édits
concernant les portions congrues. C'eft fans doute
à cette harmonie précieufe qui règne parmi nous
entre le facerdoce & l'empire, que l'églife gallicane doit fa fplendeur & fon éclat. Puiffe durer
à jamais une union auffi néceffaire à la religion,
qu'elle eft utile à l'état ! (*Cette* ADDITION *eft*
de M. l'abbé BERTOLIO.)

DROIT PUBLIC FRANÇOIS, eft une jurifprudence
politique réfultante des loix qui concernent l'état en
général, à la différence de celles qui ne touchent que
l'intérêt de chaque particulier confidéré féparément.

Ce qui a été dit ci-devant du *droit public* en général,
doit déjà fervir à donner une idée de ce qu'eft le
droit public de la France, du moins pour ce qui lui eft
commun avec la plupart des autres états policés; c'eft
pourquoi l'on indiquera feulement ici ce qui paroît
propre à ce *droit*.

On doit d'abord mettre dans cette claffe certaines
loix fondamentales du royaume auffi anciennes que
la monarchie, qui touchent la conftitution de l'état
& la forme effentielle du gouvernement.

L'application que l'on a faite de la loi falique, par
rapport à la fucceffion à la couronne, fait auffi un
point capital de notre *droit public*.

Les minorités de nos rois & les régences, les priviléges de leur domaine, les règles que l'on obferve
pour les conventions matrimoniales des reines, pour
les apanages des enfans & petits-enfans de France;
pour les dots des filles, & pour les mariages des
princes & princeffes du fang, font autant d'objets de
ce même *droit public*.

Mais comme chacune de ces matières eft traitée en
fon lieu, il feroit fuperflu de s'étendre davantage à
ce fujet. *Voyez* APANAGE, DOT, DOUAIRE, MA-
JORITÉ, RÉGENCE, &c. (*A*)

DROIT ROMAIN, dans un fens étendu, comprend
toutes les loix civiles & criminelles faites pour le peuple romain: on comprend auffi quelquefois fous cette
même dénomination le *droit canonique romain*; mais
plus communément on n'entend par le terme de *droit
romain* fimplement, que les dernières loix qui étoient
en vigueur chez les Romains, & qui ont été adoptées
par la plupart des différentes nations de l'Europe,

chez lefquelles ces loix ont encore un ufage plus ou moins étendu.

L'idée que l'on vient de donner du *droit romain* en général, annonce que l'on doit diftinguer l'ancien *droit romain* de celui qui forme le dernier état; & l'on verra que dans fes progrès il a fouffert bien des changemens.

Romulus, fondateur de Rome, après avoir dompté fes ennemis, fit différentes loix pour régler tout ce qui concernoit l'exercice de la religion, la police publique & l'adminiftration de la juftice; il permit au peuple étant affemblé de faire auffi des loix.

Les fucceffeurs de Romulus firent auffi plufieurs loix; mais comme toutes ces loix n'étoient point écrites, elles tombèrent dans l'oubli fous le règne de Tarquin l'ancien, qui fe mit peu en peine de les faire obferver.

Servius Tullius, fon fucceffeur, s'appliqua au contraire à les faire revivre, & y en ajoûta de nouvelles qui furent enfuite tranfcrites dans le code papyrien.

Sous Tarquin-le-Superbe, le fénat & le peuple concoururent à faire rédiger par écrit & à raffembler en un même volume les loix royales qui avoient été faites jufqu'alors; Sextus Papyrius qui étoit de race patricienne, fut chargé de faire cette collection; ce qui lui fit donner le nom de *code papyrien* ou de *droit civil papyrien*. On ne voit point fi les loix qui avoient été faites par le peuple dans les comices, furent admifes dans cette collection, à moins qu'elles ne fuffent auffi comprifes fous le nom de *loix royales*, comme prenant leur autorité de la permiffion que le roi donnoit au peuple de s'affembler pour faire ces loix.

Quoi qu'il en foit, peu de temps après que le code papyrien fut fait, il ceffa d'être obfervé: ce qui donna lieu à un autre Papyrius furnommé *Caïus*, qui étoit fouverain pontife, de remettre en vigueur les loix que Numa Pompilius avoit faites concernant les facrifices & la religion: mais cette collection particulière ne doit point être confondue avec le code papyrien, qui étoit beaucoup plus ample, puifqu'il comprenoit toutes les loix royales.

Ce code papyrien n'étant point parvenu jufqu'à nous, non plus que le commentaire de Granius Flaccus fur ce code, plufieurs jurifconfultes modernes ont effayé de raffembler quelques fragmens des loix qui étoient comprifes dans le code papyrien. Baudouin en a rapporté dix-huit; mais Cujas a fait voir que ce n'eft point l'ancien texte; & il en eft évidemment de même des fix autres que Prateius y a ajoûtés.

M. Terraffon, en fon *Hiftoire de la jurifprudence romaine*, a donné une compilation des fragmens du code papyrien beaucoup plus grande que toutes celles qui avoient encore paru; elle comprend quinze loix dont il rapporte l'ancien texte en langue ofque, avec la traduction latine à côté, & vingt-une autres loix dont nous n'avons plus que le fens; ce qui fait en tout trente-fix loix qu'il a divifées en quatre parties: la première contenant celles qui concernent la religion, les fêtes & les facrifices; la feconde, les loix qui ont

rapport au droit public & à la police; la troifième, les loix concernant les mariages & la puiffance paternelle; la quatrième partie contient les loix fur les contrats, la procédure & les funérailles.

Après l'expulfion des rois de Rome, les confuls qui leur fuccédèrent ne laiffèrent pas de faire obferver les anciennes loix; ils en firent auffi de leur part quelques-unes. Les tribuns du peuple s'arrogèrent une telle autorité, qu'au lieu que les plébifcites n'avoient eu jufqu'alors force de loi, qu'après avoir été ratifiés par le fénat, les décifions du fénat n'eurent elles-mêmes force de fénatufconfultes, qu'après avoir été confirmées par les tribuns.

Les conteftations qui s'élevèrent entre le fénat & les tribuns fur l'étendue de leur pouvoir refpectif, furent caufe que pendant plufieurs années on ne fuivit aucun droit certain. On s'accorda enfin à former un nouveau corps de loix, comme le peuple l'avoit demandé; &, pour cet effet, l'on envoya dans les principales villes de Grèce dix députés, qui, au bout de deux années, rapportèrent une ample collection de loix.

A leur retour, on fupprima les confuls, & l'on créa dix magiftrats qui furent appellés *décemvirs*, & que l'on chargea de rédiger ces loix. Ils les arrangèrent en dix tables, qui furent d'abord gravées fur des planches de chêne, & non fur des tables d'ivoire, comme quelques-uns l'ont cru. On y ajoûta l'année fuivante encore deux tables pour fuppléer ce qui avoit été omis dans les premières. Toutes ces tables furent gravées dans la fuite fur l'airain; & ce fut ce qui forma cette fameufe loi appellée *la loi des douze tables*.

La plus grande partie de ces tables ayant été confumée dans l'incendie de Rome, qui arriva peu de temps après, les loix qu'elles contenoient furent rétablies, tant fur les fragmens qui avoient échappé aux flammes, que fur les copies que l'on en avoit tirées. On craignoit tant de les perdre encore, que pour prévenir cet inconvénient, on les faifoit apprendre de mémoire aux enfans. Elles fubfiftoient encore peu de temps avant Juftinien; mais elles furent perdues quelque temps après, auffi-bien que les commentaires que Caïus & quelques autres jurifconfultes avoient faits fur cette loi. On croit que cela arriva lors de l'invafion des Goths.

Ces fragmens, que Denis d'Halicarnaffe, Tite-Live, Pline, Cicéron, Feftus, & Aulugelle, nous ont confervés des loix qui étoient comprifes dans ces douze tables, ont été recueillis & commentés par plufieurs jurifconfultes: tels que Rivallius, Obdendorp, Forfter, Baudouin, Contius, Hotman, Denis & Jacques Godefroi, & autres. M. Terraffon, *loc. cit.* donne le projet d'une nouvelle compilation de ces fragmens, où il raffemble 105 loix, qu'il rapporte chacune à leur table. Nous aurons occafion d'en parler plus amplement au mot LOI.

Les décemvirs qui s'étoient rendus odieux au peuple, ayant été deftitués, on créa de nouveau des confuls, qui firent quelques nouvelles loix;

on dressa des formules appellées *legis actiones*, dont l'objet étoit de fixer la manière de mettre les loix en pratique, principalement pour les contrats, affranchissemens, émancipations, adoptions, cessions, & dans tous les cas où il s'agissoit de stipulation ou d'action. Ces formules étoient un mystère pour le peuple; mais Cneius Flavius les ayant publiées avec la table des fastes, ce recueil fut appellé le *droit flavien*. *Voyez ci-devant* DROIT FLAVIEN.

Les nouvelles formules que les praticiens inventèrent encore, furent aussi publiées par Sextus Ælius; ce qui fut appellé *droit ælien*. *Voy. ci-devant* DROIT ÆLIEN.

Ces compilations, appellées *droit flavien* & *droit ælien*, ne sont point parvenues jusqu'à nous; les formules qu'elles renfermoient, & celles que les jurisconsultes y avoient ajoutées, tombèrent peu-à-peu en non-usage, du temps des empereurs. Théodose le jeune les abrogea entiérement. Plusieurs savans en ont rassemblé les fragmens. Celui qui a le plus approfondi cette matière est le président Brisson, en son ouvrage *de formulis & solemnibus populi romani verbis*.

Outre les loix & les plébiscites, les Romains avoient encore d'autres réglemens; savoir les édits de leurs préteurs, & ceux de leurs édiles : les premiers formoient ce que l'on appelloit le *droit prétorien*. *Voyez ci-devant* DROIT PRÉTORIEN, & ci-après EDITS DES EDILES, EDITS DU PRÉTEUR, & PRÉTEUR.

Les sénatusconsultes, c'est-à-dire les décrets & décisions du sénat, faisoient aussi partie du *droit* romain. Ils n'acquéroient d'abord force de loi, que du consentement exprès ou tacite du peuple; mais, sous l'empire de Tibère, ils commencèrent à avoir par eux-mêmes force de loi, étant considérés comme faits sous l'autorité du prince, & en son nom. *Voyez* SENATUSCONSULTE.

Enfin, les réponses des jurisconsultes qui avoient permission de décider les questions de *droit*, appellées *responsa prudentum*, firent encore une grande partie de la jurisprudence romaine. *Voyez* RÉPONSES DES JURISCONSULTES.

Dans les derniers temps de la république, trois personnes différentes entreprirent chacune séparément une compilation des loix romaines, savoir Cicéron, Pompée & Jules César.

L'ouvrage de Cicéron étoit déjà commencé, car Aulugelle cite un livre de lui sur cette matière.

Pompée avoit formé le même dessein pendant son consulat. Il étoit lui-même auteur de plusieurs loix; mais les guerres civiles, la crainte qu'il eut que ses ennemis ne regardassent cet ouvrage avec envie, le lui firent abandonner, comme le remarque Isidore.

Jules César, auteur de plusieurs excellentes loix, la plupart surnommées de son nom *Julia*, commença aussi une compilation générale des loix, dans laquelle il avoit dessein de faire entrer les meil-

leures de celles qui avoient été publiées avant lui, ou de son temps; mais la mort prématurée de ce grand homme l'empêcha aussi d'exécuter ce projet.

Auguste étant demeuré maître de l'empire, le sénat & le peuple lui déférèrent d'abord la puissance tribunicienne, que l'on rendit perpétuelle en sa personne; & au bout de son onzième consulat, on lui accorda le droit de proposer dans le sénat toutes les loix qu'il voudroit. Enfin, par une loi qui fut appellée *regia*, apparemment parce qu'elle donnoit à l'empereur un pouvoir égal à celui des rois, on donna à Auguste le pouvoir de corriger les anciennes loix, & d'en faire de nouvelles. Tous ces réglemens & autres que le sénat & le peuple firent en faveur d'Auguste, furent dans la suite renouvellés en faveur de la plupart des empereurs.

En vertu de ce pouvoir législatif, Auguste fit un très-grand nombre de bonnes loix qui furent surnommées *Julia*, comme celles de César. Ce fut aussi de son temps que furent faites plusieurs loix célèbres, telles que les loix *falcidia*, *papia-poppœa*, *furia caninia*, &c.

Tibère, au lieu d'user du pouvoir législatif qui lui avoit été décerné de même qu'à son prédécesseur, le remit au sénat comme un droit qui lui étoit à charge.

Sous les empereurs suivans, il y eut aussi différentes loix, faites soit par eux ou par le sénat. L'empereur Claude publia jusqu'à vingt édits en un seul jour; mais aucune des loix faites jusqu'au temps de l'empereur Adrien, ne se trouve rapportée dans le code de Justinien.

Quoique le pouvoir législatif eût été donné aux empereurs à l'exclusion de toutes autres personnes, on ne laissa pas de suivre encore long-temps les édits que les préteurs & les édiles avoient faits. Le jurisconsulte Offilius avoit même commencé, du temps de Jules César, à rassembler & commenter les édits des préteurs; mais cet ouvrage ne fut point revêtu de l'autorité publique. Sulpitius avoit aussi déjà commencé un ouvrage fort succinct sur la même matière. Il y en a un fragment dans le digeste, *tit. de inst. act.*

Du reste, les jurisconsultes qui jusqu'alors sembloient n'avoir eu qu'un même esprit, commencèrent, sous le règne d'Auguste, à se diviser d'opinions, & formèrent deux sectes, qui prirent les noms de leurs chefs, qui firent beaucoup de bruit dans la jurisprudence : l'une commencée par Labeo, & renouvellée par Proculus, & ensuite par Pegasus, fut appellée la *secte des Proculéiens* ou *des Pégasiens*; l'autre formée d'abord par Atteius Capito, & renouvellée par deux de ses disciples successivement, fut appellée *Sabinienne* ou *Cassienne*.

Adrien étant parvenu à l'empire, commença par faire un grand nombre de bonnes loix; il fit ensuite recueillir en un corps d'ouvrage tout ce qu'il y avoit de plus équitable dans les édits des préteurs. Cette compilation fut appellée *édit perpétuel*, pour la distinguer des édits qui n'étoient par eux-mêmes que des loix annuelles. *Voyez ci-après* EDIT PERPÉTUEL.

Un auteur, dont le nom n'est pas connu, fit une autre compilation appellée *édit provincial*, c'est-à-dire à l'usage des provinces: c'étoit-à-peu-près la même chose que l'édit perpétuel, si ce n'est que l'auteur en ôta ce qui ne convenoit qu'à la ville de Rome, & ajouta plusieurs réglemens particuliers pour les provinces.

Ces deux compilations ne subsistent plus; on en trouve seulement quelques fragmens dans le digeste.

Les loix n'ayant pas prévu tous les cas qui se présentoient, Adrien introduisit une nouvelle forme pour les décider: c'étoit par des rescrits ou lettres par lesquels il marquoit sa volonté. Ces rescrits rendirent le droit fort arbitraire.

Quelquefois, au lieu d'un simple rescrit, les empereurs donnoient un jugement appellé *décret*. Ils faisoient aussi, de leur propre mouvement, de nouvelles loix, qui furent appellées *édits* ou *constitutions*, *constitutiones principum*. Ce nom de *constitutions* fut dans la suite commun à toutes les décisions émanées des empereurs.

Les empereurs manifestoient encore leurs volontés en plusieurs autres manières, selon les différentes occasions; savoir, par des discours, *orationes principum*, qu'ils prononçoient à leur avénement, ou lorsqu'ils proposoient quelque chose au sénat; par des pragmatiques; *pragmaticæ sanctiones*, qui étoient des réglemens ou statuts accordés à la prière d'une communauté, d'une ville, ou d'une province; par des lettres signées du prince, appellées *sacræ adnotationes*, qui contenoient quelque grace ou libéralité en faveur d'un particulier; enfin, par des lettres appellées *mandata principum*, que le prince adressoit de son propre mouvement aux gouverneurs & magistrats des provinces, à la différence des rescrits, qui étoient des réponses aux lettres de ces officiers.

Quoique les empereurs usassent ainsi en plusieurs manières du droit de législation, cela n'empêche pas que l'on ne fît encore quelquefois des sénatusconsultes. On en trouve trois remarquables du temps d'Adrien; savoir, les sénatusconsultes Apronien, Julien & Tertullien. Il en fut fait aussi plusieurs sous les successeurs d'Adrien.

Ces princes ne s'appliquèrent pas tous également à faire des loix: cela dépendit beaucoup de la durée & de la tranquillité de leur règne, & du goût qu'ils avoient pour la justice.

Antonin-le-Pieux fit plusieurs constitutions, dont quelques-unes sont rapportées dans le code, d'autres citées dans le digeste & dans les institutes.

Marc-Aurèle & Lucius Verus qui régnèrent conjointement, firent beaucoup de loix, lesquelles furent rassemblées en vingt livres par Papyrius Justus, du temps de Marc-Aurèle; mais il ne nous en reste que quatre, rapportées dans le code. Il y en a quelques autres citées dans le digeste.

C'est du temps de Marc-Aurèle que vivoit le célèbre Gaïus ou Caïus: ce jurisconsulte fut auteur d'un grand nombre d'ouvrages sur le droit, dont aucun n'est parvenu entier jusqu'à nous; on en trouve seulement plusieurs fragmens dans le digeste. Il fit entre autres choses des institutes, que l'on donnoit à lire à ceux qui vouloient s'initier dans la science du *droit*: ce fut peut-être ce qui donna à Justinien l'idée de faire ses institutes, dans lesquels il a employé plusieurs endroits de ceux de Caïus. La plus grande partie de ces derniers se trouve perdue. Nous n'en avons que ce qui fut conservé dans l'abrégé qu'en fit Anien par ordre d'Alaric, roi des Visigoths en Espagne, & ce qu'un jurisconsulte moderne, nommé *Jacques Oiselius*, en a recherché dans le digeste & ailleurs. *Voyez* INSTITUTES.

Le célèbre Papyrien vécut sous l'empire de Septime Sévère, & sous celui de Caracalla & Geta. Ses ouvrages furent tant estimés, que Théodose le jeune voulut que les juges donnassent la préférence aux décisions de ce jurisconsulte, lorsque les autres seroient partagés entr'eux. On trouve plusieurs fragmens de ses ouvrages dans le digeste.

On y trouve aussi plusieurs d'Ulpien, l'un des principaux disciples de Papyrien, & du jurisconsulte Paulus, qui vivoit dans le même temps qu'Ulpien. Le surplus des ouvrages de Paulus qui étoient en grand nombre, n'est point parvenu jusqu'à nous, à l'exception de celui qui a pour titre, *receptarum sententiarum libri quinque*.

Nous ne parlerons pas ici de ce qui peut être personnel aux autres jurisconsultes romains, soit parce qu'on en a déjà fait mention à l'article du *digeste*, soit parce que l'on aura encore occasion d'en parler à l'article des *réponses des jurisconsultes*.

Nous ne ferons pas non plus mention ici de quelques constitutions faites par les autres empereurs, qui régnèrent jusqu'à Constantin, quoiqu'il y ait quelques-unes de ces constitutions insérées dans le code, ces loix ne formant qu'une légère partie du *droit romain*, si l'on excepte celles de Maximien, dont il y a près de six cens constitutions insérées dans le code.

L'empereur Constantin fit aussi un très-grand nombre de constitutions, dont il y en a environ 200 insérées dans le code de Justinien.

Mais avant la confection de ce code, il en fut fait deux autres du temps de Constantin par deux jurisconsultes nommés *Gregorius* & *Hermogénien*, d'où ces deux compilations furent appellées *codes grégorien* & *hermogénien*. Ces deux codes comprenoient les constitutions des empereurs, depuis Adrien jusqu'à Dioclétien & Maximien; mais ces compilations ne furent point revêtues de l'autorité publique. *Voyez* CODE.

Les successeurs de Constantin firent la plupart diverses loix. Théodose le jeune est celui dont il est parlé davantage par rapport au nouveau code qu'il fit publier en 438, & qui fut appellé de son nom code *théodosien*. On y distribua en seize livres les constitutions des empereurs sur les principales matières du *droit*. L'empereur ordonna qu'il ne feroit fait aucune autre loi à l'avenir, même par Valentinien III, fon gendre : ce qui ne fut pourtant pas exécuté.

En effet, depuis la publication de fon code, il donna lui-même plufieurs nouvelles conftitutions, pour fuppléer ce qui n'avoit pas été prévu dans le code ; elles furent appellées *novelles*, du latin *novellæ conftitutiones*. Cujas en a raffemblé jufqu'à 51, qu'il a mifes en tête du code théodofien.

Valentinien III, gendre de Théodofe, fit auffi quelques novelles, une entr'autres pour confirmer celles de Théodofe. Il avoit déjà fait un grand nombre de conftitutions, conjointement avec Théodofe : mais elles précéderent. Il y a auffi quelques novelles de Marcien.

Le code théodofien & les novelles dont on vient de parler, furent donc la principale loi obfervée dans tout l'empire jufqu'à la publication des livres de Juftinien.

Alors ce code ayant ceffé d'être obfervé, fe perdit ; & il n'a été recouvré & rétabli dans la fuite, que fur l'abrégé qu'Anien en avoit fait, & par le moyen des recherches de différens jurifconfultes.

Nous voici enfin parvenus au dernier état du *droit romain*, c'eft-à-dire aux compilations des loix faites par ordre de Juftinien, & par les foins de Tribonien & autres jurifconfultes.

La première de ces compilations qui parut en 528, fut le code, lequel fut formé des trois codes précédens, grégorien, hermogénien, & théodofien : cette édition du code fut depuis appellée *codex primæ prælectionis*, à caufe d'une autre rédaction qui en fut faite quelques années après.

En 533, on publia les inftitutes de Juftinien, divifés en quatre livres, qui font un précis de toute la jurifprudence romaine.

L'année fuivante, on publia le digefte ou pandectes, qui font une compilation de toutes les décifions des anciens jurifconfultes, dont les ouvrages compofoient plus de 2000 volumes. *Voy.* DIGESTE & PANDECTES.

En 534, Tribonien donna une nouvelle rédaction du code, qui fut appellé *codex repetitæ prælectionis. Voyez* ce qui en eft dit au mot CODE.

Juftinien pourvut aux cas qui n'avoient pas été prévus dans le code ni dans le digefte par des conftitutions particulières appellées *novelles*, dont le nombre eft controverfé entre les auteurs : quelques-uns en comptent jufqu'à 168.

Ces novelles ayant été la plûpart compofées en grec, un auteur dont le nom eft inconnu, en fit une traduction latine qui fut furnommée *l'authentique*, comme étant la verfion des véritables novelles.

On a auffi donné le nom d'*authentiques* à des extraits des novelles, qu'Irnérius a inférés en différens endroits du code auxquels ces extraits ont rapport.

Un auteur inconnu a changé l'ordre des novelles, & les a divifées en neuf collections, ce qui a gâté les novelles plûtôt que de les éclarcir. *Voyez* NOVELLES.

Juftinien donna auffi treize édits, qui fe trouvent à la fuite des novelles dans la plûpart des éditions du corps de *droit* ; mais comme c'étoient des réglemens particuliers pour la police de quelques provinces de l'empire, ces édits ne font proprement d'aucun ufage parmi nous.

Théodofe le jeune & Valentinien III avoient établi une école de droit à Conftantinople. Juftinien, pour faciliter l'étude du droit, établit encore deux autres écoles, une à Rome, & l'autre à Beryte.

Les compilations faites par Juftinien, furent fuivies avec quelques novelles qu'y ajoutèrent Juftin II, & Tibere II fon fucceffeur.

Mais Phocas ayant ordonné que l'on fe fervît de la langue grecque dans les écoles & les tribunaux, fit traduire en grec les livres de Juftinien. Les inftitutes furent traduits par Théophile en forme de paraphrafe, & l'on n'enfeigna plus d'autres inftitutes.

L'empereur Bafile fit commencer un abrégé du corps de *droit* de Juftinien, divifé par livres & par titres, mais fans divifer les titres par loix : il n'y en eut que quarante livres faits de fon temps. Léon fon fils, furnommé *le philofophe*, fit continuer ce travail, & le publia en 60 livres fous le titre de *bafiliques*. L'ouvrage fut revu & mis dans un meilleur ordre par Conftantin Porphyrogenète, qui le publia de nouveau en 910 ; & depuis ce temps les loix de Juftinien ceffèrent d'être fuivies, & les bafiliques furent le droit obfervé dans l'empire d'Orient jufqu'à fa deftruction. Ces bafiliques n'étant point parvenues jufqu'à nous en entier, les jurifconfultes du feizième fiècle, entr'autres Cujas, ont travaillé à les raffembler ; & en 1647, Fabrot en a donné une édition en 7 volumes *in-folio*, contenant le texte grec, avec une traduction latine. Il y a cependant encore plufieurs lacunes confidérables, qui n'ont pu être remplies.

L'ufage du *droit romain* fut entièrement aboli dans l'empire d'Orient, lorfque Mahomet II fe fut emparé de Conftantinople en 1453.

Pour ce qui eft de l'empire d'Occident, les incurfions des Barbares avoient empêché le *droit* de Juftinien de s'établir en Italie & dans les Gaules, même du temps de Juftinien ; le *droit romain* que l'on y fuivoit étoit compofé du code théodofien, des inftitutes de Caïus, des fragmens d'Ulpien, & des fentences de Paul.

Charlemagne étant devenu Empereur d'occident, ordonna que l'on fuivroit le code théodofien en Italie & en Allemagne, & dans les provinces de France où on étoit dans l'ufage de fuivre le *droit romain*.

Le code théodofien, & les autres ouvrages qui compofoient ce que l'on appelloit alors la *loi romaine*, perdirent beaucoup de leur autorité fous la feconde race de nos rois à caufe des capitulaires,

& ce fut fans doute alors que ces loix, qui n'étoient plus obfervées, fe perdirent.

Les compilations de Juſtinien étoient pareillement perdues, ou du moins preſque entiérement oubliées.

Les pandeĉtes de Juſtinien ayant été retrouvées dans le pillage de la ville d'Amalfi, vers le milieu du xijᵉ fiécle, l'empereur Lothaire en fit préſent aux habitans de Piſe, & ordonna que ces pandeĉtes feroient fuivies dans tout l'empire.

Au commencement du xvᵉ fiécle, les Florentins s'étant rendus maîtres de la ville de Piſe, & ayant compris dans leur butin les pandeĉtes, elles furent depuis ce temps furnommées *pandeĉtes florentines.*

Dès que le digeſte eut été retrouvé à Piſe, Irnérius, que Lothaire avoit nommé profeſſeur de *droit* à Boulogne, obtint de l'empereur que tous les ouvrages de Juſtinien feroient cités dans le barreau, & auroient force de loi dans l'empire, au lieu du code théodoſien.

A-peu-près dans le même temps les loix de Juſtinien furent auſſi adoptées en France, au lieu du code théodoſien, dans les provinces qui fuivent le *droit* écrit; en effet, on voit que dès le temps de Louis-le-Jeune il fut fait une traduĉtion françoiſe du code de Juſtinien, & Placentin enſeignoit à Montpellier les compilations du même empereur.

Il a apparence qu'on les enſeignoit auſſi dès-lors dans d'autres villes, car on voit qu'un grand nombre d'eccléſiaſtiques & de religieux quittoient la théologie pour étudier la loi mondaine; c'eſt ainſi qu'on appelloit alors le *droit civil*, tellement que le concile de Tours, en 1180, défendit aux religieux profès de fortir de leurs cloîtres pour étudier en médecine ou en *droit* civil.

Cette défenſe n'ayant pas été obſervée, Honorius III la renouvella en 1220 par la décrétale *fuper fpecula*, qui défend à toutes perſonnes d'enfeigner ni écouter le *droit* civil à Paris, ni dans les villes & autres lieux aux environs. Les motifs allégués dans cette décrétale ſont qu'en France & dans quelques provinces, les laïques ne ſervoient point des loix romaines, & qu'il ſe préſentoit peu de cauſes eccléſiaſtiques qui ne puſſent être décidées par les canons.

Nous avons déja remarqué, en parlant des doĉteurs en *droit*, que cette décrétale ne fut pas d'abord obſervée; que quoique le crédit des eccléſiaſtiques eût beaucoup fait prévaloir le *droit* canon, cependant il y avoit pluſieurs univerſités où l'on enſeignoit le *droit* civil; qu'à Paris il y eut beaucoup de variations à ce ſujet; que l'ordonnance de Blois réitéra les défenſes de graduer en *droit* civil à Paris; enfin que l'étude de ce *droit* n'y fut rétablie ouvertement que par la déclaration du mois d'avril 1679. *Voyez* CORPS de droit, DOCTEUR *en droit*, ECOLE de droit, ETUDIANT en droit, FACULTÉ de droit, PROFESSEUR en droit.

C'eſt une queſtion fort controverſée entre les auteurs, de ſavoir ſi le *droit romain* eſt le *droit*

commun de la France, auquel on doit avoir recours au défaut des coutumes, ou ſi c'eſt à la coutume de Paris; M. Bretonnier & pluſieurs autres auteurs ont fait de ſavantes diſſertations ſur cette matière. Comme la diſcuſſion des raiſons pour & contre nous meneroit trop loin, nous nous contenterons d'obſerver que le *droit romain* eſt la loi municipale des provinces appellées *pays de droit écrit*; qu'à l'égard des pays coutumiers, on ne doit y avoir recours que comme à une raiſon écrite au défaut des coutumes, & lorſqu'elles ne peuvent être interprétées les unes par les autres, ou qu'il s'agit de matières qu'elles n'ont point du tout prévues. *Voyez* COUTUME.

Le *droit romain* eſt encore le *droit* commun & général de preſque tous les états d'Italie, d'Allemagne, d'Eſpagne & de Portugal: on y a auſſi quelquefois recours au défaut des loix du pays, en Pologne, en Angleterre & en Danemarck. A l'égard de la Suède, quoique le *droit romain* n'y ſoit pas inconnu, il ne paroît pas y être beaucoup ſuivi.

Toutes les nations policées, même celles qui ont des loix particulières, ont toujours regardé le *droit romain* comme un corps de principes fondés ſur la raiſon & ſur l'équité; c'eſt pourquoi on y a recours au défaut des loix particulières du pays.

Il faut néanmoins convenir que, malgré toutes les beautés du *droit romain*, il a de grands défauts; en effet, le digeſte n'eſt qu'un aſſemblage de fragmens tirés des différens livres des juriſconſultes, & le code n'eſt de même compoſé que de fragmens de différentes conſtitutions des empereurs. Quelque ſoin que l'on ait pris pour ajuſter enſemble tous ces morceaux détachés, ils ne peuvent avoir entre eux une ſuite bien juſte; auſſi trouve-t-on pluſieurs loix entre leſquelles il paroît une eſpèce de contradiĉtion.

Un autre défaut de ces loix, eſt que la plupart, au lieu de contenir des déciſions générales, ne ſont que des eſpèces ſingulières; & le tout enſemble ne forme point un ſyſtême méthodique de juriſprudence, ſi l'on en excepte les inſtitutes, mais qui ſont trop abrégés pour renfermer tous les principes du *droit*.

Il ſe trouve d'ailleurs dans le digeſte des loix qui ont été réformées par le code; l'un & l'autre renferment des loix qui ont été abrogées par les novelles, & les dernières novelles ont dérogé ſur pluſieurs points à quelques-unes des précédentes.

Enfin le *droit romain* renferme beaucoup de choſes qui ne conviennent point à nos mœurs, par exemple, tout ce qui regarde le gouvernement politique & l'adminiſtration de la juſtice, les offices, les formules des aĉtions, & autres aĉtes, les eſclaves, les adoptions, &c.

Mais, malgré tous ces inconvéniens, il faut auſſi convenir que le *droit romain* eſt la meilleure ſource où l'on ſoit à portée de puiſer la ſcience des loix, & qu'un juriſconſulte qui ſe borneroit à étudier les

loix

loix particulières de fon pays, fans y joindre la connoiffance du *droit romain*, ne feroit jamais qu'un homme fuperficiel ; difons plutôt qu'il ne mériteroit point le nom de jurifconfulte, & qu'il ne feroit au plus qu'un médiocre praticien.

Irnerius fut le premier qui mit de petites fcholies en tête des textes du *droit romain* ; ce qui a donné enfuite à d'autres jurifconfultes l'idée de faire des notes, des glofes, des commentaires : d'autres ont fait des paratitles ou abrégés. L'Italie, la France, l'Allemagne & l'Efpagne ont produit un grand nombre de jurifconfultes, qui ont fait divers traités fur le *droit romain* ou fur quelqu'une de fes parties. *Voyez* JURISCONSULTE. (*A*)

DROIT *de Sardaigne* : les états du roi de Sardaigne, duc de Savoie, ne fe gouvernent point par les conftitutions impériales, mais par des loix particulières faites par les ducs de Savoie. Victor Amédée II du nom, fit faire un code ou compilation des ordonnances de fes prédéceffeurs & des fiennes dans le goût du code de Juftinien, où l'on a marqué en marge les anciennes ordonnances dont plufieurs articles ont été tirés. Ce code fut publié pour la première fois en 1723, fous le titre de *legi e conftitutioni di S. M.* &c. Il a depuis été revu & augmenté d'un fixième livre ; le tout eft imprimé à deux colonnes ; d'un côté le texte eft italien, de l'autre la traduction françoife. Il eft divifé en fix livres : le premier traite de la religion, & contient plufieurs titres qui concernent les Juifs : le fecond traite des fonctions de tous les officiers de juftice ; les derniers titres de ce livre regardent les jurifdictions confulaires & le commerce : le troifième traite de la procédure en matière civile : le quatrième, des crimes & de la procédure en matière criminelle : le cinquième, des fucceffions, teftamens, inventaires, biens de mineurs, donations, des *droits* des femmes, des ventes forcées, hypothèques, emphytéofes, cens & fervis, redevances, lods, commife, tranfactions, prefcriptions, des bâtimens & des eaux, des notaires & des infinuations : le fixième traite des matières du domaine & féodales, de l'allodialité des biens, &c. Ce code eft la loi générale de tous les états du roi de Sardaigne, & au furplus n'a point dérogé aux ufages & coutumes du duché d'Aofte. *Voyez Codex Fabrianus.* (*A*)

DROIT *de Savoie. Voyez* ci-devant DROIT *de Sardaigne.*

DROIT *de Suède* : fuivant le témoignage des hiftoriens, ce fut Zamolxis, qui fut le premier auteur des loix de ce pays. Le roi Biorn y fit quelques changemens en 900 ; Canut en fit auffi en 1168 ; Jerlerus les corrigea en 1251 : tous ces changemens furent faits à ces loix pour les accommoder à la religion chrétienne : ces mêmes loix furent encore réformées par le roi Birgerus en 1295 ; enfin le roi Chriftophle, en 1441, fit raffembler toutes les loix fuédoifes en un feul code, qui fut confirmé en 1581. Le *droit*

Jurifprudence. Tome IV.

romain eft peu cité en Suède. Pour donner quelque idée de l'efprit des loix du pays, on remarquera que pour la fûreté des acquéreurs l'on tient regiftre de toutes les ventes & aliénations, auffi-bien que de tous les actes obligatoires. Les biens d'acquêts & de patrimoine paffent aux enfans par égale portion ; le garçon en a deux & la fille une. Les parens ne peuvent difpofer de leurs biens au préjudice de cette loi, à laquelle on ne peut déroger qu'en vertu d'une fentence judiciaire fondée fur la défobéiffance des enfans ; ils peuvent feulement donner aux enfans un dixième de leurs acquêts aux enfans ou autres qu'ils veulent avantager. Lorfque la fucceffion fe trouve chargée de dettes, l'héritier a deux ou trois mois pour délibérer s'il acceptera ou non ; & s'il renonce, la juftice s'empare de la fucceffion. Dans les matières criminelles, quand le fait n'eft pas de la dernière évidence, le défendeur eft reçu à fe purger par ferment, auquel on ajoute fouvent celui de fix ou douze hommes qui répondent tous de fon intégrité. Ceux qui font coupables de trahifon, de meurtre, de double adultère, les incendiaires, & autres chargés de crimes odieux, font punis de mort ; les hommes font pendus, les femmes ont la tête tranchée ; quelquefois on les brûle vifs ou on les écartelle, ou on les pend enchaînés felon la nature des crimes. Les gentilshommes qui ont commis de grands crimes ont la tête caffée à coups de fufil. Le larcin étoit autrefois puni de mort, mais depuis quelque temps le coupable eft condamné à une efpèce d'efclavage perpétuel : on le fait travailler, pour le roi, aux fortifications ou autres ouvrages ferviles ; & de peur qu'il ne s'échappe, il a un collier de fer auquel tient une clochette qui fonne à mefure qu'il marche. Le duel entre gentilshommes eft puni de mort en la perfonne de celui qui furvit ; fi perfonne n'eft tué, les combattans font condamnés à deux ans de prifon au pain & à l'eau, & en outre mille écus d'amende, ou un an de prifon & deux mille écus d'amende. La juftice eft adminiftrée en première inftance par des jurés, & en dernier reffort par quatre parlemens ou cours nationales. *Voyez* CODE, LOI. (*A*)

SECTION II.

Du droit confidéré comme une faculté appartenante à quelqu'un.

Nous avons dit, au commencement de cet article, que le mot *droit*, ou *droits* au pluriel, fignifioit fouvent une faculté qui appartient à quelqu'un de faire ou de ne pas faire quelque chofe, de jouir ou de ne pas jouir d'une chofe, foit réelle, foit incorporelle. C'eft dans cette acception qu'on prend le mot *droit*, lorfqu'on dit les *droits* d'aîneffe, d'amortiffement, de lods & ventes, d'échange, & autres femblables, que l'on trouve expliqués dans notre Dictionnaire, fous le terme qui eft propre à chacun d'eux.

O

Nous réunirons seulement ici par ordre alphabétique ceux qui ont une épithète ou surnom, qu'on ne peut séparer du mot *droit* sans détruire l'idée que ces deux mots présentent conjointement: tels que les mots *droits* abusifs, litigieux, honorifiques, &c.

DROITS abusifs, s. m. (*Droit féodal.*) sont ceux qui ont quelque chose de contraire à la raison, à l'équité & à la bienséance : tels, par exemple, que certains *droits* que quelques seigneurs s'étoient attribués sur leurs hommes, vassaux & sujets ; comme le *droit* que prétendoit l'évêque d'Amiens d'obliger les nouveaux mariés de lui donner une somme d'argent, pour avoir la permission de coucher ensemble la première nuit de leurs noces, dont il fut débouté par arrêt du parlement, du 19 mai 1409. Tels étoient encore les *droits* de cullage, ou cuillage & de cuissage, en vertu desquels certains seigneurs prétendoient avoir la première nuit des nouvelles mariées, ce qui est depuis long-temps aboli. Il y a aussi des *droits* abusifs qui, sans être injustes ni contraires à l'honnêteté, sont ridicules, comme l'hommage de la tirevesse, dont il est parlé dans le plaidoyer célèbre de Bordeaux, dédié à M. de Nesmond, *p. 157.* On convertit ordinairement ces *droits* en quelque devoir plus sensé & plus utile, ainsi que cela fut fait dans les cas dont on vient de parler. (*A*)

DROIT *acquis*, *jus quæsitum*, c'est-à-dire celui qui est déjà acquis à quelqu'un avant le fait ou l'acte qu'on lui oppose, pour l'empêcher de jouir de ce *droit*. C'est un principe certain que le *droit* une fois acquis à quelqu'un, ne peut lui être enlevé sans son fait, & que le fait d'un tiers n'y sauroit nuire : ce qui est fondé sur la loi *stipulatio*, au digeste *de jure dotium*. Ce principe est aussi établi par Arnoldus Reyger, *in thesauro juris*, verbo *jus quæsitum ;* Gregorius Tolos. *sintagm. juris univ. lib. XLI*, *p. 508 ;* Rebuff. *gloss. 16*, *reg. cancell. de non tollendo jus quæsitum*. (*A*)

DROIT *d'aides*. *Voyez* AIDE, *Droit féodal.*

DROIT *de blairie*, suivant la coutume de Nevers, appartient seulement aux seigneurs justiciers, en vertu d'un titre, ou d'une prescription suffisante, & il consiste 1°. dans la faculté d'empêcher les habitans domiciliés dans l'étendue d'une autre justice, de mener ou d'envoyer paître leurs bestiaux sur les terres du même seigneur *blayer ;* 2°. dans le *droit* qu'a le même seigneur d'exiger de ses sujets & vassaux, une certaine redevance pour obtenir la permission de vaine pâture. *Voyez* BLAIRIE.

DROIT *colonaire*, *jus colonarium*, c'est le nom que la novelle 7 donne à une espèce de bail à cens, qui étoit usité chez les Romains entre particuliers. Loiseau, en son *Traité du Déguerpissement*, *liv. I*, *chap. 4*, *n. 30*, prétend que ce contrat revenoit à-peu-près à celui qu'on appelloit *contrat libellaire*, *recordatio ad libellum*, qui étoit un bail perpétuel de l'héritage. (*A*)

DROIT *de charge*. *Voyez* PROCUREUR.

DROIT *curial*, signifie quelquefois ce qui fait partie des fonctions du curé ; quelquefois on entend par-là ce qui lui est dû pour son honoraire dans certaines fonctions. *Voyez* CURIAL. (*A*)

DROITS *ecclésiastiques*, signifient tout ce qui appartient aux ecclésiastiques, comme leurs fonctions, les honneurs, préséances, privilèges, exemptions, & *droits* utiles qui peuvent y être attachés.

DROITS *épiscopaux*, sont ceux qui appartiennent à l'évêque en cette qualité, comme de donner le sacrement de confirmation & celui de l'ordre, de bénir les saintes huiles, de consacrer un autre évêque, de faire porter devant soi la croix levée en signe de jurisdiction dans son territoire. *Voyez* ÉPISCOPAL, ÉVÊCHÉ, & ÉVÊQUE. (*A*)

DROIT *exorbitant*, est celui qui est contraire au *droit* commun. (*A*)

DROITS *honorifiques dans les églises*, (*Droit ecclésiast.*) ces *droits* consistent en honneurs, préséances & prérogatives dans les églises. On s'étonne de ce que les hommes portent les désirs des distinctions jusques au pied des autels : c'est par cette réflexion que commencent tous les traités sur cette matière ; mais il faut bien que ceux qui ont droit à des honneurs publics les obtiennent dans les églises, puisque dans notre constitution, le peuple n'a plus d'occasions de s'assembler ailleurs.

Cet usage remonte à la primitive église ; dès-lors les personnes éminentes en dignité occupoient des places distinguées dans les assemblées des fidèles : on peut même dire que ce *droit* est aussi ancien que les temples. Le premier qui en fit bâtir, s'y réserva sans doute une place honorable. Le premier de nos législateurs, Charlemagne, enjoint aux évêques de rendre aux seigneurs les devoirs qu'ils leur doivent. Il va même plus loin, il leur ordonne de veiller à ce que leurs curés remplissent cette obligation. Voici les termes de cette loi, l'une des plus mal observées du code françois : *episcopi provideant, quem honorem presbyteri, pro ecclesiis suis senioribus tribuant.*

Dans tous les temps ces distinctions ont donné naissance à une multitude de difficultés toujours très-vives, parce que les intérêts de la vanité sont les plus chers à l'homme, toujours très-difficiles à terminer, parce que l'objet en étant chimérique, il est impossible d'en déterminer la valeur ; d'un autre côté, nous n'avons point de loix générales sur cette matière ; deux ou trois coutumes, des arrêts, des raisonnemens, voilà tout notre code sur cette partie du point d'honneur.

Cependant une multitude de personnes prétendent avoir *droit* à ces distinctions, & qui plus est, en jouir exclusivement. Le patron veut exclure le seigneur haut-justicier : celui-ci, en sa qualité de magistrat, propriétaire du territoire, voit impatiemment les préférences que l'église accorde au patron. Le moyen justicier croit devoir précéder le seigneur de fief, & le gentilhomme dispute le pas au magistrat ; il n'est pas possible que le choc perpétuel de tant d'intérêts ne donne naissance à une multitude de procès.

L'orgueil & l'insubordination de certains curés achèvent de porter la confusion dans cette matière : perdant de vue ce qu'ils sont, & ce qu'ils doivent à leur seigneur, à la puissance publique, il n'y a pas de chicane, de mauvais procédé qu'ils n'aient mis en usage pour frustrer les seigneurs & les patrons des *droits* qui leur sont légitimement dus. Nous trouvons le tableau de ces odieuses tracasseries dans un traité des *droits honorifiques*, imprimé à la suite de l'ouvrage de Maréchal : cet ouvrage est d'un magistrat distingué ; juge de ces procès scandaleux, il étoit à portée d'apprécier la conduite des curés ; on voit qu'elle avoit excité dans son ame une indignation profonde.

Enumération des droits honorifiques. Tous les auteurs divisent les *droits honorifiques* en deux classes ; savoir, les grands & les petits honneurs, *majores honores, minores honores.*

On place dans la première classe la nomination ou présentation aux bénéfices, le *droit* de demander des alimens sur les revenus de l'église, celui d'être reçu en procession le jour de la fête patronale, celui d'être recommandé *nominatim* dans les prières qui se font au prône ; celui d'être encensé séparément, immédiatement après le clergé ; celui d'avoir l'eau bénite par présentation ; ceux de banc & de sépulture dans le chœur ; enfin celui de faire peindre ou graver litres & armoiries au corps, & sur les murs de l'église.

Tels sont les grands *droits honorifiques, droits* qui, pour la plupart, s'exercent sur le sol même de l'église, & forment autant de servitudes sur ces sortes d'édifices ; à proprement parler, ces *droits* méritent seuls la dénomination de *droits honorifiques* ; aussi les nomme-t-on, comme on vient de le dire, *honores majores.*

Pour les autres qui ne concernent que le rang suivant lequel on doit aller à l'offrande ou à la procession, celui où l'on peut recevoir le pain béni, & la place que l'on peut occuper dans la nef de son vivant ou après sa mort, on les appelle *honores minores,* & ils méritent à peine ce nom. Car tous ces objets sont véritablement communs à tous les fidèles : les préférences & distinctions que peuvent prétendre ceux qui n'ont pas *droit* aux grands honneurs, sont nécessairement plus de police que de droit, & ne peuvent leur être accordés que par bienséance, ou comme dit Maréchal, pour éviter la confusion ; aussi se décident-elles ordinairement entre eux par les âges ou les dignités plutôt que par les *droits* des seigneuries.

Les *droits honorifiques* ne sont ni purement personnels, ni purement réels ; ils sont mixtes, c'est-à-dire, personnels & réels tout ensemble, étant attribués à la personne à cause de la chose. Cette observation est de Loiseau : on voit bien qu'elle ne s'applique nécessairement qu'aux *droits honorifiques* de la première classe ; à l'égard des autres,

il est clair qu'ils n'ont absolument rien de réel lorsqu'il s'agit de gens qui n'en jouissent qu'à raison de leur qualité personnelle.

Il est sans doute inutile de remarquer que ceux qui ont *droit* aux grands honneurs de l'église, ont pareillement toute prééminence dans les moindres.

Quand l'église a accordé ces honneurs aux patrons laïques &. aux seigneurs haut-justiciers, elle a toujours entendu qu'ils n'en jouiroient qu'après les ecclésiastiques, même après les laïques revêtus d'habits ecclésiastiques, dont on est obligé de se servir en certains lieux pour la célébration du service divin, tels que sont les clercs & les chantres des églises de campagne.

« Voulons…. que… les laïques dont on est
» obligé de se servir dans certains lieux pour aider
» au service divin, y reçoivent pendant ce temps
» les honneurs de l'église, préférablement à tous
» les autres laïques, édit du mois d'avril 1695,
» art. 45 ».

Qui sont ceux qui ont droit aux honneurs de l'église ? Des différentes personnes qui jouissent des honneurs de l'église, les unes, comme on vient de le voir, en jouissent par tolérance seulement ; les autres ont *droit* de les exiger. Ces dernières sont les patrons de l'église, & le seigneur haut-justicier de la paroisse : à eux seuls, exclusivement à tous autres, appartiennent ces sortes de distinctions : cette vérité est universellement reconnue ; elle est énoncée en ces termes dans les arrêtés de M. de Lamoignon.

« Nul ne pourra, de quelque qualité & con-
» dition qu'il soit, prétendre les *droits honorifiques*
» dans l'église, s'il n'est patron de l'église, ou sei-
» gneur haut-justicier du lieu où elle est bâtie ».

Quoique cet article soit rédigé avec beaucoup de précision, il laisse cependant quelques nuages, en ce qu'il paroît en résulter que dans tous les cas le seigneur haut-justicier a les mêmes privilèges que le patron de l'église. Des différens *droits* que nous venons de détailler, il y en a cependant quelques-uns qui appartiennent à celui qui a le patronage, exclusivement à tous autres ; ces *droits* sont au nombre de deux, la présentation aux bénéfices, & le *droit* de demander des alimens sur les biens de l'église.

Enfin le patron a le droit d'exiger du titulaire une déférence, un respect tout particulier.

Autrefois le présenté faisoit serment de fidélité au patron ; cela est prouvé par les conciles d'Avignon & de Bayeux ; le serment ne se fait plus. Les présentés & pourvus, dit la coutume de Normandie, *article 75*, doivent porter fidélité à leurs patrons, sans toutefois leur faire foi & hommage. L'obligation de fidélité a des effets très-réels. Par exemple, un arrêt du parlement de Normandie, du 20 mars 1638, a jugé que le pourvu perdoit son bénéfice par une injure faite au patron ; cela est très-bien développé par Berault, sur l'article 75 de la coutume de Normandie. « Le présenté, dit

» cet auteur, doit honneur & fidélité au patron,
» tout-ainsi que le vassal doit au seigneur foi &
» hommage. *Uterque enim habet beneficium à patrono*
» *& domino, & cliens seu vassalus dicitur beneficia-*
» *rius & feudum beneficium.* Donc appert que l'église
» est tenue par aumône de son fondateur, comme
» le fief lui est tenu par hommage du seigneur
» féodal; les présentés doivent fidélité & hom-
» mage, comme les évêques pour le temporel
» de leurs évêchés. Comme dit Lemaître au *Traité*
» *des régales, chap. 6.* ».

Ces différentes prérogatives sont énoncées dans
ces deux vers connus de tout le monde.

Patrono debetur honos, onus, emolumentum.
Præsentet, præsit, defendat, alatur egenus.

Tels sont les *droits* exclusivement attachés au
patronage : les hauts-justiciers partagent les autres
avec le patron. Nous les examinerons chacun en
particulier : mais auparavant il est nécessaire de
nous arrêter sur différentes questions relatives au
patronage, & à la haute justice.

Du Patron. La première difficulté qui se présente, est celle de savoir à qui appartient la qualité de patron, c'est-à-dire, qui sont ceux qui peuvent exiger les *droits honorifiques* attachés au patronage ?

Le patron, suivant la définition de Maréchal,
est celui qui a fondé, construit & doté une église,
chapelle, hôpital, ou autre maison pieuse.

Ainsi le patronage s'acquiert par la fondation,
construction & dotation d'une église.

Comme l'église ne peut pas être suffisamment
fondée sans dot, & que la fondation requiert encore la construction, il s'ensuit que pour se dire
véritable patron, il faut réunir cumulativement le
concours de ces trois circonstances, la fondation,
la constitution & la dotation. De-là ce brocard de
droit : *patronum faciunt dos, ædificatio, fundus.*

On convient cependant qu'il s'est trouvé des
canonistes moins difficiles, qui attachent la qualité
de patron à chacune de ces trois qualités de fondateur, constructeur & dotateur ; ensorte que, suivant eux, il y a entre ces trois ordres de personnes
une société de patronage, qui doit donner à chacun d'eux les mêmes *droits* à la reconnoissance
de l'église.

Que l'église croie devoir de la reconnoissance
à tous ceux dont elle a reçu des bienfaits, quelque
modiques qu'ils puissent être, c'est sans doute une
chose très-louable de sa part. Dans les tribunaux
où l'on suit, non les règles de la convenance, mais
les principes rigoureux de la justice, on a senti
qu'il étoit nécessaire de mettre des bornes aux effets
de cette reconnoissance, sur-tout relativement aux
droits honorifiques, qui, dépourvus de valeur réelle,
ne peuvent en acquérir que par une jouissance
exclusive, dont par conséquent l'église ne peut
pas disposer en faveur de ses bienfaiteurs, sans
donner atteinte aux *droits* des châtelains & des sei-

gneurs hauts-justiciers, auxquels la jurisprudence
les défère également. En conséquence on a établi pour maxime que le patron ne pourra prétendre
aux honneurs de l'église par préférence au seigneur du territoire, que lorsqu'il réunira les trois
qualités de fondateur, constructeur & dotateur de
l'église. Si, au contraire, il n'a que fondé, construit ou doté, comme il n'est pas le véritable fondateur, il n'a aucun *droit* aux grands honneurs,
& l'église ne peut pas les lui déférer, parce qu'elle
ne pourroit le faire sans préjudicier au seigneur de
la paroisse, à qui ces honneurs appartiennent exclusivement à tous autres, à défaut de fondateur
spécial.

Loiseau, dans son excellent *Traité des seigneu-*
ries, rend hommage à ce principe de la manière
la plus formelle. « Mais quand je préfère le pa-
» tron au haut-justicier, je n'entends pas tout bien-
» faiteur, ains seulement l'ancien fondateur qui a
» donné & le fonds & le bâtiment, & la dot ou
» revenu de l'église ; au moins celui qui a titre
» exprès du patronage, ou bien qui est en parfaite
» possession. Car, pour être patron ou fondateur,
» il faut avoir entièrement fondé & érigé l'église,
» c'est-à-dire, lui avoir donné l'être entier ». *Des*
Seigneuries, ch. 11, *n.* 25.

La Combe, dans son *Recueil de Jurisprudence,*
nous enseigne la même doctrine. « Quand on dit
» que le fondateur a les honneurs de l'église de-
» vant le haut-justicier, cela s'entend du patron
» par fait, qui a doté, fondé & bâti, & qui en
» a titre exprès ou parfaite possession ».

Une augmentation de dot faite à l'église n'acquiert pas le droit de patronage. Des augmentations ou réparations faites à cette même église, ne
suffisent pas non plus pour attribuer la qualité de
patron.

Ces différens bienfaiteurs auront, si l'on veut,
les petits honneurs, *honores minores* ; ce sera le
juste tribut de la reconnoissance de l'église, mais
elle ne le leur témoignera pas cette reconnoissance
en leur déférant ce que l'on nomme les grands
honneurs, parce qu'elle ne pourroit le faire sans
porter atteinte aux prérogatives du seigneur de la
paroisse, & qu'il n'est jamais permis de s'acquitter
aux dépens d'un tiers.

Le véritable patron, du moins relativement aux
grands *droits honorifiques*, est donc celui-là seul
qui réunit les trois qualités de fondateur, constructeur & dotateur de l'église.

On lit dans les arrêtés de M. de Lamoignon :
« & il n'est pas requis que le patron soit seigneur
» du fief ou de la justice du lieu où l'église est
» située, non pas même qu'il possède aucun fonds,
» ni qu'il y ait son domicile ». Ce passage nous met
dans le cas d'observer qu'il y a deux espèces de
patronages ; l'un réel, l'autre personnel ; le patronage réel est celui qui est attaché à un fonds de
terre, à une glèbe, comme par la coutume de
Normandie : le patronage personnel n'est attaché

qu'à la perfonne du fondateur, ou à celle de fes héritiers:

Le patron qui a aumôné à l'églife le droit de préfentation, conferve tous les autres droits honorifiques. Le patron a toujours les *droits honorifiques* dans l'églife, même quand il auroit cédé & remis à des eccléfiaftiques, ou à l'évêque, le *droit* qu'il avoit de préfenter aux bénéfices. Dans ce cas, fi le patronage eft perfonnel, il demeure attaché à la famille; & s'il eft réel, il refte à la terre de la même manière que fi le *droit* de préfenter n'avoit point été aumôné. Le patron qui renonce en faveur de l'églife à un *droit* auffi confidérable que celui de la préfentation, mérite par-là qu'on lui conferve les autres prérogatives avec encore plus d'attention.

« Celui qui a fait don à l'églife de fon héritage, » n'y peut réclamer autre chofe que ce qui eft » expreffément réfervé: néanmoins s'il lui a fait don » de patronage fans réfervation, les *droits* & honneurs dus au patron lui demeurent entiers & » à fes hoirs ou ayans-caufe au fief ou glèbe, » auquel étoit annexé ledit patronage ». *Coutume de Normandie, article 142.*

Quoique la coutume de Normandie foit la feule conçue en ces termes, néanmoins cette difpofition n'eft pas particulière à cette province; il faut l'étendre à toutes les autres, parce qu'elle eft fondée en raifons générales.

La donation du patronage faite en pure aumône à l'églife, établit une relation feigneuriale, une efpèce de fief au profit du donateur. Lors de cette inféodation, il fe fait, comme dans toutes les autres, une féparation du domaine utile & du domaine direct; & c'eft de ce domaine direct que dérivent les *droits honorifiques* dont parle ici la coutume de Normandie, enforte que ces prérogatives ne font autre chofe que les *droits* du feigneur dominant fur le fief mouvant de lui. Cette efpèce d'inféodation eft très-bien établie par l'ancien coutumier de Normandie. Le chap. 28 porte : « teneure eft la » manière parquoi les tenemens font tènus des feigneurs, une tenure eft par hommage, autre par » bourgage, autre par aumône..... art. 3. L'on » dit que ceux tiennent par aumône qui tiennent » terre donnée en pure aumône à Dieu & à ceux » qui le fervent, en quoi le donateur ne retient » aucune droiture, fors feulement la feigneurie de » patronage, & tiennent d'iceux par aumône comme » de patrons..... le patron a la droiture de patronage.... la propriété de patronage comme » d'un autre fief..... il prendra la faculté, (promeffe ou ferment de fidélité) de la perfonne » qui y fera préfentée & inftituée ».

La coutume réformée en 1583, a confervé ce *droit* en Normandie (ce font les termes de l'art. 104). « Il y a quatre fortes de teneures par hommage, par parage, par aumône & par bourgage ».

Quels font les titres en vertu defquels celui qui fe prétend patron peut demander les honneurs de l'églife ? Celui qui demande les honneurs de l'églife en qualité de patron, doit avoir un titre de patronage ou un jugement rendu en connoiffance de caufe, & contradictoirement avec les parties intéreffées. Cette décifion eft fondée fur l'autorité la plus refpectable, fur l'ordonnance de 1539. L'article 14 porte : « nous, pour faire ceffer les différens débats & contentions d'entre nos fujets, avons ordonné qu'aucun, de quelle qualité & condition » qu'il foit, ne pourra prétendre *droit*, poffeffion » autorité, prérogatives ou prééminences au-dedans des églifes, foit pour y avoir bancs, fièges, » oratoires, efcabeaux, accoudoirs, fépultures en » feux, litres, armoiries, écuffons & autres enfeignes de leurs maifons, finon qu'ils foient patrons ou fondateurs d'icelles églifes, & qu'ils » en puiffent promptement informer par lettres ou » titres de fondation, & par fentences & jugemens, » donnés avec connoiffance de caufe & avec partie » légitime. L'art. 15 ajoute : & outre ces cas fufdits, ne feront reçus nos fujets à faire intenter » aucuns procès ou inftances pour raifon defdits » prétendus droits ».

Cette ordonnance, comme l'on voit, ne reconnoît pour fondateur d'une églife que celui qui peut prouver qu'il l'eft par lettres ou titres de fondation, fentences ou jugemens contradictoires. Elle rejette toute autre efpèce de preuve. A la vérité, elle a reçu quelques modifications par une déclaration poftérieure; mais cette modification n'a pour objet que les feigneurs jufticiers. L'exclufion prononcée contre eux par cette ordonnance, excita des réclamations fi vives de leur part, qu'ils arrachèrent à François premier la déclaration dont nous venons de parler. Elle eft connue en ces termes ; « voulons & nous plaît que l'effet de » notre ordonnance de 1539, n'ait lieu que pour » l'avenir, ayant été avifé de conferver *les feigneurs* » *autres que patrons* en leur poffeffion & jouiffance » d'iceux *droits* ». Cette déclaration eft du 24 feptembre 1539. Il eft clair, comme nous l'avons annoncé, qu'elle ne parle que des feigneurs, & non des patrons ; ou, pour nous fervir des termes même de la loi, *des feigneurs autres que patrons*. Ceux-ci ne peuvent donc fe prévaloir de la modification qu'elle établit ; ils ne peuvent conféquemment donner comme preuve de patronage, la poffeffion même la plus longue ; à leur égard, l'ordonnance de 1539 demeure dans fa force ; & aux termes de cette ordonnance, nul ne fe peut dire patron d'une églife, *qu'il ne puiffe promptement en informer par lettres ou titres de fondation, & par fentences ou jugemens donnés avec connoiffance de caufe & avec partie légitime.*

A la vérité cette loi fut adreffée à la feule province de Bretagne, mais elle a été admife dans toutes les autres, parce que les raifons fur lefquelles elle eft fondée font générales pour toutes, & qu'à l'époque de fa promulgation, elle étoit la jurisprudence générale ; c'est la remarque d'Hévin. *Ce qui conduisit,* dit ce jurisconsulte, *le conseil du roi à se servir de ce remède, c'est qu'il étoit conforme à la jurisprudence de la France en ce temps-là.* Maréchal nous attefte de même que cette ordonnance eft devenue la loi de tout le royaume. Voici fes termes : *encore qu'elle fût faite particulièrement pour la Bretagne, néanmoins ce mal étant devenu commun pour toutes les provinces du royaume, on a eftimé que le remède devoit être aufli commun en général.*

La conféquence, qui réfulte de ces autorités, n'eft pas difficile à faifir. Puifque nul ne peut fe dire patron d'une églife qu'il ne le prouve par le titre de fondation ou par des jugemens contradictoires ; puifqu'aux termes de la loi, il n'y a point d'autre manière d'établir le patronage, fi ceux qui fe prétendent patrons font dépourvus de ces deux genres de preuves ; il faut, dans la rigueur des principes, rejetter leur prétention.

Nous difons dans la rigueur des principes, parce qu'il paroît, en effet, que le parlement de Paris s'eft un peu écarté des règles établies par l'ordonnance de 1539. Non pas qu'il ait jamais regardé la poffeffion des *droits* attachés au patronage, comme un titre fuffifant pour fe qualifier *patron & fondateur,* mais il s'eft quelquefois contenté de cette poffeffion, appuyée d'un commencement de preuve par écrit, & foutenue par les marques extérieures de la fondation ; il paroît même que telle eft la jurifprudence actuelle.

Aux termes de cette jurifprudence, lorfque celui qui fe prétend fondateur d'une églife eft hors d'état de produire le titre de fondation ou des jugemens contradictoires, il faut donc, au moins, qu'il réuniffe en fa faveur : 1°. la poffeffion ; 2°. des commencemens de preuve par écrit ; 3°. les fignes extérieurs de la fondation : cette jurifprudence nous eft atteftée par M. Danty, dans fon *Traité du patronage,* titre 23, après avoir obfervé que le concile de Trente exige que le *droit* de patronage foit juftifié par écrit, cet auteur ajoute :

« La difpofition du concile n'eft pas tout-à-fait » fuivie parmi nous : une poffeffion immémoriale » eft fuffifante, pourvu qu'elle foit confirmée par » des préfentations effectuées, juftifiée par des actes » authentiques, quoique dans les autres matières » il ne foit pas befoin de prouver la poffeffion im-» mémoriale par des actes : des déclarations venant » de différentes perfonnes publiques & non fufpec-» tes, font auffi fuffifantes pour la preuve du titre » de patronage, lorfqu'elles font accompagnées » d'une poffeffion longue de préfenter. On a auffi » égard aux anciennes infcriptions, &c. »

Telle eft, fuivant M. Danty & tous les jurifconfultes, la jurifprudence du parlement de Paris. D'après ces règles, que l'on ne conteftera certainement pas, il faudra donc rejetter les prétentions de ceux qui fe prétendent patrons, fi, dépourvus de titres de fondation & de jugemens contradictoires, ils ne réuniffent pas en leur faveur ces trois

efpèces de preuves, la poffeffion, des actes authentiques & des fignes extérieurs du patronage.

Comme c'eft à ce point unique que doivent fe réduire les queftions de cette efpèce, nous croyons devoir faire quelques obfervations fur chacun de ces trois objets.

A l'égard de la poffeffion, il faut d'abord 1°. qu'elle foit immémoriale ; 2°. il eft néceffaire qu'elle embraffe tous les *droits* qui dérivent de la fondation, tous les honneurs de l'églife, non pas les moindres, qui ne prouvent rien dans aucun cas, mais les grands, *majores honores ;* autrement le prétendu fondateur, ne jouiffant pas de tous les effets de la fondation, ne peut pas être fuppofé avoir la caufe qui les produit, & la poffeffion, ainfi caractérifée, n'eft encore rien par elle-même, elle a befoin du fecours des preuves littérales.

Nous n'avons rien à obferver fur la nature de ces preuves. Cela dépend de la prudence des juges. Les fignes extérieurs de fondation exigent plus de détails.

Ceux qui fe prétendent patrons ne manquent jamais de préfenter, comme preuves de fondation, tous les fignes propres à rappeller le fouvenir de leurs auteurs. Mais il y a fur ce point des diftinctions à faire, fur lefquelles il eft très-important de fixer les idées. D'Argentré traite cet important objet dans la cinquième de fes confultations ; il examine le point de favoir, fi les armoiries aux vîtres d'une églife, un banc dans une place diftinguée, un *droit* de fépulture, un tombeau avec les armes de la famille, peuvent être de quelque utilité à cette famille pour s'attribuer la qualité de fondateur. Il répond très-affirmativement que ces fignes lui feront inutiles. On ne peut rien de plus énergique que les termes dans lefquels il s'exprime, les voici : *quis enim tam vecors effet & rerum imperitus qui ob levifimam hujus modi notam* (d'une armoirie mife aux vîtres d'une églife), *aut ob fcamnum aliquo ipfius ecclefiæ angulo conftitutum vellet dici & haberi patronus feu fondator ecclefiæ, in quâ plerumque quinquaginta fedilia videntur collocata, nec non & gentilia infignia aut fepulchra familiaria ?*

M. de Ferenville, dans fon excellent *Mémoire fur le patronage,* ajoute : « la poffeffion de quel-» qu'une de ces chofes, pourvu qu'il n'y ait point » d'innovation, prouve feulement qu'on les poffède, » ce qui peut venir de bien d'autres caufes que de » la fondation ; par exemple, de prefcription, & » la mefure de la prefcription eft la poffeffion ; ou » d'une permiffion, d'une tolérance du fondateur » qui n'eft réputée qu'une grace & qu'un privilège » perfonnel ».

On trouve la même décifion au fujet des armoiries appofées aux cloches, vîtres & voûtes des églifes, dans les arrêtés de M. de Lamoignon & dans le *Traité du patronage* de Danty. « Les armoi-» ries, dit ce dernier, qui font à la voûte de la » nef ou à la principale vître, ne font pas partie » du patronage ». On lit dans les arrêtés de M. de

Lamoignon : « les armoiries ès-cloches ou en la
» voûte de la nef, où en quelques vîtres, même
» en la principale vître du chœur, ne font preuve
» de patronage ».

Deux arrêts des 14 juillet 1614 & 10 juin 1716,
l'un & l'autre rendus en la première chambre des
enquêtes, au rapport de M. l'abbé Lorencher, jugent conformément aux principes, 1°. que ces mots
fondateur de cette église, écrits depuis cent cinquante
ans ſur une cloche, ne font pas des titres ſuffiſans
pour prouver la qualité de fondateur de l'égliſe ;
2°. que les armoiries appoſées à la maîtreſſe vître
du chœur & un banc poſé dans le chœur à l'endroit le plus honorable, n'autoriſent pas à prétendre les *droits honorifiques* dans la même égliſe. Ces
arrêts font rapportés dans Déniſart aux mots *Droits
honorifiques*.

Quels font donc les ſignes extérieurs, qui, joints
à la poſſeſſion & à un commencement de preuve par
écrit, font préſumer la fondation ? Ils font au nombre de quatre. Les voici : 1°. le droit d'être reçu
proceſſionnellement à la porte de la paroiſſe, le
jour de la fête patronale ; 2°. le *droit* de préſenter
à la cure ; 3°. une litre aux armes de celui qui ſe
prétend fondateur, empreinte de toute ancienneté
ſur les murs de l'égliſe ; 4°. enfin, les armes de
ce même fondateur, non aux vîtres ni à la voûte
de la nef, mais à la pierre ſervant de clef à la
principale voûte du chœur.

Du ſeigneur haut-juſticier. Nous avons déjà dit
que les *droits honorifiques* dans les égliſes appartiennent à deux ſortes de perſonnes, le patron & le
ſeigneur haut-juſticier. Nous allons rapporter quelques-unes des preuves ſur leſquelles eſt fondé le
droit de ce dernier ; il y en a de trois eſpèces :
l'autorité des coutumes, celle des juriſconſultes &
la juriſprudence des arrêts. La coutume de Touraine
en renferme une diſpoſition expreſſe, & celle de
Loudunois lui eſt abſolument conforme. En voici
les termes :

« Le ſeigneur châtelain eſt fondé d'avoir prée-
» minence avant ſes vaſſaux ès-égliſes, étant en &
» de ſa châtellenie, comme d'avoir & tenir litre
» en ſes armes & timbres au-dedans & au-dehors
» deſdites égliſes : & peut prohiber & défendre
» qu'autres ſes vaſſaux le mettent litres ni armoi-
» ries ès-dites égliſes, au préjudice de ſa préémi-
» nence.

» Sinon que ſon vaſſal ſoit fondateur ſpécial ;
» auquel cas il pourra avoir & tenir litres, ſes ar-
» mes & armoiries, à timbrer & autrement, au-
» dedans & au-dehors de ladite égliſe.

» Sinon que ladite égliſe fût la principale égliſe
» parochiale, en laquelle fût aſſis le châtel ou prin-
» cipale maiſon de ladite châtellenie ; auquel cas, il
» ne pourra avoir ſeſdites litres & armes au-dehors ;
» mais les pourra avoir par dedans ſeulement ; &
» auſſi, ſi ledit vaſſal d'ancienneté avoit coutume de
» tenir litres & armes au-dedans de ladite égliſe,

» faire le pourra. *Article 60*, chap. 5 *art.* 2 ; de
» celle de Loudun ».

La coutume de la Salle de Lille, *titre* 1, *art.* 29,
dit : « un ſeigneur haut-juſticier ou vicomtier, ayant
» tous les héritages, ou la plupart d'iceux abordant
» au cimetière de l'égliſe, étant de ſon gros fief,
» (domaine) ou terrier de lui, eſt réputé ſeigneur
» temporel & fondateur de ladite égliſe, s'il n'ap-
» pert du contraire (s'il n'appert qu'un autre ſoit
» ſeigneur temporel & fondateur de l'égliſe) ; au-
» quel ſeigneur ſon bailli ou lieutenant, par l'avis
» du curé ou vice-gérent & parochiens, appartient
» créer & inſtituer clerc parochial, miniſtres, mar-
» gliſſeurs & charitables des pauvres, les déporter
» & inſtituer d'autres ; ouïr les comptes qu'ils ren-
» dent de leur adminiſtration, les ſigner ; aller à la
» proceſſion portant blanche verge, par ſondit bailli
» en ſigne de ſeigneurie ; de faire maintenir la dé-
» dicace d'icelle paroiſſe, y faire danſer & meneſ-
» trauder, donner épinette, roſe ou joyaux ; &
» à toutes autres autorités & prééminences tempo-
» relles en icelles égliſes ».

Les *droits* du ſeigneur haut-juſticier font pareillement reconnus par les juriſconſultes les plus graves ;
voici comme Loiſeau s'en explique : *des Seigneuries*,
cap. 11, n°. 14, 15, 20, &c.

« Quant au rang, il eſt notoire que le haut-
» juſticier a *droit*, comme magiſtrat propriétaire du
» village, de le prendre en icelui & dans les limites
» de ſa juſtice, avant tous ceux qui y font réſidens,
» encore que plus grands ſeigneurs que lui, comme
» étant ſes ſujets juſticiables.... Et comme l'endroit
» le plus honorable, c'eſt l'égliſe, auſſi eſt-ce le
» lieu où le rang paroît le plus....

» Le haut-juſticier, qui eſt ſeigneur du territoire
» n'a pas préféance dans l'égliſe, devant les gens
» d'égliſe, qui font exempts de ſa juſtice & ſub-
» jection ; mais hors eux & ſes ſupérieurs, & en-
» core ceux de la haute nobleſſe non réſidente en
» ſon territoire, il devance en tous lieux d'icelui
» toutes autres perſonnes qui s'y trouvent, même
» tous les autres honneurs de l'égliſe lui appartien-
» nent, de cette ſorte qu'il s'en peut pourvoir en
» juſtice, comme d'un *droit* & dépendance de ſa
» ſeigneurie, ſoit par action ou par complainte ».

M. de Roye reconnoît les *droits* du ſeigneur
haut-juſticier d'une manière auſſi formelle : voici
l'analyſe de ce qu'il dit à cet égard dans ſon *Traité
du patronage* : quoique l'égliſe ſoit exempte de la
juriſdiction du ſeigneur haut-juſticier, après qu'elle
eſt conſacrée, néanmoins parce qu'elle eſt ſituée
dans ſon territoire, elle doit lui rendre honneur.

1°. Le haut-juſticier n'a point *droit* de préſenter
le titulaire, parce que ce n'eſt point lui qui a fondé
& doté l'égliſe.

2°. Il n'a point droit de litre au-dedans de l'é-
gliſe, parce que l'égliſe ne lui appartient point, mais
au patron, lequel a ſeul ce droit.

3°. Autrefois le ſeigneur haut-juſticier n'avoit
point *droit* de ſépulture dans le chœur ; du moins

à préfent ne doit-il point être enterré près le grand autel, *ubi corpus & fanguis domini conficitur.*

4°. Il n'a point *droit* d'être éncenfé s'il n'eft prince, ou qu'il n'ait quelque dignité éminente.

5°. Il n'a point auffi *droit* d'exiger que le clergé vienne le recevoir en proceffion, cet honneur n'eft réfervé qu'au patron & aux princes, Mais à l'exception des honneurs ci-deffus, il a tous les autres; c'eft-à-dire, après le patron & avant les autres.

« Un banc diftingué dans le chœur, dit M. d'Hé-
» ricourt, le premier rang à la proceffion, à l'of-
» frande, dans la diftribution du pain béni, pour
» l'eau bénite, pour l'encens, pour la recommanda-
» tion aux prières nominales, font les honneurs que
» l'églife accorde aux patrons & aux feigneurs haut-
» jufticiers. *Loix eccléfiaftiques, troifième partie, ch. 9 ».*

On retrouve la même décifion dans le paffage des arrêtés de M. de Lamoignon, tranfcrit plus haut. On y lit que nul ne peut prétendre les *droits honorifiques* dans l'églife, s'il n'eft patron ou *feigneur haut-jufticier,*

M. Danty, dans la première de fes obfervations fur Maréchal, tient exactement le même langage. Après avoir fait l'énumération des *droits honorifiques,* les avoir divifés en deux claffes, cet auteur ajoute : « à l'égard de ceux de la première claffe, il n'y a
» que le patron ou le feigneur haut-jufticier qui
» foient fondés en *droit* de les avoir; tous les au-
» tres, s'ils en jouiffent, doivent être regardés
» comme des ufurpateurs, parce que la poffeffion
» même ne leur peut attribuer ces fortes d'honneurs;
» ainfi le curé a *droit* de les leur refufer de fa
» feule autorité ».

La queftion a été jugée plus d'une fois; il exifte plufieurs arrêts qui maintiennent les feigneurs haut-jufticiers dans la poffeffion des *droits honorifiques,* toutefois après le patron de l'églife.

L'arrêt rendu le 23 août 1615, entre M. Viole, feigneur d'Atis, & les religieux de S. Victor, eft le plus ancien de ceux que l'on cite, comme ayant décidé que le banc dans le chœur & les armoiries aux murs de l'églife, font des honneurs dus à la haute-juftice. Il paroît, par des titres de 1142, fur lefquels l'arrêt a été rendu, que c'eft l'évêque de Paris, & non pas le feigneur d'Atis, qui a donné l'églife d'Atis & le patronage aux chanoines régu-liers de S. Victor; ainfi le feigneur d'Atis main-tenu dans les *droits* de banc & d'armoiries, n'avoit point d'autre qualité qui les lui donnât, que celle de haut-jufticier.

L'arrêt a maintenu & gardé les religieux au *droit* des premiers honneurs & prééminences en l'églife paroiffiale d'Atis, comme fondateurs & patrons de cette églife; & M. Viole, comme feigneur haut-jufticier d'Atis, églife & presbytère de ce lieu, ès *droits honorifiques* & prééminences de la même églife.

D'aller le premier, après les religieux & prieur, à la proceffion & offrande; de recevoir le premier, après eux, l'eau bénite, la paix & le pain béni.

D'avoir litres & veftures de deuil, armoiries de fes armes autour de ladite églife, tant dedans que dehors, au-deffous néanmoins, pour le regard du dedans de l'églife, de celles que les religieux & prieur du couvent ont *droit* de mettre au-dedans feulement de ladite églife, comme patrons & fon-dateurs d'icelle.

D'être recommandé, lui, fa femme & fes en-fans aux prières publiques, qui fe feront au prône par le prieur-curé, fes vicaires ou celui qui fera le prône.

Et à tous autres *droits* & honneurs appartenant à feigneur châtelain & haut-jufticier.

Et pour le regard des bancs, étant dans le chœur d'icelle églife, aura feulement ledit Viole, le banc qu'il a de préfent au côté gauche en entrant audit chœur : lequel il pourra faire croître fi befoin eft, pour y être, lui, fa femme & fes enfans, fans incommoder ledit chœur, ni empêcher le fervice divin & fans qu'aucun autre puiffe prétendre *droit* de banc audit chœur, que lefdits religieux & couvent.

Les marguilliers donneront la permiffion d'avoir banc au fiège de la nef, par l'avis néanmoins du prieur-curé d'Atis.

Les comptes de l'œuvre & fabrique de ladite églife feront rendus pardevant les marguilliers & anciens paroiffiens, en la manière accoutumée.

Sur la cloche feront gravées les armoiries def-dits de faint Victor, au plus éminent lieu, & celles dudit Viole après; fi mieux n'aime ledit Viole con-fentir la cloche être gravée fans aucune gravure d'armoiries ni infcriptions.

Lorfqu'il fera befoin de réparer ladite églife, lef-dits religieux, prieur & couvent contribueront du revenu dudit prieuré, jufqu'à concurrence de ce qu'ils font tenus de contribuer auxdites réparations par les conftitutions canoniques, nos ordonnances & arrêts.

Quant aux *droits* purement de juftice, celui qui fera le prône fera tenu de publier à la fin d'icelui, tout ce qui lui fera préfenté de la part dudit Viole & de fes officiers audit Atis, fans aucun falaire. Les cloches, étant en ladite églife, pourront être fonnées toutes les fois qu'il en fera befoin, pour appeler aux plaids & à tous autres actes dépendans de la juftice dudit Viole, fans que lefdits religieux ou les vicaires & marguilliers puiffent y donner empêchement.

On trouve dans les *Mémoires du Clergé, tom. III; tit. 6,* un arrêt du 19 février 1705, dont l'intitulé eft conçu en ces termes : arrêt du grand-confeil, qui ordonne que le patron eccléfiaftique aura fon banc dans la première place du chœur; & le feigneur haut, moyen & bas-jufticier, à la feconde place du chœur de ladite églife.

Un arrêt du 12 juin 1739, au rapport de M. de la Michodière, en maintenant le feigneur d'Hallan-court, fondateur de la paroiffe du lieu, dans le *droit*

droit d'armoiries & de litres & autres *droits honori-fiques*, a permis au fieur Biny, feigneur de quatre fiefs dans la paroiffe, & qui avoit acquis du roi, en exécution de l'édit de 1702, la haute-juftice d'Hallancourt, de mettre fa litre au-deffous de celle du fondateur.

Les fieurs d'Efterville en Beauce, étoient fondateurs de l'églife paroiffiale d'Efterville ; la terre avoit paffé avec les *droits* de fondation au fieur de Vaucouleurs, & enfuite à MM. Thiroux & d'Arconville. Les fieurs d'Efterville, & après eux les fieurs de Vaucouleurs, avoient leur banc dans le chœur, le *droit* de fépulture, leurs armoiries aux voûtes, & à divers autres endroits de l'églife, leur litre, & étoient recommandés aux prières nominales, fans que jamais le haut-jufticier du lieu, qui étoit l'évêque d'Orléans, eût joui d'aucun de ces *droits*.

M. Rolland, propriétaire d'un fief, fitué à l'iffue du village d'Efterville, acquit, en 1712, du fieur Fleuriau d'Armenonville, évêque d'Orléans, la haute-juftice d'Arconville ; le contrat (*Mémoire pour M. d'Arconville, pag. 4.*) ne contenoit point vente des *droits honorifiques*, dont les évêques d'Orléans n'avoient jamais joui, néanmoins M. Rolland les prétendit, & contefta à M. d'Arconville la qualité de fondateur & les *droits* qui en dépendent.

M. d'Arconville, dont les titres s'étoient égarés, les recouvra, & prouva qu'il repréfentoit le fondateur, & que fes auteurs avoient perpétuellement joui des *droits* d'armoiries, de banc & de fépulture attachés à la fondation ; mais il confentit que M. Rolland eût de pareils *droits* après lui. L'arrêt « maintient M. d'Arconville dans le *droit* & poffeffion » d'y avoir feul tous les *droits honorifiques*, par » préférence à M. Rolland & privativement à tous » autres ; fait défenfes audit Rolland & à tous au-» tres de l'y troubler ».

Cet arrêt, comme l'on voit, donne bien la préférence au patron fur le haut-jufticier, mais il n'exclut pas ce dernier des honneurs de l'églife ; au contraire, il les lui confère après ce même patron.

Dans la paroiffe de Soifi-Montaquoy, Fremigny des Bordes, les feigneurs de Reau font fondateurs de l'églife paroiffiale de Soifi : ils en ont le patronage ; ils y ont leurs tombes dans le chœur, leurs armoiries, banc à queue dans le chœur, litre, & font nommés aux prières. Ils ont la haute-juftice & cenfive de l'églife & du cimetière, concurremment avec le feigneur du fief des Bordes.

Les feigneurs de Reau s'étant laiffé entraîner dans la religion prétendue réformée, l'exercice de leur *droit* de patronage fut fufpendu dans ce temps de trouble ; le feigneur des Bordes s'empara de quelques-uns des *droits* de fondateur, comme celui de litre, qu'il prétendit, non comme haut-jufticier en partie, mais comme fondateur.

Le fief de Reau fut acquis en 1694, avec tous fes *droits* de patronage, par M. de Brecourt, confeiller en la cour des aides. Ces *droits* furent énoncés

dans fon décret. Le fieur de Catillon, propriétaire du fief des Bordes, s'oppofa au décret ; & fe difant lui-même fondateur, il en prétendoit les *droits* à l'exclufion du feigneur de Reau.

Cette conteftation fut jugée par fentence des requêtes du palais, du 7 feptembre 1701. Cette fentence, confirmée depuis par arrêt, maintient le fieur de Brecourt, feigneur de Reau, dans la poffeffion de fe dire & qualifier feul fondateur de la paroiffe de Soifi, & dans la haute-juftice & cenfive de l'églife & cimetière de la paroiffe, concurremment néanmoins avec le fieur de Catillon, pour y faire exercer la juftice par leurs officiers, alternativement d'année en année, à commencer par le fieur de Brecourt : elle maintient auffi le fieur de Brecourt feul dans le *droit* de fépulture dans le chœur ; dans la poffeffion des deux bancs qui y font conftruits, avec liberté néanmoins au fieur Catillon de faire conftruire un banc dans le chœur, au-deffous toutefois de celui du fieur de Brecourt.

Le fieur de Brecourt, ajoute la fentence, fera recommandé au prône par le curé de la paroiffe, en qualité de fondateur & de feigneur haut-jufticier, & le fieur de Catillon, en qualité de jufticier feulement.

Le fieur de Brecourt pourra feul faire mettre fa litre au-dedans de l'églife : lui permet de faire effacer celle du fieur de Catillon. Et à l'égard du dehors de l'églife, le fieur de Brecourt & le fieur de Catillon pourront, fi bon leur femble, mettre chacun une litre ; favoir le fieur de Brecourt à commencer du point milieu du maître autel, & incontinent du côté de l'évangile, jufqu'au point milieu de la porte principale de l'églife ; & le fieur de Catillon, depuis le point milieu du maître autel du côté de l'épître, jufqu'au milieu de ladite porte.

Du droit d'être reçu en proceffion. Ce droit confifte dans l'obligation impofée au clergé d'aller en corps & proceffionnellement, aux fêtes les plus folemnelles, recevoir à la porte de l'églife les patrons, les feigneurs hauts-jufticiers & quelques autres perfonnes, telles que les évêques, &c.

Les évêques ont été les premiers que le clergé & le peuple aient été recevoir en proceffion.

L'hiftoire eccléfiaftique nous en fournit plufieurs exemples, comme de S. Athanafe au-devant de qui tout le peuple d'Alexandrie alla après fon retour d'exil, chacun étant rangé felon fon âge, fon fexe & fa profeffion. S. Chryfoftôme fortit auffi avec fon clergé, au-devant de S. Epiphane, évêque de Salamines en Chypre, lequel venoit à Conftantinople, comme le remarque Sozomène, *lib. 8, hift. cap. 14.*

Mais ce qui étoit pour lors un effet du zèle, eft depuis tourné en obligation, & l'on a confidéré la proceffion comme l'un des *droits* épifcopaux. C'eft pourquoi nous voyons dans le chapitre *auditis de præfcripti*, qu'un abbé vouloit s'affranchir de cette charge, à caufe de fon exemption, contre laquelle l'évêque alléguoit qu'il y avoit eu inter-

ruption de la poſſeſſion dans laquelle cet abbé vouloit ſe maintenir, de n'être point obligé d'aller au-
devant de l'évêque en proceſſion.

On a auſſi accordé la même choſe aux empereurs qui venoient à l'égliſe, comme prouve Haute-
ſerre, *de ducib. & comit. lib.* 7, *cap.* 17, & les
gouverneurs des provinces ent auſſi obligé le clergé
de venir au-devant d'eux. Ils exigeoient cette marque d'honneur comme repréſentant le ſouverain.

Lorſque les ducs, les comtes & les autres grands
ſeigneurs de fiefs uſurpèrent les *droits régaliens*,
celui d'être reçu en proceſſion fut regardé comme
une ſuite de la ſouveraineté dont ils jouiſſoient
dans leurs terres, & bientôt cette prérogative fut
regardée comme une dépendance de la haute-
juſtice.

Ce *droit* eſt très-ancien. Nous voyons dans Grégoire de Tours, *lib.* 10, *cap.* 9, que l'évêque de
Vannes envoya ſon clergé avec la croix, au-devant
de Brecaire, général de l'armée du roi Gontran.

On lit dans l'épître 21 de Fulbert, abbé de
Fleury, que Thiébaut, comte de Chartres, exigeoit que le monaſtère de Fleury vînt proceſſionnellement au-devant de lui

Cette prérogative appartient également au patron,
comme propriétaire de l'égliſe; c'eſt même en
quelque ſorte le prix de la fondation: c'eſt ainſi
que s'en explique le pape Clément III, dans l'une
de ſes décrétales, *pro fundatione eccleſiæ honor pro-
ceſſionis fundatori ſervatur.*

Cet honneur eſt également dû aux corps qui
viennent célébrer l'office le jour du patron; ils
doivent être reçus par le curé ou vicaire perpétuel en perſonne, & non par leur vicaire ou
commis, ſi ce n'eſt en cas d'abſence néceſſaire,
maladie, ou autre empêchément légitime & non
affecté, parce que c'eſt un devoir qu'un de nos auteurs appelle *perſonaliſſimè.*

Les chanoines de la cathédrale de Beauvais ont
même obtenu un arrêt ſur production, le 14 février 1626, contre le curé de Notre-Dame de la
Baſſe-œuvre, ou autrement curé de S. Pierre,
pour l'obliger à précéder leur proceſſion avec une
baguette & un bouquet au bout, en perſonne,
ſans pouvoir en ſubſtituer un autre pour faire une
figure auſſi déſagréable.

De l'encens. Cette prérogative conſiſte dans le
droit de recevoir l'encens d'une manière diſtinguée.

Les canoniſtes penſent que dans la primitive
égliſe l'encens étoit réſervé aux autels, & cela eſt
très-vraiſemblable.

On ne tarda pas à rendre cet honneur aux empereurs & aux rois. On lit dans Codin, *de offic.
conſtant. cap.* 14, *n°.* 17, que l'empereur étant
allé à ſainte Sophie, fut encenſé par le patriarche
pendant les vêpres, lui & les principaux officiers
de ſa ſuite.

Bientôt les ſeigneurs & les patrons partagèrent
cette prérogative, & ils en jouiſſent aujourd'hui.

La manière dont ſe rend cet honneur n'eſt rien

moins qu'uniforme: les arrêts varient ſur le nombre des coups d'encenſoir que les ſeigneurs ont
droit d'exiger; cependant nous n'avons ſur ce point
que des arrêts, nous ne pouvons donc faire autre
choſe que de les rapporter.

On trouve dans les obſervations de M. Danty
ſur Maréchal, un arrêt du 26 juin 1696, conçu
en ces termes:

» Louis, par la grace de Dieu, roi de France
» & de Navarre: au premier des huiſſiers de notre
» cour de parlement, ou autre notre huiſſier ou
» ſergent ſur ce requis, ſavoir faiſons: qu'entre
» Me Gerault Garſelon, prêtre, curé de Tallemay,
» appellant de la ſentence des requêtes de notre
» palais, du 6 février 1696, rendue au profit de
» l'intimé ci-après nommé, par laquelle il a été
» dit, parties ouïes pendant deux audiences, en
» la première chambre deſdites requêtes du palais,
» faiſant droit ſur les conteſtations des parties,
» que ledit Garſelon, curé de Tallemay, eſt
» condamné, ainſi qu'il l'a conſenti par ſes dé-
» ſenſes, de donner l'eau bénite les dimanches à
» l'intimé & à ſa femme, en leur chapelle, par
» préſentation de l'aſperſoir, & à leurs enfans par
» aſperſion ſeulement; qu'à l'égard des encenſe-
» mens qui ſe font le matin à la grand'meſſe,
» ledit Garſelon eſt condamné, étant ſur les mar-
» ches de l'autel, & ſe détourner du côté de la
» chapelle dudit intimé, l'encenſer lui & ſa femme
» chacun une fois & ſéparément, enſuite leurs
» enfans une fois pour eux tous; & l'après-dîner
» à vêpres au cantique *Magnificat*, après les en-
» cenſemens ordinaires, ſe tranſporter en la cha-
» pelle dudit intimé, où il l'encenſera une fois,
» ſa femme une fois, & leurs enfans une fois,
» en quelque nombre qu'ils ſoient.

» Notredite cour, après la déclaration de la
» partie de Gondouin, qu'elle ne prétend point
» avancer ni reculer l'heure du ſervice divin, &
» ne l'a jamais prétendu, reçoit la partie de Lie-
» nard oppoſante à l'exécution de l'arrêt par dé-
» faut, & ſans s'arrêter aux requêtes des parties
» de Lienard & de Gondouin, a mis & met l'ap-
» pellation au néant: ordonne que ce dont a été
» appellé ſortira effet; condamne l'appellant en
» l'amende de douze livres & aux dépens: ſi te
» mandons, &c. Donné en parlement le 26 juin,
» l'an de grace 1696, & de notre règne le cin-
» quante-quatrième. Collationné par la chambre ».
Signé, DU TILLET.

Un arrêt du grand-conſeil, rendu le 27 novembre 1704, entre le ſeigneur & le chapitre de
Vaſtan, a ordonné que les encenſemens ſe feroient
à ce ſeigneur & à ſa femme chacun trois fois, &
à leurs enfans chacun une fois. Cet arrêt eſt rapporté par Déniſart, au mot *Encens.*

Duperray cite une ſentence des requêtes du
palais, du 10 juin 1717, qui a ordonné la même
choſe en faveur du ſeigneur de Regnac.

M. l'avocat général d'Agueſſeau, dans une plaidoierie fur laquelle eft intervenu arrêt le 12 janvier 1728, difoit qu'on ne donnoit l'encens au feigneur par diftinction que comme chef du peuple & lorfqu'on encenfe le peuple, & qu'on ne devoit le lui donner qu'après le clergé, & ceux qui font revêtus de furplis; cette préférence du clergé fur les feigneurs eft établie fur la difpofition de l'édit d'avril 1695, rapportée plus haut.

La jurifprudence, comme on voit, n'eft pas uniforme fur le nombre des coups d'encenfoir que les curés doivent donner au patron & au feigneur; dans cette variété, il faut fuivre l'ufage de la paroiffe, s'il en exifte, & s'il n'y en a pas, l'ufage le plus général du diocèfe.

Les patrons & les feigneurs ne peuvent exiger l'encens que lorfque le curé eft obligé d'encenfer, fuivant le rituel du diocèfe; encore faut-il en excepter les jours où le faint facrement eft expofé. Ces jours-là on n'encenfe que l'autel.

Le curé eft obligé d'encenfer le feigneur de fa paroiffe, à la meffe & à vêpres.

Quatre arrêts du parlement de Dijon l'ont ainfi ordonné; ils ont été rendus en faveur du fieur de Faubert, écuyer, feigneur de la Perriere, Creffi & Montpetit, contre le curé de Creffi, les 2 mars 1675, 25 février 1679, 23 juillet 1683 & 12 avril 1701, fur les conclufions de MM. les gens du roi.

Le feigneur ne peut exiger l'encens que lorfqu'il eft dans le banc feigneurial; s'il fe déplace, s'il fe confond dans la foule des paroiffiens, le curé n'eft pas tenu d'aller l'y chercher. Ce point eft jugé par l'arrêt du 11 mars 1742, entre le curé de Mazerni & le fieur Duhan, feigneur du lieu; l'arrêt condamne le curé à donner l'encens au feigneur les principales fêtes de l'année & autres jours auxquels on a accoutumé d'encenfer dans l'églife de Mazerni, en fe tranfportant à cet effet au-devant du banc feigneurial du fieur Duhan, & feulement lorfque celui-ci fera dans ledit banc feigneurial & ordinaire dans le chœur de l'églife.

L'auteur du petit traité imprimé à la fin du tome premier de Maréchal, s'élève contre un genre de chicane que les curés ne font que trop fouvent aux feigneurs; voici comme il s'en exprime : « les » jours des fêtes des patrons des églifes paroiffia- » les, les curés ont coutume d'affembler plufieurs » de leurs confrères, & cette coutume eft très- » louable, quand elle ne fe pratique qu'en vue de » faire le fervice avec plus de folemnité, & d'édi- » fier les peuples par des exemples de piété & » de fobriété.

» Quelques curés cependant prennent prétexte » de ces affemblées pour ne point donner d'en- » cens aux feigneurs ces jours-là, parce que, di- » fent-ils, deux de leurs confrères portant la chappe » & faifant l'office de chantres, ils ne font tenus » de donner de l'encens qu'à ces chantres, & ne » font point tenus d'en donner aux laïques.

» On ne fait pas fur quoi les curés de campagne » fondent cette diftinction; rien n'eft plus faux » que l'on ne doive de l'encens qu'aux chappiers : » au contraire, quand on leur en donne, il faut » encenfer le feigneur & enfuite les autres laïques, » & les curés font bien voir en cela qu'ils n'ont » point d'autre règle que leur caprice.

» Dans les grandes villes où il y a toujours » des chantres & d'autres eccléfiaftiques en fonc- » tion, on ne laiffe pas de donner de l'encens » aux magiftrats qui affiftent au fervice divin. Le » cérémonial des évêques, comme on l'a déjà » obfervé, règle la forme des encenfemens pour » les magiftrats & les perfonnes nobles; celle de » leur donner la paix & diftribuer les cierges, » lors même que les évêques officient, qui font » toujours accompagnés d'un grand nombre d'ec- » cléfiaftiques en fonction; & les deux ordonnan- » ces de M. l'archevêque de Lyon font encore » voir que, quoiqu'il y ait des chantres dans une » églife, on ne doit pas omettre les encenfemens » à l'égard des laïques.

» Les curés n'ont donc aucune raifon de vou- » loir priver le feigneur de l'honneur de l'encens » les jours des fêtes des patrons des paroiffes, » parce qu'il y a d'autres curés qui font l'office » de chantres; & s'ils le font, c'eft pour avoir » la maligne fatisfaction d'empêcher le feigneur » de jouir d'une partie des droits honorifiques, dans » des jours où ils peuvent les avoir avec plus » d'éclat, à caufe du concours des peuples ».

Les arrêts qu'on a cités, condamnent expreffé- ment les curés à donner de l'encens aux feigneurs, à la meffe & aux vêpres, les jours des fêtes des patrons des paroiffes; & celui qui a été rendu au parlement de Dijon en faveur du fieur de Broif- vou, le 5 août 1704, porte que le curé donnera de l'encens au feigneur, foit qu'il y ait chantres ou non.

De l'eau-bénite. Le pape Alexandre fut le premier qui ordonna que l'eau feroit bénite avec le fel, pour en faire l'afperfion au peuple; c'eft une remarque d'Anaftafe le bibliothécaire, en la vie de ce pape: néanmoins l'eau-bénite n'a commencé d'être en ufage qu'au fixième fiècle.

Cet ufage introduit, il a paru jufte de donner l'eau-bénite par diftinction, aux patrons & aux feigneurs.

Il y a deux manières de déférer cet honneur, l'une par afperfion avec diftinction, c'eft-à-dire à la perfonne du feigneur, féparément du refte des fidèles; l'autre, par préfentation du goupillon ou afperfoir: aucune loi ne décide laquelle de ces deux manières doit prévaloir fur l'autre, & les arrêts varient fur ce point. Brillon, dans fon dictionnaire, tome 2, au mot *Droits honorifiques*, n°. 62, rapporte un arrêt du 13 juin 1724, qui ordonne que le curé fera tenu de donner l'eau-bé- nite au feigneur, avec diftinction & d'une ma- nière décente. Brillon obferve que par les enquêtes refpectives, il étoit juftifié que jamais le curé n'a

voit donné l'eau-bénite autrement que par afperfion, finon le jour que le feigneur prenoit poffeffion de la terre.

On trouve un arrêt pareil dans le tome 5 des
Mémoires du clergé, entre le curé de Vaujour &
les fieur & dame de Montlaures. Cet arrêt maintient & garde le curé de Vaujour, dans la poffeffion
de donner aux fieur & dame de Montlaures l'eau-
bénite par afperfion, avant le peuple & par diftinction. Cet arrêt du parlement de Paris eft du 21
août 1714.

Le motif de ces deux arrêts eft écrit dans les
arrêts même : ils obligent les feigneurs de fe contenter de l'eau-bénite par afperfion, parce que tel
étoit l'ufage de la paroiffe ; ainfi ces arrêts ne jugent pas la queftion.

Un arrêt rendu le 11 mars 1742 fembleroit l'a-
voir décidée ; dans l'efpèce jugée par cet arrêt, il
n'y avoit aucune poffeffion, aucun ufage. Guyot,
dans fes obfervations fur les *droits honorifiques*,
nous en a confervé les détails & les moyens des
parties : on y voit que la défenfe du curé de Mazerni fe réduifoit à trois points, il prétendoit 1°.
qu'en général l'eau-bénite ne devoit fe donner que
par afperfion ; 2°. que tel étoit l'ufage de la paroiffe de Mazerni ; 3°. que le feigneur n'avoit aucune poffeffion de fe faire donner l'eau-bénite par
préfentation.

Le feigneur répondoit 1°. que les arrêts jugeoient
que l'eau-bénite devoit fe donner par préfentation
du goupillon ; 2°. que tel étoit l'ufage de toutes
les paroiffes voifines ; 3°. que s'il n'avoit point de
poffeffion, il en avoit deux raifons ; la première,
que fes auteurs avoient vécu dans la religion pro-
teftante, ce qui étoit prouvé en l'inftance, & que
par conféquent ils n'avoient pu jouir des honneurs ;
la feconde, que ce n'étoit qu'en 1738 que les
conteftations fur les *droits de juftice* avoient été
terminées entre le fieur de Manicourt & lui.

Il ajoutoit enfuite fon mémoire : *il feroit
donc ridicule de confulter pour cette affaire l'ufage de
la paroiffe, puifqu'il n'y en a aucun quel qu'il foit,
qu'à cet égard les chofes font entières : fi le feigneur
de Crève-cœur ne peut pas affurer que la poffeffion foit
en fa faveur, l'appellant ne peut pas foutenir qu'elle
lui foit contraire.*

Voici l'arrêt. « Notredite cour faifant droit fur
» le tout, a mis & met l'appellation & ce dont
» eft appel au néant ; émandant, condamne ledit
» Maclot, curé de Mazerni, fuivant fes offres, à
» recommander au prône ledit Jacques Guyaldon
» de Crève-cœur, par nom, furnom & qualité,
» à lui faire donner le pain béni & la paix à
» *baifer le premier après le clergé & ceux qui feront
» revêtus de furplis fervant à l'office divin, & ceux
» qui en tiennent lieu* ; & pareillement à lui faire
» donner l'encens par l'enfant-de-chœur à la meffe,
» *le premier après le clergé & ceux qui en tiennent
» lieu* ; & à le donner lui-même à vêpres, les
» principales fêtes de l'année & autres jours aux-

» quels on a accoutumé d'encenfer dans l'églife de
» Mazerni, en fe tranfportant à cet effet au-devant
» du banc feigneurial dudit Duhan, & feulement
» lorfque ledit Duhan fera dans ledit banc feigneu-
» rial & ordinaire dans le chœur de l'églife : fur
» le furplus des demandes, fins & conclufions des
» parties, les met hors de cour ».

Cet arrêt, comme nous l'avons déjà dit, femble
décider la queftion, parce qu'en effet il n'y avoit
aucun ufage dans la paroiffe : ainfi l'on pourroit
conclure qu'en général les curés ne doivent aux
feigneurs l'eau-bénite que par afperfion ; mais il
exifte d'autres arrêts qui jugent dans les mêmes
circonftances que l'eau-bénite doit fe donner par
préfentation de l'afperfoir, on les trouve dans
Brillon, Denifart, Guyot, &c. Le plus célèbre eft
l'arrêt connu fous la dénomination d'*arrêt de Tallemay* : en voici l'efpèce telle que M. de Cluny l'a
rapportée dans fon petit traité imprimé à la fin du
tome premier de Maréchal. Nous tranfcrirons de
fuite les réflexions que ce magiftrat a cru devoir
faire fur cet arrêt.

« Le fieur Fijan, baron de Tallemay, maître
» ordinaire en la chambre des comptes de Paris,
» avoit fait affigner le curé de Tallemay parde-
» vant MM. des requêtes du palais à Paris, pour
» le faire condamner à lui rendre les *droits hono-
» rifiques* qui lui étoient dus en qualité de fei-
» gneur haut-jufticier de Tallemay, & avoit ob-
» tenu une fentence le 6 février 1696, qui, entre
» autres chofes, avoit condamné le curé à donner
» l'eau-bénite au fieur Fijan, en fa chapelle, par
» préfentation de l'afperfoir.

» Le curé de Tallemay interjetta appel de cette
» fentence ; en caufe d'appel, le fieur Fijan pré-
» fenta requête au parlement de Paris, dans la-
» quelle il demanda acte de la déclaration qu'il
» faifoit, qu'encore que par la fentence dont étoit
» appel, le curé de Tallemay eût été condamné
» à lui donner l'eau-bénite par préfentation de
» l'afperfoir, il fe rapportoit néanmoins à la cour,
» en jugeant l'appel, d'ordonner qu'il feroit tenu
» de donner de l'eau-bénite, foit par préfentation
» de l'afperfoir, ainfi qu'il avoit été jugé, ou par
» afperfion, avec la diftinction convenable & qui
» eft due, ainfi que la cour jugeroit à propos.

» Nonobftant cette déclaration, le parlement de
» Paris confirma la fentence des requêtes du pa-
» lais en tous fes chefs, & condamna le curé en
» l'amende & aux dépens, par arrêt rendu à l'au-
» dience, fur les conclufions de M. d'Agueffeau,
» avocat-général, le 11 juillet 1696 ».

Cet arrêt qui eft rapporté tout au long dans
Maréchal, *tom*. 2, *obferv*. 17, comme un préjugé qui doit être fuivi, décide formellement que
les juges laïques font en droit de régler la forme
en laquelle les curés font tenus de rendre les honneurs qu'ils doivent aux feigneurs, puifque nonobftant la déclaration du fieur Fijan, qu'il s'en rapportoit à la cour, en jugeant l'appel, d'ordonner de

la manière en laquelle le curé feroit tenu de lui donner l'eau-bénite, le parlement de Paris ne laiſſa pas de confirmer la ſentence qui ordonnoit que ce feroit par préſentation de l'aſperſoir.

Cela décide la queſtion au fond, puiſque le ſeigneur n'avoit pas intenté l'action en complainte poſſeſſoire, & que la ſentence n'avoit pas prononcé par voie de maintenue & garde, mais par condamnation ; ainſi voilà un arrêt qui prouve que les ſeuls juges royaux doivent connoître même au pétitoire des *droits honorifiques*, parce qu'ils ſont partie de la ſeigneurie, & en cette qualité ſont véritablement temporels ; & par conſéquent, c'eſt à eux ſeuls à déclarer en quoi ils conſiſtent & à en régler la forme.

Il a été depuis rendu un arrêt au grand-conſeil, le 27 janvier 1704, entre les doyen, chantre, chanoines & chapitre de S. Lauriau de Vatan, qui appointe les parties ſur pluſieurs chefs de conteſtations, & qui cependant ordonne par proviſion que les doyen, chantre, chanoines & chapitre, donneront l'eau-bénite au ſieur marquis de Vatan, par préſentation de goupillon.

Quand le ſeigneur ſe pourvoit par action de complainte, la choſe ſouffre encore beaucoup moins de difficulté, puiſqu'il ne s'agit que de maintenir le ſeigneur en la poſſeſſion en laquelle il eſt, pour la jouiſſance de ſes *droits honorifiques.*

Le ſieur de Laloge, écuyer, ſeigneur de Broiſdou, s'étant pourvu en complainte au bailliage de Dijon, contre le curé de Broiſdou, au ſujet des *droits honorifiques*, & le bailli de Dijon ou ſon lieutenant ayant par ſentence du 5 juin 1704, condamné le curé à préſenter l'eau-bénite avec le goupillon, au ſieur de Laloge, dépens compenſés ; ſans prononcer par maintenue avec intérêts du trouble, comme le ſieur de Laloge y avoit conclu ; l'affaire portée au parlement de Dijon, ſur l'appel interjetté par le ſieur de Laloge, par arrêt du 5 août ſuivant, ſur les concluſions des gens du roi, la ſentence fut réformée, en ce qu'elle n'avoit pas prononcé par maintenue, & avoit compenſé les dépens ; émandant, le ſieur de Laloge fut maintenu au *droit* & en poſſeſſion de recevoir l'eau-bénite au bout du goupillon, & le curé de Broiſdou fut condamné aux dommages & intérêts du trouble, & en la moitié de tous les dépens des cauſes principale & d'appel.

De la recommandation aux prières publiques. Ce droit eſt très-ancien. S. Jean-Chryſoſtôme en parle dans la vingt-huitième de ſes homélies : il exhorte ceux qui ont des terres à y bâtir des égliſes, leur en repréſente les avantages, & entre autres celui-ci ; comptez-vous pour peu que votre nom ſoit toujours récité dans les ſaintes oblations ? Cela ſe voit auſſi dans le dix-neuvième canon du concile de Mérida, de l'an 666. *Salubri deliberatione cenſemus, ut pro ſingulis quibuſque eccleſiis in quibus presbyter juſſus fuerit per ſui epiſcopi ordinationem proceſſe, pro ſingulis diebus dominicis Deo procuret*

offerre, & eorum nomina, à quibus eas eccleſias conſtat eſſe conſtructas, vel qui aliquid his ſanctis eccleſiis videntur aut viſi ſunt contuliſſe, antè altare recitantur tempore miſſæ : quod ſi ab hác diceſſerint luce, nomina eorum cum fidelibus defunctis recitentur in ſuo ordine. Le nom du fondateur s'inſcrivoit dans les diptyques, & ſe récitoit dans la célébration des ſaints myſtères ; c'eſt une reconnoiſſance de l'égliſe qui s'eſt changée en droit, pour y contraindre les curés qui manqueroient à ce devoir.

Ces mots *eorum nomina* établiſſent qu'il ne ſuffit pas de prier pour les patrons en général, mais que le curé doit les nommer par leur nom.

Ce concile ne parle que des patrons, mais ſa déciſion a été étendue au ſeigneur haut-juſticier ; cela eſt ſans difficulté.

On lit dans tous les auteurs que les patrons & les ſeigneurs hauts-juſticiers doivent être recommandés aux prières, par leur nom & qualité. « Je » trouve, dit Guyot, *loco citato*, cette déciſion » trop vague, & que le curé ne doit nommer » qu'aux qualités relatives aux honneurs, comme » patron, châtelain ou haut-juſticier de cette pa- » roiſſe, & non pas aux qualités qu'un homme » aura à cauſe de pluſieurs terres différentes. Je » crois encore que quand ce ſont des titres digni- » taires, des qualités provenant des offices qui » aient relation intime à la perſonne, on peut les » nommer ; par exemple, on dira, *nous prierons » pour M. le prince, M. le duc, M. le comte, M. » le préſident, tel patron ou haut-juſticier de cette » paroiſſe ;* on ne doit pas exiger de dire, *nous » prierons pour haut & puiſſant ſeigneur, &c.* Le » roi, qui eſt toujours nommé le premier, eſt » nommé ſimplement en ces termes, *nous prierons » pour le roi :* après cela, il y auroit de l'indé- » cence à dire, *nous prierons pour haut & puiſſant » ſeigneur......* cela ne ſe doit pas ».

Maréchal penſe de même, que les patrons & les ſeigneurs hauts-juſticiers doivent, lorſqu'ils l'exigent, être déſignés par leurs noms & qualités, voici ſes termes : *des droits honorifiques*, cap. 8. « Tous » bienfaiteurs ont de commun avec les patrons » & ſeigneurs, que le curé ou vicaire doit les » recommander publiquement au prône, aux priè- » res, tant générales que particulières.

» Cependant les patrons & ſeigneurs qui ſont » fondés d'avoir les honneurs dans l'égliſe, prin- » cipalement le *droit de nomination* & de *litre*, » doivent être nommés particuliérement par noms » & qualités, s'ils le déſirent ; jugé par ledit arrêt » de Fontaine Martel, du 18 janvier 1603, cité » ci-deſſus, page 587, & rapporté tome 2, n°. 69. » On a auſſi jugé par arrêt de Paris, rapporté » tome 2, n°. 70, du 2 août 1614, que les priè- » res doivent être faites nommément pour les » patrons eccléſiaſtiques de même que pour les » patrons laïques ; & qu'après, elles ſeroient faites » pour les ſeigneurs & dames laïques de la même » paroiſſe.

» Cet arrêt fut donné au profit du chapitre de
» l'église cathédrale du Mans, patron de la pa-
» roisse de Grez; dame Louise d'Arville, dame
» de Vibraie & le sieur de Vibraie son fils, haut-
» justicier de cette paroisse, contre Lancelot
» Descarbont, sieur de Gemasses ».

Quelques auteurs pensent que si le patronage &
la haute-justice appartiennent à plusieurs, on ne
doit nommer que l'aîné, celui qui le représente
ou celui qui a la plus grande portion; cependant
il y a des arrêts qui ont ordonné que l'aîné seroit
nommé le premier & les autres ensuite. Tel est
l'arrêt du premier avril 1631, rapporté par Bardet,
tom. I, liv. 4, chap. 19; celui du 2 mars 1667,
rapporté par Danty, en sa vingtième observation
sur Maréchal; & l'arrêt du 12 juin 1641, rapporté
ibid. observation vingt-unième.

Du banc dans le chœur. On sait par les livres
& par les plus anciens bâtimens que les églises
étoient distribuées en trois parties. Dans la partie supérieure à l'orient étoit l'autel, derrière lequel
étoit le presbytère où les prêtres avoient des sièges;
elle se nommoit aussi *corona, absis*, à cause de sa
forme en demi-cercle, & *bema*, tribunal, parce
que l'évêque y étoit assis au milieu des prêtres,
comme le juge au milieu de ses assesseurs. Dans la
seconde partie se plaçoient des chantres qui n'étoient
que de simples clercs ou laïques destinés à cette
fonction; elle s'est appellée, par cette raison, *chœur*,
en grec *choros*; & *cancel* du mot latin *cancelli*,
parce qu'elle étoit renfermée de deux balustrades
à jour qui la séparoient, l'une du presbytère, l'autre de la nef. Il y avoit des sièges dans cette seconde partie. La troisième étoit la nef, en grec *naos*,
c'est-à-dire, temple, lieu sacré où s'assembloient les
fidèles; communément il y avoit des bancs ou sièges rangés aussi sans ordre. Nous voyons des églises
bâties depuis l'onzième siècle qui sont différentes.
La partie supérieure qu'on nomme *sanctuaire* est plus
petite qu'autrefois; l'autel est au fond, & l'on n'y
met plus de sièges que pour le célébrant & ceux
qui l'assistent, qui ne s'y placent que pendant la
messe. Ce qu'on nomme à présent le *chœur* est plus
spacieux qu'anciennement, & l'on y met des sièges pour tout le clergé, avec un banc particulier
pour les chantres.

Cette distribution qui destine le sanctuaire & le
chœur pour les ministres & le reste de l'église à
l'assemblée, est formée sur les mœurs des chrétiens
& convenable à la décence du service divin. Les
conciles & les loix civiles ont toujours ordonné
de s'y conformer.

Tout le monde convient que le fondateur, le
patron a *droit* de se placer dans les parties de l'é-
glise qu'on nomme *chœur* & *sanctuaire*; d'y avoir
une enceinte fermée, telle que nous le voyons dans
toutes les églises patronales du royaume. Les cours
le maintiennent en ce *droit*.

Sur quel fondement? Est-ce en vertu d'une concession de l'autorité ecclésiastique ou de l'évêque?

C'est l'erreur que les parlemens ont toujours rejettée & condamnée. Selon nos libertés, les *droits*
de patronage sont des *droits* temporels, des *droits*
de propriété, sur lesquels le pape ni les évêques
ne peuvent rien. Toutes les règles que l'on suit
en matière des bancs dans l'église, dérivent de ce
principe & le prouvent.

Les arrêts qui maintiennent les fondateurs au
droit de banc dans le chœur, prononcent en ces
termes: *la cour maintient N.... dans le droit & possession de se nommer fondateur de telle église, & comme
tel d'avoir tous les droits honorifiques en icelle, même
d'avoir banc & séance dans le chœur au lieu le plus
honorable après le curé.* Ils déclarent donc que le
banc dans le chœur est un *droit* du fondateur, un
droit de propriété.

Le seigneur haut-justicier jouit de la même prérogative; il a le *droit* d'avoir un banc dans le chœur
de l'église.

Cette distinction appartient exclusivement au
patron & au seigneur haut-justicier; nul autre ne
les partage avec eux: c'est ce que Loiseau dit très-
nettement n°. 65, « je dis donc que (hors le pa-
» tron & le haut-justicier, qui seuls sont fondés en
» *droit* commun) nul ne peut avoir banc en l'é-
» glise sans la permission des marguilliers, n°. 78:
» hors le patron & le haut-justicier, la première
» place de l'église n'appartient à aucun ».

Ainsi les gentilshommes ou seigneurs de fief ne
peuvent, ni exiger, ni se disputer entre eux cette
prérogative; M. de Cambolas, *liv. I, chap. 50*,
rapporte un arrêt qu'il le juge bien disertément: cet
arrêt est du 27 octobre 1593. Voici le fait tel que
M. de Cambolas le rapporte:

« Pierre Lallelle, se disant gentilhomme, avoit
» fait dresser un banc pour lui & les siens dans l'é-
» glise de Sauveterre, auquel son père & lui s'é-
» toient assis depuis un temps immémorial, jusqu'à
» ce que Duston, aussi gentilhomme & de plus
» ancienne maison que Lallelle, ayant pris sa de-
» meure au lieu de Sauveterre, voulut être assis
» le premier au banc & avoir le premier le pain
» béni, sur quoi procès, tant devant l'official que
» devant le sénéchal; & par la diversité des juge-
» mens qui maintenoient tantôt l'un, tantôt l'autre
» en cette possession & prééminence, l'affaire ayant
» enfin été portée au parlement, après partage fut
» rendu arrêt *qui les mit hors de cour & de procès* ».

M. de Cambolas ajoute: « n'ayant pas été trouvé
» raisonnable de bailler séance dans l'église à ceux
» qui n'étoient pas seigneurs, mais seulement ha-
» bitans du lieu (que le banc que Lallelle avoit
» fait mettre seroit ôté de l'église), ce n'est n'ap-
» partenant qu'aux hauts-justiciers ou fondateurs de
» l'église qui peuvent former complainte pour la
» préséance, banc & place qui leur appartiennent
» en cette qualité; mais hors cela, nul ne peut
» avoir banc à l'église sans permission ».

Bacquet, *des droits de justice, chap. 26, n°. 16;*

rapporte un pareil arrêt du parlement de Paris., du 23 septembre 1556.

Si le territoire de la paroisse est divisé en plusieurs fiefs, ayant chacun une justice séparée, celui-là seul a *droit* d'avoir un banc dans le chœur sous la justice duquel l'église est bâtie; ainsi, dans cette matière, toutes les fois que nous parlons du seigneur haut-justicier, cela doit s'entendre de celui dans la justice duquel l'église est située : c'est ce qu'a jugé un arrêt du parlement de Toulouse, du 11 février 1655; cet arrêt donne le *droit* de banc aux seigneurs hauts-justiciers du sol de l'église, à l'exclusion des autres hauts-justiciers dans la paroisse. M. de Catelan rapporte cet arrêt, *tom. I, liv. 3, chap. 1.*

« Observez cet arrêt, dit Guyot dans ses *Obser-*
» *vations sur les droits honorifiques, chap. 5*, il juge
» que le haut-justicier du lieu où l'église est bâtie,
» le haut-justicier du sol de l'église a *droit* de banc
» au chœur, à l'exclusion des autres hauts-justiciers
» dans la paroisse qui en ce cas ne sont qu'habitans;
» parce qu'n'étant pas hauts-justiciers *du terrein de*
» *l'église*, ils n'ont pas en eux le germe productif
» des *droits honorifiques*; cette protection que le haut-
» justicier du lieu doit à l'église & en reconnois-
» sance de laquelle elle lui a déféré les honneurs :
» de-là ces hauts-justiciers de la paroisse n'ont pas
» relativement à l'église plus de pouvoir que tout
» autre habitant, c'est ce que nous explique Roye,
» *de jurib. honor. lib. 2, cap. 1, undè qui ex fidéli-*
» *bus publicâ potestate suâ ecclesiasticæ paci consulunt,*
» *qui pro imperio suo ecclesiæ laboranti, & oppressis*
» *miserabilibus personis opem ferre possunt, plus etiam*
» *conferre videntur ad ecclesiæ finem, ac proindè par*
» *est iis quoque honorem deferri.* C'est donc à ceux
» dont la jurisdiction peut spécialement protéger
» l'église & lui procurer la paix & la tranquillité,
» que les honneurs sont dus après le patron & non
» à d'autres. C'est donc des hauts-justiciers que
» Roye parle, quand il dit : *seniores locorum & in*
» *eorum senioratu habent positam ecclesiam*; donc il
» est clair qu'on abuse du terme *seniores* employé
» par ce docte auteur, quand on l'applique aux sei-
» gneurs de fiefs qui n'ont & ne peuvent avoir cette
» puissance publique qui est le second germe pro-
» ductif des *droits honorifiques* ».

Ce banc est distingué, non-seulement par la place qu'il occupe, mais encore par la forme. Il peut être fermé, avantage que n'ont pas ceux des autres paroissiens.

Les seigneurs & les patrons jouissent, comme on voit, concurremment de cette prérogative, avec cette différence néanmoins que le banc du patron doit être du côté droit de l'autel comme étant le plus honorable.

Maréchal établit cette préférence du côté droit sur le gauche : voici comme il s'explique sur ce point, dans *Traité des droits honorifiques, cap. 2.*
« Le côté droit de l'église est le plus noble & le
» plus honorable : nous en avons différens exem-
» ples en la genèse, *chap. 48*; aux pseaumes 13,
» *verf. dernier*, 109, *verf. 1 & 7, & 120, verf. 5,*
» & encore au chapitre 4 des proverbes, *verf. 27;*
» des cantiques, *chap. 8, verf. 3*; & entre les chré-
» tiens, S. Mathieu, *cap. 25.*

» Mais il ne faut point rechercher de meilleure
» raison que le symbole des apôtres, *sedet ad dex-*
» *teram Dei Patris*; aussi c'est ce que nous prati-
» quons : Dumoulin, §. 8, *gloss. 3*, sur la cou-
» tume de Paris : arrêt du parlement de Rouen,
» pour Nicolas d'Arces, baron de la Ferrière, contre
» Philippe de la Haie, sieur de Pipardière, des
» 27 février 1532 & 27 mars 1601, rapportés
» *tom. II, n°. 41 & 42*; ils se contestoient la pré-
» rogative de séances & autres honneurs en l'église
» de Livarot. Autre arrêt de Toulouse cité ci-dessus,
» du 13 septembre 1552, rapporté. *tom. II, n°. 18* ».

Cette règle, que le patron & le haut-justicier ont *droit* d'avoir leur banc dans le chœur, ne reçoit qu'une seule exception : c'est dans le cas où ce banc gêneroit la célébration du service divin, alors le patron & le seigneur doivent se placer dans la nef comme les autres paroissiens. Si dans le chœur il n'y a place que pour un seul banc, cette place appartient au patron préférablement au seigneur justicier.

Lorsque le patron & le haut-justicier ont établi leurs bancs dans le chœur, quelque incommodité qu'ils apportent à la célébration du service, néanmoins le curé ne peut pas les faire enlever de sa seule autorité; s'il le fait, c'est une voie de fait, une entreprise, une marque d'ingratitude envers le patron, un manque de respect envers le seigneur, qui doivent être sévèrement réprimés. Ce point est décidé par un arrêt du 13 juillet 1743, entre les dames de S. Cyr, dames de Chevreuse, & le curé de Chevreuse; le curé avoit fait enlever du chœur leur prie-Dieu; elles en demandèrent le rétablissement; le curé dit pour défense qu'il avoit le *droit* de police dans le chœur de son église, & que ce prie-Dieu gênoit le clergé. M. le Bret, avocat-général, qui l'étoit alors du grand-conseil, dit que cela étoit contre l'édit de 1695, qui ôtoit ce *droit* & cette prétendue police aux curés : l'arrêt le condamna à rétablir le prie-Dieu en la forme qu'il étoit, & faute par lui de le faire, permit aux parties de la Monnoye (les dames de S. Cyr) de le faire à ses frais, même d'avoir banc & siège permanent. Cet arrêt est rapporté par Guyot, *chap. 5.*

Le même auteur pense que le patron & le seigneur haut-justicier ont *droit* d'avoir non-seulement un banc dans le chœur, mais encore un autre dans la nef, & cela sans payer aucune rétribution à la fabrique. Guyot rapporte des arrêts qui appuient cette assertion, un entre autres du premier avril 1683, très-remarquable en ce que la dame qui avoit la haute-justice, outre son banc dans le chœur, avoit, en outre, une chapelle à côté du chœur.

Cette circonftance fut relevée, néanmoins la dame conferva le banc qu'elle avoit dans la nef.

De la fépulture. Les patrons & les hauts-jufticiers ont le *droit* de choifir le lieu le plus honorable pour leur fépulture; ainfi ils peuvent l'établir dans le chœur de l'églife, ils peuvent même y avoir une tombe relevée, pourvu néanmoins qu'elle ne gêne pas le fervice de l'autel. M. Dupleffis tient dans fa confultation 22, que l'archidiacre peut, dans le cours de fes vifites, ftatuer fur ce fujet d'office, & par défaut, contre les feigneurs & les patrons, afin que l'églife ne foit pas défigurée.

Non-feulement les patrons & les hauts-jufticiers peuvent établir leur fépulture dans le chœur des églifes, mais ils peuvent empêcher que nul autre ne s'y faffe inhumer. Cela a été jugé par un arrêt de l'an 1605, rapporté par M. le Bret, & rendu fur fes conclufions. En infirmant la fentence, l'appellant ayant juftifié qu'il étoit patron, fondateur & haut-jufticier, il fut dit, nonobftant l'intervention des religieux de faint Serge, qu'il auroit *droit de fépulture au chœur dans l'églife de Combrée (même d'empêcher que l'intimé, quoique ncble de race, y pût élire fa fépulture).* La cour auroit jugé différemment fi ce gentilhomme avoit eu de temps immémorial fa fépulture au chœur; il auroit été maintenu dans fa poffeffion : c'eft l'avis de Guyot, *chap. 5, feft. 5.* D'Argentré, fur l'article 271 de Bretagne, *n°. 9,* tient le même langage, il penfe que celui qui de temps immémorial eft en poffeffion d'avoir une tombe dans le chœur de l'églife, doit y être maintenu, quoiqu'il ne foit ni patron ni feigneur *reverà,* dit-il, *poffeffionum notæ & ufus legem judicandi imponunt.* Et fur la queftion 25 du partage des nobles, *n°. 4,* il dit que les aftes permanens peuvent autorifer la complainte, comme une tombe en feu ou armoirie ou épitaphe qui eft en une églife permanente; car tandis que l'armoirie y eft engravée, elle tient & conferve la poffeffion au profit de celui auquel font les armes *par fignum enim retinetur & cognofcitur fignatum.* Car telles marques valent non-feulement & emportent tradition de poffeffion, mais même confervation & rétention, & non-feulement en poffeffion mais en pétitoire.

Le *droit* de banc n'induit point celui de fépulcre particulier, ni celui de fépulcre n'induit point celui de banc, comme a remarqué Loifeau, *Traité des feigneuries.*

Quoique régulièrement le trouble doive être réparé avant de procéder au pétitoire, toutefois fi un mort auroit été nouvellement inhumé dans un lieu où d'autres font en poffeffion de fe faire enterrer, on ne pourroit l'en faire ôter par provifion, la faveur de la religion faifant paffer par-deffus la rigueur de *droit.*

Des épitaphes. Maréchal parle des épitaphes dans les églifes, nous allons rapporter ce qu'il en dit. « Il n'eft pas permis à chacun de mettre des épitaphes, ftatues, tombes, ni monumens, fans » permiffion du curé primitif ou des marguilliers; » ce qui eft permis feulement aux patrons & aux » feigneurs du lieu. Il faut avoir la permiffion des » marguilliers.

» Il en eft intervenu arrêt portant réglement entre les doyen, chanoines & chapitre de S. Germain-l'Auxerrois à Paris, curés primitifs de la cure & paroiffe d'une part, & les marguilliers d'autre, du 18 avril 1562, rapporté *tom. II, n°. 53.*

» Aux églifes qui ne font point paroiffes, il faut avoir la permiffion des fupérieurs, comme de l'évêque, de l'abbé, du prieur, du doyen & du chapitre; chacun en fon églife, qui doivent prendre garde qu'aux épitaphes & infcriptions il n'y ait ni mots ni effigies indécentes, quoique les morts les euffent ordonnées ».

Des litres ou ceintures funèbres. M. de Roye définit ainfi la litre. *Liftra eft villa lugubris, zona, ligatura funebris in quá per totam ecclefiam circum afta hinc indé pinguntur infignia.* De Roye, *de jurib. honorif. lib. 1, cap. 8.*

La litre eft donc une bande ou ceinture funèbre que les patrons & les hauts-jufticiers ont le *droit* de faire peindre autour des églifes, avec leurs armoiries de diftance en diftance.

Quand les armoiries s'introduifirent, les fondateurs, les patrons mirent communément en-dedans, au-dehors de leurs églifes, l'écu de leurs armes & des litres, qui, de même que les infcriptions & les figures, font dans nos mœurs le figne de la propriété. Cœpola, qui vivoit au quinzième fiècle, dit, dans fon *Traité des fervitudes, chap. 40, n°. 16,* après des auteurs plus anciens : *per infignia in muro fculpta, vel depiſta, quæ vulgariter arma appellantur.... communiter probatur rem effe illius cujus funt infignia.... & habetur plené per Bartholum, in fuo traftatu de infigniis & armis.*

Les armoiries font primitivement la marque de celui qui les prend pour fe défigner, comme fait fon nom propre. Paffant à fes defcendans, elles font devenues les enfeignes de fa famille. Les commentateurs du *droit* romain n'ont pas manqué d'obferver qu'elles font pour nous ce qu'étoient pour les anciens l'infcription du nom, les images, figures & autres marques diftinftives de la perfonne, de la famille & de la nobleffe. Tiraqueau, dans fon *Traité de la nobleffe,* dit : « Budée, fi favant dans » l'antiquité, a vu qu'aux images des anciens, & » autres marques diftinftives des familles, les temps » poftérieurs ont fubftitué ce que nous appellons » vulgairement *des armes.* C'eft ce qu'ont très-bien » connu Balde, Martin, Jean de Florence, jurifconfultes célèbres en leurs temps ».

La litre peut être conduite tant en-dedans qu'au-dehors de l'églife, quand même il fe trouveroit au-dehors quelque bâtiment adoffé contre le mur, *per totam ecclefiam circum afta,* dit M. de Roye.

Ce point a été jugé par arrêt de la grand'chambre, de

du 13 mars 1743 , sur les conclusions de M. Joly
de Fleury, avocat-général , en faveur de la dame
de Miremont, dame de Montaigu , appellante d'une
sentence de Reims, du 8 août 1741 , contre les
religieux de S. Remy de Reims , intimés.

Voici le fait tiré du mémoire de M. Aubri, avocat
de la dame de Miremont.

Le sieur de Miremont, seigneur de Montaigu ,
étoit haut-justicier de Saint-Erme , Anîre & Rami-
court : il mourut en 1740. La dame sa veuve voulut
rendre à sa mémoire les honneurs qui lui étoient
dus. Elle fit dire aux sonneurs de l'église de Saint-
Erme qu'elle vouloit qu'ils sonnassent pendant quarante jours suivant l'usage. Les habitans s'y oppo-
sèrent. Le 9 juin 1740 , elle les fit assigner à Laon,
pour voir dire qu'ils seroient tenus de sonner pendant quarante jours, & qu'il lui seroit permis de
faire peindre, tant en dedans qu'au-dehors de l'église,
une litre aux armes du défunt sieur de Montaigu.

Les habitans répondirent qu'ils ne connoissoient
pour seigneurs fonciers & justiciers que les religieux
de Saint-Remi de Reims.

Le 15, elle donna sa requête pour assigner ces
religieux, & prit contre eux les mêmes conclusions.
Les religieux firent évoquer la contestation à Reims ,
& demandèrent communication des titres.

La dame de Miremont communiqua une sentence
de 1553, qui homologuoit deux transactions : la
première, du 30 octobre 1530, entre le maréchal
de la Mothe, comme seigneur de Montaigu, &
les habitans de Saint-Erme, pour la haute-justice
de Saint-Erme ; la seconde, du 20 octobre 1533,
entre le même & les religieux de Saint-Pierre de
Lobe, ordre de Cîteaux , alors titulaires du prieuré
de Saint-Erme , par laquelle les religieux conve-
noient que la haute-justice de Saint-Erme devoit demeurer pour toujours aux seigneurs de Montaigu,
& aux religieux chacun pour moitié.

Depuis ce temps , la jouissance de la haute-justice
de Saint-Erme, par ses auteurs, étoit prouvée entre
autres par des actes de 1688 & de 1692.

Les religieux ne dirent plus autre chose, sinon
qu'une partie du mur de l'église servoit au dehors
de mur de clôture du jardin & cour du prieuré,
que la litre ne pouvoit y être peinte.

Le 8 août 1741, sentence intervint à Reims.
On donna acte aux habitans de leur déclaration que
sur le son des cloches ils s'en rapportoient à la
justice, à condition que s'ils se venoient à être condamnés, ils seroient payés : en conséquence on les
condamna à souffrir qu'il fût sonné pendant quarante jours au soir, en payant, & aux dépens à
leur égard : sur la demande à fin de faire peindre
la litre au dedans & au dehors, il fut permis à la
dame de Miremont de faire peindre la litre en dedans suivant l'usage, & en dehors jusqu'aux clôtures
des maisons & jardin du prieuré seulement. On condamna les religieux en la moitié des dépens, l'autre moitié compensée. Il y eut appel par la dame
de Miremont au chef de la litre au-dehors, celle

en dedans n'étoit pas contestée, & de la moitié
des dépens.

Sur le tout, conformément aux conclusions de
M. l'avocat-général , arrêt intervint qui infirma la
sentence ; ordonna que la litre seroit peinte tout
autour de l'église, au dehors ; & condamna les religieux à tous les dépens.

Le *droit* de litre appartient, comme nous l'avons
dit , au patron & au seigneur haut-justicier ; ainsi
deux ordres de personnes ont cette prérogative ,
& il peut y avoir sur les murs de la même église
deux litres différentes; quelle
place doivent-elles occuper ? c'est sur quoi les auteurs ne sont pas bien d'accord ; cependant tous
conviennent que dans l'intérieur de l'église la litre
du patron doit être au-dessus de celle du seigneur
haut-justicier. Mais il y a diversité d'opinions sur
le point de savoir si le patron a le *droit* de faire
peindre sa litre sur les murs extérieurs de l'église ;
différens auteurs disent qu'il le peut , en observant
toutefois, pour l'extérieur, de mettre sa litre au-
dessous de celle du haut-justicier.

Des jurisconsultes d'un très-grand poids estiment
au contraire que le patron n'a pas le *droit* de mettre
sa litre sur les murs extérieurs de l'église, & que
n'ayant ni jurisdiction ni puissance publique , il
doit se contenter de mettre dans l'intérieur de l'é-
difice les signes de sa propriété. Cette opinion
est consignée dans les articles 15 & 18 des arrêtés de M. de Lamoignon : « les armoiries &
» litres du patron seront au-dessus de celles du
» haut-justicier au-dedans de l'église. Le seigneur
» haut-justicier a les mêmes honneurs que le patron
» dans toutes les paroisses où il y a haute-justice ,
» mais après le patron ; & néanmoins le seigneur
» haut-justicier peut avoir litres & ceintures fu-
» nèbres au-dehors , & non les patrons , nonobstant
» toute possession contraire ».

Despeisses, *des Droits seigneuriaux*, art. 2 , *section*
7 , tient de même que le patron n'a *droit* de litre
qu'au-dedans de l'église.

La question est jugée par l'arrêt du 23 août
1615, connu sous la dénomination d'arrêt d'Atis ;
cet arrêt rendu entre les religieux de Saint-Victor,
patrons & fondateurs de l'église d'Atis, & M. Viole,
seigneur haut-justicier du lieu, porte : « notredite
» cour par son jugement & arrêt a mis & met
» les appellations respectivement interjettées, &
» sentence de laquelle a été appellé au néant ;
» émendant.... a maintenu & gardé lesdits reli-
» gieux, prieur & couvent de Saint-Victor au *droit*
» des premiers honneurs & prééminence dans l'é-
» glise paroissiale d'Atis, comme fondateurs & pa-
» trons d'icelle , & ledit Viole comme seigneur
» & haut-justicier d'Atis, église & presbytère du-
» dit lieu ès droits honorifiques & prééminences
» de ladite église ; d'aller le premier après lesdits
» religieux & prieur à la procession & offrande ;
» de recevoir le premier après eux l'eau bénite ,
» la paix, le pain béni ; d'avoir litre & ceinture

Q

» funèbre de deuil armoriées de ſes armes autour
» de ladite égliſe, tant dedans que dehors, au-
» deſſous néanmoins de celle des religieux, pour
» le regard du dedans de ladite égliſe, comme pa-
» trons & fondateurs d'icelle; d'être recommandé,
» lui, ſa femme & ſes enfans aux prières publiques
» qui ſe feront au prône par le prieur-curé, ſes
» vicaires ou celui qui fera le prône, & en tous
» autres *droits* d'honneurs appartenans à ſeigneur
» châtelain & haut-juſticier ».

Cet arrêt décide que le patron ne peut mettre
ſa litre que dans l'intérieur de l'égliſe; Boucheul
qui le rapporte ſur Poitou, *article premier*, n°. 15,
en adopte la déciſion; voici ſes termes : « on ſuit
» ordinairement cet ordre, que le patron ne peut
» avoir ceinture qu'au-dedans de l'égliſe, & le
» haut-juſticier au dehors & au-dedans ». Lelet,
ſur l'article 14, eſt de même avis.

Les coutumes de Tours & de Londunois ont
ſur ce point une diſpoſition particulière; après
avoir accordé le *droit* de litre au vaſſal patron
au-dedans & au-dehors de l'égliſe, elles ajoutent:
» que ſi le châtelain a ſon manoir dans la paroiſſe,
» le patron ne pourra mettre ſa litre que ſur les
» murs intérieurs ». Palu, ſur l'article 60 de
Tours dit : « quand le patron n'eſt pas vaſſal
» du châtelain, il faut ſuivre l'arrêt d'Atis, qui
» juge que le patron ne doit avoir ſa litre qu'au
» pourtour de l'égliſe, au-dedans ſeulement, &
» non au-dehors ». C'eſt auſſi l'avis de Tronçon
ſur Paris, art. 69. *Caſtellanus poteſt intrà extraque*
eccleſiam vinculum liſtæ ducere; patronus verò intrà
dumtaxat, dit Mornac, ſur ſa *Loi 4, livre 3, tit.*
43, de relig. & ſump. funer.

Sur la queſtion de ſavoir ſi dans le cas où le
patronage & la juſtice ſont diviſés, chaque co-
patron ou co-ſeigneur a droit de mettre une litre
particulière, beaucoup d'auteurs penſent, & quelques
arrêts jugent que chacun d'eux peut faire peindre
une litre à ſes armes; « deux ſeigneurs hauts-juſ-
» ticiers, ayant part égale, ont chacun *droit* de
» litre, & le dernier mourant fait effacer celle de
» l'autre, ou on les met au bas de celles qui ſont
» déjà peintes ». M. Simon, *Traité des Droits ho-*
norifiques, tit. 25.

« Quand une terre a été diviſée & ſéparée, dit
» Brodeau ſur M. Louet, *lettre F, nombre 31,* l'aîné
» en directe ou celui qui poſſède le principal corps
» du fief, retient la qualité entière & abſolue de
» ſeigneur; & ceux qui en poſſèdent des membres
» détachés ſont obligés de prendre la qualité de
» ſeigneur en partie.... Les litres & ceintures
» funèbres dedans & dehors de l'égliſe doivent
» être placées enſorte que celle de l'aîné ſoit
» au-deſſus; & le puîné en y faiſant mettre le
» premier, doit laiſſer au-deſſus une place conve-
» nable pour celle de l'aîné quand il y en vou-
» dra faire mettre, qui eſt le réglement remar-
» quable ordonné par arrêt du 22 juin 1641,
» ſur l'appel d'une ſentence du prévôt de Paris,

» du 13 mai 1627, donné aux enquêtes ſur procès
» par écrit, entre Antoine & André de Bernardin,
» aîné & puîné, ſeigneurs de Bry-ſur-Marne. Par
» autre arrêt du lundi 23 mars 1625, M. le pre-
» mier préſident de Verdun ſéant, plaidant le Royer
» de Cornuaille : il eſt dit que dame Charlotte de
» Villiers-ſaint-Paul, comteſſe de Launoy, dame
» d'honneur de la reine, ſera nommée la première
» aux prières qui ſe feront en l'égliſe de Viermes
» par le curé; & après elle René du Croq, comme
» ſeigneur en partie dudit Viermes ».

M. de Roye tient au contraire que ces différens
co-ſeigneurs ne peuvent avoir pour eux tous qu'une
ſeule litre, ſur laquelle chacun d'eux peut faire
peindre ſes armes. *Unam dumtaxat ſeniorālem liſ-*
tram habere poſſunt in quâ quilibet arma aut inſignia
ſua depingat, proportionibus dominicis. Loco citato.

M. de Roye paroît s'être déterminé par ce grand
principe que Dumoulin établit ſur l'article 13 de
l'ancienne coutume de Paris, *gloſſe première, n°.*
51. Quand un fief mouvant de différens ſeigneurs
par indivis eſt vendu, il faut, dit Dumoulin, ou
inveſtir pour le tout, ou rêtirer pour le tout. La
raiſon qu'il en donne s'applique très-bien à notre
queſtion : *ex quo enim eſt unicum feudum, & unicus*
titulus feudi, ſequitur quod ejuſdem feudi (non eſt
niſi unicum jus patronatûs, & ſic plures patroni non
habentur niſi pro uno...... alioquin ex perſona hæ-
redum nova ſervitus, novum onus adderetur.)

« Je tiens, dit Guyot, *Obſervation ſur les Droits*
» *honorifiques,* qu'il ne doit y avoir qu'une ſeule
» litre pour tous les co-patrons, & une pour
» tous les co-hauts-juſticiers, même dans le cas
» où il n'y auroit point de patron, parce que tous
» ayant part à la juſtice, ſont tous égaux; ils ne
» ſont inégaux que dans le profit, mais la juſtice
» s'exerce au nom de tous : & quand ils auroient
» un bailli par tour, celui de la plus petite portion,
» pendant ſon temps d'exercice, eſt bailli auſſi
» grand que celui de l'aîné; il exerce les mêmes
» droits, ſauf le partage des obventions & émo-
» lumens, & la durée de ſon exercice. *Quia ſunt*
» *domini ejuſdem juſtitiæ in honore, & titulo tan-*
» *quam conſortes ſive concurrentes cum primo genito,*
» *non tanquam ſubditi vel dependentes ab illo.* Mol.
» 8, hodiè 16, olim 10, n°. 21. De-là on pourroit
» même dire, & cela eſt vrai, qu'ils jouiſſent
» tous du *droit* de la litre, par la litre de l'aîné
» ou de celui qui le repréſente. *Vide* l'arrêt de
» 1648, rapporté ſur le *droit* de banc, qui jugea
» ainſi que nous le diſons.

» Que ſi tous veulent avoir leurs armes, je crois
» en ce cas qu'on doit ſuivre le ſentiment de
» Roye & de Maréchal, *chap. 5,* c'eſt-à-dire, que
» ſur la ceinture de deuil tirée autour de l'égliſe,
» ſoit dedans, ſoit dehors, l'aîné, ou celui qui le
» repréſente, ou celui qui a la plus groſſe part à
» la juſtice, aura ſes armes à commencer du côté
» le plus honorable dans une certaine longueur
» & étendue proportionnée à ſa part; & chaque

» puîné ou ayant part, tout de fuite fuivant fa
» portion, en laiffant entre chacun un pied ou
» deux de diftance; par exemple, l'aîné aura les
» deux tiers de la juftice, les autres auront l'autre
» tiers à eux tous, l'un un tiers, l'autre un quart
» dans ce tiers; l'aîné occupera les deux tiers de
» la ceinture, & un pied ou deux après; l'autre
» aura le tiers du tiers reftant; l'autre le quart en
» laiffant toujours une diftance. Idem, du patro-
» nage fuivant les portions de temps affignées à
» chacun. Quia eadem ratio ».

Cela a été ainfi jugé au parlement de Bordeaux
par arrêt du 27 juillet 1645, rapporté par l'annotateur de la Peyrere, lettre L, n°. 94, qui s'explique ainfi:

« Jugé entre les enfans du fieur Baron de Jayac,
» qu'ils ne dévoient avoir que la même litre, &
» qu'en cas de concours les armes de l'aîné fe-
» roient les premières ».

Du pain béni. Il y a deux points à examiner :
1°. dans quel ordre le pain béni doit-il être préfenté ? 2°. Les patrons & les hauts-jufticiers font-ils
en droit de choifir leur jour pour la préfentation ?

1°. Le pain béni doit être préfenté d'abord au
patron, enfuite au feigneur haut-jufticier, après
eux au moyen & bas-jufticiers: les feigneurs de
fief viennent enfuite, enfin les fimples gentilshommes & autres notables. « Après le patron &
» le haut-jufticier, dit M. d'Héricourt, on fuit le
» rang des autres perfonnes qualifiées, à moins
» qu'elles ne foient en trop grand nombre & en
» trop d'endroits de l'églife différens; car en ce
» cas, on fuit l'ordre dans lequel chacun fe trouve
» placé ».

Le 11 août 1745, la cour a rendu arrêt fur les
conclufions de M. l'avocat-général Joly de Fleury,
plaidans Mes Chatelain & Piet Dupleffis, par lequel, en confirmant la fentence dont étoit appel,
un gentilhomme, feigneur de fief, ayant haute
juftice dans la paroiffe, a été maintenu dans le
droit d'avoir le pain béni avant les marguilliers.

2°. La queftion fur le choix du jour pour la
préfentation du pain béni a été jugée en faveur
du patron, & par conféquent du haut-jufticier,
par arrêt du 27 janvier 1612. Maréchal le rapporte
tome II, n. 51. Voici le fait tel qu'on le trouve
dans cet auteur, copié par Guyot dans fes Obfervations fur les droits honorifiques. Le fieur d'Olivet
étoit, felon Maréchal, patron & feigneur de
Damemarie; il étoit proteftant, & n'y demeuroit
pas; mais la dame fon époufe, catholique, y faifoit ordinairement fes pâques, & s'y trouvoit aux
fêtes folemnelles: elle choifit le jour de Noël pour
offrir le pain béni aux trois meffes: cela eut lieu
pendant deux ans fans trouble; le fieur & demoifelle Hudelines, qui demeuroient dans cette
paroiffe, voulurent l'offrir ce même jour de Noël;
les marguilliers n'y confentant pas, ils le firent
diftribuer par leur domeftique.

La dame d'Olivet forma d'abord complainte;
enfuite fachant que pour ce cas il n'y avoit pas
lieu à la complainte, elle prit des conclufions pures
& fimples, à ce que défenfes fuffent faites aux fieur
Hudelines & fa femme d'offrir le pain béni le jour
de Noël.

Pour moyen, elle difoit que fon mari étoit
patron fondateur, feigneur de la paroiffe; que tous
les droits honorifiques lui appartenoient à l'exclufion
de tous autres, & notamment des fieur & demoifelle Hudelines qui n'y avoient aucun droit de
feigneurie.

Les fieur & demoifelle Hudelines dirent qu'ils
avouoient que tous les droits honorifiques appartenoient au fieur d'Olivet, mais que l'acte de préfenter le pain béni étoit un acte de pure dévotion & de charité, puifque chaque paroiffien l'offroit à fon tour; que cela ne devoit point être
mis au rang des droits honorifiques; de-là ils foutenoient la dame d'Olivet non-recevable en fa
demande.

Le 22 octobre 1610, fentence du prévôt de
Houdan qui maintient & garde la dame d'Olivet
dans la poffeffion & jouiffance du droit honorifique
de faire préfenter le pain béni par chacun an le
jour & fête de Noël, dans l'églife paroiffiale de
Damemarie; défenfes aux fieur & demoifelle Hudelines de l'y troubler: fur le furplus des demandes, hors de cour, fans dépens.

Appel à Montfort, 21 février 1611: fentence
qui confirme. Appel en la cour.

27 janvier 1612, arrêt, confultis claffibus, qui
met l'appellation au néant fans amende; condamne
les appellans aux dépens de la caufe d'appel, lefquels avec ceux adjugés par la fentence du bailli
de Montfort, la cour a taxés & modérés à cinquante
livres parifis. Cet arrêt eft remarquable, il liquide
des dépens.

De l'offrande & de la proceffion. Le droit de précéder les autres appartient d'abord au patron, enfuite au feigneur haut-jufticier; après eux au feigneur de fief & aux gentilshommes domiciliés fur
la paroiffe.

« A la proceffion, dit d'Héricourt, le patron
» vient immédiatement après le curé; le feigneur
» haut-jufticier fuit le patron, ou il marche après
» le curé, s'il n'y a point de patron. Les femmes
» des patrons & des feigneurs hauts-jufticiers vont
» avec leurs maris, & les dames qui ont le pa-
» tronage & la haute-juftice précédent tous les
» hommes à la proceffion, quand elles n'ont pas
» de maris; mais les femmes des feigneurs moyens-
» jufticiers & des feigneurs de fief ou des gentils-
» hommes, ne doivent marcher à la proceffion
» qu'après tous les hommes ». Loix eccléfiaftiques,
partie 2 des droits honorifiques, chap. 9, n°. 15.
(Article de M. HENRION, Avocat au Parlement.)

DROITS immobiliers, font ceux qui font réputés
immeubles par fiction en vertu de la loi, comme
les offices, les rentes, dans les coutumes où elles
font réputées immeubles. Voyez IMMEUBLE.

Q 2

DROITS *incorporels*, font ceux *quæ in jure tantùm confiftunt*; ils font oppofés aux chofes corporelles, que l'on peut toucher manuellement. Les *droits incorporels* font de deux fortes : les uns mobiliers, comme les obligations & les actions, les deniers ftipulés propres; les autres qui font réputés immobiliers, tels que les offices, les fervitudes, les cens, rentes, champarts, & autres *droits* feigneuriaux, foit cafuels, ou dont la preftation eft annuelle, &c. (*A*)

DROITS *litigieux*, font ceux fur lefquels il y a actuellement quelque conteftation pendante & indécife, ou qui font par eux-mêmes douteux & embarraffés, de manière qu'il y a lieu de s'attendre à effuyer quelque conteftation avant d'en pouvoir jouir : telles font, par exemple, des créances mal établies, ou dont la liquidation dépend de comptes de fociété ou communauté, fort compliqués; tels font auffi les *droits* fucceffifs, lorfque la liquidation de ces *droits* dépend de plufieurs queftions douteufes.

Les ceffionnaires de *droits* litigieux font regardés d'un œil défavorable, parce qu'ils acquièrent ordinairement à vil prix des *droits* embarraffés; & que pour en tirer du profit, ils vexent les débiteurs à force de pourfuites. Ces fortes de ceffions font furtout odieufes, lorfque l'acquéreur eft un officier de juftice que l'on préfume fe prévaloir de la connoiffance que fa qualité lui donne, pour traiter plus avantageufement de tels *droits*, & pour mieux parvenir au recouvrement : on ne permet pas non plus qu'un étranger vienne, au moyen d'une ceffion de *droits* fucceffifs, prendre connoiffance du fecret des familles.

C'eft fur ces différentes confidérations que font fondées les loix *per diverfas* & *ab Anaftafio*, au code *mandati*; loix qui font fameufes dans cette matière : c'eft pourquoi nous en ferons ici l'analyfe.

La première de ces loix dit : que des plaideurs de profeffion prennent des ceffions d'actions; que fi c'étoient des *droits* inconteftables, ceux auxquels ils appartiennent les pourfuivroient eux-mêmes. L'empereur Anaftafe, de qui eft cette loi, défend qu'à l'avenir on faffe de tels tranfports, & ordonne que ceux qui en auront pris, ne feront rembourfés que du véritable prix qu'ils auront payé, quand même le tranfport feroit mention d'une plus grande fomme.

Cette loi excepte néanmoins quatre cas différens.

1°. Elle permet à un co-héritier de céder à l'autre fa part des dettes actives de la fucceffion.

2°. Elle permet auffi à tout créancier ou autre, qui poffède la chofe d'autrui, de prendre un tranfport de plus grands *droits* en paiement de fon dû, ou pour la fûreté de la dette.

3°. Elle autorife auffi les co-légataires & fidéicommiffaires à fe faire entre eux des ceffions de leur part des dettes actives qui leur ont été laiffées en commun.

4°. Cette loi exceptoit auffi purement & fimplement, le cas de la donation d'une dette litigieufe.

La loi *ab Anaftafio* qui fuit immédiatement, & qui eft de l'empereur Juftinien; après avoir d'abord rappellé la teneur de la loi précédente, dit que les plaideurs trouvoient moyen d'éluder cette loi, en prenant une partie de la dette à titre de vente, & l'autre partie par forme de donation fimulée. Juftinien fuppléant ce qui manquoit à la conftitution d'Anaftafe, défend que l'on ufe à l'avenir de pareils détours; il permet les donations pures & fimples de *droits* & actions, pourvu que la donation ne foit point une vente ou ceffion, déguifée fous le titre de *donation*; autrement le donataire ou ceffionnaire ne fera rembourfé que de ce qu'il aura réellement payé pour le prix de l'acte, & il ne pourra tirer aucun avantage du furplus.

La difpofition des loix *per diverfas* & *ab Anaftafio*, étoit autrefois fuivie purement & fimplement au parlement de Paris. Préfentement, quand le tranfport n'eft pas nul, on n'eft pas recevable à exclure le ceffionnaire, en lui rembourfant feulement le véritable prix du tranfport; parce qu'une ceffion de *droits litigieux* ne renferme rien en elle-même de contraire au bien public, quand elle eft faite & acceptée fans mauvaife intention & fans fraude. Il y a cependant plufieurs cas où l'on ne rend que le véritable prix, & d'autres même où le tranfport eft déclaré nul. Par exemple, quand un étranger acquiert des *droits* fucceffifs qui font communs & indivis avec les autres héritiers, ceux-ci peuvent l'exclure en lui rembourfant le véritable prix du tranfport. Il en eft de même à l'égard du tuteur qui acquiert des *droits* contre fon mineur; la novelle 72, *ch. 2*, prive même le tuteur de la fomme au profit du mineur.

Il y a encore des perfonnes auxquelles il eft défendu d'acquérir des *droits litigieux*; ce qui s'obferve dans tous les parlemens.

De ce nombre font 1°. les juges, fuivant la loi 46, ff. *de contrah. empt.* & la loi unique *C de contr. omn. judic.* qui leur défendoient de faire aucune acquifition dans leur reffort, pendant le temps de leur commiffion. Cela s'obfervoit auffi en France, fuivant l'ordonnance de S. Louis en 1254; mais depuis que les charges de judicature font devenues perpétuelles, on permet aux juges d'acquérir dans leur reffort : ce qui reçoit néanmoins deux exceptions.

La première, pour les *droits litigieux*, dont les *droits* font pendans en leur fiège; que les ordonnances de 1356, de 1535, l'ordonnance d'Orléans, *art. 54*, & celle de 1629, *art. 94*, leur défendent d'acquérir, fous peine contre le cédant de la perte de fes *droits*, & contre le ceffionnaire, d'amende, de frais & de dépens.

La feconde exception eft pour les biens qui s'adjugent par décret ; le parlement de Paris, par un réglement du 10 juillet 1665, art. 13, a fait défenses à tous juges de son ressort de se rendre adjudicataires des biens qui se décrètent dans leur siège.

2°. L'ordonnance d'Orléans a étendu aux avocats, procureurs & solliciteurs, la défense d'acquérir, soit en leur nom, soit par des personnes interposées, les procès & autres *droits litigieux*, dans les cours, sièges ou ressorts où ils exercent leur ministère. Il y auroit même punition exemplaire, s'ils contrevenoient à cette défense au sujet des causes ou procès dont ils seroient chargés.

3°. L'article 22 d'une ordonnance du mois de mars 1536, défend aux personnes puissantes, de se rendre cessionnaires de *droits litigieux*, de crainte que leur autorité ne leur rende la vexation plus facile.

Enfin, l'ordonnance de 1667, tit. 4, défend aux personnes qui ont droit de *committimus*, d'en user dans les causes & procès, où ils sont parties principales ou intervenantes, en vertu de transports à eux faits, si ce n'est pour dettes véritables, & par des transports reçus pardevant notaires, & signifiés trois ans avant l'action intentée, à moins que ces transports ne dérivent d'un contrat de mariage, d'un acte de partage, ou d'une donation.

Les loix *per diversas* & *ab Anastasio* ne sont pas observées d'une manière uniforme dans les autres parlemens.

Ceux de Bordeaux & de Provence jugent que la cession de droits & actions doit avoir son effet, quand la dette est claire & liquide.

Au surplus, tout ce que nous venons de dire de l'acquisition des *droits litigieux*, ne doit pas s'appliquer à ceux qui ont un intérêt particulier à s'en rendre cessionnaires, soit parce qu'ils ont des hypothèques sur les fonds qui répondent de ces mêmes *droits*, soit parce qu'ils en sont co-propriétaires. Les loix dont nous avons parlé, n'ont été rendues que pour obvier à la vexation, & non pour empêcher qu'on ne s'arrange conformément aux règles du *droit* & de l'équité. Dans ce cas, non-seulement il est permis de se rendre cessionnaire d'un *droit litigieux* ou non, mais on est encore dispensé de se prêter à une demande en subrogation. Car c'est alors moins un transport & une cession, que la vente d'une chose nécessaire. C'est le fondement d'un arrêt rapporté par Brodeau sur Louet, *lettre C, num. 13.*

DROITS luctitieux *seu luctuosi*, en style de la chambre des comptes, sont des *droits* tristes : tels que les confiscations contre ceux qui quittent le service du roi, ou pour cause d'homicide ; ce qui a quelque rapport à ce que les loix romaines appelloient *successio luctuosa*, qui étoit lorsque le père succédoit à son enfant. (*A*)

DROIT mobilier, est celui qui ne consiste qu'en quelque chose de mobilier, ou qui tend à recouvrer une chose mobiliaire, comme une créance d'une somme à une fois payer.

DROITS, NOMS, RAISONS, & ACTIONS, ce qu'en *droit* on appelle *nomina & actiones* ; ce sont les *droits*, obligations actives, & les actions qui en résultent ; soit en vertu de la loi, ou de quelque convention expresse ou tacite ; les titres & qualités, en vertu desquels on peut être fondé, & toutes les prétentions que l'on peut avoir. Celui qui cède une chose, cède ordinairement tous les *droits*, *noms*, *raisons* & *actions* qu'il peut y avoir. (*A*)

DROIT d'offrir, est celui par lequel un créancier postérieur est autorisé à offrir aux créanciers antérieurs le paiement de ce qui leur est dû, & d'être subrogé par ce moyen à leurs hypothèques.

Il est particuliérement connu dans les provinces de *droit* écrit, & il dérive des loix 5 & 6, ff. *de distrac. pign.* 15 & 18, c. *qui potiores*, &c. & 4, c. *de his qui in prior. cred. loc. succed.*

Pour user du *droit d'offrir*, il faut être soi-même créancier hypothécaire ; & dans ce cas, le créancier antérieur à qui l'on offre le paiement de son dû ne peut le refuser. Suivant la jurisprudence des parlemens de Bordeaux & de Toulouse, les créanciers qui ne sont pas utilement colloqués, sont en *droit d'offrir* à l'adjudicataire, qui est obligé ou d'abandonner les biens décrétés, ou de payer au créancier offrant les sommes qui lui sont dues. Ce *droit d'offrir* est différent de ce qu'on appelle dans les provinces de *droit* écrit, *rabattement de décret* : ce dernier est personnel à la partie saisie & à ses descendans, qui seuls sont admis à le demander en leur faveur, au lieu que le *droit d'offrir* concerne seulement les créanciers.

L'édit de juin 1771, rendu pour la conservation des hypothèques, a établi, en faveur des créanciers, une espèce de *droit d'offrir*.

Il y est dit, art. 9, que tout créancier, pendant les deux mois accordés à un acquéreur pour exposer son contrat d'acquisition au greffe, pourra se présenter au greffe pour y faire recevoir une soumission d'augmenter le prix de la vente, au moins du dixième du prix principal, ensemble de restituer à l'acquéreur les frais & loyaux-coûts, & du tout donner bonne & suffisante caution : que d'autres créanciers pourront également faire admettre une surenchère, qui sera pour chaque surenchérisseur d'un vingtième en sus du prix principal de la vente ; mais qu'il sera loisible à l'acquéreur de conserver l'objet vendu, en fournissant le plus haut prix auquel il aura été porté.

DROIT personnel, est celui qui est attaché à la personne, comme la liberté, les *droits* de cité, la majorité, &c. Il diffère du *droit réel* qui est attaché à un fonds, & dont on ne jouit qu'en raison de la propriété ou de la possession de l'héritage auquel il est uni, comme les *droits* seigneuriaux, les *droits* de servitude, &c.

DROIT de pure faculté, se dit de celui dont le propriétaire peut librement user ou ne pas user suivant sa volonté. Ce *droit* consiste en fait, parce qu'il ne fuppofe ni obligation , ni action préexiftantes , propres & particulières ; & c'eft par cette raifon que les jurifconfultes difent que la *pure faculté* eft de fait & non de *droit*, & qu'elle dépend uniquement de la volonté de celui à qui elle appartient.

Il eft aifé de diftinguer les *droits de pure faculté* d'avec ceux qui dérivent d'une obligation , parce qu'en général tout *droit* eft cenfé de pure faculté , lorfqu'il n'a pour caufe que l'utilité ou la volonté de celui qui agit.

Le *droit de pure faculté* eft imprefcriptible , foit qu'il ait rapport à la chofe ou à la perfonne.

La faculté , par exemple , d'ufer des élémens que la nature a donnés à tous les hommes pour en jouir en commun , des chemins , des rues , des fontaines , des édifices publics , ne peut jamais fe perdre , quoiqu'on n'en ufe pas pendant un long temps , & ceux qui s'en fervent n'acquièrent pas le *droit* d'en ufer à l'exclufion des autres. C'eft par cette raifon que , par arrêt du 5 avril 1710 , rapporté par Dunod , un particulier qui , depuis un temps immémorial , détournoit dans fon verger l'eau qui couloit le long de la voie publique , fut débouté de la complainte qu'il avoit intentée contre le propriétaire de l'héritage fupérieur qui y avoit détourné cette même eau.

Il en eft de même lorfque le *droit de pure faculté* eft attaché à la perfonne ; cette liberté eft imprefcriptible tant qu'elle n'eft pas contredite , ou qu'on n'y a pas renoncé expreffément ou tacitement. Ainfi je peux en tout temps difpofer librement de mes biens & de mes actions , fuivant les loix du prince fous l'empire duquel je vis ; je peux conftruire de nouveaux bâtimens fur mes héritages , ou réparer ceux qui font tombés en ruine depuis un temps immémorial , fans que mes voifins puiffent s'y oppofer.

Par la même raifon , dans les chapitres dont les membres ont le *droit* à leur tour d'opter une nouvelle prébende , celui qui refufe d'exercer cette faculté lorfqu'elle eft ouverte à fon profit , ne perd pas le *droit* d'opter une nouvelle prébende dans la fuite.

DROIT *réel*, fe dit par oppofition au *droit perfonnel*, de celui qui eft attaché à un fonds : de ce genre font les rentes foncières, les *droits* de champart , les fervitudes , &c.

DROITS *régaliens* , font tous ceux qui appartiennent au roi comme fouverain ; tels que la diftribution de la juftice , le pouvoir légiflatif , le *droit* de faire la guerre & la paix , le *droit* de battre monnoie , de mettre des impofitions , de créer des offices , &c. (*A*)

DROITS *du roi* : on comprend quelquefois fous ce terme tous les *droits* que le roi peut avoir , tels que les *droits* régaliens dont on vient de parler ; ou les *droits* qu'il a par rapport à fon domaine & aux feigneuries qui en dépendent , tels que les *droits* d'aubaine , de confifcation , &c. On entend auffi

quelquefois par les termes de *droits du roi*, ce que chacun eft obligé de payer à fes fermiers , receveurs , & autres prépofés , à caufe des impofitions ordinaires ou extraordinaires. Par rapport aux *droits* qui dépendent du domaine du roi , on peut confulter ce que nous en difons fous le nom qui eft propre à chacun d'eux ; & par rapport aux *droits du roi*, compris dans les baux des fermes , le *Dictionnaire des finances*.

DROITS *réfervés* : c'eft ainfi qu'on appelle certains *droits* attribués à différens offices fupprimés depuis , & dont le roi s'eft réfervé la perception à fon profit. Le détail de ces *droits* eft d'autant plus inutile ici , qu'on le trouvera dans le *Dictionnaire des finances*.

DROITS *rétablis* : on appelle de ce nom , 1°. différens *droits* de finance établis au profit du roi , dont la perception avoit ceffé en tout ou en partie , & que fa majefté a jugé à propos de rétablir ; 2°. ceux dont la perception n'avoit ceffé qu'à la faveur de quelques exemptions ou aliénations particulières ; 3°. ceux qui fe perçoivent à l'entrée de Paris , fur les bois , les boiffons , & autres denrées. *Voyez le Dictionnaire des finances*.

DROITS *réunis*, font ou ceux dont jouiffoient des aliénataires ou engagiftes , & que le roi a depuis réunis à fon domaine ; ou ceux dont la perception eft réunie fous une feule & même régie. *Voyez le Dictionnaire des finances*.

DROITS *seigneuriaux*, f. m. (*Jurifpr.*) on donne cette dénomination aux droits , privilèges , prééminences , prérogatives qui appartiennent aux feigneuries.

Ce qui a trait à chacun de ces *droits* en particulier , eft épars dans cet ouvrage. *Voyez les articles* FIEF , RELIEF , QUINT , LODS & VENTES , &c. Nous ne nous propofons de donner ici que des définitions & des vues générales.

Il exifte tant de fyftêmes fur l'origine des *droits feigneuriaux*, & ces fyftêmes font fi connus , qu'il eft également inutile & de dire ce que nous en penfons , & de répéter ce qu'en ont penfé les autres.

Laiffant donc derrière nous les premiers âges de la monarchie , la première & la feconde race , & même le commencement de la troifième ; fiècles de confufions & d'obfcurités , dans lefquels l'homme le plus pénétrant ne peut recueillir que des vraifemblances & des conjectures , nous porterons d'abord nos regards fur le treizième fiècle.

Le treizième fiècle eft l'époque la plus intéreffante de l'hiftoire des fiefs : il forme la nuance entre l'inftitution primitive & le régime actuel ; il tient tout-à-la-fois de l'une & de l'autre. Alors le fervice en guerre , celui des plaids avoit encore lieu , & déjà la fucceffion , l'aliénabilité & les *droits* utiles qui en dérivent , étoient établis ; en un mot , c'eft principalement pendant le cours de ce treizième fiècle , que fe font affermis ces différens ufages , qui , depuis érigés en loi par nos coutumes, forment aujourd'hui notre jurisprudence féodale. Ce sont ces usages que nous allons exposer, non pas que nous nous proposions de descendre dans le détail de leurs variétés, cela seroit immense ; nous nous bornerons à ce qui étoit généralement adopté dans le royaume, sur-tout dans les provinces coutumières.

Nous avons, pour nous conduire dans cette espèce de labyrinte, des guides très-sûrs, une multitude de chartres, des monumens de toute espèce, & singuliérement les établissemens de S. Louis, & les écrits de Desfontaines & de Beaumanoir. Il est sans doute inutile d'observer que S. Louis, Desfontaines & Beaumanoir vivoient dans le treizième siècle.

Le service militaire étoit dans l'origine la seule charge imposée aux vassaux. L'homme libre n'étoit obligé de marcher en personne à la guerre que lorsqu'il possédoit quatre manoirs. Celui qui tenoit un bénéfice ou fief étoit tenu de servir sous la bannière de son seigneur quelle que fût l'étendue de ce bénéfice : *omnis homo qui de alicujus beneficium habet in hostem pergat cum seniore suo. Capit. de Charlemagne, de l'an 912, ch. 1.* Cet usage fut en vigueur pendant tout le cours du treizième siècle. Cela est prouvé par l'ordonnance de Philippe-le-Bel, de l'an 1305, & il y a même des preuves qu'il a existé jusqu'au milieu du siècle suivant.

C'étoit encore une loi des fiefs, que nul ne pouvoit construire & avoir forteresse, sans la permission de son seigneur dominant. Les propriétaires des seigneuries allodiales n'étoient pas affranchis de la loi ; ils devoient demander cette permission au seigneur dans l'enclave duquel ils se trouvoient, & pour l'ordinaire on la leur vendoit chérement. Il y en a beaucoup d'exemples. Nous trouvons dans le cartulaire de Champagne, sous la date de 1206, que Robert, comte de Dreux, obtint de Blanche, comtesse de Champagne, la permission de construire une forteresse dans son aleu de la Fère ; & que pour prix de cette concession, il reconnut tenir en fief du comté de Champagne sa terre de Breuve, seigneurie allodiale, qui jusques-là n'avoit relevé de personne. Nous ne disons pas que cette règle ait toujours été bien scrupuleusement observée ; les ducs de Guienne, de Normandie, &c. savoient bien s'en affranchir ; mais les vassaux d'un ordre inférieur étoient forcés de s'y soumettre, & même le seigneur avoit le *droit* de s'emparer de la forteresse de son vassal, toutes les fois qu'elle pouvoit lui être utile.

« *Li quens & tui cil qui tiennent par baronnie, ont bien droit sur leurs hommes par raison de souverain, que s'ils ont métier de forteresse, ils la puent prenre pour leur guerre pour aus garder, pour mettre leurs prisonniers ou leurs garnisons ou pour le pourfit commun dou pays* ». Beaumanoir, *chap. 58.*

Par un privilège particulier, les propriétaires des hautes seigneuries allodiales ou des grands fiefs relevant nuement de la couronne, pouvoient, de leur autorité seule, établir dans leurs terres échevinages & communes, foires & marchés. Rien de tout cela ne pouvoit se faire dans les seigneuries médiocres, c'est-à-dire, dans les arrière-fiefs de la couronne, sans le consentement du seigneur dominant, qui lui-même ne pouvoit autoriser ces établissemens que sous le bon plaisir du roi.

Ce *droit* d'établir communes & échevinages, est mis, par tous les auteurs, au nombre des *droits* régaliens ; la faculté de battre monnoie occupe le même rang. Les hauts-seigneurs, ceux qui jouissoient des *droits* régaliens, avoient seuls cette éminente prérogative. « Les seigneurs qui avoient *droit* de *régale*, dit Mezeray, accordoient des communes aux villes, & battoient monnoie ». Ce n'est que vers le milieu du quatorzième siècle que nos rois se sont ressaisis de cette branche de la souveraineté.

Il en étoit de même du *droit* de se réserver la garde des églises : ce *droit* est dans la classe des grandes régales ; il n'appartenoit qu'au roi, aux grandes seigneuries allodiales, & à celles qui relevoient immédiatement de la couronne. Tout autre fief d'un ordre inférieur ne pouvoit jouir de cette prérogative ; c'est ce que nous apprend Beaumanoir : « *Nus n'a la garde des églises, si che n'est li roy, ou chil qui du roy tiennent en baronnie* ». *Coutume de Beauvoisis, ch. 46.*

Dès-lors le démembrement des fiefs étoit prohibé, & le jeu de fief permis, mais limité.

L'établissement des *droits* utiles fit imaginer cette espèce d'aliénation. On déguisoit la vente sous la forme d'une inféodation, afin d'éviter le *droit* de quint : cette espèce de fraude étoit trop sensible pour qu'on n'y apportât pas un prompt remède ; aussi en trouvons-nous la proscription dans les ouvrages féodaux les plus anciens. Elle est écrite dans le chapitre 55 du livre des fiefs : on y appelle *callida machinatio*, les aliénations qui se faisoient par vente, *sub colore investituræ*.

Cependant les fiefs étoient devenus absolument patrimoniaux, on crut, en conséquence, devoir apporter quelque modification à la règle qui défendoit de sous-inféoder à prix d'argent ; mais, d'un autre côté, on ne perdit pas de vue l'intérêt du seigneur, & l'on prit des mesures pour qu'un fief réel ne pût pas être converti en fief en l'air : on affranchit les ventes des *droits* de lods lorsque le vendeur s'étoit retenu la foi sur la partie aliénée, pourvu néanmoins que cette partie n'excédât pas telle ou telle quotité du fief : cette quotité a varié plusieurs fois ; elle est encore aujourd'hui différente dans les différentes provinces.

On voit par les *Assises de Jérusalem*, que l'on doit regarder comme le *droit* commun d'alors, que le vassal pouvoit se jouer de son fief, pourvu que la partie aliénée par cette voie fût inférieure à la moitié de la totalité. C'est la décision du chapitre 192.

« *Et enci que plus du fié demeure au seigneur qui* » *le démembre* ».

Il paroît sur la fin du treizième siècle, cette faculté étoit restreinte au tiers du fief, du moins tel étoit l'usage en Beauvoisis. Nous lisons dans Beaumanoir, *chap.* 14 : « *selon la coutume de Beau-* » *voisis, je puis bien faire dou tiers de mon fief,* » *arrière-fief & retenir hommage : mais si je en ôte* » *plus dou tiers, le surplus vient au seigneur* ».

Nous passons à ce qui concerne les *droits utiles féodaux.*

Quelques auteurs ont pensé que ces *droits* avoient été subrogés au service militaire ; en conséquence ils ont fixé l'époque de leur établissement au quatorzième siècle, parce qu'en effet le service militaire a eu lieu jusqu'à cette époque; c'est une erreur. Le retrait, la saisie féodale, la commise, le dénombrement, le relief, le quint existoient long-temps avant le quatorzième siècle. Les propriétaires de fiefs étoient en même temps grevés de ces différentes servitudes, & de l'obligation de suivre leur seigneur à la guerre.

1°. *Du retrait féodal.* Les établissemens de S. Louis donnent ce *droit* au seigneur. Le chap. 155 est intitulé, *de achat que li sire peut retraire à lui.* Ainsi le retrait féodal formoit notre *droit* commun dans le treizième siècle. On en rapporteroit bien d'autres preuves; mais ce point ne peut pas être contesté.

2°. *De la saisie féodale.* Dans l'origine, & même dans le moyen âge, le seigneur confisquoit irrévocablement le fief, dans le cas où il se contente aujourd'hui de saisir & de faire les fruits siens : tel étoit singuliérement l'usage du treizième siècle. Nous lisons dans les *Etablissemens de S. Louis,* ch. 65, *se aucun sire est qui ait homme qui ne lui soit pas venu faire son hommage ...... li sire il peut bien regarder par jugement que il a le fié perdu, & ainsi remaint li fié au seigneur.* Nous avons quelques coutumes où ces anciennes loix vivent encore : on les nomme *coutumes de danger.*

3°. *De la commise.* La commise étoit un glaive continuellement suspendu sur la tête des vassaux, sur-tout en France, où les cas de confiscation étoient plus nombreux, & la félonie du vassal punie plus rigoureusement que par-tout ailleurs : c'étoit l'effet de cette loyauté, de cette simplicité de mœurs qui formoit autrefois le caractère national. Les choses ont bien changé; on peut même dire que l'usage a abrogé les loix concernant la commise; mais ces loix étoient dans toute leur vigueur pendant le cours du treizième siècle. Pour s'en convaincre, il ne faut que jetter les yeux sur les chapitres 201, 202 & 203 des *Assises de Jérusalem,* & sur les *Etablissemens de S. Louis,* chap. 48, 50 & 51 : on y verra tous les cas qui donnoient lieu à la commise du fief; & ces cas sont très-multipliés. Le chapitre 203 des assises porte, *pour le défaut de service, on perd le fié an & jour; pour defaut d'hommage, on le perd toute sa vie; pour être*

traitour vers son seigneur, le vassal le perd, lui & ses hoirs à toujours. Une légère injure au seigneur, à sa femme, à sa fille, emportoit de même la perte du fief.

4°. *Des dénombremens.* Leur origine est très-ancienne; elle remonte à l'époque de ces bénéfices, le germe & le modèle de nos fiefs. *Ut missi nostri diligenter inquirant & describere faciant unusquisque in suo missario, quod unusquisque in suo beneficio habeat, vel quos homines casatos in ipso beneficio .... ut scire possimus quantum etiam de nostro, in uniuscujusque legatione habeamus. Capitulaire de Charlemagne.* Depuis, cet usage, bien différent de celui de la commise, est devenu chaque jour plus universel & d'une obligation plus étroite. Tous les fiefs y étoient assujettis pendant le cours du treizième siècle; il y en a une multitude d'exemples. En 1209, dénombrement du comté de Sancerre, fourni à Blanche, comtesse de Champagne. En 1216, autre dénombrement rendu au comte de Champagne par Henri, comte de Grandpré : ces deux aveux se trouvent dans le cartulaire des fiefs de Champagne. En 1271, dénombrement du comté de Champagne fourni au roi en plein parlement. *Registre 30 du Trésor des Chartres.*

5°. *Du relief.* Il est aussi ancien que l'hérédité des fiefs; il se paya d'abord à toutes mutations, même en directe. Au treizième siècle il étoit restreint aux mutations collatérales. *Quand fief échet à hoirs qui sont de côté, il y a rachat.* Tel étoit singuliérement l'usage en Picardie, au rapport de Beaumanoir, ch. 27.

6°. *Du quint.* Nous venons de dire que le relief étoit aussi ancien que l'hérédité des fiefs; le quint remonte de même à l'époque de leur aliénabilité : cela devoit être ainsi. Ce *droit* n'est autre chose que le prix du consentement que le seigneur donne à l'aliénation; il devoit donc s'exiger d'autant plus rigoureusement, que l'on étoit plus voisin du temps où toute espèce de disposition de fief étoit prohibée. Aussi, quoique nous ayons très-peu d'actes du onzième siècle, il nous en reste néanmoins un assez grand nombre qui prouvent que dès-lors le quint se payoit au seigneur. Ducange en rapporte plusieurs au mot *Venda. Percepit bannà vendas & laudimia.* Acte de l'an 1041. Ce *droit* étoit dû au seigneur, même en cas d'échange; & il étoit déjà si général vers la fin du onzième siècle, que l'on fit en 1079, une ordonnance pour en fixer la quotité. *Si quis emerit vel permutaverit domum vel possessiones, vicarius vel bajulus loci teneatur laudare ..... nec recipiat pro laudimiis ultra vicesimam partem pretii. & semper emptor laudimia solvere teneatur.* Ordonnance du Louvre, tome 4, pag. 45.

Si le quint se payoit généralement, & même en cas d'échange au onzième siècle, cet usage étoit sans doute encore plus universel pendant le cours du treizième : aussi en existe-t-il des preuves

sans

fans nombre. Nous fommes en état de rapporter des chârtres année par année, depuis 1200 jufqu'en 1300, qui atteftent que pendant le cours de ce fiècle, le quint fe payoit au feigneur à toutes les mutations, finguliérement par ventes : le détail de ces chartres nous meneroit trop loin ; nous nous contenterons de deux autorités : elles font faites pour tenir lieu de toutes les autres : *quand héritage eft vendu, fe il eft fief, li fire a le quint denier du prix de la vente, c'eft à favoir de 100 livres, 20 liv. & de 10 liv., 40 fols, & du plus plus, & du moins moins.* Beaumanoir, *chap. 27.* Les établiffemens renferment la même décifion : *fe aucun achete & il ne rend les ventes dedans fept jours & fept nuits, & il n'en ait pris repis à la juftice, il amendera le gage de fa loi, & s'il paffe l'an & le jour que il ne les rende où qu'il n'en preigne repit à la juftice, il en paiera 60 fols d'amende, chap. 158.*

Ainfi dans le treizième fiècle, le *droit* commun du royaume affujettiffoit au quint, aux lods, nonfeulement les aliénations par vente, mais même les fimples échanges.

Nous avons encore un mot à dire fur le chambellage : ce *droit* étoit univerfel dans le treizième fiècle.

Le roi & les hauts feigneurs recevoient autrefois en perfonne l'hommage de leurs vaffaux ; ils étoient trop intéreffés à refferrer les liens de la féodalité pour ne pas remplir eux-mêmes cette obligation : le vaffal fe préfentoit à la porte de la chambre du feigneur ; le chambellan l'introduifoit dans l'intérieur, & là devifoit l'hommage, fuivant l'expreffion des *Affifes de Jérufalem.* Bientôt l'ufage s'établit de faire quelque cadeau au chambellan, *pour reconnoître fa courtoifie.* « Et comme il arrive » ordinairement, dit Pafquier, *liv. 3, chapitre der-* » *nier*, que les chofes qui font introduites de cu- » riofité, fe tournent par progrès de temps en » obligation, le grand chambellan ne tarda pas » d'exiger comme un *droit*, ce qui n'étoit dans » l'origine qu'une offrande volontaire. » Cette offrande d'abord arbitraire, fut fixée, en 1272, à une fomme proportionnée à la valeur du fief.

Ce *droit*, comme nous l'avons déjà dit, étoit univerfel au treizième fiècle ; il eft tombé en défuétude dans plufieurs provinces ; mais il s'eft confervé dans quelques coutumes, à la tête defquelles font celles de Picardie, notamment la coutume d'Amiens.

Enfin, dans ce même fiècle les fiefs étoient encore affujettis à deux efpèces de fervitudes, que le temps a prefque entiérement abolies. Le *droit* de *ftage* ou *eftage*, & celui d'aide ou de taille aux quatre cas. Tout le monde connoît le *droit* de *ftage* ; il confiftoit dans l'obligation impofée au vaffal de faire la garde au château du feigneur pendant un temps déterminé.

Outre ces prérogatives fur les fiefs de leur mouvance, les feigneurs en avoient encore une infinité fur les terres cenfuelles de leurs territoires, & les hommes qui les habitoient. Ils avoient fur les terres des *droits* de cens, de bordelage, de lods, de retrait, &c. &c. ; fur les hommes, des *droits* de taille, de corvées, de bannalité, de for-fuyance, for-mariage, en un mot, dans une très-grande partie du royaume, la main-morte & toutes les chaînes qu'elle traîne après elle.

La condition des bourgeois habitans des villes n'étoit guère meilleure : voici le tableau des vexations qu'ils éprouvoient, tracé par une des mains les plus favantes de notre fiècle. *L'abbé* de Mably, *Obfervations fur l'Hiftoire de France.*

« A l'avénement de Hugues Capet au trône, » on diftinguoit l'homme libre du ferf ; mais cette » diftinction ne laiffoit prefque aucune différence » réelle entre eux. La fouveraineté que les fei- » gneurs avoient ufurpée dans leurs terres, ou- » vrage de l'avarice & de la vanité, étoit deve- » nue la tyrannie la plus infupportable.... Les nou- » veaux feigneurs exercèrent fur les bourgeois la » même autorité que les autres feigneurs avoient ac- » quife fur les vilains de leurs terres. Les péages, les » *droits* d'entrées, d'efcortes & de marchés fe mul- » tiplièrent à l'infini. Les villes furent fujettes, » comme les campagnes, à une taille arbitraire ».

Les feigneurs avoient effectivement dans leurs terres ce qui conftitue effentiellement la fouveraineté, la juftice en dernier reffort. L'exiftence de cette prérogative nous eft atteftée par tous les auteurs d'alors, notamment par Pierre Desfontaine dans fon *Confeil 21.* Voici fes termes : » bien t'ai dit » en quelle maniere tu pues femondre ton vilain & » franc home, & faches bien que felon Dieu, tu n'as » mie plefniere poofté fur ton vilain, dont fi tu prens » du fien, fors les droites amandes kil doit, tu les » prens contre Dieu & feur le péril de l'ame, & » che que l'on dift ke toutes les cofes que vilain a font à » fon feigneur, c'eft à garder, car s'elles étoient fon fei- » gneur propres, il n'auroit nule différence, quant à ce, » entre ferf & vilain. Mais par notre ufage, n'a il » entre ti & ton vilain, juge fors Dieu, tant comme » il eft tes coukans, & tes levans, &c. ».

La plupart de ces *droits* vivent encore aujourd'hui ; il en exiftoit une infinité d'autres, nés du caprice & de la force que le temps & les arrêts ont détruits. Quoiqu'abolis, il faut cependant en dire un mot ; nous laifferons encore parler le judicieux écrivain que nous avons déjà cité.

« Il ne faut, dit M. l'abbé de Mably, que par- » courir les chartres par lefquelles les feigneurs » vendirent dans la fuite à leurs villes le *droit de* » *commune*, pour fe faire un tableau de la fituation » déplorable des bourgeois. Les privilèges qu'on » leur accorde fuppofent les vexations les plus » atroces. C'eft par grace qu'on permet à ces mal- » heureux de s'accommoder après avoir commencé » un procès juridiquement, tant on étoit éloigné » de penfer que la magiftrature fût établie pour » l'utilité des peuples, & non pour l'avantage du

» magiſtrat. Ils étoient réduits à demander comme
» une faveur, qu'il fût permis à leurs enfans d'ap-
» prendre à lire & à écrire, & de n'être obligés
» de vendre à leurs ſeigneurs que les denrées ou
» les effets qu'ils auroient mis en vente. Toute
» induſtrie étoit étouffée entre des hommes qu'on
» vouloit rendre ſtupides; les bourgeois n'o-
» ſoient faire aucun commerce, parce que les
» ſeigneurs s'étoient arrogé le *droit* d'interdire dans
» leurs terres toute eſpèce de vente ou d'achat
» entre les particuliers, lorſqu'ils vouloient vendre
» eux-mêmes les denrées de leur crû, ou celles
» qu'ils avoient achetées. Ces monopoles étoient
» tellement accrédités, que le peuple prit pour
» un acte de généroſité, l'injuſtice moins criante,
» par laquelle les ſeigneurs ſe réſervoient dans
» chaque année un temps fixe pour le débit
» des fruits de leurs terres; en ſtipulant toutefois
» qu'ils ne vendroient plus cher que de coutume,
». & que les bourgeois n'expoſeroient alors en
» vente que des denrées altérées & corrompues.

» On devine aiſément, continue cet auteur,
» quelle eſpèce de crédit demandoit le comte de
» Foix dans la chartre qu'il accorde à ſes ſujets,
» lorſqu'il exige qu'il lui fût permis d'acheter une
» fois en ſa vie à chaque marchand, ſans payer
» ni donner aucun gage, quelque effet qui n'ex-
» céderoit pas la valeur de cinq ſols ».

On diſtingue trois eſpèces de *droits féodaux*,
les *droits* eſſentiels, les naturels ou ordinaires, &
les accidentels ou extraordinaires.

La fidélité eſt la ſeule choſe qui dérive de l'eſſence du fief. Un fief exiſte comme tel, par cela
ſeul qu'il ſoumet le propriétaire à l'obligation d'être
fidèle au ſeigneur dominant. *Feudum in ſolâ fidelitate
conſiſtit.* L'obligation de porter la foi n'eſt pas même
eſſentiellement attachée à la tenure féodale. C'eſt
encore la déciſion de tous les féodiſtes. *Feudum
poteſt exiſtere abſque juramento fidelitatis.*

Ce ſerment de fidélité, que nous appellons
l'hommage, eſt le premier & le plus commun
des *droits* naturels ou ordinaires; le relief, le quint,
& les lods viennent enſuite. On les nomme *droits
naturels* ou *ordinaires*, parce qu'en effet l'uſage les
a preſque par-tout attachés à la tenure féodale: nous
diſons l'uſage; effectivement ces *droits* n'ont pas
d'autre origine; cela eſt bien ſenſible, ſur-tout à
l'égard du quint & des lods. Inconnus dans pluſ-
ſieurs provinces, leur quotité varie dans preſque
toutes les autres. A Paris, c'eſt le quint; le quint
& requint en Champagne, en Picardie; le ſixte
en Poitou; le douzième au Maine; le treizième
en Normandie, &c.

Tant de variétés annoncent clairement que les
droits ordinaires féodaux, le quint ſur-tout, ne dérivent pas de l'eſſence des choſes. Cette cauſe auroit donné par-tout les mêmes réſultats.

Ce que nous nommons *droits extraordinaires
accidentels*, eſt pareillement l'effet de l'uſage, mais
d'un uſage encore moins uniforme & moins géné-

ral. Dans cette claſſe on range, pour l'ordinaire,
les corvées, les bannalités, &c.

Puiſque la fidélité ſeule eſt de l'eſſence du fief,
l'obligation d'être fidèle au ſeigneur dominant eſt
donc la ſeule qu'impoſe néceſſairement la qualité
de vaſſal; puiſque le relief, le quint ne ſont que des
droits ordinaires, qui dérivent non de l'eſſence
des choſes, mais uniquement de l'uſage; puiſqu'ils
ſont indifférens à la tenure féodale, qui, ſans
eux, a néanmoins tous les caractères eſſentiels à
la féodalité: lorſqu'il s'agit de décider ſi ces *droits*
ſont dus, on ne doit donc pas s'arrêter uniquem-
ment à la circonſtance que telle choſe eſt tenue
en fief; mais il faut ſuſpendre ſon jugement juſqu'à
ce que l'on ait examiné les titres particuliers de la
ſeigneurie, à leur défaut l'uſage local, s'il en exiſte;
enfin, s'il n'y a ni titres, ni uſages, la coutume
générale ſous l'empire de laquelle le fief eſt aſſis.

*Comment ſe règlent les droits féodaux, lorſque le
fief ſervant & le fief dominant ſont ſitués dans
deux coutumes différentes.* Dumoulin établit un principe
qui ſemble dicté par la raiſon même; ſavoir,
qu'en ce qui concerne les choſes qui ont une
aſſiette fixe, & les charges qui y ſont impoſées,
il faut conſidérer la coutume du lieu où elles ſont
aſſiſes. *In his quæ concernunt rem, vel onus rei, debet
reſpici conſuetudo loci ubi ſita res eſt.* Sur l'ancienne
coutume de Paris, §. 7, n. 37. La raiſon qu'il en
donne, c'eſt que ces ſortes de charges tombent moins
ſur la perſonne que ſur la choſe même.

D'après ce principe, nul doute que s'il eſt
queſtion de ſavoir ſi tel héritage eſt féodal, cenſuel ou allodial, il faut ſe décider par la coutume
qui régit cet héritage.

Il eſt également certain que c'eſt la coutume
du fief dominant qui doit régler les formalités de
l'hommage. Tout le monde eſt d'accord ſur ce
point.

Il pourroit y avoir plus de difficultés à l'égard
des *droits* utiles. Jean Faber, qu'on dit avoir été
chancelier de France, qui étoit un grand praticien, prétendoit qu'il falloit ſuivre la coutume
du fief dominant. Sa raiſon étoit que l'arrière-fief
étant un démembrement du fief, il eſt cenſé en
faire partie: *cum cenſeatur membrum iſtius caſtri,
& caſtellaniæ, de quâ tenet.* C'eſt auſſi l'avis, non-
ſeulement de quelques anciens docteurs, mais encore de pluſieurs modernes, entre autres de Bur-
gundius; & ce ſentiment eſt ſuivi dans les tribunaux de Flandres.

M. le préſident Bouhier montre beaucoup de
penchant pour cette opinion. Voici comme il s'en
explique ſur la coutume de Bourgogne, *chap.* 29.
« A dire vrai, ſi parmi nous les choſes étoient
» entières, j'aurois peine à prendre un autre avis;
» car tout dépend en cette matière de ce qu'on
» doit préſumer de la première inveſtiture quand
» on ne la voit pas. Dumoulin croit que la pré-
» ſomption eſt que le ſeigneur a ſoumis l'arrière-

» fief à la coutume du lieu de fa fituation; *in dubio*
» *dominus dans in feudum cenfetur concedere fecundùm*
» *confuetudinem loci, in quo fita eft res in feudum*
» *conceffa.* Mais je tiens qu'au contraire il eft plu-
» tôt à préfumer que le feigneur dominant n'a pas
» voulu qu'un membre de fa feigneurie fût d'une
» autre nature que le corps dont il eft détaché,
» ni que cet arriere-fief fût d'une autre condition
» que les autres qu'il peut avoir dans fa propre
» coutume; ce qui eft d'autant plus vraifemblable,
» qu'on tient pour maxime que tout ce qui releve
» d'un fief eft préfumé avoir, dans l'origine, fait
» partie du domaine de ce fief, & en être une
» émanation, fi l'on ne prouve le contraire. Il fe
» peut même faire qu'il ait ignoré la coutume du
» lieu de la fituation du fief fervant, au lieu qu'il
» n'a pas pu ignorer la fienne propre ».
Mais il eft inutile de difputer davantage fur cette
queftion, parce que l'ufage contraire a prévalu,
& qu'on nous a fait une efpèce de maxime de
droit françois, qu'en fait des *droits utiles*, le fief
fervant fe gouverne fuivant la coutume du lieu
où il eft affis, & non fuivant celle du fief dominant. Dumoulin l'affure, non-feulement en l'endroit cité, mais encore en d'autres; tel eft l'avis
général de tous les jurifconfultes du royaume. La
chofe a même été jugée par plufieurs arrêts.

Le cenfitaire eft obligé de porter les droits cenfuels.
Les coutumes, les arrêts, les jurifconfultes, tout
fe réunit pour établir cette propofition.
Cependant les tenanciers foumis à la portabilité
ne font pas tenus de fuivre le domicile du feigneur,
fi ce domicile eft hors du territoire. C'eft au principal manoir du fief que la rente doit être portée; ou fi le feigneur ne poffède pas de manoir
dans le fief, il doit y faire une élection de domicile.
Telle eft la difpofition générale des coutumes,
la doctrine des auteurs, & la jurifprudence des
arrêts. Le parlement de Paris, par un arrêt que
rapporte Auzanet, ordonna qu'au défaut de manoir feigneurial, le paiement des cenfives fe feroit
à la porte de l'églife du lieu; & il y a un arrêt
du parlement de Touloufe de l'année 1743, entre
le fieur Jean-Baptifte Boyer, bourgeois du lieu
de Beton, & le fyndic des prébendes de l'églife
d'Alby, qui ordonna que les prébendiers feigneurs
du fief de Lavoïere, feroient tenus d'indiquer un
grenier pour y recevoir le paiement de leurs
cenfives.
La portabilité ne fe prefcrit point, quoique pendant trente ans, & au-delà, le feigneur ait été
dans l'ufage d'envoyer chercher fes rentes, parce
que c'eft de la part du feigneur un *droit* de pure
faculté, & de la part des emphyféotes, un devoir
d'obéiffance & d'honneur, deux caractères qui
mettent cet abri à l'abri de la prefcription. Ricard
rapporte un arrêt du parlement de Paris, de l'année 1586, qui l'a ainfi jugé; & la queftion a encore été jugée de même par l'arrêt du 7 août

1682, qui eft rapporté par le journalifte du
palais.
Quoiqu'il n'y ait pas de jour marqué par les
titres du fief pour le paiement des cenfives, cette
circonftance, dans les lieux où la portabilité eft de
droit commun, n'eft pas un obftacle qui empêche
que la cenfive ne foit déclarée portable. Il eft vrai
qu'alors le feigneur eft chargé d'une formalité qui
eft de faire requérir & demander la cenfive; mais
après la demande & la requifition, les habitans
feront tenus de l'apporter au château du feigneur;
& c'eft ce qui explique le fens de plufieurs coutumes, où le cens eft déclaré requérable. L'objet
de ces coutumes n'a pas été d'exclure la portabilité, mais feulement de mettre le feigneur dans la
néceffité de demander les cenfives; & les cenfives
une fois demandées doivent fe payer en la forme
du *droit* commun, c'eft-à-dire, que le feigneur eft
en *droit* de les attendre dans fon château.
Le tenancier doit payer les *droits feigneuriaux*
au feigneur, ou à fon receveur ou fermier: ce
point eft fans difficulté. Mais la coutume prononce
une amende contre le cenfitaire, s'il ne paie pas
au jour fixé. Cette difpofition donne lieu aux deux
queftions fuivantes.
1°. Si le jour de l'échéance le tenancier fe préfente au feigneur, & qu'il obtienne de lui une
prorogation, nul doute qu'il n'encourt pas l'amende
de la coutume. Mais on demande fi le receveur
ou procureur fondé peut valablement donner cette
prorogation. Quoique dans les principes le procureur fondé ne puiffe proroger le terme des paiemens, cependant il le peut dans ce cas-ci. C'eft
un effet de la faveur de la dette qui, fondée fur
la bienfaifance & l'humanité, ne doit pas s'exiger
avec la même rigueur que les autres. D'ailleurs,
la preftation du cens étant plus honorifique qu'utile,
le tenancier acquitte plus de moitié de la dette
en demandant cette prorogation.
2°. Aux termes de la coutume, l'amende eft
encourue de plein *droit* fi le tenancier ne s'eft pas
préfenté au feigneur ou à fon procureur fondé le
jour même de l'échéance. Le feigneur remet inconteftablement cette amende en recevant le cens
fans réferve; la réception du cens par le procureur opérera-t-elle le même effet?
Le procureur ne peut aliéner, difpofer des *droits*
de fon commettant. Cette amende une fois acquife
au feigneur, il fembleroit qu'il ne peut plus en
être privé par le fait de fon procureur; cependant
il faut tenir au contraire que la réception du cens
faite par le procureur, emporte la remife de l'a-
mende, les feigneurs étant dans l'ufage de faire
cette remife toutes les fois que le cenfitaire fe
préfente de lui-même, & fans conteftation. Cette
faculté eft cenfée écrite dans toutes les procurations. C'eft en effet un principe de *droit*, que les
procurations font toujours cenfées contenir tout
ce qui eft d'ufage, *de confuetudinibus regionis.* Il
en feroit autrement fi le tenancier refufant de payer,

le procureur l'avoit traduit en justice, ou avoit fait saisir les fruits de l'héritage censuel ; parce qu'alors la peine seroit encourue d'une manière plus irrévocable, & que d'ailleurs un débiteur qui refuse le paiement, ne mérite pas la même faveur que celui qui n'est coupable que de négligence.

La compensation a-t-elle lieu en matière de droits seigneuriaux ? Compensation a lieu de *liquide* à *liquide* : cette règle de *droit* dérive de l'équité ; elle est fondée sur la loi *nihil interest compensare aut solvere.* En effet, il est indifférent à deux créanciers réciproques de compenser ou de payer d'une main, & de recevoir de l'autre. L'opération de la loi est bien plus simple ; elle anéantit la dette respective, & tout est terminé.

Il semble donc que lorsque le seigneur est débiteur du censitaire, celui-ci doit être libéré à l'échéance du cens par la seule force de la compensation : néanmoins il en est autrement ; la compensation n'a pas lieu en cette matière ; on en sent aisément la raison. Il faut que tout soit égal de part & d'autre pour que la compensation s'opère ; & il y a bien de la différence entre une dette ordinaire & une prestation recognitive de la seigneurie ; & quand deux personnes seroient réciproquement censitaires l'une de l'autre, la compensation n'auroit pas même lieu dans ce cas, *ne monumenta census conturbentur.* C'est la raison qu'en donne Dumoulin : cet auteur met cependant une restriction à la règle générale, & estime que si le cens forme un objet considérable, la compensation doit avoir lieu, non pas de plein *droit*, mais après les offres dûement faites par les censitaires, *in* §. *62 & 38.*

Effectivement on peut dire que la seigneurie est suffisamment reconnue par ces offres.

Doit-on étendre ou restreindre les droits seigneuriaux ? Quoique la plupart soient légitimes, cependant il faut les restreindre tous, & renfermer strictement les *droits* des seigneurs dans les bornes de la coutume ou des titres. C'est le vœu des jurisconsultes : *omnia jura dominicalia sunt stricti juris, nec possunt extendi ultra verba consuetudinis & tenorem investituræ.* Dumoulin, sur l'article 7 de la Coutume de Paris, gl. 1, n. 8.

Nous lisons le texte suivant dans le même auteur, §. *33, n. 3. Hujusmodi reliva, quinta sub quinta & duodecima pretiorum, sunt graves & odiosæ, ne dicam sordidæ servitutes, & experientiâ docente provocant & inducunt homines ad multas fraudes, simulationes, tricas, mendacia, suspiciones, lites, odia & alia conscientiæ onera, contra legem Dei, sincerum amorem & legalitatem proximis debitam.*

Les loix crient de toutes parts que la liberté est d'un prix inestimable, *libertas inæstimabilis res est ; liberi hominis æstimatio prestari non potest.* Que les causes qui concernent la liberté méritent la plus grande faveur, *libertas omnibus rebus favorabilior est* ; qu'on doit juger pour elle dans le doute,

& lorsque la voix des juges ou les témoignages se trouvent égaux ; qu'on doit interpréter les actes en sa faveur, *quoties dubia interpretatio libertatis, secundùm libertatem respondendum erit, in obscurâ voluntate manumittentis, favendum est libertati* ; & l'on trouve plusieurs textes par lesquels le *droit* s'est écarté des règles ordinaires, pour favoriser la liberté.

Un arrêt du conseil du 26 juin 1771, établit une nouvelle manutention dans la perception des *droits* casuels appartenans au domaine de la couronne ; il faut nécessairement connoître cet arrêt ; en voici les principales dispositions.

I. La perception des *droits* dus à sa majesté, à cause des mutations des biens assis dans ses mouvances & directes, par vente, échange ou autre titre équipolent, sera faite, à compter du premier juillet prochain, par les receveurs généraux des domaines, ou leurs fondés de procuration, tant dans les domaines étant dans la main du roi, que dans ceux engagés, à quelque titre que ce soit, & ce conformément aux coutumes des lieux où lesdits biens seront assis, ou aux titres particuliers d'iceux. Fait sa majesté défenses à tous engagistes de s'immiscer, passé ledit jour premier juillet, dans la perception d'aucuns desdits *droits* dans les mouvances & directes des domaines par eux tenus en engagement, s'il n'y a eu demande judiciaire par eux formée antérieurement audit jour ; & ce à peine de restitution des *droits* qui auroient été par eux perçus, & d'amende qui ne pourra être moindre de trente livres pour chacun desdits *droits* lorsqu'ils n'excéderont pas ladite somme ; & sera du double des *droits* par eux perçus lorsqu'ils excéderont la somme de trente livres, lesquelles amendes ne pourront être modérées ni remises pour quelque raison & sous quelque prétexte que ce puisse être ; & seront lesdits *droits*, dont la restitution sera ordonnée, & lesdites amendes, payés entre les mains des receveurs généraux des domaines, qui seront tenus d'en compter à sa majesté : fait pareillement sa majesté défenses aux receveurs généraux de ses domaines, de compter, soit à l'adjudicataire de ses fermes générales, soit à ses fermiers particuliers, ou arrière-fermiers ou cessionnaires des uns & des autres, des *droits* qui seront par eux perçus, passé le premier juillet prochain, à peine d'en répondre en leur propre & privé nom.

II. Lorsque les *droits* dus à sa majesté, à cause des mutations des biens assis dans ses mouvances & directes, ne seront que de mille livres & au-dessous, il ne sera fait aucune remise sur iceux ; au-dessus de mille livres, jusques & compris sept mille livres, sera fait remise d'un sixième sur ce qui excédera mille livres ; au-dessus de sept mille livres, jusques & compris douze mille livres, outre la remise ci-dessus, sera fait remise d'un cinquième sur ce qui excédera sept mille livres ; au-dessus de douze mille livres, jusques & compris vingt-quatre mille livres, il sera, outre les remises précédemment ordonnées, fait remife d'un quart fur ce qui excédera douze mille livres ; au-deffus de vingt-quatre mille livres, outre les remifes précédentes ; il fera fait remife de trois dixièmes de la portion des *droits* dus à fa majefté, qui excédera vingt-quatre mille livres, à quelque fomme qu'elle puiffe être : n'auront néantmoins lieu lefdites remifes qu'en cas de vente volontaire feulement, fans qu'il puiffe en être accordé aucune dans le cas des ventes forcées, foit qu'elles foient faites en juftice ou autrement en vertu de contrat de ceffion ou abandon..

III. Les acquéreurs qui voudront jouir defdites remifes, feront tenus d'exhiber, dans les trois mois de leurs acquifitions, leur titre de propriété aux receveurs-généraux des domaines, & de leur en remettre à leurs frais une copie collationnée, ou extrait délivré par les notaires qui auront reçu les actes, ou par les greffiers qui auront expédié les jugemens ; en vertu defquels la propriété des biens leur aura été tranfmife, & d'acquitter dans ledit délai les *droits* dus à caufe de la mutation d'iceux : veut fa majefté qu'icelui paffé, il ne puiffe leur être fait aucune remife par les receveurs-généraux de fes domaines, à peine d'en répondre en leur propre & privé nom ; leur fait pareillement défenfes fa majefté, & fous les mêmes peines, d'accorder, fous aucun prétexte, autres plus fortes remifes que celles portées au préfent arrêt. (M. HENRION, *avocat au parlement.*)

DROITS *fucceffifs*, font ceux que l'on recueille à titre de fucceffion. Il y a bien quelques différence entre les termes, *droits fucceffifs* & *droit de fuccéder* ; car le *droit* de fuccéder eft le *droit* de recueillir tous les meubles & immeubles, les noms, *droits*, raifons, actions & prétentions qui compofent une fucceffion, au lieu que les *droits fucceffifs* font ceux qui font attachés à ce *droit* de fuccéder, c'eft-à-dire, à cette même fucceffion. Mais cette diftinction eft peu importante, & les auteurs qui ont traité de cette matière fe fervent indiftinctement des termes *fucceffion, droits fucceffifs,* & *droit de fuccéder.* Nous renvoyons ce que nous avons à dire fur cet objet fous le mot SUCCESSION.

DROIT *d'un tiers*, eft celui qui appartient à quelqu'un, autre que ceux qui ftipulent ou qui contractent ; les conventions que deux perfonnes font enfemble, ne peuvent préjudicier à un tiers. (*A*)

DROIT *utile*, eft celui qui produit quelque profit ou émolument. Le terme de *droit utile* eft oppofé à *droit honorifique.* Les offices & les feigneuries ont des *droits* honorifiques & des *droits utiles.* *Voyez ci-devant* DROITS *honorifiques.* (*A*)

DROITURE, f. f. (*Droit féodal.*) ce mot a diverfes fignifications dans notre jurifprudence.

1°. On l'emploie quelquefois en matière de fucceffion, pour indiquer la tranfmiffion des biens en ligne directe.

2°. Il défigne la propriété. C'eft dans ce fens que la coutume de Bretagne dit dans l'article 282, que « *droiture & feigneurie* eft acquife à celui qui » a paifiblement & notoirement joui fans titre, » par lui, fes prédéceffeurs, ou auteurs, dont il » a caufe par l'efpace & laps de 40 ans ». La même coutume oppofe, dans plufieurs articles, la *droiture* à la poffeffion ou faifine. L'article 77 porte, par exemple, que ce qui y eft dit de l'obligation où font les fujets de faire la recette des droits du feigneur, n'attribue aucun droit aux feigneurs, *lefquels par ci-devant n'ont eu droiture & poffeffion de contraindre leurs hommes & fujets à faire ladite cueillette & recette des rentes & devoirs.* D'Argentré, fur cet article, interprète le mot *droiture* de la manière fuivante : *ex titulo vel prefcriptione, continuatâ poffeffione.* Voyez auffi *les art. 455, 471 & 705 de la même coutume.*

3°. Le mot *droiture*, dans plufieurs coutumes, fignifie les droits dus au feigneur féodal, ou cenfuel. C'eft dans ce fens que l'article 7 du titre des prefcriptions de la coutume de Metz, dit que les cens, rentes, & autres *droitures* feigneuriales réelles & perfonnelles, ne fe prefcrivent que par quarante ans, mais que les arrérages s'en prefcrivent par dix ans. *Voyez auffi les articles 36 & 37 du titre 2 de la même coutume.*

4°. On prend auffi ce mot pour le droit de directe même. *Voyez* DROITURER. (*M. GARRAN DE COULON.*)

DROITURER, v. a. (*Droit féodal.*) c'eft reconnoître le feigneur & lui payer les droits qui lui font dus en cas de mutation. L'article 20 de la coutume d'Artois dit que *fi les héritages ne font relevés & droiturés dans le temps réglé par la coutume, qui eft de quarante jours pour les fiefs,* & de fept jours pour les coteries & mains fermes, ils reviennent de plein droit à la table du feigneur, qui a droit d'en percevoir les revenus à fon profit.

Maillard dit fur cet article : « *droiturer*, c'eft » reconnoître fon feigneur, avouer que l'héritage » vacant par le décès de celui dont il s'agit, » eft dans la mouvance du feigneur. De-là on a » fait *directe, droiture,* pour la mouvance du fei- » gneur immédiat, active & paffive, ou pour la » reconnoiffance feigneuriale immédiate ».

Les coutumes de Chauny, de Péronne, & plufieurs autres, fe fervent de ce mot dans le même fens. (*M. GARRAN-DE-COULON.*)

DROUILLES *ou* DREUILLES, *ou* RIERE-LODS, (*Jurifprud.*) font un droit que l'acquéreur paie en quelques endroits aux officiers du feigneur, pour l'enfaifinement de fon contrat & la mife en poffeffion, outre & par-deffus les lods & droits qui font dus au feigneur. M. Bretonnier, en fes *Obfervations fur Henrys,* édit. de 1708, tome I, liv. III, chap. 3, quest. 31, dit que drouilles eft un terme gothique qui fignifie *préfent*; que dans le pays il fignifie *arrhes* dans les achats & louages, pour marquer que la chose est consommée ; que les châtelains de Forez sont en possession de percevoir ce droit sur toutes les ventes ; que, suivant Henrys, ce droit est de 3 sols 4 den. pour livre, non pas du prix de l'acquisition, mais de la valeur des lods ; ce qui fait environ le quinzième du lod. Mais M. Bretonnier dit qu'on lui a assuré dans la province, que ce n'est que la vingtième partie des lods ; que cela se donne au châtelain pour la peine qu'il prend d'investir l'acquéreur, & que par cette raison, on l'appelle aussi *droit d'investison*, *quasi jus investitionis*.

Les châtelains des justices seigneuriales ont prétendu avoir le même droit ; mais leur prétention a été condamnée par un arrêt solemnel du 22 février 1684, rendu en la troisième chambre des enquêtes, qui fait défenses à tous seigneurs dans l'étendue du comté de Forez, & à leurs officiers, de percevoir le droit de *drouilles*, s'ils n'ont d'anciens aveux & dénombremens, ou reconnoissances passées par leurs emphytéotes, ou autres titres valables, faisant mention de ce droit.

Dans les statuts de Bresse & de Bugey, le mot *drouilles* signifie les étrennes que l'on donne aux officiers du seigneur au par-dessus du prix de la vente. *Voyez le Traité des fiefs de M. Guyot, tome 3, tit. du quint, & chap. 17, p. 555. (A)*

Il y a tout lieu de croire que cette dernière acception est le sens primitif de ce mot, & que les *drouilles* étoient dans l'origine un présent volontaire. *Voyez* Draulée, Drurie, Investison & Rière-lods. (M. GARRAN DE COULON.)

DRURIE, Druerie, ou Druderie, *DRU-DARIA* dans la basse latinité, s. f. (*Droit féodal.*) ce mot qui signifioit originairement *fidélité, amour, amitié*, a été pris ensuite pour un don d'amitié purement volontaire dans son origine, & enfin pour un droit seigneurial qui avoit lieu en divers cas dans nos provinces méridionales.

On voit dans une chartre de 1103, que la femme du seigneur de Montpellier, & Ponce Raymond, avoient un droit de *drurie* sur les plaids de cette ville. Suivant une autre chartre de 1194, la femme du vicomte de Beziers ne devoit prendre aucune *drurie* pour quelque délit que ce fût, si ce n'est sur l'argent que son mari avoit droit de percevoir. Enfin on a donné le nom de *drurie* dans le Béarn, à un certain droit que les seigneurs percevoient sur les concubines, ou sur ceux qui en avoient.

C'est mal-à-propos que Bruffel, en rapportant la chartre de 1103, au *liv. 9, chap. 3* de son *Usage des fiefs*, dit que le mot *drudaria* signifie, suivant Ducange, *pactum nuptiale, amicitia, ususfructus*. Ducange n'a adopté de ces trois mots que celui d'*amicitia*, pour rendre celui de *drurie*. Il cite seulement un contrat de mariage (*pactum nuptiale*) de 1129, où il est question de *l'usufruit* du fief de Guillaume de Montpellier, & de la *drurie* de Ponce Raymond. (M. GARRAN DE COULON.)

DUC, s. m. (*Droit public.*) est un titre de dignité, dont la signification varie, suivant les différens pays où il est en usage.

En Allemagne, le mot *duc* emporte avec soi une idée de souveraineté ; tels sont les *ducs* de Deux-Ponts, de Wolffembutel, de Brunswick, de Saxe, de Holstein, &c.

Il y avoit autrefois trois souverains qui prenoient le titre de *grand-duc* : celui de Moscovie, de Lithuanie & de Toscane ; ce dernier est le seul à qui on donne aujourd'hui ce titre : celui de Russie prend la qualité de *czar*, & d'*empereur des Russies* ; son héritier présomptif s'appelle le *grand-duc de Russie*. Le titre de *grand-duc* de Lithuanie est uni à la couronne de Pologne.

Le souverain de l'Autriche prend le titre d'*archiduc*. *Voyez* ce mot.

En France, en Angleterre, & dans le reste de l'Europe, *duc* est le titre d'honneur ou de noblesse de ceux qui ont le premier rang après les princes.

Ce mot est emprunté des Grecs modernes, qui appelloient *ducas* les personnes auxquelles les Romains donnoient la qualité de *dux*. Cette dignité fut introduite sous le bas-empire, & on l'attribua aux commandans des armées, & aux gouverneurs des provinces ; on les appela *duces*, *à ducendo*, qui conduit, ou qui commande.

Le premier gouverneur qui fut décoré de la qualité de *duc*, fut un *duc* de la Marche Rhétique, ou du pays des Grisons, dont il est fait mention dans Cassiodore. On établit treize *ducs* dans l'empire d'Orient, & douze dans celui d'Occident.

Lorsque les Goths & les Vandales se répandirent dans les provinces de l'empire d'Occident, ils abolirent les dignités romaines par-tout où ils s'établirent : mais les Francs, pour plaire aux Gaulois, accoutumés depuis long-temps à cette forme de gouvernement, se firent un point de politique de n'y rien changer, divisèrent les Gaules en duchés & comtés, & donnèrent aux gouverneurs de ces provinces les noms de *ducs* & de comtes.

Cependant, sous la seconde race de nos rois, il n'y avoit presque point de *ducs*. On ne trouve guère dans cette époque que les *ducs* de Bourgogne & d'Aquitaine, & un *duc* de France, dignité dont Hugues Capet lui-même porta le titre ; tous les autres grands seigneurs étoient appelés comtes, pairs, ou barons.

Par la foiblesse des derniers rois de cette seconde race, les gouverneurs des provinces prirent, pour la plupart, le titre de *ducs*, & profitèrent de l'autorité que cette dignité leur donnoit, pour envahir la souveraineté des provinces confiées à leur administration.

Ce changement s'opéra principalement vers le temps de Hugues Capet, & ce fut alors que les grands feigneurs achevèrent de démembrer le royaume, enforte que ce prince trouva plus de compétiteurs que de fujets, & eut beaucoup de peine à fe faire reconnoître pour leur fouverain, & à les obliger à tenir de lui à titre de foi & hommage les provinces dont ils vouloient s'emparer.

Dans là fuite des temps, par le droit des armes, & par des mariages, nos rois ont réuni à leur couronne les duchés & les comtés qui en avoient été démembrés; & depuis le titre de *duc* n'a plus été donné aux gouverneurs des provinces : enforte qu'aujourd'hui le nom de *duc* n'eft plus qu'un fimple titre de dignité, affecté à une perfonne & à fes hoirs mâles, fans donner au titulaire aucun domaine, territoire ou jurifdiction, fur le pays où il eft *duc*. Tous les avantages confiftent dans le nom & la préféance qu'il donne.

Les *ducs* font créés par lettres-patentes du roi, qui doivent être enregiftrées au parlement & à la chambre des comptes. Il y en a de trois efpèces, les *ducs* & pairs, les *ducs* héréditaires, & les *ducs* à brevet.

Les premiers tiennent le premier rang, ils ont féance au parlement, ils jouiffent auffi de plufieurs honneurs & prérogatives, dont nous parlerons fous le mot PAIRIE.

Les *ducs* héréditaires font ceux qui poffèdent des duchés non pairies. Leur dignité eft tranfmiffible à leurs enfans & defcendans mâles ; ils ont feulement les honneurs du Louvre, & dans les maifons du roi.

Les *ducs* à brevet n'ont d'autres prérogatives que celle de porter le titre de *duc*, & de jouir des honneurs attachés à cette qualité dans les maifons royales. Comme ce titre n'eft qu'une grace perfonnelle que le fouverain accorde à un particulier, il s'éteint à la mort de celui qui a obtenu cette faveur.

Les *ducs* de ces trois claffes ont également le droit de placer fur l'écuffon de leurs armes la couronne ducale, & de l'entourer du manteau doublé d'hermine. Cette prérogative eft la marque diftinctive à laquelle on les reconnoît.

Les préfidens-à-mortier des parlemens ont auffi le droit d'entourer leur écuffon du manteau ducal ; mais il y a entre eux cette différence, qu'ils placent un mortier au-deffus du manteau.

En écrivant aux *ducs*, on leur donne quelquefois le titre de *grandeur* & de *monfeigneur*, mais fans obligation ; dans les actes on les appelle *trèshaut & très-puiffant feigneur* ; en leur parlant, on les appelle *monfieur le duc*.

En Angleterre, fuivant Cambden, les officiers & les généraux d'armées, du temps des Saxons, étoient appelés *ducs*, *duces*, fans aucune autre dénomination, felon l'ancienne manière des Romains. Ce titre s'éteint lors de l'invafion de l'Angleterre par Guillaume-le-Conquérant ; il fut rétabli fous Edouard III, qui créa *duc* de Cor-

nouailles Edouard, à qui on donnoit auparavant le nom de *prince noir*.

Le même roi érigea en duché le pays de Lancaftre, en faveur de fon quatrième fils. Dans la fuite cette dignité a été multipliée, & rendue héréditaire.

Les *ducs* y font créés avec beaucoup de folemnité par lettres-patentes, ceinture d'épée, manteau d'état, impofition de chapeau, couronne d'or fur la tête, & une verge d'or en leur main. Mais ils ne retiennent de leur ancienne fplendeur que la couronne fur l'écuffon de leurs armes, qui eft la feule marque de leur fouveraineté paffée. Lorfqu'on leur écrit, on leur donne le titre de *grace*, on les qualifie, en terme héraldique, de *princes les plus hauts, les plus puiffans, les plus nobles*. Les ducs du fang royal font qualifiés de *princes les plus hauts, les plus puiffans, les plus illuftres*. *Voyez* le *Dictionnaire diplomatique, économique, politique*.

DUCHÉ, f. m. (*Droit public.*) en France c'eft une feigneurie confidérable, érigée avec ce titre de dignité, & mouvante immédiatement de la couronne.

Il y en a de deux fortes, les *duchés fimples* & les *duchés-pairies*. Ils font également les premiers fiefs du royaume, & par cette raifon ils ne peuvent exifter fans lettres-patentes d'érection, qui doivent être enregiftrées au parlement. Le défaut de cet enregiftrement empêcheroit ceux qui ont obtenu des brevet ou les lettres d'érection, de jouir d'autre prérogative que des honneurs du Louvre, & dans les maifons royales.

L'antiquité du *duché* donne le rang à la cour, comme l'antiquité de la pairie le donne au parlement.

Le plus ancien *duché non-pairie* eft celui de Bar, mouvant de la couronne, lequel, de comté qu'il étoit d'abord, fut enfuite érigé en *duché*.

L'édit du mois de juillet 1566, porte qu'il ne fera fait aucune érection de terres & feigneuries en *duchés*, marquifats ou comtés, que ce ne foit à la charge qu'elles feront réunies à la couronne, à défaut d'hoirs mâles.

Cette difpofition n'eft cependant pas toujours obfervée ; il dépend du roi d'appofer telles conditions qu'il juge à propos à l'érection, mais il faut une dérogation expreffe à l'édit de 1566.

Comme les terres érigées en *duché* relèvent immédiatement de la couronne, les feigneurs dont elles relevoient auparavant, font en droit de demander une indemnité à celui qui a obtenu l'érection du *duché*.

La mouvance immédiate d'un *duché* étant une fois acquife à la couronne, ne retourne plus au précédent feigneur, même après l'extinction du titre de *duché*, fuivant un arrêt du 28 mars 1695.

L'édit du mois de mai 1711, concernant les ducs & pairs, ordonne que ce qui eft porté par cet édit pour les ducs & pairs, aura lieu pareillement pour les ducs non-pairs en ce qui peut les regarder.

DUCHÉ-PAIRIE, (*Droit public.*) eſt tout à la fois un des grands offices de la couronne , un fief de dignité relevant de la couronne , & une juſtice ſeigneuriale du premier ordre avec titre de *pairie.* Ce n'eſt pas ici le lieu de traiter de tout ce qui appartient aux pairs & à la *pairie* en général ; ainſi nous nous bornerons à ce qui eſt propre aux *duchés-pairies*, conſidérées ſous les trois différens points de vûe que l'on a annoncés , c'eſt-à-dire comme office , fief & juſtice.

On dit d'abord que les *duchés - pairies* ſont de grands offices de la couronne. Les *duchés*, dont l'uſage venoit des Romains , étoient , dans les commencemens de la monarchie , des gouvernemens de provinces que le roi confioit aux principaux ſeigneurs de la nation , que l'on appelloit d'abord *princes*, enſuite *barons & ducs* ou *pairs*. Ces ducs réuniſſoient en leur perſonne le gouvernement militaire, celui des finances , & l'adminiſtration de la juſtice. Ils jugeoient ſouverainement au nom du roi , avec les principaux de la ville où ils faiſoient leur réſidence , les appels des centeniers qui étoient les juges royaux ordinaires.

Un *duché* comprenoit d'abord douze comtés ou gouvernemens particuliers ; cette répartition fut depuis faite différemment. Le titre de duc étoit ſi déchu ſur la fin de la première race , que pendant la ſeconde , & bien avant dans la troiſième , celui qui avoit un *duché* ſe faiſoit appeller *comte* ; dans la ſuite les titres de ducs & de *duchés* reprirent le deſſus.

Les ducs ceſſèrent de rendre la juſtice en perſonne , lorſqu'on inſtitua les baillis & ſénéchaux ; de ſorte que préſentement la fonction des ducs & pairs , comme grands officiers de la couronne , eſt d'aſſiſter au ſacre du roi & autres cérémonies conſidérables , & de rendre la juſtice au parlement avec les autres perſonnes dont il eſt compoſé.

L'office de duc & pair eſt de ſa nature un office viril ; il y a cependant eu quelques *duchés-pairies* érigées ſous la condition de paſſer aux femmes à défaut de mâles : ces *duchés* ſont appellés *duchés-pairies mâles & femelles* : il y a même eu quelques-uns érigés pour des femmes ou filles , & ceux-ci ont été appellés ſimplement *duchés femelles*.

Anciennement les femmes qui poſſédoient une *duché-pairie*, faiſoient toutes les fonctions attachées à l'office de pair. Blanche de Caſtille , mère de S. Louis , pendant ſon abſence , prenoit ſéance au parlement. Mahaut , comteſſe d'Artois , étant nouvellement créée *pair*, ſigna l'ordonnance du 3 octobre 1303 ; elle aſſiſta en perſonne au parlement de 1314 , pour y juger le procès du comte de Flandres , & du roi Louis Hutin ; elle aſſiſta au ſacre de Philippe V , dit *le Long*, en 1316 , où elle fit les fonctions de pair , & y ſoutint avec les autres la couronne du roi ſon gendre. Une autre comteſſe d'Artois fit fonction de pair en 1364 au

ſacre de Charles V. Au parlement tenu le 9 décembre 1378 , pour le duc de Bretagne , la ducheſſe d'Orléans s'excuſa par lettres de ce qu'elle ne s'y trouvoit pas. Préſentement les femmes qui poſſèdent des *duchés-pairies*, ne ſiègent plus au parlement : il en eſt de même en Angleterre , où il y a auſſi des *pairies* femelles.

Les *duchés-pairies* conſidérées comme fiefs , ſont des ſeigneuries ou fiefs de dignité qui relèvent immédiatement de la couronne. Ces ſortes de ſeigneuries tiennent le premier rang entre les offices de dignité.

Les premières érections des *duchés - pairies* remontent au moins juſqu'au temps de Louis-le-Jeune ; d'autres les font remonter encore plus haut ; c'eſt ce qui ſera diſcuté plus amplement *au mot* PAIRIE.

Toutes les terres érigées en *pairies* n'ont pas le titre de *duché* : il y a auſſi des *comtés-pairies*. Il y a eu pluſieurs de ces *comtés-pairies* laïques , tels que les comtés de Flandres , de Champagne , de Toulouſe , & autres qui ſont préſentement réunis à la couronne.

Il y a encore trois *comtés-pairies* qui ont rang de *duchés* ; ſavoir , le comté de Beauvais , celui de Châlons , & celui de Noyon , qui forment les trois dernières des ſix anciennes *pairies* eccléſiaſtiques.

Les autres ſeigneuries , ſoit comtés , marquiſats , baronnies ou autres , qui ſont érigées à l'inſtar des *pairies*, ne ſont point des *pairies* proprement dites : & ſi quelques-unes en portent le titre , c'eſt abuſivement , n'ayant d'autre prérogative que de reſſortir immédiatement au parlement , comme les *duchés* & *comtés-pairies* dont on a parlé.

Depuis l'érection des grandes ſeigneuries en pairies , le titre de duc & pair eſt toujours attaché à la poſſeſſion d'une *duché-pairie* ; car la pairie qui étoit d'abord perſonnelle , eſt devenue réelle.

L'édit du mois de mai 1711 , qui a fixé les droits & les privilèges des *duchés-pairies*, ordonne , entre autres choſes , que par les termes d'*hoirs & ſucceſſeurs*, & par ceux d'*ayans cauſe*, inſérés tant dans les lettres d'érection précédemment accordées , que dans celles qui pourroient l'être à l'avenir , ne s'entendront que des enfans mâles de celui en faveur de qui l'érection aura été faite , & des mâles qui en ſeront deſcendus de mâle en mâle , en quelque ligne & degré que ce ſoit.

Que les clauſes générales inſérées ci-devant dans quelques lettres d'érection de *duchés-pairies*, en faveur des femelles , & qui pourroient l'être en d'autres à l'avenir ; n'auront aucun effet qu'à l'égard de celle qui deſcendra & ſera de la maiſon & du nom de celui en faveur duquel les lettres auront été accordées , & à la charge qu'elle n'épouſera qu'une perſonne que le roi jugera digne de poſſéder cet honneur , & dont il aura agréé le mariage par des lettres-patentes qui ſeront adreſſées au parlement de Paris , & qui porteront confirmation du *duché* en ſa perſonne & deſcendans mâles , &c.

Ce

Ce même édit permet à ceux qui ont des *duchés-pairies*, d'en substituer à perpétuité le chef-lieu avec une certaine partie de leur revenu, jusqu'à 15000 livres de rente, auquel le titre & dignité desdits *duchés & pairies* demeurera annexé, sans pouvoir être sujet à aucunes dettes ni détractions de quelque nature qu'elles puissent être, après que l'on aura observé les formalités prescrites par les ordonnances pour la publication des ordonnances ; à l'effet de quoi l'édit déroge à l'ordonnance d'Orléans, à celle de Moulins, & à toutes autres ordonnances & coutumes contraires.

Il permet aussi à l'aîné des mâles descendans en ligne directe de celui en faveur duquel l'érection des *duchés & pairies* aura été faite, ou à son défaut ou refus, à celui qui le suivra immédiatement, & ensuite à tout autre mâle de degré en degré, de les retirer des filles qui se trouveront en être propriétaires, en leur remboursant le prix dans six mois sur le pied du denier 25 du revenu actuel, & sans qu'ils puissent être reçus en ladite dignité qu'après en avoir fait le paiement réel & effectif.

L'édit ordonne encore que ceux qui voudront former quelque contestation au sujet des *duchés-pairies*, &c. seront tenus de représenter au roi, chacun en particulier, l'intérêt qu'ils prétendent y avoir, afin d'obtenir du roi la permission de poursuivre l'affaire au parlement de Paris, pour y être jugée, s'il ne trouve pas à propos de la décider par lui-même.

La haute, moyenne & basse-justice qui est attachée aux *duchés-pairies*, est une justice seigneuriale.

Les fourches patibulaires de ces justices sont à six piliers.

Anciennement lorsqu'une seigneurie étoit érigée en *duché*, c'étoit ordinairement à condition que l'appel de la justice ressortiroit sans moyen au parlement. Il y a cependant quelques-unes des anciennes pairies ecclésiastiques qui ne ressortissent pas immédiatement au parlement, comme Langres, &c. Les érections de *duchés* étant devenues plus fréquentes, on met ordinairement dans les lettres, que c'est sans distraction de ressort du juge royal : ou si l'on déroge au ressort, c'est à condition d'indemniser les officiers de la justice royale ; & jusqu'à ce que cette indemnité soit payée, la distraction de ressort n'a aucun effet.

Les nouveaux réglemens enregistrés au parlement sont envoyés par le procureur général aux officiers des *duchés-pairies* ressortissant nuement au parlement, pour y être enregistrées, de même que dans les sièges royaux.

Ces justices des *duchés-pairies* n'ont pas néanmoins la connoissance des cas royaux ; elle demeure toujours réservée au juge royal, auquel la pairie ressortissoit avant son érection. Un arrêt du parlement de Bordeaux, du 16 juin 1692, a jugé valable une saisie faite par un sergent ducal, en vertu de lettres de *debitis & feodis*.

Jurisprudence. Tome IV.

Depuis la déclaration du 17 février 1731, on ne peut plus faire aucune insinuation au greffe des *duchés-pairies*, non plus que dans les autres justices seigneuriales.

On tenoit autrefois des grands jours pour les *duchés*, en vertu de la permission qui en étoit accordée par des lettres-patentes du roi ; on permettoit même quelquefois de tenir ces grands jours à Paris : mais après avoir été supprimés & rétablis par différentes déclarations, ils ont été enfin définitivement supprimés.

Les propriétaires des *duchés-pairies* ne peuvent disposer d'aucune partie des biens qui les composent, ni démembrer la justice d'un village qui en dépend, sans le consentement du roi. C'est un point de jurisprudence confirmé par les arrêts rapportés au journal des audiences.

Un arrêt de réglement du parlement de Paris de 1693, a jugé que les fonctions des officiers des *duchés-pairies* sont les mêmes que celles des baillis, sénéchaux, lieutenans-généraux & procureurs du roi.

Nous avons vu que l'édit de 1711 avoit statué que dans les partages de famille, l'estimation d'un *duché* devoit être faite sur le pied du denier vingt-cinq : l'exécution de cette loi a occasionné plusieurs contestations.

On a agité les questions de savoir 1°. si le remboursement fixé par l'édit devoit être en argent, ou si les filles pouvoient exiger des terres de dignité : 2°. si l'estimation pouvoit être faite sur le bail général, ou sur les sous-baux. Ces deux questions ont été décidées en faveur des filles, par arrêt solemnel, rendu le 17 mars 1716, entre les princes & les princesses de la maison de Condé. *Voyez* PAIRIE, & le *Dictionnaire diplom. écon. polit.*

DUEL, s. m. (*Code criminel.*) le *duel* est un combat singulier entre deux ou plusieurs personnes ; souvent il a pour objet de satisfaire la vengeance, plus souvent encore de suivre les loix d'un faux honneur.

L'homme n'a pas de bien plus réel & plus précieux que la vie. Lorsqu'il l'a perdue, cet être pensant, qui par son intelligence domine sur tout ce qui respire, commande aux élémens, pénètre dans les secrets de la nature, enfin dont l'existence, lorsqu'elle est dirigée par la raison, est presque une jouissance continuelle, n'est plus rien si l'un des ressorts fragiles qui lui donnoient le mouvement vient à se briser : il passe alors de l'éclat de la pensée à la difformité d'une nullité hideuse. Combien donc la conservation de ses facultés devroit lui être chère ; combien en parcourant de ses regards le magnifique spectacle de la nature, l'immense étendue de son domaine, il devroit être frappé de la perte du sentiment précieux qui l'anime, & de tous les avantages qui l'environnent ! cependant avec quelle légéreté il s'expose au plus grand des dangers ? il méprise la matière, il la foule à ses

S

pieds, il court, pour une chimère, le rifque d'être plus vil aux yeux de fes femblables que la plante rampante. Il va au-devant d'une dégradation horrible. L'infenfé, il étoit fous la voûte des cieux ; il ne voyoit au-deffus de fa tête que l'aftre rayonnant qui éclairoit fon féjour, & maintenant plongé dans une nuit éternelle, il eft trop heureux que la pouffière dérobe fes reftes difformes à la nature entière : la paffion de la vengeance l'a précipité, pour une légère offenfe, au-devant de la mort. Qui le vengera maintenant des outrages qui font faits à fa mémoire & à fon argille, que l'infecte ronge & dévore ! telles font les premières idées qui fe préfentent à notre penfée lorfque nous voulons parler du *duel*.

L'origine des combats finguliers remonte à la plus haute antiquité. Ils n'ont pas pris naiffance dans la barbarie, comme l'ont prétendu quelques écrivains, mais dans la fierté courageufe d'un foldat, qui fe croyant fupérieur à ceux contre lefquels il devoit combattre, s'eft détaché de fes compagnons d'armes pour défier le plus brave d'entre les ennemis. L'hiftoire fainte nous a confervé le récit d'un de ces combats, où l'adreffe l'emporta fur la jactance de la force. Peut-être eût-il été à defirer que les peuples en guerre, au lieu de faire marcher des maffes de bataillons deftinées à s'égorger, & à teindre de leur fang des plaines immenfes, euffent fait dépendre le fort de leurs querelles fi meurtrières, de ces luttes particulières où la vie de deux feuls individus auroit été engagée. Puifque les actions des hommes les plus féroces devoient un jour être foumifes au calcul & à des dehors d'équité, il auroit même été poffible de conferver aux peuples nombreux l'avantage qui paroiffoit devoir réfulter de la fupériorité de leur population, en déterminant le nombre que chaque puiffance pourroit oppofer à l'autre.

Il faut avouer que fi les deux rois de France, qui pour épargner le fang de leurs fujets, eurent la générofité de vouloir terminer des guerres malheureufes par un combat fingulier, avoient vu relever par leurs illuftres adverfaires le gage du combat, jamais le *duel* n'auroit reçu un plus grand éclat, & n'auroit eu le caractère d'une bravoure plus honorable.

Si aux yeux du dieu des armées, les batailles où des milliers d'hommes fe poignardent ne font pas des crimes, certainement les combats finguliers d'ennemis ne feroient pas criminels : il faut donc convenir que le *duel* n'eft puniffable en lui-même, que parce qu'il n'a pas pour bafe une guerre légitime, de fimples citoyens, ou fujets n'ayant pas le droit de la déclarer même à un membre d'un état étranger, à forte raifon à celui de l'état où ils ont leurs tribunaux & leurs loix, pour vengeurs des offenfes qu'ils ont reçues.

Le *duel* a dû néceffairement être très-fréquent en France dans les temps où chaque propriétaire de fief étoit une efpèce de fouverain, plus ou

moins puiffant, & fe croyoit autorifé à demander, les armes à la main, réparation d'un tort ou d'un outrage qu'il croyoit avoir reçu : de cet ufage dérivèrent les loix qui permirent les combats finguliers, qui accordèrent aux accufés la faculté de fe purger par cet acte meurtrier, comme fi l'accufateur eût toujours été un calomniateur, que l'on pouvoit livrer au fer de fon ennemi, ou comme fi la force de la vérité avoit toujours dû le faire fortir triomphant du péril où elle l'avoit engagé.

Au milieu de ce délire national, de tous les défauts, le plus dangereux étoit la lâcheté. Elle donnoit fur celui qui en étoit foupçonné un avantage effrayant, & en effet la bravoure & la fupériorité dans le genre d'efcrimes juftifioient tous les excès, toutes les injuftices, toutes les calomnies. Celui qui fuccomboit avoit néceffairement eu tort : en perdant la vie, il perdoit encore l'honneur. Cette conféquence ridicule prenoit naiffance dans les vaines idées des hommes, qui fe complaifent à penfer qu'ils font aux yeux de la divinité des êtres affez importans pour qu'elle prenne part à toutes leurs actions, & foumettent les loix invariables de la nature aux règles de juftice qu'il leur a plu d'établir.

Cet abus du *duel* avoit déjà eu chez les peuples éclairés, des caractères qui n'étoient pas moins abfurdes : & en effet, qui pourroit croire, fi l'hiftoire ne nous le confirmoit, que vers l'an 960, l'empereur Othon I ayant confulté les docteurs allemands, pour favoir fi *en directe la repréfentation* auroit lieu, & les ayant trouvés partagés, ce prince n'imagina rien de plus fage pour éclaircir la queftion, que de faire battre deux braves, & comme celui qui foutenoit la *repréfentation* eut l'avantage, il fut ordonné qu'elle auroit lieu ? Alphonfe, roi de Caftile, voulant abolir dans fes états l'office *mofarabique*, & y fubftituer le *romain*, ne trouva pas d'autre moyen pour foumetre le clergé & la nobleffe à fon opinion, que de faire battre deux champions, l'un pour le *romain*, l'autre pour le *mofarabique*. Le défenfeur du romain fut vaincu, & la volonté du roi plia fous le triomphe du vainqueur.

Lorfqu'il étoit queftion d'une dette niée, d'un abus d'autorité, ou d'un meurtre, perfonne n'étoit exempt d'être appellé en *duel*. Le plaideur condamné pouvoit demander au juge juftice de fa prévarication, ou de la féduction qu'il lui reprochoit. On voyoit des évêques oublier que l'églife ne leur défend pas moins de répandre le fang par des mains étrangères que par les leurs, fe faire repréfenter dans l'arène par des champions, qui s'honoroient de foutenir leur caufe au rifque de perdre la vie. Au milieu de cet égarement, on étoit cependant convenu que l'extrême jeuneffe, ou la caducité & les maladies mettoient à l'abri de l'appel & de la foumiffion à l'épreuve du *duel*.

Un des beaux attributs d'une juftice feigneuriale étoit de pouvoir ordonner le *duel* dans fon territoire, & comme celles des évêques étoient relevées au-deſſus des juſtices ordinaires, non-ſeulement elles ordonnoient le *duel*, mais elles preſcrivoient aux combattans de ſe battre dans la cour même de l'évêché.

Louis-le-Gros accorda, comme une faveur particulière, aux religieux de S. Maur-des-foſſés, le droit d'ordonner le *duel* entre leurs ſerfs & des perſonnes franches.

Heureuſement le temps vient toujours à bout de faire percer des rayons de lumière à traver l'épais brouillard de l'ignorance & de la barbarie. Quelques-uns de nos rois, avant S. Louis, commencèrent à reſtreindre l'uſage du *duel*; mais il étoit réſervé à ce ſage légiſlateur de l'attaquer directement & de le proſcrire par une ordonnance, qui ſeule ſuffiroit pour immortaliſer ſon règne. Les privilèges des barons oppoſèrent malheureuſement des bornes à ſa ſageſſe & à ſon humanité, & ce qu'il y eut de plus honteux pour les rivaux de ſa puiſſance, c'eſt qu'un intérêt ſordide étoit le motif de leur oppoſition. Toute l'autorité du monarque ne pouvant éteindre la fureur des *duels* chez un peuple habitué à ſe repoſer davantage ſur la force de ſon courage que ſur la juſtice, Philippe-le-Bel publia en 1505, une ordonnance qui avoit plus pour objet de prévenir les lâchetés, les trahiſons, que de bannir le *duel*; il permettoit même d'y appeler celui qui, étant ſoupçonné d'un grand crime, n'avoit pas contre lui des témoins ſuffiſans pour le faire punir par la loi; en conſéquence le parlement continua de le tolérer, même l'ordonna en certain cas, malgré les ordonnances de S. Louis, tant les meilleures loix ont contre de peine à triompher des anciens abus, & à trouver dans leurs miniſtres l'appui qu'elles ont le droit d'en attendre. Au ſurplus, comment les cours de juſtice auroient-elles regardé l'action du *duel* comme un crime, lorſque les miniſtres de la religion ſouffroient que l'on dit *des meſſes* pour ceux qui alloient ſe battre, & qu'on leur donnât la communion? ainſi les prêtres de la juſtice & ceux de l'égliſe, étoient également en contradiction avec leurs dogmes; car il y avoit déjà pluſieurs ſiècles que les papes & les évêques s'étoient élevés contre le *duel*; le concile de Valence tenu en 855, avoit fulminé contre les duelliſtes, & lancé ſur eux l'anathême.

Le dernier *duel* autoriſé en France publiquement, fut celui de Guy-Chabot, contre de la Chataigneraye; ils ſe battirent à l'épée à S. Germain, ſous les yeux du roi & de toute la cour, la Chataigneraye reçut pluſieurs bleſſures dont il mourut. Henri II fit dès ce moment le ſerment de ne plus permettre le *duel*.

L'édit de 1565 ordonna que nul ne pourroit pourſuivre au ſceau l'expédition d'aucune grace, lorſqu'il y auroit ſoupçon de *duel* ou de rencontre préméditée, qu'il ne fût priſonnier à la ſuite du roi ou dans la principale priſon du reſſort de la juſtice où le combat avoit eu lieu, & que après

qu'il auroit été vérifié que l'accuſé n'étoit en aucune ſorte contrevenu à l'édit.

Par l'ordonnance de Blois, *art. 194*, les mêmes défenſes ſont renouvellées, & il eſt dit de plus, que s'il étoit accordé des lettres de grace par importunité, les juges ne doivent y avoir aucun égard encore qu'elles fuſſent ſignées du roi & contreſignées par un ſecrétaire d'état.

Le parlement ſe pénétrant des mêmes principes, montra la même ſévérité, en faiſant défenſes, par un arrêt du 26 juin 1599, « à tous ſujets du roi, » de quelque qualité & condition qu'ils fuſſent, » de prendre de leur autorité privée par *duel*, la » réparation des injures & outrages qu'ils préten- » droient avoir reçu, leur enjoignant de ſe pour- » voir par-devant les juges ordinaires, ſous peine » de crime de lèſe-majeſté, confiſcation de corps » & de biens, tant contre les vivans que contre » les morts ».

Toutes ces défenſes, toutes ces loix, furent bien impuiſſantes contre des ſujets accoutumés à braver la mort! Eh, qu'importe la confiſcation de biens, la privation de la ſépulture, à des ſujets qui ne craignent pas d'expoſer leur vie, qui ne voyant que le moment préſent, ou aveuglés par la vengeance, ne redoutent que de paſſer pour lâches, ou de voir leurs adverſaires impunis.

Louis XIV, qui a cru pouvoir combattre les préjugés de ſa nation, comme les ennemis de ſa gloire, déploya auſſi ſon pouvoir contre le *duel*: il a publié pluſieurs ordonnances qui tendoient à le détruire, & il n'a pas réuſſi. La plus étendue & la plus ſage des loix, qui ſoit émanée de ce légiſlateur, ſur le ſujet que nous traitons, c'eſt la déclaration du mois d'août 1679.

Elle eſt ſupérieure à toutes celles qui l'ont précédé, en ce que, après avoir interdit aux ſujets de ſe venger par leurs armes, elle établit un tribunal où l'honneur offenſé peut ſe réfugier ſans honte, & dont les chefs animés des mêmes principes qui font mouvoir la nobleſſe, ſont dignes de dicter des loix à la bravoure, & de concilier ſes devoirs avec les torts de l'injuſtice ou les écarts de la colère.

Par cette ordonnance, les maréchaux de France ont le pouvoir de rendre des jugemens ſouverains ſur le point d'honneur, & réparation d'offenſes. Ils doivent accorder à l'offenſé une réparation dont il ait lieu d'être content. Au cas qu'un gentilhomme refuſe ou diffère ſans cauſe légitime d'obéir aux ordres des juges du point d'honneur, il y ſera contraint ſoit par garniſon ou par empriſonnement, & par ſaiſie & annotation de ſes biens, s'il ne peut être arrêté.

Celui qui ſe croyant offenſé, fera un appel à qui que ce ſoit, demeurera déchu de toute ſatisfaction, tiendra priſon pendant deux ans, & ſera condamné en une amende de la moitié d'une année de ſon revenu & ſuſpendu pendant trois ans de toutes ſes charges.

Si celui qui eſt appellé, au lieu de refuſer l'appel & d'en donner avis aux officiers prépoſés, va ſur le lieu où il a été appellé, il ſera puni de la même peine.

Si l'appel eſt fait par un inférieur à ceux qui ont droit de le commander, il tiendra priſon pendant quatre ans, & ſera privé pendant ce temps de ſes charges.

Si l'appellant & l'appellé en viennent au combat, encore qu'il n'y ait aucun de bleſſé ni de tué, le procès leur ſera fait, & ils ſeront punis de mort, leurs biens, meubles & immeubles confiſqués. Cet article renferme une diſpoſition dictée par l'humanité, & qui devroit s'étendre à toutes les ordonnances qui portent confiſcation de biens; il y eſt dit que ſur les deux tiers confiſqués, il en ſera diſtrait une partie pour aſſurer des alimens à la femme & aux enfans. Cette loi prononce contre les roturiers, non portant les armes, qui auront appellé en *duel* des gentilshommes, ſur-tout s'il s'en eſt ſuivi quelque grande bleſſure ou la mort, la peine de la potence.

Les domeſtiques & autres, qui portent ſciemment des billets d'appel, ou qui conduiſent au lieu du *duel*, encourent celle du fouet & de la fleur-de-lys pour la première fois, & en cas de récidive, celle des galères perpétuelles. Par cette ordonnance, les rencontres doivent être punies ainſi que les *duels*, & ceux qui vont ſe battre hors du royaume, s'expoſent au même châtiment.

Cette déclaration dont nous transcrivons les principales diſpoſitions, parce qu'elle eſt la baſe des jugemens rendus dans nos tribunaux en matière de *duel*: porte « que ſi dans les combats il y a quel-» qu'un de tué, les parens du mort pourront ſe » rendre partie contre l'homicide, & la confiſca-» tion de ſes biens ſera remiſe à celui qui aura » pourſuivi, *ſans qu'il ait beſoin d'autres lettres de* » *don* ».

Louis XV promit, à ſon ſacre, de ne faire grace à perſonne de la peine portée contre le *duel*. Ce ſerment ſe trouve rappellé dans un édit du 12 avril 1723, par lequel ſa majeſté, en confirmant les diſpoſitions de l'ordonnance de 1679, déclare 1°. que ceux qui ayant eu querelle ou démêlé, dont ils n'auront point donné avis aux maréchaux de France ou aux juges du point d'honneur, en viendroient à un combat, ſeront ſur la preuve de ladite querelle condamnés à mort; 2°. que dans le cas où ils auroient donné cet avis, s'il y a preuve d'agreſſion de part ou d'autre, & ſi la rencontre n'a pas été préméditée, *l'agreſſeur ſera ſeul puni de mort*.

Le parlement de Grenoble ſe montra en 1769, d'une juſte ſévérité envers un de ſes membres, convaincu de s'être battu lâchement avec un gentilhomme, capitaine de la légion de Flandres, qu'il tua ou plutôt qu'il aſſaſſina ſur le champ de bataille: par cet arrêt, le ſieur Duchelas conſeiller, fut condamné à être rompu vif; ſon domeſtique qui avoit favoriſé la lâcheté de ſon maître, fut

condamné à ſervir quatre ans aux galères, après avoir été flétri d'un fer chaud. L'arrêt portoit que la mémoire du gentilhomme ſeroit & demeureroit éteinte & ſupprimée à perpétuité, les arrérages de ſes penſions confiſqués au profit du roi, ainſi que le tiers de ſes biens.

Après tant d'ordonnances rigoureuſes, & des jugemens auſſi effrayans, comment voyons-nous tous les jours des gentilshommes imprudens s'expoſer à mourir deshonorés, ou à mener une vie errante & fugitive loin de leur patrie? c'eſt parce que l'indulgence ferme les yeux ſur les coupables; un préjugé invincible ſemble encore protéger contre la rigueur de la loi, & accuſe de lâcheté celui qui paroît la redouter. Juſqu'à quand le ſujet qui craint de bleſſer les loix divines & humaines, aura-t-il à redouter le mépris de tous les ordres de citoyens, s'il ne fait pas plier les droits de l'humanité & les devoirs les plus ſacrés, ſous le joug d'une opinion inſenſée, & dont les hommes les moins éclairés reconnoiſſent l'inconſéquence tout en l'adoptant? Il eſt bien difficile d'entrevoir l'époque d'une auſſi déſirable révolution! eſt-ce la faute de la nation ou celle de la loi, peut-être eſt-ce celle des deux enſemble. D'un côté, une bravoure pétulante & fière, précipite aveuglément le François offenſé dans le danger. Avoir ſatisfaction prompte, ne la devoir qu'à lui, partager le même péril que ſon ennemi, voilà ce que ſon courage met au-deſſus de tout. De l'autre, une loi qui menace la vie de celui qui ne craint pas de la perdre, qui n'accorde rien à l'homme; qui pour lui obéir aura dévoré un affront, & demeure expoſé à un ſoupçon de lâcheté plus horrible pour lui que la mort.

Un juge de ſang nous objectera peut-être que cette loi à laquelle nous reprochons d'être trop ſévère, eſt au contraire trop modérée, puiſqu'elle n'effraie pas encore aſſez le délit qu'elle doit écarter. Nous lui répondrons que ſon extrême rigueur a produit deux inconvéniens, le premier de n'avoir aucun effet vis-à-vis de l'homme qu'elle menace de mort, puiſqu'ſon crime eſt de s'être expoſé au riſque de la recevoir.

Le ſecond, en ce qu'n'établiſſant aucune différence entre celui qui, ſur le champ de bataille, vient d'ajouter l'homicide à l'offenſe, & celui dont tout le crime eſt d'avoir obéi à la voix du préjugé, en défendant ſon honneur, une équitable humanité laiſſe néceſſairement tomber un voile ſur les coupables.

Que ferions-nous donc, ſi nous étions appellés à donner des loix à ces hommes qui juſqu'à préſent ont bravé celles qui exiſtent contre le *duel*? nous punirions comme homicide tout homme qui en auroit tué un autre en *duel*, ſans pouvoir prouver qu'il eût reçu de lui une offenſe très-grave.

Nous condamnerions à la dégradation & à la privation de ſa liberté, pendant cinq ans, celui

qui après avoir offensé un militaire, ou un citoyen portant les armes, auroit tiré l'épée contre
lui, sans lui avoir offert devant témoins une juste
satisfaction.

A l'égard de celui qui ayant été grièvement
blessé dans son honneur ou dans sa personne,
auroit appellé son adversaire en *duel*, nous le
déclarerions déchu de ses grades, s'il étoit militaire, & nous le condamnerions à trois ans de
prison, s'il n'étoit pas lié au service du roi, pour
avoir récusé les juges du point d'honneur, en
n'ayant pas porté sa plainte au tribunal de la
noblesse, & pour s'être fait lui-même justice.

S'il avoit tué son ennemi comme il auroit donné
la mort à un coupable, & qu'il auroit suivi les
mouvemens d'un faux honneur, nous croirions
de la justice d'établir une différence entre sa peine
& celle de l'agresseur. En conséquence, nous le
condamnerions seulement cinq ans de prison,
à la perte de ses grades, à l'interdiction du port
des armes & à la confiscation du tiers de ses biens,
en faveur des héritiers du vaincu, en laissant néanmoins au tribunal des maréchaux de France, la
faculté de lui rouvrir la carrière dont il auroit été
exclu, si la cause de sa désobéissance avoit mérité cette faveur.

C'est sur-tout dans nos régimens, que le *duel*
immole le plus de victimes. Tous les jours il enlève à l'état de braves défenseurs, qu'une férocité
aveugle & barbare arme les uns contre les autres.
Des officiers supérieurs & qui méritent la reconnoissance de la nation, se sont occupés de diminuer le nombre de ces funestes homicides.

Les uns ont eu recours au moyen qu'employa
autrefois le maréchal de Brissac, qui pour arrêter,
en Piémont, la fureur des *duels*, imagina de les
permettre, mais d'une façon si périlleuse, qu'il en
ôta l'envie à ceux qui auroient pu l'avoir.

D'autres plus humains, ont rendu les capitaines
& les officiers subalternes responsables des *duels*
qui se commettroient dans leurs compagnies, & les
ont assujettis, ainsi que tous leurs soldats, à supporter de nouveau toutes les charges du devoir
militaire.

Nous oserons proposer à ces chefs un projet
que nous soumettons à leurs lumières & à leur
expérience, ce seroit d'établir dans chaque régiment
une espèce de tribunal du point d'honneur, qui
pour les soldats seroit composé d'un certain nombre de sergens, choisis parmi les plus éclairés, &
présidé par un lieutenant des grenadiers. Tout soldat
seroit tenu d'arrêter parmi ses camarades toutes
voies de fait, jusqu'à ce que l'offensé eût porté
ses griefs devant ce tribunal, & si l'un d'eux osoit
se soustraire à cette autorité respectable, il seroit
condamné à un certain temps de prison, privé
ensuite de l'usage de ses armes. La peine de ceux
qui se seroient battus sans en avoir reçu la permission du tribunal, seroit d'être condamné à servir un an de plus pour une légère blessure, &

huit ans, si l'un des deux restoit hors de combat.

Un auteur italien qui vient de publier une lettre
sur le *duel*, indique pour l'abolir une idée qui
nous paroît aussi juste que neuve, c'est que le
souverain fasse jurer à tous les gentilshommes, à
un certain âge, de ne jamais envoyer aucun défi
& de n'en recevoir aucun; il voudroit aussi qu'on
fît prêter le même serment aux officiers à l'époque
de leur réception.

Généreux défenseurs de la patrie, il ne nous
appartient pas de vous dicter des loix sur l'honneur
& sur les devoirs de la bravoure; mais qu'il nous
soit permis de vous rappeller que vous ne devez
votre sang qu'à l'état, que c'est pour sa cause seule
que vous avez le droit de le répandre; qu'autant
vous méritez d'estime & de reconnoissance de la
part de la nation, lorsque vous avez bravé la mort
pour elle, autant elle a de reproches à vous faire,
lorsqu'au lieu de lui conserver votre vie, vous
l'avez légèrement exposée pour votre cause personnelle.

Songez que le plus beau de vos attributs est de
prévenir des homicides & de représenter les juges
du point d'honneur, lorsque vous voyez vos camarades prêts à s'égorger pour une indiscrétion ou
un mot mal interprété: qu'en usant du droit de
leur interdire le combat, vous conservez souvent
un brave citoyen à la patrie, un père à des enfans,
un fils à une mère, qui ne feroit plus que lan-
guir dans la douleur, si elle venoit à apprendre
qu'il n'est plus. N'oubliez pas, sur-tout, que la loi
vous défend d'autoriser les *duels* par votre présence,
& que si, au lieu de les arrêter de tout votre pouvoir, vous avez le cruel sang-froid d'en être les
témoins, elle vous déclare pour jamais déchus de
vos emplois, & vous dépouille de la récompense
de vos services anciens ou du tiers de vos biens.

Hommes d'honneur, ne rougissez pas de réparer
les torts que l'imprudence ou l'emportement vous
ont fait commettre; ayez le courage d'attendre que
vous soyez en présence de l'ennemi, pour prouver
que si vous avez souffert un outrage, c'est parce
que vous respectez la volonté du roi votre maître,
& que vous avez la conviction que personne,
autre que vous-même, ne peut véritablement attenter
à votre gloire. (*Cet article est de M. DE LA CROIX,
avocat.*

DUNKERQUE, ville maritime de France dans
le comté de Flandres. *Voyez* AUBAIN.

DUPLICATA, (*terme de Pratique.*) c'est le
double d'une dépêche, d'un brevet, d'un arrêt,
d'une quittance, &c. tiré sur la minute, ce qui
forme une double expédition. C'est ce qui établit
une différence entre le *duplicata* & une copie collationnée, cette dernière n'étant tirée que sur une
expédition.

Lorsqu'un notaire fait par *duplicata* deux minutes d'un même acte, l'une & l'autre doivent
être également contrôlées; mais il n'est dû qu'un
seul droit pour les deux, ainsi qu'il est ordonné

par un arrêt de réglement du 9 novembre 1700.

DUPLIQUES, terme de pratique qui signifie les écritures qu'une des parties produit pour répondre aux repliques de l'autre.

L'article 3, tit. 14 de l'ordonnance de 1667, a abrogé l'usage des *dupliques*, tripliques, additions & autres écritures semblables, & a fait défenses aux juges d'y avoir égard, & de les passer en taxe.

D Y

DYK-GRAVE, s. m. terme usité dans la Flandre, pour désigner un officier inférieur aux baillis & échevins, dont les fonctions sont bornées à la police des dicages & wateringues.

Le *dyk-grave* est autorisé à faire faire par provision, sous l'inspection de la loi & des commissaires, tous les ouvrages qui sont à la charge des communautés, pour l'écoulement des eaux & le desséchement des terres sujettes aux inondations, tels que la direction des canaux, rincksflots, digues, machines & moulins. Il peut même, sans attendre l'ordonnance des commissaires, faire faire les objets urgens & nécessaires; & ceux dont la dépense n'excède pas la somme de trente livres tournois.

Il est tenu de visiter journaliérement tous les ouvrages soumis à sa jurisdiction, & d'en rendre compte aux commissaires une fois par semaine. Il est obligé de fournir gratis, à la requisition de la loi, tous les plans, desseins, devis, estimations & conditions pour ces mêmes ouvrages, de veiller à leur construction, & de se représenter à la loi & aux commissaires, toutes les fois qu'ils trouvent à propos de le lui ordonner. *Voyez* DICAGE & WATERINGUE.

E

E, cinquième lettre de l'alphabet. Avant la suppression de plusieurs hôtels des monnoies, elle servoit à distinguer les pièces fabriquées dans la ville de Tours. *Voyez* MONNOIE.

E A

EAU, f. f. (*Jurisprud.*) c'est le nom de cette substance liquide, qui forme la mer, les rivières, les ruisseaux, &c.

L'eau se divise en *eau* de mer, *eau* douce & *eau* minérale. On trouvera dans *le Diction. de Médecine*, ce qui regarde les *eaux* minérales, & les réglemens intervenus sur cet objet.

Suivant le droit romain, l'eau de la mer, des fleuves & des rivières, & toute *eau* coulante, étoient des choses publiques dont il étoit libre à chacun de faire usage.

Il n'en est pas tout-à-fait de même parmi nous : il n'est pas permis aux particuliers de prendre de l'eau de la mer, de crainte qu'ils n'en fabriquent du sel, dont nos rois se sont réservé le droit de vente exclusif.

A l'égard de l'eau des fleuves & des rivières navigables, la propriété en appartient au roi, mais l'usage en est public.

Les petites rivières & les *eaux* pluviales qui coulent le long des chemins, sont aux seigneurs hauts-justiciers : les ruisseaux appartiennent aux riverains.

Il est libre à chacun de puiser de l'eau dans les fleuves, rivières & ruisseaux publics ; mais il n'est point permis d'en détourner le cours au préjudice du public ni d'un tiers, soit pour arroser ses prés, pour faire tourner un moulin, ou pour quelque autre usage, sans le consentement de ceux auxquels l'eau appartient.

Le droit actif de prise d'eau peut néanmoins s'acquérir par prescription, soit avec titre, ou sans titre, comme les autres droits réels, par une possession continuée pendant le nombre d'années requis par la loi du lieu. Mais la faculté de prendre de l'eau ne se prescrit point par le non-usage ; sur-tout tandis que l'écluse où l'on puisoit l'eau est détruite.

Celui qui a la source de l'eau dans son fonds, peut en disposer comme bon lui semble pour son usage ; au-lieu que celui dans les fonds duquel elle ne fait simplement que passer, peut bien arrêter l'eau pour son usage, mais il ne peut pas la détourner de son cours ordinaire.

Dans les provinces méridionales du royaume & principalement dans le Lyonnois, les *eaux* de pluie, de fontaines ou autres appartiennent au roi dans ses domaines, & aux seigneurs hauts justiciers dans leurs terres, ensorte que les particuliers ne peuvent les conduire dans leurs héritages pour les arroser, sans titre ou concession du roi ou des sei-

EAU

gneurs, auxquels ils sont ordinairement contraints d'en passer reconnoissance sous un cens, portant lods & autres droits seigneuriaux, suivant la coutume des lieux. *Voyez* ABENEVIS.

L'eau est d'une nécessité générale, non-seulement comme boisson pour les hommes & les animaux, mais comme servant à une infinité d'usages de première nécessité, tels que la préparation des alimens, la végétation des plantes, le lavage du linge, le nettoiement de tout ce qui contracte quelque saleté.

C'est aussi par cette raison que la police ne néglige aucuns des moyens propres à conduire les *eaux* dans les villes, les bourgs & les moindres villages, & à les y conserver dans un état de pureté & de salubrité :

Qu'elle empêche les particuliers d'y jetter aucunes boues, fumiers, gravois & autres ordures : qu'elle oblige les bouchers de faire porter les abattis & les immondices de leur profession, dans les lieux destinés pour cet effet : qu'elle enjoint aux mégissiers, tanneurs & teinturiers de vuider les *eaux* de leurs trempis, au-dessous des endroits où l'on puise de l'eau à boire :

Qu'un arrêt de réglement du parlement de Paris, du 19 juin 1778, enjoint aux porteurs d'eau de la puiser seulement dans les lieux où elle est claire & coulante, & où il y a puisoire & planches établies à cet effet.

C'est pour entretenir la pureté de l'eau que la coutume de Paris, *art. 191*, veut qu'en cas qu'il y ait puits d'un côté d'un mur mitoyen, & puisec à latrine de l'autre, il soit fait une maçonnerie de quatre pieds d'épaisseur entre les deux : que les coutumes d'Orléans, de Melun, d'Etampes, de Châlons-sur-Marne exigent entre les deux une distance de neuf à dix pieds, & celle de Laon une de 17 pieds.

En général il est défendu de puiser de l'eau à boire dans les lieux où elle est sale & croupissante. Si quelqu'un salit ou corrompt, par des immondices, les *eaux* d'une fontaine, il doit être condamné à la nettoyer, & en outre à une amende arbitraire.

La jurisdiction sur les *eaux* de la mer, & toutes les contestations qui peuvent avoir lieu par rapport à cet objet, sont, en France, du ressort des amirautés, celles des *eaux* des fleuves & des rivières sont soumises à des tribunaux particuliers, connus sous la dénomination de maîtrises des *eaux* & forêts. *Voyez* AMIRAUTÉ, EAUX ET FORÊTS.

Néanmoins les officiers de police étendent leur jurisdiction sur les rivières & les ruisseaux qui traversent les villes & les fauxbourgs. C'est ce qui a été jugé par arrêt du conseil contradictoirement rendu, entre le grand-maître des *eaux* & forêts du département de Paris, & les officiers de police de la ville de Sezane, qui ont été maintenus dans le droit d'exercer la police sur le ruisseau qui la traverſe, depuis l'endroit où il entre dans cette ville juſqu'à celui où il en ſort.

EAU *bénite*. *Voyez* DROITS *honorifiques*, PATRON & le *Dictionnaire de Théologie*.

EAU *bouillante, chaude, froide*, (*Code criminel*.) c'étoit autrefois, dans les affaires douteuſes, un genre d'épreuve en uſage preſque parmi toutes les nations de l'Europe. *Voyez* ÉPREUVE.

EAU-DE-VIE, on donne ce nom à la partie ſpiritueuſe que l'on retire du vin, par une première diſtillation. Le commerce de l'*eau-de-vie* eſt aſſujetti à pluſieurs formalités & à des droits conſidérables, dont on trouvera le détail dans le *Dictionnaire des Finances*.

EAUX BARRÉES, ſ. f. ce mot ſe trouve ſouvent dans les titres du Poitou, de la Saintonge, de l'Aunis & des provinces voiſines. Il paroît être ſynonyme d'*aubarède*, & ce dernier mot déſigne un lieu planté de ſaules, qu'on appelle vulgairement *aubiers*. Voyez le titre 12 du nouveau *commentaire ſur la coutume de Bordeaux*, par MM. de la Mothe.

Le nom d'*eaux barrées* a été formé, ſoit par corruption, de celui d'*aubarède*, ſoit parce que ces ſortes de plantations ſont ordinairement entourées d'eaux. (M. GARRAN DE COULON.)

EAUX & *forêts*, (*Juriſprud*.) on comprend ici ſous le terme d'*eaux* les fleuves, les rivières navigables & autres; les ruiſſeaux, étangs, viviers, pêcheries. Il n'eſt pas queſtion ici de la mer; elle fait un objet à part pour lequel il y a des réglemens & des officiers particuliers.

Le terme de *forêts* ſignifioit anciennement les *eaux* auſſi-bien que les *bois*, préſentement il ne ſignifie plus que les *forêts* proprement dites, les *bois, garennes, buiſſons*.

Sous les termes conjoints d'*eaux* & *forêts*, la juriſprudence conſidère les *eaux* & tout ce qui y a rapport, comme les moulins, la pêche, le curage des rivières; elle conſidère de même les *forêts*, & tous les bois en général, avec tout ce qui peut y avoir rapport.

Les *eaux* & *forêts* du prince, ceux des communautés & des particuliers, ſont également l'objet des loix, tant pour déterminer le droit que chacun peut avoir à ces ſortes de biens, que pour leur conſervation & exploitation.

On entend auſſi quelquefois par le terme d'*eaux* & *forêts* les tribunaux & les officiers établis pour connoître ſpécialement de toutes les matières qui ont rapport aux *eaux* & *forêts*.

Ce n'eſt pas d'aujourd'hui que les *eaux* & *forêts* ont mérité l'attention des loix; il paroît que dans tous les temps & chez toutes les nations, ces ſortes de biens ont été regardés comme les plus précieux:

Que leur conſervation & leur police ont toujours fait l'objet de l'attention particulière des

gouvernemens, ainſi que nous l'avons remarqué ſous le mot BOIS, *ſection première*.

Les bois ont paru ſi importans aux rois de France de la première race, que les gouverneurs ou gardiens de la Flandre, avant Baudouin ſurnommé *Bras-de-fer*, étoient nommés *foreſtiers*, à cauſe que ce pays étoit alors couvert pour la plus grande partie de la forêt Chambronière: le titre de *foreſtiers* convenoit d'ailleurs auſſi-bien aux *eaux* qu'aux *forêts*.

Les rois de la ſeconde race défendirent l'entrée de leurs *forêts*, afin que l'on n'y commît aucune entrepriſe. Charlemagne enjoignit aux foreſtiers de les bien garder; mais il faut obſerver que ce qui eſt dit des *forêts* dans les capitulaires, doit quelquefois s'entendre des étangs ou garennes d'*eau*, qui étoient encore alors compriſes ſous le terme de *forêts*.

Aymoin fait mention que Thibaut Filetoupe étoit foreſtier du roi Robert, c'eſt-à-dire, inſpecteur général de ſes *forêts*. Il y avoit auſſi dès-lors de ſimples gardes des *forêts*, appellés *ſaltuarii* & *ſylvarii euſtodes*.

La plus ancienne loi que l'on ait trouvée des rois de la troiſième race, qui ait quelque rapport aux *eaux* & *forêts*, eſt une ordonnance de Louis VI, de l'an 1115, concernant les meſureurs & arpenteurs des terres & bois.

Mais dans le ſiècle ſuivant il y eut deux ordonnances faites ſpécialement ſur le fait des *eaux* & *forêts*; l'une par Philippe-Auguſte, à Giſors, en novembre 1219; l'autre par Louis VIII, à Montargis, en 1223.

Les principaux réglemens faits par leurs ſucceſſeurs, par rapport aux *eaux* & *forêts*, ſont l'ordonnance de Philippe-le-Hardi, en 1280; celle de Philippe-le-Bel, en 1291 & 1309; celle de Philippe V, en 1318, celle de Charles-le-Bel, en 1326; du roi Jean, en 1355; de Charles V, en 1376; de Charles VI, en 1384, 1387, 1402, 1407 & 1415; de François I, en 1515, 1516, 1518, 1520, 1523, 1534, 1535, 1539, 1540, 1543, 1544 & 1545; d'Henri II, en 1548, 1552, 1554, 1555, 1558; de Charles IX, en 1561, 1563, 1566 & 1573; de Henri III, en 1575, 1578, 1579, 1583 & 1586; de Henri IV, en 1597; de Louis XIII, en 1637, & de Louis XIV, au mois d'août 1669.

Cette dernière ordonnance eſt celle qu'on appelle communément, l'*ordonnance des eaux* & *forêts*, parce qu'elle embraſſe toute la matière, & réſume ce qui étoit diſperſé dans les précédentes ordonnances. Elle eſt diviſée en trente-deux titres différens, qui contiennent chacun pluſieurs articles. Elle traite d'abord dans les quatorze premiers titres, de la compétence des officiers des *eaux* & *forêts*; ſavoir de la juriſdiction des *eaux* & *forêts* en général, des officiers des maîtriſes, des grands-maîtres, des maîtres particuliers, du lieutenant, du procureur du roi, du garde-marteau, des greffiers, gruyers, huiſſiers-audienciers, gardes généraux, ſergens & gardes

gardes des *forêts* & bois tenus en grueries, grai-
ries, *&c.* des arpenteurs, des aſſiſes, de la table
de marbre, des juges en dernier reſſort, & des
appellations.

Les titres ſuivans traitent de l'aſſiette, balivage
& martelage, & vente des bois; des récolemens,
des ventes, des chablis & des menus marchés; des
ventes & adjudications; des panages, glandées &
paiſſons; des droits de pâturage & panage; des
chauffages & autres uſages des bois, tant à bâtir
qu'à réparer; des bois à bâtir pour les maiſons
royales & bâtimens de mer; des *eaux & forêts*,
bois & garennes tenus à titre de douaire, *&c.* des
bois en gruerie, grairie, tiers & danger; des bois
appartenans aux eccléſiaſtiques & gens de main-
morte; des bois, prés, marais, landes, pâtis, pêcheries & autres biens appartenans aux communautés & habitans des paroiſſes; des bois appartenans
à des particuliers; de la police & conſervation des
forêts, *eaux* & rivières; des routes & chemins royaux
ès-*forêts* & marche-pieds des rivières; des droits
de péages, travers & autres; des chaſſes, de la
pêche, enfin des peines, amendes, reſtitutions,
dommages-intérêts & confiſcations.

Nous avons cru ne pouvoir mieux faire que de
rapporter ainſi les titrés de cette ordonnance, pour
faire connoître exactement quelles ſont les matières qu'elle embraſſe, & que l'on comprend ſous
les termes d'*eaux & forêts*.

Depuis l'ordonnance de 1669, il eſt encore intervenu divers édits, déclarations & arrêts de réglemens, pour décider pluſieurs cas qui n'étoient
pas prévus par l'ordonnance.

Les tribunaux établis pour connoître des matières d'*eaux & forêts*, & de tout ce qui y a rapport,
ſont, 1°. les juges en dernier reſſort, compoſés
de commiſſaires du parlement, & d'une partie des
officiers de la table de marbre, pour juger les appellations des maîtriſes, grueries royales, grueries
particulières non royales, & de toutes les autres
juſtices ſeigneuriales, ſur le fait des réformations,
uſages, abus, délits & malverſations commis dans
les *eaux & forêts*, & ſur les faits de chaſſe au
grand-criminel; 2°. les tables de marbre du palais
de Paris, de Rouen, Dijon, Bordeaux, Metz &
autres, pour juger les appellations ordinaires des
maîtriſes; 3°. les maîtriſes particulières; 4°. les
grueries royales; 5°. les grueries en titre, non
royales, & les autres juſtices ſeigneuriales, leſquelles, ſans avoir le titre de *gruerie*, en ont tous les
attributs.

La compétence de chacun de ces tribunaux ſera
expliquée en ſon lieu, *aux mots* GRUERIE, JUGES
en dernier reſſort, MAÎTRISE, TABLES DE MARBRE
& JUSTICE *ſeigneuriale*.

Les officiers des *eaux & forêts* étoient anciennes-
ment nommés *foreſtiers*, *maîtres de garennes*, &
depuis *maîtres des eaux & forêts*.

Ceux qui ont préſentement l'inſpection & juriſ-

diction ſur les *eaux & forêts*, ſont les grands-maîtres,
les maîtres particuliers, les gruyers, verdiers.

Il y a auſſi dans les tables de marbre, maîtriſes
& grueries, d'autres officiers, tels qui ont les lieutenans, un procureur du roi, un garde-marteau, un
greffier, des huiſſiers-audienciers, des ſergens-
gardes-bois, des ſergens-gardes-pêche, des arpenteurs, des receveurs & collecteurs des amendes, *&c.*
Nous expliquerons ce qui concerne ces différens
officiers, ſoit en parlant des tribunaux où ils exercent leurs fonctions, ſoit dans les articles particuliers de ces officiers, pour ceux qui ont une dénomination propre aux *eaux & forêts*, tels que les
gardes-marteau, gardes-chaſſe, ſergens-à-garde, ſer-
gens-foreſtiers, ſergens-gardes-pêche.

Pluſieurs matières des *eaux & forêts* ſe trouvent
déjà expliquées ci-devant *aux mots* AIRE, AL-
LUVION, ATTÉRISSEMENT, BAC, BALIVEAUX,
BATARDEAUX, BOIS, BRUYÈRES, BUCHERONS,
BUCHES, CANAUX, CAPITAINERIES, CEPÉES,
CHABLIS, CHARMÉS, CHASSE, CHEMINS,
CHÊNE, CHOMMAGE, COLLECTEUR *des amendes*,
CORMIERS, COUPES, CURAGE, DANGER, DEF-
FENDS, DÉFRICHEMENT, DÉLITS, DOUBLEMENT.

Nous expliquerons le ſurplus ci-après, *aux mots*
ECUISSER, ECLUSES, ENCROUER, ESHOUPER,
ESSARTER, ETALON, ETANT, ETANG, FAUCHAI-
SON, FLOTTAGE, FORÊTS, FOSSE, FOUÉE, FRAY,
FURTER, FUTAIE, GARENNES, GISANT, GLAN-
DÉE, GORDS, HALOTS, HAUTE-FUTAIE, LAN-
DES, LAPINS, LAYES, MARTEAU, MARTELAGE,
MERREIN, MOULINS, NAVIGATION, PAISSONS,
PALUDS, PANAGE, PARCS, PAROI, PATURAGE,
PATIS, PÊCHE, PERTUIS, PÊCHE, PIÉS-COR-
MIERS, POCHES, POISSON, RABOUGRIS, RA-
BOULIÈRES, RECEPAGE, RÉCOLEMENS, RÉSER-
VES, RIVERAINS, RIVIÈRE, ROUTES, RUISSEAU,
SEGRAIRIES, SOUCHETAGE, TAILLIS, TERRIERS,
TIERS & DANGER, TIERS-LOT, TRIAGE, VENTE,
VISITE, USAGE, USAGERS, & pluſieurs autres
termes qui ont rapport à cette matière. (*A*)

E B

EBRANCHEMENT *de fief*, ſ. f. (*Droit féodal.*)
ce mot qui porte, pour ainſi dire, ſon explication
avec lui, eſt ſynonyme d'*éclichement de fief* & de
démembrement. Il indique la ſéparation d'une partie
du fief d'avec le corps de ce même fief. *Voyez*
ECLÊCHE. (M. *GARRAN DE COULON.*)

ÉBRANDY (*Feu*): cette expreſſion qu'on trouve
dans la coutume de Bretagne, *art. 645*, eſt un vieux
mot, qui ſignifie l'action du feu qui embraſe un
objet. Nous ne la rapportons ici, que parce qu'elle
nous donne occaſion de faire remarquer une diſpoſition particulière de cette coutume, par rapport aux
incendies, aſſez fréquens des villes, qui fixe d'une
manière aſſez équitable les perſonnes qui ſont tenues des dommages & intérêts de ceux dont on a

été obligé d'abattre les maisons pour arrêter le progrès des flammes.

« Quand le feu est ébrandy en plusieurs maisons, » c'est-à-dire, lorsque feu est pris à plusieurs mai- » sons , on peut abattre les maisons prochaines » pour l'appaiser & l'éteindre , afin que les autres » soient sauvées, & tous ceux dont on peut ap- » percevoir que les maisons ont été sauvées, sont » tenus à dédommager ceux dont les maisons ont » été abattues, chacun à la discrétion de justice ».

EBUDES, s. m. (Droit féodal.) ce mot désigne des champs dépouillés de bled. Voyez le Dictionnaire de la langue romance. (M. GARRAN DE COULON.)

E C

ECART , ECAS , ou ISSUE. On appelle ainsi un droit que plusieurs villes & certains seigneurs lè- vent sur les biens qui passent des mains d'un bour- geois en celles d'un non-bourgeois, ou des mains d'un non-bourgeois en celles d'un bourgeois, ou même sur les biens qui passent d'un non-bourgeois à un autre non-bourgeois, suivant la diversité des coutumes.

Ce droit est encore connu dans divers lieux sous d'autres noms, par exemple , sous ceux de boute- hors , de recart , de quart-forain , &c. On l'appelle en latin jus migrationis , jus exportationis , &c. Maillard , sur l'art. 40 de la coutume d'Artois, dit que le mot écas , ou escas , est le plus étymologique , & que scatentent veut dire taxe en ancien gaulois.

La quotité du droit d'écart est différemment réglée par les coutumes. Celle d'Arras, par exemple, le fixe, au quart des immeubles situés dans l'échevi- nage, & à la moitié des meubles. L'art. 27 de celle de Landrecie l'abonne à douze deniers ; mais il est le plus communément d'un dixième.

Pour expliquer, autant qu'il sera possible , les points les plus importans de cette matière, sur laquelle la variété presque infinie des coutumes & des usages jette beaucoup de confusion , on examinera, 1°. l'origine du droit d'écart ; 2°. les lieux où il est établi ; 3°. à qui il appartient ; 4°. les biens qui y sont sujets ; 5°. les cas qui y donnent ouverture ; 6°. les personnes qui y sont sujettes ; 7°. le recou- vrement de ce droit.

On prendra sur-tout pour guide, dans cette dis- cussion , M. Merlin , qui a donné sur cet objet une dissertation très-savante sur le droit d'écart, dans le répertoire universel.

§. I. Origine du droit d'écart. L'auteur du précis du droit belgique prétend que le droit d'écart tire son origine d'une espèce de taxe que payoient, dit- il , les Hébreux , lorsqu'ils changeoient de tribu. Jean-Baptiste Christin, sur l'art. 137 de la coutume de Bruxelles, pense au contraire que l'écart tire son origine d'un édit de l'empereur Auguste, confirmé par Adrien, qui ordonna la levée du vingtième sur toutes les successions testamentaires laissées à des étrangers. Mais cette taxe avoit pour objet tous les

héritiers , non parens du testateur, que l'édit ap- pelloit étrangers , pour les distinguer des héritiers du sang. C'est ce que l'on voit dans Dion & dans le code, au titre de edicto divi Adriani tollendo.

D'autres auteurs , tels que Gail dans ses obser- tions , dérivent ce droit de la quarte que Théodose attribua aux curies, c'est-à-dire aux sénats des villes municipales, sur les successions des membres de ce corps qui ne seroient pas déférées à d'autres mem- bres. Voyez le titre du code , quando & quib. quarta pars debetur.

S'il falloit nécessairement trouver l'origine du droit d'écart dans les loix romaines, on pourroit alléguer encore une constitution de Léon & Anthémius , qui annulle les ventes faites à un étranger par un habitant de ces espèces de capitales qu'on appelloit métrocomies. L. unic. cod. non licere habit. metroc.

Mais tous ces systèmes ont le défaut de ne pas expliquer pourquoi l'on ne voit rien d'analogue au droit d'écart dans nos provinces méridionales, où les loix romaines ont conservé leur empire. Il est plus naturel de chercher le fondement de ce droit dans l'établissement des communes. On crut sans doute qu'un des plus sûrs moyens d'affermir ces confédérations, étoit d'empêcher que les biens de co-bourgeois ne passassent à des étrangers , ou du moins de rendre l'acquisition de ces biens plus fa- cile pour eux , en attribuant aux villes une partie de la valeur de ceux que l'on alièneroit hors de la bourgeoisie.

On sait que dans les Pays - Bas , où le droit d'é- cart est sur-tout connu , les communes, sous le nom de bourgeoisies , se sont multipliées presque à l'in- fini, & qu'elles y ont su mieux conserver leurs privilèges que par-tout ailleurs. Ces bourgeoisies ont été sans doute la principale cause de la richesse & de la population de ce pays : le droit d'écart en particulier a pu contribuer à resserrer les liens de cette confraternité, & les anciens jurisconsultes du pays ont été bien éloignés de regarder ce droit d'un œil défavorable, comme on paroît le faire au- jourd'hui.

§. II. Des lieux où le droit d'écart est établi. Le droit d'écart est en vigueur dans plusieurs villes d'Allemagne & de Hollande , selon Voët , dans son commentaire du digeste , liv. 5 , tit. 1. Il est éga- lement admis dans le Brabant , suivant une con- sultation que le Bouck a rapportée sur la coutume de Lille , p. 33. Il est ignoré , dit M. Merlin , dans le Hainaut & dans l'Artois , si l'on en excepte la ville de Landrecie, où ce droit est réduit à fort peu de chose , & le pays de l'Angle , qui a été démembré du comté de Flandres , pour être uni au bailliage de S. Omer. Mais la ville d'Arras en jouit aussi, suivant Maillard , sur l'art. 40 de la cou- tume d'Artois.

La Flandre est le pays où le droit d'écart est peut-être le plus généralement reçu. Les coutumes de la plupart des villes , tant de la partie autrichienne que de la partie françoise, ont des dispositions expresses à ce sujet. Le droit d'*écart* n'a pas lieu néanmoins dans les villes qui n'ont pas droit de bourgeoisie, telles que Dunkerque, Gravelines, Watten, Hazebrouck, Warneton, &c.

On a long-temps douté si la ville de Bailleul avoit ce droit. La coutume de cette ville laisse la question indécise : elle fut agitée à la fin du siècle dernier. Mais le parlement de Flandres ayant ordonné par un arrêt du 30 octobre 1700, que les échevins produiroient les titres constitutifs de ce droit, ils obtinrent des lettres-patentes des 27 février & 27 août 1701, qui les y maintenoient tant pour le passé que pour les neuf années à venir. Il y a apparence que cette décision provisoire a été rendue définitive, & il est certain du moins que la ville de Bailleul continue à jouir du droit d'*écart*.

Des lettres-patentes du 14 février 1705, l'ont assuré à la bourgeoisie de Merville, qui est située dans la châtellenie de Bailleul.

Un arrêt du conseil privé de Bruxelles y a aussi maintenu la ville de Lille, en vertu de sa seule possession. *Le Bouck sur cette coutume, art. 1. glos. 2, n°. 3.*

§. III. *A qui appartient le droit d'écart ?* Dans le plus grand nombre des pays, la propriété du droit d'*écart* appartient à la communauté des habitans. Mais cette règle reçoit plusieurs exceptions. L'art. 27 de la coutume de Landrécie défère l'*écart* entièrement au seigneur.

Suivant la coutume de Furnes, il appartient pour les biens de la ville, au corps réuni de la ville & de la châtellenie du même nom. Mais, pour les biens de la châtellenie, la moitié en appartient au roi, un quart à la ville & châtellenie, & l'autre quart à la paroisse du lieu. *Tit. 31, art. 1.*

La coutume de Bergues suit la même règle pour les biens de la ville. Mais elle attribue au roi la moitié de l'*écart*, qui échet dans la châtellenie. *Rubrique 5, art. 21.*

La coutume de la prévôté de Saint-Donat, qui est locale de celle de Bergues, attribue la moitié de ce droit aux échevins, un quart au bailli, un huitième au roi, l'autre huitième au burgrave. Celles de Pitgam & d'Honschote le partagent également entre l'église & le seigneur.

§. IV. *Quels biens sont sujets au droit d'écart ?* Le droit commun de la Flandre exempte les fiefs du droit d'*écart*, parce que la transmission de ces sortes de biens est réglée par les coutumes des cours féodales dont ils relèvent, & non pas par les coutumes de bourgeoisie. C'est au surplus la décision de l'art. 64 de la Caroline de Gand, de la coutume de Furnes, *tit. 31, art. 2*, & de plusieurs autres coutumes ; on doit mettre dans ce nombre celles de Douai, d'Orchies, &c. qui n'assujettissent à ce droit que les biens réputés meubles, sous lesquels sont compris les tenures en cotterie, & non pas les fiefs.

On a beaucoup disputé si l'*écart* devoit se prendre sur les biens situés hors le territoire de la ville à laquelle il est dû ; la négative de cette question

ne sembleroit pas devoir faire de difficulté. Mais, quoique cette négative ait été adoptée par la plupart des jurisconsultes, la confraternité des coutumes de la Flandre *autrichienne* y a fait introduire un usage contraire. Celle de Furnes & quelques autres en ont une disposition expresse qui forme le droit commun de cette province. Un arrêt de 1692 l'a ainsi jugé. *Institution au droit Belgique, part. 2, tit. 2, §. 26, art. 4.*

Cette confraternité & coutumes, qui ne font pour ainsi dire, qu'une seule *législature* de toute la Flandre *autrichien*, va jusqu'au point d'attribuer à une ville de Flandre *autrichienne*, le droit de lever l'*écart* dans la partie françoise de cette province. Un arrêt du parlement de Flandre l'a ainsi jugé le 16 novembre 1769. Cette cour a sans doute cru que le changement de domination survenu depuis la rédaction des coutumes de Flandre, ne devoit pas détruire les rapports purement réels qui lioient ces coutumes les unes aux autres. Mais comme les coutumes de la Flandre françoise ne forment point de société entre elles, ni avec celles de la Flandre flamande, le droit d'*écart* appartenant à l'une de ces villes ne peut pas être levé sur les biens du territoire d'une autre ville. L'art. 9 de la coutume de la Gorgne le décide nettement.

§. V. *Des cas qui donnent ouverture au droit d'écart.* Il y a beaucoup de variété à cet égard dans les coutumes, & chacune d'elles doit être soigneusement bornée aux seuls cas dont elle parle, si ce n'est dans celle de la Flandre flamande qui s'interprètent mutuellement, par suite de la confraternité qui règne entre elles.

Le plus grand nombre des coutumes de la Flandre donne néanmoins ouverture à ce droit en quatre cas ; il faut dire quelque chose de chacun d'eux.

Le premier cas est la perte de la bourgeoisie, de quelque manière qu'elle arrive ; la coutume de Bergues, *tit. 5, art. 4 & 11*, & quantité d'autres le décident expressément.

Quoique dans la Flandre flamande, on puisse conserver le droit de bourgeoisie d'une ville, sans y demeurer, la coutume de Bergues & plusieurs autres soumettent néanmoins les bourgeois au droit d'*écart* dans ce cas-là même ; on peut cependant s'y soustraire, en demandant aux échevins la permission de se retirer, & en élisant dans la ville un domicile où l'on pourra être ajourné en matière personnelle. Il ne paroît pas que ce privilège doive s'étendre à ceux qui passent sous une domination étrangère, sans la permission du souverain. On ne doit pas plus alors conserver ses droits de bourgeoisie que ceux de regnicole. La coutume de Bruges le décide encore dans l'*art. 5 du titre 2* ; la coutume d'Oudenarde exige même que la permission d'habiter hors la bourgeoisie soit renouvellée tous les trois ans.

Le second cas, qui est universellement admis en Flandre, a lieu, lorsque la succession d'un bourgeois est dévolue à un forain ; mais les successions en ligne directe sont communément exemptes de ce droit. Mévius observe néanmoins sur la coutume de Lubeck , *part.* 2, *tit.* 2, *art.* 4, qu'il s'est introduit un usage contraire en plusieurs villes d'Allemagne. Tel est encore l'usage de Lille , qui a été confirmé par un arrêt du 18 mai 1677 , & de quelques coutumes de Flandre. *Voyez celles de Furnes , tit. 31 , art. 2 ; du Franc de Bruges , art. 26 ; de la Baffée , art. 5 ; & d'Orchies , chap. 13 , art. 5.*

Dans toutes ces coutumes le droit *d'écart* doit, à plus forte raison, avoir lieu pour les successions testamentaires , & même pour celles qui sont grevées de substitutions , comme le décide encore l'art. 38 du titre 31 de la coutume de Furnes. Maillard enseigne néanmoins le contraire , & il dit qu'on l'a ainsi jugé aux enquêtes le 11 août 1694 , sur procès par écrit contre la ville d'Arras. Mais cet auteur ne s'explique pas d'une manière bien précise à cet égard , & il limite sa décision au cas où l'auteur de la substitution n'étoit pas bourgeois ; « car , ajoute-t-il , s'il l'a été , & que le dernier » ne soit appellé au fidéi-commis , ne soit pas » bourgeois , il est vrai de dire que les biens d'un » bourgeois passent à un non-bourgeois , & en » conséquence qu'ils sont sujets au droit *d'écas* ». M. Merlin ne balance pas à croire qu'il y a lieu à autant de droits *d'écart* qu'il y a de degrés de substitution. Il argumente à ce sujet de ce qui a été décidé pour le centième denier , par l'arrêt du conseil du 30 décembre 1721 , pour les droits seigneuriaux , par un arrêt du parlement de Paris , dont la décision a été érigée en loi dans l'art. 56 du tit. 1er. de l'ordonnance des substitutions.

Pour que le droit *d'écart* soit ouvert , il n'est pas nécessaire que le bourgeois à qui un forain succède , soit mort dans la ville de sa bourgeoisie. L'art. 13 du tit. 5 de la coutume de Bergues en contient une disposition expresse ; & l'arrêt du 16 novembre 1769 , dont on a parlé au §. IV , a été rendu pour la succession d'un bourgeois de Bailleul , décédé à Warneton.

Dans la règle générale , l'*écart* n'est dû, en cas de succession , que par le forain , héritier d'un bourgeois. Il y a néanmoins des coutumes où le droit est aussi dû par l'étranger qui succède à un étranger. *Voyez celles d'Oudenarde , rubrique 2 , art. 7 ; de Cassel , art. 486 ; & de la Gorgue , art. 9.*

La coutume de Furnes , *tit.* 31 , *art.* 6 , exempte de l'*écart* les successions d'un étranger , bourgeois d'une autre ville de Flandres , qui décède dans la ville ou châtellenie. Mais l'art. 7 y assujettit *les héritiers des forains non bourgeois d'aucune ville de Flandres.* L'art. 21 du tit. 6 de celle d'Ypres , se rapporte à ces coutumes , lorsqu'il assujettit à l'*écart* les biens d'un forain , qui meurt en cette dernière ville , *au cas que le défunt fût d'un lieu où l'on use de pareils droits contre les étrangers.*

Le troisième cas où le droit *d'écart* est ouvert , est le mariage contracté entre deux personnes , l'une bourgeoise & l'autre foraine. Mais il y a en-core de la diversité entre les coutumes à ce sujet. Les unes , comme celle de Furnes , *tit.* 3 , *art.* 9 , &c. , assujettissent à l'*écart* tous les biens portés en mariage par une personne bourgeoise à une qui ne l'est pas ; les autres n'y assujettissent que l'apport d'une bourgeoise qui épouse un forain. La coutume de Bergues , qui est dans ce dernier cas , permet même au mari de s'exempter de ce droit , en acquérant la bourgeoisie dans le mois de la célébration du mariage. *Voyez la rubrique 5 , art.* 4.

Un arrêt du parlement de Douai rendu pour la ville de Lille , le 30 janvier 1717 , a jugé que l'*écart* ne pouvoit avoir lieu sur l'apport stipulé propre d'une bourgeoise qui avoit épousé un non bourgeois. De Ghewiet , *part.* 2 , *tit.* 2 , §. 26 , *art.* 7.

Le quatrième cas , est l'aliénation entre-vifs. La plupart des coutumes assujettissent au droit *d'écart* , non-seulement les aliénations faites par un bourgeois à un étranger , mais aussi celles qui sont faites par un forain , soit à un autre forain , soit à un bourgeois même. *Voyez les coutumes de Douai , chap. 15 , art. 1 & 12 ; de Furnes , tit. 31 , art. 8 & 12 , &c.*

La coutume d'Ypres , *rubrique 6 , art.* 22 , fait une distinction fort sage. Elle ne soumet au droit *d'écart* les biens vendus par un forain à des bourgeois ou autres forains , que dans le cas où le vendeur seroit bourgeois d'un lieu où l'on exige ce droit des bourgeois d'Ypres. La même coutume , & quelques autres , exemptent de l'*écart* les aliénations faites par un bourgeois à un étranger.

La coutume de Comines , en prononçant la même exemption dans l'art. 16 , en excepte le cas où un bourgeois vendroit le seul héritage qui lui reste. D'autres coutumes font la même exception qu'elles modifient de diverses manières. L'art. 11 de celle de la Gorgue , par exemple , exige seulement que le bourgeois se réserve une rente foncière de 5 s. parisis.

Plusieurs coutumes veulent même qu'on exige l'*écart* des forains , qui , sans se dépouiller de la propriété de leurs héritages , les chargent d'une hypothèque ou d'un autre droit réel ; c'est que , suivant le droit romain , & suivant notre ancien droit françois qui subsiste en Flandre , ces charges équivalent à une aliénation. *Voyez l'art. 12 du même titre de la coutume de Furnes , &c.*

On a demandé si le droit *d'écart* , en cas d'aliénation , étoit dû au moment du contrat , ou seulement après les devoirs de loi. La difficulté s'est présentée dans la coutume de Furnes , qui présente à ce sujet deux dispositions contradictoires dans les art. 16 & 17 du tit. 31. Le conseil-privé de Bruxelles , consulté par les échevins de Furnes , sur cette espèce d'antinomie , a rendu le 28 juillet 1628 , d'après l'avis du conseil provincial de Gand , un arrêt où il déclare « que l'on n'est point redevable du droit » d'*issue* , qu'après que l'adhéritance , le vest , ou la » saisie du bien est faite & complette ».

M. Merlin pense néanmoins que cette décision

ne doit point tirer à conféquence pour toutes les coutumes, & que l'on doit fuivre, pour le droit d'*écart*, la jurifprudence établie pour les lods & ventes, en diftinguant les coutumes où ces derniers droits font dûs dès l'inftant du contrat, de celles où l'adhéritance péut feule les rendre exigibles, & de celles où le feigneur peut les demander, lorfque le contrat eft joint à une poffeffion prife de fait. *Voyez l'article* COMMAND.

§. VI. *Des perfonnes exemptes du droit d'écart.* Le principe général eft, que tout bourgeois eft exempt du droit d'*écart*; mais on a vu dans le §. précédent que plufieurs coutumes forment des exceptions à cette règle en cas d'aliénation.

Il y a dans la plupart des villes de Flandre deux fortes de bourgeois, les uns qu'on appelle *intranes*, parce qu'ils font domiciliés dans l'endroit de la bourgeoifie, les autres qu'on appelle *forains* par la raifon contraire. L'exemption de l'*écart* a lieu pour ces derniers même fuivant le droit commun; mais il y a des coutumes, telles que celle de Bergues, où, pour jouir de l'exemption, il faut obtenir des échevins la permiffion de fe retirer, & faire élection de domicile dans la ville que l'on quitte; puifque, fans cela, l'on paieroit l'écart des biens même que l'on poffède. *Voyez la coutume de Bruges, tit. 2, art. 5.*

Celui qui, n'étant pas né dans une ville, fe fait infcrire bourgeois, ne jouit de l'exemption d'*écart* qu'après un an de domicile. *Voyez la coutume de Furnes, tit. 31, art. 15*, &c.

Cette règle ceffe lorfqu'on y a domicile depuis un an. On y eft exempt d'*écart*, quand même on ne feroit jamais bourgeois. Cela réfulte des art. 1, 2 & 3 du chap. 15 de cette coutume, & d'une enquête par turbes du 8 juillet 1771. Un arrêt du 11 août 1762 l'a ainfi jugé.

La coutume d'Orchies eft dans le même cas. *Voyez les premiers articles du titre 13.*

Un règlement fait par les échevins de Lille en 1591, n'exempte du droit d'*écart*, que pour la moitié, celui qui devient bourgeois par achat, & cette reftriction s'obferve lors même qu'il recueille la fucceffion fon père, auffi bourgeois par achat. Mais on décide le contraire pour la femme du bourgeois par achat; parce que le règlement de 1591, ne dit rien de ce cas-là, & que le droit d'*écart* n'eft pas favorable. M. le préfident de Blye dit que le parlement de Flandre a jugé ces deux points par deux arrêts du 16 mai 1677, rendus les chambres affemblées.

Au refte, c'eft à la ville qui prétend le droit d'*écart*, à juftifier que celui dont on veut l'exiger a la qualité de forain qui l'y affujettit, fuivant un arrêt du 18 feptembre 1679, rapporté dans le recueil du même magiftrat. On juge la même chofe pour le droit d'aubaine.

Plufieurs coutumes obligent feulement l'héritier d'affirmer par ferment s'il eft bourgeois ou non. *Voyez celles de Bergues, rubrique 5, art. 15; d'Ypres, rubrique 6, art. 13*, &c.

Cuvélier dit à la page 250 de fon recueil d'arrêts, que les officiers du grand-confeil de Malines font exempts de ce droit; mais il eft au moins très-douteux que ce privilège ait lieu dans d'autres villes. Un arrêt du confeil-privé de Bruxelles a jugé que ce droit étoit dû par les héritiers forains d'un maître des comptes de Lille, bourgeois de cette ville. *Le Bouck, fur l'art. 1 de la coutume de Lille.*

On devroit décider le contraire, fi l'officier de cour fouveraine n'étoit bourgeois, ni par naiffance, ni par achat, de la ville où fon office l'oblige à demeurer, lors même que le droit d'*écart* s'y perçoit fur les forains décédés dans fon enceinte. La raifon en eft, que les officiers des cours fouveraines retiennent toujours leur domicile d'origine. La loi *fenator, ff. de fenatoribus*, le décide ainfi, & cette loi s'obferve parmi nous.

Les feigneurs haut-jufticiers ne font pas non plus fujets aux droits d'*écart*, pour les biens qu'ils recueillent en cette qualité, à titre de bâtardife & de deshérence. C'eft la décifion de l'art. 5 de la rubrique 5 de la coutume de Bruges, & c'eft un principe adopté dans plufieurs articles de la rubrique 4, de la coutume d'Oudenarde, que *les fiefs & les acceffoires des fiefs ne font pas foumis à l'écart.*

Il y a des exemptions du droit d'*écart*, qui font purement relatives. Différentes villes de Flandre l'ont réciproquement aboli entre elles, par des traités qui font expreffément autorifés par quelques coutumes. *Voyez celles de Bergues, rubrique 5, art. 25; de Bourbourg, rubrique 17, art. 3; & d'Ypres, rubrique 6, art. 24.*

§. VII. *Du recouvrement du droit d'écart.* Les coutumes de Flandres ont pris diverfes précautions pour affurer le recouvrement du droit d'*écart*. Celle de Bergues permet aux échevins de tenir fous le fcellé, jufqu'à l'inventaire, les effets des fucceffions ouvertes au profit des étrangers. Elle les autorife même à intervenir dans les partages pour y faire porter, à leur jufte valeur, les biens fujets au droit. Enfin elle oblige les officiers connus en Flandre, fous le nom de *partageurs*, à ne clorre les actes de partage, qu'après avoir pris le ferment des héritiers fur leur qualité; & fi ces héritiers ont pris celle d'étrangers, à le déclarer au receveur de l'*écart*, & de lui délivrer les actes qu'ils ont dreffés, à peine de répondre eux-mêmes de ce droit, & d'être interdits pour un an, & d'encourir une amende. *Voyez les art. 14, 15 & 18 de cette coutume.*

On trouve d'autres précautions dans divers articles des coutumes de Flandre, tant pour les partages faits fous feing-privé, que pour ceux faits devant les partageurs. *Voyez les coutumes de Furnes, tit. 31, art. 4 & 5; d'Ypres, rubrique 6, art. 13; l'art. 17 de la rubrique 5, de la coutume de Bergues.*

C'eft un point généralement reçu que le redevable du droit d'*écart* doit prêter ferment fur la quantité & la valeur des biens qui y font fujets. *Voyez les coutumes d'Ypres, rubrique 6, art. 17; & celle du Franc de Bruges, art. 44.*

Cette dernière loi oblige même le redevable à donner un état des biens. Quant aux coutumes muettes, cet état ne peut être exigé que pour les immeubles : c'est la décision de Peyrère & de M. Merlin. La loi 2, au code *quando & quibus quarta pars*, veut qu'on se contente de l'affirmation des héritiers pour le mobilier des successions dont elle attribue le quart aux curies des villes municipales.

La coutume d'Ypres, par une fiscalité dont les loix de tous les peuples fourniffent trop d'exemples, accorde aux dénonciateurs le dixième du droit d'*écart* qu'ils feront recouvrer. Elle autorife d'ailleurs les échevins à accorder des modérations fur ce droit. *Voyez la rubrique 6, art. 23 & 24.*

Cette dernière difpofition, qui eft dans plufieurs autres coutumes, s'obferve dans celles même qui n'en difent rien ; fi la coutume d'Oduenarde paroît décider le contraire, en difant que les échevins *ne font point accoutumés à modérer ce droit*, elle établit elle-même une modération d'un tiers, en faveur du redevable de l'*écart* pour caufe de mariage avec un étranger, lorfqu'il a averti les échevins avant le contrat de mariage.

On peut, en matière d'*écart*, procéder par faifie fur les biens qui font fujets à ce droit, & même par exécution parée fur les redevables. Tel eft l'ufage de toute la Flandre, & c'eft la difpofition expreffe de plufieurs coutumes. *Voyez celles de Furnes, tit. 31, art. 18 ; d'Ypres, rubrique 6, art. 18, &c.*

L'héritier qui recueille un bien chargé d'ufufruit au profit d'un tiers, eft tenu de payer le droit d'*écart* avant la confolidation de l'ufufruit à la propriété ; mais il peut demander qu'on déduife l'ufufruit & les autres charges fur le montant de l'eftimation : car l'eftimation d'une fucceffion ne doit fe faire qu'en en déduifant les dettes. C'eft d'ailleurs la décifion de deux coutumes. *Voyez celles d'Oudenarde, rubrique 2, art. 13 ; & d'Ypres, rubrique 6, art. 15.*

Cette dernière coutume, & deux ou trois autres, chargent le vendeur du droit d'*écart*, à moins de convention contraire. M. Merlin penfe que, dans les coutumes muettes, on doit obferver la même règle, à cet égard, que pour les lods & ventes, parce qu'il y a parité de raifon. Un réglement particulier l'a ainfi ordonné pour la coutume de la falle de Lille, qui, dans l'article premier du titre 49, charge le vendeur de payer les droits feigneuriaux, à moins que la vente ne fût faite *francs-deniers*. M. le premier préfident de Blye rapporte, à ce fujet, un arrêt qui a jugé qu'on ne pouvoit agir dans ce cas, pour le paiement, que contre le vendeur. (M. GARRAN DE COULON.)

ÉCARTELER, v. a. (*Code criminel.*) mettre en quatre quartiers. Ce genre de fupplice qui confifte à punir un criminel, en le faifant tirer à quatre chevaux, eft très-ancien, & ne s'eft guère employé que dans le cas de crime de lèze-majefté au premier chef.

Tite-Live rapporte que Tullus Hoftilius, troifième roi de Rome, condamna Mettius Suffetius, dicta-

teur, à être tiré à quatre chevaux, pour crime de haute-trahifon.

Suivant nos ufages, c'eft le fupplice des parricides qui ofent attenter à la perfonne facrée des rois, il eft même accompagné de plufieurs autres peines qui en augmentent la rigueur.

On trouve néanmoins dans les auteurs de droit & dans les hiftoriens, qu'on l'a employé pour punir les attentats commis envers la perfonne des princes du fang. Il eut lieu en 1536, contre le médecin qui avoit empoifonné le dauphin, fils de François I ; & en 1582, contre Sulcède, qui avoit attenté à la perfonne du duc d'Anjou, frère du roi.

Poltrot, en 1563, fut tiré à quatre chevaux, pour avoir affaffiné le duc de Guife. Lavergne, l'un des principaux chefs de la conjuration de Bordeaux, fut puni du même fupplice en 1548.

ECCLÉSIASTIQUE, (*Jurifpr.*) il fe dit des perfonnes & des chofes qui appartiennent à l'églife.

Les perfonnes *eccléfiaftiques* ont d'abord été appellées *clercs*, & on leur donne encore indifféremment ce nom, ou celui d'*eccléfiaftiques* fimplement. On comprend fous ce nom tous ceux qui font engagés dans l'état eccléfiaftique, c'eft-à-dire qui font deftinés au fervice de l'églife, à commencer depuis le fouverain pontife & les autres archevêques, évêques & abbés, les prêtres, diacres, fous-diacres, ceux qui ont les quatre ordres mineurs, jufqu'aux fimples clercs tonfurés.

Le nombre des clercs ou *eccléfiaftiques* étoit autrefois réglé ; il n'y avoit point d'ordination vague. Chacun étoit attaché par fon ordination à une églife particulière, aux biens de laquelle il participoit à proportion du fervice qu'il lui rendoit. Le concile de Nicée & celui d'Antioche ordonnent encore la ftabilité des clercs dans le lieu de leur ordination.

Préfentement ce ne font ni les bénéfices ni les dignités & offices dans l'églife, qui donnent à ceux qui en font pourvus la qualité de perfonnes *eccléfiaftiques*, mais le caractère qu'ils ont reçu par le miniftère de leur fupérieur *eccléfiaftique*. Pour avoir ce caractère, il fuffit d'être engagé dans les ordres de l'églife, ou au moins d'avoir reçu la tonfure. Le nombre des clercs n'eft plus limité, & l'on en reçoit autant qu'il s'en préfente de capables, fans qu'ils aient aucun titre, c'eft-à-dire aucun bénéfice ni patrimoine, excepté pour l'ordre de prêtrife, à l'égard duquel il faut un titre clérical. *Voyez* TITRE CLÉRICAL.

Les moines & religieux étoient autrefois perfonnes laïques ; ils ne furent appellés à la cléricature que par le pape Sirice, à caufe de la difette qu'il y avoit alors de prêtres, par rapport aux perfécutions que l'on faifoit fouffrir aux chrétiens.

Dans le neuvième fiècle, l'état des moines étoit regardé comme le premier degré de la cléricature. Photius fut d'abord fait moine, enfuite lecteur.

Préfentement tous les religieux & religieufes, les chanoines réguliers, les chanoineffes, les fœurs & frères convers dans les monaftères, les fœurs des communautés de filles qui ne font que des vœux fimples, même les ordres militaires qui font réguliers ou hofpitaliers, font réputés perfonnes *eccléfiaftiques*, tant qu'ils demeurent dans cet état.

On fait néanmoins une différence entre ceux qui font engagés dans les ordres ou dans l'état *eccléfiaftique*, d'avec ceux qui font fimplement attachés au fervice de l'églife ; les premiers font les feuls *eccléfiaftiques* proprement dits, & auxquels la qualité d'*eccléfiaftiques* eft propre : les autres, tels que les religieufes & chanoineffes, les frères & fœurs convers, les ordres militaires réguliers & hofpitaliers, ne font pas des *eccléfiaftiques* proprement dits, mais ils font réputés tels ; c'eft pourquoi ils font fujets à certaines règles qui leur font communes avec les clercs ou *eccléfiaftiques* ; & participent auffi à plufieurs de leurs privilèges.

On diftingue auffi deux fortes d'*eccléfiaftiques* ; les uns qu'on appelle *féculiers*, d'autres *réguliers*. Les premiers font ceux qui font engagés dans l'état *eccléfiaftique*, fans être aftreints à aucune autre règle particulière. Les réguliers font ceux qui, outre l'état *eccléfiaftique*, ont embraffé un autre état régulier, c'eft-à-dire qui les aftreint à une règle particulière, comme les chanoines réguliers, tous les moines & religieux, & même ceux qui font d'un ordre militaire régulier & hofpitalier.

Les *eccléfiaftiques*, confidérés collectivement, forment tous enfemble un ordre ou état que l'on appelle *l'état eccléfiaftique*, ou *de l'églife*, ou *le clergé*.

Ceux qui font attachés à une même églife forment le clergé de cette même églife : fi ce font des chanoines, ils forment une collégiale ou chapitre. Les *eccléfiaftiques* de toute une province ou diocèfe forment le clergé de cette province ou diocèfe.

Les *eccléfiaftiques* de France forment tous enfemble le clergé de France.

Les affemblées que les *eccléfiaftiques* forment entre eux pour les affaires fpirituelles, reçoivent différens noms, felon la nature de l'affemblée.

Quand on affemble tous les prélats de la chrétienté, c'eft un concile œcuménique.

S'il n'y a que ceux d'une même nation, le concile s'appelle *national*.

Si ce font feulement ceux d'une province, alors c'eft un concile provincial.

Les affemblées diocéfaines compofées de l'évêque, des abbés, prêtres, diacres & autres clercs du diocèfe, font nommées *fynodes. Voyez* ce qui a été dit à ce fujet, au *mot* CONCILE.

L'affemblée des membres d'une cathédrale, ou collégiale, ou d'un monaftère, s'appelle *chapitre. Voyez* CHAPITRE.

Les *eccléfiaftiques* ont toujours été foumis aux puiffances, & obéiffoient aux princes même païens, en tout ce qui n'étoit pas contraire à la vraie religion. Si plufieurs d'entre eux, pouffés par un efprit d'ambition & de domination, ont, en divers temps, fait des entreprifes pour fe rendre indépen-

dans dans les chofes temporelles, & s'élever même au-deffus des fouverains ; s'ils ont quelquefois abufé des armes fpirituelles contre les laïques, ce font des faits perfonnels à leurs auteurs, & que l'églife n'a jamais approuvés.

Pour ce qui eft de la puiffance *eccléfiaftique* par rapport au fpirituel, on en parlera au *mot* PUISSANCE.

Dans la primitive églife, fes miniftres ne fubfiftoient que des offrandes & aumônes des fidèles ; ils contribuoient cependant dès-lors, comme les autres fujets, aux charges de l'état. J. C. lui-même a enfeigné que l'églife devoit payer le tribut à Céfar ; il en a donné l'exemple en faifant payer ce tribut pour lui & pour S. Pierre : la doctrine des apôtres & celle de S. Paul font conformes à celle de J. C., & celle de l'églife a toujours été la même fur ce point.

Depuis que l'églife poffeda des biens-fonds, ce que l'on voit qui avoit déjà lieu dès le commencement du quatrième fiècle, & même avant Conftantin le Grand, les clercs de chaque églife y participoient felon leur état & leurs befoins : ceux qui avoient un patrimoine fuffifant n'étoient point nourris des revenus de l'églife : tous les biens d'une églife étoient en commun, l'évêque en avoit l'intendance & la difpofition.

Les conciles obligeoient les clercs à travailler de leurs mains pour tirer leur fubfiftance de leur travail, plutôt que de rien prendre fur un bien qui étoit confacré aux pauvres ; ce n'étoit, à la vérité, qu'un confeil, mais il étoit pratiqué fi ordinairement, qu'il y a lieu de croire que plufieurs le regardoient comme un précepte. C'en étoit un du moins pour plufieurs des clercs inférieurs ; lefquels étant tous mariés, & la diftribution qu'on leur faifoit ne fuffifant pas pour la dépenfe de leur famille, étoient fouvent obligés d'y fuppléer par le travail de leurs mains.

Il y a encore moins de doute par rapport aux moines, dont les plus jeunes travailloient avec affiduité, comme le dit Sévère Sulpice en la vie de S. Martin.

Les plus grands évêques, qui avoient abandonné leur patrimoine après leur ordination, travailloient des mains, à l'exemple de S. Paul, du moins pour s'occuper dans les intervalles de temps que leurs fonctions leur laiffoient libres.

Vers la fin du quatrième fiècle, on commença en Occident à partager le revenu de l'églife en quatre parts ; une pour l'évêque, une pour fon clergé & pour les autres *eccléfiaftiques* du diocèfe, une pour les pauvres, l'autre pour la fabrique : les fonds étoient encore en commun, mais les inconvéniens que l'on y trouva, les firent bientôt partager auffi bien que les revenus ; ce qui forma les bénéfices en titre. *Voyez* BÉNÉFICES & DIGNITÉS, & *ci-après* EGLISE, OFFICE, PERSONNAT.

Chaque églife en corps ou chaque clerc en particulier, depuis le partage des revenus & des fonds, contribuoient de leurs biens aux charges publiques.

Les *ecclésiastiques* n'eurent aucune exemption jusqu'au temps de Constantin le Grand. Cet empereur & les autres princes chrétiens qui ont régné depuis, leur ont accordé différens privilèges, & les ont exemptés d'une partie des charges personnelles; exemptions qui ont reçu plus ou moins d'étendue, selon que le prince étoit disposé à favoriser les *ecclésiastiques*, & que les besoins de l'état étoient plus ou moins grands : à l'égard des charges réelles, qui étoient dues à l'empereur pour la possession des fonds, les *ecclésiastiques* les payoient comme les autres sujets.

Ainsi Constantin le Grand accorda aux *ecclésiastiques* l'exemption des corvées publiques, qui étoient regardées comme des charges personnelles.

Sous l'empereur Valens, cette exemption cessa; car dans une loi adressée, en 370, à Modeste, préfet du prétoire, il soumet aux charges de ville les clercs qui y étoient sujets par leur naissance, & du nombre de ceux qu'on nommoit *curiales*, à moins qu'ils n'eussent été dix ans dans l'état *ecclésiastique*.

Du temps de Théodose, ils payoient les charges réelles : en effet, S. Ambroise, évêque de Milan, disoit à un officier de l'empereur : *Si vous demandez des tributs, nous ne vous les refusons pas ; les terres de l'église paient exactement le tribut*. S. Innocent pape écrivoit de même, en 404, à S. Victrice, évêque de Rouen, que les terres de l'église payoient le tribut.

Honorius ordonna en 412, que les terres de l'église seroient sujettes aux charges ordinaires, & les affranchit seulement des charges extraordinaires.

Justinien, par sa novelle 37, permet aux évêques d'Afrique de rentrer dans une partie des biens dont les Ariens les avoient dépouillés, à condition de payer les charges ordinaires. Ailleurs il exempte les églises des charges extraordinaires seulement; il n'exempta des charges ordinaires qu'une partie des boutiques de Constantinople, dont le loyer étoit employé aux frais des sépultures, dans la crainte que s'il les exemptoit toutes, cela ne préjudiciât au public.

Les papes même & les fonds de l'église de Rome ont été tributaires des empereurs romains ou grecs jusqu'à la fin du huitième siècle; & S. Grégoire recommandoit aux défenseurs de Sicile, de faire cultiver avec soin les terres de ce pays, qui appartenoient au saint-siège, afin que l'on pût payer plus facilement les impositions dont elles étoient chargées. Pendant plus de 120 ans, & jusqu'à Benoît II, le pape étoit confirmé par l'empereur, & lui payoit vingt livres d'or; les papes ne sont devenus souverains de Rome & de l'exarchat de Ravenne, que par la donation que Pépin en fit à Etienne III.

Lorsque les Romains eurent conquis les Gaules, tous les *ecclésiastiques* y étoient gaulois ou romains, & par conséquent sujets aux tributs, comme dans le reste de l'empire.

La monarchie françoise ayant été établie sur les ruines de l'empire, on suivit en France, par rapport aux *ecclésiastiques*, ce qui se pratiquoit du temps des empereurs.

Entre les *ecclésiastiques*, plusieurs étoient françois d'origine, d'autres étoient gaulois ou romains; entre ceux-ci, quelques-uns étoient ingénus, c'est-à-dire libres; la plupart des autres étoient serfs, comme une grande partie du peuple : plusieurs des évêques qui dégradèrent Louis le Débonnaire avoient été serfs.

Sous la première race de nos rois, les *ecclésiastiques* ne faisoient point au roi des dons à part, comme la noblesse & le peuple en faisoient chaque année : ils contribuoient néanmoins, de plusieurs autres manières, à soutenir les charges de l'état.

Nos rois les exemptèrent, à la vérité, d'une partie des charges personnelles; mais les terres de l'église demeurèrent sujettes aux charges réelles.

Il y avoit même des tributs ordinaires, auxquels les *ecclésiastiques* étoient sujets comme les laïques.

Grégoire de Tours rapporte que Théodebert, roi d'Austrasie, petit-fils de Clovis, déchargea les églises d'Auvergne de tous les tributs qu'elles lui payoient : il fait aussi mention que Childebert, roi du même pays, & petit-fils de Clotaire I, affranchit pareillement le clergé de Tours de toutes sortes d'impôts.

Clotaire I ordonna que les *ecclésiastiques* paieroient le tiers de leur revenu; tous les évêques y souscrivirent, à l'exception d'Injuriosus, évêque de Tours, dont l'opposition fit changer le roi de volonté.

Pasquier & autres auteurs remarquent aussi que Charles-Martel prit une partie du temporel des églises, & sur-tout de celles qui étoient de fondation royale, pour récompenser la noblesse françoise qui lui avoit aidé à combattre les Sarrasins. Les *ecclésiastiques* contribuèrent encore de son temps, pour la guerre qu'il préparoit contre les Lombards. Loiseau tient que cette levée fut du dixième des revenus; & quelques-uns tiennent que ce fut là l'origine des décimes; mais on la rapporte plus communément au temps de Philippe-Auguste, comme on l'a dit ci-devant au mot DÉCIMES.

Sous la seconde race de nos rois, les *ecclésiastiques* ayant été admis dans les assemblées de la nation, offroient au roi tous les ans un don, comme la noblesse & le peuple.

Il y avoit même une taxe sur le pied du revenu des fiefs, aleux & aux autres héritages que chacun possédoit. Les historiens en font mention sous les années 826 & suivantes.

Fauchet dit qu'en 833, Lothaire reçut à Compiegne les présens que les évêques, les abbés, les comtes & le peuple faisoient au roi tous les ans; que ces présens étoient proportionnés au revenu de chacun : Louis le Débonnaire les reçut encore de trois ordres à Orléans, Worms & Thionville, en 835, 836 & 837.

Le

Le roi tiroit quelquefois des grands feigneurs & des évêques certaines fubventions de deniers, & les autorifoit enfuite à y faire contribuer ceux qui leur étoient fubordonnés. Ainfi les feigneurs faifoient les levées fur leurs vaffaux & cenfitaires, & les évêques fur les curés & autres bénéficiers de leur diocèfe : c'eft fans doute de-là que, dans un concile de Touloufe, tenu en 846, on trouve que chaque curé étoit tenu de fournir à fon évêque une certaine contribution, confiftante en un minot de froment & un minot d'orge, une mefure de vin & un agneau, le tout évalué deux fous ; & l'évêque avoit le choix de le prendre en argent ou en nature.

L'empereur Charles-le-Chauve fit en outre, en 877, une levée extraordinaire de deniers, tant fur les *eccléfiaftiques* que fur les laïques, à l'occafion de la guerre qu'il entreprit, à la prière de Jean VIII, contre les Sarrafins qui ravageoient les environs de Rome & de toute l'Italie. Fauchet dit que les évêques levoient fur les prêtres, c'eft-à-dire fur les curés & autres bénéficiers de leur diocèfe, cinq fous d'or pour les plus riches, & quatre deniers d'argent pour les moins aifés ; que tous ces deniers étoient remis entre les mains des gens commis par le roi : on prit même quelque chofe du tréfor des églifes pour payer cette fubvention, laquelle paroît la feule de cette efpèce qui ait été levée fous la feconde race.

On voit auffi par les actes d'un fynode, tenu à Soiffons en 853, que les rois faifoient quelquefois des emprunts fur les fiefs de l'églife. En effet, Charles le Chauve, qui fut préfent à ce fynode, renonça à faire ce que l'on appelloit *præfturias*, c'eft-à-dire, des fortes d'emprunts, ou du moins des fournitures, devoirs ou redevances, dont les fiefs de l'églife étoient chargés.

Les voyages d'outre-mer qui fe firent pour les croifades & guerres faintes, furent proprement la fource des levées, auxquelles on donna, peu de temps après, le nom de *décimes*.

Le premier & le plus fameux de ces voyages, fut celui qui fe fit fous la conduite de Godefroi de Bouillon en 1096 : les *eccléfiaftiques* s'empref-fèrent, comme les autres ordres, de contribuer à cette fainte expédition.

Louis-le-Jeune, le premier de nos rois qui fe croifa, lorfqu'il partit en 1147, fit une levée de deniers fur les *eccléfiaftiques*, pour la difpenfe qu'il leur accorda de faire ce voyage. Ce fait eft prouvé par trois pièces que rapporte Duchefne ; 1°. un titre de l'abbaye de S. Benoît-fur-Loire, qui porte que cette abbaye fut d'abord taxée à 1000 marcs d'argent, enfuite à 500 ; qu'enfuite on s'accorda à 300 marcs & 500 befans d'or ; 2°. par une lettre d'un abbé de Ferrière à l'abbé Suger, alors régent du royaume en l'abfence de Louis-le-Jeune, où cet abbé demande du temps pour payer le refte de fa taxe ; 3°. une autre lettre du chapitre & des habitans de Brioude à Louis-le-Jeune, où ils parlent d'une couronne qu'ils avoient mife en gage

pour payer au roi ce qu'ils lui avoient promis.

Une chronique de l'abbaye de Norigny nous apprend encore qu'Eugène III étant arrivé en France lorfque le roi étoit fur le point de partir pour la Terre-Sainte, les églifes du royaume firent tous les frais de fon féjour, qui fut fort long, puifque le premier avril 1148, il tint un concile à Rheims.

Il n'eft point fait mention d'aucune autre fubvention extraordinaire, fournie par les *eccléfiaftiques*, jufqu'à la dîme ou décime faladine fous Philippe-Augufte, depuis lequel les fubventions fournies par le clergé ont été appellées *décimes*, *dons gratuits* & *fubventions*, comme on l'a expliqué aux *mots* Décimes & Dons gratuits, & qu'on le dira au *mot* Subvention.

Outre les redevances & fubventions que les *eccléfiaftiques* payoient en argent, dès le commencement de la monarchie, ils devoient auffi au roi le droit de gîte ou procuration, & le fervice militaire.

Le droit de gîte confiftoit à nourrir le roi & ceux de fa fuite, quand il paffoit dans quelque lieu où des *eccléfiaftiques* féculiers ou réguliers avoient des terres : ils étoient auffi obligés de recevoir ceux que le roi envoyoit de fa part dans les provinces, & les ambaffadeurs.

A l'égard du fervice militaire, ils le devoient comme fujets & comme propriétaires de biens-fonds, long-temps avant que l'on connût en France l'ufage des fiefs & du fervice dû par les vaffaux.

Hugues, abbé de S. Bertin, l'un des fils de Charlemagne, qui étoit général de l'armée de Charles-le-Chauve fon oncle, fut tué dans la bataille qu'il donna près de Touloufe, le 7 juin 844.

Abbon, parlant du fiège de Paris par les Normands, dit qu'Ebolus, abbé de S. Germain-des-Prés, alloit à la guerre avec Golmar, évêque de Paris.

Lorfque les *eccléfiaftiques* devinrent poffeffeurs de fiefs, ce fut un titre de plus pour les obliger au fervice militaire, comme ils le continuèrent en effet de le rendre. Dès qu'il y avoit guerre, les églifes étoient obligées d'envoyer à l'armée leurs hommes ou vaffaux, & un certain nombre de perfonnes, & de les y entretenir à leurs dépens : les évêques & abbés devoient être à la tête de leurs vaffaux.

Il eft dit dans les capitulaires, que l'on préfenta une requête à Charlemagne, tendante à ce que les *eccléfiaftiques* fuffent difpenfés du fervice militaire, & il paroît que c'étoient les peuples qui le demandoient, repréfentant au roi que les *eccléfiaftiques* ferviroient l'état plus utilement en reftant dans leurs églifes, & s'occupant aux prières pour le roi & fes fujets, qu'en marchant à l'ennemi & au combat ; ce qui confirme que quand ils venoient en perfonne à l'armée, ils n'étoient pas ordinairement fimples fpectateurs du combat.

La réponfe de Charlemagne fut qu'il accordoit volontiers la demande, mais que de telles affaires devoient être concertées avec tous les ordres.

Les prélats furent cependant dispensés de se trouver en personne à l'armée, à condition d'y envoyer leurs vassaux, sous la conduite de quelque autre seigneur; mais les évêques insistèrent alors pour continuer à faire le service militaire en personne, craignant que s'ils le cessoient, cela ne leur fît perdre leurs fiefs & n'avilît leur dignité.

Il paroît même que les successeurs de Charlemagne rétablirent l'obligation du service militaire de la part des *ecclésiastiques*; on en trouve en effet plusieurs preuves.

Rouillard, en son *Histoire de Melun*, pag. 322, fait mention d'un *ecclésiastique*, lequel, sous Louis le Débonnaire, en 871, commandoit l'armée des Esclavons.

La chronique manuscrite de l'abbaye de Mouson, fait aussi mention d'Adalberon, archevêque de Rheims, qui assiégea le château de Vuarch en 971.

Ordericus Vitalis dit sur l'année 1094, que Philippe I assiégeant la forteresse de Breval, les abbés y conduisirent leurs vassaux, & que les curés s'y trouvèrent à la tête de leurs paroissiens, chacun rangés sous leurs bannières.

Philippe-Auguste, en 1209, confisqua les fiefs des évêques d'Auxerre & d'Orléans pour avoir quitté l'armée, prétendant qu'ils ne dévoient le service que quand le roi y étoit en personne.

Joinville parle de son prêtre qui se battoit vaillamment contre les Turcs.

Le P. Thomassin prétend que les évêques & les abbés n'étoient dans les armées que pour contenir leurs vassaux & troupes à leur solde, & qu'ils ne faisoient le service des gens de guerre, ce qui est une erreur; car, outre les exemples que l'on a déjà rapportés du contraire, il est certain que les *ecclésiastiques* continuèrent encore long-temps de servir en personne, & que les plus valeureux se battoient réellement contre les ennemis, tandis que ceux qui étoient plus pacifiques levoient les mains au ciel : ceux qui se battoient, pour ne point tomber en irrégularité en répandant le sang humain, s'armoient d'une massue de bois pour étourdir & abattre ceux contre qui ils combattoient.

Ce fut Guérin, élu depuis peu évêque de Senlis, qui rangea l'armée avant la bataille de Bouvines, en 1214; il ne combattit cependant pas de la main à cause de sa qualité d'évêque; mais Philippe, cousin du roi & évêque de Beauvais, se souvenant que le pape l'avoit repris pour s'être déjà trouvé en un autre combat contre les Anglois, assommoit dans celui-ci les ennemis avec une massue, d'un coup de laquelle il terrassa le comte de Salisbury; il s'imaginoit par ce moyen être à couvert de tout reproche, prétendant que ce n'étoit pas répandre le sang, comme cela lui étoit défendu à cause de sa qualité d'évêque.

Quelques évêques & abbés obtenoient des dispenses de servir en personne, & envoyoient quelqu'un en leur place; d'autres étoient dispensés purement & simplement du service, comme Philippe-Auguste l'accorda en 1200 à l'évêque de Paris; & Philippe III à Gérard de Merce, abbé de S. Germain-des-Près; mais nos rois étoient fort retenus dans la concession de ces dispenses, qui tendoient à affoiblir les forces de l'état.

Pour être convaincu de l'usage constant où étoient les *ecclésiastiques* de faire le service militaire pour leurs fiefs, ou au moins d'envoyer quelqu'un en leur place, il suffit de parcourir les rôles des anciens bans & arrière-bans, qui sont rapportés à la suite du *Traité de la noblesse* par de la Roque, dans lesquels sont compris les évêques, abbés, prieurs, chanoines & autres bénéficiers, les religieux, & même les religieuses, & cela depuis Philippe-Auguste jusque fort avant dans le quatorzième siècle.

Philippe-le-Bel, en 1303, écrivit à tous les archevêques & évêques des lettres circulaires, qu'ils eussent à se rendre avec leurs gens à son armée de Flandre; &, par d'autres lettres de la même année, il demanda à tous les gens d'église un secours d'hommes & d'argent, à proportion des terres qu'ils possédoient; il ordonna encore, en 1304, à tous les *ecclésiastiques* de son royaume, de se trouver en personne à son armée à Arras, ainsi qu'ils y étoient obligés par le serment de fidélité.

De même Philippe V, dans des lettres du 4 juin 1318, adressées au bailli de Vermandois, dit : nous vous envoyons plusieurs lettres, par lesquelles nous requérons & sémonnons les prélats, barons, nobles & autres..... qu'ils soient en chevaux & en armes appareillés suffisamment selon leur état, & le plus fortement qu'ils le pourront à la quinzaine prochaine à Arras, &c.

Il y eut encore pendant long-temps plusieurs prélats & autres *ecclésiastiques* qui faisoient en personne le service militaire, qu'ils dévoient pour leurs fiefs.

On voit dans les registres de la chambre des comptes, que Henri de Thoire & de Villars, étant évêque de Valence & depuis archevêque de Lyon, porta les armes, avec Humbert, sire de Thoire & de Villars, son frère aîné, dans les armées de Philippe-de-Valois en Flandre, dans les années 1337, 1338, 1340, 1341 & 1342, ayant six chevaliers & 82 écuyers de leur compagnie.

Jean de Meulant, évêque de Meaux, se trouva aussi en 1339 & 1340, dans les armées de Flandre.

Renaut Chauveau, évêque de Châlons, assista à la bataille de Poitiers, où il fut tué; & Guillaume de Melun, archevêque de Sens, y fut fait prisonnier.

A la bataille d'Azincourt, donnée le 25 octobre 1415, Guillaume de Montaigu, archevêque de Sens, qui fut le seul entre les *ecclésiastiques* qui se trouva en personne à cette journée, fit admirer son grand courage, dont il avoit déjà donné des preuves en d'autres occasions; il se porta dans celle-ci aux endroits les plus dangereux, & y perdit la vie.

Louis d'Amboise, cardinal & évêque d'Alby,

s'employa auſſi fort utilement au ſiége de Perpignan l'an 1475.

Dans la ſuite, au moyen des contributions d'hommes & d'argent que les *eccléſiaſtiques* ont fournies, ils ont été peu-à-peu diſpenſés de ſervir en perſonne, & même entiérement exemptés du ban & de l'arriere-ban, tant par François I, le 4 juillet 1541, que par contrat du 29 avril 1636, ſous le regne de Louis XIII.

Depuis le regne de Conſtantin, les *eccléſiaſtiques* ont toujours été en grande conſidération chez tous les princes chrétiens, & ſinguliérement en France, où on leur a accordé pluſieurs honneurs, diſtinctions & privileges, tant au clergé en corps qu'à chacun des membres qui le compoſent.

Le ſecond concile de Mâcon, tenu en 585, porte que les laïques honoreront les clercs majeurs, c'eſt-à-dire, ceux qui avoient reçu le ſous-diaconat ou autre ordre ſupérieur; que quand ils ſe rencontreroient, ſi l'un & l'autre étoient à cheval, le laïque ôteroit ſon chapeau: que ſi le clerc étoit à pied, le laïque deſcendroit de cheval pour le ſaluer.

Une des principales prérogatives que les *eccléſiaſtiques* ont dans l'état, c'eſt de former le premier des trois ordres qui le compoſent, & de précéder la nobleſſe dans les aſſemblées qui leur ſont communes; quoique, dans l'origine, la nobleſſe fût le premier ordre, & même proprement le ſeul ordre conſidéré dans l'état.

Pour bien entendre comment les *eccléſiaſtiques* ont obtenu cette prérogative, il faut obſerver que les évêques eurent beaucoup de crédit dans le royaume, depuis que Clovis eut embraſſé la religion chrétienne; ils furent admis dans ſes conſeils & eurent beaucoup de part au gouvernement des affaires temporelles.

On croit auſſi que tous les *eccléſiaſtiques* francs & tous ceux qui étoient ingénus & libres, furent admis de bonne-heure dans les aſſemblées de la nation; mais c'étoit d'abord ſans aucune diſtinction, c'eſt-à-dire, ſans y former un ordre à part.

Ils ne tenoient point non plus alors d'aſſemblées réglées pour leurs affaires temporelles; s'ils s'aſſembloient quelquefois, en pareil cas, l'affaire étoit terminée en une ou deux ſéances. Les aſſemblées que le clergé tient préſentement de temps en temps n'ont commencé à devenir fréquentes & à prendre une forme réglée, que depuis le contrat de Poiſſy, en 1561. Voyez ce qui en a été dit *aux mots* CLERGÉ, DÉCIME, DON *gratuit*.

Mais ſi les *eccléſiaſtiques* n'étoient pas alors autoriſés à tenir de telles aſſemblées, ils eurent l'avantage d'être admis dans les aſſemblées de la nation ou parlemens généraux.

Il y avoit trente-quatre évêques au parlement, où Clotaire fit réſoudre la loi des Allemands. Les abbés étoient auſſi admis dans ces aſſemblées. Le nombre des *eccléſiaſtiques* y étoit quelquefois ſupérieur à celui des laïques: c'eſt de-là que les hiſ-

toriens *eccléſiaſtiques*, comme Grégoire de Tours, donnent ſouvent à ces aſſemblées le nom de *ſynodes* ou *conciles*.

Mais il paroît que dès le temps de Gontran, on n'appelloit plus aux aſſemblées que ceux que l'on jugeoit à propos: en effet, quoiqu'il fût queſtion de juger des ducs, on n'y appella que quatre évêques. Il eſt probable qu'on ne les appelloit tous à ces aſſemblées, que quand quelqu'un d'eux y étoit intéreſſé.

Ces aſſemblées ne ſubſiſterent pas long-temps dans la même forme, tant à cauſe des partages de la monarchie, qu'à cauſe des entrepriſes de Charles Martel, lequel, irrité contre les *eccléſiaſtiques*, abolit ces aſſemblées pendant les vingt-deux ans de ſa domination. Elles furent rétablies par Pepin-le-Bref, lequel y fit de nouveau recevoir les prélats; leur y donna le premier rang; &, par leur ſuffrage, il gagna tout le monde. Il confia à ces aſſemblées le ſoin de la police extérieure; emploi que les prélats ſaiſirent avec avidité, & qui changea la plupart des parlemens en conciles.

On diſtinguoit cependant, dès le temps de Charlemagne, deux chambres.

L'une pour les *eccléſiaſtiques*, où les évêques, les abbés & les vénérables clercs étoient reçus ſans que les laïques y euſſent entrée: c'étoit-là que l'on traitoit toutes les affaires *eccléſiaſtiques* ou réputées telles, dont les *eccléſiaſtiques* affecterent de ne point donner connoiſſance aux laïques.

L'autre chambre où ſe traitoient les affaires du gouvernement civil & militaire, étoit pour les comtes & autres principaux ſeigneurs laïques, leſquels de leur part n'y admettoient pas non plus les *eccléſiaſtiques*; quoique probablement ceux-ci conſultaſſent, du moins, comme caſuiſtes ou juriſconſultes, pour la déciſion des affaires capitales, mais ſans avoir part aux jugemens.

Ces deux chambres ſe réuniſſoient quand elles jugeoient à propos, ſelon la nature des affaires qui paroiſſoient mixtes, c'eſt-à-dire *eccléſiaſtiques* & civiles.

Les *eccléſiaſtiques*, tant du premier que du ſecond ordre, s'étant ainſi, par leur crédit, attribué la ſéance avec les plus hauts barons, ils ſiégeoient même au-deſſus du chancelier; mais le parlement, par un arrêt de 1287, rendit aux barons la ſéance qui leur appartenoit, & renvoya les prélats & autres gens d'égliſe dans un rang qui ne devoit point tirer à conſéquence.

Philippe V rendit une ordonnance, le 3 décembre 1319, portant qu'il n'y auroit dorénavant aucuns prélats députés au parlement, le roi ſe faiſant conſcience de les empêcher de vaquer au gouvernement de leur ſpiritualité. Il paroît néanmoins que cette ordonnance ne fut pas toujours ponctuellement exécutée; car le parlement, toutes les chambres aſſemblées le 28 janvier 1471, ordonna que dorénavant les archevêques & évêques n'entreroient point au conſeil de la cour ſans le congé d'icelle, ou s'ils n'y étoient mandés, excepté les pairs de France, & ceux qui par privilège ancien y doivent & ont accoutumé y venir & entrer.

Les évêques qui possèdent les six anciennes pairies *eccléfiaſtiques*, ſiègent encore au parlement après les princes du ſang, au-deſſus de tous les autres pairs laïques.

Pour ce qui eſt des conſeillers clercs, qui ſont admis au conſeil du roi, dans les parlemens & dans pluſieurs autres tribunaux, ils n'y ont rang & ſéance que ſuivant l'ordre de leur réception, excepté en la grand'chambre du parlement de Paris, où ils ont une ſéance particulière du côté des préſidens à mortier.

Indépendamment de l'entrée & ſéance qui fut donnée aux *eccléfiaſtiques* dans les aſſemblées de la nation & parlemens, comme ils étoient preſque les ſeuls dans les ſiècles d'ignorance qui euſſent quelque connoiſſance des lettres, ils rempliſſoient auſſi preſque ſeuls les premières places de l'état, & celles des autres cours & tribunaux, & généralement preſque toutes les fonctions qui avoient rapport à l'adminiſtration de la juſtice.

Tandis qu'ils s'occupoient ainſi des affaires temporelles, qu'il s'introduiſit bientôt parmi eux : ils devinrent la plupart chaſſeurs, guerriers, quelques-uns même concubinaires : ils prirent ainſi les mœurs des ſeigneurs qu'ils avoient ſupplantés dans l'adminiſtration & le crédit. Grégoire de Tours dit lui-même qu'il avoit peu étudié, & on le voit bien à ſon ſtyle.

Quand les *eccléfiaſtiques* de quelque ville ou autre lieu ne pouvoient obtenir des laïques ce qu'ils vouloient, ils portoient dans un champ les croix, les vaſes ſacrés, les ornemens & les reliques, formoient autour une enceinte de ronces & d'épines, & s'en alloient. La terreur que cet appareil inſpiroit aux laïques les engageoit à rappeler les gens d'églife, & à leur accorder ce qu'ils demandoient. Cet uſage ne fut aboli qu'au concile de Lyon, tenu ſous Grégoire X, vers l'an 1274.

En France, les *eccléfiaſtiques* ſéculiers étoient en ſi petit nombre dans le douzième & treizième ſiècles, que les évêques étoient obligés de demander aux abbés des moines pour deſſervir les égliſes; ce que les abbés n'accordoient qu'après de grandes inſtances, & ſouvent ils rappeloient leurs religieux ſans en avertir l'évêque.

On ne parle pas ici des biens d'églife ni de leur aliénation, étant plus convenable de traiter ces objets ſous le mot ÉGLISE.

Pour ce qui eſt des privilèges des *eccléfiaſtiques*, dont on a déjà touché quelques points, ils conſiſtent :

1°. Dans ce qu'on appelle *le privilège de cléricature* proprement dit, ou le droit de porter devant le juge d'églife les cauſes où ils ſont défendeurs. *Voyez* CLÉRICATURE, JUGE D'ÉGLISE, JURISDICTION ECCLÉSIASTIQUE & PRIVILÈGE.

2°. Ils ne ſont point juſticiables des juges de ſeigneur en matière de délits, mais ſeulement du juge d'églife pour le délit commun, & du juge royal pour le cas privilégié. *Voyez* CAS PRIVILÉGIÉ & DÉLIT COMMUN.

3°. Ils ſont aſſimilés aux nobles pour l'exemption de la taille, & pour pluſieurs autres exemptions qui leur ſont communes; ils ſont exempts de logemens de gens de guerre, de guet & garde, &c.

4°. Les *eccléfiaſtiques* conſtitués aux ordres ſacrés de prêtriſe, de diaconat & ſous-diaconat, ne peuvent être exécutés en leurs meubles deſtinés au ſervice divin ou ſervant à leur uſage néceſſaire, de quelque valeur qu'ils puiſſent être, ni même en leurs livres qui doivent leur être laiſſés juſqu'à la ſomme de cent cinquante livres. *Ordonnance de 1667, tit. 33, art. 15.*

5°. La déclaration du 5 juillet 1696 fait défenſes d'empriſonner les prêtres & autres *eccléfiaſtiques* pour dettes & choſes civiles; & celle du mois de juillet 1710, ordonne, à l'égard de ceux qui ſont dans les ordres ſacrés, qu'ils ne pourront être contraints par corps au paiement des dépens des procès dans leſquels ils ſuccomberont.

Le 32e canon du concile d'Agde, tenu en 506, excommunie les laïques qui auront intenté quelques procès à un *eccléfiaſtique*, s'ils perdent leur cauſe : mais cela ne s'obſerve point.

Les canons défendent auſſi aux *eccléfiaſtiques* de ſe mêler d'aucune affaire ſéculière; & en conſéquence ils ne peuvent faire aucune fonction militaire, ni de finance, ni faire commerce d'aucunes marchandiſes : mais ils peuvent, ſuivant notre uſage, faire les fonctions de juge tant dans les tribunaux *eccléfiaſtiques* que dans les tribunaux ſéculiers, nonobſtant une loi contraire faite par Arcadius, & inſérée au code de Juſtinien, laquelle n'eſt point obſervée, non plus que la diſpoſition des décrétales, qui leur défend de faire la fonction de juge dans les tribunaux ſéculiers.

Ils peuvent auſſi faire la fonction d'avocats dans tous les tribunaux ſéculiers ou *eccléfiaſtiques*, en quoi notre uſage eſt encore contraire au droit canon.

On n'obſerve pas non plus les décrets des papes, qui défendent aux *eccléfiaſtiques* d'étudier en droit civil, les magiſtrats qui ſont *eccléfiaſtiques* devant auparavant être reçus avocats, & par conſéquent gradués *in utroque jure*.

Aucun de ceux qui ſont engagés dans l'état *eccléfiaſtique*, ne peut préſentement être marié; mais pour ſavoir les progrès de la diſcipline à ce ſujet, on renvoie au mot CÉLIBAT, où cette matière a été ſavamment traitée.

On peut auſſi voir au mot CLERC, ce qui concerne l'habillement des *eccléfiaſtiques*, & pluſieurs autres points de leur diſcipline.

Il y a beaucoup de réglemens faits par rapport aux mœurs des *eccléfiaſtiques*, & à la pureté qu'ils doivent obſerver, juſque là que S. Lucius, pape, leur défendit d'aller ſeul au domicile d'une femme.

Aux états de Languedoc en 1303, le tiers-état fit de grandes plaintes ſur certaines jeunes femmes que les curés retenoient auprès d'eux, sous le nom de comères. Annales de Toulouse, par la Faille; *Hist. des ouv. des sav. septemb. 1688.* Pour prévenir tous les abus & les scandales, les conciles ont défendu aux *ecclésiastiques* d'avoir chez eux des personnes du sexe, qu'elles ne soient âgées au moins de 50 ans.

Le concile de Bordeaux, tenu en 1583, est un de ceux qui entrent dans le plus grand détail, sur ce qui concerne la modestie & la régularité des *ecclésiastiques* dans leurs habits, les jeux dont ils doivent s'abstenir, les professions & fonctions peu convenables à leur état; le grand soin qu'ils doivent avoir de ne point garder chez eux des personnes du sexe, capables de faire naître des soupçons sur leur conduite. Il décerne plusieurs peines contre les *ecclésiastiques* qui, après en avoir été avertis, persisteront à retenir chez eux ces sortes de femmes.

Pour ce qui concerne le jeu spécialement, le droit canon, les conciles de Sens en 1460, 1485 & 1528, ceux de Toulouse & de Narbonne, & les statuts synodaux de plusieurs dioceses, leur défendent expressément de jouer avec les laïques à quelque jeu que ce soit; de jouer en public à la paume, au mail, à la boule, au billard, ni autre jeu qui puisse blesser la gravité de leur état, même d'entrer dans aucun lieu public pour y voir jouer. Ceux qui n'ont d'autre revenu que celui de leur bénéfice, ne doivent point jouer du tout, attendu que ce seroit dissiper le bien des pauvres.

Les honoraires des *ecclésiastiques* ont été fixés par plusieurs réglemens, qui sont rapportés par Bruneau, en son *Traité des Criées*, pag. 503.

L'article 27 de l'édit de 1695, dit que le réglement de l'honoraire des *ecclésiastiques* appartiendra aux archevêques & évêques, & que les juges d'église connoîtront des procès qui pourront naître, sur ce sujet, entre des personnes *ecclésiastiques.* Ce même article exhorte les prélats, & néanmoins leur enjoint d'y apporter toute la modération convenable, de même qu'aux rétributions de leurs officiaux, secrétaires & greffiers des officialités.

Il y a eu un réglement fait par M. l'archevêque de Paris, pour l'honoraire des curés & autres *ecclésiastiques* de la ville & fauxbourgs de Paris; ce réglement a été homologué par un arrêt du 10 juin 1693. *Voyez* CLERC, CLERGÉ, CLÉRICATURE, CURÉS, & ci-après, ÉGLISE, ÉVÊQUES, PRÉLATS, PRÊTRES, &c. (A)

ÉCHANGE, s. m. (*Droit civil.*) c'est un contrat par lequel deux personnes se transportent réciproquement la propriété de quelque chose.

L'*échange* est le premier moyen que les hommes ont employé pour acquérir la propriété des choses: l'un donnoit à l'autre ce qui lui étoit inutile ou peu nécessaire, pour obtenir une chose dont il avoit besoin.

Quelque naturel que soit le contrat d'*échange*, il avoit dans le droit romain des règles qui sont opposées à nos usages. Ce droit considéroit l'*échange* comme un contrat informe, qu'on mettoit au rang

de ceux qui n'avoient point de nom: il en résultoit cet effet, que quand il n'y avoit qu'un simple contrat d'*échange*, sans être revêtu de la forme de la stipulation, & sans délivrance de part ni d'autre, il ne produisoit aucune action pour en demander l'exécution; & que quand la délivrance n'étoit faite que d'une part, celui qui l'avoit faite n'étoit pas fondé à exiger juridiquement ce qu'on lui avoit promis en contre-*échange*; il pouvoit seulement reprendre ce qu'il avoit donné: mais, comme toutes les conventions doivent être exécutées parmi nous, le contrat d'*échange* y produit tout l'effet dont il est susceptible, & ceux entre lesquels il est intervenu sont obligés de l'exécuter.

Le contrat d'*échange* a de la ressemblance avec le contrat de vente: c'est pourquoi les sabiniens disoient que l'*échange* étoit un vrai contrat de vente: mais l'opinion des proculéiens qui soutenoient que le contrat d'*échange* différoit du contrat de vente, étoit mieux fondée: en effet, dans le contrat de vente on distingue la chose & le prix, ainsi que le vendeur & l'acheteur; au lieu que dans le contrat d'*échange* chacune des choses est en même temps la chose & le prix, & chacun des contractans est le vendeur & l'acheteur.

Au reste, quoique le contrat d'*échange* diffère du contrat de vente, il produit néanmoins dans chacun des contractans les mêmes obligations que le contrat de vente: c'est pourquoi on doit regarder le contrat d'*échange* comme tenant de la nature du contrat de vente.

Dans le contrat d'*échange* chacun des contractans s'oblige envers l'autre à lui délivrer la chose qu'il a promise de lui donner en *échange*, ainsi qu'à le garantir des évictions, des charges réelles & des vices redhibitoires. Celui qui ne remplit pas son obligation est tenu envers l'autre des dommages & intérêts résultans de l'inexécution de la convention, de même que dans le contrat de vente le vendeur en est tenu envers l'acheteur.

La chose que chacun des contractans a promis de donner en *échange* à l'autre est aux risques de celui à qui on a promis de la donner, de même que dans le contrat de vente la chose vendue est aux risques de l'acheteur: c'est pourquoi si la chose promise en *échange* vient à périr, sans le fait ni la faute de celui qui l'a promise, & avant qu'il ait été constitué en demeure de la délivrer, il sera libéré de son obligation, sans que l'autre contractant puisse répéter la chose donnée de sa part, ni même qu'il puisse être déchargé de l'obligation de la donner, si cela n'est pas encore fait.

Celui qui a donné des meubles en *échange* d'autre chose ne peut attaquer le contrat, quelque lésion qu'il ait soufferte dans l'estimation de ces meubles: cette décision est fondée sur ce que notre droit ne permet pas d'accorder le bénéfice de restitution en matière d'aliénation de meubles, ce qui s'étend à l'*échange* de même qu'à la vente: mais celui qui a donné un immeuble en *échange* contre des choses dont la valeur eſt au-deſſous de la moitié du juſte prix de cet immeuble, doit, ainſi qu'un vendeur, être reçu à faire reſcinder le contrat, ſi mieux n'aime l'autre partie ſuppléer ce qui manque au juſte prix.

Un des principaux effets de l'*échange* conſiſte en ce que la choſe, qu'on reçoit en *échange* de celle qu'on a donnée, ſe ſubroge de plein droit à cette dernière : ainſi lorſque l'héritage échangé par un particulier lui tenoit nature de propre, celui qu'il a reçu en contre-*échange* doit auſſi être conſidéré comme propre dans ſa ſucceſſion : mais il reſte fief ou roture tel qu'il étoit, attendu que ces qualités ſont inhérentes à l'héritage ſans pouvoir en être ſéparées par la voie de l'*échange*. *Voyez* SUBROGATION.

On tient pour principe que l'*échange* d'un héritage contre un héritage ne donne pas lieu au retrait ; ce qui eſt fondé ſur ce que le retrayant ne pourroit pas remplir les conditions de l'acte, puiſqu'il ne pourroit pas rendre à celui qu'il dépoſſéderoit ce qu'il auroit donné en paiement. Mais il y a beaucoup de variété dans les coutumes relativement aux *échanges* faits avec retour en deniers ou autres choſes mobilières.

La coutume de Paris & pluſieurs autres n'aſſujettiſſent point au retrait l'*échange*, quoique fait avec ſoute, pourvu que la ſoute n'excède pas la moitié de la valeur de l'héritage cédé par celui qui reçoit cette ſoute.

D'autres coutumes, telles que celles de Melun & de Clermont, n'exigent pas que la ſoute excède la moitié de la valeur de l'héritage pour que l'*échange* donne ouverture au retrait, il ſuffit pour cet effet que la ſoute égale cette moitié ; ou ce qui eſt la même choſe, qu'elle égale la valeur de l'héritage avec lequel elle eſt donnée en contre-*échange*.

Suivant la coutume de Bretagne, il y a lieu au retrait de l'héritage donné en *échange*, lorſque la ſoute reçue en contre-*échange* excède le tiers de la valeur de cet héritage.

La coutume de Bordeaux au contraire, ne permet le retrait de l'héritage échangé qu'autant que la ſoute reçue en contre-*échange* excède les deux tiers de la valeur de cet héritage.

Dans la coutume de Normandie, la ſoute quelque petite qu'elle ſoit, donne ouverture au retrait de l'héritage donné en contre-*échange* par celui qui l'a reçue.

La coutume de Montargis permet auſſi le retrait en cas d'*échange* lorſqu'il y a ſoute ou des choſes mobilières données en retour, à moins que le retour n'ait été donné par forme de vin de marché.

D'autres coutumes, telles que celle d'Anjou, diſent que quand il y a retour en deniers ou en meubles, il y a lieu au retrait à proportion du retour.

Quelques autres coutumes telles que celle de Senlis, s'expriment en termes négatifs, & diſent qu'il n'y a lieu au retrait en *échange* fait but à but

ſans ſoute : il ſemble qu'on peut conclure d'une telle diſpoſition, que quand il y a une ſoute, elle donne ouverture au retrait : cependant Ricard prétend qu'on ne doit pas tirer cette conſéquence : il dit que la coutume ne s'étant expliquée que ſur un cas où le retrait ne doit pas être admis en matière d'*échange*, & ayant gardé le ſilence ſur le cas où il peut être exercé, elle en avoit laiſſé la déciſion aux coutumes circonvoiſines : ainſi lorſque dans la coutume de Senlis il y a une ſoute ſtipulée, c'eſt par là coutume de Clermont qu'on doit décider ſi le retrait peut être exercé ; & ſuivant celle-ci, il ne peut avoir lieu qu'autant que la ſoute excède ou égale au moins la valeur de la moitié de l'héritage échangé.

Dans les coutumes qui n'ont rien dit de l'*échange*, on n'admet le retrait, en cette matière, que conformément au droit commun, c'eſt-à-dire, que quand il y a ſoute qui excède la valeur de l'héritage. M. Valin atteſte que cela eſt ainſi obſervé dans la coutume de la Rochelle, qui eſt du nombre de celles dont il s'agit.

Une autre variété dans les coutumes conſiſte en ce que pluſieurs, telle que celle de Paris, n'autoriſent le retrait que proportionnément à la ſoute : par exemple, ſi en *échange* de votre héritage propre valant vingt mille livres, vous avez reçu un autre héritage & quinze mille livres de ſoute, vos parens lignagers ne peuvent exercer le retrait que pour les trois quarts de l'héritage que vous avez aliéné. L'autre quart doit reſter à la partie avec laquelle vous avez contracté.

D'autres coutumes, telles que celle d'Orléans, décident que quand la ſoute reçue excède la moitié de la valeur de l'héritage donné en *échange*, le retrait peut être exercé pour la totalité de cet héritage.

M. le Camus, M. le premier préſident de Lamoignon & M. Pothier, penſent que cette déciſion doit être ſuivie dans les coutumes qui n'ont aucune diſpoſition à cet égard.

Dans les coutumes où le retrait n'eſt autoriſé que proportionnément à la ſoute, il eſt conſtant qu'il n'y a que les lignagers de celui auquel on a donné la ſoute, qui puiſſent exercer le retrait ; & les parens de l'autre contractant n'ont aucun droit de retrait ſur l'héritage qu'il a donné en *échange* avec la ſoute.

Mais dans les coutumes où le retrait eſt autoriſé pour la totalité en faveur des lignagers de celui qui a reçu la ſoute, il y a plus de difficulté ſur la queſtion de ſavoir ſi les parens de l'autre contractant peuvent auſſi exercer le retrait de l'héritage qu'il a donné en *échange* avec la ſoute. Coquille, ſur la coutume de Nivernois, & Valin, ſur celle de la Rochelle, ont adopté la négative, & cette opinion paroît conforme à la diſpoſition de l'article 355 de la coutume de Poitou, qui porte qu'en cas pareil *le contrat ſera cenſé contrat de vente* ; & *le lignager de celui qui a reçu l'argent, reçu au retrait*.

En accordant le retrait au lignager de *celui qui a reçu l'argent*, cette coutume paroît refuser tacitement le même droit aux parens de l'autre contractant, conformément aux maximes, *qui dicit de uno, negat de altero : inclusio unius est exclusio alterius*. La raison qui appuie l'opinion dont il s'agit consiste en ce qu'on ne peut pas dire relativement au contractant qui n'a point reçu d'argent, que le contrat soit à son égard un contrat de vente, ni par conséquent une aliénation qui puisse donner lieu au retrait.

La jurisprudence contraire se trouve établie par la coutume d'Orléans. L'article 384 veut qu'en cas d'*échange* fait avec une foute en argent, qui excède la moitié de la valeur de l'un des héritages, ils soient l'un & l'autre sujets au retrait. Ainsi, en supposant, que Pierre ait échangé avec vous un héritage valant vingt mille livres, & que vous lui ayiez donné en contre-*échange* un héritage de la valeur de six mille livres & quatorze mille livres pour foute, vos lignagers pourront exercer fur Pierre le retrait de cet héritage, en lui rendant six mille livres & les loyaux coûts, & les lignagers de Pierre feront fondés à retirer de vous l'héritage de vingt mille livres en vous rendant cette fomme.

Quand fous l'apparence d'un *échange* les parties déguifent un contrat de vente & que la fraude eft découverte, le retrait peut être exercé. Ainfi dans le cas où les lignagers justifieroient que l'on est convenu que celui qui a acquis l'héritage de leur parent rachetéroit pour une certaine fomme l'héritage qu'il a donné en contre-*échange*, ils feroient fondés à exercer le retrait de l'héritage forti de leur famille. Une telle convention peut se prouver nonfeulement en produifant la contre-lettre, mais encore par témoins, attendu qu'il s'agit d'une fraude dont les lignagers n'ont pas pu fe procurer la preuve par écrit. Ils peuvent d'ailleurs obliger l'acquéreur à se purger par ferment fur le fait de cette convention, lorfqu'ils n'en ont point de preuve. C'est ce que décident plufieurs coutumes & particuliérement celles de Bourgogne & de Nivernois.

La fraude dont il s'agit feroit cenfée avoir eu lieu fi l'héritage donné par l'acquéreur en contre-*échange* lui avoit été revendu dans l'année du contrat. C'est une difpofition de plufieurs coutumes, & particuliérement de l'article 386 de celle d'Orléans.

On préfume auffi la fraude lorfque l'un des contractans eft refté en poffeffion de l'héritage qu'il avoit donné en *échange* de celui qu'il a reçu. C'est ce qui réfulte de l'article 459 de la coutume de Bourbonnois.

Par arrêt du confeil du 10 avril 1683, il a été ordonné qu'à l'avenir les *échanges* fe feroient par contrats paffés devant notaires, dont il refteroit minute, à peine de trois mille livres d'amende, contre les particuliers qui auroient échangé autrement que par contrat, & d'interdiction contre les notaires qui auroient reconnu pour cet objet des actes faits fous feing privé.

ECHANGE, (*droits d'*) *Droit féodal* ; on appelle ainfi les droits établis par divers réglemens, pour les mutations qui fe font à titre d'*échange*.

Pour traiter cette matière dans l'ordre convenable, on parlera 1°. de l'origine & de l'établiffement de ces droits ; 2°. des provinces qui ont fait des abonnemens à ce fujet ; 3°. des perfonnes auxquelles les *droits d'échange* appartiennent ; 4°. des cas où ils font dus ; 5°. des perfonnes qui en font exemptes, & du recouvrement de ces droits.

On renvoie, pour le furplus de cette matière, aux articles Lods, Lods et ventes, Mi-lods, Quint, Relief, Treizièmes, &c.

§. I. *Origine & établiffement des droits d'échange.* La queftion de favoir fi les droits de mutation font dus pour les acquifitions qui fe font à titre d'*échange*, a été décidée diverfement par nos coutumes. Les établiffemens de S. Louis exemptent de ces droits les *échanges* qui ont pour objet des terres de la même feigneurie ; mais ils y affujettiffent ceux qui concernent les fonds fitués dans diverfes feigneuries, *liv. I, chap. 48.*

Cet ancien droit s'eft confervé dans le Mâconnois, qui a approuvé à S. Louis, & dans quelques coutumes. Brodeau *fur Paris, article 94 ; Coutumes de Tours, art. 143 & 147 ; & de Loudun, chap. 14, art. 13.*

Dans d'autres pays, tels que plufieurs de ceux du droit écrit, il eft dû un droit de mi-lods en cas d'*échange*. *Voyez l'article* Mi-lods.

Quelques coutumes établiffent indiftinctement les droits de mutation en cas d'*échange*, comme en cas de vente. *Voyez celles d'Anjou, art. 155 ; & du Maine, art. 173.*

Plufieurs coutumes enfin exemptent expreffément les contrats d'*échange* non frauduleux de tous droits de mutations : telles font celles de Bretagne, *art. 66,* & plufieurs autres. La jurifprudence des cours avoit étendu cette exemption à toutes les coutumes qui n'avoient point de difpofitions fur cet objet. *Voyez le Traité des lods & ventes de* Vrevin, *chap. 23.*

Cette jurifprudence étoit humaine & jufte. La difpofition des propriétés ne peut être gênée ou grevée de quelques charges qu'en vertu d'une loi précife ; & fuivant le droit commun qui fubfifte encore aujourd'hui, les transports à titre gratuit, qui font, à bien des égards, moins favorables que les contrats d'*échange*, n'engendrent ni quint, ni lods & ventes. Les reliefs qui font dus en cas de donation pour les fiefs, le font auffi en cas d'*échange*. Mais les befoins de l'état firent fupprimer dans le fiècle dernier une liberté fi favorable à l'agriculture.

Un premier édit du mois de mai 1645, ordonna qu'à l'avenir tout *échange* d'héritage contre des rentes, de quelque nature qu'elles puffent être, feroit fujet aux mêmes droits que les ventes en argent, & que ces droits feroient perçus au profit du roi dans l'étendue même des feigneuries particulières, dont les seigneurs ne les auroient pas acquis de lui.

Cet édit ne fut point exécuté. Les dispositions en furent inutilement renouvellées par un arrêt du conseil du 15 juillet 1655, qui, en attendant la vente de ces droits de mutation, ordonna qu'ils seroient payés à un préposé établi à ce sujet, à compter du 6 septembre 1645.

L'exécution de ce règlement fut encore différée pendant plusieurs années, mais une déclaration du 10 mars 1673 renouvella la disposition de l'édit de 1645.

Le motif que porte cette loi, est « que les fraudes » qui se commettoient par le moyen des échan- » ges de maisons & héritages sous des rentes » de toute nature, la plupart simulées, augmen- » toient journalement, au moyen de quoi les » droits de mutation qui appartenoient au domaine, » étoient presque anéantis ».

Cette déclaration ordonnoit que les droits seroient payés dans la mouvance du roi au fermier géné- ral du domaine, pour ce qui lui en appartenoit suivant son bail, & le surplus ainsi qu'il seroit ordonné; quant aux domaines aliénés, elle réser- voit au roi la jouissance de ces droits, si mieux n'aimoient les engagistes les acquérir. Enfin elle ordonnoit aussi que les seigneurs féodaux ou cen- siers jouiroient des mêmes droits dans l'étendue de leurs seigneuries, en payant pareillement par chacun d'eux, la finance qui seroit réglée par le conseil.

Cette dernière loi exemptoit expressément des droits de mutation les échanges d'héritages contre héritages. Mais un nouvel édit du mois de février 1674, auquel on donna les mêmes motifs, sup- prima cette exemption, en ordonnant que les mêmes droits seroient aussi payés à l'avenir « en toutes » mutations qui se feroient par contrat d'échanges » d'héritages contre héritages, droits & autres im- » meubles tenus du roi, ... » soit que les échanges se fassent d'héritages contre » héritages, ou d'héritages contre des droits, rentes » ou redevances, de quelque nature qu'elles pûssent » être, & qu'il y ait soute ou non, sans aucune » distinction ».

Cet état des choses subsiste encore aujourd'hui.

On voit que toutes ces loix n'établissoient les droits d'échange que pour l'avenir. La déclaration du 10 mars 1673, déchargeoit même expressément les acquéreurs à titre d'échange, des droits que le roi auroit pu prétendre par le passé. C'est donc par erreur qu'on lit dans l'ouvrage d'un magis- trat, « qu'encore que les loix ne regardent pour » l'ordinaire que l'avenir, & que ceux qui ont » contracté sous l'autorité des anciennes doivent » jouir des avantages qu'elles promettoient, puis- » qu'ils n'eussent pas contracté sans cela; cepen- » dant le roi a trouvé bon de faire payer les droits » pour tous les échanges faits sous trente ans » avant son édit ». Observations sur l'art. 359 de la Coutume de Bretagne, par M. de la Bigotière de Perchambaut.

§. II. Des provinces qui ont fait des abonnemens pour les droits d'échange. Lors de l'aliénation des droits d'échange faite en vertu des réglemens dont on vient de rendre compte, des particuliers en firent l'acquisition pour des provinces entières, avec la faculté de les revendre en détail; mais ces aliénations furent révoquées en 1715. Comme l'objet de l'établissement de ces droits étoit sur- tout de procurer des ressources aux finances, quel- ques provinces furent aussi admises à les ra- cheter. Ces provinces sont celles de Languedoc, de Champagne & de Bretagne.

Un édit du mois de décembre 1683, registré au parlement de Toulouse, le 15 avril suivant, révoqua les droits d'échange établis par les loix antérieures, en ordonnant qu'il en seroit usé dans le Languedoc, comme auparavant, tant dans les directes du roi, que dans celles des seigneurs féo- daux & censiers. Le motif qu'on donna à cette loi, fut que dans cette province régie par le droit écrit, il étoit auparavant ces droits d'échange diversement réglés par les reconnoissances de ceux qui ne tiennent pas en franc-aleu. La province paya néanmoins une finance assez forte pour cette sup- pression.

Par un arrêt du conseil du 7 mai 1697, revêtu de lettres-patentes le 30 juin suivant, les offres des habitans des villes, bourgs & communautés de la généralité de Champagne, d'une somme de 80,000 liv. ont été acceptées, pour l'extinction & suppression en ladite généralité, des droits d'échange dans l'étendue de toutes les directes des seigneurs particuliers, au moyen de quoi lesdits droits ne pourront être perçus à l'avenir que dans l'étendue des directes & domaines du roi.

Les droits d'échange avoient aussi été vendus à des traitans dans la province de Bretagne, comme dans plusieurs autres. Mais les états de la province demandèrent d'être subrogés à ces traités par déli- bération du 16 novembre 1699, moyennant 300000 liv., & les deux sols pour livre; ces offres furent acceptées par un édit du mois de mars 1700, en- registré le 17 mars suivant, portant que les édits, déclarations & arrêts rendus au sujet desdits droits, seront exécutés au profit des seigneurs particuliers de ladite province de Bretagne; aux fiefs, terres & seigneuries desquels, possédés en haute, moyenne & basse justice, lesdits droits seront irrévocable- ment unis & acquis; mais l'aliénation qui avoit été ordonnée des droits honorifiques dans les églises, a été révoquée.

Ainsi les habitans de Languedoc ne paient, en cas d'échange, que les droits dus anciennement aux seigneurs. Ceux de Bretagne, au lieu de payer les droits d'échange au domaine, ou à des acquéreurs particuliers, pour les fonds qui ne relèvent pas du domaine, les paient à leur seigneur, & les acqué- reurs n'ont rien gagné au traité fait par les états.

La

La Champagne est la seule province dont l'abonnement ait exempté les fonds de toute espèce de droits d'*échange*. Encore cette exemption n'a-t-elle lieu que pour les domaines qui sont dans la directe des seigneurs particuliers. Ceux qui sont dans la mouvance du roi sont sujets aux nouveaux droits d'*échange*.

§. III. *A qui appartiennent les droits d'échange ?*
La fraude que l'on faisoit aux droits seigneuriaux dus en cas de vente, ayant été le motif qu'on a donné à l'établissement des droits d'*échange*, il étoit naturel d'attribuer ces nouveaux droits aux seigneurs des lieux. Mais cet établissement ayant eu aussi pour objet de procurer des secours à l'état, les droits d'*échange* ont été aliénés à titre de vente ou d'engagement, & les seigneurs des lieux ont seulement eu à cet égard des préférences sur les simples particuliers.

L'édit du mois de mai 1645 n'admet les particuliers à l'acquisition de ces droits, qu'au refus des seigneurs féodaux & censiers ; il en attribue aussi la perception aux engagistes, moyennant une taxe qu'ils devoient payer. Quant aux domaines non engagés, l'édit porte que les droits d'*échange* en seront aliénés à titre de rachat perpétuel.

Une déclaration du mois d'avril 1657, & un édit du mois de novembre 1658, confirmèrent ces dispositions en faveur des seigneurs. La déclaration du 20 mars 1673 ordonna aussi qu'ils jouiroient des droits d'*échange* en payant une taxe. L'édit du mois de février 1674 ordonna la même chose ; mais il réserva au roi les droits d'*échange* des domaines non engagés.

Enfin la déclaration du 20 juillet 1674, en ordonnant la vente des droits d'*échange*, accorda la préférence, pendant le reste de l'année, aux seigneurs des lieux, & même aux engagistes, pour en jouir par ces derniers, comme de leur ancien engagement.

Une nouvelle déclaration du 13 mars 1696, ayant ordonné l'aliénation des droits d'*échange*, une autre déclaration du 4 septembre suivant, en attribua la jouissance aux engagistes, moyennant finance ; une seconde déclaration du même jour ordonna qu'il seroit arrêté des rôles du prix de l'aliénation desdits droits, & que dans trois mois de la signification qui en seroit faite aux seigneurs, ils pourroient les acquérir par préférence, pour en jouir incommutablement & en pleine propriété, passé lequel temps, il seroit permis à toute autre personne, noble ou roturière, de les acquérir par adjudication, sur le possesseur à titre de fief mouvant du roi, à cause du domaine le plus prochain, avec faculté de se dire seigneur en partie des terres où ils les auroient acquis, & de jouir des droits honorifiques, privativement à tous autres, dans les églises où ces droits appartiennent au roi.

Faute par les seigneurs d'avoir acquis les droits d'*échange*, ils en furent déclarés déchus par arrêt du conseil du 4 février 1698, qui admit tous par-

ticuliers à les acquérir, sans publication ni adjudication. Mais une déclaration du 11 août 1705 permit aux seigneurs de retirer ces droits en remboursant les acquéreurs, & en payant au roi pareille somme, par forme de doublement, dans les trois mois ; passé ce temps, les acquéreurs y devoient être maintenus en payant ce doublement, à quoi ils seroient contraints. Les seigneurs qui avoient acquis les droits dans leurs fiefs, & les traitans qui avoient acquis ces droits par provinces & généralités, furent dispensés du doublement. Ces derniers furent même de nouveau autorisés à revendre ces droits en détail, parce que ceux qui acquerroient d'eux seroient tenus de payer le doublement.

Trois arrêts du conseil des 22 décembre 1705, 27 juillet 1706, & 11 janvier 1707, ordonnèrent l'exécution de cette déclaration. Le premier prolongea le délai de trois mois en faveur des seigneurs de fief, & le second déclara déchus les acquéreurs qui ne paieroient pas le doublement. Le dernier maintint les seigneurs dans les droits qu'ils avoient acquis, sans payer le doublement, lorsqu'ils avoient la directe de la totalité de la paroisse ; & en payant la moitié de ce doublement, lorsqu'ils n'avoient la directe que d'une partie de la paroisse, si les acquéreurs particuliers n'avoient pas payé ce doublement.

L'édit du mois de mai 1708, en ordonnant l'aliénation des domaines, ordonna pareillement celle des droits d'*échange* non vendus.

Une déclaration du 16 février 1715 permit de nouveau aux seigneurs de retirer les droits d'*échange* des acquéreurs particuliers, en les remboursant comptant dans un an, *faute de quoi ils en seroient déchus pour toujours*. On excepta de cette loi les acquéreurs par provinces & généralités, auxquels il fut néanmoins défendu de continuer la revente de ces droits.

Une dernière déclaration du 20 mars 1748 donna encore six mois aux engagistes & aux seigneurs pour acquérir les droits d'*échange*, à compter du jour de la signification des rôles arrêtés au conseil, après quoi ils seroient aliénés à même titre de fief, & avec les mêmes droits honorifiques qu'en 1696. L'art. 3 de cette déclaration portoit que les acquéreurs des droits d'*échange* seroient réputés seigneurs en partie des fiefs, terres & seigneuries dans l'étendue desquels ils les ont acquis, & qu'ils jouiroient de tous les droits attachés à la qualité de seigneurs de fief, après les seigneurs qui seroient tenus de leur exhiber les papiers terriers, & autres pièces justificatives de leur directe ; même de leur en fournir, s'ils le requièrent, des copies ou extraits en bonne forme. Mais l'arrêt d'enregistrement du 23 mars porte que cet article ne pourra être entendu que des droits honorifiques dans l'église seulement, tels qu'ils appartiennent aux seigneurs de fief, & que les acquéreurs desdits droits d'*échange* ne pourront exiger des seigneurs autre communication que celle des titres relatifs aux droits d'*échange* qui leur seroient contestés.

Enfin un arrêt du conseil du 17 septembre 1761 ordonna de nouveau l'aliénation des droits d'*échange*, tant dans les domaines engagés, que dans ceux des seigneurs. Cet arrêt surfit néanmoins la confection des rôles qui dévoient être faits pour cet objet pendant trois mois, durant lesquels les seigneurs & les engagistes pourroient faire leur soumission d'acquérir les droits de la manière réglée par cet arrêt, faute de quoi il seroit procédé à la confection des rôles, & les seigneurs ou engagistes pourroient encore acquérir les droits d'*échange* en payant la finance qui seroit portée par les rôles, avec les deux sous pour livre, dans un nouveau délai de six mois, à compter du jour de la signification qui leur seroit faite desdits rôles, après lequel temps les droits d'*échange* seroient aliénés par les commissaires du conseil, comme en 1698, sans publication ni adjudication.

D'après ces réglemens, les droits d'*échange* peuvent appartenir à quatre sortes de personnes : ce sont,

1°. *Le roi.* Il jouit de ces droits non-seulement dans la mouvance des domaines non engagés, mais aussi dans celle des domaines engagés avant l'édit du mois de février 1674, lorsque les engagistes n'ont pas fait une acquisition particulière de ces droits, & même dans la mouvance des seigneurs particuliers, lorsque ni les seigneurs, ni d'autres personnes n'y ont pas acquis les droits d'*échange*, ou qu'elles ont été déchues de leur acquisition, faute d'avoir payé le doublement de finance porté par le règlement de 1698.

2°. *Les engagistes du domaine.* Ils ont les droits d'*échange*, soit que, jouissant en vertu d'un engagement antérieur à l'édit de février 1674, ils aient acquis ces droits à titre particulier, soit que leur engagement soit postérieur à cet édit; car cet engagement contient alors les droits d'*échange*, comme les autres droits casuels qui appartiennent au roi dans ses domaines.

3°. *Les seigneurs des lieux* qui ont acquis les droits d'*échange* dans leur directe, ou qui les ont retirés sur les acquéreurs particuliers.

4°. Enfin *les acquéreurs particuliers*, tant ceux qui ont acquis en vertu des derniers réglemens, que ceux qui ayant acquis ces droits anciennement, ont payé le doublement de finance qui leur a été imposé par plusieurs réglemens.

Divers arrêts du conseil ont déclaré déchus les particuliers qui n'avoient pas payé ce doublement. On en trouve des 22 octobre 1737, 20 avril, 9 mai & 13 juin 1741, & 20 novembre 1742, dans le *Dictionnaire des Domaines, au mot* ÉCHANGE, §. 2, *n.* 5.

Quant aux acquéreurs par provinces & généralités, leurs droits ne subsistent plus. Mais ceux qui ont acquis d'eux, sont dans le même cas que ceux qui ont acquis immédiatement du domaine.

§. IV. *Des contrats & des biens qui sont sujets*

aux droits d'*échange*. Suivant l'édit du mois de février 1674, « les mêmes droits seigneuriaux, » qui sont établis & réglés par les coutumes des » lieux pour les mutations qui se font par contrat » de vente, seront aussi payés, à l'avenir, en toutes » mutations qui se feront par contrats d'*échanges* » d'héritages, droits & autres immeubles *tenus du* » *roi ou des seigneurs* ».

Il résulte de ces expressions, 1°. que pour donner lieu aux droits d'*échanges*, il faut que les immeubles échangés soient tenus de quelque seigneur; 2°. qu'il faut que ces immeubles soient de nature à devoir des droits seigneuriaux, en cas d'aliénation, à titre de vente; 3°. qu'il faut que la mutation de ces immeubles ait eu lieu à titre d'*échange*. Ainsi il n'y a point lieu aux droits d'*échanges*, pour les domaines tenus en franc-aleu, pour les rentes constituées, & même pour les rentes foncières, parce que tous ces objets ne sont tenus d'aucuns seigneurs, & que l'aliénation qu'on en feroit, à titre de vente, ne donneroit ouverture à aucuns droits.

Il en est de même des tenures en bourgage de la Normandie. Quoique ces sortes de tenures ne soient pas absolument des francs-aleux, il est certain que leur aliénation ne produit aucuns droits. Il faut dire la même chose des domaines situés dans quelques franchises, telles que celle de la ville d'Ahun, en Marche, qui sont exempts de tous droits de mutations, en vertu d'anciens traités faits avec les seigneurs.

Les *échanges* des domaines sujets aux droits de mutation, ne donnent lieu aux nouveaux droits d'*échange*, qu'autant qu'ils n'auroient pas déjà engendré de pareils droits au profit des seigneurs, par la seule force des coutumes. Quelques-unes d'entr'elles accordent les mêmes droits aux seigneurs, en cas d'*échange*, qu'en cas de vente. *Voyez le* §. 1.

Dans les coutumes même qui n'attribuent aux seigneurs aucuns droits de quint ou de lods & ventes pour les *échanges*, il faut déduire sur le montant des droits nouvellement établis, la valeur du relief, ou des autres droits de mutation qui peuvent être dus dans ce cas aux seigneurs, soit sur les fiefs, soit sur les rotures. Il en est de même lorsque l'*échange* est fait avec soute : les droits dus pour la soute sont les mêmes que ceux des ventes dans la plupart des coutumes; & l'on ne peut exiger, comme droit d'*échange*, que le surplus de ce qui est dû pour la valeur des fonds échangés.

Lorsque deux particuliers, au lieu de faire un *échange* de domaine s'en font une vente réciproque, l'acte doit-il être considéré comme un *échange*, ou comme une vente ? Ces sortes d'actes peuvent être très-sincères, parce qu'il peut y avoir des raisons qui engagent les contractans à faire plutôt une double vente qu'un *échange*. Dans le cas de vente, si l'un des contractans est évincé, l'autre contractant n'est tenu que des dommages-intérêts, résultans d'une simple éviction, tandis qu'en cas d'*échange* il seroit de plus fujet à être dépoffédé du fonds qui lui avoit été donné en contre-*échange*.

Il femble même qu'on ne peut pas appliquer ici l'efprit des loix qui établiffent les droits d'*échanges*. L'objet qu'elles annoncent eft de prévenir les fraudes que l'on pourroit commettre pour priver les feigneurs des droits de mutation, en déguifant les contrats de vente fous la forme d'*échange* : mais dans le cas d'une vente réciproque, les droits de mutation font dus pour les deux ventes.

L'auteur du dictionnaire des domaines qui fait ces obfervations, rapporte néanmoins deux arrêts du confeil des 26 août 1755, & 6 janvier 1756, qui ont condamné des particuliers à payer les droits d'*échange*, pour des actes de cette efpèce.

§. V. *Des exempts des droits d'échange & de la perception de ces droits.* Les perfonnes qui, en vertu de leurs privilèges, jouiffent de l'exemption des droits domaniaux cafuels dus au roi, font également exemptes du droit d'*échange*, pour raifon des biens fitués dans les mouvances & directes du roi ; mais elles ne peuvent prétendre cette exemption pour raifon des biens mouvans des feigneuries particulières : leur privilège eft limité aux droits domaniaux, & ne peut avoir lieu pour les droits d'*échange*, que lorfqu'il s'agit de biens dont l'exemption des droits auroit lieu en leur faveur ; en cas de vente.

Cela a été ainfi jugé par des arrêts du confeil des 18 juillet 1676, 12 mars 1682 &... 1699. Il en a été rendu un plus récent contre les commandeurs & officiers du S. Efprit, & M. le duc de Rochechouart, le 23 décembre 1738. La raifon qu'on a donnée de cette décifion, eft que les droits d'*échange* ne font point dus, en conféquence de la directe, mais en vertu de l'autorité fouveraine, qui les a impofés pour les befoins de l'état. Il n'y a donc eu d'union au domaine proprement dite, que lorfque les droits ont été attachés à un domaine particulier de la couronne. C'eft ce qu'établit, avec beaucoup de profondeur, M. Fréteau, favant infpecteur du domaine, dans le mémoire qu'il fit imprimer lors de cette dernière conteftation, & dont on trouve un extrait affez étendu dans le 3e. volume du *Traité des Fiefs*, de Guyot, chap. 3, n°. 5.

On fait la même diftinction pour le recouvrement des droits d'*échange* ; ceux qui font dus à caufe des biens immédiatement mouvans du roi, font devenus entièrement domaniaux, par la réunion qui en a été faite aux domaines dont dépendent les mouvances ; & les receveurs généraux des domaines & bois font fondés à faire le recouvrement de ces droits, comme de tous les autres droits domaniaux cafuels ; mais ceux dus au roi pour les biens fitués dans les directes & mouvances des feigneurs, ne peuvent être réputés domaniaux ; & par conféquent le recouvrement en doit être fait par le fermier, auquel ces droits appartiennent en entier. Cette règle a été adoptée par un arrêt de réglement qui a été rendu au confeil le 13 octobre 1739. Le même arrêt attribue la compétence des conteftations relatives

aux droits d'*échange* : 1°. aux bureaux des finances ou autres juges ordinaires des matières domaniales, pour ceux qui dépendent de la mouvance du roi ; 2°. aux juges des feigneurs, ou à tels autres juges qui doivent connoître des droits feigneuriaux ordinaires, lorfque ces droits ont pour objet les mouvances des feigneurs particuliers, qui ont acquis les droits d'*échange* ; 3°. aux intendans pour les droits que le fermier perçoit dans la mouvance des feigneurs qui n'en ont pas fait l'acquifition.

L'édit de 1674 porte que, pour évaluer les droits d'*échange*, il fera fait eftimation des chofes échangées par les juges des lieux, fur l'avis des experts convenus par les parties, ou nommés d'office. On a demandé fur qui tomberont les frais de cette eftimation ? On doit fuivre ici la même règle que pour la ventilation des domaines acquis dans la mouvance de plufieurs feigneurs. Les acquéreurs doivent la faire eux-mêmes dans l'exhibition qu'ils font de leurs contrats au feigneur ; fi celui-ci la contefte, il fupportera les frais de l'eftimation par experts, fi celle des acquéreurs fe trouve jufte ; ces frais feront, au contraire, à la charge des co-permutans, fi elle eft au-deffous de la valeur réelle des héritages. C'eft l'avis de Livonnière. *Traité des Fiefs, livre 3, chapitre 2.*

On ne peut s'empêcher d'obferver en finiffant, combien il feroit à defirer qu'on pût concilier les intérêts du roi, & la propriété de ceux qui ont acquis les droits dont on vient de traiter, avec la liberté des *échanges*, qui eft de la plus grande utilité pour l'agriculture. (*M. GARRAN DE COULON, avocat au parlement.*)

ÉCHANGE. (*mariage par*) On appelle ainfi une forte de double mariage, qui a lieu lorfque le fils & la fille d'une perfonne fe marient avec la fille & le fils d'une autre, à condition que la fille qui entre dans chaque maifon, à titre d'époufe, fera fubrogée en la place de celle qui en fort, pour fuccéder au père & à la mère. C'eft, comme on le voit, une efpèce d'affiliation.

Cet ufage tire fon origine, fuivant de Laurière, du droit de main-morte. Anciennement les perfonnes ferves ne pouvoient contracter mariage fans le confentement de leur feigneur : mais l'églife ayant approuvé les mariages qu'elles contractoient fans le confentement du feigneur, on établit dans quelques pays que le feigneur du ferf rendroit au feigneur de la ferve qu'il emmenoit, une autre ferve, au dire de prudhomme, pareille à celle qui avoit été mariée ; s'il n'avoit pas de ferve, il étoit obligé de donner un ferf. *Voyez les Affifes de Jérufalem, chapitre 278.*

En d'autres pays, comme en Angleterre & en France, du moins dans plufieurs cantons, les enfans qui naiffoient de ces mariages, étoient partagés entre les deux feigneurs, fuivant les Novelles de Juftinien. *Voyez* Glanville, *lib. 5, cap. 6, in fine, la coutume de Nevers, chap. 8, art. 23, &c.*

Pour empêcher le préjudice que ces mariages leur

procuroient, les seigneurs y apposèrent des peines; & comme ces peines étoient toujours la perte d'une partie des biens que les serfs possédoient, ces mariages, qui étoient fréquens, commençoient à l'être moins. Dans la suite, le serf qui vouloit se marier, tâcha, pour éviter cette peine, de trouver dans l'étendue de la main-morte du seigneur, dont il vouloit épouser la serve, un serf qui voulût aussi épouser la serve du seigneur de ce premier serf. Quand cela se rencontroit, les deux serfs obtenoient des deux seigneurs l'*échange* des deux serves. Ils se marioient ensuite, & les mariages qui se faisoient ainsi, étoient appellés *mariages par échange*. Tout cela se trouve fort bien expliqué dans une charte, rapportée par du Breuil. *Voyez les Antiquités de Paris, pag. 367, de l'édition de 1612, & pag. 281, de l'édition de 1639, & les privilèges de S. Satur entre les anciennes coutumes de Berry, pag. 141, du Recueil de la Thaumassière.*

Il y avoit aussi une autre sorte de mariage par *échange*, entre les serfs qui appartenoient au même seigneur; mais au lieu que la première espèce se faisoit pour éviter la peine du formariage, cette dernière avoit pour objet d'éviter l'échute, c'est-à-dire, de conserver le bien aux enfans de condition servile, que le seigneur auroit exclus de la succession, s'ils fussent sortis de la maison paternelle. Dans ce cas, lorsque deux serfs avoient chacun un garçon & une fille, ils échangeoient les deux filles en menant chacune d'elles dans la maison de chaque garçon, & chaque fille ainsi échangée étoit subrogée pour la succession de ceux dans la maison desquels elle entroit aux droits de celle qu'elle remplaçoit.

L'article 31 du chapitre 18 de la coutume de Nivernois, dit encore aujourd'hui: « gens de ladite » condition (servile) peuvent marier leurs enfans » par *échange*, & *s'ils sont de même servitude*, les » enfans ainsi mariés, au lieu où ils sont mariés, » ont droit & succèdent au lieu d'icelui contre qui » ils sont échangés; & *s'ils sont de diverses servi-* » *tudes*, ils ne pourront acquérir droit ès héritages » qui sont d'autre servitude, que celle dont ils par- » tent, quelque chose qui soit convenue, si ce n'est » de l'exprès consentement du seigneur dont est » mouvant ledit héritage, mais bien succèdent en » tous meubles, indifféremment par telle ou telle » portion qu'il est convenu entre les parties ». *Voyez* Coquille *sur cet article, & l'art. 21 du chap. 27 de la même coutume.*

Comme presque tous les roturiers étoient autrefois serfs en France, ils retinrent après leur affranchissement, beaucoup des usages qu'ils avoient pratiqués pendant leur servitude, & delà vient peut-être que dans la coutume de Nivernois, *chap. 23, art. 25,* & dans celle de Bourbonnois, *art. 265,* il est parlé des mariages par *échange* entre personnes franches.

Cette dernière coutume limite la succession des personnes échangées aux ascendans en ligne directe, *appellés & consentans audit mariage.* Elle ajoute que

les échanges « sont, au moyen dudit *échange*, censés » & réputés dès-lors être appanés, sans préjudice » des droits des seigneurs, pour les taillables, mor- » taillables & bourdelages; mais par tel *échange* ou » appanage, n'est le mâle forclos d'autre succession » que de père, mère & ascendans, & la fille d'autre » succession que de père, mère & ascendans, frères » & sœurs & autres successions collatérales, étant » dedans les termes de la représentation, tant qu'il » y ait hoir mâle ou descendant de mâle, s'il n'y » a convention contraire, & a lieu ladite coutume » seulement entre nobles ».

La différence que la coutume met ici entre les mâles & les filles, est conforme aux articles 205, 306 & 307, qui excluent la fille mariée & appanagée des successions même collatérales, tant qu'il y a mâles ou descendans de mâles. On voit, au surplus, par les articles qu'on vient de citer, que les règles des mariages par *échange* ont également lieu, lorsque ce sont les garçons qui sortent de la maison paternelle, pour aller demeurer dans celle de leur beau-père avec leur future épouse. (*M. Garran de Coulon.*)

ÉCHANTILLER ou ÉCHANTILLONNER, v. a. ÉCHANTILLON, s. m. (*Jurisprud.*) Echantiller, c'est confronter un poids avec l'étalon ou l'original. *Echantillon*, signifie un modèle déterminé par les réglemens, & conservé dans un lieu public, pour servir à régler tous les poids & mesures, dont les marchands se servent pour fixer la quantité & le poids de certaines marchandises qu'ils débitent. *Voyez* ESCANDILLONAGE, ÉTALON.

ÉCHARSETÉ, s. f. *terme de Monnoie*, qui signifie le défaut d'une pièce de monnoie, qui n'est pas du titre prescrit par les ordonnances. Il étoit autrefois inconnu dans les monnoies, parce qu'on y travailloit sur le fin; mais il y a été introduit depuis qu'on a commencé à s'y servir d'alliage, & à régler le titre des matières à certain degré.

Pour entendre ce que c'est que l'*écharseté*, il faut savoir que les directeurs de la monnoie doivent travailler l'or à 22 karats, & l'argent à onze deniers de fin; que le karat se divise en 32 parties & le denier en 24 grains.

Lorsque les matières d'or sont au-dessous de vingt-deux karats, par exemple, à 21 karats $\frac{24}{32}$, on dit que les louis sont *échars* de $\frac{8}{32}$: de même lorsque celles d'argent ne sont qu'à dix deniers douze grains, les écus sont *échars* de douze grains.

L'*écharseté* est donc la qualité du remède de la loi, ou de la bonté intérieure que le directeur a prise en alliant son métal, sur chaque marque d'or & d'argent ouvré en espèces, au-dessous du titre ordonné.

Il y a deux sortes d'*écharseté*, l'une qui est permise, qu'on appelle *écharseté de loi dans le remède*; l'autre qui est punissable, qu'on nomme *écharseté de loi hors du remède*. La première a lieu lorsque le titre des espèces n'est point affoibli au-delà du remède permis par l'ordonnance, & dans ce cas le directeur est tenu d'en payer la valeur au roi. Mais dans le cas où le titre des pièces fabriquées est affoibli au-delà du remède, le directeur, outre la restitution des sommes auxquelles l'écharseté est fixée par le jugement de la cour des monnoies, doit être condamné à l'amende, & même quelquefois puni de plus grandes peines, suivant l'exigence des cas & des circonstances. *Voyez* REMÈDE.

ÉCHÉANCE, s. f. (*Jurisprud.*) est le jour auquel on doit payer ou faire quelque chose.

L'*échéance* d'une obligation, promesse, lettre-de-change, est le terme auquel doit s'en faire le paiement. Sur l'*échéance* des lettres-de-change, *voyez au mot* LETTRES-DE-CHANGE.

Dans les délais d'ordonnance, tels que ceux des ajournemens ou assignations, l'*échéance* est le jour qui suit l'extrémité du délai; car on ne compte point le jour de l'*échéance* dans le délai, *dies termini non computatur in termino*; de sorte, par exemple, qu'un délai de huitaine est de huit jours francs, c'est-à-dire, que l'on ne compte point le jour de l'exploit, & que l'*échéance* n'est que le dixième jour. *Voyez* DÉLAI.

Au contraire, dans les délais de coutume, le jour de l'*échéance* est compris dans le délai; ainsi quand la coutume donne an & jour pour le retrait lignager, il doit être intenté, au plus tard, dans le jour qui suit l'année depuis qu'il y a eu ouverture au retrait. *Voyez* RETRAIT. (*A*)

ÉCHELAGE, s. m. (*Jurisprud.*) terme de coutume; c'est le droit de poser une échelle sur l'héritage d'autrui, pour relever quelque ruine. Ce qui est *droit d'échelage* d'un côté, est *servitude d'échelage* de l'autre. La tolérance d'un voisin qui souffre son voisin établir chez lui un *échelage*, pour faire quelques réparations, ne lui accorde aucun droit pour la suite, sans titres exprès. Mais, suivant la coutume de Meaux, *art. 75*, cette servitude peut s'acquérir par prescription, si le voisin en jouit par long espace de temps, nonobstant empêchement ou contradiction de la part du propriétaire de l'héritage servant.

ÉCHELLE, (*Code criminel.*) est une espèce de pilori ou carcan, & un signe ou marque extérieure de justice, apposé dans une place, carrefour, ou autre lieu public.

Le terme d'*échelle* doit être plus ancien & plus général que celui de *pilori*; car la première *échelle* ou poteau tournant, appellé *pilori*, est celui de Paris aux halles, qui fut ainsi nommé par corruption de *puits-lorri*, parce qu'il y avoit autrefois dans ce lieu le puits d'un nommé *Lorri*. On a depuis appellé *piloris* les autres poteaux ou carcans semblables, & ce terme est souvent confondu avec celui d'*échelle*.

Bacquet, Loisel & Despeisses font cependant une différence entre pilori & échelle, non-seulement quant à la forme, mais quant au droit. Ils prétendent qu'un seigneur haut-justicier ne peut avoir pilori dans une ville où le roi en a un; qu'en ce cas

le seigneur doit se contenter d'avoir une *échelle* ou carcan, comme on en voit à Paris, & ainsi que l'observe l'auteur d'un grand coutumier, *titre des droits appartenans au roi*; mais je crois plûtôt que les seigneurs se sont tenus à l'ancien usage, & à ce qu'il y avoit de plus simple.

Il y a ordinairement au haut de l'*échelle*, de même qu'au pilori, deux ais ou planches jointes ensemble, qui se séparent & se rapprochent quand on veut, & dans la jonction desquelles il y a des trous pour passer le cou, les mains, & quelquefois aussi pour les pieds des criminels, que l'on fait monter au haut de l'*échelle* afin de les donner en spectacle au peuple, de les couvrir de confusion, & de leur faire encourir l'infamie de droit. Les criminels étoient aussi quelquefois fustigés au haut de l'*échelle*, ou punis de quelque autre peine corporelle, mais non capitale.

On confond quelquefois l'*échelle* avec la potence ou gibet, parce que les criminels y montent par une *échelle*: mais ici il s'agit des *échelles* qui servent seulement pour les peines non capitales; au lieu que la potence ou gibet, & les fourches patibulaires, servent pour les exécutions à mort.

On dit à la vérité quelquefois *échelle patibulaire*; mais ce dernier terme doit être pris dans le sens général de *patibulum*, qui signifie tout poteau où on attache les criminels.

Les *échelles*, piloris, carcans ou poteaux sont placés dans les villes & bourgs, au lieu que les gibets & fourches patibulaires sont communément placés hors l'enceinte des villes & bourgs; ce qui vient de l'ancien usage, suivant lequel on n'exécutoit point à mort dans les villes & bourgs, au lieu que les peines non capitales s'exécutoient dans les villes & bourgs pour l'exemple. Présentement on exécute à mort dans les villes & bourgs; mais les criminels n'y restent pas long-temps exposés; on les transporte ensuite aux gibets & fourches patibulaires, ou autres lieux hors des villes & bourgs; & les échafauds & autres instrumens patibulaires ne sont dressés que lorsqu'il s'agit de faire quelque exécution, au lieu que les *échelles*, piloris, carcans ou poteaux sont dressés en tout temps; il y a néanmoins quelques villes où il y a aussi des potences & échafauds toujours dressés, comme en Bretagne; il y en a aussi à Aix en Provence, & il y en avoit autrefois à Dijon.

On regarde communément les *échelles*, piloris, carcans ou poteaux, comme un signe de haute-justice, ce qui est apparemment fondé sur ce que quelques coutumes, telles qu'Auxerre, Nevers, Troyes & Senlis, disent que le haut-justicier peut avoir pilori ou *échelle*, ou qu'il peut pilorier, *écheller*, c'est-à-dire, faire monter les coupables à l'*échelle*.

Mais comme celui qui a le plus, a aussi le moins, & que le seigneur haut-justicier a aussi ordinairement les droits de moyenne & basse-justice, le droit de pilori ou *échelle*, peut faire partie des droits

appartenans au feigneur haut, moyen & bas-jufticier, fans que ce foit un droit de haute-juftice;
cela peut lui appartenir à caufe de la moyenne
juftice.

En effet, il y a en France quelques lieux où les
moyens jufticiers ont droit d'*échelle* ou pilori,
comme le dit Ragueau, en fon *Gloffaire*, au mot
Pilier & *Carcan*; Roguet, dans fon *Commentaire fur
la coutume du comté de Bourgogne*, dit même qu'en
fa province le carcan, qui eft au fond la même
chofe que l'*échelle*, eft un figne de la baffe-juftice;
& dans quelques-unes des coutumes même où l'é-
chelle, pilori ou carcan femblent affectés au haut-
jufticier, on voit qu'il eft d'ufage d'expofer au
carcan les coupables de vols de fruits; ce qui eft
certainement un cas de moyenne juftice, comme
le remarque de Laiftre, fur l'article 2 de la coutume de Sens.

Auffi M. Bouhier, fur la coutume du duché de
Bourgogne, *chap.* 51, *n°. 66*; tient-il que dans fa
province le moyen jufticier ayant la connoiffance
des contraventions aux réglemens de police, peut
punir les contrevenans en les faifant mettre à l'*échelle*
ou carcan; & tel eft auffi l'avis de Chopin fur Anjou, *lib. II, part. II, cap. 1, tit. 4, n°. 7, in fine.*

Coquille, fur l'article 15 de la coutume de Nivernois, remarque que l'on ufe d'*échelles*, feulement dans les jurifdictions temporelles qui appartiennent à des eccléfiaftiques; il en donne pour exemple l'*échelle* du Temple à Paris & celle de S. Martin-
des-Champs qui fubfiftoit auffi de fon temps, &
il ajoute que l'on en ufe auffi en jurifdiction eccléfiaftique, pour punir & rendre infames publiquement ceux qui font convaincus d'avoir à leur efcient époufé deux femmes en même temps.

Billon, fur la coutume d'Auxerre, *art.* 1, prétend
même que l'*échelle* eft une efpece de pilori ou carcan, qui eft particuliere pour les feigneurs hauts-
jufticiers d'églife; il fe fonde fur ce qu'il y en a
une à Paris, qui fert de figne patibulaire pour la
juftice du Temple.

Il eft vrai que les juges eccléfiaftiques ne pouvant condamner à mort, n'ont jamais eu de fourches patibulaires pour figne de leur haute-juftice,
& que les eccléfiaftiques qui avoient droit de haute-
juftice, avoient chacun, en figne de cette juftice,
une *échelle* dreffée dans quelque carrefour : non-
feulement les juges temporels des eccléfiaftiques
ufoient de ces *échelles*, mais même les officiaux,
comme nous le dirons dans un moment, en parlant des différentes *échelles* qui étoient autrefois à
Paris; mais il ne s'enfuit pas de-là que l'*échelle* fût
un figne de juftice qui fût particulier pour les jurifdictions eccléfiaftiques, ni pour les juftices temporelles des eccléfiaftiques; & en effet, Sauval eftima
que la ville avoit autrefois une *échelle* à Paris; &
fans nous arrêter à cette conjecture, il fuffit de
faire attention que les différentes *échelles* qui étoient
autrefois à Paris n'appartenoient pas à des jurifdictions eccléfiaftiques, mais à des juftices temporel-

les appartenantes à des eccléfiaftiques; ce qui eft
fort différent : d'ailleurs toutes les coutumes qui
parlent d'*échelle*, attribuent ce droit aux feigneurs
hauts-jufticiers en général, & non pas en particulier aux eccléfiaftiques; la coutume d'Auxerre entre
autres dit que celui qui a haute-juftice peut pilorier, écheller, &c. ainfi je m'étonne que Billon, en
commentant cet article, ait avancé que le droit
d'*échelle* étoit particulier pour les juges des eccléfiaftiques.

Les *échelles* étoient quelquefois appellées *échelles
à mitres* ou *à mitrer*; Papon fe fert de cette expreffion, *liv. I, de fes arrêts, titre 4, arrêt 7*, ce qui
vient de ce qu'autrefois il étoit d'ufage de mettre
à ceux que l'on faifoit monter au haut de l'*échelle*
une mitre de papier fur la tête : il ne faut pas
croire que ce fût pour faire allufion à la mitre des
évêques, & encore moins pour la tourner en dérifion. Cet ufage pouvoit venir de deux caufes différentes à la vérité, mais qui ont néanmoins quelque
relation l'une à l'autre.

La première eft qu'anciennement & jufques dans
le onzième fiecle, la mitre étoit la coëffure des
nobles; elle n'a commencé à être regardée comme
un ornement épifcopal que vers l'an 1000; ainfi
lorfque l'on mettoit une mitre de papier fur la
tête de celui que l'on faifoit monter au haut de
l'*échelle*, c'étoit pour le tourner en dérifion en lui
mettant une mitre ridicule.

L'autre caufe de cet ufage pouvoit être, qu'anciennement le bourreau, fuivant les mœurs des
Germains, dont les Francs tiroient leur origine,
n'étant point infame, portoit la mitre comme les
nobles, ainfi que cela fe pratique encore aux pays
des Vofges; & c'eft fans doute de-là qu'en Normandie le peuple le nomme encore *mitre*, enforte
qu'il y a apparence que quand on mettoit une mitre
fur la tête à celui qui montoit au haut de l'*échelle*,
c'étoit le bourreau qui lui mettoit fon bonnet fur
la tête, ou du moins un femblable fait de papier,
pour le couvrir de confufion; cette forte de bonnet ayant apparemment ceffé dès-lors d'être la
coëffure des nobles, & la mitre des eccléfiaftiques
ayant été diftinguée dans fa forme de cet ancien
habillement de tête.

Quand l'*échelle* ou autre figne de juftice eft totalement ruiné, le feigneur le peut faire rétablir fans
permiffion du roi, pourvu que ce foit dans l'année; car après l'an il faut des lettres-patentes : elles
ne feroient pourtant pas néceffaires s'il ne s'agiffoit que d'une fimple réparation.

Il y avoit autrefois plufieurs de ces *échelles* dans
la ville de Paris.

L'évêque de Paris avoit la fienne dans le parvis, c'étoit-là que l'on expofoit ceux qui étoient
condamnés à faire amende honorable; on leur
faifoit en cet endroit une exhortation, & on leur
mettoit la mitre, ce qui s'appelloit *prêcher & mitrer un criminel*. En 1344, Henri de Malheftret,
gentilhomme breton, diacre & maître des requêtes,

criminel de lèze-majeſté, fut mis par trois fois à cette *échelle* du parvis ; & quoique l'official eût défendu, ſous peine d'excommunication, de rien jetter à ce criminel, le peuple ne laiſſa pas de le couvrir de boue & d'ordures, & même de le bleſſer cruellement d'un coup de pierre ; après quoi il fut remené en priſon, où, comme on diſoit alors, il fut mis en l'oubliette ; & étant mort peu de temps après, ſon corps fut porté au parvis, comme il ſe pratiquoit à l'égard de tous ceux que l'official condamnoit au dernier ſupplice. On voit par-là que l'*échelle* du parvis étoit le ſigne de juſtice de l'officialité ; mais la juriſprudence eſt changée à cet égard depuis long-temps, & eſt revenue aux vrais principes, ſuivant leſquels le juge d'égliſe ne peut condamner à l'*échelle* ou pilori, ni à aucune amende honorable ou réparation, hors de ſon auditoire. *Voyez le Traité de la juriſdiction eccléſiaſtique*, par Ducaſſe, *ſeconde partie*, *chap.* 12.

Hugues Aubriot, prévôt de Paris, accuſé de judaïſme, & d'avoir fait beaucoup d'injures à l'univerſité, fit, en 1381, amende honorable ſur un échafaud dreſſé à côté de l'*échelle* du parvis.

Un ſergent du châtelet y fut prêché & mitré en 1406, pour avoir mal parlé de la foi ; & enſuite il fut brûlé au marché aux pourceaux.

Nicolas Dorgemont, chanoine de Notre-Dame, fut mis, en 1416, à cette même *échelle*, pour avoir voulu tuer le roi de Sicile, & autres ſeigneurs.

On y prêcha, en 1430, deux femmes *folles*, c'eſt-à-dire, diſſolues, qui étoient hérétiques.

Dubreuil aſſure que dans ſa jeuneſſe on y expoſa un prêtre, ayant écrit au dos en lettres majuſcules, ces mots, *propter fornicationem*.

Quoique cette *échelle* ſoit depuis long-temps détruite, on ne laiſſe pas de mener toujours au parvis, où elle étoit, la plupart des criminels condamnés à faire amende honorable.

Le chapitre de Notre-Dame avoit ſon *échelle* au port S. Landry, laquelle fut rompue & emportée en 1410 : on informa contre ceux qui étoient ſoupçonnés de ce fait.

L'abbé de Sainte-Geneviève avoit auſſi la ſienne, à laquelle, en 1301, fut miſe une maquerelle qui juroit vilainement.

Philippe-le-Long permit, en 1320, aux bourgeois qui demeuroient près de l'égliſe de S. Gervais, d'ériger une croix à la porte Baudets, à la place de l'*échelle* du prieuré de S. Eloi.

L'*échelle* du prieuré S. Martin étoit entre la rue Aumaire & la porte de l'égliſe de S. Martin, qui étoit autrefois de ce côté. Coquille en fait mention ſur l'*art*, 15 *du chap.* 1 de la coutume de Nivernois, & en parle comme d'une choſe qui ſubſiſtoit encore de ſon temps, c'eſt-à-dire, vers le milieu du ſeizième ſiècle.

Il eſt à préſumer que la ville, les abbés de S. Magloire & de S. Victor, le prieur de S. Lazare,

& les autres ſeigneurs hauts-juſticiers, avoient auſſi chacun leur *échelle*.

Il n'en reſte plus préſentement dans Paris qu'une ſeule, qui eſt celle de la juſtice du Temple, & qui a donné le nom à la rue où elle eſt poſée. Pendant la minorité de Louis XIV elle fut brûlée par de jeunes ſeigneurs, qu'on appelloit *les petits-maîtres*, & fut auſſi-tôt rétablie. Elle étoit autrefois de l'autre côté de la rue de l'*Echelle*-du-temple, & avoit beaucoup plus de largeur ; mais comme elle cauſoit de l'embarras, elle fut diminuée en 1667, & placée où elle eſt préſentement.

Billon, ſur l'article 1 de la coutume d'Auxerre, dit qu'il y a trois trous au haut de cette *échelle*, pour y paſſer la tête du criminel ; & l'auteur du journal des audiences, dans un arrêt du 9 avril 1709, prétend que l'origine de cette *échelle* vient de ce que la juſtice du Temple ne pouvoit avoir de gibet dans Paris, ni y exécuter à mort, à cauſe que le roi y a haute-juſtice ; mais ce principe ne paroît pas juſte, car ceux qui ont haute-juſtice dans Paris, peuvent condamner & faire exécuter à mort ; & à l'égard de l'*échelle*, ſi l'on a pris pour eux ce ſigne de juſtice, c'eſt parce qu'il n'eſt pas d'uſage ici de mettre des fourches patibulaires dans des villes. *Voyez* le préſident Bouhier ſur la coutume de Bourgogne, *chap.* 51, *n.* 64 *& ſuiv.* (*A*)

ECHELLER, v. a. (*Juriſpr.*) terme de coutume qui ſignifie *expoſer quelqu'un ſur une échelle en public*, en punition de quelque crime. *Voyez ci-devant* ECHELLE. (*A*)

ECHELLETTE, (*Juriſpr.*) *compte par échellette*: lorſqu'il s'agit de compenſer des fruits avec des intérêts, les uns veulent que les fruits de chaque année ſoient compenſés avec les intérêts de chaque année ; & s'il reſte quelque choſe, qu'il ſe compenſe ſur le principal, ce qui ſouvent l'épuiſe avant ou lors de la clôture du compte : cela s'appelle *compter par échellette*. D'autres veulent que la liquidation des fruits & des intérêts ſe faſſe à chaque année, mais que la compenſation & imputation ſe faſſe à la dernière année ſeulement. Chorier, en ſa *Juriſprudence de Guypape*, *p.* 294, rapporte pluſieurs arrêts pour l'une & l'autre manière de compter. Le *compte par échellette* eſt le plus uſité, & paroît le plus équitable. *Voyez* le *Dictionnaire de* Brillon, *article* COMPTE. (*A*)

ECHENAL, ſ. m. (*Juriſpr.*) terme uſité dans quelques coutumes pour exprimer une *gouttière* qui eſt ordinairement faite de chêne, que l'on met ſous les toîts des maiſons, pour empêcher que l'eau de la pluie ne tombe ſur le fond des voiſins. Dans le Bourbonnois on dit *échenal* ; dans d'autres endroits on dit *échenez*, comme dans la coutume de Nivernois, *chap.* 10, *art.* 1. (*A*)

ECHESS, ſ. m. pl. (*Juriſpr.*) eſt le nom que l'on donne en quelques provinces, à certaines redevances annuelles dues au ſeigneur, ſoit en grain ou en argent ; elles ſont ainſi nommées, comme étant ce qui *échet* tous les ans à un certain jour :

ce terme est usité dans le Barrois. M. de Laurière en son *Glossaire*, rapporte l'extrait d'un ancien titre de la seigneurie de Verecourt, qui en fait mention. (*A*)

ECHETE, s. f. (*Jurispr.*) vieux mot qui signifioit ce qui *arrivoit* à quelqu'un par succession, héritage ou autre droit casuel. Ce terme se trouve fréquemment dans les anciennes coutumes, chartes, diplomes & anciens titres. *Voyez* ECHOITE, ECHUTE. (*A*)

ECHETS, s. m. (*Droit féodal.*) c'est une espèce de redevance, connue dans le Barrois, suivant de Laurière. Cet auteur rapporte l'extrait d'un titre ancien, concernant la terre de Verecourt, où l'on voit que les *échets* étoient une espèce de taille ou de fouage due en grains & en argent, par chaque habitant, à la fête de S. Remi. (*M. GARRAN DE COULON.*)

ECHETTE, ESCHETTE, ESCAETTE, s. f. (*Droit féodal.*) tous ces mots sont synonymes d'*échute*. Ils signifient littéralement ce qui échéoit, c'est-à-dire, une casualité, une chose arrivée fortuitement. On les trouve employés dans les anciens praticiens & dans nos coutumes, pour désigner soit une succession en général, soit la succession qui advient au seigneur en particulier, & sur-tout celle des main-mortables. *Voyez* ECHUTE. (*M. GARRAN DE COULON.*)

ECHEVINAGE, (*Droit public.*) en Artois, en Flandre & dans tous les Pays-Bas, signifie la *seigneurie* & *justice* qui appartiennent à certaines villes, bourgs, & autres lieux, par concession des seigneurs qui leur ont accordé le droit de commune. On appelle le corps des officiers de l'*échevinage*, la *loi*, le *magistrat*, le *corps-de-ville*, l'*hôtel-de-ville*.

L'*échevinage* est ordinairement composé du grand bailli, maire, mayeur, prévôt, ou autres officiers du seigneur, des échevins ou juges, du conseiller pensionnaire, du procureur de ville, & du greffier. Remarquez que les termes d'*échevins* ou *juges* ne sont synonymes que dans les lieux où les échevins ont la justice.

Les *échevinages* ont tous haute, moyenne & basse justice, & la police; plusieurs connoissent aussi des matières consulaires dans leurs territoires, tels que l'*échevinage* d'Arras, celui de la ville de Bourbourg, ceux de Gravelines, de Lens, Dunkerque, &c.

En Artois, l'*échevinage* ressortit communément au bailliage; cependant l'*échevinage* ou magistrat de Saint-Omer est en possession de ressortir immédiatement au conseil d'Artois; ce qui lui est contesté par le bailliage de Saint-Omer, qui revendique ce ressort, du moins pour certains objets: on peut voir ce qui est énoncé à ce sujet dans le procès-verbal de réformation des coutumes de Saint-Omer.

Ce que nous avons trouvé de plus détaillé & de plus remarquable par rapport à ces *échevinages*, est dans la liste de l'*échevinage* de Saint-Omer,

qui est en tête du commentaire de la coutume d'Artois, par M. Maillart; nous en rapporterons ici le précis, quoique tous les *échevinages* ne soient pas administrés précisément comme celui de Saint-Omer, parce que ce qui se pratique dans celui-ci, servira toujours à donner une idée des autres, ces sortes de jurisdictions étant assez singulières.

L'*échevinage* de Saint-Omer, nommé vulgairement le *magistrat*, est composé d'un mayeur & onze échevins, dont l'un est lieutenant de mayeur, de deux conseillers pensionnaires, d'un procureur du roi en l'hôtel-de-ville, & syndic de la même ville, d'un greffier civil, d'un greffier criminel, d'un substitut du procureur syndic, & d'un argentier.

Outre ces officiers, il y a le *petit bailli*, pourvu en titre d'office par le roi, qui fait dans l'*échevinage* les fonctions de partie publique en matière criminelle & d'exécution de la police; le procureur du roi du bailliage de Saint-Omer peut néanmoins faire aussi les fonctions de partie publique en matière criminelle à l'*échevinage*, & y poursuivre les condamnations d'amendes, dans les cas où elles doivent être adjugées au roi: au surplus, il faut voir les protestations qui ont été respectivement faites par ces officiers, dans le procès-verbal de réformation des coutumes de Saint-Omer.

Le bailli de Saint-Omer faisoit aussi autrefois une partie de ces fonctions à l'*échevinage*; mais présentement il ne les y exerce comme conservateur des droits du roi, que dans le concours avec l'*échevinage*, pour juger les entreprises qui se font sur les rues, places publiques, & rivières qui sont dans la ville; & dans ce cas le bailli se trouvant à l'hôtel-de-ville, la première place entre lui & le mayeur demeure vuide.

Le petit bailli a quatre sergens à masse, qui lui sont subordonnés, pour l'aider dans l'exécution de ses fonctions, notamment pour la capture des délinquans, & pour contraindre au paiement des amendes & forfaitures adjugées par les mayeur & échevins.

Outre ces mayeur & échevins en exercice, & les autres officiers dont on a parlé ci-devant, il y a un second corps composé de l'ancien mayeur & des onze échevins qui étoient en exercice l'année précédente: on les nomme vulgairement *jurés au conseil*, parce que les échevins en exercice les convoquent pour donner leur avis dans les affaires importantes, comme quand il s'agit de faire quelque réglement de police, ou de statuer sur une dépense extraordinaire.

Il y a encore un troisième corps composé de dix personnes choisies tous les ans dans les six paroisses de la ville: on les appelle les *dix jurés de la communauté*, & l'un d'eux prend le titre de mayeur. Ils sont établis principalement pour représenter la communauté, & doivent être convoqués aux assemblées de l'*échevinage* lorsqu'il s'agit d'affaires d'affaires importantes qui intéressent la communauté.

Le siège de l'*échevinage* a quatre sergens à verge & deux *escauwetes* pour faire les actes & exploits de justice, à la réserve des saisies & exécutions mobiliaires ou immobiliaires, & des arrêts personnels à la loi privilégiée de la ville, qui se font par les amans ou baillis particuliers des différentes seigneuries qui sont dans la ville.

La jurisdiction contentieuse & de police est exercée par l'*échevinage* seul dans la ville & banlieue de Saint-Omer, en toutes matières civiles & criminelles, excepté les cas royaux & privilégiés, dont la connoissance appartient exclusivement au conseil d'Artois.

Tous les habitans de la ville & banlieue de S. Omer, soit ecclésiastiques séculiers ou réguliers, nobles ou roturiers, sont soumis immédiatement à la jurisdiction de l'*échevinage* ; il y a cependant quelques enclos dans la ville qui ont leur justice particuliere.

Les jurisdictions subalternes de l'*échevinage* de Saint-Omer, sont celles des seigneurs qui ont droit de justice dans la ville ou banlieue; il y en a même quelques-unes domaniales, qui sont présentement engagées.

Anciennement le prince & les seigneurs ayant justice dans la ville, avoient chacun dans leur territoire leur aman ou bailli civil, avec un certain nombre d'échevins; mais en 1424, les mayeur & échevins de Saint-Omer, de l'avis des gens du prince, établirent dans l'hôtel-de-ville un siège ou auditoire commun pour quatre de ces amans, qui est ensuite aussi devenu commun à tous les autres amans de la ville. Ces amans ont douze échevins, qui sont pareillement communs pour toutes les différentes seigneuries & justices de la ville ; c'est ce que l'on appelle *le siège de vierscaires* ; ces officiers prêtent serment à l'*échevinage* de Saint-Omer.

Les échevins apposent le scellé, font les inventaires, les actes d'acceptation & de renonciation aux successions ; ils arrêtent à la loi privilégiée de Saint-Omer, les personnes & biens des débiteurs forains trouvés dans cette ville, & connoissent des contestations qui peuvent naître de ces sortes d'arrêts sous le ressort immédiat des mayeur & échevins; ceux du siège des vierscaires doivent être assistés de l'aman de la seigneurie dans laquelle ils font acte de jurisdiction, ou d'un troisième échevin à défaut de l'aman, lorsqu'il s'agit d'arrêt de personne.

C'est aussi aux échevins qu'appartient le droit exclusif de procéder aux ventes & adjudications, soit volontaires ou forcées, de meubles & effets; ils font toutes celles des maisons mortuaires, c'est-à-dire, après décès.

Les amans ont en particulier le droit de mettre à exécution les sentences des mayeur & échevins de Saint-Omer ; ils font les saisies & exécutions

de meubles, & les saisies réelles des immeubles situés dans cette ville.

Le petit bailli, dont nous avons déjà parlé, fait dans la banlieue où les seigneurs n'ont point d'aman, la fonction de cette charge, quant aux exécutions des sentences, aux saisies & exécutions de meubles, & aux saisies réelles.

Pour connoître plus particuliérement ce qui concerne les *échevinages*, on peut voir ce qui en est dit dans les coutumes anciennes & nouvelles d'Artois, & autres coutumes des Pays-Bas, & dans leurs procès-verbaux. (*A*)

La nomination des échevins se règle par les usages particuliers de chaque ville, mais il est un point dans lequel toutes les coutumes se réunissent, c'est de déférer unanimement la nomination des échevins des villages aux seigneurs, au nom desquels ces officiers doivent remplir les fonctions de leurs charges. Les seigneurs exercent ordinairement ce droit par eux-mêmes, mais souvent ils en laissent le soin à leurs baillis, qui n'ont pas même besoin, pour cet effet, d'une commission particulière, parce qu'en leur qualité ils sont le représentant absolu & universel du propriétaire de la justice.

Il en est de même dans les villes, dont la seigneurie appartient à des seigneurs particuliers ; mais dans celles qui relèvent immédiatement du roi, soit à titre de seigneurie ou de souveraineté, les échevins sont renouvellés par la voie de l'élection, qui se pratique différemment suivant les réglemens particuliers accordés à chaque ville. Par exemple, à Lille, le renouvellement des échevins se fait tous les ans par quatre commissaires que le roi nomme chaque fois : à Douai, en exécution d'une ordonnance du 18 mars 1716, le gouverneur de la ville & le commissaire départi ensemble, ou l'un d'eux en l'absence de l'autre, doivent procéder, au nom du roi, au renouvellement des échevins, dont ils reçoivent le serment, en observant de ne faire choix pour électeurs que des membres du parlement, de l'université, de la gouvernance, & des chapitres de Douai.

On ne peut nommer pour servir ensemble dans le siège échevinal, le père & le fils, les deux frères, l'oncle & le neveu, les deux cousins-germains. Mais la prohibition à cet égard ne s'étend entre alliés, que dans les degrés de beaux-pères, de beaux-fils, de beaux-frères, de beaux-oncles & beaux-neveux.

ECHEVINAGE, (*Coutume d'*) on appelle ainsi, dans les Pays-Bas, certaines coutumes dont l'empire est borné au territoire respectif des *échevinages* dont elles portent le nom. Les principales d'entre elles sont, en Flandre, celles de Lille & de Douai; en Artois, celles d'Arras, de la cité d'Arras, de Béthune, de Hesdin, de Saint-Omer, d'Aire; en Hainaut, celles de Valenciennes, de Mons, de Chimay, de Binches, de Landrecies. Toutes ces coutumes sont locales & subordon-

Y

nées pour les matières sur lesquelles elles sont muettes, aux coutumes générales des châtellenies, bailliages ou provinces, dont elles sont partie. On n'y trouve aucune disposition sur les fiefs, parce que les juges municipaux ne peuvent connoître de ces sortes de biens.

ECHEVINAGE, (*tenure par*) dans la Flandre & les pays voisins, où les échevins sont les juges ordinaires des seigneuries pour ce qui concerne les coteries & les mains-fermes, c'est-à-dire, les rotures ; ils n'ont aucune jurisdiction sur les fiefs. Il sembleroit donc que la tenure en *échevinage* est celle qui est sujette à la jurisdiction des échevins, c'est-à-dire, une tenure en roture.

Cependant Bouteiller, au *liv. I* de sa *somme rurale*, *tit.* 97, remarque « que, par la coutume de » Vermandois, de son temps, la femme noble » ne prenoit douaire que sur les fiefs, & que » celle qui prenoit douaire n'avoit point droit de » veuve, & au *tit.* 98, que par cette même cou- » tume, la dame ou damoiselle, pour le droit de » veuve, avoit ès terres tenues par *échevinage*, la » moitié sa vie durant, & à héritage, si elle avoit » eu enfans de son mari, quoique morts avant le » père, & rien ès terres tenues à cens & à co- » terie ».

Cet ancien droit ne subsiste plus, la veuve noble & roturière a douaire sur les rotures comme sur les fiefs, & le douaire n'est point exclusif de sa part dans la communauté. *Voyez* Lafond, *sur l'art.* 33 *de la coutume de Vermandois.* (*M. GARRAN DE COULON.*)

ECHEVINS, s. m. pl. (*Droit public.*) étoit le titre que l'on donnoit anciennement aux assesseurs ou conseillers des comtes. *Voyez* COMTES.

Présentement ce sont des officiers municipaux établis dans plusieurs villes, bourgs & autres lieux, pour avoir soin des affaires de la communauté : en quelques endroits ils ont aussi une jurisdiction & autres fonctions plus ou moins étendues, selon leurs titres & possession, & suivant l'usage du pays.

Loyseau, en son *Traité des Offices*, *liv. V*, *ch.* 7, dit que les *échevins* étoient magistrats, du moins municipaux, de même que ceux que les Romains choisissoient entre les décurions : il les compare aussi aux édiles, & aux officiers que l'on appelloit *defensores civitatum* ; & en effet, les fonctions de ces officiers ont bien quelque rapport avec celles d'*échevin*, mais il faut convenir que ce n'est pas précisément la même chose, & que le titre & les fonctions de ces sortes d'officiers, tels qu'ils sont établis parmi nous, étoient absolument incon-nus aux Romains ; l'usage en fut apporté d'Alle-magne par les Francs, lorsqu'ils firent la conquête des Gaules.

Les *échevins* étoient dès-lors appellés *scabini* ; *scabinii* ou *scabinei*, & quelquefois *scavini*, *scabiniones*, *scaviones* ou *scapiones* : on les appelloit aussi indifféremment *racinburgi* ou *rachinburgi* : ce der-

nier nom fut usité pendant toute la première race, & en quelques lieux, jusques sur la fin de la seconde.

On leur donnoit aussi quelquefois les noms de *sagi*, *barones*, ou *viri sagi*, & de *senatores*.

Le terme de *scabini*, qui étoit leur nom le plus ordinaire, & d'où l'on a fait en françois *échevin*, vient de l'allemand *schabin* ou *scheben*, qui signifie *juge* ou *homme savant*. Quelques-uns ont néanmoins prétendu que ce mot tiroit son étymologie d'*es-chever*, qui, en vieux langage, signifie *cavere* ; & que l'on a donné aux *échevins* ce nom, à cause des soins qu'ils prennent de la police des villes : mais comme le nom latin de *scabini* est plus an-cien que le mot françois *échevin*, il est plus pro-bable que *scabini* est venu de l'allemand *schabin* ou *schaben*, & que de ces mêmes termes, ou du latin *scabini*, on a fait *échevins*, qui ne diffère guère que par l'aspiration de la lettre *s*, & par la conversion du *b* en *v*.

Le moine Marculphe, qui écrivoit vers l'an 660, sous le regne de Clovis II, fait mention dans ses formules, des *échevins* qui assistoient le comte ou son viguier, *vigarius*, c'est-à-dire, *lieutenant*, pour le jugement des causes. Ils sont nommés tantôt *scabini*, tantôt *rachinburgi*. Aigulphe, comte du palais sous le même roi, avoit pour conseil-lers des gens d'épée comme lui, qu'on nommoit *échevins* du palais, *scabini palatii*. Il est aussi fait mention de ces *échevins* du palais dans une chro-nique du temps de Louis-le-Débonnaire, & dans une charte de Charles-le-Chauve.

Les capitulaires de Charlemagne, des années 788, 803, 805 & 809 ; de Louis-le-Débonnaire en 819, 829 ; & de Charles-le-Chauve, des an-nées 864, 867, & plusieurs autres, font aussi mention des *échevins* en général, sous le nom de *scabini*.

Suivant ces capitulaires & plusieurs anciennes chroniques, les *échevins* étoient élus par le magis-trat même avec les principaux citoyens. On devoit toujours choisir ceux qui avoient le plus de pro-bité & de réputation ; & comme ils étoient choisis dans la ville même pour juger leurs concitoyens, on les appelloit *judices proprii*, c'est-à-dire, *juges municipaux*. C'étoit une suite du privilège que cha-cun avoit de n'être jugé que par ses pairs, sui-vant un ancien usage de la nation ; ainsi les bour-geois de Paris ne pouvoient être jugés que par d'autres bourgeois, qui étoient les *échevins* ; & la même chose avoit lieu dans les autres villes. Ces *échevins* faisoient serment à leur réception, entre les mains du magistrat, de ne jamais faire sciem-ment aucune injustice.

Lorsqu'il s'en trouvoit quelques-uns qui n'a-voient pas les qualités requises, soit qu'on se fût trompé dans l'élection, ou que ces officiers se fussent corrompus depuis, les commissaires que le roi envoyoit dans les provinces, appellés *missi do-minici*, avoient le pouvoir de les destituer & d'en mettre d'autres en leur place. Les noms des *éche-vins* nouvellement élus étoient auffi-tôt envoyés au roi, apparemment pour obtenir de lui la confirmation de leur élection.

Leurs fonctions confistoient, comme on l'a déjà annoncé, à donner confeil au magiftrat dans fes jugemens, foit au civil, ou au criminel, & à le repréfenter lorfqu'il étoit occupé ailleurs, tellement qu'il n'étoit pas libre, au comte, ni à fon lieutenant, de faire grace de la vie à un voleur, lorfque les *échevins* l'avoient condamné.

Ils affiftoient ordinairement en chaque plaid ou audience appellée *mallus publicus*, au nombre de fept ou au moins de deux ou trois. Quelquefois on en raffembloit jufqu'à douze, felon l'importance de l'affaire ; & lorfqu'il ne s'en trouvoit pas affez au fiège pour remplir ce nombre, le magiftrat devoit le fuppléer par d'autres citoyens des plus capables, dont il avoit le choix.

Vers la fin de la feconde race, & au commencement de la troifième, les ducs & les comtes s'étant rendus propriétaires de leurs gouvernemens, fe déchargèrent du foin de rendre la juftice fur des officiers qui furent appellés *baillis, vicomtes, prévôts & châtelains.*

Dans quelques endroits les *échevins* confervèrent leur fonction de juges, c'eft-à-dire, de confeillers du juge ; & cette jurifdiction leur eft demeurée avec plus ou moins d'étendue, felon les titres & la poffeffion, ou l'ufage des lieux ; dans d'autres endroits au contraire, le bailli, prévôt, ou autre officier, jugeoit feul les caufes ordinaires ; & s'il prenoit quelquefois des affeffeurs pour l'aider dans fes fonctions, ce n'étoit qu'une commiffion paffagère. Dans la plupart des endroits où la juftice fut ainfi adminiftrée, les *échevins* demeurèrent réduits à la fimple fonction d'officiers municipaux, c'eft-à-dire, d'adminiftrateurs des affaires de la ville ou communauté ; dans d'autres, ils confervèrent quelque portion de la police.

Il paroît que dans la ville de Paris la fonction des *échevins* qui exiftoient dès le temps de la première & de la feconde race, continua encore fous la troifième jufques vers l'an 1251 ; ils étoient nommés par le peuple & préfidés par un homme du roi : ils reportoient leur jugement au prévôt de Paris, lequel alors ne jugeoit point. Ces prévôts n'étoient que des fermiers de la prévôté ; & dans les prévôtés ainfi données à ferme, comme c'étoit alors la coutume, c'étoient les *échevins* qui taxoient les amendes. Les *échevins* de Paris ceffèrent de faire la fonction de juges ordinaires, lorfque Etienne Boileau fut prévôt de Paris, c'eft-à-dire, en 1251 ; alors ils mirent à leur tête le prévôt des marchands ou de la confrairie des marchands, dont l'inftitution remonte au temps de Louis VII.

Ce fut fous fon règne, en 1170, qu'une compagnie des plus riches bourgeois de la ville de Paris y établit une confrairie des marchands de l'eau, c'eft-à-dire, fréquentant la rivière de Seine,

& autres rivières affluentes ; ils achetèrent des religieufes de la Haute-Bruyère une place hors la ville, qui avoit été à Jean Popin, bourgeois de Paris, lequel l'avoit donnée à ces religieufes. Ils en formèrent un port appellé *le port Popin* : c'eft à préfent un abreuvoir du même nom. Louis-le-Jeune confirma cette acquifition & établiffement par des lettres de 1170. Philippe-Augufte donna auffi, quelque temps après, des lettres pour confirmer le même établiffement & régler la police de cette compagnie.

Les officiers de cette compagnie font nommés dans un arrêt de la chandeleur en 1268 (au regiftre *præpofiti mercatorum aquæ olim*) ; dans un autre de la pentecôte en 1273, ils font nommés *fcabini*, & leur chef *magifter fcabinorum*. Dans le recueil manufcrit des ordonnances de police de S. Louis, ils font dits *li prévôt* de la confrairie des marchands, & *li échevins, li prévôts & li jurés* de la marchandife, *li prévôt* des marchands & *li échevins* de la marchandife, *li prévôt & li jurés* de la confrairie des marchands.

On voit par un regiftre de l'an 1291, qu'ils avoient dès-lors la police de la navigation fur la rivière de Seine pour l'approvifionnement de Paris, & la connoiffance des conteftations qui furvenoient entre les marchands fréquentant la même rivière, pour raifon de leur commerce.

Ils furent maintenus par des lettres de Philippe-le-Hardi, du mois de mars 1274, dans le droit de percevoir fur les cabaretiers de Paris le droit du cri de vin, un autre droit appellé *finationes celariorum*, & en outre un droit de quatre deniers *pro dietâ fuâ*. Ces lettres furent confirmées par Louis Hutin en 1315, par Philippe-de-Valois en 1345, & par le roi Jean en 1351.

On voit auffi que, dès le temps du roi Jean, le prévôt des marchands & les *échevins* avoient infpection fur le bois qu'il devoient fournir, l'argent néceffaire pour les dépenfes qu'il convenoit faire à Paris en cas de pefte ; qu'ils avoient la connoiffance des conteftations qui s'élevoient entre les bourgeois de Paris, & les collecteurs d'une impofition que les Parifiens avoient accordée au roi pendant une année ; que quand ils ne pouvoient les concilier, la connoiffance en étoit dévolue aux gens des comptes.

Il y auroit encore bien d'autres chofes à dire fur ce qui étoit de la compétence des *échevins* ; mais comme ces matières font communes au prévôt des marchands, qui eft le chef des *échevins*, on en parlera plus au long *au mot* PRÉVÔT DES MARCHANDS.

Nous nous bornerons donc ici à expofer ce qui concerne en particulier les *échevins*, en commençant par ceux de Paris.

En 1382, à l'occafion d'une fédition arrivée en cette ville, le roi fupprima la prévôté des marchands & l'échevinage, & unit leur jurifdiction à la prévôté de Paris, dont elle avoit été anciennement démembrée, enforte qu'il n'y eut plus de prévôt des marchands ni d'*échevins* à Paris : ce qui demeura dans cet état jufqu'en 1388, que la prévôté des marchands fut défunie de la prévôté de Paris ; & depuis ce temps il y a toujours eu à Paris un prévôt des marchands & quatre *échevins*. Il paroît néanmoins que la jurifdiction ne leur fut rendue que par une ordonnance de Charles VI, du 20 janvier 1411.

Ils font élus par fcrutin en l'affemblée du corps de ville, & des notables bourgeois qui font convoqués à cet effet en l'hôtel-de-ville le jour de S. Roch. On élit d'abord quatre fcrutateurs, un qu'on appelle *fcrutateur royal*, qui eft ordinairement un magiftrat ; le fecond eft choifi entre les confeillers de ville, le troifième entre les quartiniers, & le quatrième entre les notables bourgeois.

La déclaration du 20 avril 1617, porte qu'il y en aura toujours deux qui feront choifis entre les notables marchands exerçant le fait de marchandife ; les deux autres font choifis entre les gradués, & autres notables bourgeois.

La fonction des *échevins* ne dure que deux ans, & on en élit deux chaque année, enforte qu'il y en a toujours deux anciens & deux nouveaux : l'un des deux qu'on élit chaque année, eft ordinairement pris à fon rang entre les confeillers de ville & les quartiniers alternativement ; l'autre eft choifi entre les notables bourgeois.

Au mois de janvier 1704, il y eut un édit portant création de deux *échevins* perpétuels dans chacune des villes du royaume ; mais par une déclaration du 15 avril 1704, Paris & Lyon furent exceptés ; & il fut dit qu'il ne feroit rien innové à la forme en laquelle les élections des *échevins* avoient été faites jufqu'alors.

Quelques jours après l'élection des *échevins* de Paris, le fcrutateur royal accompagné des trois autres fcrutateurs & de tout le corps de ville, va préfenter les nouveaux *échevins* au roi, lequel confirme l'élection ; & les *échevins* prêtent ferment entre fes mains, à genoux.

Les *échevins* font les confeillers ordinaires du prévôt des marchands ; ils fiègent entre eux fuivant le rang de leur élection, & ont voix délibérative au bureau de la ville, tant à l'audience qu'au confeil, & en toutes affemblées pour les affaires de la ville ; en l'abfence du prévôt des marchands, c'eft le plus ancien *échevin* qui préfide.

Ce font auffi eux qui paffent conjointement avec le prévôt des marchands tous les contrats au nom du roi, pour emprunts à conftitution de rente.

Le roi a accordé aux *échevins* de Paris plufieurs privilèges, dont le principal eft celui de la nobleffe tranfmiffible à leurs enfans au premier degré. Ils en jouiffoient déjà, ainfi que du droit d'avoir des armoiries timbrées, comme tous les

autres bourgeois de Paris, fuivant la conceffion qui leur en avoit été faite par Charles V, le 9 août 1371, & confirmée par fes fucceffeurs jufqu'à Henri III, lequel par fes lettres du premier janvier 1577, réduifit ce privilège de nobleffe aux prévôts des marchands & *échevins* qui avoient été en charge depuis vingt ans, & à ceux qui le feroient dans la fuite.

Ils furent confirmés dans ce droit par deux édits de Louis XIV, du mois de juillet 1656, & de novembre 1706.

Suivant un édit du mois d'août 1715, publié deux jours après la mort de Louis XIV, ils fe trouvèrent compris dans la révocation générale des privilèges de nobleffe accordés pendant la vie de ce prince ; mais la nobleffe leur fut rendue par une autre déclaration du mois de juin 1716, avec effet rétroactif en faveur des familles de ceux qui auroient paffé par l'échevinage pendant le temps de la fuppreffion & fufpenfion de ce privilège.

La déclaration du 15 mars 1707 permet aux *échevins* de porter la robe noire à grandes manches & le bonnet, encore qu'ils ne foient pas gradués. Leur robe de cérémonie eft moitié rouge, & moitié noire ; le rouge ou pourpre eft la couleur du magiftrat, l'autre couleur eft la livrée de la ville : il en eft de même dans la plupart des autres villes.

Ils jouiffent auffi, pendant qu'ils font *échevins*, du droit de franc-falé, fuivant plufieurs déclarations des 24 décembre 1460, 16 feptembre 1461, 7 mars 1521, juillet 1599, & un édit du mois de juillet 1610.

La déclaration du 24 octobre 1465 les exempte de tous fubfides, aides, tailles & fubventions, durant qu'ils font en charge.

L'édit du mois de feptembre 1543 les exempte auffi du droit & impôt du vin de leur crû, qui fera pour eux vendu en gros & en détail, tant & fi longuement qu'ils tiendront leurs états & offices.

Ils avoient autrefois leurs caufes commifes au parlement, fuivant des lettres-patentes du mois de mai 1324 ; l'édit de feptembre 1543 ordonna qu'ils auroient leurs caufes commifes aux requêtes du palais, ou devant le prévôt de Paris. L'*article 15 du tit.* 4 de l'ordonnance de 1669, les confirme dans le droit de *committimus* au petit fceau.

Dans la plupart des autres villes, les *échevins* font préfidés par un maire.

Ils reçoivent ailleurs différens noms ; on les appelle à Touloufe *capitouls* ; à Bordeaux, *jurats* ; & dans la plupart des villes de Guienne, *confuls* ; en Picardie, *gouverneurs* ; & en quelques villes, *pairs*, notamment à la Rochelle, *quia pari poteftate funt prœditi*.

Les *échevins* de Lyon, de Bourges, Poitiers, & de quelques autres principales villes du royaume, jouiffoient autrefois, comme ceux de Paris, du privilège de nobleffe ; mais ce droit leur a été ôté par différens édits, que nous faifons connoître fous les mots CAPITOUL, HÔTEL-DE-VILLE.

Dans les Pays-Bas françois, la qualité d'*échevin* n'eft pas bornée aux officiers municipaux des villes qui jouiffent du droit de communes, elle s'étend aux gens de loi des villages, c'eft-à-dire, aux officiers que les feigneurs établiffent dans leurs terres, pour adminiftrer la juftice à leurs vaffaux. C'eft ce que nous avons expliqué fous le mot précédent. *Voyez* ECHEVINAGE. (*A*)

ÉCHIQUIER, f. m. (*Droit public.*) *fcacarium*, & non pas *ftatarium*, comme quelques-uns l'ont lu dans les anciens manufcrits. On a donné ce nom dans quelques pays, comme en Normandie & en Angleterre, à certaines affemblées de commiffaires délégués pour réformer les fentences des juges inférieurs dans l'étendue d'une province.

Le nom d'*échiquier* vient de ce que le premier *échiquier*, qui fut celui de Normandie, fe tenoit dans une falle dont le pavé étoit fait de pierres carrées noires & blanches alternativement comme les tabliers ou échiquiers qui fervent à jouer aux échecs; d'autres prétendent que le nom d'*échiquier* donné à ce tribunal, vient de ce qu'il y avoit fur le bureau un tapis échiqueté de noir & de blanc.

Les *échiquiers* ont quelque rapport avec les affifes, avec cette différence néanmoins, que les jugemens des *échiquiers* font en dernier reffort; ainfi ils ont plus de rapport avec les grands jours qui fe tenoient par ordre du roi, & qui jugeoient auffi en dernier reffort.

Il y avoit plufieurs *échiquiers* en Normandie. Le roi de Navarre avoit le fien. Il y en a encore un en Angleterre, ainfi qu'on l'expliquera dans les fubdivifions fuivantes. *Voyez* le gloffaire de Ducange, au mot *Scacarium*, & celui de Laurière, au mot *Echiquier*. (*A*)

ECHIQUIER D'ALENÇON, étoit un *échiquier* particulier pour le bailliage d'Alençon, & indépendant de l'*échiquier* général de Normandie, qui fe tenoit à Rouen. Ce tribunal fut établi lorfque le comté d'Alençon fut donné en apanage à des princes de la maifon de France, ou peut-être même dès le temps que les comtes d'Alençon étoient vaffaux des ducs de Normandie.

Lors de l'érection de l'*échiquier* de Normandie en cour de parlement, en 1515, le bailliage d'Alençon n'étoit point du reffort de l'*échiquier* de Normandie. Charles de Valois, duc d'Alençon, qui en jouiffoit à titre d'apanage, y faifoit tenir fon *échiquier* indépendant de celui de Rouen.

Ce prince étant mort en 1525 fans enfans, la ducheffe fa veuve, qui étoit Marguerite, fœur unique de François I, demeura en poffeffion de fon *échiquier* jufqu'à fa mort, arrivée en 1548.

Le parlement de Rouen revendiqua alors fon ancien reffort fur le bailliage d'Alençon, & députa au roi Henri II, pour demander la réunion de l'*échiquier* d'Alençon à celui de Rouen; mais il y eut oppofition de la part du parlement de Paris, à caufe

qu'Alençon étoit une pairie, & de la part des habitans d'Alençon, qui furent jaloux de conferver leur *échiquier* avec le droit de juger fouverainement.

Le roi, fur le vu des titres produits par le parlement de Rouen, ordonna de faire une affemblée dans le bailliage d'Alençon; ce qui fut fuivi de lettres-patentes du mois de juin ou juillet 1550, par lefquelles toutes les caufes du bailliage d'Alençon furent renvoyées au parlement de Rouen, pour y être jugées fouverainement : le duché d'Alençon étoit alors retourné à la couronne, & réduit au reffort du parlement de Rouen. Les lettres y furent regiftrées, avec injonction aux juges du bailliage d'Alençon de faire tous les ans leur comparence en la cour, comme il fe pratiquoit à l'égard des autres fieges.

Charles IX ayant donné, en 1566, à François de France fon frère, le duché d'Alençon pour fon apanage, le parlement de Paris fe donna des mouvemens pour fe faire attribuer la connoiffance des appels de ce bailliage, fur le fondement que ce duché étoit une pairie.

Le parlement de Rouen, de fa part, fit des remontrances au roi & une députation, pour repréfenter que Henri II, en 1550, avoit rétabli ce parlement dans fes anciens droits fur le bailliage d'Alençon; & l'on tient que le roi les affura qu'il ne changeroit point l'état des chofes, & que cela fut exécuté en 1570.

Il paroît néanmoins que le duc d'Alençon ayant voulu rétablir fon apanage fur le même pied qu'il étoit fous Charles dernier duc, mort en 1525, obtint du roi fon frère, qu'il pourroit faire tenir un *échiquier* pour juger les procès en dernier reffort.

Le parlement de Rouen qui en fut informé, arrêta, par une délibération du mois d'août 1571, qu'il feroit fait de très-humbles remontrances au roi fur cette diftraction de reffort : on ne voit point dans les regiftres du parlement, fi ces remontrances furent faites, ni quel en fut le fuccès : ce qui eft certain, c'eft que le parlement de Rouen ne rentra dans fon droit de reffort fur le bailliage d'Alençon, qu'après la mort du duc, fous le règne de Henri III. L'*échiquier* d'Alençon fut alors fupprimé par des lettres-patentes du mois de juin 1584, qui énoncent que le duc avoit toujours joui du droit d'*échiquier* pour fon apanage; par ce moyen, le bailliage d'Alençon revint dans fon premier état, c'eft-à-dire que depuis ce temps il reffortit au parlement de Rouen. *Voyez* le commentaire de Béraut, à la fin; le gloffaire de Laurière, au mot *échiquier*, le *recueil des arrêts* de Froland, p. 76. (*A*)

On n'a qu'une obfervation à faire fur cet article très-foigné de l'ancienne Encyclopédie, c'eft que, fuivant le père Anfelme & les auteurs les plus exacts, Marguerite de Valois, ducheffe d'Alençon, eft morte le 21 décembre 1549, & non pas en 1548, comme on le dit ici, d'après Terrien & d'autres auteurs. (*M. GARRAN DE COULON.*)

ECHIQUIER D'ANGLETERRE *ou* COUR DE L'E-

CHIQUIER, eft une cour fouveraine d'Angleterre, où l'on juge les caufes touchant le tréfor & les revenus du roi, touchant les comptes, débourfemens, impôts, douanes & amendes; elle eft compofée de fept juges, qui font le grand-tréforier, le chancelier ou fous-tréforier de l'*échiquier*, qui a la garde du fceau de l'*échiquier*, le lord chef baron, les trois barons de l'*échiquier*, & le *curfitor* baron. Les deux premiers fe trouvent rarement aux affaires que l'on doit juger fuivant la rigueur de la loi; ils en laiffent la décifion aux cinq autres juges, dont le lord chef baron eft le principal; il eft établi par lettres-patentes.

Le *curfitor* baron fait prêter ferment aux sherifs & fous-sherifs des comtés, aux baillis, aux officiers de la douane, &c.

Cette cour de l'*échiquier* eft divifée en deux cours: l'une, qu'on appelle *cour de loi*, où les affaires fe jugent felon la rigueur de la loi; l'autre, qu'on appelle *cour d'équité*, où il eft permis aux juges de s'écarter de la rigueur de la loi pour fuivre l'équité. Les évêques & les barons du royaume avoient autrefois féance à la cour de l'*échiquier*; préfentement les deux cours de l'*échiquier* font tenues par des perfonnes qui ne font point pairs, & qu'on appelle pourtant *barons*.

Sous le chancelier font deux chambellans de l'*échiquier*, qui ont la garde des archives & papiers, ligues & traités avec les princes étrangers, des titres des monnoies, des poids & des mefures, & d'un livre fameux appellé *le livre de l'échiquier* ou *le livre noir*, compofé en 1175 par Gervais de Tilbury, neveu de Henri II, roi d'Angleterre. Ce livre contient la defcription de la cour d'Angleterre de ce temps-là, fes officiers, leurs rangs, privilèges, gages, pouvoir & jurifdiction, les revenus de la couronne: ce livre eft enfermé fous trois clefs; on donne fix fchellings huit fols pour le voir, & quatre fous pour chaque ligne que l'on tranfcrit.

Outre ces deux cours de l'*échiquier*, il y en a encore une autre qu'on appelle *le petit échiquier*: celui-ci eft le tréfor royal & la tréforerie; on y reçoit & on y débourfe les revenus du roi: le grand tréforier en eft le premier officier. (*A*)

ECHIQUIER DES APANAGERS; ce font les grands jours des princes, auxquels on avoit donné pour apanage des terres fituées en Normandie. Chacun de ces *échiquiers* avoit fon nom propre. Tels étoient les *échiquiers* particuliers des comtés d'Evreux, d'Alençon & de Beaumont-le-Roger. Ces *échiquiers* étoient indépendans du grand *échiquier* de Normandie.

ECHIQUIER DE L'ARCHEVÊQUE DE ROUEN; les archevêques de cette ville prétendu avoir un *échiquier* particulier, & que leur jurifdiction n'étoit pas fujette à celle de l'*échiquier* général de Normandie.

On voit dans l'*échiquier* général, qui fut tenu en 1336, au nom de Jean, dauphin de France, & duc de Normandie (qui fut depuis le roi Jean),

que l'on fit lecture de lettres-patentes que le dauphin avoit données à Pierre, archevêque de Rouen, pour la jurifdiction de Louviers.

Dix-fept ans après (en 1353), s'étant mu procès pour la jurifdiction temporelle du palais archiépifcopal de Rouen, Jean, qui depuis trois ans avoit été facré roi de France, accorda la jurifdiction toute entière, & fans aucune reftriction, à Pierre de la Foreft, qui avoit été fon chancelier: mais ce privilège ne fut alors accordé que pour lui perfonnellement, & pour le temps feulement qu'il tiendroit cet archevêché.

Le dauphin Charles, auquel le roi Jean fon père avoit donné en 1355 le duché de Normandie, & qui fut depuis le roi Charles V, furnommé *le Sage*, confirma ce privilège, & le continua tant pour l'archevêque que pour fes fucceffeurs, par lettres-patentes données à Rouen le 5 octobre 1359. C'eft de-là que les archevêques ont encore la jurifdiction appellée *les hauts jours*, où l'on juge les appellations des fentences des juftices de Déville, Louviers, Gaillon, Dieppe, &c. jurifdiction qui reffortit au parlement de Rouen.

Lorfque l'édit de 1499 déclara l'*échiquier* général de Normandie perpétuel, le cardinal d'Amboife archevêque de Rouen, remontra que fes prédéceffeurs avoient toujours prétendu qu'il leur appartenoit par chartres ou droits anciens, un *échiquier* particulier & cour fouveraine, pour les caufes qui pouvoient fe mouvoir devant leurs officiers dépendans du temporel & aumône de l'archevêché, fans reffortir en aucune manière en la cour de l'*échiquier* de Normandie.

Louis XII déclara à cette occafion, qu'il ne vouloit faire aucun préjudice aux droits du cardinal & des archevêques fes fucceffeurs, ni aux fiens propres, confentant qu'ils puffent faire telle pourfuite qu'ils aviferoient bon être, foit en la cour de l'*échiquier*, ou ailleurs.

Mais il ne paroît pas que les archevêques de Rouen aient profité de cette claufe: on voit au contraire que le 2 juillet 1515, le parlement de Rouen ordonna à ceux que l'archevêque commettroit pour tenir la jurifdiction temporelle de fon archevêché, de qualifier cette jurifdiction du titre de *hauts jours*, & non de celui d'*échiquier*, comme ils avoient fait auparavant, & qu'il fût permis à l'archevêque de faire expédier & juger extraordinairement par ces juges commis des hauts jours, ou par aucuns d'entre eux, les matières provifoires, & qu'en ce cas, les juges intituleroient leurs actes, *les gens commis à tenir pour l'archevêque de Rouen l'extraordinaire de fes hauts jours, pour le fait & regard de fes matières provifoires, & en attendant la tenue d'iceux.* Voyez le recueil d'arrêts de M. Froland. (*A*)

ECHIQUIER DE BEAUMONT-LE-ROGER, étoit un *échiquier* particulier qui avoit été accordé à Robert d'Artois, IIIe du nom, prince du fang, pour les terres de Beaumont-le-Roger, & autres fituées en Normandie; ce qui fut fait probablement en

1328, lorsqu'on lui donna ces terres à titre d'apanage. Cet *échiquier* ne devoit plus subsister depuis 1331, que les biens de ce même comte d'Artois furent confisqués. On voit cependant qu'en 1338, il fut encore tenu, mais au nom du roi, & par les mêmes commissaires qui tinrent l'*échiquier* général de Normandie : dans celui de 1346, où présida Jean, alors duc de Normandie, qui fut depuis le roi Jean, on fit lecture de lettres-patentes de Philippe de Valois, qui enjoignoient à l'*échiquier* général de renvoyer toutes les causes du comté de Valois, Beaumont-le-Roger, Pontorson, & autres terres que possédoit en Normandie Philippe, second fils du roi, aux hauts jours des mêmes terres qui se tenoient à Paris. *Voyez l'hist. de la ville de Rouen, t. I, part. II, c. iv, p. 20, n. 30.* (*A*)

ECHIQUIER (*maîtres de l'*), étoient les juges commis pour tenir la jurisdiction de l'*échiquier*. Il en est parlé dans une ordonnance du roi Jean, du 5 avril 1350, *article 12*, qui défend aux maîtres du parlement, de ses *échiquiers*, requêtes de son hôtel, de faire aucune prise pour eux dans tout le duché de Normandie. *Voyez* ECHIQUIER & PRISE. (*A*)

ECHIQUIER DE ROUEN, étoit la cour souveraine de Normandie, instituée par Rollo ou Raoul, premier duc de cette province, au commencement du dixième siècle.

L'appel des premiers juges étoit porté à l'*échiquier*, qui décidoit en dernier ressort, tant au civil qu'au criminel ; mais comme cet *échiquier* ne se tenoit qu'en certains temps de l'année, quand il y avoit des matières provisoires, c'étoit au grand-sénéchal de la province à les décider, en attendant la tenue de l'*échiquier*.

Pendant plusieurs siècles, cet *échiquier* fut ambulatoire à la suite du prince, comme le parlement de Paris.

M. Froland, en son recueil d'arrêts, *part. I, ch. ij, p. 48*, dit avoir lu un abrégé historique manuscrit du parlement de Rouen, ouvrage d'un procureur-général de ce parlement, où il est dit que cet *échiquier* ambulatoire s'assembloit deux fois l'année, savoir à pâques & à la Saint-Michel ; qu'il tenoit ses séances pendant six semaines ; que le grand-sénéchal de la province y présidoit ; qu'on y appelloit les principaux du clergé & de la noblesse des sept bailliages, lesquels y avoient voix délibérative ; que les baillis & les officiers de ces mêmes sièges, ainsi que les avocats, étoient obligés d'y assister, afin de recorder l'usance & style de la coutume de Normandie, qui n'étoit point encore rédigée par écrit, ou du moins de l'autorité du prince, & que les jugemens de ce tribunal étoient sans appel & en dernier ressort.

Mais M. Froland craint que l'on n'ait confondu la forme de ces premiers *échiquiers* avec celle des *échiquiers* qui ont été tenus depuis la réunion de la Normandie à la couronne ; & en effet, il n'y a guère d'apparence que la forme fût d'abord la

même qu'elle a été long-temps après, soit pour la qualité des personnes, soit pour l'ordre de la séance, la dignité des terres, & la nature des affaires ; d'autant que Rollo, qui ne fut baptisé qu'en 912, & mourut en 917, n'eut pas le temps de donner à ce nouvel établissement toute la perfection dont il étoit susceptible.

Il ne nous reste rien des registres ou actes des anciens *échiquiers*, tenus sous les ducs de Normandie : tout a été consumé par le temps, ou enlevé par les Anglois, lorsque Rouen se rendit à Philippe-Auguste, ou lorsque les Anglois s'emparèrent de la province en 1416 & 1417, ou enfin lorsqu'ils en furent chassés après la bataille de Formigni, gagnée sur eux par Charles VII en 1450.

On croit même qu'il seroit difficile de trouver les premiers registres de l'*échiquier*, depuis la réunion de la Normandie à la couronne sous Philippe-Auguste, jusqu'au 23 mars 1302, que Philippe-le-Bel, pour le soulagement de ses sujets, ordonna qu'il se tiendroit un an deux *échiquiers* à Rouen : *quod duo parlamenta Parisiis, & duò scacaria Rothomagi, diesque Trecenses bis tenebuntur in anno propter commodum subjectorum, & expeditionem causarum.*

Cette ordonnance ne fut cependant pas toujours ponctuellement exécutée pour le lieu de la séance de l'*échiquier* : car, quoique depuis ce temps il se tint ordinairement à Rouen, on le tenoit aussi quelquefois à Caen, & quelquefois à Falaise, sur-tout dans les temps de troubles & de l'invasion des Anglois.

Suivant l'ordonnance de Philippe-le-Bel, il dut y avoir depuis 1302 jusqu'en 1317, trente *échiquiers* : néanmoins on n'en trouve aucun de ce temps ; ce qui provient sans doute de l'éloignement des temps, des troubles & guerres civiles, & autres, & des changemens faits dans les dépôts publics.

Depuis 1317, il se trouve deux auteurs qui ont donné quelque éclaircissement sur les *échiquiers*, savoir Guillaume le Rouillé d'Alençon, dans les notes qu'il a données en 1539 sur l'ancien coutumier, & Me Fr. Farin, prieur du Val, en son *Histoire de Rouen*.

Le premier de ces auteurs, *part. II, ch. iij, iv & v*, a donné le catalogue des *échiquiers* tenus à Rouen depuis 1317 jusqu'en 1397, qu'il dit avoir extrait des registres de l'*échiquier*, étant au greffe de la cour.

Suivant cet auteur, l'*échiquier* étoit proprement une assemblée de tous les notables de la province, une espèce de parlement ambulatoire, qui se tenoit deux fois par an pendant trois mois, savoir au commencement du printemps, & à l'entrée de l'automne. Il marque le nom des prélats & des nobles qui y avoient séance à cause de leurs terres, le rang que chacun y tenoit, ceux qui y avoient voix délibérative, l'obligation où l'on étoit d'y appeller les baillis, lieutenans-généraux civils & criminels, les avocats & procureurs du roi des bailliages, les vicomtes, le grand-maître des eaux & forêts, les lieutenans de l'amirauté, les verdiers, les baillis & sénéchaux des hauts-justiciers, & les avocats & procureurs, pour recorder l'usance & style de la province.

Sur les hauts sièges du lieu où se tenoit l'*échiquier*, il n'y avoit que les présidens & autres juges députés par le roi, lesquels avoient seuls droit de juger : derrière eux à même hauteur, étoient à droite, les abbés, doyens, & autres ecclésiastiques, & à gauche, les comtes, barons & autres nobles, qui avoient séance à l'échiquier. Toutes ces personnes avoient seulement séance en l'échiquier, & non voix délibérative, n'y étant appellés que pour y donner de l'ornement, comme il est dit dans l'*échiquier* de 1426.

Sur des sièges plus bas que ceux des juges, étoient les baillis, procureurs du roi, les vicomtes & autres officiers, les avocats.

Aux derniers *échiquiers*, les ecclésiastiques & les nobles demandèrent d'être dispensés de comparoir en personne : ce qui leur fut accordé ; au lieu qu'auparavant on les condamnoit à l'amende, quand ils n'avoient point d'excuse légitime. En effet, on trouve que dans un *échiquier* du 18 avril 1485, Charles VIII, assisté du duc d'Orléans, du connétable, du duc de Lorraine, des comtes de Richemont, de Vendôme & d'Albret, du prince d'Orange, du chancelier & de toute sa cour, étant en son lit de justice en l'*échiquier* de Roüen, condamna en l'amende le comte d'Eu pour ne s'y être pas trouvé, quoique son bailli d'Eu, qui étoit présent avec les autres officiers, l'eût excusé sur son grand âge & ses indispositions. On lui fit en même temps défense de tenir aucune jurisdiction durant les *échiquiers*, ni même à Arques, pendant les plaids suivans.

Il y avoit aussi quelques ecclésiastiques & nobles de la province de Bretagne, qui devoient comparence à l'*échiquier* de Normandie, & qui furent appellés dans celui de 1485 & les suivans ; savoir les évêques de Saint-Brieux, de S. Malo & de Dol ; & pour les nobles, les barons de Rieux, de Guémené & de Condé-sur-Noirean, le baron d'Erval Deslandelles, le vicomte de Pomers, baron de Marée.

Rouillé assure aussi que la plupart des *échiquiers* qu'il a vus au greffe du parlement de Roüen, sont en latin ; que le plus ancien registre commence au terme de la S. Michel 1317, & finit au même terme de l'an 1431 ; qu'il est intitulé, *arrêts de l'échiquier de Roüen*, du terme de S. Michel de l'an 1317.

Cet auteur n'a pas rapporté tous les *échiquiers* tenus depuis 1317, mais seulement les ordonnances qui furent faites dans plusieurs de ces *échiquiers*, soit avant l'érection de l'*échiquier* en cour sédentaire, en la ville de Roüen, ou depuis : ceux dont il fait mention sont de l'an 1383, au terme de S. Michel ; 1426, 1462, 1463 & 1464, tous au terme

de pâques ; 1469, 1487 & 1497, au terme de S. Michel ; & ceux de 1501 & 1507, qui sont postérieurs à l'érection de l'*échiquier* en cour sédentaire.

Pour ce qui est de Farin, en son *Histoire de Roüen*, il fait mention de 35 *échiquiers* tenus à Roüen ; mais il en manque dans les intervalles un grand nombre d'autres, qui ont apparemment été tenus ailleurs : ceux dont il parle sont des années 1317, 1336, 1337, 1338, 1342, 1343, 1344, 1345, 1346, 1348, 1390, 1391, 1395, 1397, 1398, 1399, 1400, 1401, 1408, 1423, 1424, 1466, 1453, 1454, 1455, 1456, 1464, 1466, 1469, 1474, 1484, 1485, 1490 & 1497. Il rapporte beaucoup de choses curieuses qui se sont passées dans plusieurs de ces *échiquiers*, & qui sont répandues dans le recueil d'arrêts de M. Froland.

L'*échiquier*, tandis qu'il fut ambulatoire, étoit sujet à beaucoup d'inconvéniens : outre l'embarras pour les juges & les parties de se transporter tantôt dans un endroit, & tantôt dans un autre, les prélats & magistrats qui étoient commis pour le tenir, étant la plupart étrangers à la province, en connoissoient peu les usages, ou même les ignoroient totalement : d'où il arrivoit souvent que les affaires restoient indécises. C'est pourquoi, dans l'assemblée des états-généraux de Normandie, tenue en 1498, il avoit été délibéré de rendre l'*échiquier* perpétuel ; & en 1499, les prélats, barons, seigneurs & premiers officiers, avec les gens des trois états de Normandie, demandèrent à Louis XII qu'il lui plût d'ériger l'*échiquier en cour sédentaire de la ville de Roüen*. Le roi qui aimoit la Normandie, dont il avoit été gouverneur lorsqu'il n'étoit encore que duc d'Orléans, sollicité vivement d'ailleurs par le cardinal d'Amboise, archevêque de Roüen, accorda la demande par un édit du mois d'avril de la même année.

Suivant cet édit, le roi établit dans Roüen un corps de justice souveraine, sédentaire & perpétuelle, composée de quatre présidens, dont le premier & le troisième devoient être clercs, & le second & le quatrième laïques ; de treize conseillers clercs, & quinze laïques ; deux greffiers, un pour le civil, un pour le criminel ; des notaires & secrétaires ; six huissiers, un audiencier, des avocats du roi, un procureur-général, un receveur des amendes & payeur des gages.

Le roi nomma pour premier président Geoffroi Hebert, évêque de Coutances, & pour troisième, Antoine, abbé de Saint-Ouen. Il se réserva la nomination & disposition des charges qui seroient vacantes.

Il fut ordonné que l'*échiquier* se tiendroit dans la grande salle du château de la ville, en attendant que le lieu destiné pour le palais eût été bâti.

Le même édit régla l'ordre de juger les procès, la manière de les distribuer, l'ordre des bailliages, la cessation des jurisdictions inférieures en certains temps, la comparence des baillis & autres officiers à la cour souveraine de l'*échiquier* ; les privilèges

&

& gages des préfidens, confeillers & autres officiers.

L'ouverture de l'*échiquier* perpétuel fe fit le premier octobre 1499.

Le roi avoit accordé au cardinal d'Amboife, en confidération de fa dignité & de fes grands fervices, le fceau de la chancellerie, avec le droit de préfider à l'*échiquier* pendant fa vie.

L'*échiquier* perpétuel demeura au château pendant fept années ; & ce ne fut qu'en 1506, le premier octobre, qu'il commença à être tenu dans le palais, qui n'étoit même pas encore achevé.

Ce fut dans ce même temps que l'on établit à Rouen une table de marbre, pour juger les appellations des maîtrifes d'eaux & forêts de la province, lefquelles jufque-là avoient été relevées directement à l'*échiquier*.

Par des lettres du mois d'avril 1507, Louis XII accorda à l'archevêque de Rouen & à l'abbé de S. Ouen la qualité de confeillers-nés en l'*échiquier*.

François I, à fon avénement à la couronne en 1515, confirma par des lettres-patentes la cour de l'*échiquier* dans tous fes privilèges ; & par d'autres lettres du mois de février fuivant, il voulut que le nom d'*échiquier* fût changé en celui de *cour de parlement*. La fuite de ce qui concerne cette cour fera ci-après fous le *mot* PARLEMENT, à l'*article* PARLEMENT DE NORMANDIE. *Voyez* le recueil d'arrêts de M. Froland, *part. I, chap. ij.* (A)

ECHOITE ou ESCHOITE, & ECHEUTE ou ECHUTE, f. f. (*Jurifp.*) tous ces mots qu'on trouve également dans les auteurs font fynonymes, & fignifient ce qui eft *échu* à quelqu'un par fucceffion ou autre droit cafuel.

En fait de fucceffions, il n'y a guère que les collatérales que l'on qualifie d'*échoite*, *quafi forte obtigerint* ; au lieu que les fucceffions directes, *ex voto naturæ liberis debentur*. Beaumanoir, dans fes anciennes coutumes de Beauvoifis, dit que l'*échoite* eft, quand l'héritage defcend de côté par défaut de ce que celui qui meurt n'a point d'enfans ni autres defcendans iffus de fes enfans, de manière que les héritages échoient à fon plus proche parent. *Voyez* ci-après ECHUTE LOYALE.

Dans les provinces de Breffe & de Bugey, on appelle auffi *échoite*, les héritages qui adviennent au feigneur par le décès du poffeffeur fans enfans, ou fans communication avec fes héritiers, c'eft-à-dire, lorfqu'il en a joui par indivis avec eux. *Voyez* ci-après ECHUTE MAIN-MORTABLE.

ECHOPPE, f. f. (*Police. Voirie.*) forte de petite boutique adoffée ordinairement contre un mur.

En conféquence des anciens réglemens, renouvellés par une ordonnance du bureau des finances de la généralité de Paris, en date du premier février 1776, il eft défendu, 1°. à tous propriétaires ou locataires des maifons de la ville & fauxbourgs de Paris, de permettre ou fouffrir qu'on pofe au-devant aucune *échoppe*, de quelque efpèce, & fous quelque prétexte que ce foit, à moins d'une permiffion par écrit :

2°. A toute perfonne de pofer à l'avenir aucune *échoppe*, foit fédentaire, foit demi-fédentaire, en aucun endroit de la ville, à peine de confifcation & de dix livres d'amende :

3°. Aux commiffaires généraux de la voirie, de donner aucune permiffion d'établir de pareilles *échoppes*, mais feulement des *échoppes* entièrement mobiles, & qui fe retirent le foir.

Il leur eft même enjoint de vérifier, après la pofition de ces *échoppes*, fi elles font conformes aux permiffions données, &, en cas de contravention, de dénoncer les contrevenans dans la huitaine, pour être affignés en la manière accoutumée, & être condamnés fuivant l'exigence des cas.

ECHOUEMENT, f. m. (*Code maritime.*) terme par lequel on défigne le choc d'un vaiffeau contre un banc de fable, un bas-fond, &c. fur lequel il touche & eft arrêté, fans pouvoir fe remettre à flot ; ce qui le met ordinairement en danger de fe brifer.

L'ordonnance de 1681 contient, à cet égard, plufieurs réglemens, que nous détaillerons fous le mot NAUFRAGE.

ECHUTE ou ECHOITE (LOYALE), eft un terme ufité dans les renonciations à toutes fucceffions directes & collatérales que l'on fait faire aux filles dans certaines coutumes, en les mariant & dotant.

Suivant les coutumes d'Anjou, *art.* 304 ; du Maine, *art.* 317 ; & de Berri, *tit.* 19, *art.* 33, on entend par le terme d'*échûte* ou *échoite*, les fucceffions collatérales ; enforte que lorfqu'un enfant doté par contrat de mariage, renonce à toutes fucceffions futures & *échoites*, il renonce également aux fucceffions directes & collatérales.

Mais quel effet doit-on donner à la claufe par laquelle un enfant doté renonce à tous droits, *fors la loyale échûte* ?

Les auteurs font partagés fur l'effet que doit produire cette réferve.

Les uns difent que la fille qui a ainfi renoncé, ne peut rien prétendre, fous quelque prétexte que ce foit, non pas même à titre de légitime ou de fupplément d'icelle, dans les fucceffions de fes père & mère, qui auroient fait un teftament & difpofé de leurs biens entre leurs autres enfans : mais que fi les père & mère font décédés *ab inteftat*, la fille vient à leur fucceffion avec fes frères & fœurs, parce qu'autrement la réferve de la *loyale échûte* feroit inutile, puifque la fille qui a renoncé fuccède à défaut d'enfans. Defpeiffes, *tom. II*, traité des *fucceff. part. II, n.* 71, rapporte un arrêt de la chambre de l'édit à Caftres, du 23 octobre 1608, qui l'a ainfi jugé ; & les arrêts du parlement de Grenoble y font conformes, fuivant le témoignage de Rabot & de Bonneton *en leurs notes fur la queft.* 192 de Guy-Pape, & de M. Expilly *en fes arrêts, ch. xiv, n.* 13 ; Chorier, *en fa jurifprud. liv. III, fect. vj, art. v* ; Henrys, *en fes arrêts, tom. II, p.* 319, *édition de* 1708.

Z

D'autres ont dit que l'effet de cette réserve de la *loyale échûte*, est que les père, mère, frères & sœurs peuvent donner, soit par contrat ou par testament, à celle qui a renoncé. *Voyez* Marc, en *ses décisions du parlem. de Grenoble, part. I, décis. 147.*

D'autres encore ont prétendu que cette réserve ne fait pas que la fille qui a renoncé puisse venir à la succession *ab intestat*, de ses père & mère, avec ses frères & sœurs, parce qu'autrement sa renonciation seroit sans effet : mais seulement qu'elle vient à leur succession, à défaut de frères & à l'exclusion des héritiers étrangers ; tel est le sentiment de Guy-Pape, *décis. 192, n. 2 ;* & de la Peyrère, *lettre R, art. 44.* M. de Cambolas, *l. I, ch. ix,* rapporte deux arrêts du parlement de Toulouse qui l'ont ainsi jugé.

D'après l'interprétation que les coutumes que nous avons citées donnent au terme *d'échûte,* il paroît que la réserve de *loyale échûte* ne doit se rapporter qu'aux successions collatérales. Aussi Labbé, dans son commentaire sur l'art. *33 du tit. 19* de la coutume de Berri, dit que la renonciation faite avec cette réserve a seulement lieu, tant que vivront ceux au profit de qui elle a été faite ; de sorte que les frères & sœurs de la fille qui a renoncé, venant à décéder sans enfans, elle leur succède comme à une succession collatérale. C'est ainsi que s'explique aussi Mornac sur la loi *3, ff. pro socio.* *Voyez* RENONCIATION.

ÉCHUTE *main-mortable,* (*Jurispr.*) quand le sujet main-mortable décède sans communier, tous les biens, de quelque qualité qu'ils soient, francs & de main-morte, meubles, immeubles, noms, droits & actions appartiennent au seigneur ; & il en est de même des héritages main-mortables de l'homme franc qui meurt sans descendans ou sans avoir d'autres parens en communion avec lui.

On appelle *échûte* ce droit des seigneurs de succéder à leurs main-mortables, dans certaines circonstances.

Dans ce cas, dit Dunod, *Traité de la main-morte,* le seigneur est un successeur anomal & irrégulier ; car il n'est pas héritier, puisqu'il n'y a point d'hérédité dans le cas *d'échûte,* & que le seigneur l'emporte par droit de retour ou de pécule. Cependant la coutume de Franche-comté lui a donné les avantages du véritable héritier ; car elle porte, *qu'il demeure saisi des biens de son homme main-mortable, quand le cas de la main-morte avient.* La possession de droit & de fait du défunt continue pour le seigneur ; *possessio defuncti, quasi junčta in eum descendit.* Il exerce toutes les actions possessoires, comme auroit pu faire son sujet ; & quoiqu'il n'ait pas encore demandé & mis en exercice le droit *d'échûte,* il le transmet à ses héritiers, en vertu de l'ensaisinement que la coutume lui accorde. Elle dit ailleurs qu'il prend les biens de son homme main-mortable, ce qui lui donne le droit de s'en saisir de son autorité propre, & sans être obligé de les recevoir des mains d'un autre.

Quoique le seigneur soit saisi, il n'est pas cependant comparable à l'héritier ; car dans le cas de *l'échûte,* il prend les héritages étant en sa seigneurie, sans être tenu de payer les dettes de son homme main-mortable. La raison en est que ces héritages sont censés venir de la concession du seigneur, & donnés à la condition du retour : ensorte que son droit est préférable à toutes les dettes que le main-mortable a pu contracter postérieurement, à moins que ce n'ait été pour améliorer le fonds.

Cependant à l'égard des frais funéraires, le seigneur les doit, quand le main-mortable ne laisseroit que des héritages de main-morte.

Taisand a cru que le seigneur de la main-morte prenant les héritages de cette condition sans charges de dettes, il ne devoit pas payer le douaire de la femme, à moins que ce ne fût sur les meubles & héritages francs ; mais son opinion est contraire à celle de de Villers, en son *Traité des main-mortes, page 270,* de l'édition de *1717 ;* & à *l'article 20* de la coutume de Nivernois, chapitre des servitudes. *Voyez* aussi *l'article 326* des cahiers de Bourgogne. Ce dernier avis paroît le meilleur, en réduisant le douaire de la femme sur les héritages main-mortables au douaire coutumier, qui ne consiste qu'en simple usufruit.

Ce droit *d'échûte* exclut, comme on voit, les main-mortables, du droit de succéder les uns aux autres, si ce n'est dans un seul cas, lorsqu'ils vivent en commun.

Coquille pense que ce droit de se succéder réciproquement a été accordé aux serfs, lorsqu'ils vivoient en commun, pour inviter les parsonniers des familles à demeurer ensemble, parce que le ménage des champs ne peut être exercé que par plusieurs personnes.

Voilà la raison politique ; mais la raison de droit est que tant que les serfs vivent en commun, ils possèdent comme solidairement leurs biens : de sorte que la portion de celui qui décède appartient au survivant, par une espèce de droit d'accroissement ; ce qu'on peut prouver par *l'article 7* du titre 27 de la coutume du Loudunois, qui porte, *que si l'aîné ou l'aînée donne à ses puînés leur tierce partie ensemble, & qu'avant que lesdits puînés aient départi entre eux leur tierce partie, l'un desdits puînés décède sans héritier de sa chair, la portion dudit décédé accroît aux autres puînés.*

On demande si les serfs, pour se succéder ainsi, doivent être communs en tous biens.

Chasseneuz, sur *l'article 13, chap. 9,* de la coutume de Bourgogne, est d'avis qu'ils doivent être communs en tous biens. *Adde,* dit-il, *quod appellatione communium in bonis continentur solùm illi qui sunt in omnibus bonis communes, non autem qui sunt in certis bonis communes.*

Mais la coutume de la Marche, dans l'article 152, décide avec plus d'équité, que *si les meubles sont partis, le seigneur succède aux meubles, acquêts & conquêts, noms, dettes & actions ; & le parent* qui étoit commun avec le trépaſſé, aux immeubles qui n'étoient ni partis, ni divis au temps du décès.

Si tel eſt l'effet de la communion entre main-mortables, il eſt donc très-intéreſſant de voir de quelle manière finit cette communauté. Loiſel en a fait une règle: *le feu, le ſel & le pain partent l'homme de morte-main.*

Le ſens de cette règle eſt que les main-mortables ſont diviſés, quand ils vivent de pain ſéparé ou de pain qui n'eſt plus commun.

Suivant l'article 153 de la coutume de la Marche, les parſonniers ne ſont réputés divis & ſéparés que quand ils ſont pain ſéparé par manière de déclaration de vouloir partir leurs meubles; & dans ce cas, ils ne ſont diviſés, comme on l'a remarqué plus haut, que *quant aux meubles, acquêts, conquêts, noms, dettes & actions.*

Au contraire, dans le Nivernois, quand le chanteau eſt diviſé, les ſerfs ne ſe ſuccèdent plus les uns aux autres, ni aux meubles, ni aux immeubles. Voyez Coquille, ſur le titre des bordelages, *article 18*, à la fin; & aux titres des ſervitudes perſonnelles, *art. 9, 10, 13 & 14.*

Cela eſt très-dur; mais il eſt encore plus dur que ces malheureux ainſi diviſés, ne puiſſent plus, ſans le conſentement du ſeigneur, ſe rendre communs à l'effet de ſe ſuccéder. Voyez la coutume de Nivernois, *chap. 8, art. 9.* Mais ſelon celle de la Marche, qui en ce point a un peu plus d'humanité, les ſerfs ſe peuvent réunir ou raſſembler, quant aux immeubles, *art. 55.*

Suivant l'article 9 de la coutume de Nivernois, « entre gens de condition un parti, tout eſt parti; » c'eſt-à-dire que s'il y a pluſieurs gens de condition en une communauté, & que l'un ſe ſépare d'icelle par partage ou diviſion de biens, » tout le ſurplus eſt, quant au ſeigneur, réputé pour » parti : en telle manière que ſi & après ce, » l'un d'eux décède ſans hoirs communs, le ſeigneur lui ſuccède; nonobſtant que le ſurplus deſdits communs par portion expreſſe; ait contracté communauté: ſi ce n'a été fait du conſentement dudit ſeigneur ».

« Cet article, dit Coquille, eſt fort rude, s'il » eſt entendu ſelon ſa première apparence, en tant » que la faute de l'un nuiroit à tous les autres » qui n'ont failli; pourquoi il me ſemble qu'avec » raiſon on peut y appliquer deux tempéramens » réſultans & pris des autres articles de cette » coutume : l'un, que le partage ne préjudicie à » l'effet de la ſucceſſion, ſinon à ceux qui ſont » d'une même branche & en pareil degré, & » non à tous les parſonniers; l'autre tempérament » eſt, que ſi celui qui ſe départ eſt un homme » fâcheux, ou qui par mauvais ménage, ſans avoir » reçu mauvais traitement de ſes parſonniers, ſe » retirât & abſentât de la communauté, enſorte » qu'on fût contraint de lui donner ſa part : en » ce cas, la faute ne dût être imputée aux par-» ſonniers ».

Chaque ſeigneur de main-morte prend, en cas d'échûte, les biens qui ſont dans ſa ſeigneurie, ſoit que le défunt y ait été domicilié ou non, parce que c'eſt un droit réel qu'il exerce, & qu'un autre ſeigneur ne peut rien venir prendre en ce cas chez lui. Quant à ce qui eſt ſitué en lieu de franchiſe, il appartient au ſeigneur d'origine ſeul, quand même ſon ſujet auroit été domicilié & ſeroit mort dans une autre ſeigneurie main-mortable. C'eſt la déciſion expreſſe de l'article 112 de la coutume de Franche-Comté.

Suivant l'article 168 de la coutume de la Marche, lorſque la femme décède ſans hoirs communiers, ſes meubles & tous les effets mobiliers appartiennent *au ſeigneur de l'héritage ſerf de ſon mari, & non au ſeigneur dont elle eſt partie; & quant à ce qui reſte à payer, il demeure à celui qui l'a promis & à ſes hoirs.*

Jabely rend raiſon de cet article en ces termes : « parce que le mariage de ſa nature renouvelle » l'origine de la femme & la rend de l'origine de » ſon mari, & la transfère en lui, à cauſe de la » puiſſance de l'union qui eſt entr'eux; car l'homme » & la femme deviennent un même corps, une » même chair, & que ce qui eſt de plus fort » attire à ſoi ce qui l'eſt moins; ou pour mieux » dire, par le moyen du mariage, la femme paſſe » en la juriſdiction de ceux qui ont fait la cou-» tume du mari ».

Il faut encore dire un mot d'une autre eſpèce d'échûte, à laquelle l'abſence du main-mortable donne ouverture.

L'article 11 du titre des main-mortes de la coutume de Franche-Comté, porte : *que les perſonnes de main-morte qui ſe ſont abſentées de leurs meix & héritages, & qui dans dix ans retournent pour les ravoir, y ſont reçues par leurs ſeigneurs, en payant & rendant tous frais pour réparations néceſſaires faites pendant leſdits temps, eſdits meix & héritages, & ſeront les fruits d'iceux échus pendant ledit temps au ſeigneur; que ſi leſdites perſonnes de main-morte ne les requièrent dans le terme de dix ans, les ſeigneurs en pourront faire leur plaiſir & profit.*

Suivant cet article, un homme de main-morte peut, pendant dix ans, s'abſenter impunément du lieu dont il eſt main-mortable. Cependant s'il eſt tenu à des devoirs perſonnels, il doit les faire remplir par d'autres perſonnes, comme dans le cas d'un arrêt cité par Hobelot, rendu au mois de ſeptembre 1620, pour le ſeigneur de Saone, par lequel ſon ſujet main-mortable qui s'étoit abſenté, fut condamné à lui payer les corvées & port de lettres, comme s'il avoit réſidé dans la ſeigneurie.

Mais comme cette abſence pourroit nuire au ſeigneur, ſi ſon homme laiſſoit ſes héritages ſans culture ou ſans en faire payer les redevances, le ſeigneur a le droit de les faire mettre ſous ſa main, & il en acquiert le domaine, lorſque le ſujet qui s'eſt abſenté ne les répète pas dans dix ans.

Cette diſpoſition eſt fondée non ſeulement ſur l'intérêt que le ſeigneur a que les héritages de ſa main-morte ne tombent pas en friche ; & qu'il n'y ait plus personne qui lui en paie les charges, mais encore sur ce que le sujet qui a laissé ses héritages sans commettre personne pour en prendre soin, est censé, après dix ans, les avoir abandonnés. *Possessio per decennium, censetur derelicta, & videtur dominus, post illud tempus, amisisse animum revertendi.*

L'absence dont nous parlons ici doit être entendue de celle du lieu où les héritages sont situés : *gens de main-morte qui se sont absentés de leurs meix & héritages ;* ainsi il n'est pas nécessaire, pour qu'elle ait son effet, qu'on soit absent de la province.

Ceux-là ne sont pas réputés absens pour donner lieu à cette espèce d'*échûte,* qui demeurent dans un territoire voisin, d'où ils cultivent leurs héritages main-mortables, qui les ont donnés à ferme, ou qui y ont laissé un communier ou mandataire pour en prendre soin, parce qu'ils ne sont pas censés les avoir voulu abandonner ; & que les héritages étant cultivés & les charges payées, ou le seigneur pouvant se faire payer par celui qui représente l'absent ou qui possède pour lui, il ne souffre rien d'une telle absence.

Le seigneur qui prend à titre d'*échûte,* est-il tenu d'entretenir les baux faits sur la main-mortable ? Les auteurs pensent qu'il n'est pas tenu d'entretenir les baux des biens main-mortables.

L'*échûte* étant un profit casuel, se prescrit par l'espace de trente ans.

Le seigneur est-il censé renoncer à l'*échûte,* quand il reçoit les droits seigneuriaux des héritiers du sang qui s'en sont mis en possession ? On distingue : il perd son droit, s'il savoit qu'il lui étoit acquis ; s'il l'ignoroit, il le conserve.

Au surplus, les usages pour ce qui regarde la condition des serfs, sont si différens dans les lieux où le droit de main-morte s'est conservé, qu'il n'est pas possible de réduire cette matière à une jurisprudence générale. Tous les affranchissemens n'ont pas été faits d'une manière uniforme, & les seigneurs y ont imposé des conditions plus ou moins rigoureuses.

Autrefois & dans des temps qui ne sont encore que trop voisins du nôtre, le seigneur prenoit à titre d'*échûte* tous les biens de son main-mortable, lors même qu'il étoit domicilié hors de la seigneurie, & dans un lieu franc.

La bienfaisance de notre auguste monarque, éclairée par un ministre dont les vues patriotiques seront à jamais chères à la nation, vient d'abolir ce reste odieux de la servitude personnelle. L'art. VI de l'édit du mois d'août 1779 porte : « Nous » ordonnons que le droit de suite sur les main- » mortables demeurera éteint & supprimé dans » tout notre royaume, dès que le serf ou main- » mortable aura acquis un véritable domicile dans » un lieu franc ; voulons qu'alors il devienne franc » au regard de sa personne, de ses meubles & » même de ses immeubles qui ne seroient pas

» main-mortables par leur situation ou par des » titres particuliers ». (*M.* HENRION, *avocat en parlement.*)

ECLÊCHE, s. m. (*Droit féodal.*) ce mot, comme ceux d'*éclichement* & d'*ébranchement,* est synonyme de *démembrement.* La coutume de Boulonnois dit, dans l'*art. 58,* « que tous les *éclêches* & démem- » bremens de fiefs sont tenus en pareil relief » & en pareille charge que le sort principal dont » ils sont *éclêchés* & démembrés, & aussi ceux » qui les tiennent ont pareils droits & prééminence » à celles qui compètent au fief principal, & pa- » reille justice, s'ils sont hommes, jusques au nom- » bre requis pour icelle exercer ».

L'*éclêche* ou démembrement de fief est donc permis dans cette coutume, il n'est point besoin pour cela d'obtenir le consentement du seigneur dominant ; l'*éclêche* lui est toujours avantageuse. Suivant l'*article 57,* les portions éclipsées relèvent du seigneur avec pareil relief & pareille charge, que le principal corps du fief ; & l'aliénation par vente, donation ou legs de ces portions, lui produit le quint de leur prix ou de leur estimation avec relief sans chambellage.

L'*art. 16* de la coutume règle les reliefs dus par les fiefs à toute mutation de vassal, à une somme modique & dans la proportion de l'étendue de leurs mouvances ou censives ; mais il ajoute que ces reliefs peuvent être différens, suivant des titres particuliers : dans ce cas, il ne faut pas croire, d'après l'*art. 58,* que chaque portion démembrée doive la même rente ou le même relief extraordinaire, ce qui pourroit emporter quelquefois tout le produit de la portion démembrée. M. le Camus d'Houlouve, dans son commentaire, nous apprend que « tout ce qui peut résulter de cette disposition, » c'est que chaque portion démembrée doit être » tenue de l'un des reliefs dont parle l'article 16, » de la foi & hommage, & du service de plaids, » qui sont des charges ordinaires, parce que cha- » que portion démembrée étant tenue *avec pareils* » *droits & prééminences à celles qui compètent au fief* » *principal,* elle doit être chargée des mêmes de- » voirs envers le seigneur ».

Mais chaque portion démembrée n'est tenue des reliefs extraordinaires, *que pour sa part, eu* *égard au surplus du fief,* & néanmoins solidaire- ment pour le tout envers le seigneur, sauf le re- cours du vassal pris solidaire, contre les autres pos- sesseurs des portions démembrées.

Il n'y a point de démembrement, mais seule- ment un jeu, ou plutôt un empirement de fief, tant que la division a été faite des quatre quints au quint, en suivant la faculté que la coutume a accordée. Au surplus, les seules dispositions des portions de fief, excédant le quint, ne produisent pas des démembremens de ces mêmes fiefs, tant que les donataires ou légataires n'ont pas été in- vestis de ces portions à eux données ou léguées. Il en est de même, quand un conquêt noble de la communauté est échu par moitié ou pour autres parts à des héritiers différens, si par le partage le fief est mis dans un seul lot, comme on le fait communément, pour ne point le morceler, ou du moins s'il est partagé des quatre quints au quint. Lors même que le fief est partagé de fait par moitié entre les héritiers du survivant & les héritiers du prédécédé, si le survivant a les mêmes héritiers que le prédécédé, l'éclichement cesse par la réunion des deux portions de fief, si elles tombent dans le lot d'un seul héritier. *Voyez* DÉMEMBREMENT *de fief*, & JEU *de fief*. (*M.* GARRAN DE COULON, *avocat au parlement.*)

ECLICHEMENT, ECLISSEMENT ou ECLIPSEMENT *de fief*, f. m. (*Droit féodal.*) ce mot a été autrefois en usage, pour désigner la division du fief. *Voyez le Supplément de Ducange*, par dom Carpentier, au mot *Feudum dividere*, & *l'indice de Ragueau*, au mot *Ecléche*. (*M.* GARRAN DE COULON, *avocat au parlement.*)

ECLUSE, f. f. (*Eaux & Forêts.*) c'est un ouvrage fait sur une rivière ou sur un canal pour retenir & lâcher l'eau.

L'ordonnance de 1669, *tit. 27, art. 42 & 43*, défend à tous particuliers de faire des *écluses* nuisibles au cours de l'eau dans les fleuves & rivières navigables ou flottables, à peine d'amende arbitraire.

Elle enjoint aux juges & procureurs du roi, de faire ôter celles qui pourroient être construites, à peine de 500 liv. d'amende, & de répondre personnellement des dommages & intérêts qu'elles auroient occasionnés.

L'article 3 du tit. 1 de la même ordonnance attribue aux officiers des maîtrises la connoissance des actions relatives aux constructions & démolitions des *écluses* établies sur les rivières. *Voyez* RIVIÈRE.

ECOLATRE, (*Jurispr. canon.*) c'est un ecclésiastique pourvu d'une prébende dans une église cathédrale, à laquelle est attaché le droit d'institution & de jurisdiction sur ceux qui sont chargés d'instruire la jeunesse.

On l'appelle en quelques endroits, *maître d'école*, en d'autres *escolat*, *scholastic*, en latin *scholasticus* : en d'autres on l'appelle *chancelier*. Dans l'acte de dédicace de l'abbaye de la sainte Trinité de Vendôme, qui est de l'an 1040, il est parlé du scolastique, qui est nommé *magister*, *scholaris*, *scholasticus* : ce qui fait connoître qu'anciennement l'*écolâtre* étoit lui-même chargé du soin d'instruire gratuitement les jeunes clercs & les pauvres écoliers du diocèse ou du ressort de son église ; mais depuis, tous les *écolâtres* se contentent de veiller sur les maîtres d'école.

Dans quelques églises, il étoit chargé d'enseigner la théologie, aussi-bien que les humanités & la philosophie : dans d'autres, il y a un théologal chargé d'enseigner la théologie seulement ; mais la dignité d'*écolâtre* est ordinairement au-dessus de celle de théologal.

La direction des petites écoles lui appartient ordinairement, excepté dans quelques églises où elle est attachée à la dignité de chantre, comme dans l'église de Paris.

L'intendance des écoles n'est pourtant point un droit qui appartienne exclusivement aux églises cathédrales, dans toute l'étendue du diocèse : quelques églises collégiales jouissent du même droit dans le lieu où elles sont établies. Le chantre de l'église de S. Quiriace de Provins fut maintenu dans un semblable droit par arrêt du 15 février 1653, rapporté dans les mémoires du clergé.

L'*écolâtre* ne peut pas non plus empêcher les curés d'établir dans leurs paroisses des écoles de charité, & d'en nommer les maîtres indépendamment de lui.

La fonction d'*écolâtre* est une dignité dans plusieurs églises, & dans d'autres ce n'est qu'un office.

L'établissement de l'office ou dignité d'*écolâtre* est aussi ancien que celui des écoles qui se tenoient dans la maison même de l'évêque, & dans les abbayes, monastères & autres principales églises. *Voyez* ECOLE.

On trouve dans les II, IV conciles de Tolède, dans celui de Mérida, de l'an 666, & dans plusieurs autres fort anciens, des preuves qu'il y avoit déjà des ecclésiastiques qui faisoient la fonction d'*écolâtres* dans plusieurs églises.

Il est vrai que dans les premiers temps, ils n'étoient pas encore désignés par le terme de *scholasticus* ou *écolâtre*, mais ils étoient désignés sous d'autres noms.

Le synode d'Ausbourg, tenu en 1548, marque que la fonction du scholastique étoit d'instruire tous les jeunes clercs, ou de leur donner des précepteurs habiles & pieux, afin d'examiner ceux qui devoient être ordonnés.

Le concile de Tours, en 1583, charge les scholastiques & les chanceliers des églises cathédrales, d'instruire ceux qui doivent lire & chanter dans les offices divins, & de leur faire observer les points & les accens. Ce concile contient plusieurs réglemens par rapport aux qualités que devoient avoir ceux qui étoient préposés sur les écoles.

Le concile de Bourges, en 1584, *titre 33, can. 6*, voulut que les scholastiques ou *écolâtres* fussent choisis d'entre les docteurs ou licenciés en théologie ou en droit canon. Le concile de Trente ordonne la même chose, & veut que ces places ne soient données qu'à des personnes capables de les remplir par elles-mêmes, à peine de nullité des provisions. Quoique ce concile ne soit pas suivi en France, quant à la discipline, on suit néanmoins cette disposition dans le choix des *écolâtres*.

Barbosa & quelques autres canonistes ont écrit que la congrégation établie pour l'interprétation des décrets de ce concile, a décidé que l'on ne doit pas comprendre dans ce décret, l'office ou dignité d'*écolâtre* dans les lieux où il n'y a point de feminaire, ni même dans ceux où il y en a, lorfqu'on y a établi d'autres profeffeurs que les *écolâtres*, pour y enfeigner : mais cela eft contraire à la difcipline obfervée dans toutes les églifes cathédrales qui font dans le reffort des parlemens, où l'ordonnance de 1606 a été vérifiée, & où *l'écolâtre* eft une dignité.

Le concile de Mexique tenu en 1585, les oblige d'enfeigner par eux-mêmes, ou par une perfonne à leur place, la grammaire à tous les jeunes clercs & à tous ceux du diocèfe.

Celui de Malines, en 1607, *titre* 20, *can.* 4, les charge de vifiter, tous les fix mois, les écoles de leur dépendance, pour empêcher qu'on ne life rien qui puiffe corrompre les bonnes mœurs, ou qui ne foit approuvé par l'ordinaire.

L'écolâtre doit accorder gratis les lettres de permiffion qu'il donne pour tenir école.

Dans les villes où on a établi des univerfités, on y a ordinairement confervé à *l'écolâtre*, une place honorable avec un pouvoir plus ou moins étendu, felon la différence des lieux : par exemple, le fcholaftique de l'églife d'Orléans, & le maître d'école de l'églife d'Angers font tous deux chanceliers nés de l'univerfité.

On ne doit pas confondre la dignité ou l'office *d'écolâtre*, avec les prébendes préceptoriales inftituées par l'article 9 de l'ordonnance d'Orléans, confirmée par celle de Blois : car outre que les *écolâtres* font plus anciens, la prébende préceptoriale peut être poffédée par un laïque. (*A*)

L'induit de Clément IX, accordé au roi en 1668, a donné lieu à la queftion : favoir fi l'écolâtrerie de l'églife de Verdun devoit être à la nomination du roi, ou fi cette dignité eft à la collation du chapitre, comme étant un bénéfice fervitorial & dont le chapitre a le dernier état. Cette difficulté fut jugée au grand-confeil, le 28 mai 1694, en faveur du chapitre. Le nommé par fa majefté s'étant pourvu en caffation contre cet arrêt, il a été débouté. *Voyez* PRÉBENDE PRÉCEPTORIALE, ECOLE DE CHARITÉ.

ECOLE, f. f. (*Droit-public.*) En général, on entend par ce terme le lieu où l'on enfeigne publiquement les belles-lettres & les fciences.

On diftingue autant d'efpèces d'*écoles* qu'il y a d'arts & de fciences dont on enfeigne les principes. C'eft par cette raifon qu'on appelle *écoles* de théologie, de droit, de médecine, de deffin, &c. les endroits où les profeffeurs donnent publiquement des leçons fur chacun de ces objets. On appelle *petites écoles*, celles où l'on n'enfeigne que les premiers principes des lettres.

Nous traiterons des *écoles* de théologie, droit & médecine, fous le mot UNIVERSITÉ. C'eft pourquoi nous nous bornerons à donner un précis des loix qui concernent les *écoles* en général.

Dans les premiers fiècles de l'églife, il y avoit des écoles où l'on expliquoit l'écriture fainte : la plus fameufe étoit alors celle d'Alexandrie où

Origène enfeignoit, avec l'écriture fainte, les mathématiques & la philofophie. En Afrique c'étoit l'archidiacre que l'on chargeoit du foin d'inftruire les élèves : il y avoit des écoles dans les paroiffes, dans les monaftères & dans les maifons des évêques ; on y apprenoit le pfeautier, le chant, le comput & l'ortographe. Lorfque l'on eut fondé les univerfités & les collèges, on donna le nom de petites écoles à celles où l'on n'enfeignoit que les premiers principes des lettres.

Le foin des écoles, qui fait une partie importante de l'éducation de la jeuneffe, a dans tous les temps excité l'attention du gouvernement. L'ordonnance d'Orléans & celle de Blois ont des difpofitions pour faire fréquenter les écoles, & pour en maintenir la difcipline.

Par la déclaration du 24 mai 1724, le roi a ordonné que conformément à l'article 25 de l'édit de 1695, il feroit établi des maîtres & des maîtreffes d'école dans tous les paroiffes où il n'y en avoit point, pour inftruire les enfans de l'un & de l'autre fexe, des principaux myftères & devoirs de la religion catholique, apoftolique & romaine, &c. ; que dans les lieux où il n'y auroit pas de fonds, il feroit impofé fur tous les habitans la fomme qui manqueroit pour l'établiffement des maîtres & maîtreffes, jufqu'à celle de cent cinquante livres par an pour les maîtres, & de cent livres pour les maîtreffes ; & que les lettres fur ce néceffaires feroient expédiées fans frais, &c. ; que les pères, les mères & autres perfonnes chargées de l'éducation des enfans, & nommément de ceux qui feroient nés dans la religion prétendue réformée, feroient tenus de les envoyer aux écoles & catéchifmes jufqu'à l'âge de quatorze ans, & ceux qui feroient au-deffus de cet âge, jufqu'à celui de vingt ans, aux inftructions qui fe font les dimanches & fêtes, à moins que ce ne fût des perfonnes de telle condition qu'elles puffent & quelles duffent les faire inftruire chez elles ou les envoyer au collège, ou bien les mettre dans des monaftères ou des communautés.

L'article 7 de cette déclaration enjoint aux procureurs du roi & à ceux des feigneurs haut-jufticiers, de faire remettre tous les mois par les curés, vicaires, maîtres & maîtreffes d'écoles ou autres qu'ils peuvent charger de ce foin, un état exact de tous les enfans qui n'iront point aux écoles ou aux catéchifmes & inftructions, de leurs noms, âge, fexe, & des noms de leurs pères & de leurs mères, pour faire enfuite les pourfuites néceffaires contre les pères, mères, tuteurs, curateurs ou autres chargés de leur éducation, & qu'ils aient foin de rendre compte, au moins tous les fix mois, aux procureurs généraux, chacun dans leur reffort, des diligences qu'ils auront faites, à cet égard, pour recevoir d'eux les ordres & les inftructions néceffaires.

Quoique la difcipline des écoles foit féculière & regarde la police des villes, cependant les ordonnances & les arrêts ont donné aux évêques, aux curés & autres personnes eccléfiaftiques, la connoiffance de ces matières. C'eft ce qu'a prefcrit le concile de Narbonne tenu en 1551, & cette difpofition fe trouve autorifée par divers arrêts du confeil, rapportés au fecond tome des mémoires du clergé en faveur des évêques de la Rochelle, de Viviers, de Valence, de Cahors, de Bourges, &c. Ces arrêts ont fait défenfe aux officiers municipaux des villes de connoître de ce qui concernoit les petites écoles, & d'y établir aucun maître fans approbation par écrit de l'évêque, ou des dignitaires des églifes cathédrales, qui ont confervé le droit d'approuver les maîtres d'école dans les lieux même où les gages font payés par les habitans. Dans les petits endroits, on fe contente de l'approbation des curés, conformément à l'article 14 de l'édit de décembre 1606, & à l'article 25 de l'édit d'avril 1695.

Suivant cette dernière loi, les évêques ou leurs archidiacres peuvent interroger les maîtres & les maîtreffes d'école dans le cours de leurs vifites, & ordonner que l'on en mette d'autres en leur place lorfqu'ils ne font pas contens de leur doctrine & de leurs mœurs, & même dans d'autres temps que dans le cours des vifites. La jurifprudence des arrêts eft conforme à ces difpofitions.

Il faut néanmoins obferver que le droit que les évêques & les autres eccléfiaftiques ont fur les écoles, eft fans préjudice des droits qui appartiennent aux univerfités dans les villes où elles font établies, ainfi qu'il eft porté en l'article 14 de l'édit du mois de décembre 1606, comme à Paris, où les maîtres de penfions font pour la plupart maîtres-ès-arts.

L'exécution des ordonnances & jugemens rendus par les chantres, fcholaftiques & autres fur le fait des écoles dont ils ont la direction, appartient aux juges royaux, de même que l'exécution en général de toutes les fentences rendues par les juges d'églife; & lorfqu'il y a appel de ces ordonnances & jugemens, cet appel fe porte au parlement ainfi qu'il s'obferve à Paris; mais alors l'appel n'eft pas fufpenfif, & ces jugemens s'exécutent par provifion. C'eft ce qui a été jugé en faveur du fcholaftique d'Orléans par l'arrêt du 26 mars 1640.

Les évêques & les autres eccléfiaftiques ayant jurifdiction, ont rendu divers réglemens pour empêcher que les écoles de garçons ne fuffent tenues par des femmes, & que celles de filles ne fuffent tenues par des hommes. On trouve au journal des audiences une fentence des requêtes du palais du 7 janvier 1677, qui contient des difpofitions femblables.

Les fœurs de la croix & les urfulines font établis par lettres-patentes du roi, fous l'autorité des évêques, pour enfeigner gratuitement la jeuneffe.

L'article 7 du réglement pour les réguliers défend aux religieux de tenir des écoles pour les féculiers dans leurs couvens; on en excepte ceux à qui leur règle permet de le faire.

ECOLE ROYALE MILITAIRE, f. f. (Jurifpr.) c'eft un établiffement fondé par Louis XV, en faveur des enfans de la nobleffe françoife, dont les pères ont confacré leurs jours, ou facrifié leurs biens au fervice de l'état.

Comme cet établiffement a éprouvé des changemens confidérables dans fon adminiftration, nous ne rapporterons qu'en peu de mots les loix qui ne fubfiftent plus aujourd'hui, & nous nous attacherons à fixer l'état de l'adminiftration actuelle.

Nous diviferons cet article en deux parties. Dans la première, nous rappellerons l'origine de l'école royale militaire, les loix qui en fixoient la deftination, & les ordonnances qui en régloient l'adminiftration; & dans la feconde, nous rapporterons les dernières loix qui concernent l'adminiftration actuelle.

Origine de l'école royale militaire, & fa deftination. On ne doit pas regarder comme nouvelle l'idée générale d'une inftitution militaire, où la jeuneffe pût apprendre les élémens de la guerre. On fait avec quel foin les Grecs & les Romains cultivoient l'efprit & le corps de ceux qu'ils deftinoient à être les défenfeurs de la patrie. On reconnoiffoit depuis long-temps en France la néceffité de donner des foins à cette partie fi effentielle de l'éducation publique.

Le cardinal Mazarin tenta le premier l'exécution de ce projet. Lorfqu'il fonda le collège qui porte fon nom, il eut intention d'y établir une *école militaire*, fi l'on peut appeler ainfi quelques exercices de corps qu'il voulut y introduire, & qui, quoique communs à toutes fortes d'états, fembloient fe rapporter plus directement à la guerre. Ses idées ne furent pas accueillies favorablement par l'univerfité de Paris, qui fans doute n'auroit pas tenu long-temps contre une telle autorité, lorfque la mort du cardinal vint terminer la difpute.

M. de Louvois eut l'intention d'établir une *école* propre à former de jeunes militaires; mais on ignore les raifons qui l'empêchèrent d'exécuter ce deffein: tout ce qu'on fait, c'eft qu'il fe propofoit de placer cette école à l'hôtel royal des invalides, établiffement fi digne d'immortalifer la mémoire de fon auteur. En effet, jufqu'au fiècle de Louis XIV, les foldats forcés par leurs bleffures ou par leur âge de fe retirer du fervice, ne fubfiftoient qu'avec peine des foibles fecours qu'ils tiroient du gouvernement. Ce prince eut le premier la gloire de leur affurer un afyle honorable, dans lequel ils trouvent une fubfiftance commode, fans perdre les glorieufes marques de leur état, & un repos mérité par leurs travaux précédens, qui n'eft interrompu que par des fonctions militaires proportionnées à leur force. L'auteur d'un pareil établiffement étoit bien digne de fentir l'utilité d'une inftitution où la jeune nobleffe eût reçu une éducation digne d'elle, & qui auroit hâté les progrès de l'art militaire; mais il étoit réfervé aux fiècle de Louis XV de voir l'exécution d'un projet tant de fois conçu, & qui avoit fi fouvent échoué.

Après des conquêtes auffi glorieufes que rapides, Louis XV venoit de rendre la paix à l'Europe; occupé du bonheur de fes fujets, fes regards fe portoient fucceffivement fur tous les objets qui pouvoient y contribuer. Il cherchoit furtout à répandre fes bienfaits fur ceux qui s'étoient diftingués pendant la guerre, & fous fes yeux. Tels furent les motifs de l'édit du mois de novembre 1750, qui accordoit la nobleffe aux militaires que la naiffance n'en avoit pas favorifés.

Mais cette faveur étoit bornée & ne s'étendoit que fur un certain nombre d'officiers. Ceux qui avoient prodigué leur fang & facrifié leurs biens, avoient laiffé des fucceffeurs héritiers de leur courage & de leur pauvreté. Ce fut pour foulager cette portion précieufe de la nobleffe, que Louis XV réfolut de fonder une *école militaire*, où cinq cens gentilshommes feroient élevés, & dans le choix defquels on préféreroit ceux qui, nés fans biens, & ayant perdu leurs pères à la guerre, feroient devenus, pour ainfi dire, les enfans de l'état. Ce prince, déterminé par ces motifs, donna l'édit du mois de janvier 1751, qui ordonnoit qu'inceffamment il feroit bâti auprès de Paris un hôtel affez fpacieux pour loger cinq cens jeunes gentilshommes, les officiers auxquels on en confieroit le commandement, les maîtres en tout genre prépofés aux inftructions & aux exercices, & tous ceux qui auroient une part néceffaire à l'adminiftration fpirituelle & temporelle de cet hôtel, qui feroit appellé *hôtel de l'école royale militaire*.

Le fecrétaire d'état ayant le département de la guerre, fut chargé, fous les ordres du roi, de la furintendance de cet hôtel pour en diriger l'établiffement, & y faire obferver les réglemens concernant la difcipline, l'adminiftration économique, & l'éducation des élèves. Un intendant établi fous lui, fut chargé de lui rendre compte de tous les détails, d'arrêter les registres & les états des dépenfes journalières, & autres, & de délivrer les ordonnances de paiement fur la caiffe de l'hôtel.

Par l'article 6 de cet édit, il fut ordonné que le fervice militaire feroit fait dans cet hôtel, où le principal but devoit être de former les élèves aux opérations-pratiques de l'art militaire, & de les accoutumer à la fubordination. Pour cet effet, le roi fe réferva de commettre des officiers qui compoferoient un état-major pour commander les compagnies d'élèves.

L'adminiftration de l'*école royale militaire*, tant à l'égard du fpirituel que du temporel, fut réglée fur le même pied que celle des invalides, fur les ordres & fous l'autorité du fecrétaire d'état ayant le département de la guerre. Ce miniftre fut également chargé de propofer au roi les fujets propres pour enfeigner les langues & les fciences, & ceux qui feroient deftinés pour les exercices du corps.

Comme les premiers fonds deftinés à l'établiffement devoient être employés à la conftruction & à l'ameublement de l'hôtel qu'on projettoit de bâtir, on établit provifoirement l'*école royale militaire* à Vincennes, en 1753. Elle y refta jufqu'en 1756, que les quatre-vingts élèves qui la compofoient alors, furent transférés à l'hôtel qui fubfifte actuellement.

L'édit de création de l'*école royale militaire*, du mois de janvier 1751, a été confirmé par une déclaration de Louis XV, du mois d'août 1760, enregiftrée au parlement le 5 feptembre fuivant; &, conformément à ces deux loix, on dreffa une inftruction fur ce que les parens devoient obferver en propofant leurs enfans pour l'*école royale militaire*, & fur les titres néceffaires pour être reçus au nombre des élèves. Comme rien ne peut mieux faire connoître l'efprit de cet établiffement, nous croyons devoir donner ici un précis de cette inftruction.

En établiffant l'*école royale militaire*, Louis XV avoit en vue toute la nobleffe de fon royaume. Cependant il accorda aux enfans de celle qui fuit la profeffion des armes, des préférences d'autant plus juftes, qu'elles furent réglées fur le plus ou le moins de mérite des fervices militaires. Les degrés de ces préférences furent partagés en huit claffes d'après l'édit d'inftitution, favoir:

Première claffe. Orphelins dont les pères ont été tués au fervice, ou qui font morts de leurs bleffures après s'être retirés.

Deuxième claffe. Orphelins dont les pères font morts au fervice d'une mort naturelle, ou qui s'en font retirés après trente ans de commiffion, de quelque efpèce que ce foit.

Troifième claffe. Enfans qui font à la charge de leurs mères, leurs pères ayant été tués au fervice, ou étant morts de leurs bleffures, foit au fervice, foit après s'en être retirés à caufe de leurs bleffures.

Quatrième claffe. Enfans qui font à la charge de leurs mères, leurs pères étant morts au fervice après trente ans de commiffion, de quelque efpèce que ce foit.

Cinquième claffe. Enfans dont les pères font actuellement au fervice, ou qui ne s'en font retirés que par rapport à des bleffures ou à des infirmités qui les aient mis dans l'impoffibilité d'y refter, ou après trente ans de fervices non interrompus.

Sixième claffe. Enfans dont les pères ont quitté le fervice par rapport à leur âge, leurs infirmités, ou pour quelque autre caufe légitime.

Septième claffe. Enfans dont les pères n'ont pas fervi, mais dont les ancêtres ont fervi.

Huitième claffe. Les enfans de tout le refte de la nobleffe, qui, par fon indigence, fe trouve dans le cas d'avoir befoin des fecours du roi.

Tel eft l'ordre que Louis XV prefcrivit d'obferver dans l'admiffion des élèves propofés pour l'*école royale militaire*; enforte que la première claffe classe fut toujours préférée à la seconde, la seconde à la troisième, &c.

Les orphelins de père & de mère pouvoient être reçus depuis l'âge de huit ans jusqu'à treize; ceux qui avoient père ou mère, depuis huit à neuf ans, jusqu'à dix ou onze seulement.

Les conditions exigées de la part des élèves, étoient:

La première, qu'ils fissent preuve de quatre degrés de noblesse au moins, du côté du père seulement.

La deuxième, qu'ils fussent dans l'indigence.

La troisième, qu'ils ne fussent ni estropiés ni contrefaits.

La quatrième, qu'ils sussent lire & écrire, afin qu'on pût tout de suite les appliquer à l'étude des sciences.

Il fut ordonné, par la déclaration du 24 août 1760, dont nous avons parlé, que les parens pour proposer les enfans, s'adresseroient aux intendans des généralités de leurs domiciles, ou aux subdélégués des intendans, chacun pour ce qui regarderoit la subdélégation.

Dernières loix concernant l'administration de l'école royale militaire, & son état actuel. Par une déclaration du roi du premier février 1776, enregistrée le 5 du même mois au parlement, le roi, après avoir confirmé l'établissement de *l'école royale militaire,* & les dotations, concessions & aliénations faites à son profit, ordonna que le nombre des élèves seroit porté de cinq cens à six cens; qu'ils seroient placés dans différens collèges de province en plein exercice, au nombre de soixante au plus dans chaque collège, où ils seroient élevés jusqu'à l'âge de quinze ans; qu'alors ceux qui se détermineroient à la profession des armes seroient placés parmi les cadets gentilshommes établis dans les différens corps de troupes, au nombre de douze cens; & que ceux qui seroient appelés à la magistrature ou à l'état ecclésiastique, seroient envoyés & entretenus dans d'autres collèges, jusqu'à ce qu'ils fussent reçus: savoir, les premiers, docteurs en théologie, & les seconds, licenciés en droit.

Le 28 mars 1776, le roi fit publier une ordonnance concernant le nouveau plan des *écoles royales militaires;* sa majesté déclara qu'elle vouloit que ce plan fût envoyé aux supérieurs & principaux des nouveaux collèges, & répandu dans tout le royaume, afin que la noblesse en eût connoissance.

Par une autre ordonnance du 4 janvier 1777, il a été fait un réglement relativement au bureau d'administration de *l'école royale militaire:* suivant cette loi, ce bureau a pour chef & président le secrétaire d'état ayant le département de la guerre; il est d'ailleurs composé de l'inspecteur général & du sous-inspecteur de *l'école militaire,* du supérieur général des aumôniers militaires, & du directeur général des affaires, qui sont tous résidens à l'hôtel, & qui ont voix délibérative. Le

bureau doit s'assembler dans la salle du conseil deux fois par semaine, & plus s'il est nécessaire. Les délibérations doivent être inscrites par le secrétaire sur le registre destiné à cet usage, & elles doivent être paraphées par un des administrateurs, & ces délibérations doivent être envoyées chaque semaine au surintendant pour avoir son approbation, sans laquelle elles ne peuvent avoir qu'une exécution provisoire.

Le secrétaire-archiviste a voix consultative seulement dans les assemblées, ainsi que le trésorier; mais ce dernier n'y doit cependant assister qu'après y avoir été appelé.

Le trésorier est autorisé à continuer de percevoir les sommes qui proviennent des différens revenus de *l'école militaire,* & d'en donner quittance aux régisseurs, fermiers, & autres débiteurs. Le trésorier est également autorisé à faire emploi des fonds suivant les états arrêtés par le bureau d'administration, & approuvés par le surintendant. Lorsque quelque emploi de fonds se trouve fait par les ordres particuliers du secrétaire d'état au département de la guerre, le trésorier est tenu de représenter ces ordres à la plus prochaine assemblée, pour être inscrits sur le registre. Enfin le trésorier, à la première assemblée de chaque mois, est obligé 1°. de remettre l'état de sa caisse vérifié par le directeur général des affaires; 2°. les bordereaux de la recette & de la dépense du mois précédent, & de représenter les pièces justificatives de la dépense, visées par le directeur général. Les bordereaux & les notes doivent être conservés par le secrétaire, pour être employés dans l'examen du compte général qui doit être rendu chaque année par le trésorier en l'assemblée du bureau présidée par le surintendant.

Le bureau d'administration est chargé de régler, sous les ordres du secrétaire d'état ayant le département de la guerre, tous les détails relatifs à la manutention économique & journalière des divers objets qui concernent la gestion des biens & revenus de *l'école royale militaire.* Ce bureau est également chargé de faire exécuter les fondations spirituelles & ecclésiastiques, de faire remplir les charges anciennes & ordinaires, & de faire payer les pensions accordées aux anciens officiers & employés, & celles qui ont été attribuées aux anciens élèves par l'édit de janvier 1751, &c. Il doit enfin arrêter régulièrement les états des charges & des dépenses annuelles ou extraordinaires, pour être approuvés par le surintendant, & en conséquence être payés par le trésorier.

Par une autre ordonnance du roi du 17 juillet 1777, il a été ajouté à la distribution des élèves de *l'école royale militaire* dans les collèges de province, & des cadets gentilshommes dans les régimens, l'établissement d'un corps de cadets gentilshommes dans l'hôtel de *l'école,* situé plaine de Grenelle; & le roi a voulu qu'on y appelât l'élite des élèves répandus dans les collèges de province.

Le roi a accordé en outre à des sujets choisis parmi la jeune nobleffe élevée aux frais des familles, l'entrée dans ce corps de cadets, moyennant une penfion réglée pour toute dépenfe, fans aucune différence entre eux & les élèves de l'*école militaire*.

Ce corps de cadets & les officiers que fa majefté a nommés pour y fervir, ont pour commandant en chef l'infpecteur général & le fous-infpecteur des écoles militaires.

Les différens degrés de mérite dont les élèves & cadets gentilshommes donnent des preuves dans leur conduite, dans leur fervice, dans leurs études & leurs exercices, doivent déterminer principalement leur nomination aux emplois militaires dont ils font fufceptibles. Il eft dit par l'article 4, que fur le compte qui fera rendu dans le mois de juillet de chaque année, de tous les élèves des *écoles militaires* au furintendant par l'infpecteur général ou fous-infpecteur, d'après leurs tournées, les fujets qui paroîtront les plus dignes d'entrer dans le corps des cadets, feront nommés par fa majefté dans le mois d'août fuivant, à l'âge de treize ans accomplis au moins, & de quinze ans accomplis au plus, pour le premier octobre fuivant.

Par l'article 5 de la même ordonnance, le roi veut qu'une portion de la nobleffe élevée jufqu'à l'âge de treize à quinze ans aux frais des familles, puiffe participer aux avantages du corps des cadets gentilshommes; & fa majefté s'eft réfervé d'accorder pareillement l'entrée de ce corps à ceux de la nobleffe étrangere qu'elle croira dignes de fon choix.

Les jeunes gentilshommes élevés aux frais des familles doivent être nommés par le roi au mois de juin de chaque année pour le premier octobre fuivant, & ne peuvent être admis fans avoir fourni préalablement à l'infpecteur général, & en fon abfence, au fous-infpecteur;

1°. Un certificat du généalogifte de l'*école royale militaire*.

2°. Un certificat de fanté donné par le médecin de l'hôtel.

3°. Ils font tenus en outre de rapporter des témoignages fuffifans de leur capacité dans l'examen réglé à cet effet.

Après l'admiffion des jeunes gentilshommes élevés aux frais des familles, leurs parens doivent remettre au tréforier de l'*école royale militaire*, pour chacun d'eux jufqu'à ce qu'ils en foient fortis, une penfion de deux mille livres par an, à raifon de cinq cens livres par quartier, qui doit être payé d'avance. Ils doivent payer en outre, une fois feulement, quatre cens livres à leur entrée pour les premiers frais de leur équipement.

Il ne doit d'ailleurs y avoir entre les jeunes gentilshommes élevés aux frais des familles, & ceux qui font élevés aux frais de l'*école royale militaire*, aucune diftinction, ni pour l'inftruction, ni pour

le logement, la nourriture, ou tel autre objet que ce puiffe être.

Les aumôniers militaires, fous l'autorité de leur fupérieur, font tenus d'obferver, en ce qui concerne le fpirituel, les réglemens de l'archevêque de Paris.

Le chef du cours d'inftruction, les directeurs des études, l'économe & les profeffeurs attachés à cet établiffement, doivent être logés & nourris avec les élèves; les autres maîtres n'habitent point dans l'hôtel.

Les comptes en recette & dépenfe de cet établiffement doivent être préfentés tous les mois en forme de bordereau, par les économes & les contrôleurs au bureau d'adminiftration, pour être vifés avec les pièces juftificatives.

Telles font les principales difpofitions contenues dans l'ordonnance du 17 juillet 1777; par celle du 18 octobre de la même année, fa majefté a créé & établi une compagnie de cadets gentilshommes dans l'hôtel de l'*école royale militaire*.

Les gentilshommes qui fe préfentent pour être admis dans cette compagnie, doivent produire à l'infpecteur général, & en fon abfence, au fous-infpecteur,

1°. Leur extrait baptiftaire pour conftater qu'ils ont quatorze ans au moins, & feize ans au plus;

2°. Un certificat du généalogifte de l'*école royale militaire*, qui attefte qu'ils ont fourni les preuves de nobleffe prefcrites pour l'admiffion dans l'*école militaire*.

3°. Un certificat de bonne conformation & de fanté donné par le médecin de l'hôtel.

Lorfque ces gentilshommes font admis, ils doivent remettre au tréforier de l'*école* une penfion annuelle de deux mille livres, à raifon de cinq cens livres par quartier, payée d'avance; & en outre, quatre cens livres par quartier, lors de leur entrée, pour les frais de l'habillement & équipement.

Le roi permet que les gentilshommes étrangers foient admis dans cette compagnie, en fe conformant aux conditions ci-deffus rapportées.

Les gentilshommes & les élèves qui entrent dans la compagnie des cadets, ont le même rang que les cadets gentilshommes qui font employés dans les troupes de fa majefté; & lorfqu'ils entrent au fervice, ils y font reçus comme officiers. Les langues vivantes, l'hiftoire, la géographie, les mathématiques, les fortifications, le deffin, la danfe, l'efcrime & l'équitation font les objets prefcrits comme devant entrer dans l'éducation des cadets. Pour donner à cet établiffement tout le luftre & toute la confiftance dont il eft fufceptible, le roi, par cette même ordonnance, a confirmé toutes les donations, dotations, &c. les droits & privilèges dont l'*école royale militaire* a joui jufqu'à ce jour. (*Cet article eft de M. DES ESSARTS, avocat.*)

ECOLIER, f. m. (*Droit public.*), est celui qui fréquente les écoles, & assiste aux leçons des professeurs.

On tient pour maxime que les écoliers sont dispensés de rapporter dans les successions de leurs pères & de leurs mères les frais que leurs études ont coûté : à l'exception néanmoins des frais de doctorat, dont la dépense est sujette à rapport, parce qu'elle est considérable, & sert à procurer un établissement utile.

Les réglemens défendent aux écoliers de porter des cannes & des épées.

Un écolier, quoique mineur, peut s'obliger pour sa pension, son entretien & les autres dépenses ordinaires aux étudians.

Comme les écoliers sont dans une espèce de dépendance de leurs régens, précepteurs, & autres préposés pour les instruire & les gouverner, les donations qu'ils font à leur profit, soit entre-vifs ou par testamens, sont nulles. Les écoliers qui ont étudié pendant six mois dans une université, jouissent de tous les privilèges de scholarité, & sont appellés *écoliers-jurés. Voyez* SCHOLARITÉ.

ECONOMAT, f. m. (*Droit ecclésiaf.*) on donne ce nom à une commission, qui est exercée au nom du roi, par le séquestre des biens & des revenus des bénéfices consistoriaux & des autres bénéfices dont les fruits sont saisis. On appelle *économe*, celui qui est chargé de cette commission.

Comme les *économats* intéressent essentiellement le roi, le clergé, les héritiers, les créanciers des bénéficiers, & tous ceux qui ont des relations avec cette branche d'administration, nous diviserons en plusieurs classes les différens objets qui ont des rapports avec la régie des *économats*.

Nous remonterons d'abord à l'origine des économes ecclésiastiques ; nous passerons à celle des économes en France ; nous fixerons ensuite l'état actuel de l'économe général du clergé ; les obligations des pourvus aux bénéfices consistoriaux pour faire cesser l'*économat* ; à qui appartient la nomination aux bénéfices qui dépendent des bénéfices consistoriaux pendant la durée de l'*économat* ; les prérogatives & exemptions accordées à l'économe & à ses préposés ; la compétence des juges qui ont le droit de connoître des contestations qui concernent les *économats* ; la comptabilité de l'économe ; la manière dont les réparations des bénéfices mis en *économat* doivent être faites. Enfin, les privilèges dont quelques églises jouissent relativement aux *économats*.

Nous traiterons successivement ces différens objets dans l'ordre que nous venons de nous prescrire.

Origine des économes ecclésiastiques. L'usage de nommer des économes pour avoir soin de l'administration des biens de l'église est très-ancien. Il existoit avant le concile de Chalcédoine. Par le canon *quoniam* de ce concile, il fut enjoint à tous les évêques de choisir un économe qui fût capable d'administrer sous leurs ordres les biens ecclésiastiques de leurs diocèses.

Le père Thomassin, dans son traité de la discipline ecclésiastique, « dit qu'on avoit regardé l'établissement des économes si nécessaire dans l'église, que le septième concile œcuménique fit de leur choix un droit de dévolution aux archevêques, & patriarches ».

Il ne faut pas confondre le *vidame* avec l'*économe*, leurs fonctions étoient différentes ; le premier étoit le régisseur particulier de l'évêque, le second étoit l'administrateur général des biens du diocèse.

Depuis l'ordonnance des revenus ecclésiastiques, les économes si nécessaires dans le premier état de l'église sont devenus presque inutiles, & leurs fonctions sont bornées à l'administration des biens de l'évêché pendant la vacance de siège épiscopal. Plusieurs conciles ont en effet ordonné d'établir, après la mort du prélat, des économes pour gouverner les biens & les revenus de l'église. Le concile de Ravenne de 1317, contient à cet égard une disposition précise. Le concile de Trente veut également que les chapitres, chargés de la recette des revenus pendant la vacance du siège épiscopal, établissent un ou plusieurs économes pour prendre soin des biens des églises.

S. Charles avoit renouvellé dans son diocèse l'usage des économes. Il regardoit toute administration temporelle comme contraire au but des fonctions épiscopales ; mais quelque purs qu'aient pu être les motifs de ce prélat, son réglement n'a pu être suivi dans l'église. Les évêques ont allié l'administration des affaires spirituelles avec les temporelles, & le nom d'*économe* a été seulement donné aux procureurs, ou syndics de quelques communautés. Telles sont les idées générales que nous avons pu recueillir sur l'origine & les fonctions des anciens économes qui existoient autrefois dans chaque diocèse. Aujourd'hui on entend par économe celui qui est chargé par le roi de l'administration des revenus des bénéfices consistoriaux vacans.

Origine des économes en France. L'*économat* en France tire son origine du droit de régale qui appartient au roi. En vertu de ce droit, sa majesté jouit des revenus des bénéfices consistoriaux pendant leur vacance, & elle en confie la perception à un économe laïque. Nos rois donnoient autrefois des lettres d'*économat* aux ecclésiastiques qu'ils nommoient aux bénéfices consistoriaux pour détruire les abus que cet usage entraînoit. Henri III, par édit du mois de mai 1578, vérifié en la chambre des comptes le 17 octobre suivant, érigea en titre d'office, les économes dans chaque diocèse. Par cette loi, il fut ordonné qu'aussi-tôt après le décès du titulaire d'un bénéfice consistorial, l'économe du diocèse feroit saisir, sous la main du roi, les fruits & revenus des bénéfices vacans ; 2°. qu'il seroit tenu de faire faire inventaire par le principal juge royal du lieu, en préfence du procureur du roi; 3°. que l'économe continueroit les baux qui ne feroient pas expirés; 4°. qu'il feroit proclamer le revenu temporel du bénéfice, pour être adjugé en juftice à des fermiers généraux ou particuliers, au plus offrant & dernier enchériffeur, pour une année feulement. Par cet édit, il fut encore ordonné que le nouveau titulaire du bénéfice vacant feroit tenu d'entretenir les baux folemnels faits par l'économe pendant l'année prefcrite; de faire faire les réparations, de payer & acquitter toutes les charges ordinaires, fans pouvoir toucher aux baliveaux ni aux bois de haute futaie.

Les offices d'économe créés par l'édit de Henri III de 1378, furent encore fupprimés par l'article 12 de l'édit de Melun du mois de février 1580. Depuis cette époque jufques en 1691, nos rois donnèrent des letres d'économat par commiffion.

Fonctions des économes. Louis XIV voulant affurer, d'une manière irrévocable, l'adminiftration des *économats*, les droits des économes & ceux des héritiers & des créanciers des bénéficiers décédés, publia l'édit de décembre 1691. Comme cette loi contient les principales règles de la régie des *économats*, nous croyons devoir analyfer ici les difpofitions qui concernent les fonctions des économes.

« Par cet édit, le roi établit en titre d'office, » des charges d'économes fequeftres, pour avoir » la direction & adminiftration du temporel des » archevêchés & évêchés, abbayes & prieurés » conventuels qui font à fa nomination, foit qu'il » fuffent vacans par mort ou par démiffion pure & » fimple, & pareillement des bénéfices qui font » à la préfentation ou collation des ordinaires, » patrons & collateurs laïques, lorfque les fruits » en auront été fequeftrés par fentence ou par » arrêt ».

Il réfulte de cette difpofition deux vérités importantes: la première que les bénéfices confiftoriaux qui viennent à vaquer, foit par mort, foit par démiffion, font fujets à l'*économat*; & la feconde, que les fruits des autres bénéfices y font également foumis, lorfque le fequeftre en a été ordonné.

« Par l'article 3, les économes ou leurs prépo-» fés font obligés d'avoir deux regiftres. Dans » l'un, ils doivent écrire leurs recettes & leurs dé-» penfes; & dans l'autre, ils doivent faire mention » par extrait de tous les actes qui font faits, ou » qui leur ont été fignifiés concernant leurs char-» ges. Ils doivent en outre garder les expéditions » de ces actes, pour les repréfenter lorfqu'ils en » feront requis par la juftice.

» Les regiftres doivent être cotés & paraphés » par le juge royal. Le juge eft obligé d'en dreffer » procès-verbal à la première page de chacun des » regiftres, & il lui eft défendu d'exiger plus de » 4 liv. pour cette opération.

» Les économes peuvent avoir des commis, » mais ils répondent civilement de tout ce que » leurs commis font dans les fonctions attachées » à l'*économat*.

» L'article 6 ordonne aux économes, auffi-tôt » qu'ils auront été inftruits du décès de quelque » prélat, de faire appofer le fcellé à leur requête » dans les hôtels des évêchés, archevêchés, ab-» bayes, & autres bénéfices qui font à la nomi-» nation du roi; & fi le fcellé a été appofé à la » requête des héritiers de l'exécuteur teftamentaire » ou des créanciers du prélat, les économes doi-» vent y former oppofition pour la confervation » des droits du bénéfice & la fûreté des répara-» tions.

» Lorfque le fcellé a été appofé à la requête des » économes, l'inventaire doit être fait, à leur re-» quête, en préfence des héritiers ou des oppo-» fans, ou eux duement appellés. Si c'eft l'héritier » du prélat qui a fait appofer le fcellé, les écono-» mes doivent affifter à l'inventaire, mais ils ne » peuvent exiger aucune vacation.

» Auffi-tôt que les économes ont appris le décès » des prélats, il leur eft enjoint, par l'article 8, » de faire faire des faifies entre les mains des re-» ceveurs & fermiers des revenus des bénéfices; » & aux receveurs & fermiers, de payer ce qu'ils » doivent entre les mains des économes, à la » charge par ces derniers, d'en rendre compte, » & de le délivrer à qui il appartiendra.

» Les économes font obligés, par l'art. 9, d'en-» tretenir les baux faits par le dernier poffeffeur » du bénéfice pour l'année courante; ils peuvent » le continuer, s'ils le jugent à propos, ou en » faire de nouveaux pardevant notaire, pour deux » ou trois ans; mais dans ce cas, ils doivent » prendre l'avis du procureur du roi des lieux, & » faire faire trois publications pendant trois diman-» ches confécutifs, aux prônes des paroiffes dans » lefquelles les fermes font fituées.

» Les économes ont droit de recevoir tous les » revenus des archevêchés, & autres bénéfices » foumis à l'*économat*, jufqu'à ce que le fucceffeur » nommé par le roi ait pris poffeffion en vertu » des bulles ou des provifions du roi.

» Les économes ont également le droit de re-» cevoir tous les revenus des bénéfices dont les » fruits ont été fequeftrés par fentence ou par » arrêt.

» Lorfque le fequeftre a été ordonné de dixmes » eccléfiaftiques, ou prétendues inféodées, les fruits » doivent en être perçus par les économes.

» Quand il y a faifie & inftance de préférence » entre créanciers fur les revenus des bénéfices ou » les arrérages de penfions créées en cour de Ro-» me, ces revenus & arrérages doivent être perçus » par les économes, & il doit leur être payé fix » deniers pour livre par préférence à tous créan-» ciers, même aux frais de juftice.

» Toutes faifies faites entre les mains des éco-

» nomes, doivent être enregiftrées fur leurs regif-
» tres, & par eux paraphées, à peine de nullité ;
» pour cet enregiftrement ils ne peuvent exiger
» plus de 10 fols ».

Par différens édits des années 1703, 1708, il a
été fait des changemens dans l'état des charges
d'économes ; mais les difpofitions de ces édits ne
font d'aucune utilité depuis la fuppreffion qui a été
faite de tous les offices par édit du mois de novembre 1714.

Par arrêt du confeil du 27 du même mois, le
roi nomma, pour remplir les fonctions des · économes fequeftres fupprimés, les fieurs Barangué
& Boucher, & les autorifa à établir, dans les différens diocèfes du royaume, des · prépofés pour
avoir foin de l'adminiftration des bénéfices mis en
économat.

Par un autre arrêt du confeil du · même mois,
les fieurs Barangué & Boucher furent fubrogés
dans tous les droits, privilèges & prérogatives accordés aux économes fupprimés.

En 1716, par arrêt du confeil du 14 août, le
fieur Doyot de Choloy fut fubrogé au fieur Barangué pour régir les économats conjointement avec
le fieur Boucher.

En 1722, par arrêt du confeil du 12 mai, le
fieur Marchal fut fubrogé au lieu & place du fieur
Doyot de Choloy, pour faire les fonctions d'économe général avec le fieur Boucher.

En 1724, par arrêt du 22 février, le fieur Marchal fut commis pour exercer feul les fonctions
d'économe général.

En 1746, par arrêt du 25 feptembre, les fieurs
Meny & Marchal ont été fubrogés aux fieurs
Marchal père & fils.

En 1761, le fieur Marchal de Sainfy a été
commis par arrêt du 7 juin, pour exercer feul les
fonctions d'économe général. Aujourd'hui c'eft
encore le fieur Marchal de Sainfy qui remplit
la commiffion d'économe général.

Par arrêt du confeil d'état du 16 décembre 1761,
il a été fait un nouveau réglement concernant la régie des économes & de leurs prépofés.

Par l'art. premier de cet arrêt, il a été ordonné que
les économes fequeftres & leurs prépofés ne pourroient prendre à l'avenir aucune vacation pour
leur préfence, à l'appofition & levée des fcellés,
à l'inventaire & à la vente des meubles & effets
des bénéficiers, parce qu'ils font obligés d'y affifter ; il eft indifférent qu'ils aient requis ou non
l'appofition du fcellé & la vente, la défenfe d'exiger des vacations eft générale. Les économes &
leurs prépofés peuvent feulement fe faire payer
6 liv. pour leur droit de fignature des procès-verbaux qui ne peuvent être délivrés que lorfqu'ils
ont été fignés par eux.

Par l'article 4, il eft défendu aux économes &
à leurs prépofés, de faire des baux pour plus de
deux ou trois années, à moins qu'ils n'en aient
obtenu la permiffion de fa majefté. Tous baux qui

excèdent ce temps, & qui ne font pas approuvés
par fa majefté, font nuls.

Par l'article 5, il eft défendu aux économes &
à leurs prépofés, de prendre aucuns baux à ferme
des revenus des bénéfices qui font à la nomination du roi ; & de s'y intéreffer directement ou
indirectement, fous peine de deftitution ou de
telle autre peine qu'il appartiendra.

Les économes ont le droit de pourfuivre les
fermiers & receveurs des bénéficiers décédés, pour
les contraindre à payer entre leurs mains ce qu'ils
doivent.

Par arrêt du 16 août 1729, les économes ont
été autorifés à contraindre les bénéficiers qui n'ont
pas payé les droits d'économats, & à faifir leur
temporel.

Comme il s'élevoit fouvent des difficultés entre
les héritiers des bénéficiers & les économes fur la
fixation des droits attribués à ces derniers, fa majefté, par arrêt de fon confeil du 24 feptembre
1746, a ordonné que les économes pourroient
exiger les deux fols pour livre des revenus des
bénéfices, & les 18 deniers pour livre du prix des
meubles qui leur avoient été attribués par le paffé ;
mais qu'à l'avenir il ne feroit plus payé aux économes pour leurs droits, qu'un fol pour livre de la
vaiffelle d'argent, & trois deniers pour livre · de
l'argent comptant trouvé fous les fcellés.

Il eft intervenu une foule d'arrêts qui ont jugé
que le prix des meubles, les deniers comptans,
les revenus des bénéfices, les fommes mobiliaires,
la vaiffelle d'argent, & généralement tous les revenus des biens qui appartiennent aux eccléfiaftiques pourvus de bénéfices confiftoriaux, doivent
être touchés par les économes fequeftres, à la
charge des oppofitions qui tiendront en leurs
mains.

Le plus ancien des arrêts qui a autorifé les économes à faire cette perception, eft du 29 mars
1695. Par cet arrêt, il a été ordonné à tous fermiers bénéficiers, de payer entre les mains des
économes, à peine d'être contraints, comme pour
deniers royaux, dans les termes de leurs baux, &
il a été décidé que les paiemens feront faits par les
fermiers, fauf leurs recours contre ceux à qui ils
auroient payé.

Par autre arrêt du confeil d'état du 28 février
1696, il a été ordonné que les deniers provenans
de la vente des meubles des bénéficiers, & les
fruits & revenus de leurs bénéfices échus au jour
de leur décès, feroient remis aux économes pour
être employés par ces derniers au paiement des
charges auxquelles les fucceffions font obligées.

Par une déclaration du roi de 1706, il a été également ordonné que les fruits des revenus des
bénéfices vacans, & les biens des bénéficiers décédés, feroient remis entre les mains des économes fequeftres.

Non-feulement les économes fequeftres ont le
droit de toucher les deniers provenans de la vente

des meubles qui font trouvés dans les maifons dépendantes des bénéfices, mais encore dans toutes
les autres maifons, foit de ville, foit de campagne, qui appartiennent aux bénéficiers décédés,
ou dans lefquelles ils faifoient leur demeure, ce qui
a été formellement jugé par arrêt du confeil d'état
du 25 juin 1715.

En 1721, l'évêque de Verdun étant décédé,
on contefta aux économes le droit de toucher le
prix des meubles vendus après le décès de ce
prélat, & l'argent comptant qui avoit été trouvé
dans fon palais épifcopal; par arrêt du 21 mars
1721, les économes furent maintenus dans ce
privilège.

Il a été confirmé par plufieurs arrêts poftérieurs,
entre autres par arrêt du 20 juin 1722, qui a caffé
un arrêt du parlement de Bretagne, qui avoit refufé aux économes l'exercice de cette prérogative.

Un arrêt du 25 mars 1727, fans s'arrêter
aux arrêts du grand-confeil, & à une ordonnance
du lieutenant-civil du châtelet de Paris, qui avoient
autorifé le receveur général du grand-prieuré de
France, à toucher les fruits & revenus de la fucceffion du chevalier de Vendôme, a ordonné qu'ils
feroient remis entre les mains des économes fequeftres, & a autorifé ces derniers à contraindre
les dépofitaires.

Par arrêt du 19 juillet 1731, il a été jugé que
le fieur Marchal, économe général, toucheroit
tous les fruits & revenus de la fucceffion de M.
Poncet de la Rivière, évêque d'Angers.

Par arrêt du 15 avril 1732, que, fans avoir égard
à l'ordonnance du bailli de la barre du chapitre
de Paris, les deniers trouvés fous le fcellé du
fieur abbé de Miromménil, & les fruits de la
fucceffion, feroient remis entre les mains de l'économe général.

Par arrêt du 8 août 1738, que le prix des meubles & effets de la fucceffion de M. Colbert, évêque de Montpellier, & les deniers trouvés fous
le fcellé, feroient remis à l'économe général.

Un arrêt du 27 mars 1749, a jugé la même
chofe en faveur de l'économe pour la fucceffion
de l'évêque de Quimper.

Le 8 mai 1742, il a été rendu un arrêt pour
la fucceffion de M. le cardinal de Polignac, dont
l'efpèce eft remarquable. M. le cardinal de Polignac avoit fait un teftament, dans lequel il faifoit
différens legs. Le lieutenant-civil avoit ordonné le
dépôt du prix des meubles & effets trouvés fous
les fcellés entre les mains de M. Roger, notaire
au châtelet, pour fûreté de la délivrance des legs
& de l'exécution des donations faites par le cardinal de Polignac.

Le fieur Marchal, économe général, fe pourvut au confeil, & obtint un arrêt qui ordonna que
les deniers dont M. le cardinal de Polignac avoit
fait donation, feroient remis entre fes mains.

Par arrêt du 14 mars 1746, le greffier de Tre-

guier fut condamné à reftituer à l'économe le produit du greffe de l'évêché dont il s'étoit emparé
pendant la vacance.

Par arrêt du 21 feptembre 1748, conformément aux édits & arrêts concernant les économats,
il a été ordonné que l'argent comptant, la vaiffelle d'argent & les deniers provenans de la vente
des meubles & effets des bénéficiers décédés, feroient remis entre les mains des économes, comme feuls dépofitaires.

Par arrêt du 19 décembre 1750, une ordonnance
du lieutenant-général de Péronne a été caffée, &
les héritiers de l'abbé de Tournet ont été condamnés à remettre entre les mains de l'économe, en
nature, les effets dont ils s'étoient emparés.

Un arrêt du 22 janvier 1751, a caffé &
annullé deux fentences, l'une de la chambre eccléfiaftique du diocèfe d'Angers, & l'autre de la
maîtrife des eaux & forêts de Chinon, & un jugement de la table de marbre du palais à Paris,
& a ordonné que les fruits & revenus de l'abbaye
de Bourgueil, échus & à échoir, feroient perçus
par les économes fequeftres.

Enfin, un arrêt du 16 avril 1759, a caffé
& annullé une ordonnance du lieutenant-civil,
par laquelle ce magiftrat avoit ordonné que la
vaiffelle d'argent du cardinal de Tavannes, léguée
par ce prélat, feroit dépofée entre les mains du
comte & du marquis de Sceaux, comme dépofitaires de juftice, & a ordonné que cette vaiffelle
feroit remife entre les mains des économes fequeftres.

Le roi, en accordant aux économes les droits
les plus étendus, pour tenir généralement dans
leurs mains tout ce qui appartient aux fucceffions
des bénéficiers foumis à l'économat, a voulu que
tous tréforiers de deniers publics paient aux économes les rentes dues aux bénéfices, & que ces derniers les touchent fur leurs fimples quittances.

Un arrêt du confeil d'état du 2 avril 1737,
revêtu de lettres-patentes enregiftrées en la chambre des comptes le 10 mai fuivant, contient à cet
égard des difpofitions qu'il eft effentiel de rapporter.

« Sa majefté (y eft-il dit), étant en fon con-
» feil, a ordonné & ordonne que les édits de 1691,
» 1707, 1708, 1714, & les arrêts rendus en
» conféquence, feroient exécutés felon leur forme
» & teneur; ce faifant, que tous tréforiers, rece-
» veurs & payeurs, même les payeurs de rentes
» de l'hôtel-de-ville de Paris, paieront ès mains
» & fur les quittances de l'économe fequeftre,
» toutes les rentes dues aux bénéfices vacans, à
» la nomination & collation de fa majefté, tant
» pour ce qui appartient aux fucceffions des béné-
» ficiers décédés, nonobftant toutes faifies & oppo-
» fitions qui tiendront ès mains dudit économe, que
» pour fûreté des réparations des bénéfices vacans;
» à ce faire, lefdits payeurs contraints, ce faifant
» déchargés; n'entend cependant fa majefté pré-
» judicier par le préfent arrêt à la qualité de

» fequeſtres & dépoſitaires des arrérages des rentes
» attribuée auxdits payeurs de rente de l'hôtel-de-
» ville, dans laquelle ſa majeſté veut qu'ils de-
» meurent confirmés. Et ſera le préſent arrêt exé-
» cuté nonobſtant toutes oppoſitions & empêche-
» mens quelconques, dont ſi aucuns intervien-
» nent, ſa majeſté s'en eſt réſervé & à ſon conſeil
» la connoiſſance, icelle interdiſant à toutes ſes
» cours & autres juges ».

Conformément à cet arrêt, il a été ordonné
par un autre arrêt du 21 mai 1743, que le ſieur
Pâris de Montmartel, garde du tréſor royal,
paieroit entre les mains des économes ſequeſtres,
le montant de deux ordonnances expédiées en faveur des héritiers du feu ſieur abbé d'Armonville,
titulaire de l'abbaye de Belle-Etoile, nonobſtant
toutes ſaiſies qui tiendroient entre leurs mains.

Par autre arrêt du 11 juillet 1749, il a été ordonné que tous tréſoriers, receveurs, payeurs &
fermiers des bénéfices ſimples, même le ſieur de
Saint-Julien, receveur général du clergé, ſeroient
tenus de payer & vuider de leurs mains, ce
qu'ils peuvent devoir, juſqu'au décès ſeulement
des bénéficiers, entre les mains des économes généraux, comme ſeuls ſequeſtres du produit des
ſucceſſions des bénéficiers décédés.

Par autre arrêt du 10 avril 1750, il a été ordonné que les gardes du tréſor royal, tous receveurs,
payeurs, & tréſoriers de ſa majeſté, ſeroient tenus à l'avenir de payer ce qu'ils pourroient devoir
aux ſucceſſions des prélats & bénéficiers décédés,
tant des penſions, gages du conſeil, gratifications,
récompenſes, gages, appointemens & autres ſommes, entre les mains des économes généraux.

Enfin, par arrêt du 2 janvier 1765, il a été
ordonné que le receveur des domaines & octrois
de la ville de Paris, & tous autres, ſeroient tenus
de payer au ſieur Marchal de Sainſy, économe
général, les capitaux de quatre contrats appartenans
à la ſucceſſion de M. de Vauréal. Le receveur du
domaine de la ville de Paris refuſoit de faire ce
rembourſement à l'économe, ſous prétexte qu'il
ne rapportoit aucun conſentement des héritiers du
prélat décédé: mais par une diſpoſition de cet
arrêt, il a été décidé que l'économe n'avoit pas
beſoin, pour exiger & toucher un rembourſement
de cette nature, du conſentement des héritiers.

Comme l'économe réunit dans ſes mains l'exercice de tous les droits des bénéficiers ſoumis à
l'économat, il a été décidé, par arrêt du 23 décembre 1738, que les chauffages accordés aux prélats
& bénéficiers dans les forêts dépendantes de leurs
bénéfices, continueroient d'être marqués & délivrés à l'économe après leur décès.

Le cardinal de Biſſy étant mort, il s'éleva une
conteſtation entre le marquis de Biſſy ſon héritier,
& l'économe, au ſujet des titres, dont le premier
prétendoit avoir le droit d'être ſeul dépoſitaire. Le
marquis de Biſſy ſe fit même autoriſer à les avoir
en dépôt par une ordonnance du lieutenant-civil

du châtelet de Paris; mais l'économe ſe pourvut
au conſeil, & y obtint le 14 novembre 1737, un
arrêt qui caſſa & annulla l'ordonnance du lieutenant-civil, & qui ordonna que tous les titres des
bénéfices dont M. le cardinal de Biſſy étoit décédé
pourvu, & les titres actifs de ſa ſucceſſion, ſeroient remis à l'économe pour en faire le recouvrement.

Quant à la vente & priſée des livres qui ſe
trouvent dans les ſucceſſions des bénéficiers, les
ſyndics & gardes de la librairie ont obtenu un
arrêt du conſeil le 27 juillet 1716, qui les a maintenus dans le droit excluſif de faire la deſcription
& priſée des livres & imprimeries, & qui a fait
défenſes en conſéquence de procéder à la vente
deſdits livres avant que la priſée en ait été faite
par deux libraires & imprimeurs.

*Obligations des pourvus aux bénéfices conſiſtoriaux
pour faire ceſſer la jouiſſance de l'économe.* C'eſt
un principe certain, que ſi les pourvus aux bénéfices conſiſtoriaux n'obtiennent pas des bulles
dans le délai de neuf mois après les lettres de nomination qui leur ont été expédiées, ou s'ils ne
juſtifient pas qu'ils ont fait des diligences valables
& ſuffiſantes pour obtenir leurs bulles, la jouiſſance de l'économe n'eſt point interrompue. Ce
privilège a été accordé à l'économe par une déclaration du roi du 15 décembre 1711. Cette loi prononce même contre les pourvus qui auront négligé
d'obtenir des bulles dans le délai preſcrit ci-deſſus,
la peine de déchéance de leur droit de nomination.

Le privilège des économes ſequeſtres a été confirmé d'une manière encore plus formelle, par une
déclaration du roi du 13 mars 1715.

Par une autre déclaration du 14 octobre 1726,
le roi a renouvellé les diſpoſitions des loix antérieures, & a ordonné de nouveau aux brévetaires
d'obtenir des bulles ou proviſions en cour de Rome, dans le délai de neuf mois, & d'en juſtifier au
procureur-général du grand-conſeil; faute par les
brévetaires de ſatisfaire à cette obligation, ſa majeſté a déclaré que les fruits des bénéfices qui échéront après le terme de neuf mois, preſcrit pour obtenir des bulles, ſeront régis & mis en *économat*,
comme les bénéfices vacans par mort ou démiſſion
des titulaires.

Enfin, par arrêt du 30 mars 1734, le roi a
ordonné au ſieur Marchal, économe général, de
ſaiſir & mettre en *économat*, tous les fruits & revenus des bénéfices dont les brévetaires ne ſe ſont
point fait pourvoir de bulles de cour de Rome dans
le délai de neuf mois, & ſa majeſté a révoqué tous
brevets & arrêts accordés avant le 1er octobre 1733,
pour faire ceſſer la vacance des bénéfices.

*A qui appartient, pendant la durée de l'économat,
la nomination aux bénéfices, qui dépendent des bénéfices conſiſtoriaux?* Le droit de pourvoir aux bénéfices pendant la vacance des abbayes ou des prieurés
réguliers dont ils dépendent, avoit fait naître une
foule de conteſtations qui avoient été jugées d'une

manière différente par les divers tribunaux du royaume. Les religieux prétendoient d'un côté que l'abbé ne formant avec eux qu'un seul & même corps, dont il eſt le chef, c'étoit au nom de ce corps qui jouiſſoit du droit de collation, comme des autres droits honorifiques. Delà ils concluoient que le droit de l'abbé expirant avec lui, le droit qu'il exerçoit pendant ſa vie ſe réuniſſoit naturellement au corps dont il étoit cenſé l'avoir reçu, & que cette maxime devoit avoir également lieu, ſoit dans le cas de la règle ou dans celui de la commende.

D'un autre côté, les évêques ſoutenoient que les plus anciennes loix de l'égliſe, & le caractère même de l'épiſcopat, leur attribuant la libre diſpoſition de tous les bénéfices de leurs diocéſes, le droit des abbés devoit être regardé comme une eſpèce d'exemption & de ſervitude contraire au droit commun. Ils ajoutoient que l'abbé ſeul avoit acquis par ſa poſſeſſion, le privilège perſonnel de nommer aux bénéfices, mais que dès-lors qu'il n'étoit plus en état d'exercer lui-même ce privilège, le pouvoir primitif de l'évêque devoit revivre de plein droit par la ceſſation du ſeul obſtacle qui en avoit ſuſpendu l'exercice.

Des principes auſſi oppoſés avoient produit des déciſions contraires; les unes favorables aux religieux, & les autres aux évêques.

On a voulu trouver un milieu entre ces deux extrémités, en faiſant dépendre le droit du fait, c'eſt-à-dire, de l'uſage & de la poſſeſſion. Mais ce tempérament avoit encore produit une nouvelle incertitude dans les jugemens, pour ſavoir ſi c'étoit aux évêques ou aux religieux à prouver la poſſeſſion, & ſi elle ſuffiſoit qu'elle fût juſtifiée en général pour des bénéfices dépendans de l'abbé, ou ſi elle devoit l'être ſingulièrement pour le bénéfice qui faiſoit le ſujet de la conteſtation. Une juriſprudence, ſujette à tant de variations, exigeoit une loi uniforme & commune à tous les tribunaux.

Cette loi ne pouvoit être plus conforme à la pureté des canons, qu'en conſervant aux évêques leurs droits, qui étant naturellement attachés à leur autorité, a précédé tous les droits accordés aux religieux & aux monaſtères. Ces privilèges ne ſont d'ailleurs que des exceptions de la loi générale. On ne pouvoit par conſéquent les renfermer dans des bornes trop étroites, le retour au droit commun, toujours favorable en lui-même, l'eſt encore davantage, lorſque celui qui pourroit ſeul y appoſer une exception, en a perdu le droit par ſa mort ou par ſa démiſſion. Ce motif devoit déterminer le légiſlateur en faveur des évêques; cependant la diſcipline monachale exigeoit des conſidérations particulières, quant aux offices clauſtraux, & aux autres places. Toutes ces raiſons réunies portèrent Louis XV à publier la déclaration du 30 mars 1735, qui a fixé les idées & les principes ſur cette matière, depuis ſi

long-temps la ſource d'une infinité de procès.

Par l'art. premier de cette déclaration, le légiſlateur a voulu que les bénéfices dépendans des abbayes & prieurés réguliers, & dont la collation eſt exercée par l'abbé ſeul, ſoient conférés par les archevêques ou évêques, dans le diocéſe deſquels les bénéfices ſont ſitués, lorſqu'ils viennent à vaquer pendant la vacance des abbayes ou prieurés réguliers dont ils dépendent; par le même article il a décidé que la nomination ſeroit dévolue aux ordinaires, ſoit que les abbayes ou prieurés fuſſent poſſédés en règle ou en commende, ſoit qu'ils fuſſent exempts ou qu'ils ne le fuſſent pas.

L'article 2 conſerve aux religieux le droit de nommer à leur tour, lorſqu'ils jouiſſent de la collation alternative avec leur abbé; & les évêques & archevêques ont ſeulement le droit de nommer aux bénéfices, lorſqu'ils viennent à vaquer dans le tour de l'abbé ou du prieur.

Par l'article 3, ſi le droit de collation eſt exercé en commun entre l'abbé & les religieux, la communauté eſt autoriſée à jouir du droit de nomination pendant la vacance.

Le roi, par l'article 4, s'eſt réſervé, à titre de droit de régale, la nomination aux bénéfices qui viennent à vaquer pendant les vacances des archevêchés & évêchés, & qui ſont à la nomination des archevêques & évêques.

L'article 5 conſerve aux communautés la nomination des offices clauſtraux & des places monacales.

Les différentes diſpoſitions de cette loi fixent le droit de collation des bénéfices conſiſtoriaux qui ſont mis en économat, & c'eſt ſans doute une des loix les plus importantes, puiſqu'elle a terminé toutes les conteſtations qui ne manquoient jamais de s'élever pendant la jouiſſance des économes.

Une portion des fruits & revenus temporels des bénéfices conſiſtoriaux étant deſtinée pour fournir aux beſoins des nouveaux convertis, ſous le nom du tiers des nouveaux convertis, le roi, par un arrêt du conſeil d'état du 31 mars 1734, a ordonné que la totalité des fruits & revenus temporels des archevêchés, évêchés, abbayes, prieurés & autres bénéfices conſiſtoriaux, ſeroient perçus par le ſieur Marchal, économe général, & ſa majeſté les a deſtinés pour être employés aux paiemens des penſions & gratifications accordées aux miniſtres & aux nouveaux convertis.

Par le même arrêt, le roi a ordonné que le ſieur Marchal feroit la régie des revenus temporels des bénéfices conſiſtoriaux, depuis le jour & la date des brevets de nomination qui en auront été expédiés juſqu'au jour de l'enregiſtrement du ſerment de fidélité en la chambre des comptes, pour les archevêchés & évêchés, & de la priſe de poſſeſſion en vertu des bulles de la cour de Rome, pour les abbayes, prieurés & autres bénéfices conſiſtoriaux, ou d'arrêts du conſeil qui auront

auront fait cesser la vacance de ces bénéfices.

*Prérogatives & exemptions accordées à l'économe. &
à ses préposés.* Les préposés du receveur général des
économats jouissent de plusieurs privilèges qui leur
ont été accordés par différens édits & arrêts. Ces
privilèges consistent dans l'exemption de logement
de gens de guerre, de la collecte des tailles & du
sel, du guet & garde, de tutèle, de curatèle,
& des autres charges publiques. Ils ont même le
droit de ne pouvoir être augmentés, ni à la taille,
ni à la capitation, & sont exempts, ainsi que
leurs enfans, de la milice.

Ces prérogatives qui leur ont été accordées à
cause de l'importance des dépôts dont ils sont chargés, ont été confirmées par un arrêt du conseil
d'état du 22 novembre 1711. Par cet arrêt, sa
majesté a ordonné que tous les commis de l'économie général jouiroient des droits & exemptions qui leur avoient été accordés, & a fait défenses aux maires & échevins des villes, de les y
troubler. L'arrêt est intervenu en faveur du sieur
Macheux contre le maire & échevins de la ville
de Bayeux.

*Compétence des juges qui ont le droit de connoître
des contestations concernant les économats.* Les contestations qui s'élèvent entre l'économe & ses
préposés, & les héritiers & créanciers des bénéficiers décédés, doivent être portés devant les juges royaux; voilà le principe général qui fixe
la compétence des juges dans cette partie. Il y a
à cette règle quelques exceptions que nous rapporterons dans un instant.

Un autre principe également certain, c'est que
toutes les contestations qui s'élèvent entre l'économe & ses préposés, & les fermiers des bénéfices
mis en économat, doivent être portées devant les
intendans des généralités du royaume.

Le premier principe sur la compétence des juges
royaux a été confirmé par plusieurs arrêts, entre
autres par l'arrêt du conseil du 7 mars 1724, qui
a ordonné que les juges royaux resteroient en possession de la jurisdiction contentieuse des *économats*, & par celui du 21 décembre 1738, qui a ordonné que l'arrêt précédent seroit exécuté dans la
province du Dauphiné, comme dans les autres
provinces du royaume.

Le bailli du chapitre de Sens ayant réclamé le
droit d'apposer le scellé sur les meubles des bénéficiers décédés, dans le ressort de sa jurisdiction,
il est intervenu un arrêt le 3 novembre 1748, qui
lui a fait défense d'apposer aucun scellé, & qui a
ordonné que les juges royaux qui seroient requis
par les sieurs Meny & Marchal, en qualité d'économes sequestres, seroient & demeureroient en
possession de la jurisdiction contentieuse des *économats*.

Le 27 février 1751, il est intervenu un arrêt
qui a ordonné que les économes continueroient,
comme par le passé, de s'adresser aux juges royaux
indiqués par les édits & arrêts concernant les éco-

nomats, & qui a cassé & annullé les procès-verbaux
d'apposition & de levée des scellés, l'inventaire
& les procédures faites par le juge de la temporo-
lité de Lodève, & par les officiers de la sénéchau-
sée de Beziers. Par cet arrêt, le juge de Lodève
& ceux de Beziers ont été condamnés à restituer
les sommes par eux indûment exigées, & il a été
ordonné qu'ils y seroient contraints par les voies
de droit.

Par arrêt du 9 octobre 1751, il a été décidé
que les économes ou leurs préposés seroient autorisés à faire apposer les scellés sur les effets des ecclésiastiques pourvus de bénéfices consistoriaux par
le juge royal du lieu; & en cas que la justice du
lieu appartienne à un seigneur particulier, par le
plus prochain juge royal; il a été en outre fait défense par cet arrêt à tous juges d'apposer les scellés, s'ils n'en sont requis par les héritiers, créanciers, ou par l'économe & ses préposés.

Les officiers du bailliage de l'archevêché de Paris
ayant apposé le scellé sur les effets de feu M. de
Vintimille, abbé de Hambye, l'économe se pourvut au conseil contre cette entreprise, & obtint
un arrêt le 25 avril 1744, qui ordonna que ces
scellés seroient levés par les officiers du châtelet
de Paris, & que ces derniers procéderoient seuls
à l'inventaire, & ordonneroient la vente conformément aux édits des mois de décembre 1691,
juillet 1708, & juillet 1725.

Les juges seigneuriaux du prieuré de Bazainville
avoient apposé les scellés sur les effets du sieur
Viennot, titulaire de ce bénéfice; les juges de
Montfort-l'Amaury croisèrent ces scellés: comme
il s'agissoit de savoir par qui la levée des scellés
devoit être faite, l'économe se pourvut au conseil, où il obtint le 12 décembre 1761, un arrêt
qui ordonna que les scellés seroient levés par les
juges royaux de Montfort-l'Amaury, en présence
des juges seigneuriaux du prieuré, qui avoient
apposé les scellés; que l'inventaire seroit fait par
un notaire royal, & la vente par un huissier.

Le sénéchal de Montpellier ayant ordonné,
après la mort de M. de Villeneuve, évêque de
cette ville, que l'inventaire seroit fait en présence
du sieur Campan, avocat du roi, l'économe s'adressa
au conseil, & y obtint un arrêt le 11 avril 1766,
qui fit défenses au sieur Campan, avocat du roi,
& à tous autres, d'assister à l'inventaire, & à la
liquidation des successions des bénéficiers décédés,
lorsqu'il se présente des héritiers, & il fut enjoint
au sieur Campan de restituer les vacations qu'il
avoit perçues, à peine de suspension, ou même
d'interdiction de ses fonctions.

Par arrêt du 22 juillet 1774, il a été défendu
aux juges de Montreuil-sur-mer, de faire suite des
scellés par eux apposés sur les archives de l'abbaye de Valloires, & il a été ordonné que ceux
qu'ils avoient apposés seroient levés.

Par autre arrêt du 24 septembre de la même année, il a été ordonné que les scellés devoient être

levés par le plus prochain juge royal requis par l'économe.

Dans quelques villes du royaume, les tréforiers de France jouissent du privilège d'appofer les fcellés fur les effets des bénéficiers décédés ; mais ce privilège n'eft qu'une exception de la règle générale, qui eft en faveur des juges royaux.

Les tréforiers de France, de Châlons & de Poitiers ont réclamé ce privilège ; mais, par arrêt du confeil d'état du 16 mai 1725, il leur a été défendu de s'immifcer dans l'adminiftration du temporel des bénéfices confiftoriaux, & les lieutenans-généraux de Châlons & de Poitiers ont été maintenus dans le droit d'appofer les fcellés fur les titres, papiers, & autres effets dépendans des bénéfices confiftoriaux qui viennent à vaquer.

En Provence ce font les tréforiers de France qui jouissent du droit d'appofer les fcellés, de les lever, & de faire l'inventaire & la vente des effets des bénéficiers décédés. Ils ont été maintenus dans le droit d'appofer les fcellés par arrêt du confeil d'état du roi du 3 mars 1741, & il a été défendu à tous autres juges de les troubler dans leurs fonctions.

Cet arrêt eft encore remarquable en ce qu'il fixe les vacations des juges, requis par l'économe ou les héritiers de faire appofer les fcellés lors du décès des bénéficiers. Il ordonne « que les juges » ne pourront comprendre dans la taxe de leurs » vacations, qu'une journée pour l'aller, & une » autre pour le retour, à quelque diftance qu'ils » foient fitués les domiciles des prélats ou autres » bénéficiers décédés, à raifon de 12 liv. par jour » pour le commiffaire, 10 liv. au procureur du » roi, 8 liv. au greffier, & 5 liv. à l'huiffier, & » pareille fomme pour chaque jour qu'ils em- » ploieront fur les lieux ». Dans le cas de danger, & pour prévenir le divertiffement des effets de la fucceffion, les prépofés de l'économe ont été autorifés de requérir le plus prochain juge royal de faire feulement l'appofition des fcellés. Si le juge royal requis eft obligé de fe transporter hors de fon domicile, il ne peut taxer fes vacations qu'à raifon de 9 liv. par jour, dont deux tiers au fubftitut, de pareille fomme au greffier, & de 3 liv. à l'huiffier.

Les officiers du comté de Lyon ont prétendu avoir le droit d'appofer le fcellé fur les effets des bénéficiers décédés, exclufivement aux officiers de la fénéchauffée de la même ville : ces derniers fe font pourvus au confeil contre cette entreprife, & y ont obtenu un arrêt le 7 feptembre 1740, qui a ordonné qu'ils connoîtroient feuls des appofitions, levées des fcellés, & inventaire des effets des bénéficiers décédés, pourvus de bénéfices confiftoriaux.

Par arrêt du 7 feptembre 1740, les procédures de la fénéchauffée de Limoges, au fujet des meubles & effets de la fucceffion de M. de Lifle-Dugart, évêque de Limoges, ont été caffés & annul-

lés, fur le fondement que n'ayant point été requis par aucune perfonne intéreffée, ils avoient agi fans droit ni qualité ; & par ce même arrêt il leur a été fait défenfe de troubler l'économe dans fes fonctions, d'affifter aux appofitions des fcellés & inventaire des bénéficiers décédés, à moins qu'ils n'aient été requis par des perfonnes intéreffées.

Par autre arrêt du 7 mai 1743, les procédures faites par les officiers de la juftice du chapitre de Metz, au fujet de la fucceffion de l'abbé de Favencourt, ont été déclarées nulles, & il a été ordonné que les procès-verbaux d'appofition & de levée de fcellés & inventaire des meubles & effets de cette fucceffion, feroient faits par le lieutenant-général du bailliage de Metz.

Par autre arrêt du 12 octobre 1750, il a été ordonné qu'à la pourfuite & diligence des économes, tous les effets trouvés dans la maifon de l'abbé de Caftellane, feroient remis & reftitués dans le même état où ils étoient au jour de fon décès, & les procédures faites par les officiers de la fénéchauffée de Sifteron, ont été déclarées nulles.

Par autre arrêt du 10 août 1754, il a été défenfes aux officiers du bailliage de Bourges, de mettre à l'avenir les fcellés fur les titres & papiers des bénéfices vacans, de procéder à la vifite des réparations, & de faifir, de leur autorité, les revenus ; & par le même arrêt, les fcellés & faifies que ces officiers avoient appofés & faits pendant la vacance de l'abbaye de Loroy, ont été déclarés nuls.

En 1762, les chanoines du chapitre de Rouen ayant voulu troubler l'économe dans l'exercice de fes droits, toutes les procédures qu'ils avoient faites ont été déclarées nulles par arrêt du 31 juillet 1762.

Officiers de juftice établis par les bénéficiers décédés, doivent-ils exercer leurs fonctions pendant la vacance des bénéfices ? C'eft un principe certain, que les officiers établis par les bénéficiers peuvent continuer leurs fonctions pendant la vacance.

Ce principe a été confirmé par quatre arrêts du confeil d'état.

Plufieurs juges royaux de Normandie s'étant emparés des juftices qui dépendent de l'archevêché de Rouen, par arrêt des 6 février & 20 novembre 1734, il a été ordonné que les officiers établis par le prélat décédé, ainfi que ceux aux-quels le directeur général des *économats* avoit donné des commiffions, continueroient leurs fonctions.

Par autre arrêt du 8 novembre 1748, il a été ordonné que les officiers de juftice établis par feu M. de Sourches, évêque de Dôle, continueroient leurs fonctions pendant la vacance de l'évêché, comme ils faifoient pendant la vie de l'évêque, excepté cependant qu'ils rendoient la juftice au nom du roi.

Après le décès de M. le cardinal de Tavannes, archevêque de Rouen, les juges royaux du Pont-de-l'Arche s'emparèrent de la juftice du comté de

Louviers, qui dépend de l'archevêché de Rouen. Les officiers de cette justice réclamèrent contre l'entreprise des juges du Pont-de-l'Arche. La contestation ayant été portée au parlement de Rouen, il y intervint un arrêt qui autorisa les juges du Pont-de-l'Arche à exercer la justice de Louviers pendant la vacance ; l'économe s'adressa au conseil, & y obtint le 5 mai 1759, un arrêt qui cassa & annulla l'arrêt du parlement de Rouen, ordonna que les officiers de justice établis par M. le cardinal de Tavannes, continueroient leurs fonctions pendant la vacance, & fit défenses aux juges royaux du Pont-de-l'Arche, & à tous autres, de les troubler dans leurs fonctions.

En 1764, lors de la translation de M. de Choiseul, de l'archevêché d'Alby à celui de Cambray, le juge de la viguerie royale d'Alby fit défenses au juge de la temporalité de l'archevêché d'Alby, de faire aucunes fonctions pendant la vacance. L'économe dénonça au conseil l'ordonnance qui contenoit cette défense ; & par arrêt du 6 octobre 1764, les officiers de la temporalité furent autorisés à continuer leurs fonctions, & il fut défendu à tous juges de les y troubler.

Ainsi, d'après ces arrêts, on doit regarder comme une règle certaine, que les officiers de justice établis par les bénéficiers décédés, ont le droit de continuer leurs fonctions pendant la vacance des bénéfices dont dépendent les justices qu'ils exercent.

Comptabilité de l'économe. La comptabilité de l'économe est un des objets les plus importans de l'administration des *économats*. Il a mérité dans tous les temps une attention particulière du gouvernement.

Par l'article 18 de l'édit de 1691, les économes étoient assujettis à rendre compte chaque année de tous les bénéfices vacans dont ils avoient perçu les revenus, & en payer le reliquat aux commissaires délégués par sa majesté. Le même article les obligeoit, quant aux revenus des bénéfices dont le sequestre avoit été ordonné, à en rendre compte dans le mois, après la sentence de récréance, à la partie qui l'avoit obtenue.

L'article 19 du même édit autorisoit les économes à employer dans le chapitre de dépenses de leurs comptes, 2 sols pour livre de toute leur recette ; cette somme leur étoit accordée pour tout recouvrement & reddition de compte.

Par arrêt du 12 janvier 1734, le roi a établi une commission du conseil pour recevoir les comptes, & juger toutes les contestations qui concernent les *économats* ; cette commission est composée aujourd'hui de quatre conseillers d'état, de neuf maîtres des requêtes, d'un procureur-général & d'un greffier.

La forme des comptes des économes, & les délais dans lesquels ils doivent les rendre, ont été fixés par un arrêt du conseil d'état du 25 octobre 1754, dont toutes les dispositions sont importantes, puisqu'elles déterminent les obligations des

économes, & les droits que les héritiers & créanciers des bénéficiers décédés peuvent exercer contre eux.

De quelle manière les réparations des bénéfices mis en économat doivent-elles être faites ? Par l'article 10 de l'édit de 1691, il a été ordonné que les églises, maisons, fermes & bâtimens des bénéfices vacans, seroient visités, en vertu d'ordonnance du juge-royal des lieux ; & que visite seroit faite à la requête de l'économe, en présence des héritiers des bénéficiers, ou eux duement appellés, par deux experts jurés qui seroient nommés par le procureur du roi.

Le même article fixe la manière dont les experts doivent faire leur visite, & rédiger leur procès-verbal. Il leur est enjoint de faire mention dans leur rapport du temps auquel ils estime que les *réfections* & *ruines* seront arrivées, des causes qui y ont donné lieu, de la nécessité ou inutilité des bâtimens & édifices à réparer ; enfin, de faire la *prisée* & *estimation* des réfections & réparations, pour, leur rapport vu, être ordonné ce qu'il appartiendra.

Les héritiers des bénéficiers sont obligés, par l'article 11 du même édit, de faire faire les réparations dans le sixième mois après la visite, & de remettre les lieux en *bonne* & *suffisante réparation* dans ce délai ; faute par eux de remplir cette obligation, l'économe est autorisé à faire adjuger les réparations au rabais.

Quant aux réparations qui surviennent pendant la durée de l'*économat*, la visite (suivant le même article) doit en être faite par un seul expert-juré nommé d'office par le procureur du roi du lieu ; l'économe, après la visite faite, est autorisé à passer un marché, de l'avis du procureur du roi, devant notaire, avec des ouvriers & entrepreneurs pour faire ces réparations.

Conformément aux articles de l'édit de 1691, dont nous venons de rendre compte, les procès-verbaux de visite des réparations doivent être faits par les experts seuls, & les juges n'ont aucun droit d'y assister ; cependant les officiers du présidial de Poitiers prétendirent qu'ils avoient ce droit, & en conséquence ils assistèrent à la visite faite après le décès de M. le cardinal Dubois, archevêque de Cambray. Les héritiers de ce prélat se pourvurent au parlement de Paris, & y obtinrent un arrêt le 16 juillet 1727, qui fit défense aux officiers du présidial de Poitiers, d'assister aux visites de réparations de bénéfice, & les condamna à restituer les sommes qu'ils avoient perçues.

Les mêmes défenses ont été faites à tous les juges royaux par un arrêt du conseil obtenu par l'économe le 20 septembre 1734.

Par l'article second d'un arrêt du conseil d'état du 24 décembre 1741, il est défendu aux économes & à leurs préposés, de faire procéder à la visite des réparations des églises, maisons, bâtimens, & biens dépendans des bénéfices vacans, & d'en faire dresser aucuns procès-verbaux, sans y avoir été autorifés par des ordres précis de fa majefté.

Lorfqu'ils ont obtenu cette permiffion, ils doivent comprendre dans les procès-verbaux de vifite, toutes les réparations dont les fucceffions peuvent être tenues, conformément à l'article 10 de l'édit de 1691.

L'article 3 du même arrêt porte, qu'à l'égard des réparations urgentes & indifpenfables au-deffus de 100 liv., dont le roi, fans y être tenu, veut bien fe charger, à caufe de l'infolvabilité des fucceffions, elles feront faites à la diligence des économes, fur les ordres qui leur feront donnés par fa majefté; dans ce cas, le même article ajoute qu'il fera nommé un feul expert pour dreffer procès-verbal d'eftimation de ces réparations, & que ce procès-verbal fera remis à l'économe pour paffer un marché devant notaire, après une feule publication & enchère, à celui qui s'en chargera au moindre prix.

Enfin, le 9 mars 1777, il a été rendu un arrêt du confeil d'état en interprétation de celui de 1741. Comme cet arrêt eft très-important & d'un ufage journalier, nous allons en tranfcrire les difpofitions.

« Le roi (y eft-il dit) étant informé qu'il s'eft » élevé plufieurs difficultés dans l'exécution de » l'arrêt du confeil du mois de décembre 1741, » portant réglement fur les réparations qui pour- » roient être faites par l'économe fequeftre du » clergé aux bâtimens dépendans des bénéfices qui » font en économats, & la manière d'y procéder, fa » majefté auroit jugé néceffaire d'expliquer plus par- » ticulièrement fes intentions fur les formes qui fe- » ront fuivies à l'avenir, dans le cas où lefdites répa- » rations feroient trop peu importantes, pour affu- » jettir ledit économe aux formalités prefcrites pour » des dépenfes plus confidérables; à quoi voulant » pourvoir, vu ledit arrêt & tout confidéré; ouï » le rapport, le roi étant en fon confeil, a ordon- » né & ordonne que lorfqu'il fe trouvera des ré- » parations urgentes & au-deffous de 100 liv. à » faire aux bâtimens dépendans des bénéfices va- » cans, & dont le retard ne pourroit occafionner » qu'une augmentation de dépenfe, elles pourront » être faites par ledit économe fequeftre, à la » charge par lui d'en informer préalablement le » fieur directeur-général des économats, & de lui » envoyer, dans les trois mois de la confection » des ouvrages, les marchés qui pourront être » paffés avec les ouvriers, & leurs quittances, » pour être vifés & approuvés; & dans le cas où » il fe trouveroit des réparations également urgen- » tes au-deffus de ladite fomme de 100 livres, » & qui toutefois n'excéderoient pas celle de 500 » livres, ordonnons qu'elles pourront être faites » par ledit économe fequeftre, fur un fimple » état & devis eftimatif préalable, à la charge d'en » faire dreffer un procès-verbal de réception, & de » l'envoyer en pareil délai de trois mois, au fieur di-

» recteur-général des économats, pour être auffi par lui » vifé & approuvé; ordonne en outre fa majefté » que, dans le cas où des réparations urgentes excé- » deroient ladite fomme de cinq cens livres, & qu'il » ne fût pas poffible audit économe fequeftre d'en » faire faire l'adjudication au rabais, conformément » à l'édit du mois de décembre 1691, qu'il en fera » par lui rendu compte fur le champ, au fieur » directeur-général, pour, après avoir par lui pris » les ordres de fa majefté, y être pourvu ainfi » qu'il appartiendra; & feront toutes lefdites dé- » penfes allouées à l'économe, en rapportant les » devis & marchés, les quittances des ouvriers, » & les procès-verbaux de la réception defdits » ouvrages en bonne forme, avec l'autorifation » du directeur-général de l'économat, & celle de » fa majefté, dans le cas feulement où les ouvrages » excéderoient la fomme de 500 liv. »

L'économe peut-il pourfuivre les procès intentés par les bénéficiers décédés? Par une déclaration du roi du 20 mars 1725, il a été ordonné qu'il fera furfis à tous procès & à toutes conteftations quelconques, qui auront été élevés tant par les bénéficiers que contre eux, pendant la vacance des bénéfices; il a été également défendu aux économes, à leurs prépofés, & à toutes parties, de fuivre ces procès & conteftations.

Deux arrêts du confeil ont apporté des exceptions à cette règle générale. Par le 1er du 10 mars 1767, il a été ordonné que la furféance portée par la déclaration du 20 février 1725, feroit levée, & n'auroit pas lieu pour les abbayes de Saint-Germain-des-Prés, du Bec, Châlis & Gorzet, & l'économe a été autorifé à pourfuivre les procès nés & à naître, concernant les biens & les droits qui peuvent appartenir à ces abbayes. La même faculté a été accordée à tous ceux qui peuvent avoir des intérêts à difcuter avec ces bénéfices. Le motif de l'exception portée dans cet arrêt, eft fondé fur ce que la furféance ordonnée par la déclaration du roi de 1725, ne concerne que les bénéfices mis en économat pour peu de temps, & non ceux qui doivent y refter long-temps, & dont les revenus ont une deftination longue & déterminée.

Par les lettres-patentes du mois de février 1776, il a encore été dérogé à la déclaration du roi de 1725, pour l'abbaye de Hautvillers. L'économe & les parties intéreffées ont été autorifés à pourfuivre les procès commencés, & à intenter ceux qu'ils croiront avoir le droit d'élever.

Ces exceptions n'empêchent pas la furféance générale ordonnée par la déclaration du roi de 1725, d'avoir fon exécution. Elles font particulières aux bénéfices pour lefquels elles ont été obtenues. Ainfi c'eft un principe général, qu'aucun procès ne peut être pourfuivi pendant la durée de l'économat, à moins qu'on n'ait obtenu la permiffion du roi de le pourfuivre; cette interdiction est commune à l'économe & à toute partie.

Droits des receveurs des consignations sur les deniers des bénéficiers décédés, & sur les revenus des bénéfices mis en économat. C'est une règle certaine en matière de consignation, que toutes les fois qu'il y a des créanciers opposans au scellé & à la vente des effets d'une succession, & une sentence d'ordre entre ces créanciers, le prix de la vente doit être consigné.

Cependant par l'édit de 1691, les économes sequestres étoient autorisés à recevoir généralement tous les deniers provenant des successions des bénéficiers décédés ; cette disposition avoit donné lieu à plusieurs contestations entre les économes & les receveurs des consignations ; pour fixer leurs droits respectifs, il a été fait un réglement par une déclaration du roi du 24 juillet 1706, qui a été enregistrée le 11 août suivant.

Par cette loi, le roi, en interprétant les loix antérieures, a ordonné que les fruits & revenus provenant des archevêchés, évêchés, abbayes & autres bénéfices à sa nomination, échus au jour du décès des derniers titulaires, seroient remis entre les mains des économes, pour les employer par préférence aux réparations & aux charges des bénéfices.

Par la même déclaration, les économes sont autorisés à remettre aux héritiers des bénéficiers, le surplus des deniers qu'ils auront entre leurs mains, à moins qu'il n'ait été formé quelques oppositions à la distribution des deniers par des créanciers du bénéficier décédé. Dans le cas où il se trouveroit deux oppositions, le roi a ordonné que, conformément à la déclaration du 12 juin 1694, les deniers seroient remis entre les mains des receveurs des consignations, pour être distribués par autorité de justice ; à la charge néanmoins que sur les deniers provenant des meubles, les économes ne pourront retenir pour tous droits, que six deniers pour livre ; ce droit leur doit être payé par préférence, conformément à l'article 15 de l'édit du mois de décembre 1691.

Exemption de l'économat en faveur des bénéfices de la province de Franche-Comté. Par une déclaration du roi du 12 janvier 1694, les bénéfices de Franche-Comté ont été exemptés de l'économat.

Lorsque l'archevêché de Besançon, les abbayes & autres bénéfices consistoriaux, situés dans cette province, viennent à vaquer, l'administration en appartient aux officiers de judicature qui doivent apposer le scellé & veiller à la conservation des droits des bénéfices. La manière dont ils doivent procéder à la conservation des titres & à la régie des biens, est réglée par une déclaration du roi du 2 octobre 1731, qui a été enregistrée par le parlement de Besançon le 26 octobre & le 19 novembre de la même année. (Cet article est de M. DES ESSARTS, avocat, membre de plusieurs académies.)

ÉCORCE, s. f. (Eaux & Forêts.) c'est l'en-

veloppe extérieure des arbres & autres plantes ligneuses.

L'ordonnance de 1669, tit. 27, art. 22 & 28, défend expressément à toutes personnes de charmer les arbres & d'en enlever l'écorce, sous peine de punition corporelle, & à tous marchands, de faire peler dans les ventes les bois sur pied, à peine de cinq cens livres d'amende & de confiscation.

Un arrêt du conseil, du 13 octobre 1705, a étendu cette défense aux propriétaires des bois. Le motif de cette défense est fondé sur la nécessité de conserver l'espèce des bois, & d'en faciliter la reproduction. L'expérience nous a appris que l'opération de l'écorcement des bois ne peut se faire que dans le fort de la sève, & qu'alors il en résulte un épuisement de substance, qui fait beaucoup de tort au recru du bois.

Le roi déroge quelquefois à cette défense, en faveur du commerce des cuirs. L'écorce du bois de chêne est absolument nécessaire pour fournir aux tanneurs la matière avec laquelle ils préparent les cuirs : cette écorce ne peut être facilement séparée du bois qu'en les pelant sur pied ; dans ce cas, les propriétaires ou marchands de bois sont tenus d'obtenir un arrêt du conseil, qui leur permette d'écorcer les bois sur pied, & ils ne peuvent procéder à cette opération avant d'avoir justifié aux officiers des maîtrises des lieux, de la permission qui leur en a été accordée.

ÉCOUAGE, s. m. (Droit féodal.) on appelle ainsi, dans la châtellenie de Lille, la levée du cadavre d'une personne dont la mort n'a pas été naturelle. L'article 2 du titre 1 de la coutume de cette châtellenie, & l'art. 1 de celle de la gouvernance de Douai, attribuent cet acte de juridiction aux officiers des seigneurs hauts-justiciers, en l'interdisant à tous autres, à peine de commettre abus & d'une amende de 60 liv. au profit des seigneurs hauts-justiciers. Mais cette prohibition ne concerne ni les officiers du bailliage, ni ceux de la gouvernance de Lille ou de Douai, qui peuvent faire cet acte de juridiction dans toute l'étendue de la coutume, en qualité de juges supérieurs. (M. GARRAN DE COULON, avocat au parlement.)

ÉCRASER, v. a. (Code criminel.) genre de supplice. Voyez SUPPLICE.

ÉCRITURE, s. f. (Jurispr.) ce mot a en droit plusieurs acceptions. Dans les anciennes ordonnances, il signifie greffe ou tabellionage : dans le sens le plus en usage, on appelle ainsi les actes soit publics, soit sous signatures privées ; au palais, on nomme écritures, les actes de procédure fournis en conséquence de quelque appointement. Nous allons considérer ce mot sous ces trois rapports.

ÉCRITURES, (Droit ancien.) sont la même chose que greffe & tabellionage. L'ordonnance de Philippe V, dit le Long, du 18 juillet 1318, art. 15, dit que les sceaux & écritures sont du propre domaine du roi ; & l'article 30 ordonne que dorénavant

ils feront vendus par enchères (c'eft-à-dire affermés) à de bonnes gens, & convenables, comme
cela avoit déjà été autrefois ordonné : il y a apparence que ce fut du temps de S. Louis, qui ordonna que les prévôtés feroient données à ferme.
Philippe-le-Long ajoute que ceux auxquels il auroit été fait don des fceaux & *écritures*, en auroient récompenfe en montrant leurs lettres.

Dans une autre ordonnance de Philippe-le-Long,
du 28 des même mois & an, ces *écritures* font
appellées *notairies* ; & il eft dit pareillement qu'elles
feront vendues à l'enchère.

Charles-le-Bel, dans un mandement du 10 novembre 1322, femble diftinguer les greffiers des
autres fcribes, *ut fcripturæ, figilli, fcribariæ, ftylli,
memorialia proceſſuum..... ad firmam.... exponantur &
vendantur*.

L'ordonnance de Philippe VI, dit *de Valois*, du
mois de juin 1338, porte que les *écritures* des
cours du roi, c'eft-à-dire les greffes que l'on vendoit ordinairement, ou que l'on donnoit à ferme
dans certaines fénéchauffées par-delà la Loire, feront données à gouverner à des perfonnes capables.

Dans quelques autres actes, les *écritures* ou greffes font nommés *clergies* ; comme dans un mandement de Philippe-de-Valois, du 13 mai 1347, où
il ordonne que les clergies des bailliages & les
prévôtés royales foient données en garde, & que
les clergies des prévôtés foient laiffées aux prévôts en diminution de leurs gages.

A ces termes *d'écritures* & de *clergies*, on a depuis fubftitué le terme de *greffe*. (*A*)

ECRITURES, (*Droit civil.*) on en diftingue ordinairement deux efpèces : les *écritures* authentiques ou
publiques, & les *écritures* privées.

Les *écritures* authentiques ou *publiques* font celles
qui ont été reçues par une ou plufieurs perfonnes
publiques, dont la date eft réputée certaine, &
qui font foi par elles-mêmes jufqu'à infcription
de faux, de tout ce qui eft énoncé avoir été dit
ou fait, en préfence de ceux qui ont reçu l'acte.

Tels font les jugemens, les actes paffés pardevant notaires, ou autres officiers publics, comme
les greffiers, huiffiers, &c.

Ecriture privée fignifie celle qui eft du fait d'un
particulier, comme une promeffe ou billet fous
fignature privée. L'*écriture* privée eft oppofée à l'é-
criture publique ; elle n'a point de date certaine,
& n'emporte hypothèque que du jour qu'elle eft
reconnue en juftice. Quand elle eft contestée, on
procède à fa vérification, tant par titres que par
témoins, & par comparaifon d'écritures. *Voyez*
COMPARAISON *d'écritures*, & RECONNOISSANCE.

La vérification des *écritures* par comparaifon eft
fi incertaine, l'art des experts eft fi fautif, qu'il
peut en réfulter des condamnations injuftes. C'eft
pourquoi nous croyons devoir remarquer encore ici,
d'après M. le chevalier de Jaucourt, que les nations
les plus jaloufes tant de protéger l'innocence que

de punir le crime, défendent à leurs tribunaux
d'admettre la preuve par comparaifon d'*écritures*,
dans les procès criminels.

Ajoutons que, dans les pays où cette preuve eft
reçue, les juges en dernier reffort ne doivent jamais la regarder que comme un indice. Je ne rap-
pellerai point ici le livre plein d'érudition, fait par
M. Rolland le Vayer ; tous nos jurifconfultes connoiffent ce petit ouvrage, dans lequel ce favant
avocat tâche de juftifier que la preuve par comparaifon d'*écritures*, doit être très-fufpecte. Il nous
femble que l'expérience de tous les temps confirme
cette opinion.

En vain dit-on que les traits de l'*écriture* auffi
bien que ceux du vifage, portent avec eux un
certain air qui leur eft propre, & que la vue faifit
d'abord. Je réponds qu'on peut, par l'art & l'habitude, contrefaire & imiter parfaitement cet air
& ces traits. Les experts qui affurent que telles &
telles *écritures* font femblables & partent d'une
même main, ne peuvent jamais fe fonder que fur
une apparence, un indice ; or, la vraifemblance de
l'*écriture* n'eft pas moins trompeufe que celle du
vifage. On a vu les fauffaires abufer les juges,
les particuliers & les experts même, par la conformité des *écritures*. Je n'en citerai que quelques
exemples.

L'*écriture* & la fignature du faux Sébaftien qui
parut à Venife en 1598, ne furent-elles pas trouvées conformes à celles que le roi Sébaftien de
Portugal avoit faites en 1578, lorfqu'il paffa en
Afrique contre les Maures ? *Hift. feptent. liv. IV,
p. 249.*

En l'année 1608, un nommé *François Fava*,
Médecin, reçut la fomme de 10000 ducats, à
Venife, fur de fauffes lettres-de-change d'Alexandre Boffa, banquier à Naples, neveu & corref-
pondant de celui à qui elles étoient adreffées.

En 1728, un françois reçut à Londres du banquier du fieur Charters, fi connu par fes vices &
par fes crimes, une fomme de trois à quatre mille
livres fterling, fur de fauffes lettres-de-change que
le françois avoit faites de Spa à ce banquier, au
nom dudit Charters, après d'autres lettres d'avis
très-détaillées ; & quand Charters vint en Angleterre, peu de temps après, il refufa de les acquitter, fachant bien ne les avoir pas écrites ; & cependant il fe trompa à la préfentation que le banquier lui fit defdites fauffes lettres-de-change. Il les
prit pour être de fon *écriture*, quoique elles fuffent
en réalité de l'autre fripon, qui avoit fi bien fu
l'imiter. C'eft un trait fort fingulier de la vie de
ce fcélérat lui-même, que Pope oppofe fi bien au
vertueux Béthel. *Effai fur l'homme, épît. 4, v. 128.*

Mais nous avons un exemple célèbre & plus
ancien que tous les précédens. Nous lifons dans
l'hiftoire fecrète de Procope, une chofe furpre-
nante d'un nommé *Prifcus* ; il avoit contrefait
avec tant d'art l'*écriture* de tout ce qu'il y avoit
de perfonnes de qualité dans la ville qu'il habi-

foit, & l'*écriture* même des plus célèbres notaires, que personne n'y reconnut rien jufqu'à ce qu'il l'avoua.

L'hiftoire remarque que la foi qu'on ajoutoit aux contrats de ce fauffaire, fut le fujet d'une conftitution de Juftinien. Auffi cet empereur déelare dans la novelle 73, qu'il avoit été convaincu par fes yeux des inconvéniens de la preuve de la comparaifon de l'*écriture*.

D'ailleurs, cette comparaifon d'*écriture* ne fait pas foi par fa propre autorité; on n'en tire rien que par induction, & elle a befoin des conjectures des experts. Un juge donc ne peut trop fe précautionner contre les apparences trompeufes : il n'eft pas néceffaire pour cela qu'il foit un pirrhonien qui doute de tout; mais il faut que, comme le fage, il donne une légère créance à tout ce qui eft de foi-même incertain.

Le fieur Raveneau, écrivain juré à Paris, s'eft fait connoître dans le dernier fiècle, par un livre très-curieux fur cette matière. Il compofa & fit imprimer en 1666, un traité intitulé : *des infcriptions en faux, & des reconnoiffances d'écriture & de fignature*, dont il déclare que la comparaifon eft très-incertaine par les règles de l'art. Il découvre auffi dans ce livre le moyen d'effacer l'*écriture*, & de faire revivre celles qui font anciennes & prefque effacées. Ce moyen confifte dans une eau de noix de galles broyées dans du vin blanc, & enfuite diftillée, dont on frotte le papier.

Enfin le même auteur indique les artifices dont les fauffaires fe fervent pour contrefaire les *écritures*; non content d'en inftruire le public, il mit la pratique en ufage, & fe fervit lui-même fi bien ou fi mal de fon fecret, qu'il fut arrêté prifonnier en 1682, & condamné à une prifon perpétuelle. On défendit le débit de fon livre, parce qu'on le regarda comme pernicieux pour ceux qui en voudroient faire un mauvais ufage, & cette défenfe étoit jufte.

Cependant puifque le livre, l'art & les fauffaires fubfiftent toujours, il faut, pour ne point rifquer de s'abufer dans une queftion délicate, remonter aux principes. En voici un inconteftable. L'*écriture* n'eft autre chofe qu'une peinture, c'eft-à-dire, une imitation de traits & de caractères; conféquemment il eft certain qu'un grand peintre en ce genre, peut fi bien imiter les traits & les caractères d'un autre, qu'il en impofera aux plus habiles. Concluons que l'on ne fauroit être trop réfervé dans les jugemens fur la preuve par comparaifon d'*écritures*, foit en matière civile, foit plus encore en matière criminelle, où il n'eft pas permis de s'abandonner à la foi trompeufe des conjectures & des vraifemblances.

ECRITURES, (*terme de Palais*) dans la pratique judiciaire, font certaines procédures faites pour l'inftruction d'une caufe, inftance ou procès.

Les défenfes, repliques, exceptions, font des *écritures*; mais on les défigne ordinairement cha-

cune par le nom qui leur eft propre, & l'on ne qualifie communément d'*écritures*, que celles qui font fournies en conféquence de quelque appointement, & qui ne font pas en forme de requête.

Les *écritures* de palais ne doivent fixer l'attention des juges qu'autant qu'elles ont été fignifiées à la partie avec laquelle on eft en contefation; celles que l'on produit à fon infçu ne doivent être regardées que comme des mémoires donnés pour furprendre la religion des magiftrats.

Une délibération de la communauté des procureurs du parlement de Paris, du 28 novembre 1693, porte que dans le cas où plufieurs parties dans une même affaire, ont des intérêts différens, les fignifications ne doivent entrer en taxe qu'autant qu'elles font faites au procureur de la partie contre laquelle on contefte le droit dont eft queftion.

On diftingue au palais les *écritures* d'avocats, d'avec celles des procureurs.

L'ordonnance de 1667, *tit. 31, art. 10*, avoit ftatué que toutes les *écritures* feroient fignées par un avocat du nombre de ceux qui font infcrits fur le tableau : cet article donna lieu à plufieurs altercations entre les avocats & procureurs, chacun d'eux prétendant avoir le droit de faire des *écritures*.

Ces contefations ont été réglées par l'arrêt du parlement, du 17 juillet 1693, qui déclare que les *écritures*, appellées griefs, caufes d'appel, moyens de requête civile, réponfes, contredits, falvations, avertiffemens, font exclufivement du miniftère des avocats, à la différence des inventaires, caufes d'oppofition, productions nouvelles, comptes, brefs états, déclarations de dommages & intérêts, qui feront faites par les procureurs; que les avocats & procureurs feront par concurrence entre eux les débats, foutenemens, moyens de faux, de nullités, reproches & conclufions civiles.

Ce même arrêt ordonne que les *écritures* du miniftère des avocats n'entreront pas en taxe, fi elles ne font faites & fignées par un avocat infcrit fur le tableau, qui eft dreffé tous les ans, & s'ils n'ont au moins deux années d'exercice de cette profeffion. Mais aujourd'hui on exige quatre années de profeffion, en vertu d'un arrêt de règlement du 5 mai 1751.

Le règlement du mois de juillet 1693 s'exécute non feulement au parlement de Paris, mais encore dans les autres cours fouveraines de cette capitale, & dans les bailliages, fénéchauffées & préfidiaux, où il y a des avocats qui forment entre eux collège, & qui ont un tableau. C'eft ce qui réfulte d'un arrêt du 31 mars 1751, rendu fur les conclufions de M. d'Ormeffon, avocat général, entre les avocats & les procureurs de la fénéchauffée de Gueret.

ECRIVAIN, f. m. (*Droit civil.*) fe dit de celui qui fait profeffion d'enfeigner l'art d'écrire. Nous plaçons ici ce mot pour avoir lieu de rappeller que c'eft aux *écrivains* publics ou experts, qu'on a recours pour comparer & vérifier les écritures & signatures qu'on attaque par la voie de l'inscription de faux, & dont on nie la vérité.

La manière d'opérer des *écrivains* est différente en matière civile, de celle qu'ils observent en matière criminelle. En matière civile, ils font leur rapport comme experts; en matière criminelle, ils font entendus par forme de déposition sur ce qu'ils pensent des écritures qu'on leur a mises sous les yeux. *Voyez* COMPARAISON *d'écritures*, ECRITURES, *Droit civil*, FAUX, VÉRIFICATION.

ECROE, s. f. (*Droit féodal.*) ce mot est littéralement le synonyme d'*écroue*; mais la coutume de Normandie l'emploie particuliérement pour désigner les déclarations roturières, & sur-tout celles qui font relatives aux aînesses.

On appelle *aînesses* en cette province, les tenures solidaires, parce que ayant été concédées originairement à une seule personne ou à une seule famille, il y a un principal détenteur, qui est chargé d'acquitter les redevances pour la totalité du tenement, comme représentant l'aîné. On donne le nom d'*aîné* au principal détenteur, par la même raison, & celui de *puînés* à ses co-détenteurs.

L'art. 175 de la coutume de Normandie, porte: « qu'en toutes aînesses, les puînés font tenus de » bailler à l'aîné *écroë* ou déclaration signée d'eux, » de ce qu'ils tiennent sous lui, afin que l'aîné » puisse bailler *écroë* entière de l'aînesse au seigneur, » laquelle tous les puînés doivent avouer & signer » chacun pour son regard ».

Les *écroës* font au surplus assujetties aux formalités ordinaires des aveux & des déclarations roturières, *Voyez les articles 191 & 192 de la même coutume.*

Lorsqu'il n'y a point d'aîné, le seigneur peut forcer les co-détenteurs d'en élire un, pour servir toute la tenure. Mais cette obligation des co-détenteurs n'empêche pas que le seigneur ne puisse se pourvoir contre chacun des puînés pour la totalité de la redevance, lors même qu'il y a un aîné, sans qu'il soit obligé de le discuter avant de se pourvoir contre eux. Godefroy est à la vérité d'un avis contraire, mais son opinion a été rejettée par les commentateurs postérieurs & par l'usage de la province. *Voyez les articles* DÉFRÊCHEMENT, FRÊCHES, SOLIDITÉ, AVEU, DÉCLARATION *roturière.* (M. GARRAN DE COULON, *avocat au parlement.*)

ECROUE, s. m. (*Code criminel.*) en matière criminelle, est la mention que le greffier des prisons fait sur son registre, du nom, surnom & qualité de la personne qui a été amenée dans la prison, des causes pour lesquelles elle a été arrêtée, & la charge que l'huissier porteur donne au greffier & geolier de ladite personne. *Ecrouer* quelqu'un, c'est le constituer prisonnier & en faire mention sur le registre des prisons.

Bruneau, dans ses observations & maximes sur les matières criminelles, dit que ce mot *écroue*

vient du latin *scrobs*, qui signifie *fosse*; & en effet, on disoit anciennement *fosse* pour *prison*, parce que la plupart des prisons étoient plus basses que le rez-de-chaussée. On appelle encore *basse-fosse* les cachots qui font sous terre. Il ne seroit pas fort extraordinaire que de *scrobs* on eût fait *écroes*, & ensuite *écroues*.

D'autres, comme Cujas sur la *loi 1, cod. de excusat. artific.* Guenois, *tit. des prisons*, & Bornier sur l'*art. 9 du tit. xij de l'ordonnance criminelle*, tirent l'étymologie de ce mot du grec ἐκκρούειν, qu'ils traduisent par *contrudere vel dejicere in carcerem*: je ne vois pas néanmoins que ce mot signifie autre chose que *pulsare*; ainsi *écroue* signifieroit *contrainte*, & par conséquent l'acte par lequel on conduit la personne en prison.

D'autres encore prétendent qu'*écroue* vient d'*écrit* ou *écrire*, & en effet, le terme d'*écroue* est employé pour *écriture* en plusieurs occasions: par exemple, dans l'édit d'établissement de l'échiquier de Normandie, les écritures qui contiennent les faits & raisons des parties, font appellées *écroues*; il est dit aussi que les sergens ne doivent bailler leurs exploits par *écroues*, c'est-à-dire, par écrit.

Mais l'étymologie de Cujas paroît beaucoup plus naturelle.

Dans l'ancien style, *écroue* signifie aussi *déclaration*, *rôle* ou *état*. La coutume de Normandie, art. 192, celle de S. Paul-sous-Artois, sur l'art. 27 de cette coutume, se servent des termes d'*escroës* (ou *écroue*) & *déclaration*, comme synonymes en matière de censive. Les rôles ou états de la maison du roi s'appellent *écroue*, & en latin *commentarius*, ce qui revient assez au rôle des prisons, dont le greffier est nommé *commentariensis*, *quia in commentaria custodia refert*; & Cujas, en parlant de ces rôles des prisons, qu'il désigne par le terme de *commentaria*, dit que c'est ce qu'on appelle en françois *écrou*.

Je crois que l'*écroue* ou *écrou*, comme quelques-uns l'écrivent, mais irréguliérement, étoit dans l'origine le rôle ou le registre de la prison, l'état des prisonniers; & que dans la suite on a pris la partie pour le tout, en appliquant le terme d'*écroue* à chaque article du prisonnier, qui est mentionné sur le registre: de sorte que ce qu'on appelle *écroue*, par rapport au prisonnier, ne devroit être qualifié que comme un article ou extrait de l'*écroue* ou registre des prisons; mais l'usage a prévalu au contraire.

Bruneau suppose que le terme d'*écroue* signifie aussi l'*acte d'élargissement* & *décharge*. M. de Laurière, en son glossaire, au mot *Ecroue*, est de même sentiment; il prétend que le mot ἐκκρούειν signifie *extrudere, dimovere, eximere, liberare, potius quam contrudere aut conjicere in carcerem*, soit que le sergent exploitant se décharge du prisonnier en la geole, ou que le geolier en soit déchargé par le juge ou par le créancier, pour la délivrance du prisonnier.

En

En effet, dans l'ordonnance de Charles VI, de l'an 1413, *art.* 20, les termes d'*écroues* & *décharges* paroissent synonymes.

Cela paroît encore mieux marqué dans l'ordonnance de Louis XII, du mois de mars 1498, qui distingue la mention de l'emprisonnement d'avec l'*écroue*, qui est dit pour *élargissement*.

L'art. 103 de cette ordonnance porte que le geolier ou garde des chartres & prisons fera un grand registre, dont chaque feuillet sera ployé par le milieu, que d'un côté seront écrits, & de jour en jour, les noms & surnoms, états & demeurances des prisonniers qui seront amenés en la charte ; par qui ils seront amenés, pourquoi, à la requête de qui, & de quelle ordonnance ; & si c'est pour dette, & qu'il y ait obligation sous scel royal, la date de l'obligation, & que le domicile du créancier y sera aussi enregistré.

L'ordonnance du même prince, en 1507, *art.* 182, celle de François I, en 1535, *chap.* 13, *art.* 19, & celle de Henri II, en 1549, *art.* 3, s'expliquent à-peu-près de même. La dernière dit que le geolier, suivant les anciennes ordonnances, sera tenu de faire un rôle au vrai de tous les prisonniers amenés en la conciergerie.

L'art. 104 de l'ordonnance de 1498, ajoute que de l'autre côté de la marge du feuillet, sera enregistré l'*écroue*, élargissement ou décharge des prisonniers, telle qu'elle lui sera envoyée & donnée par le greffier, sur le registre dudit emprisonnement, sans qu'il puisse mettre hors ou délivrer quelque prisonnier, soit à tort ou droit, sans avoir ledit *écroue*.

La même chose est répétée dans les ordonnances de Louis XII, en 1507 ; de François I, en 1535, *chap.* 13, *art.* 20 & *ch.* 21, *art.* 12.

Enfin l'art. 105 de l'ordonnance de 1498, porte que le greffier aura un registre où il écrira la délivrance, élargissement, & toutes autres expéditions de chaque prisonnier, en bref, mettant le jour de son emprisonnement, par qui, & comment il sera expédié ; qu'incontinent l'expédition faite, le greffier donnera ou enverra au geolier un *écroue* ou brevet, contenant le jour & forme de l'expédition ; & que le greffier aura pour chacun *écroue* & expédition, 15 deniers tournois, & non plus ; ou moins, selon les coutumes des lieux, &c.

Les ordonnances de Louis XII, en 1507, *art.* 156, de François I, en 1535, *chap.* 13, *art.* 21, portent la même chose.

Enfin l'art. 128 de l'ordonnance de 1498, qui défend à tous juges de prendre plus de 5 f. tournois pour les élargissemens des prisonniers, ne se sert point du terme d'*écroue* ; ce qui confirme que ce terme ne signifioit point alors *emprisonnement*, mais au contraire *décharge*, comme on disoit alors *donner écroue à un receveur*, c'est-à-dire, lui donner quittance & décharge de sa recette.

La discussion dans laquelle nous sommes entrés

sur l'étymologie de ce mot, ne doit pas être regardée comme une simple curiosité ; elle est nécessaire pour l'intelligence des anciennes ordonnances, dans lesquelles le terme d'*écroue*, en matière criminelle, paroît avoir eu trois significations différentes. Il signifioit d'abord, comme on l'a vu, la *contrainte* qui s'exerce contre celui que l'on pousse en prison ; ce qui a fait croire mal-à-propos à quelques-uns que ce mot signifioit *décharge*, sous prétexte que l'huissier qui fait l'emprisonnement, se décharge de celui qu'il a arrêté, en le remettant au geolier, qui s'en charge. On voit qu'ensuite ce même terme signifioit l'*élargissement* du prisonnier ; & enfin on est revenu au premier & véritable sens que ce terme avoit, suivant son étymologie, c'est-à-dire, que l'*écroue* est la mention qui est faite de la contrainte par corps & emprisonnement, sur le registre des prisonniers.

Suivant l'ordonnance criminelle de 1670, *tit.* 2, *art.* 6, les archers des prévôts des maréchaux peuvent écrouer les prisonniers arrêtés en vertu de leurs décrets.

L'art. 7 du même titre porte qu'ils seront tenus de laisser au prisonnier qu'ils auront arrêté, copie du procès-verbal de capture & de l'*écroue*, sous les peines portées par l'*art.* 1. Cette disposition doit être observée par tous huissiers & sergens, & autres ayant pouvoir d'arrêter & constituer prisonnier.

L'art. 9 du tit. 10 des décrets, ordonne qu'après qu'un accusé pris en flagrant délit ou à la clameur publique, aura été conduit prisonnier, le juge ordonnera qu'il sera arrêté & écroué, & que l'*écroue* lui sera signifié parlant à sa personne.

Il faut néanmoins observer que l'on dépose quelquefois dans les prisons, pour une nuit ou autre bref délai, ceux qui sont arrêtés à la clameur publique, jusqu'à ce qu'ils aient été interrogés ; en ce cas, ils ne sont point écroués ; & s'il n'y a pas lieu à les décréter de prise de corps, ils doivent être élargis dans les vingt-quatre heures.

Les procureurs du roi dans les justices ordinaires, doivent, suivant l'art. 10 du même titre, envoyer aux procureurs généraux, chacun dans leur ressort, aux mois de janvier & de juillet de chaque année, un état signé par les lieutenans criminels & par eux, des *écroues* & recommandations faites pendant les six mois précédens dans les prisons de leurs sièges, & qui n'auront point été suivies de jugement définitif, contenant la date des décrets, *écroues* & recommandations, &c. à l'effet de quoi, tous actes & *écroues* seront par les greffiers & geoliers délivrés gratuitement, & l'état porté par les messagers, sans frais, à peine d'interdiction contre les greffiers & geoliers, & de 100 liv. d'amende envers le roi, & de pareille amende contre les messagers. La même chose doit être observée par les procureurs des justices seigneuriales, à l'égard des procureurs du roi des sièges où elles relèvent.

C c

Ces difpofitions font encore expliquées par les arrêts de réglement du parlement de Paris, des 18 juin & premier feptembre 1717.

L'ordonnance de 1670, *tit.* 13, *art.* 6, ordonne que les greffiers des geoles, où il y en a, finon les geoliers-concierges, feront tenus d'avoir un regiftre relié, coté & paraphé par le juge, dans tous fes feuillets, qui feront féparés en deux colonnes, pour les *écroues* & recommandations, & pour les élargiffemens & décharges. Le terme d'*écroue* fignifie en cet endroit *emprifonnement*.

L'art. 9 défend aux greffiers & geoliers, à peine des galères, de délivrer des *écroues* à des perfonnes qui ne feront point actuellement prifonnières, ni de faire des *écroues* ou décharges fur feuilles volantes, cahiers, ni autrement que fur le regiftre coté & paraphé par le juge. Le mot *ou* dont fe fert cet article, en parlant des *écroues* ou décharges, n'eft pas conjonctif, mais alternatif; ainfi ces mots ne font pas fynonymes.

L'art. 10 défend auffi aux greffiers & geoliers, de prendre aucuns droits pour emprifonnement, recommandation & décharge; mais qu'ils pourront feulement, pour les extraits qu'ils délivreront, recevoir ceux qui feront taxés par le juge, &c.

Ce dernier article parle d'emprifonnement, fans employer le terme d'*écroue*; & en effet, l'*écroue* n'eft pas l'emprifonnement même, mais la mention qui eft faite de l'emprifonnement, fur le regiftre de la geole.

L'art. 13 veut que les *écroues* & recommandations faffent mention des arrêts, jugemens & autres actes en vertu defquels ils feront faits; du nom, furnom & qualité du prifonnier; de ceux de la partie qui les fera faire, comme auffi du domicile qui fera par lui élu au lieu où la prifon eft fituée, fous peine de nullité; & il eft dit qu'il ne pourra être fait qu'un *écroue*, encore qu'il y eût plufieurs caufes de l'emprifonnement.

Enfin l'art. 15 ordonne au geolier ou greffier de la geole, de porter inceffamment, & dans les vingt-quatre heures au plus tard, au procureur du roi ou à celui du feigneur (fi c'eft dans une juftice feigneuriale), copie des *écroues* & recommandations qui feront faits pour crime.

Quand le juge déclare un emprifonnement nul, tortionnaire & déraifonnable, il ordonne que l'*écroue* fera rayé & biffé. *Voyez* EMPRISONNEMENT, PRISON, PRISONNIER, RECOMMANDATION. (*A*)

ECU, f. m. (*Droit public*) ce mot a dans notre langue deux fignifications très-différentes.

En terme de blafon, on appelle *écu*, le champ fur lequel on pofe les pièces & meubles des armoiries. *Voyez* ARMES, ARMOIRIES, & *le Dictionnaire du Blafon*.

En terme de monnoie, on appelle *écu*, certaines pièces de monnoies qui ont cours fuivant la valeur qui leur eft donnée par les édits du fouverain.

Dans la plupart des états de l'Europe, on fabrique des *écus* d'or & d'argent; il en étoit de

même en France : mais depuis 1665, on a difcontinué d'y frapper des *écus* d'or; on n'y travaille plus que des *écus* d'argent de deux efpèces différentes, les uns appellés *écus de trois livres*, valent foixante fous tournois, les autres ont une valeur double, & font appellés *écus de fix francs* ou *livres*, & dans quelques provinces, *gros - écus*. *Voyez* MONNOIE.

ECUIAGE, f. m. (*Droit féodal.*) *fcutagium* ou *fcritiùm fcuti*, fervice d'*écuiage*, c'eft-à-dire celui qui fe fait avec l'écu. Tenir fa terre ou fon fief par *écuiage*, c'eft devoir le fervice d'écuyer, comme il eft dit au *Traité des tenures*, *liv. II*, *chap. 3*. Ce fervice pouvoit être dû à des feigneurs particuliers de même qu'au roi. Quelques-uns difent que le vaffal qui tenoit par *écuiage* devoit le fervice de chevalier, Littleton, *fect. 95*. Le terme d'*écuiage* fignifie auffi quelquefois un *droit en argent* que le vaffal étoit obligé de payer à fon feigneur, pour tenir lieu du fervice militaire, lorfqu'il ne le faifoit point en perfonne, & qu'il n'envoyoit perfonne à fa place. *Voyez* le *gloff.* de Ducange, au mot *Scutagium*. (*A*)

ECUISSER, v. a. *terme d'eaux & forêts*, qui fignifie *diminuer un arbre par le bas pour l'abattre*. L'ordonnance des eaux & forêts, *tit. 15*, *art. 42*, ordonne de couper les bois à la coignée & à fleur de terre, fans les *écuiffer* ni éclater. Quelques auteurs ont regardé ces termes comme fynonymes; il paroît néanmoins qu'ils ont chacun un objet différent. (*A*)

ECUMEUR *de mer*. *Voyez* PIRATE.

ECUYER, f. m. (*Droit public.*) c'eft un titre ou grade de nobleffe au-deffous de celui de chevalier, & qui dans le temps de l'ancienne chevalerie, fervoit de degré pour y parvenir. Il étoit alors fynonyme de *bachelier*, *damoifeau*, *varlet*, &c.

Ce mot peut venir d'*écu*, parce que c'étoit l'*écuyer* qui portoit l'écu ou bouclier des chevaliers, pour le leur donner au befoin.

Quelques auteurs font dériver ce mot de *fcuria*, qui fignifioit en latin barbare, *écurie*, parce que les *écuyers* avoient foin des chevaux des chevaliers, comme de leurs armures.

On voit par les poëmes d'Homère, que dans les temps les plus reculés, il exiftoit un certain ordre de guerriers dont les fonctions étoient à peu-près femblables à celles des écuyers dont nous parlons. Ils combattoient à côté des héros d'Homère, & ils conduifoient les chars fur lefquels ils étoient montés. Hector, au huitième livre de l'Iliade, voit périr à fes côtés *fon écuyer*.

Dans les temps de l'ancienne chevalerie, on donnoit la qualité d'*écuyer* à un jeune gentilhomme, avec certaines cérémonies, qui par un appareil impofant faifoient juger de la confidération qu'on attachoit à ce rang.

Ce n'étoit qu'à l'âge de 14 ans, & après être forti des pages, qu'on étoit admis au nombre des *écuyers.* Le jeune homme étoit préfenté à l'autel par fon père & fa mère, chacun un cierge à la main, allant à l'offrande. Le prêtre prenoit une épée & une ceinture fur l'autel, & l'attachoit au côté du jeune gentilhomme, après avoir fait deffus plufieurs bénédictions.

Les *écuyers* étoient attachés à la cour des hauts-feigneurs & chevaliers qu'ils fervoient, & ils étoient divifés en plufieurs claffes, fuivant les différens emplois auxquels ils étoient deftinés.

Il y avoit des *écuyers* de corps, pour accompagner toujours leur feigneur ; des *écuyers* de chambre ou chambellans ; des *écuyers* tranchans, pour découper les viandes avec dextérité ; des *écuyers* d'écurie, chargés de dreffer les chevaux à tous les ufages de la guerre ; & enfin des *écuyers* d'honneur.

L'*écuyer* tranchant, toujours debout dans les feftins & dans les repas, étoit occupé à couper les viandes avec la propreté, l'adreffe & l'élégance convenables, & à les faire diftribuer aux convives. Cette fonction fait aujourd'hui partie de celle des maîtres-d'hôtels, à qui la garde des offices & des buffets eft confiée.

L'*écuyer* de la chambre avoit principalement infpection fur la vaiffelle d'or & d'argent, deftinée au fervice de la table.

L'*écuyer* du corps étoit particuliérement attaché à la perfonne du maître, pour lui procurer de l'aide & du fecours. Il l'accompagnoit prefque par-tout, il l'aidoit à monter à cheval, il portoit fon heaume, fon armure, fes gantelets, fa bannière, en un mot, tout ce dont le chevalier avoit befoin dans le combat ; en cas d'accident, il lui donnoit de nouvelles armes, le relevoit, & lui donnoit un cheval frais.

L'*écuyer* d'honneur avoit à l'armée, la garde des prifonniers faits par fon maître ; dans les châteaux, il faifoit les honneurs de la maifon, il préparoit le bal, fervoit le vin du coucher, marquoit aux hôtes leurs chambres & les y conduifoit.

On voit encore aujourd'hui dans la maifon du roi, de la reine & des princes, des exemples de pareils fervices de la part des *écuyers* & des pages. Celui auquel ils paroiffent aujourd'hui être plus fpécialement attachés, confifte à donner la main aux grands feigneurs & aux grandes dames, qui par leur qualité ont droit d'avoir des *écuyers*.

Dans les temps anciens, les qualités d'*écuyer* & de *chevalier* étoient diftinguées, & comme nous l'avons remarqué, la première fervoit de degré pour acquérir la feconde ; mais depuis que les jeunes gentilshommes ne font plus le fervice des anciens *écuyers*, que le titre de *chevalier*, fi on en excepte les ordres du roi, n'eft plus une qualité perfonnelle, accordée par forme de diftinction & de récompenfe, aux gentilshommes qui ont bien mérité de l'état, il paroît que l'on confond aujourd'hui les termes d'*écuyer* & de *chevalier*, qu'on les regarde comme fynonymes, & on doit

fe plaindre avec raifon que ces titres font ufurpés aujourd'hui par des gens qui n'y ont aucun droit.

Le titre d'*écuyer* eft véritablement le feul fynonyme de celui de *noble*, il eft la qualité propre & inhérente à la nobleffe, & celle que tous les membres de cet ordre ont droit d'ajouter après leurs noms & furnoms, pour fe diftinguer du tiers-état.

Le titre de *chevalier* ne doit fe donner qu'à des nobles, perfonnellement très-illuftres, à ceux qui joignent à l'ancienneté de la naiffance, l'avantage ou de compter parmi leurs ancêtres un chevalier, ou d'avoir eu des pères décorés de titres, grades ou charges très-honorifiques, à ceux enfin qui ont été revêtus eux-mêmes de ce titre éminent, foit par l'admiffion au nombre des chevaliers des ordres du roi, foit par des lettres-patentes duement enregiftrées.

Un arrêt du parlement de Rennes, rendu en 1679, cité par Hevin & Duparc-Poullain, fous l'art. 677 de la coutume de Bretagne, défend à tous nobles de prendre les qualités de *meffire*, *chevalier*, *châtelain*, *comte*, *feigneur haut & puiffant*, &c. s'ils n'ont titres ou lettres du roi.

Par un arrêt du 13 août 1663, rapporté au journal des audiences, la cour du parlement de Paris, faifant droit fur les conclufions du procureur général, défend à tous gentilshommes de prendre la qualité de *meffire* & de *chevalier*, finon en vertu de bons & de légitimes titres, & à ceux qui ne font pas gentilshommes, de prendre la qualité d'*écuyer*, ni de timbrer leurs armes ; le tout à peine de 1500 liv. d'amende.

Les nobles actuels ne doivent pas croire qu'on cherche à déprimer leur qualité, en les reftreignant au titre d'*écuyer* : ils verront dans les chartres, diplômes, actes & titres de famille, que dans le feizième fiècle, des Courtenai, des Montmorency, des Béthune, des la Tremouille, des Gontaut, des Choifeul & autres, ont été fatisfaits de la qualité d'*écuyer* ; que dans le dix-feptième fiècle, des Mallet-Graville, des Sénéchal-Carcado n'en ont pas rougi, & qu'on a vu d'autres gentilshommes, parvenus à des grades fupérieurs, s'en être contentés dans le dix-huitième fiècle.

La qualité d'*écuyer* eft donc aujourd'hui le véritable titre de la nobleffe, le caractère qui la diftingue effentiellement d'avec les différentes claffes des roturiers ; c'eft auffi par ce motif que les déclarations de janvier 1624 & d'août 1702, en ordonnant la recherche de ceux qui auroient ufurpé les titres d'*écuyer* & de *chevalier*, défendent à tout particulier de prendre le premier, & de porter armoiries timbrées, à peine de 2000 liv. d'amende, s'il n'eft de maifon & extraction noble, & enjoignent aux procureurs généraux & à leurs fubftituts de faire toutes les pourfuites néceffaires contre les ufurpateurs des titres & qualités de noble. *Voyez* CHEVALIER, NOBLESSE.

ECUYER, eft le titre d'honneur que l'on donne à celui qui a la charge & l'intendance des écuries du roi, de la reine, & des princes & princesses du sang. *Voyez le Diction. dipl. économ. polit.*

E D

EDIFICE, f. m. (*Droit civil.*) *voyez* BATI-MENS, RÉPARATION, SERVITUDE, VOISINAGE, &c.

EDIT, f. m. (*Droit romain.*) ce terme avoit chez les Romains plusieurs significations.

1°. On appelloit *édit, edictum,* la citation ou ajournement donné au défendeur pour comparoître devant le juge. Le contumax étoit sommé par trois de ces *édits* ou citations, qui emportoient chacun un délai de trente jours, ensuite on le condamnoit aux dépens. *Voyez l'authen. quod c. lib. 7, tit. 43.*

2°. On donnoit le nom d'*édit* aux réglemens que certains magistrats romains faisoient pour être observés pendant l'année de leurs magistratures. Tels sont l'*édit des édiles,* l'*édit des préteurs,* l'*édit perpétuel,* & l'*édit provincial.* Nous en donnerons une courte notice.

Edits des édiles, ædilitia edicta, étoient des réglemens que les édiles-curules faisoient pour les particuliers, sur les matieres dont ils avoient la connoissance : telles que l'ordonnance des jeux, la police des temples, des chemins publics, des marchés & des marchandises, & pour tout ce qui se passoit dans la ville. Ce fut par ces *édits* que s'introduisirent les actions que l'on a contre ceux qui vendent des choses défectueuses.

Comme la compétence des préteurs & celle des édiles n'étoient pas trop bien distinguées, & que les édiles étoient souvent appellés *préteurs,* on confondoit aussi quelquefois les *édits des édiles* avec ceux des préteurs.

Ces *édits* n'étoient, comme ceux des préteurs, que des loix annuelles, que chaque édile renouvelloit pendant son administration suivant qu'il le jugeoit à propos.

Il paroît que le pouvoir de faire des *édits* fut ôté aux édiles par l'empereur Adrien, lorsqu'il fit faire l'*édit perpétuel,* ou la collection de tous les *édits* des préteurs & des édiles. *Voyez Edit perpétuel.*

Edit perpétuel, qu'on appelloit aussi *jus perpetuum* ou *édit du préteur* par excellence, étoit une collection ou compilation de tous les *édits,* tant des préteurs que des édiles curules. Cette collection fut faite, non pas par l'empereur Didius Julianus, comme quelques-uns l'ont cru, mais par le jurisconsulte Salvius Julianus, qui fut choisi à cet effet par l'empereur Adrien, & qui s'en acquitta avec de grands éloges. Comme les *édits* des préteurs & des édiles n'étoient que des loix annuelles, & que ces réglemens, qui s'étoient multipliés tous les ans, causoient beaucoup de confusion & d'incertitude, Adrien voulut que l'on en formât une espece de code qui servit de regle pour l'avenir aux préteurs & aux édiles dans l'administration de la justice, & il leur ôta en même temps le pouvoir de faire des réglemens.

Il paroît, par les fragmens qui nous restent de l'*édit perpétuel,* que le jurisconsulte Julien y avoit suppléé beaucoup de décisions qui ne se trouvoient point dans les *édits* dont il fit la compilation.

Les empereurs Dioclétien & Maximien qualifierent cet ouvrage de *droit perpétuel.*

Plusieurs anciens jurisconsultes ont fait des commentaires sur cet *édit.*

On en fit un abrégé pour les provinces, qui fut appellé *édit provincial. Voyez Edit provincial.*

Edit perpétuel, est aussi un réglement que les archiducs Albert & Isabelle firent pour tous les pays de leur domination, le 12 juillet 1611. Cet *édit* contient quarante-sept articles sur plusieurs matieres, qui ont toutes rapport au droit des particuliers & à l'administration de la justice. Anselme a fait un commentaire sur cet *édit.*

Edit du préteur, étoit un réglement que chaque préteur faisoit pour être observé pendant l'année de sa magistrature. Les patriciens jaloux de voir que le pouvoir législatif résidoit en entier dans deux consuls, dont l'un devoit alors être plébéien, firent choisir entre eux un préteur, auquel on transmit le droit de législation.

Dans la suite, le nombre des préteurs fut augmenté ; il y en avoit un pour la ville, appellé *prætor urbanus,* d'autres pour les provinces, d'autres qui étoient chargés de quelques fonctions particulieres.

La fonction de ces préteurs étoit annale ; il y avoit sur la porte de leur tribunal une pierre blanche appellée *album prætoris,* sur laquelle chaque nouveau préteur faisoit graver un *édit* qui annonçoit au peuple la maniere dont il se proposoit de rendre la justice.

Avant de faire afficher cet *édit,* le préteur le donnoit à examiner aux tribuns du peuple.

Ces sortes d'*édits* ne devant avoir force de loi que pendant une année, on les appelloit *leges annuæ* ; il y avoit même des *édits* ou réglemens particuliers, qui n'étoient faits que pour un certain cas, au-delà duquel ils ne s'étendoient point.

Les préteurs, au reste, ne pouvoient faire des loix ou réglemens que pour les affaires des particuliers, & non pour les affaires publiques.

Du temps d'Adrien, on fit une collection de tous ces *édits,* que l'on appella *édit perpétuel,* pour servir de regle aux préteurs dans leurs jugemens, & dans l'administration de la justice ; mais l'empereur ôta en même temps aux préteurs le droit de faire des *édits.*

L'*édit* perpétuel fut aussi appellé quelquefois l'*édit du préteur* simplement. *Voyez Edit perpétuel.*

Edit provincial, edictum provinciale, étoit un abrégé de l'*édit* perpétuel ou collection des *édits* des préteurs, qui avoit été faite par ordre de l'empereur Adrien. L'*édit* perpétuel étoit une loi générale de l'empire, au lieu que l'*édit provincial* étoit seulement une loi pour les provinces & non pour la ville de Rome; c'étoit la loi que les proconsuls faisoient observer dans leurs départemens. Comme dans cet abrégé on n'avoit pas prévu tous les cas, cela obligeoit souvent les proconsuls d'écrire à l'empereur pour savoir ses intentions. On ne sait point qui fut l'auteur de l'*édit provincial*, ni précisément en quel temps cette compilation fut faite; Ezéchiel Spanheim, en son ouvrage intitulé *orbis Romanus*, conjecture que l'*édit provincial* peut avoir été rédigé du temps de l'empereur Marc-Aurele. Henri Dodwel, *ad spartian. Hadrian.* soutient au contraire que ce fut Adrien qui fit faire cet abrégé; il n'est cependant dit en aucun endroit que le jurisconsulte Julien qu'il avoit chargé de rédiger l'*édit* perpétuel, fût aussi l'auteur de l'*édit provincial*; peut-être n'en a-t-on pas fait mention, à cause que l'*édit provincial* n'étoit qu'un abrégé de l'*édit* perpétuel, dont on avoit seulement retranché ce qui ne pouvoit convenir qu'à la ville de Rome. On y avoit aussi ajouté des réglemens particuliers faits pour les provinces, qui n'étoient point dans l'*édit* perpétuel. Au surplus, ces deux *édits* étoient peu différens l'un de l'autre, comme il est aisé d'en juger en comparant les fragmens qui nous restent des commentaires de Caïus sur l'*édit provincial*, avec ce qui nous a été conservé de l'*édit* perpétuel; plusieurs de ces fragmens ont été insérés dans le digeste; Godefroi & autres jurisconsultes les ont rassemblés en divers ouvrages. Voyez ce qu'en dit M. Terrasson, en son *Histoire de la jurisprudence romaine*, p. 259.

3°. Sous les empereurs, l'on a donné le nom d'*édits*, aux constitutions des princes, *constitutiones principum*, qui étoient des loix nouvelles faites de leur propre mouvement, soit pour décider le cas qui n'avoient pas été prévus, soit pour abolir ou changer quelques loix anciennes.

Les *édits* étoient différens des rescrits & des décrets; les rescrits n'étant qu'une réponse aux lettres d'un magistrat, & les décrets des jugemens particuliers.

Les *édits* ou constitutions des empereurs ont servi à former les différens codes Grégorien, Hermogenien, Théodosien & Justinien.

On trouve dans la plupart des corps de droit, à la suite des novelles, treize *édits* de Justinien, qui n'ont pu être insérés dans son code, parce qu'ils sont postérieurs à sa derniere rédaction. Ils n'ont pour objet que la police de plusieurs provinces de l'Empire, & ne sont d'aucun usage parmi nous, même dans les pays du droit écrit.

EDIT, (*Droit public françois.*) est une constitution générale que le prince fait de son propre mouvement, par laquelle il défend quelque chose, ou fait quelque nouvel établissement général, pour être observé dans tous ses états ou du moins dans l'étendue de quelque province.

Le terme d'*édit* vient du latin *edicere*, qui signifie *aller au devant* des choses & statuer dessus par avance; c'est l'étymologie que Théophile donne de ce terme, sur le §. *6 du tit. 2 du liv. I des Instit.*

En France, les rois de la premiere race faisoient des *édits*; sous la seconde race, toutes les ordonnances & réglemens étoient appellés *capitulaires*; sous la troisieme race, le terme d'*édit* est redevenu en usage.

Les *édits* sont différens des ordonnances, en ce que celles-ci embrassent ordinairement différentes matieres ou du moins contiennent des réglemens généraux & plus étendus que les *édits*, qui n'ont communément pour objet qu'un seul point.

Les déclarations sont données en interprétation des *édits*.

Quant à la forme des *édits*, ce sont, de même que les ordonnances, des lettres-patentes du grand sceau, dont l'adresse est *à tous présens & à venir*. Ils sont seulement datés du mois & de l'année.

Les *édits* étant signés du roi, sont visés par le chancelier & scellés du grand sceau en cire verte sur des lacs de soie rouge & verte.

Il y a cependant quelques *édits* qui sont en forme de déclaration & qui commencent par ces mots, *à tous ceux qui ces présentes lettres verront*, & qui sont datés du jour du mois, & scellés en cire jaune sur une double queue de parchemin.

On n'observe les *édits* que du jour qu'ils sont enregistrés en parlement, de même que les ordonnances & déclarations. *Voyez* ENREGISTREMENT, PUBLICATION & VÉRIFICATION.

Nous avons beaucoup d'*édits* qui portent le nom du lieu où ils ont été donnés: tels sont l'*édit* de Crémieu, de Melun, d'Amboise, &c. d'autres portent le nom des choses qu'ils ont pour objet, tels sont l'*édit* du contrôle, des insinuations, des présidiaux, des duels, &c. Nous allons donner une simple notice des principaux.

EDIT, (*Chambre de l'*) *Voyez* ci-après EDIT *de pacification*, & CHAMBRE *de l'édit*.

EDIT d'*Amboise*, est un réglement fait par Charles IX, à Amboise, au mois de janvier 1572, qui prescrit une nouvelle forme pour l'administration de la police, dans toutes les villes du royaume.

Il y a aussi un autre *édit* donné dans le même temps à Amboise, qui a principalement pour objet la punition de ceux qui contreviennent à l'exécution des ordonnances du roi & de la justice, & de régler la jurisdiction des prévôts des maréchaux; mais quand on parle de l'*édit d'Amboise* sans autre désignation, c'est communément le premier que l'on entend parler.

EDIT d'*Août*, qu'on désigne ainsi sans ajouter l'année ni le lieu, est un des *édits* de pacification accordés aux religionnaires, qui fut donné à S. Germain, au mois d'août 1570. Il a été ainsi appellé pour le distinguer des autres *édits* de pacification qui furent donnés dans les années précédentes; l'un appellé l'*édit de juillet*, parce qu'il fut donné en-juillet 1561; un autre appellé *édit de janvier*, donné en janvier 1562; & deux autres appellés *édits de mars*, l'un donné à Amboife au mois de mars 1561, l'autre donné en mars 1568.

EDIT de la Bourdaifière, que quelques-uns qualifient auffi d'*ordonnance*, est un *édit* de François I, du 18 mai 1729, donné à la Bourdaifière, portant réglement pour la forme des évocations. *Voyez* EDIT de Chanteloup, & EVOCATIONS.

EDIT *burfal*, on appelle ainfi les nouveaux *édits* & déclarations qui n'ont principalement pour objet que la finance qui en doit revenir au fouverain: tels font les créations d'office, les nouvelles impofitions & autres établissemens femblables que le prince est obligé de faire en certains temps pour fubvenir aux befoins de l'état.

EDIT de Chanteloup, fut donné audit lieu par François I, au mois de mars 1545, pour confirmer l'*édit* de la Bourdaifière concernant les évocations, & expliquer quelques difpofitions de cet *édit*. *Voyez* EDIT de la Bourdaifière, & EVOCATION.

EDIT de Château-Briant, est un des *édits* donnés contre les religionnaires avant les *édits* de pacification; il fut ainfi nommé, parce que Henri II. le fit à Château-Briant, le 22 juin 1551: il contient 46 articles qui ont pour objet la manière de ceux qui fe font féparés de la foi de l'églife romaine, pour aller à Genève ou autres lieux de religion contraire à la religion catholique, apoftolique & romaine. *Voyez* ce qui est dit *à l'article* EDIT de Romorantin.

EDIT du *contrôle*, est le nom que l'on donne à divers *édits*, par lefquels le roi a établi la formalité du contrôle pour certains actes. Ainfi, quand on parle de l'*édit du contrôle*, cela doit s'entendre *fecundùm fubjectam materiam*.

Edit du *contrôle*, en matière bénéficiale, est celui du mois de novembre 1637, par lequel Louis XIII, pour éviter les abus qui fe commettoient par rapport aux bénéfices, créa dans chacune des principales villes du royaume, un contrôleur des procurations pour réfigner, préfentations, collations & autres actes concernant les bénéfices, l'impétration & poffeffion d'iceux, & les capacités requifes pour les pofféder. Cet *édit* adreffé feulement au grand-confeil, y fut d'abord enregiftré fous plufieurs modifications, le 13 août 1638, & fut fuivi de lettres de juffion du 25 du même mois, & d'arrêt du grand-confeil du 4 feptembre fuivant. Il y a encore eu plufieurs déclarations à ce fujet, jufqu'à l'*édit* du mois de décembre 1691, appellé communément l'*édit des infinuations eccléfiaftiques*. *Voyez* CONTRÔLE & INSINUATIONS *eccléfiaftiques*.

Edit du *contrôle*, en matière d'exploits, est l'*édit* du mois d'août 1669, par lequel le roi, en difpenfant les huiffiers & fergens de la néceffité de

fe faire affifter de deux records, a ordonné que tous exploits, à l'exception de ceux qui concernent la procure de procureur à procureur, feront contrôlés dans trois jours de leur date, à peine de nullité. *Voyez* CONTRÔLE *des exploits*.

Edit du *contrôle*, en fait d'actes des notaires, est l'*édit* du mois de mars 1698, portant que tous les actes des notaires, foit royaux, apoftoliques, ou des feigneurs, feront contrôlés dans la quinzaine de leur date, fous les peines portées par cet *édit*. Il y a eu encore plufieurs déclarations & arrêts du confeil à ce fujet. *Voyez* CONTRÔLE *des actes des notaires*.

Edit du *contrôle* pour les actes fous fignature privée: on entend quelquefois fous ce nom la déclaration du 14 juillet 1699, portant que ces actes feront contrôlés après avoir été reconnus. Mais on entend plus communément par-là, l'*édit* du mois d'octobre 1705, par lequel il a été ordonné que tous les actes fous feing-privé, à l'exception des lettres-de-change & billets à ordre ou au porteur, des marchands, négocians & gens d'affaires, feront contrôlés avant qu'on en puiffe faire aucune demande en juftice. *Voyez* CONTRÔLE *des actes fous fignature privée*.

Edit du *contrôle* pour les dépens. *Voyez* CONTRÔLE DES DÉPENS.

EDIT de Crémieu, est un réglement donné par François I, à Crémieu le 19 juin 1536, compofé de 31 articles, qui règle la jurifdiction des baillis, fénéchaux, & fièges préfidiaux, avec les prévôts, châtelains, & autres juges ordinaires, inférieurs, & les matières dont les uns & les autres doivent connoître. Ce réglement commence par ces mots: *à tous ceux qui ces préfentes lettres verront, falut, &c.* & est daté à la fin, du jour, du mois & de l'année: ce qui est la forme ordinaire des déclarations. Cependant ce réglement est univerfellement appellé l'*édit de Crémieu*. (*A*)

EDIT des *duels*, c'eft-à-dire, *contre les duels*. Il y a eu anciennement plufieurs *édits* pour reftraindre l'ufage des duels, & même pour le défendre abfolument; mais celui auquel on donne finguliérement le nom d'*édit des duels* est un *édit* de Louis XIV, du mois d'août 1679, qui a renouvellé encore plus étroitement les défenfes portées par les précédentes ordonnances. Il y a auffi un *édit des duels* donné par Louis XV, au mois de février 1723, qui ordonne l'exécution du précédent, & contient plufieurs difpofitions nouvelles. *Voyez* DUEL.

EDIT des *femmes*: Loifeau, en fon *traité des off. liv. II, chap. 10, n. 17,* dit que plufieurs donnent ce nom à l'*édit* du 12 décembre 1604, portant établiffement du droit annuel, ou paulette, qui fe paie pour les offices; que cet *édit* a été ainfi nommé, parce qu'il tourne au profit des femmes, en ce que par le moyen du paiement de la paulette, les offices de leurs maris leur font confervés après leur mort.

EDIT des *infinuations* est de deux fortes, favoir

des infinuatiohs eccléfiaftiques, & des infinuations laïques.

Edit des infinuations eccléfiaftiques. Le premier *édit* qui ait établi l'infinuation en matiere eccléfiaftique, eft celui de Henri II, du mois de mars 1553, portant création de greffiers des infinuations eccléfiaftiques, qui fut fuivi d'un autre *édit* de 1595, par lequel ces greffiers furent érigés en offices royaux. Il eft auffi parlé d'enregiftrement ou infinuation dans l'édit du contrôle de 1637, par rapport aux bénéfices. Mais l'*édit* appellé communément *édit des infinuations*, ou des *infinuations eccléfiaftiques*, eft celui de Louis XIV du mois de décembre 1691, regiftré au parlement de Paris & au grand-conseil, portant fuppreffion des anciens offices de greffiers des infinuations eccléfiaftiques, & création de nouveaux pour infinuer tous les actes concernant les titres & capacités des eccléfiaftiques, toutes procurations pour réfigner ou permuter des bénéfices, les actes de préfentation ou nomination des patrons, les provifions des ordinaires, prifes de poffeffion, bulles de cour de Rome, lettres de degré, &c. *Voyez* InSINUATIONS ECCLÉSIASTIQUES.

Edit des infinuations laïques, eft l'*édit* du mois de décembre 1703, qui a étendu la formalité de l'infinuation à tous les actes tranflatifs de propriété & autres dénommés dans cet *édit*; au lieu qu'elle ne fe pratiquoit auparavant que pour les donations & les fubftitutions. Cet *édit* a été furnommé *des infinuations laïques*, pour le diftinguer de l'*édit* des infinuations du mois de décembre 1691, qui concerne les infinuations eccléfiaftiques. *Voyez* CENTIÈME DENIER, & INSINUATIONS LAÏQUES.

EDIT *de juillet*, eft l'*édit* fait par Charles IX, contre les religionnaires, au mois de juillet 1561. La raison pour laquelle on le défigne ainfi feulement par le nom du mois où il a été donné, eft expliquée ci-devant à l'*article* EDIT *d'août*.

EDIT *de mars*, voyez ce qui eft dit ci-devant à l'*article* EDIT *d'août*.

EDIT *de Melun*, eft un réglement donné à Paris par Henri III au mois de février 1580. Il a été furnommé *édit de Melun*, parce qu'il fut fait fur les plaintes & remontrances du clergé de France affemblé par permiffion du roi en la ville de Melun.

La difcipline eccléfiaftique fait l'objet de cet *édit*. Il eft compofé de 31 articles, qui traitent de l'obligation de tenir les conciles provinciaux tous les trois ans; de la vifite des monaftères; des réparations des bénéfices, & des curés qui doivent y contribuer; de la faifie du temporel faute de réfidence; de l'emploi des revenus eccléfiaftiques; des provifions *in formâ dignum*; de la néceffité d'exprimer les caufes des refus de provifions; des dévolutaires; des privilèges & exemptions des eccléfiaftiques; de la maniere d'inftruire contre eux les procès criminels; que les juges royaux doivent donner affiftance pour l'exécution des jugemens eccléfiaftiques. Enfin il traite auffi des terriers des eccléfiaftiques, des droits curiaux, des dîmes, & des bois des eccléfiaftiques. Cet *édit*

fut enregiftré, les grand'chambre & tournelle affemblées, avec quelques modifications que l'on peut voir dans l'arrêt d'enregiftrement, qui eft du 5 mars de la même année.

EDIT *des meres*, eft un *édit* de Charles IX, donné à Saint-Maur au mois de mai 1567, ainfi appellé, parce qu'il règle l'ordre dans lequel les meres doivent fuccéder à leurs enfans. On l'appelle auffi *édit de Saint-Maur*, du lieu où il fut donné.

Par l'ancien droit romain, les meres ne fuccédoient point à leurs enfans. La rigueur de ce droit fut adoucie par les empereurs, en accordant aux meres qu'elles fuccéderoient à leurs enfans.

La derniere conftitution par laquelle Juftinien paroiffoit avoir fixé l'ordre de cette forte de fucceffion, donnoit à la mère le droit de fuccéder à fes enfans, non-feulement en leurs meubles & conquêts, mais auffi dans les biens patrimoniaux provenus du côté paternel.

Cette loi fut ponctuellement obfervée dans les pays de droit écrit jufqu'à l'*édit des meres*, qui régla que dorénavant les meres fuccédant à leurs enfans, n'auroient en propriété que les biens-meubles & les conquêts provenus d'ailleurs que du côté paternel; & que pour tout droit de légitime dans les biens paternels, elles auroient leur vie durant l'ufufruit de la moitié de ces biens.

Le motif allégué dans cet *édit*, étoit de conferver dans chaque famille le bien qui en provenoit.

Cet *édit* fut enregiftré au parlement de Paris, & obfervé dans les pays de droit écrit de fon reffort.

Mais les parlemens de droit écrit, lorfque l'*édit* leur fut adreffé, fupplierent le roi, & encore depuis, de trouver bon qu'ils continuaffent à fuivre pour la fucceffion des meres leurs anciennes loix.

Quoique le parlement d'Aix n'eût pas non plus enregiftré cet *édit*, les habitans de Provence parurent cependant d'abord affez difposés à s'y conformer. Mais les conteftations qui s'y élevèrent fur le véritable fens de cet *édit*, donnèrent lieu à une déclaration en 1575, qui ne fut adreffée qu'au parlement d'Aix. Elle fut même bientôt fuivie de lettres-patentes, qui lui défendoient d'y avoir égard dans le jugement d'une affaire qui y étoit pendante: ce qui donna lieu dans la fuite à ce parlement d'introduire une jurifprudence qui tenoit le milieu entre les loix romaines & l'*édit des meres*, & qui parut même autorifée par un arrêt du conseil. Cependant, au préjudice de cette jurifprudence obfervée dans ce parlement pendant plus d'un siècle, on voulut y faire revivre la déclaration de 1575, qui paroiffoit abrogée par un long ufage. Cette difficulté engagea le parlement d'Aix à fupplier le roi, de faire un réglement fur cette matiere: ce qui a été fait par un *édit* du mois d'août 1729, dont la difpofition s'étend à tous les parlemens du royaume, qui ont dans leur reffort des provinces régies par le droit écrit.

Par cet *édit*, le roi révoque celui de Saint-Maur du mois de juillet 1567, & ordonne qu'à compter de la publication du nouvel *édit*, le précédent soit regardé comme non fait & non avenu dans tous les pays du royaume où il a été exécuté; & en conséquence, que les successions des mères à leurs enfans, ou des autres ascendans, & parens les plus proches desdits enfans du côté maternel, qui seront ouvertes après le jour de la publication de cet *édit*, seront déférées, partagées & réglées suivant la disposition des loix romaines, ainsi qu'elles l'étoient avant l'*édit* de Saint-Maur.

Le roi déclare néanmoins que son intention n'est pas de déroger aux coutumes ou statuts particuliers qui ont lieu dans quelques-uns des pays où le droit écrit est observé, & qui ne sont pas entiérement conformes aux dispositions des loix romaines, sur lesdites successions. Il ordonne que ces coutumes ou statuts seront suivis & exécutés comme ils l'étoient avant cet *édit*.

Il est encore dit que, dans les pays où l'*édit* de Saint-Maur a été observé en tout ou partie, les successions ouvertes avant la publication du nouvel *édit*, soit qu'il y ait des contestations formées ou non, seront déférées, partagées & réglées, comme elles l'étoient suivant l'*édit* de Saint-Maur & la jurisprudence des parlemens,

Enfin il est dit que les arrêts & sentences passées en force de chose jugée, & les transactions ou autres actes équivalens, intervenus sur des successions de cette qualité avant le nouvel *édit*, seront exécutés selon leur forme & teneur, sans préjudice néanmoins aux moyens de droit.

Il y a un commentaire sur l'*édit des mères*, qui est inséré dans la compilation des commentateurs de la coutume de Paris, sur l'*article 312*. M. Louet, *lettre M, n. 12 & 22*, traite aussi plusieurs questions à l'occasion de cet *édit des mères* : mais tout cela est peu utile présentement, depuis la révocation de cet *édit*.

EDIT de Nantes, ainsi appellé parce qu'il fut donné à Nantes par Henri IV, le dernier avril 1598, est un des *édits* de pacification qui furent accordés aux religionnaires. Il résume en 92 articles tous les priviléges que les précédens *édits* & déclarations de pacification leur avoient accordés.

Il confirme l'amnistie qui leur avoit été accordée; fixe les lieux où ils auroient le libre exercice de leur religion; la police extérieure qu'ils devoient y observer, les cérémonies de leurs mariages & enterremens, la compétence de la chambre de l'*édit*; dont nous parlerons à la suite de cet article; enfin il prescrit des régles pour les acquisitions qu'ils pourroient avoir faites.

Henri IV leur accorda en outre 47 articles, qu'il fit registrer au parlement, mais qu'il ne voulut pas insérer dans son *édit*.

Il y eut encore depuis quelques *édits* de pacification accordés aux religionnaires.

Mais Louis XIV, par son *édit* du mois d'octobre 1685, révoqua l'*édit* de Nantes & tous les autres semblables, & défendit l'exercice de la religion prétendue réformée dans son royaume : ce qui a depuis été toujours observé, au moyen de quoi l'*édit* de Nantes & les autres *édits* semblables ne sont plus en vigueur. *Voyez* ci-après EDITS DE PACIFICATION.

EDITS *de pacification*, sont des *édits* de quelques-uns de nos rois, que la nécessité des temps & des circonstances fâcheuses les obligèrent d'accorder, par lesquels ils tolérèrent alors l'exercice de la religion prétendue réformée dans leur royaume.

Les violences qui se commettoient de la part des religionnaires contre les catholiques, & de la part de ceux-ci contre les religionnaires, engagèrent Charles IX *d'aviser aux moyens d'y apporter une salutaire provision*, que sont ses termes; & pour y parvenir, il donna, le 27 janvier 1561, le premier *édit* de pacification, intitulé, *pour appaiser les troubles & séditions sur le fait de la religion*.

Les religionnaires se prévalant de leur grand nombre & des chefs puissans qui étoient de leur parti, exigèrent que l'on étendît davantage les facilités que le roi avoit bien voulu leur accorder; de sorte que Charles IX, en interprétation de son premier *édit*, donna encore six autres déclarations ou *édits*, qui portent tous pour titre, *sur l'édit de pacification*; savoir une déclaration du 14 février 1561, un *édit* & déclaration du 19 mars 1562, déclaration du 19 mars 1563, & trois *édits* des 23 mars 1568, août 1570, & juillet 1573.

Henri III fit aussi quatre *édits* à ce sujet, & intitulés comme ceux de Charles IX : le premier est du mois de mai 1576; le second du 7 septembre 1577; le troisième du dernier février 1579 : celui-ci contient les articles de la conférence tenue à Nerac entre la reine mère du roi, le roi de Navarre, & les députés des religionnaires qui étoient alors assez audacieux pour capituler avec le roi; le quatrième *édit* du 26 décembre 1580, contient les articles de la conférence de Flex & de Coutras.

Le plus célèbre de tous ces *édits* de pacification est l'*édit* de Nantes du dernier avril 1598. *Voyez* ci-devant EDIT DE NANTES.

Louis XIII donna aussi un *édit* de pacification au mois de mai 1616, par lequel il accorda aux religionnaires 15 articles qui avoient été arrêtés à la conférence de Loudun. Cet *édit* fut suivi de plusieurs déclarations, toutes confirmatives des *édits* de pacification, en date des mois de mai 1617, 19 octobre 1622, 17 avril 1623; des articles accordés à Fontainebleau au mois de juillet 1625; de ceux accordés aux habitans de la Rochelle en 1626; d'un *édit* du mois de mars de la même année, & d'une déclaration du 22 juillet 1627.

Depuis la prise de la Rochelle, les religionnaires commencèrent à être plus soumis, & leurs demandes furent moins fréquentes.

Cependant

Cependant Louis XIV leur accorda encore quelques *édits* & déclarations, entre autres une déclaration du 8 juillet 1643, une autre du premier février 1669; mais par *édit* du mois d'octobre 1685, il révoqua l'*édit* de Nantes & tous les autres semblables; & défendit l'exercice de la religion prétendue-réformée dans son royaume: au moyen de quoi les *édits de pacification* qui avoient été accordés aux religionnaires, ne servent plus présentement que pour la connoissance de ce qui s'est passé lors de ces *édits*.

EDIT de Paulet ou de la Paulette, est celui du 12 décembre 1604, qui établit le droit annuel pour les offices. *Voyez* ANNUEL & PAULETTE. (*A*)

EDIT *des petites dates*, est un *édit* qui fut donné par Henri II au mois de juin 1550, & registré au parlement le 24 juillet suivant, pour réprimer l'abus qui se commettoit par rapport aux *petites dates* que l'on retenoit de France à Rome pour résignation de bénéfices; en ce que les impétrans retenoient ces dates sans envoyer la procuration pour résigner. Il ordonne, dans cette vue, que les banquiers-expéditionnaires de cour de Rome ne pourront écrire à Rome pour y faire expédier des procurations sur résignations, à moins que par le même courier ils n'envoient les procurations pour résigner. Il ordonne aussi que les provisions expédiées sur procurations surannées seront nulles. *Voyez* DATE. (*Droit canonique.*)

EDIT *des présidiaux*, est un *édit* de Henri II, de l'an 1551, portant création des présidiaux, & qui détermine leur pouvoir en deux chefs, qu'on appelle *premier & second chef de l'édit*.

Le premier leur donne le pouvoir de juger définitivement en dernier ressort jusqu'à deux cens cinquante livres pour une fois payer, & jusqu'à dix livres de rente, & les dépens, à quelque somme qu'ils puissent monter.

Le second chef les autorise à juger par provision, nonobstant l'appel, jusqu'à cinq cens livres pour une fois payer, & vingt livres de rente, en donnant caution pour celui qui aura obtenu lesdites sentences provisoires.

Il y a eu deux *édits* d'ampliation du pouvoir des présidiaux, le premier du mois de juillet 1580, le second du mois de novembre 1774. *V.* PRÉSIDIAUX.

EDIT de Romorentin, est un *édit* qui fut fait dans cette ville par François II, au mois de mai 1560, au sujet des religionnaires, par lequel la connoissance du crime d'hérésie fut ôtée aux juges séculiers, & toute jurisdiction, à cet égard, attribuée aux ecclésiastiques. Cet *édit* fut donné pour empêcher que l'inquisition ne fût introduite en France, comme les Guises s'efforçoient de le faire. Cet *édit* fut révoqué bientôt après par un autre de la même année, par lequel la recherche & punition de ceux qui faisoient des assemblées contre le repos de l'Etat, ou qui publioient par prédications ou par écrit de nouvelles opinions contre la doctrine catholique, fut renouvellée, avec attribution de jurisdiction aux

juges présidiaux, pour en connoitre en dernier ressort, au nombre de dix; & s'ils n'étoient pas ce nombre, il leur étoit permis de le remplir des avocats les plus fameux de leur siège; ce qui étoit conforme à l'*édit* de Château-Briant, du 27 juin 1551.

Il y eut ensuite des *édits* de pacification, dont il est parlé ci-devant. (*A*)

EDIT de S. Maur, est la même chose que l'*édit* des mères du mois de mai 1567, auquel on donne aussi ce nom, parce qu'il fut donné à S. Maur-des-Fossés, près Paris. *Voyez* EDIT DES MÈRES. (*A*)

EDIT *des secondes noces*, est un réglement fait par François II au mois de juillet 1560, touchant les femmes veuves qui se remarient, pour les empêcher de faire des donations excessives à leurs nouveaux maris, & les obliger de réserver aux enfans de leur premier mariage, les biens à elles acquis par la libéralité de leur premier mari.

Cet *édit* fut fait au conseil du chancelier de l'Hôpital, à l'occasion du second mariage de dame Anne d'Alègre, laquelle étant veuve & chargée de sept enfans, épousa Mre Georges de Clermont, & lui fit une donation immense.

En effet, le préambule & le premier chef de cet *édit* ne parlent que des femmes qui se remarient. Le motif exprimé dans le préambule, est, que les femmes veuves ayant enfans, sont souvent invitées & sollicitées à de nouvelles noces; qu'elles abandonnent leurs biens à leurs nouveaux maris, & leur font des donations immenses, mettant en oubli le devoir de nature envers leurs enfans; desquelles donations, outre les querelles & divisions d'entre les mères & les enfans, s'ensuit la désolation des bonnes familles, & conséquemment la diminution de la force de l'état public; que les anciens empereurs y avoient pourvu par plusieurs bonnes loix: & le roi, pour la même considération, & entendant l'infirmité du sexe, loue & approuve ces loix, & adopte leurs dispositions par deux articles que l'on appelle, *les premier & second chefs de l'édit des secondes noces.*

Le premier porte que les femmes veuves ayant enfans, ou enfans de leurs enfans, si elles passent à de nouvelles noces, ne pourront, en quelque façon que ce soit, donner de leurs biens-meubles, acquêts, ou acquis par elles d'ailleurs par leur premier mariage; ni moins leurs propres à leurs nouveaux maris, père, mère, ou enfans desdits maris, ou autres personnes qu'on puisse présumer être par dol ou fraude interposées, plus qu'à un de leurs enfans, ou enfans de leurs enfans; & que s'il se trouve division inégale de leurs biens, faite entre leurs enfans, ou enfans de leurs enfans, les donations par elles faites à leurs nouveaux maris, seront réduites & mesurées à raison de celui qui en aura le moins.

Quoique ce premier chef de l'*édit* ne parle que des femmes, la jurisprudence l'a étendu aux hommes, comme il paroit par les arrêts rapportés par M. Louet, *litt.* N, n. 2 & 3.

D d

Il eſt dit par le ſecond chef, qu'au regard des biens à icelles veuves acquis par dons & libéralités de leurs défunts maris, elles n'en pourront faire aucune part à leurs nouveaux maris; mais qu'elles ſeront tenues les réſerver aux enfans communs d'entre elles & leurs maris, de la libéralité deſquels ces biens leur ſeront avenus : que la même choſe ſera obſervée pour les biens avenus aux maris par dons & libéralités de leurs défuntes femmes, tellement qu'ils n'en pourront faire don à leurs ſecondes femmes, mais ſeront tenus les réſerver aux enfans qu'ils ont eu de leurs premieres. Ce même article ajoute que l'édit n'entend pas donner aux femmes plus de pouvoir de diſpoſer de leurs biens, qu'il ne leur eſt pérmis par les coutumes du pays. Voyez SECONDES NOCES. (A)

EDIT de la ſubvention des procès : on donna ce nom à un édit du mois de novembre 1563, portant que ceux qui voudroient intenter quelque action, ſeroient tenus préalablement de conſigner une certaine ſomme, ſelon la nature de l'affaire. Cet édit fut révoqué par une déclaration du premier avril 1568 : il fut enſuite rétabli par un autre édit du mois de juillet 1580; & celui-ci fut à ſon tour révoqué par un autre édit du mois de février 1583, portant établiſſement d'un denier patifis durant neuf ans, pour les épices des jugemens des procès. Il y eut des lettres-patentes pour l'exécution de cet édit, le 26 mai 1583. Voyez Fontanon, tom. IV, p. 706; Corbin, rec. de la cour des aides, pag. 54. (A)

EDIT d'union : on donna à un édit du 12 février 405, que l'empereur Honorius donna contre les manichéens & les donatiſtes, parce qu'il tendoit à réunir tous les peuples à la religion catholique. Il procura en effet la réunion de la plus grande partie des donatiſtes. Voyez l'Hiſt. eccléſ. à l'année 405. (A)

E F

EFFET, ſ. m. (Juriſpr.) c'eſt ce qu'opere une loi, une convention, une action. C'eſt un axiome de droit, que ce qui eſt nul ne produit aucun effet. Voyez NULLITÉ.

Effets civils, ſont les droits accordés à ceux qui participent aux avantages de la ſociété civile, ſelon les loix politiques & civiles de l'état. Ces droits conſiſtent à pouvoir intenter des actions en juſtice, à ſuccéder, diſpoſer de ſes biens par teſtament, poſſéder des offices & bénéfices dans le royaume: tout cela s'appelle la vie civile ou les effets civils, c'eſt-à-dire, ce que peuvent faire ceux qui jouiſſent des avantages du droit civil.

Les régnicoles ſont en général capables de tous les effets civils, au lieu que les aubains n'en jouiſſent point : ceux qui ſont morts civilement ne les ont pas non plus.

Un mariage clandeſtin ne produit point d'effets civils, c'eſt-à-dire, qu'il n'en réſulte aucun droit de communauté, ni de douaire pour la femme.

Effet rétroactif, eſt celui qui remonte à un temps antérieur à la cauſe qui le produit, comme quand une loi ordonne que ſa diſpoſition ſera obſervée, tant pour les actes antérieurs à cette loi, que pour ceux qui ſeront poſtérieurs.

Effet ſe prend auſſi quelquefois pour tout ce qui eſt in bonis; ainſi dans ce ſens, on dit qu'une maiſon, une terre, une rente, une obligation, un billet, de l'argent comptant, des meubles, ſont des effets. C'eſt par rapport à cette ſignification, qu'on appelle effets d'une ſucceſſion, tout ce qui en compoſe l'actif.

Effet caduc, eſt celui qui eſt de nulle valeur.

Effet commun, eſt celui qui appartient à pluſieurs perſonnes.

Effet douteux, ſe dit de celui dont le recouvrement eſt incertain.

Effets ou effets royaux, eſt le nom que l'on a donné aux rentes créées par le roi, & aux billets & autres papiers qui ont été introduits en différens temps dans le commerce.

Les agens de change ont à Paris le droit excluſif de négocier à la bourſe les effets royaux. Voyez AGENS DE CHANGE.

EFFIGIE, ſ. f. (Juriſprudence.) ce mot iſolé ne ſignifie que la reſſemblance plus ou moins parfaite d'une peinture avec un objet quelconque.

On l'emploie en juriſprudence criminelle, pour exprimer l'exécution figurative qui ſe fait d'un jugement de condamnation rendu contre un abſent. Les loix n'ont pas voulu qu'un coupable pût ſe ſouſtraire par la fuite, à toutes les peines encourues par le crime. L'effet d'un jugement de contumace, eſt de l'atteindre juſques dans le lieu de ſa retraite, de flétrir ſon nom ou ſa mémoire d'une ignominie égale à celle qui eût réſulté d'une exécution matérielle. Ainſi, les loix ont conſervé, autant qu'elles ont pu, leur droit de vengeance, & les peuples ne ſont pas entiérement privés de l'exemple, l'avantage le plus réel que puiſſe produire la mort ou la pénitence d'un coupable.

L'uſage des exécutions figuratives eſt de la plus haute antiquité. Plutarque en ſes demandes 32 & 86 des choſes romaines, nous apprend que tous les ans au mois de mai, les Romains précipitoient du haut d'un pont dans la riviere, des images qu'ils appelloient argiens, pour conſerver la mémoire de ce que les peuples qui les avoient précédés en Italie, traitoient ainſi tous les Grecs qui tomboient en leur pouvoir. Ce fut Hercule, dit Plutarque, qui leur apprit à ſubſtituer l'image à la réalité, & à ſatisfaire ainſi leur haine contre les étrangers ſur de vaines effigies. Les généraux romains qui n'avoient ravagé l'univers que pour mériter les honneurs du triomphe, traînoient à leur ſuite les vaincus & leurs dépouilles; mais leur orgueil, jaloux de n'en perdre aucun objet, remplaçoit par des images ces ſouverains malheureux écraſés ſous le poids de la puiſſance romaine

& morts dans les combats, en défendant leur trône & leur patrie.

Cependant l'usage d'exécuter par *effigie* les coupables absens, paroît leur avoir été presque inconnu jusqu'au tyran Celsus, *cujus imago*, dit Trebellius Pollio, *suspensa est..... novo genere injuriæ*.

Chez les Grecs, on faisoit le procès aux absens, & on les exécutoit en *effigie*; ou on se contentoit, suivant les circonstances, d'inscrire leurs noms & leurs jugemens sur des colonnes.

Les Romains, au contraire, trouvoient absurde & ridicule d'exécuter un coupable en *effigie*; les historiens & les jurisconsultes n'en rapportent point d'autre exemple que celui de Celsus; & quoique, à l'exemple des Grecs, les magistrats instruisissent les procès des absens, il n'y avoit que quelques cas où l'on transcrivoit leur condamnation sur une colonne, & cette formalité n'avoit jamais lieu pour les peines capitales.

Nous ne devons aux Romains qu'une portion de l'usage d'exécuter par *effigie* les condamnés absens, nous ne pouvons même déterminer l'époque à laquelle il s'est introduit en France. Il paroît que dans les premiers siècles de la monarchie, il n'étoit pas permis de procéder contre les absens. On trouve dans un capitulaire du roi Carloman, en 742, cette disposition précise entre beaucoup d'autres qu'il seroit superflu de rapporter, chap. 311, *placuit ut adversùs absentes non judicetur, quod si factum fuerit, prolata sententia non valebit*. Il n'étoit même pas permis d'accuser les absens. Le chap. 354 d'un capitulaire de Charlemagne, porte: *in causâ capitali absens nemo damnetur, neque absens per alium accusare aut accusari potest*.

L'usage des exécutions par *effigie* s'est donc introduit en France peu à peu & par degré, ainsi que beaucoup d'autres formes; quelques anciennes ordonnances font mention de l'effigie sous le terme de *tableaux*. Celle de François I, donnée pour la Bretagne, en 1536, veut que la condamnation prononcée par contumace & le forban donné, l'on fasse attacher aux portes & entrées des lieux, les tableaux & cordeaux au desir de la coutume. Celle de Charles IX, de 1566, porte que les noms des appellés & ajournés à ban, & poursuivis & condamnés par contumace, seront inscrits aux tableaux qui seront affichés aux portes des villes, des sièges, de l'auditoire & des lieux d'où les décrets seront émanés, à ce qu'aucun n'en prétende cause d'ignorance. L'exemple le plus ancien que nous ayons d'une exécution par *effigie*, est celle que fit faire Louis-le-Gros, de Thomas de Marle, accusé de crime de lèze-majesté.

On distingue parmi nous, entre les jugemens rendus par contumace, savoir ceux qui condamnent à la mort par un supplice quelconque, ceux qui prononcent une peine corporelle ou afflictive, & ceux qui ne tendent qu'à une peine infamante. Les seules condamnations à mort sont exécutées par *effigie*, aux termes de l'ordonnance de 1670,

tit. 17, art. 16. Celles qui prononcent les galères, l'amende honorable, le bannissement perpétuel, la flétrissure, le fouet, le carcan & le pilori, sont seulement transcrites sur un tableau conformément à la même loi & aux dispositions de la déclaration du roi, du 11 juillet 1749. A l'égard de toutes les autres condamnations par contumace, quand même elles emporteroient infamie, telles que le bannissement à temps ou le blâme, il suffit de les signifier au domicile du condamné, s'il est demeurant dans le lieu de la jurisdiction, & au cas contraire, de les afficher aux portes de l'auditoire.

L'exécution par *effigie* d'un jugement à mort, consiste à suspendre à une potence l'image grossière de l'absent, dans la forme & la situation du supplice prononcé contre lui. S'il n'est pas condamné à mort, & s'il est seulement dans le second cas de la distinction que nous avons établie ci-dessus, on se contente d'inscrire sa condamnation dans un tableau appliqué à un poteau dressé en place publique par l'exécuteur de la haute-justice.

Amelot de la Houssaye nous apprend dans ses Mémoires, *tom. III, p. 263*, que le duc de la Valette, condamné à avoir la tête tranchée, fut exécuté en *effigie* le 8 juin 1639, dans trois villes différentes, à Paris, à Bordeaux & à Bayonne. Cette triple exécution eut vraisemblablement pour objet de multiplier le déshonneur du coupable, en multipliant les témoins de sa punition fictive. Il est d'usage en France que le juge & le greffier se transportent sur les lieux où doit se faire l'exécution des condamnés, afin d'être à portée d'y recevoir leurs dernières déclarations, & même de leur confronter les complices qu'ils dénoncent; mais lorsqu'il ne s'agit que d'une exécution figurative, le greffier seul s'y transporte & en signe le procès-verbal.

Un accusé condamné par contumace & exécuté par *effigie*, ne peut plus prescrire que par trente ans contre la peine matérielle qu'il auroit encouru, ce que sans cette exécution il auroit pu faire par vingt ans. *Voyez* CONTUMACE. (*M. BOUCHER D'ARGIS, conseiller au châtelet, de l'académie de Rouen, &c.*)

EFFIGIE, en terme de monnoie, se dit du portrait du souverain, gravé sur les espèces qu'il fait fabriquer.

Cette marque distinctive des pièces de monnoie, ne paroît avoir été employée chez les Romains, que dans les derniers temps de la république: alors les trois magistrats, chargés de la fabrication des monnoies, y faisoient graver l'*effigie* de ceux qui s'étoient distingués dans les charges: ils n'accordoient même cet honneur qu'après la mort de celui qui l'avoit mérité, crainte d'exciter la jalousie.

Le sénat accorda cette prérogative exclusive à Jules César, après lui avoir conféré la dictature perpétuelle. Les empereurs, ses successeurs, jouirent du même droit, & c'est par cette raison que leur nom fert à diftinguer différentes efpèces d'or & d'argent.

Conftantin fit graver, fur quelques monnoies, la tête de fa mère, & après fa converfion, il ordonna qu'on gravât une croix fur toutes les pièces qui fe fabriqueroient.

Henri II, roi de France, par une ordonnance du dernier janvier 1548, prefcrivit de mettre aux écus & demi-écus au foleil, d'un côté fon *effigie*, d'après le naturel, la couronne en tête, avec cette legende : *Henricus II, Dei gratiâ Francorum rex* ; & de l'autre côté l'écuffon de France, la couronne fermée au-deffus, une H couronnée aux deux côtés de l'écuffon, avec la legende : Χρς, (*Chriftus*) *vincit, imperat, regnat*, & la date de l'année à la fin.

Cette ordonnance a introduit, dans les monnoies de France, deux nouveautés qu'on a toujours obfervées depuis, favoir ; d'y marquer l'année de la fabrication, & de faire connoître, par des chiffres, fi le roi, dont la pièce fabriquée porte l'image, eft le premier, le fecond, le troifième, &c. de ce nom.

Le côté des monnoies où eft empreinte l'*effigie* du roi, porte en légende le nom du roi, avec les titres de roi de France & de Navarre : par exemple, aujourd'hui (1784), l'*effigie* du roi eft entourée des mots, *Ludovicus XVI, Dei gratiâ Franciæ & Navarræ rex*. La légende qui entoure l'écuffon aux armes de France, eft différente fur les pièces d'or, de celle qui s'imprime fur les pièces d'argent. Les pièces d'or ont retenu l'ancienne legende, *Chriftus vincit, imperat, regnat* ; on met fur les pièces d'argent, *fit nomen Domini benedictum*.

EFFIGIER, v. a. (*Code criminel.*) c'eft expofer le tableau ou effigie d'un condamné dans la place publique. *Voyez* EFFIGIE.

EFFOUAGE, f. m. (*Droit féodal.*) ce mot fe trouve dans quelques chartres, pour indiquer un droit d'ufage de bois pour le chauffage. (*M. GAR-RAN DE COULON.*)

EFFOUIL, EFFOUEIL ou EFFOEIL, (*Droit féodal.*) ce mot qu'on trouve écrit de toutes ces manières, fignifie le profit qui réfulte d'une fouche de beftiaux. L'art. 103 de la coutume d'Anjou, attribue l'*effouil* au feigneur, qui fait les fruits fiens en vertu d'une faifie féodale, faite à défaut d'hommage. L'art. 122 l'attribue également au feigneur qui lève le rachat.

Pocquet de Livonnière obferve que « l'effouil » fe fait lorfqu'on ôte les anciens chefs de bétail » engraiffé en la place defquels on fubroge d'autres » moindres & plus jeunes ; mais cet *effouil* eft, dit-» il, fouvent le profit de plufieurs années, que » le feigneur jouiffant par rachat ne doit pas pren-» dre, il fe doit contenter de l'augmentation fur-» venue dans l'année de fon rachat ». C'eft ainfi que Chopin s'eft expliqué fur la coutume d'Anjou, *art.* 29, & au *liv.* 2, titre du rachat, *nomb. 8, note marginale*, qui a été fuivi par tous les com-

mentateurs fur cette coutume. Pour connoître cet accroiffement ou augmentation par la crue ou l'engrais des beftiaux, il faut en faire faire l'appréciation au commencement & à la fin de l'année du rachat ; la plus valeur appartiendra au feigneur, comme le profit & croît de fon année. (*M. GAR-RAN DE COULON.*)

EFFRACTION, f. f. (*Code criminel.*) effractionner une porte, c'eft la rompre, la brifer ; on peut de même effractionner un mur, une armoire, un coffre, une fenêtre, &c.

On diftingue, en matière criminelle, deux genres d'*effraction*, favoir ; celle qui a été pratiquée intérieurement, & celle qui a été commife extérieurement.

L'*effraction* intérieure eft celle de toute porte ou fenêtre, dans l'intérieur d'une maifon, ou de toute armoire, coffre, &c. qui y étoit renfermé.

L'*effraction* extérieure eft celle qui a été faite d'un mur de clôture, d'un toît, d'une porte ou d'une fenêtre extérieure.

Cette différence n'en met point entre les peines de ce crime, elle ne fert qu'à déterminer le tribunal qui doit en connoître.

L'*effraction* quelconque, intérieure ou extérieure, ajoute à la peine du vol, qui, dans ce cas, eft toujours puni de mort, conformément à l'édit de François I, du mois de janvier 1534. Cette peine devroit être celle de la roue, aux termes de cette loi ; mais notre jurifprudence a déjà fait un pas vers l'humanité, en adouciffant la rigueur de l'édit de 1534. Le voleur, avec *effraction*, n'eft condamné aujourd'hui qu'à la potence.

Une déclaration du roi, du mois de février 1731, a réglé la compétence des différens juges, relativement aux vols avec *effraction* ; en conféquence elle a décidé que les juges royaux ordinaires connoîtroient de tous vols commis avec *effraction* intérieure, & a réfervé aux prévôts des maréchaux la connoiffance des *vols faits avec effraction*, lorfqu'ils feront accompagnés de port-d'armes, & violence publique, où lorfque l'*effraction* fe trouvera avoir été faite dans les murs ou toîts des maifons, & fenêtres extérieures, & ce quand même il n'y auroit eu, ni port-d'armes, ni violence publique.

Auffi-tôt que les juges, prévôts, leurs lieutenans & autres officiers, exerçant une fonction de judicature ou de police, font inftruits d'un vol commis avec *effraction*, ils doivent fe tranfporter fur le lieu du délit, conftater l'*effraction* dans le plus grand détail, en dreffer procès-verbal, & mettre dans leur rédaction d'autant plus d'exactitude & de précifion, que cette procédure préliminaire doit influer effentiellement fur le fort de l'accufé, & décider de fa vie. Cette formalité eft prefcrite par l'article 26 de l'arrêt des grands jours de Clermont, du 10 décembre 1665.

L'*effraction* qui n'a point été fuivie de vol, foit que le voleur n'ait rien trouvé dont il pût s'emparer, foit qu'il ait été interrompu dans fon crime, & faifi avant qu'il ait eu le temps de le confommer, n'eft point puni de mort. La peine alors eft abfolument à l'arbitrage des juges, qui peuvent prononcer le banniffement ou les galeres, fuivant les circonftances du délit. *Voyez* VOL. (M. BOUCHER D'ARGIS, *confeiller au Châtelet de l'académie de Rouen*, &c.)

E G

EGAGE, AIGAGE ou AIGUAGE, en latin *aquagium*, (*Droit féodal.*) ces mots fignifient littéralement *cours d'eau*; mais on défigne particuliérement fous ce nom, dans la province de Dauphiné, un droit qui appartient au roi dans fes domaines, & aux feigneurs hauts-jufticiers dans l'étendue de leurs feigneuries, pour la conceffion des eaux de pluie, de fontaine & des petits ruiffeaux. *Voyez* ABÉNÉVIS & AIGAGE. C'eft auffi la quotité à laquelle fe perçoit un pareil droit dans le Lyonnois. *Voyez* TIERS-LODS.

EGAL, (*taille de l'*) c'eft une efpece de taille abonnée, due par les bourgeois, à la différence de la taille à volonté, due par les ferfs non abonnés. Il en eft queftion dans la Thaumaffiere, *anciennes coutumes de Berry*, chap. 85, p. 178. (M. GARRAN DE COULON.)

ÉGALEMENT, f. m. (*en terme de Pratique*) fe dit de la diftribution, qu'une perfonne fait de fes biens, avant l'ouverture de fa fucceffion, pour obferver ou rétablir l'égalité entre enfans, ou entre plufieurs héritiers, foit directs ou collatéraux.

Par exemple, les pere & mere ou autres afcendans, peuvent faire un *également* entre leurs enfans & petits-enfans, en les dotant en faveur de mariage, ou en leur faifant quelque autre donation en avancement d'hoirie. Ils peuvent les égaler, en les gratifiant tous à la fois *également*, & en obfervant entre eux une parfaite égalité; ou bien, fi l'un d'eux a reçu quelque chofe, ou que l'un ait reçu plus que l'autre, ils peuvent les égaler en donnant autant à celui qui n'a rien reçu, ou qui a reçu moins que l'autre.

Ces *égalemens* peuvent fe faire, foit par acte entre-vifs, ou par teftament.

Lorfque les pere, mere, ou autres afcendans, ne l'ont pas fait à l'égard de leur enfans & petits-enfans, & que la fucceffion fe trouve ouverte dans une coutume d'égalité parfaite : fi les enfans donataires, au lieu de remettre à la maffe ce qu'ils ont reçu, aiment mieux le retenir & précompter; en ce cas, avant de procéder au partage des biens, on commence par faire l'*également* ou r'*également*, c'eft-à-dire, que l'on donne à ceux qui n'ont rien reçu ou qui ont moins reçu, autant qu'au donataire le plus avantagé; enfuite les autres biens fe partagent par égales portions.

L'*également* doit être fait le plus exactement qu'il eft poffible, non feulement eu égard à la quotité des biens, mais auffi eu égard à leur qualité, de maniere que chacun ait autant d'immeubles & d'argent comptant que les autres héritiers ou copartageans. *Voyez* PARTAGE, RAPPORT, SUCCESSION. (*A*)

ÉGALITÉ, f. f. (*Droit naturel & civil.*) l'*égalité* naturelle eft la bafe de tous les devoirs de la fociabilité; car comme le dit très-bien Séneque, *épit. 30*, elle eft le fondement de l'équité.

Les hommes font égaux entre eux, puifque la nature humaine eft la même dans tous; qu'ils ont une même raifon, les mêmes facultés, un feul & même but; qu'ils font naturellement indépendans l'un de l'autre; qu'ils font dans une égale dépendance de Dieu & des loix naturelles; qu'ils ont la même tige & la même origine; que leurs corps font compofés de la même matiere; que riches & pauvres ils naiffent, croiffent, fe nourriffent, fe confervent de la même maniere; qu'ils meurent enfin, & laiffent également rentrer leurs corps dans la pourriture ou dans la pouffiere.

Ces vérités font fenfibles, mais il ne s'enfuit pas de là qu'il doive régner parmi les hommes une *égalité* de fait ou de force, mais feulement une *égalité* de droit, qui ne nous permet pas de faire à autrui ce que nous ne voudrions pas qu'on nous fît, qui doit nous difpofer à faire en faveur des autres, les mêmes chofes que nous exigeons qu'ils faffent pour nous. Cette *égalité* confifte uniquement dans le droit que tous les hommes ont également à la fociété & au bonheur, enforte que toutes chofes d'ailleurs égales, tout homme a un droit parfait de prétendre qu'on le regarde & qu'on le traite comme un homme, qu'on ne lui faffe aucune injure, qu'on ne viole pas à fon égard la loi naturelle, en agiffant avec lui contre la nature des chofes, & qu'il n'y ait aucun homme au monde qui puiffe s'attribuer quelque prérogative à cet égard au-deffus des autres.

Toute efpece d'*égalité* eft impoffible & répugne à l'ordre naturel, & nous ne devons pas écouter les plaintes infenfées de prefque tous les hommes, même de quelques prétendus philofophes, qui, fans faire attention à tous les biens dont ils jouiffent, foit au phyfique, foit au moral, envient perpétuellement les chofes dont ils ne jouiffent pas.

La nature a clairement marqué fes intentions à l'égard de l'inégalité de dépendance, en difpofant merveilleufement toutes les parties de l'univers. Elles font toutes ordonnées l'une pour l'autre, dans une admirable proportion, & pour ne parler que de ce qui nous touche particuliérement, le corps fert à l'ame; entre les membres du corps, les uns fervent aux autres, & tous paient enfemble un tribut au cœur; les plantes fervent aux animaux, les plantes & les bêtes fervent à l'homme, & l'homme à Dieu.

Elle a mis parmi les hommes une *inégalité* néceffaire, dans l'ordre même de la génération : ils ne viennent pas au monde dans la force d'un âge parfait : elle donne aux uns des corps robuſtes & propres au travail, elle forme pour les autres des corps plus délicats & mieux diſpoſés aux actions de l'entendement. Sans le conſeil du plus ſage, celui qui l'eſt moins ne ſauroit trouver ce qui lui eſt bon, & ſans la force corporelle, le ſage ne ſauroit mettre en œuvre ſa prudence.

L'état de ſolitude, d'indépendance & d'*égalité* abſolue eſt entiérement incompatible avec les beſoins des hommes : il faut qu'ils vivent en ſociété pour être heureux, & ils ne peuvent y vivre ſans des degrés de relation & de dépendance entre eux. L'ordre de la ſociété, qui eſt celui de l'auteur même de la nature, aſſure aux ſupérieurs les hommages extérieurs des inférieurs, & conſéquemment des rapports d'inégalité.

Ces degrés de dépendance n'ont été établis que pour l'utilité commune de ceux qui ſervent & de ceux qui commandent. Tous doivent contribuer au bien public, les ſupérieurs par voie d'autorité & d'inſpection ; les inférieurs par voie de reſpect & de ſoumiſſion, le bonheur commun naît de cet ordre. Les divers degrés de ſubordination dépendent néceſſairement d'une puiſſance ſuprême qui gouverne tous les citoyens, d'un maître qui dans la dépendance où ils ſont tous de lui, fait leur commune réunion & produit la félicité publique.

Nous ne faiſons qu'indiquer ici les principes généraux, & les raiſons les plus populaires, qui doivent modifier l'*égalité* naturelle des hommes. On les trouvera plus amplement diſcutés dans pluſieurs articles de ce Dictionnaire, tels que les mots AUTORITÉ, PUISSANCE, SOUVERAINETÉ, &c. & dans le *Dictionnaire diplom. économ. politiq.*

En matière civile, on ſe ſert du mot *égalité*, principalement en parlant des ſucceſſions, & des partages de biens, pour ſignifier qu'aucun des héritiers ou co-partageans, n'eſt plus avantagé que les autres. *Voyez* PARTAGE, SUCCESSION.

Entre les différentes coutumes, qui régiſſent une partie de la France, il y en a qu'on appelle *coutumes d'égalité. Voyez* au mot COUTUME.

Il doit exiſter entre tous les corps politiques une *égalité*, qu'on peut appeler *égalité légale*, qui conſiſte dans celle où la loi met tous les membres d'un même état par rapport à ce qu'elle ordonne ou défend. Tous les citoyens doivent être ſoumis indiſtinctement aux mêmes obligations, & il n'eſt pas permis au légiſlateur de charger quelques-uns d'un fardeau qu'il n'impoſe pas aux autres. La puiſſance publique doit protéger la foibleſſe particulière, & la loi mettant au même niveau le riche & le pauvre, elle les oblige également de reſpecter les droits d'autrui, & les empêche d'empiéter les uns ſur les autres.

EGARD, ſ. m. (*Droit féodal.*) ce mot eſt employé par l'art. 6 de la coutume d'Artois. Il y eſt à-peu-près ſynonyme de *regard*. Cet article, en réglant les droits du ſeigneur viſcomtier ou moyen juſticier, dit qu'*il a le regard & égard ſur les vivres*

& autres denrées qui ſe vendent ès mètes de ſa ſeigneurie, & qu'il a auſſi le regard & égard des meſures, c'eſt-à-dire, qu'il a l'inſpection & la police ſur tous ces objets. (*M.* GARRAN DE COULON.)

ÉGARÉES, (*choſes*) *voyez* ÉPAVE.

EGLISE, ſ. f. (*Juriſp. eccl. & civ.*) Nous ne conſidérerons ici l'*égliſe* que dans le ſens moral & politique, & dans le ſens matériel & phyſique. Pour tout ce qui concerne le ſpirituel & le myſtique, *voyez le Dictionnaire de Théologie.*

L'*égliſe*, dans le ſens moral & politique, eſt l'aſſemblée des fidèles qui, ſous la conduite de leurs paſteurs légitimes, profeſſent publiquement la religion reçue & autoriſée dans l'état.

Dans le ſens matériel & phyſique, elle n'eſt autre choſe que le lieu & l'édifice dans lequel les fidèles ſe réuniſſent pour la célébration du culte. Ce double ſens dans lequel le mot *égliſe* peut être pris, relativement à la légiſlation & à la juriſprudence, diviſe naturellement cet article en deux ſections.

§. I. Un premier principe qu'il ne faut jamais perdre de vue, c'eſt que l'*égliſe eſt dans l'état, & non pas l'état dans l'égliſe.* Avant que la religion chrétienne eût été reçue dans l'empire, l'*égliſe* ne formoit point un corps moral & politique ; elle formoit cependant un corps myſtique & ſpirituel. Telle eſt, même à préſent, ſa manière d'exiſter dans les états où le chriſtianiſme n'eſt ni autoriſé, ni toléré. On y eſt chrétien, on y eſt membre du corps myſtique & ſpirituel de l'*égliſe* ; mais l'*égliſe* n'y exiſte point dans le ſens moral & politique. La raiſon en eſt ſimple : ce qui conſtitue l'*égliſe* myſtique & ſpirituelle, eſt la profeſſion de la même foi, ſous la conduite, quant au ſpirituel, des paſteurs légitimes, dont le pape, ſucceſſeur de ſaint Pierre, eſt le chef viſible. Or pour profeſſer cette foi, être en communion de croyance avec tous ceux qui la profeſſent, être ſoumis, pour le ſpirituel, aux évêques & au pape leur chef ariſtocratique, il n'eſt pas néceſſaire que la religion ſoit autoriſée ou même tolérée dans l'état, ſous les loix civiles duquel on vit. L'opinion des hommes n'a jamais pu être ſoumiſe à l'autorité des princes ou des gouvernemens. Voilà pourquoi l'*égliſe*, comme corps myſtique & ſpirituel, a exiſté avant que le chriſtianiſme eût été adopté par les empereurs romains, & voilà pourquoi elle exiſteroit encore ſous ce point de vue, quand même le chriſtianiſme ſeroit proſcrit par tous les gouvernemens.

Si l'*égliſe*, comme corps myſtique & ſpirituel, a exiſté avant d'être reçue dans l'état, il eſt donc vrai de dire que l'*égliſe eſt dans l'état, & non pas l'état dans l'égliſe.* Mais du moment que l'*égliſe*, comme corps myſtique & ſpirituel, c'eſt-à-dire, comme la réunion d'un nombre de citoyens profeſſans la même foi ſous la conduite de leurs paſteurs, a été autoriſée par le prince, elle a eu néceſſairement des relations avec l'adminiſtration publique qui l'ont rendue un corps moral & politique. Ces relations naiſſent principalement, 1°. du droit d'infpection & de furveillance effentiellement attaché à la qualité de chef de la république; 2°. de la protection que le gouvernement doit à tout ce qu'il permet & autorife.

Le prince eft donc tout-à-la-fois & l'infpecteur ou furveillant, & le protecteur de l'églife admife dans l'état. Cette double qualité lui a fait donner avec raifon le titre de fon chef temporel. De-là il réfulte que tout ce qui eft de difcipline extérieure & tient à l'exercice ou à la confervation du culte public, eft dans fa dépendance. De-là il fuit encore que la qualité de membre de l'églife ne peut fouftraire un citoyen à l'obéiffance qu'il doit au prince, même dans les chofes qui ont tour-à-la-fois rapport à la religion & à l'ordre public. Ces principes ont été conftamment fuivis par les fouverains & reconnus par l'églife. On en trouve la preuve dans l'hiftoire eccléfiaftique, dans les codes des loix romaines, dans les capitulaires & dans les ordonnances de nos rois.

L'églife, comme corps moral & politique, a des droits, des privilèges & des immunités qui concernent ou les chofes, ou les perfonnes. Elle les doit tous à la bonté, à la libéralité & à la piété des rois.

Les chofes fur lefquelles l'églife a des droits & des privilèges font les biens qu'elle poffède. Si on remonte à l'origine de la religion, on voit les chrétiens, ainfi que leurs pafteurs, vivre dans l'efprit de pauvreté & en commun; mais, après la mort des apôtres, l'églife commença à poffèder des biens-fonds, les uns provenant de la libéralité des fidèles, les autres provenant de l'abdication qu'en faifoient ceux qui étoient élevés au miniftère des autels. Il paroît que ce fut fous Urbain I qui fiégeoit en 220, que l'églife romaine commença à poffèder des terres, prés & autres héritages.

Dioclétien & Maximien ordonnèrent la confifcation de tous les immeubles que poffédoit l'églife. Huit ans après, Maxence fit rendre ceux qui avoient été confifqués.

Conftantin & Licinius permirent à l'églife d'acquérir des biens meubles & immeubles, foit par donation, ou par teftament.

Lorfque Conftantin fe trouva feul maître de l'empire romain, & qu'il eut publiquement embraffé le chriftianifme, la puiffance & les richeffes de l'églife augmentèrent d'une manière fenfible. Ses fucceffeurs & les autres princes lui firent des libéralités immenfes. Les fimples particuliers imitèrent les princes. Les fondations devinrent communes dès le feptième fiècle, & elles fe multiplièrent infiniment dans les fuivans.

Mais en permettant à l'églife d'acquérir des immeubles, les princes ne voulurent pas qu'elle devînt la feule propriétaire dans l'état. La politique dut veiller particuliérement fur cet objet, lorfque les biens eccléfiaftiques furent rendus inaliénables & fortirent du commerce. L'introduction des fiefs fut encore une nouvelle raifon qui fit limiter la

faculté de l'églife d'acquérir des biens-fonds, & la foumit à des conditions néceffaires pour valider fes acquifitions. Nos anciens monumens atteftent que, même fous la première race de nos rois, l'églife ne pouvoit devenir propriétaire d'immeubles qu'avec fa permiffion. Des lettres de l'an 634, données par Palladius, évêque d'Auxerre, pour la fondation du monaftère de S. Julien au fauxbourg de la même ville, portent que c'eft avec la permiffion du roi, annuente domino noftro Dagoberto, piiffimo rege.

Des lettres accordées par Clotaire III, en 660, à Mummolen, évêque de Noyon, & à Bertin, abbé de Sithiu, confirment l'échange qu'ils avoient fait entre eux de plufieurs biens dépendans de l'évêché & du monaftère. On y voit qu'ils avoient befoin, pour en difpofer ainfi, de la permiffion du prince, ideo petierunt nobis unanimiter antedictus domnus epifcopus, feu venerandus abbas, ut licentiam tribueremus, quandoquidem eis complacuerant & locum invenirent, licentiam noftram haberent faciendum . . . . . hoc habeant, teneant & poffideant, fuifque fuccefforibus cum Dei & noftrâ gratiâ derelinquant, vel quidquid exinde facere decreverint, in omnibus habeant poteftatem.

Les bornes qui nous font prefcrites ne nous permettent pas de rapporter ici une foule d'autres chartres femblables des rois de la feconde, & même de la troifième race. On en trouve dans l'ouvrage intitulé de re diplomaticâ, de Charlemagne en 782, de Charles-le-Chauve en 850 & en 857, de Louis-le-Bègue en 878, enfin de Robert, fecond roi de la troifième race, en 998.

La féodalité que l'on croit établie parmi nous fous les foibles defcendans de Charlemagne, ayant introduit le retrait féodal & cenfuel, ou des droits de lods & vente en faveur des rois & des feigneurs, lorfque les immeubles changeoient de propriétaires par la voie du commerce, l'intérêt de la couronne & des fiefs exigea que l'églife n'eût plus la faculté d'acquérir des biens-fonds, fans dédommager le roi & les feigneurs de la perte qu'ils faifoient par le caractère d'inaliénabilité que contractoient ces biens en fortant des mains des laïques: c'eft ce qui fit établir le droit d'amortiffement pour le roi, & celui d'indemnité pour les feigneurs. Il y eut même des loix qui ordonnèrent aux gens d'églife de vendre, dans un délai fixé, tous leurs biens-fonds qui n'auroient pas été amortis. Enfin l'amortiffement & l'indemnité ne fuffifant pas pour mettre des bornes aux poffeffions trop étendues de l'églife, il lui fut fait défenfes d'acquérir aucun immeuble fans des lettres-patentes du prince. Tel eft, à ce fujet, l'état actuel des chofes en France, & l'édit de 1749 eft la dernière loi qui règle la jurifprudence à cet égard. Voyez AMORTISSEMENT, GENS DE MAIN-MORTE.

Les biens acquis par l'églife, à quelque titre que ce foit, étant devenus la propriété d'un corps moral autorifé dans l'état, devoient naturellement recevoir le caractère d'inaliénabilité, parce que le corps étant propriétaire, ses membres ne sont qu'administrateurs & usufruitiers. Cependant, lorsque l'*église* commença à posséder des immeubles, il étoit libre aux évêques & à ses autres ministres de les aliéner; l'emploi des deniers qui en provenoient, dirigé par des mains aussi saintes que sages, lui étoit probablement plus avantageux que la possession des biens même. Mais la faculté d'aliéner produisit des abus; & pour les réprimer, elle fut interdite. L'empereur Léon, en 470, défendit à l'*église* de Constantinople toute aliénation. En 483, sous le règne d'Odoacre, Basilius Cecinna, préfet du prétoire à Rome, ordonna, pendant la vacance du siège pontifical, que les biens de l'*église* romaine ne pourroient être aliénés. Cette prohibition subsista jusqu'en 502; le pape Simmaque annulla dans un concile le décret de Basilius. Il fut néanmoins ordonné que le pape ni les autres ministres de l'*église* romaine ne pourroient en aliéner les biens; mais il fut ajouté que cela ne regardoit pas les autres *églises*.

L'empereur Anastase étendit le décret de Léon à toutes les *églises* subordonnées au patriarchat de Constantinople.

Justinien, en 533, ordonna la même chose pour toutes les *églises* d'Orient, d'Occident & d'Afrique, à moins que l'aliénation n'eût pour objet de nourrir les pauvres ou de racheter les captifs.

Enfin l'*église* elle-même défendit l'aliénation de ses biens, excepté en cas de nécessité ou d'utilité évidente. C'est ce que l'on voit dans le décret de Gratien & dans les décrétales.

En France, les rescrits des empereurs romains & les décrets canoniques sur l'aliénation des biens de l'*église* ont été adoptés; on y a même ajouté des formalités & des précautions pour prévenir toute espèce d'abus. Il faut, 1°. le consentement de ceux qui y ont intérêt; 2°. une enquête *de commodo & incommodo*; 3°. un procès-verbal de visite & estimation; 4°. la publication en justice & dans les villes voisines; 5°. l'autorité de l'évêque ou autre supérieur ecclésiastique; 6°. des lettres-patentes du roi, enregistrées dans les parlemens ou cours supérieures, dans le ressort desquels les biens sont situés.

L'*église* jouit des privilèges des mineurs; elle est restituée contre les aliénations faites sans avoir rempli les formalités, & par lesquelles elle se trouveroit lésée.

On ne s'est pas contenté d'interdire l'aliénation des biens de l'*église*: on a de plus voulu que la prescription ne pût la dépouiller aussi promptement que les autres propriétaires. Elle n'est acquise contre elle que par le laps de quarante ans: ce qui n'a lieu cependant que pour les fonds; car, pour les arrérages & les revenus, on prescrit par trente ans contre les titulaires des bénéfices.

Les biens acquis par l'*église* doivent-ils, comme ceux de tous les autres citoyens, contribuer aux charges & aux impositions publiques? *Voyez* DON GRATUIT.

Si des choses que l'*église* possède comme corps moral & politique dans l'état, on passe aux personnes, on voit que ses ministres ont de tout temps joui de plusieurs privilèges & de plusieurs immunités: on voit qu'ils exercent sur eux-mêmes une jurisdiction qui s'étend quelquefois jusque sur les laïques. Nous nous contenterons d'observer ici que ces privilèges & ces immunités sont des concessions & des graces des princes, quoiqu'il y en ait plusieurs qui semblent dériver naturellement de la nature même des fonctions de la cléricature. *Voyez* DÉLIT COMMUN, DÉLIT PRIVILÉGIÉ, CLERGÉ, ECCLÉSIASTIQUES, EVÊQUES, IMMUNITÉS, JURISDICTION ECCLÉSIASTIQUE.

En considérant l'*église* comme corps moral & politique reçu dans l'état, il est évident que ses propriétés sont aussi sacrées que celles de tous les autres citoyens: elle les possède comme eux, sous la protection des loix: l'en dépouiller arbitrairement, ce seroit violer le droit de cité dont elle jouit; nous n'insisterons point sur ce principe qui a toujours été celui du gouvernement françois, & que nos tribunaux ont toujours scrupuleusement suivi.

§. II. *Eglise*, dans le sens matériel & physique, n'est autre chose que l'emplacement & l'édifice qui servent à la célébration du culte divin. Les premiers chrétiens s'assembloient dans des maisons particulières: mais lorsque la religion eut été protégée & admise par les princes, on vit s'élever de temples qui devinrent même des édifices publics. Comme étant consacrées à la religion, les *églises* sont sous l'inspection & la dépendance des évêques: comme faisant partie de la chose publique, le prince a droit de veiller à ce qu'elles ne se multiplient point trop, & à ce que le bon ordre & la police y soient observés. Il faut donc, pour construire une *église*, la permission de l'évêque & celle du prince; il faut en outre que sa dotation soit assurée.

L'emplacement sur lequel on élève une *église* doit sans doute appartenir ou avoir été donné au corps ecclésiastique ou à la communauté d'habitans qui l'a fait construire. Il n'est permis à personne de bâtir sur le sol d'autrui. Soefve rapporte un arrêt qui a jugé qu'un particulier, qui avoit vendu à une communauté religieuse un terrein pour y faire construire une *église*, avoit ensuite pu, faute de paiement, faire saisir réellement ce même terrein. Mais si l'*église* étoit construite & consacrée, le propriétaire du terrein ne pourroit plus le réclamer, parce que le sol seroit devenu sacré. On se borneroit à lui en faire restituer la valeur, & à lui adjuger un dédommagement.

Cependant on peut forcer un particulier à vendre & céder son terrein pour y bâtir une *église*. Cela a lieu toutes les fois que l'utilité publique exige.

que

que l'*église* foit dans cet emplacement : l'intérêt particulier doit alors céder à l'avantage général & au bien commun. Une ordonnance de Philippe IV, donnée au mois de février 1303, oblige les particuliers à céder leurs fonds pour les *églises*, les cimetières & les maifons presbytérales.

Si les terreins qui fervent aux *églises* paroiffiales, aux cimetières & aux presbytères, ne paient point, depuis un temps immémorial, de cens ou de redevance feigneuriale, on ne peut les y affujettir, malgré la maxime, *nulle terre fans feigneur*. Le long affranchiffement dont ont joui ces terreins & leur deftination font préfumer qu'ils ont été donnés en franche - aumône, & que les feigneurs ont volontairement renoncé à l'exercice de leurs droits, au moins qu'ils demeureroient confacrés à la religion. D'ailleurs le feigneur du fief fur lequel une *église* paroiffiale eft conftruite, eft cenfé avoir donné le terrein & l'avoir donné exempt de toute charge : ainfi jugé par un arrêt du 12 juin 1731, en la cinquième chambre des enquêtes du parlement de Paris, en faveur de la cure de Nibelle, fituée dans la coutume d'Orléans, contre M. de Saint-Florentin, feigneur du lieu : il s'agiffoit du terrein fur lequel étoit bâti le presbytère. Il fut affranchi du paiement de toute redevance feigneuriale, parce que n'en ayant jamais payé, il devoit être préfumé avoir été donné en franche-aumône. Le même principe avoit déjà été adopté par un arrêt du 12 août 1687, rendu entre M. le marquis de Nefle & l'abbaye de S. Thierry de Rheims. Le grand-confeil fuit la même jurifprudence, comme le prouve fon arrêt du 9 février 1739, en faveur de l'abbaye de Bellozane. Mais dans ces circonftances, les poffeffeurs de ces terreins confacrés à la religion, ne peuvent fe difpenfer de fournir aux feigneurs des déclarations fèches pour fixer la continence & l'étendue de ce dont ils jouiffent librement. Ces déclarations font néceffaires pour prévenir la confufion de ces poffeffions franches avec les autres domaines foumis aux redevances & charges féodales. C'eft une des difpofitions de l'arrêt de 1731, déjà cité.

Il n'eft pas befoin d'avertir que par *églifes* nous n'entendons point les chapelles caftrales & domeftiques, que des particuliers font conftruire dans leurs châteaux ou maifons pour leur ufage privé. Il fuffit de dire ici qu'on n'y peut faire célébrer la meffe ni aucun office public fans le confentement exprès de l'évêque diocéfain.

Après avoir vu ce qui concerne l'emplacement & la conftruction des *églifes*, l'ordre des chofes conduiroit à parler de leur confécration ou dédicace : mais cet objet n'eft point du reffort du jurifconfulte, & nous renvoyons au *Dictionnaire de Théologie*, aux articles BÉNÉDICTION, CONSÉCRATION, DÉDICACE.

On ne doit permettre ni tolérer dans les *églifes* rien de ce qui peut être contraire à la décence & à l'honnêteté, ou faire obftacle au fervice divin.

Les évêques font fpécialement chargés, par les loix canoniques, de veiller fur cet objet important : les loix civiles les y autorifent. L'article 16 de l'édit de 1695 porte : « les archevêques ou évêques » pourvoiront, en faifant leur vifite, à la réduc-» tion même des fépultures qui empêcheroient la » célébration du fervice divin, & donneront tous » les ordres qu'ils eftimeront néceffaires. Enjoignons » aux marguilliers & fabriciens defdites *églifes* d'exé-» cuter ponctuellement les ordonnances defdits » archevêques & évêques, & à nos juges & » à ceux des feigneurs ayant juftice, d'y tenir la » main ».

La piété mal entendue de nos pères a fait enfreindre pendant long-temps les fages loix qui prohiboient les fépultures dans les *églifes*. Quand on lit dans l'hiftoire que ce fut par une grace fpéciale que le corps du grand Conftantin fut inhumé dans le veftibule de la bafilique des Apôtres à Conftantinople, on a lieu d'être furpris de voir nos temples remplis de maufolées & d'épitaphes de fimples particuliers. Mais enfin la faine raifon, toujours d'accord avec la religion, a prévalu fur les idées de la vanité ou de la fuperftition, & nous voyons l'empire & le facerdoce concourir à éloigner de nos *églifes*, & même de nos villes, l'ufage dangereux de conferver au milieu des vivans, des foyers d'infection & de mort. Nous fommes bien éloignés de vouloir porter atteinte au refpect & à la vénération qu'infpirent la religion & la nature pour les reftes infenfibles de nos pères, de nos frères & de nos amis : mais, fans contrarier ces fentimens prefque auffi anciens que le monde, nous croyons qu'ils peuvent fe concilier avec les loix nouvelles, qui, remettant en vigueur celles de la primitive *églife*, prohibent les fépultures dans les *églifes* & dans les villes.

Les loix canoniques & civiles fe réuniffent pour ordonner que l'on fe conduife dans les *églifes* avec le plus grand refpect & la plus grande décence. Ces loix feroient fans doute inutiles, fi l'on étoit toujours pénétré de la préfence du Dieu qu'on y adore, & de la grandeur des myftères qui y font célébrés. Nous ne citerons point les ordonnances rendues à ce fujet ; on les trouve par-tout, & elles ont été renouvellées par la déclaration donnée à Verfailles le 14 février 1710. Quiconque commet des irrévérences dans une *église*, fe rend coupable d'un délit grave, non-feulement aux yeux de la religion, mais même à ceux de la fociété. Il trouble l'ordre public ; &, fous ce point de vue, fa faute devient un cas royal, qui eft du reffort de la juftice féculière.

Les *églifes* devroient être le féjour de l'égalité, puifque tous ceux qui y vont adorer l'Être fuprême, font égaux à fes yeux. Cependant on a cru devoir y admettre une partie des diftinctions établies dans la fociété civile. *Voyez* BANC, DROITS HONORIFIQUES, PATRON, RANG & PRÉSÉANCE.

L'entretien des *églifes* eft à la charge des déci-

E e

mateurs , des curés primitifs & des habitans. *Voyez*
RÉPARATIONS DES ÉGLISES & BÉNÉFICES. (*Article de M. l'abbé* BERTOLIO.)

EGOUT, f. m. (*Droit civil.*) le droit d'*égout*,
latrine ou *cloaque*, selon le terme de chaque endroit, incorporé ou construit avec contre-mur ou
pots de terre, dans l'héritage d'autrui, commun
ou non, s'acquiert par trente ans, & même,
comme c'est une propriété plutôt qu'une servitude,
dix ou vingt ans utiles, selon le cas de présence
ou d'absence, suffisent pour l'acquérir, même sans
titre, parce que étant ainsi adhérent & bâti dans
l'héritage voisin ou commun, comme un mur
mitoyen, il n'a pu l'être sans la connoissance &
le consentement du voisin. *Voyez ff. lib. 8. tit. de
servitud. & c. lib. 43. tit. de cloacis.* & le mot
SERVITUDE.

EGRUMEURS *ou* EGROMETTEURS, f. m.
(*Droit féodal.*) on donne ce nom en Franche-
Comté, à ceux qui vont dans les vignes recueillir
les raisins oubliés par les vendangeurs. L'art. 1237
des ordonnances de cette province, recueillies par
Petremand, leur défend d'entrer dans les vignes
avant que les bans en soient levés & que les
vignes soient entiérement vendangées. (M. GAR-
RAN DE COULON.)

EGUILLETTE, f. f. (*Code criminel.*) *Voyez*
NOUEMENT.

EGYPTIENS, (*Code criminel.*) V. BOHÉMIENS.

E H

EHOUPER *ou* HOUPER, v. a. (*Eaux & Forêts.*)
c'est couper la cime d'un arbre. L'ordonnance des
eaux & forêts, *tit. 32, art. 2*, veut que ceux qui
auront *éhoupé*, ébranché & déshonoré des arbres,
soient condamnés à payer la même amende que
s'ils les avoient abattus par le pied.

E I

EISSIDES, (*Droit féod.*) suivant le glossaire
mis à la suite des anciennes coutumes de Bordeaux,
publiées par MM. de la Mothe, ce mot a signifié
dans le quatorzième siècle, des *profits*, des *émolumens*. (M. GARRAN DE COULON.)

E L

ÉLARGISSEMENT, f. m. (*Code criminel.*)
est la liberté que l'on donne à un prisonnier de
sortir de prison.

On distingue deux sortes d'*élargissemens*, savoir
l'*élargissement définitif* & l'*élargissement provisoire*,
qui n'est fait qu'à la charge par le prisonnier de
se représenter dans un certain temps. Le premier
est celui qui résulte d'un jugement qui met l'accusé hors de prison sans réserve ; le second est
celui qu'il obtient dans le cours de la procédure,

avec obligation de se représenter toutes les fois
qu'il lui sera enjoint de le faire.

La déclaration de Charles VI, du 20 avril 1402,
défend à tous officiers du roi & autres personnes,
d'*élargir* ou faire *élargir* aucun prisonnier détenu
par ordonnance de justice, sous prétexte d'aucun
commandement du roi, à moins qu'il n'y ait des
lettres-patentes scellées du grand sceau, & que la
partie & le ministère public ne soient ouis.

L'ordonnance criminelle de 1670, défend également d'*élargir* aucun prisonnier sans ordonnance
du juge. Mais à cet égard, il y a quelque distinction à faire entre l'*élargissement* des prisonniers
pour dettes, & celui des prisonniers pour crime.

Les prisonniers pour dettes peuvent être *élargis*
sur deux sommations faites, à différens jours, aux
créanciers qui sont en demeure de leur fournir la
nourriture ; & trois jours après la seconde sommation, le juge peut ordonner l'*élargissement*, partie présente ou duement appellée ; c'est la disposition de l'ordonnance de 1670, *tit. 18, art. 24.*

L'art. 5 de la déclaration du 10 janvier 1680,
a depuis établi que, quand les causes de l'emprisonnement n'excèdent pas deux mille livres, il
n'est pas besoin de sommations ; le prisonnier
peut, après la quinzaine du défaut de consignation,
présenter requête au commissaire des prisons, à
l'effet d'obtenir son *élargissement* ; mais le commissaire ne peut *élargir* de son autorité, il faut
que la requête soit rapportée en la chambre, &
qu'il intervienne un jugement. Le préambule de
cette déclaration fait connoître qu'elle est en faveur du prisonnier ; qu'ainsi il peut, avant les
quinze jours, demander sa liberté, en faisant deux
sommations, conformément à l'ordonnance.

Celui qui a été *élargi*, faute de paiement de ses
alimens, ne peut plus être emprisonné à la requête
du même créancier, afin de punir la dureté de ce
créancier, & que la disposition de l'ordonnance
ne devienne pas illusoire. Mais si par des raisons
importantes, on permet au créancier de faire emprisonner une seconde fois son débiteur, ce ne peut
être qu'à la charge par lui de payer d'avance les
alimens du prisonnier pour six mois , sinon qu'il
en soit autrement ordonné par jugement contradictoire, *art. 6 de la déclaration de 1680.*

Celui qui a été *élargi*, en payant un tiers ou
un quart de ses dettes, des deniers de la charité,
ne peut plus être reconstitué prisonnier pour raison
du surplus des mêmes dettes, parce que le paiement fait une preuve d'insolvabilité. Il faut néanmoins en excepter le cas où il lui seroit survenu
du bien depuis son *élargissement*.

Les prisonniers détenus pour dettes peuvent
aussi être *élargis*, sur le consentement des parties
qui les ont fait arrêter ou recommander, passé devant notaire, qui sera signifié aux geoliers ou greffiers des geoles, sans qu'il soit besoin d'obtenir aucun jugement, *ordonnance de 1670, tit. 13, art. 31.*

L'article suivant porte que la même chose sera

obfervée à l'égard de ceux qui auront confignéès mains du geolier ou greffier de la geole, les fommes pour lefquelles ils feront détenus. Ils doivent être mis hors des prifons, fans qu'il foit befoin de le faire ordonner. Mais ils doivent faire fignifier cette confignation au créancier, non pour obtenir fon confentement à l'*élargiffement*, mais pour empêcher que par ignorance il ne faffe reconftituer prifonnier fon débiteur.

A l'égard de l'*élargiffement* des prifonniers détenus pour crime, l'ordonnance de 1670, *tit. 10 des décrets*, ordonne que les accufés contre lefquels il n'y aura eu originairement décret de prife de corps, & dont l'emprifonnement n'aura eu lieu que par un défaut de comparution fur un décret d'ajournement perfonnel, feront *élargis* après l'interrogatoire, s'il ne furvient de nouvelles charges, ou par leur reconnoiffance, ou par la dépofition de nouveaux témoins. En fuivant littéralement la difpofition de l'ordonnance, l'*élargiffement* pourroit être prononcé en fin de l'interrogatoire; mais dans l'ufage, on exige que l'accufé donne une requête, qu'on communique au miniftère public & à la partie civile, s'il y en a une. D'après ces formalités, le juge d'inftruction peut prononcer l'*élargiffement*, feul & fans la participation des autres officiers du fiège.

Aucun prifonnier pour crime, arrêté en vertu d'un décret de prife de corps originairement donné, ne peut être *élargi*, même par les cours ou autres juges, encore qu'il fe fût rendu volontairement prifonnier, fans avoir vu les informations, l'interrogatoire, les conclufions du procureur du roi, ou du procureur-fifcal fi c'eft dans une juftice feigneuriale, & les réponfes de la partie civile, s'il y en a, ou les fommations de répondre.

Les prifonniers pour crime ne peuvent être *élargis* que cela ne foit ordonné par le juge; encore que la partie publique & la partie civile y confentent.

On ne doit pas non plus *élargir* les accufés, après le jugement, lorfqu'il porte condamnation de peine afflictive, ou que les procureurs du roi, ou ceux des feigneurs en appellent; quand même les parties civiles y confentiroient, & que les amendes, aumônes & réparations auroient été confignées.

L'art. 29 du tit. 13, que nous avons déjà cité, porte que tous greffiers, même des cours, & ceux des feigneurs, font tenus de prononcer aux accufés les arrêts, fentences & jugemens d'abfolution & d'*élargiffement*, le même jour qu'ils auront été rendus; & s'il n'y a point d'appel par le procureur du roi ou du feigneur dans les vingt-quatre heures, ils doivent mettre les accufés hors des prifons, & l'écrire fur le regiftre de la geole.

On doit pareillement, aux termes du même article, *élargir* ceux qui n'auront été condamnés qu'en des peines & réparations pécuniaires; en confignant entre les mains du greffier les fommes adjugées pour amendes, aumônes & intérêts civils; fans

que, faute de paiement d'épices, ou d'avoir levé les arrêts, fentences & jugemens, les prononciations & les *élargiffemens* puiffent être différés.

Enfin l'article 30 défend aux geoliers, greffiers des geoles, guichetiers & cabaretiers ou autres, d'empêcher l'*élargiffement* des prifonniers, pour frais, nourriture, gîte, geolage ou aucune autre dépenfe; ce qui doit s'entendre également de tous les prifonniers, foit pour dettes, foit pour crimes.

Dans les procès inftruits par les prévôts des maréchaux, l'accufé ne doit être *élargi* qu'après le jugement de compétence, & ne peut l'être que par fentence définitive du préfidial ou fiège qui doit juger le procès.

Les prifonniers pour dettes peuvent demander leur liberté, lorfqu'une maladie ou le féjour habituel dans une prifon peuvent le mettre en danger de mort. Dans ce cas, d'après le certificat des médecins & chirurgiens, commis à cet effet, le juge ordonne l'*élargiffement*, parce que la confervation d'un citoyen eft au-deffus de la faveur que mérite un créancier, & que fi la loi veut bien punir par la détention l'inconduite d'un débiteur, & le forcer d'ufer des reffources qu'il a, & que fouvent il cache à fes créanciers, elle ne doit pas favorifer la tyrannie de celui qui voudroit retenir fon débiteur captif jufqu'à la mort.

Cette jurifprudence eft confirmée par un arrêt rendu au parlement de Paris, le 12 juin 1762, fur les conclufions de M. l'avocat-général Seguier, qui obferva que l'*élargiffement* devoit avoir lieu fans affujettir le débiteur à donner caution de fe reconftituer après fa guérifon. *Voyez* CONTRAINTE PAR CORPS, PRISONNIER, SEPTUAGÉNAIRE.

ELECTEUR, f. m. (*Jurifprud.*) eft celui qui donne fon fuffrage pour l'élection qui fe fait de quelque perfonne, foit pour un bénéfice, foit pour un office, commiffion ou autre place. *Voyez ci-après* ELECTION. (*A*)

ELECTEUR, (*Droit public.*) fe dit dans l'empire d'Allemagne, des princes qui ont le privilège exclufif de choifir un empereur. *Voyez le Dictionnaire diplom. écon. polit.*

ELECTION, f. f. (*Droit civil & canonique.*) Ce terme a parmi nous plufieurs fignifications: on s'en fert, 1°. pour défigner le choix d'une perfonne pour remplir un bénéfice ou un office; 2°. nous connoiffons en droit l'*élection* d'ami, de domicile, d'héritier, de tuteur, &c.; 3°. nous appellons *élections*, certaines jurifdictions royales.

Nous allons fuivre ces différens rapports. Nous traiterons, fous un premier mot, de l'*élection* en matière bénéficiale; fous un fecond, des diverfes qualifications qu'on ajoute en droit au mot *élection*; & fous un troifième, des jurifdictions connues fous ce terme.

ELECTION, f. f. (*Jurifpr. can.*) eft le choix qui eft fait par plufieurs perfonnes d'un eccléfiaftique, pour remplir quelque bénéfice, office ou dignité eccléfiaftique.

Cette voie est la plus ancienne de toutes celles qui sont usitées pour remplir ces sortes de places, & elle remonte jusqu'à la naissance de l'église.

La première *élection* qui fut faite de cette espèce, fut après l'ascension de J. C. Les apôtres s'étant retirés dans le cénacle avec les autres disciples, la sainte Vierge, les saintes femmes & les parens du Seigneur, S. Pierre leur proposa d'élire un apôtre à la place de Judas. Après avoir invoqué le Seigneur, ils tirèrent au sort entre Barsabas & Mathias, & le sort tomba sur ce dernier. L'assemblée où cette *élection* fut faite, est comptée pour le premier concile de Jérusalem ; tous les fidèles, même les femmes eurent part à l'*élection*.

Au second concile de Jérusalem, tenu dans la même année, on fit l'*élection* des premiers diacres.

Ce fut aussi dans le même temps & par voie d'*élection* que S. Jacques, surnommé *le mineur* ou *le juste*, fut établi premier évêque de Jérusalem.

A mesure que l'on établit des évêques dans les autres villes, ils furent élus de la même manière, c'est-à-dire par tous les fidèles du diocèse, assemblés à cet effet, tant le clergé que le peuple. Cette élection parut d'abord la plus naturelle & la plus canonique pour remplir les sièges épiscopaux, étant à présumer que celui qui réuniroit en sa faveur la plus grande partie de suffrages du clergé & du peuple, seroit le plus digne de ce ministère, & qu'on lui obéiroit plus volontiers.

Optat dit de Cecilien, qui fut évêque de Carthage en 311, qu'il avoit été choisi par les suffrages de tous les fideles.

Ce fut le peuple d'Alexandrie qui voulut avoir S. Athanase, lequel fut fait évêque de cette ville en 326 ; & ce saint prélat dit, en parlant de lui-même, que s'il avoit mérité d'être déposé, il auroit fallu, suivant les constitutions ecclésiastiques, appeler le clergé & le peuple pour lui donner un successeur.

S. Léon, qui fut élevé sur le saint siège en 440, dit qu'avant de consacrer un évêque, il faut qu'il ait l'approbation des ecclésiastiques, le témoignage des personnes distinguées & le consentement du peuple.

S. Cyprien, qui vivoit encore en 545, veut que l'on regarde comme une tradition apostolique, que le peuple assiste à l'*élection* de l'évêque, afin qu'il connoisse la vie, les mœurs & la conduite de celui que les évêques doivent consacrer.

Cet usage fut observé tant en Orient que dans l'Italie, en France & en Afrique. Le métropolitain & les évêques de la province assistoient à l'*élection* de l'évêque, & après que le clergé & le peuple s'étoient choisi un pasteur, s'il étoit jugé digne de l'épiscopat, il étoit sacré par le métropolitain qui avoit droit de confirmer l'*élection*. Celle du métropolitain étoit confirmée par le patriarche ou par le primat, & l'*élection* de ceux-ci étoit confirmée par les évêques assemblés comme dans un concile ; le nouvel évêque, aussi-tôt après la

consécration, écrivoit une lettre au pape, pour entretenir l'union de son église avec celle de Rome.

L'*élection* des évêques fut ainsi faite par le clergé & le peuple pendant les douze premiers siècles de l'église. Cette forme fut autorisée en France par plusieurs conciles, notamment par le cinquième concile d'Orléans, en 549, par un concile tenu à Paris en 614 ; & Yves de Chartres assure dans une de ses lettres, qu'il n'approuvera pas l'*élection* qui avoit été faite d'un évêque de Paris, à moins que le clergé & le peuple n'aient choisi la même personne, & que le métropolitain & les évêques ne l'aient approuvé d'un consentement unanime.

On trouve néanmoins beaucoup d'exemples dans les premiers siècles de l'église, d'évêques nommés sans *élection* ; le concile de Laodicée défendit même que l'évêque fût élu par le peuple.

Il y eut aussi un temps où les *élections* des évêques furent moins libres en France ; mais elle fut rétablie par un capitulaire de Louis-le-Débonnaire, de l'an 822, que l'on rapporte au concile d'Aftigni ; n'ignorant pas, dit l'empereur, les sacrés canons, & voulant que l'église jouisse de sa liberté, nous avons accordé que les évêques soient élus par le clergé & par le peuple, & pris dans le diocèse, en considération de leur mérite & de leur capacité, gratuitement & sans acception de personnes.

Les religieux avoient part à l'*élection* de l'évêque, de même que les autres ecclésiastiques, tellement que le vingt-huitième canon du concile de Latran, tenu en 1139, défend aux chanoines (de la cathédrale) sous peine d'anathême, d'exclure de l'*élection* de l'évêque les hommes religieux.

Il faut néanmoins observer que, dans les temps même où les évêques étoient élus par le consentement unanime du clergé, des moines & du peuple, les souverains avoient dès-lors beaucoup de part aux *élections*, soit parce qu'on ne pouvoit faire aucune assemblée sans leur permission, soit parce qu'en leur qualité de souverains & de protecteurs de l'église, ils ont intérêt d'empêcher qu'on ne mette point en place, sans leur agrément, des personnes qui pourroient être suspectes ; le clergé de France a toujours donné au roi, dans ces occasions, des marques du respect qu'il lui devoit.

On trouve, dès le temps de la première race, des preuves que nos rois avoient déjà beaucoup de part à ces *élections*. Quelques auteurs prétendent que les rois, de cette race, conféroient les évêchés à l'exclusion du peuple & du clergé, ce qui paroît néanmoins trop général. En effet, les lettres que Dagobert écrivit, au sujet de l'ordination de S. Dizier de Cahors, à S. Sulpice & aux autres évêques de la province, font mention expresse du consentement du peuple ; & dans les conciles de ce temps, on recommandoit la liberté des *élections*, qui étoient souvent mal observées ; ainsi l'usage ne fut pas toujours uniforme sur ce point.

Il est seulement certain que, depuis Clovis jusqu'en 590, aucun évêque n'étoit installé, sinon par l'ordre ou du consentement du roi.

Grégoire de Tours, qui écrivoit dans le même siècle, fait souvent mention du consentement & de l'approbation que les rois, de la première race, donnoient aux évêques qui avoient été élus par le clergé & par le peuple; & Clotaire II, en confirmant un concile de Paris, qui déclare nulle la consécration d'un évêque faite sans le consentement du métropolitain, des ecclésiastiques & du peuple, déclara que celui qui avoit été ainsi élu canoniquement, ne devoit être sacré qu'après avoir obtenu l'agrément du roi.

Dans les formules du moine Marculphe qui vivoit dans le septième siècle, il y en a trois qui ont rapport aux *élections*. La première, est l'ordre ou précepte, par lequel le roi déclare au métropolitain, qu'ayant appris la mort d'un tel évêque, il a résolu, de l'avis des évêques & des grands, de lui donner un tel pour successeur. La seconde, est une lettre pour un des évêques de la province. La troisième, est la requête des citoyens de la ville épiscopale, qui demandent au roi de leur donner, pour évêque, un tel dont ils connoissent le mérite; ce qui suppose que l'on attendoit le consentement du peuple, mais que ce n'étoit pas par forme d'*élection*.

Il y eut même, sous la première race, plusieurs évêques nommés par le roi, sans aucune *élection* précédente, comme S. Amant d'Utrecht, & S. Leger d'Autun. La formule du mandement que le roi faisoit expédier sur cette nomination, est rapportée par Marculphe. Il y est dit que le roi, ayant conféré avec les évêques & principaux officiers de sa cour, avoit choisi un tel pour remplacer le siège vacant.

Cette manière de pourvoir aux évêchés étoit quelquefois nécessaire, pour empêcher les brigues & la simonie: c'étoit aussi souvent la faveur seule qui déterminoit la nomination.

Charlemagne & Louis-le-Débonnaire firent tous leurs efforts pour rétablir l'ancienne discipline sur les *élections*. Le premier disposa néanmoins de plusieurs évêchés, par le conseil des prélats & des grands de sa cour, sans attendre l'*élection* du clergé & du peuple. Plusieurs croient qu'il en usa ainsi du consentement de l'église, pour remédier aux maux dont elle étoit alors affligée: il rendit même à plusieurs églises la liberté des *élections*, par des actes exprès.

Il y eut, sous cette seconde race, plusieurs canons & capitulaires, faits pour conserver l'usage des *élections*; mais ce fut toujours sans donner atteinte aux droits du prince. On tenoit alors pour principe, qu'en cas de trouble & d'abus, le roi pouvoit nommer à l'évêché; tellement que l'évêque visiteur avertissoit ceux qui devoient élire, que s'ils se laissoient séduire, par quelque moyen injuste, l'empereur nommeroit sans contrevenir aux canons.

Les choses changèrent bien de forme sous la troi-

sième race; les chapitres des cathédrales s'attribuèrent le droit d'élire seuls les évêques, privativement au reste du clergé & au peuple. Au commencement du treizième siècle ils étoient déjà en possession d'élire ainsi seuls l'évêque, & les métropolitains, de confirmer seuls l'*élection*, sans appeler leurs suffragans, comme il paroît par le concile de Latran tenu en 1215. Les papes, auxquels on s'adressoit ordinairement lorsqu'il y avoit contestation sur la confirmation des évêques, firent de ce droit une cause majeure réservée au saint siège: les droits du roi furent cependant toujours conservés.

Lorsque Philippe-Auguste partit pour son expédition d'outre-mer, entre les pouvoirs qu'il laissa pour la régence du royaume à sa mère, & à l'archevêque de Rheims, il marqua spécialement celui d'accorder, aux chapitres des cathédrales, la permission d'élire un évêque.

S. Louis accorda le même pouvoir à la reine sa mère, lorsqu'il l'établit régente du royaume. Il ordonna cependant, par la pragmatique sanction, qu'il fit dans le même temps en 1268, que les églises cathédrales & autres auroient la liberté des *élections*.

L'*élection* des abbés étoit réglée sur les mêmes principes que celle des évêques. Les abbés étoient élus par les moines du monastère qu'ils devoient gouverner. Ils étoient ordinairement choisis entre les moines de ce monastère; quelquefois néanmoins on les choisissoit dans un monastère voisin, ou ailleurs. Avant de procéder à l'*élection*, il falloit obtenir le consentement du roi; & celui qui étoit élu abbé, ne pouvoit aussi avoir l'agrément du roi, avant d'être confirmé & béni par l'évêque.

Les autres bénéfices, offices & dignités étoient conférés par les supérieurs ecclésiastiques, savoir, les bénéfices séculiers par l'évêque, & les réguliers par les abbés, chacun dans leur dépendance. Les uns & les autres n'agissoient dans leur choix, qu'avec connoissance de cause, & ne se déterminoient que par le mérite du sujet. L'évêque choisissoit ordinairement des prêtres & des clercs entre les plus saints moines; les abbés y consentoient pour le bien général de l'église, qu'ils préféroient à l'avantage particulier de leur monastère.

Il y avoit, dans le douzième siècle, une grande confusion dans les *élections* pour les prélatures; chaque église avoit ses règles & ses usages, qu'elle changeoit selon les brigues qui prévaloient.

Ce fut pour remédier à ces désordres, que le quatrième concile de Latran, tenu en 1215, fit une règle générale, suivant laquelle on reconnoît trois formes différentes d'*élections*, qui sont rapportées aux décrétales, *liv. I, tit. 6, chap. quia propter*.

La première, est celle qui se fait par scrutin.

La seconde, est de nommer des commissaires, auxquels tout le chapitre donne pouvoir d'élire en son lieu & place.

La troisième forme d'*élection*, est celle qui se fait

par une espèce d'inspiration divine, lorsque, par acclamation, tous les électeurs se réunissent pour le choix d'un même sujet.

Ce même concile de Latran, celui de Bourges en 1276, celui d'Ausch en 1300; les conciles provinciaux de Narbonne & de Toulouse, tenus à Lavaur en 1368, déclarent nulle toute *élection* faite par abus de l'autorité séculière ou ecclésiastique.

La liberté des *élections* ayant encore été troublée en France par les entreprises des papes, sur-tout depuis que Clément V eut transféré le saint siège à Avignon, le concile de Constance en 1418, & celui de Bâle en 1431, tentèrent toutes sortes de voies pour rétablir l'ancienne discipline.

Les difficultés qu'il y eut par rapport à ces conciles, firent que Charles VII convoqua, à Bourges en 1438, une assemblée de tous les ordres du royaume, dans laquelle fut dressée la pragmatique sanction, laquelle, entre autres choses, rétablit les *élections* dans leur ancienne pureté. L'assemblée de Bourges permit aux rois & aux princes de leur sang, d'employer leurs recommandations auprès des électeurs, en faveur des personnes qui auroient rendu service à l'état.

Nos rois continuèrent, en effet, d'écrire des lettres de cette nature, & de nommer des commissaires pour assister à l'*élection*.

Les papes cependant firent tous leurs efforts pour obtenir la révocation de la pragmatique. *Voyez* PRAGMATIQUE.

Enfin, en 1516, François I, voulant prévenir les suites fâcheuses que les différends de la cour de France, avec celle de Rome, pouvoient occasionner, fit avec Léon X, une espèce de transaction, connue sous le nom de *concordat*.

On y fait mention des fraudes & des brigues qui se pratiquoient dans les *élections*, & il est dit que les chapitres des églises cathédrales de France ne procéderont plus, à l'avenir, le siège vacant, à l'*élection* de leurs évêques; mais que le roi sera tenu de nommer au pape, dans les six mois de la vacance, un docteur ou licencié en théologie, ou en droit canonique, âgé de 27 ans au moins, pour en être pourvu par le pape; que si la personne nommée par le roi, n'a pas les qualités requises, le roi aura encore trois mois pour en nommer un autre, à compter du jour que le pape aura fait connoître les causes de récusation; qu'après ces trois mois il y sera pourvu par le pape; que les *élections* qui se feront au préjudice de ce traité, seront nulles; que les parens du roi, les personnes éminentes en savoir & en doctrine, & les religieux mendians ne sont point compris dans la rigueur de cet article; que pour les abbayes & prieurés conventuels vraiment électifs, il en sera usé comme aux évêchés, à l'exception de l'âge, qui sera fixé à 23 ans; que si le roi nomme aux prieurés un séculier, ou un religieux d'un autre ordre, ou un mineur de 23 ans, le pape se réserve le droit de le refuser, & d'en nommer un autre après les neuf mois passés, en

deux termes, comme dans les évêchés. Il est dit que l'on n'entend pas néanmoins déroger, par cet article, aux privilèges dont jouissent quelques chapitres & quelques monastères, qui se sont maintenus en possession d'élire leurs prélats & leurs supérieurs, en gardant la forme prescrite par le chapitre *quia propter*.

Sur la manière dont le roi en use pour les nominations, *voyez* ÉVÊCHÉS & NOMINATION ROYALE.

Le clergé de France a renouvellé, en plusieurs occasions ses vœux, pour le rétablissement des *élections*, à l'égard des évêchés, abbayes & autres prélatures, comme on le voit dans le cahier qu'il présenta aux états d'Orléans en 1560, dans celui qu'il dressa pour être présenté aux états de Blois, dans le concile de Rouen en 1581, celui de Rheims en 1583, le cahier de l'assemblée générale du clergé en 1595, & celui de l'assemblée de 1605.

L'article premier de l'ordonnance d'Orléans en 1560, porte que les archevêques & évêques seront désormais élus & nommés; savoir, les archevêques, par les évêques de la province & par le chapitre de la métropole; les évêques, par l'archevêque, les évêques de la province, & les chanoines de l'église cathédrale, appellés avec eux douze gentilshommes qui seront élus par la noblesse du diocèse, & douze notables bourgeois élus en l'hôtel de la ville archiépiscopale ou épiscopale; tous lesquels s'accorderont de trois personnages de qualités requises, âgés, au moins, de trente ans, qu'ils présenteront à sa majesté, qui choisira l'un des trois.

L'exécution de cette ordonnance a été commandée par l'article 36 de celle de Roussillon; cependant cet article de l'ordonnance d'Orléans & plusieurs autres, ne s'observent point.

Ainsi les évêchés ne sont plus électifs.

A l'égard des abbayes, toutes celles qui étoient électives, sont assujetties, par le concordat, à la nomination royale, à l'exception seulement des chefs d'ordre, & des quatre filles des Cîteaux. On suit encore, dans ces abbayes, pour les *élections*, les règles prescrites par la pragmatique sanction.

Pour ce qui est des dignités des chapitres, qui sont électives, des généraux d'ordres réguliers qui n'ont pas le titre d'*abbés*, & des abbayes triennales électives, les *élections* dépendent, en partie, des usages & statuts particuliers de chaque église, congrégation ou communauté.

Il y a néanmoins plusieurs règles tirées du droit canonique, qui sont communes à toutes les *élections*.

On ne peut valablement faire aucun acte tendant à l'*élection* d'un nouvel abbé, ou autre bénéficier ou officier, jusqu'à ce que la place soit vacante, soit par mort ou autrement.

Avant de procéder à l'*élection* dans les abbayes qui sont électives, il faut que le chapitre obtienne le consentement du roi, lequel peut nommer un commissaire pour assister à l'*élection*; à l'effet d'empêcher les brigues, & de faire obferver ce qui eft prefcrit par les ordonnances du royaume.

Pour que l'*élection* foit canonique, il faut y appeller tous ceux qui ont droit de fuffrage; les abfens doivent être avertis, pourvu qu'ils ne foient pas hors du royaume.

Ceux qui font retenus ailleurs, par quelque empêchement légitime, ne peuvent donner leur fuffrage par lettre; mais ils peuvent donner leur procuration, à cet effet, à un ou plufieurs des capitulans, pourvu néanmoins qu'ils donnent, à chacun d'eux, folidairement le droit de fuffrage; & dans ce cas le chapitre peut choifir entre eux celui qu'il juge à propos, pour repréfenter l'abfent. Celui-ci peut auffi donner pouvoir à quelqu'un qui n'eft pas *de gremio*, fi le chapitre veut bien l'agréer. Le fondé de procuration ne peut nommer qu'une feule perfonne, foit que la procuration marque le nom de la perfonne qu'il doit nommer, ou qu'elle foit laiffée à fon choix.

Si l'on omettoit d'appeller un feul capitulant, ou qu'il n'eût pas été valablement appellé, l'*élection* feroit nulle; à moins que pour le bien de la paix il n'approuvât l'*élection*.

Il fuffit, au refte, d'avoir appellé à l'*élection* ceux qui y ont droit de fuffrage; s'ils négligent de s'y trouver, ou fi, après y avoir affifté, ils fe retirent avant que l'*élection* foit confommée, & même avant d'avoir donné leur fuffrage, ils ne peuvent, fous ce prétexte, contefter l'*élection*.

Les chapitres des monaftères doivent procéder à l'*élection* de l'abbé, dans les trois mois de la vacance, à moins qu'il n'y ait quelque empêchement légitime; autrement le droit d'y pourvoir eft dévolu au fupérieur immédiat.

Le temps fixé par les canons, pour procéder à l'*élection*, court contre les électeurs, du jour qu'ils négligent de faire lever l'empêchement qui les arrête.

Le concile de Bâle veut que les électeurs, pour obtenir du ciel les lumières & les graces dont ils ont befoin, entendent, avant l'*élection*, la meffe du faint efprit; qu'ils fe confeffent & communient; & que ceux qui ne fatisferont pas à ces devoirs, foient privés de plein droit de la faculté d'élire, pour cette fois.

Chaque électeur doit faire ferment entre les mains de celui qui préfide, qu'il choifira celui qu'il croira en confcience pouvoir être le plus utile à l'églife, pour le fpirituel & le temporel, & qu'il ne donnera point fon fuffrage à ceux qu'il faura avoir promis ou donné, directement ou indirectement, quelque chofe de temporel pour fe faire élire. L'abus ne feroit pas moins grand de donner, ou promettre dans la même vue, quelque chofe de fpirituel.

Ceux qui procèdent à l'*élection*, doivent faire choix d'une perfonne de bonnes mœurs, qui ait l'âge, & les autres qualités & capacités prefcrites

par les canons, & par les autres loix de l'églife & de l'état.

Il eft également défendu, par les canons, d'élire ou d'être élu par fimonie: outre l'excommunication que les uns & les autres encourent par le feul fait, les électeurs perdent pour toujours le droit d'élire; & ceux qui font ainfi élus, font incapables de remplir jamais la dignité, le bénéfice ou office auxquels ils ont afpiré.

Lorfque les fuffrages ont été entraînés par l'impreffion de quelque puiffance féculière, l'*élection* eft nulle: les électeurs doivent même être fufpens pendant trois années de leur ordre & bénéfices, même du droit d'élire; & fi celui qui a été ainfi élu, accepte fa nomination, il ne peut, fans difpenfe, être élu pour une autre dignité, office ou bénéfice eccléfiaftique. Mais on ne regarde point comme un abus les lettres que le roi peut écrire aux électeurs, pour leur recommander quelque perfonne affectionnée au fervice de l'églife, du roi & de l'état.

Les novices ni les frères convers ne donnent point ordinairement leurs voix pour l'*élection* d'un abbé ou autre fupérieur: il y a néanmoins des monaftères de filles, tels que ceux des cordelières, où les fœurs converfes font en poffeffion de donner leur voix pour l'*élection* de l'abbeffe.

Quant à la forme de l'*élection*, on doit fuivre une des trois qui font prefcrites par le quatrième concile de Latran, fuivant ce qui a coutume de s'obferver dans chaque églife ou monaftère.

On diftingue dans les *élections*, la voix active & la voix paffive; la première, eft le fuffrage même de chaque électeur, confidéré par rapport à celui qui le donne, & en tant qu'il a droit de le donner; la voix paffive, eft ce même fuffrage confidéré par rapport à celui en faveur duquel il eft donné. Il y a des capitulans qui ont voix active & paffive; c'eft-à-dire, qui peuvent élire & être élus; d'autres qui ont voix active feulement, fans pouvoir être élus, tels que ceux qui ont paffé par certaines places auxquelles ils ne peuvent être promus de nouveau, ou du moins feulement après un certain temps: enfin ceux qui font de la maifon, fans être capitulans, n'ont point voix active ni paffive; ceux qui font fufpens ne peuvent pareillement élire ni être élus.

Ceux qui ont voix active, doivent tous donner leurs fuffrages en même temps, & dans le même lieu.

Les fuffrages doivent être purs & fimples; on ne reçoit point ceux qui feroient donnés fous condition, ou avec quelque alternative ou autre claufe qui les rendroit incertains.

L'*élection* doit être publiée en la forme ordinaire, auffi-tôt que tous les capitulans ont donné leurs fuffrages, afin d'éviter toutes les brigues & les fraudes; & ce feroit une nullité de différer la publication, pour obtenir préalablement le confentement de celui qui eft élu.

L'*élection* étant notifiée à celui qui a été élu, il doit, dans un mois, à compter de cette notification, accepter ou refuser; ce délai expiré, il est déchu de son droit, & le chapitre peut procéder à une nouvelle *élection*.

Ce délai d'un mois ne court, à l'égard des réguliers élus, que du jour qu'ils ont pu obtenir le consentement de leur supérieur.

Quand le scrutin est publié, les électeurs ne peuvent plus varier; & ceux qui ont donné leur voix à celui qui est élu, ou qui ont consenti à l'*élection*, ne peuvent l'attaquer sous prétexte de nullité, à moins que ce ne soit en vertu de moyens dont ils n'avoient pas connoissance lorsqu'ils ont donné leur suffrage ou consentement.

Il ne suffit pas, pour être élu, d'avoir le plus grand nombre de voix, il faut en avoir seul plus de la moitié de la totalité. Si les voix sont partagées entre plusieurs, de manière qu'aucun d'eux n'en ait plus de la moitié, il faut procéder à une nouvelle *élection*, quand même la plus grande partie du chapitre se réuniroit, depuis la publication du scrutin, en faveur de celui qui avoit seulement le plus grand nombre de voix.

Néanmoins, dans l'*élection* d'une abbesse, quand le plus grand nombre de voix données à une même personne, ne fait pas la moitié, les autres religieuses peuvent s'unir au plus grand nombre, même après le scrutin; & s'il y en a assez pour faire plus de la moitié des voix, celle qui est élue peut être confirmée par le supérieur, sauf à faire juger l'appel, si les opposantes à l'*élection* & confirmation, veulent le soutenir.

Si dans ce même cas les religieuses ne se réunissent pas, jusqu'à concurrence de plus de la moitié, le supérieur, avant de confirmer & bénir celle qui a eu le plus de voix, doit examiner l'*élection* & les raisons de celles qui ne veulent pas s'unir, & néanmoins par provision nomme la religieuse nommée par le plus grand nombre, gouverne le temporel & le spirituel; mais elle ne peut faire aucune aliénation, ni recevoir de religieuses à la profession.

La plus grande partie du chapitre, nommant une personne indigne, est privée, pour cette fois, de son droit d'élire, & dans ce cas l'*élection*, faite par la moindre partie, subsiste.

Quoiqu'un des capitulans ait nommé une personne indigne, il n'est point privé de son droit d'élire, si le scrutin où il a donné sa voix, n'est point suivi d'une *élection* valable.

Quand les électeurs ont nommé un ou plusieurs compromissaires, ils doivent reconnoître celui que les compromissaires ont nommé, pourvu qu'il ait les qualités requises.

Les compromissaires ayant commencé à procéder à l'*élection*, le chapitre ne peut plus les révoquer, attendu que les choses ne sont plus entières.

Si les compromissaires choisissent une personne indigne, le droit d'élire retourne au chapitre: il en est de même lorsque celui qui est nommé refuse d'accepter.

Mais, lorsque les compromissaires négligent de faire l'*élection*, dans le temps prescrit par les canons, alors le droit d'élire est dévolu au supérieur, & non au chapitre, qui doit s'imputer de s'en être rapporté à des mandataires négligens.

L'*élection* étant faite par des compromissaires, un d'entr'eux doit aussi-tôt la publier.

S'il arrive que l'*élection* soit cassée par un défaut de forme seulement, & non pour incapacité de la personne élue, la même personne peut être élue de nouveau.

En cas d'appel de l'*élection*, on ne peut procéder à une nouvelle, qu'il n'ait été statué sur la première.

Quand la première *élection* n'a pas lieu, sans que les électeurs soient déchus de leur droit, ils ont pour procéder à une nouvelle *élection*, le même délai qu'ils avoient eu pour la première, à compter du jour qu'il a été constant que celle-ci n'auroit point d'effet.

Ceux qui ne peuvent être élus peuvent être postulés, c'est-à-dire, demandés au supérieur, quand les qualités qui leur manquent sont telles, que le supérieur en peut dispenser; mais le même électeur ne peut pas élire & postuler une même personne. *Voyez* POSTULATION.

Il n'est pas permis, à celui qui est élu, de faire aucune fonction avant d'être confirmé; à peine de nullité. Le pape est le seul qui n'ait pas besoin de confirmation. *Voyez* PAPE.

Avant de confirmer celui qui est élu, le supérieur doit d'office examiner s'il est de bonnes mœurs & de bonne doctrine; s'il a les qualités & capacités requises, quand même personne ne critiqueroit l'*élection*.

Cette information de vie & mœurs doit se faire dans les lieux où celui qui est élu demeuroit depuis quelques années.

Il y a des abbés dont l'*élection* doit être confirmée par l'évêque diocésain, d'autres par leur général, d'autres par le pape dont ils relèvent immédiatement.

Le chapitre, *sede vacante*, a droit de confirmer les *élections* que l'évêque auroit confirmées.

Les abbés triennaux n'ont pas besoin de confirmation pour gouverner le spirituel, non plus que pour le temporel.

La confirmation doit être demandée par celui qui est élu, dans les trois mois du jour du consentement qu'il a donné à l'*élection*, à moins qu'il ne soit retenu par quelque empêchement légitime; autrement il est déchu de son droit, & l'on peut procéder à une nouvelle *élection*.

Telles sont les règles générales que l'on suit pour les *élections*; elles reçoivent néanmoins diverses exceptions, suivant les statuts particuliers, privilèges & coutumes de chaque monastère, pourvu que ces usages soient constans, & qu'ils n'aient rien de contraire au droit naturel ni au droit divin.

Il y a des bénéfices électifs pour lesquels il faut

la

la confirmation du supérieur ; d'autres qui font purement collatifs ; d'autres enfin qui font électifs-collatifs, c'est-à-dire, que le chapitre confère en élisant, sans qu'il soit besoin d'autre collation, *eligendo conferunt*. (*A*)

Suivant le chapitre, *quia propter*, il n'y a de bénéfices vraiment électifs, que les prélatures ; c'est-à-dire, que ceux dont la mort des titulaires met leur église dans un état de viduité, *viduatis ecclesiis*. C'est cette espèce de bénéfice désignée dans le concordat, par ces expressions : *in quorum electionibus forma, cap. quia propter, servari, confirmationes electionum hujusmodi solemniter peti consueverunt*. Delà il résulte que tout ce qui n'est pas prélature, n'est pas, à proprement parler, électif-confirmatif. Ainsi les premières dignités des cathédrales, *post pontificalem*, ne sont pas vraiment électives. Il en est de même des premières dignités des collégiales même exemptes, autrement la nomination en appartiendroit au roi, d'après la disposition formelle du concordat ; cela n'empêche cependant point d'observer, dans les *élections* de ces sortes de bénéfices, les formes du chapitre *quia propter*, non pas qu'elles soient prescrites par le droit, mais parce qu'elles ont été introduites par des usages qui ont obtenu force de loi.

On ne compte dans le royaume qu'un petit nombre d'abbayes qui aient conservé le privilège de l'*élection*, on en a rendu compte ci-dessus : l'Artois & la Flandre s'y sont maintenus plus long-temps que les autres provinces. Mais les souverains y ont toujours été en possession de surveiller aux *élections*, par la présence de leurs commissaires, & de choisir parmi les sujets, ceux qui leur étoient plus agréables. Un concordat passé le 30 juillet 1564, entre Philippe II, roi d'Espagne, & les différens ordres des provinces Belgiques, porte, « qu'en cas de » vacance des abbayes, le prince enverra des com» missaires pour informer de la capacité des sujets, » & recevoir le suffrage des religieux, & promet » de nommer ensuite un des religieux élus ». En conséquence les monastères, au décès de chaque abbé, élisent trois sujets, parmi lesquels sa majesté en choisit un. Mais ce n'est que par une grace spéciale que le roi n'use point dans ces provinces des droits qui lui ont été, non pas donnés, mais reconnus par le concordat, qui, étant une loi publique, doit être observée dans tout ce qui fait partie du royaume de France. Mais en permettant aux abbayes de continuer à élire leurs prélats, le prince n'a pas renoncé à la faculté qu'il a de les donner en commande, faculté dont il fait usage quand il le juge à propos. *Voyez* COMMANDE.

ÉLECTION, (*Matière civile.*) 1°. *Election d'ami* ou *en ami*. Ce terme est usité dans quelques provinces, pour exprimer la déclaration que celui qui paroît être acquéreur ou adjudicataire d'un immeuble, fait du nom du véritable acquéreur, pour éviter le paiement de doubles droits seigneuriaux.

L'*élection d'ami* a quelquefois lieu dans les ventes

volontaires, mais elle est particulièrement usitée dans les adjudications judiciaires, qui se font presque toujours à un procureur *ad lites. Voyez* ACQUÉREUR & COMMAND.

2°. *Election de domicile*, est le choix que l'on fait d'un domicile momentané ou *ad hoc*, c'est-à-dire, qui n'est pas le vrai & actuel domicile, mais qui a seulement pour objet d'indiquer un lieu où on puisse faire des offres ou autres actes. Ces *élections de domicile* se font dans les exploits, dans les contrats. *Voyez* DOMICILE ÉLU.

3°. *Election d'héritier*, est le choix de celui qui doit recueillir une succession. Ce choix est ordinairement fait par celui qui dispose de ses biens par son testament : quelquefois il est fait par contrat de mariage ; ou bien le père mariant un de ses enfans, se réserve la liberté de nommer pour héritier tel de ses enfans qu'il jugera à propos.

Quelquefois le testateur défère par testament le choix de son héritier à une autre personne, soit en lui en indiquant plusieurs entre lesquelles elle pourra choisir, soit en lui laissant la liberté entière de choisir qui bon lui semblera ; & quelquefois cette même personne à laquelle le testateur donne pouvoir d'élire, est par lui d'abord instituée héritière, à la charge de remettre l'hoirie à un de ceux qui sont indiqués, ou à telle personne qu'elle jugera à propos.

Le testateur peut aussi instituer héritier celui qui sera nommé par la personne à laquelle il donne ce pouvoir.

Ces sortes de dispositions sont fort usitées dans les pays de droit écrit, où il est assez ordinaire que le mari & la femme s'instituent réciproquement héritiers, à la charge de remettre l'hoirie à tel de leurs enfans que le survivant jugera à propos.

Lorsque celui qui avoit le pouvoir d'élire, décède sans avoir fait son choix, tous les héritiers présomptifs succèdent également.

Le conjoint survivant qui avoit le pouvoir d'élire, ne le perd point en se remariant.

Quand un des enfans éligibles vient à décéder, le père ou la mère qui a le droit d'élire, peut choisir l'enfant de celui qui étoit éligible. *Voyez la trente-quatrième consultation de* Cochin, *tome II.*

L'*élection* étant une fois consommée par un acte entre-vifs, celui qui l'a faite ne peut plus varier ; mais si c'est par testament, l'*élection* est révocable jusqu'au décès de celui qui l'a faite, de même que le surplus de son testament. *Voyez* FIDÉICOMMIS, INSTITUTION CONTRACTUELLE, INSTITUTION D'HÉRITIER, SUBSTITUTION.

4°. *Election de tuteur* ou *curateur*, est le choix qui est fait d'un tuteur ou curateur par les parens ou amis de celui auquel on le donne. *Voyez* CURATEUR & TUTEUR.

5°. *Election d'un officier*, est la nomination qui est faite de quelqu'un à un office public par le suffrage de plusieurs personnes.

Romulus accorda au peuple le droit de se choisir

fes magiftrats, même les fénateurs, ce qui fe fai-foit dans les affemblées publiques appellées *comices* ; & lorfque l'état monarchique de Rome fut changé en république, le peuple élifoit auffi lui-même les confuls, qui étoient chargés du gouvernement gé-néral de l'état.

Comme il étoit difficile d'affembler fouvent le peuple, il n'élifoit que les grands officiers, & ceux-ci commettoient chacun dans leur département les moindres officiers qui leur étoient fubordonnés.

Les empereurs ayant ôté au peuple le droit d'*élection*, conféroient les grands offices par l'avis des principaux de leur cour, afin de conferver en-core quelque forme d'*élection* ; c'eft pourquoi ils appelloient *fuffrages* les avis & recommandations des courtifans.

On en ufa d'abord de même en France pour les offices ; c'eft-à-dire que nos rois y nommoient par l'avis de leur confeil, ce qui étoit une efpèce d'*élection*.

Quand le parlement eut été rendu fédentaire à Paris, Philippe de Valois, par des lettres du mois de février 1327, donna pouvoir au chancelier, en appellant les quatre confeillers au parlement & le prévôt de Paris, de nommer, c'eft-à-dire, d'élire entre eux les confeillers au châtelet.

Charles V ordonna en 1355, que le chancelier, les préfidens & confeillers du parlement feroient élus par fcrutin au parlement. Charles VI ordonna encore la même chofe en 1400 ; ce qui dura juf-qu'au mariage de Henri, roi d'Angleterre, avec Ca-therine de France, fille de Charles VI : alors le parlement nomma trois perfonnes au roi qui don-noit des provifions à l'un des trois ; mais comme le parlement, pour fe conferver l'*élection*, nommoit ordinairement deux fujets inconnus & incapables, afin de faire tomber la nomination fur le troifième, Charles VII lui ôta les *élections*, & rentra en pof-feffion de nommer aux places vacantes du parle-ment, de même qu'aux autres offices, & nos rois choififfoient les officiers, de l'avis de leur confeil ; ce qui dura ainfi jufqu'à la vénalité des charges.

Dès le premier temps de la monarchie, il y avoit dans chaque ville & bourg des officiers municipaux qui étoient électifs, appellés en quelques en-droits *échevins* ; en d'autres, *jurés* ou *jurats* ; en d'autres, *confuls*, & à Touloufe, *capitouls*. Ces officiers font encore la plupart élus par le peuple, conformément aux intentions du roi. *Voyez* OFFICE.

ELECTION, (*Office & Jurifdiction.*) c'eft une jurifdiction royale, fubalterne, inftituée pour con-noître en première inftance de la plupart des ma-tières dont les cours des aides connoiffent par ap-pel. Le nom d'*élection* lui a été donné, parce que dans l'origine les officiers qui exerçoient les fonc-tions des élus actuels, furent établis par le choix des peuples ou des états affemblés.

Avant l'inftitution des élus, c'étoient les maires & échevins des villes, qui fe mêloient de faire l'affiette & levée des impofitions extraordinaires,

ils en étoient même refponfables. Mais dans la fuite ne pouvant plus vaquer à cette levée, & étant occupés d'autres affaires de la commune, on fit choix dans le peuple d'autres perfonnes pour prendre foin de l'affiette & levée des impofitions, & ces perfonnes furent appelées *élus*, à caufe de leur *élection*.

Quelques-uns rapportent ce premier établiffement des élus à celui des aides du temps du roi Jean ; il eft néanmoins certain qu'il y avoit déjà depuis long-temps des élus pour veiller fur les impofitions ; mais comme il n'y avoit point encore d'impofi-tions ordinaires, & que nos rois n'en levoient qu'en temps de guerre ou pour d'autres dépenfes ex-traordinaires, la commiffion de ces élus ne duroit que pendant la levée de l'impofition.

Dès le temps de Louis IV, Denis Heffelin étoit élu à Paris, ainfi que le remarque l'auteur du *Traité de la pairie*, pag. 158.

S. Louis voulant que les tailles fuffent impofées avec juftice, fit en 1270 un réglement pour la ma-nière de les affeoir dans les villes royales : il or-donna qu'on éliroit trente hommes ou quarante plus ou moins, bons & loyaux, par le confeil des prêtres, c'eft-à-dire, des curés de leurs paroiffes, & des autres hommes de religion, enfemble des bourgeois & autres prudhommes, felon la gran-deur des villes ; que ceux qui feroient ainfi élus jureroient fur les faints évangiles d'élire, foit en-tre eux ou parmi d'autres prudhommes de la même ville, jufqu'à douze hommes qui feroient les plus propres à affeoir la taille ; que les douze hommes nommés jureroient de même de bien & diligem-ment affeoir la taille, & de n'épargner ni grever perfonne par haine, amour, prière, crainte, ou en quelque autre manière que ce fût ; qu'ils affeoi-roient ladite taille à leur volonté la livre égale-ment ; qu'avec les douze hommes deffus nommés, feroient élus quatre bons hommes, & feroient écrits les noms fecrétement ; & que cela feroit fait fi fagement, que leur *élection* ne fût connue de qui que ce fût, jufqu'à ce que ces douze hommes euffent affis la taille. Que cela fait, avant de mettre la taille par écrit, les quatre hommes élus pour faire loyalement la taille n'en devoient rien dire, jufqu'à ce que les douze hommes leur euffent fait faire ferment pardevant la juftice, de bien & loyalement affeoir la taille en la manière que les douze hommes l'auroient ordonné.

Il paroît, fuivant cette ordonnance, que les trente ou quarante hommes qui étoient d'abord élus, font aujourd'hui réprefentés par les officiers des *élections* ; les douze hommes qu'on élifoit enfuite étoient proprement les affeffeurs des tailles, dont la fonction eft aujourd'hui confondue avec celle des collecteurs ; enfin les quatre bons hommes élus étoient les vérificateurs des rôles.

Les tailles furent donc la matière dont les élus ordonnèrent d'abord ; mais, outre que les tailles n'étoient pas encore ordinaires, la forme prefcrite pour leur affiette ne fût pas toujours obfervée : car Philippe III, dans une ordonnance du 29 novembre 1274, dit que les confuls de Touloufe devoient s'abftenir de la contribution qu'ils demandoient aux eccléfiaftiques pour les tailles, à moins que ce ne fût une charge réelle & ancienne : il fembleroit par-là que c'étoient les confuls qui ordonnoient de la taille, foit ancienne ou nouvelle, lorfqu'elle avoit lieu ; ce qui fait penfer qu'il y avoit alors des tailles non royales, impofées de l'ordre des villes pour fubvenir à leurs dépenfes particulières, ce qui eft aujourd'hui repréfenté par les octrois.

Louis Hutin, dans une ordonnance du mois de décembre 1315, & Philippe V, dans une autre du mois de mars 1316, difent que les clercs non mariés ne contribueront point aux tailles, & que les officiers du roi, *officiales noftri*, entant qu'à eux appartient, ne les y contraindront point & ne permettront pas qu'on les y contraigne. Ces ordonnances ne font point mention des élus ; ce qui donne lieu de croire qu'ils n'avoient point encore de jurifdiction formée, & que pour les contraintes on s'adreffoit aux juges ordinaires ; & en effet, on a vu que c'étoit devant eux que les élus prêtoient ferment.

Il y avoit encore des élus, du temps de Philippe de Valois, pour la taille non royale qui fe levoit dans certaines villes, comme il paroît par une ordonnance de ce prince du mois de mars 1331, touchant la ville de Laon, où il eft parlé des élus de cette ville : ces officiers n'étoient pas feulement chargés du foin de cette taille ; l'ordonnance porte que dorénavant, de trois ans en trois ans, le prévôt fera affembler le peuple de Laon, & en fa préfence fera élire fix perfonnes convenables de ladite ville, dont ils en feront trois leurs *procureurs* pour conduire toutes les affaires de la ville ; que les trois autres élus avec le prévôt vifiteroient chaque année, autant de fois qu'il feroit néceffaire, les murs, les portes, les fortereffes, les puits, fontaines, chauffées, pavés, & autres aifances communes de la ville, & verroient les réparations néceffaires, &c.

Que toutes les fois qu'il feroit *métier de faire taille*, le prévôt, avec ces trois élus, expoferoit au peuple les caufes pour lefquelles il conviendroit *faire taille* ; qu'enfuite le prévôt & lefdits élus prendroient de chaque paroiffe deux ou trois perfonnes de ceux qui peuvent le mieux favoir les facultés de leurs voifins ; lefquelles perfonnes & lefdits élus ayant prêté ferment fur les faints évangiles de ne charger ni décharger perfonne à leur efcient, contre raifon, le prévôt feroit impofer & affeoir la taille fur toutes les perfonnes qui en font tenues ; que l'impofition feroit levée par les trois élus, qui en paieroient les rentes & les dettes de la ville ; qu'à la fin des trois années fufdites ils compteroient de leur recette, tant des tailles que d'ailleurs, pardevant le prévôt ou bailli de Vermandois, qui vien-

droit ouïr ce compte à Laon & y appelleroit les bonnes gens de la ville ; enfin que le compte rendu & apuré feroit envoyé par le bailli en la chambre des comptes, pour voir s'il n'y avoit rien à corriger. On voit que les élus faifoient eux-mêmes la recette des tailles pendant trois ans ; c'eft pourquoi ils étoient comptables, & en cette partie ils font repréfentés par les receveurs des octrois, qui comptent encore aujourd'hui à la chambre.

A l'égard des fubventions qui fe levoient pour les befoins de l'état, par le miniftère des élus de chaque ville ou diocèfe, on établiffoit quelquefois au-deffus d'eux une perfonne qualifiée, qui avoit titre d'*élu de la province*, pour avoir la furintendance de la fubvention : c'eft ainfi que, lors de la guerre de Philippe de Valois contre les Anglois, Gaucher de Châtillon, connétable de France, fut élu par la province de Picardie, pour avoir la furintendance de la fubvention qu'on y levoit, ce qu'il accepta fous certains gages : l'auteur du *traité de la pairie*, pag. 58, dit en avoir vu les quittances, où il eft qualifié d'*élu de la province*.

Il eft encore parlé de tailles dans des lettres de Philippe de Valois, du mois d'avril 1333 ; mais il n'y eft pas parlé d'élus. Ces lettres, qui ont principalement pour objet la répartition d'une impofition de cent cinquante mille livres fur la fénéchauffée de Carcaffonne, ordonnent feulement au fénéchal de faire appeller, à cet effet, pardevant lui ceux des bonnes gens du pays qu'il voudra.

On établit auffi des députés ou élus à l'occafion des droits d'aides, dont la levée fut ordonnée fur toutes les marchandifes & denrées qui feroient vendues dans le royaume, par une ordonnance du roi Jean, du 28 décembre 1355. Il y avoit bien eu déjà quelques aides ou fubventions levées en temps de guerre fur tous les fujets du roi à proportion de leurs biens ; mais ces nouveaux droits d'aides, auxquels ce nom eft dans la fuite demeuré propre, étoient jufqu'alors inconnus.

L'ordonnance du roi Jean porte que, pour obvier aux entreprifes de fes ennemis, (les Anglois) il avoit fait affembler les trois états du royaume, tant de la Languedoïl que du pays coutumier ; que la guerre avoit été réfolue dans l'affemblée des états ; que, pour faire l'armée & payer les frais & dépens d'icelle, les états avoient avifé que *par tout le pays coutumier* il feroit mis une gabelle fur le fel ; & qu'auffi fur tous les habitans marchandans & *repairans* en icelui, il feroit levé une impofition de huit deniers pour livre fur toutes chofes qui feroient vendues audit pays, excepté vente d'héritages feulement, laquelle feroit payée par le vendeur ; que ces gabelle & impofition feroient levées felon certaines inftructions qui feroient faites fur ce ; que par les trois états feroient ordonnées & députées certaines perfonnes bonnes & honnêtes, folvables, loyales, & fans aucun foupçon, qui par les pays ordonneroient les chofes deffus dites, qui auroient receveurs & miniftres felon l'ordonnance & inſtruction qui ſeroient ſur ce faites ; qu'outre les commiſſaires ou députés particuliers du pays & des contrées, ſeroient ordonnées & établies par les trois états neuf perſonnes bonnes & honnêtes, qui ſeroient généraux & ſuperintendans ſur tous les autres , & qui auroient deux receveurs généraux.

Qu'aux députés deſſus dits , tant généraux que particuliers, ſeroient tenus d'obéir toutes manières de gens , de quelque état ou /condition qu'ils fuſſent , & quelque privilège qu'ils euſſent ; qu'ils pourroient être contraints par leſdits députés par toutes voies & manières que bon leur ſembleroit ; que s'il y en avoit aucun rebelle que les députés particuliers ne puſſent contraindre , ils les ajourneroient pardevant les généraux ſuperintendans qui les pourroient contraindre & punir ſelon ce que bon leur ſembleroit , & que ce qui ſeroit fait & ordonné par les généraux députés vaudroit & tiendroit comme arrêt du parlement.

Il eſt encore dit un peu plus loin , que leſdites aides & ce qui en proviendroit ne ſeroient levées ni diſtribuées par les gens (du roi) ni par ſes tréſoriers & officiers , mais par autres bonnes gens, ſages , loyaux & ſolvables, ordonnés , commis & députés par les trois états , tant frontières qu'ailleurs où il conviendroit de les diſtribuer ; que ces commis & députés jureroient au roi ou à ſes gens , & aux députés des trois états , que quelque néceſſité qui advint, ils ne donneroient ni ne diſtribueroient ledit argent au roi ni à autres , fors ſeulement aux gens d'armes & pour le fait de la guerre ſuſdite.

Le roi promet par cette même ordonnance, & s'engage de faire auſſi promettre ſur les ſaints évangiles par la reine , par le dauphin & tous les grands officiers de la couronne , ſuperintendans, receveurs généraux & particuliers , & autres qui ſe mêleront de recevoir cet argent , de ne le point employer à d'autres uſages , & de ne point adreſſer de mandemens aux députés, ni à leurs commis , pour diſtribuer l'argent ailleurs ni autrement ; que ſi par importunité ou autrement quelqu'un obtenoit des lettres ou mandemens au contraire , leſdits députés , commiſſaires ou receveurs jureroient ſur les ſaints évangiles de ne point obéir à ces lettres ou mandemens , & de ne point diſtribuer l'argent ailleurs ni autrement ; que s'ils le faiſoient , quelques mandemens qui leur vinſſent , ils ſeroient privés de leurs offices & mis en priſon fermée, de laquelle ils ne pourroient ſortir ni être élargis par ceſſion de biens ou autrement , juſqu'à ce qu'ils euſſent entièrement payé & rendu tout ce qu'ils en auroient donné ; que ſi par aventure quelqu'un des officiers du roi ou autres , ſous prétexte de tels mandemens , vouloient ou s'efforçoient de prendre ledit argent , leſdits députés & receveurs leur pourroient & ſeroient tenus de réſiſter de fait , & pourroient aſſembler leurs voiſins des bonnes villes & autres , ſelon ce que bon leur ſembleroit , pour leur réſiſter comme dit eſt.

On voit par cette ordonnance, qu'il y avoit deux ſortes de députés élus par les états , ſavoir les députés généraux , & les députés particuliers ; les uns & les autres étoient élus par les trois états ; c'eſt pourquoi les députés généraux étoient quelquefois appellés les élus généraux ; mais on les appelloit plus communément les généraux des aides : ceux-ci ont formé la cour des aides.

Les députés particuliers furent d'abord nommés commis, commiſſaires ou députés particuliers ſur le fait des aides : ils étoient commis ou ordonnés, c'eſt-à-dire, élus par les trois états ; c'eſt pourquoi dans la ſuite le nom d'élus leur demeura propre.

On en établit dès-lors en pluſieurs endroits du royaume , tant ſur les frontières qu'ailleurs où cela parut néceſſaire.

Ils prêtoient ſerment tant au roi qu'aux états, étant obligés de conſerver également les intérêts du roi & ceux des états qui les avoient prépoſés.

Il ne paroît pas qu'ils fuſſent chargés de la recette des deniers , puiſqu'ils avoient ſous eux des receveurs & miniſtres à cet effet.

Leur fonction étoit ſeulement d'ordonner de tout ce qui concernoit les aides , & de contraindre les redevables par toutes voies que bon leur ſembloroit : ils connoiſſoient auſſi alors de la gabelle, du ſel & de toutes autres impoſitions.

Ces députés particuliers ou élus avoient pour cet effet tout droit de juriſdiction en première inſtance : l'ordonnance dont on vient de parler ſemble d'abord ſuppoſer le contraire , en ce qu'il dit que , s'il y avoit quelques rebelles que les députés ne puſſent contraindre , ils les ajourneroient devant les généraux ſuperintendans ; mais la même ordonnance donnant pouvoir aux députés d'ordonner & de contraindre par toutes ſortes de voies , il eſt évident qu'elle entendoit auſſi leur donner une véritable juriſdiction , & qu'elle n'attribua aux généraux ſuperintendans que le reſſort.

Ce ne fut pas ſeulement pour les aides qui ſe levoient ſur les marchandiſes que les trois états élurent des députés ; ils en établirent de même pour les autres impoſitions.

En effet , les états tenus à Paris au mois de mars ſuivant , ayant accordé au roi une aide ou eſpèce de capitation qui devoit être payée par tous les ſujets du roi , à proportion de leurs revenus , il fut ordonné que cette aide ſeroit levée par les députés des trois états en chaque pays ; la gabelle fut alors abolie : ainſi les élus n'avoient plus occaſion d'en ordonner. Les généraux députés de Paris avoient le gouvernement & ordonnance ſur tous les autres députés ; il devoit y avoir en chaque ville trois députés particuliers ou élus , qui auroient un receveur & un clerc avec eux ; & ordonneroient certains collecteurs par les paroiſſes , qui s'informeroient des facultés de chacun ; que ſi les députés en faiſoient quelque doute , les collecteurs aſſigneroient ceux qui auroient fait la déclaration pardevant les trois députés de la ville , lesquels pourroient faire affirmer devant eux la déclaration : mais les collecteurs pouvoient faire affirmer devant eux les gens des villages, afin de ne les point traduire à la ville ; ceci confirme bien ce qui a déjà été dit de la jurisdiction qu'avoient dès-lors les élus. L'on doit aussi remarquer, à cette occasion, que les collecteurs avoient alors, entant qu'asséeurs des tailles, une portion de jurisdiction, puisqu'ils faisoient prêter serment devant eux aux gens de la campagne, par rapport à la déclaration de leurs facultés.

Il y eut, en conséquence de l'ordonnance dont on vient de parler, des députés ou élus commis par les états dans chaque diocèse, notamment en la ville de Paris, tant pour la ville que pour tout le diocèse.

Ces commissaires députés des états pour la ville & diocèse de Paris, donnèrent le 20 mars 1355, sous leurs sceaux, une instruction pour les commis qu'ils envoyoient dans chaque paroisse de ce diocèse ; elle est intitulée, *ordinatio per deputatos trium statuum generalium data* : & à la marge il y a, *declaratio subsidii & personarum quæ tenentur ad subsidium*. La pièce commence en ces termes : les députés pour faire lever & cueillir en la ville & diocèse de Paris le subside dernièrement octroyé, à tel, *&c.* & plus loin il est dit, *pour ce est-il que par vertu du pouvoir à nous commis*, vous mandons & commettons que tantôt & sans délai ces lettres vues, vous appelliez avec vous le curé de... & par son conseil élisiez ou preniez trois ou quatre bonnes personnes de ladite paroisse, avec lesquelles vous alliez dans toutes les maisons demander la déclaration de leur état & vaillant : c'est ainsi que se faisoit l'affiette de ces sortes d'impositions.

Le roi Jean, par la même ordonnance dont on a déjà parlé, établit aussi des élus pour le fait des monnoies : il dit en *l'article vij*, nous par le conseil des superintendans élus par les trois états, élirons & établirons bonnes personnes & honnêtes, & sans soupçon, pour le fait de nos monnoies, lesquelles nous feront serment, en la présence desdits superintendans, que bien & loyaument ils exerceront l'office à eux commis. Ces commissaires ou députés furent établis par lettres du 13 janvier 1355.

Les députés particuliers sur le fait des aides furent qualifiés d'*élus* dans une ordonnance que Charles, dauphin de France, qui fut depuis le roi Charles V, donna au mois de mars 1356, en qualité de lieutenant-général du royaume pendant la captivité du roi Jean.

Il ordonne d'abord par le conseil des trois états, afin que les deniers provenans de l'aide ne soient point détournés de leur destination, qu'ils ne seront point reçus par les officiers du roi ni par les siens, mais par bonnes gens sages, loyaux & solvables à ce ordonnés, élus & établis par les gens des trois états, tant ès frontières qu'ailleurs où besoin sera ; que ces commis & députés généraux lui prêteront serment & aux gens des trois états ; que les députés particuliers feront de même serment devant les juges royaux des lieux, & que l'on y appellera une personne ou deux de chacun des trois états. Il paroît que ces députés devoient avoir la même autorité que ceux qui avoient été établis dans les provinces par *l'article ij* de l'ordonnance du 28 décembre 1355.

Il devoit y en avoir trois dans chaque diocèse : cependant la distribution de leurs départemens étoit quelquefois faite autrement : en effet, on voit par une commission donnée en exécution de cette ordonnance, que le diocèse de Clermont & celui de S. Flour avoient les mêmes élus. Cette même commission les autorisoit à assembler à Clermont, à S. Flour, ou ailleurs dans ces diocèses, tous ceux des trois états desdits diocèses que bon leur sembleroit pour raison de l'aide.

Le dauphin Charles promit que, moyennant cette aide, toute taille, gabelle & autres impositions cesseroient.

Et comme il avoit eu connoissance que plusieurs sujets du royaume avoient été fort grevés par ceux qui avoient été commis à lever, imposer & exploiter la gabelle, imposition & subsides octroyés l'année précédente ; que de ce que les commis levoient, il n'y en avoit pas moitié employée pour la guerre, mais à leur profit particulier ; pour remédier à ces abus, faire punir ceux qui avoient malversé, & afin que les autres en prissent exemple, le dauphin ordonna par la même loi que les élus des trois états par les diocèses sur le fait de l'aide, lesquels il commit à ce, verroient le compte des élus, impositeurs, receveurs, collecteurs de l'année précédente ; qu'ils s'informeroient le plus diligemment que faire se pourroit, chacun en leur diocèse, de ce qui auroit été levé de ces impositions, en quelle monnoie & par qui, & le rapporteroient à Paris, le lendemain de *quasimodo*, par devers le roi & les gens des trois états, pour y pourvoir le mieux qu'il seroit possible.

Il est encore dit par la même ordonnance, que comme ceux qui étoient venus à Paris aux dernières assemblées d'états, avoient encouru la haine de quelques officiers qui s'étoient efforcés de les navrer, blesser ou mettre à mort, & qu'il en pourroit arriver autant à ceux qui viendroient dans la suite à ces sortes d'assemblées, le prince déclare qu'il prend ces personnes sous la sauve-garde spéciale du roi son père & de lui, & leur accorde que, pour la sûreté & défense de leur vie, ils puissent marcher avec six compagnons armés dans tout le royaume toutes fois qu'il leur plaira. Il défend à toutes personnes de les molester, & veut qu'au contraire ils soient gardés & conservés par tout le peuple, & enjoint à tous juges de les laisser aller eux & leur compagnie par-tout où il leur plaira, sans aucun empêchement, pour raison du port d'armes, & de leur prêter main-forte en cas de befoin, s'ils en font requis, pour les caufes deffus dites. On voit par-là que le port d'armes étoit dés-lors défendu. Cette ordonnance paroît auffi être la première qui ait établi la diftinction des affeeurs & des collecteurs d'avec les élus.

L'inftruction qui fut faite par les trois états de la Languedoïl fur le fait de cette aide, porte qu'il y auroit en la ville de Paris dix perfonnes, & dans chaque évêché trois perfonnes des états, élus tant par les gens de Paris que des évêchés & dio-cèfes autorifés de M. le duc de Normandie (c'é-toit le dauphin).

Les bonnes villes & paroiffes doivent élire trois, quatre, cinq ou fix perfonnes (qui font en cet endroit les affeeurs), comme bon leur femblera, qui affeoiront par ferment ladite cueillète.

Il eft auffi ordonné qu'il fera établi par les trois élus un ou plufieurs receveurs ès villes & évê-chés de leur département (ce font les collec-teurs), qui recevront l'argent de ce fubfide en la manière & au lieu ordonnés par les élus.

Que les élus feront auffi-tôt publier que les gens d'églife & les nobles aient à donner la décla-ration de leurs biens. Que les maires & échevins, & autres officiers des communes ou les curés dans les lieux où il n'y a pas de commune, leur don-neront auffi la déclaration du nombre de feux ; que les élus prendront note des bénéfices & de leur revenu, du nom des nobles & de leurs poffef-fions, du nombre de feux de chaque lieu.

Enfin que les élus feront contraindre toutes lef-dites perfonnes par leurs commis & députés, comme pour les propres dettes du roi, favoir, les gens du clergé vivans cléricalement, par les juges ordi-naires de l'églife ; & il femble par-là que les élus n'euffent pas alors de jurifdiction fur les eccléfiaf-tiques.

Comme l'aide établie par l'ordonnance du roi Jean, du 28 décembre 1355, n'avoit lieu que dans le pays coutumier, les états de la Languedoïl ac-cordèrent de leur part au mois de feptembre 1356, une aide au roi ; & à cette occafion, le dauphin Charles rendit encore une ordonnance au mois de février fuivant, portant que les états entretiendroient pendant un an 10, 000 hommes armés ; que pour l'entretien de ces troupes, chacun paieroit une certaine fomme qui étoit une efpèce de capitation ; qu'en outre les fujets des prélats & des nobles, & les autres habitans qui auroient douze ans, & qui feroient aifés, paieroient un autre fubfide à pro-portion de leurs biens.

Que fur les fommes provenantes de ces impo-fitions, la folde des gens de guerre leur feroit payée par quatre tréforiers généraux choifis par les trois états, & que ces quatre tréforiers généraux en nommeroient d'autres particuliers dans chaque fé-néchauffée, pour lever les impofitions.

Que le paiement des gens de guerre feroit fait par les quatre tréforiers généraux, fous les ordres

de vingt-quatre perfonnes élues par les trois états, ou de plufieurs d'entre eux ; que ces vingt-quatre élus feroient appellés au confeil du lieutenant du roi lorfqu'il le jugeroit à propos ; qu'eux feuls pour-roient donner une décharge fuffifante aux tréfo-riers.

Que les trois états députeroient douze perfon-nes, quatre de chaque ordre, pour recevoir les comptes tant des quatre tréforiers généraux que des particuliers, & leur feroient prêter ferment à eux & à leurs commis ; que les tréforiers généraux & particuliers ne rendroient compte à aucun of-ficier du roi, quel qu'il fût, mais feulement aux douze députés des états, qui feroient auffi paffer en revue les gendarmes & les autres troupes, & leur feroient prêter ferment.

Telle fut l'origine des élus qui font encore ainfi nommés dans quelques pays d'états ; car dans la plupart il n'y a pas de tribunaux d'*élections*, mais feulement dans les généralités de Pau, Montauban & Bourgogne. Il y a auffi dans ces mêmes pays d'états des juges royaux qui connoiffent des matières d'*élection*, & dont l'appel reffortit alors aux cours des aides chacun en droit foi.

Les trois états de la Languedoïl affemblés à Com-piegne, ayant accordé au dauphin Charles une nouvelle aide en 1358, le dauphin fit encore une ordonnance le 14 mai de ladite année, par laquelle il révoque toutes lettres & commiffions par lui données fur le fait des fubfides & aides du temps paffé, tant aux généraux de Paris qu'aux élus par-ticuliers par les diocèfes & autrement, que les prélats & autres gens d'églife, nobles & gens de bonnes villes avoient élu & éliroient des perfonnes pour gouverner l'aide qui venoit d'être octroyée.

Il ordonne enfuite que les élus des pays (de la Languedoïl) pourroient, quant aux gens d'églife que de fainte églife, faire modération loyalement, de bonne foi, fans fraude, comme ils verroient être à faire ; & que quant aux gens d'églife de-meurant dans lefdits plats pays connus, & qui y auroient leurs bénéfices, les prélats du lieu, appel-lés avec eux les élus & le receveur, pourroient les modérer quant au dixième defdits bénéfices, après avoir ouï lefdits élus & receveur.

Que certaines perfonnes, c'eft à favoir une de chaque état, feroient élues par les gens d'églife, nobles & bonnes villes, & *commis* de par le dau-phin, pour le fait defdites aides ordonner, & met-tre fus & gouverner, ès lieux où ils feroient, des commis & receveurs qui recevroient les deniers de cette aide ; que ces receveurs feroient ordon-nés par les élus, par le confeil des bonnes gens du pays ; que les élus & receveurs feroient ferment au roi ou à fes officiers, de bien & loyalement fe comporter fur ce fait. Il n'eft plus parlé en cet en-droit de ferment envers les états.

Les élus étoient alors au nombre de trois ; car le même article dit qu'ils ne pourroient rien faire de confidérable fur ce fait l'un fans l'autre, mais tous les trois enfemble

Ces élus avoient des gages & régloient ceux des receveurs ; en effet, l'article fuivant porte que les autres aides du temps paffé avoient été levées à grands frais, & qu'elles avoient produit peu de chofe, à caufe des grands & exceffifs gages & falaires des élus particuliers, receveurs-généraux à Paris. C'eft pourquoi le dauphin ordonne que chacun des élus aura pour fes gages ou falaires 50 liv. tournois pour l'année, & les receveurs au-deffous de ladite fomme, felon ce que les élus régleroient par le confeil des bonnes gens du pays.

A l'occafion de cette aide, le dauphin donna encore des lettres le même jour 14 mai 1358, portant que dans l'affemblée des états de la Languedeil, meffire Sohier de Voifins, chevalier, avoit été élu de l'état des nobles pour ladite aide, mettre fus & gouverner en la ville & diocèfe de Paris, excepté la partie de ce diocèfe qui eft de la prévôté & reffort de Meaux ; que pour l'état de l'églife, ni pour les bonnes villes & plats pays aucuns n'avoient été élus pour la ville de Paris ; & en conféquence ; il mande au prévôt de Paris ou fon lieutenant, qu'ils faffent affembler à Paris les gens d'églife & de la ville de Paris, & les contraindre, de par le roi & le dauphin, d'élire, favoir l'état de l'églife, une bonne & fuffifante perfonne ; & pour les gens de la ville de Paris & du pays, un bon & fuffifant bourgeois, pour gouverner l'aide avec le fufdit chevalier ; que fi ces élus étoient refufans ou délayans de s'acquitter de ladite commiffion, ils y feroient contraints par le prévôt de Paris, favoir lefdits chevalier & bourgeois par prife de corps & biens, & celui qui feroit élu par l'églife, par prife de fon temporel ; que fi lefdits gens d'églife & bourgeois refufoient ou différoient de faire l'élection, le prévôt de Paris ou fon lieutenant éliroit par bon confeil deux bonnes fuffifantes perfonnes à ce faire, c'eft à favoir de chacun defdits états, avec ledit chevalier. L'exécution de ces lettres ne fut pas adreffée aux généraux des aides, attendu que par d'autres lettres du même jour, toutes les commiffions de ces généraux avoient été révoquées, comme on l'a dit ci-devant.

Enfin il eft dit que les élus feront l'inquifition & compte du nombre des feux des bonnes villes & cités, & par le confeil des maires des villes ou atournés, dans les lieux où il y en a, finon des perfonnes les plus capables.

Le roi Jean ayant, par fon ordonnance du 5 décembre 1360, établi une nouvelle aide fur toutes les marchandifes & denrées qui feroient vendües dans le pays de la Languedoil, le grand-confeil fit une inftruction pour la manière de lever cette aide, & ordonna que pour gouverner l'aide en chaque cité, & pour le diocèfe, il y auroit deux perfonnes notables, bonnes & fuffifantes : ainfi le nombre des élus fut réduit à deux, au lieu de trois qu'ils étoient auparavant.

Il fut auffi ordonné que l'impofition de douze deniers pour livre fur toutes les marchandifes, & denrées, autres que le fel, le vin & les breuvages, feroit donnée à ferme. Les cautions prifes & les deniers reçus de mois en mois par les élus & députés en chaque ville, pour toute la ville & diocèfe d'icelle, tant par eux que par les députés.

Les députés dont il eft parlé dans cet article, & qui, dans une autre ordonnance du premier décembre 1383, & autres ordonnances poftérieures, font nommés commis des élus, étoient des lieutenans que les élus de chaque diocèfe envoyoient dans chaque ville de leur département, pour y connoître des impofitions. Ces élus particuliers furent depuis érigés en titre d'office par François I; ce qui augmenta beaucoup le nombre des élections, qui étoit d'abord feulement égal à celui des diocèfes.

L'inftruction du grand-confeil de 1360 portoit encore que les élus établiroient des receveurs particuliers en chaque ville, où bon leur fembleroit, pour lever l'aide du vin & des autres breuvages.

Que tous les deniers provenans de cette aide, tant de l'impofition des greniers à fel, que du treizième des vins & de tout autre breuvage, feroient apportés & remis aux élus & à leur receveur, pour ce qui en auroit été levé dans la ville & diocèfe de leur département ; que les deniers ainfi reçus feroient mis par eux chaque jour en certaines huches, efcrins, coffres ou arches, bons & forts, & en lieu fûr ; & qu'à ces huches, coffres, &c. il y auroit trois ferrures fermantes à trois diverfes clefs, dont chacun defdits élus & receveurs en auroit une, & qu'ils donneroient, fous leurs fceaux, lettres & quittances des deniers reçus à ceux qui les paieroient.

Que lefdits élus & receveurs feroient tenus d'envoyer à Paris tous les deux mois par devers les tréforiers-généraux ordonnés, le receveur-général, pour le fait de l'aide deffus dite, tous les deniers qu'ils auroient par devers eux ; & qu'ils en prendroient lettres de quittance defdits tréforiers & receveur général.

S'il étoit apporté quelque trouble aux élus en leurs fonctions, ou qu'ils euffent quelque doute, l'ordonnance dit qu'ils en écriront aux tréforiers-généraux à Paris, lefquels en feront leur déclaration.

Enfin il eft dit qu'il leur fera pourvu, & à leurs receveurs & députés, de gages ou falaires fuffifans.

L'inftruction qui eft enfuite fur l'aide du fel, porte que, dans les villes où il n'y aura point de grenier établi, l'aide du fel fera vendue & donnée à ferme par les élus dans les cités, ou par leurs députés, par membres & par parties, le plus avantageufement que faire fe pourra ; & que les fermiers feront tenus de bien applegier leurs fermes, c'eft-à-dire, de donner caution & de payer par-devers les élus & leur receveur, le prix de leurs fermes ; favoir , pour les fermes des grandes villes , à la fin de chaque mois ; & pour celles du plat-pays , tous les deux mois.

Il fembleroit , fuivant cet article , que les élus n'avoient plus d'infpection fur la gabelle , que dans les lieux où il n'y avoit point de grenier à fel éta-bli : on verra cependant le contraire dans l'ordon-nance de 1379, dont on parlera dans un moment.

Charles V ; par une ordonnance du 19 juillet 1367, régla que les élus de chaque diocèfe avife-roient tel nombre d'entre les fergens royaux , qui leur feroit néceffaire pour faire les contraintes, & qu'ils arbitreroient le falaire de ces fergens. C'eft fans doute là l'origine des huiffiers attachés aux *élections*, & peut-être fingulièrement celle des huif-fiers des tailles.

Ce même prince ordonna au mois d'août 1370, que les élus , fur le fait des fubfides , dans la ville , prévôté, vicomté & diocèfe de Paris, ne feroient point garans des fermes de ces fubfides qu'ils ad-jugeroient, ni de la régie des collecteurs qu'ils nom-meroient pour faire valoir la ferme de ces fubfi-des , qui auroient été abandonnés par les fermiers.

Par deux ordonnances des 13 novembre 1372, & 6 décembre 1373, il défendit aux élus de faire commerce public ou caché d'aucune forte de mar-chandifes , à peine d'encourir l'indignation du roi, de perdre leurs offices , & de reftitution de leurs gages ; il leur permit feulement de fe défaire in-ceffamment des marchandifes qu'ils pourroient avoir alors.

Il ordonna auffi que les généraux diminueroient le nombre des élus.

Et dans l'*article 18* , il dit que pour ce qu'il eft voix & commune renommée, que pour l'ignoran-ce , négligence ou défaut d'aucuns élus & autres officiers , fur le fait des aides , & pour l'exceffif nombre d'iceux , dont plufieurs avoient été mis plu-tôt par importunité que pour la fuffifance d'iceux, les fermes avoient été adjugées moins fûrement , & fouvent moyennant des dons ; que quelques-uns de ces officiers les avoient fait prendre à leur profit , ou y étoient intéreffés ; qu'ils commettoient de femblables abus dans l'affiète des fouages , le chancelier & les généraux enverroient inceffam-ment des réformateurs en tous les diocèfes de Lan-guedoc, quant au fait des aides ; que les élus & autres officiers (apparemment ceux qui auroient démérité) feroient mis hors de leurs offices ; qu'on leur en fubrogeroit d'autres bons & fuffifans ; que ceux qui feroient trouvés prud'hommes , & avoir bien & loyalement fervi , feroient honorablement & grandement *guerdonnés* , c'eft-à-dire, récompen-fés & employés à d'autres plus grands & plus ho-norables offices , quand le cas y écherroit.

L'inftruction & ordonnance qu'il donna au mois d'avril 1374, fur la levée de droits d'aides , porte que l'impofition de douze deniers pour livre fe-roit donnée à ferme dans tous les diocèfes par les élus ; qu'ils affermeroient féparément les droits fur

le vin ; que ceux qui prendroient ces fermes nom-meroient leurs cautions aux élus ; que ceux-ci ne donneroient point les fermes à leurs parens au-deffous de leur valeur ; qu'ils feroient publier les fermes dans les villes & lieux accoutumés , par deux ou trois marchés ou dimanches , & les don-neroient au plus offrant ; que le bail fait feroit en-voyé aux généraux à Paris ; qu'aucun élu ne pourra être intéreffé dans les fermes du roi , à peine de confifcation de fes biens ; que le receveur mon-trera chaque femaine fon état aux élus : enfin ce même réglement fixe les émolumens que les élus peuvent prendre pour chaque acte de leur minif-tère , & fait mention d'un réglement fait au con-feil du roi, au mois d'août précédent , fur l'*audi-toire des élus*.

Cette pièce eft la première qui faffe mention de l'*auditoire des élus* ; mais il eft conftant qu'ils de-voient en avoir un , dès qu'on leur a attribué une jurifdiction.

Celui de l'*élection* de Paris étoit dans l'enclos du prieuré de S. Eloi en la cité , comme il paroît par les lettres de Charles VI , du 2 août 1398 , dont on parlera ci-après en leur lieu. Il eft dit au-bas de ces lettres qu'elles furent publiées à S. Cloy ; mais il eft évident qu'il y a en cet endroit un vice de plume , & qu'au lieu de *S. Cloy* , il faut lire *S. Eloy*, qui eft le lieu où font préfentement les Barnabites.

Il paroît en effet que c'étoit en ce lieu où les élus tenoient d'abord leurs féances , avant qu'ils euffent leur auditoire dans l'enclos du palais , où il eft préfentement.

Il y avoit anciennement dans l'emplacement qu'occupent les Barnabites & les maifons voifines , une vafte , belle & grande maifon, que Dagobert donna à S. Eloy, lequel établit en ce lieu une ab-baye de filles , appellée d'abord *S. Martial*, & en-fuite *S. Eloy*. Les religieufes ayant été difperfées en 1107 , on donna aux religieux de S. Maur-des-Foffés cette maifon, qui fut réduite fous le titre de *prieuré de S. Eloy* : ce prieuré avoit droit de juftice dans toute l'étendue de fa feigneurie, qui s'étendoit auffi fur une coulture , appellée de *S. Eloy*, où eft préfentement la paroiffe S. Paul : elle avoit près du même lieu fa prifon qui fubfifte encore , appellée *la prifon de S. Eloy* ; mais la juftice du prieuré qui appartenoit depuis quelque temps à l'évêché de Paris, fut fupprimée en 1674, en même temps que plufieurs autres juftices fei-gneuriales qui avoient leur fiège dans cette ville.

On ignore en quel temps précifément les élus commencèrent à fiéger dans l'enclos du prieuré de S. Eloy ; mais il y a apparence que ce fut dès le temps de S. Louis, lequel établit des élus pour la taille : ce prince habitoit ordinairement le palais fitué proche S. Eloy. Philippe-le-Bel y logea le parle-ment en 1302; mais comme ce prince & plufieurs de fes fucceffeurs continuèrent encore pendant quel-que temps d'y demeurer , il n'eft pas étonnant qu'on

n'y

n'y eût pas placé dès-lors l'*élection*, non plus que bien d'autres tribunaux qui y ont été mis depuis.

D'ailleurs, comme la fonction des élus n'étoit pas d'abord ordinaire, ils n'avoient pas besoin d'un siège exprès pour eux : c'est apparemment la raison pour laquelle ils choisirent le prieuré de S. Eloy, pour y tenir leurs assemblées & séances ; & lorsque leur fonction devint ordinaire, & que le droit de jurisdiction leur fut accordé, ils établirent leur siège dans le prieuré de S. Eloy, sans doute pour être plus à portée du palais, & de rendre compte de leurs opérations aux généraux des aides.

Il y avoit dans l'ancienne église de S. Eloy une chapelle fondée, en 1339, par Guillaume de Vanves & Sanceline sa femme, en l'honneur de S. Jacques & de S. Maur, à laquelle Guillaume Cerveau, élu des aides, fit du bien en 1417 ; ce qui donne lieu de croire que les élus de Paris avoient encore leur siège dans ce prieuré.

On ne voit pas s'il y avoit un siège exprès pour eux. Il est probable qu'ils tenoient leurs séances dans l'*auditoire* de la justice du prieuré ; de même qu'ils se servoient de la prison de cette justice, pour y renfermer ceux qui étoient détenus en vertu de leurs ordres. En effet, cette prison est encore celle où l'on écroue les collecteurs, que l'on constitue prisonniers pour la taille, & autres personnes arrêtées à la requête du fermier-général du roi, & en vertu des jugemens de l'*élection* ; & la cour des aides envoie ses commissaires faire la visite de cette prison toutes les fois qu'il y a séance aux prisons.

Ce ne fut probablement qu'en 1452 que l'*auditoire* de l'*élection* de Paris fut transféré dans le palais, & en conséquence de l'ordonnance du mois d'août de ladite année, portant que le siège des *élections* seroit établi au lieu le plus convenable de leur ressort.

Comme toutes les impositions, dont les élus avoient la direction, étoient levées extraordinairement, pour subvenir aux dépenses de la guerre, c'est de-là que dans des lettres de Charles V, du 10 août 1374, ils sont nommés *élus & receveurs sur le fait de la guerre* ; ce qui est une abréviation du titre qu'on leur donnoit plus souvent d'*élus* sur le fait de l'aide ordonnée pour la guerre.

On voit par une ordonnance du 13 juillet 1376, que c'étoient les élus qui donnoient à chaque imposition foraine dans chaque *élection* ; mais il paroît aussi par des lettres du roi Jean, du 27 novembre 1376, adressées aux élus sur l'imposition foraine, qu'il y avoit des élus particuliers pour cette sorte d'imposition.

Au mois de novembre 1379, Charles V fit une autre ordonnance sur le fait des aides & de la gabelle, portant, qu'attendu les plaintes faites contre les élus & autres officiers, ils seroient visités & leurs œuvres & gouvernemens sus ; que ceux qui ne seroient pas trouvés suffisans en discrétion, loyauté & diligence, ou n'exerceroient pas leurs

offices en personne, en seroient mis dehors ; & qu'en leur place il en seroit mis d'autres, que le roi feroit élire au pays, ou qui seroient pris ailleurs, si le cas se présentoit.

Il défendit aux élus de mettre ès villes & paroisses du plat-pays des asséeurs des fouages ou collecteurs, mais que ces asséeurs & collecteurs seroient élus par les habitans des villes & paroisses ; que pour être mieux obéis, ils prendroient, s'il leur plaisoit, des élus, commission de leur pouvoir, qui leur seroit donnée sans frais.

Que si l'on ne pouvoit avoir aucun sergent royal pour faire les contraintes, les *élus* ou receveurs donneroient à cet effet commission aux sergens des hauts-justiciers.

Que si dans les villes fermées il y avoit quelques personnes puissantes, qui ne voulussent pas payer, ou que l'on n'osât pas exécuter, elles seroient exécutées par les élus, leurs receveurs ou commis, de la manière la plus convenable, & contraintes de payer le principal & accessoires sans déport.

Le nombre des élus s'étant trop multiplié, Charles V ordonna qu'il n'y en auroit que trois à Paris ; deux à Rouen, pour la ville & vicomté ; un à Gisors, un à Fécamp, & deux en chacun des autres diocèses.

Qu'aucun receveur ne feroit l'office d'*élu*.

Il révoqua & ôta tous les *élus receveurs-généraux*, excepté le receveur-général de Paris.

Il ordonna encore qu'en chaque diocèse ou ailleurs où il y auroit des élus, il y auroit avec eux un clerc (ou greffier) qui seroit gagé du roi, feroit le contrôle des livres des baux des fermes, des enchères, tiercemens, doublemens, amendes, tant du fait du sel, que des autres taxations, défauts & autres exploits ; qu'il feroit les commissions du bail des fermes & autres écritures à ce sujet, sans en prendre aucun profit, autres que ses gages ; que les élus ne scelleroient ni ne délivreroient aucune commission ou lettre, si le clerc ne l'avoit d'abord signée, & qu'il en enregistreroit auparavant la substance pardevers lui.

Que les œuvres, c'est-à-dire les registres, qui seront envoyés en la chambre des comptes, quand le receveur voudroit compter, seroient clos & scellés des sceaux des élus, & signés en la fin du total de chaque subside, & aussi à la fin du total du livre, du seing manuel des élus & de leur clerc.

Si le grenetier d'un grenier à sel trouvoit quelques marchands ou autres en contravention, il devoit requérir les élus du lieu où ils en fissent punition : si c'étoit en lieu où il n'y eût point d'élus, mais seulement grenetier & contrôleur, ils en pouvoient ordonner selon la qualité du délit, &c.

Dans chaque diocèse, il devoit être mis certains commissaires (ou gardes des gabelles) par les élus grenetiers & contrôleurs des lieux. Ces gardes devoient prêter serment tous les ans aux élus & grenetiers, de prendre les délinquans, &

de les leur amener ; ou s'ils ne pouvoient les prendre, de révéler leurs noms aux élus & greniers.

Ceux-ci devoient aussi tous les ans faire prêter serment sur les saints évangiles aux collecteurs des fouages de chaque paroisse, de leur donner avis des fraudes qui pouvoient se commettre pour le sel.

Les élus, greniers, clercs, contrôleurs, & chacun d'eux, devoient aussi s'informer diligemment de toutes les contraventions au sujet du sel ; & après l'information, punir les coupables ; ou s'ils n'en vouloient pas connoître, les faire ajourner pardevant les généraux à Paris.

Les états d'Artois, du Boulenois, du comté de Saint-Pol, ayant accordé une aide, commirent aussi des élus dans leur pays pour recevoir le paiement de cette aide ; & ces élus furent autorisés par Charles VI, comme il est dit dans une ordonnance du mois de juin 1381.

Il y avoit aussi en 1382 des élus dans la province de Normandie : car les habitans du Vexin-François obtinrent, le 21 juin de ladite année, des lettres de Charles VI, portant qu'ils paieroient leur part de l'aide qui avoit été établie, à des personnes préposées par eux, qui ne feroient point soumises aux élus établis par les trois états de Normandie.

Le 26 janvier de la même année 1382, Charles VI donna des lettres, par lesquelles il autorisa les généraux des aides, toutes les fois que le cas le requerroit, de mettre, ordonner & établir les élus, de les substituer ou renouveller, si besoin étoit, en toutes les villes, diocèses & pays où les aides avoient cours. Il y eut encore dans la suite d'autres lettres & réglemens, qui leur confirmèrent le même pouvoir.

Dans le même temps, c'est-à-dire le 21 janvier 1382, Charles VI fit une instruction pour la levée des aides, qui contient plusieurs réglemens par rapport aux élus, pour la manière dont ils devoient adjuger les fermes à l'extinction de la chandelle, & pour la fixation de leurs droits. Mais ce qui est plus remarquable, c'est ce qui touche leur jurisdiction. Il est dit que les élus auront connoissance sur les fermiers ; qu'ils feront droit sommairement & de plain (de plano), sans figure de jugement (ce qui s'observe encore) ; qu'en cas d'appel, les parties feront renvoyées devant les généraux sur le fait des aides à Paris, pour en ordonner & déterminer par eux ; que les élus feront serment d'exercer leurs offices en personne ; que si aucun appelle des élus, l'appellation viendra pardevant les généraux, comme autrefois a été fait : ce qui est dit ainsi, parce que l'on avoit cessé pendant quelques années, à cause des troubles, de lever des aides dans le royaume, & que cela avoit aussi interrompu l'exercice de toute jurisdiction sur cette matière.

Ce que porte ce réglement au sujet de la jurisdiction des élus & de l'appel de leurs jugement est

répété mot pour mot dans une autre instruction faite sur la même matière au mois de février 1383.

L'ordonnance que Charles VI fit en la même année, qualifie les élus de collège, tant ceux des sièges généraux, que des sièges particuliers ; étant dit qu'en cas d'empêchement, ils pourront, collégialement assemblés, établir un commis (ou lieutenant), homme de bien, lettré & expérimenté au fait de judicature.

Le même prince, par son ordonnance du mois de février 1387, réduisit encore le nombre des élus, voulant qu'en chaque diocèse il n'y en eût que deux, un clerc & un lai, excepté en la ville de Paris où il y en auroit trois, & que l'on y mettroit les plus suffisans par élection, appellés à ce, les gens du conseil du roi, & les généraux des aides.

L'instruction qu'il fit pour la levée des aides le 11 mars 1388, portoit que dans les plus grands diocèses il n'y auroit qu'un élu pour le clergé, & deux élus lais ; que dans les lieux de recette où il n'y avoit pas d'évêché, il n'y auroit qu'un élu, moyennant que le receveur des aides feroit avec l'élu toutes les fois qu'il feroit nécessaire ; que cependant les élus qui étoient à Paris y demeureroient jusqu'à ce que les généraux eussent fait leur rapport au roi des pays où ils devoient aller, & qu'alors il en feroit ordonné par le roi.

Que les clercs (greffiers) des élus feroient mis à leurs périls, salaires & dépens, sans prendre aucuns frais ni gages sur le roi ni sur le peuple, à cause de leurs lettres ou autrement, excepté ce qui leur étoit permis par l'instruction ancienne.

Que comme plusieurs élus & autres officiers des aides y avoient été mis par faveur ; que plusieurs ne savoient lire ni écrire, ou n'étoient point d'ailleurs au fait des aides & des tailles qui avoient été mises en sus ; que les généraux réformateurs qui avoient été ordonnés depuis peu, feroient leur rapport au conseil de ceux qu'ils auroient appris à ce sujet, & que les élus qui feroient trouvés capables feroient conservés dans leurs offices : les autres en feroient privés.

Une autre instruction que ce même prince fit le 4 janvier 1392, veut que les élus lais & commis par le roi, connoissent du fait des aides comme par le passé ; & pareillement l'élu pour le clergé. Il semble par-là que le roi ne commit que les élus lais, & que l'autre fut commis par le clergé.

Au mois de juillet 1388, Charles VI fit encore une nouvelle instruction sur les aides, portant, entre autres choses, que si quelques officiers des aides étoient maltraités dans leurs fonctions par quelque personne que ce fût, noble ou non-noble, les élus ou greniers en informeroient ; ou s'ils avoient besoin, pour cet effet, de conseil ou de force, ils appelleroient les baillifs & juges du pays, & le peuple même, s'il étoit nécessaire ; qu'ils auroient la punition ou correction des cas ainsi advenus, ou bien qu'ils pourroient la renvoyer devant les généraux conseillers, lesquels pourroient auſſi les évoquer & en prendre connoiſſance, quand même les élus ou grenetiers ne la leur auroient pas renvoyée.

Il eſt auſſi défendu aux élus & à leurs commis de prendre ſur aucun fermier ni autre, douze deniers pour livre, comme quelques-uns s'ingéroient de prendre pour vinage ou pot-de-vin, ni aucun profit ſur les fermes, à peine d'amende arbitraire & de privation de leurs offices. C'eſt ſans doute ce qui a donné occaſion de charger les baux des fermes envers les cours des aides & *élections*, & de faire chaque année certains préſens aux officiers.

Le même prince, par ſon ordonnance du 28 mars 1395, portant établiſſement d'une aide en forme de taille, ordonna que cette aide ou taille ſeroit miſe ès cités, dioceſes & pays du royaume, par les élus ſur le fait des aides, qu'il avoit commis à cet effet par d'autres lettres.

Celles du 28 août 1395, par leſquelles il inſtitua trois généraux des finances, portent que ces généraux pourroient ordonner, commettre & établir tous élus; les deſtituer & démettre de leurs offices s'ils le jugeoient à propos, ſans que les généraux, pour le fait de la juſtice, puſſent s'en entremettre en aucune maniere.

Le roi laiſſoit quelquefois aux élus le choix d'affermer les aides ou de les mettre en régie, comme on voit par des lettres du même prince, du 2 août 1398, adreſſées à nos *amés les élus* ſur le fait des aides ordonnées pour la guerre dans la ville & dioceſe de Paris. Ces lettres continuent pour un an l'impoſition de toutes denrées & marchandiſes vendues, l'impoſition des vins & autres breuvages vendus en gros, le quatrieme du vin & autres breuvages vendus en détail, l'impoſition foraine & la gabelle du ſel; & le roi mande aux élus de Paris, de les faire publier & donner à ferme le plus profitablement que faire ſe pourra, ou de les faire cueillir & lever par la main du roi, c'eſt-à-dire, par forme de régie. Il eſt marqué au bas de ces lettres, qu'elles ont été publiées à Saint-Eloi, devant les élus de Paris.

Charles VI fit encore pluſieurs réglemens concernant les élus. Par ſon ordonnance du 7 janvier 1400, il régla qu'il n'y auroit à Paris ſur le fait des aides que trois élus, & un ſur le fait du clergé, c'eſt-à-dire, pour les décimes qui ſe levoient ſur le clergé.

Qu'en chacune des autres bonnes villes du royaume, & autres lieux où il y avoit ordinairement ſiege d'élus, il n'y aura dorénavant que deux élus au plus avec celui du clergé, dans les lieux où il y en avoit ordinairement un; que le nombre des élus ſeroit encore moindre, ſi faire ſe pouvoit, ſelon l'avis des généraux; & afin que leſdites élections fuſſent mieux gouvernées, que les élus ſeroient pris entre les bons bourgeois, riches, & prud'hommes des lieux où ils ſeroient établis élus. Cette ordonnance eſt, à ce que je crois, la premiere qui ait qualifié d'élection le ſiege des élus;

& depuis ce temps, ce titre eſt devenu propre à ces tribunaux. On dit pourtant encore quelquefois indifféremment une ſentence des élus, ou une ſentence de l'élection.

La même ordonnance porte encore que ceux qui ſeroient ordonnés pour demeurer dans ces offices, ou qui y ſeroient mis de nouveau, auroient des lettres du roi ſur ce, paſſées par les trois généraux & ſcellées du grand ſceau.

Que comme on avoit propoſé de donner à ferme, au profit du roi, les offices des clergiés des élus, & auſſi les offices des greffes de leurs auditoires, cette affaire ſeroit débattue pour ſavoir ce qui ſeroit le plus avantageux. Cette diſpoſition fait juger que les élus avoient alors deux greffiers, l'un pour les affaires contentieuſes dont ils étoient juges, l'autre pour les opérations de finances dont ils étoient chargés.

Les commiſſions d'élus furent enfin érigées en titre d'office formé ſous le régne de Charles VII; lequel, dans une ordonnance du mois de juin 1445, appelle les élus ſes juges ordinaires.

Les élus particuliers, dont nous avons déja touché quelque choſe, furent auſſi érigés en titre d'office par François I. L'appel de ces élus ſe relevoit d'abord devant les élus en chef. Par une déclaration de Charles VII, du 23 mars 1451, il fut ordonné qu'il ſeroit relevé en la cour des aides; mais, par un édit du mois de janvier 1685, les élus particuliers ont été ſupprimés & réunis aux élus en chef, & toutes les commiſſions furent érigées en élection en chef.

Il y a préſentement 181 *élections* dans le royaume, qui ſont diſtribuées dans les provinces & généralités, qu'on appelle pays d'élection : ſavoir; dans la généralité de Paris, vingt-deux; d'Amiens, ſix; de Soiſſons, ſept; d'Orléans, douze; de Bourges, ſept; de Moulins, ſept; de Lyon, cinq; de Riom, ſix; de Grenoble, ſix; de Poitiers, neuf; de la Rochelle, cinq; de Limoges, cinq; de Bordeaux, cinq; de Tours, ſeize; de Pau & Auch, ſix; de Montauban, ſix; de Champagne, douze; de Rouen, quatorze; de Caen, neuf; d'Alençon, neuf; de Bourgogne, deux. Dans le pays de Breſſe il y a une *élection* ſéante à Bourg, & une autre ſéante à Bellay, tant pour le Bugey que pour les pays de Gex & Valromey.

Dans les autres villes du duché de Bourgogne où il y a un bailliage royal, le bailliage connoît des matieres d'élection, & l'appel de leurs jugemens dans ces matieres va aux cours des aides, chacun ſelon leur reſſort.

Les juſtices du Clermontois connoiſſent auſſi des matieres d'élection, & dans ce cas l'appel de leurs jugemens eſt porté à la cour des aides de Paris.

Chaque élection comprend un certain nombre de paroiſſes plus ou moins conſidérable, ſelon leur arrondiſſement. L'ordonnance faite au bois de Siraine, en août 1452, portoit que le reſſort de chaque élection ne ſeroit que de cinq à ſix lieues au plus, afin que ceux qui feroient appellés devant les élus, puffent y comparoître & retourner chez eux en un même jour.

Dans les pays d'états il n'y a point d'*élection*, fi ce n'eft dans quelques-uns, comme on l'a marqué ci-devant.

Les officiers dont chaque *élection* eft compofée, font deux préfidens, un lieutenant, un affeffeur & plufieurs confeillers, un procureur du roi, un greffier, plufieurs huiffiers & des procureurs.

L'office de premier préfident fut créé en 1578, fupprimé en 1583, & rétabli au mois de mai 1585.

L'office de fecond préfident fut créé d'abord en 1587, enfuite fupprimé, puis rétabli par édit du mois de mai 1702; & depuis, en quelques endroits, cet office a été réuni ou fupprimé. A Paris il a été acquis par la compagnie de l'*élection*; le préfident a néanmoins confervé le titre de *premier préfident*, quoiqu'il foit préfentement feul préfident; ce qui fut ainfi ordonné, par un édit du mois de janvier 1703, en faveur du fieur Nicolas Aunillon, en confidération de fes fervices, & ce titre fut en même temps attaché à fa charge.

Le lieutenant, qui eft officier de robe-longue, fut créé en 1587, pour fiéger après les préfidens, avec le même pouvoir que les élus.

L'affeffeur dans les *élections* où cet office fubfifte, fiége après le lieutenant.

Le nombre des confeillers n'eft pas par-tout le même : à Paris il y en a vingt, outre le préfident, le lieutenant & l'affeffeur. Dans les autres grandes villes il devoit y en avoir huit, dans plufieurs il n'y en a que quatre. La création des deux premiers en titre d'office, eft du temps de Charles VII; le troifième fut créé par édit du 22 juillet 1523.

Les contrôleurs des tailles, qui furent établis par édit de janvier 1522, & autres édits poftérieurs, faifoient auffi dans plufieurs *élections* la fonction d'élus, & en pouvoient prendre la qualité, fuivant l'édit du mois de mai 1587 : c'eft ce qui a formé le quatrième office d'élus. Ces offices de contrôleurs ont depuis été réunis aux *élections*, enforte que tous les élus peuvent prendre le titre de *contrôleur*; mais il y a eu depuis d'autres contrôleurs, créés pour contrôler les quittances des tailles.

Les qualités de préfident, lieutenant, & de confeiller, furent fupprimées par édit de l'an 1599, avec défenfes à eux de prendre d'autre qualité que celle d'*élus*, & le nombre de ces officiers réduit à trois élus & un contrôleur, vacation advenant par mort ou forfaiture; que jufqu'à ce, ils fe partageroient par moitié, pour exercer alternativement, autant d'officiers en une année qu'en l'autre; mais en 1505, les qualités de préfident, lieutenant, & de confeillers furent rétablies, & tous furent remis en l'exercice de leurs charges, comme auparavant, pour fervir continuellement & ordinairement, ainfi qu'ils font encore préfentement.

Une des principales fonctions des élus eft d'affeoir la taille fur les paroiffes de leur département, &, pour cet effet, ils font chacun tous les ans, au mois d'août, leur chevauchée ou tournée dans un certain nombre de paroiffes, pour s'informer de l'état de chaque paroiffe; favoir fi la récolte a été bonne, s'il y a beaucoup d'exempts & de privilégiés, & en un mot, ce que la paroiffe peut juftement porter. *Voyez* ce qui en a été dit ci-devant *au mot* CHEVAUCHÉE DES ÉLUS.

Suivant l'article 12 de la déclaration du 16 août 1683, les élus vérifiant les rôles faits par les collecteurs, n'y peuvent rien changer, fauf aux cotifés à s'oppofer en furtaux.

Le même article leur défend de retenir les rôles plus de deux ou trois jours pour les calculer & vérifier, à peine de payer le féjour des collecteurs, & de demeurer refponfables des deniers de la taille en leurs propres & privés noms.

L'article 13 du réglement de 1673, & l'article 11 de la déclaration de 1683, leur ordonnent de remettre au greffe de l'*élection* les rôles, trois jours après la vérification qu'ils en auront faite, à peine de radiation de leurs gages & droits, & d'interdiction de leurs charges pour trois mois.

Ils connoiffent, entre toutes fortes de perfonnes, de toutes conteftations civiles & criminelles pour raifon des tailles & autres impofitions, excepté de celles dont la connoiffance eft attribuée fpécialement à d'autres juges, comme les gabelles.

La déclaration du 11 janvier 1736 attribue au préfident la faculté de donner feul la permiffion d'informer & de décerner feul les décrets; en fon abfence, le plus ancien officier, fuivant l'ordre du tableau, a le même pouvoir. L'exécution de cette déclaration a été ordonnée par arrêts du confeil des 29 mai & 20 novembre 1736; & le 16 octobre 1743, il y a eu une nouvelle déclaration qui confirme celle de 1736. La déclaration du 16 octobre 1743 l'autorife auffi à faire les interrogatoires, rendre les jugemens à l'extraordinaire & les jugemens préparatoires, procéder aux récolemens & confrontations, & généralement faire toute l'inftruction & rapport de procès, & rendre toutes les ordonnances qui peuvent être données par un feul juge dans les fiéges ordinaires qui connoiffent des matières criminelles. En cas d'abfence ou autre empêchement du préfident, ces fonctions font attribuées au lieutenant ou autre plus ancien officier.

Les *élections* connoiffent auffi des contraventions aux réglemens, concernant la formule & la diftribution des papiers & parchemins timbrés; des affaires contentieufes qui concernent la ferme du tabac & les octrois des villes; des émotions populaires & rebellions d'habitans, arrivées à l'occafion des impofitions; des privilèges & exemptions des eccléfiaftiques, des gentilshommes, des fecrétaires du roi, des commenfaux & autres privilégiés; & même de la nobleffe des uns & des privilèges des autres, lorfqu'ils font attaqués incidemment dans un procès pour raison des impositions ; mais il leur est défendu, par arrêt de la cour des aides du 16 juillet 1754, d'ordonner en leur greffe l'enregistrement des titres des nobles.

L'appel des sentences & ordonnances des *élections* est porté aux cours des aides, chacune dans leur ressort.

Les sentences doivent être prononcées par trois juges au moins, & être signées par ceux qui ont assisté au jugement, afin qu'on puisse s'assurer si elles ont été rendues par le nombre de juges prescrit par les réglemens.

Les *élections* jugent en dernier ressort, 1°. jusqu'à la somme de 30 liv. & au-dessous, à moins qu'il ne s'agisse du fonds d'un privilège ou exemption ; 2°. les causes intentées par le fermier pour raison de fraudes, dans lesquelles la demande en confiscation n'excède pas ou un quart de muid d'eau-de-vie, ou deux muids de cidre, bière ou poiré, de quelque valeur que soit chaque espèce de boisson, pourvu que l'amende soit dans le cas d'être modérée, & que la condamnation d'amende n'aille pas au-delà de 50 liv.

Les sentences en dernier ressort doivent être rendues par cinq juges au moins, & on doit y faire mention qu'elles ont été rendues en dernier ressort.

Les officiers de l'*élection* ne peuvent rendre de jugement qu'à l'audience ou à la chambre du conseil ; ils ne peuvent appointer les causes qui concernent les droits d'aides en matière civile ; ils sont tenus de les juger sommairement à l'audience ou sur délibéré, sans épices ni vacations. Leurs sentences s'exécutoient autrefois par tout le royaume, sans *visa* ni *pareatis*, en vertu de l'article 64 de l'édit du mois d'avril 1634. Mais cette disposition n'a plus aucun effet, l'ordonnance de 1663 n'ayant fait aucune exception en faveur des *élections*.

Les élus ont, à l'exclusion de tous autres juges, le droit d'apposer les scellés sur la caisse & les effets des receveurs & autres comptables de la ferme, & sur les effets des redevables des droits des fermes, en cas de mort, d'absence ou de faillite, mais seulement à la requête du fermier ; car si le scellé est apposé à la requête d'un autre créancier, & que le fermier soit seulement opposant, ou qu'il y ait concurrence, les officiers de l'*élection* ne peuvent en prendre connoissance.

Par arrêt du conseil du 9 mars 1718, il leur est enjoint d'expliquer nommément dans leurs sentences les nullités qu'ils ont trouvées dans les procès-verbaux des commis aux aides, dont ils prononcent la nullité.

L'édit du mois de janvier 1685 avoit uni les greniers à sel & les *élections* établis dans les mêmes villes, pour ne faire qu'un même corps d'élection & grenier à sel ; mais, par édit d'octobre 1694, les greniers à sel ont été désunis des *élections*.

Les officiers des *élections* jouissent de plusieurs privilèges, dont le principal est l'exemption de la taille, chacun dans l'étendue de leur *élection*. L'é-

dit de juin 1614 n'accordoit ce privilège qu'à ceux qui résidoient en la ville de leur jurisdiction : ils furent ensuite exemptés par le réglement du mois de janvier 1634, sans être assujettis à la résidence. La déclaration du mois de novembre 1634 révoqua tous leurs privilèges.

Mais, par une autre déclaration du mois de décembre 1644, vérifiée en la cour des aides au mois d'août 1645, le roi les a rétablis dans l'exemption de toutes tailles, crûes, emprunts, subventions, subsistances, contribution d'étapes, logement de gens de guerre, tant en leur domicile, maison des champs, que métairies ; paiement d'ustensiles, & de toutes levées pour lesdits logemens, & autres contributions faites & à faire, pour quelque cause & occasion que ce soit ; même en la jouissance de toutes autres impositions qui seroient faites par les habitans des lieux où lesdits officiers se trouveroient demeurans, soit par la permission de sa majesté ou autrement, pour quelque cause & occasion ; pour en jouir eux & leurs veuves ès lieux de leurs résidences, pourvu qu'ils ne fassent acte dérogeant auxdits privilèges, commerce, ou tiennent ferme d'autrui ; leur laissant la liberté d'établir leur demeure où bon leur semblera, nonobstant les édits contraires.

La déclaration du 22 septembre 1627, leur donnoit aussi droit de *committimus* au petit sceau ; mais n'ayant pas été enregistrée, ils ne jouissent pas de ce droit, excepté ceux de l'*élection* de Paris, auxquels il a été attribué en particulier, tant par l'ordonnance de 1669, que par une déclaration postérieure du mois de décembre 1732.

Ils ont rang dans les assemblées publiques, après les juges ordinaires du lieu, soit royaux ou seigneuriaux ; ils précèdent tous autres officiers, tels que ceux des eaux & forêts, les maire & échevins.

Les offices de judicature, soit royaux ou autres, sont compatibles avec ceux des *élections*, suivant la déclaration du mois de décembre 1644. (*A*)

Un arrêt du conseil du 9 juillet 1715 enjoint aux présidens & officiers des *élections*, de se rendre auprès des trésoriers de France, lorsqu'ils font leurs chevauchées dans les villes où ils sont établis, pour répondre à ce que ces officiers ont à leur proposer en conséquence des ordres du roi.

Par édit du mois de novembre 1696, il fut créé dans les *élections* un office de conseiller garde-scel, comme dans les autres jurisdictions royales, & les *élections* sont nommément comprises dans le tarif des droits de petit-scel, arrêté en conséquence de cet édit : aussi ces droits sont-ils également dus dans les *élections* comme dans les autres jurisdictions royales.

Ces offices furent réunis aux corps des *élections* par les déclarations des 17 septembre 1697, & 6 mai 1698. Ils ont été ensuite supprimés par un édit du mois d'août 1715 : mais la déclaration du 29 septembre 1722 a ordonné que les droits attribués à ces offices seroient perçus au profit du roi, fur le pied du tarif du 20 mars 1708. *Voyez* COUR DES AIDES, TAILLE, IMPOSITION.

ELIGIBILITÉ, f. f. *terme de droit canonique*, qui fignifie *le pouvoir d'être élu*. On appelle *bulle d'éligibilité*, celle que le pape accorde à quelques perfonnes pour pouvoir être élues à quelque dignité, bénéfice ou office, pour lequel elles n'ont pas toutes les qualités & capacités requifes, comme l'âge, l'ordre; & dans quelques églifes d'Allemagne, celui qui n'eft pas *de gremio*, ne peut être élu évêque fans une bulle d'*éligibilité*. *Voyez* ELECTION, *matière bénéficiale.* (*A*)

ELU, f. m. fe dit, 1°. de celui qui eft choifi pour remplir quelque place, office ou dignité, ou pour recueillir une fucceffion ; 2°. de celui pour le compte duquel un acquéreur déclare avoir acheté un immeuble; 3°. des juges qui font les fonctions de confeillers dans les tribunaux appellés *élections*. *Voyez* ELECTION.

E M

EMANCIPATION, f. f. (*Droit civil romain & françois.*) Ce mot fignifie *don de liberté*, & il fe dit, 1°. de l'acte par lequel un fils de famille eft affranchi de la puiffance paternelle; 2°. de la faculté accordée à un mineur de jouir & difpofer de fes meubles & du revenu de fes immeubles.

Il y a encore quelques perfonnes qui, foumifes à la puiffance d'autrui, peuvent en être affranchies, telles que la femme & les gens de main-morte; mais les actes qui leur procurent cet affranchiffement, ne font pas qualifiés d'*émancipation*.

Le mot *émancipation* vient du latin *mancipare*, qui fignifie *vendre*, transférer la propriété, parce qu'effectivement l'affranchiffement de la puiffance paternelle ne s'opéroit, chez les Romains, que par une vente que le père faifoit de fon fils à un tiers-acquéreur, ainfi que nous allons le dire.

De l'émancipation dans le droit romain. Nous lifons dans les inftitutes de Juftinien, que les formalités de l'*émancipation* ont varié plufieurs fois, ce qui en fait diftinguer trois efpèces, l'ancienne, ou *légitime* & *fiduciaire*, l'*anaftafienne* & la *juftinienne*.

L'ancienne, appellée auffi *légitime*, parce qu'elle dérivoit de l'interprétation de la loi des douze tables, & *fiduciaire*, à caufe de la condition de revendre le fils de famille à fon père naturel, appellée *pactum fiducia*, confiftoit, à l'égard du fils de famille, dans trois ventes fucceffives, faites de fa perfonne par fon père, & dans trois manumiffions ou affranchiffemens de la part de l'acquéreur; & à l'égard des filles & des petits-enfans, dans une feule vente & une manumiffion.

Plufieurs auteurs ont penfé que dans l'origine ces ventes étoient réelles, & qu'un fils de famille n'étoit émancipé qu'après un troifième affranchiffement véritable. La dureté des loix de Romulus & le pouvoir tyrannique & exorbitant qu'il accorda aux

pères fur leurs enfans, pourroient faire regarder ce fentiment comme véritable, fur-tout fi l'on fait attention que Numa, fucceffeur de Romulus, mit une première reftriction au pouvoir du père de vendre fon fils, en ordonnant qu'il ne pourroit plus le vendre, après qu'il lui auroit permis de contracter un mariage folemnel.

Quoi qu'il en foit, cette forme d'*émancipation* a été en ufage pendant très-long-temps; elle confiftoit en ce que le père naturel, en préfence de fept témoins, dont l'un portoit une balance pour pefer le prix imaginaire, faifoit une vente fictive de fon fils à un étranger en lui difant : *mancipo tibi hunc filium, qui meus eft* : l'acquéreur donnoit au père une pièce de monnoie en forme de prix, en difant : *hunc hominem ex jure quiritium meum effe aio, ifque mihi emptus eft hoc ære æneâque librâ.*

L'acheteur affranchiffoit enfuite ce fils de famille; on réitéroit jufqu'à trois fois cette formalité, parce qu'en vertu de la loi des douze tables, le fils de famille rentroit de plein droit fous la puiffance paternelle, après les deux premiers affranchiffemens. Mais il étoit entièrement libre après le troifième : il auroit même été confidéré comme l'affranchi de l'acheteur, qui, en qualité de patron, auroit acquis fur lui tous les droits légitimes, & particuliérement celui de lui fuccéder, accordés par les loix romaines aux patrons fur leurs affranchis, fi le père n'avoit pas ftipulé dans la vente imaginaire de fon fils, que l'acheteur feroit tenu de le lui revendre.

Ces ventes & ces affranchiffemens fe faifoient d'abord pardevant le magiftrat; il fut permis enfuite de les faire en préfence du préfident de la curie.

Cette ancienne forme d'*émancipation* tomba en non-ufage, lorfque l'empereur Anaftafe en eut introduit une plus fimple, dont la feule formalité confiftoit à faire infinuer juridiquement un refcrit, par lequel l'empereur permettoit à un père d'émanciper fon fils, à condition néanmoins que fi le fils étoit au-deffus de l'enfance, il confentiroit à fon *émancipation*.

Juftinien abolit enfin les ventes & les manumiffions imaginaires, & permit aux pères de famille d'émanciper leurs enfans, foit en obtenant, à cet effet, un refcrit du prince, foit en faifant fimplement leur déclaration devant un magiftrat compétent, auquel la loi ou la coutume attribuoit le pouvoir d'émanciper.

On donnoit au père, après cette *émancipation*, en vertu de l'édit du préteur, le même droit fur les biens de fes enfans émancipés, décédés fans enfans, que le patron auroit eu en pareil cas fur les biens de fes affranchis. Mais ce droit de patronage devint encore inutile, lorfque la nouvelle jurifprudence introduite par Juftinien fur les fucceffions, appella le père, comme afcendant, à la fucceffion de fes enfans, au défaut de defcendans légitimes.

L'empereur Léon, dont, à la vérité, les novelles n'ont pas force de loi parmi nous, a donné à l'*émancipation* un dernier degré de fimplicité, en ordonnant par fa novelle 25, que la fimple déclaration de la volonté du père fuffiroit pour opérer l'*émancipation*, & qu'elle auroit également lieu, lorfque le père auroit fouffert que fon fils formât un établiffement particulier, & allât demeurer hors de chez lui.

De l'émancipation fuivant les loix françoifes. On diftingue, à ce fujet, les pays de droit écrit, d'avec ceux qui font régis par le droit coutumier.

Dans les pays de droit écrit, les enfans de famille fous puiffance paternelle en font affranchis par la déclaration que fait le père, en préfence du juge, de fon domicile, foit à l'audience, foit à fon hôtel, qu'il met fon fils hors de fa puiffance purement, ou fans condition.

Cette *émancipation* ne peut avoir lieu à l'égard des fils, que lorfqu'ils ont quatorze ans accomplis; & à l'égard des filles, que lorfqu'elles en ont douze. Il faut, dans ce cas, des conclufions du miniftère public, & nommer un curateur à l'émancipé; mais s'il eft majeur, les conclufions & la nomination d'un curateur font fuperflues.

Dans le Hainaut, les enfans ne peuvent être émancipés qu'à l'âge de dix-huit ans; dans la coutume de Valenciennes, à celui de quinze; & dans celle de Mons, les mâles à vingt-un ans, & les filles à dix-huit.

La déclaration, par laquelle le père émancipe fon fils, ne peut fe faire devant notaire, à peine de nullité, ainfi qu'il a été jugé par un arrêt de la chambre de Caftres, de 1556; un autre du parlement de Bordeaux, du 10 février 1579, & un du parlement de Paris, du 31 août 1725. Mais, dans le reffort du parlement de Touloufe, elle fe fait légitimement devant notaire.

Outre cette *émancipation* expreffe, il y a plufieurs efpèces d'*émancipations* tacites, admifes dans les pays de droit écrit.

1°. Les premières dignités de la magiftrature, telles que les offices de préfidens, de procureurs & avocats-généraux des cours fouveraines, les grandes dignités de l'épée & de la cour émancipent: mais il n'en eft pas de même des charges du fecond ordre. A l'égard des dignités eccléfiaftiques, l'épifcopat eft la feule qui ait l'effet d'émanciper.

2°. Le mariage émancipe un fils de famille, même mineur, mais feulement dans les provinces de droit écrit; car, dans les autres, il ne produit pas cet effet, à l'exception néanmoins de la ville de Touloufe, où, par un ftatut particulier, les enfans mariés par le père, avec donation en faveur du mariage, font tenus pour émancipés, ainfi que les filles, lorfqu'elles ont été dotées.

3°. L'habitation féparée d'avec le père, & continuée pendant l'efpace de dix ans, opère envers le fils une *émancipation* tacite, qui a le même effet que l'expreffe.

4°. Le commerce ou négoce féparé, c'eft-à-dire, avec domicile différent, fait préfumer l'*émancipation*; autrement il ne libère pas le fils de la puiffance paternelle, quoiqu'il foit regardé comme père de famille, dans ce qui concerne fon commerce, & que, fuivant l'ordonnance de 1673, il foit, à cet égard, réputé majeur.

Le père peut être contraint en juftice d'émanciper fes enfans: 1°. s'il a reçu un legs à cette condition; 2°. s'il les maltraite, ou les engage dans la débauche; 3°. s'il les expofe ou les abandonne; 4°. s'il leur refufe des alimens. Dans tous ces cas, il perd même l'ufufruit de leurs biens.

L'*émancipation* peut être révoquée, lorfque le fils s'eft rendu coupable d'ingratitude envers fon père.

Lorfqu'il s'agit de l'*émancipation* d'un mineur, qui n'a ni père ni mère, il eft d'ufage dans les provinces de droit écrit, de convoquer fes parens, foit à fa requête, foit à celle de fon tuteur ou du miniftère public; & fur leur avis, le juge, avec le concours de l'officier public, le déclare émancipé, & lui nomme un curateur aux caufes. Dans le Lyonnois, le Forez & le Beaujolois, les enfans qui veulent fe faire émanciper, obtiennent en la chancellerie du palais des lettres d'*émancipation*, qu'ils font entériner par le juge de leur domicile, avec le confentement de leurs parens, & fur les conclufions des gens du roi.

En pays coutumier, dit Loifel, droit de puiffance paternelle n'a lieu; c'eft-à-dire, que nous ne donnons pas au père un droit auffi étendu qu'il l'avoit fur fes enfans par le droit romain. Mais il a au moins fur eux une autorité que lui donne la loi naturelle, différemment modifiée par les coutumes.

On y diftingue trois efpèces d'*émancipation*, la légale, l'expreffe ou conventionnelle, & la tacite.

L'*émancipation* légale, qu'on pourroit encore appeller *tacite*, eft celle qui a lieu de plein droit en vertu de la loi, lorfque les enfans ont atteint l'âge prefcrit par la coutume. Elle a lieu fans que la loi faffe aucun acte à ce fujet. Telles font, à l'égard des mineurs, les *émancipations* qui ont lieu par l'âge de puberté, par la majorité coutumière, par la pleine majorité, par le mariage; & pour les fils de famille, celles qui ont lieu en certains pays par le mariage, l'acquifition d'une dignité, l'habitation & le négoce féparés, & par le décès de la mère, quoique le père foit encore vivant.

Cette dernière efpèce d'*émancipation* légale a lieu dans les coutumes de Chartres, Château-Neuf, Dreux, Montargis & Vitry, qui regardent les enfans, comme folidairement en la puiffance des pères & mères conjointement.

L'*émancipation* expreffe ou *conventionnelle*, eft celle qui fe fait par le père, en préfence du juge, par un acte exprès.

L'*émancipation* tacite eft celle qui a lieu de plein droit en faveur du fils de famille ou du mineur, fans le confentement du père, & fans lettres du prince.

Dans la plupart des coutumes, le mariage feul

émancipe les enfans; mais dans celle de Poitou, cette regle n'a d'effet que vis-à-vis les roturiers, mariés & demeurans en leur ménage, hors de l'hôtel & compagnie du père par an & jour; car le mineur noble n'est pas tacitement émancipé par le mariage. *Coutume de Poitou, art. 312 & 313.*

Dans les pays coutumiers, les dignités de l'église, de la robe & de l'épée émancipent de droit. La prêtrise même émancipe, comme le décide la coutume de Bourbonnois, & que l'observe Coquille, sur celle du Nivernois. Mais Taisand, sur celle de Bourgogne, dit que la prêtrise n'émancipe que quand le prêtre possède un bénéfice qui requiert résidence.

L'habitation séparée est encore un moyen d'*émancipation tacite*; il n'y a même que la coutume de Châlons qui se contente de cette circonstance. Celles de Bretagne & de Bordeaux veulent en outre l'âge de vingt-cinq ans : celle de Poitou requiert le mariage avec l'habitation séparée : celle de Saintonge, tout à-la-fois, le mariage & l'âge de vingt-cinq ans pour les nobles, & pour les roturiers, le même âge & l'habitation séparée.

Les coutumes de Berri, de Bourbonnois & de Bordeaux décident que le commerce ou négoce séparé émancipe les enfans, ce qui est conforme à une règle de Loisel : « enfans de famille & femme mariée sont tenus pour autorisés de leurs pères & » mari, en ce qui est du fait des marchandises dont » ils s'entremettent à part, & à leur su ».

Les mineurs qui n'ont ni père ni mère, & qui veulent être émancipés, obtiennent, à cet effet, des lettres d'*émancipation* dans les petites chancelleries, adressées au juge du domicile, qui les fait entériner de l'avis de leurs parens, & sur les conclusions du ministère public. Ces lettres s'obtiennent à l'âge de puberté, c'est-à-dire, à quatorze ans pour les mâles, & à douze pour les filles.

Des effets de l'émancipation. Suivant l'ancien droit romain, le fils émancipé n'étoit plus compté au nombre des enfans; il ne succédoit pas avec ses frères & sœurs, & le père pouvoit impunément ne pas faire mention de lui dans son testament. Dans la suite, les préteurs corrigèrent les conséquences trop dures de cet ancien droit, & ils accordèrent aux enfans émancipés la possession des biens de leur père, décédé *ab intestat*, comme s'ils fussent rentrés dans la famille; & s'il étoit décédé après avoir fait son testament, sans faire mention d'eux, il leur donnoit encore la possession des biens, en rapportant par eux ce dont leur père auroit profité sans l'*émancipation*.

La novelle 118 de Justinien les a appellés indistinctement à la succession de leur père.

Le père, dans les pays de droit écrit, en émancipant ses enfans, conserve l'usufruit sur leurs biens adventifs, échus avant leur *émancipation*, à moins qu'il n'y ait expressément renoncé : il le conserve même après leur mort, & en jouit sans être obligé de donner caution.

Si la mère d'un fils émancipé ne meurt qu'après l'*émancipation*, le père, suivant la loi 6, *c. de bonis quæ maternis*, obtient l'usufruit d'une portion virile des biens maternels.

Mais il n'a pas l'usufruit du pécule castrense, ou quasi-castrense, qui provient de la libéralité du prince, ni des biens laissés aux enfans, à la charge que leur père n'en auroit pas la jouissance. Il ne peut également prétendre l'usufruit d'une succession, pour l'acceptation de laquelle il a refusé d'autoriser son fils.

En pays de droit écrit, comme en pays coutumier, l'*émancipation* délivre l'enfant de famille de l'espèce d'asservissement, auquel les loix l'ont assujetti, & le rend capable de tous les actes de la vie civile, sans avoir besoin d'être autorisé par son père. Il peut en conséquence faire seul tous ses actes d'administration; mais il ne peut aliéner ni hypothéquer ses immeubles, sans avis de parens & décret du juge; il ne peut aussi ester en jugement, sans être assisté d'un curateur. *Voyez* CURATEUR, MINEUR, PUISSANCE PATERNELLE.

EMANCIPATION *de la femme, de gens de mainmorte, de moines.* La coutume de la Rue-Indre, locale de Blois, *chap. 10, art. 31,* appelle *émancipation*, la séparation de la femme avec son mari.

Quelques auteurs donnent le nom d'*émancipation*, à l'affranchissement que le seigneur accorde à des gens qui sont ses serfs.

On s'est servi quelquefois dans les monastères, du terme d'*émancipation*, en parlant des moines promus à quelque dignité, ou tirés hors de l'obéissance à leurs supérieurs. On trouve aussi dans quelques anciens auteurs, l'*émancipation d'un monastère*, pour l'exemption de la jurisdiction de l'ordinaire.

EMARGER, v. a. *en terme de pratique,* signifie faire mention de quelque note sur la marge d'un acte quelconque.

EMBARGO, s. m. (*Droit public.*) c'est un mot espagnol, qui signifie *arrêt.* Les Anglois l'ont d'abord adopté à cause du fréquent usage que les Espagnols en ont fait avec eux, & toutes les nations l'emploient à présent. Mettre un *embargo*, c'est fermer les ports & retenir les bâtimens qui se trouvent en état de naviguer. Il se met sur tous les vaisseaux marchands des sujets, des étrangers & des puissances neutres, alliées ou non; les vaisseaux de guerre n'y sont pas soumis.

On pourroit donner à l'*embargo* une origine très-ancienne, & le faire remonter jusqu'à Xenophon, qui, lors de la retraite des dix mille Grecs, arrêta tous les navires dont il avoit besoin pour le transport de ses troupes, prit soin de la conservation des marchandises des propriétaires, & donna aux équipages la nourriture & le juste salaire de leurs peines.

Mais, dans l'exactitude, c'est aux Espagnols qu'on doit attribuer les commencemens de l'*embargo*; ils sont également les auteurs, & de l'usage moderne, & du nom dont on l'appelle.

Dans

Dans les deux *embargos* qu'ils mirent, lors de la descente en Sicile en 1718, & de la conquête d'Oran en 1732, ils firent examiner les navires propres à transporter des provisions, des chevaux, des munitions de guerre, des soldats; ils empêchèrent ces vaisseaux de s'en retourner & de prendre du fret; ils les firent jauger, &, dès ce moment, ils firent payer deux piastres par mois pour chaque tonneau.

Depuis cette époque, les rois de France & d'Angleterre ont mis plusieurs *embargos* tant sur leurs sujets que sur les étrangers. Cet usage est aujourd'hui si généralement établi, chez toutes les puissances maritimes de l'Europe, qu'il est tourné en droit. On le met dans tous les cas où on en a besoin, précisément & uniquement parce qu'on en a besoin. Chaque souverain le pratique; &, comme l'usage est le même par-tout, il est réciproque, & aucun état n'a le droit de s'en plaindre.

Dans le cas de l'*embargo*, les princes ne donnent aucun dédommagement aux propriétaires des vaisseaux, soit domestiques, soit étrangers, pour les avoir arrêtés; mais lorsqu'ils s'en servent, ils paient ce qu'auroit payé le propriétaire.

EMBLAVES, f. f. pl. (*Jurispr.*) terme usité dans plusieurs coutumes pour exprimer les terres ensemencées en bled. On distingue quelquefois les *emblaves* ou terres emblavées des terres simplement ensemencées. Les *emblaves* ou terres emblavées sont, dans quelques coutumes, les terres où le bled est déjà levé : c'est en ce sens qu'il en est parlé dans *l'article 59* de la coutume de Paris. Les terres ensemencées sont celles où le bled est semé, mais n'est pas encore levé. Dans l'usage on confond souvent les *emblaves* avec les terres ensemencées. (*A*)

EMBLAVURE, ou EMBLURE, f. f. termes de coutume qui signifient les bleds ou grains qui proviennent des terres emblavées ou ensemencées. C'est en ce sens qu'il en est parlé dans la coutume de Sens, *art.* 193, & dans celle d'Auxerre, *art.* 64.

EMBONIES. Suivant le petit traité des communes, imprimé en 1759, on nomme ainsi en Lorraine *les portions que les particuliers d'une communauté se départent dans les communes.* (*M. GARRAN DE COULON.*)

EMBREF ou EMBREVURE, terme usité principalement dans les coutumes de Hainaut & de Cambresis, qui signifie les feuilles sur lesquelles on inscrit les clauses d'un acte par abbréviation.

Pour avoir une juste idée de la signification de ces mots, il faut savoir qu'anciennement dans ces coutumes, les juges municipaux & les seigneurs procèdent à la confection des actes qui sont de leur ressort; que l'usage étoit de faire tous les actes doubles, d'en délivrer un à l'une des parties, & de déposer l'autre dans une armoire appellée *ferme*; que ces actes, pour être exécutoires & authentiques, doivent être écrits sur parchemin, & scellés du sceau du siège, & qu'avant de leur donner cette forme, on avoit soin d'en rédiger les clauses d'une manière abrégée sur des feuilles, que l'on appelloit par cette raison *embrefs*, ou *embrevures*, &, suivant l'ancienne ortographe, *embriefvure*.

Ces *embrefs* sont comme des minutes de l'acte, & les deux doubles, des espèces de grosse. Lorsque la grosse se trouve perdue, on peut la recouvrer sur les minutes ou *embrefs*, qui, par cette raison, sont signés non-seulement des officiers qui les reçoivent, mais encore des parties.

Les dispositions qui ont rapport aux *embrefs* n'ont plus aujourd'hui d'exécution, si ce n'est à l'égard des devoirs de loi, depuis que, par les édits de 1675 & 1692, le droit de recevoir des contrats a été attribué exclusivement aux notaires, nouvellement créés dans les Pays-Bas, & aux échevins des villes, qui étoient alors en possession de ce droit.

EMENDE, f. f. (*Droit coutumier.*) c'est un ancien terme qui se trouve dans plusieurs coutumes, pour *amende*, comme *émende coutumière*, *d'appel*, *de gage*, &c. *Voyez* AMENDE, *sect.* 3.

EMENDE ou AMENDE *de gages.* L'art. 19 du chapitre 16 de l'ancienne coutume du Perche donnoit ce nom à une amende de 7 f. 6 d., c'est-à-dire, à une amende simple que le vassal devoit à son seigneur, à défaut d'aveu. (*M. GARRAN DE COULON.*)

EMENDE *de tost-entrée.* Voyez TOST-ENTRÉE & FIEF DE DANGER.

EMENDER, v. a. *terme de Palais*, qui signifie *corriger*, *réformer* : il vient du latin *emendare*.

On ne s'en sert qu'en prononçant sur l'appel de la sentence du juge inférieur, lorsqu'il y a lieu de réformer sa décision.

La formule usitée dans les bailliages est : disons qu'il a été mal jugé par le juge, dont est appel, bien appellé, *émendant*, corrigeant, déchargeons l'appellant des condamnations prononcées contre lui, &c. Dans les cours souveraines, on dit : la cour a mis l'appellation & ce dont est appel au néant, *émendant*, &c. *Voyez* APPEL, INFIRMER.

EMÉRITE, adj. (*Droit public.*) c'est le titre qu'on donne à celui qui, ayant exercé une charge ou un emploi, pendant un certain temps, ordinairement de vingt ans, le quitte & jouit néanmoins des honneurs & des récompenses dus à ses services.

Dans les compagnies de judicature, au lieu du terme d'*émérite*, on donne celui de *vétéran* à l'officier qui, après s'être démis de sa charge, a obtenu des lettres de vétérance, pour jouir des honneurs & des prérogatives qui y sont attachés. *Voyez* VÉTÉRANCE.

EMETTRE, v. a. (*Jurisprud.*) se dit en parlant de certains actes, dans la signification de *produire au dehors*; ainsi *émettre* un appel simple ou un appel comme d'abus, c'est interjetter un appel.

On dit d'un religieux qu'il a fait ses vœux; mais en parlant de l'acte par lequel il les a proférés, on qualifie ordinairement cet acte d'*émission de vœux.* (*A*)

EMEUTE & EMOTION POPULAIRE, (*Code criminel.*) c'est ainsi qu'on appelle tout trouble, tumulte ou mouvement séditieux, excité parmi le peuple.

L'*émotion populaire* & l'attroupement différent entre eux, en ce que l'attroupement annonce un deffein prémédité, au lieu que l'*émotion* paroît être
l'effet fubit d'une rumeur, d'une prévention, d'un
événement inattendu ; que l'*émotion* fe forme quelquefois fans favoir ni pourquoi, ni comment, &
fans aucune intelligence entre ceux qui concourent
à la former, au lieu que l'attroupement a un but
marqué, eft ordinairement concerté, & eft toujours plus dangereux qu'une fimple *émotion*, que
le moindre éclairciffement diffipe très-fouvent.

L'*émotion populaire* eft un cas royal, dont la connoiffance appartient aux baillis & fénéchaux, à
l'exclufion des autres juges. Dans certains cas, les
préfidiaux & les prévôts des maréchaux peuvent
connoître de ce crime en dernier reffort. *Voyez*
ATTROUPEMENT, SÉDITION.

EMISSION *de vœux*, (*Droit canon.*) eft la profeffion que fait le novice, & l'engagement qu'il
contracte folemnellement d'obferver la règle de l'ordre régulier dans lequel il entre. La mort civile
du religieux profès fe compte du jour de l'*émiffion*
de fes vœux, de même que les cinq ans dans lefquels
il peut réclamer contre fes vœux, lorfque fa profeffion n'a pas été libre. *Voyez* PROFESSION, RELI-
GIEUX, RÉCLAMATION, VŒUX. (*A*)

EMOLUMENT, f. m. *terme de Pratique*, qui
fignifie les profits que quelqu'un tire de fa charge
ou de fon emploi, & qui fe dit plus particuliérement des profits cafuels ; &, en ce fens, ce mot
eft en oppofition aux revenus fixes qui y font attachés. On dit qu'un *officier cherche à émolumenter*,
lorfqu'il multiplie fans néceffité les vacations, ou
qu'il alonge un procès-verbal ou autre acte, afin
de gagner davantage. *Voyez* EPICES, VACATIONS,
HONORAIRES, FRAIS & SALAIRES. (*A*)

EMPALEMENT, f. m. (*Code criminel.*) fupplice affreux, ufité en Turquie. *Voyez* SUPPLICE.

EMPARAGEMENT, f. m. (*Droit coutumier.*)
Ce mot a deux fens différens, qui tous indiquent
un mariage convenable. Il paroît venir du mot *parage*, qui provient lui-même du mot latin *par*,
paritas, c'eft-à-dire, *égal, égalité*. Ainfi l'acception
primitive & la plus exacte du mot *emparagement*
indique un mariage fortable pour la qualité, celui
d'une perfonne noble avec une autre perfonne noble. C'eft dans ce fens que ce mot eft le plus communément employé dans notre ancien droit & dans
plufieurs coutumes, telles que celles d'Anjou, du
Maine, de Touraine & de Loudunois. Mais on a
depuis auffi entendu par-là un mariage convenable
pour la fortune, ou plutôt une dot proportionnée
à la fortune des parens qui marioient leurs filles.

L'effet de l'*emparagement* eft d'exclure la fille emparagée de la fucceffion de fes père & mère. En
Bretagne & dans les quatre autres coutumes que
l'on vient de citer, les filles nobles font feules fujettes à l'exclufion. Suivant les coutumes d'Anjou
& du Maine, il faut même qu'elles aient été mariées par le père ; car fi elles avoient été mariées

fans le père, elles ne feroient point exclues de la
fucceffion des afcendans, quand bien même elles
auroient été mariées noblement, *art. 242 & 259.*

Dans les coutumes de Bordeaux, de Nivernois,
de Bourbonnois & d'Auvergne, les filles non-nobles font également foumifes à l'exclufion.

Dans quelques coutumes, les filles dotées font
exclues des fucceffions collatérales comme des fucceffions directes : elles ne font exclues que des
fucceffions directes dans les autres coutumes.

En Bretagne, le feul aîné profite de l'exclufion
des filles qui ont été dotées ; mais en Bourbonnois, *la portion de la fille mariée & apanée* accroît
à tous les mâles. *Voyez l'art. 310.*

Dans la plupart des coutumes, l'exclufion des
filles a lieu de plein droit. Dans celle de Poitou, l'exclufion, qui a auffi lieu de plein droit pour les filles
nobles, n'a lieu pour les filles roturières qu'autant qu'elles ont renoncé expreffément par leur contrat de mariage ; ce qu'elles peuvent faire pour les
fucceffions même collatérales, foit qu'elles aient eu
leur légitime ou non, *art. 220 & 221.*

Le même ufage s'obferve affez généralement,
tant pour les nobles que pour les roturières, dans
les coutumes qui n'ont aucune difpofition fur l'*emparagement* des filles. Il faut que l'exclufion foit exprimée dans le contrat de mariage.

Dans quelques coutumes, les filles font exclues
de la fucceffion, quelque peu qu'elles aient eu en
mariage. Telles font celles d'Anjou, Maine, Touraine & Loudunois. Dans quelques autres, il faut
que la fille ait eu une dot proportionnée à la fortune
du père. Mais il n'eft pas néceffaire qu'elle ait eu
fa légitime. La coutume de Bourbonnois eft dans
ce cas, fuivant les art. 305 & 312. On voit combien une pareille loi eft arbitraire, & doit occafionner de procès.

Dans la plupart des coutumes, la fille emparagée eft exclue des fucceffions de tous les afcendans. Dans les coutumes de Poitou, de Touraine
& de Loudunois, elle n'eft exclue que de la fucceffion de celui de fes parens qui l'a dotée. Dans
celle de Bourbonnois, elle eft exclue des fucceffions, même collatérales, dans les termes de repréfentations, & même pour les biens provenans
du chef de fa mère, dont le prédécès a cependant
empêché l'*emparagement* pour fa propre fucceffion.
Cela a été ainfi jugé dans cette coutume par des
arrêts des 17 août 1634, ... 1649, & 17 mars 1664.
Voyez le commentaire de M. Ducher.

Ce qui eft commun à toutes ces coutumes, c'eft
que les filles ne s'y excluent point entre elles ; l'exclufion n'y eft établie qu'en faveur des mâles. Cette
exclufion n'a lieu non plus que quand il n'y a ni
réferves expreffes faites dans le contrat de mariage,
ni rappel de la part de l'afcendant ou des afcendans qui ont conftitué la dot.

Laurière a fort bien remarqué que l'exclufion des
filles en faveur des mâles fut premièrement introduite par le droit des fiefs, comme on le voit dans

les livres des fiefs (*lib. I , tit. 8 , §. 2.*). On étendit ensuite par convention ce droit aux aïeux , c'est-à-dire , que ceux qui vouloient conserver leur nom & leur famille , stipuloient , en mariant leurs filles , qu'elles ne succéderoient point à leurs père & mère, &c. tant qu'il y auroit *hoir mâle ou hoir descendant d'hoir mâle.* Ces conventions furent approuvées par le chapitre *quamvis , de pactis in sexto ;* & ensuite l'exclusion des filles par le mariage a été établie par plusieurs statuts & coutumes , tant en France qu'en Italie & en Allemagne, &c.

Les anciens docteurs , interprétant ces statuts , conviennent presque tous, que cette exclusion des filles dotées n'étoit pas perpétuelle , mais qu'elle étoit seulement suspensive; ensorte que les filles revenoient aux successions directes, &c., quand leur frère , par qui elles avoient été exclues , étoit décédé sans enfans après la mort de son père.

L'avis de ces docteurs fut suivi en France , & la preuve invincible qu'il le fut , c'est que la question s'étant présentée en Provence en 1472 , quand on y rédigea les statuts , elle fut proposée au roi : le roi la fit examiner , & enfin les statuts furent faits en faveur des filles exclues.

Par un premier statut , les filles dotées étoient simplement exclues; & par le second, qui a modifié le premier, le roi ordonne qu'après le décès de leurs frères héritiers de leurs père & mères, les filles exclues reprendront dans les successions directes, dont elles auront été exclues par leurs frères , les parts qu'elles eussent dû avoir , si elles n'eussent point eu de frères. Laurière conclut de-là que, comme , par nos coutumes, les filles dotées ne sont pas purement & simplement exclues, mais qu'elles le sont seulement *tant qu'il y aura hoir mâle, ou hoir descendant d'hoir mâle ,* il s'ensuit évidemment que cette exclusion doit cesser, dès le moment qu'après le décès du père , l'hoir mâle qui avoit exclu , décède sans hoir de son corps. Tel est aussi l'avis de Coquille dans son commentaire sur la coutume de Nivernois , *tit. 26 , art. 24;* de le Brun , *des successions , liv. 1 , chap. 4 , sect. 5, n°. 9 ,* & de plusieurs autres auteurs.

Dumoulin est néanmoins d'un avis contraire dans son apostille sur l'art. 245 de la coutume de la Marche. On pourroit même dire que son opinion est conforme à la généralité de cette expression de quelques coutumes, tant qu'il y aura hoir mâle , ou HOIR *descendant d'hoir mâle.* V. celles de Touraine , *art. 284, &* de Loudun , *tit. 26 , art. 25.*

Mais il semble du moins que , dans les coutumes dont le texte n'a pas d'expressions aussi générales, on ne devroit pas balancer à admettre les filles emparagées à la succession de leurs pères & mères, lorsqu'il ne reste plus que des filles descendant des mâles. Car le motif de l'exclusion des filles emparagées a été évidemment la conservation du nom & de la famille , & ce motif ne peut plus leur être opposé, quand il n'y a plus de mâles. C'est sur ce fondement qu'un arrêt du 20 novembre 1684,

a jugé que la renonciation expresse d'une fille en faveur de ses sœurs ne pouvoit pas valoir. *Journal des audiences, tom. IV , liv. 7 , chap. 28.*

La question souffre néanmoins quelque difficulté ; & Boucheul, qui l'a examinée fort au long, paroît se décider pour l'exclusion, dans le cas même où il n'y a plus d'autres descendans des mâles que des filles. *Coutume de Poitou, art. 221 , n°. 56 & suiv.* (*Art. de M.* GARRAN DE COULON *, avocat au parlement.*)

EMPARLIERS, s. m. pl. (*Jurisprud.*) *parliers* ou *amparliers* , est le nom que l'on donnoit anciennement aux avocats plaidans , comme on le voit dans les anciennes chartres , coutumes , styles & pratiques. Ce nom étoit relatif à leur profession , qui est de parler en public; ils ont aussi été appellés *conteurs* ou *plaideurs , clamatores.* Voyez le *glossaire de* Ragueau , au mot *Emparliers.* (*A*)

EMPÊCHEMENT , s. m. (*Droit civil & canon.*) signifie en général *opposition* ou *obstacle* à quelque chose , provenant du fait de quelqu'un ou de quelque circonstance. Une saisie est un *empêchement* à la vente d'un objet, qui provient du fait du saisissant; la parenté en degré prohibé est un *empêchement* au mariage , qui naît d'une circonstance particulière.

Quoique tous les obstacles en droit soient des *empêchemens* , ce terme est plus particuliérement usité en matière matrimoniale, pour exprimer les causes qui empêchent deux personnes de contracter mariage entre elles.

EMPÊCHEMENS *de mariage* , s. m. (*Jurispr. can. & civ.*) Le mariage est un contrat auquel la nature appelle, que les loix civiles règlent , & que la religion consacre ; il est tout à la fois contrat naturel , contrat civil & sacrement. La nature , la loi civile & la religion , peuvent donc y mettre des obstacles qui le rendent nul ou illicite. Les obstacles qui le rendent nuls, sont ce qu'on appelle *empêchemens dirimans ;* ceux qui le rendent seulement illicite, se nomment *empêchemens prohibitifs.* Parmi les empêchemens dirimans , il en est qui ne doivent leur existence qu'à des loix positives & humaines, d'autres à des loix naturelles & divines. On peut obtenir des dispenses des premiers ; les seconds n'étant point établis par les hommes , il n'est point de puissance sur la terre qui ait droit de les anéantir. D'après ces notions générales cet article sera divisé en trois parties; dans la première on traitera des empêchemens dirimans; dans la seconde des *empêchemens* prohibitifs; & dans la troisième on examinera quels sont les *empêchemens* dont on peut obtenir des dispenses, & quels sont ceux qui peuvent les accorder.

Mais avant d'entrer dans la discussion de ces trois parties , nous croyons devoir traiter une question qui a long-temps agité les théologiens & les jurisconsultes , & sur laquelle il est enfin fixées parmi nous. On demande qu'est-ce qui a le droit d'établir des *empêchemens* de mariage. Les ultramontains , à l'exception de Soto , & de quelques autres, soutiennent que l'église a seule ce droit, parce que seule elle a le pouvoir de régler ce qui concerne les sacremens. En France, & dans plusieurs autres états catholiques, on pense que les princes peuvent également porter des loix irritantes sur les mariages, & qu'en cela ils ne mettent point la main à l'encensoir, parce qu'ils ne statuent que sur le contrat civil, qui est de l'essence du mariage. Dans cette opinion, le pouvoir de l'église & celui du prince sont très-distincts & très-séparés; l'un ne porte que sur le sacrement, & l'autre que sur le contrat civil. L'église tient le sien de Jesus-Christ, & celui des princes dérive nécessairement de la puissance publique, dont ils sont revêtus. Si ces questions ont été obscurcies pendant long-temps, par des écrits multipliés, c'est qu'on avoit perdu le fil de l'ancienne législation, & de l'ancienne tradition sur le mariage.

Depuis que les sociétés ont été formées, & régies par des loix, le mariage a toujours été regardé, par les législateurs, comme un des objets qui méritoit le plus leur attention. Lorsque l'église fut reçue dans l'empire, il y avoit des loix existantes sur le mariage. Ces loix ont continué à recevoir leur exécution, & à dépendre du prince seul. Il s'est même écoulé un temps assez long, sans que les ministres de l'église aient eu aucune part à la célébration des mariages. Justinien nous apprend qu'avant lui, & en conséquence de ses propres loix, ils se contractoient par le seul consentement des parties, donné en présence de témoins. Les anciennes solemnités observées chez les Romains, & qui faisoient partie de leur culte public, avoient été abolies avec le paganisme; & sans prendre de nouvelles mesures pour assurer la vérité du contrat de mariage, on s'étoit contenté de ce qui en forme la substance, c'est-à-dire, du consentement des parties. Mais rien n'étoit plus facile que de se procurer des témoins qui attestoient ou nioient, suivant les circonstances, avoir vu donner le consentement. C'étoit un abus intolérable, & qui jettoit nécessairement le plus grande incertitude dans l'état des familles, & dans l'ordre des successions.

L'empereur Justinien chercha à remédier à cet abus; il déclara nuls tous les mariages des personnes constituées en dignité, qui ne seroient pas précédés d'un contrat, contenant une stipulation de dot, & une donation à cause de noces.

Quant aux citoyens d'un état moins relevé, mais cependant honnête, *quantùm verò in militiis honestioribus & negotiis, & omninò professionibus dignioribus est*, le législateur leur donne l'alternative, ou de passer un contrat dans les formes prescrites, ou de se rendre en telle église qu'ils jugeroient à propos, & de déclarer, en présence du desservant, *illius ecclesiæ defensori*, & de trois ou quatre clercs attachés à la même église, qu'ils se prenoient mutuellement pour époux. Le prêtre étoit tenu de dresser un acte de ce consentement, & de le dater de l'indiction, du mois, du jour du mois, de l'année du règne de l'empereur, & du consulat : *quia sub illâ indictione, illo mense, illa die mensis, illo imperii nostri anno, illo consule, venerunt apud illum in illam orationis domum, ille & illa, & conjuncti sunt alterutri.* Cet acte devoit être signé par des clercs, au moins, au nombre de trois. Ces formalités étoient requises à peine de nullité du mariage, dans le cas où il n'y auroit point de contrat portant constitution de dot, & donation à cause de noces.

A l'égard des soldats, des laboureurs & des personnes d'une condition abjecte, il leur fut permis de continuer à se marier, sans être obligés de passer aucun contrat, ni d'observer aucune des formalités qui viennent d'être détaillées, sans que pour cela on pût refuser la légitimité à leurs enfans : *sic ut in vilibus personis, & in militibus armatis, obscuris & agricolis licentia sit eis & ex non scripto convenire, & matrimonia celebrare inter alterutros : sintque filii legitimi, quia patrum mediocritatem, aut militares, aut rusticas occupationes & ignorantias adjuvent.* L. 23, §. 7, cod. de nuptiis.

On voit par ces loix que, jusqu'à Justinien, l'intervention de l'église n'étoit point nécessaire pour la validité du mariage, comme contrat civil. Plus d'un siècle auparavant les empereurs Théodose & Valens avoient déclaré valable le mariage contracté entre personnes d'une égale condition, & prouvé par le témoignage de leurs amis, malgré le défaut de donation à cause de noces, ou de contrat portant constitution de dot, & quoiqu'il n'eût été accompagné d'aucune pompe, ni d'aucune cérémonie : *inter pares honestæ personas nullâ lege impediente consortium quod ipsorum consensu, atque amicorum fide firmatur.* Si Justinien autorise une certaine classe de citoyens, à se marier devant un prêtre, ce n'est pas qu'il veuille unir le sacrement de l'église au contrat civil; il considère le prêtre comme un témoin respectable, dont l'attestation devoit faire preuve que le mariage avoit été réellement contracté.

Le mariage, comme sacrement, & comme contrat civil, n'avoient donc encore aucune liaison, & l'un n'influoit point sur l'autre. Cela est si vrai que, quoique l'église ait toujours regardé le nœud, que formoient entre eux deux époux, comme indissoluble, cependant les anciennes loix romaines, qui autorisoient le divorce & la répudiation, subsistoient toujours dans l'empire, & furent renouvellées ou modifiées par Justinien, liv. 8, cod. de repud. & nov. 23, præf. & cap. 1, qui est de Justin, son prédécesseur.

Pendant les premiers siècles de l'église, le mariage étoit donc, aux yeux des empereurs chrétiens, un contrat purement civil, & indépendant des loix ecclésiastiques : ils en disposoient comme de tous les autres contrats : leurs sujets ne s'engageoient que dans les liens d'un contrat civil; ils pouvoient, à la vérité, le faire sanctifier par le sacrement, & le rendre indissoluble par cette cérémonie religieuse. Mais l'indissolubilité étoit un dévoir de religion , & nullement une obligation dérivant de la loi civile. On pouvoit diſſoudre le mariage ſans violer la loi civile , ſauf à l'égliſe à faire ſubir les peines qui ſont à ſa diſpoſition , & à venger , par les armes ſpirituelles , des réglemens qui n'avoient pour but que la ſanctification des ames, ſans aucun rapport à l'ordre politique.

Il étoit , ſans doute , difficile que les choſes reſtaſſent long - temps dans cet état : il y avoit trop d'oppoſition entre la loi civile qui régloit le contrat, & la loi eccléſiaſtique qui régiſſoit le ſacrement : c'étoit une eſpèce de contradiction que les loix de l'état permiſſent ce que défendoit la religion reçue dans l'état. On crut donc devoir réunir le contrat civil au ſacrement, & l'empereur Léon, qui monta ſur le trône en 886, mit la bénédiction nuptiale au nombre des formalités néceſſaires pour valider le mariage , même aux yeux de la loi civile , *ſic ſanè etiam ſacræ benedictionis teſtimonio matrimonia confirmari jubemus. Conſtit. emp. Leon. 89.* Mais cet empereur , en uniſſant & le contrat civil & le ſacrement, ne permit pas que le ſacrement produiſit tous ſes effets , du moins quant à l'indiſſolubilité. Il continua à regarder l'adultère comme un motif de diſſolution , ainſi que les Grecs le regardent encore aujourd'hui. Il y ajouta pluſieurs autres motifs adoptés par la loi civile , avant que l'adminiſtration du ſacrement fût devenue une formalité néceſſaire pour la validité du mariage. Il permit , par exemple , que ſi l'un des deux époux devenoit fou , l'autre pût rompre ſon mariage , & en contracter un nouveau. Il fit plus , il rejetta , par une loi publique , le canon du ſixième concile général , connu ſous le nom de concile *in trullo*, qui avoit déclaré que, ſi une fiancée ſe marie avec un autre que ſon fiancé, avant la mort de celui-ci, elle commet un adultère : *qui alteri deſponſam mulierem, eo adhuc vivo cui deſponſa eſt, in nuptiarum ducit ſocietatam, adulterii crimini ſubjicitur.* Le légiſlateur civil ſe contente de défendre de donner la bénédiction nuptiale , à quiconque n'aura pas l'âge requis pour ſe marier : *quod in maribus decimum quintum , in fœminis decimum tertium expectat annum. Conſtit. imper. Leon. 31, 32, 74, 111, 112, &c.*

Ces loix émanées de l'autorité temporelle , & contre leſquelles l'égliſe ne réclama jamais, prouvent inconteſtablement , que le ſacrement n'étoit point néceſſaire pour donner au mariage les effets civils , & que s'il en eſt devenu par la ſuite, une condition eſſentielle , ce n'a été qu'en vertu des ordonnances des empereurs , & des autres ſouverains, qui ont reçu la religion dans leurs états, & parce que la conſtitution de l'empereur Léon a été admiſe & pratiquée par tous les chrétiens, & a continué d'être obſervée dans tous les états catholiques.

C'eſt ainſi que le contrat civil & le ſacrement, n'ont plus fait qu'un ſeul & même acte, & que le mariage eſt enfin devenu un lien indiſſoluble pour tous les catholiques. Mais ſi l'union du contrat civil

& du ſacrement eſt l'ouvrage des ſouverains , ils n'ont certainement pas conſenti à ſe dépouiller de leurs droits , ſur le mariage , comme contrat civil. Leur conſentement n'eût pas même ſuffi, ils ne pouvoient ni perdre , ni aliéner , ce qui appartient eſſentiellement à la puiſſance publique , & qui tient à l'harmonie de toutes les ſociétés. D'un autre côté, l'égliſe a également conſervé ſon autorité ſur le mariage comme ſacrement ; delà il réſulte que les princes, ainſi que l'égliſe , peuvent établir des *empêchemens* du mariage , quoique , ſous deux points de vue différens. Le mariage forme actuellement un tout compoſé de deux parties ſoumiſes à deux puiſſances qui influent ſur ſon exiſtence , avec cette différence cependant , que l'égliſe eſt obligée de ſe ſoumettre aux *empêchemens* établis par le prince , & que ceux établis par l'égliſe ne peuvent avoir lieu qu'autant qu'ils ſont admis par le prince.

Telle eſt l'opinion de tous nos juriſconſultes , & de nos théologiens les plus éclairés , comme de Marca, de Launoi, Gerbais, l'auteur des Conférences de Paris, &c. cette opinion eſt ſuivie en France, & l'on n'y doute point, dans tous les tribunaux, que le prince ne puiſſe établir des *empêchemens* pour les mariages des chrétiens, qui ſont ſes ſujets. Juſqu'à préſent on a vu les princes & l'égliſe agir de concert pour l'établiſſement des *empêchemens* du mariage. Il n'y a parmi nous qu'un ſeul point ſur lequel cet accord & cette harmonie ſemblent avoir ceſſé : c'eſt ſur les mariages des enfans de famille , contractés ſans le conſentement des père & mères. Le concile de Trente les a déclarés valides , & ils ſont nuls d'après les ordonnances du royaume. Cette diverſité ne tient qu'à la diſcipline qui peut varier dans les différens ſiècles, comme dans les différens états. Alexandre III a reconnu des *empêchemens dirimans* dans les égliſes d'Italie, auxquels les autres égliſes n'avoient point d'égard , & qu'un mariage reconnu à Rome pour légitime, pouvoit être nul en France.

L'égliſe aſſemblée a ſeule le pouvoir d'établir des *empêchemens* canoniques. Chaque ſupérieur eccléſiaſtique n'a pas droit d'en introduire de nouveaux ou d'abroger ceux qui ſe trouvent introduits. Il en eſt que la coutume & l'uſage ont admis, la même coutume & le même uſage peuvent les faire ceſſer. Après ces obſervations préliminaires, revenons à la diviſion que nous avons annoncée, & ſuivons-la dans chacune de ſes parties.

Empêchemens dirimans. Ce ſont , comme nous avons déjà dit , ceux qui empêchent que le mariage ne ſoit valablement contracté. Les canoniſtes en comptent ordinairement quatorze qu'ils ont compris dans les vers ſuivans.

Error, conditio , votum , cognatio , crimen ,
Cultus diſparitas, vis, ordo , ligamen, honeſtas ,
Si ſit affinis , ſi forte coire nequibis ,
Si parochi & dupliciis. deſit præſentia teſtis ,
Rapta, loco mulier ſi non ſit reddita tuto ,
Hæc facienda vetant connubia , facta retractant.

Les loix du royaume, en adoptant ces *empêchemens*, en ont ajoûté d'autres qu'on appelle civils, & qui font aussi dirimans, que ceux qui font établis par l'église.

Parmi ces *empêchemens* il en est qui font absolus, d'autres qui ne font que relatifs, d'autres enfin qui ne tiennent qu'aux formalités prescrites à peine de nullité.

Empêchemens dirimans absolus. Ce font ceux qui empêchent la personne en qui ils se rencontrent de contracter aucun mariage; c'est-à-dire, qui la rendent absolument inhabile à se marier. On en compte ordinairement six; le défaut de raison; le défaut de puberté; l'impuissance; un premier mariage subsistant; la profession religieuse; l'engagement dans les ordres sacrés.

1°. *Le défaut de raison*. Le mariage étant un véritable contrat finallagmatique qui produit des obligations reciproques de la part des deux époux, il est évident que pour en être capable il faut jouir de l'usage de sa raison. Il ne faut donc être ni absolument fou, ni absolument imbécille; dans ces cas il n'y a, & ne peut y avoir de véritable consentement, & par conséquent de contrat.

On dit *absolument fou ou absolument imbécille*, car si une personne a des intervalles lucides, pendant lesquels elle jouisse réellement de sa raison, il n'est pas douteux que le mariage qu'elle contracteroit pendant ce temps seroit valable; tout dépend donc du degré de folie ou d'imbécillité. Ces sortes de mariages ne font ordinairement que l'effet de la cupidité ou de l'ambition: ils ne devroient être favorables dans aucune législation: quel intérêt la religion ou l'état peuvent-ils avoir, à ce qu'un fou ou un imbécille se donne des successeurs?

Les sourds & muets de naissance ne font pas mis au rang des personnes qui ne jouissent point de leur raison, ils peuvent se marier. C'est la décision d'Innocent III, au chapitre *cum apud ext. de sponf.* & un arrêt du 26 avril 1658 rapporté par Soefve, l'a ainsi jugé. Des sourds & des muets de naissance, instruits à des écoles comme celle de M. l'abbé de l'Epée, ne font pas incapables de contracter.

2°. *Le défaut de puberté*. Tous les auteurs regardent le défaut de puberté comme un *empêchement* absolu: & ils entendent par impubère, celui en qui le temps n'a pas encore assez perfectionné la nature, pour le rendre capable de consommer l'acte qui est une des principales fins du mariage. L'époque de la puberté varie selon les climats & les tempéramens. Cette époque a été fixée parmi nous à 14 ans accomplis pour les garçons, & à 12 ans accomplis pour les filles. On y suit la loi de Justinien, *inst. tit. de nupt.*: quoique l'empereur Léon, dans la constitution que nous avons citée, il n'y a qu'un instant, exige 15 ans pour les garçons, & 13 ans pour les filles.

Cependant, malgré ces loix, l'âge de la puberté ne peut être irrévocablement fixé à l'effet de faire déclarer un mariage nul. La nature, de qui seule elle dépend, est au-dessus des loix des hommes. On

a vu des filles devenir enceintes avant qu'elles eussent atteint leur douzième année; alors la loi n'est qu'une présomption, qui est détruite par le fait; alors les tribunaux abandonnent la présomption pour la vérité. C'est l'espèce d'un arrêt rapporté par Bouguier. Les parens d'un mari décédé avoient attaqué l'état de son épouse restée veuve à onze ans neuf mois; ils demandoient la nullité du mariage, comme fait avant l'âge fixé par les loix, & contestoient les conventions matrimoniales. La jeune veuve ayant prouvé qu'elle étoit enceinte, il fut jugé que son mariage étoit valable, & qu'elle devoit en conséquence jouir de son douaire, & des autres avantages qui lui étoient assurés par son contrat de mariage. Le pape Innocent III, consulté sur une pareille question, avoit donné une décision semblable à celle de l'arrêt rapporté par Bouguier: *si ita fuerint ætate proximi, quod potuerint copulá carnali conjungi, minoris ætatis intuitu separari non debent, cum in eis ætatem suplevisse malitia videtur, cap. de illis 9 ext. de desponf. imp.*

Si les deux conjoints, ayant atteint la puberté, continuent d'habiter ensemble comme mari & femme, cette cohabitation rétablit le mariage. Le consentement tacite, donné dans un temps où les deux époux peuvent contracter, couvre le défaut du consentement donné en un âge où l'on est incapable de s'obliger, *minorem annis duodecim nuptam, tunc legitimam uxorem fore, quum apud virum explesset duodecim annos, l. 4, ff. de tit. nupt.*; c'est aussi la décision du chapitre *attestationes 10, ext. de desponf. impub.*, c'est la doctrine de nos auteurs, entr'autres, de Mornac & de Fevret.

De là ne doit-il pas résulter que le défaut de puberté a été mis, à tort, au rang des *empêchemens dirimans absolus du mariage*? Il ne le rend pas absolument nul, puisque la nullité qu'il produit peut se couvrir, & s'effacer par la cohabitation des conjoints devenus pubères, *quod ab initio nullum est ex post facto convalescere nequit.*

3°. *L'impuissance*. Personne n'est plus inhabile à contracter mariage qu'un impuissant. L'*empêchement* qui dérive de l'impuissance, est trop important pour qu'il ne fasse pas dans cet ouvrage, le sujet d'un article séparé. *Voyez* IMPUISSANCE.

4°. *Un premier mariage subsistant*. Depuis l'union du contrat civil avec le sacrement, autorisée par la loi de l'état, il n'est pas douteux qu'un premier mariage subsistant est un *empêchement* dirimant pour un former un second: cet *empêchement* est une suite nécessaire de la défense que fait la religion chrétienne, d'être à la fois le mari de plusieurs femmes. Les loix ecclésiastiques, contre la polygamie, font devenues des loix de l'état. L'église défend de s'unir à une femme lorsqu'on en a déjà une vivante, & le prince punit, par des peines temporelles, celui qui violeroit cette règle.

Cet *empêchement* est-il de droit naturel, ou n'est-il que de droit positif divin? Cette question conduiroit à examiner si la polygamie est contraire à la nature;

Nous n'entreprendrons point de la traiter ici. Nous nous contenterons de dire que les auteurs, qui paroiſſent les plus ſages, penſent que ſi la polygamie n'eſt pas contraire au droit naturel, ni à l'eſſence du mariage, elle l'eſt du moins à ſon inſtitution, *& erunt duo in carne unâ*; c'eſt ſous ce point de vue qu'elle a été enviſagée par le divin auteur de la religion chrétienne, & par les ſouverains qui l'ont embraſſée. Les deux puiſſances ont concouru à conſacrer cette maxime de l'évangile, *omnis qui dimiſerit uxorem ſuam & aliam duxerit, mæchatur*. Les Romains n'ont pas eu de peine à adopter la doctrine enſeignée par Jeſus-Chriſt, ils avoient en horreur la polygamie. Chez eux un bigame encouroit de plein droit l'infamie par l'édit du préteur, *l. 1, ff. de his qui not. infam.* On doit donc tenir pour certain que ſi l'*empêchement* dérivant d'un premier mariage encore ſubſiſtant n'eſt pas de droit naturel, il eſt au moins de droit divin. Le concile de Trente, *ſeſſ. 24, can. 2*, l'a ainſi décidé en frappant d'anathême ceux qui diroient qu'il eſt permis aux chrétiens d'avoir pluſieurs femmes.

Nous n'avons, juſqu'à préſent, entendu parler que de l'eſpèce de polygamie, par laquelle un homme auroit en même temps pluſieurs femmes, il ne faut point appliquer ce que nous venons d'en dire, à ce qu'on appelle *polyandrie*; c'eſt-à-dire, à cette polygamie par laquelle une femme auroit pluſieurs maris à la fois. Tout le monde convient qu'elle eſt également contraire & au droit naturel, & à l'eſſence même du mariage: au droit naturel, *ob perturbationem ſanguinis*: à l'eſſence du mariage, qui a pour une de ſes fins principales, la propagation de l'eſpèce humaine, *creſcite & multiplicamini*, propagation à laquelle la polyandrie ſeroit un véritable obſtacle. *Voyez* POLYANDRIE & POLYGAMIE.

L'*empêchement* d'un premier mariage ſubſiſtant, ne reçoit ni modification ni exception: l'erreur involontaire, ni la bonne foi ne peuvent en arrêter les effets. L'abſence d'un des deux époux quelque longue qu'elle ſoit, la préſomption la plus forte de ſon décès, n'autoriſent point l'autre à contracter validement un ſecond mariage. Il ne peut convoler à d'autres noces, qu'autant que la mort aura rompu ſes premiers liens. Le fameux Jean Maillard ne reparut qu'après quarante années d'abſence: ſa femme ne le reconnoiſſoit point, ou feignoit de ne pas le reconnoître; elle s'étoit remariée ſur la foi d'un certificat de ſa mort. Cependant le ſecond mariage fut déclaré nul par arrêt du 4 août 1674, rapporté au Journal des Audiences, *tom. 3*. La ſeule faveur que la loi civile accorde à ces ſortes de mariages, lorſque la bonne foi y a préſidé, c'eſt de ne pas imprimer aux enfans qui en ſont nés, la tache flétriſſante de la bâtardiſe.

Suivant la loi romaine, *l. 6, ff. de divort.* lorſqu'un des conjoints avoit été emmené en captivité, & qu'il avoit laiſſé écouler un laps de cinq ans ſans donner de ſes nouvelles, il étoit préſumé mort, & l'autre conjoint avoit la faculté de paſſer à de ſecondes noces. Juſtinien abrogea cette loi par la novelle 117, *cap. 11. Voyez* ABSENCE.

Au reſte un mariage ſubſiſtant ne produit un *empêchement* dirimant, pour en contracter un ſecond, qu'autant qu'il eſt valable, *quod nullum eſt, nullum producit effectum*. Mais pour être admis à de ſecondes noces, il faut auparavant avoir fait prononcer ſur l'invalidité des premières, perſonne ne pouvant être juge dans ſa propre cauſe. Cependant ſi on contractoit un ſecond mariage avant d'avoir fait prononcer la nullité du premier, le ſecond n'en ſeroit pas moins déclaré valable, ſi on établit par la ſuite que le premier étoit nul; ainſi jugé par un arrêt du 28 juillet 1691, ſur les concluſions de M. de Lamoignon. *Journal des audiences*, tom. 5.

5°. *La profeſſion religieuſe.* Les vœux ſolemnels de religion forment dans le religieux profès, un *empêchement* dirimant qui le rend abſolument incapable de contracter aucun mariage. Mais il eſt néceſſaire, pour que les vœux produiſent cet effet, qu'ils aient été émis dans un ordre reçu dans l'état, & approuvé par les loix du royaume; il faut qu'ils aient été faits publiquement, librement, après une année de probation ou noviciat, & à l'âge fixé par la loi. Le défaut d'une de ces conditions laiſſe à celui qui les a émis, la liberté de réclamer pendant cinq ans, & de ſe faire rendre au ſiècle; mais s'il laiſſe écouler ce temps ſans aucune réclamation, ſon ſilence pris pour un conſentement tacite, couvre le vice de ſes vœux. On le déclare non recevable à les vouloir faire annuller, & l'*empêchement* du mariage qui en provient ſubſiſte dans toute ſa force. *Voyez* VŒUX.

Cet *empêchement* n'a pas toujours été dirimant. On ne l'a regardé, pendant pluſieurs ſiècles, que comme prohibitif. Pothier, *Traité du mariage, partie 3, chap. 2, art. 5*, prouve, par une foule de loix & de monumens eccléſiaſtiques, que ce n'eſt que vers le dixième ſiècle qu'on a commencé à croire que les vœux ſolemnels de religion formoient un obſtacle qui rendoit le mariage abſolument nul, & que cette opinion n'eſt devenue une règle générale de l'égliſe, que depuis le ſecond concile général de Latran tenu en 1139, ſous Innocent II. Les ſeptième & huitième canons de ce concile portent: *ſtatuimus quatenus epiſcopi..... regulares canonici, & monachi & atque converſi, profeſſi qui ſanctum propoſitum, uxores ſibi copulare præſumpſerunt, ſeparentur; hujus namque copulationem quam contra eccleſiaſticam regulam conſtat eſſe contractam, matrimonium non eſſe cenſemus..... id ipſum quoque de ſanctimonialibus fœminis ſi, quod abſit, nubere attentaverint, obſervari decernimus.*

Cette loi émanée de la puiſſance eccléſiaſtique a été reçue dans l'état, & eſt ſuivie dans nos tribunaux. Un arrêt du 17 juillet 1630, rapporté par Bardet, *liv. 3, chap. 115*, rendu ſur les concluſions de M. l'avocat général Talon, a déclaré nul le mariage de Gilberte d'Anglot, qui, après avoir fait des vœux solemnels de religion, avoit embrassé le calvinisme, & s'étoit mariée.

Il ne faut pas confondre les ordres religieux avec certaines congrégations, ou maisons ecclésiastiques, telles que celles de S. Lazare, de la doctrine chrétienne & de l'oratoire. Les vœux que l'on y prononce ne sont que des vœux simples. *Voyez ci-après* EMPÊCHEMENS PROHIBITIFS.

Au reste, depuis que les vœux solemnels prononcés dans des ordres religieux ont formé un engagement irrévocable, ils ont dû devenir, par une conséquence nécessaire, un *empêchement* dirimant du mariage. L'incompatibilité des deux états l'exigeoit, à moins que l'on n'eût établi que le mariage releveroit des vœux de religion, ce qui eût été également contraire à la nature même de ces vœux, & à l'ordre public dont l'intérêt a exigé que les religieux, en quittant le monde, fussent considérés comme morts civilement.

6°. *L'engagement dans les ordres sacrés.* Les ordres sacrés sont le sous-diaconat, le diaconat, la prêtrise, & à plus forte raison l'épiscopat. La continence est certainement une vertu digne d'être alliée au sacerdoce, mais elle ne lui est pas absolument essentielle; il ne répugne point à la nature des choses que le sacrement de mariage, & celui de l'ordre soient réunis sur le même sujet. Les soins du ministère sacré, & une espèce de décence, ont introduit l'usage d'éloigner les ministres du mariage: mais ces motifs ne sont puisés, ni dans le droit naturel, ni dans le droit divin.

Il n'est donc pas étonnant que les ordres sacrés n'aient pas toujours été un *empêchement* dirimant du mariage, l'église n'a pas toujours déclaré nuls les mariages contractés par les clercs depuis leur promotion aux ordres sacrés. Sa discipline a varié à ce sujet.

Dans l'église d'Orient le mariage n'étoit point un obstacle à l'entrée dans la cléricature, & à la réception des ordres sacrés; il y avoit même un cas où l'on pouvoit se marier, après y avoir été promu, sans encourir aucune peine: il suffisoit pour cela de déclarer, au moment de l'ordination, que l'on ne se sentoit pas la force de pratiquer la continence; si on n'avoit point fait cette déclaration, & que l'on vînt ensuite à se marier, le mariage n'étoit pas nul, mais on étoit privé dès fonctions de son ordre. C'est ce que porte expressément le dixième canon du concile d'Ancyre: *quicumque diaconi constituti, in ipsa constitutione testificati sunt & dixerunt, opportere se uxores ducere, cum non possint sic manere; ii si uxorem postea duxerint, sint in ministerio, eo quod hoc sit illis ab episcopo concessum. Si qui autem hoc silentio præterito, & in ordinatione, ut ita manerent suscepti sunt, postea autem ad matrimonium venerunt, à diaconatu cessent.*

L'usage de ces déclarations fut abrogé. Le concile *in trullo* tenu en 692, défend, sous peine de déposition, de se marier après la promotion aux ordres

sacrés. Il ordonne aux sous-diacres, diacres & prêtres qui voudroient parvenir à ces ordres, & être mariés en même temps, de se marier avant leur ordination: *decernimus ut deinceps nulli penitus hypodiacono, vel diacono vel presbytero, post suî ordinationem, conjugium contrahere liceat. Si autem fuerit hoc ausus facere, deponatur. Si quis autem eorum qui in clerum accedunt velit lege matrimonii mulieri conjungi, antequam hypodiaconus, vel diaconus, vel presbyter, ordinetur, hoc faciat. Concil. in trullo can. 6.*

Cette loi ne fut pas exactement observée; il fut permis aux clercs, dans les ordres sacrés, de contracter mariage pendant les deux premières années qui suivoient leur ordination; mais après ces deux premières années, ils étoient obligés à un célibat perpétuel. L'empereur Léon, surnommé *le philosophe,* abolit cet usage, & rétablit l'ancienne discipline: *consuetudo quæ in presenti obtinet, iis quibus matrimonio conjungi in animo est, concedit ut, antequam uxorem duxerint, sacerdotes fieri possint, & deinde biennium ad perficiendam voluntatem jungi matrimonio præstituit. Id igitur, quia indecorum esse videmus, jubemus ut ad vetus ecclesiæ & antiquitatis traditum præscriptum de hinc creationes procedant. Constit. 3 imper. Léon.*

Aucune des loix anciennes ne prononce la nullité du mariage contracté par un clerc promu aux ordres sacrés, elles se contentent d'ordonner la déposition de l'ordre. C'est la disposition des Novelles 6, *chap. 5 & 22, chap. 42,* & du concile de Néocésarée, can. 35, *presbyter si uxorem acceperit, ab ordine deponatur: si verò fornicatus fuerit, aut adulterium perpetraverit, amplius pelli debet, & sub pœnitentiâ cogi:* d'après ce concile le mariage d'un prêtre est bien différent de la fornication & de l'adultère; ces deux derniers délits doivent être punis par la privation de communion, & par la pénitence publique, *amplius pelli debet & sub pœnitentiâ cogi,* & la déposition est la seule peine infligée au mariage qui subsistera dans son entier, *deponatur.*

L'église d'Occident, jusqu'au douzième siècle, considéra, sous le même point de vue, le mariage contracté depuis la promotion aux ordres sacrés. Le concile de Paris tenu en 829, ordonna l'exécution du canon de celui de Néocésarée, que l'on vient de rapporter. Celui d'Ausbourg de l'an 952, ne prononça non plus que la déposition des clercs qui se marieroient étant engagés dans les ordres sacrés. *Si quis episcoporum, præsbyterorum, diaconorum, subdiaconorum uxorem acceperit, à sibi injuncto officio deponendus est, sicut in concilio Carthaginensi tenetur.* Ces dernières expressions prouvent que la même discipline étoit observée dans l'église d'Afrique.

La collection des canons, publiée par Burchard, évêque de Wormes, qui a occupé ce siège depuis l'an 1008 jusqu'en 1026, ni celles d'Yves de Chartres, qui est à la fin du onzième ou du commencement du douzième siècle, ne renferment
aucune

aucune loi qui ait fait des ordres facrés un *empéchement dirimant* de mariage. Yves de Chartres, confulté par Galon, évêque de Paris, fur le mariage d'un de fes chanoines, lui répond que fi pareille chofe étoit arrivée dans fon diocèfe, il laifferoit fubfifter le mariage, & fe contenteroit de faire defcendre le coupable à un ordre inférieur.

Les chofes changèrent dans le douzième fiècle. Le premier concile de Latran & fur-tout le fecond, par le canon que nous avons rapporté en traitant du vœu folemnel de religion, déclarèrent abfolument nuls les mariages contractés par des clercs depuis leur promotion aux ordres facrés; & dès-lors les ordres devinrent un *empéchement dirimant*. Ce droit nouveau a été conftamment fuivi par les décrétales des papes qui fe trouvent dans le corps du droit canonique. Le concile de Trente a confirmé ces différentes loix, & prononcé anathême contre ceux qui foutiendroient que les perfonnes engagées dans les ordres facrés, peuvent contracter des mariages valides. *Si quis dixerit clericos in facris ordinibus conftitutos, vel regulares caftitatem folemniter profeffos poffe matrimonium contrahere, contraCtumCumque validum effe nonobftante lege ecclefiafticâ vel voto..... anathema fit.* Seff. 24, can. 9, *de reform. matrim.*

Les loix de l'églife qui ont déclaré les ordres facrés former un *empéchement dirimant*, ont été adoptées & confirmées en France par la puiffance féculière, au moins tacitement, & elles font fuivies dans tous nos tribunaux.

De tout ce qui vient d'être dit à ce fujet, il réfulte que l'efprit de l'églife a toujours été d'écarter fes principaux miniftres de l'état du mariage, & cependant que les ordres facrés ne font un *empéchement dirimant* que depuis le douzième fiècle; & il en réfulte encore que cet *empéchement* n'eft que de difcipline & de droit pofitif eccléfiaftique.

Tels font les fix *empéchemens dirimans* qui font regardés parmi nous comme abfolus. Il y en a quatre qui font compris dans les vers latins rapportés ci-deffus. *Votum, ordo, ligamen, fi forte coire nequibis.*

Empéchemens dirimans relatifs. On appelle ainfi les *empéchemens* qui rendent incapables deux perfonnes de fe marier enfemble, quoiqu'elles puiffent fe marier à d'autres. On en compte ordinairement neuf, dont nous allons rendre compte fucceffivement autant que la nature de cet ouvrage le permet.

1°. *La parenté naturelle.* Cet *empéchement* tient plus à la politique & aux mœurs qu'à la nature. En confidérant les hommes qui exiftent actuellement comme les defcendans d'un même père, & les différentes familles qui peuplent la terre comme des branches & des ramifications d'une famille primitive, il paroît évident que la parenté naturelle n'a pas pu être dans tous les tems un *empéchement de mariage.* Pour mieux rendre notre idée, fuppofons un homme & une femme jettés

dans une ifle déferte; ils peuvent devenir la tige d'une nation. Comment cela feroit-il poffible, fi leurs enfans ne pouvoient s'unir entre eux légitimement? Cette union, bien loin d'être illicite, feroit l'ouvrage de la pure nature. Quelle religion oferoit la condamner? Ce qui eft licite, permis, néceffaire même à toute fociété dans fon berceau, pourroit-il devenir une action prohibée par la nature, lorfque cette même fociété eft parvenue à un degré confidérable d'accroiffement & de population? Nous ne le penfons pas.

Nous fommes cependant bien éloignés de prétendre blâmer les loix qui ont défendu les mariages entre les parens à un certain degré. Nous reconnoiffons qu'elles ont été dictées par la prudence & la fageffe, & qu'elles ont même été néceffaires pour prévenir une foule d'abus & d'inconvéniens nuifibles au bonheur & à la tranquillité des grandes fociétés. Elles font le fruit de cette politique précieufe qui veille fans ceffe au plus grand bien des hommes, & que la religion a dû revêtir de toute fon autorité. Notre but eft donc uniquement ici d'établir que l'*empéchement* de parenté ne prend point fon origine dans la nature même, mais dans un droit pofitif qui ne peut être trop refpecté.

Quand nous difons que l'*empéchement* de parenté n'eft pas puifé dans la nature, nous ne prétendons point parler de la parenté en ligne directe. Tous les peuples fe font toujours accordés à regarder comme inceftueufe & abominable, l'union charnelle entre des parens de cette ligne. Nous n'entreprendrons point de prouver combien ce crime eft horrible, c'eft une de ces vérités qui eft plus de fentiment que de raifonnement.

On appelle *ligne de parenté*, la fuite des perfonnes par lefquelles la parenté eft formée entre deux parens: on en diftingue deux, la directe & la collatérale.

La directe eft la fuite des perfonnes qui defcendent de moi, ce qu'on appelle *ligne directe defcendante*, & celle des perfonnes de qui je defcends, ce qu'on nomme *ligne directe afcendante*. Dans la ligne directe defcendante, font le fils, le petit-fils, l'arrière-petit-fils, &c. Dans la ligne directe afcendante, font le père, l'aïeul, le bifaïeul, &c.

La ligne collatérale eft la fuite des perfonnes, par lefquelles l'un des parens eft defcendu de la fouche commune dont fon parent eft defcendu.

On appelle *degré de parenté*, la diftance qui fe trouve entre deux parens. Il n'y a qu'une feule manière de compter les degrés en ligne directe, on en compte autant qu'il y a de générations qui l'ont formée. Le père & le fils font au premier degré, parce qu'il n'y a qu'une génération qui forme la parenté. L'aïeul & le petit-fils font au fecond degré, le bifaïeul & l'arrière-petit-fils font au troifième degré, & ainfi de fuite. Il en eft de même dans la ligne afcendante.

Quant aux degrés en ligne collatérale, il y a

I i

deux manières de les compter, l'une selon le droit canonique & l'autre selon le droit civil. Cette différence qui n'auroit jamais dû exister, ne consiste que dans des mots. Selon le droit civil, il faut prendre toutes les générations qu'il y a, en montant depuis moi exclusivement jusqu'à la souche commune, & toutes celles qu'il y a en descendant depuis la souche commune jusqu'à mon parent inclusivement. Ainsi les frères sont au second degré, l'oncle & le neveu au troisième, les cousins-germains au quatrième, le grand-oncle & le petit-neveu au cinquième, les cousins issus de germain au sixième, &c.

Selon le droit canon, on ne compte pour déterminer les degrés que les générations de l'un des parens, jusqu'à la souche commune. Ainsi les frères sont au premier degré, les cousins-germains au second, les cousins issus de germain au troisième, & les petits cousins au quatrième. Dans ces exemples, la ligne de parenté est égale, c'est-à-dire, qu'il y a autant de générations de chaque côté pour remonter à la souche commune. Mais si la ligne est inégale, s'il y a plus de générations d'un côté que de l'autre, on compte les degrés par le nombre de générations du côté plus éloigné de la souche commune. Ainsi l'oncle & le neveu sont entre eux au second degré : le grand oncle & le petit-neveu sont au troisième. C'est ce qui est exprimé par cette règle : *in linea collaterali inæquali, quoto gradu remotior persona distat à communi stipite, tot gradibus distant cognati inter se.* Nous avons pris la plupart de ces définitions dans Pothier, *Traité du mariage* ; nous n'avons pas cru pouvoir en donner de plus claires.

On ne sait pas précisément quand cette manière de compter les degrés de parenté a commencé dans l'église, on croit communément que c'est du temps de S. Grégoire le grand. Quoi qu'il en soit, elle a causé beaucoup de contestations : ceux qui refuserent de l'adopter furent qualifiés d'hérétiques incestueux, & même excommuniés par le second concile Romain, tenu en 1065 au palais de S. Jean de Latran, sous Alexandre II. On eût évité ces querelles si on eût voulu seulement convenir des termes. Mais chacun tint à ses idées : la manière de compter les degrés de parenté, selon le droit civil, fut conservée pour régler l'ordre des successions collaterales & les autres affaires temporelles, & celle du droit canonique servit pour ce qui concerne les mariages. Tel est encore aujourd'hui l'état des choses : si vous en exceptez la province de Normandie, dans laquelle les degrés se comptent pour les successions, suivant le droit canonique ; car c'est ainsi qu'il faut entendre, d'après Basnage, l'art. 146 de la coutume, & 41 des placités.

La parenté en ligne directe, en quelque degré qu'elle soit, est toujours un *empêchement* dirimant. L'église & les princes n'ont jamais été divisés sur ce point. Il en est de même du premier degré en ligne collaterale, c'est la disposition précise du

Lévitique pour les Juifs. Les loix romaines défendoient aussi le mariage entre parens à ce degré, ainsi le frère & la sœur ne pouvoient le contracter valablement ; il en étoit de même de l'oncle & de la nièce, ou de la tante & du neveu, quoiqu'ils ne fussent qu'au second degré en collaterale. Il est vrai que l'empereur Claude fit révoquer en partie cette loi, pour pouvoir épouser Agrippine, fille de son frère Germanicus. Un prince despote peut bien changer les loix, mais il ne peut rien sur les opinions : la loi de Claude, ni son exemple, ne firent point revenir les Romains sur leurs anciennes idées. Ils ne suivirent ni l'une ni l'autre, *non repertis qui sequerentur exemplum*, dit Suétone. La loi de Claude fut abrogée par les empereurs Constance & Constant.

A l'égard des cousins-germains, qui se trouvent parens au second degré en collaterale, le mariage leur fut permis jusqu'à Théodose le Grand qui le défendit, sous peine du feu & de confiscation de biens. Jusqu'à cette époque on ne voit point que l'église ait porté aucune loi à ce sujet : elle suivoit celles de l'empire.

Arcade & Honorius, fils & successeurs de Théodose, confirmèrent en 396 la loi de leur père, mais abregèrent les peines qu'elle imposoit.

L'empire ayant été divisé, Arcade qui régnoit en Orient, rétablit l'ancien droit, & le mariage entre les cousins-germains fut de nouveau permis. Justinien l'approuva par la loi 19, *cod. de nupt.*

Honorius ayant laissé en Occident subsister la loi de Théodose, avec la modification qu'il y avoit apportée, les mariages entre cousins-germains continuèrent d'être défendus. Cet empereur se réserva cependant le droit de dispenser de cet *empêchement* ceux qu'il jugeroit à propos.

Les conquérans, ou pour mieux dire les destructeurs de l'empire Romain, laissèrent subsister la défense de se marier entre cousins-germains, même après qu'ils eurent embrassé la religion chrétienne. Depuis, cette défense fut étendue aux cousins issus de germain, & par succession de temps jusqu'au sixième & au septième degré. Enfin il y eut quelques conciles qui prohibèrent les mariages entre parens d'une manière illimitée.

Cependant il n'y eut point pendant long-temps de droit uniforme sur ce sujet important. On voit S. Grégoire le Grand permettre aux Anglois le mariage entre cousins-germains. La discipline varia dans les différens royaumes. Le concile de Douzi, tenu sous Charles le Chauve en 814, établit en France la défense de se marier entre parens jusqu'au septième degré, *propinquitatis conjugia ultra septimum gradum differenda.*

La défense illimitée ou même bornée au septième degré, de se marier entre parens, entraînoit après elle des inconvéniens considérables. Si des raisons puisées dans la saine politique & dans les bonnes mœurs, avoient fait établir la parenté comme un *empêchement* dirimant du mariage, ces raisons ne subfiftoient plus, lorfque les rejettons des familles étoient parvenus à une diftance confidérable de leur trônc. On ne voyoit que des mariages diffous, fous prétexte d'une parenté éloignée que l'on fuppofoit quelquefois, & que fouvent on avoit ignorée pendant de longues années. Les papes eux-mêmes abufèrent de la trop grande étendue de cet *empêchement*, pour fervir leur ambition, fe venger des princes & leur impofer le joug. Notre hiftoire ne nous fournit que trop de preuves de cette trifte vérité.

Cependant, il faut l'avouer, c'eft l'églife elle-même qui réprima ces abus. Les princes avoient ceffé d'être légiflateurs en cette partie, elle leur avoit fuccédé. Innocent III, dans le concile général de Latran tenu en 1215, borna la défenfe des mariages entre parens au quatrième degré : *prohibitio copulæ conjugalis, quartum confanguinitatis & affinitatis gradum, de cætero non excedat, quoniam in ulterioribus gradibus, jam non poteft abfque gravi difpendio generaliter obfervari*. Cette première raifon d'établir la loi eft très-puiffante. En eft-il de même de la feconde ? on la rapportera parce qu'elle fert à caractérifer le goût & la manière de raifonner du treizième fiècle : *quaternarius vero numerus bene congruit prohibitioni conjugii corporalis, de quo dicit apoftolus, quod vir non habet poteftatem fui corporis, fed mulier; nec mulier habet poteftatem fui corporis, fed vir, quia quatuor funt humores in corpore qui conftant ex quatuor elementis*.

La décifion du concile de Latran, qui a fixé au quatrième degré incluſivement la défenfe du mariage entre parens, a toujours été obfervée en France, & l'eft aujourd'hui dans l'églife latine. Il en eft de même de celle de Grégoire IX, felon laquelle le mariage eft permis entre parens, dont l'un eft au quatrième degré, & l'autre au cinquième. Elle eft fondée fur le principe déjà rapporté que, dans la ligne collatérale inégale, le degré de parenté doit être fixé & compté par le nombre de générations qu'il y a depuis leur fouche commune, jufqu'à celui des deux parens qui en eft le plus éloigné. Ainfi un coufin au quatre, au trois & même au deuxième degré, peut époufer fa coufine au cinquième, *poteft quis ducere uxorem, proneptem confobrini fui*.

Ce principe doit-il être appliqué aux oncles & aux petites-nièces, aux tantes & aux petits-neveux ? Peut-on époufer une fille de la defcendance de fon frère, quoiqu'elle foit au cinquième degré de la fouche commune, & *vice verfâ*? Covarruvias & l'auteur des Conférences de Paris, font pour l'affirmative. Pothier ne fe rend pas à cet avis : fon principal motif eft de dire, que ce n'eft pas feulement le degré de parenté qu'il faut confulter, mais la relation qui exifte entre les grands-oncles & les petites-nièces, les grandes-tantes & les petits-neveux, *loco parentum habentur*; & il femble attribuer à cette relation de paternité fictive en collatérale, les mêmes effets qu'à celle qui exifte réellement en

ligne directe. Nous n'oferons pas prendre fur nous de décider la queftion. Elle doit d'ailleurs fe préfenter rarement, & ces fortes de mariages en général ne font guère favorables, fur-tout ceux des grandes-tantes avec leurs petits-neveux.

Pour que la parenté produife un *empêchement* dirimant du mariage, il n'eft pas néceffaire qu'elle provienne d'unions légitimes. On ne confidère, à cet égard, que la proximité du fang; & dans cette occafion la loi reconnoît dans les familles, les bâtards qu'elle en rejette dans tant d'autres : *nihil intereft ex juftis nuptiis cognatio defcendat, an vero non : nam & vulgo quæfitam quis vetatur uxorem ducere, l. 24, ff. de rit. nupt.*

2°. *La parenté civile*. On ne rappelle ici cet *empêchement* que pour ne rien omettre. Il n'a plus lieu depuis que l'ufage de l'adoption a ceffé; c'étoit l'unique moyen de fe créer une parenté civile.

3°. *L'affinité naturelle*. On entend par affinité ce qu'on entend plus communément par alliance : c'eft le rapport qu'il y a entre un des conjoints & les parens de l'autre conjoint.

Quoiqu'il n'y ait pas de fouche commune entre les alliés pour diftinguer les degrés de leur affinité, on ne laiffe pas de les mettre dans la même ligne, & au même degré qu'eft leur parenté avec l'autre conjoint. Ainfi, par imitation de la parenté, on diftingue l'affinité en directe & en collatérale.

Le mariage eft la fource de l'affinité naturelle; dans le droit civil, elle s'établit par la feule célébration; dans le droit canonique elle ne devient un *empêchement* que par la confommation.

Il eft peu de matière fur laquelle l'efprit des théologiens & des canoniftes fe foit plus exercé, ils étoient venu à bout de créer trois efpèces d'affinité naturelle qui donnoient lieu à une foule de queftions qui font inutiles aujourd'hui, & qui font traitées fort au long dans Pothier fur le mariage.

L'affinité en ligne directe a toujours été un *empêchement* dirimant. Quiconque violoit cette loi étoit puni de mort chez les Juifs : *qui dormierit cum novercâ fuâ & revelaverit ignominiam patris fui, morte moriatur..... Si quis dormierit cum nuru fuâ, uterque moriatur*.

Les loix romaines prohiboient également ces fortes de mariages. Mais elle n'avoient point défendu ceux entre les perfonnes qui ne fe touchoient d'affinité que dans la ligne collatérale, jufqu'à l'empereur Conftance, qui interdit, comme inceftueux, le mariage avec la veuve de fon frère, ou avec la fœur de fa défunte femme. L'églife n'avoit pas attendu cette loi pour le confidérer du même œil.

La difcipline eccléfiaftique a varié fur l'*empêchement* de l'affinité, comme fur celui de la parenté. On les a toujours fait marcher de front. Le concile de Latran ayant borné au quatrième degré la défenfe des mariages pour caufe de parenté, l'a bornée au même degré pour caufe d'affinité. C'eft ce qui eft aujourd'hui généralement obfervé.

On n'admet plus, depuis le concile de Latran que

l'affinité qui fe trouve entre un des conjoints, & les parens de l'autre conjoint. L'affinité, comme autrefois, n'engendre point feule d'autre affinité. Ainfi la fœur de ma belle-fœur n'eft pas mon alliée, fon frere n'eft pas non plus l'allié de ma fœur.

Outre l'affinité qui naît d'un mariage valablement contracté, il en eft un autre qui réfulte d'un commerce charnel illicite. On lui donnoit autrefois la même étendue qu'à l'affinité conjugale. Mais le concile de Trente l'a reftreinte au fecond degré inclufivement. Il y a fur cette feconde efpece d'affinité, une foule de queftions qui concernent plutôt le for intérieur & la théologie, que la jurifprudence. *Voyez au Dictionnaire de théologie, l'article* AFFINITÉ.

4°. *L'affinité fpirituelle*. Cet empéchement a été établi par l'églife feule. L'affinité fpirituelle eft celle qui fe forme par le facrement de baptême, entre la perfonne baptifée, le parrain ou la marraine, & la perfonne qui a conféré le facrement. Elle fe contracte encore par la perfonne qui a baptifé, par le parrain & la marraine, avec le pere & la mere de la perfonne baptifée. Cet empéchement n'eft fondé que fur des raifons myftiques & fpirituelles. La confirmation le produifoit auffi dans le temps où l'on donnoit un parrain & une marraine à la perfonne qui recevoit ce facrement.

Cet empéchement s'étendoit autrefois fort loin, par exemple, aux enfans du parrain & de la marraine, ainfi qu'au parrain & à la marraine qui contractoient eux-mêmes une alliance fpirituelle. Le concile de Trente a mis les chofes dans l'état où elles font aujourd'hui. *Voyez encore le Dictionnaire de théologie.*

5°. *L'honnêteté publique*. Cet empéchement prend fa fource dans les fiançailles ou promeffes de fe marier, & dans le mariage célébré. On a cru que la décence & l'honnêteté publique ne pouvoient permettre qu'on époufât les parens de la perfonne avec laquelle on avoit été fiancé, ou avec laquelle le mariage avoit été célébré, & non confommé.

Il y a cependant une différence entre l'empéchement qui réfulte des fiançailles, & celui qui réfulte du mariage non confommé. Le premier s'étend fur tous les parens en ligne directe de la perfonne fiancée. Ainfi, quoique les fiançailles n'aient point été fuivies du mariage avec la veuve à laquelle je fuis fiancé, je ne puis époufer ni fa fille, ni fa petite-fille, ni aucune autre fille defcendant d'elle en ligne directe. Il en étoit de même autrefois en ligne collatérale, & la prohibition s'étendoit auffi loin que celle pour caufe d'affinité. Mais le concile de Trente l'a reftreinte au premier degré. *Voyez* FIANÇAILLES.

L'empéchement, produit par le mariage non-confommé, s'étend à tous les parens de la ligne directe, & en collatérale jufqu'au quatrieme degré, comme la parenté & l'affinité naturelle. Le concile de Trente n'a pas cru devoir, à ce fujet, changer l'ancienne difcipline, ainfi qu'il l'a fait pour les fiançailles.

Cet empéchement, de même que celui de l'affinité, fe contracte entre l'une des parties, & les parens de l'autre partie, fans confidérer fi leur parenté provient d'une union légitime ou non.

6°. *Le rapt & la féduction*. Quiconque avoit autrefois ravi une femme, devoit perdre tout efpoir de jamais l'époufer, foit qu'il l'eût rendue à elle-même, foit qu'il la gardât en fa puiffance. C'eft la difpofition formelle des loix de Juftinien, des capitulaires de Charlemagne, & du concile de Paris tenu en 850.

Innocent III crut devoir tempérer la févérité de ces loix. Il permit, à la perfonne ravie, d'époufer fon raviffeur, pourvu qu'elle s'y déterminât librement. Pour qu'il ne pût refter aucun doute fur la liberté de ce confentement, le concile de Trente exige, comme un préalable indifpenfable, que la perfonne ravie ait ceffé d'être au pouvoir du raviffeur. L'article 5 de l'ordonnance de 1639 a adopté cette difpofition du concile, « déclarons nuls les » mariages faits avec ceux qui ont ravi des veuves » ou des filles, de quelque âge ou condition qu'elles » foient, fans que par le temps où le confentement » des perfonnes ravies, de leurs pere, mere, » tuteurs, ils puiffent être confirmés, *tandis que* » *les perfonnes ravies font en la puiffance du ravif-* » *feur* ». On fent que cet empéchement tient à l'ordre public, & a pour objet la fûreté & l'honneur des familles.

A l'égard de la fimple féduction fans violence, elle forme, felon le droit françois, un empéchement dirimant pour ceux qui font en minorité, & qui fe marient fans le confentement de leur pere, mere, tuteur ou curateur; dès-lors cet empéchement a beaucoup de rapport avec celui qui naît du défaut de confentement de ceux defquels dépendent les parties contractantes, & dont nous parlerons dans un inftant.

La féduction entre majeurs eft, moralement parlant, un être de raifon, auffi ne la regarde-t-on pas comme un empéchement dirimant. Si elle étoit démontrée, l'empéchement, qui en proviendroit, prendroit fa fource dans le défaut de liberté de celui des deux conjoints qui auroit été féduit.

7°. *L'adultere*. Il a été mis par les loix canoniques comme par les loix romaines, au nombre des empéchemens dirimans entre les deux perfonnes qui l'ont commis, foit qu'il foit fecret, foit qu'il foit public. Il faut encore que l'adultere & la promeffe de s'époufer concourent enfemble : les théologiens ajoutent beaucoup d'autres conditions qui ne peuvent guere être du reffort des loix, puifque la plupart tiennent à l'intention & aux vues particulieres des deux coupables. Si l'adultere feul eft fi difficile à prouver légalement, comment fe procurer toutes les preuves des conditions exigées, pour qu'il devienne un empéchement dirimant? La confcience eft l'unique tribunal qui puiffe prononcer dans ces circonftances. *Voyez le Dictionnaire de Théologie.*

8°. *Le meurtre*. Il n'eft pas fans doute étonnant

que l'on ait défendu le mariage, entre celui qui a commis un meurtre, & le conjoint qui survit à celui qui a été tué. Une pareille union répugne à la nature, & contrarie trop l'ordre public. Cependant il faut, dit-on, l'une des deux conditions suivantes, pour que le meurtre produise un *empêchement* dirimant: ou qu'il ait été fait avec la participation du conjoint survivant, avec intention d'épouser le meurtrier: ou que le meurtrier soit l'adultère de l'autre conjoint, quoiqu'il n'y ait pas promesse d'épouser. Il faut, ajoute-t-on, que dans l'un ou l'autre cas le meurtre ait été consommé.

9°. *La diversité de religion.* Avant que le contrat civil & le sacrement eussent été réunis & jugés nécessaires pour rendre l'union conjugale valable, même aux yeux de la société, la diversité de religion ne formoit point un *empêchement* dirimant. Elle ne l'a pas même formé depuis. L'église n'a cependant jamais approuvé les mariages des chrétiens avec les infidèles, sur-tout lorsque la foi du conjoint chrétien pouvoit courir risque de faire naufrage. Mais en les blâmant elle n'a porté aucune loi dans les dix premiers siècles, qui les ait déclarés absolument nuls. Plusieurs conciles particuliers les ont jugés illicites, mais aucun n'a point prononcé l'invalidité. Ils se sont bornés à y infliger des peines canoniques. Il faut ne pas perdre de vue que dans ces premiers temps on ne connoissoit d'autres *empêchemens* dirimans du mariage, que ceux établis par les loix divines, ou par les loix des princes.

Cependant il paroît que l'on distinguoit les juifs des payens, & que les mariages des chrétiens avec les premiers, étoient traités plus sévèrement que ceux contractés avec les seconds. C'est ce qu'on peut conclure des loix des empereurs Valentinien, Théodose & Arcade: mais Justinien ne les ayant point insérées dans son code, son silence prouve qu'elles n'étoient point observées.

L'église avoit défendu d'une manière plus particulière le mariage des enfans de ses ministres avec les infidèles, & celui des chrétiens avec les prêtres des faux dieux; mais cette défense, ne formoit point un *empêchement* dirimant général.

Ce qu'on vient de dire sur les mariages contractés avec les infidèles, doit s'appliquer à ceux des catholiques avec les hérétiques. La plus ancienne loi & même la seule qui ait prononcé la nullité des mariages des catholiques, avec les hérétiques en général, & de quelque secte qu'ils fussent, c'est le 72e. canon du concile tenu à Constantinople en 698, & appellé *in trullo* ou *quini-sextum:* mais ce concile n'ayant point été reçu dans l'église Latine, elle a conservé son ancienne discipline. On a seulement continué d'y regarder le mariage des fidèles avec les hérétiques comme dangereux, & en cela mauvais, même comme défendus: « je ne connois, dit » Pothier, aucune loi séculiere en France, ni » aucun canon qui les ait déclarés nuls, avant l'édit » de Louis XIV, du mois de novembre 1680 ». Celui portant révocation de l'édit de Nantes, en

a prononcé la nullité d'une manière encore plus formelle. Depuis ce temps on ne connoît plus en France qu'une seule religion, qui est la catholique. On n'y reconnoît d'autres mariages que ceux célébrés en face de l'église: mais lorsqu'ils ont été revêtus de cette cérémonie sainte, on ne peut pas les attaquer sous prétexte que l'un des conjoints n'est pas réellement catholique. Un acte d'exercice de catholicisme aussi solemnel que la bénédiction nuptiale, forme aux yeux de la loi une présomption que rien ne peut détruire.

Quant aux mariages des protestans, formés sans l'intervention de l'église, quoique valables comme contrats naturels, ils ne le sont point comme contrats civils rendus parfaits par le sacrement. Nos loix ne supposent pas même qu'il puisse y en avoir de semblables: en cela il faut convenir que le droit est contradictoire avec le fait. Pour sauver cette contradiction, & éviter les inconvéniens qui résulteroient de la nullité d'une foule de mariages contractés hors de l'église, il s'est introduit une jurisprudence qui est la preuve bien évidente de la nécessité d'une réforme dans nos loix. Toutes les fois que le mariage de deux protestans est attaqué par des collatéraux après le décès d'un des conjoints, & qu'on conteste la légitimité, & la faculté de succéder aux enfans qui en sont nés, nos tribunaux n'exigent point le rapport de l'acte de célébration du mariage, on le présume perdu. La possession d'état des deux conjoints le supplée. On suppose qu'ils ont été valablement mariés, puisqu'ils ont vécu ensemble, & publiquement comme tels, pendant de longues années, & l'on déclare les collatéraux non recevables dans leurs demandes. *Voyez* MARIAGE *des protestans & des infidèles.*

Tels sont les neuf *empêchemens* relatifs qui rendent les mariages nuls. Il en est quatre autres que les auteurs rangent dans la classe des *empêchemens* dirimans de formalités; nous allons en parler autant que la nature & l'ordre de cet ouvrage le permettent.

Empêchemens dirimans de formalités. Le premier est le défaut de consentement des parties contractantes; le second, le défaut de consentement de la part des personnes auxquelles les parties contractantes sont soumises; le troisième, le défaut de publication de bancs; & le quatrième, le défaut de compétence dans le ministre de l'église qui célèbre le mariage.

1°. *Du consentement des parties contractantes.* Il est assez singulier que les auteurs aient mis parmi les *empêchemens* du mariage qui, disent-ils, naissent du défaut de formalités, le défaut de consentement des parties contractantes. Peut-on regarder comme une formalité ce qui constitue dans le mariage l'engagement que les deux conjoints contractent?

Quoiqu'il en soit, l'erreur, la contrainte & la séduction, sont ce qu'il y a de plus opposé au consentement nécessaire pour la validité du mariage.

Qui errat consentire non videtur. Cependant il n'y a que l'erreur qui tombe sur la personne même qui puisse invalider le mariage. Celle qui n'a pour objet que l'état & les qualités personnelles ne le vicie point. L'erreur de la personne même, est substantielle au mariage ; celle de l'état & des qualités ne lui est qu'accidentelle ; la première, se couvre par un consentement tacite, donné lorsqu'elle a été reconnue, & le mariage se trouve réhabilité sans qu'il soit besoin d'une nouvelle bénédiction ; la seconde ne l'infirme dans aucun cas. L'erreur qui porteroit sur le nom, ne seroit d'aucune considération, lorsque la personne est d'ailleurs certaine, *nil facit error nominis, cum de personâ constat.*

Il y avoit cependant une exception à la règle générale, que l'erreur sur l'état n'invalide point le mariage. Lorsqu'on avoit épousé une personne esclave, la croyant libre ; les loix romaines, comme les loix canoniques, déclaroient nuls ces sortes de mariage. Cet *empêchement* n'a plus dû avoir lieu parmi nous, depuis qu'on n'y connoît plus l'esclavage.

Il y a plus de difficulté, à l'égard de l'erreur, sur l'état civil d'une personne, comme si une femme épousoit un homme qu'elle croyoit jouir de son état civil, & qui est mort civilement, par un jugement qui l'a condamné au bannissement ou aux galères à perpétuité. Cette erreur présente beaucoup d'analogie, avec l'erreur sur la condition de servitude. Mais il n'y a ni loi, ni canon qui la mette au nombre des *empêchemens* dirimans. On trouve des arrêts qui ont jugé valables des mariages contractés avec des personnes dont on ignoroit le bannissement. L'auteur des Conférences de Paris, *tom.* 2, cite une sentence de l'official de Paris, qui déboute une femme de sa demande en cassation du mariage contracté par elle, avec un condamné aux galères perpétuelles qui s'en étoit sauvé, & dont elle ignoroit l'état. Un arrêt de 1700 déclara nul celui qu'elle s'étoit permis avec un autre, du vivant du galérien.

Quant à la violence, il n'est pas étonnant qu'elle vicie le consentement que quelqu'un donne à son mariage, puisque ce consentement doit être libre. Mais toute espèce de violence ne produit pas cet effet : il faut que la crainte qui détermine dans ce cas, soit capable d'ébranler un esprit ferme : *si talis metus inveniatur illatus qui potuit cadere in constantem virum.* Il faut que la violence soit *vis atrox & contra bonos mores ;* elle n'est point atrox lorsqu'elle ne présente point un péril, ou un mal considérable & imminent : ainsi la crainte de déplaire à son père, ou à toute autre personne de qui l'on dépend, n'empêche point un mariage d'être valablement contracté. Elle n'est point *contra bonos mores,* lorsqu'elle n'est point injuste, c'est-à-dire, lorsqu'on ne consent à épouser une personne que pour se soustraire à une peine justement méritée. Un décret de prise-de-corps obtenu par une

fille, qui auroit été séduite & abusée, ne seroit point une raison de déclarer nul le mariage auquel le séducteur auroit consenti pour éviter les suites du décret.

Si la contrainte réunit ces deux caractères, si elle est tout à la fois *atrox & adversùs bonos mores,* celui qui a éprouvé une pareille violence, est admis à se pourvoir contre son mariage, quoiqu'il se soit écoulé un certain temps depuis qu'il a été contracté, & quoiqu'il y ait des enfans qui en soient nés. C'est l'espèce d'un arrêt rapporté par Sœfve & rendu en 1651. Le mariage existoit depuis trois ans, il y avoit des enfans. La femme prouva la contrainte attoce & injuste, & le mariage fut déclaré nul.

La séduction n'est pas moins contraire à la liberté que la violence. *Voyez* ce qu'on en a dit ci-dessus.

2°. *Du consentement de ceux dont dépendent les parties contractantes.* Le seul consentement des parties contractantes, ne suffit pas parmi nous pour valider un mariage. On exige encore des personnes dont elles dépendent : ce sont ordinairement les pères & mères, les tuteurs ou curateurs. *Voyez* ce qui sera dit à l'article *Mariage des fils de famille.*

Les esclaves étant sous la dépendance de leurs maîtres, ne peuvent se marier sans leur consentement. Les anciennes loix promulguées, à ce sujet, par les deux puissances, ne sont plus applicables qu'aux nègres de nos colonies ; on peut consulter à ce sujet le code noir, & particuliérement l'édit du mois de mars 1685.

Suivant un ancien usage pratiqué dans le royaume, les princes du sang ne peuvent se marier sans le consentement du roi. L'assemblée du clergé de France tenue en 1635, déclara que le défaut de ce consentement rendoit leur mariage nul. M. l'avocat général Bignon établit les mêmes principes, lorsqu'il interjetta appel comme d'abus, du mariage de Gaston, duc d'Orléans, frère de Louis XIII, avec la princesse Marguerite de Lorraine, auquel le roi n'avoit point consenti. L'arrêt qui intervint sur les conclusions de ce magistrat, déclara qu'il y avoit abus dans le mariage. Le prince après avoir obtenu la permission du roi, reçut de nouveau la bénédiction nuptiale à Meudon, au mois de mai 1647, des mains de M. l'archevêque de Paris.

3°. *La publication du mariage.* Voyez BANCS de mariage.

4°. *Défaut de compétence dans le ministre qui célèbre le mariage.* V. BÉNÉDICTION nuptiale & MARIAGE clandestin. On voit par les détails dans lesquels nous venons d'entrer, que l'on admet parmi nous des *empêchemens* dirimans, qui ne sont pas renfermés dans l'énumération qu'en font les canonistes dans les vers latins ci-dessus rapportés.

Empêchemens prohibitifs, Ce sont ceux qui, comme nous l'avons déjà dit, rendent le mariage illicite, sans le rendre nul. Les canonistes & les théologiens les renferment dans les trois vers suivans :

Ecclefiæ vetitum, nec non tempus feriatum,
Atque catechifmus, fponfalia, jungite votum,
Impediunt fieri, permittunt facta teneri.

Tous ces *empêchemens* ont été établis par l'églife.

Ecclefiæ vetitum. C'eft la défenfe d'un juge eccléfiaftique de procéder à la célébration du mariage,
jufqu'à l'exécution de certaines conditions jugées
néceffaires pour le rendre licite: ces défenfes font
rares; elles n'obligent que dans le for intérieur.

Tempus feriatum. C'eft le temps que l'églife confacre plus particuliérement au jeûne & à la prière,
& pendant lequel elle veut que les fidèles s'abf-
tiennent de fe marier. Ce temps eft aujourd'hui,
depuis le premier dimanche de l'avent, jufqu'au
jour de l'épiphanie; & depuis le mercredi des cendres, jufqu'au dimanche de *quafimodo*, ou de l'octave
de pâques.

Catechifmus. On entend par-là l'obligation où
font les fidèles, d'être inftruits des principes de la
religion, & particuliérement des devoirs & des obligations du mariage.

Sponfalia. Voyez FIANÇAILLES.

Votum. Il ne s'agit ici que du vœu fimple, & non
pas du vœu folemnel dont nous avons parlé ci-deffus.
Voyez VŒU.

Outre ces *empêchemens* prohibitifs eccléfiaftiques,
il en eft de civils; il eft difficile d'en déterminer le nombre & l'efpèce. Ils confiftent ordinairement
dans des oppofitions au mariage, fignifiées à la
requête des perfonnes qui ont intérêt à ce qu'il
ne fe contracte point. *Voyez* OPPOSITION *& MA-
RIAGE.*

Difpenfes des empêchemens de mariage. Une difpenfe
de mariage, eft une permiffion qui détruit
l'obftacle qui empêchoit deux perfonnes de fe marier enfemble. Nous verrons d'abord de quels *empêchemens* on peut obtenir difpenfe, enfuite quels
font ceux qui peuvent les accorder.

1°. *Quels font les empêchemens dont on peut obtenir
difpenfe.* Il eft évident qu'on ne peut être difpenfé
des *empêchemens* qui ont leur fondement dans la
nature même du droit naturel ou divin, ou dans l'honnêteté publique.

D'après ce principe inconteftable, on ne peut
obtenir difpenfe des quatre premiers *empêchemens*
abfolus; favoir, le défaut de raifon, le défaut de
puberté, l'impuiffance, & l'engagement d'un mariage fubfiftant. Quant aux deux autres de cette
même claffe, les ordres facrés & la profeffion religieufe, ils ne font que de droit pofitif. On n'accorde
point ordinairement difpenfe du premier, à
moins que ce ne foit à des princes, & que le bien
d'un royaume ou d'un état ne l'exige. Quelquefois
des particuliers en obtiennent, lorfqu'ils n'ont été
promus qu'au fous-diaconat, & fur-tout lorfqu'ils
prouvent qu'ils ont été contraints. Dans ce dernier
cas, c'eft moins une difpenfe qu'une déclaration,
que la promeffe tacite de garder la continence
renfermée dans la réception de cet ordre, eft
nulle.

Mais la difpenfe de l'*empêchement* de la profeffion
religieufe ne s'accorde jamais; elle feroit au-deffus
de la puiffance du pape, parce que le religieux étant
mort civilement au monde, il ne dépend pas du
pape de lui rendre l'état civil qu'il a perdu. Un jugement qui déclareroit fes vœux nuls, eft feul capable de le réhabiliter à l'effet de pouvoir contracter
un mariage valide.

Parmi les neuf *empêchemens* relatifs, il en eft pour
lefquels on accorde des difpenfes. Celui de la parenté en ligne-directe étant de droit naturel & général, on ne peut lever l'obftacle qu'il oppofe au mariage.
En ligne collatérale, le premier degré eft à-peu-près
dans le même cas, où n'a encore vu perfonne qui
ait tenté d'époufer fa fœur. Mais on difpenfe pour
les autres degrés; plus ils font éloignés, moins il
y a de difficulté. Cependant le mariage de la tante
avec le neveu eft toujours prohibé: on ne confidère pas de même celui de l'oncle avec la nièce.
L'hiftoire nous offre plufieurs exemples de difpenfes
dans ce cas, accordées à des princes. Nous en
avons un récent fous les yeux, celui de la reine
regnante de Portugal. Les particuliers ou fimples
bourgeois, en obtiennent également.

L'affinité en ligne directe produit un *empêchement*
dont on ne difpenfe pas plus que de celui de la parenté dans la même ligne. En collatérale au premier
degré, la difpenfe s'accorde difficilement. On cite
cependant Henri VIII, roi d'Angleterre, & Cafimir,
roi de Pologne, qui ont époufé les veuves de leurs
frères. Quant aux autres degrés dans la même ligne,
ils fouffrent moins de difficulté. On connoît des
difpenfes accordées à un particulier pour époufer
fucceffivement les deux fœurs. Un arrêt du parlement de Touloufe de 1609, a confirmé le mariage
d'un neveu avec la veuve de fon oncle paternel,
contracté en vertu d'une difpenfe. On en accorde
facilement pour la parenté fpirituelle. L'*empêchement*
qui naît de l'honnêteté publique, c'eft-à-dire, des
fiançailles ou du mariage non confommé, fubfifte
toujours dans toute fa force en ligne directe. On
ne peut jamais époufer la fille ou la mère de celle
que l'on a fiancée, ou avec laquelle le mariage a été
célébré, quoiqu'il n'ait pas été enfuite confommé.
Il n'en eft pas de même pour la ligne collatérale:
l'honnêteté publique n'eft alors que de droit arbitraire, & l'*empêchement* qui en naît eft, par conféquent, fufceptible de difpenfe.

Une difpenfe accordée à un ravitffeur pour époufer
la femme qu'il a enlevée, pendant qu'il la retient
en fa puiffance, autoriferoit un crime; elle feroit
donc contre les bonnes mœurs; elle feroit donc
abufive & nulle.

L'*empêchement* provenant de l'adultère & du meurtre, n'eft pas plus fufceptible de difpenfe. Si cependant les parties malgré ces obftacles avoient procédé au mariage, & vivoient enfemble comme
époux, on ne leur refuferoit point à Rome une
difpenfe qui s'expédieroit à la pénitencerie. La raifon
puiffante d'éviter le fcandale, & de ne point mani-

feſter un crime qui eſt reſté inconnu, a déterminé l'églife à fe conduire ainfi dans ces fortes d'occafions.

Quant à l'*empêchement* qui réfulte en France de l'édit de 1680, & de la révocation de celui de Nantes, comme c'eſt le prince qui l'a feul établi, lui feul peut en accorder la difpenſe.

Pour les *empêchemens* de formalités, voyez les articles que nous avons indiqué. S'il y a tant d'*empêchemens* dirimans dont on peut difpenſer, à plus forte raifon, le peut-on de tous ceux qui ne font que prohibitifs.

Ce que nous avons dit fur la difpenſe de l'*empêchement* du meurtre & de l'adultère, prouve que l'églife met une grande différence, entre celles qui s'accordent avant la célébration du mariage, & celles qui ne font demandées qu'après la célébration. Les premières font plus difficiles à obtenir, parce qu'elles font, à proprement parler, une permiſſion d'enfreindre la loi. Les fecondes le font moins; elles tolèrent feulement une infraction déjà commife, parce qu'il réfulteroit de leur refus un plus grand mal; ce feroit la diſſolution du mariage qui entraîne toujours après elle & du fcandale, & des inconvéniens graves.

Quels font ceux qui peuvent accorder les difpenſes des empêchemens de mariage? Il eſt naturel que ceux qui ont établi les *empêchemens* de mariage puiſſent en difpenſer. De-là il réfulte que le prince & l'églife peuvent accorder des difpenſes, puifque l'un & l'autre en ont établi. Il eſt certain que les princes ont ufé de ce pouvoir fans aucune réclamation de la part du clergé. Nous voyons des loix des premiers empereurs chrétiens, qui ordonnent de recourir à eux pour obtenir la permiſſion de contracter des mariages qu'ils avoient défendus. D'un autre côté, on ne peut non plus refufer à l'églife le pouvoir de difpenſer des *empêchemens* qu'elle a établis.

Cependant l'églife eſt dans l'ufage de difpenſer feule de prefque tous les *empêchemens*, même de ceux établis primitivement par les princes. On s'eſt accoutumé à les regarder comme de difcipline eccléfiaſtique. Les peuples conquérans des provinces de l'empire Romain, ne s'y font foumis que parce qu'ils étoient devenus des loix de l'églife. Quoiqu'il n'y ait eu, de la part des princes, aucune réclamation fur cet ufage, ils font cependant les maîtres de faire revivre leurs droits quand ils le jugeront à propos, & ils peuvent ordonner qu'aucune difpenſe, obtenue de la puiſſance eccléfiaſtique, ne foit valable qu'autant qu'elle feroit approuvée par eux: la raifon en eſt fimple, c'eſt que les loix de l'églife, fur les *empêchemens* de mariage, étant devenues des loix de l'état, du moment qu'elles y ont été reçues, on ne peut plus y déroger que du confentement du chef fuprême de l'état. Ainfi point de difficulté: le prince & l'églife peuvent, chacun dans ce qui les concerne, accorder des difpenſes des *empêchemens* de mariage: mais l'églife

ne le peut pas feule, il faut au moins le confentement tacite du prince. Telle eſt à ce fujet la pofition actuelle des chofes en France.

Quels font les fupérieurs eccléfiaſtiques auxquels il faut s'adreſſer pour obtenir les difpenſes des empêchemens de mariage? Le concile de Trente dit en termes généraux, qu'elles doivent être accordées par ceux à qui il appartient de les accorder: *à quibufcumque ad quos difpenſatio pertinebit erit præſtandum*: ce n'eſt rien décider. Dès le temps du concile, le pape étoit en poſſeſſion de les accorder, même excluſivement aux évêques, & il s'y eſt confervé jufqu'à préſent, à l'exception cependant des états héréditaires de la maifon d'Autriche, pour lefquels l'empereur actuel vient de faire plufieurs réformes, dont quelques-unes portent fur les difpenſes de mariage.

Nous avons en France des diocèfes dans lefquels les évêques difpenfent des *empêchemens* de parenté & d'affinité aux troifième & quatrième degrés; tels font les diocèfes de Paris, Châlons-fur-Marne, tous ceux des provinces de Guienne & de Languedoc, & plufieurs autres. On peut dire que ces évêques réuniſſent en leur faveur le droit & la poſſeſſion.

Quant au droit, il ne peut être contefté aux évêques; chacun d'eux eſt, dans fon diocèfe, le juge naturel de l'étendue que doivent avoir les canons, & des cas dans lefquels ils peuvent fouffrir des exceptions. C'eſt un droit de l'épifcopat qui dérive de fa fource même, c'eſt-à-dire, du divin auteur de la religion; droit par conféquent imprefcriptible, & auquel rien n'a pu donner atteinte. On ne connoît aucun canon qui l'ait reftreint ou lié; & fi les papes font parvenus à en fufpendre l'exercice dans la plupart des diocèfes de la chrétienté, c'eſt une ufurpation que le confentement tacite des évêques n'a pu légitimer. La longue poſſeſſion alléguée par les partifans de la cour de Rome eſt infuffifante: elle pourroit tout au plus donner au pape le droit de concourir avec les évêques, mais non pas celui de les dépouiller de ce qui eſt effentiel au caractère épifcopal. Ce feroit fans doute une révolution heureufe pour l'églife comme pour l'état, que l'ancien ordre fût rétabli: on ne feroit plus obligé de s'adreſſer, à grands frais, à un fupérieur étranger pour obtenir des difpenſes d'où dépendent fouvent l'honneur, la tranquillité, & la confervation des familles. Les évêques étant plus à portée de juger des motifs exprimés dans les fuppliques, les difpenfes feroient moins fujettes à l'obreption & à la fubreption; elles ne feroient pas plus fréquentes, parce que les citoyens riches n'éprouvent aucun obftacle à Rome; & que les pauvres peuvent s'adreſſer à leur évêque. Cette dernière circonftance fur-tout fait naître une réflexion bien frappante. Pourquoi les évêques pouvant accorder aux pauvres les difpenfes dont ils ont befoin, ne peuvent-ils pas les accorder indifféremment à tous les fidèles? Dira-t-on que la faveur des pauvres eſt la caufe de l'exception à la règle? Mais il faudroit commencer par établir fur quoi eſt fondée cette prétendue

prétendue règle générale ; autrement c'est suppofer ce qui eft en queftion ; & quand on voit le concile de Trente ne pas la décider, dans la crainte de déplaire à la cour de Rome, n'eft-on pas tenté de croire que les Italiens auroient laiffé prononcer en faveur des évêques, fi aucun de ceux, qui fe trouvent dans la néceffité de demander des difpenfes, n'étoit en état de les acheter ? *Voyez* EVÊQUES, VICAIRES GÉNÉRAUX.

Si la majeure partie des évêques n'accorde point de difpenfe des *empéchemens* de mariage ; s'il n'en eft qu'un petit nombre qui en accorde pour certains *empéchemens*, ce n'eft en vertu d'aucune loi émanée de l'églife généralement affemblée ; la poffeffion eft le feul titre du pape ; ce titre eft bien foible, & ne pourroit réfifter aux juftes réclamations du corps épifcopal foutenu de l'autorité du prince. Il ne nous appartient pas de prévoir à quelle époque cette réclamation fera unanime, & produira l'effet qu'on doit en attendre. Les lumières que la critique & le raifonnement ont répandues depuis plufieurs années fur cette matière importante, font efpérer que cette révolution dans la difcipline eccléfiaftique n'eft pas éloignée, fur-tout la faine politique étant ici d'accord avec les vrais principes trop long-temps oubliés.

Tout ce qui vient d'être dit fur la difpenfe des *empéchemens* de mariage, ne regarde que ceux qui font dirimans. Quant aux prohibitifs, c'eft aux évêques qu'il faut s'adreffer pour faire lever les obftacles qu'ils oppofent au lien conjugal, & qui ne tendent point à le rendre nul, mais feulement illicite.

Nous ne rapporterons point ici les caufes & les motifs que l'on préfente ordinairement au pape, pour obtenir difpenfe des *empéchemens* dirimans: on les trouvera dans le Dictionnaire de théologie.

Sur les formalités à obferver quand on veut faire ufage des difpenfes, nous renvoyons à l'article FULMINATION.

Les *empéchemens* du mariage ayant un rapport effentiel avec le mariage même, il y a beaucoup de chofes qui n'ont pu trouver leur place dans cet article, pour ne point anticiper fur celui mariage. La forme de cet ouvrage nous a impofé cette loi. *Voyez* MARIAGE. (*Article de M. l'abbé BERTOLIO avocat au parlement.*)

EMPHYTEUTAIRE & EMPHYTÉOTE, f. m. EMPHYTÉOSE, f. f. EMPHYTÉOTIQUE, adj. (*Droit civil.*) On appelle *emphytéote* ou *emphyteutaire*, celui qui a pris un bien à titre d'*emphytéofe*, c'eft-à-dire à longues années ou à perpétuité. *Emphytéotique* fe dit de ce qui appartient à l'*emphytéofe*, comme une redevance, un bail *emphytéotique*.

L'*emphytéofe* eft un contrat par lequel le propriétaire d'un héritage en cède à quelqu'un la jouiffance pour un temps, ou même à perpétuité, à la charge d'une redevance annuelle que le bailleur réferve fur cet héritage, pour marque de fon domaine direct.

Ce contrat n'a lieu que pour des héritages, & non pour des meubles, ni même pour des immeubles fictifs.

Le terme d'*emphytéofe* tire fon étymologie du grec ἐμφυτεύειν, qui fignifie *planter, améliorer une terre*, parce que ces fortes de contrats ne fe pratiquoient que pour des terres que l'on donnoit à défricher ; & c'eft de-là, felon quelques auteurs, que ce contrat s'appelle *roture, quafi à rumpendis terris*. Le complant & le bordelage ufités dans quelques provinces, ont beaucoup de rapport avec l'*emphytéofe*. *V.* BORDELAGE & COMPLANT.

On peut auffi donner à titre d'*emphytéofe* une maifon en ruine, à la charge de la réparer.

L'ufage de l'*emphytéofe* nous vient des Romains, chez lefquels elle ne donnoit d'abord au preneur qu'une jouiffance à temps, comme pour 99 ans ou plus, quelquefois pour la vie du preneur feulement, quelquefois auffi pour plufieurs générations, mais toujours pour un temps feulement, ainfi que l'a prouvé Dumoulin, fur *la rubrique du titre 2* & *fur l'article 55, gl. 4*. C'eft pourquoi dans les loix romaines, le droit de l'*emphytéote* n'eft point qualifié de *feigneurie*, finon dans les trois derniers livres du code, & depuis le temps de Conftantin ; il n'étoit qualifié jufques-là que *fervitus* ou *jus fundi, l. 3, ff. de reb. cor. qui fub tutel. & leg. domus de legat: 1°*. C'eft auffi par cette raifon que Cujas met l'*emphytéofe* entre les efpèces d'ufufruits.

L'*emphytéofe* devint enfin perpétuelle, comme elle eft encore réputée telle *in dubio*; au moyen de quoi, l'*emphytéote* fut appellé *dominus fundi. L. fundi & l. poffeff. c. de fund. patrim.*

La contradiction apparente qui fe trouve entre quelques loix fur cette matière, vient de ce que les unes parlent de l'*emphytéofe* perpétuelle, d'autres parlent de l'*emphytéofe* temporelle.

On diftinguoit chez les Romains le contrat *emphytéotique* du bail à longues années ou à vie, en ce que dans celui-ci la redevance étoit ordinairement à-peu-près égale à la valeur des fruits; au lieu que dans l'*emphytéofe*, la redevance étoit modique, en confidération de ce que le preneur s'obligeoit de défricher & améliorer l'héritage. Mais parmi nous on confond fouvent l'*emphytéofe* proprement dite, avec le bail à longues années ou à vie, qu'on appelle auffi bail *emphytéotique*: en Poitou, on les appelle *vicairies, quafi vice domini*. Il y a des vicairies qui font pour trois ou quatre générations, comme cela fe pratiquoit fouvent pour l'*emphytéofe* chez les Romains. En Dauphiné, & dans quelques autres pays de droit écrit, on les appelle *albergemens*.

Le contrat d'*emphytéofe* différoit auffi chez les Romains du contrat libellaire, qui revenoit à notre bail à cens; & de certaines conceffions à rentes foncières non feigneuriales, qui étoient ufitées parmi eux, telles que la redevance appellée *cloacarium*: au lieu qu'en France, dans les pays de droit écrit, l'*emphytéofe* faite par le feigneur de

K k

l'héritage, a le même effet que le bail à cens en pays coutumier ; & l'*emphytéose* faite par le simple propriétaire de l'héritage, y est ordinairement confondue avec le bail à rente foncière : ces deux sortes d'*emphytéoses* y sont perpétuelles de leur nature.

La redevance que l'on stipule dans ces sortes de contrats, en pays de droit écrit, y est ordinairement appellée *canon emphytéotique*.

Les loix décident que faute par l'*emphytéote* de payer ce canon ou redevance pendant trois ans, il peut être évincé par le preneur, qui est ce qu'on appelle *tomber en commise*.

Il y avoit encore une commise *emphytéotique*, lorsque le preneur vendoit l'héritage sans le consentement du bailleur.

Mais on a expliqué ci-devant *au mot* COMMISE *emphytéotique*, de quelle manière ces loix sont observées. On peut encore voir à ce sujet ce que dit Boutaric, en son *Traité des droits seigneuriaux*, *ch. 13*, à l'occasion de la commise qui avoit lieu en cas de vente, il dit que présentement l'*emphytéote* peut vendre quand bon lui semble, sans être tenu de faire aucune dénonciation ; que le seigneur a seulement le droit de retirer le fonds vendu, en remboursant le prix à l'acquéreur ; que s'il ne veut pas user de ce droit de prélation, il ne peut, suivant les loix, exiger que la cinquantième partie du prix de la vente, pour l'investiture du nouvel acquéreur ; que toutes les coutumes du royaume se sont bien conformées à la disposition du droit, en ce qu'elles permettent toutes au seigneur d'exiger un droit à chaque mutation qui se fait par vente ; mais qu'il n'y a aucune coutume qui ait fixé ce droit de mutation à un si bas pied que celui de la cinquantième partie du prix.

M. Guyot, en son *Traité des fiefs*, *Traité du quint*, *ch. 8*, dit que les auteurs s'accordent assez pour conclure qu'il n'est point dû quint en fief, ni lods & ventes en roture, pour bail *emphytéotique* à 99 ans ou à vie ; il étend même cela à l'*emphytéose* perpétuelle ; si par le bail il n'y a pas de deniers déboursés, au cas qu'il y en eût, que les deniers en seroient dus à proportion ; ce qui se conforme aux coutumes d'Anjou & du Maine, qui décident aussi que le retrait y a lieu, quand il y a des deniers déboursés.

Le même auteur explique dans le chapitre suivant, en quoi l'*emphytéose* diffère du bail à locaterie perpétuelle. *Voyez* LOCATERIE *perpétuelle*.

En pays coutumier, l'*emphytéose* est un bail à longues années d'un héritage, à la charge de le cultiver & améliorer ; ou d'un fonds, à la charge d'y bâtir ; ce qui a quelque rapport au contrat *superficiaire* des Romains ; ou d'une maison, à condition de la rebâtir, moyennant une pension ou redevance annuelle modique, payable par le preneur.

On stipule aussi quelquefois que le preneur paiera une certaine somme de deniers d'entrée pour ce bail.

Tout bail qui excède neuf années, est réputé bail *emphytéotique* ou à longues années, à l'exception néanmoins des baux faits pour les héritages de la campagne, dont la durée peut s'étendre à 27 & même 29 ans, conformément aux déclarations des 14 juin 1764 & 13 août 1766.

L'*emphytéose* se fait ordinairement pour 20, 30, 40, 50, 60 ou 99 ans, qui est le terme le plus long que l'on puisse donner à ces sortes de baux.

Lorsque ce bail est fait pour un temps fixe, les héritiers du preneur en jouissent pendant tout le temps qui en reste à expirer, quoique le bail ne fasse pas mention d'eux.

On peut faire un bail *emphytéotique*, tant pour la vie du preneur que pour celle de ses enfans & petits-enfans. La coutume d'Anjou, *art. 412*, & celle du Maine, *art. 413*, appellent ces sortes de contrats, *baux à viage*.

Le bail à vie diffère néanmoins à cet égard des autres baux *emphytéotiques*, en ce que si le bail à vie ne nomme que le preneur & ses enfans, ses petits-enfans n'y sont pas compris ; au lieu que si c'est un bail *emphytéotique* simplement pour le preneur & ses enfans, les petits-enfans y sont aussi compris sous le nom d'*enfans*, suivant la règle ordinaire de droit.

L'*emphytéose* ressemble au bail à loyer ou à ferme, en ce que l'un & l'autre contrat est fait à la charge d'une pension annuelle ; mais l'*emphytéose* diffère aussi du louage, en ce que l'*emphytéote* a la plûpart des droits & des charges du propriétaire ; & en effet, le bail *emphytéotique* est une aliénation de la propriété utile, au profit du preneur, pendant tout le temps que doit durer le bail, la propriété directe demeurant réservée au bailleur.

Le preneur étant propriétaire, peut vendre, aliéner, échanger ou hypothéquer l'héritage ; mais il ne peut pas donner plus de droit qu'il n'en a, & lorsque le temps de la concession est expiré, *resoluto jure dantis, resolvitur & jus accipientis*.

De ce que les baux *emphytéotiques* emportent aliénation, quelques coutumes ont voulu qu'ils donnassent ouverture au retrait lignager : *baux à longues années sont sujets à retrait*, disent les articles 149 de la coutume de Paris, & 502 de Normandie. Ce qui s'entend 1°. des lignagers du vendeur par bail *emphytéotique*, lorsqu'il aliène l'héritage ; 2°. des lignagers du preneur à *emphytéose*, lorsque l'héritage *emphytéotique* est vendu, après avoir fait souche dans la famille du preneur.

Ceux qui ne peuvent pas aliéner, ne peuvent pas non plus donner à titre d'*emphytéose* perpétuelle ou à temps.

L'église & les communautés ne le peuvent faire qu'avec les solemnités prescrites pour l'aliénation de leurs biens ; on tient même qu'ils ne peuvent faire d'*emphytéose* perpétuelle, mais seulement pour 99 ans au plus.

La pension ou redevance *emphytéotique* est tellement de l'essence de ce contrat, que s'il n'y en avoit pas une réserve, ce ne feroit point une *emphytéofe*.

L'*emphytéote* ne peut pas, comme un fimple locataire ou fermier, obtenir une remife ou diminution de la penfion annuelle, pour caufe de ftérilité, parce que la penfion *emphytéotique* eft moins pour tenir lieu des fruits, qu'en figne de reconnoiffance de la feigneurie directe.

Il n'eft pas permis à l'*emphytéote* de dégrader le fonds, ni même d'en changer la furface, de manière que la valeur en foit diminuée : ainfi il ne peut pas convertir en terre labourable ce qui eft en bois, mais il peut couper les bois, même de haute-futaie, qui fe trouvent en âge d'être coupés pendant la durée de fon bail.

Il ne peut pas détruire les bâtimens qu'il a trouvés faits, ni même ceux qu'il a conftruits, lorfqu'il étoit obligé de le faire ; mais s'il en a fait volontairement quelques-uns, il peut de même, dans le courant de fon bail, les enlever, pourvu que ce foit fans dégrader l'héritage.

On ftipule ordinairement, quand on donne une place à titre d'*emphytéofe*, que le preneur fera tenu d'y bâtir : cette claufe n'eft pourtant pas de l'effence d'un tel contrat ; mais fi elle y eft appofée, on peut contraindre le preneur à l'exécuter.

La léfion, telle qu'elle foit, n'eft point un moyen de reftitution contre l'*emphytéofe*, excepté pour celles qui concernent l'églife & les mineurs, qui peuvent être relevés quand la léfion eft énorme.

La jouiffance d'un bail *emphytéotique* peut être faifie & vendue, comme les immeubles, à la requête des créanciers.

En fait d'*emphytéofe*, la tacite réconduction n'a point lieu.

Le preneur ne peut pas non plus prefcrire le fonds, attendu qu'on ne peut pas changer la caufe de fa poffeffion ; mais il peut prefcrire les arrérages de fa redevance, qui font échus.

Toutes les réparations, tant groffes que menues, font à la charge de l'*emphytéote* pendant la durée de fon bail.

Il eft auffi obligé d'acquitter toutes les charges réelles & foncières, telles que la dixme, le cens, champart, &c.

A l'expiration du terme porté par le bail *emphytéotique*, le preneur, fes héritiers ou ayans caufe, doivent rendre les lieux en bon état, à l'exception des bâtimens qu'il a conftruits volontairement, lefquels on ne peut pas l'obliger à réparer ; mais il ne peut pas non plus les démolir à la fin de fon bail, en emporter aucuns matériaux, ni répéter les impenfes, ni obliger fous ce prétexte le bailleur à lui continuer le bail, foit pour la totalité de ce qui y étoit compris, foit même pour la jouiffance de ces bâtimens ; dans ce cas, *fuperficies folo cedit*.

Si le fonds donné en *emphytéofe* vient à périr totalement ; par exemple, fi c'eft une maifon, & qu'elle foit entièrement ruinée par quelque force

majeure, en ce cas, le preneur eft déchargé de la penfion.

Il peut auffi, en déguerpiffant l'héritage, fe faire décharger en juftice de la penfion, quoiqu'il fe fût obligé perfonnellement au paiement de cette penfion, & qu'il y eût hypothéqué tous fes biens, l'obligation perfonnelle étant dans ce cas feulement acceffoire à l'hypothécaire. *Voyez* DÉGUERPISSEMENT (*A*).

On peut former la queftion de favoir, fi après l'expiration du bail *emphytéotique*, le preneur peut en acquérir la propriété par prefcription.

Par arrêt du 21 août 1734, il a été jugé au grand-confeil, qu'un héritage donné à *emphytéofe* devoit retourner au bailleur, quoique, depuis l'expiration du bail, il fe fût écoulé plus de quatre-vingts ans. Le parlement de Paris a décidé par arrêt du 4 feptembre 1751, entre le curé de Champlemy & la veuve Doligni, que l'acquéreur d'un bien d'églife donné à *emphytéofe*, pouvoit oppofer avec fuccès la prefcription acquife par une poffeffion fuffifante, depuis l'expiration du temps ftipulé dans le bail.

Ces deux arrêts n'ont entre eux qu'une contrariété apparente, & il faut dire conformément aux principes, & à l'arrêt du grand-confeil, que le preneur à bail *emphytéotique* & fes héritiers ne peuvent acquérir la propriété du fonds par la prefcription, parce qu'on ne prefcrit jamais contre fon propre titre, & qu'ils ne peuvent changer la caufe originaire de leur poffeffion. Mais fi après l'expiration du bail, un tiers-acquéreur achète de bonne foi cet héritage du poffeffeur par *emphytéofe* fans être inftruit de cette qualité inhérente à l'héritage, il peut légitimement oppofer la prefcription au bailleur, parce que, ayant acquis de celui qu'il croyoit le véritable propriétaire, il a en faveur de fa poffeffion, un jufte titre, la bonne foi & le temps déterminé par la loi, pour valider fa prefcription, c'eft ce qu'a jugé le parlement de Paris. *Voyez* PRESCRIPTION.

Addition au mot EMPHYTÉOSE, *pour ce qui concerne l'emphytéofe cenfuelle ou feigneuriale.* Les rapports apparens que l'on trouve entre l'*emphytéofe* & le bail à cens, & même entre l'*emphytéofe* & le bail à rente, ont fait confondre ces contrats les uns avec les autres, dans les pays de droit écrit, & cette confufion a jetté beaucoup d'obfcurité fur la nature des *emphytéofes* feigneuriales, parce qu'on y a voulu appliquer des loix qui y étoient étrangères.

Les *emphytéofes*, dit Dunod de Charnage, ne font pas communes dans la comté de Bourgogne, & je n'en ai point trouvé de fort anciennes, ni qui aient précédé le temps auquel le corps de droit de l'empereur Juftinien a commencé à être connu en Bourgogne. On pourroit dire, peut-être, la même chofe de toutes les provinces régies par le droit écrit.

A cette époque, on nomma *emphytéofe* dans la

plupart de ces provinces, prefque tous les baux perpétuels, foit que ceux qui les faifoient poffédaffent leurs domaines féodalement, ou non, & l'on attribua, à ces baux, les avantages que les albergations, les acapits ou baux à acapte, & les autres efpèces de baux à cens, connus dans ces provinces, portoient avec eux, quoique la directe feigneuriale foit très-différente du domaine direct que l'emphytéofe du droit romain attribue au preneur.

L'utilité qui réfultoit de cette confufion pour ceux qui bailloient des fonds à titre de rente, a contribué fans doute à la propager, & l'on dònna même le nom de cens ou de canon emphytéotique, à de fimples rentes conftituées que le propriétaire d'un fonds y affeyoit au profit d'un tiers. *Voyez l'article* FRANC-ALEU.

On peut voir dans tous les auteurs qui ont écrit fur la jurifprudence des parlemens de Provence, de Languedoc & de Dauphiné, combien ils font embarraffés, lorfqu'ils ont à parler de l'emphytéofe, telle qu'elle fubfifte aujourd'hui dans ces provinces, parce qu'ils voient toujours les emphytéofes du droit romain là où il y a un bail à cens.

Chorier remarque que, fuivant le droit, les lods ne devroient point aller au-delà du cinquantième, mais que « la coutume, qui eft la feule raifon & le » feul foutien de la plupart des droits feigneuriaux, » s'oppofe à cette fainte difpofition ». *Jurifprudence de Guypape, l. 4, fect. 5, art. 3.*

D'autres auteurs, tels que Salvaing, Defpeiffes, d'Olive, la Roche-Flavin, &c. obfervent que l'emphytéofe n'eft point fujette à la commife, foit à défaut de paiement pendant trois années, foit en cas de vente faite avant d'avoir offert la préférence au feigneur, comme le prefcrit le droit romain, enfin qu'on n'a point d'action contre l'emphytéote, pour l'obliger à améliorer le fonds, comme on en avoit fuivant le même droit.

On doit conclure de là que l'emphytéofe feigneuriale & la cenfive, font abfolument la même chofe, ou n'ont que des différences très-légères, qui réfultent de la diverfité de la jurifprudence des cours. Celles que Salvaing, d'Olive & Boutaric lui-même, ont voulu trouver entre ces deux chofes, n'ont aucun fondement folide.

Suivant ce dernier auteur, « on ne peut *bailler à* » *cens qu'un fonds que l'on poffède noblement*, au lieu » que *pour bailler un fonds à titre d'emphytéofe*, il » *fuffit de le pofféder en franc-aleu*, & indépendant » de toute feigneurie directe, quoique d'ailleurs » rural & fujet au paiement des tailles, la roture » n'ayant rien d'incompatible avec l'allodialité & » l'indépendance ». *Traité des droits feigneuriaux, chap. 13.*

Boutaric ajoute ailleurs que le bail à locatairie perpétuelle diffère du contrat emphytéotique, en ce que, pour donner un fonds à titre d'emphytéofe, *il faut en avoir la pleine propriété, c'eft-à-dire, le pofféder allodialement & indépendamment de toute feigneurie directe;* au lieu que pour bailler à titre de locatairie perpétuelle, il fuffit d'avoir la dominité utile. *Ibid. chap. 10, n°. 1.*

La Touloubre paroît entendre la même chofe, lorfqu'il dit « que la directe féodale eft celle qui eft » attachée à un fief, & *la directe emphytéotique celle* » *qui a été formée par l'acte de nouveau bail, d'un* » *fonds roturier & allodial* ». *Jurifpr. féodal. part. 2, tit. 5, §. 4.*

Cependant rien n'empêche le propriétaire d'un aleu dans les pays coutumiers, de l'aliéner à titre de bail à cens, & la Touloubre convient ailleurs que la même chofe peut avoir lieu dans les pays de droit écrit, quoiqu'il donne, mais mal-à-propos, une règle contraire pour quelques pays coutumiers. « Dans certaines coutumes, dit-il, où le cens dénote » feigneurie de fief, comme en celle d'Anjou, » *art. 179*; & du Maine, *art. 197*, il n'y a que le » poffeffeur d'un fonds féodal, relevant en fief d'un » feigneur dominant, qui puiffe établir des cens. » C'eft ainfi dans ce fens que doit être entendu ce que » dit Bacquet des francs-fiefs, *chap. 2, n°. 11 & fuiv.* » mais en pays de droit écrit, *tout poffeffeur de* » *biens allodiaux peut le donner à cens,* avec réferve » de la directe ». *Ibid. tit. 10, note fur le §. 4.*

Quelques auteurs ont confondu l'emphytéofe feigneuriale avec la tenure noble ou l'inféodation, comme on le dit en pays de droit écrit. Cette confufion fe retrouve très-fouvent dans les auteurs qui ont écrit fur la jurifprudence de ces pays-là, parce qu'il y a beaucoup de fiefs chargés, comme les emphytéofes, d'une redevance annuelle envers le feigneur dominant. Mais le fief & l'emphytéofe feigneuriale n'en font pas moins diftincts : *le fief eft une tenure noble obligé de la perfonne,* tandis que l'emphytéofe ou tenure roturière n'oblige guère que le fonds. C'eft une des remarques de Géraud, qui s'eft d'ailleurs expliqué d'une manière très-vague fur le furplus de ce qui concerne les emphytéofes. *Voyez fon Traité des droits feigneuriaux, liv. 2, chap. 1, n°. 14.*

Un arrêt du 5 novembre 1644 a jugé que le feigneur qui ne poffède que des directes, fans participer à la juftice, n'a pas droit d'exiger du renfeud de la part de fes emphytéotes. *Jurifprudence féodale de la Touloubre, part. 1, tit. 4, n°. 56.*

Au refte l'emphytéofe cenfuelle, en obligeant le poffeffeur à payer le cens au feigneur, n'attribue point à ce feigneur le droit de faifie féodale, que plufieurs coutumes accordent au feigneur de cens.

Lorfque le domaine emphytéotique eft vendu, le feigneur a l'option du droit de *prélation* ou du *lods*. On parlera de ces deux droits dans des articles féparés.

La Roche-Flavin & tous les auteurs décident que le cens emphytéotique peut être féparé de la directe, & qu'on peut le conferver en l'aliénant. Le *chap. 1, §. penult. de lege Conradi*, en a un texte exprès. Guypape affure même, en fa *Queftion 264*, que le legs du cens ne comprend pas le domaine direct. On eft dans l'ufage de nommer *rentes fèches,* les cens qu'on a ainfi détachés de la directe. Gravérol cite un arrêt rendu au parlement de Touloufe le 21 juin 1670, qui maintient le fieur de Geneſtou, contre le prieur de Montalieu, en la jouiſſance de ces fortes de rentes, qu'il prenoit ſur les fonds ſujets à la directe de ce prieur. *Traité des droits ſeigneuriaux*, *chap.* 3, *art.* 4.

Ce dernier auteur obſerve que la réſerve de la directe contient de plein droit celle du lods, à l'excluſion de l'acquéreur de la cenſive.

Le cens emphytéotique eſt indivis & ſolidaire, comme on l'obſerve auſſi pour le cens dans beaucoup de coutumes, malgré la déciſion contraire de l'*art.* 120 de celle d'Orléans & de quelques autres qui forment le droit commun des pays coutumiers. Cependant la diviſibilité du cens peut s'acquérir par la poſſeſſion trentenaire contre les laïques, & par celle de quarante ans contre l'égliſe. Elle a encore lieu contre les laïques ſeulement, lorſqu'ils laiſſent énoncer la diviſibilité dans les reconnoiſſances qui leur ſont rendues. La Roche-Flavin, *chap.* 2, *art.* 7, 8 & 9; Duperier, *tom.* 2, *pag.* 69, *n°.* 395; Arrêts de Bezieux, *liv.* 4, *chap.* 7, §. 1.

Au reſte il ne faut pas confondre ces rentes ſèches ni les directes emphytéotiques avec une autre eſpèce de directe créée à prix d'argent, par les propriétaires de fonds allodiaux en faveur d'un tiers, quoiqu'on leur donne auſſi le nom d'*emphytéoſe* dans quelques recueils. Ces directes impropres, qui ſont de véritables rentes conſtituées, ſont toujours rachetables, en rembourſant le prix reçu. Un jugement rendu par Pierre de Beauveau, grand ſénéchal de Provence, le 7 avril 1484, & un arrêt du 30 décembre 1630, rendu contre le chapitre de l'égliſe métropolitaine d'Arles, l'ont ainſi décidé.

La Touloubre qui rapporte ces jugemens, ajoute que c'eſt au poſſeſſeur qui prétend une directe, à laquelle ſon fonds eſt ſoumis, a été établie à prix d'argent, & qui peut être admis au rachat, à conſtater le vice de l'origine de cette même directe. *Juriſprudence féodale*, *part.* 2, *tit.* 5, §. 5 & 6.

Mais cet auteur convient qu'on ſuivoit une juriſprudence contraire autrefois. Il y a, dit-il, dans le recueil des privilèges de la ville d'Aix, à la ſuite des jugemens de Pierre de Beauveau, des arrêts qui le jugèrent ainſi. L'arrêt rendu par le parlement de Touloufe le 8 mars 1644, dans la cauſe évoquée entre le chapitre de l'égliſe métropolitaine d'Aix, & la communauté de la même ville, fut le principe de la nouvelle juriſprudence. *De Cormis*, *tom.* 1, col. 88.

Cette juriſprudence eſt la ſuite des principes que l'on a admis dans ces derniers temps pour reſtreindre le franc-aleu, le plus qu'il a été poſſible.

Un arrêt du 7 février 1639, qui a auſſi admis le rachat d'une rente de cette eſpèce, créée au denier 20 en 1459, a jugé qu'elle ne pouvoit point engendrer de lods, quoique l'acte qui l'établiſſoit en contînt convention expreſſe, & que l'intérêt légal fût au denier 10 en 1459. Boniface, *tome* 1, *liv.* 3,

tit. 2, *chap.* 5. (M. GARRAN DE COULON, *avocat au parlement.*

EMPIRE, ſ. m. (*Droit public & polit.*) c'eſt le nom qu'on donne aux états qui ſont ſoumis à un ſouverain qui a le titre d'*empereur*. En Europe, on entend principalement par ce mot, le corps germanique. *Voyez le Dictionnaire diplom. éconon, polit.*

EMPIRE DE GALILÉE *ou* HAUT ET SOUVERAIN EMPIRE DE GALILÉE, (*Juriſprud.*) eſt le titre que l'on donne à une juriſdiction en dernier reſſort que les clercs des procureurs de la chambre des comptes ont pour juger les conteſtations qui peuvent ſurvenir entre eux.

Cette juriſdiction eſt pour les clercs des procureurs de la chambre des comptes, ce que la baſoche eſt pour ceux des procureurs au parlement.

L'inſtitution en eſt ſans doute fort ancienne, puiſque l'on a vu, *à l'article de la* CHAMBRE DES COMPTES, que, dès 1344, il y avoit dix procureurs, dont le nombre fut dans la ſuite augmenté juſqu'à vingt-neuf.

On ne ſait pas au juſte le temps auquel les procureurs de la chambre commencèrent à avoir chez eux des clercs ou aides pour les ſoulager dans leurs expéditions. Ils en avoient déjà en 1454, ſuivant une ordonnance de cette année, rapportée au *mem. L. fol.* 90 *v°.* qui porte que les comptables feront ou feront faire, par leurs procureurs ou clercs, leurs comptes de bon & ſuffiſant volume.

Il paroît même, qu'il y avoit déjà des clercs de procureurs avant 1454, & que l'*empire de Galilée* ſubſiſtoit dès le commencement du quinzième ſiècle. En effet, dans le préambule d'un réglement fait par M. Barthélemi, maître des comptes, en qualité de *protecteur de l'empire* (dont on parlera plus amplement ci-après), il eſt dit que s'étant fait repréſenter les réglemens, comptes, titres & papiers dudit *empire*, il auroit reconnu, même par les anciens mémoriaux de la chambre, que ledit *empire* y eſt établi depuis plus de 300 ans, compoſé de clercs de procureurs de la chambre, pour leur donner moyen, par leurs aſſemblées & conférences, de ſe rendre capables des affaires & matières de finances qui leur ſont données.

Ainſi, ſuivant le préambule de ce réglement, l'*empire de Galilée* étoit déjà formé dès avant 1405 : on trouve en effet des comptes fort anciens rendus par les tréſoriers de l'*empire*, entre autres un de l'année 1495.

Ces clercs tenant entre eux des aſſemblées & conférences touchant leur diſcipline, formèrent inſenſiblement une communauté, qui fut enſuite autoriſée par divers réglemens de la chambre des comptes; & les officiers de cette communauté ont été maintenus dans tous les temps dans l'exercice d'une juriſdiction en dernier reſſort ſur les membres & ſuppôts de cette communauté.

Le titre de *haut & ſouverain empire de Galilée*, donné à cette communauté & juriſdiction, quelque singulier qu'il paroiffe d'abord, n'a rien que de naturel.

On n'a pas prétendu par le terme d'*empire* donner l'idée d'un état gouverné par une puiffance fouveraine : ce terme a été emprunté du latin *imperium*, lequel chez les Romains fignifioit *jurifdiction* : on difoit *merum & mixtum imperium*, & anciennement en France, *mere & mixte impere*, pour exprimer le pouvoir d'exercer toute juftice, haute, moyenne & baffe.

On ne doit donc pas être étonné fi le chef de la jurifdiction des clercs des procureurs de la chambre des comptes prenoit autrefois le titre d'*empereur*, d'autant qu'alors la plupart des chefs de communauté prenoient le titre de *roi*, tels que le roi des merciers, les rois de l'arbalête & de l'arquebufe, le roi de la bafoche, &c.

Pour ce qui eft du furnom de *Galilée* donné à l'*empire* ou jurifdiction des clercs des procureurs de la chambre des comptes, il eft conftant qu'il vient de la petite rue de Galilée qui va de la cour du palais à l'hôtel du bailliage, & côtoie les bâtimens de la chambre des comptes : elle eft ainfi nommée dans les anciens plans de Paris & dans Sauval.

Il y a apparence qu'anciennement les clercs des procureurs de la chambre tenoient leurs affemblées dans le fecond bureau qui a des vues fur cette rue de *Galilée*, & que c'eft de-là qu'ils nommèrent leur jurifdiction le *haut & fouverain empire de Galilée* : aujourd'hui cette jurifdiction fe tient ordinairement en la chambre du confeil-lès-la chambre des comptes, & au grand bureau feulement le jour de S. Charlemagne, qui eft la fête des clercs.

Le premier officier de l'*empire* conferva long-temps le titre d'*empereur*.

On voit dans les regiftres de la chambre, que le 5 février 1500, elle fit emprifonner un clerc, empereur de *Galilée*, pour n'avoir pas voulu rendre le manteau d'un autre clerc auquel il l'avoit fait ôter. *Journ. 5, Q. reg. part. 2, fol. 37.*

Le *journ. 2, B. fol. 62*, fait mention que le 20 décembre 1536, fur la requête de l'empereur & officiers de l'*empire de Galilée*, la chambre leur défendit de faire les cérémonies accoutumées à l'occafion des gâteaux des Rois.

Le titre d'*empereur de Galilée* fut fans doute aboli du temps de Henri III, en conféquence de la défenfe qu'il fit à tous fes fujets de prendre le titre de *roi*; le chancelier de l'*empire de Galilée* devint par-là le premier officier de l'*empire*. La communauté & jurifdiction des clercs des procureurs de la chambre a cependant toujours confervé le titre d'*empire de Galilée*.

Dans un compte de l'ordinaire de Paris, fini à la S. Jean 1519, le fermier porte en dépenfe ce qu'il avoit payé à Etienne le Fèvre, tréforier & receveur-général des finances de l'*empire de Galilée*, pour lui aider à foutenir & fupporter les frais qu'il lui a convenu & conviendra faire, tant pour les gâteaux, jeux & états faits à l'honneur & exalta-

tion du roi à la fête des Rois, que pour autres affaires, & auffi pour extraits touchant le domaine, par lettres de taxation des tréforiers de France, du 20 janvier 1518; mais il n'explique pas quelle fomme il avoit payée.

Dans le compte de l'ordinaire de 1532, il porte en dépenfe vingt-cinq livres parifis payées à Guillaume Rouffeau, empereur de l'*empire de Galilée*, & fuppôts d'icelui, clercs en la chambre des comptes, pour employer aux frais & charges dudit *empire*, même aux danfes morifques, momeries & autres triomphes que le roi veut & entend être faits par eux pour l'honneur & récréation de la reine.

Enfin, le compte du domaine pour l'année finie à la S. Jean 1537, fait mention que les clercs de l'*empire de Galilée* avoient vingt livres parifis pour les gâteaux qu'ils diftribuoient la veille & le jour des Rois ès maifons de MM. les préfidens & maitres des comptes, tréforiers & généraux des finances.

Ces comptes de la prévôté de Paris font rapportés dans les *Antiquités de Paris*, par Sauval, *tome III, aux preuves*.

Cette communauté & jurifdiction a depuis long-temps pour chef, protecteur & confervateur-né, le doyen des confeillers-maîtres des comptes, lequel, de concert avec M. le procureur-général de la chambre, que l'*empire* regarde pareillement comme fon protecteur-né, veille à tout ce qui intéreffe cette jurifdiction de l'*empire*, fpécialement commife aux foins de ces deux magiftrats par la chambre.

La chambre des comptes a fait en divers temps plufieurs réglemens concernant l'*empire de Galilée*, & notamment au fujet des gâteaux des Rois qu'ils portoient avec pompe chez les officiers de la chambre.

Le 22 décembre 1525, fur la requête des tréforiers-clercs de l'*empire*, afin d'avoir des fonds pour leurs gâteaux des Rois, la chambre leur défendit d'en faire pour cette année, *ni autres joyeufetés accoutumées*, à peine de privation de l'entrée. *Journal 10, fol. 267 v°.*

Le 8 janvier 1629, la chambre fit taxe à un pâtiffier & à un peintre, pour ce qui leur étoit dû par un tréforier de l'*empire*. *Journ. 2, fol. 243.*

Le 10 novembre 1535, fur la requête des fuppôts de l'*empire de Galilée*, la chambre ordonna qu'il feroit écrit au dos d'icelle *nihil* par le greffier, & qu'il leur feroit fait défenfes de faire les gâteaux, felon la coutume ancienne, pour la folemnité du jour des Rois. *Journ. 2, A. fol. 209.*

Le 20 décembre 1536, la chambre, fur la requête de l'empereur & autres officiers de l'*empire de Galilée*, en ôtant & aboliffant l'ancienne coutume, leur défendit de faire les gâteaux des Rois, & d'aller dans les maifons des officiers de la chambre, ni autour de la cour du roi, diftribuer les gâteaux, ni donner des aubades, à peine de privation de l'entrée de la chambre pour toujours, & de l'amende. *Journal 2, B, fol. 62.*

Cependant le 11 décembre 1538, la chambre permit aux officiers de l'*empire* de faire les gâteaux des Rois, & d'en solemniser la fête *modestement*, comme il leur avoit été autrefois permis d'ancienneté. *Journ.* 2, *C. fol.* 106.

Mais le 27 novembre 1542, la chambre leur fit de nouvelles défenses de faire les gâteaux & solemnités dont on a parlé : elle ordonna néanmoins que, sur les deniers qui avoient coutume d'être pris à cet effet sur les menues nécessités, il seroit pris cinquante livres pour mettre dans la boîte des aumônes pour faire prier Dieu pour le roi; ce qui fut ainsi ordonné, nonobstant les remontrances & oppositions sur ce faites par les auditeurs. *Journ.* 2, *D. fol.* 48 *v°.*

Au même endroit, *fol.* 58 *v°*, est rapportée une plainte du procureur-général, portant que les clercs avoient contrevenu aux dernières défenses : sur quoi la chambre les réitéra pour l'année suivante. *Folio* 128 *v°.*

Les protecteurs de l'*empire de Galilée* ont aussi fait divers réglemens concernant l'état & administration de l'*empire*. Les principaux réglemens sont des années 1608 & 1615, confirmés par des lettres du mois de septembre 1676, & renouvellés par un autre réglement en forme d'édit, du mois de janvier 1705.

Ces réglemens sont intitulés du nom & des qualités du protecteur, lequel dans le dispositif use de ces termes, *ordonnons*, *voulons & nous plaît*, &c. l'adresse est, à nos amés & féaux chancelier & officiers de l'*empire*, à ce que les articles de réglement en forme d'édit, soient lus, publiés & enregistrés. Ils sont contresignés par un secrétaire des finances de l'*empire*; & scellés du scel d'icelui; & à la fin il est dit : « donné à.... l'an de » grace.... *& de notre protection le....* »

Pour l'enregistrement de ces réglemens, le procureur-général de l'*empire* fait son réquisitoire *en la chambre du conseil-lez-la chambre des comptes, l'empire y séant*, & il intervient arrêt conforme en la même chambre du conseil.

Le protecteur rend aussi quelquefois des arrêts qui sont, pour ainsi dire, des arrêts du conseil d'en-haut, par rapport à ceux de l'*empire*; ils sont intitulés comme les édits, & le dispositif est conçu en ces termes : *à ces causes, le protecteur ordonne*, &c. Le dispositif des arrêts de l'*empire* est ainsi conçu : *le haut & souverain empire de Galilée ordonne*, &c. à la fin il est dit, *fait audit empire*; & toutes les expéditions que le greffier en délivre sont intitulées, *extrait des registres de l'empire*.

Les jugemens des officiers de l'*empire* sur les contestations qui surviennent entre les sujets & suppôts, sont tellement considérés comme des arrêts, que quelques réfractaires ayant voulu, en différentes occasions, éluder les peines auxquelles ils avoient été condamnés par ces arrêts, & s'étant pourvus, à cet effet, en différens tribunaux, même à la chambre des comptes, sans y avoir été écou-

tés; ils se pourvurent en cassation au conseil du roi, où par arrêt ils furent renvoyés devant MM. du grand bureau de la chambre des comptes comme commissaires du conseil en cette partie.

M. Barthélemy, maître ordinaire & doyen de la chambre des comptes, qui remplissoit la place de protecteur de l'*empire* depuis 1699, rendit le 17 juillet 1704, un arrêt portant que le projet de réglement par lui fait, ensemble le tarif des droits accordés aux officiers de l'*empire*, seroient communiqués à la communauté des procureurs, ce qui fut exécuté; & le réglement en forme d'édit fut donné en conséquence au mois de janvier 1705.

Suivant cet édit, le corps de l'*empire* est composé de quinze clercs; savoir le chancelier, le procureur-général, six maîtres des requêtes, deux secrétaires des finances pour signer les lettres, un trésorier, un contrôleur, un greffier & deux huissiers : tous ces officiers sont ordinaires & non par semestre. Il n'y a que le chancelier, les maîtres des requêtes & les secrétaires des finances, qui aient voix délibérative.

Ce qui concerne le chancelier de l'*empire de Galilée*, ayant été expliqué ci-devant à l'article CHANCELIER, on renvoie le lecteur à ce qui a été dit en cet endroit; on ajoutera seulement que lorsqu'il est reçu procureur en la chambre des comptes, il est dispensé de l'examen.

La nomination aux autres offices, lorsqu'ils sont vacans, se fait par le chancelier; les maîtres des requêtes & les secrétaires des finances, sur la réquisition du procureur-général de l'*empire*; & au cas que la place de procureur-général fût vacante, c'est sur la réquisition du dernier maître des requêtes.

On ne peut admettre aux charges de l'*empire* deux clercs d'une même étude, sans avoir obtenu à cet effet des lettres de dispense du protecteur.

Ceux qui sont nommés aux charges sont tenus de les accepter, à peine de 15 liv. d'amende payable sans déport; ils obtiennent des lettres de provisions signées du protecteur, expédiées par un des secrétaires des finances, & scellées & visées par le chancelier. Les nouveaux pourvus ne sont reçus qu'après une information de leurs vie & mœurs; ils sont examinés par les officiers qui ont voix délibérative; & si on les trouve capables, ils prêtent serment.

L'*empire* s'assemble tous les jeudis matin après que MM. de la chambre des comptes ont levé; quand il est fête le jeudi, l'assemblée se tient la veille.

Aucun officier n'est dispensé du service, sur peine de 5 s. d'amende payable sans déport au trésorier des finances. Il faut dans la huitaine se purger par serment de l'empêchement, &, en cas de maladie, quinzaine après la convalescence.

Les officiers qui s'absentent pendant six mois, ne peuvent plus prendre la qualité d'officiers de l'*empire*; même ceux qui passent un ou deux mois sans faire leur service & sans se purger par serment, font déclarés indignes & incapables de posséder à l'avenir aucunes charges de l'*empire*, condamnés en 15 liv. d'amende, déchus de leurs offices, obligés de remettre leurs provisions au protecteur, & on procède à l'élection d'un autre en leur place.

Lorsque ces officiers & les autres clercs de procureurs entrent en la chambre ou à l'*empire*, ils doivent avoir le bonnet de clerc qui est une espèce de petit chapeau ou toque, le manteau percé, c'est-à-dire une robe noire qui ne leur va que jusqu'aux genoux : ceux qui se présentent autrement font condamnés à une amende de 15 f., &, en cas de récidive, à 1 liv. 10 f., & pour la troisième fois, un écu, ou plus grande peine, s'il y échet.

Les officiers de l'*empire* vaquent d'abord au jugement des procès d'entre les clercs & suppôts.

Quand il n'y a pas de procès, ou après qu'ils font jugés, un maître des requêtes propose quelque question de finance pour entretenir le bureau pendant une demi-heure, & alors on permet à tous les clercs & suppôts d'affister au conseil, de dire leur avis fur les difficultés, ou d'en proposer ; mais c'est fans prendre rang ni féance avec les officiers de l'empire.

Lorsqu'un officier, clerc ou suppôt fait quelque chose d'injurieux à l'*empire*, le procureur-général informe contre lui, &, fur le vu des charges, le protecteur ordonne ce qui convient felon le délit.

Les officiers qui font convaincus d'avoir révélé les délibérations du conseil, font, pour la première fois, amendables de 60 f., &, pour la seconde, privés de leurs charges & déclarés indignes de posséder aucun office de l'*empire*.

Suivant le tarif fait par M. Barthélemy le 30 avril 1705, les officiers de l'*empire de Galilée* ont plusieurs droits en argent, tant pour l'entrée de certaines personnes en la chambre, que pour la réception de certaines personnes.

Les droits d'entrée à la chambre leur font dus.

1°. Par tous les clercs des procureurs de la chambre, lesquels font tenus de faire enregistrer au greffe de l'*empire* le jour de leur entrée en la chambre, & de payer les droits dus à l'*empire* dès qu'ils entrent chez les procureurs & viennent en la chambre : les fils des procureurs font feuls exempts de ces droits.

2°. Il est auffi dû aux officiers de l'*empire* un droit par les commis des comptables qui entrent à la chambre.

Les droits qui leur appartiennent pour la réception en la chambre de certains officiers, font dus par les procureurs de la chambre (leurs enfans en font exempts), les grands officiers de la couronne, favoir grand-maître-d'hôtel, grand-écuyer, amiral, grand-maître de l'artillerie, contrôleur-général des finances, le fur-intendant des poudres & falpêtre, le fur-intendant & commissaire général des postes, le fur-intendant des mines & minières, le fur-intendant de la navigation & commerce, le fur-intendant des bâtimens du roi & autres grands officiers.

Les autres officiers qui doivent auffi un droit de réception, font les préfidens, tréforiers, avocats & procureurs du roi des bureaux des finances, les grands-maîtres des eaux & forêts, leurs contrôleurs généraux & particuliers, tous les tréforiers & payeurs des deniers royaux & leurs contrôleurs, & plufieurs autres officiers de finance dont on trouve l'énumération dans le tarif : il leur est auffi dû un droit pour la préfentation des premiers comptes, lors de la réception d'iceux, pour l'enregiftrement des commiffions & pour la préfentation du compte d'icelle, & pour l'enregiftrement du bail de chaque ferme particulière.

Par les anciens comptes du domaine, on voit que les officiers de l'*empire* avoient droit de prendre tous les ans 200 liv. fur le domaine ; mais ils ne jouiffent plus de ce droit.

On voit auffi par les anciens regiftres & mémoriaux de la chambre, que les privilèges de l'*empire* ne cédoient en rien à ceux de la bafoche.

Les réglemens de l'*empire* contiennent beaucoup de difpofitions pour l'adminiftration des finances de l'*empire*, & les comptes qui en doivent être rendus. Les conteftations qui peuvent s'élever au fujet de ces comptes entre perfonnes qui ne font pas fujets de l'*empire*, doivent être portées en la chambre, fuivant un arrêt par elle rendu le 4 feptembre 1719, & un jugement des commiffaires du confeil du 5 feptembre 1722.

Il est défendu par les réglemens de l'*empire* à tous les clercs des procureurs de la chambre, de porter l'épée ; & au cas qu'ils fuffent trouvés en épée dans l'enclos de la chambre, ils font condamnés en 32 f. d'amende pour la première fois, & à 3 liv. 4 f. pour la feconde, même à plus grande peine s'il y échet.

On fait tous les ans dans la chambre de l'*empire* la lecture des derniers réglemens, la veille de S. Charlemagne où quelqu'un des jours fuivans, en préfence de tous les clercs & suppôts de l'*empire*.

Les officiers de l'*empire* & tous les fujets & suppôts célèbrent tous les ans, dans la fainte chapelle baffe du palais, la fête de l'*empire*, le 28 janvier, jour de la mort de S. Charlemagne. Ce patron leur a fans doute paru plus convenable à l'*empire*, parce qu'il étoit empereur. On prétend que le jour de cette fête, l'empereur de Galilée avoit droit de faire placer deux canons dans la cour du palais, & de les faire tirer plufieurs fois ; mais on ne trouve point de preuves de ce fait. (*A*)

EMPIREMENT *de fief*, f. m, EMPIRER, v. a. (*Droit féodal.*) c'eft le nom que la coutume de Poitou & Béchet fur l'ufance de Saintes, où l'on fuit, à cet égard, les mêmes règles, défignent les diminutions de fief, que le vaffal y peut faire au préjudice de fon feigneur, en aliénant une partie de fon domaine avec rétention de mouvance.

L'empirement

L'*empirement de fief* comprend toutes les diminutions de fief qui se font au préjudice du seigneur, soit par la cessation du parage, soit par la sous-inféodation ou l'accensement, comme l'indiquent les art. 128 & 132 de la coutume du Poitou. Mais, en remettant à traiter de ce qui concerne le parage dans un article particulier, on ne parlera ici que de l'*empirement de fief*, qui se fait par sous-inféodation ou accensement.

Cette diminution de fief est entièrement différente du jeu de fief permis par la coutume de Paris & par le plus grand nombre de celles de France. Elle ressemble beaucoup plus aux diminutions de fief admises dans les coutumes d'Anjou, du Maine, de Tours & de Loudun, dont on a traité particulièrement *au mot* DÉPIÉ. Mais quoique l'*empirement de fief* semble être aussi une suite du droit de parage; quoiqu'il dégénère également dans le dépié ou dans le démembrement du fief, lorsqu'on y transgresse les règles prescrites par la coutume, il a néanmoins des caractères très-différens des diminutions de fief admises dans les quatre coutumes de dépié.

Ces diversités se rapportent à trois objets principaux qui sont, 1°. la quotité de l'*empirement de fief*; 2°. le devoir qu'il faut retenir en le faisant; 3°. les effets de l'*empirement de fief*.

§. I. *De la quotité de l'empirement de fief.* Dans les coutumes de dépié, le vassal ne peut diminuer son fief que du tiers au préjudice de son seigneur. Dans la coutume de Poitou, le vassal peut au contraire *empirer* son fief, autant qu'il lui plaira, pourvu qu'il retienne l'hôtel principal, ou chef d'hommage, ou *la valeur du tiers en icelui fief ou domaine*, si ce fief n'a point de chef d'hommage.

Quelque exorbitante que soit cette faculté, elle dérive néanmoins des règles sur le partage des successions, telles qu'on les observoit autrefois en Poitou, comme cela a lieu pour les diminutions de fief dans les coutumes de dépié. C'est ce partage des fiefs qui a donné la première idée de leur aliénation. Mais les règles sur les successions ont reçu beaucoup d'altérations en Poitou, tandis qu'elles se sont conservées presque entièrement en leur état primitif dans les coutumes de Touraine, d'Anjou, du Maine & de Loudunois. *Voyez* la preuve que l'on a donnée de tout cela dans le *Répertoire universel de jurisprudence*.

Aujourd'hui même la coutume de Poitou ne parle de la quotité de l'*empirement de fief* qu'à l'occasion du parage. L'art. 130 dit que le chemier peut *demeurer en hommage*, malgré l'aliénation d'une partie du fief; c'est-à-dire, conserver la mouvance des portions aliénées, & la porter en hommage au seigneur dominant, pourvu qu'il retienne *l'hôtel du chef de son hommage*, & s'il n'y a pas d'hôtel eu chef d'hommage, *la valeur du tiers en icelui fief ou domaine*.

Tous les auteurs conviennent que ces règles s'appliquent aux diminutions de fief faites par quelque propriétaire de fief que ce soit, comme à celles

qui sont faites par le chemier. Mais il y a beaucoup de difficultés à déterminer ce que la coutume entend par *la valeur du tiers en icelui fief ou domaine*, dont elle exige la rétention, lorsqu'il n'y a pas de *chef d'hommage*, c'est-à-dire lorsqu'il n'y a pas d'hôtel principal où le vassal reçoive les hommages de ses vassaux. Les commentateurs ne sont point d'accord à cet égard.

Barraud, Lelet & Filleau pensent qu'il faut nécessairement retenir le tiers tant du domaine du fief que des anciennes redevances ou des autres devoirs qui dépendent du fief. Ils citent un arrêt sans date, qui a privé de la mouvance un vassal qui avoit accensé la totalité de son fief, quoique les bailleurs se fussent toujours fait rendre la foi & hommage des domaines arrentés, & qu'ils eussent perçu les droits de mutation depuis près de deux siècles. Mais on voit dans Barraud & dans Constant, que le fief que l'on avoit ainsi aliéné avoit un hôtel principal, dont l'art. 130 exige la rétention d'une manière trop impérieuse, pour qu'il pût y avoir de la difficulté dans ce cas-là.

Constant, Boucheul & Harcher pensent qu'il suffit de retenir la valeur du tiers soit en domaine, soit en censive. Ils allèguent des décisions semblables, qui ont pour objet *le jeu de fief* admis dans tant d'autres coutumes. Mais ce jeu de fief ne tenant point au préjudice du seigneur comme l'*empirement de fief*, on ne peut pas argumenter de l'un à l'autre. On peut présumer au contraire que les inconvéniens résultans de la multiplication des fiefs sans domaine, feront admettre en Poitou la jurisprudence observée dans les coutumes de dépié, où la constitution de ces sortes de fiefs est réprouvée.

Lorsque le vassal ne retient pas le chef d'hommage, ou le tiers du fief qui en tient lieu, la rétention de mouvance, quelque expresse qu'elle pût être, ne lui serviroit de rien, à moins que le seigneur n'eût agréé cette convention, ainsi que l'acquéreur. Autrement le seigneur du vassal qui a fait l'aliénation a droit d'exiger l'hommage de l'acquéreur, quand bien même il auroit acquis le domaine à titre de bail à cens. C'est la décision formelle des art. 130 & 131.

On trouve, ce me semble, dans ces deux articles la solution de la question de savoir si la dévolution a lieu en Poitou, question que les commentateurs ont mal-à-propos voulu résoudre par des autorités étrangères, & sur laquelle Harcher s'est manifestement contredit. *Voyez* son *Traité des fiefs, chap. 5, sect. 1, §. 14, & sect. 5, §. 8.*

Si l'acquéreur, par le contrat qui donne lieu au dépié de fief, a seul le chef d'hommage, ou le tiers du fief qui en tient lieu, il n'y a point de dévolution des mouvances au profit du seigneur; mais ces mouvances ne doivent point rester au vendeur, comme l'ont cru Constant, Barraud & Boucheul; elles passent, avec la partie principale, à l'acquéreur. C'est ce que la coutume désigne en appellant ici l'hôtel principal *chef d'hommage*, en difant que le vendeur ne demeurera point en hommage, mais qu'*il conviendra que celui à qui la chofe eft tranfportée le faffe*. C'eft ce qui réfulte fur-tout de la comparaifon de cet article avec le précédent dont il eft une fuite.

Que fi le vaffal aliène partie du chef d'hommage, ou que, lorfqu'il n'y a pas de chef d'hommage, il divife tellement fon fief par diverfes aliénations, qu'aucun des acquéreurs ni lui n'en aient le tiers, alors on ne voit pas comment on pourroit refufer la dévolution au feigneur. En un mot, la coutume fait dépendre la directe du chef d'hommage ou du tiers qui en tient lieu ; c'eft à celui qui a ce chef d'hommage ou ce tiers, à recevoir l'hommage des arrière-vaffaux, qui ne font point obligés d'aller le faire ailleurs, & de reconnoître la directe d'un fief ainfi démembré. La coutume ne dit pas que, lorfque le vaffal a aliéné le chef d'hommage, il ne reftera pas en hommage pour la portion aliénée feulement, mais généralement qu'il *ne reftera pas en l'hommage du feigneur ;* il devient donc lui-même le vaffal de celui qui acquiert le chef d'hommage, c'eft-à-dire, le membre du fief dont il étoit la tête ; & lorfque le fief eft tellement démembré, qu'il n'y a plus de portion affez confidérable pour être le chef, alors toutes ces portions de fief & les mouvances qui en dépendoient doivent reconnoître pour chef le feigneur fuzerain.

§. II. *Du devoir qu'il faut retenir dans l'empirement de fief.* Pour que l'*empirement de fief* puiffe tenir au préjudice du feigneur, l'article 30 de la coutume de Poitou exige que le vaffal retienne un devoir fur la portion qu'il aliène : comme cet article ne s'exprime point fur la qualité du devoir, il importe peu qu'il foit noble ou roturier.

Les coutumes d'Anjou & du Maine décident nettement que la feule rétention du droit de juftice n'empêcheroit pas le dépié de fief : comme c'eft-là une difpofition particulière, qui ne paroît pas trop conforme à l'efprit de ces coutumes, où la féodalité fuppofe néceffairement la jurifdiction foncière, *& vice verfâ*, tous les commentateurs de la coutume de Poitou décident qu'il fuffit, dans cette coutume, de retenir la jurifdiction fur la portion aliénée, pour la validité de l'*empirement*.

Cette opinion peut d'autant moins éprouver de difficultés, que les art. 52, 53, 148, 171 & fuivans de cette coutume règlent le cas où les biens dont on ne reconnoît pas la nature font réputés nobles ou roturiers, & les devoirs auxquels ils font affujettis. Le feigneur qui ne fe réferve que la jurifdiction foncière eft cenfé s'en remettre à la coutume fur la fixation des devoirs qui lui font dus par fuite de fa jurifdiction.

§. III. *Des effets de l'empirement de fief.* Le devoir retenu par le vaffal fur la partie de fon fief qu'il a aliénée, lui en affure la mouvance pour l'avenir. Mais la coutume accorde les *premières ventes &*

honneurs au feigneur, comme pour le dédommager de la perte de fa mouvance. Les lods & ventes des aliénations poftérieures appartiendront au vaffal. C'eft la décifion de l'art. 30 de la coutume.

L'on a demandé fi, lorfque l'aliénation a été faite à un autre titre que celui de vente, le feigneur du vaffal qui a fait l'*empirement* pourra avoir les lods & ventes de la première vente qui s'en fera dans la fuite. L'art. 30 ne réfout pas précifément la queftion : car il ne parle que dans l'efpèce d'une aliénation faite par contrat de vente.

Les commentateurs de la coutume fe décident unanimement pour la négative. Mais les raifons qu'ils donnent mettent en thèfe ce qui eft en queftion. Un arrêt du 17 février 1610 a jugé contre leur opinion, en accordant à la veuve Roi les lods & ventes de la première vente d'un domaine qui avoit été échangé par un de fes vaffaux, avec retenue de devoir. L'ufage de ne point payer les lods & ventes au feigneur, lors de la première vente, s'eft néanmoins perpétué depuis en Poitou, & la queftion peut faire de la difficulté.

Il eft clair que la coutume, en attribuant au feigneur les lods & ventes du domaine aliéné *par contrat de vente, avec rétention de devoir*, entend bien comprendre, fous le nom de *ventes*, les baux à cens faits avec deniers d'entrée. Cependant Befchet décide que, lorfque dans un bail à cens & rente, le vaffal reçoit des deniers d'entrée, il n'eft point dû de droits de lods & ventes au feigneur pour ces deniers d'entrée. Il ajoute qu'il a connoiffance de plus de 10,000 baux à rente ainfi faits par les feigneurs d'Arvert, de Royan, de Mornac & leurs vaffaux, où ces feigneurs ont reçu des fommes notables des preneurs, lors des deffechemens de la majeure partie de ces marais, fans qu'on ait même élevé la queftion.

Mais Boucheul penfe qu'on décideroit le contraire, fi les baux à cens & rente, avec deniers d'entrée, avoient pour objet des domaines déjà cultivés. Cela ne peut guère faire de difficulté, & il eft même très-douteux s'il ne faut pas décider la même chofe en cas de bail à cens & rente, avec deniers d'entrée pour les terreins incultes ; car la coutume ne fait aucune diftinction. (*Article de* M. GARRAN DE COULON, *avocat au parlement.*)

EMPIRIQUE, f. m. (*Police.*) ce mot, dans fa véritable acception, fe dit de celui qui s'attache feulement à l'expérience dans la médecine, & qui ne fuit pas la méthode ordinaire de l'art. Mais l'acception la plus ordinaire, & dans le langage commun, *empirique* eft fynonyme de *charlatan*. *Voyez* CHARLATAN.

EMPLOI, f. m. *en droit*, a plufieurs fignifications différenres.

Emploi, en matière de finances, fe dit d'un certain genre d'occupation & de fonctions, que l'on donne à quelqu'un dans une régie, ou dans une adminiftration. *Voyez dans le Dictionnaire des Finances* les mots EMPLOI, EMPLOYÉ.

Emploi, dans un compte, signifie l'*application* que l'on fait d'une partie dans la recette ou la dépense : ainsi *employer une somme en recette*, c'est s'en charger en recette ; *employer une somme en dépense*, c'est la porter dans la dépense du compte ; *employer en reprise*, c'est reprendre & retirer une somme dont on s'est d'abord chargé en recette, mais que l'on reprend ensuite, parce que réellement on ne l'a pas touchée. *Voyez* COMPTE.

Emploi de deniers, c'est lorsqu'on se sert des deniers de quelqu'un, soit pour payer une dette, ou pour acquérir un héritage ou autre immeuble. *Voyez* HYPOTHÈQUE & SUBROGATION.

Emploi de la dot, c'est lorsque le mari place en acquisition d'immeubles, la dot qu'il a reçue de sa femme en deniers, afin d'en assurer la répétition. *Voyez* DOT & RÉPÉTITION.

Double emploi dans un compte, est lorsqu'un même article est porté deux fois, soit en recette, dépense ou reprise. L'erreur qui résulte d'un *double emploi* ne se couvre point. *Voyez* COMPTE.

Faux emploi se confond souvent avec le *double emploi*. *Voyez* DOUBLE EMPLOI.

Emploi, dans un inventaire de production, ou dans une requête de production nouvelle, est la mention que l'on fait d'une pièce dont on tire quelque induction, sans néanmoins produire la pièce même, soit parce qu'elle est déjà produite sous quelque autre cote, soit parce que celui qui fait cet *emploi*, n'a pas la pièce en sa possession.

On fait ainsi des *emplois*, non-seulement de pièces connues & qui existent, mais aussi de faits que l'on pose comme certains. Ces sortes d'*emplois* n'ont de force qu'autant que les faits sont constans & notoires, ou prouvés d'ailleurs, ou qu'ils sont avoués par la partie adverse, de sorte que si la partie ne convient pas de ces faits, on contredit les *emplois* de ces faits prétendus certains, de même que les *emplois de pièces*. *Voyez* CONTREDITS, INVENTAIRE DE PRODUCTION, PRODUCTION, PRODUCTION NOUVELLE. (*A*)

EMPOISONNEMENT, s. m. (*Code criminel.*) est l'action de ceux qui mêlent dans la boisson ou dans les alimens d'autrui des substances végétales ou minérales, dont l'effet est de donner la mort.

L'*empoisonnement* est de tous les crimes le plus lâche & le plus atroce, parce qu'il suppose presque toujours une longue préméditation de la part de celui qui le commet, & un abus de la confiance du malheureux qui en est la victime. On peut défendre quelquefois sa vie contre un assassin qui attaque à force ouverte ; mais quelles précautions prendre contre un scélérat qui prépare la mort dans le silence le plus profond, & la présente souvent sous les dehors de la tendre amitié. Nous nous étendrons davantage sur cet article au mot *poison*. *Voyez* POISON & ENDORMEURS. (*M. BOUCHER D'ARGIS, conseiller au châtelet, de l'académie de Rouen*, &c.)

EMPOISSONNEMENT, s. m. (*Eaux & Forêts.*) est l'action de repeupler un étang qui a été pêché. L'ordonnance de 1669, *tit.* 31, *art.* 21, a déterminé l'échantillon du poisson, que l'on jette dans les étangs, qui appartiennent au roi, aux ecclésiastiques & aux communautés séculières.

Le carpeau doit avoir environ six pouces ; la tanche, cinq ; la perche, quatre : à l'égard du brochet, on est le maître de le jetter de l'échantillon qu'on veut, pourvu qu'on ait soin de ne le jetter dans l'étang, que lorsque les autres poissons ont acquis assez de force pour résister à sa voracité.

Les officiers des maîtrises sont chargés de tenir la main à l'exécution de cet article de l'ordonnance ; mais il leur est défendu, à peine de concussion, de prétendre aucune vacation à ce sujet.

EMPOUILLES, s. f. (*Jurisprud.*) se dit, dans quelques provinces, pour exprimer les grains pendans par les racines. Ce terme est opposé à *dépouille*, qui signifie les *grains séparés du fonds*. (*A*)

EMPRISE de testament, s. f. terme particulier de la coutume de Douai, qu'elle emploie pour caractériser un acte judiciaire, par lequel un légataire universel, un exécuteur testamentaire, une veuve, des héritiers déclarent pardevant deux échevins au moins, qu'ils se soumettent à la volonté du testateur.

Cet acte est nécessaire pour donner aux légataires d'héritage, saisine & droit réel à leur profit, après le décès du testateur, & sûreté pour l'entier fournissement & accomplissement du testament, sans qu'ils soient requis faire autre devoir de justice. *Voyez Coutume de Douai*, chap. 2, art. 3 ; & chap. 5, art. 3.

EMPRISONNEMENT, s. m. (*Code criminel.*) action par laquelle on met quelqu'un en prison. C'est mal-à-propos que le dictionnaire de Trévoux prétend qu'on doit dire aussi *emprisonnement* du temps de la détention d'un prisonnier : *son emprisonnement a duré trois ans*, voilà quelle est la phrase qu'il cite pour exemple, elle n'est pas françoise ; car l'*emprisonnement* étant l'action par laquelle on met un homme en prison, ne sauroit durer trois ans. On peut bien dire : la détention ou la captivité de tel ou tel homme a duré trois ans, mais jamais son *emprisonnement*, pour lequel il ne faut que le temps de la capture & de la conduite dans les prisons.

EMPRISONNER, v. a. (*Code criminel.*) mettre quelqu'un en prison. On ne peut *emprisonner* un citoyen qu'en vertu d'un ordre du roi, d'un décret, d'une sentence ou de l'ordonnance d'un magistrat ou commissaire de police. Les officiers chargés de ces sortes d'exécutions doivent y mettre autant de prudence que de modération & de douceur ; la manière dont on *emprisonnoit* autrefois pour dettes avoit quelque chose de révoltant. Les captureurs, avides de leur proie, & craignant toujours de la voir échapper de leurs mains, se précipitoient avec une espèce de fureur sur le débiteur malheureux, & commençoient par l'assommer de coups pour prévenir toute résistance de sa part.

Le roi voulant remédier à ces abus, a changé la forme de l'emprisonnement pour dettes par l'édit portant création des gardes du commerce, dont le service, les fonctions & les pouvoirs ont été fixés d'une manière qui ne laisse au juge d'autre soin que celui de réprimer les excès & de punir les malversateurs.

L'article 13 du titre 13 de l'ordonnance criminelle porte que les écrous & recommandations feront mention des arrêts, jugemens & autres actes, en vertu desquels ils seront faits, du nom, surnom & qualité du prisonnier, de ceux de la partie qui aura fait faire l'emprisonnement, & du domicile qu'elle aura élu au lieu où la prison est située, à peine de nullité.

Tout prisonnier doit être écroué dans les vingt-quatre heures. En conséquence, l'article 14 du même titre de l'ordonnance de 1670, enjoint au geolier ou greffier de la geole de porter dans les vingt-quatre heures au plus tard au procureur du roi ou à celui du seigneur, copie des écrous & recommandations qui seront faits pour crime.

L'article 6 de l'édit du mois de novembre 1772, portant création des gardes du commerce, défend de mettre à exécution aucun jugement portant contrainte par corps les dimanches & fêtes, à moins qu'il n'y ait ordonnance, sentence, jugement ou arrêt qui en permette expressément l'exécution les jours de fêtes & dimanches.

Il est défendu, par le même article, d'arrêter la nuit sans l'assistance d'un commissaire. En matière criminelle, on peut emprisonner tous les jours & à toute heure. La sûreté publique & la nécessité de punir les coupables n'ont pas permis de faire les mêmes distinctions qu'en matière civile. Voyez ÉCROU, GARDE DU COMMERCE, DÉCRETS, &c. (M. BOUCHER D'ARGIS, conseiller au châtelet, de l'académie de Rouen, &c.)

EMPRUNT, s. m. (Droit civil.) ce mot, dans sa véritable signification, veut dire ce que l'on reçoit à titre de prêt, & il est opposé au mot prêt. Celui qui a besoin d'argent fait un emprunt ; celui qui fournit l'argent fait un prêt. Mais comme tout ce que nous pourrions dire ici se trouvera plus naturellement sous le mot prêt, nous y renvoyons. Voyez PRÊT.

Emprunt de territoire, se dit d'une jurisdiction qui tient ses séances ordinaires, ou fait quelque acte de jurisdiction dans un territoire qui n'est pas le sien, & qui dépend d'une autre jurisdiction. Voyez TERRITOIRE EMPRUNTÉ.

EN

EN, c'est, disent MM. de la Mothe, un terme d'honneur qui, comme celui de na, se met devant le nom des gentilshommes & des demoiselles, & qui répond au de moderne. Voyez le §. 14 des anciennes coutumes de Bordeaux, avec le commentaire imprimé. (M. GARRAN DE COULON.)

ENARRHEMENT ou ARRHEMENT, s. m. (Police.) Voyez ACCAPAREMENT, AMAS, ARRHER, MONOPOLE.

ENCAN, s. m. (Jurisprud.) est une vente de meubles qui se fait par autorité de justice, ou du moins publiquement par le ministère d'un huissier ou sergent, au plus offrant & dernier enchérisseur. Ce mot vient du latin in quantum, d'où l'on a fait inquant, terme qui est encore usité dans quelques provinces ; & en d'autres, par corruption, on a dit encan. Ménage & Ducange font venir ce mot d'incantare, qui signifie crier ; mais l'autre étymologie paroît plus naturelle. Les meubles vendus à l'encan ne peuvent plus être revendiqués après les huit jours de recousse, dans les coutumes qui accordent au saisi ce droit de recousse ou forgage. Voyez RECOUSSE. (A)

ENCENS & ENCENSEMENT, s. m. (Droit ecclés. & féod.) Voyez DROITS HONORIFIQUES, & le Dictionnaire de Théologie.

ENCHANTEMENT, s. m. (Code criminel.) Voyez CHARME, FASCINATION, SORCIER.

ENCHÈRE, s. f. terme de Pratique, qui vient d'enchérir. Selon la signification propre, il devroit ne s'entendre que de l'offre qui est faite au-dessus du prix qu'un autre a offert : néanmoins, dans l'usage, on comprend sous ce mot toute mise à prix, même celle qui est faite la première pour quelque meuble ou immeuble, ou pour un bail ou autre exploitation.

Dans quelques pays, les enchères sont appellées mises à prix ; & en d'autres, surdites.

Les enchères sont reçues dans toutes les ventes de meubles qui se font à l'encan, soit à l'amiable, ou forcées. Dans ces sortes de ventes, c'est l'huissier qui fait la première enchère ou mise à prix.

On reçoit aussi les enchères pour les ventes des coupes des bois, pour les baux des fermes, baux judiciaires, adjudications d'ouvrages ou autres entreprises.

A l'égard des immeubles qui se vendent par décret volontaire ou forcé, ou par licitation en justice, c'est le poursuivant qui met au greffe la première enchère, qu'on appelle enchère de quarantaine. Ceux qui se présentent pour acquérir ont chacun la liberté de mettre leur enchère jusqu'à ce que l'adjudication soit faite.

L'enchère est un contrat que l'enchérisseur passe avec la justice, & par lequel il s'oblige de prendre la chose pour le prix par lui offert, au cas qu'il ne se trouve point d'enchère plus forte. Ce contrat oblige dès le moment même de l'enchère ; & on ne peut la rétracter, quand même l'enchérisseur prouveroit d'une lésion d'outre moitié, ainsi qu'il a été jugé au parlement de Toulouse, par arrêt du 19 janvier 1666 : mais dès que l'enchère est couverte par une autre plus forte, le précédent enchérisseur est déchargé de son engagement, lequel contient toujours tacitement cette condition.

Cette règle n'a pas toujours été suivie dans les

tribunaux, ni toujours regardée comme certaine par les anciens jurisconsultes. Barthole, Dumoulin & autres prétendoient qu'à défaut par le dernier enchérisseur de payer le prix de son *enchère*, le précédent étoit tenu de prendre le bien aux conditions de son *enchère*, & que le surplus du prix devoit être payé par le dernier enchérisseur. Balde, Tronçon, Charondas & autres avoient embrassé le sentiment contraire, qui sert aujourd'hui de principe dans cette matière, & forme le droit commun du royaume. La raison en est que les *enchères* étant regardées comme des offres, dès que la justice a rejetté les premières comme insuffisantes, & admis les dernières, il ne subsiste vis-à-vis d'elle aucun engagement de la part du premier enchérisseur.

Il faut excepter de cette règle, 1°. les *enchères* reçues par la vente des domaines & bois du roi, ainsi que nous l'avons dit sous le mot *adjudication*; 2°. le territoire régi par la coutume de Berri, qui, dans le cas où le dernier enchérisseur ne paie pas le prix de l'adjudication dans la huitaine, permet aux précédens enchérisseurs successivement, de se faire adjuger le bien, pour le prix porté dans leurs *enchères*, ensorte que le bien n'est revendu à la *folle enchère* du dernier adjudicataire, que quand aucun des premiers enchérisseurs ne veut le prendre.

Plusieurs auteurs avoient pensé que, dans le cas d'appel d'une adjudication, le dernier enchérisseur pouvoit demander d'être déchargé de son *enchère*, n'étant pas obligé d'attendre l'événement de l'adjudication, & de garder en attendant son argent oisif. Mais cette opinion, contraire au sentiment de M. Pothier, nous paroît mal fondée, ainsi que nous l'avons dit sous le mot *adjudication*; 1°. parce que l'appel étant une voie de droit, l'enchérisseur a dû le prévoir; 2°. parce qu'il pourroit en résulter plusieurs abus, un tiers étant le maître de détruire par un appel mal fondé, l'obligation de l'enchérisseur, & celui-ci anéantir sa propre obligation en engageant par des présens la partie saisie, qui est ordinairement ruinée, à interjetter appel de l'adjudication.

Les enchérisseurs, en faisant leur *enchère*, doivent nommer leur procureur & élire chez lui domicile, autrement l'*enchère* ne seroit pas reçue.

Dans les ventes d'immeubles qui se font par autorité de justice, l'usage est que les *enchères* se font par des procureurs fondés de procuration spéciale de leurs parties.

Les procureurs ne peuvent enchérir au-dessus de la somme portée par la procuration; s'ils vont au-delà, ils sont responsables de leur *enchère*.

Mais quoique le constituant ne se trouve pas en état de payer, le procureur n'est pas responsable de l'*enchère*, à moins que l'insolvabilité du constituant né fût notoire & apparente. Il y a un arrêt conforme du 24 janvier 1687, rapporté dans le recueil des procureurs, *pag. 218*.

Tout enchérisseur doit, suivant l'édit de 1551, à peine de nullité, faire signifier son *enchère* au dernier enchérisseur, c'est-à-dire, à celui qui a enchéri immédiatement avant lui. Mais la dernière *enchère* qui se fait dans la dernière remise, n'a pas besoin d'être signifiée.

Toutes personnes capables d'acquérir sont reçues à enchérir, à l'exception de ceux qui, par des considérations particulières, ne peuvent acquérir les biens ou droits dont on fait l'adjudication; tels que les juges devant lesquels se fait l'adjudication, les conseillers du même siège, les avocats & procureurs du roi, les greffiers-commis: ce qui a été sagement établi, pour empêcher que ces personnes n'abusent de leur ministère pour écarter les autres enchérisseurs, & se rendre adjudicataires à vil prix.

Suivant l'usage & le droit commun, il n'est plus permis de recevoir de nouvelles *enchères*, lorsque le juge a prononcé le mot *adjugé*. Le réglement de 1666, pour le parlement de Rouen, permet d'enchérir jusqu'à ce que l'audience soit levée. Hevin, sur la coutume de Bretagne, rapporte un arrêt du 22 mai 1674, qui atteste le même usage. La coutume d'Auvergne laisse enchérir jusqu'à l'expédition & délivrance des lettres de décret. Bretonnier observe que, dans le ressort du parlement de Dijon, on reçoit les *surenchères* après l'adjudication, jusqu'à la consignation.

Il nous reste à expliquer les qualifications qu'on est dans l'usage d'ajouter au mot *enchère*.

Enchère couverte, est celle au-dessus de laquelle un autre enchérisseur a fait sa mise.

Dernière enchère, signifie quelquefois l'*enchère* qui est actuellement la dernière dans l'ordre, mais qui peut être couverte d'un moment à l'autre, ou dans une remise suivante, par un autre enchérisseur, au moyen de quoi elle cesseroit d'être la dernière. Souvent aussi on entend par *dernière enchère*, celle sur laquelle l'adjudication définitive a été faite.

Enchère à l'extinction de la chandelle. Voyez CHANDELLE ÉTEINTE.

Folle enchère, est celle qui est faite par un enchérisseur insolvable, ou par un procureur qui ne connoît pas sa partie, ou qui n'a pas d'elle de pouvoir en bonne forme, ou qui excède ce pouvoir, ou enfin qui se charge d'enchérir pour un homme notoirement insolvable.

Faute par l'adjudicataire de consigner le prix de son adjudication dans le temps prescrit, on fait ordonner qu'il sera procédé à une nouvelle adjudication à sa *folle enchère*, &, comme on dit quelquefois pour abréger, on poursuit la *folle enchère*, en quoi l'on confond la cause avec l'effet.

S'il ne se présente personne qui porte la chose à si haut prix que celui pour lequel elle avoit été adjugée; en ce cas, celui sur lequel on poursuit la *folle enchère*, est tenu de fournir ce qui manque pour faire le prix de son adjudication, avec tous les frais faits pour parvenir à une nouvelle adjudication : c'est ce que l'on appelle *payer la folle enchère*; & celui qui la doit, peut être contraint à payer par faifie & vente de fes biens, meubles & immeubles, & même quelquefois par corps, felon les circonftances.

On peut auffi conclure contre lui aux intérêts du prix, du jour de l'adjudication.

Si le prix de la nouvelle adjudication monte plus haut que celui de la précédente, cet excédent doit être employé, comme le refte du prix, à payer les créanciers.

La *folle enchère* n'a point lieu contre ceux qui ne peuvent aliéner, lefquels par conféquent font non-recevables à enchérir.

Dans le cas de *folle enchère*, on ne peut pas forcer le précédent enchériffeur de tenir fon *enchère*. Il ne peut pas non plus obliger le pourfuivant ni la partie faifie, de lui céder le bien fur le pied de la dernière ; mais s'il veut bien tenir cette dernière *enchère*, & que le pourfuivant & la partie faifie y confentent, on ne pourfuit point la *folle enchère*.

Il n'eft point dû de droits feigneuriaux pour la première adjudication d'un héritage qui eft réfolue à caufe de la *folle enchère*, à moins que le premier adjudicataire ne les eût payés, auquel cas il ne pourroit les répéter ; mais il eft dû des droits pour la dernière adjudication, ainfi que l'établit Henrys, *tome II, liv. III, quæft. 3.* (*A*)

Enchère par licitation, eft un acte que le procureur de celui qui pourfuit une licitation, fait afficher, publier & mettre au greffe, pour annoncer qu'un tel héritage fera vendu par licitation ; qu'il l'a mis à tel prix, & autres charges, claufes & conditions : on y détaille auffi la confiftance des biens ; faute d'enchériffeurs, on remet à quinzaine, jour auquel on reçoit les *enchères* ; & on adjuge par licitation après trois remifes différentes. (*A*)

Enchère au profit commun, eft une *enchère* ordinaire à laquelle on donne ce nom dans la province de Normandie, parce que la totalité de ces fortes d'*enchères* tourne au profit de tous les créanciers, à la différence de l'*enchère au profit particulier*, qui va être expliquée dans l'article fuivant.

Enchère au profit particulier, eft une *enchère* d'une efpèce fingulière, qui n'eft ufitée qu'en Normandie. C'eft une grace que l'on accorde dans les adjudications par décret, aux derniers créanciers & tiers-acquéreurs, qui prévoient qu'ils ne feront point mis en ordre utile, fi on fe tient à la dernière *enchère* faite à l'ordinaire, & qu'on appelle dans ce pays *enchère au profit commun*, à caufe qu'elle tourne au profit de tous les créanciers : dans ce cas, tout créancier privilégié ou hypothécaire, dont la créance eft antérieure à la faifie-réelle, peut enchérir à fon profit particulier à telle fomme que bon lui femble ; ce qui s'entend toujours à condition que le quart de ce dont il a augmenté fa dernière *enchère*, tournera au profit commun des autres créanciers, & que les trois autres quarts feront par lui imputés fur ce qui lui eft dû.

Pour pouvoir enchérir à fon profit particulier,

il faut, 1°. être créancier privilégié ou hypothécaire fur les biens faifis avant la faifie réelle ; 2°. que la dette foit légitime & fondée en un titre paré & exécutoire ; 3°. que l'*enchère* au profit particulier foit faite avant l'adjudication finale ; 4°. qu'elle foit mife au greffe du fiège où fe fait-le décret, quinze jours avant l'adjudication ; 5°. qu'elle foit lue publiquement aux plaids, c'eft-à-dire l'audience tenant.

Aux plaids fuivans où on la relit encore, s'il ne fe préfente perfonne qui veuille porter au profit commun le prix du bien décrété jufqu'à la fomme à laquelle le créancier ou tiers-acquéreur l'a porté à fon profit particulier, & qu'il n'y ait point d'autre créancier antérieur à la faifie-réelle qui veuille furenchérir à fon profit particulier ; en ce cas, on adjuge le bien purement & fimplement, fans que perfonne foit admis par la fuite à enchérir, foit au profit commun, ou à fon profit particulier.

Lorfque le décret fe pourfuit fur un tiers-détenteur qui n'eft pas débiteur perfonnel, il n'y a que les créanciers antérieurs à fon acquifition qui foient admis à enchérir au profit particulier.

Si le bien vendu par décret confifte en plufieurs pièces, le créancier qui enchérit à fon profit particulier, peut déclarer fur quelle pièce il veut appliquer fon *enchère* au profit particulier ; mais fi la répartition n'en a point été faite à l'audience, en ce cas elle fe fait de plein droit au fou la livre du prix de l'adjudication, & cela fuffit afin de prévenir les fraudes, notamment celle qui pourroit fe faire contre le retrait-féodal ou lignager, parce que fi on différoit plus long-temps à faire l'application de l'*enchère* au profit particulier, on ne manqueroit pas de l'appliquer toute entière fur l'héritage pour lequel on craindroit quelque retrait.

Le receveur des confignations eft tenu de prendre pour argent comptant, les titres valables de créance de celui qui a enchéri à fon profit particulier, & ce jufqu'à concurrence de la fomme dont il a augmenté la dernière *enchère*.

Si celui qui a ainfi enchéri, fe croyant créancier, ne l'eft point effectivement, il doit payer le prix entier de fon adjudication au profit commun. *Voyez les articles 549, 577 & 582 de la coutume de Normandie*, & ce que les commentateurs ont dit fur ces articles, & *le tr. de la vente des immeubles par décret*, de M. d'Héricourt, *ch. x, n. 17 & fuiv.* (*A*)

Il y a en Lorraine une efpèce d'*enchère conditionnelle* ou *remont conditionnel*, qui a beaucoup de rapport avec l'*enchère au profit particulier*, dont on vient de parler. Elle en diffère néanmoins, en ce qu'elle tourne en totalité au profit du créancier enchériffeur, au lieu que le quart de l'*enchère au profit particulier* appartient à tous les créanciers.

La moindre *enchère* pure & fimple exclut l'*enchère conditionnelle* antérieure ; celle-ci même ne peut avoir lieu que pour les biens roturiers, & non pour les biens nobles. *Ordonnance du duc Léopold, du mois de novembre 1707, tit. 18, art. 25 & 26.*

Enchère de quarantaine, eſt un acte que le procureur du pourſuivant met au greffe après le congé d'adjuger : pour annoncer que l'on procédera à la vente & adjudication des biens ſaiſis réellement ſur un tel, on énonce la conſiſtance des biens auxquels le pourſuivant met un prix, & il détaille les autres charges, clauſes & conditions de l'adjudication. Cette *enchère* eſt ſurnommée *de quarantaine*, parce que l'on y déclare qu'il ſera procédé à l'adjudication quarante jours après que l'*enchère* eſt miſe au greffe.

Elle ne ſe fait qu'après le congé d'adjuger, & après que les oppoſitions à fin d'annuller, de charge & de diſtraire ont été jugées; attendu que ſi l'oppoſition à fin d'annuller avoit lieu, il n'y auroit plus de décret à faire, & que l'*enchère* doit faire mention des héritages qui ſeront diſtraits de l'adjudication & des charges dont l'adjudicataire ſera tenu.

Cette *enchère* étant reçue au greffe, doit être lue & publiée à l'audience, tant de la juriſdiction où ſe pourſuit le décret, que de celles où les biens ſont ſitués. La quarantaine ne commence que du jour de la dernière publication.

On affiche cette *enchère* aux portes des juriſdictions où elle ſe publie, aux égliſes paroiſſiales de ces juriſdictions, des parties ſaiſies, aux portes des villes par où l'on ſort pour aller aux biens ſaiſis, & dans les autres endroits où l'on a coutume de les afficher, ſuivant l'uſage de chaque lieu.

L'*enchère* doit être ſignifiée au procureur de la partie ſaiſie & aux procureurs des oppoſans.

Après la quarantaine on procède ſur cette *enchère* à l'adjudication, qui ne ſe fait ſauf quinzaine; & enſuite, après pluſieurs remiſes, on adjuge définitivement. *Voy.* ADJUDICATION, CRIÉES, DÉCRET, REMISES. (*A*)

Enchère au rabais, eſt celle qui ſe fait dans les adjudications au rabais; c'eſt-à-dire, que l'un ayant offert de faire une choſe pour un certain prix, un autre enchériſſeur offre de la faire pour un moindre prix. *Voyez* RABAIS.

Renchère ſe dit en Normandie & dans quelques autres lieux, pour ſeconde ou autre *enchère*. (*A*)

Surenchère eſt auſſi la même choſe que *renchère*; c'eſt-à-dire qu'un ſecond, troiſieme ou autre enchériſſeur fait par-deſſus les autres. *Voyez* ADJUDICATION, DÉCRET, SAISIE-RÉELLE, LICITATION (*A*)

ENCIS ou ENCISE, (*Code criminel.*) c'eſt le meurtre de la femme enceinte ou de l'enfant qu'elle porte. Ce terme ſe trouve dans la coutume d'Anjou, *art.* 44; Maine, *art.* 51, & dans la ſomme rurale, *titre* d'action criminelle : *mulier inciens qua uterum gerit*. Voyez le gloſſaire de M. de Lauriere, & les mots AVORTEMENT, GROSSESSE.

ENCLAVE, (*Droit féodal.*) on appelle *enclave*, la circonſcription d'un royaume, d'une province, d'un diocèſe, d'une paroiſſe, &c.

En matière féodale, on appelle *enclave* un terrein déterminé, ſur lequel le ſeigneur eſt fondé à exercer la juſtice ou à percevoir un droit général.

Le ſeigneur ainſi fondé en droit général ſur ſon territoire, a des prérogatives très-avantageuſes: on les nomme *droit d'enclave*.

Il y a deux ſortes d'*enclaves*; celle de la directe & celle de la juſtice.

Comme il y a deux eſpèces de coutumes, les cenſuelles & les allodiales, il y a auſſi deux eſpèces d'*enclaves* de directe, l'une réelle & l'autre morale, ſi l'on peut parler ainſi.

Dans les coutumes où règne la maxime *nulle terre ſans ſeigneur*, la circonſcription de territoire ſuffit pour donner le droit d'*enclave*. Le ſeigneur d'un territoire circonſcrit par des bornes certaines, peut exercer tous les droits qui dérivent de la directe dans toute l'étendue de ce même territoire, & cela indiſtinctement ſur tous les héritages qu'il renferme. Tel eſt l'effet du droit d'*enclave*: cependant il n'exclut pas les ſeigneuries particulières. Il eſt impoſſible qu'il en exiſte dans ces mêmes bornes, mais celui qui les prétend doit les établir par des titres bien poſitifs, par des titres qui s'adaptent individuellement à chaque partie qu'il veut aſſervir, qu'il veut ſouſtraire à la loi générale du territoire. Voilà la règle; on la trouve dans tous les juriſconſultes : elle eſt écrite dans le *Traité des fiefs* de Dumoulin, avec autant de lumière que d'énergie. En voici les termes, ils ſont précieux, *habens territorium limitatum in certo jure ſibi competente, eſt fundatus ex jure communi, in eodem jure, in quálibet parte ſui territorii.... Habet intentionem fundatam quod quilibet poſſeſſor fundi in eodem territorio teneatur agnoſcere eum, in feudum vel in cenſum.* §. 68, gl. 1, n°. 6.

Chopin tient abſolument le même langage: *Quoties penes aliquem certum dominium ſtat, certis regiunculis finibus ſeptum, tunc intra eius limites poſiti fundi ei ſervire praeſumuntur.* Coutume d'Anjou, *art.* 140.

Cette règle eſt même revêtue dans pluſieurs coutumes, de la ſanction de l'autorité légiſlative. « Tout ſeigneur châtelain ou autre ayant haute » juſtice ou moyenne & baſſe & foncière, avec » territoire limité, eſt fondé par la coutume de » ſoi-dire & porter ſeigneur direct de tous les do-» maines & héritages étant en icelui, qui ne » montrent duement du contraire ». Angoumois, *art.* 35.

« Tout ſeigneur de fief ſe peut dire & porter » ſeigneur de toutes & chacunes les choſes ſituées » en ſon fief, dont il ne lui eſt fait hommage, » devoir ou redevance, excepté des choſes encla-» vées en-dedans de ſondit fief & tenues d'autrui, » ou par gens d'égliſe, en franche-aumône ou » autre titre particulier». Uſance de Saintes, *art.* 18.

On ne peut pas concevoir des autorités plus reſpectables: les auteurs, les coutumes, une multitude d'arrêts que nous pourrions rapporter, tout ſe réunit donc pour aſſurer au ſeigneur de l'enclave la directe sur toutes les parties du territoire; il est, comme on voit, présumé le seul, l'unique seigneur, & cette présomption est telle, que pour la détruire, il faut les titres les plus positifs.

Ainsi, dans les coutumes censuelles, la circonstance de la seigneurie en détermine l'*enclave*; le seigneur a la grande main sur tout ce qui est renfermé dans les bornes de sa terre. L'assiette d'un héritage dans ces mêmes bornes, est un titre suffisant pour l'assujettir au cens.

Il n'en est pas, à beaucoup près, de même dans les pays allodiaux, *le seul territoire limité*, dit M. de Cambolas, *ne sert de rien pour l'établissement de la directe*, l'assujettissement de la majeure partie des héritages n'est pas même un titre suffisant. Il faut, pour établir une directe universelle, des baux à cens, des actes recognitifs qui s'appliquent individuellement à chaque héritage, ou des titres généraux qui embrassent l'universalité du territoire. Ainsi, dans les coutumes allodiales, le droit d'*enclave* ne résulte pas, comme dans les coutumes censuelles, de la circonscription de la terre, mais uniquement des titres de la seigneurie.

Voilà le principe, l'intérêt ne l'a que trop souvent combattu; mais il demeurera, parce qu'il n'est pas possible de lui porter atteinte sans jetter la plus grande confusion dans cette matière: effectivement ce seroit effacer la ligne qui sépare les coutumes censuelles des pays allodiaux.

Dumoulin semble avoir pris un soin particulier de rendre cette ligne sensible à tous les yeux; il s'en occupe en plusieurs endroits de ses ouvrages, c'est le véritable sens de ce fameux passage de son commentaire sur l'*art. 48* de l'ancienne coutume de Paris, *habens territorium limitatum in certo jure sibi competente*, &c. Il y revient encore sur l'article 2 de la même coutume, §. 2, *glose 6*, *nombre 6*, où parlant des droits extraordinaires, tel qu'est le cens lui-même dans les coutumes allodiales, il s'exprime en ces termes: *etiam si maximè cæteri omnes circumvicini fundi jus illud pendant, nihil concludit ad onerandum certum intermedium prædium, nisi aliter de titulo, vel longissimâ præscriptione particulari doceatur.*

Ainsi dans les coutumes allodiales, la circonstance qu'un héritage est environné de terres censuelles ne suffit pas pour l'assujettir au cens, il en résultera, si l'on veut, une présomption; mais que peut une présomption contre l'autorité du droit public? l'héritage conservera donc sa liberté naturelle.

Le magistrat que nous avons déjà cité, s'exprime sur ce point avec une précision qui ne laisse rien à desirer. Voici ses termes: *il faut qu'il apparoisse par titres que toute la terre a été baillée en fief ou en emphytéose par des confrontations générales*, M. de Cambolas, *Traité du franc-aleu*.

On retrouve la même décision & presque les mêmes termes dans les écrits de ces deux jurisconsultes, également distingués par le rang qu'ils occupoient dans la magistrature & par les excellens ouvrages qu'ils ont donnés au public. Nous parlons de M. Salvaing & de M. le président Bouhier.

Ceux qui prétendent la directe universelle dans leurs terres, doivent être fondés de titres, ne suffisant pas qu'il y ait des reconnoissances de la plus grande partie d'un territoire uniforme, continu, limité & en droit d'enclave. M. de Salvaing, *Usage des fiefs*, chap. 53.

Supposons qu'un fonds soit entouré de tous les côtés d'autres héritages censables au seigneur, auroit-il raison d'en conclure que ce fonds est aussi chargé de cens envers lui? il y seroit sans doute mal fondé.... Dans les pays de franc-aleu, la charge imposée sur les héritages voisins ne fait aucune preuve contre ceux qui les touchent. M. le président Bouhier, sur la coutume de Bourgogne, *chapitre 65*.

Il n'est pas possible d'invoquer des autorités plus respectables. Il seroit inutile d'en citer un plus grand nombre pour établir une vérité qui sort d'ailleurs de la nature des choses.

Mais s'il arrive que dans le même territoire, la justice & la directe appartiennent à deux seigneurs différens, quelle sera l'influence de ces deux prérogatives? la justice emportera-t-elle l'*enclave* de la directe? la directe sera-t-elle un titre pour l'universalité de la justice? en un mot, le seigneur aura-t-il la justice sur tous les objets soumis à sa directe? & vice versâ.

Nous avons cet avantage, que cette difficulté a fixé l'attention de Dumoulin, il l'examine sur l'art. 46 de l'ancienne coutume de Paris. Ce jurisconsulte établit d'abord le grand principe de l'*enclave*, *habens territorium limitatum, &c.*

Notre auteur applique ensuite ce principe à la justice & à la directe.

A l'égard de la justice, il décide que la qualité de seigneur justicier d'un territoire donne le droit de justice sur toutes les parties, mais rien de plus: *dominus habens jurisdictionem territorii est fundatus in qualibet parte ex loco territorii, non in dominio directo.*

A l'égard de la directe, même décision. Celui qui a la directe universelle n'a pas besoin pour exiger le cens, d'un titre qui s'adapte à chaque partie du territoire: mais cette prérogative n'est d'aucune conséquence pour la justice, *aut dominus habet dominium directum illius territorii, tunc habet fundatam intentionem ut quilibet fundus debeat ab eo recognosci tanquam à domino directo; non autem ex hoc fundatus erit in jurisdictione.*

Il résulte de ces maximes que la justice sur un territoire ne donne pas droit à la directe du même territoire, & réciproquement que le seigneur directe ne peut pas se prévaloir de cette qualité pour prétendre à la justice.

Bacquet examine précisément la même question. On ne peut rien de plus énergique, que la manière dont il s'exprime à cet égard. « Le seigneur » féodal ne peut pas s'attribuer droit de justice en » son fief & censive, parce qu'en France fief & » justice

» juſtice n'ont rien de commun, ains ſont diſtincts » & ſéparés, & par ce moyen l'un ne peut attri- » buer l'autre ». (M. HENRION, avocat au par- lement.)

ENCLAVEMENT, ſ. m. Quelques coutumes, & particuliérement celle de Boulogne, art. 9, ſe ſer- vent de ce mot pour déſigner l'enclave d'une ſei- gneurie. Voyez l'article ENCLAVE. (G. D. C.)

ENCLOS, ſ. m. (Droit civil.) c'eſt un eſpace contenu dans une enceinte de maiſon, de murailles, de haies, de paliſſades, de foſſés, &c. Voyez CHASSE, CLOS, CLÔTURE, DIME, &c.

ENCOMBRÉ, adj. qui ſignifie embarraſſé. La coutume de Normandie appelle mariage encombré, lorſque le mari a aliéné quelque héritage de ſa femme. Voyez MARIAGE ENCOMBRÉ.

ENCOUREMENT, ſ. m. qu'on trouve dans l'ar- ticle 82 de la coutume de Bordeaux, comme ſubſ- tantif du verbe encourir, qui veut dire s'attirer quel- que peine. Cet article porte que les héritiers d'un fief peuvent le partager entre eux ſans le conſen- tement du ſeigneur dominant; que ſi quelques- uns d'eux ne paient pas les rentes & autres devoirs, le ſeigneur peut mettre tout le fief en ſa main; & il ajoute que, les devoirs une fois payés, le fief retourne aux héritiers ſans aucun encourement, ni commis.

ENCOURIR, (Juriſp.) ſignifie s'attirer, mé- riter quelque peine : par exemple, encourir une amende, c'eſt ſe mettre dans le cas de la devoir. L'amende eſt encourue, lorſque la contravention eſt commiſe. On dit de même, encourir la mort civile, une cen- ſure, une excommunication. Il y a des peines qui ſont encourues ipſo facto, c'eſt-à-dire de plein droit; d'autres qui ne ſe ſont qu'après un jugement qui les déclare encourues. Voyez AMENDE, MORT CI- VILE, CENSURE, EXCOMMUNICATION (A)

ENCROUÉ, adj. (Juriſp.) terme d'eaux & forêts, qui ſe dit d'un arbre, lequel en tombant s'embarraſſe dans les branches d'un autre arbre qui eſt ſur pied. L'ordonnance des eaux & forêts, tit. xv, art. 43, porte que les arbres ſeront abat- tus, enſorte qu'ils tombent dans les ventes ſans endommager les arbres retenus, à peine de dom- mages & intérêts contre le marchand; que s'il arri- voit que les arbres abattus demeuraſſent encroués, les marchands ne pourront faire abattre l'arbre ſur lequel celui qui ſera tombé ſe trouvera encroué, ſans la permiſſion du grand-maître ou des officiers, après avoir pourvu à l'indemnité du roi. (A)

ENDENTURE, ſ. f. (Juriſp.) du latin inden- tatura. C'étoit un papier partagé en deux colonnes, ſur chacune deſquelles le même acte étoit écrit; enſuite on coupoit ce papier par le milieu, non pas tout droit, mais en formant à droite & à gauche des eſpèces de dents, afin que quand on rappor- teroit un des doubles de l'acte, on pût vérifier ſi c'étoit le véritable, en le rapprochant de l'autre, & obſervant ſi toutes les dents ſe rapportoient par- faitement : c'eſt ce que l'on appelloit charta partita,

charta indentata, & en françois, chartie ou enden- ture. Voyez CHARTE PARTIE. (A)

ENDORMEUR, ſ. m. (Code criminel.) ce mot n'eſt uſité que depuis peu de temps dans la juriſprudence criminelle, pour qualifier une nou- velle claſſe de ſcélérats inconnus juſqu'à nos jours. La capitale & les provinces en ont été infectées pendant pluſieurs mois.

Leur crime conſiſtoit à mêler dans la boiſſon ou dans les alimens de la perſonne qu'ils vouloient endormir, une poudre ſoporative dont l'effet étoit auſſi rapide que dangereux. La perſonne qui avoit bu la liqueur ou mangé les alimens chargés de cette poudre, étoit ſurpriſe en peu d'inſtans d'un ſom- meil léthargique, qui continuoit quelquefois pen- dant pluſieurs jours, & dont elle ne ſortoit qu'a- vec des vomiſſemens conſidérables & des douleurs d'entrailles pareilles à celles que cauſe ordinaire- ment le poiſon.

Nous nommerions ici cette plante bien connue des naturaliſtes, ſi nous ne craignions de donner une publicité dangereuſe à cette funeſte découverte.

Pluſieurs perſonnes étoient mortes ou pendant ce ſommeil, ou des ſuites de cet aſſoupiſſement forcé. On ſent aiſément quel abus faiſoient ces endormeurs d'une découverte auſſi pernicieuſe; il leur étoit facile d'enlever l'univerſalité du mobilier d'un indi- vidu iſolé, dont la diſparution, ſur-tout dans les premiers inſtans, n'excite pas toujours une ſenſa- tion bien conſidérable.

Ils pouvoient encore en tirer un autre avantage contre les perſonnes du ſexe, dont la léthargie les livroit à toute leur brutalité.

L'effroi général dont tout le monde fut ſaiſi, & que redoubloit chaque jour le récit de quelque nouveau crime de ce genre, donnoit lieu à quan- tité de fables que la crédulité publique ne man- quoit pas d'accueillir, ſuivant l'uſage. On publioit que les endormeurs ne poſſédoient pas ſeulement le ſecret d'aſſoupir par une poudre mêlée dans les ali- mens; on ajoutoit que la mixtion de cette poudre avec le tabac produiſoit le même effet : on racon- toit pluſieurs anecdotes à l'appui de cette aſſertion; & dans les lieux publics, comme dans les rencon- tres particulières, chacun ſe méfioit de la tabatière d'un inconnu : il eſt cependant certain qu'il n'y a eu aucune perſonne aſſoupie de cette manière. Quoi qu'il en ſoit, les magiſtrats & les officiers de po- lice redoublèrent de zéle pour découvrir ces ſcé- lérats, & parvenir à en purger la ſociété. En peu de mois on inſtruiſit le procès d'un très-grand nom- bre, & la ſévérité des exemples qui ont été faits paroît avoir effrayé les coupables, & en quelque ſorte anéanti ce genre de crime. Le plus embarraſ- ſant pour les juges étoit de ſavoir comment le pu- nir : quelque incomplet que ſoit notre code cri- minel, on y trouve des loix générales ſur le vol, l'aſſaſſinat, le poiſon, &c. mais il n'y avoit point de poſitive ſur les aſſoupiſſemens forcés & pro- voqués à mauvais deſſein : les tribunaux ayant re-

M m

préfenté au gouvernement la néceffité d'en publier une, fa majefté, par une déclaration du 14 mars 1780, a ordonné l'exécution de l'édit du mois de juillet 1682, notamment de l'article 6 ; & en conféquence, que tous ceux qui feroient convaincus de s'être fervi de vénéfices, poifons & d'aucunes plantes vénéneufes indiftinétement, & fous tels noms qu'elles foient connues, feroient punis de mort ; permit aux juges d'aggraver le genre de fupplice & de prononcer cumulativement la peine de la roue & celle du feu, fuivant les circonftances. Cette déclaration a été enregiftrée au parlement le 20 du même mois, & en conféquence, plufieurs fcélérats ont été condamnés à être rompus vifs & jettés au feu, par différentes fentences confirmées par arrêt dans le cours de l'année 1780. (*M. Boucher d'Argis*, confeiller au châtelet de Paris, de l'académie de Rouen, &c.)

ENDOSSEMENT, f. m. (*Jurifpr.*) eft tout ce que l'on écrit au dos d'un acte & qui y eft relatif: ainfi on appelle *endoffement*, 1°. la quittance qu'un créancier met au dos de l'obligation ou promeffe de fon débiteur, de ce qu'il a reçu en l'acquit ou déduction de fon dû ; 2°. la quittance que le feigneur ou fon receveur donne au dos du contrat d'acquifition, pour les droits feigneuriaux à lui dus pour cette acquifition ; 3°. mais plus particuliérement l'ordre que quelqu'un paffe au profit d'un autre, au dos d'une lettre ou billet de change qui étoit tiré au profit de l'endoffeur.

On peut faire au dos d'une lettre-de-change plufieurs *endoffemens* confécutifs, c'eft-à-dire que celui au profit de qui la lettre eft endoffée, met lui-même fon *endoffement* au profit d'un autre. Tous ceux qui mettent ainfi leur ordre font appellés *endoffeurs*, & le dernier porteur a pour garans folidaires tous les endoffeurs, le tireur & l'accepteur.

L'ordonnance du commerce, *tit. 5, art. 23*, ordonne que l'*endoffement* foit foufcrit par l'endoffeur, qu'il contienne le nom de la perfonne à l'ordre duquel il eft paffé, & qu'il y foit fait mention fi la valeur a été fournie en argent, marchandifes ou autrement. L'art. 26 défend les antidates à peine de faux.

Tout *endoffement* dans lequel on a omis quelqu'une des formalités preferites par l'ordonnance, ne transfère ni la propriété de la lettre-de-change, ni les droits & actions qui en réfultent, à la perfonne au profit de laquelle l'ordre en eft paffé ; il ne peut être confidéré que comme un fimple mandat de lui payer ; mais il importe peu de quelle main l'*endoffement* foit rempli : il peut être par la perfonne même, au profit de qui il eft fait.

Réguliérement tout tranfport de créance ne faifit le ceffionnaire, & n'oblige envers lui le débiteur principal, qu'après qu'il a été fignifié ; mais le légiflateur a difpenfé les *endoffemens* de cette formalité, enforte que l'ordre paffé au dos d'une lettre-de-change tranfporte à l'accepteur tous les droits & actions de l'endoffeur, fans qu'il foit befoin

d'aucune fignification à celui fur qui la lettre eft tirée, ni à quelque autre perfonne que ce foit. Cette exception à la règle générale a été fagement introduite, pour faciliter les opérations du commerce, qui demandent beaucoup d'activité & de célérité, & qui ne veulent point être arrêtées par des entraves & des formalités inutiles.

Nous avons dit que le dernier porteur d'ordre avoit pour garans folidaires tous les endoffeurs, le tireur & accepteur ; mais, pour qu'il puiffe répéter contre fon endoffeur la valeur d'une lettre-dechange non acquittée, il faut qu'il pourfuive ce dernier endoffeur dans les dix jours du protêt de la lettre-de-change, s'il n'eft pas éloigné de plus de dix lieues ; s'il demeure à une diftance plus éloignée, les délais augmentent à raifon d'un jour par cinq lieues. Chaque endoffeur fucceffivement a le même délai contre celui qui le précède, pour former fa demande en garantie, & fe faire rembourfer le prix de la lettre-de-change & les frais qu'elle a occafionnés.

A l'égard des lettres-de-change dont les endoffeurs demeurent en pays étrangers, les délais pour donner la demande en garantie font fixés par l'article 13, *tit. 5* de l'ordonnance, à raifon de deux mois pour les perfonnes domiciliées en Angleterre, en Flandre ou en Hollande ; de trois mois, en Italie, en Allemagne ou dans les cantons Suiffes ; de quatre mois, en Efpagne ; & de fix, en Portugal, en Suède & en Danemarck.

ENDOSSEMENT *de contrats*. Quelques coutumes, telles que celle de Péronne, *art. 260*, appellent ainfi la mention que les feigneurs ou les officiers de juftice font au dos du contrat d'acquifition, du nantiffement, ou de l'inveftiture qu'ils donnent à l'acquéreur. (*M. Garran de Coulon.*)

ENERGUMÈNE, f. m. (*Droit ecclef.*) perfonne poffédée ou tourmentée du démon. *Voyez* le *Dictionnaire de Théologie.*

ENFANCE, f. f. eft l'efpace de temps qui s'écoule depuis la naiffance, jufqu'à ce que l'homme foit parvenu à avoir quelque ufage de la raifon, c'eft-à-dire, jufqu'à l'âge de fept ou huit ans. *Voyez* ENFANT.

ENFANT, f. m. (*Droit naturel & civil.*) Dans une fignification primitive, *enfant* fignifie celui qui ne peut pas encore parler, *infans, qui fari non poteft.* Mais dans l'ufage ordinaire, ce terme eft dit du fils ou de la fille, par relation au père & à la mère : il comprend même tous les defcendans d'une perfonne en quelque degré qu'on les fuppofe, tels que les *petits-enfans, arrière-petits-enfans,* &c.

On appelle *enfans de famille*, les fils & les filles qui font en la puiffance paternelle, *voyez* PUISSANCE PATERNELLE ; & *pofthumes*, ceux qui naiffent après le décès de leur père. *Voyez* POSTHUME.

Les *enfans*, par rapport au fexe, font ou mâles, ou femelles. Les mâles font préférés en plufieurs cas aux femelles : par exemple, en France, pour la fucceffion à la couronne, il n'y a que les mâles defcendans par

mâles, qui foient habiles à y fuccéder. En fucceffion collatérale de biens nobles, dans la plupart
des coutumes, les mâles excluent les femmes. Dans
les fubftitutions graduelles, on appelle ordinairement les mâles defcendans par mâles, avant les
mâles defcendans par les femmes. *Voyez* LOI SA-
LIQUE, AINESSE, SUCCESSION, SUBSTITUTION, &c.

Les *enfans*, eu égard aux fociétés politiques,
font naturels & légitimes, ou illégitimes, ou légitimés, ou adoptifs.

Les *enfans* naturels & légitimes font ceux qui
proviennent d'un mariage légitime, ou qui, nés
d'une conjonction libre, ont été légitimés par mariage fubféquent. Nous avons ajouté à la qualification de *légitimes* celle de *naturels*, pour diftinguer
les *enfans* légitimes nés & procréés d'un mariage,
d'avec les *enfans adoptifs*, qui font également légitimes, mais qui ne font pas *enfans naturels*, c'eft-
à-dire, qui ne font pas procréés fuivant l'ordre de
la nature.

Les *enfans* illégitimes font tous ceux qui font
nés hors le mariage : il y en a trois efpèces, les
bâtards, les adultérins & les inceftueux. *Voyez* BA-
TARD, ADULTÈRE, INCESTE.

Les *enfans* légitimes font ceux qui, nés dans l'état
de bâtardife, ont été légitimés depuis, foit par
mariage fubféquent, foit par lettres du prince. *Voyez*
LÉGITIMATION.

Les *enfans* adoptifs font ceux qui, au moyen
de l'adoption, font confidérés comme les *enfans*
de quelqu'un, quoiqu'ils ne le foient pas réellement.
Voyez ADOPTION.

Les *enfans* font fous la puiffance paternelle, ou
émancipés. *Voyez* PUISSANCE PATERNELLE & EMAN-
CIPATION.

Enfin, par rapport à l'âge, on peut diftinguer
les *enfans*, en *enfans* en bas âge, en mineurs ou
majeurs, & encore en pubères & en impubères.
L'*enfant* en bas âge eft celui qui eft au-deffous
de l'âge de puberté ; l'*enfant* mineur eft celui qui
n'a point atteint la majorité, foit parfaite, c'eft-à-
dire de 25 ans, foit féodale, foit coutumière : le
majeur eft, au contraire, celui qui eft parvenu à
cette majorité. *Voyez* AGE & MAJORITÉ. L'*enfant*
pubère eft celui qui a atteint l'âge de puberté, c'eft-
à-dire, l'âge de 14 ans pour les mâles, & 12 pour
les filles ; d'où il fuit que l'impubère eft celui qui
eft au-deffous de cet âge. *Voyez* PUBERTÉ.

Lorfqu'un père ou une mère ont des enfans de
plufieurs mariages, on appelle *enfans du premier*,
du fecond lit, &c. ceux qui font nés du premier,
du fecond mariage, &c.

La principale fin du mariage eft la procréation
des *enfans* ; c'eft, chez les peuples policés, la feule
voie légitime pour en avoir : ceux qui naiffent hors
le mariage ne font que des *enfans* naturels ou bâtards.

Les Juifs defiroient une nombreufe famille : la
ftérilité y étoit un opprobre. Chez les Grecs, un
enfant étoit légitime & mis au nombre des citoyens,
lorfqu'il étoit né d'une citoyenne, à l'exception
des Athéniens, où le père & la mère devoient
être citoyens.

C'étoit une maxime chez les Romains, que l'*enfant* fuivoit la condition de fa mère & non celle
du père, ce que les loix expriment par ces termes ; *partus fequitur ventrem* : ainfi l'*enfant* né d'une
efclave étoit auffi efclave, quoique le père fût
libre ; & *vice verfâ*, l'*enfant* né d'une femme libre
l'étoit pareillement, quoique le père fût efclave,
ce qui a encore lieu pour les efclaves que nous
avons dans les iles.

Mais en France, dans la plupart des pays où il
refte encore des ferfs & gens de main-morte, le
ventre n'affranchit pas ; les *enfans* fuivent la condition du père.

Il en eft de même par rapport à la nobleffe ; autrefois en Champagne le ventre annobliffoit, mais
cette nobleffe utérine n'a plus lieu que dans la province.

Le droit naturel & le droit pofitif ont établi plufieurs droits & devoirs réciproques entre les père
& mère & les *enfans*.

Le père & mère doivent prendre foin de l'é-
ducation de leurs *enfans*, foit naturels ou légitimes,
& leur fournir des alimens, du moins jufqu'à ce
qu'ils foient en état de gagner leur vie ; ce que l'on
devroit fixer environ à l'âge de 14 ans.

Les biens des père & mère décédés *ab inteftat*,
font dévolus à leurs *enfans* ; ou s'il y a un teftament, il faut du moins qu'ils aient leur légitime, & les *enfans* naturels peuvent demander des
alimens.

Les *enfans*, de leur part, doivent honorer leurs
père & mère, & leur obéir en tout ce qui n'eft
pas contraire à la religion & aux loix. Ils font en
la puiffance de leurs père & mère jufqu'à leur majorité ; & même en pays de droit écrit, la puiffance paternelle continue après la majorité, à moins
que les *enfans* ne foient émancipés.

Pour fixer la nature & les juftes bornes du pouvoir des père & mère fur leurs *enfans*, & l'obéiffance que ceux-ci leur doivent, il faut diftinguer
trois temps différens de la vie des *enfans*. Le premier eft, lorfque leur jugement eft imparfait ; le
fecond, lorfque leur jugement étant mûr, ils font
encore membres de la famille paternelle ; le troifième, lorfqu'ils font entièrement fortis & féparés
de cette famille, dans un âge raifonnable.

Dans le premier état, toutes les actions des *enfans* font foumifes à la direction des pères & mères,
parce qu'il eft jufte que ceux qui ne font pas capables de fe conduire eux-mêmes, foient gouvernés par autrui ; & il n'y a que ceux qui ont donné
la naiffance à un *enfant*, qui foient naturellement
chargés du foin de le gouverner.

Dans le fecond état, les *enfans* ne dépendent de
la volonté des pères & mères, que dans les chofes
importantes pour le bien de la famille maternelle
ou paternelle, parce qu'il eft jufte que la partie

se conforme aux intérêts du tout. Mais dans leurs autres actions, ils ont le pouvoir moral de faire ce qu'ils trouvent à propos, en observant de se conduire, autant qu'il est possible, d'une manière agréable à leurs parens.

Dans le troisième état, l'enfant est maître absolu de lui-même à tous égards. Mais il est toujours obligé d'avoir pour son père & pour sa mère, pendant tout le reste de sa vie, les sentimens d'affection, d'honneur, d'estime & de respect, dont le fondement subsiste toujours. Tout enfant, sans exception d'âge, de rang, de dignité, doit rendre à ses père & mère les services dont il est capable, les conseiller dans leurs affaires, les consoler dans leurs malheurs, supporter patiemment leur mauvaise humeur & leurs défauts, les aider, assister & nourrir, quand ils sont tombés dans le besoin & l'indigence. On a loué Solon, d'avoir par une loi, noté d'infamie ceux qui manqueroient à ce devoir & à cette obligation.

Suivant l'ancien droit romain, les pères avoient le pouvoir de vendre leurs enfans, & de les mettre dans l'esclavage ; ils avoient même sur eux droit de vie & de mort ; &, par une suite de ce droit barbare, ils avoient aussi le pouvoir de tuer un enfant qui naissoit avec quelque difformité considérable : mais ce droit de vie & de mort fut réduit au droit de correction modérée, & au pouvoir d'exhéréder les enfans pour de justes causes : il en est de même parmi nous, quoique les Gaulois eussent aussi droit de vie & de mort sur leurs enfans. Voyez PUISSANCE PATERNELLE & EMANCIPATION.

Les mineurs n'étant pas réputés capables de gouverner leur bien, on leur donne des tuteurs & curateurs ; ils tombent aussi en garde noble ou bourgeoise. Voyez GARDE, TUTELE, CURATELLE.

Les enfans mineurs ne peuvent se marier sans le consentement de leur père & mère ; les fils ne peuvent leur faire les sommations respectueuses qu'à 30 ans, & les filles à 25, à peine d'exhérédation. Voyez MARIAGE, SOMMATIONS RESPECTUEUSES.

Si les père & mère & autres ascendans tombent dans l'indigence, leurs enfans leur doivent des alimens ; ils doivent même, en pays de droit écrit, une légitime à leurs ascendans.

Suivant le droit romain, le nombre des enfans mettoit le père dans le cas de jouir de plusieurs privilèges. Trois enfans suffisoient à Rome ; il en falloit quatre en Italie, & cinq dans les provinces. Parmi nous trois enfans servent encore d'une juste excuse, pour être déchargé de la tutele & curatelle d'un autre.

Par deux édits de 1666 & de 1667, il avoit été accordé des pensions & plusieurs autres privilèges à ceux qui auroient dix ou douze enfans nés en loyal mariage, non prêtres, ni religieux ou religieuses, & qui seroient vivans, ou décédés en portant les armes pour le service du roi ; mais ces privilèges ont été révoqués par une déclaration du 13 janvier 1683.

Les enfans ne peuvent être obligés de déposer contre leur père, & le témoignage qu'ils donnent en sa faveur est rejetté : un notaire ou autre officier public ne peut même prendre ses enfans pour témoins instrumentaires.

Le père est civilement responsable du délit de ses enfans étant en sa puissance : anciennement les enfans étoient aussi punis pour le délit de leur père. Tassillon, roi de Bavière, ayant été condamné par le parlement en 788, fut renfermé dans un monastère avec son fils, qui fut jugé coupable par le malheur de sa seule naissance.

Présentement les enfans ne sont point punis pour le délit du père, si ce n'est pour crime de lèse-majesté. Lorsque Jacques d'Armagnac, duc de Nemours, eut la tête tranchée, le 4 août 1477, sous Louis XI, on mit sous l'échafaud les deux enfans du coupable, afin que le sang de leur père coulât sur eux.

Chez les Romains, les enfans des décurions étoient obligés de prendre le même état que leur père, qui étoit une charge très-onéreuse ; au lieu que parmi nous il est libre aux enfans d'embrasser tel état que bon leur semble.

Un réglement du conseil du 20 avril 1684, enregistré le 29 du même mois au parlement de Paris, & un arrêt de réglement de la même cour, du 27 octobre 1696, autorisent un père à faire arrêter ses enfans mineurs de vingt-cinq ans, livrés au libertinage, & à les faire renfermer dans une maison de force, par forme de correction. Mais, lorsqu'il est remarié, & qu'il s'agit d'un enfant du premier lit, il est obligé d'obtenir la permission du juge, qui peut prendre, sur cet objet, l'avis de quelques-uns des plus proches parens de l'enfant. La même règle s'observe à l'égard des mères tutrices, & des tuteurs ou curateurs.

L'état des enfans qui sont dans le sein de la mère, n'est déterminé que par leur naissance. En général, ils ne sont pas comptés parmi les enfans, ensorte que s'ils viennent au monde morts, ils sont considérés comme s'ils n'étoient jamais ni nés, ni conçus. Les successions qui leur étoient échues pendant qu'ils existoient dans le sein de la mère, passent aux personnes à qui elles auroient appartenu, si ces enfans n'eussent pas été conçus ; ils ne les transmettent pas à leurs héritiers, parce que le droit qu'ils avoient à ces successions, n'étoit qu'une espérance, qui renfermoit la condition qu'ils viendroient vivans au monde. L. 2, c. de posth. hæred. inst.

Mais, lorsqu'il est question des intérêts de l'enfant à naître, comme on présume qu'il naîtra vivant, on lui conserve les successions qu'il pourroit recueillir s'il étoit déjà né ; on peut faire en sa faveur une institution soit contractuelle, soit par testament, une substitution, un legs, &c. On lui donne même un tuteur ou un curateur, lorsqu'il a quelques intérêts à soutenir ; on peut aussi exercer un retrait en son nom.

ENFANT chéri, terme usité en Flandre, où l'on se

fert de l'expreſſion *faire enfant chéri*, pour ſignifier *avantager un enfant* au préjudice des autres.

Les coutumes de cette province ſe réuniſſent pour prohiber tout avantage en faveur d'un *enfant* au préjudice des autres, & pour obliger l'héritier de rapporter ce qu'il a reçu de plus que les autres, ſans pouvoir être diſpenſé de ce rapport.

Dans les coutumes, que nous appellons *coutumes d'égalité*, telles que celles de Paris, de Laon, d'Anjou, du Maine, d'Orléans, &c. l'objet de leurs diſpoſitions eſt ſeulement de rendre incompatibles dans la même perſonne les qualités d'héritier, de légataire & de donataire : elles obligent bien l'*enfant*, qui veut venir à partage dans une ſucceſſion, de rapporter ce qu'il a reçu à titre lucratif de ſes père & mère ou autres aſcendans ; mais il eſt le maître, en renonçant à la ſucceſſion, de conſerver ſans rapport ce qu'il a reçu à titre de donation, ou de ſe faire délivrer un legs plus conſidérable que ſa portion héréditaire, pourvu qu'il reſte dans la ſucceſſion de quoi remplir la légitime de ſes frères &᾿ſœurs.

Mais dans les coutumes de Flandre, la défenſe de faire *enfant chéri* s'étend beaucoup plus loin, enſorte qu'un *enfant* ne peut avoir, par partage de ſucceſſion, plus qu'un autre, & que le père ne peut donner plus à l'un d'eux par teſtament.

Le ſeul cas où le père peut diminuer la portion héréditaire d'un de ſes *enfans* au profit de ſes frères & ſœurs, eſt celui par lequel il auroit mérité l'exhérédation. En effet, le père ayant alors le pouvoir de dépouiller entièrement un fils ingrat, ſeroit abſurde de prétendre que la commiſération qui l'engage à ne pas le priver de toute ſa ſucceſſion, l'obligeât de l'égaler en tout à ſes autres *enfans*.

La défenſe de *faire enfant chéri* doit-elle obliger le fils de rapporter à la ſucceſſion de ſon père la donation faite par ce dernier à ſon petit-fils, deſcendant de celui qui eſt appellé à la ſucceſſion ? La plupart des coutumes de France décident l'affirmative, & c'eſt le ſentiment de tous les juriſconſultes françois. Les coutumes de Bailleul & d'Ypres ont une diſpoſition conforme. Mais M. Merlin, avocat au parlement de Flandre, ſous le mot *Enfant chéri*, dans le *Répertoire univerſel & raiſonné de Juriſprudence*, aſſure qu'il en eſt autrement dans le reſte de la province, & il cite deux arrêts, l'un du grand-conſeil de Malines, du 10 février 1682, dans la coutume de Gand ; le ſecond du parlement de Flandre, du 3 décembre 1722, dans la coutume de Bergues, qui déchargent le fils de rapporter à la ſucceſſion de ſon père, les donations faites par l'aïeul à ſes petits-*enfans*.

ENFANS *de France*, ſont les *enfans* & petits-enfans mâles & femelles des rois : les freres & ſœurs du roi régnant & leurs *enfans* jouiſſent de ce titre, mais il ne s'étend point au-delà ; leurs petits-*enfans* ont ſeulement le titre de *princes du ſang*.

Les filles de France ont toujours été exclues de la couronne ; mais, ſous les deux premieres races

de nos rois, tous les fils partageoient également le royaume entre eux, ſans que l'aîné eût aucune prérogative de plus que les autres. Les bâtards avoués héritoient même avec les fils légitimes ; chacun des fils, ſoit légitimes ou naturels, tenoit ſa part en titre de royaume, & ces différens états étoient indépendans les uns des autres.

Le premier fils puîné de France qui n'eut point le titre de *roi*, ni même de *légitime*, fut Charles de France, ſurnommé *le jeune*, qui fut duc de Lorraine.

Sous la troiſième race, fut introduite la coutume de donner des apanages aux puînés. Les femelles en furent excluses. *Voyez* APANAGE.

Les filles & petites-filles de France ſont dotées en argent.

Les *enfans* de France avoient autrefois droit de priſe. *Voyez* PRISE. (*A*)

ENFANT *trouvé*, ſe dit d'un *enfant* nouveau-né ou en très-bas âge, & hors d'état de ſe conduire, que ſes parens ont expoſé hors de chez eux, ſoit pour ôter au public la connoiſſance qu'il leur appartient, ſoit pour ſe débarraſſer de la nourriture, entretien & éducation de cet *enfant*.

Cette coutume barbare eſt fort ancienne ; car il étoit fréquent chez les Grecs & les Romains que les pères expoſoient leurs *enfans* : cette expoſition fut même permiſe ſous l'empire de Dioclétien, de Maximien & de Conſtantin, & cela ſans doute, pour empêcher les pères qui n'auroient pas le moyen de nourrir leurs *enfans*, de les vendre.

Néanmoins Conſtantin voulant empêcher que l'on n'expoſât les *enfans* nouveau-nés, permit aux pères qui n'auroient pas le moyen de les nourrir, de les vendre, à condition que le père pourroit racheter ſon fils, ou que le fils pourroit dans la ſuite ſe racheter lui-même.

Les empereurs Valens, Valentinien & Gratien défendirent abſolument l'expoſition des *enfans*. Il étoit permis aux pères qui n'avoient pas le moyen de les nourrir, de demander publiquement.

L'expoſition de part ou des *enfans* eſt auſſi défendue en France par les ordonnances. *Voyez* ci-après EXPOSITION.

Il y avoit anciennement devant la porte des égliſes une coquille de marbre où l'on mettoit les *enfans* que l'on vouloit expoſer ; on les portoit en ce lieu, afin que quelqu'un touché de compaſſion ſe chargeât de les nourrir. Ils étoient levés par les marguilliers qui en dreſſoient procès-verbal & cherchoient quelqu'un qui voulût bien s'en charger, ce qui étoit confirmé par l'autorité de l'évêque, & l'*enfant* devenoit ſerf de celui qui s'en chargeoit.

Quelques-uns prétendoient que ces *enfans* devoient être nourris aux dépens des marguilliers : d'autres, que c'étoit à la charge des habitans : mais les réglemens ont enfin établi que c'eſt au ſeigneur haut-juſticier du lieu à s'en charger, comme jouiſſant des droits du fiſc ſur lequel cette charge doit être prise ; & par cette raison, dans les coutumes telles que celle d'Anjou & autres, où les moyens & bas-justiciers prennent les épaves, les déshérences & la succession des bâtards, la nourriture des *enfans exposés* doit être à leur charge.

Dans les endroits où il y a des hôpitaux établis pour les *enfans trouvés* ou *exposés*, on y reçoit non-seulement ceux qui sont exposés, mais aussi tous *enfans* de pauvres gens, quoiqu'ils aient leurs père & mère vivans : à Paris on n'en reçoit guère au-dessus de quatre ans.

Les *enfans exposés* ne sont point réputés bâtards ; & comme il y en a souvent de légitimes qui sont ainsi exposés, témoin l'exemple de Moïse, on présume dans le doute pour ce qui est de plus favorable.

On pousse encore cette présomption plus loin en Espagne ; car à Madrid les *enfans exposés* sont bourgeois de cette ville & réputés gentilshommes, tellement qu'ils peuvent entrer dans l'ordre d'*Habito*. (*A*)

ENFEU, s. m. (*Droit féodal.*) ce terme qui paroît venir du mot *enfouir*, signifie littéralement un caveau pour la sépulture dans les églises. Mais on s'en sert particulièrement en Anjou, en Bretagne & dans les provinces voisines, pour désigner le droit de sépulture que les seigneurs ou les patrons ont dans le chœur. *Voyez* DROITS HONORIFIQUES & SÉPULTURE. (*M. GARRAN DE COULON.*)

ENFORESTER, v. a. c'est-à-dire, mettre en forêts. Il paroît que les forêts, qui comprennent non-seulement les bois, mais aussi les pacages qui en dépendent, sont une des prérogatives des rois d'Angleterre. Eux seuls peuvent en ériger, c'est-à-dire donner à un terrein des privilèges qui l'assimilent beaucoup à ce que nous nommons en France *les plaisirs du roi*. Le plus fameux des enforestemens a été fait par Guillaume le Conquérant, qui détruisit vingt-deux paroisses & une quantité de villages & de terres considérables pour faire sa nouvelle forêt dans le Hampshire. Les historiens anglois ont remarqué que plusieurs des descendans de Guillaume le Conquérant perdirent la vie dans cette forêt.

La charte des forêts & les actes du parlement ont depuis restraint l'abus de ces enforestemens. Le roi peut encore faire des forêts dans ses domaines ; mais il ne peut *enforester* les terres d'autrui sans le consentement des propriétaires, & les traités faits avec eux, à ce sujet, doivent être confirmés par le parlement. Lorsqu'on veut *enforester* un terrein, on nomme, sous le grand sceau d'Angleterre, des commissaires pour le visiter & l'entourer de bornes. On renvoie leur procès-verbal à la chancellerie, & le roi fait proclamer dans la comté où le terrein est situé, que ce sera désormais une forêt, réglée par les loix de ces sortes de domaines, avec défenses à toutes sortes de personnes d'y chasser sans sa permission. Enfin il nomme

des officiers pour en prendre soin. (*M. GARRAN DE COULON.*)

ENFRAINDRE *trèves*. *Voyez* ASSURANCE, ASSUREMENT, TRÈVES.

ENFROUX, s. m. c'est la même chose qu'une lande ou une friche. *Voyez* Ragueau *sur l'art.* 11 du titre 10 de la coutume de Berri, p. 392, alinéa 2. (*M. GARRAN DE COULON.*)

ENGAGE ou VIF-GAGE, s. m. terme usité dans les articles 54 & 55 de la coutume de Bretagne.

C'est un contrat par lequel un débiteur donne à son créancier la jouissance d'un héritage, à condition d'en imputer les fruits sur le principal qui lui est dû. L'*engage* est opposé à l'*antichrèse* ou *mortgage*, dans lequel les fruits sont donnés au créancier en compensation, & pour lui tenir lieu des intérêts. D'Argentré avoit pensé que l'*engage* étoit la même chose que l'antichrèse du droit romain ; mais Hevin a fait une savante dissertation, pour réfuter l'erreur de d'Argentré, & pour établir la distinction de ces deux choses. *Voyez* ANTICHRÈSE, ENGAGEMENT & GAGE.

ENGAGÉ, adj. pris subst. (*Droit public.*) c'est le nom qu'on donnoit aux particuliers qui s'engageoient à aller servir les habitans des colonies de l'Amérique.

Dans l'origine, on crut nécessaire d'y envoyer des *engagés* pour les peupler & les fortifier. C'est pour cette raison que Louis XIV, par une première ordonnance du 19 février 1698, enjoignit à tout vaisseau françois, expédié des ports du royaume pour une colonie, de charger trois *engagés*, lorsqu'il étoit du port de soixante tonneaux ; quatre, lorsqu'il étoit de soixante à cent tonneaux ; & six, lorsqu'il étoit de plus de cent tonneaux. Un *engagé*, qui, avant son départ, étoit instruit d'un métier utile pour les colonies, étoit compté pour deux ; ce qui a été confirmé par le règlement du 16 novembre 1716, tit. 1, art. 6.

Une seconde ordonnance du 8 avril 1699, porte que les *engagés* seront âgés de dix-huit ans, & que le terme de leur engagement sera fixé à trois ans.

Une troisième du 11 janvier, & une quatrième du 20 mai 1721, ont statué que les capitaines de vaisseau, qui, avant de s'embarquer, auroient laissé sauver des *engagés*, paieroient pour chacun d'eux soixante livres d'amende ; que la même amende auroit lieu, si l'*engagé* se sauvoit dans un port où le vaisseau auroit relâché en route ; & que les capitaines qui ne conduiroient pas le nombre d'*engagés* prescrit, paieroient entre les mains du trésorier de la marine, soixante livres, pour chacun de ceux qu'il étoit tenu d'embarquer.

Les engagemens ont cessé depuis l'accroissement de la population des colonies, & la multiplication des noirs qu'on y a importés. C'est pourquoi le roi, par un règlement de son conseil, du 10 septembre 1774, en changeant l'obligation des capitaines, les a astreints à fournir le même nombre de places, pour le passage des soldats & ouvriers, deftinés au fervice des colonies ; & , dans le cas où ils ne font pas chargés de transporter ces paffagers, ils doivent remettre entre les mains du tréforier des invalides de la marine, foixante livres pour chaque place qui n'eft pas remplie. Ces fommes font employées, foit aux frais du paffage des ouvriers & des autres perfonnes envoyées dans les colonies pour le fervice du roi, foit en gratification au profit des pauvres matelots.

ENGAGEMENT, f. m. (Droit naturel & civil.) obligation que l'on contracte envers autrui.

Il y a des engagemens fondés fur la nature ; tels que les devoirs réciproques du mariage, ceux des pères & mères envers les enfans, ceux des enfans envers les pères & mères, & autres femblables qui réfultent des liaisons de parenté ou alliance, & des fentimens d'humanité.

D'autres font fondés fur la religion ; tels que l'obligation de rendre à Dieu le culte qui lui eft dû, le refpect dû à fes miniftres, la charité envers les pauvres.

D'autres engagemens encore font fondés fur les loix civiles ; tels font ceux qui concernent les devoirs refpectifs du fouverain & des fujets, & généralement tout ce qui concerne différens intérêts des hommes, foit pour le bien public, foit pour le bien de quelqu'un en particulier.

Les engagemens de cette dernière claffe réfultent quelquefois d'une convention expreffe ou tacite ; d'autres fe forment fans convention directe, avec la perfonne qui y eft intéreffée, mais en vertu d'un contrat fait avec la juftice, comme les engagemens des tuteurs & curateurs : d'autres ont lieu abfolument fans aucune convention ; tels que les engagemens réciproques des co-héritiers & co-légataires, qui fe trouvent avoir quelque chofe de commun enfemble, fans aucune convention : d'autres encore naiffent d'un délit ou quafi-délit, ou d'un cas fortuit : d'autres enfin naiffent du fait d'autrui ; tels que les engagemens des pères par rapport aux délits & quafi-délits de leurs enfans ; ceux des maîtres par rapport aux délits & quafi-délits de leurs efclaves ou domeftiques ; & les engagemens dont peuvent être tenus ceux dont un tiers a géré fes affaires à leur infu.

Tous ces différens engagemens font volontaires ou involontaires : les premiers font ceux qui réfultent d'une convention expreffe ou tacite ; les autres font ceux qui naiffent d'un délit ou quafi-délit, d'un cas fortuit.

Enfin, toutes fortes d'engagemens font fimples ou réciproques : les premiers n'obligent que d'un côté ; les autres font fynallagmatiques, c'eft-à-dire obligatoires des deux côtés. Voyez CONTRAT, CONVENTION & OBLIGATION.

ENGAGEMENT, (Code militaire.) fe dit & de l'enrôlement d'un foldat, & de l'argent qu'il reçoit pour s'enrôler. Voyez le Dictionnaire de l'Art militaire.

ENGAGEMENT d'un bien : ce terme, pris dans le fens le plus étendu, peut s'appliquer à tout acte par lequel on oblige un bien envers une autre perfonne, comme à titre de gage ou d'hypothèque. Voyez GAGE & HYPOTHÈQUE.

Ce même terme engagement fignifie auffi l'acte par lequel on en cède à quelqu'un la jouiffance pour un temps, & il y en a de deux fortes.

Les uns font faits par le débiteur au profit du créancier, pour fûreté de fa créance ; & ces engagemens fe font en deux manières différentes ; favoir, par forme d'antichrèfe, ou par forme de contrat pignoratif. Voyez ANTICHRÈSE & PIGNORATIF.

L'autre forte d'engagement eft celle qui contient une efpèce d'aliénation faite fous la condition expreffe ou tacite, que l'ancien propriétaire pourra exercer la faculté de rachat, foit pendant un certain temps, ou même à perpétuité.

Les ventes à faculté de réméré & les baux emphytéotiques ne font proprement que des engagemens. Voyez RÉMÉRÉ, EMPHYTÉOSE.

Mais dans l'ufage, on ne donne guère ce nom qu'aux antichrèfes, contrats pignoratifs, & aux aliénations que le roi fait en certains cas de quelques portions du domaine de la couronne. Voyez ENGAGEMENT DU DOMAINE.

L'engagifte qui jouit à titre d'antichrèfe, peut retenir le fonds qui lui a été engagé, jufqu'à ce que le débiteur lui ait payé toutes les fommes qu'il lui doit, même au-delà du prix de l'engagement.

Il eft du devoir de l'engagifte de jouir comme un bon père de famille, & par conféquent de faire toutes les réparations qu'exige la chofe engagée ; mais auffi, en cas de rachat, il eft en droit de répéter toutes les dépenfes utiles & néceffaires ; & jufqu'à ce qu'il en foit rembourfé, il peut retenir le bien engagé. A l'égard des dépenfes voluptuaires, il ne peut les répéter, à moins qu'il ne les eût faites de l'ordre du débiteur.

L'engagifte doit tenir compte non-feulement des fruits qu'il a perçus, mais même de ceux qu'il auroit pu percevoir. Mais les cas fortuits ne font pas à fa charge, nifi culpa cafum præceffit : ainfi lorfqu'une maifon engagée eft incendiée par le feu du ciel, ou eft renverfée par un ouragan, la perte en eft fupportée par le propriétaire.

L'engagifte ne peut par aucun temps prefcrire le fonds contre le débiteur, à moins que l'engagement ne fût coloré du nom de vente à faculté de rachat, auquel cas il pourroit prefcrire par trente ans.

Il peut auffi, par une jouiffance de trente ans, prefcrire l'hypothèque contre les créanciers de fon débiteur, antérieurs à fon engagement.

S'il vend, comme propriétaire, le bien à lui engagé, le tiers-acquéreur pourra prefcrire de fon chef, n'ayant pas fuccédé à fon vendeur à titre d'engagement.

Les créanciers, foit antérieurs ou poftérieurs à l'engagement, ne peuvent faire faifir fur l'engagifte les fruits du fonds engagé par leur débiteur ; ils ne peuvent s'en prendre qu'au fonds par la voie de la faifie-réelle.

Tant que l'engagifte n'a pas encore prefcrit l'hypothèque, le créancier antérieur peut agir directement fur le fonds engagé, fans être obligé de difcuter les autres biens du débiteur ; mais les créanciers poftérieurs au contrat d'*engagement* ne peuvent dépoffeder l'engagifte qu'en le rembourfant de fon principal, frais & loyaux coûts.

ENGAGEMENT *du domaine de la couronne*, eft un contrat par lequel le roi cède à quelqu'un un immeuble dépendant de fon domaine, fous la faculté de pouvoir, lui & fes fucceffeurs, le racheter à perpétuité toutes fois & quantes que bon leur femblera.

L'étymologie du mot *engagement* vient de *gage*, & de ce que l'on a comparé ces fortes de contrats aux *engagemens* ou antichréfes, que le débiteur fait au profit de fon créancier.

Il y a néanmoins cette différence entre l'*engagement* ou antichréfe que fait un débiteur, & l'*engagement du domaine du roi*, que le premier, dans les pays où il eft permis, ne peut être fait qu'au profit du créancier, lequel ne gagne pas les fruits ; ils doivent être imputés fur le principal, l'*engagement* n'étant à fon égard qu'une fimple fûreté : au lieu que l'*engagement du domaine du roi* peut être fait tant à prix d'argent que pour plufieurs autres caufes ; & l'engagifte gagne les fruits jufqu'au rachat, fans les imputer fur le prix du rachat, au cas qu'il lui en foit dû.

Le domaine de la couronne, foit ancien ou nouveau, grand ou petit, eft inaliénable de fa nature ; c'eft pourquoi les actes par lefquels le roi cède à quelqu'un une portion de fon domaine, ne font confidérés que comme des *engagemens* avec faculté de rachat.

Ce grand principe a été long-temps ignoré : les *engagemens du domaine* proprement dit, étoient cependant déjà connus dès l'an 1311, comme il paroit par une ordonnance de Philippe-le-Bel ; mais on admettoit auffi alors plufieurs autres manières d'aliéner le domaine ; favoir, la conceffion à titre d'apanage, l'affiette des terres pour les dots & douaires des reines & filles de France, & l'inféodation qui étoit alors différente de l'*engagement*.

Préfentement les apanages ne paffent plus, comme autrefois, à tous les héritiers mâles ou femelles indiftinctement ; ils font réverfibles à la couronne, à défaut d'hoirs mâles.

Les terres du domaine ne font plus données purement & fimplement en mariage, mais feulement en paiement des deniers dotaux, & comme en *engagement* ou efpèce de vente à la faculté de rachat. Les terres données pour le douaire des reines, ne font qu'en ufufruit : ainfi il n'y a point d'aliénation.

Les inféodations du domaine faites à prix d'argent, ou pour récompenfe de fervices réels & exprimés dans l'acte avant l'ordonnance de 1566, ne font pas fujettes à révocation comme les fim-

ples dons. Il y a d'autres inféodations du domaine qui ont été faites depuis cette ordonnance, en conféquence des édits du mois d'avril 1574, mars 1587, feptembre 1591, 4 feptembre & 23 octobre 1592, 25 février 1594, mars 1619, mars 1635, mars 1639, feptembre 1645, décembre 1652, avril 1667, 1669 ; 7 avril 1672, mars & 19 juillet 1695, 13 mars, 3 avril & 4 feptembre 1696, 13 août 1697, avril 1702, 2 avril & 26 feptembre 1703, août 1708 & 9 mars 1715 : mais quoique plufieurs de ces édits & déclarations aient ordonné la vente des domaines à titre d'inféodation & de propriété incommutable & à perpétuité, on tient pour maxime que toutes ces inféodations faites moyennant finance, qui emportent diminution du domaine, en quelques termes qu'elles foient conçues, ne font toujours que des *engagemens* fujets au rachat perpétuel ; comme il eft dit par les édits de 1574, 1587 & plufieurs autres édits & déclarations poftérieurs : à plus forte raifon, quand les inféodations participent de l'*engagement*, & qu'elles font faites en rentes & en argent.

On diftingue néanmoins les *engagemens* qui font faits à titre d'inféodation, de ceux qui ne font point faits à ce titre, & que l'on appelle *engagemens fimples*. Les premiers donnent aux feigneurs engagiftes un droit un peu plus étendu ; ils jouiffent *quafi domini*, des domaines qui leur font engagés, & participent à certains droits de fief & honorifiques : au lieu que les fimples engagiftes ne font proprement que des créanciers antichréfiftes, qui jouiffent du domaine engagé pour l'intérêt de l'argent qu'ils ont prêté au roi ; du refte, ceux qui ont acquis un bien du domaine à titre d'inféodation, ne font toujours qualifiés que d'*engagiftes* comme les autres, ainfi qu'on le voit dans tous les édits & déclarations intervenus fur cette matière depuis 1667.

On ne doit pas confondre avec les *engagemens* les inféodations des domaines du roi, lorfqu'elles font faites fans aucun paiement de finance, fous la condition par l'inféodataire, d'améliorer le domaine inféodé, comme de défricher ou deffécher un terrein, d'y bâtir ou planter, &c. & fous la réferve de la fuzeraineté, emportant foi & hommage, droits feigneuriaux & féodaux ; ou de la directe, cens & furcens, emportant lods & ventes, faifine, & autres droits dus aux mutations des fiefs ou des rotures, fuivant qu'ils font fixés par les coutumes, ou ftipulés par les contrats d'inféodation.

Ce qui a donné lieu quelquefois de confondre ces fortes d'inféodations avec les *engagemens*, eft que par différens édits qui ont ordonné l'aliénation des domaines du roi à titre d'*engagement*, pour accréditer ces *engagemens*, on les a affimilés aux inféodations, en ordonnant que les engagiftes jouiroient des domaines engagés à titre d'inféodation ; on y a même fouvent ajouté la réferve au roi,

roi, de la fuzeraineté & de la directe. La plus grande partie des aliénations des juftices a été faite à ce titre d'inféodation & fous ces réferves ; & quoiqu'il y ait eu des finances payées lors de ces aliénations, on doute encore fi l'on doit confidérer les aliénations de ces juftices, faites depuis plus d'un fiècle fous la réferve de la fuzaineté & du reffort, comme des aliénations des autres portions utiles du domaine du roi. Si on admettoit un pareil principe, on expoferoit la plus grande partie des propriétaires des terres & fiefs à être privés de leurs juftices, dans lefquelles le roi auroit droit de rentrer comme n'étant poffédées qu'à titre d'*engagement* : ce qui auroit bien des inconvéniens.

Sans entrer dans cette queftion, il eft conftant que toutes ces aliénations des portions des domaines du roi, faites fans finance & au feul titre d'inféodation, fous la réferve de la fuzaineté, de la féodalité, de la directe, cenfive & furcens, emportant droits feigneuriaux, lods & ventes aux mutations, ne font point compris dans la claffe des *engagemens des domaines*.

L'objet de l'inféodation eft toujours que l'inféodataire étant propriétaire incommutable, améliorera le domaine inféodé, & que par ces améliorations, les droits qui feront payés au roi lors des ventes & autres mutations, deviennent fi confidérables, que le roi foit plus qu'indemnifé de la valeur du fonds qu'il a inféodé.

Il y a lieu de préfumer que c'eft par des inféodations que fe font faits les établiffemens des fiefs, de la directe & des cenfives ; toutes les directes qui appartiennent au roi fur les maifons de la ville de Paris, ne proviennent que d'inféodations des terreins qui appartenoient à fa majefté, & qu'i ont été par elle inféodés. Sans remonter aux temps reculés, il a été fait dans le dernier fiècle plufieurs de ces inféodations par le roi, de femblables terreins ; tels que font ceux que l'on comprend fous la dénomination d'*île du palais*, où font fituées la rue S. Louis, la rue de Harlay, le quai des Orfèvres, la place Dauphine, les falles neuves du palais, les cours qui les environnent, appellées l'une la *cour neuve*, l'autre la *cour de Lamoignon* ; tous ces terreins ont été concédés à titre d'inféodation, fous la réferve de directe & de cenfives : toutes les fois que les propriétaires ont été inquiétés pour taxes, ou fous d'autres prétextes, comme détenteurs du domaine du roi aliénés, ils ont été déchargés par des arrêts du confeil.

Les inféodations ne peuvent donc en général être mifes dans la claffe des *engagemens du domaine*, que quand elles font faites moyennant finance, & qu'elles emportent une véritable aliénation & diminution de domaine.

Toute aliénation du domaine & droits en dépendans, à quelque titre qu'elle foit faite, excepté le cas d'apanage ou d'échange, n'eft donc véritablement qu'un *engagement*, foit que l'acte foit à titre d'*engagement* ou à titre d'inféodation,

que ce foit à titre de vente, donation, bail à cens ou à rente, bail emphytéotique, ou autrement ; & quand même le titre porteroit que *c'eft pour en jouir à perpétuité & incommutablement*, fans parler de la faculté de rachat, cette faculté y eft toujours fous-entendue, & eft tellement inhérente au domaine du roi, qu'on ne peut y déroger, & qu'elle eft imprefcriptible comme le domaine.

L'ordonnance de Blois, *art. 333 & 334*, diftingue à la vérité la vente du domaine d'avec le fimple *engagement* : mais il eft fenfible que les principes de cette matière n'étoient point encore développés alors comme il faut ; & felon les principes qui réfultent des ordonnances poftérieures, il eft conftant que l'aliénation du domaine, faite à titre de vente, ne peut pas avoir plus d'effet que celle qui eft faite fimplement à titre d'*engagement*.

L'engagifte a même moins de droit qu'un acquéreur ordinaire à charge de rachat. En effet, celui qui peut faire tous les actes de propriétaire jufqu'à ce que le rachat foit exercé, & ce quand le temps du rachat eft expiré, il devient propriétaire incommutable : au lieu que l'engagifte du domaine n'eft en tout temps qu'un fimple acquéreur d'ufufruit, qui a le privilège de tranfmettre fon droit à fes héritiers ou ayans-caufe.

Il ne peut pas, comme l'apanager, fe qualifier duc, comte, marquis ou baron d'une telle terre, mais feulement *feigneur par engagement* de cette terre, fi ce n'eft que l'*engagement* contient permiffion de prendre ces qualités.

Quand le chef-lieu d'une grande feigneurie eft engagé, les mouvances féodales qui en dépendent & la juftice royale qui eft attachée au chef-lieu, & tous les droits honorifiques, demeurent réfervés au roi, la juftice s'y rend toujours en fon nom : on y ajoute feulement en fecond celui du feigneur engagifte, mais celui-ci n'a point collation des offices, il n'en a que la nomination, & les officiers font toujours officiers royaux ; s'il fait mettre un poteau en figne de juftice, les armes du roi doivent y être marquées : il peut feulement mettre les fiennes au-deffous. Il n'a point droit de litre, ou de ceinture funèbre, & ne peut recevoir les foi & hommage, aveux & déclarations, ni donner les enfaifinemens : il a feulement tous les droits utiles du domaine engagé, excepté les portions qui ont été aliénées aux *engagemens* du domaine, antérieurement aux *engagemens*, conformément à plufieurs réglemens, & notamment à l'édit du mois de décembre 1743.

Mais quand le roi engage feulement quelque dépendance du chef-lieu de la feigneurie, & qu'il engage auffi la juftice, alors c'eft une nouvelle juftice feigneuriale qui s'exerce au nom du feigneur : il a la collation des offices, & tous les droits utiles & honorifiques, à l'exception néanmoins des droits qui font une fuite des mouvances du chef-lieu, lefquelles, dans ce cas, demeurent réfervées au roi, conformément à l'édit du 15 mai 1715.

Les droits de patronage, droits honorifiques, droits de retrait féodal, ne font point comptés au nombre des droits utiles ; de forte que l'engagifte ne les a point, à moins qu'ils ne lui aient été cédés nommément.

Tout contrat d'*engagement* doit être regiftré en la chambre des comptes.

Les acquifitions que l'engagifte fait dans la mouvance du domaine qui lui eft engagé, foit par voie de retrait ou autrement, ne font point réunies au domaine.

L'engagifte peut, pendant fa jouiffance, fous-inféoder, ou donner à cens ou rente quelque portion du domaine qu'il tient par *engagement ;* mais en cas de rachat de la part du roi, toutes ces aliénations faites par l'engagifte font révoquées, & le domaine rentre franc de toute hypothèque de l'engagifte.

Cependant jufqu'au rachat, l'engagifte peut difpofer, comme bon lui femble, du domaine ; il eft confidéré comme propre dans fa fucceffion ; le fils aîné y prend fon droit d'aineffe ; le domaine engagé peut être vendu par l'engagifte, fes héritiers ou ayans-caufe ; il peut être faifi & décrété fur eux : mais tout cela ne préjudicie point au rachat.

Tant que l'*engagement* fubfifte, l'engagifte doit acquitter les charges du domaine ; telles que les gages des officiers, & autres preftations annuelles, pour fondation ou autrement, entretenir les bâtimens, prifons, ponts, chemins, chauffées, fournir le pain des prifonniers, payer les frais de leur transport, & généralement tous les frais des procès criminels où il n'y a point de partie civile ; gages d'officiers, rentes, revenant-bons, décharges & épices des comptes des domaines : mais cet édit n'a pas été par-tout pleinement exécuté. L'édit d'octobre 1705 a ordonné que les engagiftes rembourferoient les charges locales, telles que le paiement des fiefs & aumônes ; à l'effet de quoi, il eft obligé d'en remettre le fonds au receveur des domaines & bois, lequel rapporte au jugement de fon compte, les pièces juftificatives de l'acquittement defdites charges.

Loyfeau, en fon *traité des offices*, & Chopin, en fon *traité du domaine*, ont parlé des *engagemens ;* mais quoique ces auteurs aient dit d'excellentes chofes, il faut prendre garde que leurs principes ne font pas toujours conformes au dernier état de la jurifprudence fur cette matière.

On peut auffi voir ce que Guyot en a dit en fon *traité des fiefs*, tome VI, & en fes *obfervations fur les droits honorifiques*. *Voyez* DOMAINE. (*A*)

ADDITION à l'article ENGAGEMENT *du domaine de la couronne.* Un arrêt du confeil du 26 mai 1771, porte la difpofition fuivante : *Art. I.* « La » perception des droits dus à fa majefté, à caufe » des mutations des biens affis dans fes mouvan-

» ces & directes, par vente, échange, ou autre » titre équipolent, fera faite, à compter du pre- » mier juillet prochain, par les receveurs géné- » raux des domaines, ou leurs fondés de procu- » ration, tant dans les domaines étant dans la » main du roi, *que dans ceux engagés, à quelque* » *titre que ce foit ;* & ce, conformément aux cou- » tumes des lieux où lefdits biens feront affis, » ou aux titres particuliers d'iceux. Fait S. M. dé- » fenfes *à tous engagiftes*, de s'immifcer, paffé » ledit jour premier juillet, dans la perception » d'aucuns defdits droits dans les mouvances & » directes des domaines par eux tenus en *enga-* » *gement*, s'il n'y a eu demande judiciaire par » eux formée antérieurement audit jour ; & ce, » à peine de reftitution des droits qui auroient » été par eux perçus, & d'amende, qui ne pourra » être moindre de trente livres pour chacun def- » dits droits, lorfqu'ils n'excéderont pas ladite » fomme ; & fera du double des droits par eux » perçus, lorfqu'ils excéderont la fomme de trente » livres, lefquelles amendes ne pourront être mo- » dérées, ni remifes, pour quelque raifon & » fous quelque prétexte que ce puiffe être ; & » feront lefdits droits, dont la reftitution fera or- » donnée, & lefdites amendes, payés entre les » mains des receveurs généraux des domaines, » qui feront tenus d'en compter à fa majefté : fait » pareilles défenfes aux receveurs généraux de » fes domaines de compter, foit à l'adjudicataire » de fes fermes générales, foit à fes fermiers par- » ticuliers, ou arrière-fermiers ou ceffionnaires » des uns & des autres, des droits qui feront par » eux perçus, paffé le premier juillet prochain, » à peine d'en répondre en leur propre & privé » nom ».

Cet arrêt peut faire naître une queftion très-importante, celle de favoir fi le prince apanagé qui exerce le retrait domanial fur des objets précédemment diftraits de fon apanage par *engagement*, les poffède au même titre d'*engagement*, ou bien en fief & comme le furplus de fon apanage. Dans le premier cas, les mutations des fiefs ou des cenfives mouvant des terres engagées feront ftériles pour lui, les droits appartiendront au domaine de la couronne ; dans le fecond, il en aura la jouiffance.

Des lettres-patentes données à Verfailles le 7 décembre 1766, enregiftrées au parlement le 15 du même mois, décident la queftion en faveur de M. le duc d'Orléans, pour les domaines de Marle, la Fere, Ham & S. Gobin, retirés par ce prince des mains des engagiftes.

Ces lettres portent : « ordonnons que toutes les » parts, portions & dépendances de l'apanage qui » en ont été diftraites & féparées par *engagement* » ou autrement, lefquelles ont été rachetées ou » pourront l'être par la fuite par les princes pof- » feffeurs dudit apanage, *y demeurent réunies de droit,* » & fans qu'il foit befoin d'autre déclaration ».

Mais lors de la reverfion de l'apanage, les héritiers du prince pourront-ils demander au roi la reftitution des finances rembourfées aux engagiftes ? Les lettres-patentes décident encore cette queftion. On y lit : « fans qu'au cas de reverfion à » la couronne, les repréfentans de notredit coufin » puiffent prétendre à ce fujet aucune indemnité » ou récompenfe, ni exiger le rembourfement » des finances payées à l'engagifte defdits domai- » nes de Marle, la Fère, Ham & S. Gobin, » conformément à la renonciation qu'a faite audit » rembourfement notredit coufin, pour fervir de » compenfation avec la jouiffance qui ceffera d'a- » voir lieu à notre profit ».

On remarque que cette claufe a été inférée dans les lettres-patentes, du confentement de M. le duc d'Orléans.

Quoi qu'il en foit de ce rembourfement, le prince poffède à titre d'apanage & non comme fimple engagement, les terres ainfi retirées des mains des engagiftes. C'eft donc à lui & non au roi qu'appartiennent les droits feigneuriaux qui peuvent s'ouvrir à raifon des domaines, foit nobles, foit roturiers, mouvans de ces mêmes terres.

Lorfque l'engagement confifte dans une portion de bois fur le point d'être coupée, & que le roi ou fes repréfentans en exercent le retrait domanial, de quelle manière fe fait le rembourfement de la finance originaire ? doit-on y ajouter la valeur de la fuperficie du bois ?

La queftion s'eft préfentée récemment à la grand'chambre du parlement, entre M. le duc de Bouillon, feigneur à titre d'échange, du duché de Château-Thierry, & le fieur du Petit-Mont, détenteur de 58 arpens de bois anciennement détachés du domaine de Château-Thierry, à titre d'échange.

Ce bois étoit fur le point d'être coupé, & même le fieur du Petit-Mont en avoit déjà vendu la coupe à la veuve Sarrafin, par acte du mois d'octobre 1780, à la charge de commencer l'exploitation au mois d'octobre de l'année fuivante.

Dans ces circonftances, M. le duc de Bouillon prit le parti, 1°. & fans approuver la vente faite à la veuve Sarrafin, de former oppofition entre fes mains, par acte du 23 décembre 1780, au paiement du prix de cette pièce de bois.

2°. De faire affigner le fieur du Petit-Mont au parlement, par exploit du même jour.

Ses conclufions tendoient « à ce que la pièce » de bois du buiffon Thibouft, dépendante du » duché de Château-Thierry, & comprife dans » l'évaluation faite en 1671, dudit duché, y de- » meurât réunie, en conféquence, le fieur du » Petit-Mont fût tenu de lui en abandonner la » poffeffion & jouiffance, aux offres de lui rem- » bourfer la finance de l'engagement & les loyaux- » coûts, à la charge par le fieur du Petit-Mont » de rapporter le contrat d'engagement, la quittance » de finance & autres pièces juftificatives; vifite » préalablement faite de la pièce de bois; pour

» conftater les dégradations, s'il y en avoit; fauf » par lui à répéter contre le roi les fommes qu'il » auroit payées pour retirer ce domaine ».

Enfin, M. le duc de Bouillon demandoit, par provifion, que la veuve Sarrafin fût condamnée à payer entre les mains de fes tréforiers, & dans les termes portés en fon marché, le prix de cette fuperficie.

Cette demande provifoire a fait la matière d'une inftance d'appointement à mettre au rapport de M. Titon, terminée par arrêt du 27 mars 1781, qui ordonne par provifion « que M. le duc de » Bouillon jouira de la pièce de bois dont eft quef- » tion dans l'état où elle eft actuellement, à la charge » par lui, fuivant fes offres, de rembourfer la finance » de l'engagement, & de payer en outre au fieur du » Petit-Mont l'intérêt de la finance, à compter du » jour de la dernière exploitation de ladite pièce de » bois, à l'effet de quoi le fieur du Petit-Mont » fera tenu de repréfenter à M. le duc de Bouil- » lon les contrats d'engagement & quittance de » finance, &c. & que vifite fera préalablement » faite de ladite pièce de bois, dépens compenfés ».

M. le duc de Bouillon n'a pas cru devoir réclamer contre les difpofitions de cet arrêt, qui accordent au fieur du Petit-Mont les intérêts de la finance, & qui compenfent les dépens; il s'eft borné à demander que cet arrêt demeurât définitif.

Le fieur du Petit-Mont, de fon côté, s'en eft rapporté à la prudence de la cour, fur la demande à fin de réunion de la pièce de bois dont il s'agit au duché de Château-Thierry, à la charge feulement de lui rembourfer les 2402 livres 8 fols de finance, & 72 liv. de loyaux-coûts.

Mais il prétendoit que la coupe de la fuperficie de ce bois lui étoit irrévocablement acquife par la vente qu'il en avoit faite, & même par l'exploitation qui en étoit commencée antérieurement à la demande de M. le duc de Bouillon; en conféquence, il demandoit main-levée de l'oppofition formée à fa requête entre les mains de la veuve Sarrafin, & concluoit en 600 liv. de dommages & intérêts, & aux dépens.

Sur les défenfes refpectives eft intervenu arrêt fur les conclufions de M. d'Agueffeau, le 15 janvier 1783, par lequel l'arrêt provifoire a été déclaré définitif.

L'engagifte doit-il au roi l'hommage & les droits de mutation, à raifon de la feigneurie qu'il tient en engagement ?

La nature de cette efpèce de contrat eft bien connue. L'engagement, fuivant Loyfeau, *des offices*, *liv. II, chap. 3*, n'emporte que la détention de la chofe, ne transfère pas la propriété de la chofe, mais fimplement une forte d'ufufruit qui n'attribue que des droits utiles.

« Il faut donc, continue M. Lefevre de la » Planche, dans fon excellent *traité du domaine*,

» *liv. 12, ch. 4, n°. 3*, écarter du **contrat d'en-**
» **gagement** toute idée de propriété ».

En un mot, ce contrat *magis tenet in vim pigno-*
ris & antichresis quàm in vim veræ venditionis.

Ces définitions ne peuvent pas être contestées.

Mais si l'engagiste n'est qu'un créancier avec
faculté de jouir des fruits, s'il faut éloigner de sa
possession toute idée de propriété, il n'est donc
qu'un simple usufruitier. L'immeuble engagé continue donc d'appartenir au roi.

Or, l'idée de faire rendre au roi l'hommage de
sa propre chose, implique contradiction; & d'un
autre côté, il est de principe que l'usufruitier n'est
pas tenu de prêter la foi; il n'est pas même habile à cette prestation. Cette règle est tout à la
fois l'une des plus anciennes & des plus certaines
de la matière féodale. Littleton écrivoit dans le
quinzième siècle, *nul ne fait hommage à moins qu'il*
ne possède à perpétuité. Puisque l'engagiste n'est
qu'un simple usufruitier, il est donc affranchi de
l'obligation de porter la foi.

Cette conséquence suit de la nature des choses.
On la trouve dans les écrits des meilleurs feu-
distes, singulièrement dans le *traité du domaine* de
M. Lefèvre de la Planche; on lit à l'endroit déjà
cité : « si l'engagiste n'est point propriétaire, si le
» roi conserve la propriété de son domaine, il en
» faut conclure que l'engagiste ne peut jamais être
» tenu à charge féodale ». L'auteur du *Dictionnaire*
du domaine, très-versé dans cette partie, s'exprime
à-peu-près dans les mêmes termes, *verb.* Domaine :
« S'il s'agit de biens aliénés à titre d'*engagement*
» & à faculté de rachat, les droits seigneuriaux
» ne sont pas dus ».

Cette question a été assez souvent renouvellée,
aussi existe-t-il un assez grand nombre d'arrêts qui
la jugent. Ces arrêts ne sont rien moins qu'uniformes : il y en a qui affranchissent les engagistes
de tous les droits & devoirs féodaux. On en trouve
également qui les y assujettissent; & si l'on prend
la peine de faire le calcul des uns & des autres,
du moins de ceux qui sont connus, il faut convenir que l'avantage du nombre n'est pas pour
les engagistes.

Les arrêts qui les assujettissent à la prestation
des devoirs féodaux sont au nombre de sept, savoir des 26 février 1704, 4 janv. 1724, 10 juillet
1744, 26 mars 1748, portant cassation d'un arrêt
du parlement de Paris du 29 juillet 1747 ; 24
avril 1755 & 5 juin 1756. On doit encore mettre
au nombre des préjugés défavorables aux engagistes, un arrêt d'enregistrement de l'édit de 1637.
Par cet arrêt du 27 juillet 1638, le parlement de
Paris ordonne que les engagistes rendront hommage
au roi; enfin Bacquet cite encore des sentences
de la chambre du domaine, des années 1578 &
1587.

Les arrêts qui affranchissent les engagistes de
l'hommage & des devoirs féodaux, sont des 28
juin 1640, 15 janvier 1681, 11 septembre 1738
& 15 septembre 1739.

On retrouve la même variété dans les édits
qui ordonnent l'aliénation des biens domaniaux.
On en compte 18 à 20, & dans ce nombre il
en est à-peu-près moitié qui chargent les aliénataires des droits & devoirs seigneuriaux. Cette réserve est insérée dans des lettres-patentes de 1539;
elle est également dans l'édit de février 1566,
connu sous la dénomination d'*édit des petits do-*
maines. On la retrouve dans les édits d'aliénation
& arrêts du conseil des 18 avril 1672, 23 juillet
1686, mars 1695, 3 avril 1696, avril 1702 &
1708.

Les autres édits & déclarations en nombre au
moins égal, se contentent d'ordonner que les
biens domaniaux seront aliénés à titre d'*engagement*
pur & simple, & à faculté de rachat, sans aucune mention d'hommage ni d'aucune autre espèce
de devoirs féodaux.

Voilà le tableau fidèle de la législation & de la
jurisprudence sur la question proposée : il présente,
au premier coup d'œil, une contradiction choquante,
ou du moins très-embarrassante; mais elle disparoît,
lorsqu'on examine avec attention ces arrêts & ces
édits. On voit alors que cette variété n'est qu'apparente, & que la jurisprudence est réellement très-
uniforme.

En effet, dans toutes les espèces sur lesquelles
sont intervenus les arrêts qui ordonnent le paiement
des droits, les aliénataires tenoient à titre d'inféodation, ou la réserve de ces droits étoit écrite, soit
dans leurs contrats, soit dans les édits qui avoient
ordonné les aliénations. Au contraire, toutes les
fois qu'il ne s'est agi que de simples *engagemens*, les
arrêts ont affranchi les acquéreurs & de l'hommage
& de toutes les autres prestations.

Comme cette distinction donne la clef de cette
matière, on croit devoir l'établir en jettant un coup-
d'œil sur les espèces jugées par ces différens arrêts.

Les aliénations soumises aux droits féodaux par
les arrêts de 1704, 1724 & 1744, avoient été faites
en vertu des édits de 1695, 1702 & 1708. Or
ces trois édits portent littéralement que la réserve
des droits féodaux sera insérée dans tous les contrats. Ainsi ces arrêts ne jugent autre chose, sinon
que les aliénataires qui s'étoient volontairement soumis à cette charge, étoient non-recevables à prétendre s'en affranchir.

L'arrêt de 1748, qui casse celui du parlement,
prononce de même sur un contrat d'aliénation,
portant la réserve de l'hommage & des droits seigneuriaux. Le domaine dont il s'agissoit avoit été
acquis en 1575, à la vérité sous la condition de
rachat & réméré perpétuels, mais sous la charge
expresse de la foi & hommage, & de 5 sols tournois de service, portant directe seigneurie.

L'arrêt de 1755 condamne M. de Vougny de
Boquestan à payer le relief; mais il s'agissoit de
rentes domaniales aliénées au sieur de Vougny son

père, à titre d'inféodation, de propriété perpétuelle, & en vertu de l'édit de 1695.

L'arrêt de 1756, que l'on cite pareillement contre les engagistes, est dans une espèce tout-à-fait différente. A la vérité, cet arrêt condamne le marquis de Colbert au paiement du relief, à raison de biens domaniaux, mais il les tenoit à titre d'échange, & non par *engagement*. L'échangiste est propriétaire absolu, & sujet par conséquent à tous les droits seigneuriaux.

A l'égard des deux sentences citées par Bacquet, ce ne sont que des sentences ; & quant à l'opinion de cet auteur, qui, dans son *Traité des droits de justice*, décide que les engagistes sont indistinctement tenus des droits & devoirs féodaux, nous nous contenterons d'observer qu'il tient l'opinion contraire dans son traité du droit de *franc-fief*. Nous ajouterons avec M. le Fèvre de la Planche, *que cet auteur avoit peu approfondi les principes du domaine ; qu'il s'est presque toujours laissé conduire par l'autorité des jugemens qu'il a vu rendre.*

Ces arrêts, comme l'on voit, ne jugent pas en thèse générale, qu'un engagiste est tenu des droits féodaux. Ils décident, & rien de plus, qu'il les doit toutes les fois qu'il tient à titre d'inféodation, ou qu'il s'y est expressément soumis par son contrat d'acquisition. Au contraire, toutes les fois qu'il ne s'est agi que de simples *engagemens* sans inféodation, sans réserve, le parlement & le conseil ont toujours prononcé l'affranchissement des droits : c'est l'esprit des arrêts de 1640, 1681, 1736 & 1739. Ainsi nous avons eu raison de dire que les arrêts, quoique différens, ne sont rien moins que contraires. On voit, en effet, que cette jurisprudence porte sur des principes très-fixes.

Il résulte de cette discussion deux vérités : l'une de droit, l'autre de fait. Dans le droit, tous ceux qui possèdent des droits domaniaux ne sont que de simples engagistes, quelles que soient les clauses de leurs contrats & les dispositions des édits qui ont ordonné les aliénations. Sous ce point de vue, réduits à la qualité d'usufruitiers, n'ayant que l'usage, & non la propriété de la chose ; ils ne doivent ni l'hommage ni aucuns des droits & devoirs seigneuriaux.

Dans le fait, le conseil du roi faisant céder l'autorité des principes à celle de la convention, assujettit à ces mêmes droits les détenteurs qui ont acquis, ou dont les contrats ont été passés en vertu d'édits qui ordonnoient des aliénations perpétuelles à titre de fief, ou non rétention des droits féodaux. Au contraire, la jurisprudence affranchit de ces mêmes droits ceux dont le titre originaire n'est ou n'a dû être qu'un simple *engagement* à faculté de rachat perpétuel.

Ainsi la jurisprudence n'est nullement arbitraire, & les arrêts, quoique différens, ne sont cependant rien moins que contradictoires. Il faut en convenir ; ceux qui condamnent les aliénataires aux droits féodaux choquent les vrais principes, puisque le domaine étant inaliénable, la faculté de rachat est toujours censée écrite dans les actes d'aliénation, quelle qu'en soit la teneur & quelles que soient les dispositions des édits qui les ont ordonnées. Mais enfin ces arrêts existent, & leur suite, leur nombre, leur concordance, forment une jurisprudence à l'autorité de laquelle on tenteroit vraisemblablement en vain de se soustraire.

Sur la question de savoir si l'engagiste peut exiger l'hommage des vassaux de la seigneurie qu'il tient par *engagement*, nous laisserons parler M. d'Aguesseau, *tom. 7 de ses œuvres, page 279.*

« Qu'il soit question, par exemple, de savoir si un engagiste peut exercer le retrait féodal, on décidera avec raison qu'il le peut, si le roi juge à propos de faire passer ce droit aux engagistes ; parce que le retrait féodal étant cessible, même au profit de celui qui ne jouit point de fief dominant, il dépend de la volonté arbitraire & positive du législateur, de comprendre ou de ne pas comprendre ce droit dans les *engagemens*, n'y ayant rien en cela qui résiste à la nature du retrait féodal, ni à celle de l'*engagement*.

» Mais s'agit-il de savoir si le droit de recevoir la foi peut être exercé par les engagistes ? Alors la question cesse d'être arbitraire, parce qu'elle dépend des premiers principes & de la nature même des *engagemens du domaine*, auxquels il faudroit donner atteinte pour accorder ce droit aux engagistes.

» Ce qui regarde les principes des matières féodales a déjà été traité plus haut dans l'explication du terme de *fié ferme*.

» On y a remarqué que c'étoit une règle certaine, que celui qui n'est point vassal ne peut être seigneur ; qu'il faut pouvoir rendre la foi à un seigneur suzerain, pour pouvoir l'exiger d'un seigneur inférieur, & que quiconque n'est point dans l'ordre & dans la gradation naturelle des fiefs, ne peut pas en recevoir les devoirs personnels.

» La nature des contrats d'*engagement* ne prouve pas moins la nécessité & l'immutabilité de cette disposition que le droit des fiefs.

» Qu'est-ce qu'un contrat d'*engagement*, si ce n'est une convention par laquelle le roi ou tout autre débiteur abandonne la jouissance d'un de ses domaines pour tenir lieu de l'argent qu'on lui prête, jusqu'à ce qu'il puisse le rendre à son créancier ? C'est ce que l'on connoît dans le droit romain sous le nom d'*antichrèse. Antichresis est species pignoris ita data, ut donec pecunia solvatur, pignore creditor utatur - fruatur, ut vicem usurarum*, dit M. Cujas après les loix & les jurisconsultes.

» Or, on n'a jamais prétendu que, tant que cette espèce de contrat conserve sa véritable nature sans fraude & sans simulation, il opère une mutation dans le fief, & rend le créancier capable de recevoir ou de rendre la foi, sous prétexte qu'il jouit des fruits du gage. On distingue, en ce cas, les droits réels & utiles des droits personnels & honorifiques ; les premiers passent avec la jouissance, parce qu'ils dépendent de la chose beaucoup plus que de la personne ; mais les derniers sont réservés au seul propriétaire, parce qu'ils dépendent au contraire de la personne beaucoup plus que de la chose ; & comme cette distinction est fondée sur les caractères naturels qui distinguent la simple jouissance du véritable domaine, & le droit d'hypothèque du droit de propriété, la conséquence qui en résulte ne peut jamais être regardée comme arbitraire, puisqu'elle est fondée sur un droit immuable ».

Après avoir parlé de l'hommage & des droits utiles, il faut encore dire un mot sur le point de savoir si l'engagiste peut exercer le retrait féodal des terres mouvantes de celles qu'il tient à titre d'engagement.

L'engagement, comme nous l'avons déjà dit, n'est autre chose qu'un contrat pignoratif ; l'engagiste n'est pas propriétaire ; il ne peut pas même être assimilé à un usufruitier ; c'est, & rien de plus, un créancier de l'état, auquel on a délégué le produit d'un domaine pour l'intérêt de son argent. *A perpétuité*, dit le savant annotateur du *Traité du domaine* de M. le Fèvre de la Planche, *le prince & l'engagiste font vis-à-vis l'un de l'autre dans la relation d'un débiteur & d'un créancier, & la faculté de rachat réservée au prince, n'est autre chose que la faculté qui appartient au débiteur de retirer son gage, en remboursant l'argent qu'il a reçu.* Tom. III, p. 463.

Si l'engagiste, étranger à la propriété, n'est qu'un simple créancier, borné au produit purement utile de ce domaine, il n'a donc rien à prétendre aux droits qui sont plus honorifiques que profitables.

Tel est en effet le principe. Aussi l'engagiste n'a-t-il ni la garde des églises, ni les patronages, ni les droits honorifiques, ni l'hommage des vassaux, ni la faculté de saisir féodalement. Il n'a pas même le droit de se qualifier seigneur du domaine qu'il tient en *engagement*. Privé de tous ces avantages, seroit-il possible que le retrait féodal lui appartînt ? Non sans doute. Comme l'hommage, la saisie, le retrait féodal est plus honorifique que profitable. Il y a même, relativement au retrait, deux motifs particuliers d'exclusion.

Lorsque la patrimonialité des fiefs eut enlevé aux seigneurs l'espérance de rentrer dans les domaines qu'ils avoient aliénés, on crut devoir leur accorder au moins la faculté d'évincer les acquéreurs, on se détermina par deux considérations ; 1°. pour qu'ils pussent réunir au fief domaine des objets qui précédemment en avoient fait partie, *ad finem reversionis & consolidationis ad mensam* ; 2°. pour leur éviter le désagrément d'avoir des vassaux qui pourroient leur déplaire, *ne forté dominus alium quem voluerit sibi acquirat vassallum.*

L'engagiste ne peut se prévaloir d'aucun de ces motifs, n'étant pas propriétaire ; il ne peut pas réunir, n'étant pas seigneur ; peu lui importe la qualité des vassaux.

Ces principes sortent de la nature des choses ;

on les retrouve dans les écrits des meilleurs jurisconsultes. M. le Bret, M. Salvaing, Bacquet, Brodeau tiennent unanimement que l'engagiste n'est pas en droit d'exercer le retrait féodal des seigneuries mouvantes de celles qu'il tient par *engagement*. Telle étoit aussi la jurisprudence jusqu'en 1695.

A cette époque, parut une déclaration par laquelle le roi cède le retrait féodal à ceux qui se rendroient adjudicataires de ses domaines à titre d'engagement.

« S'il a fallu une déclaration pour attribuer à » l'engagiste le droit de retirer féodalement, il n'est » pas douteux qu'il ne l'a pas par sa qualité d'en- » gagiste, & par le droit inhérent à l'engagement que » l'on ne peut exercer qu'en vertu de la déclaration » de 1695, ou d'une clause de son contrat, & que » cette déclaration ne peut produire son effet qu'en » faveur des engagistes, dont l'engagement est posté- » rieur ».

Cette décision est de M. le Fèvre de la Planche, dans son *Traité du domaine*, tom. III, liv. 12, ch. 4.

Le premier pas à faire dans les questions de cette espèce, est donc de vérifier la date de l'*engagement*, en vertu duquel l'engagiste peut exercer le retrait. Si cet engagement est antérieur à 1695, l'acquéreur peut soutenir avec confiance que l'engagiste n'a pas le retrait féodal, à moins que son contrat ne renferme une cession expresse de cette prérogative.

Au contraire, si l'engagement est postérieur à 1695, il faut reconnoître que le droit de retraire appartient à l'engagiste. (*M. HENRION DE SAINT-AMAND, avocat ès conseils du roi.*)

ENGAGISTE, s. m. se dit, 1°. de celui qui tient à titre d'engagement quelque portion du domaine de la couronne ; 2°. de celui à qui on a engagé un immeuble pour sûreté de sa créance. *Voyez* ENGAGEMENT *d'un bien* & ENGAGEMENT *du domaine.*

ENLAYER ou ENLOYER, *terme de coutume,* qui signifie *déférer le serment.*

Dans l'*article 153* de la très-ancienne coutume de Bretagne, le serment est appelé *lai* ou *loi* ; d'où sont venus les termes *enlayer* & *enloyer*, pour dire *déférer le serment* : termes qui étoient fort usités dans l'ancien style judiciaire de la province, & qui se font encore dans les juridictions inférieures, même dans quelques sièges royaux & présidiaux.

ENLÈVEMENT, s. m. (*Droit civil & criminel.*) se dit d'une voie de fait dont on use pour ravir quelqu'un ou s'emparer de quelque chose. *Voyez* VOL. L'enlèvement des personnes est plus communément nommé *rapt* ou *crime de rapt. Voyez* RAPT.

Enlèvement signifie aussi quelquefois *transport* : par exemple, les adjudicataires des coupes de bois doivent enlever les bois coupés dans le temps porté par le marché. Une partie saisie s'oppose à l'*enlèvement* de ses meubles, en donnant bon & solvable gardien. *Voyez* ADJUDICATAIRE DES BOIS, SAISIE-EXÉCUTION.

ENQUANT. *Voyez ci-deſſus* ENCAN. Ces deux mots ſont les mêmes, différemment orthographiés. Celui d'*encan* eſt le plus en uſage ; mais on trouve *enquant* dans le dernier article de la coutume de Bretagne.

ENQUÊTE, ſ. f. (*terme de Procédure.*) en latin *inquiſitio*, ou, ſuivant l'ancien ſtyle du palais, *inqueſta*. C'eſt un procès-verbal rédigé par ordre & en préſence d'un juge ou commiſſaire, contenant des dépoſitions de témoins ſur des faits dont quelqu'un veut avoir la preuve, ſoit par cette voie ſeule, ſoit pour faire concourir cette preuve teſtimoniale avec quelque preuve par écrit.

Autrefois, ſous le terme d'*enquête*, on comprenoit également les *enquêtes* proprement dites, c'eſt-à-dire, celles qui ſe font en matière civile, & les informations qui ſont des eſpèces d'*enquêtes* en matière criminelle ; mais préſentement on ne donne le nom d'*enquête* à ces ſortes d'actes, qu'en matière civile.

L'uſage des *enquêtes*, ou du moins de la preuve par témoins, eſt de tous les temps & de tous les pays ; mais les formalités des *enquêtes* ne ſont pas par-tout uniformes, & elles ont ſouffert pluſieurs changemens en France.

Les *enquêtes* ſont verbales ou par écrit : les premières ſont la même choſe que ce qu'on appelle *enquête ſommaire*. Voyez ci-après ENQUÊTE SOMMAIRE.

On appelle *enquêtes par écrit*, celles qui ont été ordonnées par un jugement, en vertu duquel elles ſont rédigées avec toutes les formalités ordinaires.

Nous n'entrerons pas ici dans le détail des formalités uſitées par le ſtyle ancien du palais ; nous nous bornerons à celles qui ont été réglées par l'ordonnance de 1667, *tit. xxij*, qui forment le véritable état de la juriſprudence ſur cette matière : d'ailleurs nous en dirons ce qu'il eſt important de ſavoir, pour l'intelligence des anciens auteurs & praticiens, dans les dénominations ajoutées au mot *enquête*, que nous donnerons à la ſuite du préſent article.

En exécution de l'ordonnance de 1667, dans les matières où il échet de faire *enquête*, le même jugement qui l'ordonne doit contenir les faits dont les parties pourront reſpectivement informer, ſans autres interdits & réponſes, jugemens ni commiſſions. *Voyez* INTERDITS.

Le même jugement doit permettre à chaque partie litigante, de faire reſpectivement ſa preuve ; ce qui établit une grande différence entre l'*enquête* & l'information qui a lieu en matière criminelle ; car l'accuſé ne peut pas faire de preuve contraire, à moins qu'il n'y ait été ſpécialement autoriſé.

Lorſque l'*enquête* eſt faite au même lieu où le jugement a été rendu, ou dans la diſtance de dix lieues, elle doit être commencée dans la huitaine du jour de la ſignification du jugement faite à la partie ou à ſon procureur, & achevée dans la huitaine ſuivante. Si la diſtance eſt plus grande,

le délai augmente d'un jour pour dix lieues ; le juge peut néanmoins, ſi le cas le requiert, donner une autre huitaine pour la confection de l'*enquête*, ſans que le délai puiſſe être prorogé.

Le délai de huitaine dont nous venons de parler, n'a lieu que pour les cours ſouveraines, les bailliages, ſénéchauſſées & préſidiaux ; à l'égard des autres juriſdictions royales & des juſtices des ſeigneurs, même des duchés-pairies & des officialités, les délais ne ſont que de trois jours.

Lorſque l'*enquête* n'a pas été commencée dans la huitaine preſcrite par l'ordonnance, la partie négligente demeure déchue du droit d'y procéder. Mais il faut obſerver que cette huitaine ne commence à courir contre la partie, que du jour de la ſignification qui lui eſt faite du jugement, qui admet à la preuve teſtimoniale.

Après que les reproches ont été fournis contre les témoins, ou que le délai d'en fournir eſt paſſé, on porte la cauſe à l'audience, ſans faire aucun acte ou procédure pour la réception de l'*enquête*.

Il n'eſt plus d'uſage, comme autrefois, de faire la publication de l'*enquête*, c'eſt-à-dire, d'en faire la lecture publique à l'audience ; la communication de l'*enquête* tient lieu de cette publication ; & on ne fournit plus auſſi de moyens de nullité par écrit après les reproches, ſauf à les propoſer en l'audience, ou par contredits ſi c'eſt en procès par écrit.

Si l'*enquête* d'une partie n'eſt pas achevée dans les délais de l'ordonnance, l'autre partie peut pourſuivre l'audience ſur un ſimple acte, ſans qu'il ſoit beſoin de faire déclarer l'autre partie forcloſe de faire *enquête*, comme cela ſe pratiquoit autrefois, ce qui eſt abrogé par l'ordonnance.

Les témoins doivent être aſſignés à perſonne ou domicile, pour dépoſer, & les parties au domicile de leur procureur, pour voir prêter ſerment aux témoins : cela ſe fait en vertu d'ordonnance du juge, ſans commiſſion du greffe.

Le jour & l'heure pour comparoir doivent être marqués dans les aſſignations données aux témoins & aux parties ; & ſi les aſſignés ne comparent, on diffère d'une autre heure, après laquelle les témoins préſens prêtent ſerment & ſont ouïs, à moins que les parties ne conſentent la remiſe à un autre jour.

Les témoins doivent comparoir à l'heure de l'aſſignation, ou au plus tard dans l'heure ſuivante, à peine de dix livres, au paiement deſquelles ils peuvent être contraints par ſaiſie & vente de leurs biens, mais non pas par empriſonnement, à moins que cela ne fût ainſi ordonné par le juge, en cas de manifeſte déſobéiſſance. Les ordonnances des juges ſont exécutoires contre les témoins, nonobſtant oppoſition ou appellation ; celles des commiſſaires-enquêteurs le ſont auſſi pour la peine de dix livres ſeulement.

Soit que la partie compare ou non, au jour indiqué, le juge ou commiſſaire prend le ſerment des témoins qui ſont préſens, & procède à la confection de l'*enquête*, nonobſtant & ſans préjudice de toutes oppositions ou appellations, fauf au défaillant à propofer fes reproches ou moyens après l'*enquête*.

Si le juge fait l'*enquête* dans le lieu de fa réfidence, & qu'il foit récufé ou pris à partie, il eft tenu de furfeoir, jufqu'à ce que les récufations & prifes à partie aient été jugées.

L'édit de novembre 1578 & une déclaration du 14 décembre 1580, avoient créé des adjoints aux *enquêtes*, dont la fonction étoit d'affifter aux *enquêtes*; mais l'ordonnance de 1667 a fupprimé la fonction de ces adjoints; & la déclaration du mois de novembre 1717 a pareillement fupprimé les fubftituts-adjoints, qui avoient été créés en 1696.

Le juge ou commiffaire, en quelque cour ou jurifdiction que ce foit, doit recevoir lui-même le ferment & la dépofition de chaque témoin; fans que le greffier ni autre puiffe les recevoir, ni les rédiger par écrit hors la préfence du juge ou commiffaire.

On doit faire mention, au commencement de la dépofition, du nom, furnom, âge, qualité, & demeure du témoin, du ferment par lui prêté; s'il eft ferviteur, parent ou allié de l'une ou l'autre des parties, & en quel degré.

Les témoins ne peuvent dépofer en la préfence des parties, ni même en préfence des autres témoins, excepté lorfque les *enquêtes* fe font à l'audience; hors ce cas, ils doivent être ouis chacun féparément, fans qu'il y ait autre perfonne que le juge ou commiffaire, & le greffier qui écrit l'*enquête*.

La dépofition achevée, on la doit lire au témoin, & l'interpeller de déclarer fi elle contient vérité; s'il y perfifte, il doit figner fa dépofition, ou s'il ne le peut faire, il doit le déclarer, & on en doit faire mention fur la minute & fur la groffe.

Le juge ou commiffaire doit faire écrire tout ce que le témoin veut dire touchant le fait dont il s'agit entre les parties, fans en rien retrancher.

Si le témoin augmente, diminue ou change quelque chofe à fa dépofition, on doit l'écrire par apoftilles & renvois en marge, qui doivent être fignés par le juge, & le témoin s'il fait figner. On n'ajoute point foi aux interlignes, ni même aux renvois qui ne font point fignés; & fi le témoin ne fait pas figner, on en doit faire mention, comme il a déjà été dit.

Le juge doit demander au témoin s'il requiert taxe; & fi elle eft requife, le juge la doit faire, eu égard à la qualité, voyage & féjour du témoin.

Tout ce qui a été dit jufqu'ici doit être obfervé, à peine de nullité.

L'ordonnance défend en outre aux parties de faire ouir, en matière civile, plus de dix témoins fur un même fait, & aux juges ou commiffaires d'en entendre un plus grand nombre; autrement la partie ne peut prétendre le rembourfement des frais qu'elle aura avancés pour les faire ouir; encore que tous les dépens lui fuffent adjugés.

On peut néanmoins citer, contre la jurifprudence

que nous établiffons à l'égard du nombre des témoins, un arrêt du parlement de Paris du 16 mai 1744, par lequel il eft ordonné que les frais d'une *enquête*, dans laquelle on avoit entendu plus de foixante témoins, pafferoient en taxe fans aucune réduction. Mais cet arrêt ne peut pas faire loi contre la difpofition de l'ordonnance. L'induction qu'on peut en tirer, confifte à dire que, dans quelques cas finguliers, qui n'ont pu être prévus par la loi, le juge peut entendre un plus grand nombre de témoins.

Le procès-verbal d'*enquête* doit être fommaire; & ne contenir que le jour & l'heure des affignations données aux témoins, pour dépofer, & aux parties pour les voir jurer; le jour & l'heure des affignations échues, leur comparution ou défaut, la preftation de ferment des témoins; fi c'eft en la préfence ou abfence de la partie, le jour de chaque dépofition, le nom, furnom, âge, qualité & demeure des témoins, les requifitions des parties, & les actes qui en feront accordés.

Les greffiers ou autres qui ont écrit l'*enquête* & le procès-verbal, ne peuvent prendre d'émolumens que pour l'expédition de la groffe, felon le nombre de rôles, au cas que l'*enquête* ait été faite au lieu de leur demeure; & fi elle a été faite ailleurs, ils ont le choix de prendre leurs journées, qui font taxées aux deux tiers de celles du juge ou commiffaire.

Les expéditions & procès-verbaux des *enquêtes* ne doivent être délivrés qu'aux parties, à la requête defquelles l'*enquête* a été faite. *Voyez* ENQUÊTE D'OFFICE.

Ceux que l'on prend pour greffiers en des commiffions particulières, n'ayant point de dépôt, doivent remettre la minute des *enquêtes* & procès-verbaux aux greffes des jurifdictions où le différend eft pendant, trois mois après la commiffion achevée; autrement ils peuvent y être contraints, fauf à eux de prendre exécutoire de leur falaire contre la partie.

L'ufage qui s'obfervoit autrefois d'envoyer des expéditions des *enquêtes* dans un fac clos & fcellé, a été abrogé par l'ordonnance, ainfi que les publications & réceptions d'*enquête*, & tous jugemens portant que l'on donnera moyens de nullité par rapport aux reproches que l'on peut fournir contre les témoins. *Voyez* REPROCHES.

Le légiflateur a fubftitué à toutes ces formalités l'obligation de fignifier tant le procès-verbal d'*enquête*, que l'*enquête* même: mais la fignification du procès-verbal doit précéder celle de l'*enquête*.

Si celui qui a fait l'*enquête* refufe ou néglige d'en faire fignifier le procès-verbal & donner copie, l'autre partie pourra le fommer par un fimple exploit de le faire dans trois jours, après quoi il pourra lever le procès-verbal; & le greffier fera tenu de lui en délivrer expédition, en lui repréfentant l'acte de fommation & lui payant fes falaires de la groffe, dont

dont il fera délivré exécutoire contre la partie qui en devoir donner copie.

La partie qui a fourni des reproches, ou renoncé à en fournir, peut demander copie de l'*enquête*; & en cas de refus, l'*enquête* doit être rejettée, & l'on procède au jugement.

Si celui contre qui l'*enquête* a été faite en veut prendre avantage, il peut la lever en satisfaisant à ce qui a été dit dans l'article précédent.

Celui qui lève ainsi l'*enquête*, lorsque son adversaire refuse d'en donner copie, a huitaine pour lever le procès-verbal, & autant pour lever l'*enquête*; & si elle a été faite hors du lieu où le différend est pendant, on donne un autre délai à raison d'un jour pour dix lieues.

Ces délais de huitaine ne font que pour les cours & pour les bailliages, sénéchauffées & présidiaux: dans les autres sièges, chaque délai n'est que de trois jours.

Avant de pouvoir demander copie du procès-verbal de sa partie, il faut donner copie du sien; il en est de même pour l'*enquête*.

Celui qui a en copie du procès-verbal & de l'*enquête*, ne peut, en cause principale ou d'appel, faire ouir sa requête aucun témoin, ni fournir des reproches contre ceux de sa partie.

Si l'*enquête* a été ordonnée à l'audience sans appointer les parties, les *enquêtes* doivent être rapportées à l'audience pour y être jugées sur un simple acte.

Lorsque l'*enquête* est déclarée nulle par la faute du juge ou commissaire, on en fait une nouvelle aux dépens du juge ou commissaire, dans laquelle la partie peut faire ouir de nouveau les mêmes témoins. Mais si la nullité procédoit du fait de la partie, de l'huissier ou du procureur, l'*enquête* ne pourroit être recommencée. *Voyez* COMMISSAIRE-ENQUÊTEUR, PREUVE PAR TÉMOINS & TÉMOIN.

Dans la Lorraine, on suit pour la confection des *enquêtes* les dispositions du titre 5 de l'ordonnance du duc Léopold, du mois de novembre 1707, qui ne diffèrent presque pas du titre 22 de l'ordonnance de 1667.

Mais du ressort du parlement de Flandre, on suit une procédure entièrement différente de celle du royaume, par la raison que l'ordonnance de 1667 n'y a été ni envoyée, ni enregistrée.

Aucune loi n'y oblige le juge à exprimer dans une sentence d'appointement à faire preuve, le détail des faits qui doivent faire la matière de l'*enquête*. Le délai pour la commencer y est d'un mois, à compter du jour de la signification du jugement qui l'ordonne. Ce terme écoulé, la partie adverse doit présenter au rapporteur un placet, pour demander que celui qui a provoqué l'*enquête*, en soit déclaré débouté & forclos. Sur cette demande, le rapporteur accorde, suivant la matière, un nouveau délai de quinze jours ou d'un mois, au bout duquel, si la partie reste dans l'inaction, le rap-

porteur accorde un troisième délai, qu'il qualifie de *péremptoire*; & lorsqu'il est écoulé, il prononce lui-même la forclusion.

Une partie qui s'est laissé débouter de faire sa preuve, n'est pas pour cela sans ressource: elle obtient en la chancellerie du palais, des lettres qu'on appelle improprement *requêtes civiles*, qui la remettent au même état qu'elle étoit avant la forclusion. Il est d'usage aujourd'hui de n'accorder que trois de ces requêtes contre les déboutemens d'*enquêtes*. Cependant on admet encore une partie à une quatrième requête, lorsqu'elle allègue & vérifie des faits nouveaux. *Voyez* CHARGE D'ENQUÊTE, COMPLAINTE, TÉMOIN.

Nous allons, pour terminer cet article, ainsi que nous l'avons annoncé ci-dessus, expliquer par ordre alphabétique, différentes dénominations ajoutées au mot *enquête*.

ENQUÊTE *d'examen à futur*, étoit celle qui autrefois se faisoit d'avance & avant la contestation en cause, même avant que le procès fût commencé, lorsqu'on craignoit le dépérissement de la preuve, soit que les témoins fussent vieux, ou valétudinaires, ou sur le point de s'absenter.

Cette forme de procéder avoit été tirée par les docteurs & praticiens, tant du droit civil que du droit canonique, notamment de la loi 40, *ff. ad leg. aquiliam, l. 32, ff. de furtis, l. 3, §. duæ. ff. de Carboniano edicto,* & *des décrétales;* suivant le chapitre *quoniam 5, in princip. ut lite non contest.* & *cap. cum dilecta, 4 de confirmat. utilit. vel inutilit.*

Elle fut aussi autorisée par les anciennes ordonnances, comme il paroît par celle de Charles VIII de l'an 1493, *art. 58,* qui défend néanmoins d'en faire en matière de recréance; & la raison est que cette procédure n'avoit lieu qu'en matière civile, & non en matière bénéficiale ou criminelle.

Quand le procès étoit déjà commencé, il falloit assigner la partie pour voir prêter serment aux témoins.

Lorsqu'on vouloit faire *enquête* avant qu'il y eût procès commencé, il falloit des lettres en chancellerie adressantes au juge pour faire ouir témoins; & dans ce cas le juge tenoit sa procédure close & secrete jusqu'à ce qu'il fût nécessaire de la produire: mais la partie qui avoit fait faire cette *enquête* devoit former sa demande dans un an au plus tard, à compter de la confection de l'*enquête*, autrement l'*enquête* étoit nulle: à l'égard du défendeur qui avoit fait une telle *enquête* pour appuyer sa défense, l'*enquête* duroit trente ans.

Les inconvéniens qu'on a reconnus dans cette procédure prématurée, qui excitoit souvent une prévention dans l'esprit des juges, ont été cause qu'elle a été abrogée par l'ordonnance de 1667, *tit. 13.* Elle l'a été également en Lorraine par l'ordonnance du duc Léopold; elle y est néanmoins autorisée après l'instance commencée, lorsqu'il y a danger que les preuves ne viennent à dépérir par la caducité, la maladie ou l'absence prochaine des témoins.

Elle a encore lieu en Flandre en matière civile ; & pour cet effet, on lève en la chancellerie du parlement, des lettres dont l'adresse se fait au juge saisi de la contestation, ou qui devra en connoître lorsqu'elle sera intentée. Telle est la règle générale ; mais, dans le ressort de la coutume de Hainaut, on s'adresse aux juges royaux, chacun dans leur ressort.

Les formalités de l'*enquête à futur examen* sont à-peu-près les mêmes que celles des *enquêtes* ordinaires. Cependant les témoins doivent être récolés & entendus de nouveau, dans l'*enquête* principale, à peine de nullité de leur première déposition, qui suffira néanmoins, & à laquelle on ajoute foi, s'ils sont morts ou absens.

Les chartres générales du Hainaut, *chap.* 57, *art.* 5, ont établi comme règle générale , que les frais d'une *enquête à futur examen* passent en taxe à la charge de la partie condamnée, lorsqu'elle se fait pendant l'instruction ; & ceux de l'*enquête* faite avant que le procès soit entamé, n'y entrent point. Mais le grand-conseil de Malines a arrêté, le 17 février 1622, que l'on taxeroit indistinctement ces sortes d'*enquêtes*, soit qu'elles fussent tenues avant ou pendant l'instance ; ce qui a été confirmé par un arrêt du parlement de Flandre du 14 mai 1714, à moins que, dans les circonstances du cas particulier, on ne trouve à propos de juger autrement.

ENQUÊTE ou INFORMATION, ces termes étoient autrefois souvent confondus ; il y a encore certaines *enquêtes* civiles que l'on qualifie d'*information*, telle que l'*information de vie* & de mœurs. (*A*)

ENQUÊTE JUSTIFICATIVE : quelques praticiens donnent ce nom à l'*enquête* que l'accusé fait pour prouver son innocence, lorsqu'on l'a admis à la preuve de ses faits justificatifs. *Voyez* FAITS JUSTIFICATIFS. (*A*)

ENQUÊTE D'OFFICE, est une information que le juge ordonne & fait de son propre mouvement & sans y être provoqué par personne, pour instruire sa religion sur certains faits qui ont rapport à quelque affaire dont la connoissance lui appartient : quoique ces sortes d'*enquêtes* se fassent à la requête du ministère public, on ne laisse pas de les appeller toujours *enquêtes d'office*, pour dire qu'il n'y a point de partie privée qui les ait demandées.

Les avis de parens & amis que le juge ordonne à l'occasion des tutèles, curatèles, émancipations, interdictions, sont des *enquêtes d'office*, lorsqu'il n'y a aucun parent qui les provoque.

C'est aussi une *enquête d'office*, lorsque le juge avant de procéder à l'enregistrement de quelques statuts, privilèges, & lettres-patentes, ordonne qu'il sera informé de la commodité ou incommodité de ce dont il s'agit, ce que l'on appelle vulgairement une *enquête de commodo vel incommodo*.

Ces sortes d'*enquêtes* sont quelquefois qualifiées d'*information*, comme celle qui se fait de l'âge & des vie & mœurs d'une personne qui se présente pour être reçue dans quelque fonction publique ; ce que l'on appelle communément une *information de vie* & *mœurs*.

Il y a des formalités prescrites pour les *enquêtes* ordinaires, qui paroissent inutiles pour les *enquêtes d'office*, quoique l'ordonnance ne le dise point ; par exemple, on ne peut pas assigner la partie pour voir prêter serment aux témoins, n'y ayant point de contradicteur dans ces sortes d'*enquêtes*.

Le terme d'*enquête d'office* n'est guère usité qu'en matière civile : cependant quelques auteurs l'appliquent aussi, en matière criminelle, aux informations qui se font à la requête du ministère public seul, sans qu'il y ait de partie civile privée.

L'ordonnance de 1667, *tit.* 22, *art.* 24, fait mention de ces sortes d'*enquêtes*, & ordonne qu'elles seront seulement délivrées à la partie publique qui les aura fait faire. *Voyez* Loiseau, *des offices, liv. I, ch.* 4, *n.* 9. (*A*)

ENQUÊTES DU PARLEMENT. *Voyez* PARLEMENT à l'article CHAMBRE DES ENQUÊTES.

ENQUÊTES ou PIÈCES : on comprenoit anciennement sous le terme d'*enquêtes*, non-seulement les *enquêtes* proprement dites, mais généralement toutes sortes de titres & pièces qui servoient à la preuve des faits. (*A*)

ENQUÊTES ou PROCÈS : ces termes étoient autrefois synonymes, sur-tout pour les affaires de fait & procès par écrit, dont la décision dépendoit des titres & pièces que l'on comprenoit alors sous le terme d'*enquêtes* : il est dit dans des lettres de Philippe de Valois, du mois de juin 1338, & dans d'autres du roi Jean, du mois de janvier 1351, qu'il ne sera point fait d'*enquête* en matière criminelle qu'après l'information , ce qui se trouve expliqué encore plus clairement dans d'autres lettres du roi Jean, du 12 janvier 1354, où il est dit, *non obstante quod processus seu inquestæ inchoatæ fuerint in nostrâ dictâ curiâ parlamenti.* On trouve encore quelque chose de semblable dans des lettres du mois de mai 1358, données par le dauphin, qui fut depuis le roi Charles V. (*A*)

ENQUÊTE DE SANG , signifioit autrefois *information en matière criminelle ;* elle étoit ainsi nommée à cause que dans ces matières elle tend souvent à faire infliger à l'accusé quelque peine qui emporte effusion de sang. L'ordonnance de Philippe V, dit *le Long*, du mois de décembre 1320, pour le parlement, porte que les *enquêtes* seront remises en trois huches ou coffres ; savoir, en l'une les *enquêtes à juger*, en l'autre les *enquêtes jugées*, & en la troisième les *enquêtes de sang*. (*A*)

ENQUÊTE SECRÈTE ; les informations, en matière criminelle, étoient quelquefois ainsi nommées, parce qu'une des principales différences qu'il y a entre ces sortes de preuves & les *enquêtes* civiles, c'est que les informations sont pièces secretes. (*A*)

ENQUÊTE SOMMAIRE, est celle qui se fait sommairement & sans beaucoup de formalité, lorsque le juge entend les témoins à l'audience, comme il se pratique dans les matières sommaires.

L'ordonnance de 1667, tit. 17, art. 8, dit que si les parties se trouvent contraires en faits dans les matières sommaires, & que la preuve par témoins en soit reçue, les témoins seront ouis en la prochaine audience, en la présence des parties si elles comparent, sinon en l'absence des défaillans; & que néanmoins, à l'égard des cours, des requêtes de l'hôtel & du palais, & des présidiaux, les témoins pourront être ouis au greffe par un conseiller, le tout sommairement, sans frais, & sans que le délai puisse être prorogé.

L'article 9 ajoute que les reproches seront proposés à l'audience avant que les témoins soient entendus, si la partie est présente; qu'en cas d'absence, il sera passé outre à l'audition, & qu'il sera fait mention sur le plumitif, ou par le procès-verbal, si c'est au greffe, des reproches & de la déposition des témoins. (A)

ENQUÊTE PAR TURBES, étoit une espèce d'acte de notoriété ou information que les cours souveraines ordonnoient quelquefois, lorsqu'en jugeant un procès il se trouvoit de la difficulté, soit sur une coutume non écrite, soit sur la manière d'user pour celle qui étoit rédigée par écrit, ou sur le style d'une jurisdiction, ou enfin concernant des limites, où une longue possession, ou sur quelque autre point de fait important.

On les appelloit ainsi, parce que les dispositions étoient données per turbas, & non l'une après l'autre, comme il se pratique dans les enquêtes ordinaires & dans les informations.

Ces sortes d'enquêtes ne pouvoient être ordonnées que par les cours souveraines; les présidiaux même ne pouvoient pas le faire.

La cour ordonnoit qu'un conseiller se transporteroit dans la jurisdiction principale de la coutume ou du lieu.

Le commissaire y faisoit assembler, en vertu de l'arrêt, les avocats, procureurs & praticiens du bailliage; il donnoit les faits & articles; & les turbiers, après être convenus de leurs faits, envoyoient au commissaire leur avis ou déclaration par un député d'entr'eux.

Chaque turbe devoit être composée au moins de dix témoins; & il falloit du moins deux turbes pour établir un fait, chaque turbe n'étant comptée que pour un, suivant les ordonnances de Charles VII, en 1446, art. 22; de Louis XII, en 1498, art. 13; de François I, en 1535, chap. 7, art. 4 & 7.

Ces enquêtes occasionnoient de grands frais; elles étoient souvent inutiles à cause de la diversité des opinions qui s'y pratiquoient, & toujours dangereuses à cause des factions; c'est pourquoi elles ont été abrogées par l'ordonnance de 1667, tit. 13.

Il y en a cependant eu depuis une confirmée par arrêt du conseil du 7 septembre 1669; mais elle avoit été ordonnée dès 1666, & il y avoit eu arrêt en 1668, qui avoit permis de la continuer.

Présentement lorsqu'il s'agit d'établir un usage ou un point de jurisprudence, on ordonne des actes de notoriété, ou bien on emploie des jugemens qui ont été rendus dans des cas semblables à celui dont il s'agit. Voyez NOTORIÉTÉ. (A)

L'ordonnance de 1667, n'ayant point été enregistrée au parlement de Flandre, on y est encore dans l'usage d'y pratiquer les enquêtes par turbes; mais elles ne peuvent y être ordonnées que par les cours souveraines, par la raison, disent tous les jurisconsultes, que le pouvoir d'interpréter la loi n'appartient qu'à celui qui a le droit de la promulguer : ejus est interpretari, cujus est condere.

On y admet aussi les enquêtes par turbes, pour vérifier la possession de la noblesse, comme l'établit Rébuffe, & dans les matières de réintégrandes, comme il résulte d'une disposition des chartres générales du Hainaut.

ENQUÊTE VERBALE. Voyez ENQUÊTE SOMMAIRE.

ENQUÊTE VIEILLE; c'est-à-dire une enquête faite anciennement avec d'autres parties : elle ne laisse pas de faire preuve quand elle est en bonne forme; mais étant res inter alios acta, elle n'a pas la même force que celle qui est faite contre la partie même. Voyez Péleus, quest. 46. (A)

ENQUÊTEURS, s. m. pl. (Jurisp.) sont des officiers établis pour faire les enquêtes & informations; on les appelle aussi examinateurs, parce qu'ils font l'examen des comptes, & ces deux titres sont ordinairement précédés de celui de commissaire, parce que ces offices ne sont proprement que des commissions particulieres établies pour décharger le juge d'une partie de l'instruction. Ce qui concerne ces officiers a déjà été expliqué aux mots COMMISSAIRES AU CHATELET, COMMISSAIRES-ENQUÊTEURS, auxquels nous nous renvoyons. (A)

ENQUÊTEURS DES FORÊTS, inquisitores forestarum, étoient des commissaires envoyés par le roi dans les provinces, pour connoître des abus qui se commettoient dans l'usage ou exploitation des bois. Il y a dans le tabulaire de S. Victor à Paris (cap. 13), un jugement fort ancien, dont la date ne peut se lire, rendu par Me Philippe le Convers, trésorier de S. Etienne de Troyes, clerc du roi, & Guillaume de S. Michel, enquêteurs des forêts. (A)

ENQUIS, adj. (Jurisprud.) ce terme qui vient d'enquérir, signifie à-peu-près la même chose qu'interrogé. Il est usité principalement dans les enquêtes; le procès-verbal dit, en parlant d'un témoin, enquis de ses nom, surnom, âge & qualités, a répondu, &c. Voyez ENQUÊTE. (A)

ENREGISTREMENT, s. m. (Droit public & particulier,) signifie en général la transcription d'un acte dans un registre, soit en entier ou par extrait. Cette formalité a pour objet de conserver la teneur d'un acte dont il peut importer au roi, ou au public, ou à quelque particulier, d'avoir connoissance.

Les marchands & négocians, banquiers & agens de change sont obligés, suivant l'ordonnance du commerce, d'avoir des livres ou regiftres, & d'y enregiftrer (ou écrire) tout leur négoce, leurs lettres-de-change, dettes actives & paffives.

On enregiftre les baptêmes, mariages & fépultures, vêtures, profeffions en religion, en infcrivant les actes fur des regiftres publics deftinés à cet effet.

Les actes fujets au contrôle, infinuation, centième denier ou autre droit, font enregiftrés, c'eft-à-dire tranfcrits en entier ou par extrait fur les regiftres deftinés pour ces formalités.

On enregiftre auffi les faifies réelles, les criées, les fubftitutions, les bulles & provifions, les lettres de propriété des bâtimens de mer, & de la jauge des navires, &c. On peut confulter fur la néceffité & les formes de l'enregiftrement des objets dont nous venons de parler, les mots qui leur font propres.

Dans un fens littéral, on entend auffi par enregiftrement, des ordonnances, édits, déclarations & autres lettres-patentes, la tranfcription de ces nouveaux réglemens, que le greffier des jurifdictions, foit fupérieures, foit inférieures, fait fur les regiftres du tribunal en conféquence de la vérification qui en a été faite précédemment par les tribunaux fupérieurs qui ont le droit & le pouvoir de vérifier les nouvelles loix.

Néanmoins dans l'ufage, on entend auffi par le terme d'enregiftrement la vérification que les cours font des nouvelles ordonnances, l'arrêt ou jugement qui en ordonne l'enregiftrement, l'admiffion qui eft faite en conféquence par le greffier, du nouveau réglement au nombre des minutes du tribunal, le procès-verbal qu'il dreffe de cet enregiftrement, la mention qu'il en fait par extrait fur le repli des lettres : on confond fouvent dans le difcours toutes ces opérations, quoiqu'elles foient fort différentes les unes des autres.

La vérification eft un examen que les cours font des lettres qui leur font adreffées par le roi, tant pour vérifier par les formes nationales fi le projet de loi qui eft préfenté eft émané du prince, ou fi au contraire les lettres ne font point fuppofées ou falfifiées, que pour délibérer fur la publication & enregiftrement d'icelles, en ordonner l'exécution, ou arrêter qu'il fera fait au roi de très-humbles remontrances fur ce qu'elles contiennent.

L'arrêt rendu d'après cette vérification eft le jugement qui conftate le confentement donné à l'exécution de la loi, & ordonne que les lettres feront enregiftrées & mifes au nombre des minutes du tribunal, & tranfcrites fur fes regiftres.

L'admiffion du nouveau réglement au nombre des minutes du tribunal, a pour objet de marquer que la loi a été vérifiée & reçue, & en même temps de conftater cette loi, en la confervant dans un dépôt public où elle foit permanente, & où l'on puiffe recourir au befoin & vérifier fur l'original la teneur de fes difpofitions. Elle eft différente de la tranfcription qui fe fait de ce même réglement fur les regiftres en parchemin pour en mieux affurer la confervation, & qui eft le véritable enregiftrement.

Le procès-verbal d'enregiftrement eft la relation que fait le greffier de ce qui s'eft paffé à l'occafion de la vérification, qui a ordonné l'enregiftrement, & de l'admiffion qui a été faite en conféquence du nouveau réglement entre les minutes du tribunal, procès-verbal qui eft figné de celui qui a préfidé à la délibération.

La mention de l'enregiftrement que le greffier met fur le repli des lettres, eft un certificat fommaire par lequel il attefte qu'en conféquence de l'arrêt de vérification, il a mis le réglement au nombre des minutes du tribunal, & qu'il a été tranfcrit fur les regiftres.

La tranfcription fur les regiftres en parchemin eft une opération qui ne fe fait quelquefois que long-temps après, mais qui eft cenfée être faite dans le moment que l'arrêt eft rendu ; c'eft pour cette raifon que tous les arrêts du parlement font intitulés extrait des regiftres du parlement ; ce qui a lieu pareillement pour tous les arrêts des tribunaux fupérieurs, même du confeil du roi, ainfi que pour tout jugement des premiers juges, tels que les fentences des requêtes de l'hôtel, du palais, du châtelet, &c. ces actes font intitulés extrait des regiftres des requêtes de l'hôtel, du palais, du châtelet, &c.

On conçoit, par ce qui vient d'être dit, combien la vérification eft différente de la fimple tranfcription qui fe fait dans les regiftres ; mais comme le ftyle des cours, lorfqu'elles ont vérifié un loi, eft d'ordonner qu'elle fera regiftrée dans leur greffe, il eft arrivé de là que dans l'ufage, lorfqu'on veut exprimer qu'une loi a été vérifiée, on dit communément qu'elle a été enregiftrée ; ce qui dans cette occafion ne fignifie pas fimplement que la loi a été inférée dans les regiftres, mais on entend principalement par-là que la vérification qui précède néceffairement cet enregiftrement a été faite.

Toutes les différentes opérations dont on vient de parler, fe rapportent à deux objets principaux ; l'un eft la vérification du nouveau réglement, l'autre eft fon admiffion dans les regiftres du tribunal : c'eft pourquoi l'on fe fixera ici à ces deux objets ; c'eft-à-dire que l'on expliquera d'abord ce qui concerne l'enregiftrement en tant qu'il eft pris pour la vérification, & enfuite l'enregiftrement en tant qu'il fignifie l'admiffion ou tranfcription du réglement dans les minutes & regiftres du tribunal.

Avant d'expliquer de quelle manière on procède à la vérification & enregiftrement d'une loi, il eft à propos de remonter à l'origine des vérifications & enregiftremens, & de rappeller ce qui fe pratiquoit auparavant pour donner aux nouvelles loix le caractère d'autorité néceffaire pour leur exécution.

§. I. Origine & ancienneté des enregiftremens, & de la manière dont ils étoient exécutés. On a toujours eu l'attention, chez toutes les nations policées, de faire examiner les nouvelles loix que le prince propofe, par ceux qu'il a lui-même chargés du foin de les faire exécuter. La loi viij, au code de legibus, fait mention que les nouvelles loix devoient être propofées en préfence de tous les grands officiers du palais & des sénateurs. Vopiscus dit de l'empereur Probus, qu'il permit aux sénateurs *ut leges quas ipse ederet senatus-consultis propriis consecrarent*, ce qui ressemble parfaitement à nos arrêts d'*enregistrement*.

En France on a pareillement toujours reconnu la nécessité de faire approuver les nouvelles loix par la nation, ou par les cours souveraines qui la représentent en cette partie, & qui étant dépositaires de l'autorité royale, exercent à cet égard un pouvoir naturel, émané du roi même par la force de la loi ; c'est ainsi que s'expliquoit le procureur-général du parlement de Toulouse dans le requisitoire, sur lequel est intervenu l'arrêt du 30 décembre 1716.

Il est vrai que jusqu'au seizième siècle il n'est point parlé de vérifications ni d'*enregistremens*, mais il y avoit alors d'autres formes équipollentes.

Sous les deux premières races, lorsque nos rois vouloient faire quelque loi nouvelle, ils la proposoient ou faisoient proposer par quelque personne de considération dans un de ces parlemens généraux ou assemblées de la nation, qui se tenoient tous les ans, d'abord au mois de mars, & que Pepin transféra au mois de mai.

Ces assemblées étoient d'abord composées de toute la nation, des grands & du peuple ; mais sous ce nom de *peuple*, on ne comprenoit que les *Francs*, c'est-à-dire ceux qui composoient originairement la nation françoise, ou qui étoient descendus d'eux, & ceux qui étoient ingénus ; c'est-à-dire *libres*.

Chacun, dans ces assemblées, avoit droit de suffrage ; on frappoit sur ses armes pour marquer que l'on agréoit la loi qui étoit proposée ; ou s'il s'élevoit un murmure général, elle étoit rejettée.

Lorsque l'on écrivit & que l'on réforma la loi salique sous Clovis, cette affaire fut traitée dans un parlement, de concert avec les Francs, comme le marque le préambule de cette loi : *Clodoveus una cum Francis pertractavit ut ad titulos aliquid amplius adderet* ; c'est-à-dire qu'on lui donna le nom de *pacte de la loi salique*. On voit en effet que ce n'est qu'un composé d'arrêtés faits successivement dans les différens parlemens : elle porte entre autres choses, que les Francs seroient juges les uns des autres avec le prince, & qu'ils décerneroient ensemble les loix à l'avenir, selon les occasions qui se présenteroient, soit qu'il fallût garder en entier ou réformer les anciennes coutumes venues d'Allemagne.

Aussi Childebert en usa-t-il de cette sorte, lorsqu'il fit de nouvelles additions à cette loi : *Childebertus tractavit*, est-il dit, *cum Francis suis*.

Ce même prince, dans un décret qui contient encore d'autres additions, déclare qu'elles sont le résultat d'un parlement composé des grands & des personnes de toutes conditions, ce qui ne doit néanmoins être entendu que des personnes franches & libres : *cum nos omnes, calendis Martii (congregati) de quibuscumque conditionibus, una cum nostris optimatibus pertractavimus*. Ces additions furent même faites en différens parlemens ; l'une est datée du

champ de Mars d'Atigny, l'autre du champ de Mars suivant, une autre du champ de Mars tenu à Maestricht, &c.

Les autres loix anciennes furent faites de la même manière : celle des Allemands, par exemple, porte en titre dans les anciennes éditions, qu'elle a été établie par ses princes ou juges, & même par tout le peuple : *quæ temporibus Clotarii regis, una cum principibus suis, 34 episcopis, & 34 ducibus, & 72 comitibus, vel cætero populo constituta est.*

On lit aussi dans la loi des Bavarois, qui fut dressée par Thierry, & revue successivement par Childebert, Clotaire & Dagobert, qu'elle fut résolue par le roi & ses princes, & par tout le peuple : *hoc decretum est apud regem & principes ejus, & apud cunctum populum christianum, qui intra regnum Mervengorum constant.*

Toutes les autres loix de ce temps font mention du consentement général de la nation, à-peu-près dans les mêmes termes : *placuit atque convenit inter Francos & eorum proceres ; ita convenit &-placuit leudis nostris.* Ce terme *leudes* comprenoit alors non-seulement les grands, mais en général tous les Francs, comme il est dit dans l'*appendix* de Grégoire de Tours, *in universis leudis, tam sublimibus quam pauperibus.* Pour ce qui est de l'ancienne formule, *ita placuit & convenit nobis*, il est visible que c'est delà qu'est venue cette clause de style dans les édits, déclarations & lettres-patentes, *car tel est notre plaisir*, &c.

Les assemblées générales de la nation étant devenues trop nombreuses, on n'y admit plus indistinctement toutes les personnes franches : on assembloit les Francs dans chaque province ou canton pour avoir leur suffrage, & le vœu de chaque assemblée particulière étoit ensuite rapporté par des députés à l'assemblée générale, qui n'étoit plus composée que des grands du royaume & des autres personnes qui avoient caractère pour y assister, tels que les premiers sénateurs ou conseillers.

C'est ainsi que Charlemagne, l'un de nos plus grands & de nos plus puissans monarques, en usa, lorsqu'il voulut faire une addition à la loi salique ; il ordonna que l'on demanderoit l'avis du peuple, & que s'il consentoit à l'addition nouvellement faite, chaque particulier y mît son seing ou son sceau : *ut populus interrogetur de capitulis quæ in lege noviter addita sunt, & postquam omnes consenserint, suscriptiones vel manu firmationes suas in ipsis capitulis faciant.* Cette ordonnance fut insérée dans la loi salique, & autorisée de nouveau par Charle-le-Chauve, qui la fit insérer dans l'épitome qu'il donna de cette loi.

Plusieurs des capitulaires de Charles-le-Chauve portent pareillement qu'ils ont été faits *ex consensu populi & constitutione regis*, notamment ceux des années 844 & 864.

C'est donc de ces assemblées générales de la nation que se sont formés les anciens parlemens tenus sous la seconde race ; lesquels, d'ambulatoires qu'ils étoient d'abord, furent rendus fédentaires à Paris fous la troifième race, du temps de Philippe-le-Bel.

Lorfque les parlemens généraux furent réduits aux feuls grands du royaume, & autres perfonnes qui avoient caractère pour y affifter, tous les Francs étoient cenfés y délibérer par l'organe de ceux qui les y repréfentoient.

Les nouvelles ordonnances étoient alors délibérées en parlement, le roi y féant, ou autre perfonne qualifiée de par lui, c'eft-à-dire qu'elles étoient dreffées dans le parlement même, au lieu que dans la fuite on en a rédigé le projet dans le confeil du roi.

La délibération en parlement tenoit lieu de la vérification & de la tranfcription ou *enregiftrement*, dont l'ufage a été introduit depuis; on fent même que cette délibération formoit non-feulement la vérification de la loi, mais même fa confection, puifqu'elle étoit rédigée dans ces affemblées. Enfin cette délibération étoit d'autant plus nécef-faire pour donner force aux nouvelles loix, que, fuivant la police qui s'obfervoit alors pour les fiefs, les barons ou grands vaffaux de la couronne qui étoient tous membres du parlement, étoient chacun maîtres dans leurs domaines, qui compofoient au moins les deux tiers du royaume ; ils s'étoient même arrogé le droit d'y faire des réglemens, & le roi n'y pouvoit rien ordonner que de leur confente-ment; c'eft pourquoi il en fait mention dans plu-fieurs ordonnances qui devoient avoir lieu dans les terres de ces barons.

Tels font deux établiffemens ou ordonnances faites par Philippe - Augufte; l'une du premier mai 1209, touchant les fiefs du royaume, où il eft dit que le roi, le duc de Bourgogne, les comtes de Nevers, de Boulogne & de Saint-Paul, le feigneur de Dampierre, & plufieurs autres grands du royau-me, convinrent unanimement de cet établiffement: *convenerunt & affenfu publico formaverunt, ut à primo die Maii in pofterum ita fit de feodalibus tenementis ;* l'autre ordonnance, qui eft fans date, eft un accord entre le roi, les clercs & les barons.

On trouve auffi un établiffement de Louis VIII en 1223, où il eft dit: *noveritis quod per voluntatem & affenfum archiepifcoporum, epifcoporum, comitum, ba-ronum & militum regni Franciæ... fecimus ftabilimen-tum per judæos!*

Joinville, en fon hiftoire de Saint Louis, fait mention des parlemens que tenoit ce prince pour faire ces nouveaux *établiffemens*. Il fuffit d'en donner quelques exemples, tels que fon ordonnance du mois de mai 1246, où il dit: *hæc autem omnia.... de communi confilio & affenfu dictorum baronum & militum, volumus & præcipimus*, &c... & celle qu'il fit touchant le cours des efterlins, à la fin de laquelle il eft dit, *facta fuit hæc ordinatio in parlamento omnium Sanctorum, anno Domini millefimo du-centefimo fexagefimo quinto*.

Le règne de Philippe III, dit *le Hardi*, nous offre une foule d'ordonnances faites par ce prince

en parlement, notamment celles qu'il fit aux par-lemens de l'Afcenfion en 1272, de l'octave de la Touffaint de la même année, de la Pentecôte de l'année fuivante, de l'Affomption en 1274, de la Touffaint ou de Noël en 1275, de l'Epiphanie en 1277, & de la Touffaint en 1283. Les ordonnances ainfi délibérées en parlement, étoient regardées en quelque forte comme fon ouvrage, de même que fes arrêts; c'eft pourquoi on les infcrivoit au nombre des arrêts de la cour, comme il eft dit à la fin de l'ordonnance de 1283: *hæc ordinatio regiftrata eft inter judicia, confilia & arrefta expedita in parla-mento omnium Sanctorum, anno Domini 1283*. La même chofe fe trouve à la fin d'une ordonnance de 1287, & auffi de deux autres de 1327 & de 1331, & de plufieurs autres.

Philippe-le-Bel fit auffi plufieurs ordonnances en parlement dans les années 1287, 1288, 1290, 1291, 1296. La première de ces ordonnances, qui eft celle de 1287, commence par ces mots, *c'eft l'ordonnance faite par la cour de notre feigneur le roi & de fon commandement*; & à la fin il eft dit qu'elle fut faite au parlement, & qu'elle feroit publiée en chaque baillie en la première affife, &c.

A la fin de celle de 1288, il eft dit que fi quel-qu'un y trouve de la difficulté, on confultera la cour du roi & les maîtres (du parlement).

Il s'en trouve auffi plufieurs du même prince, fai-tes en parlement depuis qu'il eut rendu cette cour fédentaire à Paris en 1302; entr'autres celle du 3 octobre 1303, faite avec une partie feulement des barons; parce que, dit Philippe-le-Bel; il ne pou-voit pas avoir à ce confeil & à cette délibération les autres prélats & barons fi-tôt que la néceffité le requerroit; & les barons dans leur foufcription s'énoncent ainfi: *nous, parce que ladite ordonnance nous femble convenable & profitable à la befogne, & fi peu greveufe.... que nul ne la doit refufer, nous y confentons*. L'ordonnance de ce prince du 28 février 1308, deux autres du jeudi avant les rameaux de la même année, & une autre du premier mai 1313, font faites en plein parlement.

Il s'en trouve de femblables de Philippe VI, dit *de Valois*, des 24 juillet 1333, 10 juillet 1336, 17 mai 1345, & après la S. Martin d'hiver en 1347.

Il y a encore bien d'autres ordonnances du temps de ces mêmes princes, lefquelles furent auffi déli-bérées en parlement, quoique cela n'y foit pas dit précifément; mais il eft aifé de le reconnoître à l'époque de ces ordonnances, qui font prefque tou-tes datées des temps voifins des grandes fêtes auxquelles on tenoit alors le parlement. Ce fait eft attefté par le chancelier Olivier, qui difoit une fois en plein parlement, le roi y féant: que *la plupart des anciennes ordonnances font faites en parlement, le roi y féant, ou autre de par lui*. Ce magiftrat auroit pu dire *toutes*, car plufieurs monumens atteftent, que même celles qui ne portent pas, *facta in parlamento*, y ont cependant été faites. Tels font les établiffemens de

S. Louis, qui portent seulement faites *par le grand-conseil de sages hommes, & de bons clers*, & qu'on pourroit croire avoir été faites en parlement, si on en croit un manuscrit conservé en l'hôtel d'Amiens, que Ducange avoit vu, & dont il parle dans sa préface, où il assure qu'il portoit : *établissemens de France confirmés en plein parlement par les barons du royaume. Voyez* ETABLISSEMENS *de S. Louis.*

On trouve encore, du temps de Charles VI, un exemple de lettres du 5 mars 1388, qui furent données en parlement.

Quelques-uns croient que l'on en usa ainsi jusqu'au règne du roi Jean, par rapport à la manière de former les nouvelles loix dans l'assemblée du parlement, & que ce fut ce prince qui changea cet usage par une de ses ordonnances, portant que les loix ne seroient plus délibérées au parlement, lorsque l'on en formeroit le projet. Le chancelier Olivier, dans un discours qu'il prononça au parlement en 1559, cite cette ordonnance sans la dater; il y a apparence qu'il avoit en vue l'ordonnance faite le 27 janvier 1359, pendant la captivité du roi, par Charles régent du royaume, & qui fut depuis le roi Charles V : il dit (*art. 29*) que dorénavant il ne fera plus aucune ordonnance, ni n'octroiera aucun privilège, que ce ne soit par délibération de ceux de son conseil.

Mais l'usage de former les nouvelles ordonnances dans le conseil du roi est beaucoup antérieur à l'année 1359; il s'étoit introduit peu-à-peu dès le temps de Philippe III & de ses successeurs. La plupart des nouvelles ordonnances commencèrent à être délibérées dans le conseil du roi, qui étoit aussi appellé *le grand-conseil du roi*, & on les envoyoit ensuite au parlement pour les vérifier & *enregistrer*, comme il se pratique encore présentement.

Il faut néanmoins prendre garde que dans les premiers temps où les ordonnances commencèrent à être délibérées dans le conseil, plusieurs des ordonnances qui sont dites faites ainsi, *par le roi ou son conseil*, ou *par le conseil le roi présent*, ne laissoient pas d'être délibérées en parlement, attendu que le roi tenoit souvent son conseil en parlement. C'est ainsi que l'ordonnance de Philippe III, dit le Hardi, touchant les amortissemens qui seroient accordés par les pairs, commence par ces mots : *ordinatum fuit per consilium de regis, rege presente;* ce qui n'empêche pas qu'elle n'ait été faite au parlement de l'épiphanie en 1277.

On a déjà vu que dès l'année 1283, il est fait mention d'*enregistrement* au bas de quelques ordonnances. Il est vrai que la plupart de celles où cette mention se trouve, avoient été délibérées en parlement; de sorte que cet *enregistrement* exprimé par le mot *registrata*, se rapportoit moins à une vérification telle qu'on l'entend aujourd'hui par le terme d'*enregistrement*, qu'à une simple transcription de la pièce sur les registres; la délibération faite en parlement tenoit lieu de vérification.

La plus ancienne ordonnance que j'aie trouvée du nombre de celles qui n'avoient pas été délibérées en parlement, & où il soit fait mention d'un *enregistrement* qui emporte en même temps la vérification de la pièce, c'est l'ordonnance de Philippe-de-Valois, du mois d'octobre 1334, touchant la régale. Ce prince mande à ses amés & féaux les gens qui tiendront le prochain parlement, & aux gens des comptes, que, à perpétuelle mémoire ils fassent ces présentes *enregistrer* ès chambres de parlement & des comptes, & garder pour original au trésor des chartes.

On lit aussi, au bas des lettres du même prince, du 10 juillet 1336, concernant l'évêque d'Amiens, *lecta per cameram, registrata in curiâ parlamenti in libro ordinationum regiarum, fol. 50, anno nono.* Ce mot *lecta* fait connoître qu'il étoit dès-lors d'usage de faire la lecture & publication des lettres avant de les enregistrer : celles-ci à la vérité furent données en parlement. Et les autres mots *registrata..... in libro ordinationum*, justifient qu'il y avoit déjà des registres particuliers destinés à transcrire les ordonnances.

L'usage de la lecture & publication qui précède l'*enregistrement*, continua de s'affermir sous les règnes suivans. Ce qui paroît une ordonnance du roi Jean, du mois de mai 1355, par laquelle il confirme pour la seconde fois celle de Philippe-le-Bel, du 23 mars 1302, pour la réformation du royaume. Il est fait mention au bas de ces lettres, qu'elles ont été lues & publiées solemnellement en parlement, en présence de l'archevêque de Rouen, chancelier, de plusieurs autres prélats, barons, présidens, & conseillers du roi au parlement, & en présence de tous ceux qui voulurent s'y trouver; ce qui justifie que cette lecture se faisoit publiquement, & l'on sait qu'elle se fait à l'audience, & que son objet est de rendre la loi publique.

Charles V, dans une ordonnance du 14 août 1374, mande aux gens de son parlement, afin que personne ne prétende cause d'ignorance de ladite ordonnance, de la faire publier & *registrer* tant à ladite cour, que dans les lieux principaux & accoutumés des sénéchaussées dont cette ordonnance fait mention.

Dans le même mois fut vérifiée la fameuse ordonnance qui fixe la majorité des rois de France à l'âge de quatorze ans. Il est dit qu'elle fut lue & publiée en la chambre du parlement, en présence du roi tenant son lit de justice, & en présence de plusieurs notables personnages, dont les principaux sont dénommés; qu'elle fut écrite & mise dans les registres du parlement, & que l'original fut mis au trésor des chartes.

On trouve encore beaucoup d'autres exemples d'*enregistremens* du même règne : mais nous nous contenterons d'en rapporter encore un du temps de Charles VI, dont il est parlé dans son ordonnance du 5 février 1388, touchant le parlement; le roi lui-même ordonne aux gens de son parlement que cette préfente ordonnance ils faffent lire & publier, & icelle *enregiftrer* afin de perpétuelle mémoire, & cette claufe fe trouve dans toutes les loix que nos fouverains jugent à propos d'adreffer aux cours fupérieures.

Il feroit inutile de rapporter d'autres exemples plus récens de femblables *enregiftremens*, cette formalité étant devenue dès-lors très-commune.

§. 2. *De la nature & des effets de la vérification ou enregiftrement.* La forme des vérifications & enregiftremens fut donc ainfi fubftituée au droit dont le parlement avoit toujours joui, de concourir avec le fouverain à la formation de la loi. Le parlement conferva pour les vérifications la même liberté de fuffrages qu'il avoit, lorfque les ordonnances étoient délibérées en parlement; & fi le régent dans fon ordonnance du 27 janvier 1359, n'a pas expliqué que cette liberté étoit confervée au parlement, c'eft que la chofe étoit affez fenfible d'elle-même, étant moins un droit nouveau qu'une fuite du premier droit de cette compagnie. C'eût été d'ailleurs une entreprife impraticable à ce prince, fur-tout dans un temps de régence, d'abroger entièrement les ufages auffi anciens que précieux pour la nation & pour les intérêts même du roi; on ne peut préfumer une telle idée dans un prince encore entouré de vaffaux qui difputoient de puiffance avec leur fouverain: ce fut affez pour le régent d'affranchir le roi de l'efpèce d'efclavage où étoient fes prédéceffeurs, de ne pouvoir former le projet d'aucune loi fans le concours du parlement; il fe contenta de recouvrer la vraie prérogative du fceptre, & dont nos premiers rois ufoient en dirigeant feuls ou avec leur confeil particulier, les loix qu'ils propofoient enfuite aux champs de mars & de mai.

Le roi Jean & Charles fon fils, en qualité de régent du royaume, envoyèrent donc leurs loix toutes dreffées au parlement, qui les vérifia & en ordonna l'*enregiftrement* avec toute liberté de fuffrages. On fit des remontrances felon l'exigence des cas, pour juftifier les motifs de fon refus, ainfi que cela s'eft toujours pratiqué depuis: en quoi nos rois ont de leur part fuivi cette belle parole que Caffiodore rapporte de Thierri, roi d'Italie, *pro æquitate fervandâ ætiam nobis patimur contradici.*

L'*enregiftrement* des nouvelles ordonnances n'eft pas, comme l'on voit, un fimple cérémonial; & en inférant la loi dans les regiftres, l'objet n'eft pas feulement d'en donner connoiffance aux magiftrats & aux peuples, mais de lui donner le caractère de loi, qu'elle n'auroit point fans la vérification & *enregiftrement*, lefquels fe font en vertu de l'autorité que le roi lui-même a confiée à fon parlement.

Pour être convaincu de cette vérité, il fuffit de rapporter deux témoignages non-fufpects à ce fujet; l'un de Louis XI, lequel difoit que c'eft la coutume de publier au parlement tous accords, qu'autrement ils feroient de nulle valeur; l'autre de Charles IX, lequel en 1561 faifoit dire au pape, par fon ambaf-

fadeur, qu'aucun édit, ordonnance, ou autres actes n'ont force de loi publique dans le royaume, qu'il n'en ait été délibéré au parlement; on ajoutera que l'édit rédigé par le garde des fceaux de Marillac en 1629, appellé le *code Michaut*, quoique publié en lit de juftice, ne fait pas loi dans le reffort du parlement de Paris, & qu'au contraire il eft reconnu comme une loi dans le reffort du parlement de Touloufe qui a vérifié & ordonné l'*enregiftrement* de cet édit.

Nos rois, en parlant de l'examen que les cours font des nouveaux réglemens qui leur font préfentés, l'ont eux-mêmes fouvent qualifié de *vérification* ou *enregiftrement* comme termes fynonymes.

C'eft ainfi que Charles, régent du royaume, & qui fut depuis le roi Charles V, s'explique dans une ordonnance du dernier novembre 1358; il défend aux gens des comptes qu'ils ne paffent, vérifient, ou *enregiftrent* en la chambre aucunes lettres contraires à cette ordonnance.

L'ordonnance de Rouffillon, *article 35*, porte que les vérifications des cours de parlement fur les édits, ordonnances & lettres-patentes, feront faites en françois.

Celle qui fut faite au mois d'octobre pour la Bretagne, porte que la cour procédera en toute diligence à la vérification des édits & lettres-patentes.

L'édit de Henri IV du mois de janvier 1597, *art. 2*, veut que fi-tôt que les édits & ordonnances auront été envoyés aux cours fouveraines, il foit promptement procédé à la vérification, *&c.*

Il eft vrai que pour l'ordinaire, dans l'adreffe qui eft faite des lettres aux cours, le roi leur mande feulement qu'ils aient à les faire lire, publier, & *enregiftrer*; mais cela eft très-naturel; parce que quand il envoie une loi, il préfume qu'elle eft bonne, & que la vérification ne fera aucune difficulté: d'ailleurs la lecture même qu'il ordonne être faite du règlement, eft pour mettre les membres de la compagnie en état de délibérer fur la vérification.

Les ordonnances, édits, déclarations, & autres lettres-patentes contenant règlement général, ne font point *enregiftrés* au confeil du roi, attendu que ce n'eft pas une cour de juftice; elles ne font enregiftrées par le roi qu'aux cours fouveraines & aux confeils fupérieurs qui font les mêmes fonctions.

Lorfqu'on les adreffe à différentes cours, elles font d'abord vérifiées & *enregiftrées* au parlement de Paris; c'eft une des prérogatives de ce parlement: c'eft pourquoi Charles IX ayant été déclaré majeur à 13 ans & jour au parlement de Rouen en 1563, le parlement de Paris n'*enregiftra* cette déclaration qu'après d'itératives remontrances, fondées fur le droit qu'il a de vérifier les édits avant tous les autres parlemens & autres cours.

L'*enregiftrement* des ordonnances & des édits eft fait toutes les chambres affemblées; & fi c'eft dans une compagnie femeftre, on affemble pour cet effet les deux femeftres. Les déclarations données en

interprétation

interprétation de quelque édit, font ordinairement *enregiſtrées* par la grand'chambre ſeule, apparemment pour en faire plus prompte expédition, & lorſque les déclarations ſont moins de nouvelles loix, qu'une ſuite néceſſaire & une ſimple explication de loix déjà *enregiſtrées*.

Il y a quelquefois de nouveaux réglemens qui ne ſont adreſſés qu'à certaines cours, qu'ils concernent ſeules : mais quand il s'agit de réglemens généraux, ils doivent être *enregiſtrés* dans tous les parlemens & conſeils ſouverains.

On les fait auſſi *enregiſtrer* dans les autres cours ſouveraines, lorſqu'il s'agit de matières qui peuvent être de leur compétence. C'eſt ainſi que dans une ordonnance de Charles V du 24 juillet 1364, il eſt dit que ces lettres ſeront publiées par-tout où il appartiendra, & *enregiſtrées* en la chambre des comptes & en celle du tréſor à Paris.

Quand on refuſoit d'enregiſtrer des lettres à la chambre des comptes, on les mettoit dans une armoire qui étoit derrière la porte de la grand'chambre (c'étoit apparemment le grand bureau), avec les autres chartes refuſées & non expédiées, & l'on en faiſoit mention en marge des lettres. Il y en a un exemple dans des lettres de Charles V, du mois de mars 1372. La chambre ayant refuſé en 1595, d'enregiſtrer un édit portant création de receveurs provinciaux des parties caſuelles, ordonna qu'il ſeroit informé contre ceux qui adminiſtrent mémoires & inventions d'édits préjudiciables à la grandeur & autorité du roi ; elle fit le 21 juin des remontrances à ce ſujet, & l'édit fut retiré.

Les généraux des aides, dès les premiers temps de leur établiſſement, enregiſtroient auſſi les lettres qui les étoient adreſſées, tellement que Charles V, par une ordonnance du 13 novembre 1372, défend au receveur général de payer ſur aucunes lettres ou mandemens, s'ils ne ſont vérifiés en la chambre ou ailleurs, où les généraux ſeront aſſemblés ; & il eſt dit que dorénavant les notaires mettront ès vérifications, le lieu où elle aura été faite ; qu'en toutes lettres & mandemens refuſés en la chambre (des généraux), il ſera écrit au dos, & ſigné des notaires, que les lettres ont été refuſées, & cela quand même les généraux, au lieu de les refuſer abſolument, prendront un long délai pour faire réponſe ; & il ordonne, non pas que les lettres même, mais que la teneur (c'eſt-à-dire la ſubſtance) des lettres ſera enregiſtrée en la chambre ; ce qui ſignifie en cet endroit que l'on fera mention de ces lettres ſur le regiſtre, & que l'on y expliquera au long les cauſes du refus.

La cour des aides qui tire ſon origine de ces généraux des aides, eſt pareillement en poſſeſſion de vérifier & ordonner l'*enregiſtrement* de toutes les ordonnances, édits, déclarations & autres lettres qui lui ſont adreſſées, & d'en envoyer des copies

aux ſièges de ſon reſſort, pour y être lues, publiées & regiſtrées.

L'ordonnance de Moulins & l'édit du mois de janvier 1597, enjoignent aux cours de procéder inceſſamment à la vérification des ordonnances, toutes autres affaires ceſſantes. L'ordonnance de 1667 ajoute même la viſite & jugement des procès criminels, ou affaires particulières des compagnies.

Mais comme il peut échapper à nos rois de ſigner des ordonnances dont ils n'auroient pas d'abord reconnu le défaut, ils ont pluſieurs fois défendu eux-mêmes aux cours d'enregiſtrer aucunes lettres qui ſeroient ſcellées contre la diſpoſition des ordonnances. Il y a entr'autres des lettres de Charles VI, du 15 mai 1403, pour la révocation des dons faits ſur le domaine, qui ſont défenſes aux gens des comptes & tréſoriers à Paris, préſens & à venir, ſuppoſé qu'il fût ſcellé quelques lettres contraires à celles-ci, *d'en paſſer ni vérifier aucunes, quelques mandemens qu'ils euſſent du roi, ſoit de bouche ou autrement*, ſans en avertir le roi ou la reine, les oncles & frères du roi, les autres princes du ſang, & gens du conſeil.

Charles IX, par ſon édit du mois d'octobre 1562, pour la Bretagne, dit que *ſi la cour trouvoit quelque difficulté en la vérification des édits, elle enverra promptement ſes remontrances par écrit, ou députera gens pour les faire*.

La même choſe eſt encore portée dans pluſieurs autres déclarations poſtérieures.

Le parlement & les autres cours ont, dans tous les temps, donné au roi des preuves de leur attachement, en s'oppoſant à la vérification des ordonnances, édits & déclarations qui étoient contraires aux véritables intérêts de S. M. ou au bien public ; & pour donner une idée de la fermeté du parlement dans ces occaſions, il ſuffit de renvoyer à ce que le premier préſident de la Vacquerie répondit à Louis XI, comme on le peut voir dans Paſquier, en ſes *Recherches, liv. VI, chap. 35.*

Par l'édit enregiſtré au lit de juſtice, tenu par le roi, le 12 novembre 1774, il a été ordonné que les parlemens ſeroient tenus de procéder ſans retardement, & toutes affaires ceſſantes, à l'*enregiſtrement* des édits, ordonnances, déclarations & lettres-patentes adreſſées aux cours, du propre mouvement de ſa majeſté ; que s'il y avoit lieu à faire des remontrances, les officiers du parlement ſeroient tenus d'y vaquer promptement, ſans néanmoins interrompre le ſervice ordinaire, enſorte que les remontrances puiſſent être préſentées par le parlement de Paris, dans le mois au plus tard, à compter du jour où les édits, déclarations lui auront été remis par le procureur & avocats généraux, & par les autres parlemens, dans les deux mois, ſans que ce délai puiſſe être prorogé, ſans une permiſſion ſpéciale du roi.

Que ſi le roi, après avoir répondu aux remontrances des parlemens, juge à propos qu'il ſoit paſſé outre à l'*enregiſtrement*, ſoit en ſa préſence, foit en préfence des perfonnes chargées de fes ordres, rien ne peut plus fufpendre l'exécution de la loi, & le procureur général eft obligé de l'envoyer dans tous les fièges du reffort, pour y être publiée & enregiftrée.

Ce même édit permet néanmoins aux officiers des parlemens, après un *enregiftrement* fait du très-exprès commandement du roi, de faire de nouvelles repréfentations, s'ils les jugent néceffaires au bien du fervice & à l'utilité publique ; mais ils ne peuvent, fous ce prétexte, ni pour quelque autre caufe que ce foit, fufpendre l'exécution de la loi enregiftrée. Quelquefois feulement ils font des réferves, & proteftations qu'ils infèrent dans leurs regiftres.

Lorfque les nouveaux réglemens adreffés aux cours font feulement fufceptibles de quelque explication, les cours les enregiftrent avec des modifications. On en trouve des exemples dès le temps du roi Jean, notamment à la fin de deux de fes ordonnances du mois d'avril 1361, où il eft dit qu'elles ont été *vues, corrigées, & lues en parlement*. La poffeffion des cours eft, à cet égard, conftante, & leur droit a été reconnu en différentes occafions, notamment par un réglement du confeil du 16 juin 1644.

Les particuliers ne peuvent pas former oppofition à l'*enregiftrement* des ordonnances, édits & déclarations, ni des lettres-patentes portant réglement général, mais feulement aux lettres qui ne concernent que l'intérêt de quelques corps ou particuliers.

Le procureur-général du roi peut auffi s'oppofer d'office à l'*enregiftrement* des lettres-patentes obtenues par des particuliers, ou par des corps & communautés, lorfque l'intérêt du roi ou celui du public s'y trouve compromis. On trouve, fous la date du mois de juin 1390, une oppofition de cette efpèce, formée à l'*enregiftrement* de lettres-patentes, à la requête du procureur-général du roi, qui fit propofer fes raifons à la cour par l'avocat du roi ; il fut plaidé fur fon oppofition, & l'affaire fut appointée. Le chapitre de Paris qui avoit obtenu ces lettres, fe retira pardevers le roi, & en obtint d'autres, par lefquelles le roi enjoignit au parlement d'enregiftrer les premières. Le procureur-général du roi s'oppofa encore à l'*enregiftrement* de ces nouvelles lettres ; & lui & le chapitre ayant fait un accord fous le bon plaifir du parlement, & étant convenus de certaines modifications, le parlement enregiftra les lettres à la charge des modifications.

Quoique les particuliers ne puiffent pas former oppofition à l'*enregiftrement* des ordonnances, édits, déclarations, cette voie eft néanmoins permife aux compagnies qui ont une forme publique, lorfque la loi que l'on propofe paroît bleffer leurs droits ou privilèges. Cela s'eft vu plufieurs fois au parlement.

§. III. *De la tranfcription de l'enregiftrement fur*

les regiftres. Pour ce qui eft de la forme en laquelle fe fait dans les cours l'*enregiftrement*, c'eft-à-dire, l'infcription des nouveaux réglemens fur les regiftres, c'eft une dernière opération qui eft toujours précédée de la lecture & vérification des réglemens, & n'en eft qu'une fuite néceffaire ; elle étoit auffi autrefois précédée de leur publication, qui fe faifoit à l'audience.

Il paroît que dès le temps de la feconde race, les comtes auxquels on envoyoit les nouveaux réglemens pour les faire publier dans leur fiège, en gardoient l'expédition dans leur dépôt, pour y avoir recours au befoin ; mais il y avoit dès-lors un dépôt en chef dont tous les autres n'étoient qu'une émanation : ce dépôt étoit dans le palais du roi.

En effet, Charles-le-Chauve ordonna en 803, que les capitulaires de fon père feroient derechef publiés ; que ceux qui n'en auroient pas de copie, enverroient, felon l'ufage, leur commiffaire & un greffier, avec du parchemin, au palais du roi, pour en prendre copie fur les originaux qui feroient, dit-il, pour cet effet, tirés de *armario noftro* ; c'eft-à-dire du tréfor des chartres de la couronne : ce qui fait connoître que l'on y mettoit alors l'original des ordonnances. C'eft ce dépôt que S. Louis fit placer à côté de la fainte chapelle, où il eft préfentement, & dans lequel fe trouve le regiftre de Philippe-Augufte, qui remonte plus haut que les regiftres du parlement, & contient plufieurs anciennes ordonnances de ce temps.

L'ancien manufcrit de la vie de S. Louis, que l'on conferve à la bibliothèque du roi, fait mention que ce prince, ayant fait plufieurs ordonnances, les fit enregiftrer & publier au châtelet. C'eft la première fois que l'on trouve ce terme *enregiftrer*, pour exprimer l'infcription qui fe faifoit des réglemens entre les actes du tribunal ; ce qui vient de ce que jufqu'alors on n'ufoit point en France de regiftres pour écrire les actes des tribunaux ; on les écrivoit fur des peaux, que l'on rouloit enfuite : & au lieu de dire *les minutes & regiftres* du tribunal, on difoit les rouleaux, *rotula* ; & lorfque l'on infcrivoit quelque chofe fur ces rouleaux, cela s'appelloit *inrotulare*, comme il eft dit dans deux ordonnances, l'une de Philippe-Augufte, de l'an 1218, *art.* 6, l'autre de Louis VIII, du mois de novembre 1223. On trouve cependant au troifième regiftre des *olim, fol.* 151 & 152, enfuite de deux arrêts, ces termes, *itâ regiftratum in rotulo iftius parlamenti*. Ainfi la mention que l'on faifoit d'un arrêt fur les rouleaux, s'appelloit auffi *enregiftrement*.

Etienne Boileau, prévôt de Paris fous S. Louis, fut le premier qui fit écrire en cahiers ou regiftres, les actes de fa jurifdiction.

Jean de Montluc, greffier du parlement, fit de même un regiftre des arrêts de cette cour, qui commence en 1256 : cet ufage fut continué par fes fucceffeurs, & c'eft ce regiftre que l'on appelle les *olim*, parce qu'il commence par ce mot latin.

Le plus ancien regiſtre de la chambre des comptes, appellé *regiſtre de S. Juſt*, du nom de celui qui l'a écrit, fait mention qu'il a été copié par Jean de S. Juſt, clerc des comptes, ſur l'original à lui communiqué par Robert d'Artois.

Cet établiſſement de regiſtres dans tous les tribunaux, a donné lieu d'appeller *enregiſtrement*, l'inſcription qui eſt faite ſur ces regiſtres, des réglemens qui ont été vérifiés par les cours; & dans la ſuite on a auſſi compris, ſous le terme d'*enregiſtrement*, la vérification qui précède l'inſcription ſur les regiſtres, parce que cette inſcription ſuppoſe que la vérification a été faite.

Dans les premiers temps où le parlement fut rendu ſédentaire à Paris, il ne portoit guère dans ſes regiſtres que ſes arrêts, ou les ordonnances qui avoient été *délibérées*; c'eſt-à-dire ordonnées dans le parlement même : c'eſt de-là qu'au bas de quelques-unes il eſt dit, *regiſtrata eſt inter judicia, conſilia & arreſta expedita in parlamento*, comme on l'a déjà remarqué, en parlant d'une ordonnance de 1283. Le dauphin Charles, qui fut depuis le roi Charles V, dans une ordonnance qu'il fit au mois de mars 1356, en qualité de lieutenant-général du royaume, pendant la captivité du roi Jean, dit, *art.* 14, qu'il ſeroit fait une ordonnance du nombre de gens qui tiendroient la chambre du parlement, les enquêtes & requêtes, *&c.* & que cette ordonnance tiendroit, ſeroit publiée & regiſtrée. Le parlement faiſoit inſcrire ces ordonnances dans ſes regiſtres, comme étant en quelque ſorte ſon ouvrage, auſſi-bien que ſes arrêts.

Quoiqu'il y eût alors pluſieurs ordonnances qui n'étoient pas inſcrites dans ſes regiſtres, il ne laiſſoit pas de les vérifier toutes, ou de les corriger, lorſqu'il y avoit lieu de le faire. L'expédition originale, qui avoit été ainſi vérifiée, étoit miſe au nombre des actes du parlement; enſuite il faiſoit publier la nouvelle ordonnance à la porte de la chambre, ou à la table de marbre du palais : on en publioit auſſi *à la fenêtre*, qui eſt apparemment le lieu où l'on délivre encore les arrêts. *Voyez* PUBLICATION.

Lorſque l'uſage des vérifications commença à s'établir, on ne faiſoit pas regiſtre de cet examen, ni de la publication des ordonnances; de ſorte que l'on ne connoît guère ſi celles de ces temps ont été vérifiées, que par les corrections que le parlement y faiſoit, lorſqu'il y avoit lieu, ou par les notes que le ſecrétaire du roi qui avoit expédié les lettres, y ajoutoit quelquefois.

Mais bientôt on fit regiſtre exact de tout ce qui ſe paſſoit à l'occaſion de la vérification & *enregiſtrement*, comme cela ſe pratique encore aujourd'hui.

Pour parvenir à la vérification d'une loi, on en remet d'abord l'original en parchemin, & ſcellé du grand ſceau, entre les mains du procureur général, lequel donne ſes concluſions par écrit; la cour nomme un conſeiller, qui en fait le rapport en la chambre du conſeil : ſur quoi, s'il y a lieu à l'*enregiſtrement*, il intervient arrêt en ces termes : « Vu par la cour l'édit ou déclaration du » tel jour, ſigné, ſcellé, *&c.* portant, *&c.* vu les » concluſions du procureur général, & oui le rap- » port du conſeiller pour ce commis, la matière » miſe en délibération, la cour a ordonné & or- » donne que l'édit ou déclaration ſera enregiſtré » au greffe d'icelle, pour être exécuté ſelon ſa » forme & teneur, *ou bien* pour être exécuté » ſous telles & telles modifications ». Cet arrêt d'*enregiſtrement* renferme en ſoi la vérification & approbation de la loi qu'il ordonne être regiſtrée; & c'eſt ſans doute la raiſon pour laquelle on confond la vérification avec l'*enregiſtrement*.

Le greffier fait mention de l'*enregiſtrement* ſur le repli des lettres, en ces termes : « regiſtré, » oui le procureur général du roi, pour être exé- » cuté ſelon ſa forme & teneur, *ou bien* ſuivant » les modifications portées par l'arrêt de ce jour. » Fait en parlement le... *ſigné*, tel, *&c.* ». C'eſt proprement un certificat ou atteſtation, que le greffier met ſur le repli des lettres, de l'*enregiſtrement* qui a été ordonné par l'arrêt.

Outre ce certificat, le greffier fait un procès-verbal, ſoit de l'aſſemblée des chambres, ſi c'eſt un édit, ſoit de l'aſſemblée de la grand'chambre ſeule, ou de la grand'chambre & tournelle aſſemblées, ſi la déclaration n'a été préſentée à l'*enregiſtrement* qu'à la grand'chambre, ou à la grand'chambre & tournelle réunies. Ce procès-verbal fait mention qu'on a ordonné l'*enregiſtrement* de tel édit, pour être exécuté ſelon ſa forme & teneur, ou avec certaines modifications, & il eſt, ainſi qu'on l'a déjà obſervé, ſigné par le premier préſident ou celui qui en ſon abſence a préſidé.

Auſſi-tôt que l'arrêt de vérification & *enregiſtrement* eſt rendu, & que le procès-verbal en eſt dreſſé, le greffier fait tirer une expédition en papier timbré, ſur l'original en parchemin, de l'ordonnance, édit, déclaration, ou autres lettres dont on a ordonné l'*enregiſtrement*; au bas de cette expédition, il fait mention de l'*enregiſtrement*, de même que ſur l'original, & ajoute ſeulement ce mot, *collationné*, c'eſt-à-dire, comparé ſur l'original, & il ſigne. Cette expédition, qui doit ſervir de minute, & l'arrêt & le procès-verbal d'*enregiſtrement*, ſont placés par le greffier, entre les minutes de la cour; & l'*enregiſtrement* eſt cenſé accompli de ce moment, quoique la tranſcription de ces mêmes pièces ſur les regiſtres en parchemin, deſtinés à cet effet, & qui forme l'*enregiſtrement*, ne ſe faſſe que pluſieurs années après : en conſéquence, les regiſtres des ordonnances ſont des groſſes, ou copies des minutes auſſi authentiques que l'original, & faites pour le ſuppléer au beſoin : c'eſt pourquoi, ſans attendre cette tranſcription, qui eſt cenſée faite dans le temps même de la vérification, le greffier met, comme on l'a dit, ſur le repli de l'original & ſur l'expédition des lettres qui ont été vérifiées, fon certificat de la vérification & *enregiftrement*.

Ces différentes opérations faites, le greffier remet l'original des lettres dont *l'enregiftrement* a été ordonné, à M. le procureur géneral, lequel le renvoie à M. le chancelier ou au fecrétaire d'état qui les lui a adreffées ; & au bout de quelque temps, le fecrétaire d'état qui a ce département, envoie les ordonnances enregiftrées dans le dépôt des minutes du confeil, qui eft dans le monaftère des religieux Auguftins, près la place des Victoires.

Autrefois les arrêts de vérification & *enregiftremens*, & les certificats d'iceux, fe rédigeoient en latin : cet ufage avoit même continué depuis l'ordonnance de 1539, qui enjoint de rédiger en françois tous les jugemens & actes publics : le certificat d'*enregiftrement*, qui fe met fur le repli des pièces, étoit conçu en ces termes : *lecta, publicata & regiftrata, audito & requirente procuratore generali regis*, &c. Mais Charles IX, par fon ordonnance de Rouffillon, *art. 35*, ordonna que les vérifications des édits & ordonnances feroient faites en françois.

Depuis ce temps, le greffier mettoit ordinairement fon certificat en ces termes : *lu, publié & regiftré*, &c. on difoit *publié*, parce que c'étoit alors la coutume de publier tous les arrêts à l'audience, comme cela fe pratique encore dans quelques parlemens : mais dans celui de Paris, on ne fait plus cette publication à l'audience, à moins que cela ne foit porté par l'arrêt de vérification, auquel cas le greffier met encore dans fon certificat, *lu, publié & regiftré*: quand il n'y a pas eu de publication à l'audience, le certificat du greffier porte feulement que le réglement a été *regiftré, oui, & ce requérant le procureur général du roi*, &c. Les lettres de provifion de chancelier font actuellement les feules lettres de prince qui fe publient à l'audience.

Ces fortes de certificats du greffier, ou mention qui eft faite fur le repli des lettres de la vérification & *enregiftrement*, étoient d'ufage dès le temps de Philippe de Valois, comme on le voit fur les lettres du 10 juillet 1336, dont on a déjà parlé, où on lit ces mots : *lecta per cameram, regiftrata in curiâ parlamenti, in libro ordinationum, fol. 50, in anno nono*. Ces termes, *in anno nono*, femblent annoncer que ce livre, ou regiftre des ordonnances, étoit commencé depuis neuf années : ce qui remonteroit jufqu'en 1328, temps où Philippe de Valois monta fur le trône. On ne connoît point cependant de regiftre particulier des ordonnances qui remonte fi haut.

Les plus anciens regiftres du parlement, appellés les *olim*, contiennent, il eft vrai, des ordonnances depuis 1252 jufqu'en 1273 ; mais ces regiftres n'étoient pas deftinés uniquement pour les *enregiftremens*; ils contiennent auffi des arrêts rendus entre particuliers, & des procédures.

Mais peu de temps après on fit au parlement des regiftres particuliers pour les *enregiftremens* des ordonnances, édits, déclarations & lettres-patentes, que l'on a appellés *regiftres des ordonnances*.

Le premier de ces regiftres, coté A, & intitulé *ordinationes antiquæ*, commence en 1337 ; il contient néanmoins quelques ordonnances antérieures, dont la plus ancienne contient les lettres-patentes de S. Louis, du mois d'août 1229, qui confirment les privilèges de l'univerfité de Paris.

Quand on tranfcrit une pièce dans les regiftres du tribunal, en conféquence du jugement qui en a ordonné *l'enregiftrement*, elle doit y être copiée tout au long, avec le jugement qui en ordonne *l'enregiftrement*, & non pas par extrait feulement, ni avec des & cætera.

Ce fut fur ce fondement que le recteur & l'univerfité de Paris expoférent, par requête au parlement en 1552, que quelqu'un de leurs fuppôts ayant voulu lever un extrait du privilège accordé en 1336 aux écoliers étudians en l'univerfité, il s'étoit trouvé quelques omiffions faites fous ces mots & cætera, pour avoir plutôt fait, par celui qui fit le regiftre ; que ces omiffions étoient de conféquence ; & que fi l'original du privilège fe perdoit, le recours au regiftre ne feroit pas fûr; c'eft pourquoi ils fupplièrent la cour d'ordonner que ce qui étoit ainfi imparfait fur le regiftre, par ces mots & cætera, fût rempli par collation qui fe feroit du regiftre à l'original. Sur quoi la cour ayant ordonné que l'original feroit mis pardevers deux confeillers de la cour, pour le collationner avec le regiftre ; oui le rapport defdits confeillers, la cour, par arrêt du 18 août 1552, ordonna que l'original du privilège feroit de nouveau *enregiftré* dans les regiftres d'icelle, pour être par le greffier délivré aux parties qui le requerroient.

Les arrêts de vérification ou *enregiftrement*, faits au parlement, portent ordinairement, que copies collationnées du nouveau réglement & de l'arrêt feront envoyées aux bailliages & fénéchauffées du reffort, pour y être lues, publiées & enregiftrées; l'arrêt enjoint au fubftitut du procureur-général du roi d'y tenir la main, & d'en certifier la cour dans un mois, fuivant ledit arrêt.

Le procureur-général de chaque parlement envoie des copies collationnées des nouveaux réglemens à tous les bailliages, fénéchauffées & autres juftices royales reffortiffantes nuement au parlement.

A l'égard des pairies du reffort, quoique régulièrement elles duffent tenir du juge royal la connoiffance des nouveaux réglemens; néanmoins, pour accélérer, M. le procureur-général leur en envoie auffi directement des copies collationnées.

Si *l'enregiftrement* eft fait en la cour des aides, l'arrêt de vérification porte que l'on enverra des copies collationnées aux élections & autres fièges du reffort.

Lorfque les nouveaux réglemens, qui ont été vérifiés par les cours, font envoyés dans les fièges de leur reſſort pour y être *enregiſtrés*, cet *enregiſtrement* s'y fait ſur les concluſions du miniſtère public, de même que dans les cours; mais avec cette différence, que les cours ont le droit de délibérer ſur la vérification, & peuvent admettre le projet de réglement, ou le refuſer, s'il ne paroît pas convenable aux intérêts du roi, ou au bien public; au lieu que les juges inférieurs ſont obligés de ſe conformer à l'arrêt de vérification, & en conſéquence de rendre un jugement, portant que la nouvelle loi ſera inſcrite dans leurs regiſtres, purement & ſimplement, ſans pouvoir ajouter aucunes modifications; enſorte que cet *enregiſtrement* n'eſt proprement qu'une ſimple transcription dans leurs regiſtres, & non une vérification.

Il faut néanmoins obſerver que, dans les provinces du reſſort qui ont quelques privilèges particuliers, les juges inférieurs pourroient faire des repréſentations au parlement avant d'*enregiſtrer*, ſi le nouveau réglement étoit contraire à leurs privilèges. Du reſte, les juges inférieurs n'ont pas droit de délibérer ſur le fond de l'*enregiſtrement*; mais ils ont la liberté de délibérer ſur la forme en laquelle l'envoi des nouveaux réglemens leur eſt fait; c'eſt-à-dire, d'examiner ſi cette forme eſt légitime & régulière. Ils peuvent auſſi, après avoir procédé à l'*enregiſtrement* de la nouvelle loi, faire ſur cette loi (s'il y a lieu pour ce qui les concerne) des repréſentations au parlement, ou autre cour dont ils relèvent, qu'ils adreſſent au procureur-général, & plus ſouvent ces juges adreſſent leurs repréſentations à M. le chancelier.

Il paroît même, ſuivant l'ordonnance de Charles VII, de 1453, *art. 66 & 67*, & l'ordonnance de Louis XII, du 22 décembre 1499, que les juges inférieurs peuvent, en certains cas, ſuſpendre l'exécution des loix qu'on leur envoie, en repréſentant les inconvéniens qui peuvent en réſulter, relativement à leurs provinces & aux réglemens antérieurs. Ces cas, ſelon les ordonnances de Charles VII & de Louis XII, ſont lorſque les loix qui leur ſont envoyées peuvent être contraires aux ordonnances, & produire du trouble dans le royaume; tel que ſeroit, par exemple, quelque établiſſement tendant à anéantir la forme du gouvernement.

Au châtelet de Paris, les nouvelles ordonnances ſont *enregiſtrées* ſur un regiſtre particulier, appellé *regiſtre des bannières*; ce qui ſignifie la même choſe que regiſtre des publications.

Tous les juges auxquels le procureur-général envoie des copies collationnées des nouveaux réglemens, ſont obligés d'envoyer dans le mois un certificat de l'*enregiſtrement*. Depuis environ 50 ou 60 ans, il eſt d'uſage de garder ces certificats dans les minutes du parlement, pour y avoir recours au beſoin, & connoître la date de l'*enregiſtrement* dans chaque ſiège.

Les nouvelles ordonnances doivent être exécutées, à compter du jour de la vérification qui en a été faite dans les cours ſouveraines, ou après le délai qui eſt fixé par l'ordonnance, ou par l'arrêt qui ordonne l'*enregiſtrement*, comme cela ſe fait quelquefois, afin que chacun ait le temps de s'inſtruire de la loi.

Elle doit auſſi être exécutée, à compter du même jour, pour les provinces du reſſort, & non pas ſeulement du jour qu'elle y a été *enregiſtrée* par les juges inférieurs. Néanmoins s'il s'agit de quelque diſpoſition qui doive être obſervée par les juges, officiers, ou particuliers, la loi ne les lie que du jour qu'ils ont pu en avoir connoiſſance; comme on voit que la novelle 66 de Juſtinien, ſur l'obſervation des conſtitutions impériales, avoit ordonné que les nouvelles loix ſeroient obſervées à Conſtantinople dans deux mois, à compter de leur date; & à l'égard des provinces, deux mois après l'inſinuation qui y ſeroit faite de la loi : ce temps étant ſuffiſant, dit la novelle, pour que la loi fût connue des tabellions & de tous les ſujets.

Il n'eſt pas d'uſage de faire *enregiſtrer* les nouveaux réglemens dans les juſtices ſeigneuriales, ni de leur en envoyer des copies, ces juſtices étant en trop grand nombre, pour que l'on puiſſe entrer dans ce détail : de ſorte que les officiers de ces juſtices ſont préſumés inſtruits des nouveaux réglemens par la notoriété publique, & par l'*enregiſtrement* fait dans le ſiège royal auquel elles reſſortiſſent. *Voyez* Loi, Parlement, Vérification. (*Cet article eſt preſque entiérement tiré de celui de M.* Boucher d'Argis, *dans la première édition de l'Encyclopédie.*)

Enregistrement *des privilèges ou permiſſions pour l'impreſſion des livres.* Les privilèges que le roi accorde pour l'impreſſion des livres, & les permiſſions ſimples du ſceau, doivent être *enregiſtrés* à la chambre ſyndicale de la librairie, par les ſyndic & adjoints, dans le terme de trois mois, à compter du jour de l'expédition. C'eſt une des conditions auxquelles ces lettres ſont accordées; & faute de la remplir, elles deviennent nulles. Ce réglement paroît avoir ſinguliérement pour objet de mettre tous propriétaires d'ouvrages littéraires, à l'abri du préjudice auquel ils pourroient être expoſés par les ſurpriſes faites à la religion du roi, dans l'obtention des privilèges ou permiſſions ſimples : en ce que 1°. il met les ſyndic & adjoints de la librairie en état d'arrêter ces lettres à l'*enregiſtrement*, s'ils jugent qu'elles ſoient préjudiciables aux intérêts de quelque tiers : 2°. en ce qu'il fournit aux particuliers, auxquels elles ſont préjudiciables, le moyen de s'oppoſer judiciairement à leur *enregiſtrement*, & d'en demander le rapport. *Voyez* Livre, Libraire, Imprimeur, Privilège.

ENROLEMENT, (*Code militaire & Police.*) *Voyez* le *dictionnaire de l'art militaire.*

ENROTULER, v. a. *terme ancien*, qui vient de *rotula*, mot de la baſſe-latinité, qui ſignifie *rouleau*, d'où l'on a fait *inrotulare*, écrire ſur le *rouleau*. On trouve cette expreſſion dans les ordonnances de Philippe-Auguſte & de Louis VIII. *Voyez*

Enregistrement, §. III. La coutume d'Anjou, *art. 149*, exige qu'on *enrotule*, c'eſt-à-dire qu'on inſcrive ſur un tableau, expoſé dans l'auditoire & dans les priſons d'Angers, de Saumur & de Baugé, les noms de ceux qui ſont condamnés au banniſſement, afin qu'on puiſſe en être inſtruit.

ENSAISINEMENT, ſ. m. (*Juriſprud.*) ſignifie *miſe en poſſeſſion civile*. Enſaiſiner un contrat, c'eſt mettre l'acquéreur en ſaiſine, c'eſt-à-dire en poſſeſſion de l'héritage ſur lequel le contrat lui accorde quelque droit.

La formalité de l'*enſaiſinement* vient de ce que, par l'ancien uſage du châtelet de Paris & de toute la prévôté, & dans pluſieurs autres provinces coutumières, aucune ſaiſie ou poſſeſſion n'étoit acquiſe de droit ni de fait. ſans qu'il y eût *deveſt* & *veſt*, c'eſt-à-dire qu'il falloit que le vendeur ſe fût deſſaiſi entre les mains du ſeigneur-cenſier, & que ce même ſeigneur eût enſuite inveſti l'acquéreur, c'eſt-à-dire qu'il lui eût donné la *ſaiſine* ou poſſeſſion, d'où eſt venu le terme d'*enſaiſinement*, lequel néanmoins ne s'applique qu'aux miſes en poſſeſſion des biens en roture, car la même formalité à l'égard des fiefs s'appelle *inféodation*.

Quoique l'*enſaiſinement* ne ſoit en effet qu'une miſe en poſſeſſion civile & fictive, il étoit néanmoins autrefois conſidéré comme une miſe en poſſeſſion réelle & de fait, ou du moins on doit entendre par-là qu'il étoit néceſſaire pour autoriſer le vendeur à ſe deſſaiſir, & l'acquéreur à prendre poſſeſſion.

On étoit obligé de prendre du ſeigneur l'*enſaiſinement*, du temps que les coutumes notoires du châtelet furent rédigées, c'eſt-à-dire depuis l'an 1300 juſqu'en 1387. Suivant l'*art.* 72 de ces coutumes, aucun ne pouvoit être propriétaire s'il n'étoit *enſaiſiné* réellement & de fait par le ſeigneur ou par ſes gens. Cet article exceptoit néanmoins le bail à cens, parce que ce bail étant fait par le ſeigneur même, inveſtit ſuffiſamment le preneur, ſans qu'il ſoit beſoin de prendre autre *ſaiſine*.

On payoit dès-lors douze deniers pariſis pour la *ſaiſine* ou *enſaiſinement*, tel que fût le prix de la vente; & ce droit étoit appellé en latin *reveſtitura*, comme on voit dans des lettres de Saint Louis, du mois de mars 1263.

Quelques ſeigneurs prétendoient avoir droit de prendre cinq ſols pour l'*enſaiſinement*, comme le dit l'auteur du grand coutumier : le roi, l'évêque de Paris, les abbés de Sainte Geneviève, de Saint Magloire & de Saint Denis, prétendoient être en poſſeſſion de recevoir cinq ſols pour la *ſaiſine*. Il y eut des oppoſitions faites à ce ſujet, lors des deux rédactions de la coutume de Paris; mais cette prétention n'a pas prévalu, & le droit de *ſaiſine* n'eſt encore communément que de douze deniers pariſis.

L'obligation de prendre *ſaiſine* tomba bien-tôt en non uſage, du moins dans la prévôté de Paris. L'auteur du grand coutumier, qui écrivoit ſous le règne de Charles VI, en parlant des lettres de *ſaiſine* ou *enſaiſinement* que l'on prenoit du ſeigneur ou de ſon bailli ou députe, ajoute, *ſi ainſi eſt que le vendeur ſe veuille faire enſaiſiner;* car par la coutume de la prévôté de Paris, il ne prend *ſaiſine* qui ne veut, & le ſeigneur ne reçoit que les ventes; ce qui fut adopté dans pluſieurs coutumes, & notamment dans celle de Paris, rédigée d'abord en 1510, & réformée en 1580, dans celles de Meaux, Sens, Auxerre, Etampes, Montfort, Dourdan, Mantes, Senlis & Montargis.

Ces coutumes forment le droit commun de France; mais la néceſſité de ſe faire *enſaiſiner* pour être propriétaire incommutable, s'eſt conſervée dans toutes les coutumes des Pays-Bas, & dans pluſieurs des coutumes de nos provinces ſeptentrionales, telles que celles de Boulogne, Amiens, Péronne, Vermandois, Saint-Quentin, Senlis, Reims, Chauny, &c.

L'édit du mois de juin 1771, & la déclaration interprétative du 23 juin 1772, n'ont point aboli cette néceſſité; car outre que ces deux loix n'ont été enregiſtrées ni au parlement de Flandre, ni au conſeil d'Artois, elles n'ont abrogé, dans les pays même où elles ont été enregiſtrées, que l'uſage du nantiſſement pour l'acquiſition ou la préférence des hypothèques; mais elles ont laiſſé ſubſiſter l'obligation de ſe faire *enſaiſiner* pour acquérir la propriété. Ainſi, dans les coutumes même où ces deux loix ſont obſervées, l'acquéreur poſtérieur, qui a pris la précaution de ſe faire *enſaiſiner* avant un acquéreur antérieur, devient propriétaire incommutable à ſon préjudice.

C'eſt ce que M. le Camus d'Houlouve établit fort bien dans ſon ouvrage ſur la coutume de Boulenois, *tit. 15*, addition au chap. 3. *Voyez* au ſurplus les articles Devoirs de Loi, Hypothèque & Nantissement.

Dans les coutumes, qui n'ont aucune diſpoſition à ce ſujet, l'acquéreur eſt réputé mis en poſſeſſion civile par le ſeul effet des clauſes du contrat, par leſquelles le vendeur ſe deſſaiſit au profit de l'acquéreur, & ce dernier n'a pas beſoin d'autre titre pour prendre poſſeſſion réelle & de fait; il peut pareillement diſpoſer de l'héritage & le revendre, quoiqu'il n'ait point fait *enſaiſiner* ſon contrat.

Le ſeigneur ne peut ſaiſir pour être payé du droit d'*enſaiſinement;* il a ſeulement une action pour s'en faire payer, au cas que l'acquéreur ait pris *ſaiſine*, & non autrement.

Il eſt néanmoins avantageux à l'acquéreur de faire *enſaiſiner* ſon contrat, lorſque l'héritage acquis étoit propre au vendeur, & que le titre d'acquiſition eſt une vente, ou un contrat équipolent à vente, parce que l'année du retrait lignager ne court que du jour de l'*enſaiſinement*. Si le contrat n'eſt pas *enſaiſiné*, l'action en retrait dure trente ans; & comme le ſeigneur a une action pour ſe faire exhiber le contrat d'acquiſition & pour être payé des lods & ventes, on ne manque guère de faire *enſaiſiner* le contrat, en payant les droits ſeigneuriaux.

L'*enfaifinement* fe met en marge du contrat, & fe donne fous-feing privé. Il peut être donné par le fermier ou receveur du feigneur, ou autre ayant charge de lui. Toute la formalité confifte en ces mots, *enfaifine l'acquéreur au préfent contrat*, &c.

On conçoit que l'*enfaifinement* réduit à une formalité fi peu publique, ne pouvoit guère remplir fon objet relativement au retrait; celui d'inftruire les lignagers du vendeur de l'aliénation qu'il venoit de faire. L'édit des infinuations de 1704 a paré à cet inconvénient, en ordonnant que le temps du retrait ne courroit que du jour de l'infinuation; mais cette loi ne difpenfe pas de l'*enfaifinement* & des autres formalités que diverfes coutumes ont établies pour faire courir le temps du retrait.

Au refte, la néceffité de l'*enfaifinement* n'a lieu que pour les domaines poffédés cenfuellement, & feulement pour ceux qui font acquis par d'autres que par le feigneur même. Si c'étoit le feigneur qui fit l'acquifition, ou fi l'héritage étoit en franc-aleu; la coutume de Paris, *art. 132* & *159*, veut que le contrat foit publié en jugement, & infinué au plus prochain fiège royal, pour que le temps du retrait puiffe commencer à courir.

Lorfque l'objet de l'acquifition eft un fief, le retrait court du jour que l'acquéreur en a fait la foi & hommage.

Le feigneur ne doit pas refufer l'*enfaifinement* à l'acquéreur qui le demande, en payant par celui-ci le droit de douze deniers pour la *faifine*, & tous les droits dus au feigneur, tant pour la dernière acquifition que pour les précédentes; fi le feigneur refufoit mal-à-propos l'*enfaifinement*, l'acquéreur peut le pourfuivre devant le juge fupérieur de celui du feigneur. (*A.* & *M. GARRAN DE COULON*).

ENSAISINEMENT DE RENTES CONSTITUÉES eft une formalité qui fe pratiquoit dans quelques coutumes, comme Sénlis, Clermont & Valois, pour donner la préférence aux contrats de rentes *enfaifinés* fur ceux qui ne l'étoient point : ce droit ne fubfifte plus dans ces coutumes, depuis l'édit du mois de février 1771, fur la purgation des hypothèques, & la déclaration interprétative du 23 juin 1772. (*Voyez les articles* HYPOTHÈQUE, NANTISSEMENT ; & *l'article précédent*. (*M. GARRAN DE COULON*).

ENSAISINEMENT DES ACTES D'ALIÉNATION DES BIENS DOMANIAUX, eft une formalité établie par des édits des mois d'août 1669, mars 1673, avril 1685, décembre 1689 & 1701, par un arrêt du confeil du 7 août 1703, & par une déclaration du roi du 23 juin 1705. Ces réglemens ordonnent qu'à l'avenir tous les contrats de vente, échanges, adjudications par décret, licitations, & autres actes tranflatifs de propriété de terres & héritages tenus en fief ou en roture, tant des domaines qui font ès mains de S. M. que de ceux qui font engagés, feront *enfaifinés* par les receveurs généraux des domai-

nes & bois, foit que l'*enfaifinement* ait lieu par la coutume ou non.

Cette formalité n'a été introduite que pour faire connoître au domaine les poffeffeurs actuels des héritages qui en font mouvans, & fe mettre mieux à portée de percevoir les droits de mutation & les autres droits dont ils font grevés. Elle ne concerne donc pas les domaines mouvans des feigneurs particuliers, ni les francs-aleux. Mais ceux qui font dans la mouvance du domaine y font affujettis, quels que foient d'ailleurs leurs privilèges; tels font les biens tenus du roi en franc-bourgage & franche-bourgeoifie, fuivant des arrêts du confeil des 20 mars 1742, 10 juin 1749, & 17 mars 1750, *&c.*

Les pays de nantiffement n'en font pas non plus exempts, fuivant un arrêt du 24 novembre 1703, pour la généralité d'Amiens.

Les poffeffeurs à titre fucceffif, même en ligne directe, y font affujettis par les édits de juin 1725, *art. 5* ; de décembre 1727, *art. 5* & *6*, & par d'autres réglemens.

Voici deux obfervations puifées dans le dictionnaire du domaine, dont l'autorité ne doit pas être fufpecte ici. « L'arrêt du 22 décembre 1705, comprend les *mutations à titre fucceffif* ; il borne la » recherche pour le paffé au premier janvier 1702, » & prononce la peine du quadruple contre les nou- » veaux poffeffeurs, qui à l'avenir ne fatisferont pas » à l'*enfaifinement* dans trois mois; mais cette peine » ordonnée feulement pour cet arrêt, n'a jamais été » prononcée contre qui que ce foit en particulier, » & l'on ne doit ni la demander, ni la faire payer ». *Arrêt du 15 mai 1731.*

« La recherche des droits d'*enfaifinement* avoit été » fixée au premier janvier 1702, par l'arrêt du 22 dé- » cembre 1705; on a fuivi la même époque par l'arrêt » de règlement du premier novembre 1735; mais au- » jourd'hui que cette époque eft reculée d'environ » 60 ans, les receveurs généraux ne feroient pas » admis à s'y fixer ; ils ne peuvent même prétendre » le droit que de la dernière mutation, fuivant les » arrêts du 17 janvier 1730, & 15 mai 1731. Il » eft vrai que ce droit eft dû à toute mutation; mais » lorfqu'il y en a eu plufieurs qui n'ont point été » *enfaifinées*, on ne peut s'adreffer qu'au poffeffeur » actuel pour lui demander le droit d'*enfaifinement* » de la mutation qui lui eft perfonnelle, au moyen » de quoi la recherche fe trouve bornée ».

Les édits de décembre 1701, juin 1725, & décembre 1727, avoient attribué les droits d'*enfaifinement* aux receveurs & contrôleurs généraux des domaines & bois. Mais ces officiers ayant été fupprimés par l'édit du mois d'août 1777, les mêmes droits ont été réunis au domaine par l'art. 6 de cet édit, pour être perçus au profit du roi, à compter du premier janvier 1778. (*M. GARRAN DE COULON*).

ENSEIGNEMENT, f. m. (*terme de Pratique.*) fe dit des preuves que l'on donne de quelque chofe, tant par titres & pièces, que par d'autres indications. *Voyez* PREUVE.

ENSEIGNE, f. f. (*Police. Voirie.*) c'eſt le tableau, la figure, ou autre marque que l'on attache à la maiſon d'un marchand, d'un artiſan, d'un cabaretier, pour la déſigner.

Par une ordonnance du bureau des finances de la généralité de Paris, du 17 décembre 1761, dont les diſpoſitions ont été adoptées dans la plupart des autres grandes villes, toutes les enſeignes doivent être appliquées ſur les murs de face des maiſons, avec une ſaillie de quatre pouces au plus; & il a été enjoint de ſupprimer les enſeignes poſées au-deſſus des auvens, & au-deſſus du rez-de-chauſſée des maiſons, & ſoutenues par des potences de fer, où autres machines. *Voyez* BOUCHON.

ENSONGE, terme ancien de la coutume de Hainaut, *chap. 68*, qui ſignifie *excuſe, exoine. Voyez* EXOINE.

ENTÉRINEMENT, f. m. (*Juriſpr.*) ſignifie la diſpoſition d'un jugement, qui donne un plein & entier effet à quelque acte qui ne pouvoit valoir autrement. Ce terme vient du mot gaulois *enterin*, qui ſignifioit *entier*, d'où *entérinement* qui ſignifioit *entièrement*. On diſoit *fief entérin*, pour *fief entier*.

L'*entérinement* eſt d'un uſage très-fréquent dans la procédure: la plupart des lettres qui s'expédient en chancellerie ſont ſoumiſes à cette formalité.

On demande en juſtice l'*entérinement* des lettres de reſciſion, de grace, de requête civile, d'émancipation, de bénéfice d'inventaire: on le demande également des procès-verbaux faits par des experts; & lorſque la demande paroît bien fondée, le juge ordonne l'*entérinement* des lettres ou procès-verbaux, c'eſt-à-dire leur pleine & entière exécution.

Ce terme paroît propre pour exprimer l'exécution qui eſt ordonnée de certaines lettres du prince; pour les ſtatuts, tranſactions, ſentences arbitrales, on ſe ſert du terme d'*homologation*, *voyez ce mot*, & de ceux de GRACE, LETTRES *de chancellerie*, RESCISION.

ENTERREMENT, *voyez* CIMETIÈRE & INHUMATION.

ENTERRÉ-VIF, (*Code criminel.*) genre de ſupplice encore en uſage en Allemagne, ſuivant le chap. 131 de l'ordonnance Caroline, à l'égard des femmes qui font mourir leurs enfans.

Il n'en eſt plus queſtion en France, quoiqu'il y ait été uſité quelquefois. Une chronique de Louis XI nous apprend, qu'en 1460, la nommée Perette Maugé fut condamnée à ce genre de ſupplice, par arrêt confirmatif d'une ſentence du prévôt de Paris, pour avoir commis pluſieurs larcins & recelés. Elle fut effectivement *enterrée vive*, devant le gibet de Paris, qu'on appelloit le *gibet de Montigni*.

ENTIERCEMENT, f. m. *terme de coutume*, qui ſignifie *enlèvement d'une choſe mobiliaire & miſe en main tierce*, ainſi que le dit du Molin ſur l'*art. 454* de la coutume d'Orléans.

Cet uſage eſt fort ancien; car on trouve dans

les loix ſaliques & ripuaires, & dans les capitulaires de Charlemagne & de ſes enfans, *intertiare & res intertiata*, pris dans le même ſens que l'on entend ici l'*entiercement*.

La coutume d'Orléans, *art. 454*, dit que la choſe mobiliaire étant vue à l'œil, c'eſt-à-dire reconnue dans un marché, foire ou place publique, peut être *entiercée*, ſauf le droit d'autrui, c'eſt-à-dire que ſans qu'il ſoit beſoin de permiſſion de juſtice, elle peut être enlevée & miſe en main-tierce.

Ce droit de ſuite s'exerce ordinairement par ceux auxquels on a volé ou détourné quelque meuble, comme un cheval qu'on auroit détourné d'une métairie, & que l'on retrouve expoſé en vente dans un marché ou foire publique.

Pour *entiercer* une choſe dérobée ou perdue, il faut la faire voir à l'huiſſier ou ſergent, lequel peut enſuite l'enlever, comme le dit la coutume.

Lorſque des meubles ont été vendus en juſtice, ou dans une foire ou marché, il n'y a plus lieu à l'*entiercement*.

Celui ſur qui la choſe eſt *entiercée*, & ceux qui peuvent y avoir intérêt, ont le droit de s'oppoſer à l'*entiercement*; & ſur l'oppoſition, c'eſt à celui qui *entierce*, comme étant demandeur, à prouver que la choſe lui appartient.

Lorſqu'un créancier, en faiſant ſaiſir & arrêter les meubles & effets de ſon débiteur, reconnoît parmi les meubles ſaiſis quelques effets appartenans à lui ſaiſiſſant, alors, ſuivant le même *article 454*, il peut à cet égard convertir ſa ſaiſie en *entiercement*, pourvu que la choſe ait été vue à l'œil par le ſergent qui a fait la ſaiſie.

Au ſurplus, l'*article 455* défend à tous ſergens & autres perſonnes d'entrer en la maiſon d'autrui pour faire *entiercer* & enlever les biens étant en icelle, ſans autorité de juſtice: la préſence du juge eſt même quelquefois néceſſaire. *Voyez la coutume de Dunois, art. 93, & le gloſſ. de Lauriere au mot* ENTIERCEMENT. (*A*)

ENTRAGE, f. m. *terme de coutume*, qui ſignifie, 1°. entrée ou commencement de poſſeſſion & jouiſſance; 2°. un droit en argent que le nouveau poſſeſſeur eſt obligé de payer au ſeigneur. La coutume de Nivernois, *chap. 22, art. 8*, ſe ſert de cette expreſſion dans le premier ſens; & celle de Bourbonnois, *art. 442*, dans le ſecond. *Voyez* ENTRÉE, (*droit d'iſſue*).

ENTRAVESTISSEMENT *ou* RAVESTISSEMENT, f. m. *terme particulier* des coutumes de Cambrai, Béthune, Arras, Bapaume, Lille, & autres d'échevinage.

On y en diſtingue de deux ſortes, l'*entraveſtiſſement de ſang*, & l'*entraveſtiſſement par lettres*. Le premier eſt celui qui a lieu de plein droit entre deux conjoints, qui ont donné le jour à un ou pluſieurs enfans, & il conſiſte dans un certain avantage qui a lieu au profit du ſurvivant des conjoints. Le ſecond eſt un acte, par lequel des conjoints, privés de la conſolation d'avoir des enfans, donnent à celui des deux qui

qui furvivra l'autre, les biens, dont chaque coutume permet de difpofer par cette voie.

De l'entraveftiffement de fang. Les conditions requifes pour l'*entraveftiffement de fang*, font : 1°. que les conjoints foient en communauté de biens : 2°. qu'au temps de la célébration de leur mariage, ils foient domiciliés dans le reffort d'une coutume, où l'*entraveftiffement* foit permis. Les coutumes de Lille & de Seclin demandent feulement qu'ils foient refpectivement bourgeois de ces deux villes, pendant que celle de Béthune exige qu'ils y foient demeurans.

3°. La coutume du Cambrefis veut que l'*entraveftiffement de fang* n'ait lieu qu'au premier & noble mariage ; ce qui doit s'entendre du premier mariage, dont il eft né des enfans, enforte qu'un premier mariage, dont il ne feroit provenu aucun enfant, n'empêcheroit pas que l'*entraveftiffement* n'eût lieu dans un fecond mariage plus fécond que le premier.

4°. Les coutumes d'Arras, de Bapaume, de Valenciennes & du pays de Laleu, exigent feulement qu'il y ait enfans du mariage, foit qu'ils foient vivans ou décédés, lors de la diffolution du lien qui uniffoit les pere & mere. Mais celles du Cambrefis & de Lille exigent qu'il y ait enfant vivant au temps de la mort des deux conjoints. En effet, il eft d'ufage, dans le territoire de la coutume de Lille, de s'*entravefir* par lettres, lorfque les enfans meurent avant l'un des deux conjoints.

Les effets de l'*entraveftiffement de fang* font déterminés différemment par chaque coutume. La coutume de Cambrefis fait confifter cet avantage au profit du furvivant, dans l'ufufruit de la moitié des héritages main-fermes ou cottiers, fitués dans le Cambrefis, & exclut les fiefs & meubles : celle de Valenciennes, dans la propriété incommutable de tous les meubles de la communauté, & dans l'ufufruit de tous les héritages de main-ferme, & rentes immobiliaires laiffées par le défunt ; celle du chef-lieu de Mons contient les mêmes difpofitions, mais à la charge d'en abandonner la moitié, lorfque le furvivant convole en fecondes noces, *Voyez* FOURMOUTURE.

Les coutumes de Lille, de Seclin, & de Pont-à-Wendin, comprennent dans l'*entraveftiffement de fang*, la propriété de tous les meubles, cateux & héritages réputés pour meubles, que les conjoints poffédent en quelque lieu qu'ils foient fitués, mais à la charge d'en laiffer la moitié en cas de fecond mariage. La coutume de Douai contient les mêmes difpofitions, pour tous les meubles réels ou fictifs, fitués dans l'étendue de fon reffort ; en ajoutant en outre, *fans que les enfans procédans du mariage y puiffent avoir aucun droit.* Cependant, en cas de fecond mariage de la part du furvivant, les héritages qui lui étoient acquis par l'*entraveftiffement*, demeurent affectés aux enfans, après fa mort.

Dans les coutumes d'Arras, de Bapaume, de Béthune & du pays de Laleu, le furvivant devient par l'*entraveftiffement*, propriétaire de tous les meubles

Jurifprudence. Tome IV.

bles réels, en quelques lieux qu'ils foient fitués, de toutes les rentes héritières & réputées meubles, des héritages fujets à l'échevinage, des rentes foncières & non feigneuriales, affectées fur ces héritages, ainfi que le premier mourant les laiffe au moment de fon décès. Mais cette propriété accordée au furvivant eft grevée d'une efpèce de fubftitution en faveur des enfans nés du mariage, enforte, 1°. qu'après la mort du furvivant, les enfans reprennent dans fa fucceffion les objets de l'*entraveftiffement*, fans être tenus des dettes contractées depuis la mort du conjoint prédécédé ; 2°. qu'en cas de fecond mariage de la part du furvivant, ces mêmes objets appartiennent en entier aux enfans du premier lit, ou à leurs defcendans. Mais s'ils viennent à décéder avant le furvivant, alors celui-ci devient libre, & peut difpofer à fa volonté de tout ce que le prédécédé lui a tranfmis par le droit d'*entraveftiffement*. *Voyez* DÉVOLUTION *en matière de fucceffion.*

De l'entraveftiffement par lettres. Cette efpèce eft à-peu-près la même chofe que le don mutuel introduit dans la plupart des coutumes de la France. En effet l'*entraveftiffement par lettres*, de même que le don mutuel, eft une donation réciproque que les conjoints qui n'ont pas d'enfans, font à celui des deux qui furvivra l'autre ; il exige entre les conjoints une fanté à-peu-près égale, une égalité de biens, & la non-exiftence d'enfans ; mais il n'eft pas néceffaire, comme dans certaines coutumes françoifes, que les conjoints foient du même âge.

Le principe que nous venons d'établir par rapport à l'égalité des biens, n'a proprement lieu que dans les coutumes, telles que celles d'Arras, de Bapaume, &c, qui exigent que les conjoints foient en communauté pour s'*entraveftir* valablement, parce qu'elles ne font entrer dans l'*entraveftiffement* que les biens communs des deux époux ; mais dans les coutumes de Cambrefis, Valenciennes & autres où l'*entraveftiffement* s'étend auffi à l'ufufruit des propres, l'égalité abfolue des biens eft totalement indifférente pour fa validité, il fuffit que chacun d'eux ait des biens propres, quoiqu'ils ne foient pas de même valeur.

L'*entraveftiffement* diffère du don mutuel, 1°. en ce que le furvivant n'eft point obligé de donner caution pour les meubles en quelque coutume que ce foit, ni pour les immeubles dans les coutumes qui lui en accordent la propriété, telles que celles d'Arras & de Lille. Mais dans celles de Cambrai, Valenciennes & autres qui ne lui en donnent que l'ufufruit, il eft tenu de donner caution à cet égard, par la raifon que le droit romain, qui fait règle dans tous les cas qui ne font pas décidés par les coutumes des Pays-Bas, oblige tout ufufruitier à donner caution, foit qu'il tienne fon droit d'un teftament, ou d'un acte entre-vifs.

2°. En ce que le furvivant eft tenu fur les objets compris dans l'*entraveftiffement*, de payer toutes les dettes, même les frais funéraires du prédécédé, par

ENT

la raison qu'il n'est pas borné, comme dans le don. mutuel, à la propriété de la moitié des biens de la communauté & à l'usufruit de l'autre, mais qu'il est propriétaire de tous les meubles, & effets réputés tels, espèce de biens que les coutumes des Pays-Bas obligent spécialement au paiement des dettes.

Les effets de l'entravestissement par lettres sont les mêmes que ceux de l'entravestissement de sang, excepté dans la coutume de Cambresis, où celui-ci ne comprend que l'usufruit des main-fermes du prédécédé, tandis que le premier contient, outre cet objet, la propriété pleine & entière de tous les meubles de la communauté. Dans le chef-lieu de Mons, l'entravestissement par lettres ne peut avoir lieu que pour les meubles, les conjoints ne pouvant se donner des droits réciproques sur leurs héritages respectifs, que par la voie des conditions de manbournie. Voyez CONDITIONNER.

Les formalités de l'entravestissement par lettres ne sont pas les mêmes dans toutes les coutumes; il faut à cet égard consulter la loi de la jurisdiction où les biens sont situés, ou celle du domicile des parties contractantes. Cette observation est d'autant plus importante, que les formalités requises par chaque coutume, où l'entravestissement doit être passé, sont une condition sans laquelle il ne peut avoir lieu, & qu'il n'est pas permis de les négliger pour en adopter d'autres.

ENTRECOURS : ce mot dans son acception la plus générale signifie la faculté qu'ont les habitans de deux seigneuries voisines d'aller les uns chez les autres, en jouissant d'avantages réciproques, ou en en assurant quelques-uns à leurs seigneurs. On trouve beaucoup d'obscurité dans les livres sur cet objet. On va tâcher de l'éclaircir en distinguant trois sortes d'entrecours.

1°. Il y avoit une espèce d'entrecours établi pour les serfs, au moyen duquel ceux d'un seigneur qui alloient s'établir dans la terre d'un autre seigneur devenoient eux & leurs enfans serfs de ce dernier seigneur, sans que leur seigneur originaire y pût prétendre aucun droit de suite. Ce droit d'entrecours procuroit aussi quelques avantages au seigneur.

Par le droit de main-morte, un serf d'une seigneurie ne pouvoit pas se marier sans le congé de son seigneur, à une femme franche ou à une serve d'une autre seigneurie, sans tomber dans la peine du for-mariage. Les seigneurs de fief dérogeoient à ce droit par les entrecours qu'ils contractoient entre eux, de sorte que quand il y avoit entrecours entre deux seigneurs, le serf de l'un pouvoit librement & sans peine de formariage, se marier à la serve de l'autre seigneur, ou quitter le domicile qu'il avoit dans la terre d'un de ces seigneurs pour aller demeurer dans la terre de l'autre. On peut voir un exemple de cette espèce d'entrecours dans Pérard & Laurière.

2°. L'entrecours avoit également lieu entre les personnes franches, ou les bourgeois de diverses seigneuries. Il avoit alors pour objet d'assurer à celui qui venoit s'établir de l'une dans l'autre le droit

de bourgeoisie, avec les avantages qui en dépendoient, en l'assujettissant d'ailleurs envers le nouveau seigneur aux droits dont le seigneur jouissoit sur les bourgeois du lieu, sans qu'il fût besoin pour cela de faire aveu de bourgeoisie. Le nouveau bourgeois devenoit absolument étranger à son ancien seigneur, & dans quelques seigneuries du moins, les enfans qu'il avoit avec lui ne succédoient pas même aux immeubles qu'il possédoit dans l'étendue de la seigneurie qu'il avoit abandonnée.

Laurière dit dans son Glossaire, que l'établissement de l'entrecours en fait de bourgeoisie avoit été introduit pour empêcher que les bourgeois d'un seigneur ne devinssent les serfs de celui chez lequel il alloit demeurer, par l'habitation d'an & jour; mais les textes qu'il cite ne prouvent point cela.

Le même auteur s'est donné beaucoup de peine pour expliquer la règle suivante de Loisel, « droit » de bourgeoisie s'acquiert par demeure, par an & » jour ou par aveu, ès lieux où il y a parcours & » entrecours ». Instituts coutumières, liv. I, tit. 1, §. 21.

Mais il y a lieu de croire qu'il y a une transposition dans cette règle, quoiqu'elle se trouve ainsi énoncée dans les plus anciennes éditions, comme dans les dernières. Ces mots: où il y a parcours & entrecours, ne peuvent effectivement avoir que les deux sens suivans : la bourgeoisie par aveu n'a lieu que dans les terres de parcours & entrecours, ou toute espèce de bourgeoisie s'acquiert, soit par demeure d'an & jour, soit par aveu dans les lieux seulement de parcours & entrecours. Mais il est certain au contraire que l'aveu de bourgeoisie étoit admis dans les lieux où il n'y avoit point de parcours & d'entrecours, & qu'il n'étoit besoin de le faire que dans ces lieux là. Dans les pays de parcours & entrecours la bourgeoisie s'acquéroit de plein droit, & il suffisoit, quand on étoit dans le cas de s'en prévaloir, de déclarer qu'on étoit bourgeois du roi, sans avoir lettres de bourgeoisie.

C'est ce qu'on appelloit le simple aveu, qu'il ne faut pas confondre avec l'aveu de bourgeoisie, proprement dit, pour lequel il falloit nécessairement des lettres.

Tout cela est fort bien prouvé par les art. 78 & 79 de la coutume de Vitry, dont voici le texte: art. 78, « par l'entrecours gardé & observé entre les » pays de Champagne & de Barrois, quand aucun » homme ou femme nay dudit pays de Barrois vient » demeurer au bailliage de Vitry, il est acquis de ce » même fait au roi, il lui doit sa jurée comme les » autres hommes & femmes de jurée demeurans » audit bailliage : & d'ainsi la lever sur eux, en est » le roi, notre sire, en bonne possession & saisine ; » en telle manière que quand tels hommes ou fem- » mes nais dudit pays de Barrois, & demeurant au- » dit bailliage, vont de vie à trépas, sans héritier » légitime, demeurant avec eux audit pays, & qui » soit regnicole à l'heure de leur trépas, le roi » représente ledit héritier absent, leur succède & » prend leurs biens au moyen dudit entrecours.

» *Art. 79*, & pareillement, où aucun dudit pays
» & comté de Champagne, mêmement audit bail-
» liage (de *Vitry*) va demeurer audit pays & du-
» ché de Bar, *il est acquis audit seigneur duc, au
» moyen dudit entrecours*. Et s'il y est décédé, ses en-
» fans nés ou demeurans avec lui audit pays & du-
» ché au jour & heure de son trépas, ne succèdent
» en ses biens assis & situés audit bailliage, mais
» appartiennent au roi par droit d'attrayère, qui re-
» présente lesdits enfans absens. Toutes-fois, s'il
» arrivoit des héritiers prochains demeurant au bail-
» liage de *Vermandois*, tels héritiers lui succéde-
» roient ; & ainsi en use-t-on ».

Les art. 137 & suivans, de la coutume de Sens,
établissent la même chose d'une manière encore plus
claire, avec cette différence néanmoins qu'ils nomment *parcours* ce droit *d'entrecours*.

Il suffit de lire ces deux coutumes, pour s'assurer
que le *parcours* & l'*entrecours* des personnes sont
absolument la même chose, & Brussel en convient,
quoiqu'il soupçonne qu'il y a eu autrefois quelques
différences entre ces deux droits. Mais les textes qu'il
cite ne prouvent peut-être rien autre chose, si ce
n'est que les effets de l'*entrecours* & de la bourgeoisie
ont varié suivant les temps & les lieux, ce qui ne
peut pas être révoqué en doute. *Voyez le dernier chapitre de l'usage général des fiefs.*

3°. On a aussi nommé quelquefois *entrecours* la
réciprocité de pâturage qui a lieu entre les habitans
de plusieurs villages, ou de plusieurs justices, &
qu'on appelle ordinairement *parcours*.

Les deux premières sortes d'*entrecours* n'ont presque plus d'objet aujourd'hui dans notre droit. *Voyez
les articles* FORMARIAGE & MAINMORTE. (*M.
GARRAN DE COULON, avocat au Parlement.*)

ENTRÉE, s. f. signifie *en matière de droit*, 1°.
acquisition, prise de possession; 2°. ce qui se paie au
seigneur par le nouveau propriétaire pour le droit
de mutation.

On appelle *deniers d'entrée*, ceux qui sont payés
par le nouveau propriétaire au précédent, pour entrer en jouissance. *Voyez* DENIERS.

On appelle aussi *entrée*, un droit ou impôt qui se
lève sur les marchandises qui entrent soit dans le
royaume, soit dans une ville, suivant le tarif qui
en est dressé, & qui doit être affiché dans un lieu
apparent des bureaux. *Voyez le Diction. de finances.*

ENTRÉE, *droits d'entrée*, (*Jurisprud. can.*) on appelle ainsi ce qui se paie à titre d'avénement à un nouveau bénéfice. Ces droits sont de plusieurs sortes, &
n'ont ordinairement qu'un usage abusif pour fondement. Tantôt c'est une partie du revenu de la première année, tantôt c'est une somme d'argent déterminée, tantôt c'est un repas ou un lieu. Justinien,
dans sa novelle 123, les avoit défendus ; le pape
Urbain IV renouvella cette défense sous peine
d'excommunication. Pie V, par une bulle de 1570,
abolit les festins & défendit expressément aux évêques de faire aucun statut, même du consentement
de leur chapitre, pour obliger les nouveaux cha-

noines, à payer quelque chose pour le droit d'entrée. La congrégation des cardinaux modifia cette
disposition de la bulle, en ajoutant, *si ce n'est pour
la fabrique ou autres pieux usages*, conformément
à ce qui avoit été prescrit par le concile de Trente,
Sess. 24. de refor. cap. 14.

En France nous avons distingué ce qui se paie
pro intuitu & tendit ad utilitatem ecclesiæ, d'avec ce
qui tourne au profit particulier des chanoines ; lorsque le droit d'*entrée* est destiné à l'entretien des ornemens ou à tout autre usage de cette nature, on le
tolère, c'est ce qui s'appelle dans plusieurs chapitres
droit de chape. Le droit d'entrée est défendu lorsqu'il
n'est qu'une espèce de charge dont on grève le nouveau titulaire, en faveur des autres chanoines.

Chopin, *liv. 1, tit. 8, N°. 14*, dit que l'archidiacre de Sens est fondé en une ancienne coutume de
percevoir un droit appelé le *marc d'or*, & ses deux
chanoines assistans un marc d'argent, pour l'instal-
lation & intronisation de l'archevêque de Sens &
de ses suffragans. Cet auteur ajoute que ce droit a
été confirmé par plusieurs arrêts.

Nos rois jouissent d'un droit d'*entrée* dans certaines églises dont ils sont chanoines. Ce droit consiste
à nommer au premier canonicat qui viendra à vaquer, après leur première entrée dans l'église. Lorsque sa majesté est reçue pour la première fois, les
chanoines lui présentent l'aumusse ; le roi en sortant
la remet à un ecclésiastique, qui par-là se trouve
désigné pour le premier canonicat vacant. La chambre ecclésiastique des états tenus en 1614, paroît
avoir reconnu cet usage, sans avoir néanmoins approuvé la manière de l'exercer.

Pinson met au nombre des églises dans lesquelles nos rois sont chanoines, & ont droit de conférer un canonicat à leur première entrée en remettant l'aumusse qui leur a servi, les cathédrales de
Saint-Julien du Mans, de Saint-Maurice d'Angers,
de Saint-Vincent de Châlons-sur-Saône, les collégiales de Saint-Martin de Tours, de Saint-Hilaire
de Poitiers & autres. Brodeau sur Louet, *lettre P,
som. 6*, y ajoute l'église de Saint-Jean de Lyon, &
cite en preuve la chronologie historique de Severt.
Mais, le rédacteur des mémoires du clergé, selon
l'auteur cité par Brodeau, ne dit rien qui puisse appuyer son sentiment.

Le droit d'*entrée* dont il est ici question ne doit
pas être confondu avec celui de joyeux avénement.
Celui-ci est un droit général, attaché à la couronne
& que le roi peut sur ce fondement exercer dans
toutes les provinces de ses états. Mais celui d'entrée ou de joyeuse entrée, est un droit particulier
qui n'appartient au roi que dans certaines églises,
dans lesquelles il est chanoine, soit par la fondation, soit en vertu de quelque autre titre. On apporte encore une autre différence entre ces deux
droits : le roi jouit & peut exercer celui de joyeux
avénement, au moment qu'il succède à la couronne
& sans qu'il soit obligé de prendre possession de
l'église dans laquelle il dispose d'un canonicat : il

n'en eft pas de même du droit d'*entrée*, le roi n'en jouit & n'eft en poffeffion de l'exercer que lorfqu'il fait fa première entrée dans l'églife dont il eft chanoine. C'eft alors qu'il difpofe de fon canonicat & en gratifie celui à qui il lui plaît de le donner.

Malgré cette différence entre le droit d'*entrée* & celui de joyeux avénement, il y a eu des églifes qui ont prétendu qu'elles ne devoient point le premier, lorfqu'elles avoient déjà fatisfait au fecond. Cette queftion fe préfenta en 1660 pour l'églife de Poitiers. Le chapitre foutenoit qu'ayant rempli le droit de joyeux avénement, le brévetaire pour joyeufe *entrée* étoit mal fondé. Il demanda la protection du clergé, alors affemblé, qui ordonna à fes agens de fuivre cette affaire; on ne voit point quelle en fut l'iffue. Les agens n'en parlent point dans leur rapport de 1665, d'où l'on a préfumé que le chapitre avoit perdu fon procès, parce qu'ils difent eux-mêmes qu'ils ne feront point mention des affaires dans lefquelles ils n'avoient pas réuffi.

La jurifprudence a varié fur ce fujet. Brodeau, dans l'endroit déjà cité, dit que plufieurs arrêts du confeil du roi & du grand confeil avoient jugé que le droit de joyeux avénement à la couronne n'avoit pas lieu en l'églife de Saint Martin de Tours & autres, où le droit d'*entrée* eft reconnu, parce que ce feroit double droit, duquel lefdites églifes feroient chargées: mais que le contraire s'eft depuis pratiqué, les droits étant différens, & n'y ayant aucune incompatibilité entre l'un qui eft général & univerfel, & l'autre qui n'eft dû que fur certaines églifes royales *ex compacto* & dont le roi eft en poffeffion imémoriale. Ces principes de Brodeau ne fouffriroient aujourd'hui aucune difficulté. (*M. l'abbé* BERTOLIO)

ENTRÉE, (*Droit d'*) on donne encore ce nom à une efpèce de droit de mutation. *Voyez* ECART, ISSUE. (M. GARRAN DE COULON.)

ENTREJOU , ou ENTRYON, La coutume de Berry fe fert de ce mot, pour défigner une abée ou lancière , par où l'eau d'un moulin a fon cours, quand il ne va pas. L'art. 2. du titre 16 de cette coutume permet à qui que ce foit d'édifier un moulin en fon héritage , s'il y paffe une rivière non navigable & publique, pourvu que ce ne foit pas dans les limites d'une feigneurie où il y a moulin bannal, & que le lieu foit difpofé pour cela, *à favoir qu'il y ait fault & entryon.*

Ragueau a fort bien développé l'objet de cet article. (GARRAN DE COULON.)

ENTRE-LIGNE, f. f. ou , comme on dit ordinairement , INTERLIGNE, c'eft l'efpace qui eft entre deux lignes d'écriture. On ne doit ajouter dans les actes aucunes *entre-lignes*; il eft plus convenable de faire des renvois & apoftilles en marge : en tout cas , les *entre-lignes* ou *interlignes* ne font valables qu'autant qu'elles font approuvées par les parties, notaires, & témoins. (*A*)

ENTREMETTEUR , f. m. ce mot s'emploie quelquefois pour fignifier un fondé de procuration , mais il fe dit plus communément de celui fe

mêle d'une affaire , entre deux ou plufieurs perfonnes. Dans le premier fens, *voyez* MANDAT, PROCURATION ; dans le fecond, *voyez les mots* COURTIER, PROXENÈTE, SOLLICITEUR.

ENTREPOT. *Voyez* les *Dictionnaires de commerce & de finances.*

ENTREPRENEUR , f. m. (*Droit civil.*) eft celui qui fe charge d'un ouvrage quelconque.

Les *entrepreneurs* doivent répondre des défauts caufés par leur ignorance, car ils doivent favoir ce qu'ils entreprennent , & c'eft leur faute s'ils ignorent leur profeffion. Lorfqu'ils s'obligent à fournir quelque matière , par exemple , lorfqu'un architecte fe charge de fournir les matériaux d'un bâtiment , il doit les donner bien conditionnés, & répondre même des défauts qu'il ignore. Car un entrepreneur eft tenu de donner bon ce qu'il doit donner, de la même manière que celui qui loue une chofe, eft obligé de la donner telle qu'elle doit être pour fon ufage.

L'ouvrier ou l'artifan qui prend une chofe en fa puiffance pour y travailler, doit conferver ce qui lui eft confié avec tout le foin poffible aux plus vigilans, c'eft-à-dire, pour parler le langage des jurifconfultes, qu'il eft tenu à cet égard de la faute la plus légère. D'où il fuit que fi, par un défaut d'attention de fa part, la chofe périt, même par un cas fortuit, il en eft refponfable. Mais fi elle vient à périr entre fes mains, fans fa faute, mais par le défaut de la chofe même, il n'en eft pas tenu.

Ainfi lorfque la chofe confiée à un *entrepreneur*, ou à un ouvrier, eft dérobée, brûlée ou endommagée, faute par lui de l'avoir mife dans un lieu fûr, ou de ne l'avoir pas bien gardée, il en fupporte la perte, parce qu'il ne peut l'imputer qu'à fa négligence : mais au contraire , fi une pierre précieufe donnée pour être gravée vient à fe brifer fous la main du graveur, par quelque défaut de la matière, la perte retombe fur le propriétaire, à moins que par une convention expreffe, l'ouvrier n'ait entrepris l'ouvrage à fes rifques & périls.

Ceux qui entreprennent de conduire des marchandifes ou autres chofes, foit par terre, foit par eau, font tenus de la garde des chofes dont ils fe chargent , & doivent y employer tout le foin & l'application poffible, enforte que fi elles périffent ou font endommagées par leur faute, ou par celle des perfonnes qu'ils emploient, ils en font refponfables.

Quoique l'*entrepreneur* doive répondre des défauts de l'ouvrage, fi néanmoins le propriétaire l'a conduit & réglé lui-même, il ne pourra s'en plaindre.

Celui qui a entrepris un ouvrage, un travail quelconque, n'eft pas feulement tenu de ce qui eft expreffément compris au marché, mais encore de tout ce qui eft acceffoire à l'ouvrage ; ainfi les voituriers paient les péages & les bacs, qui font fur leurs routes, parce que ces frais regardent la voiture ; mais ils ne paient pas les droits d'entrée, &

autres qui font dus fur les marchandifes, par la raifon que ces droits ne regardent pas la voiture, mais
fe prennent fur ceux qui en font les maîtres. *Voyez*
ARCHITECTE EXPERT, ARTISAN.

ENTREVAL, f. m. *quafi intervallum*, terme ancien, qui fe trouve dans quelques coutumes pour
exprimer l'efpace qui eft entre deux maifons. Cet
efpace eft ce qu'on appelle ailleurs *tour d'echelle*,
& il a lieu, pour faciliter l'écoulement des eaux du
toit de chaque maifon voifine, & les réparations
néceffaires. La coutume de S. Sever, *tit. 13*, veut
que l'intervalle entre deux maifons foit d'un pied,
dont moitié doit être prife fur le terrein de chacun
des deux voifins.

ENTRYON. *Voyez* ENTREJOU.

ENVIRON, adv. (*terme de Pratique.*) il fe trouve
très-fréquemment dans les actes, & principalement
dans les contrats de vente, & dans les baux; il
fignifie *plus ou moins* dans un acte de vente, d'achat,
de délaiffement, de reconnoiffance cenfuelle ou
féodale, de bail, &c. Il faut confidérer ce mot,
comme une façon de parler, *quâ à parte totum*, *vel
à toto pars intelligitur*; c'eft-à-dire, exprimant près
le *tout*, quoiqu'il y ait *peu plus*, *peu moins*, fans
néanmoins pouvoir donner à la chofe une extenfion
hors de fes limites, auxquelles il eft très-intrinfé-
quement relatif.

Par exemple, lorfqu'il eft dit dans un acte,
qu'une telle pièce de terre, joutant d'orient à un
tel, d'occident à tel autre, du midi à une rivière,
du feptentrion à un grand chemin, contient tant d'arpens, d'acres, de journaux, de fepterées, fuivant
le terme ufité dans le pays, & qu'on ajoute le mot
environ, il importe peu que la pièce de terre contienne précifément l'étendue qu'on a exprimée, il
n'y a pas lieu à parfaire ou à diftraire fur le plus ou le
moins de contenance, parce que le terme *environ* y
fupplée, pourvu qu'elle fe trouve à-peu-près la
même dans l'enceinte des bornes données, au-delà
defquelles le mot *environ* ne peut être étendu.

Il en eft autrement dans les chofes qui exigent un
temps complet, le mot *environ* rend l'acte nul, parce
qu'il ne prouve rien, & qu'il laiffe dans l'incertitude fi le temps exigé par la loi pour la validité de
la chofe a été rempli. Par exemple, les réglemens
prefcrivent un certain temps d'études, pour prendre
des degrés dans une univerfité; la loi exige une
poffeffion de 10, 20, 30 ans pour acquérir la prefcription; l'acte qui diroit que le temps d'étude ou de
prefcription eft rempli, *ou environ*, feroit nul, la prefcription ne pourroit être acquife, & le degré valablement conféré, parce que dans tout ce qui eft de
rigueur le temps fe compte *de momento ad momentum*.

ENVOYÉ, f. m. (*Droit public.*) *Voyez* AMBAS-
SADEUR, & *le Dict. diplom. écon. polit.*

E P

EPAVES: on donne ce nom aux chofes égarées
& perdues. Il eft queftion des *épaves* dans les coutu-

mes de Meaux, Melun, Sens, Monfort, Mantes,
Senlis, Troyes, Chaumont, Châlons, Chauny,
Boulenois, Artois, les deux Bourgognes, Niver-
nois, Montargis, Orléans, Loudunois, Dunois,
Amiens, Auxerre, Grand-Perche, Bourbonnois,
Auvergne, la Marche, Poitou, Bordeaux, Mon-
treuil, Beauquefne, Péronne, Berry, Cambray,
Saint-Pol fous Artois, Bar, Lille, Hefdin, Lor-
raine.

Il feroit trop long de recueillir toutes les difpofitions de ces coutumes fur les *épaves*. Il fuffira de
raffembler fur cette matière les règles qui forment le
droit commun, ou qui font les plus importantes dans
l'ordre fuivant : 1°. quelles chofes font comprifes
fous le nom d'*épaves* ; 2°. à qui appartiennent les
épaves ; 3°. des formalités relatives à ces fortes de
biens ; 4°. de quelques fortes d'*épaves* en particulier.

§. I. *Quelles chofes font comprifes fous le nom d'é-
paves.* L'ancienne coutume du Perche, chap. 3, art. 2.
» dit que les épaves *font chofes égarées & defquelles
» la feigneurie eft inconnue* ».

Suivant cette définition qui eft fort jufte, le
nom d'*épaves* ne convient qu'aux chofes égarées,
& cela eft conforme à l'étymologie de ce mot.

Quelques-uns en tirent l'origine du grec ἀδίωντα
qui fignifie *chofes égarées & perdues.*

Mais il paroît que ce mot vient plutôt du latin
expavefcere, parce que les premières chofes que l'on
a confidérées comme *épaves*, étoient des animaux
effarouchés qui s'enfuyoient au loin, *expavefacta
animalia.*

On a depuis compris, fous le terme d'*épaves*,
toutes les chofes mobiliaires perdues, & dont on
ne connoît point le véritable propriétaire. Il y a
néanmoins quelques provinces telles que la Franche-Comté, où la dénomination d'*épaves* eft ref-
traínte à ce fens primitif des animaux égarés. (*Obfervations de Dunod de Charnage*, pag. 46.)

Il y a même des perfonnes qu'on appelle *épaves*,
& des *épaves* foncières & immobiliaires, comme on
le verra dans la fuite.

Mais communément le terme d'*épaves* ne s'entend
que de chofes mobiliaires, telles qu'animaux égarés, ou autres chofes perdues.

Les biens vacans font différens des *épaves*, en
ce que ces fortes de biens font ordinairement des
immeubles, ou une univerfalité de meubles, & que
d'ailleurs on en connoît l'origine, & le dernier propriétaire qui n'a point d'héritier connu; au lieu que
les *épaves* font des chofes dont on ignore le propriétaire. Cependant on trouve dans Bacquet une
ancienne inftruction de la chambre des comptes,
de laquelle il femble réfulter qu'on a donné autrefois le nom de biens vacans aux *épaves*, & même
qu'on les nommoit ainfi exclufivement.

Il y a auffi beaucoup de différence entre un tréfor & une *épave*. Le tréfor eft de l'argent ou d'autres objets précieux enfouis & cachés, *vetus pecuniæ
depofitio, cujus memoria non extat.* L'*épave* eft toute
chofe mobiliaire qui fe trouve égarée & perdue :

l'un & l'autre fe règlent par des principes différens. *Voyez* TRÉSOR.

On confidère néanmoins comme des efpèces d'*épaves*, les meubles qui ont été laiffés entre les mains d'un tiers par un autre que le propriétaire. Un arrêt du 19 juin 1690, a ordonné, fur ce fondement, que de la vaiffelle d'or, retenue comme fufpecte par un orfèvre à qui on avoit voulu la vendre, feroit vendue au plus offrant, pour les deniers de la vente être remis au fermier du domaine, à la caution de fon bail, fauf à rendre le prix de la vente en cas de réclamation du propriétaire.

Depuis lors, le parlement de Paris a rendu un arrêt de règlement le 25 juin 1747, qui décide la même chofe, en prefcrivant ce qui doit être obfervé en cas de réclamation de ces fortes d'*épaves* ; il ordonne que celles qui ne feront pas réclamées feront vendues fans frais au plus offrant, après l'an & jour du rapport fait par les orfèvres à cet égard, dans le bureau de la maifon commune, en préfence du procureur du roi en la chambre du domaine, & du receveur général du domaine.

On fuit des règles peu différentes pour les effets qu'on laiffe fans réclamation dans les bureaux de meffageries, des douanes, &c. On peut voir à ce fujet divers règlemens dans le code voiturin & dans le Dictionnaire des domaines.

On trouve dans le même recueil un arrêt du confeil du 27 juin 1724, qui juge *épaves* deux nègres trouvés fans maître à la Martinique & qui adjuge en conféquence au fermier du domaine le prix de leur vente, dont l'intendant de la Martinique avoit ordonné le partage entre ce fermier & l'amiral, conformément aux difpofitions de l'ordonnance de la marine, fur les naufrages, bris & échouemens. *Liv. 4, tit. 9, art. 36.*

On parlera de quelques efpèces particulières d'*épaves*, à la fin de cet article.

Les enfans expofés font une efpèce d'*épave* onéreufe, & fuivant le droit commun, les feigneurs hauts-jufticiers font chargés de leur nourriture. En Provence cette charge eft rejettée fur les communautés des habitans. La Touloubre, *partie 1, tit. 9, n°. 12.*

§. II. *A qui appartiennent les épaves ?* Les loix romaines fur la propriété des épaves étoient plus conformes que les nôtres à l'état de nature. Cette efpèce d'appropriement qui réfultoit de l'occupation, & qui eft la plus ancienne manière d'acquérir, avoit beaucoup d'étendue chez eux, & comprenoit les *épaves*. Elles appartenoient à l'inventeur ou au premier occupant ; mais il falloit pour cela que le propriétaire ne les vînt pas réclamer dans le temps néceffaire pour la prefcription des meubles. Il y avoit néanmoins des exceptions nombreufes à cette règle. Les animaux même apprivoifés que l'on diftinguoit, non fans difficulté, des animaux domeftiques, ne pouvoient être réclamés par leur premier propriétaire qu'autant qu'ils conferoient encore l'habitude de retourner à la maifon. *Voyez le §. 15 &*

fuiv. Inftit. de rer. divifione., avec les commentateurs.

Nos loix, plus éloignées de l'état de nature, font peut-être plus conformes à l'état civil, elles font fur-tout bien appropriées à l'efprit de notre gouvernement féodal. Elles ne laiffent incertaine la propriété de rien de ce qui peut tomber dans le commerce, & appartenir à quelqu'un en particulier. La propriété publique eft tout à la fois la fource d'où dérivent les propriétés privées, & l'abyme où elles fe perdent, lorfque cette propriété privée eft anéantie. Comme cette propriété publique réfide éminemment dans le roi, & même dans la main des feigneurs jufticiers pour les lieux fujets à leur jurifdiction, c'eft à eux qu'appartiennent les biens vacans, délaiffés par ceux qui n'ont pas d'héritier, ou de légataire, les terres vaines & vagues dont il n'y a pas de conceffion réelle ou préfumée de leur part, foit en faveur des communautés ou des particuliers & enfin les *épaves*.

Quelques auteurs, au nombre defquels on trouve le fage Pothier, donnent au droit d'*épaves*, un fondement qui paroît moins juridique. On l'a attribué, fuivant eux, aux feigneurs hauts-jufticiers, pour les dédommager des frais qu'ils font pour faire rendre la juftice.

Laurière affure même que c'eft en confondant le gibier avec les *épaves*, que les feigneurs hauts-jufticiers fe font attribué le droit de chaffe. *Inftitutes de Loifel, liv. 2, tit. 2, §. 50.*

Quoi qu'il en foit, fuivant le droit commun de France, les *épaves* appartiennent privativement au feigneur haut-jufticier, lorfque perfonne ne les réclame, & les loix romaines fur cet objet ne font pas même obfervées dans les pays de droit écrit. Mais dans les provinces, telles que celle de la Franche-Comté, où la fignification du mot *épave* eft reftrainte aux bêtes égarées, on fuit les principes du droit romain, fur l'acquifition des chofes inanimées que l'on a perdues. On les laiffe à celui qui les trouve, lorfque le maître n'en eft pas connu & ne les répète pas. *Voyez* Dunod.

Quelques coutumes attribuent auffi les *épaves* au moyen jufticier, telles font celles d'Anjou, Maine, Tours, Loudunois, Amiens, &c. D'autres en attribuent feulement une partie, tant au moyen qu'au bas jufticier, proportionnellement à l'étendue de leur jurifdiction. *Voyez* celles d'Orléans, *art. 164*, & de Blois, *art. 26.* Tout au contraire, il y a des coutumes qui réfervent des *épaves* importantes par leur valeur, ou par d'autres motifs prifés dans les ufages féodaux, au feigneur baron. Il y en a pareillement qui font réfervées au roi. *Voyez* le §. 4.

Les aveux & les autres titres de chaque feigneurie contiennent quelquefois ou des réferves, ou des preuves de conceffion femblables, relativement au droit d'*épaves*.

D'autres coutumes, plus fages que les autres, ordonnent que le tiers de l'*épave* appartiendra à celui qui l'a trouvée & dénoncée à la juftice, & que les deux autres tiers appartiendront au feigneur haut-jufticier, les frais de garde, de proclamation & de l'adjudication prélevés. Les coutumes d'Orléans, *art. 163*, & de Bretagne, *art. 47*, font peut-être les feules qui contiennent des difpofitions femblables. Ce partage eft très-bien vu, & fuivant la remarque de Jacquet, il eft à-la-fois utile au propriétaire & au feigneur, en occafionnant la révélation d'un bien plus grand nombre d'*épaves*. *Des droits de juftice*, N°. 2 & 10.

§. III. *Des formalités que l'on doit pratiquer pour les épaves*. Les articles concernant les droits de juftice que l'on préfenta aux commiffaires lors de la réformation de la coutume de Paris, contiennent fur la procédure relative aux *épaves* des difpofitions qui forment à-peu-près le droit commun; il ne faut pas néanmoins confondre ces articles avec la coutume même de Paris, comme l'ont fait Boutaric & d'autres auteurs des pays de droit écrit, puifqu'ils n'y ont pas été inférés. On peut en voir les raifons dans Bacquet, *traité des droits de juftice, chapitre 1*.

Voici le texte des articles 8 & 9 : « les *épaves* doivent être dénoncées dans 24 heures, par icelui qui » les aura trouvées ; & à faute de ce faire dans ledit » temps, fera celui qui les aura trouvées, amendable » à l'arbitrage de juftice, finon qu'il y ait jufte ex- » cufe. Et fera tenu ledit feigneur haut-jufticier, » faire dénoncer & publier ès lieux accoutumés à » faire cris & proclamations, par trois dimanches » confécutifs & aux prônes des paroiffes lefdites *épa- » ves*, & fi dedans 40 jours après la première publi- » cation, celui auquel elles appartiennent les vient » demander, lui doivent être rendues en payant » la nourriture, garde & frais de juftice, & ledit » temps paffé, font acquis & appartiennent au haut- » jufticier ».

Plufieurs coutumes ont des difpofitions femblables, ou fort approchantes. D'autres donnent un délai plus long à l'inventeur pour dénoncer à la juftice l'*épave* qu'il a trouvée, & règlent différemment le nombre, le lieu & l'intervalle, tant des publications que des autres formalités relatives à cet objet. Les coutumes d'Anjou & du Maine prononcent une amende fimple contre les roturiers, & une amende arbitraire contre les nobles, s'ils ne dénoncent pas les *épaves* dans huitaine.

Pothier penfe que, dans les coutumes qui ne fe font pas expliquées à ce fujet, on doit fuivre la difpofition des coutumes qui font les plus indulgentes, & accorder huit jours à l'inventeur pour faire fa déclaration. *Traité du droit de propriété*. N°. 69.

Dans les coutumes même qui exigent le plus impérieufement que cette déclaration fe faffe dans les 24 heures à peine d'amende, il y a tout lieu de croire qu'on uferoit d'indulgence pour ceux qui ne feroient qu'une déclaration tardive, pour peu qu'ils propofaffent des excufes plaufibles.

Les coutumes font auffi différentes fur le temps qu'elles accordent au propriétaire de l'*épave*, pour la réclamer ; les plus indulgentes veulent que le feigneur accorde un an pour les vendre, à moins que ce ne fuffent chofes périffables, & dont la garde feroit trop coûteufe, telles que font les animaux, auquel cas elles peuvent bien être vendues après la proclamation ; mais le prix en doit refter configné pendant l'année ; & rendu au propriétaire de l'*épave*, s'il fe fait connoître dans ledit temps. Pothier, *ibid.* N°. 72.

Plufieurs coutumes exigent qu'après les proclamations, il y ait une adjudication de l'*épave* au feigneur jufticier, & dans ce cas, quoique toutes les proclamations aient été faites, & que le temps de quarante jours foit expiré, tant que l'*épave* n'eft pas encore adjugée, le propriétaire eft reçu à la réclamer, & elle doit lui être rendue en prouvant qu'elle lui appartient & en rembourfant les frais. *Coutume d'Orléans*, art. 165.

Pocquet de Livonnière croit même que l'*épave* peut être réclamée pendant trois ans, c'eft-à-dire, pendant le temps fixé pour la prefcription des chofes mobiliaires, & même tant que la chofe eft exiftante & non confommée. *Traité des fiefs, liv. 6, chap. 5.*

Cette opinion n'eft pas fuivie. *Voyez* néanmoins ce que l'on a dit de diverfes efpèces d'*épaves* domaniales, au §. 1.

Lorfque les chofes perdues ont caufé quelques dommages dans les terres d'un particulier où elles font trouvées, le propriétaire qui les réclame ne peut pas les recouvrer fans payer ce dommage, pourvu qu'il foit conftaté que la perte eft par les chofes perdues. *Arrêt du 4 août 1678 rapporté par M. de Catelan, liv. 3, chap. 30.*

§. IV. *De quelques efpèces particulières d'épaves*. Plufieurs auteurs mettent au nombre des *épaves*, les pigeons, les paons, les abeilles (lorfqu'ils font égarés), quoiqu'ils foient mis au rang des animaux fauvages par le droit romain. La Place, *introduction aux droits feigneuriaux, pag. 292.*

Un grand nombre de coutumes renferment une difpofition expreffe à cet égard, par rapport aux abeilles, & l'on voit dans Ducange, & d'autres auteurs, des exemples d'inféodation de cette efpèce d'*épaves*.

Pothier penfe néanmoins que, dans les coutumes qui n'en parlent point, on doit fuivre les difpofitions du droit romain, fuivant lequel les effaims d'abeilles, qui n'ont pas de propriétaire, doivent appartenir au premier occupant. *Du droit de propriété*, N°. 81.

Plufieurs coutumes donnent à ces fortes d'effaims, le nom d'*épaves*, d'*avettes*, de volée d'*eps*, &c. Elles ne les réputent *épaves* qu'autant qu'elles ne font pourfuivies de perfonne, & qu'elles viennent fe pofer fur le fonds. Prefque toutes en attribuent une part au propriétaire du fonds. Les coutumes d'Anjou, art. 12, & du Maine, art. 13, qui donnent les *épaves* mobiliaires au feigneur moyen jufticier, & les *épaves* foncières au bas jufticier, portent que les *épaves* d'avettes nonobftant qu'elles foient mouvantes, tenant & étant en aucun arbre, ou autrement affifes au fief d'aucun ; appartiennent pour le tout au seigneur du fonds où elles sont assises, *si ledit seigneur du fonds y a justice foncière en nuesse*, c'est-à-dire, s'il y a la jurisdiction immédiate ; & s'il n'a justice en son fonds, elles lui appartiennent pour la moitié, & au justicier en nuesse pour l'autre moitié. Mais si lesdites *avettes* sont poursuivies avant qu'elles soient encore logées & pris leur nourrissement audit lieu où elles sont assises, celui à qui elles appartiennent les peut poursuivre & les doit avoir comme siennes. *Voyez* aussi les coutumes de Touraine, de Loudunois, de Bourbonnois, de Cambray, &c.

On voit dans le procès-verbal de la coutume de Laon, *art. 3 & suivans*, que l'ancienne coutume nomme *épaves*, une sorte d'aubains. Une déclaration de la chambre des comptes rapportée par Bacquet, restraint même à cela la signification du mot *épaves*, « *épaves*, y est-il dit, sont hommes & femmes nés dehors le royaume, de si loingtain lieux » que l'on n'en peut au royaume avoir reconnois» sance de leur nativité. Et quant ils sont demeu» rans au royaume peuvent être dits *épaves* ». *Du droit d'aubaine, part. 1, chap. 3, N°. 17.*

Les coutumes d'Anjou & du Maine font une classe particulière des *épaves du faucon & du dextrier* ; elles les attribuent exclusivement au baron. *Voyez* DESTRIER.

Les mêmes coutumes, *art. 10 & 11*, font aussi une classe particulière des *épaves foncières*. « Lesdits » bas justiciers, y est-il dit, ont aussi les *épaves fon*» *cières*, ou autres choses immeubles, pour autant » qu'elles s'étendent en leur fief & nuepces ».

Chopin paroît entendre par *épaves foncières*, les bêtes nées dans les terres sujettes à la jurisdiction foncière du seigneur, & qui se sont échappées fortuitement. Mais la plupart des autres commentateurs entendent par-là, avec Ragueau & du Pineau les deshérences & biens vacans. Du Pineau observe que l'ancienne coutume d'Anjou les appelle élégamment *l'aubenage du fonds*.

On a nommé, au contraire, *épaves mobiliaires* tous les effets mobiliaires qui sont égarés, & qui constituent proprement ce que l'on appelle *épaves*.

Enfin on a nommé *épaves de personnes*, ces sortes d'aubains dont on vient de parler & les enfans exposés. Quant aux *épaves maritimes & de rivière*, voyez les articles suivans. (*A. & M. GARRAN DE COULON.*)

ÉPAVES *d'abeilles*, *d'aubain*, *d'avettes*, *du destrier*, *du faucon*, *foncières*, *mobiliaires*, *de personnes*. Voyez le §. 3 de l'article précédent.

ÉPAVES MARITIMES. *Voyez* MARITIMES.

ÉPAVE DE RIVIÈRE : on appelle ainsi tout ce qui est trouvé abandonné sur les rivières, & qui n'est point réclamé par le légitime propriétaire.

L'ordonnance des eaux & forêts, *tit. XXXI*, de la Pêche, *art. 16*, veut que toutes les *épaves* qui seront pêchées sur les fleuves & rivières navigables, soient garrées sur terre, & que les pêcheurs en donnent avis aux sergens & gardes-pêche, qui seront tenus d'en dresser procès-verbal, & de les

donner en garde à des personnes solvables qui s'en chargeront, dont le procureur du roi prendra communication au greffe aussi-tôt qu'il y aura été porté par le sergent ou garde-pêche, & qu'il en soit fait lecture à la première audience, sur quoi le maître particulier ou son lieutenant doit ordonner que si dans un mois les *épaves* ne sont demandées & réclamées, elles seront vendues au profit du roi, au plus offrant & dernier enchérisseur & les deniers en provenant mis ès mains des receveurs de sa majesté, sauf à les délivrer à celui qui les réclamera, un mois après la vente, s'il est ainsi ordonné en connoissance de cause.

L'article suivant défend de prendre & enlever *les épaves* sans la permission des officiers des maîtrises après la reconnoissance qui en aura été faite, & qu'elles auront été adjugées à celui qui les aura réclamées. (*A*)

On répute *épaves* les bois à bâtir & à brûler, que les eaux entraînent & toutes autres choses mobiliaires. « Mais, dit Geraud, dans les grands débor» demens & inondations extraordinaires & impré» vues qui surviennent de nuit, ou tout-à-coup à » cause de la grande quantité de bois à bâtir, de » pagelle, marrin, & autres que les eaux entraî» nent non marqués, il ne seroit pas juste de l'ad» juger par droit d'*épave* aux seigneurs haut-justi» ciers au préjudice des véritables propriétaires : *ils* » *en sont crus à leur serment*, comme il a été jugé » par arrêt d'audience, jugé en la grand-chambre » du parlement de Toulouse le 8 août 1678, sur » le débordement du fleuve de Garonne, arrivé » au commencement du mois de juillet de ladite » année, qu'homme vivant n'avoit jamais vu si » grand ». *Traité des droits seigneuriaux, liv. 3, ch. 5, N°. 4.*

Geraud donne le détail de cet arrêt qui se trouve aussi dans Catelan, *liv. 3, chap. 30.* On y voit que la circonstance de ce débordement extraordinaire en fut le motif ; le bois qui avoit été mis en œuvre & les arbres arrachés furent adjugés au seigneur, & il ne faut pas dire en général avec la Touloubre, qu'on a jugé que celui qui réclamoit du bois entraîné par la rivière, en étoit cru propriétaire sur son serment. (*M. GARRAN DE COULON.*)

ÉPAVITÉ, s. f. (*Droit féod.*) se dit en quelques coutumes pour *aubaine* : de même que les aubains ou étrangers y sont appelés *épaves*. La coutume de Vitry, *art. 72*, dit qu'*épavité* ne gît en noblesse, d'autant que, suivant cette coutume, les nobles nés & demeurans hors le royaume, doivent succéder à leurs parens dans le royaume, où ailleurs, en tous leurs biens meubles ou immeubles, nobles ou roturiers. Mais Bacquet, en son *traité du droit d'Aubaine, chap. XXX*, dit que cette coutume ne préjudicie point aux droits que le roi a sur la succession des aubains. Suivant les ordonnances du duc de Bouillon, *art. 617*, le droit d'*épavité* appartient audit sieur duc par le décès d'un étranger qui n'est

point

point son sujet, & a délaissé des biens meubles ou immeubles, en ses terres & seigneuries, & il est dit qu'il a quitté & remis ce droit aux bourgeois de Sedan. *Voyez* ÉPAVES ET AUBAINES. (*A*).

ÉPÉE, s. f. (*Jurisp.*) *Voyez* CONSEILLER, JUGE d'épée, NOBLESSE d'épée.

ÉPERONS DORÉS, c'étoit autrefois une distinction très-importante que celle des *éperons dorés*. Il n'y avoit que les gens d'un rang élevé qui en portassent. D'anciens conciles ont défendu cette espèce de luxe aux ecclésiastiques.

Dans des siècles plus récens, l'*éperon doré* a établi la différence qui règne entre le chevalier & l'écuyer : celui-ci ne pouvoit le porter qu'argenté. C'est par cette raison qu'il y a plusieurs fiefs où les vassaux ne doivent d'autre droit de relief qu'un *éperon doré*. Il est fait mention de ce droit d'*éperons dorés* dans l'art. 158, de la coutume de Senlis, & dans l'ancienne coutume de Mantes, *art. 103.*

C'étoit au surplus une des principales cérémonies de la réception d'un chevalier que de lui chausser les *éperons*. La dégradation du vilain, usurpateur de la chevalerie, se faisoit en lui tranchant ses *éperons* sur un fumier. *Voyez les notes de Laurière sur le ch. 128 du premier liv. des établissemens de S. Louis ; & sur les règles 28 & 29 du titre I. des instituts de* Loisel, *& le Glossaire du même auteur.*

Encore aujourd'hui c'est un des pairs de France qui porte les *éperons* au sacre de nos rois. (M. GARRAN DE COULON.)

EPETER, v. act. (*Jurisp.*) *quasi* appetere, est un ancien terme de coutumes qui signifie *empiéter sur l'héritage d'autrui.* Voyez la coutume de Troyes, art. 130 ; Pithou *sur cet article.* (*A*)

ÉPICE, s. f. *en terme de Jurisprudence*, ne s'emploie qu'au pluriel, & on entend, par ce mot, des droits en argent que les juges de plusieurs tribunaux sont autorisés à recevoir des parties pour la visite des procès par écrit.

Ces sortes de rétributions sont appellées en droit *sportula* ou *species*, mots qui signifient toutes sortes de fruits en général, & singulièrement des aromates ; du dernier l'on a fait en françois *épices*, terme qui comprenoit autrefois toutes sortes de confitures, parce qu'avant la découverte des Indes, & que l'on eût l'usage du sucre, on faisoit confire les fruits avec des aromates, & on en faisoit aux juges des présens, ce qui leur fit donner le nom d'*épices.*

L'origine des *épices*, même en argent, remonte jusqu'aux Grecs.

Homère, *Iliade VI*, dans la description qu'il fait du jugement qui étoit figuré sur le bouclier d'Achille, rapporte qu'il y avoit deux talens d'or posés au milieu des juges, pour donner à celui qui opineroit le mieux. Ces deux talens étoient alors, il est vrai, de peu de valeur ; car Budée, en son IVe. liv. *de asse*, en parlant de *talento homerico*, prouve par un autre passage du XXIVe. de l'Iliade, que ces

Jurisprudence. Tome IV.

deux talens d'or étoient estimés moins qu'un chauderon d'airain.

Plutarque, *en la vie de Periclès*, fait mention d'un usage qui a encore plus de rapport avec les *épices* ; il dit que Periclès fut le premier qui attribua aux juges d'Athènes des salaires appellés *prytanées*, parce qu'ils se prenoient sur les deniers que les plaideurs consignoient à l'entrée du procès dans la prytanée, qui étoit un lieu public destiné à rendre la justice. Cette consignation étoit du dixième, mais tout n'étoit pas pour les juges : on prenoit aussi sur ces deniers le salaire des sergens ; celui du juge étoit appellé τὸ δικαστικόν.

A Rome, tous les magistrats & autres officiers avoient des gages sur le fisc, & faisoient serment de ne rien exiger des particuliers. Il étoit cependant permis aux gouverneurs de recevoir de petits présens appellés *xenia* ; mais cela étoit limité à des choses propres à manger ou boire dans trois jours. Dans la suite, Constantin abolit cet usage, & défendit à tous ministres de la justice d'exiger ni même de recevoir aucuns présens, quelque légers qu'ils fussent ; mais Tribonien, qui étoit lui-même dans l'usage d'en recevoir, ne voulut pas insérer cette loi dans le code de Justinien.

L'empereur lui-même se relâcha de cette sévérité par rapport aux juges d'un ordre inférieur ; il permit, par sa *novelle 15*, chap. 6, aux défenseurs des cités de prendre, au lieu de gages, quatre écus pour chaque sentence définitive ; & en la *novelle 82*, *chap. 19*, il assigne aux juges pedanées quatre écus pour chaque procès, à prendre sur les parties, outre deux marcs d'or de gages qu'ils avoient sur le public.

Ces *épices* étoient appellées *sportulæ*, de même que le salaire des appariteurs & autres ministres inférieurs de la jurisdiction, ce qui venoit de *sporta*, qui étoit une petite corbeille où l'on recueilloit les petits présens que les grands avoient coutume de distribuer à ceux qui leur faisoient la cour.

Par les dernières constitutions greques, la taxe des *épices* se faisoit eu égard à la somme dont il s'agissoit ; comme de cent écus d'or on prenoit un demi-écu, & ainsi des autres sommes à proportion, suivant que le remarque Théophile, §. *tripl. instit. de action.*

On appelloit aussi les *épices* des juges *pulveratica*, comme on lit dans Cassiodore, *lib. XII, variar.* où il dit, *pulveratica olim judicibus præstabantur ; pulveraticum* étoit le prix & la récompense du travail, & avoit été ainsi appellé en faisant allusion à cette poussière dont les luteurs avoient coutume de se couvrir mutuellement lorsqu'ils alloient au combat, afin d'avoir plus de prise sur leur antagoniste.

Quelques-uns ont cru qu'anciennement en France les juges ne prenoient point d'*épices* ; cependant, outre qu'il est probable que l'on y suivit d'abord le même usage que les Romains y avoient établi, on voit dans les loix des Visigoths, *liv. XI, tit. 2, chap. 15*, qui étoient observés dans toute l'Aqui-

Rr

taine, qu'il étoit permis au rapporteur de prendre un vingtième, *vigeſimum ſolidum pro labore & judicatâ cauſâ ac legitimè deliberatâ.* Il eſt vrai que le concile de Verneuil renu l'an 884 au ſujet de la diſcipline eccléſiaſtique, défendit à tous juges eccléſiaſtiques ou laïques de recevoir des épices, *ut nec epiſcopus, nec abbas, nec ullus laïcus pro juſtitiâ faciendâ ſportulas accipiat.*

Mais il paroît que cela ne fut pas toujours obſervé; en effet, dès le temps de S. Louis, il y avoit certaines amendes applicables au profit du juge, & qui dans ces cas tenoient lieu d'*épices*. On voit, par exemple, dans l'ordonnance que ce prince fit en 1254, que celui qui louoit une maiſon à quelque ribaude, étoit tenu de payer au bailli du lieu, ou au prévôt ou au juge, une ſomme égale au loyer d'une année.

Ce même prince, en aboliſſant une mauvaiſe coutume qui avoit été long-temps obſervée dans quelques tribunaux, par rapport aux dépens judiciaires & aux peines que devoient ſupporter ceux qui ſuccomboient, ordonne qu'au commencement du procès les parties donneront des gages de la valeur du dixième de ce qui fait l'objet du procès; que dans tout le cours du procès on ne levera rien pour les dépens; mais qu'à la fin du procès celui qui ſuccombera, paiera à la cour la dixième partie de ce à quoi il ſera condamné, ou l'eſtimation; que ſi les deux parties ſuccombent chacune en quelque chef, chacune paiera à proportion des chefs auxquels elle aura ſuccombé; que les gages ſeront rendus après le jugement, à la partie qui aura gagné, que ceux qui ne pourront pas trouver des gages, donneront caution, &c.

Ce dixième de l'objet du procès, que l'on appelloit *decima litium*, ſervoit à payer les dépens dans leſquels ſont compris les droits des juges. Il étoit alors d'uſage dans les tribunaux laïques, que le juge, ſous prétexte de fournir au ſalaire de ſes aſſeſſeurs, exigeoit des parties ce dixième, ou quelque autre portion, avec les dépenſes de bouche qu'ils avoient faites, ce qui fut défendu aux juges d'égliſe par Innocent III, ſuivant le *chap.* 10, aux décrétales *de vitâ & honeſtate clericorum*, excepté lorſque le juge eſt obligé d'aller aux champs & hors de ſa maiſon; le chapitre *cum ab omni*, & le chapitre *ſtatutum*, veulent en ce cas que le juge ſoit défrayé.

Il n'étoit pas non plus alors d'uſage en cour d'égliſe de condamner aux dépens : mais en cour laïe il y avoit trois ou quatre cas où l'on y condamnoit, comme il paroît par le *chap.* 92 des établiſſemens de S. Louis en 1270, & ce même chapitre fait mention que la juſtice prenoit un droit pour elle.

Les privilèges accordés à la ville d'Aigues-mortes par le roi Jean, au mois de février 1350, portent que dans cette ville les juges ne prendront rien pour les actes de tutèle, curatelle, émancipation, adoption, ni pour la confection des teſtamens & ordonnances qu'ils donneroient; qu'ils ne pourroient

dans aucune affaire faire ſaiſir les effets des parties pour ſûreté des frais, mais que quand l'affaire ſeroit finie, celui qui auroit été condamné paieroit deux ſous pour livre de la valeur de la choſe ſi c'étoit un meuble ou de l'argent; que ſi c'étoit un immeuble, il paieroit le vingtième en argent de ſa valeur, ſuivant l'eſtimation; que ſi celui qui avoit perdu ſon procès, ne pouvoit en même temps ſatisfaire à ce qu'il devoit à ſa partie & aux juges, la partie ſeroit payée par préférence.

Il y eut depuis quelques ordonnances qui défendirent aux juges, même laïques, de rien recevoir des parties; notamment celle de 1302, rapportée dans l'ancien ſtyle du parlement, en ces termes : *præfati officiarii noſtri nihil penitus exigant à ſubjectis noſtris.*

Mais l'ordonnance de Philippe de Valois, du 11 mars 1344, permit aux commiſſaires députés du parlement, pour la taxe des dépens, ou pour l'audition des témoins, de prendre chacun dix ſous pariſis par jour, outre les gages du roi.

D'un autre côté, l'uſage s'introduiſit que la partie qui avoit gagné ſon procès, en venant remercier ſes juges, leur préſentoit quelques boîtes de confitures ſèches ou de dragées, que l'on appelloit alors *épices*. Ce qui étoit d'abord purement volontaire paſſa en coutume, fut regardé comme un droit, & devint de néceſſité. Ces *épices* furent enſuite converties en argent : on en trouve deux exemples fort anciens avant même que les *épices* entraſſent en taxe : l'un eſt du 12 mars 1369; le ſire de Tournon, par licence de la cour, ſur ſa requête, donna vingt francs d'or pour les *épices* de ſon procès jugé, laquelle ſomme fut partagée entre les deux rapporteurs : l'autre eſt que le 4 juillet 1371, un conſeiller de la cour, rapporteur d'un procès, eut après le jugement, de chacune des parties ſix francs.

Mais les juges ne pouvoient encore recevoir des *épices* ou préſens des parties qu'en vertu d'une permiſſion ſpéciale, & les *épices* n'étoient pas encore toujours converties en argent. En effet, Charles VI par des lettres du 17 mars 1395, pour certaines cauſes & conſidérations, permit à Guillaume de Sens, Pierre Boſchet, Henri de Marle, & Ymbert de Boiſy, préſidens au parlement, & à quelques conſeillers de cette cour, que chacun d'eux pût, *ſans aucune offenſe*, prendre une certaine quantité de queues de vin à eux données par la reine de Jéruſalem & de Sicile, tante du roi.

Papon, en ſes *arrêts, tit. des épices*, rapporte un arrêt du 7 mai 1384, qu'il dit avoir jugé qu'en taxant les dépens de la cauſe principale, on devoit taxer auſſi les *épices* de l'arrêt.

Cependant du Luc, *liv. V de ſes arrêts, tit. 5, art. 1*, en rapporte un poſtérieur du 17 mars 1402, par lequel il fut décidé que les *épices*, qu'il appelle *tragemata*, n'entroient point en taxe, lorſqu'on en accordoit aux rapporteurs.

Il rapporte encore un autre arrêt de la même année, qui énonce que dans les affaires importantes & pour des gens de qualité, on permettoit aux rapporteurs de recevoir deux ou trois boîtes de dragées ; mais l'arrêt défend aux procureurs de rien exiger de leurs parties sous ombre d'*épices*.

Ces boîtes de dragées se donnoient d'abord avant le jugement pour en accélérer l'expédition : les juges regardèrent ensuite cela comme un droit, tellement que dans quelques anciens registres du parlement on lit en marge, *non deliberetur donec solvantur species* ; mais comme on reconnut l'abus de cet usage, il fut ordonné par un arrêt de 1437, rapporté par du Luc, *liv. IV, tit. 5, art.* 10, qu'on ne paieroit point les *épices* au rapporteur, & qu'on ne lui distribueroit point d'autre procès qu'il n'eût expédié celui dont il étoit chargé. Il appelle en cet endroit les épices *dicastica*, ce qui feroit croire qu'elles étoient alors converties en argent.

On se plaignit aux états de Tours tenus en 1483, que la vénalité des offices induisoit les officiers à exiger de grandes & excessives *épices*, ce qui étoit d'autant plus criant qu'elles ne passoient point encore en taxe : cependant l'usage en fut continué, tellement que par un arrêt du 30 novembre 1494, il fut décidé que les *épices* des procès jugés, sur lesquels les parties avoient transigé, devoient être payées par les parties & non par le roi ; & ce ne fut que par un réglement du 18 mai 1502, qu'il fut ordonné qu'elles entreroient en taxe.

L'ordonnance de Roussillon, *art.* 31, & celle de Moulins, *art.* 14, défendirent aux juges présidiaux, & autres juges inférieurs, de prendre des *épices*, excepté pour le rapporteur.

La chambre des comptes fut autorisée à en prendre par des lettres-patentes du 11 décembre 1581, registrées en ladite chambre le 24 mars 1582.

Il y a cependant encore plusieurs tribunaux où l'on ne prend point d'*épices*, tels que le conseil du roi, les conseils de guerre.

Les *épices* ne sont point accordées pour le jugement, mais pour la visite du procès.

L'édit du mois d'août 1669 contient un réglement général pour les *épices* & vacations.

Il ordonne que par provision, & en attendant que S. M. se trouve en état d'augmenter les gages des officiers de judicature, pour leur donner moyen de rendre la justice gratuitement, les juges, même les cours, ne puissent prendre d'autres *épices* que celles qui auront été taxées par celui qui aura présidé, sans qu'aucun puisse prendre ni recevoir de plus grands droits, sous prétexte d'extraits, de *sciendum*, ou d'arrêts ; ce qui est conforme à ce qui avoit déjà été ordonné par l'*art. 127* de l'ordonnance de Blois, qui veut que la taxe en soit faite sur les extraits des rapporteurs qu'ils auront faits eux-mêmes, & que l'on y use de modération.

Celui qui a présidé, doit écrire de sa main au bas de la minute du jugement, la taxe des *épices*, & le greffier en doit faire mention sur les grosses & expéditions qu'il délivre. Si le président de la compagnie est rapporteur de l'affaire, c'est l'officier qui le suit immédiatement dans l'ordre du *tableau*, qui doit faire la taxe des *épices*, en prenant l'avis de ceux qui ont assisté au jugement du procès.

Au châtelet de Paris, il est d'usage que le président & le rapporteur taxent les *épices*, quand elles n'excèdent pas trois cens livres ; mais quand elles sont au-dessus, elles se règlent à la pluralité des voix par la compagnie, ainsi qu'il se pratiquoit autrefois dans les bailliages, sénéchaussées, présidiaux & prévôtés.

M. Duperray, en son *traité des dixmes, chap. xij*, fait mention d'une déclaration du roi, dont il ne dit pas la date, qui remit, à ce qu'il dit, aux juges subalternes les *épices* mal prises, en payant une taxe. Il paroît être d'avis que cette taxe ne dispense pas ces juges de faire restitution à ceux dont ils ont exigé indûment des *épices*.

La taxe des *épices* doit être proportionnée au travail, au nombre des séances employées à la visite du procès, & à l'importance de l'affaire, sans avoir égard au nombre des juges, ni à la valeur des choses en litige, ni à la qualité des parties litigantes.

On ne doit en taxer aucunes pour les procès qui sont évoqués, ou dont la connoissance est interdite aux juges, encore que le rapporteur en eût fait l'extrait, & qu'ils eussent été mis sur le bureau, & même vus & examinés.

Il en est de même de tous les jugemens rendus sur requête & des jugemens en matière bénéficiale ; lorsqu'après la communication au parquet toutes les parties sont d'accord de passer appointement sur la maintenue du bénéfice contentieux, s'il intervient arrêt portant que les titres & capacités des parties seront vus.

Il est défendu aux juges, à peine de concussion, de taxer ou prendre des *épices* : 1°. pour les arrêts, jugemens ou sentences, rendus sur la requête d'une partie, sans que l'autre ait été entendue, à moins qu'il ne soit question d'une affaire criminelle, & qu'il n'y ait des procès-verbaux ou informations joints à la requête : 2°. dans les causes civiles, où les procureurs du roi, ou ceux des seigneurs sont parties, à moins qu'il ne s'agisse de gros procès domaniaux : 3°. en matière de police, quand les procureurs du roi, ou fiscaux sont seuls parties : 4°. en matière criminelle, lorsqu'il n'y a point de parties civiles, & que le procès se poursuit à la requête du ministère public : 5°. dans les jugemens de compétence, pour les sentences de provision, pour les jugemens rendus sur des procédures, où il n'y a ni récollement ni confrontation : 6°. pour le jugement des affaires sommaires, où qui n'excèdent pas la valeur de 100 liv. : 7°. dans les affaires qui se jugent à l'audience, ou sur le bureau, ou qui se délibèrent sur le registre : 8°. pour l'audition des comptes des villes & des hôpitaux, & en général pour tout jugement interlocutoire, ou de simple instruction.

Un arrêt des grands jours de Clermont, avoit défendu aux juges de prendre des *épices* des parties qu'ils savoient être pauvres, & conformément à cette règle, le parlement de Touloufe avoit établi que l'on n'en prendroit pas dans le procès des religieux mendians, à moins que le jugement ne fût en leur faveur, parce qu'alors ils en obtiennent le remboursement de leur partie adverfe.

Il fut créé, en 1581 & 1586, des offices de receveurs des *épices* dans les différens tribunaux du royaume : ceux du Beaujolois furent fupprimés en 1588, les autres en 1626, & réunis aux offices de greffiers & de maîtres-clercs des greffes. Mais par édit du mois de février 1629, on rétablit tous ceux qui avoient été reçus & inftallés, & qui n'avoient point été rembourfés. Enfuite on en créa d'alternatifs & de triennaux, qui ont été fupprimés ou réunis. Il y a eu encore nombre d'autres créations & fuppreffions, dont le détail feroit trop long; il fuffit d'obferver que dans quelques tribunaux ces officiers font en titre d'office, dans d'autres ils font par commiffion.

L'édit de 1669 porte que les *épices* feront payées par les mains des greffiers, ou autres perfonnes chargées par l'ordre des compagnies qui en tiendront regiftres, fans que les juges ou leurs clercs puiffent les recevoir par les mains des parties ou autres perfonnes.

Il eft défendu aux greffiers, fous peine d'amende, de refufer la communication du jugement, quoique les *épices* & vacations n'aient pas été payées. Mais on ne peut les obliger à délivrer l'expédition du jugement, avant le paiement des *épices*.

Louis XII avoit donné une ordonnance qui autorifoit les juges à ufer de contrainte contre les parties pour leurs *épices*; mais cette ordonnance ne fut pas vérifiée, on permettoit feulement aux juges de fe pourvoir par requête, fuivant les arrêts rapportés par Guenois; ufage qui a été aboli, auffi bien que celui de faire configner les *épices* avant le jugement, comme cela s'obfervoit dans quelques parlemens; ce qui fut abrogé par une déclaration du 26 février 1683, & autres à-peu-près du même temps.

Préfentement les juges, foit royaux, ou des feigneurs, ne peuvent décerner en leur nom, ni en celui de leurs greffiers, aucun exécutoire pour les *épices*, à peine de concuffion; mais on peut en délivrer exécutoire à la partie qui les a débourfées. Il eft également défendu aux juges, aux greffiers, & à tous les autres officiers de juftice, de prendre aucune promeffe ou obligation, foit fous leur nom, foit fous celui d'autres perfonnes, pour les *épices*, droits & vacations qui peuvent leur appartenir.

Les procureurs généraux & procureurs du roi, & leurs fubftituts font auffi autorifés à prendre des *épices* pour les conclufions qu'ils donnent dans les affaires de rapport. Mais ils ne peuvent en prendre dans le cas où il eft défendu aux juges de le faire.

Lorfque la taxe, que les premiers juges ont faite des *épices*, eft exceffive, les juges fupérieurs doivent, en prononçant fur l'appel de la fentence, ordonner la reftitution de ce qui a été pris de trop,

& même, fuivant les circonftances, les condamner à plus grande peine. Il n'eft pas même néceffaire d'entendre le juge dans fes défenfes, quoiqu'il puiffe fe pourvoir par oppofition contre le jugement qui lui enjoint de reftituer. Un arrêt du confeil du 21 août 1684, fervant de réglement pour les préfidiaux du Languedoc, ordonne que les reftitutions d'*épices*, prononcées par le parlement contre les juges des fénéchauffées, feront pourfuivies à la diligence du procureur-général: & à la diligence de fes fubftituts, lorfqu'elles auront été ordonnées par jugement préfidial & en dernier reffort, contre les juges inférieurs.

La diftribution des *épices* fe fait entre le rapporteur & les officiers des fièges, fuivant l'ufage de chaque compagnie.

Les *épices* ont le même privilège que les dépens, pour la contrainte par corps, & elles doivent être payées par préférence à toute autre dette. Elles ne font pas auffi faififfables, & font payées par provifion, nonobftant l'appel.

EPICIER, f. m. (*Police, Arts & Métiers.*) eft un marchand qui fait le commerce des épiceries & drogueries fimples. *Voyez* les *Dictionnaires des arts & métiers, & du commerce.*

EPIER, f. m. (*terme ufité en Flandre.*) il défigne un droit domanial qui ne fe lève que dans cette province, & particuliérement à Gand, Bruges, Dixmudes, Ruremonde, Courtrai, &c. Les jurifconfultes flamands prétendent que le mot *épier*, qu'ils rendent en latin par le terme *fpicarium*, vient de *fpica*, épi. En effet, cette explication développe très-bien la nature de cette redevance, qui confifte prefque toujours en bled, en avoine dure & molle; quelquefois auffi en chapons, poules, oies; & en œufs, beurre ou fromage. Le tout fe paie aujourd'hui en argent, fuivant les évaluations du prix actuel de ces denrées.

Quant à l'origine de ce droit, elle nous paroît fe rapporter à celle que les auteurs françois attribuent communément aux droits feigneuriaux. Sans être parfaitement inftruits de la véritable forme du gouvernement des Pays-Bas dans les temps qui ont précédé le comte Baudoin, gendre de Charles le Chauve, nous favons affez que ces provinces étoient autrefois peu habitables, par la nature du terrein marécageux, fauvage, couvert de vaftes forêts; & de-là le nom de *foreftiers*, dont plufieurs hiftoriens ont gratifié fans preuve les premiers fouverains de la Flandre.

La face actuelle de ces mêmes provinces, où les terres font aujourd'hui cultivées avec le plus grand fuccès, où les villes multipliées à l'infini, font peuplées de citoyens qui ne refpirent que le travail; ce coup-d'œil, difons-nous, ne permet pas de douter que les premiers princes qui les ont gouvernées, n'aient donné toute leur attention à l'agriculture. Mais pour animer & fortifier le zèle de leurs vaffaux & fujets, il a fallu leur accorder la propriété des terres qu'ils défricheroient, en fe réfervant feu-

tiennent une légère reconnoissance pour marque de la souveraineté.

Des mémoires particuliers assurent que Charlemagne avoit chargé les terres de Flandre de la redevance de l'épier, par un édit donné en l'an 709, dont on prétend que l'original se trouve dans les archives de l'abbaye de S. Winox à Berg.

Quoi qu'il en soit, il paroît que cette redevance ayant été imposée sur toutes les terres du pays, différens chefs de famille, curieux d'en affranchir la plus grande partie de leurs biens, avoient assigné & hypothéqué sur la moindre portion, la reconnoissance de l'épier. Les temps ont amené successivement de nouveaux propriétaires. Ceux-ci en ont formé d'autres, & par eux-mêmes & par les alliances. Les biens de différentes maisons se sont mêlés ; une nouvelle succession les a rendus à d'autres, & les a subdivisés. Tous ces changemens ont servi à confondre l'héritage du premier mort ; ensorte que les receveurs de l'épier s'étant uniquement attachés à l'assignation spéciale, perdirent de vue l'hypothèque générale. Ces moindres parties hypothéquées spécialement, ayant été dans la suite surchargées de nouvelles tailles & impositions ; les propriétaires voyant que le revenu ne suffisoit pas pour acquitter ces charges, voulurent les abandonner, sans faire attention qu'elles payoient un impôt assigné originairement sur la totalité éclipsée.

La difficulté de retrouver les terres qui avoient fait partie de cette totalité, ainsi que les possesseurs ou détenteurs, ne causoit pas une médiocre embarras ; elle donnoit lieu à une infinité de procès également onéreux au souverain & aux particuliers.

Ce fut pour y mettre fin que les archiducs *Albert* & *Isabelle* rendirent le placard du 13 juillet 1602, par lequel ils ordonnèrent aux receveurs de faire de nouveaux registres, & aux redevables de fournir le dénombrement des reconnoissances par eux dues ; leur permettant d'hypothéquer spécialement telles parties de terres qu'ils jugeroient à propos, & généralement leurs personnes ou leurs autres biens. *Voyez* l'article 6 de ce placard.

Et par les articles 59, 60, 61, 62 & autres, il est dit que les rentes de l'épier de Flandre seront payables solidairement par l'*hofman*, où il y a *hofmanie*, & où il n'y en a pas, par le chef de la communauté, ou par les plus grands tenanciers, sauf leurs recours contre leurs co-détenteurs. On voit par-là que l'hypothèque générale a été rétablie sur toutes les terres, sans que le souverain ait même voulu s'astreindre à faire la discussion de la spéciale.

Il s'est encore assez récemment élevé des contestations à ce sujet ; mais les particuliers qui les ont formées ont été condamnés par différentes sentences du bureau des finances de Lille, & entre autres par celles des 6 août 1722, 12 août 1723, & 2 décembre 1724. M. *Meliand*, intendant de la province, a rendu ses ordonnances des 8 avril & 23 octobre 1726, sur les mêmes principes ; & M. de

la Grandville, son successeur, les a suivies dans une ordonnance du 3 novembre 1732, par laquelle ce magistrat enjoint aux hofmans de la châtellenie de Berg, de rapporter entre les mains du receveur de l'*épier*, les rôles des terres & des noms des tenanciers ; & aux greffiers de donner une déclaration des terres chargées de cette redevance. *Voyez* HOFMAN.

Une partie de cette espèce de redevance a été engagée ou aliénée, en vertu des édits qui ont ordonné l'aliénation des rentes albergues. *Voyez* ALBERGUES.

L'*épier* est aussi privilégié que les autres espèces des biens domaniaux. C'est pourquoi l'article 55 du placard du 13 juillet 1602, l'affranchit expressément de la prescription, même immémoriale.

Il y a des receveurs de l'*épier*, dont les offices sont tenus en fief, relevant directement du souverain, il y en a d'autres établis par commission.

Les contestations qui s'élèvent sur cette matière dans la Flandre françoise, appartiennent en première instance, au bureau des finances de Lille, & par appel au parlement de Douai.

ÉPINGLES, s. m. pl. (*Jurisprud.*) que les auteurs comprennent sous le terme de *jocalia* ou *monilia*, sont un présent de quelques bijoux, ou même d'une somme d'argent, que l'acquéreur d'un immeuble donne quelquefois à la femme ou aux filles du vendeur, pour les engager à consentir à la vente. Les *épingles* sont pour les femmes, ce que le pot-de-vin est pour le vendeur ; mais elles ne sont point censées faire partie du prix, parce que le vendeur n'en profite pas directement ; elles sont regardées comme des présens faits volontairement à un tiers, & indépendans des conventions, ensorte qu'elles n'entrent point dans la composition du prix pour la fixation des droits d'insinuation & centième denier, ni des droits seigneuriaux, à moins que le présent ne fût excessif, & qu'il n'y eût une fraude évidente.

Mais elles sont censées faire partie des loyaux coûts, pourvu qu'elles soient mentionnées & liquidées par le contrat, auquel cas le retrayant féodal ou lignager est tenu de les rendre à l'acquéreur. *Voyez* POT-DE-VIN, VENTE, RETRAIT LIGNAGER ET SEIGNEURIAL.

EPINGLES, s. f. (*cens en*) j'ai vu une déclaration passée à la seigneurie de Gif, le 19 octobre 1713, où le censitaire se chargeoit pour un arpent, entre autres choses, de portion d'un *cent* d'épingles dû sur 13 arpens. (*A*)

EPINGLE, (*délit d'*) Sauval, *en ses antiquités de Paris*, tom. II, pag. 594, dit qu'en 1445, une insigne larronesse creva les yeux à un enfant de deux ans, & commit le *délit d'épingles*, ce qui étoit, dit-on, une grande cruauté ; mais Sauval avoue qu'il n'entend point ces paroles : il ajoute que cette femme fut mise en croix, on l'exécuta toute déchevelée, avec une longue robe, & ceinte d'une corde, au-dessous des deux jambes liées ensemble ; que toutes les femmes de Paris, à cause de la nouveauté la voulurent voir mourir, interprétant son supplice chacune à leur manière; que les unes disoient que c'étoit à la mode de son pays, d'autres que sa sentence le portoit ainsi, afin qu'il en fût plus longuement mémoire aux autres femmes; que le délit étoit si énorme, qu'il méritoit encore une plus grande punition. S'il m'est permis d'hasarder une conjecture sur le sens de ces termes *délit d'épingle*, je pense qu'ils ne signifient autre chose que le crime commis par cette femme d'avoir crevé les yeux à ce jeune enfant, ce qu'elle fit apparemment avec une *épingle*. Il fut un temps en France où l'on condamnoit les criminels à perdre la vue, en leur passant un fer chaud devant les yeux: apparemment que quelques particuliers, pour assouvir leur cruauté sur quelqu'un, lui crevoient les yeux avec une *épingle*, & que cela s'appelloit le *délit d'épingle*. (A)

ÉPISCOPAT, s. m. (*Droit can.*) est tout-à-la-fois & une dignité & un sacrement dans l'église catholique: comme sacrement, il n'est point distingué de l'ordre, mais il en est le complément & la perfection. Ce n'est point du pape, comme le soutiennent les ultramontains, que dérivent les pouvoirs & les droits de l'*épiscopat*. Un évêque, par sa consécration devient le successeur des apôtres, comme les papes eux-mêmes sont les successeurs de S. Pierre. Leur origine est la même, & les uns & les autres ont pour auteur le fondateur de la religion. C'est ce qu'a disertement exprimé S. Jérôme dans sa lettre 95 à Evagre, en disant, *cæterum omnes apostolorum successores sunt.* Les papes les plus éclairés ont souvenu cette doctrine, & on la trouve répandue dans les ouvrages de S. Grégoire-le-grand. S. Bernard l'a rappellée avec beaucoup de fermeté au pape Eugene, en lui disant qu'il se trompoit, s'il croyoit que son autorité fût la seule qui fût d'institution divine. La raison qu'il en donne, ainsi que tous les saints docteurs qui ont traité cette question, c'est que les évêques succèdent à l'ordination des apôtres, c'est qu'ils tiennent parmi nous la place des apôtres, *apostolis vicaria ordinatione succedunt . . . . apud nos apostolorum locum tenent.*

La faculté de théologie de Paris a toujours été très-attachée à cette doctrine. Le 24 mai 1664, elle condamna comme fausses, contraires à la parole de Dieu, téméraires & tendantes à détruire la hiérarchie ecclésiastique, ces deux propositions. « Les évêques reçoivent immédiatement du pape, la jurisdiction qu'ils exercent sur les peuples qui leur sont soumis . . . . Si les évêques tiennent de Dieu leur autorité, il faut dire qu'elle est égale entre eux & le souverain pontife, & par là, toute subordination est renversée ». La première de ces censures fut enregistrée au parlement le 15 juillet de l'année suivante.

Ce seroit un bien mauvais argument, que de dire que les évêques reconnoissent tenir leur autorité du pape, puisqu'ils se qualifient évêques par la grace du saint siège apostolique. Cette qualification n'est qu'une simple formule qui ne tire point

à conséquence, & dont l'usage même n'est pas fort ancien. Elle doit son origine à ces temps de trouble & d'ignorance, pendant lesquels les papes profitant des préjugés que les fausses décrétales avoient répandus dans l'Europe, se réservèrent la nomination des évêchés, & en dépouillèrent les chapitres & les souverains. Cet usage est devenu beaucoup plus commun en France depuis le concordat de Léon X & de François I, par lequel les papes sont devenus les vrais collateurs des évêchés sur la présentation de nos rois.

Le père Thomassin donne une autre origine à cet usage. Il prétend que les métropolitains, qui sont d'institution ecclésiastique, & qui doivent pour la plupart leur établissement aux souverains pontifes, commencèrent vers le quatorzième siècle à se qualifier archevêques par la grace du saint siège, ce qui fut par la suite imité par les simples évêques.

Mais quelle que soit l'origine de cette qualification, qui n'est dans le fond qu'un acte de complaisance, ou si l'on veut de respect pour le saint siège, de la part de nos évêques, elle ne prouve certainement rien contre leur institution divine. Quand même ils auroient avoué & reconnu le contraire, cela seroit encore indifférent, parce que la vérité est indépendante de l'opinion des hommes, & qu'elle est imprescriptible de sa nature, selon cette maxime de Tertulien, *veritati neminem prescribere, non spatium temporis, non patrocinia personarum, non privilegia regum, non autoritatem judicatorum;* ainsi quand tous les évêques du monde catholique conviendroient que l'*épiscopat* n'est qu'une émanation de la puissance du souverain pontife, il n'en faudroit pas moins revenir à l'origine des choses, & il n'en seroit pas moins vrai qu'ils sont les successeurs des apôtres, comme les papes sont les successeurs de S. Pierre.

Si les théologiens françois ont toujours soutenu que l'*épiscopat* étoit d'institution divine, nos canonistes & nos jurisconsultes ont également adopté & prouvé cette opinion. M. Dubois en a fait une de ses maximes du droit canonique. « Les évêques, » dit-il, » sont tous successeurs des apôtres, lesquels » avoient une puissance égale à celle de S. Pierre; » les ultramontains le confessent; mais ils tiennent » que les apôtres n'avoient cette puissance, que par » un privilege spécial & personnel, auquel les évê » ques n'ont pas succédé, & que cette puissance » étant ordinaire en la personne de S. Pierre, il l'a » transmise à ses successeurs.

» Nous n'approuvons pas cette proposition, quoi » que nous reconnoissions que tous les évêques, » pour être égaux en caractère, ne le sont pas dans » l'étendue de leur autorité & de la jurisdiction, » suivant les constitutions de l'église, qui est la » maitresse absolue de ses réglemens ».

Il faut convenir que l'opinion des ultramontains sur l'origine de l'*épiscopat*, quoique fausse & contraire aux vrais principes, n'est cependant opposée à aucune décision de l'église universelle. Elle fut vivement attaquée au concile de Constance en 1416

Les évêques françois & espagnols firent tous leurs efforts pour la faire décider à celui de Trente ; mais les Italiens, attentifs à veiller aux intérêts de la cour de Rome, l'empêchèrent ; & on se contenta d'une déclaration, qui, quoiqu'assez favorable à l'*épiscopat*, n'a cependant pas mis son institution divine au nombre des articles de foi. C'est pourquoi Vasquez & Maldonat ont seulement avancé que cette opinion *proximè accedit ad fidem . . . . fide catholicâ tenenda est.*

Une autre proposition également contraire à la vérité, seroit de soutenir que l'*épiscopat* & la simple prêtrise n'ont rien de différent, & qu'un prêtre & un évêque sont deux ministres de l'église égaux quant aux pouvoirs de l'ordre. Il est certain que les apôtres avoient une supériorité d'ordre & de jurisdiction sur les disciples, & que de tous temps on a regardé dans l'église catholique, les évêques comme successeurs des apôtres, & les prêtres comme successeurs des disciples. On a toujours considéré l'*épiscopat* comme le degré le plus sublime de la hiérarchie ecclésiastique. Il est vrai que les simples prêtres ont, ainsi que les évêques, le pouvoir de consacrer le corps du fils de Dieu & de remettre les péchés. Mais il est aussi des fonctions éminentes réservées à l'*épiscopat*, telles que celle d'imposer les mains sur les diacres & de les élever à l'ordre de la prêtrise, & d'administrer la confirmation, qui sont les deux sacremens où la plénitude du saint esprit est conférée d'une manière plus particulière. C'est ce qui a fait dire aux saints pères & aux docteurs, que l'*épiscopat* est la plénitude & la perfection du sacerdoce, *episcopatum plenum & perfectum esse sacerdotium.* On peut donc, sans craindre d'errer, tenir que l'*épiscopat* est d'institution divine, & qu'il est supérieur à la simple prêtrise.

Nous avons dit que l'*épiscopat* étoit une dignité. C'est en effet le premier degré de la hiérarchie ecclésiastique ; c'est le premier anneau de cette chaîne mystique, qui embrasse l'église militante & qui doit durer jusqu'à la consommation des siècles.

Tous ceux à qui le caractère épiscopal a été imprimé sont égaux entre eux. Le pape est leur chef ; il a bien sur eux une supériorité de prééminence & de jurisdiction, mais non pas d'ordre ; car quant à ce qui concerne l'*épiscopat* en lui-même, tout évêque est que que pape ; c'est-à-dire que le pape n'est pas plus évêque que tout autre évêque.

S'il se trouve quelque différence entre les primats, les métropolitains & les évêques, elle ne prend point son origine dans le caractère épiscopal qui est le même chez tous, mais seulement dans les institutions positives de l'église qui a jugé à propos, pour l'économie & la police de son gouvernement, d'établir différens degrés de jurisdictions.

Cela est si vrai que, dans les premiers siècles de l'église & avant qu'elle ait été reçue dans l'état, on ne connoissoit point toutes ces distinctions. Mais ce qui le prouve incontestablement, c'est que d'après tous les saints pères & sur-tout S. Jérôme & S. Cyprien, il n'y a dans l'église qu'un seul *épis-*

copat qui est administré par chaque évêque pour une portion solidaire, la puissance & l'étendue de jurisdiction n'augmentant pas leur caractère, de même que le peu de revenu qu'ils possèdent, ne diminue pas leur mérite & leur dignité, & n'empêche pas qu'ils ne soient également successeurs des apôtres.

On a eu dans tous les temps le plus grand respect pour la dignité *épiscopale* ; & avec raison, car l'*épiscopat* est le premier fondement de l'église ; sans lui elle ne pourroit exister. Aussi voyons-nous que les fidèles l'ont toujours témoigné aux évêques, par les titres qu'ils leur ont donnés : *sanctissimi, reverendissimi domini*, sont les qualifications que les empereurs même donnoient aux évêques. Dans les formules de Marculfe, on voit qu'ils étoient nommés avant les comtes, ducs, &c. on leur écrivoit, *au seigneur, au très-savant, très-pieux & très-vénérable N . . . . évêque de N . . . .* & parmi nous on leur donne généralement le titre de *monseigneur.*

Leurs habits pontificaux, lorsqu'ils officient, sont encore une marque de leur dignité ; l'usage de la mitre qui est une espèce de couronne, est très-ancien. Ils en étoient décorés dès le temps de S. Grégoire de Naziance ; il en fait mention dans un de ses discours en disant, *me pontificem ungis, capitique cidarim imponis.*

L'usage de la crosse ou du bâton pastoral, est aussi très-ancien. Il regarde comme le symbole de l'autorité correctionnelle que donne l'*épiscopat* sur le reste du clergé & sur les simples fidèles. Il en est parlé dans la vie de S. Césaire d'Arles, qui vivoit vers l'an 500, & dans celle de S. Germain de Paris, qui mourut en 576. Tout concourt donc à prouver que l'*épiscopat* est une des plus éminentes dignités de l'église ; & nous ne pouvons mieux terminer cet article, qu'en disant que les saints pères les plus éclairés ne font point de difficulté d'appeller les évêques, princes de l'église, souverains prêtres, souverains pontifes, cependant sauf l'autorité de S. Pierre, comme le dit Charlemagne dans un capitulaire de l'an 786.

EPITOGE, *voyez* CHAPERON.

EPOUSAILLES, s. f. pl. (*Jurisprud.*) ce terme dans les coutumes signifie la même chose que la *bénédiction nuptiale* ; par exemple, la coutume de Paris, art. 220, dit que la communauté commence au jour des *épousailles* & bénédiction nuptiale. *Voyez* MARIAGE.

EPREUVE, s. f. (*Code criminel.*) Nous entendons ici par ce mot, la manière de juger & de décider de la vérité ou de la fausseté des accusations en matière criminelle, reçue & fort en usage dans les neuvième, dixième & onzième siècles, qui a même subsisté plus long-temps dans certains pays, & qui est heureusement abolie.

Ces *épreuves* étoient nommées *jugemens de Dieu*, parce que l'on étoit persuadé que l'événement de ces *épreuves*, qui auroit pu, en toute autre occasion, être imputé au hasard, étoit dans celle-ci un jugement formel, par lequel Dieu faisoit connoître clairement la vérité en puniffant le coupable.

Il y en avoit plufieurs efpèces, mais elles fe rapportoient toutes à trois principales; favoir le ferment, le duel, & l'ordalie ou *épreuves* par les élémens.

L'*épreuve* par ferment, qu'on nommoit auffi *purgation canonique*, fe faifoit de plufieurs manières: l'accufé qui étoit obligé de le prêter, & qu'on nommoit *jurator* ou *facramentalis*, prenoit une poignée d'épis, les jettoit en l'air, en atteftant le ciel de fon innocence; quelquefois une lance à la main, il déclaroit qu'il étoit prêt à foutenir par le fer ce qu'il affirmoit par le ferment; mais l'ufage le plus ordinaire, & le feul qui fubfifta le plus long-temps, étoit de jurer fur un tombeau, fur des reliques, fur l'autel, fur les évangiles. On voit par les loix de Childebert, par celles des Bourguignons & des Frifons, que l'accufé étoit admis à faire jurer avec lui douze témoins, qu'on appelloit *conjuratores* ou *compurgatores*.

Quelquefois, malgré le ferment de l'accufé, l'accufateur perfiftoit dans fon accufation; & alors celui-ci, pour preuve de la vérité, & l'accufé pour preuve de fon innocence, ou tous deux enfemble, demandoient le combat. Il falloit y être autorifé par fentence du juge, & c'eft ce qu'on appelloit *épreuve par le duel. Voyez* DUEL *&* SERMENT.

Quoique certaines circonftances marquées par les loix faites à ce fujet, & les difpenfes de condition & d'état, empêchaffent le duel en quelques occafions, rien n'en pouvoit difpenfer, quand on étoit accufé de trahifon: les princes du fang même étoient alors obligés au combat.

Nous obferverons que l'*épreuve* par le duel étoit fi commune, & devint fi fort du goût de ces temps anciens, qu'après avoir été employée dans les affaires criminelles, on s'en fervit indifféremment pour décider toutes fortes de queftions, foit publiques, foit particulières. S'il s'élevoit une difpute fur la propriété d'un fonds, fur l'état d'une perfonne, fur le fens d'une loi; fi le droit n'étoit pas bien clair de part & d'autre, on prenoit des champions pour l'éclaircir. Ainfi l'empereur Othon I, vers l'an 968, fit décider fi la repréfentation auroit lieu en ligne directe, par un duel, où le champion nommé pour foutenir l'affirmative demeura vainqueur.

L'ordalie, terme faxon, ne fignifioit originairement qu'un jugement en général; mais comme les *épreuves* paffoient pour les jugemens par excellence, on n'appliqua cette dénomination qu'à ces derniers, & l'ufage le détermina dans la fuite aux feules *épreuves* par les élémens, & à toutes celles dont ufoit le peuple. On en diftinguoit deux efpèces principales, l'*épreuve* par le feu, & l'*épreuve* par l'eau.

La première, & celle dont fe fervoient auffi les nobles, les prêtres & autres perfonnes libres qu'on difpenfoit du combat, étoit la *preuve* par le fer ardent. C'étoit une barre de fer d'environ trois livres pafant; ce fer étoit béni avec plufieurs cérémonies,

& gardé dans une églife qui avoit ce privilège, & à laquelle on payoit un droit pour faire l'*épreuve*.

L'accufé, après avoir jeûné trois jours au pain & à l'eau, entendoit la meffe; il y communioit & faifoit, avant que de recevoir l'euchariftie, ferment de fon innocence; il étoit conduit à l'endroit de l'églife deftiné à faire l'*épreuve*; on lui jettoit de l'eau bénite; il en buvoit même; enfuite il prenoit le fer qu'on avoit fait rougir plus ou moins, felon les préfomptions & la gravité du crime; il le foulevoit deux ou trois fois, ou le portoit plus ou moins loin, felon la fentence. Cependant les prêtres récitoient les prières qui étoient d'ufage. On lui mettoit enfuite la main dans un fac que l'on fermoit exactement, & fur lequel le juge & la partie adverfe appofoient leurs fceaux pour les lever trois jours après: alors, s'il ne paroiffoit point de marque de brûlure, l'accufé étoit abfous: quelquefois même, fuivant la nature & à l'infpection de la plaie, il étoit abfous ou déclaré coupable.

La même *épreuve* fe faifoit encore en mettant la main dans un gantelet de fer rouge, ou en marchant nuds pieds fur des barres de fer jufqu'au nombre de douze, mais ordinairement de neuf. Ces fortes d'*épreuves* font appellées *ketelvang*, dans les anciennes loix des Pays-Bas, & fur-tout dans celles de Frife.

On peut encore rapporter à cette efpèce d'*épreuve*, celle qui fe faifoit ou en portant du feu dans fes habits, ou en paffant au travers d'un bûcher allumé, ou en y jettant des livres, pour juger, s'ils brûloient ou non, de l'orthodoxie ou de la fauffeté des chofes qu'ils contenoient. Les hiftoriens en rapportent plufieurs exemples.

L'ordalie par l'eau fe faifoit ou par l'eau bouillante, ou par l'eau froide; l'*épreuve* par l'eau bouillante étoit accompagnée des mêmes cérémonies que celle du fer chaud, & confiftoit à plonger la main dans une cuve, pour y prendre un anneau qui y étoit fufpendu plus ou moins profondément.

L'*épreuve* par l'eau froide, qui étoit celle du petit peuple, fe faifoit affez fimplement. Après quelques oraifons prononcées fur le patient, on lui lioit la main droite avec le pied gauche, & la main gauche avec le pied droit, & dans cet état on le jettoit à l'eau. S'il furnageoit, il étoit traité en criminel; s'il enfonçoit, il étoit déclaré innocent. Sur ce pied-là il devoit fe trouver peu de coupables, parce qu'un homme en cet état, ne pouvant faire aucun mouvement, & fon volume étant d'un poids fupérieur à un volume égal d'eau, il doit néceffairement enfoncer. Dans cette *épreuve*, le miracle devoit s'opérer fur le coupable, au lieu que dans celle du feu, il devoit arriver dans la perfonne de l'innocent.

Il eft encore parlé dans les anciennes loix, de l'*épreuve* de la croix, de celle de l'euchariftie, & de celle du pain & du fromage.

Dans l'*épreuve* de la croix, les deux parties fe tenoient devant une croix les bras élevés; celle des deux qui tomboit la première de laffitude perdoit

fa

sa cause. L'*épreuve* de l'euchariftie se faisoit en recevant la communion, & occasionnoit bien des parjures sacrilèges. Dans la troisième, on donnoit à ceux qui étoient accusés de vol, un morceau de pain d'orge & un morceau de fromage de brebis, sur lesquels on avoit dit la messe ; & lorsque les accusés ne pouvoient avaler ce morceau, ils étoient censés coupables. M. du Cange, au mot *Cormed*, remarque que cette façon de parler, *que ce morceau de pain me puisse étrangler*, vient de ces sortes d'épreuves par le pain.

Il est constant, par le témoignage d'une foule d'historiens & d'autres écrivains, que ces différentes sortes d'*épreuves* ont été en usage dans presque toute l'Europe, & qu'elles ont été approuvées par des papes, des conciles, & ordonnées par des loix des rois & des empereurs. Mais il ne l'est pas moins qu'elles n'ont jamais été approuvées par l'église. Dès le commencement du neuvième siècle, Agobard, archevêque de Lyon, écrivit avec force *contre la damnable opinion de ceux qui prétendent que Dieu fait connoître sa volonté & son jugement par les épreuves de l'eau & du feu, & autres semblables.* Il se récrie vivement contre le nom de *jugement de Dieu*, qu'on osoit donner à ces *épreuves* ; « comme si Dieu, dit-il, les avoit » ordonnées, ou s'il devoit se soumettre à nos » préjugés & à nos sentimens particuliers pour » nous révéler tout ce qu'il nous plaît de savoir ». Yves de Chartres, dans le onzième siècle, les a attaqués, & cite, à ce sujet, une lettre du pape Etienne V à Lambert, évêque de Mayence, qui est aussi rapporté dans le décret de Gratien. Les papes Célestin III, Innocent III & Honorius III réitèrent ces défenses. Quatre conciles provinciaux, assemblés en 829 par Louis-le-Débonnaire, & le quatrième concile général de Latran, les défendirent. Ce qui prouve que l'église en général, bien loin d'y reconnoître le doigt de Dieu, les a toujours regardées comme lui étant injurieuses & favorables au mensonge. De là les théologiens les plus sages ont soutenu, après Yves de Chartres & S. Thomas, qu'elles étoient condamnables, parce qu'on y tentoit Dieu toutes les fois qu'on y avoit recours, parce qu'il n'y a de sa part aucun commandement qui les ordonne, parce qu'on veut connoître par cette voie des choses cachées, qu'il n'appartient qu'à Dieu seul de connoître. D'où ils concluent que c'est à juste titre qu'elles ont été proscrites par les souverains pontifes & par les conciles.

Mais les défenseurs de ces *épreuves* opposoient, pour leur justification, les miracles dont elles étoient souvent accompagnées. Ce qui ne doit s'entendre que des ordalies ; car pour l'*épreuve* par le serment, le duel, la croix, &c. elles n'avoient rien que d'humain & de naturel ; & de-là naît une autre question très-importante, savoir, de quel principe part le merveilleux ou le surnaturel qu'une infinité d'auteurs contemporains attestent avoir ac-

compagné ces *épreuves*. Vient-il de Dieu ? vient-il du démon ?

Les théologiens même qui condamnoient les *épreuves*, sans contester la vérité de ces miracles, n'ont pas balancé à en attribuer le merveilleux au démon ; ce que Dieu permettoit, disoient-ils, pour punir l'audace qu'on avoit de tenter sa toute-puissance par ces voies superstitieuses ; sentiment qui peut souffrir de grandes difficultés. Un auteur moderne qui a écrit sur la vérité de la religion, prétend que Dieu est intervenu quelquefois dans ces *épreuves*, ou par lui-même, ou par le ministère des bons anges, pour suspendre l'activité des flammes & de l'eau bouillante en faveur des innocens ; sur-tout lorsqu'il s'agissoit de doctrine ; mais il convient, d'un autre côté, que si le merveilleux est arrivé dans le cas d'une accusation criminelle, sur la vérité ou la fausseté de laquelle ni la raison ni la révélation ne donnoient aucune lumière, il est impossible de décider qui de Dieu ou du démon en étoit l'auteur ; & s'il ne dit pas nettement que c'étoit celui-ci, il le laisse entrevoir.

M. Duclos, de l'académie des belles-lettres, dans une dissertation sur ces *épreuves*, prétend au contraire, qu'il n'y avoit point de merveilleux, mais beaucoup d'ignorance, de crédulité & de superstition. Quant aux faits, il les combat, soit en infirmant l'autorité des auteurs qui les ont rapportés, soit en développant l'artifice de plusieurs *épreuves*, soit en tirant des circonstances dont elles étoient accompagnées, des raisons de douter du surnaturel qu'on a prétendu y trouver. On peut lire sur l'écrit même où nous avons tiré la plus grande partie de cet article, & auquel nous renvoyons le lecteur, comme à un exemple excellent de la logique dont il faut faire usage dans l'examen d'une infinité de cas semblables. *Mém. de l'acad. de Paris, tom. XV.*

Comme toutes les *épreuves* dont on vient de parler s'appelloient en saxon *ordéal*, & qu'elles étoient établies par le droit saxon, il est arrivé que leur durée a été beaucoup plus grande dans le Nord que par-tout ailleurs. Elles ont subsisté en Angleterre jusqu'au treizième siècle. Alors elles furent abandonnées par les juges, sans être encore supprimées par acte du parlement ; mais enfin leur usage cessa totalement en 1257. Emma, mère d'Edouard-le-Confesseur, avoit elle-même subi l'*épreuve* du fer chaud. La coutume qu'avoient les paysans d'Angleterre, dans le dernier siècle, de faire les *épreuves* des sorciers, en les jettant dans l'eau froide, pieds & poings liés, est vraisemblablement un reste de l'ordéal par l'eau ; & cette pratique ne s'est pas conservée moins long-temps en France, où l'on y a souvent assujetti, même par sentence de juge, tous ceux qu'on faisoit passer pour sorciers.

Non-seulement l'église toléra pendant des siècles toutes les *épreuves*, mais elle en indiqua les cérémonies, donna la formule des prières, des imprécations, des exorcismes, & souffrit que les prêtres y prêtassent leur ministère : souvent même ils étoient acteurs, témoin Pierre Ignée. Mais pourquoi dans l'*épreuve* de l'eau froide, estimoit-on coupable, & non pas innocent, celui qui surnageoit ? C'est parce que, dans l'opinion publique, c'étoit une démonstration que l'eau, que l'on avoit eu la précaution de bénir auparavant, ne vouloit pas recevoir l'accusé, & qu'il falloit par conséquent le regarder comme très-criminel.

La loi salique, en admettant l'*épreuve* par l'eau bouillante, permettoit du moins de racheter sa main, du consentement de la partie, & même de donner un substitut : c'est ce que fit la reine Teutberge, bru de l'empereur Lothaire, petit-fils de Charlemagne, accusée d'avoir commis un inceste avec son frère, moine & soudiacre : elle nomma un champion qui se soumit pour elle, à l'*épreuve* de l'eau bouillante, en présence d'une cour nombreuse ; il prit l'anneau béni sans se brûler. On juge aisément que, dans ces sortes d'aventures, les juges fermoient les yeux sur les artifices dont on se servoit pour faire croire qu'on plongeoit la main dans l'eau bouillante, car il y a bien des manières de tromper.

On n'oubliera jamais, en fait d'*épreuve*, le défi du dominicain qui s'offrit de passer à travers un bûcher pour justifier la sainteté de Savonarole, tandis qu'un cordelier proposa la même *épreuve* pour démontrer que Savonarole étoit un scélérat. Le peuple, avide d'un tel spectacle, en pressa l'exécution ; le magistrat fut contraint d'y souscrire : mais les deux champions s'aidèrent l'un l'autre à sortir de ce mauvais pas, & ne donnèrent point l'affreuse comédie qu'ils avoient préparée.

Bien des gens admirent que les peuples aient pu si long-temps se figurer que les *épreuves* fussent des moyens sûrs pour découvrir la vérité, tandis que tout concouroit à démontrer leur incertitude, outre que les ruses dont on les voiloit auroient dû désabuser le monde ; mais ignore-t-on que l'empire de la superstition est de tous les empires le plus aveugle & le plus durable ?

Au reste, les curieux peuvent consulter Heinius, Ebelingius, Cordemoy, du Cange, le P. Mabillon, le célèbre Baluze, & plusieurs autres savans, qui ont traité fort au long des *épreuves*, ou, pour mieux dire, des monumens les plus bisarres qu'on connoisse de l'erreur & de l'extravagance de l'esprit humain dans la partie du monde que nous habitons.

Nous ne nous arrêterons pas à décrire les différentes formalités des *épreuves* ordonnées par la loi de Moïse contre la femme soupçonnée d'adultère, ni de celles qui ont été & sont encore en usage chez presque toutes les nations des diverses parties du monde. On les trouvera dans le *Dictionnaire d'Histoire*.

EPS, s. f. (*Jurisprudence.*) du latin *apes*, dans quelques coutumes, signifie *mouches à miel*. Voyez AMIENS, art. 191. (*A*)

EQUIPOLLENT, adj. *en terme de Pratique*, se dit d'une chose qui équivaut à une autre : ainsi si l'on dit que le seigneur peut prendre un droit de mutation pour tous les contrats de vente, & autres *équipollens* à vente, c'est-à-dire, pour tous les actes qui, quoique non qualifiés de *vente*, opèrent le même effet.

Equipollent étoit aussi un droit qui se levoit sur les choses mobiliaires, du temps de Charles VI, pour les frais de la guerre, au lieu de 12 deniers pour livre qui se levoient ailleurs. *Voyez* EQUIVALENT.

Equipollent se dit aussi quelquefois en Languedoc, pour *équivalent*, qui est un subside qui se paie au roi. *Voyez* EQUIVALENT. (*A*)

ÉQUITÉ, s. f. (*Droit naturel & public. Morale*) Dans un sens primitif & très-véritable, l'*équité* est la même chose que la justice ; & ces deux mots sont synonymes. En effet, si on entend par justice la disposition efficace & constante, l'attention soutenue & active à traiter chaque être, ou à agir envers chaque être comme étant ce qu'il est, à contribuer, autant comme nous le pouvons, sans nuire à nous-mêmes ou à d'autres, à le rendre parfait & heureux, & à lui faire atteindre sa véritable destination : la justice n'est autre chose que l'*équité*, & l'on peut donner de celle-ci la même définition.

L'homme équitable n'est effectivement que celui qui, consultant dans sa conduite envers les autres hommes, leur nature, leur état, leur destination, fait en leur faveur, pour les rendre parfaits & heureux, tout ce qui ne contredit pas l'obligation où il est de se rendre heureux & parfait lui-même, & qui contribue à la perfection & au bonheur de ceux, sur le sort desquels il peut & doit influer.

Quelques moralistes se trompent & confondent l'*équité* avec la charité, lorsqu'ils définissent la première, en disant qu'elle consiste à ne pas exiger avec rigueur ce qui nous est dû, & à relâcher volontairement de nos droits réels. Quand je cède à un débiteur une partie de ce qu'il me doit, ce n'est pas un acte d'*équité*, mais un acte de générosité, de charité & de bienfaisance, à moins que l'usage que j'aurois fait de mes droits n'eût été de nature à ne pouvoir être justifié que par des loix positives, & non par la nature des choses & les règles de la convenance morale.

Dans ce cas, l'*équité* est opposée à la justice légale, c'est-à-dire à l'usage des droits que les loix seules donnent. En effet, quoiqu'il ne doive exister aucune loi qui ne soit appuyée sur une raison d'*équité*, il n'en est pas moins vrai qu'il arrive très-souvent, que les droits adventifs contredisent les droits naturels, & que les loix permettent l'usage d'un pouvoir que la nature interdit & condamne.

Cette opposition de la loi avec l'*équité* naturelle vient de l'embarras des loix que les hommes ont faites ; du défaut souvent inévitable de leurs ex-pressions qui présentent plusieurs sens, de l'impossi-bilité de tout prévoir ; de ce que la même loi juste dans un cas, est injuste dans un autre, suites né-cessaires des bornes de l'esprit humain : & c'est par toutes ces raisons qu'on a été obligé de distinguer entre l'*équité* & la loi, pour ne pas convenir que très-souvent la justice ne se trouve pas dans les loix.

Sous ce point de vue, l'idée que présente le mot *équité*, se trouve resserrer l'idée générale que nous en avons donnée d'abord, & c'est en ce sens que les jurisconsultes s'en servent pour l'opposer à l'idée du mot *loi*, & pour signifier que la justice s'exerce alors, non suivant la rigueur de la loi, mais avec une modération & un adoucissement raisonnable. Nous allons l'examiner sous cette acception.

L'étude des principes de l'*équité* est alors par ex-cellence celle du magistrat & du jurisconsulte ; c'est-là qu'ils peuvent puiser les lumières & la sagesse qui doivent les caractériser ; c'est elle qui leur apprend à diriger la loi, à en faire une applica-tion juste, à la suppléer même dans le besoin. Cette étude est d'autant plus importante, que quel-que profond que soit un législateur, il lui est im-possible de prévoir tous les cas particuliers, relatifs à la loi qu'il publie.

L'exercice de l'*équité*, de la part du magistrat, consiste 1°. à étendre les dispositions d'une loi aux cas semblables ; 2°. à en restreindre le sens, lors-que les termes employés par le législateur parois-sent excéder les vues qu'il avoit en publiant la loi ; 3°. dans une interprétation de la loi, adaptée aux espèces qui se présentent, sans cependant s'écarter de la volonté manifeste & expresse du législateur.

On doit convenir que le nom d'*équité* peut ser-vir aisément de prétexte à l'arbitraire, & qu'il est facile de passer de l'un à l'autre. C'est par cette raison qu'en Angleterre & en Italie, le juge est plus soumis qu'ailleurs à la lettre de la loi. On se rappelle que, lorsque François I eut ajouté la Savoie à la France, les nouveaux magistrats qu'il y éta-blit, s'écartèrent des termes des coutumes & du droit écrit, & que ses nouveaux sujets le supplièrent de faire des défenses aux juges de juger selon l'*équité*. L'expression dont ils se servoient pouvoit être mauvaise, mais le sens de leur demande étoit bon. En demandant d'être jugé sur les termes précis de la loi, ils vouloient ôter tout prétexte à l'arbitraire.

L'arbitraire, en effet, n'est pas l'*équité*, & il est aussi dangereux dans son espèce chez les juges, que chez les rois. Quoiqu'il soit difficile de fixer le juste milieu entre l'*équité* & l'arbitraire, il n'est cependant pas impossible d'en donner quelques principes à-peu-près certains.

Il ne doit être permis au juge dans aucun cas, de donner un jugement qui contrarie les termes de la loi. Le corps des loix renferme un système d'é-quité général & suivi. Chaque matière a des prin-cipes fondamentaux qui, comme les rayons d'une circonférence, aboutissent au même centre : c'est

dans ce système, dans ces principes, & jamais dans son imagination, que le juge doit puiser les raisons qui le déterminent. C'est à ce centre qu'il doit ramener la lettre de la loi. La loi n'est pas dans les paroles, elle est dans leur sens. Par son esprit on explique ses termes ; & si la loi même ne porte pas à le découvrir, on le cherche dans les décisions des autres loix, & dans les premiers principes de la législation. Il est difficile, en les consultant, de ne pas connoître si la loi dit précisé-ment ce qu'elle paroît dire, & si elle doit être appliquée à la question qui se présente. Si les loix civiles ne conduisent pas aux connoissances que le juge recherche ; il doit rapprocher la loi du droit public & naturel, & les comparer ensemble. Les loix des hommes ne sont faites que pour mettre le droit naturel à l'abri des entreprises des prévarica-teurs. C'est le propre de l'*équité* d'adapter les termes des loix civiles aux loix naturelles. Celles-ci sont immuables ; les autres sont arbitraires. Il convient mieux de se rapprocher de la justice que de s'en éloigner pour s'attacher à une justice d'opinion.

Si malgré ces attentions, le juge désespère de rendre un jugement équitable sans contrarier le texte de la loi, ou l'esprit qu'il y peut entrevoir, il doit se soumettre ses lumières au sens de la loi, ou consulter la puissance législative. Celle-ci peut exercer l'*équité* d'une manière supérieure au magistrat ; elle peut ou corriger un article de la loi, ou l'abroger en entier, lorsqu'il n'est pas équitable. Le pouvoir du magistrat est borné à interpréter par le sens, à suppléer ce qui n'a pas été prévu, à décider ce que le législateur diroit lui-même lorsqu'il a fait la loi. Toutes ces choses se font mieux sentir, qu'elles ne peuvent s'exprimer.

L'*équité* permise dans les jugemens ne s'étend pas aussi loin dans les arbitrages. Ici les parties renoncent, pour ainsi dire, aux loix écrites, pour s'en rapporter à l'*équité* naturelle, qu'ils supposent dans l'esprit & dans le cœur de ceux qu'ils pren-nent pour arbitres. Il leur est permis de ne point s'arrêter à une loi vicieuse, & de faire attention à diverses circonstances que le législateur n'a pu ni dû prévoir. Ils n'ont d'autre règle que la justice ; elle est assez sûre s'ils savent la connoître & la suivre. Tous les différends des hommes devroient être mis en arbitrage, si ceux que l'on choisiroit pour arbitres avoient assez de lumières & de droi-ture pour être eux-mêmes bons législateurs. Peu de personnes doivent accepter un pouvoir aussi étendu.

Le magistrat est soumis aux termes de la loi, lorsqu'elle permet ou défend avec clarté dans des circonstances précises. Il ne peut alors se servir du prétexte de l'*équité* pour ne point conformer à la lettre de la loi. L'arbitre, selon l'usage de plu-sieurs nations, y est aussi plus ou moins assujetti. Il devroit s'y assujettir lui-même, quand cette con-dition ne seroit pas sous-entendue dans le pouvoir qui lui est donné. On fait des loix pour des cas généraux, pour les choses qui arrivent le plus ordinairement. Si la diversité des circonstances est infinie, si elles ne peuvent se nombrer, & encore moins être toutes couchées par écrit, il faut souvent que la loi soit muette: l'*équité* parle pour elle, c'est la partie du droit qui n'est point écrite. Si le plus léger changement dans la thèse, peut du juste en faire l'injuste, l'*équité* inséparable de la justice, sera son interprète. La justice n'est jamais rigoureuse; on confond les idées lorsqu'on le pense. C'est, encore une fois, la rigueur de la loi que l'on prend pour elle; on la blesse lorsqu'on s'attache au rigide de l'expression. L'*équité* ramène à la justice, & corrige le vice ou le défectueux de la loi.

L'opinion du jugement d'*équité* prédomine dans le monde; mais plusieurs juges, par une erreur impardonnable, l'embrassent, en la regardant comme une dispense d'étude. Si on fait attention à ce que je viens de dire à ce sujet, on sera convaincu qu'il faut encore plus de savoir & de réflexion, pour juger par *équité*, que pour s'asservir à la loi. Il suffit de la savoir, pour suivre cette dernière méthode: dans la première il faut connoître l'esprit de la loi, les circonstances dans lesquelles elle a été donnée, sa liaison avec les autres parties du droit civil, public & naturel. Il faut avoir approfondi les loix pour juger s'il en faut suivre la lettre ou l'interprétation.

Si l'*équité* n'est autre chose que l'esprit des loix, éclairé par la justice, & une interprétation de la loi civile en faveur de la société générale; si elle n'est pas la volonté arbitraire du magistrat; si sa source est dans le système des loix civiles, ou plutôt dans les loix naturelles, il est surprenant qu'il se trouve des nations qui la rejettent. C'est un ancien préjugé, une vieille habitude dans laquelle on persévère sans y réfléchir. Les Romains n'en usèrent pas ainsi. Après avoir essayé des deux extrêmes avant & après la loi des douze tables, ils permirent aux préteurs de suppléer à ce qui manquoit à la loi, & d'interpréter ses termes. Ce droit passa dans la suite aux empereurs par la raison que *ejus est interpretari cujus est condere*; de sorte que les officiers & gouverneurs des provinces les consultoient, mais uniquement dans les cas qui excédoient les bornes de l'*équité* résultante des termes & du sens de la loi, lorsque, ce qui leur sembloit équitable, y paroissoit contraire. Souvent même les parties intéressées s'adressoient aux princes avant de paroître devant le président de la province. De-là sont venues les réponses dont on a fait une multitude de loix qui ne devroient l'être qu'autant que l'on seroit parfaitement dans les mêmes circonstances; de même qu'un arrêt n'est un préjugé, qu'autant que l'on est effectivement instruit de l'hypothèse & du motif. Il ne seroit pas difficile de donner des exemples dans lesquels on restitue une partie lésée dans un sens, tandis qu'on ne restitue point celui qui est lésé dans le sens opposé, quoiqu'il souffre une plus grande lésion.

La seule raison que l'on en puisse donner est, que le premier a consulté l'empereur, & qu'il a une loi en sa faveur; le second n'a pour lui que la justice; il n'a point la loi, parce que l'empereur n'a pas été interrogé.

S'il n'est permis qu'aux tribunaux suprêmes de s'attacher plutôt à l'esprit qu'à la lettre, la justice sera encore plus en sûreté. On trouve dans ces corps plus d'éducation, des vues plus étendues; & il est naturel de penser que plusieurs suffrages réunis interpréteront mieux les termes de la loi. Les coutumes & les statuts ne doivent pas être exceptés de l'interprétation. La maxime, *verbis statuti tenaciter inhærendum*, n'a rien qui soit contraire à cette proposition. Les termes peuvent être ambigus, le juge en fixe le sens: l'article du statut peut être bon dans une circonstance, & dans d'autres il seroit une absurdité. Le juge le détermine. Le magistrat n'est pas obligé de consulter le souverain sur les coutumes, parce que ce n'est pas loi qui en est l'auteur. On ne prétend pas dire cependant que le prince ne soit pas le maître d'abroger les points de la coutume qu'il jugeroit préjudiciables. Ce pouvoir ne lui peut être disputé.

Enfin, comme toute *équité* doit être fondée sur la loi naturelle, qui est aussi la base de la loi civile, toute loi doit avoir pour principe l'*équité*: le rapport de l'une à l'autre, leur connexité sont nécessaires. Une décision contraire au droit civil fondé sur le droit naturel, ne peut être *équité*: une loi sans *équité*, ne peut être une bonne loi: l'*équité* dans les jugemens doit être comparée à la bonne-foi dans les contrats. C'est par celle-ci que les parties contractantes expliquent le véritable sens des paroles de l'acte, qu'elles développent leur ambiguité, & qu'elles suppléent à ce qui n'est pas assez positivement expliqué.

ÉQUIVALENT, (*Jurispr.*) est une imposition qui se paie au roi dans la province de Languedoc, sur certaines marchandises: on la nomme *équivalent*, parce qu'elle fut établie pour tenir lieu d'une aide que l'on payoit auparavant. Pour bien entendre ce que c'est que cet *équivalent*, & à quelle occasion il fut établi, il faut observer que Philippe-de-Valois, dans le temps de ses guerres avec l'Angleterre, ayant établi une aide ou subside sur le pied de 6 deniers pour livre de toutes les marchandises qui seroient vendues dans le royaume, le roi Jean, du consentement des états, porta ce droit jusqu'à 8 den. & Charles V, à 12 den. ce qui fait le vingtième; & pour le vin vendu en détail, il en fixa le droit au huitième, & au quatrième du prix, selon les différens pays où s'en faisoit la vente.

Charles VI, au commencement de son règne, déchargea ses sujets de cette imposition.

Elle fut rétablie par Charles VII d'abord par tout le royaume; mais il la supprima en 1444, pour le Languedoc seulement, au moyen d'une somme de 80000 livres qui lui fut promise & payée pendant trois années. Pour former cette somme il permit de lever un droit d'un denier pour livre fur la chair fraîche & falée, &. fur le poiffon de mer, avec le fixième du vin vendu en détail. Ce droit fut nommé *équivalent*, parce qu'en effet il équivaloit à l'impofition de l'aide.

Les trois années étant expirées, & les befoins de l'état étant toujours les mêmes, le Languedoc fut obligé de continuer le même paiement, & même de l'augmenter; car fous prétexte que la fomme de 80000 liv. ne fuffifoit pas pour indemnifer le roi de ce qu'il auroit pu tirer de l'aide, la province confentit à l'impofition d'un nouveau droit, montant à 111776 livres, pour remplir ce qui manquoit à la valeur de l'*équivalent*; à condition néanmoins que fi la recette de l'*équivalent* montoit à plus de 80000 liv. il feroit fait diminution d'autant fur le nouveau droit, qui fut appellé du nom de l'impofition commune, *aide*.

En 1456 Charles VII diminua l'*équivalent*, & le réduifit à 70000 liv., mais en même temps il augmenta l'aide jufqu'à 120000 liv.

Louis XI en 1462 céda le droit d'*équivalent*, à la province, au moyen de 70000 livres de préciput; mais il ne paroît pas que ce traité ait jamais eu d'exécution, comme il réfulte de la déclaration donnée à Lyon par François I en 1522.

On voit d'ailleurs que Louis XI, par des lettres du 12 feptembre 1467, attribua la connoiffance de l'*équivalent*, en cas de reffort & de fouveraineté, à la cour des aides de Montpellier; & cette attribution fut confirmée par plufieurs autres lettres-patentes poftérieures, entr'autres par Charles IX le 20 juillet 1565; de forte que nos rois ont toujours joui de l'*équivalent* jufqu'à l'édit de Beziers, du mois d'octobre 1632, par lequel Louis XIII en fit la remife à la province, & de toutes autres impofitions. Les états follicitèrent néanmoins la révocation de cet édit, parce qu'il donnoit d'ailleurs atteinte à leurs privilèges; & ils en obtinrent en effet un autre au mois d'octobre 1649, qui confirma à la province la remife entière du droit de l'*équivalent*, confirmée par celui de 1649, au moyen de quoi ce droit eft préfentement affermé au profit de la province: elle y trouve un avantage confidérable, en ce qu'il produit beaucoup plus qu'elle ne paie au roi pour cet objet. (*A*)

ÉQUIVALENT eft auffi le nom que l'on donne, en certaines provinces, à une impofition qui tient lieu de la taille, comme on voit par des lettres du 10 mai 1643, regiftrées en la chambre des comptes, portant établiffement de ce droit au lieu de la taille dans les ifles de Marennes. (*A*)

ÉQUIVALENT, en quelques lieux, eft ce que le pays paie au roi au lieu du droit de gabelles, & pour avoir la liberté d'acheter & vendre du fel, & être exempt des greniers & magafins à fel. *Voyez le* gloff. de M. de Lauriere, au mot *Équivalent*. (*A*)

ÉQUIVALENT eft auffi un droit qui fe paie en quelques provinces, comme Auvergne & autres,

pour être exempt du tabellionage. *Voyez le* gloff. de M. de Lauriere, *ibid.* (*A*)

ÉQUIVOQUE, adj. & f. f. fe dit *en droit*, de tout ce qui, dans une loi, dans un jugement, dans un contrat, préfente une ambiguité, un double fens. *Voyez* AMBIGU.

Nous ajouterons, 1°. que, quand il fe trouve dans une loi quelque expreffion, quelque difpofition *équivoque*, il faut recourir au légiflateur pour avoir l'interprétation de fa volonté, *ejus eft interpretari cujus eft condere legem*; 2°. que fi les termes d'un jugement occafionnent des *équivoques*, les parties doivent s'adreffer par requête au juge, à l'effet qu'il lui plaife d'expliquer fa décifion. Sur cette requête, il ordonne que les parties en viendront à l'audience, où fur leurs repréfentations refpectives, il ftatue fur la difficulté fuivant l'état des chofes, & l'intention primitive qu'il avoit lors du jugement.

La fource la plus ordinaire des *équivoques* naît du peu d'attention que l'on apporte à la rédaction des actes qui règlent les droits des citoyens. C'eft pourquoi il feroit à defirer que les notaires, & tous ceux qui par leurs écrits coopèrent à l'exercice de la juftice, euffent fait une étude particulière de la langue, pour en employer les termes avec toute la clarté, la jufteffe & la précifion dont elle eft fufceptible.

C'eft le moyen véritable d'éviter les *équivoques* & les ambiguités, que produifent fouvent ou le double rapport d'un mot mal placé à deux membres différens d'une même phrafe, ou la double fignification qu'il peut avoir dans la circonftance où il eft employé.

ER

ÉRECTION, f. f. (*Droit public, civil & canon.*) on entend par ce terme, 1°. l'acte par lequel on attribue à un pays un titre de fouveraineté, ou à une terre, celui de fief, de comté, de duché, &c.; 2°. l'acte qui contient l'établiffement d'un nouveau bénéfice, ou d'une nouvelle dignité eccléfiaftique.

On trouvera dans le *Dictionnaire diplom. écon. polit.* ce qui concerne l'*érection* des royaumes & des empires. A l'égard de l'*érection* d'une terre en duché, marquifat, comté, baronnie, &c. il eft certain que le roi feul en France peut attribuer à une terre quelqu'une de ces qualités. Cette attribution, ou pour mieux dire, cette *érection* en fief de dignité, fe fait par des lettres-patentes, que l'impétrant eft tenu de faire infinuer au bureau du lieu où la terre eft fituée, & de faire enregiftrer & entériner dans les parlemens, & dans les chambres des comptes. *Voyez* COMTÉ, DUCHÉ, FIEF.

On fe fert communément du terme d'*érection*, pour marquer le nouvel établiffement d'un bénéfice ou dignité, ou même d'une églife particulière. L'*érection* peut fe faire de deux manières, dit M. Brunet, *not. apoft. liv. 5, ch. 3, 1°.* quand on donne le titre & le caractère d'un bénéfice à un lieu qui auparavant n'en étoit pas un, comme quand on érige une chapelle particulière, ou quand on érige des places d'habitués dans une paroisse en chanoinies & chapitre, 2°. quand on donne un titre plus élevé à un lieu déjà érigé en titre de bénéfice, comme quand on change une chapelle simple en cure, ou une prébende en dignité, ou une église collégiale, ou paroissiale en cathédrale, ou enfin un évêché en métropole, ou archevêché. Selon Amydenius, de *stylo datariæ*, *cap. 15*, §. 7, *n*. 94, ce ne sont pas là les vraies & propres *érections*: *ad duo genera reducuntur erectiones, propriam & impropriam : propriam erectionem dico, quando aliqua ecclesia à planta construitur & de non ecclesia fit ecclesia ; impropriam dico quando ecclesia jam reperitur constructa, sed mutatur illius status ut pote quod capella erigatur in parochialem, ibid.* Cette distinction n'est pas trop sensible ; l'on pourroit même dire que notre façon de parler ne s'en accommode pas, puisque nous nous servons plus communément du terme de fondation pour marquer le premier établissement d'une église, & du mot d'*érection* pour signifier le nouvel état qu'on lui donne. Ce qui seroit, selon nous, la vraie & propre *érection* contre l'acception d'Amydenius. Cet auteur parle, en l'endroit cité, de la confirmation des *érections* par le pape, suivant le style de la dataerie.

En général les *érections* doivent avoir pour cause principale, *ut servitium divinum augeatur, non autem ut diminuatur, c. ex parte de constit.* La nécessité, l'utilité peuvent aussi servir de motifs à ces fondations ou changemens, *c. mutationes 7, q. 1, c. præcipimus 16, q. 1*; mais réguliérement les nouveaux établissemens ne peuvent être faits au préjudice des anciens. *Mém. du clergé, tom. 4, p. 529.*

L'on voit sous les mots CHAPELLE, BÉNÉFICE, comment & dans quels cas on peut fonder & caractériser les vrais bénéfices ecclésiastiques. Pour la forme de l'*érection*, elle dépend de ce qui en fait l'objet. M. Brunet, en l'endroit cité, donne la formule de tous les actes nécessaires dans les *érections* suivantes, 1°. l'*érection* d'une chapelle particulière en titre de bénéfice, 2°. l'*érection* d'une église en collégiale ; 3°. l'*érection* d'une prébende en titre de dignité, 4°. l'*érection* d'un lieu ecclésiastique en paroisse, 5°. l'*érection* d'une église & d'un district, ou province en cathédrale & en diocèse, 6°. l'*érection* d'une cathédrale ou évêché en métropole ou archevêché.

1°. Pour l'*érection* d'une chapelle en bénéfice, il y a trois choses à observer, 1°. la dotation, 2°. le consentement des intéressés, qui sont le curé *in cujus territorio*, & le patron de la cure, le seigneur, &c. 3°. l'approbation & l'autorité de l'évêque. Voici les actes qui se font pour parvenir à cette *érection*: on dresse d'abord une requête qu'on présente à l'évêque, avec un projet des clauses & conditions de la fondation où se trouvent détaillés les biens destinés à la dotation du bénéfice.

La requête est répondue par un soit communiqué au promoteur, lequel conclut à la descente sur les lieux, & au rapport *de commodo & incommodo*; l'évêque commet en conséquence un de ses vicaires, ou un autre pour cette descente & information ; le commissaire dresse son procès-verbal après sa visite, où il n'a pas manqué de bien considérer la nature des biens destinés à la dotation, & d'entendre les parties intéressées ; & sur une seconde requête où l'on se réfère au rapport du commissaire, l'évêque rend son décret de fondation ou d'*érection* en titre : nous ne pouvons rapporter ici la formule de tous ces actes, on en voit de plusieurs sortes dans l'ouvrage cité de M. Brunet.

2°. Quand il s'agit de l'*érection* d'une église en collégiale ou chapitre, il faut, suivant Rebuffe, *in prax. de erect. in colleg.* & même suivant l'usage, l'intervention & l'autorité du pape, quoique certains auteurs soutiennent que l'autorité de l'évêque suffit : *cum episcopo in suâ diœcesi permissum est omne id quod non reperitur prohibitum, o. si quis venerit de maj. & obed. Amydenius, loc. cit. n. 98.*; Garcias, *part. 12, c. 5, n. 2 & seq.* On observe en cette *érection* les mêmes formalités qu'en la précédente, avec cette différence que la dotation doit être plus considérable, & que les curés sont mieux fondés à s'opposer à l'*érection* des collégiales, parce que ces églises portent plus de préjudice à leurs droits paroissiaux, que les simples bénéfices. Dans un décret d'*érection* d'une collégiale, il faut remarquer 1°. le motif qui est toujours *ad honorem & gloriam omnipotentis*, &c. 2°. le titre que l'on donne à la collégiale, *sub vocabulo*, &c. 3°. la qualification & l'état séculier ou régulier des chanoines que l'on érige, 4°. l'expression du droit qu'ils ont de former un chapitre, car les particuliers n'ont pas droit de faire corps, s'ils n'est institué légitimement, 5°. le chef du chapitre, *cum corpus sine capite existere nequit, c. cum non licet de præscript.* 6°. le nombre des prébendes que l'on érige, 7°. la division qu'on en a faite pour les affectations particulières aux choristes & clercs du bas chœur, 8°. les qualités des possesseurs de ces prébendes, si l'on ne veut laisser les choses au droit commun, 9°. distinguer les gros fruits des distributions. 10°. enfin les conditions & les clauses particulières que les fondateurs sont bien aise d'apposer dans l'acte d'*érection* sans déroger aux saints décrets, ni aux loix du royaume qui sont contenus dans la pragmatique, sous les titres *quoquisque*, &c. & seq.

3°. L'*érection* d'une prébende en dignité se fait encore, suivant le même Rebuffe, en l'endroit cité de l'autorité du pape : *qui non erigit*, dit-il, *sine clausula quod hoc fiat sine præjudicio & de consensu illorum, quorum interest ut statuit Alex. Voyez* DIGNITÉ. Amydenius, *n. 102*, dit que non-seulement l'évêque ne peut ériger de nouvelles dignités, mais qu'il ne peut pas même affecter certaines prérogatives à celles qui sont déjà fondées ; l'usage semble autoriser toutes ces opinions. Au reste les *érections* des prébendes en titres de dignités font moins des véritables *érections*, que des affectations des prébendes aux dignités que l'on érige."

Il arrive aussi que quand les bâtimens d'un monastère font beaux & en bon état, quand il est riche en revenus, on érige le couvent en abbaye. M. Brunet rapporte encore la forme des actes qui se font pour cette *érection*.

4°. L'*érection* d'un lieu ecclésiastique en paroisse, est une des plus importantes. *Voyez* PAROISSE, SUCCURSALE.

5°. Quant à l'*érection* des évêchés & archevêchés, *voyez* EVÊCHÉS, MÉTROPOLE.

Nous finirons par observer sur la matière de ce mot, que depuis le nouvel édit du mois d'août 1749, il ne se peut faire en France aucune *érection* de chapelles ou autres titres de bénéfices, que par la permission du roi, manifestée par des lettres-patentes qui ne s'accordent qu'avec connoissance de cause, & après qu'on a envoyé, avant toutes choses, le projet d'*érection* au conseil de sa majesté. Il faut joindre à l'édit de 1749 la déclaration interprétative de 1762, renouvellée en 1774.

ERMES, *ou* HERMES, adj. (*Droit féodal.*) terres *ermes*, font des terres désertes & abandonnées sans aucune culture : ce mot paroît venir du latin *eremus*, qui signifie *désert*, d'où on a fait *herema*, dont il est parlé dans la loi 4, au code *de censibus*. Papon les appelle aussi *prædia herema* ; & la coutume de Bourbonnois *terres hermes*, en l'*art.* 331, suivant lequel les terres *hermes* & les biens vacans font au seigneur justicier. Il y a cependant de la différence entre les terres *hermes* & les biens vacans : les premières font des terres en friches & désertes, dont on ne connoît point le dernier possesseur ; au lieu que les biens vacans font des biens qui ne font reclamés par personne, comme une succession vacante. (*A*)

Nos coutumes & même des auteurs très-récens, employent néanmoins souvent le mot de *vacans* pour désigner les terres vaines & vagues, & c'est ainsi qu'on doit entendre une note très-judicieuse d'ailleurs, de M. Ducher, sur l'*art.* 331 de la coutume de Bourbonnois. « La possession immémoriale, dit-il, ne suffit pas pour ôter au seigneur justicier le droit de concéder les *vacans*, jugé par arrêt du 16 juin 1777, en faveur du sieur Boyer, sur l'intervention de M. le prince de Condé. Le droit de blairie ou *vaine pâture*, permise par les *art.* 225 & 534, ne détruit pas le droit du justicier sur les *vacans*. Il faut un titre pour le droit de blairie. Jugé par arrêt du 7 septembre 1645 ».

Au reste, il n'est pas généralement reconnu que les terres *ermes* doivent appartenir au seigneur haut-justicier, plûtôt qu'au seigneur de fief dans les coutumes qui n'en disent rien, & dans les pays de droit écrit. *Voyez l'article* VAINES, *terres vaines & vagues.* (*M. GARRAN DE COULON, avocat au parlement.*)

ERRAMNE, vieux mot françois, qu'on trouve dans la coutume de Clermont, *article* 4. Ragueau, dans son indice, prétend qu'il signifie *procédure*, *expédition*, ou *errement*, comme *reclam* qu'on lit dans le même endroit, signifie *demande* & *poursuite*, qui se fait en justice.

ERREMENS, s. m. plur. *terme de pratique*, qui, dans le sens propre, signifie *traces* ou *voies* : mais il ne s'emploie qu'au figuré, en parlant d'affaires & de procès : on dit *les derniers erremens d'une instance ou procès*, en parlant des dernières procédures qui ont été faites de part & d'autre.

M. Boucher d'Argis, a dit dans la première édition de l'Encyclopédie, que ce terme paroissoit venir du latin *arrhæ*, d'où l'on a fait en françois *aires* ou *erres*, *airemens* ou *erremens*, les procédures & productions étant considérées comme des espèces d'arrhes ou gages que les parties se donnent mutuellement pour la décision du procès. On pourroit également le faire dériver du terme latin *error*, pris dans la signification de *voie*, *chemin*, puisqu'on entend par *erremens*, la voie que les plaideurs suivent pour l'instruction de leurs affaires.

Quoi qu'il en soit de l'étymologie de ce mot, les *erremens du plaids*, suivant nos anciens praticiens, étoient opposés aux gages de batailles ; les premiers n'avoient lieu que dans les affaires civiles, les autres dans les affaires criminelles qui se décidoient par la voie du duel ; cette différence est établie par Beaumanoir, *chap.* 8, 50 & 61.

On donne encore copie des derniers *erremens*, c'est-à-dire des dernières procédures, & on procède suivant les derniers *erremens*, lorsque l'on reprend une contestation dans le même état & dans les mêmes qualités dans lesquelles on procédoit ci-devant ; mais il faut pour cela que l'instance ne soit pas périe.

ERREUR, s. f. en général se dit, d'une pensée, d'une opinion contraire à la vérité : *en terme de pratique*, on confond l'erreur & l'ignorance, quoique l'ignorance ne soit qu'une simple privation de science, & que l'erreur consiste dans des idées fausses, ou dans une manière fausse de les assembler. Cette confusion dans les termes, établie par les loix romaines, a été suivie depuis par tous les jurisconsultes.

L'erreur procède du fait ou du droit.

L'erreur ou ignorance de fait, consiste à ne pas savoir une chose, qui est, ou comment elle existe : par exemple, si un héritier, institué ignore le testament qui le nomme héritier, ou si sachant le testament, il ignore la mort de celui à qui il succède.

On appelle aussi *erreur de fait*, lorsqu'un fait est avancé pour un autre, & qu'on l'affirme par ignorance ; parce qu'en ce cas c'est une *erreur* ou un faux énoncé : mais si le fait faux étoit avancé sciemment, il y auroit de la mauvaise foi.

L'erreur ou ignorance de droit, consiste à ne pas savoir ce qu'une loi ou coutume ordonne.

On dit généralement que l'*erreur de fait* ne nuit

jamais, mais feulement l'*erreur* de droit ; mais cette règle a befoin d'explication pour être bien entendue.

L'*erreur* de fait est toujours réparable même à l'égard des majeurs, parce que celui qui fait quelque chofe par *erreur*, n'est pas censé consentir, puisqu'il ne donne pas son consentement en connoissance de caufe ; mais il faut pour cela que l'*erreur* de fait foit telle qu'il paroisse évidemment qu'elle a été le feul fondement du consentement donné à l'acte ; car si elle n'est relative qu'à une partie de l'acte, elle ne le détruit pas, dès qu'il exiíte d'autres caufes qui peuvent le faire fubfister.

Dans le cas d'*erreur* de fait, l'acte n'est pas nul de plein droit, & il faut prendre la voie des lettres de refcifion, pour le faire refcinder.

L'ignorance des faits qui a induit en *erreur*, est toujours préfumée, lorfqu'il n'y a pas de preuve contraire ; excepté néanmoins dans les chofes qui font personnelles à celui qui allègue l'*erreur*, parce que chacun est censé favoir ce qui est de son fait. En effet, permettre à quelqu'un d'attaquer l'*erreur* de son propre fait, ce feroit, pour ainfi dire, autorifer un acte de démence, qu'on ne préfume pas dans un homme qui n'est pas interdit pour caufe de démence ou de fureur.

L'ignorance craffe & profonde d'un fait ne donne pas lieu également à la restitution ; par exemple, on ne feroit pas écouté à dire qu'on a ignoré un fait qui étoit public & connu de toute la ville. C'est la dispofition de la loi 6, *ff. de juris & facti ignor. Nec fupina ignorantia ferenda est factum ignorantis ; ut nec fcrupulofa inquifitio exigenda, fcientia enim hoc modo æstimanda est, ut neque negligentia craffa, aut nimia fecuritas ætatis expedita fit, neque delatoria curiofitas exigatur.*

L'*erreur* de droit ne préjudicie point aux mineurs, aux femmes, & autres perfonnes femblables, qui par la nature de l'éducation qu'elles reçoivent ordinairement, ne font pas cenfées connoître les loix & les coutumes. Mais à l'égard des majeurs, on doit tenir pour règle générale qu'à l'exception d'un petit nombre de cas, cette efpèce d'*erreur* leur préjudicie.

D'abord l'*erreur* du droit naturel nuit toujours, même aux gens les plus fimples & les plus groffiers, parce que perfonne ne peut être excufé à cet égard, *nec in eâ re rusticitati venia præstatur*, dit la loi 2, *c. de in jus vocando*, ou comme s'exprime Cujas, *omnes fciunt jus naturale, quod ex ipfâ naturâ haufimus, ad quod non eruditi fed facti, non instituti fed imbuti fumus.*

Il en est de même du droit public, c'est-à-dire de celui qui commande à tous les citoyens, en ce qui concerne la police & le gouvernement. Ce feroit en vain qu'on en établiroit des loix à cet égard, s'il étoit possible de les enfraindre fous prétexte d'ignorance. L'ordre fi néceffaire pour entretenir l'harmonie entre toutes les parties du corps politi-

que, feroit troublé, & on ne verroit plus que confufion, défordre & anarchie.

Dans les objets qui font réglés par le droit pofitif, l'*erreur* de droit, difent communément les auteurs, nuit à celui qui l'a commife, lorfqu'il manque à gagner ; mais elle ne lui nuit pas, lorfqu'il court rifque de perdre. Cette distinction a été inventée pour concilier la loi 10, *c. de juris & facti ignor.* avec les loix 7 & 8, *ff. eod. tit.*

Pour comprendre le fens de ces loix, & connoître la véritable fignification de cette règle, il faut distinguer fi on a livré par *erreur* de droit une chofe, & fi on veut la revendiquer ; ou fi au contraire on a feulement promis par ignorance de droit de la livrer, & fi on veut en retenir la poffeffion. Dans le premier cas, l'*erreur* de droit préjudicie, fuivant la loi 10, *c.* ; mais dans le fecond, les loix 7 & 8, *ff.* décident qu'elle ne nuit pas, & que l'obligé peut fe défendre par l'exception tirée de l'ignorance de droit.

Dans cette efpèce les interprètes du droit appellent *gain*, la revendication de l'objet livré, & *perte*, la confervation de celui qui a été promis, mais qui n'a pas encore été donné ; c'est-à-dire que, dans le premier cas, l'*erreur* de droit nuit au demandeur, parce qu'il cherche à gagner une chofe qui n'est plus en fa poffeffion, & a cru devoir donner ; au lieu que dans le fecond, l'*erreur* ne préjudicie pas au défendeur, parce qu'on lui évite feulement une perte.

Mais écartons toutes ces fubtilités tirées des loix romaines, & difons que l'*erreur* de droit nuit toujours lorfqu'on a une juste raifon de s'obliger ou de payer, mais qu'elle ne préjudicie pas quand l'obligation ou le paiement n'ont d'autre fondement que l'*erreur*. Ceci s'expliquera par des exemples.

Une femme en puissance de mari, contracte une obligation, fans y être autorifée ; cette obligation est nulle. Mais fi cette femme, après son veuvage, acquitte la dette qu'elle avoit contractée, elle ne doit pas être reçue à répéter le paiement qu'elle a fait, fous prétexte qu'elle a payé par *erreur*, & qu'elle ignoroit que la loi n'accordoit aucun effet civil à fon obligation, parce qu'elle avoit un motif fuffifant de payer dans les principes du droit naturel, qui lui prefcrit de ne faire tort à perfonne.

De même un débiteur, qui paffe reconnoissance d'une rente dont le titre étoit prefcrit, ne peut prétexter l'*erreur* de droit pour fe faire restituer contre fa reconnoissance, parce que, quoique l'action fût prefcrite, la dette fubfistoit toujours ; & qu'on peut préfumer qu'il a renoncé à l'exception réfultante de la prefcription.

Les prêts faits à un enfant de famille, ont été déclarés nuls par le fénatus-confulte Macédonien, dont nous avons admis les dispofitions : cependant fi le fils de famille, qui ignoroit cette loi, devenu majeur, ou après la mort de son père, a payé les emprunts qu'il avoit faits, ces paiemens feront
valables

valables & il ne pourra les répéter, par la raison, que, quoique la loi civile ait déclaré nulle l'obligation du fils de famille, en haine du prêteur, celui-là n'est pas moins obligé par la loi naturelle de rendre ce qui lui a été prêté.

S'il est évident que l'*erreur* de droit a été l'unique cause d'une obligation, si cette cause est fausse, l'obligation devient nulle, & il y a lieu à la restitution. Par exemple, une personne acquiert un fief dans une coutume, dans laquelle il n'est dû aucun droit de mutation; induite en *erreur* par le droit général coutumier, elle compose avec le seigneur dominant, & lui paie ou lui promet un relief qu'elle croyoit dû; non-seulement elle ne sera pas obligée au paiement de ce qu'elle a promis, mais si elle l'a effectué, il y aura lieu à la répétition, parce que l'obligation n'a pour fondement qu'une *erreur* de droit, & qu'il n'étoit rien dû au seigneur, soit par la loi civile, soit par la loi naturelle.

Dans les conventions, l'*erreur* est un vice qui les annule, lorsqu'elle tombe sur la substance, ou sur les qualités essentielles des choses qui en sont l'objet. Par exemple, si on me vend du métal doré pour de l'or, la vente est nulle, parce qu'il y a *erreur* dans la matière du contrat de vente: il en est de même si on me vend une prairie remplie d'herbes venimeuses, parce que cette mauvaise qualité vicie la substance même de la prairie, & en empêche l'usage naturel, celui de servir à la nourriture des bestiaux.

Mais l'*erreur* qui ne tombe que sur une qualité accidentelle de la chose, ne détruit pas la convention. J'achète un diamant que je crois parfait, des connoisseurs y trouvent quelques défauts, la vente n'en est pas nulle, quoique je ne l'eusse pas acheté, si je les avois connus, parce que l'*erreur* tombe seulement sur une qualité accidentelle, & que l'acquéreur a réellement donné son consentement lors de l'achat du diamant, quoiqu'il ne le crût pas défectueux. *Voyez* CONTRAT.

Dans les testamens, l'*erreur* dans le nom du légataire, vicie le legs, à moins que la volonté du testateur ne soit d'ailleurs constante. *Voyez* LEGS.

C'est une espèce de proverbe au palais, que l'*erreur* commune opère autant que le droit: *error communis jus facit.* Cette maxime a été introduite par une raison d'intérêt public, qui ne permet pas d'opposer à quelqu'un l'*erreur* dans laquelle sont tombés la plupart de ceux qui avoient intérêt de savoir un fait, qu'ils ont cependant ignoré. Elle est fondée sur deux exemples remarquables de l'effet qu'elle produit; l'un est la fameuse loi *barbarius Philippus*, *ff. de offic. præt.* qui décide, que tout ce qui avoit été fait par un esclave, revêtu de l'office de prêteur, étoit valable: le second est la loi *si quis*, *ff. ad S. C. maced.* dans laquelle il est dit, que si un homme a traité avec un fils de famille, qui passoit publiquement pour un père de famille, le fils de famille ne pourra exciper

Jurisprudence. Tome IV.

contre lui du bénéfice du Macédonien, *quia publicè... sic agebat, sic contrahebat.*

C'est sur le fondement de cette maxime, que le parlement de Toulouse, par arrêt du 15 mai 1608, confirma sur un appel comme d'abus, la procédure faite par un official qui n'étoit pas prêtre, & enjoignit seulement aux prélats de se conformer aux ordonnances, & d'établir pour officiaux, des ecclésiastiques qui eussent la qualité de prêtre.

Lorsqu'il s'agit d'un compte, on appelle *erreur de calcul*, la méprise qui se fait en comptant & marquant un nombre pour un autre. Cette erreur ne se couvre pas, suivant la disposition de l'ordonnance de 1667, *tit. 29, art. 21*, conforme à la loi *unic. c. de err. calc.*

ERVES, ce mot se trouve dans la coutume de la châtellenie d'Audrwicq & pays de Brédénarde, locale de celle du bailliage de S. Omer. M. Merlin nous apprend, dans le *Répertoire universel*, que c'est une espèce de biens cottiers, c'est-à-dire roturiers; la coutume citée en distingue deux espèces, les terres *censelles* & les terres *erves*, ou *vicomtés*. Celles-ci doivent au seigneur dont elles relèvent le vingtième denier du prix de chaque mutation; mais lorsqu'elles sont échangées avec des terres censelles, elles ne doivent ni retrait ni droit seigneurial. (M. GARRAN DE COULON.)

E S

ESBATTRE (*s'*) *de son fief*: cette expression qui se trouve dans l'article 61 de la coutume de Blois, signifie *se jouer de son fief. Voyez* JEU DE FIEF.

ESCAETTE. *Voyez* ECHETTE.

ESCANDILLONAGE, s. m. (*Jurisprud.*) est un droit dû à quelques seigneurs féodaux, pour la visite, examen, & étalonnage des poids & mesures: ce terme vient du mot *échantillon*, qui étoit quelquefois usité en cette matière pour *étalon*: l'*échantillon* étoit la règle des autres poids & mesures; d'*échantillon*, on a fait *eschanteller* ou *eschantiller*: la charte des libertés de Mont-Royal, de l'an 1287, porte: & *si dicatur mensura falsa, vel ulna, ad mensuras, vel ulnas eschantillandas, vocentur duo vel tres burgenses meliores de villa, & ille cujus est mensura vel ulna & in presentiâ eorum eschantilletur & videatur utrum sit falsa vel non.*

Le terme d'*échantiller* est encore usité à Lyon pour les poids, & signifie *confronter un poids avec le poids original*. Le réglement du 28 septembre 1689, ordonne que le fermier du droit de marc sur l'or & sur l'argent, sera tenu de se servir dans l'argue de Lyon, de poids échantillés sur la matrice du poids de marc, étant au greffe de la monnoie de Lyon; il est visible, que de ce mot *eschantiller*, on a fait *eschantillonage*. *Voyez* Saint Julien dans son *Histoire de Châlons*, p. 394; la coutume de Loudunois, *tit. de moyenne justice, art. 2*; Begat, sur la coutume de Bourgogne, *art. 187*; Boizard, en son *Traité*

T t

des monnoies. Voyez aussi ÉCHANTILLON, ÉTALON, MESURES, POIDS. (*A*)

ESCAS *ou* ESCARTS, d'où est venu *escaffable*, sujet au droit d'*escas. Voyez* ECART.

ESCHANGIER, s. m. terme particulier de la coutume de Hainaut, *chap.* 65. Elle s'en sert pour désigner le présomptif héritier d'une personne, celui à qui une succession échoit.

ESCHANGÉS *par mariage*, expression usitée en Bourbonnois, pour désigner l'espèce d'échange ou de subrogation qui se fait par un double mariage entre les enfans de deux familles différentes. *Voyez* AFFILIATION COUTUMIÈRE.

ESCHET. *Voyez* ECHETS.

ESCHETE. *Voyez* ECHETE, ECHETTE, ECHOITTE, ECHUTE.

ESCHEVER, v. a. dans la coutume de Clermont, veut dire *éviter*. Entre le four d'un boulanger, y est-il dit, & le mur mitoyen, il doit y avoir demi-pied de ruelle, ou contre mur pour *eschever* la chaleur & le péril du feu.

ESCLAVAGE, s. m. ESCLAVE, s. m. (*Droit des gens. Droit civil.*) les jurisconsultes romains définissoient l'*esclavage*, une constitution du droit des gens, qui soumettoit un homme à l'empire d'un autre, contre la loi naturelle.

En effet, par le droit naturel, tous les hommes naissent incontestablement libres; mais la loi du plus fort, le droit de la guerre, l'ambition, l'amour de la domination, le luxe ont introduit l'*esclavage* dans toutes les parties du monde, & chez presque toutes les nations.

Nous n'examinerons pas ici la question de l'*esclavage*, par rapport au droit politique & à l'ordre social; elle se trouvera discutée dans *le Dictionnaire diplom. écon. polit.* auquel nous renvoyons. Nous nous bornerons à donner le précis des loix qui concernent les *esclaves*.

Nous entendons par *esclave*, celui qui est privé de la liberté naturelle, & qui est soumis à la puissance d'un maître; & par *esclavage*, l'état de la personne qui est en servitude.

Il est probable que les Assyriens sont les premiers qui introduisirent l'*esclavage*, car ils furent les premiers qui firent la guerre, d'où est venu la servitude, puisque les premiers *esclaves* furent les prisonniers pris en guerre. Les vainqueurs ayant le droit de les tuer, préférèrent de leur conserver la vie, d'où on les appella *servi quasi servati*, ce qui devint en usage chez tous les peuples qui avoient privé les Ilotes de leur liberté, c'est pourquoi les loix disent que la servitude a été introduite pour le bien public.

Les Egyptiens & les Grecs eurent aussi des *esclaves*. On prétend que parmi les Grecs, les Lacédémoniens furent les premiers qui réduisirent en servitude leurs prisonniers de guerre. Ils les traitoient avec la plus grande rigueur: Non contens d'avoir privé les Ilotes de leur liberté, ils eurent encore la barbarie de les condamner à un *esclavage*

perpétuel, & de défendre aux maîtres de les affranchir & de les vendre hors du pays.

Il n'en étoit pas de même chez les autres peuples de la Grèce; l'*esclavage* y étoit extrêmement adouci, & Plutarque nous apprend qu'un *esclave* trop rudement traité par son maître, pouvoit demander d'être vendu à un autre.

Les Athéniens en particulier, au rapport de Xénophon, en agissoient envers leurs *esclaves* avec beaucoup de douceur: ils punissoient sévèrement, quelquefois même de mort, celui qui avoit battu l'*esclave* d'un autre. La loi d'Athènes, avec raison, ne vouloit pas ajouter la perte de la sûreté à celle de la liberté. On ne voit point aussi que les *esclaves* aient troublé cette république, comme ils ébranlèrent celle de Sparte. Ces deux exemples doivent servir d'instruction aux nations qui possèdent encore aujourd'hui des *esclaves*.

Les Romains suivirent l'exemple des autres peuples. Ils eurent pour *esclaves* non seulement leurs prisonniers de guerre, mais ils inventèrent même plusieurs façons nouvelles d'en acquérir, & firent beaucoup de loix pour régler leur état.

Ceux qu'ils avoient pris en guerre étoient appellés *mancipia*, *quasi manu capta*; on faisoit cependant une différence de ceux qui, après avoir mis bas les armes, se rendoient au peuple romain; on ne mettoit point ceux-là dans l'*esclavage*, ils étoient maintenus dans tous leurs privilèges, & demeuroient libres; on les faisoit seulement passer sous le joug, pour marquer qu'ils étoient soumis à la puissance romaine: on les appelloit *dedititii quia se dederant*, au lieu de ceux qui étoient pris les armes à la main ou dans quelque ville prise d'assaut devenoient vraiment *esclaves*.

Les Romains en achetoient aussi du butin fait sur les ennemis, & de la part réservée pour le public, ou de ceux qui les avoient pris en guerre, ou des marchands qui en faisoient trafic & les vendoient dans les marchés.

Il y avoit aussi des hommes libres qui se vendoient eux-mêmes. Les mineurs étoient restitués contre ces ventes, les majeurs ne l'étoient pas. Cette servitude volontaire fut introduite par un décret du sénat du temps de l'empereur Claude, & abrogée par Léon le Sage, par sa novelle 44.

Les enfans nés d'une femme *esclave* étoient aussi *esclaves* par la naissance, suivant la maxime du droit romain, *partus sequitur ventrem*.

Enfin la peine de ceux qui s'étoient rendus indignes de la liberté, étoit de tomber dans l'*esclavage*. On privoit de la liberté ceux qui avoient commis quelque action déshonorante & odieuse, qui s'étoient soustraits au dénombrement, qui avoient déserté en temps de guerre, & les affranchis ingrats envers leur patron. Lorsqu'un criminel étoit condamné à quelque peine capitale, la peine étoit souvent commuée en celle de l'*esclavage*. Les femmes libres, qui s'étoient livrées à un *esclave*, participoient aussi à la condition ; mais Juftinien abolit cette peine.

Les Romains, dans les beaux jours de la république, traitoient leurs *efclaves* avec bonté : ils vivoient, travailloient & mangeoient avec eux. Le plus grand châtiment qu'ils leur infligeoient, confiftoit à attacher, fur le dos ou fur la poitrine d'un *efclave* coupable, une efpèce de fourche, de lui étendre les bras aux deux bouts de cette fourche, & de le promener ainfi dans les places publiques.

Ils leur permettoient de s'affocier enfemble par une efpèce de mariage, qu'on appelloit *contubernium* ; ils fe chargeoient de l'éducation de leurs enfans, & leur faifoient apprendre les arts mécaniques, & même les arts libéraux, lorfqu'ils trouvoient en eux des difpofitions. Térence & Phèdre font un exemple du foin avec lequel les *efclaves* étoient élevés.

Les *efclaves* avoient un pécule, c'eft-à-dire, un tréfor, une bourfe particulière, qu'ils poffédoient aux conditions impofées par leurs maîtres, & qu'ils faifoient valoir par leur induftrie. Les profits de ce pécule leur procuroient en même temps & l'aifance dans la fervitude, & l'efpérance de la liberté, qu'ils étoient en état d'acheter.

Dans la fuite des temps, le luxe s'étant introduit à Rome, & y ayant corrompu les mœurs, les maîtres firent fervir les *efclaves* à leur orgueil, & on ne fe fit aucun fcrupule de les traiter inhumainement. De-là plufieurs révoltes de la part des *efclaves*, & la promulgation de loix terribles, pour établir la fûreté de ces maîtres cruels, qui vivoient au milieu des *efclaves*, comme au milieu de leurs ennemis. Tels furent les motifs des fénatufconfultes filanien & claudien, dont il eft parlé au digefte, *lib.* 29, *tit.* 5.

Quoique les *efclaves* fuffent tous d'une même condition, puifqu'ils fubiffoient tous la même efpèce de fervitude, leurs emplois & leur miniftère étoient différens, & on les diftinguoit par différens titres, felon les fonctions que les maîtres leur confioient. Il feroit trop long d'entrer dans ce détail, qui feroit d'ailleurs plus curieux qu'utile : bornons-nous feulement à examiner ce que les loix romaines avoient ftatué de particulier à leur égard, puifque nous en avons adopté les principes pour les *efclaves* de nos colonies.

Les *efclaves* n'étoient point mis au rang des perfonnes ; on les mettoit dans la claffe des chofes ou des biens. Ils ne participoient point aux droits de la fociété ; tout ce qu'ils acquéroient tournoit au profit de leur maître : ils pouvoient faire fa condition meilleure, mais non pas l'engager à fon détriment : ils ne pouvoient contracter mariage ni aucune autre obligation civile ; mais quand ils promettoient quelque chofe, ils étoient obligés naturellement ; ils étoient auffi obligés par leurs délits : ils ne pouvoient faire aucune difpofition à caufe de mort, ni être inftitués héritiers, ni être témoins dans aucun acte ; ils ne pouvoient accufer leur maître, ni l'actionner en juftice.

Par l'ancien droit romain, les maîtres avoient droit de vie & de mort fur leurs *efclaves* ; la plupart des autres nations n'en ufoient pas ainfi. Cette févérité fut adoucie par les loix des empereurs, & Adrien décerna la peine de mort contre ceux qui tueroient leurs *efclaves* fans raifon ; & même lorfque le maître ufoit trop cruellement du droit de correction qu'il avoit fur fon *efclave*, on l'obligeoit de le vendre.

Le commerce des *efclaves* & de leurs enfans fut toujours permis à Rome ; ceux qui vendoient un *efclave* étoient obligés de le garantir & d'expofer fes défauts corporels auffi-bien que ceux de fon caractère : il fut même ordonné par les édiles, que quand on meneroit un *efclave* au marché pour le vendre, on lui attacheroit un écriteau fur lequel toutes fes bonnes & mauvaifes qualités feroient marquées. A l'égard de ceux qui venoient des pays étrangers, comme on ne les connoiffoit pas affez pour les garantir, on les expofoit pieds & mains liés dans le marché, ce qui annonçoit que le maître ne fe rendoit point garant de leurs bonnes ou mauvaifes qualités.

L'affranchiffement ou manumiffion étoit ordinairement la récompenfe des *efclaves* dont les maîtres étoient les plus fatisfaits. Il fe faifoit de trois manières ; favoir, *manumiffio per vindictam*, lorfque le maître préfentoit fon *efclave* au magiftrat (depuis Conftantin fe firent des fortes d'affranchiffemens dans les églifes) ; ou bien *manumiffio per epiftolam & inter amicos*, lorfque le maître l'affranchiffoit dans un repas qu'il donnoit à fes amis ; enfin *manumiffio per teftamentum*, celle qui étoit faite par teftament : l'effet de tous ces différens affranchiffemens étoit de donner à l'*efclave* la liberté.

La loi *fufia caninia* avoit reftraint le nombre d'*efclaves* qu'on pouvoit affranchir par teftament, & vouloit qu'ils fuffent défignés par leur nom propre ; mais cette loi fut abrogée par Juftinien en faveur de la liberté.

L'*efclavage* n'ayant point été aboli par la loi de l'évangile, la coutume d'avoir des *efclaves* a duré encore long-temps depuis le chriftianifme, tant chez les Romains que chez plufieurs autres nations. Il y a encore des pays où les *efclaves* font communs, comme en Pologne, où les payfans font naturellement *efclaves* des gentilshommes.

En France, il y avoit auffi autrefois des *efclaves* de même que chez les Romains, ce qui vint de ce que les Francs laifsèrent vivre les Gaulois & les Romains fuivant leurs loix & leurs coutumes.

Childebert ordonna, en 554, que l'on ne paffât point en débauches les nuits des vigiles de pâques, noël & autres fêtes, à peine contre les contrevenans de condition fervile & de cent coups de verge.

Outre les véritables *efclaves*, il y avoit en France beaucoup de ferfs, qui tenoient un état mitoyen entre la fervitude romaine & la liberté. Louis le Gros affranchit tous ceux qui étoient dans les terres de son domaine, & il obligea peu-à-peu les seigneurs de faire la même chose dans leurs terres. S. Louis & ses succession abolirent aussi, autant qu'ils purent, toutes les servitudes personnelles. Il y a pourtant encore dans quelques coutumes, des serfs de main-morte qui sont encore *esclaves*. *Voyez* SERFS.

Il y avoit même aussi quelques *esclaves* en France dans le treizième siècle : en effet, Philippe le Bel, en 1296, donna à Charles de France son frère, comte de Valois, un Juif de Pontoise, & il paya 300 liv. à Pierre de Chambly pour un Juif qu'il avoit acheté de lui.

Mais présentement en France toutes personnes sont libres, & si-tôt qu'un *esclave* y entre, en se faisant baptiser, il acquiert sa liberté ; ce qui n'est établi par aucune loi, mais par un long usage qui a acquis force de loi.

Il ne reste plus d'*esclaves* proprement dits dans les pays de la domination de France, excepté dans les îles françoises de l'Amérique. L'édit du mois de mars 1685, appellé communément le *code noir*, contient plusieurs réglemens qui les concernent.

Il ordonne que tous les *esclaves* qui seront dans les îles françoises seront baptisés, instruits dans la religion catholique, apostolique & romaine : il est enjoint aux maîtres qui acheteront des négres nouvellement arrivés, d'en avertir dans huitaine les gouverneurs & intendans des îles, qui donneront les ordres pour les faire instruire & baptiser dans le temps convenable.

Les maîtres ne doivent point permettre ni souffrir que leurs *esclaves* fassent aucun exercice public ni assemblée, pour aucune autre religion.

On ne doit préposer à la direction des négres que des commandeurs faisant profession de la religion catholique, à peine de confiscation des négres contre les maîtres qui les auroient préposés, & de punition arbitraire contre les commandeurs qui auroient accepté cette charge.

Il est défendu aux réligionnaires d'apporter aucun trouble à leurs *esclaves* dans l'exercice de la religion catholique, à peine de punition exemplaire.

Il est pareillement défendu de faire travailler les *esclaves* les dimanches & fêtes, depuis l'heure de minuit jusqu'à minuit suivant, soit à la culture de la terre, à la manufacture des sucres, ou autres ouvrages, à peine d'amende & de punition arbitraire contre les maîtres, & de confiscation tant des sucres que des *esclaves* qui seront surpris dans le travail.

On ne doit pas non plus tenir ces jours-là le marché des négres, sur pareilles peines, & d'amende arbitraire contre les marchands.

Les hommes libres qui ont un ou plusieurs enfans de leur concubinage avec leurs *esclaves*, & les maîtres qui l'ont souffert, sont condamnés chacun à une amende de 2000 livres de sucre ; & si c'est le maître de l'*esclave*, il est en outre privé

de l'*esclave* & des enfans, elle & eux sont confisqués au profit de l'hôpital, sans pouvoir jamais être affranchis. Ces peines n'ont cependant point lieu, lorsque le maître n'étant point marié à une autre, épouse en face de l'église son *esclave*, laquelle est affranchie par ce moyen, & les enfans rendus libres & légitimes.

Toutes les formalités prescrites par les ordonnances sont nécessaires pour le mariage des *esclaves*, excepté le consentement des père & mère de l'*esclave* ; celui du maître suffit. Les curés ne doivent point marier les *esclaves* sans qu'on leur fasse apparoir de ce consentement. Il est aussi défendu aux maîtres d'user d'aucune contrainte sur leurs *esclaves* pour les marier contre leur gré.

Les enfans qui naissent d'un mariage entre *esclaves* sont aussi *esclaves*, & appartiennent aux maîtres des femmes *esclaves*, & non à ceux de leur mari, si le mari & la femme ont des maîtres différens.

Lorsqu'un *esclave* épouse une femme libre, les enfans, tant mâles que femelles, suivent la condition de leur mère, & sont libres comme elle, nonobstant la servitude de leur père ; & si le père est libre & la mere *esclave*, les enfans sont pareillement *esclaves*.

Les maîtres doivent faire inhumer dans les cimetières destinés à cet effet, les *esclaves* baptisés. Ceux qui décèdent sans avoir reçu le baptême, sont inhumés dans quelque champ voisin du lieu où ils sont décédés.

Les *esclaves* ne peuvent porter aucunes armes offensives, ni de gros bâtons, à peine du fouet & de confiscation des armes au profit de celui qui les en trouvera saisis ; à l'exception de ceux qui sont envoyés à la chasse par leurs maîtres, & qui sont porteurs de leur billet ou marque connue.

Il est défendu aux *esclaves* de différens maîtres de s'attrouper, soit le jour ou la nuit, sous prétexte de noces ou autrement, soit chez un de leurs maîtres ou ailleurs, encore moins dans les grands chemins ou lieux écartés, à peine de punition corporelle, qui ne peut être moindre que du fouet & de la fleur-de-lys ; & en cas de fréquentes récidives & autres circonstances aggravantes, ils peuvent être punis de mort.

Les maîtres convaincus d'avoir permis ou toléré telles assemblées, composées d'autres *esclaves* que de ceux qui leur appartiennent, sont condamnés, en leur propre & privé nom, à réparer tout le dommage qui aura été fait à leurs voisins, à l'occasion de ces assemblées, en dix écus d'amende, pour la première fois, & au double, au cas de récidive.

Il est défendu aux *esclaves* de vendre des cannes de sucre pour quelque cause ou occasion que ce soit, même avec la permission de leur maître, à peine du fouet contre l'*esclave*, de dix livres contre le maître qui l'aura permis, & de pareille amende contre l'acheteur.

Ils ne peuvent aussi exposer en vente au marché, ni porter dans les maifons pour vendre, aucunes denrées, fruits, légumes, bois, herbes, beftiaux de leurs manufactures, fans permiffion expreffe de leurs maîtres, par un billet ou par des marques connues, à peine de revendication des chofes ainfi vendues fans reftitution du prix par le maître, & de fix livres d'amende à fon profit contre l'acheteur. Il doit y avoir dans chaque marché deux perfonnes prépofées pour tenir la main à cette difpofition.

Les maîtres font tenus de fournir chaque femaine à leurs *efclaves*, âgés de dix ans & au-deffus, pour leur nourriture, deux pots & demi, mefure du pays, de farine de manioc, ou trois caffaves pefant deux livres & demie chacune au moins, ou chofes équivalentes, avec deux livres de bœuf falé, ou trois livres de poiffon, ou autres chofes à proportion; & aux enfans, depuis qu'ils font fevrés jufqu'à l'âge de dix ans, on doit fournir la moitié des mêmes vivres.

Il eft défendu aux maîtres de donner aux *efclaves* de l'eau-de-vie de canne guildent, pour tenir lieu de ces vivres, ni de fe décharger de la nourriture de leurs *efclaves*, en leur permettant de travailler certain jour de la femaine pour leur compte particulier.

Chaque *efclave* doit avoir par an deux habits de toile, ou quatre aunes de toile, au gré du maître.

Les *efclaves* qui ne font point nourris, vêtus & entretenus par leur maître, felon le réglement, peuvent en donner avis au procureur du roi, & mettre leurs mémoires entre fes mains, fur lefquels, & même d'office, les maîtres peuvent être pourfuivis à fa requête & fans frais. La même chofe doit être obfervée pour les traitemens inhumains faits aux *efclaves* par leurs maîtres.

Ceux qui deviennent infirmes par vieilleffe, maladie, ou autrement, foit que la maladie foit incurable ou non, doivent être nourris & entretenus par leur maître; & en cas qu'il les eût abandonnés, les *efclaves* font adjugés à l'hôpital, auquel les maîtres font condamnés de payer 6 fols par jour pour la nourriture & l'entretien de chaque *efclave*.

Les *efclaves* ne peuvent rien avoir qui ne foit à leur maître; &tout ce qui leur vient par induftrie, ou par la libéralité d'autres perfonnes, ou autrement, eft acquis en pleine propriété à leur maître, fans que les enfans des *efclaves*, leurs père & mère, leurs parens, & tous autres libres ou *efclaves*, puiffent rien prétendre par fucceffion, difpofition entre-vifs ou à caufe de mort; lefquelles difpofitions font nulles, enfemble toutes promeffes & obligations qu'ils auroient faites, comme étant faites par gens incapables de difpofer & de contracter de leur chef.

Les maîtres font néanmoins tenus de ce que les *efclaves* ont fait par leur ordre, & de ce qu'ils ont géré & négocié dans la boutique, & pour le commerce auquel le maître les a prépofés; mais le maître n'eft tenu que jufqu'à concurrence de ce qui a tourné à fon profit. Le pécule que le maître a permis à fon *efclave*, en eft tenu après que le maître en a déduit par préférence ce qui peut lui être dû, à moins que le pécule ne confiftât en tout ou partie, en marchandife, dont les *efclaves* auroient permiffion de faire trafic à part: le maître y viendroit par contribution avec les autres créanciers.

On ne peut pourvoir un *efclave* d'aucun office ni commiffion ayant quelque fonction publique, ni le conftituer agent pour autres que fon maître. Les *efclaves* ne peuvent être arbitres; & fi on les entend comme témoins, leur dépofition ne fert que de mémoire, fans qu'on en puiffe tirer aucune préfomption, ni conjecture, ni adminicule de preuve: ils ne peuvent efter en jugement en matière civile, foit en demandant ou défendant, ni être partie civile en matière criminelle.

On peut les pourfuivre criminellement fans qu'il foit befoin de rendre le maître partie, finon en cas de complicité.

L'*efclave* qui frappe fon maître ou la femme de fon maître, fa maîtreffe ou leurs enfans, avec effufion de fang, ou au vifage, eft puni de mort. Les autres excès commis fur des perfonnes libres, les vols, font auffi punis féverement, même de mort, s'il y échet.

En cas de vol ou autre dommage caufé par l'*efclave*, outre la peine corporelle qu'il fubit, le maître doit, en fon nom, réparer le dommage, fi mieux il n'aime abandonner l'*efclave*; ce qu'il doit opter dans trois jours.

Un *efclave* qui a été en fuite pendant un mois, à compter du jour que fon maître l'a dénoncé en juftice, a les oreilles coupées & eft marqué d'une fleur-de-lys fur l'épaule; la feconde fois il eft marqué de même, & on lui coupe le jarret; la troifième fois il eft puni de mort.

Les affranchis qui donnent retraite aux *efclaves* fugitifs, font condamnés par corps envers le maître en l'amende de 300 livres de fucre pour chaque jour de rétention.

L'*efclave* que l'on punit de mort fur la dénonciation de fon maître, non complice du crime, eft eftimé avant l'exécution par deux perfonnes nommées par le juge, & le prix de l'eftimation eft payé au maître; à l'effet de quoi le montant de cette eftimation eft impofée par l'intendant fur chaque tête de nègre payant droit.

Il eft permis aux maîtres, lorfque leurs *efclaves* l'ont mérité, de les faire enchaîner, de les faire battre de verges ou de cordes; mais ils ne peuvent leur donner la torture, ni leur faire aucune mutilation de membre, à peine de confifcation des *efclaves*. Si un maître ou un commandeur tue un *efclave* à lui foumis, il doit être pourfuivi criminellement; mais s'il y a lieu de l'abfoudre, il n'eft pas befoin pour cela de lettres de grace.

Les *efclaves* font meubles, & comme tels

entrent en communauté ; ils n'ont point de
suite par hypothèque, se partagent également entre
les héritiers, sans précuput ni droit d'aînesse ; ils
ne font point fujets au douaire coutumier, ni aux retraits féodal & lignager, aux droits feigneuriaux,
aux formalités des décrets, ni au retranchement
des quatre quints : on peut cependant les ftipuler
propres à foi & aux fiens de fon côté & ligne.

Dans la faifie des *efclaves*, on fuit les mêmes
règles que pour les autres faifies mobiliaires ; il
faut feulement obferver que l'on ne peut faifir &
vendre féparément le mari & la femme & leurs
enfans impubères, s'ils font tous fous la puiffance
du même maître. On doit obferver la même chofe
dans les ventes volontaires.

Les *efclaves* âgés de quatorze ans & au-deffus,
jufqu'à foixante, travaillant actuellement dans
les fucreries, indigoteries & habitations, ne peuvent être faifis pour dettes, finon pour ce qui
fera dû fur le prix de leur achat, ou que la fucre-
rie, indigoterie ou habitation ne foit faifie réellement, les *efclaves* de cette qualité étant compris
dans la faifie réelle.

Les enfans nés des *efclaves* depuis le bail judiciaire, n'appartiennent point au fermier, mais à la
partie faifie, & font ajoutés à la faifie réelle. On
ne diftingue point dans l'ordre le prix des *efclaves*
de celui du fonds ; mais les droits feigneuriaux ne
font payés qu'à proportion du fonds.

Les lignagers & feigneurs féodaux ne peuvent
retirer les fonds décrétés, fans retirer les *efclaves*
vendus avec le fonds.

Les gardiens nobles & bourgeois, ufufruitiers,
admodiateurs & autres, jouiffant des fonds auxquels font attachés des *efclaves* qui travaillent, doivent gouverner ces *efclaves* comme bons pères
de famille, fans qu'ils foient tenus, après leur adminiftration, de rendre le prix de ceux qui font
décédés ou diminués par maladie, vieilleffe ou autrement, fans leur faute. Ils ne peuvent auffi leur
retenir comme fruits les enfans nés des *efclaves* durant leur adminiftration, lefquels doivent être rendus au propriétaire.

L'édit de 1685 permettoit aux maîtres âgés de
20 ans, d'affranchir leurs *efclaves* par acte entre-vifs,
ou à caufe de mort, fans être obligés d'en rendre
raifon, & fans avis de parens. Mais la déclaration
du 15 décembre 1723 défend aux mineurs, quoiqu'émancipés, de difpofer des nègres qui fervent
à exploiter leurs habitations, jufqu'à ce qu'ils aient
atteint l'âge de 25 ans accomplis, fans néanmoins
que les nègres ceffent d'être réputés meubles par
rapport à tous autres effets.

Une ordonnance du 15 juin 1736, a reftraint
le pouvoir d'affranchir, aux maîtres qui en ont
obtenu la permiffion par écrit, des gouverneurs ou
intendans de la colonie. L'affranchiffement fait fans
cette permiffion eft nul ; l'*efclave* eft confifqué, &
le maître qui l'a affranchi eft condamné à une
amende arbitraire.

Les enfans d'*efclaves* qui font nommés légataires
univerfels par leur maître, ou nommés exécuteurs
de fon teftament, ou tuteurs de fes enfans, font
réputés affranchis.

Ceux qui font affranchis font réputés régnicoles, fans qu'ils aient befoin de lettres de naturalité.

Les affranchis font obligés de porter un refpect
fingulier à leurs anciens maîtres, à leurs veuves
& à leurs enfans ; enforte que l'injure qu'ils leur
font eft punie plus grièvement que fi elle étoit
faite à une autre perfonne : du refte les anciens
maîtres ne peuvent prétendre d'eux aucun fervice,
ni droit fur leurs perfonnes & biens, ni fur leur
fucceffion.

Enfin l'édit accorde aux affranchis les mêmes
droits, privilèges & immunités dont jouiffent les perfonnes nées libres.

Les difpofitions de l'édit de 1685, que nous
venons de rapporter, concernent les *efclaves* qui
font dans les colonies ; mais il étoit néceffaire de
pourvoir par de nouveaux réglemens aux droits
des maîtres fur leurs *efclaves*, amenés ou envoyés
en France. C'eft ce qui a donné lieu à l'édit d'octobre 1716, & à la déclaration du 15 feptembre
1738.

Ces loix ordonnent que, lorfqu'un maître voudra amener en France un *efclave* nègre, foit pour
le fortifier dans notre religion, foit pour lui faire
apprendre quelque art ou métier, il en obtiendra
la permiffion du gouverneur ou commandant, qu'il
la fera enregiftrer au greffe de la jurifdiction du
lieu de fa réfidence avant fon départ, & en celui
de l'amirauté du lieu du débarquement, huitaine
après l'arrivée en France. La même chofe doit être
obfervée, lorfque les maîtres envoient leurs *efclaves* en France ; & au moyen de ces formalités,
les *efclaves* ne peuvent prétendre avoir acquis leur
liberté fous prétexte de leur arrivée en France, &
font tenus de retourner dans les colonies quand
leurs maîtres le jugent à propos.

Il eft auffi défendu à toutes perfonnes d'enlever
ni de fouftraire en France les *efclaves* nègres de la
puiffance de leurs maîtres, à peine de répondre de
leur valeur, & de 1000 livres d'amende pour chaque
contravention.

Les *efclaves* nègres de l'un & de l'autre fexe,
amenés ou envoyés en France, ne peuvent s'y
marier fans le confentement de leurs maîtres ; &
en vertu de ce confentement, les *efclaves* deviennent libres.

Pendant le féjour des *efclaves* en France, tout
ce qu'ils peuvent acquérir par leur induftrie ou
par leur profeffion, en attendant qu'ils foient renvoyés dans les colonies, appartient à leurs maîtres, à la charge par ceux-ci de les nourrir & entretenir.

Si le maître qui a amené ou envoyé des *efclaves* en France vient à mourir, les *efclaves* reftent
fous la puiffance des héritiers du maître décédé,
lefquels doivent renvoyer les *efclaves* dans les

colonies avec les autres biens de la succession, conformément à l'édit du mois de mars 1685, à moins que le maître décédé ne leur eût accordé la liberté par testament ou autrement, auquel cas les *esclaves* seroient libres.

Les *esclaves* venant à décéder en France, leur pécule, s'il aucun y a, appartient à leur maître.

Il n'est pas permis aux maîtres, de vendre ni d'échanger leurs *esclaves* en France; ils doivent les renvoyer dans les colonies pour y être négociés & employés, suivant l'édit de 1685.

Les *esclaves* nègres étant sous la puissance de leur maître en France, ne peuvent ester en jugement en matière civile, que sous l'autorité de leurs maîtres.

Il est défendu aux créanciers du maître de saisir les *esclaves* en France pour le paiement de leur dû; sauf à eux à les faire saisir dans les colonies, en la forme prescrite par l'édit de 1685.

En cas que quelques *esclaves* quittent les colonies sans la permission de leurs maîtres, & qu'ils se retirent en France, ils ne peuvent prétendre avoir acquis leur liberté; & il est permis à leurs maîtres de les réclamer par tout où ils pourront être retirés, & de les renvoyer dans les colonies: il est même enjoint aux officiers des amirautés & autres qu'il appartiendra, de prêter main-forte aux maîtres pour faire arrêter les *esclaves*.

Les habitans des colonies qui, après leur retour en France, veulent vendre leurs habitations, sont tenus, dans un an du jour de la vente, ou du jour qu'ils auront cessé d'être colons, de renvoyer dans les colonies les *esclaves* nègres de l'un & de l'autre sexe, qu'ils ont amenés ou envoyés dans le royaume. La même chose doit être observée par les officiers; un an après qu'ils ne sont plus employés dans les colonies; & faute par les maîtres ou officiers de renvoyer ainsi leurs *esclaves*, ceux-ci deviennent libres.

Le nombre des nègres s'est beaucoup multiplié dans le royaume, soit par le séjour des colons des isles, qui continuoient à s'y faire servir par leurs *esclaves*, soit par la facilité de la communication de l'Amérique avec la France. Cet abus nuisoit au commerce des colonies, qui ne peut prospérer que par la culture, à laquelle les nègres seuls paroissent propres. C'est pourquoi les habitans ont sollicité une loi qui pût obvier à cet inconvénient.

Sur leurs représentations, le roi par une déclaration du 9 août 1777, enregistrée le 27 du même mois au parlement, a défendu à toutes personnes, de quelque qualité & condition qu'elles soient, de retenir à leur service en France aucun noir ou mulâtre de l'un ou l'autre sexe, à peine de trois mille livres d'amende, & aux noirs & mulâtres d'y entrer à l'avenir sous quelque prétexte que ce soit. Ceux qui s'y trouveront en contravention de la loi, doivent, à la requête des procureurs du roi des sièges d'amirauté, être arrêtés & reconduits dans

le port le plus prochain, à l'effet d'être rembarqués pour les colonies.

Il est cependant permis à tout habitant de la colonie, qui veut passer en France, d'embarquer avec lui un seul nègre ou mulâtre, de l'un ou l'autre sexe, pour le servir pendant la traversée. Mais au moment de l'arrivée, l'*esclave* ainsi amené, doit être remis au dépôt destiné pour ce, à l'effet d'être rembarqué sur le premier vaisseau qui fera voile pour la colonie d'où il est sorti.

Le maître, pour jouir de cette faculté, est tenu de consigner, ès mains du trésorier de la colonie, mille livres, argent de France, & d'obtenir d'après la quittance de consignation, une permission du gouverneur ou commandant, qui contienne le nom du maître, le nom, l'âge & le signalement de l'*esclave*.

Les nègres ainsi amenés en France, ne peuvent y changer d'état, même par l'ordre de leurs maîtres, jusqu'à leur retour dans la colonie. Les frais de garde dans le dépôt, & ceux de leur retour dans les colonies, sont avancés par le trésorier général de la marine, qui s'en rembourse sur la consignation dont nous avons parlé. Le surplus est rendu au maître après le retour de l'*esclave*. *Voyez* AFFRANCHISSEMENT, ASSURANCE, *sect.* 6, MANUMISSION, SERF.

ESCLECHE, ESCLICHE, ESCLICHEMENT. *Voyez* ECLECHE, ECLICHEMENT.

ESCOBUER, ou ESGOBUER, ce terme est employé dans la province de Bretagne pour *défricher*, suivant du Fail, Sauvageau, & le traité *in-12* des communes, imprimé en 1759, *pag.* 187 & suivantes. Le Dictionnaire de la langue bretonne dit aussi qu'*escop* signifie la cheville à laquelle on attache les bœufs de labour. (*M.* GARRAN DE COULON.)

ESCOLATRE. *Voyez* ECOLATRE.

ESCOMPTE. *Voyez* EXCOMPTE *dans le Dictionnaire de Commerce.*

ESCONDIRE *le semonce*: ces mots se trouvent dans le chapitre 10 du conseil de Pierre des Fontaines. *Escondire* signifie s'excuser, se défendre, suivant du Cange, au mot *Escondire*; & *semonce* n'est autre chose qu'une sommation, une assignation.

Le vassal qui ne comparoissoit point à la *semonce* de son seigneur, étoit sujet à l'amende. Mais il pouvoit s'en exempter, en jurant sur les évangiles, qu'il n'avoit point eu connoissance de la sommation. C'est ce qu'on appelloit *escondire le semonce*.

On a aussi employé le mot *escondit*, pour désigner cette sorte d'excuse. Elle étoit reçue & avoit lieu, quand même les sergens du seigneur auroient été prêts à affirmer qu'ils avoient fait la *semonce*.

Le censitaire pouvoit, comme le vassal, *escondire le semonce*. Mais Laurière observe, dans son Glossaire, que si le seigneur avoit pris des gages ou *namps* pour le défaut de comparution, le censitaire ne pouvoit ravoir ses *namps* qu'après le serment, à moins qu'on ne l'eût empêché de le faire.

Le vassal au contraire pouvoit ravoir ses *namps* auparavant. (*M. GARRAN DE COULON.*)

ESCORTE (*droit d'*), (*Droit public & Histoire.*) *jus conducendi* ; c'est le droit qu'ont plusieurs princes d'Allemagne d'*escorter*, moyennant une somme d'argent, les marchands qui voyagent avec leurs marchandises ; il y a des princes de l'Empire qui ont le droit d'*escorter*, même sur le territoire des autres. Ce droit tire son origine des temps où l'Allemagne étoit infectée de tyrans & de brigands qui en rendoient les routes peu sûres. Suivant les loix, celui qui a le droit d'*escorter* sur le territoire d'un autre, a aussi celui de punir les délits qui se commettent sur la voie publique ; & si pour ce droit il jouit du droit de péage, *vectigal*, il est tenu d'indemniser des pertes qu'on a souffertes. (—)

ESCOURRE ou ESCOURRIR *bêtes*, ancienne expression françoise, qu'on trouve dans quelques coutumes, & notamment dans l'art. 407 de celle de Bretagne. Elle signifie enlever de force des mains du saisissant, les bestiaux pris & saisis en dommage, qu'il conduit dans un parc, pour y être gardés, jusqu'au paiement de l'amende.

Celui qui *escourre*, est amendable selon la qualité des personnes, & le genre du délit qu'il commet.

ESCROC, s. m. (*Code criminel.*) fourbe, fripon, qui vole par superchérie ou par abus de confiance : ce mot vient, dit-on, du verbe italien *scroccare*, qui signifie obtenir quelque chose pour rien. *Voyez* ESCROQUER. (*M. BOUCHER D'ARGIS, conseiller au châtelet, &c.*)

ESCROISSEMENT, terme ancien qu'on trouve dans quelques coutumes, c'est la même chose qu'*accroissement*.

ESCROQUER, v. act. voler par abus de confiance ou par superchérie. *Voyez* ESCROQUERIE.

ESCROQUERIE, s. f. (*Code criminel.*) c'est l'action par laquelle un escroc trompe celui dont il veut s'approprier l'argent ou le meuble sans bourse délier, & néanmoins sans violence. Un criminaliste moderne a prétendu que les voleurs de cette espèce étoient connus dans le droit romain, tantôt sous le nom de *saccularii* ou *coupeurs de bourses*, tantôt sous celui de *directarii*, parce qu'ils s'introduisoient dans les maisons sous différens prétextes, dans la vue d'y voler. *Saccularii qui veritas in saculo artes exercentes partem subtrahunt ; item qui directarii appellantur, hoc est hi qui in aliena coenacula se dirigunt furandi animo*, Leg. 7, ff. de extraord. crim. J'avoue que je ne vois pas trop l'analogie qu'il peut y avoir entre les coupeurs de bourses de la loi romaine & les escrocs de nos jours, quoi qu'il en soit, toute *escroquerie* est sans doute un vol, mais tout vol n'est pas *escroquerie*. Nous allons rendre cette vérité plus sensible par quelques exemple. Un homme emporte un meuble qui appartient à un autre, à l'insu du propriétaire, ou le lui arrache avec violence, voilà le vol proprement dit ; l'*escroquerie* est d'une autre nature, elle suppose de la ruse de la part de l'escroc & de la con-

fiance de la part de celui qui est trompé. Par exemple, un marchand me propose d'acheter un bijou qu'il me dit être d'or, je le paie conformément à cette assertion, le bijou n'est cependant que de cuivre doré ou d'un métal composé semblable à l'or, voilà une *escroquerie*. Un commissionnaire se présente chez un négociant, & lui demande, de la part d'un autre négociant, une pièce d'étoffe ou toute autre chose ; ce dernier remet la pièce au commissionnaire qui a supposé un faux message & emporte la pièce d'étoffe pour la vendre à son profit, voilà une *escroquerie*.

Ceux qui trichent au jeu d'une manière quelconque, soit qu'ils escamotent les dés ou les cartes, & leur en substituent de faux, soit qu'ils s'entendent avec des tiers, qui par des signes convenus indiquent les cartes, &c. &c., sont autant d'escrocs. Je voudrois pouvoir entrer dans un plus grand détail, & présenter celui de toutes les *escroqueries* possibles, ou au moins de celles qui sont plus usitées ; mais les bornes qui me sont prescrites s'y opposent, je prends d'avance la liberté de renvoyer mes lecteurs aux Institutions que je me propose de publier incessamment sur la théorie & la pratique des loix criminelles.

Au surplus la peine de l'*escroquerie*, suivant notre jurisprudence, est subordonnée aux circonstances du délit & à sa nature. Celle que l'on prononce le plus ordinairement est le bannissement ; il dépend des juges de l'aggraver, & de lui substituer la flétrissure, les galères & même le carcan lorsqu'il y a des récidives prouvées, mais non pas quand la somme *escroquée* est considérable ; car ce n'est jamais l'objet pécuniaire du vol qui doit déterminer la nature & l'intensité de sa peine, mais le délit seul & les circonstances qui l'ont précédé, accompagné ou suivi. (*M. BOUCHER D'ARGIS, conseiller au Châtelet.*)

ESCRUES, vieux mot. *Voyez* ACCRUES.

ESCUAGE, ou ESCUÏAGE, en latin *scutagium*. Ces mots qui sont synonymes, viennent de ceux d'écu & d'écuyer.

Ils ont eu deux significations qu'on doit distinguer, & dont on trouve l'interprétation dans Littleton, liv. II, chap. 3, & dans *les termes de la ley*.

1°. L'*escuage* étoit une tenure en vertu de laquelle on devoit le service à cheval, & qui étoit sujette aux droits de garde, de mariage, de relief, & à plus forte raison à l'hommage.

2°. L'on a nommé *escuage* une espèce d'aide ou taille que le seigneur levoit sur ses tenans. On pourroit croire que cette seconde acception du mot *escuage* dérive de celle d'*écu*, considéré comme monnoie ; mais il est plus probable qu'on a nommé ce droit *escuage*, parce qu'on le levoit d'abord sur ceux qui tenoient à *escuage*, & qui n'avoient pas rempli leur service. Ils ne pouvoient s'en exempter qu'en prouvant devant le maréchal du roi, qu'ils étoient alors au service du roi dans ses guerres contre l'Ecosse.

Oo

On fit enfuite de cette efpèce de peine, une impofition générale, qui avoit particuliérement pour objet, du moins en Angleterre, les guerres contre l'Ecoffe & le pays de Galles; elle étoit réglée, dit Littleton, par tout le confeil d'Angleterre. (*M. GARRAN DE COULON.*)

ESCUYER. *Voyez* ECUYER.

ESDIRER, v. a. fe trouve dans la coutume de Labourd, pour *adirer*, qui fignifie *égarer*. *Voyez* ADIRÉ.

ESGARD, f. m. La coutume de Calais, *art. 170*, fe fert de ce terme, comme d'un fynonyme de celui d'*expert*, enforte qu'on nomme indifféremment *efgards* ou *experts*, ceux qui en matière de vifite, font choifis par les parties ou nommés par le juge, pour examiner les objets contentieux, & en faire le rapport.

ESGOUT & OZINES, termes de la coutume de Bourbonnois, qui fignifient *les conduites d'eau*, foit pluviales ou autres. *Voyez* EGOUT.

ESPACE, f. m. (*Droit civil.*) étendue indéfinie de lieu, en longueur, largeur, hauteur & profondeur.

On met au rang des immeubles l'*efpace*, qui de fa nature eft entiérement immobile. On peut le divifer en *commun* & *particulier*.

Le premier eft celui des lieux publics, comme des places, des marchés, des temples, des théâtres, des grands chemins, &c, l'autre eft celui qui eft perpendiculaire au fol d'une poffeffion particulière, par les lignes tirées tant du centre de la terre vers fa furface, que de la furface vers le ciel.

La poffeffion de cet *efpace*, auffi loin qu'on peut y atteindre de deffus terre, eft abfolument néceffaire pour la poffeffion du fol; & par conféquent l'air qu'il renferme toujours, quoique fujet à changer continuellement, doit auffi être regardé comme appartenant au propriétaire, par rapport aux droits qu'il a d'empêcher qu'aucun autre ne s'en ferve ou n'y mette rien qui l'en prive, fans fon confentement: cependant en vertu de la loi de l'humanité, il eft tenu de ne refufer à perfonne un ufage innocent de cet *efpace* rempli d'air, & il ne peut rien exiger pour un tel fervice.

Chacun a auffi le droit naturel d'élever un bâtiment fur fon fol, auffi haut qu'il le veut; il peut encore creufer dans fon fol auffi bas qu'il le juge à propos, quoique les loix civiles de certains pays adjugent au fifc ce qui fe trouve dans les terres d'un particulier à une profondeur plus grande que celle où peut pénétrer le foc de la charrue.

Il faut au refte obferver les lignes perpendiculaires tirées de la furface du fol, tant en haut qu'en bas: ainfi comme mon voifin ne fauroit légitimement élever un bâtiment qui, par quelque endroit, réponde directement à mon fol, quoiqu'il n'y foit pas appuyé, & qu'il porte fur des poutres prolongées en ligne horizontale; de même je ne puis pas, à mon tour, faire une pyramide dont les côtés &

Jurifprudence. Tome IV.

les fondemens s'étendent au-delà de mon *efpace*, à moins qu'il n'y ait à cet égard quelque convention entre mon voifin & moi; c'eft à quoi, pour le bien public, les loix s'oppofent: ces loix font fort fages en général, & les hommes toujours infatiables & fort injuftes en particulier. (*Article de M. le Chevalier* DE JAUCOURT.)

ESPAVE. *Voyez* EPAVE.

ESPAVITÉ. *Voyez* EPAVITÉ.

ESPAUVIER, ce mot fe trouve dans d'anciens titres; Laurière ne l'a point expliqué dans fon Gloffaire; il fignifie *épave*. *Voyez* du Cange au mot *Spavæ*. (*M. GARRAN DE COULON.*)

ESPÈCE, f. f. (*Jurifp.*) fignifie quelquefois le fait & les circonftances qui ont précédé ou accompagné quelque chofe: ainfi on dit l'*efpèce* d'une queftion, ou d'un jugement.

Efpèce fignifie auffi quelquefois la chofe même qui doit être rendue, & non pas une autre femblable. Il y a des chofes fungibles qui peuvent être remplacées par d'autres, comme de l'argent, du grain, du vin, &c. mais les chofes qui ne font pas fungibles, comme un cheval, un bœuf, doivent être rendues en *efpèces*; c'eft-à-dire que l'on doit rendre précifément le même cheval ou bœuf qui a été prêté.

Efpèces, en *ftyle de Palais*, fignifie auffi quelquefois de l'*argent comptant*: on dit *payable en efpèces*; on ajoute quelquefois *fonnantes*, pour dire que le paiement ne fe fera point en billets. (*A*)

ESPÈCES, en *terme de monnoie*, fignifient les différentes pièces d'or, d'argent, de billon, de cuivre & autre métal, qui ayant reçu par les monnoyeurs les façons, légendes & empreintes, portées par les réglemens & ordonnances du fouverain, ont cours dans le public, pour la valeur fixée par le prince, & fervent dans le commerce, ou dans différentes actions de la vie civile, à payer le prix de la valeur des chofes.

ESPETER, v. a. (*terme de Coutume.*) on le trouve dans celle de Troyes, *art. 130*: il fignifie l'action d'un laboureur, qui touche avec fa charrue un grand chemin, en la détournant lorfqu'il eft au bout du fillon.

Celui qui laboure ou traverfe en labourant un chemin public, eft amendable de foixante fols; il en eft de même, s'il empiète fur le chemin en traçant au long une raie ouverte, mais il n'eft dû que cinq fols d'amende par celui qui feulement y *efpète*.

ESPONCE & ESPONSION. *Voyez* EXPONSE.

ESPORLE, *ou* EXPORLE, ce mot fe trouve dans les art. 82, 83, 86, 88, 93 & 94 de la coutume de Bordeaux.

Suivant Laurière, « l'*efporle* (*fporta vel fporla*), » eft proprement ce que le vaffal donne ou offre » à fon feigneur, pour obtenir de lui l'inveftiture » de quelque fief; ou ce qu'il lui offre pour relief » dans le cas de mutation ».

Mais l'*efporle*, comme les doublages, & les ref

V v

levoifons, n'eft due que pour les domaines roturiers. C'eft difent, MM. de la Mothe, dans leur
Commentaire fur l'article 82 de la coutume de
Bordeaux; « un droit dû par le tenancier ou cen-
» fitaire à chaque mutation de feigneur ou de te-
» nancier, & à chaque reconnoiffance que celui-ci
» eft obligé de paffer. Ce droit n'eft guère connu
» qu'en Guienne; on pourroit le comparer à l'acapte,
» étant, comme elle, le prix de l'inveftiture qu'ac-
» corde le feigneur; il y a cependant quelques dif-
» férences, entre autres celle-ci, c'eft que l'acapte
» eft ordinairement le double de la rente, au lieu
» que le droit d'efporle n'a rien de fixe, il eft pour
» l'ordinaire réglé en argent à 1, 2, 3, 4, jufqu'à
» 12. deniers, plus ou moins.

Les mêmes auteurs obfervent fort bien que le
mot efporle fignifie encore l'acte même de reconnoiffance, & qu'on dit exporler pour reconnoître.
(M. GARRAN DE COULON.)

ESPRIT, f. m. (Droit civil.) ce mot ne paroît
guère convenir à un Dictionnaire de jurifprudence;
mais nous ne devons pas omettre que les officiers
des tribunaux même fupérieurs, ont été pendant
long-temps imbus de la croyance du retour & de
l'apparition des efprits. On en étoit tellement per-
fuadé, que cette apparition & les effets dont on
la croyoit fuivie, étoient une caufe de réfolution
d'un bail.

On trouve un arrêt du 6 mars 1576, par lequel,
fur la plainte d'un locataire, que la femme de fon
propriétaire revenoit en efprit, & fur fa demande en
réfolution du bail, le parlement appointa fur ce fait
les parties au confeil, & ordonna au furplus, que
par provifion le bail tiendroit.

L'ignorance, la fuperftition, la fotte crédulité
avoient donné cours à cette opinion, que les
fciences, & principalement l'étude de la nature ont
entiérement déracinée, au moins parmi les gens inftruits : on n'attribue plus au retour des efprits les
effets furprenans, dont la philofophie fait affigner
aujourd'hui la véritable caufe.

On peut voir à ce fujet des chofes très-curieufes
dans la bibliothèque canonique, & dans les queftions fur l'Encyclopédie.

ESQUIERRE, ou ESQUIER : quelques coutumes,
telles que celle de Châlons, art. 266 & de Vitry,
art 122, permettent aux habitans des villes & villages, qui ont leurs finages contigus, & joignant
fans moyen, de mener leur bétail « en vaine pâ-
» ture jufqu'aux efquiers ou efquierres des clochers
» & églifes, & s'il n'y avoit églife ès dits lieux,
» jufqu'à l'endroit de la moitié defdites villes &
» villages. »

Les efquierres font, à ce qu'il paroît, le bas des
clochers, la pile ou le quarré qui porte la flèche.
(M. GARRAN DE COULON.)

ESSAI, f. m. (Droit civil. Monnoie.) en général, c'eft l'épreuve que l'on fait d'une chofe. Il eft
affez ordinaire dans une vente de ftipuler qu'elle

n'aura lieu, qu'après que l'acheteur aura reconnu
par l'effai, la bonté & les qualités de la chofe
vendue; cette convention eft particuliérement ufitée
dans les ventes de chevaux, de montres, de pen-
dules, & autres chofes femblables.

Cette ftipulation d'effai peut donner lieu de
former deux queftions; la première confifte à
favoir pendant quel efpace de temps l'effai peut
avoir lieu; la feconde, fi la chofe donnée à l'effai,
venant à périr, la perte en fera fupportée par le
vendeur ou l'acheteur.

A l'égard de la première queftion, il faut diftinguer fi le temps accordé pour l'effai, a été limité
ou non. Dans le premier cas, après l'expiration
fixée pour le délai, l'acheteur ne peut plus exciper
du vice de la chofe, pour en faire regarder la
vente comme non avenue. Le prix qu'il en a payé
demeure fans retour entre les mains du vendeur,
& s'il n'eft pas payé, l'acheteur ne peut fe défendre de le faire. Le terme fixé eft fatal, & c'eft
un point de droit fur lequel tous les jurifconfultes
font d'accord.

Si au contraire le temps pour effayer la chofe
vendue n'a point été déterminé par la convention,
il eft d'ufage parmi nous de recourir au juge, afin
que, fuivant la qualité de la chofe, & le temps
qui s'eft déjà écoulé depuis la vente, il force
l'acheteur à s'expliquer fans autre délai, ou qu'il
l'oblige à le faire dans le temps qu'il lui fixera.
Les loix romaines décident, que dans ce cas l'acheteur auroit foixante jours pour fe décider.

Il faut diftinguer également fur la feconde queftion. Si la vente des chofes, dont on permet l'effai,
eft entiérement faite, ou s'il eft convenu qu'elle
n'aura lieu qu'après l'effai. Dans le premier cas, fi
la chofe vendue vient à périr pendant l'effai, elle
demeure fur le compte de l'acheteur, parce que la
vente, quoique faite fous une condition réfolu-
toire, n'en eft pas moins une vente parfaite, dont
l'objet eft devenu par conféquent aux rifques de
l'acheteur.

Mais fi la vente ne doit avoir lieu qu'après
l'épreuve faite de la chofe, & que dans l'intervalle
accordé pour l'effai elle vienne à périr, la perte
regarde le vendeur, parce qu'il en eft encore le
propriétaire, & que, par conféquent, les rifques
font pour fon compte. Il en feroit néanmoins autrement s'il y avoit eu faute de la part de celui qui en
faifoit, ou devoit en faire l'effai.

En matière d'aides, les commis des fermiers font
autorifés à faire l'effai des boiffons, toutes les fois
qu'ils ont lieu de foupçonner qu'on a fait une fauffe
déclaration fur leur nature ou leur qualité. Ils font
crus dans leurs procès-verbaux, fur leur fimple
déguftation, fans être tenus d'appeller pour cette
opération, ni juges, ni experts, ni gourmets, ni
de dépofer au greffe aucun échantillon des boiffons dont ils ont fait l'effai. Ils doivent néanmoins
faire cet effai en préfence des contrevenans, ou

eux dûment appellés , & les sommer de goûter pareillement les boissons qui y donnent lieu. Telles sont les dispositions d'un arrêt de la cour des aides du 17 janvier 1695 , & d'un arrêt du conseil du 31 mai de la même année.

En terme de monnoie & d'orfévrerie, on appelle *essai* le procédé dont on se sert pour connoître le titre de l'or & de l'argent que l'on emploie pour les espèces monnoyées, ou pour les ouvrages d'orfévrerie. Le détail de ce procédé se trouve dans les *Dictionnaires des arts & de chymie*. Depuis l'édit de François I, du mois de septembre 1543, l'*essai* de l'or se fait à la coupelle ou à l'eau-forte, à l'exception des menus ouvrages d'or qui ne peuvent supporter ce procédé , & qu'on essaie encore à la touche , conformément à une déclaration du 23 novembre 1721.

ESSARTER. *Voyez* ASSARTER.

ESSAYEUR , s. m. (*Monnoie.*) est l'officier chargé d'éprouver par les procédés de l'*essai*, si les matières destinées à la fabrication des espèces , ou si les pièces fabriquées sont au titre prescrit par l'ordonnance.

Il y a dans chaque monnoie un *essayeur* particulier en titre d'office formé & héréditaire , qui prend des provisions du roi, & est reçu par la cour des monnoies , après une information de vie & mœurs , & expérience faite de sa capacité. Il y a en outre à Paris un *essayeur* général , résidant à l'hôtel des monnoies, dont les fonctions ont été recréées en titre d'office par un édit du mois de septembre 1705, avec la qualification de conseiller du roi, & l'attribution des prérogatives dont jouissent les autres officiers des monnoies.

Les ordonnances de 1540, 1543, 1551, 1554 & de 1669, entrent dans un détail fort étendu des fonctions & des devoirs des *essayeurs*. Ils sont obligés de faire l'essai de tous les lingots affinés , d'y mettre leur poinçon avec celui des affineurs , & d'être garans du titre conjointement avec eux.

Il y avoit des *essayeurs* & contrôleurs particuliers pour les ouvrages d'orfévrerie. Mais ces offices ont été supprimés par un édit du mois de mai 1723, les droits qu'ils percevoient ont été réunis à la ferme de la marque d'or & d'argent, & en conséquence l'*essai* de ces ouvrages se fait comme auparavant, par les maîtres & gardes de l'orfévrerie.

ESSOGNE ou ESSONGNE, s. f. (*Jurisprud.*) est un droit ou devoir seigneurial dû par les héritiers ou successeurs du défunt aux seigneurs, dans la censive desquels il possédoit des héritages au jour de son décès. Ce terme vient de *sonniata* , qui dans la basse latinité, signifie *procuration sonniere , seu hospitio excipere , procurare*. Dans la suite ce terme fut pris pour la prestation qui se payoit au lieu du droit de procuration.

Ce droit est d'un ou deux deniers parisis, en quelques endroits; il est de 12 en d'autres : c'est autant ou du double , ou de la moitié du cens

annuel. *Voyez le procès-verbal de la coutume de Reims.*

Le droit de meilleur cattel usité dans les Pays-Bas , a quelque rapport à ce droit d'*essogne ;* l'un & l'autre sont une suite du droit de main - morte.: comme les seigneurs prétendoient avoir les biens de leurs sujets décédés, on les rachetoit d'eux moyennant une certaine somme. *Voyez le Glossaire de* M. de Lauriere, au mot *Essongne*. (*A*)

ESSORILLÉ , adj. (*Code criminel.*) est celui à qui on a coupé les oreilles. Ce genre de supplice étoit anciennement en usage en France. Plusieurs coutumes prononçoient cette peine , principalement contre les larrons ; notamment celle d'Anjou, *art.* 148 ; de *Loudunois, chap.* 39. , *art.* 12.

Celle de la Marche , *art.* 337 , ordonnoit d'*essortiller* ceux qui ayant été bannis à perpétuité, osoient reparoître dans le pays.

Il est question de cette peine dans deux ordonnances, l'une du mois de mars 1498, l'autre du mois de juillet 1534. Jean Doyac , qui avoit gouverné sous Louis XI , fut *essorillé* , & fustigé en 1484.

Ce châtiment est encore aujourd'hui en usage dans nos colonies à l'égard des nègres fugitifs. Edit du mois de mars 1685 , *art.* 38 ; édit de mars 1724, *art.* 32.

ESTABLAGE , ESTALAGE ou ESTELLAGE. Quelques coutumes locales d'Artois donnent le nom à un droit d'*étalage* , que le seigneur haut-justicier ou vicomtier prend pour permettre aux marchands d'exposer leur marchandise en vente. C'est à-peu-près la même chose que le droit de hallage & de placage. (*M.* GARRAN DE COULON.)

ESTAGE , ESTAGER ou ESTAGIER. *Voyez* LIGE, ÉTAGE & ÉTAGER.

ESTALAGE. *Voyez* ETALAGE & ESTABLAGE.

ESTALONAGE , c'est le droit d'*étalonner* & marquer les mesures. *Voyez le Glossaire du droit françois.*

Le droit d'étalonner & de marquer les mesures, appartient aux seigneurs hauts-justiciers , suivant les coutumes d'Auxerre ; *art.* 4 ; de Melun, *art.* 12 ; de Ponthieu, *art.* 84 ; de Senlis , *art.* 96 ; & de Sens , *art.* 3 : mais d'autres coutumes, telles que Poitou , *art.* 65, accordent le droit de mesure , & par conséquent celui de les étalonner , au moyen justicier. (*M.* GARRAN DE COULON.)

ESTELON. Les coutumes de Bretagne , Touraine & Loudunois , donnent ce nom à l'*étalon*, c'est-à-dire , à la mesure matrice , sur laquelle toutes les autres doivent être modelées. *Voyez les articles* MESURE, ESTALONAGE, &c. (*M.* GARRAN DE COULON.)

ESTER A DROIT, *terme de palais*, qui se dit en matière criminelle, d'un accusé qui , après avoir laissé écouler cinq années après le jugement de contumace , demande à être admis en justice, à l'effet de répondre aux faits qu'on lui impute, & de recevoir un jugement définitif. Tout accusé condamné par contumace, qui a laissé passer cinq ans fans fe repréfenter, ne peut plus *efter à droit*, c'eft-à-dire, qu'il n'eft plus écouté, à moins qu'il n'ait obtenu à cet effet des lettres du prince, qu'on appelle *lettres pour efter à droit*.

Elles font mifes au nombre des lettres de grace, & ne peuvent être fcellées qu'en la grande chancellerie. Elles s'accordent particuliérement aux accufés abfens pour le fervice du roi, ou pour une autre caufe jufte & légitime. Leur effet eft de relever l'impétrant du laps de temps qui s'eft écoulé, de lui permettre de fe repréfenter en juftice, de faire juger fon procès, & de fe purger du crime pour lequel il a été condamné par contumace.

Pour obtenir ces lettres, l'impétrant doit s'être conftitué prifonnier, & l'écrou doit être attaché aux lettres. Les gentilshommes font tenus en outre d'exprimer leur qualité, à peine de nullité.

On obtient quelquefois des lettres d'*efter à droit* avant l'expiration des cinq ans, mais ce n'eft alors que pour éviter la confignation de l'amende, ou pour faire évoquer le procès dans une autre jurifdiction, lorfque le condamné a des raifons légitimes pour l'obtenir.

ESTER EN JUGEMENT, *terme de procédure*, qui fignifie *être en caufe*, *inftance* ou *procès* avec quelqu'un devant un juge, foit en demandant ou défendant: il vient du latin, *flare in judicio*.

Il y a des perfonnes qui ne font pas capables d'*efter en jugement*, n'ayant point ce que l'on appelle en droit *perfonam ftandi in judicio*, c'eft-à-dire, la faculté de plaider en leur nom.

Tels font tous ceux qui ne font pas capables des effets civils, comme les morts civilement, du nombre defquels font les religieux qui ont fait profeffion: néanmoins, en matière criminelle, ces derniers font obligés de répondre, lorfqu'ils font affignés pour dépofer dans une information.

Les mineurs, même émancipés, ne peuvent *efter en jugement* fans être affiftés de leur tuteur ou curateur; il en eft de même des interdits.

Les fils de famille, même majeurs, ne peuvent, dans les provinces de droit écrit, *efter en jugement*, fans l'autorifation de leur père ou aïeul, en la puiffance duquel ils font.

Les femmes en puiffance de mari ne peuvent auffi *efter en jugement*, fans l'affiftance & l'autorifation de leurs maris, à moins qu'elles ne foient féparées de biens & la féparation exécutée, ou qu'elles ne foient autorifées par juftice au refus de leurs maris.

ESTERLIN, f. m. (*Monnoie: Code féodal.*) *fterlin* fe dit 1°. d'une monnoie angloife qui a eu cours en France, dans le temps que les rois d'Angleterre y ont poffédé quelques provinces. On voit par une ordonnance de S. Louis de 1262, qu'il défendit de leur donner cours après le mois d'août de la même année, & qu'il ordonna de les prendre jufqu'à ce temps, pour quatre deniers tournois: il paroît que cette ordonnance ne fut pas exécutée, puifqu'on trouve dans une autre

ordonnance de 1289, & dans un traité fait avec le roi de Caftille en 1290, que le *bon denier fterlin* eft évalué à quatre deniers tournois.

Efterlin fe dit 2°. d'une efpèce de droit féodal qui fe lève dans quelques endroits de la châtellenie de Lille, & particuliérement dans le bailliage feigneurial d'Orchies, aux mutations qui arrivent dans la propriété des fonds, par ventes ou autres contrats.

ESTEULLES *nouvelles*, cette expreffion qu'on trouve dans la coutume d'Amiens, *art. 244 & 245*, fignifie les javelles de bled, lorfqu'elles font ramaffées & liées. La coutume défend, à peine de foixante fols d'amende, de mener paître les beftiaux en *nouvelles efteulles*, c'eft-à-dire, depuis que les javelles font liées, jufqu'au troifième jour enfuivant.

ESTIMATIF, (*Jurifpr.*) fe dit de ce qui contient l'eftimation de quelque chofe, comme un procèsverbal, ou rapport d'experts, un devis *eftimatif* d'ouvrages. (*A*)

ESTIMATION, (*Jurifp.*) fignifie quelquefois la *prifée* ou *évaluation* d'une chofe; quelquefois on entend par le terme d'*eftimation*, la fomme même qui repréfente la valeur de la chofe.

Toute *eftimation* doit être faite en confcience & en la manière ufitée. Les *eftimations* frauduleufes & à vil prix ne font jamais autorifées; cependant on ne fait pas toujours *eftimation* à jufte valeur: par exemple, dans les pays où la crue des meubles a lieu, on les eftime à bas prix, parce que cette *eftimation* ou prifée n'eft que préparatoire, & que l'on fait que les meubles feront portés plus haut par la chaleur des enchères, ou que, fi on les prend fuivant l'*eftimation*, on y ajoutera la crue. *Voyez* CRUE.

Dans les licitations des immeubles appartenans à des mineurs, l'*eftimation* doit en être préalablement faite par autorité de juftice, & le juge ne peut adjuger les biens au-deffous de l'*eftimation* qui en a été faite par les experts. *Voyez* MINEUR.

Il y a des cas où l'*eftimation* d'une chofe équivaut à une vente, c'eft-à-dire, qu'on en eft quitte en rendant l'*eftimation*; c'eft ainfi que dans quelques parlemens de droit écrit l'on tient pour maxime que *æftimatio rei dotalis facit venditionem*, c'eftà-dire, que quand un bien dotal eft eftimé, le mari en peut difpofer, pourvu qu'il rende l'*eftimation*. *Voyez* DOT.

Lorfque l'affurance eft faite fur le corps ou quille d'un bâtiment, fes agrès, apparaux, armemens & victuailles, la police doit contenir l'*eftimation* de ces objets: il en eft de même des marchandifes affurées, fi la valeur n'en eft pas juftifiée par les livres & factures du marchand. *Voyez* ASSURANCE.

Dans les ceffions de droits immobiliers & litigieux, les parties contractantes font obligées par l'art. 22, de la déclaration du 20 avril 1694, d'en faire l'*eftimation*. Il en eft de même dans tous les actes de donations, partages, échanges, inventaire res & autres, portant tranflation de meubles ou d'immeubles. Cette *eftimation* doit être véritable & fincère, & elle eft exigée par les réglemens avant que les commis du contrôle puiffent percevoir le droit de contrôle fur la valeur des chofes : fi l'*eftimation* n'a pas été faite, ils font autorifés à percevoir le plus fort droit, & dans le cas où elle paroît frauduleufe, ils peuvent ou faire procéder à une nouvelle par experts, ou prouver la fraude, & faire prononcer contre les parties les peines & amendes établies contre les fauffes *eftimations*.

ESTIME, f. f. (*Droit nat.*) degré de confidération que chacun a dans la vie commune, en vertu duquel il peut être comparé, égalé, préféré, &c. à d'autres.

Le foin de fon honneur & de fa réputation eft une forte de problème dans la philofophie & le chriftianifme. La philofophie qui tend à nous rendre tranquilles, tend auffi à nous rendre indépendans des jugemens que les hommes peuvent porter de nous, & l'*eftime* qu'ils en ont n'eft qu'un de ces jugemens, en tant qu'il nous eft avantageux. Cependant la philofophie la plus épurée, loin de reprouver en nous le foin d'être gens d'honneur, non feulement l'autorife, mais l'excite & l'entretient.

Le chriftianifme, de fon côté, ne nous recommande rien davantage, que le mépris de l'opinion des hommes, & de l'*eftime* qu'ils peuvent, à leur fantaifie, nous accorder ou nous refufer. L'évangile porte même les faints à defirer & à rechercher le mépris : cependant le S. Efprit nous ordonne d'avoir foin de notre réputation : *curam habe de bono nomine.*

La contrariété de ces maximes n'eft qu'apparente, elles s'accordent dans le fond, & le point qui en concilie le fens, eft celui qui doit fervir de règle au bien de la fociété, & au nôtre particulier.

Nous ne devons pas être infenfibles à l'*eftime* des hommes, à notre honneur, à notre réputation. Ce feroit contrarier la raifon qui nous oblige à avoir égard à ce qu'approuvent les hommes, ou à ce qu'ils improuvent le plus univerfellement & le plus conftamment; car ce qu'ils approuvent de la forte par un confentement prefque unanime, eft la vertu; & ce qu'ils improuvent ainfi, eft le vice.

Les hommes, malgré leur perverfité, font juftice à l'un & à l'autre, ils méconnoiffent quelquefois la vertu, mais ils font obligés fouvent de la reconnoître, & alors ils ne manquent pas de l'honorer; être donc par cet endroit infenfible à l'honneur, c'eft-à-dire, à l'*eftime*, à l'approbation, & au témoignage que la confiance des hommes rend à la vertu, ce feroit l'être en quelque forte à la vertu même qui y feroit intéreffée.

Cette fenfibilité naturelle eft comme une impreffion mife dans nos ames par l'auteur de notre être, mais elle regarde feulement le tribut que les hom-

mes rendent en général à la vertu, pour nous attacher plus fortement à elle. Nous n'en devons pas moins être indifférens à l'honneur que chaque particulier, conduit fouvent par la paffion ou la bizarrerie, accorde ou refufe dans des occafions fingulières à la vertu de quelques-uns, ou à la nôtre en particulier.

L'*eftime* des hommes en général ne fauroit être légitimement méprifée, parce qu'elle s'accorde avec celle de Dieu même, qui nous en a donné le goût, & qu'elle fuppofe un mérite de vertu que nous devons rechercher; mais l'*eftime* des hommes en particulier, étant plus fubordonnée à leur imagination qu'à la providence, nous la devons compter pour peu de chofe ou pour rien, c'eft-à-dire, que nous devons toujours la mériter, fans jamais nous mettre en peine de l'obtenir; la mériter par notre vertu, qui contribue à notre bonheur & à celui des autres; nous foucier peu de l'obtenir, par une noble égalité d'ame, qui nous mette au-deffus de l'inconftance, & de la vanité des opinions particulières des hommes.

La fageffe, même profane, réprouve le defir immodéré de l'*eftime* humaine; car dès que nous abufons de celle que nous pourrions mériter, nous la perdons & nous méritons de la perdre. C'eft donc au foin de la mériter que nous devons nous arrêter, fans penfer au foin de l'obtenir, puifque l'un eft entre nos mains, & que l'autre n'étant point en notre pouvoir, ne contribue en rien à notre mérite. Suivons exactement les fentiers de l'honneur & de la vertu, afin de mériter l'*eftime* des hommes, qu'ils nous accorderont ou plutôt, ou plus tard; mais foyons en même temps perfuadés que notre conduite feroit digne de mépris, & qu'elle cefferoit de contribuer au bonheur de la fociété, fi nous penfions plus à nous faire applaudir, qu'à nous bien conduire, & qu'il n'y a point de repos & de tranquillité véritable pour celui qui met la fienne à la merci des vents de l'opinion, & de la fantaifie particulière des hommes.

On divife l'*eftime* en *eftime* fimple, & en *eftime* de diftinction.

L'*eftime fimple* eft ainfi nommée, parce qu'on eft tenu généralement de regarder pour d'honnêtes gens tous ceux, qui, par leur conduite, ne fe font point rendus indignes de cette opinion favorable. Hobbes penfe différemment fur cet article; il prétend qu'il faudroit préfumer la méchanceté des hommes jufqu'à ce qu'ils euffent prouvé le contraire. Il eft vrai, fuivant la remarque de la Bruyère, qu'il feroit imprudent de juger des hommes comme d'un tableau ou d'une figure, fur une première vue; il y a un intérieur en eux qu'il faut approfondir : le voile de la modeftie couvre le mérite, & le mafque de l'hypocrifie cache la malignité. Il n'y a qu'un très-petit nombre de gens qui difcernent; & qui foient en droit de prononcer définitivement. Ce n'eft que peu-à-peu, & forcés même par le temps & les occafions, que la vertu parfaite & le vice confommé,

viennent à se déclarer. Je conviens encore que les
hommes peuvent avoir la volonté de se faire du mal
les uns aux autres; mais j'en conclurois seulement,
qu'en estimant gens de bien tous ceux qui n'ont point
donné atteinte à leur probité, il est sage & sensé de
ne pas se confier à eux sans réserve.

Enfin je crois qu'il faut distinguer ici entre le jugement intérieur & les marques extérieures de ce
jugement. Le premier, tant qu'il ne se manifeste
point au-dehors par des signes de mépris, ne nuit à
personne, soit qu'on se trompe ou qu'on ne se trompe
point. Le second est légitime, lorsque par des actions marquées de méchanceté ou d'infamie on nous
a dispensés des égards & des ménagemens. Ainsi naturellement chacun doit être réputé homme de bien,
tant qu'il n'a pas prouvé le contraire : soit qu'on
prenne cette proposition dans un sens positif,
soit plutôt qu'on l'entende dans un sens négatif,
qui se réduit à celui-ci ; *un tel n'est pas méchant
homme* ; puisqu'il y a des degrés de véritable probité, il s'en trouve aussi plusieurs de cette probité qu'on peut appeler *imparfaite*, & qui est si
commune.

L'*estime simple* peut être considérée ou dans l'état
de nature, ou dans l'état des sociétés civiles.

Le fondement de l'*estime* simple, parmi ceux qui
vivent dans l'état de nature, consiste principalement
en ce qu'une personne se conduit de telle manière,
qu'on a lieu de la croire disposée à pratiquer envers
autrui, autant qu'il lui est possible, les devoirs de la
loi naturelle.

L'*estime* simple peut être considérée dans l'état
de nature, ou comme intacte, ou comme ayant
reçu quelque atteinte, ou comme entièrement
perdue.

Elle demeure intacte, tant qu'on n'a point violé
envers les autres, de propos délibéré, les maximes
de la loi naturelle par quelque action odieuse ou quelque crime énorme.

Une action odieuse, par laquelle on viole envers
autrui le droit naturel, porte un si grand coup à
l'*estime*, qu'il n'est plus sûr désormais de contracter
avec un tel homme sans de bonnes cautions : je
ne sais cependant s'il est permis de juger des hommes par une faute qui seroit unique ; & si un besoin extrême, une violente passion, un premier
mouvement, tirent à conséquence. Quoi qu'il en
soit, cette tache doit être effacée par la réparation du dommage, & par des marques sincères de
repentir.

Mais on perd entièrement l'*estime simple* par une
profession, ou un genre de vie qui tend directement
à insulter tout le monde, & à s'enrichir par des injustices manifestes. Tels sont les voleurs, les brigands, les corsaires, les assassins, &c. Cependant si
ces sortes de gens, & même des sociétés entières de
pirates, renoncent à leur indigne métier, réparent
de leur mieux les torts qu'ils ont faits, & viennent
à mener une bonne vie, ils doivent alors recouvrer
l'*estime* qu'ils avoient perdue. Mais aussi long-temps

qu'ils demeurent dans cette habitude du crime, on
ne doit pas plus les ménager qu'on n'épargne les
loups & les autres bêtes féroces; lorsqu'on peut
s'en saisir, on les traite d'ordinaire avec beaucoup
plus de rigueur que les autres ennemis.

On perd également l'*estime simple*, lorsque l'on
mène une vie infame, tels que les courtisannes,
& ceux qui trafiquent des débauches de la jeunesse;
mais comme ces vices n'offensent pas directement
les autres hommes, ceux qui y sont adonnés ne
sont pas traités comme des ennemis communs du
genre humain, on se contente de les punir par
l'avilissement & le mépris.

Dans une société civile, l'*estime simple* consiste à
être réputé membre sain de l'état, ensorte que,
selon les loix & les coutumes du pays, on tienne
rang de citoyen, & que l'on n'ait pas été déclaré
infame.

L'*estime simple naturelle* a aussi lieu dans les sociétés civiles où chaque particulier peut l'exiger, tant
qu'il n'a rien fait qui le rende indigne de la réputation d'homme de probité. Mais il faut observer que
comme elle se confond avec l'*estime civile*, qui n'est
pas toujours conforme aux idées de l'équité naturelle, on n'en est pas moins réputé civilement
honnête homme, quoiqu'on fasse des choses qui,
dans l'indépendance de l'état de nature, diminueroient ou détruiroient l'*estime simple*, comme étant
opposées à la justice : au contraire on peut perdre
l'*estime civile* pour des choses qui ne sont mauvaises que parce qu'elles se trouvent défendues par
les loix.

On est privé de cette *estime civile*, ou simplement
à cause d'une certaine profession qu'on exerce, ou
en conséquence de quelque crime. Toute profession
dont le but & le caractère renferment quelque chose
de déshonnête, ou qui du moins passe pour tel dans
l'esprit des citoyens, prive de l'*estime civile* : tel est
le métier d'exécuteur de la haute-justice, parce qu'on
suppose qu'il n'y a que des ames de boue qui puissent le prendre, quoique ce métier soit nécessaire
dans la société.

L'on est sur-tout privé de l'*estime civile* par des
crimes qui intéressent la société : un seul de ces crimes peut faire perdre entièrement l'*estime civile*, lors,
par exemple, que l'on est noté d'infamie pour quelque action honteuse contraire aux loix, ou qu'on est
banni de l'état d'une façon ignominieuse, ou qu'on
est condamné à la mort avec flétrissure de sa mémoire.

Dans quelques sociétés civiles deux sortes de
conditions qui n'ont naturellement rien de déshonnête,
l'esclavage & la bâtardise privent de l'*estime
simple*. Mais cette privation de l'*estime* n'est fondée
que sur la disposition de la loi civile. En effet, la
violence & les besoins des sociétés, ayant établi
là distinction de la liberté & de l'esclavage, les
esclaves ne sont coupables de rien en tant que tels,
& on ne peut imputer aux bâtards, quoique nés

d'un commerce condamné par les loix, qu'un vice de la fortune, & non celui de la personne.

Remarquons ici que les loix ne peuvent pas spécifier toutes les actions qui donnent atteinte civilement à la réputation d'honnête homme; c'est pour cela qu'autrefois chez les Romains il y avoit des censeurs dont l'emploi consistoit à s'informer des mœurs de chacun, pour noter d'infamie ceux qu'ils croyoient le mériter.

Au reste il est certain que l'*estime simple*, c'est-à-dire la réputation d'honnête homme, ne dépend pas de la volonté des souverains, ensorte qu'ils puissent l'ôter à qui bon leur semble, sans qu'on l'ait mérité, par quelque crime qui emporte l'infamie, soit de sa nature, soit en vertu de la détermination expresse des loix. En effet, comme le bien & l'avantage de l'état rejettent tout pouvoir arbitraire sur l'honneur des citoyens, on n'a jamais pu prétendre conférer un tel pouvoir à personne: j'avoue que le souverain est maître, par un abus manifeste de son autorité, de bannir un sujet innocent; il est maître aussi de le priver injustement des avantages attachés à la conservation de l'honneur civil: mais pour ce qui est de l'*estime* naturellement & inséparablement attachée à la probité, il n'est pas plus en son pouvoir de la ravir à un honnête homme, que d'étouffer dans le cœur de celui-ci les sentiments de vertu. Il implique contradiction d'avancer qu'un homme soit déclaré infame par le pur caprice d'un autre, c'est-à-dire, qu'il soit convaincu de crimes qu'il n'a point ommis.

Un citoyen n'est jamais tenu de sacrifier son honneur & sa vertu pour personne au monde. Les actions criminelles qui sont accompagnées d'une véritable ignominie, ne peuvent être ni légitimement ordonnées par le souverain, ni innocemment exécutées par les sujets. Tout citoyen qui connoît l'injustice, l'horreur des ordres qu'on lui donne, & qui ne s'en dispense pas, se rend complice de l'injustice ou du crime, & conséquemment est coupable d'infamie. Crillon refusa d'assassiner le duc de Guise. Après la S. Barthélemi, Charles IX ayant mandé à tous les gouverneurs des provinces de faire massacrer les huguenots, le vicomte Dorté, qui commandoit dans Bayonne, écrivit au roi: « Sire, » je n'ai trouvé parmi les habitans & les gens de » guerre, que de bons citoyens, de braves soldats, » & pas un bourreau; ainsi eux & moi supplions » votre majesté d'employer nos bras & nos vies à » choses faisables ». *Hist. de d'Aubigné.*

Il faut donc conserver très-précieusement l'*estime simple*, c'est-à-dire, la réputation d'honnête homme; il le faut non-seulement pour son propre intérêt, mais encore parce qu'en négligeant cette réputation, on donne lieu de croire qu'on ne fait pas assez de cas de la probité. Mais le vrai moyen de mériter & de conserver l'*estime simple* des autres, c'est d'être réellement estimable, & non pas de se couvrir du masque de la probité, qui ne manque guère de tomber tôt ou tard: alors si malgré ses soins

on ne peut imposer silence à la calomnie, on doit se consoler par le témoignage irréprochable de sa conscience.

Voilà pour l'*estime simple*, considérée dans l'état de nature & dans la société civile: *lisez* sur ce sujet la dissertation de Thomasius, *de existimatione, famâ & infamiâ.* Passons à l'*estime* de distinction.

L'*estime de distinction* est celle qui fait qu'entre plusieurs personnes, d'ailleurs égales par rapport à l'*estime simple*, on met l'une au-dessus de l'autre, à cause qu'elle est plus avantageusement pourvue des qualités qui attirent pour l'ordinaire quelque honneur, ou qui donnent quelque prééminence à ceux en qui ces qualités se trouvent. On entend ici par le mot d'*honneur*, les marques extérieures de l'opinion avantageuse que les autres ont de l'excellence de quelqu'un à certains égards.

L'*estime de distinction*, aussi bien que l'*estime simple*, doit être considérée ou par rapport à ceux qui vivent ensemble dans l'indépendance de l'état de nature; ou par rapport aux membres d'une même société civile.

Pour donner une juste idée de l'*estime de distinction*, nous en examinerons les fondemens, & cela, ou en tant qu'ils produisent simplement un mérite, en vertu duquel on peut prétendre à l'honneur, ou en tant qu'ils donnent un droit, proprement ainsi nommé, d'exiger d'autrui des témoignages d'une *estime de distinction*, comme étant dûs à la rigueur.

On tient en général pour des fondemens de l'*estime de distinction*, tout ce qui renferme ou ce qui marque quelque perfection, ou quelque avantage considérable dont l'usage & les effets sont conformes au but de la loi naturelle & à celui des sociétés civiles. Telles sont les vertus éminentes, les talens supérieurs, le génie tourné aux grandes & belles choses, la droiture & la solidité du jugement propre à manier les affaires, la supériorité dans les sciences & les arts recommandables & utiles, la production des beaux ouvrages, les découvertes importantes, la force, l'adresse & la beauté du corps, en tant que ces dons de la nature sont accompagnés d'une belle ame, les biens de la fortune, en tant que leur acquisition a été l'effet du travail ou de l'industrie de celui qui les possède, & qu'ils lui ont fourni le moyen de faire des choses dignes de louange.

Mais ce sont les bonnes & belles actions qui produisent par elles-mêmes le plus avantageusement l'*estime de distinction*, parce qu'elles supposent un mérite réel, & parce qu'elles prouvent qu'on a rapporté ses talens à une fin légitime. L'honneur, disoit Aristote, est un témoignage d'*estime* qu'on rend à ceux qui sont bienfaisans; & quoiqu'il fût juste de ne porter de l'honneur qu'à ces sortes de gens, on ne laisse pas d'honorer encore ceux qui sont en puissance de les imiter.

Du reste il y a des fondemens d'*estime de distinction* qui sont communs aux deux sexes, d'autres qui font particuliers à chacun , d'autres enfin que le beau sexe emprunte d'ailleurs.

Toutes les qualités qui font de légitimes fonde-mens de l'*eſtime de diſtinction*, ne produiſent néan-moins par elles-mêmes qu'un droit imparfait, c'eſt-à-dire, une ſimple aptitude à recevoir des marques de reſpect extérieur ; de ſorte que ſi on les refuſe à ceux qui le méritent le mieux, on ne leur fait par-là aucun tort proprement dit, c'eſt ſeulement leur manquer.

Comme les hommes ſont naturellement égaux dans l'état de nature, aucun d'eux ne peut exiger des autres , de plein droit, de l'honneur & du reſ-pect. L'honneur que l'on rend à quelqu'un , conſiſte à lui reconnoître des qualités qui le mettent au-deſſus de nous, & à s'abaiſſer volontairement de-vant lui par cette raiſon : or il ſeroit abſurde d'at-tribuer à ces qualités le droit d'impoſer par elles-mêmes une obligation parfaite, qui autoriſât ceux en qui ces qualités ſe trouvent, à ſe faire rendre par force les reſpects qu'ils méritent. C'eſt ſur ce fondement de la liberté naturelle à cet égard, que les Scythes répondirent autrefois à Alexandre : « N'eſt-il pas permis à ceux qui vivent dans les » bois, d'ignorer qui tu es , & d'où tu viens ? Nous » ne voulons ni obéir ni commander à perſonne ». *Q. Curce, liv. VII, c. viij.*

Auſſi mettent au rang des ſottes opinions du vulgaire, d'*eſtimer* les hommes par la nobleſſe, les biens, les dignités, les honneurs, en un mot toutes les choſes qui ſont hors de nous. « C'eſt merveille, » dit ſi bien Montagne dans ſon aimable langage, » que ſauf nous, aucune choſe ne s'apprécie que » par ſes propres qualités..... Pourquoi eſtimez-vous » un homme tout enveloppé & empaqueté ? Il ne » nous fait montre que des parties qui ne ſont aucu-» nement ſiennes, & nous cache celles par leſ-» quelles ſeules on peut réellement juger de ſon » *eſtimation*. C'eſt le prix de l'épée que vous cher-» chez, non de la gaîne : vous n'en donneriez à » l'aventure pas un quatrain , ſi vous ne l'aviez dé-» pouillée. Il le faut juger par lui-même, non par » ſes atours ; & comme le remarque très-plaiſam-» ment un ancien , ſavez-vous pourquoi vous » l'eſtimez grand ? vous y comptez la hauteur de » ſes patins ; la baſe n'eſt-pas de la ſtatue. Meſu-» rez-le ſans ſes échaſſes : qu'il mette à part ſes » richeſſes & honneurs, qu'il ſe préſente en che-» miſe. A-t-il le corps propre à ſes fonctions, ſain » & alègre ? Quelle ame a-t-il ? eſt-elle belle, ca-» pable, & heureuſement pourvue de toutes ſes » pieces ? eſt-elle riche du ſien ou de l'autrui ? la » fortune n'y a elle que voir ? ſi les yeux ouverts, » elle attend les épées traites ; s'il ne lui chaut » par où lui ſorte la vie, par la bouche ou par » le goſier ? ſi elle eſt raſſiſe, équable, & con-» tente ? c'eſt ce qu'il faut voir ». *Liv. I, ch. xlij.* Les enfans raiſonnent plus ſenſément ſur cette matiere : faites bien, diſent-ils, & vous ſerez rôi.

Reconnoiſſons donc que les alentours n'ont au-

cune valeur réelle ; concluons enſuite que, quoi-qu'il ſoit conforme à la raiſon d'honorer ceux qui ont intrinſequement une vertu éminente , & qu'on devroit en faire une maxime de droit naturel, ce-pendant ce devoir conſidéré en lui-même, doit être mis au rang de ceux dont la pratique eſt d'au-tant plus louable, qu'elle eſt entierement libre. En un mot, pour avoir un plein droit d'exiger des autres du reſpect, ou des marques d'*eſtime de diſ-tinction*, il faut, ou que celui de qui on l'exige ſoit ſous notre puiſſance & dépende de nous ; ou qu'on ait acquis ce droit par quelque convention avec lui ; ou bien en vertu d'une loi faite ou approuvée par un ſouverain commun.

C'eſt à lui qu'il appartient de régler entre les citoyens les degrés de diſtinction, & à diſtribuer les honneurs & les dignités ; en quoi il doit avoir toujours égard au mérite & aux ſervices qu'on peut rendre, ou qu'on a déjà rendus à l'état : chacun après cela eſt en droit de maintenir le rang qui lui a été aſſigné, & les autres citoyens ne doivent pas le lui conteſter.

L'*eſtime de diſtinction* ne devroit être ambition-née qu'autant qu'elle ſuivroit les belles actions qui ten-dent à l'avantage de la ſociété , ou autant qu'elle nous mettroit plus en état d'en faire. Il faut être bien malheureux pour rechercher les honneurs par de mauvaiſes voies, ou pour y aſpirer ſeulement, afin de ſatisfaire plus commodément ſes paſſions. La véritable gloire conſiſte dans l'*eſtime* des per-ſonnes qui ſont elles-mêmes dignes d'*eſtime*, & cette *eſtime* ne s'accorde qu'au mérite. « Mais (dit la Bruyère) « comme , après le mérite perſonnel , » ce ſont ces éminentes dignités & les grands ti-» tres, dont les hommes tirent le plus de diſtinc-» tion & le plus d'éclat, qui ne fait être un » Eraſme, peut penſer à être évêque ».

Concluons de tout ceci, que rien n'eſt plus in-téreſſant pour l'homme que de mériter l'*eſtime* de ſes ſemblables ; que ce deſir, inné avec nous, le porte à conſacrer ſes talens, ſes lumieres & ſes forces au bonheur général ; que le grand, le ma-giſtrat, le citoyen, qui a obtenu l'*eſtime* du pu-blic, qui deſire de la conſerver & de l'augmenter, croit ſes devoirs trop importans , ſes obligations trop étendues , pour chercher ſon bonheur dans les amuſemens, les diſtinctions , l'éclat que pro-curent le luxe & les richeſſes ; que l'amour de l'*eſtime* eſt en même temps , & un principe de vertu, & un préſervatif contre la cupidité , contre les paſſions & contre le luxe, qui rendent les hommes ennemis du bonheur général & injuſtes.

Le deſir d'acquérir de l'*eſtime* & de la conſerver empêche les hommes puiſſans d'abuſer de leur au-torité , dans la crainte d'en être dépouillés par l'a-viliſſement & le mépris. Il n'eſt point de nations dont l'hiſtoire n'offre des citoyens, des magiſtrats, des grands, des ſouverains même, que l'aviliſſe-ment a dépouillés de leur puiſſance, & fait reſter dans le néant.

Malgré

Malgré le respect des anciens Assyriens pour leurs rois, ils méprisèrent Sardanapale. Il tomba dans l'avilissement, parce qu'il n'employoit sa puissance qu'à satisfaire sa sensualité, son luxe & sa passion pour la débauche : il perdit l'empire & la vie. Le mépris des peuples arma les conjurés contre Astyages, Xerxès, Vitellius, Héliogabale & tant d'autres. Le mépris & l'avilissement précipitèrent de leur trône Childeric, Venceslas, Sanche de Portugal, Edouard, Richard II, Henri VI, &c.

Le mépris & l'avilissement ont des effets effrayans pour tous les hommes puissans, & ils peuvent devenir un principe réprimant pour les méchans & les vicieux. La corruption ne peut aller jusqu'à les rendre indifférens sur cet état : les supplices & les tortures sont plus effrayans pour l'imagination, mais ils sont en effet moins terribles.

La politique a donc, dans le desir de l'estime, & dans la crainte du mépris, deux moyens puissans de rendre les hommes utiles à la société, pour arrêter les vices dangereux. Elle peut, avec ces deux ressorts, créer les talens & les vertus, corriger ou contenir les vices & les crimes. Elle a dans l'estime une source inépuisable de récompenses qui n'appauvriront jamais l'état ; dans le mépris & l'ignominie, des punitions plus terribles que les supplices, mais qui conservent les citoyens, & qui les portent à faire de grands efforts pour effacer leur honte.

C'est ce qu'avoit très-bien conçu le sage législateur Charondas. Au lieu de décerner, comme bien d'autres, la peine de mort contre ceux qui quittoient leur rang à l'armée, ou qui refusoient de prendre les armes pour le service de la patrie, il les condamnoit à être exposés trois jours de suite dans la place publique en habits de femme. Une de ses loix ordonnoit que tous ceux qui seroient convaincus de calomnie, seroient conduits par les rues, portant sur la tête une couronne de romarin, comme pour faire voir à tout le monde qu'ils étoient au premier rang de la méchanceté. Plusieurs de ceux qui furent condamnés à cette fâcheuse espèce de triomphe, se donnèrent la mort pour prévenir l'ignominie. *Voyez* MÉPRIS.

ESTIVER, v. a. qui signifie *demeurer dans un lieu pendant l'été.* Ce terme usité dans les campagnes, & qu'on trouve dans quelques textes de coutumes, s'entend principalement des bestiaux, qu'on dit faire *estiver* dans un canton, pour exprimer que l'on les mène dans les pâturages pendant la saison de l'été. La coutume locale de Saint-Cirgue en Auvergne, ne permet pas de faire *estiver* dans les communes du lieu d'autres bestiaux que ceux qui y ont hiverné ; c'est-à-dire, que les habitans ont nourri chez eux pendant l'hiver.

ESTOC, s. m. (*Jurisprud.*) dans le sens primitif, signifioit le *tronc d'un arbre*, mais il est vieilli dans cette acception, & il ne s'emploie aujourd'hui que figurément en droit, pour signifier le *tronc ou souche*

Jurisprudence. Tome IV.

commune, dont plusieurs personnes sont issues. Ce mot vient de l'allemand *stoc*, ou de l'anglo-saxon *stocce*, qui veut pareillement dire *tronc.*

On se sert de ce terme en matière de propres, soit réels ou fictifs, pour exprimer la souche commune d'où sortoit celui qui a possédé le propre.

Dans les coutumes de simple côté ou de côté & ligne, on confond souvent le terme d'*estoc* avec celui de *côté* ; mais dans les coutumes souchères, le terme d'*estoc* s'entend, comme on vient de le dire, pour la souche commune.

La coutume de Dourdan, qui est du nombre des coutumes souchères, explique bien (*art.* 117), la différence qu'il y a entre *estoc* & *côté* & *ligne* entendus, dit cet article, les plus prochains de l'*estoc* & *ligne*, ceux qui sont descendus de celui duquel les héritages sont procédés, & qui les a mis dans la ligne ; & où ils n'en seroient descendus, encore qu'ils fussent parens du défunt de ce côté, ils ne peuvent prétendre les héritages contre les plus prochains lignagers d'icelui défunt, posé qu'ils ne fussent lignagers dudit côté dont les héritages sont procédés. *Voyez* Renusson, *Traité des propres, ch. vj, sect.* 5, & *aux mots* BRANCHAGE, CÔTÉ, COUTUMES SOUCHÈRES, LIGNE, PROPRES. (*A*).

ESTOC-GAIGE, dans la coutume locale de Desvrene, est le nom particulier d'un droit de quatre deniers, dû au seigneur dans le cas de la vente du chef-mex, c'est-à-dire, du principal manoir. Ce droit d'*estoc-gaige* doit être payé le jour de la vente, à peine de soixante sols parisis.

ESTOUBLAGE, ce mot se trouve dans quelques anciens titres. Laurière présume que c'est un droit qui se lève sur les bleds ou esteulles. L'auteur du dictionnaire de la langue romance dit la même chose. Mais on voit dans les *Glossaires* de du Cange & dom Carpentier, aux mots *Estoblagium* & *Estoublagia*, que c'est le droit qu'on paie pour faire paître les chaumes par les pourceaux. Ces chaumes sont ce qu'on nomme *esteulles* ou *estoubles.* *Voyez* ESTROUBLES. (*M. GARRAN DE COULON*).

ESTRAGE. L'article 158 de la coutume du Perche ne donne à l'aîné des enfans roturiers pour préciput, « que la principale maison manable, » avec l'issue d'icelle maison pour y aller par l'es » trage, à pied, à cheval & par charroi ; & un » arpent de terre découverte à son choix, auprès » de la maison hors l'*estrage* ».

Laurière dit que, sous ce mot, on comprend les cours, enclos & jardins, qui tiennent & sont joints à une maison de campagne, & que cela résulte des termes de l'article même. Mais dom Carpentier, au mot *Stabilitas*, pense qu'on doit entendre par là le chemin public, & cette opinion paroît assez raisonnable. (*M. GARRAN DE COULON*).

ESTRAPADE, s. f. (*Art milit.*) est une espèce de punition militaire, dans laquelle, après avoir lié au criminel les mains derrière le dos, on l'élève

X x

avec un cordage jufqu'au haut d'une haute pièce de bois, d'où on le laiffe tomber jufqu'auprès de terre, de manière qu'en tombant, la pefanteur de fon corps lui difloque les bras. Quelquefois il eft condamné à recevoir trois *eftrapades*, ou même davantage.

Ce mot vient, dit-on, du vieux mot *eftreper*, qui fignifie *brifer*, *arracher*; ou bien de l'italien *ftrappata*, du verbe *ftrappare*, tordre par force. *Trévoux* & *Chambers*.

L'*eftrapade* n'eft plus d'ufage, au moins en France.

ESTRAPADE, (*Marine.*) c'eft le châtiment qu'on fait fouffrir à un matelot, en le guindant à la hauteur d'une vergue, en le laiffant enfuite tomber dans la mer, où l'on le plonge une ou plufieurs fois, felon que le porte la fentence. C'eft ce qu'on appelle autrement *donner la cale*. *Voyez* CALE.

ESTRE. (*l'*) & *côté.* La coutume de Nivernois fe fert de cette expreffion l'*eftre*, dans le fens d'*eftoc.* *Voyez* ESTOC.

ESTREJURE. *Voyez* EXTREYURE.

ESTRELAGE, (*Droit féodal.*) c'eft un droit qui fe lève fur le fel par quelques feigneurs, lorfque les voituriers des fermiers paffent fur leurs terres. La pancarte du droit d'*eftrelage* doit être placée en un lieu éminent, près de l'endroit où on doit le lever. Ce droit fe levoit autrefois en nature; mais par l'ordonnance de 1687, pour l'adjudication des gabelles, l'*eftrelage* a été apprécié en argent, auffi bien que tous les autres péages auxquels les fels des gabelles font fujets fur les terres des feigneurs. *Dictionn. de Comm. de Trévoux & de Chambers.* (G)

ESTRISE, ce mot qui fe trouve dans l'art. 12 de la coutume de Chartres, paroît y défigner la même chofe que celui d'*eftrage* dans la coutume du Perche. *Voyez* ESTRAGE. (*M. GARRAN DE COULON.*)

ESTROUBLES ou ESTOUBLES, ce font les efteulles ou chaumes. Quelques coutumes permettent d'y mener les beftiaux à vaine pâture, immédiatement après la moiffon. D'autres veulent qu'on attende trois jours pour laiffer le temps d'y glaner. Celles d'Orléans, art. *145*, & de Montargis, *chap. 4*, art. 2, laiffent au laboureur un temps fuffifant pour enlever fes chaumes. (*M. GARRAN DE COULON*).

ESTROUSSE, terme particulier de la coutume de Nivernois, qui fignifie l'adjudication d'une ferme ou accenfe, au plus offrant & dernier enchériffeur. *Voyez* DOUBLEMENT.

ESTURGEON. Des ordonnances des rois de France & d'Angleterre ont réfervé au roi cette efpèce de poiffon à titre d'épave maritime, à moins que les feigneurs n'aient un privilège particulier à cet égard. *Voyez* MARITIME (*Epave.*). (*M. GARRAN DE COULON.*)

ET

ÉTABLISSEMENT, f. m. en latin *ftabilimentum*,

fignifioit dans l'ancien ftyle de la procédure, ce qui étoit établi par quelque ordonnance ou réglement. Il y a plufieurs anciennes ordonnances qui font intitulées *établiffemens*, & que nous allons faire connoître par ordre alphabétique.

ÉTABLISSEMENT DES FIEFS, *ftabilimentum feudorum*; c'eft le titre d'une ordonnance latine de Philippe-Augufte, datée du premier mai 1209, faite dans une affemblée des grands de royaume à Villeneuve-le-Roi, près de Sens. Cette ordonnance eft regardée, par les connoiffeurs, comme la plus ancienne des rois de la troifième race, qui porte une forme conftitutive; auparavant ils ne déclaroient leur volonté qu'en forme de lettres. Elle eft remarquable, 1°. en ce qu'au lieu d'affermir les fiefs, comme le titre femble l'annoncer, elle tend au contraire à les réduire, en ordonnant que quand un fief fera divifé, tous ceux qui y auront part le tiendront nuement & en chef du feigneur dont le fief relevoit avant la divifion; & que s'il eft dû pour le fief des fervices & des droits, chacun de ceux qui y auront part les paieront à proportion de la part qu'ils y auront : 2°. ce qui eft encore plus remarquable, c'eft qu'elle eft rendue non-feulement au nom du roi, mais auffi en celui des feigneurs qui s'étoient trouvés en l'affemblée; favoir, le duc de Bourgogne, les comtes de Nevers, de Boulogne, & de Saint-Paul, le feigneur de Dampierre, & plufieurs autres grands du royaume qui ne font pas dénommés dans l'intitulé.

ÉTABLISSEMENS GÉNÉRAUX, étoient ceux que le roi faifoit pour tout le royaume, à la différence de ceux qu'il ne faifoit que pour les terres de fon domaine : ces derniers n'étoient pas obfervés dans les terres des barons. *Voyez* Beaumanoir, *chap. 48, pag. 5.*

ÉTABLISSEMENS SUR LES JUIFS: il y a deux ordonnances latines concernant les Juifs, intitulées *ftabilimentum*; l'une de Philippe-Augufte, l'autre de Louis VIII en 1223. *Voyez les ordonnances de la troifième race*, tome I.

ÉTABLISSEMENS-LE-ROI, font la même chofe que les *établiffemens de S. Louis. Voyez l'article fuivant.*

ÉTABLISSEMENS DE S. LOUIS, font une ordonnance faite par ce prince en 1270, ou plutôt une compilation faite fous fon nom : elle eft intitulée, *les établiffemens felon l'ufage de Paris & d'Orléans, & de cour de baronie*: elle eft divifée en deux livres, dont le premier contient 168 chapitres, & le fecond 42.

M. Ducange fut le premier qui donna en 1658 une édition de ces *établiffemens* à la fuite de l'hiftoire de S. Louis par Joinville. Dans fa préface fur ces *établiffemens*, il dit que ce font les mêmes que Beaumanoir cite fous le titre d'*établiffement-le-Roi*; ce qui fe rencontre en effet affez fouvent.

Dans un manufcrit de la bibliothèque de feu M. le chancelier d'Agueffeau, il y a en tête de cette ordonnance, ci commence *li eſtabliſſemens, le roy de France ſelon l'uſage de Paris, & d'Orléans & de Touraine & d'Anjou, & de l'office de chevalerie & court de baron,* &c. M. de Laurière, dans ſes notes ſur ces *établiſſemens,* trouve ce titre plus juſte, étant évident que les coutumes d'Anjou, du Maine, de Touraine, & de Loudunois, ont été tirées en partie de ces *établiſſemens.*

Cette même ordonnance, dans un ancien regiſtre qui eſt à l'hôtel-de-ville d'Amiens, eſt intitulée *les établiſſemens de France confirmés en plein parlement par les barons du royaume.*

Mais Ducange & pluſieurs autres ſavans prétendent que ce titre eſt ſuppoſé; que ces *établiſſemens* n'ont jamais eu force de loi, & qu'il n'eſt pas vrai qu'ils aient été faits & publiés en plein parlement : ils ſe fondent :

1°. Sur ce que, ſuivant Guillaume de Nangis, auteur contemporain, S. Louis étant parti d'Aigues-mortes en 1269, le mardi d'après la S. Pierre qui arrive le 29 juin, il n'eſt pas poſſible que ces *établiſſemens* aient été publiés en 1270, avant le départ de ce prince pour l'Afrique.

2°. Sur ce que ces *établiſſemens* ne ſont pas dans la forme des autres ordonnances, étant remplis de citations, de canons du décret, de chapitres des décrétales, & de pluſieurs loix du digeſte & du code.

3°. Ce qui eſt dit dans la préface, que ces *établiſſemens* furent faits pour être obſervés dans toutes les cours du royaume, n'eſt pas véritable ; car ſuivant *l'article 15. du livre I,* le douaire coutumier eſt réduit au tiers des immeubles que le mari poſſédoit au jour du mariage ; au lieu que, ſuivant le témoignage de Pierre de Fontaines & de Beaumanoir, le douaire coutumier étoit de la moitié des immeubles des maris, conformément à l'ordonnance de Philippe-Auguſte en 1214, qui eſt encore obſervée dans une grande partie du royaume.

On répond à cela,

1°. Qu'il eſt conſtant que S. Louis fut près de deux mois à Aigues-mortes ſans pouvoir s'embarquer, & qu'il mourut en arrivant à Tunis, la même année qu'il partit d'Aigues-mortes : ainſi étant décédé le 25 août 1270, il s'enſuit qu'il étoit parti en 1270, & non en 1269, comme le dit Guillaume de Nangis ; ce qui eſt une erreur de ſa part, ou une faute des copiſtes.

2°. La preuve du même fait ſe tire encore du teſtament de S. Louis, fait à Paris & daté du mois de février 1269 ; car le roi étant parti vers le mois d'août ſuivant, ce n'a pu être qu'en 1270.

3°. Quoique ces *établiſſemens* ſoient remplis de citations de canons, de décrétales, & de loix du digeſte & du code, il ne s'enſuit pas que ce ne ſoit pas une ordonnance ; car de quelque manière qu'elle ait été rédigée, dès que ces *établiſſemens* furent autoriſés par le roi, c'étoit aſſez pour leur donner

force de loi. Cette ordonnance n'eſt même pas la ſeule où il ſe trouve de ſemblables citations : celle que le même prince fit au mois de mars 1268, porte, *article* 4, que les promotions aux bénéfices ſeront faites ſelon les décrets des conciles & les déciſions des pères ; & l'on doit être d'autant moins ſurpris de trouver tant de citations dans ces *établiſſemens,* que c'étoit-là l'ordonnance la plus conſidérable qui eût encore été faite ; que l'idée étoit de faire un code général, & que l'on n'avoit pas alors l'eſprit de préciſion & le ton d'autorité qui conviennent dans la légiſlation.

4°. S. Louis, en confirmant ces *établiſſemens,* n'ayant pas dérogé aux loix antérieures, ni aux coutumes établies dans ſon royaume, il ne faut pas s'étonner ſi à Paris & dans pluſieurs provinces le douaire coutumier a continué d'être de la moitié des immeubles du mari, ſuivant l'ordonnance de Philippe-Auguſte en 1214.

Enfin ce qui confirme que ces *établiſſemens* furent revêtus du caractère de loi, c'eſt qu'ils ſont cités non-ſeulement par des auteurs à-peu-près contemporains de S. Louis, tels que Philippe de Beaumanoir, mais auſſi par des rois, enfans & ſucceſſeurs de S. Louis, entr'autres par Charles-le-Bel dans ſes lettres du 18 juillet 1326, où il dit qu'en levant le droit d'amortiſſement ſur les gens d'égliſe, il ſuit les veſtiges de S. Louis ſon biſaïeul ; ce qui ſe rapporte évidemment au *chapitre cxxv* du premier livre des *établiſſemens.*

Toutes ces conſidérations ont déterminé M. de Laurière à donner place à ces *établiſſemens* parmi les ordonnances de la troiſième race. *(A)*

Le ſentiment de M. de Laurière ne nous paroît pas devoir être admis. Et il eſt certain, comme le remarque M. de Monteſquieu, que la compilation dont nous parlons ici, ſous le nom d'*établiſſemens de S. Louis,* n'a jamais été faite pour ſervir de loi à tout le royaume, & qu'il eſt faux, comme on le lit dans le manuſcrit de l'hôtel-de-ville d'Amiens, qu'elle a été confirmée en plein parlement. D'ailleurs la date qu'on lui donne annonce qu'elle auroit été publiée en ſon abſence, par une régence foible par elle-même, & compoſée de ſeigneurs, qui avoient intérêt que la choſe ne réuſſît pas.

Il y a grande apparence que l'ouvrage dont nous parlons, eſt différent des *établiſſemens de S. Louis* ſur l'ordre judiciaire. Beaumanoir qui parle ſouvent de ces derniers, ne cite que des *établiſſemens* particuliers. Desfontaines, qui écrivoit ſous ce prince, nous parle des deux premières fois que l'on exécuta ſes *établiſſemens* ſur l'ordre judiciaire, comme d'une choſe reculée. Les *établiſſemens de S. Louis* étoient donc antérieurs à l'ouvrage dont il s'agit ; de plus on y cite les *établiſſemens,* ce qui prouve que c'eſt un ouvrage ſur les *établiſſemens.*

Il renferme des réglemens ſur toutes les affaires civiles, les diſpoſitions des biens par teſtamens & entre-vifs, les dots & les avantages des femmes, les profits & les prérogatives des fiefs, les affaires de police, &c.

Il est certain que S. Louis qui voyoit les abus de la jurisprudence françoise, & qui cherchoit à en dégoûter les peuples, fit plusieurs loix pour les tribunaux de ses domaines, & pour ceux de ses barons. Par la constitution existante dans le royaume, il ne lui étoit pas permis d'établir une loi générale, pour les provinces dépendantes des grands vassaux de la couronne. Il leur montroit un exemple que chacun pouvoit suivre, il ôta le mal en faisant sentir le bien.

La manière de juger & de procéder qu'il introduisit, plus naturelle, plus raisonnable, plus conforme à la morale, à la religion, à la tranquillité publique, à la sûreté de la personne & des biens, eut un tel succès, que Beaumanoir, qui écrivoit très-peu de temps après ce prince, assure qu'elle étoit pratiquée dans un grand nombre de cours de seigneurs.

Il est donc clair que l'ouvrage, dont est question, est une compilation faite par quelque bailli du domaine royal, dans l'esprit des ouvrages de Desfontaines & de Beaumanoir, des coutumes du pays, & principalement de Paris, d'Orléans & d'Anjou, avec les loix romaines, traduites par les ordres de S. Louis, & avec les *établissemens* de ce prince.

L'auteur a pu même ajouter avec raison, qu'elle regardoit aussi les cours de baronnie, puisque Beaumanoir nous apprend que plusieurs d'entre elles avoient adopté les *établissemens de S. Louis.*

Au reste, quoique les mœurs soient bien changées depuis cette ancienne ordonnance, l'ouvrage n'en est pas moins précieux, parce qu'il contient les anciennes coutumes, & la manière de procéder, en usage dans le temps de S. Louis, & qu'il sert à éclairer plusieurs points de notre droit françois.

ÉTAGE. *Voyez* LIGE-ÉTAGE.

ÉTAGERS, ÉTAGIERS *ou* ESTAGIERS, ce sont, dit fort bien le Glossaire du droit françois, les sujets d'un seigneur qui ont *étage* & maison en son fief, & qui y sont demeurans & domiciliés.

Anciennement les seigneurs ne donnoient pas seulement des terres à censives à des roturiers, à la charge d'y bâtir des maisons & d'y résider, d'où ces censitaires étoient nommés *étagers*; mais ils stipuloient quelquefois par les premières investitures, que leurs vassaux seroient obligés de demeurer sur les fiefs qu'ils leur avoient donnés, & d'y être *étagers*, soit habituellement, soit en temps de guerre. *Voyez* LIGE-ÉTAGE.

La coutume de Tours & plusieurs autres assujettissent les *étagers coutumiers*, c'est-à-dire, les roturiers domiciliés dans une seigneurie, au droit de bannalité. *Voyez* BANNALITÉ, MOULIN, &c. (M. GARRAN DE COULON).

ÉTAL, s. m. (*Police, Arts & Métiers*) c'est le lieu où l'on vend la viande de boucherie, & l'endroit particulier où chaque boucher étale sa viande. *Voyez* BOUCHER, *réglemens généraux sur les boucheries.*

Nous ajouterons seulement que, par arrêt du 7 mai 1741, le parlement de Paris a jugé que les *étaux* de boucher étoient susceptibles d'hypothèque.

ÉTALAGE, c'est un droit dû aux seigneurs pour la permission d'étaler les marchandises. *Voyez* ESTABLAGE, HALLAGE, PLACAGE & LEYDE. (*M. GARRAN DE COULON*).

ÉTALON, s. m. (*Droit public*) signifie le *modèle*, le *prototype* ou l'exemple des poids & des mesures dont tout le monde se sert dans un lieu pour la livraison des denrées & marchandises qui se livrent par poids ou par mesure.

Comme on a senti de tout temps la nécessité de régler les poids & les mesures, afin que chacun en eût d'uniformes dans un même lieu, on a aussi bientôt reconnu la nécessité d'avoir des *étalons* ou prototypes, soit pour régler les poids & mesures que l'on fabrique de nouveau, soit pour confronter & vérifier ceux qui sont déjà fabriqués, pour voir s'ils ne sont point altérés, soit par l'effet du temps, ou par un esprit de fraude, & si l'on ne vend point à faux poids ou à fausse mesure.

Les Hébreux nommoient cette mesure originale, ou matrice, *schac, quasi portam mensurarum aridorum*, la porte par laquelle toutes les autres mesures des arides devoient passer pour être jugées. Ils marquoient ensuite d'une lettre ou de quelque autre caractère, les mesures qui avoient passé par cet examen, & cette marque étoit appellée *mensura judicis*. Il y avoit aussi des *étalons* pour la mesure des liquides & pour les poids.

Les Grecs nommoient l'*étalon* des mesures μετρων τρόπος, c'est-à-dire, le prototype des mesures.

Les Romains le nommoient simplement *mensura*, par excellence, comme étant la mesure à laquelle toutes les autres devoient être conformes.

M. Ménage croit que le terme *étalon* vient du latin *est talis*, & que l'on a ainsi appellé la mesure originale, pour dire que cette mesure qui est exposée dans un lieu public, est telle qu'elle doit être, ou plutôt que les autres mesures doivent être telles & conformes à celle-ci : mais il est plus probable que ce terme vient du saxon *stalone*, qui signifie *mesure*.

On disoit autrefois *estellons* ou *estelons*, pour *étalons*, comme on le voit dans les coutumes de Tours, *art. 41*; Loudunois, *chap. ij, art. 3 & 4*; & Bretagne, *art. 698, 699 & 700.*

Les *étalons* des poids & mesures ont toujours été gardés avec grande attention. Les Hébreux les déposoient dans le temple, d'où viennent ces termes si fréquens dans les livres saints : *le poids du sanctuaire, la mesure du sanctuaire.*

Les Athéniens établirent une compagnie de quinze officiers appellés μετρονομοι *mensurarum curatores*, qui avoient la garde des *étalons* : c'étoient eux aussi qui régloient les poids & mesures.

Du temps du paganifme, les Romains les gardoient dans le temple de Jupiter au capitole, comme une chofe facrée & inviolable; c'eft pourquoi la mefure originale étoit furnommée *capitolina*.

Les empereurs chrétiens ordonnèrent que les *étalons* des poids & mefures feroient gardés par les gouverneurs ou premiers magiftrats des provinces. Honorius chargea le préfet du prétoire de l'*étalon* des mefures, & confia celui des poids au magiftrat appellé *comes facrarum largitionum*, qui étoit alors ce qu'eft aujourd'hui chez nous le contrôleur général des finances.

Juftinien rétablit l'ufage de conferver les *étalons* dans les lieux faints; il ordonna que l'on vérifieroit tous les poids & toutes les mefures, & que les *étalons* en feroient gardés dans la principale églife de Conftantinople; il en envoya de femblables à Rome, & les adreffa au fénat comme un dépôt digne de fon attention. La novelle 118 dit auffi que l'on en gardoit dans chaque églife; il y avoit des boiffeaux d'airain ou de pierre, & autres mefures différentes.

En France les *étalons* des poids & mefures étoient autrefois gardés dans le palais de nos rois. Charles-le-Chauve renouvella en 864 le réglement pour les *étalons*; il ordonna que toutes les villes & autres lieux de fa domination, rendroient leurs poids & mefures conformes aux *étalons* royaux qui étoient dans fon palais, & enjoignit aux comtes & autres magiftrats des provinces d'y tenir la main: ce qui fait juger qu'ils étoient auffi dépofitaires d'*étalons*, conformes aux *étalons* originaux, que l'on confervoit dans le palais du roi. On en confervoit auffi dans quelques monaftères & autres lieux publics.

Le traité fait en 1222 entre Philippe-Augufte & l'évêque de Paris, fait mention des mefures de vin & bled comme un droit royal que le prince fe réferve, & dont le prévôt de Paris avoit la garde. Le roi céda feulement à l'évêque les droits utiles qui fe levoient dans les marchés, pour en jouir de fept femaines l'une, & ordonna au prévôt de Paris de faire livrer les mefures aux officiers de l'évêque: mais cela concerne plutôt le droit de mefurage, que la garde des *étalons*.

Sous le règne de Louis VII, la garde des mefures de Paris fut confiée au prévôt des marchands. Les ftatuts donnés par S. Louis aux jurés-mefureurs font mention, qu'aucun mefureur ne pourroit fe fervir d'aucune mefure à grain qu'elle ne fût fignée, c'eft-à-dire, marquée du feing du roi; qu'autrement il feroit en la merci du prévôt de Paris: que fi fa mefure n'étoit pas fignée, il devoit la porter au parloir aux bourgeois pour y être juftifiée & fignée.

Les auteurs du *Gallia Chriftiana*, tome *VII*, col. 253, rapportent qu'avant l'an 1684, temps auquel la chapelle S. Leufroy fut démolie pour agrandir les prifons du grand châtelet, on y voyoit une pierre qui étoit taillée en forme de mître, qui étoit le mo-

dèle des mefures & des poids de Paris, & que de là étoit venu l'ufage de renvoyer à la mître de la chapelle de S. Leufroy, quand il furvenoit des conteftations fur les poids & les mefures. M. l'abbé Lebœuf, dans fa *defcription du diocèfe de Paris*, tome *I*, penfe que cette pierre, qui, par fa forme devoit être antique, avoit apparemment été apportée du premier parloir aux bourgeois, qui étoit contigu à cette églife de S. Leufroy; il obferve que ce parloir & un autre (fitué ailleurs) ont été le berceau de l'hôtel-de-ville de Paris (où l'on a depuis transféré les *étalons* des poids & mefures). Il y a encore en quelques villes de provinces des *étalons* de pierre, pour la vérification des mefures.

Le roi Henri II ordonna en 1557, que le *étalons* des gros poids & mefures feroient gardés dans l'hôtel-de-ville de Paris.

Lorfqu'on établit en titre à Paris des jurés-mefureurs pour le fel, qui faifoit alors l'objet le plus important du commerce par eau dans cette ville, on leur donna la garde des *étalons* de toutes les mefures des arides: c'eft pour la garde de ce dépôt qu'ils ont une chambre dans l'hôtel-de-ville.

Les apothicaires & épiciers de Paris ont conjointement la garde de l'*étalon* des poids de la ville, tant royal que médicinal; ils ont même, par leurs ftatuts, le droit d'aller deux ou trois fois l'année, affiftés d'un juré-balancier, vifiter les poids & balances de tous les marchands & artifans de Paris; c'eft delà qu'ils prennent pour devife *lances & pondera fervant*.

Il faut néanmoins excepter les orfèvres, qui ne font fujets à cet égard qu'à la vifite des officiers de la cour des monnoies, attendu que l'*étalon* du poids de l'or & de l'argent qui étoit anciennement gardé dans le palais du roi, eft gardé à la cour des monnoies depuis l'ordonnance donnée en 1540, par François I.

Les merciers prétendent auffi n'y être pas fujets.

Depuis l'ordonnance de 1540, c'eft à la cour des monnoies qu'on doit s'adreffer pour faire étalonner tous les poids qui fervent à pefer les métaux & autres marchandifes, c'eft-à-dire, les poids de trébuchet, les poids de marc, & les poids maffifs de cuivre. Il y a pour cet effet dans tous les hôtels des monnoies du royaume, des poids étalonnés fur ceux de la cour des monnoies de Paris.

L'*étalon* des poids de marc de France a toujours été fi eftimé par fa juftelle & fa précifion, que les nations étrangères ont quelquefois envoyé rectifier leurs propres *étalons*, fur celui de la cour des monnoies. C'eft fur ce poids qu'eft étalonné celui qui fert à vérifier tous les poids de l'empire d'Allemagne. La vérification en a été faite en préfence de l'ambaffadeur de l'empire, qui fe rendit exprès à la chambre des poids, le 20 février 1756.

Outre ce premier poids, qui eft le premier & véritable *étalon*, il en exifte un fecond, étalonné fur ce premier, qu'on appelle le fecond poids original. C'eſt celui dont on ſe ſert pour vérifier ceux qu'emploient les maîtres & gardes de l'épicerie, & les maîtres apothicaires dans leurs viſites, & pour étalonner les poids fabriqués par les maîtres-balanciers & ajuſteurs de poids. Ces opérations ſe font en préſence du conſeiller - commiſſaire au poids, qui, pour preuve de leur juſteſſe, les fait marquer d'un poinçon ſur lequel eſt gravée une fleur de lys.

Il y a auſſi, au châtelet de Paris, un poids étalonné & vérifié ſur celui de la cour des monnoies, en vertu d'un arrêt du parlement du 6 mai 1694. Au pied de l'eſcalier du même châtelet, il y a un *étalon* fixé, qui ſert depuis plus d'un ſiécle à vérifier toutes les toiſes des ouvriers de Paris; mais il y a plus de quarante ans qu'il eſt uſé, fauſſé & altéré. Le véritable *étalon* de la toiſe de Paris, eſt celui qui eſt dépoſé à l'académie des ſciences, & dont on a fait des copies exactes, pour être envoyées dans les différentes généralités. On en a même envoyé dans les pays étrangers, par-tout où les meſures des degrés de la terre ont exigé que l'on connût le rapport exact de la toiſe de l'académie avec les autres meſures.

Pour ce qui eſt des provinces, la plus grande partie de nos coutumes donnent aux ſeigneurs hauts-juſticiers, & même aux moyens, le droit de garder les *étalons* des poids & meſures, & d'étalonner tous les poids & meſures dont on ſe ſert dans les juſtices de leur reſſort.

Les coutumes de Tours & de Poitou veulent que le ſeigneur qui a droit de meſure en dépoſe l'*étalon* dans l'hôtel de la ville la plus proche, ſi elle a droit de mairie ou de communauté, ſinon au ſiège royal ſupérieur d'où ſa juſtice relève.

Dans l'hôtel-de-ville de Copenhague, il y a à la porte deux meſures attachées avec de petites chaines de fer; l'une eſt l'aulne du pays, qui ne fait que demi-aulne de Paris; l'autre eſt la meſure que doit avoir un homme pour n'être pas convaincu d'impuiſſance. Cette meſure fût expoſée en public ſur les plaintes faites par une marchande, que ſon mari étoit incapable de génération.

Les *étalons* ſont ordinairement d'airain, afin que la meſure ſoit moins ſujette à s'altérer. Lorſqu'on en fait l'eſſai, pour voir s'ils ſont juſtes, c'eſt avec du grain de millet qui eſt jetté dans une tremie, afin que le vaſe ſe rempliſſe toujours également.

ETALON, *en termes d'eaux & forêts*, ſignifie *un baliveau de l'âge que le bois avoit lors de la dernière coupe.* L'ordonnance des eaux & forêts, *tit. xxxij. art. 4*, fixe à cinquante livres, l'amende encourue, pour avoir coupé un *étalon. Voyez la coutume de Boulenois, art. 32. (A)*

Etalon ſe dit encore d'un cheval entier, dont on veut faire race, & qu'on emploie à couvrir des cavales. *Voyez* HARAS.

ÉTALONAGE. *Voyez* ESTALONAGE.

ÉTANCHE, on appelle en Bretagne *banc & étanche*, ou plutôt *ban & étanche* le droit de ban-vin. *Voyez* BAN-VIN. (*M. GARRAN DE COULON*).

ÉTANG, on nomme ainſi un amas d'eau contenu par une chauſſée, & dans lequel on nourrit du poiſſon.

La propriété des eaux courantes qui eſt attribuée aux ſeigneurs dans notre droit, & les inconvéniens qui peuvent réſulter pour les fonds voiſins de la conſtruction des *étangs*, ont fait douter ſi les particuliers pouvoient uſer en cette occaſion de la faculté que chacun a de diſpoſer de ſon terrein, comme bon lui ſemble.

Celles de nos coutumes qui ont décidé la queſtion, ne ſont pas d'accord entre elles. Quelques-unes déclarent expreſſément que chacun peut, de ſon autorité privée, faire des *étangs* ſur ſon héritage, pourvu qu'il n'entreprenne point ſur les chemins, ni ſur les droits d'autrui. C'eſt la diſpoſition de l'*art. 179* de la coutume d'Orléans; c'eſt-à-dire, dit Pothier ſur cet article, *que chacun peut retenir, ſur ſon héritage, les eaux de pluie, mais qu'il ne peut retenir ni détourner le cours d'une rivière, ou d'un ruiſſeau qui y paſſeroit.* Tel paroît être l'eſprit de l'*art. 3* du *tit. 16* de la coutume de Berry, qu'en laiſſant à chacun la liberté de faire des *étangs*, il ajoute *pourvu que ce ſoit ſans préjudice du droit du ſeigneur.*

On trouve à-peu-près la même déciſion dans les coutumes de Montargis & de Nivernois. Quelques coutumes locales de celles de Blois & de Tours exigent, au contraire, qu'on demande la permiſſion du ſeigneur pour former des *étangs*. Telles ſont celles de Vatan, *chap. 18, art. 19*; la Ferté-Imbaud, *chap. 5, art. 9 & 10*; Menetou-ſur-Cher, *chap. 5, art. 14*; Tremblevy, *chap. 2, art. 9*; la Bauche & Mezières.

Loiſel a fait de cette déciſion une de ſes règles *liv. II, tit. 2, n°. 13.*

Il paroît néanmoins plus conforme à la juſtice & à la liberté naturelle, qui ne peut être gênée que par des loix poſitives, d'adopter pour le droit commun la déciſion contraire, ſauf aux voiſins, au ſeigneur, ou au miniſtère public à ſe pourvoir, par les voies de droit, dans les cas où l'on abuſeroit de cette liberté.

Au ſurplus, Collet, & Boutaric d'après lui, obſervent fort bien que le ſeigneur doit donner gratuitement la permiſſion de conſtruire des *étangs*, dans les coutumes même qui obligent les particuliers de la demander. *De la Juſtice, chap. 7.*

Pluſieurs coutumes attribuent aux ſeigneurs baſ-juſticiers une prérogative bien plus exorbitante; elles lui permettent de ſubmerger les héritages de ſes juſticiables, afin de donner à ſon *étang* une plus grande étendue, pourvu qu'il ait les deux extrémités de la chauſſée dans ſon domaine. Elles l'obligent ſeulement, dans ce cas, de récompenſer préalablement, en héritage de pareille valeur, ceux dont il prend les fonds. Anjou, *art. 29*; Maine, *art. 54*; Touraine, *art. 37.*

Les coutumes de Chaumont, Nivernois & Troyes, accordent le même privilège au seigneur haut-justicier seulement. Mais l'*art. 130* de la coutume de la Marche paroît l'attribuer à tout propriétaire d'*étang* indistinctement, sans exiger même que la récompense soit en argent.

Des jurisconsultes éclairés pensent que le seigneur haut-justicier doit avoir cette faculté dans les coutumes même qui ne s'expliquent point à ce sujet. Des arrêts des parlemens de Paris & de Grenoble, rapportés par Papon & Salvaing, l'ont ainsi jugé. Mais l'équité naturelle ne réclame-t-elle pas encore contre cette décision? Elle ne pourroit être juste que dans le cas où l'accroissement des eaux qui tombent dans un *étang*, en rendroit l'augmentation nécessaire pour prévenir des inondations, ou pour d'autres causes d'utilité publique, & dans ce cas tout *étang* devroit avoir le même privilège, quel qu'en fût le propriétaire.

Dans les coutumes même qui autorisent expressément le seigneur à s'emparer des fonds voisins pour augmenter son *étang*, il n'a pas pour cela le droit d'empêcher ses censitaires de faire des *étangs* dans les fonds qu'il ne demande pas pour augmenter son *étang*. Cela a été ainsi jugé par un arrêt du 5 août 1762, confirmatif d'une sentence des requêtes du palais du 3 décembre 1760. Jacquet, *des Justices*, *liv. 1, chap. 24, n°. 25.*

Le propriétaire d'un *étang* peut suivre son poisson, qui a remonté par une crue ou débordement d'eau, jusqu'à l'héritage d'autrui, & même jusqu'à la fosse de l'*étang* supérieur, & la faire vuider dans la huitaine, après que les eaux sont retirées, le propriétaire de l'*étang* ou de l'héritage supérieur, étant présent ou dûment appelé. Mais on ne peut pas suivre son poisson dans le vivier ou la fosse à poisson d'autrui si elle est peuplée; on ne peut pas non plus le suivre en descendant, à moins que ce ne fût en pêchant son *étang*, & que celui qui est au-dessous eût à pêché auparavant.

C'est la disposition des *art. 171, 172 & 173* de la coutume d'Orléans, qui contient sur la police des *étangs*, quelques autres règles qui paroissent très-équitables.

Il est permis à tout particulier laïque d'empoissonner ses *étangs*, de la manière qu'il estime la plus convenable à ses intérêts. Les seigneurs ecclésiastiques n'ont pas la même liberté. L'échantillon dont ils doivent se servir, est réglé par l'article 21 du titre 31 de l'ordonnance des eaux & forêts.

La disposition de toutes les coutumes est que le poisson des *étangs* est réputé meuble quand il en est tiré, & même quand le temps ordinaire de la pêche est arrivé. Il résulte de-là, dit fort bien Bouraric, que le seigneur durant la saisie féodale, l'acquéreur pendant l'an & jour du retrait, & les usufruitiers ne peuvent pas le pêcher hors les temps ordinaires. Plusieurs coutumes le décident ainsi pour

le cas du retrait: telles sont celles de Melun, *art. 161*; de Bourbonnois, *art. 482*; de Sens, *art. 39*; de Nantes, *art. 85*, &c. (M. GARRAN DE COULON, avocat au parlement).

ETANT, ou suivant l'ancienne ortographe, ESTANT, participe présent, du latin *stans*, terme d'*eaux & forêts*, qui se dit en parlant des bois qui sont debout & sur pied, qu'on appelle *bois en estant*. L'ordonnance de 1669, *tit. 17, art. 5*, défend aux gardes-marteaux de marquer, & aux officiers de vendre aucuns arbres en *estant*, sous prétexte qu'ils auroient été fourchés ou ébranchés par la chûte des chablis, mais veut qu'ils soient conservés à peine d'amende arbitraire. (A)

ETAPE, s. m. (*Jurisprud.*) c'est le nom du lieu où l'on décharge dans une ville, les marchandises & les denrées qu'on y apporte du dehors.

Pour assurer dans les villes où il y a étape, le commerce du vin & la perception des droits d'aides, les ordonnances des aides défendent à tous marchands de tenir magasin de vins, dans les trois lieues des villes & fauxbourgs, où il y a étape, d'y décharger leur vin, & de l'y vendre en gros ou par bariques, en détail ou par brocs & bouteilles, à peine d'amende.

Ces défenses ne s'appliquent qu'au vin d'achat, car chacun peut encaver dans cette étendue le vin de son crû, & le vendre en la manière accoutumée.

Etape se dit aussi de l'amas de vivre & de fourrage, que l'on distribue aux troupes lorsqu'elles sont en marche, & du lieu où se fait cette distribution. *Voyez* le *Dictionnaire de l'art militaire*.

ÉTAPE, (*droit d'*) Droit politique; c'est un droit en vertu duquel le souverain arrête les marchandises qui arrivent dans ses ports, pour obliger ceux qui les transportent à les exposer en vente dans un marché ou un magasin public de ses états.

Plusieurs villes anséatiques & autres jouissent différemment du droit de faire décharger dans leurs magasins les effets qui arrivent dans leurs ports, en empêchant que les négocians puissent les vendre à bord de leurs vaisseaux, ou les débiter dans les terres & lieux circonvoisins.

Le mot d'*étape*, selon Ménage, vient de l'allemand *stapelen*, mettre en monceau. Guichardin prétend au contraire que le mot allemand vient du françois *étape*, & celui-ci du latin *stabulum*. Il seroit bien difficile de dire lequel des deux étymologistes a raison, mais c'est aussi la chose du monde la moins importante.

Je crois que les étrangers ne sauroient raisonnablement se plaindre de ce qu'on les oblige à exposer en vente leurs marchandises dans le pays, pourvu qu'on les achète à un prix raisonnable. Mais je ne déciderai pas si ceux qui veulent amener chez eux des marchandises étrangères, ou transporter dans un tiers pays des choses qui croissent ou qui se fabriquent dans le leur, peuvent être obligés légitimement à les exposer en vente dans les terres du souverain par lesquelles ils passent; il me semble du moins qu'on ne pourroit autorifer ce procédé, qu'en fourniffant d'un côté à ces étrangers les chofes qu'ils vont chercher ailleurs au travers de nos états, & en leur achetant en même temps à un prix raifonnable celles qui croiffent ou qui fe fabriquent chez eux; alors il eft permis d'accorder ou de refufer le paffage aux marchandifes étrangères, en confidérant toujours les inconvéniens qui peuvent réfulter de l'un ou de l'autre de ces deux partis. Je ne dis rien des traités que les diverfes nations ont faits enfemble à cet égard, parce que tant qu'ils fubfiftent, il n'eft pas permis de les altérer. *Voyez* fur cette matière, Buddæus, Hertius, Puffendorf, Struvius, &c. (*Article de M. le chevalier de Jaucourt.*)

ETAT, f. m. (*Droit naturel, politique, public & civil.*) ce mot a différentes acceptions, felon qu'il fe rapporte à l'*état* de l'homme confidéré dans l'ordre de la nature, de la morale, des fociétés politiques, du droit civil. Nous allons l'examiner fous ces divers points de vue.

ETAT DE NATURE. C'eft proprement & en général l'*état* de l'homme au moment de fa naiffance: mais dans l'ufage ce mot a différentes acceptions.

Cet *état* peut être envifagé de trois manières: ou par rapport à Dieu; ou en fe figurant chaque perfonne telle qu'elle fe trouveroit feule & fans le fecours de fes femblables; ou enfin felon la relation morale qu'il y a entre tous les hommes.

Au premier égard, l'*état de nature* eft la condition de l'homme confidéré en tant que Dieu l'a fait le plus excellent de tous les animaux; d'où il s'enfuit qu'il doit reconnoître l'auteur de fon exiftence, admirer fes ouvrages, lui rendre un culte digne de lui, & fe conduire comme un être doué de raifon: de forte que cet *état* eft oppofé à la vie & à la condition des bêtes.

Au fecond égard, l'*état de nature* eft la trifte fituation où l'on conçoit que feroit réduit l'homme, s'il étoit abandonné à lui-même en venant au monde: en ce fens l'*état de nature* eft oppofé à la vie civilifée par l'induftrie & par des fervices.

Au troifième égard, l'*état de nature* eft celui des hommes, en tant qu'ils n'ont enfemble d'autres relations morales que celles qui font fondées fur la liaifon univerfelle qui réfulte de la reffemblance de leur nature, indépendamment de toute fujétion. Sur ce pied-là, ceux que l'on dit vivre dans l'*état de nature*, font ceux qui ne font ni foumis à l'empire l'un de l'autre, ni dépendans d'un maître ou d'un commun: ainfi l'*état de nature* eft alors oppofé à l'*état civil*; & c'eft fous ce dernier fens que nous allons le confidérer dans cet article.

Cet *état de nature* eft un *état* de parfaite liberté, un *état* dans lequel, fans dépendre de la volonté de perfonne, les hommes peuvent faire ce qui leur plaît, difpofer d'eux & de ce qu'ils poffèdent comme ils jugent à propos, pourvu qu'ils fe tiennent dans les bornes de la loi naturelle.

Cet *état* eft auffi un *état* d'égalité, enforte que tout pouvoir & toute jurifdiction eft réciproque: car il eft évident que des êtres d'une même efpèce & d'un même ordre, qui ont part aux mêmes avantages de la nature, qui ont les mêmes facultés, doivent pareillement être égaux entre eux, fans nulle fubordination, & cet *état* d'égalité eft le fondement des devoirs de l'humanité. *Voyez* EGALITÉ.

Quoique l'*état de nature* foit un *état* de liberté, ce n'eft nullement un *état* de licence; car un homme en cet *état* n'a pas le droit de fe détruire lui-même, non plus que de nuire à un autre: il doit faire de fa liberté le meilleur ufage que fa propre confervation demande de lui. L'*état de nature* a la loi naturelle pour règle: la raifon enfeigne à tous les hommes, s'ils veulent bien la confulter, qu'étant tous égaux & indépendans, nul ne doit faire tort à un autre au fujet de fa vie, de fa fanté, de fa liberté, & de fon bien.

Mais afin que dans l'*état de nature* perfonne n'entreprenne de faire tort à fon prochain, chacun étant égal, a le pouvoir de punir les coupables, par des peines proportionnées à leurs fautes, & qui tendent à réparer le dommage, & empêcher qu'il n'en arrive un femblable à l'avenir. Si chacun n'avoit pas la puiffance dans l'*état de nature*, de réprimer les méchans, il s'enfuivroit que les magiftrats d'une focié politique ne pourroient pas punir un étranger, parce qu'à l'égard d'un tel homme, ils ne peuvent avoir qu'un droit pareil à celui que chaque perfonne peut avoir naturellement à l'égard d'un autre; c'eft pourquoi dans l'*état de nature* chacun eft en droit de tuer un meurtrier, afin de détourner les autres de l'homicide. Si quelqu'un répand le fang d'un homme, fon fang fera auffi répandu par un homme; dit la grande loi de nature; & Caïn en étoit fi pleinement convaincu, qu'il s'écrioit, après avoir tué fon frère: *quiconque me trouvera, me tuera.*

Par la même raifon, un homme dans l'*état de nature* peut punir les diverfes infractions des loix de la nature, de la même manière qu'elles peuvent être punies dans tout gouvernement policé. La plupart des loix municipales ne font juftes qu'autant qu'elles font fondées fur les loix naturelles.

On a fouvent demandé en quels lieux & quand les hommes font ou ont été dans l'*état de nature*. Je réponds que les princes & les magiftrats des fociétés indépendantes, qui fe trouvent par toute la terre, étant dans l'*état de nature*, il eft clair que le monde n'a jamais été & ne fera jamais fans un certain nombre d'hommes qui foient dans l'*état de nature*. Quand je parle des princes & des magiftrats de fociétés indépendantes, je les confidère en eux-mêmes abftraitement; car ce qui met fin à l'*état de nature*, eft feulement la convention par laquelle on entre volontairement dans un corps politique: toutes autres fortes d'engagemens que les hommes peuvent prendre enfemble, les laiffent dans l'*état de nature*. Les promeffes & les conventions faites, par exemple, pour

pour un troc de deux hommes de l'île déserte, dont parle Garcilasso de la Vega dans son *Histoire du Pérou*, ou entre un Espagnol & un Indien dans les déserts de l'Amérique, doivent être ponctuellement exécutées, quoique ces deux hommes soient en cette occasion, l'un vis-à-vis de l'autre, dans l'*état de nature*. La sincérité & la fidélité sont des choses que les hommes doivent observer religieusement, en tant qu'hommes, non en tant que membres d'une même société.

Il ne faut donc pas confondre l'*état de nature* & l'*état* de guerre; ces deux *états* me paroissent aussi opposés, que l'est un état de paix, d'assistance & de conservation mutuelle, d'un état d'inimitié, de violence & de mutuelle destruction.

Lorsque les hommes vivent ensemble conformément à la raison, sans aucun supérieur sur la terre, qui ait l'autorité de juger leurs différends, ils se trouvent précisément dans l'*état de nature*; mais la violence d'une personne contre une autre, dans une circonstance où il n'y a sur la terre nul supérieur commun à qui l'on puisse appeller, produit l'*état de guerre*; & faute d'un juge devant lequel un homme puisse interpeller son agresseur, il a sans doute le droit de faire la guerre à cet aggresseur, quand même l'un & l'autre seroient membres d'une même société, & sujets d'un même état.

Ainsi je puis tuer sur-le-champ un voleur qui se jette sur moi, qui se saisit des rênes de mon cheval, arrête mon carrosse, parce que la loi qui a statué pour ma conservation, si elle ne peut être interposée pour assurer ma vie contre un attentat présent & subit, me donne la liberté de ce voleur, n'ayant pas le temps nécessaire pour l'appeller devant notre juge commun, & faire décider par les loix, un cas dont le malheur peut être irréparable. La privation d'un juge commun revêtu d'autorité, remet tous les hommes dans l'*état de nature*; & la violence injuste & soudaine du voleur dont je viens de parler, produit l'*état de guerre*, soit qu'il y ait ou qu'il n'y ait point de juge commun.

Ne soyons donc pas surpris si l'histoire ne nous dit que peu de choses des hommes qui ont vécu ensemble dans l'*état de nature*; les inconvéniens d'un tel état, que je vais bientôt exposer, & le besoin de la société, ont obligé les particuliers à s'unir de bonne heure dans un corps civil, fixe & durable. Mais si nous ne pouvons pas supposer que des hommes aient jamais été dans l'*état de nature*, à cause que nous manquons de détails historiques à ce sujet, nous pouvons aussi douter que les soldats qui composoient les armées de Xerxès, aient jamais été enfans, puisque l'histoire ne le marque point, & qu'elle ne parle d'eux que comme d'hommes faits, portant les armes.

Le gouvernement précède toujours les registres; rarement les belles-lettres sont cultivées chez un peuple, avant qu'une longue continuation de société civile, par d'autres arts plus nécessaires,

pourvû à sa sûreté, à son aise & à son abondance. On commence à fouiller dans l'histoire des fondateurs de ce peuple, & à rechercher son origine, lorsque la mémoire s'en est perdue ou obscurcie. Les sociétés ont cela de commun avec les particuliers, qu'elles sont d'ordinaire fort ignorantes dans leur naissance & dans leur enfance, & si elles savent quelque chose dans la suite, ce n'est que par le moyen des monumens que d'autres ont conservés : ceux que nous avons des sociétés politiques, nous font voir des exemples clairs du commencement de quelques-unes de ces sociétés, ou du moins ils nous en font voir des traces manifestes.

On ne peut guère nier que Rome & Venise, par exemple, n'aient commencé par des gens indépendans, entre lesquels il n'y avoit nulle supériorité, nulle sujétion. La même chose se trouve encore établie dans la plus grande partie de l'Amérique, dans la Floride & dans le Brésil, où il n'est question ni de roi, ni de communauté, ni de gouvernement. En un mot, il est vraisemblable que toutes les sociétés politiques se sont formées par une union volontaire de personnes dans l'*état de nature*, qui se sont accordées sur la forme de leur gouvernement, & qui s'y sont portées par la considération des choses qui manquent à l'*état de nature*.

Premiérement, il y manque des loix établies, reçues & approuvées d'un commun consentement, comme l'étendard du droit & du tort, de la justice & de l'injustice; car quoique les loix de la nature soient claires & intelligibles à tous les gens raisonnables, cependant les hommes, par intérêt ou par ignorance, les éludent ou les méconnoissent sans scrupule.

En second lieu, dans l'*état de nature* il manque un juge impartial, reconnu, qui ait l'autorité de terminer tous les différends conformément aux loix établies.

En troisième lieu, dans l'*état de nature* il manque souvent un pouvoir coactif pour l'exécution d'un jugement. Ceux qui ont commis quelque crime dans l'*état de nature*, emploient la force, s'ils le peuvent, pour appuyer l'injustice; & leur résistance rend quelquefois leur punition dangereuse.

Ainsi les hommes pesant les avantages de l'*état de nature* avec ses défauts, ont bientôt préféré de s'unir en société. De-là vient que nous ne voyons guère un certain nombre de gens vivre long-temps ensemble dans l'*état de nature*; les inconvéniens qu'ils y trouvent, les contraignent de chercher dans les loix établies d'un gouvernement, un asyle pour la conservation de leurs propriétés; & en cela même nous avons la source & les bornes du pouvoir législatif & du pouvoir exécutif.

En effet, dans l'*état de nature* les hommes, outre la liberté de jouir des plaisirs innocens, ont deux sortes de pouvoirs. Le premier est de faire tout ce qu'ils trouvent à propos pour leur conservation & pour celle des autres, suivant l'esprit des loix de la nature ; & si ce n'étoit la dépravation humaine, il ne seroit point nécessaire d'abandonner la comnunauté naturelle, pour en composer de plus petites. L'autre pouvoir qu'ont les hommes dans l'*état de nature*, c'est de punir les crimes commis contre les loix : or ces mêmes hommes, en entrant dans une société, ne font que remettre à cette société les pouvoirs qu'ils avoient dans l'*état de nature* : donc l'autorité législative de tout gouvernement ne peut jamais s'étendre plus loin que le bien public ne le demande ; & par conséquent cette autorité se doit réduire à conserver les propriétés que chacun tient de l'*état de nature*. Ainsi, qui que ce soit qui ait le pouvoir souverain d'une communauté, est obligé de ne suivre d'autres règles dans sa conduite, que la tranquillité, la sûreté & le bien du peuple. *Quid in toto terrarum orbe validum sit, ut non modò casus rerum, sed ratio etiam, causæque noscantur.* Tacit. hist. lib. I.

On peut douter avec raison, que les hommes se soient jamais trouvés dans l'*état de nature* ; & si jamais il a pu exister, il faudroit ou convenir que cet *état* étoit un véritable *état* de guerre & de violence ; & que les loix de la justice ont dû y être suspendues comme absolument inutiles.

En effet, si les hommes étoient conformés par la nature, de façon que chaque individu possédât toutes les facultés nécessaires, tant pour sa propre conservation, que pour la propagation de son espèce ; si par l'intention primitive du créateur, tout commerce d'homme à homme étoit rompu, il paroît évident qu'un être ainsi isolé seroit incapable de justice, comme il seroit privé de tout discours & de toute communication réciproque. Dès que les égards mutuels & la discrétion ne produisent rien, ils ne peuvent plus régler la conduite d'aucun homme raisonnable. La course inconsidérée des passions ne seroit pas arrêtée par la réflexion de leurs suites ; & comme chaque homme, dans notre supposition, ne pourroit aimer que lui, que dans chaque occasion il ne pourroit faire dépendre son bonheur & sa sûreté que de lui-même & de son activité, il prétendroit sans doute à la supériorité, & s'efforceroit de l'obtenir sur tout autre être, qui, quoique de son espèce, ne lui seroit uni par aucun lien, ni de l'intérêt, ni de la nature.

Mais il s'en faut bien que l'homme ait été formé pour vivre dans l'*état* de solitude & d'entière indépendance. Le besoin, l'attrait du plaisir l'ont d'abord engagé à vivre en société avec une femme ; les hommes procréés par le premier, sont nés dans le sein d'une famille, où leurs parens leur ont nécessairement inspiré quelques règles d'ordre & de conduite. On a senti le besoin des réglemens pour la subsistance ; on les a adoptés, & de la même en est né un ordre de dépendance, de justice, de devoirs, de sûreté, de secours réciproques.

Il est vrai que ces loix particulières ne s'étendoient pas au reste du genre humain, & que chaque famille,

comme autant de peuplades de sauvages, au milieu des déserts, vivoit à l'écart des autres dans une entière indépendance. Mais dans cet *état*, le défaut de sûreté, l'impossibilité de conserver la propriété de son habitation, & d'un petit nombre d'effets & d'ustensiles, ont engagé plusieurs familles à se réunir, pour former une société totalement séparée de toutes les autres. Il a fallu alors de nouvelles règles pour le maintien de la paix & de l'ordre ; & cet établissement de loix positives & d'une autorité tutélaire, a encore resserré dans des bornes plus étroites l'*état de nature*, que l'on suppose avoir existé.

Enfin ces sociétés distinctes & séparées ont bientôt cherché à établir & à conserver entre elles, pour leur commodité, une espèce de commerce ; elles ont alors étendu les bornes de la justice & le nombre des loix, à proportion de l'étendue de leurs vues, & de la nature de leurs liaisons mutuelles, ce qui a nécessairement fait disparoître entièrement l'*état de nature*.

ETAT MORAL. On entend par *état moral* en géral, toute situation où l'homme se rencontre par rapport aux êtres qui l'environnent, avec les relations qui en dépendent.

L'on peut ranger tous les *états moraux* de la nature humaine sous deux classes générales ; les uns sont des *états* primitifs ; & les autres, des *états* accessoires. Ils se trouvent rassemblés dans ce passage d'Epictète, tu réunis en toi, dit-il, des qualités qui demandent chacune des devoirs qu'il faut remplir. Tu es homme, tu es citoyen du monde, tu es fils de Dieu, tu es le frère de tous les hommes ; après cela, selon d'autres égards, tu es sénateur, ou dans quelque autre dignité, tu es jeune ou vieux, tu es fils, tu es père, tu es mari. Pense à quoi ces noms t'engagent, & tâche de n'en déshonorer aucun.

Les *états* primitifs font ceux où l'homme se trouve placé par le souverain maître du monde, & indépendamment d'aucun événement ou fait humain.

Le premier *état* primitif c'est d'être homme. Epictète l'a bien marqué dans le passage que nous venons de citer ; & Cicéron ne l'a pas oublié dans ses Offices, lorsqu'il dit, *nobis personam imposuit natura, magnâ cum excellentiâ, præstantiâque animarum reliquarum.* La nature nous a chargés d'un certain personnage, en nous élevant beaucoup au-dessus des autres animaux.

Le second *état primitif* de l'homme est sa dépendance par rapport à Dieu ; car pour peu que l'homme fasse usage de ses facultés, & qu'il s'étudie lui-même, il reconnoît que c'est de ce premier être qu'il tient la vie, la raison, & tous les avantages qui les accompagnent ; & qu'en tout cela il éprouve sensiblement les effets de la puissance & de la bonté du créateur.

Un troisième *état primitif* des hommes, c'est celui où ils sont les uns à l'égard des autres. Ils ont tous une nature commune, mêmes facultés, mêmes besoins, mêmes desirs. Ils habitent une même terre ; ils ne sauroient se passer les uns des autres, & ce n'eſt que par des ſecours mutuels qu'ils peuvent ſe procurer une vie agréable & tranquille : auſſi remarque-t-on en eux une inclination naturelle qui les rapproche pour former un commerce de ſervices, d'où procèdent le bien commun de tous, & l'avantage particulier de chacun.

Mais l'homme étant par ſa nature un être libre, il faut apporter de grandes modifications à ſon *état* primitif, & donner par divers établiſſemens, comme une nouvelle face à la vie humaine : de-là naiſſent es *états* acceſſoires ou adventifs, qui ſont proprement l'ouvrage de l'homme, dans leſquels il ſe trouve placé par ſon propre fait, & en conſéquence des établiſſemens dont il eſt l'auteur.

Le premier eſt celui de famille ; cette ſociété eſt la plus ancienne & la plus naturelle de toutes ; elle ſert de fondement à la ſociété nationale, qui elle-même n'eſt compoſée que par la réunion de pluſieurs familles. Cet *état* produit les diverſes relations de mari, de femme, de père, de mère, d'enfant, de frère, de ſœur, & autres degrés de parenté. *Voyez* FAMILLE.

La propriété des biens produit un ſecond *état* acceſſoire. Elle modifie le droit que tous les hommes avoient originairement ſur ſes biens de la terre, & diſtinguant avec ſoin, ce qui doit appartenir à chacun ; elle aſſure à tous une jouiſſance tranquille & paiſible de ce qu'ils poſſèdent. *Voyez* PROPRIÉTÉ.

Le troiſième & le plus conſidérable *état acceſſoire*, eſt celui de la ſociété civile & du gouvernement, qui conſiſte dans la ſubordination à une autorité ſouveraine, qui prend la place de l'égalité & de l'indépendance. *Voyez* SOCIÉTÉ CIVILE & GOUVERNEMENT.

La propriété des biens & l'état civil ont encore donné lieu à pluſieurs établiſſemens qui décorent la ſociété, & d'où naiſſent de nouveaux *états* acceſſoires, tels que ſont les emplois de ceux qui ont quelque part au gouvernement, comme les magiſtrats, les juges, les miniſtres de la religion, &c. auxquels l'on doit ajouter les diverſes proffeſſions de ceux qui cultivent les arts, les métiers, l'agriculture, la navigation, le commerce, avec leurs dépendances, qui forment mille autres *états* particuliers dans la vie.

Tous les *états acceſſoires* procèdent du fait des hommes ; cependant, comme ces différentes modifications de l'état primitif ſont un effet de la liberté, les nouvelles relations qui en réſultent, peuvent être enviſagées comme autant d'*états naturels*, pourvu que leur uſage n'ait rien que de conforme à la droite raiſon. Mais ne confondez point les *états naturels*, dans le ſens qu'on leur donne ici, avec l'*état* de nature, dont nous avons parlé dans l'article précédent, ETAT DE NATURE.

L'état de nature, dans ſon acception véritable, eſt l'état dans lequel l'homme ſe trouve placé, pour ainſi dire, par les mains de la nature même.

L'état naturel, à parler en général, & comme nous l'entendons ici, contient non-ſeulement l'état

de nature, mais encore tous ceux dans leſquels l'homme entre par ſon propre fait, pourvu que dans le fond, ils ſoient conformes à ſa nature, à ſa conſtitution, à ſa raiſon, au bon uſage de ſes facultés, & à la fin pour laquelle il eſt né.

Nous devons remarquer ici qu'il y a cette différence entre l'état primitif & l'état acceſſoire, que le premier étant comme attaché à la nature de l'homme & à ſa conſtitution, eſt par cela même commun à tous les hommes. Il n'en eſt pas ainſi des *états* acceſſoires, qui, ſuppoſant un fait humain, ne ſauroient convenir à tous les hommes indifféremment, mais ſeulement à ceux d'entre eux qui en jouiſſent, ou qui ſe les ſont procurés.

Ajoutons que pluſieurs de ces *états* acceſſoires, pourvu qu'ils n'aient rien d'incompatible, peuvent ſe trouver combinés & réunis dans la même perſonne ; ainſi l'on peut être tout-à-la-fois père de famille, juge, magiſtrat, &c.

Telles ſont les idées que l'on doit ſe faire des divers *états moraux* de l'homme, & c'eſt de-là que réſulte le ſyſtème total de l'humanité. Ce ſont comme autant de roues d'une machine, qui, combinées enſemble & habilement ménagées, conſpirent au même but ; mais qui, au contraire, étant mal conduites & mal dirigées, ſe heurtent & s'entre-détruiſent.

ETAT POLITIQUE, eſt un terme générique, qui déſigne une ſociété d'hommes vivans enſemble ſous un gouvernement quelconque, pour jouir, par ſa protection & ſes ſoins, du bonheur qui manque dans l'*état* de nature. Le mot *état*, conſidéré ſous ce rapport, appartient au *Dictionnaire d'Economie politique & diplomatique*, auquel nous renvoyons.

ETAT CIVIL, ſe dit, par oppoſition à l'état de nature, de l'homme vivant en ſociété avec ſes ſemblables. C'eſt cet *état civil* qui produit dans l'homme un changement très-remarquable, en ſubſtituant dans ſa conduite la juſtice à l'inſtinct, & donnant à ſes actions la moralité qui leur manquoit.

C'eſt dans l'*état civil*, ou, ce qui eſt la même choſe, dans l'état de civiliſation, que la voix du devoir ſuccédant à l'impulſion phyſique, & le droit à l'appétit, l'homme, qui juſque-là n'avoit regardé que lui-même, ſe voit forcé d'agir ſur d'autres principes, & de conſulter ſa raiſon, avant d'écouter ſes penchans. L'homme, il eſt vrai, dans cet *état*, perd quelques-uns des avantages qu'il tient de la nature, mais il en acquiert de beaucoup plus conſidérables.

Par le contrat ſocial, l'homme perd une partie de ſa liberté naturelle & le droit illimité à tout ce qui le tente, & qu'il peut atteindre ; mais il gagne la liberté civile & la propriété de tout ce qu'il poſſède. Dans l'*état* de nature, ſa liberté n'avoit pour bornes que les forces de l'individu, & ſa poſſeſſion n'étoit que précaire, dépendante de l'effet de la force, ou du droit incertain du premier occupant. Dans l'*état civil*, la liberté naturelle eſt limitée par la volonté générale ou par la loi, mais l'homme est à l'abri des violences de ses semblables, & le foible n'y redoute plus les attaques du plus fort : s'il ne peut plus s'emparer de ce qui lui convient, la propriété de ce qu'il possède est fondée sur un titre positif, & lui est garantie par tous les membres de l'association. En un mot, dans l'*état civil*, ses facultés s'exercent & se développent, ses idées s'étendent, ses sentimens s'annobliffent, son ame toute entière s'élève à tel point, que si les abus de cette nouvelle condition ne le dégradoient souvent au-deffous de celle dont il est sorti, il devroit bénir sans cesse l'instant heureux qui l'en arracha pour jamais, & qui, d'un animal stupide & borné, fit un homme industrieux & capable des plus sublimes connoiffances.

ÉTAT, *terme de Pratique*, dans le style judiciaire, on lui donne plusieurs significations.

I. *Etat* se dit de la disposition dans laquelle se trouve une chose, une affaire. Dans ce sens, on dit qu'*un procès est en état*, pour signifier que les parties ont fait les procédures & productions néceffaires pour le faire juger ; & qu'*un procès est mis hors d'état*, lorsqu'on a fait quelque nouvelle procédure qui en recule le jugement.

Dans la procédure criminelle, on dit d'un accusé, qu'*il se met en état*, lorsqu'il se représente à justice. On appelle auffi *état* d'ajournement personnel, d'affigné pour être ouï, de décret de prise de corps, la situation d'un accusé, contre lequel on a décerné un de ces décrets.

II. *Etat* signifie *mémoire, inventaire*. C'est par cette raison qu'on appelle *état de compte*, le mémoire ou tableau dans lequel on détaille les objets de recette, de dépense & de reprises d'un comptable : *bref état*, un compte rendu sans s'aftreindre à toutes les formalités prescrites par l'ordonnance.

A la chambre des comptes, on appelle *état final*, le résultat que le rapporteur écrit à la fin d'un compte, en conformité des parties, qui ont été allouées ou rayées dans le compte : *état au vrai*, l'état arrêté soit au conseil du roi, soit aux bureaux des finances, qui exprime la recette & la dépense réellement faites par le comptable, à la différence de l'*état du roi*, qui est un mémoire de la recette & de la dépense que le comptable avoit à faire ; & *état si jacet*, lorsqu'on tarde à clorre compte. Suivant l'ordonnance de 1454, l'auditeur, rapporteur d'un compte, en doit faire le rapport *ut jacet*, pour empêcher que, pendant le retardement, le comptable ne divertiffe par des acquits mendiés, les fonds qu'il peut devoir.

III. *Etat* signifie la condition d'une personne, la qualité en vertu de laquelle elle jouit de différens droits & prérogatives.

L'*état*, sous ce rapport, nous vient ou de la nature, ou de l'institution des hommes, d'où il suit qu'on doit en distinguer deux sortes, l'*état naturel* & l'*état civil*.

Par l'*état naturel*, les hommes sont nés ou à naître ; les hommes nés sont mâles ou femelles, en-

fans, mineurs, majeurs, hommes faits ou vieillards. Ces différentes qualités ou conditions leur accordent des droits différens.

L'enfant conçu dans le sein de sa mère, acquiert & conserve jusqu'au moment de sa naiffance tous les droits & avantages qui lui appartiendroient, s'il exiftoit réellement. On le regarde comme déja né toutes les fois qu'il s'agit de ses intérêts : le soin qu'on prend de sa conservation & l'espérance de sa naiffance, évitent à sa mère, pendant sa groffeffe, les tourmens de la question & les supplices.

La différence des sexes établiffant des différences effentielles entre les hommes & les femmes, par rapport aux tempéramens & à la force de l'esprit & du corps ; les loix, d'accord avec la nature, ont réfervé aux hommes les fonctions pénibles de la société, & l'exercice des charges publiques, & accordé aux femmes plus d'avantages particuliers, soit pour la conservation de leurs biens, soit pour venir à leur secours, lorfqu'elles ont été trompées ou induites en erreur, soit enfin dans la punition des crimes qu'elles commettent, & pour lesquels on leur inflige des peines plus douces.

La différence de l'âge en met auffi dans les droits attribués à chacun d'entre les hommes. *Voyez* MINEUR, MAJEUR, PUPILLE, VIEILLARD.

L'*état* civil se subdivise en trois, l'*état de liberté*, de cité & de famille.

Suivant cette division, les hommes sont libres ou esclaves. Cette différence dans leur condition n'a lieu parmi les nations de l'Europe, que pour leurs colonies du nouveau monde. *Voyez* ESCLAVE, SERF, MAIN-MORTABLE.

L'*état de cité* est la qualité particulière qui appartient à ceux qui composent une même nation, qui vivent sous le même empire & sous le même gouvernement, & qui les distingue de ceux qui sont soumis à une autre domination. Ainsi la qualité de *François* est l'*état* qui constitue particulièrement un habitant de la France, & qui le distingue d'un Allemand, d'un Anglois, ou d'un habitant de toute autre nation.

Les citoyens d'un même pays jouiffent, par cette raison, de plusieurs droits & avantages que l'on refuse aux étrangers. *Voyez* AUBAIN, ÉTRANGER, RÉGNICOLE, SUCCESSION, TESTAMENT, &c.

L'*état de famille* est celui qui donne les relations de mari & femme, de père & enfant, de frère & sœur, d'oncle & neveu, & autres degrés de parenté. Le mot *état*, en ce sens, signifie le rang que chacune de ces personnes tient dans la famille & dans la société. *Voyez* AÏEUL, FILS, MINEUR, ONCLE, PUISSANCE PATERNELLE, &c.

On appelle encore *état*, la condition d'une personne en tant qu'elle est bâtarde ou légitime, noble ou roturière, eccléfiastique ou féculière, & généralement le rang qu'elle tient dans les sociétés civiles, par les emplois dont elle est revêtue, ou par les professions qu'elle exerce.

C'est par rapport à cette fignification, qu'on appelle *questions d'état*, les conteftations dans lefquelles on révoque en doute la filiation de quelqu'un, ou fon *état*, ou fes capacités naturelles.

IV. *Etat*, dans l'ordonnance de 1657, *tit. 15*, *art. 18*, fe prend dans le fens de récréance ou provifion d'un bénéfice. Il y eft dit, que fi durant le cours de la procédure, celui qui avoit la poffeffion actuelle du bénéfice décède, l'*état* & la mainlevée des fruits feront donnés à l'autre partie fur une fimple requête, qui fera faite judiciairement à l'audience, en rapportant l'extrait du registre mortuaire, & les pièces justificatives de la litifpendance, fans autres procédures.

Ce terme, pris en ce fens, eft principalement ufité en matière de régale; au lieu que, dans les autres matières bénéficiales, on dit *recréance*: quand il y a d'autres prétendans droit au bénéfice que le roi a conféré en régale, l'avocat du régalifte fe préfente en la grand'chambre, & conclut fur le barreau à ce que fa partie foit autorifée à faire affigner les autres contendans, & *cependant l'état*, c'eft-à-dire qu'il demande que par provifion on adjuge la recréance à fa partie; fur quoi il intervient ordinairement arrêt conforme.

En matière bénéficiale, on appelle *état dernier*, ce qui caractérife la dernière poffeffion d'un bénéfice. *Voyez* DERNIER ÉTAT.

V. L'*état dernier* ou *dernier état* fe dit auffi en matière civile, lorfqu'il s'agit de poffeffion, pour fignifier la fituation où les chofes étoient avant le trouble: ce qui fuppofe que l'*état* des chofes étoit d'abord différent, & qu'il a changé en dernier lieu. *Voyez* POSSESSION.

VI. *Etat honorable*, eft une expreffion ufitée dans la Flandre, pour exprimer un établiffement qui fixe le fort d'un homme pour toujours, ou pour un temps illimité. Sous le mot *honorable*, on comprend, non-feulement l'*état* & condition que procurent les charges & les dignités, mais encore les *états* fixes & permanens. Ainfi, par l'expreffion d'*état honorable*, on entend l'état de mariage, de prêtrife, de religion, la poffeffion d'un office de judicature quelconque, même la commiffion d'un bailli de village, les charges municipales, les grades militaires au-deffus de la commiffion d'enfeigne.

L'*état honorable*, dans cette province, fait ceffer la puiffance paternelle vis-à-vis des enfans, & il eft très-fouvent la condition impofée à un légataire, pour recueillir le fruit d'une difpofition teftamentaire: enforte que tout enfant parvenu à un *état honorable*, dans le fens que nous avons donné à cette expreffion, eft émancipé de droit, & le père, dès cet inftant, ne jouit plus de l'ufufruit de fes biens adventices. Il en eft de même de celui à qui on fait un legs, fous la condition qu'il n'en aura la délivrance, qu'après avoir pris un *état honorable*: ce n'eft qu'après l'accompliffement de cette condition, qu'il peut l'exiger.

VII. *Etat* & *office* font quelquefois termes fynonymes. *Voyez* OFFICE. Quelquefois auffi le mot *état* fe dit d'une place qui n'eft point office, mais une dignité, ou une fimple fonction, ou commiffion.

C'eft par rapport à cette fignification, qu'on donne le nom d'*état des maifons royales*, aux rôles des officiers qui y fervent, & qui, en conféquence, doivent jouir de certains privilèges. Ces *états* font envoyés à la cour des aides. *Voyez* COMMENSAL.

VIII. *Etat*, dans la coutume de Normandie, fignifie l'ordre du prix d'une adjudication par décret. L'article 573 veut que l'adjudicataire tienne *état* du prix de fon adjudication, & repréfente les deniers fur le bureau, pour être partagés entre les oppofans, lors de la feconde affife, qui fuit l'adjudication, s'il s'agit de biens nobles; & le jour des feconds plaids, lorfqu'il eft queftion d'héritages roturiers.

ETAT *de Nevil*, en Angleterre, eft un ancien registre gardé par le fecrétaire de l'échiquier, qui contient l'énumération de la plupart des fiefs que le roi poffède dans le royaume d'Angleterre, avec des enquêtes fur les fergenteries, & fur les terres échues à fon domaine par droit d'aubaine. Il porte le nom de fon compilateur, *Jean de Nevil*, qui étoit un des juges-ambulans fous le règne de Henri III, roi d'Angleterre. (*A*)

ETAT. (*lettres d'*) *Voyez* LETTRES.

ETAT. (*loi de l'*) *Droit public*. C'eft ainfi que l'on appelle la loi fondamentale qui conftitue un *état*, qui détermine la forme de fon gouvernement, la manière dont le monarque y eft appelé, & celle dont il doit gouverner.

Dans certains pays, la *loi de l'état* a fondé un gouvernement populaire, dans quelques autres, un gouvernement ariftocratique; dans les uns, une monarchie abfolue, dans les autres, une monarchie tempérée. L'ordre de la fucceffion aux couronnes eft de même inégal; felon la loi particulière de chaque pays. Quelques couronnes font électives, d'autres font héréditaires. En France, la loi falique exclut abfolument les femmes de la fucceffion au trône, & fuit le cours du fang royal dans les mâles; au lieu que, dans d'autres, les femmes font appelées à la fucceffion, au défaut des mâles.

La *loi de l'état* étoit à Rome, la loi royale; c'eft en France, la loi falique; en Allemagne, la bulle d'or; en Portugal, la loi Lamego; en Angleterre, la grande-charte; en Pologne, les *pacta conventa*; en Courlande, les *pacta fubjectionis*; en Danemarck, la loi royale; en Hollande, l'union d'Utrecht, & ainfi de toutes les autres loix conftitutives de quelque gouvernement que ce foit. On doit confulter fur cet objet les articles de chaque pays dans le *Dictionnaire écon. diplom. & polit*.

ETATS, f. m. pl. (*Droit public*.) font l'affemblée des députés des différens ordres de citoyens qui compofent une nation, une province ou une ville. On appelle *états généraux*, l'affemblée des députés des différens ordres de toute une nation. Les *états particuliers* sont l'assemblée des députés des différens ordres d'une province, ou d'une ville seulement.

Ces assemblées sont nommées *états*, parce qu'elles représentent les différens *états* ou ordres de la nation, province ou ville, dont les députés sont assemblés. *Voyez* ASSEMBLÉE DES ÉTATS - GÉNÉRAUX.

Les *états* en France sont composés de trois ordres, le clergé, la noblesse & le *tiers-état*.

Le clergé, à proprement parler, ne devroit pas être considéré comme un ordre distinct & séparé des deux autres; ce n'est qu'un ordre factice, puisqu'on n'y reçoit pas le jour; c'est plus véritablement un corps, tels que le militaire & la magistrature, dont les membres jouissent d'un *état* accidentel. Mais, quoi qu'il en soit, il a conservé une partie des distinctions, dont jouissoient, parmi les Gaulois, les anciens druides, & le respect pour la religion en a placé les ministres dans le premier rang, & leur a assigné la première place dans les assemblées de la nation. Il faut avouer aussi que, comme la plupart de ses membres sont exercés dans la discussion, l'étude & la méditation, ils ont été très-souvent instructeurs, médiateurs & conciliateurs.

Cet ordre se subdivise dans les *états* catholiques, en chapitres, collèges & monastères, en patriarches, primats, archevêques, évêques, curés, prêtres, religieux, & autres ecclésiastiques revêtus de dignités, comme doyens, archidiacres, &c.; ensorte qu'il renferme dans son sein & le prélat revêtu de la pourpre, & le desservant d'une petite chapelle.

La noblesse forme le second ordre, & les gentilshommes sont regardés, à juste titre, comme la partie la plus illustre de l'*état*. Cette marque de distinction étoit légitimement due à ceux qui se vouent particuliérement à la défense de leurs concitoyens, & qui protègent, au péril de leur sang, leurs biens, leurs fortunes, leur liberté & leur vie.

Dans les premiers temps de la monarchie, le service militaire, & depuis, la possession des fiefs donnoient entrée dans cet ordre. Mais aujourd'hui la naissance est la seule manière qui y donne droit, si vous en exceptez néanmoins certaines charges militaires, de judicature & de finance, qui confèrent au pourvu une noblesse qu'il transmet à ses descendans.

Cet ordre jouit de diverses distinctions qu'il tient de la concession du prince, du privilège de la naissance, ou des droits attachés aux terres & aux emplois qu'il possède; ce qui établit parmi ses membres différentes classes ou nuances, mais ce qui n'empêche pas en même temps que cet ordre ne soit un, & que tous les gentilshommes ne jouissent de la même noblesse. Malgré la différence des qualités & des prérogatives, un gentilhomme maréchal de France, n'est pas plus gentilhomme que celui de cet ordre qui n'est que simple soldat.

Le *tiers-état*, qui forme le troisième ordre de la nation, comprend tous ceux qui ne sont ni ecclésiastiques, ni gentilshommes. Il est composé des officiers de judicature, de police & de finance, des avocats, médecins, notaires, procureurs, des bourgeois, des gens de commerce & de métier, des laboureurs & autres habitans de la campagne. Il se subdivise en plusieurs corps, comme les compagnies de justice, les communautés des villes, les facultés de droit & de médecine, les corps de métier, & plusieurs autres, qui sont tous gouvernés par les loix que la puissance publique a ou établies, ou autorisées.

La distance que met entre les membres de cet ordre, l'éducation que reçoivent une partie d'entre eux, la différence que doit nécessairement y introduire la diversité des fonctions confiées à la magistrature, aux officiers municipaux, &c. ont fait souhaiter à M. l'abbé Mably la multiplication des ordres. Il est vrai qu'en Suède & en Autriche, ce que nous appellons le *tiers-état* forme deux ordres distincts, les bourgeois & les paysans. Mais est-il nécessaire d'élever & de multiplier les barrières entre les hommes & les conditions ? Respectons seulement cette classe d'hommes utiles, qui nourrissent en même temps le clergé, la noblesse & le bourgeois : ne regardons pas comme les uniques mandataires du peuple, un petit nombre d'officiers municipaux, qui sont souvent moins occupés du bien général que de leurs chimériques prérogatives; que les provinces qui ont conservé le privilège de s'assembler en forme d'*états* généraux, admettent parmi le nombre des votans, un certain nombre d'habitans de la campagne, propriétaires de terres, ou fermiers d'une quantité d'arpens déterminés. Elles recueilleront alors, dans toutes les conditions, cet esprit que Montagne appelle si judicieusement, l'*esprit entrepreneur de miracles*. Le gouvernement leur en a donné l'exemple dans la formation des assemblées provinciales du Berri & de la Haute - Guienne.

La magistrature ne peut pas se prévaloir des exemples de 1380, 1558 & 1596, pour demander à former un ordre à part : c'est un corps accidentel & factice, comme le militaire, qui est également rempli de nobles, d'ecclésiastiques & de roturiers. D'ailleurs, seroit-ce rendre honneur au corps respectable des magistrats, que de le regarder comme un quatrième ordre, puisque, dans ce cas, il ne marcheroit qu'après le troisième, qui renferme, suivant les constitutions de l'*état*, & la haute bourgeoisie, & la dernière populace des villes & des campagnes, & qui est en possession du troisième rang ?

La place que la magistrature occupe dans l'*état*, induit en erreur plusieurs personnes, qui croient que toute la robe indistinctement doit être comprise dans le *tiers-état*.

Il est vrai que les gens de robe qui ne sont pas nobles, soit de naissance ou autrement, ne peuvent-être placés que dans le *tiers-état*; mais ceux

qui jouiſſent du titre & des prérogatives de nobleſſe, ſoit d'extraction ou en vertu de quelque
office auquel la nobleſſe eſt attachée, ou en vertu
de lettres particulières d'annobliſſement, ne doivent point être confondus dans le *tiers-état*; on ne
peut leur conteſter le droit d'être compris dans l'ordre ou *état* de la nobleſſe, de même que les autres nobles de quelque profeſſion qu'ils ſoient, &
de quelque cauſe que procède leur nobleſſe.

On entend par ordre ou *état* de la nobleſſe, la
claſſe de ceux qui ſont nobles; de même que par
tiers-état on entend un troiſième ordre diſtinct &
ſéparé de ceux du clergé & de la nobleſſe, qui
comprend tous les roturiers, bourgeois ou pay-
ſans, leſquels ne ſont pas eccléſiaſtiques.

Chez les Romains la nobleſſe ne réſidoit que
dans l'ordre des ſénateurs, qui étoit l'*état* de la
robe. L'ordre des chevaliers n'avoit de rang qu'a-
près celui des ſénateurs, & ne jouiſſoit point d'une
nobleſſe parfaite, mais ſeulement de quelques marques d'honneur.

En France anciennement tous ceux qui portoient
les armes étoient réputés nobles; & il eſt certain
que cette profeſſion fut la première ſource de la
nobleſſe, & que, ſous les deux premières races
de nos rois, ce fut le ſeul moyen de l'acquérir:
mais il faut auſſi obſerver qu'alors il n'y avoit
point de gens de robe, ou plutôt que la robe ne
faiſoit point un *état* différent de l'épée. C'étoient
les nobles qui rendoient alors ſeuls la juſtice: dans
les premiers temps ils ſiégeoient avec leurs armes;
dans la ſuite ils rendirent la juſtice ſans armes &
en habit long, ſelon le mode & l'uſage de ces temps-
là, comme font préſentement les gens de robe.

Sous la troiſième race il eſt ſurvenu des changemens conſidérables, par rapport à la cauſe productive de la nobleſſe.

L'un eſt que le privilège de nobleſſe dont jouiſſoient auparavant tous ceux qui faiſoient profeſſion
des armes, a été reſtraint pour l'avenir à certains
grades militaires, & n'a été accordé que ſous certaines conditions; enſorte que ceux qui portent
les armes ſans avoir encore acquis la nobleſſe, ſont
compris dans le *tiers-état*, de même que les gens
de robe non-nobles.

L'autre changement eſt qu'outre les grades militaires qui communiquent la nobleſſe, nos rois
ont établi trois autres voies pour l'acquérir; ſavoir la poſſeſſion des grands fiefs qui annobliſ-
ſoit autrefois les roturiers, auxquels on permettoit
de poſſéder fiefs; l'annobliſſement par lettres du
prince, & enfin l'exercice de certains offices d'é-
pée, de judicature ou de finance, auxquels le roi
attache le privilège de nobleſſe.

Ceux qui ont acquis la nobleſſe par l'une ou
l'autre de ces différentes voies, ou qui ſont nés de
ceux qui ont été ainſi annoblis, ſont tous également nobles; car on ne connoît point parmi nous
deux ſortes de nobleſſe. Si l'on diſtingue la nobleſſe
de robe de celle d'épée, ce n'eſt que pour indi-

quer les différentes cauſes qui ont produit l'une &
l'autre, & non pour établir entre ces nobles aucune diſtinction. Les honneurs & privilèges attachés à la qualité de nobles, ſont les mêmes pour
tous les nobles, de quelque cauſe que procède
leur nobleſſe.

Ce qui a pu faire croire à quelques-uns que toute la
robe étoit indiſtinctement dans le *tiers-état*, eſt ſans
doute que, dans le dénombrement des gens de cet
état, on trouve ordinairement en tête certains magiſtrats ou officiers municipaux, tels que les prévôts des marchands, les maires & échevins, capitouls, jurats, conſuls & autres ſemblables officiers; parce qu'ils ſont établis pour repréſenter le
peuple, qu'ils ſont à la tête des députés du *tiers-
état*, pour lequel ils portent la parole. On comprend auſſi dans le *tiers-état* tous les officiers de
judicature & autres gens de robe non-nobles; &
même quelques-uns qui ſont nobles, ſoit d'extraction ou par leur charge, lorſqu'en leur qualité ils
ſtipulent pour quelque portion du *tiers-état*.

Il ne s'enſuit pas de-là que toute la robe indiftinctement ſoit compriſe dans le *tiers-état*; les gens
de robe qui ſont nobles, ſoit de naiſſance, ou à
cauſe de leur office, ou autrement, doivent, de
leur chef, être compris dans l'*état* de la nobleſſe,
de même que les autres nobles.

Prétendroit-on que les emplois de la robe ſont
incompatibles avec la nobleſſe, ou que des maiſons, dont l'origine eſt toute militaire & d'ancienne
chevalerie, aient perdu une partie de l'éclat de leur
nobleſſe pour être entrées dans la magiſtrature,
comme il y en a beaucoup dans pluſieurs cours ſouveraines, & principalement dans les parlemens
d'Rennes, d'Aix & de Grenoble? ce ſeroit avoir
une idée bien fauſſe de la juſtice, & connoître
bien mal l'honneur qui eſt attaché à un ſi noble
emploi.

L'adminiſtration de la juſtice eſt le premier devoir des ſouverains. Nos rois ſe font encore honneur de la rendre en perſonne dans leur conſeil
& dans leur parlement: tous les juges la rendent
en leur nom; c'eſt pourquoi l'habit royal avec lequel on les repréſente, n'eſt pas un habillement
de guerre, mais la toge ou robe longue avec la
main de juſtice, qu'ils regardent comme un de
leurs plus beaux attributs.

Les barons ou grands du royaume tenoient autrefois ſeuls le parlement; & dans les provinces,
la juſtice étoit rendue par des ducs, des comtes,
des vicomtes & autres officiers militaires, qui étoient
tous réputés nobles, & ſiégeoient avec leur habit
de guerre & leurs armes.

Les princes du ſang & les ducs & pairs concourent encore à l'adminiſtration de la juſtice au
parlement. Ils y venoient autrefois en habit long,
& ſans épée; ce ne fut qu'en 1551 qu'ils commencèrent à en uſer autrement, malgré les remontrances du parlement, qui repréſenta que de toute
ancienneté cela étoit réſervé au roi ſeul. Avant M.

de Harlai, lequel, sous Louis XIV, retrancha une phrase de la formule du serment des ducs & pairs, ils juroient de se comporter comme de bons & sages conseillers au parlement.

Les gouverneurs de certaines provinces sont conseillers-nés dans les cours souveraines du chef-lieu de leur gouvernement.

Les maréchaux de France, qui sont les premiers officiers militaires, sont les juges de la noblesse dans les affaires d'honneur.

Les autres officiers militaires sont tous la fonction de juges dans les conseils de guerre.

Nos rois ont aussi établi dans leurs conseils des conseillers d'épée, qui prennent rang & séance avec les conseillers de robe du jour de leur réception.

Ils ont pareillement établi des chevaliers d'honneur dans les cours souveraines, pour représenter les anciens barons ou chevaliers qui rendoient autrefois la justice.

Enfin les baillis & sénéchaux qui sont à la tête des jurisdictions des bailliages & sénéchaussées, non-seulement sont des officiers d'épée, mais ils doivent être nobles. Ils siègent l'épée au côté, avec la toque garnie de plumes, comme les ducs & pairs ; ce sont eux qui ont l'honneur de conduire la noblesse à l'armée, lorsque le ban & l'arrière-ban sont convoqués pour le service du roi. Ils peuvent, outre cet office, remplir en même temps quelque place militaire, comme on en voit en effet plusieurs.

Pourroit-on après cela prétendre que l'administration de la justice fût une fonction au-dessous de la noblesse?

L'ignorance des barons qui ne savoient la plupart ni lire ni écrire, fut cause qu'on leur associa des gens de loi dans le parlement ; ce qui ne diminua rien de la dignité de cette cour. Ces gens de loi furent d'abord appelés *les premiers sénateurs, maîtres du parlement*, & ensuite *présidens* & *conseillers*. Telle fut l'origine des gens de robe, qui furent ensuite multipliés dans tous les tribunaux.

Depuis que l'administration de la justice fut confiée principalement à des gens de loi, les barons ou chevaliers s'adonnèrent indifféremment, les uns à cet emploi, d'autres à la profession des armes ; les premiers étoient appelés *chevaliers en loix* ; les autres, *chevaliers d'armes*. Simon de Bucy, premier président du parlement en 1344, est qualifié de *chevalier en loix* ; & dans le même temps, Jean le Jay, président aux enquêtes, étoit qualifié de *chevalier*. Les présidens du parlement qui ont succédé dans cette fonction aux barons, ont encore retenu de-là le titre & l'ancien habillement de chevalier.

Non-seulement aucun office de judicature ne fait déchoir de l'état de noblesse, mais plusieurs de ces offices communiquent la noblesse à ceux qui ne l'ont pas, & à toute leur postérité.

Le titre même de *chevalier* qui distingue la plus haute noblesse, a été accordé aux premiers magistrats.

Ils peuvent posséder des comtés, marquisats, baronnies, &c. : on pourroit même citer plusieurs exemples, qui prouveroient que le roi en érige pour eux ainsi que pour les autres nobles : ils peuvent en prendre le titre, non-seulement dans les actes qu'ils passent, mais se faire appeler du titre de ces seigneuries. Cet usage est commun dans plusieurs provinces, & cela n'est pas sans exemple à Paris : le chancelier de Chiverni se faisoit appeler ordinairement *le comte de Chiverni* ; & si cela n'est pas plus commun parmi nous, c'est que nos magistrats préfèrent avec raison de se faire appeler d'un titre qui annonce la puissance publique dont ils sont revêtus, plutôt que de porter le titre d'une simple seigneurie.

Louis XIV ordonna en 1665, qu'il y auroit dans son ordre de S. Michel six chevaliers de robe.

Tout cela prouve bien que la noblesse de robe ne forme qu'un seul & même ordre avec la noblesse d'épée. Quelques auteurs regardent même la première comme la principale : mais, sans entrer dans cette discussion, il suffit d'avoir prouvé qu'elles tiennent l'une & l'autre le même rang & qu'elles participent aux mêmes honneurs, aux mêmes privilèges, pour que l'on ne puisse renvoyer toute la robe dans le *tiers-état*.

M. de Voltaire, en son *Histoire universelle*, tom. II, pag. 240, en parlant du mépris que les nobles d'armes font de la noblesse de robe, & du refus que l'on fait dans les chapitres d'Allemagne, d'y recevoir cette noblesse de robe, dit que c'est un reste de l'ancienne barbarie d'attacher de l'avilissement à la plus belle fonction de l'humanité, celle de rendre la justice.

Ceux qui seroient en état de prouver qu'ils descendent des anciens Francs qui formèrent la première noblesse, tiendroient sans contredit le premier rang dans l'ordre de la noblesse. Mais combien y a-t-il aujourd'hui de maisons qui puissent prouver une filiation suivie au-dessus des douzième ou treizième siècles?

L'origine de la noblesse d'épée est, à la vérité, plus ancienne que celle de la noblesse de robe : mais tous les nobles d'épée ne sont pas pour cela plus anciens que les nobles de la robe. S'il y a quelques maisons d'épée plus anciennes que certaines maisons de robe, il y a aussi des maisons de robe plus anciennes que beaucoup de maisons d'épée.

Il y a même aujourd'hui nombre de maisons des plus illustres dans l'épée qui tirent leur origine de la robe, & dans quelques-unes les aînés sont demeurés dans leur premier *état*, tandis que les cadets ont pris le parti des armes : diroit-on que la noblesse de ceux-ci vaille mieux que celle de leurs aînés?

Enfin, quand la noblesse d'épée en général tiendroit, par rapport à son ancienneté, le premier rang dans l'ordre de la noblesse, cela n'empêcheroit pas que la noblesse de robe ne fût comprise dans

dans le même ordre ; & il seroit absurde qu'une portion de la noblesse aussi distinguée que celle-ci, qui jouit de tous les mêmes honneurs & privilèges que les autres nobles, fût exceptée du rôle de la noblesse, qui n'est qu'une suite de la qualité de nobles, & qu'on la renvoyât dans le *tiers-état*, qui est la classe des roturiers, précisément à cause d'un emploi qui donne la noblesse, ou du moins qui est compatible avec la noblesse déjà acquise.

Si la magistrature étoit dans le *tiers-état*, elle seroit du moins à la tête ; au lieu que ce corps a toujours été représenté par les officiers municipaux seulement.

Qu'on ouvre les procès-verbaux de nos coutumes, on verra par-tout que les gens de robe qui étoient nobles par leurs charges ou autrement, sont dénommés entre ceux qui composoient l'*état* de noblesse, & que l'on n'a compris dans le *tiers-état* que les officiers municipaux ou autres officiers de judicature qui n'étoient pas nobles, soit par leurs charges ou autrement.

Pour ce qui est des *états*, il est vrai que les magistrats ne s'y trouvent pas ordinairement, soit pour éviter les discussions qui pourroient survenir entre eux & les nobles d'épée pour le rang & la préséance, soit pour conserver la supériorité que les cours prétendent sur les *états*.

Il y eut, en 1558, une assemblée de notables, tenue en une chambre du parlement. La magistrature y prit pour la première fois séance ; elle n'y fut point confondue dans le *tiers-état* ; elle formoit un quatrième ordre distingué des trois autres, & qui n'étoit point inférieur à celui de la noblesse. Mais cet arrangement n'étoit point dans les principes, n'y ayant en France que trois ordres ou *états*, & qu'un seul ordre de noblesse.

Cet article est tiré de celui de M. Boucher d'Argis, dans la première édition de l'Encyclopédie, & des *Lettres économiques* de M. le vicomte de Toustain.

ET CÆTERA, termes de *Pratique*, usités dans les actes & dans le style judiciaire, pour annoncer que l'on omet, pour abréger, le surplus d'une clause dont on n'exprime que la première partie. L'usage de ces mots, entièrement latins, vient du temps que l'on rédigeoit les actes dans cette langue, c'est-à-dire jusqu'en 1539 : on les a conservés dans le discours françois, comme s'ils étoient du même langage, lorsqu'en parlant on omet quelque chose.

C'est sur-tout dans les actes des notaires que l'on use de ces sortes d'abréviations, par rapport à certaines clauses de style qui sont toujours sous-entendues : c'est pourquoi on ne fait ordinairement qu'en indiquer les premiers termes, & pour le surplus, en met seulement la lettre *&c.* ; c'est ce que l'on appelle vulgairement l'*& cætera* des notaires.

L'usage des *& cætera* de la part des notaires, étant une manière d'abréger certaines clauses, semble

avoir quelque rapport avec les notes ou abréviations dont les notaires usoient à Rome : ce n'est pourtant pas la même chose ; car les minutes des notaires de Rome étoient entièrement écrites en notes & abréviations ; au lieu que l'*& cætera* des notaires de France ne s'applique qu'à certaines clauses qui sont du style ordinaire des contrats, & que l'on met ordinairement à la fin : *quæ assidua sunt in contractibus, quæ, etsi expressa non sint, inesse videntur*, suivant la loi *quod si nolit*, §. *quia assidua*, ff. *de ædil. edicto.* Dans nos contrats, ces clauses sont conçues en ces termes : *promettant, &c. obligeant, &c. renonçant, &c.* Chacun de ces termes est le commencement d'une clause qu'il étoit autrefois d'usage d'écrire tout au long, & dont le surplus est sous-entendu par l'*&c. Promettant* de bonne-foi exécuter le contenu en ces présentes ; *obligeant* tous ses biens, meubles & immeubles, à l'exécution dudit contrat ; *renonçant* à toutes choses à ce contraires.

Autrefois ces *& cætera* ne se mettoient qu'en la minute. Les notaires mettoient les clauses tout au long dans la grosse. Quelques praticiens, entre autres Masuer, disent qu'ils doivent les interpréter & mettre au long à la grosse : mais présentement la plupart des notaires mettent les *& cætera* dans les grosses & expéditions, aussi bien que dans la minute ; & cela pour abréger. Il n'y a plus guère que quelques notaires de province qui étendent encore les *& cætera* dans les grosses & expéditions.

Mais soit que le notaire étende les *& cætera*, ou qu'il s'agisse de les interpréter, il est également certain qu'ils ne peuvent s'appliquer qu'aux objets qui sont déterminés par l'usage & qui sont de style, & sous-entendus ordinairement par ces termes, *promettant, obligeant, renonçant* ; ainsi les termes *promettant* & *obligeant* ne peuvent être étendus par ces mots, *en son propre* & *privé nom*, ni *solidairement* ou *par corps* ; & le terme *renonçant* ne peut s'appliquer qu'aux renonciations ordinaires dont on a parlé, & non à des renonciations au bénéfice de division, discussion & de déjeuissance, ni au bénéfice du sénatusconsulte Velléien, si c'est une femme qui s'oblige.

De même, dans un testament, l'*& cætera* ne peut suppléer la clause codicillaire qui y est omise ; toutes ces clauses, & autres semblables, *indigent speciali notâ*, & ne sont jamais sous-entendues.

Les *& cætera* ne peuvent donc servir à étendre les engagemens ou dispositions contenus dans les actes, ni y suppléer ce qui y seroit omis d'essentiel ; ils ne peuvent suppléer que ce qui est de style, & qui seroit toujours sous-entendu de droit, quand on n'auroit point marqué d'*& cætera* : ainsi, à proprement parler, ils ne servent à rien. On peut consulter, sur l'effet de cette clause, Dumoulin, en son *Traité des usures*, quest. 8 ; Danty, *de la preuve par témoins*, 2 part. chap. 1, aux *additions. Voyez* ABRÉVIATION.

Un seigneur, après avoir énoncé toutes les terres dont il eſt ſeigneur , ajoute quelquefois un & cætera; ce qui ſuppoſe qu'il poſſède encore d'autres ſeigneuries qui ne ſont pas nommées , quoiqu'ordinairement chacun ſoit aſſez curieux de prendre tous ſes titres; mais , quoi qu'il en ſoit, cet & cætera eſt ordinairement indifférent. Il y a néanmoins des cas où une autre perſonne pourroit s'y oppoſer : par exemple , ſi c'eſt dans une foi & hommage, ou aveu & dénombrement , & que le vaſſal , ſoit dans l'intitulé , ſoit dans le corps de l'acte , mît qu'il poſſède pluſieurs fiefs , terres ou droits; & qu'après en avoir énoncé pluſieurs , il ajoutât un & cætera , pour donner à entendre qu'il en poſſède encore d'autres , le ſeigneur dominant peut blâmer l'aveu , & obliger le vaſſal d'exprimer tout au long les droits qu'il prétend avoir.

L'omiſſion d'un & cætera fit , dans le ſiècle précédent , le ſujet d'un différend très-ſérieux , & même d'une guerre entre la Pologne & la Suède. Ladiſlas , roi de Pologne , avoit fait , en 1635 , à Stumdorf une trève de vingt - ſix ans avec Chriſtine , reine de Suède; ils étoient convenus que le roi de Pologne ſe qualifieroit roi de Pologne & grand-duc de Lithuanie , & qu'enſuite l'on ajouteroit trois &c. &c. &c. ; que Chriſtine ſe diroit reine de Suède, grande ducheſſe de Finlande , auſſi avec trois &c. &c. &c. ce qui fut ainſi décidé , à cauſe des prétentions que le roi de Pologne avoit ſur la Suède, comme fils de Sigiſmond. Jean-Caſimir, qui régnoit en Pologne en 1655 , ayant envoyé le ſieur Morſtein en Suède , lui donna des lettres de créance , où , par mépriſe , on n'avoit mis à la ſuite des qualités de la reine de Suède que deux &c. &c. ; & au lieu de mettre de notre regne , on avoit mis de nos regnes; ce qui déplut aux Suédois. Charles-Guſtave arma puiſſamment , & ne voulut même pas accorder de ſuſpenſion d'armes; il fit la guerre aux Polonois , prit pluſieurs villes. Voyez l'hiſtoire du ſiècle courant , 1600, p. 347. (A)

ÉTIQUET, ſ. m. & ÉTIQUETTE , ſ. f. (termes de Pratique.) ils ont pluſieurs ſignifications. Les coutumes de Troyes , art. 126 , & d'Angoumois , art. 110, appellent étiquet , le billet par écrit , que le ſergent qui fait des criées d'héritages ſaiſis , met & attache à la porte de l'auditoire du lieu , pour annoncer la conſiſtance de l'héritage , les noms du propriétaire & pourſuivans , & la ſomme pour laquelle la ſaiſie eſt faite.

Au grand-conſeil on donne le nom d'étiquette aux placets & mémoires que l'on donne au premier huiſſier pour appeller les cauſes à l'audience.

En ſtyle de palais , étiquette ſe dit d'un morceau de papier ou de parchemin , que l'on attache ſur les ſacs des cauſes , inſtances ou procès , ſur lequel on marque les noms des parties & de leurs procureurs. Celui auquel appartient le ſac , met ſon nom à droite , & le nom des autres procureurs à gauche. Si c'eſt une cauſe , on met en tête de l'étiquette , cauſe à plaider dans un tel tribunal ; & au-deſſous des noms des parties on met le nom de

l'avocat qui doit plaider pour la partie pour laquelle eſt le ſac. Si c'eſt une production de quelque inſtance ou procès , on met au haut de l'étiquette le titre de la production , & la date du jugement en conſéquence duquel elle eſt faite. Au deſſus des noms des parties on met celui du rapporteur ; & s'il y a pluſieurs chambres dans le tribunal , on marque de quelle chambre il eſt. On marque auſſi l'enregiſtrement des productions & le folio. L'origine de ce mot étiquette vient du temps que l'on rédigeoit les procédures en latin : on écrivoit ſur le ſac , eſt hîc quæſtio inter N .... & N .... & ſouvent , au lieu d'écrire quæſtio tout au long , on mettoit ſeulement quæſt. ce qui faiſoit eſt hîc quæſt. d'où les praticiens ont fait par corruption étiquette.

Anciennement on donnoit le nom d'étiquette aux mémoires que l'on remettoit entre les mains des juges-enquêteurs & commiſſaires , & qui contenoit les noms des témoins & le détail des articles, ſur leſquels ils devoient être ouïs & entendus.

Il eſt parlé de ces étiquettes dans le ſtyle de procéder des cours ſéculières de Liège , chap. 10 ; dans les ordonnances de la chambre d'Artois , chap. des plaidoyers , & dans celles du duc de Bouillon , art. 122 & 124. Mais cette pratique a céſſé , au moins dans les provinces de France , depuis l'ordonnance de 1667, qui défend aux juges d'interroger les témoins dont ils reçoivent les dépoſitions. Voyez DÉPOSITION , TÉMOIN.

Cependant , comme cette ordonnance n'a point été enregiſtrée dans le parlement de Flandre , on y eſt encore dans l'uſage de remettre au juge qui doit entendre des témoins , une étiquette ou mémoire , contenant les faits & articles ſur leſquels il doit entendre les témoins. Les chartres générales du Hainaut , chap. 70 , art. 10 , défendent aux avocats d'alonger leurs étiquettes , c'eſt-à-dire , d'y inſérer des faits nouveaux , & non articulés par eux avant le jugement d'admiſſion à preuve; il leur eſt ſimplement permis d'y déſigner les articles des écritures produites , ſur leſquels ils veulent faire entendre les témoins , avec tous les éclairciſſemens & les détails de circonſtances que la cauſe exige.

Le commiſſaire doit parapher & ſigner les étiquettes qu'on lui remet , & en donner communication à la partie adverſe , avant de procéder à l'enquête , à moins que celle qui a fourni l'étiquette , n'ait produit d'avance un intendit ; c'eſt-à-dire , un écrit de dépoſitions , & qu'il n'ait déclaré qu'on ne fera point entendre de témoins au dehors de ce qu'il contient.

D'étiquet on a fait le verbe étiqueter , qui ſignifie mettre une étiquette ſur un ſac , ou plutôt mettre ſur un ſac ou ſur une pièce , un titre qui annonce brièvement ce qui y eſt contenu.

On a quelquefois dit : étiqueter des témoins , dans la ſignification de les reprocher.

Étiquette s'entend encore du cérémonial , qui règle les devoirs extérieurs à l'égard des rangs , des places;

des dignités. *Voyez* CÉRÉMONIAL , & le *Diction-*
naire diplom. écon. polit.

ETOC, f. m. (*Eaux & Foréts.*) ce mot paroît être venu par corruption de celui d'*eſtoc* ; l'ordonnance des eaux & forêts de 1669 , *tit.* I , *art.* 45 ,
s'en fert dans la ſignification de *ſouche d'arbres.*

ETRANGER , f. m. (*Droit public & civil.*)
on donne ce nom à celui qui , né ſous une autre
domination, paſſe ou ſéjourne dans un pays, ſoit
pour ſes affaires, ſoit en qualité de ſimple voyageur.

Les anciens Scythes immoloient & mangeoient
enſuite les *étrangers* qui avoient le malheur d'aborder en Scythie. Les Romains , dit Cicéron , ont autrefois confondu le mot d'*ennemi* avec celui d'*é-*
tranger : peregrinus antea dictus hoſtis. Quoique les
Grecs fuſſent redevables à Cadmus , *étranger* chez
eux , des ſciences qu'il leur apporta de Phénicie ,
ils ne purent jamais ſympathiſer avec les *étrangers*
les plus eſtimables , & ne rendirent point à ceux
de cet ordre qui s'établirent en Grèce , les honneurs qu'ils méritoient. Ils reprochèrent à Antiſ-
thène que ſa mère n'étoit pas d'Athènes ; & à Iphi-
crate, que la ſienne étoit de Thrace : mais les
deux philoſophes leur répondirent que la mère des
dieux étoit venue de Phrygie & des ſolitudes du
mont Ida, & qu'elle ne laiſſoit pas d'être reſpec-
tée de toute la terre. Auſſi la rigueur tenue contre
les *étrangers* par les républiques de Sparte & d'A-
thènes , fut une des principales cauſes de leur peu
de durée.

Alexandre , au contraire , ne ſe montra jamais
plus digne du nom de *grand* , que quand il fit déclarer par un édit, que tous les gens de bien étoient
parens les uns des autres , & qu'il n'y avoit que
les méchans ſeuls que l'on devoit réputer *étrangers.*

Aujourd'hui que le commerce a lié tout l'univers , que la politique eſt éclairée ſur ſes intérêts ,
que l'humanité s'étend à tous les peuples, il n'eſt
point de ſouverain en Europe qui ne penſe comme
Alexandre. On n'agite plus la queſtion ſi l'on doit permettre aux *étrangers* laborieux & induſtrieux, de s'établir dans un pays , en ſe ſoumettant aux loix. Perſonne n'ignore que rien ne contribue davantage à la
grandeur, la puiſſance & la proſpérité d'un état, que
l'accès libre qu'il accorde aux *étrangers* de venir
s'y habituer, le ſoin qu'il prend de les attirer, &
de les fixer par tous les moyens les plus propres
à y réuſſir. Les Provinces-unies & le roi de Pruſſe
ont fait l'heureuſe expérience de cette ſage conduite. D'ailleurs on citeroit peu d'endroits , qui ne
ſoient aſſez fertiles pour nourrir , & aſſez ſpacieux
pour loger un plus grand nombre d'habitans que
ceux qu'il contient.

Si, malgré ces conſidérations, il exiſte encore
des états policés, où les loix ne permettent pas à
tous les *étrangers* d'acquérir des biens-fonds dans
le pays, de teſter & de diſpoſer de leurs effets,
même en faveur des regnicoles ; de telles loix doivent paſſer pour des reſtes de ces ſiècles barbares,

où les *étrangers* étoient preſque regardés comme
des ennemis.

Nous avons expliqué, ſous le mot AUBAIN, les
loix qui ont ſubſiſté autrefois, & celles qui ſont
encore aujourd'hui en vigueur en France par rapport aux *étrangers.* C'eſt pourquoi nous nous bornerons à donner ici quelques règles du droit des
gens, propres à aſſurer les droits de chacun, &
à empêcher que le repos des nations ne ſoit troublé par les différends des particuliers.

La première règle qu'on peut établir à cet égard,
conſiſte dans le droit qui appartient à tout propriétaire ou ſeigneur d'un territoire, d'en défendre l'entrée quand il le juge à propos, & de ne la
permettre que ſous les conditions qu'il lui plaît. C'eſt
une conſéquence néceſſaire du droit de domaine
& de propriété. Mais dans le cas où le ſouverain
a attaché quelque condition particulière à la permiſſion d'entrer dans ſes terres, la juſtice & l'é-
quité l'obligent de faire enſorte que les *étrangers*
en ſoient avertis, lorſqu'ils ſe préſentent à la frontière.

Les ſouverains de la Chine & du Japon uſent de ce
droit rigoureux de domaine, & il eſt défendu à tout
étranger d'y pénétrer, ſans une permiſſion expreſſe.

En Europe, l'accès eſt libre par-tout à quiconque n'eſt pas ennemi de l'état, ſi ce n'eſt en
quelques pays, aux vagabonds & gens ſans aveu.

Mais dans les pays où tout *étranger* entre librement, le ſouverain eſt ſuppoſé ne lui donner accès que ſous la condition tacite qu'il ſera ſoumis
aux loix générales, faites pour maintenir le bon
ordre, & qui ne ſe rapportent pas à la qualité de
citoyen ou de ſujet de l'état.

La ſûreté publique, les droits de la nation & du
prince exigent néceſſairement cette condition ; &
l'*étranger*, s'y ſoumet tacitement, dès qu'il entre
dans le pays, ne pouvant préſumer d'y avoir accès ſur un autre pied, parce que le droit de commander dans ſon territoire, & les loix ne ſe bornent pas à régler la conduite des citoyens entre
eux, mais elles déterminent encore ce qui doit
être obſervé dans toute ſon étendue, par toutes
ſortes de perſonnes.

En vertu de cette ſoumiſſion, les *étrangers* qui
tombent en faute doivent être punis ſuivant les loix
du pays. Le but des peines eſt de faire reſpecter
les loix & de maintenir l'ordre & la ſûreté.

Par la même raiſon, les différends qui peuvent
s'élever entre les *étrangers* , ou entre un *étranger*
& un citoyen, doivent être terminées par le juge
du lieu, & ſuivant les loix du lieu. Et comme le
différend naît proprement par le refus du défendeur, qui prétend ne point devoir ce qu'on lui
demande ; il ſuit du même principe, que tout défendeur doit être pourſuivi pardevant ſon juge,
qui ſeul a le droit de le condamner & de le contraindre. Les Suiſſes ont ſagement fait de cette règle, un des articles de leur alliance, pour prévenir les querelles qui pouvoient naître des abus , très-

Zz 2

fréquens autrefois fur cette matière. Le juge du défendeur eft le juge du lieu où ce défendeur a fon domicile, ou celui du lieu où le défendeur fe trouve à la naiffance d'une difficulté foudaine, pourvu qu'il ne s'agiffe point d'un fonds de terre, ou d'un droit attaché à un fonds. En ce dernier cas, comme ces fortes de biens doivent être poffédés fuivant les loix du pays où ils font fitués, & comme c'eft au fupérieur du pays qu'il appartient d'en accorder la poffeffion, les différends qui les concernent ne peuvent être jugés ailleurs que dans l'état dont ils dépendent.

Le fouverain ne peut accorder l'entrée de fes états pour faire tomber les *étrangers* dans un piège : dès qu'il les reçoit, il s'engage à les protéger comme fes propres fujets, à les faire jouir, autant qu'il dépend de lui, d'une entière fûreté. Auffi voyons-nous que tout fouverain qui a donné afyle à un *étranger*, ne fe tient pas moins offenfé du mal qu'on peut lui faire, qu'il le feroit d'une violence faite à fes fujets. L'hofpitalité étoit en grand honneur chez les anciens, & même chez les peuples barbares, tels que les Germains. Ces nations féroces, qui maltraitoient les *étrangers*, ce peuple Scythe, qui les immoloit à Diane, étoient en horreur à toutes les nations, & Grotius dit avec raifon, que leur extrême férocité les retranchoit de la fociété humaine. Tous les autres peuples étoient en droit de s'unir pour les châtier.

En reconnoiffance de la protection qui lui eft accordée, & des autres avantages dont il jouit, l'*étranger* ne doit point fe borner à refpecter les loix du pays ; il doit l'affifter dans l'occafion, & contribuer à fa défenfe, autant que fa qualité de citoyen d'un autre état peut le lui permettre. Nous verrons ailleurs ce qu'il peut & doit faire, quand le pays fe trouve engagé dans une guerre. Mais rien ne l'empêche de le défendre contre des pirates ou des brigands, contre les ravages d'une inondation ou d'un incendie, & prétendroit-il vivre fous la protection d'un état, y participer à une multitude d'avantages, fans rien faire pour fa défenfe, tranquille fpectateur du péril des citoyens ?

A la vérité, il ne peut être affujetti aux charges qui ont uniquement rapport à la qualité de citoyen ; mais il doit fupporter fa part de toutes les autres. Exempt de la milice & des tributs deftinés à foutenir les droits de la nation, il paiera les droits impofés fur les vivres, fur les marchandifes, &c. en un mot, tout ce qui a rapport feulement au féjour dans le pays, ou aux affaires qui l'y amènent.

Le citoyen ou le fujet d'un état, qui s'abfente pour un temps, fans intention d'abandonner la fociété dont il eft membre, ne perd point fa qualité par fon abfence ; il conferve fes droits & demeure lié des mêmes obligations. Reçu dans un pays *étranger*, en vertu de la fociété naturelle, de la communication & du commerce, que les nations font obligées de cultiver entre elles, il doit

y être confidéré comme un membre de fa nation, & traité comme tel.

L'état qui doit refpecter les droits des autres nations, & généralement ceux de tout homme, quel qu'il foit, ne peut donc s'arroger aucun droit fur la perfonne d'un *étranger*, qui, pour être entré dans fon territoire, ne s'eft point rendu fon fujet. L'*étranger* ne peut prétendre la liberté de vivre dans le pays fans en refpecter les loix ; s'il les viole, il eft puniffable, comme perturbateur du repos public & coupable envers la fociété : mais il n'eft point foumis, comme les fujets, à tous les commandemens du fouverain ; & fi l'on exige de lui des chofes qu'il ne veut point faire, il peut quitter le pays. Libre en tout temps de s'en aller, on n'eft point en droit de le retenir, fi ce n'eft pour un temps & pour des raifons très-particulières, comme feroit, en temps de guerre, la crainte qu'inftruit de l'état du pays & des places fortes, un *étranger* ne portât fes lumières à l'ennemi. Les voyages des Hollandois aux Indes orientales nous apprennent que les rois de la Corée retiennent par force les *étrangers* qui font naufrage fur leurs côtes, & Bodin affure qu'un ufage fi contraire au droit des gens fe pratiquoit de tout temps en Ethiopie, & même en Mofcovie. C'eft bleffer tout enfemble les droits du particulier & ceux de l'état auquel il appartient. Les chofes ont bien changé en Ruffie ; un feul règne, le règne de Pierre-le-Grand, a mis ce vafte empire au rang des états civilifés.

Les biens d'un particulier ne ceffent pas d'être à lui parce qu'il fe trouve en pays étranger, & ils font encore partie de la totalité des biens de fa nation. Les prétentions que le feigneur du territoire voudroit former fur les biens d'un *étranger* feroient donc également contraires aux droits du propriétaire, & à ceux de la nation dont il eft membre.

Puifque l'*étranger* demeure citoyen de fon pays & membre de fa nation, les biens qu'il délaiffe en mourant dans un pays *étranger*, doivent naturellement paffer à ceux qui font fes héritiers, fuivant les loix de l'état dont il eft membre. Mais cette règle générale n'empêche point que les biens immeubles ne doivent fuivre les difpofitions des loix du pays où ils font fitués.

Comme le droit de tefter, ou de difpofer de fes biens à caufe de mort, eft un droit réfultant de la propriété, il ne peut, fans injuftice, être ôté à un *étranger*. L'étranger a donc, de droit naturel, la liberté de faire un teftament. Mais on demande à quelles loix il eft obligé de fe conformer, foit dans la forme de fon teftament, foit dans fes difpofitions même ? 1°. Quant à la forme ou aux folemnités deftinées à conftater la vérité d'un teftament, il paroît que le teftateur doit obferver celles qui font établies dans le pays où il tefte, à moins que la loi de l'état dont il eft membre n'en ordonne autrement ; auquel cas, il fera obligé de fuivre les formalités qu'elle lui prefcrit, s'il veut difpofer validement des biens qu'il poffède dans fa patrie. Je parle d'un teſtament qui doit être ouvert dans le lieu du décès ; car ſi un voyageur fait ſon teſtament & l'envoie cacheté dans ſon pays, c'eſt la même choſe que ſi ce teſtament eût été écrit dans le pays même ; il en doit ſuivre les loix. 2°. Pour ce qui eſt des diſpoſitions en elles-mêmes, nous avons déjà obſervé que celles qui concernent les immeubles doivent ſe conformer aux loix du pays où ces immeubles ſont ſitués. Le teſtateur *étranger* ne peut point non plus diſpoſer des biens mobiliers ou immeubles qu'il poſſède dans ſa patrie, autrement que d'une manière conforme aux loix de cette même patrie. Mais quant aux biens mobiliers, argent & autres effets, qu'il poſſède ailleurs, qu'il a auprès de lui, ou qui ſuivent ſa perſonne, il faut diſtinguer entre les loix locales, dont l'effet ne peut s'étendre au dehors du territoire, & les loix qui affectent proprement la qualité de citoyen. L'*étranger* demeurant citoyen de ſa patrie, il eſt toujours lié par ces dernières loix, en quelque lieu qu'il ſe trouve, & il doit s'y conformer dans la diſpoſition de ſes biens libres, de ſes biens mobiliers quelconques. Les loix de cette eſpèce, du pays où il ſe trouve & dont il n'eſt pas citoyen, ne l'obligent point. Ainſi un homme qui teſte & meurt en pays *étranger*, ne peut ôter à ſa veuve la portion de ſes biens mobiliers aſſignée à cette veuve par les loix de ſa patrie. Ainſi un Genevois, obligé par la loi de Genève à laiſ-ſer une légitime à ſes frères ou à ſes couſins, s'ils ſont ſes plus proches héritiers, ne peut les en priver en teſtant dans un pays *étranger*, tant qu'il de-meure citoyen de Genève ; & un *étranger* mourant à Genève n'eſt point tenu de ſe conformer à cet égard aux loix de la république. C'eſt tout le con-traire pour les loix locales, elles règlent ce qui peut ſe faire dans le territoire, & ne s'étendent point au-dehors. Le teſtateur n'y eſt plus ſoumis, dès qu'il eſt hors du territoire, & elle n'affecte point ceux de ſes biens qui en ſont pareillement dehors. L'*étranger* ſe trouve obligé d'obſerver ces loix dans le pays où il teſte, pour les biens qu'il y poſſède. Ainſi un Neuchâtelois, à qui les ſubſti-tutions ſont interdites dans ſa patrie, pour les biens qu'il y poſſède, ſubſtitue librement aux biens qu'il a auprès de lui, qui ne ſont pas ſous la juriſ-diction de ſa patrie, s'il meurt dans un pays où les ſubſtitutions ſont permiſes ; & un *étranger* teſtant à Neuchâtel, n'y pourra ſubſtituer aux biens, même mobiliers qu'il y poſſède ; ſi toutefois on ne peut pas dire que ſes biens mobiliers ſont exceptés par l'eſprit de la loi. *Voyez* AUBAIN, RÉGNICOLE.

ÉTRANGER, *par rapport aux bénéfices*. La qua-lité d'*étranger* eſt parmi nous un obſtacle à la poſ-ſeſſion des bénéfices. On convient que cet obſ-tacle ne prend ſon origine dans aucune loi cano-nique. Ce ſont les princes qui, par des raiſons de politique, l'ont établi : il ſubſiſte dans beaucoup d'états, en Eſpagne, à Veniſe, en Savoie, &c.

Il faut cependant avouer que l'eſprit de l'égliſe

eſt que les bénéfices ſoient conférés, autant qu'il eſt poſſible, à ceux des lieux dans leſquels ils ſont ſitués. Juſtinien en avoit fait une loi : *clerici non ex aliâ poſſeſſione vel vico, ſed ex eo ubi eccleſiam eſſe conſtiterit, ordinentur. L. in eccleſ. 11, cod. de epiſc. & cleric.* Dans ce ſiècle, l'ordination n'étoit pas encore ſéparée du bénéfice. On cite auſſi pluſieurs canons & pluſieurs décrétales rendus dans le même eſprit, & où il eſt également ordonné de préfé-rer ceux du lieu, tant qu'il s'en trouve de capa-bles. L'uſage, peut-être fondé ſur de bonnes raiſons, a prévalu, & il n'eſt plus néceſſaire d'être du lieu, ni même de la province où le bénéfice eſt ſitué ; il ſuffit d'être regnicole, c'eſt-à-dire né & habitant ſous la domination du prince à qui la province appartient.

La plus ancienne loi parmi nous, qui donne l'ex-cluſion des bénéfices aux *étrangers*, eſt de Charles VII, & du 10 mars 1431. Elle défend à tous *étran-gers*, de quelque qualité qu'ils ſoient, de tenir au-cun bénéfice dans le royaume : elle a été enre-giſtrée au parlement de Paris ſéant à Poitiers, le 8 avril de la même année.

Louis XII, en 1499, révoqua toutes les lettres de naturalité accordées par Charles VIII, pour tenir bé-néfices ou offices dans le royaume. L'article 92 de l'ordonnance de François I, rendue en 1512, renou-vella ces diſpoſitions contre les *étrangers* par rapport aux bénéfices. L'article 4 de celle de Blois porte qu'au-cun ne pourra être pourvu d'évêchés ni d'abbayes chefs-d'ordres, ſoit par mort, réſignation ou autre-ment, qu'il ne ſoit originaire François, nonobſ-tant quelque diſpenſe, ou clauſe dérogatoire qu'il puiſſe obtenir. Les déclarations des mois de janvier & février 1681 font défenſes aux collateurs, de conférer aux *étrangers* les cures & autres bénéfices, ſitués dans les pays qui ont été cédés à ſa majeſté par les traités de Munſter, des Pyrénées, d'Aix-la-Chapelle & de Nimègue.

M. Pithou a mis l'incapacité des *étrangers* pour poſſéder des bénéfices, au nombre des libertés de l'égliſe gallicane. L'article 39 porte : « nul, de » quelque qualité qu'il ſoit, ne peut tenir aucun » bénéfice ſi ce royaume, s'il n'eſt natif ou ou » s'il n'a des lettres de naturalité ou de diſpenſe » expreſſe du roi, & que ſes lettres aient été vé-» rifiées où il appartient ».

C'eſt aujourd'hui une juriſprudence conſtante dans tous les tribunaux du royaume, que les bénéfices poſſédés par les *étrangers* ſont impétrables, s'ils n'ob-tiennent des lettres de naturalité ; & l'on y main-tient les naturels François pourvus par dévolut pour cauſe d'incapacité du titulaire qui eſt *étranger*. Cependant, par arrêt du parlement de Paris, du 21 novembre 1598, Jacques de Béthune, archevêque de Glaſco, écoſſois & ambaſſadeur de la reine d'E-coſſe en France, fut maintenu dans le prieuré de Pontoiſe, quoiqu'il fût *étranger*. La cour eut ſans doute des motifs particuliers pour juger ainſi : mais elle eut ſoin d'ajouter au diſpoſitif de ſon arrêt :

« fans qu'en conféquence du préfent arrêt, les Ecof-
» fois ni autres *étrangers* puiffent tenir offices ni
» bénéfices en ce royaume que par difpenfe du
» roi ». Depuis le 26 mai 1626, la même cour
maintint un dévolutaire, quoiqu'intrus, contre un
étranger qui n'avoit point obtenu de lettres de naturalité. Fevret rapporte plufieurs arrêts du parlement de Dijon, qui ont fuivi le même principe,
entre autres un du 7 août 1607, rendu fur les conclufions de M. le procureur-général, par lequel
défenfes furent faites à l'archevêque de Befançon
de pourvoir autres que les François réfidans dans
le royaume, des bénéfices qui font en France, fous
peine de vacation defdits bénéfices, avec injonction à tous les *étrangers* pourvus dans le reffort,
de les réfigner à perfonnes capables, faute de quoi,
ils feroient déclarés vacans & impétrables.

Cet arrêt, en défendant aux *étrangers* de continuer de poffeder des bénéfices dans le royaume,
& en leur enjoignant de réfigner ceux qu'ils y poffédent, femble reconnoître la validité de leur titre, puifqu'il reconnoît qu'ils peuvent lesf réfigner.
On ne conçoit pas, en effet, que quelqu'un ait la
faculté de réfigner un bénéfice, à moins que ce
bénéfice n'ait fait impreffion fur fa tête, *nemo dat
quod non habet*.

Quelle eft donc l'efpèce d'incapacité attachée
aux *étrangers*, & en conféquence de laquelle ils ne
peuvent poffeder aucun bénéfice? Eft-ce une incapacité abfolue, qui rende radicalement nulles les
provifions qui leur font accordées? n'opère-t-elle
qu'une nullité relative? C'eft probablement parce
qu'on n'a pas examiné avec affez d'attention cette
efpèce de nullité, que nos auteurs paroiffent divifés d'opinions. Les uns affurent que les provifions
n'ont pas droit de déclarer nulles les provifions de
bénéfices données à des *étrangers*. Rebuffe & Fevret femblent avoir embraffé cet avis. L'auteur des
Mémoires du clergé obferve avec fondement que
leur opinion paroît contraire à l'ufage, & il cite
plufieurs cas où les provifions font déclarées nulles en vertu des feules loix des princes. « Les titres
» eccléfiaftiques, ajoute-t-il, qu'on appelle *bénéfi-*
» *ces*, font matière mixte, qui comprennent l'of-
» fice & le bénéfice; l'églife & l'état ont chacun
» leur intérêt dans la difpofition des titres ecclé-
» fiaftiques. L'églife fait fes loix fur l'obligation
» d'avoir certaines qualités requifes pour en être
» pourvu, & les fouverains font les leurs fur l'ex-
» clufion des fujets qui n'auroient pas les qualités
» qui conviennent au bien public & au bon or-
» dre de leurs états ». *Tom. XII*, col. 716.

D'après ces principes qui ne paroîtront fufpects
à perfonne dans la bouche de l'auteur cité, il eft
évident qu'il dépend des princes de frapper les
étrangers d'une incapacité abfolue pour poffeder des
bénéfices dans leurs états. Nos rois l'ont-ils ainfi
prononcé par leurs ordonnances? C'eft ce qui ne
paroît point. On convient généralement que la nullité des provifions n'eft point exprimée ni dans

l'ordonnance de Charles VII, ni dans les déclarations de 1681. C'eft pourquoi l'*étranger* peut réfigner à un régnicole, ce qu'il ne pourroit pas,
comme nous l'avons déjà obfervé, fi fes provifions
étoient radicalement nulles.

L'incapacité des *étrangers* n'eft donc que relative:
elle ne fubfifte que parce que le roi l'a voulu; elle
ne fubfifte que tant qu'il veut, & il eft toujours
le maître de l'effacer par des lettres de naturalité
accordées *ad hoc*.

Mais ces lettres de naturalité peuvent-elles être
accordées en tout état de caufe? Lorfque l'*étranger*
eft attaqué par un dévolutaire, & que le contrat
judiciaire eft lié, auront-elles un effet rétroactif &
pourront-elles impofer filence au dévolutaire? Cette
queftion eft fort controverfée. Rebuffe, Fevret,
Simon fur Dubois, Boutaric, d'Héricourt penfent
qu'il fuffit à l'*étranger* d'obtenir des lettres de naturalité, avant la décifion du procès, & que par-
là il eft rendu capable des bénéfices qui lui avoient
été conférés avant l'obtention de ces lettres. C'eft
auffi l'opinion de Vaillant fur Louet, *ad reg. de
infir. refig.* n°. 44. *Sufficit litteras quas vocant de
naturalitate, obtinere pendente lite, & modò fint, antè
litis decifionem, in curiâ computorum regiftratæ, provifio convalefcit; quia eft impedimentum politicum,
& non canonicum: ideò rex poteft illud tollere*.

Ce fentiment eft appuyé fur un arrêt du parlement de Dijon, du 21 juillet 1644; cité par Fevret, & qui, felon lui, a jugé en faveur d'un *étranger*, quoiqu'il n'eût obtenu des lettres de naturalité que pendant le procès. Les partifans de cette
opinion réclament encore l'autorité de M. Bignon,
avocat-général, qui portant la parole, en 1630,
au fujet de la cure de Trepigny, dit que le roi
étant feul intéreffé en la qualité de l'*étranger*, &
lui accordant des lettres de naturalité, lui remet
fon intérêt fans réferve, purge tout le défaut qui
fe rencontroit en fa perfonne, & le rend capable
de poffeder des bénéfices, comme s'il étoit François d'origine.

D'autres jurifconfultes eftiment, que, s'il y avoit
un dévolut impétré, fignifié, & que le dévolutaire
eût rempli toutes les formalités requifes par les ordonnances, avant l'obtention & l'enregiftrement
des lettres de naturalité, ce n'eft point le cas où
ces lettres puiffent avoir un effet rétroactif, au
préjudice d'un tiers qui fe voit fondé fur l'incapacité de l'*étranger*. S'il en étoit autrement, les *étrangers* pourroient en toute sûreté fe faire pourvoir
& poffeder des bénéfices dans le royaume, fans
chercher à fe faire naturalifer; ils ne le feroient
que lorfqu'ils feroient attaqués. Perfonne n'oferoit
les troubler dans leur indue poffeffion, & s'expofer aux frais d'un procès; on auroit toujours à craindre que les lettres de naturalité ne fuffent obtenues
pendente lite. Le parlement de Paris, ajoutent les
partifans de cette opinion, femble vouloir fe conformer à ces principes. Le fieur de Vidrange, natif de Lorraine, ayant été pourvu d'un canonicat

de Langres, fut inquiété par un dévolutaire : il obtint des lettres de naturalité pendant l'instance ; elles portoient même que le roi vouloit qu'il continuât la possession de son canonicat. Le parlement, par son arrêt d'enregistrement, du 23 juin 1723, ordonna qu'elles auroient leur exécution, *sans préjudice néanmoins des droits de ceux qui pouvoient avoir droit audit canonicat de Langres ; défenses réservées au contraire.*

La première opinion paroît plus fondée en principe ; mais il n'est pas étonnant que la seconde ait ses partisans. Nous n'entreprendrons point de décider la question. Nous croyons que cela n'appartient qu'au prince : il a établi la loi ; c'est à lui de l'interpréter. A-t-il voulu que l'incapacité qu'il a établie, fût telle qu'il ne pût lui-même la lever, lorsque l'*étranger* est attaqué par un dévolutaire ? Voilà à quoi se réduit la question, & aucune ordonnance ne la résout. Il nous paroît qu'il seroit bien difficile de prononcer en faveur du dévolutaire, si les lettres portoient que sa majesté, instruite du procès intenté à un *étranger*, le naturalise, à l'effet de pouvoir continuer à posséder le bénéfice en litige. Au reste, il seroit à desirer qu'une loi précise expliquât les intentions du souverain, qui jusqu'à présent ne l'ont point été assez.

Les lettres de naturalité accordées à l'effet de pouvoir posséder des bénéfices, contiennent la clause que l'*étranger* vivra & mourra en France, & qu'il obtiendra dans six mois un bref du pape, *de non vacando in curia.* Cette clause n'est point comminatoire : elle est de rigueur. Il est de la saine politique & du bon ordre que les revenus des bénéfices se consomment en France. Si l'*étranger* ne se conforme point à cette condition, il encourt la privation de son bénéfice. Ainsi jugé au grand-conseil le 28 décembre 1691 : le prieuré régulier de S. Laurent de Mothay, diocèse d'Angers, dont avoit été pourvu un Italien, fut adjugé au dévolutaire, sur le motif que les deux clauses ci-dessus n'avoient point été exécutées.

Il ne faut pas croire que l'abolition du droit d'aubaine produise le même effet que des lettres de naturalité, pour pouvoir posséder des bénéfices en France. Le droit d'aubaine n'a rapport qu'à l'ordre des successions ; son abolition lève l'incapacité de l'*étranger* pour hériter, mais elle la laisse subsister pour les offices & les bénéfices. Ainsi jugé au parlement de Paris par arrêt du 17 décembre 1629, sur les conclusions de M. l'avocat-général Bignon.

Les officiaux & autres officiers des cours d'église doivent être françois. Il en est de même des supérieurs des monastères ; mais rien n'empêche un évêque de choisir un *étranger* pour son grand-vicaire. Ce n'est pas l'opinion de d'Héricourt ; mais il a été repris à ce sujet par son annotateur Denisart, au mot *Etranger*, cite un arrêt du 24 juillet 1722, qui a déclaré bonnes & valables des provisions de la cure d'Aube-pierre, accordées au sieur Pallu par M. Waterfort, évêque Irlandois,

en qualité de grand-vicaire & mandataire de M. l'archevêque de Sens. On prétendoit que l'incapacité prononcée par l'ordonnance de Blois contre les *étrangers*, devoit s'appliquer au mandataire d'un évêque. La cour n'eut point égard à cette objection : les raisons qui font exclure les *étrangers* de la possession de nos bénéfices, n'ont aucun rapport au mandat ou procuration que donne un évêque pour conférer ceux qui sont à sa collation.

Les habitans de la Haute-Navarre ne sont point réputés *étrangers* pour posséder des bénéfices en France. Des arrêts du parlement de Bordeaux, du 5 septembre 1592, & du parlement de Paris en 1606, l'ont ainsi décidé. On peut dire que les motifs de ces arrêts ont été que nos rois n'ont jamais abandonné les droits légitimes qu'ils ont sur la Navarre, & que, sous ce point de vue, la loi ne peut pas regarder les Navarrois comme *étrangers*.

Les Savoyards & les Dauphinois peuvent réciproquement posséder des bénéfices dans l'une & dans l'autre province. Les déclarations du mois de juillet 1669 & du mois de septembre suivant l'ont ainsi réglé. Les habitans de la Lorraine avoient obtenu le même privilège en 1714, qui leur avoit été confirmé en 1738, mais qui est devenu inutile depuis la réunion de cette province à la couronne. (*Article de M. l'abbé* BERTOLIO, *avocat au parlement.*)

ETRANGER, se dit en style de pratique, de celui qui n'est pas de la famille. Le retrait lignager a lieu, dit-on, contre un acquéreur *étranger*, pour ne pas laisser sortir les biens de la famille. *Voyez* PROPRE.

ETREPER, v. a. vieux mot françois, qu'on rencontre dans Beaumanoir, *chap.* 49 & 58, & dans les *chap.* 26 & 28, du premier livre des établissemens. Il a la même signification qu'*extirper*, qu'*arracher*.

ETROIT, adj. qui signifie, en terme de jurisprudence, ce qui se prend à la lettre & en toute rigueur. De-là, les expressions, de *droit étroit*, pour signifier la lettre de la loi prise dans la plus grande rigueur, & faire d'*étroites inhibitions*, c'est-à-dire, des défenses très-sévères. *Voyez* DROIT ÉTROIT.

ETROIT, (*Conseil.*) c'est une des qualifications que l'on donne au conseil du roi. *Voyez* CONSEIL DU ROI.

ETROIT FONDS, quelques coutumes, telle que celle de Poitou, *art.* 18, se servent de cette expression, pour indiquer l'objet de la jurisdiction purement foncière ; c'est-à-peu-près ce qu'on appelle ailleurs *fondalité.* (*M.* GARRAN DE COULON.)

ETROUSSE, s. f. *Voyez* ESTROUSSE. M. de Laurière, dans son Glossaire, nous apprend que l'*étrousse* est un droit seigneurial, dû à la seigneurie de Linières en Berri, qui consiste dans un certain nombre de deniers, plus ou moins considérable, selon l'état & les facultés des habitans.

ETUDE, s. f. ETUDIANT, s. m. (*Droit public.*) *Voyez* COLLÈGE, BOURSE, ECOLE, ECOLIER, EDUCATION, UNIVERSITÉ.

ETUDE, (*Jurisprud. can.*) l'église a toujours

considéré l'ignorance comme un des plus terribles fléaux dont elle pût être affligée. Pendant que l'Europe étoit ensevelie dans les plus épaisses ténèbres, & ne s'occupoit que de combats & de guerres intestines, les papes & les conciles rendoient des décrets pour forcer, si l'on peut parler ainsi, les clercs à s'instruire. C'est dans cette vue que le concile de Latran ordonna qu'il fût établi dans les cathédrales des théologaux & des précepteurs; c'est dans cette vue que l'on multiplia les universités & les privilèges des professeurs & des étudians; c'est dans cette vue que l'on présenta les bénéfices aux savans, comme une perspective capable de les encourager & de les soutenir dans leurs travaux. L'établissement des grades ne plut pas cependant infiniment à la cour de Rome, parce qu'il apportoit un obstacle à ses usurpations, & choqua les collateurs, parce qu'il gênoit leur liberté.

Les grades, pour être valides & donner droit aux bénéfices, doivent être nécessairement accompagnés du temps d'*étude* prescrit par le concordat, ou du moins en usage dans les universités où l'on obtient des degrés. Sans cette circonstance essentielle, ils sont radicalement nuls. *Voyez* DEGRÉS, GRADES & GRADUÉS.

Il est cependant des circonstances où le temps des *études* est abrégé. Cela a lieu dans les facultés de droit, lorsqu'on prend ses degrés par bénéfice d'âge, ou avec des dispenses du roi enregistrées dans les cours dans le ressort desquelles les universités sont situées; mais il est essentiel d'observer que ces degrés ne donnent point droit de requérir les bénéfices affectés aux gradués par le concordat; ils rendent seulement habiles à posséder ceux que les ordonnances & notamment l'édit de 1606 n'ont ordonné qu'on ne pût posséder sans avoir des degrés. Telles sont toutes les dignités des cathédrales & les premières des collégiales. C'est ce qu'on appelle *les gradués des ordonnances*, par opposition aux gradués du concordat. Comme c'est la loi civile seule qui exige dans ce cas les degrés, le prince peut la modifier à sa volonté, & dispenser du temps d'*étude*, ceux qu'il veut favoriser. Il n'y a que cette exception à la règle générale, qui veut que les degrés pris, *per saltum*, soient absolument inutiles. Au reste cette règle ne peut pas être observée trop rigoureusement; les degrés ne doivent être que la preuve de la science, & la récompense du travail, & ils deviendroient purement illusoires, si on pouvoit les acquérir utilement sans remplir le temps d'*étude* prescrit par les loix. Nous ne pouvons nous empêcher de nous élever ici contre les abus qui règnent à ce sujet dans plusieurs universités du royaume. La déclaration de 1736 a été rendue pour y remédier. Les gradués du concordat, sont encore assez exacts à l'observer; mais les gradués des ordonnances trouvent trop de facilités pour se dispenser de suivre les leçons pendant le peu de temps que la loi exige d'eux. Tel gradué est censé avoir étudié pendant

dix mois, qui n'a pas seulement résidé quinze jours dans la ville où est située l'université qui lui accorde des degrés. Cependant ces degrés sont nécessaires pour occuper des places importantes dans l'église, ou pour exercer des professions très-intéressantes pour la société, & l'on peut dire avec vérité, que les titres de docteur, licentié, &c. s'achètent, plutôt qu'ils ne sont accordés à la science. Les universités où règnent ces abus, devroient elles-mêmes les détruire; elles redeviendroient ce qu'elles ne sont plus, des corps précieux à la religion & à l'état.

L'église a tellement désiré la propagation des études, qu'elle a cru devoir les favoriser au préjudice des loix, auxquelles elle a toujours été le plus attachée; elle a cru devoir dispenser de la résidence, les chanoines qui consacreroient leurs temps à s'instruire dans les écoles publiques; elle a pensé que l'utilité qu'elle avoit droit d'attendre des talens & des connoissances qu'ils acquerroient, devoit l'emporter sur leur présence aux offices divins. C'est ce qui est formellement décidé par plusieurs loix des décrétales, portées par les papes Innocent III, Honoré III & Boniface VIII, par des bulles de Jean XXII & Clément VI, qu'on peut consulter au tome 2 des Mémoires du clergé, page 1107 & suivantes.

Les conciles ont également dispensé les chanoines de la résidence, en faveur des *études*. Celui de Trente, *sess. 5, cap. 1, de reform.*, en a fait un décret conçu en ces termes: *docentes ipsam sacram scripturam dum publicè in scholis docuerint, & scholares qui in ipsis scholis student, privilegiis omnibus de perceptione fructuum præbendarum & beneficiorum suorum, in absentiâ jure communi concessis, planè gaudeant & fruantur.* Quoique le concile de Trente n'ait exprimé dans ce décret que les étudians en théologie, la congrégation établie pour l'interpréter, a décidé que le décret devoit s'étendre aux étudians en droit canonique.

Le concile de Milan tenu en 1565, celui de Tours en 1573, celui de Toulouse en 1590, ont des dispositions dictées par le même esprit. Le clergé de France, convoqué en 1575 par Charles IX, demanda dans l'article XX de ses cahiers, « que ceux » qui enseignent la sainte écriture, cependant qu'ils » lisent publiquement aux écoles, & les écoliers » qui y étudient, jouissent de tous privilèges de » percevoir les fruits de leurs prébendes & béné- » fices en leur absence, octroyés de droit com- » mun ». Cet article fut inséré dans les lettres-patentes du 22 janvier 1574, qui n'ont été enregistrées dans aucune cour.

Après avoir fait connoître l'esprit de l'église sur les privilèges des chanoines étudians, voyons quelle est notre discipline à ce sujet.

Les églises d'Italie, & celles qui suivent le concile de Trente, quant à la discipline, bornent à cinq années le privilège des chanoines étudians, d'être dispensés de la résidence. Parmi nous il n'y

2

a point d'autre temps déterminé que celui du cours des *études*. Cette différence provient de ce que, dans les églises qui suivent la discipline du concile de Trente, les clercs ne peuvent être chanoines dans les cathédrales, qu'ils n'aient 22 ans commencés. En France on peut posséder un canonicat dans une cathédrale à 14 ans, & à 10 dans une collégiale. Ce ne seroit point remplir les vues de l'église, que de fixer à cinq années les *études* d'un jeune clerc âgé de 10 ou 14 ans; ce seroit aussi s'en éloigner de ne dispenser de la résidence que les étudians en théologie. Selon nos usages, les jeunes chanoines qui étudient en philosophie & même dans les humanités, jouissent de ce privilège.

Mais on demande si un chanoine peut à tout âge, se dispenser de la résidence pour cause d'*études*. Plusieurs conciles, pour éviter les abus que l'on pourroit faire de ce privilège, ont réglé qu'on ne pourroit en jouir lorsqu'on auroit atteint l'âge de trente ans; d'autres ont seulement décidé qu'on ne pourroit plus, après trente ans, commencer un cours d'*étude*. Le concile de Toulouse, de 1590, veut que les chanoines soient au-dessous de 25 ans lorsqu'ils le commencent. *Minores viginti quinque annis aut sint aut fuerint tum primum in eo quæ tunc absolvere cupiunt, studia aggredi cæperunt.* Quelques chapitres ont à ce sujet des staturs particuliers; mais ils ne peuvent nuire aux privilèges des étudians, que lorsqu'ils sont très-anciens, & qu'ils ont été homologués dans les cours. Tel est celui de la collégiale de Saint-Georges de Vendôme, de 1576, confirmé par arrêt du parlement du 27 février de la même année, par lequel il est dit, que les jeunes chanoines & les nouveaux chapelains de cette église iront étudier aux lettres humaines & autres, aux universités, pour se rendre capables de leur profession ecclésiastique, jusqu'à l'âge de 24 ans, & cependant seront exempts du service personnel de leur église, pendant lequel temps étant absens pour cause d'*études*, ils percevront seulement le gros & moitié des distributions de leurs bénéfices.

Il est assez difficile de donner une règle générale sur l'âge que doivent avoir les chanoines dispensés de la résidence pour cause d'*études*. Tout dépend ici des circonstances; c'est uniquement l'abus qu'il faut proscrire : *inter fugitivum & studiosum causâ discretio prospici debet*, dit à ce sujet un concile de Rouen. Lorsqu'il seroit évident qu'un chanoine d'un certain âge, voudroit commencer ses *études*, uniquement pour se procurer l'occasion d'aller consommer ses revenus loin de son bénéfice, on ne doit pas le lui permettre; comme d'un autre côté, on ne devroit pas arrêter, sous prétexte de l'âge, celui qui annonce des talens, & qui peut fournir avec succès la carrière des sciences. C'est la réflexion judicieuse du rédacteur des mémoires du clergé; il y a, dit-il, des circonstances où les *études* sont favorables dans un âge plus avancé; & l'on voit souvent à Paris sur les bancs de théologie, des chanoines qui

sont âgés de plus de 35 ans, qui sont reçus aux degrés avec distinction; ce sont des considérations particulières, dans lesquelles les supérieurs peuvent entrer pour le bien de l'église, & dont il pourroit être dangereux de faire une règle générale.

Selon Rebuffe, ce n'est pas l'usage, que les chanoines demandent à leurs corps la permission de s'absenter pour cause d'*études*. *De consuetudine non petitur nec requiritur in secularibus clericis hæc licentia*. On cite même un arrêt du 6 mai 1577, qui l'a ainsi jugé, contre le chapitre de Nevers, en faveur du sieur Albin, chanoine de cette église. Cependant il paroit être du bon ordre & même nécessaire, pour maintenir les jeunes chanoines dans la subordination, & dans le respect qu'ils doivent à leur corps, qu'ils n'entreprennent point un cours d'*étude* sans avoir pris son avis & demandé sa permission. Nous croyons que la permission doit être demandée, comme elle ne peut être refusée.

Il n'est pas nécessaire qu'un chanoine ait fait son stage pour jouir du privilège des étudians. Il suffit qu'il ait pris possession personnelle; si le stage étoit nécessaire, il occasionneroit une interruption ou un retard nuisible aux *études*, & il n'y a point d'inconvénient à le différer.

Quelque favorables que soient les *études*, le nombre des étudians doit être fixé dans chaque chapitre, relativement au nombre des chanoines; il est certain qu'il en doit toujours rester un nombre suffisant pour la célébration du service divin, d'une manière convenable au lieu & à l'état des églises. Fevret dit qu'il y a des arrêts qui ont réglé à deux, trois, ou quatre les étudians, selon le nombre des chanoines. Brodeau sur Louet, *let. E*, *chap. 6*, *n°. 1*, en rapporte un, rendu au parlement de Paris le 14 mars 1614, par lequel il a été jugé qu'il n'y auroit à l'avenir dans l'église collégiale de Saint Cerneuf de Billon, en Auvergne, que quatre chanoines, qui jouiroient de l'exemption de la résidence en faveur des *études*. Le même arrêt veut qu'ils ne pourront jouir de ce privilège qu'après s'être présentés au chapitre & avoir pris possession personnelle & non par procureur.

La dispense de résider pour cause d'*étude*, ne peut avoir lieu, lorsque les fondateurs ont voulu que les prébendes ne fussent remplies que par des ecclésiastiques qui auroient, au temps de leurs provisions, toutes les capacités & la science requises. La raison en est simple: la volonté des fondateurs l'emporte sur tout, & rien ne peut dispenser de ce qui est établi par la fondation. Ainsi jugé par deux anciens arrêts de 1566 & 1570, le premier est rapporté par Fevret; & le second par Brodeau, sur M. Louet. Celui-ci fut rendu contre le trésorier de la Sainte-Chapelle du bois de Vincennes, qui avoit obtenu des lettres royaux, portant dispense de résider & de faire en personne l'office de trésorier pendant le temps qu'il étudieroit à Paris. C'est ce que prétend le rédacteur des mémoires du clergé; mais l'auteur de la jurisprudence canonique, *verbo, Etude, n°. 10*, parle différemment d'après Chenu: il dit qu'il fut ordonné par cet arrêt, que le tréforier, pendant trois ans qu'il étudieroit, pafferoit vicariat au chantre de ladite chapelle, pour, durant lefdits trois ans, exercer la juftice au nom dudit tréforier. Il paroît que le rédacteur des mémoires du clergé s'étoit contenté de lire Brodeau, qui a pris dans un fens tout oppofé, l'arrêt rapporté par Chenu. Cela prouve que nos auteurs ne font pas toujours exacts dans leurs citations: au refte, l'arrêt de 1570 ne détruit point le principe, puifque le roi, repréfentant le fondateur de la Sainte-Chapelle de Vincennes, a pu déroger momentanément à la loi de la fondation.

Les conciles accordent en général aux chanoines étudians, les gros fruits de leurs prébendes; cependant il eft beaucoup de chapitres qui font dans l'ufage de ne leur donner que des penfions pour leur tenir lieu des gros fruits. Des arrêts que l'on trouve dans Brodeau & dans Chenu, les ont confirmés dans cet ufage. Ces penfions même ne font pas toujours égales; il eft des chapitres qui les règlent felon les lieux où les chanoines étudient, & le genre d'*étude* auquel ils fe livrent. Un chanoine qui étudie à Paris, eft tenu à une plus grande dépenfe que s'il étudioit dans une ville de province; celui qui prend des degrés, a befoin de fecours plus confidérables que s'il faifoit fes humanités.

Mais dans aucun cas les chanoines étudians n'ont droit aux diftributions qui fe font pour l'affiftance aux offices: les conciles & les loix canoniques les leur refufent également. S'il arrivoit même qu'un chapitre convertît les diftributions quotidiennes en un certain revenu fixe, foit en grain, foit en argent, qui ne feroit perçu par les chanoines, qu'au prorata du temps de leur réfidence, les étudians n'y pourroient rien prétendre; parce qu'alors ce revenu ne feroit que la repréfentation des diftributions quotidiennes, qui ne fe gagnent que par la réfidence & l'affiftance aux offices: ainfi jugé par arrêt du parlement de Paris, du 21 mars 1623, contre deux chanoines de la cathédrale de Poitiers, qui, fous prétexte de leurs *études*, demandoient leur portion dans le grain que l'on donnoit tous les ans aux chanoines, au lieu du pain que l'on diftribuoit autrefois à chacun des réfidens.

Si un chapitre avoit converti tous fes revenus en diftributions pour chaque office, comment dans ce cas traiteroit-on les chanoines étudians? d'un côté, cette converfion faite par un chapitre, dans la manière de diftribuer fes revenus eft très favorable; puifqu'elle tend uniquement à rendre les chanoines plus affidus au fervice divin; mais, d'un autre côté, les chapitres ne peuvent faire aucun ftatut au préjudice des étudians. *Nec valeret ftatuium in præjudicium ftudentium*, obferve judicieufement Dumoulin. Ce changement dans la diftribution des revenus, ne pourroit donc leur nuire, ni changer rien à leur pofition; dans ce cas, il faudroit leur accorder la portion des revenus qui formoit autrefois

le gros des prébendes; mais on ne doit jamais leur retrancher qu'un tiers des diftributions, parce que, de droit commun, il n'y a qu'un tiers du revenu des prébendes qui foit affecté à la préfence aux offices. C'eft, felon Barboza & Fagnan, la pratique la plus ordinaire des églifes, où tous les fruits des prébendes ont été mis en diftributions, & qui ne font point en poffeffion de donner des penfions aux étudians. Le rédacteur des mémoires du clergé ajoute que nous n'avons en France, ni ordonnance ni préjugé contraire.

Si l'on exempte les chanoines étudians de la réfidence & de l'affiftance aux offices, ce n'eft qu'en vue de l'utilité que l'églife attend des connoiffances & des talens qu'ils acquerront. Mais cet efpoir s'évanouit fi les jeunes clercs, au milieu de leurs études, ou même lorfqu'elles feront finies, abandonnent l'état eccléfiaftique. Il paroît que dans ce cas les revenus de l'églife n'auroient point été employés conformément à fes vues, ni aux intentions des fondateurs. Les clercs, qui ont ainfi changé d'état, ne font-ils pas obligés de reftituer ce qu'ils ont reçu du revenu des chapitres, & ceux-ci ont-ils action pour le réclamer? Cette queftion a partagé les opinions; les partifans des chapitres citent en leur faveur un arrêt du parlement de Touloufe, du 19 juillet 1597, & les décrets des conciles. Ils ajoutent que la raifon qui a porté l'églife à donner des fecours à ces clercs, les fruits qui leur ont été donnés dans le deffein de les élever pour le fervice de l'églife, ne leur appartiennent point; qu'ils font par conféquent obligés à reftitution, & qu'autrement on pourroit leur appliquer ces paroles, *de fructu electo & fanctificato pinguis factus, paravit fibi mammona iniquitatis*. Ces raifons peuvent être décifives pour le for intérieur; mais elles n'autoriferoient point une action en juftice, & fuivant la difcipline ordinaire de l'églife de France, les chanoines qui font rentrés dans le fiècle, ne font pas recherchés judiciairement pour la reftitution des fruits qu'ils ont perçus pendant leurs *études*. Les arrêts cités n'établiffent point un droit commun, ils ont feulement maintenu quelques chapitres dans des ufages particuliers, qu'une longue poffeffion a rendu refpectables. Il en eft de même du cautionnement exigé pour la reftitution en cas de changement d'état; c'eft encore un ufage particulier, qui peut avoir le double inconvénient d'empêcher un jeune clerc chanoine, de faire fes *études*, faute de trouver quelqu'un qui le cautionne, & de gêner fa vocation par la crainte d'occafionner à fa caution la perte des fommes qu'il ne feroit pas en état lui-même de reftituer. L'arrêt du parlement de Touloufe, de 1618, & celui du grand-confeil, de 1619, pour le chapitre de Nifmes, ne forment donc qu'une exception à l'ufage général. Il faut avouer que des revenus qui ont fervi à l'éducation des citoyens, ne peuvent jamais être regardés comme mal employés, & que la religion même peut tirer des avantages d'un féculier qui a été nourri de fes véritables principes. (*M. l'abbé Ber-* *solio, avocat au parlement.*)

ETUDE, *en terme de pratique,* fe dit de l'endroit où un procureur tient fes facs & fes papiers, & du lieu où fes clercs travaillent.

E V

EVALUATION, f. f. *Voyez* ESTIMATION.

EVANGÉLISER, v. a. (*Jurifprud.*) vieux terme du palais, qui fignifioit *vérifier* un procès ou un fac, pour s'affurer s'il éroit complet. Cette vérifi-cation s'appelloit auffi. *évangile.* Ces expreffions, tout impropres qu'elles font, avoient été adoptées par les anciennes ordonnances : celle de Louis XII, du mois de mars 1498, *art. 99,* veut que les gref-fiers rendent aux parties leurs facs & productions, après avoir groffoyé la fentence; ou s'il en eft appellé, les clorre & *évangélifer.* On auroit dû dire les *évangélifer & les clorre,* parce que la vérifica-tion du fac fe faifoit avant de le clorre. Cette véri-fication avoit été introduite afin que les parties ne puffent rien retirer de leurs productions, ni y ajou-ter; & que le juge d'appel vît fur quelles pièces on avoit jugé en première inftance.

François I, par fon ordonnance donnée à Ys-fur-Thille au mois d'octobre 1535, *chap. 18, art. 15,* réitéra la même injonction aux greffiers, de faire porter les procès dont il avoit été appellé, clos, *évangélifés* & fcellés, le plus diligemment que faire fe pourroit, par un feul meffager, fi faire fe pou-voit. Préfentement cette évangélifation ou vérifica-tion ne fe fait plus; on rend aux parties leurs pro-ductions, fans les vérifier ni les clorre. Il eft vrai qu'autrefois, avant de conclure un procès en la cour, on faifoit la collation ou vérification des pièces; mais depuis long-temps, pour plus prompte expédition, on reçoit le procès & on admet les parties à conclure, comme en procès par écrit : on ajoute feulement à la fin de l'appointement de conclufions, ces mots, *fauf à faire collation,* c'eft-à-dire, fauf à vérifier fi les productions principa-les font complètes. Il y a encore quelques provin-ces où l'on fe fert de ce terme *évangélifer,* pour dire *vérifier, rendre authentique.* Par exemple, en Limofin on appelle *évangélifer* un teftament olo-graphe, lorfqu'il eft dépofé chez un notaire, & rendu folemnel. *Voyez* ci-après EVANGILE & EVAN-GÉLISTE. (*A*)

EVANGÉLISTES, fuivant l'ancien ftyle du palais, font ceux qui vérifient un procès ou un fac, pour connoître fi les productions font complètes, & fi l'on n'y a rien ajouté ou retran-ché. Les notaires-fecrétaires du roi près les cours de parlement, étoient autrefois ainfi nommés *évan-géliftes,* à caufe qu'ils évangélifoient & vérifioient les procès, tant ceux qui étoient apportés en la cour, que ceux qui fe mettoient fur le bureau, en les conférant ou collationnant avec les procès ou extrait du rapporteur. Ils font ainfi appellés dans

le ftyle du parlement de Touloufe, par Gabriel Cayron, *liv. IV, tit. 10, pag. 670.* On donne pré-fentement ce nom aux confeillers qui font la fonc-tion d'affiftans près du rapporteur, pour vérifier s'il dit vrai. On nomme quelquefois deux rappor-teurs pour une même affaire, & en ce cas le fe-cond eft appellé *évangélifte.* Quand on rapporte un procès dans toutes les régles, il y a deux confeil-lers-affiftans aux côtés du rapporteur, dont l'un tient l'inventaire, & l'autre les pièces; & après que le rapporteur a expofé les faits & les moyens, l'un lit les claufes des pièces produites, l'autre les inductions qui en font tirées. Dans les procès qui ont été vus des petits commiffaires, les commiffaires tiennent lieu d'*évangéliftes* à l'égard du rapporteur, attendu qu'ils ont déjà vu les pièces.

On appelle auffi *évangéliftes* à la chambre des comptes, les deux confeillers-maîtres qui font char-gés, l'un de fuivre le compte précédent, l'autre de vérifier les acquis, pendant qu'un confeiller-auditeur rapporte un compte. *Voyez* EVANGILE & EVANGÉLISER. (*A*)

EVANGILE, dans l'ancien ftyle du pa-lais, fignifioit la vérification que les greffiers font des procès qu'ils reçoivent, pour s'affurer fi toutes les pièces y font. Le terme d'*évangile* a été ainfi employé abufivement dans ce fens, pour exprimer une chofe fur la vérité de laquelle on devoit compter comme fur une parole de l'*évangile.* L'or-donnance de Charles IX, du mois de janvier 1575, *art. 4,* à la fin, enjoint aux greffiers de donner tous les facs des procès criminels, informations, enquêtes, & autres chofes femblables, aux meffa-gers, jurés, & reçus au parlement, &ajoute que pour l'*évangile,* lefdits greffiers auront fept fols fix deniers tournois feulement; & la cour, par fon arrêt de vérification, ordonna que lefdits greffiers, ou leurs commis, feroient tenus de clorre & de corder tout-à-l'entour les facs, & les fceller en forte qu'ils ne puiffent être ouverts, dont ils feront payés par les parties, pour les clorre, évangélifer, corder & fceller, à raifon de fix fols parifis pour chaque procès; ainfi d'*évangile,* on a fait *évangélifer;* on a auffi tiré de-là le mot *évangélifte. Voyez* ci-devant EVANGÉLISER & EVANGÉLISTE. (*A*)

EUDISTE, f. m. (*Droit eccléf.*) c'eft le nom qu'on donne à des eccléfiaftiques féculiers, qui vivent en communauté, & dont l'inftitut, établi en 1606, par Jean Eudes, père de Mezeray, hifto-riographe de France, a pour objet de former aux fonctions facerdotales de jeunes clercs, & de faire des miffions dans les diocèfes.

Les *eudiftes* ne font liés entre eux par aucun vœu de religion, ils font membres du clergé féculier, leurs habits ne font pas différens des autres ecclé-fiaftiques, chacun a la liberté de fortir quand bon lui femble de la communauté, & le corps a éga-lement le droit de renvoyer ceux dont il n'a pas lieu d'être content.

Ils ont un fupérieur général, que les ftatuts

autorifent à mettre de temps en temps un nouveau fupérieur particulier dans chaque maifon, en le faifant agréer par l'évêque diocéfain. Ils peuvent poffèder des bénéfices, mais ceux qui en ont, en confacrent prefque toujours le revenu, ainfi que celui de leur patrimoine, à des œuvres de piété. *Voyez* le *Dictionnaire de théologie*.

EVÉCHÉ, f. m. (*Droit eccl.*) c'eft un territoire circonfcrit & limité, dans lequel un évêque exerce la jurifdiction épifcopale. *Voyez* DIOCÈSE, MÉTROPOLE, PATRIARCHE, PRIMAT.

Dans l'état actuel des chofes, le pape a le droit exclufif d'établir des *évêchés*. C'eft un des changemens qu'a éprouvé l'ancienne difcipline de l'églife. On ne voit point que durant les neuf premiers fiècles du chriftianifme on ait eu recours à Rome pour en ériger, foit en France, foit en Efpagne, foit en Afrique, &c. les érections fe faifoient avec le feul confentement des évêques de la province, & fur-tout du métropolitain. On en trouve les preuves dans la lettre d'Innocent I, aux évêques affemblés à Tolède; dans le vingt-deuxième canon du concile de Francfort; dans le cinquième du fecond concile de Carthage, & fur-tout dans le quatre-vingt-dixième de celui d'Afrique, *placuit ne plebes, quæ nunquam habuerunt proprios epifcopos, nifi à plenario concilio, & primatus abfque confenfu ejus ad cujus diœcefim pertinebant, decretum fuerit, minimè accipiant*. Quand S. Auguftin voulut établir un *évêché* à Freffale, petite ville de fon diocèfe, il fe contenta de recourir au métropolitain de la Numidie.

La même difcipline étoit en vigueur dans l'églife de France: lorfque Sigebert, roi d'Auftrafie, fit ériger en *évêché* Châteaudun, Papol, évêque de Chartres, dont on démembroit le diocèfe, en porta fes plaintes au concile de Paris en 573. Il n'allégua point le défaut de confentement du pape, qui n'avoit été ni demandé ni obtenu. Il fe plaignit feulement que cette érection eût été faite par l'archevêque de Rheims qui n'étoit pas fon métropolitain, & malgré le roi Gontran, à qui Chartres appartenoit. Hincmar rapporte que S. Remi ne fe fit autorifer que par le concile de la province de Rheims, lorfqu'il démembra de fon diocèfe Laon, & une étendue de territoire pour en former un *évêché*.

Les canoniftes regardent ordinairement les érections des métropoles, comme autant de démembremens des patriarchats. On en trouve en Efpagne qui ont été faites fans le confentement des papes. Ce fut dans le concile de Lugo que les évêques de ce royaume affemblés en 569, arrêtèrent que l'évêque de ce lieu, qui n'eft plus à préfent qu'un fuffragant de Compoftelle, jouiroit comme celui de Brague, du titre & des prérogatives de métropolitain. Le douzième concile de Tolède en 681, accorda à l'archevêque de cette ville, à la prière & du confentement du roi Hervige, un des principaux droits des primats ou des patriarches, qui eft de confirmer toutes les nominations aux *évêchés* que le roi feroit, & de confacrer ceux qu'il

auroit nommés. Le treizième concile du même lieu affura de nouveau tous ces droits au fiège de Tolède. Ce n'eft qu'infenfiblement que les papes fe font mis aux droits des conciles provinciaux & des métropolitains. Ils profitèrent de la foibleffe que l'on eut dans le onzième fiècle, de leur demander la confirmation des évêques élus; & Urbain II, s'appuyant fur l'ufage, mit en 1093, l'érection, l'union & la défunion des *évêchés*, au nombre des caufes majeures réfervées au faint fiège.

Mais fi les conciles provinciaux & les métropolitains laiffèrent empiéter fur leurs droits, ou pour mieux dire, s'en laiffèrent dépouiller, il n'en fut pas de même des rois. Leur confentement fut toujours néceffaire pour l'érection des *évêchés*. Il étoit de la bonne politique de ne pas permettre qu'on augmentât, dans leurs royaumes, le nombre des évêques fans leur permiffion. Ces premières dignités de l'églife font trop importantes, même dans l'ordre civil, pour que les chefs des gouvernemens ne fuffent pas les juges naturels de leur degré de néceffité ou d'utilité. Pour ne pas fortir des exemples que nous venons de citer, on voit le concile de Paris de 573, caffer la nouvelle érection de l'*évêché* de Châteaudun; parce qu'elle avoit été faite non-feulement fans le confentement de l'évêque de Chartres, mais encore fans celui du roi Gontran. Ce n'eft également que de l'agrément du roi Hervige, que le concile de Tolède accorda au fiège de cette ville les droits de primat. Nous ajouterons deux autres exemples. S. Anfelme, primat d'Angleterre, s'oppofa à l'érection de l'*évêché* d'Eli en 1108, jufqu'à ce qu'elle eût été autorifée par le pape, qui ne donna fon approbation qu'après avoir vu le confentement du roi. Léon X, ayant par une bulle de l'an 1514, démembré Bourg-en-Breffe, qui appartenoit alors au duc de Savoie, avec un grand nombre de paroiffes du diocèfe de Lyon, pour l'ériger en *évêché*, avoit agi fans le confentement du roi de France. Il fut obligé de révoquer cette érection par de nouvelles bulles de l'an 1516.

C'eft donc un principe inconteftable parmi nous, que toute bulle d'érection d'un *évêché* feroit nulle & abufive, fi elle n'avoit été donnée du confentement du roi, & fi elle n'en faifoit une mention expreffe.

Si on veut connoître les formalités néceffaires pour ces fortes d'érections, on peut confulter la bulle d'Innocent XII, donnée à l'occafion de l'*évêché* de Blois.

Il faut, 1°. que le roi y confente, & que fon confentement, comme nous l'avons dit, foit exprimé dans la bulle.

2°. Que le peuple auquel on donne un nouvel évêque, le demande ou en reconnoiffe la néceffité.

3°. Que l'évêque & le chapitre du diocèfe que l'on démembre, y confentent.

4°. Que les patrons de l'églife qu'on veut dé-

v

membrer, & de celle que l'on veut ériger en cathédrale, y consentent aussi.

5°. Que l'on assure au nouvel *évêché* une dotation suffisante : on exige, au moins, mille ducats de revenu.

6°. Que le lieu où l'on place le siège nouveau, soit assez considérable pour répondre, par son importance, à celle de la dignité épiscopale.

7°. Que toutes les personnes qui peuvent avoir quelque intérêt à la nouvelle érection, y donnent leur consentement, ou du moins, soient duement appellées.

Si toutes les formalités essentielles ne sont point observées dans ces érections, on peut les faire révoquer, & les attaquer par la voie de l'appel comme d'abus, ou par celle de l'opposition à l'enregistrement des lettres-patentes confirmatives des bulles. Clément VIII avoit réuni les deux *évêchés* de Grasse & de Vence. Cette réunion, faite sans le consentement du roi, fut révoquée en 1601. Louis XIII y ayant ensuite consenti, en faveur de M. Godeau, Innocent X lui fit expédier des bulles pour les deux *évêchés*, en conservant à chaque église ses droits & ses honneurs. Mais sur l'opposition du clergé de Vence, M. Godeau fit lui-même révoquer l'union, & renonça à l'*évêché* de Grasse.

On a démembré de nos jours l'*évêché* de Toul, pour former les *évêchés* de S. Diez & de Nancy. Ces nouvelles érections n'ont éprouvé aucune difficulté, du moins n'ont-elles été attaquées par personne. Il est à présumer qu'on n'y aura oublié aucune des formalités requises ; il étoit bien naturel qu'une grande province, telle que la Lorraine, ne restât pas privée plus long-temps de pasteurs du premier ordre, & ne fût pas obligée de recourir à un évêque hors de ses limites. La trop grande étendue des diocèses est peut-être un mal. Plus le troupeau est nombreux, plus il y a de difficultés à le gouverner ; & l'on ne peut se dissimuler qu'un seul pasteur pour le diocèse de Toul, lorsqu'il renfermoit la Lorraine, étoit peut-être insuffisant. (*M. l'abbé* BERTOLIO, *avocat au parlement*).

ÉVÊQUE, s. m. (*Droit eccl.*) le nom d'*évêque* signifie, à proprement parler, un inspecteur ou un intendant chargé de veiller sur le bien & les affaires d'une maison. On l'a donné aux premiers conducteurs de l'église, pour montrer le soin qu'ils doivent avoir du troupeau confié à leurs soins. C'est ce qui a fait dire à S. Augustin, *nomen est oneris non honoris.*

Les *évêques* sont les vrais successeurs des apôtres & les légitimes héritiers de leur autorité. Sous ce point de vue ils tiennent leur mission de Jesus-Christ. Nous n'examinerons point ici l'épiscopat dans les rapports qu'il peut avoir à la théologie ou à l'histoire. Nous ne parlerons point non plus des cérémonies qui s'observent au sacre des *évêques*. *Voyez* CONSÉCRATION.

Depuis le concordat, le roi nomme en France à tous les évêchés du royaume. Par la novelle 133 de l'empereur Justinien, il falloit avoir trente-cinq ans pour être élu archevêque ou *évêque*. Par le *chap. in cunctis, ex. de elect.* il falloit en avoir trente accomplis. Aujourd'hui il suffit d'en avoir vingt-sept. On suit, à cet égard, ce qui est prescrit par le concordat, nonobstant l'article premier de l'ordonnance d'Orléans qui a été abrogé.

Les expressions du concordat, & *in vigesimo-septimo suæ ætatis anno ad minus constitutum*, prouvent assez qu'il suffit que le nommé à l'évêché ait atteint sa vingt-septième année. Cependant quelques auteurs ont cru qu'il falloit que la vingt-septième année fût accomplie. Ils se sont trompés. Si la loi étoit ambiguë, on l'expliqueroit par cette règle de droit, *in favorabilibus, annus inceptus pro completo habetur*, mais elle ne l'est pas ; elle s'exprime d'une manière à ne laisser aucun doute, *in vigesimo-septimo anno constitutum.*

En général, lorsque la loi fixe un certain nombre d'années, pour savoir si la dernière doit être accomplie ou seulement commencée, il n'y a qu'à faire attention aux termes dont elle se sert, *vel dicitur quod in octavo-decimo anno possit quis promoveri, & tunc sufficit quod attigerit unum diem octavi-decimi anni ; vel dicitur quod habeat octavos-decimos annos, & tunc annus decimus-octavus debet esse completus.* D'après cette règle, qui est sûre, il suffit d'être dans sa vingt-septième année, pour être promu à l'épiscopat.

Quoiqu'il ne fût pas rare, dans les premiers siècles du christianisme, lorsque les élections avoient lieu, que de simples laïques fussent choisis pour gouverner des églises, il paroit cependant assez naturel que l'on soit promu aux ordres sacrés avant d'être nommé *évêque*. Le concordat ne l'exige cependant point. Pour suppléer à ce silence, l'article 8 de l'ordonnance de Blois, porte que « les » archevêques ou *évêques*, seront tenus de se faire » promouvoir aux ordres, & consacrer dans trois » mois après leurs provisions obtenues, autrement » seront contraints de rendre les fruits qu'ils auront » perçus pour être employés en œuvres pitoyables ». Rien n'empêcheroit donc le roi de présenter, pour un évêché, un laïque au pape. Ce pourvu seroit seulement obligé de prendre les ordres dans le délai fixé par la loi. Il faut même observer que la peine de nullité n'est pas prononcée contre ceux qui auroient laissé expirer le délai, & que comme il n'est prescrit que par la loi civile, le prince pourroit en accorder un plus long. Le concile de Trente, *sess. 22, cap. 2, de refor.* avoit ordonné qu'on ne pourroit être promu à l'épiscopat, à moins qu'on ne fût dans les ordres sacrés six mois avant la promotion, *in sacro ordine antea, saltem sex mensium spatio, constitutus* ; ce qui ne décide pas qu'il fallût être prêtre. Mais le pape Grégoire XIV publia une bulle le 15 mai 1590, qui semble ajouter au décret du concile, en ce qu'elle dit qu'il faut avoir tous les ordres sacrés sans exception ; mais que si on ne s'étoit fait ordonner prêtre, qu'après la promotion à l'épiscopat, on n'y feroit pas moins validement promu, *etenim præposteratio in collatione ordinum non vitiat, licet executionem impediat. gloff. in cap. follicitudo. dift. 52*; mais ni le décret du concile, ni la bulle n'ont pas force de loi en France.

Pour être nommé à un évêché & en obtenir des provisions, il faut être docteur ou licentié en théologie, ou dans l'une & l'autre faculté de droit, ou feulement dans l'une des deux. *Magistrum feu licentiatum in theologiâ aut in utroque feu altero jurium.* Mais les perfonnes du fang royal ou d'un rang très-élevé, ainfi que les religieux mendians, ne font point obligés d'avoir ces degrés. *Confanguineis tamen regis & perfonis fublimibus.... nec religiofis mendicantibus.... fub prohibitione præmiffâ minimè comprehenfis.*

Les degrés acquis dans une univerfité, ne difpenfent pas les nommés aux évêchés, de fubir un examen: *cum rigore examinis.* Le concile de Trente, *loc. cit.*, ordonne cet examen, & fon décret a été adopté, quant au fond, par l'article II de l'ordonnance de Blois. « Ceux que nous voudrons nommer aux archevêchés & évêchés, feront âgés » de 27 ans pour le moins, & encore avant l'ex- » pédition de nos lettres de nomination, *examinés* » par un archevêque ou *évêque* que nous com- » mettrons, appellés deux docteurs en théologie, » & où tant par ladite information, qu'examen, » ils ne fe trouveroient pas être de vie, mœurs, » âge, doctrine & fuffifance requifes, fera par » nous procédé à une nouvelle nomination ». L'ordonnance diffère du concile de Trente, en ce que le concile ne charge de l'examen, dont il s'agit, les *évêques* voifins, qu'au défaut des légats du S. Siège, ou de fes nonces dans les provinces, tandis que le roi, par l'ordonnance, fe réferve de commettre un archevêque ou *évêque*, & deux docteurs de fon royaume pour y procéder. Au refte, cet examen & cette information font devenues parmi nous abfolument illufoires, & ne font prefque plus qu'une vaine formalité. Le nonce du pape envoie à Rome un certificat de vie & mœurs du nommé à l'évêché, fur la dépofition de quelques témoins qu'il entend dans fon hôtel. C'est une infraction manifefte aux ordonnances du royaume, & un abus que l'on tolère par une fuite du refpect que l'on porte au S. Siège, & qui s'étend jufques fur quelques-unes de fes anciennes ufurpations. Le clergé & le parlement ont réclamé contre cet ufage; mais on a ceffé d'y faire attention, depuis que l'on a confidéré cette efpèce de procédure, non pas comme un acte de jurifdiction, mais comme un fimple témoignage que les nonces rendent au pape, de la doctrine & des qualités des fujets qui lui font préfentés.

L'ordonnance de Blois, *art. 5*, veut que les préfentés par le roi foient tenus dans neuf mois, après la délivrance des lettres de nomination, obtenir leurs bulles & provifions.... à faute de ce

faire, feront déchus. Boutaric, fur cet article de l'ordonnance, dit que la peine qu'elle inflige n'eft que comminatoire. Cependant elle a été renouvellée par la déclaration du 14 octobre 1726, enregiftrée au grand-confeil le 15 novembre fuivant. Il y eft dit, « ceux qui ont été nommés aux » bénéfices qui font à la nomination du roi, pour » lefquels il eft befoin d'obtenir des bulles ou des » provifions de cour de Rome, & qui n'en ont » point encore obtenu, feront tenus d'en obtenir » dans neuf mois au plus tard.... Déclarons va- » cans de droit & de fait, les bénéfices de ceux » que nous avons nommés, qui n'auront point » obtenu de bulles ou provifions de ladite cour » de Rome après le délai ci-deffus exprimé, fans » qu'il foit befoin d'autre déclaration de notre vo- » lonté pour difpofer defdits bénéfices, que de nos » brevets ou lettres de nomination que nous ferons » expédier en faveur de ceux que nous en vou- » drons gratifier ». Cette déclaration paroît avoir remis en vigueur l'article 5 de l'ordonnance de Blois; il eft rare que les nommés par le roi foient privés du fruit de leur nomination, pour n'avoir pas obtenu des bulles dans le délai prefcrit. S'il arrivoit que le pape les refufât fans caufe légitime, on demande comment ils devroient fe pourvoir. M. Louet, fur Dumoulin, *ad reg. de inf. refig.* n°. 405, eftime qu'en ce cas on pourroit s'adreffer au grand-confeil, qui commettroit & députeroit un prélat pour accorder les provifions; mais il ajoute que ce remède pratiqué plufieurs fois pour les abbayes & prieurés conventuels, n'a point encore été pour les évêchés & archevêchés, à caufe de la confécration que les prélats refuferoient de faire fans la participation du pape. Au furplus, comme il dépend du roi feul d'infliger la peine portée par la déclaration de 1736, contre ceux qui ne s'y conformeroient point, il n'eft pas à craindre qu'il l'a faffe fubir lorfqu'ils éprouveroient à Rome des difficultés mal fondées. La loi ne veut que punir les négligences, & empêcher les trop longues vacances, mais non pas autorifer les caprices ou les injuftices de la cour de Rome.

On diftingue dans les *évêques* deux fortes de puiffance, celle d'ordre & celle d'adminiftration. Quant à la puiffance d'ordre, elle découle du caractère épifcopal, & ne peut par conféquent être exercée, qu'après que le pourvu a été confacré; ce n'eft qu'alors qu'il eft réellement *évêque*, & qu'il eft revêtu de la plénitude du facerdoce. Mais dès qu'il a obtenu fes bulles, qu'il a été préconifé, & qu'il a pris poffeffion avec les formalités requifes, il peut exercer tout ce qui n'eft qu'adminiftration & jurifdiction, il peut corriger, reprendre, excommunier, nommer aux bénéfices, donner du *vifa*, des dimiffoires, des *exeat*, faire la vifite du diocèfe, &c. *Voyez* COLLATION, EXCOMMUNICATION, DIMISSOIRE, EXEAT, VISA, VISITE.

Les *évêques* prélevoient autrefois fur leurs diocéfes des droits burfaux, qui ont été pour la plupart anéantis. Ils pouvoient exiger dans leurs befo·ns un don gratuit, qu'on appelle communément, *fubfidium charitativum*. Ce droit avoit été autorifé par le concile de Latran de 1179, & fucceffivement par les conciles provinciaux & par les papes. Il s'eft infenfiblement aboli en France, & il ne fubfifte dans aucun diocèfe. Les *évêques* ne peuvent faire aucune levée de deniers fur les bénéficiers de leurs diocèfes, même pour l'entretien de leurs féminaires, fans y être autorifés par des lettres-patentes. Quant au droit cathedatique & au fynodalique, les *évêques*, où les ont remis, ou s'en font laiffé dépouiller par la prefcription. Il n'en eft pas de même du droit de procuration ou de gîte, que l'on appelloit autrefois *parata* ou *cicada*. *Voyez* PROCURATION, VISITE.

Depuis que la religion chrétienne a été reçue dans les empires, les *évêques* ont joui de plufieurs prérogatives & de plufieurs diftinctions, même dans l'ordre civil. On voit les empereurs romains leur accorder la plus grande confidération: dans tous les temps on leur a donné des qualifications qui ne conviennent qu'aux perfonnes du premier rang; ils précèdent, dans les affemblées publiques, les grands de l'état; il a même été un temps où ils avoient la préféance fur les princes du fang de nos rois. Appellés aux affemblées nationales, fous la race des Mérovingiens, ils en formoient une partie effentielle. Sous les Carlovingiens, ils étoient les principaux membres des parlemens, & concouroient à la légiflation, comme on le voit par nos capitulaires, dont la collection porte en titre, *capitula regum & epifcoporum, maximeque nobilium francorum omnium*. Lorfque la politique de nos rois forma ces affemblées refpectables, connues fous le nom d'états généraux, & qu'on les diftingua en trois claffes, les *évêques* conftituèrent la première, comme repréfentant le corps du clergé du royaume: ils continuèrent à fiéger au parlement, jufqu'à ce qu'il eût été rendu fédentaire. Alors les chofes ayant changé, le parlement n'étant plus qu'une cour de juftice, dont le fervice n'étoit pas difcontinué, il parut contraire à la réfidence, qui eft le premier devoir des *évêques*, de les occuper à juger des procès. Philippe-le-Long rendit une ordonnance en 1319, qui leur défend de venir juger au parlement, *fe faifant confcience*, y dit-il, *de eux empêcher au gouvernement de leurs fpiritualités*. Cette défenfe fut confirmée par Philippe VI en 1344.

Cependant on voit encore des *évêques* qui ont confervé le droit de fiéger dans les cours de parlement, avec voix délibérative; l'archevêque de Paris eft confeiller-né de celui de Paris; l'*évêque* de Dijon fe dit premier confeiller d'honneur né au parlement de Bourgogne; à Touloufe l'archevêque & les *évêques* de S. Papoul & de Montauban ont la même qualité, & ont été maintenus par arrêt du confeil du 20 novembre 1697, dans leur ancienne prérogative de fiéger immédiatement

après le premier préfident; à Bordeaux, l'archevêque fiége auffi au parlement, avant les préfidens, & même les gouverneurs & lieutenans du roi, à moins qu'ils ne foient princes du fang; ainfi décidé par deux arrêts du confeil, des 21 feptembre 1573 & 4 juin 1629, qu'on trouve dans les mémoires de M. Gentil. Le même auteur en rapporte deux, qui ont confervé aux *évêques* de Rennes & de Nantes, & à ceux du Béarn, la faculté de fiéger quand ils voudroient aux parlemens de leurs provinces.

Le roi choifit quelquefois des *évêques* pour confeillers d'état. Ils peuvent être doyens du confeil, comme il fut décidé par arrêt de 1704, rendu en faveur de M. le Tellier, archevêque de Rheims.

Les archevêques de Narbonne & d'Aix, & l'*évêque* d'Autun, font préfidens des états de Languedoc, Provence & Bourgogne. On compte auffi en France fix *évêques*, dont trois font ducs, & trois comtes & pairs. *Voyez* DUCHÉ-PAIRIE.

Les *évêques* de France ont droit de porter en première inftance, aux requêtes du parlement dont ils reffortiffent, les caufes concernant les biens & les prérogatives de leurs fiéges. Ceux de Provence & leurs chapitres peuvent les porter immédiatement au parlement même: ce qui paroît être une fuite naturelle du titre qu'ils prennent de confeillers du roi dans tous fes confeils, fondé, dit du Tillet, fur ce qu'anciennement ils prenoient de lui, auffitôt après leur confécration, des lettres-patentes qui leur donnoient droit d'affifter, tant à fes confeils, qu'aux parlemens.

Les mémoires du clergé, *tom.* 10, *col.* 124, rapportent deux arrêts rendus au confeil d'état le 15 janvier 1651, par forme de réglement, qui enjoignent aux confuls des villes de la Réole & de Penne, diocèfe d'Agen, & à tous les autres confuls des villes du royaume, fans exception même de celles où l'ufage en pourroit être aboli, de recevoir les *évêques* à leur première vifite ou entrée, fous le poêle qu'ils porteront en perfonne, revêtus de leurs robes, chaperons, & livrées confulaires; ainfi qu'il eft marqué dans le pontifical romain: *in portá urbis folent magiftratus illius, obviare legato, vel prælato primo intranti, ac bene fufcipere & baldachinum fuper eum deferre.* M. d'Aubigné, *évêque* de Noyon, en obtint un femblable contre les officiers du corps de ville de S. Quentin, le 19 novembre 1703. Le maître, dans fon traité des *évêques*, en cite deux qu'il ne date point, & qui ont condamné un chapitre & un préfidial, à donner à leur *évêque* le titre de monfeigneur en le haranguant.

Le titre de monfeigneur étoit donné aux *évêques* dès le 14e fiècle. On voit dans Froiffard, le maréchal de Boucicault, dire à l'archevêque de Cambray, *déformais, monfeigneur, vous n'avez plus rien à faire ici*. C'eft la traduction du mot latin *dominus* qui avoit d'abord défigné les faints, & qui enfuite felon la remarque de Ducange, a paffé aux *évêques*. Dans l'églife grecque, les métropolitains font qualifiés d'*honoratiffimi*; les *évêques* qui relèvent du fiège patriarchal, font appellés *fanctiffimi*.

Les *évêques* portent fur leur tête une thiare ou une mitre, comme le fymbole de l'autorité fpirituelle dont ils jouiffent dans le royaume de Jefus-Chrift. Cet ufage étoit déjà introduit du temps de S. Grégoire de Naziance; celui de la croffe ou bâton paftoral recourbé & ouvragé par le haut, qu'on regarde comme le figne de leur autorité correctionnelle, eft fort ancien; il en eft parlé dans les vies de S. Céfaire d'Arles & de S. Germain de Paris; & il en eft fait mention dans S. Ifidore de Séville, qui écrivoit dans le feptième fiècle; l'anneau eft le fymbole du mariage fpirituel que les *évêques* contractent avec leurs églifes; la croix pectorale tient lieu de la lame d'or, qui ornoit le front du grand-prêtre des Juifs. Ce n'eft que depuis le commencement du dernier fiècle, que les *évêques* la portent hors de leurs églifes; anciennement lorfqu'ils alloient de la ville ou ailleurs, ils en faifoient porter une devant eux par un clerc du rang des notaires. Les *évêques* grecs ne connoiffent point l'ufage de la croix pectorale, ni de l'anneau, ni de la croffe; ces marques honorifiques font réfervées parmi eux aux feuls patriarches.

Il eft fort furprenant, remarque le père Thomaffin, de voir nos prélats fe nommer *évêques* ou *archevêques*, par la grace du S. Siège apoftolique, eux qui ne tiennent leur dignité que de Jefus-Chrift. Ce font les *évêques* de l'ifle de Chipre, qui les premiers ont donné l'exemple de cette dépendance. L'archevêque de Nicofie, dans les conftitutions qu'il publia en 1251, fe qualifia pour la première fois d'archevêque par la grace de Dieu & du S. Siège apoftolique, *Dei & fedis apoftolicæ gratiâ archiepifcopus*. Ses fucceffeurs prirent le même titre dans les conciles de leur province où fe trouvoient des *évêques*, grecs, latins, arméniens, &c. Au commencement du quatorzième fiècle, les archevêques de Narbonne & de Ravenne imitèrent cet exemple; il fut fuivi en 1365, par l'archevêque de Tours: en 1417, par celui de Salsbourg; enfin les *évêques* ont fucceffivement adopté cet ufage. Il eft certain que ces termes, *par la grace du S. Siège apoftolique*, n'ont jamais pu & ne peuvent encore être pris à la rigueur. La confirmation des élections dans les pays où elles font encore en vigueur, & parmi nous les provifions fur la nomination du roi, ne font point des actes de grace de la part du pape: ce font des actes de juftice. L'élection, ou la nomination du prince donne un droit, qu'il ne dépend pas de la cour de Rome d'anéantir à fa volonté. « On ne doit au pape aucune reconnoif-
» fance, dit l'auteur de l'hiftoire du droit public
» eccléfiaftique françois; & fi on vouloit prendre
» à la dernière rigueur ce terme, *par la grace du*
» *fiège apoftolique*, dont quelques *évêques* fe fer-
» vent, il fignifieroit que le pape ne s'eft point
» oppofé, comme il l'auroit pu, à la nomination
» que le roi auroit faite d'un mauvais fujet. Hors

» de là, il ne fait point de grace, puifqu'il n'a
» que ce titre pour refufer fon confentement ».
Si les papes vouloient fe fervir de cette efpèce de formule, *par la grace du S. Siège apoftolique*, pour prouver leur autorité abfolue fur les *évêques*, on leur répondroit victorieufement, qu'elle eft une marque de déférence à laquelle leurs coopérateurs dans le faint miniftère, n'auroient peut-être jamais dû confentir; mais qui, bien analyfée, ne peut tirer à conféquence, fur-tout quand il s'agit de droits, qui comme ceux de l'épifcopat, font imprefcriptibles par leur nature.

Les libertés de l'églife gallicane nous enfeignent, 1°. que les *évêques* tiennent leur temporel du roi, fans la permiffion duquel, ni le pape, ni eux-mêmes n'en peuvent difpofer; 2°. qu'ils font fujets de la jurifdiction royale pour le cas privilégié, comme les autres eccléfiaftiques du royaume, quoique leur dépofition foit réfervée au pape; 3°. qu'ils ne peuvent fortir du royaume fans la permiffion du roi. C'eft ainfi que s'exprime du Bois dans fes maximes du droit canonique françois, *tom. 1, pag. 71 & 72*; fur quoi il faut obferver qu'en France le roi eft regardé comme le fondateur de tous les grands bénéfices du royaume, & par conféquent des évêchés. Sous ce premier point de vue, il a qualité pour veiller à ce que leur dotation ne foit ni aliénée, ni détériorée; ce droit d'infpection & de furveillance lui appartient encore, comme étant le protecteur de toutes les églifes de fes états & leur *évêque* temporel. Outre les relations de fondateur & de protecteur qui lient fes *évêques* au roi, quant à leurs temporalités, il en eft encore qui naiffent de la féodalité. Poffeffeurs de beaucoup de fiefs, qui relèvent immédiatement du roi, les *évêques* font fes vaffaux, & dépendent de lui, comme de leur fuzerain; c'eft cette dépendance féodale qui leur impofoit les devoirs & les fervices aufquels les autres poffeffeurs de fiefs étoient obligés. *Voyez* DON GRATUIT, ECCLÉSIASTIQUES. On fe contente aujourd'hui d'exiger d'eux un ferment de fidélité, fans lequel ils ne pourroient avoir main-levée de leur temporel, ni faire ceffer la régale. *Voyez* SERMENT DE FIDÉLITÉ, RÉGALE.

M. du Bois pofe en maxime, que les *évêques* font fujets à la jurifdiction royale, pour les cas privilégiés, comme les autres eccléfiaftiques du royaume, quoique leur dépofition foit réfervée au pape; mais le fentiment de cet auteur n'a point été généralement admis. D'Héricourt paroît l'avoir abfolument rejetté, « depuis l'établiffement de la
» monarchie, les *évêques* accufés des crimes les
» plus graves, même de lèze-majefté, ont été
» jugés par les autres *évêques* dans le concile pro-
» vincial. Cependant, s'il arrive qu'un *évêque* caufe
» du trouble, par fes actions, par fes paroles ou
» par fes écrits, les parlemens peuvent arrêter le
» trouble ou en empêcher les fuites par la faifie
» du temporel ou par d'autres voies; en attendant
» que

» que le concile ait prononcé ». Il cite en preuve la conduite que l'on tint en 1710, avec le cardinal de Bouillon, qui s'étoit retiré chez les ennemis. Il s'appuie encore sur la déclaration du 16 avril 1657, « quoique cette déclaration, ajoute-t-il, » n'ait été enregistrée dans aucune cour; elle ne » laisseroit pas d'être suivie dans la pratique, parce » que les exemptions personnelles des *évêques*, selon » le préambule de la déclaration, ont été confir- » mées, tant par les canons des conciles, que par » les édits des anciens empereurs chrétiens, & en- » suite par les ordonnances des rois de France, & » de plus encore par leurs exemples, lorsqu'ils ont » fait juger les *évêques* accusés de crimes de lèze- » majesté, durant la première, la seconde & la troi- » sième race, par les *évêques* assemblés pour rendre » ce jugement ecclésiastique, sans que jamais au- » paravant, leurs personnes aient été punies par » un jugement séculier ».

Lacombe, qui a traité cette question *ex professo*, verbo *Causes majeures*, embrasse l'opinion diamétralement contraire à celle de d'Héricourt. Il avoue que, pour le délit commun, les *évêques* ne sont justiciables que des conciles de leurs provinces; mais il soutient qu'il n'en est pas de même pour le délit privilégié: il établit en principe que la qualité de citoyen n'a pu être effacée par le caractère épiscopal; que par conséquent rien ne peut soustraire les prélats du premier ordre, à la jurisdiction royale, lorsqu'ils se rendent coupables de crimes qui troublent l'ordre public, ou qui attaquent la personne & la majesté du prince; il cite une foule d'exemples de procédures faites par les tribunaux laïques, contre des *évêques*, des archevêques & des cardinaux, & il finit ainsi sa dissertation: « après toutes » ces preuves, tirées de la raison naturelle & de tant » d'exemples, il seroit inutile d'opposer l'arrêt du » conseil d'état du 26 avril 1657, & la déclara- » tion du même jour, puisque cette déclaration » n'a point été enregistrée: que d'ailleurs cet arrêt » & cette déclaration veulent seulement que, si » les cardinaux, archevêques & *évêques* du royau- » me, sont accusés de crime de lèze-majesté, leur » procès soit instruit & jugé pour leurs personnes; » suivant les formes observées dans le royaume » aux causes des *évêques*: de sorte qu'abstraction » faite de l'exposé de cet arrêt & de cette décla- » ration, & à en prendre seulement à la lettre le » dispositif pour la manière de juger les cardinaux, » archevêques & *évêques*, accusés du crime de » lèze-majesté, il faut recourir aux décrets & cons- » titutions canoniques, & aux formes observées » dans le royaume aux causes des *évêques*: or, on » a fait voir que les anciens canons, & les formes » observées dans le royaume aux causes des *évê- » ques*, ne donnent & ne peuvent point donner » atteinte à un attribut essentiel de la souveraineté » temporelle ».

Simon, dans ses notes sur Dubois, dit que l'empereur Justinien, en sa novelle 83, a renouvellé

l'ancienne distinction des délits communs & privilégiés que nous observons encore aujourd'hui; ce qui est justifié au chapitre 7 des libertés, de l'édition de 1639: c'est pourquoi, ajoute-t-il, quand les ecclésiastiques, & même les *évêques*, sont prévenus de ces crimes atroces, ils n'ont plus de privilège pour différer la vengeance publique.

Il est des auteurs qui ont cherché un milieu entre ces deux opinions. Ils distinguent les simples cas privilégiés du crime de lèze-majesté. Pour les premiers, le pape ne peut pas les juger en première instance: c'est aux conciles provinciaux, juges naturels des *évêques*, à prononcer la peine qu'ils méritent. Quelque énormes que puissent être ces délits, on doit concourir à voiler leur turpitude, bien plus scandaleuse que celle des autres ecclésiastiques. Les *évêques* doivent alors être jugés dans un concile, & l'on peut se reposer sur la justice d'un tribunal si respectable. Mais si, contre la foi du serment, & tout ce qu'exige le devoir & la reconnoissance, un *évêque* manque au roi, son maître & son bienfaiteur; comme dans ces circonstances, l'état est intéressé à la punition d'un tel crime, & que le roi est directement offensé du parjure, c'est à sa majesté ou aux officiers qui le représentent, à juger le coupable suivant les loix du royaume. Il ne faudroit pas moins que la bonté & toute la puissance du souverain, pour soustraire en pareil cas l'accusé à la jurisdiction civile.

Dans une matière aussi délicate, nous n'entreprendrons point de décider à laquelle de ces trois opinions il faut s'arrêter. Abstraction faite des privilèges particuliers de l'épiscopat, un concile provincial, qui juge un *évêque*, même pour le délit privilégié, nous représente cette ancienne forme de procéder, selon laquelle, chaque citoyen étoit jugé par ses pairs. Cependant un concile provincial, quelque respectable qu'il soit, ne peut point décerner les peines que les loix civiles infligent à certains délits dont un *évêque* pourroit se rendre coupable. On sait que les juges ecclésiastiques ne peuvent condamner ni à la mort naturelle, ni à la mort civile, ni à des peines afflictives. Si les *évêques*, pour tous les délits privilégiés, n'étoient justiciables que des conciles provinciaux, ils ne pourroient donc jamais essuyer que des peines canoniques. Il s'ensuivroit que leur personne seroit plus privilégiée que celle de tous les autres citoyens, même ceux du rang le plus élevé, & que les loix civiles seroient impuissantes sur eux, dans le cas où elles frappent le coupable, abstraction faite de son état & de sa naissance. Il est certain qu'un pareil privilège n'a pu être établi par l'église, qui est sans autorité, pour soustraire au glaive de la justice temporelle, la personne même de ses premiers ministres. Il n'y a donc que le prince qui ait pu leur accorder ce privilège; ce seroit un bienfait de leur part, bienfait trop important, pour qu'on n'eût pas recueilli avec soin l'acte qui le contenoit: on ne trouve rien de semblable dans les recueils de nos ordonnances, ni dans les annales de notre hiſtoire. Ainſi, d'un côté, point d'exemption perſonnelle pour les *évêques* dans le cas où ils commettroient des délits puniſſables de mort naturelle ou civile; incompétence dans les conciles provinciaux & même dans le pape pour prononcer ces peines. Si nos rois ont conſenti pluſieurs fois, à ce que des *évêques*, accuſés de crime de lèze-majeſté, aient été jugés par des conciles, ce conſentement ne peut influer ſur le droit en lui-même, & équivaloir à une loi expreſſe. Au reſte, le ſilence de nos loix ſur ce cas particulier, peut être comparé à celui que garda un ancien légiſlateur ſur les parricides; il ne voulut pas, en preſcrivant dans ſon code les peines dont ce crime devoit être puni, faire ſoupçonner qu'il fût poſſible. *Voyez* CAUSES MAJEURES, DÉPOSITION, PAPE.

Quant à la troiſième maxime poſée par Dubois, elle eſt certaine: les *évêques* françois ne peuvent ſortir du royaume qu'avec le conſentement du roi. Suivant la novelle 6 de Juſtinien, *chap. 2 & 3*, les *évêques* ne pouvoient pas quitter leur ville, ni aller à la cour de l'empereur, ſans la permiſſion par écrit du métropolitain, qui lui-même avoit beſoin de celle du patriarche. Les lettres qui ſe donnoient à cette occaſion, s'appelloient *ſiſlaticæ litteræ*. Le concile de Sardique a ordonné, *ne epiſcopi ad comitatum accedant, niſi forte hi qui religioſi imperatoris litteris, vel invitati, vel vocati fuerint*. Cette loi devroit ſans doute être exécutée à la dernière rigueur; elle n'eſt point, à proprement parler, de diſcipline, puiſque la réſidence eſt, pour les *évêques*, de droit divin. Il n'y a que l'utilité évidente de l'égliſe, ou des ordres poſitifs du prince, qui puiſſent en diſpenſer; les affaires particulières ne néceſſitent jamais de longues abſences. Pierre de Blois a parlé en courtiſan, lorſqu'il a dit qu'il eſt avantageux qu'il y ait toujours quelques prélats dans le conſeil des princes, afin d'exciter leur tendreſſe en faveur de l'égliſe & des peuples. Sans doute les princes peuvent ſe choiſir des conſeillers dans tous les ordres de l'état; mais on a été bien loin de blâmer les *évêques*, qui, appellés à la cour pour y occuper des places importantes & permanentes, ſe font démis de leurs *évêchés*. « L'éducation des princes, diſoit Fénélon à Louis XIV, & l'archevêché de Cambrai, ſont deux choſes incompatibles. On peut concilier, répondit le monarque, les intérêts de mon royaume avec les devoirs de votre conſcience: vous réſiderez dans votre dioceſe, & vous nous donnerez les deux ou trois mois que les canons vous permettent toutes les années pour vos affaires particulières ». Si les principes de Fénélon étoient plus ſuivis, on n'auroit pas vu les parlemens rendre des arrêts, pour forcer les prélats à la réſidence, & ceux-ci recourir à l'autorité du prince pour les faire caſſer. Il eſt bien naturel que les *évêques* ne puiſſent pas ſortir du royaume, puiſqu'ils ne devroient pas même ſortir de leurs dioceſes ſans de puiſſans mo-

tifs; mais outre la loi de la réſidence, il eſt une raiſon de politique, qui ne permet pas qu'ils aillent dans les pays étrangers ſans la permiſſion du roi, qui ſeul peut juger ſi leur abſence du royaume ne peut pas être nuiſible à l'état. Lorſqu'ils vont à Rome, on exige qu'ils ſe muniſſent d'un bref, *de non vacando in curia*, afin d'éviter, en cas de décès, les inconvéniens de la réſerve inſérée dans le concordat en faveur du pape, pour les bénéfices qui vaqueroient en cour de Rome, quoique cette réſerve, ſelon la majeure partie de nos auteurs, ne puiſſe pas avoir lieu pour les évêchés. Si les *évêques* négligent ou de réſider, ou de faire acquitter le ſervice divin, les fondations ou les aumônes dont leurs bénéfices ſont chargés, ou de faire les réparations néceſſaires, ce n'eſt pas aux juges ou officiers royaux ſubalternes, à en prendre connoiſſance; mais aux parlemens ſeuls, qui doivent donner avis au chancelier de ce qu'ils eſtimeront à propos de faire, pour en rendre compte au roi. Edit de 1695, *art. 23.*

La promotion à l'épiſcopat fait vaquer de plein droit les bénéfices que poſſede le pourvu. Il n'en eſt pas de même des penſions; deux arrêts du grand-conſeil, des 12 mars 1701 & 18 février 1702, ont déclaré que la cédule conſiſtoriale, que le pape accorde ordinairement, & qui porte en général la diſpenſe pour retenir des bénéfices compatibles, ſuffit aux *évêques* pour conſerver leurs bénéfices ſimples, ſans qu'il ſoit beſoin d'une clauſe expreſſe qui les déſigne nommément. En acceptant l'archevêché de Cambrai, Fénélon remit à ſoi ſon unique abbaye de S. Valery. *Voyez* INCOMPATIBILITÉ, VACANCE.

L'*évêque* qui a réſigné ſon évêché en faveur, peut révoquer ſa réſignation, même après la nomination du roi en faveur du réſignataire, & ſa préconiſation en cour de Rome. Ainſi jugé par un arrêt du conſeil-privé du 29 janvier 1627, contre la pratique & des arrêts du grand-conſeil, pour M. de Salignac, évêque de Sarlat, qui avoit réſigné en faveur de M. Lancelot de Mulet.

Les parlemens jugeoient autrefois qu'en cas de démiſſion pure & ſimple des évêchés, l'égliſe étoit vacante, & la régale ouverte du jour de l'acceptation de la démiſſion par le roi; en conſéquence, ils maintenoient les officiers nommés par les chapitres pour gouverner le dioceſe. Cette juriſprudence a continué pour la régale. *Voyez* RÉGALE.

Mais ſur les remontrances du clergé, des arrêts du conſeil ont fait défenſes aux chapitres des cathédrales, de troubler les *évêques* ni leurs officiers dans l'exercice de la juriſdiction ſpirituelle & autres fonctions épiſcopales, ſous prétexte de procurations par eux paſſées pour réſigner leurs évêchés, avant que les réſignations aient été admiſes par le pape. Arrêts du 9 avril 1647, pour l'*évêque* de S. Flour; du 27 juin 1651, pour l'archevêque de Rouen; du 23 octobre 1663, pour l'*évêque* de Rhodez. *Voyez* CHAPITRE *ſede vacante*.

L'ordre établi dans cet ouvrage ne nous permet pas de développer ici tout ce qui concerne les devoirs, & les droits attachés à l'épiscopat; nous renvoyons aux différens articles fous lefquels ils fe trouveront. *Voyez* BÉNÉFICES, COLLATION, CONFESSEURS, CURE, CURÉS, EXAMEN, EXEMPTIONS, JURISDICTION *eccléfiaftique*, HÔPITAUX, MONITOIRE, OFFICIALITÉS, RELIGIEUSE, VISA, VISITE, UNION, &c.

EVÊQUES *in partibus*. On appelle *évêques* titulaires ou *in partibus infidelium*, ceux qui ont le titre & le caractère épifcopal, fans diocèfes actuels, ou dont les diocèfes font établis dans les pays des infidèles, ou dans les états de quelque puiffance ennemie de l'églife. Ces *évêques* étoient inconnus dans les premiers fiècles du chriftianifme, où l'on n'en ordonnoit point qu'on ne leur affignât un territoire à gouverner. Suivant l'abbé Fleuri, lorfque les François conquirent la terre-fainte, ils ajoutèrent de nouveaux patriarches & de nouveaux *évêques* à tous ceux des différentes fectes qu'ils y trouvèrent. Ils ne pouvoient reconnoître pour leurs pafteurs des hérétiques & des fchifmatiques; ils ne s'accommodoient pas même des catholiques qui parloient une autre langue & fuivoient d'autres rits. Ils établirent, par l'autorité du pape, un patriarche latin d'Antioche, un de Jérufalem, des *évêques*, des archevêques, & firent la même chofe en Grèce, après avoir pris Conftantinople. Quand ils eurent perdu ces conquêtes, l'efpérance d'y rentrer fit conferver les mêmes titres aux *évêques* & aux princes qui fe refugièrent à Rome ou dans les pays où ils étoient nés.

Pour foutenir la dignité de ces *évêques*, le pape leur accordoit des penfions ou des bénéfices fimples, même d'autres évêchés; mais ils confervoient toujours le titre le plus honorable. Ainfi la même perfonne étoit à la fois patriarche d'Antioche & archevêque de Boürges. Le patriarchat étoit en titre, & l'archevêché en commende. Quand ils moururent, on leur donna des fucceffeurs, & on a continué à tranfmettre ces évêchés *in partibus infidelium*, même depuis qu'on a perdu l'efpérance de les recouvrer. Ces prélats fans fiège caufèrent de fi grands troubles dans les derniers fiècles, que le pape Clément V & le concile de Trente furent forcés de faire des réglemens pour réformer les abus qu'ils avoient introduits. Le clergé de France a toujours regardé les *évêques in partibus* comme inutiles, & a toujours vu avec peine qu'on ne cherchoit point à en diminuer le nombre. L'affemblée de 1655 ayant appris que plufieurs François follicitoient à Rome cette dignité, écrivit au pape Alexandre VII, pour le prier de n'en point accorder. Il délibéra en même temps qu'on feroit les démarches convenables pour déterminer le pape à ne point adreffer de commiffions à exécuter dans le royaume, aux *évêques in partibus*; que M. le chancelier feroit prié de ne point faire expédier les lettres-patentes néceffaires fur les brefs qui leur feroient adreffés; qu'ils ne feroient point appellés aux affemblées du clergé, tant générales que particulières; & que lorfqu'on feroit forcé de les entendre, on leur donneroit une place féparée des autres *évêques*.

Aujourd'hui les évêchés *in partibus* fe donnent ordinairement aux nonces & aux vicaires apoftoliques dans les miffions éloignées. Les électeurs eccléfiaftiques & les autres *évêques* princes fouverains en Allemagne, font dans l'ufage d'avoir des grands-vicaires que l'on fait également *évêques in partibus*, afin qu'ils puiffent remplir toutes les fonctions épifcopales. On les appelle *fuffragans*, parce que chez les Grecs, où cet abus a commencé, les archevêques faifoient exercer leurs fonctions par les *évêques* de leur province. Nous avons en France quelques *évêques* qui ont de ces fortes de fuffragans.

Les coadjuteurs, *cum fpe futuræ fucceffionis*, que l'on donne aux *évêques* âgés ou infirmes, ou hors d'état de gouverner leurs diocèfes, font ordinairement faits *évêques in partibus*. Ils font vus d'un œil plus favorable que les fuffragans, & que ceux qui n'ont ambitionné cet honneur que pour avoir un vain titre & un prétexte pour obtenir des biens d'églife. L'évêque d'Olonne, quoique *évêque in partibus*, mais coadjuteur de l'*évêque* de Clermont, qui étoit devenu aveugle, prit féance entre les *évêques* de France, du jour de fon facre, dans les lieux où il s'eft trouvé avec le clergé, & dans les affemblées générales, lorfqu'il s'y eft préfenté pour quelques affaires. Cet ufage qui déroge à la délibération de 1655, s'eft perpétué jufqu'à ce jour. *Voyez* COADJUTEUR.

EVÊQUES *religieux*. Les ordres religieux ont fourni & fourniffent encore des *évêques* à l'églife. La promotion à l'épifcopat fécularife-t-elle? Nous ne traiterons point cette queftion relativement au for intérieur; nous n'examinerons point fi un religieux devenu *évêque* eft abfolument dégagé de toutes les obligations qu'il a contractées par l'émiffion de fes vœux. C'eft aux théologiens cafuiftes à le décider.

Il eft certain, dit M. Piales, *Traité des Commendes*, tom. II, ch. 3, que, par la promotion à l'épifcopat, un religieux eft affranchi du vœu d'obéiffance; loin d'être foumis au fupérieur auquel il l'avoit vouée, ce fupérieur devient fon inférieur, & lui eft foumis, fi le monaftère eft dans fon diocèfe. Auffi tous les auteurs de la glofe conviennent-ils qu'il eft affranchi *ab abbatis fui obedientiâ.*

Un religieux *évêque* eft également fouftrait dans nos mœurs actuelles, au vœu de pauvreté, puifqu'il eft autorifé à acquérir en fon nom, à difpofer entre-vif & par teftament, & que fes parens lui fuccèdent. Mais cette fécularifation opérée par l'épifcopat, ne rend pas au religieux *évêque* l'univerfalité des droits civils qu'il avoit perdus par fa profeffion, il demeure toujours incapable de fuccéder. Il faut convenir qu'il n'en étoit pas ainfi dans l'ancien droit. Il ne pouvoit acquérir que pour son église, c'étoit son église qui lui succédoit, & il ne pouvoit disposer par testament. On retrouve encore au commencement du dix-septième siècle des preuves de cet ancien usage. Henri IV, par ses lettres-patentes du 12 mai 1609, autorisa une permission de tester, donnée par le cardinal de Joyeuse, légat du saint siège, à M. de Donant, *évêque* de Mirepoix, qui avoit été bénédictin.

Mais il faut regarder comme certain aujourd'hui, 1°. qu'un religieux, quoique devenu *évêque*, n'a rien à prétendre dans les successions de ses parens : ainsi jugé par arrêt du parlement de Paris, du 11 mai 1638, contre l'*évêque* de Riez, qui avoit fait profession dans l'ordre des minimes. 2°. Que les parens du religieux promu à l'épiscopat lui succèdent, à l'exclusion du couvent où il avoit fait profession & de l'église qu'il auroit gouvernée. Telle est la disposition du célèbre arrêt du parlement de Paris, de 1585, rendu en faveur des neveux de M. Fourré, qui avoit été jacobin & depuis *évêque* de Châlons, contre les jacobins & le chapitre de la même ville, qui prétendoient succéder à ses biens.

Le religieux devenu *évêque* est tellement sécularisé, qu'il peut posséder en titre tout bénéfice séculier, & qu'il ne peut posséder qu'en commende les bénéfices réguliers. C'est la décision de l'arrêt intervenu au grand-conseil, en 1698, pour l'*évêque* du Bellay, par lequel ce prélat a été maintenu dans la possession d'un bénéfice régulier dépendant de l'ordre de S. Benoît, dont il étoit membre avant sa promotion à l'épiscopat : bénéfice qu'il avoit impétré en commende, & dont le pape avoit refusé de lui accorder des provisions.

Si un religieux possédoit un bénéfice avant sa promotion à l'épiscopat, le bénéfice devient vacant pour deux raisons : la première, parce qu'en général la promotion à l'épiscopat fait vaquer tous les bénéfices que possède le nouvel *évêque* ; la seconde, parce que sa sécularisation opérée par sa promotion le rend incapable de posséder en titre des bénéfices réguliers. Pour conserver les bénéfices de cette nature, il faut qu'il en soit de nouveau pourvu en commende. Quand après la mort du prélat on ne justifieroit pas qu'il eût obtenu ces nouvelles provisions, le bénéfice n'en seroit pas moins réputé avoir vaqué en commende. Ainsi jugé par arrêt rendu au grand-conseil le 15 février 1745, rapporté par M. Piales, *loco cit.*

On a prétendu, dans le rapport des agens généraux du clergé, de 1750, que cet arrêt n'a point décidé si un religieux est sécularisé par sa promotion à l'épiscopat, ou s'il demeure régulier depuis sa promotion, & s'il est tenu aux observances & la règle sous laquelle il avoit fait ses vœux, autant qu'elles peuvent être compatibles avec les fonctions de l'épiscopat. Si le rédacteur du rapport prétend que la question n'a point été décidée quant au for intérieur, il a raison. M. de Tourni, avocat général, qui porta la parole, &

dont les conclusions furent adoptées, dit expressément qu'il ne prétendoit point examiner si le religieux fait *évêque* est délié dans le for intérieur de l'observation de ses vœux, & que c'étoit une question sur laquelle les casuistes sont divisés. Mais dans tout le cours de son plaidoyer, il établit que l'épiscopat sécularisoit, quant au for extérieur, le religieux ; qu'il le rendoit capable de posséder des bénéfices séculiers, & qu'il ne pouvoit continuer à posséder les réguliers qu'avec une dispense & en commende. Il établit que M. Leblanc, chanoine régulier de S. Victor, qui étoit décédé *évêque* de Sarlat, & en possession du prieuré de sainte Geneviève, ne l'avoit possédé depuis son épiscopat qu'en vertu d'une dispense ajoutée à son titre, ce qui formoit une commende : que dans cet état le bénéfice avoit vaqué en commende, quand même on ne rapporteroit point les provisions ou la dispense qui y avoit autorisé M. Leblanc ; que sa jouissance paisible devoit faire présumer qu'il avoit fait tout ce qui étoit nécessaire pour la rendre valable ; & qu'il suffisoit que le bénéfice contentieux eût vaqué par sa mort, pour qu'un indultaire eût droit de le requérir, comme bénéfice régulier vacant en commende.

M. Piales ajoute : «nous savons que le motif » de la décision a été, que l'*évêque* ne pouvoit pas » être régulier & séculier quant au même objet, » c'est-à-dire relativement à la possession des bé- » néfices ; & comme il avoit été jugé, par l'arrêt » rendu au mois de février 1698, au profit de » M. du Bellay, qu'un religieux fait *évêque* avoit » pu impétrer en commende un bénéfice régu- » lier, on a estimé que cet arrêt avoit préjugé » qu'un religieux est sécularisé par la promotion à » l'épiscopat, du moins relativement à la possession » des bénéfices ».

Le clergé assemblé à Pontoise en 1665, arrêta que lorsque les *évêques* en corps iroient saluer le roi, ils iroient tous en habit violet, même ceux qui ont été religieux, afin, porte la délibération, de garder en tout l'uniformité. (*M. l'abbé* BERTOLIO *, avocat au parlement.*)

EVICTION, s. f. (*Droit civil.*) c'est proprement la privation que souffre un possesseur de la chose dont il est en possession, soit à titre de vente, donation, legs, succession, ou autrement.

L'*éviction* n'a lieu que lorsqu'elle est faite par autorité de justice, c'est-à-dire que le possesseur n'est véritablement évincé, que lorsqu'il a été condamné judiciairement à restituer à un autre la possession de la chose. Toute autre dépossession n'est qu'un trouble de fait, & non une véritable *éviction*.

L'*éviction*, c'est-à-dire la demande en dépossession, a lieu pour les meubles, lorsqu'ils sont revendiqués par le véritable propriétaire : & pour les immeubles, soit que le propriétaire les réclame, ou que le détenteur soit assigné en déclaration d'hypothèque, par un créancier hypothécaire.

On donne souvent au mot *éviction*, la signification de *garantie*, ou *action en garantie*. Mais c'est confondre l'effet avec la cause qui le produit ; l'*éviction* est seulement l'action de déposséder le détenteur actuel, mais elle donne à celui-ci une action en garantie, contre les auteurs de sa possession, à l'effet de les contraindre ou à faire cesser le trouble qu'il éprouve, ou à lui payer les dommages & intérêts qui lui sont dûs pour l'indemniser de la perte qu'il ressent par l'*éviction* qu'il souffre.

L'*éviction* dans son acception propre, & dans le sens où nous la prenons ici, ne peut donner occasion à des questions de droit ; mais il n'en est pas de même de l'effet qu'elle produit, c'est-à-dire de l'action en garantie. C'est une matière des plus subtiles du droit, & sur laquelle nous tâcherons de donner des principes sûrs sous le mot GARANTIE.

EVINCER, v. act. (*Droit civil.*) c'est déposséder quelqu'un juridiquement d'un héritage ou autre immeuble. On peut être *évincé* en plusieurs manieres, comme par une demande en complainte, par une demande en désistement, par une demande en déclaration d'hypotheque, par une saisie-réelle, par un retrait féodal ou lignager, par un réméré ou retrait conventionnel ; bien entendu que dans tous ces cas le possesseur n'est point *évincé* de plein droit en vertu des procédures faites contre lui ; il ne peut l'être juridiquement qu'en vertu d'un jugement qui adjuge la demande, & dont il n'y ait point d'appel, ou qui soit passé en force de chose jugée. *Voyez* EVICTION.

EVOCATION, s. f. (*Droit public.*) c'est l'action d'ôter au juge ordinaire la connoissance d'une contestation, & de conférer à d'autres juges le pouvoir de la décider. Elle est appellée en droit *litis translatio* ou *evocatio* ; ce qui signifie *un changement de juges*, qui a effectivement lieu, puisqu'en ôtant la connoissance d'une contestation à ceux qui dévoient la juger, selon l'ordre commun, on donne à d'autres le pouvoir d'en décider.

Plutarque, en son *traité de l'amour des peres*, regarde les Grecs comme les premiers qui inventerent les *évocations* & les renvois des affaires à des sieges étrangers ; & il en attribue la cause à la défiance que les citoyens de la même ville avoient les uns des autres, qui les portoit à chercher la justice dans un autre pays, comme une plante qui ne croissoit pas dans la leur.

Les loix romaines sont contraires à tout ce qui dérange l'ordre des jurisdictions, & veulent que les parties puissent toujours avoir des juges dans leur province, comme il paroît par la loi *juris ordinem*, au code *de jurisdict. omn. jud.* & en l'auth. *si verò, cod. de jud. ne provinciales recedentes à patriâ, ad longinqua trahantur examina.* Leur motif étoit que souvent l'on n'*évoquoit* pas dans l'espérance d'obtenir meilleure justice, mais plutôt dans le dessein d'éloigner le jugement, & de contraindre ceux contre lesquels on plaidoit à abandonner un droit

légitime ; par l'impossibilité d'aller plaider loin de leur domicile : *commodiùs est illis* (dit Cassiodore, *liv. VI, chap. 22.*) *causam perdere, quàm aliquid per talia dispendia conquirere*, suivant ce qui est dit en l'auth. *de appellat.*

Les Romains considéroient aussi qu'un plaideur faisoit injure à son juge naturel, lorsqu'il vouloit en avoir un autre, comme il est dit en la loi *litigatores, in princ. ff. de recept. arbitr.*

Il y avoit cependant chez eux des juges extraordinaires, auxquels seuls la connoissance de certaines matieres étoit attribuée ; & des juges pour les causes de certaines personnes qui avoient ce qu'on appelloit *privilegium fori aut jus revocandi domum*.

Les empereurs se faisoient rendre compte des affaires de quelques particuliers, mais seulement en deux cas ; l'un, lorsque les juges avoient refusé de rendre justice, comme il est dit en l'authentique *ut differant judices, c. j.* & en l'authentique *de quæstore, §. super hoc* ; l'autre, lorsque les veuves, pupilles & autres personnes dignes de pitié, demandoient elles-mêmes l'*évocation* de leur cause, par la crainte qu'elles avoient du crédit de leur partie.

Capitolin rapporte que Marc Antonin, surnommé *le philosophe*, loin de dépouiller les juges ordinaires des causes des parties, renvoyoit même au sénat celles qui le concernoit.

Tibere vouloit pareillement que toute affaire, grande ou petite, passât par l'autorité du sénat.

Il n'en fut pas de même de l'empereur Claude, à qui les historiens imputent d'avoir cherché à attirer à lui les fonctions des magistrats, pour en retirer profit.

Il est parlé de lettres *évocatoires* dans le code théodosien & dans celui de Justinien, au titre *de decurionibus & silentiariis* ; mais ces lettres n'étoient point des *évocations*, dans le sens où ce terme se prend parmi nous : c'étoient proprement des congés que le prince donnoit aux officiers qui étoient en province, pour venir à la cour ; ce que l'on appelloit *evocare ad comitatum*.

Il faut entendre de même ce qui est dit dans la novelle 151 de Justinien : *ne decurio aut cohortalis perducatur in jus, citra jussionem principis.* Les lettres *évocatoires* que le prince accordoit dans ce cas, étoient proprement une permission d'assigner l'officier, lequel ne pouvoit être autrement assigné en jugement, afin qu'il ne fût pas libre à chacun de le distraire trop aisément de son emploi.

En France les *évocations* trop fréquentes, & faites sans cause légitime, ont toujours été regardées comme contraires au bien de la justice ; & les anciennes ordonnances de nos rois veulent qu'on laisse à chaque juge ordinaire la connoissance des affaires de son district. Telles sont entr'autres celles de Philippe-le-Bel, en 1302 ; de Philippe de Valois, en 1344 ; du roi Jean, en 1351 & 1355 ; de Charles V, en 1357; de Charles VI, en 1408, & autres poſtérieures.

Les ordonnances ont auſſi reſtraint l'uſage des *évocations* à certains cas; & déclarent nulles toutes les *évocations* qui ſeroient extorquées par importunité ou par inadvertence, contre la teneur des ordonnances.

C'eſt dans le même eſprit que les cauſes ſur leſquelles l'*évocation* peut être fondée, doivent être mûrement examinées, & c'eſt une des fonctions principales du conſeil. S'il y a lieu de l'accorder, l'affaire eſt renvoyée ordinairement à un autre tribunal; & il eſt très-rare de la retenir au conſeil qui n'eſt point cour de juſtice, mais établi pour maintenir l'ordre des juriſdictions, & faire rendre la juſtice dans les tribunaux qui en ſont chargés.

Voici les principales diſpoſitions que l'on trouve dans les ordonnances ſur cette matière.

L'ordonnance de décembre 1344, veut *qu'à l'avenir il ne ſoit permis à qui que ce ſoit de contrevenir aux arrêts du parlement.... ni d'impétrer lettres aux fins de retarder ou empêcher l'exécution des arrêts, ni d'en pourſuivre l'entérinement, à peine de 60 liv. d'amende.... Le roi enjoint au parlement de n'obéir & obtempérer en façon quelconque à telles lettres, mais de les déclarer nulles, iniques & ſubreptices, ou d'en référer au roi, & inſtruire ſa religion de ce qu'ils croiront être raiſonnablement fait, s'il leur paroît expédient.*

Charles VI, dans une ordonnance du 15 août 1389, ſe plaint de ce que les parties qui avoient des affaires pendantes au parlement, cherchant des ſubterfuges pour fatiguer leurs adverſaires, ſurprenoient de lui à force d'importunité, & quelquefois par inadvertence, des lettres cloſes ou patentes, par leſquelles, contre toute juſtice, elles faiſoient interdire la connoiſſance de ces affaires au parlement, qui eſt, dit Charles VI, *le miroir & la ſource de toute la juſtice du royaume*, & faiſoient renvoyer ces mêmes affaires au roi, en quelque lieu qu'il fût; pour remédier à ces abus, il défend très-expreſſément au parlement *d'obtempérer à de telles lettres, ſoit ouvertes ou cloſes, accordées contre le bien des parties, au grand ſcandale & retardement de la juſtice, contre le ſtyle & les ordonnances de la cour*, à moins que ces lettres ne ſoient fondées ſur quelque cauſe raiſonnable, *de quoi il charge leurs conſciences*: il leur défend d'ajouter foi, ni d'obéir aux huiſſiers, ſergens d'armes & autres officiers porteurs de telles lettres, *ains au contraire, s'il y échet, de les déclarer nulles & injuſtes*, ou au moins ſubreptices; ou que s'il leur paroît plus expédient, ſelon la nature des cauſes & la qualité des perſonnes, ils en écriront au roi & en inſtruiront ſa religion ſur ce qu'ils croient devoir être en telle occurrence.

L'ordonnance de Louis XII, du 22 décembre 1499, s'explique à-peu-près de même, au ſujet des lettres de diſpenſe & exception, ſurpriſes contre la teneur des ordonnances; Louis XII les déclare d'avance nulles, & charge la conſcience des ma-

giſtrats d'en prononcer la ſubreption & la nullité; à peine d'être eux-mêmes déſobéiſſans & infracteurs des ordonnances.

L'édit donné par François I, à la Bourdaiſière le 18 mai 1529, concernant les *évocations* des parlemens pour cauſe de ſuſpicion de quelques officiers, fait mention que le chancelier & les députés de pluſieurs cours de parlement lui auroient remontré combien les *évocations* étoient contraires au bien de la juſtice; & l'édit porte que les lettres d'*évocations* ſeront octroyées ſeulement aux fins de renvoyer les cauſes & matières dont il ſera queſtion au plus prochain parlement, & non de les retenir au grand conſeil du roi, à moins que les parties n'y conſentiſſent, ou que le roi pour aucunes cauſes à ce mouvantes, n'octroyât de ſon propre mouvement des lettres pour retenir la connoiſſance de ces matières audit conſeil. Et quant aux matières criminelles, là où ſe trouvera cauſe de les évoquer, François I ordonne qu'elles ne ſoient évoquées, mais qu'il ſoit commis des juges ſur les lieux juſqu'au nombre de dix.

Le même prince par ſon ordonnance de Villers-Cotterets, *art. 170*, défend au garde des ſceaux de bailler lettres pour retenir par les cours ſouveraines la connoiſſance des matières en première inſtance; ne auſſi pour les ôter de leur juriſdiction ordinaire, & les évoquer & commettre à autres, ainſi qu'il en a été grandement abuſé par ci-devant.

Et ſi, ajoute l'*art. 171*, leſdites lettres étoient autrement baillées, *défendons à tous nos juges d'y avoir égard*; & il leur eſt enjoint de condamner les impétrans en l'amende ordinaire, comme de fol appel, tant envers le roi, qu'envers la partie, & d'avertir le roi de ceux qui auroient baillé leſdites lettres, pour en faire punition ſelon l'exigence des cas.

Le chancelier Duprat qui étoit en place, ſous le même règne, rendit les *évocations* beaucoup plus fréquentes; & c'eſt un reproche que l'on a fait à ſa mémoire d'avoir par-là donné atteinte à l'ancien ordre du royaume, & aux droits d'une compagnie dont il avoit été le chef.

Charles IX, dans l'ordonnance de Moulins, *art. 70*, déclare ſur les remontrances qui lui avoient été faites au ſujet des *évocations*, n'avoir entendu & n'entendre qu'elles aient lieu, hors les cas des édits & ordonnances, tant de lui que de ſes prédéceſſeurs, notamment en matières criminelles; leſquelles il veut que, ſans avoir égard aux *évocations* qui auroient été obtenues par importunité ou autrement, il ſoit paſſé outre à l'inſtruction & jugement des procès criminels; à moins que les *évocations*, ſoit au civil ou au criminel, n'euſſent été expédiées pour quelques cauſes qui y auroient engagé le roi de ſon commandement, & ſignées par l'un de ſes ſecrétaires d'état; & dans ces cas, il dit que les parlemens & cours ſouveraines ne paſſeront outre, mais qu'elles pourront faire telles remontrances qu'il appartiendra.

L'ordonnance de Blois, *art. 97*, semble exclure absolument toute *évocation* faite par le roi de son propre mouvement ; Henri III déclare qu'*il n'entend dorefnavant bailler aucunes lettres d'évocation, foit générales ou particulières, de son propre mouvement* ; il veut que les requêtes de ceux qui pourfuivront les *évocations* foient rapportées au confeil-privé par les maîtres des requêtes ordinaires de l'hôtel qui feront de quartier, pour y être jugées fuivant les édits de la Bourdaifière & de Chanteloup, & autres édits poftérieurs ; que fi les requêtes tendantes à *évocation* se trouvent raifonnables, parties ouies & avec connoiffance de caufe, les lettres feront octroyées & non autrement, &c. Il déclare les *évocations* qui feroient ci-après obtenues, contre les formes fufdites, *nulles & de nul effet & valeur ; & nonobfant icelles, il veut qu'il foit paffé outre à l'inftruction & jugement des procès, par les juges dont ils auront été évoqués.*

L'édit du mois de janvier 1597, regiftré au parlement de Bretagne le 26 mai 1598, borne pareillement en l'*art. 12*, l'ufage des *évocations* aux feuls cas prévus par les ordonnances publiées & vérifiées par les parlemens ; l'*art. 13*, ne voulant que le confeil foit occupé ès caufes qui confiftent en jurifdiction contentieufe, ordonne qu'à l'avenir telles matières qui y pourroient être introduites, feront incontinent renvoyées dans les cours fouveraines, à qui la connoiffance en appartient, fans la retenir, ni diftraire les fujets de leur naturel reffort & jurifdiction.

Et fur les plaintes qui nous font faites, dit Henri IV, en l'*art. 15*, des fréquentes *évocations* qui troublent l'ordre de la juftice, voulons qu'aucunes ne puiffent être expédiées que fuivant les édits de Chanteloup & de la Bourdaifière, & autres édits fur ce fait par nos prédéceffeurs, & qu'elles foient fignées par l'un des fecrétaires d'état & des finances qui aura reçu les expéditions du confeil, ou qu'elles n'aient été jugées juftes & raifonnables, *par notredit confeil*, fuivant les ordonnances.

L'édit du mois de mai 1616, *art. 9*, dit : voulons & entendons, comme avons toujours fait, que les cours fouveraines de notre royaume foient maintenues & confervées en la libre & entière fonction de leurs charges, & en l'autorité de jurifdiction qui leur a été donnée par les rois nos prédéceffeurs.

La déclaration du dernier juillet 1648 porte, *art. 1*, que les réglemens fur le fait de la juftice portés par les ordonnances d'Orléans, Moulins & Blois, feront exactement exécutés & obfervés fuivant les vérifications qui en ont été faites en nos compagnies fouveraines, avec défenfes, tant aux cours de parlement qu'autres juges, d'y contrevenir : elle ordonne au chancelier de France de ne fceller aucunes lettres d'*évocation* que dans les termes de droit, & après qu'elles auront été réfolues fur le rapport qui en fera fait au confeil du roi par les maîtres des requêtes qui feront en quartier, parties ouies, en connoiffance de caufe.

La déclaration du 22 octobre fuivant porte, *art. 14*, que pour faire connoître à la poftérité l'eftime que le roi fait de fes parlemens, & afin que la juftice y foit adminiftrée avec l'honneur & l'intégrité requife, le roi veut qu'à l'avenir les articles 91, 92, 97, 98 & 99 de l'ordonnance de Blois, foient inviolablement exécutés ; ce faifant, que toutes affaires qui giffent en matière contentieufe, dont les inftances font de préfent ou pourront être ci-après pendantes, indécifes & introduites au confeil, tant par *évocation* qu'autrement, foient renvoyées *comme le roi les renvoie par-devant les juges qui en doivent naturellement connoître, fans que le confeil prenne connoiffance de telles & femblables matières* ; lefquelles fa majefté veut être traitées par-devant les juges ordinaires, & par appel ès cours fouveraines, fuivant les édits & ordonnances, &c.

Le même article veut auffi qu'il ne foit délivré *aucunes lettres d'*évocation* générale ou particulière, du propre mouvement de fa majefté ; ains que les requêtes de ceux qui pourfuivront lefdites évocations foient rapportées au confeil par les maîtres des requêtes qui feront en quartier, pour y être jugées fuivant les édits, & octroyées, parties ouies, & avec connoiffance de caufe & non autrement.*

Il eft encore ordonné que lefdites *évocations* feront fignées par un fecrétaire d'état ou des finances qui aura reçu les expéditions, lorfque les *évocations* auront été délibérées ; que les *évocations* qui feront ci-après obtenues contre les formes fufdites, feront déclarées nulles & de nul effet & valeur, & que *nonobftant icelles, il fera paffé outre à l'inftruction & jugement des procès par les juges dont ils auront été évoqués* : & pour faire ceffer les plaintes faites au roi à l'occafion des commiffions extraordinaires par lui ci-devant décernées, il révoque toutes ces commiffions, & veut que la pourfuite de chaque matière foit faite devant les juges auxquels la connoiffance en appartient.

Les lettres-patentes du 11 janvier 1657, annexées à l'arrêt du confeil du même jour, portent que le roi ayant fait examiner en fon confeil, en fa préfence, les mémoires que fon procureur général lui avoit préfentés de la part de fon parlement, concernant les plaintes fur les arrêts du confeil que l'on prétendoit avoir été rendus contre les termes des ordonnances touchant les *évocations*, & fur des matières dont la connoiffance appartient au parlement : fa majefté ayant toujours entendu que la juftice fût rendue à fes fujets par les juges auxquels la connoiffance doit appartenir fuivant la difpofition des ordonnances, & voulant même témoigner les remontrances qui lui avoient été faites fur ce fujet, par une compagnie qu'elle a en une particulière confidération, ne lui ont pas moins été agréables que le zèle qu'elle a pour fon fervice lui donne de fatisfaction ; en conféquence, le roi ordonne que les ordonnances faites au sujet des *évocations* seront exactement gardées & observées; fait très-expresses inhibitions & défenses à tous qu'il appartiendra d'y contrevenir, ni de traduire ses sujets par-devant d'autres juges que ceux auxquels la connoissance en appartient suivant les édits & ordonnances, à peine de nullité des jugemens & arrêts qui seront rendus au conseil, & de tous dépens, dommages & intérêts contre ceux qui les auront poursuivis & obtenus; en conséquence, le roi renvoie à son parlement de Paris les procès spécifiés audit arrêt, &c.

On ne doit pas non plus omettre que sous ce règne, les *évocations* ayant été très-multipliées, le roi par des arrêts des 23 avril, 12 & 26 octobre 1737, & 21 avril 1738, a renvoyé d'office aux siéges ordinaires, un très-grand nombre d'affaires évoquées au conseil, ou devant des commissaires du conseil; & ensuite il fut expédié des lettres-patentes qui furent enregistrées, par lesquelles la connoissance en fut attribuée, soit à des chambres des enquêtes du parlement de Paris, soit à la cour des aides ou au grand-conseil, suivant la nature de chaque affaire.

On distingue deux sortes d'*évocations*; celles de grace, & celles de justice.

On appelle *évocations de grace*, celles qui ont été ou sont accordées par les rois à certaines personnes, ou à certains corps ou communautés, comme une marque de leur protection, ou pour d'autres considérations, telles que les *committimus*, les lettres de garde-gardienne, les attributions faites au grand-conseil des affaires de plusieurs ordres religieux, & de quelques autres personnes.

Les *évocations de grace* sont ou particulières, c'est-à-dire bornées à une seule affaire; ou générales, c'est-à-dire accordées pour toutes les affaires d'une même personne ou d'un même corps.

L'ordonnance de 1669, art. 1, du titre des *évocations*, & l'ordonnance du mois d'août 1737, art. 1, portent *qu'aucune évocation générale ne sera accordée, si ce n'est pour de très-grandes & importantes considérations qui auront été jugées telles par le roi en son conseil*; ce qui est conforme à l'esprit & à la lettre des anciennes ordonnances, qui a toujours été de conserver l'ordre commun dans l'administration de la justice.

Il y a quelques provinces où les *committimus* & autres *évocations* générales n'ont point lieu; ce sont celles de Franche-Comté, Alsace, Roussillon, Flandre & Artois.

Il y a aussi quelques pays qui ont des titres particuliers pour empêcher l'effet de ces *évocations*, ou pour les rendre plus difficiles à obtenir, tels que ceux pour lesquels on a ordonné qu'elles ne pourront être accordées qu'après avoir pris l'avis du procureur général ou d'autres officiers.

Dans d'autres pays, les *évocations* ne peuvent avoir lieu pour un certain genre d'affaires, comme en Normandie & en Bourgogne, où l'on ne peut

évoquer les décrets d'immeubles hors de la province.

On nomme *évocation de justice*, celle qui est fondée sur la disposition même des ordonnances, comme l'*évocation* sur les parentés & alliances qu'une des parties se trouve avoir, dans le tribunal où son affaire est portée.

C'est une règle générale, que les exceptions que les loix ont faites aux *évocations* même de justice, s'appliquent à plus forte raison aux *évocations* qui ne sont que de grace; ensorte qu'une affaire qui par sa nature ne peut pas être évoquée sur parentés & alliances, ne peut l'être en vertu d'un *committimus* ou autre privilège personnel.

Quant à la forme dans laquelle l'*évocation* peut être obtenue, on trouve des lettres de Charles V, du mois de juillet 1366, où il est énoncé que le roi, pour accélérer le jugement des contestations pendantes au parlement entre le duc de Berry & d'Auvergne, & certaines églises de ce duché, les évoqua à sa personne, *vivæ vocis oraculo*. Il ordonna que les parties remettroient leurs titres par-devant les gens de son grand-conseil, qui appelleroient avec eux autant de gens de la chambre du parlement qu'ils jugeroient à propos, afin qu'il jugeât cette affaire sur le rapport qui lui en seroit fait.

Ces termes *vivæ vocis oraculo*, paroissent signifier que l'*évocation* fut ordonnée ou prononcée de la propre bouche du roi; ce qui n'empêcha pas que sur cet ordre ou arrêt, il n'y eût des lettres d'*évocation* expédiées; en effet, il est dit que les lettres furent présentées au parlement, qui y obtempéra du consentement du procureur général, & le roi jugea l'affaire.

Ainsi les *évocations* s'ordonnoient dès-lors par lettres-patentes, & ces lettres étoient vérifiées au parlement; ce qui étoit fondé sur ce que toute *évocation* emporte une dérogation aux ordonnances du royaume, & que l'ordre qu'elles ont prescrit pour l'administration de la justice, ne peut être changé que dans la même forme qu'il a été établi.

Il paroit en effet, que jusqu'au temps de Louis XIII, aucune *évocation* n'étoit ordonnée autrement; la partie qui avoit obtenu les lettres, étoit obligée d'en présenter l'original au parlement, lequel vérifioit les lettres ou les retenoit au greffe, lorsqu'elles ne paroissoient pas de nature à être enregistrées. Les registres du parlement en fournissent nombre d'exemples, entr'autres à la date du 7 janvier 1555, où l'on voit que cinq lettres-patentes d'*évocation*, qui furent successivement présentées au parlement pour une même affaire, furent toutes retenues au greffe sur les conclusions des gens du roi.

Plusieurs huissiers furent décrétés de prise-de-corps par la cour, pour avoir exécuté une *évocation* sur un *duplicata*; d'autres en 1591 & 1595, pour avoir signifié des lettres d'*évocation* au préjudice d'un arrêt du 22 mai 1574, qui ordonnoit l'exécution l'exécution des précédens réglemens, sur le fait de la présentation des lettres d'*évocation*, sans *duplicata*.

Les *évocations* ne peuvent pas non plus être faites par lettres missives, comme le parlement l'a observé en différentes occasions, notamment au mois de mars 1539, où il disoit, que *l'on n'a accoutumé faire une évocation par lettres missives, ains sous lettres-patentes nécessaires*.

On trouve encore quelque chose d'à-peu-près semblable dans les registres du parlement, au 29 avril 1561, & 22 août 1567; & encore à l'occasion d'un arrêt du conseil de 1626, portant *évocation* d'une affaire criminelle, le chancelier reconnut l'irrégularité de cette *évocation* dans sa forme; & promit de la retirer; n'y ayant, dit-il, à l'arrêt d'*évocation* que la signature d'un secrétaire d'état, & non le sceau.

L'expérience ayant fait connoître que plusieurs plaideurs abusoient souvent de l'*évocation* même de justice, quoiqu'elle puisse être regardée comme une voie de droit, on l'a restreinte par l'ordonnance du mois d'août 1669, & encore plus par celle de 1737.

1°. L'*évocation* sur parentés & alliances, n'a pas lieu à l'égard de certains tribunaux; soit par un privilège accordé aux pays où ils sont établis, comme le parlement de Flandre & les conseils supérieurs d'Alsace & de Roussillon; soit parce que ces tribunaux ont été créés expressément pour de certaines matières; qu'on a cru ne pouvoir leur être ôtées pour l'intérêt d'une partie, comme les chambres des comptes, les cours des monnoies, les tables de marbre, & autres jurisdictions des eaux & forêts.

Cette *évocation* n'est pas non plus admise à l'égard des conseils supérieurs, établis dans les colonies françoises; mais les édits de juin 1680, & septembre 1683, permettent à celui qui ont quelque procès contre un président ou conseiller d'un conseil supérieur, de demander leur renvoi devant l'intendant de la colonie, qui juge ensuite l'affaire, avec un conseil supérieur, à son choix.

2°. Il y a des affaires qui, à cause de leur nature, ne sont pas susceptibles d'*évocation*, même pour parentés & alliances.

Telles sont les affaires du domaine; celles des pairies & des droits qui en dépendent, si le fond du droit est contesté; celles où il s'agit des droits du roi, entre ceux qui en sont fermiers ou adjudicataires.

Tels sont encore les décrets & les ordres; ce qui s'étend suivant l'ordonnance de 1737, tit. 1, art. 25, à toute sorte d'oppositions aux saisies réelles; parce qu'étant connexes nécessairement à la saisie réelle, elles doivent être portées dans la même jurisdiction; soit que cette saisie ait été faite de l'autorité d'une cour ou d'un juge ordinaire, ou qu'elle l'ait été en vertu d'une sentence d'un juge de privilège. La même règle a lieu pour toutes

les contestations formées à l'occasion des contrats d'union, de direction, ou autres semblables.

3°. L'*évocation* ne peut être demandée que par celui qui est actuellement partie dans la contestation qu'il veut faire évoquer, & du chef de ceux qui y sont parties en leur nom & pour leur intérêt personnel.

Il suit de-là, que celui qui a été seulement assigné comme garant, ou pour voir déclarer le jugement commun, ne peut pas être admis à demander l'*évocation*, si l'affaire n'est véritablement liée avec lui; comme il est expliqué plus en détail par les articles 30, 31 & 32 de l'ordonnance de 1737.

Il suit encore du même principe, qu'on ne peut évoquer du chef des procureurs généraux, ni des tuteurs, curateurs, syndics, directeurs des créanciers, ou autres administrateurs, s'ils ne sont parties qu'en cette qualité, & non pour leur intérêt particulier.

En matière criminelle, un accusé ne peut évoquer du chef de celui qui n'est pas partie dans le procès, quoiqu'il fût intéressé à la réparation du crime, ou cessionnaire des intérêts civils: il n'est pas admis non plus à évoquer du chef de ses complices ou co-accusés; s'il est décrété de prise-de-corps, il ne peut demander l'*évocation* qu'après s'être mis en état.

4°. Il a encore été ordonné avec beaucoup de sagesse, que l'*évocation* n'auroit pas lieu dans plusieurs cas, à cause de l'état où la contestation que l'on voudroit faire évoquer, se trouve au temps où l'*évocation* est demandée; comme lorsqu'on a commencé la plaidoierie ou le rapport, ou qu'on n'a fait signifier l'acte pour évoquer, que dans la dernière quinzaine avant la fin des séances d'une cour, ou d'un semestre pour celles qui servent par semestre.

Une partie qui, après le jugement de son affaire, ne demande l'*évocation* que lorsqu'il s'agit de l'exécution de l'arrêt rendu avec elle; ou de lettres de requête civile prise pour l'attaquer, ne peut y être reçue qu'à moins qu'il ne soit survenu depuis l'arrêt de nouvelles parentés, ou autre cause légitime d'*évocation*. De même, celui qui n'étant point partie en cause principale, n'est intervenu qu'en cause d'appel, ne peut évoquer, si ce n'est qu'il n'ait pu agir avant la sentence.

La partie qui a succombé sur une demande en *évocation*, n'est plus admise à en former une seconde dans la suite de la même affaire, s'il n'est survenu de nouvelles parentés ou de nouvelles parties; & si la seconde demande en *évocation* étoit encore rejettée, elle seroit condamnée à une amende plus forte, & en d'autres peines, selon les circonstances.

Telles sont les principales restrictions qui ont été faites aux *évocations* même, qui paroissent fondées sur une considération de justice, & sur la crainte qu'une des parties n'eût quelque avantage sur l'autre, dans un tribunal dont plusieurs officiers sont ses parens ou alliés.

Il existe encore une cause d'*évocation* pour cause de parenté, lorsqu'un officier d'une jurisdiction où il a plusieurs parens & alliés, s'est tellement intéressé pour une partie, qu'il a fait son affaire propre de sa cause. Mais dans le cas où on allègue un pareil fait, l'ordonnance de 1737 exige pour l'établir la preuve de trois circonstances; savoir, que l'officier ait sollicité les juges en personne, qu'il ait donné ses conseils; & qu'il ait fourni aux frais. Le défaut d'une de ces trois circonstances suffit pour condamner la partie qui a soutenu ce fait, en une amende, & quelquefois à des dommages & intérêts, & d'autres réparations.

Au surplus, pour que la partie qui demande l'*évocation* ait lieu d'appréhender le crédit des parens ou alliés de son adversaire dans un tribunal, il faut qu'ils soient dans un degré assez proche pour faire présumer qu'ils s'y intéressent particulièrement; qu'ils soient en assez grand nombre pour faire une forte impression sur l'esprit des autres juges; enfin qu'ils soient actuellement dans des fonctions qui les mettent à portée d'agir en faveur de la partie, à laquelle ils sont attachés par les liens du sang ou de l'affinité. C'est dans cet esprit que les ordonnances ont fixé les degrés, le nombre, & la qualité des parens & alliés qui pourroient donner lieu à l'*évocation*.

À l'égard de la proximité, tous les ascendans ou descendans, & tous ceux des collatéraux, *qui speciem parentum & liberorum inter se referunt*, c'est-à-dire les oncles ou grands-oncles, neveux ou petits-neveux, donnent lieu à l'*évocation*: mais pour les autres collatéraux, la parenté ou l'alliance n'est comptée pour l'*évocation* que jusqu'au troisième degré inclusivement; au lieu que pour la récusation, elle s'étend au quatrième degré en matière civile, & au cinquième, en matière criminelle.

Les degrés se comptent suivant le droit canonique. *Voyez au mot* DEGRÉ DE PARENTÉ.

On ne peut évoquer du chef de ses propres parens & alliés, si ce n'est qu'ils fussent parens ou alliés dans un degré plus proche de l'autre partie.

Une alliance ne peut servir à évoquer, à moins que le mariage qui a produit cette alliance ne subsiste au temps de l'*évocation*, ou qu'il n'y ait des enfans de ce mariage; l'espèce d'alliance qui est entre ceux qui ont épousé les deux sœurs, ne peut aussi servir à évoquer que lorsque les deux mariages subsistent, ou qu'il reste des enfans d'un de ces mariages, ou de tous les deux.

Le nombre des parens ou alliés nécessaires pour évoquer, est réglé différemment, en égard au nombre plus ou moins grand d'officiers dont les cours sont composées, & à la qualité de celui du chef duquel on peut évoquer. C'est ce qu'on peut voir par le tableau suivant.

Pour les parlemens de	Si la partie évoquée est du corps.	Si elle n'en est pas.
Paris	10 parens ou alliés.	12 parens ou alliés.
Toulouse, Bordeaux, Rouen, Bretagne	6	8
Dijon, Grenoble, Aix, Pau, Metz, Besançon	5	6
Le grand-conseil	4	6
Cour des aides de Paris	4	6
Autres cours des aides	3	4

À l'égard de la qualité de chaque parent ou allié qui peut donner lieu à l'*évocation*, il faut qu'il ait actuellement séance & voix délibérative dans sa compagnie, ou qu'il y soit avocat général ou procureur général.

On fait même une différence entre les officiers ordinaires, & ceux qui ne sont pas obligés de faire un service assidu & continuel; tels que les pairs, les conseillers d'honneur & les honoraires, lesquels, en quelque nombre qu'ils soient, ne se comptent que pour un tiers du nombre requis pour évoquer; comme pour quatre, quand il faut douze parens ou alliés; pour trois, quand il en faut dix; pour deux, quand il en faut six ou huit; & pour un, quand il en faut trois, quatre ou cinq.

Les pairs & les conseillers d'honneur ne peuvent donner lieu à évoquer que du parlement de Paris; & les maîtres des requêtes, que du parlement & du grand-conseil, quoique les uns & les autres aient entrée dans tous les parlemens.

On ne compte plus pour l'*évocation* les parens ou alliés qui seroient morts depuis la cédule évocatoire, ou qui auroient quitté leurs charges: s'ils sont devenus honoraires, on les compte en cette qualité seulement. S'il arrive aussi que la partie du chef de laquelle on demandoit l'*évocation* cesse d'avoir intérêt dans l'affaire, on n'a plus d'égard à ses parentés & alliances.

L'objet des loix a encore été de prévenir les inconvéniens des demandes en *évocation*, en établissant une procédure simple & abrégée pour y statuer.

C'est au conseil des parties qu'elles sont examinées; mais il y a des procédures qui doivent se faire sur les lieux, dont la première est la *cédule évocatoire*.

On appelle ainsi un acte de procédure par lequel la partie, qui veut user de l'*évocation*, déclare à son adversaire qu'elle entend faire évoquer l'affaire de la cour où elle est pendante ; attendu que parmi les officiers de cette cour, il a tels & tels parens ou alliés : le même acte contient une sommation de consentir à l'*évocation* & au renvoi en la cour, où il doit être fait suivant l'ordonnance ; ou à une autre, si elle lui étoit suspecte.

La forme de cet acte & celle des autres procédures qui doivent être faites sur les lieux, se trouvent en détail dans l'ordonnance de 1737.

L'*évocation* sur parentés & alliances est réputée consentie, soit qu'il y ait un consentement par écrit, soit que le défendeur ait reconnu dans sa réponse les parentés & alliances, sans proposer d'autres moyens pour empêcher l'*évocation*, soit enfin qu'il ait gardé le silence pendant le délai prescrit par l'ordonnance. Dans chacun de ces cas, le demandeur doit obtenir des lettres d'*évocation* consentie, dans un temps fixé par la même ordonnance, faute de quoi le défendeur peut les faire expédier aux frais de l'évoquant.

Les cédules évocatoires sont de droit réputées pour non avenues ; & les cours peuvent passer outre au jugement de l'affaire, sans qu'il soit besoin d'arrêt du conseil,

1°. Lorsque l'affaire n'est pas de nature à être évoquée, ou lorsque l'*évocation* est fondée sur les parentés & alliances d'un procureur général, d'un tuteur, ou autre administrateur, qui ne sont parties qu'en cette qualité.

2°. Lorsqu'on n'a pas observé certaines formalités nécessaires pour la validité de l'acte de cédule évocatoire, & qui sont expliquées dans les *articles 38, 39, 60, 70 & 78* de l'ordonnance de 1737.

3°. Lorsque l'*évocation* est signifiée dans la quinzaine, avant la fin des séances ou du semestre d'une cour.

4°. Quand l'évoquant s'est désisté avant qu'il y ait eu assignation au conseil.

En d'autres cas il est nécessaire d'obtenir un arrêt du conseil, pour juger si l'*évocation* est du nombre de celles prohibées par l'ordonnance.

1°. Quand la cédule évocatoire a été signifiée, depuis le commencement de la plaidoirie ou du rapport.

2°. Quand l'*évocation* est demandée trop tard par celui, ou du chef de celui qui a été assigné en garantie, ou pour voir déclarer l'arrêt commun ; ou quand auparavant la signification de la cédule évocatoire, il a cessé d'être engagé dans l'affaire que l'on veut évoquer par une disjonction, ou de quelque autre manière.

3°. Quand l'évoquant n'a pas fait apporter au greffe les enquêtes & autres procédures, dans les délais portés par l'ordonnance.

Pour éviter les longueurs d'une instruction, l'ordonnance de 1737 a permis dans ces cas au défendeur d'obtenir, sur sa simple requête, un arrêt qui le met en état de suivre son affaire dans le tribunal où elle est pendante ; ce qui a produit un grand bien pour la justice, en faisant cesser promptement & sans autre formalité, un grand nombre d'*évocations* formées dans la vue d'éloigner le jugement d'un procès.

S'il ne s'agit d'aucun des cas dont on vient de parler, on instruit l'instance au conseil, dans la forme qui est expliquée par les *articles 28, 45, 53, 54, 58, & 65* de l'ordonnance de 1737.

Si la demande en *évocation* se trouve bien fondée, l'arrêt qui intervient *évoque* la contestation principale, & la renvoie à une autre cour, pour y être instruite & jugée, suivant les derniers erremens.

Autrefois le conseil renvoyoit à celle qu'il jugeoit le plus à propos de nommer ; mais l'ordonnance a établi un ordre fixe, qui est toujours observé, à moins qu'il ne se trouve quelque motif supérieur de justice qui oblige le conseil de s'en écarter, ce qui est très-rare.

Le renvoi se fait donc,

Du parlement de Paris, au grand-conseil, ou au parlement de Rouen.

Du parlement de Rouen, à celui de Bretagne.

Du parlement de Bretagne, à celui de Bordeaux.

Du parlement de Bordeaux, à celui de Toulouse.

De celui de Toulouse, au parlement de Pau ou d'Aix.

Du parlement d'Aix, à celui de Grenoble.

Du parlement de Grenoble, à celui de Dijon.

Du parlement de Dijon, à celui de Besançon.

De celui de Besançon, à celui de Metz.

De celui de Metz, au parlement de Paris.

De celui de Lorraine au conseil souverain d'Alsace, & réciproquement de celui-ci au parlement de Lorraine, conformément à l'art. 27 de l'ordonnance du mois de janvier 1770.

De la cour des aides de Paris, à celles de Rouen ou de Clermont.

De la cour des aides de Clermont, au parlement de Bretagne, comme cour des aides.

De celle de Clermont, à celle de Paris.

Du parlement de Bretagne, comme cour des aides, à celle de Bordeaux.

De celle de Bordeaux, à celle de Montauban.

De celle de Montauban, à celle de Montpellier.

De celle de Montpellier, à celle d'Aix.

De celle d'Aix, au parlement de Grenoble, comme cour des aides.

Du parlement de Grenoble, comme cour des aides, à celui de Dijon, comme cour des aides.

Du parlement de Dijon, comme cour des aides, à la cour des aides de Dole. Mais cet arrangement ne peut plus subsister depuis la suppression de la cour des aides de Dole.

De celle de Dole, dans le temps qu'elle subsis

roit, au parlement de Metz, comme cour des aides.

Et du parlement de Metz, comme cour des aides, à la cour des aides de Paris.

Si la demande en *évocation* paroît mal fondée, on ordonne que, sans s'arrêter à la cédule *évocatoire*, les parties continueront de procéder en la cour, dont l'*évocation* étoit demandée, & l'*évoquant* est condamné aux dépens, en une amende envers le roi, & une envers la partie, quelquefois même en des dommages & intérêts.

Telles sont les principales règles que l'on suit pour les demandes en *évocations*, qui ne peuvent être jugées qu'au conseil.

Dans les compagnies semestres, ou qui sont composées de plusieurs chambres, lorsqu'un de ceux qui ont une cause ou procès, pendant à l'un des semestres, ou en l'une des chambres, y est président ou conseiller, ou que son père, beau-père, fils, gendre, beau-fils, frère, beau frère, oncle, neveu, ou cousin-germain, y est président ou conseiller, la contestation doit être renvoyée à l'autre semestre, ou à une autre chambre de la même cour, sur une simple requête de la partie qui demande ce renvoi, communiquée à l'autre partie, qui n'a que trois jours pour y répondre, & l'on y prononce dans les trois jours suivans : ce qui s'observe aussi, lorsque dans le même semestre ou dans la même chambre, une des parties a deux parens au troisième degré, ou trois, jusqu'au quatrième inclusivement.

S'il arrive dans une compagnie semestre, que par un partage d'opinions, ou par des récusations, il ne reste pas assez de juges dans un semestre, pour vuider le partage, ou pour juger le procès, ils sont dévolus de plein droit à l'autre semestre ; mais toutes les fois qu'il ne reste pas assez de juges, soit dans cette compagnie, soit dans celles qui se tiennent par chambres & non par semestres, pour vuider le partage, il faut s'adresser au conseil pour en faire ordonner le renvoi à une autre cour, & alors il commence ordinairement par ordonner que le rapporteur & le compartiteur enverront à M. le chancelier, les motifs de leurs compagnies, qui sont ensuite envoyés à la cour, à laquelle le partage est renvoyé par un deuxième arrêt.

Ce sont les cours supérieures qui connoissent des demandes en *évocation*, ou en renvoi d'une jurisdiction de leur ressort dans une autre, soit pour des parentés & alliances, soit à cause du défaut de juges en nombre suffisant, ou pour suspicion ; c'est une des fonctions attachées à l'autorité supérieure qu'elles exercent au nom du roi, & les ordonnances leur laissent le choix de la jurisdiction de leur ressort où l'affaire doit être renvoyée.

On ne peut *évoquer* des présidiaux sur des parentés & alliances, que dans les affaires dont ils connoissent en dernier ressort ; & il faut, pour pouvoir demander l'*évocation*, qu'une des parties soit officier du présidial, ou que son père, son fils, ou son frère y soit officier, sans qu'aucun autre parent ni aucun allié puisse y donner lieu.

Elle se demande par une simple requête, qui est signifiée à l'autre partie ; & il y est ensuite statué sans autres formalités, sauf l'appel au parlement du ressort, & le renvoi se fait au plus prochain présidial, non suspect.

Les règles que l'on a expliquées ci-dessus sur les matières & les personnes qui ne peuvent donner lieu à l'*évocation*, s'appliquent aussi aux demandes en renvoi d'un semestre d'une chambre ou d'une jurisdiction à une autre, ou en *évocation* d'un présidial.

Les causes & procès *évoqués* doivent être jugés par les cours auxquelles le renvoi en a été fait suivant les loix, coutumes, & usages des lieux d'où ils ont été *évoqués*, n'étant pas juste que le changement de juges change rien à cet égard à la situation des parties ; & si l'on s'écartoit de cette règle, elles pourroient se pourvoir au conseil contre le jugement.

L'*évocation* pour cause de connexité ou litispendance a lieu lorsque le juge supérieur, déjà saisi d'une contestation, attire à lui une autre contestation pendante dans un tribunal inférieur, qui a un rapport nécessaire avec la première, ensorte qu'il soit indispensable de faire droit sur l'un & l'autre dans le même tribunal ; mais il faut que cette connexité soit bien réelle, sinon les parties pourroient se pourvoir contre le jugement qui auroit évoqué.

Messieurs des requêtes de l'hôtel du palais à Paris, peuvent aussi, dans le cas d'une connexité véritable, *évoquer* les contestations pendantes devant d'autres juges, même hors du ressort du parlement de Paris : mais les officiers des requêtes du palais des autres parlemens n'en usent qu'à l'égard des juges du ressort du parlement où ils sont établis.

Les juges auxquels toutes les affaires d'une certaine nature ont été attribuées, comme la chambre du domaine, la table de marbre, &c. aussi bien que ceux auxquels on a attribué la connoissance de quelque affaire particulière, ou de toutes les affaires d'une personne ou communauté, *évoquent* pareillement les affaires qui sont de leur compétence, & celles qui y sont connexes ; mais la partie qui ne veut pas déférer à l'*évocation*, a la voie de se pourvoir par l'appel, si le tribunal qui a *évoqué*, & celui qui est dépouillé par l'*évocation*, sont ressortissans à la même cour : s'ils sont du ressort de différentes cours, & que celles-ci ne se concilient pas entre elles, dans la forme portée par l'ordonnance de 1667, pour les conflits entre les parlemens & les cours des aides qui sont dans la même ville, il faut se pourvoir en réglemens de juges au conseil ; & il en est de même, s'il s'agit de deux cours.

L'*évocation du principal*, est quand le juge supérieur, saisi de l'appel d'une sentence qui n'a rien

prononcé fur le fond de la contestation, l'*évoque* &
y prononce, afin de tirer les parties d'affaire plus
promptement ; ce qui est autorifé par l'ordonnance
de 1667, *tit. 6, art. 2*, qui défend d'*évoquer* les caufes, inftances, & procès pendans aux fièges inférieurs, ou autres jurifdictions, fous prétexte d'appel ou connexité, *fi ce n'eft pour juger définitivement*
à l'audience, & fur le champ, par un feul & même
jugement.

L'ordonnance de 1670, *tit. 26, art. 5*, ordonne
la même chofe pour les *évocations* en matière criminelle: la déclaration du 15 mai 1673, *art. 9*, a même
permis, dans les appellations de décret & de procédures appointées en la tournelle, lorfque les
affaires feront légères & ne mériteront pas d'être
inftruites, d'*évoquer* le principal, pour y faire droit
définitivement, en jugeant, à l'audience, après que
les informations auront été communiquées au procureur général, & l'inftruction faite fuivant l'ordonnance du mois d'août 1670.

L'ordonnance de la marine, *tit. 2, art. 14*, permet
aux officiers des fièges généraux d'amirauté, d'*évo-*
quer indiftinctement des juges inférieurs, les caufes
qui excéderont la valeur de 3000 liv. lorfqu'ils
feront faifis de la matière par l'appel de quelque
appointement ou interlocutoire donné en première
inftance. (*A*)

Les *évocations* font utiles & raifonnables, lorfqu'elles évitent aux parties la peine de plaider dans
différens tribunaux, & qu'elles mettent fin plus
promptement aux embarras & aux inquiétudes que
caufent les procès ; mais on ne craindra pas de dire,
que rarement un prince équitable doit ôter la connoiffance des matières criminelles aux juges ordinaires & naturels des accufés, pour les faire juger
par des commiffaires & des juges d'*évocation.*

L'hiftoire remarque avec éloge, que Henri IV
ne fit jamais faire le procès par des commiffaires,
à qui que ce fût, quoique cette voie lui eût fouvent été propofée. Les princes ne doivent pas ignorer que c'eft en leur nom, que les tribunaux ordinaires rendent la juftice à leurs peuples ; que c'eft
par les magiftrats établis que leurs fujets reçoivent
la connoiffance des ordonnances, & apprennent
le refpect & la foumiffion qui leur font dus ; qu'on
ne peut confier l'honneur & la vie des premières
perfonnes de l'état, à des juges raffemblés au hafard,
à ces féances arbitraires qui n'ont pas de ftabilité,
& qui difparoiffent prefqu'au moment où elles ont
été formées ; qu'un pareil tribunal eft toujours fufpect au public, & redoutable à des accufés ; que les
exemples du paffé nous apprennent que de pareils
juges ne favent que condamner & rarement abfoudre;
enfin qu'un coupable condamné par des commiffaires, laiffe toujours au public & à la poftérité quelque foupçon d'innocence : témoin la réponfe du
céleftin de Marcouffy à François I. Ce prince, à la
vue du tombeau de Jean de Montaigu, plaignoit
ce miniftre d'avoir été condamné à mort par la

juftice. *Ce n'eft pas par la juftice, Sire, qu'il a été con-*
damné, dit ce bon moine, *c'eft par commiffaires.*

ÉVOCATOIRE, adj. qui fe dit de ce qui a
rapport à l'*évocation*, tel que *caufe évocatoire,*
cédule évocatoire. Voyez CÉDULE & ÉVOCATION.

ÉVOLAGE, dans la Breffe & dans quelques
pays voifins, l'étang a comme deux faifons, l'*évo-*
lage & l'*affec*. L'*évolage* eft le temps qu'il eft rempli
d'eau & apoiffonné.

On apoiffonne un étang ordinairement aux mois
de mars & avril, & on le pêche la feconde année
à l'avent ou au carême. La pêche faite, il demeure fec & au foleil, & nous l'appellons un *étang*
en affec.

Ces définitions font tirées de la remarque 55e.
de Revel fur les ftatuts de Breffe, où l'on trouvera
des obfervations importantes fur l'adminiftration
& le droit des étangs dans cette province. (M. GAR-
RAN DE COULON).

E X

EXACTION, f. f. (*Code criminel.*) c'eft l'abus
que commet un officier public, en exigeant plus
qu'il ne lui eft dû. Ce mot a la même fignification que
celui de *concuffion*, qui eft également l'abus commis par un officier pour extorquer de l'argent de
ceux fur lefquels il a quelque pouvoir. *Voyez*
CONCUSSION.

EXALTATION, (*Jurifprud.*) eft l'élévation
de quelqu'un à une dignité eccléfiaftique; mais ce
terme eft devenu propre pour la papauté : l'*exal-*
tation du pape eft la cérémonie que l'on fait à
fon couronnement, lorfqu'on le met fur l'autel de
S. Pierre. (*A*)

EXAMEN, f. m. (*Droit civil & canon.*) eft l'é-
preuve de la capacité d'une perfonne qui fe préfente pour acquérir un état ou remplir quelque
fonction qui demande une certaine capacité.

Ainfi dans les arts & métiers, les afpirans à la
maîtrife fubiffent un *examen*, & doivent faire leur
chef-d'œuvre. *Voyez* fur chacun des métiers le
Dictionnaire des Arts & Métiers.

Ceux qui fe préfentent pour avoir la tonfure ou
pour prendre les ordres, pour obtenir le vifa de
l'évêque fur des provifions, font ordinairement
examinés.

Les étudians dans les univerfités fubiffent auffi
plufieurs *examens*, avant d'obtenir leurs degrés:
celui qui, après avoir foutenu fes *examens* & autres actes probatoires, a été refufé, s'il prétend
que foit injuftement, peut demander un *examen*
public.

Ceux qui font pourvus de quelque office de juftice, font *examinés* fur ce qui concerne leur état,
à moins qu'ils ne foient difpenfés de l'*examen*,
en confidération de leur capacité bien connue
d'ailleurs.

Si l'officier paffe d'une charge ou place à une
autre, qui demande plus de capacité ou quelque

connoiſſance particuliére, il doit ſubir un nouvel-*examen.* (*A*)

Avant que d'entrer dans le détail des règles impoſées aux examinateurs & aux aſpirans, qu'il nous ſoit permis d'obſerver que les *examens* ſont de la plus grande importance pour le bien public, puiſqu'il s'agit de prononcer ſur la capacité des candidats pour des places, des-états, des fonctions qui peuvent influer ſur le repos & le bonheur de la ſociété : que ces épreuves ne ſont preſque plus que de ſimples formalités, & que par-tout on a ſubſtitué une eſpèce de cérémonial à des actes vraiment probatoires ; que les perſonnes chargées de s'aſſurer de la capacité des aſpirans par les *examens*, ne doivent pas s'y permettre l'indulgence & la douceur, dont ils prétendent ſe faire un mérite, puiſqu'ils compromettent par-là, la vie, l'honneur, la fortune des particuliers, la tranquillité des familles, & peut-être la félicité publique.

EXAMEN *des bénéficiers*, dans tous les temps l'égliſe a mis au rang des premiers devoirs des évêques, l'*examen* de la doctrine, de la vie & des mœurs, de ceux qui ſe préſentoient pour remplir ſes bénéfices & les fonctions qui y ſont attachées, *hi autem probentur & ſic miniſtrent, nullum crimen habentes*, dit S. Paul à Timothée. Qu'on parcoure la légiſlation eccléſiaſtique dans tous les ſiècles, on y verra toujours la néceſſité de cet *examen*, & les conciles ne manquer jamais de l'ordonner. Nos ſouverains ont confirmé ces loix par leurs ordonnances. Un capitulaire qui remonte à Childeric III, porte, *quando presbyteri vel diaconi per parochias conſtituuntur, oportet eos epiſcopo ſuo profeſſionem facere*. L'ordonnance de Moulin, *art. 75*, preſcrit aux évêques « d'examiner & enquérir » la ſuffiſance de ceux qui ſe préſenteront pour » obtenir aucuns bénéfices & de faire expédier » acte de leur inſuffiſance, & de leurs réponſes » ou refus pour, en jugeant le poſſeſſoire des béné- » fices, y avoir par les juges, tel égard que de rai- » ſon ». Dans les articles 12 & 14 des ordonnances de Blois & de Melun, Henri III déclara « que ceux qui auront impétré en cour de Rome pro- » viſions de bénéfices en la forme qu'on nomme » *dignum*, ne pourront prendre poſſeſſion deſdits » bénéfices, ni s'immiſcer dans la jouiſſance d'iceux, » ſans s'être préalablement préſentés à l'archevê- » que ou évêque diocéſain & ordinaire, & en » leur abſence, à leurs vicaires-généraux, afin de » ſubir l'*examen* ». L'ordonnance du 15 janvier 1629, article 21, défend aux juges « d'avoir égard » aux proviſions expédiées en forme gracieuſe, ſi » l'impétrant n'a informé auparavant de ſes vie, » mœurs, religion catholique pardevant le diocé- » ſain des lieux, & ſubi l'*examen* pardevant lui- » même ».

La dernière & la plus complette de nos loix, ſur les *examens* à ſubir par les pourvus des bénéfices, ſe trouve dans les articles 2 & 3 de l'édit de 1695, « ceux qui auront été pourvus en cour de

» Rome, de bénéfices, en la forme appellée *dignum*, » ſeront tenus de ſe préſenter en perſonne, aux » archevêques ou évêques dans les diocèſes deſ- » quels leſdits bénéfices ſont ſitués, & en leur » abſence à leurs vicaires-généraux pour être exa- » minés en la manière qu'ils jugeront à propos.... » Ceux qui auront obtenu des proviſions en forme » gracieuſe, d'aucune cure, vicariat perpétuel ou » autres bénéfices ayant charge d'ames, ne pour- » ront entrer en poſſeſſion & jouiſſance deſdits » bénéfices, qu'après qu'il aura été informé de » leurs vie, mœurs, religion, & avoir ſubi l'*exa*- » *men* devant l'archevêque ou évêque diocéſain, » ou ſon vicaire général, en ſon abſence ». Ajoutons à ces loix la clauſe même des proviſions de cour de Rome adreſſées aux ordinaires, *committatur epiſcopo.... Si poſt diligentem examinationem, idoneum eſſe reperiaris, ſuper quo conſcientiam tuam oneramus*, & l'on ne pourra douter que l'*examen* ne ſoit un préalable néceſſaire pour entrer licitement dans la poſſeſſion des bénéfices.

Quand nous diſons que le préalable eſt néceſſaire, nous ne prétendons pas que les évêques ne puiſſent en diſpenſer ; l'édit de 1695 leur accorde cette faculté, lorſqu'il dit, *pour être examinés en la manière qu'ils jugeront à propos*. Mais il n'en eſt pas moins vrai que quiconque a beſoin d'un viſa, d'une collation ou d'une inſtitution canonique, peut être forcé à ſe préſenter en perſonne à l'évêque diocéſain, & à ſubir un *examen*.

D'après les loix citées, il n'appartient qu'aux archevêques & évêques dans les diocèſes deſquels les bénéfices ſont ſitués, ou à leurs vicaires-généraux, en leur abſence, de procéder à l'*examen* que doivent ſubir les nommés ou les pourvus. Celui qu'auroient pu faire les patrons ou les collateurs inférieurs, ſeroit inutile. Les évêques ſont les ſeuls juges compétens de la doctrine & des mœurs de ceux qui deviennent incorporés à leurs diocèſes par les titres de leurs bénéfices. Leurs ſupérieurs dans l'ordre hiérarchique, ne peuvent eux-mêmes en connoître que dans le cas de l'appel d'un premier jugement.

Les tribunaux ſéculiers ont prétendu pendant un temps être compétens dans certains cas, pour ſtatuer ſur les mœurs, la doctrine & la capacité des pourvus. On en trouve un exemple frappant dans le procès-verbal de l'aſſemblée du clergé de 1628. Le promoteur de l'officialité de Rouen, lui dénonça un arrêt du parlement de Normandie du 20 juillet 1727, par lequel cette cour, ſans égard à deux refus, eſſuyés pour cauſe d'ignorance devant l'ordinaire & le métropolitain, par le ſieur Jacques Benoît, préſenté à la cure de S. Vigor de Louvigni, nomma deux conſeillers pour l'examiner de nouveau, & après cet *examen*, le renvoya à Bayeux pour avoir la collation, avec la clauſe qu'en cas d'un nouveau refus, l'arrêt lui ſerviroit de titre pour prendre poſſeſſion civile, & exercer les fonctions paſtorales,

Le clergé regarda cet arrêt comme une entreprise sur la jurisdiction ecclésiastique, & après avoir délibéré par *provinces*, il ordonna à ses agens d'intervenir dans l'instance en cassation, qui étoit pendante au conseil, entre le sieur Benoît, maintenu dans la cure par l'arrêt, & le sieur Daniel, pourvu par l'ordinaire. Cette instance n'a pas été jugée; le silence des rédacteurs des mémoires & des rapports d'agence du clergé en fournit la preuve, car ils sont très-exacts à rapporter tous les arrêts du conseil qui sont favorables à la jurisdiction épiscopale. M. l'abbé Rathier, avocat au parlement, & un des canonistes les plus estimables de notre temps, assure, dans son *Traité des collations forcées*, avoir fait à cette occasion toutes les recherches possibles dans le dépôt des minutes du conseil-privé, & n'y avoir trouvé aucune trace de cassation de l'arrêt du parlement du Rouen du 20 juillet 1627. Mais depuis que les limites des deux puissances ont été fixées d'une manière plus précise par nos nouvelles loix, on n'a plus vu les cours supérieures rendre de pareils arrêts, & l'on regarde comme un principe général, que les qualités personnelles des pourvus doivent, selon les expressions de M. l'avocat-général Chauvelin en 1710, être laissées au libre *examen* & au jugement des évêques ou archevêques, comme chose dépendante de la seule puissance ecclésiastique, & sur laquelle la jurisdiction temporelle n'a aucun pouvoir. Cependant le principe général est-il sans exception, & le suivroit-on dans le cas où un clerc nommé à un bénéfice seroit évidemment vexé, & auroit d'ailleurs épuisé tous les degrés de la hiérarchie ecclésiastique sans pouvoir obtenir justice? *Voyez* VISA.

Quoique les ordonnances ne parlent que des évêques, ou, en leur absence, de leurs vicaires-généraux, pour procéder à l'*examen* des clercs qui se présentent pour obtenir des provisions ou des *visa*, les évêques sont dans l'usage de commettre leurs grands-vicaires ou autres, en tel nombre qu'ils jugent à propos, pour éprouver la capacité des sujets.

Ceux qui obtiennent de la cour de Rome, des provisions en forme gracieuse pour des bénéfices non à charge d'ames; ne sont pas sujets à l'*examen*, c'est ce que l'on doit conclure de l'article 3 de l'édit de 1695. Mais toute autre espèce de provisions ne peut en dispenser les pourvus. Les exempts, comme les non exempts; ceux des pays d'obédience, comme des provinces régies par le concordat, y sont également soumis. Un *examen* subi pour obtenir un bénéfice, ne seroit pas une raison de se refuser à une nouvelle épreuve pour un autre bénéfice, *qui autem semel examinatus fuerit, pro diversitate provisionum iterum examinari debet*, *Concile de Rouen de* 1581. Un pourvu qui a été jugé capable de gouverner une paroisse de campagne, ne l'a pas été par là même, d'en conduire une dans une ville. Il est donc naturel que s'il se présente pour une cure de ville, il subisse un nouvel

examen. D'ailleurs il peut arriver qu'un ecclésiastique, à qui on n'avoit aucun reproche à faire, ni pour les mœurs, ni pour la science lorsqu'il a reçu la collation d'un bénéfice à charge d'ame, se soit corrompu par le commerce du monde, & ait croupi dans une molle indolence, qui lui ait fait perdre une partie des connoissances qu'il avoit acquises. Si l'évêque peut l'interdire à raison de son inconduite, ou de l'ignorance dans laquelle il seroit tombé, à plus forte raison peut-il lui refuser des provisions, ou la mission pour une autre cure: cette faculté qui est même un devoir, suppose nécessairement le droit de lui faire subir un nouvel *examen*. Nos ordonnances n'y soumettent pas ceux qui demandent des provisions pour la première fois, elles s'expriment en termes généraux, & y assujettissent généralement tous ceux qui ont besoin d'institution ou de *visa*.

Van-Espen, d'après Boucheul & Blondeau, assure que ce n'est pas l'usage de faire subir un *examen* à ceux qui se présentent aux évêques pour obtenir des provisions de bénéfices simples ou non à charge d'ame. On n'exige ordinairement d'eux que la représentation de leur extrait de baptême, & de leurs lettres de tonsure, accompagnés d'un certificat de vie & mœurs. Cependant cet usage ou cette tolérance de la part des évêques ne détruit pas la loi, & il est hors de doute, qu'ils pourroient exiger un *examen*, même pour les bénéfices simples.

Les gradués des universités se prétendoient autrefois exempts de l'*examen* des évêques. Tous nos anciens canonistes leur étoient favorables. *Videtur enim prælatus facere injuriam universitati, volendo suum graduatum examinare*, dit Guymier, dans son commentaire sur la pragmatique sanction, *tit. de coll.* §. *item. Quod universitates*. Probus, Gonzalès, Rebuffe & une foule d'autres sont du même avis. Cependant le relâchement s'étoit déjà introduit dans les universités, dans le temps où ces auteurs écrivoient. On en a une preuve bien frappante, dans le paragraphe 29 de la pragmatique, *ut notum est & cunctis ridiculosum, multi magistrorum nomen obtinent quos adhuc discipulos magis esse deceret*. Malgré cela le concile de Trente, *sess.* 7, *de reform. cap.* 13, en ordonnant que les présentés, les élus & les nommés par quelques personnes que ce fût, même les nonces du S. Siège, & à quelques bénéfices que ce fût, ne pussent se dispenser, sous aucun prétexte, de l'*examen* à subir devant les ordinaires, en excepte les présentés, les élus & les nommés par les universités, *præsentatis tamen, electis, seu nominatis ab universitatibus, seu collegiis generalium studiorum, exceptis*. Il est vrai que l'on prétend que le concile ne parle ici que des bénéfices simples, parce que dans le dix-huitième chapitre du même titre, session vingt-quatrième, il assujettit à l'*examen*, sans aucune distinction, tous les pourvus des cures, *examinentur ab episcopo nominati ad gubernandas parochiales ecclesias, sive eo impedito, ab ejus vicario generali, atque aliis examinatoribus.*

Le clergé de France a toujours combattu vivement les prétentions des universités, & nos rois ont eu égard à ses réclamations. L'article 75 de l'ordonnance de Moulins porte, « nonobstant les de-» grés & nominations d'aucuns soi-disans gradués » nommés, voulons néanmoins & permettons aux » prélats de notre royaume, d'examiner & enquérir ». de la suffisance de ceux qui se présenteront pour »' obtenir, en ladite qualité, aucuns bénéfices : » & faire expédier acte de leur suffisance & insuf-» fisance, & de leurs réponses ou refus, pour, en » jugeant le possessoire des bénéfices, y avoir tel ». égard que de raison ». Il paroît que cet article de l'ordonnance de Moulins, ainsi que le troisième de l'édit de 1596, éprouvèrent des obstacles dans leur exécution. On en peut juger par l'article 90 du cayer de l'assemblée du clergé de 1614, & par le décret du concile de Bordeaux, tenu en 1624, qui porte, *posse ordinarium, quosvis graduatos etiam nominatos, pro beneficiis obtinendis, examinare & repellere indoctos, declaramus.*

L'ordonnance de 1629, *article 10*, ordonna que « les gradués simples ou nommés, qui prétendent » obtenir bénéfices en vertu de leurs degrés, » seront examinés par les ordinaires, avant pou-» voir obtenir aucun bénéfice : duquel *examen* leur » sera baillé acte par ledit ordinaire pour leur ser-» vir en temps & lieu ». Quoique cette ordonnance, si l'on en croit M. le président Henault, soit tombée en désuétude, son article 10, concernant les gradués, a été adopté par toutes les cours, & est en vigueur dans tout le royaume. Il est en effet trop sage pour n'avoir pas reçu son exécution. Depuis long-temps les lettres de degrés & de nomination des universités, ne peuvent plus être considérées comme la preuve indubitable des bonnes mœurs & de la science des gradués. C'est l'opinion de la totalité de nos canonistes modernes, & elle est appuyée sur un arrêt du parlement de Paris qui juge la question, & qui est rapporté par Duperrai, dans sa 29e. question sur le concordat, & par M. Piales, *tom. 3*, du Traité des gradués, *chap. 7.*

Les docteurs en Théologie de la faculté de Paris, ne sont pas plus exempts que les autres de subir l'*examen* des évêques, lorsqu'ils se présentent pour obtenir des *visa* ou des provisions. Ils en sont souvent dispensés : cela dépend de la volonté des prélats. Feu M. de Beaumont, archevêque de Paris, n'étoit point dans cet usage. Il l'exigeoit des docteurs qui se bornoient à lui demander des pouvoirs dans son diocèse.

Ceux qui sont pourvus par le roi de bénéfices simples, sont sans doute exempts de l'*examen*, puisqu'ils prennent possession même canonique sur les seules provisions de sa majesté. En doit-il être de même, des pourvus des cures & autres bénéfices à charge d'ames? Cette question n'est décidée textuellement par aucune loi. Cependant on peut la résoudre par les conséquences qui suivent nécess-

sairement des dispositions de l'édit de 1682. Sa majesté déclare que nul ne pourra être, par elle, pourvu des doyennés & autres bénéfices à charge d'ame qui vaqueront en régale, ni des archidiaconés, théologales, pénitenceries, & autres bénéfices à charge d'ame, dont les titulaires ont droit d'exercer quelque jurisdiction & fonction spirituelle, s'il n'a l'âge, les degrés, & autres capacités prescrites par les saints décrets. Les pourvus de ces bénéfices seront tenus de se présenter aux vicaires généraux du chapitre cathédral, si le siège est vacant, ou à l'évêque si le siège est rempli, pour en obtenir l'approbation & la mission canonique; avant de pouvoir faire aucune fonction. Dans le cas de refus, les vicaires généraux du chapitre ou l'évêque, doivent en expliquer les causes par écrit, pour être, par sa majesté, pourvu d'autres personnes, si elle le juge à propos, ou pour que ceux qui sont refusés puissent se pourvoir par l'appel aux supérieurs ecclésiastiques, ou par les autres voies de droit observées dans le royaume.

De ces dispositions de l'édit de 1682, il suit que l'évêque a droit de refuser l'approbation & la mission canonique, aux pourvus par le roi des bénéfices désignés par la loi. Il doit en outre, en cas de refus, donner par écrit ses motifs, qui ne peuvent porter que sur les capacités prescrites par les saints canons. Parmi ces capacités, les bonnes mœurs & la doctrine tiennent le premier rang. Mais il ne peut pas s'en assurer sans les examiner. L'*examen* est donc un préalable auquel les pourvus par le roi, des bénéfices dont les titulaires exercent quelque jurisdiction & fonction spirituelle, ne peuvent se soustraire, si l'évêque ou les vicaires généraux du chapitre l'exigent.

Les ordinaires, en examinant ceux qui se présentent pour obtenir des provisions & *visa* des bénéfices, doivent éviter de faire aucune entreprise sur la jurisdiction temporelle, & de ne pas se servir du prétexte de l'*examen*, pour rejetter des pourvus qui auroient les qualités suffisantes. Il est de maxime constante parmi nous, qu'ils ne peuvent prendre connoissance du possessoire des bénéfices, ni statuer sur ce qui y a trait : *regis enim est de possessione jus dicere & possessiones tueri. Voyez* VISA. Mais ils ont droit de connoître de toutes les qualités personnelles des pourvus ou des nommés. *Voyez* CAPACITÉS. Notre objet n'est ici que de traiter ce qui a rapport à la science.

Aucun canon, ni aucune loi civile n'a fixé le degré de science que doivent avoir ceux qui se présentent pour obtenir les provisions ou *visa* des bénéfices. On s'en est toujours rapporté à la prudence & à la conscience des ordinaires. Mais ils ne doivent point abuser de la confiance que la loi leur accorde. Comme ils sont collateurs forcés, & que ceux qui se présentent à eux ont des droits aux bénéfices, ils doivent ne pas perdre de vue qu'en les examinant, ils font non seulement un acte d'administration, mais encore un acte de justice.

juftice. C'eft une maxime admife, même par les théologiens cafuiftes, que lorfqu'on eft muni d'un titre qui donne droit au bénéfice, il n'eft pas néceffaire d'être très-digne, mais qu'il fuffit d'être digne, & même de n'être pas indigne.

Les queftions propofées par les examinateurs doivent être proportionnées, & relatives à la nature & à la qualité du bénéfice. Il faut plus de fcience pour être curé dans une grande ville, que dans un village ou dans un hameau. Un curé doit avoir des connoiffances qui ne font pas néceffaires à un chanoine. Un doyen, un archidiacre, un pénitencier, un théologal, doivent être beaucoup plus inftruits qu'un fimple chanoine. Un bénéfice fimple peut être poffédé par un enfant de dix ans, & n'exige pas autant de lumières qu'un bénéfice auquel des fonctions importantes & une jurifdiction fpirituelle font attachées. Ce feroit donc une vexation, une injuftice, & une chofe déraifonnable, de faire fubir à toutes fortes de pourvus ou de préfentés, le même examen & fur les mêmes matières.

Ajoutons que, felon la décifion d'Innocent III, au chapitre nifi cum pridem, titul. de renonciat. l'églife fe contente dans fes miniftres d'une fcience, fuffifante ou compétente, fans en exiger une transcendante. Elle préfère des talens médiocres, mais animés par la charité & par le zèle, à des talens fupérieurs, qui ne feroient pas accompagnés de ces deux vertus : imperfectum fcient æ, fupplere poteft perfectio charitatis. Ce feroit donc aller vifiblement contre le vœu de la loi, que de s'occuper dans l'examen dont il s'agit, des queftions épineufes de la théologie fcholaftique, qui fouvent font des problèmes pour ceux qui en font leur unique occupation. On doit pareillement éviter toute demande captieufe, qui ne tendroit qu'à embarraffer le répondant, & à jetter dans fon efprit un trouble capable de l'empêcher de répondre aux queftions les plus fimples; en un mot, un examinateur doit être un juge impartial, qui cherche à s'affurer de la fuffifance des lumières de celui qu'il examine, & non pas un fophifte qui n'a d'autre but que de remporter la palme aride de la difpute. Rien de plus fage, que ce qui eft prefcrit à ce fujet par un concile de Rouen : caveant illi examinatores, ne declinent ad dexteram aut ad finiftram, fed coram Deo & pro falute animarum, quæ providendo committuntur judicent. Les examinateurs ne devroient jamais oublier que le favant & vertueux Nicole, ne put, quoiqu'au moins auffi inftruit que fes interrogateurs, répondre aux queftions qui lui furent propofées. La timidité eft affez fouvent compagne du vrai mérite.

Quoiqu'on ne doive jamais fuppofer dans les fupérieurs eccléfiaftiques l'intention de nuire & de vouloir être injuftes, cependant la loi n'a pas laiffé entièrement à leur difcrétion, le fort des impétrans. Un refus, pour caufe d'ignorance, non-feulement dépouille celui qui l'effuie, d'un droit acquis à un bénéfice, mais en même temps lui imprime une

tache deshonorante, qui peut influer fur le refte de fa vie. Il étoit donc très-important d'empêcher l'arbitraire dans une pareille matière; c'eft pourquoi l'édit de 1695, & les loix précédentes que nous avons rapportées, ordonnent aux évêques de rendre compte par écrit du motif de leur refus. S'il eft caufé pour défaut de fcience, ils ne peuvent le juftifier qu'en rapportant un procès-verbal qui contienne les interrogats qui ont été faits au fujet examiné, & les réponfes qu'il y a données. Cette loi a paru fi fage, que le concile de Rouen, déjà cité, l'a mife parmi fes décrets : tam interrogata quàm responfa, in fcriptis redigantur, & fecretario tradantur fervanda, fi forte lis de capacitate aut incapacitate fuborta fuerit. On fe fert du miniftère de notaires pour rédiger le procès-verbal. Cette pièce eft un monument authentique, qui dépofe de la juftice ou de l'injuftice du refus, qui fans elle feroit abufif; ce procès-verbal ne peut être fuppléé par des écrits fous feing-privé.

Quelquefois les évêques ne jugeant pas le fujet qui fe préfente à l'examen, abfolument incapable, l'envoient dans un féminaire, pour y étudier pendant quelques mois, ou chez un curé de leur diocèfe, pour s'y former aux fonctions du faint miniftère. Ils n'ont pas ce droit; la partie intéreffée peut cependant y confentir, & alors perfonne n'a à s'en plaindre; il en réfulte feulement l'inconvénient réel d'une plus longue vacance pour le bénéfice.

Il arrive que les évêques refufent des provifions ou des vifa, fans procéder à l'examen de celui qui les leur demande; on les voit même dans certaines occafions, déclarer qu'ils ne peuvent en confcience les accorder, pour des raifons importantes à eux connues. Dans ce cas on fe pourvoit affez fouvent par-devant le métropolitain, avant d'interjetter appel comme d'abus, du refus. Les canoniftes ont agité la queftion de favoir, fi le métropolitain peut alors examiner le fujet refufé. Il en eft qui voudroient qu'il le renvoyât devant l'évêque diocéfain pour fubir l'examen. Ce renvoi paroît à d'autres injufte & mal fondé; ils difent, avec raifon, que ce feroit occafionner à l'appellant des voyages & des frais fruftratoires; que le métropolitain, juge du refus qui n'a pas été motivé, doit avant tout s'affurer de la capacité du fujet, qui s'eft rendu appellant, non pas parce qu'il n'avoit pas été examiné, mais à caufe du refus de provifion; le métropolitain ne peut réformer ce jugement fans avoir rempli le préalable exigé par la loi : cela feul peut le mettre dans le cas de prononcer fur la validité ou l'invalidité du refus. Dans une caufe jugée en 1775, & dont nous rendrons compte à l'article GRADUÉS, M. l'avocat général Séguier établit que l'examen en pareil cas étoit légitime & régulier.

Si l'ordinaire n'avoit point fait dreffer un procès-verbal de l'examen, & qu'il refufât les provifions, il n'eft pas douteux que dans le cas d'appel au métropolitain , ce dernier doit exiger une nouvelle épreuve , & procéder à un nouvel *examen*. Mais s'il existe un procès-verbal , *quid juris ?*

On tient ordinairement que lorsqu'il y a procès-verbal de l'examen , le métropolitain ne doit pas en faire subir un nouveau , & qu'il doit seulement prononcer d'après les réponses qui sont insérées au procès-verbal. Il n'a à juger que la suffisance ou l'insuffisance de ces réponses ; c'est ainsi que le clergé de France pensoit en 1550, lorsqu'il se plaignit vivement du procédé du vicaire-général de l'archevêque de Lyon , qui en qualité de primat , sans égard aux refus de l'archevêque de Sens , comme métropolitain , & de l'évêque d'Auxerre comme ordinaire , avoit fait expédier des provisions à un impétrant de cour de Rome , après l'avoir admis à un nouvel examen. Les prélats assemblés qualifièrent cette conduite d'attentat & de contravention aux loix.

Le clergé paroît s'être éloigné de ces principes en 1655, lorsqu'il ordonna à ses agens d'intervenir au conseil du roi , pour demander la cassation d'un arrêt du parlement de Rouen , qui avoit déclaré y avoir abus dans une commission de cour de Rome , adressée à l'évêque de Lizieux , pour examiner de nouveau un résignataire , auquel l'archevêque de Rouen avoit accordé des provisions , après avoir jugé que ses réponses à l'*examen* qu'il avoit prêté devant l'évêque de Seez , & qui se trouvoient consignées dans un procès-verbal , étoient suffisantes & n'avoient pu être un motif légitime du refus qu'il avoit éprouvé. L'arrêt du parlement de Rouen n'a pas été cassé , soit que l'instance n'ait point été suivie , soit à cause du décès ou du désistement du pourvu par l'archevêque de Rouen.

Mais en 1735, le clergé revint aux anciens principes , & les agens dans leur rapport , établirent que la concession d'un nouvel *examen* , dans le cas dont il s'agit , est un abus d'autorité. Il paroît que le parlement de Paris les avoit déjà adoptés , du moins en partie. Le sieur Lambert , chanoine régulier , ayant été présenté à la cure de S. Firmin en Vermandois , l'évêque de Blois lui refusa des provisions , par la raison que le bénéfice étoit déjà conféré au sieur Latrou. Le sieur Lambert se pourvut devant l'archevêque de Paris , métropolitain de Blois : il subit un *examen* , & essuya un refus pour cause d'incapacité. Il eut recours au primat , qui , satisfait de ses réponses au premier *examen* , lui accorda des provisions. Le sieur Latrou en interjetta appel comme d'abus , sous prétexte que le primat n'avoit pu les accorder au sieur Lambert , sans lui faire subir un nouvel *examen*. M. Chauvelin , qui portoit la parole dans cette cause , dit , « que la véritable » difficulté étoit de savoir , si lorsque l'évêque a » examiné & fait mention dans son refus , de » l'*examen* & de la cause de ce refus , le supé- » rieur auquel on se pourvoit par la voie de l'ap- » pel , doit examiner de nouveau : que cela pa- » roissoit absolument inutile , puisqu'il peut juger

sur le premier *examen*. C'est d'après ce premier » *examen* , continua ce magistrat , qu'il doit décider » si le refus est juste ou injuste. Le 12e article de » l'ordonnance de Blois , le 14e de celle de Me- » lun , & le 3e de l'édit de 1695 , ne parlent en » effet que des évêques ; mais le 3e de l'ordon- » nance de Blois , & le 15e de celle de Melun , » règlent pour les autres supérieurs une forme » différente. Les édits veulent seulement que les » supérieurs fassent inquisition des causes du refus : » or , c'est ce que M. l'archevêque de Lyon a fait » par rapport au sieur Lambert , puisque dans l'ins- » titution canonique qu'il lui a donnée , il a visé » le refus de M. l'archevêque de Paris , qui étoit » causé pour insuffisance de doctrine , & on ne » peut douter que M. l'archevêque de Lyon n'ait » vu aussi le procès-verbal d'*examen* , puisque le » refus de M. l'archevêque de Paris est au pied : » conséquemment il n'y a point abus ». C'est à quoi conclut M. Chauvelin , & l'arrêt qui est du 22 mai 1710, prononça conformément à ses conclusions.

En 1732, le sieur Oudet , qui avoit essuyé trois refus successifs de l'ordinaire , du métropolitain & du primat , pour la cure de Nesle , diocèse de Meaux , à laquelle il avoit été présenté par un patron ecclésiastique , se pourvut par la voie de l'appel comme d'abus , contre les deux derniers , parce qu'il prétendoit que le métropolitain & le primat auroient dû l'admettre à un nouvel *examen* selon ses offres , pour juger de la suffisance ou insuffisance des réponses qu'il avoit faites à celui qu'il avoit subi devant l'évêque diocésain. Par arrêt rendu en la grand-chambre du parlement de Paris , le 7 juin 1735, sur les conclusions de M. l'avocat général Gilbert de Voisins , il fut dit qu'il n'y avoit abus , & l'appellant fut condamné en l'amende & aux dépens.

De ces arrêts il faut conclure que , lorsqu'un sujet examiné par l'évêque diocésain est rejetté pour cause d'ignorance , la voie de l'appel au supérieur ecclésiastique , ne lui donne pas droit d'exiger que ce supérieur procède vis-à-vis de lui à un nouvel *examen*. Nous avons même dit plus haut que le supérieur ne le pouvoit pas sans excéder son pouvoir : mais cette règle générale ne souffre-t-elle aucune exception ?

L'*examen* est un moyen que les canons & les ordonnances veulent que les évêques emploient , pour s'assurer de la capacité de ceux vis-à-vis desquels ils sont collateurs forcés. Mais , ni l'église , ni l'état , n'ont eu intention de leur mettre entre les mains une arme meurtrière , dont ils pourroient se servir pour satisfaire leur haine ou leur mauvaise volonté : l'*examen* , comme nous l'avons dit , doit être proportionné à la qualité du bénéfice , & relatif aux fonctions qui y sont attachées. Si oubliant ces règles , les examinateurs proposoient des questions abstraites , épineuses , plus du ressort d'une métaphysique difficile , que de la morale ;

s'ils interrogeoient un jeune clerc, comme ils devroient interroger un docteur en théologie, &c. ;
il n'est pas douteux que le sujet refusé parce qu'il
n'auroit pas répondu d'une manière satisfaisante,
auroit droit de se plaindre de cet injuste procédé.
S'il recouroit au supérieur hiérarchique, son appel
porteroit, non pas sur l'examen en lui-même,
mais sur la forme. Il ne se plaindroit pas de ce
qu'il a été examiné, il n'allégueroit pas qu'il a
suffisamment répondu ; mais il diroit, avec raison,
on m'a proposé des questions auxquelles je n'étois
pas obligé de répondre, on a exigé que j'eusse des
connoissances qui ne sont pas nécessaires pour
remplir convenablement le bénéfice auquel j'ai
droit. Dans ce cas, si le supérieur ecclésiastique
jugeoit que le premier *examen* fût injuste, il devroit en faire subir un nouveau, dans lequel il
éviteroit les défauts essentiels qui se rencontrent
dans le premier. S'il confirmoit le premier purement
& simplement, il deviendroit complice de la vexation & de l'injustice commises par son inférieur :
il n'est pas douteux que les cours séculieres décla-
reroient abusif un refus de l'ordinaire, fondé sur
un *examen* suivi de la manière dont nous le supposons, & qu'elles renverroient le sujet devant
le métropolitain, pour procéder à une nouvelle
épreuve. N'est-il pas naturel que le métropolitain
réforme de lui-même une injustice de son inférieur, plutôt que d'attendre qu'il y soit forcé par
l'autorité séculiere ? ainsi, en général, le métropolitain & tout autre supérieur dans la hiérarchie
ecclésiastique, ne doit point admettre à un nouvel
examen un sujet refusé par l'ordinaire pour cause
d'ignorance, lorsqu'il y a un procès-verbal du
premier *examen* ; mais il le peut, & il le doit, lorsque
l'appellant se plaint qu'il a été mal examiné & que
ses plaintes sont fondées.

Mais si l'impétrant refuse de subir l'*examen* que
l'ordinaire est en droit d'exiger, il ne doit point
être écouté par le supérieur dans le cas de l'appel :
il n'y a point eu alors de jugement de la part de
l'ordinaire, il n'y a point eu de déni de justice,
il n'y a donc aucune dévolution ouverte au supérieur. Celui-ci ne pourroit, sans usurper une autorité que lui refusent les règles de la hiérarchie
ecclésiastique, pourvoir un sujet qui a voulu se
soustraire à la loi, & à un premier jugement qui
seul peut être le fondement d'un appel. (*M. l'abbé*
BERTOLIO, avocat au parlement.)

Des examens en matiere civile. Nous avons déjà
dit que les aspirans aux degrés que confere dans
les universités, & les pourvus d'une charge,
étoient obligés, suivant les loix & ordonnances
du royaume, de subir des *examens* avant d'être
admis à l'obtention des degrés, ou à l'exercice des
charges.

Les *examens* qu'on subit dans les universités sont
des actes probatoires, mais privés en quelque sorte,
puisqu'ils ne sont faits que par quelques examinateurs, désignés ou tirés au sort dans chaque fa-

culté. Dans celle des arts, il n'y a que des *examens* à subir pour obtenir le grade de maître ès-
arts ; mais dans les facultés supérieures, outre ces
examens, les candidats sont tenus de soutenir des
thèses publiques, auxquelles ils ne sont admis qu'autant qu'ils ont satisfait aux *examens* privés.

Les droits que donnent les degrés obtenus dans
les différentes facultés, & l'entrée qu'ils ouvrent
aux emplois les plus importans, aux fonctions les
plus essentiellement liées avec le bonheur & le repos public, devroient bien inspirer aux examinateurs, l'exactitude & la juste sévérité que demande
le ministère délicat qui leur est confié ; leur négligence, leur trop grande facilité à le remplir, qu'ils
colorent du beau nom d'indulgence, a plus que
toute autre cause contribué à faire tomber les études publiques, & à remplir presque tous les états
de sujets qui, décorés de titres scientifiques, n'ont
quelquefois aucune teinture des sciences, ni même
les premières connoissances nécessaires pour les
places auxquelles ils parviennent à la faveur de ces
titres.

Les *examens* sont cependant censés rigoureux,
& c'est ainsi que les universités les qualifient dans
les lettres qu'elles donnent à leurs gradués, mais
le sont-ils véritablement ? La question est aisée à
résoudre, il suffit de connoître la plupart de ceux
qui ont subi cette épreuve.

Quoiqu'on puisse imputer quelque relâchement
aux universités dans leur discipline, ce ne seroit
pas seulement dans leur réforme qu'on trouveroit
les moyens propres à la rétablir. Le mal tient à
d'autres causes, que le gouvernement peut faire
cesser. Les universités sont composées de gens instruits & pleins d'honneur ; les membres qui les
composent connoissent l'étendue de leurs devoirs,
& font tout ce qui dépend d'eux pour maintenir
le goût des sciences & l'amour de l'étude. Mais il
existe, indépendamment d'eux, des causes de relâchement auxquelles il leur est impossible de remédier.

Il est d'abord certain que si, dans le nombre des
universités du royaume, il en existe une seule qui
se relâche de la rigueur de la discipline, il en
résulte nécessairement une diminution de vigilance
dans les autres, dont les écoles, par cette raison,
sont désertes & réduites à un petit nombre de sujets.
On peut remarquer, à cet égard, que le relâchement imputé à plusieurs universités de France,
vient de la facilité avec laquelle on confere des
degrés dans celle d'Avignon, dont les gradués sont
admis aux charges & emplois publics.

Le grand nombre & la vénalité des charges font
une seconde cause du peu de rigueur que l'on met
dans les *examens* qu'on fait subir aux candidats
avant de les admettre aux degrés. Les besoins pressans de l'état ont souvent engagé le gouvernement à recourir à des créations de charges & offices ; on compte dans les revenus ordinaires la taxation de ceux qui tombent aux parties casuelles, &
le centième denier payé annuellement par les titu-

laires. Ces deux sources d'un produit annuel se trouveroient bientôt taries, si les universités ne conféroient des degrés qu'à ceux qui auroient subi avec honneur un *examen* rigoureux. Les examinateurs sont donc obligés de consentir eux-mêmes au relâchement de la discipline, afin de ne pas priver le gouvernement des ressources pécuniaires qu'il attend de cette multitude d'offices.

Les épreuves que l'on subit dans les universités sont les mêmes pour tous ceux qui viennent y prendre des degrés. Mais doit-on exiger le même genre d'étude, & la même étendue de connoissance dans des sujets qui doivent remplir des fonctions totalement différentes ? Ne seroit-il pas trop dur d'exiger, par exemple, une étude approfondie du droit romain & du droit canonique, pour conférer des degrés à celui qui vient de traiter d'une charge dans un bureau des finances, une élection, une maitrise des eaux & forêts ? certainement, agir de la sorte, ce seroit aller contre l'esprit & l'intention de la loi, en remplissant la lettre. Je ne dissimulerai pas que cette distinction, fondée sur la raison & l'équité, produit quelques abus. Celui qui a obtenu des degrés par une considération particulière, sans avoir subi un *examen* rigoureux sur les objets d'étude prescrits par les réglemens, acquiert la capacité extérieure pour remplir toute espèce d'office, & il arrive souvent que l'augmentation dans sa fortune, ou sa propre ambition, lui font quitter le premier état auquel il s'étoit destiné, & qu'il se fait pourvoir ensuite d'une charge, qui demande des connoissances beaucoup plus étendues. Mais le législateur a pourvu d'avance à la décharge des examinateurs des universités, en obligeant à un nouvel *examen* ceux qui passent à des offices plus importans.

Une troisième cause du relâchement apparent des universités, vient de la manière dont s'y traite l'enseignement public. Par un attachement superstitieux & ridicule aux anciennes formes académiques, les leçons des professeurs se donnent dans une langue étrangère, les thèses & les *examens* se font dans cette même langue. Parmi ceux qui aspirent aux degrés, les uns ont fait peu de progrès dans l'étude de la langue latine, d'autres en ont perdu l'usage & l'exercice, parce que pendant plusieurs années ils ont été occupés du soin de leurs familles, & de leurs affaires domestiques. Si on leur opposoit la difficulté qu'ils ont de s'exprimer dans cette langue étrangère, il arriveroit très-souvent qu'on refuseroit des degrés à des personnes pleines de mérite & d'expérience, & très-propres à remplir différentes charges de judicature. Il faut donc alors que les examinateurs se relâchent eux-mêmes de la rigueur de la loi, & ne privent pas le public des services qu'un citoyen utile est dans le cas de lui rendre.

Concluons de tout ceci qu'il est nécessaire que les universités apportent plus de vigilance & d'attention dans la concession des degrés, & plus de rigueur dans les *examens* ; mais convenons aussi qu'il leur sera impossible d'en venir à bout, tant que les choses resteront sur le pied où elles sont.

Le législateur a si bien senti l'insuffisance des *examens* subis dans les universités, que les juges des cours supérieures & des justices inférieures, sont assujettis dans les tribunaux à subir, avant leur réception, une espèce d'*examen*, lors duquel chacun des conseillers & présidens, peut leur proposer quelque question à résoudre, soit sur le droit en général, soit sur les ordonnances, soit sur les coutumes particulières du ressort.

Les gens du roi sont également assujettis à cet *examen*, & l'on n'en dispense communément que ceux qui, dans les mêmes tribunaux, ont rempli pendant un certain espace de temps la profession d'avocat avec distinction.

Au châtelet de Paris, les procureurs & les notaires ne sont reçus qu'après un *examen* qui se fait devant toutes les colonnes assemblées dans la chambre du conseil. Mais les juges seigneuriaux sont reçus simplement en l'hôtel du lieutenant-civil, sans aucun *examen* préalable.

Il paroît singulier que les notaires & les procureurs soient assujettis à l'épreuve d'un *examen*, & qu'on en dispense les juges des seigneurs. On devroit néanmoins s'assurer de la capacité de ces derniers, si l'on considère l'importance & les suites de leurs fonctions, & le peu de secours qu'ils peuvent trouver dans les campagnes.

EXCAVATION, s. f. (*Droit public. Police.*) On donne ce nom aux fouilles que l'on fait dans les villes & dans les campagnes, soit pour construire des ouvrages souterreins, soit pour tirer des entrailles de la terre les pierres, les métaux, les sables, les mines, &c. *Voyez* CARRIÈRE, CAVE, MINE.

EXCEPTION, s. f. ce mot *en droit* a plusieurs acceptions. Il signifie 1°. *réserve ;* ainsi quand on dit que quelqu'un donne tous ses biens, à l'*exception* d'une maison, ou autre effet, cette phrase signifie qu'il se réserve la propriété de l'objet excepté, & qu'il ne fait pas partie de la donation.

2°. *Exception* est aussi quelquefois une dérogeance à la règle en faveur de quelques personnes dans certains cas : on dit communément qu'il n'y a point de règle sans *exception*, parce qu'il n'y a point de règle, si étroite soit-elle, dont quelqu'un ne puisse être exempté dans des circonstances particulières ; c'est aussi une maxime en droit, que *exceptio firmat regulam,* c'est-à-dire, qu'en exemptant de la règle celui qui est dans le cas de l'*exception*, c'est tacitement prescrire l'observation de la règle pour ceux qui ne sont pas dans un cas semblable.

3°. *Exception* signifie plus particulièrement, en style de procédure, les moyens & fins de non-recevoir qu'on oppose à une demande. Au reste, on comprend sous ce terme toutes sortes de défenses. Il y a des *exceptions*, proprement dites ;

telles que les *exceptions* dilatoires & déclinatoires qui ne touchent point le fond, & d'autres *exceptions* péremptoires qui font la même chofe que les défenfes au fond. Comme elles ont chacune une dénomination particulière, nous allons les rapporter par ordre alphabétique.

Exception d'argent non compté, *non numeratæ pecuniæ*, eft la défenfe de celui qui a reconnu avoir reçu une fomme, quoiqu'il ne l'ait pas réellement reçue.

Suivant l'ancien droit romain, cette *exception* pouvoit être propofée pendant cinq ans; par le droit nouveau, ce délai eft réduit à deux ans, à l'égard des reconnoiffances pour prêt, vente, ou autre caufe femblable; mais la loi ne donne que trente jours au débiteur, pour fe plaindre du défaut de numération des efpèces dont il a donné quittance.

Comme dans le cas d'une reconnoiffance furprife fans numération d'efpèces, il pourroit arriver que le créancier laiffât paffer les deux ans, de peur qu'on ne lui oppofât le défaut de numération, la loi permet au débiteur de propofer cette *exception* par forme de plainte, de la rétention injufte faite par le créancier d'une obligation fans caufe.

Cette *exception* étoit autrefois reçue dans toute la France, fuivant le témoignage de Rebuffe.

Préfentement elle n'eft reçue dans aucun parlement du royaume contre les actes authentiques, lorfqu'ils portent qu'il y a eu numération d'efpèces en préfence des notaires, le débiteur n'a dans ce cas que la voie d'infcription de faux.

A l'égard des actes qui ne font point mention de la numération en préfence des notaires, l'ufage n'eft pas uniforme dans tous les parlemens.

L'exception eft encore reçue en ce cas dans tous les parlemens de droit écrit, mais elle s'y pratique diverfement.

Au parlement de Touloufe elle eft reçue pendant dix ans: mais fi elle eft propofée dans les deux ans, c'eft au créancier à prouver le paiement, au lieu que fi elle n'eft propofée qu'après les deux ans, c'eft au débiteur à prouver qu'il n'a rien reçu. Telle eft la doctrine qu'enfeigne M. Catelan, *tom.* 2, *liv.* 5, *art.* 57. Mais M. Fromental affure, au contraire, dans fes décifions, au mot *Exception*, que c'eft toujours au débiteur à prouver le défaut de numération des efpèces, foit que l'*exception* ait été propofée dans les deux ans ou dans les dix ans.

Au parlement de Grenoble, c'eft toujours au débiteur à prouver le défaut de numération.

Dans celui de Bordeaux elle eft reçue pendant 30 ans, mais il faut que la preuve foit par écrit; & l'*exception* n'eft pas admife contre les contrats qui portent numération réelle.

La coutume de Bretagne, *art.* 280, accorde une action pendant deux ans à celui qui a reconnu avoir reçu, lorfque la numération n'a pas été faite.

On tient pour maxime, en général, que l'*exception* d'argent non compté n'eft pas reçue au parlement de Paris, même dans les pays de droit écrit de fon reffort, ce qui reçoit néanmoins quelque explication.

Il y a d'abord quelques coutumes dans le reffort de ce parlement, qui admettent formellement l'*exception* dont il s'agit, même contre une obligation ou reconnoiffance authentique; mais c'eft au débiteur à prouver le défaut de numération; telles font les coutumes d'Auvergne, *chap.* 28, *art.* 4 & 5, la Marche, *art.* 99.

Dans les autres lieux du reffort de ce même parlement, où il n'y a point de loi qui admette l'*exception*, elle ne laiffe pas d'être auffi admife, mais avec plufieurs reftrictions; favoir, que c'eft toujours au débiteur à prouver le défaut de numération, quand même il feroit encore dans les deux années; il faut auffi qu'il obtienne des lettres de refcifion contre fa reconnoiffance dans les dix ans à compter du jour de l'acte; & fuivant l'ordonnance de Moulins & celle de 1667, il ne peut être admis à prouver par témoins, le défaut de numération d'efpèces, contre une reconnoiffance par écrit, encore qu'il fût queftion d'une fomme moindre de 100 livres, à moins qu'il n'y ait déjà un commencement de preuve par écrit. Mais lorfqu'il s'agit d'un acte authentique qui fait mention de la numération d'efpèces à la vue des notaires, il n'y a en ce cas, que la voie d'infcription de faux, ou le ferment du débiteur. *Voyez* FAUX, & SERMENT.

Exception civile, fuivant le droit romain, étoit celle qui dérivoit du droit civil, c'eft-à-dire de la loi, telles que les *exceptions* de la falcidie, de la trébellianique, de difcuffion & de divifion, à la différence des *exceptions* prétoriennes qui n'étoient fondées que fur les édits du préteur, telles que les *exceptions* de dol, *quod vi, quod metûs caufâ vel jurifjurandi*. *Voyez* CRAINTE, DOL, FALCIDIE, &c.

Exception déclinatoire, eft celle par laquelle le défendeur, avant de propofer fes moyens au fond, décline la jurifdiction du juge devant lequel il eft affigné, & demande fon renvoi devant fon juge naturel, ou devant le juge de fon privilege, ou autre juge qui doit connoître de l'affaire par préférence à tous autres.

Les *exceptions déclinatoires* doivent être propofées avant conteftation en caufe; autrement on eft réputé avoir procédé volontairement devant le juge, & on n'eft plus recevable à décliner. *Voyez* DÉCLINATOIRE & RÉTENTION.

Exception de la chofe jugée, *exceptio rei judicatæ*, c'eft la défenfe que l'on tire de quelque jugement. *Voyez* CHOSE JUGÉE.

Exception dilatoire, eft celle qui ne touche pas le fonds; mais tend feulement à obtenir quelque délai. Par exemple, celui qui eft affigné comme héritier, peut demander un délai pour délibérer, s'il n'a pas encore pris qualité.

De même celui auquel on demande le paiement d'une dette avant l'échéance, peut opposer que l'action est prématurée.

Ces sortes d'*exceptions* sont purement dilatoires, c'est-à-dire, qu'elles ne détruisent pas la demande; mais il y en a qui peuvent devenir péremptoires, telle que l'*exception* par laquelle la caution demande la discussion préalable du principal obligé; car si par l'événement le principal obligé se trouve solvable, la caution demeure déchargée.

Celui qui a plusieurs *exceptions dilatoires* les doit proposer toutes par un même acte, excepté néanmoins la veuve & les héritiers d'un défunt, qui ne sont tenus de proposer leurs autres *exceptions* qu'après que le délai pour délibérer est expiré. *Voyez l'ordonnance de 1667, tit. 5, art. 6, & tit. 6 & 9.*

Exception de discussion & de division, sont celles par lesquelles un obligé réclame le bénéfice de discussion ou celui de division. *Voyez* DISCUSSION & DIVISION.

Exception de dol, *exceptio doli mali*, est la défense de celui qui oppose qu'on l'a trompé. Cette *exception* est perpétuelle, suivant le droit romain, quoique l'action de dol soit sujette à prescription. *Voyez* DOL.

Exception négatoire, est la défense qui consiste seulement dans la dénégation de quelque point de fait ou de droit. *Voyez* DÉNÉGATION. (*A*)

Exception péremptoire, est de deux sortes; l'une détruit l'action, & on l'appelle aussi *défense* ou *moyen au fonds*; tel est le moyen de la dette qui est demandée, tels sont aussi les moyens résultans d'une transaction, d'une renonciation ou d'une prescription, par vertu de laquelle le défendeur doit être déchargé de la demande. Ces sortes d'*exceptions* peuvent se proposer dans tout état de cause.

La seconde espèce, sans détruire l'action au fonds, en empêche néanmoins l'effet, quant au moment actuel. Telle est, par exemple, l'*exception* fondée sur la nullité d'un exploit. Cette nullité empêche l'effet de l'action intentée par cet exploit; mais elle ne détruit pas le droit sur lequel l'action est fondée, & le demandeur peut ordinairement donner une nouvelle assignation, & procéder au fonds sur cette nouvelle demande.

L'ordonnance exige que cette dernière espèce d'*exceptions* soit proposée pour être jugée avant le fonds.

Exception perpétuelle: on appelle quelquefois ainsi l'*exception* péremptoire, parce qu'elle tend à libérer pour toujours le débiteur; à la différence de l'*exception* dilatoire, qui ne fait qu'éloigner pour un temps le jugement de la demande.

On peut aussi entendre par *exception perpétuelle*, celle qui peut être proposée en tout temps, comme sont la plupart des *exceptions*, lesquelles sont perpétuelles de leur nature, suivant la maxime *temporalia ad agendum perpetua sunt ad excipiendum.* Les *exceptions perpétuelles* prises en ce sens, sont opposées à celles qui ne peuvent être opposées après un certain temps, telles que sont toutes les *exceptions* dilatoires, l'*exception* d'argent non compté, & celle de la dot non payée.

Exception personnelle, est celle qui est accordée à quelqu'un en vertu d'un titre ou de quelque considération qui lui sont personnels; par exemple, si on a accordé une remise personnelle à un de plusieurs obligés solidairement, cette grace dont il peut seul *exciper*, ne s'étend point aux autres co-obligés, lesquels peuvent être poursuivis chacun solidairement.

Exception réelle, est celle qui se tire *ex visceribus rei*, & qui est inhérente à la chose, telle que l'*exception* de dol, l'*exception de la chose jugée*, & plusieurs autres semblables: ces sortes d'*exceptions* peuvent être opposées par tous ceux qui ont intérêt à la chose, soit co-obligés ou cautions; ainsi lorsqu'un des co-obligés a transigé avec le créancier, les autres co-obligés peuvent *exciper* contre lui de la transaction, quoiqu'ils n'y aient pas été parties.

Exception temporaire, ou comme quelques-uns l'appellent improprement, *exception temporelle*, est celle dont l'effet ne dure qu'un temps, telles que les *exceptions* dilatoires, ou qui ne peut être proposée que pendant un certain temps, comme l'*exception* d'argent non compté.

Au reste ceux qui voudront connoître plus à fond cette matière, peuvent consulter les mots auxquels nous avons renvoyé; le *titre 13 du liv. 4 des Instituts*, & le *44 livre du Digeste*, où il est traité des différentes espèces d'*exceptions*.

EXCIPER, v. neut. *terme de pratique* qui signifie; 1°. *fournir des exceptions* proprement dites, 2°. employer une pièce pour sa défense. L'on dit, par exemple, *exciper* d'une renonciation, d'une quittance; il n'est pas permis d'*exciper* du droit d'autrui, c'est-à-dire, de vouloir se faire un moyen d'une chose qui n'intéresse qu'un tiers, & non celui qui en *excipe*. *Voyez* EXCEPTION.

EXCLUSIF, adj. *en droit*, signifie qui a l'effet d'exclure. On appelle *droit ou privilège exclusif*, celui qui est accordé à quelqu'un pour faire quelque chose, sans qu'aucune autre personne ait la liberté de faire le semblable. *Clause exclusive*, est celle qui défend d'employer quelque chose en certains usages ou au profit de certaines personnes. *Voix exclusive* dans les élections, est celle qui tend à empêcher que quelqu'un ne soit élu. (*A*)

EXCLUSION, s. f. se dit *en droit*, de tout ce qui a l'effet d'empêcher quelqu'un de jouir des choses établies par l'usage & le droit commun. Par exemple, la loi coutumière regarde ordinairement les conjoints par mariage, comme uns, & communs en tous leurs biens-meubles & conquêts immeubles; mais cette communauté peut être restreinte, à certains objets, & même totalement interdite entre les conjoints, par une clause d'*exclu-*

fion de communauté, insérée dans leur contrat de mariage.

De même la loi naturelle & civile appelle tous les enfans à la succession de leur père & mère; on peut néanmoins donner, à cet égard, l'*exclusion* à quelques-uns d'eux, soit par une clause de renonciation à ces successions futures, apposée à la constitution de dot qui leur est faite dans le temps de leur mariage, soit par une exhérédation formelle.

L'*exclusion* de communauté stipulée dans un contrat de mariage doit être insinuée au bureau, dans l'arrondissement duquel le mari étoit domicilié, lors de cette stipulation, à peine d'amende. *Voyez* COMMUNAUTÉ, DOT, EXHÉRÉDATION, SUCCESSION.

EXCOMMUNICATION, s. f. (*Droit canon.*) peine ecclésiastique, par laquelle on sépare & prive quelqu'un de la communication ou du commerce qu'il étoit auparavant en droit d'avoir avec les membres d'une société religieuse. *Voyez* COMMUNICATION.

L'*excommunication*, en général, est une peine spirituelle fondée en raison, & qui opère les mêmes effets dans la société religieuse, que les châtimens infligés par les loix pénales produisent dans la société civile. Ici les législateurs ont senti qu'il falloit opposer au crime un frein puissant; que la violence & l'injustice ne pouvoient être réprimées que par de fortes barrières; & que dès qu'un citoyen troubloit plus ou moins l'ordre public, il étoit de l'intérêt & de la sûreté de la société, qu'on privât le perturbateur d'une partie des avantages, ou même de tous les avantages dont il jouissoit à l'abri des conventions qui font le fondement de cette société: de-là les peines pécuniaires ou corporelles, & la privation de la liberté ou de la vie, selon l'exigence des forfaits. De même dans une société religieuse, dès qu'un membre en viole les loix en matière grave, & qu'à cette infraction il ajoute l'opiniâtreté, les dépositaires de l'autorité sacrée font en droit de le priver, proportionnellement au crime qu'il a commis, de quelques-uns ou de tous les biens spirituels auxquels il participoit antérieurement.

C'est sur ce principe, également fondé sur le droit naturel & sur le droit positif, que l'*excommunication* restreinte à ce qui regarde la religion, a eu lieu parmi les païens & chez les Hébreux, & qu'elle l'a encore parmi les juifs & les chrétiens.

L'*excommunication* étoit en usage chez les Grecs, les Romains & les Gaulois; mais plus cette punition étoit terrible, plus les loix exigeoient de prudence pour l'infliger; au moins Platon, dans ses loix, *liv. VII*, la recommande-t-il aux prêtres & aux prêtresses.

Parmi les anciens juifs, on séparoit de la communion pour deux causes, l'impureté légale & le crime. L'une & l'autre *excommunication* étoit décernée par les prêtres, qui déclaroient l'homme souillé d'une impureté légale, ou coupable d'un crime. L'*excommunication* pour cause d'impureté cessoit lorsque cette cause ne subsistoit plus, & que le prêtre déclaroit qu'elle n'avoit plus lieu. L'*excommunication* pour cause de crime ne finissoit que quand le coupable reconnoissoit sa faute, se soumettoit aux peines qui lui étoient imposées par les prêtres ou par le sanhédrin. Tout ce que nous allons dire, roulera sur cette dernière sorte d'*excommunication*.

On trouve des traces de l'*excommunication* dans Esdras, *liv. 1, chap. 10, v. 8*; un caraïte, cité par Selden, *liv. 1, chap. 7, de sinedriis*, assure que l'*excommunication* commença à n'être mise en usage chez les Hébreux, que lorsque la nation eut perdu le droit de vie & de mort sous la domination des princes infidèles. Basnage, *Histoire des Juifs, liv. 5, chap. 18, art. 2*, croit que le sanhédrin ayant été établi sous les Machabées, s'attribua la connoissance des causes ecclésiastiques & la punition des coupables; que ce fut alors que le mélange des Juifs avec les nations infidèles, rendit l'exercice de ce pouvoir plus fréquent, afin d'empêcher le commerce avec les païens, & l'abandon du judaïsme. Mais le plus grand nombre des interprètes présume, avec fondement, que les anciens Hébreux ont exercé le même pouvoir & infligé les mêmes peines qu'Esdras, puisque les mêmes loix subsistoient; qu'il y avoit de temps en temps des transgresseurs, & par conséquent des punitions établies. D'ailleurs ces paroles si fréquentes dans les livres saints, écrits avant Esdras, *anima quæ fuerit rebellis adversùs dominum, peribit, delebitur*; & selon l'Hébreu, *exscindetur de populo suo*, ne s'entend pas toujours de la mort naturelle, mais de la séparation du commerce ou de la communication *in sacris*.

On voit l'*excommunication* constamment établie chez les Juifs au temps de Jésus-Christ, puisqu'en S. Jean, *chap. ix, v. 22, xij, v. 42, & dans S. Luc, chap. vj, v. 22*, il avertit ses apôtres qu'on les chassera des synagogues. Cette peine étoit en usage parmi les Esséniens. Joseph parlant d'eux dans son *Histoire de la guerre des Juifs, liv. 11, chap. 12*, dit, « qu'aussi-tôt qu'ils ont surpris quelqu'un d'entr'eux dans une faute considérable, ils » le chassent de leur corps; & que celui qui est » ainsi chassé, fait souvent une fin tragique: car » comme il est lié par des sermens & des vœux » qui l'empêchent de recevoir la nourriture des » étrangers, & qu'il ne peut plus avoir de com- » merce avec ceux dont il est séparé, il se voit » contraint de se nourrir d'herbage, comme une » bête, jusqu'à ce que son corps se corrompe, & » que ses membres tombent & se détachent. Il » arrive quelquefois, ajoute cet historien, que les » Esséniens, voyant ces excommuniés prêts à périr » de misère, se laissent toucher de compassion, » les retirent & les reçoivent dans leur société, » croyant que c'est pour eux une pénitence assez » sévère, que d'avoir été réduits à cette extrémité » pour la punition de leurs fautes ».

Selon les Rabbins, l'*excommunication* confiste dans la privation de quelque droit dont on jouiffoit auparavant dans la communion ou dans la fociété dont on eft membre. Cette peine renferme ou la privation des chofes faintes, ou celle des chofes communes, ou celle des unes & des autres tout à la fois; elle eft impofée par une fentence humaine, pour quelque faute ou réelle ou apparente, avec efpérance néanmoins pour le coupable, de rentrer dans l'ufage des chofes dont cette fentence l'a privé. *Voyez* Selden, *liv. 1, chap. 7, de finedriis.*

Les Hébreux avoient deux fortes d'*excommunication*, l'*excommunication majeure*, & l'*excommunication mineure*: la première éloignoit l'excommunié de la fociété de tous les hommes qui compofoient l'églife: la feconde le féparoit feulement d'une partie de cette fociété, c'eft-à-dire, de tous ceux de la finagogue; enforte que perfonne ne pouvoit s'affeoir auprès de lui plus près qu'à la diftance de quatre coudées, excepté fa femme & fes enfans. Il ne pouvoit être pris pour compofer le nombre de dix perfonnes néceffaires pour terminer certaines affaires. L'excommunié n'étoit compté pour rien, & ne pouvoit ni boire ni manger avec les autres. Il paroît pourtant par le Talmud, que l'excommunication n'excluoit pas les excommuniés de la célébration des fêtes, ni de l'entrée du temple, ni des autres cérémonies de religion. Les repas qui fe faifoient dans le temple, aux fêtes folemnelles, n'étoient pas du nombre de ceux dont les excommuniés étoient exclus; le Talmud ne met entr'eux & les autres que cette diftinction, que les excommuniés n'entroient au temple que par le côté gauche, & fortoient par le côté droit, au lieu que les autres entroient par le côté droit, & fortoient par le côté gauche: mais peut-être cette diftinction ne tomboit-elle que fur ceux qui étoient frappés de l'*excommunication* mineure.

Quoi qu'il en foit, les docteurs Juifs comptent jufqu'à vingt-quatre caufes d'*excommunication*, dont quelques-unes paroiffent très-légères, & d'autres ridicules; telles que de garder chez foi une chofe nuifible, telle qu'un chien qui mord les paffans, facrifier fans avoir éprouvé fon couteau en préfence d'un fage ou d'un maître en Ifraël, &c. L'*excommunication*, encourue par ces caufes, eft précédée par la cenfure qui fe fait d'abord en fecret; mais fi celle-ci n'opère rien, & que le coupable ne fe corrige pas, *la maifon du jugement*, c'eft-à-dire, l'affemblée des juges, lui dénonce avec menaces qu'il ait à fe corriger: on rend enfuite la cenfure publique dans quatre fabbats, où l'on proclame le nom du coupable & la nature de fa faute; & s'il demeure incorrigible, on l'excommunie par une fentence conçue en ces termes: *qu'un tel foit dans la féparation* ou *dans l'excommunication*, ou *qu'un tel foit féparé.*

On fubiffoit la fentence d'*excommunication*, ou durant la veille ou dans le fommeil. Les juges, ou

l'affemblée ou même les particuliers, avoient droit d'excommunier, pourvu qu'il y eût une des vingt-quatre caufes dont nous avons parlé, & qu'on eût préalablement averti celui qu'on excommunioit, qu'il eût à fe corriger; mais dans la règle ordinaire, c'étoit la maifon du jugement ou la cour de juftice qui portoit la fentence d'*excommunication* folemnelle: un particulier pouvoit en excommunier un autre; il pouvoit pareillement s'excommunier lui-même, comme, par exemple, ceux dont il eft parlé dans les actes, *chap. 27, v. 12;* & dans le fecond livre d'Efdras, *chap. 10, v. 29*, qui s'engagent eux-mêmes, fous peine d'*excommunication*, les uns à obferver la loi de Dieu, les autres à fe faifir de Paul mort ou vif. Les Juifs lançoient quelquefois l'*excommunication* contre les bêtes, & les Rabbins enfeignent qu'elle fait fon effet jufque fur les chiens.

L'*excommunication* qui arrivoit pendant le fommeil, étoit lorfqu'un homme voyoit en fonge les juges, qui, par une fentence juridique, l'excommunioient, ou même un particulier qui l'excommunioit; alors il fe tenoit pour véritablement excommunié, parce que, felon les docteurs, il fe pouvoit faire que Dieu, ou par fa volonté, ou par quelqu'un de fes miniftres, l'eût fait excommunier. Les effets de cette *excommunication*, font tous les mêmes que ceux de l'*excommunication* juridique, qui fe fait pendant la veille.

Si l'excommunié, frappé d'une *excommunication* mineure, n'obtenoit pas fon abfolution dans un mois après l'avoir encourue, on la renouvelloit encore pour l'efpace d'un mois; & fi après ce terme expiré il ne cherchoit point à fe faire abfoudre, on le foumettoit à l'*excommunication* majeure, & alors tout commerce lui étoit interdit avec les autres; il ne pouvoit ni étudier ni enfeigner, ni donner ni prendre à louage, il étoit réduit à-peu-près dans l'état de ceux auxquels les anciens Romains interdifoient l'eau & le feu. Il pouvoit feulement recevoir fa nourriture d'un petit nombre de perfonnes; & ceux qui avoient quelque commerce avec lui, durant le temps de fon *excommunication*, étoient foumis aux mêmes peines ou à la même *excommunication*, felon la fentence des juges. Quelquefois même les biens de l'excommunié étoient confifqués, & employés à des ufages facrés, par une forte d'*excommunication* nommée *cherem*, dont nous allons dire un mot. Si quelqu'un mouroit dans l'*excommunication*, on ne faifoit point de deuil pour lui, & l'on marquoit, par ordre de la juftice, le lieu de fa fépulture, ou d'une groffe pierre, ou d'un amas de pierres, comme pour fignifier qu'il avoit mérité d'être lapidé.

Quelques critiques ont diftingué chez les Juifs, trois fortes d'*excommunications*, exprimées par ces trois termes, *nidui, cherem* & *fchimmata.* Le premier marque l'*excommunication* mineure; le fecond, la majeure; & le troifième fignifie une *excommunication au-deffus de la majeure*, à laquelle on veut qu'ait

qu'ait été attaché la peine de mort, & dont perfonne ne pouvoit abfoudre. L'*excommunication nidui*
dure trente jours. Le *cherem* eft une efpèce de réaggra-
vation de la première; il chaffe l'homme de la fynagogue, & le prive de tout commerce civil. Enfin le
fchammata fe publie au fon de 400 trompettes, &
ôte toute efpérance de retour à la fynagogue. On
croit que le maranatha, dont parle S. Paul, eft la même
chofe que le fchammata; mais Selden prétend que
ces trois termes font fouvent fynonymes, & qu'à
proprement parler, les Hébreux n'ont jamais eu que
deux fortes d'*excommunication*, la mineure & la
majeure.

Les rabbins tirent la manière & le droit de leurs
excommunications, de la manière dont Debora &
Barac maudiffent Meroz, homme qui, felon ces
docteurs, n'affifta pas les Ifraélites. Voici ce qu'on
en dit dans le *livre des juges, chap.* 5, v. 23: *mau-*
diffez Meroz, dit l'ange du Seigneur, *maudiffez ceux*
qui s'affieront auprès de lui, parce qu'ils ne font pas
venus au fecours du Seigneur avec les forts. Les rabbins voient évidemment, à ce qu'ils prétendent, dans
ce paffage, 1°. les malédictions que l'on prononce
contre les excommuniés; 2°. celles qui tombent fur
les perfonnes qui s'affient auprès d'eux, plus près
que la diftance de quatre coudées; 3°. la déclaration
publique du crime de l'excommunié, comme on
dit dans le texte cité, que Meroz n'eft pas venu à
la guerre du Seigneur; 4°. enfin la publication de
la fentence à fon de trompe, comme Barac excommunia, dit-on, Meroz au fon de 400 trompettes;
mais toutes ces cérémonies font récentes.

Ils croient encore que le patriarche Henoc eft
l'auteur de la forme de la grande *excommunication*,
dont ils fe fervent encore à préfent, & qu'elle leur
a été tranfmife par une tradition non interrompue
depuis Henoc, jufqu'aujourd'hui. Selden, *liv.* 4,
chap. 7, *de jure natur. & gent.* nous a confervé cette
formule d'*excommunication*, qui eft fort longue, &
porte avec elle des caractères évidens de fuppofition. Il y eft parlé de Moyfe, de Jofué, d'Elifée,
de Giezi, de Barac, de Meroz, de la grande fynagogue, des anges qui préfident à chaque mois de
l'année, des livres de la loi, des 390 préceptes qui
y font contenus, toutes chofes qui prouvent que
fi Henoc en eft le premier auteur, ceux qui font
venus après lui ont fait beaucoup d'additions.

Quant à l'abfolution de l'*excommunication*, elle
pouvoit être donnée par celui qui avoit prononcé
l'excommunié, pourvu que l'excommunié fût
touché de repentir, & qu'il en donnât des marques
fincères. On ne pouvoit abfoudre que préfent celui
qui avoit été excommunié préfent. Celui qui avoit
été excommunié par un particulier, pouvoit être
abfous par trois hommes à fon choix, ou par un
feul juge public. Celui qui s'étoit excommunié
foi-même, ne pouvoit s'abfoudre foi-même, à
moins qu'il ne fût éminent en fcience ou difciple
d'un fage; hors de ce cas, il ne pouvoit recevoir
fon abfolution que de dix perfonnes choifies du

milieu du peuple. Celui qui avoit été excommunié
en fonge, devoit encore employer plus de cérémonies: il falloit dix perfonnes favantes dans la loi,
& dans la fcience du Talmud; s'il ne s'en trouvoit
autant dans le lieu de fa demeure, il devoit en
chercher dans l'étendue de quatre mille pas; s'il ne
s'y en rencontroit point affez, il pouvoit prendre
dix hommes qui fuffent lire dans le Pentateuque;
ou à leur défaut, dix hommes, ou tout au moins
trois. Dans l'*excommunication* encourue pour caufe
d'offenfe, le coupable ne pouvoit être abfous, que
la partie léfée ne fût fatisfaite: fi par hafard elle étoit
morte, l'excommunié devoit fe faire abfoudre par
trois hommes choifis, ou par le prince du Sanhédrin.
Enfin c'eft à ce dernier qu'il appartient d'abfoudre
de l'*excommunication* prononcée par un inconnu.
Sur l'*excommunication* des Juifs, on peut confulter
l'ouvrage de Selden, *de finedriis;* Drufius, *de novem*
fect. lib. 3, c. 11; Buxtorf, *epift. hebr.;* le P. Morin,
de pœnit.; la continuation de l'hiftoire des Juifs,
par M. Bafnage; la differtation de dom Calmet,
fur les fupplices des Juifs; & fon dictionnaire de la
bible, au mot *Excommunication.*

Les chrétiens dont la fociété doit être, fuivant
l'inftitution de Jefus-Chrift, très-pure dans la foi,
& dans les mœurs, ont toujours eu grand foin de
féparer de leur communion les hérétiques, & les
perfonnes coupables de crimes. Relativement à ces
deux objets, on diftingue, dans la primitive églife,
l'*excommunication* médicinale, de l'*excommunication*
mortelle. On ufoit de la première envers les pénitens, que l'on féparoit de la communion, jufqu'à
ce qu'ils euffent fatisfait à la pénitence qui leur étoit
impofée. La feconde étoit portée contre les hérétiques, & les pécheurs impénitens & rebelles à
l'églife. C'eft à cette dernière forte d'*excommunica-*
tion, que fe rapportera tout ce qui nous refte à
dire dans cet article: quant à l'*excommunication* médicinale, *voyez* PÉNITENCE & PÉNITENT.

L'*excommunication* mortelle en général eft une
cenfure eccléfiaftique, qui prive un fidèle en tout,
ou en partie, du droit qu'il a fur les biens communs
de l'églife, pour le punir d'avoir défobéi à l'églife
dans une matière grave. Depuis les décrétales,
on a diftingué deux efpèces d'*excommunication*,
l'une majeure, l'autre mineure. La majeure eft proprement celle dont on vient de voir la définition,
par laquelle un fidèle eft retranché du corps de
l'églife, jufqu'à ce qu'il ait mérité, par fa pénitence,
d'y rentrer. L'*excommunication* mineure eft celle qui
s'encourt par la communication, avec un excommunié d'une *excommunication* majeure, qui a été
légitimement dénoncée. L'effet de cette dernière
excommunication ne prive celui qui l'a encourue,
que du droit de recevoir les facremens, & de
pouvoir être pourvu d'un bénéfice.

Le pouvoir d'excommunier a été donné à l'églife
dans la perfonne des premiers pafteurs; il fait partie
du pouvoir des clefs, que Jefus-Chrift même conféra aux apôtres immédiatement, & dans leur per-

sonne aux évêques, qui sont les successeurs des apôtres. Jesus-Christ, en S. Matthieu, *ch. 18*, *v. 17 & 18*, a ordonné de regarder comme un payen & un publicain, celui qui n'écouteroit pas l'église. S. Paul usa de ce pouvoir, quand il excommunia l'incestueux de Corinthe; & tous les apôtres ont eu recours à ce dernier remède, quand ils ont anathématisé ceux qui enseignoient une mauvaise doctrine. L'église a dans la suite employé les mêmes armes, mais en mêlant beaucoup de prudence & de précautions dans l'usage qu'elle en faisoit; il y avoit même différens degrés d'*excommunication*, suivant la nature du crime & de la désobéissance. Il y avoit des fautes pour lesquelles on privoit les fidèles de la participation au corps & au sang de Jesus-Christ, sans les priver de la communion des prières. L'évêque, qui avoit manqué d'assister au concile de la province, ne devoit avoir avec ses confrères aucune marque extérieure de communion, jusqu'au concile suivant, sans être cependant séparé de la communion extérieure des fidèles de son diocèse, ni retranché du corps de l'église. Ces peines canoniques étoient, comme on voit, plutôt médicinales que mortelles. Dans la suite l'*excommunication* ne s'entendit que de l'anathème, c'est-à-dire, du retranchement de la société des fidèles; & les supérieurs ecclésiastiques n'usèrent plus avec autant de modération, des foudres que l'église leur avoit mis entre les mains.

Vers le neuvième siècle, on commença à employer les *excommunications*, pour repousser la violence des petits seigneurs qui, chacun dans leurs cantons, s'étoient érigés en autant de tyrans, puis pour défendre le temporel des ecclésiastiques, & enfin pour toutes sortes d'affaires. Les *excommunications*, encourues de plein droit, & prononcées par la loi sans procédures & sans jugement, s'introduisirent après la compilation de Gratien, & s'augmentèrent pendant un certain temps d'année en année. Les effets de l'*excommunication* furent plus terribles qu'ils ne l'avoient été auparavant: on déclara excommuniés tous ceux qui avoient quelque communication avec les excommuniés. Grégoire VII, & quelques-uns de ses successeurs, poussèrent l'effet de l'*excommunication*, jusqu'à prétendre qu'un roi excommunié étoit privé de ses états, & que ses sujets n'étoient plus obligés de lui obéir.

Ce n'est pas une question, si un souverain peut & doit même être excommunié en certains cas graves, où l'église est en droit d'infliger des peines spirituelles à ses enfans rebelles, de quelque qualité ou condition qu'ils soient; mais aussi, comme ces peines sont purement spirituelles, c'est en connoître mal la nature & abuser du pouvoir qui les inflige, que de prétendre qu'elles s'étendent jusqu'au temporel, & qu'elles renversent ces droits essentiels & primitifs, qui lient les sujets à leur souverain.

Ecoutons sur cette matière un écrivain extrême-ment judicieux, & qui nous fera sentir vivement les conséquences affreuses de l'abus du pouvoir d'excommunier les souverains, en prétendant soutenir les peines spirituelles. C'est M. l'abbé Fleury qui, dans son *Discours sur l'histoire ecclésiastique*, depuis l'an 600 jusqu'à l'an 1200, s'exprime ainsi: « J'ai remarqué que les évêques employoient le bras séculier pour forcer les pécheurs à la pénitence, & que les papes avoient commencé plus de deux cens ans auparavant à vouloir par autorité régler les droits des couronnes; Grégoire VII suivit ces nouvelles maximes, & les poussa encore plus loin, prétendant ouvertement que, comme pape, il étoit en droit de déposer les souverains rebelles à l'église. Il fonda cette prétention principalement sur l'*excommunication*. On doit éviter les excommuniés, n'avoir aucun commerce avec eux, ne pas leur parler, ne pas même leur dire bon jour, suivant l'apôtre S. Jean, *ep. II*, *c. j*: donc un prince excommunié doit être abandonné de tout le monde; il n'est plus permis de lui obéir, de recevoir ses ordres, de l'approcher; il est exclu de toute société avec les chrétiens. Il est vrai que Grégoire VII n'a jamais fait aucune décision sur ce point; Dieu ne l'a pas permis: il n'a prononcé formellement dans aucun concile, ni par aucune décrétale, que le pape ait droit de déposer les rois; mais il l'a supposé pour constant, comme d'autres maximes aussi peu fondées, qu'il croyoit certaines. Il a commencé par les faits & par l'exécution.

« Il faut avouer, continue cet auteur, qu'on étoit alors tellement prévenu de ces maximes, que les défenseurs de Henri IV, roi d'Allemagne, retranchoient à dire qu'un souverain ne pouvoit être excommunié. Mais il étoit facile à Grégoire VII de montrer que la puissance de lier & de délier a été donnée aux apôtres généralement, sans distinction de personne, & comprend les princes comme les autres. Le mal est qu'il ajoutoit des propositions excessives; que l'église ayant droit de juger des choses spirituelles, elle avoit, à plus forte raison, droit de juger des temporelles; que le moindre exorciste est au-dessus des empereurs, puisqu'il commande aux démons; que la royauté est l'ouvrage du démon, fondé sur l'orgueil humain; au lieu que le sacerdoce est l'ouvrage de Dieu; enfin, que le moindre chrétien vertueux est plus véritablement roi qu'un roi criminel; parce que ce prince n'est plus un roi, mais un tyran: maxime que Nicolas I avoit avancée avant Grégoire VII, & qui semble avoir été tirée du livre apocryphe des constitutions apostoliques, où elle se trouve expressément. On peut lui donner un bon sens, la prenant pour une expression hyperbolique, comme quand on dit qu'un méchant homme n'est pas un homme: mais de telles hyperboles ne doivent pas être réduites en pratique. C'est autrefois sur ces fondemens que Grégoire VII prétendoit en général, que, suivant le bon ordre, c'étoit l'église qui devoit distribuer les couronnes

& juger les souverains, & en particulier il prétendoit que tous les princes chrétiens étoient vassaux
de l'église romaine, lui devoient prêter serment de
fidélité, & payer tribut.

» Voyons maintenant les conséquences de ces
principes. Il se trouve un prince indigne & chargé
de crimes, comme Henri IV, roi d'Allemagne;
car je ne prétends point le justifier : il est cité à
Rome pour rendre compte de sa conduite; il ne
comparoît point. Après plusieurs citations, le pape
l'excommunie : il méprise la censure. Le pape le
déclare déchu de la royauté, absout ses sujets du serment de fidélité, leur défend de lui obéir, leur permet ou leur ordonne d'élire un autre roi. Qu'en arri-
vera-t-il ? des séditions, des guerres civiles dans
l'état, des schismes dans l'église. Allons plus loin :
un roi déposé n'est plus un roi; donc, s'il continue à se porter pour roi, c'est un tyran, c'est-
à-dire, un ennemi public, à qui tout homme doit
courir sus. Qu'il se trouve un fanatique, qui, ayant
lu dans Plutarque la vie de Timoléon ou de Bru-
tus, se persuade que rien n'est plus glorieux que
de délivrer sa patrie; ou qui prenant de travers
les exemples de l'écriture, se croie suscité, comme
Aod ou comme Judith, pour affranchir le peuple
de Dieu : voilà la vie de ce prétendu tyran exposée au caprice de ce visionnaire, qui croira faire une action
héroïque, & gagner la couronne du martyre. Il n'y
en a, par malheur, que trop d'exemples dans l'histoire des derniers siècles, & Dieu a permis les suites affreuses des opinions sur l'excommunication,
pour en désabuser au moins par l'expérience.

» Revenons donc aux maximes de la sage antiquité. Un souverain peut être excommunié comme
un particulier, je le veux; mais la prudence ne
permet presque jamais d'user de ce droit. Supposé
le cas, très-rare, ce seroit à l'évêque aussi-bien
qu'au pape, & les effets n'en seroient que spirituels; c'est-à-dire, qu'il ne seroit plus permis au
prince excommunié de participer aux sacremens,
d'entrer dans l'église, de prier avec les fidèles; ni
aux fidèles d'exercer avec lui aucun acte de religion : mais les sujets ne seroient pas moins obligés de lui obéir en tout ce qui ne seroit point
contraire à la loi de Dieu. On n'a jamais prétendu,
au moins dans les siècles de l'église les plus éclairés, qu'un particulier excommunié perdît la propriété de ses biens ou de ses esclaves, ou la puissance paternelle sur ses enfans. J. C., en établissant son évangile, n'a rien fait par force, mais
tout par persuasion, suivant la remarque de S. Augustin; il a dit que son royaume n'étoit pas de ce
monde, & n'a pas voulu se donner seulement l'autorité d'arbitre entre deux frères; il a ordonné de
rendre à César ce qui étoit à César, quoique ce
César fût Tibère, non-seulement paien, mais le
plus méchant de tous les hommes : en un mot,
il est venu pour reformer le monde en convertis-
sant les cœurs, sans rien changer dans l'ordre extérieur des choses humaines. Ses apôtres & leurs

successeurs ont suivi le même plan, & ont toujours prêché aux particuliers d'obéir aux magistrats
& aux princes, & aux esclaves d'être soumis à leurs
maîtres, bons ou mauvais, chrétiens ou infidèles.

Plus ces principes sont incontestables, & plus
on a senti, sur-tout en France, que, par rapport
à l'excommunication, il falloit se rapprocher de la
discipline des premiers siècles, ne permettre d'excommunier que pour des crimes graves & bien
prouvés, diminuer le nombre des excommunications prononcées de plein droit, réduire à une
excommunication mineure la peine encourue par ceux
qui communiquent sans nécessité avec les excommuniés dénoncés, & enfin soutenir que l'excommunication, étant une peine purement spirituelle, elle
ne dispense point les sujets des souverains excommuniés de l'obéissance due à leur prince, qui tient
son autorité de Dieu même, & c'est ce qu'ont constamment reconnu non-seulement les parlemens,
mais même le clergé de France, dans les excommunications de Boniface VIII contre Philippe-le-
Bel; de Jules II contre Louis XII; de Sixte V
contre Henri III; de Grégoire XIII contre Henri
IV, & dans la fameuse assemblée du clergé de
1682.

En effet, les canonistes nouveaux qui semblent
avoir donné tant d'étendue aux effets de l'excommunication, & qui les ont renfermés dans ce vers
technique :

Os, orare, vale, communio, mensa negatur,

c'est-à-dire, qu'on doit refuser aux excommuniés
la conversation, la prière, le salut, la communion,
la table; choses, pour la plupart, purement civiles
& temporelles : ces mêmes canonistes se sont re-
lâchés de cette sévérité par cet autre axiome aussi
exprimé en forme de vers :

Utile, lex, humile, res ignorata, necesse,

qui signifie que la défense n'a point de lieu entre
le mari & la femme, entre les parens, entre les
sujets & le prince, & qu'on peut communiquer
avec un excommunié si l'on ignore qu'il le soit,
ou qu'il y ait lieu d'espérer qu'en conversant avec
lui, on pourra le convertir; ou enfin, quand les
devoirs de la vie civile ou la nécessité l'exigent.
C'est ainsi que François I communiqua toujours
avec Henri VIII pendant plus de dix ans, quoique ce dernier souverain eût été solemnellement
excommunié par Clément VII.

De-là le concile de Paris, en 829, confirme une
ordonnance de Justinien, qui défend d'excommunier quelqu'un avant de prouver qu'il est dans le
cas où, selon les canons, on est en droit de procéder contre lui par *excommunication*. Les troisième
& quatrième conciles de Latran & le premier concile de Lyon, en 1245, renouvellent & étendent
ces réglemens. Selon le concile de Trente, *sess. 25,
c. iij, de reform.*, l'*excommunication* ne peut être
mise en usage qu'avec beaucoup de circonspection,

EXC

lorfque la qualité du délit l'exige, & après deux monitions. Les conciles de Bourges, en 1584; de Bordeaux, en 1583; d'Aix, en 1585; de Touloufe, en 1590, & de Narbonne, en 1609, confirment & renouvellent le décret du concile de Trente, & ajoutent qu'il ne faut avoir recours aux cenfures, qu'après avoir tenté inutilement tous les autres moyens. Enfin la chambre eccléfiaftique des états de 1614, défend aux évêques ou à leurs officiaux, d'octroyer monitions ou *excommunications*, finon en matière grave & de conféquence. *Mém. du clergé, tom. VII, pag. 990 & fuiv.*, *1167 & fuiv.*

Le cas de l'*excommunication* contre le prince pourroit avoir lieu dans le fait, & jamais dans le droit; car, par la jurifprudence reçue dans le royaume, & même par le clergé, les *excommunications* que les papes décernent contre les rois & les fouverains, ainfi que les bulles qui les prononcent, font rejettées en France comme nulles. *Mém. du clergé, tom. VI, pag. 998 & 1005.*

Elles n'auroient par conféquent nul effet, quant au temporel. C'eft la doctrine du clergé de France, affemblé en 1682, qui, dans le premier de fes quatre fameux articles, déclara que les princes & les rois ne peuvent être, par le pouvoir des clefs, directement ou indirectement dépofés, ni leurs fujets déliés du ferment de fidélité: doctrine adoptée par tout le clergé de France & par la faculté de théologie de Paris. *Libert. de l'églife gallic. art. 15.*

« On ne peut excommunier les officiers du roi, dit M. d'Héricourt, *loix eccléf. de France, part. I, chap. xxij, art. 27*, pour tout ce qui regarde les fonctions de leurs charges. Si les juges eccléfiaftiques contreviennent à cette loi, on procède contre eux par faifie de leur temporel. Le feul moyen qu'ils puiffent prendre, s'ils fe trouvent léfés par les juges royaux inférieurs, c'eft de fe pourvoir au parlement; fi c'eft le parlement dont les eccléfiaftiques croient avoir quelque fujet de fe plaindre, ils doivent s'adreffer au roi; ce qui n'auroit point de lieu, fi un juge royal entreprenoit de connoître des chofes de la foi, ou des matières purement fpirituelles, dont la connoiffance eft réfervée en France aux tribunaux eccléfiaftiques: car, dans ce cas, les juges d'églife font les vengeurs de leur jurifdiction, & peuvent fe fervir des armes que l'églife leur met entre les mains ».

Comme nous ne nous propofons pas de donner ici un traité complet de l'*excommunication*, nous nous contenterons de rapporter les principes les plus généraux, les plus fûrs & les plus conformes aux ufages du royaume fur cette matière.

Lorfque dans une loi ou dans un jugement eccléfiaftique, on prononce la peine de l'*excommunication*, la loi ou le jugement doivent s'entendre de l'*excommunication* majeure qui retranche de la communion des fidèles.

L'*excommunication* eft prononcée, ou par la loi qui déclare que quiconque contreviendra à fes difpofitions, encourra de plein droit la peine de l'*ex-communication*, fans qu'il foit befoin qu'elle foit prononcée par le juge; ou elle eft prononcée par une fentence du juge. Les canoniftes appellent la première *excommunication, latæ fententiæ*, & la feconde *excommunication, ferendæ fententiæ*. Il faut néanmoins obferver que, comme on doit toujours reftreindre les loix pénales, l'*excommunication* n'eft point encourue de plein droit, à moins que la loi ou le canon ne s'exprime fur ce fujet d'une manière fi précife, que l'on ne puiffe douter que l'intention du légiflateur n'ait été de foumettre par le feul fait à l'*excommunication* ceux qui contreviendroient à la loi.

Les *excommunications*, prononcées par la loi, n'exigent point de monitions préalables ou monitoires; mais les *excommunications* à prononcer par le juge, en exigent trois, faites dans des intervalles convenables. *Voyez* MONITOIRE.

On peut attaquer une *excommunication*, ou comme injufte, ou comme nulle: comme injufte, quand elle eft prononcée pour un crime dont on eft innocent, ou pour un fujet fi léger, qu'il ne mérite pas une peine fi grave: comme nulle, quand elle a été prononcée par un juge incompétent, pour des affaires dont il ne devoit pas prendre connoiffance, & quand on a manqué à obferver les formalités prefcrites par les canons & les ordonnances. Néanmoins l'*excommunication*, même injufte, eft toujours à craindre; & dans le for extérieur, l'excommunié doit fe conduire comme fi l'*excommunication* étoit légitime.

Le premier effet de l'*excommunication* eft que l'excommunié eft féparé du corps de l'églife, & qu'il n'a plus de part à la communion des fidèles. Les fuites de cette féparation font que l'excommunié ne peut ni recevoir ni adminiftrer les facremens, ni même recevoir, après fa mort, la fépulture eccléfiaftique, être pourvu de bénéfices pendant fa vie ou en conférer, ni être élu pour les dignités, ni exercer la jurifdiction eccléfiaftique. On ne peut même prier pour lui dans les prières publiques de l'églife; & de-là vient qu'autrefois on retranchoit des dyptiques les noms des excommuniés, *voyez* DYPTIQUES. Il eft même défendu aux fidèles d'avoir aucun commerce avec les excommuniés: mais comme le grand nombre des *excommunications* encourues par le feul fait, avoient rendu très-difficile l'exécution des canons qui défendent de communiquer avec des excommuniés, le pape Martin V fit dans le concile de Conftance une conftitution qui porte, qu'on ne fera obligé d'éviter ceux qui font excommuniés par le droit, ou par une fentence du juge, qu'après que l'*excommunication* aura été dénoncée nommément. On n'excepte de cette règle que ceux qui font tombés dans l'*excommunication* pour avoir frappé un clerc, quand le fait eft fi notoire, qu'on ne peut le diffimuler, ni le pallier par aucune excufe, quelle qu'elle puiffe être. La dénonciation des excommuniés nommément doit fe faire à la meffe paroiffffale pendant plufieurs dimanches confécutifs; & les fentences d'*excommunication* doivent être affichées aux portes des églifes, afin que ceux qui ont encouru cette peine foient connus de tout le monde. Depuis la bulle de Martin V, le concile de Bâle renouvella ce décret, avec cette différence que, fuivant la bulle de Martin V, on n'excepte de la loi, pour la dénonciation des excommuniés, que ceux qui ont frappé notoirement un clerc, qu'on eft obligé d'éviter dès qu'on fait qu'ils ont commis ce. crime; au lieu que le concile de Bâle veut qu'on évite tous ceux qui font excommuniés notoires, quoiqu'ils n'aient pas été dénoncés. Cet article du concile de Bâle a été inféré dans la pragmatique fans aucune modification, & répété mot pour mot dans le concordat. Cependant on a toujours obfervé en France, de n'obliger d'éviter les excommuniés que quand ils ont été nommément dénoncés, même par rapport à ceux dont l'*excommunication* eft connue de tout le monde, comme celle des perfonnes qui font profeffion d'héréfie. *Voyez* CONCORDAT & PRAGMATIQUE.

Avant que de dénoncer excommunié celui qui a encouru une excommunication *latæ fententiæ*, il faut le citer devant le juge eccléfiaftique, afin d'examiner le crime qui a donné lieu à l'*excommunication*, & d'examiner s'il n'y auroit pas quelque moyen légitime de défenfe à propofer. Au refte, ceux qui communiquent avec un excommunié dénoncé, foit pour le fpirituel, foit pour le temporel, n'encourent qu'une *excommunication mineure*.

Dès qu'un excommunié dénoncé entre dans l'églife, on doit faire ceffer l'office divin, en cas que l'excommunié ne veuille pas fortir; le prêtre doit même abandonner l'autel: cependant s'il avoit commencé le canon, il devroit continuer le facrifice jufqu'à la communion incluſivement, après laquelle il doit fe retirer à la facriftie pour y réciter le refte des prières de la meffe: tous les canoniftes conviennent qu'on doit en ufer ainfi.

Dans la primitive églife, la forme d'*excommunication* étoit fort fimple: les évêques dénonçoient aux fidèles les noms des excommuniés, & leur interdifoient tout commerce avec eux. Vers le neuvième fiècle, on accompagna la fulmination de l'*excommunication* d'un appareil propre à infpirer la terreur. Douze prêtres tenoient chacun une lampe à la main, qu'ils jettoient à terre & fouloient aux pieds: après que l'évêque avoit prononcé l'*excommunication*, on fonnoit une cloche, & l'évêque & les prêtres proféroient des anathèmes & des malédictions. Ces cérémonies ne font plus guère en ufage qu'à Rome, où tous les ans le jeudi faint, dans la publication de la bulle *In cœnâ domini*, (*voyez* BULLE) l'on éteint & l'on brife un cierge: mais l'*excommunication* en foi n'eft pas moins terrible & n'a pas moins d'effet, foit qu'on obferve ou qu'on omette ces formalités.

L'abfolution de l'*excommunication* étoit anciennement réfervée aux évêques: maintenant il y a des *excommunications* dont les prêtres peuvent relever; il en a de réfervées aux évêques, d'autres au pape. L'abfolution du moins folemnelle de l'*excommunication* eft auffi accompagnée de cérémonies. Lorfqu'on s'eft affuré des difpofitions du pénitent, l'évêque à la porte de l'églife, accompagné de douze prêtres en furplis, fix à fa droite & fix à fa gauche, lui demande s'il veut fubir la pénifence ordonnée par les canons, pour les crimes qu'il a commis; il demande pardon, confeffe fa faute, implore la pénitence, & promet de ne plus tomber dans le défordre: enfuite l'évêque, affis & couvert de fa mitre, récite les fept pfeaumes avec les prêtres, & donne de temps en temps des coups de verge ou de baguette à l'excommunié, puis il prononce la formule d'abfolution qui a été déprécative. jufqu'au treizième fiècle, & qui, depuis ce temps-là, eft impérative ou conçue en forme de fentence; enfin il prononce deux oraifons particulières, qui tendent à rétablir le pénitent dans la poffeffion des biens fpirituels dont il avoit été privé par l'*excommunication*. A l'égard des coups de verge fur le pénitent, le pontifical qui prefcrit cette cérémonie, comme d'ufage à Rome, avertit qu'elle n'eft pas reçue par-tout, & ce fait eft juftifié par plufieurs rituels des églifes de France, tels que celui de Troyes en 1660, & celui de Toul en 1700.

Lorfqu'un excommunié a donné avant la mort des fignes fincères de repentir, on peut lui donner après fa mort l'abfolution des cenfures qu'il avoit encourues.

Comme un excommunié ne peut efter en jugement, on lui accorde une abfolution judicielle ou *abfolutio ad cautelam*, pour qu'il puiffe librement pourfuivre une affaire en juftice: cette exception n'eft pourtant pas reçue en France dans les tribunaux féculiers. C'eft à celui qui a prononcé l'*excommunication*, ou à fon fucceffeur, qu'il appartient d'en donner l'abfolution. Sur toute cette matière de l'*excommunication*, on peut confulter le P. Morin, *de pœnit.* Eveillon, *traité des cenfures*; M. Dupin, *de antiq. eccléf. difcipl. differt. de excomm.*; l'excellent ouvrage de M. Gibert, intitulé, *ufage de l'églife gallicane contenant les cenfures*; les *loix eccléfiaft. de France*, par M. d'Héricourt, *première part. ch. xxij*, & le *nouvel abrégé des mémoires du clergé*, au mot *Cenfures*. (*G*)

Lifez auffi le *Traité des excommunications*, par Collet, *Dijon*, 1689, *in-12*, & qui a été réimprimé depuis à Paris. Cette matière eft digne de l'attention des fouverains, des fages & des citoyens. On ne peut trop réfléchir fur les effets qu'ont produits les foudres de l'*excommunication*, quand elles ont trouvé dans un état des matières combuftibles, quand les raifons politiques les ont mifes en œuvre, & quand la fuperftition des temps les a fouffertes. Grégoire V, en 998, excommunia le roi Robert, pour avoir époufé fa parente au quatrième degré; mariage en foi légitime & des plus néceffaires au bien de l'état. Tous les évêques qui eurent part à ce mariage, allèrent à Rome faire satisfaction au pape : les peuples, les courtisans même se séparèrent du roi, & les personnes qui furent obligées de le servir, purifièrent par le feu toutes les choses qu'il avoit touchées.

Peu d'années après, en 1092, Urbain II excommunia Philippe, petit-fils de Robert, pour avoir quitté sa parente. Ce dernier prononça sa sentence d'*excommunication* dans les propres états du roi, à Clermont en Auvergne, où sa sainteté venoit chercher un asyle ; dans ce même concile où elle prêcha la croisade, & où, pour la première fois, le nom de *pape* fut donné au chef de l'église, à l'exclusion des évêques qui le prenoient auparavant. Tant d'autres monumens historiques, que fournissent les siècles passés sur les *excommunications* & les interdits du royaume, ne seroient cependant qu'une connoissance bien stérile, si on n'en chargeoit que sa mémoire. Mais il faut envisager de pareils faits d'un œil philosophique, comme des principes qui doivent nous éclairer ; &, pour me servir des termes de M. d'Alembert, comme des recueils d'expériences morales faites sur le genre humain. C'est de ce côté-là que l'histoire devient une science utile & précieuse. (*D. J.*)

EXCUSATION, s. f. (*Droit civil.*) terme tiré des loix romaines, qui signifie les raisons & moyens que quelqu'un allègue pour être déchargé d'une tutèle, curatelle, ou autre emploi public.

Les jurisconsultes Romains formoient deux classes d'*excusation* pour la tutèle & *curatelle*, ils regardoient les unes comme volontaires, qui n'avoient lieu qu'autant qu'elles étoient proposées devant le juge, les autres comme nécessaires, qui faisoient même déposséder de la tutèle & curatelle, celui qui en étoit déjà chargé.

Les *excusations volontaires* étoient fondées ou sur un privilège, ou sur l'impuissance, ou sur une diminution de confiance.

Ceux qui pouvoient s'excuser de la tutèle ou curatelle pour cause de privilège, étoient les pères chargés à Rome de trois enfans, de quatre en Italie, de cinq dans les provinces, pourvu qu'ils fussent vivans au moment de la tutèle, ou décédés au service de l'état ; les administrateurs du fief & du domaine particulier des empereurs ; les absens pour le service de l'état ; les magistrats revêtus d'une portion de l'autorité publique ; les sénateurs, les grammairiens, sophistes, rhéteurs, médecins, jurisconsultes, & généralement tous les professeurs d'arts libéraux, qui enseignoient avec assiduité dans leur patrie, & qui étoient compris dans le nombre des professeurs publics ; les athlètes vainqueurs dans les combats sacrés ; les conseillers du prince ; enfin les boulangers de Rome à l'égard de la tutèle ou curatelle d'un étranger.

On excusoit de la tutèle, pour cause d'impuissance, celui qui étoit déjà chargé de trois tutèles différentes ; celui qui étoit assez pauvre, pour être

obligé de mendier sa vie ; celui qui ne savoit pas lire, à moins que la tutèle ne fût pas assez peu considérable pour pouvoir être régie par un homme peu intelligent ; celui qui étoit parvenu à l'âge de 70 ans accomplis ; celui qui étoit attaqué d'une maladie habituelle.

On regardoit comme une *excusation* légitime de la tutèle, les inimitiés capitales qui existoient entre le tuteur nommé, & le pupille ou son père, parce que dans ce cas les parens d'un mineur, & le juge ne peuvent avoir une pleine confiance dans les soins d'un ennemi.

On mettoit au nombre des *excusations* nécessaires, la fureur, la folie, la démence, la surdité & l'aveuglement, la minorité, la profession des armes, la prêtrise, l'ordre monachal. On excluoit également de la tutèle ceux qui avoient, ou qui devoient avoir un procès considérable avec le pupille.

Nous avons admis à-peu-près toutes les *excusations* introduites par le droit romain. Les fous, les insensés, les mineurs, les sourds & muets ne peuvent également être nommés tuteurs ou curateurs de quelqu'un, puisque eux-mêmes, à raison de la foiblesse de leur âge ou de leur infirmité, sont soumis à la puissance d'autrui, & ont besoin du conseil & de l'assistance d'un tuteur ou curateur.

L'administration des deniers royaux, le service militaire, l'admission dans les ordres sacrés, la profession religieuse, la qualité de professeur dans les universités, & même dans plusieurs collèges, l'exercice d'un grand nombre d'offices, soit de judicature, soit de finance, accordent également l'exemption de la tutèle ou curatelle. Nous regardons également ces exemptions comme volontaires ; ensorte qu'à l'exception des religieux, qui sont censés morts civilement, toutes les personnes exemptes de tutèle par leur état & leur emploi, peuvent volontairement en accepter la charge, & ne peuvent plus en obtenir décharge par la suite. *Voyez.* TUTÈLE.

EXCUSE, s. f. (*Jurisp.*) ce mot reçoit plusieurs significations. Il se dit, 1°. des raisons que l'on a pour se dispenser d'accepter une commission, telle que celle de tuteur, curateur, séquestre, commissaire, &c. & alors il est synonyme du mot *excusation*. 2°. On appelle *excusé* les motifs que l'on propose pour se dispenser de comparoître sur une assignation, ou pour obtenir à cet égard un délai plus long : dans ce sens il a la même signification qu'*exoine*. *Voyez* EXOINE.

Enfin on appelle *excusé* toutes les raisons qu'on peut alléguer pour se disculper de quelque chose. Sous ce rapport, ce mot, en matière criminelle ou de police, signifie les moyens tirés, soit du fond soit des circonstances d'un fait qui servent à diminuer la qualité du délit, & à soustraire l'accusé aux rigueurs de la loi.

Ces sortes d'*excuses* ont pour fondement, la bonne foi de l'accusé, son ignorance, la colère, l'ivresse ; une passion violente, la crainte, la violence qu'on lui a faite, l'exemple, la foibleffe de l'âge, l'infirmité du fexe. *Voyez* ACCIDENT, AGE, CRAINTE, IGNORANCE, IVRESSE, VIOLENCE, FEMME, MINEUR, &c.

EXEAT, f. m. (*Droit can.*) terme latin ufité comme françois, en matière eccléfiaftique, pour exprimer la permiffion qu'un évêque donne à un prêtre de fortir du diocèfe où il a été ordonné, & d'aller exercer ailleurs les fonctions de fon miniftère. Le concile de Nicée, *can. 16 & 17*, celui d'Antioche, *can. 3*, & celui de Chalcédoine défendent aux clercs de quitter l'églife où ils ont été ordonnés, fans la permiffion de l'évêque; les évêques des autres diocèfes ne doivent point leur permettre de célébrer la meffe ni de faire aucune autre fonction eccléfiaftique, s'ils ne font apparoir de leur *exeat*; autrement ils doivent être renvoyés à leur propre évêque. S'ils s'obftinent à ne point fe ranger à ce devoir, ils encourent l'excommunication. Le concile de Verneuil en 844, renouvella le décret du concile de Chalcédoine.

La jurifprudence des tribunaux féculiers eft conforme, à cet égard, à la difcipline eccléfiaftique. Un arrêt du parlement de Paris, du 9 mars 1670, a déclaré n'y avoir abus dans une ordonnance de l'évêque de Nevers, qui défendoit aux curés & aux eccléfiaftiques de fon diocèfe, de recevoir aucun prêtre féculier ou régulier pour la célébration de la meffe, l'adminiftration des facremens, & la prédication, fans fa permiffion par écrit, ou celle de fon vicaire-général, à peine de quinze livres à aumôner.

Le dimiffoire eft différent de l'*exeat*, le premier étant une permiffion d'aller recevoir la tonfure ou quelque ordre eccléfiaftique, dans un autre diocèfe que celui où on eft né. Les fupérieurs réguliers donnent auffi à leurs religieux une efpèce d'*exeat*, pour aller d'un couvent dans un autre; mais dans l'ufage, cela s'appelle une *obédience*. *Voyez* DIMISSOIRE, OBÉDIENCE, RELIGIEUX.

EXÉCUTEUR DE LA HAUTE-JUSTICE, (*Code criminel.*), eft celui qui exécute les jugemens qui condamnent les criminels à mort ou à quelque peine afflictive.

On l'appelle *exécuteur de la haute-juftice*, parce que les hauts-jufticiers, ce qui comprend auffi les juges royaux, font les feuls qui aient ce que l'on appelle *jus gladii*, droit de mettre à mort.

On l'appelle auffi d'un nom plus doux, *maître des hautes-œuvres*; à caufe que la plupart des exécutions à mort, ou autres peines afflictives, fe font fur un échafaud ou au haut d'une potence, échelle ou pilori.

Mais le nom qu'on lui donne vulgairement eft celui de *bourreau*. Quelques-uns tiennent que ce mot eft celtique ou ancien gaulois; &, en effet, les bas Bretons, chez lefquels ce langage s'eft le mieux confervé fans aucun mélange, fe fervent de ce terme, & dans le même fens que nous lui donnons. D'autres le font venir de l'italien *sbirrò*

ou *birro*, qui fignifie un *archer* ou *fatellite du prévôt*, dont la fonction eft réputée infame. On en donne encore d'autres étymologies, mais qui n'ont rien de vraifemblable.

Il n'y avoit point de bourreau ou *exécuteur* en titre chez les Ifraélites; Dieu avoit commandé à ce peuple que les fentences de mort fuffent exécutées par tout le peuple, ou par les accufateurs du condamné, ou par les parens de l'homicide, fi la condamnation étoit pour homicide, ou par d'autres perfonnes femblables, felon les circonftances. Le prince donnoit fouvent à ceux qui étoient auprès de lui, & fur-tout aux jeunes gens, la commiffion d'aller mettre quelqu'un à mort, on en trouve nombre d'exemples dans l'Ecriture; & loin qu'il y eût aucune infamie attachée à ces exécutions, chacun fe faifoit un mérite d'y avoir part.

Il y avoit auffi chez les Juifs des gens appellés *tortores*, qui étoient établis pour faire fubir aux criminels les tortures ou peines auxquelles ils étoient condamnés: quelquefois ils fe fervoient de certains fatellites de leurs préfets, nommés *fpiculatores*, parce qu'ils étoient armés d'une efpèce de javelot ou pique; mais il femble que l'on ne fe fervoit de ceux-ci que lorfqu'il s'agiffoit de mettre à mort fur le champ, comme de couper la tête, & non pas lorfqu'il s'agiffoit de fouetter, ou faire fouffrir autrement les criminels: c'eft delà que l'*exécuteur de la haute-juftice* eft nommé parmi nous en latin *tortor*, *fpiculator*: on l'appelle auffi *carnifex*.

Chez les Grecs cet office n'étoit point méprifé, puifqu'Ariftote, *liv. VI de fes Politiques, chap. dernier*, le met au nombre des magiftrats. Il dit même que par rapport à fa néceffité, on doit le tenir pour un des principaux offices.

Les magiftrats romains avoient des miniftres ou fatellites appellés *lictores*, licteurs, qui furent inftitués par Romulus, ou même, felon d'autres, par Janus; ils marchoient devant les magiftrats, portant des haches enveloppées dans des faifceaux de verges ou baguettes. Les confuls en avoient douze; les proconfuls, préteurs & autres magiftrats en avoient feulement fix; ils faifoient tout-à-la-fois l'office de fergent & de bourreau. Ils furent nommés *licteurs*, parce qu'ils lioient les pieds & les mains des criminels avant l'exécution; ils délioient leurs faifceaux de verges, foit pour fouetter les criminels, foit pour trancher la tête.

On fe fervoit auffi quelquefois d'autres perfonnes pour les exécutions; car Ciceron, dans la feptième de fes *Verrines*, parle du portier de la prifon, qui faifoit l'office de bourreau pour exécuter les jugemens du préteur; *aderat*, dit-il, *janitor carceris, carnifex prætoris, mors, terrorque fociorum, & civium lictor.* On fe fervoit même quelquefois du miniftère des foldats pour l'exécution des criminels, non-feulement à l'armée, mais dans la ville même, fans que cela les déshonorât en aucune manière.

Adrien Beyer, qui étoit penfionnaire de Roterclam, fait voir dans un de ses ouvrages, dont l'extrait est au *journal des Savans de 1703, pag. 88*, qu'anciennement les juges exécutoient souvent euxmêmes les condamnés, & il en rapporte plusieurs exemples tirés de l'histoire sacrée & profane ; qu'en Espagne, en France, en Italie & Allemagne, lorsque plusieurs étoient condamnés au supplice pour un même crime, on donnoit la vie à celui qui vouloit bien exécuter les autres ; qu'on voit encore au milieu de la ville. Gand deux statues d'airain d'un père & d'un fils convaincus d'un même crime, où le fils servit d'*exécuteur* à son père ; qu'en Allemagne, avant que cette fonction eût été érigée en titre d'office, le plus jeune de la communauté ou du corps de ville en étoit chargé ; qu'en Franconie c'étoit le nouveau marié ; qu'à Reutlingue, ville impériale de Suabe, c'étoit le conseiller dernier reçu ; & à Sædien, petite ville de Thuringe, celui des habitans qui étoit le dernier habitué dans le lieu.

On dit que Witolde, prince de Lithuanie, introduisit chez cette nation que le criminel condamné à mort eût à se défaire lui-même de sa main, trouvant étrange qu'un tiers, innocent de la faute, fût employé & chargé d'un homicide ; mais suivant l'opinion commune, on ne regarde point comme un homicide, ou du moins comme un crime, l'exécution à mort qui est faite par le bourreau, vu qu'il ne fait qu'exécuter les ordres de la justice, & remplir un ministère nécessaire.

Puffendorf, en son *Traité du droit de la nature & des gens*, met le bourreau au nombre de ceux que les loix de quelques pays excluent de la compagnie des honnêtes gens, ou qui ailleurs en sont exclus par la coutume & l'opinion commune ; & Beyer, que nous avons déjà cité, dit qu'en Allemagne la fonction de bourreau est communément jointe au métier d'écorcheur ; ce qui annonce qu'on la regarde comme quelque chose de très-bas.

Il y a lieu de croire que ce qu'il dit ne doit s'appliquer qu'à ceux qui font les exécutions dans les petites villes, & qui ne font apparemment que des valets ou commis des *exécuteurs* en titre, établis dans les grandes villes ; car il est notoire qu'en Allemagne ces sortes d'officiers ne sont point réputés infames, ainsi que plusieurs auteurs l'ont observé : quelques-uns prétendent même qu'en certains endroits d'Allemagne le bourreau acquiert le titre & les privilèges de noblesse, quand il a coupé un certain nombre de têtes, porté par la coutume du pays.

Quoi qu'il en soit de ce dernier usage, il est certain que le préjugé où l'on est en France & ailleurs à cet égard, est bien éloigné de la manière dont le bourreau est traité en Allemagne. Cette différence est sur-tout sensible à Strasbourg, où il y a deux *exécuteurs*, l'un pour la justice du pays, l'autre pour la justice du roi ; le premier est allemand, y est fort considéré ; l'autre au contraire, qui est françois, n'y est pas mieux accueilli que dans les autres villes de France, *Voyez* BOURREAU.

Beyer dit encore que quelques auteurs ont mis au nombre des droits régaliens, celui d'accorder des provisions de l'office d'*exécuteur*. Il ajoute que ceux qui ont droit de justice, n'ont pas tous droit d'avoir un *exécuteur*, mais seulement ceux qui ont *merum imperium*, qu'on appelle *droit de glaive* ou *justice de sang*.

En France, le roi est le seul qui ait des *exécuteurs de justice*, lesquels sont la plupart en titre d'office ou par commission du roi. Ces offices, dit Loyseau, sont les seuls auxquels il n'y a aucun honneur attaché ; ce qu'il attribue à ce que cet office, quoique très-nécessaire, est contre nature. Cette fonction est même regardée comme infame ; c'est pourquoi quand les lettres du bourreau sont scellées, on les jette sous la table.

Les seigneurs qui ont haute-justice, n'ont cependant point de bourreau, soit parce qu'ils ne peuvent créer de nouveaux offices, soit à cause de la difficulté qu'il y a de trouver des gens pour remplir cette fonction. Lorsqu'il y a quelque exécution à faire dans une justice seigneuriale, ou même dans une justice royale pour laquelle il n'y a pas d'*exécuteur*, on fait venir celui de la ville la plus voisine.

Barthole sur la loi 2, *ff. de publicis judiciis*, dit que si l'on manque de bourreau, le juge peut absoudre un criminel, à condition de faire cette fonction, soit pour un temps, soit pendant toute sa vie ; & dans ce dernier cas celui qui est condamné à faire cette fonction, est proprement *servus pœnæ* ; il y en a un arrêt du parlement de Bordeaux, du 13 avril 1674. *Voyez* la Peyrere, *lett. E*.

Si le juge veut contraindre quelque autre personne à remplir cette fonction, il ne le peut que difficilement. Gregorius Tolosanus dit, *vix potest*. Paris de Puteo, en son traité *de syndico*, au mot *Manivoltus*, dit que si on prend pour cela un mendiant ou autre personne vile, il faut lui payer cinq écus pour son salaire, *quinque aureos*.

Il s'éleva en l'échiquier tenu à Rouen à la S. Michel 1312, une difficulté par rapport à ce qu'il n'y avoit point d'*exécuteur*, ni personne qui en voulût faire les fonctions. Pierre de Hangest, qui pour lors étoit bailli de Rouen, prétendit que cela regardoit les sergens de la vicomté de l'eau ; mais de leur part ils soutinrent avec fermeté qu'on ne pouvoit exiger d'eux une pareille servitude ; que leurs prédécesseurs n'en avoient jamais été tenus, & qu'ils ne s'y assujettiroient point ; qu'ils étoient sergens du roi, & tenoient leurs sceaux de sa majesté ; que par leurs lettres il n'étoit point fait mention de pareille chose. Ce débat fut porté à l'échiquier, où présidoit l'évêque d'Auxerre, & il fut décidé qu'ils n'étoient pas tenus de cette fonction ; mais que dans le cas où il ne se trouveroit point d'*exécuteur*, ils seroient obligés d'en aller chercher un, *quand bien même ils iroient au loin*, & que ce seroit aux dépens du roi, à l'effet de quoi le receveur du domaine de la vicomté de Rouen seroit tenu de leur mettre entre les mains les deniers nécessaires.

Cependant

Cependant un de mes confrères, parfaitement inf-truit des usages du parlement de Rouen, où il a fait long-temps la profession d'avocat, m'a assuré qu'on tient pour certain dans ce parlement, que le dernier des huissiers ou sergens du premier juge peut être contraint, lorsqu'il n'y a point de bourreau, d'en faire les fonctions. Comme ces cas arrivent rare-ment, on ne trouve pas aisément des autorités pour les appuyer.

En parcourant les comptes & ordinaires de la pré-vôté de Paris, rapportés par Sauval, on trouve que c'étoient communément des sergens à verge du châ-telet qui faisoient l'office de tourmenteur juré du roi au châtelet de Paris. Ce mot *tourmenteur* venoit du latin *tortor*, que l'on traduit souvent par le terme de *bourreau*. Ces tourmenteurs jurés faisoient en effet des fonctions qui avoient beaucoup de rapport avec celles du bourreau. C'étoient eux, par exemple, qui faisoient la dépense & les préparatifs nécessaires pour l'exécution de ceux qui étoient condamnés au feu ; ils fournissoient aussi les demi-lames ferrées qui servoient à exposer sur l'échafaud les têtes coupées : enfin on voit qu'ils fournissoient un sac pour mettre le corps de ceux qui avoient été exécutés à mort ; ces faits sont justifiés par les comptes de 1439, 1441 & 1449.

Cependant il est constant que cet office de tour-menteur juré n'étoit point le même que celui de bourreau : ce tourmenteur étoit le même officier que l'on appelle présentement *questionnaire*.

Il est vrai que dans les justices où il n'y a point de questionnaire en titre, on fait souvent donner la question par le bourreau. On fait néanmoins une dif-férence entre la question préparatoire & la question définitive ; la première ne doit pas être donnée par la main du bourreau, afin de ne pas imprimer une note d'infamie à celui qui n'est pas encore condamné à mort : c'est apparemment l'esprit de l'arrêt du 8 mars 1624, rapporté par Basset, tome I, liv. VI, tit. 12, ch. 2, qui jugea que la question préparatoire ne devoit pas être donnée par le bourreau, mais par un sergent ou valet du concierge : il paroît par-là qu'il n'y avoit pas de questionnaire en titre.

Pour revenir au châtelet, les comptes dont on a déjà parlé justifient que les tourmenteurs jurés n'étoient pas les mêmes que le bourreau ; celui-ci est nommé *maître de la haute-justice du roi* ; en quel-ques endroits, *exécuteur de la haute-justice du roi*.

Ainsi dans un compte du domaine de 1417, on couche en dépense 45 s. parisis payés à Etienne le Bré, maître de la haute-justice du roi notre sire, tant pour avoir fait les frais nécessaires pour faire bouillir trois faux monnoyeurs, que pour avoir ôté plusieurs chaînes étant aux poutres de la justice de Paris, & les avoir rapportées *en son hôtel* : c'étoit le langage du temps.

Dans un autre compte de 1425, on porte 20 sols payés à Jean Tiphanie, *exécuteur de la haute-justice*, pour avoir dépendu & enterré des criminels qui étoient au gibet.

Le compte de 1446 fait mention que l'on paya à Jean Dumoulin, sergent à verge, qui étoit aussi tourmenteur juré, une somme pour acheter à ses dépens trois chaînes de fer pour attacher contre un arbre près du Bourg-la-Reine, & à pendre & étrangler trois larrons condamnés à mort. On-croiroit jusque-là que celui qui fit tous ces prépa-ratifs, étoit le bourreau ; mais la suite de cet article fait connoître le contraire, car on ajoute : *& pour une échelle neuve où lesdits trois larrons furent montés par le bourreau qui les exécuta & mit à mort*, &c.

En effet, dans les comptes des années suivantes il est parlé plusieurs fois de l'*exécuteur de la haute-justice,* lequel, dans un compte de 1472, est nommé *maître des hautes-œuvres ;* & l'on voit que le fils avoit suc-cédé à son père dans cet emploi : & en remontant au compte de 1465, on voit qu'il avoit été fait une exécution à Corbeil.

On trouve encore dans le compte de 1478, que l'on paya à Pierre Philippe, maître des basses-œu-vres, une somme pour avoir abattu l'échafaud du pilori, avoir rabattu les tuyaux où le sang coule audit échafaud, blanchi iceux & autres choses sem-blables, qui ont assez de rapport aux fonctions de l'*exécuteur de la haute-justice* : ce qui pourroit d'abord faire croire que l'on a mis, par erreur, *maître des basses-œuvres*, pour *maître des hautes-œuvres ;* mais tout bien examiné, il paroît que l'on a en effet entendu parler du maître des basses-œuvres que l'on chargeoit de ces réparations, sans doute comme étant des ouvrages vils que personne ne vouloit faire, à cause du rapport que cela avoit aux fonc-tions du bourreau.

Du temps de S. Louis il y avoit un bourreau fe-melle pour les femmes : c'est ce que l'on voit dans une ordonnance de ce prince contre les blasphé-mateurs, de l'année 1264, portant que celui qui aura mesfait ou mesdit, sera battu par la justice du lieu tout de verges *en appert ;* c'est à savoir li hom-mes par hommes, & la femme par seules femmes, sans présence d'hommes, *Traité de la Pol.* tome I, *pag.* 546.

Un des droits de l'*exécuteur de la haute-justice,* est d'avoir la dépouille du patient, ce qui ne s'est pourtant pas toujours observé par-tout de la même manière ; car en quelques endroits les sergens & archers avoient cette dépouille ; comme il paroît par une ordonnance du mois de janvier 1304, rendue par le juge & courier de la justice sécu-lière de Lyon, de l'ordre de l'archevêque de cette ville, qui défend aux bedaux ou archers de dé-pouiller ceux qu'ils mettoient en prison, sauf au cas qu'ils fussent condamnés à mort, à ces ar-chers d'avoir les habits de ceux qui auroient été exécutés.

L'*exécuteur de la haute-justice* avoit autrefois droit de prise, comme le roi & les seigneurs, c'est-à-dire, de prendre chez les uns & les autres, dans les lieux où il se trouvoit, les provisions qui lui étoient né-cessaires, en payant néanmoins dans le temps du cré dit qui avoit lieu pour ces sortes de prises. Les lettres de Charles VI du 5 mars 1398, qui exemptent les habitans de Chailly & de Lay près Paris, du droit de prise, défendent à tous les maîtres de l'hôtel du roi, à tous ses fourriers, chevaucheurs (écuyers), à l'*exécuteur de la haute-justice*, & à tous *nos autres officiers*, & à ceux de la reine, aux princes du sang, & autres qui avoient accoutumé d'user de prises, d'en faire aucunes sur lesdits habitans. L'*exécuteur* se trouve-là, comme on voit en bonne compagnie.

Il est encore d'usage, en quelques endroits, que l'*exécuteur* perçoive gratuitement certains droits dans les marchés.

Un recueil d'ordonnances & style du châtelet de Paris, imprimé en 1530, gothique, fait mention que le bourreau avoit à Paris des droits sur les fruits, verjus, raisins, noix, noisettes, foin, œufs & laine, sur les marchands forains pendant deux mois; un droit sur le passage du Petit-pont, sur les chasse-marées, sur chaque malade de S. Ladre, en la banlieue; sur les gâteaux de la veille de l'Epiphanie; cinq sols de chaque pilorié; sur les vendeurs de cresson, sur les pourceaux, marées, harengs: que sur les pourceaux qui couroient dans Paris, il prenoit la tête ou cinq sols, excepté sur ceux de S. Antoine. Il prenoit aussi des droits sur les balais, sur le poisson d'eau douce, chenevis, senevé; & sur les justiciés tout ce qui est au-dessous de la ceinture, de quelque prix qu'il fût. Présentement la dépouille entière du patient lui appartient.

Sauval en ses *Antiquités de Paris*, tome *II*, p. 457, titre des *redevances singulières dues par les ecclésiastiques*, dit que les religieux de S. Martin doivent tous les ans à l'*exécuteur de la haute-justice*, cinq pains & cinq bouteilles de vin, pour les exécutions qu'il fait sur leurs terres; mais que le bruit qui court que ce jour-là ils les faisoient dîner avec eux dans le réfectoire, sur une petite table que l'on y voit, est un faux bruit.

Que les religieux de sainte Geneviève lui paient encore cinq sols tous les ans le jour de leur fête, à cause qu'il ne prend point le droit de havée, qui est une poignée de chaque denrée vendue sur leurs terres.

Que l'abbé de Saint-Germain-des-Prés lui donnoit autrefois, le jour de S. Vincent, patron de son abbaye, une tête de pourceau, & le faisoit marcher le premier à la procession.

Que du temps que les religieux du Petit-Saint-Antoine nourrissoient dans leur porcherie près l'église, des pourceaux qui couroient les rues, & que ceux qui en nourrissoient à Paris n'osoient les faire sortir, parce que tout autant que le bourreau en rencontroit, il les menoit à l'hôtel-Dieu, & la tête étoit pour lui, ou bien on lui donnoit cinq sous; que présentement il a encore quelques droits sur les denrées étalées aux halles & ailleurs les jours de marché.

Ces droits, dont parle Sauval, sont ce que l'on appelle communément *havage*, & ailleurs *havée*, *havagium*, *havadium*, vieux mot qui signifie le droit

que l'on a de prendre sur les grains dans les marchés autant qu'on en peut prendre avec la main. Le bourreau de Paris avoit un droit de havage dans les marchés, & à cause de l'infamie de son métier, on ne le lui laissoit prendre qu'avec une cuiller de fer-blanc, qui servoit de mesure. Ses préposés à la perception de ce droit, marquoient avec la craie sur le bras ceux & celles qui avoient payé, afin de les reconnoître: mais comme cette perception occasionnoit dans les marchés de Paris beaucoup de rixes entre les préposés du bourreau & ceux qui ne vouloient pas payer ou se laisser marquer, il a été supprimé pour Paris depuis quelques années.

L'*exécuteur de la haute-justice* de Pontoise avoit aussi le même droit; mais par accommodement il appartient présentement à l'hôpital-général.

Il y avoit encore plusieurs endroits dans le royaume où le bourreau percevoit ce droit; & dans les villes même où il n'y a pas de bourreau, lorsque celui d'une ville voisine venoit y faire quelque exécution, ce qui est ordinairement un jour de marché, il percevoit sur les grains & autres denrées son droit de havage ou havée.

Mais la suppression de ces droits, perçus au profit du bourreau de Paris, a été étendue par un arrêt du conseil du 3 juin 1775, à tous les lieux où les *exécuteurs de la haute-justice* étoient dans l'usage d'en percevoir de pareils: Cet arrêt leur a fait défenses d'exiger à l'avenir aucune rétribution, soit en nature, soit en argent, des laboureurs & autres personnes, qui apportent des grains & farines dans les villes & sur les marchés.

L'*exécuteur* ne se saisit de la personne du condamné qu'après avoir oui le prononcé du jugement de la condamnation.

Il n'est pas permis de le troubler dans ses fonctions, ni au peuple de l'insulter; mais lorsqu'il manque à son devoir, on le punit selon la justice. Sous Charles VII en 1445, lors de la ligue des Armagnacs pour la maison d'Orléans contre les Bourguignons, le bourreau étoit chef d'une troupe de brigands, il vint offrir ses services au duc de Bourgogne, & eut l'insolence de lui toucher la main. M. Duclos, en son *histoire de Louis XI*, fait à cette occasion une réflexion, qui est que le crime rend presque égaux ceux qu'il associe. Lorsque les fureurs de la ligue furent calmées, & que les affaires eurent repris leur cours ordinaire, le bourreau fut condamné à mort pour avoir pendu le célèbre président Brisson, par ordre des ligueurs, sans forme de procès.

Il n'est pas permis au bourreau de demeurer dans l'enceinte de la ville, à moins que ce ne soit dans la maison du pilori, où son logement lui est donné par ses provisions: comme il fut jugé par un arrêt du parlement du 31 août 1709.

Cayron, en son style du parlement de Toulouse, liv. 2, tit. 4, dit que l'*exécuteur de la haute-justice* doit mettre la main à tout ce qui dépend des excès qui font capitalement puniffables; comme à la mort, fuftigation & privation de membres, tortures, gehennes, amendes honorables, & banniffement en forme, la hart au cou; car, dit-il, ce font des morts civiles.

Cette notion qu'il donne des exécutions qui doivent être faites par la main du bourreau, n'eft pas bien exacte; le bourreau doit exécuter tous les jugemens, foit contradictoires ou par contumace, qui condamnent à quelque peine, emportant mort naturelle ou civile, ou infamie de droit: ainfi c'eft lui qui exécute tous les jugemens emportant peine de mort ou mutilation de membres, marque & fuftigation publique, amende honorable *in figuris*. Il exécute auffi le banniffement, foit hors du royaume, ou feulement d'une ville ou province, lorfque ce banniffement eft précédé de quelque autre peine, comme du fouet, ainfi que cela eft affez ordinaire; auquel cas, après avoir conduit le criminel jufqu'à la porte de la ville, il lui donne un coup de pied au cul en figne d'expulfion.

Le bourreau n'affifte point aux amendes honorables qu'on appelle *feches*.

Ce n'eft point lui non plus qui fait les exécutions fous la cuftode, c'eft-à-dire dans la prifon; telles que la peine du carcan & du fouet, que l'on ordonne quelquefois pour de légers délits commis dans la prifon, ou à l'égard d'enfans qui n'ont pas encore atteint l'âge de puberté: ces exécutions fe font ordinairement par le queftionnaire, ou par quelqu'un des geôliers ou guichetiers.

Pour ce qui eft de la queftion ou torture, *voyez* ce qui en a été dit ci-devant.

Enfin le bourreau exécute toutes les condamnations à mort, rendues par le prévôt de l'armée; il exécute auffi les jugemens à mort, ou autre peine afflictive, rendus par le confeil de guerre, à l'exception de ceux qu'il condamne à être paffés par les armes, ou par les baguettes. (*A*)

EXÉCUTEUR de l'indult, (*Droit canon.*) *Voyez* INDULT.

EXÉCUTEUR *teftamentaire*, (*Droit civil.*) eft celui que le défunt a nommé, par fon teftament ou codicille, pour exécuter fon teftament ou codicille, & autres difpofitions de dernière volonté.

Il n'étoit pas d'ufage chez les Romains de nommer des *exécuteurs teftamentaires*, les loix romaines croyoient avoir fuffifamment pourvu à l'exécution des teftamens, en permettant aux héritiers de prendre poffeffion, en accordant diverfes actions aux légataires & fideicommiffaires, & en privant de l'hérédité les héritiers qui feroient réfractaires aux volontés du défunt. C'eft par cette raifon que dans les provinces régies par le droit écrit, il eft très-rare que les teftateurs nomment des *exécuteurs teftamentaires*.

Mais dans les pays coutumiers, où les difpofitions univerfelles ne font toutes que des legs fujets à délivrance, on a introduit l'ufage des *exécuteurs teftamentaires*, pour tenir la main à l'exécution des dernières volontés du défunt; il n'y a prefque point de coutume qui ne contienne quelque difpofition fur cette matière.

Le teftateur a feul le droit de nommer fes *exécuteurs teftamentaires*; s'il n'en a nommé aucun, on préfume qu'il a confié à fes héritiers l'exécution de fes dernières volontés. Les coutumes n'ordonnent pas de fuppléer cette nomination, & il n'y a pas d'exemple que le juge l'ait fait d'office.

Toutes perfonnes peuvent être nommées *exécuteurs teftamentaires*, fans diftinction d'âge, de fexe, ni de condition: ainfi les mineurs adultes & capables d'affaires, les fils de famille, les femmes même en puiffance de mari, peuvent être nommés pour une exécution teftamentaire.

Il y a des *exécuteurs teftamentaires* honoraires, c'eft-à-dire, qui ne font chargés que de veiller à l'exécution du teftament, & non pas de l'exécuter eux-mêmes. Dans ce cas, ceux qui font chargés de l'exécution effective peuvent être appellés *exécuteurs onéraires*, pour les diftinguer des premiers qui ne font pas comptables.

Les loix 28 & 49, *c. de epif.* & la novelle 131, *cap. ii.*, chargeoient l'évêque ou fon économe de veiller à l'exécution des teftamens qui contenoient des legs pieux en faveur des captifs, ou pour la nourriture & entretien des pauvres: le droit canon avoit été beaucoup plus loin, car il autorifoit l'évêque à s'entremettre de tous les legs pieux, foit lorfqu'il n'y a pas d'*exécuteur teftamentaire*, ou que celui qui eft nommé néglige de faire exécuter les difpofitions pieufes.

C'eft fur ce fondement que quelques interprètes de droit ont décidé que les juges d'églife peuvent connoître de l'exécution des teftamens: ce qui a même été adopté dans quelques coutumes: mais cela a été réformé par l'ordonnance de 1539, qui réduit les juges d'églife aux caufes fpirituelles & eccléfiaftiques; & les évêques ne font point admis en France à s'entremettre de l'exécution des legs pieux.

La charge ou commiffion d'*exécuteur teftamentaire* n'eft qu'un fimple mandat, fujet aux mêmes règles que les autres mandats, excepté que celui-ci, au lieu de prendre fin par la mort du mandant, qui eft le teftateur, ne commence au contraire qu'après fa mort.

L'*exécuteur teftamentaire* nommé par teftament ou codicille, n'a pas befoin d'être confirmé par le juge; le pouvoir qu'il tient du teftateur & de la loi ou coutume du lieu, lui fuffit. Il ne peut pas non plus dans fa fonction excéder le pouvoir que l'un & l'autre lui donnent. Il n'eft pas tenu de donner caution, à moins qu'il ne s'agiffe d'un mineur émancipé; les héritiers peuvent alors exiger une caution folvable avant qu'il fe mette en poffeffion des effets de la fucceffion.

La fonction d'*exécuteur teftamentaire* étant une charge privée, il eft libre à celui qui eft nommé de la refufer, fans qu'il ait befoin pour cela d'aucune excufe ; & comme elle eft en même temps un office d'ami, l'*exécuteur teftamentaire* ne peut exiger aucune récompenfe de fes peines, fi le teftateur ne lui en a point fixé par quelqu'une des difpofitions de fon teftament.

En cas de refus de fa part d'accepter la commiffion dont il eft chargé, il ne perd pas le legs qui lui eft fait, à moins qu'il ne paroiffe fait en confidération de l'exécution teftamentaire ; auquel cas, s'il accepte le legs, il ne peut plus refufer la fonction dont il eft le prix.

Il ne peut plus auffi fe démettre de cette charge lorfqu'il l'a acceptée, à moins qu'il ne furvienne quelque caufe nouvelle.

Il doit apporter dans fa commiffion toute l'attention qui dépend de lui, & par conféquent il eft refponfable de fon dol & de ce qui arriveroit par fa faute & par fa négligence, fans néanmoins qu'il foit tenu des fautes légères.

Un *exécuteur teftamentaire* qui ne feroit chargé que de procurer l'exécution de quelque difpofition fans avoir aucun maniement des deniers, comme cela fe voit fouvent en pays de droit écrit, n'eft pas obligé de faire inventaire, ni de faire aucune autre diligence que ce qui concerne fa commiffion.

Au contraire, en pays coutumier où il faut qu'il foit faifi de quelques-uns des biens du défunt, pour être en état d'accomplir le teftament, il ne peut l'être qu'après l'inventaire des effets de la fucceffion. C'eft pourquoi il doit, auffi-tôt qu'il a connoiffance du teftament, faire procéder à l'inventaire, les héritiers préfomptifs préfens, ou duement appellés ; & en cas d'abfence de l'un d'eux, il doit y appeller le procureur du roi ou de la juftice du lieu.

Dans quelques coutumes, l'*exécuteur teftamentaire* n'eft faifi que des meubles & effets mobiliers, comme à Paris ; dans d'autres, comme Berri & Bourbonnois, il eft faifi des meubles & conquêts. Dans celle de Nevers, lorfqu'il n'y a pas de meubles, il eft en droit d'exiger des héritiers qu'ils lui fourniffent des deniers ou des meubles, & s'ils font *délayans* ou *refufans*, il peut obtenir du juge la permiffion de vendre des immeubles du défunt, foit à faculté de rachat, foit fimplement.

D'autres coutumes reftreignent de diverfes manières le maniement que doit avoir l'*exécuteur teftamentaire* : enforte qu'il faut fuivre, à cet égard, les difpofitions de l'efprit de celle fous l'empire de laquelle l'exécution du teftament a lieu.

Le teftateur peut pareillement le reftreindre, comme bon lui femble, par fon teftament ou codicille.

L'*exécuteur teftamentaire* a le droit de choifir le notaire & l'huiffier qui doivent procéder à l'inventaire, prifée & eftimation des meubles, les héritiers peuvent feulement fe faire affifter d'un fecond notaire & huiffier.

Il eft auffi du devoir de l'*exécuteur teftamentaire*,

en pays coutumier, de faire vendre les meubles par autorité de juftice, en y faifant appeller les héritiers pour éviter tout foupçon de fraude & de collufion : de faire le recouvrement des dettes actives & des deniers qui proviennent tant des meubles que des dettes actives, & du revenu des immeubles, qu'il a droit de toucher, dans certaines coutumes, pendant l'année de fon exécution teftamentaire. Il doit acquitter d'abord les dettes paffives & mobiliaires, enfuite les legs.

Si les deniers dont on vient de parler ne fuffifent pas pour acquitter les dettes & les difpofitions du teftateur, l'*exécuteur teftamentaire* peut vendre des immeubles jufqu'à due concurrence, ainfi que le décident plufieurs coutumes ; en le faifant néanmoins ordonner avec les héritiers, faute par eux de fournir des deniers fuffifans pour acquitter les dettes mobiliaires & legs.

Le pouvoir que l'*exécuteur teftamentaire* tient du défunt ou de la loi, lui eft perfonnel ; de forte qu'il ne peut le communiquer ni le tranférer à un autre. Ce pouvoir finit par la mort de l'*exécuteur teftamentaire*, quand elle arriveroit avant que fa commiffion foit finie. Il n'eft point d'ufage d'en faire nommer un autre à fa place ; c'eft à l'héritier à achever ce qui refte à faire.

Lorfque le défunt a nommé plufieurs *exécuteurs teftamentaires*, ils ont tous un pouvoir égal, & doivent agir conjointement ; néanmoins en cas que l'un d'eux foit abfent hors du pays, l'autre peut valablement agir feul.

Le temps de l'exécution teftamentaire eft limité à l'an & jour, à compter du jour de la mort du teftateur ; mais il peut être prolongé pour de juftes caufes.

Pendant l'année que dure la commiffion de l'*exécuteur teftamentaire*, les légataires des chofes ou fommes mobiliaires, peuvent intenter action contre lui pour avoir paiement de leur legs, pourvu que la délivrance en foit ordonnée avec l'héritier. Il peut auffi retenir par fes mains le legs mobilier qui lui eft fait.

Après l'année révolue, l'*exécuteur teftamentaire* doit rendre compte de fa geftion, à moins que le teftateur ne l'en eût difpenfé formellement.

S'il y a plufieurs *exécuteurs teftamentaires*, ils doivent tous rendre compte conjointement, fans néanmoins qu'ils foient tenus folidairement du reliquat, mais feulement chacun perfonnellement pour leur part & portion. Le compte peut être rendu à l'amiable, ou devant des arbitres ; ou fi les parties ne s'arrangent pas ainfi, l'*exécuteur teftamentaire* peut être pourfuivi par juftice.

Les coutumes & les anciennes ordonnances ne font pas d'accord entre elles fur le juge devant lequel en ce cas doit être rendu ce compte ; les unes veulent que ce foit le juge royal ; d'autres admettent la concurrence & la prévention entre les juges royaux & ceux des feigneurs ; quelques coutumes en donnent la connoiffance au juge d'église, soit exclusivement, ou par prévention.

Présentement les juges d'église ne connoissent plus de ces matières; & suivant l'ordonnance de 1667, le comptable doit être poursuivi devant le juge qui l'a commis, ou, s'il n'a pas été nommé par justice, devant le juge de son domicile.

L'*exécuteur testamentaire* doit porter en recette tout ce qu'il a reçu ou dû recevoir, sauf la reprise de ce qu'il n'a pas reçu; il peut porter en dépense tout ce qu'il a dépensé de bonne-foi; il en est même cru à son serment, pour les menues dépenses dont on ne peut pas tirer de quittance; il peut aussi y employer les frais du compte, attendu que c'est à lui à les avancer.

S'il y a un *reliquat* dû par l'*exécuteur testamentaire*, ou par les héritiers, les intérêts en sont dus, à compter de la clôture du compte, s'il est arrêté à l'amiable; ou si le compte est rendu en justice, à compter de la demande.

L'*exécuteur testamentaire*, après la clôture de son compte, est obligé de mettre entre les mains de l'héritier les effets qu'il a de reste, & de lui payer le reliquat, sans pouvoir retenir le fonds des legs qui ne sont pas encore échus. Mais s'il a fait des avances pour le paiement de quelques legs, il peut retenir pour sa sûreté, ce qu'il a entre les mains, jusqu'à concurrence de ce qui lui est dû.

Quand l'*exécuteur testamentaire* est nommé par justice, ou qu'il accepte la commission par un acte authentique, l'hypothèque sur ses biens date de ce moment; hors ces cas, elle n'est acquise contre lui que du jour des condamnations. Il en est de même de l'hypothèque qu'il peut avoir sur les biens de la succession.

EXÉCUTION, s. f. (*Droit civil & criminel.*) en style de palais ce mot a plusieurs acceptions: il signifie, 1°. l'accomplissement d'un contrat ou d'un jugement, 2°. l'action d'infliger une peine à un condamné, 3°. la saisie & vente de meubles. Nous allons le traiter sous ces trois rapports.

L'*exécution*, *en matière criminelle*, est l'action de faire subir à un criminel la peine à laquelle il a été condamné. Suivant l'ordonnance de 1670, tout jugement portant condamnation à peine corporelle ou afflictive, doit être lu & prononcé au condamné avant d'être mis à exécution; mais elle doit avoir lieu dans le jour même de la prononciation, à moins qu'il ne s'agisse d'un jugement dont l'effet est suspendu par l'appel, ou que le criminel, après la prononciation du jugement, ne fasse des déclarations qui donnent lieu à des procédures contre d'autres accusés. Dans ce cas, l'*exécution* se diffère nécessairement jusqu'à ce que la nouvelle instruction soit terminée.

Les juges font aussi quelquefois différer l'*exécution*, lorsque l'accusé est dans le cas d'obtenir sa grace; il y a plusieurs exemples qui prouvent que les juges eux-mêmes l'ont demandée au roi ou à M. le chancelier.

L'*exécution* est encore différée à l'égard d'une femme condamnée à mort, qui se déclare enceinte.

Basnage, sur l'article 143 de la coutume de Normandie, observe qu'on doit même éviter de prononcer le jugement de condamnation, lorsque la grossesse de la femme est certaine.

L'*exécution* ne doit point avoir lieu, lorsque le criminel vient à mourir, après que le jugement de condamnation lui a été prononcé. Plusieurs criminalistes pensent qu'il en doit être de même, s'il est devenu fou.

On trouve dans Papon un arrêt du 15 février 1515, qui a jugé qu'une fille publique pouvoit sauver la vie à un criminel condamné à mort, en offrant de l'épouser. Mais il y a lieu de croire que l'espèce de cet arrêt n'a pas été bien connue de Papon; aucune loi n'a autorisé les juges à sauver par ce moyen un criminel du supplice. Expilly rapporte un arrêt du parlement de Grenoble, du 6 avril 1606, qui a débouté deux filles de l'offre qu'elles faisoient d'épouser deux condamnés à mort. La demande faite par une fille, d'épouser un criminel condamné au supplice, n'a eu d'effet que vis-à-vis d'un ravisseur, lorsque la fille ravie, après avoir été remise en liberté, consent à l'épouser.

Lorsqu'un jugement de condamnation concerne également des accusés présens & des contumaces, & qu'il y a appel de la part des présens, le jugement ne peut être exécuté par effigie contre les contumaces, qu'après la confirmation du premier jugement. Le 14 juillet 1758, le parlement de Paris a déclaré nul un procès-verbal d'*exécution* fait à Ville-Neuve-l'Archevêque, contre un accusé contumax, en vertu d'une sentence du lieutenant-criminel de Troyes, dont un accusé prisonnier avoit interjetté appel.

L'*exécution* d'un criminel doit être faite sur le lieu où le crime a été commis, à moins que par des considérations particulières, les cours ne jugent à propos d'en ordonner autrement. C'est ce qui arrive, lorsque la sentence du premier juge est infirmée, qu'il y a lieu de craindre qu'on n'enlève l'accusé en route par violence, que de plusieurs accusés un seul est jugé, & qu'on furseoit au jugement des autres, pour savoir s'il les chargera avant l'*exécution*; lorsqu'enfin un accusé, condamné à la question par le premier jugement, avoue son crime sur l'appel, & est enfin condamné à mort.

L'*exécution* doit se faire en public, de jour & non de nuit, & dans le lieu ordinaire & accoutumé. Le roi seul peut accorder la permission d'exécuter un criminel dans un endroit particulier: les juges peuvent ordonner qu'elle le fera dans le lieu même où le crime a été commis, afin d'imprimer plus fortement l'exemple de sa punition. On est quelquefois contraint de retarder l'*exécution* jusqu'à la nuit, lorsque le coupable fait des déclarations qui obligent de le confronter à quelques accusés.

Le juge criminel, & dans les cours le rapporteur, doivent être présens à l'*exécution*, assistés du greffier, & accompagnés d'un certain nombre de gardes, qui font tenus de les aller chercher, de les efcorter jufqu'au lieu de l'*exécution*, & de les reconduire chez eux. Le greffier dreffe procès-verbal de l'*exécution* au bas du jugement de condamnation.

L'*exécution*, en matière civile, eft l'accompliffement d'une chofe, d'un acte, d'un contrat, d'un jugement. Elle eft ou provifoire, ou définitive. On appelle *provifoire*, celle qui eft faite en vertu d'un jugement provifoire, & qui peut être réformée en définitif; & *définitive*, l'accompliffement pur & fimple des difpofitions d'un jugement, fans qu'il y ait lieu de rien répéter dans la fuite. *Voyez* MATIÈRE SOMMAIRE, PROVISOIRE.

Tous les juges en général connoiffent de l'*exécution* de leurs jugemens, lorfqu'il s'agit de les interpréter; mais, à l'exception de ce feul cas, l'*exécution* des arrêts ou fentences rendus par les juges d'appel, appartient aux premiers juges, fuivant l'article 179 de l'ordonnance de Blois, à l'exception des officiaux, à qui cette connoiffance eft interdite, & pour laquelle il faut fe pourvoir pardevant le juge ordinaire; & des juges-confuls, qui ne peuvent connoître de la vente des biens ou fruits faifis en vertu de leurs fentences, ni des ventes mobiliaires, lorfqu'il fe trouve des oppofans qui ne font pas créanciers pour fait de marchandife.

Pour mettre à *exécution* un arrêt de cour fouveraine dans le reffort d'une autre, il eft néceffaire, ou d'obtenir au grand-fceau un *pareatis* général, ou fe pourvoir en la chancellerie du parlement dans le reffort duquel on veut faire mettre l'arrêt à *exécution*, ou obtenir par requête une permiffion du juge du lieu. *Voyez* PAREATIS.

L'ordonnance de 1667, tit. 27, art. 7, ordonne de faire extraordinairement le procès à ceux qui par violence ou voies de fait, ont empêché directement ou indirectement l'*exécution* des arrêts & jugemens, qu'ils foient déclarés refponfables des condamnations y portées, & condamnés folidairement aux dommages & intérêts de la partie, ainfi qu'à une amende de deux cens livres, applicable moitié au roi, & moitié à la partie.

Lorfque l'*exécution* d'un jugement eft confiée à un commiffaire, ou à un juge nommé par le tribunal qui a jugé, comme dans les cas d'enquête, de defcente fur les lieux, d'interrogatoire fur faits & articles, &c., le commiffaire ou juge peut ftatuer provifoirement fur les incidens qui furviennent. Mais lorfqu'il s'agit du feul fait d'*exécution*, comme d'expulfer un locataire, de faifir en vertu d'un jugement, cette *exécution* appartient aux huiffiers ou fergens, fans leur attribuer aucune jurifdiction, de manière qu'en cas d'oppofition, de réfiftance, &c., ils doivent renvoyer les parties devant le juge.

EXÉCUTION, dans le fens de *faifie*. *Voyez* SAISIE.

On appelle *exécution parée*, parata executio, celle que l'on peut faire en vertu de l'acte tel qu'il eft, fans avoir befoin d'autre formalité ni d'autre titre.

Pour qu'un acte pardevant notaire, ou un jugement puiffe emporter *exécution parée*, il doit être revêtu de formalités qui ne font pas par-tout les mêmes. A Paris, on exige qu'il foit en parchemin & intitulé du nom du juge.

En vertu d'un titre qui emporte *exécution parée*, on peut faire un commandement, & enfuite faifir & exécuter; faifir réellement.

Les contrats & jugemens qui font en forme exécutoire, emportent *exécution parée* contre l'obligé ou le condamné; mais ils n'ont pas d'*exécution parée* contre leurs héritiers, légataires, biens tenans, & autres ayans caufe, qu'on n'ait fait déclarer ce titre exécutoire contre eux. C'eft pourquoi on dit ordinairement que le mort exécute le vif, mais que le vif n'exécute pas le mort. Cette dernière difpofition fouffre néanmoins exception dans les parlemens de Normandie & de Bordeaux, où l'on peut mettre à *exécution* contre les héritiers, les titres qui étoient exécutoires contre leurs auteurs: ce qui a également lieu dans la partie du reffort du parlement de Douai, qui eft régie par les chartres générales du Hainaut.

Il eft encore à remarquer que, dans le Hainaut françois, on ne peut mettre à *exécution* un contrat revêtu des formes authentiques, & qu'on appelle *exécutoires*, qu'après en avoir obtenu la permiffion du juge, qui s'accorde toujours fur une fimple requête.

Une chofe très-remarquable en Flandre, c'eft que, dans la plupart des coutumes, l'*exécution* d'une fentence, portant condamnation de fommes fixes & à une fois payer, fe furanne par l'efpace d'un an ou de trois ans, fuivant la difpofition particulière des coutumes, & celle d'un arrêt, par dix ans, enforte qu'après l'expiration de ce terme, il faut ajourner la partie condamnée avant de l'exécuter. Mais lorfqu'un jugement a été une fois déclaré exécutoire contre le condamné, il refte lui pendant trente ans, fans plus tomber en furannation.

EXÉCUTOIRE, adj. fe dit, *en droit*, 1°. de tout ce qui peut être mis à exécution, comme un acte ou un contrat *exécutoire*, une fentence, arrêt, ou autre jugement *exécutoire*; 2°. des formes qui donnent pouvoir de procéder à une exécution judiciaire. *Voyez* EXÉCUTION, GROSSE, JUGEMENT.

EXÉCUTOIRE de dépens, f. m. eft une commiffion en parchemin accordée par le juge, & délivrée par le greffier, laquelle permet de mettre à exécution la taxe qui a été faite des dépens.

Lorfque c'eft la partie qui obtient l'*exécutoire*, cela s'appelle *lever l'exécutoire*; lorfque le juge en accorde d'office contre une partie civile ou fur le domaine du roi ou de quelque autre feigneur, pour les frais d'une procédure criminelle, cela s'appelle *décerner exécutoire*. Voyez les art. 16 & 17 du tit. xxv. de l'ordonnance de 1670.

Les *exécutoires* qui font accordés par les juges royaux & autres juges inférieurs, font intitulés du nom du juge : ceux qui émanent des cours souveraines font intitulés du nom du roi.

Celui qui n'eſt pas content de l'*exécutoire*, peut en interjetter appel de même que de la taxe ; excepté pour les *exécutoires* émanés des cours souveraines, où l'on ſe pourvoit par appel de la taxe, & par oppoſition ſeulement contre l'*exécutoire*, ſuppoſé qu'il n'ait pas été délivré contradictoirement. Une partie ne peut faire mettre à exécution un *exécutoire de dépens*, qu'après l'avoir préalablement fait ſignifier au procureur adverſe.

Les *exécutoires* ſur le domaine du roi, ou ſur les ſeigneurs engagiſtes, ne doivent pas comprendre les épices & vacations des juges & des greffiers. Ils ne peuvent être payés qu'après le *viſa* & la permiſſion des intendans, qui ne l'accordent que ſur le vu de la procédure & des pièces, afin d'en retrancher les frais qui ne doivent pas y être compris. On excepte de la néceſſité du *viſa* ceux qui concernent les dépenſes des témoins, les frais de conduite de priſonniers ou de condamnés aux galères, & autres dépenſes urgentes & néceſſaires, que les receveurs du domaine ſont tenus d'acquitter ſur la ſimple ordonnance du juge.

Les *exécutoires* délivrés pour la pourſuite des délits qui concernent la monnoie, ſont payés par les directeurs, ſur les bénéfices des monnoies ; pour les délits en matière d'eaux & forêts, par le receveur des amendes ; pour délits militaires, par le tréſorier de l'extraordinaire des guerres ; pour fournitures faites aux galériens, par la caiſſe de la marine, à l'exception des fournitures faites aux galériens ; condamnés pour contrebande, qui ſont à la charge des fermiers-généraux. *Voyez* CONTRAINTE PAR CORPS, DÉPENS, ITÉRATO, TAXE.

EXEMPLAIRE, mot tiré de la juriſprudence romaine, & qui eſt toujours joint à celui de *ſubſtitution*.

On appelle *ſubſtitution exemplaire*, celle qui eſt faite par les parens à leurs enfans tombés en démence. Elle a été ainſi nommée, parce qu'elle a été introduite à l'exemple de la ſubſtitution pupillaire. *Voyez* SUBSTITUTION.

EXEMPT, adj. pris ſubſt. *En droit canonique*, il ſe dit de certains monaſtères, chapitres & autres eccléſiaſtiques, ſoit ſéculiers ou réguliers, qui ne ſont pas ſoumis à la juriſdiction de l'évêque diocéſain, & relèvent de quelque autre ſupérieur eccléſiaſtique, tel que le métropolitain ou le pape. *Voyez* EXEMPTION. (*A*)

EXEMPT, (*Code milit.*) eſt un officier dans certains corps de cavalerie, qui commande en l'abſence du capitaine & des lieutenans. Ces officiers ont ſans doute été appellés *exempts*, parce qu'étant au-deſſus des ſimples cavaliers, ils ſont diſpenſés de faire le même ſervice. *Voyez* le *Dictionnaire de l'Art militaire*, & les articles ARCHER, MARÉCHAUSSÉE.

EXEMPTION, ſ. f. (*Droit public, civil, canon, féod.*) c'eſt en général tout privilège qui diſ-

penſe d'une loi ou charge quelconque. Nous partagerons ce que nous avons à dire ſur cette matière, ſous quatre mois différens : *exemption*, en matière de finance ; *exemption*, en matière eccléſiaſtique ; *exemption* de fief, *exemption* par appel. A l'égard de chaque eſpèce d'*exemption*, nous en parlons ſous le nom de l'objet auquel elle ſe rapporte. *Voyez* CURATELLE, TAILLE, TUTÈLE, &c.

EXEMPTION, *en matière de finance*, eſt un privilège qui diſpenſe d'une impoſition, d'une contribution, ou de toute autre charge publique & pécuniaire, dont on devroit ſupporter naturellement ſa part & portion.

Toute *exemption* eſt une exception à la règle générale, une grace qui déroge au droit commun.

Mais comme il eſt juſte & naturel que, dans un gouvernement quelconque, tous ceux qui participent aux avantages de la ſociété en partagent auſſi les charges, il ne ſauroit y avoir en finance d'*exemption* abſolue & purement gratuite : toutes doivent avoir pour fondement une compenſation de ſervices d'un autre genre, & pour objet, le bien général de la ſociété.

La nobleſſe a prodigué ſon ſang pour la patrie ; voilà le dédommagement de la taille qu'elle ne paie pas.

Les magiſtrats veillent pour la ſûreté des citoyens au maintien du bon ordre, à l'exécution des loix ; leurs travaux & leurs ſoins compenſent les *exemptions* dont ils jouiſſent.

Des étrangers viennent parmi nous établir de nouvelles manufactures ou perfectionner les nôtres : il faut qu'en faveur des fabriques dont ils nous enrichiſſent, ils ſoient admis aux prérogatives des regnicoles que l'on favoriſe le plus.

Des *exemptions* fondées ſur ces principes n'auront jamais rien d'odieux, parce qu'en s'écartant, à certains égards, de la règle générale, elles rentreront toujours, par d'autres voies, dans le bien commun.

Ces ſortes de graces & de diſtinctions ne pourroient être raiſonnablement critiquées qu'autant qu'il arriveroit que par un profit, par un intérêt pécuniaire, indépendant d'une *exemption* très-avantageuſe, le bénéfice de la grace excéderoit de beaucoup les ſacrifices que l'on auroit faits pour s'en rendre digne ; la véritable compenſation ſuppoſe néceſſairement de la proportion ; il eſt donc évident que, dès qu'il n'y en aura plus entre l'*exemption* dont on jouit, & ce que l'on aura fait pour la mériter, on eſt redevable du ſurplus à la ſociété ; elle eſt le centre où toutes les rayons doivent ſe réunir ; il faut s'en ſéparer, ou contribuer à ſes charges dans une juſte proportion. Quelqu'un oſeroit-il ſe dire exempt de coopérer au bien commun ? on peut ſeulement y concourir différemment, mais toujours dans la plus exacte égalité.

S'il arrivoit que la naiſſance, le crédit, l'opulence, ou d'autres conſidérations étrangères au bien public, détruiſiſſent, ou même altéraſſent des maximes fi précieufes au gouvernement, il en réfulteroit, contre la raifon, la juftice & l'humanité, que certains citoyens jouiroient des plus utiles *exemptions*, par la raifon même qu'ils feroient plus en état de partager le poids des contributions, & que la portion infortunée feroit punie de fa pauvreté même, par la furcharge dont elle feroit accablée.

Que les *exemptions* foient toujours relatives, jamais abfolues, & l'harmonie générale n'en fouffrira pas la plus légère atteinte; tout fe maintiendra dans cet ordre admirable, dans cette belle unité d'adminiftration, qui, dans chaque partie, apperçoit, embraffe & foutient l'univerfalité.

Ces principes ont lieu, foit que les *exemptions* favorifent les perfonnes, foit qu'elles portent fur les chofes.

On n'exempte certains fonds, certaines denrées, certaines marchandifes des droits d'entrée, de ceux de fortie, des droits locaux, qu'en faveur du commerce, de la circulation, de la confommation, & toujours relativement à l'intérêt que l'on a de retenir ou d'attirer, d'importer ou d'exporter le néceffaire ou le fuperflu.

Il ne faut pas confondre les privilèges & les *exemptions*. Toutes les *exemptions* font des privilèges, en ce que ce font des graces qui tirent de la règle générale les hommes & les chofes à qui on croit devoir les accorder. Mais les privilèges ne renferment pas feulement des *exemptions*.

Celles-ci ne font jamais qu'utiles & purément paffives, en ce qu'elles difpenfent feulement de payer ou de faire une chofe; au lieu que les privilèges peuvent être à-la-fois utiles ou honorifiques, ou tous les deux enfemble; & que non-feulement ils difpenfent de certaines obligations, mais qu'ils donnent encore quelquefois le droit de faire ou d'exiger. *Voyez* PRIVILÈGE.

EXEMPTION *en matière eccléfiaftique*, eft un droit ou privilège qui affranchit de la jurifdiction épifcopale, certains corps ou individus, tels que des abbés, des monaftères, des chapitres foit féculiers, foit réguliers. Détachés pour ainfi dire, de l'ordre hiérarchique, libres de toute puiffance intermédiaire, ces individus & ces corps ont le droit de vivre dans une forte d'indépendance, ne reconnoiffant d'autre chef que le pape, qui feul, parmi les puiffances de l'églife, a fur eux une jurifdiction légitime & une autorité immédiate.

Dans les beaux jours de l'églife on ne connoiffoit point l'*exemption*. De favans jurifconfultes prétendent que c'eft au milieu des ténèbres & de l'anarchie du douzième fiècle que cet abus a pris naiffance. Les moines & les chapitres avoient bien quelques privilèges, mais ils n'étoient relatifs qu'aux chofes purement temporelles; jamais on n'avoit fongé à les affranchir de la jurifdiction épifcopale qu'on regardoit comme d'inftitution divine. Auffi ces abus ont-ils toujours excité la réclamation des écrivains & des magiftrats éclairés. *Eft-il poffible*, s'écrioit S. Bernard, « que quelques abbés de notre

» ordre portent tant d'ambition fous un habit fi » humble! ils ne fouffrent pas que leurs religieux » s'écartent du moindre de leurs commandemens, » *& ils refufent avec dédain d'obéir à leur évêque; & » pour fe procurer à prix d'argent une funefte indépen- » dance*, ils dépouillent jufqu'à leurs églifes ».

Tout le monde fait quelles étoient, à l'époque du concile de Trente, les difpofitions de l'églife & des cours de toute l'Europe au fujet des *exemptions*. L'églife gémiffoit depuis long-temps fur des abus que la néceffité des circonftances l'avoit forcée de tolérer; les ambaffadeurs d'Efpagne & ceux d'Allemagne demandoient la fuppreffion abfolue de toutes fortes d'*exemptions*; la France formoit les mêmes vœux, & l'ordonnance d'Orléans les avoit prefque anéanties. Le concile de Trente ordonna à tous les corps ifolés qui jouiffoient de l'*exemption*, de fe réunir à des chapitres généraux dans l'année même de la publication de la loi, afin que l'infpection de ces chapitres généraux pût au moins fuppléer à la vigilance épifcopale fur des corps ainfi détachés de la hiérarchie eccléfiaftique. Les chapitres féculiers font traités avec encore plus de rigueur, parce que leur *exemption* eft plus bizarre & plus odieufe que celle des moines.

Quoique la France n'ait jamais autorifé les *exemptions*, cependant on peut dire qu'elle les a tolérées, & qu'elle les tolère encore; mais comme on tolère un mal invétéré, dont l'extirpation eft également difficile & dangereufe. Les plus célèbres interprètes de la loi, les Bignon, les Servin, les Talon, les Lamoignon, les Joly de Fleury, ont établi fur cette matière des principes que les tribunaux ont fouvent confacrés par leurs arrêts, principes qui tendent à diminuer le nombre des *exemptions*, à en arrêter ou corriger les abus, & à maintenir une efpèce de fubordination parmi des hommes qui devroient ce femble reconnoître tous la même police, comme ils profeffent la même religion.

Voici ces principes que nous tirons des fources les plus pures.

1°. Le titre d'*exemption*, fuivant d'Héricourt, doit être légitime, fait avec toutes les folemnités requifes, & rapporté en bonne forme.

2°. Les formalités effentielles, pour rendre un titre légitime, font 1°. le confentement de l'évêque: 2°. le confentement du métropolitain: 3°. l'autorifation de la puiffance féculière exprimée dans les formes établies.

3°. Le titre d'*exemption* doit donner, foit aux monaftères, foit aux chapitres & à leurs chefs un autre fupérieur immédiat; fans cela le pouvoir épifcopal n'étant remplacé par aucun autre, demeure en fon entier.

4°. Le titre d'*exemption* doit être rapporté en original, afin de juger s'il n'eft pas infecté de quelque vice capable de rendre fon authenticité fufpecte.

5°. La possession de *l'exemption* sans un titre authentique est insuffisante, quelque temps qu'elle ait pu subsister contre l'autorité épiscopale, parce que tout ce qui déroge au droit commun doit être prouvé par titres.

6°. Les *exemptions* qu'on produit comme antérieures au douzième siècle, sont par cela même suspectes & réputées fausses. Van-Espen & tous les autres canonistes qui ont recueilli & comparé un grand nombre de chartes d'*exemptions*, laissent peu d'incertitude sur ce point.

7°. L'autorité canonique des évêques peut se rétablir par la possession, même contre l'*exemption* la plus régulière.

8°. Les bulles énonciatives, & même les transactions faites par les évêques, ne sont pas suffisantes pour établir des droits d'*exemption* obligatoires pour leurs successeurs.

Ces maximes ne sont point particulières à la jurisprudence françoise ; leur esprit est puisé dans les décrétales d'Innocent III, dans la glosse commune, dans les jurisconsultes canonistes de tout le monde chrétien. On les trouve même consignées dans une décision solemnelle de Benoît XIV. En 1565 ces maximes étoient déjà si respectables, que M. Pibrac *avoit protesté de requérir en temps & lieu que toutes les exemptions fussent déclarées abusives ;* M. Servin dit : *que cette protestation est sainte, & conforme à l'esprit de l'église, & qu'on pourra le faire quelque jour.* Cependant on ne peut se dissimuler qu'elle ne trouve encore un grand nombre de contradicteurs. Chaque jour on voit s'élever une multitude de contestations dans tous les tribunaux, relativement aux *exemptions*. Il est donc essentiel de rassembler ici les monumens qui peuvent rendre plus respectables des maximes qui semblent fondées d'ailleurs sur les premiers élémens de la police & de la raison.

Voyons d'abord les textes du droit, & les bulles des souverains pontifes.

Quod jure communi non possidetur, nullâ prescriptione acquiritur. Glossa. Ita distinct. 93, cap. 22.

Antiquitatem vel longam consuetudinem non dare privilegium, nam sunt jura quæ non præscribuntur ut subjecta. Ibid. 93, cap. 22.

In singulis regnis sive provinciis fiat de triennio in triennium, salvo jure episcoporum, capitulum abbatum atque priorum... quod si reclorem loci cognoverint ab administratione penitùs amovendum, denuncient episcopo proprio ; porrò diocesani episcopi, monasteria sibi subjecta ita studeant reformare, ut cùm ad prædicti visitatores accesserint, plus in illis inveniant quod commendatione, quàm quod correctione sit dignum. Decret. lib. 3, tit. 37, cap. 7.

Cùm ergo confirmatarium tantùm extiterit... si principale non tenuit, nec accessorium quod ex eo, vel ob id dignoscitur esse secutum, pari modo cætera privilegia... ad probationem, cùm nihil aliud quàm puram confirmationem continerent, invalida probarentur. Benedictus XIV, consti. data, 16. nov. 1747, pro epis. spirensi adversùs monast. bruschallense.

Interrogeons les auteurs les plus respectables qui ont écrit sur cette matière, & les plus savans magistrats qui ont exercé le ministère public.

D'Héricourt, *chap. 11, n°. 3,* nous dit que « quelque authentiques que puissent être les confir- » mations d'un privilège qui n'est point rapporté, » elles ne peuvent jamais établir d'*exemption* de la » jurisdiction de l'ordinaire, parce que la confir- » mation ne donne point un droit nouveau... » On doit raisonner de même par rapport aux » transactions qui ont été passées entre les prédé- » cesseurs des évêques & les prétendus exempts, » parce que l'évêque qui n'a qu'un droit d'admi- » nistration, n'a pas dû céder, au préjudice de ses » successeurs, les droits attachés à l'épiscopat ».

Exemptio, dit Van-Espen, *cùm derogat juri communi & jurisdictioni ordinariorum, non debet admitti, nisi legitimo titulo innixa, ac justis de causis concessa.*

M. Bignon, dans la cause de l'abbaye de la Règle, disoit en 1653 : « nul n'est exempt de l'autorité » de l'évêque, qui est imprescriptible par le non » usage & négligence ; les *exemptions* ne sont fon- » dées qu'en privilège particulier ; il faut faire ap- » paroir des titres pour cela ».

M. Talon, en 1664, s'exprimoit de même dans une cause concernant l'abbaye de S. Valery. « C'est » une maxime que la jurisdiction de l'évêque est » imprescriptible ; car ce qui lui appartient ne se » prescrit ni par une prescription immémoriale, » ni par aucune coutume, tant ancienne qu'elle » puisse être. La faculté de les révoquer est éter- » nelle, & le droit de s'en plaindre perpétuel & » imprescriptible.

» Si l'on examine les anciens privilèges, on n'en » trouve aucun qui excepte les moines de l'obéis- » sance de l'ordinaire. Tous ceux qui nous restent » depuis les premiers siècles jusqu'au dixième » donnent seulement une immunité ou une déchar- » ge des redevances temporelles que l'ambition ou » l'avarice des évêques avoient introduites. Le ter- » me d'exemption n'étoit pas même encore en usa- » ge au temps de Marculphe, qui vivoit au sep- » tième ou au huitième siècle, & qui est l'auteur » de ces formules marquées du titre *præceptum de* » *immunitate,* qu'il a dressées sur le modèle des » anciens privilèges accordés aux monastères de » Lerins, de S. Maurice en Valois & de Luxeuil ; » & c'est sur ces privilèges qu'ont été copiés les » privilèges accordés aux autres communautés re- » ligieuses. Mais que voyons-nous dans les uns » & dans les autres qui approche des prétentions » d'aujourd'hui ? Y peut-on remarquer autre chose » que la seule franchise des droits temporels ?

» Il est vrai, continue le même magistrat, que » dans les derniers siècles, les moines, sous pré- » texte de ces immunités particulières, auxquelles » ils ont donné une interprétation trop large &

» trop favorable, ont commencé à ufurper la ju-
» rifdiction épifcopale, à quoi d'un côté, la con-
» nivence des évêques, ou leur ignorance, ou
» leur avarice, ou leur peu de réfidence ont beau-
» coup contribué ; & les papes d'ailleurs ayant
» trouvé une occafion favorable de diminuer la
» jurifdiction épifcopale & de s'affujettir immédia-
» tement les monaftères, n'ont pas manqué d'au-
» torifer les prétentions des exempts, afin de pou-
» voir augmenter plus facilement leur autorité fou-
» veraine par la diminution de l'épifcopale ».

Dans une caufe relative au chapitre de Sens,
M. Talon ajoute : « le pape par aucun privilège,
» ni l'évêque par aucune tranfaction, ne peuvent
» changer cette fubordination immuable de la hié-
» rarchie ».

Avant lui, M. Capel avoit établi les mêmes
principes. « Il ne fuffit pas de mettre en avant par
» les exempts leur prefcription, car le texte re-
» quiert expreffément un titre ». *Mém. du clerg.*
tit. 6, *p.* 95.

Même langage de la part de M. Servin : « la
» loi eccléfiaftique n'avoue ni la poffeffion ni la
» prefcription contre les ordinaires. De même que
» le fujet ne prefcrit point contre fon feigneur,
» les abbés & monaftères ne peuvent s'exempter
» de leurs évêques auxquels ils font fujets de
» droit ».

Le parlement a fuivi ces maximes dans fes arrêts,
notamment dans celui du 4 feptembre 1684, rapporté dans le journal du palais, en faveur de l'évêque d'Angoulême contre le chapitre de fon églife
cathédrale. Celui-ci, pour établir fon droit d'*exemp-*
tion, rapportoit différentes tranfactions paffées entre
lui & les évêques. Malgré ces titres confacrés par
plufieurs fiècles de poffeffion, l'évêque obtint des
lettres de refcifion contre eux, & les chanoines
furent remis fous la jurifdiction épifcopale.

Il ne faut pas croire que cette févérité déroge
aux loix de la prefcription ordinaire : en effet,
quel eft l'efprit de la prefcription en général ? c'eft
uniquement d'empêcher que la propriété des fonds
ne refte incertaine ; parce qu'après une longue fuite
d'années, il feroit fouvent impoffible de reconnoître
le véritable propriétaire. Voilà le motif qui a déterminé les légiflateurs à donner à la poffeffion
une forme & des droits qu'elle n'a point par elle-
même, & qui femblent en quelque forte contraires aux règles de la juftice, toujours attentive à conferver à chacun ce qui lui appartient ; mais ce motif
ne peut avoir lieu, lorfqu'il s'agit des *exemptions ;*
car la puiffance de l'évêque établie par l'églife, eft
toujours fubfiftante, & ne peut en aucun temps
être méconnue. Il eft chef naturel de tous les corps
eccléfiaftiques renfermés dans fon diocèfe ; tous
ceux qui n'ont point de titres authentiques d'*exemp-*
tion fe trouvent donc néceffairement réunis fous
fa puiffance.

Telles font les autorités, les maximes & les
loix les plus puiffantes contre les *exemptions* en

général ; mais l'impartialité dont nous faifons profeffion, ne nous permet pas de garder le filence
fur ce qui peut les rendre favorables. D'habiles
jurifconfultes ont configné, dans des écrits publics,
des opinions capables, non d'anéantir, mais de
modifier la rigidité des principes que nous venons
de raffembler.

Ces jurifconfultes conviennent que le nom
d'*exemption* a été inconnu parmi nous jufqu'au douzième fiècle ; mais, fuivant eux, il n'en eft pas
moins vrai que la chofe exiftoit. M. Courtin, très-
habile canonifte, prétend *qu'on peut même aller juf-*
qu'à dire que dans l'origine tous les monaftères étoient
exempts, & que les évêques ne fe mêloient en aucune
manière du gouvernement des moines. Qu'étoient
en effet les premiers moines ? de fimples laïques qui
ne différoient des autres chrétiens, qu'en ce qu'ils
s'affocioient pour fuivre un genre de vie plus aufté-
re ; & pour joindre à la pratique des préceptes de
l'évangile, l'obfervance beaucoup plus rigoureufe
des fimples confeils. Sous ce point de vue, ils ne
dépendoient des évêques que comme en dépendent
les autres fidèles ; & comme les évêques ne peuvent s'attribuer aucun droit d'infpection fur les fociétés que les laïques font entr'eux, ils ne pouvoient
également fe mêler du régime des affociations monaftiques qui n'appartenoient point à l'ordre hiérarchique de l'églife.

Van-Efpen qu'on n'accufera point d'être favorable aux *exemptions,* paroît être de cet avis : *cùm*
igitur monachi non de clericorum, fed laicorum, forte
effent, etiam epifcopis, non aliter quàm reliqui laïci
fubdebantur, nec in ipfos majorem quàm in cæteros laïcos
autoritatem primis faltem tribus fæculis epifcopi habuiffe
videntur.

On pourroit prouver par un grand nombre de
monumens eccléfiaftiques, que, fuivant la difcipline primitive, fur-tout dans l'églife d'Occident,
& particulièrement en Afrique, en Italie & en
France, le gouvernement des abbayes fût abandonné aux fupérieurs réguliers, fans que l'évêque
y eût aucune influence : on voit même des ordres
faits dans les premiers temps, formés de plufieurs monaftères fous la conduite d'un fupérieur général.
S. Antoine en mourant, laiffa à Macaire fon difciple, cinquante mille moines. Sérapion avoit bâti
plufieurs monaftères, dans lefquels il fe trouvoit
près de dix mille moines. La nombreufe congrégation de Thaben étoit gouvernée par S. Pacome.

Or quelle étoit l'influence des évêques fur ces
établiffemens ? Celle qui réfulte du pouvoir attaché à leur caractère, c'eft-à-dire, l'adminiftration,
la feule adminiftration des facremens. Ils ne connoiffoient ni du gouvernement intérieur, ni de la
difcipline de ces monaftères.

Le concile d'Arles, tenu en 461, nous en fournit la preuve. « Il y eut un différend, (c'eft l'abbé
Fleury qui l'obferve, *hift. ecclef.* t. 6, liv. 19, n.
29,) » il y eut un différend entre Faufte, abbé
de Lérins, & Théodore, évêque de Fréjus.....

Il fut réfolu, que l'évêque ne s'attribueroit fur ce monaftère que ce que Léonce, fon prédéceffeur, s'étoit attribué ; c'eft-à-dire, que les clercs & les miniftres de l'autel feroient ordonnés par lui, ou par celui à qui il en auroit donné la commiffion ; que lui feul donneroit le faint chrême & confirmeroit les néophytes s'il y en avoit ; que les clercs étrangers ne feroient pas reçus fans fon ordre : mais il fut dit que toute la *multitude laïque du monaftère feroit fous la conduite de l'abbé qu'elle auroit élû, fans que l'évêque s'y attribuât aucun droit, ni qu'il pût en ordonner aucun pour clerc, finon à la prière de l'abbé.*

En 534, il fe tint à Carthage un autre concile général compofé de 217 évêques ; le même hiftorien dit que l'évêque Félicien, « d'après les actes même du concile, demanda ce qu'il devoit obferver à l'égard du monaftère fondé par Fulgence, fon prédéceffeur. Félix, évêque de Zactuve en Numidie, répondit, au nom du concile, qu'on ne devoit rien changer à ce qui avoit été ordonné par l'archevêque Boniface, *& que les monaftères doivent jouir d'une pleine liberté* aux conditions prefcrites ; favoir, que les moines s'adrefferoient à l'évêque diocéfain pour l'ordination des clercs & la confécration des oratoires ; que les moines feroient fous la conduite de leurs abbés ; & que l'abbé étant mort, ils en éliroient un autre, fans que l'évêque s'en attribuât le choix ; & que s'il arrivoit quelque différend fur ce fujet, il feroit terminé par le jugement des autres abbés ».

D'après les actes de ces conciles, on voit clairement ce qu'étoient la difcipline & l'efprit de l'églife d'Afrique à l'égard des monaftères. Or cette difcipline & cet efprit étoient les mêmes dans l'églife de France ; elle y a perfévéré conftamment pendant plufieurs fiècles ; on trouve même que l'article 11 de nos libertés préfente les canons de l'églife d'Afrique, comme leur ayant en quelque forte fervi de fondement.

Auffi plufieurs auteurs, & en particulier M. le Vayer de Bourigny dans fon traité de l'autorité du roi fur l'âge néceffaire pour la profeffion religieufe, font-ils voir que le corps des canons de l'églife d'Afrique fut admis en France fous Charlemagne, à la follicitation du pape Adrien.

Tel étoit le droit commun dans les premiers fiècles de l'églife. On pourroit en citer mille autres preuves : voici ce qui donna lieu à l'introduction d'un droit différent. Eutychès, qui avoit fi puiffamment combattu le neftorianifme, tomba dans une erreur oppofée. Un concile de Conftantinople le priva de la conduite de fon monaftère : une affemblée illégale, tenue à Ephèfe, l'avoit rétabli dans fa dignité ; mais l'empereur Marcien affembla en 450 le concile de Calcédoine qui annulla les actes d'Ephèfe, & confirma la décifion du concile de Conftantinople. L'empereur qui affifta au concile profita de cette circonftance pour repréfenter aux pères affemblés, l'inconvénient de laiffer for-

tir les moines de leurs retraites pour s'immifcer dans les affaires, foit civiles, foit ecctéfiaftiques ; il fit fentir la néceffité de les concentrer dans leur folitude, & crut que le foin de cette opération convenoit aux évêques chacun dans leur diocéfe. On adopta le réglement propofé par l'empereur, & ce réglement forma le quatrième canon de ce concile.

C'eft uniquement à cette époque qu'on doit rapporter l'affujettiffement des monaftères à l'infpection des évêques dans l'églife d'Orient : mais il ne faut pas oublier que ce canon établit un droit nouveau, qu'il n'eft qu'un fimple réglement de police & de difcipline, fufceptible d'un grand nombre d'exceptions.

En effet on vit, fur-tout dans l'églife d'Occident, plufieurs monaftères qui continuèrent de vivre libres & indépendans de l'autorité épifcopale. Celui de Lerins fut de ce nombre. D'autres ont obtenu depuis des privilèges de liberté, de la part des rois & des évêques eux-mêmes. On en trouve une multitude d'exemples dans le fixième & le feptième fiècles ; & même dans les fuivans ; les formules de Marculphe nous ont tranfmis plufieurs de ces privilèges.

Ce qui a donné lieu à l'opinion contraire, c'eft la novelle 7 de Juftinien & quelques canons de l'églife d'Orient, qui étendent l'autorité des évêques fur les monaftères ; & fi les auteurs ont été induits en erreur à cet égard, c'eft faute d'avoir remonté aux premiers monumens de la difcipline de l'églife de France.

C'eft en conformité de cette difcipline primitive, que les fondateurs ftipuloient fouvent l'*exemption* pour les monaftères qu'ils jugeoient à propos d'établir. Les monaftères royaux fur-tout obtenoient prefque toujours cet avantage. L'abbé Fleury remarque qu'ils furent long-temps affranchis de la jurifdiction épifcopale, & foumis feulement à l'archichapelain du roi.

M. Courtin obferve que cette *difcipline eft bien plus conforme à la raifon, & plus propre à maintenir le bon ordre & la régularité dans les monaftères, que celle qu'on appuieroit fur l'opinion contraire.* Il eft naturel que celui qui commande, connoiffe non-feulement par la théorie, mais par une pratique habituelle, la règle qu'il doit faire obferver. L'exemple qu'il en donne eft beaucoup plus puiffant que fes difcours. Il n'y a que l'exercice d'une même autorité, toujours conduite par les mêmes principes, par le même efprit & par des vues uniformes, qui puiffe maintenir la règle, fur-tout parmi des ordres religieux.

Auffi l'églife grecque, malgré le quatrième canon du concile de Calcédoine, continua-t-elle d'avoir des monaftères exempts. Balfamon, qui n'eft rien moins que le défenfeur des *exemptions*, reconnoît qu'il y a des monaftères libres & indépendans, & il range dans cette claffe ceux qui font fondés par les empereurs.

L'immédiatité à l'églife de Rome s'établit encore

plus tard que la jurifdiction des évêques diocéfains. On fuivit long-temps l'ancienne difcipline par rapport aux monaftères libres, c'est-à-dire que les conciles jugeoient les caufes des abbés, & connoiffoient des plaintes qui s'élevoient contre leur gouvernement, de même qu'ils connoiffoient des caufes des évêques; c'est pour cela que, dans les anciennes *exemptions*, il est fi rarement question d'immédiatité. On en trouve un premier exemple au huitième fiècle, par rapport au monaftère de Fulde; mais dans le douzième & les fiècles fuivans, ces exemples fe multiplièrent à l'infini, & il faut avouer que les *exemptions* acquifes à prix d'argent dûrent être regardées défavorablement. C'est contre elles que doivent s'appliquer les plaintes de S. Bernard & des autres écrivains eccléfiaftiques.

Les moins favorables de toutes les *exemptions* font, comme l'obfervent plufieurs jurifconfultes, celles des églifes cathédrales, parce que l'évêque est le fupérieur naturel de ces églifes: leur en donner un autre, c'est en quelque forte féparer la tête de fes membres; on doit donc être très-difficile à les admettre; les juges doivent exiger le titre original, en examiner la forme, en pefer les motifs, & fuivre les principes en toute rigueur.

Les *exemptions* des collégiales, de celles furtout qui font hors de la ville épifcopale, n'ont rien de fi contraire au droit commun; fouvent ces églifes ont été des monaftères dans leur origine; fouvent auffi les fondateurs ont voulu les fouftraire à la jurifdiction de l'évêque par des motifs qu'il n'est guère permis de difcuter, parce que telle est la volonté du fondateur, qui, dans ces circonftances, doit avoir force de loi.

A l'égard des *exemptions* des monaftères, elles n'ont rien de contraire au droit de l'églife primitive; elles fubfiftoient avant l'état monaftique; & comme il est naturel que le clergé d'une églife foit fournis à l'autorité de fon évêque, il paroît également raifonnable que des moines ne reconnoiffent que leur abbé pour fupérieur. C'est lui qui reçoit leurs vœux; c'est entre fes mains qu'ils contractent; lui feul est à portée de connoître leurs forces, leur caractère, leurs défauts & leurs talens. Auffi lorfque l'*exemption* d'un monaftère ne s'étend point au dehors, lorfqu'elle ne porte que fur le gouvernement intérieur & la difcipline du monaftère, elle ne préfente rien de favorable.

Mais on peut aller plus loin. Il exifte aujourd'hui une infinité de monaftères qui doivent être effentiellement exempts de la jurifdiction épifcopale: ce font ceux qui fe trouvent réunis en congrégation. L'effence de ces corps est d'être affujettis au même régime, & d'être fournis aux mêmes fupérieurs. Y admettre la jurifdiction épifcopale, ce feroit introduire deux autorités, qui ne pouvant jamais être parfaitement d'accord, favoriferoient bientôt parmi eux le relâchement & le défordre. Ajoutons que ces corps ayant des maifons dans différens diocèfes, chaque évêque, en leur fuppofant même à tous la même droiture d'intention, feroit

des ftatuts, rendroit des ordonnances toutes différentes, enforte que les fupérieurs réguliers, tels que les vifiteurs & les généraux, feroient dans l'impuiffance d'y maintenir le bon ordre.

Les *exemptions* des moines n'ont donc rien que de jufte, de naturel & de favorable. Elles découlent de l'effence même des monaftères réunis en congrégation. De-là vient que tous les corps religieux fubordonnés aux mêmes fupérieurs, en ont joui, dès leur origine, par autorité de l'églife. Cluny & Cîteaux furent exempts dès leur naiffance. Toutes les congrégations réformées font également exemptes; elles ne peuvent fubfifter fans ce privilège. Les ordres mendians le font de même; & fi leur *exemption* fe fût toujours bornée à la difcipline intérieure des cloîtres, jamais elle n'eût excité ni plaintes ni réclamations.

Ce qui a excité les plus vives réclamations, c'est l'exercice de la jurifdiction quafi-épifcopale fur le territoire appartenant aux corps exempts. C'est cet objet qui excita le zèle de M. Talon contre les religieux de Saint-Valery, dans le plaidoyer que nous avons cité ci-deffus. Il est vrai que ce magiftrat fe permit de dire que l'évêque d'Amiens pourroit même attaquer l'*exemption* perfonnelle des moines de Saint-Valery: mais la cour en jugea tout autrement. Car en appointant la question du fond, elle ordonna par provifion que l'évêque diocéfain jouiroit de tous les droits épifcopaux fur les habitans & le clergé de Saint-Valery, & que les religieux jouiroient *de leur exemption dans l'enclos de leur monaftère*.

Le concile de Trente, dont nous avons rapporté les difpofitions, ne paroît avoir eu d'autre but que de terminer les conteftations toujours renaiffantes entre les évêques & les ordres religieux, & de remédier aux inconveniens qui en réfultoient, c'està-dire au pouvoir abfolu des abbés. Suivant ce concile, il fuffit que les monaftères foient en poffeffion de l'*exemption* ou de l'immédiatité au faintfiège, *fub immediatâ fedis apoftolicæ protectione ac directione regi confueverunt*: il fuffit qu'ils ne foient pas alors fournis aux évêques, pour devoir être maintenus dans l'*exemption*, en fe rangeant fous des chapitres généraux. La difpofition de ce concile fut adoptée par l'article 27 de l'ordonnance de Blois, qui lève tous les doutes fur les termes du décret: « Tous monaftères, y est-il dit, qui ne font fous » chapitres généraux, *& qui fe prétendent fujets im-* » *médiatement au faint fiège*, feront tenus dans un » an de fe réduire à quelque congrégation de leur » ordre dans ce royaume, en laquelle feront dreffés » ftatuts & commis vifiteurs, pour faire exécuter, » garder & conferver ce qui aura été arrêté pour » la difcipline régulière, & en cas de refus ou de » délai, il fera pourvu par l'évêque *n*.

L'article 6 de l'édit du mois de mars 1768 décide également que les monaftères exempts qui ne feront pas fous des chapitres généraux, demeureront fournis aux évêques diocéfains. On en doit donc conclure que tous ceux qui se trouvent réunis à des chapitres généraux doivent jouir de l'*exemption*.

Rien n'est plus sage que ces réglemens. En effet, quel étoit le principal abus des *exemptions* ? c'étoit que les abbés des monastères exempts, ne voulant reconnoître d'autres supérieurs que le pape, très-éloigné d'eux, se trouvoient absolus & indépendans. De-là il arrivoit qu'un religieux vexé par un abbé, n'avoit que des ressources lentes & foibles contre les abus du pouvoir ; & que si un abbé venoit à favoriser le relâchement, le mal étoit presque incurable.

Il n'y avoit qu'un moyen sûr de remédier à cet inconvénient ; c'étoit d'établir au-dessus des abbés une puissance prédominante à laquelle eux-mêmes fussent soumis. Mais dans l'alternative de la confier à l'évêque diocésain ou à un chapitre général, on crut qu'il étoit plus conforme à l'esprit des règles monastiques d'accorder cette autorité à un corps régulier qu'à un seul ecclésiastique séculier. Les chapitres généraux sont incontestablement plus à portée de connoître la règle, de prévoir les effets du relâchement, & d'y trouver des remèdes convenables, qu'un simple évêque distrait par les soins d'un diocèse & par d'autres affaires temporelles, souvent incompatibles avec l'administration des monastères.

Le parlement vient de rendre un arrêt qui semble dicté par ce même esprit. Les abbayes de S. Vaast & de S. Bertin s'étoient détachées d'une congrégation de la Flandre autrichienne pour se réunir à celle de Cluny qui est en France. Les évêques d'Arras & de Saint-Omer ayant attaqué le droit d'*exemption*, ils demandoient l'exhibition des titres primitifs ; les moines ont soutenu que cette exhibition étoit inutile, attendu qu'ils s'étoient réunis autrefois, conformément à la disposition du concile de Trente ; le parlement, d'après ce motif, a confirmé leur *exemption* par un arrêt du mois de juin 1778.

Il ne faut pas croire que par-là on porte aucune atteinte à la puissance épiscopale. Le concours des deux puissances a su combiner les choses de manière que ni les évêques, ni les supérieurs réguliers ne perdent aucun de leurs droits. Car, dans le cas où, malgré la tenue des chapitres généraux, il s'introduiroit quelque désordre dans les monastères, l'autorité épiscopale viendroit suppléer à la négligence des supérieurs réguliers.

Le concile de Trente, *sess.* 2, *ch.* 8, s'exprime ainsi : « *providente episcopi paternis admonitionibus ut eorum regularium superiores juxta eorum regularia instituta, debitam vivendi rationem observent & observari faciant ; & sibi subditos in officio contineant & moderentur. Quòd si moniti intra sex menses eos non visitaverint vel correxerint, tunc iidem episcopi, etiam ut delegati sedis apostolicæ eos visitare possint & corrigere, pro ut ipsi superiores possint, juxta eorum instituta, quibuscumque appellationibus, privilegiis & exemptionibus penitùs remotis & non obstantibus* ».

La déclaration de 1696 présente une disposition semblable : « lorsque les archevêques ou évêques auront eu avis de quelques désordres dedans aucuns desdits monastères *exempts de leur juridiction*, nous voulons qu'ils avertissent les supérieurs réguliers d'y pourvoir dans six mois, & qu'à faute d'y donner ordre dans ledit temps, ils y pourvoiront eux-mêmes ainsi qu'ils estimeront nécessaire, suivant les règles & instituts desdits ordres & monastères ; & en cas que le scandale soit si grand & le mal si pressant qu'il y ait un besoin indispensable d'y apporter un remède plus prompt, lesdits évêques pourront obliger lesdits supérieurs réguliers d'y pourvoir plus promptement ».

Indépendamment de ce droit accordé aux évêques sur les supérieurs réguliers des monastères exempts, il en existe encore d'autres que personne ne doit leur disputer. Les maisons religieuses dépendent de l'évêque diocésain pour l'ordination, pour la consécration des autels, pour les fêtes, pour les jeûnes, les prières & les processions publiques, pour l'institution des curés & autres choses qui sont développées dans les articles ÉVÊQUE, ÉVÊCHÉ ou EPISCOPAT, DIOCÈSE, DIOCÉSAIN.

Tel est le sentiment d'un grand nombre de canonistes par rapport aux *exemptions* des ordres religieux réguliers. Parmi ces canonistes on en compte aussi plusieurs qui attribuent des *exemptions* de droit au clergé séculier, aux cathédrales & aux collégiales elles-mêmes. Ils appellent *exemptions de droit*, celles dont il ne paroît pas de concession proprement dite, mais qui étant acquises par la coutume, par un usage immémorial & par la possession, se trouvent autorisées par le droit canonique & par les libertés de l'église gallicane. Ces *exemptions* ne doivent pas être confondues avec celles qui n'ont pour base que la simple prescription.

Mais, pour connoître le régime de ces sortes d'*exemptions* de droit, il faut remonter au partage primitif des biens des églises ; non pas au treizième siècle, comme quelques canonistes le prétendent, mais à des siècles bien antérieurs. Jérome d'Acosta nous apprend qu'avant « le partage des menses des chapitres, ces corps ecclésiastiques gouvernoient les églises conjointement avec les évêques, & qu'on ne doit pas trouver étrange qu'après leur séparation, ils aient retenu la juridiction qui *leur appartient de droit commun*, s'ils en sont en possession.... lorsqu'on a séparé les biens, ajoute le même auteur, on a dû en même temps séparer la juridiction, principalement la gracieuse : c'est pourquoi Charles Dumoulin assure que la collation des canonicats & des prébendes des églises cathédrales appartient de droit commun aux évêques & aux chapitres.... le droit nouveau leur est d'autant plus favorable pour tout ce qui regarde la collation de plein droit, des bénéfices, que la collation n'appartient pas maintenant à l'ordre, mais à la juridiction : ainsi, en réservant

» même à l'évêque tout ce qui est de l'ordre, les
» chapitres peuvent faire les autres fonctions qui
» regardent la jurisdiction..... il semble qu'on ne
» rend pas assez de justice aux chapitres qui sont
» fondés sur le droit commun. Les chaires des cha-
» noines ou des anciens clercs n'étoient pas, dans
» les commencemens, de simples formes pour chan-
» ter au chœur, *mais des chaires de jurisdiction*, puis-
» que les pères leur donnent le nom de *sénateurs*,
» comparant à un sénat l'assemblée de l'évêque avec
» son clergé. On doit donc considérer les tran-
» sactions qu'ils ont faites avec les évêques, *comme
» des concordats qu'ils ont été en droit de faire, &
» non comme de pures concessions des évêques en fa-
» veur des chapitres* ». Voyez l'*Hist. de l'origine &
des revenus eccl.* p. 200.

Le même auteur établit que la plupart des
exemptions accordées aux chapitres par le S. Siège,
ne sont bien souvent que la confirmation de leur droit.
Cet ancien partage des biens des églises sert à expliquer plusieurs décrétales qui paroissent opposées
entre elles. Celle-ci, par exemple : on ne doit
rien innover pendant la vacance du siége épiscopal, *ne sede vacante aliquid innovetur* : cependant
les chapitres des cathédrales confèrent les bénéfices
de leur patronage ; ils donnent la mission canonique aux présentés par les patrons ; ils confèrent même
ceux des bénéfices dont la collation leur est commune avec l'évêque. Les seuls bénéfices où les
chapitres ne peuvent nommer, selon les décrétales, sont ceux qui dépendent de la mense épiscopale ;
la collation en est réservée à l'évêque futur, parce
que selon les canonistes, elle est réputée fruit, & les
fruits doivent être réservés à l'évêque ; cela n'empêche pas, observe Duaren, que les chapitres n'exercent la jurisdiction & tout ce qui y appartient :
*illud enim advertendum est quamvis collegium eccle-
siasticorum beneficia non conferat, ea tamen quæ sunt
jurisdictionis exercere & exequi posse.*

Le partage des biens de l'église de Paris fait en
829, confirmé par un concile de la même époque,
& autorisé par Louis & Lothaire, lui laisse une
entière jurisdiction, non-seulement sur ses membres, mais sur l'enclos du chapitre & de ses dépendances. Cette jurisdiction étoit séparée de celle
de l'évêque ; elle ressortissoit immédiatement au
concile provincial. L'immédiatité dura plus de deux
siécles, & ne fut transférée au saint siége que du
consentement de nos rois. On connoît les droits de
ce chapitre sur l'hôtel-dieu, & sa supériorité sur les
prêtres consacrés au service de cet hôpital.

Toutes les cathédrales de la province ecclésiastique de Reims ont fait le même partage que celle
de Paris ; & depuis le dixième siécle, ces chapitres ont leur immédiatité à l'évêque métropolitain.
Innocent III reconnut que l'*exemption* appartenoit
au chapitre de Beauvais en vertu de la coutume ;
Innocent IV avoua dans le concile général de
Lyon, qu'elle étoit en vigueur dans toute la province ecclésiastique de Reims, & les conciles de

cette province ont même frappé d'anathême ceux
qui oseroient attaquer cette prérogative. On trouve
les mêmes dispositions dans les conciles tenus à
Senlis, en 1317 ; à Noyon, en 1344, & à Soissons, en 1345.

Il y a dans le corps de droit des preuves de
la même *exemption* en faveur des chapitres des
provinces de Sens & de Tours. On peut voir,
cap. 55, extr. de appel. ce qui concerne les chapitres d'Auxerre, d'Angers & de Poitiers. Le concile de Latran de 1215, *cap. irrefragab. de off. jud.
ordinar.* porte : *Excessus canonicorum cathedralis ecclesiæ qui consueverunt corrigi per capitulum, & per
ipsum in illis ecclesis qui talem hactenùs habuerunt
consuetudinem, corrigantur.* L'*exemption* des chapitres
de cathédrales, fondée sur la seule coutume, paroît donc être une sorte d'*exemption* de droit reconnue & par les conciles particuliers, & par les
conciles généraux, & par nos rois eux-mêmes. « Je
» veux, dit Philippe-le-Bel, qu'on conserve les
» franchises & libertés des églises, & qu'on n'ap-
» porte aucun trouble à leur jurisdiction spirituelle
» ou temporelle, qui leur *appartient de droit* ou
» par une *ancienne possession* ».

L'article 71 des *Libertés de l'église gallicane* porte :
« je n'y omettrai les *exemptions* d'aucunes églises,
» chapitres, corps, collèges, abbayes & monas-
» tères de leurs prélats légitimes, qui sont les dio-
» césains & les métropolitains ; lesquelles *exemptions*
» ont été autrefois octroyées par les rois & prin-
» ces même, ou par les papes à leur poursuite,
» & pour très-grandes & importantes raisons dé-
» battues depuis, & soutenues ès conciles de Cons-
» tance & de Bâle, dont furent dès-lors publiés
» quelques mémoires ».

Le règlement de l'assemblée générale du clergé
de France, tenue en 1645, déclare également « que
» les églises cathédrales, collégiales & leurs dé-
» pendances véritablement exemptes, ne sont pas
» comprises en la présente déclaration, aux droits
» & privilèges desquelles elle ne pourra nuire ni
» préjudicier ».

Enfin la jurisprudence des cours semble d'accord
avec l'opinion des canonistes sur ce point. On peut
s'en convaincre par les arrêts rendus en faveur des
chapitres de Senlis, de Soissons, de Châlons-fur-
Marne, d'Auxerre, de Nevers, de Poitiers, de
Bourges, & par celui du 18 janvier 1625, en faveur du chapitre de Tours ; celui du 15 juin 1606,
en faveur du chapitre d'Angers ; celui du 17 avril
1640, en faveur du chapitre de Soissons ; ceux de
1664 & 1712, en faveur des chapitres de Chartres & de Noyon. Le dernier de ces arrêts est
d'autant plus remarquable, que l'église de S. Quentin n'est pas une cathédrale ; mais comme elle l'é-
toit avant la translation du siége épiscopal à Noyon,
elle a été maintenue dans les droits d'*exemption*,
avec immédiatité au métropolitain de la province.

D'après tout ce que nous venons de rassembler
ici, il paroît que la jurisdiction épiscopale peut être

exercée indifféremment par le clergé, soit du premier, soit du second ordre.

Mais il est essentiel de ne point comprendre dans le mot de *jurisdiction* la puissance caractéristique des évèques, que les canonistes nomment *la puissance d'ordre*, pour la distinguer de la puissance de jurisdiction. Cette puissance d'ordre appartient exclusivement à l'épiscopat. En les confondant, on tomberoit dans l'hérésie des presbytériens, qui croient les évèques & les autres prêtres égaux en puissance & en autorité. (*Article de M. l'abbé* REMY, *avocat au parlement.*)

EXEMPTION *de fief.* Les coutumes d'Anjou, art. 196, & du Maine, art. 211, donnent ce nom à l'*exemption par appel du vassal*, parce que, dans ces deux coutumes, la jurisdiction suit ordinairement le fief. *Voyez* EXEMPTION PAR APPEL. (*M.* GARRAN DE COULON.)

EXEMPTION *de justice. Voyez* JUGE DES EXEMPTS.

EXEMPTION *par appel.* C'est un droit admis dans quelques coutumes, en vertu duquel une partie qui a interjetté appel de la sentence d'un juge seigneurial, est exempte de sa jurisdiction dans les autres contestations qui seroient de nature à être portées devant lui.

Pour traiter convenablement cette partie curieuse de notre droit, on tracera d'abord l'histoire du droit d'*exemption par appel*; après quoi, on examinera en vertu de quoi ce droit peut avoir lieu, à quoi il s'étend, & quelle est sa durée, quels juges y sont sujets, & quels sont les juges des exempts.

§. I. *Histoire des exemptions par appel.* C'est dans le droit canon qu'on trouve les premières traces de l'*exemption par appel*. Deux décrétales permettent à l'appellant de récuser le juge dont est appel, qui, disent-elles, lui doit être suspect. Mais, par une inconséquence inexcusable, elles exceptent de ce privilège les crimes si graves & si manifestes, qu'on doive les punir immédiatement. (*Cap. 6 & 24, extrà de appellat.*)

Indépendamment de l'extrème influence que le droit canonique a eu sur notre instruction judiciaire, il y avoit, dans les usages de la féodalité, des motifs puissans pour autoriser l'*exemption par appel*. Les épreuves de l'eau & du feu, les décisions par le combat & par le jugement des pairs n'étoient guère compatibles avec la forme des appels; tels qu'ils ont lieu aujourd'hui. La manière de se pourvoir contre un jugement, étoit d'accuser ses juges, non pas de s'être trompés, mais d'avoir jugé faussement & méchamment; & pour cela il falloit les défier au combat. Des juges outragés si gravement étoient naturellement suspects de partialité, & récusables dans une autre cause.

La même chose dut avoir lieu, quand les appels devinrent d'un usage plus ordinaire, & que la preuve par témoins ou par écrit eut été généralement adoptée. Les juges étoient toujours responsables du mal jugé. On les condamnoit à l'amende, lorsque leurs sentences étoient infirmées. Les juges

royaux y étoient sujets comme tous les autres, suivant une ordonnance de 1338. Aussi Chopin prouve-t-il, sur l'article 69 de la coutume d'Anjou, qu'ils étoient autrefois soumis à l'*exemption par appel*. Mais comme ils furent bientôt dispensés de l'amende, un arrêt du mois de mars 1395 jugea que les appellans n'étoient exempts des juges royaux que dans la seule cause où ils étoient appellans. (*Placita Lucii, lib. 16, tit. 13.*)

Suivant ce dernier auteur & nos plus anciens praticiens, l'*exemption par appel* étoit admise dans tous les pays coutumiers, du moins pour le ressort du parlement de Paris. Elle étoit même reçue dans l'Aquitaine, qui, quoique soumise au droit romain, étoit, à bien des égards, réputée pays coutumier : mais ce privilège étoit généralement rejetté dans les autres pays de droit écrit, où le droit féodal n'avoit pas eu des accroissemens assez considérables pour étouffer entièrement l'ordre judiciaire établi par les loix romaines. (*Styl. parlam. part. 1, tit. 21; grand coutumier, liv. 3, chap. 27; Mazuer, tit. 25.*)

L'*exemption par appel* avoit néanmoins lieu dans tout le royaume pour les appels interjettés des pairs de France & de leurs juges supérieurs seulement, sans doute parce que ces appels se portoient alors au parlement de Paris, où cette *exemption* formoit le droit commun.

Cet usage est tombé en désuétude, comme beaucoup d'autres, par le seul usage contraire, sans avoir été proscrit par aucune loi. Depuis que les juges des seigneurs ont cessé d'être sujets à l'amende pour mal jugé, & que l'ordonnance de Roussillon a aussi exempté de cette peine les seigneurs même qui établissoient ces juges, l'*exemption par appel* est absolument inconnue hors le ressort du parlement de Paris, & dans le ressort même de ce parlement, nous n'avons plus que dix coutumes qui en fassent mention.

Ces coutumes sont celles d'Auvergne, de la Marche, de Poitou, de Bretagne, d'Anjou, du Maine, de la Rochelle, d'Abbeville, de Montreuil-sur-mer & de S. Omer; cette dernière coutume n'en parle que pour rejetter expressément ce privilège; on le rejette aussi dans les coutumes muettes.

C'est ce qu'attestent Guenois, dans sa *Conférence des coutumes*, part. 1, tit. 24; Ragueau, sur les *coutumes de Berri*, tit. 2, art. 35; & Chopin, sur l'*art. 67, n°. 9 de la coutume d'Anjou*. Vigier, sur la *coutume d'Angoumois, art. 8, n°. 5*, rapporte deux arrêts du 21 octobre 1539, & du mois de juillet 1762, qui l'y ont ainsi jugé, quoiqu'il y eût un usage contraire dans cette coutume, que l'on supplée, à bien des égards, par celle de Poitou.

Il reste néanmoins quelques traces de ce droit dans l'instruction des causes d'appel. Lorsqu'il s'agit de faire quelque acte de procédure sur les lieux, les cours sont dans l'usage de commettre pour cela le plus prochain juge royal des lieux, autre que celui dont eſt appel, quand bien même ce ſeroit auſſi un juge royal.

§. II. *En vertu de quoi l'exemption par appel peut-elle avoir lieu?* L'exemption par *appel* eſt une récuſation du juge, fondée ſur le tort qu'il peut avoir fait à l'appellant, & ſur la partialité dont on craint qu'il ne ſoit ſuſpeſt. Il paroît naturel de conclure de-là, que cette. *exemption* ne doit pas avoir lieu, lorſqu'on n'eſt appellant que d'un jugement par défaut, ou d'un interlocutoire réparable en définitive, On voit néanmoins dans le procès-verbal de la coutume de Poitou, que pluſieurs ſeigneurs ayant demandé qu'on inſérât cette modification dans l'article 413, qui prononce l'*exemption par appel* d'une manière indéfinie, les commiſſaires ordonnèrent que l'article paſſeroit tel qu'il eſt, par proviſion. Mais Barraud cite un arrêt du mois d'octobre 1559, qui paroît avoir adopté depuis cette modification.

Un autre arrêt, rendu en forme de réglement pour le comté de Laval, le 10 avril 1639, ordonne « que les *exemptions par appel* n'auront lieu » pour le regard des jugemens qui ſe peuvent ré- » parer en définitive, comme d'un ſimple ajour- » nement, *défaut ou congé n'emportant profit*, d'un » délai ne faiſant préjudice à la partie, d'un ap- » pointement donné du conſentement des parties, » commandemens de rendre les ſacs, forcluſions » de jugemens de renvoi à l'audience ou à la barre, » d'ordonnance de faire appeller les parties, de ju- » gemens pris par expédient entre les avocats, ou » du conſentement de la partie, *& autres réparables* » *en définitive* ».

Quoique cet arrêt n'excluë l'*exemption par appel* que dans le cas *du défaut ou congé n'emportant pro-fit*, il ne faut pas en conclure aujourd'hui qu'elle doive avoir lieu dans le cas du défaut qui emporte profit, & par lequel on adjuge toutes les concluſions priſes contre le défaillant.

Lors de l'arrêt de 1639, les jugemens par dé-faut ne pouvoient pas être attaqués par la voie de l'oppoſition, que l'article 3 du *titre 35* de l'ordonnance de 1667 a établie pour les arrêts, & que l'uſage a étendue aux jugemens de première inſtance, Il paroît donc conſéquent d'appliquer à ces jugemens le réglement de 1639, & de les comprendre au nombre de ceux qui ſont *réparables en définitive*.

Hors le cas de fraude, il eſt d'ailleurs indiffé-rent que l'appel ſoit déclaré avant ou après la naiſ-ſance de la cauſe que l'on veut faire évoquer, Les coutumes ne diſtinguent point, & la raiſon eſt la même pour les cauſes déja nées, que pour celles qui naîtront dans la ſuite.

§. III, *A quoi s'étend l'exemption par appel, & de ſa durée.* Toutes les coutumes qui parlent de l'*exemption par appel*, l'étendent, dans les termes les plus clairs, à toutes ſortes de cauſes. Il ſemble donc n'y avoir aucune difficulté à faire uſage de ce privilège en matière même criminelle. La coutume d'Auvergne le décide expreſſément; celles

d'Anjou & du Maine diſent à-peu-près la même choſe, & Lelet rapporte un arrêt du premier mars 1614, qui l'a ainſi jugé pour la coutume de Poitou.

On pratique néanmoins le contraire depuis long-temps. Les commentateurs des coutumes qu'on vient de citer, & d'autres auteurs rapportent des arrêts des années 1600, 1601, 1605, 1611, 1612 & 1641, qui ont rejetté l'*exemption par appel* en matière criminelle. Ces deux derniers arrêts ſont rendus, en forme de réglement, pour les coutumes d'Anjou & de Poitou. Comme ce privilège n'a plus de motifs raiſonnables aujourd'hui, & qu'il pourroit même apporter des obſtacles à la pour-ſuite des crimes, le parlement a cru qu'on devoit le reſtraindre dans des bornes étroites.

Brodeau, ſur la coutume de Poitou, penſe qu'il faudroit décider différemment, en cas d'appel pour déni de juſtice. Bouchel croit de plus que cela ne doit avoir lieu que contre l'accuſé, mais que l'ac-cuſateur peut toujours ſe pourvoir devant le juge ſupérieur. De L'hommeau & de la Roche-Maillet décident auſſi que l'*exemption* a lieu dans les cauſes criminelles qui ſont incidentes aux cauſes civiles; & Vaſlin, ſur la coutume de la Rochelle, en dit autant pour toutes les affaires de petit criminel en général.

Les effets de l'*exemption par appel* étoient autre-fois perpétuels, en cas de déni de juſtice. Le ſei-gneur & ſes juges qui avoient dénié la juſtice, perdoient la juriſdiction ſur l'appellant & ſes hé-ritiers. Dans les appels ordinaires, l'*exemption* ne duroit que juſqu'au jugement de l'appel; & c'eſt ainſi qu'on le pratique à préſent dans toutes les coutu-mes où l'*exemption* a lieu pour ſimple appel, ſui-vant l'art. 64 de celle de la Rochelle. L'*exemption* ne ceſſe néanmoins qu'autant que le jugement, ren-du en cauſe d'appel, eſt en dernier reſſort, ou qu'il n'eſt pas attaqué. Dans ces deux cas même, il n'eſt plus d'uſage de renvoyer au juge inférieur les cauſes qui ont été une fois portées au tribunal ſupérieur, en vertu de l'*exemption par appel*.

Dans la coutume d'Auvergne, où l'*exemption par appel* n'a lieu qu'en cas de déni de juſtice, l'*appel-lant, ſa poſtérité & biens quelconques ſont à perpétuité exempts de la juriſdiction* du ſeigneur, ſuivant l'art. 12 du titre 30. Mais quoique l'*exemption* n'ait auſſi lieu, dans la coutume de la Marche, que pour déni de juſtice, ce privilège n'y dure néanmoins que *pendant la vie de celui qui a dénié juſtice & de celui à qui elle a été déniée,* ſuivant l'article 106.

§. IV. *Des juges ſujets à l'exemption par appel.* L'*exemption par appel* n'a point lieu contre les ju-ges royaux, parce qu'ils ont été diſpenſés de l'a-mende long-temps avant la rédaction de nos cou-tumes, tandis qu'alors les juges ſeigneuriaux, ou les ſeigneurs qui les conſtituoient, la payoient encore pour mal jugé; dès-lors les juges royaux voyoient tranquillement l'appel de leurs ſentences qui ne pou-voient réfléchir ſur eux, & ils ne pouvoient être ſuſpects aux appellans.

Les

Les coutumes de la Rochelle, de Montreuil-fur-mer, d'Anjou, du Maine & du Poitou le décident expreſſément. Cette dernière coutume donne le même privilège aux officiers du comté de Poitou, étant ledit comté hors la main du roi.

Les coutumes d'Anjou & du Maine ont des diſpoſitions ſemblables pour ces deux provinces. Comme on ne les aliène que pour les donner en apanage aux princes du ſang, avec la clauſe de reverſion à la couronne, les coutumes ont cru devoir aſſimiler aux juges royaux les officiers des princes qui ſont aux droits du roi, par déférence pour le rang éminent de ceux qui les établiſſent.

Quant aux juges ſeigneuriaux, il faut, à leur égard, faire une diſtinction. Si les coutumes n'accordent l'*exemption par appel* que lorſqu'on eſt appellant pour cauſe de déni de juſtice, l'*exemption* eſt alors un motif de récuſation, non pas ſeulement de la perſonne du juge, mais auſſi du tribunal, ou plutôt de la juriſdiction du ſeigneur. C'eſt la déciſion de la coutume de la Marche, & de celle d'Auvergne, laquelle ſemble devoir être ſuivie dans celle de Bretagne, parce qu'elle eſt conforme à notre ancienne pratique.

Dans les coutumes, au contraire, où l'*exemption* a lieu pour toute eſpèce d'appel, l'*exemption* ne doit être conſidérée que comme une récuſation de la perſonne de l'officier qui a rendu le jugement dont on ſe plaint. Les coutumes déciderent en conſéquence, que l'*exemption* ne doit s'étendre au ſucceſſeur de ce juge, ni aux juges d'appel que les ſeigneurs avoient dans le même lieu, avant l'ordonnance de Rouſſillon. *Coutumes de Poitou, art. 413; du Maine, art. 80, & d'Anjou, art. 69.*

Une déciſion ſi générale ſembleroit devoir former le droit commun. Cependant les commentateurs de la coutume de la Rochelle prétendent que l'*exemption par appel* a pour objet non-ſeulement la perſonne du juge, mais *la cour même & la juriſdiction du ſeigneur*, ſuivant les termes de la coutume. On prétend même que la diſtinction entre le juge & ſon ſucceſſeur ne s'obſerve pas même en Poitou, & l'on aſſure que cela a ainſi été jugé par un arrêt des grands jours de Poitiers, du 18 novembre 1579. (*Conférence des coutumes, part. 1, tit. 24, n°. 10.*)

L'allégation d'un arrêt ſi contraire au texte de la coutume, doit rendre bien ſuſpect tout ce que l'on dit pour motiver la juriſprudence des autres coutumes.

§. IV. *Des juges des exempts par appel.* Les commentateurs des coutumes de Poitou, d'Anjou, du Maine & de la Rochelle ont prétendu que l'*exemption par appel* formoit un *cas royal*, & que la dévolution des cauſes de l'exempt alloit de plein droit aux juges royaux. Il paroît même que l'uſage des provinces qu'on vient de citer eſt conforme à cette opinion, & qu'il remonte au temps où Imbert compoſoit ſa pratique, c'eſt-à-dire, à plus de deux ſiècles.

Mais il ſuffit de lire ce qu'a dit Imbert lui-même, pour s'aſſurer qu'il a confondu la juriſdiction qui appartenoit aux juges des exempts avec la juriſdiction ſur les exempts par appel, quoique ce ſoient-là deux ordres de perſonnes abſolument différens. *Voyez* JUGE DES EXEMPTS.

Les autres motifs qu'on donne à la prétendue juriſdiction des juges royaux ſur les exempts par appel, ſont tout auſſi deſtitués de fondement; & Vaſlin le prouve ſans replique dans ſon commentaire ſur la coutume de la Rochelle, *art. 64.*

Quand bien même la connoiſſance du fait qui donne lieu à l'*exemption par appel* formeroit un *cas royal*, il ne s'enſuivroit pas qu'il en fût de même des autres conteſtations relatives aux exempts par appel. La coutume d'Abbeville eſt la ſeule qui, dans l'article 21, donne un juge particulier aux exempts par appel des maïeurs & échevins, *pour connoître d'eux & de leurs cauſes, pendant l'appel, ſous le reſſort de ladite ſénéchauſſée.*

On faiſoit la même choſe autrefois pour les exempts par appel des juges des pairies, afin qu'on ne vînt pas plaider en première inſtance. Mais cela n'avoit point lieu, lorſque la ſentence avoit été rendue dans le premier degré de la pairie. Le juge ſupérieur de la pairie en connoiſſoit, & cette nomination même d'un juge particulier pour les exempts, afin qu'ils n'allaſſent pas immédiatement plaider devant les juges royaux, eſt bien loin de favoriſer la prétention de ces juges.

Maſuer cité par Beſſian, ſur l'art. 11 du tit. 30 de la coutume d'Auvergne, dit que l'*exemption* perpétuelle dont parle ſa coutume, *ſe fait au ſeigneur immédiat ayant reſſort, ſi on le fait, & s'il le requiert; autrement elle ſeroit faite à M. le duc, & aujourd'hui au roi.* Durant le jugement de l'appel, il veut ſeulement *qu'il ſoit donné un commiſſaire aux appellans, ſe requérant le ſeigneur dont eſt appellé, pour connoître des cauſes de leur appel au lieu auquel le juge a accoutumé tenir le ſiège, parce qu'il eſt ſubrogé au lieu de l'ordinaire.* Mais, ajoute Beſſian, *je doute grandement ſi cela eſt vrai; car en ce lieu les juges royaux immédiats ne voudroient ordonner le renvoi.* Il réſulte bien de-là du moins que les juges royaux ne prétendroient aucune juriſdiction, s'il y avoit une autre juriſdiction ſeigneuriale entre eux & celle dont eſt appel.

Les coutumes d'Anjou & du Maine ſemblent indiquer auſſi que la juriſdiction ſur l'exempt par appel eſt dévolue de droit au juge immédiat, puiſqu'elles déclarent, que, *pour être iceux ſujets appellans de ſergens, prévôts ou châtelains, ils ne ſont pour ce exempts de leurs juges, ſinon de ceux dont ils ſont appellans.* Elles décident même que, ſans enfreindre cette *exemption* en matière criminelle, on peut informer & décréter contre un malfaiteur à la charge du renvoi *en la juſtice ſuzeraine.* Cette juſtice ſuzeraine, quelle qu'elle ſoit, eſt donc la juriſdiction qui juge des cauſes de l'exempt par appel; & cela doit être ainſi, puiſque c'eſt elle

H h h

qui connoît de l'appel. (*M. GARRAN DE COU-LON, avocat au parlement.*)

EXEQUATUR, f. m. terme latin, qui fignifie *foit exécuté:* il s'eft confervé long-temps dans le ftyle des tribunaux, comme s'il eût été françois. L'*exequatur* étoit une ordonnance mife par un juge au bas d'un jugement émané d'un autre tribunal, portant permiffion de le mettre à exécution dans fon reffort; c'étoit proprement un *pareatis.* Voyez *PAREATIS.* (*A*)

EXHÉRÉDATION, f. f. (*Droit civil.*) eft une difpofition par laquelle on exclut de fa fuc-ceffion ou de fa légitime en tout ou en par-tie, celui auquel, fans cette difpofition, les biens auroient appartenu comme héritier, en vertu de la loi ou de la coutume, ou qui devoit du moins y avoir fa légitime.

Prononcer contre quelqu'un l'*exhérédation*, c'eft *exheredem facere*, c'eft le défhériter. Il eft néce-ffaire de remarquer que le terme *défhériter* fignifie quelquefois *dépoffeder*, & que celui de *défhéritance* n'eft point fynonyme d'*exhérédation*, car il fignifie feulement *deffaifine* ou *dépoffeffion*.

Pour ce qui eft du terme d'*exhérédation*, on le prend quelquefois pour la difpofition qui ôte l'hoirie, quelquefois auffi pour l'effet de cette difpofition, c'eft-à-dire, la privation des biens que fouffre l'hé-ritier, & la peine qui lui eft infligée par le tef-tateur.

Dans les pays de droit écrit, tous ceux qui ont droit de légitime doivent être inftitués héritiers, du moins pour leur légitime, ou être défhérités nommément, à peine de nullité du teftament; de forte que dans ces pays, l'*exhérédation* eft tout-à-la-fois une peine pour ceux contre qui elle eft prononcée, & une formalité néceffaire pour la va-lidité du teftament, qui doit être mife à la place de l'inftitution, lorfque le teftateur n'inftitue pas ceux qui ont droit de légitime.

En pays coutumier, où l'inftitution d'héritier n'eft pas néceffaire, même par rapport à ceux qui ont droit de légitime, l'*exhérédation* n'eft confidérée que comme une peine.

La difpofition qui frappe quelqu'un d'*exhérédation* eft réputée fi terrible, qu'on la compare à un coup de foudre: c'eft en ce fens que l'on dit *lancer le foudre de l'exhérédation*; ce qui convient prin-cipalement lorfque le coup part d'un père jufte-ment irrité contre fon enfant, & qu'il le défhérite pour le punir.

L'*exhérédation* la plus ordinaire eft celle que les père & mère prononcent contre leurs enfans & au-tres defcendans; elle peut cependant auffi avoir lieu en certains pays entre les afcendans & contre les collatéraux, lorfque le droit ou les ftatuts par-ticuliers du pays leur accordent une portion des biens de leurs enfans ou collatéraux.

Mais une difpofition qui prive fimplement l'hé-ritier de biens qu'il auroit recueillis, fi le défunt

n'en eût pas difpofé autrement, n'eft point une *exhérédation* proprement dite.

Il y a une quatrième claffe de perfonnes fujettes à une efpèce d'*exhérédation*, qui font les vaffaux, comme on l'expliquera en fon rang.

Toutes ces différentes fortes d'*exhérédations* font expreffes ou tacites. Il eft inutile d'expliquer ce qu'on entend par *exhérédation expreffe.* La tacite eft celle qui a lieu lorfque le teftateur paffe fous filence dans fon teftament, celui qu'il devoit inftituer ou défhériter nommément. On l'appelle plus commu-nément *prétérition.* Voyez *ce mot.*

Il y a auffi une *exhérédation* officieufe, qui eft faite pour le bien de l'enfant exhérédé, & que les loix confeillent aux pères fages & prudens. C'eft celle par laquelle un père défhérite fon fils en dé-mence ou folie, ou prodigue & diffipateur, pour inftituer à fa place fes petits-enfans, en ne laiffant à fon fils que des alimens. *L. 19, §. 2, ff. de cu-rat. furiof., &c. datis.*

Suivant le droit romain, l'*exhérédation* ne pou-voit être faite que par teftament, & non par un codicille; ce qui s'obferve auffi en pays de droit écrit: au lieu qu'en pays coutumier il a toujours été libre d'exhéréder par toutes fortes d'actes de der-nière volonté. Mais préfentement, fuivant les ar-ticles 15 & 16 de l'ordonnance des teftamens, qui admettent les teftamens olographes entre enfans & defcendans, dans les pays de droit écrit, il s'en-fuit que l'*exhérédation* des enfans peut être faite par un tel teftament, qui n'eft, à proprement parler, qu'un codicille. Mais néanmoins, en pays de droit écrit, la nullité ou caducité de l'inftitution d'héri-tier, en rendant le teftament nul, rend nulle éga-lement l'*exhérédation*, quand même le teftament con-tiendroit la claufe codicillaire; car cette claufe qui fait d'un teftament un codicille, ne peut pas ren-dre valable une *exhérédation*, qui ne peut être faite par l'acte qu'on défigne par le nom de *codicille.*

Nous avons remarqué ci-deffus, qu'il y avoit plufieurs efpèces d'*exhérédation*; nous allons expli-quer dans différens paragraphes, ce qui eft parti-culier à chacune d'elles.

§. I. *De l'exhérédation des enfans & autres def-cendans.* C'eft une difpofition des afcendans qui les prive de la fucceffion, & même de leur légitime: car ce n'eft pas une *exhérédation* proprement dite que d'être réduit à fa légitime, & il ne faut point de caufe particulière pour cela.

Si l'on confidère d'abord ce qui s'obfervoit chez les anciens pour la difpofition de leurs biens à l'é-gard des enfans, on voit qu'avant la loi de Moïfe, les Hébreux qui n'avoient point d'enfans, pouvoient difpofer de leurs biens comme ils le jugeoient à-pro-pos; mais que, depuis la loi de Moïfe, les enfans ne pouvoient pas être défhérités; qu'ils étoient même héritiers néceffaires de leur père, & ne pouvoient pas s'abftenir de l'hérédité.

Chez les Grecs l'ufage n'étoit pas uniforme; les Lacédémoniens avoient la liberté d'inftituer toutes fortes de perfonnes au préjudice de leurs enfans, même fans faire mention de ceux-ci : les Athéniens, au contraire, ne pouvoient pas difpofer en faveur des étrangers, quand ils avoient des enfans qui n'avoient pas démérité, mais ils pouvoient *exhéréder* leurs enfans défobéiffans & les priver totalement de leur fucceffion.

Suivant l'ancien droit romain, les enfans qui étoient en la puiffance du teftateur, devoient être inftitués ou déshérités nommément ; au lieu que ceux qui étoient émancipés devenant comme étrangers à la famille, & ne fuccédant plus, le père n'étoit pas obligé de les inftituer ou déshériter nommément ; il en étoit de même des filles & de leurs defcendans. Quant à la forme de l'*exhérédation*, il falloit qu'elle fût fondée en une caufe légitime ; & fi cette caufe étoit conteftée, c'étoit à l'héritier à la prouver ; mais le teftateur n'étoit pas obligé d'exprimer aucune caufe d'*exhérédation* dans fon teftament.

Les édits du préteur qui formèrent le droit moyen, accordèrent aux enfans émancipés, aux filles & leurs defcendans, le droit de demander la poffeffion des biens comme s'ils n'avoient pas été émancipés, au moyen de quoi ils devoient être inftitués ou déshérités nommément, afin que le teftament fût valable.

Ces difpofitions du droit prétorien furent adoptées par les loix du digefte & du code, par rapport à la néceffité d'inftitution ou *exhérédation* expreffe de tous les enfans, fans diftinction de fexe ni d'état.

Juftinien fit néanmoins un changement par la loi 30, au code *de inoff. teftam.*, & par la novelle 18, *ch. j.* par lefquelles il difpenfa d'inftituer nommément les enfans & autres perfonnes qui avoient droit d'intenter la plainte d'inofficiofité, ou de demander la poffeffion des biens *contra tabulas*, c'eft-à-dire, les defcendans par femme, les enfans émancipés & leurs defcendans, les afcendans & les frères germains ou confanguins, *turpi perfonâ inftitutâ* ; il ordonna qu'il fuffiroit de leur laiffer la légitime à quelque titre que ce fût, même de leur faire quelque libéralité moindre que la légitime, pour que le teftament ne pût être argué d'inofficiofité. Cette loi, au furplus, ne changea rien par rapport aux enfans étant en la puiffance du teftateur.

Ce qui vient d'être dit ne concernoit que le père & l'aïeul paternel, car il n'en étoit pas de même de la mère & des autres afcendans maternels ; ceux-ci n'étoient pas obligés d'inftituer ou déshériter leurs enfans & defcendans ; ils pouvoient les paffer fous filence, ce qui opéroit, à leur égard, le même effet que l'*exhérédation* prononcée par le père. Les enfans n'avoient d'autre reffource en ce cas, que la plainte d'inofficiofité, en établiffant qu'ils avoient été injuftement prétérits.

La novelle 115, qui forme le dernier état du droit romain fur cette matière, a fuppléé ce qui manquoit aux précédentes loix : elle ordonne, *ch. iij*, que les pères, mères, aïeuls & aïeules, & autres afcendans, feront tenus d'inftituer ou déshériter nommément leurs enfans & defcendans : elle défend de les paffer fous filence ni de les *exhéréder*, à moins qu'ils ne foient tombés dans quelqu'un des cas d'ingratitude exprimés dans la même novelle ; & il eft dit que le teftateur en fera mention, que fon héritier en fera la preuve, qu'autrement le teftament fera nul quant à l'inftitution ; que la fucceffion fera déférée *ab inteftat*, & néanmoins que les legs & fidéi-commis particuliers, & autres difpofitions particulières, feront exécutés par les enfans devenus héritiers *ab inteftat*.

Suivant cette novelle, il n'y a plus de différence entre les afcendans qui ont leurs enfans en leur puiffance, & ceux qui n'ont plus cette puiffance fur leurs enfans ; ce qui avoit été ordonné pour les héritiers *fiens*, a été étendu à tous les defcendans fans diftinction.

A l'égard des caufes pour lefquelles les defcendans peuvent être *exhérédés*, la novelle en admet quatorze.

1°. Lorfque l'enfant a mis la main fur fon père ou autre afcendant pour le frapper, mais une fimple menace ne fuffiroit pas.

2°. Si l'enfant a fait quelque injure grave à fon afcendant, qui faffe préjudice à fon honneur.

3°. Si l'enfant a formé quelque accufation ou action criminelle contre fon père, à moins que ce ne fût pour crime de lèfe-majefté ou qui regardât l'état.

4°. S'il s'affocie avec des gens qui mènent une mauvaife vie.

5°. S'il a attenté fur la vie de fon père par poifon ou autrement.

6°. S'il a commis un incefte avec fa mère : la novelle ajoute, ou s'il a eu habitude avec la concubine de fon père ; mais cette dernière difpofition n'eft plus conforme à notre ufage : elle étoit néceffaire dans le droit romain, parce que les concubines étoient, à certains égards, au niveau des femmes légitimes, ce qui n'a pas lieu parmi nous.

7°. Si l'enfant s'eft rendu dénonciateur de fon père ou autre afcendant, & que par-là il lui ait caufé quelque préjudice confidérable.

8°. Si l'enfant mâle a refufé de fe porter caution pour délivrer fon père de prifon, foit que le père y foit détenu pour dettes ou pour quelque crime, tel, qu'on puiffe accorder à l'accufé fon élargiffement en donnant caution ; & tout cela doit s'entendre fuppofé que le fils ait des biens fuffifans pour cautionner fon père ; & qu'il ait refufé de le faire.

9°. Si l'enfant empêche l'afcendant de tefter.

10°. Si le fils, contre la volonté de fon père, s'eft affocié avec des mimes ou bateleurs & autres gens de théatre, ou parmi des gladiateurs, & qu'il ait perfévéré dans ce métier, à moins que le père ne fût de la même profeffion.

11°. Si la fille mineure, que son père a voulu marier & doter convenablement, a refusé ce qu'on lui proposoit pour mener une vie débauchée; mais si le père a négligé de marier sa fille jusqu'à 25 ans, elle ne peut être déshéritée, quoiqu'elle tombe en faute contre son honneur, ou qu'elle se marie sans le consentement de ses parens, pourvu que ce soit à une personne libre.

Les ordonnances du royaume ont réglé autrement la conduite que doivent tenir les enfans pour leur mariage : l'édit du mois de février 1556 veut que les enfans de famille qui contractent mariage sans le consentement de leurs père & mère, puissent être *exhérédés* sans espérance de pouvoir quereller l'*exhérédation*; mais l'ordonnance excepte les fils âgés de 30 ans & les filles âgées de 25, lorsqu'ils se sont mis en devoir de requérir le consentement de leurs père & mère; l'ordonnance de 1639 veut que ce consentement soit requis par écrit, ce qui est encore confirmé par l'édit de 1697. *Voyez* MARIAGE.

12°. C'est encore une autre cause d'*exhérédation*, si les enfans négligent d'avoir soin de leurs père, mère, ou autre ascendant, devenus furieux.

13°. S'ils négligent de racheter leurs ascendans détenus prisonniers.

14°. Les ascendans orthodoxes peuvent déshériter leurs enfans & autres descendans qui sont hérétiques. Les *exhérédations* prononcées pour une telle cause avoient été abolies par l'édit de 1576, confirmé par l'*article* 31 de l'édit de Nantes; mais ce dernier édit ayant été révoqué, la profession publique d'une hérésie condamnée peut être encore aujourd'hui une cause d'*exhérédation* d'usage dans le royaume.

Comme il n'est pas nécessaire en pays coutumier, pour la validité d'un testament, d'instituer ou de déshériter nommément les enfans ou autres descendans, il est certain que l'*exhérédation* peut être faite par toutes espèces d'actes indifféremment. Il suffit, pour qu'elle soit valide, qu'elle contienne la cause pour laquelle elle est faite.

Le testateur est toujours le maître de la révoquer; il peut le faire, même en pays de droit écrit, par toutes sortes d'actes, par la raison qu'elle est une peine, & une peine odieuse, que la nature sollicite les pères de remettre par la réconciliation. Lorsqu'une fois le père s'est réconcilié avec son fils, il ne peut plus prononcer contre lui l'*exhérédation* pour le même fait, ni se prévaloir de sa faute pour laisser subsister l'*exhérédation* qu'il auroit faite antérieurement à la réconciliation.

Dans ce dernier cas, le fils qui prétend attaquer l'*exhérédation* prononcée contre lui, sur le fondement du pardon qu'il a obtenu de ses père ou mere, ne peut être admis à la preuve testimoniale de ce fait sans un commencement de preuve par écrit, ainsi qu'il vient d'être jugé, le 21 mars 1778, au parlement de Paris.

C'est un principe certain, que la cause de l'*exhé-* *rédation* doit être clairement expliquée dans l'acte qui la contient, ensorte que l'expression vague & générale, que le père déshérite son fils pour bonnes & justes considérations, n'est pas suffisante. Lorsqu'il y a contestation entre l'*exhérédé* & ceux qui ont été appellés à sa place à la succession du défunt, sur la vérité des causes de l'*exhérédation*, c'est à ceux qui en soutiennent la validité, à prouver que la cause est juste & véritable : la personne *exhérédée* n'est pas obligée de prouver son innocence, qui se présume toujours.

§. II. *De l'exhérédation des ascendans.* Dans les pays où les ascendans ont droit de légitime dans la succession de leurs enfans ou autres descendans, comme en pays de droit écrit & dans quelques coutumes, ils peuvent être déshérités, pour certaines causes, par leurs enfans ou autres descendans, de la succession desquels il s'agit.

Quoique cette *exhérédation* ne soit permise aux enfans que dans le cas où les ascendans ont grandement démérité de leur part, on doit moins, en ces cas, la considérer comme une peine prononcée de la part des enfans, que comme une simple privation de biens dont les ascendans se sont rendus indignes, car il ne convient jamais aux enfans de faire aucune disposition dans la vue de punir leurs père & mère; c'est un soin dont ils ne sont point chargés : ils doivent toujours les respecter, & se contenter de disposer de leurs biens, suivant que la loi le leur permet.

Le droit ancien du digeste & du code n'admettoit aucune cause pour laquelle il fût permis au fils d'exhéréder son père.

A l'égard de la mère, la loi 28 au code *de inoff. testam.* en exprime quelques-unes, qui sont rappellées dans la novelle 115, dont on va parler.

Suivant cette novelle, *chap. 4*, les ascendans peuvent être exhérédés par leurs enfans, pour différentes causes qui sont communes au père & à la mère, & autres ascendans paternels & maternels; mais le nombre des causes de cette *exhérédation* n'est pas si grand que pour celle des descendans, à l'égard desquels la novelle en admet quatorze; au lieu qu'elle n'en reconnoît que huit à l'égard des ascendans. Ces causes sont :

1°. Si les ascendans ont par méchanceté procuré la mort de leurs descendans, il suffit même qu'ils les aient exposés & mis en danger de perdre la vie par quelque accusation capitale ou autrement, à moins que ce ne fût pour crime de lèse-majesté.

2°. S'ils ont attenté à la vie de leurs descendans, par poison, sortilège ou autrement.

3°. Si le père a souillé le lit nuptial de son fils en commettant un inceste avec sa belle-fille; la novelle ajoute, ou en se mêlant par un commerce criminel avec la concubine de son fils; ce qui avoit lieu, parce que les Romains regardoient leurs concubines presque sur le même pied que leurs femmes légitimes, ainsi que nous l'avons remarqué ci-dessus, §. *I.*

4°. Si les afcendans ont empêché leurs defcendans de tefter des biens dont la loi leur permet la
difpofition.

5°. Si le mari, par poifon ou autrement, s'eft
efforcé de procurer la mort à fa femme, ou de
lui caufer quelque aliénation, & vice verſá pour
la femme à l'égard du mari; les enfans, dans ces
cas, peuvent déshériter celui de leur père, mère,
ou autre afcendant qui feroit coupable d'un tel attentat.

6°. Si les afcendans ont négligé d'avoir foin de
leur defcendant, qui eft tombé dans la démence
ou dans la fureur.

7°. S'ils négligent de racheter leurs defcendans
qui font détenus en captivité.

8°. Enfin l'enfant orthodoxe peut déshériter fes
afcendans hérétiques; mais comme on ne connoît
plus d'hérétiques en France, cette règle n'eft plus
guère d'ufage.

§. III. De l'exhérédation des collatéraux. C'eft celle
qui peut être faite contre les frères & fœurs & autres
collatéraux qui ont droit de légitime, ou quelque
autre réferve coutumière.

Les loix du digefte & du code qui ont établi
l'obligation de laiffer la légitime de droit aux frères & fœurs germains ou confanguins, dans le cas
où le frère inftitueroit pour feul héritier une perfonne infame, n'avoient point réglé les caufes pour
lefquelles, dans ce même cas, ces collatéraux pourroient être déshérités. C'eft ce que la novelle 22,
ch. 47, a prévu. Il y a trois caufes.

1°. Si le frère a attenté fur la vie de fon frère.

2°. S'il a intenté contre lui une accufation capitale.

3°. Si par méchanceté il lui a caufé ou occafionné la perte d'une partie confidérable de fon
bien.

Dans tous ces cas, le frère ingrat peut être des-
hérité & privé de fa légitime; il feroit même privé, comme indigne, de la fucceffion ab inteſtat;
& quand le frère teftateur n'auroit pas inftitué une
perfonne infame, il ne feroit pas néceffaire qu'il
inftituât ou deshéritât nommément fon frère ingrat.
Il peut librement difpofer de fes biens fans lui rien
laiffer, & fans faire mention de lui.

Ce que l'on vient de dire d'un frère, doit également s'entendre d'une fœur.

Dans les pays coutumiers, où les collatéraux
n'ont point droit de légitime, il n'eft pas néce-
faire de les inftituer ni deshériter nommément; ils
n'ont ordinairement que la réferve coutumière des
propres, qui eft à Paris des quatre quints, & dans
d'autres coutumes plus ou moins confidérable.

L'exhérédation ne peut donc avoir lieu en pays
coutumier, que pour priver les collatéraux de la
portion des propres, ou autres biens que la loi
leur deftine, & dont elle ne permet pas de difpofer par teftament.

La réferve coutumière des propres ou autres
biens, ne pouvant être plus favorable que la légi-

time, il eft fenfible que les collatéraux peuvent être
privés de cette réferve pour les mêmes caufes qui
peuvent donner lieu à priver les collatéraux de leur
légitime, comme pour mauvais traitemens, injures
graves, & autres caufes exprimées en la novelle 22,
dont nous venons de parler.

Nous remarquerons, en finiffant cet article, qu'on
appelle exhérédation avec éloge, cum elogio, on prenant ce terme ironiquement & en mauvaife part,
celle qui eft faite en terme injurieux pour celui qui
eft déshérité. Lorfqu'elle eft faite ainfi, d'une manière vague & indéterminée, en qualifiant l'exhérédé, d'ingrat, de dénaturé, de débauché, &c.
elle annulle la difpofition qui la contient, à moins
que les faits ne foient notoires; ainfi, dans la règle,
la caufe de l'exhérédation doit être fpécialement
défignée, & le fait fur lequel elle eft appuyée, nommément exprimé.

§. IV. De l'exhérédation des vaffaux. C'eft ainfi
que les auteurs qui ont écrit fous les premiers rois
de la troifième race, ont appellé la privation que
le vaffal souffroit de fon fief, qui étoit confifqué
au profit du feigneur.

L'origine de cette expreffion vient de ce que,
dans la première inftitution des fiefs, les devoirs
réciproques du vaffal & du feigneur marquoient,
de la part du vaffal, une révérence & obéiffance
prefque égale à celle d'un fils envers fon père, ou
d'un client envers fon patron; & de la part du feigneur, une protection & une autorité paternelle;
de forte que la privation du fief qui étoit prononcée par le feigneur dominant contre fon vaffal,
étoit comparée à l'exhérédation d'un fils ordonnée
par fon père. Voyez le factum de M. Huffon, pour
le fieur Aubery, feigneur de Montbar.

On voit auffi dans les capitulaires & dans plufieurs conciles à-peu-près du même temps, que le
terme d'exhérédation fe prenoit fouvent alors pour
la privation qu'un fujet pouvoit fouffrir de fes héritages & autres biens, de la part de fon feigneur:
hæc de liberis hominibus diximus, ne forte parentes
eorum contra juftitiam fiant exhæredati, & regale obfequium minuatur, & ipfi hæredes propter indigentiam
mendici vel latrones, &c.

EXHIBITION de pièces, c'eft la repréfentation
que l'on en fait.

L'exhibition a beaucoup de rapport avec la communication qui fe fait ſans déplacer.

Cependant la communication a des effets plus
étendus; car on peut exhiber une pièce en la montrant feulement, & on ne peut communiquer une
pièce même fans déplacer, fans la laiffer examiner.

On exhibe les minutes pour les vérifier & en
faire l'examen.

Les actes judiciaires d'une jurifdiction contre lefquels on s'infcrit en faux, doivent être exhibés.

Perfonne n'eft tenu d'exhiber des titres qui font
contraires à fes propres intérêts.

Par arrêt du 8 mai 1647, rendu par la chambre des comptes, aides & finances de Provence,

il a été jugé que le fermier ne pouvoit exiger l'*exhibition du livre de raifon* d'un marchand pour vérifier fi ce dernier n'avoit pas commis quelque fraude aux droits de la ferme ; le même arrêt ordonna feulement que le marchand étant exempt de payer les droits dont il s'agiffoit, feroit ténu d'affirmer qu'il n'avoit point prêté fon nom. (*Article de M. DESESSARTS, avocat au parlement, & membre de plufieurs académies.*)

EXHIBITION *au feigneur*, c'eft la préfentation que le vaffal ou le cenfitaire fait au feigneur de fes titres.

On peut diftinguer deux efpèces d'*exhibitions*, celle des anciens titres qui n'eft due au feigneur que lorfqu'il la demande, foit pour faire un papier terrier, foit pour être à portée d'examiner & d'apprécier le dénombrement qui lui eft rendu par le vaffal.

Cette *exhibition* eft due en tout temps par toutes fortes de perfonnes, & même par ceux qui poffèdent des francs-aleux. Mais alors elle fe fait au feigneur haut jufticier. *Voyez* DÉCLARATION *cenfuelle*, DÉNOMBREMENT, TERRIER, VASSAL.

La feconde efpèce que l'on connoît plus particuliérement fous le nom d'*exhibition*, eft la préfentation faite par l'acquéreur du contrat en vertu duquel il eft devenu le propriétaire du domaine mouvant de cette feigneurie. Elle eft exigée par les articles 20 & 73 de la coutume de Paris, qui forment le droit commun. On en parlera plus particuliérement dans l'article NOTIFICATION *au feigneur*. (*M. GARRAN DE COULON.*)

EXHUMATION, f. f. (*Jurifprud.*) l'action de déterrer les morts, ou de les enlever de leur fépulture. Cette action peut être licite ou criminelle. Elle eft légitime, lorfqu'elle fe fait par autorité de juftice : c'eft un délit, lorfqu'elle a pour but de violer la fépulture en haine du défunt, ou de dépouiller un cadavre des chofes qui ont été mifes dans fon cercueil.

L'*exhumation* des cadavres, fans ordonnance du juge, a été regardée dans tous le temps, & chez toutes les nations policées, comme un crime horrible, qui méritoit une punition févère. L'extravagante *deteftanda feritatis, de fepul.*, prononce la peine d'excommunication contre ceux qui ofent violer les tombeaux, & exhumer les corps des fidèles fans la permiffion de l'évêque. *Voyez* le *titre du Digefte , de fepulcro violato. Voyez auffi* CADAVRE.

Quel eft le juge compétent, pour permettre l'*exhumation* néceffaire d'un cadavre ? le concile de Rheims, tenu en 1583, défend d'*exhumer* les corps des fidèles fans la permiffion de l'évêque. Mais cette difpofition ne doit s'appliquer que quand il s'agit d'*exhumer* tous les offemens qui font dans une églife ou dans un cimetière, pour en faire un lieu profane ; cette néceffité de recourir à l'évêque, eft un hommage religieux rendu à la fainteté des fépultures.

Mais lorfqu'il s'agit d'*exhumer* quelqu'un , foit pour le transférer dans quelque autre lieu où il a choifi fa fépulture, ou pour vifiter le cadavre à l'occafion de quelque procédure criminelle, l'ordonnance du juge royal fuffit , c'eft-à-dire une fentence rendue fur les conclufions du miniftère public. C'eft auffi au juge royal qu'appartient la connoiffance des queftions relatives aux fépultures & aux *exhumations*.

On a agité la queftion de favoir , s'il eft permis d'*exhumer* les corps des lieux où ils ne doivent pas être enterrés, lorfque , par exemple , une perfonne qui ne doit pas jouir de la prérogative d'être enterrée dans le chœur, y a été inhumée , peut-on demander à ôter le cadavre pour le transférer ailleurs ? d'Héricourt décide que dans ce cas on ne peut *exhumer* le corps , mais il ajoute que les héritiers du défunt peuvent être condamnés à une amende. *Voyez* SÉPULTURE.

EXIGENCE , f. f. (*Jurifprud.*) fignifie ce que les circonftances demandent que l'on faffe, comme dans cette phrafe : il y a beaucoup de chofes qui doivent être fuppléées par le juge fuivant l'*exigence du cas.* (*A*)

EXIGIBLE , adj. (*Jurifprud.*) fe dit d'une dette dont le terme eft échu & le paiement peut être demandé ; ce qui eft dû , n'eft pas toujours *exigible* ; il faut attendre l'échéance ; jufques-là , *dies cedit, dies non venit.* (*A*)

EXIGUË , f. f. (*terme de Coutume.*) c'eft l'acte par lequel celui qui a donné des beftiaux à cheptel, fe départ du bail & demande au preneur exhibition, compte , & partage des beftiaux. Ce mot vient d'*exiguer. Voyez ci-après* EXIGUER. (*A*)

EXIGUER , ou EXIGER & EXEQUER , termes dont on fe fert dans les coutumes de Nivernois, Bourbonnois, Berry , Sole , & autres lieux où les baux à cheptel font en ufage, pour exprimer que l'on fe départ du cheptel , & que l'on demande exhibition , compte & partage des beftiaux qui avoient été donnés au preneur à titre de cheptel.

Quelques-uns tirent ce mot *ab exigendis rationibus*, à caufe qu'au temps de l'exigué ou réfolution du cheptel, le bailleur & le preneur entrent en compte ; mais cette étymologie n'eft pas du goût de Ragueau, qui dit en fon gloffaire , au mot *exiguer*, que c'eft è *ftabulis educere pecudes* ; que chez les Romains on fe fervoit de ce mot *exigere*, pour dire *faire fortir les beftiaux de l'étable*, & qu'en effet lorfqu'on veut fe départir du cheptel , on fait fortir les beftiaux de l'étable du preneur auquel on les avoit confiés.

La coutume de Bourbonnois , art. 553 , dit que quand bêtes font *exigées* & prifes par le bailleur , le preneur a le choix , dans huit jours de la prifée à lui notifiée & déclarée , de retenir les bêtes ou de les délaiffer au bailleur pour le prix que celui-ci les aura prifées.

M. Defpommiers dit fur cet article , *n°. 3 & fui-*

vans, qu'en simple cheptel selon la forme de l'exiguë prescrite en cet article, soit que le bailleur ou le preneur veulent *exiguer*, le preneur doit commencer par rendre le nombre de bêtes qu'il a reçues selon l'estimation ; après quoi on partage le profit & le croît si aucun y a ; que l'estimation ne transfère pas au preneur la propriété des bestiaux ; qu'elle est faite uniquement pour connoître au temps de l'exiguë, s'il y a du profit ou de la perte ; que cette estimation est si peu une vente, qu'on a soin de stipuler dans les baux à cheptel, que le preneur, au temps de l'exiguë, sera tenu de rendre même nombre & mêmes espèces de bestiaux qu'il a reçus, & pour le même prix.

Cet auteur remarque encore que l'exiguë du bétail donné en cheptel avec le bail de métairie, ne se fait pas à volonté ; qu'on ne peut le faire qu'après l'expiration du bail de métairie ; le cheptel étant un accessoire de ce bail.

A l'égard du simple cheptel, la coutume de Berry, *tit. xvij, art.* 1 & 2, dit que le bailleur & le preneur ne peuvent *exiguer* avant les trois ans passés, à compter du temps du bail, & si le bail est à moitié, avant les cinq ans.

Celle de Nivernois, *chap. xxj, art.* 9, dit que le bailleur peut *exiguer*, demander compte & exhibition de son bétail, & icelui priser une fois l'an, depuis le dixième jour devant la nativité de S. Jean-Baptiste jusqu'audit jour exclus, & non en autre temps ; que si le preneur traite mal les bêtes, le bailleur les peut *exiguer* toutes fois qu'il y trouvera faute, sans forme de justice, sauf toutefois au preneur de répéter ses intérêts au cas que le bailleur a tort, ou *exiguë* en autre temps que le coûtumier. Mais, comme l'observe Coquille sur l'*art.* 9 *du chap. xxj* de la coutume de Nivernois, cela dépend de la règle générale des sociétés, qui défend de les dissoudre à contre-temps, & ne veut pas non plus que l'on soit contraint de demeurer en société contre son gré.

Ainsi la clause apposée dans le cheptel, que le bailleur pourra *exiguer* toutes fois & quantes, doit être interprétée benignement & limitée à un temps commode ; de sorte que le bailleur ne peut *exiguer* en hiver, ni au fort des labours ou de la moisson.

Coquille, à l'endroit cité, remarque encore que la faculté d'*exiguer* toutes fois & quantes, doit être réciproque & commune au preneur, qu'autrement la société seroit léonine.

Lorsqu'un métayer, après l'expiration de son bail, est sorti du domaine ou métairie sans aucun empêchement de la part du propriétaire, ce dernier n'est pas recevable après l'an à demander l'exiguë ou remise de ses bestiaux, quoiqu'il justifie de l'obligation du preneur ; n'étant pas à présumer que le maître eût laissé sortir son métayer sans retirer de lui les bestiaux, & qu'il eût gardé le silence pendant un an.

Mais quand les bestiaux sont tenus à cheptel par un tiers, l'action du bailleur pour demander l'exiguë dure 30 ans.

La coutume de Nivernois, *chap. xxj, art.* 10, porte qu'après que le bailleur aura *exigué* & prisé les bêtes, le preneur a dix jours par la coutume pour opter de retenir les bêtes suivant l'estimation, ou de les laisser au bailleur ; que si le preneur garde les bestiaux, il doit donner caution du prix ; qu'autrement le bailleur les pourra garder pour l'estimation.

L'article 11, ajoute que quand le preneur a fait la prisée dans le temps à lui permis, le bailleur a le même temps & choix de prendre ou laisser les bestiaux.

La coutume de Berry dit que si le bétail demeure à celui qui *exigué* & prise, il doit payer comptant ; que si le bétail demeure à celui qui souffre la prisée, il a huitaine pour payer.

L'article 551, de la coutume de Bourbonnois, charge le preneur qui retient les bestiaux de donner caution du prix, autrement les bêtes doivent être mises en main-tierce. *Voyez* CHEPTEL. (*A*)

EXIL, s. m. (*Code criminel.*) chez les Romains le mot *exil*, *exilium*, signifioit proprement une *interdiction* ou *exclusion de l'eau & du feu*, dont la conséquence naturelle étoit, que la personne ainsi condamnée étoit obligée d'aller vivre dans un autre pays, ne pouvant se passer de ces deux élémens. Aussi Cicéron, *ad Heren.*, supposé qu'il soit l'auteur de cet ouvrage, observe que la sentence ne portoit point précisément le mot d'*exil*, mais seulement d'*interdiction de l'eau & du feu*.

Le même auteur remarque que l'*exil* n'étoit pas, à proprement parler, un châtiment, mais une espèce de refuge & d'abri contre des châtimens plus rigoureux : *exilium non esse supplicium, sed perfugium portusque supplicii. Pro Cæcin.*

Il ajoute qu'il n'y avoit point chez les Romains de crime qu'on punît par l'*exil*, comme chez les autres nations ; mais que l'*exil* étoit une espèce d'abri où l'on se mettoit volontairement pour éviter les chaînes, l'ignominie, la faim, &c.

En effet, le coupable s'exiloit quelquefois lui-même volontairement, pour prévenir la sentence qu'il savoit bien qu'on alloit prononcer contre lui, & cette précaution rendoit moins dure & moins flétrissante la condition de l'exilé, parce qu'en se retirant volontairement, il ne perdoit pas son rang de sénateur, & qu'il pouvoit se refugier par-tout où il le jugeoit à propos, au lieu que la prononciation de la sentence le dépouilloit de sa dignité, & défendoit à qui que ce soit de le recevoir dans tout l'espace compris par la loi de l'interdiction : c'est ce que nous apprenons de Cicéron, qui, dans son oraison *pro domo*, dit de lui-même, *ne tùm quidem, cùm exul essem negare poteras esse me senatorem ; ubi enim tuleras ut mihi aquâ & igne interdiceretur ?* l'exilé ne pouvoit faire de testament, ni recevoir d'héritage, ni remplir aucune des fonctions qui dépendent du droit civil ; cependant il conservoit la liberté & tous les privilèges du droit des gens. On ne lui prescrivoit aucun lieu , mais il avoit la liberté de choisir le pays qu'il trouvoit plus à son gré : *facultatem reo esse datam*, dit Polybe , *exsilii suo arbitratu deligendi*. Le faste des Romains parut jusques dans le départ des exilés, dont quelques-uns sortoient de Rome avec toute la magnificence & l'appareil d'un triomphe. Sénèque se plaint de cet excès : *eo tempore, prolapsa est luxuria, ut majus viaticum exsulum sit, quàm olim patrimonium divitum* : & Auguste l'avoit déjà réprimé par un édit qui défendoit aux exilés de se faire suivre par plus de vingt, tant esclaves, qu'affranchis, & d'emporter plus de cinq cens mille nummes.

Les Athéniens envoyoient souvent en *exil* leurs généraux & leurs grands hommes, soit par jalousie de leur mérite, soit par crainte qu'ils ne prissent trop d'autorité.

Exil se dit aussi quelquefois de la rélégation d'une personne dans un lieu d'où il ne peut sortir sans congé. *Voyez* RÉLÉGATION.

Ce mot dérive du mot latin *exilium*, ou de *exul*, qui signifie *exilé* ; & le mot *exilium* ou *exul* est formé probablement d'*extra solum*, hors de son pays natal.

Dans le style figuré, on appelle *honorable exil*, une charge ou emploi, qui oblige quelqu'un de demeurer dans un pays éloigné & peu agréable.

Sous le règne de Tibère , les emplois dans les pays éloignés étoient des espèces d'*exils* mystérieux. Un évêché en Irlande, ou même une ambassade, ont été regardés comme des espèces d'*exils* ; une résidence ou une ambassade dans quelque pays barbare, est une sorte d'*exil*.

Un exilé est aujourd'hui un homme chassé du lieu de son domicile, ou contraint d'en sortir, mais sans note d'infamie. Le bannissement est une pareille expulsion, avec note d'infamie. L'un & l'autre peuvent être pour un temps limité, ou à perpétuité. Si un exilé, ou un banni avoit son domicile dans sa patrie, il est exilé, ou banni de sa patrie. Au reste, il est bon de remarquer, que dans l'usage ordinaire, on applique aussi les termes d'*exil* & de *bannissement* à l'expulsion d'un étranger hors d'un pays, où il n'avoit point de domicile, avec défense à lui d'y rentrer, soit pour un temps, soit pour toujours.

Un droit, quel qu'il soit, pouvant être ôté à un homme par manière de peine, l'*exil*, qui le prive du droit d'habiter en certain lieu, peut être une peine : le bannissement en est toujours une ; car on ne peut noter quelqu'un d'infamie, que dans la vue de le punir d'une faute réelle, ou prétendue.

Quand la société retranche un de ses membres, par un bannissement perpétuel, il n'est banni que des terres de cette société , & elle ne peut l'empêcher de demeurer par-tout ailleurs, où il lui plaira ; car après l'avoir chassé, elle n'a plus aucun droit sur lui. Cependant le contraire peut avoir lieu , par des conventions particulières entre deux ou plusieurs états. C'est ainsi que chaque membre de la confédération Helvétique ,·peut bannir ses propres sujets de tout le territoire de la Suisse ; le banni ne sera alors souffert dans aucun des cantons, ou de leurs alliés.

L'*exil* se divise en volontaire & involontaire. Il est volontaire, quand un homme quitte son domicile, pour se soustraire à une peine, ou pour éviter quelque calamité ; & involontaire, quand il est d'un ordre supérieur.

Quelquefois on prescrit à un exilé le lieu où il doit demeurer pendant le temps de son *exil* ; ou on lui marque seulement un certain espace, dans lequel il lui est défendu d'entrer. Ces diverses circonstances & modifications dépendent de celui qui a le pouvoir d'exiler.

Un homme, pour être exilé ou banni, ne perd point sa qualité d'homme, ni par conséquent le droit d'habiter quelque part sur la terre. Il tient ce droit de la nature, ou plûtôt de son auteur, qui a destiné la terre aux hommes, pour leur habitation ; & la propriété n'a pu s'introduire au préjudice du droit, que tout homme apporte en naissant, à l'usage des choses absolument nécessaires.

Mais si ce droit est nécessaire & parfait dans sa généralité, il faut bien observer, qu'il n'est qu'imparfait à l'égard de chaque pays en particulier. Car d'un autre côté, toute nation est en droit de refuser à un étranger l'entrée de son pays, lorsqu'il ne pourroit y entrer sans la mettre dans un danger évident, ou sans lui porter un notable préjudice. Ce qu'elle se doit à elle-même, le soin de sa propre sûreté, lui donne ce droit. Et en vertu de sa liberté naturelle, c'est à la nation de juger si elle est, ou si elle n'est pas dans le cas de recevoir cet étranger. Il ne peut donc s'établir de plein droit & comme il lui plaira, dans le lieu qu'il aura choisi ; mais il doit en demander la permission au supérieur du lieu ; & si on la lui refuse, c'est à lui de se soumettre.

Cependant, comme la propriété n'a pu s'introduire qu'en réservant le droit acquis à toute créature humaine, de n'être point absolument privée des choses nécessaires ; aucune nation ne peut refuser, sans de bonnes raisons, l'habitation même perpétuelle, à un homme chassé de sa demeure. Mais si des raisons particulières & solides l'empêchent de lui donner un asyle, cet homme n'a plus aucun droit de l'exiger ; parce qu'en pareil cas , le pays, que la nation habite, ne peut servir en même temps à son usage & à celui de cet étranger. Or, quand même on supposeroit que toutes choses sont encore communes, personne ne peut s'arroger l'usage d'une chose, qui sert actuellement aux besoins d'une autre. C'est ainsi qu'une nation, dont les terres suffisent à peine aux besoins des citoyens, n'est point obligée d'y recevoir une troupe de fugitifs, ou d'exilés. Ainsi doit-elle même les rejetter absolument, s'ils sont infectés de quelque maladie contagieuse. Ainsi est-elle fondée à les renvoyer ailleurs, si elle a un juste

juste sujet de craindre qu'ils ne corrompent les mœurs des citoyens, qu'ils ne troublent la religion, ou qu'ils ne causent quelque autre désordre, contraire au salut public. En un mot, elle est en droit, & même obligée de suivre à cet égard les règles de la prudence. Mais cette prudence ne doit pas être ombrageuse, ni poussée au point de refuser une retraite à des infortunés, pour des raisons légères, & sur des craintes peu fondées, ou frivoles. Le moyen de la tempérer sera de ne perdre jamais de vue la charité & la commisération, qui sont dues aux malheureux. On ne peut refuser ces sentimens, même à ceux qui sont tombés dans l'infortune par leur faute. Car on doit haïr le crime, & aimer la personne; puisque tous les hommes doivent s'aimer.

Si un exilé, ou un banni a été chassé de sa patrie pour quelque crime, il n'appartient point à la nation chez laquelle il se refugie, de le punir pour cette faute, commise dans un pays étranger. Car la nature ne donne aux hommes & aux nations le droit de punir, que pour leur défense & leur sûreté; d'où il suit que l'on ne peut punir que ceux par qui on a été lésé.

Mais cette raison même fait voir que, si la justice de chaque état doit en général se borner à punir les crimes commis dans son territoire, il faut excepter de la règle ces scélérats, qui, par la qualité & la fréquence habituelle de leurs crimes, violent toute sûreté publique, & se déclarent les ennemis du genre-humain. Les empoisonneurs, les assassins, les incendiaires de profession peuvent être exterminés par-tout où on les saisit; car ils attaquent & outragent toutes les nations, en foulant aux pieds les fondemens de leur sûreté commune.

L'exil est encore en France, une espèce de peine prononcée par le souverain lui-même, & dénoncée ordinairement à celui qui doit la subir, par une lettre de cachet. Elle consiste, ou à s'absenter d'un lieu jusqu'à une certaine distance, ou à se retirer nommément dans un tel endroit avec défenses d'en sortir jusqu'à nouvel ordre.

Cette espèce d'exil ne donne aucune atteinte à l'honneur de celui qui le subit. Il dure jusqu'à révocation expresse de la lettre de cachet, car la mort du prince ne suffit pas pour en induire la cessation.

L'exilé nommément dans un endroit, ne peut découcher de ce lieu sans enfreindre son exil, & se rendre coupable de désobéissance. Il est censé sous la main du roi, ensorte qu'il est excusé de comparoître en justice, soit pour répondre à un décret, soit pour déposer devant un juge, dont le tribunal est situé hors du lieu de son exil. Par la même raison, ses créanciers ne peuvent exercer contre lui la contrainte par corps; cependant il n'est pas moins exposé aux dangers de la prescription, lorsqu'il néglige la poursuite de ses droits, parce que, s'il ne peut agir par lui-même, il peut le

Jurisprudence. Tome IV.

faire par un fondé de procuration. *Voyez* ABSTENTION, BANNISSEMENT.

EXIMER, (*Droit public allemand.*) On nomme ainsi en Allemagne l'action par laquelle un état ou membre immédiat de l'empire est soustrait à sa jurisdiction, & privé de son suffrage à la diète. Les auteurs qui ont traité du droit public d'Allemagne, distinguent deux sortes d'exemption, la *totale* & la *partielle.* La première est celle par laquelle un état de l'empire en est entièrement détaché, au point de ne plus contribuer aux charges publiques, & de ne plus reconnoître l'autorité de l'empire; ce qui se fait ou par la force des armes, ou par cession. C'est ainsi que la Suisse, les Provinces-Unies des Pays-bas, le landgraviat d'Alsace, &c. ont été *exîmés* de l'Empire dont ces états relevoient autrefois. L'exémption *partielle* est celle par laquelle un état est soustrait à la jurisdiction *immédiate* de l'Empire, pour n'y être plus soumis que *médiatement;* ce qui arrive lorsqu'un état plus puissant en fait ôter un autre plus foible de la matricule de l'Empire, & lui enlève sa voix à la diète; pour lors celui qui *exime* doit payer les charges pour celui qui est *exîmé,* & ce dernier de sujet immédiat de l'Empire, devient sujet médiat, ou *landsasse. Voyez cet article.* (—)

EXOINE, s. m. *terme de pratique,* qui s'emploie dans la signification d'*excuse,* donnée par celui qui ne comparoît pas en personne en justice, quoiqu'il soit obligé de le faire, soit parce qu'il est accusé, soit parce qu'il est appellé en témoignage.

Quelques-uns tirent l'étymologie de ce terme de *sunnis,* qui dans les capitulaires signifie *empêchement,* d'où l'on a fait *sonniare,* & ensuite *exoniare,* pour dire, *tirer d'embarras;* d'autres font venir *exoine* d'un autre mot barbare: *exidoniare, quasi non esse idoneum se affirmare:* ne pourroit-on pas, sans tirer les choses de si loin, le faire venir d'*exonerare,* parce que l'*exoine* tend à la décharge de l'absent?

Du substantif *exoine,* on a fait le verbe *exoiner,* qui signifie *excuser* quelqu'un, ou proposer en justice son excuse; & le mot *exoineur,* pour désigner celui qui est porteur de l'excuse d'un autre.

Il est parlé d'*essoine* ou *exoine,* ce qui est la même chose, dans les établissemens de S. Louis, chap. 9. On y voit qu'alors l'*exoine* étoit pour le défendeur ce que le *contremant* étoit pour le demandeur qui demandoit lui-même la remise. *Voyez aussi* Beaumanoir, *chap.* 3, & l'auteur du grand coutumier, *liv.* 3, *chap.* 7.

L'*exoine* a lieu quand celui qui devoit comparoître en personne devant le juge, ne peut pas y venir pour cause de maladie, blessure, ou autre empêchement légitime, tel que la difficulté des chemins lorsqu'ils sont impraticables, ou lorsque la communication est interrompue par une inondation, par la guerre, par la contagion, &c. Dans tous ces cas, celui qui veut se servir de l'*exoine* doit donner procuration spéciale devant notaire à

Iii

une perfonne qui vient propofer fon *exoine*; & qui affirme pour lui qu'il ne peut pas venir. La procuration doit contenir le nom de la ville, bourg ou village, paroiffe, rue & maifon où l'*exoiné* eſt retenu. Si c'eſt pour cauſe de maladie, il faut rapporter le certificat d'un médecin d'une faculté approuvée, qui doit déclarer la qualité de la maladie ou bleſſure, & que l'*exoiné* ne peut ſe mettre en chemin ſans péril de la vie; & la vérité de ce certificat doit être atteſtée par ſerment du médecin devant le juge du lieu, dont il ſera dreſſé procès-verbal qui ſera joint à la procuration.

On donne quelquefois le nom d'*exoine* aux certificats & pièces qui contiennent l'*exoine* ou excuſe; ces pièces doivent être communiquées au miniſtère public & à la partie civile, s'il y en a une, & on permet aux uns & aux autres d'informer de la vérité de l'*exoiné*. On fixe pour cet objet un délai très-court, à l'expiration duquel le juge prononce définitivement ſur l'*exoine*, ſoit contradictoirement, ſoit ſur la production d'une des parties; & il ordonne ou une ſurféance à l'*exoiné* pour ſe préſenter à juſtice, ou ſon tranſport chez lui, ou même il commet un autre juge pour procéder à l'interrogatoire, ou recevoir la dépoſition de l'*exoiné*.

On peut propofer fon *exoine* en matière civile, comme en matière criminelle: on eſt même admis à le propoſer après une condamnation prononcée par contumace.

Celui qui propoſe l'*exoine* n'eſt pas obligé de donner caution de repréſenter l'*exoiné*, ni d'affirmer qu'il eſt venu exprès pour propoſer l'*exoine*. L'effet de l'*exoine*, quand il eſt jugé valable, eſt que l'abſent eſt difpenſé de comparoître tant que la cauſe de l'*exoine* ſubſiſte, mais dès qu'elle ceſſe, il doit ſe repréſenter. *Voyez le titre 2 de l'ordonnance criminelle.* (A)

EXOINE, (*Code féodal*) ſe dit des motifs que peut avoir le propriétaire d'un fief pour ſe difpenſer d'en faire en perſonne la foi & hommage.

La coutume de Paris porte que *le ſeigneur féodal n'eſt tenu, ſi bon lui ſemble, de recevoir la foi & hommage de ſon vaſſal, s'il n'eſt en perſonne, à moins que ledit vaſſal n'ait exoine, ou excuſation ſuffiſante.*

Mais lorſque le vaſſal a une excuſe ſuffiſante pour ſe difpenſer de rendre ce devoir en perſonne, il eſt obligé de faire rendre la foi & hommage par un procureur fondé qui le repréſente. Il faut examiner ce qui ſe pratique dans ces circonſtances à l'égard du procureur qui doit repréſenter le vaſſal, & à l'égard des excuſes qui peuvent autoriſer le vaſſal à rendre la foi & hommage de cette manière.

§. I. *Du procureur fondé.* Suivant Dumoulin, il faut que le procureur ait une miſſion ſpéciale *ad hoc*; il ne doit pas être tiré de la claſſe des perſonnes d'une condition baſſe. Brodeau, ſur l'art. 67 de la coutume de Paris, obſerve que le ſeigneur féodal feroit en droit de refuſer l'hommage rendu par un procureur tiré de la lie du peuple, *n'étant pas dans la juſtice ni la bienſéance de commettre un homme de néant, de vile & abjecte condition tel qu'un valet, ou même un ennemi.*

Conſtans, ſur l'article 114 de la coutume de Poitou, remarque que lorſqu'il s'agit de rendre la foi & hommage par procureur, le ſeigneur a le droit, s'il ne veut pas de procureur fondé, de ſuſpendre le devoir qui lui eſt dû, juſqu'à ce que l'empêchement ceſſe de la part de ſon vaſſal.

Il y a des coutumes, telles que celles de Dourdan, *art. 41*; celles de Laon, *art. 220*; celle de Reims, *art. 116*, qui permettent au vaſſal de rendre la foi & hommage par procureur, toutes les fois que le ſeigneur juge à propos de ſe faire ſubſtituer lui-même par un fondé de pouvoir.

Mais dans les coutumes qui n'accordent point ce droit au vaſſal, il faut que le ſeigneur choiſiſſe des perſonnes qualifiées pour recevoir en ſon nom la foi & hommage. *Il eſt de juſtice & de bienſéance,* dit Brodeau ſur l'article 67 de la coutume de Paris, *de commettre pour recevoir la foi, au lieu & place du ſeigneur, un des officiers du ſeigneur même s'il a juſtice.*

Le Grand ſur la coutume de Troyes, *article 4*, obſerve de même que *les perſonnes commiſes pour repréſenter le ſeigneur, doivent être qualifiées, comme de nobleſſe, offices, ou reconnues de qualité éminente, afin de ne point donner ſujet aux vaſſaux de les dédaigner & s'humilier devant eux. Que ſi le ſeigneur féodal avoit commis perſonne non qualifiée, j'eſtimerois,* continue le même auteur, *que les vaſſaux pourroient s'exempter de rendre la foi & hommage en perſonne, en commettant une autre perſonne pour les rendre.*

La coutume de Bretagne va plus loin que ces auteurs: l'art. 397, porte que ſi le ſeigneur n'eſt pas gentilhomme, ſon vaſſal noble n'eſt pas obligé de lui rendre la foi en perſonne. Et d'Argentré ſur cet article, dit: *piguit nobilitatem hommagium exhibere paganis; inde lites de ſtatu.* Cette déciſion eſt conforme à l'ancien droit de France.

Pithou, ſur l'article 16 de la coutume de Troyes, rapporte un arrêt de 1263, qui diſpenſa Amaulry de Meun, écuyer, de préſenter la foi & hommage à un bourgeois de Paris nommé Jean Forgeot; mais les choſes ont changé à cet égard, depuis que les roturiers ſont déclarés habiles à poſſéder des biens fiefs. Ils ſont en droit d'exiger & de recevoir les mêmes honneurs féodaux que les gentilhommes, à moins que les coutumes ou des loix particulières ne renferment des diſpoſitions contraires & formelles ſur ce point.

Dumoulin obſerve qu'à l'égard du cens on n'obſerve point ces formalités avec autant de rigueur, parce que l'inveſtiture d'un cenſitaire n'eſt pas un acte auſſi honorifique que l'inveſtiture d'un vaſſal. En ces cas, une procuration générale ſuffit, pour autoriſer celui à qui elle eſt adreſſée, à donner cette eſpèce d'inveſtiture, à recevoir les lods &

ventes : *in renovatione investituræ censualii, in quo non versatur tantus honos, per procurationem generalem expediri potest.* Dumoulin, *Coutume de Paris.*

Avant que le procureur fondé puisse rendre la foi & hommage, il faut 1°. commencer par acquitter les droits utiles. Tant que ces droits ne sont point payés, le seigneur peut refuser la foi & hommage. 2°. Il est essentiel que la procuration renferme en détail les excuses du vassal, & son procureur est tenu d'en confirmer la vérité par serment, sans qu'il faille toutefois en donner aucune preuve juridique. Mais le seigneur peut à son tour insérer dans l'acte d'investiture qu'il entend que ces actes n'auront d'effet, qu'en cas où les excuses seront véritables. Il peut même déclarer dans l'acte où il donne main-levée du fief, que si l'excuse se trouve fausse, la main-levée sera censée non-avenue. Et s'il est convaincu de la fausseté des excuses, il peut à l'instant même rejeter les offres du procureur, saisir les revenus du fief, & en jouir à ses risques & périls jusqu'à la vérification juridique du fait.

§. II. *Des excuses.* Les motifs qui dispensent de la foi & hommage en personne pouvant varier à l'infini, il est impossible d'en faire une énumération bien exacte. Dumoulin observe qu'en général on ne doit pas s'en tenir uniquement à des motifs d'absolue nécessité, mais qu'il faut consulter les usages, les coutumes, les mœurs & la sagesse des hommes éclairés. *Non puto ad terminos meræ necessitatis excusationem esse coarctandam : sed latiùs & humaniùs boni viri arbitrio, maximè ex consuetudine & moribus regionis esse metiendam, ut sufficiat verum & non fictum impedimentum quo fiat ut vassallum non possit commodè adire patronum per seipsum.* §. 49, n°. 2.

C'est sur-tout dans les coutumes qu'on doit chercher la décision des cas qui se présentent; lorsqu'il n'y sont point spécifiés textuellement, on peut au moins les établir par induction. La coutume de Blois, *art. 57,* dispense de l'hommage en personne, *le vassal vieux, valétudinaire ou absent pour la chose publique.*

La coutume d'Anjou, *art. 124,* accorde la même dispense, *si le vassal est furieux, insensé ou surpris de telle importance qu'il ne puisse aller ou venir au lieu où il doit ledit hommage.*

Celle de Grand-Perche, *art. 40,* s'il a empêchement par maladie, ou pour le service du roi en ses guerres pour la chose publique.

Celle de Montargis, *art. 79,* met au rang des excuses légitimes, la prison, les maladies, l'inimitié capitale, & autres causes raisonnables.

C'est sur-tout aux juges qu'il appartient de déterminer si l'excuse est suffisante, eu égard aux circonstances, à la condition des personnes, à leurs emplois, à l'éloignement où ils se trouvent.

Par exemple, si le vassal est revêtu d'une charge qui l'oblige à une résidence continuelle, comme un président, un conseiller, un greffier de la cour,

ces personnes obtiennent & sont en droit d'obtenir la dispense dont il s'agit. Ferrière, au titre 1, *page 998* de son commentaire sur la coutume de Paris, rapporte un arrêt du 15 mars 1599, qui exempte de la foi & hommage M. d'Amours, conseiller au parlement; un autre du 15 juin 1605, rendu de même en faveur de M. Bertrand, aussi conseiller au parlement. « Par ces arrêts, observe » l'auteur, il paroît constant que les conseillers & » autres officiers de la cour, obligés à la presta- » tion de fidélité, pour les fiefs qu'ils possèdent, » doivent avoir délai & surséance jusqu'au temps » des vacances auquel ils sont tenus d'aller rendre » la foi & hommage en personne à leur seigneur, » l'empêchement cessant en ce temps ». Il ajoute, « que la décision de ces arrêts a été étendue à » ceux qui ont des charges publiques qui les obli- » gent à un service actuel & continuel, comme » sont les officiers chez le roi, chez la reine & » chez M. le dauphin, & les charges des autres » cours ».

M. le Camus observe que pour ce qui regarde les officiers de judicature, ils présentent une requête par laquelle ils demandent permission de s'absenter *pour aller faire la foi & hommage,* & que, « sur la requête, on rend un jugement qui leur » fait défense de s'absenter jusqu'aux vacances, & » qui surséoit toute poursuite contre eux; ce qui » est fondé en raison, parce que le bien public » est préférable au bien particulier; & qu'il est du » bien public qu'un officier rende la justice & ré- » side dans le lieu où elle doit se rendre ». *Voyez* FIEF, FOI & HOMMAGE, SOUFFRANCE, SEIGNEUR, VASSAL. (*Article de M. l'abbé* REMY, *avocat au parlement.*)

EXORCISME, & EXORCISTE, s. m. (*Droit canon.*) on donne le nom d'*exorcismes* aux cérémonies que l'église employe pour chasser les démons du corps des possédés, & celui d'*exorciste* à l'ecclésiastique qui a reçu de l'église le pouvoir de faire des *exorcismes.Voy.* le Dictionnaire de théologie.

EXPECTANT, adj. pris, subst. (*Droit can.*) est celui qui attend l'accomplissement d'une grace qui lui est due ou promise, tel que celui qui a l'agrément de la première charge vacante, ou celui qui a une expectative sur le premier bénéfice qui vaquera. Il y a quelquefois plusieurs *expectans* sur un même collateur, l'un en vertu des grades, un autre en vertu d'un indult, un autre pour le serment de fidélité. *Voyez* EXPECTAT, GRADUÉ, INDULT, &c. (A)

EXPECTATIVE, s. f. (*Jurispr. can.*) en matière bénéficiale, ou grace *spectative,* est l'espérance ou droit qu'un ecclésiastique a au premier bénéfice vacant, du nombre de ceux qui sont sujets à son *expectative.*

On ne connut point les *expectatives,* tant que l'on observa l'ancienne discipline de l'église, de n'ordonner aucun clerc sans titre; car chaque clerc étant attaché à son église par le titre de son ordination, & ne pouvant fans caufe légitime être transféré d'une églife à une autre, aucun d'entre eux n'étoit dans le cas de demander l'*expectative* d'un bénéfice vacant.

Il y eut en Orient dès le cinquième fiècle quelques ordinations vagues & abfolues, c'eft-à-dire, faites fans titre, ce qui fut défendu au concile de Chalcédoine, & cette difcipline fut confervée dans toute l'églife, jufqu'à la fin du onzième fiècle; mais on s'en relâcha beaucoup dans le douzième, en ordonnant des clercs fans titre, & ce fut la première caufe qui donna lieu aux graces *expectatives* & aux réferves; deux manières de pourvoir aux bénéfices qui viendroient à vaquer dans la fuite.

Adrien IV, qui tenoit le faint fiège vers le milieu du douzième fiècle, paffe pour le premier qui ait demandé que l'on conférât des prébendes aux perfonnes qu'il défignoit. Il y a une lettre de ce pape qui prie l'évêque de Paris, en vertu du refpect qu'il doit au fucceffeur du chef des apôtres, de conférer au chancelier de France la première dignité ou la première prébende qui vaqueroit dans l'églife de Paris. Les fucceffeurs d'Adrien IV régardèrent ce droit comme attaché à leur dignité, & ils en parlent dans les décrétales, comme d'un droit qui ne pouvoit leur être contefté.

Les *expectatives* qui étoient alors ufitées, étoient donc une affurance que le pape donnoit à un clerc, d'obtenir un bénéfice lorfqu'il feroit vacant; par exemple, la première prébende qui vaqueroit dans une telle églife cathédrale ou collégiale. Cette forme de conférer les bénéfices vacans ne fut introduite que par degrés.

D'abord l'*expectative* n'étoit qu'une fimple récommandation que le pape faifoit aux prélats, en faveur des clercs qui avoient été à Rome, ou qui avoient rendu quelque fervice à l'églife. Ces recommandations furent appellées, *mandata de providendo*, mandats apoftoliques, *expectation*, ou graces *expectatives*.

Les prélats déférant ordinairement à ces fortes de prières, par refpect pour le faint fiège, elles devinrent fi fréquentes, que les évêques, dont la collation fe trouvoit gênée, négligèrent quelquefois d'avoir égard aux *expectatives* que le pape accordoit fur eux.

Alors les papes, qui commençoient à étendre leur pouvoir, changèrent les prières en commandemens; & aux lettres monitoriales qu'ils donnoient d'abord feulement, ils en ajoutèrent de préceptoriales, & enfin y en joignirent même d'exécutoriales, portant attribution de jurifdiction à un commiffaire, pour contraindre l'ordinaire à exécuter la grace accordée par le pape, ou pour conférer au refus de l'ordinaire; & pour le contraindre, on alloit jufqu'à l'excommunication: cela fe pratiquoit dès le douzième fiècle. Etienne, évêque de Tournai, fut nommé par le pape, exécuteur des mandats, ou *expectatives* adreffés au chapitre de S. Agnan, & il déclara nulles les provifions qui avoient été accordées par ce chapitre; au préjudice des lettres apoftoliques.

Les *expectatives* s'accordoient fi facilement à tous venans, que Grégoire IX fut obligé en 1229, d'y inférer cette claufe, *fi non fcripfimus pro alio*. Il régla auffi que chaque pape ne pourroit donner qu'une feule *expectative* dans chaque églife. Ses fucceffeurs établirent enfuite l'ufage de révoquer, au commencement de leur pontificat, les *expectatives* accordées par leurs prédéceffeurs, afin d'être plus en état de faire grace à ceux qu'ils vouloient favorifer.

L'ufage des *expectatives* & des réferves ne s'étendit pas d'abord fur les bénéfices électifs, mais feulement fur ceux qui étoient à la collation de l'ordinaire; mais peu-à-peu les papes s'approprièrent de diverfes façons la collation de prefque tous les bénéfices.

La facilité avec laquelle les papes accordoient ces *expectatives*, fut caufe que la plus grande partie des diocèfes devint déferte, parce que prefque tous les clercs fe retiroient à Rome pour y obtenir des bénéfices.

La pragmatique fanction ou ordonnance qui fut publiée par S. Louis en 1268, abolit indirectement les *expectatives*, & mandats apoftoliques, en ordonnant de conferver le droit des collateurs & des patrons: quelques-uns ont voulu révoquer en doute l'authenticité de cette pièce, fous prétexte qu'elle n'a commencé à être citée que dans le feizième fiècle; mais elle paroît certaine, & en effet, elle a été comprife au nombre des ordonnances de S. Louis, dans le *Recueil des ordonnances de la troifième race*, qui s'imprime au Louvre par ordre du roi.

Quelque temps après S. Louis, on fe plaignit en France des *expectatives* & des mandats; le célèbre Durant, évêque de Mende, les mit au nombre des chofes qu'il y avoit lieu de réformer dans le concile général: cependant celui qui fut affemblé à Vienne en 1311, n'eut aucun égard à cette remontrance, & les papes continuèrent de difpofer des bénéfices, comme ils faifoient auparavant.

L'autorité des fauffes décrétales, qui s'accrut beaucoup fous Clément V & Boniface VIII, contribua encore à multiplier les graces *expectatives*.

Mais dans le temps que les mandats & les réferves étoient ainfi en ufage, les papes en accordoient ordinairement à ceux qui étudioient dans les univerfités. Boniface VIII conféra fouvent des bénéfices aux gens de lettres, ou leur accorda des *expectatives* pour en obtenir.

L'univerfité de Paris envoya elle-même en 1343, au pape Clément VI, la lifte de ceux de fes membres auxquels elle fouhaitoit que le pape accordât de ces graces.

Pendant le fchifme, qui partagea l'églife depuis la mort de Grégoire XI, les François s'étant fouftraits à l'autorité des papes, de l'une & de l'autre obédience, firent plufieurs réglemens contre les réferves, les *expectatives* & les mandats apoftoliques. Il y a entre autres des lettres de Charles VI, données à Paris le 7 mai 1399, qui portent qu'en conséquence de la souftraction de la France à l'obédience de Benoît XIII, on pourvoiroit par élection aux bénéfices électifs; & que les ordinaires conféreroient ceux qui étoient de leur collation, sans avoir égard aux graces *expectatives*, données par Clément VII, & par Benoît XII, & par leurs prédécesseurs.

Mais ces réglemens ne furent exécutés que pendant cette séparation, qui ne fut pas de longue durée, & l'*expectative* des gradués étoit si favorablement reçue en France, que l'assemblée des prélats françois, tenue en 1408, s'étant souftraite à l'obédience des deux papes, ordonna en même temps que l'on conféreroit des bénéfices à ceux qui étoient compris dans la liste de l'université.

Le concile tenu à Bâle en 1438, révoqua toutes les graces *expectatives*, laissant seulement au pape la faculté d'accorder, une fois en sa vie, un mandat pour un seul bénéfice, dans les églises où il y a plus de dix prébendes & deux mandats dans les églises où il y a 50 prébendes ou plus. Il ordonne aussi de donner la troisième partie des bénéfices à des gradués, docteurs licenciés ou bacheliers dans quelque faculté. C'est-là l'origine du droit des gradués, qu'on appelle aussi *expectative des gradués*, parce qu'en vertu de leurs grades, ils requièrent d'avance le premier bénéfice qui viendra à vaquer. *Voyez* GRADUÉ.

La pragmatique sanction faite à Bourges dans la même année, abolit entièrement les graces *expectatives*, & rétablit les élections.

Mais par le concordat passé entre Léon & François I, on renouvella le réglement qui avoit été fait au concile de Bâle, par rapport aux *expectatives* & mandats apostoliques.

Depuis, le concile de Trente a condamné en général toutes sortes de mandats apostoliques & de lettres *expectatives*, même celles qui avoient été accordées aux cardinaux.

Il ne reste plus en France de graces *expectatives* que par rapport aux gradués, aux indultaires, aux bréveraires de joyeux avénement, de serment de fidélité & de première entrée : il faut néanmoins excepter l'église d'Elna, autrement de Perpignan, dans laquelle le pape donne, à des chanoines encore vivans, *sub expectatione futuræ præbendæ*; mais cette église est du clergé d'Espagne, & ne se conduit pas selon les maximes du royaume.

La disposition du concile de Trente, qui abolit nommément les *expectatives* accordées aux cardinaux, jointe à l'abrogation générale, a fait douter si le concile ne comprenoit pas les souverains aussi-bien que les cardinaux; mais les papes & la congrégation du concile ont déclaré le contraire en faveur des empereurs d'Allemagne, en leur conservant le droit de présenter à un bénéfice de chaque collateur de leur dépendance, qui est ce que l'on appelle *droit de première prière*.

Cet usage a passé d'Allemagne en France dans le seizième siècle; & Henri III, par des lettres-patentes du 9 mars 1577, vérifiées au grand-conseil, mit les brevets de joyeux avénement au nombre des droits royaux. *Voyez* JOYEUX AVÉNEMENT.

Les brevets de joyeux avénement sont des espèces de mandats, par lesquels le roi nouvellement parvenu à la couronne, ordonne à l'évêque, ou au chapitre qui confère les prébendes de l'église cathédrale, de conférer la première dignité, ou la première prébende de la cathédrale qui vaquera, à un clerc capable, qui est nommé par le brevet du roi.

L'indult des officiers du parlement de Paris est aussi une espèce de mandat, par lequel le roi, en vertu du pouvoir qu'il a reçu du saint siége, nomme un clerc, officier ordinaire du parlement de Paris, ou un autre clerc capable, à la présentation de l'officier du parlement à un collateur du royaume, ou à un patron ecclésiastique, pour qu'il dispose en sa faveur du premier bénéfice qui vaquera à sa collation ou à sa présentation.

L'usage des mandats accordés par le pape aux officiers du parlement de Paris, sur la recommandation des officiers de cette compagnie, commença dès la fin du treizième siècle : on avoit un rôle de ces nominations dès l'an 1305. Benoît XII, Boniface IX, Jean XXIII & Martin V, donnèrent aux rois de France des *expectatives* pour les officiers du parlement : ce droit se règle présentement suivant les bulles de Paul III & de Clément IX. *Voyez* INDULT.

Les brévetaires de serment de fidélité, dont le droit a été établi par une déclaration du dernier avril 1599, vérifiée au grand-conseil, sont encore des expectans; le brevet de serment de fidélité, étant de même une espèce de mandat ou grace *expectative*, par lequel le roi ordonne au nouvel évêque, après qu'il lui a prêté serment de fidélité, de conférer la première prébende de l'église cathédrale, qui vaquera par mort, au clerc capable d'en être pourvu, qui est nommé par le brevet. *Voyez* SERMENT DE FIDÉLITÉ.

Enfin nos rois sont en possession immémoriale de conférer, par forme d'*expectative*, une prébende, après leur première entrée dans les églises dont ils sont chanoines. Le parlement confirme ce droit, comme étant fondé sur des traités particuliers ou sur des usages fort anciens.

Quelques évêques jouissent d'un droit semblable à leur avénement à l'épiscopat, notamment l'évêque de Poitiers. (*A*)

EXPÉDIENT, s. m. *en style de Palais*, signifie un *arrangement* fait pour l'expédition d'une affaire. Ce mot vient ou de celui d'*expédier*, ou du latin *expediens*, qui signifie *ce qui est à propos & convenable*.

Il y a deux sortes d'*expédiens* : l'un, qui est un accord volontaire signé des parties ou de leurs procureurs; l'autre, qui est l'appointement ou arrangement fait par un ancien avocat ou un procureur, devant lequel les parties se sont retirées, en conséquence de la disposition de l'ordonnance, qui veut que l'on en use ainsi dans certaines matières, ou en conséquence d'un jugement qui a renvoyé les parties devant cet avocat ou procureur pour en passer par son avis.

Cet accord ou avis est qualifié par les ordonnances d'*expédient* ; c'est une voie usitée pour les affaires légères.

L'origine de cet usage paroît venir d'un réglement du parlement, du 24 janvier 1635, qui enjoignoit aux procureurs d'aviser ou faire aviser par conseil, dans quinzaine, si l'affaire est soutenable ou non, & au dernier cas de passer l'appointement ou *expédient*.

L'ordonnance de 1667, *tit. 6*, contient plusieurs dispositions au sujet des matières qui se *vuident par expédient* ; c'est le terme de palais.

Elle veut que les appellations de déni de renvoi & d'incompétence soient incessamment vuidées par l'avis des avocats & procureurs généraux, & les folles intimations & désertions d'appel, par l'avis d'un ancien avocat, dont les avocats ou les procureurs conviendront ; que ceux qui succomberont seront condamnés aux dépens, qui ne pourront être modérés, mais qu'ils seront taxés par les procureurs des parties sur un simple mémoire.

Dans les causes qui se vuident par *expédient*, la présence du procureur n'est point nécessaire lorsque les avocats sont chargés des pièces.

Les qualités doivent être signifiées avant que d'aller à l'*expédient*, & les prononciations rédigées & signées aussi-tôt qu'elles ont été arrêtées.

En cas de refus de signer par l'avocat de l'une des parties, l'appointement ou *expédient* doit être reçu, pourvu qu'il soit signé de l'avocat de l'autre partie & du tiers, sans qu'il soit besoin de sommation ni autre production.

Les appointemens ou *expédiens* sur les appellations, qui ont été vuidées par l'avis d'un ancien avocat, ou par celui des avocats & procureurs généraux, sont prononcés & reçus à l'audience sur la première sommation, s'il n'y a cause légitime pour l'empêcher.

Les *expédiens* pris par les procureurs, ne peuvent être rétractés par les parties, & ne sont sujets à désaveu, à moins qu'il n'y ait dol.

Au châtelet de Paris on appelle *expédient*, les sentences que les avocats & procureurs des parties arrêtent à l'amiable, suivant un ancien usage, qui est autorisé par l'article 1 de l'édit du mois de février 1679.

Ces *expédiens* doivent être reçus à l'audience dans les cas d'apposition ou de levée de scellé ; de pleine maintenue dans le possessoire d'un bénéfice ; d'accusation, d'absolution, de défaut, en matière de recelé & d'usure ; de contrainte par corps ; de permission d'informer ; de permission de toucher les deniers aux consignations, aux saisies-réelles, des mains des huissiers-priseurs, ou autres déposi-

taires judiciaires ; de lettres de bénéfice de cession ; d'ordres, de partage, & de comptes ; de la liberté des personnes ; de la réalisation d'offres ; de réception de serment ; de deuil de veuves ; de provisions.

Dans toute autre cas ils s'enregistrent au greffe, sur la signature des procureurs, qui seuls ont le droit de lier les parties, suivant les pouvoirs qui leur ont été donnés.

L'usage des *expédiens* est admis au parlement de Grenoble. En Provence, on suit une forme différente ; chaque partie peut proposer son *expédient* ; s'il est adopté, on le met au greffe ; si on le refuse, & qu'il soit admis par le juge, la partie qui l'a refusé est condamnée aux dépens de son refus ; ce qui a lieu tant en matière criminelle qu'en matière civile. Les procureurs qui signent un *expédient*, doivent avoir un pouvoir spécial de leurs cliens.

Les arrêts d'*expédiens* ont la même autorité que les autres arrêts, & ne peuvent être attaqués que par les mêmes voies.

EXPÉDIER, v. act. (*Jurisprud.*) signifie *délivrer* une grosse, expédition, ou copie collationnée d'un acte public & authentique. On *expédie* en la chancellerie de Rome des bulles & provisions, de même qu'en la grande & dans les petites chancelleries de France on *expédie* diverses lettres & commissions.

Les greffiers *expédient* des grosses, expéditions, & copies des arrêts, sentences, & autres jugemens. Les commissaires, notaires, huissiers, *expédient* chacun en droit soi les procès-verbaux & autres actes qui sont de leur ministère. *Voyez* EXPÉDITION. (A)

EXPÉDITION, s. f. (*Droit civil & canon.*) en général c'est la copie d'un acte quelconque. On se sert aussi de ce terme, pour désigner toute espèce de pièce délivrée dans un bureau des fermes du roi. *Voyez* à cet égard, *le Dictionnaire des finances.*

EXPÉDITION d'un *acte*, se prend quelquefois pour la rédaction qui en est faite ; quelquefois pour la grosse, ou autre copie qui est tirée sur la minute. Les greffiers & notaires distinguent la grosse d'une simple *expédition* ; la grosse est en forme exécutoire ; l'*expédition* est de même tirée sur la minute, mais elle a de moins la forme exécutoire. On distingue l'*expédition* qui est tirée sur la minute, de celle qui est faite sur la grosse. La première fait une fois plus foi du contenu en la minute : l'autre ne fait foi que du contenu en la grosse, & n'est proprement qu'une copie collationnée sur la grosse.

On peut lever plusieurs *expéditions* d'un même acte, soit pour la même personne, ou pour les différentes parties qui en ont besoin.

Il y a eu un temps où l'on faisoit une différence entre une copie collationnée à la minute, d'avec une *expédition* tirée sur la minute ; parce que les *expéditions* proprement dites, se faisoient sur un papier différent de celui qui servoit aux copies collationnées. Mais depuis que les notaires sont obligés de se servir du même papier pour tous leurs actes, l'*expédition* & la copie tirée sur la minute sont la même chose.

Dans les pays où il n'y a point de grosse en forme, la première *expédition* en tient lieu; & dans ces mêmes pays, il faut rapporter la première *expédition* pour être colloquée dans un ordre; comme ailleurs il faut rapporter la grosse. On distingue en ce cas la première *expédition* de la seconde, ou autres subséquentes. *Voyez* COPIE, DEVOIRS DE LOI.

EXPÉDITION *de cour de Rome*, (*Droit can.*) on se sert ordinairement de cette expression, pour désigner les actes qui s'expédient en la chancellerie romaine.

Nos principes, sur les *expéditions de cour de Rome*, ne sont pas les mêmes que ceux des canonistes Italiens. Selon eux, la grace accordée par le pape, soit de vive voix, soit par écrit, quoique valable, n'est parfaite que lorsqu'elle est suivie de l'*expédition*. Ils s'appuient de la loi du digeste, *aliud est perficere contractum, aliud adimplere. Emptio perficitur solo consensu, impletur autem numeratione pretii, & rei traditione.* De-là ils ont tiré la *maxime, impletur autem litterarum expeditione; & ideo appellatur gratia informis, quando litteræ non sunt expeditæ, quasi non impleta, sed quæ, solo verbo seu per solam supplicationem signatam, facta apparet.*

C'est d'après ce principe qu'ont été établies plusieurs règles de la chancellerie romaine. Par la dixième intitulée: *de litteris in forma, rationi congruit expediendis*, le pape valide les graces accordées par son prédécesseur, mais dont la mort a empêché l'*expédition.* Selon cette règle on a six mois, depuis le couronnement du nouveau pontife, pour faire expédier ce qui a été accordé, *sive scripto, sive verbo*, par celui qui est décédé. On appelle cette forme d'*expédition, rationi congruit*, parce que, dit-on, il est conforme à la raison, que le décès du pape n'annulle pas les graces qui, quoique non parfaites par le défaut d'*expédition*, n'en ont pas été moins valablement accordées. Cependant cette règle n'ôte point au nouveau pape la faculté d'examiner la grace dont on demande l'*expédition*, & de la refuser s'il voit que son prédécesseur a été surpris ou trompé. C'est l'opinion d'Amydenius & de Rebuffe.

Comme toutes les règles de chancellerie cessent à Rome au décès du pape, & qu'elles n'ont de force que par la publication qu'en fait faire celui qui lui succède, si dans la dixième il n'est fait mention que des graces accordées par le prédécesseur immédiat, il n'y a que celle-là dont on puisse demander l'*expédition.* L'auteur de la Glose & Amydenius le pensent ainsi, contre l'avis de Rebuffe, qui dit que les graces accordées, même par les prédécesseurs médiats, sont dans le cas de la règle.

Pour mettre nos lecteurs dans le cas de juger entre ces deux opinions, nous rapporterons la règle, *de litteris in forma, rationi congruit*, telle qu'elle fut publiée par Innocent X. *Item voluit D. N. papa, quod concessa per felic. record. Gregorium XV, & Urbanum VIII, predecessores suos & de eorum mandato expediantur in forma rationi congruit, à die assumptionis suæ ad summi apostolatûs apicem, & idem quoad concessa per piæ memoriæ Paulum V, etiam predecessorem suum, ad sex menses dumtaxat ab ipso die incipiendos, observari voluit.* On voit qu'Innocent X avoit rappellé trois de ses prédécesseurs, & s'il n'en eût rappellé que l'immédiat, il paroîtroit, d'après les principes des canonistes Italiens, qu'il n'y auroit eu que les graces par lui accordées, dont l'*expédition* auroit pu se faire sous le nouveau pape.

La douzième règle qui a pour rubrique, *revalidatio litterarum predecessoris gratiæ & justitiæ, infra annum concessarum*, a beaucoup de rapport avec la dixième; elle revalide les graces signées & expédiées, mais non encore présentées aux exécuteurs ou aux juges délégués pour leur exécution, au temps de la mort du pape qui les avoit accordées: elle empêche l'effet de cette maxime, *morte mandantis, expirat mandatum.*

La vingt-septième règle de chancellerie, *de non judicando juxta formam supplicationum, sed litterarum expeditarum*, veut que l'on ne s'en tienne pas à la simple supplique, mais que l'on se décide par les bulles dont elle doit être suivie, & dans l'*expédition* desquelles les officiers de la chancellerie étendent ou restreignent les clauses de la demande, suivant leur forme & leur style. Cette même règle ordonne que, dans le cas où il se seroit glissé des fautes dans l'*expédition*, on ait recours à la chancellerie, & à ses officiers pour les faire réparer: *& si litteræ ipsæ per præoccupationem, vel alias minus bene expeditæ reperiuntur, ad illorum quorum interest instantiam, ad apostolicam cancellariam, per ejus officiales, quibus hujusmodi tenores & formas restringere convenit, ad formas debitas reducendæ.*

La règle 31 ordonne à-peu-près la même chose, pour les rescrits *ad lites*, ou les commissions *ad causas*, qui s'obtiennent pour l'exécution de la grace accordée. Elle porte pour titre, *non valeant commissiones causarum, nisi litteris expeditis.* Elle annulle tout rescrit ou toute commission de cette espèce, qui n'a point été suivie de l'*expédition* des bulles, *super quibus litteræ apostolicæ confectæ non fuerint.*

Ces règles ne sont point suivies en France. *Date retenue, grace accordée*, est un principe duquel on ne s'écarte point. Ainsi le décès du pape, & la cessation des règles de la chancellerie, sont indifférentes à ceux qui ont retenu date, lorsque le siège de Rome étoit rempli. Ils n'ont pas besoin de la dixième règle qui valide les graces accordées par le pape décédé.

La 27e. règle qui ordonne que les graces accordées n'auront aucun effet, si elles ne sont suivies

de l'*expédition* des bulles, n'eſt pas non plus obſervée pour les bénéfices ordinaires & non conſiſtoriaux, à moins que ce ne ſoit dans les provinces d'obédience; la ſimple ſignature ſuffit. Il ne
dépend pas non plus des officiers de cour de Rome
de changer dans les *expéditions*, rien à la ſubſtance
de la grace demandée par la ſupplique, & dans
l'envoi qui eſt couché ſur le regiſtre du banquier,
Voyez ATTACHE, PROVISION, RESCRIT. (M *l'abbé
BERTOLIO, avocat au parlement.*)

EXPEDITIONNAIRE *en cour de Rome*,
(*Droit can. franç.*) on appelle ainſi en France, le
banquier dont l'office eſt de faire venir de Rome
ou d'Avignon, toutes les expéditions de la chancellerie & de la daterie, dont les François peuvent
avoir beſoin. *Voyez* BANQUIER.

EXPERT, ſ. m. (*Juriſprud.*) on donne ce nom
à des gens verſés dans la connoiſſance d'une ſcience, d'un art, d'une certaine eſpèce de marchan-
diſe, ou autre choſe; qui ſont choiſis pour faire
leur rapport & donner leurs avis ſur quelque point
de fait, d'où dépend la déciſion d'une conteſtation,
& que l'on ne peut bien entendre ſans le ſecours
des connoiſſances qui ſont propres aux perſonnes
d'une certaine profeſſion.

Par exemple, s'il s'agit d'eſtimer des mouvances
féodales, droits ſeigneuriaux, droits de juſtice &
honorifiques, on nomme ordinairement des ſeigneurs & gentilshommes poſſédant des biens &
droits de même qualité; & pour l'eſtimation des
terres labourables des labours, des grains, & uſten-
ſiles de labour, on prend pour *experts* des laboure-
reurs; s'il s'agit d'eſtimer des bâtimens, on prend
pour *experts* des architectes, des maçons, & des
charpentiers, chacun pour ce qui eſt de leur reſſort; s'il s'agit de vérifier une écriture, on prend
pour *experts* des maîtres écrivains; & ainſi des autres matières.

Les *experts* ſont nommés, dans quelques anciens
auteurs, *juratores*, parce qu'ils doivent prêter ſerment en juſtice avant de procéder à leur commiſſion, & comme on ne nomme des *experts* que ſur
des matières de fait, de-là vient l'ancienne maxime: *ad quæſtionem facti reſpondent juratores, ad quæſtionem juris reſpondent judices;* c'eſt auſſi de-là qu'ils
ſont appellés parmi nous *jurés*, ou *experts jurés*,
Mais préſentement cette dernière qualité ne ſe donne
qu'aux *experts* qui ſont en titre d'office, quoique
tous *experts* doivent prêter ſerment.

L'uſage de nommer des *experts* nous vient des
Romains; car outre les arpenteurs, *menſores*, qui
faiſoient la meſure des terres, & les huiſſiers-pri-
ſeurs, *ſummarii*, qui eſtimoient les biens, on prenoit auſſi des gens de chaque profeſſion pour les
choſes dont la connoiſſance dépendoit des principes de l'art. Ainſi nous voyons en la novelle 64,
que l'eſtimation des légumes devoit être faite par
des jardiniers de Conſtantinople, *ab hortulanis &
ipſis horum peritiam habentibus;* ce que l'on rend

dans notre langue par ces termes, *& gens à ce con-
noiſſant.*

Les *experts* étoient choiſis par les parties, comme
il eſt dit en la loi *hac edictali*, *per eos quos utraque
pars elegerit;* on leur faiſoit prêter ſerment ſuivant
cette même loi, *interpoſito ſacramento;* & la novelle 64 fait mention que ce ſerment ſe prêtoit
ſur les évangiles, *divinis nimirum propoſitis evan-
geliis.*

Ils ſont qualifiés d'*arbitres* dans quelques loix;
quoique la fonction d'arbitres ſoit différente de celle
des *experts*, ceux-ci n'étant point juges.

Le droit canon admet pareillement l'uſage des
experts, puiſqu'au chap. 6, *de frigidis & maleficiatis*, il eſt dit qu'on appelle des matrones pour avoir
leur avis: *volens habere certitudinem pleniorem, quaſ-
dam matronas tuæ parochiæ providas & honeſtas ad
tuam præſentiam evocaſti.*

En France, autrefois, il n'y avoit d'autres *experts*
que ceux qui étoient nommés par les parties, ou qui
étoient nommés d'office par le juge, lorſqu'il y avoit
lieu de le faire.

Nos rois voulant empêcher les abus qui ſe commettoient dans les meſurages & priſées des terres,
viſites & rapports en matière de ſervitude, partages, toiſés, & autres actes dépendans de l'archi-
tecture & conſtruction, créerent d'une part des arpenteurs jurés, & de l'autre des jurés-maçons &
charpentiers, en toutes les villes du royaume.

La création des jurés-arpenteurs fut faite par
Henri II, par édit du mois de février 1554, portant création de ſix offices d'arpenteurs & meſureurs des terres dans chaque bailliage, ſénéchauſſée,
& autres reſſorts. Henri III, par autre édit du mois
de juin 1575, augmenta ce nombre d'arpenteurs
de quatre en chacune deſdites juriſdictions; il leur
attribua l'hérédité & la qualité de *prudhommes-pri-
ſeurs de terres*. Il y en eut encore de créés ſous le
titre d'*experts-jurés-arpenteurs* dans toutes les villes
où il y a juriſdiction royale, par édit du mois de
mai 1689. Tous ces arpenteurs-priſeurs des terres
furent ſupprimés par édit du mois de décembre
1690, dont on parlera dans un moment.

D'un autre côté, Henri III avoit créé par édit
du mois d'octobre 1574, des jurés-maçons & charpentiers en toutes les villes du royaume, pour les
viſites, toiſés, & priſées des bâtimens, & tous rapports en matière de ſervitude, partage, & autres
actes ſemblables.

Il y eut auſſi, au mois de ſeptembre 1668, un
édit portant création en chaque ville du reſſort du
parlement de Touloufe, de trois offices de com-
miſſaires-prudhommes-*experts* jurés, pour procéder
à la vérification & eſtimation ordonnées par juſtice
des biens & héritages ſaiſis réellement, à la liquidation des dégâts, pertes, & détérioration, à l'audition & clôture des comptes de tutelle & curatelle.

Mais la plûpart des offices créés par ces édits ne
furent pas levés à cauſe des plaintes qui furent faites
contre

contre ceux qui avoient été les premiers.pourvus de ces offices : c'est pourquoi l'ordonnance de 1667, *tit. 21, art. 11*, ordonna que les juges & les parties pourroient nommer pour *experts* des bourgeois, & qu'en cas qu'un artisan fût intéressé en son nom, il ne pourroit être pris pour *expert* qu'un bourgeois.

Mais comme il arrivoit tous les jours, que des personnes sans expérience suffisante s'ingéroient de faire des rapports dans des arts & métiers dont ils n'avoient ni pratique ni connoissance, Louis XIV crut devoir remédier à ces désordres, en créant des *experts* en titre ; ce qu'il fit par différens édits.

Le premier est celui du mois de mai 1690, par lequel il supprima les offices de jurés-maçons & charpentiers, créés par l'édit du mois de décembre 1574, & autres édits & déclarations qui auroient pu être donnés en conséquence ; & par le même édit il créa en titre d'office héréditaire pour la ville de Paris, cinquante *experts jurés* ; savoir, vingt-cinq bourgeois ou architectes, qui auront expressément & par acte en bonne forme, renoncé à faire aucunes entreprises directement par eux, ou indirectement par personnes interposées, ou aucunes associations avec des entrepreneurs, à peine de privation de leur charge ; & vingt-cinq entrepreneurs maçons, ou maîtres ouvriers : & à l'égard des autres villes, il créa six *jurés-experts* dans celles où il y a parlement, chambre des comptes, cour des aides ; trois dans celles où il y a généralité, & autant dans celles où il y a présidial, avec exemption de tutèle, curatelle, logement de gens de guerre, & de toutes charges de ville & de police ; & en outre pour ceux de Paris, le droit de garde-gardienne au châtelet de Paris.

Il y étoit dit que les pourvus de ces offices pourroient être nommés *experts* ; savoir, ceux de la ville de Paris, tant dans la prévôté & vicomté, que dans toutes les autres villes & lieux du royaume ; ceux des villes où il y a parlement, tant dans ladite ville que dans l'étendue du ressort du parlement ; ceux des autres villes, chacun dans les lieux de leur établissement ; & dans le ressort du présidial ou autre jurisdiction ordinaire de ladite ville, pour y faire toutes les visites, rapports des ouvrages, tant à l'amiable qu'en justice : en toute matière pour raison des partages, licitations, servitudes, alignemens, périls imminens, visites de carrière, moulins à vent & à eau, cours d'eaux, & chaussées desdits moulins, terrasses & jardinages, toisés, prisées, estimation de tous ouvrages de maçonnerie, charpenterie, couverture, menuiserie, sculpture, peinture, dorure, marbre, serrurerie, vitrerie, plomb, pavé, & autres ouvrages & réception d'iceux, & généralement de tout ce qui concerne & dépend de l'expérience des choses ci-dessus exprimées ; avec défenses à toutes autres personnes de faire aucuns rapports & autres actes qui concernent ces sortes d'opérations, & aux parties de convenir d'autres *experts*, aux juges

Jurisprudence. Tome IV.

d'en nommer d'autres d'office, & d'avoir égard aux rapports qui pourroient être faits par d'autres.

Ce même édit ordonne qu'il sera fait un tableau des cinquante *experts*, distingués en deux colonnes, l'une des vingt-cinq *experts*-bourgeois-architectes, l'autre des vingt-cinq *experts*-entrepreneurs. Il règle leurs salaires & vacations ; ordonne qu'ils prêteront serment devant le juge des lieux ; qu'à Paris les vingt-cinq *experts*-entrepreneurs feront tour-à-tour toutes les semaines la visite de tous les atteliers & bâtimens qui se construisent dans la ville & fauxbourgs ; qu'ils seront à cet effet assistés de six maîtres maçons, pour faire leur rapport des contraventions qu'ils remarqueront, dont les amendes seront perçues par le fermier du domaine ; qu'on ne recevra aucun maître maçon, que les *jurés-experts-entrepreneurs* n'aient été mandés pour être présens à l'expérience & chef-d'œuvre des aspirans, & qu'ils n'aient été certifiés capables par deux desdits jurés, & par le plus ancien ou celui qui sera député de la première colonne, qui assistera, si bon lui semble, au chef-d'œuvre.

Il y avoit déjà des greffiers de l'écritoire, pour écrire les rapports des *experts* ; le nombre en fut augmenté par cet édit. *Voyez* GREFFIERS DE L'ÉCRITOIRE.

Le second édit, donné par Louis XIV sur cette matière, est celui du mois de juillet de la même année, donné en interprétation du précédent. Il porte création en chaque ville du royaume où il y avoit bailliage, sénéchaussée, viguerie, ou autre siège & jurisdiction royale, de trois *experts*, & un greffier de l'écritoire dans chacune de ces villes pour recevoir leurs rapports.

Le troisième édit est celui du mois de décembre de la même année, par lequel Louis XIV supprima les offices d'arpenteurs-priseurs de terre, créés par édits des mois de février 1554 & juin 1575 ; & en leur place il créa en titre d'office trois *experts*-priseurs & arpenteurs jurés dans chacune des villes où il y a parlement, chambre des comptes, & cour des aides, & aussi dans les villes de Lyon, Marseille, Orléans & Angers, pour faire avec les six *experts*-jurés, créés par édit du mois de mai précédent, pour chacune des villes où il y a parlement, chambre des comptes, & cour des aides, le nombre de neuf *experts*-priseurs & arpenteurs jurés ; & avec les trois créés par le même édit, pour les villes de Lyon, Marseille, Orléans & Angers, le nombre de six *experts*-priseurs & arpenteurs jurés ; création de deux dans les villes où il y a généralité ou présidial, pour faire avec les trois créés par le premier édit le nombre de cinq, & un quatrième dans les autres villes où il y en avoit déjà trois : ensorte que tous ces *experts*, à l'exception de ceux de Paris, fussent dorénavant *experts-priseurs & arpenteurs jurés*, pour faire seuls, à l'exclusion de tous autres, tout ce qui est porté par l'édit du mois de mai 1690 ; comme aussi tous les arpentages, mesurages, & prisées de terres, vignes, prés, bois, eaux, isles, pâtis, commu?

nes, & toutes les autres fonctions attribuées aux arpenteurs-priseurs par les édits de 1554 & 1575. *Voyez* ARPENTEURS.

Le quatrième édit est celui du mois de mars 1696, portant création d'offices d'*experts*-priseurs & arpenteurs jurés, par augmentation du nombre fixé par les édits des mois de mai, juillet & décembre 1690. Au moyen de ces différentes créations, il y a présentement à Paris soixante *experts*-jurés; savoir trente *experts*-bourgeois, & trente *experts*-entrepreneurs. *Voyez* ARCHITECTE (*expert*).

L'édit de 1696 porte aussi création de deux offices de priseurs nobles dans chaque évêché de la province de Bretagne. Dans le même temps il y eut un semblable édit adressé au parlement de Rouen, & un autre au parlement de Grenoble.

Il avoit été créé des offices de petits-voyers, dont les fonctions, par édit du mois de novembre 1697, furent unies à celles des *experts* créés par édits de 1689, 1690 & 1696.

En conséquence de ces édits, on avoit établi des *experts*-jurés dans le duché de Bourgogne & dans les pays de Bresse, Bugey & Gex, de même que dans les autres provinces du royaume. Mais sur les remontrances des états de la province de Bourgogne, ces officiers furent supprimés par édit du mois d'août 1700, tant pour cette province, que pour les pays de Bresse, Bugey & Gex.

Les maîtres graveurs-ciseleurs de Paris sont *experts* en titre, pour vérifications & ruptures des scellés.

Lorsqu'il s'agit d'écriture, on nomme des maîtres écrivains *experts* pour les vérifications.

Dans toutes les villes où il y a des *experts* en titre, les parties ne peuvent nommer, & les juges ne peuvent nommer d'office que des *experts* du nombre de ceux qui sont en titre, à moins que ce ne soit sur des matières qui dépendent de connoissances propres à d'autres personnes ; par exemple s'il s'agit de quelque fait de commerce, on nomme pour *experts* des marchands ; si c'est un fait de banque, on nomme des banquiers.

Le procès-verbal que font les *experts* pour constater l'état des lieux ou des choses qu'ils ont vu, s'appelle *rapport* ; & quand on ordonne qu'une chose sera estimée *à dire d'experts*, cela signifie que les *experts* diront leur avis sur l'estimation, & estimeront la chose ce qu'ils croient qu'elle peut valoir.

Lorsque la contestation est dans un lieu où il n'y a point d'*experts* en titre, on nomme pour *experts* les personnes le plus au fait de la matière dont il s'agit.

Suivant l'ordonnance de 1667, *titre* 22, les jugemens qui ordonnent que des lieux & ouvrages seront vus, visités, toisés, ou estimés par *experts*, doivent faire mention expresse des faits sur lesquels les rapports doivent être faits, du juge qui sera commis pour procéder à la nomination des *experts*, recevoir leur serment & rapport, comme aussi du

délai dans lequel les parties devront comparoir pardevant le commissaire. Si les objets à visiter sont situés dans le ressort d'une autre jurisdiction, les juges de l'instance peuvent commettre le juge du lieu pour procéder à la nomination des *experts*, & recevoir leur serment.

Si au jour de l'assignation une des parties ne compare pas, ou est refusante de convenir d'*experts*, le commissaire en doit nommer un d'office pour la partie absente ou refusante, afin de procéder à la visite avec l'*expert* nommé par l'autre partie. Si les deux parties refusent d'en nommer, le juge en nomme aussi d'office, le tout sauf à récuser ; & si la récusation est jugée valable, on en nomme d'autres à la place de ceux qui ont été récusés.

Le commissaire doit ordonner par le procès-verbal de nomination des *experts*, le jour & l'heure pour comparoir devant lui & faire le serment ; ce qu'ils sont tenus de faire sur la première assignation ; & dans le même temps on doit leur remettre le jugement qui a ordonné la visite, à laquelle ils doivent vaquer incessamment.

Les juges & les parties peuvent nommer pour *experts* des *experts*-bourgeois ; & en cas qu'un artisan soit intéressé en son nom contre un bourgeois, on ne peut prendre pour tiers qu'un *expert*-bourgeois.

Il est de la règle que les *experts* doivent faire rédiger leur rapport sur le lieu par leur greffier, & signer la minute avant de partir de dessus le lieu. *Voyez l'ordonnance de Charles IX de l'an 1567.*

Les *experts* doivent délivrer au commissaire leur rapport en minute, pour être attaché à son procès-verbal, & transcrit dans la même grosse ou cahier. S'ils sont d'accord entre eux, il n'y a qu'un seul avis & un même rapport ; mais lorsqu'ils sont contraires, ils rédigent leur avis chacun séparément.

Dans ce cas, le juge doit nommer d'office, avec les mêmes formalités pour la nomination & la prestation de serment, un *tiers-expert* qui se fait assister des autres dans sa visite. Il doit se conformer à l'avis de l'un ou de l'autre, & ne donner le sien que sur les objets sur lesquels les premiers *experts* sont divisés de sentiment.

L'ordonnance abroge l'usage de faire recevoir en justice les rapports d'*experts*, & dit seulement que les parties peuvent les produire ou les contester, si bon leur semble. La production dont parle l'ordonnance, ne se fait que quand l'affaire est appointée ; dans les autres, l'usage est de demander l'entérinement du rapport : ce que le juge n'ordonne que quand il trouve le rapport en bonne forme, & qu'il n'y a pas lieu d'en ordonner un nouveau.

Il est défendu aux *experts* de recevoir aucun présent des parties, ni de souffrir qu'ils les défraient ou paient leur dépense, directement ou indirectement, à peine de concussion & de 300 livres d'amende applicable aux pauvres des lieux. Les vacations des *experts* doivent être taxées par le commissaire.

La partie la plus diligente peut faire donner au procureur de l'autre partie, copie des procès-verbaux & rapports d'*experts*; & trois jours après poursuivre l'audience sur un simple acte, si l'affaire est d'audience, ou produire le rapport d'*experts*, si le procès est appointé.

Les *experts* ne sont point juges; leur rapport n'est jamais considéré que comme un avis donné pour instruire la religion du juge; & celui-ci n'est point astreint à suivre l'avis des *experts*.

Si le rapport est nul, ou que la matière ne se trouve pas suffisamment éclaircie, le juge peut ordonner un second, & même un troisième rapport. Si c'est une des parties qui requiert le nouveau rapport, & que le juge l'ordonne, ce rapport doit être fait aux dépens de la partie qui le demande.

Pour ce qui concerne la fonction des *experts* en matière de faux principal ou incident, ou de reconnoissance en matière criminelle, lorsque l'on a recours à la preuve par comparaison d'écriture, *voyez* FAUX, RECONNOISSANCE.

EXPILATION D'HÉRÉDITÉ, (*Jurispr. Rom.*) c'est la soustraction en tout ou partie des effets d'une hérédité jacente, c'est-à-dire, non encore appréhendée par l'héritier. Il faut aussi, pour que cette soustraction soit ainsi qualifiée, qu'elle soit faite par quelqu'un qui n'ait aucun droit à la succession; ainsi cela n'a pas lieu entre co-héritiers.

Ce délit chez les Romains étoit appelé *crimen expilatæ hæreditatis*, & non pas *furtum*, c'est-à-dire *larcin*, parce que l'hérédité étant jacente, il n'y a encore personne à qui on puisse dire que le larcin soit fait. L'héritier n'est pas dépossédé des effets soustraits, tant qu'il n'en a pas encore appréhendé la possession; & par cette raison l'action de les redemander appelée *actio furti*, n'y avoit pas lieu: on usoit dans ce cas d'une poursuite extraordinaire contre celui qui étoit coupable de ce délit.

Cette action étoit moins grave que celle appelée *actio furti*; elle n'étoit pas publique, mais privée, c'est-à-dire, que celui qui l'intentoit, ne poursuivoit que pour son intérêt particulier, & non pour la vengeance publique.

Le jugement qui intervenoit, étoit pourtant infamant; c'est pourquoi cette poursuite ne pouvoit être intentée que contre des personnes contre lesquelles on auroit pu intenter l'action *furti*, si l'hérédité eût été appréhendée; ainsi cette action n'avoit pas lieu contre la femme qui avoit détourné quelques effets de la succession de son mari: il y avoit en ce cas une action particulière contre elle, appelée *actio rerum amotarum*, dont le jugement n'étoit pas infamant.

Au reste la peine du délit d'*expilation d'hérédité* étoit arbitraire chez les Romains, comme elle l'est encore parmi nous.

Outre la restitution des effets enlevés, & les dommages & intérêts que l'on accorde à l'héritier, celui qui a soustrait les effets peut être condamné à quelque peine afflictive, & même à mort, ce qui dépend des circonstances; comme, par exemple, si c'est un domestique qui a soustrait les effets.

L'héritier qui, après avoir répudié la succession, en a soustrait quelques effets, peut être poursuivi pour cause d'*expilation d'hérédité*.

A l'égard du conjoint survivant, ou des héritiers du prédécédé qui enlèvent & qui recèlent quelques effets, *voyez* RÉCÉLÉ. (*A*)

EXPLOIT, s. m. (*terme de Pratique*) signifie en général tout acte de justice ou procédure, fait par le ministère d'un huissier ou sergent, soit judiciaire, comme un *exploit d'ajournement*, qu'on appelle aussi *exploit d'assignation* ou *de demande*; soit extrajudiciaire, tel que les sommations, commandemens, saisies, oppositions, dénonciations, protestations, & autres actes semblables.

Quelques-uns prétendent que le terme d'*exploit* vient du latin *explicare*, *seu expedire*; mais il vient plutôt de *placitum*, *plaid*: on disoit aussi par corruption *plaitum*, & en françois *plet*. On disoit aussi *explacitare se*, pour se tirer d'un procès, & de-là on a appelé *exploits* ou *exploite*, les actes du ministère des huissiers ou sergens qui sont *ex placito*, & on s'est servi du même terme pour exprimer que ces actes servent à se tirer d'une contestation.

Les formalités des *exploits d'ajournemens* & citations, sont réglées par le tit. 2 de l'ordonnance de 1667: quoique ce titre ne parle que des ajournemens, il paroît que, sous ce terme, l'ordonnance a compris toutes sortes d'*exploits* du ministère des huissiers ou sergens, même ceux qui ne contiennent point d'assignation, tels que les commandemens, oppositions, &c.

On ne voit pas, en effet, que cette ordonnance ait réglé ailleurs la forme de ces autres *exploits*; & dans le tit. 33 des saisies & exécutions, art. 3, elle ordonne que toutes les formalités des ajournemens seront observées dans les *exploits* de saisie & exécution, & sous les mêmes peines; ce qui ne doit néanmoins s'entendre que des formalités qui servent à rendre l'*exploit* probant & authentique, & à le faire parvenir à la connoissance du défendeur, lesquelles formalités sont communes à tous les *exploits* en général; mais cela ne doit pas s'entendre de certaines formalités qui sont propres aux ajournemens, comme de donner assignation au défendeur devant un juge compétent, de déclarer le nom & la demeure du procureur qui est constitué par le demandeur.

Il est vrai que l'ordonnance n'a pas étendu nommément aux autres *exploits* les formalités des ajournemens, comme elle l'a fait à l'égard des saisies & exécutions, mais il paroît par le procès-verbal, & par les termes même de l'ordonnance, que l'esprit des rédacteurs a été de comprendre sous le terme d'*ajournement* toutes sortes d'*exploits*, & de les rendre sujets aux mêmes formalités, du moins pour celles qui peuvent leur convenir, l'ordonnance n'ayant point parlé ailleurs de ces différentes sortes d'*exploits*, qui sont cependant d'un usage trop fréquent, pour que l'on puisse présumer qu'ils aient été oubliés.

C'est donc dans les anciennes ordonnances, dans ce que celle de 1667 prescrit pour les ajournemens, & dans les ordonnances, édits, & déclarations postérieures, que l'on doit chercher les formalités qui sont communes à toutes sortes d'*exploits*.

Les premières ordonnances de la troisième race qui font mention des sergens, ne se servent pas du terme d'*exploits* en parlant de leurs actes; ces ordonnances ne disent pas non plus qu'ils pourront exploiter, mais se servent des termes d'*ajourner*, *exécuter*, *exercer leur office*.

La plus ancienne où se trouve le terme d'*exploit*, est celle du roi Jean, du pénultième mars 1350, où il dit que les sergens royaux n'auront que huit sols par jour, quelque nombre d'*exploits* qu'ils fassent en un jour, encore qu'ils en fassent plusieurs, & pour diverses personnes; qu'ils donneront copie de leur commission au lieu où ils feront l'*exploit*, & aussi copie de leurs rescriptions s'ils en sont requis; le terme de *rescription* semble signifier en cet endroit la même chose qu'*exploit* rédigé par écrit.

Pendant la captivité du roi Jean, le dauphin Charles, en qualité de lieutenant général du royaume, fit une ordonnance au mois de mars 1356, dont l'art. 9 porte que les huissiers du parlement, les sergens à cheval & autres, en allant faire leurs *exploits* menoient grand état, & faisoient grande dépense aux frais des bonnes gens pour qui ils *exploitoient*; qu'ils alloient à deux chevaux pour gagner plus grand salaire, quoique s'ils alloient pour leurs propres affaires, ils iroient souvent à pied, ou seroient contens d'un cheval; le prince en conséquence règle leurs salaires, & il défend à tous receveurs, gruyers, ni vicomtes d'établir aucuns sergens ni commissaires, mais leur enjoint qu'ils fassent faire leurs *exploits* & leurs exécutions par les sergens ordinaires des bailliages ou prévôtés. Ces *exploits* étoient, comme on voit, des contraintes ou actes du ministère des sergens.

Dans quelques anciennes ordonnances, le terme d'*exploits* se trouve joint à celui d'*amende*. C'est ainsi que dans une ordonnance du roi Jean du 25 septembre 1361, il est dit que certains juges ont établi plusieurs receveurs particuliers pour recevoir les amendes, compositions, & autres *exploits* qui se font par-devant eux. Il sembleroit que le terme *exploit* signifie en cet endroit *une peine pécuniaire*, comme l'amende, à moins que l'on n'ait voulu par-là désigner les frais des procès-verbaux, & autres actes qui se font devant le juge, & que l'on ait désigné le coût de l'acte par le nom de l'acte même. Le terme d'*exploit* se trouve aussi employé en ce sens dans plusieurs coutumes, & il est évident que l'on a pu comprendre tout-à-la-fois sous ce terme un acte fait par un huissier ou sergent, & ce que le défendeur devoit payer pour les frais de cet acte.

L'ordonnance de Louis XII du mois de mars 1498, parle des *exploits* des sergens & de ceux des sous-sergens ou aides: elle déclare nuls ceux faits par les sous-sergens; & à l'égard des sergens, elle leur défend de faire aucuns ajournemens ou autres *exploits* sans records & attestations de deux témoins, ou d'un pour le moins, sous peine d'amende arbitraire, en grandes matières ou autres dans lesquelles la partie peut emporter gain de cause par un seul défaut. L'ordonnance de 1667 obligeoit encore les huissiers à se servir de records dans tous leurs *exploits*; mais cette formalité a été abrogée au moyen du contrôle, & n'est demeurée en usage que pour les *exploits* de rigueur, tels que les commandemens recordés qui précèdent la saisie réelle, les *exploits* de saisie réelle, les saisies féodales, demandes en retrait lignager, emprisonnemens, &c.

L'article 9 de l'ordonnance de 1539 porte que, suivant les anciennes ordonnances, tous ajournemens seront faits à personne ou domicile en présence de records & de témoins qui seront inscrits au rapport & *exploit* de l'huissier ou sergent, & sur peine de dix livres parisis d'amende. Le rapport ou *exploit* est en cet endroit l'acte qui contient l'ajournement. On appelloit alors l'*exploit*, *rapport de l'huissier*, parce que c'est en effet la relation de ce que l'huissier a fait, & qu'alors l'*exploit* se rédigeoit entièrement sur le lieu; présentement l'huissier dresse l'*exploit* d'avance, & remplit seulement sur le lieu ce qui est nécessaire.

Cette ordonnance de 1539 n'oblige pas de libeller toutes sortes d'*exploits*, mais seulement ceux qui concernent la demande & l'action que la novelle 112 appelle *libelli conventionem*, & que nous appellons *exploit introductif de l'instance*, à quoi l'ordonnance de 1667 paroît conforme.

L'édit de Charles IX du mois de janvier 1573, veut que les huissiers & sergens fassent registre de leurs *exploits*, en bref pour y avoir recours par les parties, en cas qu'elles aient perdu leurs *exploits*; cette formalité ne s'observe plus, mais les registres du contrôle y suppléent.

Les formalités des *exploits* sont les mêmes dans tous les tribunaux tant ecclésiastiques que séculiers: elles sont aussi à-peu-près les mêmes en toutes matières personnelles, réelles, hypothécaires, ou mixtes, civiles, criminelles, ou bénéficiales, sauf le libellé de l'*exploit*, qui est différent, selon l'objet de la contestation.

Dans la Flandre, l'Artois, le Hainaut, l'Alsace & le Roussillon, on donnoit autrefois des assignations verbalement & par écrit; mais cet usage a été abrogé par l'édit du mois de février 1696, & la première règle à observer dans un *exploit*, est qu'il doit être rédigé par écrit à peine de nullité.

Il y a néanmoins encore quelques *exploits* qui se font verbalement, tels que la clameur de haro: les garde-chasses assignent verbalement à comparoître en la capitainerie; les sergens verdiers, les sergens dangereux, & les messiers donnent aussi des assignations verbales; mais hors ces cas, l'*exploit* doit être écrit.

Il est défendu aux huissiers & sergens, par plusieurs arrêts de réglemens, de faire faire aucune signification par leurs clercs, à peine de faux, notamment par un arrêt du 22 janvier 1606; & par un réglement du 7 septembre 1654, *art. 14*, il est défendu aux procureurs, sous les mêmes peines, de recevoir aucunes significations que par les mains des huissiers: mais ce dernier réglement ne s'observe pas à la rigueur; les huissiers envoient ordinairement par leurs clercs les significations qui se font de procureur à procureur.

Il n'est pas nécessaire que l'*exploit* soit écrit de la main du sergent ou huissier *exploiteur*, mais il doit en signer l'original & la copie, à peine de nullité.

Depuis 1674 que le papier timbré a été établi en France, tous *exploits* doivent être écrits sur du papier de cette espèce, à peine de nullité. Il faut se servir du papier de la généralité & du temps où se fait l'*exploit*; l'original & la copie doivent être écrits sur du papier de cette qualité. Il y a pourtant quelques provinces en France, où l'on ne s'en sert pas.

Tous *exploits* doivent être rédigés en françois, à peine de nullité, conformément aux ordonnances qui ont enjoint de rédiger en françois tous actes publics.

On ne peut faire aucuns *exploits* les jours de dimanche & de fête, à moins qu'il n'y eût péril en la demeure, ou que le juge ne l'eût permis en connoissance de cause; hors ces cas, les *exploits* faits un jour de dimanche ou de fête sont nuls, comme il est attesté par un acte de notoriété de M. le lieutenant-civil le Camus, du 5 mai 1703; mais suivant ce même acte, on peut faire tous *exploits* pendant les vacations & jours de férie du tribunal.

Il n'y a point de règlement qui oblige de marquer dans les *exploits* à quelle heure ils ont été faits; l'ordonnance de Blois ne l'ordonne même pas pour les saisies: il seroit bon cependant que l'heure fût marquée dans tous les *exploits*, pour connoître s'ils n'ont pas été donnés à des heures indues; car ils doivent être faits de jour: quelques praticiens ont même prétendu que c'étoit de-là que les *exploits* d'assignation ont été nommés *ajournement*; mais ce mot signifie *assignation à certain jour*.

Pour ce qui est du lieu où l'*exploit* est fait, quoiqu'il ne soit pas d'usage de le marquer à la fin comme dans les autres actes, il doit toujours être exprimé dans le corps de l'*exploit*; si l'huissier instrumente dans le lieu de sa résidence ordinaire, & que l'*exploit* soit donné à la personne, il doit marquer en quel endroit il l'a trouvée; si c'est à domicile, il doit marquer le nom de la rue; s'il se transporte dans un autre lieu que celui de sa résidence, il doit en faire mention.

L'*exploit* doit contenir le nom de celui à la requête de qui il est fait; mais cette personne ne doit pas y être présente: cela est expressément défendu par l'or-

donnance de Moulins, *art. 32*, qui porte que les huissiers ne pourront aucunement accompagner des parties pour lesquelles ils exploiteront, qu'elles pourront seulement y envoyer un homme de leur part, pour désigner les lieux & les personnes; auquel cas celui qui sera ainsi envoyé, y pourra assister sans suite & sans armes.

L'ordonnance ne donne point de recours à la partie contre l'huissier, pour raison des nullités qu'il peut commettre; c'est pour cela qu'on dit communément, *à mal exploité point de garant*: cependant lorsque la nullité est telle qu'elle emporte la déchéance de l'action, comme en matière de retrait lignager, l'huissier en est responsable.

Tous huissiers ou sergens doivent mettre au bas de l'original de leurs *exploits*, les sommes qu'ils ont reçues pour leur salaire, à peine d'amende. Ils sont aussi obligés de faire contrôler leurs *exploits*, dans les trois jours de leur date, à peine d'amende contre eux, & de nullité des *exploits*. (*A*)

Nous nous dispenserons d'entrer dans un plus grand détail sur les formalités des *exploits*, elles se trouvent sous le mot AJOURNEMENT, auquel nous renvoyons. Il nous reste seulement de faire connoître la signification de certaines manières de parler, usitées au palais, & dans lesquelles on trouve le mot *exploit*, joint à d'autres dénominations.

Exploit de cour, est un avantage ou acte que l'on donne à la partie comparante, contre celle qui fait défaut de présence ou de plaider, ou de satisfaire à quelque appointement. Coutumes de Bretagne, *art. 159*; de Sedan, *art. 321*.

Exploit domanier, c'est la saisie féodale dont use le seigneur sur le fief, pour lequel il n'est pas servi: elle est ainsi appellée dans la coutume de Berri, *tit. 5, art. 25*.

Exploit de justice ou *de sergent*, c'est le nom que quelques coutumes donnent aux actes qui sont du ministère des sergens. *Voyez la coutume de Bretagne, article 77, 92, 229; Berri, tit. 2, art. 29, & 32*.

Exploit in palis, est une forme particulière d'*exploit*, usitée entre les habitans du comté d'Avignon & les Provençaux. Il y a des bateliers sur le bord d'une rivière, qui fait la séparation de ces deux pays: ces bateliers sont obligés de recevoir tous les *exploits* qu'on leur donne, & de les rendre à ceux auxquels ils sont adressés; c'est ce que l'on appelle un *exploit in palis. Voyez* Desmaisons, *let. A, n. 4.*

Exploit du seigneur, est la même chose qu'*exploit domanier*, & signifie également la saisie féodale que fait le seigneur.

EXPLOIT ou EXPLOITATION DE FIEF. Quelques coutumes nomment ainsi la jouissance que fait le seigneur du fief de son vassal, soit durant la saisie féodale, soit pendant le relief. Mais ce mot est plus communément employé pour la saisie féodale. (*M. GARRAN DE COULON*).

EXPLOITABLE, adj. qui se dit, en terme de pratique, de tout ce qui peut être exploité.

On appelle *bois exploitables*, ceux qui sont en âge d'être coupés : *biens exploitables*, ceux qui peuvent être saisis : *meubles exploitables*, ceux qui peuvent être saisis & exécutés. Il y a en ce sens deux sortes de meubles qui ne sont point *exploitables* ; savoir, ceux qui tiennent à fer & à clou, & sont mis pour perpétuelle demeure, lesquels ne peuvent être saisis qu'avec le fonds : les autres sont ceux que l'on est obligé de laisser à la partie saisie, tels que son lit, ses ustensiles de labour, & autres choses réservées par l'ordonnance. *Voyez* EXÉCUTION, MEUBLES, SAISIES.

EXPONCION, & EXPONCE, s. f. *termes de Coutumes*, synonymes de celui de *déguerpissement.* On trouve celui d'*exponcion* dans la coutume d'Anjou, & celui d'*exponce* dans celle de Poitou, pour signifier la faculté, que la loi accorde au preneur d'un fonds à rente, cens, ou toute autre charge, servis, & devoir primitif ou second, de le remettre entre les mains du bailleur, afin d'acquérir la libération & s'affranchir de ses engagemens, quoique cette condition ne soit pas stipulée par le contrat.

Cette faculté est établie par la loi 29, c. *de pactis*, & autorisée par les *art.* 20 & 41 de l'ordonnance de Charles VII, de 1541 : elle est perpétuelle, si l'on n'y a pas renoncé par le titre d'accensement. A l'égard des formalités qui doivent accompagner l'*exponce, voyez* DÉGUERPISSEMENT.

Dans la partie de la Bretagne où le domaine-congéable est en usage, le domanier, ou preneur à bail, peut *exponcer*, c'est-à-dire, abandonner au bailleur les terres tenues à domaine-congéable, pour se décharger de la prestation de la rente, & des autres charges qui accompagnent ces espèces de baux ; mais alors il ne peut forcer son bailleur à lui tenir compte des améliorations qu'il a faites sur les héritages congéables.

La faculté d'*exponcer* n'a lieu ordinairement qu'en faveur du débiteur chargé de la prestation d'une rente ou autre service, mais il est particulier à la Bretagne, que le bailleur de fonds à domaine-congéable, soit le maître d'expulser, quand bon lui semble, le colon, en lui remboursant les améliorations par lui faites ; qu'il lui soit permis de feindre un congément pour obliger le preneur, soit à augmenter la rente annuelle qui lui a été imposée par le bail, soit à donner quelque somme d'argent afin d'éviter le congément ; qu'il puisse enfin vendre à un tiers le droit de congédier.

Il est vrai que cette dernière partie du droit du bailleur paroît ne s'être introduite que par la jurisprudence, quoiqu'elle soit opposée aux usemens ruraux qui ont admis le domaine-congéable : car ils restreignent la faculté d'expulser le colon avant la fin de son bail, au seigneur foncier, & encore dans le cas seulement où il auroit besoin des bâtimens de son colon pour se loger. Cette faculté de

céder à un tiers le droit de congédier, en mettant beaucoup d'incertitude dans la jouissance & la possession du colon, doit être très-contraire aux progrès de l'agriculture, & à l'intérêt public. Nous aurons occasion de discuter cet objet sous le mot USEMENS RURAUX, d'après les mémoires que M. Girard, avocat à Quimper, nous a adressés.

EXPOSANT, participe pris subst. *terme de Pratique*, usité dans les lettres de chancellerie pour désigner l'*impétrant*, c'est-à-dire, celui qui demande les lettres, & auquel elles sont accordées. On l'appelle-*exposant*, parce que ces lettres énoncent d'abord que, de la part d'un tel, il a été exposé telle chose ; que dans le narré du fait, en parlant de celui qui demande les lettres, on le qualifie toujours d'*exposant* ; & que dans la partie des lettres qui contient la disposition, le roi mande à ceux auxquels les lettres sont adressées, de remettre l'*exposant* au même état qu'il étoit avant un tel acte, si ce sont des lettres de rescision, ou si ce sont d'autres lettres, de faire jouir l'*exposant* du bénéfice desdites lettres. *Voyez les styles de chancellerie.* (A)

EXPOSÉ, adj. pris subst. en style de chancellerie & de palais, signifie le *narré* du fait qui est allégué pour obtenir des lettres de chancellerie, ou pour obtenir un arrêt sur requête. Quand les lettres sont obtenues sur un faux *exposé*, on ne doit point les entériner ; & si c'est un arrêt, les parties intéressées doivent y être reçues opposantes. (A)

EXPOSITION, s. f. (*Droit civil & criminel.*) en matière civile, on appelle *exposition d'un fait*, le récit d'une chose qui s'est passée, & *exposition des moyens*, l'établissement des raisons qui prouvent la justice de la demande ou de la défense d'un plaideur.

Une requête, un plaidoyer, une pièce d'écriture contiennent ordinairement, 1°. l'*exposition* du fait, 2°. celle des moyens.

En matière criminelle, on appelle *exposition d'enfant* ou *de part*, le crime que commettent les père & mère qui exposent, ou font exposer dans une rue, ou quelqu'autre endroit, un enfant nouveau-né, ou encore hors d'état de se conduire, soit qu'ils le fassent pour se décharger de sa nourriture & de son entretien, soit pour éviter la honte que peut leur causer sa naissance, lorsqu'il est illégitime.

Cette action a toujours été regardée comme un crime, la *loi* 4, *ff. de agnosc. lib.*, la compare à un homicide : *necare videtur non tantùm is, qui partum præforat, sed & is qui abjicit, & qui alimoniam denegat, & qui publicis locis, misericordiæ causâ exponit quam ipse non habet.*

En France, ce crime pourroit être puni de mort, suivant l'édit de Henri II, vérifié au parlement le 4 mars 1556 : mais on s'est relâché de cette rigueur, & la peine dépend de la prudence du juge, & des circonstances qui ont précédé & accompagné l'*exposition*. Ordinairement on condamne les coupables au fouet, au banniſſement, quelquefois même à une ſimple amende. Les complices ſont auſſi puniſſables ſelon les circonſtances.

Ce crime eſt devenu très-rare, ſur-tout dans les provinces où l'on a établi des hôpitaux pour recevoir les enfans-trouvés, ſans obliger ceux qui les conduiſent de déclarer d'où ils viennent. *Voyez* EN-FANT-TROUVÉ.

Les loix romaines avoient établi que les enfans expoſés appartiendroient comme eſclaves à ceux qui ſe chargeroient de les nourrir : mais depuis qu'une loi de Juſtinien les eut déclarés libres, il paroît, par la diſpoſition de pluſieurs conciles, que l'égliſe s'empreſſoit de pourvoir à leur ſubſiſtance. Cet ancien uſage paroît avoir ſervi de règle à un arrêt des grands-jours de Poitiers, du 15 ſeptembre 1579, qui, en condamnant par proviſion des religieuſes à nourrir un enfant trouvé devant leur porte, a ordonné qu'avant de faire droit au fond, les monaſtères & chapitres eccléſiaſtiques de l'endroit ſeroient appellés, pour régler leur contribution à la nourriture cet enfant.

Dans la ſuite on a impoſé cette charge aux habitans des lieux, & on l'a fait partager par les ſeigneurs. C'eſt ce que prouve un arrêt du 19 avril 1599, rendu entre l'abbé de Saint-Aubin & les habitans d'Angers, qui ordonne que les habitans fourniront les deux tiers de la nourriture d'un enfant expoſé, & le ſeigneur l'autre tiers.

Enfin, après pluſieurs arrêts, il en eſt intervenu au parlement de Paris un dernier, le 30 juin 1664, rendu en forme de réglement pour tout ſon reſſort, qui ordonne que les ſeigneurs de fief ou de juſtice, ſeront tenus de nourrir les enfans expoſés dans leur territoire. Le motif de cette déciſion eſt fondé ſur ce que cette nourriture doit être à la charge de ceux qui ont le droit de percevoir les épaves, déshérences & biens vacans ; ce qui eſt conforme à cet axiome de droit : *qui habet commodum, incommoda eum ſequi debent*. Les enfans expoſés ſont une eſpèce d'épave, une choſe abandonnée ; la charge de les élever & de les nourrir doit être une ſuite néceſſaire de l'avantage qui appartient au ſeigneur, de faire adjuger à ſon profit les épaves & choſes abandonnées, qui peuvent lui produire de l'utilité.

Il eſt néceſſaire d'obſerver que ce que nous diſons ici des ſeigneurs de fief, ne doit avoir lieu que dans les coutumes qui leur accordent les épaves ; car dans celles qui ne les donnent qu'aux ſeigneurs hauts-juſticiers, le ſoin des enfans-trouvés les regarde ſeuls.

Dans le reſſort des parlemens de Flandre & de Provence, les communautés d'habitans ſont chargées directement de la nourriture des enfans expoſés. Dans quelques villes, c'eſt une charge du domaine du roi ; mais, lorſqu'il eſt inſuffiſant, comme à Bourges, on impoſe le ſurplus ſur les habitans, au marc la livre de la capitation. Brillon,

ſur le mot *expoſé*, prétend que les ſeigneurs ne doivent nourrir les enfans que juſqu'à l'âge de ſept ans, parce qu'alors ils commencent à être en état de gagner leur vie. Nous n'avons, ſur cet objet, aucune loi ni aucune règle. La-raiſon donnée par Briilon me paroît inſuffiſante, & je crois que l'obligation impoſée aux ſeigneurs doit durer juſqu'à l'âge de puberté, parce que ce n'eſt qu'à cet âge qu'on peut véritablement dire qu'un enfant eſt en état de gagner ſa vie. Mais rien n'empêche qu'ils ne puiſſent plutôt s'en décharger, s'ils peuvent lui procurer les moyens de vivre. On les trouve plus aiſément à la campagne que dans les villes. Dans celles-ci, les pauvres n'ont de reſſources pour ſubſiſter que dans des métiers dont l'apprentiſſage eſt ſouvent long, pénible & coûteux, au lieu que, dans les campagnes, des enfans de ſept à huit ans ſont déjà en état de ſuivre des troupeaux, & de rendre aſſez de ſervices pour gagner leur vie.

La facilité qu'on trouve pour l'éducation des enfans à la campagne, devroit engager le gouvernement à profiter de ce moyen, pour diminuer le nombre de ceux qui ſont nourris dans les hôpitaux. On en viendroit aiſément à bout, en obligeant les adminiſtrateurs à préférer cette voie à celle de leur faire apprendre des métiers, & en accordant quelque légère exemption aux gens de la campagne qui ſe chargeroient d'élever un enfant-trouvé. Cet arrangement procureroit deux avantages, celui de diminuer les charges des hôpitaux, & celui de fournir à la campagne des bras, que le ſervice des villes & l'attrait pour les métiers ſédentaires lui enlèvent tous les jours. Il paroît que ç'a été un des motifs qui ſont engagé Louis XV à autoriſer, par l'ordonnance ſur la milice, du 27 novembre 1765, chaque chef de famille à diſpenſer ſes enfans, frères ou neveux demeurans chez lui, de tirer à la milice, & à préſenter à leur place les enfans-trouvés qu'il auroit élevés.

EXPRESSION, f. f. (*Droit can.*) on comprend ſous ce nom, tout ce qui doit être exprimé dans les reſcrits, bulles & proviſions de cour de Rome, à peine de nullité.

Les papes ont porté eux-mêmes différentes loix ſur cet objet ; elles font partie des règles de la chancellerie romaine : les unes n'ont pour but que d'empêcher le ſouverain pontife d'être ſurpris ou trompé, les autres n'ont été établies que pour l'intérêt pécuniaire de la chancellerie ou de la daterie ; il en eſt qui ont eu ce double motif.

L'omiſſion de ce qui doit être exprimé dans les ſuppliques, par leſquelles on demande au pape des graces, ou l'*expreſſion* de motifs faux qui peuvent le déterminer à les accorder, les rendent obreptices ou ſubreptices, & par conſéquent nulles. Dans l'un & l'autre cas on le trompe, on l'induit en erreur, & dès-lors il n'eſt pas cenſé avoir conſenti : *qui errat conſentire non videtur*. Nous ne traiterons point ici ce qui regarde les diſpenſes, & tout ce qui concerne le for intérieur. Nous croyons devoir le renvoyer au Dictionnaire de théologie. Nous ne nous occuperons que de ce qui a relation aux bénéfices.

A considérer la supplique que l'on présente au pape, on est obligé d'exprimer ; 1°. le bénéfice que l'on demande, ses qualités, sa valeur, & le diocèse dans lequel il est situé ; 2°. le nom de l'impétrant, son diocèse, ses qualités, & les bénéfices qu'il possède, ou sur lesquels il a un droit qui est venu à sa connoissance ; 3°. le genre de vacance particulier du bénéfice demandé.

Il n'est pas étonnant qu'il faille exprimer le bénéfice que l'on sollicite, autrement on formeroit une demande vague, & qui n'auroit aucun objet. Les qualités du bénéfice doivent être également exprimées, ainsi que le diocèse dans lequel il est situé, sans cela le pape ne seroit pas censé connoître ce qu'il accorde, & d'ailleurs l'impétrant n'auroit point un objet fixe & déterminé, auquel il pourroit appliquer la concession de la grace qu'il auroit obtenue. Il est donc nécessaire que le bénéfice soit désigné de manière à ce qu'il n'y ait aucune équivoque : de-là il résulte qu'il faut exprimer, s'il est régulier ou séculier, s'il est en commande décrétée ou libre, solite ou insolite, s'il est simple ou à charge d'ame, &c. C'est la disposition de la 57°. règle de la chancellerie, *de expressione qualitatum beneficiorum in impetrationibus*. *Item voluit quod super beneficiis ecclesiasticis, de qualitatibus illorum, videlicet an dignitates, personatus, vel officia sint, eisque immineat cura animarum, & ad illa consueverint aliqui per electionem assumi, mentio fiat : alias gratiæ desuper factæ sint nullæ. Et si qualitates hujusmodi, affirmativè, vel conditionaliter non exprimantur, negativa expressè desuper fiat, in beneficiis quæ tales qualitates, vel ex eis aliquas consueverint habere.* Il n'étoit sans doute pas besoin de cette règle, pour que l'*expression* du bénéfice, & de ses véritables qualités, fût indispensable ; la raison seule dictoit que, sans cela il y auroit obreption ou subreption qui rendroient la grace nulle, quand même l'impétrant auroit été de bonne-foi, & auroit en cause légitime pour ignorer ce qu'il auroit dû exprimer.

La 55°. règle de chancellerie, intitulée : *de exprimendo valore beneficiorum in impetrationibus*, ordonne que dans les provisions de toutes sortes de bénéfices, & sur tous genres de vacance, on exprimera la véritable valeur desdits bénéfices. Quelques auteurs, & entr'autres Gomès, ont regardé cette règle comme bursale. On ne peut nier qu'elle n'ait été établie pour obvier aux fraudes dans les paiemens de l'annate.

L'*expression* de la valeur du bénéfice est en France de pur style. Si le bénéfice est consistorial, sa valeur est déterminée par la taxe qui est portée dans les livres de la chambre apostolique. Quant aux bénéfices non consistoriaux, on se conforme à la règle, ou pour mieux dire, on l'élude par cette clause, *cujus fructus & reditus anni non excedunt 24 ducatos.* Lacombe dit que cette clause signifie

seulement parmi nous, que le bénéfice n'est pas sujet à l'annate. *Voyez* ANNATE. Quant à l'*expression* de la valeur des bénéfices, en ce qui concerne les gradués, *voyez les articles* GRADUÉS & RÉPLÉTION.

L'*expression* du nom, des qualités & du diocèse de l'impétrant est également nécessaire. Il ne doit pas plus y avoir d'équivoque à son sujet, que sur le bénéfice impétré. L'article 17 de l'édit du mois de juin 1550, appellé *des petites dates*, porte « pour » ce qu'il se trouve plusieurs expéditions faites par » résignation ou autrement, au nom de deux frères » ou parens de même nom & surnom ; ordonnons » qu'en telles expéditions, soit exprimé lequel » desdits frères ou parens, le majeur ou mineur, » fils aîné, second ou frère de tel, frère ou cousin » de l'impétrant résignataire, en telle manière qu'on » puisse apertement & clairement connoître celui » qui est pourvu du bénéfice ».

Outre son nom, ses qualités, l'impétrant est encore obligé d'exprimer les bénéfices dont il est déja pourvu, & ce, à peine de nullité : ce qui s'observe tellement à la rigueur, dit Drapier, que le défaut de l'*expression* du plus petit bénéfice rendroit les provisions du pape nulles & subreptices, quoiqu'on pût les valider par l'*expression* du bénéfice omis, ni rejetter la faute de cette omission sur le banquier. On est tenu, sous la même peine, d'exprimer les bénéfices litigieux. Cette *expression* n'est nécessaire que pour les provisions demandées au pape, autres que celles sur permutation, & la règle n'a pas lieu pour les collateurs ordinaires.

Les séculiers ne sont pas obligés d'exprimer les pensions qu'ils possèdent sur les bénéfices, parce que n'étant point de véritables titres, elles ne peuvent jamais être un motif pour le pape de refuser les provisions ; ainsi jugé par arrêt du 31 décembre 1680 : mais cette exception n'a point lieu pour les réguliers. Tout est de rigueur pour eux : une pension opère dans leur personne, l'incompatibilité avec tout bénéfice. C'est par ce motif qu'il a été jugé au parlement de Paris, par arrêt du 3 août 1728, au rapport de M. Lorenchet, & au sujet du prieuré de S. Thomas-sur-Seine, diocèse de Rouen, qu'un religieux est obligé d'exprimer au pape tous les bénéfices, & toutes les pensions sur bénéfices, offices claustraux & abbayes qu'il possède, à peine de nullité des provisions. Lacombe, verbo *Expression*.

L'*expression* du genre de vacance est encore nécessaire, elle est prescrite par la 47°. règle de chancellerie, & par celle *de annali possessore*, qui a principalement en vue les dévolutaires. Lorsque le genre de vacance désigné est *per obitum*, on a toujours soin d'ajouter la clause, *sive premissô, sive alio quovismodo beneficium vacet*, ce qui comprend tout autre genre de vacance. *Voyez* DÉVOLUT.

Lorsque le *per obitum* est le genre de vacance sur lequel on demande des provisions, il n'est pas nécessaire d'exprimer le nom du dernier titulaire,

à

à moins que le bénéfice impétré ne soit un canonicat ou une prébende, dans les chapitres où les prébendes ne sont pas séparées & désignées par des dénominations particulières. Dans ce cas il est sensible qu'on ne peut déterminer que par le nom du dernier possesseur, quel est le canonicat ou la prébende que l'on impètre. Nous finirons par observer que les règles de chancellerie que nous avons citées dans cet article, à l'exception de celle *de annali possessore*, ne sont point regardées en France comme des loix. Si on y a adopté quelques-unes de leurs dispositions, ce n'est que parce qu'elles sont conformes à la raison & à la justice. *Voyez* PROVISIONS *de cour de Rome*, SUPPLIQUE. (M. l'abbé BERTOLIO, *avocat au parlement*.)

EXPULSER, v. a. *terme de Pratique*, qui signifie *chasser* avec une sorte de violence & par autorité de justice. Il se dit sur-tout d'un propriétaire qui, voulant occuper sa maison par lui-même, force un locataire à la lui céder avant l'expiration de son bail. *Voyez* BAIL, *sect. 12*.

Nous croyons devoir donner place ici aux réflexions de M. Falguet sur ce droit rigoureux du propriétaire, insérées dans la *première édition de l'Encyclopédie*.

La faculté, dit-il, que la loi donne, en certains cas, d'*expulser* un locataire avant le terme convenu, paroît absolument contraire à l'essence de tous les baux : car enfin la destination, la nature & la propriété d'un bail, c'est d'assurer de bonne-foi au locataire l'occupation actuelle d'une maison pour un temps limité, à la charge par lui de payer certaine somme toutes les années, mais avec égale obligation pour les contractans, de tenir & d'observer leurs conventions réciproques, l'un de faire jouir, & l'autre de payer, &c.

Quand je m'engage à donner ma maison pour six ans, je conserve, il est vrai, la propriété de cette maison, mais je vends en effet la jouissance des six années ; car le louage & la vente sont à-peu-près de même nature, suivant le droit romain ; ils ne diffèrent proprement que dans les termes ; &, comme dit Justinien, ces deux contrats suivent les mêmes règles de droit : *locatio & conductio proxima est emptioni & venditioni, iisdemque juris regulis consistit. Lib. 3, instit. tit. 25.* Or quand une chose est vendue & livrée, on ne peut plus la revendiquer, l'acheteur est quitte en payant, & il n'y a plus à revenir : de-là dépendent la tranquillité des contractans & le bien général du commerce entre les hommes ; sans cela nulle décision, nulle certitude dans les affaires.

La faculté d'occuper par soi-même accordée au propriétaire, malgré la promesse de faire jouir, portée dans le bail, est donc visiblement abusive & contraire au bien de la société. C'est ce qu'on nomme le *privilège bourgeois* ; c'est, à proprement parler, le privilège de donner une parole & de ne la pas tenir : pratique odieuse, par laquelle on accoutume les hommes à la fraude & à se jouer des stipulations

& des termes. Outre que par-là on fait pencher la balance en faveur d'une partie au désavantage de l'autre ; puisque, tandis qu'on accorde au propriétaire la faculté de reprendre sa maison, on refuse au locataire la liberté de résilier son bail.

Au surplus, si cette prérogative est injuste, elle est en même temps illusoire ; puisque le propriétaire pouvant y renoncer par une clause particulière, les locataires qui sont instruits ne manquent point d'exiger la renonciation : ce qui anéantit dès-lors le prétendu droit bourgeois ; droit qu'il n'est pas possible de conserver, à moins qu'on ne traite avec des gens peu au fait de ces usages, & qui soient induits en erreur par les notaires, lesquels au reste manquent essentiellement au ministère qui leur est confié, quand ils négligent de guider les particuliers dans la passation des baux & autres actes.

Un avocat célèbre m'a fait ici une difficulté. Le notaire, dit-il, doit être impartial pour les contractans : or il cesseroit de l'être, si, contre les vues & l'intérêt du propriétaire, il instruisoit le preneur de toutes les précautions dont la loi lui permet l'usage pour affermir sa location. Tant pis pour lui s'il ignore ces précautions ; que ne s'instruit-il avant que de conclure ? que ne va-t-il consulter un avocat, qui seul est capable de le diriger ?

Il n'est pas difficile de répondre à cette difficulté ; on avoue bien que le notaire doit être impartial, c'est un principe des plus certains : mais peut-on le croire impartial, quand il n'avertit pas un locataire de l'insuffisance même qu'il ne lui assure point un logement sur lequel il compte, & qui est souvent d'une extrême conséquence pour sa profession, sa fabrique ou son commerce ? Peut-on le croire impartial, quand il cache les moyens de remédier à cet inconvénient, & qu'il n'exige pas les renonciations autorisées par la loi ? On veut que le moindre particulier, avant que d'aller chez un notaire, fasse une consultation d'avocat pour les affaires les plus simples : on veut donc que les citoyens passent la moitié de leur vie chez les gens de pratique. On sent que l'intérêt fait parler en cela contre l'évidence & la justice ; que sur la difficulté dont il s'agit, un notaire peut, aussi bien qu'un avocat, donner les instructions suffisantes, & l'on sent encore mieux qu'il le doit, en qualité d'officier public, chargé par état d'un ministère de confiance, qui suppose nécessairement un homme intègre & capable, lequel se doit également à tous ceux qui l'emploient, & dont la fonction est de donner aux actes l'authenticité, la forme & la perfection nécessaires pour les rendre valides.

Le notaire, en faisant un bail, doit donc assurer, autant qu'il est possible, l'exécution de toutes les clauses qui intéressent les parties ; il doit les interroger pour démêler leurs intentions, leur expliquer toute l'étendue de leurs engagemens ; &, en un mot, puisque la promesse de faire jouir, faite par le propriétaire, ne suffit pas pour l'obliger, s'il ne renonce expressément au privilège qu'il a de ne la pas tenir, il eſt de la religion du notaire d'inſérer cette renonciation dans tous les baux, juſqu'à ce qu'une légiſlation plus éclairée abroge tout-à-fait la prérogative bourgeoiſe, & donne à un bail quelconque toute la force qu'il doit avoir par ſa deſtination, en ſuivant l'intention des parties contractantes.

Au ſurplus, notre juriſprudence paroît encore plus déraiſonnable, en ce qu'elle attribue à l'acquéreur d'une maiſon le droit d'*expulſer* un locataire, malgré la renonciation du vendeur au droit bourgeois : car enfin ſur quoi fondé peut-on accorder l'expulſion dans ce dernier cas ? L'acquéreur ſuppoſé ne peut pas avoir plus de droit que n'en avoit le premier maître ; l'un ne peut avoir acquis que ce que l'autre a pu vendre : or l'ancien propriétaire ayant cédé la jouiſſance de ſa maiſon pour un nombre d'années, ayant même renoncé, comme on le ſuppoſe, au droit d'occuper par lui-même & d'*expulſer* ſon locataire pour quelque cauſe que ce puiſſe être, cette jouiſſance ne lui appartient plus, & il n'en ſauroit diſpoſer en faveur d'un autre. Ainſi lié par ſes engagemens & par ſes renonciations, il ne peut plus vendre ſa maiſon ſans une réſerve bien formelle en faveur du locataire : réſerve eſſentielle & tacite, qui, quand elle ne ſeroit pas énoncée dans le contrat de vente, ne perd rien pour cela de ſa force, attendu que, ſuivant les termes employés dans pluſieurs baux, & ſuivant l'eſprit dans lequel ils ſont tous faits, le fonds & la ſuperficie de ſa maiſon deviennent l'hypothèque du locataire. En un mot, l'ancien propriétaire ne peut vendre de ſa maiſon que ce qui lui appartient, que ce qu'il n'a pas encore vendu, je veux dire la propriété ; il ne peut vendre véritablement cette propriété, mais avec toutes les ſervitudes, avec toutes les charges qui y ſont attachées, & auxquelles il eſt aſſujetti lui-même : telle eſt, entre autres, la promeſſe de faire jouir, ſtipulée par un bail antérieur, & fortifiée des renonciations uſitées en pareil cas ; promeſſe par conſéquent qui n'oblige pas moins l'acquéreur que le propriétaire lui-même.

Au ſurplus, ſi l'uſage que nous ſuivons facilite la vente & l'achat des maiſons dans les villes, comme quelques uns me l'ont objecté bien légérement, quelle gêne & quelle inquiétude ne jette-t-il pas dans toutes les locations, leſquelles au reſte ſont infiniment plus communes, & dès-là beaucoup plus intéreſſantes ? D'ailleurs, ſi le privilège bourgeois étoit une fois aboli, on n'y penſeroit plus au bout de quelques années, & les maiſons ſe vendroient comme auparavant, comme on vend tous les jours les maiſons de campagne & les terres, ſans qu'il y ait jamais eu de privilège contre le droit des locataires.

De tout cela il réſulte que le prince légiſlateur étant proprement le père de la patrie, tous les ſujets étant réputés entre eux comme les enfans d'une même famille, le chef leur doit à tous une égale protection : qu'ainſi toute loi qui favoriſe le petit

nombre des citoyens au grand dommage de la ſociété, doit être cenſée loi injuſte & nuiſible au corps national ; loi qui par conſéquent demande une prompte réforme. Telle eſt la prérogative dont il s'agit, & dont il eſt aiſé de voir l'injuſtice & l'inconſéquence.

Au reſte il n'eſt pas dit un mot du privilège bourgeois dans la coutume de Paris. La pratique ordinaire que nous ſuivons ſur cela, vient originairement des Romains, dont la gloire plus durable que leur empire, a long-temps maintenu des uſages que la ſageſſe & la douceur du chriſtianiſme doivent, ce me ſemble, abolir.

Quoi qu'il en ſoit, les inſtituteurs de ce privilège, tant ceux qui l'ont introduit dans le droit romain, que ceux qui, éblouis par ce grand nom, l'ont enſuite adopté parmi nous ; tous, dis-je, ont été des gens diſtingués, des gens en place, des gens, en un mot, qui poſſédoient des maiſons ; leſquels entraînés par le mouvement imperceptible de l'intérêt, ont écouté avec complaiſance les allégations du propriétaire qui leur étoient favorables, & qui, en conſéquence, leur ont paru déciſives : au lieu qu'à peine ont-ils prêté l'oreille aux repréſentations du locataire, qui tendoient à reſtraindre leurs prérogatives, & qu'ils ont rejettées preſque ſans examen. De ſorte que les rédacteurs, éclairés ſans doute & bien intentionnés, mais ſéduits pour lors par un intérêt mal-entendu, ont dépoſé dans ces momens le caractère d'impartialité, ſi néceſſaire à la formation des loix : c'eſt ainſi qu'ils ont établi, ſur la matière préſente, des règles qui répugnent à l'équité naturelle, & qu'un légiſlateur philoſophe & déſintéreſſé, un Socrate, un Solon, n'auroit jamais admiſes.

J'ai voulu ſavoir s'il y avoit dans les pays voiſins un privilège bourgeois pareil au nôtre ; j'ai ſu qu'il n'exiſtoit dans aucun des endroits dont j'ai eu des inſtructions ; ſeulement en Pruſſe, l'uſage eſt favorable à l'acquéreur, mais nullement à l'ancien propriétaire. En Angleterre & dans le comtat Venaiſſin, l'uſage eſt abſolument contraire au nôtre ; & la réponſe que j'en ai eue de vive voix & par écrit, porte qu'un bail engage également le propriétaire, l'acquéreur, les adminiſtrateurs & autres ayans cauſe, à laiſſer jouir les locataires juſqu'au terme convenu ; pourvu que ceux-ci, de leur côté, obſervent toutes les clauſes du bail : juriſprudence raiſonnable & déciſive, qui prévient, à coup ſûr, bien des embarras & des procès.

Au ſurplus, j'ai inſinué ci-devant que les propriétaires n'avoient, dans le privilège bourgeois, qu'un intérêt mal-entendu ; nouvelle propoſition que je veux démontrer ſenſiblement. Il ſuffit d'obſerver pour cela, que, ſi cette prérogative étoit abrogée, & que les locataires fuſſent pour toujours délivrés des ſollicitudes & des pertes qui en ſont les ſuites ordinaires, ils donneroient volontiers un cinquantième en ſus des loyers actuels. Dans cette ſuppoſition qui n'eſt point gratuite, ce ſeroit uns augmentation de trente livres par année fur une maifon de quinze cens livres de loyer, ce feroit foixante francs d'augmentation fur une maifon de trois mille livres; ce qui feroit en cinquante ans cinq cens écus fur l'une, & mille écus fur l'autre : or peut-on évaluer l'avantage du privilège dont il s'agit, & dont l'ufage eft même affez rare par les raifons qu'on a vues; peut-on, dis-je, évaluer cet avantage à des fommes fi confidérables, indépendamment des pertes que le propriétaire effuie, de fon côté, par les embarras & les frais de procédures, dédommagement des locataires, &c. ?

Sur cela, c'eft aux bons efprits à décider fi l'ufage du privilège bourgeois n'eft pas véritablement dommageable à toutes les parties intéreffées, & par conféquent, comme on l'a dit, à toute la fociété.

Mais je foutiens de plus, que quand il y auroit du défavantage pour quelques propriétaires dans la fuppreffion de ce privilège, ce ne feroit pas une raifon fuffifante pour arrêter les difpenfateurs de nos loix; parce qu'outre que la plus grande partie des fujets y eft vifiblement léfée, cette partie eft en même temps la plus foible, & cependant la plus laborieufe & la plus utile. C'eft elle qui porte prefque feule la maffe entière des travaux néceffaires pour l'entretien de la fociété, & c'eft conféquemment la partie qu'il faut le plus ménager, pour l'intérêt même des propriétaires : vérité que notre jurifprudence reconnoît bien dans certains cas; par exemple, lorfqu'elle permet au locataire de rétrocéder un bail, malgré la claufe qui l'affujettit à demander pour cela le confentement du maître. C'eft que les juges inftruits par l'expérience & par le raifonnement, ont fenti que l'intérêt même du propriétaire exigeoit cette tolérance, le plus fouvent néceffaire pour la fûreté des loyers.

Les anciens légiflateurs qui ont admis la prérogative bourgeoife, ne comprenoient pas fans doute que l'utilité commune des citoyens devoit être le fondement de leurs loix, & devoit l'emporter par conféquent fur quelques intérêts particuliers. Ils ne confidéroient pas non plus qu'au même temps qu'ils étoient propriétaires, plufieurs de leurs proches & de leurs amis étoient au contraire dans le cas de la location, que plufieurs de leurs defcendans y feroient infailliblement dans la fuite, & qu'ils travailloient, fans y penfer, contre leur patrie & contre leur poftérité.

EXPULSION, f. f. en terme de Palais, fignifie la force que l'on emploie pour faire fortir quelqu'un d'un endroit où il n'a pas droit de refter. Le procès-verbal d'expulfion eft le récit de ce qui fe paffe à cette occafion : il eft ordinairement fait en vertu d'un jugement ou ordonnance qui permet l'expulfion. On expulfe un locataire ou fermier qui eft à fin de bail & qui ne veut pas fortir, ou faute de paiement des loyers & fermages : le jugement qui permet l'expulfion autorife ordinairement auffi à mettre les meubles fur le carreau. On expulfe auffi un poffef-

feur intrus, qui eft condamné à quitter la jouiffance d'un héritage. Voyez CONGÉ, EXPULSER, FERMIER, LOCATAIRE, RÉSILIATION. (A)

EXTINCTION, f. f. terme de Pratique, qui s'applique à différens objets. On dit :

Extinction de la chandelle, lorfqu'on fait une adjudication à l'extinction de petites bougies ou chandelles, comme cela fe pratique dans les fermes du roi.

Extinction d'une charge foncière, réelle ou hypothécaire, lorfqu'on amortit quelque charge qui étoit impofée fur un fonds.

Extinction du douaire, lorfque la femme & les enfans qui avoient droit de jouir du douaire font décédés, ou que l'on a compofé avec eux, & racheté le douaire.

Extinction d'une famille, lorfqu'il n'en refte plus perfonne.

Extinction d'un fidei-commis, ou d'une fubftitution, lorfque le fidei-commis ou fubftitution eft fini, foit parce que tous les degrés font remplis, & que les biens deviennent libres, foit parce qu'il ne fe trouve plus perfonne habile à recueillir les biens en vertu de la difpofition.

Extinction de ligne directe ou collatérale, lorfque dans une famille une ligne fe trouve entièrement défaillante, c'eft-à-dire, qu'il n'en refte plus perfonne.

Extinction de nom, lorfqu'il ne fe trouve plus perfonne de ce nom.

Extinction d'une rente, lorfqu'une rente eft amortie ou rembourfée.

Extinction d'une fervitude, quand un héritage eft déchargé de quelque fervitude qui y étoit impofée. Voyez ces différens mots. (A)

EXTORQUER, v. a. (Jurifprud.) c'eft tirer quelque chofe par force ou par importunité, comme quand on tire de quelqu'un un confentement forcé par careffes ou par menaces; un teftament ou autre acte eft extorqué, quand on s'eft fervi de pareilles voies pour le faire figner. Les actes extorqués font nuls par le défaut de confentement libre de la part de celui qui les foufcrit, & à caufe de la fuggeftion & captation de la part de celui qui a cherché à fe procurer ces actes. Voyez CAPTATION, CONTRAINTE, FORCE, MENACES, SUGGESTION. (A)

EXTORSION, f. f. (Jurifpr.) fe dit des émolumens exceffifs que certains officiers de juftice pourroient tirer d'autorité de ceux qui ont affaire à eux, ce que l'on appelle plus communément concuffion.

Ce terme fe dit auffi des actes que l'on peut faire paffer à quelqu'un par crainte ou par menaces. Voyez EXTORQUER. (A)

EXTRA, (Jurifpr.) eft un terme latin dont on fe fert ordinairement pour défigner les décrétales en les citant par écrit, pour dire qu'elles font extra corpus juris, parce que, dans le temps que cette manière de les citer fut introduite, le corps de droit canon ne confiſtoit encore que dans le décret de Gratien.

EXTRA eſt auſſi, *en ſtyle de Palais*, une abréviation du terme *extraordinaire*. Au parlement, les cauſes qui ne ſont pas employées dans les rôles des provinces, ſont portées à des audiences extraordinaires ; ce que l'on déſigne en mettant ſur le doſſier, *extra*, pour dire *extraordinaire*. (*A*)

EXTRAIT, ſ. m. *terme de Pratique*, qui ſignifie ce qui eſt tiré d'un acte ou d'un regiſtre, ou autre pièce. Quelquefois on entend auſſi par *extrait* un *abrégé*, quelquefois une *copie* entière : c'eſt ce qui va s'éclaircir par l'explication des différens objets auxquels on applique le mot *extrait*.

Extrait baptiſtaire, eſt une expédition d'un acte de baptême tiré ſur le regiſtre deſtiné à écrire ces ſortes d'actes. *Voyez* BAPTÊME & REGISTRES.

Extrait légaliſé, eſt celui dont la vérité eſt atteſtée par une perſonne ſupérieure à celle qui a délivré l'*extrait*. *Voyez* LÉGALISATION.

Extrait de mariage, eſt une expédition ou copie authentique d'un acte de célébration de mariage, tiré ſur le regiſtre deſtiné à écrire les mariages. *Voyez* MARIAGE & REGISTRE DES MARIAGES.

Extrait ſur la minute, eſt une expédition tirée ſur la minute même d'un acte, à la différence de ceux qui ſont tirés ſeulement ſur une expédition ou ſur une copie collationnée. Le premier, c'eſt-à-dire, celui qui eſt tiré ſur la minute, eſt le plus authentique.

Extrait mortuaire, eſt l'expédition d'un acte mortuaire, c'eſt-à-dire, la mention qui eſt faite du décès de quelqu'un ſur le regiſtre deſtiné à cet effet. *Voyez* MORTUAIRE & REGISTRES MORTUAIRES.

Extrait d'un procès, eſt l'abrégé d'un procès, c'eſt-à-dire, un mémoire qui contient la date de toutes les pièces, & le précis de ce qui peut ſervir à la déciſion du procès. Les rapporteurs ont ordinairement un *extrait* à la main, pour ſoulager leur mémoire, lorſqu'ils font le rapport d'un procès. Le ſecrétaire du rapporteur fait communément ſon *extrait* du procès, pour ſoulager le rapporteur ; mais le rapporteur doit voir les choſes par lui-même, & ne doit pas ſe fier à l'*extrait* de ſon ſecrétaire, qui peut être infidèle, ſoit par inadvertence, ou pour favoriſer une des parties au préjudice de l'autre. Le rapporteur doit donc régulièrement faire lui-même ſon *extrait*, ou ſi bien vérifier celui de ſon ſecrétaire, qu'il puiſſe atteſter les faits par lui-même. On voit dans le ſtyle des cours, des lettres-patentes du roi, de l'année 1625, pour diſpenſer un conſeiller de faire lui-même ſes *extraits*, à cauſe qu'il avoit la vue baſſe. Ceux qui ſe ſervent de l'*extrait* de leur ſecrétaire, font ordinairement, en le vérifiant, un *extrait* à leur manière, & plus concis, qu'on appelle le *ſous-extrait*.

Extrait des regiſtres, c'eſt ce qui eſt tiré de quelque regiſtre public. Cet intitulé ſe met en tête des expéditions des jugemens qui ne ſont délivrés qu'en abrégé, c'eſt-à-dire, qui ne ſont pas en forme exé-

cutoire. Les *extraits des regiſtres* des baptêmes, mariages, ſépultures, &c. ſont ordinairement des expéditions entières des actes qu'ils contiennent. *Voyez* EXPÉDITION, REGISTRES & JUGEMENT.

Extrait de ſépulture. Voyez EXTRAIT MORTUAIRE.

EXTRAIT DE BATARD, dans quelques coutumes, comme Boulenois, Hainaut & Montreuil, ſignifie le droit que les ſeigneurs haut-juſticiers ont de partager entre eux les biens d'un bâtard décédé ſans hoirs, & *ab inteſtat. Voyez* néanmoins l'article EXTRAÏURE. (*A. &* M. *GARRAN DE COULON.*)

EXTRAJUDICIAIRE, adj. (*Juriſpr.*) ſe dit des actes qui, non-ſeulement ſont faits hors jugement & *non coram judice pro tribunali ſedente*, mais auſſi qui ne ſont point partie de la procédure & inſtruction.

Ce terme *extrajudiciaire* eſt oppoſé à *judiciaire* ; ainſi une réquiſition eſt judiciaire, ou ſe fait judiciairement, quand elle eſt formée ſur le barreau. Les aſſignations, défenſes, & autres procédures tendantes à inſtruire l'affaire & à en pourſuivre le jugement, ſont auſſi des actes judiciaires, c'eſt-à-dire formés par la voie judiciaire ; au lieu qu'un ſimple commandement, une ſommation, un procès-verbal & autres actes ſemblables, quoique faits par le miniſtère d'un huiſſier ou ſergent, ſont des actes *extrajudiciaires*, lorſqu'ils ne contiennent point d'aſſignation.

Les actes judiciaires ou procédures tombent en péremption ; au lieu que les actes *extrajudiciaires* ne ſont ſujets qu'à la preſcription. (*A*)

EXTRAIURE, EXTRAYEURE, *ou* ESTRAÏERE, BIENS EXTRAÏERS : tous ces mots, qui ſont ſynonymes, ſe trouvent dans quelques-unes des coutumes de nos provinces ſeptentrionales, dans les anciennes chartes & dans nos vieux praticiens. Ragueau dit que c'eſt le droit de bâtardiſe.

Suivant Laurière, au contraire, « les biens » *eſtrayers* ſont proprement les biens des étran-» gers, dévolus au fiſc ; mais par la ſuite des » temps, ce nom a été donné à toutes ſortes de » confiſcations. Selon un regiſtre de la chambre » des comptes, *eſtrayères*, *c'eſt quand un homme*, » *par ſes démérites*, *eſt exécuté pour crime de lèze-* » *majeſté* ; & vaut autant à dire comme *confiſcation* » *au ſouverain*, &c. V. *Lindanum de teneremunda*, » p. 218, n°. 7 & 8 ».

Selon l'annotateur de Bouteiller, *liv. I*, *tit. 78* p. 778 de l'édition in-8°, les *extraïères* ſont choſes confiſquées. Mais il paroît que Bouteiller a employé ce mot pour *biens vacans*, & il ſeroit facile de prouver, au ſurplus, que ces mots ont été pris dans les différentes acceptions dont on vient de parler. *Voyez les gloſſaires de* Ducange & de dom Carpentier, *les termes de la ley*, & Loyſeau, *des ſeigneuries*, *chap. 12*, *n°. 110.* (M. *GARRAN DE COULON.*)

EXTRAORDINAIRE, *terme de Procédure civile*

& *criminelle*. En matière civile, on appelle *audience extraordinaire*, celle que le juge donne en un autre temps que celui qui est accoutumé : *frais extraordinaires de criées*, ceux qui sont faits sur les incidens formés par la partie saisie, ou par les créanciers, ou à fins de distraire & de conserver. *Voyez* FRAIS.

Quelquefois les procureurs mettent le mot *extraordinaire* sur leurs dossiers, pour dire que la cause n'est point au rôle d'aucune province, mais doit se poursuivre à une audience *extraordinaire*.

On donne plus communément le nom d'*extraordinaire*, à la procédure criminelle. De-là ces différentes manières de parler.

Jugement à l'extraordinaire, c'est-à-dire, celui qui est rendu sur une instruction criminelle.

Procédure extraordinaire, c'est en général la procédure criminelle ; il faut néanmoins observer ce qui est dit dans l'article suivant.

Réglement à l'extraordinaire, c'est lorsque le juge ordonne que les témoins seront recollés & confrontés; car jusque-là la procédure, quoique criminelle, n'est pas réputée vraiment *extraordinaire*.

Reprendre l'extraordinaire, c'est lorsqu'après avoir renvoyé les parties à l'audience sur la plainte & information, ou même avoir converti les informations en enquêtes, on ordonne, attendu de nouvelles charges qui sont survenues, que les témoins seront recolés & confrontés.

Voie extraordinaire, c'est la procédure criminelle. Prendre la voie *extraordinaire*, c'est se pourvoir par plainte, information, &c. au lieu que la voie ordinaire est celle d'une simple demande civile.

EXTRA TEMPORA, ET IN TEMPORIBUS, (*Droit can.*) termes usités dans la chancellerie romaine, pour exprimer les dispenses que le pape accorde pour recevoir les ordres, dans un autre temps que celui prescrit par les canons, *extra tem-*

pora, ou pour les recevoir, dans le temps, mais sans garder les interstices *in temporibus*. Ces sortes de dispenses sont reconnues en France : elles contiennent toujours deux clauses, l'une qui regarde la capacité, & l'autre la subsistance de l'ordinant. *Et dummodo orator ad id reperiatur idoneus, & consitò priùs, quod patrimonium hujusmodi ad congruam ejus sustentationem sufficiens, verè & pacificè possideat, cum decreto quod illud sine ordinarii sui licentiâ, alienare seu quoquomodo distrahere nequeat, nisi priùs in ecclesiasticis, vel aliis reditibus annuis habuerit, unde commodè vivere possit.*

L'auteur des Conférences d'Angers remarque que les bulles des papes qui prononcent suspense, *ipso facto*, contre ceux qui se font ordonner *extra tempora*, n'ayant été ni publiées, ni reçues en France, cette suspense ne peut avoir lieu qu'en vertu d'une sentence.

EXTRAVAGANTES, s. f. pl. (*Droit canon.*) c'est le nom qu'on donne aux constitutions des papes, postérieures aux clémentines, & insérées dans le corps du droit canonique. *Voyez* DROIT CANONIQUE.

EXTRÊME-ONCTION. *Voyez le Dictionnaire de Théologie.*

EXTREMIS (*in*), *Jurispr.* On appelle *in extremis*, le dernier temps de la vie, ou celui dans lequel quelqu'un étoit atteint d'une maladie dont il est décédé.

Les dispositions de dernière volonté, faites *in extremis*, sont quelquefois suspectes de suggestion ; ce qui dépend des circonstances. *Voyez* TESTAMENT, SUGGESTION.

Les mariages célébrés *in extremis*, avec des personnes qui ont vécu ensemble dans la débauche, sont nuls quant aux effets civils. *Voyez* MARIAGE. (*A*)

F

F, fixième lettre de l'alphabet : elle fervoit à marquer les monnoies fabriquées à Angers.

FABRIQUE, f. f. (*Droit eccléfiaftique.*) ce mot en général fignifie *conftruction* : mais, dans nos ufages, nous l'appliquons particuliérement aux églifes, & il a plufieurs acceptions.

On entend d'abord par ce terme, les reconftructions & autres réparations quelconques des églifes, les dépenfes qui fe font, foit pour leurs bâtimens, foit pour leur décoration, foit pour les vafes facrés, livres & ornemens qui fervent au fervice divin.

On entend encore par ce même terme, le temporel des églifes, confiftant foit en immeubles, ou en revenus ordinaires ou cafuels, affectés à l'entretien de l'églife & à la célébration du fervice divin.

Enfin on entend auffi fort fouvent ceux qui ont l'adminiftration du temporel de l'églife; lefquels, en certaines provinces, font appellés *fabriciens*, en d'autres *marguilliers, luminiers*, &c.

La *fabrique* eft auffi quelquefois prife pour le corps ou affemblée de ceux qui ont cette adminiftration du temporel. Le bureau ou lieu d'affemblée eft auffi défigné fous le nom de *fabrique*.

Dans la primitive églife, les offrandes que chacune d'elles recevoit & tous les biens qu'elle poffédoit, étoient en commun; l'évèque en avoit l'intendance & la direction, & ordonnoit, comme il jugeoit à propos, de l'emploi du temporel, foit pour la *fabrique*, foit pour la fubfiftance des miniftres de l'églife.

Dans prefque tous les lieux, les évèques avoient fous eux des économes qui fouvent étoient des prêtres & des diacres, auxquels ils confioient l'adminiftration de ce temporel, & qui leur en rendoient compte.

Ces économes touchoient les revenus de l'églife, & avoient de pourvoir à fes néceffités, pour lefquelles ils prenoient fur les revenus ce qui étoit néceffaire; enforte qu'ils faifoient vraiment la fonction de fabriciens.

Dans la neuvième feffion du concile de Chalcédoine, tenu en 451, on obligea les évèques, à l'occafion d'Ibas, évèque d'Edeffe, de choifir ces économes de leur clergé; de leur donner ordre fur ce qu'il convenoit faire, & de leur faire rendre compte de tout. Les évèques pouvoient dépofer ces économes, pourvu que ce fût pour quelque caufe légitime.

En quelques endroits, fur-tout dans l'églife grecque, ces économes avoient fous eux des co-adjuteurs.

On pratiquoit auffi à-peu-près la même chofe dans les monaftères; on choififfoit, entre les plus anciens religieux, celui qui étoit le plus propre à en gouverner le temporel.

Vers le milieu du quatrième fiècle, les chofes changèrent de forme dans l'églife d'Occident; les revenus de chaque églife ou évêché furent partagés en quatre lots ou parts égales; la première pour l'évêque, la feconde pour fon clergé & pour les autres clercs du diocèfe; la troifième pour les pauvres, & la quatrième pour la *fabrique*, c'eft-à-dire, pour l'entretien & les réparations de l'églife.

Ce partage fut ainfi ordonné dans un concile tenu à Rome du temps de Conftantin. La quatrième portion des revenus de chaque églife fut deftinée pour la réparation des temples & des églifes.

Le pape Simplicius écrivoit à trois évêques que ce quart devoit être employé *ecclefiafticis fabricis*; & c'eft apparemment de-là qu'eft venu le terme de *fabrique.*

On trouve auffi dans des lettres du pape Gelafe, en 494, dont l'extrait eft rapporté dans le canon *vobis* 23, *caufâ* 12, *quæft.* 1, que l'on devoit faire quatre parts, tant des revenus des fonds de l'églife, que des oblations des fidèles; que la quatrième portion étoit pour la *fabrique, fabricis verò quartam;* que ce qui refteroit de cette portion, la dépenfe annuelle prélevée, feroit remis à deux gardiens idoines, choifis à cet effet, afin que s'il furvenoit quelque dépenfe plus confidérable, *major fabrica*, on eût la reffource de ces deniers, ou que l'on en achetât quelque fonds.

Le même pape répète cette difpofition dans les can. 25, 26 & 27, au même titre. Il fe fert partout du terme *fabricis*, qui fignifie en cet état les *conftructions & réparations*; & la glofe obferve fur le canon 27, que la conféquence qui réfulte naturellement de tous ces canons, eft que les laïques ne font point tenus aux réparations de la *fabrique*, mais feulement les clercs.

S. Grégoire le Grand, dans une lettre à S. Auguftin, apôtre d'Angleterre, prefcrit pareillement la réferve du quart pour la *fabrique.*

Le décret de Gratien contient encore, *loco citato*, un canon (qui eft le 31,) prétendu tiré d'un concile de Tolède, fans dire lequel, où la divifion & l'emploi des revenus ecclefiafticis font ordonnés de même; enforte, eft-il dit, que la première part foit employée foigneufement aux réparations des titres, c'eft-à-dire, des églifes & à celles des cimetières, *fecundùm apoftolorum præcepta* : mais ce canon ne fe trouve dans aucun des conciles de Tolède. La collection des canons faite par un auteur incertain, qui eft dans la bibliothèque vaticane, attribue celui-ci au pape Sylveftre : on n'y trouve pas ces paroles, *fecundùm apoftolorum præcepta* ; & en effet, du temps des apôtres, il n'étoit pas queftion de *fabriques* dans le fens où nous le prenons aujourd'hui, ni même de réparations.

Quoi qu'il en foit de l'autorité de ce canon, celles que l'on a déjà rapportées font plus que fuffifantes au moins pour établir l'ufage qui s'obfervoit depuis le quatrième fiècle par rapport aux *fabriques des églifes* ; ufage qui s'eft depuis toujours foutenu.

Grégoire II, écrivant en 729, aux évêques & au peuple de Thuringe, leur dit qu'il avoit recommandé à Boniface leur évêque, de faire quatre parts des biens d'églife, comme on l'a déjà expliqué, dont une étoit pour la *fabrique*, *ecclefiafticis fabricis refervandam*.

En France, ou a toujours eu une attention particulière pour la *fabrique des églifes*.

Le 57ᵉ canon du concile d'Orléans, tenu en 511 par ordre de Clovis, deftine les fruits des terres que les églifes tiennent de la libéralité du roi, aux réparations des églifes, à la nourriture des prêtres & des pauvres.

Un capitulaire de Charlemagne, de l'an 801, ordonne le partage des dixmes en quatre portions, pour être diftribuées de la manière qui a déjà été dite : la quatrième eft pour la *fabrique*, *quarta in fabricâ ipfius ecclefiæ*.

Cette divifion n'avoit d'abord lieu que pour les frais ; & comme les évêques.& les clercs avoient l'adminiftration des portions de la *fabrique* & des pauvres, ce réglement fut obfervé plus ou moins exactement dans chaque diocèfe, felon que les adminiftrateurs de la part de la *fabrique* étoient plus ou moins fcrupuleux.

Dans la fuite, l'adminiftration de la part des *fabriques*, dans les cathédrales & collégiales, fut confiée à des clercs qu'on appella *marguilliers* en quelques églifes. On leur adjoignit des marguilliers laïques, comme dans l'églife de Paris, où il y en avoit dès l'an 1204.

Dans les églifes paroiffiales, les biens de la *fabrique* ne font gouvernés que par des marguilliers laïques. Les revenus font deftinés à l'entretien & réparation des églifes ; & ce n'eft que fubfidiairement, & en cas d'infuffifance, que l'on fait contribuer les gros décimateurs & les paroiffiens. *Voyez* CANCEL, CHŒUR, DIXME.

L'état des marguilliers ou fabriciens des paroiffes a éprouvé plufieurs variations. Un édit du mois de février 1704 avoit créé, en titre d'office, des tréforiers des *fabriques* dans toutes les villes du royaume ; mais, par l'édit du mois de feptembre fuivant, ils furent fupprimés pour la ville & fauxbourgs de Paris ; & , par un arrêt du confeil du 24 janvier 1705, ceux des autres villes furent réunis aux *fabriques*. Aujourd'hui les marguilliers ou fabriciens font élus par les habitans de chaque paroiffe, dans une affemblée convoquée à cet effet.

Les évêques ne font pas en droit d'inftituer à leur gré des receveurs des deniers & droits cafuels des *fabriques*. Un arrêt du parlement de Rennes, du 1 juillet 1732, déclara abufive l'ordonnance de l'évêque de cette ville, qui s'étoit cru en droit d'établir un receveur des deniers de la paroiffe de S. Germain, & ordonna que le facriftain, nommé par les habitans, continueroit à faire la recette dont il s'agiffoit.

L'article 9 de l'édit de février 1680, porte que le revenu des *fabriques*, après les fondations accomplies, fera appliqué aux réparations, achat d'ornemens & autres œuvres pitoyables, fuivant les faints décrets ; & que les marguilliers feront tenus de faire bon & fidèle inventaire de tous les titres & renfeignemens des *fabriques*.

Les évêques recevoient autrefois les comptes des *fabriques* ; mais ayant négligé cette fonction, les magiftrats en prirent connoiffance, fuivant ce qui eft dit dans une ordonnance de Charles V, du mois d'octobre 1385.

Le concile de Trente & plufieurs conciles provinciaux de France, veulent que ces comptes foient rendus tous les ans devant l'évêque.

Charles IX, par des lettres-patentes du 3 octobre 1571, en attribua la connoiffance aux évêques, archidiacres & officiaux dans leurs vifites, fans frais, avec défenfe à tous autres juges d'en connoître ; mais cela ne fut pas bien exécuté, & il y a eu bien des variations à ce fujet.

Henri III, par un édit de juillet 1578, attribua la connoiffance de ces comptes aux élus. Le 11 mai 1582, le clergé obtint des lettres portant révocation de cet édit, & que les comptes fe rendroient comme avant de 1578. Le pouvoir des élus fut rétabli par un édit de mars 1587 ; mais il ne fut pas regiftré au parlement, & le clergé en obtint encore la révocation. Les élus furent encore rétablis dans cette fonction par édit de mai 1605.

Le 16 mai 1609, le clergé obtint des lettres conformes à celles de 1571 : elles furent vérifiées au parlement, à la charge que les procureurs-fifcaux feroient appellés à l'audition des comptes.

Ces lettres furent confirmées par d'autres du 4 feptembre 1619, regiftrées au grand-confeil, & par deux déclarations de 1657 & 1666, mais qui n'ont été regiftrées en aucune cour.

L'édit de 1695, qui forme le dernier état fur cette matière, ordonne, art. 17, que ces comptes feront rendus annuellement aux évêques & à leurs archidiacres ; mais ils doivent en connoître eux-mêmes, & non par leurs officiaux. Il y auroit abus s'ils en renvoyoient la connoiffance à leurs officiaux, ainfi qu'il a été jugé par un arrêt du parlement de Paris, du 7 décembre 1633, rapporté par Bardet.

Lorfque les évêques ou leurs archidiacres ont négligé, dans le cours de leurs vifites, de fe faire rendre les comptes des *fabriques*, les juges ordinaires peuvent, fur la pourfuite du miniftère public, contraindre les fabriciens à rendre leurs comptes.

deux mois après l'expiration de l'année ; ce qui n'empêche pas néanmoins que les évêques ou leurs archidiacres ne se sissent représenter ces mêmes comptes dans une visite subséquente. C'est ce qui résulte d'un arrêt du parlement de Paris, rendu, le 21 août 1702, pour le diocèse de Sens.

Les ordonnances rendues par les évêques ou archidiacres, & les jugemens rendus sur les comptes des *fabriques* sont exécutoires par provision, suivant les lettres-patentes de 1571 & de 1619. Les contestations qui s'élèvent à cet égard, soit entre les anciens & nouveaux marguilliers, soit entre les marguilliers & les habitans ou autres, se portent devant le juge royal ordinaire. *Arrêt du conseil, rendu le premier avril 1699, rapporté dans les mémoires du clergé.*

Les comptes des *fabriques* se rendent au banc de l'œuvre en présence des nouveaux marguilliers, & on ne doit y allouer que les dépenses nécessaires pour le service divin, l'acquit des fondations, & l'entretien de l'église. C'est la disposition de l'article 9 de l'édit de Melun.

Les biens des *fabriques*, quoique gouvernés par des marguilliers laïques, sont considérés comme biens ecclésiastiques, & jouissent de tous les privilèges attachés aux biens du clergé. C'est par cette raison qu'ils ne peuvent être aliénés sans nécessité, & sans y observer les formalités nécessaires pour l'aliénation des biens d'église.

Le concile de Rouen, en 1581, défend, sous de grièves peines, de les aliéner que par l'autorité de l'ordinaire, & de les employer autrement qu'à leur destination.

On ne peut de même faire les baux des biens des *fabriques* sans publication, & l'on ne peut les faire par anticipation, ni pour plus de six ans.

La déclaration du 12 février 1661, veut que les églises & *fabriques* du royaume rentrent de plein droit & de fait, sans aucune formalité de justice, dans tous les biens, terres & domaines qui leur appartiennent, & qui, depuis 20 ans, avoient été vendus ou engagés par les marguilliers sans permission, & sans avoir gardé les autres formalités nécessaires.

Dans les assemblées de *fabrique*, le curé précède les marguilliers : mais ceux-ci précèdent les officiers du bailliage, qui n'y assistent que comme principaux habitans.

Nous aurions desiré que la forme de cet ouvrage nous eût permis d'insérer l'arrêt rendu, en forme de réglement, par le parlement de Paris, le 2 avril 1737, pour la paroisse de S. Jean-en-Grève. Il contient, en 75 articles, les principes qui doivent être appliqués à l'administration des différentes *fabriques* des églises paroissiales du royaume, & qui peuvent servir à déterminer les droits & les fonctions des curés & des officiers employés au service des églises. On peut le consulter dans les contestations qui peuvent s'élever sur ces objets.

Il est nécessaire de remarquer que, quoique l'é-

dit de 1695 ait été enregistré au conseil souverain d'Alsace, on y suit cependant une jurisprudence différente au sujet de la reddition des comptes des *fabriques*. Suivant les arrêts de réglement de ce tribunal, des 31 mars 1680, 5 avril 1681, 8 avril 1709, & 21 janvier 1712, ces comptes doivent être rendus aux baillis, prévôts &' autres officiers de justice, en présence ou absence du vicaire-général : il leur est défendu de prendre aucune vacation, repas ou buvette, aux dépens des revenus des églises, lorsque les comptes leur sont rendus dans le lieu de leur résidence, ou dans celui où ils doivent résider, & il leur est enjoint de taxer modérément leurs vacations, lorsqu'ils sont obligés de se transporter hors de leur domicile.

On a toujours regardé en Lorraine l'administration du temporel des églises, comme une affaire dépendante de la haute police, qui appartient au souverain, & qui par conséquent est de la compétence des juges séculiers. C'est par cette raison qu'on suit encore, dans la majeure partie de cette province, l'ancienne jurisprudence confirmée par l'édit du duc Léopold en 1707, suivant laquelle les comptes des *fabriques* se rendent par-devant les baillis ou leurs lieutenans-généraux, en présence du procureur du roi & des officiers municipaux. Cependant, depuis la réunion de cette province à la couronne de France, les évêques & leurs archidiacres se font représenter les comptes des *fabriques*, lors de leurs visites dans les paroisses situées en Lorraine. Leur autorité, à cet égard, se borne à cette espèce de révision, parce que l'édit de 1695 n'a pas été enregistré au parlement de Nanci.

FACTEUR, s. m. (*Commerce. Eaux & Forêts.*) ce mot est presque synonyme de celui de *commissionnaire* ; il signifie celui qui est chargé de faire quelque négoce ou quelque chose pour un autre : il est distingué du mandataire, en ce que le service de celui-ci est entièrement gratuit, au lieu que le *facteur* reçoit des gages ou appointemens de son commettant.

L'ordonnance de 1673 attribue aux juges-consuls la connoissance des contestations qui peuvent s'élever entre les marchands & leurs *facteurs*, au sujet des gages & salaires de ces derniers.

Les *facteurs* engagent leurs maîtres, & obligent les autres envers eux, pour raison des fonctions auxquelles ils sont préposés, de la même manière que le maître lui-même pourroit s'obliger envers une autre personne, ou obliger quelqu'un envers lui.

Un *facteur* est rangé dans la même classe que le marchand, & par cette raison, dans le cas où il est mineur, le défaut d'âge n'est pas un moyen suffisant pour le dispenser de payer les dettes qu'il a contractées en sa qualité de *facteur*.

L'ordonnance des eaux & forêts de 1669, permet aux adjudicataires des bois d'avoir des *facteurs* ou gardes-ventes, pour veiller à l'exploitation & à la conservation de leurs bois. Ces préposés, présentés par les adjudicataires, doivent prêter serment devant

devant un officier de la maîtrise ; après avoir été reconnus gens de bien, sachant lire & écrire. Ils sont tenus de faire rapport aux greffes des maîtrises, des délits qui se commettent à la réponse de leurs ventes.

L'on ne donne pas la même foi à leurs procès-verbaux qu'à ceux d'un garde, car l'ordonnance les oblige de les faire signer par deux témoins ; & dans le cas où les témoins ne savent pas signer, de les nommer & d'attester qu'ils ne peuvent signer. Cependant, à l'égard des délits commis pendant la nuit au feu, ou à la scie, le procès-verbal du *facteur* seul, sans témoins, fait foi après qu'il en a attesté la vérité par serment. La raison de cette différence est fondée sur ce qu'il est impossible de faire attester par témoins les délits qui se commettent la nuit dans les forêts, sur-tout lorsqu'ils se font sans bruit, comme avec le feu ou la scie.

Les procès-verbaux de délit, dressés par les *facteurs*, doivent être déposés aux greffes des maîtrises dans les trois jours ; & les *facteurs* doivent en retirer certificats des greffiers. Par ce moyen, les adjudicataires des bois ne sont plus responsables des délits commis dans leurs ventes.

FACTIEUX, s. m. FACTION, s. f. (*Droit public. Code criminel.*) *Faction*, dans sa véritable acception, signifie un parti séditieux dans un état ; & *factieux* se dit de celui qui se rend chef, ou qui adhère à une *faction*. Cette espèce de crime se trouve nécessairement joint à ceux de désobéissance, de sédition, de révolte, de haute-trahison, &c. Aussi ne trouve-t-on rien de précis & de déterminé par rapport aux peines que l'on peut infliger aux *factieux* ; elles dépendent des circonstances. *Voyez* le *Dictionnaire diplom. écon. polit.*

FACTUM, s. m. (*terme de Pratique.*) ce mot purement latin s'applique encore aux mémoires imprimés, donnés par les parties dans leurs causes. Ce travail a conservé sa première dénomination, tirée du temps où les procédures & les jugemens se rédigeoient en latin. Comme les mémoires n'étoient destinés qu'à présenter le *fair* aux juges, on les a depuis intitulés *factum*, quoique l'exposition fût en françois. Cependant ce titre discordant par l'idiome avec le corps de l'ouvrage, n'a plus été adopté par les avocats, & depuis nombre d'années, ils ont donné à leurs productions dans ce genre le titre de *mémoires*.

Un arrêt du parlement, du 11 août 1708, défend à tous imprimeurs & libraires d'imprimer aucuns *factums*, requêtes ou mémoires, si les copies qu'on leur remet ne sont signées d'un *avocat* ou d'un *procureur*. Il leur est enjoint de mettre leurs noms au bas de celles qu'ils auront imprimées.

Mais la multitude d'individus qui se parent du titre d'avocat, sans en faire les fonctions, & qui ne tenant point à l'ordre, ne sont pas sous sa discipline, & n'ont par conséquent rien à craindre de sa censure, a rendu nécessaires les réglemens très-

Jurisprudence. Tome IV.

récens qui limitent aux seuls avocats inscrits sur le tableau, la faculté de faire imprimer des mémoires sur leur signature.

Un *factum* n'est considéré comme véritable pièce du procès qu'autant qu'il est signifié ; mais lors même qu'il ne l'a pas été, les juges y puisent souvent les moyens des parties, & n'en prennent pas moins une juste opinion de la cause sur laquelle ils ont à prononcer, sur-tout si les faits s'accordent avec ceux énoncés dans la procédure, on s'ils sont appuyés de pièces que l'on nomme *justificatives*.

Malgré leur utilité reconnue, & souvent bien supérieure à celle des écritures signifiées, trop peu soignées & trop diffuses, les mémoires n'entrent pas en taxe, si l'on en excepte ceux faits au grand-conseil.

Un réglement donné par le chancelier Maupeou, sous les magistrats qui ont remplacé le parlement pendant l'exil de 1770, portoit que les mémoires seroient taxés à raison de 24 liv. la feuille. Ce réglement étoit juste, car ce travail étant devenu souvent indispensable, ne fût-ce que pour réfuter un imprimé donné par une partie, pourquoi faut-il que celle qui est forcée d'y avoir recours, en supporte les frais en gagnant son procès ? Le plaideur qui triomphe de la mauvaise foi ou de l'ignorance, n'a déjà que trop de dépenses à sa charge sans y ajouter encore celle-là.

Il y a eu un moment où les avocats, usant avec licence de la faculté de faire imprimer sur leur signature, avoient indisposé les magistrats & le public contre leur privilège ; & comme on veut quelquefois remédier à un abus par un mal bien plus dangereux que l'abus même, nous crûmes devoir nous élever contre le projet conçu de mettre des bornes à un privilège plus précieux pour les citoyens qui en profitent, que pour les avocats qui l'exercent. Nous publiâmes des *Réflexions sur les mémoires* : les vues que nous présentâmes dans cette circonstance, furent assez bien accueillies pour que nous les rappellions dans un article où elles trouvent naturellement leur place.

Jamais le public n'a tant lu de mémoires que depuis quelques années ; jamais on n'en a tant offert à son oisiveté. Est-ce un abus auquel il faille remédier ? Est-ce un zèle qu'il faille encourager ? Voilà ce que nous nous proposons d'examiner. Nous tâcherons, en traitant ce sujet, d'oublier qu'il nous intéresse. Le citoyen qui ne sauroit pas faire au bien général le sacrifice de son état, ne seroit pas digne de défendre celui des autres.

Il seroit sans doute à souhaiter qu'il n'y eût ni juges, ni livres de loix, ni défenseurs ; que le bien de la veuve & la vie de l'homme fussent sous la sauve-garde de l'honnêteté publique. Vaine chimère à laquelle l'imagination ne peut pas même se livrer un instant ! L'homme, de sa nature, est injuste toutes les fois que son intérêt lui commande de l'être. Il est vindicatif ; la crainte seule met un frein à sa vengeance. S'il est foible, il calomnie ; s'il est fort, il tue. Les loix les plus équitables, c'est l'intérêt qui les a créées. Où il n'y a point de propriété, il n'y a point de loix; où il y a des propriétés, il faut des loix : sans elles, on mettra toujours en question ce qui ne doit plus y être. Où il y a des loix, il faut des juges qui soient organes : où il y a des juges, il faut des hommes qui éclairent leur justice, sinon le feu consumera ce qu'il doit purifier.

Chez un peuple qui a des mœurs, les esprits sont simples. Des juges qui sachent lire & entendre lui suffisent : mais si, en avançant dans les connoissances, ce peuple devient fier & rusé, l'injustice se perfectionnera dans l'art de se couvrir des apparences de l'équité ; ses voiles seront plus épais, & il n'y aura que des mains vigoureuses qui pourront les déchirer.

Plus les conditions deviennent inégales, plus la justice doit les rapprocher de l'égalité. Si l'homme puissant par son bien, par son existence, par ses talens, l'est encore par la loi, que deviendra le malheureux qui luttera contre lui sans fortune & sans existence ? Pour que la loi soit égale, il faut que le pauvre puisse l'invoquer avec la même assurance que le riche.

Tant que la cause du pauvre & celle du riche se plaideront, dans une audience publique, par la voix de deux orateurs, il n'y aura d'autre égalité entre les combattans que celle du droit : mais malheureusement toutes les causes ne se plaident pas. Il en est (& ce sont les plus importantes, puisqu'elles intéressent l'honneur & la vie) qui s'instruisent & se jugent en silence. A Dieu ne plaise que je veuille jetter des soupçons sur la probité du magistrat qui a sous les yeux la défense du foible & de son terrible adversaire ! Mais combien d'avantages ce dernier n'a-t-il pas ? Ses demandes sont rédigées avec art ; les plus beaux talens appartiennent à son opulence ; l'honnêteté de ses juges est toujours disposée à l'entendre. Il calomnie avec hardiesse celui qui ose à peine prononcer son nom. S'agit-il d'appuyer une usurpation ? les arpenteurs sont à ses gages. Est-il question de pallier les funestes effets de sa colère ? que de gens ont entendu le malheureux *manquer à monseigneur* ! Comment le magistrat se défendra-t-il d'une prévention favorable à l'homme puissant ? Soupçonnera-t-il que ses témoins sont subornés, que les procès-verbaux qu'il produit sont rédigés par le mensonge ? on a peine à croire à tant d'artifice. L'indigent qui tremble a un air de mauvaise foi : son embarras obscurcit la vérité, & il est condamné ; mais il ne le sera pas, si une défense publique impose au secrétaire du rapporteur, & l'oblige d'être exact dans ses extraits. Il ne le sera pas, si tous les juges instruits de sa cause, présentée avec force & précision, peuvent en saisir tous les points, & ramener à l'équité celui d'entre eux qui auroit le malheur de s'en écarter.

Je vais plus loin ; je soutiens que le foible ne sera bientôt plus attaqué, parce qu'il cessera de paroître foible.

Le gentilhomme craindra le marchand qu'il aura séduit ; le marchand aura peur de l'artisan dont il aura retenu le salaire ; le traitant redoutera l'humble citadin qu'il aura persécuté. Les profits du crime flattent la cupidité, mais la honte l'épouvante.

Voulez-vous chez une nation, où l'honneur est compté pour tout, & la vertu pour peu de chose, mettre un frein à l'injustice ? menacez-la de la dévoiler, de l'exposer au grand jour dans toute sa laideur, & vous verrez tous ceux auxquels il reste encore quelque chose à perdre, étouffer dans leur naissance les affaires qu'ils ne peuvent pas défendre au tribunal de leur conscience. Ce que je dis, je l'ai vu de bien près. Pendant le cours d'une affaire trop célèbre, un homme de qualité avoit aussi voulu revenir contre ses engagemens. Quatre témoins avoient fait leur preuve de zèle & de dévouement. Le pauvre créancier étoit déjà décrété. Il vient implorer mon secours ; il met sous mes yeux ses billets, & des lettres de son illustre débiteur, qui ne se souvenoit plus sans doute qu'il avoit félicité son créancier sur sa bonne foi ; qu'il *l'avoit prié d'accepter quelques présens offerts par la reconnoissance*. Je fais tout imprimer, lettres, billets ; j'envoie au grand seigneur le mémoire foudroyant qui va paroître ; il court au-devant de son déshonneur, paie & me remercie.

Les mémoires, s'écrie-t-on, sont d'une force, d'une hardiesse révoltante ; l'honneur des familles n'est plus en sûreté. Quelle est la famille honnête qui a été déshonorée par un mémoire ? Tous ceux qui ont été dictés par la fureur & le mensonge ont été supprimés *comme calomnieux* : leurs auteurs ont été flétris. Voilà l'honnêteté vengée. Mais, pour un mal passager, que de fourbes démasqués ! que de lâches livrés à la honte ! que de méchans intimidés ! que d'innocens, dont la vie étoit menacée, ont du moins évité la mort ! que de coupables prêts à paroître, sont rentrés dans l'obscurité !

Je le sais : la défense de l'opprimé ne doit être ni amère, ni licencieuse ; mais elle doit encore moins être foible & traînante : le malheur a le droit de s'exprimer avec énergie ; il y a loin de la force du raisonnement à l'indécence. Celui qui ne peut plus répondre, est toujours tenté de dire qu'un argument pressant est indécent, comme si c'étoit une indécence que de prouver à un homme, quel qu'il soit, qu'il a tort.

Corrigeons l'abus qui naît du bien ; mais gardons-nous de laisser croître le mal à sa place. C'en est un très-grand que l'intrigue obscure, que les menées sourdes, que la diffamation secrète, que l'art de défigurer les faits, & les altérer dans le cabinet des juges ; & cet art devient inutile dans une affaire qui s'instruit, pour ainsi dire, sous les yeux du public, dont l'opinion est le censeur des magistrats, des ministres & des rois.

J'ai toujours bonne idée de la cause d'un laideur qui ne craint pas d'avoir ses parens, ses amis, ses concitoyens pour juges. Je crois au courage de celui qui offre le combat en plein champ & sous les regards d'une foule de spectateurs.

Je me défie de l'ennemi qui ne veut se battre que dans la nuit & en silence ; je crains qu'il ne soit environné de lâches, placés en embuscade, qui n'attendent que le moment de fondre en troupe sur le guerrier généreux qui se présente seul avec ses armes.

C'est une loi bien effrayante que celle qui envoie à la mort l'accusé que deux témoins chargent d'un vol ou d'un homicide. Plus cette loi est terrible, plus la vérité doit avoir de force, & le mensonge de désavantages. On ne peut pas trop donner à l'innocence de moyens de se défendre, ni trop d'effroi à la calomnie qui l'attaque. L'information ne peut jamais être assez prompte, & le temps de la discussion trop long. Magistrats, tremblez de fermer la bouche de l'accusé qui n'a point confessé son crime ; le trouble l'a saisi, il n'a pu encore que vous répéter ces mots : *Je ne suis point coupable ; mon accusateur est animé par la vengeance, & ses témoins sont des imposteurs dont il paie le mensonge.*

Dans les affaires criminelles, les mémoires ne servent point au coupable : l'éloquence ni l'érudition ne changent ni la loi, ni les dépositions, ni les récolemens, ni les confrontations, mais ils sont bien utiles à l'innocent. L'accusé qui n'est plus intimidé par son juge, qui n'est plus troublé par la présence des témoins qu'on lui oppose, dont la mémoire reposée s'ouvre pour recueillir tous les faits passés, aidé du sang-froid de son défenseur, narre avec plus d'ordre & de tranquillité que dans son interrogatoire & ses confrontations. Il détruit d'une main plus sûre l'édifice du mensonge ; le coupable se découvre, se trahit jusque dans sa défense ; l'innocent s'y rend impénétrable aux traits de la calomnie.

Dans les affaires qui se plaident & se décident le même jour, les mémoires sont superflus : le magistrat assis sur son tribunal, écoute & juge ; mais dans les causes qui se plaident à longue distance, il est essentiel de fixer les vérités éparses dans les plaidoieries éloignées, pour que celui qui parle le dernier n'ait pas un trop grand avantage, & que le juge, sous les yeux duquel ces vérités auront repassé, ait une opinion ferme, que de vaines paroles ne puissent dissiper.

Le nombre des mémoires est indifférent ; s'ils sont clairs, précis, écrits avec pureté, ils ne peuvent être trop multipliés ; ils forment le goût des jeunes gens, & remplissent le grand objet dont nous avons parlé : s'ils sont lourds, tristes, obscurs, qu'importe leur nombre ; ils ne sont pas même lus des juges.

Je désapprouve fort que les mémoires se vendent : un plaideur ne doit pas exposer sur des boutiques de libraire ce qui est fait pour être distribué généreusement à tous ceux qui prennent intérêt à sa cause.

Peut-être y a-t-il des affaires qu'il est essentiel de rendre publiques, éclatantes, telles que celles de *Calas*, de *Monthailly*, d'une malheureuse famille que nos efforts n'ont pu ravir à l'injustice, qu'il vaudroit encore mieux tolérer la vente des mémoires que d'en arrêter le cours.

Une déclaration du roi rend, à cet égard, nos réflexions inutiles : elle a fixé le temps où ils peuvent se vendre, de même que ceux des *Cochin*, des *Le Maître*, des *Loyseau de Mauleon*, &c. Il auroit été bien malheureux que ce qui nous reste de ces grands maîtres eût été condamné à être enseveli dans quelques bibliothèques, & qu'une jeunesse qui doit se les proposer pour modèles en eût été privée.

Vouloir prescrire un ton uniforme aux mémoires, c'est assujettir un peintre à ne dessiner que les mêmes traits, à n'employer que les mêmes couleurs. La médiocrité n'a qu'un style, qu'une manière ; l'éloquence en a autant que de sujets. Les plaintes d'une épouse opprimée, d'une mère avilie par ses enfans, ne doivent pas ressembler à celles d'un avide créancier ; le cri de l'intérêt n'est pas celui du malheur ; il y a des circonstances, où la chaleur, où l'emportement doivent être permis à celui qui se défend ; le danger est son excuse. Si un prince me demandoit ce que je ne lui dois pas, je lui opposerois la loi & mon indigence ; mais si dans sa colère il me saisissoit, me traînoit vers un précipice, la vue du péril me feroit perdre toute idée de respect, & certainement j'emploierois toutes mes forces pour éviter la mort. Si ensuite un étranger venoit me dire froidement : malheureux que vous êtes, vous ne connoissez donc aucune bienséance ! Savez-vous que cet homme sur lequel vous avez osé porter vos mains criminelles, est un très-grand seigneur ? voyez, lui repliquerois-je, cet abyme ; sondez-en la profondeur : j'avois à choisir, ou de m'y laisser précipiter avec respect, ou de m'arrêter sur le bord avec fureur. Croyez-vous maintenant que je sois si coupable d'avoir été furieux ?

Il y a des causes où l'écrivain ne doit que raisonner ; d'autres où il faut qu'il touche, qu'il intéresse, qu'il fasse tomber l'arrêt de mort des mains du juge qui le lit ; d'autres où il doit tonner, épouvanter, répandre la terreur & l'indignation. Eh ! que deviendra l'éloquence du barreau, celle qui est la plus utile aux hommes, si on lui enlève ses beaux mouvemens, si l'on éteint son feu, si on lui fait un crime de sa véhémence, si l'on comprime son activité ? ce ne sera plus qu'un guerrier désarmé, dont le courage ne pourra plus rien pour le foible. L'orphelin l'appellera en vain à son secours ; l'innocent élevera inutilement vers lui ses mains chargées de chaînes ; la femme poursuivie par son mari furieux, passera devant lui en implorant sa valeur, & il regrettera ses armes....

Je suis bien éloigné de vouloir autoriser l'audace ; l'éloquence a ſes bornes ; la ſageſſe & l'honnêteté les ont poſées. Oui, qu'on réprime la licence, qu'on arrête la diffamation, qu'on effraie les calomniateurs ; que l'on flétriſſe les libelles ; mais qu'on ſe garde de décourager les talens, d'étouffer un zèle dont l'objet eſt pur & ſalutaire. Le moindre dégoût fait tomber la plume des mains d'un défenſeur honnête, déſintéreſſé ; ſi on le perſécute, il gardera le ſilence. Celui qui crie en faveur de l'opprimé ne dit rien lorſqu'on l'opprime. Il eſt de feu pour les autres ; il eſt de glace pour lui. L'injuſtice dont les malheureux ſont la victime, l'indigne, l'irrite ; celle qu'il éprouve, le chagrine ſans l'étonner.

Ajoutons à ces réflexions, que ; ſi quelque choſe peut nous rapprocher de la conſtitution angloiſe, où le particulier le plus foible, léſé dans ſa perſonne, dans ſa propriété, eſt ſûr de faire condamner le citoyen le plus riche & le plus accrédité, c'eſt la liberté que tout ſujet a de donner en France de la publicité à ſa cauſe. Malheur donc à celui qui oſera porter atteinte à ce beau privilège ; par cela ſeul il ſe ſera montré l'ennemi de ſes concitoyens, le protecteur de la violence & de l'injuſtice ; il aura jetté un voile ſur l'iniquité, qui n'oſe fouler la loi à ſes pieds, lorſque tous les regards attachés ſur elle obſervent ſes mouvemens. Oui, nous ne pouvons pas trop le répéter ; tout ce que l'homme a de plus cher, l'honneur, la liberté, la fortune tiennent à la faculté qu'il a d'appeller, pour ainſi dire, à ſon jugement la nation entière, par la connoiſſance qu'il lui communique de ſa demande & de ſa défenſe. (Cet article eſt de M. DE LA CROIX, avocat.)

FACULTATIF, adj. ſe dit, *en droit*, de ce qui donne le pouvoir & la faculté de faire quelque choſe. Ce terme eſt ſur-tout uſité par rapport à certains brefs du pape, qu'on appelle *brefs facultatifs*, parce qu'ils donnent pouvoir de faire quelque choſe que l'on n'auroit pas pu faire ſans un tel bref. (*A*)

FACULTÉ, ſ. f. (*Droit public & civil.*) ce mot, *en droit*, a pluſieurs ſignifications : 1°. on appelle ainſi les corps particuliers qui compoſent les univerſités ; elles en renferment ordinairement quatre, qu'on nomme *facultés* de théologie, de droit, de médecine & des arts. On en trouve une cinquième dans quelques-unes, parce que les profeſſeurs de droit y forment deux *facultés*, celle de droit canonique, & celle de droit civil. *Voyez* UNIVERSITÉ.

2°. On appelle *faculté de rachat* ou *de réméré*, la convention qui donne au vendeur d'un héritage le droit de le retirer, en rembourſant à l'acquéreur les fruits de ſon acquiſition. *Voyez* RÉMÉRÉ.

FAGOT, ſ. m. ou FOUÉE, ſ. f. (*Eaux & Forêts*) c'eſt le nom qu'on donne à une eſpèce de petit bois qui eſt ordinairement lié avec un ou deux liens. L'ordonnance de 1669, *tit. 32, art. 5*, veut que l'amende pour un *fagot* ou *fouée*, coupé en

délit, ſoit de vingt ſols, & autant de reſtitution ; dommages & intérêts, & qu'elle ſoit du double, ſi le délit a été commis de nuit.

FAIDE, ſ. f. *ancien terme de Juriſprudence*, qui tiroit ſon étymologie des mots de la baſſe latinité, *faida*, *fuidia* ou *feyda*, *ſeu aperta ſimultas*, & ſignifioit une *inimitié* capitale & une guerre déclarée entre deux ou pluſieurs perſonnes. On entendoit auſſi par *faide*, en latin *faidoſus* ou *diffidatus*, celui qui s'étoit déclaré ennemi capital, qui avoit déclaré la guerre à un autre ; quelquefois auſſi *faide* ſignifioit le droit que les loix barbares donnoient à quelqu'un de tirer vengeance de la mort d'un de ſes parens, par-tout où on pourroit trouver le meurtrier : enfin ce même terme ſignifioit auſſi la vengeance même que l'on tiroit, ſuivant le droit de *faide*.

L'uſage de *faide* venoit des Germains & autres peuples du Nord, & ſinguliérement des Saxons, chez leſquels on écrivoit *kœhd* ou *kehd* ; les Germains diſoient *vehd*, *fhede* & *ferde* ; les peuples de la partie ſeptentrionale d'Angleterre diſent *fennd* ; les Francs apportèrent cet uſage dans les Gaules.

Comme le droit de vengeance privée avoit trop ſouvent des ſuites pernicieuſes pour l'état, on accorda au coupable & à ſa famille la faculté de ſe rédimer, moyennant une certaine quantité de beſtiaux qu'on donnoit aux parens de l'offenſé, & qui faiſoit ceſſer pour jamais l'inimitié. On appella cela dans la ſuite *componere de vitâ*, racheter ſa vie ; ce qui faiſoit dire, ſous Childebert II, à un certain homme, qu'un autre lui avoit obligation d'avoir tué tous ſes parens, puiſque par-là il l'avoit rendu riche par toutes les compoſitions qu'il lui avoit payées.

Pour ſe diſpenſer de venger les querelles de ſes parens, on avoit imaginé chez les Francs d'abjurer la parenté du coupable, & par-là on n'étoit plus compromis dans les délits qu'il pouvoit commettre, mais auſſi l'on n'avoit plus de droit à ſa ſucceſſion : la loi ſalique & autres loix de ce temps parlent beaucoup du cérémonial de cette abjuration.

La *faide* étoit proprement la même choſe que ce que nous appellons *défi*, du latin *diffidare* ; en effet, Thierry de Niem, dans ſon *traité des droits de l'empire*, qu'il publia en 1412, dit, en parlant d'un tel défi : *imperatori græco qui tunc erat bellum indixit, eumque more ſaxonico diffidavit*.

Il eſt beaucoup parlé de *faide* dans les anciennes loix des Saxons, dans celles des Lombards, & dans les capitulaires de Charlemagne, de Charlesle-Chauve & de Carloman ; le terme *faida* y eſt pris communément pour *guerre* en général ; car le roi avoit ſa *faide* appellée *faida regia*, de même que les particuliers avoient leurs *faides* ou guerres privées.

Porter la faide ou *jurer la faide*, c'étoit déclarer la guerre ; *dépoſer la faide* ou *la pacifier*, c'étoit faire la paix.

Toute inimitié n'étoit pas qualifiée de *faide* ; il

falloit qu'elle fût capitale, & qu'il y eût guerre déclarée; ce qui arrivoit ordinairement pour le cas de meurtre : car, suivant les loix des Germains & autres peuples du Nord, toute la famille du mort étoit obligée d'en poursuivre la vengeance.

Ceux qui quittoient leur pays à cause du droit de *faide*, ne pouvoient pas se remarier, ni leurs femmes non plus.

Ce terme de *faide* étoit encore en usage du temps de S. Louis, comme on voit par un édit de ce prince, du mois d'octobre 1245, où il dit : *mandantes tibi quatenùs de omnibus guerris & faidiis tuæ balliviæ, ex parte nostrâ capias & dari facias rectas trengas*; dans la suite on ne se servit plus que du terme de *guerre privée*, pour désigner ces sortes d'inimitiés, & ces guerres privées furent défendues.

Sur le mot *faide*, on peut voir Spelman & Ducange en leurs *glossaires*, & la *dissertation* 29 de Ducange sur Joinville, touchant les guerres privées. *Voyez* aussi les *lettres historiques sur le parlement*, tom. I, pag. 103 & 104. (*A*)

FAILLITE, s. f. (*Commerce.*) c'est l'état dans lequel se trouve un marchand, banquier ou négociant, dont les affaires sont tellement dérangées, qu'il est dans l'impossibilité de remplir les engagemens qu'il a contractés, & de payer les sommes dont il est débiteur.

Il y a peu de différence entre les mots *faillite* & *banqueroute*, & souvent on s'en sert indistinctement : cependant le terme de *banqueroute*, ainsi que nous l'avons remarqué sous ce mot, désigne particuliérement l'état de celui qui refuse, par mauvaise foi, de payer ses créanciers, au lieu que celui de *faillite* s'applique à ceux que des pertes & des accidens mettent hors d'état de remplir leurs obligations.

La *faillite* est censée ouverte soit du jour qu'un débiteur s'absente pour éviter les poursuites de ses créanciers, soit de celui où le scellé a été apposé sur ses effets, soit enfin de celui où il y a eu contre lui plusieurs jugemens qui le condamnent à payer des lettres-de-change, des billets, &c.

L'ordonnance du commerce & la déclaration du mois de juin 1716, ordonnent au *failli*, à peine d'être regardé & poursuivi comme banqueroutier frauduleux, de déposer au greffe de la jurisdiction consulaire du lieu, ou de la plus prochaine, ses livres & registres, avec un état exact & détaillé, & certifié véritable, de ses effets meubles & immeubles, & de ses dettes actives & passives. Dans le cas d'apposition de scellé sur les effets du *failli*, la déclaration de 1716 veut que ses livres & registres soient remis, après avoir été paraphés par le juge ou autre officier, qui aura procédé à l'apposition des scellés, & par un des créanciers présens : les feuillets blancs, s'il y en a, doivent en même temps être bâtonnés.

Tout transport, cession, vente, donation de meubles ou immeubles, & généralement tous actes emportant aliénation, passés par le *failli*, dans les dix jours qui précédent sa *faillite*, sont nuls de plein droit, sans qu'il soit nécessaire de prouver spécialement qu'il y a eu fraude dans ces actes. Rien n'empêche que les actes antérieurs à ces dix jours ne puissent être déclarés nuls, quand on peut prouver qu'ils ont été faits en fraude des créanciers. *Voyez* ABANDONNEMENT *de biens* , ATERMOIEMENT, BANQUEROUTE, CESSION *de biens*, TRANSPORT.

Addition. Les *faillites* sont devenues si multipliées, elles portent un si grand préjudice au commerce, que nous croyons devoir ajouter & ce que l'on vient de dire quelques réflexions, dont les négocians ont senti la justesse lorsqu'elles ont été mises au jour. Ce n'est pas assez que de faire connoître la loi & d'en transcrire l'expression dans un ouvrage destiné à répandre la lumière ; il faut encore ne pas omettre ce qui peut contribuer à améliorer nôtre législation : c'est par ce moyen que l'on devient utile aux générations présentes & aux générations à venir, qui profiteront non-seulement de ce qui a été fait, mais de ce que l'on a indiqué être à faire pour arriver à la perfection, dont nous sommes encore bien éloignés.

Voici ce que l'auteur des *Réflexions sur la civilisation* a écrit sur ce sujet : dire que la confiance publique est la base du commerce ; qu'elle agrandit ses facultés ; qu'en faisant circuler dans son sein les fonds qu'elle y verse, elle la vivifie ; que sans elle, réduit à vivre de sa propre substance, il perd bientôt son aspect florissant, & nourrit à peine celui qui le cultive, c'est répéter ce qui a été écrit cent fois. D'après cette vérité si connue, il est donc bien important pour tous les négocians, qu'une juste crainte ne resserre point le crédit & ne détourne point le cours des espèces si utiles à la prospérité & à l'étendue de leurs opérations.

Malheureusement ce bienfaiteur du commerce a plusieurs ennemis à redouter, le besoin particulier, le luxe, l'imprudence & la mauvaise foi, qui tous amènent cette révolution subite, par laquelle le débiteur est précipité dans la honte, & le créancier dans la ruine.

Une catastrophe si funeste a dû nécessairement éveiller l'attention du protecteur de l'ordre, & armer son pouvoir. De-là ces loix si célèbres chez les peuples de l'antiquité contre les banqueroutiers, contre les agens infidèles qui se sont multipliés au milieu des efforts qu'on a si inutilement employés pour arrêter leur naissance.

A Rome, sous le règne des empereurs, on imagina de livrer le débiteur qui avoit trompé la foi publique, à la risée insultante de la populace, en le présentant dans une attitude burlesque aux yeux de tous les créanciers vengés par son opprobre.

Cette peine a été introduite en France dans plusieurs cours de justice, où l'on a fait dresser cette machine mouvante, que l'on nomme *pilori*, à l'aide de laquelle le banqueroutier est assujetti à offrir sa figure & à montrer ses poings fermés au peuple, qui jouit de sa gêne & de son humiliation.

Tout ignominieux que soit ce châtiment, il n'a pas paru à nos législateurs être assez rigoureux ; ils ont rendu plusieurs ordonnances qui *condamnent à mort* les banqueroutiers frauduleux ; l'ordonnance de 1673, loin d'y avoir dérogé, confirme expressément cette disposition effrayante.

Néanmoins, soit par des considérations particulières, soit par un esprit de modération, nous avons vu le parlement tempérer la rigueur de la loi, & punir les coupables sans répandre leur sang.

Avant de décider si cet adoucissement est un bien, examinons les différentes espèces de banqueroutes ; distinguons celles qui sont malheureuses, d'avec celles qui sont blâmables ; celles-ci d'avec celles qui sont criminelles ; car la difficulté n'est pas de punir, mais de ne punir que ce qui est vraiment punissable.

Un négociant suspend tout-à-coup ses paiemens, & annonce à ses débiteurs une perte plus ou moins onéreuse ; ce manque de foi à ses engagemens étend d'abord sur lui, sur sa maison, un voile de honte ; mais plusieurs causes supérieures à l'homme ont pu le réduire à l'état de dégradation où il paroît devant ses créanciers. Il faut donc, avant de le condamner, examiner d'où provient l'altération de ce commerce, qui étoit le principal gage de ceux qui lui ont confié leurs fonds.

S'il étoit banquier, son état portoit sur un crédit établi de lui à des maisons de commerce étrangères, au moyen duquel il facilitoit le transport de l'argent d'un pays à un autre. Ses bénéfices provenoient de ses droits de remise, des profits que lui valoit *le change*, dont il devoit prévoir & calculer les variations. Ses gains étoient en raison de la quantité d'espèces auxquelles il donnoit le mouvement.

Ses opérations exigeant le concours de divers agens placés à une grande distance de lui, l'exact accomplissement de ses ordres dépendoit non-seulement de sa probité, mais encore de celle de ses correspondans : donc, pour ne pas risquer tout-à-la-fois sa fortune & son honneur, toute son attention, tous ses soins devoient se porter à entretenir une juste balance entre ses *acceptations* & la certitude de ses *retours*, de manière que l'infidélité de ses correspondans ne pût entamer que ses bénéfices, ou tout au plus ses capitaux, mais jamais ceux du public.

Je conçois la difficulté de conserver toujours ce parfait équilibre, que le temps, qu'une confiance consolidée par l'expérience, que des procédés délicats peuvent déranger ; mais c'est dans cette attention surveillante que repose l'honneur du banquier. Retenu par elle, il gagnera moins, sa fortune sera plus assurée, & il acquerra, au milieu de sa simplicité, de sa modestie, une considération plus précieuse que les vaines apparences du faste & de la richesse. Sa vie s'écoulera dans un travail paisible ; on ne le verra point pâlir à

la vue d'une lettre qui lui apporte peut-être la nouvelle de sa ruine. Il n'aura pas besoin de faire jouer des ressorts secrets, pour soutenir son crédit vacillant.

Mais si, au lieu de se tenir dans ce cercle que la prudence lui avoit tracé, le désir d'arriver promptement à la fortune le porte à excéder ses facultés réelles, à se confier aveuglément à des richesses factices, bientôt il n'existera plus que par une hardiesse téméraire. Ne pouvant réparer l'état de ses finances minées de toutes parts, qu'avec des bénéfices immenses, il dédaignera ceux qui naissent naturellement de sa profession, pour courir après les hasards. Ne suivant plus qu'une carrière épineuse, il marchera, comme un insensé, de dangers en dangers. Pressé entre le désir de prolonger son existence & la crainte de révéler ses torts, il les accumulera de jour en jour : il avoit commencé par être imprudent, il finira par être fripon.

C'est à l'ambition d'une fortune rapide & au peu d'économie dans les dépenses journalières, qu'il faut attribuer presque toutes les banqueroutes des négocians. Il en est bien peu qui puissent offrir pour excuse une calamité, un coup du sort que la prudence humaine ne pouvoit parer. Ce commerçant qui consomme tous ses bénéfices par sa table, par son luxe, par ses plaisirs, succombera nécessairement sous le premier malheur qui surviendra dans ses affaires. Peut-être pourroit-il encore réparer le mal dont il est affecté, avec de l'ordre, avec des sacrifices ; mais il tient à ses habitudes, à sa représentation ; il craint d'ailleurs que la réforme subite qu'il affichera ne découvre le secret de ses affaires, ne nuise à son crédit, & il périt victime de ses passions & de sa vanité. Que ne suivoit-il l'exemple de ce négociant paisible, qui met tout son orgueil à être exact dans ses paiemens, qui, prudent dans ses envois, modéré dans ses entreprises, grossit son fonds de ses épargnes, profite du besoin momentané de ses rivaux, & se trouve, en se rendant compte à lui-même, plus riche, au milieu de sa simplicité, que son confrère fastueux qui l'éclipsoit de son luxe ?

Les commerçans qui s'établissent avec une grande fortune ne sont pas ceux qui se garantissent le plus de cette fin malheureuse, où mènent l'inconduite & l'imprudence. Remplis d'une dangereuse confiance dans un fonds opulent, ils en consomment hardiment le produit. Des goûts chers, des fantaisies ruineuses, une tendresse aussi aveugle que vaine pour leur femme, pour leurs enfans, détruisent insensiblement cette masse de richesse que leur avoit transmise un père économe. Bientôt on est forcé d'avoir recours à des emprunts onéreux, à des ventes précipitées ; il faut se déterminer à recevoir la loi du fabriquant. Honteux de l'embarras qu'on éprouve, on cherche à le couvrir sous l'air de la sérénité, sous de vaines dehors de l'aisance. Les dettes grossissent, s'amoncèlent & sont prêtes à écraser l'insensé qui fait des efforts, souvent criminels, pour retarder l'inftant de la chûte fous laquelle il va être anéanti.

La prudence & l'économie font fur-tout néceffaires à celui qui a embraffé la profeffion du commerce, fans autre faculté que fon crédit ; les intérêts qu'il a à payer, les dépenfes néceffaires au foutien de fa maifon, les pertes qui fuivent les changemens de modes, les interruptions fubites dans le cours de la vente, doivent être toujours préfens à fa penfée.

Ce n'eft qu'autant qu'il fera de fes bénéfices l'emploi le plus productif, qu'il parviendra à diminuer fes engagemens, à éteindre les intérêts qui pompent le fuc de fon induftrie, & deviendra enfin véritablement propriétaire de ce fonds dont il n'étoit que le fermier. Qu'il fe garde fur-tout de fe croire opulent, & d'imaginer pouvoir dépenfer beaucoup, parce que la nature de fon commerce le met à même de palper de fortes fommes, & de voir fans ceffe l'argent circuler fous fes yeux ; cette erreur le conduiroit bientôt à acquitter l'intérêt avec le fonds qui lui a été confié, & à ne pouvoir enfuite plus préfenter à fes créanciers ni l'un ni l'autre.

J'ai fait voir la caufe prefque générale des banqueroutes ; il me refte maintenant à indiquer ce qui leur donne le caractère de la fraude.

Une déclaration du 13 juin 1716, exige que tout *négociant qui fait faillite* « commence par dé-
» pofer au greffe de la jurifdiction confulaire, ou,
» s'il n'en exifte pas dans le lieu de fon domicile,
» au greffe de l'hôtel-de-ville, un état exact, dé-
» taillé & certifié veritable de tous fes effets mo-
» biliers & immobiliers & de fes dettes ; qu'il dé-
» pofe également fes livres, regiftres cotés & pa-
» raphés, & que, faute de ce, il ne puiffe être
» reçu à paffer avec fes créanciers aucun contrat
» d'atermoiement, aucune tranfaction, & qu'il foit
» pourfuivi extraordinairement, *comme banquerou-*
» *tier frauduleux* ».

Cette difpofition, en affurant les droits du créancier, fournit au débiteur, s'il n'eft pas criminel, un moyen de fe juftifier aux yeux de ceux qui reffentent les influences de fon infortune, & qui peuvent en reconnoître les caufes, les progrès & le terme. Mais pour que cette juftification fût évidente, & que cette connoiffance ne fût obfcurcie d'aucune incertitude, il faudroit que les banquiers, les négocians ne fe permiffent pas d'enfreindre ce qui leur eft prefcrit par une autre difpofition de la même ordonnance, qui porte « que tous les livres
» des négocians, marchands, tant en gros qu'en
» détail, feront fignés fur le premier & dernier
» feuillet par l'un des confuls, ou par un éche-
» vin ; (dans les villes où il n'y a point de con-
» fuls) *fans frais ni droit*, & que les feuillets fe-
» ront cotés & paraphés par l'un des commis pré-
» pofés ».

Si quelque chofe pouvoit dégoûter nos légiflateurs de faire de bonnes ordonnances, ce feroit

la négligence que l'on met à les faire obferver. En effet, y a-t-il rien de plus fage, de plus prudent que cette difpofition que nous venons de tranf-crire ? Sans être onéreufe au commerce, elle éclaire la fraude, empêche de fubftituer fes véritables regiftres à d'autres fabriqués à la hâte, d'interca-ler ou de fupprimer des feuillets à fon gré. Quoi-qu'elle ne foit pas ancienne, elle eft déjà tombée *en défuétude ; il n'y a pas un banquier, pas un négociant qui s'y conforme, & qui craigne qu'on lui faffe un reproche de s'en être écarté.

Il eft cependant bien vrai que, tant que les ma-giftrats ne tiendront pas la main à fon exécution, les banqueroutiers les plus fraudnleux pourront leur en impofer & fe ranger hardiment dans la claffe des négocians qu'il faut plaindre, & qu'on ne peut pas punir.

Ce n'eft que d'après un tableau bien fidèle des recettes & de leurs dates, des pertes & de leurs époques, des bénéfices & des charges, que l'on peut juger fi un négociant qui *manque* eft mal-heureux, imprudent, ou de mauvaife foi.

Si l'on ne peut pas ajouter foi à fes regiftres, comment fera-t-on affuré qu'il ne couvre pas fes dols par des créances concertées, par des dettes factices, par des pertes imaginaires ?

A quoi reconnoîtra-t-on qu'il eft fans probité ou victime du malheur, lorfqu'il tiendra ce lan-gage à fes créanciers affemblés : « la confiance
» eft l'ame du commerce ; c'eft parce que vous
» en avez eu en moi que je vous dois, & fi au-
» jourd'hui je me trouve hors d'état de vous ren-
» dre ce que vous m'avez avancé, c'eft par l'ef-
» fet d'une égale confiance de ma part envers des
» hommes que j'en croyois digne : feuilletez, exa-
» minez mes regiftres, & vous verrez qu'à telle
» époque j'ai fait une vente très-confidérable, dont
» la mauvaife foi m'a emporté le prix. Qui de vous
» n'eût pas été féduit par cette fpéculation qui m'a
» été fi funefte, fi elle fe fût préfentée à lui fous
» fes apparences trompeufes ? Soutenu par l'efpoir
» d'un avenir plus heureux, j'ai alimenté mon cré-
» dit par de gros intérêts : depuis ce moment, ma
» fortune qui n'étoit déjà plus que la vôtre n'a fait
» que décroître. Il m'auroit fans doute été poffi-
» ble de prolonger de quelques années la durée
» de mon établiffement ; mais j'ai préféré d'avan-
» cer le moment de mon humiliation, au chagrin
» de rendre plus accablante la perte que je vous
» fais éprouver. Je vous abandonne tout ce qui
» me refte ; je ne garde pour moi que le regret
» & la honte ».

Je le répète ; tant que les négocians pourront impunément enfreindre le règlement qui eft relatif *à la tenue de leurs livres*, & qui peut au moins donner des entraves à la fraude, elle échappera toujours à la févérité de la juftice, en fe réfugiant dans un labyrinthe inextricable. En attendant qu'une lumière auffi néceffaire fe répande fur fes opéra-tions, voici les fignes auxquels on peut la reconnoître. Des livres évidemment fubftitués aux anciens, ou chargés de calculs altérés, des omiffions dans la recette, des emprunts ou des achats forcés à l'approche de la banqueroute, des ventes diffimulées, un vuide confidérable fans caufes apparentes, de fauffes créances mifes en concurrence avec les véritables.

L'ordonnance de 1673 défigne comme *banqueroutiers frauduleux*, ceux qui « *ont détourné leurs* » *effets*, fuppofé des créanciers, ou déclaré plus » qu'il n'étoit dû aux véritables ».

Dans l'article qui fuit, elle veut *qu'ils foient punis de mort*; mais s'écartant enfuite de la févérité des loix, qui prononce contre les receleurs la même peine que contre les voleurs, elle déclare « que » ceux qui auront aidé ou favorifé la banqueroute » frauduleufe, en divertiffant les effets, accep- » tant les tranfports, ventes ou donations fimu- » lées, & qu'ils fauront être en fraude de créan- » ciers, feront condamnés en 1500 liv. d'amende, » & au double de ce qu'ils auroient recelé ou trop » demandé ».

Un accufé convaincu d'avoir favorifé une banqueroute frauduleufe, qui, en lifant cet arti- cle, fe flatteroit d'effuyer feulement les condam- nations qui y font portées, feroit cruellement dé- trompé, en apprenant que, trois mois après la pu- blication de cette loi, le parlement condamna au pilori & aux galères un procureur au châtelet, de même que le commerçant, dont il avoit favo- rifé la banqueroute. Ainfi par cet arrêt, le prin- cipal accufé qui, fuivant la loi, devoit être mis à mort, eut la vie fauve, & le complice contre le- quel la même loi ne prononçoit qu'une peine pé- cuniaire, en fubit une infamante & corporelle.

La déclaration du 11 janvier 1716 s'eft depuis conciliée avec ce jugement, en prononçant la peine des galères à temps ou à perpétuité, « contre ceux » qui fe prétendent fauffement créanciers des ban- » queroutiers, outre celle portée par l'ordonnance » de 1673 ».

Il feroit bien à fouhaiter que tant de gens, qui, dans l'intention de ménager quelques reffources à leurs amis, à leurs parens, ne fe font pas fcru- pule de leur prêter leurs noms pour groffir la lifte de leurs créanciers, ou de leur ouvrir leurs mai- fons pour y recevoir les effets détournés, con- nuffent les rifques auxquels ils s'expofent en ren- dant un fervice que la probité réprouve. Il ne leur eft pas même permis de donner un afyle caché au débiteur dont ils foupçonnent le dol. Un arrêt du 26 janvier 1702, condamna au banniffement un nommé *Chérubin*, pour avoir procuré à un ban- queroutier les moyens de s'évader.

Si l'on réfléchit fur les effets de la banqueroute frauduleufe qui en entraîne néceffairement plufieurs autres d'une efpèce différente à fa fuite, on trou- vera qu'il n'eft pas poffible de s'armer de trop de féverité contre tout ce qui la facilite.

Autant le négociant qui, après plufieurs années

de foins, de travaux, fe trouve, malgré fa pru- dence, réduit à la dure néceffité de demander grace à fes créanciers, eft digne d'exciter leur pitié & d'en obtenir des fecours; autant celui qui, abufant de la confiance qu'il a eu l'art de faire naître, a calculé le vol de fang-froid, a préparé de loin une *faillite* qui l'enrichit & le met hors des atteintes de fes créanciers, mérite que la loi s'arme contre lui & venge la bonne-foi trompée : la gêne, l'in- digence, l'infamie n'ont rien de trop affreux pour lui.

Au moment où le négociant s'apperçoit qu'il lui fera impoffible de remplir fes engagemens, & a devant les yeux la douloureufe perfpective d'une *faillite*, il doit fe regarder comme un étranger dans fes magafins, au milieu de fes meubles, & être bien convaincu que tout ce qu'il altère, tout ce dont il difpofe au préjudice de fes créanciers, eft un larcin puniffable.

Malheureufement le défaut de nuancés & de gradation, qui rend nos loix imparfaites, rend auffi nos opinions trop confufes. Un banquier qui fait perdre à fes créanciers vingt pour cent, eft tout autant déshonoré, dans l'opinion publique, que celui qui leur fait perdre cinquante ou foixante, d'où il réfulte qu'il ne déclare fa *faillite* qu'à la dernière extrémité : fouvent même il attache une forte de vanité à n'en pas faire une qui foit de peu d'importance. Il femble que le vol foit annobli par les millions qu'il entraîne.

Je voudrois qu'on pût récompenfer le négo- ciant qui auroit eu le courage d'affembler fes créanciers à l'inftant où il auroit reconnu que fa fortune perfonnelle étoit confommée, & qui leur auroit dit : « je n'ai plus rien à moi; je me » croirai trop heureux, fi ce que mon malheur » n'a point encore entamé fuffit pour vous fatis- » faire. Affurez-vous bien que je n'ai rien détour- » né; reprenez tout, & laiffez-moi du moins l'hon- » neur avec la mifère ».

Par une conféquence naturelle, il feroit jufte que celui qui, fans une efpérance raifonnable de revenir au point dont il fe feroit écarté, auroit continué d'ac- cumuler fes dettes, de détériorer fes affaires, pour ne déclarer fa *faillite* qu'au moment où il lui au- roit été phyfiquement impoffible de la différer da- vantage, fût puni féverement.

Pour prévenir ces retards inexcufables, je ne vois d'autre moyen que de faire un réglement par lequel le négociant qui, fans fraude, mais fans pouvoir conftater des malheurs réels & impré- vus, auroit fait perdre à fes créanciers dix pour cent, feroit déchu de tous honneurs, de tous privilèges diftinctifs de fon état, & deviendroit inca- pable de poffêder aucunes charges municipales, juf- qu'à ce qu'il eût par la fuite acquitté ce qu'il de- voit, tant en principal qu'en intérêts, à l'époque de fa banqueroute.

Celui dont la *faillite* auroit occafionné une perte de

de vingt pour cent par l'effet d'une trop forte dépense ou d'une vente imprudente, seroit, de plus que le premier, condamné à une amende envers le roi, &, après le contrat passé, en un an de prison, à moins que ses créanciers ne voulussent de concert lui faire grace de la captivité.

Le commerçant, dont la *faillite* excéderoit trente pour cent, par le seul effet de son luxe ou de son inconduite, seroit *blâmé*.

Celui qui auroit dérangé ses affaires au point de faire perdre par les mêmes causes, depuis quarante jusqu'à cinquante pour cent, seroit *blâmé*, & de plus condamné en deux ans de prison, pendant lesquels il pourroit cependant traiter de sa liberté avec ses créanciers, aux conditions qui leur plairoient.

Enfin celui dont la *faillite* auroit été de soixante pour cent de perte sans fraude, encourroit la peine de bannissement après deux ans de captivité.

Comme il ne seroit pas juste que les changemens de modes, le dépérissement de marchandises aggravassent la peine de celui qui tomberoit en *faillite*, on en calculeroit l'étendue, en évaluant les marchandises qu'il représenteroit tant sur le prix des *factures*, que sur le montant des autres *frais*.

Il y a une si grande distance entre le négociant auquel on n'a à reprocher que du désordre dans sa dépense, que de la témérité dans ses entreprises, & celui qui est convaincu de fraude, qu'il doit y avoir aussi un grand intervalle entre la rigueur de leurs jugemens.

La peine du pilori, si humiliante par le genre de supplice auquel elle assujettit le patient, devroit donc être indistinctement prononcée contre tout banqueroutier convaincu d'avoir voulu tromper ses créanciers & augmenter leur perte.

Dans le cas où la fraude se seroit manifestée par des soustractions, comme il se seroit alors rendu coupable d'un vol *matériel*, une vengeance équitable sembleroit exiger qu'il fût condamné à recevoir sur son corps criminel l'empreinte flétrissante du voleur.

Mais nous croyons que le travail du galérien ne tournant qu'au profit de l'état, la peine des galères doit être réservée particulièrement pour les banqueroutiers frauduleux qui ont un caractère public, ou pour ceux qui emportent les deniers du roi.

C'est avec raison que M. de Montesquieu exalte une loi de Genève, qui exclut des magistratures, de l'entrée dans le grand-conseil, les enfans de ceux qui ont vécu ou qui sont morts insolvables, à moins qu'ils n'acquittent les dettes de leurs pères.

On ne peut pas trop prolonger le souvenir & la honte d'une banqueroute, ni user de trop de moyens pour écarter cette calamité du commerce.

Nous ne pensons pas, comme l'auteur d'un nouvel ouvrage sur la législation criminelle, qu'aucun débiteur ne devroit pouvoir faire d'arrangemens avec ses créanciers sans le concours du ministère

public; mais il seroit juste qu'il ne pût jamais les contraindre à y acquiescer, sans le concours du magistrat revêtu de ce caractère.

Ce seroit sans doute ici le lieu de parler de l'utilité & des inconvéniens attachés à ce que l'on nomme des *saufs-conduits* ou des *lettres de surséance*, qui élèvent tout-à-coup un rempart entre l'action du créancier & la propriété du débiteur. Mais cette discussion nous conduiroit trop loin; il faudroit examiner les cas particuliers qui peuvent mettre le citoyen au-dessus de ses obligations, & déterminer la puissance royale à le couvrir de son autorité.

Un des plus beaux attributs de la souveraineté est sans doute de faire des graces, de répandre des faveurs; mais elles doivent être mesurées sur l'intérêt général. Les abus qui naissent de la bienfaisance rendent souvent l'inflexibilité précieuse : cette vérité n'a point échappé à la sagesse de nos rois. Voilà pourquoi ils ont eux-mêmes voulu mettre d'heureux obstacles à leurs bontés, & prévenir les effets du mensonge, *en déclarant nulles les lettres de répi* que les débiteurs auroient obtenues *sur un faux exposé & sur un état frauduleux de leurs dettes & de leurs biens*, quand bien même ces lettres auroient été *entérinées ou accordées contradictoirement*. Voyez l'ordonnance du mois d'août 1669, qui confirme ce qui est exposé au titre 9 de l'ordonnance de 1673.

Je terminerai ce chapitre par l'extrait d'un projet que je publiai en 1774. Le *mont-de-piété* n'étoit pas encore institué; mon objet étoit de procurer aux négocians un secours plus avantageux peut-être que cet établissement, & qui, ce me semble, n'eût pas eu pour eux les conséquences dont quelques-uns se plaignent.

« La société entière, disois-je, est une longue » chaîne de commerçans, qui, existant tous par » les besoins & les facultés des autres, ont le plus » vif intérêt à ce que les facultés s'accroissent avec » les besoins. Ainsi, quoique le projet qu'on offre » ici ne paroisse, au premier coup-d'œil, être utile » qu'à un certain ordre de commerçans, il ne doit » pas être dédaigné par ceux que leur crédit & » leur opulence élèvent au-dessus de son utilité.

» Il est reconnu que l'argent, considéré comme » le signe de toutes richesses, est, dans l'état ac-» tuel, le principal ressort du commerce; que le » défaut d'espèces numéraires rend souvent le mar-» chand triste, inquiet à l'approche *des échéances;* » qu'il le précipite quelquefois dans des opérations » ruineuses.

» Dans des villes, les corps de marchands & » d'ouvriers sont divisés. Chaque communauté a » ses chefs & son bureau où ses membres s'assem-» blent. Je suppose qu'un marchand d'étoffes de » soie ait passé aux fabricans de Lyon pour vingt » mille livres de lettres-de-change qui vont lui » être présentées; il n'a dans sa maison que dix » mille écus; en vain il s'est adressé à des notai-» res, à des banquiers, pour trouver les quatorze

N n n

» mille livres qui lui manquent; les banqueroutes
» fréquentes ont éteint la confiance; on ne veut
» pas de son papier; des usuriers le prendroient
» peut-être, mais à un intérêt effrayant : cepen-
» dant il va perdre son crédit, s'il laisse protester
» ses lettres-de-change : il frémit du danger, il se
» hâte de faire transporter une partie de ses mar-
» chandises chez un courtier officieux, qui lui sert
» de voile. Ce qu'il n'auroit osé livrer pour vingt
» mille francs dans son magasin, est donné pour
» douze mille livres sous le nom d'un inconnu.
» Deux mois après, le moment de la vente arrive ;
» les mêmes marchandises qu'il a abandonnées à
» vil prix sont devenues celles de la saison ; il est
» forcé d'en faire revenir de semblables. Il prend
» de nouveaux engagemens, que sa première opé-
» ration rend plus difficiles à remplir : il est obligé
» de recourir une seconde fois aux moyens funes-
» nestes qu'il a déjà employés. Eût-il un fonds de
» cent mille écus, il sera, avant peu d'années,
» entraîné dans la ruine & le déshonneur. Si, au
» contraire, après avoir inutilement cherché les
» quatorze mille livres si essentielles à son crédit,
» il eût pu aller avec assurance au bureau de sa
» communauté, & dire à ses syndics : j'ai dans
» mon magasin pour plus de cent mille écus d'é-
» toffes ; j'ai besoin de quatorze mille francs pour
» faire honneur à mes engagemens ; je vais faire
» porter ici pour seize mille francs de mar-
» chandises, suivant votre estimation, & le bu-
» reau me prêtera cette somme, dont je lui paierai
» l'intérêt à raison de six pour cent ; au lieu d'es-
» suyer une perte de cinq ou six mille francs sur
» les étoffes qu'il a été obligé de vendre, il n'en
» auroit supporté qu'une de cent soixante-seize li-
» vres pour trois mois d'intérêt, ce qui n'auroit
» fait que diminuer son bénéfice.

» Qui sait mieux qu'une communauté apprécier
» la valeur des marchandises qui sont de son com-
» merce, & fixer au juste ce que l'on peut prê-
» ter à celui qui les présente pour nantissement ?

» Les négocians riches, m'objectera-t-on, &
» dont le crédit est bien établi, ne seront jamais
» réduits à recourir à de pareils moyens; ceux qui
» ne le sont pas n'auront-ils pas honte de mettre
» leur embarras à découvert ?

» Comment voulez-vous, ajoutera-t-on, qu'une
» communauté, quelque utile qu'elle soit, puisse
» venir au secours de tous ses membres, qui au-
» ront besoin de puiser dans sa caisse » ?

Ma réponse se trouve dans les articles que l'on
va lire.

ART. I. Le roi autorisera toutes les communautés à faire un emprunt particulier, proportionné
au nombre de ceux qui la composent, & à la richesse de son commerce, à raison de cinq pour
cent.

II. Tout marchand qui aura besoin d'une somme
quelconque, pourra se la faire compter en présence
de deux syndics de sa communauté, en déposant,

suivant leur estimation, la valeur de la somme
qu'il empruntera, en marchandises de son commerce.

III. Il sera libre à l'emprunteur de prendre l'argent qui lui sera compté pour un an ou pour un
mois seulement, à raison de six pour cent d'intérêt.

IV. Dans le cas où l'emprunteur ne pourroit
pas, à la fin de l'année, rendre l'argent qui lui auroit été prêté, ses marchandises seront exposées à
la vente qui se fera tous les mois dans le bureau,
en présence des membres de la communauté, qui
seuls y seront admis.

V. Tout marchand auquel il sera rentré des
fonds, pourra les porter à la caisse de la communauté pour le temps qu'il voudra ; les syndics lui
en donneront une reconnoissance, & il lui en sera
payé l'intérêt à cinq pour cent.

VI. Il sera créé pour chaque communauté des
agens particuliers du commerce, par le ministère
desquels les emprunts pourront se faire, sans que
l'emprunteur soit connu.

VII. Il sera permis à toutes les communautés
d'ouvrir tous les ans une vente publique, pour
vendre les effets que ses membres n'auroient ni retirés, ni voulu acheter.

VIII. Si le volume des marchandises qui servi-
ront de nantissement, étoit trop considérable pour
pouvoir être déposé dans le bureau de la communauté, les syndics se transporteront soit chez le
marchand, soit chez l'agent du commerce, qui sera
le dépositaire du gage présenté ; & après avoir
compté la somme qu'ils auront estimé pouvoir prêter, ils feront placer l'effet dans un lieu bien fermé, y appliqueront le cachet de la communauté;
& s'il arrivoit que le propriétaire ou le dépositaire
s'introduisît furtivement dans le lieu du dépôt &
touchât à ce gage sacré, il seroit dénoncé à la justice & puni comme un banqueroutier frauduleux.

Il me semble, disois-je, voir naître un bien
immense de ce plan simple, qui est d'une exécution si facile : le nombre des banqueroutes diminué, les ressources du commerce multipliées, les
usuriers dispersés, le crédit remonté, & la confiance rétablie sur une base solide ; les communautés toujours en guerre les unes contre les autres,
devenues autant de mères de famille, prêtes à secourir leurs enfans. (*Cette addition est de M. DE
LA CROIX, avocat.*)

FAIRE *le fief*, expression de la coutume d'Auvergne, pour signifier, de la part du vassal, *faire la
foi & hommage*.

FAISANCES, s. f. pl. *terme ancien de notre Jurisprudence*, qui signifie des redevances annuelles,
qui consistent dans l'obligation de faire quelque
chose. Un censitaire doit quelquefois à son seigneur,
outre le cens & les rentes en argent, des *faisances, operas*, qui sont des espèces de corvées : c'est
en ce sens que ce terme est entendu dans le vieil
coutumier de Normandie.

Ce mot *faisances* ne signifie pourtant pas toujours

corvées, & est plûtôt synonyme de *rente & redevance*; comme il paroît par une instruction faite par le conseil de Charles V, le 13 mars 1366, qui est dans le IVe volume des ordonnances de la troisième race, p. 716.

Quelquefois le mot *faisances* signifie en général *paiement d'une rente*, comme dans la coutume de Normandie, art. 497.

Les fermiers sont aussi quelquefois chargés, par leurs baux, de *faisances*, comme de faire pour le propriétaire, des voitures, de labourer pour lui quelques terres. Quand ces *faisances* ne sont pas fournies en nature, on les estime en argent. L'estimation en est quelquefois faite par le bail même; lorsque ces *faisances* ne sont pas dues purement & simplement, mais que le propriétaire a seulement la faculté de les demander chaque année, elles ne tombent point en arrérages ni estimation. *Voyez* ce qui a été dit de toutes ces sortes de prestations, au mot CORVÉES. (*A*)

FAIT, s. m. ce terme, *en Droit*, a plusieurs significations différentes, que nous expliquerons par ordre alphabétique.

Le mot *fait* est opposé à celui de *droit* : par exemple, être en possession de *fait*, c'est avoir la simple détention de quelque chose; au lieu qu'être en possession de *droit*, c'est avoir l'esprit de propriété; être en possession de *fait* & de *droit*, c'est joindre à l'esprit de propriété la possession réelle & corporelle.

Il y a des excommunications qui sont encourues par le seul *fait*, *ipso facto*. *Voyez* ci-devant EXCOMMUNICATION.

Faits d'un acte : on entend par-là les objets d'une convention. On évalue à une certaine somme les *faits* d'un acte, c'est-à-dire, les objets qui n'ont pas par eux-mêmes de valeur déterminée, comme une servitude, ou autre droit réel ou personnel. Cette évaluation a pour but de servir à fixer les droits d'insinuation & de centième denier.

Faits & articles, appellés dans les anciens registres du parlement, *articuli*, sont des *faits* posés par écrit, & dont une partie se soumet de faire preuve, ou sur lesquels elle entend faire interroger sa partie adverse, pour se procurer par ce moyen quelques éclaircissemens sur les *faits* dont il s'agit. *Voyez* ENQUÊTE, INTERROGATOIRE SUR FAITS ET ARTICLES, & PREUVE TESTIMONIALE.

Fait articulé, est celui qu'une des parties contestantes, ou son défenseur, pose spécialement, soit en plaidant, soit dans des écritures. C'est un *fait* sur lequel on insiste comme étant décisif, & que l'on articule, c'est-à-dire dont on forme un article que l'on met en avant, & dont on se soumet à faire la preuve, soit que cette preuve soit expressément offerte, ou que l'on s'y soumette tacitement en articulant le *fait*. *Voyez* ARTICULER.

Fait avéré, est celui dont la vérité est prouvée & reconnue, soit par titres, ou par témoins, soit par la déclaration, ou le silence de la partie intéressée : lorsque l'on interpelle quelqu'un de répon-

dre ou s'expliquer sur des *faits*, & qu'il refuse de le faire, on demande que les *faits* soient tenus pour confessés & avérés.

Fait d'autrui, est tout ce qui est fait, dit ou écrit par quelqu'un, relativement à une autre personne : c'est ce que l'on appelle communément en droit, *res inter alios acta*. Il est de maxime que le *fait* d'autrui ne préjudicie point à un autre, *L. 5*, *ff. de oper. nov. nuntiat*. Cette règle reçoit néanmoins quelques exceptions; savoir lorsque celui qui a agi pour autrui, avoit le pouvoir de le faire, comme un tuteur pour son mineur, un associé qui agit tant pour lui que pour son associé, un mari pour sa femme, *&c.*

Fait d'une cause, mémoire, pièce d'écriture ou *d'un procès*, c'est l'exposition de l'espèce & des circonstances qui donnent lieu à la contestation dans les plaidoyers, mémoires & écritures. Le *fait* ou récit du *fait* suit immédiatement l'exorde & précède les moyens.

Fait & cause, se prend pour le droit & intérêt de quelqu'un. Prendre *fait & cause* pour quelqu'un, ou prendre son *fait & cause*, c'est intervenir en justice pour le garantir de l'événement d'une contestation, & même le tirer hors de cause. En garantie formelle, les garans peuvent prendre le *fait & cause* du garanti, qui, en ce cas, est mis hors de cause, s'il le requiert avant la contestation : mais en garantie simple, les garans ne peuvent prendre le *fait & cause*, mais seulement intervenir si bon leur semble. Cette disposition de l'ordonnance de 1667, tit. 8, art. 9 & 12, est fondée sur ce que le garanti étant obligé personnellement envers le demandeur originaire, il doit répondre par lui-même de son obligation, & par conséquent il ne peut pas demander à être mis hors de cause. *Voyez* GARANTIE.

Fait de charge, est une malversation ou une omission frauduleuse, commise par un officier public dans l'exercice de ses fonctions, ou une dette par lui contractée pour dépôt nécessaire fait en ses mains à cause de son office; ou enfin quelque autre *fait*, où il a excédé son pouvoir, & pour lequel il est désavoué valablement.

La réparation du dommage résultant d'un *fait de charge*, est tellement privilégiée sur l'office, qu'elle est préférée à toute autre créance hypothécaire, antérieure & privilégiée, même à ceux qui ont prêté leur argent pour l'acquisition de l'office; ce qui a été ainsi introduit à cause de la foi publique, qui veut que la charge réponde spécialement des fautes de celui qui en est revêtu envers ceux qui ont contracté nécessairement avec lui à cause de cette charge.

Il suit de ce principe, que le prix des charges de receveur des consignations, de commissaires aux saisies réelles, & autres dépositaires publics, est spécialement affecté à la restitution des dépôts qui leur ont été confiés; que de même les charges de procureurs & d'huissiers sont également affectées à la restitution des pièces qu'on leur confie.

Le parlement de Paris, par arrêt du 31 mars 1745, a jugé que la dissipation d'un dépôt, fait entre les mains d'un notaire, n'étoit pas un *fait de charge*, parce qu'alors le dépôt est volontaire, qu'il n'a lieu à l'égard des notaires, que comme à l'égard de tout autre particulier, dans lequel on met sa confiance, & dont on croit connoître la probité. En effet, les notaires n'ont pas été créés pour recevoir des dépôts, mais seulement pour tenir minute des actes.

Fait confessé, est celui qui est reconnu par la partie qui étoit intéressée à le nier. *Voyez* ci-dessus *fait avéré*.

Fait controuvé, est celui qui est supposé à dessein par celui qui en veut tirer avantage.

Fait étrange, dans les coutumes de Loudunois & de Touraine, est lorsque le parageau vend ou aliène, autrement que par donation en faveur de mariage, ou avancement de droit successif fait à son héritier, la chose à lui garantie, auquel cas l'acquéreur étranger doit rachat ou vente, à l'option du seigneur qui étoit parageur. C'est ainsi que l'explique l'article 136 de la coutume de Touraine. *Voyez* aussi *Loudunois, ch. 14, art. 14.*

Fait fort, c'étoit le prix de la ferme des monnoies, que le maître devoit donner au roi, soit qu'il eût ouvré ou non. *Voyez les annotations de Gelée*, correcteur des comptes, & le *glossaire de Laurière*.

Faits qui gisent en preuve vocale ou littérale, sont ceux qui sont de nature à être prouvés par témoins, ou par écrit; à la différence de certains *faits*, dont la preuve est impossible, ou n'est pas recevable. *Voyez le tit. 20 de l'ordonnance de 1667.*

Fait grand & petit: on distinguoit autrefois dans quelques pays, en matière d'excès commis respectivement, le *fait* qui étoit le plus grand, & l'on tenoit pour maxime que le *fait* le plus grand emportoit toujours le petit; c'est-à-dire que dans la réparation des excès, on avoit plus d'égard à la qualité de l'excès qu'aux circonstances du *fait*, des personnes & de l'aggression. Mais cet ancien usage a été aboli à Liège par le style des cours & justices séculières, *chap. 15, art. 7.*

Faits impertinens, sont ceux quæ non pertinent ad rem, c'est-à-dire qui sont étrangers à l'affaire, qui sont indifférens pour la décision; on ajoute ordinairement qu'ils sont inadmissibles, pour dire que la preuve ne peut en être ordonnée ni reçue. Ils sont opposés aux *faits pertinens*, qui reviennent bien à l'objet de la contestation.

Fait inadmissible, est celui dont la preuve ne peut être ordonnée ni reçue, soit parce que le *fait* n'est pas pertinent, ou parce qu'il est de telle nature que la preuve n'en est pas recevable.

Faits justificatifs, sont ceux qui peuvent servir à prouver l'innocence d'un accusé: par exemple, lorsqu'un homme accusé d'en avoir tué un autre dans un bois, offre de prouver que ce jour-là il

étoit malade au lit, & qu'il n'est point sorti de sa chambre; ce que l'on appelle un *alibi*.

L'ordonnance de 1670 contient un titre exprès sur cette matière: c'est le vingt-huitième.

S'il est essentiel de punir les crimes, il faut aussi conserver à un accusé les moyens de prouver qu'il n'est pas coupable. C'est par cette considération qu'on a introduit dans la procédure criminelle, en faveur de l'accusé, le droit de proposer ses faits justificatifs. Cependant comme il paroît naturel de constater le délit, avant d'admettre l'accusé à sa justification, l'ordonnance a défendu à tous juges, même aux cours souveraines, d'ordonner la preuve d'aucuns *faits justificatifs*, ni d'entendre aucuns témoins pour y parvenir, qu'après la visite du procès; en quoi elle a réformé la jurisprudence de quelques tribunaux, tels que le parlement de Bretagne, où l'on commençoit toujours par la preuve des *faits justificatifs* de l'accusé.

Cette règle reçoit néanmoins quelques exceptions; par exemple lorsque le fait justificatif tend à détruire le corps de délit, comme dans le cas où un accusé de meurtre, offriroit de prouver que la personne dont est question est encore vivante. Il en est de même lorsque l'accusé soutient que l'action qu'on lui impute n'est pas un crime. Par exemple, lorsqu'une personne accusée de vol, offre de prouver que la chose a été prise par lui dans un lieu qui lui appartenoit. Enfin lorsque l'accusé doit faire entendre des témoins valétudinaires, âgés, ou prêts à faire un long voyage, on peut lui permettre de faire sa preuve avant le temps fixé pour les cas ordinaires.

C'est par une suite de ce principe, que l'accusé n'est pas recevable, avant la visite du procès, à se rendre accusateur contre un témoin, dans le dessein de se préparer un *fait justificatif*.

L'accusé n'est reçu à faire preuve que des *faits justificatifs*, qui ont été choisis par les juges dans le nombre de ceux qu'il a articulés dans les interrogatoires & confrontations. Rien néanmoins ne l'empêche de présenter, avant la visite du procès, une requête qui contienne un détail circonstancié des *faits justificatifs*, qu'il n'a allégués qu'imparfaitement dans les interrogatoires & confrontations.

Les *faits justificatifs* doivent être insérés dans le même jugement qui en ordonne la preuve. Ce jugement doit être prononcé incessamment à l'accusé par le juge, & au plus tard dans les vingt-quatre heures; & l'accusé doit être interpellé de nommer les témoins, par lesquels il entend justifier ces *faits*; & faute de les nommer sur le champ, il n'y est plus reçu dans la suite. Cette obligation qui lui est imposée, a pour but d'empêcher qu'il ne puisse par la suite en choisir d'autres qu'il pourroit suborner. Il est à propos d'observer que si l'accusé est absent, il faut, sur la requête du ministère public, l'assigner extraordinairement à jour fixe, pour lui prononcer le jugement qui l'admet à la preuve de ses *faits justificatifs*.

Cette preuve peut être ordonnée d'office par les juges. Lorsqu'il eſt mineur ou en démence ; ſon tuteur ou ſes parens peuvent la demander pour lui ; elle peut ſe faire tant par titres que par témoins, mais il n'eſt pas permis d'obtenir à cet effet des monitoires.

Lorſque l'accuſé a une fois nommé les témoins, il ne peut plus en nommer d'autres ; & il ne doit point être élargi pendant l'inſtruction de la preuve des *faits juſtificatifs.*

Les témoins qu'il adminiſtre, ſont aſſignés à la requête du miniſtère public de la juriſdiction où l'on inſtruit le procès, & ſont ouïs d'office par le juge.

L'accuſé eſt tenu de conſigner au greffe la ſomme ordonnée par le juge, pour fournir aux frais de la preuve des *faits juſtificatifs,* s'il peut le faire ; autrement les frais doivent être avancés par la partie civile s'il y en a, ſinon par le roi, ou par le ſeigneur engagiſte, ou par le ſeigneur haut-juſticier, chacun à leur égard.

L'enquête achevée, on la communique au miniſtère public pour donner des concluſions, & à la partie civile s'il y en a ; & elle eſt jointe au procès.

Enfin les parties peuvent donner leurs requêtes, & y ajouter telles pièces que bon leur ſemble ſur le fait de l'enquête. Ces requêtes & pièces ſe ſignifient reſpectivement, & on en donne ſans que pour raiſon de ce, il ſoit néceſſaire de prendre aucun règlement, ni de faire une plus ample inſtruction.

L'ordonnance n'a déterminé aucun délai pour faire la preuve des *faits juſtificatifs.* Elle ne preſcrit rien non plus ſur la qualité des témoins adminiſtrés par l'accuſé. Il peut faire entendre pour ſa juſtification les parens ou domeſtiques des parties, ceux qui ont été produits par l'accuſateur, même ceux qui lui ont été confrontés, & contre leſquels il a fourni des reproches, ſans ſe départir des reproches qu'il a fournis contre eux.

Les témoins entendus en ſa faveur peuvent être reprochés non plus par la partie civile ou le miniſtère public. Ils ne ſont ni récolés ni confrontés ; mais on ne permet pas à la partie civile de faire la preuve contraire.

On regarde comme *faits juſtificatifs,* dont la preuve eſt admiſſible : 1°. l'impoſſibilité d'avoir commis le délit, telle que la préſence de l'accuſé dans un autre lieu ; *voyez* ALIBI : 2°. l'offre faite par l'accuſé, ou de prouver que le délit a été commis par une autre perſonne : ou 3°. de juſtifier que la perſonne qu'on l'accuſe d'avoir aſſaſſinée eſt vivante : 4°. la folie : 5°. la légitime défenſe de l'accuſé : 6°. l'offre que les témoins ont été ſubornés : 7°. l'inſcription de faux contre les actes produits au procès : 8°. dans le cas où une fille accuſe quelqu'un de l'avoir deshonorée, l'accuſé peut être admis à la preuve des débauches habituelles de cette fille : 9°. un homme ſaiſi d'effets volés, doit être admis à prouver qu'il les a ache-

tés de bonne foi. Il peut en être de même d'un grand nombre d'autres *faits,* relatifs aux circonſtances du délit, dont le juge peut permettre à l'accuſé de faire preuve pour ſa juſtification.

L'appel d'un jugement qui admet un accuſé à la preuve de ſes *faits juſtificatifs,* doit-il avoir un effet ſuſpenſif ? la juriſprudence a varié ſur cet objet. D'anciens arrêts prouvent l'affirmative de cette propoſition, mais la négative eſt aujourd'hui approuvée par les arrêts, & cette juriſprudence nous paroît plus conforme aux principes.

En effet cette preuve ne détruit aucunement la procédure criminelle, puiſqu'elle n'eſt admiſe qu'après que celle-ci a été terminée : d'ailleurs elle ne peut préjudicier à l'accuſateur, s'il fait infirmer ſur l'appel, la ſentence qui a admis aux *faits juſtificatifs :* enfin comme ce jugement eſt une ſentence d'inſtruction, l'effet n'en peut être ſuſpendu par l'appel, conformément à l'article 3 du titre 26 de l'ordonnance de 1670.

Fait négatif, eſt celui qui conſiſte dans la dénégation d'un autre ; par exemple lorſqu'un homme ſoutient qu'il n'a pas dit telle choſe, qu'il n'a pas été à tel endroit.

On ne peut obliger perſonne à la preuve d'un *fait* purement négatif, cette preuve étant abſolument impoſſible : *per rerum naturam negantis nulla probatio eſt. Cod. liv. 4, tit. 19, l. 23.*

Mais lorſque le *fait négatif* renferme un fait affirmatif, on peut faire la preuve de celui-ci, qui fournit une eſpèce de preuve du premier, par exemple ſi une perſonne que l'on prétend être venue à Paris un tel jour, ſoutient qu'elle étoit ce jour-là à cent lieues de Paris, la preuve de l'*alibi* eſt admiſſible. *Voyez la loi 14, cod. de contrah. & commit. ſtipul.*

Faits nouveaux, ſont ceux qui n'avoient point encore été articulés, & dont on demande à faire preuve depuis un premier jugement qui a ordonné une enquête.

Autrefois il falloit obtenir des lettres en chancellerie pour être reçu à articuler *faits nouveaux ;* mais cette forme a été abrogée par l'art. 26, du tit. 11 de l'ordonnance de 1667, qui ordonne que les *faits nouveaux* ſeront poſés par une ſimple requête. La forme de les propoſer par requête civile eſt encore en uſage dans le reſſort du parlement de Flandre, où l'on appelle *faits nouveaux,* ceux qu'une partie allègue après que la cauſe eſt coulée en droit. *Voyez* COULER *en droit.*

Mais pour que les *faits nouveaux* y ſoient admis par requête civile, il faut qu'ils ſoient réellement nouveaux, & qu'ils aient une certaine connexité avec les anciens, c'eſt-à-dire que leur exiſtence ſuppoſe néceſſairement celle des *faits* allégués auparavant, mais dont la preuve n'eſt pas liée eſſentiellement à celle des anciens, enſorte que l'enquête a pu rouler ſur ceux-ci, ſans toucher aux nouveaux.

Fait du prince, ſignifie un changement qui émane

de l'autorité du souverain, comme lorfqu'il révoque les aliénations ou engagemens du domaine, ou qu'il demande aux poffeffeurs quelque droit de confirmation ; lorfqu'il ordonne que l'on prendra quelque maifon ou héritage, foit pour fervir aux fortifications d'une ville, ou pour former quelque rue, place, chemin, ou édifice public ; lorfqu'il augmente ou diminue le prix des monnoies & des matières d'or & d'argent ; lorfqu'il réduit le taux des rentes & intérêts ; lorfqu'il ordonne le rembourfement des rentes conftituées fur lui, & autres événemens femblables.

Le *fait du prince* eft confidéré à l'égard des particuliers, comme un cas fortuit & une force majeure que perfonne ne peut prévoir ni empêcher : c'eft pourquoi perfonne auffi n'en eft garant de droit ; la garantie n'en eft due que quand elle eft expreffément ftipulée. *Voyez* FORCE MAJEURE & GARANTIE.

Fait propre des officiers qui ont féance ou voix délibérative dans les cours, ou des avocats & procureurs généraux, fe dit de l'acte par lequel un de ces officiers s'eft en quelque forte rendu partie dans une caufe, inftance ou procès, en follicitant en perfonne les juges de la compagnie à laquelle il eft attaché ; & lorfqu'il a confulté & fourni aux frais de l'affaire. Il faut le concours de ces trois circonftances, pour que l'officier foit réputé avoir fait fon *fait propre* ; & au cas que le *fait* foit prouvé, on peut évoquer du chef de cet officier, comme s'il étoit véritablement partie. *Voyez* ÉVOCATION.

Fait (*queftion de*), eft celle dont la décifion fe tire des circonftances particulières de l'affaire, & non d'un point de droit. *Voyez* QUESTION.

Faits de reproches, font les caufes pour lefquelles un témoin peut être récufé comme fufpect.

Faits fecrets, font ceux que l'on ne fignifie point à la partie qui doit fubir interrogatoire fur *faits & articles*, mais que l'on donne en particulier & féparément au juge ou commiffaire qui fait l'interrogatoire, pour être par lui propofés comme d'office, afin que la partie n'ait pas le temps d'étudier fes réponfes ; comme cela paroît autorifé par l'article 7 du titre 10 de l'ordonnance de 1667.

Fait vague, eft celui qui ne fpécifie aucune circonftance précife ; par exemple fi celui qui articule le *fait* fe contente de dire qu'un tel lui a fait du tort, fans dire en quoi on lui a fait tort, & fans expliquer la qualité & la valeur du dommage. *Voyez* FAIT CIRCONSTANCIÉ.

Fait, (*voie de*) c'eft lorfqu'un particulier fait, de fon autorité privée, quelque entreprife fur autrui, foit pour fe mettre en poffeffion d'un héritage, foit pour abattre des arbres, exploiter des grains, ou lorfque prétendant fe faire juftice à lui-même, il commet quelque excès en la perfonne d'autrui. Les *voies de fait* font toutes défendues. *Voyez* VOIES DE FAIT. (*A*)

FAITAGE ou FÊTAGE, (*Code féodal.*) vient

du mot latin *feftagium*, qu'on trouve dans nos anciens auteurs & dans les chartres ; il fignifie un droit qui fe paie annuellement au feigneur par chaque propriétaire pour le faîte de fa maifon, c'eft-à-dire pour la faculté qui lui a été accordée d'avoir fait élever une maifon dans le lieu. Il en eft parlé dans les coutumes de Berri, *tit. 6, art. 3* ; Meneftou-fur-Cher, *art. 19* ; Dunois, *art. 26 & 27*, & au procès-verbal de la coutume de Dourdan.

Le roi, au lieu de cens, lève en la ville de Vierfon un droit de *faitage*, qui eft de cinq fous pour chaque faîte de maifon. Il en eft auffi parlé dans les preuves de la maifon de Chaillon, *liv. III, pag. 41*, dans un titre de l'an 1226 ; dans la confirmation des coutumes de Lorris, pour la ville de Sancerre, accordée par Louis II, comte de Sancerre, en 1327. Les comtes de Blois levoient un pareil droit à Romorentin, fuivant une charte de la comteffe Ifabelle, de l'an 1240. *Voyez* la Thaumaffière, fur la coutume de Berri, *tit. 6, art. 3.* (*A*)

On appelle encore *faitage*, le droit qui appartient en certains lieux aux habitans, de prendre dans les bois du feigneur une pièce de bois pour fervir de comble ou de faîte à leur maifon. *Voyez* Brillon au mot *Feftagium*.

FALCIDIE, f. f. *Voyez* QUARTE FALCIDIE.

FALSIFICATION, f. f. (*Jurifprud.*) eft l'action par laquelle quelqu'un *falfifie* une pièce qui étoit véritable en elle-même. Il y a de la différence entre fabriquer une pièce fauffe & *falfifier* une pièce. Fabriquer une pièce fauffe, c'eft fabriquer une pièce qui n'exiftoit pas, & lui donner un caractère fuppofé ; au lieu que *falfifier* une pièce, c'eft retrancher ou ajouter quelque chofe à une pièce véritable en elle-même, pour en induire autre chofe que ce qu'elle contenoit : du refte l'une & l'autre action eft également un faux. *Voyez* ci-après FAUX. (*A*)

FAME, (*Jurifprud.*) en ftyle de Palais, eft fynonyme de *réputation*. On rétablit un homme en fa bonne *fame* & renommée, lorfqu'ayant été noté de quelque jugement qui emportoit ignominie, il parvient dans la fuite à fe purger des faits qui lui étoient imputés, & qu'on le remet dans tous fes honneurs.

FAMILLE, f. f. (*Droit naturel & civil.*) vient du latin *familia*. Nous diviferons ce que nous avons à dire fur ce mot, fous la dénomination de *famille* (*droit naturel*), & de *famille* (*droit civil*).

FAMILLE, (*Droit naturel.*) eft cette fociété domeftique qui conftitue le premier des états acceffoires & naturels de l'homme. Cette fociété établie par la nature, eft la plus naturelle & la plus ancienne de toutes : elle fert de fondement à la fociété nationale ; car un peuple ou une nation, n'eft qu'un compofé de plufieurs *familles*.

Les *familles* commencent par le mariage, & c'eft la nature elle-même qui invite les hommes à cette union; de-là naissent les enfans, qui en perpétuant les *familles*, entretiennent la société humaine, & réparent les pertes que la mort y cause chaque jour.

Lorsqu'on prend le mot de *famille* dans un sens étroit, elle n'est composée, 1°. que du père de *famille*: 2°. de la mère de *famille*, qui, suivant l'idée reçue presque par-tout, passe dans la *famille* du mari: 3°. des enfans, qui, étant, si l'on peut parler ainsi, formés de la substance de leurs père & mère, appartiennent nécessairement à la *famille*. Mais lorsqu'on prend le mot de *famille* dans un sens plus étendu; on y comprend alors tous les parens; car quoiqu'après la mort du père de *famille*, chaque enfant établisse une *famille* particulière, cependant tous ceux qui descendent d'une même tige, & qui sont par conséquent issus d'un même sang, sont regardés comme membres d'une même *famille*.

Comme tous les hommes naissent dans une *famille*, & tiennent leur état de la nature même, il s'ensuit que cet état, cette qualité ou condition des hommes, non-seulement ne peut leur être ôtée, mais qu'elle les rend participans des avantages, des biens & des prérogatives attachés à la *famille* dans laquelle ils sont nés; cependant l'état de *famille* se perd dans la société par la proscription, en vertu de laquelle un homme est condamné à mort, & déclaré déchu de tous les droits de citoyen.

Il est si vrai que la *famille* est une sorte de propriété, qu'un homme qui a des enfans du sexe qui ne la perpétue pas, n'est jamais content qu'il n'en ait de celui qui la perpétue: ainsi la loi qui fixe la *famille* dans une suite de personnes de même sexe, contribue beaucoup, indépendamment des premiers motifs, à la propagation de l'espèce humaine; ajoutons que les noms qui donnent aux hommes l'idée d'une chose qui semble ne devoir pas périr, sont très-propres à inspirer à chaque *famille* le désir d'étendre sa durée; c'est pourquoi nous approuverions davantage l'usage des peuples chez qui les noms même distinguent les *familles*, que de ceux chez lesquels ils ne distinguent que les personnes.

Les *familles* composent & entretiennent la société. Ni les corps & collèges qui s'y rencontrent, considérés uniquement comme tels, ni un assemblage de concitoyens pris comme des individus, ne mériteroient pas ce nom: ce seroient des sociétés momentanées, qui se détruiroient chaque jour.

C'est dans l'objet des *familles* & pour les former, que le mariage a mérité l'attention des législateurs. Une populace sans ordre, sans lien conjugal, sans propriété particulière, feroit une confusion qui absorberoit une société civile.

Au reste le mariage ne suffit pas au bonheur de l'état, son intérêt demande qu'il en sorte une *famille*. Par cette raison on attachoit à Rome des récompenses au nombre des enfans; c'étoit aller plus

directement au bien public, en engageant le citoyen au mariage, & en le portant à le cultiver.

Comme il faut plus d'une maison pour former une ville, & que toutes celles qui sont réunies dans la même enceinte, composent la même ville, de même les *familles* soumises à la même souveraineté, ne forment qu'un même corps politique, en quelque nombre qu'on les suppose réunies.

Si le corps politique consiste dans la liaison de plusieurs *familles*, s'il ne peut exister sans elles, elles en sont le soutien. Il est donc essentiel qu'elles soient le principal objet de l'attention du gouvernement; c'est à lui de veiller à leur maintien & à leur conservation. Delà dérive l'obligation du magistrat civil de pourvoir aux personnes & aux biens des mineurs, des prodigues & des insensés.

Le gouvernement d'une *famille* & celui d'un corps politique, roule sur les mêmes principes: l'une est en petit l'image de l'autre: tous les deux sont une société dont l'objet doit être le bien de ceux qui y participent.

La puissance domestique représente en quelque manière la souveraineté. Le père de *famille* jouissoit autrefois, & jouit encore aujourd'hui chez quelques peuples, d'un pouvoir absolu, du droit même de vie & de mort sur tout ce qui lui est soumis; femme, enfans, esclaves. Ses soins doivent être les mêmes que ceux que l'on doit apporter au maniement des affaires publiques. Il doit être juste envers tout ce qui compose la *famille*, y entretenir la paix, l'abondance & la subordination.

Outre les loix générales & communes à tous les sujets d'un état, chaque *famille* peut en avoir de particulières, c'est ce que les Romains appelloient *jus familiare*; ce sont des loix publiques, qui ne sont propres qu'aux *familles* qui veulent les adopter, & dont il est loisible de diversifier l'espèce & les conditions. Quoique ces loix privées des *familles* puissent avoir quelque chose de bon en soi, il est cependant désavantageux au public de les étendre à beaucoup de familles, & de multiplier les dérogeances au droit commun.

La *famille*, prise dans son étendue, exerce une sorte de jurisdiction dans son cercle. La parenté décide qu'un prodigue doit être interdit; elle en prend la délibération; le magistrat pour l'ordinaire, ne fait qu'apposer le sceau de l'autorité publique à ce jugement.

L'état de *famille* produit diverses relations très-importantes: celles de mari & de femme, de père, de mère & d'enfans, de frères & de sœurs, & de tous les autres degrés de parenté, qui font le premier lien des hommes entr'eux. Nous n'en parlerons pas ici, parce qu'on les trouvera sous les noms qui leur sont propres. *Voyez* MARI, FEMME, ENFANS, &c.

FAMILLE, (*Droit civil.*) est l'assemblage de plufieurs perfonnes unies par les liens du fang & de l'affinité.

On diftinguoit chez les Romains deux fortes de *familles*; favoir celle qui l'étoit *jure proprio*, des perfonnes qui étoient foumifes à la puiffance d'un même chef ou père de *famille*, foit par la nature, comme les enfans naturels & légitimes; foit de droit, comme les enfans adoptifs. L'autre forte de *famille* comprenoit, *jure communi*, tous les agnats, & généralement toute la cognation; car quoiqu'après la mort du père de *famille* chacun des enfans qui étoient en fa puiffance, devint lui-même père de *famille*, cependant on les confidéroit toujours comme étant de la même *famille*, attendu qu'ils procédoient de la même race. *Voyez les loix* 40, 195 & 196, *au ff. de verb. fignif.*

Les Romains appelloient encore *famille*, la fucceffion & les biens d'un défunt. Delà cette expreffion: *proximus agnatus familiam habeto*. C'eft dans le même fens qu'ils difoient partage de *famille*, pour exprimer le partage d'une hérédité.

Ils donnoient auffi le nom de *famille* à tous les efclaves d'un même maître, & aux corps particuliers de certains efclaves, deftinés à certaines fonctions qui leur étoient propres: comme la *famille* des publicaires, c'eft-à-dire de ceux qui étoient employés à la levée des tributs.

On trouve dans plufieurs titres anciens les termes de *famille de l'évêque*, pour fignifier ceux qui compofent fa maifon, & qui font ordinairement auprès de lui, tels que fes officiers, domeftiques, commenfaux, &c.... auffi les appelle-t-on en latin *familiares*.

On entend en droit par *père de famille*, toute perfonne, foit majeure ou mineure, qui jouit de fes droits, c'eft-à-dire qui n'eft point en la puiffance d'autrui; & par *fils* ou *fille de famille*; on entend pareillement un enfant majeur ou mineur, qui eft en la puiffance paternelle. *Voyez* FILS DE FAMILLE, PÈRE DE FAMILLE, & PUISSANCE PATERNELLE.

Les enfans fuivent la *famille* du père, & non celle de la mère; c'eft-à-dire qu'ils portent le nom du père, & fuivent fa condition.

Demeurer dans la famille, c'eft refter fous la puiffance paternelle.

Un homme eft cenfé avoir fon domicile où il a fa *famille*, *ff. lib.* 32, *tit.* 1, *l.* 33.

En matière de fubftitution, le terme de *famille* comprend la ligne collatérale auffi-bien que la directe.

Celui qui eft chargé par le teftateur de rendre fa fucceffion à un de la *famille*, fans autre défignation, la peut rendre à qui bon lui femble, pourvu que ce foit à quelqu'un de la *famille*, fans être aftreint à fuivre l'ordre de proximité.

FAVEUR, f. f. fe dit en *Droit*, des prérogatives accordées à certaines perfonnes & à certains actes.

Par exemple, on accorde beaucoup de *faveur*

aux mineurs, & à l'églife qui jouit des mêmes privilèges.

La *faveur* des contrats de mariage eft très-grande. On fait des donations en *faveur* de mariage, c'eft-à-dire en confidération du mariage.

Les principes les plus connus par rapport à ce qui eft de *faveur*, font: que ce qui a été introduit en *faveur* de quelqu'un, ne peut pas être rétorqué contre lui; que les *faveurs* doivent être étendues & les chofes odieufes reftreintes, *favores ampliandi*, *odia reftringenda*; qu'il eft libre à chacun de renoncer aux privilèges qui ont été accordés en fa *faveur*, &c.

On appelle *jugement de faveur*, celui où la confidération des perfonnes auroit eu plus de part que la juftice.

Il ne doit point y avoir de *faveur* dans les jugemens; tout s'y doit régler par le bon droit & l'équité, fans aucune acception des perfonnes au préjudice de la juftice. Il peut cependant fe rencontrer quelquefois des queftions fi problématiques entre deux contendans dont le droit paroit égal, que les juges peuvent fans injuftice fe déterminer pour celui qui, par de certaines confidérations, mérite plus de *faveur* que l'autre. Mais ils doivent faire à cet égard la plus férieufe attention, car ce motif n'eft très-fouvent qu'un prétexte par lequel ils cherchent à fe déguifer à eux-mêmes & aux autres le penchant qu'ils ont de favorifer une partie au préjudice de l'autre. *Voyez* ce que nous avons dit à ce fujet au mot ÉQUITÉ.

FAULTRAGE *ou* FAULTRAIGE, f. m. (*Code féodal.*) qu'on appelle auffi *préage*, eft un droit de pacage dans les prés, qui a lieu au profit du feigneur dans la coutume générale de Tours, & dans la coutume des Efclufes, locale de Touraine.

Suivant l'art. 100 de la coutume de Tours, celui qui a droit de *faultrage* ou *préage*, doit le tenir en fa main, fans l'affermer, foit particulièrement ou avec la totalité de la feigneurie, & il doit en ufer comme il s'enfuit; c'eft à favoir, qu'il eft tenu de garder ou faire garder les prés dudit *faultrage* ou *préage*; & quand il mettra ou fera mettre les bêtes dudit *faultrage* ou *préage* accoutumées y être mifes, il doit les faire toucher de pré en pré, fans intervalle: les bêtes, qui au commencement dudit *faultrage* ou *préage* n'ont point été mifes, ne peuvent être changées; & fi ces bêtes font trouvées fans garde, elles peuvent être menées en prifon. Ceux qui ont droit de mettre bêtes chevalines & vaches avec leurs fuites, n'y peuvent mettre que le croît & fuite de l'année feulement.

L'article fuivant ajoute que fi, faute de garder les bêtes, elles font quelque dommage, le feigneur en répondra; & que s'il ufe du *faultrage* ou *préage* autrement qu'il eft porté en l'article précédent, il perdra ce droit à perpétuité.

La coutume locale des Efclufes, dit que le feigneur de ce lieu a droit feigneurial de mettre ou
faire

faire mettre en fa prairie des Efclufes, trois jumens avec leurs poulains, & poultres de l'année;
que les feigneurs des Efclufes ont toujours affermé
ou tenu en leur main ce droit, ainfi que bon leur
a femblé: que ni eux ni leurs fermiers ne font tenus
toucher ou faire toucher lefdites jumens; mais que
le fergent-prairier eft tenu les remuer depuis qu'elles
ont été quinze jours devers la Boyère des haies,
& les mettre & mener en la prairie, du côté appellé *la Marotte*; auquel lieu elles font trois femaines, & puis remifes du côté des haies: mais que
le feigneur & le fermier ne peuvent changer les
premières jumens mifes dans cette prairie. (*A*)

FAUSSAIRE, f. m. fe dit de celui qui a commis
quelque fauffeté, foit en fabriquant une pièce fup-
pofée, foit en altérant une pièce véritable. *Voyez*
FAUX.

FAUSSER *la cour* ou *le jugement*, (*terme de notre
ancienne Jurifprudence.*) *falfare judicium*, ainfi que
l'on s'exprimoit dans la baffe & moyenne latinité.
C'étoit foutenir qu'un jugement avoit été rendu
méchamment par des juges corrompus, ou par haine,
& qu'il étoit faux & déloyal.

Pour bien entendre ce que c'étoit que cette manière de procéder, il faut obferver qu'anciennement en France on ne qualifioit pas d'appel la manière dont on attaquoit un jugement; on appelloit
cela *fauffer le jugement*, ou accufation de fauffeté de
jugement, ce qui fe faifoit par la bataille ou le
duel, fuivant le chap. 3 des affifes de Jérufalem,
qu'on tient avoir été rédigées l'an 1099. *Voyez*
APPEL, *fect.* 1.

Dans les chartes de commune du temps de Philippe Augufte, fous lequel les baillis & fénéchaux
étoient répandus dans les provinces, on ne trouve
point qu'il y foit mention de la voie d'appel, mais
feulement d'accufation de fauffeté de jugemens, &
de duel ou gages de bataille pour prouver cette
accufation; enforte que fi les baillis s'entremettoient
de la juftice en parcourant les provinces, c'étoit
officio judicis.

Il eft parlé de l'accufation de fauffeté du jugement
dans une ordonnance de S. Louis, faite au parlement de la chandeleur en 1260, & inférée en fes
établiffemens, *liv. i, chap. 6*, où il eft dit: que
dans fes domaines & feigneuries, on ne pourra
plus *fauffer jugement*, mais feulement en demander
amendement; mais à l'égard des cours de fes barons, il
laiffa fubfifter l'ancienne manière de *fauffer les jugemens*, & fe contenta de fubftituer aux combats
judiciaires une nouvelle forme de procéder.

Si aucun, ordonne-t-il, veut *fauffer jugement*, il
n'y aura point de bataille; mais les clains ou actions, les refpons, c'eft-à-dire les défenfes & les
autres deftrains de *plet*, feront apportés en la cour;
& felon les erremens du plet, on fera *dépecier* le jugement ou tenir; & celui qui fera trouvé en fon
tort, l'amendera felon la coutume de la terre.

On voit bien par ces établiffemens de S. Louis,
que fon deffein étoit de fupprimer entièrement la

forme ancienne de *fauffer jugement*, qu'il la fupprima effectivement dans fes domaines, où il n'étoit
pas gêné pour l'exécution des réformes qu'il vouloit introduire dans notre procédure; mais qu'à
l'égard des feigneuries des grands vaffaux de la
couronne, il fut obligé de laiffer fubfifter l'ancien
ufage de *fauffer jugement*, & qu'il fe contenta d'introduire celui de *fauffer jugement* fans combattre.

La prudence de ce grand prince l'empêcha de
fupprimer entièrement l'odieux abus qu'il cherchoit
à réprimer en montrant à fes peuples une forme
de procéder plus conforme à la raifon & à l'équité.
Il avoit des ménagemens à garder avec fes barons,
qui avoient ufurpé une partie des droits régaliens,
& qui regardoient comme une de leurs prérogatives, que les affaires ne puffent être tirées de leurs
cours qu'en *fauffant jugement*, & en s'expofant au
combat.

Il y eut donc alors deux manières de *fauffer le
jugement*, & c'eft ce que nous apprenons de Beaumanoir, *chap.* 67 de fes coutumes de Beauvoifis, où
il eft dit: qu'il étoit deux *manières* de fauffer le jugement, *defquels l'un des appiaux*, c'eft-à-dire appels,
*fe devoit mener par gages; c'étoit quand l'on ajoutoit
avec l'appel* VILAIN CAS: *l'autre fe devoit demener
par* ERREMENS, *fur quoi li jugement avoit été fait.
Né pourquant fe len appelloit de faux jugemens des
hommes qui jugeoient en la cour le comte, & li ap-
pellières* (l'appellant) *ne mettoit en fon appel* VILAIN
CAS, *il étoit au choix de cheluy contre qui l'on vouloit* fauffer le jugement, *de faire le jugement par gages
devant le comte & devant fon confeil*, &c.

On voit par ce que dit cet auteur, que les jugemens fe *fauffoient*, ou *par défaut de droit*, ou *par
deni de juftice*, c'eft-à-dire lorfqu'ils n'étoient pas
rendus juridiquement, ou parce qu'ils étoient fauffement rendus. Celui qui prenoit cette dernière
voie devoit, comme dit Pierre de Fontaines en fon
confeil, *chap.* 22, *art.* 19, *prendre le feigneur à partie en lui difant: je fauffe le mauvais jugement que
vous m'avez fait par loyer que vous en avez eu ou
promeffe*, &c.

Beaumanoir dit encore à ce fujet, *pag.* 315, que
les appels qui étoient faits *par défaut de droit*, ne
devoient être demenés par gages de bataille, mais
par montrer raifons, parquoi le défaute de droit
fut clair, & que ces raifons convenoit-il averer
par tefmoins loyaux fi elles étoient niées de celui
qui étoit appelé *de défaute de droit*: mais que quand
les tefmoins venoient pour témoigner en tel cas,
de quelque partie que ils vinffent, ou pour l'appellant ou pour celui qui étoit appelé, celui contre qui ils vouloient témoigner pouvoit, fi il lui
plaifoit, lever le fecond témoin & lui mettre fus
que il étoit faux & parjure, & qu'ainfi pouvoient
bien naître gages de l'appel qui étoit fait fur défaut
de droit, &c.

L'accufation de *fauffeté contre le jugement*, étoit
une efpèce d'appellation interjettée devers le feigneur lorfque le jugement étoit fauffé contre les

O o o

jugeurs ; & dans ce cas le feigneur étoit tenu de nommer d'autres juges : mais fi le feigneur lui-même étoit pris à partie, alors c'étoit une appellation à la cour fupérieure.

On ne pouvoit *fauffer le jugement* rendu dans les juftices royales. A l'égard de ceux qui étoient émanés des juftices feigneuriales, il falloit *fauffer le jugement* le jour même qu'il avoit été rendu. C'eft fans doute par une fuite de cet ufage que l'on étoit autrefois obligé d'appeller *illicò*.

Celui qui étoit noble *devoit fauffer le jugement* ou le reconnoître bon ; s'il le *fauffoit* contre le feigneur, il devoit demander à le combattre & renoncer à fon hommage. S'il étoit vaincu, il perdoit fon fief : fi au contraire il avoit l'avantage, il étoit mis hors de l'obéiffance de fon feigneur.

Il n'étoit pas permis au roturier de *fauffer le jugement* de fon feigneur ; s'il le *fauffoit*, il payoit l'amende de fa loi ; & fi le jugement étoit reconnu bon, il payoit en outre l'amende de 60 fous au feigneur, & une pareille amende à chacun des nobles ou poffeffeurs de fiefs qui avoient rendu le jugement.

Les règles que l'on fuivoit dans cette accufation, font ainfi expliquées dans différens chapitres des établiffemens de S. Louis.

Défontaines, *chap. 13 & 23*, dit : que fi aucun eft, qui a fait *faux jugement en cour*, il a perdu répons. *Voyez* M. Ducange, fur les établiffemens de S. Louis, *pag. 162.*

FAUTE, f. f. *en droit*, eft une action ou omiffion faite mal-à-propos, foit par ignorance, ou par impéritie, ou par négligence.

La *faute* diffère du *dol*, en ce que celui-ci eft une action commife de mauvaife foi, au lieu que la faute confifte le plus fouvent dans quelque omiffion, & peut être commife fans dol : il y a cependant des actions qui font confidérées comme des *fautes*, & il y a telle *faute*, qui eft fi groffière, qu'elle approche du dol, comme nous le dirons par la fuite.

Il y a des contrats où les parties font feulement refponfables de leur dol, comme dans le dépôt volontaire & dans le précaire : il y en a d'autres où les contractans font auffi refponfables de leurs *fautes*, comme dans le mandat, le commodat ou prêt à ufage, la vente, le gage, le louage, la donation, la tutèle, l'adminiftration des affaires d'autrui.

C'eft une *faute* de ne pas apporter dans une affaire tout le foin & la diligence qu'on devoit, de faire une chofe qui ne convenoit pas, ou de n'en pas faire une qui étoit néceffaire ; ou de ne la pas faire en temps & lieu ; c'eft pareillement une *faute* d'ignorer ce que tout le monde fait, ou que l'on doit favoir, de forte qu'une ignorance de cette efpèce, eft une impéritie caractérifée, & mife au nombre des *fautes*.

Mais ce n'eft pas par le bon ou le mauvais fuccès d'une affaire, que l'on juge s'il y a *faute* de la part des contractans & l'on ne doit pas imputer à

faute ce qui n'eft arrivé que par cas fortuit, pourvu néanmoins que la *faute* n'ait pas précédé le cas fortuit.

On ne peut pareillement taxer de *faute*, celui qui n'a fait que ce que l'on a coutume de faire, & qui a apporté tout le foin qu'auroit eu le père de famille le plus diligent.

L'omiffion de ce que l'on pouvoit faire n'eft pas toujours réputée une *faute*, mais feulement l'omiffion de ce que la loi ordonne de faire, & que l'on a négligé volontairement ; de forte que, fi l'on a été empêché de faire quelque chofe, foit par force majeure ou par cas fortuit, on ne peut être accufé de *faute*.

On divife les *fautes*, en *faute groffière, légère*, & *très-légère, lata, levis, & leviffima culpa*.

La *faute* groffière, *lata culpa*, confifte à ne pas obferver à l'égard d'autrui, ce que l'homme le moins attentif a coutume d'obferver dans fes propres affaires ; comme de ne pas prévoir les événemens naturels qui arrivent communément ; de s'embarquer par un vent contraire ; de furcharger un cheval de louage ou de lui faire faire une courfe forcée ; de ferrer ou moiffonner en temps non opportun ; de laiffer pendant la nuit les portes ou les fenêtres d'une maifon ouvertes ; d'abandonner, dans un lieu dont l'accès eft entièrement libre, une chofe confiée à notre garde, &c. Cette *faute* ou négligence groffière eft comparée au dol, parce qu'elle eft *dolo proxima*, c'eft-à-dire, qu'elle contient en foi une préfomption de fraude, parce que celui qui ne fait pas ce qu'il peut faire, eft réputé agir par un efprit de dol.

Cependant celui qui commet une *faute* groffière n'eft pas toujours de mauvaife foi ; car il peut agir ainfi par une erreur de droit, croyant bien faire ; c'eft pourquoi on fait prêter ferment en juftice fur le dol, & non pas fur la *faute*.

Dans les matières civiles, on applique communément à la *faute* groffière la même peine qu'au dol ; mais il n'en eft pas de même en matière criminelle, fur-tout lorfqu'il s'agit de peine corporelle.

La *faute légère* qu'on appelle auffi quelquefois *faute fimplement*, eft l'omiffion des chofes qu'un père de famille diligent a coutume d'obferver dans fes affaires : telle eft celle que commet celui qui laifferoit ouverte une fenêtre affez élevée, pour qu'on ne puiffe y entrer qu'à l'aide d'une échelle.

La *faute très-légère* eft l'omiffion du foin le plus exact, tel que l'auroit eu le père de famille le plus diligent. On peut regarder, par exemple, comme une *faute* très-légère, celle qu'on imputeroit à un homme qui négligeroit de fermer, par des volets ou des barreaux, la fenêtre d'une chambre fituée dans un endroit éloigné de l'habitation de la famille, & donnant fur un chemin public.

La peine de la *faute légère* & de la *faute* très-légère ne confifte qu'en dommages & intérêts ; encore y a-t-il des cas où ces fortes de *fautes* ne font pas punies.

Dans cette diſtinction de la *faute* on doit re-garder comme une règle certaine & générale ; 1°. que celui qui a été chargé d'une choſe, ſans en retirer aucun avantage, n'eſt tenu que du dol per-ſonnel ou tout au plus que de la *faute* groſſière qui approche du dol : tel eſt, par exemple, un dé-poſitaire ; 2°. que dans les contrats où l'avantage ne regarde qu'un des contractans, pendant que les inconvéniens ſont à la charge de l'autre, le premier eſt tenu de la *faute* très-légère, le ſecond de la *faute* groſſière ſeulement ; 3°. que lorſque les con-tractans retirent le même avantage, ils ſont tenus ſeulement l'un & l'autre de la *faute* légère ; 4°. qu'on exige ordinairement la preſtation de la *faute* très-légère de celui qui s'eſt offert volontairement à faire quelque choſe, ou qui retire ſeul un avantage de l'affaire.

D'après ces principes, il eſt aiſé d'apprécier l'eſ-pèce de *faute* dont chaque contractant peut être reſponſable. Par exemple, dans le prêt à uſage, qu'on appelle en droit *commodatum*, comme celui qui prête, ne le fait que pour obliger l'emprun-teur, il n'eſt tenu que de la *faute* groſſière, au lieu que celui-ci eſt reſponſable de la *faute* très-légère, parce que le prêt n'a lieu que pour ſon utilité. La ſeule exception à cette règle ne peut venir que d'une convention expreſſe entre les contractans, qui décharge l'emprunteur de cette obligation.

En matière de dépôt, le dépoſitaire n'eſt ordi-nairement tenu que de la *faute* groſſière ; mais ce principe reçoit pluſieurs exceptions. Il eſt tenu de la *faute* légère ; 1°. ſi les parties en ſont convenues par le contrat ; 2°. lorſqu'il s'eſt offert volontairement, & ſans qu'on l'en priât, à la garde du dépôt ; 3°. s'il ſe fait payer de la garde ; 4°. lorſque le dépôt a été fait pour ſon propre intérêt.

Les voituriers par terre & par eau, les cabare-tiers & aubergiſtes, ſont tenus de la *faute* même très-légère, par rapport à la conſervation & à la garde des objets qui leur ont été confiés. La raiſon en eſt, que c'eſt volontairement qu'ils ſe chargent de la garde ou de la conduite des choſes ; qu'ils ſe font payer du ſervice qu'ils rendent, & qu'on eſt contraint de ſe ſervir de leur miniſtère, & de con-fier ſes effets à leur bonne-foi.

Le créancier qui a reçu des gages pour ſûreté de ſa créance, le preneur dans les contrats de louage & de cheptel, ſont tenus de la faute légère relativement aux objets qu'ils ont reçus, parce que ces contrats ſe font pour l'utilité commune des parties.

Dans le mandat qui eſt fait en faveur du man-dant, & qui n'exige aucune induſtrie, ou du moins fort peu, on n'impute au mandataire que le dol & la *faute* groſſière, de même qu'au dépoſitaire. Si le mandat demande quelque induſtrie, comme d'a-cheter ou vendre, &c. alors le mandataire eſt tenu non-ſeulement du dol & de la *faute* groſſière, mais auſſi de la *faute* légère. Enfin ſi le mandat exige le ſoin le plus diligent, le mandataire étant cenſé s'y être engagé, eſt tenu de la *faute* la plus légère,

comme cela s'obſerve pour un procureur *ad lites.* Il faut néanmoins obſerver que ſi un mandataire ne s'étoit chargé d'une affaire, que pour céder aux inſtances d'un ami, & à défaut d'autres perſonnes plus propres à la conduire, il ne ſeroit tenu ni de la *faute* très-légère, ni même de la *faute* légère.

Le tuteur & celui qui fait les affaires d'autrui, ſont tenus ſeulement du dol, de la *faute* groſſière & légère.

Dans le précaire on diſtingue : celui qui tient la choſe, n'eſt tenu que du dol & de la *faute* groſſière, juſqu'à ce qu'il ait été mis en demeure ; mais depuis ce moment il eſt tenu de la *faute* légère.

Pour ſavoir de quelle ſorte de *faute* les parties ſont tenues dans les contrats innommés, on ſe règle ſur ce qui s'obſerve pour les contrats nommés, aux-quels ces ſortes de contrats ont le plus de rapport.

En fait d'exécution des dernières volontés d'un défunt, ſi l'héritier teſtamentaire retire moins d'a-vantage du teſtament que les légataires ou fidéi-commiſſaires, il n'eſt tenu envers eux que du dol & de la *faute* groſſière : ſi au contraire il retire un grand avantage du teſtament, & que les autres aient peu, il eſt tenu envers eux de la *faute* très-légère ; ſi l'avantage eſt égal, il n'eſt tenu que des *fautes* légères.

En matière de revendication, le poſſeſſeur de bonne-foi n'eſt pas reſponſable de ſa négligence, au lieu que le poſſeſſeur de mauvaiſe foi en eſt tenu.

Dans l'action perſonnelle intentée contre un dé-biteur qui eſt en demeure de rendre ce qu'il doit, il eſt tenu de ſa négligence, ſoit par rapport à la choſe, ſoit par rapport aux fruits.

Faute d'homme. Les coutumes ſe ſervent de ces mots pour ſignifier qu'un fief eſt ouvert, & peut être ſaiſi par le ſeigneur dominant, parce que le propriétaire ne lui a pas porté la foi & hommage. *Voyez* FIEF, FOI & HOMMAGE.

FAUTEUR, ſ. m. (*Code criminel.*) ce mot, dérivé du verbe latin *favere*, exprime celui qui appuie, protège, favoriſe une action, ou une entrepriſe quelconque.

C'eſt un genre de complicité en matière crimi-nelle que d'être *fauteur* d'un délit ; le complice, proprement dit, eſt celui qui aide phyſiquement un crime ; le *fauteur* eſt celui qui le favoriſe, ſoit par ſon ſilence lorſqu'il a été inſtruit du deſſein prémédité, ſoit en préparant les voies du crime pour le rendre plus facile. Je n'ai point vu de livre de juriſprudence élémentaire où toutes ces diſtinc-tions fuſſent clairement établies, on les trouve cependant annoncées dans pluſieurs loix pénales, qui ordonnent qu'il ſera également procédé contre les *complices, participes, fauteurs & adhérens* : ex-preſſions qui paroiſſent être ſynonymes, mais qui, étant priſes ſingulièrement, offrent chacune une ſignification particulière.

La peine du *fauteur* d'un crime doit être proportionnée d'abord au crime même, & en second lieu, au genre de facilité que le *fauteur* a procuré aux coupables. Pourquoi nos loix, qui ont si sagement distingué entre les nuances d'un crime, par un choix d'expressions destinées à caractériser chacune de ces nuances, n'ont-elles pas également distingué pour les peines, & comprennent-elles dans les mêmes proscriptions, des coupables d'un degré très-différent? Presque toutes les ordonnances veulent que les complices, *fauteurs*, &c. soient punis comme les principaux coupables; mais ce seroit abuser cruellement des mots, que d'envoyer indistinctement à la mort tous les complices d'un crime capital; c'est aux magistrats à interroger les loix elles-mêmes pour en arracher l'esprit; c'est à leur humanité à les interpréter sans nuire aux droits de la société & à la confiance du prince, & à proportionner les peines qu'ils prononcent au genre du crime & au degré de complicité. *Voyez* COMPLICE, PARTICIPES, &c. (*Cet article est de M. BOUCHER D'ARGIS, conseiller au Châtelet, de l'académie de Rouen, &c.*)

FAUX, s. m. (*Code criminel.*) un *faux* est une falsification, une altération, ou une suppression d'une vérité quelconque. Il est superflu de dire que le *faux* est un crime.

On peut d'abord le diviser en deux classes, en *faux* matériel & en *faux* moral.

Le *faux* matériel est celui qui a été commis par la falsification partielle ou totale d'un écrit particulier, ou d'un acte public.

Le *faux* moral est celui qui a pour objet l'altération d'une vérité non écrite. Ainsi, tout mensonge est un *faux*; toute calomnie est un *faux*; toute déposition fausse faite en connoissance de cause & à mauvaise intention est un *faux*. *Voyez*, sur ces genres de *faux*, les mots CALOMNIE, DÉPOSITION, TÉMOIN. Nous nous proposons dans cet article de traiter uniquement du *faux* matériel.

Le *faux* matériel se divise lui-même en deux classes; savoir, le *faux* matériel proprement dit, & le *faux* formel.

Le *faux* matériel est celui que l'on commet en trompant les autres, parce qu'on a été soi-même induit en erreur. Celui-là ne sauroit être qualifié de crime.

Le *faux* formel est celui qui est commis sciemment, à mauvaise intention, en parfaite connoissance de la vérité, & de la fausseté que l'on y substitue.

Il n'est point de crime qui se produise sous plus de formes, puisqu'il est possible de le commettre en toutes matieres civiles, criminelles & ecclésiastiques. Nous sommes obligés de le subdiviser encore, & nous espérons que de ces distinctions il en résultera, de notre part, plus de méthode dans notre travail, & pour nos lecteurs une plus grande facilité de connoître tous les genres de ce crime. Nous traiterons donc séparément:

1°. Du *faux* dans les actes des notaires.
2°. Du *faux* dans les actes de justice.
3°. Du *faux* dans les titres ecclésiastiques.
4°. Du *faux* dans les lettres du roi, de la grande ou de la petite chancellerie.
5°. Du *faux* dans les papiers publics & royaux.
6°. Du *faux* en fait d'aide.
7°. Du *faux* en fait de contrôle.
8°. Du *faux* dans les registres de baptêmes & sépultures.
9°. Enfin du *faux* dans les actes privés.

Comme la peine de ce crime varie suivant la qualité des personnes, non pas suivant leur rang & leur fortune, mais suivant leur état, eu égard aux *faux* par elles commis, & encore suivant le genre de *faux*, nous en traiterons séparément en suite de chaque division.

Le *faux* dans les actes des notaires peut être commis de deux manieres différentes; savoir, 1°. par les notaires eux-mêmes dans les actes qu'ils reçoivent, 2°. par des personnes qui contreferoient leur signature, ou par des procédés chymiques, parviendroient à effacer des clauses écrites, & à leur en substituer d'autres.

On distingue entre les *faux* qui pourroient être commis par des notaires, en leur qualité d'officiers publics, celui qui auroit été commis par la fabrication ou l'altération des actes, ou la falsification de la signature d'autrui, & celui qui ne consisteroit que dans la suppression des minutes d'actes par eux reçus, ou faisant partie de celles de leur étude; au premier cas, le notaire doit être condamné à la mort, conformément à l'ordonnance de François I de 1531, à l'édit de mars 1680, à la déclaration du roi de 1720, & enfin à l'ordonnance des testamens de 1735: on ordonne en outre que les pieces déclarées fausses seront lacérées. Le coupable est condamné en des dommages & intérêts au profit des parties plaignantes, lorsqu'elles en requierent; ses biens sont confisqués, ou on ordonne qu'il y sera prélevé une amende dans les pays non sujets à la confiscation. Dans le second cas des deux cas établis ci-dessus, celui où il ne s'agit que d'une suppression de minute, comme la réparation de ce crime ne se poursuit pas de la même maniere, & par la voie de l'inscription de *faux*, la peine est absolument à l'arbitrage du juge qui doit la prononcer, eu égard aux circonstances.

Un *faux*, commis par un notaire hors de ses fonctions, ne doit point être puni de la même maniere que ceux dont nous venons de parler. Le notaire hors de ses fonctions, rentre dans la classe des simples particuliers, & n'est punissable qu'eu égard au genre de *faux* qu'il a commis, & comme l'eût été tout autre coupable.

Ceux qui contrefont les actes des notaires, ou qui en alterent le texte, quoique très-coupables, ne sont pas néanmoins punis de mort: on les condamne ordinairement, savoir, les hommes aux galères & les femmes à être renfermées, & il dépend des juges d'étendre & de limiter la durée de cette peine.

Le *faux* dans les actes de justice n'a pas besoin d'être défini d'une manière différente de celui commis dans les actes des notaires, & il est susceptible des mêmes distinctions, quoique dans un ordre différent. Il ne faut pas confondre indifféremment tous actes de procédure avec les jugemens des tribunaux ; sans doute celui qui suppose un arrêt ou en falsifie le texte, est plus coupable que celui qui n'a altéré qu'une requête ; cependant l'édit de 1680 n'a point fait cette distinction, & condamne à mort toute personne publique, convaincue de fabrication ou d'altération des actes, de procédure ou des jugemens, sentences & arrêts. Cet édit comprend nommément les juges, greffiers & ministres de justice, tant des cours & sièges royaux, que des officialités & justices seigneuriales.

Néanmoins on distingue ordinairement dans l'application des peines, la qualité des actes de justice qui ont été falsifiés ou altérés ; on distingue entre les actes de procédure civile & ceux de procédure criminelle ; entre les minutes & les expéditions, les jugemens en première instance & les arrêts, les jugemens interlocutoires & les jugemens définitifs, & les juges prononcent telle peine qu'ils avisent. Un nommé Maréchal, procureur, fut condamné à être pendu en 1566, pour avoir fabriqué un arrêt de la cour ; mais un jugement rendu par les requêtes de l'hôtel au souverain, le 16 avril 1761, n'a condamné qu'au pilori & aux galères pour trois ans, un avocat nommé de la Solle, convaincu d'avoir fabriqué un arrêt du conseil.

Quant aux *faux* commis en matière criminelle, il faut essentiellement distinguer s'il a eu pour objet de sauver un coupable, ou de faire condamner un innocent ; sans doute ce dernier seroit punissable d'une peine bien plus grave que l'autre ; & si la loi du talion pouvoit être admise dans les tribunaux, ce seroit le cas d'en appliquer toute la rigueur.

On distingue aussi, quant à la peine, entre les officiers publics qui ont commis le *faux*, non pas, encore une fois, relativement à leur dignité ou à leur rang, mais eu égard à l'importance de leurs fonctions, & du danger de l'abus qu'ils en peuvent faire.

Il arrive quelquefois que pour donner plus de publicité à la peine, on y ajoute l'amende honorable à l'audience du tribunal. Il y a plusieurs exemples de jugemens qui l'ont ordonnée, singulièrement à l'égard des greffiers & des huissiers.

On comprend sous la qualification de titres ecclésiastiques, les bulles & autres rescrits émanés de la cour de Rome, les lettres de prêtrise, diaconat, sous-diaconat, &c. & enfin les actes utiles de collation, nomination, présentation à des bénéfices.

Il n'y a point de loi particulière, ou au moins très-précise, quant à la peine, contre ceux qui se rendent coupables du crime de *faux* dans les titres ecclésiastiques : l'édit de Henri II, vulgairement appellé l'*édit des petites dates*, ordonne que s'ils sont clercs, ils seront déclarés *déchus du droit possessoire prétendu aux bénéfices qu'ils auroient prétendu posséder à l'aide du faux, & punis de telle peine que les juges verront par le cas privilégié, & renvoyés à leur prélat & juges ordinaires pour procéder contre eux, tant par déclaration d'inhabilité perpétuelle de tenir & posséder bénéfices en ce royaume, qu'autres peines suivant la qualité du fait ; & quant aux gens laïques, qu'il sera procédé contre eux suivant la rigueur des ordonnances.*

Il en résulte que les ecclésiastiques & les laïques, également coupables de *faux* dans les titres ecclésiastiques, doivent, conformément à l'édit de 1680, être punis comme le seroient ceux qui auroient commis un *faux* dans un acte public, mais sans être revêtus des fonctions relatives à cet acte.

L'apposition du sceau royal est le complément de la puissance législative & souveraine ; ce n'est point cette apposition qui, comme l'ont dit quelques auteurs, donne l'autorité aux lettres-patentes ou édits des rois, mais elle est un des signes de leur volonté souveraine. Celui qui entreprend de le contrefaire, se rend coupable du crime de lèse-majesté. La déclaration du mois de mars 1680, veut que tous ceux qui auront falsifié les lettres de la grande chancellerie, & de celles qui sont établies près des cours, imité, contrefait ou appliqué les grands & petits sceaux, *soit qu'ils soient officiers, ministres ou commis desdites chancelleries, ou non, soient punis de mort.*

Cette loi, comme on le voit, exige qu'il y ait non-seulement falsification des sceaux, mais encore application de ces mêmes sceaux à mauvais dessein, ce qui suppose la falsification des lettres & des signatures qui y sont ordinairement apposées.

La confiscation des biens du coupable de ce genre de *faux* n'appartient point au roi, mais à M. le chancelier ; ce qui est une exception remarquable, en ce qu'elle déroge à la jurisprudence ordinaire sur le fait des confiscations.

Une déclaration du roi du mois d'août 1699, a également ordonné que tous ceux qui contreferoient les signatures des conseillers du roi en tous ses conseils, secrétaires d'état & de ses commandemens ès choses concernant la fonction des charges desdits secrétaires d'état, seroient à l'avenir punis de mort.

Cette loi est intervenue pour fixer l'incertitude des juges qui, ne trouvant dans le code pénal aucune disposition relative à cette espèce de faussaire, ne savoient de quelle peine les punir ; & il faut bien prendre garde, à ce sujet, de tomber dans l'erreur d'un criminaliste moderne qui, dans son commentaire sur le texte de cette loi, syncope les qualités de conseillers du roi en tous ses conseils, secrétaires d'état, & y trouve deux classes de per-

fonnes; favoir, les conseillers du roi en tous fes
conseils, & les fecrétaires d'état; il a même, de
peur qu'on ne faififfe pas fon opinion, l'attention
de placer les fecrétaires d'état avant les conseillers
du roi en tous fes conseils; en telle forte, qu'il
fembleroit que la fignature de tous les magiftrats
qui, par le titre de leurs offices, font qualifiés de
conseillers du roi en tous fes conseils, eft facrée
fous peine de la vie. Gardons-nous de cette erreur;
tout fauffaire doit, fans doute, être puni: mais la
difpofition rigoureufe de la déclaration de 1699,
ne doit s'appliquer qu'à ceux qui contrefont la
fignature des fecrétaires d'état *ès chofes qui concernent leurs fonctions.*

L'ordonnance de François I donnée à Châteaubriant en 1532, & la déclaration du mois de mai
1720, prononcent la peine de mort contre tous
ceux qui feront convaincus *d'avoir imité, contrefait,
falfifié ou altéré en quelque forte & manière que ce
puiffe être, les ordonnances fur le tréfor royal, les
états ou extraits de diftribution, ainfi que les refcriptions, récépiffés ou autres expéditions qui émanent du
tréfor royal, les regiftres, quittances ou expéditions
du tréforier des revenus cafuels, tréforiers généraux
de l'extraordinaire des guerres, receveurs des confignations ou des épices, commiffaires aux faifies réelles,
enfemble des prépofés à la recette des fermes ou des
finances, receveurs ou tréforiers des pays d'état & tous
autres qui font chargés par commiffion ou autrement,
de la recette du maniement ou paiement des fonds qui
entrent dans les caiffes royales ou publiques; ceux qui
feront convaincus d'avoir altéré, changé ou falfifié
tous papiers royaux ou publics, feroient condamnés
au dernier fupplice, fans que les juges puffent avoir
égard à la modicité des fommes, ni au plus ou moins
de dommage que lefdites falfifications, altérations ou
changemens pourroient caufer.*

Les commis aux aides & autres ayant ferment
en juftice, qui ont fabriqué ou fait fabriquer de
faux regiftres, ou qui en ont délivré de *faux*
extraits fignés d'eux, ou contrefait la fignature
des juges, doivent être punis de mort, conformément à l'ordonnance des fermes du mois de
juillet 1681.

Les contribuables qui ont falfifié les marques
des commis & autres ayant ferment en juftice, les
congés, acquits, &c. doivent être condamnés,
pour la première fois, au fouet, & à un banniffement de cinq ans hors du reffort de l'élection,
dans l'étendue de laquelle le délit aura été commis,
avec une amende du quart de leurs biens, au moins,
& en cas de récidive, aux galères pour neuf ans,
avec amende de la moitié de leurs biens. *Voyez*
l'ordonnance des fermes de 1681.

La néceffité de défendre tous les genres d'impofitions des atteintes du *faux*, a dicté des difpofitions particulières contre les falfificateurs des papiers
& parchemins timbrés. L'ordonnance fur le fait des
aides du mois de juin 1680, défend à toute perfonne de vendre & diftribuer du papier & du par-

chemin timbré, finon de l'ordre & pouvoir par écrit
du fermier, fes procureurs & commis, à peine de
300 liv. d'amende pour la première fois, & de
1000 liv. en cas de récidive. Il eft également défendu de contrefaire les moulins à papier & parchemin timbré, à peine de l'amende honorable,
& des galères de cinq ans pour la première fois,
avec amende de 1000 liv., & des galères perpétuelles en cas de récidive.

Les commis du contrôle, falfificateurs de leurs
regiftres, doivent, ainfi que les commis aux aides,
être punis de mort, comme chargés d'une recette
dont le produit eft verfé dans les coffres du roi.
On leur applique la difpofition de l'article 2 de la
déclaration du mois de mai 1720, qui prononce
la peine capitale contre tous ceux qui étant chargés par commiffion ou autrement du maniement
& de la perception des deniers du roi, abufent de
la confiance du prince & détournent à leur profit
les revenus de l'état. Il leur eft même défendu, à
peine d'amende & de plus grave peine s'il y échet, de
laiffer aucun blanc dans leurs regiftres: cette difpofition de la loi, eft en faveur des particuliers, afin
qu'on n'y puiffe remplir ces blancs par des mentions qui leur feroient préjudiciables, en donnant
à des pièces ou à des actes une date qu'ils ne peuvent avoir en juftice que du jour du contrôle.

Il n'y a point de difpofition précife contre les
notaires, greffiers & autres officiers, ayant la faculté
de paffer des actes & contrats, & convaincus d'une
fauffe mention du contrôle fur les expéditions par
eux délivrées. Une déclaration du roi du 28 octobre
1734, ordonne qu'ils feront pourfuivis extraordinairement & punis comme fauffaires: mais comme
la peine du *faux* varie fuivant le genre & les circonftances, ainfi que nous venons de l'établir, il
en réfulte que la peine de la fauffe énonciation
du contrôle eft abfolument à l'arbitrage des juges.

Le *faux* commis dans les regiftres de baptêmes,
mariages & fépultures, eft un crime d'autant plus
grave qu'il attente à l'état des perfonnes, à l'honneur des familles, aux propriétés des individus qui
en font partie, foit qu'il ait pour objet d'en exclure
un individu, foit qu'il ait pour but d'y introduire
un étranger, ou de légitimer des bâtards, ou feulement de fuppofer des mariages qui n'ont point été
contractés. Cependant les différentes loix qui ont
été faites contre les fauffaires, n'ont point fpécifié
ceux de ce genre, & n'ont point établi de peine
particulière contre eux. Le même criminalifte que
nous avons déjà combattu ci-deffus, & que nous
avons le ménagement de ne pas nommer, penfe
que c'eft le cas d'appliquer les difpofitions de l'édit
de 1680, qui prononce la peine de mort contre
toutes perfonnes publiques qui commettent le *faux*
dans leurs fonctions. On remarque toujours dans
les opinions de ce jurifconfulte une févérité d'opinion qui tient peut-être à l'auftérité de fes mœurs,
mais dont un magiftrat doit toujours fe préferver
s'il n'a pas la loi pour guide; lorfqu'une loi eft

douteufe ou muette dans certains cas, il ne faut pas, pour fe décider, choifir les analogies les plus dures, fur-tout lorfque les conféquences que l'on veut tirer réfultent d'objets de comparaifon infiniment éloignés: pourquoi fe perfuader & répéter fans ceffe que l'effufion du fang doit indiftinctement venger l'injure faite à la loi & le trouble de l'ordre focial: fans doute les curés, vicaires ou autres dépofitaires de regiftres, font infiniment coupables lorfqu'ils falfifient ou altèrent les actes importans, dont la rédaction & la garde leur font confiées. Mais je ne dois point prononcer la mort, où je ne vois point que la loi l'exige. Je crois qu'on doit fe contenter de condamner les fauffaires de ce genre au fouet & aux galères, & à faire préalablement amende-honorable.

Ceux qui, n'ayant point de caractère pour tenir & garder ces regiftres, trouvent néanmoins le moyen d'y commettre quelques faux, ou altèrent les expéditions qui leur ont été délivrées, doivent conféquemment être punis d'une moindre peine, qui doit dépendre, pour fa mefure, du genre de délit & de fes circonftances.

Le faux, dans les actes privés, c'eft-à-dire, dans tous les écrits qui font paffés entre fimples particuliers fans l'intervention & le miniftère d'un officier public, n'a pas été envifagé par nos légiflateurs, comme un crime affez grave pour néceffiter une difpofition particulière, ils en ont laiffé la punition à l'arbitrage des juges, qui peuvent, aux termes de l'édit de mars 1680, prononcer *telles peines qu'ils jugeront*, même celle de mort, felon l'exigence des cas & la qualité des crimes. Le criminalifte que nous avons déjà défigné, eft encore tombé à cet égard dans une erreur que nous ne pouvons nous empêcher de relever, en difant que *la peine doit être aggravée par la quantité du préjudice qui feroit réfulté*. Si le faux n'avoit pas été reconnu, nous conviendrons avec lui que la peine pécuniaire doit fuivre ce calcul, qu'il eft jufte de proportionner la réparation de ce genre au dommage; mais on ne peut en argumenter pour la peine légale, qui ne doit avoir d'autre règle que la loi & le genre de crime. Nous obferverons même que dans la condamnation en dommages & intérêts, il faut plutôt calculer la perte & le préjudice déjà éprouvés, que celui dont les hafards ont été prévenus par la pourfuite & la conviction du coupable.

Les expreffions de faux principal & de faux incident, ne défignent point des genres particuliers du crime de faux, mais feulement la manière dont l'action a été introduite.

Le faux principal eft celui qui s'intente directement contre un particulier avec lequel on n'eft point en procès, mais dans les mains de qui on fait qu'il exifte une pièce fauffe.

Le faux incident eft celui dont l'action s'intente accidentellement, & dans le cours d'une procédure quelconque civile ou criminelle.

La preuve du faux peut fe faire tant par titres que par témoins; l'accufateur ou le dénonciateur fournit des pièces de comparaifon fur lefquelles des experts écrivains, nommés par le juge, dreffent un procès-verbal raifonné. La forme de cette procédure a été réglée par les articles 5 & fuivans du titre 8 de l'ordonnance de 1670, & par le titre 9 de la même ordonnance: mais ces difpofitions ayant paru infuffifantes, le feu roi, au mois de juillet 1737, publia la loi appellée communément, l'*ordonnance du faux*, concernant le faux principal & faux incident, & la reconnoiffance des écritures & fignatures en matière criminelle.

Voyez l'ordonnance de 1670 titres 8 & 9; celle de 1737; les inftitutions au droit criminel, & les loix criminelles par M. Muyart de Vouglans; les œuvres de M. Jouffe, &c. (*Cet article eft de M. BOUCHER D'ARGIS, confeiller au châtelet, de l'académie de Rouen*, &c.)

FAUX (*Droit civil.*) ce terme fe joint à plufieurs autres dénominations qu'il eft néceffaire de faire connoître.

Faux-aveu, eft lorfqu'un cenfitaire s'avoue fujet d'un autre que de fon feigneur, ou lorfqu'un vaffal reconnoît un autre feigneur féodal, que celui dont il relève. Voyez COMMISE & DÉSAVEU.

Faux-emploi, fe dit des dépenfes portées dans un compte pour des chofes qui n'ont pas été faites. Voyez DOUBLE-EMPLOI.

Faux-énoncé, fe dit lorfque dans un acte on infère, foit par erreur, foit par mauvaife foi, quelque fait qui n'eft pas exact.

Faux-frais, en terme de pratique, font les dépenfes faites par les plaideurs, fans efpérance de les retirer, parce qu'elles n'entrent pas dans la taxe des dépens. Voyez FRAIS.

On appelle auffi faux-frais, en Flandre, les dépenfes que les communautés d'habitans font tenues de faire pour des objets dont il ne revient au roi aucune fomme réelle, & qui tendent néanmoins à la confervation de la communauté: telles font, en temps de guerre, les demandes de charriots, de voitures, de pionniers, de fafcines, de fourrages: les fommes que l'on paie à l'ennemi pour s'exempter ou fe racheter du pillage.

Dans la répartition de ces faux-frais fur les habitans de la communauté, les forains, foit propriétaires, foit fermiers ou locataires, ne font impofés que pour les trois quarts de la cotte, qu'auroit fupportée un membre de la communauté.

Les conteftations qui s'élèvent fur l'impofition, l'affiette, & la recette des faux-frais, depuis l'édit du mois de mars 1693, fe portent, dans la Flandre françoife, pardevant les officiers des gouvernances.

FAUX, (*Monnoie.*) On fe rend coupable de faux en fait de monnoyage, lorfqu'on fabrique des pièces fauffes, par un alliage imitant l'or, l'argent ou le billon, qu'on altère les efpèces, ou qu'on les répand dans le public. Tout directeur qui, de concert avec les autres officiers, introduit dans le commerce., des espèces de bas aloi, est également coupable du crime de *fausse-monnoie*. On regarde aussi comme tels les ouvriers qui, travaillant à la monnoie, prennent & vendent des cisailles & grénailles, & ceux qui les achètent. Tous ceux qui se rendent coupables du crime de fausse monnoie sont punis de mort.

FAUX-SAUNAGE, (*Code criminel & Finances.*) cet article se trouve nécessairement dans le *Dictionnaire des finances*, c'est pourquoi nous nous contenterons de remarquer ici, que, par l'ordonnance des gabelles de 1680, & par les déclarations des 5 juillet 1704 & 4 mars 1724, les *faux - sauniers* attroupés avec armes, au nombre de cinq & au-dessus, sont punis de mort; que ceux qui sont pris en moindre nombre sont condamnés, pour la première fois, en 300 liv. d'amende, & aux galères pour trois ans, préalablement flétris d'un fer chaud, portant l'empreinte des trois lettres G A L, & qu'en cas de récidive, ils sont punis de mort.

Les *faux-sauniers*, sans armes, avec chevaux, charrois ou bateaux, paient, pour la première fois, 300 liv. d'amende; & en cas de récidive 400 liv., & en outre, sont condamnés aux galères pour neuf ans, & flétris d'un fer chaud.

Les *faux-sauniers*, à porte-col, sans armes, ne sont condamnés, pour la première fois, qu'à une amende de 200 liv., & en cas de récidive, à une de 300 liv., & aux galères pour six ans.

La flétrissure à l'égard des deux dernières espèces de *faux - sauniers*, n'emporte pas la peine de mort, quand ils retombent pour la troisième fois dans la même espèce de fraude, ainsi qu'il est réglé par une déclaration du 15 février 1744.

Les *faux-sauniers* sont obligés de payer dans le mois l'amende à laquelle ils ont été condamnés, & faute de paiement, sur la simple requête du fermier, elle est convertie en la peine des galères pour trois ans: mais dans ce cas, ils ne doivent pas être flétris. Ils n'ont pas même besoin de lettres de rappel, lorsqu'ils paient l'amende après avoir commencé à subir la peine des galères.

La peine du fouet ou du bannissement à temps ou à perpétuité, suivant la nature & la qualité du délit, doit être prononcée contre les femmes, dans le cas où la peine des galères est ordonnée contre les hommes.

Toute personne, sans distinction de sexe, est sujette aux peines portées contre les *faux-sauniers*, dès qu'elle a atteint l'âge de quatorze ans accomplis. Les maris sont tenus solidairement & par corps, des amendes prononcées contre leurs femmes, & les pères de celles prononcées contre leurs enfans demeurant avec eux: mais faute de paiement, on ne peut leur infliger d'autre peine afflictive.

Les procès instruits contre les *faux-sauniers*, se jugent dans les gabelles du Lyonnois, suivant le réglement de 1660, & les déclarations des 22 février 1667, & 17 février 1673; dans celles de Languedoc, d'après les déclarations des 22 juin

1678, 3 mars 1711, & 2 avril 1722; dans celles de Provence & de Dauphiné, suivant l'édit de février 1664, la déclaration de février 1667; & dans le Dauphiné suivant la déclaration du 18 mai 1706, qui est particulière à cette province.

Ceux qui achètent du sel des *faux-sauniers* pour le revendre, sont sujets aux mêmes peines; mais ceux qui ne l'achètent que pour leur usage, sont condamnés à une amende de 200 liv. pour la première fois, de 500 pour la seconde, de 1000 pour la troisième, & ainsi à proportion des nouvelles contraventions.

Ceux qui retirent dans leurs maisons les *faux-sauniers*, les cachent eux, leur sel & équipage, leur fournissent des vivres, sont poursuivis comme leurs complices. Les habitans des bourgs, paroisses & communautés par lesquels ils passent, sont tenus de les arrêter, ou d'en donner avis aux receveurs des greniers, & aux capitaines des brigades voisines, à peine de 300 livres d'amende. *Ordonn. d'août 1711.*

L'ordonnance de 1680 prononce la peine de mort contre les employés de la ferme, convaincus d'avoir fait le *faux-saunage*, ou d'y avoir contribué: contre les officiers des greniers & dépôts de sel, la confiscation de leurs offices, & d'être déclarés incapables d'en posséder à l'avenir: contre les gentilshommes, la déchéance de noblesse pour eux & leur postérité: leurs maisons doivent en outre être rasées, lorsqu'elles ont servi de retraite aux *faux-sauniers*.

FAUX-TÉMOIN, est celui qui dépose ou atteste quelque chose contre la vérité. *Voyez* TÉMOIN.

FAYMIDRET ou FAYMI-DROICT, signifie, dans la coutume de Sole, *la basse justice foncière*, & le semi - droit qui appartient aux seigneurs de fief, caviers & fonciers, sur leurs sujets & fivatiers, qui leur doivent cens, rente ou autre devoir.

F E

FÉAGE, *voyez* AFFÉAGE.

FÉAL, adj. en latin *fidelis*, est une épithète que le roi donne ordinairement à ses vassaux, aux principaux officiers de sa maison, & aux officiers de ses cours. L'étymologie de ce terme vient de la foi que ces vassaux & officiers étoient tenus de garder au roi, à cause de leur bénéfice, fief, ou office. On disoit en vieux langage celtique, *la fé*, pour *la foi*, & de *fé*, on a formé *féal, feauté*, comme de *fidelis*, fidèle & fidélité.

Les Leudes, qui sous la première & la seconde race, étoient les grands du royaume, étoient aussi indifféremment qualifiés de *fidèles*, ou de *féaux*: ce dernier mot s'est conservé dans le style de la chancellerie en parlant des grands vassaux & officiers de la couronne.

Le titre d'*amé* est ordinairement joint à celui de *féal*, soit dans les ordonnances, édits & déclarations, soit dans les autres lettres de grande ou de petite chancellerie: mais le titre de *féal* est beaucoup plus distingué que celui d'*amé*; le roi donne celui-ci

à

à tous fes fujets indifféremment ; au lieu qu'il ne donne le titre de *féal* qu'aux vaffaux & officiers de la couronne, & autres officiers diftingués, foit de la robe ou de l'épée. Toutes les lettres que le roi envoie au parlement, contiennent cette adreffe : *à nos amés & féaux les gens tenans notre cour de parlement.*

FÉAUTÉ, f. f. anciennement employé dans la fignification de *foi*, prife dans le fens de fidélité & fervice promis par le vaffal à fon feigneur. *Voyez* Foi & HOMMAGE.

FÉEZ, f. f. pl. terme particulier de la coutume d'Anjou, *article 359* : elle fe fert de cette expreffion pour fignifier les faix ou charges féodales & foncières, & généralement toutes les charges réelles des héritages.

FEINE, f. f. (*Eaux & Forêts.*) on appelle *feine*, le fruit & la femence de certains arbres des forêts.

Les bois font fi néceffaires aux ufages & aux néceffités de la vie, que les loix ont pris toutes les précautions néceffaires pour en affurer le recrû. C'eft pour cet effet qu'elles ont défendu d'abattre, de cueillir & d'amaffer les *feines*, & autres fruits.

La coutume de Nivernois, *chap. 17, art. 17 & 18*, en contient une difpofition expreffe, & condamnoit ceux qui le faifoient, en 20 fous tournois d'amende pour la première fois, en 60 fous en cas de récidive ; & pour la troifième fois, elle ordonnoit qu'ils fuffent punis comme larrons. L'ordonnance de 1669 défend d'abattre les *feines*, à peine de 100 livres d'amende ; de les amaffer & de les emporter des forêts, à peine de 5 livres d'amende pour la charge d'un homme ; de 20 pour celle d'un cheval ou d'une bourrique ; de 40 pour celle d'une voiture ; du double en cas de récidive ; & de banniffement du reffort de la maîtrife pour la troifième fois : & dans tous les cas, de confifcation des chevaux, bourriques & voitures qui en font trouvés chargés.

FÉLENIE, f. f. eft un ancien terme qu'on trouve dans Beaumanoir & dans Defontaines, qui fe difoit autrefois pour *félonie* ou *infidélité. Voyez* FÉLONIE.

FÉLON, f. m. FÉLONIE, f. f. (*Code féodal.*) *Félon* en général fignifie *traître, cruel, inhumain* : en matière féodale, il fe dit du vaffal qui à grièvement offenfé fon feigneur, & du feigneur qui commet envers fon vaffal quelque forfait ou déloyauté notable.

Félonie, dans un fens étendu, fe prend pour toutes fortes de crimes, autres que celui de lèfe-majefté, tels que l'incendie, le rapt, l'homicide, le vol, & autres délits par lefquels on attente à la perfonne d'autrui.

Mais, dans le fens propre & le plus ordinaire, le terme de *félonie* fe dit du crime que commet le vaffal qui offenfe grièvement fon feigneur.

La diftinction de ce crime d'avec les autres délits tire, comme on voit, fon origine des loix des fiefs.

Le vaffal fe rend coupable de *félonie*, lorfqu'il met la main fur fon feigneur pour l'outrager ; lorfqu'il le maltraite en effet lui, fa femme ou fes enfans, foit de coups ou de paroles injurieufes ; lorfqu'il a déshonoré la femme ou la fille de fon feigneur ; lorfqu'il a attenté à la vie de fon feigneur, de fa femme ou de fes enfans ; lorfqu'il refufe d'accomplir les conditions attachées à l'inféodation de fon fief.

Boniface, *tom. V, liv. III, tit. j, ch. xix*, rapporte un arrêt du parlement de Provence du mois de décembre 1675, qui condamna un vaffal à une amende honorable, & déclara fes biens confifqués, pour avoir dépouillé fon feigneur dans le cercueil, & lui avoir dérobé fes habits.

Le roi Henri II déclara, en 1556, coupables de *félonie* tous les vaffaux des feigneurs qui lui devoient apporter la foi & hommage, & ne le faifoient pas, tels que les vaffaux de la Franche-Comté, Flandre, Artois, Hainaut, &c.

Le démenti donné au feigneur eft auffi réputé *félonie* ; il y a deux exemples de confifcation du fief prononcée dans ce cas contre le vaffal, par arrêts des 31 décembre 1556 & mai 1574, rapportés par Papon, *liv. XIII, tit. j, n. 11*, & par Bouchel, *bibliot.* verbo *Félonie*.

Le défaveu eft différent de la *félonie*, quoique la commife ait lieu en l'un & l'autre cas.

Le vaffal commet encore le crime de *félonie*, lorfqu'il fait la guerre à fon feigneur, qu'il affiège fes villes, qu'il l'abandonne dans un péril, qu'il ne comparoît pas aux affignations qui lui ont été données par fon feigneur. Mais ces caufes de *félonie* qui avoient lieu par l'ancien droit féodal, n'exiftent plus aujourd'hui, que les loix & la police de l'état empêchent les guerres privées entre les feigneurs, fi communes fous les derniers rois de la feconde race, & fous les premiers de la troifième.

Le crime de *félonie* ne fe peut commettre qu'envers le propriétaire du fief dominant, & non envers l'ufufruitier, fi ce n'eft à l'égard d'un bénéficier, lequel tient lieu de propriétaire, auquel cas le fief fervant n'eft pas confifqué au profit du bénéficier, mais de fon églife.

On regarde, comme propriétaire du fief, envers qui le crime de *félonie* peut fe commettre, celui qui poffède le fief dominant foit en entier, foit en partie ; celui dont la propriété eft réfoluble par faculté de réméré, retrait ou autrement ; le mari qui poffède le fief de fa femme ; la femme propriétaire du fief, quoiqu'en puiffance du mari ; le titulaire d'un bénéfice, quoiqu'il ne foit qu'ufufruitier.

La peine ordinaire de la *félonie* eft la confifcation du fief au profit du feigneur dominant ; un des plus anciens & des plus mémorables exemples de cet ufage, eft la confifcation qui fut prononcée pour *félonie* commife par le feigneur de Craon contre le roi de Sicile & de Jérufalem. Par arrêt du parlement de Paris, de l'an 1394, fes biens furent déclarés acquis & confifqués à la reine, avec tous les fiefs qu'il tenoit de ladite dame, tant en son nom que de ses enfans ; & comme traître à son seigneur & roi, il fut condamné en 100,000 ducats & banni hors du royaume ; mais l'exécution de cet arrêt fut empêchée par le roi son oncle & par le duc d'Orléans. Papon, *liv. XIII, tit. j, n. 11.*

Les bénéficiers coupables de *félonie* ne confisquent pas la propriété du fief dépendant de leur bénéfice, mais seulement leur droit d'usufruit. Forget, *ch. xxiij.*

La *félonie* & rebellion de l'évêque donnent ouverture au droit de régale, ainsi qu'il fut jugé par un arrêt du parlement de Paris, du mois d'août 1598. Filleau, *part. IV, quæst. 1.*

Celui qui tient un héritage à cens, doit aussi être privé de ce fonds pour *félonie.* Lapeyrère ; *lett. f, n. 61 & 114.*

Mais la confiscation pour *félonie,* soit contre le vassal ou contre le censitaire, n'a pas lieu de plein droit ; il faut qu'il soit intervenu un jugement qui l'ordonne sur les poursuites du seigneur dominant. *Voyez* Andr. Gail. *lib. II, observ. 51.*

Outre la peine de la commise, le vassal peut être condamné à mort naturelle, ou aux galères, au bannissement, en l'amende honorable, ou en une simple amende, selon l'atrocité du délit qui dépend des circonstances.

Si le seigneur dominant ne s'est pas plaint de son vivant de la *félonie* commise envers lui par son vassal, il est censé lui avoir remis l'offense, & ne peut pas intenter d'action contre ses héritiers, à moins qu'elle n'eût été commencée du vivant du seigneur dominant & du vassal qui a commis l'offense.

Le seigneur commet *félonie* envers son vassal, lorsqu'il se rend coupable envers lui de quelque forfait & déloyauté notable.

Cette espèce de *félonie* fait perdre au seigneur dominant l'hommage & la mouvance du fief servant, qui retourne au seigneur suzerain de celui qui a commis la *félonie,* & le vassal outragé par son seigneur est exempt, & ses successeurs pour toujours, de la jurisdiction du seigneur dominant, & de lui payer aucuns droits seigneuriaux, ce qui est fondé sur ce que les devoirs du seigneur & du vassal sont réciproques ; car si le vassal doit honneur & fidélité à son seigneur, celui-ci doit protection & amitié à son vassal.

Le plus ancien & le plus fameux exemple que l'on rapporte de la confiscation qui a lieu en ce cas contre le seigneur dominant, est celui de Clotaire I, lequel, au rapport de Guaguin, du Haillan & quelques autres historiens, fut privé de la mouvance de la seigneurie d'Yvetot en Normandie, pour avoir tué dans l'église, le jour du vendredi saint, Gauthier, seigneur de ce lieu, lequel ayant été exilé par ce prince, étoit revenu près de lui muni de lettres du pape Agapet. On prétend que Clotaire, pour réparer son crime, érigea Yvetot en royaume ;

mais cette histoire, dont on n'a parlé pour la première fois que 900 ans après la mort de ceux qui y avoient quelque part, est regardée comme fabuleuse par tous les bons historiens.

Chopin, sur la coutume d'Anjou, *liv. II, part. III, tit. iv, ch. ij, n. 2,* rapporte un arrêt du 13 mars 1562, par lequel un seigneur fut privé de la foi, hommage & service que son vassal lui devoit, pour lui avoir donné un soufflet dans une chambre du parlement de Paris.

Un héritier donne-t-il lieu à la commise d'un fief, à la succession duquel il est appelé, par la *félonie* dont il se rend coupable envers le seigneur ? Il faut distinguer : lorsque l'héritier devient *félon* par les insultes qu'il peut faire au seigneur dominant, il n'encourt pas la peine de la *félonie,* si dans ce temps il n'a fait aucun acte d'héritier, & qu'il renonce ensuite à la succession, parce qu'en ce cas il n'a jamais pu être regardé comme le vassal du seigneur.

Mais si l'héritier avoit accepté la succession sous bénéfice d'inventaire, il donneroit lieu à la confiscation du fief par sa *félonie,* parce qu'un héritier bénéficiaire est véritablement héritier, & par conséquent véritablement vassal.

Dumoulin prétend même qu'en ce cas la confiscation doit avoir lieu au préjudice des créanciers chirographaires du défunt. Mais son avis ne me paroit pas exact, & je penserois, avec Le Brun & M. le président Bouhier, que les créanciers doivent être préférés au seigneur.

En effet, quoique l'héritier bénéficiaire soit véritablement héritier & propriétaire, il ne l'est cependant qu'à la charge d'employer les effets & les biens de la succession au paiement de toutes les dettes du défunt. L'effet du bénéfice d'inventaire est de le rendre propriétaire seulement de ce qui reste après les dettes payées ; d'où il suit que n'étant pas propriétaire de la partie du fief nécessaire pour l'acquit de ces mêmes dettes, il n'a pu commettre que ce qui lui appartenoit, & le seigneur ne peut confisquer que cette partie. Néanmoins s'il y a assez de biens dans la succession pour payer les dettes sans toucher au fief, on doit le réserver au seigneur en vertu de sa commise.

En général, les personnes qui peuvent encourir la *félonie* sont, outre celles dont nous avons parlé, celui qui est tenu à la foi & hommage ; le fils du vassal, même avant la mort de son père ; l'appellé à la substitution, avant qu'elle soit ouverte, & le grevé de substitution, tant qu'elle dure ; le mari, quoiqu'il ne soit vassal que pour le chef de sa femme ; le mineur, s'il refuse de faire réparation, lorsqu'il a atteint l'âge de majorité. *Voyez* COMMISE, DÉSAVEU.

FEMME, s. f. (*Droit naturel & civil.*) on comprend en général sous ce terme, toutes les personnes du sexe féminin, soit filles, *femmes* mariées, ou veuves, quoiqu'à certains égards, les *fem-*

mes foient diftinguées des filles , & les veuves des *femmes* mariées.

Dans une feconde acception , on appelle *femme*, *uxer*, une perfonne du fexe, confidérée en tant qu'elle eft unie à un homme par les liens du mariage.

Quelquefois on comprend les *femmes* & filles fous le mot générique d'*hommes*, comme quand on dit *les hommes*, en parlant de toute l'efpèce humaine. *L.* 1 & *152*, *ff. de verb. fign.*

§. I. *De la femme fuivant les notions du droit naturel.* L'Être fuprême ayant jugé qu'il n'étoit pas bon que l'homme fût feul , lui a infpiré le defir de fe joindre en fociété très-étroite avec une compagne, & cette fociété fe forme par un accord volontaire entre les parties. Comme cette fociété a pour but principal la procréation & la confervation des enfans qui naîtront , elle exige que le père & la mère confacrent tous leurs foins à nourrir & à bien élever ces gages de leur amour, jufqu'à ce qu'ils foient en état de s'entretenir & de fe conduire eux-mêmes.

Mais quoique le mari & la *femme* aient au fond les mêmes intérêts dans leur fociété, il eft pourtant effentiel que l'autorité du gouvernement appartienne à l'un ou à l'autre : or le droit pofitif des nations policées, les loix & les coutumes de l'Europe donnent cette autorité unanimement & définitivement au mâle, comme à celui qui, étant doué d'une plus grande force d'efprit & de corps, contribue davantage au bien commun, en matière de chofes humaines & facrées ; enforte que la *femme* doit néceffairement être fubordonnée à fon mari & obéir à fes ordres dans toutes les affaires domeftiques. C'eft-là le fentiment des jurifconfultes anciens & modernes, & la décifion formelle des légiflateurs.

Auffi le code Frédéric qui a paru en 1750, & qui femble avoir tenté d'introduire un droit certain & univerfel , déclare que le mari eft par la nature même le maître de la maifon, le chef de la famille ; & que , dès que la *femme* y entre de fon bon gré, elle eft en quelque forte fous la puiffance du mari, d'où découlent diverfes prérogatives qui le regardent perfonnellement. Enfin l'écriture fainte prefcrit à la *femme* de lui être foumife, comme à fon maître.

Cependant les raifons qu'on vient d'alléguer pour le pouvoir marital, ne font pas fans replique, humainement parlant ; & le caractère de cet ouvrage nous permet de le dire hardiment.

Il paroît d'abord, 1°. qu'il feroit difficile de démontrer que l'autorité du mari vienne de la nature ; parce que ce principe eft contraire à l'égalité naturelle des hommes ; & de cela feul que l'on eft propre à commander, il ne s'enfuit pas qu'on en ait actuellement le droit : 2°. l'homme n'a pas toujours plus de force de corps, de fageffe, d'efprit & de conduite, que la *femme* : 3°. le précepte de l'écriture étant établi en forme de peine, indique affez qu'il n'eft que de droit pofitif. On peut donc foutenir qu'il n'y a point d'autre fubordination dans la fociété conjugale, que celle de la loi civile, & par conféquent rien n'empêche que des conventions particulières ne puiffent changer la loi civile, dès que la loi naturelle & la religion ne déterminent rien au contraire.

Nous ne nions pas que, dans une fociété compofée de deux perfonnes, il ne faille néceffairement que la loi délibérative de l'une ou de l'autre l'emporte ; & puifque les hommes font plus capables que les *femmes* de bien gouverner les affaires particulières, il eft très-judicieux d'établir pour règle générale, que la voix de l'homme l'emportera tant que les parties n'auront point fait enfemble d'accord contraire, parce que la loi générale découle de l'inftitution humaine , & non pas du droit naturel. De cette manière, une *femme* qui fait quel eft le précepte de la loi civile, & qui a contracté fon mariage purement & fimplement, s'eft par-là foumife tacitement à cette loi civile.

Mais fi quelque *femme*, perfuadée qu'elle a plus de jugement & de conduite, ou fachant qu'elle eft d'une fortune ou d'une condition plus relevée que celle de l'homme qui fe préfente pour fon époux, ftipule le contraire de ce que porte la loi, & cela du confentement de cet époux, ne doit-elle pas avoir, en vertu de la loi naturelle, le même pouvoir que le mari en vertu de la loi du prince ? Le cas d'une reine qui, étant fouveraine de fon chef, époufe un prince au-deffous de fon rang, ou, fi l'on veut, un de fes fujets, fuffit pour montrer que l'autorité d'une *femme* fur fon mari, en matière même de chofes qui concernent le gouvernement de la famille, n'a rien d'incompatible avec la nature de la fociété conjugale.

En effet, on a vu chez les nations les plus civilifées, des mariages qui foumettent le mari à l'empire de la *femme*; on a vu une princeffe , héritière d'un royaume, conferver elle feule, en fe mariant, la puiffance fouveraine dans l'état. Perfonne n'ignore les conventions de mariage qui firent entre Philippe II & Marie, reine d'Angleterre ; celles de Marie, reine d'Ecoffe, & celles de Ferdinand & d'Ifabelle, pour gouverner en commun le royaume de Caftille.

L'exemple de l'Angleterre & de la Mofcovie fait bien voir que les *femmes* peuvent réuffir également, & dans le gouvernement modéré, & dans le gouvernement defpotique ; & s'il n'eft pas contre la raifon & contre la nature qu'elles régiffent un empire, il femble qu'il n'eft pas plus contradictoire qu'elles foient maîtreffes dans une famille.

Lorfque le mariage des Lacédémoniens étoit prêt à fe confommer, la *femme* prenoit l'habit d'un homme ; & c'étoit-là le fymbole du pouvoir égal qu'elle alloit partager avec fon mari. On fait, à ce fujet, ce que dit Gorgone, *femme* de Léonidas, roi de Sparte, à une *femme* étrangère qui étoit

fort furprife de cette égalité : *Ignorez-vous*, répondit la reine, *que nous mettons des hommes au monde ?*
Autrefois même en Egypte, les contrats de mariage entre particuliers, auffi-bien que ceux du roi & de la reine, donnoient à la *femme* l'autorité fur le mari. Diodore de Sicile, *liv. I, ch. xxvij.*

Rien n'empêche au moins (car il ne s'agit pas ici de fe prévaloir d'exemples uniques & qui prouvent trop); rien n'empêche, dis-je, que l'autorité d'une *femme* dans le mariage ne puiffe avoir lieu en vertu des conventions, entre des perfonnes d'une condition égale, à moins que le légiflateur ne défende toute exception à la loi, malgré le libre confentement des parties.

Le mariage eft de fa nature un contrat, & par conféquent, dans tout ce qui n'eft point défendu par la loi naturelle, les engagemens contractés entre le mari & la *femme* en déterminent les droits réciproques.

Enfin, pourquoi l'ancienne maxime, *provifio hominis tollit provifionem legis*, ne pourroit-elle pas être reçue dans cette occafion, ainfi qu'on l'autorife dans les douaires, dans le partage des biens, & en plufieurs autres chofes, où la loi ne règne que quand les parties n'ont pas cru devoir ftipuler différemment de ce que la loi prefcrit ? *Voyez* MARIAGE.

§. II. *De la condition des femmes felon les loix civiles.* La condition des *femmes*, en général, eft différente en plufieurs chofes de celle des hommes proprement dits.

Les *femmes* font plutôt nubiles que les hommes ; l'âge de puberté eft fixé pour elles à douze ans ; leur efprit eft communément formé plutôt que celui des hommes ; elles font auffi plutôt hors d'état d'avoir des enfans : *citiùs pubefcunt, citiùs feriefcunt.*

Les hommes, par la prérogative de leur fexe & par la force de leur tempérament, font naturellement capables de toutes fortes d'emplois & d'engagemens ; au lieu que les *femmes*, foit à caufe de la fragilité de leur fexe & de leur délicateffe naturelle, font exclufes de plufieurs fonctions, & incapables de certains engagemens.

Par le droit romain, elles étoient exclufes des comices, du droit de donner leur fuffrage, de fe préfenter au barreau & à toute autre affemblée. Elles étoient dans une tutèle perpétuelle, foit avant, foit après leur mariage ; & Ulpien en apporte pour raifon, la foibleffe de leur fexe & leur ignorance des affaires civiles. C'eft pourquoi on remarque comme une faveur fignalée de la part d'Augufte, le privilège qu'il accorda à Livie & à Octavie, d'adminiftrer leurs biens fans tuteur.

Parmi nous, pour parler d'abord de ce qui regarde l'état eccléfiaftique, les *femmes* peuvent bien être chanoineffes, religieufes, abbeffes d'une abbaye de filles ; mais elles ne peuvent pofféder d'évêché ni d'autres bénéfices, ni être admifes aux ordres eccléfiaftiques, foit majeurs ou mineurs. Il y avoit

néanmoins des diaconeffes dans la primitive églife, mais cet ufage ne fubfifte plus.

Dans certains états monarchiques, comme en France, les *femmes*, foit filles, mariées ou veuves, ne fuccèdent point à la couronne.

Les *femmes* ne font pas non plus admifes aux emplois militaires ni aux ordres de chevalerie ; fi ce n'eft quelques-unes, par des confidérations parculières.

Suivant le droit romain, qui eft en ce point fuivi dans tout le royaume, les *femmes* ne font point admifes aux charges publiques ; ainfi elles ne peuvent faire l'office de juge, ni exercer aucune magiftrature, ni faire la fonction d'avocat ou de procureur. *L. 2, ff. de regul. jur.*

Elles faifoient autrefois l'office de pair, &, en cette qualité, fiégeoient au parlement. Préfentement elles peuvent bien pofféder un duché-femelle & en prendre le titre, mais elles ne rempliffent plus les fonctions attachées à cet office. *Voyez* PAIR & PAIRIE.

Autrefois en France les *femmes* pouvoient être arbitres ; elles rendoient même en perfonne la juftice dans leurs terres ; mais depuis que les feigneurs ne font plus admis à rendre la juftice en perfonne, les *femmes* ne peuvent plus être ni juges ni arbitres.

Elles peuvent néanmoins faire la fonction d'experts, en ce qui eft de leur connoiffance, dans quelque art ou profeffion qui eft propre à leur fexe.

On voit dans les anciennes ordonnances, que c'étoit autrefois la *femme* qui faifoit la fonction de bourreau pour les *femmes*, comme lorfqu'il s'agit d'en fuftiger quelqu'une. *Voyez* ci-devant *au mot* EXÉCUTEUR DE LA HAUTE-JUSTICE.

On ne les peut nommer tutrices ou curatrices que de leurs propres enfans ou petits-enfans : il y a néanmoins des exemples qu'une *femme* a été nommée curatrice de fon mari prodigue, furieux & interdit.

Les *femmes* font exemptes de la collecte des tailles & autres deniers royaux ; mais elles ne font point exemptes des impofitions, ni des corvées ou autres charges, foit réelles ou perfonnelles. La corvée d'une *femme* eft évaluée à fix deniers par la coutume de Troyes, *art. 192*, & celle d'un homme à douze deniers.

Quelques *femmes* & filles ont été admifes dans les académies littéraires ; il y en a même eu plufieurs qui ont reçu le bonnet de docteur dans les univerfités. Hélène-Lucrèce Pifcopia Cornara demanda le doctorat en théologie dans l'univerfité de Padoue ; le cardinal Barbarigo, évêque de Padoue, s'y oppofa : elle fut réduite à fe contenter du doctorat en philofophie, qui lui fut conféré avec l'applaudiffement de tout le monde, le 25 juin 1678. Bayle, *œuvres, tom. I, p. 361.* La demoifelle Patin y reçut auffi le même grade. Le 10 mai 1732, Laure Baffi, bourgeoife de la ville de Boulogne, y reçut le doctorat en médecine, en préfence du fénat, du cardinal de Polignac, de deux évêques, de la principale noblesse, & du corps des docteurs de l'université. Enfin, en 1750, la signora Maria-Gaetana Agnesi fut nommée pour remplir publiquement les fonctions de professeur de mathématiques à Boulogne en Italie.

On ne peut prendre des *femmes* pour témoins dans des testamens, ni dans des actes devant notaires; mais on les peut entendre en déposition, tant en matière civile que criminelle.

On dit vulgairement qu'il faut deux *femmes* pour faire un témoin : ce n'est pas néanmoins que les dépositions des *femmes* se comptent dans cette proportion arithmétique, relativement aux dépositions des hommes; cela est seulement fondé sur ce que le témoignage des *femmes* en général est léger & sujet à variation; c'est pourquoi l'on y a moins d'égard qu'aux dépositions des hommes : il dépend de la prudence du juge d'ajouter plus ou moins de foi aux dépositions des *femmes*, selon la qualité de celles qui déposent, & les autres circonstances.

Il y a des maisons religieuses, communautés & hôpitaux pour les *femmes* & filles, dont le gouvernement est confié à des *femmes*.

On ne reçoit point de *femmes* dans les corps & communautés d'hommes, tels que les communautés de marchands & artisans; car les *femmes* qui se mêlent du commerce & métier de leur mari, ne sont pas pour cela réputées marchandes publiques : mais dans plusieurs de ces communautés, les filles de maîtres ont le privilège de communiquer la maîtrise à celui qu'elles épousent; & les veuves de maîtres ont le droit de continuer le commerce & métier de leur mari, tant qu'elles restent en viduité; ou si c'est un art qu'une *femme* ne puisse exercer, elles peuvent louer leur privilège, comme font les veuves de chirurgien.

Il y a certains commerces & métiers affectés aux *femmes* & filles, lesquelles forment entre elles des corps & communautés qui leur sont propres, comme les matrones ou sages-femmes, les marchandes lingères, les marchandes de marée, les marchandes grainières, les couturières, bouquetières, &c.

Les *femmes* ne sont point contraignables par corps pour dettes civiles, si ce n'est qu'elles soient marchandes publiques, ou pour stellionat procédant de leur fait. *Voyez* CONTRAINTE PAR CORPS.

On a fait en divers temps des loix pour réprimer le luxe des *femmes*. La plus ancienne que nous connoissions chez les Romains, est la loi *Oppia* : nous ferons connoître celles qui ont été portées en France à cet égard, sous le mot LUXE.

La frugalité, la tempérance, la modestie ont été particuliérement recommandées aux *femmes* par les législateurs de toutes les nations.

Les *femmes*, chez les Romains, furent d'abord renfermées dans l'intérieur de leurs familles, occupées aux ouvrages de la maison, & elles ne sortoient pas sans nécessité. Ce ne fut que dans la décadence des mœurs qu'elles se communiquèrent

davantage : elles ne tardèrent pas même à abuser de cette liberté, au point que Suétone rapporte, dans la vie de Domitien, qu'elles combattoient dans l'arène, ainsi que les hommes; mais l'empereur Sévère leur défendit d'y paroître.

Quand elles paroissoient en public, elles avoient la tête voilée : c'est ce que prouvent les médailles de Livie, de Marcia, de Faustine, où ces impératrices sont représentées avec un voile sur la tête. Valère-Maxime raconte d'un certain Sulpitius, qu'il renvoya sa *femme*, parce qu'il avoit appris qu'elle avoit paru dans les rues, la tête découverte.

§. III. *Des femmes mariées.* Pour connoître de quelle manière la *femme* doit être considérée dans l'état de mariage, nous n'aurons point recours à ce que certains critiques ont écrit contre les *femmes*; nous consulterons une source plus pure, qui est l'Ecriture même.

Le Créateur ayant déclaré qu'il n'étoit pas bon à l'homme d'être seul, résolut de lui donner une compagne & une aide, *adjutorium simile sibi*. Adam ayant vu Eve, dit que c'étoit l'os de ses os & la chair de sa chair; & l'Ecriture ajoute que l'homme quittera son père & sa mère pour demeurer avec sa *femme*, & qu'ils ne feront plus qu'une même chair.

Adam interrogé par le Créateur, qualifioit Eve de sa compagne, *mulier quam dedisti mihi sociam*. Dieu dit à Eve, que, pour peine de son péché, elle seroit sous la puissance de son mari, qui domineroit sur elle, *& sub viri potestate eris, & ipse dominabitur tui*.

Les autres textes de l'ancien Testament ont tous sur ce point le même esprit.

S. Paul s'explique aussi à-peu-près de même dans son épître aux Ephésiens, ch. 5; il veut que les *femmes* soient soumises à leur mari, comme à leur seigneur & maître, parce que, dit-il, le mari est le chef de la femme, de même que J. C. est le chef de l'église; & que comme l'église est soumise à J. C., de même les *femmes* doivent l'être en toutes choses à leurs maris : il ordonne aux maris d'aimer leurs *femmes*, & aux *femmes* de craindre leurs maris.

Ainsi, suivant les loix anciennes & nouvelles, la *femme* mariée est soumise à son mari; elle est *in sacris mariti*, c'est-à-dire en sa puissance, de sorte qu'elle doit lui obéir; & si elle manque aux devoirs de son état, il peut la corriger modérément.

Ce droit de correction étoit déjà bien restreint par les loix du code, qui ne veulent pas qu'un mari puisse frapper sa *femme*.

Les anciennes loix des Francs rendoient les maris beaucoup plus absolus; mais les *femmes* obtinrent des privilèges pour n'être point battues : c'est ainsi que les ducs de Bourgogne en ordonnèrent dans leur pays; les statuts de Ville-Franche en Beaujolois font la même défense de battre les *femmes*.

Présentement en France un mari ne peut guère impunément châtier sa femme, vu que les sévices

& les mauvais traitemens forment pour la *femme* un moyen de féparation.

Le principal effet de la puiffance que le mari a fur fa *femme*, eft qu'elle ne peut s'obliger, elle ni fes biens, fans le confentement & l'autorifation de fon mari, fi ce n'eft pour fes biens paraphernaux dont elle eft maîtreffe, ce qui n'a lieu que dans les provinces de droit écrit.

Elle ne peut aufli efter en jugement en matière civile, fans être autorifée de fon mari; ou par juftice, à fon refus.

Mais elle peut tefter fans autorifation, parce que le teffament ne doit avoir fon effet que dans un temps où la *femme* ceffe d'être en la puiffance de fon mari.

La *femme* doit garder fidélité à fon mari; celle qui commet adultère, encourt les peines de l'authentique *fed hodie. Voyez* ADULTÈRE, AUTHENTIQUE.

Chez les Romains, une *femme mariée* qui fe livroit à un efclave, devenoit elle-même efclave, & leurs enfans étoient réputés affranchis, fuivant un édit de l'empereur Claude; cette loi fut renouvellée par Vefpafien, & fubfifta long-temps dans les Gaules.

Une *femme* dont le mari eft abfent, ne doit pas fe remarier qu'il n'y ait nouvelle certaine de la mort de fon mari. Il y a cependant une bulle d'un pape, pour la Pologne, qui permet aux *femmes* de ce royaume de fe remarier, en cas de longue abfence de leur mari, quoiqu'on n'ait point de certitude de leur mort, ce qui eft regardé comme un privilège particulier à la Pologne. *Voyez* ABSENT, *fect. 5.*

Un homme ne peut avoir à la fois qu'une feule *femme* légitime, le mariage ayant été ainfi réglé d'inftitution divine, *mafculum & fœminam creavit eos*, à quoi les loix de l'églife font conformes.

La pluralité des *femmes*, qui étoit autrefois tolérée chez les Juifs, n'avoit pas lieu de la même manière chez les Romains & dans les Gaules. Un homme pouvoit avoir à-la-fois plufieurs concubines, mais il ne pouvoit avoir qu'une *femme*; ces concubines étoient cependant différentes des maîtreffes; c'étoient des *femmes* époufées moins folemnellement.

Quant à la communauté des *femmes*, qui avoit lieu à Rome, cette coutume barbare commença long-temps après Numa: elle n'étoit pas générale. Caton d'Utique prêta fa *femme* Martia à Hortenfius pour en avoir des enfans; il en eut en effet d'elle plufieurs; & après fa mort, Martia, qu'il avoit fait fon héritière, retourna avec Caton qui la reprit pour *femme*: ce qui donna occafion à Céfar de reprocher à Caton qu'il l'avoit donnée pauvre, avec deffein de la reprendre quand elle feroit devenue riche.

Parmi nous les *femmes mariées* portent le nom de leurs maris; elles ne perdent pourtant pas abfolument le leur; il fert toujours à les défigner

dans tous les actes qu'elles paffent, en y ajoutant leur qualité de *femme* d'un tel, & elles fignent leurs noms de baptême & de famille, auxquels elles ajoutent ordinairement celui de leur mari.

La *femme* fuit la condition de fon mari, tant pour la qualité que pour le rang & les honneurs & privilèges; c'eft ce que la loi 21, *au code de donat. inter vir. & ux.* exprime par ces mots, *uxor radiis maritalibus corufcat.*

Celle qui étant roturière époufe un noble, participe au titre & aux privilèges de nobleffe, nonfeulement tant que le mariage fubfifte, mais même après la mort de fon mari, tant qu'elle refte en viduité.

Les titres de dignité du mari fe communiquent à la *femme*: on appelle *ducheffe*, *marquife*, *comteffe*, la *femme* d'un duc, d'un marquis, d'un comte; la *femme* d'un maréchal de France prend le titre de *maréchale*; les *femmes* des chancelier, premier préfident, préfidens, avocats & procureursgénéraux, & autres principaux officiers de judicature, prennent de même les titres de *chancelière*, *première préfidente*, &c. ce qui, pour le dire en paffant, me paroît abufif. Le mari peut bien communiquer à fa *femme*, le titre de *reine*, de *ducheffe*, de *comteffe*, de *dame de paroiffe*, & autres femblables; mais il ne la fera jamais ni maréchale, ni chancelière, ni préfidente, ni juge. Ces titres font incommunicables, parce qu'ils font attachés à une qualité acquife par le travail du mari, qui manque entièrement à la *femme*: mais rien n'empêche que la *femme* d'un maréchal de France, d'un chancelier, d'un préfident, d'un juge, ne participe aux privilèges, honneurs, prérogatives & prééminences qui font attachés à l'office de fon mari.

La *femme* qui étant noble époufe un roturier, eft déchue des privilèges de nobleffe, tant que ce mariage fubfifte; mais fi elle devient veuve, elle rentre dans fes privilèges, pourvu qu'elle vive noblement.

La *femme* du patron & du feigneur haut-juflicier participe aux droits honorifiques dont ils jouiffent; elle eft recommandée aux prières nominales, & reçoit après eux l'encens, l'eau-bénite, le pain-béni; elle fuit fon mari à la proceffion; elle a droit d'être inhumée au chœur.

Le mari étant le chef de la *femme* & le maître de toutes les affaires, c'eft à lui à choifir le domicile: on dit néanmoins communément que le domicile de la *femme* eft celui du mari; ce qui ne fignifie pas que la *femme* foit la maîtreffe de choifir fon domicile, mais que le lieu où la *femme* demeure du confentement de fon mari, eft réputé le domicile de l'un & de l'autre; ce qui a lieu principalement lorfque le mari, par fon état, n'a pas de réfidence fixe.

Au refte, la *femme* eft obligée de fuivre fon mari par-tout où il juge à-propos d'aller. On trouve dans le code Frédéric, *part. I, liv. I, tit. viij, §. 3*, trois exceptions à cette règle: la première eſt pour le cas où l'on auroit ſtipulé par contrat de mariage, que la *femme* ne ſeroit pas tenue de ſuivre ſon mari s'il vouloit s'établir ailleurs; mais cette exception n'eſt pas de notre uſage : les deux autres ſont, ſi c'étoit pour crime que le mari fût obligé de changer de domicile, ou qu'il fût banni du pays.

Chez les Romains, les *femmes mariées* avoient trois ſortes de biens; ſavoir, les biens dotaux, les paraphernaux, & un troiſième genre de bien que l'on appelloit *res receptitiæ* ; c'étoient les choſes que la *femme* avoit apportées dans la maiſon de ſon mari pour ſon uſage particulier ; la *femme* en tenoit un petit regiſtre ſur lequel le mari reconnoiſſoit que ſa femme, outre ſa dot, lui avoit apporté tous les effets couchés ſur ce regiſtre, afin que la *femme*, après la diſſolution du mariage, pût les reprendre.

La *femme* avoit droit de reprendre ſur les biens de ſon mari prédécédé, une donation à cauſe de noces égale à ſa dot.

L'ancienne façon des Francs étoit d'acheter leurs *femmes*, tant veuves que filles; le prix étoit pour les parens, & à leur défaut, au roi, ſuivant le titre 66 de la *loi ſalique*. La même choſe avoit été ordonnée par Lycurgue à Lacédémone, & par Frothon, roi de Danemarck.

Sous la première & la ſeconde race de nos rois, les maris ne recevoient point de dot de leurs *femmes*; elle leur donnoient ſeulement quelques armes, mais ils ne recevoient d'elles ni terres, ni argent. *Voyez* ce qui a été dit au *mot* DOT.

Préſentement on diſtingue ſuivant quelle loi la *femme* a été mariée.

Si c'eſt ſuivant la loi des pays de droit écrit, la *femme* ſe conſtitue ordinairement en dot ſes biens en tout ou partie, & quelquefois elle ſe les réſerve en paraphernal auſſi en tout ou partie.

En pays coutumier, tous les biens d'une *femme mariée* ſont réputés dotaux; mais elle ne les met pas toujours tous en communauté, elle en ſtipule une partie propre à elle & aux ſiens de ſon côté & ligne.

On dit qu'une *femme* eſt mariée ſuivant la coutume de Paris, ou ſuivant quelque autre coutume, lorſque, par le contrat de mariage, les contractans ont adopté les diſpoſitions de cette coutume, par rapport aux droits appartenans à gens mariés, ou qu'ils ſont convenus de s'en rapporter à cette coutume ; s'il n'y a point de contrat, ou ſi on ne s'y eſt pas expliqué ſur ce point, c'eſt la loi du domicile que les conjoints avoient au temps du mariage, ſuivant laquelle ils ſont cenſés mariés.

Les loix & les coutumes de chaque pays ſont différentes ſur les droits qu'elles donnent aux *femmes mariées*; mais elles s'accordent en ce que la plupart donnent à la *femme* quelque avantage pour la faire ſubſiſter après le décès de ſon mari.

En pays de droit écrit, la *femme*, outre ſa dot & ſes paraphernaux qu'elle retire, prend ſur les biens de ſon mari un gain de ſurvie qu'on appelle *aug-*

ment de dot; on lui accorde auſſi un droit de bagues & joyaux, & même, en certaines provinces, il a lieu ſans ſtipulation.

Le mari, de ſa part, prend ſur la dot de ſa *femme*, en cas de prédécès, un droit de contre-augment; mais, dans la plupart des pays de droit écrit, ce droit dépend du contrat.

Dans d'autres provinces, au lieu d'augment & de contre-augment, les futurs conjoints ſe font l'un à l'autre une donation de ſurvie.

En pays coutumier, la *femme*, outre ſes propres, ſa part de la communauté de biens, & ſon préciput, a un douaire, ſoit coutumier, ou préfix: on ſtipule encore quelquefois pour elle d'autres avantages. *Voyez* CONVENTIONS MATRIMONIALES, COMMUNAUTÉ, DOT, DOUAIRE, PRÉCIPUT.

Lorſqu'il s'agit de ſavoir ſi la preſcription a couru contre une *femme mariée* & en puiſſance de mari, on diſtingue ſi l'action a dû être dirigée contre le mari & ſur ſes biens, ou ſi c'eſt contre un tiers; au premier cas, la preſcription n'a pas lieu; au ſecond cas, elle court nonobſtant le mariage ſubſiſtant, & la crainte maritale n'eſt pas un moyen valable pour ſe défendre de la preſcription.

Il en eſt de même des dix ans accordés par l'ordonnance de 1510, pour ſe pourvoir contre les actes faits en majorité. Ces dix ans courent contre la *femme mariée*, de même que contre toute autre perſonne, car l'ordonnance ne diſtingue pas.

Lorſqu'il eſt queſtion de ſavoir, avec quels deniers une *femme mariée* a fait une acquiſition, on préſume toujours que c'eſt avec ceux du mari, à moins qu'il n'y ait preuve du contraire. Cette préſomption a lieu tant pour détourner le ſoupçon, que cette *femme* a pu la faire par des gains honteux, que pour empêcher les avantages indirects.

§. IV. *De quelques dénominations qu'on ajoute, en droit, au mot* femme. On donnoit anciennement aux *femmes publiques*, le nom de *femmes amoureuſes*, comme on le voit dans deux comptes du receveur du domaine de Paris, des années 1428 & 1446, rapportés dans les antiquités de Sauval: on trouve auſſi dans un ancien ſtyle du châtelet, imprimé en gothique, une ordonnance de l'an 1483, laquelle défend, *art. 3*, au prévôt de Paris de prendre pour lui les ceintures, joyaux, habits ou autres paremens défendus aux fillettes & *femmes amoureuſes* ou diſſolues.

On appelle *femme autoriſée*, celle à laquelle l'autoriſation ou habilitation néceſſaires, ſoit pour contracter ou pour eſter en jugement, a été accordée, ſoit par ſon mari, ſoit par juſtice, au refus de ſon mari. Une *femme* qui plaide en ſéparation, ſe fait autoriſer par juſtice à la pourſuite de ſes droits. *Voyez* AUTORISATION, FEMME SÉPARÉE, SÉPARATION.

La *femme commune en biens* ou *commune* ſimplement, eſt celle qui, ſoit en vertu de ſon contrat de mariage, ou en vertu de la coutume, eſt en communauté de biens avec ſon mari.

Femme non commune, eft celle qui a été mariée fuivant une coutume ou loi n'admet point la communauté de biens entre conjoints, ou dont le contrat de mariage porte exclufion de la communauté.

Il y a différence entre une *femme féparée* de biens & une *femme non commune*; la première jouit de fon bien à part & divis de fon mari, au lieu que le mari jouit du bien de la *femme non commune*; mais il n'y a point de communauté entre eux. *Voyez* COMMUNAUTÉ DE BIENS, RENONCIATION A LA COMMUNAUTÉ, SÉPARATION DE BIENS.

Femme de corps, eft celle qui eft de condition ferve. *Voyez* GENS DE CORPS.

La *femme cottière* ou *coutumière* eft, fuivant la coutume d'Artois, une *femme* de condition roturière.

Le terme de *femme franche* fignifie ordinairement une *femme* qui eft de condition libre & non ferve; mais dans la coutume de Cambrai, *tit. j*, *art. 6*, une *femme franche* eft celle qui poffède un fief qu'elle a acquis avant fon mariage, ou qu'elle a eu par fucceffion héréditaire depuis qu'elle eft mariée, & qui, par le moyen de la franchife de ce fief, fuccède en tous biens meubles à fon mari prédécédé fans enfans.

On appelle *femme lige*, celle qui poffède un fief chargé du fervice militaire. *Voyez* FIEF-LIGE, HOMME-LIGE.

Femme en puiffance de mari, fe dit de toute *femme* mariée, qui n'eft pas féparée d'avec fon mari, foit de biens, foit de corps & de biens. *Voyez* PUISSANCE MARITALE & SÉPARATION.

On donne le nom de *femme féparée* à celle qui ne demeure pas avec fon mari, ou qui eft maîtreffe de fes biens. Une *femme* peut être *féparée* de fon mari en cinq manières différentes; favoir, de fait, c'eft-à-dire lorfqu'elle a une demeure à part de fon mari fans y être autorifée par juftice; *féparée volontairement*, lorfque fon mari y a confenti; *féparée par contrat de mariage*, ce qui ne s'entend que de la féparation de biens; *féparée de corps* ou *d'habitation & de biens*, ce qui doit être ordonné par juftice en cas de févices & mauvais traitemens; & enfin elle peut être *féparée de biens* feulement, ce qui a lieu en cas de diffipation de fon mari, & lorfque la dot eft en péril. *Voyez* DOT & SÉPARATION.

La coutume locale de S. Sever défigne par le terme de *femme voifine*, les *femmes* habitantes & citoyennes de la ville.

On dit *femme ufante & jouiffante de fes droits*, de celle qui n'eft point en la puiffance de fon mari pour l'adminiftration de fes biens, telles que font les *femmes*, en pays de droit écrit, pour les paraphernaux, & les *femmes* féparées de biens, en pays coutumier. En effet, elles font maîtreffes de leurs droits, & elles en peuvent difpofer fans le confentement & l'autorifation de leurs maris. *Voyez* PARAPHERNAL & SÉPARATION.

FENESTRAGE, f. m. terme ufité dans le pays d'Aunis, pour fignifier le droit d'avoir des ouvertures ou efpèces de fenêtres dans les bois de hautefutaie, à l'effet d'y tendre des filets pour prendre les bécaffes qui paffent le matin & le foir dans ces fenêtres.

A Chartres on appelle *feneftrage*, le droit qui fe paie au feigneur pour avoir boutique ou fenêtre fur la rue, pour y expofer des marchandifes en vente. Le livre des cens & coutumes de la ville de Chartres, qui eft en la chambre des comptes, *fol. 55*, porte que le *feneftrage* eft de 15 fols pour chaque perfonne qui vend pain à fenêtre en la partie que le compte à à Châteauneuf. (*A*.)

FENISON, expreffion qu'on trouve dans les coutumes de Hainaut, *chap. 43*, *art. 14*; & de Mons, *chap. 55*, pour défigner le temps que les prés font défenfables. Ils le font en tout temps, difent ces coutumes, à l'égard des porcs, parce qu'en fouillant ils gâtent le fonds; mais à l'égard des autres bêtes, ils font en vaine pâture, depuis que l'herbe eft fauchée & enlevée jufqu'à la Notre-Dame de mars; & quand il y a regain, ils font en *fenifon*, c'eft-à-dire défenfables, depuis le 25 mars jufqu'à la S. Martin d'hiver.

FÉODAL, adj. fe dit, *en droit*, de tout ce qui appartient à un fief.

Bien ou *héritage féodal*, eft celui qui eft tenu en fief.

Seigneur féodal, eft le feigneur d'un fief.

Droit féodal, eft un droit feigneurial qui appartient à caufe du fief, comme les cens, lods & ventes, droits de quint, &c. On entend auffi quelquefois par *droit féodal*, le droit des fiefs, c'eft-à-dire, les loix *féodales*.

Retrait féodal, eft le droit que le feigneur a de retenir par puiffance de fief l'héritage noble, vendu par fon vaffal.

Saifie féodale, eft la main-mife dont le feigneur dominant ufe fur le fief de fon vaffal par faute d'homme, droits & devoirs non faits & non payés. *Voyez* FIEF, RETRAIT, SAISIE FÉODALE.

FÉODALEMENT, adv. fe dit de ce qui eft fait en la manière qui convient pour les fiefs: ainfi *tenir un héritage féodalement*, c'eft le poffèder à titre de fief; *retirer féodalement*, c'eft évincer l'acquéreur par puiffance de fief; *faifir féodalement*, c'eft de la part du feigneur dominant, mettre en fa main le fief fervant par faute d'homme, droits & devoirs non faits & non payés. *Voyez* FIEF, RETRAIT FÉODAL, SAISIE FÉODALE.

FÉODALITÉ, f. f. eft la qualité de fief, la tenure d'un héritage à titre de fief. Quelquefois le terme de *féodalité* fe prend pour la foi & hommage, laquelle conftitue l'effence du fief: c'eft en ce fens qu'on dit, que la *féodalité* ne fe prefcrit point, ce qui fignifie que la foi eft imprefcriptible de la

part

part du vaffal contre fon feigneur dominant ; au lieu que les autres droits & devoirs peuvent être prefcrits. *Voyez* Cens, Censive, Fief, Prescription. (*A*)

FER, f. m. (*Eaux & Forêts.*) Les inconvéniens qui réfultent de la grenaille de *fer* ou de fonte, employée à la chaffe au lieu de grenailles de plomb, a engagé le gouvernement à en défendre la fabrication & la vente. Ces défenfes ont été renouvellées par un arrêt du confeil, du 4 feptembre 1731, qui porte en outre une condamnation de 300 liv. d'amende contre les maîtres de forges, leurs ouvriers & forgerons, qui fabriqueront, vendront & débiteront de pareille grenaille, & de 100 liv. d'amende contre les perfonnes qui s'en ferviront à la chaffe, de quelque qualité & condition qu'elles foient ; fans préjudice de l'amende encourue pour le fait de chaffe. Le parlement de Dijon, par arrêt du 30 août 1766, a augmenté l'amende jufqu'à 500 liv. contre les ouvriers qui en fabriquent, & jufqu'à 300 pour ceux qui s'en fervent. Il a enjoint en outre aux officiers des maîtrifes, aux juges de police & des lieux, de faire des vifites dans les forges & dans les boutiques des marchands, d'y faifir les grenailles de *fer* & de fonte, & de les faire fubmerger fur le champ en leur préfence.

Le mot *fer* eft employé dans la coutume de Mons, *chap.* 20, & dans quelques autres, dans la fignification de *frais de labourage.* Il eft ordinairement joint à celui de *femence*, & on y appelle *fer & femence*, les frais de culture d'un héritage, & les femences qu'on y a jettées. *Voyez* Feurs & Semences.

La coutume de Paris, *art.* 21, ordonne que les treillis, que le propriétaire d'une maifon eft tenu de mettre aux fenêtres, par lefquelles il tire du jour des héritages voifins, foient faits en *fer maillé*, dont les trous ne puiffent être que de quatre pouces en tout fens.

FÉRIAGE, ce mot, fuivant M. de Laurière, paroit fignifier la même chofe que *féage*.

FÉRIES, f. f. pl. (*Droit civil & canon.*) fignifient les jours pendant lefquels on s'abftient de travailler. Sur l'origine de ce mot, & fur la différence entre les *féries* & les fêtes, fur leurs différentes fortes, *voyez* le *Dictionnaire d'Hiftoire & de Théologie.*

On fe fert quelquefois, au palais, du terme de *féries*, pour fignifier les jours de *vacations.* Sous ce rapport, nous en traiterons au mot VACATION.

FERMAGES, f. m. pl. (*Jurifprud.*) font le prix & la redevance que le fermier ou locataire d'un bien de campagne eft tenu de payer annuellement au propriétaire pendant la durée du bail.

On donne auffi ce nom à la redevance annuelle que payent les fermiers des droits du roi ou de quelques droits feigneuriaux.

On confond quelquefois les loyers avec les *fermages* ; on regarde affez fouvent ces deux mots comme fynonymes : les uns & les autres ont cependant un caractère différent.

Les loyers font pour des maifons, foit de ville ou de campagne ; les *fermages* proprement dits, font pour les terres, prés, vignes, bois, & pour les bâtimens qui fervent à l'exploitation de ces fortes d'héritages. On peut ftipuler la contrainte par corps pour *fermages* ; au lieu qu'on ne le peut pas pour des loyers proprement dits. Le propriétaire d'une métairie a un privilège fur les fruits pour les *fermages* ; de même que le propriétaire d'une maifon a un privilège fur les meubles pour les loyers. Le droit romain ne donne point de privilège pour les *fermages* fur les meubles du fermier. L'article 171 de la coutume de Paris donne privilège pour les *fermages*, tant fur les fruits que fur les meubles ; & cette difpofition eft commune à toutes les coutumes qui n'en ont pas de contraire.

Le propriétaire, pour les *fermages* à lui dus, eft préféré à tous autres fimples créanciers, quoique leur faifie fût antérieure à la fienne. Son privilège a lieu non-feulement pour l'année courante, mais auffi pour les *fermages* précédens ; il eft même préféré à la taille ; mais quand il fe trouve en concurrence avec cette créance, il n'eft préféré que pour l'année courante. *Voyez* Loyer, Propriétaire, Privilège.

FERMANCES, ce terme, ufité dans les coutumes de Solle & de Navarre, fignifie *caution* ou *fidéjuffeur* ; c'eft dans ce fens qu'il eft employé, *titre* 32 de la coutume de Solle. Mais dans les titres 2, 5 & 7, elle appelle *fermances vefialères*, des officiers de juftice, inférieurs aux bailes, meffagers & dégans. Les *fermances vefialères* font des efpèces de fyndics du peuple, qui font chargés des ajournemens & exécution des mandemens de juftice vis-à-vis les gens du tiers-état. Les gentilshommes font ajournés feulement par les bailes & les meffagers.

FERMATIVE, terme de la coutume de Solle, qui fignifie oppofition à un acte judiciaire ou extra-judiciaire.

FERME, f. f. dans la baffe latinité *firma*, eft un domaine à la campagne, qui eft ordinairement compofé d'une certaine quantité de terres labourables, & quelquefois auffi de prés, vignes, bois, & autres héritages que l'on donne à *ferme* ou loyer pour un certain temps ; avec un logement pour le fermier, & autres bâtimens néceffaires pour l'exploitation des terres qui en dépendent.

Quelquefois le terme de *ferme* eft pris pour la location du domaine ; c'eft en ce fens que l'on dit *donner un bien à ferme*, *prendre un héritage* ou *quelque droit à ferme* ; car on peut donner & prendre à *ferme* non-feulement des héritages, mais auffi toutes fortes de droits produifant des fruits, comme dîmes, champarts & autres droits feigneuriaux, des amendes, un bac, un péage, &c. Dans ce fens, le mot *ferme* fignifie une convention par laquelle le propriétaire d'un héritage, d'une rente, d'un droit, en abandonne la jouiffance à quelqu'un pour un certain temps & pour un certain prix.

Quelquefois auffi par le terme de *ferme*, on en

Qqq

tend seulement l'enclos des bâtimens destinés pour le logement du fermier & l'exploitation des héritages, & alors il est synonyme du mot *métairie*.

Les uns pensent que ce terme *ferme* vient de *firma*, qui dans la basse latinité signifioit *un lieu clos ou fermé* : c'est-pourquoi M. Ménage observe que, dans quelques provinces, on appelle *enclos*, *clôture* ou *closerie*, ce que dans d'autres pays on appelle *ferme*.

D'autres tiennent que donner à *ferme*, *locare ad firmam*, signifioit *assurer au locataire la jouissance* d'un domaine pendant quelque temps, à la différence d'un simple possesseur précaire, qui n'en jouit qu'autant qu'il plaît au propriétaire. On disoit aussi *donner à main-ferme*, *dare ad manum firmam*; parce que le pacte *firmabatur manu donatorum*, c'est-à-dire des bailleurs : mais la *main-ferme* attribuoit aux preneurs un droit plus étendu que la simple *ferme*, ou *ferme muable*. La *main-ferme* étoit à-peu-près la même chose que le bail à cens ou bail emphytéotique. *Voyez* MAIN-FERME & FIEF-FERME.

Spelman & Skinner dérivent le mot *ferme* du saxon *fearne* ou *feorme*, c'est-à-dire *victus* ou provisions; parce que les fermiers & autres habitans de la campagne payoient anciennement leurs redevances en vivres & autres denrées ou provisions. Ce ne fut que par la suite qu'elles furent converties en argent; d'où est venue la distinction qui est encore usitée en Normandie, des *simples fermes* d'avec les *fermes blanches*. Les premières sont celles dont la redevance se paie en denrées; les autres, celles qui se paient en monnoie blanche ou argent.

La conquête de l'Angleterre par les Normands y a introduit beaucoup d'usages & de façons de parler normandes. C'est de-là qu'en Angleterre on appelloit *ferme blanche*, une rente annuelle qui se payoit au seigneur suzerain d'un *gundred*, parce qu'elle se payoit en argent ou monnoie blanche, & non pas en bled, comme d'autres rentes qu'on appelloit, par opposition aux premières, *le denier noir*, *black-mail*.

Spelman fait voir que le mot *firma* signifioit autrefois non-seulement ce que nous appellons *ferme*, mais aussi un *repas* ou *entretien de bouche*, que le fermier fournissoit à son seigneur ou propriétaire pendant un certain temps & à un certain prix, en considération des terres & autres héritages qu'il tenoit de lui.

Ainsi M. Lambard traduit le mot *fearm*, qui se trouve dans les loix du roi Canut, par *victus*; & ces expressions, *reddere firmam unius noctis*, & *reddebat unum diem de firma*, signifient *des provisions pour un jour & une nuit*. Dans le temps de la conquête de l'Angleterre par le roi Guillaume, toutes les redevances qu'on se réservoit étoient des provisions. On prétend que ce fut sous le règne de Henri I que cette coutume commença à changer.

Une *ferme* peut être louée verbalement ou par écrit, sous seing-privé, ou devant notaire. Il y a aussi certaines *fermes* qui s'adjugent en justice, comme les baux judiciaires & les *fermes* du roi.

L'acte par lequel une *ferme* est donnée à louage, s'appelle communément *bail à ferme*. Ce bail peut être fait pour plusieurs années : celui qui loue sa *ferme* s'appelle *bailleur*, *propriétaire* ou *maître*; celui qui prend à loyer, le *preneur* ou *fermier*; & la redevance, *fermages*, pour la distinguer des loyers qui se paient pour les autres biens.

Les gentilshommes peuvent, sans déroger, se rendre adjudicataires ou cautions des *fermes* du roi. Ils peuvent aussi tenir à *ferme* les terres & seigneuries appartenantes aux princes & princesses du sang; mais il leur est défendu, ainsi qu'à ceux qui servent dans les troupes du roi, d'en tenir aucune autre, à peine de dérogeance pour ceux qui sont nobles, & pour les autres, d'être imposés à la taille.

Les ecclésiastiques ne peuvent aussi, sans déroger à leurs priviléges, tenir aucune *ferme*, si ce n'est celle des dixmes, lorsqu'ils ont déjà quelque droit aux dixmes, parce qu'en ce cas on présume qu'ils n'ont pris la *ferme* du surplus des dixmes, que pour prévenir les difficultés qui arrivent souvent entre les co-décimateurs & leurs fermiers. *Voyez* DIXMES.

L'héritier du propriétaire ou autre successeur à titre universel, est obligé d'entretenir le bail à *ferme* passé par son auteur; le fermier, son héritier ou légataire universel, la veuve du fermier comme commune, sont aussi obligés d'entretenir le bail de leur part : ainsi le vieux proverbe françois qui dit que *mort & mariage rompent tout loüage*, est absolument faux.

La vente de l'héritage affermé rompt le bail à *ferme*, à moins que l'acquéreur ne se soit obligé de laisser jouir le fermier, ou qu'il n'ait approuvé tacitement le bail; mais en cas de dépossession du fermier, il a son recours contre le propriétaire pour ses dommages & intérêts.

La contrainte par corps peut être stipulée pour les *fermes* des champs; mais elle ne se supplée point si elle n'est exprimée dans le bail; mais les femmes veuves ou filles ne peuvent point s'obliger par corps.

Un fermier n'est pas reçu à faire cession de biens, parce que c'est une espèce de larcin de sa part, de consumer les fruits qui naissent sur le fonds sans payer le propriétaire.

On peut faire résilier le bail quand le fermier est deux ans sans payer : il dépend néanmoins de la prudence du juge de donner encore quelque temps. Le fermier peut aussi être expulsé, lorsqu'il dégrade les lieux & les héritages : mais le propriétaire ne peut pas expulser le fermier pour faire valoir sa *ferme* par ses mains, comme il peut expulser un locataire de sa maison, pour l'occuper en personne.

Le fermier doit jouir en bon père de famille, cultiver les terres dans les temps & saisons convenables, les fumer & enfemencer, ne les point deffoler, & les entretenir en bon état, chacune felon la nature dont elles font ; il doit pareillement faire les réparations portées par fon bail.

Il ne peut pas demander de diminution fur le prix du bail, fous prétexte que la récolte n'a pas été fi abondante que les autres, quand même les fruits ne fuffiroient pas pour payer tout le prix du bail ; car, comme il profite feul des fertilités extraordinaires, fans que le propriétaire puiffe demander aucune augmentation fur le prix du bail, il doit auffi fupporter les années ftériles.

Il fupporte pareillement feul la perte qui peut furvenir fur les fruits après qu'ils ont été recueillis.

Mais fi les fruits qui font encore fur pied font entiérement perdus par une force majeure, ou que la terre en ait produit fi peu qu'ils n'excèdent pas la valeur des labours & femences ; en ce cas le fermier peut demander pour cette année une diminution fur le prix de fon bail, à moins que la perte qu'il fouffre cette année ne puiffe être compenfée par l'abondance des précédentes ; ou bien, s'il refte encore plufieurs années à écouler du bail, on peut en attendre l'événement pour voir fi les fruits de ces dernières années ne le dédommageront pas de la ftérilité précédente ; & en ce cas, on peut fufpendre le paiement du prix de l'année ftérile, ou du moins d'une partie, ce qui dépend de la prudence du juge & des circonftances.

S'il étoit dit par le bail que le fermier ne pourra prétendre aucune diminution pour quelque caufe que ce foit, cela n'empêcheroit pas qu'il ne pût en demander pour raifon des vimaires ou forces majeures; parce qu'on préfume que ce cas n'a pas été prévu par les parties : mais fi le bail portoit expreffément que le fermier ne pourra prétendre aucune diminution, même pour force majeure & autres cas prévus ou non prévus, alors il faudroit fuivre la claufe du bail.

Dans les baux à moiffon, c'eft-à-dire, où le fermier, au lieu d'argent, rend une certaine portion des fruits, comme la moitié ou le tiers, il ne peut prétendre de diminution fous prétexte de ftérilité, n'étant tenu de donner des fruits : mais s'il étoit obligé de fournir une certaine quantité fixe de fruits, & qu'il n'en eût pas recueilli fuffifamment pour acquitter la redevance, alors il pourroit obtenir une diminution, en obfervant néanmoins les mêmes règles que l'on a expliquées ci-devant par rapport aux baux en argent.

Suivant l'article 142 de l'ordonnance de 1629, les fermiers ne peuvent être recherchés pour le prix de leur ferme cinq années après le bail échu : mais cette loi eft peu obfervée, fur-tout au parlement de Paris ; & il paroît plus naturel de s'en tenir au principe général, que l'action perfonnelle réfultante d'un bail à ferme dure 30 ans.

La tacite reconduction pour les baux à ferme eft ordinairement de trois ans, afin que le fermier ait le temps de recueillir de chaque efpèce de fruits que doit porter chaque fole ou faifon des terres ; ce qui dépend néanmoins de l'ufage du pays pour la diftribution des terres, des fermes.

Le premier bail à ferme étant fini, la caution ne demeure point obligée, foit au nouveau bail fait au même fermier, foit pour la tacite reconduction, s'il continue de jouir à ce titre. Perezius, ad cod. de loc. conduc.

Le prix d'une ferme confifte en argent, ou dans une certaine quantité de grains. Cette quantité eft ou fixée par le bail, ou dépend de l'événement des récoltes.

Lorfque la quantité des grains que le fermier doit donner au propriétaire eft fixée par le bail, on donne à cette convention le nom de ferme à moiffon : lorfqu'elle dépend de l'événement des récoltes, c'eft une ferme partiaire, parce que le fermier, au lieu d'une redevance pour le prix de fon bail, partage avec le propriétaire les fruits de la terre.

Dans la ferme partiaire, le propriétaire qui reçoit la moitié des fruits, eft tenu de la moitié des frais de femences, de récolte & de battage ; mais s'il ne retire que le tiers ou le quart, cette portion eft franche de tous les frais d'exploitation.

On divife encore les fermes en générales ou particulières ; il y a auffi des fous-fermes. On appelle ferme générale, celle qui comprend l'univerfalité des terres, héritages & droits de quelqu'un. Elle eft fouvent compofée de plufieurs fermes particulières, & même de fous-fermes.

La ferme particulière eft celle qui ne comprend qu'un feul objet, comme une feule métairie, ou les droits d'une feule feigneurie, ou même quelquefois feulement les droits d'une feule efpèce, comme les amendes, &c.

On appelle fous-ferme le bail qu'un fermier fait à une autre perfonne, foit de la totalité de ce qui eft compris dans fon bail, ou de quelqu'un des objets qui en font partie. Voyez BAIL, CHARRUE, & pour ce qui concerne les fermes du roi, le Dictionnaire des Finances.

FERME, (terme de Coutume.) plufieurs coutumes de France prennent ce mot dans un fens bien différent que celui que nous venons de lui donner.

Celles d'Acs & de S. Sever appellent ferme, l'affirmation ou ferment que le demandeur fait en juftice pour affurer fon bon droit, en touchant dans la main du baile ou du juge. C'eft proprement juramentum calumniæ præftare. Voyez CONTRE FERME.

Dans l'ancien for d'Aragon, on appelloit firma juris, ferme de droit, le ferment décifoire que l'on déféroit à l'accufé ou défendeur, & la réception de ce ferment, receptio firmæ juris.

En Flandre, on donne le nom de ferme à une armoire qui fe trouve ordinairement dans le greffe, ou dans la facriftie de l'églife paroiffiale de chaque jurifdiction. Elle fert à renfermer les titres, actes, comptes & deniers, qui concernent la communauté des habitans du lieu. On y dépofe auffi tous les actes paffés par les officiers de justice. *Voyez* EMBREF.

FERMIER, f. m. est celui qui tient quelque chofe à ferme, foit un bien de campagne, ou quelque autre droit royal ou feigneurial. Quand on dit le *fermier* simplement, on entend par-là quelquefois l'adjudicataire des fermes générales, ou de quelque ferme particulière du roi.

Le *fermier* d'un héritage est ou *conventionnel*, ou *judiciaire* : le *conventionnel* est celui qui jouit en vertu d'un bail volontaire : le *judiciaire* est celui auquel le bail d'une maifon ou autre héritage faifi réellement, a été adjugé par autorité de justice. *Voyez* BAIL & BAIL JUDICIAIRE.

FERRONAGE, f. m. (*Droit féodal.*) Ducange rapporte l'extrait d'un manufcrit de 1290, contenant les revenus de l'évêché d'Auxerre, par lequel il paroît que les vendeurs de fer devoient payer un denier par chaque année ; c'est ce droit auquel on a donné le nom de *ferronage*. On pourroit auffi l'entendre de l'office de maréchal des écuries du roi. Il en eft parlé dans une chartre de Henri V, roi d'Angleterre, rapportée par Rymer, *tom. IX, p. 250.*

FERS (*les fix deniers aux fers le roi.*) dans les registres du châtelet, intitulés le *livre vert, c. 43,* on trouve que les maréchaux, greffiers, heaumiers, villiers & groffiers, compris fous la dénomination de *fevres,* étoient fous la dépendance & jurifdiction du maître maréchal du roi, qu'ils devoient au roi par chacun an, au terme de la Pentecôte, fix deniers. Ces fix deniers étoient appellés les *fix deniers aux fers le roi,* parce que cette redevance étoit payée au maître maréchal, & lui tenoit lieu de gages, & que par ce motif, il étoit tenu de ferrer les chevaux de felle du roi.

FERTÉ, ce mot fignifioit anciennement *fortereffe, château, maifon-forte.* Il y a dans le royaume un grand nombre de lieux, connus fous le nom de *la ferté,* en y joignant une feconde dénomination particulière pour les diftinguer les uns des autres. Il leur eft refté, parce que les anciens feigneurs y avoient fait conftruire une fortereffe pour la défenfe du pays, & y donner pendant la guerre une retraite à leurs vaffaux.

FESTAGE, f. m. qu'on trouve dans quelques anciens titres. M. de Laurière, en fon *Gloffaire,* au mot *Feftin,* dit que le *feftage* eft un droit de feftin ou fête, que certains chapitres ou bénéficiers doivent à leur fupérieur eccléfiaftique, ou au feigneur, à fon avènement.

FÊTE, f. f. (*Droit public. Police.*) eft un jour confacré au fervice de Dieu, en mémoire de quelque myftère, ou en l'honneur de quelques faints, pendant lequel il n'eft pas permis de travailler.

On trouvera dans le *Dictionnaire de Théologie* ce que la religion ordonne pour la célébration des *fêtes,* la forme de les établir, & le pouvoir de l'églife pour leur établiffement ou leur fuppreffion. Nous nous bornons ici à ce qui regarde la police que l'on doit obferver les jours de *fête.*

C'eft au juge laïque, & non à l'official, à connoître de l'inobfervation des *fêtes* commandées par l'églife, contre ceux qui les ont tranfgreffées, en travaillant à des œuvres ferviles un jour férié.

Les ordonnances & les arrêts de réglemens de cours fouveraines ont défendu les danfes publiques, les *fêtes* baladoires, la tenue des foires & marchés, les jours de dimanche, de *fêtes* annuelles, folemnelles ou de patron. Lorfque les foires ou marchés fe rencontrent dans ces jours, on les tient la veille, ou on les remet au lendemain. *Voyez* BALADOIRES, FOIRE, MARCHÉ.

Il n'eft pas permis d'expofer publiquement en vente aucune efpèce de marchandife, les jours de *fêtes* & de dimanches ; on en excepte cependant les boulangers qui peuvent tenir leurs portes ouvertes, en fermant les ais de leurs boutiques.

Les bouchers ne doivent point ouvrir leurs étaux les jours de *fêtes* folemnelles, à moins que ce ne foit dans les grandes chaleurs, & avec permiffion des officiers de police.

Les épiciers font encore autorifés à vendre les jours de *fêtes* & de dimanche, parce qu'une partie des objets qu'ils débitent eft abfolument néceffaire aux ufages de la vie. On tolère également que les perruquiers tiennent leurs boutiques ouvertes jufqu'à l'heure des meffes paroiffiales.

Une ordonnance de Charles IX, du mois de janvier 1560, défend aux cabaretiers & maîtres des jeux de paume, de recevoir en leurs maifons aucune perfonne, de quelque qualité qu'elle foit, pendant le fervice divin, à peine d'amende arbitraire pour la première fois, & de prifon pour la feconde. *Voyez* CABARETIER.

L'ordonnance des eaux & forêts de 1669, défend de pêcher & de travailler dans les bois les jours de *fêtes* & de dimanches, à peine contre les pêcheurs de quarante livres d'amende, & de cent livres contre les autres. La déclaration du 24 avril 1703 défend aux voituriers par eau, d'aller & de conduire leurs bateaux les jours des quatre *fêtes* folemnelles de noël, de pâques, de pentecôte & de touffaint. Mais la permiffion tacite de naviger les autres jours de *fête,* qu'on induit de la défenfe portée pour les quatre grandes *fêtes,* ne peut fervir de prétexte aux mefureurs, porteurs & voituriers, pour commencer ou continuer à charger des bateaux fans néceffité preffante & fans permiffion, les jours de *fêtes* & de dimanche.

L'édit de juin 1601, concernant les mines & minières, permet aux maîtres, entrepreneurs & ouvriers de ces ouvrages, d'y faire travailler fans difcontinuation, à l'exception des jours de noël, pâques, l'afcenfion, la pentecôte, la *fête*-dieu & les quatre *fêtes* de vierge.

Dans les cas urgens, lorfqu'il s'agit de pourvoir au péril imminent d'un bâtiment, ou de ferrer la récolte des fruits de la terre, que le mauvais temps peut gâter, les évêques, les curés même peuvent

& doivent, pour le for intérieur, fuivant la dif-cipline de l'églife, permettre de travailler les jours de dimanche & de *fête*. Mais il eſt encore nécef-faire, pour le for extérieur, que cette permiſſion foit autoriſée par les juges de police. Ces derniers peuvent même accorder cette permiſſion ſans at-tendre le conſentement de l'évêque.

Les ordonnances défendent de faire des actes judiciaires les jours de dimanches & de *fêtes*, & les cours ſouveraines ont toujours maintenu ces diſpoſitions par leurs arrêts, à l'exception des aſſigna-tions données à une communauté d'habitans & des criées des biens ſaiſis réellement.

On peut néanmoins faire dans ces jours des actes d'exploit ; lorſqu'il y a péril à la demeure, tel, par exemple, qu'un exploit de retrait, lorſque le der-nier jour ſe trouve un jour de *fête* ou de diman-che ; mais alors l'huiſſier doit obtenir une permiſ-ſion du juge.

Le conſeil du roi s'aſſemble auſſi les jours de *fêtes* & de dimanches, comme les autres jours, at-tendu l'importance des matières qui y ſont portées.

On peut inſtruire une procédure criminelle dans ces mêmes jours, rendre & exécuter les décrets de priſe-de-corps, parce que cette procédure eſt proviſoire, & que, ſi on la retardoit, les preuves pourroient dépérir au déſavantage du bien public. Mais on ne peut pas, à pareil jour, procéder au jugement d'un procès criminel.

Fêtes de palais, ſont certains jours fériés ou de vacations, auxquels les tribunaux n'ouvrent point. On peut néanmoins ces jours-là faire tous exploits, ces jours de *fêtes* n'étant point chommés. (*A*)

Fête de village : le droit de l'annoncer par un cri public eſt un droit ſeigneurial. *Voyez* CRI DE LA FÊTE. (*A*)

FÊTU. *Voyez* TRADITION par un *fêtu*.

FEU, ſ. m. ce terme a, *en droit*, pluſieurs ſigni-fications différentes.

Dans une première acception, il eſt ſynonyme du mot *incendie*. *Voyez* INCENDIE.

L'ordonnance des eaux & forêts défend à tou-tes perſonnes de porter & d'allumer du *feu*, en quelque ſaiſon que ce ſoit, dans les forêts, lan-des & bruyères, à peine de punition corporelle & d'amende arbitraire, outre la réparation des dommages que l'incendie pourroit avoir cauſés, dont les communautés & autres qui ont choiſi les gar-des, ſont civilement reſponſables.

Par la même raiſon, il eſt défendu de chaſſer la nuit, dans les bois, avec des torches ou flam-beaux allumés, à peine de punition corporelle & de cent livres d'amende.

Les pâtres ou autres, convaincus d'avoir allumé du *feu* dans les forêts, landes ou bruyères, & d'a-voir fait du *feu* plus près d'un quart de lieue de ces mêmes endroits, doivent être punis, pour la première fois, du fouet ; & des galères, en cas de récidive. Ceux qui ont mis le *feu* dans les bois de deſſein prémédité, doivent être punis de mort.

En général tous ceux qui ont cauſé des incen-dies dans les forêts, doivent être condamnés, outre les peines ci-deſſus détaillées, à une amende ar-bitraire, & aux dommages & intérêts qui réſultent des incendies.

Feu, ſignifie quelquefois ménage, & il eſt pris en ce ſens, dans la plus grande partie du royaume. Dans quelques endroits chaque *feu*, c'eſt-à-dire chaque ménage, paie au ſeigneur un droit appellé *fouage*. *Voyez* FOUAGE.

Dans quelques provinces on appelle *feu*, une certaine quantité de biens fonds, propres à ſup-porter telle ou telle impoſition. Il eſt uſité dans cette ſignification en Bretagne & en Provence. *Voyez* AFFOUAGEMENT.

On appelle le tonnerre, *feu du ciel* ; perſonne n'eſt garant du dommage cauſé par le *feu du ciel*, qui eſt un cas fortuit & une cauſe majeure. *Voyez* INCENDIE.

Feu, ſe dit auſſi par abréviation, pour exprimer la peine du *feu* ; on condamne au *feu* les ſacrilè-ges, les empoiſonneurs, les incendiaires, &c. *Voyez* PEINE.

Feu, ſignifie auſſi les chandelles ou bougies ; dont on ſe ſert pour certaines adjudications. On compte le premier, le ſecond, le troiſième *feu*. *Voyez* CHANDELLE ÉTEINTE.

Feu, eſt pris quelquefois dans le ſens de *domi-cile*, comme lorſque l'on dit que les mendians n'ont ni *feu* ni lieu. *Voyez* MENDIANT, VAGABOND. La coutume d'Auvergne, art. *144*, ſe ſert de l'ex-preſſion *feu-vif*, dans la même acception. Lorſ-qu'un héritage mortaillable, y a-t-il, le ſeigneur peut obliger ſon homme, tenant l'héritage ſervement, d'y faire *feu-vif* & réſidence. La coutume locale de Valen-çay ſe ſert auſſi du mot *feu*, auquel elle joint celui de *cheſeolage*, pour ſignifier le domicile & habita-tion d'une perſonne. Le mot *cheſeolage*, vient de l'ancien mot *cheſal*, qui ſignifioit *maiſon*.

En Breſſe, on appelle *feu croiſſant & vacant*, la vie d'un homme. Il eſt dû chaque année au ſeigneur d'Artemare par ſes hommes de main-morte ou affranchis, une gerbe de froment pour le *feu croiſſant & vacant*, ou une bicherée de froment meſure de Châteauneuf. Collet, *ſur les ſtatuts de Savoie, liv. 3, tit. 1 des droits ſeigneuriaux, p. 37*, eſt d'avis que ces termes, *feu croiſſant & vacant*, ſignifient *la vie d'un homme*, parce qu'il eſt ſujet à ce devoir dès ſa naiſſance juſqu'à ſa mort ; ou dès qu'il fait ſon habitation à part, & qu'il devient chef de famille, juſqu'à ce qu'il ceſſe de demeurer dans cet état. Collet penſe auſſi que ces termes, *feu croiſſant & vacant*, veulent dire que ceux qui vont s'établir dans cette terre d'Artemare, & ſont *feu croiſſant* & augmentant le nombre des *feux* du lieu, deviennent ſujets à la redevance dont on a parlé ; & que ceux qui quittent le lieu pour aller demeurer ailleurs, & par-là ſont *feu vacant*, n'en ſont pas pour cela exempts. *Voyez* MAIN-MORTE.

On se sert enfin du mot *feu*, pour désigner un défunt, *sato funātus*. Dans ce cas il est adjectif.

FEUDAL, ancien mot qui signifie la même chose que *féodal*.

FEUDATAIRE, est celui qui tient un héritage en fief de quelqu'un. *Voyez* FIEF, VASSAL.

FEUDE & FEUDISTE, s. m. (*Droit féodal.*) le mot *feüde* vient du latin *feudum*: il se disoit anciennement pour fief. On appelle *feudiste*, une personne versée dans la matière des fiefs.

FEUILLAGE, s. f. (*Eaux & Forêts.*) l'ordonnance de 1669 défend de couper, arracher & emporter des forêts les *feuillages*, à peine d'amende & de restitution, selon le tour & la qualité des arbres dont le *feuillage* provient. Ces défenses ont pour but d'empêcher qu'on ne deshonore les arbres.

Un arrêt du parlement, rapporté par Papon, *liv.* 14, *tit.* 3, *art.* 7, a défendu aux habitans de Chaigny en Bourgogne, d'emporter des *feuillages* de la forêt de Tourny, pour parer les rues le jour de la fête-dieu, sans la permission du seigneur, ou de ses officiers.

FEUILLANT, s. m. (*Droit canon.*) c'est le nom d'une congrégation réformée de l'ordre de Citeaux, sous l'étroite observance de la règle de S. Benoît. Elle est divisée en deux branches, l'une en France, sous le titre de *notre-dame des feuillans*; l'autre en Italie, sous le titre de *réformés de S. Bernard*. Celle de France est partagée en trois provinces, Guienne, France & Bourgogne. Le général est électif & triennal. *Voyez* le *Dictionnaire de Théologie*.

FEUR, vieux mot françois, qu'on trouve sous diverses acceptions dans le texte de plusieurs coutumes. Celle de S. Sever s'en sert dans la signification, du mot latin *forum*, qui veut dire *jurisdiction*; elle appelle *feur compétent*, ce que les jurisconsultes latins nomment *forum competens*.

La coutume du duché de Bourgogne se sert du mot de *feur-mariage*, pour celui de *for-mariage*, pour désigner la peine qu'encourt une femme de condition serve, qui se marie sans le consentement de son seigneur, à une personne d'une autre condition. *Voyez* FOR-MARIAGE.

FEURS & SEMENCES, ces deux mots comprennent tout ce qui est nécessaire pour la production des fruits de la terre. Les anciennes coutumes entendent par *feurs*, les fumiers ou fourrages, & par *semences*, les labours & les grains semés. De-là cette expression qu'on trouve dans le grand coutumier, *titre des fiefs*, le seigneur pourra prendre le gaingnage, en rendant au fermier *feurs & semences*; c'est-à-dire, que le seigneur qui a saisi féodalement un fief mouvant de lui, par faute d'homme ou de devoirs, fait les fruits siens, en remboursant le fermier, des frais de labours, *semences & engrais*.

FEUTRAILLE. M. de Laurière nous apprend que c'étoit un droit dû au lieu de Maranag, abbaye de Molesme, pour tirer de la mine de fer.

FIACRE, s. m. (*Police.*) c'est ainsi qu'on appelle les carrosses de place; ce nom leur vient de l'image de saint *Fiacre*, enseigne d'un logis de la rue saint Antoine, où on loua les premières voitures publiques de cette espèce. Elles ont toujours été si mauvaises & si mal entretenues, qu'on a donné par mépris le nom de *fiacre* à tout mauvais équipage. On appelle aussi *fiacres*, les conducteurs de ces carrosses. *Voyez* CARROSSE.

FIANÇAILLES, s. f. (*Droit civil & canon.*) les loix romaines ont défini les *fiançailles*, une promesse que deux personnes de différent sexe se font l'une à l'autre, de se prendre pour mari & femme. *Sponsalia sunt mentio & repromissio futurarum nuptiarum. Sponsalia à spondendo sic dicta, quia moris fuit veteribus stipulari & spondere sibi uxores futuras, unde sponsi & sponsæ appellatio nata est.* On a rendu en françois le mot *despondere*, par *fiancer*, qui dans l'ancien langage signifie *promettre, engager sa foi*, & de-là est venue l'expression *fiançailles*, pour désigner une promesse de mariage.

Les *fiançailles* sont presque aussi anciennes que le mariage. Elles ont été, dans presque toutes les nations policées, le préliminaire d'une union si importante dans la société civile. L'usage en étoit observé chez les peuples du Latium, d'où il passa chez les Romains. Les Grecs le connoissoient aussi: les Hébreux le pratiquoient, comme on en peut juger par ce qui précéda le mariage d'Isaac & de Rebecca, & celui du jeune Tobie: Selden rapporte dans son traité intitulé *Uxor hebraica*, la formule du contrat de *fiançailles* des Juifs.

Les *fiançailles* furent adoptées par les chrétiens; mais l'église grecque & l'église latine les envisagèrent sous différens points de vue. Alexis Comnène fit une loi, par laquelle il donnoit aux *fiançailles*, la même force qu'au mariage effectif, ensorte que sur ce principe, le sixième concile tenu *in trullo*, déclara que celui qui épouseroit une fille fiancée à un autre, seroit puni comme adultère, si le fiancé vivoit dans le temps du mariage.

L'église latine, au contraire, a toujours regardé les *fiançailles* comme de simples promesses de mariage, & non comme des mariages effectifs.

Cette diversité d'opinion doit probablement son origine à une équivoque, & au défaut trop ordinaire, de ne pas s'entendre. Lorsque l'église grecque a déclaré que celui qui épouseroit une fille fiancée, du vivant du fiancé, seroit puni comme adultère, elle n'a sans doute entendu parler que des *fiançailles* qui se contractent par paroles de présent, c'est-à-dire de ce contrat par lequel les deux parties s'engagent à se prendre pour mari & femme, ce qui est un véritable mariage, à ne le considérer que comme contrat civil & non comme sacrement.

L'église latine n'a considéré les *fiançailles* que comme une promesse de contracter mariage, *per verba de futuro.* Elle n'y voyoit point, & avec raifon, un engagement actuel : cependant il arrivoit que l'on contractoit dans les *fiançailles*, *per verba de præfenti*, & même felon l'ancien ufage, ces *fiançailles* étoient de véritables mariages ; on les appelloit *mariages clandeftins.* Le concile de Trente les a prohibés, en exigeant la préfence du propre curé & celle de deux ou trois témoins. L'article 44 de l'ordonnance de Blois a adopté cette difpofition du concile, en défendant à tous notaires, fous peine de punition corporelle, de paffer ou recevoir aucunes promeffes de mariage par paroles de préfent. *Voyez* MARIAGE CLANDESTIN.

On ne connoît donc plus dans l'églife catholique latine d'autres *fiançailles*, que celles qui font de fimples promeffes de s'unir par le mariage contracté felon les loix de l'églife, & quoiqu'elles aient été autorifées par la préfence d'un prêtre, elles ne forment point un engagement indiffoluble. De-là, la maxime certaine que *fille fiancée n'eft point mariée.*

L'ufage des *fiançailles* eft fondé en raifon ; il a pour but de remédier aux inconvéniens qui naiffent des mariages trop précipités, & qui fe contractent avant que les parties fe connoiffent. *Conftitutum eft,* dit S. Auguftin, *ut jam pactæ fponfæ non ftatim tradantur, ne vilem habeat maritus datam, quam non fufpiravit fponfus dilatam, quod enim quis non diligit, nec optat, facilè contemnit.*

Quelque fage que foit l'ufage des *fiançailles,* il n'eft point abfolument indifpenfable ; on fe marie tous les jours fans s'être fiancé, même fans avoir paffé de contrat par écrit. Alors la loi du domicile régit les droits des époux.

Pour pouvoir valablement contracter enfemble des *fiançailles,* il faut pouvoir fe marier enfemble valablement. Ce principe eft inconteftable : d'où il fuit que tous les empêchemens dirimans abfolus du mariage invalident les *fiançailles,* ainfi que les empêchemens relatifs qui tiennent au droit naturel & dont on ne peut obtenir de difpenfe ; un frère & une fœur ne peuvent contracter des *fiançailles* entre eux, parce qu'ils font incapables de contracter mariage enfemble ; il n'en eft pas de même d'un coufin & d'une coufine, quoique dans un degré prohibé. Ils peuvent obtenir des difpenfes & efpérer décemment, difent les canoniftes, de devenir époux lorfqu'ils les auront obtenues.

Quoiqu'un homme marié puiffe, en cas de décès de fa femme, convoler à de fecondes noces, il ne peut cependant fe fiancer de fon vivant, avec une autre femme ; la mort future de fon époufe, qui feroit le motif de fes *fiançailles,* eft un motif odieux qui vicieroit cet acte.

Des impubères peuvent être fiancés enfemble, fous l'autorité de leurs parens ou tuteurs, pourvu qu'ils foient devenant capables de comprendre ce qu'ils font, & qu'ils aient au moins fept ans. *A primordio ætatis, fponfalia effici poffunt, fi modo id fieri ab utráque perfoná intelligatur, id eft, fi non*

funt minores quàm feptem annis, l. 14, ff. *de fponfal.* Il faut avouer que des *fiançailles* paffées à cet âge, ne forment pas un engagement bien grave & bien folide ; elles ne fervent ordinairement qu'à unir les familles, ou à terminer ou fufpendre des querelles & des divifions.

Les *fiançailles* font un contrat de la nature des contrats fynallagmatiques ; il fe forme par le feul confentement des parties, *fufficit nudus confenfus, ad conftituenda fponfalia,* l. 4, ff. *de fponf.* ; d'où il fuit que tout ce qui annulle les autres contrats par défaut de confentement, annulle également les *fiançailles.* La liberté doit être entière de part & d'autre ; fi l'une des parties paroiffoit avoir eu un grand empire fur l'autre, l'engagement ne feroit pas valable. C'eft fur ce fondement que des promeffes de mariage faites entre un médecin & fa malade, pendant fa maladie, quoiqu'avec le confentement du père de la fille, ont été jugées nulles par un arrêt que rapportent Bouchel & Fevret. Ce confentement peut n'être pas exprès ; il fuffit quelquefois qu'il foit tacite. Un père fiance fa fille à quelqu'un ; la fille préfente ne contredit point ce que fait fon père, elle eft cenfée confentir tacitement, *quæ patris voluntati non repugnat, confentire intelligitur,* l. 12, ff. *de fponf.* Mais les parens ne peuvent engager leurs enfans fans qu'ils y confentent au moins tacitement, & de manière à ne laiffer aucun doute.

Il eft des perfonnes dont le confentement n'eft jamais parfait, à moins qu'il ne foit accompagné de celui fous la puiffance defquels la loi les a placées, tels font, par rapport au mariage, les mineurs & les enfans de famille. Comme ils ne peuvent le contracter fans l'aveu des pères & mères, tuteurs & curateurs, ils ne peuvent non plus, fe fiancer fans leur participation, *in fponfalibus etiam, confenfus eorum exigendus eft, quorum in nuptiis defideratur,* l. 7, §. 1, ff. *de fponf.*

On divife les *fiançailles* en folemnelles & en fimples ; les premières fe célèbrent à l'églife, avec les cérémonies requifes par l'ufage du pays. Les principales font la bénédiction du prêtre & les prières qui l'accompagnent. Chez les Romains, la folemnité des *fiançailles* confiftoit dans l'affemblée des principaux parens des futurs époux, en préfence defquels, ils faifoient réciproquement leur promeffe, dont l'acte étoit dreffé par écrit. Ce font ces *fiançailles* qu'ils appelloient *fponfalia.*

Les *fiançailles* fimples, font celles qui fe font fans aucune cérémonie, & elles s'appellent *promeffes de mariage.*

Les *fiançailles* folemnelles ne font point, comme nous l'avons déjà dit, néceffaires au mariage. Il y a des diocèfes en France, fur-tout en Languedoc & en Franche-Comté, où elles ne font point en ufage. Il paroît qu'elles ne font pas non plus connues en Italie, puifque le rituel romain qu'on y fuit prefque par-tout, n'en fait aucune mention. Le rituel d'Aleth les a pofitivement prohibées, pour prévenir les abus qu'elles occafionnoient parmi le peuple, qui confondant les *fiançailles* avec le mariage, croyoit qu'il fuffifoit d'être fiancé pour pouvoir ufer de tous les droits du mariage. On a pris à Paris, à Noyon & dans quelques autres diocèfes, un tempérament qui eft de ne fiancer que la veille du mariage. Quelques auteurs ont critiqué ce nouvel ufage, en prétendant qu'il eft entiérement contraire à la fin que l'on s'eft propofée dans l'établiffement des *fiançailles*, & qu'il fe trouve par ce moyen une efpèce de menfonge dans la publication des bans, où l'on annonce une promeffe qui n'exifte pas encore. La première obfervation peut être fondée en général : elle ne l'eft cependant pas pour les gens de la campagne qui n'ont pas befoin d'être fiancés pour fe connoître. Quant au menfonge que l'on fuppofe dans la publication des bans faite avant les *fiançailles*, il n'y en a aucun. On ne dit point en publiant les bans, qu'il y a eu des *fiançailles* folemnelles entre tel & telle, mais feulement qu'il y a promeffe de mariage entre eux, ce qui eft vrai, puifqu'on ne publie jamais les bans que du confentement des deux parties, confentement qui équivaut à une promeffe & qui certainement la fuppofe. Malgré cela, il faut dire avec Pothier, que l'ufage des diocèfes, où la bénédiction des *fiançailles* précède la publication des bans, eft plus régulier.

De quelque nature que foient les *fiançailles* folemnelles ou fimples, le contrat qui fe paffe alors, doit être réciproque, *repromiffio futurarum nuptiarum*. Si les *fiançailles* font fimples, c'eft-à-dire fi elles ne confiftent que dans une fimple promeffe, il faut qu'elle foit par écrit fait double entre les parties, & figné de chacune d'elles. S'il n'étoit pas fait double, il ne formeroit point un contrat fynallagmatique, & réciproquement obligatoire, puifqu'il ne dépendroit que de la partie qui l'auroit en fa difpofition, de le faire difparoître. Pothier affure que fi l'écrit n'étoit pas fait double, il fuffiroit qu'il fût dépofé entre les mains d'un tiers. Nous avons de la peine à nous rendre à l'avis de ce refpectable jurifconfulte; un tiers, à moins qu'il n'eût donné aux deux parties, contenant obligation de produire le billet à la première requifition d'une d'entre elles; ce tiers, difons-nous, feroit le maître de faire paroître ou d'anéantir le titre, felon qu'il feroit de l'intérêt de celui qu'il voudroit favorifer, & il n'y a point dans cette hypothèfe, l'égalité requife dans tout engagement fynallagmatique.

Si les parties ne peuvent ou ne favent figner, elles doivent néceffairement avoir recours au miniftère d'un notaire, qui fera tenu d'obferver les formalités prefcrites par les loix du royaume.

La preuve des promeffes de mariage ne peut plus en France fe faire par témoins. On s'eft écarté en ce point, comme en beaucoup d'autres, du droit des décrétales, qui admettoit dans ce cas, non-feulement la preuve par témoins, mais même le ferment d'une des parties.

L'article 7 de la déclaration de 1639 fait défenfes à tous juges, *même à ceux d'églife*, de recevoir la preuve par témoins, des promeffes de mariage, ni autrement que par écrit, qui foit atteftée en préfence de quatre proches parens, de l'une & l'autre des parties, encore qu'elles foient de baffe condition. Ce que l'ordonnance prefcrit fur la préfence des témoins, n'eft point obfervé pour les promeffes faites entre majeurs, maîtres abfolus de leurs droits; mais le rédacteur des *Mémoires du clergé* obferve qu'il y a plufieurs officialités qui confervent encore l'ancien ufage de recourir à la preuve par témoins, & même à fon défaut de déférer le ferment décifif à la partie attaquée. Le parfait procureur des officialités, va plus loin, & dit que c'eft l'ufage, lorfque les promeffes ne font que verbales.

L'ordonnance eft trop formelle pour que l'ufage contraire attefté par les deux auteurs cités, ne foit vraiment abufif; c'eft l'avis de Jouffe, dans fon traité des officialités, *pag. 133*; & il cite des arrêts tant contre la preuve par témoins, que contre le ferment décifoire, rendus même antérieurement à l'ordonnance de 1639. « Il y auroit abus, dit cet » auteur, fi l'official permettoit d'informer par té-» moin ou autrement de pareilles promeffes..... » il y auroit pareillement abus, s'il admettoit en » ce cas la preuve par la voie du ferment déci-» foire ».

Les *fiançailles*, dit Pothier, peuvent fe contracter non-feulement purement & fimplement; on peut auffi y appofer un terme, même une condition, de même qu'aux autres contrats.

Cet auteur parle fans doute des *fiançailles* fimples; car les folemnelles doivent être abfolues & fans condition, autrement l'églife n'y coopéreroit point par la préfence de fon miniftère & par fes prières. Ni l'un ni l'autre n'auroit d'objet, puifqu'une promeffe fous condition n'exifte qu'au moment où la condition fe réalife.

Si l'on peut appofer des conditions aux *fiançailles* fimples ou promeffes de mariage, il faut qu'elles foient honnêtes & poffibles; l'opinion de l'auteur des conférences de Paris, qui prétend que des *fiançailles* contractées fous une condition impoffible, font valables, ne paroît pas devoir être fuivie. Elle eft contraire à la nature & à l'effence de tout contrat.

On a fouvent agité la queftion de favoir, fi un mariage nul pouvoit valoir au moins comme *fiançailles*. Gohard répond qu'on croyoit autrefois que le mariage nul devoit équivaloir à des *fiançailles*, lorfque la nullité venoit d'un autre défaut que de celui du confentement; mais qu'on penfe aujourd'hui, fur-tout à Rome, autrement, fur ce principe, que ce qui eft nul ne peut produire aucun engagement; & qu'on excepte feulement celui des impubères, célébré d'ailleurs fuivant les formes de droit, parce qu'on préfume qu'ils ont voulu s'engager au moins pour l'avenir, autant qu'il étoit en eux, ne le pouvant pour le préfent. Cette raifon d'exception d'exception pour les impuberes, ne nous paroît pas détruire la conféquence néceffaire du principe, que ce qui eft nul ne peut produire aucun effet. D'ailleurs qu'eft-ce que le confentement d'un impubère, lorfqu'il s'agit de mariage?

Chez les Romains les *fiançailles* étoient ordinairement accompagnées d'arrhes & de préfens. Il ne faut pas confondre ces deux chofes; les arrhes font le gage de l'exécution de l'engagement contracté; les préfens font des dons volontaires, mais qui fuppofent la condition, *fi nuptiæ fequantur*. C'étoit toujours le fiancé qui donnoit les arrhes à fa fiancée, ou à fon père fi elle étoit en fa puiffance. Si le fiancé manquoit à fon engagement & par fa faute, il perdoit les arrhes; fi la fiancée refufoit d'accomplir le mariage, fans jufte fujet, & uniquement parce qu'elle avoit changé de volonté, les arrhes devoient être rendues au quadruple, ce qui fut enfuite réduit au double, par la conftitution de Léon & Anthème: mais fi le mariage n'avoit point lieu, par des événemens indépendans de la volonté des fiancés, les arrhes fe rendoient fimplement fans aucune crue. On les rendoit également lorfque le mariage s'accompliffoit.

Dans nos mœurs, il arrive fouvent que le fiancé & la fiancée fe donnent réciproquement des arrhes; la partie qui refufe, fans motif valable, d'exécuter fa promeffe, doit rendre celles qu'elle a reçues & perdre celles qu'elle a données; mais fi les arrhes excédoient de beaucoup les dommages & intérêts qu'à droit de demander la partie refufée, on en ordonneroit la reftitution, à la déduction de la fomme à laquelle le juge doit régler les dommages & intérêts. S'il eft intéreffant pour les parties fiancées, que leurs promeffes s'exécutent, il l'eft encore plus pour l'ordre public que les mariages foient libres, & que perfonne ne foit mis dans la néceffité d'en contracter dans la crainte de fouffrir une perte trop confidérable. C'eft ce qui a déterminé le parlement de Paris à ordonner, par fon arrêt du mois d'août 1680, que fur les 22000 livres, que M. Hubert, maitre des requêtes, avoit envoyées avec une caffette & des bourfes, à fa fiancée, elle n'en retiendroit que 11000 livres, fon père 3000 livres, & que les autres 8000 livres lui feroient rendues.

C'eft par cette même raifon, que fi dans les promeffes de mariage, il y a une fomme d'argent ftipulée en cas de dédit d'une des parties, on n'a aucune égard à cette ftipulation, lorfque la fomme ftipulée excède de beaucoup ce qui doit être accordé pour dommages & intérêts. C'eft toujours à quoi toutes ces claufes fe réduifent: Arrêt du 29 août 1713, au journal des audiences: en cela notre jurifprudence eft conforme au droit canonique.

Selon l'ancien droit romain, les préfens que fe faifoient les fiancés, étoient toujours cenfés des donations pures & fimples, & n'étoient pas révocables par le non accompliffement du mariage, à moins que quelques circonftances ne fiffent préfumer la condition *fi nuptiæ fequantur*; mais par les conftitutions de Conftantin, cette condition fut toujours fous-entendue; & fi le mariage n'avoit pas lieu à caufe de la mort d'un des fiancés, l'autre étoit obligé de rendre les préfens qu'il avoit reçus. Il n'y avoit qu'une exception à cette règle générale: *fi jam ofculum intervenerat*. Alors la fiancée retenoit la moitié de ce qui lui avoit été donné en préfent, *l. 15 & 16, cod. de don. ant. nup.* Pour bien juger des loix, il faut fouvent connoître les mœurs des peuples pour qui elles ont été faites: chez les Romains une fille n'admettoit jamais un homme à la baifer au vifage; elle ne le permettoit pas même à fon fiancé. Lorfque celui-ci avoit obtenu cette faveur, *videbatur pudicitiam ejus-prælibaffe, in cujus pudicitia præmium*, la fiancée retenoit la moitié des préfens qu'il lui avoit faits, fi le mariage ne fuivoit pas les *fiançailles*. Il n'en étoit pas de même pour les arrhes que la fiancée devoit, en ce cas, rendre en entier. Si le mariage manquoit par la faute du donataire, il ne pouvoit garder ce qui lui avoit été donné en préfent.

Suivant la jurifprudence françoife, les préfens que fe font les fiancés, font toujours fous la condition *fi nuptiæ fequantur*, & les chofes données peuvent être répétées, lorfque ce n'eft pas par le refus du donateur que le mariage ne s'accomplit point.

Les *fiançailles* produifent différens effets; le premier eft un engagement réciproque d'accomplir fa promeffe, lorfque l'une des parties le requerra, duquel engagement naît une action à exercer contre celle qui s'y refufe. Cela ne peut pas être autrement, puifque les *fiançailles* font un véritable contrat fynallagmatique.

Un fecond effet des *fiançailles*, qui eft une fuite du premier, c'eft d'empêcher les fiancés de contracter licitement mariage avec tout autre, tant qu'elles fubfiftent. Cet empêchement n'eft que prohibitif; il ne rendroit pas nul le mariage contracté au mépris des promeffes faites & reçues.

Il eft un empêchement d'une autre nature, que produifent les *fiançailles*; on le nomme d'*honnêteté publique*: il eft dirimant & empêche chacune des parties d'époufer les parens de la ligne directe de l'autre partie, & même ceux du premier degré de la collatérale; il fubfifte même après la diffolution des *fiançailles*. *Voyez* EMPÊCHEMENT D'HONNÊTETÉ PUBLIQUE. Il faut obferver que les *fiançailles* invalides ne le produifent point, depuis le concile de Trente. *Publicæ honeftatis impedimentum, ubi fponfalia, quâcumque ratione valida non erant S. fynodus prorfus tollit: ubi autem valida fuerint, primum gradum non excedant.* Seff. 24, cap. 3.

Cet empêchement eft-il produit par les *fiançailles* fimples, comme par les *fiançailles* folemnelles? Il y a des auteurs qui penfent qu'il n'y a que ces dernières auxquelles on puiffe appliquer les loix qui ont établi l'empêchement que l'on a appelé d'*honnêteté publique*. C'eft l'avis de l'auteur des conférences de Paris ; il se fonde sur une consultation de quatre docteurs de Sorbonne, qui ont donné pour raison de leur décision, que les promesses que se font les parties par des contrats de mariage ou par d'autres actes, renferment la condition, *s'il plaît à notre mère sainte église de les recevoir* ; d'où ils concluent qu'elles sont sans effet, si elles n'ont pas été reçues par l'église & confirmées par la bénédiction ecclésiastique.

Pothier combat cette opinion, & soutient que la bénédiction n'est pas de l'essence des *fiançailles* : qu'elle n'en est que l'accessoire, sans lequel elles sont parfaites, puisqu'elles donnent une action à chacune des parties pour en poursuivre l'exécution, tant devant le juge d'église, que devant le juge séculier. Lorsque mon fils, ajoute ce jurisconsulte, & une fille, du consentement de leurs familles, ont passé un contrat de mariage devant notaires, quoique le mariage ait manqué, & que les *fiançailles* n'aient pas été bénies, cette fille n'en a pas moins été la fiancée de mon fils & ma future bru, ce qui suffit pour que l'honnêteté publique ne permette pas que je puisse l'épouser.

Les *fiançailles* dont parle ici Pothier, sont à-peu-près ce que les Romains appelloient *sponsalia*, ce sont leurs *fiançailles* solemnelles qui se formoient par le concours & l'intervention des familles des fiancés : elles produisoient l'empêchement dont nous parlons. *Inter me & sponsam patris mei nuptiæ contrahi non possunt, quamquam noverca mea non propriè dicatur*. L. 12, §. 1, ff. *de ritu. nupt.*, *sponsa mea patri meo nubere non potest, quamvis nurus non propriè dicatur.* C'est dans doute dans ces loix romaines, que Pothier a puisé sa décision.

Mais pourroit-elle s'appliquer à une simple promesse de mariage, passée sous seing-privé, & sans la présence d'aucun témoin ? Dans ce cas l'honnêteté publique exige-t-elle que l'on ne puisse épouser la fille ou la sœur de la personne à qui on a fait la promesse ?

Observons d'abord que les loix romaines citées, défendent seulement à un père d'épouser la fiancée de son fils, & à un fils d'épouser la fiancée de son père. Elles n'avoient point étendu plus loin l'empêchement d'honnêteté publique, produit par les *fiançailles*, & l'église a été d'accord avec elles pendant douze siècles. Ce n'est que depuis les fausses décrétales que les *fiançailles* ont produit le même effet, quant à l'empêchement d'honnêteté publique, que le mariage même.

Les loix romaines ne peuvent s'appliquer aux simples promesses sous seing-privé. Elles ne font point ce qu'elles appelloient *sponsalia* ; les loix canoniques ne peuvent s'y appliquer non plus : l'église paroît n'entendre, par la même expression *sponsalia*, que les promesses de mariage consacrées par sa bénédiction & par ses prières.

Une promesse sous seing-privé, & qui demeure secrète, ne donne aucune qualité aux yeux du public ; elle ne donne donc, par rapport à lui, aucune relation entre les parties contractantes & leurs familles. La décence, l'honnêteté publique, seuls fondemens de cet empêchement, ne sont donc point compromises. L'empêchement n'existe donc point.

Cependant, si sur le refus fait par une des parties d'exécuter la promesse, l'autre intentoit son action devant les tribunaux, la publicité donnée à la promesse, pourroit la mettre dans le cas du contrat de mariage dont parle Pothier, & produire alors l'empêchement d'honnêteté publique.

Nous serions donc portés à croire qu'une promesse de mariage simplement sous seing-privé, inconnue & des familles respectives & du public, ne produit point l'empêchement dont il s'agit : qu'elle n'opère cet effet qu'autant qu'elle a acquis de la publicité ; & que si les parties consentent d'elles-mêmes à l'annuller, elle doit être censée non avenue. L'intérêt de la société semble exiger que l'on mette le moins d'obstacles possibles, aux mariages & à l'union des familles. Pour établir des empêchemens dirimans, il faut des loix bien positives ou un usage bien constant : & nous ne voyons ni l'un ni l'autre, au sujet des promesses de mariage sous seing-privé, & demeurées secrètes.

Il paroît que les tribunaux penchent à restreindre dans des limites très-étroites, les empêchemens dirimans qui ne sont ni de droit naturel ni de droit divin. On en peut juger par un arrêt récent que nous aurions rapporté à l'article *Empêchement de mariage*, s'il nous avoit été connu plutôt ; & qui malgré qu'il soit étranger aux *fiançailles*, vient à l'appui des principes que nous venons d'avancer.

Du mariage de Paul Vidal & de Jeanne Vigné, est né Paul Vidal. Jeanne Vigné, sa mère, convola en secondes noces avec Jean-Baptiste Vaillant. Celui-ci après le décès de Jeanne Vigné, épousa Anastase Thibeuf, & après le décès de cette dernière, Jeanne d'Aufoui. Cette troisième femme survécut à Jean-Baptiste Vaillant ; devenue veuve, elle consentit à épouser Paul Vidal, fils de Jeanne Vigné, première femme de Jean-Baptiste Vaillant, & par conséquent beau-fils de ce Jean-Baptiste Vaillant : ainsi Paul Vidal vouloit se marier à la veuve en troisièmes noces, du second mari de sa mère, c'est-à-dire de son beau-père.

Le curé refusa de les marier. L'évêque de Nantes refusa pareillement d'accorder les dispenses d'affinité. Arrêt du parlement de Rennes, du 17 juillet 1782, qui a permis de passer outre à la célébration du mariage, & enjoint au curé d'administrer la bénédiction nuptiale. Après un semblable arrêt, peut-on croire qu'on accueilleroit favorablement une demande en nullité de mariage, fondée sur une promesse sous seing-privé, demeurée secrète & dont les parties auroient consenti à ne pas faire usage ?

Au surplus les dispenses de l'empêchement produit par les *fiançailles*, s'accordent facilement, puisque l'on en voit accorder pour épouser des nièces, & se marier successivement aux deux sœurs,

& que l'affinité est un empêchement qui paroît plus approcher du droit naturel & divin, que celui de l'honnêteté publique résultant des *fiançailles*.

Le contrat par lequel deux parties se promettent de s'unir par les liens du mariage, n'est point indissoluble, quoiqu'il soit synallagmatique; il peut être résolu de plusieurs manières, que les canonistes ont renfermées dans ces vers latins:

> *Dissensus, crimen, fuga, tempus & ordo, secundas;*
> *Mortus & affinis, vox publica, cumque reclamant.*
> *Quodlibet istorum sponsalia solvit eorum.*

1°. *Dissensus.* Il n'est pas douteux que les parties qui ont contracté des *fiançailles*, peuvent être déchargées de leur engagement, par leur consentement mutuel, même après la bénédiction de l'église. *Quæ consensu contrahuntur, contrario consensu dissolvuntur.* Cette maxime du droit civil a été admise par le droit canon: *per quascumque causas res nascitur, per eas & dissolvitur.* Suivant le chapitre 7, du titre *desponsatione impub.* les impubères ne peuvent se dégager de leurs promesses de mariage, avant qu'ils aient atteint l'âge de puberté, à moins qu'ils n'y soient autorisés par le juge d'église.

Le serment par lequel les parties auroient confirmé leurs *fiançailles*, n'est point un obstacle à leur dissolution; il n'en est que l'accessoire; & il doit suivre le sort de l'engagement principal, qui est détruit par le consentement des parties. *Quæ accessionem locum obtinent, extinguuntur, cum principales res peremptæ sunt.* Rien de plus sage que la raison que le droit canonique donne pour permettre aux fiancés de rompre leur engagement. *Si autem se ad invicem admittere noluerint ut forte deterius inde contingat ut talem scilicet ducat quam odio habet, videtur quod ad instar eorum qui societatem interpositione fidei contrahunt, & post ea eamdem remittunt, hoc possit in patientia tolerari.* Cap. *præterea de sponsal.*

2°. *Crimen.* Cette raison de dissolution des *fiançailles* est admise parmi nous: elle tient au droit naturel; tout crime qui emporte l'infamie, ou tout délit qui contrarie la promesse donnée, affranchit l'autre partie de ses obligations. Par exemple, la fornication subséquente aux *fiançailles*, dégage la partie qui a droit de s'en plaindre; c'est la décision d'Innocent III, au chapitre *quemadmodum ext. de jure-jurando*, & il en donne une raison bien solide. *Nam si propter contractum conjugium, vir propter fornicationem licite potest uxorem à suâ cohabitatione dimittere, longè fortius ante conjugium celebratum, propter eamdem causam, licitè potest in suam cohabitationem non admittere sponsam, quia turpius ejicitur quam admittitur.* La considération du serment ne doit point arrêter: parce que dans cette circonstance le serment suppose toujours la condition, que la partie en faveur de laquelle on le prête, ne péchera point *contra legem matrimonii*. Cette raison de dissolution des *fiançailles* a lieu pour les deux fiancés, abstraction faite de leur sexe; &

cela est juste. *Frustra quis fidem postulat ab eo servari, qui fidem à se præstitam servare recusat.* Mais celui qui est offensé peut remettre l'offense, & reste toujours dans le droit, s'il le veut, d'exiger l'accomplissement de la promesse qui lui a été faite.

Innocent III, dans le chapitre cité ci-dessus, a décidé que si le crime a précédé les *fiançailles*, il ne peut être une raison pour les faire dissoudre; mais il faut supposer que le crime ou le délit ait été connu de l'autre fiancé.

Un arrêt du parlement de Bretagne, du 10 mai 1610, a jugé que l'infamie survenue depuis les *fiançailles*, est un moyen capable de les dissoudre, quoique le fiancé alléguât des promesses réitérées depuis sa disgrace. Il a encore été jugé qu'un fiancé n'est point tenu à des dommages & intérêts, quand il demande la résiliation de l'engagement à raison de la fornication; c'est l'espèce d'un arrêt de 1647, rapporté par Bouvot. On sent qu'il ne faut pas alléguer une semblable raison, sans avoir en main des preuves bien convaincantes. Le parlement de Bretagne condamna à une réparation d'honneur un fiancé, qui s'en étoit servi sans preuves. Son arrêt est daté du 22 octobre 1622.

Pothier prétend que si les fiancés, après avoir eu connoissance des causes de dissolution des *fiançailles*, soit antérieures, soit postérieures à leur promesse, avoient continué à se voir & à se traiter comme fiancés, ils seroient non-recevables à exciper de ces causes en justice. Ce principe est trop général, & souffre certainement des exceptions, comme on l'a vu par l'arrêt du parlement de Bretagne de 1610. Il est des fautes sur lesquelles une certaine manière de penser peut faire fermer les yeux; mais il en est d'autres, dont le pardon & l'oubli ne peuvent être que l'effet de la passion la plus aveugle, ou de la séduction la plus caractérisée. Il n'y a point alors de véritable consentement, & ce seroit profiter d'une erreur involontaire que de l'opposer comme fin de non-recevoir, contre une demande que les bonnes mœurs, l'honneur, la probité, & par conséquent les loix, doivent accueillir.

3°. *Fuga.* Par-là, les canonistes entendent le grand éloignement. Si un des fiancés quitte son pays, & qu'absent depuis long-temps, il n'ait point donné de ses nouvelles à l'autre fiancé, il semble renoncer à son droit, retirer sa promesse, & lui rendre sa liberté. C'est la décision d'Innocent III, au chap. *de sponsal.* tit. 1, l. 4, *de illis autem qui præstito juramento, promittunt se aliquas mulieres ducturos, & postea eis incognitis dimittunt terram, se ad partes alias transferentes, liberum erit mulieribus, si non est amplius in facto processum, ad alia vota se transfere.* Cette décision suppose que l'absence n'est pas passagère, & n'est point pour le commerce, des procès ou d'autres affaires.

4°. *Tempus.* La décrétale, que l'on vient de citer, ne fixe point le temps de l'absence, ni celui dans lequel la promesse de mariage doit être effectuée. Les loix romaines ont à cet égard quelque chose de plus précis. *Si is qui puellam suis nuptiis pactus est, intra biennium exequi nuptias, in eâdem provinciâ degens supersederit, ejusque spatii fine decurso, in alterius conjonctionem puella pervexerit, nihil fraudis ei sit, quæ nuptias maturando, vota sua diutius eludi non passa est. L. 2, cod. de spons.* Si le fiancé s'est retiré dans une autre province que celle habitée par la fiancée, celle-ci au bout de trois ans est libre. *L. 2, cod. de repud.*

Pothier semble ne pas douter que ces loix ne doivent être suivies parmi nous. Le dictionnaire de droit canonique dit positivement qu'elles ne le font point. Gohard propose un milieu qui paroît assez raisonnable ; il veut que si le fiancé, avant son départ, n'ait pas averti la fiancée, & que s'il a laissé passer une année sans lui écrire directement ni indirectement, alors la fiancée, si elle le juge à propos, lui fasse faire une sommation au lieu de son dernier domicile, & se pourvoie par-devant l'official pour faire résilier les *fiançailles* ; parce que, dit-il, une si grande négligence est une forte présomption du mépris ou du changement de volonté du fiancé. En suivant cette marche, on se mettroit fûrement à l'abri de toute réclamation. L'auteur des conférences de Paris affure que l'usage des officialités, est de n'avoir aucun égard à des promesses surannées, & qu'elles le font lorsqu'un des fiancés a laissé passer un an sans lettres missives ou sans visite à l'autre fiancé, parce qu'alors il est censé ne vouloir point exécuter sa promesse.

Si par le contrat ou promesse de mariage, les parties ont fixé un temps pour s'épouser, & que le temps expiré, l'une d'elle refuse ou n'exige point l'exécution de la promesse, il est libre à l'autre d'épouser qui bon lui semble. Selon Van-Espen, les ordonnances des diocèses de Malines, Cambrai, S. Omer, &c. défendent aux fiancés de différer au-delà de six femaines, tout au plus, la célébration de leur mariage, à moins qu'il ne survienne quelque empêchement canonique.

5°. *Ordo.* Les ordres sacrés auxquels il faut joindre les vœux solemnels, donnent lieu à la dissolution des *fiançailles*, parce que, selon les canonistes, les promesses de mariage renferment toujours cette condition tacite, qu'elles ne subsisteront, qu'en cas que Dieu n'appelle point à un état plus parfait ; quant aux vœux simples, ils ne peuvent avoir aucun effet dans le for extérieur. Quelques casuistes décident qu'ils sont nuls, si on les fait après avoir abusé de la fille à laquelle on a promis mariage, & qu'on est obligé non-seulement à réparer son honneur, mais encore à assurer l'état de son fruit. Cette décision, quelque juste qu'elle soit, n'est point de notre ressort.

Pothier observe que, si en prenant les ordres sacrés, ou en faisant des vœux solemnels, on peut licitement manquer à la foi des *fiançailles*, ce

ne doit être qu'à la charge de dédommager l'autre partie des dépenses qu'on lui a occasionnées.

6°. *Secundas.* Cette expression, dans le langage des canonistes, signifie un mariage validement contracté avec une autre personne que sa fiancée. Suivant le droit des décrétales, si un second mariage ne peut rompre le premier, un mariage postérieur à des fiançailles, les dissout. La raison est que, dans le concours de deux obligations, la plus forte doit l'emporter sur la plus foible ; & il n'est pas douteux que l'obligation qui naît d'un mariage valide, ne soit plus forte que celle qui résulte des *fiançailles*. Mais celui qui se marie de la sorte, viole sa première promesse & mérite de recevoir une pénitence.

Selon le droit civil, un mariage validement contracté avec une autre personne, que celle à laquelle on est fiancé, rompt bien les *fiançailles*, mais ne met point à l'abri de l'action en dommages & intérêts. Pothier ajoute, qu'après la dissolution du mariage qui mettoit obstacle à l'exécution de la promesse, on est tenu, si on en est requis, de l'exécuter. Nous avons de la peine à nous rendre à cette décision : nous ne pensons pas que des *fiançailles*, détruites par un acte aussi solemnel qu'un mariage valide, puissent jamais revivre. Si le fiancé abandonné s'est pourvu en dommages & intérêts, tous ses droits font consommés ; s'il ne s'est pas pourvu, son silence est un consentement tacite au mariage de son fiancé, & doit opérer contre lui une fin de non-recevoir, lorsqu'il veut faire revivre d'anciennes promesses qu'il est censé avoir remises.

Les secondes *fiançailles* n'annullent point les premières. Entre deux obligations égales, la première doit l'emporter : cependant avant le concile de Trente, de secondes *fiançailles*, suivies de l'action charnelle, rompoient les premières. On les considéroit comme des mariages clandestins ; mais le concile, en déclarant nuls ces mariages jusqu'alors tolérés, les a mis dans la classe des simples *fiançailles*.

7°. *Morbus.* Une maladie, ou une infirmité considérable, survenue depuis les *fiançailles*, quand elle est perpétuelle ou du moins de longue durée, est une raison pour les dissoudre. C'est ce que décide Innocent III, au chap. *quemadmodum*, déjà cité : *quod si post hujusmodi juramentum, mulier fieret non folum leprosa, sed & paralitica, vel oculos vel nasum amitteret..... numquid vir tenetur eam ducere in uxorem.* Quoique ces accidens ne rompent pas le mariage, ils font un motif valable pour ne pas exécuter la promesse qu'on a faite de le contracter. Si l'on contraignoit, dit S. Thomas, un homme à épouser une fille qui seroit devenue toute difforme & désagréable à ses yeux, ce seroit peut-être l'engager dans le libertinage. Ces raisons seroient sans doute accueillies, même dans les tribunaux séculiers.

Les auteurs vont plus loin : ils prétendent qu'un

renverfement de fortune, qui empêcheroit de pouvoir apporter un bien capable de contribuer à fupporter les charges du mariage, feroit une raifon fuffifante pour ne pas accomplir les *fiançailles*. L'auteur des conférences de Paris a été jufqu'à foutenir, que fi, depuis les *fiançailles*, il eft furvenu à un des fiancés, une augmentation de fortune fi confidérable, qu'elle détruife la proportion ou l'égalité qui étoit entre les biens des parties, c'eft un motif fuffifant pour ne pas paffer outre au mariage, fauf cependant à payer les dommages & intérêts réfultans de la non-exécution des *fiançailles*. Pothier a été furpris de cette décifion, il la combat par de fortes raifons, & s'appuie de l'autorité de Sanchés, qui ne paffe pas pour un cafuifte bien févère.

8°. *Affinis.* L'affinité, foit naturelle, foit fpirituelle, rompt les *fiançailles*, parce qu'elle produit un empêchement dirimant. Cependant lorfque l'empêchement dirimant ne provient que du fait feul d'une des parties, comme lorfque depuis les *fiançailles*, le fiancé a commis fornication avec une parente de la fiancée, celle-ci eft dégagée envers lui; mais il ne l'eft pas envers elle, & fi elle le requiert, il eft obligé d'obtenir, à fes dépens, difpenfe de l'empêchement, finon il eft tenu des dommages & intérêts.

9°. *Vox publica.* Les uns par cette expreffion entendent la jactance, par exemple, fi le fiancé fe vante d'avoir eu un commerce illicite avec fa fiancée. D'autres veulent que *vox publica* ne foit autre chofe que le témoignage de perfonnes dignes de foi, qui atteftent un empêchement que les fiancés avoient ignoré. Il paroîtroit plus naturel d'appliquer ces expreffions à la voix publique, qui apprendroit à une fille que fon fiancé, qu'elle croyoit doux & modéré, eft un homme emporté, violent & féroce. Cette raifon eft plus que fuffifante, felon Alexandre III, pour diffoudre les *fiançailles*; il eft à préfumer que fi la fille eût connu le caractère de ce fiancé, elle n'eût jamais contracté avec lui. D'ailleurs ce qui eft un motif de féparation de corps, eft à plus forte raifon un motif pour ne pas s'époufer.

10°. *Cumque reclamant.* Le refus d'une des parties fuffit pour faire annuller les *fiançailles*, & ne laiffe plus d'action, que celle en dédommagement. C'eft une fuite néceffaire de la nature des *fiançailles*, qui ne font que des promeffes, efpèce de contrat, qui faute d'accompliffement, ne fe réfout qu'en dommages & intérêts.

Outre ces moyens, qui rompent les *fiançailles*, il peut s'en trouver plufieurs autres, qui dépendent non-feulement des rapports qui exiftent entre les fiancés, mais même de ceux qui font entre leurs familles. Une difproportion énorme entre les états pourroit encore être un motif pour annuller les *fiançailles*, quand même elles auroient été fuivies d'un commerce qui auroit donné lieu à une groffeffe. L'ufage du parlement de Paris, dit Gohard,

eft d'adjuger feulement une fomme de cinquante livres à une fervante ou fille de baffe condition qui s'eft laiffée féduire par un fils de famille, de condamner le féducteur à fe charger de l'enfant, à le faire élever & inftruire dans la religion catholique, apoftolique & romaine, à en apporter un certificat de vie de trois mois en trois mois, au fubftitut de M. le procureur général, & aux dépens.

Les *fiançailles* font naître tous les jours des conteftations. Quels font les juges qui doivent en connoître? s'il eft queftion de leur validité ou de leur nullité, c'eft au juge d'églife qu'il faut s'adreffer. S'il s'agit feulement de dommages & intérêts, qui doivent en réfulter, le juge féculier eft feul compétent pour les adjuger. Tel eft l'état actuel des chofes, & telles font les limites des deux puiffances dans cette matière.

Le juge d'églife ne peut connoître des *fiançailles*, qu'entre les deux fiancés: ainfi, lorfque c'eft un père, qui a promis en mariage fon fils ou fa fille à quelqu'un, cet engagement ne peut être foumis à la jurifdiction eccléfiaftique, parce qu'il n'a rien de fpirituel.

L'official doit fe renfermer dans les bornes qui lui font prefcrites; il doit fe conformer en tout aux ordonnances du royaume. Il ne peut par conféquent admettre la preuve par témoins pour prouver l'exiftence de l'engagement, l'ordonnance de 1639, ayant profcrit cette preuve, comme on l'a fait voir ci-devant: il eft donc obligé, quand il n'y a point de preuves par écrit, de mettre les parties hors de cour, fur la feule dénégation de l'une d'elles.

Lorfque les promeffes font avouées & reconnues, il ne peut forcer par la voie des cenfures, la partie qui s'y refufe, à les accomplir. Il ne peut plus, comme autrefois, *condamner à parachever le mariage commencé, & déclarer qu'on y fera contraint par cenfures eccléfiaftiques en cas de défobéiffance.* L'ufage de prononcer ainfi a été abrogé, non par une loi pofitive, mais par la jurifprudence des arrêts. M. l'avocat-général Bignon, portant la parole dans une caufe de mariage, le 9 juin 1637, repréfenta que jufqu'à ce que le mariage ait été folemnifé, il eft entiérement libre aux parties de fe rétracter nonobftant toutes fortes de promeffes, & qu'en femblables queftions, fi l'une des parties fait refus d'accomplir fa promeffe, l'official doit mettre les parties hors de cour, fauf à fe pourvoir, ainfi qu'elles verront, pour les dommages & intérêts qu'elles peuvent prétendre. Ces maximes furent encore développées & folidement prouvées en 1638 par le même magiftrat.

Il eft cependant un cas, felon Pothier, où l'official peut prononcer fur les dommages & intérêts, c'eft lorfque la qualité de la perfonne, contre laquelle ils font demandés, le rend compétent pour juger, même en matière profane; fi un chanoine, simple clerc tonsuré, avoit fait des promesses de mariage qu'il refusât d'exécuter, & que la partie refusée eût conclu en l'officialité en des dommages & intérêts, l'official pourroit les adjuger, parce qu'il est compétent pour connoître des actions pures personnelles, qui sont intentées devant lui contre des ecclésiastiques; mais il est plus utile de s'adresser directement pour cet objet aux tribunaux séculiers, dont les sentences donnent hypothèque, avantage que n'ont pas celles des juges d'église.

C'étoit une ancienne jurisprudence des officialités, de permettre d'amener sans scandale, & de constituer prisonnier celui qui faisoit refus d'accomplir ses promesses. Un arrêt de réglement du parlement de Paris, du 23 décembre 1637, a déclaré cet usage abusif, & fait défense à l'official de Paris, & à tous autres de faire à l'avenir telles procédures, & ordonner des amenés sans scandale en semblable matière, sous telle peine qu'il appartiendra; & à tous huissiers & sergens de les mettre à exécution, à peine de suspension de leurs charges, & de tous dépens, dommages & intérêts des parties. Les amenés sans scandale sont défendus par l'article 17 du titre 10 de l'ordonnance de 1670: « défendons à tous » juges, même des officialités, d'ordonner qu'au- » cune partie soit amenée sans scandale ».

L'official peut-il connoître d'une inscription de faux proposée incidemment devant lui, contre une promesse de mariage? Les auteurs sont partagés sur cette question. Lacombe, verbo, Promesse de mariage, après l'avoir traitée ex professo, finit par dire, que le parti qui tient que l'official ne le peut pas, est sans contredit à préférer. Le rédacteur des mémoires du clergé, & plusieurs jurisconsultes avec lui, soutiennent l'opinion contraire; ils s'appuient sur un arrêt du 8 juin 1626, qui jugea, conformément aux conclusions de M. l'avocat-général Talon, qu'un official avoit pu sans abus retenir une cause dans laquelle une inscription de faux incident avoit été formée. En ce cas, dit ce magistrat, l'official ne connoît point du faux incident, à l'effet de prononcer sur le crime, & de punir celui qui auroit commis la fausseté; mais seulement pour instruire sa religion & pouvoir prononcer sur la question du mariage.

Les partisans de cette opinion ajoutent que la compétence des officiaux dans ce cas est fondée, sur ce qu'il est de l'équité & du soulagement des parties, que le juge d'église étant compétent dans la cause principale, il puisse connoître des faits proposés incidemment par forme de défenses & d'exception, quand ils servent au jugement de la cause, & que la validité ou la nullité des promesses de mariage dépendent de ces faits: mais il faut observer que tous les auteurs se réunissent pour penser, que s'il y avoit appel comme d'abus, du jugement de l'official qui a retenu la cause, nonobstant l'inscription de faux, dans ce cas, l'appel ne seroit pas simplement dévolutif, & que l'official ne pourroit passer outre, nonobstant & au pré-

judice de l'appel; ainsi jugé par l'arrêt du 8 juin 1626, déjà cité.

Si l'un des fiancés cité pour accomplir sa promesse de mariage, excipe de faits capables de l'annuller, l'official peut-il l'admettre à la preuve de ces faits? Fevret prétend qu'il y auroit abus dans une pareille procédure: il cite deux arrêts des parlemens de Dijon & de Bretagne, qui l'ont ainsi jugé en 1615 & en 1622.

Les partisans de l'opinion contraire opposent un arrêt du parlement de Paris, du 2 juillet 1633, rapporté par Dufresne: cet auteur lui donne pour motif, que les faits n'étant allégués que par forme d'exception, & non par voie d'accusation, l'official avoit pu les recevoir, & qu'en ce cas la permission d'informer ne doit point être regardée comme une entreprise sur la jurisdiction séculière, parce que l'information n'est faite qu'incidemment & à l'effet d'instruire la cause du mariage, dont le juge d'église est compétent.

Les défenseurs les plus zélés de la jurisdiction ecclésiastique conviennent que, si l'un des fiancés prend des lettres de rescision contre son engagement, le juge d'église ne peut pas en connoître. Corbin, dans ses loix de France, chap. 20, rapporte un arrêt rendu en l'audience de la grand'chambre du parlement de Paris, le 9 juin 1611, qui l'a ainsi jugé sur les conclusions de M. le Bret; la raison de cette jurisprudence, est que le roi n'adressant point ses lettres aux juges d'église, ils n'en peuvent connoître même incidemment, afin de prononcer sur la question principale.

La jurisdiction des juges d'église, en ce qui concerne les promesses de mariage, se réduit à peu de choses, depuis qu'on ne leur laisse point la faculté d'en ordonner l'accomplissement, ni de condamner les parties refusantes à doter ou à épouser à son choix, ni de connoître des dommages & intérêts dus à la partie lésée. C'est l'observation de Lacombe, & qui lui fait embrasser l'opinion des jurisconsultes qui pensent, que les citations devant les officiaux, en accomplissement des promesses de mariage, sont devenues inutiles & onéreuses, & qu'il seroit de l'intérêt des sujets du roi de réformer cette jurisprudence, & de laisser à la partie lésée la liberté de se pourvoir devant le juge royal pour ses dommages & intérêts, sans l'obliger de faire citer l'autre partie devant le juge d'église, pour y déclarer qu'elle a changé de volonté, & ainsi exposer inutilement les parties à essuyer trois degrés de jurisdiction ecclésiastique.

On ne peut disconvenir que ces réflexions ne soient fondées, & qu'il seroit à desirer qu'on ne fût pas dans la nécessité de s'adresser à différens tribunaux pour le même objet. Cet inconvénient est une suite de la difficulté que l'on a éprouvée en France, pour fixer les limites des deux jurisdictions. Dans un siècle de lumières, où l'amour du bien général l'emporte sur l'esprit de parti, & dirige également le clergé & la magistrature,

ne feroit-il pas facile de fubftituer à une jurifprudence équivoque & fujette à changer, une loi
claire, qui rendît en cette partie les officiaux,
comme ils font en plufieurs autres, les hommes
de l'état & du prince, & leur permît de prononcer, au moins jufqu'à la concurrence d'une certaine fomme, les dommages & intérêts dus à raifon
de l'inexécution d'une promeffe de mariage violée,
fans autre motif que le changement de volonté
d'une des parties ? Si les tribunaux eccléfiaftiques
font compétens pour connoître des caufes pures
perfonnelles des clercs, ce n'eft que par une conceffion du prince. Une femblable conceffion ne
pourroit-elle pas leur être faite, pour ce qui concerne les *fiançailles* & les promeffes de mariage : alors
ils connoîtroient non-feulement du principal, mais
encore des accefoires. Les trois degrés de jurifdictions pourroient être, fi l'on vouloit, réduits
à deux, toutes les fois que les dommages & intérêts ne monteroient qu'à une fomme fixée. On
pourroit encore, fi l'on craignoit de trop étendre
la jurifdiction eccléfiaftique, la limiter aux feules
promeffes de mariage, qui auroient été accompagnées ou fuivies des cérémonies de l'églife, & foumettre toutes les autres faites fous feing-privé ou
par-devant notaires, aux feuls juges féculiers,
comme étant des actes purement civils : & enfin
pour éviter de nouvelles conteftations, décider fi
toute efpèce de *fiançailles* produit l'empêchement
d'honnêteté publique. *Voyez* MARIAGE, OPPOSITION. (M. l'abbé BERTOLIO, avocat au parlement.)

FIANCE, f. f. (*Droit féodal.*) c'eft la même
chofe que *foi* & *fidélité*, enforte que par le mot
fiance, on peut entendre le ferment par lequel le
vaffal promet à fon feigneur de lui être fidèle.
Bruffel, *de ufu feudorum*, lib. 2, cap. 10, prétend
que ce terme, dans les anciens hommages, fignifie
l'obligation du vaffal, d'aider fon feigneur de fes
confeils dans fes plaids. On trouve dans les capitulaires de Charlemagne, *tom. I*, col. 500, le mot
fiducia, *fiance*, dans le fens de garde & protection.

FIAT, f. m. terme latin, que nous avons fait
paffer dans notre langue, & dont nous nous fervons en matière bénéficiale, pour fignifier une
réponfe du pape à la fupplique qui lui eft préfentée
pour avoir fa fignature : cette réponfe fe met entre
la fupplique & les claufes, elle eft conçue en ces
termes, *fiat ut petitur*. Ces mots font écrits de la
main du pape, lequel y ajoute la lettre initiale du
nom qu'il portoit avant d'être pape.

Pour mieux entendre quel eft l'ufage du *fiat*, il faut
obferver qu'il fe fait deux fortes d'expéditions en
cour de Rome.

Les unes regardées comme matières ordinaires,
font fignées par le préfet par la fignature de grace
qui y met le *conceffum*, c'eft-à-dire la réponfe ; il
écrit, entre la fupplique & les claufes, ces mots
conceffum ut petitur, & il figne.

Les autres fignatures ou expéditions de cour de
Rome qui portent quelque difpenfe importante, les

provifions des dignités *in cathedrali vel collegiali*,
celles des prieurés conventuels, des canonicats *in
cathedrali*, doivent être fignées par le pape : c'eft
ce que l'on appelle *paffer par le fiat*. Cette réponfe
du pape tient la place du *conceffum* dans les autres
fignatures.

Suivant les règles de la chancellerie romaine,
lorfqu'il y a concurrence entre deux provifions du
même jour, l'une expédiée par la voie du *fiat*,
l'autre par *conceffum* ; la première eft préférée ; le
préfet qui donne le *conceffum* n'étant à l'égard du
pape, que ce que le grand-vicaire eft à l'égard de
l'évêque. Mais la diftinction du *fiat* d'avec le *conceffum*, n'eft pas reçue dans ce royaume ; le *conceffum* y a la même autorité que le *fiat*. (A)

FICTIF, on fe fert de ce mot en droit, pour
fignifier quelque chofe qui n'eft point réel, mais
que l'on fuppofe par fiction ; par exemple, une
rente, un office, font des immeubles *fictifs*, au
lieu qu'un héritage eft un immeuble réel. *Voyez*
IMMEUBLES. Il y a des propres *fictifs*, qui font
les deniers ftipulés propres. *Voyez* PROPRES. (A)

FICTION, f. f. ce terme, *en droit*, fignifie la
manière de confidérer un objet, fous un rapport
qui n'eft pas réel, mais que la loi a introduit ou
autorifé.

Par exemple, la claufe d'un contrat de mariage,
par laquelle l'un des conjoints ameublit un immeuble, pour le faire entrer en communauté, eft une
fiction de droit, qui fuppofe dans l'immeuble la
qualité de meuble, qu'il n'a pas réellement.

La ftipulation par laquelle une femme fe réferve
propre à elle & à fes héritiers, une fomme d'argent, eft une *fiction* de droit contraire, qui donne
la qualité d'immeuble à un effet mobilier.

C'eft une règle générale, que la *fiction* ne s'étend
pas d'un cas à un autre, & qu'elle doit toujours
fe reftraindre à l'efpèce pour laquelle elle a été
introduite ; ainfi, dans les exemples que nous venons de citer, l'immeuble auquel on a donné par
fiction la qualité de meubles pour le faire entrer
dans la communauté, fe partage dans la fucceffion de
celui qui l'a ameubli, non comme mobilier, mais
comme immeuble ; & par la même raifon les deniers ftipulés propres, perdent cette qualité dans
le partage qui s'en fait entre les héritiers de la
femme ; enforte que s'il fe trouve des héritiers aux
meubles, & des héritiers aux propres, l'héritier
des meubles recueille la fucceffion de l'argent ftipulé
propre, & l'héritier des propres fuccède aux héritages ameublis.

FIDEI-COMMIS, f. m. (*Droit civil.*) ce terme
eft compofé de deux mots latins, *fides*, foi, &
committere, confier : il fignifie proprement, *ce qui eft
confié à la bonne foi de quelqu'un*.

En effet le *fidéi-commis*, chez les Romains, fe
difoit de la difpofition par laquelle un teftateur
chargeoit en termes indirects & déprécatoires, fon
héritier, de rendre à une perfonne indiquée, la
totalité, ou une partie des biens pour lefquels il

étoit inſtitué héritier. Mais l'exécution de cette clauſe dépendoit entiérement de la bonne foi & de la probité de l'héritier, parce que, ſuivant les loix romaines, la prière du teſtateur, ou ſa recommandation, ne lioit en aucune manière ſon héritier, & ne pouvoit le contraindre à accomplir la volonté du teſtateur.

Deux raiſons donnèrent lieu aux *fidéi-commis*, la première qui a ſervi également à l'établiſſement des codicilles, a été de ſuppléer en quelque manière à un teſtament ſolemnel, dans les cas où le teſtateur ne pouvoit en obſerver les ſolemnités, & ſur-tout celle qui exigeoit la préſence d'un certain nombre de citoyens romains.

La ſeconde, lorſque le teſtateur vouloit faire paſſer les effets de ſa libéralité à une perſonne incapable de recevoir par teſtament.

Il y avoit deux ſortes d'incapacités : l'une abſolue, telle que celle qui empêchoit un proſcrit, un homme condamné à la déportation, un étranger, d'être héritier ou légataire d'un citoyen romain ; l'autre relative, qui privoit quelques citoyens de la faculté d'être inſtitués héritiers, ſoit pour l'hérédité entière, ſoit pour une portion, ſoit par certaines perſonnes. Par exemple, la loi *Voconia* défendoit à un teſtateur de laiſſer à une fille ou à une femme, plus du quart de ſa ſucceſſion ; la loi *Julia* privoit les célibataires, à moins qu'ils ne fuſſent proches parens du défunt, du droit de recevoir par teſtament, &c.

Dans tous ces cas, le teſtateur qui ne pouvoit faire paſſer les effets de ſa libéralité à une perſonne incapable, prioit ſon héritier, où lui recommandoit de lui reſtituer ou ſa ſucceſſion entière, ou une partie ſeulement, ou même un objet particulier.

De-là, la diviſion qu'on trouve dans les loix romaines, des *fidéi-commis* univerſels & ſinguliers ou particuliers. Le *fidéi-commis* étoit univerſel, lorſqu'il contenoit la reſtitution entière de l'hérédité, ou d'une portion aliquote : on appelloit particulier ou ſingulier, celui qui n'obligeoit l'héritier qu'à rendre à la perſonne déſignée, ou une ſomme d'argent ou un certain fonds.

Le *fidéi-commis* étoit encore ou exprès ou tacite : exprès, lorſque le teſtateur faiſoit connoître expreſſément ſa volonté à l'héritier : tacite, lorſque ſans être ordonné en termes précis, il réſultoit néceſſairement d'une autre diſpoſition ; par exemple, lorſque le teſtateur engageoit ſon héritier à ne point aliéner les biens de l'hérédité, mais à les laiſſer à ſa famille, à inſtituer pour ſon héritier une telle perſonne.

Quoique l'héritier ne pût être contraint de remettre le *fidéi-commis* dont il étoit chargé, il n'en eſt pas moins vrai, que les Romains taxoient de mauvaiſe foi, & regardoient comme un mal-honnête homme, celui qui n'accompliſſoit pas la volonté du teſtateur. C'eſt ce que nous apprennent Cicéron & Valère-Maxime ; le premier reproche à Sexti-

lius, de s'être approprié une ſucceſſion que le teſtateur l'avoit chargé de rendre à ſa fille, & il ajoute, qu'il n'en eût pas réſervé un ſeul écu, s'il avoit ſuivi le ſentiment de ceux qui veulent qu'on ſacrifie ſes avantages perſonnels à ce qui eſt juſte & honnête. Le ſecond blâme hautement l'avarice de Cornelie, qui ne reſtitua pas un *fidéi-commis*, au fils de Pompée qui avoit été proſcrit.

Auguſte, touché principalement de la faveur que méritoient certaines perſonnes, auxquelles on ne pouvoit donner directement par teſtament, renvoya par-devant les conſuls, la connoiſſance des *fidéi-commis*, afin d'en ordonner dans certains cas l'exécution.

Dans la ſuite l'empereur Claude créa pour cet objet deux préteurs à Rome, & ordonna que les préſidens des provinces connoîtroient de cette matière, & feroient exécuter la volonté du teſtateur. Mais comme l'héritier inſtitué, après avoir reſtitué l'hérédité, n'en reſtoit pas moins héritier, & qu'en cette qualité il étoit toujours reſponſable des dettes du défunt, il arrivoit ſouvent qu'il refuſoit d'accepter une ſucceſſion qui ne lui donnoit que peu, ou même point de profit, & alors le *fidéi-commis* n'avoit aucun effet.

Pour remédier à cet inconvénient, le ſénat, ſous l'empire de Néron, rendit un premier décret, par lequel il fut ordonné que, dans le cas de la reſtitution de l'hérédité, toutes les actions qui appartenoient à l'héritier, ou qui pouvoient être tentées contre lui pour raiſon du teſtament & de l'hérédité *fidéi-commiſſaire*, appartiendroient à celui qui étoit appellé au *fidéi-commis*, ou ſeroient dirigées contre lui.

Dans la ſuite, un ſecond ſénatus-conſulte, rendu ſous Veſpaſien, autoriſa l'héritier fiduciaire à retenir la quatrième partie de l'hérédité, ſi le teſtateur ne la lui avoit pas donnée. Ces deux ſénatus-conſultes ſont connus en droit, le premier ſous le nom de *Trébellien*, le ſecond ſous celui de *Pégaſien*.

Juſtinien ſupprima ces deux loix, & ordonna que l'héritier fiduciaire retiendroit la quatrième partie de tout ce qu'il ſeroit chargé de reſtituer, ſoit que le *fidéi-commis* fût univerſel ou ſingulier. C'eſt cette portion qu'on appelle la *quarte trébellianique*, qu'il peut néanmoins remettre volontairement à l'héritier *fidéi-commiſſaire*, & qu'il ne peut retenir lorſqu'il a été contraint par autorité de juſtice d'accepter l'hérédité. *Voyez* QUARTE TRÉBELLIANIQUE.

Les *fidéi-commis* ayant été ainſi autoriſés par les loix romaines, ils ſont devenus une manière ordinaire de faire paſſer à une tierce perſonne, les libéralités d'un teſtateur ; mais alors ils ſont rentrés dans la claſſe ordinaire des inſtitutions d'héritiers & des legs : enſorte que les loix ont défendu de faire des *fidéi-commis* aux perſonnes incapables de recevoir par teſtament, *l.* 67, *ff. ad. ſ. c. trebell. l. 103, ff. de leg. 1 ; l. 1, ff. de jure fiſci.* Elles ont exigé que celui qui fait le *fidéi-commis*, ait le pouvoir de teſter : ainſi

le

le fils de famille, & autres qui ne peuvent tester, ne peuvent aussi faire de *fidéi-commis.*

On peut aussi charger d'un *fidéi-commis,* non-seulement l'héritier institué, mais encore l'héritier *fidéi-commissaire ;* obliger à la restitution de l'hérédité, l'héritier ab intestat, comme l'héritier testamentaire. Le *fidéi-commis* peut aussi être fait purement ou sous condition, & à terme ; en un mot les *fidéi-commis* sont en tout assimilés aux legs.

Dans nos usages, & sur-tout en pays coutumier, on confond souvent les termes de *substitution,* & de *fidéi-commis.* Nous ne voyons plus de disposition testamentaire, par laquelle l'héritier de remettre immédiatement à un autre, une succession à laquelle il est appelé. Cette restitution n'a lieu qu'après sa mort, & le principal effet de la clause qui l'y oblige, est de conserver les biens dans la famille, & d'empêcher l'héritier de les dissiper. Nous traiterons du *fidéi-commis* pris en ce sens, sous le mot SUBSTITUTION.

On appelle parmi nous *fidéi-commis,* 1°. la clause par laquelle un testateur, en pays de droit écrit, institue un héritier ou légataire, à la charge de remettre le legs ou l'hoirie à celui qu'il voudra choisir lui-même, ou qu'il choisira entre plusieurs personnes qui lui sont désignées ; 2°. les clauses d'un acte entre-vifs, & principalement d'un contrat de mariage, par lesquelles on suit une institution d'héritier. *Voyez* ÉLECTION D'HÉRITIER, INSTITUTION CONTRACTUELLE.

Nous donnons le nom de *fidéi-commis tacite,* aux dispositions simulées, faites en apparence au profit de quelqu'un, mais avec intention secrète d'en faire passer le bénéfice à une autre personne qui n'est pas nommée dans le testament ou la donation ; car cette espèce de *fidéi-commis* peut se faire par testament, ou par un autre acte entre-vifs.

Ces sortes de *fidéi-commis* ne se font ordinairement que pour avantager indirectement quelque personne prohibée ; comme le mari ou la femme dans les pays & les cas où ils ne peuvent s'avantager, ou pour donner à des bâtards au-delà de leurs alimens, &c.

Ceux qui veulent faire de tels *fidéi-commis* choisissent ordinairement un ami en qui ils ont confiance, ou bien quelque personne de probité sur le désintéressement de laquelle ils comptent : ils nomment cet ami ou autre personne héritier, légataire ou donataire, soit universel ou particulier, dans l'espérance que l'héritier, légataire ou donataire pénétrant leurs intentions secrètes, pour s'y conformer, remettra à la personne prohibée que le testateur ou donateur a eu en vue, les biens qui font l'objet du *fidéi-commis.*

Ces sortes de dispositions faites en fraude de la loi par personnes interposées, sont défendues par les loix romaines, & notamment par les *loix 11 & 18, au digeste de his quæ ut indignis auferuntur ;* la première de ces loix veut que l'héritier *qui tacitam fidem contra leges accommodaverit,* ne puisse

prendre la falcidie sur les biens qu'il a remis en fraude à une personne prohibée ; la seconde veut qu'il soit tenu de rendre les fruits qu'il a perçus *ante litem motam.*

Ces *fidéi-commis tacites* sont aussi prohibés parmi nous, tant en pays coutumier qu'en pays de droit écrit.

Lorsque les héritiers attaquent une disposition, comme contenant un *fidéi-commis tacite,* on peut, s'il y a un commencement de preuve par écrit, ou quelque forte présomption de la fraude, admettre la preuve testimoniale. *Voyez* Soefve, *tom. II, cent. 2, chap. 33.*

On peut encore faire affirmer le légataire ou donataire, qu'il n'a point intention de rendre les biens à une personne prohibée : il y en a plusieurs exemples rapportés par Brillon en son dictionnaire, au mot *fidéi-commis tacite. Voyez* FIDUCIAIRE.

FIDÉI-COMMISSAIRE, s. m. se dit, en droit, d'une personne ou d'une succession, ou d'un legs, qui sont à droit de *fidéi-commis* ; par exemple :

Héritier fidéi-commissaire, est celui qui est appellé à recevoir d'un autre l'hérédité à titre de *fidéi-commis.*

Substitution fidéi-commissaire, est celle par laquelle l'héritier ou le légataire est chargé, par forme de *fidéi-commis,* de remettre l'hoirie ou le legs à une autre personne. *Voyez* SUBSTITUTION, FIDÉI-COMMIS. (A)

FIDÉJUSSEUR, s. m. ce mot vient du terme latin *fidéjussor,* d'où nous avons fait *fidéjusser,* qui n'est guère usité ; on se sert plus communément du mot *caution.*

Le *fidéjusseur* est celui qui s'oblige pour la dette d'un autre, promettant de payer pour lui au cas qu'il ne satisfasse pas à son créancier : *est is qui fide suâ jubet quod alius debet.*

Le *fidéjusseur* est différent du co-obligé, en ce que celui-ci entre directement dans l'obligation principale avec les autres obligés ; au lieu que le *fidéjusseur* ne s'oblige que subsidiairement, au cas que le principal obligé ne satisfasse pas.

L'obligation du *fidéjusseur* n'éteint pas l'engagement du principal obligé ; ce n'est qu'un accessoire, qu'une sûreté de plus qu'on ajoute à l'obligation du débiteur ; c'est pourquoi elle est éteinte aussi-tôt que celle du principal obligé.

Par l'ancien droit romain, le créancier pouvoit s'adresser directement au *fidéjusseur* ou caution, & lui faire acquitter le total de la dette sans être tenu de faire aucunes poursuites contre le principal obligé ; & s'il y avoit plusieurs *fidéjusseurs,* ils étoient tous obligés solidairement.

L'empereur Adrien leur accorda d'abord le bénéfice de division, au moyen duquel lorsqu'il y avoit plusieurs *fidéjusseurs,* ils pouvoient contraindre le créancier à diviser son action contre eux, & à ne les poursuivre chacun que pour leur part & portion, pourvu qu'ils fussent tous solvables lorsque la division étoit demandée.

Dans la fuite, Juſtinien, par ſa novelle 4, *chap. 1*, leur accorda en outre le bénéfice d'ordre & de diſcuſſion, qui conſiſte à ne pouvoir être pourſuivis qu'après la diſcuſſion entière du principal obligé.

Préſentement ces deux bénéfices ſont devenus preſque entiérement inutiles aux *fidéjuſſeurs* ou cautions, attendu que les créanciers ne manquent guère de les y faire renoncer tant entr'eux, s'ils ſont pluſieurs, qu'à l'égard du principal obligé, au moyen de quoi ils deviennent obligés ſolidairement, ce que les notaires ont coutume d'exprimer en ces termes: *s'obligeant par ces préſentes l'un pour l'autre, & chacun d'eux ſeul pour le tout, ſans diviſion ni diſcuſſion, renonçant aux bénéfices de diviſion, ordre de droit & de diſcuſſion.*

La formalité des ſtipulations par interrogations & réponſes, qui étoit uſitée chez les Romains, & néceſſaire pour les fidéjuſſions, ne ſe pratique point parmi nous; les *fidéjuſſeurs* s'y obligent de la même manière que les principaux obligés, ſans aucune ſolemnité particulière de paroles, & ſans qu'il ſoit beſoin que le *fidéjuſſeur* ſoit préſent en perſonne, pourvu qu'on juſtifie de ſon conſentement par une procuration ſignée de lui.

Toutes les exceptions réelles qui périment l'obligation principale, ſervent auſſi au *fidéjuſſeur*, comme quand l'obligation eſt pour une choſe non-licite. Il en eſt autrement des exceptions perſonnelles au principal obligé, telles que la minorité, la ceſſion de biens; ces exceptions ne profitent pas au *fidéjuſſeur*.

Le *fidéjuſſeur* qui a payé pour le principal obligé a un recours contre lui. *Voyez* CAUTION.

FIDUCIAIRE, ſ. m. (*terme de Droit.*) ſe dit d'un héritier ou légataire, qui eſt chargé par le défunt de rendre à quelqu'un la ſucceſſion ou le legs, en tout ou partie. *Voyez* FIDUCIE, FIDÉICOMMIS, HÉRITIER FIDUCIAIRE, SUBSTITUTION. (*A*)

FIDUCIE, ſ. f. (*terme de Droit romain.*) *fiducia*, ſeu *pactum fiduciæ*, étoit chez les Romains une vente ſimulée faite à l'acheteur, ſous la condition de retrocéder la choſe au vendeur au bout d'un certain temps.

Ce terme *fiducia* eſt communément employé par les anciens juriſconſultes, dans la ſignification d'*hypothèque* & de *gage*, ainſi que nous l'apprenons de différens fragmens de leurs ouvrages, qui ont ſurvécu à Tribonien. Mais dans la ſuite l'uſage ayant prévalu d'employer dans ce ſens, le mot *gage hypothèque*, on ne trouve pas dans tout le corps de droit le mot de *fiducie*, du moins pour ſignifier un *gage*.

L'origine du pacte, appellé *fiducie*, vint donc de ce qu'on fut long-temps à Rome, ſans connoître l'uſage des hypothèques; de ſorte que, pour pouvoir engager les immeubles auſſi-bien que les meubles, on inventa cette manière de vente ſimulée, appellée *fiducia*, par laquelle celui qui avoit beſoin d'argent, vendoit & livroit, par l'ancienne cérémonie de la mancipation, ſon héritage à celui qui lui prêtoit de l'argent, à condition néanmoins que celui-ci ſeroit tenu de lui vendre & livrer l'héritage avec la même cérémonie, lorſqu'il lui rendroit ſes deniers. *Fiducia contrahitur*, dit Boëce ſur les topiques de Cicéron, *cùm res alicui mancipatur, eâ lege ut eam mancipanti remancipes ſit, quæ remancipatio fiduciaria dicitur, cùm reſtituendi fides interponitur.*

Le créancier ou acheteur fiduciaire avoit coutume de prendre pour lui les fruits de l'héritage.

Ces ventes fiduciaires étoient ſi communes anciennement chez les Romains, que parmi le petit nombre de formules qu'ils avoient pour les actions, il y en avoit une exprès pour ce pacte, appellée *judicium fiduciæ*, dont la formule étoit, *inter bonos bene agies, & fine fraudatione*, dit Cicéron, au troiſième de ſes offices. Ce jugement étoit, dit-il, *magnæ exiſtimationis, imo etiam famoſum*. Voyez *Orat. pro Roſ. com. & pro Cæcinna.*

Mais depuis que les engagemens & même les ſimples hypothèques conventionnelles des immeubles furent autoriſés, on n'eut plus beſoin de ces ventes ſimulées, ni de ces formalités de mancipations & de rémancipations, dans leſquelles il y avoit toujours du haſard à courir, au cas que l'acheteur fiduciaire fût de mauvaiſe foi.

Le terme de *fiducie* eſt encore employé par les juriſconſultes romains pour ſignifier la vente imaginaire, par laquelle s'effectuoit l'émancipation d'un enfant de famille. Les pères qui vouloient mettre leurs enfans hors de leur puiſſance, les vendoient autrefois, *titulo fiduciæ*, à quelqu'un de leurs amis, qui à l'inſtant leur donnoit la liberté; ce qui s'appelloit *émancipation*. Mais Juſtinien, par une de ſes conſtitutions qui étoit rédigée en grec & qui eſt perdue, ordonna que toutes les émancipations faites depuis l'abrogation de ces ventes ſimulées, ſeroient cenſées faites *contractâ fiduciâ*. *Voy.* EMANCIPATION.

FIEF, ſ. m. (*droit féodal.*) Dumoulin définit le *fief*, *benevola, libera & perpetua conceſſio rei immobilis, vel æquipollentis, cum tranſlatione utilis dominii, proprietate retentâ, ſub fidelitate & exhibitione ſervitiorum.* De toutes les parties de la juriſprudence, celle-ci eſt la plus étendue & la plus obſcure. Nés au milieu de l'anarchie, les droits féodaux ont déjà éprouvé une infinité de révolutions, & peut-être en éprouveront-ils encore. Pour entendre cette matière, il faut remonter à travers les ſiècles les plus ténébreux de notre monarchie, conſulter les hiſtoriens, étudier nos publiciſtes, recueillir mille faits épars dans nos capitulaires, dans nos coutumes, dans des chartres aujourd'hui plus ignorées que jamais; il faut ſuivre pas à pas la marche irrégulière de notre gouvernement depuis ſon berceau juſqu'au quinzième ſiècle, époque où l'on a commencé à rédiger les coutumes & à donner une ſanction plus ſolemnelle à des droits uſurpés, à des uſages barbares, à des conventions paſſées entre la force & la foibleſſe; conventions remplies d'équivoques,

& toutes différentes les unes des autres. Un grand nombre d'écrivains ont entrepris de porter la lumière dans ce chaos, & malheureusement aucun d'eux n'a les mêmes opinions; chacun a bâti son système sur des faits & des raisonnemens qui ont été combattus par des faits & par des raisonnemens capables de décourager ceux qui veulent approfondir la législation & la jurisprudence féodale. Les bornes d'un simple article ne nous permettent point d'entrer dans l'analyse des différens ouvrages publiés sur cette matière; nous nous contenterons d'exposer fidellement les idées du président de Montesquieu & de M. l'abbé de Mabli, les deux hommes qui ont écrit les derniers sur ce point, & qui jouissent de la considération la plus distinguée. Après avoir développé leurs principes sur l'origine & les révolutions des *fiefs*, nous rendrons compte de l'état actuel de ces sortes de propriétés, c'est-à-dire, de leurs espèces différentes, des loix & des maximes qui les régissent.

Système du président de Montesquieu sur les fiefs. Lorsque les Barbares de la Germanie commencèrent leurs invasions dans les Gaules, ils s'emparoient de l'or, des meubles, des enfans, des femmes & des hommes dont l'armée pouvoit se charger; on rassembloit tout ce butin, & il se partageoit entre les soldats & leurs chefs. Un grand nombre de monumens historiques prouvent qu'après les premiers ravages, ces Barbares reçurent à composition les Gaulois vaincus, & leur laissèrent leurs droits civils & politiques; *mais ce que la conquête ne fit point, le droit des gens qui subsista après la conquête, le fit.* La résistance, la révolte, la prise des villes emportoient avec elles la servitude des habitans; une infinité de terres que les hommes libres faisoient valoir, se changèrent en main-mortables. Quand un pays se trouva privé des hommes libres qui l'habitoient, ceux qui avoient beaucoup de serfs prirent ou se firent céder de grands territoires, & y bâtirent des villages. Ajoutons que la plupart des propriétaires donnèrent au clergé leurs terres, afin de les tenir de lui à cens, croyant participer à la sainteté de l'église par cette espèce de servitude.

L'auteur de l'esprit des loix distingue le cens des Romains, de celui des Francs. Le premier étoit un revenu du fisc établi sur les hommes libres; le second fut un impôt que les Germains établirent sur les serfs. On se servit du même mot *census,* pour désigner deux choses très-différentes, parce que la langue n'en avoit point de autre alors. L'auteur prouve la réalité de cette distinction par une formule de Marculfe, qui contient une permission du roi de se faire clerc, pourvu qu'on soit ingénu & qu'on ne soit point inscrit dans le registre du cens: & *in puletico publico census non sit.* Il le prouve en outre par une ordonnance de Charlemagne envoyée à un comte de la Saxe; ordonnance qui contient l'affranchissement de ces peuples à cause du christianisme qu'ils

avoient embrassé; c'est proprement une chartre d'ingénuité qui les exempte de payer le cens. Il le prouve encore par un capitulaire du même prince, & par un autre de Charles-le-Chauve qui exempte du cens les Espagnols refugiés en France, & veut qu'on les traite comme les autres Francs. Ainsi c'étoit une même chose, selon Montesquieu, *d'être serf & de payer le cens, d'être libre & de ne le payer pas.*

Sous la première, & même sous une partie de la seconde race, il y avoit en France deux espèces d'hommes libres, les leudes vassaux & arrière-vassaux, qui possédoient des bénéfices en *fiefs,* & les leudes qui n'avoient point de bénéfices, mais qui avoient des terres libres qu'on nommoit *terres allodiales.* Celles-ci étoient héréditaires; les autres, c'est-à-dire les *fiefs* ou bénéfices, n'étoient d'abord données par les rois que pour un temps limité, ensuite on les obtint à vie; enfin elles devinrent inamovibles & héréditaires comme les biens allodiaux. Les bénéfices étoient des portions du domaine royal que nos princes en détachoient pour les donner à des particuliers, à condition qu'ils s'attacheroient à eux, & les suivroient à la guerre. Les particuliers possesseurs de ces premiers *fiefs* en détachèrent différentes portions qu'ils donnèrent à d'autres particuliers en arrière-*fief,* aux conditions qu'eux-mêmes les avoient reçus, c'est-à-dire, à condition de leur être fidèles & de les suivre à la guerre. Ainsi les seigneurs de *fiefs* menoient à la guerre leurs vassaux ou arrière-vassaux; les évêques, les abbés ou leurs avoués, y menoient également les leurs, de même que les comtes y conduisoient, au nom du monarque, les autres hommes libres qui possédoient des terres allodiales.

C'étoit un principe fondamental de la monarchie, que ceux qui étoient sous la puissance militaire de quelqu'un, étoient aussi sous sa jurisdiction civile. Un capitulaire de Louis-le-Débonnaire de l'an 815, fait marcher d'un pas égal la puissance militaire du comte & sa jurisdiction civile sur les hommes libres. Le comte menoit pas à la guerre les vassaux des évêques ni des abbés, ni d'aucun autre seigneur de *fief,* parce que ces vassaux n'étoient point sous sa jurisdiction civile. Aussi voyons-nous, continue le même historien, que dans tous les temps l'obligation de tout vassal envers son seigneur, *fut de porter les armes & de juger ses pairs dans sa cour.* Une des raisons qui attachoit ainsi le droit de justice au droit de mener à la guerre, étoit que celui qui menoit à la guerre, faisoit en même temps payer les droits du fisc, qui consistoient en quelques services de voitures dus par les hommes libres, & en général en des certains profits judiciaires tels que le *fredum.* Les seigneurs eurent le droit de rendre la justice dans leurs *fiefs,* par le principe qui fit que les comtes eurent le droit de la rendre dans leurs comtés; ensorte que ces derniers, dans leurs comtés, étoient des leudes, & les leudes dans leurs seigneuries étoient des comtes. On n'a pas eu des idées justes lorsqu'on a regardé les comtes comme de simples officiers de justice, & les ducs comme des officiers militaires ; car les uns & les autres étoient également des officiers civils & militaires ; toute la différence étoit que le duc avoit sous lui plusieurs comtes.

La justice fut donc dans les *fiefs* anciens, comme dans les nouveaux, un droit inhérent au *fief* même, un droit lucratif qui en faisoit partie. C'est de-là qu'est né le principe que les justices sont patrimoniales en France. Quelques - uns ont cru que les justices tiroient leur origine de l'affranchissement que les rois & les seigneurs firent de leurs *fiefs*. Mais les nations germaniques, & celles qui en sont descendues, ne sont pas les seules qui aient affranchi des esclaves, & ce sont les seules qui aient établi des justices patrimoniales. D'ailleurs les formules de Marculfe nous font voir des hommes libres dépendans de ces justices dans les premiers temps. Les serfs devinrent justiciables, parce qu'ils se trouvèrent dans le territoire.

Nos rois ayant donné aux églises des *fiefs* considérables, l'église se trouva en possession des prérogatives de justice, ainsi que les seigneurs laïques ; elle eut le droit de faire payer les compositions dans son territoire, & d'exiger le *fredum* de ses justiciables ; & comme ces droits emportoient celui d'empêcher les officiers royaux d'entrer dans leur territoire pour exiger les *freda*, & y exercer tous les actes de justice, le droit qu'eurent les ecclésiastiques de rendre la justice dans leur territoire fut appelé *immunité* dans le style des formules, des chartres & des capitulaires.

M. de Montesquieu combat ceux qui ont prétendu que les vassaux de la couronne ne s'attribuèrent la justice que pendant le désordre de la seconde race ; il étaie son opinion par un grand nombre de faits tirés des loix allemandes, bavaroises & françoises, & soutient que la justice fut attachée au *fief* dès l'origine de cet établissement.

Mais les *fiefs* ne viennent pas tous du démembrement du domaine de la couronne. Il arriva un temps où les particuliers qui possédoient des terres en aleu se déterminèrent à les changer en *fief*, à cause des avantages attachés à ce nouvel ordre de propriété. En effet, ceux qui tenoient des terres en *fiefs* jouissoient de très-grands avantages : la *composition* pour les torts qu'on leur faisoit étoit plus forte que celle des hommes libres. Les loix accordoient 600 sous pour la mort d'un vassal du roi ; elles n'en accordoient que 200 pour la mort d'un ingénu ou d'un simple franc, & que 100 pour celle d'un Romain ou d'un Gaulois. De plus, lorsqu'un vassal du roi étoit cité en jugement & qu'il n'y comparoissoit point, ses biens n'étoient pas confisqués ; il n'étoit pas soumis à l'épreuve de l'eau bouillante, excepté dans le cas de meurtre : au contraire les simples propriétaires d'aleus étoient sou-

mis à cette épreuve dans tous les cas, & leurs aleus étoient confisqués au profit du roi dès qu'ils n'obéissoient point à la première ordonnance du juge.

Pour s'affranchir de ce traitement inique, les Francs, les Romains, les Gaulois, tous ceux dont les terres n'étoient point inféodées, imaginèrent de donner leurs aleus au roi & de les recevoir de lui en *fief*, en lui désignant leurs héritiers. Cet usage continua toujours, & eut lieu sur-tout dans les désordres de la seconde race, où tout le monde avoit besoin d'un protecteur, & vouloit faire corps avec d'autres seigneurs & entrer pour ainsi dire dans la monarchie féodale, parce qu'on n'avoit plus de monarchie politique. Ceci continua sous la troisième race, comme on le voit par plusieurs chartres, soit qu'on donnât son aleu & qu'on le reprît par le même acte, soit qu'on le déclarât aleu & qu'on le reconnût en *fief*. On nommoit ces sortes de *fiefs*, *fiefs de reprise*.

Après la funeste bataille de Fontenoy, il se fit un traité entre Lothaire, Louis & Charles, qui renversa la constitution politique de la monarchie. Il fut permis à tout homme libre de choisir pour seigneur qui il voudroit, du monarque ou des autres seigneurs. Avant ce traité, observe Montesquieu, l'homme libre pouvoit se recommander pour un *fief*, mais son aleu restoit toujours sous la puissance immédiate du roi, c'est-à-dire, sous la jurisdiction du comte ; & il ne dépendoit du seigneur auquel il s'étoit recommandé, qu'à raison du *fief* qu'il en avoit obtenu. Depuis ce traité destructeur, tout homme libre put donner à volonté son aleu à son seigneur ou au roi. Par-là, les hommes libres qui, jusqu'alors avoient été nuement sous la puissance royale, passèrent sous celle des seigneurs particuliers, & devinrent insensiblement vassaux les uns des autres. Le même traité dispensa la noblesse de suivre le monarque à la guerre, excepté dans le cas où il s'agiroit de défendre l'état contre une invasion étrangère ; dans tous les autres, il fut libre au vassal de suivre son seigneur ou de vaquer à ses affaires. Bientôt après les arrière-vassaux se détachèrent tellement de la puissance royale, qu'il leur fut permis de suivre leur seigneur jusque dans les guerres qu'il avoit contre le roi lui-même.

Charles-le-chauve fit un réglement général qui affecta également les grands offices & les *fiefs*. Ces premiers qui avoient été jusqu'alors inaliénables, devinrent héréditaires. Charles établit que les comtés seroient donnés aux enfans du comte, & voulut que ce réglement eût encore lieu pour les *fiefs* ; de sorte que les grands offices & les *fiefs* passèrent à des parens plus éloignés, & que la plupart des seigneurs qui relevoient immédiatement de la couronne, n'en relevèrent plus que médiatement. Ces comtes qui rendoient autrefois la justice dans les plaids du roi, & qui menoient des hommes libres à la guerre, se trouvant entre le roi & ces hommes libres, la puissance publique fe trouva reculée d'un degré. Les vaffaux du comte ne furent plus les vaffaux du roi ; les bénéfices attachés aux comtés ne furent plus les bénéfices du roi ; au lieu de cette multitude innombrable de vaffaux qu'avoient eus nos rois, ils n'en eurent plus que quelques-uns dont les autres dépendirent abfolument. Nos rois n'eurent prefque plus d'autorité directe. Privés des grands domaines de leurs prédéceffeurs, réduits à quelques villes, incapables de fe faire obéir des grands vaffaux, leur fouveraineté ne fut plus qu'un vain titre ; & lorfqu'on transporta ce titre à Hugues Capet, la couronne fortit de la maifon de Charlemagne fans exciter aucun mouvement fenfible dans l'état.

De l'hérédité des *fiefs*, fortit le droit d'aîneffe ou de primogéniture qu'on n'avoit point connu fous la première race : car la couronne fe partageoit entre les frères, les aleus fe divifoient de même, & les *fiefs* amovibles ou à vie, n'étant pas un objet de fucceffion, ne pouvoient être un objet de partage.

Les *fiefs* ainfi devenus héréditaires, & les partages n'ayant plus lieu, les feigneurs perdirent la faculté d'en difpofer ; mais pour fe dédommager de cette perte, ils établirent le droit *de rachat* qui d'abord fe paya en ligne directe, & qui enfuite ne fe paya plus qu'en ligne collatérale. Bientôt ces mêmes *fiefs* paffèrent aux étrangers ; ce qui fit naître le droit de *lods & ventes*, droits nouveaux qui furent d'abord arbitraires & qui avec le temps reçurent un taux fixe dans chaque feigneurie. La perpétuité des *fiefs* ayant fait établir le droit de rachat, les filles purent fuccéder au *fief*, au défaut de mâle. Le feigneur, en donnant le *fief* à la fille, multiplioit le droit de rachat, parce que le mari devoit le payer comme la femme.

De la perpétuité des *fiefs* naquit encore un autre droit : celui de *garde-noble*. Quand l'héritier n'étoit point majeur, le feigneur s'emparoit du *fief*, & faifoit élever le pupile dans le métier des armes jufqu'à ce qu'il fût en âge de remplir le fervice militaire qu'il lui devoit. Telle eft la garde-noble dont les principes font entièrement diftinéts de ceux de la tutèle.

Quant *à la foi & hommage*, M. de Montefquieu prétend qu'elle n'avoit pas lieu dans les commencemens de la monarchie ; on faifoit bien prêter quelquefois le ferment de fidélité aux fujets, mais cet aéte n'étoit qu'une fimple précaution qu'on employoit à l'égard des particuliers dont l'obéiffance étoit fufpeéte ; affurance qui, felon l'auteur, *ne pouvoit être un hommage, puifque les rois fe la donnoient entre eux*. Mais lorfque les *fiefs* paffèrent aux héritiers, la reconnoiffance du vaffal qui n'étoit dans l'origine *qu'une chofe occafionnelle, devint une action réglée ;* elle fe fit d'une manière plus éclatante, elle fut remplie dë nouvelles formalités, parce qu'elle devoit porter la mémoire des devoirs réciproques du feigneur & du vaffal dans tous les âges. L'auteur fixe au temps de Pepin l'origine de

la preftation de l'hommage. Il ajoute que les *fiefs* devenus héréditaires appartinrent aux loix politiques & aux loix civiles : le *fief* confidéré comme une obligation au fervice militaire, tenoit au droit politique ; & confidéré comme un bien qui étoit dans le commerce, il tenoit au droit civil : de-là l'origine des loix civiles fur les *fiefs*.

L'hérédité des *fiefs* donna naiffance à cette règle du droit françois, *propres ne remontent point* : règle qui eft contraire aux difpofitions du droit romain & de la loi falique, mais qui découle de l'effence du *fief* ; un aïeul, un grand-oncle incapables du fervice militaire, ne pouvoient convenir au feigneur pour fes vaffaux. Le même motif influa également fur les contrats de mariage ; les filles héritières d'un *fief*, quelquefois même les garçons, ne purent fe marier fans le confentement du feigneur : enforte que les contrats devinrent une difpofition féodale & une difpofition civile. Dans un aéte pareil fait fous les yeux du feigneur, on fit des difpofitions pour la fucceffion future, *dans la vue que le fief pût être fervi par les héritiers. Auffi les feuls nobles eurent-ils d'abord la liberté de difpofer des fucceffions futures par contrat de mariage.* Telles font les idées du préfident de Montefquieu fur l'origine & la nature des *fiefs*.

Syftême de M. l'abbé de Mabli fur la même matière. M. de Mabli ne trouve aucune analogie entre les bénéfices & les *fiefs*. Il diftingue trois grandes époques relativement à ces deux efpèces de propriétés. La première commence à Clovis ; la feconde à Charles-Martel ; & la troifième à Charles-le-Chauve.

Première époque. Clovis, en fubjuguant les Gaules, s'empara d'une grande partie du territoire dont il forma le domaine de la couronne. Ses compagnons d'armes, appellés *leudes, fidèles,* ou *antruftions,* qui s'attachèrent à fa perfonne, reçurent de lui & de fes fucceffeurs quelques portions détachées de ce domaine, en reconnoiffance des fervices qu'ils rendoient au monarque, ou de l'attachement qu'ils lui montroient. Ces terres ou bénéfices n'étoient accordés que pour un temps ; le prince fe réfervoit le pouvoir de les retirer à volonté. C'étoit plutôt une récompenfe des fervices rendus, qu'un don auquel on attachât des fervices pour l'avenir.

Quand un homme s'étoit diftingué par quelque aéte de courage, il étoit admis à prêter ferment de fidélité au monarque. Par cette cérémonie on fortoit de la claffe commune des citoyens, pour entrer dans un ordre fupérieur dont les membres revêtus d'une *nobleffe perfonnelle,* avoient des privilèges particuliers ; tels que celui d'occuper dans les *affemblées générales,* une place diftinguée, de poffeder des charges publiques, de former le confeil *toujours fubfiftant de la nation,* ou cette cour de juftice dont le roi étoit le préfident, & qui réformoit les jugemens rendus par les ducs & les comtes. Ces hommes devenus *leudes,* ne pouvoient être jugés dans leurs différends, que par le prince, & ils obtenoient une *compofition* plus confidérable que le fimple citoyen, lorfqu'on les avoit offenfés.

Bientôt l'ordre des leudes ne fut plus compofé des feuls citoyens les plus dignes de l'eftime publique. On leur affocia des hommes qui pour tout mérite n'avoient que l'art de flatter le fouverain & de partager fes plaifirs. Des efclaves que leur maître venoit d'affranchir, furent élevés aux premières dignités. Le confeil de la nation fe trouva infenfiblement rempli de ces leudes méprifables. Loin de s'oppofer aux injuftices du monarque, ils l'encourageoient à violer les loix, à s'enrichir aux dépens du peuple, afin de s'enrichir à leur tour aux dépens du prince. Ils imaginèrent de lui créer de nouvelles prérogatives, telles que d'envahir, au préjudice des héritiers légitimes, les biens de ceux qui mouroient fans avoir fait de teftament, & d'autorifer les fermiers du domaine royal à faire paître leurs troupeaux fur les terres de leurs voifins. Les grands imitèrent cet exemple dans leurs domaines; ils fe firent des droits fur les terres de leurs voifins; abufant de leurs forces & de leur crédit, ils en exigèrent des corvées & des redevances, les gênèrent par des péages, fe rendirent arbitres de leurs différends, & exigèrent d'eux les mêmes droits que les plaideurs devoient à leurs juges naturels. C'eft ainfi que commencèrent *nos feigneuries patrimoniales.*

Les différens princes qui, après le règne de Clovis, partagèrent entre eux les provinces de la domination françoife, concourrurent à multiplier ces premiers abus. Continuellement en guerre les uns contre les autres, ou contre leurs voifins, tandis que leurs armées traverfoient le royaume en ravageant tout fur leur paffage, & regardant les hommes même comme une partie du butin, nos rois devinrent eux-mêmes les auteurs de la dégradation de leur puiffance légitime. Les habitans des campagnes, pour fe mettre à l'abri du pillage des troupes, fe réfugioient avec leurs effets dans les châteaux des leudes ou dans les églifes & les monaftères affez puiffans pour les défendre. Ceux qui ouvroient ces afyles obtenoient des préfens; bientôt ils exigèrent des tributs; & ce qui d'abord n'étoit que le gage de la reconnoiffance du foible envers fon protecteur, devint infenfiblement la dette d'un fujet envers fon maître. Les ducs, les comtes & les centeniers qui avoient ou acheté leur emploi ou l'avoient obtenu par leur lâcheté, depuis que le fouverain s'attribuoit le pouvoir d'en difpofer fans le fuffrage du champ de mars; ces magiftrats chargés de toutes les parties du gouvernement dans leurs diftricts, y régnèrent en defpotes & firent un commerce fcandaleux de l'adminiftration de la juftice. Pour fe fouftraire à ces tribunaux iniques, les habitans des campagnes fe foumirent à l'arbitrage de ceux qui les avoient protégés contre l'avarice & la barbarie des foldats. Bientôt ils ne reconnurent plus d'autres juges. La nouvelle jurifdiction des feigneurs fit chaque jour

de nouveaux progrès; & quand cette coutume eut acquis une certaine confiftance & fut affez étendue pour qu'on n'ofât plus entreprendre de la détruire, *l'affemblée des leudes défendit expreffément aux magiftrats publics d'exercer aucun acte de jurifdiction dans les terres des feigneurs.*

En vain les fucceffeurs de Clovis réunirent leurs efforts pour regagner l'autorité & les domaines dont ils s'étoient deffaifis; l'églife & les grands leur oppofèrent une digue infurmontable; il fallut renoncer aux droits les plus effentiels de la fouveraineté; il fallut confacrer les abus par une fanction folemnelle. C'eft dans l'affemblée d'Andely que fut commencée cette honteufe & funefte révolution. Les feigneurs réunis pour traiter de la paix entre Gontran & Childebert, obligèrent ces deux princes à déclarer dans leur traité qu'ils ne feroient plus libres de retirer ni les bénéfices anciens, ni ceux qu'ils donneroient à l'avenir; & en outre, qu'ils reftitueroient les bénéfices même qu'on avoit enlevés à certains leudes depuis la mort des derniers rois.

Cet ordre de chofes fut de nouveau confirmé à l'époque du fupplice de Brunehaut, dans la fameufe affemblée de Paris en 615. La prérogative royale diminua de jour en jour jufqu'à la feconde époque, où l'on vit naître une nouvelle efpèce de bénéfices.

Seconde époque. Frappé de la conduite des rois Mérovingiens, qui avoient dû leur fortune aux *bénéfices,* & qui enfuite avoient vu ces mêmes bénéfices devenir la caufe de leur décadence, Charles Martel en créa de nouveaux; mais il leur donna une forme différente. Les dons qu'avoient faits les fucceffeurs de Clovis d'une partie du domaine royal, n'étoient, comme nous l'avons obfervé, *que de purs dons qui n'impofoient aucun devoir particulier, & qui ne conféroient aucune qualité diftinctive.* Ceux qui les recevoient, n'étant obligés qu'à une reconnoiffance générale & indéterminée, pouvoient aifément n'en avoir aucune, tandis que les bienfaiteurs en exigeoient une trop grande.

De-là devoient naître des plaintes, des haines, des injuftices & des révolutions. Les *bénéfices* de Charles Martel furent au contraire *des fiefs,* c'eft-à-dire, *des dons faits à la charge de rendre au bienfaiteur, conjointement ou féparément, des fervices militaires ou domeftiques.*

Par cette politique adroite, Charles Martel joignit fur fes bénéficiers un empire plus utile & plus puiffant; leurs devoirs fixés d'une manière précife, les enchaînèrent plus étroitement à leur *maître.* Cette expreffion de maître eft, felon l'auteur, la feule qui convienne dans la circonftance; puifque ces nouveaux bénéficiers furent nommés *vaffaux,* qui fignifioit alors & qui fignifia encore pendant long-temps des *officiers domeftiques.* Charles Martel toujours victorieux, & fûr de la fidélité de fes troupes, regarda les capitaines qui le fuivoient, comme le corps entier de la nation. Il méprisa trop Dagobert, Chilpéric & Thierri de Chelles, dont il avoit fait ses premiers sujets, pour leur envier leur titre de roi. A la mort de ce dernier, il voulut que les François n'eussent plus de souverain en titre; & en mourant, il n'appella point les grands de la nation, mais ses vassaux, c'est-à-dire les capitaines de ses bandes & les officiers de son palais, pour être témoins du partage qu'il fit entre ses fils Carloman & Pepin, de toutes les provinces de la domination françoise, qu'il regardoit comme sa conquête & son patrimoine.

Pepin suivit la politique de son père; il donna des bénéfices aux mêmes conditions. Mais comme Charles Martel avoit dépouillé les églises pour récompenser ses soldats, & que tout le clergé formoit des plaintes contre sa mémoire, il crut devoir, ainsi que Charlemagne, prendre des mesures pour calmer les esprits. Ces deux princes agrandirent les jurisdictions ecclésiastiques, qui devinrent aussi étendues que celles des seigneurs laïques. On obligea les seigneurs qui possédoient des terres dans le domaine de l'église, de contribuer aux réparations des temples, & même de payer la dîme. On força les mêmes seigneurs à renoncer aux droits qu'ils avoient établis sur les prêtres des campagnes, sous prétexte de les protéger. Enfin, on accorda au clergé la dîme générale sur les fruits de la terre, suivant l'usage du peuple Juif.

Charlemagne associa tous les ordres des citoyens au gouvernement, dans l'espérance de leur faire perdre de vue leurs jalousies, leurs ressentimens, & les intérêts personnels qui les animoient les uns contre les autres. Il espéroit que les rivalités entre la noblesse, le clergé & le peuple, les forceroient à s'observer mutuellement, & les tiendroient dans un heureux équilibre. Pendant tout son règne, chaque ordre de l'état contenu par les deux autres, fut les craindre & les respecter, & tous sembloient acquérir des idées & des sentimens de patriotisme. Mais son règne, quoique long, ne dura pas assez long-temps pour affermir cet esprit dans la nation françoise. La main foible & mal-adroite de ses successeurs ne put diriger les rênes de cet admirable gouvernement. L'ambition des grands & l'avarice du clergé se rallumèrent. Les idées superstitieuses du peuple & l'habitude de son ancien esclavage, étouffèrent le sentiment qu'il commençoit à acquérir de ses forces & de sa dignité.

Les nouveaux bénéfices que Charles Martel, Pepin & Charlemagne avoient prodigieusement multipliés, mais qu'ils avoient toujours eu soin de ne conférer qu'à vie, eurent bientôt le même sort que ceux des rois de la première race. Louis-le-Débonnaire, plus ami de la décence que de l'ordre; zélé pour la réforme des petits abus, mais incapable de s'élever aux grands objets; jaloux de régner avec plus de sagesse que Charlemagne; mais ne connoissant ni les hommes, ni l'art de les conduire; Louis, dominé par la religion, avili par les prêtres, méprisé par les grands, vit chan-

celer l'édifice qu'avoit construit son prédécesseur. Les idées de bien public s'effacèrent insensiblement; le désordre pénétra dans les assemblées du champ de mai; les capitulaires de Charlemagne furent négligés ou modifiés. On dédaigna les ordonnances d'un nouveau roi, qui ne sut pas se respecter lui-même; les vassaux attachés au service du palais, les ministres, les évêques, les moines, qui dominoient à la cour, y firent rentrer le despotisme, substituèrent le nom du monarque à la place des loix, & l'égarèrent jusqu'à lui persuader qu'il avoit le droit de juger & de punir arbitrairement.

Cependant cette foule de courtisans corrupteurs & corrompus étendoient leur autorité, multiplioient leurs prérogatives, rétablissoient dans leurs terres les exactions des siècles précédens. Les divisions entre Louis & ses deux fils, lui firent perdre ses droits légitimes. L'audace de ses enfans rendit ses sujets audacieux. Lothaire & ses frères, Louis-le-Germanique & Charles-le-Chauve, toujours acharnés à se nuire, à se tendre des pièges, mirent en honneur l'avidité, la licence & la perfidie. Des causes étrangères se joignirent aux divisions intestines. Les courses des Sarasins, des Bretons, des Germains, des Normands, accélérèrent la chûte du gouvernement de Charlemagne; & la bataille de Fontenoi, où cent mille François périrent, achevèrent la ruine de la monarchie. Alors le peuple rentra dans la servitude, & l'indépendance des grands ne connut plus de bornes. On vit les laïques s'établir, les armes à la main, dans les monastères, & prendre le titre d'abbés; on vit les bourgs & les hameaux en feu, les campagnes ravagées, les villes & les provinces au brigandage de l'étranger comme du François.

Charles-le-Chauve, trompé par ses courtisans, humilié de sa foiblesse, convoque en vain la nation qui le méprise & le déteste. Déjà il avoit dispensé ses vassaux de leur service; il consentit encore à rendre héréditaires tous les bénéfices qu'ils tenoient de lui & de ses prédécesseurs. Louis-le-Débonnaire avoit donné l'exemple à l'égard de quelques-uns. Charles-le-Chauve permit aux seigneurs de disposer, à défaut d'enfans, de leurs bénéfices en faveur de quelqu'un de leurs proches. A cette condescendance imprudente, il en joignit une autre qui acheva d'anéantir l'autorité souveraine. Avant son règne les comtes avoient obtenu la nomination aux bénéfices royaux situés dans leurs ressorts; ils s'étoient faits des amis & des créatures; & les divisions du clergé, de la noblesse & du peuple les rendoient si indépendans du souverain, qu'il eût été dangereux de vouloir les dépouiller de leur magistrature. De ce degré de puissance à l'hérédité de leurs offices, l'intervalle étoit aisé à franchir; aussi l'on peut dire que l'ordonnance de Charles-le-Chauve ne causa pas une révolution, mais fit seulement hâter un événement nécessaire, & qui devoit établir un ordre de choses tout nouveau chez les François.

Troisième époque. Dès ce moment l'anarchie fut à son comble ; la nouvelle fortune des comtes les rendit plus indépendans que jamais ; le roi, après avoir tout fait pour eux, n'en put obtenir aucun secours. Ils refusoient de le suivre à la guerre ; leur nouvelle fortune leur donna de nouveaux intérêts tout opposés à l'intérêt public. On convoqua encore des assemblées nationales ; mais le prince n'y appercevoit que des citoyens ruinés & sans ressources, qui venoient implorer des secours contre leurs oppresseurs, & qui se trouvoient, ainsi que le monarque, dans l'impuissance absolue d'agir efficacement. Chaque seigneur rendit sa justice souveraine, ne permettant plus que ses jugemens fussent portés par appel à la justice du roi. Les loix saliques & romaines, les capitulaires & tous les autres réglemens, firent place à la volonté arbitraire des seigneurs & des comtes ; chacun se cantonna dans les terres qu'il avoit usurpées, & y jouit de tous les droits régaliens, qu'on nommoit alors *droits seigneuriaux*, parce qu'ils constituent en effet la souveraineté.

La seule distinction qui resta aux derniers rois de la seconde race, fut *la foi & hommage*, & le *serment de fidélité* que leur rendoient cette foule de tyrans subalternes. Mais ces actes de subordination n'étoient qu'un vain cérémonial que l'habitude avoit conservé, & qui n'empêchoient pas de violer tout engagement, sans scrupule. Les comtes étoient même intéressés à conserver ce simulacre de dépendance, afin d'empêcher les seigneurs, qui possédoient des domaines dans leur province, de secouer absolument le joug ; par-là ces comtes auroient perdu leur suzeraineté, titre plus brillant qu'utile, mais qui flattoit leur ambition. Il n'y eut que les plus puissans d'entre les seigneurs qui osèrent refuser l'hommage aux comtes, & qui les premiers établirent la maxime réservée depuis au monarque, *de ne relever que de Dieu & de son épée*.

Quand il n'y eut plus d'autre lien entre les parties de l'état *que la foi & hommage*, on manqua d'expressions pour rendre les idées toutes nouvelles que présentoient à l'esprit un gouvernement tout nouveau ; on se servit de celles qui paroissoient les plus propres à se faire entendre. On appella par analogie, du nom de *vassal*, tout seigneur qui devoit l'hommage ; on nomma *fief* toute possession en vertu de laquelle on y étoit tenu ; & *gouvernement féodal*, les droits & les devoirs fondés sur la foi donnée & reçue. Ces expressions, autrefois employées pour désigner *les bénéfices établis par Charles Martel & le gouvernement économique des familles*, signifièrent alors *le gouvernement politique & le droit public & général de la nation* ; si toutefois on peut donner ce nom à une constitution monstrueuse, destructive de tout ordre, de toute police, & contraire aux maximes fondamentales de tout gouvernement.

Les guerres continuelles que se firent les seigneurs

depuis le règne de Louis-le-Begue jusqu'à l'avènement de Hugues Caper au trône, empêchèrent le gouvernement féodal de prendre une forme constante. Des événemens bizarres & inattendus changeoient sans cesse les coutumes naissantes ; on étendoit, on restreignoit tour-à-tour les droits des suzerains & les devoirs des vassaux ; aujourd'hui on relevoit d'un seigneur, le jour suivant d'un autre. Quelques seigneurs firent revivre le titre de duc ; d'autres en s'emparant d'un duché, préférèrent la qualité de comte. Des terres possédées jusqu'alors en aleu, furent converties en *fief* par leurs propriétaires qui avoient besoin de protecteurs ; d'autres tenues en *fief* s'affranchirent de la servitude. Au milieu de ce cahos, les derniers rois de la seconde race se trouvèrent avilis & abandonnés, & dans une position à-peu-près semblable à celle des *rois fainéans*. Louis V, dernier souverain de la race Carlovingienne, fut qualifié comme eux du titre de roi fainéant ; & Hugues Capet, à l'exemple de Pepin, s'empara du trône au préjudice de l'héritier légitime ; mais là royauté étoit si peu de chose, les seigneurs & les comtes étoient tellement indépendans, que l'usurpation de Hugues & les droits de son compétiteur, intéressèrent peu les François. Cependant l'usurpateur devint un roi légitime, parce que les grands du royaume, en traitant avec lui, reconnurent sa dignité, & consentirent à lui prêter hommage & à remplir à son égard les devoirs de la vassalité. Hugues fut censé consentir à la conservation des coutumes féodales que les circonstances ne permettoient plus d'abolir, & que le temps commençoit à consacrer ; mais ce que le temps & les conjonctures avoient établi par la violence, pouvoit sans doute être détruit par la justice avec le temps & dans des circonstances plus favorables. C'est à ce grand ouvrage que Hugues & ses successeurs travaillèrent, & que doivent travailler encore les princes destinés à nous rendre heureux & libres.

Tel est le système de M. l'abbé de Mably sur les *fiefs*. Si on le rapproche de celui du président de Montesquieu, on reconnoîtra que le résultat de leurs opinions est le même, & qu'ils tendent l'un & l'autre au même but. En effet, que l'origine des *fiefs* remonte au septième ou huitième, au neuvième ou au dixième siècle ; que la plupart de ces établissemens soient les débris du domaine des rois de la première race, ou les bénéfices créés par Charles Martel, à condition du service militaire, ou les terres des particuliers réunies aux domaines des seigneurs, tantôt par la violence, tantôt par la crainte, tantôt par la superstition, tantôt par le besoin d'être protégé ; il n'en est pas moins vrai que la nécessité obligea nos rois à dispenser leurs vassaux du service militaire ; que cette même nécessité, jointe à l'ignorance, rendit les *fiefs* héréditaires ; que les mêmes causes forcèrent les peuples à changer leurs aleus en *fiefs*, & qu'en général les *fiefs* sous Hugues Capet & ses prédécesseurs, présentent

préſentent un ordre de choſes auſſi abſurde qu'odieux ; qu'enfin le peuple françois doit une reconnoiſſance éternelle à la dinaſtie régnante , pour l'avoir ſans relâche défendu contre la tyrannie d'une multitude de deſpotes ſubalternes. Ce ſeroit ici le lieu de raſſembler les moyens que nos rois ont mis en œuvre pour arriver à ce but ; mais outre que les bornes d'un article ne nous le permettent point, nous ne ferions que répéter ce qui eſt épars dans pluſieurs autres de cet ouvrage. On peut voir à l'art. COMMUNES , une partie des révolutions qu'ont éprouvées les *fiefs* depuis le règne de Louis-le-Gros , juſqu'au temps de la rédaction des coutumes locales, des coutumes incohérentes , des coutumes innombrables & ſouvent inintelligibles , dont la France eſt aujourd'hui ſurchargée, & qui forment la principale partie de ſa légiſlation. Nous nous ſommes fait un devoir de tranſcrire, autant qu'il a été poſſible, MM. de Mabli & de Monteſquieu, afin qu'on ne nous accuſe pas d'avoir altéré les faits, ou de les avoir revêtus de couleurs trop odieuſes.

De l'état actuel des fiefs. A l'avénement des rois de la troiſième race au trône , les ſeigneurs étant devenus maitres abſolus des offices & des domaines d'une grande partie de la France, chacun d'eux réduiſit à l'état d'eſclaves le plus grand nombre d'hommes qu'il put raſſembler. On enchaînoit dans ſa ſeigneurie les priſonniers qu'on faiſoit ſur ſes voiſins. Les habitans des *fiefs* qui manquoient à leur ſeigneur ſubiſſoient le même ſort. Mais lorſqu'il n'eut pas aſſez de ſerfs pour cultiver les grands domaines , & qu'il ſe trouva des hommes libres pour entreprendre l'exploitation des terres en friche, alors on ſe détermina à les donner à cens ou à les ſous-inféoder. Ceux qui obtinrent les arrière-*fiefs* en démembrèrent à leur tour certaines portions qu'ils donnèrent également à cens, ou qu'ils ſous-inféodèrent ; enſorte que toutes les terres du royaume ſe trouvèrent enchaînées les unes aux autres par les liens de la féodalité, & l'on vit bientôt s'établir la maxime *nulle terre ſans ſeigneur.* Quoique le monarque dût être le dernier terme de la féodalité, néanmoins il rendoit ſouvent lui-même les devoirs de vaſſal à ſes propres ſujets. Cette innombrable multitude de demi-propriétés ſe nommèrent *fiefs de tradition* ; & quoique les principaux, c'eſt-à-dire ceux qu'on avoit primitivement uſurpés, ne duſſent pas être ainſi qualifiés ; cependant l'uſage & les gens de loi les ont inſenſiblement rangés dans une même claſſe. Ils ne reconnoiſſent en général que des *fiefs de tradition* & *des fiefs offerts.* On diſtingue auſſi *des fiefs en l'air, des fiefs ſimples, des fiefs de dignité.* Parmi les *fiefs* de dignité, on compte la duché-pairie, le duché ſimple, le marquiſat, le comté & la baronnie.

Loiſeau, dans ſon *Traité des droits des offices, chap.* 4, *n.* 71, dit que le caractère eſſentiel d'une ſeigneurie de dignité, eſt d'avoir ſous elle pluſieurs

Juriſprudence. Tome IV.

autres ſeigneuries de moindre qualité ; ſoit unies & annexées à elle-même, ſoit relevant ſimplement d'elle. Par exemple, la marque de baronnie eſt *d'avoir pluſieurs châtellenies en ſoi, ou ſous ſoi ;* celle du comté eſt d'avoir pluſieurs baronnies ; & celle du duché d'avoir pluſieurs comtés. Il rapporte un édit de 1579, vérifié au parlement de Bretagne, portant défenſe de publier aucune érection de ſeigneuries en dignité nouvelle, ſans les conditions ſuivantes : « à ſavoir que la terre qui ſera » érigée en *châtellenie*, ait d'ancienneté juſtice » haute, moyenne & baſſe, droits de foire, mar- » ché, prévôté, péage & prééminence ſur toutes » égliſes étant au dedans de ladite terre ; que la » baronnie ſera compoſée de trois châtellenies pour » le moins, qui ſeront unies & incorporées en- » ſemble, pour être tenues à un ſeul hommage » du roi ; que le comté aura deux baronnies & » trois châtellenies pour le moins, ou une baronnie » & ſix châtellenies auſſi unies & tenues du roi ; » que le marquiſat ſera compoſé de trois baronnies » & de trois châtellenies pour le moins, ou de deux » baronnies & de ſix châtellenies unies & tenues » comme deſſus, *&c.* ».

Le roi ſeul peut aujourd'hui faire ces ſortes d'érections, & Loiſeau ajoute que ceux qui obtiennent des lettres-patentes à cet effet, les doivent faire enregiſtrer au parlement, ſur-tout s'il s'agit *d'érections de pairie qui ſont offices de la couronne & du corps de parlement.* (*Cet article eſt de M. l'abbé* REMY, *avocat au parlement.*)

FIEF, on vient de faire connoître dans l'article précédent, l'origine & la nature des *fiefs.* Nous conſacrons celui-ci à l'énumération des différentes eſpèces de *fief* qui ſubſiſtent encore dans le royaume, & à l'explication des termes qu'on trouve joints à celui de *fief*, dans les différentes coutumes. Nous ſuivrons à cet égard l'ordre alphabétique, comme le plus commode ; nous donnerons même une certaine étendue à tous ceux de ces mots qui en ſeront ſuſceptibles, parce qu'ils nous donneront occaſion de faire connoître pluſieurs antiquités de notre droit.

Fief abonné, eſt celui dont le relief ou rachat, les droits de quint, requint, & autres auxquels il étoit naturellement ſujet, & quelquefois l'hommage même, ſont changés & convertis en rentes ou redevances annuelles. *Voyez* Loyſel, *Inſtit. coutum. liv.* 4, *tit.* 3, *n.* 23, *& les notes.*

Fief abrégé, ou comme on diſoit anciennement, *abregié*, & qu'on appelle auſſi *fief reſtraint*, & dans quelques coutumes *fief non noble*, c'eſt celui pour lequel il eſt dû des ſervices qui ont été limités & diminués. Beaumanoir ſur les coutumes de Beauvoiſis, *chap.* 28, *pag.* 142, dit qu'il y a des *fiefs* que l'on appelle *fiefs abregiés* ; que quand on s'en ſemons pour le ſervice de tels *fiefs*, l'on doit offrir à ſon ſeigneur ce qui eſt dû pour raiſon de l'abrégement ; que le ſeigneur ne peut pas demander autre choſe, ſi l'abrégement eſt prouvé ou connu,

& s'il est suffisamment octroyé par le comte ; car je ne puis, dit-il, souffrir que l'on abrège le plein service que l'on tient de moi sans l'octroi du comte, encore qu'il y ait plusieurs seigneurs au-dessous du comte l'un après l'autre, & qu'ils se soient tous accordés à l'abrégement : & s'ils se font tous ainsi accordés, & que le comte le sache, il gagne l'hommage de celui qui tient la chose, & l'hommage revient en nature de plein service ; & si le doit amender celui qui l'abrege à son homme de 60 livres au comte.

Dans la coutume d'Amiens, le *fief abrégé* ou *restraint & non noble*, est un *fief* dont le relief est abonné à une somme au-dessous de 60 sous parisis & le chambellage, à moins de 20 sous. Il en est parlé dans les articles 25, 71, 84 & 132 de cette coutume, & dans l'article 4 de celle de Ponthieu.

Dans la coutume d'Amiens le *fief abrégé* ou *restraint*, dans le sens que nous venons de marquer, est censé moins noble que les *fiefs* qui sont tenus à 60 sous parisis de relief, & à 20 sous de chambellage, ou par plus grande tenue, qui sont réputés nobles & tenus en plein hommage, & que les propriétaires de cette espèce de *fief* y ont toute seigneurie, & justice haute, moyenne & basse, & telle & semblable que les seigneurs féodaux dont ils tiennent.

Suivant les articles 125 & 132 de la même coutume, les *fiefs abrégés* ou *restraints*, diffèrent des *fiefs nobles*, en ce que ceux-ci, lorsqu'ils échoient par succession à un enfant mineur, tombent en bail pendant sa minorité, au lieu que *fiefs restraints* n'y tombent pas, de même que les héritages cottiers.

Fief d'acquêt, dans certaines coutumes, signifie un *fief* acquis pendant le mariage. Par exemple, dans la coutume de Hainaut, *chap. 76*, on distingue les *fiefs d'acquêts*, des *fiefs patrimoniaux* ; les enfans du second lit succèdent avec ceux du premier aux *fiefs patrimoniaux* de leurs père & mère ; mais les enfans du second lit ne succèdent point aux *fiefs d'acquêts* faits pendant le premier mariage ou pendant le veuvage ; ils succèdent seulement aux *fiefs d'acquêts* faits pendant le second mariage.

Fief en l'air ou *fief incorporel*, est celui qui n'a ni fonds ni domaine, & qui ne consiste qu'en mouvances & en censives, rentes ou autres droits, quelquefois en censives seules. On l'appelle *fief en l'air* par opposition au *fief corporel*, qui consiste en domaines réels. Ces sortes de *fiefs* se sont formés depuis la patrimonialité des *fiefs* & par la liberté que les coutumes donnoient autrefois de se jouer de son *fief*, jusqu'à mettre la main au bâton, ce qu'on appelle au parlement de Bordeaux, *se jouer de son fief*, *usque ad minimam glebam*.

Le *fief en l'air* est continu ou volant ; continu, lorsqu'il a un territoire circonscrit & limité ; volant, lorsque les mouvances & censives sont éparses.

Avant la réformation de la coutume de Paris, le vassal pouvoit aliéner tout le domaine de son *fief*, en retenant seulement quelque droit domanial & seigneurial sur ce qu'il aliénoit.

Mais afin de maintenir l'honneur & la consistance du *fief*, & que le vassal soit en état de satisfaire dans l'occasion aux charges du *fief*, les réformateurs ont décidé en l'art 51 de la nouvelle coutume, que le vassal ne peut aliéner plus des deux tiers de son *fief*, sans démission de foi.

Cependant les *fiefs en l'air* sont usités encore dans quelques coutumes ; il y en a même plusieurs dans Paris qui ne consistent qu'en censives :

Ces *fiefs* ne peuvent être saisis que par mainmise sur les *arrière-fiefs*. *Voyez* Peleus, *quest. 75* ; & Carondas, *liv. 2*, *rep. 6*.

Fief ameté, le mot *ameté* vient du latin *meta*, qui signifie *borne*. Il est parlé du *fief ameté*, à la fin de *l'article 23* de la coutume de Mantes, & on voit par le mot latin dont il dérive, que c'est la même chose que le *fief abonné*, c'est-à-dire un *fief* pour lequel le seigneur est convenu avec le vassal de ce que ce dernier doit lui payer pour les profits & droits de mutation.

Fief d'amitié, qu'on appelloit aussi *druerie*, étoit celui que le prince donnoit à un ses druids ou fidèles, qui étoient les grands du royaume, auxquels on donnoit aussi le nom de *leudes*. Il est parlé de ces drueries, ou *fiefs d'amitié* dans les anciens auteurs. *Voyez* DRUERIE, LEUDE.

Fief ancien ou *paternel*, *antiquum seu paternum :* quelques-uns appellent ainsi un *fief* concédé d'ancienneté à une certaine famille, de manière qu'il ne puisse être possédé que par les mâles, à moins que les femelles n'aient aussi la capacité d'succéder par le titre d'inféodation, & à la charge que la ligne des aînés venant à manquer, les puînés y succèdent, sans que ce *fief* puisse jamais être aliéné. *Voyez ci-après* Fief *nouveau*.

Fief annuel, *feudum annuum seu stipendium*, étoit la jouissance d'un fonds qui étoit donnée à titre de *fief* pendant l'espace d'une année pour tenir lieu de solde & récompense à quelqu'un par rapport à son office, dignité ou autre ministère ; ce fut le second état des *fiefs* ; car dans le premier, le seigneur pouvoit arbitrairement dépouiller son vassal de ce qu'il lui avoit donné en *fief*, ensuite les *fiefs* devinrent annals, comme l'étoient toutes les commissions. *Voyez les notes de Godefroy* sur le premier du livre des *fiefs* de Gerard le Noir, & le glossaire de Ducange au mot *Feudum annuum*.

Fief en argent, *feudum nummorum*, c'étoit une somme d'argent assignée à titre de *fief* par le seigneur, sur son trésor, en attendant qu'il eût assigné sur quelque terre. On trouve un exemple d'un tel *fief* créé par l'empereur pour le seigneur de Béaujeu en 1245, de 100 marcs d'argent sur la chambre impériale, jusqu'à ce qu'il eût assigné sur quelque terre. Ces sortes de *fiefs* étoient alors fréquens.

On doit mettre aussi au nombre des *fiefs en ar-*

gent, ceux que les anciens auteurs défignent par les noms de *fief de la chambre* & de *fief de revenu*, qui étoient *fiefs* fans terres & fans titre d'office, & qui ne confiftoient qu'en une rente, penfion, ou fourniture de vivres, données à la charge de l'hommage, & affignées fur la chambre ou tréfor du roi, ou fur le fifc de quelque autre feigneur. Bracton parle de cette efpèce de *fief*, *lib. 4, tract. 3, cap. 9, §. 6.*

On a donné aux *fiefs en argent*, la dénomination de *fiefs de la chambre*, en latin *cameræ*, parce qu'autrefois le tréfor du roi s'appelloit *la chambre du roi*; & celui de *cavena* ou *caneræ*, qui, fuivant le gloffaire d'Ifidore, étoit le nom de la chambre qui fe trouvoit après la falle à manger, parce qu'on y gardoit l'argent particulier du roi, que nous nommons aujourd'hui *la caffette du roi*; que ces fortes de *fiefs* étoient indifféremment accordés, ou fur les revenus de l'état, ou fur le produit des domaines particuliers du roi. *Voyez* Fief de rente.

On trouve encore ces *fiefs* défignés fous le nom de *fiefs de bourfe*, *feuda burfæ*, parce que le terme de *bourfe* fe prenoit quelquefois pour le fifc, comme celui de *chambre* pour le domaine ou tréfor du roi.

Parmi ces fortes de *fiefs* on trouve les fuivans : *feudum guerdiæ*, qui confiftoit en une rente annuelle pour la garde d'un château ou d'une forterefle. *Feudum guaftaldiæ*, pour la charge d'agent ou d'intendant. *Feudum de cavená* ou *de caverá*, pour celle de maître-d'hôtel. *Feudum advocatiæ*, pour celui qui défendoit les caufes du feigneur en juftice. *Feudum procuratoris*, pour donner certains repas au feigneur. *Fief de plejure*, pour être la caution du feigneur & de fa famille. Il en refte des veftiges dans les coutumes de Normandie, de Bretagne, du Dauphiné & d'Anjou. En général, ces *fiefs* peuvent être rangés dans la claffe des *fiefs en l'air*, qui n'ont ni fond ni glèbe, & qui ne confiftent qu'en rentes & cens, ou en offices & dignités.

Fief aroturé, c'eft un bien féodal que l'on a mis en roture; cela s'appelle proprement *commuer le fief en cenfive*, ce qui a lieu lorfque le propriétaire d'un *fief* en donne une partie à cens, en fe réfervant la directe. *Voyez* JEU DE FIEF.

—*Fief arrière*, eft un *fief* qui relève d'un autre, lequel eft lui-même mouvant d'un autre *fief* fupérieur.

Il eft appelé *arrière-fief* à l'égard du feigneur fuzerain, dont il ne relève pas immédiatement, mais en *arrière-fief*.

Ainfi le vaffal tient l'*arrière-fief* en plein *fief* du feigneur féodal ou dominant, dont il relève immédiatement, & il tient ce même *fief* en *arrière-fief* du feigneur fuzerain qui eft le feigneur féodal ou dominant de fon feigneur féodal immédiat.

Celui qui poffède un *arrière-fief* eft appelé *arrière-vaffal*, par rapport au feigneur fuzerain, c'eft le vaffal du vaffal.

Les premiers *fiefs* furent érigés par les fouverains en faveur des ducs, marquis, comtes, vicomtes, barons & autres vaffaux mouvans immédiatement de la couronne.

Ceux-ci, à l'imitation du fouverain, voulurent auffi avoir des vaffaux; & pour cet effet, ils fous-inféodèrent une partie de leurs *fiefs* à ceux qui les accompagnoient à la guerre, ou qui étoient attachés à eux par quelque emploi qui les rendoit commenfaux de leur maifon; ces fous-inféodations formèrent les premiers *arrière-fiefs*.

Les arrière-vaffaux firent auffi des fous-inféodations, ce qui forma encore d'autres *arrière-fiefs*, plus éloignés d'un degré que les premiers, & ces *arrière-fiefs* ont été ainfi multipliés de degré en degré.

Le parage a auffi formé des *arrière-fiefs*, puifque par la fin du parage les portions des cadets deviennent *fiefs* tenant de la portion de l'aîné, *etiam invito domino*.

Enfin, les *fiefs* de protection & les *fiefs* de reprife ont encore produit des *arrière-fiefs*, de forte qu'ils ne procèdent pas tous de la même fource. *Voyez* les *inft. féod.* de Guyot, *chap. 1, n. 8.*

Quand le feigneur trouve des *arrière-fiefs* ouverts pendant la faifie féodale qu'il a faite du *fief* mouvant immédiatement de lui, foit que l'ouverture de ces *arrière-fiefs* foit arrivée avant ou depuis fa faifie féodale, il a droit de les faifir auffi & de faire les fruits fiens, jufqu'à ce que les arrière-vaffaux aient fatisfait aux caufes de la faifie; parce que le feigneur entre dans tous les droits du vaffal pendant la faifie, & le déppoffède entièrement, & que les *arrière-fiefs*, auffi bien que le *fief* fupérieur, procèdent du même feigneur ou de fes prédéceffeurs qui ont donné l'un & l'autre à leur vaffal.

Le feigneur fuzerain peut auffi accorder fouffrance.

Les arrière-vaffaux peuvent avoir main-levée de la faifie, en faifant la foi & hommage & payant les droits qui font dus au feigneur fuzerain.

Si les arrière-vaffaux avoient fait la foi & hommage à leur feigneur, il n'y auroit point de lieu à la faifie.

Quand le feigneur fuzerain n'a pas faifi les *arrière-fiefs*, les arrière-vaffaux peuvent faire la foi & hommage & payer les droits à leur feigneur.

Lorfque la faifie du *fief* du vaffal eft faite faute de dénombrement, le feigneur ne peut pas faifir les *arrière-fiefs*, parce qu'il ne fait pas les fruits fiens.

La faifie des *arrière-fiefs* fe fait avec les mêmes formalités que celle des *fiefs*. *Voyez* SAISIE FÉODALE.

Le fuzerain ne peut pas faifir les *arrière-fiefs*, qu'il n'ait auparavant faifi le *fief* de fon vaffal.

Pendant la faifie des *arrière-fiefs*, le feigneur fuzerain a les mêmes droits qu'y auroit eus le vaffal; il peut en faire payer les cenfives & droits feigneuriaux, même faifir pour iceux, obliger les arrière-vaffaux de communiquer leurs papiers de recette & de donner une déclaration du revenu de leurs *fiefs*.

Les arrière-vassaux sont obligés de faire la foi & hommage, & payer les droits dûs pour leur mutation, au seigneur suzerain lorsqu'il a saisi les *arrière-fiefs* ; il peut seul leur donner main-levée de saisie, il peut aussi les obliger de donner leur aveu, lequel ne préjudicie pas au vassal, n'étant pas fait avec lui.

Après la main-levée, le seigneur suzerain est obligé de rendre au vassal les originaux de foi & hommages & aveux ; mais il en peut tirer des copies à ses dépens.

Quand l'*arrière-fief* est vendu pendant la saisie, le seigneur suzerain peut le retirer par retrait féodal, ou recevoir le droit de mutation. Mais si la vente avoit été faite avant la saisie, les droits appartiendroient au vassal, & le suzerain ne pourroit pas retirer féodalement.

Fief-aumône ou *aumône fieffée*, est celui que le seigneur a donné à l'église par forme d'aumône, pour quelque fondation. *Voyez* AUMÔNE, FRANCHE AUMÔNE.

Fief d'avouerie, (*feudum advocatiæ*) étoit celui dont le possesseur étoit l'avoué du seigneur dominant, c'est-à-dire chargé de le défendre en jugement. *Voyez* AVOUÉE & AVOUERIE.

Fief banneret ou *banderet*, c'est-à-dire *fief de bannière*, *feudum vexilli* ; c'est un *fief* de chevalier banneret, lequel doit à son seigneur dominant le service de bannière, c'est-à-dire de venir au commandement de son seigneur, en armes & avec sa bannière, suffisamment accompagné de ceux qui doivent servir sous sa bannière. *Voyez* ARRIERE-BAN, BAN, BANNERET, BANNIÈRE, CHEVALIER-BANNERET, SERVICE DE BANNIÈRE. (*A*)

Fief bourgeois, (*feudum burgense seu ignobile*) *fief* rural ou roturier, ou non noble, sont termes synonymes : mais ils ont un sens différent dans les différentes coutumes qui se servent de cette expression.

Dans celle d'Amiens, le *fief non noble*, est la même chose que le *fief abrégé* ou *restraint*, dont nous avons parlé ci-dessus.

En Artois, on nomme *fief roturier*, celui qui n'a ni justice ni seigneurie, c'est-à-dire qui est sans mouvance. Ce *fief roturier* ne peut pas devenir noble, c'est-à-dire acquérir des mouvances par le bail à cens ou à rente seigneuriale du gros domaine du *fief*, sans le consentement du seigneur dominant ; mais si le seigneur ou ses officiers y ont une fois consenti, les baux à cens ou à rentes seigneuriales subsistent, & de roturier que le *fief* étoit auparavant, il devient *fief noble* ; de sorte qu'en Artois il est permis aux seigneurs de donner la justice & la seigneurie au *fief roturier*. *Voyez* Maillart, sur l'art. 17 de la coutume d'Artois.

Le *fief roturier* de Bretagne n'est pas proprement le *fief*, c'est la terre du *fief* donnée à cens, ou à rente, ou autre devoir roturier ; il est ainsi nom-

mé *fief roturier*, parce que la terre du *fief* est possédée par un roturier, ou du moins roturièrement ; car le devoir retenu est toujours noble dans la main de celui qui le perçoit, & il se partage comme noble. *Voyez* Guyot, *instit. féod. chap. 1, n. 5.*

On entend aussi quelquefois par *fief roturier*, celui qui étoit chargé de payer des tailles, des corvées & autres services de vilain ; c'est pourquoi on l'appelloit aussi *fief vilain*.

Dans les coutumes d'Acs & de Nevers, on appelle *fief noble*, celui auquel il y a justice, ou maison fort notable, édifice, motte, fossés, ou autres semblables signes de noblesse d'ancienneté : tous les autres *fiefs* sont réputés *ruraux* & *non nobles*. *Voyez* Fief noble & Fief vilain.

Fief de bourse coutumière. *Voyez* BOURSE, *terme de coutume*.

Fief boursal ou *boursier*, est bien différent du *fief de bourse coutumière*, qui est l'héritage noble acquis par un roturier.

Quelques auteurs ont pensé que le *fief boursal* est une portion du revenu d'un *fief* que l'aîné donne à ses puînés, ou une rente par lui créée en leur faveur, pour les remplir de leurs droits dans la succession paternelle ; ce qui est conforme à ce que dit Bracton, *liv. 4, tit. 3, cap. 9, §. 6, feudum est id quod quis tenet ex quâcumque causâ sibi & hæredibus suis, sive sit tenementum, sive sit reditus, ita quod reditus non accipiatur sub nomine ejus, quod venit ex camerâ alicujus.*

M. Hevin, dans *ses observations sur le §. 1 de l'assise du comte Geoffroy, tom. 2*, des arrêts de Frain, *p. 522*, dit qu'un *fief boursier* est une rente que l'aîné constitue à ses puînés, pour leur tenir lieu de leur part & portion sur un *fief* commun, afin que ce *fief* ne soit point démembré ; les coutumes du grand Perche, *art. 77 & 78*, & de Chartres, *art. 17*, font connoître, dit-il, que l'aîné constituoit aux puînés une rente sur la seigneurie, pour leur tenir lieu de partage, ce qui se faisoit pour empêcher le démembrement actuel de la seigneurie : à raison de quoi les puînés ainsi partagés en rente, sont appellés *boursaux* ou *boursiers* ; & tel assignat est dit *fief boursier*, consistant en deniers.

Loyseau avoit déjà dit la même chose en son *traité des offices, liv. 2, chap. 2, n. 56*.

Ducange en son glossaire, au mot *Feudum bursæ seu bursale*, est aussi de ce sentiment ; il cite les coutumes du Perche & de Chartres, & celle du Maine, *art. 282*.

Mais M. de Laurière, dans ses notes sur l'indice de Ragueau, fait connoître que ces auteurs se sont trompés, & ont mal entendu les termes des coutumes qu'ils citent, & que d'après leurs dispositions, on doit appeller *fief boursal*, celui qui a été partagé entre les frères, pour raison duquel l'aîné reste seul l'homme du seigneur, lui porte foi & hommage pour ses puînés, & dont les droits de rachat ou relief sont dûs par la mutation arrivée du chef de l'aîné. *Voyez* BOURSAL FIEF, & FRÉRAGE.

Fief de bourse, (*feudum bursæ*) voyez *Fief en argent*.

Fief de cahier, (*feudum quaternatum*) cette expression se trouve dans les constitutions des rois de Sicile, *lib.* 1, *tit.* 37, 39, 40, 44, &c. : elle désigne un grand *fief*, tenu immédiatement du prince, & qui par cette raison se trouve inscrit dans le dénombrement des *fiefs* mouvans du roi, sur les cahiers ou registres de la douane, appellés *quaterniones*, d'où ces *fiefs* ont été appellés *quaternata feuda*.

Cette espèce de *fief* est la même que celle à laquelle on donne le nom de *fief capital*, & de *fief de chef* ou *chevel*. Voyez *fief chevel*.

Fief censuel, est la même chose que *fief roturier* ou *non noble*, ou pour parler plus exactement, c'est un héritage tenu à cens, que l'on appelloit aussi *fief*, quoique improprement, & auquel on ajoutoit la dénomination de *censuel*, pour le distinguer des véritables *fiefs* qui sont francs, c'est-à-dire nobles & libres de toute redevance : on l'appelloit *censuel*, à cause du cens dont il étoit chargé. Il est parlé de ces sortes de *fiefs* dans les lettres de Charles VI, du mois d'avril 1393, *art.* 2, où l'on voit que ces *fiefs* étoient opposés aux *fiefs francs*. L'abbé & couvent de S. André associent le roi *in omnibus feodis, retrofeodis, franchis & censualibus*, &c.

Fief de chambre. Voyez *Fief en argent*.

Fief chevant & *levant*, en Bretagne, est de telle nature, que tout teneur doit par an quatre boisseaux d'avoine, poule & corvée. Mais si un teneur retire par premesse l'héritage vendu, il n'est point rechargé de la vente que devoit le vendeur ; elle s'éteint en diminution du devoir du seigneur, & cela s'appelle *faire-abattue*. Si au contraire il acquiert sans moyen de premesse, il doit le même devoir que devoit le bailleur. *Voyez* Dargentré *sur l'art.* 418 *de l'anc. cout. gloss.* 2, *n.* 9. (*A*)

Fief chevel, ou *fief en chef*. Eusèbe de Laurière, dans son Glossaire, observe que cette sorte de *fief* existe en Normandie, comme on peut le voir dans les articles 34 & 35 de la coutume de cette province. Il le définit en ces termes : « une seigneurie » qui est en titre de *fief* noble ayant justice, comme » les comtés, baronnies, les *fiefs* de haubert & » autres *fiefs* non soumis au *fief* de haubert ; à la » différence des vavassouries qui sont tenues par » hommage, par le service de cheval, par acres & » d'autres *fiefs* vilains ou roturiers ».

Le *fief* chevel, ajoute-t-il, est *feudum magnum & quaternatum quod à principe tantùm in capite tenetur, & quaternionibus Doanæ inscriptum est ; ut apparet ex constitutione regum Siciliæ.* Lib. 1, *tit.* 37, 39, 41, 44, 53, 86 ; & *lib.* 3, *tit.* 23 & 27. Quelques-uns ajoutent : *quod à principe tantum tenetur.*

Quoique cette espèce de seigneurie soit mise au rang des *fiefs* de dignité par plusieurs auteurs,

cependant Ragueau & du Cange estiment que le *fief* chevel ne relève pas toujours du roi. *Non est feudum magnum quòd à principe tantùm tenetur.*

L'article 166 de la nouvelle coutume de Normandie, prouve aussi que le *fief* chevel peut relever d'un autre seigneur que le roi. *Le chef-seigneur est celui seulement qui possède par foi & par hommage, & qui à cause dudit fief tombe en garde.* Or, comme tout *fief* noble & tenu par foi & hommage tombe en garde, il s'ensuit que tout homme qui possède un *fief* noble est chef-seigneur, à l'exception des gens d'église, parce qu'ils ne tombent point en garde à cause de leurs *fiefs* nobles : ce qui peut être entendu par rapport aux *aides-chevel*, que les gens d'église, comme chefs-seigneurs, ne peuvent point exiger de leurs vassaux.

Il s'ensuit encore de cet article que tout chef-seigneur ne relève pas immédiatement du roi ; car cet article ne requiert pas que le possesseur d'un *fief* noble, pour être chef-seigneur, tombe à cause de ses *fiefs* en garde royale, mais simplement en garde : ce qui doit être entendu de la garde seigneuriale comme de la garde royale. Par conséquent, tout *fief* chevel, ou tout *fief* possédé par un chef-seigneur ne relève point immédiatement du roi. Le mot chef ne signifie autre chose que supérieur, suzerain. Un seigneur foncier est également appellé *chef-seigneur* : on peut le voir dans la coutume d'Anjou, *art.* 203, & dans le grand Coutumier, *liv.* 4, *chap.* 5, *pag.* 530.

Fief de chevalier ou *fief de haubert*, (*feudum loricæ*) est celui qui ne pouvoit être possédé que par un chevalier. Le possesseur devoit à son seigneur dominant le service de chevalier ; il étoit obligé à 21 ans de se faire chevalier, c'est-à-dire de vêtir le *haubert* ou la *cotte de maille*, qui étoit une espèce d'armure dont il n'y avoit que les chevaliers qui pussent se servir. Le vassal devoit servir à cheval avec le haubert, l'écu, l'épée & le héaume ; la qualité de *fief de chevalier* ne faisoit pas néanmoins que le vassal dût absolument servir en personne, mais seulement qu'il devoit le service d'un homme de cheval. Quelquefois par le partage d'un *fief* de cette espèce, on ne devoit qu'un demi-chevalier, comme le remarque M. Boulainvilliers, en son *traité de la Pairie*, tom. 2, pag. 110. Voyez *fief de haubert*.

Fief commis, c'est le *fief* tombé en commise ou confiscation, pour cause de désaveu ou félonie, de la part du vassal. *Voyez* COMMISE, CONFISCATION, DÉSAVEU, FÉLONIE.

Fief de condition féodale, quelques coutumes donnent cette qualité aux *fiefs* proprement dits, qui se transmettent par succession, à la différence de certains *fiefs* auxquels on ne succédoit point : il est en effet constant par les livres des *fiefs*, ainsi que le remarque M. de Laurière, qu'il y avoit certains *fiefs* qui ne passoient pas aux héritiers du possesseur.

Fief conditionnel, est un *fief* temporaire qui ne

doit fubfifter que jufqu'à l'événement de la condition portée par le titre de conceffion ; tels font les *fiefs* confiftant en rente créée fur des *fiefs* dont le créancier fe fait recevoir en foi ; ces *fiefs* ne font créés que conditionnellement, tant que la rente fubfiftera, tant que le vaffal ne rembourfera pas, & s'éteignent totalement par le rembourfement. *Voyez* Guyot *en fes obfervations fur les droits honorifiques, chap. 5, pag. 187 ;* & ci-après *Fief temporaire.*

Fief continu, eft celui qui a un territoire circonfcrit & limité, dont les mouvances & cenfives font tenantes l'une à l'autre ; ce *fief* jouit du privilège de l'enclave, qui forme un moyen puiffant, tant contre un feigneur voifin, que contre un cénfitaire. *Voyez* ENCLAVE.

Un *fief* incorporel ou en l'air, peut être *continu* pour fes mouvances & cenfives, de même qu'un *fief* corporel.

Le *fief continu* eft oppofé au *fief volant. Voyez* ci-après *fief volant.*

Fief corporel, oppofé au *fief incorporel,* ou *fief en l'air,* & celui qui eft compofé d'un domaine utile. & d'un domaine direct : le domaine utile confifte dans les fonds de terre, maifons ou héritages tenus en *fief,* dont le feigneur jouit par lui-même ou par fon fermier ; le domaine direct dans les *fiefs* mouvans de celui dont il s'agit, les cenfives & autres devoirs retenus fur les héritages dont le feigneur s'eft joué. *Voyez fief en l'air.*

Fief de corps, c'eft un *fief* lige, dont le poffeffeur, outre la foi & hommage, eft, entr'autres devoirs perfonnels, obligé d'aller lui-même à la guerre, ou de s'acquitter des autres fervices militaires qu'il doit au feigneur dominant : il a été ainfi nommé *fief de corps,* à la différence des *fiefs* dont les poffeffeurs ne font tenus de rendre au feigneur dominant, que certaines redevances ou preftations, au lieu de fervices perfonnels & militaires, tels que font les *fiefs* oubliaux dont il eft parlé dans la coutume de Touloufe, ou de fournir & entretenir un ou deux hommes de guerre, plus ou moins.

Le fervice du *fief de corps* eft ainfi expliqué dans le *chap.* 230 des affifes de Jérufalem : ils doivent fervice d'aller à cheval & à armes (à la femonce de leur feigneur), dans tous les lieux du royaume où il les femondra ou fera femondre, à tel fervice comme ils doivent, & y demeurer tant comme il les femondra ou fera femondre jufqu'à un an ; car par l'affife & ufage de Jérufalem, la femonce ne doit pas accueillir l'homme pour plus d'un an ; celui qui doit fervice de fon corps, de chevalier ou de fergent, en doit faire par tout le royaume le fervice avec le feigneur, ou fans lui s'il en eft femond, comme il le doit ; & quand il eft à court, d'aller à confeil de celui ou de celle à qui le feigneur le donnera, fi ce n'eft au confeil de fon adverfaire, ou fi la querelle eft contre

lui-même. Nul ne doit plaidoyer par commandement du feigneur ni d'autre, il doit faire égard ou connoiffance & recort de court, fi le feigneur lui commande de le faire ; il doit aller voir meurtre ou homicide, fi le feigneur lui commande d'aller voir comme court, &, il doit par commandement du feigneur, voir les chofes dont on fe *clame* de lui, & que l'on veut montrer à *court.*

Les poffeffeurs de *fiefs de corps* doivent encore, quand le feigneur leur commandera, aller par tout le royaume femondre comme court, aller faire *devife* de terre & d'eaux entre gens qui ont contention, faire enquêtes quand on le demande au feigneur & qu'il l'ordonne, voir les monftrées de terres & autres chofes telles qu'elles foient, que le feigneur leur commande de voir comme court. Ils doivent faire toutes les autres chofes que les hommes de court doivent faire comme court quand le feigneur le commande ; ils lui doivent ce fervice par tout le royaume ; ils lui doivent même fervice hors du royaume, en tous les lieux où le feigneur ne va pas, pour trois chofes, l'une pour fon mariage ou pour celui de quelqu'un de fes enfans, l'autre pour garder & défendre fa foi ou fon honneur, la troifième pour le befoin apparent de fa feigneurie, ou le commun profit de fa terre ; & celui ou ceux que le feigneur femond ou fait femondre, comme il doit, de l'une defdites trois chofes, & s'ils acquiefcent à la femonce & vont au fervice du feigneur, il doit donner à chacun fes eftouviers, c'eft-à-dire fon néceffaire, fuffifamment tant qu'ils feront à fon fervice, &c. & celui ou ceux que le feigneur femond ou fait femondre dudit fervice, & qui n'acquiefcent pas à la femonce ou ne difent pas la raifon pour quoi, & telle que court y ait égard, le feigneur en peut avoir droit comme de défaut de fervice. Le fervice des trois chofes deffus dites, eft dû hors le royaume à celui à qui les poffeffeurs doivent fervice de leur corps & au chef-feigneur ; ils doivent tous les autres fervices comme il a été dit ci-deffus ; & fi une femme tient *fief* qui doive fervice de corps au feigneur, elle lui doit tel fervice que fi elle étoit mariée ; & quand elle fera mariée, fon baron (c'eft-à-dire fon mari), devra au feigneur tous les fervices ci-deffus expliqués.

Fief cottier, c'eft le nom que l'on donne dans quelques coutumes aux héritages roturiers, & qui font de la nature des main-fermes ; le terme de *fief* qu'elles joignent à celui de *cottier,* ne fignifie pas en cette occafion un *bien noble,* mais feulement la conceffion à perpétuité d'un héritage à titre de cenfive. La coutume de Cambrai, *tit.* 1, *art.* 74, donne un autre fens aux termes de *fief cottier. Voyez* COTERIE *ou* COTIER.

Fief en la court du feigneur, (*feudum in curiâ feu in curte*), c'eft lorfque le feigneur dominant donne à titre d'inféodation une partie de fon château ou village, ou de fon fifc ou de fes recettes, & que la portion inféodée eft moindre que celle qui refte

au seigneur dominant. C'est ainsi que l'explique Ro-
sentalius, *cap.* 2, §. *40.*

Baron, *de beneficiis, liv.* 1, & Loyseau, *des seign.*
chap. 12 , *n.* 47, disent que les *fiefs* mouvans d'un
seigneur haut-justicier, qui sont hors les limites de
sa justice, sont appellés *fiefs extra curtem;* ainsi *fief*
en la court peut aussi s'entendre de celui qui est
enclavé dans la justice du seigneur.

Outre les *fiefs* situés hors de la justice du seigneur,
qu'on appelle *fiefs hors de la court du seigneur domi-*
nant, Zasius, *par.* 2, *de feud.* , *n.* 1, prétend qu'on
se sert de cette expression, lorsque le seigneur d'un
château ou village donne à titre d'inféodation à
quelqu'un, la jurisdiction & le ressort dans son château ou village avec un modique domaine, le surplus
des fonds appartenant à d'autres.

Fief couvert, est celui dont l'ouverture a été fermée, c'est-à-dire pour lequel on a fait la foi &
hommage, & payé les droits de mutation. En cou-
vrant ainsi le *fief,* on prévient la saisie féodale :
ou si elle est déjà faite, on en obtient main-levée :
il y a ouverture au *fief* jusqu'à ce qu'il soit couvert.
Voyez Fief ouvert.

Fief de danger. L'ancienne coutume d'Amiens
s'exprime ainsi à l'égard du *fief* de danger : *Ergo*
quibusdam Galliæ moribus feuda sunt periculo obnoxia,
& domino committuntur , si absque domini permissu ,
quis eorum vacuam possessionem accipiat, ante exhi-
bitum obsequium, & datam fidem domino. Ces sortes
de *fiefs* subsistent encore dans les coutumes de
Troyes, de Chaumont & de Bar-le-Duc. Quand
ils sont ouverts, l'héritier n'en sauroit prendre possession, avant d'avoir rendu la foi & hommage à
son seigneur; si négligeoit ce préliminaire, le
fief seroit acquis par le commise au seigneur féodal.

Dans l'ancienne coutume de Bourgogne, le *fief*
de danger tomboit en commise s'il étoit aliéné sans
la permission du seigneur. Du Tillet cite un arrêt
du parlement de Paris du 20 décembre 1393, qui a
jugé d'après ce principe ; mais depuis la rédaction
de cette coutume, c'est-à-dire depuis l'an 1459, le
danger de commise a été aboli en plusieurs cas. *Sic*
etiam moribus Longobardorum si vassalus contumaciter
cessaverit per annum & diem in petendâ investiturâ ;
feudum amittit. Lib. 1, *de feudis, tit.* 21, & *Lib.* 4,
tit. 76 , *quæ causa etiam prohibita est constitutione*
Lotharii & Friderici : sed mediolanensibus id non pla-
cuit; nec mores Galliæ id admiserunt. Lib. 3, *t.* 1, *part.* 1,
& *lib.* 4, *tit.* 49.

Fief demi-lige, dont il est parlé dans l'*art.* 21 de
la coutume du comté de S. Pol, rédigée en 1507,
est celui pour lequel le vassal promet la fidélité
contre tous à l'exception des supérieurs, à la différence du *fief*-lige où le vassal promet fidélité à
son seigneur envers tous & contre tous.

Les *fiefs demi-liges* diffèrent encore des *fiefs*-
liges, en ce que le relief des *fiefs*-liges, dans cette
même coutume, est de dix livres ; au lieu que celui
des *demi-liges* est seulement de 60 sous, & de
moitié de chambellage, pourvu que le contraire

n'ait pas été réglé, ou par convention ou par prescription.

La coutume de S. Pol, réformée en 1631, ne
parle point de *fief-lige. Voyez Fief-lige.*

Fief de dévotion. Doublet, dans ses *Antiquités de*
S. Denis, l. 1, *c.* 24 *& 28;* Brodeau sur l'article
63 de la coutume de Paris ; Julien dans ses *Mé-*
langes; la coutume de Normandie, *chap.* 28 *& 32;*
Galland & Caseneuve dans leurs traités contre le
franc-aleu ; Laurière & du Cange, dans leurs glossaires, parlent des *fiefs* de dévotion, qu'on nomme
aussi *fiefs offerts.* Il en existe un grand nombre parmi
les biens actuels du clergé ; souvent il est très-
difficile de les distinguer des *fiefs* ordinaires, à cause
de l'obscurité ou de la perte des titres primitifs.
Ces *fiefs* dans l'origine n'étoient autre chose qu'un
simple hommage que les seigneurs par humilité
faisoient de leurs domaines à Dieu, à la charge de
quelques redevances qu'ils se chargeoient de payer
à l'église, telles que de la cire ou du pain, ou autres
choses semblables, en conservant toujours le patronage, la jurisdiction & la plus grande partie de
leur domaine utile. Il faudroit un volume pour
éclaircir cet important objet.

Fief dignitaire ou *de dignité,* est celui auquel il
y a quelque dignité annexée, tels que les principautés, duchés, marquisats, comtés, vicomtés,
baronnies. *Voyez chacun de ces termes en leur lieu.*

Le *fief de dignité* est opposé au *fief* simple, auquel il n'y a aucune dignité annexée.

On a toujours pris soin de conserver ces sortes
de *fiefs* dans leur entier autant qu'il est possible ;
c'est pourquoi ils sont de leur nature indivisibles,
& appartiennent en entier à l'aîné, sauf à lui à récompenser les puînés pour les droits qu'ils peuvent
y avoir. Chopin sur la coutume d'Anjou, *lib.* 3,
tit. 2, *n.* 6; & Salvaing de l'usage des *fiefs.*

On étoit même obligé anciennement, lorsqu'on
vouloit partager un *fief* de cette qualité, d'obtenir
la permission du roi. L'histoire en fournit plusieurs
exemples, entr'autres celui du seigneur d'Authouin
lequel en l'année 1486, obtint du roi Charles VIII,
que sa pairie de Dombes & Domnat, près d'Abbeville, mouvante du roi à une seule foi, fût divisée en deux, afin qu'il pût pourvoir plus facilement à l'établissement de ses enfans.

On ne peut encore démembrer ces *fiefs,* ni s'en
jouer & disposer de quelque partie que ce soit,
sans le consentement du roi, suivant un arrêt du
parlement du 18 juillet 1654.

Les lettres d'érection des terres en *dignité* ne se
vérifient dans les cours que pour le nom & le titre
seulement, c'est-à-dire que les *fiefs* ainsi érigés n'acquièrent pas pour cela toutes les prérogatives attribuées par les coutumes aux anciennes *dignités.*
Ainsi le parlement de Paris ne vérifia l'érection
en marquisat de la terre de Magneley en Vermandois, de Suses au Maine, & de Durestal en Anjou
en comté, que pour le titre seulement, suivant

ses arrêts des 14 août, 19 octobre, & 12 décembre 1566.

Le parlement de Grenoble procédant à l'enregistrement des lettres-patentes portant érection de la terre d'Ornacieu en marquisat, arrêta le 19 juin 1646, les chambres consultées, que dorénavant il ne procéderoit à la vérification d'aucunes lettres, portant érection des terres en marquisat, comté, vicomté & baronnie, que l'impétrant ne fût présent & poursuivant la vérification ; de quoi il ne pourroit être dispensé que pour des causes très-justes & légitimes concernant le service de sa majesté ; qu'avant la vérification, il sera informé par un commissaire de la cour, de l'étendue, revenus & mouvance desdites terres, pour savoir si elles seront capables du titre qui leur sera imposé ; que les impétrans ne pourront unir aux marquisats, comtés, vicomtés & baronnies, aucunes terres se mouvant pleinement du fief de sa majesté, qu'ils ne pourront aussi démembrer, vendre, donner, ni aliéner, pour quelque cause que ce soit, aucunes dépendances des terres qui composeront le corps de la qualité qui sera sur elle imposée, faute de quoi la terre reprendra sa première qualité ; que la vérification sera faite sans préjudice des droits des quatre barons anciens de la province, & sans que pour raison desdites qualités, les impétrans puissent prétendre d'avoir leurs causes commises en première instance pardevant la cour, si ce n'est qu'il s'agit des droits seigneuriaux en général, des marquisats, comtés, vicomtés & baronnies, & de la totalité de la terre & seigneurie, mais qu'ils se pourvoiront tant en demandant que défendant pardevant les juges ordinaires & royaux, & que les appellations des juges des marquisats, comtés, vicomtés & baronnies, ressortiront par-devant les vice-baillifs & juges royaux, ainsi qu'elles faisoient auparavant.

La chambre des comptes par un arrêté du 28 juillet 1645, déclara que les fonds & héritages de franc-aleu, composant le revenu des marquisats ou comtés, sortiront nature de fief, pour être inférés & compris aux aveux & dénombremens qui en seront donnés.

Le seigneur féodal ne perd pas son droit de féodalité par l'érection en dignité de la terre de son vassal ; c'est pourquoi les lettres portent communément la clause que c'est sans rien innover aux droits de justice, foi & hommage appartenant à autres qu'au roi ; c'est pourquoi le seigneur dominant du fief ne peut s'opposer à l'érection pour la conservation des droits de féodalité seulement, parce que le roi peut honorer son arrière-fief de telle dignité que bon lui semble, sans préjudice de la mouvance des autres seigneurs.

Fief dominant, est celui duquel un autre relève immédiatement. La qualité de *fief dominant* est opposée à celle de *fief servant*, qui est celui qui relève directement du *fief dominant* ; & ce dernier est différent du *fief* suzerain, dont le *fief servant* ne relève que médiatement.

Un même *fief* peut être dominant à l'égard d'un autre, & servant à l'égard d'un troisième : ainsi si le seigneur dominant à un suzerain, son *fief* est dominant à l'égard de l'arrière-*fief*, & servant à l'égard du seigneur suzerain. *Voyez ci-après Fief servant.*

Il est parlé du *fief dominant* dans plusieurs coutumes, notamment dans celles de Melun, *art. 24 & 37* ; Estampes, *art. 12, 16, 20, 38* ; Mantes, *art. 44* ; Laon, *art. 186, 187, 188, 202, 219, 224* ; Châlons, *art. 177, 189, 190, 219, 224* ; Rheims, *art. 120, 138* ; Ribemont, *art. 19* ; Montargis, *chap. I, art. 11, 66, 85* ; Grand-Perche, *art. 35, 38, 44, 46, 47, 48, 65* ; Châteauneuf, *art. 163* ; Poitou, *art. 23* ; Péronne, *art. 30, 52, 56, 81* ; Berri, *tit. 5, art 20* ; Dourdan, *art. 25*.

Fief droit, (*feudum rectum, seu cujus possessio recta est*) est celui qui passe aux héritiers à perpétuité, ainsi que l'explique Zasius, *de feud. part. 12*.

Fief de droit françois, (*feudum juris francisci*) est celui qui se règle par les loix de France au sujet des *fiefs*. Schilter, en son *traité du parage & de l'apanage*, observe qu'il ne faut pas confondre les *fiefs* du droit françois, *juris francisci*, avec les francs-fiefs, *feuda franca* ; ni avec les *fiefs* de France, *feuda Franciæ* : en effet il y a beaucoup de *fiefs* situés hors les limites de la France, qui ne laissent pas d'être *fiefs de droit françois* ; & il y a bien des *fiefs de droit françois*, qui ne sont pas pour cela des francs-fiefs.

Fief échéant & levant ; voyez ci-après *Fief revanchable*.

Fief d'écuyer, (*feudum scutiferi, scutarii, seu armigeri* ; c'étoit celui qui pouvoit être possédé par un simple écuyer, & pour lequel il n'étoit dû au seigneur dominant que le service d'écuyer ou d'écuyage, *servitium scuti, scutagium*. L'écuyer n'avoit point de cotte d'armes ni de casque, mais seulement un écu, une épée, & un bonnet ou chapeau de fer. Ce *fief* étoit différent du *fief* de haubert ou haubergeon, *feudum loricæ*, pour lequel il falloit être chevalier.

Fief égalable. Voyez *Fief revanchable*.

Fief entier ou *plein fief*, c'est un *fief* non divisé, que le vassal doit desservir par pleines armes ; au lieu que les membres ou portions d'un *fief* de haubert, ne doivent quelquefois chacun qu'une portion d'un chevalier. *Voyez Fief de chevalier, Fief de Haubert.*

Fief entier dans la coutume de Chartres, *art. 10* ; & dans celle de Châteauneuf en Thimerais, *art. 9*, est celui qui vaut trente livres tournois de revenu par an, ce qui suffisoit apparemment autrefois dans ces coutumes pour l'entretien d'un noble ou seigneur de *fief* portant les armes. Suivant l'article 10 & 21 de la coutume de Châteauneuf, & le 15 de celle de Chartres, le *fief entier* doit pour raison d'un cheval

cheval de fervice, foixante fous de rachat. *Voyez*
ci-après *Fief folide* & *plein Fief.*

Fief épifcopal & *presbytéral*, étoit celui qu'un
vaffal laïque tenoit d'un évêque ou d'un prêtre, tel
qu'un curé ou un archidiacre ; c'étoit quelquefois
le fief même que tenoit l'évêque, ou ce que fon
vaffal tenoit de lui, comme étant une portion du
fief épifcopal. On en trouve un exemple dans les
preuves de l'hiftoire de Montmorency, *pag.* 37,
à la fin. *Ego Gilbertus, Dei gratiâ Parifienfis epif-*
copus, &c. *Affenfu domini Stephani archidiaconi,*
ecclefiam & altare B. Mariæ de Moncellis, monaf-
terio B. Martini de Pontifará conceffi: annuente Bur-
cardo de Monte-Morenciaco, qui eum de epifcopali
feudo poffidebat, &c. *Actum publicè Parifiis in capi-*
tulo B. Mariæ, anno Incarnationis dominicæ 1122.

Les *fiefs* épifcopaux & presbytéraux commencèrent vers la fin de la feconde race, lorfque les
feigneurs laïques s'emparèrent de la plupart des
biens eccléfiaftiques, des dixmes, offrandes, fépultures & bénéfices, ou les prirent à foi & hommage
des eccléfiaftiques.

Il arrivoit même très-fouvent que les feigneurs
rendoient aux prêtres les biens eccléfiaftiques dont
ils s'étoient emparés, à la charge de les tenir d'eux
à titre de *fief.* On donna auffi à cette efpèce de
tenure le nom de *fief presbytéral ;* mais comme il
étoit indécent qu'un clerc tînt en *fief* d'un laïque, les
revenus propres de l'églife, & les offrandes qui
lui étoient faites, un concile de Bourges, en 1031,
défendit ces *fiefs presbytéraux* en ces termes : *ut fe-*
culares viri eccleſiaſtica beneficia, quos fevos presby-
terales vocant, non habeant fuper presbyteros.

Fief féminin, dans fon étroite fignification, eft
celui qui par la première inveftiture a été accordé
à une femme ou fille, & à la fucceffion duquel
les femmes & filles font admifes à défaut de mâles.

Dans un fens plus étendu, on entend par *fiefs*
féminins, tous les *fiefs* à la fucceffion defquels les
femmes & filles font admifes à défaut de mâles,
quoique la première inveftiture de *fief* n'ait pas été
accordée à une femme ou fille ; & pour diftinguer
ceux-ci des premiers, on les appelle ordinairement
fiefs féminins héréditaires.

Enfin on entend auffi par *fiefs féminins,* ceux
qui peuvent être poffédés par des femmes ou filles
à quelque titre qu'ils leur foient échus, foit par
fucceffion, donation, legs ou acquifition.

Le *fief féminin* eft oppofé au *fief mafculin,* qui
ne peut être poffédé que par un mâle ; comme le
royaume de France, lequel ne tombe point en
quenouille ; le duché de Bourgogne & celui de Normandie étoient auffi des *fiefs* mafculins.

Suivant la coutume de chaque province, il y
avoit de grands *fiefs féminins,* tels que le duché de
Guienne, & le comté d'Artois. Mahaut, comteffe
d'Artois, paire de France, au facre de Philippe-le-
Long, foutint la couronne du roi avec les autres
pairs.

Fief-ferme, feudo firma, vel feudi firma, étoit

un tenement ou certaine étendue de terres, accordé
à quelqu'un & à fes héritiers, moyennant une redevance annuelle qui égaloit le tiers, ou au moins
le quart du revenu, fans aucune autre charge que
celles qui étoient exprimées dans la charte d'inféodation. Ces fortes de conceffions étoient telles,
que fi le tenancier étoit deux années fans payer la
redevance, le bailleur avoit une action pour rentrer dans fon fonds. Ces *fiefs fermes* reffemblent beaucoup à nos baux à rente ou baux emphytéotiques.
Il en eft parlé dans une charte de Philippe-le-Bel
de 1384 ; dans les loix de Henri I, roi d'Angleterre, *chap.* 56 ; dans Brillon, *pag.* 164 ; dans Mathieu Paris, à l'année 1250.

En Normandie on appelle *fief-ferme* ou *fieffe-*
ferme, une conceffion d'héritage, foit noble ou
roturier, faite à perpétuité, & qui eft oppofée par
cette raifon à la *ferme-muable,* c'eft-à-dire à la conceffion faite feulement pour quelques années. Cette
dénomination vient de ce qu'en Normandie & en
Angleterre, le mot *fief* ne s'entend pas toujours
d'une terre noble, mais fignifie auffi un héritage,
un fonds. *Feudum,* dit Littleton, *fect.* 1, *idem eft*
quod hæreditas : de forte qu'un *fief-ferme* n'eft autre
chofe qu'un héritage noble ou roturier, affermé à
longues années.

Il y avoit peu de différence entre les *fiefs-fermes,*
& ce qu'on appelloit dans la moyenne latinité
main-fermes ; dans les *fiefs-fermes,* le bail étoit à
longues années, & il en étoit à-peu-près de même
des *mains-fermes,* fous la feconde race des rois,
& au commencement de la troifième : car ces conceffions n'étoient appelées *main-fermes,* que parce
que ceux qui acquéroient des terres à ce titre, en
devoient avoir la *ferme poffeffion,* pendant une,
deux, trois, ou un plus grand nombre de générations.

Les *fiefs-fermes* du roi fe donnoient au plus offrant & dernier enchériffeur, par MM. de la chambre des comptes. On en trouve un exemple du
22 décembre 1467, au *mémorial* N, *fol.* 32 ; mais
il n'y avoit pas d'enchère, lorfque le roi les donnoit
pour récompenfe de fervice, moyennant une certaine redevance annuelle, quand bien même la
chofe donnée auroit plus produit que la redevance ; ce qui eft prouvé par des lettres-patentes
de 1473, enregiftrées à la chambre des comptes
le 10 feptembre 1474, & contenues au mémorial O,
fol. 187. *Voyez* MAIN-FERME.

Fief fini, feudum finitum, eft celui dont le
cas de reverfion au feigneur eft arrivé, foit par
quelque claufe du premier acte d'inféodation, foit
par quelque caufe poftérieure, comme pour félonie ou défaveu. Le *fief fini* eft différent du *fief*
ouvert, que le feigneur dominant peut bien auffi
mettre en fa main, mais non pas irrévocablement :
c'eft pourquoi le *fief* en ce cas n'eft pas fini, c'eft-
à-dire éteint. *Voyez* Loifeau, *tr. des off. liv.* 2, *ch.* 8,
n. 51.

Fief forain, feudum forinfecum, eft une pen-

V v v

fion annuelle affignée fur le fifc, & que le tréforier du roi eft chargé de payer à quelqu'un qui n'eft pas de l'hôtel du roi.

Fief franc ou *Franc fief*, *feudum francale feu francum*, c'eft ainfi que tous *fiefs* étoient autrefois appellés, à caufe de la franchife ou des prérogatives qui y étoient annexées, & dont jouiffoient ceux qui les poffédoient. Ce nom convient finguliérement aux *fiefs* nobles & militaires, qui ne font chargés d'aucune redevance ou foumiffion différente du fervice féodal.

Aujourd'hui on entend par *franc-fief*, la taxe que les roturiers paient au roi tous les vingt ans, à raifon des *fiefs* qu'ils poffédent. Nous en traiterons dans fon lieu, fous le mot particulier, FRANC-FIEF.

Fief furcale, *feudum furcale*, eft celui qui a droit de haute juftice, conféquemment d'avoir des fourches patibulaires qui en font le figne public extérieur.

Fief futur, *feudum futurum*, *feu de futuro*, eft celui que le feigneur dominant accorde à quelqu'un pour en être invefti feulement après la mort du poffeffeur actuel.

Fief de garde ou *annal*, *feudum guardiæ*, c'étoit lorfque la garde d'un château ou d'une maifon étoit confiée à quelqu'un pour un an, moyennant une récompenfe annuelle, promife à titre de *fief*.

Fief, dit *feudum caftaldiæ feu guaftaldiæ*, étoit lorfqu'un feigneur donnoit à titre de *fief* à quelqu'un la charge d'intendant ou agent de fa maifon, ou de quelqu'une de fes terres.

Fiefs gentils, en Bretagne, font les baronnies & chevaleries, & autres *fiefs* de dignité encore plus élevée, lefquels fe gouvernent & fe font gouvernés par les auteurs des co-partageans, felon l'affife du comte Geoffroy III, fils de Henri II, roi d'Angleterre, qui devint duc de Bretagne par le mariage de Conftance, fille de Conan le petit, duc de Bretagne. On diftingue ces *fiefs gentils* des autres *fiefs* qui ne fe gouvernent pas felon l'affife; dans les premiers, les puînés mâles n'ont leur tiers qu'en bienfait, c'eft-à-dire à viage, comme en Anjou & au Maine.

Fief grand, (*feudum magnum & quaternatum*) n'eft pas toujours celui qui a le plus d'étendue, mais celui qui eft le plus qualifié; c'eft un *fief* royal ou de dignité.

Fief d'habitation, eft celui qui n'eft concédé que pour le vaffal perfonnel. Il en eft parlé dans les coutumes des *fiefs*, *lib. 1*, *tit. 105*; & dans Zazius, *part. 3 de feudis.*

Fief de haubert ou *de haubergeon*, *feudum lorica*; c'eft un *fief* de chevalier, c'eft-à-dire dont le poffeffeur étoit obligé, à 21 ans, de fe faire armer chevalier, & de fervir avec le *haubert*, *haubergeon* ou *cotte-de-maille*, qui étoit une efpèce d'armure dont il n'y avoit que les chevaliers qui puffent fe fervir.

Ce *fief* eft le même que les Anglois appellent *feudum militare*, & nos anciens auteurs, *feudum loricæ*.

Quelques-uns écrivent *fief de haubert*, comme qui diroit *fief de haut baron*; car, dans tous les anciens livres de pratique, *ber* & *baron*, *haubert* & *haut-baron*, font termes fynonymes.

Comme le *haubert* ou feigneur du *fief de haubert* étoit obligé de fervir le roi avec armes pleines, c'eft-à-dire armé de toutes pièces, & conféquemment avec l'arme du corps, qui étoit la cotte de maille, cette armure fut appellée *haubert* ou *haubergeon*, & par fucceffion de temps, le *fief de haubert* a été pris pour toute efpèce de *fief*, dont le feigneur eft tenu de fervir le roi avec le *haubert* ou *haubergeon*; ce qui a fait croire à quelques-uns que le *fief de haubert* étoit ainfi appellé à caufe du *haubergeon*, comme le dit Cujas fur le titre 9 du *liv. 1 des fiefs*, quoique ce foit au contraire le terme de *haubergeon* qui vienne de *haubert*, & que *haubergeon* fût l'arme du *haubert*.

Cette erreur eft cependant caufe aujourd'hui, qu'en la coutume reformée de Normandie, *fief de haubert* eft moins que baronnie. Les articles 155 & 156 taxent le relief de baronnie à 100 liv., & celui du *fief de haubert* entier, à 15 liv. feulement.

Bouteiller, Ragueau & Charondas fuppofent que le *fief de haubert* relève toujours immédiatement du roi; ce qui eft une erreur. Terrien, qui favoit très-bien l'ufage de fon pays, remarque fur le *chap. 2 du liv. 5*, *p. 171* de l'édition de 1654, qu'un *fief de haubert* peut être tenu de baronnie, la baronnie de la comté, la comté de la duché, & la duché du roi.

Suivant l'ancienne & la nouvelle coutume de Normandie, le *fief de haubert* eft un plein *fief* ou *fief* entier; le poffeffeur le deffert par pleines armes qu'il doit porter au commandement du roi. Ce fervice fe fait par le cheval, le *haubert*, l'écu, l'épée & le heaume; ce *fief* ne peut être partagé entre mâles; mais quand il n'y a que des filles pour héritières, il peut être divifé jufqu'en huit parties, chacune defquelles parties peut avoir droit de court & ufage, jurifdiction & gage plège, & chacune de ces huit portions eft appellée *membre de haubert*. Mais fi le *fief* eft divifé en plus de huit parts, en ce cas chaque portion eft tenue féparément comme *fief vilain*; & dans ce cas, aucune de ces portions n'a court ni ufage. Ces droits reviennent au feigneur fupérieur dont le *fief* étoit tenu. Il en eft de même lorfqu'une des huitièmes eft fubdivifée en plufieurs portions; chacune perd fa court & ufage.

C'eft ainfi que s'en explique Terrien, *liv. 5, c. 2*: « fi le *fief* de haubert venoit tout aux filles » qu'elles fuffent plus de huit, dont chacune eût » fa part: en ce cas nulle des parties n'aura court » ni ufage, mais fera dès-lors en avant tenu comme » *fief vilain*, & reviendra la court & ufage au » feigneur fouverain, duquel le *fief* étoit tenu

» nuement & fans moyen. Pareillement fi l'une » d'icelles parties étoit divisée en plusieurs parties; » comme fi l'une des fœurs qui auroit eu pour fa » part, un huitième, mouroit & laiffoit deux filles, » ou plus, qui euffent chacune fa part en icelui » huitième, icelle partie, ainfi départie, perdroit fon » court & ufage, & non pas les autres ».

On peut mettre dans la claffe des *fiefs de hautbert*, plufieurs autres *fiefs* de même nature qui portent des dénominations différentes; telles que les *bannerets* ou *banderets*, que les anciens jurifconfultes nomment *feuda vexillorum*, *feuda fcutiferorum*, & dont le fervice s'appelloit *fervitium fcuti* ou *fcutagium*. Leurs poffeffeurs étoient obligés de fervir par pleines armes, par le cheval, par l'épée, par le hautbert, par l'écu, par le heaume.

Fief héréditaire, eft celui qui paffe aux héritiers du vaffal, à la différence des *fiefs* qui n'étoient anciennement concédés que pour la vie du vaffal. Vers la fin de la feconde race de nos rois, & au commencement de la troifième, les *fiefs* devinrent *héréditaires*.

Fief héréditaire, fe dit auffi de celui qui nonfeulement fe tranfmet par fucceffion, mais qui ne peut être recueilli à la mort du dernier poffeffeur, que par une perfonne qui foit véritablement fon héritière, de manière qu'en renonçant à la fucceffion, elle ne puiffe plus le vendre. La fucceffion de ces *fiefs* eft pourtant réglée par le droit féodal, en ce que les femelles n'y concurrent point avec les mâles, du moins dans les pays où ce droit eft obfervé, comme en Allemagne; mais du refte le *fief héréditaire* eft réglé par le droit civil, en ce que l'on y fuccède fuivant la difpofition, *ultimo poffeffori*, de même que dans la fucceffion des alodes.

Le *fief héréditaire* eft oppofé au *fief ex pacto & providentiâ*, & au *fief propre*. *Voyez ci-après* Fief ex pacto & Fief propre.

Les feudiftes anciens ou étrangers diftinguent quatre fortes de *fiefs héréditaires*.

La première eft celle où le vaffal eft invefti, de manière que l'inveftiture lui donne le pouvoir non-feulement de tranfmettre le *fief* par fucceffion à toutes fortes d'héritiers fans exception, mais même d'en difpofer par actes entre-vifs ou de dernière volonté. Un tel *fief*, dit Struvius, eft moins un *fief* qu'un alode, & il eft confidéré comme tel; c'eft ce que les feudiftes appellent un *fief* purement *héréditaire*. Les femmes y peuvent fuccéder à défaut de mâle, & en ce fens, on peut auffi l'appeller *fief féminin héréditaire*: mais fuivant le droit féodal, les femmes n'y concurrent jamais avec les mâles.

La feconde efpèce de *fief héréditaire* eft celle où le *fief* eft concédé par l'inveftiture, pour être tenu par le vaffal & fes héritiers en *fief héréditaire*; & dans ce cas, il n'y a que les héritiers mâles du vaffal qui y fuccèdent: c'eft pourquoi on l'appelle auffi *fief mafculin héréditaire*: dans tout le refte, ce *fief* conferve toujours la vraie nature de *fief*, enforte que le vaffal n'en fauroit difpofer fans le

confentement du feigneur, & qu'il n'y a que les mâles qui y puiffent fuccéder.

La troifième efpèce de *fief héréditaire* eft celle où l'inveftiture permet au vaffal de tranfmettre le *fief* par fucceffion à fes héritiers quelconques. Dans cette troifième efpèce, quelques auteurs penfent que la femme eft admife à la fucceffion du *fief*; d'autres penfent le contraire: mais ceux qui tiennent que la femme a droit d'y fuccéder, conviennent qu'elle n'y fuccède jamais concurremment avec les mâles, mais feulement à défaut de mâles.

Enfin la quatrième efpèce de *fief héréditaire* eft celle où l'inveftiture porte expreffément cette claufe extraordinaire, que les femmes feront admifes à la fucceffion du *fief*, concurremment avec les mâles, comme dans la fucceffion des alodes: il eft conftant que c'eft-là le feul cas où elles ne font point exclufes par les mâles en parité de degré, & où elles recueillent le *fief héréditaire* conjointement avec eux: telles font les divifions des *fiefs héréditaires*, fuivant le droit féodal ancien. *Voyez* Struvius, *fyntagm. juris feud.* & Schilter, *en fes notes; ibid.* Rofenthal, *c. 2, concluf. 26*; Gail. *lib. 2 obfervat. n. ult.*

Suivant l'état préfent de notre droit coutumier, par rapport aux *fiefs*, les femelles y concurrent avec les mâles en parité de degré dans les fucceffions directes; mais en fucceffion collatérale, le mâle, dans un grand nombre de coutumes, exclut la femelle en parité de degré.

Fief d'honneur ou *fief libre*, *feudum honoratum*, eft celui qui ne confifte que dans la mouvance & la foi & hommage, fans aucun profit pécuniaire pour le feigneur dominant.

Dans les provinces de Lyonnois, Forez, Beaujolois, Mâconnois, Auvergne, les *fiefs* font nobles, mais fimplement *fiefs d'honneur*; ils ne produifent aucun profit pour quelque mutation que ce foit, en directe ou collatérale, ni même en cas de vente. C'eft pourquoi l'on eft peu exact à y faire paffer des aveux. *Voyez les obfervat.* de M. Bretonnier fur Henrys, *tom. 1, liv. 3, chap. 3, queft. 38.*

Ils font auffi de même qualité dans les deux Bourgognes & dans l'Armagnac, ainfi que l'attefte Salvaing en fon *tr. de l'ufage des fiefs, ch. 3.* Il en eft de même dans le Bugey, fuivant Faber, en fon *code de jure emphyt. defin. 44.*

Il y a quelques coutumes qui en difpofent de même. Celle de Metz, *art. 1 des fiefs*, dit que les *fiefs*, au pays Meffin, font patrimoniaux & héréditaires, & que le vaffal ne doit pour hommage que la bouche & les mains, s'il n'appert par l'inveftiture que le *fief* foit d'autre condition. La coutume de Thionville, *art. 3 des fiefs*, dit la même chofe.

Fief immédiat, eft celui qui relève directement d'un feigneur, à la différence du *fief* médiat ou *fief* fubalterne qui relève directement de fon vaffal, & qui forme à l'égard du feigneur fuzerain, ce que l'on appelle un *arrière-fief.* *Voyez* ARRIÈRE-FIEF.

Fief impérial, en Allemagne, eſt celui qui relève immédiatement de l'empereur, à cauſe de ſa dignité impériale.

Fief incorporel : voyez Fief en l'air.

Fief inférieur, s'entend de tout *fief* qui relève d'un autre médiatement ou immédiatement. Il eſt oppoſé à *fief* ſupérieur.

Le *fief* ſervant eſt un *fief* inférieur par rapport au *fief* dominant.

Un même *fief* peut être inférieur par rapport à un autre, & ſupérieur par rapport à un arrière-*fief.*

Pour ſavoir quand le *fief* inférieur eſt confondu avec le *fief* ſupérieur, lorſqu'ils ſont tous deux en la même main, *voyez* RÉUNION DE FIEF.

Fief jurable, feudum jurabile, eſt, chez les ultramontains, celui pour lequel le vaſſal doit à ſon ſeigneur le ſerment de fidélité. Jacobinus de ſancto Georgio, *de feudis v°, in feudum n°. 29,* dit : *decima diviſio eſt quia feudum quoddam eſt jurabile, quoddam non jurabile : feudum jurabile eſt pro quo juratur fidelitas domino ; non jurabile, quandò conceditur eo pacto ut fidelitas non juretur.*

Dans la coutume de Bar, le *fief jurable* & rendable eſt celui que le vaſſal eſt obligé de livrer à ſon ſeigneur. *Voyez* ci-après Fief rendable.

Fief laïcal, eſt celui qui ne relève d'aucun eccléſiaſtique, mais qui eſt dépendant d'un *fief* purement temporel.

Fief levant & chevant, voyez Fief chevant & revanchable.

Fief libre ou *fief d'honneur, feudum liberum ſeu honoratum ;* il en eſt parlé dans pluſieurs anciennes chartes, entre autres dans la charte de commune d'Abbeville, *c. 24. Voyez* Fief d'honneur.

Fief liège, eſt la même choſe que *fief lige.* Il eſt ainſi appellé dans quelques coutumes, comme dans celle de Hainaut, *ch. 79 ;* & dans celle de Cambrai, *tit. 1, art. 46, 47, 49, 50, 51. Voyez* FIEF LIGE, HOMME & FEMME LIGE, FOI & HOMMAGE.

Fief lige, eſt celui pour lequel le vaſſal, en faiſant la foi & hommage à ſon ſeigneur dominant, promet de le ſervir envers & contre tous, & y oblige tous ſes biens.

Le poſſeſſeur d'un *fief lige* eſt appellé *vaſſal lige,* ou *homme lige* de ſon ſeigneur ; l'hommage qu'il lui rend eſt appellé *hommage lige,* & l'obligation ſpéciale qui attache ce vaſſal à ſon ſeigneur, eſt appellée dans les anciens titres *ligence* ou *ligeité.*

Le *fief lige* eſt oppoſé au *fief ſimple.*

La différence que les feudiſtes françois font entre ces deux ſortes de *fiefs,* eſt que l'hommage ſimple que le vaſſal rend pour un *fief* ſimple, n'eſt nullement perſonnel, mais purement réel ; il n'eſt rendu que pour raiſon du fonds érigé en *fief,* auquel fonds il eſt tellement attaché, que, dès que le vaſſal le quitte, & qu'il peut faire en tout temps,

etiam invito domino, il demeure, dès cet inſtant, libre de l'obligation qu'il avoit contractée, laquelle paſſe avec le fonds à celui qui y ſuccède.

L'hommage lige au contraire *magis cohæret perſonæ quàm patrimonio ;* & quoique la ligence affecte le fonds, qui par la première érection y a été aſſujetti, le poſſeſſeur qui s'en eſt fait inveſtir, ſe charge perſonnellement du devoir de vaſſal lige ; il y affecte tous ſes autres biens ſans jamais pouvoir s'en affranchir, non pas même en quittant le *fief lige,* ne pouvant jamais le faire ſans le conſentement de ſon ſeigneur.

Il y a auſſi cela de particulier dans l'hommage que l'on rend pour un *fief lige,* que cet hommage, à chaque fois qu'il eſt rendu, doit être qualifié d'*hommage lige :* c'eſt pourquoi, à chaque nouvelle réception en foi, le vaſſal devoit, en ſigne de ſujétion, mettre ſes mains jointes en celles de ſon ſeigneur, & enſuite être admis par lui au baiſer.

Les auteurs ne ſont pas trop d'accord ſur l'étymologie de ce mot *lige.*

Les uns ont écrit que le *fief* étoit appellé, *lige, à ligando,* parce que le vaſſal étoit lié à ſon ſeigneur féodal, lui jurant & promettant une fidélité toute ſingulière. Jaſon, *de uſib. feud. n. 108.*

D'autres, tels que Mattheus, ſur la *déciſ. 309* de Guypape, ont avancé que le *fief lige* avoit pris ce nom de l'effet & de la ſuite des obligations ſous leſquelles il avoit été originairement donné, en ce que ceux qui s'en faiſoient inveſtir, étoient ſoumis & engagés à des conditions plus onéreuſes que celles qui étoient attachées aux *fiefs* ſimples.

D'autres encore ont tenu que ce terme *lige* venoit de la forme particulière qui ſe rendoit pour ces ſortes de *fiefs,* ſavoir, que les pouces du vaſſal étoient liés & ſes mains jointes entre celles de ſon ſeigneur ; opinion que Ragueau, au mot *Hommage lige,* traite avec raiſon de ridicule.

Quelques-uns ont ſoutenu que le mot *lige* tiroit ſon origine de la ligue & confédération que quelques perſonnes font enſemble, en ce que les ſeigneurs & les vaſſaux ſe liguoient & confédéroient par ſerment les uns aux autres ; & ſur ce fondement les feudiſtes allemands prétendent que les *fiefs liges* ont commencé en Italie ; & qu'ils ont été ainſi appellés *à liga,* mot italien, qui, ſelon eux, ſignifie *ligue,* opinion que Dargentré paroît avoir adoptée après Albert Krantz : mais Brodeau, ſur Paris, *art. 63,* dit que *liga* eſt un ancien mot françois, qui ſignifie *colligationem, pacem & confœderationem,* une ligue.

Mais il eſt conſtant que *liga* n'eſt ni italien, ni françois ; une ligue, en italien, c'eſt *lega.* D'ailleurs l'origine des *fiefs liges* ne peut venir d'Italie, puiſque les conſtitutions napolitaines, quoique poſtérieures en partie aux uſages des *fiefs,* ne parlent point de *fiefs liges.*

Le mot *liga* n'eſt pas non plus gaulois ; car les *fiefs liges* n'ayant commencé à être connus que bien avant dans le douzième ſiècle, comme on le prouvèra dans un moment, il eſt aiſé de connoître par les auteurs de ce temps, que leur langage n'é-toit point l'ancien gaulois.

Quelques-uns ont encore voulu tirer le mot *lige* du grec ἐμόλογος, à quoi il n'y a aucune ap-parence, la langue grecque n'étant pas alors aſſez familière pour en tirer cette dénomination.

S. Antonin, ſous l'an 1224, écrivant la ma-nière dont S. Jean d'Angely ſe rendit à Louis VIII, dit que l'abbé & les bourgeois rendirent la ville au roi, *ei ligam exhibentes fidelitatem.* Le jéſuite Maturus explique ce mot *liga* par *obſequium;* mais S. Antonin, qui vivoit juſqu'au milieu du quinzième ſiècle, n'a parlé que ſur la foi de Vincent de Beauvais, en ſon *Miroir hiſtorial*, où, ſous l'an 1224, il dit, en parlant du même fait, *legitimam facientes ei fidelitatem:* ainſi, ou le texte a été cor-rompu, ou c'eſt une abréviation qui a été mal rendue.

Parmi tant d'opinions controverſées, la première qui fait venir le mot *lige à ligando;* paroît la plus naturelle.

Pour ce qui eſt de l'origine des *fiefs liges*, ou du moins du temps où ils ont commencé à être qualifiés du ſurnom de *lige*, l'époque n'en remonte guère plus haut que dans le douzième ſiècle, vers l'an 1130.

En effet, il n'en eſt fait aucune mention dans les monumens qui nous reſtent du temps des deux premières races de nos rois, tels que la loi ſali-que, les formules de Marculphe, & celles des auteurs anonymes; ni dans les ouvrages de Gré-goire de Tours, Frédégaire, Nitard, Thegan, Frodoard, Aymoin, Flodoard; ni dans les capi-tulaires de Charlemagne, de Louis-le-Débonnaire & de Charles-le-Chauve, quoique les uſages des *fiefs*, tant ſimples que de dignité, qui ſe prati-quoient alors en France, & les devoirs récipro-ques des ſeigneurs & des vaſſaux y ſoient aſſez détaillés.

On ne voit même point que les termes de *lige*, *ligence* & *ligeité*, fuſſent encore uſités ſous les quatre premiers rois de la troiſième race, dont le dernier, qui fut Philippe I, mourut en 1108.

Fulbert, chancelier de France, élevé à l'évê-ché de Chartres en 1007, & que l'on a regardé comme un homme conſommé dans la juriſpru-dence féodale de ſon ſiècle, ne parle point des *fiefs liges* dans ſes épîtres, quoique dans pluſieurs il traite des *fiefs*, & notamment dans la 101ᵉ, qui comprend en abrégé les devoirs réciproques du vaſſal & du ſeigneur.

Les fragmens des auteurs qui ont écrit ſous Henri I & ſous Philippe I n'en diſent pas davantage, non plus que Yves, évêque de Chartres, ſous Phi-lippe I & ſous Louis-le-Gros. Suger, abbé de S. Denis, n'en dit rien dans la vie de Louis-le-Gros, ni dans les mémoires qu'il a laiſſés des choſes les plus importantes qui ſe ſont paſſées de ſon temps,

quoiqu'il y donne pluſieurs éclairciſſemens ſur les uſages des *fiefs*.

On trouve dans le livre des *fiefs* un chapitre exprès *de feudo ligio;* mais il eſt eſſentiel d'obſer-ver que ce chapitre n'eſt point de Gerard le Noir, ni de *Obertus de Horto.* Ces deux juriſconſultes, qui vivoient vers le milieu du douzième ſiècle, ne ſont auteurs que des trois premiers livres des *fiefs*, dans leſquels il n'eſt rien dit du *fief lige.*

Le chapitre dont on vient de parler, fait partie du quatrième livre, dans lequel on a ramaſſé les écrits de pluſieurs feudiſtes anonymes; & par les conſtitutions qui y ſont citées de Frédéric I, dit *Barberouſſe*, qui tint l'empire juſqu'en 1190, il pa-roît que ces auteurs ne peuvent être au plus tôt que de la fin du douzième ſiècle, ou du com-mencement du treizième: auſſi Dumoulin, ſur l'an-cienne coutume de Paris, §. 1, gl. 5, n. 12, dit que ce mot *lige* eſt *barbarius feudo;* qu'il étoit en-core inconnu du temps des livres des *fiefs*, & qu'il fut enſuite introduit pour exprimer qu'on ſe rendoit homme d'un autre.

Il y a lieu de croire que la dénomination & les devoirs du *fief lige* furent introduits d'abord en France; que ce fut ſous le règne de Louis VI, dit *le Gros*, qui régna depuis l'an 1108 juſqu'en 1137.

Ce prince fut obligé de réprimer l'inſolence des principaux vaſſaux de la couronne, qui refuſoient abſolument de lui faire hommage de leurs terres; ou s'ils lui prêtoient ſerment de fidélité, ils ſe mettoient peu en peine de l'enfreindre, s'imagi-nant être libres de s'en départir, ſelon que leurs intérêts particuliers ou ceux de leurs alliés ſembloient le demander.

Ce fut ſans doute le motif qui porta Louis-le-Gros à revêtir l'hommage de ſolemnités plus ri-goureuſes que celles qui avoient été pratiquées juſqu'alors, & d'obliger ſes vaſſaux de ſe recon-noître ſes *hommes liges;* d'où leurs *fiefs* furent ap-pellés *fiefs liges*, pour les diſtinguer des *fiefs* ſim-ples ſubordonnés à ceux-ci, dont aucun n'avoit en-core la qualité ni les attributs de *fief lige.*

C'eſt auſſi probablement ce que l'abbé Suger a eu en vue, lorſqu'il a parlé des précautions ſin-gulières que Louis-le-Gros prit pour s'aſſurer de la fidélité de Foulques, comte d'Anjou: l'hom-mage fut ſuivi de ſermens réitérés, on donna au roi pluſieurs ôtages; & dans l'hommage-lige fait en 1190 par Thibaut, comte de Champagne, à Philippe-Auguſte, le ſerment fut fait ſur l'hoſtie & ſur l'évangile: pluſieurs perſonnes qualifiées ſe rendirent auſſi avec ſerment, cautions de la fidélité du vaſſal, juſqu'à promettre de ſe rendre priſonniers dans les lieux ſpécifiés, au cas que, dans le temps convenu, le vaſſal n'amendât pas ſon manque de fidélité, & d'y garder priſon juſ-qu'à ce qu'il l'eût réparé. Enfin le comte ſe ſou-mit à la puiſſance eccléſiaſtique, afin que ſa terre pût être mise en interdit si-tôt que le délai seroit expiré, s'il n'avoit amendé sa faute.

Cette formule d'hommage étant toute nouvelle, & beaucoup plus onéreuse que la formule ordinaire, il fallut un nom particulier pour la désigner; on l'appella *hommage lige*.

Le continuateur d'Aymoin, dont l'ouvrage fut parachevé en 1165, rapporte l'investiture lige du duché de Normandie, accordée par Louis VII, dit *le Jeune*, à Henri, fils de Geoffroi, comte d'Anjou; ce qui arriva vers l'an 1150. Il dit en propres termes, *& eum pro eâdem terrâ in hominem ligium accepit.*

L'usage des *fiefs liges* fut introduit à-peu-près dans le même temps dans le patrimoine du saint siège, en Angleterre & en Ecosse, & dans les autres souverainetés qui avoient le plus de liaisons avec la France.

On voit pour l'Italie, que l'antipape Pierre de Léon étant mort en 1138, ses frères reprirent d'Innocent II les *fiefs* qu'ils tenoient de l'église, & lui en firent l'hommage lige, *& facti homines ejus ligii juraverunt ei ligiam fidelitatem :* c'est ainsi que S. Bernard le rapporte dans son épître 320, adressée à Geoffroi, lors prieur de Clairvaux.

Le même pape Innocent II ayant, en 1139, investi le comte Roger du royaume de Sicile & autres terres, la charte d'investiture fait mention que Roger lui fit l'hommage lige, *qui nobis & successoribus nostris ligium homagium fecerint,* termes qui ne se trouvent point dans l'investiture des mêmes terres, accordée en 1130 : ce qui suppose que l'usage des *fiefs liges* n'avoit été introduit en Italie qu'entre l'année 1130 & l'année 1137.

On trouve aussi dans le septième tome des conciles, *part.* 2, la sentence d'excommunication fulminée l'an 1245 par Innocent VI, au concile de Lyon, contre l'empereur Frédéric II, qui fait mention expresse d'hommage lige. Une partie de cette sentence est rapportée dans le sexte. Un des crimes dont Frédéric étoit prévenu, étoit qu'en persécutant l'église, il avoit violé le serment solemnel dont il s'étoit lié envers elle, lorsqu'en recevant du pape Innocent III l'investiture du royaume de Sicile; il s'étoit reconnu vassal lige du saint siège.

Les *fiefs liges* sont de deux sortes; les uns primitifs & immédiats; les autres subordonnés, médiats & subalternes.

Les premiers, qui sont les plus anciens, relèvent nuement du roi; les autres relèvent des vassaux de la couronne ou autres seigneurs particuliers, lesquels eurent aussi l'ambition d'avoir des vassaux liges, ce qui n'appartenoit pourtant régulièrement qu'aux souverains : aussi les *fiefs liges* médiats & subalternes ne furent-ils d'abord reçus en Italie, & c'est sans doute la raison pour laquelle les auteurs des livres des *fiefs* n'en ont point parlé.

L'origine des *fiefs liges*, médiats & subordon-

nés, n'est que de la fin du règne de Louis VII, dit *le Jeune*, & voici à quelle occasion l'usage en fut introduit. Henri II, roi d'Angleterre, prétendoit, du chef d'Eléonor de Guienne sa femme, que le comté de Toulouse lui appartenoit. Après de longues guerres, Raymond, comte de Toulouse, s'accorda avec Henri, roi d'Angleterre, en se rendant son vassal lige pour le duché de Guyenne. Louis-le-Jeune ne put supporter qu'un duc de Guyenne eût des vassaux liges, ce qu'il savoit n'appartenir qu'aux souverains. On apprend ces faits par l'épître 153 de Pierre de Blois. Le tempérament que l'on trouva pour terminer ce différend, fut que le comte de Toulouse demeureroit vassal lige du roi d'Angleterre, comme duc de Guyenne, sauf & excepté néanmoins l'hommage lige qu'il devoit au roi de France. *Voyez* Catel, *hist. de Toulouse, liv.* 2, *ch.* 5.

Deux choses sont requises, suivant Dumoulin, pour donner à un *fief* le caractère de *fief lige;* savoir que, dans la première investiture, le *fief* soit qualifié *lige*, & que le serment de fidélité soit fait au seigneur, pour le servir envers & contre tous, sans exception d'aucune personne.

Cette définition de Dumoulin n'est pourtant pas bien exacte; car les *fiefs* tenus immédiatement de la couronne, n'ont pas été d'abord qualifiés de *fiefs liges* par les premiers actes d'investiture; & à l'égard des *fiefs liges* médiats & subordonnés, le vassal ne doit pas y promettre au seigneur de le servir contre tous sans exception; le souverain doit toujours être excepté.

L'obligation personnelle du vassal de servir son seigneur envers & contre tous, ne fut pas l'effet de l'hommage lige à l'égard des *fiefs liges* immédiats : car les vassaux de la couronne avoient toujours été obligés tacitement à servir leur souverain, avant que la formule de l'hommage lige fût introduite; & les formalités ajoutées à cet hommage, qui le firent qualifier de *lige*, ne furent que des précautions établies pour assurer & faciliter l'exécution de cette obligation personnelle, tant sur la personne du vassal & sur son *fief*, que sur tous ses autres biens.

Pour ce qui est des *fiefs liges* médiats & subordonnés, auxquels l'obligation personnelle de servir le seigneur n'étoit pas de droit attachée, on eut soin de l'exprimer dans les premières investitures; il s'en trouve des exemples dans le livre des *fiefs* de l'évêché de Langres, dans plusieurs concessions de la fin du treizième siècle : mais les hommages subséquens à la première investiture ne reprenoient point nommément l'obligation personnelle de tous biens, étant suffisamment sous-entendue par la qualité de *fief lige* ou d'*hommage lige*.

Les obligations de l'hommage lige furent, dans la suite des temps, trouvées si onéreuses, que nombre de vassaux liges firent tous leurs efforts pour s'y soustraire.

C'est ainsi que, malgré les hommages liges rendus pour le duché de Bretagne, par Arthus I à Philippe-Auguste, au mois de juillet 1202 ; par Pierre de Dreux, dit *Mauclerc*, tant au même Philippe-Auguste, le dimanche avant la chandeleur 1212, qu'au roi S. Louis, par le traité d'Angers de l'an 1231 ; & par Jean, dit *le Roux*, au même roi S. Louis en 1239, leurs successeurs au duché de Bretagne prétendirent ne devoir que l'hommage simple, & ne purent jamais être réduits à s'avouer hommes & vassaux liges : nos rois se contentèrent que l'hommage fût rendu *tel qu'il avoit été fait* par les précédens ducs de Bretagne. Les chanceliers de France firent des protestations à ce sujet ; les ducs en firent de leur part dans le même acte, comme on voit dans les foi & hommages des ducs de Bretagne, de 1366, 1381, 1403, 1445 & 1458.

Les historiens ont aussi remarqué qu'en 1329, Edouard III, roi d'Angleterre, s'étant rendu en France pour porter l'hommage qu'il devoit à Philippe de Valois, pour le duché de Guyenne & le comté de Ponthieu, refusa de le faire en qualité d'homme lige, alléguant qu'il ne devoit pas s'obliger plus étroitement que ses prédécesseurs. On reçut pour lors son hommage conçu en termes généraux, avec serment qu'il feroit dans la suite la foi en la même forme que ses prédécesseurs. Etant ensuite retourné en Angleterre, & ayant été informé qu'il devoit l'hommage lige, il en donna ses lettres, datées du 30 mars 1331, par lesquelles il s'avouoit homme lige du roi de France, en qualité de duc de Guyenne, de pair de France & de comte de Ponthieu.

Le jurisconsulte Jason, qui enseignoit à Padoue en 1486, sur son traité *super usib. feudor.*, & Sainxon, sur l'ancienne coutume de Tours, remarquent tous deux n'avoir trouvé dans tout le droit qu'un seul texte touchant l'hommage lige ; savoir en la clémentine, appellée vulgairement *pastoralis*, qui est une sentence du pape Clément V, rendue en 1313, par laquelle il cassa & annulla le jugement que Henri VII, empereur, avoit prononcé contre Robert, roi de Sicile, fondée, entre autres moyens, sur ce que Robert étant vassal lige de l'église & du saint siège, à cause du royaume de Sicile, Henri n'avoit pû s'attribuer de jurisdiction sur lui, comme s'il eût été vassal de l'Empire, ni conséquemment le priver, comme il avoit fait, de son royaume.

Les livres des *fiefs*, ajoutés au corps de droit, contiennent aussi, comme on l'a déjà observé, un chapitre *de feudo ligio*.

Il faut encore joindre à ces textes, ceux des coutumes qui parlent de *fiefs liges*, d'*hommage lige* & de *vassaux liges*.

Il y avoit autrefois deux sortes d'hommage lige ; l'un où le vassal promettoit de servir son seigneur envers & contre tous, sans exception même du souverain, comme l'a remarqué Cujas, *lib. II feudor. tit. 5, & lib. 4, tit. 31, 90 & 99*, & suivant

l'article 50 des *établissemens de France*, publiés par Chantereau ; & en son *origine des fiefs*, p. 16 & 17. L'autre sorte d'hommage lige étoit celui où le vassal, en s'obligeant de servir son seigneur contre tous, en exceptoit les autres seigneurs dont il étoit déjà homme lige. Il y en a plusieurs exemples dans les *preuves des histoires des grandes maisons*. Voyez aussi Chantereau, *des fiefs*, p. 15 & 16.

Les guerres privées que se faisoient autrefois les seigneurs entre eux, dont quelques-uns osoient même faire la guerre à leur souverain, donnèrent lieu aux arrière-*fiefs* & aux hommages liges dûs à d'autres seigneurs qu'au roi ; mais les guerres privées ayant été peu à peu abolies, l'hommage lige n'a plus été dû régulièrement qu'au roi : quand il est rendu aux ducs & autres grands seigneurs, on doit excepter le roi de la promesse de les servir envers & contre tous.

La foi & hommage due pour les *fiefs liges* doit toujours être faite par le vassal en personne, de quelque condition qu'il soit, même dans les coutumes où le vassal simple est admis à faire la foi par procureur, comme dans celles de Péronne, Montdidier & Roye.

Fief de maître ou *officier*, ou *fief d'office*, est celui qui consiste dans un office inféodé. *Voyez* OFFICE INFÉODÉ.

Fief masculin, est celui qui est affecté aux mâles à l'exclusion des femelles.

Dans l'origine, tous les *fiefs* étoient masculins ; les femmes n'y succédoient point, & elles ne pouvoient en acquérir. Dans la suite on a admis les femmes à concourir avec les mâles en pareil degré dans la succession directe, & en collatérale, à défaut de mâles.

Mais il y a certains grands *fiefs* qui sont toujours demeurés masculins, tels que le royaume de France : c'est pourquoi on dit *qu'il ne tombe point en quenouille*.

Les duchés-pairies sont aussi des *fiefs masculins*, à l'exception des duchés qu'on appelle *femelles*, à cause que les femmes y succèdent. *Voyez* DUCHÉ.

Fief médiat, est celui qui forme un arrière-*fief* par rapport au seigneur suzerain. *Voyez* ARRIÈRE-FIEF.

Fief membre de haubert. Voyez FIEF DE HAUBERT.

Fief menu au pays de Liège, est celui qui n'a aucune jurisdiction ; il est opposé au plein *fief. Voyez* PLEIN-FIEF.

Fief de meubles : on donne quelquefois ce nom à un *fief* abonné, c'est-à-dire, celui dont les reliefs ou rachats, quints & requints, & quelquefois l'hommage même, sont changés & convertis en rentes ou redevances annuelles, payables en deniers ou en grains. *Voyez* Loysel, *liv. 1, tit. 1, règle 72*, avec l'observation de M. de Laurière.

Fief militaire, *feudum militare*, *seu francale militare*, signifioit un *fief* qui ne pouvoit être possédé que par des nobles, & non par des roturiers. On l'appelloit *fief militaire*, *fief de chevalier*, *fief de hau-*

bert, parce qu'il obligeoit le vaffal au fervice militaire ; tous les feigneurs de *fiefs* & arrière-*fiefs* font encore fujets à la convocation du ban ou arrière-ban.

Les Anglois appellent *fief militaire*, ce que nous appellons *fief de haubert* ou *de chevalier*, *feudum loricæ*. Ce *fief* oblige en effet le vaffal de rendre le fervice militaire à fon feigneur dominant.

Fiefs de miroir, dans les coutumes de parage, font les *fiefs* ou portions de *fief* des puînés garantis fous l'hommage de l'aîné. Ils ont été ainfi appellés, parce que, dans les coutumes de parage, l'aîné eft, par rapport au feigneur dominant, le feul homme de *fief*, & par rapport aux puînés, une efpèce d'homme vivant & mourant, fur lequel le feigneur féodal fe règle & *mire*, pour ainfi parler, pour régler fes droits feigneuriaux : c'eft auffi de-là que dans le Vexin françois le parage eft appellé *mirouer de fief*. *Voyez* FIEF BOURSAL, & les mots FRÉRAGE, PARAGE.

Fief mort, qui eft oppofé à *fief vif*, eft proprement un fous-acafement & un héritage tenu à rente fèche, non à cens ou rente foncière : c'eft proprement lorfque le *fief* ne porte aucun profit à fon feigneur. *Voyez* la coutume d'Acqs, *tit. 8*, *art. 2, 5, 6, 7 & 8*; & plus bas, *Fief vif*.

Fief mouvant d'un autre, c'eft-à-dire qui en dépend & en relève à charge de foi & hommage, & autres droits & devoirs, felon que cela eft porté par l'acte d'inféodation : c'eft la même chofe que *fief fervant*.

Fief noble, eft entendu de diverfes manières : felon Balde, le *fief noble* eft celui qui anoblit le poffeffeur ; définition qui ne convient plus aux *fiefs* même de dignité, car la poffeffion des *fiefs* n'anoblit plus. Selon Jacob de Delvis, *in prælud. feudor.*, & Jean André, *in addit. ad fpeculator. rubric. de præfcrip.* le *fief noble* eft proprement celui qui eft concédé par le fouverain, comme font les duchés, marquifats & comtés : le *fief* moins noble eft celui qui eft concédé par les ducs, les marquis & les comtes : le médiocrement noble eft celui qui eft concédé par les vaffaux qui relèvent immédiatement des ducs, des marquis & des comtes. Enfin le *fief* moins noble encore, ou, comme s'exprime Laurière, le *fief* non noble eft celui qui eft concédé par ceux qui relèvent de ces derniers vaffaux, c'eft-à-dire, qui eft tenu du fouverain en quart degré & au-deffous.

En Normandie, on appelloit *fief*, ainfi que nous l'avons déjà remarqué, tout héritage ou immeuble qu'on poffède pour foi & fes héritiers, le *fief noble* étoit l'héritage poffédé à charge de foi & hommage & de fervice militaire, & auquel il y avoit court & ufage ; au lieu que s'il étoit poffédé à la charge de payer des tailles, des corvées, & autres vilains fervices, c'étoit un *fief* roturier ou non noble. *Voyez Fief bourgeois*.

Fief de nu à nu : on donne quelquefois ce nom aux *fiefs* qui relèvent nuement & fans moyen du prince.

Fief en nueffe : les coutumes d'Anjou & du Maine fe fervent de cette expreffion pour fignifier le *fief*, dans l'étendue duquel fe trouvent les héritages aufquels le feigneur peut prétendre quelque droit ; car *nueffe* eft l'étendue de la feigneurie féodale ou cenfuelle, dont les chofes font tenues fans moyen & nuement. Suivant la coutume d'Anjou, *art. 10, 12, 13, 29, 61, 221, 351*; & celle du Maine, *art. 9, 11, 13, 34, 236 & 362*, le feigneur qui a juftice foncière en nueffe a le droit de s'approprier les épaves d'abeilles, de faire faire étang en fon *fief*, & de prendre moitié des tréfors trouvés dans fa terre.

Fief oblat. On ne connoît guère cette efpèce qu'en Alface. Son origine remonte à ces temps de troubles & de guerres civiles où chacun s'arrogeoit le droit de fe faire juftice. On voit naître alors, ce que les feudiftes allemands appellent *le droit manuaire*. Les particuliers trop foibles pour fe défendre contre la tyrannie des feigneurs, offroient leurs terres, tantôt au fouverain ; tantôt aux évêques, tantôt aux moines, pour les tenir d'eux à titre de *fiefs oblats*. De droit commun, ces *fiefs* font regardés en Alface comme féminins, c'eft-à-dire, que les filles y fuccèdent, ainfi que leurs defcendans, après l'extinction des mâles : ufage qui n'a point lieu ordinairement dans cette province, à l'égard des *fiefs* régaliens, des *fiefs* nobles, des *fiefs* propres, des *fiefs* anciens, des *fiefs* paternels, des *fiefs* mafculins, des *fiefs* féculiers & eccléfiaftiques. *Voyez* le traité du droit commun des *fiefs* d'Alface, *t. 1, c. 2*.

Fief oublial, eft celui qui eft chargé envers le feigneur dominant d'une redevance annuelle d'oublies ou pains ronds, appellés *pains d'hotelage & oublies, oblitæ quafi oblatæ*, parce que ces oublies doivent être préfentées au feigneur.

Cette charge ne peut guère fe trouver que fur des *fiefs* cottiers ou roturiers, & non fur des *fiefs* nobles. *Voyez* OUBLIAGES.

Fief ouvert, eft celui qui n'eft point rempli, & dont le feigneur dominant n'eft point fervi par faute d'homme, droits & devoirs non faits & non payés.

Le *fief* eft ouvert quand il y a mutation de vaffal, jufqu'à ce que le nouveau poffeffeur ait fait la foi & hommage & payé les droits.

La mort civile du vaffal fait ouverture au *fief*, à moins que le vaffal ne fût un homme vivant & mourant ; donné par des gens de main-morte ; parce que n'étant pas propriétaire du *fief*, il n'y a que fa mort naturelle qui puiffe former une mutation.

Quand le vaffal eft abfent, & qu'on n'a point de fes nouvelles, le *fief* n'eft point ouvert, finon après que l'abfent auroit atteint l'âge de cent ans.

Toute forte d'ouverture du *fief* ne donne pas lieu aux droits feigneuriaux ; les mutations par vente ou autre contrat équipollant produifent des droits de quint ; les fucceffions & les donations en directe ne produifent aucuns droits ; toutes les autres mutations produifent communément un droit
de

de relief. *Voyez* MUTATIONS, QUINT, RACHAT, RELIEF.

Tant que le *fief* est ouvert, le seigneur peut saisir féodalement : pour prévenir cette saisie, ou pour en avoir main-levée lorsqu'elle est faite, il faut couvrir le *fief*, c'est-à-dire faire la foi & hommage, & payer les droits. *Voyez* Fief couvert, & les mots OUVERTURE DE FIEF, SAISIE FÉODALE.

Fief ex pacto & providentiâ, ou *Fief propre*, est celui dont la concession a été faite à un mâle purement & simplement, sans aucune clause qui exprime quel ordre de succéder sera observé entre les héritiers de l'investi, de manière que la succession à ce *fief* est réglée par les loix féodales qui n'admettent que les mâles descendus de l'investi, & jamais les filles : c'est pourquoi on l'appelle aussi *fief masculin*. Il est opposé au *fief* héréditaire, que l'on ne peut recueillir sans être héritier du dernier possesseur, au lieu que le *fief ex pacto*, ou *proprement* dit, peut être recueilli en vertu du titre d'investiture, même en renonçant à la succession du dernier possesseur. *Voyez* Struvius, *syntagm. jurispr. feud. cap. 4, n. 12*, & ci-devant FIEF HÉRÉDITAIRE.

Fief tenu en pairie, est celui dont les hommes ou les possesseurs sont tenus de juger ou d'être jugés à la semonce de leur seigneur, suivant les termes de Bouteiller dans sa *Somme rurale, liv. 1, tit. 3, pag. 13*. *Voyez* l'art. 66 de la coutume de Ponthieu, & *les mots* CONJURE, HOMMES DE FIEFS, PAIRIE, PAIRS.

Il est parlé de ces *fiefs* dans l'article 10 de la coutume de S. Pol, où l'on voit qu'ils doivent dix livres de relief, & qu'ils sont différens des *fiefs* tenus à plein lige. *Voyez* Fief tenu à plein lige.

On doit encore comprendre sous le nom de *fief tenu en pairie*, les grandes terres érigées par le roi en duchés-pairies. Les pairs de France sont les premiers vassaux de la couronne. Suivant Loiseau, ils ont jusqu'à ces derniers temps débattu la prérogative d'honneur contre les princes du sang, « & ils l'avoient, sans doute, lors de » leur institution, lorsque les ducs & les comtes » jouissoient des droits de souveraineté. Témoin » Philippe, duc de Bourgogne, qui au ban- » quet de Charles VI, s'assit, comme pair de France, » au-dessus du duc d'Anjou, son frère aîné ».

Le même auteur prétend que les pairs de la seconde création remontent à Louis-le-Jeune. A l'instar des anciens pairs, ils obtinrent le droit d'assister au couronnement & au sacre du roi, de juger avec lui les différends des vassaux du royaume ; on les qualifie du titre de *pairs*, non pour être égaux à leur seigneur, mais pour être pairs & compagnons entre eux seulement, comme l'explique un arrêt du parlement rendu en 1295, contre le comte de Flandre.

Lorsque les cinq premières pairies laïques furent réunies à la couronne, & que celle de Flandre en

fut absolument détachée, nos rois ne voulant pas laisser perdre *ce beau titre de dignité* (c'est toujours Loiseau qui parle), en créèrent d'autres en leur place, certes en trop grand nombre, aussi bien que de duchés & comtés. Les principales prérogatives des pairs sont, 1°. de précéder tous les grands seigneurs, excepté les princes du sang ; 2°. d'avoir séance & voix délibérative au parlement ; 3°. de ne pouvoir être jugés que par ce tribunal, les chambres assemblées & les autres pairs convoqués ; ce qui toutefois n'a lieu que pour les causes où l'honneur est compromis ; 4°. de relever nuement de la couronne pour la foi & hommage de leur seigneurie ; 5°. de posséder des justices dont les appellations se portent directement au parlement. *Voyez l'article* PAIRIE. *Voyez* aussi pour les autres *fiefs* de dignité, *les articles* DUCHÉ, COMTÉ, MARQUISAT, BARONNIE, CHATELLENIE, &c. Car nous devons nous restreindre ici à parcourir, suivant l'ordre alphabétique, les espèces de *fiefs* dont on ne traitera point dans des articles particuliers.

Fief de paisse, *feudum procurationis* : c'est un *fief* chargé tous les ans d'un ou de plusieurs repas envers une communauté ecclésiastique. *Voyez* Salvaing, *traité de l'usage des fiefs, chap. 74* ; Ducange, *gloss.* verbo *Procuratio*, & GISTE.

Fief parager, dont il est parlé dans la coutume de Normandie, *art. 134 & 135*, est la portion d'un *fief* qui est tenue en parage, c'est-à-dire avec pareil droit que sont tenues les autres portions du même *fief*. *Voyez* PARAGE.

Fief paternel. Voyez *Fief ancien*.

Fief patrimonial, est celui qui est provenu au vassal par succession, donation ou legs de sa famille, à la différence des *fiefs* acquis pendant le mariage ou pendant le veuvage, qui, dans certaines coutumes, sont appellés *fiefs d'acquêts*, & se partagent différemment. *Voyez* la coutume de Hainaut, *chap. 76*, & ce qui est dit ci-devant au mot *Fief d'acquêt*.

Fief perpétuel, est celui qui est concédé au vassal pour en jouir à perpétuité, lui & les siens, & ses ayans cause ; il est opposé au *fief* annal, au *fief* à vie ou autre *fief* temporaire : présentement tous les *fiefs* sont perpétuels, suivant le droit commun. *Voyez* Fief annal, Fief temporaire.

Fief personnel, est celui qui n'a été concédé que pour celui que le seigneur dominant en a investi, & qui ne passe point à ses héritiers. Zasius parle de ces sortes de *fiefs*, *part. 3 de feudis* : il paroît que le *fief personnel* est le même que l'on appelle aussi *fief d'habitation*.

Fief de piété. Voyez *Fief de dévotion*.

Fief plain, ou, comme on l'écrit communément, quoique par erreur, *fief plein*, ou plûtôt *plein fief* : c'est celui qui est mouvant d'un autre directement & sans moyen, à la différence de l'arrière-*fief* qui ne relève que médiatement. *Voyez* les coutumes de Nivernois, *tit. 37, art. 9 & 18* ; Montargis, *ch. 1, art. 44, 45, 67 & 68* ; Orléans, art. 47, 48, 67, 68; Chartres, 65; Dunois, 15 & 21; Bourbonnois, 373, 388; Auxerre, 52, 67, 72; Bar, 21 & 24, & *au procès-verbal* de la coutume de Berri; Melun, 74 & 75; Clermont, 199; Troyes, 45, 190; Laon, 260; Rheims, 222.

Plein fief, en quelques pays, signifie *un grand fief* qui a justice annexée, à la différence du *menu fief*, qui n'est de pareille valeur & n'a aucune jurisdiction. *Voyez* le *style du pays de Liège, chap. 25, art. 21, & le ch. 26.*

Fief de plejure, est celui qui oblige le vassal de se rendre plège & caution de son seigneur dans certains cas : il reste encore des vestiges de ces sortes de *fiefs* dans les coutumes de Normandie, art. 205, & en Dauphiné, suivant la remarque de M. Salvaing, *ch. 73.*

Fief presbytéral. Voyez *Fief épiscopal.*

Fief prin, quasi feudum primum ; c'est le *fief* du seigneur supérieur : il est ainsi appellé dans la coutume de Bayonne.

Fief de procuration, feudum procurationis, étoit un *fief* chargé de quelques repas par chaque année envers le seigneur dominant & sa famille : cette dénomination vient du latin *procurare*, qui signifie *se bien traiter, faire bonne chère. Voyez* Poquet de Livonières, *traité des fiefs, chap. 3*, & ci-devant *Fief de paisse.*

Fiefs de profit, sont ceux qui produisent des droits en cas de mutation des héritages qui en relèvent, au profit du seigneur dominant : ils sont opposés aux *fiefs d'honneur*, pour lesquels il n'est dû que la foi & hommage. Les *fiefs* de Dauphiné sont de danger & de profit. *Voyez* Salvaing, *part. 1, chap. 2 & 3*, & ci-devant *Fief d'honneur.*

Fief propre, s'entend souvent de celui qui a fait souche dans une famille. *Voyez Fief ancien.*

Mais le terme de *fief propre* est aussi quelquefois opposé à *fief impropre* ; de manière que *fief propre* est celui qui a véritablement le caractère de *fief*, qui est tenu noblement, & chargé seulement de la foi & hommage, des droits de quint ou de relief, aux mutations qui y sont sujettes, à la différence du *fief* impropre ou improprement dit, tel que le *fief ex pacto & providentiâ, Fief bourgeois, Fief cottier.*

Fiefs propriétaires, sont ceux que le vassal possède en propriété, & qui sont patrimoniaux, & passent à ses héritiers & ayans cause, à la différence des bénéfices qui n'étoient qu'à temps ou à vie.

Il y avoit de ces *fiefs* dès le temps de la première race de nos rois; mais ils ne devinrent communs que vers la fin de la seconde race ou au commencement de la troisième. *Voyez Fief patrimonial.*

Fief de protection : on donna ce nom à des aleux ou francs-aleux, dont les possesseurs se voyant opprimés par des seigneurs puissans, mettoient leurs aleux sous la protection de quelques grands : dans la suite, ces *fiefs de protection* sont devenus des

fiefs servans de ces grands, & par ce moyen arrière-*fiefs* de la couronne. *Voyez* les *instit. féod.* de Guyot, *ch. 1, n°. 8.*

Fief recevable & non rendable, est celui dans le château ou manoir duquel le vassal est obligé de recevoir son seigneur dominant, lorsque celui-ci juge à propos d'y venir pour sa commodité, de manière néanmoins que le vassal n'est pas obligé de le céder entièrement ni d'en sortir. *Voyez Fief rendable.*

Fief en régale : quelques-uns ont ainsi appellé le *fief* royal ou de dignité, *feudum magnum & quaternatum. Voyez Fief de dignité* & *Fief royal.*

Fief rendable, feudum reddibile, étoit celui que le vassal devoit rendre à son seigneur pour s'en servir dans ses guerres. N. Aubret, dans ses *mémoires manuscrits sur l'histoire de Dombes*, dit que le *fief rendable* devoit être rendu au seigneur supérieur en quelque état qu'il parût, soit avec peu ou beaucoup de troupes ; & en effet la coutume de Bar, *art. 1*, dit que la coutume est telle, que tous les *fiefs* tenus du duc de Bar, en son bailliage dudit Bar, sont *fiefs* de danger rendables à lui en grande & petite force, sous peine de commise. M. Ducange a traité fort au long des *fiefs* jurables & rendables dans sa trentième dissertation sur Joinville. *Voyez Fief jurable.*

Fief de rente : c'est lorsqu'une rente est assignée sur un *fief* avec rétention de foi : il n'y a régulièrement que des rentes foncières non rachetables, que l'on puisse ainsi ériger en *fief*, parce que, suivant le droit présent des *fiefs*, le *fief* est de sa nature perpétuel, encore faut-il qu'il y ait rétention expresse de foi, si ce n'est dans la coutume de Montargis, où la foi, dans ce cas, est censée retenue, ce qui paroît répugner aux principes.

Une rente rachetable, suivant le bail à rente, ne peut être *fief*, parce que le débiteur est le maître de l'amortir, & qu'il ne doit pas dépendre du vassal d'éteindre & abolir le *fief*, ce qui arriveroit néanmoins par le rachat.

Les rentes constituées à prix d'argent ne peuvent pareillement former des *fiefs*, si ce n'est dans les coutumes où le créancier est nanti, & se fait recevoir en foi pour la rente ; telles sont celles qu'en Normandie on appelle *rentes hypothèques* ; en Picardie, *rentes nanties sur le fief du débiteur* ; & que dans la très-ancienne coutume de Paris, on appelloit *rentes par assignat*, lesquelles emportoient aliénation du fonds au *prorata* de la rente. Ces rentes, dit-on, peuvent être tenues en *fief* : le créancier se fait recevoir en foi, comme cela se pratique suivant la coutume de Cambrai, *tit. 1, art. 30 & 38* ; Berri, *tit. des fiefs, art. 5* ; Ribemont, *79* ; Orléans, *art. 5.* Ces sortes de rentes forment un *fief* conditionnel, tant que la rente subsistera : *fief* qui est distinct & séparé de celui du vassal qui s'est chargé de la rente. *Voyez Fief conditionnel.*

Fief de reprise, étoit lorsque le possesseur d'un

héritage allodial & noble le remettoit à un seigneur, non pas simplement pour se mettre sous sa protection, moyennant une somme convenue & quelques autres fonds de terre que ce seigneur lui donnoit, mais lorsque par le même acte le possesseur de l'aleu reprenoit en *fief* cet aleu du seigneur acquéreur, à la charge de la foi & hommage. M. Bruffelles, *tom. I, pag. 126*, en rapporte plusieurs exemples, tirés des *cartulaires* de Champagne, entre autres un acte du mois de janvier 1220, vieux style.

Cet aleu devenoit par ce moyen *fief* servant de ce haut seigneur, & arrière-*fief* de la couronne. *Voyez* Salvaing, *des fiefs, ch. 44.*

Il ne faut pas confondre ces *fiefs de reprife* avec ce que l'on appelle en Bourgogne *reprife de fief*, qui est quand le nouveau vassal fait l'hommage; il reprend son *fief* des mains du seigneur.

Fief restraint. Voyez *Fief abrégé.*

Fief de retour: c'étoit lorsque le prince donnoit quelque terre, château ou seigneurie en *fief* à quelqu'un & à ses descendans mâles, à l'exclusion des femelles, à condition qu'à défaut de mâles, ce *fief* feroit retour, c'est-à-dire, reviendroit de plein droit au prince; ce qui ne se pratiquoit guère qu'aux *fiefs* de haute dignité, comme duchés, comtés & marquisats.

Ceux qui étoient mieux conseillés, pour éviter ce rétour, faisoient insérer dans l'inféodation cette claufe-ci, *& liberis suis five succefforibus in infinitum quibufcumque utriufque fexus*, comme il fut fait en l'érection du comté du Pont-de-Vaux; ou bien ils se faisoient quitter du droit de rétour par un contrat particulier pour récompense de service, ou moyennant quelque finance, ainsi qu'il fut fait en l'érection de la terre de Mirebel en marquisat.

Depuis que les *fiefs* font devenus patrimoniaux & héréditaires, on ne connoît plus guère de *fiefs de retour*, si ce n'est les apanages, lesquels, à défaut d'hoirs mâles, font reverfibles à la couronne; car les duchés-pairies, dans le même cas, ne font plus reverfibles; le titre de duché-pairie est feulement éteint. *Voyez* APANAGE, DUCHÉ & PAIRIE.

Fief de retraite participoit de la nature du *fief* lige; mais il y avoit cela de particulier, que le prince qui faisoit une femblable inféodation ou concession, fe réfervoit la liberté & le pouvoir, en cas de guerre ou de néceffité, de fe fervir du château qu'il avoit donné en *fief*, lequel le vaffal étoit tenu de lui rendre à fa première demande: c'est pourquoi, dans les anciens titres, ce *fief* s'appelloit *feudum reddibile*. Le fire de Thoire & de Villars inféoda, fous cette condition, la feigneurie de Mirigna en Bugei à Pierre de Chatard damoiffeau: cela fe pratiquoit auffi au comté de Bourgogne par Jean dit *le Sage*, comte de Bourgogne & feigneur de Salins, lequel donna à Jean fon fecond fils, furnommé *de Châlons*, fon château de Montgeffon en Comté, *in feudum ligium & cafamentum jurabile & reddibile*; & quand le feudataire

ne vouloit point s'affujettir à cela, on en faifoit une réferve expreffe, comme on voit dans l'hommage que le dauphin de Viennois fit à l'archévêque de Lyon au mois de janvier 1230, des châteaux d'Annonai & d'Argental: il y est dit que le dauphin a pris ces terres *in feudum francum fine redditione.*

Fief revanchable, égalable, échéant & levant, est ainsi appellé, parce que tous ceux qui le poffèdent en général, & chacun d'eux en particulier, font de la même condition, & également astreints aux mêmes devoirs & preftations envers leur feigneur. D'Argentré, fur l'article 277 de l'ancienne coutume de Bretagne, en parlant de ces *fiefs*, leur donne ces qualifications, & dit qu'ils font ainsi appellés dans la province.

Il s'exprime ainsi en parlant d'eux: *ubi realiter, & in fubjectum feudum jus imponitur univerfaliter, univerfas ejus partes afficit & fingulas, & probata etiam fingularium vaffalorum præftationes, & detentorum fingularium prædiorum jus univerfale confervant, adverfus alios, non ut diverfos, fed ut ejufdem corporis partes.... feuda.... quæ fic appellare folemus, talia funt, quia omnes & finguli talium partium detentores, uni & eidem legi & conditioni feudi, per omnes partes & individuè fubjiciuntur.*

Fief de revenu. Voyez *Fief en argent.*

Fief-rière, est la même chose qu'*arrière-fief*: il est ainsi nommé dans l'ancienne affiette de Bourgogne, & en la dernière coutume du duché.

Fief roturier. Voyez *Fief bourgeois.*

Fief royal, est celui qui a été concédé par le roi avec titre de dignité, comme font les principautés, duchés, marquifats, comtés, baronnies: ces fortes de *fiefs* donnent tous le titre de *chevalier* à celui qui en poffède un de cette efpèce. *Voyez* Loyfeau, en fon *traité des offices*; Cowel, *lib. 2, inftit. tit. 2, §. 7.*

Fief rural. Voyez *Fief bourgeois.*

Fief de fergenterie, est un office de fergenterie tenu en *fief*. Voyez HUISSIER FIEFFÉ, SERGENTERIE FIEFFÉE.

Fief fervant, est celui qui relève d'un autre *fief* qu'on appelle *fief dominant*, lequel est lui-même *fief fervant* à l'égard du *fief* fuzerain; il est ainsi appellé à caufe des fervices & devoirs qu'il doit au feigneur dominant.

Le *fief fervant*, quant aux profits, est régi par la coutume du lieu où il est affis; & quant à l'honneur du fervice, par la coutume du lieu du *fief* dominant. Voyez ci-devant *Fief dominant.*

Fief fervi, est celui dont le poffeffeur a acquitté les droits & devoirs qui étoient dus au feigneur dominant. Quand le *fief* est ouvert, il n'est pas fervi; ou bien on dit que le feigneur n'est pas fervi de fon *fief*. Voyez *Fief ouvert.*

Fief fimple, est celui qui n'a aucun titre de dignité. *Voyez* ci-devant *Fief de dignité.*

Le terme de *fief fimple* est auffi oppofé à *fief lige.* Voyez ci-devant *Fief lige.*

F I E

En quelques pays, comme en Dauphiné, on entendoit par *fief simple*, celui qui étoit *fine mero & mixto imperio*, c'est-à-dire qui n'avoit ni la haute, ni la moyenne justice, mais seulement la justice foncière, qui n'attribuoit au seigneur d'un tel *fief* d'autre droit que celui de connoître des différends mus pour raison des fonds qui en relevoient. Cette jurisdiction étoit fort limitée, car tous les hommes liges du dauphin pouvoient appeller à sa cour des jugemens rendus par d'autres seigneurs, quand ils ne vouloient pas y acquiescer. Il y a même un article du statut delphinal, qui restraint encore davantage la jurisdiction attachée à ces *fiefs simples*, ne leur attribuant la connoissance des causes dont on a parlé, qu'au cas exprimé par ces paroles, *quod querelantes de & super ipsis rebus velint ad eos recurrere.* Voyez l'*hist. de Dauphiné*, par Valbonay, *discours 2*, *p. 5.*

Fief à simple hommage lige, dans la coutume de Cambrai, est un *fief* lige qui est simplement chargé de l'hommage, sans aucun autre droit ou devoir seigneurial.

Fief de sodoyer ou *de solde*, est dit dans les assises de Jérusalem, lorsqu'on donnoit à un noble, à titre de *fief*, une certaine provision alimentaire & annuelle, qui n'étoit pas néanmoins assignée sur la chambre ou trésor, ni sur les impositions publiques : ce *fief* étoit viager. Zazius en fait mention, *part. 12 de feudis*, §. 32.

Fief solide ou *entier*, *solidum*, dans les constitutions de Catalogne, est la même chose que *fief* lige : dans d'autres coutumes il a une autre signification. Voyez *Fief entier.*

Fief subalterne, *subfeudum*, *retrofeudum*, est celui qui est d'un ordre inférieur aux *fiefs* émanés directement du souverain : c'est la même chose qu'*arrière-fief.* Voyez ARRIÈRE-FIEF.

Fief supérieur, est celui dont un autre relève médiatement ou immédiatement. Voyez ci-devant *Fief dominant*, & *Fief suzerain* au mot SUZERAIN.

Fief taillé, *talliatum*, en terme de Pratique, est un héritage concédé à titre de *fief*, avec de certaines limitations & conditions, car le terme *talliare* signifie *fixer une certaine quantité*, *limiter*. Cela arriveroit, par exemple, si le *fief* n'étoit donné que pour le possesseur actuel, & ses enfans nés & à naître en légitime mariage ; tellement que le vassal venant à mourir sans enfans, le *fief* retourneroit au seigneur dominant.

Le *fief taillé* paroît différent du *fief* restraint & abrégé, qui est ordinairement sujet à certaines charges censuelles. Voyez ci-devant *Fief abrégé.*

Fief temporaire, est celui dont la concession n'est pas faite à perpétuité, mais seulement pour un certain temps fini ou indéfini : tels étoient autrefois les *fiefs* concédés à vie ou pour un certain nombre de générations. On peut mettre aussi dans cette même classe les aliénations & engagemens du domaine du roi & des droits domaniaux, lesquels, quoique faits comme toutes les concessions

ordinaires de *fief*, à la charge de la foi & hommage, ne forment qu'un *fief temporaire*, tant qu'il plaira au roi de le laisser subsister, c'est-à-dire, jusqu'au rachat que le roi en fera. Tels sont aussi les *fiefs* de rentes créées sur des *fiefs*, & pour lesquelles le créancier se fait recevoir en foi. Ce sont des *fiefs* créés conditionnellement, tant que la rente subsistera, tant que le vassal ne remboursera pas, & qui s'éteignent totalement par le remboursement.

Les *fiefs temporaires* aliénés ou engagés par le roi, ne sont même pas de vrais *fiefs* ; le vrai *fief*, la véritable seigneurie demeure toujours au roi, nonobstant l'engagement, à tel titre qu'il soit fait : car, à parler exactement, l'engagiste n'a pas le *fief*. Lorsque le roi exerce le rachat, ces *fiefs* s'évanouissent ; tous les droits qu'avoit l'engagiste sont effacés ; ses héritiers ne peuvent retenir aucune des prérogatives de leur auteur, quelque longue qu'ait été sa possession, parce que ces engagemens ou ces rentes n'étoient que des *fiefs* conditionnels, créés pour un lieu tant que le roi ne racheteroit pas. Le droit de ces *fiefs* conditionnels est moindre en cela que celui des vrais *fiefs temporaires* qui avoient un temps limité, pendant lequel on ne pouvoit évincer le vassal.

Fief tenu à plein lige, paroît être celui qui doit le service de *fief* lige en plein, à la différence des *fiefs* demi-lige, dont il a été parlé ci-devant, qui ne doivent que la moitié de ce service. Il est fait mention de ces *fiefs tenus à plein lige*, dans la coutume de Saint-Pol, *art. 10*, où l'on voit qu'ils doivent 60 sols parisis de relief, 30 sols parisis de chambellage, & pareille aide, quand le cas y échet. Ces *fiefs* sont différens des *fiefs* tenus en rente.

Fief tenu en quart degré du roi, est celui qui a été concédé par un arrière-vassal du roi ; de manière qu'entre le roi & le possesseur de ce *fief* il se trouve trois seigneurs, c'est-à-dire trois degrés de seigneuries, c'est pourquoi on compte que ce *fief* forme un quatrième degré par rapport au roi qui est le premier seigneur.

Philippe-le-Long, par son ordonnance de l'an 1320, ayant taxé le premier les roturiers pour les *fiefs* qu'ils possédoient, exempta de cette taxe les roturiers qui possédoient des *fiefs tenus en quart degré* de lui. Ils ne payoient encore aucune finance pour ces *fiefs* du temps de Bouteiller, qui vivoit en 1402, suivant que le remarque cet auteur dans sa *Somme rurale*, *liv. 2*, *tit. 1*. Mais depuis, nos rois ont jugé à propos, pour les nécessités de l'état & le bien public, de faire payer indistinctement finance aux roturiers, pour tous les *fiefs* qu'ils possèdent. Ils ont aussi été dispensés, par cette raison, de payer finance à tous les seigneurs suzerains, en remontant de degré en degré jusqu'au roi, comme cela se pratiquoit aux quatorzième & quinzième siècles, ainsi que nous l'apprenons des anciennes coutumes de Berri, *art. 28*, où il est dit : « que là où aucune personne non noble acquiert de noble, telle personne acquérant ne peut tenir l'acquêt, si elle ne fait finance au feigneur de *fief*, & auffi de feigneur en feigneur jufqu'au roi ».

Fiefs terriaux ou *terriens*, font ceux qui confiftent en fonds de terre ; ils font oppofés aux *fiefs* de revenu, qui ne confiftent qu'en rentes ou penfion.

Fief en tierce-foi, ou *tombé en tierce-foi*. Dans les coutumes d'Anjou & Maine, les roturiers partagent également les *fiefs*, jufqu'à ce qu'ils foient tombés en tierce-foi. Par exemple, un roturier acquiert un *fief*, il fait la foi ; fon fils lui fuccède, il fait auffi la foi ; fes petits-fils lui fuccèdent, voilà le *fief tombé en tierce-foi* ; & alors il fe partage noblement, quoiqu'entre roturiers. *Voyez la coutume d'Anjou*, art. 255 & 256 ; *Maine*, 274 & 275.

Fief vaffalique, eft celui qui eft fujet au fervice ordinaire de vaffal.

Fiefs qui fe gouvernent fuivant la coutume du Vexin françois, font ceux qui, par le titre d'inféodation, fe règlent pour les profits des *fiefs* dus aux mutations, fuivant les ufages du Vexin françois : ce ne font pas feulement ceux fitués dans le Vexin, mais tous ceux qui doivent en fuivre les ufages ; car il n'y a point de coutume particulière pour le Vexin ; & ce que l'on entend ici par le terme de *coutume*, n'eft qu'un ufage, fuivant lequel il n'eft jamais dû de quint ni requint que pour les *fiefs* qui fe régiffent par cette coutume du Vexin ; mais auffi il eft dû relief à toute mutation.

La coutume de Paris qui fait mention de ces *fiefs*, art. 3, ne dit pas quels font ceux de fon territoire qui fe gouvernent fuivant cet ufage du Vexin françois : il paroît, fuivant ce que dit l'auteur du grand coutumier, que ce font les *fiefs* du pays de Goneffe ; mais cela dépend des titres & des aveux.

Brodeau, fur l'article 3 de la coutume de Paris, n. 14, *à la fin*, cite une ordonnance du mois de mai de l'an 1235, faite à Saint-Germain-en-Laye, du confentement du roi S. Louis, pour les chevaliers du Vexin françois, touchant les droits de relief, qui porte : que le feigneur féodal aura la moitié des fruits pour une année, tant des terres labourables que des vignes ; pour les étangs, qu'il percevra la cinquième partie du revenu qu'ils rendent en cinq années ; & que pour les bois & forêts, il aura le revenu d'une année, en eftimant ce qu'ils peuvent rendre durant fept années ; & il rapporte une ordonnance intitulée *vulcaffinum gallicum*, tirée du regiftre 26 du tréfor de la chambre des comptes, *fol. 291 & 344*, qui eft conforme à ce qui vient d'être dit.

Fief à vie, eft celui qui n'eft concédé que pour la vie de celui qui en eft invefti. Dans l'origine tous les *fiefs* n'étoient qu'à vie ; ils devinrent enfuite héréditaires. Il y a auffi des *fiefs* temporaires différens des *fiefs à vie*. *Voyez ci-devant Fief temporaire*.

Fief vif, eft celui qui produit des droits au feigneur, en cas de mutation ; il eft oppofé au *fief mort*, ou héritage tenu à rente fèche.

Fief vif fe dit auffi quelquefois pour *rente foncière*, comme dans la coutume d'Acqs, *tit. 8, art. 2, 6, 8, 11 & 19*. On entend auffi quelquefois par-là que le poffeffeur de ce *fief* eft obligé d'y entretenir un feu vif, c'eft-à-dire d'y faire une continuelle réfidence.

Fief vilain, eft celui qui, outre la foi & hommage, eft encore chargé par chacun an de quelque redevance en argent, grain, volaille, ou autre efpèce.

Il eft ainfi appellé, parce que ces redevances dues outre la foi & hommage, font par leur nature fervice de vilain ou roturier.

Fief volant, eft celui dont les mouvances font éparfes en différens endroits ; il eft oppofé au *fief continu*, qui a un territoire circonfcrit & limité. *Voyez Fief en l'air*.

Fief vrai, eft dit, en certaines occafions, pour *fief actuellement exiftant* ; il eft oppofé au *fief futur*, qui ne doit fe réalifer que dans un temps à venir. Cette diftinction fe trouve marquée dans le droit féodal des Saxons, *chap. 29, §. 12*.

FIEFFAL, adj. ce mot formé de *fief*, fe dit de tout ce qui concerne le feigneur féodal. La coutume de Normandie appelle *jurifdiction fieffale*, le droit qui appartient au feigneur de connoître des différends mus contre ceux qui font demeurans dans fon *fief*, & de faire droit fur les plaintes qui appartiennent à fon *fief*.

FIEFFE, f. f. ce mot pris fubftantivement dans l'article 31 de la coutume de Normandie, fignifie *bail à rente*. Elle appelle *première fieffe*, le titre primordial d'un pareil bail. *Voyez FIEF-FERME*.

FIEFFÉ, adj. fe dit de tout ce qui eft tenu en fief. Un homme *fieffé* eft celui qui tient un héritage en foi & hommage : un domaine *fieffé* eft également l'héritage tenu en foi : officier *fieffé* fe difoit anciennement de celui qui poffédoit un office à titre d'inféodation.

Sous le commencement de la troifième race de nos rois, on donna en fief non-feulement les terres, mais même les offices. Il paroît par les mémoires hiftoriques du temps, que les grands offices de la couronne étoient tenus en fief & hommage. L'ordonnance de Charles VI, de 1382, dite *l'ordonnance des Maillotins*, qu'on trouve au regiftre E de la chambre des comptes, *fol. 64*, fait mention de ces offices *fieffés*, & nommément de ceux de connétable, de chambrier, de pannetier & de bouteiller.

Dans la fuite on donna en fief prefque tous les offices, même jufqu'aux fergenteries. Quoique cet ufage foit aboli, il y a encore néanmoins quelques huiffiers qui ont confervé le titre d'*huiffiers fieffés* : tels font les quatre fergens ou huiffiers *fieffés* du châtelet de Paris, qui font du nombre des huiffiers-prifeurs, & quelques huiffiers des chambres des comptes & des bureaux des finances, qui prennent encore la même qualité.

A Poitiers & ailleurs, on appelloit *tailleur fieffé* ;

l'officier qui tenoit en fief du roi l'autorité & le pouvoir de tailler les monnoies de France.

La coutume de Lorraine appelle *pairs fieffés*, les hommes de fief. Celle de Hainaut donne le nom d'*héritiers fieffés* ou *fiefvés*, aux vaffaux propriétaires de fief, dont ils ont été adhérités, c'eft-à-dire faifis & vêtus par le feigneur féodal. Dans celle de Normandie, un héritage *fieffé* fignifie quelquefois un héritage donné à rente ; & c'eft dans ce fens qu'il eft pris dans l'article 452 ; ce qui vient de ce qu'anciennement en Normandie & en Angleterre on appelloit indiftinctement *fiefs*, tous les héritages nobles ou roturiers, & que pour les diftinguer, on donnoit aux uns le nom de *fief noble*, & aux autres celui de *non noble* ou *roturier*. Voyez *Fief bourgeois*, *Fief noble*.

FIERTE, f. f. terme ufité en Normandie : il vient du latin *feretrum*, qui fignifie *cercueil*, *châsse* : on ne s'en fert que pour défigner la châffe de S. Romain, archevêque de Rouen.

Le chapitre de la cathédrale qui poffède cette châffe, jouit du privilège de délivrer & abfoudre un criminel & fes complices, à la fête de l'afcenfion, en le faifant paffer fous la *fierte*; ce qui s'appelle *lever la fierte*.

Les crimes de lèfe-majefté, d'hauréfie, de fauffe monnoie, de viol, d'affaffinat de guet-à-pens, ne font pas fiertables, felon le langage du pays, c'eft-à-dire, qu'ils ne font pas fufceptibles du privilège de la *fierte*, & que ceux qui les ont commis ne peuvent obtenir leur grace par ce moyen.

Le privilège de la *fierte* s'accorde en cette forme : le jour de l'afcenfion, le chapitre, fur les dix heures du matin, choifit parmi les prifonniers détenus pour crime, celui qu'il juge à propos ; le parlement s'affemble enfuite, & juge s'il eft digne du privilège ; & d'après l'arrêt qui intervient, il eft délivré fur les quatre heures après-midi du même jour.

Cependant pour jouir entièrement du privilège de la *fierte*, il faut que le criminel, en vertu d'une déclaration de Henri IV du 25 janvier 1597, enregiftrée au parlement de Rouen, le 23 avril fuivant, obtienne des lettres d'abolition, fcellées du grand fceau, parce qu'il n'y a que le fouverain feul qui puiffe faire grace à un criminel.

FIGURATIF & FIGURÉ, adj. fe difent, enterme de palais, de tout ce qui repréfente la figure d'une chofe. On appelle *plan figuratif*, celui qui repréfente la fituation & les dimenfions d'une maifon, d'une terre, d'un pré, d'une vigne ou autre héritage. On appelle *copie figurée*, la copie d'un acte exactement femblable à l'original. *Voyez* COPIE, PLAN.

FILET, f. m. (*Eaux & forêts.*) on appelle de ce nom les engins avec lefquels les pêcheurs prennent le poiffon dans les rivières, & les braconniers le gibier, parce que ces engins font communément compofés de brins de fil treffés & noués enfemble. Les *filets* des chaffeurs détruifent une très-grande

quantité de gibier, & c'eft par cette raifon que l'ordonnance de 1669, *tit. 30, art. 12*, veut que tous tendeurs de lacs, tiraffes, tonnelles, traîneaux, bricoles de cordes & de fil d'archal, pièces & pans de rets, colliers, halliers de fil ou de foie, foient, pour la première fois, condamnés en trente livres d'amende, & à la peine du fouet ; & pour la feconde au fouet, au flétriffement, & au banniffement pour cinq ans de l'étendue de la maîtrife.

Cette difpofition de l'ordonnance eft conforme aux anciennes, qui ont défendu à toutes perfonnes de prendre du gibier, & de tendre à aucunes bêtes avec cordes, lacs, filets & autres harnois. Une ordonnance de 1318 avoit ftatué, qu'il feroit crié par toutes les châtellenies, aux jours de marché, par trois huitaines, que tous ceux qui ont panneaux à connils ou lièvres, les apporteront au châtel du reffort, pour être brûlés à jour de marché, & faute de ce faire, qu'ils feront condamnés en foixante livres d'amende.

Si l'ordonnance de 1669 prononce, pour la première fois, la peine du fouet contre les tendeurs de lacets ; la raifon en eft que ce font ordinairement des fainéans & des gens fans reffource, qui ne craignent pas la condamnation à l'amende, dont leur pauvreté les met à l'abri.

L'avidité des pêcheurs occafionneroit bientôt le dépeuplement des rivières, fi la même ordonnance ne leur avoit enjoint de fe fervir de *filets* dont les mailles fuffent de la grandeur prefcrite par les anciennes inftructions fur le fait des eaux & forêts, inférées fans date dans les ordonnances, qui font diftinction de deux fortes de moules, fur lefquels les engins de pêcheries, faits de fil, doivent être treffés, l'un de la largeur d'une monnoie, que l'on nommoit du temps de S. Louis, *gros-tournois*, l'autre de la largeur d'un *parifis*.

La maille du premier de ces *filets* eft de douze lignes en quarré, & on s'en fert depuis pâques jufqu'au premier octobre : la maille du fecond, dont on peut fe fervir depuis la S. Remi jufqu'à pâques, eft de neuf lignes.

Le titre 30 de l'ordonnance de 1669 défend, *art. 10*, à tous pêcheurs de fe fervir d'aucuns engins ou harnois, prohibés par les anciennes ordonnances ; & en outre de ceux appellés grilles, tramail, furet, épervier, chaflon & fabre, dont elles ne font pas mention, & généralement de tous ceux qui pourroient être inventés au dépeuplement des rivières, à peine de cent livres d'amende pour la première fois, & de punition corporelle pour la feconde.

Pour obvier à toutes les fraudes qui pourroient fe commettre à cet égard, l'article 13 ordonne qu'il y ait en chaque maîtrife un coin, fur lequel fera gravé l'écuffon des armes du roi, & autour le nom de la maîtrife, dont on fe fervira pour fceller en plomb les harnois & engins des pêcheurs, qui ne peuvent s'en fervir qu'après que le fceau y a été appofé, à peine de confifcation & de vingt livres d'amende.

Les officiers des maîtrifes doivent faire faifir, par leurs fergens à garde, les engins & *filets* défendus, les faire brûler à l'iffue de leur audience, au-devant de la porte de leur auditoire, & condamner les pêcheurs, fur lefquels ils ont été faifis, aux peines prononcées par l'article 10 ci-deffus cité, fans les pouvoir modérer, à peine de fufpenfion de leurs charges pour un an.

FILIATION, f. f. *en terme de Pratique*, c'eft la defcendance du fils ou de la fille, à l'égard du père & des aïeux.

La maxime de droit, en matière de *filiation*, eft que, *pater eft quem nuptiæ demonftrant*; mais cela ne s'entend que de la *filiation* légitime qui procède du mariage, & il peut auffi y avoir une *filiation* naturelle qui eft celle des enfans procréés hors le mariage.

L'ordonnance de 1667, *tit.* 20, *art.* 7, veut que les preuves de la *filiation*, de l'âge & du mariage, foient reçues par des regiftres en bonne forme, qui, depuis cette époque, font feuls la preuve légale en cette matière.

L'article 9 ordonne que dans les regiftres de baptêmes, il fera fait mention du jour de la naiffance de l'enfant, du nom qu'on lui a donné, du nom de fes père & mère, parrain & marraine.

Il eft ordonné par l'article fuivant, que les baptêmes feront écrits auffi-tôt qu'ils auront été faits, & fignés par le père, s'il eft préfent, & par les parrains & marraines, & que fi aucuns ne favent figner, ils le déclareront, étant de ce interpellés par le curé ou vicaire, dont il fera fait mention.

Si les regiftres des baptêmes font perdus, ou qu'il n'y en ait jamais eu, l'article 14 porte que la preuve en fera reçue, tant par titre que par témoins, & qu'en l'un & l'autre cas, les baptêmes & mariages pourront être juftifiés, tant par les regiftres ou papiers domeftiques des père & mère décédés, que par témoins, fauf à la partie de vérifier le contraire.

Il y a encore des cas où l'on eft obligé d'avoir recours à d'autres preuves qu'aux regiftres de baptêmes, & où la preuve, même teftimoniale, eft admife: c'eft lorfque l'enfant n'a pas été baptifé ni ondoyé, ou qu'il n'a pas été porté fur les regiftres, ou que l'enfant y a été déclaré fous des noms fuppofés.

L'éducation donnée à un enfant n'eft pas feule une preuve de *filiation*; mais la poffeffion d'être traité comme enfant, eft une preuve affez forte, & fuffit pour faire adjuger à l'enfant une provifion alimentaire, jufqu'à ce que le contraire foit prouvé. *Voyez* ENFANT, ÉTAT, MARIAGE, &c.

FILS, f. m. FILLE, f. f. (*Droit naturel & civil.*) termes de parenté qui fe difent fuivant la différence du fexe, de ceux qui naiffent de la conjonction de l'homme & de la femme, & qui marquent le rapport de ceux-ci à leur père & mère,

La relation du *fils* au père entraîne des devoirs qu'il doit néceffairement remplir, & que nous avons détaillés fous le mot ENFANT. Nous croyons faire plaifir à nos lecteurs, de leur en préfenter un tableau laconique, tracé d'un ftyle oriental, par l'auteur du *Bramine infpiré*, imprimé à Londres en 1755.

Mon *fils*, dit ce bramine, apprends à obéir; l'obéiffance eft un bonheur; fois modefte, on craindra de te faire rougir; reconnoiffant, la réconnoiffance attire le bienfait; humain, tu recueilleras l'amour des hommes; jufte, on t'eftimera; fincère, tu feras crû; fobre, la fobriété écarte la maladie; prudent, la fortune te fuivra.

Cours au défert, mon *fils*, obferve la cicogne; qu'elle parle à ton cœur; elle porte fur fes aîles fon père âgé; elle lui cherche un afyle; elle fournit à fes befoins.

La piété d'un enfant pour fon père eft plus douce que l'encens de Perfe offert au foleil; plus délicieufe que les odeurs qu'un vent chaud fait exhaler des plaines aromatiques de l'Arabie.

Ton père t'a donné la vie; écoute ce qu'il dit; car il le dit pour ton bien; prête l'oreille à fes inftructions, car c'eft l'amour qui les dicte.

Tu fus l'unique objet de fes foins & de fa tendreffe; il ne s'eft courbé fous le travail que pour t'applanir le chemin de la vie; honore donc fon âge, & fais refpecter fes cheveux blancs.

Songe de combien de fecours ton enfance a eu befoin; dans combien d'écarts t'a précipité le feu de ta jeuneffe; tu compatiras à fes infirmités; tu lui tendras la main dans le déclin de fes jours; ainfi fa tête chauve entrera en paix dans le tombeau; ainfi tes enfans à leur tour marcheront fur les mêmes pas à ton égard.

FILS, (*beau-*) terme d'affinité. Le beau-fils eft le fils du mari ou de la femme, forti du premier mariage de l'un ou de l'autre, qu'on appelle *beau-fils* vis-à-vis l'homme ou la femme, avec lequel fon père ou fa mère ont contracté un fecond mariage. Nous difions autrefois *fillâtre*, pour exprimer cette relation, & nous avons eu tort d'appauvrir notre langue de ce terme expreffif.

Il me rappelle, dit M. le chevalier de Jaucourt dans la première édition de l'Encyclopédie, que des interprètes d'Horace fuppofant, que l'on ne dit en latin *privignus* ou *privigna*, que d'un enfant du premier lit, *fils* ou *fille* dont le père ou la mère ont paffé à de fecondes noces, vis-à-vis celui ou celle qu'ils ont époufé, accufent ce poëte latin d'un pléonafme ridicule dans fes deux vers de l'*Ode XXIV*, *liv. III*, où eft l'éloge des anciens Scythes.

Illíc matre carentibus
Privignis mulier temperat innocens.

Mais les critiques dont je veux parler, n'ont pas pris garde que, fuivant les loix romaines, il pouvoit y avoir des *privigni* dont le père ou la mère étoient encore en vie: ce qui arrivoit dans le cas du divorce ; cas où le mari s'étant séparé de sa femme, comme la loi le lui permettoit, & ayant épousé une seconde femme, les enfans du premier mariage ayant cédé Livie à Augufte, Drufus fut *privignus* à étoient *privigni* à l'égard de la seconde femme, quoique leur mère fût vivante. Ainsi, Tibère Néron Augufte.

Cette remarque est de M. Aubert dans Richelet, & elle lève une difficulté que la seule science de la langue latine ne peut résoudre sans la connoissance des loix romaines. M. Dacier, admirateur d'Horace, soutient, à la vérité, que *privignis* & *matre carentibus*, sont deux expressions différentes qui ne disent point la même chose ; mais il n'explique pas en quoi & comment ces deux expressions différent, & c'est précisément ce qu'il falloit prouver aux censeurs pour leur fermer la bouche.

Fils de famille, en pays de droit écrit, se dit de tout enfant ou petit-enfant, qui est en la puissance de son père ou de son aïeul paternel. On se sert, dans la même acception, des termes, *fille de famille*, & *enfans de famille*.

Tout ce que nous pourrions dire sur les *fils de famille*, se trouve sous plusieurs mots de ce Dictionnaire, auxquels nous renvoyons. On doit consulter les articles ENFANT, ÉMANCIPATION, MARIAGE, PÉCULE, PUISSANCE PATERNELLE, TESTAMENT, &c.

FIMPORT, f. m. suivant la très-ancienne coutume de Bretagne, étoit, dit M. de Laurière, une forme de procéder, qui obligeoit le demandeur à faire venir & joindre au procès tous ceux qui pouvoient prétendre droit, intérêt ou portion en la même action qu'il intentoit, & jusqu'à ce le défendeur n'étoit tenu de répondre & de défendre. Cette forme, dont il étoit parlé dans l'article 133 de l'ancienne coutume, a été ôtée lors de la réformation, en 1575, de l'article 146 de la nouvelle.

FIN, f. f. dans le style judiciaire, signifie en général, *but* & *objet*.

On dit *fin civile*, lorsque la procédure est dirigée au civil ; & on se sert de ce terme lorsque dans un procès criminel on demande que les parties soient reçues en procès ordinaire ; ce qui s'exprime communément en disant que les parties seront renvoyées à *fins civiles*.

Fins & conclusions, sont des termes synonymes, qui signifient *l'objet* d'une demande.

On emploie l'expression de *fin de nullité*, pour signifier une demande tendante à faire déclarer nulle quelque procédure ou autre acte.

On se sert au palais de l'expression de *fins de non payer*, pour signifier les moyens par lesquels un débiteur cherche à éluder le paiement de ce qu'il doit.

Les *fins de non procéder*, sont des moyens de forme à la faveur desquels on soutient que l'on doit être dispensé d'aller en avant sur une demande, jus-

qu'à ce qu'il ait été statué sur ces *fins* ou conclusions ; telles sont les exceptions dilatoires, les exceptions déclinatoires, les moyens de nullité, & autres exceptions péremptoires qui se tirent de la forme & non du fond de la contestation.

Les *fins de non procéder* doivent être proposées avant d'avoir contesté au fond, autrement on n'y est plus recevable, excepté lorsqu'il s'agit d'un déclinatoire fondé sur l'incompétence du juge, *ratione materiæ*: comme quand une matière temporelle est portée devant un juge d'église ; car une incompétence de cette espèce, qui est une *fin de non procéder*, peut être proposée en tout état de cause.

L'ordonnance de 1667, *tit. 6 des fins de non procéder*, *art. 3*, veut que ces sortes de causes soient jugées sommairement à l'audience, sans pouvoir les appointer : il y a néanmoins quelquefois des cas où les juges sont obligés de le faire, comme lorsque la décision d'un déclinatoire dépend des faits, & qu'il y a des enquêtes & des titres à examiner.

Une *fin de non recevoir* se dit de toute exception péremptoire au moyen de laquelle on est dispensé d'entrer dans la discussion du fond.

Les *fins de non-recevoir* se tirent 1°. de la forme ; par exemple, lorsqu'une femme forme une demande sans être autorisée de son mari, ou un mineur sans être assisté de son tuteur ou curateur.

2°. Il y en a qui se tirent du défaut de qualité ; comme quand on oppose au demandeur qu'il n'est point héritier de celui dont il réclame les droits.

3°. Du laps de temps, savoir quand il y a quelque prescription acquise.

Aux termes de l'*article 5 du tit. 5 de l'ordonnance de 1667*, les *fins de non-recevoir* doivent être employées dans les défenses, pour y être préalablement fait droit. *(A)*

FINAGE, f. m. (*terme de Coutume.*) celles de Melun, Sens, Troyes, Chaumont, Vitry, Châlons, se servent de ce mot pour signifier non-seulement les limites d'un territoire, mais encore tout le ban & territoire d'une justice & seigneurie, ou d'une paroisse. Le mot *finage* a été ainsi appelé de deux mots latins, *fines agrorum, vel territorii*.

FINAISON, f. f. la coutume du Grand-Perche, *art. 61*, se sert de cette expression dans cette espèce de proverbe, *quand argent faut, finaison nulle*; ce qui signifie que quand le vassal ne paie pas au terme accordé, ce qu'il avoit promis à son seigneur pour le rachat de son fief, le seigneur peut jouir du fief, s'il l'avoit fait saisir par faute de droits payés, ou le faire saisir alors & en jouir.

FINANCE, f. f. Nous ne plaçons ici ce mot, que pour avoir occasion d'avertir, qu'en terme de pratique, on appelle un arrêt *rendu en finance*, celui qui a été rendu au conseil des finances, que les arrêts rendus dans les différens départemens du conseil du roi, ne servent jamais de règle sur-tout ce qui dépend de la régie & administration des finances ; & qu'on peut toujours se pourvoir au
conseil

conseil royal des finances en opposition à ces arrêts.

FINITO, terme latin, usité dans la pratique du palais & des notaires, pour exprimer l'arrêté ou l'état final d'un compte.

FISC, f. m. du latin *fiscus*, se prend en général pour le domaine du prince, ou pour celui de quelque seigneur particulier. Mais on applique plus particuliérement ce mot, au trésor du prince, ou de l'état. On s'en sert aussi pour désigner les officiers, chargés de la conservation des droits du *fisc*.

Il a été ainsi appellé du latin *fiscus*, qui dans l'origine signifie *un panier d'osier*, parce que du temps des Romains on se servoit de semblables paniers pour mettre l'argent.

Dans les temps de la république il n'y avoit qu'un seul *fisc*, le trésor public ; mais, sous les empereurs, on distingua le trésor & domaine particulier de l'empereur de celui de l'état ; l'on donna le nom de *fisc* au trésor des empereurs, pour le distinguer du trésor public, qu'on appelloit *ærarium*. Le trésor public étoit destiné pour l'entretien de l'état ; au lieu que le *fisc* du prince étoit destiné pour son entretien particulier & celui de sa maison. Mais cette distinction cessa d'avoir lieu sous les empereurs Antonin & Caracalla, & l'on confondit le *fisc* particulier des princes avec le trésor public.

On dit *attribuer une chose au fisc*, lorsqu'on la confisque au profit du trésor public ; ce qui est une peine qui a lieu en certains cas.

Cicéron, dans son oraison *pro domo suâ*, observe que dans l'âge d'or de la république, le *fisc* ou trésor public n'étoit point augmenté par la confiscation ; cette peine étoit alors inconnue.

Ce ne fut que dans le temps de la tyrannie de Sylla que fut faite la loi *Cornelia, de proscript.* qui déclara les biens des proscrits acquis au profit du *fisc*.

La confiscation avoit lieu du temps des empereurs, mais tous ne faisoient pas usage de ce droit ; c'est pourquoi Pline, dans le panégyrique qu'il a fait de Trajan, le loue principalement de ce que sous son règne la cause du *fisc* ne prévaloit point ordinairement : *qua præcipua tua gloria est*, dit-il, *sæpiùs vincitur fiscus, cujus mala causa nunquam est nisi sub bono principe.*

L'empereur Constantin, par une loi du mois de février 320, défendit de faire souffrir à ceux qui seroient redevables au *fisc*, ni les prisons ordinaires, qui ne sont, dit-il, que pour les criminels ; ni les fouets & autres supplices, inventés, dit-il, par l'insolence des juges, & qui étoient néanmoins ordinaires en ce temps-là pour la simple question : il voulut qu'on ne tînt seulement arrêtés en des lieux où on eût la liberté de les voir. Cette loi est bien opposée à ce que prétend Zozime, que quand il falloit payer les impôts à Constantin, on ne voyoit par-tout que fouets & que tortures ; à moins que l'on ne dise que cela se pratiquoit ainsi de son règne avant cette loi.

Par une autre loi de la même année, concernant les femmes qui se remarient dans l'année du deuil, il ordonna que les choses dont il les privoit iroient à leurs héritiers naturels, & non au *fisc*, à moins qu'elles ne manquassent d'héritiers jusqu'au dixième degré : « ce que nous ordonnons, dit-il, afin que l'on ne puisse pas nous accuser de faire pour nous » enrichir, ce que nous ne faisons que pour l'intérêt » public, & pour corriger les désordres ».

Il ne voulut pas non plus profiter des choses naufragées, *quod enim jus habet fiscus in aliená calamitate, ut de re tam luctuosâ compendium sectetur. L. 1, cod. de naufragiis.*

Les empereurs Antonin-le-Pieux, Marc-Antonin, Adrien, Valentin & Théodose-le-grand, se relâchèrent aussi beaucoup des droits du *fisc* par rapport aux confiscations ; & Justinien abolit entièrement ce droit. *Voyez* ce qui a été dit à ce sujet *au mot* CONFISCATION.

Le *fisc* jouissoit chez les Romains de plusieurs droits & privilèges. Il pouvoit revendiquer la succession qui étoit déniée à celui qui avoit argué mal-à-propos le testament de faux. Il étoit aussi préféré au fidéi-commissaire, lorsque le testateur avoit subi quelque condamnation capitale. Il avoit la faculté de poursuivre les débiteurs de ses débiteurs, lorsque le principal débiteur avoit manqué. On lui accordoit la préférence sur les villes, dans la discussion des biens de leur débiteur commun, à moins que le prince n'en eût ordonné autrement.

Il avoit pareillement la préférence sur tous les créanciers chirographaires, & même sur un créancier hypothécaire du débiteur commun, dans les biens que le débiteur avoit acquis depuis l'obligation par lui contractée au profit de ce particulier, encore que celui-ci eût l'hypothèque générale : le *fisc* étoit même en droit de répéter ce qui avoit été payé par son débiteur à un créancier particulier.

Il étoit aussi préféré aux donataires, & à la dot même qui étoit constituée depuis l'obligation contractée avec lui.

S'il avoit été mal jugé contre le *fisc*, la restitution en entier lui étoit accordée contre le jugement.

Lorsque quelque chose avoit été aliénée en fraude & à son préjudice, il pouvoit faire révoquer l'aliénation.

Il y avoit encore diverses causes pour lesquelles il pouvoit revendiquer les biens des particuliers ; savoir ceux qui avoient été acquis par quelque voie criminelle ; après la mort du coupable, les fidéi-commis tacites, qui étoient prohibés ; l'hérédité qui étoit refusée à l'héritier, pour cause d'indignité ; les biens de ceux qui s'étoient procuré la mort, pourvu que le crime fût constant ; les biens des ôtages & prisonniers décédés ; & dans ceux du débiteur qui étoit mort insolvable, ce qui restoit après que les créanciers étoient payés ; les biens vacans, pourvu qu'il les réclamât dans les quatre années ; la dot de la femme qui avoit été tuee, & dont le mari n'avoit pas vengé la mort ; les fruits perçus pendant l'accuſation de faux, lorſque le demandeur ſuccomboit ; les libertés qui avoient été accordées en fraude du *fiſc*.

Lorſqu'on trouvoit un tréſor dans quelque fonds du *fiſc*, ou public, ou religieux, il en appartenoit la moitié au *fiſc* ; & ſi l'inventeur tenoit le fait caché, & que cela vînt enſuite à être connu, il étoit obligé de rendre au *fiſc* tout le tréſor, & encore autant du ſien.

Le *fiſc* ſuccédoit aux hérétiques, lorſqu'il n'y avoit point de parens orthodoxes ; à ceux qui étoient reconnus pour ennemis publics ; à ceux qui contractoient des mariages prohibés, lorſqu'il ne ſe trouvoit ni père & mère ou autres aſcendans, ni enfans ou petits-enfans, ni frères & ſœurs, oncles ou tantes. Il ſuccédoit pareillement à celui qui étoit relégué, même dans les biens acquis depuis l'exil. La ſucceſſion *ab inteſtat* de celui qui avoit été condamné pour délit militaire, lui appartenoit auſſi, de même que celle du furieux, à laquelle les proches avoient renoncé. Enfin il ſuccédoit au défaut du mari, & généralement de tous les autres héritiers généraux ou particuliers.

Mais il y avoit cela de remarquable par rapport aux ſucceſſions qu'il recueilloit en certains cas, à l'excluſion des héritiers, qu'il étoit obligé de doter les filles de celui auquel il ſuccédoit.

Il y auroit encore bien d'autres choſes à remarquer ſur ce qui s'obſervoit chez les Romains à l'égard du *fiſc* ; mais le détail en ſeroit trop long en cet endroit.

En France, il n'y a qu'un ſeul *fiſc* public, qui eſt celui du prince ; tout ce qui eſt acquis au *fiſc* lui appartient, ou à ceux qui ſont à ſes droits, tels que les fermiers, qui, dans certains cas, profitent des confiſcations.

Les ſeigneurs féodaux & juſticiers ont auſſi droit de *fiſc*, ſi l'on entend par ce terme le droit de s'appliquer, en certains cas, la confiſcation des meubles ou immeubles de quelqu'un. Auſſi, quoique quelques auteurs aient avancé que le roi a ſeul droit de *fiſc*, ceci ne doit s'entendre que des lieux dont il a la ſeigneurie immédiate.

En effet, un fief eſt confiſqué par droit de commiſe au profit au ſeigneur féodal, quoiqu'il ne ſoit pas ſeigneur juſticier.

Le ſeigneur qui a droit de juſtice, a non-ſeulement les confiſcations par droit de commiſe, mais ſes juges peuvent prononcer d'autres confiſcations & des amendes applicables à ſon *fiſc* particulier.

L'égliſe, conſidérée comme corps politique, n'a point de *fiſc*, comme les ſeigneurs, quoiqu'elle exerce une juriſdiction contentieuſe. C'eſt pourquoi le juge d'égliſe ne peut condamner à l'amende, ſi ce n'eſt pour employer en œuvres pieuſes.

Les principes que nous ſuivons par rapport au *fiſc*, dans le ſens de *domaine* & de *tréſor public*, ſont la plupart tirés du droit romain : on tient pour première maxime, que ſes droits ſont inaliénables & impreſcriptibles.

Il eſt toujours réputé ſolvable, & n'eſt jamais tenu de donner caution, même dans les cas où les particuliers les plus ſolvables y ſont obligés. La raiſon de cette juriſprudence eſt fondée ſur ce que tout particulier peut devenir inſolvable, & que le *fiſc* a toujours dans les deniers publics, les fonds néceſſaires pour acquitter ſes charges.

Il eſt exempt de toutes contributions ; il eſt préféré à tout particulier, pour l'achat des métaux néceſſaires au ſervice de l'état, ſoit pour les monnoies, ſoit pour l'artillerie ; il a une hypothèque tacite ſur les biens de ceux qui contractent avec lui.

La péremption n'a point lieu contre lui ; ſes cauſes ſont revues ſur pièces nouvelles. On reçoit des ſur-enchères aux adjudications des biens du *fiſc* ; il n'eſt point garant des défauts des choſes qu'il vend ; il eſt déchargé des dettes des biens qu'il met hors de ſa poſſeſſion, & les créanciers ne peuvent s'adreſſer qu'à l'acquéreur : on ne doit pas néanmoins le favoriſer dans les choſes douteuſes. Toutes les ſûretés qu'on eſt dans l'uſage de prendre dans les contrats, ſont cenſées priſes par le *fiſc*, lorſqu'il contracte. En fait de ſucceſſion, il ne vient qu'au défaut de tous ceux qui peuvent avoir quelque droit aux biens, conformément à la maxime, *fiſcus poſt omnes*.

Fiſc ſignifie quelquefois, dans les anciens auteurs, *fief* ou *bénéfice*, parce que, dans la première inſtitution des fiefs, les princes donnoient à leurs fidèles ou ſujets, de leurs terres fiſcales ou patrimoniales à titre de bénéfice, pour en jouir ſeulement leur vie durant ; & comme ces terres n'étoient point entièrement aliénées, elles étoient toujours regardées comme étant du domaine du ſeigneur : c'eſt pourquoi elles retenoient le nom de *fiſca*. *Voyez* le *Gloſſ.* de Ducange, *au mot* Fiſcus. (*A*)

FISCAL, adj. ſe dit de ce qui appartient au *fiſc*, ſoit du prince, ou de quelque ſeigneur particulier.

On dit d'un juge qu'il eſt *fiſcal*, lorſqu'il eſt trop porté pour l'intérêt du *fiſc*.

On appelle *avocat* & *procureur fiſcal*, l'avocat & le procureur d'office d'un ſeigneur juſticier, parce qu'ils ſont prépoſés pour ſoutenir les droits de ſon *fiſc*.

Les terres *fiſcales* ſont celles qui dépendent du *fiſc* ou domaine du prince. *Voyez* FISC, AVOCAT FISCAL & PROCUREUR FISCAL. (*A*)

FISCALIN, adj. pris auſſi ſubſt. *fiſcalinus ſeu fiſcalis*, ſe dit de ce qui appartient au *fiſc* : on dit néanmoins plus communément *fiſcal*.

Le terme de *fiſcalin* étoit principalement employé pour exprimer ceux qui étoient chargés de l'exploitation du domaine du prince, & qui y étoient comme attachés. Il étoit ſouvent ſynonyme de *fermier* ou *receveur du fiſc*.

On appelloit aussi *fiscalins* les fiefs qui étoient du fisc du roi ou de quelque autre seigneur.

On donnoit aussi anciennement le nom de *fiscalins, seu tenentes*, à ceux que l'on a depuis appellés *vassaux*. *Voyez le gloss. saxon*, qui est à la tête des loix de Henri I; la *loi salique* & celle des *Lombards*; les *capitulaires*, Aymoin, *& le gloss. de* Ducange. (*A*)

FIVATIER, s. m. (*terme de Coutume.*) c'est ainsi que les coutumes de Solle, de Labourd & de Béarn appellent les tenanciers & sujets du seigneur cavier, auquel ils doivent cens, rentes & autres devoirs, & sur lesquels il a basse jurisdiction.

F L

FLAGELLATION, s. f. (*Code criminel.*) *Voyez* FOUET.

FLAGRANT DÉLIT, s. m. (*Code criminel.*) on donne ce nom au crime qui est commis publiquement, & dont le coupable a été vu par plusieurs témoins dans le temps qu'il le consommoit.

Un accusé est pris en *flagrant délit* lorsqu'il est arrêté en volant, ou avec les effets volés dans le lieu même où il a été commis; s'il s'agit d'un meurtre, lorsqu'il est pris dans l'action même sur le lieu, ou ayant l'épée à la main, teinte de sang. Suivant l'article 4 du titre 6 de l'ordonnance de 1670, le juge doit, dans les informations qui se font en *flagrant délit*, entendre sur le champ les témoins qui étoient présens lorsque le délit a été commis. L'ordonnance, dans ce cas, pour accélérer l'opération du juge, dispense de les faire assigner.

Le juge peut faire emprisonner sur le champ l'accusé qui est arrêté en *flagrant délit*; les archers, huissiers & sergens sont obligés d'exécuter dans ce cas les ordres que le juge leur donne verbalement; & s'ils refusent de lui obéir, le juge peut dresser un procès-verbal de leur refus, & les faire condamner à des peines proportionnées aux circonstances qui ont accompagné ce refus & aux suites qu'il a pu avoir.

Lorsque le juge fait arrêter un coupable pris en *flagrant délit*, il doit en dresser son procès-verbal. Si le coupable a été arrêté à la clameur publique & en *flagrant délit*, le juge doit ordonner qu'il sera arrêté & écroué.

Par l'article 4 du titre 2 de l'ordonnance de 1670, il est enjoint aux prévôts des maréchaux d'arrêter les criminels pris en *flagrant délit* ou à la clameur publique.

C'est un principe fondé sur plusieurs loix, que les commissaires au châtelet de Paris peuvent informer d'office dans le cas de *flagrant délit*, & qu'ils peuvent interroger pour la première fois les accusés. Ces droits leur sont attribués par l'édit du mois de mai 1583, l'ordonnance de 1670; l'édit

d'octobre 1693, & ils y ont été confirmés par différens arrêts de 1546, 1547 & 1602.

Les commissaires du châtelet de Paris peuvent aussi faire la levée des cadavres, & faire arrêter les coupables pris en *flagrant délit*. Si un coupable s'est refugié dans une maison indiquée, les commissaires ont le droit de faire perquisition dans cette maison; mais hors le cas de *flagrant délit*, ils ne peuvent se transporter dans les maisons des particuliers pour y recevoir des dépositions & déclarations, sans en avoir été requis par les parties ou sans une ordonnance précise du juge qui les y autorise. Cela a été ainsi jugé par arrêt du 9 juillet 1712, qu'on trouve dans le journal des audiences.

L'article 16 de l'ordonnance de 1670 porte que si les coupables d'un cas royal ou prévôtal sont pris en *flagrant délit*, le juge des lieux pourra informer, décréter contre eux & les interroger, à la charge d'en avertir incessamment les baillis & sénéchaux, ou leurs lieutenans-criminels, par acte signifié à leur greffe. Lorsque les juges des lieux ont rempli cette formalité, les lieutenans-criminels sont tenus d'envoyer chercher le procès & les accusés.

Le refus de leur donner le procès & les accusés doit être puni, suivant la disposition de l'ordonnance de 1670, par l'interdiction du juge des lieux, & par 300 livres d'amende tant contre le juge que contre le greffier & le geolier. (*Cet article est de M. DESESSARTS, avocat au parlement, membre de plusieurs académies.*)

FLANDRE, (*Droit public.*) province considérable des Pays-Bas, dont la souveraineté est partagée entre le roi de France, la maison d'Autriche, & la république de Hollande.

On trouvera dans le *Dictionnaire écon. diplom. polit.* ce qui concerne les révolutions que cette province a essuyées, l'époque & les clauses de la réunion d'une partie à la couronne de France. Nous nous bornerons à ce qui concerne son administration civile & ecclésiastique : nous nous servirons principalement de l'article de M. Merlin, avocat au parlement de Flandre, inséré dans le *Répertoire universel & raisonné de Jurisprudence.*

La *Flandre* est un pays d'états. On remarque même que les habitans des villes qui la composent ont formé bien plutôt qu'en France un troisième ordre dans le gouvernement & l'administration. En 1072, plusieurs villes fatiguées des excès de la comtesse Richilde, mère & tutrice d'Arnoud III, s'unirent à une partie de la noblesse pour déférer la dignité de comte à Robert-le-Frison, oncle du pupille, & en 1073, il fut tenu une assemblée à Gand, où plusieurs prélats, nobles & députés des villes lui prêtèrent serment de fidélité. Ce fut aussi dans une assemblée des trois ordres, qu'en 1077 le prince s'associa au gouvernement Robert de Jérusalem, son fils, après l'avoir fait reconnoître pour son héritier. Le roi Louis VI, suzerain de la *Flandre*, en convoqua lui-même les états à Arras en 1112,

& ce fut dans cette affemblée qu'il donna à Baudouin VII l'inveftiture de cette province.

Dans ces temps anciens, la conftitution de la *Flandre*, par rapport aux états, ne différoit point de celle des autres provinces : mais elle a depuis éprouvé des révolutions fingulières.

Le quatorzième fiècle vit la populace de Gand, de Bruges, d'Ypres & de Courtrai, fe foulever contre le comte Louis II, dit *de Crécy*, attenter à fa perfonne, le mettre deux fois aux fers, exterminer la nobleffe en haine de fon attachement pour fon prince légitime, &, fous la conduite du fameux Artevelle, changer, en 1343, la conftitution de la *Flandre*, par l'établiffement des trois *membres* de Gand, de Bruges & Ypres, qui furent révêtus de toute l'autorité. Les comtes de *Flandre*, pour rentrer dans leur domaine, furent obligés de laiffer fubfifter cette nouvelle forme d'adminiftration, & même le Franc de Bruge fut établi pour quatrième *membre* en 1436, par Philippe-le-Bon, duc de Bourgogne. Depuis ce temps, le gouvernement de la *Flandre* flamande a toujours réfidé dans les collèges des magiftrats : ce font eux feuls qui accordent les fubfides, fans appeller les eccléfiaftiques ni les nobles.

Cette forme d'adminiftration pour ce qui concerne la *Flandre* autrichienne, a été changée par une ordonnance de l'impératrice-reine, du 5 juillet 1754. Mais quant à la *Flandre* françoife, compofée de Lille, Douai & Orchies, il faut diftinguer les villes d'avec le plat-pays ou les châtellenies.

L'adminiftration des villes eft confiée aux officiers municipaux ; les eccléfiaftiques n'y ont aucune part, & les nobles n'y font admis que lorfqu'ils fe trouvent agrégés au corps municipal.

A l'égard des châtellenies, on voit par des titres de 1421, 1450, 1467, 1471, 1490, & par une foule d'autres puifés dans les fiècles poftérieurs, que la direction en a toujours appartenu aux quatre hauts-jufticiers les plus confidérables de la province, qui font les feigneurs de Phalempin, de Cifoing, de Wavrin & de Commines.

Ces quatre feigneurs n'étoient pas les feuls hauts-jufticiers de la *Flandre* françoife ; ils n'avoient même aucune fupériorité fur les autres dans l'ordre féodal ; ils étoient leurs pairs : mais, dans l'ordre du crédit & de la confidération, ils l'emportoient fur eux. Le feigneur de Phalempin étoit capitaine du château de Lille, office qui avoit été inféodé & uni à fa terre : il prenoit la qualité de châtelain de Lille : perfonne n'approchoit plus des anciens comtes de *Flandre*, dont Lille étoit le féjour de prédilection. Le feigneur de Cifoing étoit par fon fief le premier *béer* ou baron de *Flandre*, qualité dont il jouit encore & qui eft reconnue même dans les Pays-Bas autrichiens. Le feigneur de Wavrin étoit fénéchal de *Flandre* : celui de Commines étoit châtelain de la Motte-aux-Bois.

Cette obfervation fupplée au filence que l'hif-

toire a gardé fur le motif du pouvoir exclufif que l'on a attribué à ces quatre feigneurs. Quoiqu'on ne fache pas pofitivement pourquoi ils ont été choifis préférablement aux autres, ni comment ceux-ci ont donné leur confentement à cette préférence, il eft probable qu'elle a été l'ouvrage & des fouverains & des trois ordres : en effet, elle ne pouvoit qu'être agréable aux premiers, & utile aux uns & aux autres. Les affemblées moins nombreufes font communément plus propres aux délibérations, & comme ces quatre feigneurs devoient connoître mieux que d'autres les befoins généraux de l'état & les befoins particuliers de leur province, ils étoient auffi plus à portée de concilier & de ménager ces deux intérêts refpectifs toujours dépendans l'un de l'autre.

Ces feigneurs ne pouvant pas réfider exactement, foit à caufe de leurs emplois militaires, foit à raifon de leur dignité perfonnelle & de leurs offices qui les attachoient à la cour du comte de *Flandre*, fe font fait repréfenter dans l'adminiftration par leurs baillis, & ce font ceux-ci qui, depuis un temps immémorial, repréfentent dans le gouvernement des châtellenies, le roi, feigneur actuel de Phalempin ; M. le prince de Soubife, premier baron de *Flandre*, à caufe de fa terre de Cifoing ; M. le comte d'Egmont, feigneur de Wavrin, & M. le duc d'Orléans, feigneur de Commines.

Ces quatre baillis, toujours choifis dans l'ordre de la nobleffe, joints aux officiers municipaux des villes de Lille, Douai & Orchies, forment ce qu'on appelle l'état ou gouvernement de la province. On les appelle auffi *les états*, prenant le magiftrat de Lille pour un membre, celui de Douai pour un fecond, celui d'Orchies pour un troifième, & les baillis pour un autre membre.

Obfervez cependant que les corps municipaux n'interviennent dans les délibérations des baillis que lorfqu'il s'agit d'accorder une aide générale. Car quand le roi ne demande une aide qu'à une ville, il ne lui faut que le confentement du corps municipal de cette ville ; s'il en demande une aux trois villes, il faut le confentement des trois corps municipaux : fi c'eft aux châtellenies, alors ce font les baillis qui l'accordent.

On entend par-là fous quel rapport & en quel fens on doit dire que la *Flandre* françoife eft un pays d'états. Elle l'eft effentiellement de même que la *Flandre* autrichienne, en ce que les membres qui la gouvernent intérieurement, ont le droit de délibérer fur les aides qui leur font demandées. Mais ces membres ne font point, comme dans les autres provinces, les trois états du clergé, de la nobleffe & du peuple. Ce font les quatre états ou adminiftrations particulières de Lille, de Douai, d'Orchies, & des châtellenies, ce qu'on appelle en général *l'état de la province*, prenant le mot *état* pour *gouvernement*.

La preuve de ce que nous venons d'avancer réfulte des titres les plus authentiques & des monumens les plus folemnels. Pour éviter un détail auffi ennuyeux qu'inutile, nous nous bornerons à quelques-uns des plus récens.

La capitulation de 1667, qui a été revêtue de lettres-patentes, & enregiftrée au parlement de *Flandre* le 2 mai 1669, contient fur cette matière plufieurs articles importans. Le cinquième porte : « que » le peuple, manans & habitans de ladite ville de » Lille & châtellenie, feront régis, gouvernés & » adminiftrés par les états, avec ceux de Douai » & Orchies; ladite ville de Lille faifant un mem- » bre, celle de Douai un fecond, celle d'Orchies » un troifième, & les châtellenies un autre mem- » bre, en la même forme & manière qu'ils ont » été paravant le fiège, & lorfqu'ils étoient fous » l'obéiffance de fa majefté catholique, avec ob- » fervance de leurs droits, ufages, privilèges ».

L'article 8 déclare « qu'il ne fera mis aucune im- » pofition ou capitation fur ledit pays & habitans, » que par convention & confentement defdits états, » en la manière accoutumée, & comme on en » a ufé jufqu'à préfent ».

Par l'article 10, il eft arrêté « que l'affemblée » defdits députés & officiers fe continuera avec le » même nombre de perfonnes qui s'eft fait juf- » qu'à préfent, fans en adjoindre d'autres, ni les » diminuer ».

L'article 7 o n'eft pas moins remarquable. « Quant » aux châtellenies de Lille, Douai & Orchies, » repréfentées par les quatre feigneurs hauts-jufti- » ciers d'icelles, ou leurs baillis, elles demeure- » ront en tous les droits dont elles ont joui juf- » qu'à préfent, & ne s'y pourront mettre aucunes » impofitions, telles qu'elles fuffent, non plus la » gabelle du fel, qu'autres, fous quel prétexte que » ce puiffe être, fans la convocation & confen- » tement exprès defdits feigneurs, ou leurs baillis, » en la forme & manière toujours pratiquées ».

Les eccléfiaftiques & les nobles de la *Flandre* françoife, qui, dans les quatorzième & quinzième fiècles, avoient reconnu n'avoir aucune part à l'adminiftration de la province; n'ont rien négligé dans la fuite pour ôter aux quatre baillis & aux magiftrats des trois principales villes, le pouvoir exclufif qu'ils avoient depuis fi long-temps en cette matière. Pour fe faire un moyen à cet égard, ils avoient depuis long-temps inféré dans l'acte de confentement à la partie des contributions qu'ils accordoient, qu'ils donnoient tel nombre de ving-tièmes *pour le foulagement du tiers-état*, ou *des roturiers*, ou *de l'état roturier*, termes qu'ils avoient fubftitués à l'ancienne claufe, par laquelle il étoit dit : *pour le foulagement des états*, ou *de l'état*, ou *de la province*.

La divifion éclata en 1694; les eccléfiaftiques & les nobles fe pourvurent au confeil, & demandèrent qu'il plût au roi de les maintenir dans le droit d'être convoqués aux affemblées générales & annuelles, pour y jouir tant en corps que par leurs députés, ainfi que dans les affemblées parti-

culières, de tous les droits & honneurs qui leur appartenoient; ordonner que la demande de l'aide fe feroit à l'avenir aux trois ordres réunis dans l'affemblée annuelle; faire défenfes aux baillis & aux magiftrats de confentir à la levée d'aucune aide fans leur concours & confentement, &c.

Cette conteftation a été définitivement terminée par un arrêt du confeil, du 17 janvier 1767, qui a ordonné, « que la capitulation du 27 août 1667, » & les lettres-patentes données fur icelles le 11 » avril 1669.... feront exécutées felon leur forme » & teneur; qu'en conféquence les quatre baillis » des quatre feigneurs hauts-jufticiers des châtel- » lenies, & les magiftrats des trois villes de Lille, » Douai & Orchies, feront, conformément à la- » dite capitulation & à ce qui s'eft pratiqué de » tous temps, maintenus & gardés dans le droit » & poffeffion d'adminiftrer feuls & fans l'inter- » vention du clergé & de la nobleffe, les affaires » des villes & châtellenies de Lille, Douai & » Orchies, tant en matière d'aides & fubfides, qu'au- » tres, fous le titre & qualification de repréfen- » tans les états des villes & châtellenies; fauf au » clergé & à la nobleffe à ne pouvoir être im- » pofés que de leur confentement, en la manière » accoutumée, pour les feuls biens qu'ils feront » valoir par leurs mains, & à affifter par leurs dé- » putés appellés à cet effet, à tous les comptes » des impofitions auxquelles ils auront contribué. » Veut au furplus fa majefté que, dans les actes » de confentement qu'ils donneront pour leur con- » tribution perfonnelle, ils foient tenus d'expri- » mer qu'ils contribuent pour le foulagement de » la province, & non pour le tiers-état, état ro- » turier, ou état taillable; & pour donner plus de » publicité à la forme dans laquelle les comptes » feront arrêtés, veut & entend fa majefté qu'à » l'avenir il foit procédé en la manière accoutu- » mée, à l'audition & à l'arrêté defdits comptes, » pardevant le fieur intendant & commiffaire dé- » parti en *Flandre* & Artois, conjointement avec » deux officiers du bureau des finances de Lille, » qui feront commis à cet effet par fa majefté, » pour tenir lieu des deux officiers de la chambre » des comptes de Lille, qui y étoient ancienne- » ment appellés ».

Pour entendre les difpofitions de cet arrêt, concernant la contribution des eccléfiaftiques & des nobles, & la forme du confentement qu'ils doivent y donner, il faut avoir une idée exacte de toutes les opérations qui fe font, au fujet des fubfides, dans les corps refpectifs. Cette explication doit trouver ici fa place.

Lorfque le roi juge à propos de demander une aide à la partie de la *Flandre* foumife à fa domination, il fait adreffer une lettre-de-cachet aux *gens des états de Lille, Douai & Orchies*.

Outre cette lettre de cachet qui s'adreffe au corps, & qui ne fe préfente que quand l'affemblée eft formée, chacun des baillis, & les magiftrats des trois villes , en reçoivent une particulière pour se rendre à l'assemblée.

Au jour indiqué pour la tenue des états, les quatre baillis, le magistrat de Lille & les députés de ceux de Douai & d'Orchies, se réunissent en une salle de l'hôtel-de-ville, que l'on appelle *contrat échevinal*. Les commissaires du roi , qui sont ordinairement le gouverneur général & l'intendant de la province , se rendent à l'assemblée , & y font, au nom de sa majesté, la demande du subside. Le conseiller des états répond par un discours , dont le résultat est que les états délibéreront incessamment sur la demande, & qu'ils auront l'honneur de faire part de la délibération à MM. les commissaires.

Pour donner à chacun des membres de l'assemblée tout le temps de la réflexion , on remet la séance au lendemain , & c'est à cette seconde séance que se consomme la délibération , & que les députés choisis entre les quatre membres des états en rendent compte aux commissaires.

Par cette délibération, l'aide est consentie, mais la répartition ne s'en pourroit faire sur les ecclésiastiques & nobles sans leur consentement. C'est ce qui résulte non-seulement de l'arrêt du 17 janvier 1767 , mais encore des lettres-patentes du duc de Bourgogne, du 14 avril 1429 , & même de la coutume de la châtellenie de Lille , *titre 29 , art. 1.*

Pour donner ce consentement , les ecclésiastiques & les nobles , sur une lettre écrite à chacun d'eux par le premier commissaire du roi, s'assemblent , le troisième jour de la tenue des états, dans une salle de l'hôtel-de-ville, & les commissaires s'y étant rendus, leur déclarent que le jour précédent les états ont accordé au roi l'aide qui leur avoit été demandée, mais qu'ils n'ont fait cet effort que dans l'espérance d'y voir contribuer pour quelque partie MM. du clergé & de la noblesse, à raison des biens qu'ils font valoir eux-mêmes.

Après ce discours, les commissaires remettent à l'assemblée un mémoire dressé par les états, contenant les motifs qui doivent déterminer les ecclésiastiques & les nobles à contribuer. Ils se retirent ensuite pour laisser à ceux-ci la liberté de délibérer : lorsque la délibération est arrêtée, on envoie quatre députés aux états assemblés dans le conclave échevinal pour leur en faire part. Ces députés sont deux ecclésiastiques & deux gentils-hommes, & des deux ecclésiastiques l'un est toujours abbé. Quand ils se sont fait annoncer, le *rewart*, ou chef du corps municipal de Lille, va les recevoir & les introduit. L'abbé, qui porte la parole, explique le nombre de vingtièmes que le clergé & la noblesse offrent de fournir pour le recouvrement de l'aide, après quoi ils se retirent ; les baillis & magistrats délibèrent de suite sur l'acceptation de ces offres, & lorsque la délibération est arrêtée , le rewart va de nouveau prendre les députés qui se mettent en place, & le conseiller-pensionnaire leur déclare que les états acceptent la cotisation du

clergé &. de la noblesse. Il y a même des exemples que les offres ont été augmentées sur les observations des états.

La *Flandre* a été érigée en gouvernement par des lettres-patentes du 4 juillet 1676 , enregistrées au parlement de *Flandre* le 27 octobre de la même année. La ville de Dunkerque, qui avoit formé long-temps un gouvernement à part, y a été réunie par une ordonnance du 12 novembre 1728.

Cette province a été enveloppée dans l'assujettissement général aux droits de contrôle , d'insinuation , de petit scel & de centième denier ; mais elle s'en est libérée par des réunions & des abonnemens faits & renouvellés en différens temps ; & quoique tous les arrangemens de cette espèce aient été révoqués par une déclaration du 29 septembre 1722, ils ne laissent pas d'avoir été renouvellés depuis. Il y a eu à ce sujet des lettres-patentes du 18 octobre 1726 , enregistrées au parlement de Douai le 21 novembre suivant. Cette loi néanmoins ordonne l'exécution de tous les réglemens faits pour prévenir les abus & contraventions qui pourroient avoir lieu en passant dans une province les actes qu'on doit passer dans une autre.

Les aides & subsides qui se lèvent en *Flandre* sur les fonds, s'imposent par vingtièmes. *Voyez* à ce sujet le *mot* TAILLE.

Les droits qui se perçoivent dans la même province sur les boissons , le tabac & autres denrées, ont fait la matière de plusieurs réglemens qu'il seroit trop long de parcourir ici. On peut les voir dans le recueil des édits, déclarations & arrêts du conseil, intervenus pour le parlement de *Flandre*, imprimés à Douai en 1730.

On a vu plus haut par l'article 70 de la capitulation de Lille, que la *Flandre* est rentrée sous la domination de ses anciens maîtres, avec la condition de n'être jamais assujettie à la gabelle sans le consentement des états. Un arrêt du conseil du 23 mars 1720 lui a confirmé ce privilège , & a pris en même temps plusieurs précautions pour empêcher les abus & les fraudes que pourroit faciliter le voisinage des pays sujets à cet impôt. On trouvera les éclaircissemens nécessaires à cet égard dans le *Dictionnaire des finances*.

Malgré l'exemption de la gabelle , on y connoît néanmoins certaines impositions sur le sel. Un arrêt du conseil du 28 juillet 1719 avoit ordonné qu'il seroit perçu dix livres & quatre sols pour livre sur chaque razière de sel entrant par les ports de Dunkerque , Boulogne & Estaples , pour la consommation des provinces de *Flandre*, Artois, Hainaut, Cambresis & Boulonnois ; mais ce droit a été supprimé en faveur de l'Artois, par arrêt du 29 février 1720 ; il l'a été également en faveur des quatre autres provinces, par l'arrêt cité du 23 mars de la même année, qui y a substitué un droit de trente sols par razière du poids de marc de 250 livres.

La levée des droits de francs-fiefs & d'amortis

ſement avoit été ordonnée dans toute l'étendue de la *Flandre*, par arrêt du conſeil du premier juin 1680; mais les états ayant adreſſé des repréſentations au roi, le conſeil les a renvoyés devant M. le Pelletier de Souzy, intendant de cette province, pour y déduire leurs moyens : en conſéquence ils ont produit leurs titres, & par l'examen que ce magiſtrat en a fait, il eſt réſulté que le droit de franc-fief n'avoit jamais été levé dans aucune partie de la *Flandre* ; qu'il ne s'en trouvoit ni preuve, ni préſomption, ſoit dans les placards des anciens ſouverains, ſoit dans les inſtructions des commiſſaires établis en différens temps pour le recouvrement de ce droit, ſoit dans les comptes rendus par les receveurs depuis l'année 1396 ; qu'à la vérité il ſe trouvoit à la chambre des comptes de Lille une chartre de l'an 1294, par laquelle on voit que la comteſſe Marguerite avoit défendu à tous clercs, bourgeois & roturiers, d'acquérir aucun fief dans le comté de *Flandre* ; qu'il avoit été fait une recherche des acquiſitions faites au préjudice de ſes défenſes; que le comte Guy remet aux officiers municipaux l'amende qu'ils pourroient devoir pour cela, & qu'il ordonne de contraindre les autres débiteurs au paiement ; que l'on pouvoit inférer de là que le droit de franc-fief n'étoit point inuſité dans la *Flandre*, mais que, comme on ne juſtifioit pas que cette recherche eût eu aucune ſuite, ni qu'elle eût été renouvellée en 1408, 1499, 1584, 1602, 1622, 1643, ni en 1660, lorſque le recouvrement des francs-fiefs & nouveaux acquêts s'eſt fait ſur les pays qui y étoient ſujets, il paroiſſoit que cette province n'étoit point ſujette au droit de franc-fief ; qu'en effet ce droit n'eſt dû par les roturiers que parce que leur naiſſance les rend incapables des exemptions dont les nobles qui poſſèdent des fiefs doivent jouir, raiſon qui ne peut s'appliquer à la *Flandre* autrichienne, puiſque les héritages nobles de cette province ſont ſujets aux mêmes impoſitions que les biens roturiers; qu'à l'égard de la *Flandre* françoiſe, les députés étoient demeurés d'accord, non pas que leur pays fût ſujet aux droits de franc-fief, tels qu'ils ſe lèvent en France, mais au droit de nouvel acquêt qui ſe paie une fois ſeulement par les roturiers qui ont acquis des héritages nobles; qu'il paroiſſoit par les inſtructions des commiſſaires, & par les comptes des receveurs, qu'il n'y avoit jamais eu de pied fixe pour la levée de ce droit, & qu'il avoit été ordinairement laiſſé par les ſouverains à l'arbitrage des commiſſaires; qu'il étoit conſtant que le recouvrement des droits de nouveaux acquêts ſur les gens de main-morte, s'étoit fait de temps en temps dans toute l'étendue de la *Flandre* ; que les placards des ſouverains y aſſujettiſſoient tous les fonds, ſoit fiefs, ſoit rotures, acquis par les gens de main morte, mais qu'il n'y avoit jamais eu de terme limité pour la recherche de ces droits, ni de fixation du pied ſur lequel ils devoient être levés.

D'après ces obſervations & l'avis de M. le Pelletier de Souzy, il eſt intervenu, le premier février 1681, un arrêt du conſeil qui a ordonné la levée des droits de nouveaux acquêts dus par les gens de main-morte dans toute la *Flandre* flamande & gallicane, & celle des droits de franc-fief dans la *Flandre* gallicane ſeulement.

Le privilège que cette déciſion ſuppoſe à la *Flandre* flamande, a encore été reconnu par une déclaration du 22 novembre 1695, enregiſtrée au parlement de Tournai le 19 décembre ſuivant. Cette loi ordonne le recouvrement des droits d'amortiſſement dans toute la *Flandre* flamande & françoiſe, & ne preſcrit celui des droits de franc-fief que pour la *Flandre* françoiſe. Un arrêt du conſeil rendu ſept jours après la déclaration du 29 novembre 1695, contient abſolument les mêmes diſpoſitions.

L'arrêt du premier février 1681 avoit fixé le droit de franc-fief à une année & demie de revenu, pour les fiefs acquis par des roturiers depuis la dernière recherche juſqu'au premier janvier 1671, & à une année ſeulement, pour ceux acquis dans les dix années poſtérieures. Mais comme cet arrêt ne contenoit point de réglement pour l'avenir, la déclaration du vingt-deux novembre 1695 y a pourvu, en ordonnant que ce droit ſe leveroit ſur le pied d'une année & demie de revenu, & en même temps elle a exempté de toute recherche ceux qui avoient payé lors du dernier recouvrement, ainſi que leurs héritiers en ligne directe ou collatérale, d'où l'on peut conclure que la mutation à titre de ſucceſſion n'eſt pas en *Flandre* un motif ſur lequel puiſſent ſe fonder pour exiger le droit de franc-fief d'un nouveau poſſeſſeur. La même choſe a été ſtatuée pour l'Artois par un arrêt du conſeil du 15 mars 1723, enregiſtré au conſeil provincial d'Artois le 15 avril de la même année. *Voyez* ACQUÊT NOUVEL.

On a dit à l'article AMORTISSEMENT, que le droit connu ſous ce nom eſt fixé dans la *Flandre* & l'Artois à trois années du revenu, à l'exception des hôpitaux & autres établiſſemens de charité, qui ne doivent qu'une année & demie. Mais il eſt néceſſaire d'obſerver que, une déclaration du 21 novembre 1724, rendue pour tout le royaume, & enregiſtrée au parlement de Douai le 15 avril 1725, cette fixation n'a lieu que pour les rentes foncières & conſtituées ; car, par rapport aux biens-fonds, on paie pour droit d'amortiſſement le cinquième de la valeur des fiefs, & le ſixième de ceux tenus en roture, à l'exception de celles appartenantes aux hôpitaux, charités ou tables de pauvres, dont les droits d'amortiſſement ne ſeront payés que ſur le pied d'une année & demie de revenu.

La *Flandre* eſt du nombre des provinces réputées étrangères, par rapport aux droits impoſés ſur les marchandiſes qui en ſortent pour entrer dans les provinces des cinq groffes fermes, ou qui fortent de celles-ci pour entrer dans la *Flandre*.

Elle eft du reffort du parlement de Douai, à l'exception des villes de Dunkerque, Bourbourg & Gravelines. L'hiftoire de ce parlement, fes attributs, fes privilèges, & ceux dont jouiffent les habitans de fon reffort, feront détaillés à l'article PARLE-MENT. Les autres tribunaux de cette province font les échevinages, les bailliages feigneuriaux, les chambres confulaires, le bureau des finances de Lille, la maîtrife des eaux & forêts de la même ville, le préfidial de Bailleul, & les gouvernances de Lille & de Douai. *Voyez* ECHEVINAGE, DOUAI, HOMMES DE FIEF, GOUVERNANCE.

Il n'y a en *Flandre* que deux chambres confulaires, celle de Dunkerque & celle de Lille; la première a été créée & renouvellée par des édits de 1563, 1618 & 1700; la feconde a été établie par un édit du mois de février 1715. On a douté quelque temps fi le reffort de celle-ci étoit borné à la ville de Lille, ou s'il comprenoit toute la partie de la *Flandre* qui reffortit au parlement de Douai; l'édit qu'on vient de citer ne contenoit rien qui pût fervir à la décifion de cette difficulté; mais un arrêt du confeil du 7 août 1718, enregiftré au parlement de Douai avec des lettres-patentes du même jour, le 24 octobre fuivant, a ordonné que les habitans de Douai & d'Orchies, & de leurs dépendances, ainfi que des terres appellées *franches & d'empire*, & des enclavemens de la *Flandre* françoife, feroient tenus de procéder à la chambre confulaire de Lille, lorfqu'ils y feroient affignés dans les matières de fa compétence. Le même arrêt permet néanmoins aux habitans de la ville de Douai, lorfqu'ils feront demandeurs, de porter à leur choix les affaires confulaires, foit au confulat de Lille, ou devant les juges ordinaires des défendeurs; & dans le dernier cas, l'arrêt ordonne aux juges ordinaires de fe conformer au titre 16 de l'ordonnance de 1667, & à l'édit du mois de mars 1673, *en tous les articles qui ne fe trouveront pas directement contraires à ceux de l'édit de création de la jurifdiction confulaire établie à Lille.*

Ces derniers termes font remarquables par le jour qu'ils répandent fur une queftion très-intéreffante pour les commerçans de la *Flandre*. L'article 13 de l'édit de création des juges & confuls de Lille, porte : « voulons néanmoins que, fuivant l'ufage » ci-devant obfervé dans notredite ville de Lille, » les billets & lettres-de-change, & billets valeur » reçue en marchandifes, foient exigibles fix jours » après l'échéance; que, dans les dix jours après » l'échéance, lefdits billets valeur reçue en mar- » chandifes puiffent être proteftés, & que les ufan- » ces y foient comptées par mois, & non par le » nombre de trente jours ». On a demandé fi cet article doit avoir lieu dans toute la *Flandre*. Un arrêt rendu à Douai le 22 avril 1773, a jugé pour l'affirmative relativement à la ville de Bergues. Cette décifion n'a été prononcée qu'après un affez

long délibéré, ce qui vient fans doute de ce que les avocats n'avoient fait dans leurs plaidoieries aucune mention de l'arrêt du confeil de 1718, car le paffage que nous en avons rapporté tranche abfolument toutes les difficultés.

Le bureau des finances de Lille a été créé par un édit du mois de feptembre 1691, pour remplacer la chambre des comptes qui avoit exifté en cette ville fous la domination fucceffive des maifons de *Flandre*, de Bourgogne & d'Autriche. Le reffort de ce tribunal comprend toute la *Flandre*, l'Artois, le Hainaut, le Cambrefis, & généralement toutes les parties des Pays-Bas qui appartiennent à la France.

L'édit de création de ce fiège lui attribue, entre autres chofes, le pouvoir d'ouir, examiner & clôrre les comptes des deniers d'octroi des villes, bourgs & villages de fon reffort, à la réferve de ceux des corps d'état & des groffes villes dont les intendans font auditeurs. Un arrêt du confeil du 29 avril 1692, a déterminé plus particuliérement quelles font les villes comprifes dans cette réferve; ce font Arras, Saint-Omer, Béthune, Aire, Hefdin, Bapaume, Lens, Saint-Pol, Dunkerque, Gravelines, Bourbourg & fa châtellenie, Bergues, Caffel, Bailleul, Maubeuge, le Quefnoi, Avefnes, Landreci, Charlemont & Givet.

Le même édit attribue aux officiers du bureau des finances de Lille une jurifdiction abfolument femblable à celle dont jouiffent les autres bureaux des finances du royaume, en vertu de l'édit du mois d'avril 1627, & en outre veut qu'ils connoiffent des conteftations qui pourront furvenir au fujet du paiement des droits des quatre membres de *Flandre*, & des droits de feux, cheminées, impôts fur les boiffons, & autres droits domaniaux qui fe lèvent en Hainaut, & cela en dernier reffort jufqu'à concurrence de dix livres, & à la charge de l'appel au confeil pour les objets qui excéderont cette fomme. Mais cette dernière difpofition n'eft plus en ufage; la connoiffance de ces différentes impofitions a été depuis transportée aux intendans, ou du moins ce font eux qui l'exercent conftamment.

Dans les matières ordinaires, l'appel des jugemens du bureau des finances de Lille fe relève au parlement de Paris pour l'Artois & les villes & dépendances de Dunkerque, Bourbourg & Gravelines, & au parlement de Douai pour les pays du reffort de cette cour. C'eft la difpofition précife d'un arrêt du confeil du 27 mai 1704.

Nous remarquerons que les officiers de juftice des Pays-Bas ne font pas tenus de faire enregiftrer leurs provifions à la chambre des comptes de Paris, mais feulement au bureau des finances de Lille.

La maîtrife des eaux & forêts de la même ville n'a été, à proprement parler, établie que par un édit du mois d'août 1693. Elle connoît dans toute l'étendue l'étendue de la *Flandre*, des matières qui concernent les bois domaniaux, sauf l'appel au parlement de Douai. Elle a aussi connu pendant un certain temps, des bois appartenans aux seigneurs & aux communautés, conformément à l'usage général du royaume : mais les juges ordinaires de la province ont été maintenus dans leur jurisdiction par un arrêt du conseil du 26 août 1727, qui forme à cet égard le dernier état de la jurisprudence, à la charge par les seigneurs & communautés d'user de leurs bois en bons pères de famille, & de se conformer, dans les coupes & exploitations, aux anciens placards du pays.

Il s'est élevé un conflit entre le siège dont nous parlons & les quatre baillis des états de Lille, dans une espèce assez remarquable. Les receveurs établis pour les droits de chauffée à Séclin, & à la porte des Malades de la ville de Lille, avoient été assignés en la maîtrise, à la requête du procureur du roi, pour se voir défendre d'exiger à l'avenir aucun droit des adjudicataires des forêts du roi, pour les bois provenans de leurs adjudications, lorsqu'ils les feroient conduire pour leur compte. Les receveurs avoient demandé leur renvoi devant les baillis des états, comme étant en possession de connoître de toutes les difficultés concernant les droits & impôts qui leur appartenoient ; mais une sentence du 20 juillet 1697 les avoit déboutés de leur demande en renvoi, & leur avoit ordonné de contester au principal. Sur l'appel interjetté par eux au parlement de *Flandre*, il est intervenu le 28 février 1701, arrêt qui a infirmé la sentence & ordonné que les parties procéderoient devant les baillis des états. Mais un arrêt du conseil du 9 août de la même année, a cassé celui du parlement de *Flandre*, a ordonné l'exécution de la sentence, & a défendu aux receveurs & fermiers des droits dont il s'agissoit, de procéder sur l'exemption de ces droits contre les adjudicataires des forêts du roi, ailleurs qu'au siège de la maîtrise, en première instance, à peine de nullité & de tous dépens, dommages & intérêts.

Le présidial de Bailleul a été établi originairement en la ville d'Ypres, pour juger les appels des juges ordinaires des seigneurs & communautés de la *Flandre* flamande, sous le ressort du parlement de Tournai. Sa création est du mois de mars 1693. Un édit du mois d'avril 1704 l'a érigé en présidial, & un autre de 1713 l'a transféré à Bailleul, parce que la ville d'Ypres avoit été cédée à l'empereur par le traité d'Utrecht. C'est le seul présidial qu'il y ait dans le ressort du parlement de *Flandre* ; & ce n'est que par rapport à ce siège que les édits de novembre 1774 & 1777 y ont été envoyés. L'enregistrement de ce dernier est remarquable, en ce qu'il porte qu'on ne pourra inférer d'aucune disposition de cette loi, que le grand-conseil ait jamais eu attribution de jurisdiction dans le ressort de cette cour, ni que l'ordonnance de 1667 y ait été enregistrée.

Jurisprudence. **Tome IV.**

Après avoir fait connoître les points principaux de la constitution politique de la *Flandre*, il faut dire quelque chose de la constitution ecclésiastique.

Une des observations les plus remarquables qu'il y ait à faire sur cette matière, est que les évêques & les ecclésiastiques de *Flandre* & des autres provinces belgiques n'ont jamais fait partie du clergé de France, même depuis les conquêtes. Ils ne sont pas sujets aux décimes ; ils paient séparément au roi les subsides, aides, dons gratuits & subventions. Ils ne sont pas appellés aux assemblées du clergé ; ils n'ont jamais eu de part aux délibérations qui y ont été prises ; enfin ils ne sont point cotisés pour les dettes du clergé de France, comme le clergé de France ne paie point les leurs.

Ces privilèges sont très-anciens. Le président Wiclant rapporte qu'en 1511, Hautbois, évêque de Tournai, ayant ordonné aux principaux ecclésiastiques de son diocèse de se trouver à l'assemblée du clergé de France, qui devoit se tenir à Tours pour le concile de Pise, *il leur fut défendu par le comte d'y aller, à cause que le clergé de Flandre est en possession de n'être contraint de se trouver ès assemblées de l'église gallicane.*

Le même auteur nous apprend que cet évêque entreprit, au mois de septembre 1511, de forcer le clergé de *Flandre* à payer 825 liv. pour les frais du concile ; mais qu'il ne put y réussir, & qu'il essuya des refus de toute part, *le clergé de Flandre ne se tenant sujet à l'église gallicane, mais à la romaine & au pape.*

Les registres du chapitre de Lille justifient encore que la même année 1511, ce corps refusa, avec tout le clergé de *Flandre*, de payer les décimes accordées par Léon X à François I, & adhéra à l'appel comme d'abus, que le procureur-général du comte de *Flandre* avoit interjetté à ce sujet.

Les évêques qui occupoient les différens siéges de *Flandre* & d'Artois, lors de l'édit du mois d'avril 1695, n'ont rien négligé pour en assurer l'exécution dans leurs diocèses : il a été effectivement enregistré au parlement de Tournai & au conseil d'Artois. Mais les états ayant adressé au roi des représentations, dont il résultoit que cette loi étoit en partie inutile pour les Pays-Bas, & en partie contraire aux constitutions fondamentales de ces provinces, il a été rendu au conseil d'état un arrêt le 31 août 1698, qui a suspendu l'exécution de cet édit dans tout le ressort du parlement de Tournai. L'Artois a obtenu un arrêt semblable le 5 septembre 1701.

La *Flandre* a été assujettie à la régale depuis sa réunion à la couronne, ou plutôt les ordonnances qui l'avoient introduite dans cette province avant le traité de Madrid, ont été remises en vigueur après les conquêtes de Louis XIV. C'est sur ces principes qu'il a été décidé par deux arrêts du conseil des 30 mars & 12 mai 1694, que le privilège qu'ont les Flamands de n'être traduits devant d'autres juges que ceux de leurs pays, ne pouvoit empêcher la grand'chambre du parlement de Paris de connoître des bénéfices vacans en régale dans le ressort du parlement de *Flandre*.

Le conseil de conscience a également décidé le 16 octobre 1716, que le droit de joyeux avénement devoit avoir lieu dans les diocèses des Pays-Bas, comme dans les autres églises du royaume. Cette décision a été adoptée par le conseil de régence le 8 mars 1717, sur le rapport de M. l'archevêque de Bordeaux. En conséquence, le roi ayant donné le 8 juin 1720, un brevet de joyeux avénement au sieur Boullonnois sur l'église de Cambrai, celui-ci fut maintenu dans la possession de son canonicat par arrêt du grand-conseil du 20 juillet 1724, confirmé au conseil d'état le 22 novembre de la même année.

Le grand-conseil avoit pris connoissance de cette affaire en vertu d'un arrêt du conseil d'état du 27 janvier 1724, par lequel le roi avoit renvoyé à ce tribunal toutes les contestations nées & à naître au sujet de l'exécution des brevets de joyeux avénement dans les Pays-Bas.

Le droit d'indult n'a pas lieu en *Flandre*. C'est ce qui a été décidé par deux arrêts du conseil, le premier en 1673, pour la ville de Tournai; le second en 1726, pour celle de Saint-Omer : ils sont rapportés dans les œuvres posthumes d'Héricourt, *tome 4*.

Les réserves apostoliques n'ont point également lieu dans cette province; cependant la réserve des huit mois s'observe dans les églises collégiales de S. Pierre de Lille, de S. Pierre de Douai, de S. Pierre de Séclin, & dans celle de Cassel; mais c'est plutôt en vertu d'un usage & d'une possession particulière, que d'une réserve proprement dite. Les prévôts respectifs de ces chapitres, reconnus par le concours unanime des deux puissances comme collateurs ou maires de leurs églises, s'y sont soumis très long-temps sans la moindre difficulté; mais en 1760, ils commencèrent à vouloir conférer toutes les prébendes librement & sans distinction de mois. Il s'est élevé à ce sujet un grand nombre de contestations entre leurs pourvus & ceux de la cour de Rome. Ceux-ci furent même quelque temps dans l'impuissance de prendre possession civile ni canonique, parce qu'il sut décidé au conseil que les lettres d'attache leur seroient refusées. Celles même qui furent accordées restèrent sans effet, parce que le ministère avoit envoyé au parlement, & ensuite au conseil supérieur de Douai, des défenses de les enregistrer. Enfin, le roi déterminé à mettre fin à cette affaire, l'a évoquée au conseil des dépêches, par arrêt du 19 décembre 1772. Les prévôts y ont conclu à ce que, conformément à la pragmatique-sanction de S. Louis, du mois de mars 1268, celle de Charles VI, du mois de février 1406, enregistrée à la chambre des comptes de Lille en 1469, les placards des archiducs Maximilien & Philippe, des 12 septembre

1485, 27 avril 1493 & 20 mai 1497, il plût à sa majesté les maintenir, en leur qualité d'ordinaires, dans le droit de conférer librement & sans partage, les canonicats & prébendes qui vaqueroient dans leurs églises.

Les pourvus du pape ont fondé leur défense sur la possession constante de la cour de Rome & sur un concordat de Martin V. Il y avoit bien des choses à répondre sur ce second moyen; mais l'autre paroît décisif. Il est certain, dans la thèse générale, que le pape peut, aussi bien que les autres collateurs, prescrire la nomination aux bénéfices; & sans aller chercher fort loin des preuves de ce principe, on en trouve une assez convaincante dans l'arrêt que le parlement de *Flandre* a rendu le 3 août 1752, en enregistrant l'indult de Cambrai. Cet arrêt porte qu'on ne pourra induire de cet indult que le pape ait sur les bénéfices de *Flandre* & de Cambresis, *autres & plus grands droits que ceux qu'il peut avoir acquis par titres légitimes & usages valablement prescrits*.

Pendant que cette affaire s'instruisoit au conseil, il parut un mémoire dont l'objet étoit de prouver que le roi, en qualité de successeur des comtes de *Flandre*, fondateurs des collégiales de cette province, étoit en droit de retenir la nomination aux prébendes dont il étoit question.

Il paroît que cette affaire a été terminée par la voie de la négociation. Un premier arrêt du 25 mars 1774 a adjugé la récréance aux pourvus de Rome; un autre du 14 septembre 1775 les a maintenus pleinement & a débouté les prévôts de leurs demandes; enfin, par un indult du 6 des calendes de mars 1776, le pape a cédé au roi son droit de nomination aux prébendes dont il s'agissoit dans les mois de février, mai, août & novembre, & s'est réservé celle des quatre autres, qui sont janvier, avril, juillet & octobre. Cet indult a été adressé au parlement de *Flandre*, avec les lettres-patentes du mois d'avril 1777, & il y a été enregistré avec la clause de non-préjudice aux droits du roi & des églises belgiques, ni à ceux de résignation & permutation usités dans les églises de Lille, Douai, Séclin & Cassel. On a voulu, par cette clause, prévenir l'effet du principe, qu'aussi-tôt qu'un bénéfice est tombé à la nomination du roi, il ne peut plus être résigné ni permuté sans le consentement de sa majesté.

La règle des huit mois ne comprend aucune des dignités des chapitres dans lesquels elle est admise. Le roi nomme en tous mois à la dignité de prévôt, depuis l'indult de 1515 accordé à l'empereur Charles-Quint. Quant à celles de doyen, de trésorier, de chantre & d'écolâtre, les chapitres sont en droit d'y pourvoir librement & sans distinction de mois, par la voie d'élection. C'est ce qu'ont jugé deux arrêts du conseil privé de Bruxelles, des 29 octobre & 5 novembre 1643, pour la collégiale de Saint-Hermes à Renaix. Le 4 mars 1713, le chapitre de Lille a obtenu un arrêt semblable à la cour supérieure établie en cette ville par les Hollandois. Les pourvus de Rome ont demandé la revision de ce jugement , & cette prétention a engendré plusieurs instances nouvelles : enfin le roi a évoqué l'affaire à son conseil , & après l'instruction la plus profonde, il a été rendu le 6 décembre 1727 , un arrêt qui maintient le chapitre de Lille dans le droit & possession d'élire en tous mois à ses quatre dignités de doyen , de chantre , de trésorier & d'écolâtre , & le prévôt dans le droit & possession de confirmer les élections de ces dignités, avec défense aux pourvus de Rome de les y troubler.

La règle des huit mois n'a pas toujours été la seule en vertu de laquelle la cour de Rome prétendoit pourvoir aux bénéfices de *Flandre*, & notamment des églises de Lille , de Douai , de Séclin & de Cassel. Elle a encore voulu le faire par la règle *beneficiorum promovendorum* ; c'est-à-dire sur le fondement de la réserve que le pape fait à sa personne d'un bénéfice dont est pourvu celui qu'il nomme à un autre bénéfice incompatible avec le premier. Le parlement de *Flandre* ayant à prononcer sur la validité d'une collation faite en vertu de cette réserve, a ordonné , par arrêt du 15 juillet 1715, rendu dans l'assemblée des trois chambres, que le pourvu de Rome justifieroit dans le mois que cette règle étoit pratiquée dans les églises de *Flandre*, preuve que celui-ci n'a jamais pu faire. La même question s'est encore présentée peu de temps après : M. le procureur-général s'est rendu partie dans la cause pour soutenir les droits de l'église belgique & des collateurs ordinaires : mais par un événement assez bizarre, ce fut lui qui fut chargé , conjointement avec le pourvu de l'ordinaire, de prouver que la réserve *beneficiorum promovendorum* n'avoit pas lieu en *Flandre* ; l'arrêt fut rendu le 17 décembre 1717, sur le défaut tant du ministère public que du pourvu , de faire leur preuve ; il intervint le 23 juillet suivant, un arrêt définitif qui maintient le pourvu de Rome, & condamna son adversaire aux dépens. M. le procureur-général s'est pourvu au conseil, & y a obtenu le 31 décembre 1718, la cassation des deux arrêts du parlement de *Flandre*, ainsi que l'évocation de la cause ; & après une instruction contradictoire, il est intervenu un arrêt du conseil du 13 juillet 1723, qui a décidé que la règle *beneficiorum promovendorum* n'a pas lieu en *Flandre*, & a maintenu, en conséquence le pourvu par l'ordinaire dans la possession de la prébende contentieuse.

L'année 1760 est remarquable dans l'histoire ecclésiastique de *Flandre*, par la réforme d'un grand abus. Le sieur de Valory, nommé par le roi à la prévôté du chapitre de Lille, avoit obtenu du pape des bulles semblables à celles qui avoient été délivrées à ses prédécesseurs depuis 1558. Elles contenoient l'obligation de prêter , avant d'être mis en possession , un serment dont la forme étoit attachée aux bulles , & qui consistoit à promettre au pape

fidélité & obéissance , d'empêcher de tout son pouvoir qu'il ne fût rien fait contre les droits , privilèges , réserves & dispositions du saint siège ; en cas de trouble par quelqu'un , d'en donner connoissance le plutôt possible au pape , ou autre par lequel il pût en être instruit ; de ne confier à personne les desseins dont le pape pourroit lui faire part par lui ou par ses nonces ; de défendre contre toutes sortes de personnes , de chercher à accroître son autorité , ses privilèges , ses réserves & ses mandats.

Le sieur de Valory avoit demandé des lettres d'attache pour l'exécution de ces bulles , & elles lui avoient été délivrées sans autre examen : mais le parlement de *Flandre*, à qui elles ont été adressées , n'en a ordonné l'enregistrement qu'en faisant , par son arrêt du 18 décembre 1760, des défenses au pourvu de prêter le serment que nous venons de rapporter.

La question de savoir si la *Flandre* est sujette à l'expectative des gradués , fait depuis un siècle la matière d'une contestation aussi difficile qu'importante , & dont la décision n'a point encore été donnée par le conseil , où l'affaire est pendante depuis 1688.

La partie de la *Flandre* soumise à la domination françoise, est régie par la coutume de la ville, taille, banlieue & échevinage de Lille, & par un grand nombre de coutumes locales. Dans tous les cas qui n'ont point été prévus par la coutume , ou qui ne sont point décidés par des ordonnances enregistrées au parlement de cette province, on a recours au droit romain. Nous n'entrerons ici dans aucun détail sur les points de jurisprudence particuliers à la *Flandre* ; on les trouvera établis & discutés dans les différens articles de ce Dictionnaire auxquels ils se rapportent.

FLEGARD ou FLEGART , s. m. terme usité dans les coutumes d'Artois , Boulenois , Amiens & quelques autres , pour signifier tous les lieux destinés à l'usage commun & public , qui n'ont pas besoin de haies ni de fossés pour être conservés , tels que les chemins, sentiers, places publiques, communes , &c. à cause que l'usage & la jouissance en sont continuellement ouverts à tout le monde.

FLÉTRISSURE , s. f. (*Code criminel.*) est l'impression d'une marque qui se fait , en conséquence d'un jugement , par l'exécuteur de la haute-justice , sur la peau d'un criminel convaincu d'un crime qui mérite peine afflictive , mais qui ne mérite pas absolument la mort.

Cette idée de *flétrissure* est fort ancienne ; les Romains l'appelloient *inscriptio*. Les Samiens, au rapport de Plutarque, imprimèrent une chouette sur les Athéniens qu'ils avoient faits prisonniers de guerre.

Platon ordonna que ceux qui auroient commis quelque sacrilège, seroient marqués au visage & à la main, & ensuite fouettés & bannis. Eumolpe, dans Pétrone, couvre le visage de son esclave fugitif, de plufieurs caractères qui faifoient connoître fes diverfes fautes. L'ufage, chez les Romains, étoit d'imprimer fur le front la marque de la flétriffure : cette pratique dura jufqu'au temps de l'empereur Conftantin, qui défendit aux juges de faire imprimer fur le vifage aucune lettre qui marquât le crime commis par un coupable, permettant néanmoins de l'imprimer fur la main ou fur la jambe, afin, dit-il, que la face de l'homme qui eft l'image de la beauté célefte, ne foit pas déshonorée. *Leg.* 17, *cod. de pœnis.* Sans examiner la folidité de la raifon qui a engagé Conftantin à abolir la *flétriffure* fur le vifage, nous dirons feulement que cette rigueur a paru trop grande, par plufieurs autres motifs, aux légiflateurs modernes, de forte qu'en France & ailleurs on ne flétrit aujourd'hui que fur l'épaule.

Coquille obferve que la *flétriffure* n'a pas été introduite parmi nous, feulement comme une peine afflictive, mais plus encore comme un moyen de juftifier fi un accufé a déjà été puni par la juftice, de quelque crime, dont la récidive le rend encore plus criminel.

On fe fervoit autrefois en France d'un fer marqué de plufieurs petites fleurs-de-lys; mais depuis long-temps, & principalement par la déclaration de 1724, les voleurs font flétris fur l'épaule de la lettre V, & ceux qui font condamnés aux galères, pour raifon d'autres crimes, font marqués des trois lettres GAL.

On prend auffi le terme de *flétriffure*, pour toute condamnation qui emporte infamie de fait ou de droit.

FLEUVE, f. m. (*Droit public & civil.*) ce terme eft-à-peu-près fynonyme de celui de *rivière*, car tous les deux fignifient également un amas d'eaux réunies en un même corps entre deux rivages, qui coulent perpétuellement depuis un temps immémorial.

Il y a néanmoins cette différence entre eux, que la dénomination de *fleuve* s'applique particuliérement aux cours d'eaux d'une largeur & d'une étendue confidérables, tandis qu'on donne le nom de *rivière* à ceux qui ont un volume d'eau plus mince, foit par la largeur, foit par la longueur du cours. Ainfi la Loire qui traverfe toute l'étendue de la France de l'orient au couchant, eft un *fleuve*, tandis que le Loiret, qui coule dans une médiocre étendue du Val d'Orléans, n'eft connu que fous le nom de *rivière*.

Les *fleuves* & les rivières font différens des torrens, en ce que ceux-ci font occafionnés par des pluies abondantes, ou des fontes de neige extraordinaires, ne coulent que pendant un certain temps, & laiffent leur lit à fec pendant la plus grande partie de l'année.

Suivant les loix romaines, les *fleuves* font mis au nombre des chofes publiques, dont la propriété appartient à la nation dans le territoire de laquelle il coule, & dont l'ufage eft libre à tous les membres de cette même nation. De-là il fuit que fi le *fleuve* prend naiffance & finit fon cours fous l'étendue d'une même domination, il appartient en

totalité au peuple fouverain des terres qu'il arrofe; enforte qu'aucune autre nation ne peut s'en fervir foit pour la pêche, foit pour la navigation : fi au contraire le *fleuve* coule fur les terres de différens peuples, la propriété s'en partage entre eux, au prorata de l'empire qu'ils ont fur les terres qu'il baigne; & dans ce cas, l'ufage de la pêche & de la navigation de ce *fleuve* fe partage, fuivant le droit des gens, entre les différens peuples fitués fur fes bords, & les membres de chacun d'eux ne peuvent naviguer & pêcher que dans les parties foumifes à leur empire.

L'ufage des bords d'un *fleuve* eft public comme le *fleuve* même, parce qu'on ne peut pas fe fervir du *fleuve*, fans fe fervir en même temps des bords qu'il arrofe, & qui le contiennent. Ainfi tous ceux qui ont le droit de naviguer & de pêcher dans un *fleuve*, peuvent aborder fur fes rivages, attacher leurs barques aux arbres qui y croiffent, y étendre leurs filets pour les fécher, y décharger & y dépofer les effets & marchandifes qu'ils tranfportent. Mais la propriété de ces mêmes bords appartient aux poffeffeurs des héritages riverains, enforte qu'ils ont le domaine des arbres qui y croiffent, & des bâtimens qu'ils y ont conftruits.

En France, comme la puiffance publique réfide toute entière dans la perfonne du fouverain, il s'enfuit néceffairement que toutes les chofes qui appartiennent au public, appartiennent au roi, par le feul titre de fa fouveraineté.

C'eft par cette raifon que l'ordonnance du mois d'août 1669, les déclarations des mois d'avril 1683 & 1686, l'édit de décembre 1693, la déclaration d'août 1694, & l'édit d'avril 1713, accordent au roi la pleine propriété des *fleuves* & rivières navigables, & de tout ce qui fe trouve dans leurs lits, tels que les îles & îlots, accroiffement, attériffement, droits de pêche, péages, paffages, ponts, bacs, bateaux, moulins, édifices & autres chofes & droits que les *fleuves* & les rivières produifent.

Nous ne fuivons pas à cet égard les difpofitions des loix romaines, ainfi qu'on a pu le voir dans les articles ACCROISSEMENT, ACCRUES, ATTÉRISSEMENT, & que nous le dirons encore fous les mots PÊCHE, ISLE, RIVIÈRE, &c.

On trouvera fous ces différens mots plufieurs queftions relatives aux *fleuves*, c'eft pourquoi nous nous bornerons ici à celles qui ont rapport au droit public & au droit des gens.

Lorfqu'une nation s'empare d'un pays pour en faire fa demeure, elle occupe tout ce que le pays renferme, terres, lacs, rivières, &c. Mais il peut arriver que ce pays foit terminé & féparé d'un autre par un *fleuve* : on demande à qui ce *fleuve* appartiendra ? Il eft manifefte qu'il doit appartenir à la nation qui s'en eft emparée la première. On ne peut nier ce principe; mais la difficulté eft d'en faire l'application. Il n'eft pas aifé de décider laquelle des deux nations voifines a été la première à s'emparer d'un *fleuve* qui les fépare. Voici les rè gles que les principes du droit des gens fourniſſent, pour vuider ces ſortes de queſtions.

1°. Quand une nation s'empare d'un pays terminé par un *fleuve*, elle eſt cenſée s'appropriér auſſi le *fleuve* même ; car un *fleuve* eſt d'un trop grand uſage pour que l'on puiſſe préſumer que la nation n'ait pas eu intention de ſe le réſerver. Par conſéquent le peuple, qui le premier a établi ſa domination ſur l'un des bords du *fleuve*, eſt cenſé le premier occupant de toute la partie de ce *fleuve* qui termine ſon territoire. Cette préſomption eſt indubitable, quand il s'agit d'un *fleuve* extrêmement large, au moins pour une partie de ſa largeur ; & la force de la préſomption croît ou diminue, à l'égard du tout, en raiſon inverſe de la largeur du *fleuve* ; car plus le *fleuve* eſt reſſerré, plus la ſûreté & la commodité de l'uſage demandent qu'il ſoit ſoumis tout entier à l'empire & à la propriété.

2°. Si ce peuple a fait quelque uſage du *fleuve*, comme pour la navigation, ou pour la pêche, on préſume d'autant plus ſûrement qu'il a voulu ſe l'approprier.

3°. Si ni l'un ni l'autre des deux voiſins du *fleuve* ne peut prouver que lui-même s'eſt établi le premier dans ces contrées, on ſuppoſe que tous les deux y ſont venus en même temps, puiſqu'aucun n'a des raiſons de préférence ; & en ce cas, la domination de l'un & de l'autre s'étend juſqu'au milieu du *fleuve*.

4°. Une longue poſſeſſion, non contredite, établit le droit des nations : autrement il n'y auroit point de paix, ni rien de ſtable entre elles, & les faits notoires doivent prouver la poſſeſſion. Ainſi, lorſque depuis un temps immémorial, une nation exerce ſans contradiction les droits de ſouveraineté ſur un *fleuve* qui lui ſert de limites, perſonne ne peut lui en diſputer l'empire.

5°. En cas de doute, tout territoire aboutiſſant à un *fleuve* eſt préſumé n'avoir d'autres limites que le *fleuve* même, parce que rien n'eſt plus naturel que de le prendre pour bornes, quand on s'établit ſur ſes bords ; & dans le doute, on préſume toujours ce qui eſt plus naturel & plus probable.

6°. Enfin ſi les traités définiſſent quelque choſe ſur la queſtion, il faut les obſerver. La décider par des conventions bien expreſſes, eſt le parti le plus ſûr ; & c'eſt en effet celui que prennent aujourd'hui la plupart des puiſſances.

Dès qu'il eſt établi qu'un *fleuve* fait la ſéparation de deux territoires, ſoit qu'il demeure commun aux deux riverains oppoſés, ſoit qu'ils le partagent par moitié, ſoit enfin qu'il appartienne tout entier à l'un des deux, les divers droits ſur le *fleuve* ne ſouffrent aucun changement par l'alluvion. S'il arrive donc que, par un effet naturel du courant, l'un des deux territoires reçoive de l'accroiſſement, tandis que le *fleuve* gagne peu-à-peu ſur la rive oppoſée, le *fleuve* demeure la borne naturelle des deux territoires, & chacun y conſerve ſes mêmes droits, malgré ſon déplacement ſucceſſif ; enſorte,

par exemple, que s'il eſt partagé par le milieu entre les deux riverains, ce milieu, quoiqu'il ait changé de place, continuera à être la ligne de ſéparation des deux voiſins. L'un perd, il eſt vrai, tandis que l'autre gagne ; mais la nature ſeule fait ce changement ; elle détruit le terrein de l'un, pendant qu'elle en forme un nouveau pour l'autre. La choſe ne peut pas être autrement, dès qu'on a pris le *fleuve* ſeul pour limites.

Mais ſi, au lieu d'un déplacement ſucceſſif, le *fleuve*, par un accident purement naturel, ſe détourne entiérement de ſon cours, & ſe jette dans l'un des deux états voiſins, le lit qu'il abandonne reſte alors pour limites ; il demeure au maître du *fleuve* : le *fleuve* périt dans toute cette partie, tandis qu'il naît dans ſon nouveau lit, & qu'il y naît uniquement pour l'état dans lequel il coule.

Ce cas eſt tout différent de celui d'une rivière, qui change ſon cours, ſans ſortir du même état. Celle-ci continue, dans ſon nouveau cours, à appartenir au même maître, ſoit à l'état, ſoit à celui à qui l'état l'a donnée, parce que les rivières appartiennent au public, en quelque lieu du pays qu'elles coulent. Le lit abandonné accroît par moitié aux terres contiguës de part & d'autre, ſi elles ſont arciſinies, c'eſt-à-dire, à limites naturelles & avec droit d'alluvion. Ce lit n'eſt plus au public, à cauſe du droit d'alluvion des voiſins, & parce qu'ici le public ne poſſédoit cet eſpace que pour la raiſon ſeule qu'il y étoit une rivière ; mais il lui demeure, ſi les terres adjacentes ne ſont point arciſinies. Le nouveau terrein, ſur lequel la rivière prend ſon cours, périt pour le propriétaire, parce que toutes les rivières du pays ſont réſervées au public.

Il n'eſt pas permis de faire ſur le bord de l'eau des ouvrages tendans à en détourner le cours ; & à le rejetter ſur la rive oppoſée : ce ſeroit vouloir gagner au préjudice d'autrui. Chacun peut ſeulement ſe garantir & empêcher que le courant ne mine & n'entraîne ſon terrein.

En général, on ne peut conſtruire ſur un *fleuve*, non plus qu'ailleurs, aucun ouvrage préjudiciable aux droits d'autrui. Si une rivière appartient à une nation, & qu'une autre y ait inconteſtablement le droit de navigation, la première ne peut y conſtruire une digue, ou des moulins qui la feroient ceſſer d'être navigable : ſon droit, en ce cas, n'eſt qu'une propriété limitée, & elle ne peut l'exercer qu'en reſpectant les droits d'autrui.

Mais lorſque deux droits différens ſur une même choſe ſe trouvent en contradiction, il n'eſt pas toujours aiſé de décider lequel doit céder à l'autre. On ne peut y réuſſir qu'en conſidérant attentivement la nature des droits & leur origine. Par exemple, un *fleuve* m'appartient, mais vous y avez droit de pêche : puis-je conſtruire dans mon *fleuve* des moulins qui rendroient la pêche plus difficile & moins fructueuſe ? L'affirmative ſemble ſuivre de la nature de nos droits. J'ai, comme propriétaire, un droit essentiel sur la chose même ; vous n'y avez qu'un droit d'usage, accessoire & dépendant du mien : vous avez seulement en général le droit de pêcher, comme vous pourrez, dans ma rivière, telle qu'elle sera, en tel état qu'il me conviendra de la posséder. Je ne vous ôte point votre droit, en construisant mes moulins ; il subsiste dans sa généralité, & s'il vous devient moins utile, c'est par accident, & parce qu'il est dépendant de l'exercice du mien.

Il n'en est pas ainsi du droit de navigation, dont nous venons de parler. Ce droit suppose nécessairement que la rivière demeurera libre & navigable ; il exclut tout ouvrage qui interromproit absolument la navigation.

L'ancienneté & l'origine des droits ne servent pas moins que leur nature à décider la question. Le droit le plus ancien, s'il est absolu, s'exerce dans toute son étendue, & l'autre seulement autant qu'il peut s'étendre sans préjudice du premier ; car il n'a pu s'établir que sur ce pied-là, à moins que le possesseur du premier droit n'ait expressément consenti à sa limitation.

De même, les droits cédés par le propriétaire de la chose sont censés cédés sans préjudice des autres droits qui lui compètent, & seulement autant qu'ils pourront s'accorder avec ceux-ci ; à moins qu'une déclaration expresse, ou que la nature même des droits n'en décide autrement. Si j'ai cédé à un autre le droit de pêche dans ma rivière, il est manifeste que je l'ai cédé sans préjudice de mes autres droits, & que je demeure le maître de construire dans cette rivière les ouvrages que je trouverai à propos, quand même ils gêneroient la pêche, pourvu qu'ils ne la détruisent pas entièrement : un ouvrage de cette dernière espèce, tel que seroit une digue, qui empêcheroit le poisson de remonter, ne pourroit se construire que dans un cas de nécessité, & selon les circonstances, en dédommageant celui qui a droit de pêche.

FLOTTAGE, s. m. (*Eaux & Forêts.*) on appelle *flottage*, la conduite des bois sur l'eau, soit qu'on les jette à flots perdus, soit qu'on les attache ensemble pour en former des trains.

L'ordonnance des eaux & forêts défend à toutes personnes d'empêcher ou d'arrêter le *flottage* des bois, sous prétexte de droits de péages, travers ou autres, à peine de répondre des dépens, dommages & intérêts des marchands, sauf à ceux qui se prétendent fondés à lever quelques-uns de ces droits, à se pourvoir devant les grands-maîtres. Plusieurs arrêts du conseil, rendus en interprétation de cet article, font défenses aux fermiers-généraux, fermiers des octrois & autres, d'exiger aucun droit pour le passage des bois provenans des forêts du roi.

L'ordonnance de 1669 enjoint aux grands-maîtres de visiter les rivières navigables & flottables, ensemble les routes, pêcheries & moulins, pour connoître s'il y a des entreprises ou usurpations,

qui puissent empêcher la navigation & le *flottage*. Elle les autorise à y pourvoir sur le champ, & à rendre pendant leurs visites, les ordonnances nécessaires pour établir le cours des rivières libre & sans aucun empêchement.

Toutes les actions concernant les entreprises ou prétentions sur les rivières navigables ou flottables sont de la compétence des officiers des maîtrises, sans préjudice néanmoins de la jurisdiction des prévôts des marchands ou autres officiers municipaux, qui sont en possession de connoître de ces matières, de celle des officiers des turcies & levées, ou autres qui peuvent avoir titres & possession.

Telle est la disposition de l'article 3, tit. 1, de l'ordonnance de 1669, d'où il faut conclure que si les rivières ne sont ni flottables, ni navigables, la connoissance des actions dont il s'agit est de la compétence des juges des seigneurs, dans le territoire desquels elles coulent. Mais s'il y a contestation pour savoir si une rivière est flottable ou non, c'est aux grands-maîtres & aux officiers des maîtrises d'en connoître, & même de régler les indemnités qui peuvent être dues à ce sujet. Le conseil l'a ainsi décidé en faveur de la maîtrise des eaux & forêts de Paris, par arrêt du 13 octobre 1722.

Les meûniers, dont les moulins bâtis par titres authentiques, sont situés sur les rivières flottables & navigables, sont tenus de laisser ouvertes leurs écluses ou vannes pour le passage des bois flottés, & il leur est dû 40 sols par chaque chommage que le *flottage* leur occasionne. *Voyez* CHOMMAGE.

Les marchands de bois peuvent se servir des ruisseaux & rivières destinées au *flottage*, en avertissant les seigneurs dix jours auparavant ; par des publications faites au prône des messes paroissiales. Ils sont même autorisés à passer par les étangs & fossés, appartenans aux gentilshommes ou autres, en les avertissant & en les dédommageant, soit de gré à gré, soit à dire d'experts. Mais, dans le cas où le dédommagement ne seroit ni réglé, ni payé, les propriétaires des ruisseaux, rivières, étangs ou fossés, ne peuvent empêcher le *flottage* des bois, ni les saisir sur les ports.

Les marchands, avant de jetter leurs bois à flot, sont tenus de faire visiter par le premier juge ou sergent, parties présentes ou duement appellées, les vannes, écluses, pertuis ou moulins ; d'en faire faire une seconde visite après le flot passé, à peine de répondre des dégradations qui s'y trouveroient.

Si, avant le flot, on juge qu'il y a des réparations nécessaires aux vannes, &c. les propriétaires sont obligés de les faire faire sur une simple sommation à personne ou à domicile, sinon les marchands sont autorisés à les faire & à en retenir le prix sur ce qu'ils doivent pour le chommage des moulins, &, en cas d'insuffisance, sur les loyers du moulin, qui y sont particuliérement affectés par privilège.

Les marchands ont le droit de pêcher les bois

qui ont coulé à fond, pendant les quarante jours qui suivent le flot : à l'expiration de ce délai, les seigneurs & autres ayant droit sur les rivières, peuvent le faire faire, à la charge de laisser les bois sur les bords. Les marchands font tenus de se dédommager des frais de la pêche, & de l'occupation de leurs terres : mais il est défendu aux propriétaires d'enlever les bois pêchés, à peine de privation du remboursement de leurs frais & loyers, & de restitution du quadruple du prix des bois.

Les règles que nous venons d'établir sur le *flottage*, sont consignées dans l'ordonnance du mois de décembre 1672, connue sous le nom d'*ordonnance de la ville*. Le prévôt des marchands & les échevins de Paris ont rendu, le 20 mars 1771, une ordonnance sur le *flottage*, la conduite sur les rivières, le tirage sur les ports, & l'empilage dans les chantiers, des bois destinés pour la provision de Paris.

F O

FOI, s. f. (*Droit naturel. Droit des gens. Droit civil.*) ce mot, dans sa véritable acception, signifie la promesse que l'on fait, ou la parole que l'on donne de faire quelque chose. Mais il a encore, en droit, d'autres significations.

On entend par *foi*, lorsque ce terme est joint à celui d'*hommage*, la fidélité que le vassal doit à son seigneur : nous en traiterons sous le mot particulier FOI ET HOMMAGE.

Foi signifie aussi croyance, par exemple, quand on dit, *ajouter foi à un acte*. C'est, dans le même sens qu'on appelle *foi publique*, la créance que la loi accorde à certaines personnes pour ce qui est de leur ministère : tels sont les juges, greffiers, notaires & huissiers : c'est-à-dire que l'on ajoute *foi* tant en jugement que dehors, aux actes qui sont émanés d'eux en leur qualité, & à tout ce qui est rapporté comme étant de leur fait, ou s'étant passé sous leurs yeux. De-là cette manière de parler, *avoir foi en justice*, pour signifier, avoir la confiance de la justice.

Foi signifie encore *attestation* ou *preuve*, comme lorsque l'on dit qu'un acte fait *foi* de telle chose. Cette foi est ou provisoire, ou pleine & entière. Elle est pleine & entière, lorsque l'acte est authentique, & qu'il fait preuve complette de ce qui y est contenu : on appelle *foi provisoire*, la croyance qu'on donne à un acte argué de faux, jusqu'à ce qu'il soit détruit.

On se sert quelquefois de l'expression, *foi du contrat*, pour désigner l'obligation qui en résulte : suivre la *foi du contrat*, c'est se fier pour son exécution à la promesse des contractans, sans prendre d'autres sûretés, comme des gages ou des cautions. C'est dans ce sens que les jurisconsultes disent qu'un vendeur a suivi la *foi* de l'acquéreur, lorsqu'il lui accorde un terme pour payer le prix de la chose vendue & livrée, c'est-à-dire, qu'il s'est

fié à sa promesse pour acquitter le prix qui fait une des parties essentielles du contrat de vente.

On distingue la *foi* en *bonne* & *mauvaise*. On appelle *bonne-foi*, la conviction intérieure que l'on a de la justice de son droit ou de sa possession ; & *mauvaise foi*, lorsqu'on fait quelque chose malgré la connoissance que l'on a que le fait n'est pas légitime.

Les loix romaines distinguoient les contrats, en contrats de *bonne-foi* & contrats de *droit étroit* : mais parmi nous, tous les contrats sont de *bonne-foi*. *Voyez* CONTRAT.

La bonne-*foi* est principalement requise par les loix civiles, dans l'administration des affaires d'autrui, dans la vente d'un gage, dans la prescription. Il est inutile de traiter ici de tout ce que la bonne-*foi* exige dans les différens actes que les hommes font entre eux ; on le trouvera sous le mot particulier de chaque convention, contrat ou obligation. C'est pourquoi nous nous bornerons à donner quelques principes généraux du droit naturel & des gens, sur la *foi* donnée.

I. On peut demander si le serment ajoute quelque chose à l'obligation qui résulte d'une promesse. Les moralistes & les jurisconsultes conviennent unanimement que le serment ne constitue pas l'obligation de garder une promesse, d'accomplir un traité ; il lui prête seulement une nouvelle force en y faisant intervenir le nom de Dieu. Un honnête homme ne se croit pas moins lié par sa parole seule, par la *foi* donnée, que s'il y avoit ajouté la *foi* du serment. Cicéron n'admet presque aucune différence entre le parjure & le mensonge. « L'habitude de mentir, dit-il, est volontiers accompagnée de la facilité à se parjurer. Si on peut engager quelqu'un à manquer à sa parole, sera-t-il bien difficile d'obtenir de lui un parjure ? Dès qu'une fois on s'écarte de la vérité, la religion du serment n'est plus un frein suffisant. Quel est l'homme qui sera retenu par l'invocation des dieux, s'il ne respecte ni sa *foi*, ni sa conscience ? C'est pourquoi les dieux réservent la même peine au menteur & au parjure ; car il ne faut pas croire que ce soit en vertu de la formule du serment que les dieux immortels s'irritent contre le parjure : c'est plutôt à cause de la perfidie & de la malice de celui qui dresse un piège à la bonne-*foi* d'autrui ».

Le serment ne produit donc point une obligation nouvelle ; il fortifie seulement celle que la promesse ou le traité impose, & il en suit entièrement le sort : réel & obligatoire par surabondance, quand le traité l'étoit, il devient nul avec le traité. *Voyez* CONTRAT.

Ce que nous venons de dire du serment, doit s'appliquer aux assévérations dont on use, en prenant des engagemens, à ces formules d'expression destinées à donner plus de force aux promesses. Ainsi, lorsque les rois engagent leur *parole royale*, promettent *saintement*, *solemnellement*, *irrévocable-*

ment ; lorfqu'un homme promet fur fa *parole d'honneur* , un noble fur fa *foi de gentilhomme* , &c. ils ne font pas plus ftrictement , plus néceffairement obligés que celui qui engage fimplement fa *parole* avec réflexion & en connoiffance de caufe.

Cependant ces affévérations ne font pas tout-à-fait inutiles ; elles fervent à donner plus d'authenticité à la *foi* donnée ; elles rendent l'infidélité plus honteufe. Il faut tirer parti de tout parmi les hommes , dont la *foi* eft fi incertaine ; & puifque la honte agit plus fortement fur eux que le fentiment de leur devoir , il feroit imprudent de négliger ce moyen.

II. On peut engager fa *foi* tacitement, auffi bien qu'expreffément ; il fuffit qu'elle foit donnée, pour devenir obligatoire : la manière n'y peut mettre aucune différence. La *foi* tacite eft fondée fur un confentement tacite ; & le confentement tacite eft celui qui fe déduit, par une jufte conféquence, des démarches de quelqu'un. Ainfi tout ce qui eft renfermé, comme le dit Grotius , dans la nature de certains actes dont on eft convenu , eft tacitement compris dans la convention ; ou , en d'autres termes , toutes les chofes , fans lefquelles ce dont on eft convenu ne peut avoir lieu, font accordées tacitement, & les parties doivent religieufement en garder la *foi*.

III. Eft-on difpenfé de tenir la *foi* donnée envers un ennemi ? Ce feroit une erreur également funefte & groffière de s'imaginer que tout devoir ceffe, que tout lien d'humanité foit rompu , entre deux nations qui fe font la guerre. Réduits à la néceffité de prendre les armes pour leur défenfe & pour le maintien de leurs droits , les hommes ne ceffent pas pour cela d'être hommes : les mêmes loix de la nature règnent encore fur eux. Si cela n'étoit pas, il n'y auroit point de loi de la guerre. Celui-là même qui nous fait une guerre injufte eft homme encore ; nous lui devons tout ce qu'exige de nous cette qualité. Mais il s'élève un conflit entre nos devoirs envers nous-mêmes, & ceux qui nous lient aux autres hommes. Le droit de fûreté nous autorife à faire contre cet injufte ennemi tout ce qui eft néceffaire pour le repouffer, ou pour le mettre à la raifon : cela eft vrai, mais tous les devoirs, dont ce conflit ne fufpend pas néceffairement l'exercice, fubfiftent dans leur entier ; ils nous obligent & envers l'ennemi , & envers tous les autres hommes. Or tant s'en faut que l'obligation de garder la *foi* puiffe ceffer pendant la guerre, en vertu de la préférence que méritent les devoirs envers foi-même , elle devient plus néceffaire que jamais. Il eft mille occafions, dans le cours même de la guerre , où , pour mettre des bornes à fes fureurs, aux calamités qu'elle traîne à fa fuite, l'intérêt commun, le falut de deux ennemis exige qu'ils puiffent convenir enfemble de certaines chofes. Que deviendroient les prifonniers de guerre , les garnifons qui capitulent, les villes qui fe rendent, fi l'on ne pouvoit compter fur la

parole d'un ennemi ? La guerre dégénéreroit dans une licence effrénée & cruelle ; fes maux n'auroient plus de bornes. Et comment pourroit-on la terminer enfin & rétablir la paix ? S'il n'y a plus de *foi* entre ennemis , la guerre ne finira avec quelque fûreté que par la deftruction entière de l'un des partis. Le plus léger différend, la moindre querelle produira une guerre femblable à celle qu'Annibal fit aux Romains, dans laquelle on combattit, non pour quelque province, non pour l'empire, ou pour la gloire , mais pour le falut même de la nation. Il demeure donc conftant que la foi des promeffes & des traités doit être facrée, en guerre comme en paix, entre ennemis auffi-bien qu'entre nations amies.

Les conventions, les traités faits avec une nation, font rompus ou annullés par la guerre qui s'élève entre les contractans , foit parce qu'ils fuppofent tacitement l'état de paix , foit parce que chacun pouvant dépouiller fon ennemi de ce qui lui appartient , il lui ôte les droits qu'il lui avoit donnés par des traités. Cependant il faut excepter les traités où l'on ftipule certaines chofes en cas de rupture : par exemple, le temps qui fera donné aux fujets de part & d'autre pour fe retirer, la neutralité affurée d'un commun confentement à une ville, ou à une province, &c. Puifque, par des traités de cette nature, on peut pourvoir à ce qui devra s'obferver en cas de rupture, on renonce au droit de les annuller par la déclaration de guerre.

Par la même raifon , on eft tenu à l'obfervation de tout ce qu'on promet à l'ennemi dans le cours de la guerre : car, dès que l'on traite avec lui, pendant que l'on a les armes à la main, on renonce tacitement, mais néceffairement, au pouvoir de rompre la convention , par forme de compenfation & à raifon de la guerre, comme on rompt les traités précédens ; autrement ce feroit ne rien faire , & il feroit abfurde de traiter avec l'ennemi.

Mais il en eft des conventions faites pendant la guerre, comme de tous autres pactes & traités, dont l'obfervation réciproque eft une condition tacite ; on n'eft plus tenu à les obferver avec un ennemi qui les a enfreints le premier ; & même, quand il s'agit de deux conventions féparées, qui n'ont point de liaifons entre elles , bien qu'il ne foit jamais permis d'être perfide, par la raifon qu'on a affaire à un ennemi qui, dans une autre occafion , a manqué à fa parole, on peut néanmoins fufpendre l'effet d'une promeffe, pour l'obliger à réparer fon manque de *foi*, & retenir ce qu'on lui a promis, par forme de gage, jufqu'à ce qu'il ait réparé fa perfidie. C'eft ainfi qu'à la prife de Namur, en 1695 , le roi d'Angleterre fit arrêter le maréchal de Boufflers , & le retint prifonnier malgré la capitulation , pour obliger la France à réparer les infractions faites aux capitulations de Dixmude & de Deinfe.

IV.

IV. On a long-temps agité la question de savoir si un chrétien est obligé de garder la *foi* donnée aux ennemis de la religion. Plusieurs ont entrepris de rompre les traités des souverains, de les délier de leurs engagemens, de les absoudre de leurs sermens.

Césarini, légat du pape Eugène IV, rompit le traité conclu entre Vladislas, roi de Pologne & de Hongrie, & le sultan Amurath. Il força ce prince à reprendre les armes contre les Turcs ; mais il paya cher sa perfidie, ou plutôt sa crédulité superstitieuse, puisqu'il périt avec son armée auprès de Varna. Le pape osa bien publier contre la paix de Westphalie, une bulle dans laquelle il déclare certains articles « nuls, vains, invalides, iniques, injustes, condamnés, réprouvés, frivoles, sans force & effet, & que personne n'est tenu d'observer, encore qu'ils soient fortifiés d'un serment ; & de sa science, délibération & plénitude de puissance, il les condamne, réprouve, casse & annulle ».

Qui ne sent pas que ces entreprises des papes, très-fréquentes autrefois, étoient des attentats contre le droit des gens, & tendoient directement à détruire tous les liens qui peuvent unir les peuples, à sapper les fondemens de leur tranquillité ? Qui n'est pas indigné de cet abus étrange d'une religion sainte qui défend si expressément le mensonge & le parjure ?

La loi naturelle seule régit les conventions & les traités des nations : la différence de religion y est absolument étrangère. Les peuples traitent ensemble en qualité d'hommes, & non en qualité de chrétiens ou de musulmans ; il s'agit de la vie, des biens qui n'ont rien à faire avec le pape ou le mufti, avec la messe ou le sermon. Le salut commun des hommes demande qu'ils puissent traiter entre eux, & traiter avec sûreté. Toute religion qui heurteroit en ceci la loi naturelle, porteroit un caractère de réprobation ; elle ne sauroit venir de l'auteur de la nature, toujours constant, toujours fidèle à lui-même, & elle devroit être en horreur à tout le monde. Mais si les maximes d'une religion vont à s'établir par la violence, à opprimer tous ceux qui ne la reçoivent pas, la loi naturelle défend de favoriser cette religion, & de s'unir sans nécessité par des traités à ses inhumains sectateurs, & le salut commun des peuples les invite plutôt à se liguer contre des furieux, à réprimer ces fanatiques, qui troublent le repos public & menacent toutes les nations.

La *foi* des traités, cette volonté ferme & sincère, cette constance invariable à remplir ses engagemens, dont on fait la déclaration dans un traité ; est sainte & sacrée entre les nations, dont elle assure le salut & le repos ; & si les peuples ne veulent pas se manquer à eux-mêmes, l'infamie doit être le partage de quiconque viole sa *foi*.

Celui qui viole ses traités viole en même temps le droit des gens ; car il méprise la *foi* des traités, cette foi que la loi des nations déclare sacrée ; &

il la rend vaine ; autant qu'il est en son pouvoir. Doublement coupable, il fait injure à son allié, il fait injure à toutes les nations & blesse le genre humain. « De l'observation & de l'exécution des » traités, disoit un souverain respectable, dépend » toute la sûreté que les princes & les états ont » les uns à l'égard des autres, & on ne pourroit » plus compter sur des conventions à faire, si » celles qui sont faites n'étoient point maintenues ».

Les partisans de l'opinion contraire conviennent bien avec nous que les alliances faites avec les ennemis de la religion, n'ont rien de contraire au droit naturel, mais qu'elles sont prohibées par la loi divine, qui nous ordonne de regarder comme nos ennemis, ceux qui sont hors de l'église.

Mais, outre que cette assertion est fausse, puisque Moïse n'ordonna pas aux Israélites d'avoir les Égyptiens en abomination ; qu'il leur étoit au contraire expressément permis de faire des traités avec les idolâtres, comme David & Salomon s'allièrent avec Hiram, roi de Tyr : cette décision est encore plus mal fondée, à considérer l'évangile, puisqu'il nous apprend que J. C. lui-même ne fit point de difficulté de recevoir de l'eau de la main d'une femme samaritaine.

Il est vrai que, dans les proverbes de Salomon, on trouve plusieurs sentences concernant le soin qu'on doit avoir de fréquenter tout société avec les impies ; mais ce sont là de simples conseils, & non des commandemens ; encore même ces conseils souffrent-ils plusieurs exceptions, comme l'indique l'exemple de Salomon même, contractant alliance avec le roi de Tyr. En un mot, l'évangile ne défend pas de vivre, même familièrement, avec ceux d'une autre religion ; nulle part il n'engage de rompre avec les idolâtres, ni même avec les apostats, infiniment plus inexcusables que les infidèles. Il nous est seulement ordonné de n'avoir pas avec eux des liaisons assez fortes pour participer à leur infidélité.

V. Rien n'est plus contraire à la *foi* donnée qu'une interprétation manifestement fausse d'une convention, d'une promesse, d'un traité. Celui qui en use, ou se joue impudemment de la *foi* sacrée qui doit régner parmi les hommes, ou il témoigne assez par ces prétextes spécieux, qu'il n'ignore pas combien il est honteux d'y manquer. Il rend hommage malgré lui à la bonne *foi*, puisqu'en agissant en mal-honnête homme, il cherche à garder la réputation d'un homme de bien. Mais cette action n'en est pas moins condamnable, puisqu'elle joint à la perfidie un crime encore plus odieux, celui de l'hypocrisie.

VI. La *foi* ne consiste pas seulement à tenir ses promesses, mais encore à ne pas tromper, dans les occasions où l'on se trouve obligé, de quelque manière que ce soit, à dire la vérité.

Nous touchons ici une question vivement agitée autrefois, & qui a paru embarrassante, tant que l'on a eu des notions peu justes ou peu distinctes du menfonge. Plufieurs , & fur-tout des théologiens , fe font repréfenté la vérité comme une efpèce de divinité, à laquelle on doit je ne fais quel refpect inviolable pour elle-même , & indépendamment de fes effets : ils ont condamné abfolument tout difcours contraire à la penfée de celui qui parle : ils ont prononcé qu'il faut en toute rencontre parler felon la vérité connue, fi l'on ne peut fe taire, & offrir comme en facrifice à leur divinité, les intérêts les plus précieux, plutôt que de lui manquer de refpect.

Mais des philofophes plus exacts & plus profonds ont débrouillé cette idée fi confufe & fi fauffe dans fes conféquences. On a reconnu que la vérité doit être refpectée en général ; parce qu'elle eft l'ame de la fociété humaine, le fondement de la confiance dans le commerce mutuel des hommes ; & par conféquent qu'un homme ne doit pas mentir, même dans les chofes indifférentes, crainte d'affoiblir le refpect dû en général à la vérité, & de fe nuire à foi-même, en rendant fa parole fufpecte, lors même qu'il parle férieufement.

Mais en fondant ainfi le refpect qui eft dû à la vérité fur fes effets, on eft entré dans la vraie route, & dès-lors il a été facile de diftinguer entre les occafions où on eft obligé de dire la vérité, ou de manifefter fa penfée, & celles où on n'y eft point tenu.

Nous ne fommes dans l'obligation de découvrir indiftinctement tout ce que nous penfons, qu'autant que nous y fommes engagés, foit par une convention particulière, foit par une loi générale & inviolable du droit naturel, foit enfin par la néceffité qui nous eft prefcrite par la nature de l'affaire que nous traitons, ou de vive voix, ou par écrit.

Ainfi il n'eft pas douteux que, fi nous fommes chargés d'enfeigner une fcience ou un art à quelqu'un, nous fommes obligés de ne lui rien cacher de ce qui les concerne : fi nous fommes chargés de rendre compte à quelqu'un d'une affaire, nous devons ne lui rien taire de tout ce que nous avons pu découvrir de relatif à cette affaire : fi nous écrivons un récit hiftorique, nous ne devons y mêler aucune circonftance fauffe : en un mot, dans tout ce que nous difons, dans tout ce que nous faifons, d'où il peut réfulter, en vertu de notre propre confentement, ou de la loi civile ou naturelle, quelque droit, quelque obligation, c'eft manquer effentiellement que de ne point parler avec fincérité, & de déguifer ce qui concerne la chofe fur laquelle on traite. Si de telles diffimulations étoient permifes, il ne feroit plus poffible de compter fur les hommes, ni fur aucun de leurs engagemens.

Mais toutes les fois qu'aucun droit parfait ou imparfait ne nous oblige pas de découvrir notre penfée, c'eft prudence que de la cacher à propos ; c'eft même un devoir, lorfqu'on ne peut par aucun autre moyen procurer à foi-même ou à autrui quelque avantage, ou éviter un préjudice, un danger preffant, pourvu toutefois que par des fignes ou des paroles trompeufes, on ne préjudicie pas aux droits de qui que ce puiffe être.

D'après ces principes, il eft aifé de fentir que tout difcours contre la penfée n'eft point un menfonge ; qu'on ne doit donner ce nom qu'aux paroles trompeufes, dites dans les occafions où on eft obligé de parler conformément à l'exacte vérité, ou lorfqu'elles font accompagnées de l'intention de nuire, foit à ceux à qui on les adreffe, foit à d'autres. Dans le cas où les difcours faux font tenus à des gens qui n'ont aucun droit d'exiger qu'on leur dife la vérité, fans cependant pouvoir leur nuire ou à d'autres, ce n'eft plus un menfonge ; c'eft ce que les Latins appellent *falfiloquium* ; c'eft diffimulation, fi l'on veut, mais diffimulation prudente, & fouvent néceffaire.

Il n'eft plus difficile actuellement de marquer quel doit être, dans les occafions, le légitime ufage de la vérité ou du difcours faux. Par exemple, il eft permis de tromper un ennemi, en femant de faux bruits pour l'épouvanter, & même pour lui caufer du dommage ; mais cette permiffion ne doit jamais s'étendre jufqu'aux conventions que l'on fait avec lui, foit pour finir, foit pour fufpendre les hoftilités. Il eft alors de toute néceffité de parler vrai, car il feroit abfurde de dire que l'on ne s'engage pas à ne pas tromper l'ennemi, fous couleur de traiter avec lui ; ce feroit fe jouer & ne rien faire.

Il eft permis de déguifer à un infenfé une vérité, dont il pourroit déduire des conféquences très-nuifibles à lui-même ou aux autres ; de feindre, lorfque la feinte, loin d'être nuifible, eft avantageufe à autrui : par exemple, lorfqu'il eft queftion de mettre à couvert l'innocence de quelqu'un, d'appaifer une perfonne en colère, de relever par une rufe heureufe le courage abattu des foldats.

Au refte, il feroit difficile de rapporter tous les exemples des cas où l'on peut innocemment diffimuler la vérité ; il fuffit d'indiquer deux principes fur cette matière, dont on ne peut s'écarter fans fe rendre criminel. 1°. Il faut, ainfi que nous l'avons déjà remarqué, que tout ce que l'on dit, l'on écrit, l'on marque par des caractères, ou que l'on donne à entendre par des fignes, ne puiffe être pris dans un fens différent de la penfée de celui qui s'exprime, lorfqu'on eft tenu de dire vrai, foit par la nature de l'affaire que l'on traite, foit par la qualité de la perfonne avec qui l'on traite. 2°. C'eft un lâche artifice & un grand figne de fourberie, que d'avoir recours aux équivoques, lorfqu'il s'agit de contrats, ou de quelques affaires d'intérêt.

Une manière de tromper plus odieufe encore, & inventée par des fourbes infignes, eft l'ufage des reftrictions mentales, par lefquelles, au moyen d'une penfée qu'on fous-entend, on ramène à un fens directement contraire les paroles les moins équivoques, enforte qu'on nie précisément dans le fond de son ame, ce que l'on paroît affirmer expressément. Par exemple, si on me demande: avez-vous fait telle chose? je réponds affirmativement : je ne l'ai pas fait, en sous-entendant une autre chose que celle dont on me parle.

On demande si une personne coupable d'un crime, dont elle est accusée en justice, peut innocemment le nier, & éluder les accusations par de fausses preuves. Il est certain qu'au tribunal de Dieu, tout criminel, quelle que puisse être la noirceur de ses forfaits, est obligé d'avouer sincérement ses mauvaises actions, & de s'en repentir. Mais quant aux tribunaux humains, il est constant que nul homme n'est tenu de s'avouer coupable, & de s'exposer lui-même à la peine qu'il a méritée : ne pouvant la regarder qu'avec horreur, sur-tout si elle doit aller jusqu'à la perte de la vie, il lui est permis de chercher à l'éviter par toutes sortes de moyens, sur-tout lorsque cette voie ne nuit à personne.

Il importe peu à l'état, qu'un crime qui n'est pas notoire, soit puni ou couvert par des excuses spécieuses : au contraire il lui est avantageux qu'un homme ne périsse pas, & par conséquent qu'il ne se trahisse pas lui-même. Si le juge peut interroger, & employer toute son adresse pour faire avouer le crime à l'accusé, celui-ci, par la même raison, peut user de la même adresse, & rien ne l'oblige en conscience de s'accuser. Ces deux droits ne sont pas opposés l'un à l'autre : le magistrat fait ce qu'il doit pour avoir connoissance du délit, & le coupable emploie une exception naturelle, licite & raisonnable, contre le droit qu'a son juge d'exiger qu'on lui dise la vérité.

FOI & HOMMAGE, (Droit féodal.) qu'on appelle aussi foi ou hommage, en latin fides & hominium ou homagium, est la soumission & reconnoissance que le vassal fait au seigneur du fief dominant, pour lui marquer qu'il est son homme, & lui jurer une entière fidélité.

On peut encore définir la foi & hommage, avec M. le président Bouhier, observations sur la coutume de Bourgogne, chap. 43, la promesse de fidélité solemnellement faite par le vassal à son seigneur, avec les marques de soumission & de respect prescrites par les coutumes, ou réglées par l'usage des lieux.

La foi & hommage est un devoir personnel dû par le vassal à chaque mutation de vassal & de seigneur ; enforte que chaque vassal la doit au moins une fois en sa vie, quand il n'y auroit point de mutation de seigneur, & le même vassal est obligé de la réitérer à chaque mutation de seigneur.

Anciennement on distinguoit la foi de l'hommage. La foi consiste dans la prestation du serment de fidélité, l'hommage, dans la reconnoissance faite par le vassal, qu'il est l'homme de son seigneur, c'est-à-dire son sujet.

La foi étoit due par le roturier pour ce qu'il tenoit du seigneur, & l'hommage étoit dû par le gentilhomme, comme il paroît par un arrêt du parlement de Paris rendu aux enquêtes, le 10 décembre 1238. Le serment de fidélité se prêtoit debout après l'hommage, Il se faisoit entre les mains du bailli ou sénéchal du seigneur, quand le vassal ne pouvoit pas venir devers son seigneur ; au lieu que l'hommage n'étoit dû qu'au seigneur même par ses vassaux.

La forme la plus ordinaire de l'hommage étoit que le vassal fût nue tête, à genoux, les mains jointes entre celles de son seigneur, sans ceinture, épée ni éperons ; ce qui s'observe encore présentement ; & les termes de l'hommage étoient : je deviens votre homme, & vous promets feauté dorénavant comme à mon seigneur envers tous hommes (qui puissent vivre & mourir) en telle redevance comme le fief la porte, &c. cela fait, le vassal baisoit son seigneur en la joue, & le seigneur le baisoit ensuite en la bouche : ce baiser, appellé osculum fidei, ne se donnoit point aux roturiers qui faisoient la foi, mais seulement aux nobles. En Espagne, le vassal baise la main de son seigneur.

C'est avec juste raison que nous avons dit que telle étoit la forme la plus ordinaire de l'hommage, car il paroît, par d'anciens monumens historiques, que les circonstances qui l'accompagnoient, ont varié suivant les temps & les lieux. Si l'on en croit Guillaume de Malmesbury, du temps de Charles-le-Simple, celui qui recevoit un bénéfice, baisoit le pied de son seigneur. On lit dans une convention faite entre Guillaume, duc d'Aquitaine, & Hugues de Lusignan, qu'un évêque d'Angoulême fit hommage au duc, en lui baisant les bras. Dans le recueil des actes du règne d'Edouard III, on trouve que Jean Leukner & Elisabeth son épouse, après avoir fait la foi & hommage, en la cour du commun banc, en posant leurs mains sur un lieu qui leur avoir été désigné, ont baisé le lieu où leurs mains avoient été posées.

Quand c'étoit une femme qui faisoit l'hommage à son seigneur, elle ne lui disoit pas, je deviens votre femme, cela eût été contre la bienséance, mais elle lui disoit, je vous fais l'hommage pour tel fief. De même lorsqu'un chef d'une communauté religieuse faisoit hommage à son seigneur, il ne lui disoit pas, je deviens votre homme, parce que sa profession est d'être tout entier à Dieu, mais je vous fais hommage, je vous serai fidele & loyal, & je reconnoîtrai toujours tenir de vous seul les fonds donc vous êtes seigneur. Présentement on confond la foi avec l'hommage, & l'un & l'autre ne sont dus que pour les fiefs.

Il n'y a proprement que la foi & hommage qui soit de l'essence du fief ; c'est ce qui le distingue des autres biens. Un fief existe comme tel, par cela seul qu'il soumet le propriétaire à l'obligation d'être fidèle au seigneur dominant, feudum in solâ fidelitate consistit. Elle est tellement attachée au fief, qu'elle

A A a a 2

ne peut être transférée fans l'aliénation du fief pour lequel elle eft due.

§. I. *Ancienneté & divifions de l'hommage.* On trouve des exemples d'*hommage* dès le temps que les fiefs commencèrent à fe former ; c'eft ainfi qu'en 734, Eudes, duc d'Aquitaine, étant mort, Charles Martel accorda à fon fils Hérald la jouiffance du domaine qu'avoit eu fon père, à condition de lui en rendre *hommage* & à fes enfans.

De même en 778, Charlemagne, étant allé en Efpagne pour rétablir Ibinalarabi dans Sarragoffe, reçut dans fon paffage les *hommages* de tous les princes qui commandoient entre les Pyrénées & la rivière d'Ebre.

Mais il faut obferver que dans ces temps reculés la plupart des *hommages* n'étoient fouvent que des ligues & alliances entre des fouverains ou autres feigneurs, avec un autre fouverain ou feigneur plus puiffant qu'eux ; c'eft ainfi que le comte de Hainaut, quoique fouverain dans la plupart de fes terres, fit *hommage* à Philippe-Augufte en 1290.

Quelques-uns de ces *hommages* étoient acquis à prix d'argent ; c'eft pourquoi ils fe perdoient avec le temps, comme les autres droits.

Au refte le plus connu des *hommages* faits dans ces anciens temps, eft celui rendu par Taffillon, duc de Bavière, au roi Pepin, en l'année 757, quoique Chantereau le Fevre prétende que ce n'eft qu'un fimple ferment de fidélité, tel que celui dont tous les fujets font tenus envers leurs fouverains. Telle eft la manière dont il eft rapporté dans nos anciennes annales : *illuc & Taffilo, dux Baja-riorum, cum primoribus gentis fuæ venit, & more Francorum, in manus regis, in vaffaticum, manibus fuis femetipfum commendavit ; fidelitatemque tam ipfi regi Pipino, quàm filiis ejus Carolo & Carlomano, jurejurando fupra corpus S. Dionifii promifit.*

Lorfque l'ufage des fiefs fut entièrement établi en France, & généralement dans toute l'Europe, & que par les actes d'inféodation, on eut impofé au vaffal des obligations différentes, plufieurs efpèces d'*hommage*. On connut alors l'*hommage fimple*, l'*hommage ordinaire*, & l'*hommage lige* ou *plein*.

L'*hommage fimple* eft celui où il n'y avoit pas de preftation de foi, ni d'obligation de fervice particulier, confirmée par ferment, il confiftoit feulement dans l'*hommage* rendu au feigneur nue tête, les mains jointes avec le baifer. On l'appelloit *fimple* par oppofition à la *foi* & à l'*hommage* que le vaffal doit faire les mains jointes fur les évangiles avec les fermens requis. Il marquoit que le poffeffeur de la chofe, qui compofoit le fief, n'étoit affujetti envers le fuzerain qu'à aucun fervice, foit de cour, de plaids ou d'oft ; enforte que le vaffal en étoit quitte pour lui demeurer fidèle ; ne prendre parti contre lui, ni directement, ni indirectement ; & que le fuzerain ne pouvoit lever aucune taille, capitation ou autre taxe fur les hommes de fon vaffal fimple.

L'*hommage ordinaire*, qui étoit exprimé par le terme *homo*, affujettiffoit le vaffal à trois chofes : 1°. à la *fiance* envers fon fuzerain, ce qui s'exprimoit en latin par le mot *fiducia*, c'eft-à-dire, à lui donner confeil en fon ame & confcience lorfqu'il tenoit fes plaids généraux ; 2°. au reffort de la juftice, ce qui s'exprimoit par l'unique mot *juftitia* ; 3°. à fervir le fuzerain en guerre pendant quarante jours, à compter du jour qu'il lui avoit indiqué par fon acte de femonce, pour le rendez-vous général au camp : cette obligation du vaffal étoit exprimée par le mot *fervitium*, & c'eft ce qu'on appelloit être fujet à l'oft de quarante jours.

L'*hommage lige* ou *plein*, étoit celui où le vaffal promettoit de fervir fon feigneur envers & contre tous.

On l'appelloit *lige*, parce qu'il étoit dû pour un *fief lige*, ainfi appelé *à ligando*, parce qu'il lie plus étroitement que les autres. Il y en avoit autrefois de deux fortes ; l'un par lequel le vaffal s'obligeoit de fervir fon feigneur envers & contre tous, même contre le fouverain, comme l'a remarqué Cujas, *lib. 2 feud. tit. 5, & lib. 4, tit. 31, 90 & 99*, & comme il paroît par l'article 50 des établiffemens de France ; le fecond, par lequel le vaffal s'obligeoit de fervir fon feigneur contre tous, à l'exception des autres feigneurs dont le vaffal étoit déjà homme lige. Il y a plufieurs de ces *hommages* rapportés dans les preuves *des hiftoires des maifons illuftres*.

Les guerres privées que fe faifoient autrefois les feigneurs, furent la principale occafion de ces *hommages liges*.

Plufieurs ont cru que l'*hommage lige* n'avoit été introduit que vers le douzième fiècle, ainfi que nous l'avons dit fous le mot FIEF *lige*. Cependant il paroîtroit que le mot *lige* commençoit à être en ufage dès la fin de l'onzième fiècle ; car on trouve dans un fynode, tenu par Lambert, évêque d'Arras, en 1097, un article tiré du concile de Clermont de 1095, conçu en ces termes : *nec epifcopus, nec facerdos regi vel alicui laïco in manibus ligiam fidelitatem faciat.* S. Antonin & le jéfuite Maturus paroiffent être de cette opinion, puifqu'ils ont expliqué le mot *liga* par *obfequium*, & par les mots *legitimam vel facientes fidelitatem*. Mais on peut croire que ces auteurs fe font fervi d'une expreffion ufitée de leur tems.

Si on s'arrêtoit aux termes d'un diplôme de Charles-le-Chauve, de l'an 845, rapporté par D. Bouquet, *hiftoire du Languedoc, tom. 8, pag. 470*, où le comte Vandrille eft qualifié *homme lige, homo ligius* ; il faudroit dire que l'*hommage lige* étoit ufité en France dès le neuvième fiècle, & avant l'établiffement des fiefs. Le comte Vandrille ne poffédoit alors que des bénéfices civils & des aleux, & il n'eft pas fait mention de fiefs. Les bénéfices civils étoient des terres concédées à la charge du fervice militaire, les aleux des terres converties en bénéfices par le moyen des recommandations ufitées fous les deux premières races, & dont l'effet étoit que le poffeffeur d'un aleu fe mettoit fous la protection de quelque feigneur puiffant, & fe rendoit fon homme.

On voit dans un ancien *hommage* rendu à un feigneur de Beaujeu, qu'en figne de fief lige, le vaffal toucha de fa main dans celle du procureur général du feigneur. Baudry, qui a achevé fa chronique de Cambrai & d'Arras, vers l'an 1082, parlant d'un châtelain de Cambrai, qui vivoit fous Henri I, dit que ce chevalier étoit *homme lige* du comte de Flandre. S'il n'y a pas de faute dans ces textes, il faudroit convenir que le mot *lige* a commencé d'être employé au onzième fiècle, & n'eft devenu commun que dans le douzième.

Les femmes faifoient auffi *l'hommage lige*. On voit, par exemple, dans un terrier de 1351, qu'à Chalamont & Dombes, une femme fe reconnut femme lige, quoique fon mari fût homme de noble homme Philippe le Mefle.

Depuis l'abolition des guerres privées, *l'hommage lige* n'eft proprement dû qu'au roi; & s'il étoit rendu à d'autres grands feigneurs qu'au roi, il faudroit excepter le roi de l'obligation de fervir le fuzerain envers & contre tous.

L'hommage lige doit être rendu en perfonne, de quelque condition que foit le vaffal.

Nous n'avons rien de plus propre à nous inftruire de la manière dont fe rendoit l'hommage lige, que ce qui fe paffa en 1230, entre Philippe de Valois & le roi d'Angleterre Edouard III. Suivant la chronique de Froiffard, *liv. 1, chap. 25*, le roi d'Angleterre vint en France, & fe rendit en la ville d'Amiens, où le roi & toute fa cour l'attendoient pour le recevoir à la preftation de fa *foi & hommage*; & étant fur le point de l'exécution, le roi Edouard ne le voulut jamais faire que de bouche, & de parole feulement, « *fans les mains mettre entre les mains du roi de France, ou aucuns princes ou prélats fur fes députés, & ne voulut à donc le roi d'Angleterre procéder plus avant, qu'il ne fût retourné en Angleterre, pour voir les anciens titres, pour montrer comment & de quoi le roi d'Angleterre devoit être homme du roi de France* ». Le roi de France, Philippe de Valois, ne trouva point à redire fur la difficulté que lui faifoit le roi d'Angleterre, & lui répondit : « *mon coufin, nous ne voulons point vous décevoir, & nous plaît bien ce que vous nous en avez fait à préfent, jufqu'à ce que vous foyez retourné en votre pays, & que vous ayez vu par les fcellés de vos prédéceffeurs, quelle chofe vous en devez faire* ».

Le roi d'Angleterre, étant de retour en fon palais, excité par une folemnelle ambaffade du roi Philippe de Valois, expédia des lettres-patentes, que Froiffard rapporte tout au long, par lefquelles il reconnoît que fon hommage doit être rendu *ligement*, & explique la forme qui fera obfervée à l'avenir en ces termes : « *le roi d'Angleterre, duc d'Aquitaine, tiendra fes mains ès mains du très-*

noble roi de France ; & celui adreffera fes paroles au roi d'Angleterre, duc d'Aquitaine, & qui parlera pour le noble roi de France, dira ainfi : vous devenez homme lige au roi monfeigneur qui eft ici, comme duc de Guienne & pair de France ; & lui promettez foi & loyauté porter ; dites voire : & le roi d'Angleterre, duc de Guienne, & auffi fes fucceffeurs, diront voire ; & lors le roi de France recevra le roi d'Angleterre & duc de Guienne audit hommage lige, à la foi & à la bouche, fauf fon droit & l'autrui ». Les auteurs parlent encore de différentes efpèces d'hommage, tel que celui de dévotion, de paix, de foi & fervice en marche, &c. Nous en parlerons fous le mot HOMMAGE.

§. 2. *Des engagemens qui réfultoient de la foi & hommage.* Ils font détaillés dans deux lettres de Fulbert. Ce prélat, dans celle qu'il écrit au duc d'Aquitaine, les réduit à fix; *confervation, fûreté, honnêteté, utilité, facilité & poffibilité* ; c'eft-à-dire, que le vaffal ne doit porter aucune atteinte à la perfonne de fon feigneur ; ne point révéler fon fecret, ni préjudicier à la fûreté de fes fortereffes ; ne point lui faire de tort du côté de fa juftice & de fes honneurs, ni de fes poffeffions ; ne point lui fufciter des obftacles qui rendroient difficile ou impoffible ce qu'il a la facilité ou la poffibilité d'entreprendre & d'exécuter. Mais un vaffal n'a pas rempli toute juftice en ne nuifant pas à fon feigneur ; il lui doit encore confeil & aide dans toutes les occafions qui peuvent l'intéreffer. Le feigneur, de fon côté, doit remplir les mêmes obligations à l'égard de fon vaffal : s'il y manque, il eft coupable de mauvaife foi, comme le vaffal qui ne s'acquitteroit pas de fes devoirs envers fon feigneur, feroit coupable de perfidie & de parjure. Un vaffal, en s'engageant ainfi à défendre fon feigneur immédiat envers & contre tous, devoit excepter le cas de fidélité envers le roi ; de même que celui qui auroit poffédé des fiefs dans différentes mouvances, faifoit la réferve de la fidélité envers fon principal feigneur. C'eft ce que nous apprend une autre lettre de Fulbert à un des vaffaux de l'églife de Chartres.

Chantereau le Fevre, dans fon *traité de l'origine des fiefs, chap. 15*, parle également des obligations refpectives des feigneurs & des vaffaux. Ce qu'il dit mérite d'être rapporté. « *Par tous les titres que j'ai vus, & que je rapporte en très-grand nombre, du douzième & treizième fiècles, où le droit des fiefs étoit en fa vigueur, il fe reconnoît qu'il y avoit une grande liaifon d'amitié & d'intérêt entre le feigneur dominant & fes vaffaux ; enforte qu'ils fe fecouroient mutuellement en leurs befoins : le feigneur s'obligeoit & cautionnoit fes vaffaux quand ils promettoient quelque chofe, ou empruntoient quelque fomme de deniers, jufqu'à la concurrence de la valeur du fief ; & les vaffaux rendoient un pareil office à leur feigneur dominant, tellement que cet établiffement étoit d'une merveilleufe utilité aux*

» uns & aux autres : ce qui fit que fitôt que l'ouver-
» ture en fut faite, chacun en vouloit être. Un
» seigneur étoit grand & puiſſant, à proportion
» du nombre, de la quantité, & des moyens de
» ſes vaſſaux ; & le vaſſal étoit reſpecté, par la
» confidération de la puiſſance & des richeſſes de
» ſon ſeigneur dominant ».

Il ne faut pas oublier ce qu'obſerve Dumoulin,
que dans l'acte de *foi & hommage*, & du ferment
de fidélité, il n'eſt pas néceſſaire de ſpécifier les
obligations auxquelles on s'engage par-là, & qu'il
ſuffit de promettre la fidélité, telle qu'elle eſt due
de droit. Auſſi feroit-on aſſez embarraſſé de les
ſpécifier, depuis que ces engagemens, qui étoient
anciennement fort confidérables, ont été, par l'abolition des guerres privées, réduits à preſque rien,
du moins à l'égard des particuliers.

C'eſt pour cela qu'Hevin a ſoutenu, avec beaucoup d'apparence & de raiſon, qu'il feroit peut-
être à propos d'abolir l'hommage, non-ſeulement à l'égard des particuliers, mais du
roi même : car pour les particuliers, puiſque le
ſervice militaire eſt interdit à leur égard, il ne
paroît pas trop convenable qu'ils exigent de leurs
vaſſaux une promeſſe de fidélité, qui n'eſt due
qu'au ſouverain. Et à l'égard du roi, l'hommage
n'eſt qu'une vaine cérémonie, puiſque tous ſes
ſujets, ſoit vaſſaux ou autres, ſont également
obligés de lui être fidèles, & y ſont portés autant
par inclination que par devoir. Ainſi l'hommage
n'eſt bon aujourd'hui qu'à procurer des droits aux
officiers qui le reçoivent ſur les vaſſaux auxquels ils ſont fort à charge, & qu'à renouveller
le ſouvenir des temps malheureux, où, à cauſe des
diverſes factions qui règnoient dans l'état, les
rois étoient obligés de s'aſſurer de la fidélité de
leurs vaſſaux, & de les lier par la religion du ſerment. Et il ne faut pas dire que l'intérêt du roi &
des ſeigneurs en ſouffriroit ; car il feroit ſuffiſamment à couvert par les aveux & dénombremens
des vaſſaux, où leurs engagemens pourroient être
expliqués.

§. 3. *Forme de la foi & hommage.* C'eſt un principe
général, en matière de preſtation de *foi & hommage*,
qu'on doit ſuivre ſcrupuleuſement les formalités
preſcrites par la coutume du lieu, ou par le titre
d'inféodation. L'hommage doit encore ſe faire toujours au chef-lieu de la ſeigneurie dominante ;
ailleurs il feroit nul, quand bien même il le feroit
à la perſonne du ſeigneur, à moins qu'il ne veuille
bien l'agréer, par la raiſon que tout eſt réel dans
cette matière, *non perſona perſonæ, ſed res rei
ſubjicitur.*

Nous trouvons l'ancienne forme des hommages
dans les établiſſemens de S. Louis, deuxième partie, chap. 18. En voici les termes : « quand aucuns
» veut entrer en *foi* de ſaingneur ſi le doit requérir,
» ſi comme nous avons dit ci-deſſus & doit dire
» en tele manière ; ſire je vous requiex comme à
» mon ſaigneur, que vous me meté en voſtre *foi*

» & en voſtre hommage de tele choſe aſſiſe en votre
» fié que j'ai achetée, & li doit dire de tel home,
» (& doit cil eſtre préſent, qui eſt en la *foi* du
» ſeigneur), & ſe ce eſt par achat, ou ſe ce eſt
» d'eſcheoite ou de deſcendue, il le doit nommer,
» & jointes meins, dire en tele manere : ſire,
» je devien voſtre homme, & vous promet feauté
» d'orénavant comme à mon ſeigneur envers tous
» hommes (qui puiſſent vivre & mourir) en telle
» redevance comme li fiés la porte en feſant vers
» vous de voſtre rachat, comme vers ſeigneur.
» Et doit dire de quoi, de bail ou d'écheoite,
» ou d'héritage, ou d'achat, & li ſires doit pré-
» ſentement reſpondre, & je vous reçois & preing
» à hons, & vous en beſe en nom de *foi*, & ſauf
» mon droit & l'autruy ſelon l'uſage de divers
» pays ; & li ſires püet prendre large place de la
» moitié & des rentes ſe il ne fine du rachat &
» auſſi des relevoiſons ».

Ce baiſer, ainſi que nous l'avons dit plus haut,
n'étoit accordé qu'aux vaſſaux nobles, & non aux
vilains ou roturiers.

La forme actuelle de l'hommage eſt conſignée
dans l'article 63 de la coutume de Paris. Cet article
eſt conçu en ces termes : « le vaſſal, pour faire
» la *foi & hommage*, & ſes offres à ſon ſeigneur,
» eſt tenu aller vers ledit ſeigneur au lieu dont
» eſt tenu & mouvant ledit fief, & y étant,
» demander ſi le ſeigneur eſt au lieu, ou s'il y a
» autre pour lui ayant charge de recevoir la *foi*
» de lui, & hommage & offres, & ce faiſant
» doit mette un genouil en terre, tête nue, ſans
» épée & éperons, & dire qu'il lui porte & fait
» la *foi & hommage* qu'il eſt tenu de faire à cauſe
» dudit fief mouvant de lui, & déclarer à quel
» titre ledit fief lui eſt avenu, ce requérant qu'il
» lui plaiſe le recevoir. Et où le ſeigneur ne feroit
» trouvé, ou autre ayant pouvoir pour lui ſuffit
» faire *foi & hommage* & offres devant la princi-
» pale porte du manoir, après avoir appellé à haute
» voix le ſeigneur par trois fois, & s'il n'y a ma-
» noir au lieu ſeigneurial dont dépend ledit fief,
» & en cas d'abſence dudit ſeigneur, ou de ſes
» officiers, faut notifier leſdites offres au prochain
» voiſin dudit lieu ſeigneurial, & laiſſer copie »,
Article 63 de la coutume de Paris, ajouté.

La forme adoptée par cet article de la coutume
de Paris, eſt preſque générale par tout le royaume,
à l'exception néanmoins de la génuflexion, qui
paroiſſoit à Dumoulin devoir être réſervée au roi,
étant trop indécente à l'égard des particuliers.

Les notaires du châtelet mettent ordinairement
dans ces actes de *foi* faits à la porte, ces ſeuls mots,
en état de vaſſal, ſans décrire davantage les cérémonies preſcrites par la coutume, ce qui cauſe ſouvent des procès ; ce n'eſt pas que cette expreſſion
ne puiſſe être ſuffiſante, étant relative à ce qui eſt
ordonné par cet article ; mais le plus ſûr eſt de
détailler les formalités tout au long. C'eſt l'avis de
Dupleſſis, *des fiefs, liv. 1, chap. 2.*

Chorier, fur Guy-Pape, dit que c'eft un privilège de la nobleffe d'être debout en faifant la *foi*, à moins que le contraire ne foit porté par le titre du fief, fuivant l'exemple qu'il donne de la terre de la Beaume, pour laquelle Charles de la Beaume de Suze, nonobftant fa naiffance illuftre, fut condamné, par arrêt du parlement de Grenoble, de le rendre à genoux.

La *foi & hommage* lige due au roi, fe fait toujours à genoux; il y en a plufieurs exemples remarquables dans Pafquier & autres auteurs.

Tel eft celui de Philippe, archiduc d'Autriche, lorfqu'il fit la *foi* à Louis XII, entre les mains du chancelier Guy de Rochefort, pour les comtés de Flandre, Artois & Charolois: le chancelier affis, prit les mains de l'archiduc; & celui-ci voulant fe mettre à genoux, le chancelier l'en difpenfa, & en le relevant, lui dit, *il fuffit de votre bon vouloir*; l'archiduc tendit la joue, que le chancelier baifa.

Le comte de Flandre fit de même la *foi* à genoux, tant à l'empereur qu'au roi de France, pour ce qu'il tenoit de chacun d'eux.

La même chofe a été obfervée dans la *foi & hommage* faite pour le duché de Bar par les ducs de Lorraine à Louis XIV, & à Louis XV.

Revenons à la manière de prêter l'hommage. Dumoulin décide, avec raifon, que le vaffal doit déclarer dans l'acte pour quels fiefs il rend le devoir; fi c'eft pour le tout ou pour partie de la chofe féodale; & en cas que ce foit pour une partie, il doit dire s'il la poffède divifement ou indivifément; car s'il offroit feulement l'hommage pour ce qui eft mouvant du feigneur en général, fans rien fpécifier davantage, le feigneur feroit en droit de le refufer, comme il a été jugé par un arrêt du parlement de Touloufe du 23 octobre 1606. La raifon eft qu'il eft de fon intérêt de favoir au vrai quelles font les chofes que fon vaffal tient de lui, foit pour régler le dénombrement qui lui en fera donné dans la fuite, foit pour la confervation de fes droits & de fon domaine direct.

Par la même raifon, le vaffal doit faire exhibition à fon feigneur, & même lui laiffer une copie en forme, s'il le defire, foit de fon contrat d'acquifition du fief, foit de l'invefiture de fon prédéceffeur, s'il tient le fief par fucceffion, faute de quoi le feigneur feroit bien fondé à refufer l'hommage, à moins que le vaffal ne juftifiât d'une poffeffion trentenaire.

Et c'eft auffi la raifon pour laquelle à chaque mutation de vaffal, il eft dû un nouvel hommage au feigneur féodal: formalité qui a été introduite à l'exemple des reconnoiffances des cens, foit emphytéotiques ou autres, comme l'a obfervé M. de Chaffeneuz. Autrement il pourroit arriver par fucceffion de temps, que le feigneur ne fauroit plus, ni ce que feroit devenue la chofe féodale, ni en quelles mains elle auroit paffé, ni du moins quelle en feroit la confiftance.

§. 4. *Quelles perfonnes doivent la foi & hommage.* La *foi* doit être faite par tout propriétaire de fief fervant, foit laïque ou eccléfiaftique, noble ou roturier, mâle ou femelle; les religieux la doivent auffi pour les fiefs dépendans de leurs bénéfices ou de leurs monaftères; & perfonne ne peut s'exempter de ce devoir, à moins d'abandonner le fief; à l'exception du roi qui ne doit point de foumiffion à fes fujets, ou lorfque par le titre d'inféodation, le vaffal en a été difpenfé à perpétuité.

Lorfque le vaffal poffède plufieurs fiefs relevans d'un même feigneur, il peut ne faire qu'un feul acte de *foi & hommage* pour tous fes fiefs.

Ainfi la *foi* eft due toutes les fois qu'il y a mutation de la part du vaffal, foit par fucceffion, donation, vente, échange ou autrement; & dans tous ces cas, il n'eft pas befoin de requifition de la part du fuzerain, parce que c'eft un axiome de notre droit, que tout nouveau vaffal doit la *foi* à fon feigneur, & lui faire reconnoiffance. Mais lorfque la mutation procède du chef du feigneur dominant, le vaffal n'eft point obligé de porter la *foi* à fon nouveau feigneur, s'il n'en eft par lui requis.

Quoique tout vaffal foit tenu de faire la *foi* à fon feigneur, cependant comme il y a quelques différences à cet égard entre les vaffaux, il eft néceffaire d'entrer dans quelques détails:

I. L'engagifte d'un fief faifant partie du domaine de la couronne, n'eft pas affujetti à l'hommage envers le roi, parce qu'un engagement n'eft pas une inféodation; l'engagement n'eft qu'une aliénation précaire & révocable *ad nutum*, & l'inféodation eft de fa nature perpétuelle.

De même que l'engagifte n'eft pas tenu de rendre hommage au roi, il ne peut pas non plus recevoir en *foi* les vaffaux mouvans du fief qu'il tient à titre d'engagement.

La raifon de cette exclufion de l'engagifte, de recevoir la *foi*, eft qu'il n'eft point le feigneur de la terre qui lui eft engagée, dont il n'a que la fimple faculté de recevoir les fruits; & la maxime eft fi conftante, qu'une claufe précife d'un engagement qui feroit contraire n'auroit aucune exécution, comme il a été jugé en 1676, par arrêt du confeil, contre le fieur de Palleville.

En effet, il n'y a que le feigneur qui puiffe recevoir les vaffaux en *foi*; & l'engagifte n'a conftamment point cette qualité, comme Loifeau le reconnoît, *des offices, 4, c. 9, n. 28* & fuivant.

Cet auteur, après avoir décidé que l'engagifte ne peut prendre la qualité de duc ou de comte, ou même de feigneur du domaine engagé, obferve qu'il peut prendre la qualité de feigneur engagement d'un tel domaine. *Voyez Bacquet, des Droits de juftice, 12, n. 15;* & la Lande fur Orléans, 63.

II. Quand le fief appartient à plufieurs copropriétaires, tous doivent porter la *foi*; mais chacun peut la faire pour fa part, ce qui ne fait pas néanmoins que la *foi* foit divifée, car de fa nature elle eft indivifible. Dans ce cas, le copropriétaire qui porte la *foi*, doit fpécifier pour quelle partie du fief il la rend.

Il en eft de même lorfque le fief eft à partager entre plufieurs cohéritiers, tous font tenus de lui préfenter hommage, mais il doit les inveftir à mefure qu'ils fe préfentent.

III. La propriété du fief étant conteftée entre plufieurs contendans, chacun peut aller faire la *foi* & payer les droits. Le feigneur doit les recevoir tous, & celui qu'il refuferoit pourroit fe faire recevoir par main fouveraine.

Il fuffit même qu'un d'entre eux ait fait la *foi* & payé les droits, pour que le fief foit couvert pendant la conteftation; mais après le jugement, celui auquel le fief eft adjugé doit aller faire la *foi*, fuppofé qu'il ne l'ait pas déjà faite, quand même il y en auroit eu une rendue par un autre contendant; autrement il y auroit perte de fruits pour le propriétaire.

IV. Lorfque le propriétaire du fief fervant eft mineur, c'eft-à-dire, qu'il n'a pas l'âge requis pour faire la *foi*, le délai, pour la rendre, eft en fufpens; le tuteur ne peut pas la faire pour lui, il doit feulement payer les droits, & pour la *foi* demander fouffrance jufqu'à ce que le mineur foit en âge. La demande même fuffit, quoiqu'elle n'ait pas été accordée. Mais jufqu'à ce que l'oreille du feigneur en ait été frappée, il peut ufer de fon droit, c'eft-à-dire, faifir féodalement le fief, par faute de *foi*.

La forme de cette requifition eft de demander fouffrance, par un acte fignifié au feigneur, contenant l'âge & le nom du propriétaire mineur, ou des propriétaires, s'il y en a plufieurs. Comme cet acte n'eft pas un fervice de fief, mais plutôt une exception contre celui qui eft à faire, il peut être fait par procureur, & fignifié à la perfonne, ou au domicile du feigneur, fans que l'huiffier foit tenu de fe transporter au principal manoir du fief dominant. *Voyez* SOUFFRANCE.

V. Le mari, comme adminiftrateur des biens de fa femme, doit la *foi* pour le fief qui lui eft échu pendant le mariage, & payer les droits s'il en eft dû; en cas d'abfence du mari, la femme peut demander fouffrance. Elle peut auffi dans le même cas, ou au refus de fon mari, fe faire autorifer par juftice à faire la *foi*, & payer les droits.

Quand la femme eft féparée de biens d'avec fon mari, elle doit faire elle-même la *foi* & *hommage*. Il en eft de même lorfqu'il n'y a point de communauté établie entre eux par la coutume, ou par leur contrat de mariage. Le mari peut néanmoins dans ces cas, porter la *foi* & *hommage* pour fa femme, en vertu d'une procuration fpéciale.

Après le décès du mari, la femme, pour laquelle le mari a fait la *foi* & *hommage*, à raifon des fiefs qui lui font échus pendant la communauté, ne doit point de nouveaux droits, mais feulement la *foi*, au cas qu'elle ne l'eût pas déjà faite en perfonne. Pour ce qui concerne les fiefs acquis pendant la communauté, elle ne doit point de *foi* pour fa

part après le décès de fon mari, pourvu que celui-ci eût porté la *foi*, par la raifon que la femme étant conquéreur, il n'y a point de mutation en fa perfonne.

VI. Il n'eft pas dû de *foi* & *hommage* par la douairière pour les fiefs fujets au douaire; la veuve n'étant qu'ufufruitière de ces biens, c'eft aux héritiers du mari à faire la *foi*. Tel eft le droit le plus généralement obfervé; il y a cependant quelques coutumes qui autorifent la femme à faire la *foi*, pour les fiefs dont elle jouit pour fon douaire. Mais lorfque les héritiers du mari ne font pas la *foi*, ou ne paient pas les droits, la veuve peut la porter elle-même à leur place, après néanmoins qu'elle les a fait fommer de fatisfaire à ce devoir de fief.

VII. Lorfqu'un fief advient au roi par droit d'aubaine, déshérence, bâtardife, confifcation, il n'en doit point la *foi* au feigneur dominant par la raifon qui a déjà été dite; mais il doit vuider fes mains dans l'an de fon acquifition, ou payer une indemnité au feigneur, lequel néanmoins ne peut pas faifir pour ce droit, mais feulement s'oppofer.

Tel eft le droit que nous fuivons à cet égard, depuis l'ordonnance de Philippe-le-Bel, en 1302; car auparavant lorfque le roi poffédoit un fief dans la mouvance de quelque feigneur particulier, il lui en rendoit hommage de la même manière que tout autre feigneur eût fait. Lorfque Herpin vendit la vicomté de Bourges au roi Philippe I, celui-ci en fit rendre hommage en fon nom au comte de Sancerre, pour la portion des terres qui en relevoient. On trouve même poftérieurement à Philippe-le-Bel, des exemples qui prouvent que dans ce cas, le roi faifoit porter la *foi* par un fondé de procuration.

Le roi Charles V acheta de Jean de Lorris, vers l'an 1365, la terre de Beaurain, relevant du comté de Saint-Pol. Depuis l'acquifition, Charles V, fur la remontrance du comte de Saint-Pol, commit le 2 janvier 1366, Raoul de Bonneval pour rendre en fon nom à ce comte la *foi* de cette terre; le 17 juin 1368, Beaurain fut uni à la couronne. Les lettres-patentes d'union portent qu'il eft affis au bailliage d'Amiens, & que cette union eft faite par des raifons particulières: ces lettres-patentes furent dépofées à la chambre des comptes; c'étoit l'ufage de ce temps-là, on n'en faifoit pas d'autre enregiftrement.

Poftérieurement à cette union, le roi Charles VI crut qu'il devoit avoir égard à la remontrance qui lui fut faite par le comte de Saint-Pol, que la terre de Beaurain relevoit de lui: il commit, le 10 janvier 1396, Wallerand de Bonneval fon chambellan, pour rendre en fon nom la *foi* au comte de Saint-Pol; Wallerand de Bonneval, en vertu du pouvoir qu'il en avoit du roi, en fit la *foi* le 29 de janvier 1396, au nom du roi, au comte de Saint-Pol.

VIII. Le donataire entre-vifs d'un fief, même
avec

avec rétention d'usufruit en faveur du donateur, est tenu de faire foi, parce qu'il y a changement de personne par rapport à la propriété du fief, que le changement donne ouverture au fief, & que le seigneur est dans le droit d'user de main-mise, si le nouveau vassal ne couvre pas son fief par la prestation de foi, dans les délais prescrits par la coutume.

VIII. Le simple usufruitier n'a pas le droit d'entrer en foi, & de demander que le seigneur l'admette à ce devoir, qui regarde uniquement le propriétaire. Telle est la disposition précise des coutumes de Paris, art. 40; d'Anjou, art. 125; du Maine, art. 155; de Poitou, art. 264, & de plusieurs autres. C'est aussi l'avis de Dumoulin, Chasseneuz & d'Argentré.

Cependant si le propriétaire du fief servant négligeoit de faire la foi & hommage & de payer les droits, & que le fief fût saisi féodalement par le seigneur, je ne vois pas par quelles raisons on pourroit empêcher l'usufruitier de faire la foi & hommage, de payer les droits pour avoir main-levée de la saisie, & éviter la perte des fruits. Dans ce cas, l'usufruitier aura son recours contre le propriétaire pour ses dommages & intérêts; & comme ce n'est pas pour lui-même qu'il fait la foi, il sera tenu de la réitérer à chaque mutation de propriétaire qui se trouvera dans le même cas.

IX. Les corps, chapitres & communautés d'hommes séculiers & réguliers, qui possèdent des fiefs, sont obligés d'en porter la foi. Leur manière de la faire est réglée par les articles 110, 111 & 112 de la coutume d'Anjou, & par les articles 121, 122 & 123 de celle du Maine, & elle se réduit à cette disposition.

Si le corps ou chapitre a un chef, comme un doyen, un abbé, un prieur, ce chef fera la foi pour le corps ou chapitre; & en cas de légitime empêchement, elle sera faite par un député ou commis à cet effet.

Pour les corps & communautés qui n'ont point de chef principal, comme les fabriques, hôpitaux, &c. la foi & hommage doit être faite par l'homme vivant & mourant, & pour les bénéfices particuliers par les titulaires; ce qui est conforme au droit commun du royaume.

Pour les religieuses, nous avons une décrétale qui porte qu'elles possèdent quelque fief, elles doivent tâcher d'être admises à en faire le devoir par procureur; mais que si elles ne peuvent l'obtenir du seigneur féodal, l'abbesse & la prieure du monastère doivent aller en personne prêter la foi & hommage avec le plus de décence qu'il sera possible. En France elles sont dispensées de rendre ce devoir en personne; & l'on exige seulement qu'elles s'en acquittent par procureur; soit que ce soit l'homme vivant & mourant qu'elles ont donné au seigneur, ou un autre ayant charge d'elles. Voyez homme vivant & mourant.

Outre le serment de fidélité, les évêques doi-

vent également au roi la foi & hommage pour les fiefs qu'ils tiennent de lui, à cause desquels, comme vassaux, ils étoient tenus anciennement d'assister le roi de gens à la guerre, comme on voit dans les épîtres de Lupus, abbé de Ferrières, dans les écrits d'autres anciens auteurs, & dans les preuves des libertés de l'église gallicane. On y trouve que l'archevêque de Sens devoit quatre chevaliers, l'évêque d'Orléans deux, l'évêque de Chartres trois, l'évêque de Paris trois, l'évêque de Troyes deux, l'évêque de Noyon cinq, l'évêque de Beauvais cinq, l'évêque de Lisieux vingt, l'évêque de Bayeux vingt, l'évêque d'Avranches cinq, & le semblable presque en la plupart des abbayes du pays de Normandie. C'est pourquoi, en l'exemption de la régale, que Philippe-Auguste accorda aux évêques d'Auxerre en l'an 1206, il ajouta particulièrement cette réserve: *salvo servitio nostro equitatiônis, exercitûs & subventionis, sicut episcopi Altissiodorenses nobis fecerunt, &c.* & en celle de Nevers, de l'an 1208: *præterea exercitus & procurationes, sicut nos & prædecessores nostri ea solent & debent habere.*

Il nous reste plusieurs hommages rendus aux rois par les évêques. On y distingue très-bien le serment de fidélité & l'hommage proprement dit. Nous n'en rapporterons qu'un exemple: c'est le serment prêté par Hincmar, évêque de Laon, à Charles-le-Chauve. Voici les termes dans lesquels il est conçu. On le trouve dans Aymoin, *de gestis Francorum, liv. 4, chap. 24. Ego Hincmarus, Laudunensis ecclesiæ episcopus, amodo & deinceps domino seniori meo Carolo regi sic fidelis & obediens, secundùm ministerium meum ero, sicut homo suo seniori & episcopus per rectum suo regi esse debet.*

Ces termes, *sicut episcopus per rectum suo regi esse debet*, témoignent la fidélité; & ceux-ci, *sicut homo suo seniori*, la foi & hommage qu'il faisoit au roi son seigneur, comme vassal, à cause des fiefs dépendans de son évêché; car *senior*, qui est un mot latin de ce siècle-là, ne signifie autre chose que seigneur; & le mot *homo* signifie vassal, d'où vient le mot latin *hominium*, pour hommage; & en termes de fiefs, *saisir un fief à faute d'homme*, c'est-à-dire, à faute de vassal.

Le passage que nous allons transcrire, achevera d'établir la dépendance féodale des évêques envers le roi, & l'obligation où ils sont de lui faire hommage du temporel de leurs églises. Ce passage est tiré du traité des régales de M. le Maître. « Le » serment de l'archevêque de Reims Arnoul, est » encore considérable par-dessus les autres, en ce » qu'il fait foi notamment, que la peine de l'in- » fidélité d'un évêque françois envers son roi, a » été, même sous la troisième race de nos rois, » la perte de son évêché, comme nous avons dit » ci-devant, ni plus ni moins que la peine d'un » vassal qui désavoue son seigneur dominant, ou » le dément, ou l'appelle en duel, est la perte de » son fief. C'est sur quoi se fonda ce grand parle-

» ment de Paris, lorſque le 16 février 1595, il
» jugea qu'il y avoit ouverture de régale, par la
» rebellion du cardinal de Pelue, archevêque de
» Sens, comme, le 15 février 1594, auparavant,
» il avoit jugé à Tours, en l'audience, que l'évê-
» que, par ſa rebellion, ſi elle eſt publique &
» notoire, perd ſon évêché, *ipſo jure & non ex-*
» *pectatâ ſententiâ*, & que la régale eſt ouverte du
» jour de la rebellion ; plaidant Robert pour M. An-
» toine Meſſalin, pourvu en régale d'une prébende
» de Senlis, par la rebellion de l'évêque dudit lieu,
» nommé M. Roſe ».

On ne peut donc pas douter du droit que nos
rois ont d'exiger la *foi & hommage* de la part des
évêques, à raiſon des fiefs qu'ils poſſedent. Mais
il ſeroit peut-être difficile de trouver un acte de
foi & hommage, rendu par un évêque, depuis celui
de Louis de Poitiers, évêque & comte de Valence
& de Die, fait par lui en 1456, au dauphin, depuis
roi ſous le nom de Louis XI.

« Depuis ce temps-là, dit le P. Thomaſſin, en *ſa*
» *diſcipl. eccléſ. part.* 4, *liv.* 2, *chap.* 53 ; il ne
» paroît plus d'hommages rendus, mais de ſimples
» ſermens de fidélité ; ces ſermens de fidélité ont
» même quelque choſe plus honnête & plus hono-
» rable que la probité des derniers ſiécles en-
» vers les princes ſouverains. Quelques-uns ont
» cru que l'*hommage* s'étoit confondu avec le ſer-
» ment ; mais un arrêt du conſeil-privé en 1652, en
» faveur de l'évêque d'Autun, nous donne d'autres
» lumières. Cet évêque, ayant prêté ſon ſerment
» de fidélité au roi, eut peine de le faire enregiſter
» dans la chambre des comptes, parce qu'elle
» exigeoit encore de lui l'*hommage* & le dénombre-
» ment des fiefs & domaines qu'il tenoit ; il préſenta
» requête au roi conjointement avec les agens du
» clergé, & elle contenoit que *par les lettres-patentes*
» *de Charles IX, Henri III, Henri IV & Louis XIII,*
» *enregiſtrées au parlement & en la chambre des comp-*
» *tes, les eccléſiaſtiques de ce royaume auroient été*
» *déclarés exempts de faire la foi & hommage, &*
» *donner, par aveu & dénombrement, leurs fiefs,*
» *terres & domaines, attendu les amortiſſemens faits*
» *d'iceux en 1522 & 1547, par les rois François I,*
» *& Henri II.... le roi prononça en faveur de*
» l'évêque ».

D'ailleurs il eſt certain que le clergé a obtenu divers arrêts de ſurſéance pour la *foi & hommage* des
fiefs qu'il poſſéde mouvans nuement du roi ; il y en
a pluſieurs indiqués dans Brillon au mot *Foi*, n°. 8,
& rapportés dans les mémoires du clergé : mais il
ne paroît pas que cette ſurſéance s'étende aux fiefs
mouvans des ſeigneurs particuliers. On peut voir
dans le Commentaire d'Auroux Deſpommiers,
prêtre, docteur en théologie, & conſeiller-clerc
en la ſénéchauſſée de Bourbonnois, & ſiége préſidial de Moulins, *ſur la coutume de Bourbonnois, art.*
380, qu'il penſe que la forme de la *foi & hommage*,
de la part des gens d'égliſe, n'eſt point différente,
nonobſtant la dignité de leur caractère, qui ſemble-

roit les exempter de cet abaiſſement envers un
laïque ; parce qu'en ce qui concerne les choſes
temporelles, ils ſont ſujets au droit commun.

Nous n'avons jamais admis en France la prétention des papes, & d'une grande partie du clergé
étranger, conſignée dans pluſieurs canons des
conciles, par laquelle les évêques ſoutenoient
n'être tenus envers les ſouverains, pour les fiefs
dépendans de leurs bénéfices, qu'au ſerment de
fidélité, ſans charge d'hommage.

Les décrets du concile de Clermont de 1095,
& de celui de Latran de 1215, qui défendent aux
laïques d'exiger des perſonnes eccléſiaſtiques le
ſerment d'*hommage* & de fidélité, n'ont jamais eu
d'autorité parmi nous, ou n'ont pu y être entendus,
que du cas où l'on auroit exigé le ſerment d'*hom-*
mage, pour raiſon du bénéfice eccléſiaſtique, c'eſt-
à-dire, à raiſon de la ſpiritualité du bénéfice ; parce
qu'en effet, l'*hommage* rendu pour la ſpiritualité
d'un bénéfice, ne pourroit être regardé que comme
une ſimonie : *indignum eſt ut pro ſpiritualibus facere,*
quis homagium compellatur : pro habendis ſpiritua-
libus homagium facere ſimoniacum eſt. Cap. ex dili-
genti, & cap. fin. de reg. juris.

Dans les onzième, douzième & treizième ſiécles, la vanité ſe trouvoit ſi flattée de l'eſpèce
d'aſſujettiſſement de celui qui faiſoit *hommage*, à
celui qui le recevoit, que l'uſage s'étoit introduit
dans le clergé, d'exiger des *hommages* de ceux qui
étoient dans un rang inférieur. Il exiſte une lettre
du pape Paſcal II, écrite au clergé de Paris, dans
laquelle il ſe récrie avec violence contre cette
coutume.

Les abbés, n'ayant point d'eccléſiaſtiques qui leur
fuſſent aſſujettis, & voulant, d'un autre côté, imiter
les ſouverains, exigèrent des curés le ſerment de
fidélité, lorſqu'ils les inſtituoient dans les paroiſſes,
eu égard aux dîmes qu'ils leur cédoient. Un concile de Chiceſter de l'an 1289 s'éleva contre cet
abus, & dit, en parlant de ces abbés : *fidelitatis exi-*
gunt ſacramentum & nec exactores ſinimus impunitos
cum ſimoniacam contineant pravitatem.

X. Quand un fief eſt ſaiſi réellement, & qu'il y a
ouverture ſurvenue, ſoit avant la ſaiſie réelle ou
depuis, pour laquelle le ſeigneur dominant a ſaiſi
féodalement, le commiſſaire aux ſaiſies réelles ou
autre établi à la ſaiſie, doit aller faire la *foi*, & payer
les droits au nom du vaſſal partie ſaiſie, après l'avoir
ſommé de le faire lui-même.

Le ſeigneur dominant doit recevoir le commiſſaire
à faire la *foi*, ou lui donner ſouffrance ; s'il n'accordoit pas l'un ou l'autre, le commiſſaire peut ſe
faire recevoir par main ſouveraine, afin d'éviter la
perte des fruits.

XI. Le vaſſal étant abſent depuis long-temps, &
ſon fief ouvert avant ou depuis l'abſence, le curateur créé à ſes biens peut faire la *foi* ; le vaſſal abſent
peut auſſi demander ſouffrance s'il a quelque empêchement légitime. *Voyez* SOUFFRANCE.

XII. Le délaiſſement par hypothèque d'un fief ne

faifant point ouverture jufqu'à la vente, n'occa-
fionne point de nouvelle *foi & hommage*; mais fi le
fiefeft ouvert d'ailleurs, le curateur créé au déguerpiffement doit faire la *foi*, & payer les droits pour
avoir main-levée de la faifie féodale, & empêcher
la perte des fruits.

Si c'étoit un déguerpiffement proprement dit du
fief, le bailleur qui y rentre de droit, doit une
nouvelle *foi & hommage*, quoiqu'il l'eût faite pour
fon acquifition. Loyfeau, *du déguerp. liv. 6, chap. 5,
n. 12.*

Dans une fucceffion vacante où il fe trouve un
fief, on donne ordinairement le curateur pour
homme vivant & mourant, lequel doit la *foi* & les
droits au feigneur.

XIII. En fucceffion directe, le fils aîné eft tenu
de faire la *foi*, tant pour lui que pour fes frères
& fœurs, foit mineurs ou majeurs, avec lefquels
il poffède par indivis, pourvu qu'il foit joint avec
eux au moins du côté du père ou de la mère dont
vient le fief.

S'il n'y a que des filles, l'aînée acquitte de même
fes fœurs de la *foi*.

Après le partage, chacun doit la *foi* pour fa part,
quoique l'aîné eût fait la *foi* pour tous.

Si l'aîné étoit décédé fans enfans & avant d'avoir
porté la *foi*, ce feroit le premier des puînés qui le
repréfenteroit ; s'il y a des enfans , les fils de
l'aîné repréfentent leur père ; s'il n'avoit laiffé que des
filles, entre roturiers, l'aînée feroit la *foi* pour
toutes ; mais entre nobles, ce feroit le premier des
puînés mâles.

Il y a plufieurs cas où l'aîné n'eft pas obligé de
relever le fief pour fes puînés, c'eft-à-dire, de faire
la *foi* pour eux, favoir:

1°. Lorfqu'il a renoncé à la fucceffion des père
& mère, & dans ce cas, le puîné ne le repréfente point.

2°. Quand il a été déshérité.

3°. Lorfqu'il n'eft pas joint aux puînés du côté
d'où lui vient le fief; car en ce cas, il leur eft à
cet égard comme étranger.

4°. Lorfqu'il eft mort civilement.

Quand l'aîné renonce à la fucceffion, le puîné
ne peut porter la *foi* pour lui & non pour
fes autres frères & fœurs, parce qu'il ne jouit pas
du droit d'aîneffe ; mais l'aîné même peut relever
le fief, parce que ce n'eft pas la qualité d'héritier, mais celle d'aîné qui autorife à porter la *foi*
pour les puînés.

Si l'aîné a cédé fon droit d'aîneffe, le ceffionnaire,
même étranger, doit relever pour les autres, & les
acquitter.

L'aîné, pour faire la *foi*, tant pour lui que
pour les autres, doit avoir l'âge requis par la
coutume, finon fon tuteur doit demander fouffrance
pour tous.

En faifant la *foi*, il doit déclarer les noms & âges
des puînés.

La *foi* n'eft point cenfée faite pour les puînés, à

moins que l'aîné ne le déclare ; il peut auffi ne relever
le fief que pour quelques-uns d'entre eux, & non
pour tous.

Lorfqu'il fait la *foi*, tant pour lui que pour eux,
il eft obligé de les acquitter du relief, s'il en eft
dû par la coutume, ou en vertu de quelque titre
particulier.

L'aîné n'acquitte fes frères & fœurs que pour les
fiefs échus en directe, & non pour les fucceffions
collatérales, où le droit d'aîneffe n'a pas lieu.

§. 5. *A qui la foi eft-elle due?* La *foi & hommage*
doit être faite au propriétaire du fief dominant,
& non à l'ufufruitier, lequel a feulement les droits
utiles.

Lorfque le feigneur eft abfent, le vaffal doit s'informer s'il y a quelqu'un qui ait charge de recevoir
la *foi* pour lui.

Le feigneur peut charger de cette commiffion
quelque officier de fa juftice, fon receveur ou
fon fermier, ou autre, pourvu que ce ne foit pas
une perfonne vile & abjecte, comme un valet ou
domeftique.

S'il n'y a perfonne ayant charge du feigneur pour
recevoir la *foi*, quelques coutumes veulent que le
vaffal fe retire pardevers les officiers du feigneur,
étant en leur fiège, pour y faire la *foi* & les
offres ; ou s'il n'a point d'officier, que le vaffal
aille au chef-lieu du fief dominant avec un notaire
ou fergent, pour y faire la *foi* & les offres. Celles
de Paris, *article 63*, & plufieurs autres femblables,
portent fimplement que s'il n'y a perfonne ayant
charge du feigneur pour recevoir la *foi*, elle doit
être offerte au chef-lieu du fief dominant, comme il
vient d'être dit.

Lorfqu'il y a plufieurs propriétaires du fief dominant, le vaffal n'eft pas obligé de faire la *foi* à chacun
d'eux en particulier ; il fuffit de la faire à l'un d'eux
au nom de tous, comme à l'aîné ou à celui qui a la
plus grande part ; mais l'acte doit faire mention que
cette *foi & hommage* eft pour tous.

Au cas qu'ils fe trouvaffent tous au chef-lieu,
le vaffal leur feroit la *foi* à tous en même temps ;
& s'il n'y en a qu'un, il doit recevoir la *foi* pour
tous.

Les propriétaires du fief dominant n'ayant pas
encore l'âge auquel on peut porter la *foi*, ne peuvent
pas non plus la recevoir ; leur tuteur doit la recevoir
pour eux & en leur nom.

Les chapitres, corps & communautés qui ont un
fief dominant, reçoivent en corps & dans leur
affemblée la *foi* de leurs vaffaux ; il ne fuffiroit pas
de la faire au chef du chapitre ou d'un autre corps.

Le mari peut feul, & fans le confentement de fa
femme, recevoir la *foi* due au fief dominant, dont
elle eft propriétaire ; néanmoins s'il n'y avoit pas
communauté entre eux, la femme recevroit elle-
même la *foi*.

La *foi* due au roi pour les fiefs mouvans de fa
couronne, tels que font les fiefs de dignité, doit
être faite entre les mains du roi, ou entre celles

de M. le chancelier, ou à la chambre des comptes du reffort.

A l'égard des fiefs relevans du roi à caufe de quelque duché ou comté réuni à la couronne, la *foi* fe fait devant les tréforiers de France du lieu en leur bureau, à moins qu'il n'y ait une chambre des comptes dans la même ville, auquel cas on y feroit la *foi*.

Les apanagiftes reçoivent la *foi* des fiefs mouvans de leur apanage ; mais les engagiftes n'ont pas ce droit, étant confidérés plutôt comme ufufruitiers que comme propriétaires.

Quand il y a combat de fief entre deux feigneurs, le vaffal doit fe faire recevoir en *foi* par main fouveraine. Pour cet effet il obtient en la chancellerie établie près la cour fouveraine ou le préfidial, dans le reffort de laquelle eft fitué le fief fervant, des lettres adreffées aux baillis, aux fénéchaux, par lefquelles il leur eft enjoint de recevoir le vaffal en *foi* par *main fouveraine*. Voyez ce mot. Quarante jours après, la fignification de la fentence, s'il n'y a point d'appel, ou après l'arrêt qui a jugé le combat de fief, le vaffal doit faire la *foi* à celui qui a gagné la mouvance, à moins qu'il ne la lui eût déjà faite.

Le feigneur ayant faifi le fief du vaffal, s'il y a des arrière-fiefs ouverts, & que le feigneur fuzerain les ait auffi faifis, la *foi* doit lui en être faite.

Le propriétaire d'un fief peut-il exiger & recevoir la *foi* de fes vaffaux, avant que d'avoir rempli lui-même ce devoir envers fon feigneur dominant? Loifel & les anciens jurifconfultes françois ont penfé qu'un propriétaire de fief ne pouvoit recevoir la *foi* de fon vaffal, avant d'être lui-même entré en *foi* : ils fe fondoient à cet égard fur la conftitution originaire des fiefs, qui ne regardoit le vaffal en poffeffion du fief, que du moment où il en avoit reçu l'inveftiture. Buridan, fur l'art. 58 de la coutume de Rheims; Lalande, fur Orléans, *art.* 60; le préfident Bouhier, fur Bourgogne, *art.* 45, ont embraffé le même fentiment.

La coutume de Nivernois, *tit. des fiefs, art.* 54, a une difpofition contraire, qui a été adoptée par Coquille, Dupleffis, de Laurière, Ragueau & Guyot. Je me rangerai volontiers à cet avis, parce que le propriétaire du fief dominant n'eft pas moins véritablement propriétaire, avant d'avoir été invefti par le fuzerain, & qu'il peut faire tous les actes qui appartiennent à la qualité de propriétaire & de maître du fief.

Cependant cette décifion ne peut s'appliquer qu'au cas où le feigneur fuzerain dort, c'eft-à-dire, n'a point fait faifir le fief de fon vaffal à défaut de *foi & hommage*. Car s'il avoit fait faifir féodalement, le faifi ne pourroit, pendant la durée de la faifie, exiger la *foi* de fes vaffaux qui feroient tenus de la porter à leur fuzerain.

§. 6. *Où la foi doit-elle être portée?* C'eft une maxime générale, ainfi que nous l'avons déjà dit §. 3, que la *foi* n'eft légitimement faite qu'au chef-lieu de la feigneurie dominante. Ainfi le vaffal, pour

remplir ce devoir, doit fe tranfporter au château ou principal manoir ; & s'il n'y en a point, au chef-lieu du fief dominant.

Si le feigneur a fait bâtir un nouveau château dans un autre lieu que l'ancien, le vaffal eft tenu d'y aller, pourvu que ce foit dans l'étendue du fief dominant.

S'il n'y a point de chef-lieu, le vaffal doit aller faire la *foi* devant les officiers du feigneur, ou s'il n'y en a point, au domicile du feigneur, ou en quelque autre lieu où il fe trouvera, ou dans une maifon ou terre dépendante du fief dominant.

Le feigneur n'eft pas obligé de recevoir la *foi*, ni le vaffal de la faire ailleurs qu'au chef-lieu ; mais elle peut être faite ailleurs, du confentement du feigneur & du vaffal.

S'il n'y a perfonne au chef-lieu pour recevoir la *foi*, le vaffal doit la faire devant la porte, au lieu principal du fief, affifté de deux notaires, ou d'un notaire ou fergent, & de deux témoins.

A l'égard du temps où l'hommage peut être fait, M. de Chaffeneuz obferve, avec raifon, qu'il fe doit faire *tempore congruo*, & qu'ainfi le vaffal ne doit pas choifir pour cela le temps de la nuit, ou celui des repas pour le feigneur, à moins qu'il n'y foit contraint par quelque néceffité preffante.

§. 7. *Du délai dans lequel la foi doit être portée*. Dans les pays coutumiers, le vaffal a quarante jours francs pour porter la *foi*, & rendre *hommage* ; le feigneur ne peut exiger de lui aucun droit avant l'expiration de ce délai qui eft tellement donné en faveur du vaffal, qu'il ne peut être ni réduit ni diminué.

Les quarante jours fe comptent du moment de l'ouverture du fief, c'eft-à-dire, du jour du décès du vaffal, fi la mutation eft par mort ; fi c'eft par donation, vente, échange, du jour du contrat ; fi c'eft par un legs, du jour du décès du teftateur ; fi c'eft par décret, du jour de l'adjudication ; & fi c'eft par réfignation d'un bénéfice, à compter de la prife de poffeffion du réfignataire.

Mais fi la *foi* eft due à caufe de la mutation du feigneur dominant, le délai ne court que du jour des proclamations & fignifications que le nouveau feigneur a fait faire à ce que fes vaffaux aient à lui venir faire la *foi*.

La minorité ni l'abfence du vaffal n'empêchent point le délai de courir.

Si le nouveau poffeffeur d'un fief vient à décéder pendant les quarante jours qui lui font accordés pour porter la *foi*, fon fucceffeur aura de fon chef, un nouveau délai de quarante jours, à compter du jour du décès du défunt, parce que le temps qui s'eft écoulé pendant la vie du premier vaffal, ne doit pas être compté à fon fucceffeur, qui ne vient pas par le bénéfice du défunt, mais en vertu d'un certain droit fucceffif.

Dans les pays de droit écrit, les vaffaux ont un an pour porter la *foi & hommage*. Ce délai n'eft point fatal, comme dans le pays coutumier, il n'emporte aucune peine ; & lorfqu'il eft expiré, le feigneur ne peut faire faifir féodalement, qu'après avoir conftitué fon vaffal en demeure par trois fommations, & avoir obtenu contre lui un jugement de commife.

Il réfulte de ce que nous venons de dire, que la *foi & hommage* font dus non feulement aux mutations des vaffaux, mais encore toutes les fois que le fief dominant change de propriétaire; que dans le premier cas, le vaffal eft tenu de porter la *foi* dans les quarante jours de l'ouverture du fief; & dans le fecond, qu'il n'eft tenu à ce devoir que quarante jours après qu'il en a été fommé par le nouveau feigneur, & que, jufqu'à l'expiration de ce délai; il ne craint pas la faifie féodale.

Quelques coutumes cependant permettent au nouveau feigneur de faifir le fief de l'ancien vaffal; mais cette faifie ne tient lieu que de fommation, fans emporter la perte des fruits. Mais fi le vaffal néglige de fe mettre en règle, & que le feigneur faifife de nouveau, il gagne les fruits échus depuis la première faifie.

§. 8. *Des conditions requifes pour rendre la foi valable, & de fes effets.* La *foi & hommage* doit être pure & fimple, & non pas conditionnelle.

L'âge requis pour faire la *foi* eft différent, felon les coutumes: à Paris, & dans la plupart des autres coutumes, l'âge eft de vingt ans accomplis pour les mâles, & quinze ans pour les filles ; *coutume de Paris, art. 32.*

En cas de minorité féodale du vaffal, fon tuteur doit demander fouffrance pour lui au feigneur, laquelle fouffrance vaut *foi,* tant qu'elle dure. *Voyez* SOUFFRANCE.

La plupart des coutumes veulent que le vaffal faffe la *foi* en perfonne, & non par procureur, à moins qu'il n'ait quelque empêchement légitime; auquel cas le feigneur eft obligé de le recevoir en *foi* par procureur, à moins qu'il n'aime mieux lui accorder fouffrance.

Quand la *foi* a été faite par procureur, le feigneur peut obliger le vaffal de la réitérer en perfonne, lorfqu'il a atteint la majorité féodale, ou qu'il n'y a plus d'autre empêchement.

La réception en *foi & hommage,* qu'on appelle auffi *inveftiture,* eft un acte fait par le feigneur dominant, ou par fes officiers ou autre perfonne par lui prépofée, qui met le vaffal en poffeffion de fon fief.

Il y a encore deux autres principaux effets de la réception en *foi;* l'un eft que le temps du retrait lignager ne court que du jour de cette réception en *foi;* l'autre eft que le feigneur qui a reçu la *foi,* ne peut plus ufer du retrait féodal.

Le feigneur dominant n'eft pas obligé de recevoir la *foi,* à moins que le vaffal ne lui paie en même temps les droits, s'il en eft dû.

Quoiqu'il y ait combat de fief, un des feigneurs auquel le vaffal fe préfente, peut recevoir la *foi;* fauf le droit d'autrui auquel cet acte ne peut préjudicier.

Lorfque le vaffal fe préfente pour faire la *foi,* il eft au choix du feigneur de recevoir la *foi* & les droits, ou de retirer féodalement.

Si le feigneur refufoit, fans caufe raifonnable, de recevoir la *foi,* le vaffal doit faire la *foi,* comme il a été dit, pour le cas d'abfence du feigneur, & lui notifier cet acte.

L'obligation de faire la *foi & hommage* au légitime feigneur, eft de fa nature imprefcriptible; mais s'il y a défaveu bien fondé, le vaffal peut être déchargé de la *foi* que le feigneur lui demande.

Au refte on doit dreffer un acte authentique de la preftation de *foi & hommage,* & en laiffer une copie en forme au feigneur s'il eft préfent, & en cas d'abfence, à quelqu'un de fes officiers. Ces deux expéditions doivent être fignées du vaffal, de la perfonne publique & des témoins : elles font néceffaires au feigneur pour la confervation de fes droits, au vaffal pour le mettre dans le cas de juftifier qu'il a rempli le devoir de fief.

Mais ces formalités n'ont lieu qu'à l'égard des *foi & hommages* rendues à des feigneurs particuliers; car la réception de celles qui font portées au roi, eft conftatée par l'arrêt de la chambre des comptes, dont le double eft expédié au vaffal.

§. 9. *De la manière dont la foi & hommage eft portée au roi, par ceux qui relèvent immédiatement de la couronne.* Les poffeffeurs des grands fiefs du royaume, qu'on peut appeller les hauts-vaffaux, tels que les princes & les ducs, prêtent communément l'hommage à la perfonne du roi même, ou à celle de M. le chancelier, les autres peuvent auffi le faire entre les mains de ce dernier; mais, comme il leur eft plus commode de s'acquitter de ce devoir dans leurs provinces; nos rois commettoient anciennement pour cette fonction les baillis & fénéchaux, qui y furent confirmés par l'article 4 de l'édit de Crémieu donné en 1536; l'attribution en fut faite dans la fuite aux chambres des comptes, & depuis aux tréforiers de France par l'édit du mois d'avril 1627.

Enfin, par un arrêt du confeil d'état du 19 janvier 1668, il a été réglé que la chambre des comptes de Paris continueroit de recevoir les *foi & hommages* des vaffaux de la couronne, comme elle avoit ci-devant fait, & qu'elle auroit le dépôt général de tous les actes d'hommage qui feroient rendus à la perfonne du roi, à M. le chancelier & aux bureaux des finances; & néanmoins que les officiers des bureaux de Châlons & de Bourges continueroient pareillement de recevoir les *foi & hommages* des vaffaux du roi dans leurs reffort, à quelque fomme que le revenu des fiefs fe montât, à l'exception toutefois des duchés, comtés, marquifats, vicomtés, baronnies & châtellenies vérifiées, dont les hommages feroient rendus à la perfonne du roi ou de M. le chancelier, ou à la chambre des comptes. Cela s'obferve dans toutes les généralités qui font dans l'étendue de la chambre des comptes de Paris.

Dans le Lyonnois, le Forez & le Mâconnois,

presque tous les fiefs relèvent du roi. A Lyon, l'hommage se rend pardevant les tréforiers de France ; à Mont-Brifon pardevant le lieutenant général, en qualité de juge du domaine ; & dans le Mâconnois à la chambre des comptes de Dijon, parce que le Mâconnois fait partie des états de Bourgogne.

Dans le Beaujolois, les fiefs relèvent presque tous de M. le duc d'Orléans, en qualité de fire & baron de Beaujeu ; l'hommage se fait pardevant les officiers du bailliage de Villefranche.

FOIRE, f. f. (*Droit public.*) ce mot vient du latin *forum*, qui fignifie *place publique* : dans fon origine il étoit fynonyme à celui de *marché*, & l'est encore à certains égards : l'un & l'autre fignifient un concours de marchands & d'acheteurs, dans des lieux & des temps marqués. Mais aujourd'hui le mot *foire* paroit préfenter l'idée d'un concours plus nombreux, plus folemnel & plus rare. *Voyez* le *Dictionnaire de Commerce.*

FOL APPEL, f. m. (*terme de Pratique.*) fe dit de celui qui a été interjetté témérairement, fans caufe ni moyens valables. Il est puni par une amende envers le roi. *Voyez* AMENDE, APPEL.

FOLLE ENCHÈRE, f. f. (*terme de Pratique.*) *Voyez* ENCHÈRE.

FONCIER, adj. fe dit, *en Droit*, de tout ce qui est inhérent au fonds de terre & à la directe ou propriété, comme une charge ou rente *foncière.* Le cens & la dixme font des charges *foncières.* Le feigneur *foncier* est celui auquel les céns, faifines & défaifines ou la rente *foncière* font dus. En Artois, c'est celui qui n'a pour mouvances que des biens en roture. *Juftice foncière*, c'est la baffe juftice qui, dans quelques coutumes, appartient au feigneur *foncier. Voyez* CHARGE FONCIÈRE, JUSTICE FONCIÈRE, RENTE FONCIÈRE, SEIGNEUR FONCIER. (*A*)

FONDS, f. m. ce terme, *en Droit*, a plufieurs acceptions. En matière d'affaires, de procès, de doctrine, il fignifie ce qu'il y a de plus effentiel & de plus confidérable.

Le *fonds*, en parlant d'un procès, est oppofé à la forme, & fignifie ce qui est de la fubftance d'un acte, ou ce qui fait le vrai fujet d'une conteftation : on dit communément que *la forme emporte le fonds*, c'est-à-dire que les exemptions péremptoires, tirées de la procédure, font déchoir le demandeur de fa demande, quelque bien fondée qu'elle pût être par elle-même, abftraction faite de la procédure : on dit *conclure au fonds*, pour diftinguer les conclufions qui tendent à faire décider définitivement la conteftation, de celles qui tendent feulement à faire ordonner quelque préparatoire.

Biens fonds, font les terres, maifons & autres héritages, qu'on appelle ainfi, pour les diftinguer des immeubles fictifs, tels que les rentes foncières & conftituées, les offices, &c.

Fonds, est pris fouvent pour l'héritage tout nud,

c'est-à-dire, abftraction faite des bâtimens qui peuvent être conftruits deffus ; les bois de haute-futaie & les fruits pendans par les racines font partie du *fonds.* On diftingue quelquefois le *fonds* de la fuperficie de l'héritage ; mais la fuperficie fuit le *fonds*, fuivant la maxime *fuperficies folo cedit.* Quand on veut exprimer que l'on cède non feulement la fuperficie d'une terre, mais auffi tout le *fonds*, fans aucune réferve, on cède le *fonds* & *très-fonds* de l'héritage, c'est-à-dire jufqu'au plus profond de la terre, de manière que le propriétaire y peut fouiller comme bon lui femble, en tirer de la pierre, du fable, &c.

Fonds de terre fignifie ordinairement la propriété d'une portion de terre, foit qu'il y ait un édifice conftruit deffus ou non. On entend auffi quelquefois par *fonds de terre*, la redevance qui le repréfente, telle que le cens ou la rente foncière : c'est en ce fens que l'on joint fouvent ces mots *cens* & *fonds de terre*, comme fynonymes. L'auteur du grand coutumier, & autres anciens auteurs, ont pris ces termes *fonds de terre* pour le premier *cens*, appellé dans les anciennes chartres, *fundum terræ. Voyez* la Thaumaffière fur le *chap.* 24 de *Beaumanoir*; Brodeau fur l'article 74 de la *coutume de Paris*, verbo *Cens* ou *Fonds de terre. Voyez* auffi CENS.

Fonds dotal, est un immeuble réel que la femme s'est conftitué en dot. La loi *Julia, de fundo dotali*, défend au mari d'aliéner le *fonds dotal* de fa femme ; mais quand le *fonds dotal* est eftimé par le contrat de mariage, cette eftimation équivaut à une vente, & dans ce cas, le mari est feulement débiteur envers fa femme du montant de l'eftimation, & peut aliéner le *fonds dotal. Voyez* DOT.

Fonds perdu, est un principal que l'on doit point revenir au créancier qui a prêté fon argent, parce qu'il s'en est dépouillé entièrement, & ne s'est réfervé à la place qu'un revenu fa vie durant.

Donner un héritage à *fonds perdu*, c'est le donner à rente viagère. *Voyez* RENTE VIAGÈRE.

L'édit du mois d'août 1661 fait défenfes de donner aucuns héritages ni deniers comptans à *fonds perdu* à des gens de main-morte, fi ce n'est à l'hôpital-général, l'hôtel-dieu ou aux incurables. Ces prohibitions ont été confirmées par l'édit de 1749, qui défend aux gens de main-morte toute efpèce d'acquifition. (*A*)

FONDALITÉ, f. f. (*Code féodal.*) est le terme dont la coutume de la Marche fe fert pour fignifier le droit de directe qui appartient au feigneur foncier & direct fur un héritage mouvant de lui. *Voyez* DIRECTE.

FONDATEUR, f. m. est celui qui fait conftruire ou qui a doté quelque églife, collège, hôpital, ou fait quelque autre établiffement, comme des prières & fervices qui doivent s'acquitter dans une églife. *Voyez* FONDATION. (*A*)

FONDATION, f. f. (*Droit public, civil & canonique.*) ce mot, ainfi que ceux de *fonder* & *fondement*, s'applique à tout établiffement durable &

permanent, par une métaphore bien naturelle, puisque le nom même d'*établiffement* eft appuyé précifément fur la même métaphore.

Dans ce fens, on dit la *fondation* d'un empire, d'une république, d'une fecte, d'une académie, d'un collège, de jeux publics, de prix à diftribuer, &c.

Nous ne parlerons pas dans cet article du mot de *fondation*, dans le fens de l'établiffement d'un empire : ces grands objets appartiennent aux principes primitifs du droit politique, & ils feront difcutés fous les mots AUTORITÉ, CONQUÊTE, GOUVERNEMENT, LÉGISLATION, foit dans ce Dictionnaire-ci, foit dans celui d'*Economie, politique & diplomatique*. Nous nous bornerons à traiter de la *fondation* d'un objet particulier, tel qu'un collège, un hôpital, un couvent, &c.

Fonder, dans ce fens, c'eft affigner un fonds ou une fomme d'argent, pour être employée à perpétuité à remplir l'objet que le fondateur s'eft propofé, foit que cet objet regarde le culte divin ou l'utilité publique, foit qu'il fe borne à fatisfaire la vanité du fondateur, motif fouvent feul véritable, lors même que les deux autres lui fervent de voile.

Confidérations fur l'utilité ou l'inutilité des fondations en général, par rapport au bien public. 1°. Un fondateur eft un homme qui veut éternifer l'effet de fes volontés : or, quand on lui fuppoferoit toujours les intentions les plus faines, combien n'a-t-on pas de raifons de fe défier de fes lumières ? combien n'eft-il pas aifé de faire le mal en voulant faire le bien ? Prévoir avec certitude fi un établiffement produira l'effet qu'on s'en eft promis, & n'en aura pas un tout contraire ; démêler à travers l'illufion d'un bien prochain & apparent, les maux réels qu'un long enchaînement de caufes ignorées amènera à fa fuite ; connoître les véritables plaies de la fociété, remonter à leurs caufes ; diftinguer les remèdes des palliatifs ; fe défendre enfin des preftiges de la féduction ; pórter un regard févère & tranquille fur un projet au milieu de cette atmofphère de gloire, dont les éloges d'un public aveugle & notre propre enthoufiafme nous le montrent environné : ce feroit l'effort du plus profond génie, & peut-être la politique n'eft pas encore affez avancée de nos jours pour y réuffir.

Souvent on préfentera à quelques particuliers des fecours contre un mal dont la caufe eft générale, & quelquefois le remède même qu'on voudra oppofer à l'effet, augmentera l'influence de la caufe. Nous avons un exemple frappant de cette efpèce de mal-adreffe, dans quelques maifons deftinées à fervir d'afyle aux femmes repenties. Il faut faire preuve de débauche pour y entrer. Je fuis bien que cette précaution a dû être imaginée pour empêcher que la *fondation* ne foit détournée à d'autres objets : mais cela feul ne prouve-t-il pas que ce n'étoit pas par de pareils établiffemens étrangers aux véritables caufes du libertinage, qu'il falloit le combattre ?

Ce que je dis du libertinage, eft vrai de la pauvreté. Le pauvre a des droits inconteftables fur l'abondance du riche ; l'humanité, la religion nous font également un devoir de foulager nos femblables dans le malheur : c'eft pour accomplir ces devoirs indifpenfables, que tant d'établiffemens de charité ont été élevés dans le monde chrétien pour foulager des befoins de toute efpèce ; que des pauvres fans nombre font raffemblés dans des hôpitaux, nourris à la porte des couvens par des diftributions journalières ! Qu'eft-il arrivé ? c'eft que précifément dans les pays où ces reffources gratuites font les plus abondantes, comme en Efpagne, & dans quelques pays de l'Italie, la mifère eft plus commune & plus générale qu'ailleurs.

La raifon en eft bien fimple, & mille voyageurs l'ont remarquée. Faire vivre gratuitement un grand nombre d'hommes, c'eft foudoyer l'oifiveté & tous les défordres qui en font la fuite ; c'eft rendre la condition du fainéant préférable à celle de l'homme qui travaille ; c'eft par conféquent diminuer pour l'état la fomme du travail & des productions de la terre, dont une partie devient néceffairement inculte : de-là les difettes fréquentes, l'augmentation de la mifère, & la dépopulation qui en eft la fuite ; la race des citoyens induftrieux eft remplacée par une populace vile, compofée de mendians vagabonds & livrés à toutes fortes de crimes.

Pour fentir l'abus de ces aumônes mal dirigées, qu'on fuppofe un état fi bien adminiftré, qu'il ne s'y trouve aucun pauvre (chofe poffible fans doute pour tout état qui a des colonies à peupler, *voyez* MENDICITÉ) ; l'établiffement d'un fecours gratuit pour un certain nombre d'hommes y créeroit tout auffi-tôt des pauvres, c'eft-à-dire, donneroit à autant d'hommes un intérêt de le devenir, en abandonnant leurs occupations : d'où réfulteroient un vuide dans le travail & la richeffe de l'état, une augmentation du poids des charges publiques fur la tête de l'homme induftrieux, & tous les défordres que nous remarquons dans la conftitution préfente des fociétés.

C'eft ainfi que les vertus les plus pures peuvent tromper ceux qui fe livrent fans précaution à tout ce qu'elles leur infpirent : mais fi des deffeins pieux & refpectables démentent toutes les efpérances qu'on en avoit conçues, que faudra-t-il penfer de toutes ces *fondations* qui n'ont eu de motif & d'objet véritable que la fatisfaction d'une vanité frivole, & qui font fans doute les plus nombreufes ? Je ne craindrai point de dire que fi on comparoit les avantages & les inconvéniens de toutes les *fondations* qui exiftent aujourd'hui en Europe, il n'y en auroit peut-être pas une qui foutînt l'examen d'une politique éclairée.

2°. Mais de quelque utilité que puiffe être une *fondation*, elle porte dans elle-même un vice irremédiable, & qu'elle tient de sa nature, l'impossibilité d'en maintenir l'exécution. Les fondateurs s'abusent bien grossièrement, s'ils imaginent que leur zèle se communiquera de siècle en siècle aux personnes chargées d'en perpétuer les effets. Quand elles en auroient été animées quelque temps, il n'est point de corps qui n'ait à la longue perdu l'esprit de sa première origine. Il n'est point de sentiment qui ne s'amortisse par l'habitude même & la familiarité avec les objets qui l'excitent.

Quels mouvemens confus d'horreur, de tristesse, d'attendrissement sur l'humanité, de pitié pour les malheureux qui souffrent, n'éprouve pas tout homme qui entre pour la première fois dans une salle d'hôpital! Eh bien, qu'il ouvre les yeux & qu'il voie : dans ce lieu même, au milieu de toutes les misères humaines rassemblées, les ministres destinés à les secourir se promènent d'un air inattentif & distrait ; ils vont machinalement & sans intérêt distribuer de malade en malade, des alimens & des remèdes prescrits quelquefois avec une négligence meurtrière ; leur ame se prête à des conversations indifférentes, & peut-être aux idées les plus gaies & les plus folles ; la vanité, l'envie, la haine, toutes les passions règnent-là comme ailleurs, s'occupent de leur objet, le poursuivent ; & les gémissemens, les cris aigus de la douleur ne les détournent pas davantage que le murmure d'un ruisseau n'interromproit une conversation animée. On a peine à le concevoir ; mais on a vu le même lit être à la fois le lit de la mort & le lit de la débauche. *Voyez* HÔPITAL.

Tels sont les effets de l'habitude par rapport aux objets les plus capables d'émouvoir le cœur humain. Voilà pourquoi aucun enthousiasme ne se soutient ; & comment sans enthousiasme, les ministres de la *fondation* la rempliront-ils toujours avec la même exactitude? Quel intérêt balancera en eux la paresse, ce poids attaché à la nature humaine, qui tend sans cesse à nous retenir dans l'inaction! Les précautions même que le fondateur a prises pour leur assurer un revenu constant, les dispensent de le mériter. Fondera-t-il des surveillans, des inspecteurs, pour faire exécuter les conditions de la *fondation*? Il en sera de ces inspecteurs comme de tous ceux qu'on établit pour maintenir quelque règle que ce soit. Si l'obstacle qui s'oppose à l'exécution de la règle vient de la paresse, la même paresse les empêchera d'y veiller ; si c'est un intérêt pécuniaire, ils pourront aisément en partager le profit. *Voyez* INSPECTEURS.

Les surveillans eux-mêmes auroient donc besoin d'être surveillés, & où s'arrêteroit cette progression ridicule? il est vrai qu'on a obligé les chanoines à être assidus aux offices, en réduisant presque tout leur revenu à des distributions manuelles ; mais ce moyen ne peut obliger qu'à une assistance purement corporelle ; & de quelle utilité peut-il être pour tous les autres objets bien plus importans des *fondations*? Aussi presque toutes les

fondations anciennes ont-elles dégénéré de leur institution primitive : alors le même esprit qui avoit fait naître les premières, en a fait établir de nouvelles sur le même plan ou sur un plan différent, lesquelles, après avoir dégénéré à leur tour, sont aussi remplacées de la même manière. Les mesures sont ordinairement si bien prises par les fondateurs, pour mettre leurs établissemens à l'abri des innovations extérieures, qu'on trouve ordinairement plus aisé, & sans doute aussi plus honorable, de fonder de nouveaux établissemens, que de réformer les anciens ; mais par ces doubles & triples emplois, le nombre des bouches inutiles dans la société, & la somme des fonds tirés de la circulation générale, s'augmentent continuellement.

Certaines *fondations* cessent encore d'être exécutées par une raison différente, & par le seul laps du temps : ce sont les *fondations* faites en argent & en rentes. On sait que toute espèce de rente a perdu à la longue presque toute sa valeur, par deux principes. Le premier est l'augmentation graduelle & successive de la valeur numéraire du marc d'argent, qui fait que celui qui recevoit dans l'origine une livre valant douze onces d'argent, ne reçoit plus aujourd'hui, en vertu du même titre, qu'une de nos livres, qui ne vaut pas la soixante-treizième partie de ces douze onces. Le second principe est l'accroissement de la masse d'argent, qui fait qu'on ne peut aujourd'hui se procurer qu'avec trois onces d'argent, ce qu'on avoit pour une once seule avant que l'Amérique fût découverte. Il n'y auroit pas grand inconvénient à cela, si ces *fondations* étoient entièrement anéanties ; mais le corps de la *fondation* n'en subsiste pas moins, seulement les conditions n'en sont plus remplies : par exemple, si les revenus d'un hôpital souffrent cette diminution, on supprimera les lits des malades, & l'on se contentera de pourvoir à l'entretien des chapelains.

3°. Je veux supposer qu'une *fondation* ait eu dans son origine une utilité incontestable ; qu'on ait pris des précautions suffisantes pour empêcher que la paresse & la négligence ne la fassent dégénérer ; que la nature des fonds la mette à l'abri des révolutions du temps sur les richesses publiques ; l'immutabilité que les fondateurs ont cherché à lui donner, est encore un inconvénient considérable, parce que le temps amène de nouvelles révolutions qui font disparoître l'utilité dont elle pouvoit être dans son origine, & qui peuvent même la rendre nuisible. La société n'a pas toujours les mêmes besoins ; la nature & la distribution des propriétés, la division entre les différens ordres du peuple, les opinions, les mœurs, les occupations générales de la nation ou de ses différentes portions, le climat même, les maladies & les autres accidens de la vie humaine, éprouvent une variation continuelle : de nouveaux besoins naissent, d'autres cessent de se faire sentir ; la proportion de ceux qui demeurent, change de jour en

jour.

jour dans la fociété, & avec eux difparoit ou diminue l'utilité des *fondations* deftinées à y fub-venir.

Les guerres de Paleftine ont donné lieu à des *fondations* fans nombre, dont l'utilité a ceffé avec ces guerres. Sans parler des ordres religieux mi-litaires, l'Europe eft encore couverte de mala-dreries, quoique depuis long-temps l'on n'y con-noiffe plus la lèpre. La plupart de ces établiffe-mens furvivent long-temps à leur utilité : premiè-rement, parce qu'il y a toujours des hommes qui en profitent, & qui font intéreffés à les mainte-nir : fecondement, parce que lors même qu'on eft bien convaincu de leur inutilité, on eft très-long-temps à prendre le parti de les détruire, à fe décider foit fur les mefures & les formalités néceffaires pour abattre ces grands édifices affermis depuis tant de fiècles, & qui fouvent tiennent à d'autres bâtimens qu'on craint d'ébranler, foit fur l'ufage ou fur le partage qu'on fera de leurs dé-bris : troifièmement, parce qu'on eft très-long-temps à fe convaincre de leur inutilité, enforte qu'ils ont quelquefois le temps de devenir nuifi-bles avant qu'on ait foupçonné qu'ils font inutiles.

Il y a tout à préfumer qu'une *fondation*, quelque utile qu'elle paroiffe, deviendra un jour au moins inutile, peut-être même nuifible, & le fera long-temps : n'en eft-ce pas affez pour arrêter tout fondateur qui fe propofe un autre but que celui de fatis-faire fa vanité ?

4°. Je n'ai rien dit encore du luxe des édifi-ces, & du fafte qui environne les grandes *fon-dations*: ce feroit quelquefois évaluer bien favo-rablement leur utilité, que de l'eftimer la centième partie de la dépenfe.

5°. Malheur à moi, fi mon objet pouvoit être, en préfentant ces confidérations, de concentrer l'homme dans fon feul intérêt, de le rendre in-fenfible au malheur & au bien-être de fes fem-blables, d'éteindre en lui l'efprit de citoyen, & de fubftituer une prudence oifive & baffe à la noble paffion d'être utile aux hommes ! Je veux que l'humanité, que la paffion du bien public, procurent aux hommes les mêmes biens que la vanité des fondateurs, mais plus fûrement, plus complétement, à moins de frais, & fans le mê-lange des inconvéniens dont je me fuis plaint.

Parmi les différens befoins de la fociété qu'on voudroit remplir par la voie des établiffemens du-rables ou des *fondations*, diftinguons-en deux fortes : les uns appartiennent à la fociété entière, & ne feront que le réfultat des intérêts de chacune de fes parties en particulier : tels font les befoins généraux de l'humanité, la nourriture pour tous les hommes ; les bonnes mœurs & l'éducation des enfans, pour toutes les familles ; & cet intérêt eft plus ou moins preffant pour les différens befoins : car un homme fent plus vivement le befoin de nourriture, que l'intérêt qu'il a de donner à fes enfans une bonne éducation. Il ne faut pas beau-

coup de réflexion pour fe convaincre que cette première efpèce de befoins de la fociété n'eft point de nature à être remplie par des *fondations*, ni par aucun autre moyen gratuit ; & qu'à cet égard, le bien général doit être le réfultat des efforts de chaque particulier pour fon propre intérêt.

Tout homme fain doit fe procurer fa fubfiftance par fon travail, parce que s'il étoit nourri fans travailler, il le feroit aux dépens de ceux qui tra-vaillent. Ce que l'état doit à chacun de fes mem-bres, c'eft la deftruction des obftacles qui les gê-neroient dans leur induftrie, ou qui les trouble-roient dans la jouiffance des produits qui en font la récompenfe. Si ces obftacles fubfiftent, les bien-faits particuliers ne diminueront point la pauvreté générale, parce que la caufe reftera toute entière.

De même, toutes les familles doivent l'éduca-tion aux enfans qui naiffent ; elles y font toutes intéreffées immédiatement, & ce n'eft que des efforts de chacune en particulier que peut naître la perfection générale de l'éducation. Si vous vous amufez à fonder des maîtres & des bourfes dans des collèges, l'utilité ne s'en fera fentir qu'à un petit nombre d'hommes favorifés au hafard, & qui peut-être n'auront point les talens néceffaires pour en profiter : ce ne fera pour toute la nation qu'une goutte d'eau répandue fur une vafte mer, & vous aurez fait à très-grands frais de très-petites chofes. Et puis faut-il accoutumer les hommes à tout demander, à tout recevoir, à ne rien devoir à eux-mêmes ? Cette efpèce de mendicité qui s'é-tend dans toutes les conditions, dégrade un peu-ple, & fubftitue à toutes les paffions hautes un caractère de baffeffe & d'intrigue.

Les hommes font-ils puiffamment intéreffés au bien que vous voulez leur procurer, laiffez-les faire : voilà le grand, l'unique principe. Vous pa-roiffent-ils s'y porter avec moins d'ardeur que vous ne le defireriez, augmentez leur intérêt. Vous voulez perfectionner l'éducation, propofez des prix à l'émulation des pères & des enfans : mais que ces prix foient offerts à quiconque peut les méri-ter, du moins à chaque ordre de citoyens ; que les emplois & les places en tout genre deviennent la récompenfe du mérite & la perfpective affurée du travail, & vous verrez l'émulation s'allumer à la fois dans le fein de toutes les familles : bien-tôt votre nation s'élèvera au-deffus d'elle-même, vous aurez éclairé fon efprit, vous lui aurez donné des mœurs, vous aurez fait de grandes chofes, & il ne vous en aura pas tant coûté que pour fonder un collège.

L'autre claffe de befoins publics auxquels on a voulu fubvenir par des *fondations*, comprend ceux qu'on peut regarder comme accidentels, qui bornés à certains lieux & à certains temps, entrent moins immédiatement dans le fyftème de l'adminiftration générale, & peuvent demander des fecours par-ticuliers. Il s'agira de remédier aux maux d'une

C C c

disette, d'une épidémie; de pourvoir à l'entretien de quelques vieillards, de quelques orphelins, à la conservation des enfans exposés; de faire ou d'entretenir des travaux utiles à la commodité ou à la salubrité d'une ville; de perfectionner l'agriculture ou quelques arts languissans dans un canton; de récompenser des services rendus par un citoyen à la ville dont il est membre; d'y attirer des hommes célèbres par leurs talens, &c. Or, il s'en faut beaucoup que la voie des établissemens publics & des *fondations* soit la meilleure pour procurer aux hommes tous ces biens dans la plus grande étendue possible.

L'emploi libre des revenus d'une communauté, ou la contribution de tous ses membres, dans le cas où le besoin seroit pressant & général; une association libre & des souscriptions volontaires de quelques citoyens généreux, dans les cas où l'intérêt sera moins prochain & moins universellement senti; voilà de quoi remplir parfaitement toute sorte de vues vraiment utiles, & cette méthode aura sur celle des *fondations* cet avantage inestimable, qu'elle n'est sujette à aucun abus important. Comme la contribution de chacun est entièrement volontaire, il est impossible que les fonds soient détournés de leur destination: s'ils l'étoient, la source en tariroit aussi-tôt; il n'y a point d'argent perdu en frais inutiles, en luxe & en bâtimens. C'est une société du même genre que celles qui se font dans le commerce, avec cette différence qu'elle n'a pour objet que le bien public; & comme les fonds ne sont employés que sous les yeux des actionnaires, ils sont à portée de veiller à ce qu'ils soient employés de la manière la plus avantageuse. Les ressources ne sont point éternelles pour des besoins passagers: le secours n'est jamais appliqué qu'à la partie de la société qui souffre, à la branche du commerce qui languit. Le besoin cesse-t-il? la libéralité cesse, & son cours se tourne vers d'autres besoins. Il n'y a jamais de doubles ni de triples emplois, parce que l'utilité actuelle reconnue est toujours ce qui détermine la générosité des bienfaiteurs publics: enfin cette méthode ne retire aucun fond de la circulation générale; les terres ne sont point irrévocablement possédées par des mains paresseuses, & leurs productions, sous la main d'un propriétaire actif, n'ont de bornes que celles de leur propre fécondité.

Qu'on ne dise point que ce sont-là des idées chimériques, l'Angleterre, l'Ecosse & l'Irlande sont remplies de pareilles sociétés, & en ressentent depuis plusieurs années les heureux effets. Ce qui a lieu en Angleterre peut avoir lieu en France; & quoi qu'on en dise, les Anglois n'ont pas le droit exclusif d'être citoyens. Nous avons même déjà, dans quelques provinces, des exemples de ces associations qui en prouvent la possibilité. Je citerai en particulier la ville de Bayeux, dont les habitans se sont cotisés librement, pour bannir entièrement de leur ville la mendicité, & y ont réussi, en fournissant du travail à tous les mendians valides, & des aumônes à ceux qui ne le sont pas. Ce bel exemple mérite d'être proposé à l'émulation de toutes nos villes: rien ne sera si aisé, quand on le voudra bien, que de tourner vers des objets d'une utilité générale & certaine, l'émulation & le goût d'une nation aussi sensible à l'honneur que la nôtre, & aussi facile à se plier à toutes les impressions que le gouvernement voudra & saura lui donner.

6°. Ces réflexions doivent faire applaudir aux sages restrictions que le roi a mises par son édit de 1749, à la liberté de faire des *fondations* nouvelles. Ajoutons qu'elles ne doivent laisser aucun doute sur le droit incontestable qu'ont le gouvernement, dans l'ordre civil, le gouvernement & l'église dans l'ordre de la religion, de disposer des *fondations* anciennes, d'en diriger les fonds à de nouveaux objets, ou mieux encore de les supprimer tout-à-fait. L'utilité publique est la loi suprême, & ne doit être balancée ni par un respect superstitieux pour ce qu'on appelle l'*intention des fondateurs*, comme si des particuliers ignorans & bornés avoient eu le droit d'enchaîner à leurs volontés capricieuses, les générations qui n'étoient point encore; ni par la crainte de blesser les droits prétendus de certains corps, comme si les corps particuliers avoient quelques droits vis-à-vis l'état.

Les citoyens ont des droits, & des droits sacrés pour le corps même de la société; ils existent indépendamment d'elle, ils en sont les élémens nécessaires, & ils n'y entrent que pour se mettre avec tous leurs droits, sous la protection de ces mêmes loix auxquelles ils sacrifient leur liberté. Mais les corps particuliers n'existent point par eux-mêmes, ni pour eux; ils ont été formés pour la société, & ils doivent cesser d'être, au moment qu'ils cessent d'être utiles. Concluons qu'aucun ouvrage des hommes n'est fait pour l'immortalité, puisque les *fondations* toujours multipliées par la vanité, absorberoient à la longue tous les fonds & toutes les propriétés particulières, il faut bien qu'on puisse à la fin les détruire. Si tous les hommes qui ont vécu avoient eu un tombeau, il auroit bien fallu, pour trouver des terres à cultiver, renverser ces monumens stériles, & remuer les cendres des morts pour nourrir les vivans.

Différentes espèces de fondations. Dans nos usages, on distingue les *fondations* en ecclésiastiques & séculières. Une *fondation* ecclésiastique est celle qui a pour objet le culte divin, ou l'entretien des ministres de la religion: telle est la *fondation* d'un canonicat, d'un bénéfice, de messes, de prières, d'obits, &c.

Quelques-unes de ces *fondations* sont appellées *sacerdotales*, lorsqu'elles sont affectées à des ecclésiastiques, constitués dans l'ordre de prêtrise. Un bénéfice est sacerdotal par la loi, *à lege*, lorsqu'il eſt néceſſaire d'être prêtre pour en exercer les fonctions, comme une cure : il l'eſt par la *fondation*, à *fundatione*, lorſque le fondateur a voulu qu'il ne pût être poſſédé que par des prêtres, quoique ſa nature ne l'exigeât pas. *Voyez* BÉNÉFICE, CURE.

Toutes les *fondations* eccléſiaſtiques ſont par leur objet *pies* ou *pieuſes*; cependant on applique plus particuliérement cette dénomination à celles qui concernent quelques œuvres de piété, comme de faire dire des meſſes, ſervices & prières, de faire des aumônes, de ſoulager des malades, &c.

Les *fondations* ſéculières ſont oppoſées aux *fondations* eccléſiaſtiques, & on entend par-là toutes celles qui ne ſont applicables ni à aucune égliſe, ni au ſervice divin. Les collèges, les académies, les hôpitaux ſont des *fondations* ſéculières.

Il ne faut pas croire que le terme de *fondation* ſéculière exclût les membres du clergé de participer aux avantages que cette eſpèce de *fondation* procure. Il peut exiſter quelque *fondation* particulière en faveur de perſonnes laïques, mais en général les eccléſiaſtiques, comme les ſéculiers, peuvent être l'objet des *fondations* ſéculières. Ils partagent indifféremment les places des collèges, des académies, des hôpitaux.

C'eſt l'objet d'une *fondation*, & non la qualité des perſonnes pour leſquelles elle a été faite, qui la rend eccléſiaſtique ou ſéculière. Ce qui eſt ſi vrai, que les bourſes de collège, affectées à des eccléſiaſtiques, ne ſont pas des bénéfices; elles ſont toujours conſidérées comme *fondations* ſéculières, & ſe régiſſent par les mêmes règles. *Voyez* BOURSE.

On appelle *fondation royale*, celle qui provient de la libéralité des ſouverains. En France, les évêchés & la plupart des abbayes ſont de *fondation* royale, & dans le doute à l'égard des abbayes, on préſume en faveur du roi. Il y a auſſi pluſieurs chapitres, collégiales, & autres égliſes de *fondation* royale.

Le roi n'a pas beſoin de demander le concours de l'autorité eccléſiaſtique, pour la *fondation* qu'il entend faire d'une chapelle ou autre bénéfice ſimple; mais lorſqu'il s'agit de l'établiſſement d'une cure, ou autre bénéfice avec juriſdiction ſpirituelle & charge d'ames, il faut l'autorité de l'égliſe & l'inſtitution de l'évêque.

Règles générales ſur les fondations. Les *fondations* ou nouveaux établiſſemens, ſoit eccléſiaſtiques, ſoit ſéculiers, ne peuvent avoir lieu ſans l'autorité du ſupérieur eccléſiaſtique, & ſans lettres-patentes du roi duement enregiſtrées au parlement, dans le reſſort duquel la *fondation* a lieu : mais on ne doit procéder à cet enregiſtrement qu'après une enquête *de commodo* & *incommodo*, ordonnée & faite à la requête du procureur général.

Ces diſpoſitions n'ont lieu qu'à l'égard des évêchés, abbayes, monaſtères, égliſes, chapelles, collèges, hôpitaux, &c. car pour ce qui concerne les *fondations* de meſſes, obits, ſervices & prières, dans une égliſe paroiſſiale, il ſuffit de l'acceptation du curé & des marguilliers; dans une égliſe cathédrale ou collégiale, de celle du chapitre; & dans une égliſe monachale, de celle des ſupérieurs & de la communauté.

On appelle *fondateur* celui qui a fait une *fondation*, & ce titre lui appartient, ſoit qu'il ait donné le fonds ou terrein pour y conſtruire une égliſe ou autre édifice, ſoit qu'il ait fait conſtruire l'édifice de l'égliſe, monaſtère, hôpital ou collège, de ſes deniers; ſoit que l'édifice ayant déjà été conſtruit, & depuis tombé en ruine, il l'ait fait relever; ſoit enfin qu'il ait doté l'égliſe ou maiſon, de deniers & revenus deſtinés à ſon entretien. Chacune de ces différentes manières de fonder une égliſe acquiert au fondateur le droit de patronage. Mais il faut néanmoins l'avoir réſervé ſpécialement par l'acte de la *fondation*; autrement le fondateur n'a ſimplement que la préſéance, l'encens, la recommandation aux prières nominales, & autres droits honorifiques; mais non pas la collation, préſentation ou nomination des bénéfices. Le fondateur jouit de ces différens droits honorifiques, dans les égliſes conventuelles comme dans les paroiſſiales.

Un fondateur peut être contraint de redoter l'égliſe par lui fondée, lorſqu'elle devient pauvre à moins qu'il ne renonce à ſon droit de patronage.

S'il étoit prouvé par le titre de la *fondation*, que le fondateur eût renoncé au droit de patronage, la poſſeſſion même immémoriale de préſenter aux bénéfices, ne lui acquerroit pas ce droit.

Les héritiers ou ſucceſſeurs des fondateurs étant tombés dans l'indigence, ſans que ce ſoit par leur mauvaiſe conduite, doivent être nourris aux dépens de la *fondation*. *Voyez* PATRON, PATRONAGE.

L'évêque ne peut pas autoriſer une *fondation* eccléſiaſtique, à moins que l'égliſe ne ſoit dotée ſuffiſamment par le fondateur, tant pour l'entretien des bâtimens, que pour la ſubſiſtance des clercs qui doivent la deſſervir; c'eſt ce qu'enſeignent pluſieurs conciles, & autres règlemens rapportés par Ducange, en ſon *gloſſaire*, au mot *Dot*.

La ſurintendance des *fondations* eccléſiaſtiques appartient à l'évêque diocéſain, enſorte qu'il a droit d'examiner ſi elles ſont exécutées ſuivant l'intention des fondateurs; il peut auſſi en changer l'uſage, les unir & transférer, lorſqu'il y a utilité ou néceſſité.

Le concile de Trente ne permet à l'évêque de réduire les *fondations* que dans les ſynodes de ſon diocèſe; mais il y a des arrêts qui ont autoriſé ces réductions, quoique faites par l'évêque ſeul; quand il n'y a point d'oppoſition, c'eſt un acte qui dépend de la juriſdiction volontaire; s'il y a des oppoſans, on fait juger leurs moyens à l'officialité avant que l'évêque faſſe ſon décret.

Mais ils ne peuvent changer les *fondations* ſéculières faites pour l'inſtruction de la jeuneſſe, & les rendre eccléſiaſtiques. Ils n'ont même à cet égard aucun droit d'inſpection, ces *fondations* ſont entiérement fous la main du roi, & ce font les officiers royaux qui veillent à leur exécution, fous fon autorité.

A l'égard des *fondations* d'hôpitaux, d'hôtels-dieu, & autres lieux deftinés au foulagement des malheureux, leur furintendance appartient conjointement aux évêques & aux officiers royaux. Les deux puiffances concourent également à leur entretien. *Voyez* ADMINISTRATION, *fect.* 2, HôPITAL.

En Lorraine, les officiers de juftice doivent fe faire rendre bon & fidèle compte de l'acquit des *fondations*, pour reconnoître fi l'on n'en diffipe pas les revenus, fi elles font exactement défervies, fi on ne les emploie pas à d'autres ufages, fi on fuit exactement les pieufes intentions du fondateur.

Cette furveillance leur a été accordée par une ordonnance du duc, Charles IV, du 20 janvier 1629 : le roi Staniflas, en adreffant le 10 janvier 1752, à la cour fouveraine de Lorraine, l'état précis de fes *fondations*, la chargea expreffément de veiller à leur exécution, & d'en faire remplir les claufes, charges & conditions, avec la dernière exactitude, tant à préfent qu'à l'avenir.

C'eft en vertu de ces loix, que le parlement de Nanci, en enregiftrant l'édit de 1773, concernant les réguliers, a ordonné, 1°. qu'aux deux états des *fondations* prefcrits par l'article 24, il en feroit envoyé un troifième au greffe de la cour, pour y être dépofé ; 2°. que l'exécution de l'article 25 ne pourroit porter préjudice aux droits de la jurifdiction féculière, en ce qu'il y étoit ordonné que lorfqu'il feroit néceffaire d'apporter des changemens dans les *fondations*, il feroit procédé de l'autorité des évêques diocéfains.

Lorfqu'une *fondation* eft acceptée, & qu'elle eft revêtue de toutes les formalités prefcrites par les loix civiles & canoniques, le fondateur ne peut plus varier, ni changer le lieu où elle doit être exécutée. Lacombe, dans fon recueil de jurifprudence canonique, cite deux arrêts conformes à ce principe.

On ne peut pas non plus appliquer une *fondation* faite pour une ville à une autre ville.

Le grand-vicaire de l'évêque ne peut homologuer une *fondation* eccléfiaftique fans un pouvoir fpécial.

Philon, juif, enfeignoit que le gain fait par une courtifanne ne pouvoit être reçu pour la *fondation* d'un lieu faint ; on n'a cependant pas toujours eu la même délicateffe, & M. de Salve, *part. II*, *tract. quaft. 5*, foutient au contraire que la *fondation* d'une églife eft valable, quoiqu'elle ait été faite par une femme publique, des deniers provenans de fa débauche.

Une églife ne peut prétendre avoir acquis une poffeffion contraire à fa *fondation*.

Elle n'eft point non plus préfumée avoir les biens qu'elle poffède, fans qu'il y ait eu quelque

charge portée par la *fondation* ; c'eft pourquoi Henri II, en 1556, voulant amplifier le fervice divin & procurer l'accompliffement des *fondations*, c'eft-à-dire des meffes, fervices & prières fondées dans les églifes, ordonna que tous héritages & biens immeubles tenus fans charge de fervice divin ou d'office, égal au revenu d'iceux, par les églifes, prélats & bénéficiers, à quelque titre que ce fût, feroient cenfés vacans & réunis à fon domaine.

Les biens d'églife ne peuvent être aliénés même par décret, fi ce n'eft à la charge de la *fondation*, quand même on ne fe feroit pas oppofé au décret.

Dans les *fondations* faites par teftament ou codicille, c'eft aux héritiers à payer les droits d'amortiffement & d'indemnité, parce que l'on préfume que l'intention du défunt a été de faire jouir l'églife pleinement de l'effet de fes libéralités, au lieu que dans les *fondations* faites par actes entrevifs, les héritiers ne font pas obligés de payer ces droits, parce que ces fortes de donations ne reçoivent point d'extenfion ; & l'on préfume que fi le fondateur avoit voulu payer les droits d'amortiffement & d'indemnité, il l'auroit fait lui-même, ou l'auroit dit dans l'acte.

Le docteur Rochus dit que les *fondations* doivent être accomplies au moins dans l'année du décès du fondateur ; que fi ce qu'il a donné n'eft pas fuffifant pour accomplir les charges de la *fondation*, les héritiers ne font pas tenus de fournir le furplus, mais la *fondation* eft convertie en quelque autre œuvre pie, du confentement de l'évêque.

Lorfque les *fondations* font exorbitantes, & qu'il y a conteftation fur l'exécution du teftament où elles font portées, le juge peut les réduire *ad legitimum modum*, eu égard aux biens du défunt, à fa qualité & à fa fortune, & autres circonftances.

Les arrérages des *fondations* pour obits, fervices & prières, fe peuvent demander depuis 29 années, en affirmant par les eccléfiaftiques, qu'ils ont acquitté les charges, & qu'ils n'ont pas été payés.

Pour ce qui eft du fonds, fi c'eft une fomme à une fois payer, qui eft donnée à l'églife, elle eft fujette à prefcription ; mais les *fondations* qui confiftent en preftations annuelles, font imprefcriptibles quant au fonds ; la prefcription ne peut avoir lieu que pour les arrérages antérieurs aux 29 dernières années.

L'article 3 de la déclaration du 20 mars 1708, a affujetti les *fondations* à la formalité de l'infinuation. *Voyez* à cet égard, *le Dictionnaire des Finances* ; *voyez auffi* ACQUISITION, §. 3, & AMORTISSEMENT.

FONGIBLE ou FUNGIBLE, adj. (*terme de Pratique.*) fe dit des chofes qui fe confomment par l'ufage, qui confiftent en quantité, & qui fe règlent par nombre & par mefure ; telles que l'argent, le bled, le vin, l'huile, &c. *Voyez* CHOSE.

FOR, f. m. (*Droit civil & canonique.*) ce mot

vient du latin *forum.*, qui signifie proprement *marché*, *place publique*, & en second lieu, *tribunal du juge*, parce que chez les Romains toutes les affaires se traitoient dans la place publique, & que les magistrats y tenoient leurs séances, ou dans un endroit voisin de la place. Nous nous en servons dans la signification de *jurisdiction*, de *tribunal*, de *justice*. *Voyez* JURISDICTION, TRIBUNAL. Néanmoins il est peu usité en ce sens, car dans l'usage commun il sert plus particuliérement à désigner la jurisdiction qui appartient à l'église, & alors on en distingue deux espèces, l'extérieur & l'intérieur.

Le *for extérieur* de l'église est la jurisdiction qui a été accordée par nos rois aux évêques & à certains abbés & chapitres, pour l'exercer sur les ecclésiastiques qui leur sont soumis, & pour connoître de certaines matières ecclésiastiques.

Le *for intérieur* est la puissance spirituelle que l'église tient de Dieu, & qu'elle exerce sur les ames & sur les choses purement spirituelles. C'est improprement que l'on qualifie quelquefois cette puissance de *jurisdiction*; car l'église n'a par elle-même aucune jurisdiction proprement dite, ni aucun pouvoir coercitif sur les personnes ni sur les biens. Son pouvoir ne s'étend que sur les ames, & se borne à imposer aux fidèles des pénitences salutaires, & à les ramener à leur devoir par des censures ecclésiastiques. Ce *for* intérieur se nomme aussi *for pénitenciel*, qu'on appelle aussi improprement *tribunal de la pénitence*.

Ces termes *for intérieur* & *for extérieur* ont encore une autre signification. On entend par *for extérieur* en général, l'autorité de la justice humaine, qui s'exerce sur les personnes & sur les biens avec plus ou moins d'étendue, selon la qualité de ceux qui exercent cette justice. Car la justice séculière a un pouvoir plus étendu que la justice ecclésiastique: & par *for intérieur*, la voix de la conscience, qui ne fait qu'indiquer ce que la vertu prescrit ou défend. Il arrive souvent que nous sommes obligés dans le *for* intérieur, & par le cri de la conscience, de faire ou de donner quelque chose, à laquelle nous ne pouvons être contraints dans le *for* extérieur, c'est-à-dire par la justice humaine.

For signifie aussi quelquefois *coutume*, ou *privilège* accordé à quelque ville ou communauté, c'est particuliérement le nom qu'on donne encore aujourd'hui à la coutume de Béarn, qu'on appelle le *for de Béarn*.

Ce *for* ou coutume a été confirmé en 1088, par Gaston IV, lorsqu'il eut succédé à Centule son père. Ainsi c'est par erreur que la confirmation de ce *for* est communément attribuée à Gaston VII, troisième seigneur de la maison de Moncade. C'est ce que remarque M. de Marca.

Il y avoit aussi en Béarn des *fors* particuliers, tels que celui de Morlas, capitale de Béarn, celui d'Oléron, & le *for* des deux vallées d'Ossau & d'Aspe. Les sujets des différentes parties du Béarn étoient distingués par ces *fors*; les uns étoient appellés *Béarnois*, les autres *Morlanois*, *Ossanois* & *Aspois*.

Marguerite de Béarn ordonna en 1306, que le *for* général de Béarn, & les autres *fors* particuliers seroient rédigés en un corps; que les établissemens & réglemens faits par les seigneurs & leur cour majeure avec les arrêts de cette cour, ceux de la cour souveraine de Morlas, & les usages observés dans tous les pays, seroient compris dans ce volume. Il fut ensuite augmenté des réglemens faits par les comtes Matthieu, Archambaud, Jean & Gaston; & les praticiens ayant distribué ce livre en titres, & ayant fait une mauvaise conférence d'articles tirés tant du *for* général que de celui de Morlas, des jugemens & usages, ils le rendirent si obscur, que Henri d'Albret, roi de Navarre, & seigneur de Béarn, ordonna en 1551 que ces loix ou *fors* seroient corrigés & rédigés en meilleur ordre, du consentement des états du pays. *Voyez* M. de Marca, *Hist. de Béarn*, *liv. 5, ch. 1.* (*A*)

FOR-L'ÉVÊQUE, étoit anciennement le lieu où se tenoit la jurisdiction temporelle de l'évêque de Paris, dont le siège a depuis été transféré dans la première cour de l'archevêché; ce lieu a long-temps servi de prison, & conservé le même nom de *for-l'évêque*. Il est aujourd'hui détruit, depuis que le roi a établi une nouvelle police, pour la tenue des prisons, & la séparation de ceux qui y sont détenus pour causes civiles, d'avec ceux qui y sont renfermés pour accusation de crimes. *Voyez* PRISON.

FORAGE. *Voyez* AFFORAGE.

FORAIN, s. m. se dit, en droit, des personnes ou des choses qui viennent du dehors. On comprenoit autrefois sous ce nom les aubains ou étrangers; mais on entend plus communément par ce mot, ceux qui ne sont pas du lieu dont il s'agit.

On appelle *marchands forains*, ou les marchands étrangers, ou ceux qui fréquentent les foires; *prévôt forain*, le juge dont la jurisdiction ne s'étend que sur les personnes qui sont hors de la ville où est son siège; *official forain*, celui qui est délégué par l'évêque dans le lieu où est le siège de son évêché; *traite foraine*, les droits que certaines marchandises paient à l'entrée ou à la sortie du royaume.

Dans les villes d'arrêt, les bourgeois ont le privilège de faire arrêter leurs *débiteurs forains*, c'est-à-dire ceux qui ont leur domicile dans un autre endroit. *Voyez* ARRÊT (*villes d'*).

Au châtelet de Paris, on appelle *chambre foraine*, ou *tribunal forain*, une jurisdiction, dont les séances se tiennent avant la chambre civile, dans le même lieu & par les mêmes juges, pour connoître des demandes & contestations qui ont rapport au commerce des bourgeois de Paris, vis-à-vis les étrangers.

Cette chambre tire son origine du droit en vertu duquel les habitans de Paris sont autorisés à faire arrêter les effets de leurs débiteurs *forains*, trouvés dans la ville. Elle connoît de tout ce qui concerne les ventes & achats de marchandises & de denrées, même des lettres & billets de change. Elle a même été confirmée dans ce dernier droit par un arrêt du 17 septembre 1755.

Les bourgeois de Paris avoient seuls autrefois le droit d'y traduire leurs débiteurs *forains*; mais aujourd'hui, les *forains* ont également le droit d'y traduire les bourgeois.

Les causes y sont jugées sommairement, sans placet préalable : l'huissier audiencier les appelle sur un registre, où elles sont inscrites. Les sentences qui y sont rendues par défaut, s'exécutent comme celles des consuls, sans attendre la huitaine de la signification ; elle prononce aussi des condamnations par corps, lorsque la matière y est disposée.

FORBAN, s. m. ce mot a deux significations différentes : 1°. on s'en sert dans la signification de *pirate*; *voyez* PIRATE : 2°. dans celle de bannissement : *voyez* FORBANNIR.

FORBANNIR, v. a. & FORBANNISSEMENT, s. m. (*termes de Coutume*.) celles de Normandie, de Béarn & d'Anjou, les constitutions de Sicile, le livre des établissemens du roi, pour les plaids des prévôts de Paris & d'Orléans, se servent de ces mots dans la signification de *bannir* & de *bannissement*. *Forbannitus*, disent nos anciens auteurs, *quasi foras bannitus*, est celui qui est chassé d'un certain lieu. *Voyez* BANNISSEMENT.

FORÇAT, s. m. (*Code criminel & maritime.*) c'est le nom qu'on donne à ceux qui sont condamnés aux galères pour quelque crime. *Voyez* GALÈRE.

FORCE, s. f. (*Droit civil & criminel.*) signifie en droit toute violence ou voie de fait, qui se commet, d'autorité privée, sur une personne ou sur une chose. Le mot *force*, dans ce sens, répond à ce que les jurisconsultes romains appellent *vim*. Nous en distinguons, comme eux, deux espèces différentes, la *force* ou violence publique, & la *force* ou violence privée.

La *force* ou violence publique, suivant les loix 7 & 10, pr. ff. ad leg. jul. de vi publicá, est toute violence atroce, commise ou par personne publique, ou contre une personne publique, ou avec des armes & attroupement.

Les jurisconsultes romains en comptent quatorze espèces. Ils regardent comme coupables de *force* publique, ceux qui font des amas d'armes dans une maison particulière, qui excitent des émeutes & séditions, qui pillent les villages, qui s'emparent par violence d'un héritage, qui violent par *force* les personnes du sexe, qui assiègent & tiennent captif un particulier dans sa maison, qui troublent & pillent les convois funéraires, qui emploient la violence pour faire signer à leur profit des obligations, qui attaquent la personne d'un ambassadeur, qui empêchent la tenue d'une assemblée publique, ou de l'audience d'un juge, qui s'attroupent pour battre & excéder de coups quelqu'un, qui enlèvent des personnes du sexe par motif de débauche & de libertinage ; les préposés à la recette des deniers publics, qui se font payer des impôts qui ne sont pas dus ; enfin les magistrats qui font quelque chose par *force*, contre la teneur des loix. Nous regardons encore en France, comme coupables de *force publique*, ceux qui engagent par violence des particuliers au service du roi.

A Rome on punissoit la *force* publique par l'interdiction de l'eau & du feu, à laquelle a succédé la déportation ; en France ce crime est mis au nombre des cas royaux ; la peine en est arbitraire, ce sont les circonstances qui déterminent les juges : il est puni de mort, quand il est accompagné de vol, d'homicide, ou de menaces de tuer ; autrement il n'est souvent puni que de la peine des galères ou du bannissement. Un arrêt du 12 cembre 1747, a condamné, au fouet, à la flétrissure, au carcan avec écriteau, & aux galères à perpétuité, un soldat aux gardes qui engageoit avec violence & à main armée.

Il est nécessaire de remarquer, en parlant de la *force* publique, que les criminalistes mettent au nombre des armes, non-seulement les fusils, les pistolets, les épées, les poignards, &c. mais encore les pierres, les bâtons, & généralement tous les instrumens qui peuvent porter des coups meurtriers.

La *force* privée se dit de toute violence moins atroce, & de toute voie de fait commise sans armes. On s'en rend coupable de plusieurs manières, par exemple, lorsque sans armes & sans attroupement, on chasse quelqu'un de sa maison ; qu'on se met en possession du bien d'autrui, soit meuble, soit immeuble, sans y être autorisé par justice ; qu'on enlève même le sien propre, qui étoit mis sous la main de justice, avant d'en avoir obtenu main-levée ; qu'on empêche une personne de comparoître en jugement ; qu'on s'oppose à l'établissement de gardiens, de commissaires, de séquestres, ou à la levée des fruits ; qu'on arrache d'une église, ou d'un autre lieu public, les armoiries de quelqu'un, &c.

A Rome, celui qui s'étoit rendu coupable de *force privée*, étoit puni par la perte du tiers de ses biens, avec note d'infamie. Parmi nous, celui qui en a été la victime, peut en poursuivre la réparation par la voie civile, ou par la voie criminelle ; l'ordonnance de 1667 contient à cet égard plusieurs dispositions formelles. Suivant les circonstances, elle est punie de mort, lorsqu'elle a été employée contre un officier de justice dans ses fonctions, & qu'il a été battu & excédé de coups. Dans les autres circonstances, elle ne se punit que par des dommages & intérêts, ou par une amende ; plusieurs ordonnances de police défendent, fous peine du fouet, & de vingt livres d'amende, aux porte-faix, ou porteurs établis dans les villes, de contraindre les particuliers à fe fervir d'eux.

L'ordonnance des aides de 1680 défend, fous peine du fouet, du banniffement, & de cent livres d'amende pour la première fois, & de trois ans de galères en cas de récidive, à toutes perfonnes de s'ingérer à décharger les vins, à aller au-devant des voituriers, à fe charger de faire les déclarations des entrées. Elle regarde ces démarches comme des violences qu'il eft important de réprimer, & dont elle attribue la connoiffance aux officiers des élections.

FORCE, grande force, petite force, (Droit féodal.) la coutume de Bar commence ainfi : « première- » ment, la coutume eft telle, que tous fiefs tenus » du duc de Bar, en fon bailliage dudit Bar, font » fiefs de danger, rendables à lui, à grande & petite- » force.... ».

M. le Paige, commentateur de cette coutume, dit fur grande & petite-force : « la coutume de S. » Mihiel, tit. 2, art. 5, nous découvre le fens » de ces mots, lorfqu'elle dit que tous châteaux, » maifons, fortereffes, & autres fiefs, font ren- » dables au feigneur, à grande & petite-force, » pour la fûreté de fa perfonne, défenfe de fes pays, » & pour la manutention, exécution, & main- » forte de fa juftice ; en telle forte que le vaffal » commettroit fon fief, s'il étoit refufant ou di- » layant de ce faire. La grande force, continue » M. le Paige, fe fait avec artillerie & canon, » même avec gens de guerre : & la petite-force, » par les voies ordinaires de la juftice, par faifie » & commife ».

FORCELÉ, adj. la coutume de Senlis, art. 246, fe fert de cette expreffion en parlant d'un contrat de vente d'héritage, dans la fignification de cacher, receler ; en conféquence vente forcelée fe dit, lorfque l'acquéreur n'a point exhibé dans les quarante jours fon contrat d'acquifition au feigneur, pour lui payer les droits qui lui font dus, & en obtenir l'enfaifi- nement.

FORCLOS, adj. FORCLUSION, f. f. (termes de Pratique.) la forclufion, quafi à foro exclufio, eft la déchéance ou exclufion de la faculté que l'on avoit de produire ou de contredire, faute de l'avoir fait dans le temps prefcrit par l'ordonnance, ou par le juge. Par la même raifon, on appelle forclos ou déchus, ceux qui n'ont pas produit dans les délais prefcrits. Juger un procès par forclufion, c'eft le juger fur les pièces d'une partie, fans que l'autre ait écrit ou produit, après l'expiration des délais donnés à cet effet.

Pour établir la forclufion, la partie qui l'a acquife eft feulement tenue de remettre au rapporteur un certificat du greffier, portant que fon adverfaire n'a pas produit, & d'après ce certificat elle peut obtenir le jugement de forclufion.

Quoique ce jugement foit véritablement rendu par défaut, il diffère des autres jugemens par dé- faut, en ce qu'il a les mêmes effets qu'un jugement contradictoire. On ne fe pourvoit contre la forclu- fion que par appel, s'il s'agit d'une fentence rendue par des juges inférieurs ; ou par la voie de requête civile ou de caffation, s'il eft queftion d'un arrêt ou jugement en dernier reffort.

Au refte, la forclufion n'emporte pas la perte du procès, contre la partie qui a négligé de produire. Les juges doivent prononcer d'après les pièces qu'ils ont fous les yeux : cependant en caufe d'appel, fi c'eft l'appellant qui n'a pas produit, on le déclare fans autre examen, déchu de fon appel, parce qu'on préfume avec raifon, qu'il n'a aucun grief à pro- pofer contre la fentence.

Il eft néceffaire d'obferver que, d'après le titre 13 de l'ordonnance de 1670, la forclufion n'a pas lieu en matière criminelle.

FORCLUSION, en matière de fucceffion, fignifie, dans quelques coutumes, exclufion d'une perfonne par une autre, qui eft appellée par préférence. Cela a lieu dans la coutume de Nivernois pour les fucceffions collatérales immobiliaires, dont les fœurs font forclofes par les frères ; dans la cou- tume d'Orléans, lorfqu'il s'agit d'une fucceffion collatérale de biens nobles, le mâle forclot, c'eft- à-dire, exclut la femelle.

FORCOMMAND, f. m. terme ufité dans cer- tains pays, & particuliérement au pays de Liège, en matière réelle & de révendication, pour ex- primer une ordonnance ou mandement de juftice, qui dépouille un poffeffeur de fon indue détention. On appelle héritages ou biens for-commandés, ceux qui font ainfi revendiqués.

FORE ou FEURRE, en latin fodrum & foderum, ou fodrium, eft un droit de fourrage pour les che- vaux ; il en eft fait mention dans une chartre fans date, de Geoffroi, comte d'Anjou, en faveur des abbé & religieux de S. Laud, près d'Angers, & dans des lettres du roi Jean, de janvier 1351, en faveur du même chapitre. Nos anciens auteurs comprenoient fous le nom de fore, ce que les latins appelloient annonam militarem, & que nous nom- mons aujourd'hui fourrages, uftenfiles, étapes.

FORESTAGE, f. m. appellé dans la baffe la- tinité, foreftagium & foreftale, avoit deux différentes fignifications. 1°. On voit par l'extrait de plufieurs chartres rapportées dans Ducange, au mot Forefta- gium, que le foreftage étoit pris quelquefois pour un droit de péage, exigé de ceux qui traverfoient les bois avec chevaux & charrois : 2°. qu'il étoit plus communément employé pour fignifier le droit d'ufage dans certaines forêts : 3°. & quelquefois auffi pour défigner la redevance impofée fur les ufagers. Voyez USAGE.

FORESTIER, f. m. (Droit public. Eaux & Fo- rêts.) fous la feconde race de nos rois, les gou- verneurs de la Flandre étoient appellés foreftiers, & ils ont gardé cette dénomination jufqu'au temps où cette province fut érigée en comté, relevant immédiatement de la couronne.

Cette qualité leur fut donnée, tant par rapport à la grande quantité de bois dont, le pays étoit couvert, que par rapport aux rivières dont il est arrosé, & à la mer qui baigne ses côtes : car il est bon d'observer qu'anciennement le mot *forêt* comprenoit également les eaux & les bois. Aussi les *forestiers* de Flandre avoient le commandement & l'autorité tant sur mer que sur terre.

On a donné ensuite le nom de *forestier*, à un officier des forêts du roi, dont il est fait mention dans une ordonnance de Philippe-le-Bel, dressée dans le parlement de la Toussaint, en 1291 : ses fonctions se bornoient à la conservation du gibier, & à la délivrance des bois dus aux usagers. *Voyez* BOIS, GRAND-MAITRE, MAITRE PARTICULIER.

Les coutumes de Meaux, Sens, Langres, Vitri, duché & comté de Bourgogne, Nivernois, Mons & Bretagne appellent *forestiers* les gardiens des forêts, que l'ordonnance de 1669 qualifie de *sergens à garde*.

Les Italiens donnent le nom de *forestiers* aux étrangers, *quasi qui sunt extra fores*.

FORÊT, s. f. (*Eaux & Forêts.*) ce mot anciennement s'appliquoit également aux bois & aux rivières, peut-être parce que les bords des fleuves & des rivières étant ordinairement couverts de bois, on a considéré les eaux comme faisant partie des *forêts*.

La preuve de cette acception du mot *forêt* se trouve dans plusieurs titres anciens. On lit dans la dotation de l'abbaye de S. Germain-des-prés, par le roi Childebert, qu'il lui donna la *forêt* d'eau depuis le pont de Paris jusqu'au rû de Sèvre. Le même mot, en latin *foresta*, se prend aussi pour un vivier où l'on garde du poisson, & pour le droit de pêche. Zwentibole, faisant donation à un monastère de Flandre de son droit de pêche sur la Mozelle, se sert de ces termes : *forestam suam super fluvium Muzellæ*.

Le même mot se trouve encore employé pour exprimer la pêche dans les chartres, par lesquelles Charles-le-Chauve donna à S. Denis la seigneurie de Cannoche, avec la *forêt de pêche* de la Seine, & à l'abbaye de S. Bénigne de Dijon, la *forêt* des poissons de la rivière d'Aisches.

On appelloit aussi *droit de forêt*, celui qu'avoit le seigneur d'empêcher qu'on ne coupât du bois dans sa futaie, & qu'on ne pêchât dans sa rivière.

Aujourd'hui le terme de *forêt*, dans sa signification propre, ne s'entend que des bois d'une vaste étendue ; ceux dont la contenance est médiocre s'appellent *bois* ou *buissons*. Ainsi l'on dit la *forêt* de Fontainebleau, de Compiègne, d'Orléans ; le bois de Boulogne, de Vincennes ; le bois ou le buisson de Verrières. Cependant, en matière de jurisprudence, quand on parle de *forêts*, on entend tous les bois grands & petits, qui sont tous également soumis aux réglemens & à la police intro-

duits pour la conservation & l'aménagement des bois.

Les coutumes d'Anjou, du Maine & de Poitou mettent la *forêt* au nombre des droits de droite baronnie ; elles entendent par ce terme, un bois soit futaie, soit taillis, assez considérable, pour que les grosses bêtes, tels que les cerfs & sangliers puissent le fréquenter & s'y retirer, & où le seigneur a droit de chasse défensable. Suivant la disposition de ces mêmes coutumes, les seigneurs châtelains peuvent avoir aussi droit de *forêt*, & chasse défensable à la grosse bête, de même que les barons : elles autorisent même les seigneurs inférieurs d'en jouir, s'ils l'ont prescrit par une longue possession.

Nous avons parlé sous le *mot* BOIS, des soins que les souverains ont pris dans tous les temps de la conservation des *forêts*, & nous avons traité de la police générale des bois : sous celui d'*eaux & forêts*, nous avons indiqué les objets contenus dans l'ordonnance de 1669, & fait connoître les tribunaux établis pour connoître des matières des *eaux & forêts*. Nous parlerons de l'aménagement des bois, sous les mots FUTAIE & TAILLIS ; c'est pourquoi nous nous bornerons à donner ici un extrait des précautions que nos rois ont cru devoir prendre pour la conservation des *forêts*.

Elles se trouvent réunies dans l'ordonnance de 1669. La première consiste dans la défense faite aux vagabonds & gens inutiles de bâtir des maisons sur perches, dans l'enceinte, aux rives, & à demi-lieue près des *forêts*, parce qu'il est évident que ces vagabonds ne peuvent faire ces constructions qu'au préjudice des *forêts* qu'ils dégradent.

La seconde consiste dans la prohibition faite à toutes sortes de personnes de construire à l'avenir aucuns châteaux, fermes ou maisons, dans l'enclos & à demi-lieue près des *forêts*, à peine d'amende arbitraire & de confiscation des fonds & bâtimens, parce qu'un voisinage aussi prochain peut occasionner beaucoup de délits dans les bois.

Il y a même un arrêt du conseil du 12 janvier 1650, qui défend aux propriétaires des maisons situées aux rives des *forêts*, de les louer à gens qui n'ont aucun bien exploitable, à peine de payer les amendes & restitutions auxquelles ils seront condamnés, pour les délits commis par ces locataires pendant le temps qu'ils habiteront lesdites maisons, si mieux n'aiment les propriétaires remettre les délinquans entre les mains de la justice, auquel cas les peines pécuniaires seront converties en peines corporelles.

On ne doit pas conclure de ces dispositions prohibitives qu'on vient de rapporter, qu'il ne soit pas permis de rétablir & même d'améliorer les habitations subsistantes dans la distance déterminée, parce que ces loix n'ont pour objet que les constructions nouvelles, ainsi qu'on le voit clairement dans les termes dans lesquels elles s'expriment.

Par

Par une troisième précaution, il a été défendu aux cercliers, vaniers, tourneurs, sabotiers & autres de pareilles conditions, de tenir attelier de leur profession à demi-lieue près des *forêts* du roi, à peine de 100 livres d'amende & de confiscation des marchandises, parce que les *forêts* seroient continuellement exposées à des dégradations considérables de la part de ces sortes d'ouvriers, à qui le bois est nécessaire pour l'exercice de leur profession, & qui pourroient en prendre, plutôt que d'en acheter dans les coupes ouvertes.

Quoique les charrons soient compris dans la même prohibition, cependant comme leur profession est nécessaire à l'agriculture & au commerce, cette raison, fondée sur l'intérêt public, donne lieu aux permissions particulières qu'on leur accorde de s'établir dans la distance prohibée des *forêts*, à charge toutefois de n'employer aucun bois de délit, & de pouvoir justifier dans tous les temps de l'achat des bois propres à leur profession; c'est aux grands-maîtres ou commissaires généraux pour la réformation des bois, à accorder ces sortes de permissions.

Les marchands peuvent avoir à la vérité des atteliers, soit pour les sabots, pêles, colliers de chevaux, jougs pour les bœufs, rouleaux pour seaux & autres ouvrages; mais il faut que ces établissemens soient dans leur vente, & alors ils deviennent responsables des délits que peuvent commettre leurs ouvriers.

Par une quatrième précaution, il est défendu à toutes personnes de planter des bois à cent perches près des *forêts* du roi, sans permission expresse, à peine de 500 livres d'amende & de confiscation des bois qui doivent être arrachés ou coupés: afin d'éviter la confusion des possessions que produit presque toujours la trop grande proximité des bois, dont le recru gagne toujours du terrein sur les voisins, & de prévenir en même temps les dégradations auxquelles auroient été exposées les *forêts* du roi, pendant l'exploitation des bois des particuliers riverains; & comme il eût été dur d'ordonner l'arrachement de ceux qui se trouvoient alors voisins, le législateur a pourvu aux inconvéniens qui pouvoient en résulter, en astreignant les particuliers possesseurs des bois riverains, à entretenir à leurs frais des fossés de séparation de quatre pieds de large & de cinq de profondeur, à peine de réunion de leurs bois aux *forêts* du roi; & en défendant en même temps à ces possesseurs riverains d'y faire passer leurs bois pendant les exploitations qu'ils en font.

L'ordonnance de 1669 ne renferme la prohibition dont on vient de parler, que relativement aux *forêts* du roi, à cause de la conservation du domaine; c'est pourquoi on ne doit pas l'étendre aux *forêts* appartenantes, soit aux communautés, soit aux particuliers, qui ne peuvent pas empêcher les plantations de bois à la proximité des leurs; c'est à eux à veiller sur leurs possessions, & à les dé-

fendre par les voies de droit contre toute anticipation & contre toute dégradation; mais ils ne peuvent pas, sur le fondement de la défense dont il s'agit, s'opposer à ce qu'un particulier convertisse en bois son terrein; parce qu'en cela il ne fait qu'user de la faculté que le droit naturel donne à chacun de faire de son bien ce que bon lui semble; faculté qui reste dans toute sa force, dès qu'elle n'est pas restreinte par une loi positive, comme le cas présent, où le roi a été le maître d'établir une prohibition particulière pour le voisinage de ses *forêts*.

En cinquième lieu, il est défendu d'arracher dans les *forêts* du roi aucune plante, de quelque espèce que ce soit, sans permission, à peine de 500 liv. d'amende; cette prohibition a lieu pour les bois des particuliers comme pour ceux du roi, parce qu'elle est fondée sur le privilège que le droit commun donne à tout particulier, de pouvoir disposer seul de ce qui lui appartient.

En sixième lieu, l'ordonnance défend à toutes personnes d'enlever dans l'étendue & aux reins des *forêts* du roi, des sables, terres, marne, argille, &c., & d'y faire de la chaux à cent perches de distance, sans une permission expresse, à peine de 500 liv. d'amende, & de confiscation des chevaux & harnois.

Sous le prétexte que dans l'ordonnance de 1669, il n'est point fait mention de carrière à pierre, quelques particuliers avoient entrepris d'en ouvrir dans l'étendue & aux rives des *forêts*; mais par arrêt du conseil du 23 décembre 1690, il a été fait de nouvelles défenses d'ouvrir aucune carrière dans l'étendue & aux rives des *forêts*, sans la permission expresse du roi, & l'attache du grand-maître du département, à peine de 1000 livres d'amende, & aux officiers de le souffrir, sous peine d'interdiction, & de répondre, en leur propre & privé nom, de tous dommages & intérêts résultans de ces ouvertures.

Les dégradations qu'occasionnent ces sortes d'exploitations, ont déterminé la prohibition dont on vient de parler; car il est presque impossible de faire aucune excavation, soit dans les *forêts*, soit aux reins des *forêts*, sans donner lieu à des éboulemens de terre qui entraînent la chûte des arbres, & la destruction du jeune taillis; d'ailleurs, s'il faut du bois aux ouvriers pour la facilité de leur exploitation, ils ne manquent pas de se le procurer par les délits qu'ils commettent dans ces *forêts*; la même raison a lieu pour les fours à chaux, dont la proximité des bois occasionne souvent des dégradations.

Il est également défendu de faire des cendres dans les *forêts*, ailleurs que dans les ventes, & cela pour prévenir les incendies que pourroient causer ces atteliers, s'ils étoient établis sans précaution; & en même temps pour empêcher les ouvriers de prendre ailleurs que dans les ventes les bois nécessaires pour faire leurs cendres.

DDdd

Il est de même défendu, à peine de punition corporelle, d'amende arbitraire, outre les dommages & intérêts, de porter & d'allumer du feu en quelque faison que ce soit, dans les *forêts*, landes & bruyères, parce qu'il pourroit en résulter des incendies capables d'embrafer tout le continent d'une *for êt*.

C'est par la même raifon qu'il est défendu de chaffer pendant la nuit dans les bois avec des torches ou des flambeaux allumés, à peine de punition corporelle & de 100 livres d'amende.

Enfin le pâturage dans les *forêts* est abfolument interdit aux chèvres & aux bêtes à laine, parce que ces fortes d'animaux y caufent toujours un dommage qui ne peut guère fe réparer que par le récépage des endroits abroutis. Il en est de même pour les chevaux, les bœufs & les vaches, dans les taillis nouvellement coupés, jufqu'à ce qu'ils aient été déclarés défenfables. Les bestiaux même des particuliers, qui ont droit de pâturage dans les *forêts*, lorfqu'ils font faifis dans les jeunes taillis, font fujets à la confifcation, & dans le cas où ils ne peuvent être faifis, on condamne les propriétaires à une amende proportionnée à l'efpèce des bêtes trouvées en délit.

FORFAIRE, v. a. fignifie *délinquer*, faire quelque chofe hors de la règle, & contre la loi.

La coutume de Bretagne, *art. 450*, fe fert de ce terme pour exprimer le crime d'adultère commis par une femme; elle perd fon douaire, dit-elle, lorfqu'elle fe *forfait* en fa perfonne, & que le mari en a fait plainte durant le mariage.

FORFAIRE *fon fief, fa feigneurie ou juftice*, dans les coutumes de Vitri, Sens, Hainaut & Cambrai, fignifie le commettre, c'est-à-dire que le vaffal *forfait* fon fief lorfqu'il a commis envers fon feigneur un des délits pour lefquels on prononce la commife ou perte du fief.

La coutume de Namur, *art. 90, 91 & 97*, fe fert du mot *forfaire* dans le fens de mériter une peine. Celui, dit-elle, qui pourfuit & bat quelqu'un en fa maifon, qui bat ou foule un fergent en fes fonctions, *forfera* le poing: celui qui coupe un chêne ou autre arbre âgé, fur l'héritage d'autrui, *forfait* une groffe amende; c'est-à-dire, que le premier est puni par la perte du poing, le fecond par une amende confidérable.

Les coutumes de Clermont & de Mons emploient le mot *forfaire* dans la fignification de confifquer. Les héritages roturiers, dit la coutume de Clermont, *art. 160*, donnés pour douaire à la femme, font tellement propres aux enfans, qu'ils ne peuvent être *forfaits*, c'est-à-dire fujets à confifcation, pour quelque crime que ce foit.

FORFAIT, f. m. ce mot est fynonyme de celui de crime. *Voyez* le *Dictionnaire de Grammaire*.

FORFAITURE, f. f. en général, c'est la tranfgreffion de quelque loi pénale: mais on entend plus communément par ce terme, une prévarication commife par un officier public dans l'exercice de fa charge, & pour laquelle il mérite d'être deftitué.

La *forfaiture* est un des cas qui, fuivant l'ordonnance de Louis XI du 21 octobre 1467, donne lieu à la confifcation d'un office au profit du roi. Mais quoiqu'il vaque effectivement par *forfaiture*, on ne peut néanmoins en accorder le brevet ou les provifions à un autre, que la *forfaiture* n'ait été jugée, & l'office déclaré acquis & confifqué au profit du roi.

En matières d'eaux & forêts, on appelle *forfaitures*, les délits commis dans les bois, comme larcin ou dégât; elles font punies de peines plus ou moins graves, fuivant la nature & les circonftances du délit. *Voyez* le *dernier titre de l'ordonnance de 1669*.

En matière de fief, on qualifie quelquefois de *forfaiture*, la félonie du vaffal envers fon feigneur. *Voyez* FÉLONIE.

FORGAGE, FORGAGEMENT *ou* FORGAS, f. m. (*terme de Coutume.*) est le droit que le débiteur a, dans la province de Normandie, de retirer fon gage qui a été vendu par autorité de juftice, en rendant le prix à l'acquéreur dans la huitaine, à compter du jour qu'il a été vendu. *Forgager* est la même chofe que *retirer fon gage*. Terrien fait mention de ce droit au *chap. 10 du liv. 7*, & au *chap. 7 du liv. 10*; ce qui est conforme à l'ufage de plufieurs autres provinces de ce royaume, où le débiteur difcuté peut, dans un certain temps, retirer fon gage, en payant ou rendant le prix qu'il a été vendu par le fergent, ainfi que l'obferve Ragueau, fur l'*art. 3 du tit. 9 de la coutume de Berry*. Le droit de *forgage* peut être cédé par le débiteur à qui bon lui femble. *Voyez* les *commentateurs de la coutume de Normandie*. (*A*)

FORGAGNER *ou* FOURGAGNER, v. a. fe dit, en quelques endroits, du bailleur qui rentre dans fon héritage, faute de paiement de la rente à la charge de laquelle il l'avoit cédé. C'est dans ce fens qu'on trouve ce mot dans la coutume de Namur, *art. 16*, & dans celle des fiefs de ce comté. Celle de Tournai, *tit. 8, art. 17*, appelle *forgagnement*, l'éviction ou efpèce de retrait dont ufe le bailleur.

FORGE, f. f. (*Eaux & Forêts.*) *Voyez* FOURNEAU.

FORJUGER, v. n. terme ancien, qui fignifie quelquefois *déguerpir un héritage*, quelquefois *adjuger*. Dans les preuves de l'hiftoire de Guines, *pag. 191*, des terres *forjugées* font des terres confifquées. Une ancienne chronique dit que fut *forjugée* au roi d'Angleterre toute la Gafcogne, & toute la terre qu'il avoit au royaume de France. Dans le chapitre 195 des affifes de Jérufalem, les *forjugés* font des condamnés.

Forjuger l'abfent, dans le ftyle du pays de Normandie, est quand le juge forclot le défendeur défaillant & contumax, & le condamne en l'amende: & dans l'ancienne coutume de Boulenois, *forjuger*, c'est lorfque le feigneur féodal retire l'hériiage mouvant de lui, faute par son vaffal d'acquitter les droits & devoirs. Cette même coutume & le ftyle de Normandie que l'on vient de citer, ufent auffi indifféremment du terme *forjurer*.

FORJUR ou FORJUREMENT, f. m. & FORJURER, v. a. c'eft en Normandie une efpèce d'abdication & de délaiffement que l'on fait de quelque chofe. *Forjurer le pays*, c'eft abandonner le pays & fe retirer ailleurs, comme fônt les forbannis & forjugés. Dans les anciens arrêts du parlement, il eft fouvent fait mention de *forjurer*, lorfqu'il eft traité des affuremens. *Forjurer les facteurs*, en Hainaut, fignifie *renier les criminels*, & abjurer tellement leur parenté qu'on ne prenne plus de part à leurs différends. Cet ufage avoit pris fon origine des guerres privées, dans lefquelles les parens entroient de part & d'autre en faveur de leur parent; & quand une fois on avoit *forjuré* un parent, on ne lui fuccédoit plus, comme il fe voit dans le ch. 88 des loix de Henri I, roi d'Angleterre, publiées par Lambard : *Si quis propter foridiam vel caufam aliquam, de parentelâ fe velit tollere & eam fori juraverit, & de focietate & hereditate & totâ illius ratione fe feparet*. Il étoit autrefois d'ufage en Hainaut, que quand un meurtre avoit été commis, ou qu'il y avoit eu quelqu'un bleffé grièvement jufqu'à perdre quelque membre, fi les auteurs du délit ou leurs affiftans s'abfentoient ou fe tenoient dans des lieux francs, les parens du côté du père comme de la mère, étoient tenus de *forjurer* les accufés : mais la coutume de Hainaut, *ch. 45*, abolit ce *forjur*, & défend aux fujets de ce pays d'ufer dorénavant de cette coutume.

Forjurer fon héritage, dans l'ancienne coutume de Normandie, *ch. 10*, c'eft le vendre & l'aliéner. (*A*)

FORMALITÉ, f. f. fe dit, *en Droit*, de certaines claufes, formules & conditions, dont les actes doivent être revêtus pour être valables, & de la manière formelle, expreffe & ordinaire de procéder en juftice.

Les actes fous feing-privé ou devant notaires, entre-vifs ou à caufe de mort, les procédures & jugemens, font chacun fujets à de certaines *formalités*.

On en diftingue de quatre fortes; favoir celles qui habilitent la perfonne, comme l'autorifation de la femme par fon mari, & le confentement du père de famille dans l'obligation que contracte le fils de famille; celles qui fervent à rendre l'acte parfait, probant & authentique, qu'on appelle *formalités extérieures*, comme la fignature des parties, des témoins & du notaire; d'autres auffi extérieures, qui fervent à affurer l'exécution d'un acte, lequel, quoique parfait d'ailleurs, ne feroit pas exécuté fans ces *formalités*, comme font l'infinuation & le contrôle : enfin il y en a d'autres qui font intérieures ou de la fubftance de l'acte, & fans lefquelles on ne peut difpofer des biens, comme l'inftitution d'un héritier dans un teftament en pays

de droit écrit, l'obligation où font les pères dans ces mêmes pays, de laiffer la légitime à leurs enfans à titre exprès d'inftitution.

Les *formalités* qui touchent la perfonne fe règlent par la loi ou coutume du domicile : celles qui touchent l'acte fe règlent par la loi du lieu où il eft paffé, fuivant la maxime *locus regit actum* : celles qui touchent les biens fe règlent par la loi du lieu où ils font fitués : on peut mettre l'infinuation dans cette dernière claffe.

Il y a des *formalités* effentielles & de rigueur, dont l'obfervation eft prefcrite par la loi à-peine de nullité de l'acte, comme la fignature des parties, des témoins & du notaire.

Mais il y a auffi d'autres *formalités* ou formes, qui, quoique fuivies ordinairement, ne font pas abfolument néceffaires, à peine de nullité; telles que font la plupart des claufes de ftyle des greffiers, notaires, huiffiers, qui peuvent être fuppléées par d'autres termes équipolens, & même quelques-unes être entièrement omifes fans que l'acte en foit moins valable. *Voyez* FORME. (*A*)

FOR-MARIAGE ou FEUR-MARIAGE, f. m. (*Droit féodal.*) eft l'amende pécuniaire que le ferf ou main-mortable doit à fon feigneur, foit pour avoir contracté mariage avec une perfonne de condition franche, foit pour obtenir la permiffion de contracter un pareil mariage. Il fignifie encore le mariage même contracté entre le ferf ou main-mortable & une perfonne franche.

Bacquet, *traité du droit d'aubaine, chap. 3*, rapporte d'après un ancien mémoire, tiré de la chambre des comptes, ceux qui devoient au roi le droit de *for-mariage* dans tout le royaume, & fpécialement dans l'étendue du bailliage de Vermandois.

Suivant l'article 2 de ce mémoire, le roi, en érigeant les duchés & comtés-pairies qui font au bailliage de Vermandois, retint les morte-mains & *for-mariages* des bâtards, efpaves, aubains & manumis, & il en a joui paifiblement jufqu'à ce que les guerres & divifions font venues en ce royaume.

L'article 7 porte que nuls bâtards, efpaves, aubains, ni manumis, ne fe peuvent marier à perfonne autre que de leur condition, fans le congé du roi ou de fes officiers, qu'ils ne foient tenus payer foixante fous parifis d'amende, lefquelles amendes ont été fouvent fupportées pour la pauvreté du peuple, vu les guerres & ftérilités du pays; que quand ils demandent congé, ils fe montrent obéiffans au roi comme fes perfonnes liges, & que nul n'en doit être éconduit; qu'en ce faifant ils échèvent l'amende; mais que nonobftant ce, ils doivent *for-mariage*, pour avoir pris parti qui n'eft de condition pareille à eux; que ce *for-mariage* s'eftime à la moitié des biens en la prévôté de Ribemont & en celle de Saint-Quentin; à Péronne & à Soiffons, au tiers; & aux autres lieux dudit bailliage, felon l'ufage de chaque lieu.

Suivant l'article 8, ceux qui fe marioient à leurs femblables & de condition pareille à eux, ne devoient amende ni *for-mariage*, parce qu'ils ne for-lignoient point.

Enfin l'article 11 porte que fi des hommes de condition fervile, fous quelque feigneurie, fe font affranchis de fervitude, quand ils font *for-mariés*, ils doivent *for-mariage* au roi, comme il a été dit; mais que les femmes n'en doivent point, parce que fi elles ont lignée en mariage d'homme franc, la lignée fera de condition fervile à caufe du ventre.

Dans le chapitre fuivant, Bacquet remarque que ces droits de *for-mariage* étoient anciennement recueillis au profit du roi par un collecteur, qui étoit comptable en la chambre des comptes; que depuis, ces droits, comme domaniaux, ont été reçus par les receveurs ordinaires des lieux.

Le droit de *for-mariage* a lieu dans les coutumes de Bourgogne, Meaux, Troyes, Vitry, Chaumont, Laon, &c. Il confifte dans la perte que fait la femme main-mortable des héritages qu'elle poffédoit dans le lieu de fa main-morte, ou dans l'eftimation de leur valeur; ce qui eft à fon option.

Cette peine eft encourue lorfque le feigneur n'a pas confenti au *for-mariage*; car s'il y confent, il perd fon droit, de même que le patron chez les Romains pouvoit perdre par fon confentement les droits qui lui étoient acquis fur fon affranchi. Cependant, dans certaines coutumes, quoique le *for-mariage* ait eu lieu par le congé du feigneur, le main-mortable ne doit pas, à la vérité, l'amende de *for-mariage*, mais le feigneur n'en prend pas moins la moitié, le tiers ou autre portion des biens de celle qui a époufé une perfonne de condition franche.

La confifcation des héritages a lieu au profit du feigneur dans le cas de *for-mariage*, parce qu'on le regarde comme un défaveu tacite de la mainmorte, ainfi que l'appelle l'article 118 des anciennes coutumes de Bourgogne; & c'eft par cette raifon qu'on laiffe à la femme fon mobilier; car dans le cas du défaveu formel, le main-mortable perd tous fes biens meubles & héritages qu'il avoit en la feigneurie de main-morte.

Le *for-mariage* n'a pas lieu en main-morte, quand la femme n'a point d'héritage, ainfi qu'il a été jugé au parlement de Dijon, le 7 décembre 1606. Taifand fur la coutume de Bourgogne, *tit. 19*, art. 21, n. 3, obferve que cet arrêt jugea tacitement, que quand une fille eft mariée par mariage divis, & qu'on ne lui a point conftitué d'héritage en dot, mais feulement une fomme de deniers, le feigneur ne peut prétendre le droit de *for-mariage*, parce qu'il n'a lieu que fur les héritages qu'elle poffède, au jour de fon mariage, dans le lieu de la main-morte, ou fur ceux qu'elle a eus en mariage, & qui lui ont été conftitués en dot par fes père & mère.

Quand bien même les père & mère pofféderoient des immeubles dans le lieu de la main-morte, le feigneur n'en peut rien réclamer, ni prétendre

que par la conftitution de dot en deniers; on a voulu ufer de fraude à fon égard, parce que les père & mère, en ne conftituant en dot à leur fille qu'une fomme de deniers, avec claufe de renonciation à leurs fucceffions, n'ont fait qu'ufer du droit que leur accorde l'article 65 de la coutume de Franche-Comté, de régler en deniers la légitime.

Mais fi la fille ayant des fonds de père & de mère, les laiffe à fes frères par fon contrat de mariage, pour telle ou telle fomme, M. le préfident Bouhier, *tome 2, p. 461*, tient cette licitation pour frauduleufe. Ainfi le feigneur ufant du *for-mariage*, la fille perdra fa dot, pour peine de fa fraude, & cela eft jufte.

J'en dirois autrement fi la licitation étoit d'un temps non fufpect; je l'admettrois même d'autant plus aifément, que les frères ne fe porteront pas volontiers à faire un partage, ou une licitation, qui, tirant leur fœur de la communion des biens, feroit ouverture à l'échute, le cas arrivant: confidération qui éloigne le foupçon de fraude, quand l'arrangement n'eft ni dans le contrat de mariage, ni dans un temps prochain.

M. de Chaffeneuz propofe une autre queftion. Une fille main-mortable époufe un forain, dont la fœur va époufer le frère de cette fille; au moyen de quoi il fe fait auffi un échange de dot & un échange de femmes, efpèce de mariage double qui eft affez fréquente parmi les villageois de la Bourgogne. On demande fi en ce cas le feigneur de la fille de main-morte peut prétendre le droit de *for-mariage*.

Sa prétention feroit mal fondée, fuivant M. de Chaffeneuz, parce que, dit-il, ce feigneur ne perd rien, puifqu'en perdant une femme de main-morte, il en acquiert une autre, dont l'échute lui appartiendra, en cas qu'elle vienne à mourir fans héritiers. A quoi il ajoute, qu'il a ouï dire aux praticiens de fon temps, que tel étoit l'ufage en cette province.

Cependant fur cet endroit de Chaffeneuz, Dumoulin a mis cette apoftille: *Nefcio fi hæ confuetudines funt veræ, tamen non procedunt fecundùm iftam*. Il n'en a pas dit davantage. Voici fans doute ce qui l'a fait parler ainfi; c'eft qu'il n'eft pas vrai que le feigneur ne perde rien dans cet échange. En effet, l'efpérance du droit d'échute par rapport à la fille qui a quitté fa feigneurie, eft abfolument perdue pour lui, en ce que la femme, par fon mariage avec un forain, eft devenue de la condition de fon mari. Il eft vrai que la femme qui eft venue époufer le main-mortable du feigneur, eft devenue auffi de la même condition, mais non pas incommutablement, puifque dans l'année après la mort de fon mari, elle peut redevenir franche, comme elle l'étoit auparavant; elle peut donc, en ce cas, fruftrer le feigneur de fon droit d'échute, & par conféquent les chofes ne font point égales dans cet échange.

FORME, f. f. fignifie, *en Droit*, la difpofition que doivent avoir les actes, l'arrangement de certaines claufes, termes, conditions & formalités, pour leur régularité & validité.

On regarde les mots *forme & formalité*, comme fynonymes, & on les confond fouvent ; cependant le terme de *forme* eft plus général, car il embraffe tout ce qui fert à conftituer l'acte ; au lieu que les formalités proprement dites ne s'entendent que de certaines conditions que l'on doit remplir pour la validité de l'acte, comme l'infinuation, le contrôle.

La *forme* des actes fe rapporte, ainfi que les formalités, foit à leur rédaction, foit à ce qui les rend probans & authentiques, foit à ce qui les rend valables. *Voyez* FORMALITÉ.

On fe fert quelquefois, *en terme de Pratique*, du mot *forme*, par oppofition à celui de *fond*; la *forme* alors fe prend pour la *procédure*, & le fond eft ce qui en fait l'objet.

Il y a des moyens de *forme* & des moyens de fond. Les moyens de *forme* font ceux qui fe tirent de la procédure, comme les nullités, les fins de non-recevoir; au lieu que les moyens du fond fe tirent du fait & du droit.

On dit communément que la *forme* emporte le fond, c'eft-à-dire que les moyens de *forme* prévalent fur ceux du fond; comme il arrive, par exemple, lorfque l'on a laiffé paffer le temps de fe pourvoir contre un arrêt; car, dans ce cas, la fin de non-recevoir, tirée de la *forme*, prévaut fur les moyens de requête civile ou de caffation que l'on auroit pu avoir, & que l'on auroit tiré du fond de l'affaire. C'eft dans ce même fens que l'on dit d'une affaire bonne en elle-même, mais dans laquelle on n'a pas obfervé les *formes* judiciaires, qu'elle eft bonne dans le fond, mais que la *forme* n'en vaut rien.

On appelle *forme authentique*, celle qui fait pleine foi tant en jugement que dehors. Les actes font revêtus de cette *forme*, lorfqu'ils font expédiés & fignés par une perfonne publique, comme les jugemens qui font fignés du greffier, les expéditions des contrats fignés de deux notaires, ou d'un notaire & de deux témoins.

La *forme exécutoire* eft celle qui donne aux actes l'exécution parée, *paratam executionem*, c'eft-à-dire le droit de les mettre directement à exécution par voie de contrainte, fans être obligé d'obtenir pour cet effet aucun jugement ni commiffion.

Les jugemens & les contrats font les feuls actes que l'on mette en *forme exécutoire*.

Cette *forme* confifte à être expédiés en parchemin, & intitulés du nom du juge; & fi c'eft un arrêt, du nom du roi. Cette expédition eft ce que l'on appelle la *groffe d'un acte*.

L'ufage n'eft pourtant pas par-tout uniforme à ce fujet; & il y a des pays où la *forme exécutoire* eft différente : par exemple, dans quelques endroits, on ne met point les fentences en groffe ni en par-

chemin ; c'eft la première expédition en papier qui eft exécutoire. Dans d'autres, les groffes des contrats font intitulées du nom du roi, comme les arrêts.

Mettre un acte en *forme*, c'eft le mettre en *forme exécutoire*.

Quand les actes font revêtus de cette *forme*, on peut directement, en vertu de ces actes, faire un commandement, & enfuite faifir & exécuter, faifir réellement, même procéder par emprifonnement, fi c'eft un cas où la contrainte par corps ait lieu. *Voyez* EXÉCUTION PARÉE, EXÉCUTOIRE & GROSSE.

La *forme judiciaire* eft l'ordre & le ftyle que l'on obferve dans la procédure ou inftruction, & dans les jugemens. *Voyez* INSTRUCTION & PROCÉDURE.

La *forme probante* eft celle qui procure à l'acte une foi pleine & entière, & qui le rend authentique. Un jugement & un contrat devant notaire font des actes authentiques de leur nature; mais l'expédition que l'on en rapporte pour être en *forme probante*, doit être fur papier ou parchemin timbré, & figné du greffier, fi c'eft un jugement; ou des parties & des notaires & témoins, fi c'eft un contrat, teftament, ou autre acte public.

La *forme probante* rend l'acte authentique; c'eft pourquoi l'on joint ordinairement ces termes, *forme probante & authentique*.

FORME, (*Matière bénéficiale.*) eft la manière dont les provifions de cour de Rome font conçues. Le pape les accorde ou en *forme commiffoire* ou en *forme gracieufe*.

La *forme commiffoire* eft celle par laquelle le pape commet l'ordinaire ou fon grand-vicaire, pour conférer le bénéfice s'il en juge digne le fujet auquel il eft accordé. On appelle ces provifions *in formâ dignum*, parce que le pape fe fert ordinairement de ces expreffions, *dignum arbitramur & congruum, ut illis fedes apoftolica fe reddat gratiofam, quibus ad id propria virtutum merita, laudabiliter fuffragatur.* Elles font rendues commiffoires par la claufe fuivante : *volentes itaque dilectum filium N. fpecialibus favoribus profequi...... mandamus quatenus fi poft diligentem examinationem dictum N. ad obtinendum prœbendam, idoneum effe repereris, fuper quo confcientiam tuam oneramus, eidem N. dictam prœbendam autoritate apoftolicâ conferas & affignes.* Elles font adreffées, *Venerabili fratri N. feu dilecto filio ejus officiali.*

Suivant le ftyle de la chancellerie romaine, les provifions *in formâ dignum*, ou en *forme commiffoire*, font de quatre fortes : 1°. *in formâ dignum antiquâ*; 2°. *in formâ dignum noviffimâ*; 3°. *in formâ juris*; 4°. *cum claufulâ fi per diligentem.*

La *forme, dignum antiquâ*, eft celle qui a été imaginée lorfque les papes font parvenus à fe faire confidérer comme les ordinaires des ordinaires, & à s'arroger le droit de conférer tous les bénéfices de l'églife. Elle contient ordinairement les claufes fuivantes : 1°. *dum modo tempore datæ prefentium* , *non fit alteri fpecialiter jus conceffium ; 2°. vocatis vocandis ; 3°. amoto quolibet illicito detemptore.* Ces claufes fuppofent, dans l'ordinaire commis par le pape, le pouvoir d'examiner & même de juger les droits que tout autre que l'impétrant pourroit avoir au bénéfice accordé, & celui de connoître de la poffeffion illicite qui pourroit lui être oppofée.

Lorfque les réferves apoftoliques furent introduites, & devenues en ufage, les papes crurent qu'il falloit établir une *forme* particuliere pour la collation des bénéfices réfervés, & qui mît leurs collataires dans le cas d'être pourvus fans pouvoir effuyer des délais ou des refus de la part des ordinaires ; & c'eft ce qui donna naiffance à la forme *dignum noviffimâ.* Elle eft ainfi conçue :

Committatur ordinario, qui poftquam fibi legitimè conftiterit & per diligentem examinationem per eum feu ab eo deputatos faciendam, oratorem ad id idoneum repererit, fuper quo confcientia ejus oneretur, dictum beneficium cum illis annexis, intra viginti dies, poft litterarum exhibitionem, apoftolicâ autoritate dicto oratori conferat ; fi verò idem ordinarius intra viginti dies præfatos, dictum beneficium oratori non contulerit & affignaverit, ordinarius vicinior feu officialis, fimiliter fibi conftito & fimilem examinationem ut præfertur circonfpecto, idem beneficium cum annexis ejufmodi, eidem oratori quibufcumque concurrentibus penitus exclufis, conferre & de illo etiam providere procuret.

Cette *forme* nouvelle differe de l'ancienne, 1°. en ce que le pape n'entend point que fes pourvus foient retardés par les ordinaires au-delà de vingt jours : 2°. en ce qu'en cas de refus ou de trop longs délais, le pourvu n'a pas befoin de recourir de nouveau au pape, ni même au fupérieur hiérarchique de l'ordinaire, & qu'il peut s'adreffer à l'ordinaire le plus voifin : 3°. en ce que le pourvu doit être mis en poffeffion, même au préjudice des oppofitions qui feront jugées après l'exécution des provifions, *quibufcumque concurrentibus penitus exclufis.* Dans le langage des canoniftes, lorfque les provifions font in *formâ dignum antiquâ*, l'ordinaire eft *mixtus executor ;* lorfqu'elles font in *formâ dignum noviffimâ*, l'ordinaire eft *merus executor.*

Les provifions commiffoires *in formâ juris*, font une efpece de refcrit *ad lites*, qui tiennent de la nature de la forme *dignum antiquâ*, & qui n'ont lieu qu'en matiere de dévolut.

La claufe *fi per diligentem*, eft employée dans les provifions fur permutation.

On ne diftingue point en France toutes ces efpeces de provifions en *forme* commiffoire ; on n'y a point d'égard aux différentes claufes qui y font comprifes ; on ne regarde que le fond même des provifions, par lequel le pape commet l'ordinaire pour exécuter fon refcrit. Cette commiffion fe borne parmi nous, à examiner l'impétrant & à l'envoyer en poffeffion, fans que l'ordinaire puiffe entrer dans la connoiffance du poffeffoire, qui eft uniquement réfervée aux juges royaux. En cas de refus ou de

négligence, on doit fe pourvoir par appel fimple aux fupérieurs dans l'ordre de la hiérarchie, ou par appel comme d'abus, devant les cours fouveraines, dans le reffort defquelles les bénéfices font fitués.

Les provifions en *forme* commiffoire, ou *in formâ dignum*, font-elles de véritables provifions, ou ne font-elles que des mandats *de providendo ?* Les auteurs font partagés fur cette queftion ; & ce partage d'opinions a introduit une diverfité de jurifprudence dans nos tribunaux. *Voyez* VISA.

Mais que les provifions *in formâ dignum* foient de véritables provifions, ou ne foient que des mandats *de providendo*, ceux qui en font porteurs, ne peuvent fe fouftraire à l'obligation de fe préfenter à l'ordinaire, de fubir un examen s'il le juge à propos, & d'obtenir de lui des lettres de *vifa*. Cette obligation prend fa fource dans leur titre même, puifque les provifions font adreffées à l'ordinaire, & que le pape ne le charge de les mettre à exécution, qu'après qu'il aura reconnu, par lui ou par fes prépofés, la capacité du pourvu. *Si per examinationem idoneum effe repereris, fuper quo confcientiam tuam oneramus. Voyez* EXAMEN.

Il paroît cependant que, malgré la précifion de cette claufe, les pourvus *in formâ dignum*, fe difpenfoient des lettres de *vifa* & fe mettoient de plano en poffeffion des bénéfices. Il faut penfer que cet abus étoit ancien, puifque dès 1579, le légiflateur civil le profcrivit par l'article 12 de l'ordonnance de Blois, renouvellé par le 14ᵉ de celle de Melun de 1580. En 1583 le clergé fe plaignit des infractions commifes à ces loix. Il renouvella plufieurs fois fes plaintes, jufqu'à ce qu'enfin l'article 2 de l'édit de 1695 établit à ce fujet un droit uniforme dans tout le royaume. « Ceux qui auront » été pourvus en cour de Rome, de bénéfices en » la forme appellée *dignum*, feront tenus de fe pré- » fenter en perfonne, aux archevêques & évêques » dans les diocefes defquels lefdits bénéfices feront » fitués, & en leur abfence, à leurs vicaires géné- » raux, pour être examinés en la maniere qu'ils » eftimeront à propos, & en obtenir des lettres » de *vifa*, dans lefquelles il fera fait mention de » cet examen, avant que lefdits pourvus puiffent » entrer en poffeffion & jouiffance defdits bénéfi- » ces, &c. » ; depuis cette loi, on regarde comme un point inconteftable, que tout pourvu *in formâ dignum* feroit un véritable intrus, s'il fe mettoit en poffeffion du bénéfice impétré, fans avoir obtenu les lettres de *vifa*. La poffeffion triennale ne pourroit couvrir ce vice.

Les provifions en *forme* gracieufe, font celles par lefquelles le pape inftruit des qualités de l'impétrant, par les atteftations qui lui font envoyées, confere le bénéfice *propriâ autoritate* : enforte que l'impétrant peut s'en mettre en poffeffion *de plano*, fans avoir befoin d'être examiné par l'ordinaire. Dans cette *forme*, les provifions font quelquefois adreffées à l'impétrant lui-même ; quelquefois elles le font à trois délégués ou à l'un d'eux, qui n'ont d'autre commission que de recevoir sa profession de foi, & de le mettre en possession. Les expressions suivantes sont consacrées à la *forme gracieuse*, *cum expressione, quod dictus orator testimonio ordinarii sui de vitâ, moribus & idoneitate commendatur*. Les motifs de la grace y sont toujours exprimés relativement aux qualités des impétrans. Si c'est une personne ordinaire, on y met, *vitæ & morum honestas* : si c'est un homme de lettres, *litterarum scientia vitæ & morum honestas* : si c'est un noble, *nobilitas generis vitæ & morum honestas* : si c'est un religieux, *religionis zelus vitæ*. A la suite des motifs qui ont déterminé la grace, le pape continue : *aliaque laudabilia probitatis & virtutum merita nos inducunt ut te specialibus favoribus prosequamur*, &c.

Le clergé de France s'est toujours élevé contre les provisions en *forme gracieuse*, sur-tout pour les bénéfices à charge d'ames. On voit dans la collection de ses procès-verbaux, les plaintes qu'il porta à ce sujet aux pieds du trône. Louis XIV, en 1646, rendit une déclaration pour remédier à cet abus. C'en étoit effectivement un ; on trompoit le pape par des attestations, qui tantôt étoient surprises par adresse, & tantôt arrachées par des importunités, & pour tout autre objet que de demander un bénéfice en cour de Rome. On avoit même vu des impétrans se servir de fausses attestations, & souvent les premiers pasteurs ne connoissoient pas ceux qui desservoient les bénéfices les plus importans de leurs diocèses. La déclaration de 1646 défendit « que nul impétrant de » provisions en *forme gracieuse*, d'aucune cure, » vicairerie perpétuelle & autres bénéfices ayant » charge d'ames, prenne possession en vertu d'icel- » les, desdits bénéfices, qu'après avoir informé, » de ses vie, mœurs & religion catholique, & » avoir subi l'examen devant le diocésain du lieu » où sera situé ledit bénéfice ». Le roi se soumit lui-même, à ce qu'il avoit ordonné pour les pourvus de cour de Rome en *forme gracieuse* de bénéfices à charge d'ames ; il voulut, par l'édit du mois de janvier 1682, que ceux qui obtiendroient en régale de ces sortes de bénéfices, seroient tenus de se présenter soit aux vicaires-généraux établis par les chapitres, si le siège épiscopal est vacant, soit au nouveau prélat s'il est déjà pourvu, afin d'en obtenir l'approbation & la mission canonique avant d'en pouvoir faire aucune fonction.

Il n'est donc pas étonnant de retrouver la déclaration de 1646, développée & étendue dans l'article 3 de l'édit de 1695 : « ceux qui auront » obtenu en cour de Rome, des provisions en » *forme gracieuse*, d'aucune cure, vicariat perpé- » tuel ou autre bénéfice à charge d'ames, ne pour- » ront entrer en possession & jouissance desdits » bénéfices, qu'après qu'il aura été informé de » leur vie, mœurs, religion & avoir subi l'exa- » men devant l'archevêque ou évêque diocésain, » de son vicaire général en son absence, ou après

» en avoir obtenu le visa : défendons à nos sujets » de se pourvoir ailleurs pour ce sujet, & à nos » juges, en jugeant le possessoire desdits bénéfices, » d'avoir égard aux titres & capacités desdits pour- » vus, qui ne seroient pas conformes à notre pré- » sente ordonnance ».

Ainsi, dans l'état actuel des choses, les provisions de cour de Rome, en *forme gracieuse*, ont encore lieu parmi nous : mais les impétrans n'ont aucun intérêt à en obtenir pour les cures & autres bénéfices à charge d'ames, puisque par l'édit de 1695, ils sont soumis à l'examen & au visa, comme ceux qui sont pourvus *in formâ dignum*. Il n'y a donc que pour les bénéfices simples & non à charge d'ames, qu'il est quelquefois intéressant de se faire pourvoir en *forme gracieuse* ; on évite par là l'œil vigilant de l'évêque diocésain, & on ne tient absolument rien de lui.

Les papes ont cru se mettre à l'abri de tout reproche, en exigeant, pour ces sortes de provisions, des attestations qui les assurassent des vies, mœurs & capacités des impétrans ; & ils sont constamment dans cet usage. Ils n'y dérogent qu'en faveur des personnes constituées en dignité, des grands-vicaires, des officiaux, des promoteurs, &c.

Cet usage, quoiqu'il ne soit pas exempt d'abus, doit être cependant précieusement conservé, tant que l'on tolérera les provisions de cour de Rome en *forme gracieuse*. Mais de qui doit émaner l'attestation nécessaire pour obtenir ces provisions ? un ecclésiastique a souvent trois évêques pour ses supérieurs ordinaires : l'évêque du lieu de sa naissance, celui de son domicile, & celui dans le diocèse duquel est situé le bénéfice qu'il requiert. Auquel de ces trois évêques faut-il s'adresser pour le certificat dont il s'agit ici ? Duperrai pense que l'on peut s'adresser à l'un des trois indifféremment, & que l'attestation de l'un ou de l'autre est également favorable & efficace. Il dit que si l'impétrant demeure dans un autre diocèse que ceux de sa naissance, ou du bénéfice requis, on admet à Rome, le certificat de l'évêque de ce diocèse, pourvu que le sujet y soit domicilié depuis dix ans, s'il s'agit d'un bénéfice à charge d'ames, ou depuis cinq ou même depuis trois, si le bénéfice requis est un bénéfice simple.

D'autres auteurs excluent l'évêque de l'origine, & pensent que le certificat d'idonéité peut être indifféremment délivré par l'évêque du domicile ou par celui du bénéfice. L'un & l'autre, disent-ils, méritent la même confiance de la part du pape.

Enfin il est un troisième sentiment selon lequel la faculté de délivrer le certificat, appartient exclusivement à l'évêque dans le diocèse duquel le bénéfice est situé.

Le clergé de France s'est toujours déclaré en faveur de cette dernière opinion ; il a plusieurs fois sollicité le prince d'en faire une loi de l'état : mais il n'a pu obtenir que les déclarations & édits que nous venons de citer & qui ne portent point sur les bénéfices simples. On peut donc dire que la question n'est point décidée par aucune loi ; elle n'est pas même fixée par la jurisprudence des arrêts. Brillon en rapporte cependant un du parlement de Bordeaux, du 13 décembre 1614, qui déclara n'y avoir abus dans une attestation de vie & de mœurs, donnée par l'évêque de Tulles à un religieux demeurant dans un monastère de son diocèse, quoiqu'il ne fût l'évêque, ni de son origine, ni du bénéfice dont ce religieux avoit obtenu des provisions.

Les officiers de la daterie ne font aucune difficulté d'expédier des provisions en *forme* gracieuse, sur un certificat de l'évêque de l'origine, ou de celui du domicile ; il seroit sans doute difficile de faire déclarer cet usage abusif, puisqu'il n'est proscrit par aucune loi, qu'il n'a été condamné par aucun arrêt, & que des auteurs très-graves ne le regardent point comme répréhensible en lui-même.

Il nous paroît que toute la question se réduit à savoir, quel est celui des trois évêques plus à portée de connoître la vie, mœurs & doctrine de l'impétrant, & de donner à ce sujet des lumières suffisantes au pape, pour le déterminer à accorder ou à refuser la grace qui lui est demandée. Nous ne considérerions point, à l'exemple de quelques auteurs, ce certificat comme un acte de jurisdiction de la part de celui qui le délivre. Une attestation n'est autre chose qu'un témoignage rendu par écrit sur un fait : or, une déposition, une déclaration d'un témoin n'a jamais été un acte de jurisdiction. Ce n'est donc point, de la part de l'évêque du domicile d'un ecclésiastique, une entreprise sur l'évêque du diocèse où le bénéfice est situé, que de certifier que cet ecclésiastique s'est conduit pendant tel temps, d'une manière irréprochable, que ses mœurs sont édifiantes & sa doctrine pure. C'est même, de sa part, un acte de justice : comment refuser à quelqu'un un pareil témoignage, lorsqu'il l'a mérité ? cette attestation n'équivaut point à un *visa*. L'ordinaire qui l'accorde, n'exerce point une fonction dans un diocèse étranger ; il ne fait que ce qu'il peut, que ce qu'il doit ; & comme il commettroit une injustice en le refusant, si l'ecclésiastique en avoit besoin pour obtenir d'un autre évêque un *visa* sur des provisions *in formâ dignum*, il en commettroit une pareille en la lui refusant pour obtenir du pape des provisions en *forme* gracieuse.

Mais, dit-on, l'évêque du bénéfice est sensiblement intéressé à n'avoir dans son diocèse que des sujets irréprochables ; il accordera par conséquent le certificat d'idonéité avec beaucoup plus de circonspection & moins de facilité que l'évêque du domicile. « Qu'en résulteroit-il, répond » M. Piales, *traité des collations*, tom. 3, pag. 43 ? » que l'impétrant au lieu de provisions en *forme* » gracieuse, en obtiendroit *in formâ dignum*, & » seroit obligé de demander le *visa* de l'ordinaire,

» Cela est vrai : mais il est vrai aussi, que régu- » lièrement parlant, l'évêque du bénéfice ne pourra » refuser ce *visa* au pourvu qui lui présentera une » attestation de vie & de mœurs de l'évêque dans » le diocèse duquel il a travaillé : tant s'en faut » même qu'il puisse le refuser. Le défaut d'attesta- » tion n'est pas une cause suffisante de refus de » *visa* ». Pourquoi le pape n'accorderoit-il pas, sur l'attestation de l'évêque du domicile, des provisions, lorsque sur cette même attestation, l'évêque de la situation du bénéfice ne pourroit refuser le *visa* ?

Si l'impétrant, continuent les défenseurs de l'opinion que nous discutons, peut se faire pourvoir en *forme* gracieuse sur l'attestation de son évêque d'origine ou de domicile, ou sans celle du diocésain, il pourra se mettre en possession de son bénéfice & exercer toutes les fonctions qui en dépendent, sans s'être aucunement fait connoître du premier pasteur sous l'inspection duquel il doit travailler, sans même avoir rempli à son égard, les devoirs que tout inférieur doit à son supérieur, *insalutato epis-copo*.

Ces inconvéniens seroient considérables pour les bénéfices à charge d'ames. La loi y a pourvu : ils sont beaucoup moindres pour ceux qui n'exigent que la résidence, ou qui sont absolument simples. Ils sont les mêmes pour les provisions des collateurs inférieurs ; & cependant, ils ne sont pas une raison pour priver ces collateurs de leurs droits. Lorsque le pape confère en connoissance de cause un bénéfice, ses provisions doivent valoir à l'égard de l'évêque diocésain, celles qui sont accordées par un abbé, un chapitre, ou une communauté religieuse. Les pourvus par ces derniers, peuvent cependant prendre possession *insalutato episcopo*. « Si cet inconvénient, dit M. Piales, *loco cit.*, étoit » une raison pour assujettir les impétrans de cour » de Rome à prendre une attestation de l'évêque » diocésain, plutôt que de celui sous les yeux du- » quel ils travaillent, il faudroit assujettir tous les » pourvus par les collateurs ordinaires, inférieurs » aux évêques, à aller demander une attestation à » l'évêque diocésain, ou du moins à lui rendre » visite avant que de prendre possession du béné- » fice ».

La seule raison pour laquelle l'attestation est nécessaire, c'est pour que le pape n'agisse point en aveugle, & qu'il connoisse le sujet qu'il gratifie. Or, personne n'est plus à portée de l'éclairer, personne ne peut mieux lui faire connoître le sujet, que l'évêque dans le diocèse duquel il est domicilié. L'évêque de la situation du bénéfice, souvent ne le pourroit pas par lui-même, puisque souvent l'impétrant lui est absolument inconnu. L'attestation de l'évêque du domicile atteint parfaitement au but que l'on se propose : elle est donc suffisante.

Au reste, quand nous avons dit que la question que nous examinons, n'étoit décidée par aucune loi,

loi, nous avons fuppofé, avec plufieurs auteurs, que l'édit de 1629, appellé *le code Michaut*, n'étoit plus en vigueur, ou qu'il y avoit été dérogé en cette partie par l'article 3 de l'édit de 1695. L'article 12 de celui de 1629, porte : « nous défendons » à nos juges d'avoir égard aux provifions expé-» diées en *forme* gracieufe, fi l'impétrant n'a in-» formé auparavant de fa vie, mœurs & religion » catholique, par-devant le diocéfain des lieux & » fubi l'examen par-devant lui-même ; faifant dé-» fenfes à tous prélats & autres que l'ordinaire »des lieux, d'en prendre connoiffance, & à nos » fujets de s'adreffer ailleurs, à peine de priva-» tion des bénéfices impétrés, & fans que nos » juges puiffent avoir égard aux provifions obte-» nues contre notre préfente ordonnance ». Si cette ordonnance étoit en vigueur, il n'y a pas de doute que le certificat ou atteftation de vie & de mœurs, ne dût être délivré par l'évêque de la fituation du bénéfice. Mais l'ufage y eft contraire.

Les vicaires généraux de l'ordinaire peuvent, en fon abfence ou en fa place, délivrer les certificats néceffaires aux impétrans, pour obtenir des provifions en *forme* gracieufe, à moins que l'ordinaire, dans fes lettres de vicariat, ne fe fût expreffément réfervé l'exercice de cette faculté. Mais on demande fi les officiaux doivent en jouir.

Les certificats des officiaux étoient autrefois ad-mis à Rome : c'eft ce qui réfulte du procès-verbal de l'affemblée du clergé de 1610, où l'on voit l'évêque de Beauvais fe plaindre que les provifions en *forme* gracieufe étoient expédiées fur des certi-ficats par-devant les officiaux.

M. d'Olive penfe que l'official n'excède pas fon pouvoir, en donnant cette atteftation. Il cite à l'ap-pui de fon fentiment, un arrêt du parlement de Toulouse, du mois d'avril 1620, qui a déclaré n'y avoir abus dans des provifions en *forme* gracieufe expédiées en faveur de Jean-Paul de Rochefort, en vertu de l'atteftation de l'official de ce diocèfe. L'annotateur de Fevret, & Gohard, ont em-braffé cette opinion. D'autres auteurs foutiennent que l'official ne peut dans ce cas donner de ces fortes de certificats, fans excéder fes pouvoirs, qui font renfermés dans l'exercice de la jurifdiction contentieufe. Ils fuppofent que les atteftations font des actes de jurifdiction volontaire. Duperrai obferve que l'arrêt cité par M. d'Olive, ne fut rendu qu'après un partage d'opinions, & il en conclut qu'il eft plus fûr de prendre un certificat de grand-vicaire pour éviter les incidens.

Le certificat fur lequel on obtient en cour de Rome des provifions en *forme* gracieufe, doit, aux termes de l'article 14 de l'édit du mois de décem-bre 1691, être infinué dans le mois de fa date, dans le diocèfe de la fituation du bénéfice, s'il a été paffé dans ce diocèfe. S'il eft daté d'un lieu hors de ce diocèfe, & qu'il ne puiffe pas y être infinué commodément dans le délai d'un mois, il fuit, pour en affurer la date, le faire infinuer dans

Jurifprudence. Tome IV.

le même délai au greffe du diocèfe où il a été fait, & on a deux mois pour le faire infinuer au greffe du diocèfe où le bénéfice eft fitué.

Quoi qu'en difent Duperrai & Pelletier, ce cer-tificat doit être fujet à furannation ; il ne doit être utile que lorfque fa date eft récente : un fujet peut le mériter lorfqu'on le lui accorde, & changer enfuite de conduite. Le pape n'eft donc affuré de fon idonéité, que lorfqu'il ne s'eft point écoulé un efpace de temps confidérable entre le certificat & les provifions demandées. (*M. l'abbé BERTO-LIO, avocat au parlement.*)

FORMÉE, adj. f. pris fubftantiv. terme de cou-tume, qui s'applique à plufieurs objets différens.

Dans l'ancienne coutume de Chauny, *art. 17*, les *formées* font les fervices que l'on fait pour un défunt ; ce qui vient fans doute de ce qu'il n'y a que la forme ou repréfentation d'un défunt.

Partie formée, dans les coutumes de Hainaut, *ch. 21* ; de Larue d'Indre, *art. 35* ; du Bourdelois, *art. 79*, fignifie, en matière criminelle, celui qui fe porte partie civile contre l'accufé.

Office formé, fe dit de celui qui eft créé pour fubfifter à perpétuité, avec tous les caractères d'un véritable office. *Voyez* OFFICE. (*A*)

FORMEL, adj. qui fe prend, *en droit*, dans plufieurs fignifications différentes.

Ajournement formel, dans quelques coutumes, eft différent de l'ajournement fimple, comme dans celle de la Marche, *art. 16*. Il eft auffi parlé d'*ajour-nement formel* dans la coutume de Poitou, *art. 327 & 366* ; & Angoumois, *56 & 77*.

On appelle *contradiction formelle*, celle qui eft expreffe fur le cas ou fait dont il s'agit. Coutume de Berri, *tit. 11, art. 2*.

Garant formel, eft celui qui eft tenu de prendre le fait & caufe du garanti. *Voyez* GARANT.

Partage formel, fe dit dans la coutume d'Au-vergne, pour exprimer un partage réel & effec-tif, *chap. 27, art. 7 & 8*.

Partie formelle, eft la même chofe que *partie formée* ou *partie civile* ; Nivernois, *tit. 1, art. 20 & fuiv.* ; Solle, *tit. 35, art. 1* ; ordonnance du duc de Bouillon, *art. 276*. (*A*)

FORMORT, FORMORTURE, FORMOTURE, FORMOTURE ou FREMETURE, font tous mots fynonymes, dont les coutumes des Pays-Bas fe fervent indiftinctement pour exprimer l'*échoite* ou droit de fucceffion, qui appartient dans les meu-bles de la communauté aux enfans du prédécédé, & que le furvivant eft tenu de leur donner.

Les différentes coutumes de cette province ne s'accordent point entre elles, ni fur l'obligation de faire ce partage, ni fur le temps où elle doit être remplie.

Dans celles de Mons & de Hainaut, la *formor-ture* confifte, entre roturiers, dans la moitié des meubles, que le furvivant de deux conjoints doit donner en nature ou en équivalent, aux enfans iffus du premier lit, lorfqu'il convole en fecondes

E E e e

FOR

noces. Ainfi elle fe règle fur la quantité des meubles, qui exiftent au moment du fecond mariage, & elle n'eft due que dans le cas où le furvivant paffe à de fecondes noces.

Le furvivant noble d'extraction, & jouiffant des honneurs & privilèges attachés à cette qualité, au temps de la mort du conjoint prédécédé, & au temps du fecond mariage qu'il veut contracter, n'eft point obligé d'accorder à fes enfans du premier lit le droit de formouture dans les meubles dépendans de fa première communauté.

La coutume de Cambrai porte, que les enfans communs de deux époux, dont l'un eft décédé, ne peuvent forcer le furvivant à partager avec eux les meubles, à moins qu'il ne les diffipe, ou qu'il ne veuille fe remarier : s'il convole en fecondes noces, fans leur avoir affigné formouture compétente, ils ont droit d'exiger la moitié de la communauté mobiliaire, fuivant l'état où elle fe trouvoit au moment de la mort du prédécédé.

La coutume de Lille n'accorde aux enfans de formouture, que dans le cas où le furvivant fe remarie, & elle la règle fur les meubles qui exiftent alors, fans confidérer ceux dont il a difpofé auparavant. Mais celle de la châtellenie de Lille diftingue entre la femme & le mari furvivant : la femme ne doit de formouture à fes enfans, qu'en cas de fecond mariage; le mari au contraire eft tenu de l'accorder, lorfqu'on lui en fait la demande, foit qu'il fe remarie ou non.

Pinault des Jaunaux fur la coutume de Cambrai, *tit.* 7, *art.* 11, prétend que le mot *formouture* tire fon étymologie de *formé le moitié* ; mais cette idée eft réfutée avec raifon par le commentateur d'Artois fur l'article 153, où il obferve que la prépofition *for* eft fréquente & ajoutée à plufieurs dictions pour exprimer *davantage*, comme *for mariage*, *forban*. Il femble néanmoins que toutes ces dictions foient d'abord dérivées de *foras* ou *foris*, qui fignifie *dehors*, & que *formouture* foit une abréviation de *foris-motura*, c'eft-à-dire les chofes que l'on emporte hors la maifon mortuaire.

Tout ce qui eft acquis à quelqu'un par mort, foit à titre de communauté, de fucceffion ou de legs, peut être nommé *formouture*.

Les immeubles & les meubles échus par mort à ces différens titres, pourroient également être compris fous ce terme : cependant il eft vrai de dire qu'il eft particuliérement reftreint à la portion mobiliaire prife à titre de communauté, de fucceffion ou de legs.

L'ufage certain du pays d'Artois, eft que le mot pur & fimple de *formouture* ne comprend que la portion, l'échoite, ou l'échéance mobiliaire, & non l'immobiliaire.

Ainfi une veuve qui renonce à la *formouture* de fon mari, un enfant qui renonce à la *formouture* de fon père ou de fa mère, ne font pas exclus pour cela de la faculté de demander leurs parts & portions des immeubles de la communauté ou de la fucceffion.

FORMULE, f. f. ce mot pris dans fa véritable fignification, fignifie un *modèle d'acte*, contenant la fubftance & les principaux termes dans lefquels il doit être conçu, pour être conforme aux ordonnances & autres loix du pays.

§. I. *De la formule des actions chez les Romains.* Les *formules* que les jurifconfultes romains nomment *legis actiones*, étoient la manière d'agir en conféquence de la loi, & pour profiter du bénéfice de la loi; c'étoit un ftyle dont les termes devoient être fuivis fcrupuleufement & à la rigueur. C'étoit proprement la même chofe que les formalités établies parmi nous par les ordonnances & l'ufage, pour le ftyle des actes & la procédure.

Ce qui donna lieu à introduire ces *formules*, fut que les loix romaines en vigueur jufqu'au temps des premiers confuls, ayant feulement fait des réglemens fans rien prefcrire pour la manière de les mettre en pratique, il parut néceffaire d'établir des *formules* fixes pour les actes & les actions, afin que la manière de procéder ne fût pas arbitraire & incertaine. Il paroit que ce fut Appius Claudius Cæcus, de l'ordre des patriciens, & qui fut conful l'an de Rome 446, qui fut choifi par les patriciens & par les pontifes, pour rédiger les *formules* & en compofer un corps de pratique. Ces *formules* furent appellées *legis actiones*; comme qui diroit la manière d'agir fuivant la loi : elles fervoient principalement pour les contrats, affranchiffemens, émancipations, ceffions, adoptions, & dans prefque tous les cas où il s'agiffoit de faire quelque ftipulation, ou d'intenter une action.

L'effet de ces *formules* étoit, 1°. comme on l'a dit, de fixer le ftyle & la manière de procéder; 2°. d'obliger par ce moyen les citoyens à tout faire juridiquement & avec folemnité, tellement que le défaut d'obfervation de ces *formules* emportoit la nullité des actes, & l'omiffion de quelques-unes des termes effentiels de ces *formules* faifoit perdre irrévocablement la caufe à celui qui les omettoit; au lieu que parmi nous on peut, en certain cas, revenir par nouvelle action. 3°. Elles ne dépendoient d'aucun jour ni d'aucune condition, c'eft-à-dire qu'elles avoient lieu indiftinctement tous les jours, même dans ceux que l'on appelloit *dies feftos*, & elles ne changeoient point fuivant les conventions des parties. 4°. Chacune de ces *formules* ne pouvoit s'employer qu'une feule fois, dans chaque acte ou conteftation. Enfin il falloit les employer ou prononcer foi-même, & non par procureur.

Les patriciens & les pontifes qui étoient dépofitaires de ces *formules*, de même que des faftes, en faifoient un myftère pour le peuple; mais Cnæus Flavius, fecrétaire d'Appius, les rendit publiques; ce qui fut fi agréable au peuple, que le livre des *formules* fut appellé *droit flavien*, du nom de celui qui l'avoit publié, & Flavius fut fait tribun du peuple. Les faftes & les *formules* furent propofés au peuple fur des tables de pierre blanche; ce qu'on appelloit *in albo*.

Autant le peuple fut fatisfait d'être inftruit des *formules*, autant les praticiens en furent jaloux; & pour fe conferver le droit d'être toujours les dépofitaires des *formules*, ils en composèrent de nouvelles qu'ils cachèrent encore, avec plus de foin que les premières, afin qu'elles ne devinssent pas publiques; mais Sextus Ælius Pœtus Catus étant édile-curule, l'an de Rome 553, les divulgua encore, & celles-ci furent nommées *droit œlien*. Ces nouvelles *formules* furent comprifes dans un livre d'Ælius, intitulé *tripartita*.

Les jurifconfultes ajoutèrent dans la fuite quelques *formules* aux anciennes; mais tout cela n'eft point parvenu jufqu'à nous. Les *formules* commencèrent à être moins obfervées fous les empereurs. Les fils de Conftantin rejettèrent celles qui avoient rapport aux teftamens; Théodofe-le-Jeune les abrogea toutes, & depuis elles n'ont plus été ufitées: cependant l'habitude où on étoit de s'en fervir, fit qu'il en demeura quelques reftes dans les actes.

Plufieurs favans ont travaillé à raffembler les fragmens de ces *formules*, difperfés dans les loix & dans les auteurs. L'ouvrage le plus complet en ce genre eft celui du préfident Briffon, *de formulis & folemnibus populi romani verbis*. Il eft divifé en huit livres, qui contiennent les *formules* des actes & de la procédure, & même celles touchant la religion & l'art militaire.

Le célèbre Jérôme Bignon, qui publia en 1613 les *formules* de Marculfe, avec des notes, y a joint 46 anciennes *formules* tirées des loix romaines.

M. Terraffon a auffi très-bien expliqué l'objet de ces *formules*, dans fon *hiftoire de la jurifprudence romaine*, part. II, §. 16, pag. 207, & à la fin de l'ouvrage, où parmi les anciens monumens qu'il nous a donnés de la jurifprudence romaine, il a auffi rapporté plufieurs *formules* des contrats & actions. (*A*)

§. II. *Des formules fuivant la jurifprudence françoife.* Les *formules* des actes, qu'on appelle auffi *formules* fimplement, fe prennent en plufieurs fens différens. On entend quelquefois par-là le ftyle uniforme que l'on avoit projeté d'établir pour les actes & procédures; quelquefois la marque & infcription qui eft au haut du papier & du parchemin timbrés, quelquefois le papier même ou parchemin qui eft timbré.

Lorfque les Francs fe furent emparés des Gaules, ils fe fervirent de différentes *formules* pour les actes & les procédures. Ces anciens modèles ont été recueillis par le moine Marculphe, qui vivoit vers 660, & qu'on préfume avoir été chapelain de nos rois, avant de s'être retiré dans la folitude.

Son recueil eft divifé en deux livres: le premier contient les *formules* des lettres qui s'expédioient au palais des rois, *chartæ regales*: le fecond, celles qui étoient données devant le comte ou le juge des lieux, *chartæ pagenfes*.

Cet ouvrage eft néceffaire pour bien entendre l'hiftoire des rois de la première race, & la jurifprudence qui avoit lieu dans ces temps éloignés.

Jérôme Bignon, dont on a parlé ci-deffus, a publié cet ouvrage en un volume *in*-8°., & l'a enrichi de favantes remarques.

Le gouvernement féodal ayant divifé la France en autant d'états diftincts & féparés, qu'il fut érigé de fiefs, les *formules* anciennes devinrent inutiles, & il fut impoffible d'avoir un ftyle uniforme pour les actes & les procédures. On ne dut commencer à s'en former un, qu'après que les magiftrats furent rendus fédentaires, & formèrent des compagnies permanentes. Alors le renouvellement & la multiplicité des affaires engagèrent les juges & les praticiens à fe donner des *formules* pour rédiger les actes & les procédures. Mais ce nouveau ftyle dut être prefque auffi multiplié que les tribunaux où on en avoit befoin.

Pour remédier à cet inconvénient, Louis XIV commença la réforme de la juftice par la publication des ordonnances de 1667 & de 1670, qui règlent la forme de procéder en matière civile & en matière criminelle. Il crut enfuite, pour en rendre à fes fujets l'exécution plus facile, & afin qu'il y eût à l'avenir un ftyle uniforme dans toutes les cours, devoir faire dreffer des *formules* tant des exploits que des autres procédures, actes & formalités néceffaires dans la pourfuite des procès. On commença donc par dreffer des *formules* pour l'exécution de l'ordonnance de 1667, qui furent vues & examinées dans le confeil de réformation, & arrêtées pour fervir de règle & de modèle à tous les praticiens & autres fujets du roi. Le recueil de ces *formules* fut imprimé en un volume *in*-4°. en 1668. Il ne paroît pas que l'on ait fait le même travail fur les autres ordonnances.

Cependant, par un édit du mois de mars 1673, le roi annonça encore qu'il avoit eftimé néceffaire de faire dreffer en *formules* les actes & procédures les plus ordinaires, en conformité des nouvelles ordonnances, pour être lefdites *formules* portées dans chaque fiège, & y être obfervées fans aucun changement; & pour faciliter l'obfervation de ces *formules* & ôter tout prétexte de s'en écarter, il ordonna que ces *formules* feroient imprimées, & que les officiers publics fe ferviroient de ces imprimés, tant pour les originaux, que pour les copies de leurs actes, dans lefquelles *formules* ils rempliroient à la main les blancs de ce qui feroit propre à chaque acte. Les motifs allégués dans cet édit, étoient de rendre le ftyle uniforme dans tous les tribunaux; de prévenir les fautes où tombent fouvent les copiftes peu intelligens; de rendre l'inftruction des procès plus prompte & plus facile, & de diminuer les frais. Ces *formules* imprimées avoient paru fi commodes, que l'on s'en fervoit déjà dans l'inftruction de différentes affaires & procès, quoique néanmoins les parties n'en tiraffent aucun avantage, vu qu'on leur faifoit toujours payer les mêmes droits que fi les actes étoient entièrement écrits à la main.

L'édit ordonna en conféquence que les huiffiers,

fergens , procureurs , greffiers & autres officiers
miniftres de juftice des confeils de fa majefté , parlemens, grand-confeil & autres cours , fieges &
juftices royales, & ceux des juftices des feigneurs ,
même des officialités & autres jurifdictions tant ordinaires qu'extraordinaires, feroient tenus, chacun
à leur égard , de fe fervir , tant pour originaux que
pour copies, des *formules* d'exploits , procédures
& autres actes judiciaires , pour y avoir les blancs des
imprimés remplis , & par eux employés à leurs
ufages ; qu'à cet effet il feroit dreffé un recueil de
ces *formules*, qui feroit arrêté par fa majefté & envoyé dans toutes les cours premières & principales, pour y avoir recours & fervir de modèle
aux imprimés des *formules*.

Qu'il feroit fait un autre recueil des *formules*
des contrats, obligations & autres actes les plus
communs & ufités , & qui font journellement paffés par les notaires & tabellions , foit royaux , apoftoliques ou des feigneurs ; comme auffi des lettres
de mer, connoiffemens , chartes parties , & autres
actes & contrats maritimes, pour fervir aux écrivains de vaiffeau.

Qu'il feroit pareillement fait un recueil des lettres les plus ordinaires de juftice , finance & de
grace , tant de la grande chancellerie , que de celles
qui fervent près les cours & préfidiaux , & des
provifions des bénéfices & offices, des lettres des
arts & métiers , & autres de toute nature.

Que l'on feroit pareillement un recueil des *formules* des lettres de provifions, préfentations & nominations de bénéfices des archevêques & évêques , chapitres , abbés & autres collateurs & patrons eccléfiaftiques , & généralement de toutes
les lettres qui font données par les archevêques
& évêques ; comme auffi des lettres de maître ès-
arts, de bachelier, de licencié & de docteur en
toutes les facultés des univerfités , de toutes les
autres lettres qui s'expédient dans les fecrétariats des
univerfités , & de celles qui font données par toutes
autres communautés eccléfiaftiques & féculières.

Enfin , qu'il feroit auffi fait un recueil des *formules* des quittances , qui s'expédient annuellement pour les revenus cafuels de fa majefté , marc
d'or , recette générale des finances & particulière
des tailles , payeurs des rentes fur la ville de
Paris , & généralement par tous les officiers
comptables ; enfemble par les rentiers & autres
parties prenantes ; comme auffi des acquits , certificats, paffe-ports, paffavans & autres actes qui fervent à la régie des fermes & perception des droits ,
même des commiffions des tailles des paroiffes.

Que fur les modèles de ces *formules* feroient
imprimés les exemplaires , qui feroient employés
par ceux qui s'en devoient fervir , foit en parchemin ou en papier , fuivant l'ufage ; & que toutes
ces *formules* imprimées feroient marquées en tête
d'une fleur-de-lys, & timbrées de la qualité & fubftance des actes.

On devoit, fous peine de nullité des actes , fe

fervir des exemplaires imprimés, trois mois après
que les recueils de *formules* auroient été mis au
greffe des cours.

Cet édit fut regiftré au parlement, le roi y féant
en fon lit de juftice , le 23 mars 1673. Il fut regiftré le même jour en la chambre des comptes,
de l'ordre de fa majefté porté par Monfieur, fon
frère unique , affifté du maréchal du Pleffis-Praf-
lin & des confeillers d'état.

Par une déclaration du 30 juin fuivant, le roi
ordonna que les recueils de *formules* & le tarif arrêté en fon confeil le 22 avril précédent , feroient
enregiftrés dans toutes fes cours.

Cette déclaration fut portée au parlement de Paris, avec les recueils de *formules* & le tarif des
droits ; mais elle n'y fut point enregiftrée, à caufe
de l'inconvénient que l'on trouva dans les *formules*, qui ne pouvoient fervir à tous les divers actes
dont la difpofition eft différente , felon les perfonnes, les lieux & les chofes.

Le roi voulant accélérer la perception des droits
portés par le tarif des *formules*, pour fournir aux
dépenfes de la guerre qu'il faifoit en perfonne ,
donna une autre déclaration le 2 juillet 1673 , par
laquelle il ordonna que le travail commencé pour
dreffer les *formules*, feroit continué & achevé, pour
être enfuite procédé à l'enregiftrement de tous les
recueils ; & cependant que les commis prépofés
pour la diftribution defdites *formules* , pourroient
vendre & diftribuer à tous officiers , miniftres de
juftice & autres qu'il appartiendroit, le papier &
parchemin qu'il conviendroit, marqués en tête d'une
fleur-de-lys , & timbrés de la qualité & fubftance
des actes , avec mention du droit porté par le tarif ; le corps de l'acte entièrement en blanc, pour
être écrit à la main , &c. le tout feulement jufqu'à ce que les recueils de *formules* fuffent achevés ; après quoi les officiers publics feroient tenus
de fe fervir des *formules* en la manière portée par
les recueils.

C'eft de-là que le papier & le parchemin timbrés tirent leur origine ; on a cependant confervé
le nom de *formule* au timbre , & quelquefois on
donne auffi ce nom au papier même & au parchemin timbrés , à caufe que dans les commencemens ils étoient deftinés à contenir les *formules* des
actes , au lieu defquelles on s'eft contenté de mettre en tête un timbre ou marque , avec le nom
des actes ; le projet des *formules* imprimées ayant
été totalement abandonné , à caufe des difficultés
que l'on a trouvées dans l'exécution.

La *formule* ou timbre que la ferme générale fait
appofer au papier & parchemin , deftinés aux actes
publics , change ordinairement à chaque bail. Il
y a une *formule* particulière pour chaque généralité.

Outre la *formule* commune qui eft appofée fur
tous les papiers & parchemins de chaque généralité , il y en a encore de particulières pour les
actes reçus par certains officiers , comme pour les
expéditions des greffiers , pour les actes des notai-

res, pour les lettres de chancellerie , les quittances de finance , les quittances de ville , &c.

Il y a un recueil des réglemens faits pour l'usage du papier & parchemin timbrés , que l'on appelle communément *le recueil des formules* , par le sieur Deniset, où l'on trouve tout ce qui concerne cette matière.

Il y a aussi un mémoire instructif sur les droits de la *formule* , qui est à la fin du dictionnaire des aides, par le sieur Brunet de Grand-maison. *Voyez* PAPIER TIMBRÉ & PARCHEMIN.

FORNICATION , s. f. (*Code criminel. Morale.*) ce mot a plusieurs significations ; il désigne en même temps un genre & une espèce particulière de crime.

En général , on donne le nom de *fornication* à toute union charnelle & illégitime entre des personnes de différens sexes : il comprend alors l'adultère , l'inceste , le viol , &c. Mais dans une acception particulière , il signifie le commerce charnel d'un homme avec une fille ou une veuve : dans ce sens il répond au mot latin *stuprum.*

Toute *fornication* est défendue par la loi divine & naturelle ; la loi civile faite pour veiller à la conservation des mœurs, s'arme également de rigueur pour prévenir ou pour punir ce crime. Elle distingue néanmoins entre celle qui est commise avec une fille publique , ou celle qui a lieu avec une fille ou une veuve d'une condition honnête.

Suivant les loix romaines & françoises , la *fornication* commise avec une fille publique & notoirement débauchée , n'expose à aucune peine celui qui la commet : la fille même devenue enceinte par ce commerce honteux, n'est point admise à rendre plainte , même contre un majeur qui a eu avec elle un commerce criminel , & elle n'est pas recevable à lui demander des dommages & intérêts.

A l'égard de la *fornication* commise avec une fille ou une veuve de condition honnête , les loix romaines punissoient le fornicateur par la perte de la moitié de son bien , & s'il étoit d'un état vil & abject , par la peine du fouet & de la relégation.

En France , l'ancienne jurisprudence obligeoit le fornicateur à épouser la personne qu'il avoit séduite & rendue enceinte , ou sur son refus , elle le condamnoit à être pendu. Mais cette rigueur atroce s'est adoucie de manière que la peine de la *fornication* est aujourd'hui arbitraire , & proportionnée aux circonstances qui l'accompagnent. Elle ne consiste le plus souvent qu'en des dommages & intérêts , qui ne s'accordent même que dans le cas où ce commerce illégitime est suivi d'une grossesse.

Pour les fixer, on distingue différens cas ; 1°. lorsque la fille s'est abandonnée à son corrupteur sous une promesse de mariage , ils sont toujours plus considérables , que lorsqu'elle s'est livrée volontairement , sans aucune condition. Ils doivent être beaucoup plus forts, si les parties sont d'une qualité & d'une fortune à-peu-près égales , parce qu'alors la séduction avoit plus de prise.

2°. Les dommages & intérêts sont plus con-

sidérables lorsqu'un majeur a séduit une fille mineure ; ils sont moindres lorsque la *fornication* a eu lieu entre deux mineurs ; & si le crime a été commis par un mineur envers une fille majeure , il est seulement condamné aux frais des couches de la mère , & de l'éducation de l'enfant.

3°. La loi *fideicommissum* , *c. de fideicom.* prive du legs le légataire qui a commerce avec la veuve du testateur ; & je pense que si une pareille question se présentoit dans nos tribunaux , on suivroit la disposition de cette loi, afin de punir l'ingratitude du légataire.

4°. La loi 5 , *c. de episc. & cler.* prononçoit la peine de mort contre celui qui avoit un commerce criminel avec une personne consacrée à Dieu. Cette disposition a été admise dans notre jurisprudence. La Roche-Flavin rapporte un arrêt du 11 janvier 1535 , qui condamna un nommé Salesse à être décapité pour avoir abusé d'une religieuse. Je ne sais pas si on jugeroit aujourd'hui un pareil coupable avec la même rigueur. Il est bien vrai que la *fornication* est , dans ce cas , accompagnée d'une espèce de sacrilège , & de la transgression des vœux solemnels de religion. Mais ce dernier crime n'offense que la majesté de Dieu , & les hommes ne sont pas chargés de la venger ; leur pouvoir se borne à punir de mort les crimes qui intéressent essentiellement l'ordre & la sûreté publique.

5°. La loi *ne qui* , *c. de Judæis* , condamnoit à mort un juif qui épousoit une chrétienne ; Farinacius , Julius Clarus & d'autres criminalistes décident qu'un juif qui a un commerce charnel avec une chrétienne , doit être condamné aux galères , & ils étendent cette peine à tous les infidèles. J'ai de la peine à admettre une pareille décision ; j'inclinerois à ne punir cette *fornication* que par des dommages & intérêts très-considérables , si la fille a ignoré la condition de son séducteur ; moindres dans le cas où elle l'auroit connu ; parce que dans le premier cas , elle a pu se laisser séduire par l'espérance d'un mariage , & que dans le second , elle s'est livrée volontairement à la débauche , & qu'elle ne peut alléguer le prétexte d'une alliance qu'elle savoit être prohibée par les loix.

6°. La *fornication* entre un domestique & sa maîtresse est punie très-sévèrement. La coutume de Bordeaux veut qu'on punisse de mort tout domestique qui suborne la femme , la fille ou la nièce du logis ; cette disposition a servi de base à la jurisprudence de toutes les cours , & elle a été confirmée par l'article 3 de la déclaration du 22 novembre 1730. Cependant , lorsque la maîtresse séduite est majeure , & qu'elle déclare avoir fait des avances au coupable , la peine de mort peut être modérée à celle des galères ou du bannissement. Mais ce crime doit toujours être puni & poursuivi par la voie extraordinaire , parce qu'il est essentiel de prévenir les désordres qui en résulteroient , si on le laissoit impuni.

7°. La *fornication* entre le maître & sa domestique ne donne lieu envers lui qu'à une condamnation aux frais de couches, d'entretien & de l'éducation de l'enfant, & aux dommages & intérêts de la fille. Mais on refuse toute action à une servante majeure, qui a eu commerce avec son maître mineur, parce qu'on présume qu'elle l'a séduit.

8°. Les loix féodales punissent le seigneur qui abuse de sa vassale, par la perte de son droit de directe sur le fief servant, outre les dommages & intérêts, & autres peines pécuniaires auxquelles il peut être condamné. Le vassal qui a commerce avec la fille ou la sœur de son seigneur, perd son fief, outre les peines ordinaires.

9°. Un confesseur qui abuse de sa pénitente, un médecin de ses malades, sont punis très-sévérement, même de mort, suivant la gravité du délit & des circonstances. Il en est de même d'un geolier qui séduit sa prisonnière, & qui parvient à avoir un commerce illicite avec elle.

Il est souvent difficile de prouver par témoins le crime de *fornication*. C'est ce qui a engagé plusieurs auteurs à soutenir qu'une fille enceinte devoit être crue à son serment, & que sa déclaration suffisoit pour déterminer les juges à condamner provisoirement l'accusé à nourrir l'enfant. L'ordonnance criminelle du duc Léopold est conforme à cette opinion : mais en France, on exige que cette déclaration soit jointe à de fortes présomptions.

On regarde telle, l'habitation commune de l'accusé & de la fille, & l'usage commun de la même table. Mais lorsque la fille a une demeure séparée, on regarde comme indices suffisans, 1°. quand le garçon & la fille ont été vus souvent ensemble dans des lieux secrets & retirés; 2°. quand le garçon lui a fait des présens, lui a écrit des lettres pleines de tendresse & de passion; 3°. quand on l'a vu rendre à la fille des visites nocturnes, ou même pendant le jour; mais dans des instans où elle étoit seule; 4°. quand on l'a vu s'enfermer tête-à-tête avec elle, l'embrasser d'une manière lascive, ou enfin lui faire des attouchemens contraires à la pudeur.

Mais si d'un côté les présomptions peuvent fortifier l'accusation formée par une fille contre celui qu'elle accuse de l'avoir séduite, l'homme, de son côté, peut aussi l'affoiblir par d'autres présomptions, & déterminer les juges à prononcer des peines moins sévères.

Les présomptions qu'il peut alléguer sont, la mauvaise conduite habituelle de la fille; la condition vile de celle qu'il a abusée; la différence d'âge, si elle est majeure & lui mineur; si les parens de la fille ont favorisé leur commerce; si la fille s'est laissée séduire dans la vue de se procurer un époux.

FORT-DENIER, s. m. (*Finance. Pratique.*) on appelle ainsi dans un paiement, le denier ou les deux deniers qu'un débiteur est obligé de payer, faute d'avoir une monnoie avec laquelle il puisse acquitter juste la somme qu'il doit.

L'usage de faire payer le *fort-denier* est fondé sur ce que cette pièce de monnoie n'a plus cours, & il a été autorisé en faveur des fermiers des droits du roi, par divers arrêts du conseil. Mais lorsqu'une personne acquitte en même temps plusieurs droits différens, dont la valeur de chaque ne va qu'à un ou deux deniers, le *fort-denier* n'est pas exigible sur chaque article particulier; on ne le perçoit que sur le total de la somme, à laquelle tous les articles joints ensemble se trouvent monter.

FORTFUYANCE, s. f. ou plutôt FORFUYANGE, *quasi foris-fuga*, est une espèce de droit d'aubaine dont le duc de Lorraine jouissoit dans ses duchés. Il en est fait mention en un *vidimus* de l'an 1577, dans lequel on voit que le duc Charles accorde à un particulier la permission d'acquérir dans ses états jusqu'à huit cens livres de rente, nonobstant qu'il eût son domicile à Verdun; & à ses héritiers ou ayans cause, le droit de lui succéder & de jouir paisiblement de ces rentes, nonobstant le droit de *fort-fuyance*, qui appartient au duc, &c. (*A*)

FORTIFICATION, s. f. (*Droit public.*) nous ne mettons ici ce mot qui appartient au Dictionnaire de l'art militaire, que pour faire remarquer que les lieux qui servent ou ont servi aux clôtures & *fortifications* des villes du royaume, sont censés être du domaine de la couronne, par droit de souveraineté, ainsi qu'un espace d'environ neuf pieds en dedans des villes, comme faisant partie de ces mêmes *fortifications*.

Il suit de ce principe que le roi seul peut ordonner l'aliénation des places qui ont servi aux anciennes *fortifications*, & que les maisons & édifices qui y ont été construits sont entièrement dans sa directe. C'est par cette raison que l'édit de décembre 1681 a ordonné que ces places seroient vendues à son profit, & que celles qui auroient été vendues précédemment par les officiers municipaux des villes, n'appartiendroient aux acquéreurs qu'après avoir été confirmés dans leur possession, & avoir payé les sommes auxquelles ils seroient taxés.

Les fermiers des domaines du roi jouissent du revenu de ces places lorsqu'elles sont affermées, ainsi que des droits dus sur les édifices aliénés qui y ont été construits. Les engagistes du domaine en jouissent également, lorsqu'elles ont été comprises dans leur engagement, & les gouverneurs des villes, lorsque cette jouissance leur a été nommément accordée.

FORTIFICATION de châteaux, (*Code criminel.*) on comprend communément dans la même classe de crimes, la construction & *fortification de châteaux*, & leur démolition, sans la permission du roi.

Ce sont autant de crimes de lèse-majesté au second chef, conformément à l'édit de Henri III, de 1579; à la déclaration de Louis XIII, du 27 mai 1610, & à l'ordonnance du même prince, de 1629.

Ces crimes rares, & dont l'histoire de notre

siècle ne fourniroit pas un seul exemple, supposent dans le sujet qui s'en rend coupable un esprit de révolte & d'indépendance, dont tous les efforts seroient vains, aujourd'hui que les bases de l'autorité royale sont plus solidement établies qu'elles ne l'ont jamais été. Aussi doit-on remarquer que le petit nombre de loix qui ont eu pour objet de déterminer la punition de cette espèce de coupables, est l'ouvrage des circonstances, & leurs dates indiquent assez qu'elles ont été publiées dans ces temps de trouble, où le fanatisme & l'ambition étendoient de toutes parts leurs fureurs & leurs ravages.

La peine de ces crimes est celle de mort, en conséquence des loix ci-dessus citées.

Cependant il faut distinguer entre ceux qui, dans le fol espoir de se rendre indépendans, se fortifieroient dans leurs châteaux, & y formeroient des approvisionnemens, & le citoyen indiscret qui, habitant près des murs d'une ville, en feroit démolir une portion pour son usage ou pour son agrément. Les premiers sans doute seroient dans le cas d'être punis suivant toute la rigueur des loix, & il faudroit ordonner la démolition de leurs fortifications & le rasement de leurs châteaux. Le second au contraire ne pourroit être condamné qu'à une amende arbitraire & à la reconstruction des murailles qu'il auroit fait démolir.

Lorsque les fiefs, aujourd'hui dénaturés, étoient assujettis à un service militaire, quand le vassal, qui ne doit actuellement à son suzerain que la foi & hommage, l'aveu & dénombrement, avec les profits féodaux, étoit dans une dépendance directe & personnelle de ce même suzerain, il étoit obligé de lui demander la permission de se fortifier chez lui. « On a demandé, dit Bouchel, tom. 2, pag. 87, si le vassal peut faire pont-levis, tours, fossés & autre forteresse en sa maison, pour sa défense & sûreté, sans la permission de son seigneur supérieur. Pour le trancher court, il a été jugé par arrêt du 27 novembre 1557, en une appellation du sénéchal de Saumur, au profit de Charles de Maillé, sieur de Brezé & de Milly, contre le sieur de Joreau, qui fut condamné à abattre & démolir la forteresse qu'il avoit faite en sa maison pendant les guerres, sans la permission dudit sieur de Milly, d'où relève la seigneurie dudit de Joreau, encores que ledit de Joreau eût la permission du gouverneur de la province ».

Le vassal & le suzerain sont aujourd'hui dans la même classe, & ils ne peuvent également faire construire des forteresses dans leurs châteaux. Mais le vassal peut faire entourer le sien de fossés d'agrément & de décoration, sans demander la permission de son suzerain, auquel il ne doit plus rien, quand il lui a fait la foi & hommage, quand il a fourni son aveu & dénombrement, & quand il a payé les droits de mouvance. (Par M. BOUCHER D'ARGIS, conseiller au châtelet de Paris, de l'académie de Rouen, &c.)

FORTUNE d'or & d'argent, s. f. La coutume d'Anjou, art. 61, se sert de ces termes pour désigner une mine d'or & d'argent. Suivant sa disposition, les mines d'or appartiennent au roi, celles d'argent au comte, vicomte ou baron, chacun en sa terre. Voyez MINE.

Elle désigne aussi par cette expression, les trésors trouvés en terre. Elle décide que le trésor trouvé dans un fief, ou dans la terre d'un seigneur foncier, ayant basse-justice, se partage par moitié entre le seigneur & celui qui l'a trouvé; que s'il a été trouvé dans un lieu non hommagé, le tiers en appartient au seigneur de fief, le tiers au propriétaire du fonds, & le tiers à celui qui l'a trouvé. Voyez TRÉSOR.

FOSSE A CHARBON, s. f. (Eaux & Forêts.) l'ordonnance de 1669, tit. 27, art. 22, oblige les marchands qui veulent faire du charbon dans leurs ventes, d'en placer les fosses dans les endroits les plus vuides, & les plus éloignés des arbres & du recru. Ces places doivent être marquées par les sergens à garde, & on n'en doit permettre qu'une tout au plus par chaque arpent. Après la fabrication & l'enlèvement du charbon, les marchands sont tenus de combler & unir les fosses, même d'en repeupler & resemer les places, s'il est jugé à propos par le grand-maître.

FOSSÉ, s. m. (Droit public & coutumier.) c'est une fosse creusée en long, soit pour renfermer un espace de terrein, soit pour faire écouler les eaux, soit pour servir de défenses ou d'embellissement à une maison.

Il est libre à tout propriétaire d'entourer ses héritages de fossés, sans que le seigneur du fief puisse l'en empêcher, sous prétexte que ces fossés le gênent dans l'exercice de son droit de chasse. Il leur est également libre d'entourer leurs maisons de pareils fossés, soit pour attirer les eaux, soit pour dessécher un terrein humide, soit pour y conserver ou nourrir du poisson.

Mais il n'est pas permis à un noble de faire faire autour de sa maison des fossés, & d'y établir un pont-levis, sans le consentement de son suzerain, & sans lettres-patentes du roi, qui doivent être enregistrées à la chambre des comptes, après une information préalable de la commodité ou incommodité. La raison en est que les fossés avec pont-levis sont une marque distinctive des terres titrées, & que d'ailleurs ils ont une apparence de fortification, qu'on ne peut établir sans le consentement & la permission expresse du roi.

Suivant le droit coutumier, nul ne peut faire de fossés à eau, ou cloaques sur son héritage, à moins qu'il ne soit éloigné d'une certaine distance du mur mitoyen ou de celui du voisin, ou qu'on ne construise un contre-mur suffisant pour empêcher que celui du voisin n'en reçoive aucun dommage.

L'article 217 de la coutume de Paris exige une

distance de six pieds en tout sens : l'article 367 de celle de Reims exige celle de dix pieds du puits du voisin, ou la construction d'un mur de deux pieds au moins d'épaisseur, fait à chaux & à sable : l'article 221 de celle de Clermont n'exige qu'un mur d'un pied d'épaisseur.

La loi *sciendùm*, *ff. finium regund.* vouloit qu'on laissât entre un *fossé* creusé par un propriétaire, pour séparer son héritage d'avec celui de son voisin, un espace égal à la profondeur du *fossé*. Mais, dans notre usage, chacun peut faire creuser un *fossé* sur l'extrémité de son terrein, ensorte que le bord du côté du voisin, fait la borne & le confin des deux héritages. Mais dans ce cas, toute la terre issant de ce *fossé*, doit être jettée du côté de celui qui le fait creuser.

C'est une règle de notre droit françois, confirmée par le texte de plusieurs coutumes, & adoptée par tous les auteurs, 1°. que les *fossés* qui séparent deux héritages sont censés mitoyens, à-moins qu'il n'y ait titres au contraire ; 2°. que dans le doute, on les déclare communs, lorsqu'il paroît que la terre a été jettée sur les deux bords ; 3°. que le jet de la terre sur un seul côté fait présumer que le *fossé* appartient en entier au propriétaire de l'héritage sur lequel elle a été jettée.

L'ordonnance de 1669 enjoint à tous les riverains des bois du roi, de séparer leurs héritages par des *fossés* de quatre pieds de largeur sur cinq de profondeur, & de les entretenir en cet état, à peine de réunion de leurs terres. Les gardes-bois sont tenus de faire visite de ces *fossés* de trois mois en trois mois, & de déposer aux greffes des maîtrises le procès-verbal de leur état : les officiers des maîtrises doivent pareillement veiller sur l'état de ces *fossés* dans leurs visites, & contraindre les propriétaires au rétablissement de ceux qui sont dégradés, à peine d'en répondre en leur propre & privé nom.

La même ordonnance veut qu'aux frais des communautés usagères, il soit fait des *fossés* suffisamment larges & profonds, le long des chemins où les bestiaux vont pour aller pâturer, afin de les empêcher d'entrer dans le recru des jeunes taillis.

Elle défend aussi à toutes sortes de personnes, de détourner l'eau des rivières navigables & flottables, & d'en affoiblir ou altérer le cours par des *fossés*, tranchées ou canaux, à peine d'être punies comme usurpateurs, & d'être obligées de réparer les choses à leurs frais. La coutume de Mons, *chap.* 53, contient des dispositions semblables.

FOSSERÉE, s. f. terme particulier au pays de Bugey & de Gex, qui signifie la même chose que ce qu'on appelle ailleurs une *œuvrée* ou *ouvrée*, ou *le travail d'un homme* : on mesure les vignes par fosserées ou ouvrées. *Voyez* Collet, *sur les statuts de Bresse, part. II, p. 79, col. 2, &* ŒUVRÉE. *(A)*

FOU, adj. pris subst. *Voy.* DÉMENCE, FUREUR.

FOUACE *de redevance,* (*Droit féodal.*) on appelloit anciennement *fouace* ou *fouache*, une espèce de pain fait sans levain, & cuit sous la cendre. Il est souvent parlé dans les titres & chartres d'une ou de plusieurs *fouaces*. M. Ducange en son glossaire, en rapporte des extraits de plusieurs sous le mot *Focacia*. *Voyez* OUBLIES.

FOUAGE, s. m. (*Droit public.*) appellé dans la basse latinité *foagium* & *focagium*, étoit un droit dû au roi & à quelques seigneurs particuliers, par chaque feu ou ménage.

L'étymologie de *fouage* ou *feu* ne vient pas *à feudo*, comme quelqu'un l'a prétendu, mais du latin *focus*, feu, d'où l'on a fait *focagium*, & par corruption *foagium*, & en françois *fouage*.

En quelques endroits ce même droit est appellé *fournage*, à cause du fourneau ou cheminée qui doit l'imposition ; pourquoi on l'a aussi appellé *fumarium tributum*. Spelman l'appelle *tributum ex foco*, & dit qu'en Angleterre il est appellé *cheminagium*.

Au pays de Forez on lève un droit semblable, appellé *blande*.

En quelques endroits on l'appelle *droit d'hostelage* ou *d'ostise*.

On voit dans les assises de Jérusalem, que le seigneur étoit dit *foager son fief ; cùm foagium à tenentibus suis pro aliquâ necessitate exigit.*

L'origine du *fouage* ou imposition qui se lève sur chaque feu ou chef de famille, est fort ancienne. Cedrenus & Zonare en font mention dans l'histoire de Nicéphore ; où ils appellent ce droit *fumarium tributum* ; & Landulphe, *lib. 24*, dit que cet empereur exigeoit un tribut sur chaque feu, *per singulos focos census exigebat.*

Dans une constitution de Manuel Comnène, il est parlé de la description des feux en ces termes, *describere focos* ; ce qui est appellé *focularia* par Frédéric II, roi de Naples & de Sicile. *Lib. II, tit. ult.*

Ce droit est aussi fort ancien en France ; il le levoit au profit du roi dès le temps de la première race ; sous les rois de la seconde, & encore pendant long-temps sous la troisième.

Cette imposition par feux fut aussi établie dans plusieurs provinces, au profit de divers seigneurs particuliers qui s'attribuèrent ce droit. Mais il paroît par le passage des assises de Jérusalem, que nous venons de citer, que les seigneurs n'avoient recours à l'imposition du *fouage*, que dans le cas de besoin. Les comtes d'Anjou ne pouvoient l'exiger qu'une fois dans la ville d'Angers.

Les privilèges manuscrits de Saint-Didier en Champagne, de l'an 1228, font mention que chaque personne mariée, ou qui l'avoit été, payoit au seigneur cinq sous pour le *fouage*.

Une chartre d'Alphonse, comte de Poitou, de l'an 1269, justifie qu'on lui payoit tous les ans un droit de *fouage*.

On en paya aussi en 1304 pour la guerre de Flandre, suivant un compte du bailli de Bourges, de l'an 1306.

§. I. *Du fouage établi par le roi.* Celui dont la levée

levée étoit ordonnée par le roi pour fournir aux besoins extraordinaires de l'état, étoit d'abord quelquefois compris sous le terme général d'*aide* : telle fut l'aide établie en conséquence de l'assemblée des états tenus à Amiens en décembre 1363, qui consistoit dans un droit de *fouage* ou imposition par feux. Il en fut de même de l'imposition qui fut mise sur chaque feu dans le Dauphiné, en 1367.

Dans la suite, les *fouages* furent distingués des aides proprement dites, qui se percevoient sur les denrées & marchandises, à cause que certaines personnes étoient exemptes des *fouages*, au lieu que personne n'étoit exempt des aides : c'est ce que l'on voit dans les lettres de Charles VI, du 24 octobre 1383, portant que l'aide qui étoit alors établie, seroit payée par toutes sortes de personnes, & notamment par ceux des habitans de Languedoc qui s'en prétendoient exempts ; & la raison qu'en donne Charles VI, est que ces aides n'avoient pas été établies seulement pour la défense de ceux qui étoient taillables, mais aussi de ceux qui ne l'étoient pas ; & que lesdites aides n'étoient pas par manière de *fouage*, mais par manière d'imposition & de gabelle.

Il y avoit des villes, bourgs & villages, qui étant dépeuplés, demandoient une diminution de feux, c'est-à-dire, que l'on diminuât l'imposition qu'ils payoient pour le *fouage*, à proportion du nombre de feux qui restoit ; & lorsque ces lieux ruinés se rétablissoient en tout ou en partie, on constatoit le fait par des lettres qu'on appelloit *réparation de feux* ; on fixoit par des lettres le nombre des feux existans, pour augmenter le *fouage* à proportion du nombre de feux qui avoient été réparés, c'est-à-dire rétablis.

Quelques auteurs disent que les tailles ont succédé au droit de *fouage* ; ce qui n'est pas tout-à-fait exact : en effet, dès le temps de S. Louis, & même auparavant, nos rois levoient déjà des tailles pour les besoins de l'état. Ces tailles n'étoient point ordinaires. Le roi, & même quelques-uns des grands vassaux de la couronne, levoient aussi dès-lors un droit de *fouage* dans certaines provinces, ainsi que nous l'avons déjà remarqué, & que nous le dirons plus au long, §. 3. Les ducs de Normandie, les comtes de Champagne & autres seigneurs le percevoient chacun dans leur territoire.

Les droits de *fouage* établis par le roi cessoient néanmoins quelquefois, moyennant d'autres impositions : ainsi, lorsque les communautés d'habitans de la sénéchaussée de Beaucaire se soumirent, le 18 février 1357, à payer au comte de Poitiers, en qualité de lieutenant-général du royaume, un droit de capage ou capitation, ce fut à condition que tant qu'il percevroit ce capage, il ne pourroit exiger d'eux aucune autre imposition, soit à titre de *fouage* ou autrement.

Charles V fit lever un droit de *fouage* pour la solde des troupes : il étoit alors de quatre livres pour chaque feu.

Du temps de Charles VI, le prince de Galles voulut imposer en Aquitaine sur chacun feu un franc, le fort portant le foible ; ce qui ne lui réussit pas.

Charles VII rendit le *fouage* perpétuel, & depuis ce temps il prit le nom de *taille*. Aussi depuis cette époque, l'on ne voit plus d'établissement d'imposition sous le nom de *fouage*. Cette dénomination n'existe plus que dans les provinces de Normandie & de Bretagne.

§. II. *Du fouage qui se paie en Normandie & en Bretagne*. Le *fouage* a été établi en Normandie depuis très-long-temps ; il en est parlé dans la chartre commune de Rouen de 1207, & dans une chronique de la même ville, de 1227. Il a été ainsi nommé, parce qu'il se levoit sur chaque feu ou ménage non-noble, & qu'il étoit principalement payé par ceux qui tiennent feu & lieu.

Le *fouage* est le même droit que le *monéage*, dont parle l'ancienne coutume de Normandie, *chap.* 15, *part.* 1, & l'article 76 de la nouvelle. Il fut établi, à ce que prétend Brussel, peu après la conquête de la Normandie par Philippe-Auguste : il se payoit de trois années l'une. Il consistoit dans la perception de douze deniers par chaque feu. Il fut accordé au duc de Normandie pour l'empêcher de changer la monnoie, & le dédommager du profit qu'il pouvoit faire sur la refonte & refabrication des espèces.

Il se lève encore aujourd'hui au profit du roi, en conformité de la disposition de la coutume, dans tous les lieux où il est d'usage de le percevoir. Les religieux, les clercs constitués dans les saints ordres, les bénéficiers, les sergens fieffés des églises, les barons ayant sept sergens ou officiers dans leur baronnie, & tous les nobles en sont exempts, ainsi que les femmes & les enfans qui n'ont pas vingt sols de rente, ou quarante sols de meubles, au-dessus de leurs robes & ustensiles.

Dans l'année où il est dû, le fermier des domaines obtient une ordonnance de l'intendant, qui en autorise la perception. Elle se fait par les collecteurs des tailles, en vertu d'un arrêt du conseil du 15 avril 1697, sur un rôle séparé, & ils en remettent le montant au fermier du domaine, à la déduction de dix deniers pour livre.

En Bretagne le *fouage* tient lieu de l'imposition de la taille, qui se paie dans les autres provinces du royaume. Ce droit se levoit anciennement non-seulement par les ducs de Bretagne sur leurs domaines particuliers, mais encore par les seigneurs sur leurs vassaux, dans les cas de besoins pressans. Le plus ancien titre qui se soit conservé d'un *fouage* accordé au duc de Bretagne, sur tous les lieux contribuables du duché, est du 25 février 1365. A cette époque, & dans les temps encore postérieurs, les ducs accordoient aux seigneurs particuliers des lettres de non-préjudice, par lesquelles ils reconnoissoient que cet octroi avoit été fait de leur pure grace , pour une fois tant feulement , & fans tirer à conféquence.

Depuis la réunion de la Bretagne à la couronne de France , on lève chaque année , au nom du roi , fur toutes les terres roturières , un *fouage* ordinaire , & des *fouages* extraordinaires qui font confentis par les états dans chacune de leurs affemblées. Comme ce droit fait partie des impofitions habituelles de la province, nous ne nous étendrons pas fur cet objet, dont on trouvera le détail dans le *Dictionnaire des finances*.

§. III. *Des fouages feigneuriaux*. Ce droit n'a plus lieu préfentement en France, qu'au profit des feigneurs qui ont titre ou poffeffion pour le lever fur leurs vaffaux. Il paroît qu'il a la même origine que le *fouage* de Normandie , c'eft-à-dire , que les habitans de diverfes feigneuries, dont les feigneurs jouiffoient des droits régaliens, confentirent à leur payer annuellement une impofition fixe, à condition qu'ils ne changeroient pas la monnoie. Il ne doit pas être étonnant que le *fouage* fût encore dû, à un grand nombre de feigneurs , puifqu'en 1262 , on en comptoit plus de quatre-vingts qui pouvoient faire battre monnoie. Celle de ces feigneurs étoit noire, c'eft-à-dire de cuivre; celle du roi étoit d'or & d'argent; elle avoit feule cours dans tout le royaume.

Le *fouage feigneurial* eft une redevance due au feigneur par ceux qui tiennent feu, ménage & maifon dans l'enclave de fa feigneurie. Il eft , dit la Roche-Flavin , *traité des droits feign. tit. 18* , de même nature que les droits de quête & de taille aux quatre cas.

De-là il réfulte deux conféquences : la première , que ce *fouage* n'eft point un droit réel qui fe confonde avec le cens , & qui foit perceptible fur les fonds & héritages; mais un droit perfonnel qui fe perçoit féparément du cens, qui eft exigible fur chaque maifon habitée , & qui diminue ou augmente pour le feigneur , fuivant que le nombre des feux augmente ou diminue. C'eft ce qui a été jugé par un arrêt de 1718 , entre la dame engagifte de la baronnie de la Roche-Bloine , & quelques habitans du lieu , qui foutenoient que le *fouage* étoit un droit réel, & qu'il n'étoit dû que par ceux qui l'avoient reconnu.

La feconde conféquence eft qu'il peut arriver que des tenanciers en foient exempts , & que d'autres en doivent plufieurs à la fois, & même un feul droit de *fouage* peut être dû folidairement par plufieurs particuliers.

Ceux qui ne poffèdent que des fonds , fur lefquels il n'y a aucune maifon habitée, font exempts du *fouage*, puifqu'il n'eft dû qu'à raifon de la faculté d'avoir un feu & de tenir ménage. Ceux qui, outre la maifon qu'ils habitent , en poffèdent encore d'autres, dans lefquelles ils mettent des fermiers ou locataires, doivent autant de *fouages* qu'il y a de maifons habitées. Enfin ce droit eft dû par

plufieurs , lorfque plufieurs font co-propriétaires d'une maifon habitée.

L'annotateur du *traité des droits feigneriaux* de Boutaric dit , *pag. 646* , que l'on ne peut demander que cinq années du droit de *fouage*.

Quelques curés prétendent auffi avoir un droit de *fouage* fur leurs paroiffiens , qui fe lève ordinairement vers le temps de pâques. Lorfqu'ils ont titre ou poffeffion , ils doivent y être maintenus , & ce droit alors fe règle par les mêmes principes que le *fouage feigneurial*. On trouve dans Papon , *liv. 13, tit. 4*, un arrêt de 1522 , qui juge que ce droit eft dû par chaque maifon & famille de la paroiffe , & qu'il fe multiplie par la multiplication des feux.

FOUET , f. m. (*Jurifprud. crimin.*) le *fouet* eft une peine dont l'ufage eft très-ancien. On l'infligeoit aux coupables chez les Juifs , les Grecs & les Romains.

Quelques auteurs ont écrit que cette punition étoit regardée à Rome comme légère , & qu'elle n'emportoit aucune infamie, même contre les hommes libres & ingénus. Il eft vrai que l'hiftoire offre beaucoup de doutes à ce fujet , mais ils s'éclairciffent , quand on fait la diftinction néceffaire entre deux peines qui avoient , à la vérité , quelque fimilitude , mais qui différoient entre elles dans le nom , dans la forme & dans les détails. On diftinguoit donc chez les Romains entre la baftonnade & la flagellation, *fuftes & verbera* ; on condamnoit à la baftonnade le foldat qui quittoit fes enfeignes ou fon pofte, qui avoit dérobé quelque chofe dans le camp, ceux qui avoient porté un faux témoignage, &c. La baftonnade , à la vérité , n'étoit pas par elle-même infamante ; mais elle le devenoit , fi la faute pour laquelle le coupable y étoit condamné, étoit elle-même infamante. *Ictus fuftium per fe non infamat , fed caufa ob quam pœna hæc infligitur , fi infamiam habet , notat*. Le *fouet* étoit au contraire la peine des efclaves , & cette punition étoit regardée comme plus douloureufe que la baftonnade. *Flagellorum pœna eft cùm quis & virgis , & flagris , vel maftige cæditur ; Pœna acerbior forenfis , quàm fuftigatio : non aliâ de caufâ , ut opinor , quàm quòd flagra vel flagella cuti admoventur , & nudantur corpora. Fuftes autem veftitis inferantur , eruaturque fanguis ictibus flagrorum , & vibices cute incifâ duriùs ferantur , §. fi quis aliquem de pace tenend. lib. 2 feudor. tit. 27. Sic & majorem pœnam arbitratur Afcurfius , in l. veluti de pœn. flagellorum pœnam quàm fuftium. Nam & Marcellus , l. in fervorum 19 de pœn. exiftimavit , ex quibus caufis liber fuftibus cæditur , ex iifdem fervum flagellis cadendum & domino reddendum. Syntagmatis juris univerfi , lib. 31, cap. 2 , de verberibus.*

Il doit donc demeurer pour conftant , d'après ces autorités , que la peine du *fouet*, proprement dite , étoit réfervée aux efclaves : c'étoit un crime de frapper de verges un citoyen romain : *facinus eft* , dit Cicéron dans fon difcours *in Verrem* , *de fuppliciis, facinus eft vinciri civem romanum , fcelus ver-*

berari. Tout le monde connoît ce beau morceau où l'orateur romain rappelle le fupplice de Coffanus indignement battu de verges dans la place publique de Meffine, quoiqu'il réclamât les droits de citoyen romain. *Cædebatur virgis in medio foro Meffanæ civis romanus, judices, cùm intereà nullus gemitus, nulla vox alia iftius miferi, inter dolorem, crepitumque plagarum audiebatur, nifi hæc, civis romanus fum. Hâc fe commemoratione civitatis omnia verbera depulfurum, cruciatumque à corpore dejeêlurum arbitrabatur. Is non modo hoc perfecit ut virgarum vim deprecaretur, fed cùm imploraret fæpiùs, ufurparetque nomen civitatis: crux, crux, inquam, infelici & ærumnofo, qui nunquam iftam poteftatem viderat, comparabatur. O nomen dulce libertatis! ô jus eximium noftræ civitatis! O lex Porcia legefque Semproniæ! O graviter defiderata, & aliquando reddita plebi romanæ tribunitia poteftas!*

La peine du *fouet,* fuivant notre jurifprudence, eft de deux efpèces. La première s'inflige indiquement & par la main de l'exécuteur de la hautejuftice: elle eft infamante & toujours accompagnée de la flétriffure & du banniffement, ou des galères. L'autre, qui n'eft pas infamante comme la première, s'applique dans l'intérieur de la prifon par les mains du queftionnaire ou du geolier, & c'eft ce qui lui a fait donner le nom de *fouet* fous la cuftode, *fub cuftodia.* On ne prononce cette peine que contre les enfans qui n'ont pas encore atteint l'âge de puberté, & on ordonne qu'ils feront enfuite remis à leurs parens, auxquels il eft enjoint de veiller plus particuliérement fur la conduite de leur enfant.

Lorfque le jeune coupable n'a point de parens qui puiffent en répondre, ou quand fon crime eft affez grave pour mériter une prolongation de peine, on ordonne qu'il fera renfermé pendant un certain temps dans une maifon de correction.

Il y a encore cette différence entre le *fouet* qui eft donné publiquement par l'exécuteur de la hautejuftice, & celui qui eft donné dans l'intérieur de la prifon par le queftionnaire, que le premier eft plutôt une note d'infamie qu'un fupplice. L'autre au contraire eft une peine réelle qui s'exécute avec févérité contre un enfant dont on ménage encore l'honneur, mais auquel on veut imprimer un long fouvenir de fa faute.

La Roche-Flavin & Bouchel rapportent un arrêt rendu au parlement de Touloufe le 6 juillet 1565, par lequel il fut dit qu'un prifonnier de la maifon de ville feroit fuftigé avec des verges par un fergent, & non par l'exécuteur de la haute-juftice, & feroit un tour feulement dans ladite maifon de ville. Il eft affez extraordinaire que ni l'un ni l'autre de ces deux arrêtiftes ne rapporte la caufe de cette condamnation, & les motifs qui déterminèrent les juges à déroger à l'ufage général fur la peine du *fouet.*

On peut encore faire ce reproche au même Bouchel au fujet d'un autre arrêt du parlement de Tou-

loufe, du 14 juillet 1568, par lequel il fut ordonné qu'une femme y nommée fera battue de verges par un autre que l'exécuteur de la hautejuftice.

L'honnêteté publique avoit fait autrefois imaginer d'inftituer une femme pour fuftiger toutes celles qui étoient condamnées à cette peine. L'ordonnance de S. Louis contre les blafphémateurs, en 1264, porte: « Et fe cette perfonne qui aura meffet ou mefdit font de l'aage de dix ans ou de » plus jufqu'à quatorze ans, il fera battu par la juftice » du lieu tout nud à verges en appert, ou plus » ou moins felon la grieté du fait ou de la parole, » c'eft à favoir li hommes par hommes, & les » femmes par feules femmes fans préfence d'hommes: fe ainfi n'eftoit qu'aucun rachetât maintenant, en payant convenable fomme de deniers, » felon la forme deffus dite ». Tréfor des chartres de France, reg. 10, fol. 54; Traité de la police, tom. I, liv. 3, tit. 6, p. 546.

La peine du *fouet* fous la cuftode, réfervée aujourd'hui aux impubères, s'appliquoit autrefois aux braconniers, fans diftinction d'âge, lorfqu'ils étoient pris en récidive. Les ordonnances de janvier 1600, art. 8, & juin 1601, avoient très-expreffément défendu à tous marchands, artifans, laboureurs, payfans, & à toute autre forte de gens roturiers, de tirer de l'arquebufe, efcopète, arbalète & autres bâtons, & d'avoir & tenir en leurs maifons collets, poches, filets, tonnelles & engins de chaffe, oifeaux gentils & de proie, furets & levriers; enfemble de chaffer au feu ni autrement, à aucune groffe ni menue bête & gibier, en quelque forte & manière que ce foit, & conformément aux ordonnances de 1515, *articles 9, 10 & 11,* 1600 & 1601, *articles 17 & 18:* ces fortes de gens devoient être condamnés, pour la première fois, en fix écus deux tiers d'amende, s'ils avoient de quoi payer, finon ils devoient demeurer un mois en prifon au pain & à l'eau; pour la feconde fois, ils devoient être condamnés au double de l'amende, & à défaut de paiement, *être battus de verges fous la cuftode,* & mis au carcan pendant trois heures un jour de marché, &c.

Lorfque l'église ordonnoit autrefois des peines publiques, le pénitent étoit fouvent fouetté jufqu'aux pieds des autels, fans que le ridicule & le fcandale de ces pieufes exécutions paruffent révolter aucun des fpectateurs. Ainfi fut flagellé le foible Raymond, comte de Touloufe, foupçonné de favorifer les hérétiques. Innocent III mit fes terres en interdit, & les abandonna au premier occupant: la politique & la philofophie n'avoient point encore détermine les bornes de la puiffance eccléfiaftique, & les papes, pour venger l'injure du ciel, fe croyoient en droit de difpofer d'un bien qui ne leur appartenoit pas. Le comte effrayé des fuites d'un interdit qui livroit fes états à toutes les intrigues, à toutes les factions, implora la clémence du pape, & crut qu'il fuffifoit de s'être humilié. Mais l'orgueil romain ne fut point fatisfait d'une démarche qui n'étoit pas publique ; & le légat ayant obligé le comte de fe rendre à la porte de l'églife , il le fit dépouiller de tous fes habits à la vue d'une nombreufe populace , & il le fouetta jufqu'au pied de l'autel , où il reçut l'abfolution. *O tempora ! ô mores !*

Les juges d'églife pouvoient autrefois condamner leurs jufticiables au *fouet*. Les jeunes clercs fouffroient cette peine pour la punition de leurs fautes , & ils pouvoient y être condamnés *judicio epifcopali* , ainfi qu'il paroît réfulter du canon *cùm beatus*, *diftinct*. 45 , & de celui *non liceat*, *diftinct*. 86. H.larius , foudiacre , ayant porté contre un diacre une fauffe accufation dont il fut abfous, le pape ordonna que l'accufateur feroit exilé , après avoir été fouetté publiquement , *cap. j. de calumniat.*

Quelques canoniftes ont conclu de-là que les juges d'églife p uvoient prononcer la peine du *fouet*, pourvu qu'il n'y ait pas effufion de fang. Cette diftinction eft abfurde ; car rien ne peut garantir au juge la manière dont fera exécuté fon jugement , & on fent que l'effufion du fang doit dépendre de la cruauté de l'exécuteur & de la foibleffe du condamné.

Parmi nous les tribunaux eccléfiaftiques ne peuvent prononcer que des peines canoniques , & les clercs même qui font revêtus d'offices de magiftrature , ne peuvent affifter au jugement d'aucun procès criminel , qui par fa nature tend à une condamnation à peine corporelle. C'eft par cette raifon que , dans les différens parlemens du royaume , les confeillers-clercs ne font jamais de fervice à la tournelle , & que dans les procès pour lefquels l'affemblée des chambres eft convoquée , ils fe retirent auffi-tôt qu'il y a des conclufions à peine corporelle. (*Cet article eft de M. Boucher d'Argis , confeiller au châtelet de Paris, de l'académie de Rouen, &c.*)

FOUG, ancien mot qu'on trouve dans la coutume de Hainaut, *chap. 99*, & dans Bouteiller & B.aumanoir. Beaumanoir & la coutume de Hainaut donnent le nom de *foug* à un troupeau de bêtes à laine. Lorfque le louvier , dit la coutume de Hainaut , a fait prife d'un loup, il ne peut pourchaffer qu'une lieue à la ronde de l'endroit de la prife , & exiger plus d'un mouton par chaque *foug* de bêes blanches.

Bouteiller fe fert du même terme dans la fignification d'*affemblée*, d'*attroupement*. Pour avoir *tourble de peuple*, ne faut affemblée que de *vingt-fix*, car pour le nombre de *vingt-fix*, fe fait tourble & multitude : & pour avoir *foug*, ne faut avoir que affemblée de *dix*, où par le nombre de *dix* fe fait *foug d'affemblée*.

FOUGER, v. a. *terme de coutumes*, qui exprime l'action par laquelle les porcs fouillent la terre. La coutume de Nivernois , *chap. 15.*, *art. 16*, veut que tout propriétaire de pourceaux trouvés fou-

geans dans un étang vuide , foit amendable de cinq fous envers le feigneur , & cinq fous pour les dommages & intérêts de la partie , lorfque les pourceaux font trouvés à l'abandon ; mais s'ils font faifis à garde faite , l'amende eft également de cinq fous pour le feigneur , mais les dommages & intérêts du propriétaire de l'étang font de quinze fous. L'art. 8 de la même coutume défend de mener dans les prés les pourceaux *fougeans* , en quelque temps que ce foit. S'ils y entrent par échappée , on doit par chaque porc trois fous tournois de dommage ; mais lorfqu'ils font faifis à garde faite , ou dans le temps où les prés font défenfables , les dommages de la partie font fixés à foixante fous par porc, & dans l'un & l'autre cas, il eft dû au feigneur jufticier une amende de fept fous fix deniers.

FOULAGE, f. m. (*Droit féodal.*) c'eft, dans la coutume d'Anjou , un droit qui appartient au feigneur bas-jufticier , en vertu duquel il a le droit d'établir dans fa terre un moulin propre à fouler les draps , & de contraindre fes fujets étagers , demeurant dans l'étendue de trois lieues de fon moulin, d'y apporter leurs draps pour y être foulés , à peine de douze deniers d'amende par chacune aune de drap , outre le droit de *foulage* , s'ils font trouvés allant fouler à un autre moulin, ou fi on trouve chez eux des draps foulés ailleurs. *Coutume d'Anjou*, *art. 21.*

FOUR BANNAL, (*Droit féodal.*) c'eft celui auquel les habitans d'un territoire font obligés, fous certaines peines, de cuire leurs pâtes.

Nous avons établi les principes généraux fur cette matière , fous les *mots* BANNALITÉ & CORVÉES ; c'eft pourquoi nous y renvoyons , & nous nous contenterons d'ajouter ici feulement ce qui pourra fervir à expliquer ce que nous avons déjà dit.

Sous le *mot* BANNALITÉ, §. *bannalité du four*, nous avons dit généralement que perfonne n'en étoit exempt ; mais il eft néceffaire d'obferver, 1°. que, fuivant la jurifprudence des arrêts, il eft permis aux feigneurs hauts jufticiers & aux genri hommes de faire conftruire dans leurs maifons des fours , pour faire cuire le pain de leur table , & celui de leurs domeftiques. 2°. que les coutumes du Maine & d'Anjou exemptent de la bannalité du *four* les nobles & les eccléfiaftiques. *Voyez* Brillon , *Dictionnaire des arrêts* , mot *Four bannal* ; Dunod *des prefcriptions*, *chap. 11 ; l'art. 31 de la coutume d'Anjou , & 36 de celle du Maine.*

La coutume de Bayonne, *tit. 22, art. 1*, contient, par rapport aux obligations du *fournier bannal*, une difpofition fi fage, qu'elle doit former le droit commun : « les fourniers , dit-elle , doivent cuire le » pain en telle forte & façon , qu'il ne foit ni tou- » che l'autre , qu'il ne foit mal cuit ou brûlé ; & » au cas qu'il foit trouvé le contraire , le fournier » doit prendre le pain , & en faire à fon plaifir , le » payer au feigneur du pain , ce que le bled aura » coûté , & le quart davantage pour l'intérêt ».

FOURCHAGE, f. m. ancien mot françois qu'on trouve dans plusieurs coutumes. Il est synonyme de celui de *branchage*, & tous deux s'emploient pour signifier les différentes lignes qui constituent l'ordre, & les côtés différens de la parenté. Elles disent *estoc* & *fourchage*, dans le même sens qu'on dit ailleurs *estoc* & *ligne*.

FOURCHES PATIBULAIRES, (*Jurisprud.*) on appelle ainsi des piliers de pierre, sur lesquels sont posées transversalement des pièces de bois, auxquelles on suspend les criminels condamnés à être étranglés, soit que l'exécution se fasse au lieu même où sont les *fourches patibulaires*, soit qu'elle ait été faire ailleurs.

Les *fourches patibulaires* sont ordinairement placées hors des villes, bourgs & villages, à la proximité de quelque grande route, & dans l'endroit le plus élevé, afin de prolonger l'exemple du supplice, ce qui doit toujours être le principal objet de la punition des coupables. Il existe malheureusement des hommes sur lesquels les loix ne peuvent exercer d'autre empire que celui de la crainte ; on a donc regardé comme nécessaire de les effrayer par l'image prolongée d'une peine, dont le spectacle passager ne la feroit pas dans leur ame des impressions assez profondes. *Præterea & eas publicè erectas, in propatulo esse suadet publica quoque utilitas ut scilicet earum conspectu facinorosi homines territi faciliùs à malè agendo avocentur : nam furcæ veluti cujusdam minacis ac terroris pleni edicti, vro rostris proposui proscripta sunt. Nam propterea quòd pænarum impositiones earumque executiones, momento transeant, ac hominum memoria quàm citissimè excidunt, factum est legum industriâ quo suppliciorum recordatio diutius inhæreret hominum mentibus, iique ocius à maleficiis avocarentur, ut furcæ in ejus rei gratiam fuerint erectæ ; non secus atque videmus in defunctorum memoriam, ac humanæ conditionis fragilitatisque recordationem, alta antiquitus exitructa esse monumenta.* Voyez Bouchel, tom. 2, pag. 95 & suiv. Voyez aussi la loi *quidam in suo, ff. de condit. instit.*

On a voulu encore par l'établissement des *fourches patibulaires*, ajouter à la peine du supplicié, en rendant son corps le joüet des vents ; en l'abandonnant aux animaux carnivores, en un mot en le privant de toute sépulture : peine qui chez les anciens étoit envisagée comme plus grave encore que celle de la mort, puisque suivant la mythologie payenne, elle influoit sur le destin de la vie future. *Hoc autem pænæ genus ignominiosum ut admodum, magisque quàm capitis pæna, & qui vitam laqueo finierunt adeo vili penduntur ut ne eorum quidem cadavera sepulturæ mandentur ... Hæc autem sepulturæ privatio antiquitus pro gravissimâ pænâ habita est.* Voyez Bouchel, tom. 2, pag. 96, & la loi première, au code *de his qui parentes vel liberos occidunt.*

L'origine des *fourches patibulaires* remonte jusqu'aux premiers temps de la république romaine ; il étoit alors d'usage de dépouiller celui qui étoit condamné à périr sous les verges ; on l'attachoit à

un morceau de bois, qui se terminoit en *fourche*, sa tête étoit fixée à cette extrémité, & dans cet état on le fouettoit jusqu'à ce qu'il expirât. *Voyez* Suétone, *in Nerone, cap.* 49 ; Livius, *lib.* 1 ; Seneca, *lib.* 1, *de irâ, cap.* 16.

Avant qu'on élevât ces colonnes de pierre, entre lesquelles on suspend aujourd'hui ceux qui ont été mis à mort, on se contentoit de planter en terre deux *fourches*, qui supportoient la pièce de bois à laquelle on suspendoit le supplicié : on doit aussi rapporter à cet usage l'origine de ces expressions *fourches patibulaires.*

Quoi qu'il en soit, il ne faut pas les confondre avec les échelles qui existent encore dans quelques endroits, & qui ne sont destinées qu'à pilorier. *Voyez* ÉCHELLE.

Le droit de *fourches patibulaires* se divise, suivant Bouchel, en cinq classes ; le simple seigneur haut-justicier ne peut avoir que deux piliers ; le châtelain peut en avoir trois ; le baron ou vicomte quatre. *Voyez* la coutume de Péronne, *art.* 20 ; celle du Perche, *art.* 11 ; celle de Blois, *art.* 20 & 24 ; Poitou, *art.* 1 ; Angoumois, *art.* 2 & 3 ; Auxerre, *art.* 2 ; la Rochelle, *art.* 1 ; celle de Tours, *art.* 74, &c. L'usage cependant n'est pas uniforme sur cette matière ; il existe des coutumes dans lesquelles le seigneur châtelain peut avoir des *fourches* à trois ou quatre piliers. Les titres & la possession doivent déterminer ces droits indépendamment des coutumes ; Bouchel prétend que, de son temps, il y avoit encore des *fourches patibulaires* à six piliers, qui appartenoient anciennement aux seigneurs grands ducs & grands comtes de Guyenne, Normandie, Bretagne, Toulouse, Champagne, &c.

Le droit de *fourches patibulaires* est imprescriptible, quand même il se seroit écoulé plus de cent ans sans qu'aucun coupable y eût été suspendu, parce que ce n'est pas dans l'exercice du droit qu'il consiste, mais dans le droit même, *unde*, dit Bouchel, que nous avons déjà cité, *si vel intra centum annos nullus his furcis esset suspensus, non tamen tollitur illius imperii jus, nihil enim eâ in re necessarium est exercitium seu actus, sed sufficiat aptitudo ac potentia ;* cependant lorsque ces *fourches patibulaires* sont tombées de vétusté ou autrement, elles doivent être rétablies dans l'an & jour de leur destruction, passé lequel temps, le seigneur est obligé de se retirer par-devers le roi, & d'en obtenir des lettres, dont l'enregistrement doit être fait au bailliage royal où ressortit la justice du seigneur, sur les conclusions du ministere public & sur le vu des pièces.

Sans cette précaution, le seigneur ne pourroit faire élever qu'un simple gibet si le cas le requéroit, & il seroit tenu de le faire enlever ou démolir aussi-tôt que l'exécution du condamné qui en auroit nécessité la construction. *Voyez* Baquet, *des droits de justice, chap.* 9, 10, 11 & 12.

Toutes ces formes sont inconnues en Provence, les seigneurs hauts-justiciers peuvent y faire élever telles *fourches patibulaires* qu'ils jugent à propos, sans concession ni lettres particulières du prince, ils sont pareillement dispensés d'obtenir des lettres de chancellerie pour faire relever ces *fourches patibulaires*, quelque temps qui se soit écoulé depuis leur destruction. *Voyez* le *Répertoire universel de Jurisprudence de M. Guyot.*

Quelques auteurs croient qu'il n'y a que les hommes qui puissent être attachés aux *fourches patibulaires* : ils citent à l'appui de leur opinion un arrêt de réglement du parlement de Paris, du 30 mars 1733, par lequel le parlement a fait défenses aux juges d'ordonner que les corps des femmes condamnées à mort soient attachés. Nous ignorons si cet arrêt est exécuté dans toute l'étendue du ressort du parlement; il seroit également difficile & désa-gréable de le vérifier, le hasard seul en peut offrir des notions à ce sujet; ce que nous pouvons assurer, c'est que cette jurisprudence n'est pas universelle; à Rouen, entre autres, les corps des suppliciés, hommes & femmes, sont indistinctement portés aux fourches. (*M. Boucher d'Argis*, conseiller au châtelet, & de l'académie de Rouen, &c.)

FOURGAGNER, v. a. terme usité dans le pays de Namur, pour signifier l'action par laquelle le propriétaire d'une rente, assise & hypothéquée sur un héritage, suivant les formalités établies par la coutume, a le droit de rentrer dans la propriété de l'héritage, faute de paiement de la rente : mais pour le *fourgagner* par faute de paiement de la rente, il faut que le *haut command*, c'est-à-dire, que le commandement de payer ait été fait dans l'an de saisie prise.

FOURNAGE, s. m. (*Droit féodal.*) c'est le nom qu'on donne à un droit en argent, que le seigneur d'un four bannal prend par chacun an ou autrement, sur ceux qui sont obligés de cuire leur pain en son four, ou pour la permission qu'il leur accorde de le cuire en leurs maisons. Il en est parlé dans des lettres-patentes de Henri II, de 1549.

Un terrier fait au profit du roi, en 1522, à cause de la ville, terre & seigneurie de Buffi en Bourgogne, appelle *menu-fournage*, un droit de six deniers parisis, payables chacun an, par tous les domiciliés dans la franchise de Buffi, âgés de sept ans & au-dessus, à l'exception des clercs vivant cléricalement. La franchise dont il est ici question consistoit dans la remise faite aux habitans de Buffi de la moitié des amendes coutumières, quand il en étoit prononcé contre quelqu'un d'eux, & le *menu-fournage* avoit été établi pour indemniser le seigneur de cette diminution des amendes.

FOURNEAU, s. m. (*Eaux & Forêts.*) l'ordonnance de 1669, tit. 3, art. 18, défend aux grands-maîtres de permettre d'établir de nouveaux fours, forges & fourneaux, ni de souffrir qu'il s'en établisse, à peine d'en répondre en leur propre & privé nom, d'amende arbitraire, & de dommages & intérêts. Suivant un arrêt du conseil du 9

mars 1720, on ne peut construire de nouvelles forges ou *fourneaux*, qu'après en avoir obtenu la permission du roi, par des lettres-patentes enregistrées, à peine de trois mille livres d'amende, de démolition des forges ou *fourneaux*, & de confiscation des bois, charbons & mines. La raison de cette prohibition est fondée, sur ce que ces sortes d'établissemens occasionnent une trop grande consommation des bois de chauffage, & ne doivent avoir lieu que dans les endroits où les bois, n'étant à portée ni des villes, ni des rivières navigables, ne peuvent servir ni aux constructions ni au chauffage.

On peut demander dans quelles circonstances les grands-maîtres sont réputés souffrir des contraventions à cet article de l'ordonnance, & permettre l'établissement d'un nouveau *fourneau* ? c'est lorsqu'ils ne le répriment pas dans le cours de leurs visites, parce qu'alors il y a dissimulation de leur part, en quoi ils agissent contre l'ordonnance, & ils doivent être condamnés aux peines qu'elle prononce. Ils ne peuvent pas s'excuser sur ce qu'ils n'auroient pas fait de visite, parce que se seroit excuser une faute par une autre, l'ordonnance leur prescrivant de faire chaque année une visite de garde en garde, de triage en triage : visite dont ils ne peuvent se dispenser qu'en cas de maladie ou d'impuissance.

FOURNIR, v. a. terme de pratique qui se dit quelquefois pour *donner une chose*, d'autres fois pour signifier, comme *fournir* des exceptions, défenses, griefs, & autres écritures, c'est-à-dire *signifier* des exceptions, &c.

Fournir & faire valoir, c'est se rendre garant d'une rente ou créance, au cas que le débiteur devienne dans la suite insolvable.

Cette clause se met quelquefois dans les ventes & transports de dettes ou de rentes constituées.

Son effet est plus étendu que la simple clause de garantie, en ce que la garantie s'entend seulement, que la chose étoit due au temps du transport, & que le débiteur étoit alors solvable; au lieu que la clause de *fournir & faire valoir* a pour objet de garantir de l'insolvabilité qui peut survenir dans la suite.

Le cédant qui a promis *fournir & faire valoir*, n'est tenu de payer qu'après discussion de celui sur qui il a cédé la rente.

On ajoute quelquefois à l'obligation de *fournir & faire valoir*, celle de payer soi-même après un commandement fait au débiteur, auquel cas le cessionnaire n'est pas tenu de faire d'autre discussion du débiteur pour recourir contre son cédant.

Dans les baux à rente, le preneur s'oblige quelquefois de *fournir & faire valoir* la rente; l'effet de cette clause en ce cas, est que le preneur ni ses héritiers ne peuvent pas déguerpir l'héritage pour se décharger de la rente.

L'obligation de *fournir & faire valoir* n'est jamais

sous-entendue, & n'a lieu que quand elle est exprimée. *Voyez* RENTE.

FOURNISSEMENT, f. m. terme ufité dans les coutumes de Bourbonnois & de Poitou, & qu'on trouve dans les édits de Charles VII, en 1446 ; de Charles VIII, en 1493 ; & de Louis XII, en 1499 & en 1512. On entend par ce mot tout ce qui doit être fourni & donné provisoirement par une partie : par exemple, en matière de complainte & de fequeftre, le rétabliffement des fruits entre les mains du commiffaire : en matière de douaire, d'alimens, leur preftation provifoire, &c. on appelle *sentence de fourniffement*, le jugement qui ordonne ce rétabliffement, cette preftation.

FOURRIÈRE, f. f. ou, fuivant la coutume de Cambrai, *fourrie*. On appelle *mettre en fourrière*, des beftiaux trouvés en délit, pris & emmenés par le propriétaire ou fermier de l'héritage fur lequel ils ont commis le délit, lorfqu'on les donne à garder & à nourrir. Ces beftiaux ainfi faifis, doivent être remis à la garde de la juftice ; on affigne enfuite le propriétaire à briefs jours, pour reconnoître & retirer fes bêtes, en payant, lorfque le délit eft prouvé, non-feulement le dommage, mais auffi les frais de la *fourrière*. Mais fi le propriétaire des beftiaux ne comparoît pas fur l'affignation, on les fait vendre au jour de marché fuivant ; & fur le prix qui en provient, on prélève les frais de *fourrière* & de juftice, la valeur du dommage qu'ils ont caufé : le furplus, s'il y en a, eft rendu au propriétaire des beftiaux, lorfqu'il le réclame.

F R

FRAI, f. m. (*Eaux & Forêts.*) fe dit de l'action propre aux poiffons pour la multiplication de leur efpèce. L'ordonnance de 1669, tit. 31, défend à tous les pêcheurs, de pêcher dans les rivières pendant le temps du *frai* du poiffon, & de mettre aucune bite ou naffe d'ofier au bout des dideaux, mais feulement des chauffes ou facs, du moule de dix-huit lignes en carré. Ces défenfes ont pour objet la confervation & la multiplication du poiffon, qui feroit bientôt détruit, fi l'on n'interdifoit aux pêcheurs la faculté de pêcher dans la faifon du *frai*, parce qu'ils en enleveroient la majeure partie avec leurs filets. *Voyez* PÊCHE, POISSON.

FRAI, (*Monnoyage.*) altération que le toucher fucceffif & le temps apportent à la monnoie. Lorfqu'il eft démontré que ces caufes font les feules qui, ont diminué le poids d'une pièce, & que la différence n'eft que de fix grains, Louis XIV a déclaré par ordonnance qu'elle ne pourroit être refufée.

FRAIS, f. m. plur. (*terme de Pratique.*) fe difent des dépenfes que quelqu'un eft obligé de faire pour parvenir à quelque chofe. Il y en a de plufieurs fortes, que nous allons faire connoître dans leur ordre alphabétique.

Frais de bénéfice d'inventaire, font tous ceux qu'un héritier bénéficiaire eft obligé de faire pour la confervation des biens de la fucceffion, & pour défendre aux actions intentées contre lui en cette qualité ; on ne met dans cette claffe que ceux qu'il lui eft permis d'employer dans fon compte de bénéfice d'inventaire. *Voyez* BÉNÉFICE D'INVENTAIRE.

Frais bien & légitimement faits, fe difent de tous les *frais* qui étoient néceffaires pour l'inftruction & le jugement d'un procès. Ces *frais* font les feuls qui entrent en taxe.

Frais de contumace, font ceux qu'une partie eft obligée de faire contre l'autre partie qui eft défaillante, pour l'obliger de défendre à la demande. Le défaillant eft reçu oppofant aux jugemens obtenus contre lui par défaut, en refondant, c'eft-à-dire en rembourfant les *frais de contumace*. *Voyez* CONTUMACE.

Frais de criées, font ceux qui fe font pour parvenir à une adjudication par décret, foit volontaire ou forcée.

On en diftingue de deux fortes ; favoir les *frais* ordinaires, & les *frais* extraordinaires.

Les premiers font ceux des procédures néceffaires pour parvenir à un décret fans aucun incident.

Les *frais* extraordinaires font tous ceux qui fe font pour lever les obftacles & incidens formés par la partie faifie, ou les oppofitions des créanciers, foit à fin de charge, de diftraire ou de conferver, & auffi ceux qui font faits pour parvenir à faire l'ordre.

Tous les *frais de criées*, foit ordinaires ou extraordinaires, doivent être avancés par le pourfuivant criées : mais les *frais* ordinaires font à la charge de l'adjudicataire, & font le prix de l'adjudication, parce qu'ils font confidérés comme les *frais* de fon contrat ; ainfi il doit les rembourfer au procureur du pourfuivant criées, à moins qu'il ne fût autrement convenu ou ordonné ; à l'égard des *frais* extraordinaires bien & légitimement faits, le pourfuivant s'en fait rembourfer fur la chofe par préférence à tous créanciers, comme ayant été par lui faits pour la confervation de la chofe & pour l'intérêt commun de tous les créanciers. Pour cet effet le procureur du pourfuivant donne une requête en fon nom, à ce qu'il foit payé par préférence à tous créanciers des *frais* extraordinaires, & de ceux de l'ordre ; & par le jugement de l'ordre on fait droit fur cette requête.

Le pourfuivant peut même employer en *frais* extraordinaires les dépens des incidens auxquels il a fuccombé, à moins qu'il n'ait été dit qu'il ne pourra les répéter.

Il peut auffi employer ceux qui lui ont été adjugés contre les parties qui ont fuccombé, fans être tenu de les pourfuivre pour en avoir le paiement. C'eft aux créanciers fur lefquels le fonds manque, à faire ces pourfuites.

Les *frais* de voyage & féjour du pourfuivant criées ont le même privilège que les autres dépens de criées, à moins que le pourfuivant n'y eût renoncé.

Frais de direction, font ceux que les directeurs de créanciers unis font pour l'intérêt commun, qu'ils font autorifés à coucher dans les articles de dépenfes, & dont ils doivent être rembourfés par préférence. *Voyez* DIRECTION.

Frais, (*faux*) on appelle ainfi au palais, certaines dépenfes qu'une partie eft obligée de faire pendant le cours de l'inftruction d'un procès, mais qui n'entrent pas en taxe, comme les ports de lettres, les coûts des actes qu'il faut lever, les gratifications que l'on donne aux fecrétaires, aux commis de greffe, &c.

Frais funéraires, font ceux qui fe font pour l'inhumation d'un défunt; ce qui comprend les billets d'invitation, la tenture, la cire, l'ouverture de la terre, l'honoraire des prêtres, & autres *frais* néceffaires & ufités, felon la qualité des perfonnes.

L'annuel ne fait pas partie des *frais funéraires*.

Mais le deuil de la veuve & des domeftiques qui font à fon fervice, font compris dans ces *frais*.

Ils ne fe prennent point fur la maffe de la communauté, mais feulement fur la part du défunt & fur fes autres biens perfonnels.

Ils ne font point à la charge du légataire univerfel feul, mais il y contribue avec les héritiers, chacun à proportion de l'émolument.

Ils font privilégiés fur les meubles à tous autres créanciers, même au propriétaire de la maifon que le défunt habitoit. *L. 45, ff. de reliq. & fumpt. funer.* Ils ne paffent néanmoins qu'après les *frais* de juftice.

Leur privilège ne s'étend qu'à ce qui eft néceffaire pour l'inhumation, felon la qualité de la perfonne, & non à des fuperfluités. *L. 37, ff. de reliq. & fump. fun.*

A défaut de meuble, le privilège s'exerce fur le prix des immeubles, ainfi qu'il a été jugé en faveur des officiers jurés-crieurs, par arrêts des 7 août 1685, & 21 juin 1707, pour les *frais funéraires* des ducs de Vendôme & de Gefvres.

On a jugé différentes fois, que les *frais funéraires* pouvoient être demandés aux enfans qui renoncent à la fucceffion de leur père & mère, fauf leur recours contre les effets de cette même fucceffion.

Lorfqu'un mari ou une femme fe font fait un don mutuel, le furvivant, fuivant l'article 286 de la coutume de Paris, eft obligé d'avancer les *frais funéraires* du prédécédé.

Frais de gefine, font les *frais* de l'accouchement d'une femme. *Voyez* GESINE.

Frais d'inventaires, font ceux qui fe font pour la confection d'un inventaire; il ne faut pas les

confondre avec les *frais* de bénéfice d'inventaire.

Frais de juftice, on comprend fous ce nom non-feulement tous les *frais* des procès civils & criminels, mais auffi tous les *frais* dus à des officiers de juftice, tels que les *frais* de fcellé, inventaire, tutèle, curatelle; ceux de vente, d'ordre, de licitation, &c. Les *frais de juftice* font privilégiés, & paffent avant tous autres *frais*, même avant les *frais* funéraires.

Frais de licitation, font ceux qui fe font pour parvenir à l'adjudication par licitation d'un immeuble indivis entre plufieurs co-propriétaires. *Voyez* LICITATION.

Frais & loyaux coûts. Voyez LOYAUX COUTS.

Frais & mifes d'exécution, font ceux qu'un créancier eft obligé de faire pour mettre fon titre à exécution contre le débiteur. On comprend fous le terme de *frais & mifes*, les *frais* des commandemens & faifies faites fur le débiteur & autres *frais* femblables; les *frais & mifes* font une fuite des dépens, c'eft pourquoi on les comprend dans la taxe; ils ont auffi les mêmes privilèges & hypothèques que les dépens.

Frais d'ordre, font ceux que le pourfuivant la vente d'un bien faifi réellement eft obligé de faire, pour parvenir à faire régler entre les créanciers oppofans, l'ordre & diftribution du prix de l'immeuble vendu.

Frais de paroiffe, fe difent en Flandre, des dépenfes que les communautés d'habitans font obligés de faire, pour des objets purement relatifs aux intérêts de leurs membres, & qui ne font pas de la nature des aides & fubfides.

Ces *frais*, à la différence des *faux-frais*, dont nous avons parlé en leur lieu, font entièrement à la charge des habitans de chaque paroiffe, fans que les forains, c'eft-à-dire ceux qui y poffèdent des fonds, fans y être réfidans, puiffent être tenus d'y contribuer en aucune manière. Telle eft la jurifprudence conftante; & fi on trouve un arrêt contraire, rendu le 22 juillet 1771, en faveur des gens de loi de la paroiffe de la Howarderie, qui foumet l'abbaye de Flines à la cotifation des *frais paroiffiaux*, on ne peut le regarder comme un changement de jurifprudence, parce qu'il a été rendu dans des circonftances particulières.

L'ancien ufage de la province a reçu une exception, par les lettres-patentes du 13 avril 1773, à l'égard des réparations des églifes. Il y eft dit, *art. 5*, qu'en cas d'infuffifance des dixmes eccléfiaftiques, & autres biens de l'églife & des fabriques, il fera fuppléé à la dépenfe néceffaire, par les poffeffeurs des biens-fonds, fitués dans l'étendue des paroiffes, de quelque nature que foient ces fonds, & de quelque qualité que foient les poffeffeurs.

Frais de partage, font ceux que l'un des copropriétaires fait pour parvenir au partage des héritages communs. *Voyez* PARTAGE.

Frais.

Frais de pourſuite, ſont ceux que l'on fait à la pourſuite de quelque choſe, tels que ceux du pourſuivant la ſaiſie réelle, ou ceux qui ſe font à la pourſuite de la diſtribution d'un mobilier, d'une contribution, d'une licitation, &c.

Frais préjudiciaux, ſont ceux qui ſont faits ſur des préparatoires & incidens que l'on eſt obligé de juger avant d'en venir à la queſtion principale, comme lorſque quelqu'un eſt aſſigné en qualité d'héritier pour payer une dette du défunt, & qu'il y a d'abord conteſtation ſur la qualité d'héritier ; les dépens faits ſur cet objet ſont des *frais préjudiciaux*.

Frais de procédure, ſont toutes les dépenſes occaſionnées pour la pourſuite d'un procès. Ce terme s'applique également aux dépenſes des procès civils ou criminels ; mais on donne particulièrement le nom de *dépens* aux *frais*, que la partie qui a ſuccombé, doit payer à celle qui a obtenu gain de cauſe. Nous en avons parlé ſuffiſamment ſous le mot DÉPENS ; c'eſt pourquoi nous ne parlerons ici que des *frais* des procès criminels : d'ailleurs ce qui nous reſte à dire ſur les *frais* en matière civile, ſe trouvera ci-après, ſous la dénomination de *frais & ſalaires*.

Les *frais* d'inſtruction d'un procès criminel, & d'exécution du jugement, ſont ſupportés par la partie civile, & les juges peuvent décerner contre elle pour cet effet des- exécutoires ; mais lorſqu'il n'y a point de partie civile, & que l'affaire eſt inſtruite à la requête du miniſtère public, c'eſt au roi, ou aux engagiſtes du domaine ; & dans les juſtices ſeigneuriales, aux ſeigneurs hauts-juſticiers, à payer tous les *frais* néceſſaires pour l'inſtruction & le jugement. A l'égard des *frais* dont le domaine du roi eſt tenu, ils ne ſont payés par les receveurs du domaine, que lorſqu'on s'eſt conformé aux règles que nous avons établies ſous le mot EXÉCUTOIRE.

Les évêques ſont obligés de payer ſur leur domaine les *frais* des procès criminels pourſuivis à la requête de leurs promoteurs & où ils ſont ſeuls parties, même les frais de tranſport des accuſés dans les priſons des tribunaux ſupérieurs.

La coutume de Bretagne veut que, quand la pourſuite ſe fait conjointement par le juge eccléſiaſtique & par le juge royal, pour raiſon d'un cas privilégié, le domaine de l'évêque & celui du roi paient chacun la moitié des frais.

Lorſqu'il s'agit d'un cas royal, les engagiſtes des domaines des juſtices royales, qui n'ont pas le droit d'en connoître, ne peuvent être tenus que des *frais* des informations faites par les officiers de la juſtice où le crime a été commis, & des *frais* de garde des accuſés juſqu'au jour où ils ſont transférés dans les priſons du ſiège auquel la connoiſſance des cas royaux eſt attribuée. A l'égard des *frais* de tranſport, ils doivent être payés ſur le domaine du lieu où eſt établi ce ſiège.

Quand les juges royaux ou ceux des ſeigneurs renvoient des procès criminels qui ne ſont pas de leur compétence, les *frais* de tranſport de l'accuſé & du procès doivent être acquittés par le domaine ou par le ſeigneur du lieu où la procédure eſt envoyée ; à l'effet de quoi, le juge qui a ordonné le renvoi doit délivrer l'exécutoire convenable. Cela eſt ainſi réglé par l'article 6 du titre premier de l'ordonnance de 1670.

Dans le cas de renvoi fait par les juges ſéculiers devant l'official, pour inſtruire conjointement avec lui le procès d'un eccléſiaſtique accuſé d'un délit privilégié, les frais de ce renvoi, s'il n'y a point de partie civile, doivent être payés ſur le domaine du roi. C'eſt une diſpoſition de l'édit du mois de juillet 1684.

Lorſqu'un ſeigneur requiert le renvoi d'un accuſé, ce qu'il peut faire en tout état de cauſe, il doit payer les *frais* de ce renvoi. Les coutumes de Bourbonnois, d'Anjou & d'Auvergne ont des diſpoſitions préciſes à cet égard.

Si, au refus ou par la négligence d'un juge ſeigneurial, le juge royal vient à connoître d'un crime qui devoit être pourſuivi dans la juſtice du ſeigneur, c'eſt par ce dernier que doivent être payés les *frais* d'inſtruction du procès. C'eſt une diſpoſition de l'ordonnance de Château-Briant du mois d'octobre 1565, & le conſeil l'a ainſi jugé par arrêt du 12 août 1710.

Obſervez à ce ſujet que quand, pour raiſon de la négligence des juges inférieurs, les lieutenans-criminels des bailliages royaux inſtruiſent des procès concernant des délits commis dans les juſtices ſeigneuriales de leur reſſort, ils ſont bien fondés à percevoir des droits de vacation & d'épices, lors même qu'il n'y a point de partie civile. La raiſon en eſt que les juges royaux ne doivent pas être obligés de rendre gratuitement la juſtice à la décharge des ſeigneurs hauts-juſticiers de qui ils ne tiennent rien. Ajoutez que s'il en étoit autrement, les juges ſeigneuriaux, obligés de faire *gratis* leurs fonctions en matière criminelle, ne manqueroient pas de reſter dans l'inaction pour ſe décharger d'une peine infructueuſe.

Quand un juge ſeigneurial abandonne une inſtruction commencée, on doit ordonner que cette inſtruction ſera continuée par le juge ſupérieur aux *frais* du juge de la juſtice où le crime a été commis. Le parlement de Dijon l'a ainſi jugé par arrêt du 2 avril 1754, contre le ſeigneur de la juſtice de Sivry.

Depuis l'édit de février 1771, les ſeigneurs ne ſont plus tenus au paiement des *frais* d'inſtruction & de jugement, lorſque leurs juges, après l'information & le décret, ont renvoyé l'accuſé & la procédure pardevant le juge royal dont ils relèvent.

Suivant l'arrêt du conſeil du 5 mai 1685, les *frais* faits par les prévôts des maréchaux & par les officiers de robe-courte, doivent être pris ſur le domaine du roi lorſqu'il n'y a point de partie civile.

Le même arrêt veut que quand le délit pour la connoiſſance duquel le prévôt a été déclaré incompétent, ſe trouve avoir été commis dans une justice seigneuriale, le seigneur ne soit point obligé de payer les *frais* de transport de l'accusé, & qu'il soit seulement tenu de ceux qui ont eu lieu depuis l'instant où cet accusé a été écroué dans ses prisons.

Observez toutefois que l'arrêt dont on vient de parler ne s'applique qu'aux *frais* faits par les officiers des maréchaussées, soit pour faire juger leur compétence, soit pour l'instruction & le jugement des procès concernant des vagabonds ou autres accusés soumis à leur jurisdiction ; car les *frais* que font ces officiers pour la capture & la conduite des accusés, en exécution des décrets ou jugemens émanés des juges ordinaires, doivent être payés par les engagistes & les autres possesseurs des domaines du lieu où les juges ordinaires ont décrété & jugé ; c'est ce qui résulte de l'arrêt du conseil du 16 juin 1699.

A l'égard des *frais* faits pour la justification ou pour l'intérêt de l'accusé, c'est en général à lui à les payer s'il le peut, sinon ils doivent être avancés par la partie civile, ou s'il n'y en a point, par le roi ou par les seigneurs sur leurs domaines. Ainsi la preuve des faits justificatifs & celle des reproches proposés contre les témoins, doivent se faire aux *frais* de l'accusé lorsqu'il est admis à ces preuves. C'est ce qui résulte de l'article 7 du titre 28 de l'ordonnance de 1670.

Et l'article 19 du titre 17, veut que si l'accusé contumax se représente, il soit tenu de payer les *frais* de la contumace, même dans le cas où il n'y auroit point de partie civile ; mais cet article ajoute que, faute de paiement de ces *frais*, il ne peut pas être sursis au jugement du procès.

Suivant l'article 4 du titre 27, les héritiers qui veulent purger la mémoire d'un défunt condamné par contumace, doivent, avant aucune procédure, payer les *frais* de contumace.

Quand un accusé demande seul son renvoi devant d'autres juges, soit en vertu de son privilège ou autrement, sans que cela soit nécessaire, il doit payer les *frais* de ce renvoi, ou du moins ils doivent être pris sur ses biens. Tel est l'avis de Papon, de Maynard & de Louet ; c'est aussi une disposition de la coutume du Bourbonnois.

Si l'accusé est appellant d'un décret ou d'un jugement préparatoire, il doit pareillement suivre son appel à ses frais. Et selon la remarque de Lizet dans sa *Pratique criminelle*, la même règle s'applique à l'appel d'un jugement définitif interjetté par l'accusé, lorsque son appel est libre.

C'est en conformité de cette jurisprudence, que quand un parent se rend appellant d'une sentence prononcée contre la mémoire d'un défunt, l'ordonnance veut qu'il avance les *frais* de cet appel.

C'est au juge ordinaire qui instruit le procès, à taxer les *frais* des procès criminels, & à décerner à ce sujet les exécutoires nécessaires. C'est une disposition de la déclaration du 12 juillet 1687.

L'arrêt du conseil du 5 mai 1685 veut que les lieutenans-criminels taxent les *frais* des procès instruits & jugés par les prévôts des maréchaussées & les lieutenans-criminels de robe-courte ; mais cette règle ne s'applique point aux salaires des témoins, ni au transport des prisonniers, ni aux autres *frais* urgens : ceux-ci doivent, suivant un autre arrêt du conseil du 12 août 1732, être taxés par le prévôt ou par l'officier de maréchaussée qui instruit le procès.

Les juges ne peuvent taxer les *frais* des procédures criminelles, au-delà des sommes portées par les réglemens, à peine d'en demeurer responsables en leur propre & privé nom, & de restitution des sommes excédentes, dans le cas où elles auroient été payées par les fermiers des domaines. C'est ce qui résulte d'un arrêt du conseil du 23 octobre 1694.

Frais & salaires, sont les vacations & déboursés dus aux procureurs, notaires, huissiers, & sergens qui ont travaillé pour une partie. Ces sortes de *frais* différent des dépens en ce que ceux-ci ne comprennent que les *frais* qui entrent en taxe ; au lieu que les *frais & salaires* comprennent tous les *frais* dus aux officiers de justice par la partie pour laquelle ils ont travaillé, même les vacations & autres *frais* qui n'entrent point en taxe contre la partie adverse.

Un arrêt du parlement de Paris, du 28 mars 1692, lu & publié en la communauté des avocats & procureurs de la cour, le 17 avril suivant, porte : 1°. « que les procureurs ne pourront demander le paiement de leurs *frais*, salaires & vacations, deux ans après qu'ils auront été révoqués, ou que les parties seront décédées, encore qu'ils aient continué d'occuper pour les mêmes parties ou pour leurs héritiers en d'autres affaires :

2°. » Qu'ils ne pourront, dans les affaires non jugées, demander leurs *frais*, salaires & vacations, pour les procédures faites au-delà de six années précédentes immédiatement, encore qu'ils aient toujours continué d'occuper, à moins qu'ils ne les aient fait arrêter ou reconnoître par leurs parties, & ce, avec calcul de la somme à laquelle ils montent, lorsqu'ils excéderont celle de 2000 liv.

3°. » Qu'ils seront tenus d'avoir des registres en bonne forme, d'y écrire toutes les sommes qu'ils reçoivent de leurs parties, ou par leur ordre, de les représenter & affirmer véritables toutes les fois qu'ils en seront requis, à peine contre ceux qui n'auront point de registres, ou refuseront de les représenter & affirmer véritables, d'être déclarés non-recevables en leurs demandes & prétentions de leurs *frais*, salaires & vacations ».

FRANC, s. m. (*Droit public.*) ce terme dans notre langue est pris substantivement & adjectivement. Nous traiterons, sous un second mot, de la signification qu'il a comme adjectif ; comme substantif, il en a deux très-différentes.

I. *Franc* se disoit anciennement pour désigner une personne de la nation françoise, & par extension, un Européen. On appelle encore aujourd'hui, dans les échelles du levant, les divers peuples de l'Europe, & particuliérement ceux qui composoient l'église latine, les nations *franques.*

M. d'Herbelot prétend que la dénomination de *franc*, donnée aux Européens, tire son origine du temps des croisades, dans lesquelles la nation françoise s'est fait connoître & distinguer entre toutes les autres. Mais le P. Goar nous fournit une autre origine du mot *franc*, beaucoup plus ancienne que la premiere.

Il observe que les Grecs n'appelloient d'abord *francs*, que les François, c'est-à-dire cette tribu des peuples Germains, qui étoit venu s'établir dans les Gaules; ils donnèrent ensuite le même nom aux habitans de la Pouille & de la Calabre, après la conquête qui en fut faite par les Normands: dans la suite ils l'étendirent à tous les latins. Ainsi les empereurs grecs, Anne Commène & Curopalate, pour distinguer les François des autres nations de l'Europe, les appelloient les *francs occidentaux*. *Voyez* CAPITULATION, *Droit public françois.*

II. *Franc* étoit autrefois une monnoie du poids d'une livre; ensorte que *livre* & *franc* sont synonymes, & désignent une pièce valant vingt sous: aujourd'hui ces deux mots n'ont qu'une valeur numéraire.

Il n'est pas inutile de remarquer que le mot *franc* n'est d'usage ni au singulier ni avec les nombres primitifs deux, trois & cinq, ni lorsqu'il est suivi d'une fraction. Ainsi on ne dit pas deux *francs*, trois *francs*, vingt *francs* dix sous, mais deux livres, trois livres, vingt livres dix sous. Dans tous les autres nombres on se sert également des mots *franc* ou *livre*, & l'on dit indifféremment, six *francs*, six livres, dix *francs*, dix livres, &c...

Nos rois ont fait fabriquer autrefois des *francs* d'or & des *francs* d'argent. Ces derniers se nommoient *francs-blancs*, pour les distinguer des *francs* d'or. Les uns & les autres valoient également une livre d'argent du poids de douze onces. Le *franc* ou la livre d'argent se divisoit en vingt sous, & le sou en douze deniers; il y avoit alors deux cens quarante deniers au *franc*.

L'on a fabriqué des *francs* dans différentes villes; c'est pourquoi l'on trouve dans nos anciens auteurs la dénomination de *francs-bordelois, francs-mançais, francs-parisis, francs-tournois, francs-viennois*, pour signifier les monnoies d'une livre fabriquées à Bordeaux, au Mans, à Paris, à Tours, & à Vienne en Dauphiné.

Le *franc-parisis* étoit d'un quart plus fort, que le *franc-tournois*. Nous avons conservé la dénomination de *franc*, ou *livre* tournois, pour signifier le *franc* ou *livre* numéraire dont nous nous servons actuellement dans les comptes. *Voy.* LIVRE, PARISIS.

Les ducs de Lorraine & de Bar ont fait frapper également des *francs-barrois*, mais depuis long-temps le *franc-barrois* n'est plus qu'une monnoie idéale, comme la livre tournois.

Dans cette province, les amendes en matiere de police locale ou champêtre, d'eaux & forêts, de petit criminel, sont fixées en *francs-barrois*; il en étoit de même des impôts, des octrois des villes, des redevances dues au domaine, & aux seigneurs particuliers. Le duc Léopold avoit également taxé en *francs-barrois*, les vacations & salaires des officiers de justice, par les ordonnances de 1701, 1704 & 1707. C'est pourquoi la connoissance de ce qui concerne cette maniere de compter, intéresse les jurisconsultes du ressort du parlement de Nanci, & par cette raison nous allons en donner la valeur en argent de France.

Le *franc-barrois* étoit composé autrefois de douze gros; le gros se divisoit en seize deniers. Le *franc-barrois* vaut aujourd'hui huit sous six deniers & un peu plus de monnoie de Lorraine, ce qui fait, au cours de France, six sous sept deniers tournois, plus une légere fraction de denier, qui est la cent trente-septieme partie de deux cent dix-sept. Le gros-barrois équivaut à un peu plus de six deniers tournois. Quatorze *francs-barrois* valent six livres de Lorraine, qui représentent un peu plus que quatre livres douze sous dix deniers de France.

Suivant la déclaration donnée en 1752, par le roi Stanislas, les officiers des bailliages & prévôtés royales créés dans les duchés de Lorraine & de Bar, ont été autorisés à percevoir les droits qui leur sont attribués en livres, sous & deniers de France, à raison de dix sous de France, pour chaque *franc-barrois*, les gros à proportion. Cette évaluation est beaucoup plus forte que celle dont nous venons de parler; mais elle a été faite pour dédommager ces officiers des finances qu'ils ont été obligés de payer.

Aussi les officiers des justices subalternes & seigneuries, les avocats des bailliages & prévôtés, les curateurs aux absens, les juges, greffiers, procureurs & huissiers, dans les jurisdictions communes & indivises entre le roi & des seigneurs particuliers, ne jouissent pas du bénéfice de l'évaluation du *franc-barrois* en dix sous de France; & si par raison de commodité, on réduit leur taxe en argent de France, le *franc-barrois* est modéré à six sous sept deniers de France.

Par rapport aux droits domaniaux, & à la perception des vingtièmes, l'édit de novembre 1771, donné pour la Lorraine, a suivi à-peu-près la véritable évaluation du *franc-barrois*; il y est dit, *art.* 11, que la conversion s'en fera à raison de trois *francs* pour une livre tournois. Le roi à ce moyen ne gagne guere plus que le fort denier, puisque le *franc-barrois* vaut intrinsèquement dix-neuf sols six deniers & une fraction.

FRANC, adj. Sous ce rapport, le terme *franc* a aussi plusieurs significations.

Il se dit quelquefois d'une personne libre, c'est-à-dire qui n'est point dans l'esclavage.

Loysel, *liv.* 1, *tit.* 1, *regl.* 6, dit que toutes personnes sont franches en ce royaume, & que sitôt qu'un esclave a atteint les marches d'icelui en se faisant baptiser, il est affranchi.

Ce que dit cet auteur n'a pas lieu néanmoins à l'égard des esclaves nègres qui viennent des colonies françoises en France avec leurs maîtres, pourvu que ceux-ci aient fait leur déclaration en arrivant à l'amirauté, qu'ils entendent renvoyer ces nègres. *Voyez* ce que nous avons dit à l'égard des nègres, sous le mot ESCLAVAGE.

Franc est aussi quelquefois opposé à *serf*, car quoiqu'en France il n'y ait point d'esclaves proprement dits, il y a néanmoins des serfs de main-morte qui ne jouissent pas d'une entière liberté. Ceux qui sont exempts de cette espèce de servitude sont appellés *francs*, ou *personnes de condition franche. Voyez* MAIN-MORTE, SERFS & FRANC-BOURGEOIS.

Franc signifie encore *libre* & *exempt* de quelque charge : par exemple, un noble est par sa qualité *franc* & exempt de taille. Il y a des lieux qui sont *francs*, c'est-à-dire exempts de tailles & de certaines autres impositions ; d'autres qu'on appelle *francs* à cause de la liberté que la coutume du pays accorde pour tester, comme dans le comté de Bourgogne.

FRANC-ALEU, s. m. (*Droit féodal.*) la coutume d'Orléans, art. 255, définit le *franc-aleu : héritage tellement franc, qu'il ne doit fonds de terre, & n'est tenu d'aucun seigneur foncier, & ne doit saisines, désaisines ni autre servitude quelle que ce soit ; mais quant à la justice, il est sujet à la jurisdiction du seigneur justicier.* L'auteur du grand Coutumier, *liv. 1, chap. 10*, dit que le *franc-aleu c'est héritage non-féodal, sur lequel aucun n'a droit de prendre aucune pension pour fonds de terre.* Le même, au titre du *franc-aleu : franc-aleu est un héritage franc, qu'il ne doit point de fonds de terre, ne d'icelui n'est aucun seigneur foncier, & ne doit vest, ne devest, ne rentes, ne saisines, ne autre servitude à quelque seigneur ; mais quant est à justice, il est bien sujet à la justice ou jurisdiction d'aucun.* De Beaumanoir, *chap. 24* : on appelle aleux ce que l'on tient sans faire nulle redevance à nului. *Proprietas quæ à nullo recognoscitur.* Bald. §. *inter filiam. si de feud. def. controv. sit int. cog. & agn. est propriè prædium quod nullius domini beneficium profitetur.* Cuja. *lib. 2, observ. c. 4*, Saligny sur l'art. 19 de la coutume de Vitry.

Ces mots de la coutume d'Orléans, *ne autre servitude quelle que ce soit*, doivent s'entendre des droits qui emportent seigneurie directe, lods, ventes & amendes ; car il ne répugne pas à la nature du *franc-aleu*, qu'il soit chargé d'une rente-foncière ou d'une servitude réelle, comme de passage, d'égout ou autres semblables. C'est la remarque de Dumoulin sur Paris, §. 68, *n. 2. Res allodialis non potest debere censum prout census in hoc regno accipitur, nec jura feudalia, sed bene potest debere censum annuum & perpetuum reditum. Amplio nedum in reditu à domino super allodio suo mediante pecuniâ constituto ; sed etiam in reditu creato per concessionem rei allodialis, quoniam concedens ad reditum, nisi aliud expressè agatur, nullum jus dominii retinet. Res*

allodialis potest debere certum & annuum reditum, nihil habentem commune cum dominio ; qui licet habeat originem ab ipsâ concessione, non mutat naturam allodii, modò nullum jus dominii retineatur.

La coutume d'Orléans, en la définition que nous avons apportée, ajoute que le *franc-aleu est sujet à la jurisdiction du seigneur*, ce qui a été de tout temps observé. Le grand Coutumier, *liv. 2, tit. 33* ; Chopin, *de leg. And. liv. 2, tit. 5, n. 4* ; Cujas, *lib. 8, obs. chap. 14* ; Papon sur la coutume de Bourbonnois, *art. 392* ; c'est ce que témoigne la coutume d'Anjou, *art. 140*, disant que l'affranchissement de l'héritage ne permet pas au propriétaire de contemner la jurisdiction de son seigneur ; *nam licet denotet libertatem rei, non tamen excludit superioritatem alterius*, laquelle supériorité ne diminue en rien la liberté des sujets justiciables, & la franchise de leurs héritages. *Quia potestas jurisdictionis libertatem subditorum non minuit, sed auget ; & tuetur, cum ad eorum protectionem & communem utilitatem sit introducta, alioquin non esset jurisdictio sed tyrannis aut barbarica impressio.* Molin. *in consuet.* Paris, §. 2, glo. 3, n. 6.

Nous connoissons deux espèces de *franc-aleu*, le noble & le roturier ; « le *franc-aleu* noble est lors-
» qu'il y a justice annexée, censive ou fief qui en
» dépend, & en est tenu & mouvant ; c'est-à-dire,
» qui a sous soi des justiciables & des tenanciers
» ou vassaux, sans que le propriétaire soit tenu de
» porter la foi & hommage, ni de payer quint
» relief ou autre profit, à cause de son *franc-aleu* ».
Brodeau sur l'art. 68 de Paris, *n. 12.*

Si l'on en croit Brodeau, cette distinction entre le *franc-aleu* noble & le *franc-aleu* roturier, n'existoit pas avant la rédaction de la coutume de Paris en 1510. Voici comme il rend compte de cette innovation sur l'art. 68 de cette coutume : « le
» procès-verbal de l'ancienne coutume, rédigée en
» l'an 1510 sur l'art. 46, porte qu'ayant été présenté un article contenant que le *franc-aleu* se
» partit comme fief noble, il fut remontré par
» MM. les commissaires qu'il y avoit plusieurs
» maisons en la ville, prévôté & vicomté de
» Paris, non chargées de foi & hommage, ne
» de censive, tenues, comme on disoit, en *franc-
» aleu*, desquels n'étoient dépendans ne mouvans
» aucuns fiefs, & pour raison d'iceux n'étoit dû
» sur autres héritages aucune censive & en iceux
» n'y avoit justice, & partant ne se devoient partir
» comme fief noble, car peut-être que en la
» maison il y avoit plusieurs enfans ; or par la
» coutume il faudroit que le fils aîné eust toute
» la maison, & que les autres fussent sans hérédité
» & légitime portion, sur quoi l'article présenté
» auroit esté expliqué & modifié en la forme qu'il
» est, & a été mis en mesmes termes dans la nouvelle
» coutume, & de-là l'on peut induire que avant
» l'an 1510 on ne faisoit point de distinction en
» la prévôté de Paris entre le *franc-aleu* noble &
» le roturier, tout *franc-aleu* estant tenu & réputé

» noble, & se partageant noblement, & que cette
» distinction de noble & roturier n'a été introduite
» que lors de la rédaction de la coustume en 1510
» pour le faict du partage seulement, ce qui est
» remarqué par maistre Charles Dumoulin, §. 8 ,
» glo. 4, num. 10, & §. 46 , num. 3 ; & y a des
» coustumes qui n'admettent point encore à pré-
» sent cette distinction du franc-aleu noble & ro-
» rier pour le partage , & veulent qu'il se partage
» roturiérement , comme Châlons , art. 165, &
» Troyes, art. 14, qui portent que les héritages
» tenus en franc-aleu ou en censive, & autres biens
» immeubles non tenús en fief, se divisent esgalement
» entre l'aisné & le puisnez, où Pithou soubs ces mots
» en franc-aleu, tient que cela s'entend tant noble
» que roturier, parce que cette coustume use de
» termes généraux , & attribuant à l'aisné son pré-
» ciput, ne parle que du fief, duquel le franc-
» aleu est distingué par ledit article 14 & le 50,
» & en allègue des arrêts & préjugez donnez en
» ladite coustume de Troyes, tant sur ledit art.
» 14 que le 53, & après lui Galland, au traité du
» franc-aleu, chap. 1, num. 18 ; ce qui est fondé sur
» les articles 8, 9 & 55 des anciennes coustumes
» de Champagne & Brie, suivant l'establissement
» de Thibault, comte de Champagne, transcriptes
» par le mesme Pithou, en suite de ses commen-
» taires sur ladicte coustume de Troyes, où le
» bien de censive est confondu, & marche de pás
» esgal avec celui de franc-aleu ».

Indépendamment de quelques coutumes locales,
nous en avons huit qui sont allodiales, ou du
moins qui sont réputées telles; comme il est important de les connoître, en voici les textes :

Coutume du duché de Bourgogne, art. 1, du tit.
des cens : » les seigneurs useront desdits cens, des-
» dits lods, seigneurie, retenue & amende, ainsi
» qu'ils en ont précédemment usé ».

Cahiers pour la réformation de cette coutume,
titre 3 des cens & rentes, art. 67: « & au regard des
» cens pour la diversité des usances ,...les seigneurs
» useront desdites censes, & des lods, retenues &
» amendes, selon les titres qu'ils auront, ou qu'ils
» en ont usé par ci-devant ».

Coutume du comté de Bourgogne, titre des cens,
art. 1: « cenfes dües porteront pour les seigneurs
» censables, lods, directe, seigneurie, droit de
» retenue ou amende, selon que lesdits seigneurs
» auront constitué lesdites censes, ou qu'ils en
» auront usé ».

C'est sur cet article, suivant Dunod, qu'on établit
le franc-aleu de l'allodialité du comté de Bourgogne:
« cet article prouve, dit cet auteur, que nous
» n'avons pas admis la maxime nulle terre sans
» seigneur ».

Coutume de Chaumont, titre de la nature & condition des héritages, des censives, rentes foncières,
volages & hypothèques : « aucuns héritages sont de
» franc-aleu, les autres mouvans de fief, les autres
» en censive, autres redevables de coutumes échéa-

» bles.... est réservé aux seigneurs de prendre sur
» leurs sujets, titres, droits..... qui leur peuvent
» appartenir ». Art. 57.

Coutume de Troyes, tit. de la nature & conditions
des héritages, rentes, censives & hypothèques : « tout
» héritage est franc & reputé de franc-aleu, qui ne le
» montre être serf & redevable d'aucune charge,
» posé qu'il soit assis en justice d'autrui, & qu'il n'en
» ait titre ». Art. 51.

Coutume de Nivernois, titre des rentes & hypothèques : « tous héritages sont censés & présumés
» libres & allodiaux, qui ne montre du contraire ».
Art. 1.

Coutume d'Auvergne , titre des prescriptions :
« toute personne , soit noble ou roturière, peut
» tenir audit pays haut & bas, héritages francs,
» quittes & allodiaux de tous cens, charges, fiefs,
» & autre servitude quelconque ». Art. 19.

Coutume de Bourbonnois, titre des censives &
droits de seigneurie, article dont on fait résulter l'allodialité de la coutume: « la première rente constituée
» sur un héritage allodial, s'appelle rente foncière,
» & emporte droit de directe seigneurie & de lods &
» ventes ». Art. 392. Voir aussi l'article 209, titre
des donations.

Coutume locale de Langres: « au pays de Lan-
» gres, ne sont dus cens, lods, ventes ne amen-
» des au seigneur de la justice foncière..... excepté
» ès terres & seigneuries particulières, ès quelles
» les seigneurs ont titres ou sont en possession ».
Art. 4.

Sezanne en Brie: « par la coutume gardée esdites
» châtellenies de Sezanne, Tressou & Chante-
» merle: mêmement ce qui est assis au pays &
» comté de Champagne, tous héritages sont francs
» de censive, s'il n'appert au contraire, supposé
» qu'ils soient assis en la haute-justice d'aucun haut-
» justicier. Et ainsi use-t-on ».

Coutume d'Auxerre, titre de justice haute, moyenne
& basse: « tous héritages sont réputés francs &
» libres de censive, s'il n'appert du contraire ».
Art. 23.

Coutume de Vitri. Lors de la lecture de l'art. 16
de la coutume de Vitri, le tiers-état se plaignit de
ce qu'on avoit changé l'article qui subsistoit auparavant, & par lequel il étoit dit « que toutes terres
» assises au pays de Champagne étoient réputées
» franches de censive & autres redevances, sinon
» que le seigneur y prétendant censive ou rede-
» vance, en fit apparoir par titres ou possession
» suffisante ».

Ces notions préliminaires ainsi développées,
remontons à des temps plus anciens. Voyons quelle
étoit, dans l'origine, l'acception du mot aleu, les
différentes modifications que cette expression a
éprouvées, & quelle est sur les francs-aleux, aujour-
d'hui connus sous le nom de francs-aleux nobles,
l'influence des dispositions allodiales des coutumes.

Dans le premier âge de notre monarchie & jusque vers le dixième siècle, tous les biens étoient

divifés en trois claffes ; le domaine de la couronne, les bénéfices & le patrimoine des particuliers.

Le domaine étoit connu fous la dénomination de *fifc*, *fifc royal*, *terres fifcales ; res fifcales*.

Les mots *beneficium & feudum* ont fucceffivement fervi à défigner les bénéfices.

Les biens des particuliers étoient, comme aujourd'hui, de deux fortes ; ceux qu'ils avoient reçus de leurs pères, & ceux qu'ils avoient acquis : on appelloit les premiers, *patrimonium*, *proprietas*, *hæreditas* ; & les acquêts, *attraſtum*, *comparatum*.

Alors, comme l'on voit, chaque efpèce de bien avoit fa dénomination propre ; ainfi le mot *aleu* devoit être peu ufité. Cependant il n'étoit pas à beaucoup près inconnu ; on s'en fervoit, & même on le trouve employé dans deux acceptions différentes.

D'abord cette expreffion, confacrée à défigner les propres, étoit le fynonyme de *proprium*, *hæreditas*, & l'oppofé d'acquêt, *attraſtum*, *comparatum*.

Dans la fuite on comprit fous cette dénomination & les propres & les acquêts.

Tel fut l'ufage jufque vers le dixième fiècle.

La révolution qui rendit les fiefs héréditaires, apporta quelque changement à l'acception du mot *aleu*.

Ce mot, dans fa fignification propre & originaire, étoit le fynonyme de propriété, *proprietas*, *hæreditas*. Lorfque les fiefs commencèrent à devenir héréditaires, on ne vit que cette acception, & la dénomination d'*aleu* fut fouvent employée pour défigner un fief. Ainfi l'on difoit d'un fief poffédé patrimonialement, *tel fief que je tiens en aleu*, *ou à la manière des aleux*, *lege allodiorum* ; expreffion qui ne défignoit pas ce que nous appellons aujourd'hui un *franc-aleu noble*, mais qui difoit, & rien de plus, que ce fief étoit héréditaire.

Et lorfque l'on parloit d'une terre franche & libre, comme toutes les terres de cette efpèce étoient patrimoniales, on fe fervoit du mot *allodium*, ou de ceux-ci, *proprietas*, *hæreditas* ; & pour en exprimer la franchife, on ajoutoit, *ab omni confuetudine*, *ab omni cenfu liberum*.

Cet ufage appartient aux dixième & onzième fiècles.

Enfin on imagina d'exprimer, par une feule dénomination, la franchife des terres patrimoniales qui n'avoient pas fubi le joug de la féodalité ; de-là l'expreffion *franc-aleu* : expreffion que l'on ne trouve dans aucun des monumens de la première ni de la feconde race.

Arrêtons-nous un inftant : jufqu'ici, c'eft-à-dire, jufque vers le douzième fiècle, on trouve fouvent le mot *aleu* ; mais cette expreffion, employée comme fynonyme de *proprietas*, *hæreditas*, n'appartient pas à l'idiôme féodal. C'eft donc à partir de cette époque, c'eft-à-dire, depuis que l'ufage s'eft établi d'appliquer exclufivement aux héritages libres, la dénomination de *franc-aleu*, qu'il nous importe fur-tout de bien connoître le véritable fens de cette

expreffion ; effayons donc de fixer nos idées fur ce point.

Précédemment, comme on vient de le voir, on donnoit quelquefois à des fiefs la dénomination d'*aleu* ; plus anciennement, on s'en fervoit auffi, comme nous le dirons dans un inftant, pour défigner des bénéfices donnés en propriété ; mais ces cas étoient rares : l'ufage d'appliquer aux fiefs le nom d'*aleu*, ne dura qu'un inftant, & les bénéfices poffédés patrimonialement, étoient en très-petit nombre. Le mot *aleu*, dans fon acception primitive, générale & commune, ne s'appliquoit donc qu'à des héritages roturiers, qu'à des terres hors de la fphère de la féodalité, qu'à des terres enfin, qui demeurées en propriété aux anciens Gaulois, ou données aux Francs à titre de patrimoine, avoient confervé leur indépendance originelle.

Comme l'acception des mots fe modifie pour l'ordinaire par les qualités des objets qu'ils défignent les plus communément, cette ancienne habitude de défigner par le mot *aleu*, des héritages roturiers, devoit affez naturellement conduire à ne donner qu'à des héritages roturiers cette dénomination de *franc-aleu*, nouvellement imaginée.

Quoi qu'il en foit de cette conjeſture, il paroît que depuis le douzième fiècle jufqu'à la rédaction des coutumes, cette expreffion n'étoit employée feule & indéfiniment, que pour défigner des héritages roturiers.

Cela réfulte clairement des définitions que nous ont données du *franc-aleu* les plus célèbres de nos anciens jurifconfultes.

Allodia in præfenti regno dicuntur burgenfatica, feu burgenfia, in quibus nullum jus princeps habet, nifi proteſtionis & fupremæ jurifdiſtionis ; quorum plenum dominium pertinet poffeffori, qui proprié dicitur burgenfis, à bonis fuis burgenfibus, id eft francis & liberis quæ habet, & de quibus vivit, & ftatum fuum confervat.

Cette définition eft du favant Benediſti. On y voit qu'alors le mot *aleu*, dans fa fignification propre, étoit le fynonyme de bourgeois ; que les terres franches & libres fe nommoient indiftinſtement *allodia*, *burgenfia*, *burgenfatica* ; enfin, que celui qui n'avoit que des aleux, étoit appellé *bourgeois*, à la différence des nobles, qui prefque tous poffédoient des fiefs, & de ceux qui tenoient en cenfive ou en main-morte, que l'on nommoit ferfs ou vilains. *Proprié burgenfis à bonis fuis burgenfibus, id eft franchis & liberis.*

La définition de Dumoulin, conçue en termes encore plus énergiques, donne la même conféquence. Le mot *aleu*, dit ce jurifconfulte, employé dans fa fignification commune, défigne la terre falique, ou le domaine de la couronne ; c'eft-à-dire, une terre qui a confervé fa franchife, fon indépendance originelles. *Anatomaſticè*, *allodium eft terra falica*, *feu facrum domanium domini noftri regis*, *fuæque coronæ patrimonium : quod eft verè, fimpliciſſimè & abfolutiſſimè allodium, nativâ fuâ natu-*

talis juris libertate originaliter & perpetuò gaudens: nullius unquam hominis fervituti aut recognitioni fubditum.

Il ne faut que lire cette définition, pour fentir qu'à l'exception du domaine de la couronne dont il n'eft pas ici queftion, elle ne peut s'appliquer qu'à des terres roturières; en effet, la terre falique n'étoit pas noble; & Dumoulin étoit trop éclairé pour ne pas favoir que les aleux nobles ne font autre chofe que des fiefs affranchis; cependant il dit que le mot *aleu*, dans fa fignification commune, ne défigne que les terres faliques, que les terres qui jamais n'ont été foumifes à la dominité d'aucun feigneur. Encore une fois Dumoulin penfoit donc qu'en général, & dans l'acception commune, fous la dénomination d'aleux, on ne comprenoit que des héritages roturiers.

Cette vérité deviendra plus fenfible encore, lorfque nous aurons développé la nature & l'origine du *franc-aleu* noble.

Ce qui conftitue la nobleffe d'un héritage, c'eft un titre de feigneurie ajouté à la propriété. Le *franc-aleu* noble eft donc une feigneurie, un fief actif.

Un fief eft un héritage dans lequel la propriété eft unie à la puiffance publique.

C'eft cette puiffance publique, ajoutée à la propriété, qui faifoit dire à Dumoulin : *feuda prærogatam habent dignitatem & auctoritatem, propter jura & commoda dominicalia, quæ perpetuò fecum trahunt, & jurifdictionem etiam contentiofam.*

Mais tout ce que l'on poffède à titre de feigneurie & au-delà des bornes de la propriété privée, n'eft & ne peut être qu'un emprunt, une émanation de la feigneurie publique.

Puifque dans le *franc-aleu* noble, à la propriété fe trouve toujours joint un titre de feigneurie, & cette portion de la puiffance publique, que l'on nomme puiffance exécutrice féodale; un aleu noble ne peut donc exifter qu'en vertu d'une conceffion émanée de celui dans lequel réfide la plénitude de l'autorité fouveraine; & c'eft en effet de cette manière que fe font formés tous les aleux de cette efpèce. Tous ont été établis par des diplômes du prince, ou des feigneurs qui s'étoient arrogé les droits régaliens.

Si l'on en croit certains auteurs, il exiftoit des *francs-aleux* nobles fous la feconde & même fous la première race. C'eft une méprife, & voici ce qui l'a occafionnée.

Lorfque nos premiers rois donnoient des terres fifcales à l'églife, la donation étoit perpétuelle, comme l'établiffement qui en étoit l'objet.

Quelquefois auffi le roi, par de grandes confidérations, donnoit à des laïques des portions du fifc, même des territoires très-étendus, non en bénéfice & en fimple ufufruit, fuivant l'ufage, mais en toute propriété.

Ces propriétés étoient de véritables aleux dans le fens que cette expreffion avoit alors, & les char-

tres portoient : *je donne en aleu, tel héritage poffédé en aleu*. Cette manière de parler étoit jufte, puifqu'alors le mot *allodium* ne fignifioit autre chofe que *propriété, patrimoine*.

De ces terres fifcales données en aleu, c'eft-à-dire, en propriété, les unes étoient fans droit de juftice, les autres étoient décorées de cette prérogative. Lorfque le territoire étoit confidérable, le roi y attachoit le droit d'y rendre la juftice.

Voilà ce qui a trompé les auteurs dont nous parlons. Ils ont vu des territoires ainfi décorés du droit de juftice, défignés dans les chartres fous le nom d'*aleu*; & ils ont conclu de cette expreffion, que dès le premier âge de notre monarchie, il exiftoit des *francs-aleux* nobles.

C'eft, comme nous venons de le dire, une méprife. Ces terres fifcales étoient devenues des aleux en paffant dans le commerce; elles étoient nobles, puifque le droit de rendre la juftice y étoit attaché; mais elles ne formoient pas ce que nous appellons aujourd'hui des *francs-aleux nobles*. En effet, ces terres, quoique patrimoniales, demeuroient affujetties à la loi commune des bénéfices. La feule charge des bénéfices étoit le fervice militaire; & ces terres le devoient inconteftablement. Il feroit ridicule de penfer qu'en donnant ainfi à l'un de fes fidèles, le roi l'eût difpenfé de le fervir en guerre. Une pareille franchife eût été auffi injurieufe au vaffal, que préjudiciable au feigneur: & d'ailleurs le contraire eft établi par les différens capitulaires qui prouvent que les eccléfiaftiques eux-mêmes étoient affujettis au fervice militaire, à raifon des bénéfices qu'ils poffédoient en aleu, c'eft-à-dire, propriétairement.

C'eft donc très-improprement que l'on a donné la dénomination de *franc-aleu* à ces terres fifcales. On avoit raifon de les défigner fous le nom d'*aleu*, puifqu'elles étoient poffédées patrimonialement. Il eft également vrai de dire que ces aleux étoient nobles, puifque la juftice y étoit annexée; mais ces aleux n'étoient pas francs, puifqu'ils n'étoient affranchis d'aucune charge, puifqu'ils étoient, comme tous les bénéfices, affujettis au fervice militaire.

Ce n'eft donc que dans les temps qui ont fuivi la patrimonialité des fiefs, que l'on peut trouver des véritables *francs-aleux* nobles; & en effet, on en voit immédiatement après cette révolution.

De ce fait, réfultent trois conféquences : la première, que le *franc-aleu* roturier exiftoit long-temps avant que l'on eût l'idée du *franc-aleu* noble. La feconde, qu'il n'y a point de *franc-aleu* noble naturel & d'origine; car ce qui *eft naturel & d'origine* eft tel de tous les temps. La troifième, enfin, qu'il eft très-vraifemblable que le *franc-aleu* noble n'eft qu'une émanation, une modification de la tenure féodale; que ce n'eft autre chofe qu'un fief affranchi des devoirs & des charges de la féodalité.

Un coup-d'œil fur les chartres anciennes change cette vraifemblance en certitude. On y voit que les *francs-aleux* nobles dont l'origine eſt connue, étoient dans le principe de véritables fiefs ; & que c'eſt par des diplômes d'affranchiſſemens qu'ils ont acquis l'indépendance de l'allodialité.

Dira-t-on que tel *franc-aleu* étoit originairement roturier, qu'il a été anobli par la conceſſion du droit de juſtice faite au propriétaire, & que d'après la maxime, que la juſtice n'a rien de commun avec la glèbe à laquelle elle eſt annexée, cette juſtice ſeule eſt féodale, & que le territoire eſt demeuré ce qu'il étoit auparavant, un *franc-aleu* naturel & d'origine ?

Nous répondons que cela n'eſt pas impoſſible ; mais qu'il n'en exiſte pas d'exemples. Du moins des recherches très-exactes ne nous en ont fait découvrir aucun.

Nous ajoutons que de pareilles conceſſions de juſtice à des propriétaires d'héritages roturiers, choquent tellement nos anciennes mœurs, que, pour y croire, il faudroit en avoir la preuve la plus poſitive.

En effet, nous voyons qu'anciennement toutes les fois que le prince donnoit un territoire conſidérable, il y joignoit le droit d'y rendre la juſtice, ſur-tout lorſque la ceſſion étoit faite à un laïque. Les aleux roturiers n'étoient donc dès-lors que ce qu'ils ſont aujourd'hui, des terres éparſes, diviſées & de peu d'étendue ; & quel eût été l'objet, le motif d'une ceſſion de juſtice ſur des terres de cette eſpèce ?

Une conceſſion de juſtice ſuppoſe des juſticiables : conſéquemment des lieux habités, un village, au moins un hameau ; & jamais on n'a vu ni village, ni hameau, appartenir à quelqu'un en *franc-aleu* roturier.

Juſqu'à des temps qui ne ſont pas encore fort éloignés du nôtre, la nobleſſe étoit en poſſeſſion des fiefs ; les terres cenſuelles, ainſi que les *francs-aleux* roturiers étoient en général le partage des roturiers. Les poſſeſſions nobles étoient trop onéreuſes aux hommes de cette claſſe, pour que l'idée d'anoblir leurs aleux, en ſollicitant ou en acquérant des droits de juſtice, pût ſe préſenter à leur eſprit.

A l'époque où l'on pourroit référer ces conceſſions de juſtice, c'eſt-à-dire, pendant les premiers ſiècles qui ont ſuivi la patrimonialité des fiefs, le grand objet de la politique du roi & des hauts-ſeigneurs étoit de réduire les propriétaires d'aleux ſous le joug de la féodalité ; & l'hiſtoire nous apprend que l'on ſe ſervoit de tous les moyens poſſibles pour y parvenir. Comment concevoir que ces mêmes ſeigneurs ſe ſoient dépouillés des droits que la juſtice leur donnoit ſur les propriétaires d'aleux ; qu'ils aient pu ſe déterminer à ajouter les prérogatives de la juſtice à l'indépendance de l'allodialité ; enfin, qu'ils aient jamais conſenti à élever dans la circonſcription de leur territoire une ſeigneurie indépendante & rivale de leur ſeigneurie ?

On peut faire encore une autre difficulté. On peut dire : cet aleu, originairement roturier, eſt devenu noble par les inféodations & les accenſemens que le propriétaire a faits de portions des héritages qui le compoſoient. Certainement une nobleſſe ainſi acquiſe n'empêche pas que la partie de cet aleu, qui eſt demeurée dans la main du propriétaire, n'ait conſervé ſa franchiſe primitive. Voilà donc un *franc-aleu* noble, naturel & d'origine.

La réponſe eſt auſſi ſimple que tranchante ; c'eſt qu'il n'eſt pas poſſible d'inféoder, de donner à cens des parties d'un *franc-aleu* roturier. Conſéquemment impoſſible qu'un *franc-aleu*, originairement roturier, ſoit monté de cette manière dans la claſſe des héritages nobles.

Nous diſons que le propriétaire d'un aleu roturier ne peut ni l'inféoder, ni l'accenſer. Il y en a une infinité de raiſons : la principale, c'eſt que l'on ne peut donner en fief ou à cens, que des héritages nobles ; c'eſt que, pour pouvoir communiquer ce ſe réſerver la puiſſance féodale, il faut l'avoir, il faut en être inveſti. Enfin, c'eſt que les fiefs ſont des dignités réelles, & que le roi, ou ceux qui en ont reçu le pouvoir de lui, peuvent ſeuls conſtituer des dignités.

Si, en effet, des propriétaires d'aleux naturels & d'origine, c'eſt-à-dire, d'aleux roturiers, en ont ainſi inféodé ou accenſé des parties, c'eſt un abus du droit de propriété, un attentat ſur les droits de la puiſſance publique, dont aucun laps de temps n'a pu couvrir le vice ; & les droits impoſés par ces aliénations, quoique ſous la dénomination de fief & de cens, ne ſont autre choſe que des rentes foncières.

A celui qui diroit : cet aleu étoit roturier d'origine, c'eſt moi qui l'ai anobli par des inféodations & des accenſemens, il faudroit donc répondre : ayant de vous prévaloir de la roture originaire de votre aleu, commencez par reconnoître que vous le poſſédez encore roturièrement, & que les preſtations que vous percevez ſous le nom de droits féodaux & cenſuels, ne ſont que de ſimples rentes foncières ; en un mot, renoncez aux prérogatives de la féodalité : autrement il faudra juger de cet aleu par la règle générale, & croire que ce fief actif n'étoit dans le principe qu'un fief ordinaire, & qu'il ne doit l'indépendance dont il jouit, qu'à un diplôme d'affranchiſſement.

Il faut donc toujours en revenir à ce principe, que les *francs-aleux* nobles ne ſont autre choſe que des fiefs affranchis. Conſéquemment qu'il n'y a point de *franc-aleu* noble naturel & d'origine ; conſéquemment que la dénomination d'aleu, dans ſon acception propre, primitive & générale, ne s'adapte qu'à des héritages roturiers. Voici de nouvelles preuves de cette vérité.

« Il eſt à préſumer, dit M. le préſident Bouhier, » que ces ſortes de *francs-aleux* (les *franc-aleux* » nobles) ont été inféodés dans l'origine, ſuivant » Chopin,

» Chopin ; d'où vient que dans quelques coutu-
» mes ils font appellés *fiefs francs*..... Ce n'eſt donc
» point ſans raiſon que l'on appelloit ancienne-
» ment les aleux nobles, *feuda honorata*, & qu'on
» les appelle encore *fiefs de franc-aleu*, comme
» l'a reconnu le ſavant Caſeneuve..... Pour ce qui
» eſt de l'origine du *franc-aleu* noble, il n'eſt pas
» aiſé de la déterminer. De ſavans hommes cepen-
» dant le font remonter juſqu'au temps de la pre-
» mière race de nos rois. On a auſſi des exemples
» de fiefs convertis en aleux par les ſeigneurs do-
» minans, pour en rendre la condition meilleure ;
» & c'eſt ainſi que ſe ſont établis avec le temps ces
» ſortes de fiefs ».

Ce paſſage renferme tout-à-la-fois la preuve &
le réſumé de notre théorie. On y voit que tous les
aleux nobles doivent leur exiſtence à des conceſſions ou à des affranchiſſemens.

On y remarque ſur-tout qu'autrefois ce que nous
appellons aujourd'hui *franc-aleu* noble, étoit peu
connu ſous cette déſignation ; que l'on nommoit
plus communément les fiefs de cette eſpèce, *fiefs
francs*, *fiefs d'honneur* & *fiefs de franc-aleu* ; dénomination qui forme peut-être la meilleure preuve
de l'origine que nous venons de leur aſſigner.

Pour établir ce fait, M. le préſident Bouhier cite
différens auteurs ; il auroit pu invoquer en outre
le témoignage de quantité de chartres, & d'une
ancienne coutume de Normandie, dont parle Ducange, ſous le mot *Feudum francum*, dans laquelle
on lit : *nous appellons* FRANC-FIEF, *quand aucun
tient franchement ſon fief*. L'idiôme de cette
coutume, un fief tenu franchement, ce que nous
appellons aujourd'hui *franc-aleu* noble, ſe nommoit,
comme l'on voit, *fief-franc*.

Ce ſavant magiſtrat pouvoit encore appuyer ſon
opinion ſur un ſuffrage infiniment grave, celui de
Dominici, dans ſon *Traité du franc-aleu*, qui s'exprime en ces termes, *chap*. 21, *n*, 8. *Hujus generis &
inſignia prædia, cum franco feudo, uſum ſæculi con-
fudiſſe, ex pluribus elicitur monumentis*. Après avoir
tranſcrit une chartre dans laquelle on lit ces mots :
in francum feudum ſive allodium, cet auteur ajoute :
*inde interpretes, ex more tunc recepto, concedere in
feudum liberum & francum, idem eſſe putarunt, ac
concedere in allodium*.

Telle étoit donc, à l'époque de la rédaction des
coutumes, la ſituation des eſprits. On ſavoit, comme
à préſent, & peut-être mieux qu'à préſent, qu'il
n'y a de *franc-aleu* naturel & d'origine, que le *franc-
aleu* roturier ; que le *franc-aleu* noble, ſeulement
connu depuis quelques ſiècles, ne devoit ſon origine
qu'à des conceſſions & à des affranchiſſemens ;
que le mot *franc-aleu*, dans ſon acception propre,
naturelle, primitive & générale, ne s'applique
qu'au *franc-aleu* roturier ; & l'on avoit ſous les
yeux l'uſage où l'on étoit alors de déſigner communément les aleux nobles ſous le nom de *fiefs-
francs*, *fiefs de franc-aleu* ; du moins d'ajouter toujours au mot *aleu* une épithète qui indiquât & l'ori-

gine & la nature de cette eſpèce d'aleu, par exemple, le mot *noble*.

L'acception du mot *aleu*, les changemens qu'elle
a reçus, la différence des aleux nobles & des aleux
roturiers, l'uſage où l'on a été juſqu'au ſeizième ſiècle
de n'appliquer le mot *franc-aleu*, employé ſeul, qu'à
la terre ſalique, comme dit Dumoulin ; qu'aux héritages bourgeois, ſuivant l'expreſſion de Benedicti,
& de déſigner les aleux nobles ſous le nom de
fiefs-francs ou *fiefs de franc-aleu*, enfin, les principaux détails relatifs à l'allodialité, ainſi connus, il
eſt temps d'ouvrir les coutumes, & d'examiner leurs
diſpoſitions relatives au *franc-aleu*.

Sans doute on nous a déjà prévenus ; & d'après
ces deux points que nous croyons bien établis,
1°. que tout *franc-aleu* noble eſt de conceſſion ;
2°. que le mot *franc-aleu*, dans ſon acception propre, ne comprend que les aleux roturiers : d'après
ces deux points, diſons-nous, il n'y a perſonne
qui ne preſſente que les coutumes qui déclarent que
le *franc-aleu* eſt naturel & d'origine dans leur territoire, ne parlent que des aleux roturiers.

Tel eſt en effet l'eſprit, & l'on peut dire la
lettre de ces coutumes. Cela réſulte, 1°. des titres
ſous leſquels ſont placés les articles qui établiſſent
le *franc-aleu* ; 2°. des termes dans leſquels ces articles ſont conçus ; 3°. des procès-verbaux de ces
coutumes ; 4°. des diſpoſitions relatives au *franc-
aleu* noble.

I. Indépendamment de quelques coutumes
locales, nous avons huit grandes coutumes qui
ſont de *franc-aleu*, ou du moins ſont réputées telles,
Troyes, Chaumont, Nivernois, Auxerre, Bourgogne, Franche-Comté, Bourbonnois & Auvergne.

Les quatre premières diſent en termes précis,
que le *franc-aleu* eſt naturel dans leur territoire ;
dans les quatre autres, c'eſt par des raiſonnemens
& des conſéquences que le *franc-aleu* eſt établi.
Dans ces différentes coutumes, ni les articles dé-
claratifs du *franc-aleu*, ni ceux deſquels on le fait
réſulter, ne ſont placés ſous le titre des fiefs &
biens nobles ; ces articles ſe trouvent : ſavoir, dans
la coutume de Chaumont, ſous le titre : *de la
nature & condition des héritages, des cenſives, rentes
foncières, volages & hypothèques*. Dans celle de
Troyes, ſous le titre : *de la nature & condition
des héritages, rentes, cenſives & hypothèques*. Dans
celle de Nivernois, ſous le titre : *des, rentes &
hypothèques*. Dans celle de Bourgogne, ſous le
titre : *des cens*. Dans celle de Franche-Comté, ſous
le titre : *des cens*. Dans celle de Bourbonnois,
ſous le titre : *des cenſives & droits ſeigneuriaux*.
Dans celle d'Auvergne, ſous le titre : *des preſ-
criptions*. Enfin, dans celle d'Auxerre, l'article relatif au *franc-aleu* n'eſt pas à la vérité ſous le titre
des cenſives ; mais il n'eſt pas non plus ſous celui
des fiefs ; il eſt ſous le titre : *de juſtice haute,
moyenne & baſſe*. Mais ſans doute c'eſt fortuitement qu'il ſe trouve ainſi placé : dans la première
rédaction de cette coutume de l'an 1507, il étoit,

comme dans toutes les autres, sous le titre : *des censives & droits seigneuriaux.*

Il faut, dit Dumoulin, interpréter chaque article de coutume par la rubrique du titre sous lequel il est placé : *ut textura respondeat rubricæ*, *à quo de jure licet argumentari, & interpretationem sumere. Ad consuetud. Paris.* §. 73. *glos.* 1. n°. 6.

Puisque tous les réformateurs des coutumes ont pris soin de placer les articles allodiaux sous le titre des cens & héritages roturiers, il faut donc croire qu'ils n'ont entendu déclarer franches & libres que les terres roturières ; autrement il n'y auroit pas de concordance entre l'article & la rubrique, & l'on choqueroit cette grande maxime, qui veut que l'on interprète les loix par la rubrique du titre sous lequel elles sont rangées : *ut textura respondeat rubricæ.*

II. Les termes dans lesquels sont conçues les dispositions allodiales de ces coutumes, prouvent également qu'elles ne peuvent s'appliquer qu'aux aleux roturiers.

Ces coutumes, comme nous en avons déjà fait l'observation, se partagent en deux classes. Les unes sont textuellement déclaratives du *franc-aleu* ; dans les autres, il n'est établi que par des inductions. Nous ne transcrirons ici que le texte des premières, parce qu'elles nous donnent une idée plus juste de l'esprit des réformateurs ; elles portent : « On tient audit bailliage, que tout héritage est ré- » puté franc, qui ne le montre être redevable d'au- » cune charge, quelque part qu'il soit assis. Chau- » mont, *art. 62.* Tout héritage est franc, & réputé » de *franc-aleu*, qui ne le montre être serf & rede- » vable d'aucune charge, posé qu'il soit assis en » justice d'autrui, & qu'il n'en ait titre. *Coutume* » *de Troyes, art. 51.* Tous héritages sont censés » & présumés libres & allodiaux, qui ne montre » du contraire. *Nivernois, titre des rentes & hypo-* » *thèques, art. 1.* Tous héritages sont réputés francs » & libres de censives, s'il n'appert du contraire. » *Auxerre, art. 23* ».

Voilà les quatre coutumes qui déclarent que le *franc-aleu* est naturel dans leur territoire. On ne peut pas s'y méprendre ; il est clair, par la manière dont ces articles sont conçus, qu'ils n'ont trait, qu'ils ne peuvent s'appliquer qu'au *franc-aleu* roturier ; & qu'en les rédigeant, les réformateurs n'avoient pas même l'idée de ces fiefs actifs que nous appellons *francs-aleux nobles.*

Cela résulte de ces expressions, *libre de censive, qui ne le montre être serf ;* expressions qui ne peuvent s'appliquer qu'à des héritages roturiers, puisque les héritages de cette espèce peuvent seuls être serfs, peuvent seuls être grevés de censive.

Cela résulte du fait, que dans ces quatre articles il n'y a pas un seul mot qui ait trait aux biens nobles, aux devoirs auxquels ces fiefs sont assujettis ; cependant ces devoirs se présentoient aussi naturellement à l'esprit des réformateurs, que les cens & la main-morte. Pourquoi donc, après avoir dit :

tous les héritages sont réputés libres de censive, n'ont-ils pas ajouté : *& tous les fiefs de l'hommage ?* On ne peut en donner qu'une seule raison ; c'est qu'ils n'entendoient disposer que pour les héritages roturiers.

III. Les procès-verbaux des coutumes jettent encore le plus grand jour sur cette vérité. Tous sont à peu-près semblables. Nous ne transcrirons que celui de Chaumont, le même, mot pour mot, que celui de Troyes. Il est conçu en ces termes :

« Les nobles étant en ladite assemblée, ont dit » que de ce il n'y a point de coutume ; & que si les » gentilshommes tenant fiefs sont tenus, pour raison » d'iceux, faire envers le roi foi & hommage, assis- » ter au ban & arrière-ban, & faire service : par plus » forte raison, un roturier qui tient terres en » leurs justices, est tenu leur payer *quelque censive* » *ou redevance*, & ne les peuvent tenir sans sei- » gneur ; autrement terre roturière seroit plus privi- » légiée que féodale. Les praticiens & bourgeois » disant au contraire que toutes servitudes viennent » à restreindre & abolir, & toute liberté vient à » soutenir, & aussi de droit toutes terres sont fran- » ches ; & par ce, celui qui veut prétendre cens & » servitude, le doit vérifier & en faire apparoir ; » *alias*, à faute de ce, ledit héritage ou terre doit » être réputée franche ».

Il ne faut pas un long commentaire pour faire sentir que cette discussion entre les nobles & les praticiens & bourgeois, n'avoit pour objet que les héritages roturiers. La qualité des parties suffit pour le prouver. Les roturiers seuls combattent pour le *franc-aleu* ; il ne s'agissoit donc que du *franc-aleu* roturier. Les nobles, c'est-à-dire, les propriétaires de fiefs, sont les plus grands efforts pour faire rejetter les articles qui établissent le *franc-aleu* ; conséquemment ils étoient bien éloignés de penser que ces articles pussent influer sur leurs possessions féodales, qu'ils eussent l'efficacité de les affranchir de l'hommage, du relief, du retrait & des droits de quint & requint. Au surplus, ils le disent eux-mêmes, & de la manière la moins équivoque ; ils conviennent indéfiniment & sans restriction, *que les gentilshommes tenant fiefs, sont tenus, pour raison d'iceux, faire envers le roi la foi & hommage.* De l'aveu des propriétaires de fief, tout ce qui a les attributs, les caractères de la féodalité, est donc indistinctement assujetti à la foi & hommage. Conséquemment les dispositions allodiales des coutumes n'ont trait qu'aux héritages roturiers ; conséquemment point de *franc-aleu* noble sans titre, au moins présumé.

IV. Les dispositions des coutumes relatives au *franc-aleu* noble, nous fournissent encore une nouvelle preuve de cette vérité.

Les coutumes qui parlent du *franc-aleu* noble, sont au nombre de cinq. Troyes, *art. 53* ; Vitri, *art. 19* ; Paris, *art. 68* ; Orléans, *art. 255* ; Lorraine, *tit. 5, art. 15.*

Ce qui frappe d'abord dans cette énumération, c'est que de ces cinq coutumes il n'y en a qu'une qui soit textuellement allodiale ; des huit coutumes de *franc-aleu*, il y en a donc sept, notamment celle de Chaumont, dans lesquelles ne se trouve même pas la dénomination de *franc-aleu noble*. Comment concevoir que ces mêmes coutumes réputent tous les fiefs autant de *francs-aleux* nobles jusqu'à ce que le contraire soit prouvé ? Il est bien plus naturel de croire qu'en rédigeant les dispositions allodiales des coutumes, les réformateurs n'ont pas même eu l'idée de cette manière de posséder.

Des cinq coutumes qui parlent du *franc-aleu* noble, il y en a deux incontestablement censuelles, Paris & Orléans. Dans ces deux coutumes, il ne peut donc être question du *franc-aleu* noble que comme d'une chose possible, que comme d'une franchise qui peut exister à la vérité, mais qui ne peut exister sans titres. Si l'article 53 de la coutume de Troyes est rédigé dans le même esprit & à-peu-près dans le même temps, il faudra donc demeurer d'accord que cette coutume, toute allodiale qu'elle est, ne regarde pas le *franc-aleu* noble comme naturel & général, mais seulement comme possible. Voyons donc de quelle manière sont conçus ces différens articles. « *Franc-aleu*, auquel y a justice censive ou » fief mouvant de lui, se partit comme fief noble. » Paris, *art. 68*, audit bailliage, y a *franc-aleu* » noble, & *franc-aleu* roturier ; & est *franc-aleu* » noble quand il y a seigneurie & haute-justice, » dont le détenteur n'est tenu faire foi ni homma- » ge, ni payer quint ni requint. Troyes, *art. 53* ».

Il est clair que ces deux articles ont le même esprit ; que cet esprit est de déterminer les caractères qui distinguent l'aleu noble du roturier, & non de décider que jusqu'à la preuve du contraire, tous les fiefs sont présumés autant de *francs-aleux* nobles. Cela ne peut être douteux pour la coutume de Paris : conséquemment il en est de même de celle de Troyes, puisque les deux coutumes ont évidemment le même objet.

Les titres sous lesquels sont placées les dispositions allodiales des coutumes, les termes de ces dispositions, leurs procès-verbaux, celles qui ont parlé du *franc-aleu* noble ; tout se réunit donc pour établir que les coutumes, même les plus positives sur le *franc-aleu*, ne peuvent s'appliquer qu'aux héritages roturiers ; & que dans ces coutumes, il faut un titre au moins présumé, lorsqu'il s'agit d'un *franc-aleu* noble, toutes les fois qu'il est question d'affranchir un fief actif des charges de la féodalité.

Des preuves de cette espèce ne laissent rien à désirer. Cependant nous n'avons pas encore épuisé tous les moyens qui militent contre le *franc-aleu* noble ; il nous en reste un qui suffiroit seul, sur-tout vis-à-vis du roi. Il consiste dans plusieurs jugemens uniformes rendus pour la majeure partie des pays allodiaux, précédés de l'instruction la plus ample & la plus approfondie, & qui tous décident que le *franc-aleu* roturier est seul naturel & d'origine, que l'effet des dispositions allodiales des coutumes se concentre sur cette espèce de *franc-aleu*, & que le roi n'en reconnoît pas d'autre.

Tout le monde connoît la contestation à laquelle nous devons les deux traités du *franc-aleu* de Galland & de Caseneuve. La question s'agitoit entre le roi & la province de Languedoc.

Enfin ce grand procès, qui duroit depuis des siècles, fut jugé par l'arrêt célèbre du 22 mai 1667. Par cet arrêt, « le roi s'étant fait représenter en » son conseil les arrêts ci-devant rendus, tant en » son dit conseil qu'en son grand-conseil, & en sa » cour du parlement de Toulouse, & fait soigneu- » sement examiner tout ce qui avoit été dit & écrit » par différens auteurs sur le sujet du *franc-aleu* pré- » tendu par les syndics & députés de la province de » Languedoc..... a ordonné & ordonne que le *franc-* » *aleu* roturier sera admis dans la province de Lan- » guedoc ; ce faisant, que les possesseurs & détenteurs » des terres roturières & taillables, les posséderont » allodialement, sans être obligés de justifier leur » *franc-aleu* par aucuns titres..... Et à l'égard du » *franc-aleu* noble, veut sa majesté que tous ceux qui » prétendront tenir & posséder aucuns fiefs, terres & » seigneuries en *franc-aleu*, soient tenus de le justifier » par bons & valables titres, sans qu'ils puissent allé- » guer aucune prescription & longue jouissance, par » quelque laps de temps que ce soit ; & faute de » justifier ledit *franc-aleu*, comme dit est, ils seront » censés & réputés relever & tenir lesdits fiefs, terres » & seigneuries en foi & hommage de sa majesté, à » laquelle ils seront tenus de la faire, fournir les » aveux & dénombremens, & payer lesdits droits & » devoirs dont ils peuvent être tenus ».

Même décision pour la Bourgogne. « Par un édit » du mois d'août 1692, le roi avoit ordonné une » recherche sur tous les fonds de son royaume, » possédés en franchise sans titre, & n'en avoit » excepté que les pays, soit de droit écrit ou cou- » tumier, où le *franc-aleu* se trouvoit établi. » Comme il n'en est point parlé précisément dans » notre coutume, il nous étoit important, pour » maintenir notre liberté, de faire voir que notre » Bourgogne étoit véritablement un pays de droit » écrit ; c'est ce que firent plusieurs de nos plus » habiles concitoyens, dont Taisand a conservé les » mémoires.... Et c'est d'après cela que nous devons » les lettres-patentes du mois de juillet 1693, par les- » quelles le *franc-aleu* roturier fut déclaré naturel » dans le duché de Bourgogne ». *Bouhier, ch. 9, n°. 41*.

Cet édit de 1692 fit naître la même contestation dans les coutumes de Chaumont & de Troyes. La question fut également discutée avec autant d'étendue que de solidité ; & sur cette instruction, arrêt du conseil pour la coutume de Troyes, le 26 février 1694, qui juge de même en faveur du *franc-aleu* roturier, & contre le *franc-aleu* noble. Par cet arrêt, sur le vu de la coutume, des arrêts de la cour & de ceux du conseil, le roi déclaré les biens & héritages situés dans les lieux régis par la coutume de Troyes, compris dans l'exception portée en l'édit de 1692, & ordonne en conséquence que les détenteurs des maisons & héritages roturiers continuent de les posséder franche-

ment & allodialement, fans être tenus de justifier de leur franchife & liberté par aucun titre.

Le 6 février, arrêt pour la coutume de Chaumont, qui juge de même que les dispositions allodiales de cette coutume s'appliquent exclusivement aux héritages roturiers. Voici le dispositif de l'arrêt. *Vu ledit édit du mois d'août 1692, l'article 62 de ladite coutume de Chaumont, les arrêts du parlement de Paris, des 6 novembre 1658, 8 janvier 1659 & 7 mars 1665; & celui du conseil, du 17 novembre 1673: ouï le rapport du sieur Phelippeaux de Pontchartrain, conseiller ordinaire au conseil royal, contrôleur-général des finances, le roi étant en son conseil, ayant égard auxdites requêtes, a déclaré & déclare le franc-aleu roturier être naturel en la coutume de Chaumont; & en conséquence a maintenu & maintient les habitans de ladite ville, reffort & étendue de ladite coutume, en la faculté de posséder leurs terres & héritages étant dans ladite coutume, en toute liberté & franchise.*

De cette discussion résultent trois conséquences également palpables, également bien établies, la première, que le mot *aleu*, dans son acception primitive & commune, ne désigne que des terres roturières, & que les coutumes qui disent que le *franc-aleu* est naturel & d'origine dans leur territoire, ne parlent que des *francs-aleux* roturiers; la seconde, que les *francs-aleux* nobles doivent leur existence à des concessions, à des affranchissemens, & qu'il n'y a point de *franc-aleu* noble d'origine; la troisième enfin, que les dispositions allodiales des coutumes ne peuvent être opposées au roi, que lorsqu'on les applique à des héritages roturiers.

Cependant nous n'allons pas jusqu'à dire qu'en général & dans tous les cas l'allodialité de la coutume est absolument fans influence sur les *francs-aleux* nobles. Nous n'ignorons pas que des jurisconsultes, dont le suffrage est d'une grande autorité, sont d'avis que dans les coutumes allodiales, il n'est pas toujours nécessaire que le *franc-aleu* noble soit établi par titres; & que pour écarter le joug de la féodalité, il suffit, dans ces coutumes, de prouver que l'on est en possession immémoriale de ne reconnoître aucun seigneur.

Mais cette opinion, la plus favorable aux *francs-aleux* nobles, est peut-être ce qui fait le mieux sentir la différence qui existe entre cette espèce de propriété & le *franc-aleu* roturier.

S'il s'agissoit d'un héritage roturier, pour repousser la main qui voudroit l'asservir, le propriétaire n'auroit qu'un mot à prononcer: prouvez.

Effectivement, la loi du *franc-aleu* le dispenseroit de rapporter, nous ne disons pas des titres, mais des adminicules, mais d'articuler une simple possession; & même eût-on à lui opposer quelques faits possessoires, il les écarteroit par la seule autorité de la coutume: dans le choc des présomptions contraires résultantes de cette possession, & du vœu de la loi territoriale, l'avantage demeureroit à la loi: telle est la règle. On juge tous les

jours que dans une coutume allodiale, des cueillerets qui prouvent la prestation du cens, même une reconnoissance émanée du propriétaire, lorsqu'elle est unique, font insuffisans pour asservir un héritage roturier.

Mais est-il question d'une terre décorée des attributs de la féodalité? la chose, comme on vient de le voir, est bien différente. La loi du *franc-aleu*, qui formoit un véritable titre pour le propriétaire de l'héritage roturier, n'est plus qu'un simple adminicule d'allodialité. Non-seulement elle ne l'emportera pas sur des faits possessoires, mais un seul hommage prévaudra sur elle; mais il faut que le propriétaire prouve que de temps immémorial il possède en franchise.

Et pourquoi cette différence? Il y en a deux motifs également justes & palpables.

1°. Le *franc-aleu* noble ne pouvant exister qu'en vertu d'un privilège, & par une double dérogation à la loi de la nature, qui connoît encore moins la noblesse des terres que celle des hommes; & à la loi des fiefs, qui veut que chaque seigneurie soit reportée à un seigneur dominant, il est tout simple d'exiger, pour l'établir, un plus grand appareil des preuves, que lorsqu'il ne s'agit que d'une simple aleu roturier, dont l'existence peut bien en quelque forte, choquer la loi des fiefs, mais qui a pour lui la loi naturelle.

Tous les droits de justice & de mouvance appartiennent à l'ordre de la féodalité, forment des fiefs actifs: ainsi tout immeuble décoré de ces prérogatives, est un fief. La loi générale des fiefs doit donc le réputer assujetti à toutes les charges féodales: telle est en effet la présomption, & cette présomption est si forte, que la loi particulière du *franc-aleu* est insuffisante pour l'écarter; qu'il faut en outre l'indice résultant d'une possession immémoriale en franchise.

Toutes les fois qu'il s'agit de déterminer si un fief actif est en même temps fief passif, ou s'il jouit de l'allodialité, la loi du *franc-aleu* repoussée par cette qualité de fief, demeure donc fans efficacité, à moins qu'une possession immémoriale ne lui confère une autorité qu'elle n'a pas par elle-même.

On a long-temps disputé sur la question de savoir si le *franc-aleu* forme le droit commun; ensorte que l'on doive regarder comme allodiales toutes les coutumes qui n'ont pas de dispositions formelles sur ce point.

Les jurisconsultes se sont partagés en deux classes: les uns tiennent pour l'allodialité; ils sont en très-grand nombre; on les trouve réunis dans le *Traité du franc-aleu* de Cafeneuve. Voici la majeure partie de ceux qui soutiennent que de droit commun tous les héritages doivent être présumés censuels ou féodaux, jusqu'à la preuve du contraire.

Joannes Faber, sur la loi *cunctos populos*, & sur la loi première au code *de jur. emphit.* tient cette maxime, & en donne pour raison qu'originairement toutes les terres étoient chargées de cens ou de redevances. *In regno Franciæ omnes terræ, vel quasi, feodales, vel aliis pensionibus, seu censibus affectæ, ità ut possessores quasi omnes sint utiles domini.* Cet auteur vivoit sous le règne de Philippe de Valois, & pour confirmer son avis, il cite *Guillelmus Durandus*, qui vivoit vers l'an 1236.

Boërius, dans ses décisions du parlement de Bordeaux, soutient que c'est une règle certaine que tout est censé tenu & mouvant du seigneur du territoire, *omnia consentur teneri sive moveri à domino territorii. Voyez décis.* 229, 231 & 263.

M. Maynard, *liv.* 4, *chap.* 35, dit en termes formels, que l'on ne peut tenir terre sans seigneur dans le ressort du parlement de Toulouse, & que celui qui prétend que son héritage est tenu en franc-aleu, doit faire apparoître de titre exprès & spécial, autrement qu'il peut y être imposé cens; il ajoute que cette règle est suivie à Toulouse & à Bordeaux, parlemens de droit écrit, & que la présomption de franchise naturelle s'entend proprement des servitudes & des charges réelles & personnelles, mais non pas de reconnoissance & paiement de certains droits envers le seigneur, & encore moins envers le roi.

C'est aussi ce qui est attesté par Graverol dans ses notes sur le premier article du premier chapitre du *Traité des droits seigneuriaux* par la Roche-Flavin, où il dit que *dans la province de Guienne, la maxime nulle terre sans seigneur s'y prend au pied de la lettre.*

Despeisses, en son *Traité des droits seigneuriaux*, *titre*, 2, *n.* 2, dit que *le seigneur qui montre avoir baillé un territoire limité, & que la terre, dont les droits sont demandés est close dans les limites de son territoire; n'est obligé de faire autre preuve de ses droits seigneuriaux; mais qu'en ce cas le tenancier est tenu de reconnoître & payer les droits seigneuriaux, comme les autres circonvoisins, & à proportion de ce qu'il y possède, sinon qu'il fasse apparoir de l'affranchissement de sa terre.*

Socin, en son conseil 86, *liv.* 1, est du même avis; il dit que les seigneurs qui ont de toute ancienneté un territoire limité, ont aussi la directe & la jurisdiction. *Quisquis habet ab antiquo territorium limitatum in dominio directo terrarum, & jurisdictionis earum, est fundatus in utroque, infrà metas ejusdem.*

Bacquet, dans son *Traité des francs-fiefs*, *chap.* 2, *n.* 23 & 24, soutient, comme M. Maynard, que la présomption de la franchise des héritages ne peut être reçue en France, & que quand on dit que tous héritages sont présumés libres, cela s'entend proprement de charges réelles & de service personnel, mais non pas de reconnoissance & paiement de certains droits au seigneur. Il ajoute que quand il n'y a point de titre de franc-aleu, on impose le cens sur les héritages qui se paie au roi, eu égard aux prochaines terres. C'est suivant cette dernière maxime que les arrêts ont adjugé le cens aux seigneurs, tel qu'il se payoit sur les terres circonvoisines. Il cite Balde, *Joannes Andreas & Guillelmus Benedictus*, qui soutiennent,

comme lui, que *omnes fundi censentur teneri, sive moveri à domino territorii in quo siti sunt.*

Coquille, sur la coutume de Nivernois, *chap.* 7, des rentes & hypothèques, *art.* 1 (qui porte que tous héritages sont censés & présumés francs & allodiaux, qui ne montre du contraire), soutient que cet article, lors de l'assemblée des états, ne fut pas passé pour coutume arrêtée; ains sur le contredit, le renvoi en fut fait en la cour de parlement. Il ajoute que puisque ce n'est pas coutume arrêtée en ce pays, il faut savoir quel est le commun droit ancien françois; & après l'avoir expliqué, il finit en ces termes: pourquoi, en concluant, je dis que la présomption est pour les seigneurs, que les héritages de leurs territoires soient tenus d'eux à fief ou à cens, & que c'est la charge du détenteur de prouver qu'ils sont allodiaux.

Basnage, sur l'article 102 de la coutume de Normandie, dit que dans les coutumes qui ne disposent point si le titre est nécessaire de la part du seigneur féodal ou du propriétaire du franc-aleu, le seigneur qui a un territoire universel & continu, a pour lui la présomption du droit, & que le propriétaire du franc-aleu est tenu de produire son titre.

Boucheul, sur l'article 52 de la coutume de Poitou, *n.* 26, atteste que dans les coutumes qui n'expriment pas s'il faut titre ou non pour donner lieu au franc-aleu, il n'est point reçu sans titre, de sorte que celui qui prétend tenir son héritage en franc-aleu, est obligé de le prouver par titre, autre que celui qui résulte de sa possession.

Pocquet de Livonnière, sur l'article 140 de la coutume d'Anjou, au mot *Franc-aleu*, demande s'il est présumé tel par l'assertion du vassal, & il répond qu'il faut dire que non; bien au contraire, ajoute-t-il, le vassal est tenu d'en faire la foi & hommage, s'il n'a point de titre qui justifie qu'il ne la doit pas.

M. Louet, *lettre C, som.* 21, regarde comme maximes générales, que nulle terre sans seigneur, & que le cens est imprescriptible; d'où il s'ensuit que la possession ne peut suppléer le titre de la part de celui qui allègue la franchise de son héritage.

Auzanet, sur l'article 124 de la coutume de Paris, établit l'imprescriptibilité du cens comme dérivant de la maxime *nulle terre sans seigneur*; ce n'est donc que par titre & non pas par possession que le franc-aleu peut être justifié.

Brodeau, sur l'article 68 de la coutume de Paris, dit que la présomption n'est jamais pour le franc-aleu, quand le seigneur a le droit d'enclave, & il rapporte plusieurs arrêts desquels il tire la conséquence en ces termes: de sorte que le seigneur n'est point tenu de justifier d'aucun titre, & ne sert de rien au vassal d'alléguer le franc-aleu, s'il n'en fait apparoir par titre, quand même il seroit fondé sur une possession immémoriale, & de plus de cent ans; & dans la nouvelle addition, est rapporté un arrêt qui, conformément au principe, a jugé le 17 mars 1608, que bien que le seigneur ne justifiât d'aucun titre, le détenteur n'avoit pu prescrire le cens, même par cent ans.

Dupleſſis, dans ſon *Traité du franc-aleu, ch. 2,* aſſure qu'*en France, ſi les hommes ſont libres, tous les héritages, au contraire, ſont naturellement ſujets, & que c'eſt une des plus anciennes & certaines règles du droit coutumier, que nulle terre ſans ſeigneur, ce qui fait que pour juſtifier la ſeigneurie & la dépendance des héritages, il ne faut point de titre contre le ſujet, la ſeule ſituation ſuffit; & au contraire, pour prétendre qu'un héritage eſt en franc-aleu, il en faut titre, autrement il ſera réputé naturellement, & de droit commun, tenir du ſeigneur dans le territoire duquel il eſt.* L'auteur ajoute qu'il eſt vrai qu'il y a quelques coutumes en France où cette règle n'eſt point reçue; mais ce qui eſt général, dit-il, c'eſt qu'elle eſt reçue en toutes celles qui ne diſent rien de contraire.

Les arrêtés de M. le premier préſident de Lamoignon renferment un chapitre du *franc-aleu,* & le ſecond arrêté de ce chapitre porte qu'*ès pays de coutumes, le franc-aleu n'a point lieu s'il n'y a titre ou reconnoiſſance, ou autre acte fait avec le ſeigneur.*

La Lande, ſur l'article 255 de la coutume d'Orléans, ſoutient que *dans les coutumes qui n'ont point d'articles qui établiſſent le franc-aleu ſans titre, comme Paris & Orléans, ſi quelqu'un prétend tenir en franc-aleu, il doit le vérifier par titres; & à faute de ce, payer les droits au ſeigneur,* comme les héritages voiſins.

Enfin Argou, dans ſon inſtitution au droit françois, *liv.* 2, *chap.* 3, remarque qu'*il y a trois ſortes de coutumes dans le royaume: les unes qui veulent que tout héritage ſoit réputé franc ſi le ſeigneur ne montre le contraire; dans ces coutumes, il n'eſt pas néceſſaire au propriétaire d'une terre de produire des titres pour montrer qu'elle eſt allodiale, la loi du pays lui ſert de titre; dans d'autres coutumes où le franc-aleu n'eſt point reçu ſans titre particulier, le ſeigneur d'un territoire eſt bien fondé à prétendre que tous les héritages qui y ſont enclavés ſont mouvans de ſon fief, ou en fief ou en cenſive, & ceux qui prétendent que leurs héritages ſont libres en doivent produire les titres. Enfin, dans les coutumes qui n'ont point de diſpoſition particulière ſur le ſujet du franc-aleu, on tenoit autrefois,* dit l'auteur, *que dans ces coutumes c'étoit au ſeigneur à prouver ſa mouvance lorſqu'il n'avoit pas un territoire circonſcrit & limité, dans toute l'étendue qui ſe trouvoit dans ſa mouvance; mais aujourd'hui on tient pour maxime dans tous les pays coutumiers, qu'il n'y a point de terre ſans ſeigneur, & que ceux qui prétendent que leurs terres libres le doivent prouver, à moins que la coutume n'en diſpoſe au contraire.*

Paſſons à une autre queſtion: celle de ſavoir quels ſont dans les coutumes allodiales les titres néceſſaires aux ſeigneurs pour aſſervir les héritages particuliers?

Quelle que ſoit la faveur de la liberté, cependant on n'exige pas, même dans les coutumes les plus allodiales, que le ſeigneur rapporte le titre primitif; des reconnoiſſances émanées des tenanciers ſuffiſent pour aſſujettir les héritages.

Mais attribuera-t-on cette efficacité à une reconnoiſſance unique, ſolitaire? ou bien en faut-il pluſieurs? Quelques auteurs ſe contentent d'une ſeule; d'autres en exigent deux, & même qu'elles aient été rendues à des intervalles aſſez éloignés pour écarter toute ſuſpicion de fraude.

Papon eſt un de ceux qui enſeignent plus particuliérement cette doctrine. « Pour l'établiſſement » d'une cenſive, dit cet auteur, en faveur d'un » ſeigneur qui ne repréſente ni le roi, ni l'égliſe, » il faut des reconnoiſſances géminées, *tom. III,* » *tit.* 9, *ch.* 4 ».

Le plus grand nombre des juriſconſultes a pris un parti moyen, ils n'exigent qu'une ſeule reconnoiſſance; mais ils veulent qu'elle ſoit accompagnée d'adminicules, de préſomptions propres à éloigner les ſoupçons de ſurpriſe & de fraude.

On appelle *adminicules* la mention d'une reconnoiſſance précédente, les énonciations dans les contrats de vente, les manuels de recette, les comptes des receveurs; les enſaiſinemens, toutes les preuves de poſſeſſion, en un mot, tout ce qui établit l'exemption de la reconnoiſſance.

Les auteurs qui exigent qu'une reconnoiſſance unique ſoit accompagnée de ces adminicules, ſont, comme on vient de l'annoncer, en grand nombre, & leur ſuffrage eſt du plus grand poids.

Tout le monde connoît le paſſage de Dumoulin, *niſi eſſent plures confirmationes vel etiam una antiqua cum poſſeſſione vel aliis adminiculis.*

On lit dans les obſervations de Bretonnier ſur Henrys: « je n'ai point vu d'auteur qui ait traité » cette queſtion plus à fonds que M. Taiſand, » ſur la coutume de Bourgogne, *titre des cens,* » *art.* 1, *not.* 9. Après avoir rapporté les autori- » tés de part & d'autre, il conclut que, dans le » duché de Bourgogne, une ſeule reconnoiſſance » n'eſt pas ſuffiſante, à moins qu'elle n'en an- » nonce une précédente, ou qu'elle n'ait été ſui- » vie de paiemens. Il ajoute que la preuve des » paiemens doit être faite par des quittances en » bonne forme, & que les manuels & les comptes » ne ſont pas ſuffiſans pour établir cette preuve. » Il fait mention d'un arrêt rendu au parlement » de Dijon, le 21 mars 1680, qui l'a ainſi » jugé ».

Ces auteurs exigent, comme l'on voit, qu'une reconnoiſſance ſoit accompagnée d'adminicules. Nous adoptons cette opinion; nous la croyons préférable aux deux autres; nous regardons comme trop rigoureuſe pour les ſeigneurs celle qui exige deux reconnoiſſances, & comme trop dure pour les tenanciers celle qui n'en exige qu'une ſeule.

Mais cette loi ſera-t-elle la même dans tous les cas? Faudra-t-il que la reconnoiſſance ſoit accompagnée d'adminicules, non ſeulement contre le tiers-acquéreur, mais contre ceux-mêmes qui ont reconnu ou contre leurs héritiers?

Sur ce point, comme ſur les précédens, les auteurs ſe trouvent encore partagés. Les uns tiennent qu'une feule reconnoiffance lie irrévocable-ment celui qui a reconnu, & fes héritiers ; les autres exigent des adminicules, même contre la re-connoiffance.

C'eft la décifion de Coquille. Il exige reconnoiffance & adminicule, fans diftinguer la qualité de celui auquel on l'oppofe. « Une feule recon-» noiffance, dit-il, ne rend point un héritage cen-» fuel, à moins qu'elle ne foit étayée & fuivie » d'une preftation trentenaire, &c ». Cout. de Nivernois, chap. des rentes, art. 8.

La Thaumaffière s'exprime avec plus de préci-fion encore. Voici fes termes : « fi le feigneur ne » rapporte d'autre titre qu'une fimple reconnoiffan-» ce, elle ne peut charger de cens un héritage » allodial, *quoiqu'elle eût été faite ou par l'auteur de* » *l'acquéreur ou par un des codétenteurs*». Du franc-aleu, *chap.* 23.

Nous regardons cette dernière opinion comme la plus jufte & la mieux fondée en raifon & en principe.

En effet, quels font les motifs de ceux qui exi-gent, les uns deux reconnoiffances, les autres re-connoiffances & adminicules contre les tiers-acqué-reurs, c'eft principalement parce qu'une déclaration foliaire n'eft le plus fouvent que l'effet de l'er-reur, de la furprife, ou de l'afcendant naturel du feigneur fur fes tenanciers. Mais cette préfomption ne milite-t-elle pas également, que l'héritage re-connu foit entre les mains du déclarant, en celles de fes héritiers, ou qu'il appartienne à des tiers-acquéreurs ?

C'eft un principe qu'une reconnoiffance n'eft pas difpofitive, ne transfère aucun droit : *qui confir-mat nihil dat.* C'eft en conféquence de cette maxi-me, qu'on refufe de déférer à l'autorité d'une feule reconnoiffance, *quia recognitio non interponitur animo faciendæ novæ difpofitionis, vel obligationis ; fed folûm animo recognofcendi, & declarandi obliga-tionem jàm fubfiftentem ; unde fimplex titulus novus non eft difpofitorius, fed declaratorius.* Dumoulin, §. 18, gl. 1, 4, 19.

Tel eft encore le motif qui détermine les au-teurs à refufer à une reconnoiffance unique l'au-torité d'un véritable titre contre le tiers-acquéreur ; mais ce motif n'a-t-il pas autant de force en fa-veur du déclarant ou de fes héritiers ? Quel que foit le propriétaire de l'héritage, n'eft-il pas éga-lement vrai de dire que la reconnoiffance n'a rien transféré au feigneur, n'a pas ajouté à fes droits ; que cette reconnoiffance n'eft que déclarative d'un droit que l'on a fuppofé préexiftant ? Dans tous les cas, il faut donc rapporter des preuves ou du moins des préfomptions.

En conféquence, l'on eftime que tous les pro-priétaires des héritages d'un territoire, peuvent fe refufer au paiement du cens, des lods, &c. toutes les fois que le feigneur ne leur oppofera, n'adop-tera à leurs héritages qu'une feule reconnoiffance,

à moins qu'elle ne foit accompagnée d'admini-cules.

Mais que doit-on entendre par adminicules ? regardera-t-on comme tels les anciens titres de la feigneurie, les contrats d'acquifition, les adjudi-cations, les aveux de cette même feigneurie ? Le feigneur pourra-t-il dire : il réfulte clairement de ces différens actes qu'une partie quelconque du territoire eft fous ma directe ? On doit donc pré-fumer que les cens reconnus par telle ou telle re-connoiffance, ne font autre chofe que ceux énon-cés dans les titres antérieurs. Les titres d'une fei-gneurie ne font qu'un tout, c'eft par leur enfemble qu'il faut les juger. Quoique je ne puiffe pas lier les dernières reconnoiffances avec les précéden-tes, il faut cependant les fuppofer identiques.

Nous ne penfons pas que cette manière de voir & de raifonner puiffe être adoptée. Pour que les actes tels qu'ils foient puiffent fervir d'adminicules, pour qu'ils puiffent ajouter à une reconnoiffance l'efficacité qu'elle n'a pas par elle-même, il faut que ces actes foient de la nature de la reconnoif-fance, qu'ils s'identifient avec elle, qu'ils aient comme elle un trait direct à l'objet reconnu.

Cette maxime, qu'il faut que les adminicules s'appliquent directement à l'objet reconnu, fort de la nature des chofes, comme on l'a déjà dit ; elle réfulte en outre de la manière dont les auteurs s'expriment à cet égard, dans l'énumération qu'ils font des actes & des circonftances, que l'on peut regarder comme adminicules en cette matière, on ne trouve ni aveu, ni adjudications de la terre, &c. Cette énumération fe réduit aux actes & moyens qui prouvent l'exécution de la reconnoif-fance. Dunod, *Traité de la main-morte, pag.* 39.

La Thaumaffière & Coquille penfent de même, le premier, dans fon *Traité du franc-aleu, liv.* 1, ch. 23 ; le deuxième, fur l'article 8 du chap. 8 de la coutume de Nivernois. *La fimple reconnoiffance peut afservir un héritage allodial, fi elle eft fuivie de preftation.* Ce font les termes de la Thaumaffière : *nifi ultrà tranfactum fuerit ad actus folutionis, per quos demum recipiens conftituatur in poffeffione juris.* Molin. in confuet. Paris. §. 35, n°. 10.

Quelques auteurs mettent encore au nombre des adminicules la qualité de feigneur du territoire ; mais on fent combien un adminicule de cette efpèce doit être foible. On peut même dire qu'il ne prouve abfo-lument rien : auffi voyons-nous que cette opinion eft réfutée par d'autres jurifconfultes. L'annotateur de Boutaric nous affure *qu'elle a été rejettée, parce que étant de maxime que fief & juftice n'ont rien de com-mun, on a cru que la juftice ne pouvoit être une pré-fomption de la directe.* Not. fur le chap. 1, du *Traité des droits feigneuriaux,* de Boutaric.

Ces principes font confacrés par un arrêt ré-cent, rapporté par le continuateur de Denifart, au mot *Franc-aleu.* Nous avons vérifié l'efpèce & les détails de l'affaire dans le mémoire imprimé pour le feigneur ; ces détails, les voici :

Le ſieur de Megrigny, ſeigneur de Fonvanne, coutume de Troyes, demandoit à la veuve Ecouche, une reconnoiſſance cenſuelle à raiſon de pluſieurs pièces de terres aſſiſes ſur le territoire de Fonvanne : « il n'y a pas, diſoit ſon défenſeur, » un ſeul article de ſa demande qui ne ſoit établi » par une reconnoiſſance tirée de l'un des terriers » de 1560, 1626 & 1655, reconnoiſſances uniques à la vérité pour chaque article de demandes, » mais accompagnée d'une multitude d'actes énonciatifs, & de la preuve que les principaux titres » de la terre de Fonvanne, notamment quatre » gros cenſiers, ont été dévorés par les flammes ».

Les actes énonciatifs du ſeigneur de Fonvanne étoient en effet en grand nombre. On rapporte dans le mémoire, outre les trois terriers ci-deſſus datés, des aveux en date des 4 février 1557, 27 mars 1612, 5 avril 1620 ; des actes de procédure au bailliage de Troyes, des années 1694 & 1704; une ſentence des requêtes du palais, du 16 ſeptembre 1708 ; une ſentence d'adjudication de la terre, du 3 juin 1711 ; des cueillerets annuels de recette, depuis 1574 juſqu'en 1580 ; d'autres depuis 1610 juſqu'en 1645, d'autres encore depuis 1693 juſqu'en 1708. Tous ces titres prouvoient l'exiſtence d'une directe cenſuelle ſur une partie du territoire, directe que le mémoire annonce comme très-conſidérable. Enfin il produiſoit une information du mois de juin 1715, dans laquelle ſix témoins ont dépoſé qu'en l'année 1710, pendant la ſaiſie-réelle de la terre, les habitans de Fonvanne traitèrent avec le ſieur de Villemort, partie ſaiſie pour déchirer & brûler les cenſiers de cette terre ; que le traité ayant été conclu, quatre gros cenſiers & pluſieurs autres titres furent déchirés & portés dans la garenne Dupleſſis Fonvanne, pour être conſumés par les flammes, & que c'étoit un feu de joie autour duquel les habitans danſoient & chantoient, en diſant : voilà pour nos grands-pères & grands-mères.

Il étoit ſans doute difficile de réunir un plus grand nombre d'adminicules ; mais aucun ne s'appliquoit directement aux héritages ſur leſquels le ſeigneur réclamoit le cens. Il en étoit réduit à l'égard de ces héritages, à une reconnoiſſance unique. En conſéquence l'arrêt l'a débouté de ſa prétention.

Nous allons examiner encore une queſtion. Regardera-t-on comme allodial, ou bien comme tenu en fief, un domaine que le ſeigneur poſſède dans la circonſcription de ſa ſeigneurie, mais qui ne ſe trouve dans aucun de ſes dénombremens ? le ſeigneur dominant pourra-t-il exiger les droits de mutation ſur ce domaine ? pourra-t-il exiger qu'il ſoit dorénavant reporté dans les aveux du fief ?

Dans une coutume ſoumiſe à la maxime, nulle terre ſans ſeigneur, cette queſtion n'en fait pas une ; mais nous ſuppoſons qu'elle s'élève dans une coutume allodiale.

Le ſeigneur dominant ne peut-il pas dire : ce fief

relève de moi ; ce n'eſt donc pas la loi du franc-aleu qui le régit ; tout ce qui appartient à mon vaſſal dans l'enclave de ce même fief, eſt donc ſous ma dominité.

Ce raiſonnement ſembleroit déciſif, ſi la qualité de vaſſal, à raiſon de tel fief, étant établie par des preſtations de foi & hommage, il n'exiſtoit aucuns aveux & dénombremens, par leſquels la conſiſtance du fief fût déterminée : on feroit alors fondé à dire qu'on doit préſumer féodal, tout ce qui appartient au ſeigneur ; que ſa qualité conduit à cette préſomption, & que rien ne la détruit. Cette règle eſt écrite dans Maſuer, (titre de judicibus) omnia quæ ſunt in territorio, ſeu diſtrictu alicujus domini cenſentur de ſuo feudo. La même maxime eſt atteſtée par Dumoulin, art. premier de l'ancienne coutume, gloſe 5, n. 61. Ce juriſconſulte poſe pour principe, que, lorſque les terres dont le ſeigneur a la propriété lui appartiennent au même titre que le château, & ne forment avec lui qu'un tout, un ſeul corps de propriété ; il faut préſumer que tout eſt féodal. Debet attendi an territorium & juriſdictio ſint de pertinentiis caſtri, & eodem jure & titulo teneantur ſimul, & tunc cenſetur tota recognita.

Mais ces autorités ne peuvent s'appliquer au cas où l'on rapporte des aveux & dénombremens qui énoncent pluſieurs dépendances des fiefs poſſédés par le vaſſal, mais qui n'expriment point tel ou tel domaine dont il eſt propriétaire. Par quelle loi ces héritages ſeront-ils gouvernés ? Sera-ce par la loi générale de l'allodialité, écrite dans la coutume, & en conſéquence ces héritages ſeront-ils réputés allodiaux ? ou bien faudra-t-il les préſumer féodaux, quoique les titres deſtinés par leur nature à préſenter la connoiſſance exacte des fiefs, ne les énoncent pas ? Voilà le vrai point de la difficulté.

Il eſt inconteſtable que les titres dérogent à la liberté générale, établiſſant une loi particulière pour chaque ſeigneurie ; mais leur efficacité eſt limitée aux objets qui y ſont déclarés. Doit-on l'étendre à des héritages dont ils ne font aucune mention, & qui ſemblent conſerver la qualité allodiale que la loi de la province leur imprime, par cela ſeul qu'ils ne ſont point nommés dans les titres particuliers qui pourroient former l'exception ? Si, comme on l'a déjà remarqué, la vaſſalité n'étoit prouvée que par des actes de foi & hommage, & ſi on ne repréſentoit point de dénombremens ; ce ſeroit le cas de dire que la qualité de vaſſal étant conſtante, il eſt préſumé tenir en fief ce qu'il poſsède, s'il n'en juſtifie pas la franchiſe.

Mais dans l'eſpèce que nous examinons, le vaſſal n'eſt-il pas autoriſé à répondre, que l'exception & la liberté dont on jouit dans la coutume, doivent être renfermées dans les bornes preſcrites par les titres, & qu'en conſéquence, les domaines qu'ils n'énoncent pas ſont réputés allodiaux ? Il eſt poſſible d'ailleurs que ſoit avant, ſoit depuis les aveux repréſentés de la part du ſeigneur, le

FRA

vaffal ait acquis des terres tenues en *franc-aleu*, relativement auxquelles il eft exempt des devoirs féodaux. Seroit-il jufte de les y foumettre en vertu d'une préfomption de féodalité, dans une coutume où la liberté eft préfumée, toutes les fois qu'on ne rapporte aucun titre qui y déroge ? Une pareille prétention femble bleffer les principes.

Telle eft donc la difficulté que fait naître le défaut de mention de tel ou tel domaine dans les aveux du vaffal. Elle préfente une efpèce de combat entre deux préfomptions. Le feigneur dit : ma qualité de feigneur, conftante & juftifiée, eft une dérogation manifefte à la loi de l'allodialité ; donc toutes les propriétés de mon vaffal, prouvées telles, doivent être réputées féodales. Le vaffal répond : les droits du feigneur ne frappent que fur les objets mentionnés dans les titres de la feigneurie ; donc tout ce qui n'y eft pas exprimé, eft réputé allodial ; & pour établir cette préfomption, je n'ai d'autre titre à produire que la coutume même, fous l'empire de laquelle je vis, & qui déclare les héritages libres.

Dans cette pofition, ne pourroit on pas concilier, autant qu'il eft poffible, les droits refpectifs du feigneur & du vaffal, par la diftinction fuivante : ou tous les héritages du territoire appartenans au feigneur, & qui ne font pas nommés dans les dénombremens, font tenus de lui en cenfive ; ou la plus grande partie de ces terres eft poffédée en aleu. Dans le premier cas, on doit réputer féodales toutes les propriétés du feigneur, quoiqu'elles ne foient pas énoncées dans les aveux qu'il a rendus, parce que l'univerfalité du territoire ayant reçu l'impreffion de la fervitude féodale, il y a lieu de préfumer que ces héritages font foumis à la loi de la féodalité. En effet, ils n'ont pu être donnés en cenfive que parce qu'ils ont été poffédés à titre de fief ; d'où il réfulte que leur état actuel prouve leur état originaire & primitif, & par conféquent qu'il faut les confidérer comme faifant partie du fief, quoiqu'ils ne foient pas défignés dans les dénombremens. Dans le fecond cas, fi les héritages du territoire appartenant au feigneur ne font pour le tout, ni pour partie, chargés d'aucune cenfive envers lui, on doit réputer allodial tout ce qu'il n'a pas fpécialement exprimé dans les aveux qu'il a préfentés. (*Cet article eft de M.* HENRION, *avocat au parlement.*)

FRANC-ARGENT : cette expreffion ufitée dans la châtellenie de Montereau, reffort de Meaux, fignifie la même chofe que *francs-deniers*. L'une & l'autre expriment une claufe appofée dans le contrat de vente d'un fief ou d'une roture dont l'effet eft d'opérer en faveur du vendeur la franchife des droits dus au feigneur pour la mutation du propriétaire, & de charger l'acquéreur feul du paiement de ces mêmes droits.

Cette claufe eft ufitée dans les coutumes de Meaux, Melun, Troyes & autres femblables, dans lefquelles le vendeur eft tenu de payer les droits

Jurifprudence. Tome IV.

FRA 617

feigneuriaux ; mais lorfqu'il eft convenu que la vente fe fait à *franc-argent* ou à francs-deniers pour lui, le prix ftipulé doit lui être payé en entier, & l'acquéreur eft tenu en outre de l'acquitter des lods & ventes, qu'autrement il auroit été obligé de payer fur les deniers de la vente.

FRANC-BATIR. On donne quelquefois ce nom au droit dont jouiffent quelques communautés, de prendre du bois dans une forêt pour l'entretien & le rétabliffement de leurs bâtimens. On ne peut en ufer que pour les bâtimens qui étoient déjà conftruits ou qui devoient l'être, lors de la conceffion qui en a été faite. Il ne s'étend point aux autres bâtimens que l'on peut conftruire dans la fuite. *Voyez* USAGE. (*A*)

FRANC-BOURGAGE, en Normandie, eft une efpèce de franchife originairement accordée, pour attirer des habitans dans les villes & bourgs ; une efpèce de franc-aleu mitigé, une tenure privilégiée, qui emporte de plein-droit & par la force de la coutume l'exemption de relief & de treizième. *Voyez* BOURGAGE.

Le propriétaire ou poffeffeur d'un héritage tenu en *franc-bourgage*, eft obligé de comparoître aux plaids & gages-pleiges ; cette tenure eft fujette à la commife en cas de défaveu, ainfi qu'aux droits de confifcation, deshérence & bâtardife, quand le cas y échéoit. Celui qui poffède en *franc-bourgage* dans la mouvance du roi eft fujet à la loi de l'enfaifinement, pour en conferver la trace, & pour faciliter la perception des droits qui peuvent être dus au roi.

FRANC-BOURGEOIS, *franche-bourgeoife*, (*Droit féod.*) le mot *bourgeoifie* a plufieurs acceptions ; dans celle relative à la queftion qui nous occupe, on le définit, *le droit accordé aux habitans d'un lieu ou à ceux qui leur étoient affociés, de jouir, à certaines conditions, de privilèges communs* (Ordonnances du Louvre, préface du *tome XII*, *page 3*). Cette définition eft de M. de Bréquigny, celui de tous les modernes qui a jetté le plus de lumière fur cette partie de notre ancien droit féodal.

La France étoit couverte de main-mortables. Il y avoit cependant des hommes libres ; mais écrafés fous le régime féodal, leur condition ne différoit guère de la fervitude. Sans loix écrites, la volonté du feigneur étoit tout à la fois la règle des jugemens & la mefure des redevances féodales. Par un trait de la plus habile politique, nos rois, vers le douzième fiècle, briférent ce joug odieux, & donnèrent aux habitans des bourgs de leurs domaines, moyennant une redevance modérée, des privilèges très-étendus. On nommoit *droit de bourgeoifie*, & la participation aux privilèges, & la redevance qui en étoit le prix.

Dès qu'il y eut des afyles où l'on pût refpirer en liberté, chacun s'empreffa de s'y refugier, & les feigneuries du domaine fe peuplèrent aux dépens des feigneuries particulières.

Le fuccès de cette première innovation en fit imaginer une feconde. Jufqu'alors Hugues Capet

IIii

& fes fucceffeurs n'avoient agi fur leurs vaffaux que comme dominans, n'avoient exercé fur les feigneurs que la puiffance féodale. Dans le treizième fiècle, on crut pouvoir faire un pas encore, pouvoir joindre la fouveraineté à la fuzeraineté ; & les rois, de leur autorité fouveraine, établirent que pour participer aux privilèges de tel ou tel bourg, il ne feroit plus néceffaire d'y tranfporter fon domicile, qu'il fuffiroit de fe faire agréger au corps de la bourgeoifie, & d'en partager les charges. Par cette fimple agrégation, on devenoit homme du roi, bourgeois du roi, & foumis exclufivement à la juftice royale pour tous les cas perfonnels.

Cette deuxième innovation introduifit deux fortes de bourgeoifies, & deux ordres de bourgeois, la bourgeoifie réelle & la bourgeoifie perfonnelle ; les bourgeois du dedans & les bourgeois du dehors ou forains. La bourgeoifie réelle attachée au territoire, fe communiquoit à ceux qui étoient domiciliés dans le bourg, & paffoit des pères aux enfans. La bourgeoifie perfonnelle, indépendante du domicile, s'acquéroit par agrégation ; ou, comme l'on parloit alors, *par fimple aveu*.

Cette bourgeoifie perfonnelle portoit à la jouiffance des feigneurs le coup le plus fenfible ; des réclamations fe firent entendre de toutes parts. Philippe-le-bel étoit trop adroit pour ne pas paroître y déférer ; en conféquence, il donna le fameux réglement de 1287 : ce réglement, fait, comme le dit le préambule, *ad tollendum fraudes & malitias*, porte que ceux qui déformais voudront fe faire agréger à un corps de bourgeoifie, feront tenus d'acheter dans le bourg une maifon *valant au moins foixante fols, & d'y refter depuis la veille de la Touffaint jufqu'à la veille de la S. Jean*.

Ces précautions diffipèrent les inquiétudes des feigneurs, mais la manière dont le réglement fut exécuté, les fit bientôt renaître. Dès l'an 1315, les nobles de Champagne fe plaignirent à Louis X, *qu'ils étoient grevés & dommagiés pour caufe de bourgeoifies qui n'ont mie été gardées fuivant les ordonnances*, Bruffel.

Tout le temps que les feigneurs eurent une puiffance capable d'en impofer, leurs plaintes furent écoutées. Le réglement de 1287 fut renouvellé plufieurs fois. L'exécution en fut ordonnée en 1302, 1315 & 1376, ce qui prouve qu'il fut toujours très-mal exécuté.

Enfin, lorfque la puiffance royale eut repris l'afcendant qu'elle n'auroit jamais dû perdre, on n'eut plus d'égard aux remontrances des feigneurs ; il ne fut plus queftion de domicile dans le lieu de la bourgeoifie pour devenir bourgeois, & l'on rétablit l'ancien ufage d'acquérir cette prérogative *par fimple aveu*.

Tel étoit l'état des chofes lors de la rédaction des coutumes, pendant le cours du feizième fiècle ; pour partager les privilèges de la bourgeoifie royale, pour fe fouftraire à la juftice de fon fei-

gneur naturel, il fuffifoit de *s'avouer bourgeois du roi par fimple aveu*. On peut confulter fur ce point les coutumes d'Auxerre, Troyes & Vitry.

Voilà l'origine & le progrès du droit de bourgeoifie. Quant à fes effets, il y a une diftinction à faire. La bourgeoifie réelle avoit une double influence ; elle donnoit à la perfonne du bourgeois plufieurs privilèges, & pour l'ordinaire, affranchiffoit fes immeubles d'une partie des charges dont il étoit grevé.

La bourgeoifie perfonnelle n'avoit pas, à beaucoup près, autant d'efficacité ; tout fon effet fe réduifoit à rendre jufticiable des juges royaux, l'habitant d'une feigneurie particulière qui s'avouoit bourgeois du roi : mais ce privilège étranger à fes propriétés ne les affranchiffoit ni du cens, ni d'aucune preftation foncière, & même il demeuroit jufticiable du feigneur territorial dans toutes les affaires réelles.

Nous difons que la bourgeoifie perfonnelle étoit fans influence fur les propriétés du bourgeois, & que tout fon effet fe réduifoit à le foumettre à la jurifdiction royale pour les caufes perfonnelles. Ces deux affertions font juftifiées par des monumens auffi nombreux que folemnels. La deuxième eft écrite dans le réglement de 1283 ; la première eft prouvée par les chartres de bourgeoifie qui finiffent prefque toutes par cette claufe, *fauf les droits du feigneur*.

« En concédant les bourgeoifies, dit M. de
» Bréquigny, *loc. citato*, nos rois refpectoient tou-
» jours les propriétés des fujets. De-là cette claufe
» ordinaire des conceffions, fauf les droits des
» feigneurs, fauf les droits des clercs, des fei-
» gneurs de fief & des ingénus : cet efprit de
» juftice qui s'accordoit avec la politique, caracté-
» rifa le gouvernement de Hugues Capet, dont
» il affermit le trône, & le principe adopté par
» fes defcendans qui ne s'en font jamais écartés,
» éternifa leur puiffance. On le retrouve dans la
» formule toujours employée par nos rois, lorf-
» qu'ils font quelques conceffions, fauf notre droit
» en autre chofe & celui d'autrui en toutes ».
(*Article de M.* HENRION, *avocat au parlement.*)

FRANC-DEVOIR, f. m. Les tenures à *franc-devoir*, très-communes autrefois, font aujourd'hui peu connues. Il paroît qu'elles étoient déjà fort rares, lors de la rédaction des coutumes. Nous n'en avons que très-peu qui s'en foient occupées ; encore n'en parlent-elles que très-laconiquement. Pour bien connoître la nature de cette efpèce de tenure, il faut donc fe reporter à des temps affez reculés.

Tous les auteurs font d'accord que l'établiffement des tenures *franc-devoir* remonte au temps des croifades. Effectivement on n'en voit aucune trace avant cette fameufe époque, & depuis il en eft queftion dans prefque tous les monumens du moyen âge.

Les roturiers, jufqu'alors avilis fous le defpotifme féodal, commencèrent à refpirer. Le commerce qui étoit disparu avec la liberté, renaquit avec elle ; des sources de richesses s'ouvrirent de toutes parts ; les nobles dédaignant d'y puiser, elles coulèrent toutes dans les mains des roturiers, & bientôt ces hommes que la force & la misère tenoient depuis si long-temps dans l'abjection, se trouvèrent les maîtres de tout le numéraire du royaume. Tel étoit l'état des choses, lorsque les deux plus cruels ennemis de l'espèce humaine, la superstition & le goût des conquêtes, frappèrent les esprits de cette espèce de vertige qui transporta l'Europe en Asie. La noblesse en fut sur-tout affectée ; mais dépourvue d'argent, parce qu'avec tous les moyens de dissiper, elle dédaignoit ceux d'acquérir, elle se vit obligée d'aliéner ses terres.

Les moines & les roturiers se présentèrent pour acquérir ; les premiers promirent des prières & des vœux ; les autres, riches par le commerce, donnèrent de l'argent.

L'usage avoit jusqu'alors concentré les propriétés féodales dans les mains des seuls nobles. On s'en écarta : dans la nécessité de vendre, il falloit bien rendre les propriétaires de l'argent capables d'acquérir.

Mais tous les propriétaires de fiefs étoient strictement obligés de suivre leur seigneur à la guerre ; & comment concilier le commerce avec le service militaire ? On imagina un expédient qui fut d'autant mieux accueilli, que la noblesse y trouvoit un moyen de se procurer de l'argent.

Le propriétaire avoit vendu le fief ; le dominant vendoit la remise des devoirs féodaux, moyennant une somme convenue ; le roturier étoit affranchi du service militaire, & même de l'hommage. Cependant, pour conserver un témoin de la dépendance féodale, on substituoit aux devoirs supprimés une prestation pécuniaire, à laquelle on convint de donner la dénomination de *franc-devoir*. Ce devoir fut appelé *franc*, non, comme le prétendent quelques auteurs, parce qu'il portoit sur un tenement noble ; (dans ce point de vue, on l'eût appelé *devoir noble* ou *féodal*) ; mais parce qu'il représentoit des charges beaucoup plus onéreuses, & pour rappeler à perpétuité l'affranchissement originaire.

Cette première innovation donna l'idée d'une seconde, qui fut également bien accueillie, parce qu'elle ouvroit aux nobles une nouvelle source de richesses.

Alors les terres des campagnes étoient grevées d'une multitude de charges dont l'énumération seule est effrayante ; charges d'autant plus onéreuses qu'elles affectoient l'indépendance de la personne. De ce nombre étoient les corvées, les bannalités, une multitude d'autres obligations désignées par les anciens auteurs sous la dénomination de *vilains services*.

Les roturiers, hors d'état d'acquérir des fiefs, qui cependant jouissoient d'une aisance honnête, voulurent au moins s'affranchir des servitudes auxquelles ils étoient assujettis. Ils en proposèrent le

rachat aux seigneurs : on se modela, dans cet arrangement, sur ce qui se pratiquoit pour les fiefs. On convertit les servitudes & les charges dont l'affranchissement étoit convenu, en une modique prestation annuelle, à laquelle on donna pareillement la dénomination de *franc-devoir*.

Cette qualification. étoit également juste dans les deux cas, puisque dans l'un comme dans l'autre, la prestation réservée tenoit lieu des anciennes charges dont la glèbe étoit affranchie.

Mais si cette prestation représentoit les devoirs originaires, elle en conservoit la nature ; c'est l'effet naturel de la règle *subrogatum sapit naturam subrogati*.

Il y avoit donc nécessairement deux espèces de *francs-devoirs*, l'un noble, l'autre roturier ; le *franc-devoir* subrogé à l'hommage étoit noble ; le *franc-devoir* subrogé à des cens, à des corvées, à des bannalités, étoit roturier.

Ainsi pensoient les anciens commentateurs de la coutume de Poitou. L'opinion de ces jurisconsultes, transmise d'âge en âge, est consignée dans le commentaire de Constant. Nous y voyons la question décidée non seulement par cet auteur, mais par tous les consultans d'alors. Le cens dont le domaine de Boisrobert étoit grevé, avoit été abonné à deux sols de *franc-devoir*. Le propriétaire prétendoit que son domaine étoit noble, par cela seul que la prestation à laquelle il étoit assujetti portoit la qualification de *franc-devoir* ; en un mot, que l'imposition d'un *franc-devoir* emportoit nécessairement l'inféodation de l'héritage. Constant & tous les autres consultans du barreau de Poitiers, réunis pour prononcer sur cette question, répondirent négativement : *à consulentibus nostris responsum fuit dictum locum de Boisrobert nobilem non esse.* Le motif de cette décision, c'est que *hæc verba de franc-devoir non important hommagium.* Pour décider si un domaine tenu à *franc-devoir* est noble ou roturier, il faut, ajoute notre auteur, se déterminer par la nature du domaine ; s'il étoit noble avant l'abonnement, le *franc-devoir* est noble ; il est roturier, si ce domaine n'étoit qu'une simple roture ; & *ita fuit responsum in consulendo*, sur l'article 99 de la coutume de Poitou.

Ces principes se sont conservés sans altération jusqu'à nos jours. Nous les retrouvons dans les écrits de Boucheul, le dernier des commentateurs de la coutume de Poitou. « Le *franc-devoir*, dit » cet auteur, *denotat nobile prædium* ; ce qu'il faut » entendre, selon que M. Pallu l'a expliqué, sur » la coutume de Tours, quand l'héritage a été au- » trefois hommagé, & que l'hommage a été chan- » gé en devoir, *non quand l'héritage roturier est* » *donné à franc-devoir, auquel cas l'héritage n'étant* » *pas noble de soi, cette concession ne lui imprime* » *pas la qualité de noble.* Sur l'article 280 de la coutume de Poitou, n°. 41.

Ainsi par lui-même le *franc-devoir* n'est ni noble, ni roturier ; c'est de la nature des charges auxquelles il eft fubrogé, qu'il reçoit l'une ou l'autre de ces deux qualifications. Telle eft l'opinion des jurifconfultes anciens & modernes. Cependant cette décifion, que le *franc-devoir* eft indifféremment noble ou roturier, n'eft pas tout-à-fait fans difficulté.

La coutume de Loudun & celle de Touraine contiennent des difpofitions qui peuvent donner une idée différente de la nature & de la qualité du *franc-devoir*.

« *Franc-devoir* (dit celle de Loudun, art. 21), » ne doit rachapt, & eft à entendre *franc-devoir*, » lorfque l'hommage eft mué en devoir, ou lorf- » que le feigneur de fief donne un domaine rotu- » rier pour être tenu à *franc-devoir* ».

L'article 145 de la coutume de Touraine eft conçu abfolument dans les mêmes termes que l'article 21 de celle de Loudun.

Pallu, fur cette dernière coutume, obferve que tout *franc-devoir* eft noble, *denotat nobile prædium*. Le Prouft, fur celle de Loudun, dit, comme Pallu, que tout *franc-devoir* eft noble, & qu'il ré- pugne qu'on puiffe dire qu'un héritage roturier foit tenu à *franc-devoir*.

Ce devoir eft appelé *franc*, parce qu'il repré- fente l'hommage, ou plutôt parce qu'il eft l'hom- mage même.

Les coutumes que nous venons d'indiquer di- fent encore *que le franc-devoir ne doit rachat*, & qu'il fe partage noblement, même entre roturiers, lorfqu'il eft parvenu *à la quarte mutation*.

On peut donc foutenir au moins que, dans quelques coutumes, le *franc-devoir* eft toujours noble.

Quoi qu'il en foit, le principe univerfel en cette matière, eft qu'il faut fuivre l'abonnement, c'eft- à-dire, que le feigneur ne peut exiger pour le *franc-devoir*, que ce qui eft expreffément réfervé. Ce principe eft auffi ancien que les abonnemens de fief, qui remontent, comme nous venons de le dire, à des temps très-reculés. On le trouve configné dans les coutumes de Beauvoifis par Beau- manoir. « Ils font aucuns fiefs que l'on appelle » *fiefs abrégés*; quand l'on eft femons pour fer- » vir de tels fiefs, on doit offrir à fon feigneur » ce qui eft dû pour raifon de l'abrégement, ne » autre chofe li fire ne peut demander, fe li abré- » gement eft connu & prouvé ». *Chap. 26.*

On retrouve le même principe dans la coutume de Chartres, & dans les notes de M. de Laurière fur les inftitutes de Loifel : « quand des fiefs ont » été abonnés, dit cet auteur, la règle eft qu'il » faut fuivre l'abonnement ». La coutume de Char- tres n'eft pas moins précife : « fi le fief eft abon- » né, on doit fe régler fur l'abonnement ». *Art. 16.* (*Cet article eft de M. HENRION, avocat au parlement.*)

FRANC-FIEF, (*Droit de*) taxe ou finance, que la loi exige des roturiers qui poffèdent des fiefs ou biens nobles.

Ceux qui aiment à remonter aux fources, liront fans doute avec plaifir, quelques obfervations fur l'époque & les motifs de l'établiffement de ce droit.

A l'égard des motifs, tous les auteurs fe réu- niffent pour en affigner deux à cet établiffement. 1°. L'incapacité naturelle aux roturiers pour porter les armes : 2°. leur inaptitude à poffeder les fiefs. Ces auteurs fe trompent ; il eft impoffible que le droit de *franc-fief* doive fon origine à l'un ou à l'autre de ces motifs.

En effet, fur quoi peut être fondée l'incapacité des roturiers pour le fervice des armes ? n'ont-ils pas donné mille fois des preuves du contraire ? ces grandes armées qui s'affembloient avant les croi- fades, pendant & depuis ces mêmes croifades, étoient-elles toutes compofées de nobles, fans au- cun mélange de ce qu'on appelle *roturiers* ? on voit au contraire que les cités entretenoient, non-feu- lement du temps des Romains, mais auffi fous nos rois de la première & de la feconde race, des mi- lices levées parmi le peuple, toujours en armes, qui fervoient utilement leurs fouverains dans leurs guerres : alors on ne connoiffoit pas la nobleffe, & tous les habitans fe divifoient en libres, en affranchis & en ferfs. Il eft vrai que ces milices cefferent au moment de l'ufurpation, mais elles furent rétablies fous les règnes de Louis-le-Gros & de Philippe Augufte ; les ferfs même fervoient à la guerre : à la bataille de Bouvines, gagnée par le même Philippe Augufte, en 1214, trois cens cavaliers armés, qui étoient ferfs de l'abbaye de S. Médard de Soiffons, enfoncèrent un gros de nobleffe Flamande. Si l'on mettoit les armes dans les mains des ferfs, à plus forte raifon devoient- elles être en celles des roturiers, qui étoient des hommes nés libres.

A l'égard de la prétendue incapacité des rotu- riers de poffeder des fiefs, pour fe convaincre combien cette opinion eft erronée, il ne faut que jetter les yeux fur le chapitre 48 des coutumes de Beauvoifis, par Beaumanoir, qui écrivoit vers l'an 1282.

Cet auteur indique les différentes circonftances dans lefquelles les roturiers peuvent poffeder des fiefs.

Le premier cas eft celui où ils étoient en pof- feffion de ces fiefs, avant les établiffemens de S. Louis.

Le deuxième cas, remarqué par l'auteur, eft celui où le roturier époufe une femme noble, qui tient un fief de fon héritage, ou qui le recueille pen- dant le mariage ; leurs enfans fuccéderont à ces fiefs, quoique la nobleffe ne s'acquière que par le père. A ce fujet, Beaumanoir remarque que, « li » *francs-fiefs* franchiffent la perfonne, qui eft de » poëte ; en tant comme il eft couchant & levant, » il ufe de la franchife du fief ».

Le troifième cas, eft celui où le roturier, qui a époufé une femme noble, vient à retraire lignagèrement un fief vendu par un parent de la ligne de fa femme ; alors s'il y a des enfans du mariage, ils peuvent eux-mêmes retraire la nioitié apparte-nante à leur père, à titre de conquêt.

Le quatrième cas, eſt celui où le roturier vient à recueillir un fief par droit de ſuccession, le ro-turier étant capable d'y ſuccéder, ſoit que le parent auquel il ſuccède, ſoit gentilhomme ou roturier. Voici comment Beaumanoir explique ce cas im-portant : « la quarte reſon comment li homme de » poëte peut tenir fief, ſi eſt quand il échoit de » côté comme au plus prochain, tout fut. il ain-» ſint que chil de qui il échiet fut gentilhomme ou » homme de poëte, car l'intention de l'établiſſement » n'eſt pas que nus en perde ſon droit d'héritage, » qui li doit venir par reſon de lignage, ainchois » eſt pour cheque il ne ſoit ſouffert qu'ils ne s'y » accroiſſent par achat ne par échange ».

Enfin le cinquième cas, eſt celui où le roturier a la garde ou bail de mineurs qui ſont propriétaires de fiefs.

A la vue de ces faits, de ces anciens monu-mens, il faut abſolument reconnoître que le droit de franc-fief n'eſt pas le prix de la permiſſion ac-cordée aux roturiers de poſſéder des fiefs ; ils n'avoient pas beſoin de cette permiſſion, puiſqu'il n'a jamais exiſté de loix généralement prohibitives à cet égard. Cette prohibition, ſuivant les auteurs, auroit eu pour cauſe leur inaptitude au ſervice mi-litaire, & dans tous les temps nous les voyons figurer dans les armées avec la plus grande diſtinc-tion. Les Huns, les Vandales, les Francs, ne con-noiſſoient pas même la dénomination de noble ; cependant ils ont détruit le plus formidable des empires. Et de nos jours, n'avons-nous pas vu des eſclaves, transportés des côtes de Guinée dans nos iſles d'Amérique, accabler la nobleſſe du poids de leurs fers ? la valeur n'eſt donc pas l'attribut ex-cluſif des nobles ; que faut-il donc de plus pour être propre au ſervice militaire, ſi l'on y joint l'obéiſſance aux ordres de celui qui commande ? & cette obéiſſance ne doit-elle pas moins coûter à un modeſte roturier qu'à un gentilhomme, qui, le plus ſouvent, a la prétention de commander lui-même ?

Attribuer, comme on le fait communément, l'origine du droit de franc-fief à ces deux motifs, l'inaptitude à ſervir en guerre, & à poſſéder des fiefs, c'eſt donc choquer tout-à-la-fois les monu-mens de l'hiſtoire & de la légiſlation, & faire d'un droit légitime un acte du pouvoir arbitraire.

Quelle eſt donc enfin l'origine de ce droit au-jourd'hui ſi connu, ſi univerſellement établi ? pour le bien connoître cette origine, il faut remonter aux principes de la matière féodale, & aux or-donnances promulguées ſur cet objet, pendant le cours des treizième & quatorzième ſiècles.

Les croiſades, comme perſonne ne l'ignore, occaſionnèrent un mouvement extraordinaire dans la circulation des propriétés. Les nobles, qui poſſé-

doient la majeure partie des fiefs, les aliénèrent pour ſubvenir aux frais de ces expéditions auſſi rui-neuſes que ridicules. Les négocians alors, comme dans tous les temps & dans tous les lieux, pro-priétaires de l'argent monnoyé, ſe trouvèrent preſ-que les ſeuls en état d'acquérir ; & ils achetèrent en effet une très-grande partie de ces fiefs. Mais ces propriétés étoient grevées de l'obligation de ſuivre le ſeigneur à la guerre, & cette charge réelle & foncière, ſuivoit entre les mains de tous les propriétaires, quelle fût leur condition. Ceux des négocians, acquéreurs de fiefs, qui eurent le bon ſens de préférer une profeſſion auſſi utile qu'honorable, au ſtérile & dangereux honneur de ſuivre les ſeigneurs dans des expéditions preſque toujours auſſi futiles qu'injuſtes, imaginèrent de compoſer & d'acheter à prix d'argent la libération du ſervice militaire, & de toutes les charges féo-dales relatives au même ſervice. Les ſeigneurs, à qui le goût des armes n'ôtoit pas l'amour de l'ar-gent, puiſèrent avec avidité dans cette nouvelle ſource de richeſſe, & l'on vit alors une grande quantité de ces ſortes de compoſitions.

Mais en éteignant les charges du fief ſervant, ces compoſitions diminuoient par contre-coup, la valeur du fief dominant ; & par une conſéquence néceſſaire, portoient leur influence juſques ſur le ſuzerain, & préjudicioient de même à tous les fiefs ſupérieurs, en remontant, par une progreſſion gra-duelle, juſqu'au domaine de la couronne, dernier terme de la féodalité.

A la même époque, le même deſir de ſe pro-curer de l'argent, détermina pareillement les ſei-gneurs à vendre la liberté aux ſerfs de leurs terres, & aux eccléſiaſtiques qui acquéroient dans leur mouvance l'affranchiſſement des devoirs féodaux ; cet affranchiſſement ſe nommoit amortiſſement.

Ces innovations, cette triple dérogation aux loix féodales, fit ſentir aux ſeigneurs ſupérieurs, & no-tamment au roi, la néceſſité de ſurveiller la con-duite de leurs vaſſaux. En conſéquence, on établit la juriſprudence des abrégemens de fief : comme le droit de franc-fief ſort de cette juriſprudence, il faut s'y arrêter un inſtant.

Soit que l'affranchiſſement des ſerfs fût plus com-mun, ſoit qu'il fût regardé comme plus préjudi-ciable aux ſeigneurs ſupérieurs, ce fut d'abord à cette innovation qu'ils commencèrent à remédier.

Comme on portoit le ſerf dans les aveux & dé-nombremens, & que ſuivant les expreſſions de la coutume de Vitry, tels hommes & femmes étoient cenſés & réputés du pied & partie de la terre, leur affranchiſſement diminuoit la valeur du fief, & par une conſéquence néceſſaire, préjudicioit au ſei-gneur dominant. Mais la condition d'un ſeigneur ne peut pas être détériorée par le fait de ſon vaſſal. Delà cette maxime conſignée dans les établiſſemens de S. Louis : nus vavaſſor ne gentishomme ne peut franchir ſon home-de-cors, ſans l'aſſentement au baron.

Si le vaffal, au mépris de cette prohibition, affranchiffoit un ferf, il encouroit l'amende de 60 livres, & en outre, il fe faifoit, ce que nous voyons encore aujourd'hui toutes les fois qu'il y a démembrement de fief, une dévolution de la mouvance fur la partie démembrée, au profit du feigneur dominant; enforte que le ferf affranchi par fon feigneur immédiat, retomboit dans la fervitude du feigneur fupérieur. Il falloit donc, pour acquérir une entière liberté, que le ferf achetât ou obtînt l'affranchiffement de tous les feigneurs médiats, en remontant jufqu'au roi; il falloit *qu'il fît confirmer leur franchife par leurs fouverains de qui leur fire tient.* Ce font les termes de Beaumanoir, en fes coutumes de Beauvoifis, chap. 45.

Mais la libération des droits féodaux portoit au dominant le même préjudice que l'affranchiffement des ferfs; en effet, toutes les fois qu'un feigneur vendoit à un roturier l'exemption des fervices féodaux; il s'opéroit, de même que dans le cas précédent, une extinction de portion de fief; & par conféquent, la feigneurie étoit démembrée.

Ainfi, comme les ferfs de corps, que le vaffal avoit affranchis, étoient acquis au feigneur, quand il n'avoit pas donné fon confentement à leur manumiffion, le feigneur devoit pareillement gagner l'hommage & les fervices des héritages & des fiefs dont fon vaffal avoit, fans fon agrément, vendu la libération à des roturiers.

C'eft ce que Beaumanoir a très-judicieufement remarqué dans le paffage que nous allons transcrire. *Tout ainfi, comme nous avons dit ci-deffus, que aucun ne peut franchir fon ferf fans l'autorité de fon par-deffus, & auffi ne peut donner abrégement de fervices de fief ne franchife d'héritages fans l'autorité de fon par-deffus; & fi aucun abrège le fief qui eft tenu de lui, ou franchit aucun héritage, li fire de qui il muet a gagné l'hommage & eft à plain fervice,* chapitre 45.

Ce qui s'obfervoit ainfi entre le vaffal & le feigneur, s'obfervoit enfuite de même feigneur & le feigneur fupérieur dont il étoit le vaffal, & entre les autres feigneurs fupérieurs en remontant de degré en degré; c'eft-à-dire, que fi le premier feigneur affranchiffoit de fon autorité les main-mortables de corps qui lui étoient acquis, parce que fon vaffal les avoit affranchis fans fa permiffion; ou s'il affranchiffoit les héritages & les fiefs dont il avoit pris l'hommage & les fervices, les main-mortables de corps, & l'hommage & les fervices de ces fiefs & de ces héritages étoient acquis au fecond feigneur, enfuite au troifième, & fucceffivement aux autres feigneurs fuzerains ou fupérieurs, fi le fecond & le troifième feigneurs en ufoient de la même manière, parce que chaque feigneur ne pouvoit accorder ces affranchiffemens ans diminuer ou fans abréger fon fief.

De-là il fuit qu'un arrière-fief ne pouvoit point être abrégé fans le confentement de tous les feigneurs, dont il étoit tenu en quelque degré qu'ils fuffent; car fi tous ces feigneurs diminuoient ou abrégeoient l'un après l'autre leurs fiefs, en affranchiffant chacun de fon autorité les terres dont ils avoient gagné, ou dont ils avoient pris l'hommage & les fervices de la manière qu'on vient de l'expliquer, il eft évident qu'ils abrégeoient ou qu'ils diminuoient auffi leurs fiefs, lorfqu'ils ne confervoient point l'hommage & les fervices de ces terres, & qu'ils confirmoient les affranchiffemens que leurs arrière-vaffaux & que leurs vaffaux avoient accordés fans leur permiffion, parce que l'hommage & les fervices des terres qui étoient auffi affranchies, leur étant dévolus fucceffivement, ils affranchiffoient fucceffivement ces terres en approuvant ce qu'avoient fait leurs arrière-vaffaux & leurs vaffaux; & par conféquent fi le feigneur le plus éloigné en remontant de degré en degré étoit le feul de tous les feigneurs fuzerains qui n'eût point confenti aux affranchiffemens de terres, & aux abrégemens de fiefs qui avoient été accordés & faits par des arrière-vaffaux, il eft incontestable que l'hommage & les fervices des chofes affranchies lui devoient appartenir.

Comme tous les fiefs qui font dans le royaume relèvent médiatement ou immédiatement du roi, on ne pouvoit donc en abréger aucuns fans fa permiffion, fans que l'hommage & les fervices des terres qui avoient été affranchies, ne lui fuffent dévolus, & que le roi, qui devenoit par ce moyen feigneur immédiat de ces terres, ne fût en droit de contraindre les poffeffeurs de les mettre hors de leurs mains.

Mais fi le roi pouvoit contraindre les roturiers d'abandonner les fiefs ainfi *abrégés* en leur faveur, il avoit, par une fuite néceffaire, le droit de leur donner ou de leur vendre la permiffion de les conferver. Voilà l'origine du droit de *franc-fief*; ce droit, il eft vrai, eft le prix d'une permiffion accordée aux roturiers de pofféder des fiefs: c'eft ce qui a trompé les auteurs; ils n'ont pas fait attention que cette permiffion n'étoit néceffaire & ne pouvoit avoir lieu, que dans le feul cas où le roturier avoit obtenu de fon feigneur immédiat & de tous les intermédiaires l'affranchiffement des charges, & des fervices ordinaires du fief. Ainfi ce droit connu fous la dénomination de *franc-fief*, doit fe définir, du moins fi l'on veut fe référer à fon origine, le prix de la *permiffion accordée par le roi à des roturiers, à l'effet de pofféder des fiefs abrégés.*

C'eft en effet uniquement & exclufivement fur les fiefs de cette efpèce, que nous voyons le droit de *franc-fief* exercé pour la première fois. Voici quel fut à cet égard le progrès des chofes.

Nous venons de dire que, fuivant la jurifprudence des *abrégemens,* la mouvance des fiefs dont le feigneur avoit abonné les fervices, étoit dévolue au fuzerain, & que dans le cas où celui-ci donnoit à cet abonnement une approbation foit expreffe, foit tacite, la dévolution fe faifoit graduellement au profit de tous les seigneurs supérieurs en remontant jusqu'au roi. En conséquence de cette maxime, puisée dans les vrais principes de la matière, vers le milieu du treizième siècle, les sénéchaux, baillis, prévôts, vicomtes & autres officiers royaux, saisirent, au nom du roi, & mirent en sa main tous les fiefs possédés par les roturiers avec abrégement de services.

Le roi n'étant pas servi de ces fiefs, dont la mouvance lui étoit cependant dévolue, avoit inconstablement le droit de saisir *féodalement par faute d'homme, & devoir non fait*. Mais, quoique cette saisie fût très-juste, il n'en existoit pas d'exemple; & cette innovation excita dans tout le royaume une réclamation universelle. En conséquence Philippe III voulut bien ne pas user de ses droits à la rigueur; & par une ordonnance de l'an 1275, il statua, mais pour le passé seulement, à compter de 29 années, que les roturiers propriétaires de fiefs hors des terres de ses barons, avec *abrégement de service*, sans son consentement ou celui de ses prédécesseurs, ne seroient point inquiétés au sujet de ces acquisitions, pourvu qu'ils le dédommageassent, en lui payant en argent, suivant les différens cas, la valeur de deux, de trois ou de quatre années des fruits du fief abrégé. Voici la traduction littérale de cette ordonnance publiée en latin au parlement de Noël, l'an 1275.

« Quant aux personnes *non nobles*, qui ont acquis des fiefs, s'ils les possèdent *à la charge de rendre les services qui en sont dus*, nous ordonnons à nos officiers de ne pas les inquiéter, mais de les en laisser jouir paisiblement; & en cas que les personnes non nobles aient fait des acquisitions dans nos fiefs, ou dans nos arrière-fiefs, *hors des terres de nos barons*, & qu'il n'y ait point trois seigneurs entre nous & la personne qui ait fait l'aliénation; *si les personnes non nobles possèdent avec abrégement de services, & qu'il paroisse que la condition du fief soit détériorée*, ils seront contraints de mettre ces acquisitions hors de leurs mains, ou de nous payer la valeur des fruits de deux années, & si des héritages féodaux ont été convertis en censuels, il nous en sera payé la valeur de quatre années des fruits, ou nos officiers feront remettre les choses en leur ancien état. Nous entendons que la présente ordonnance ait seulement lieu pour le temps passé, & non pour le temps à venir, nous réservant à y pourvoir selon que le cas y écherra, & nous n'avons intention est encore de ne point comprendre dans la présente ordonnance, les aliénations qui pourroient nous être à l'avenir tellement préjudiciables, qu'elles ne doivent point être tolérées ».

Une observation importante, c'est que cette ordonnance n'enveloppe pas dans sa disposition tous les roturiers possédant fiefs, mais uniquement ceux qui possèdent avec abrégement de fiefs, ensorte qu'il paroisse que la condition du fief soit détériorée; autrement le roturier possesseur aussi paisible que le gentilhomme, ne doit rien, n'est imposé à aucune taxe. Ainsi première règle connue en cette matière; le droit de *franc-fief* n'est dû que par le roturier possédant un fief abrégé; ce n'est pas à sa qualité de roturier qu'est attachée l'obligation de payer cette taxe, mais à l'abrégement, à la détérioration du fief.

Encore une fois, telle est la règle fondamentale de cette matière; & même cette règle, aux termes de l'ordonnance de 1275, recevoit deux exceptions très-notables : 1°. lorsqu'il se trouvoit trois seigneurs entre le roi & le roturier possédant le fief abrégé : 2°. lorsque ce fief étoit dans la mouvance de l'un des grands barons de la couronne; dans ces deux cas l'ordonnance n'impose aucune taxe.

Voici les motifs de cette double exception : lorsqu'il se trouvoit trois seigneurs entre le fief abrégé & le domaine de la couronne, le préjudice que l'abrégement portoit au roi, étoit si peu considérable, qu'il ne méritoit aucune espèce d'attention. Cependant le préjudice n'en étoit pas moins réel, & il faut convenir que cette exception est un acte de bienfaisance de la part du législateur. Celle en faveur des barons n'est pas l'effet d'une volonté aussi libre; alors les grands vassaux de la couronne prétendoient avoir le droit d'exercer dans leurs terres presque toutes les prérogatives régaliennes, notamment celles d'amortir les fiefs acquis par l'église, & de donner à leurs vassaux la faculté d'abréger leurs fiefs. Ces prétentions choquoient le droit de la souveraineté, & plus encore les loix féodales; mais nos rois n'étoient pas encore assez puissans pour restreindre le pouvoir des seigeurs dans ses justes bornes. Quoi qu'il en soit, voilà le premier exemple connu de la perception du droit de *franc-fief*, les vrais motifs de cette taxe, & la manière dont elle fut imposée pour la première fois.

Les choses ont depuis bien changé : cependant elles ne sont parvenues au point où elles sont aujourd'hui, que par une progression graduelle.

Les premières innovations n'eurent pour objet que la forme de la perception, & les personnes qui pouvoient exiger ce droit de *franc-fief*. Bientôt il se fit un changement plus considérable, ou plutôt une révolution totale dans les principes de cette matière.

Dans une ordonnance du mois de mars de l'an 1320, Philippe-le-Long perd de vue l'origine, l'objet & le motif de cette taxe. Oubliant qu'elle n'est autre chose que la juste indemnité due à la couronne pour l'abrégement des fiefs, il impose indistinctement tous les roturiers, en observant néanmoins quelques différences entre ceux qui remplissoient tous les devoirs de la féodalité, & ceux qui avoient obtenu l'abonnement. Voici les termes de cette loi qui fait époque dans cette matière, & forme la nuance entre le droit primi-

tif & l'état actuel des chofes : « à l'égard des per-
» fonnes non nobles, qui ont acquis des fiefs ou
» des arrière-fiefs nobles fans notre confentement,
» & fans le confentement de nos prédéceffeurs,
» *lorfqu'il n'y aura point trois feigneurs entre nous*
» *& la perfonne dont elles ont acquis*, elles nous
» paieront trois années de fruits, fi elles poffè-
» dent ces fiefs ou ces arrière-fiefs, à la charge d'en
» rendre tous les fervices, & fi elles les tiennent
» avec abrégement ou avec affranchiffement de fer-
» vices, elles nous paieront la valeur de quatre
» années des fruits ».

On ne reconnoît plus dans cette ordonnance le
droit primitif ; du moins les traces qui en reftent
font fi légères, qu'on les apperçoit à peine. Oubliant le vrai, le feul motif de l'établiffement du
droit, le légiflateur y affujettit indiftinctement tous
les roturiers, à l'exception de ceux qui ont trois
feigneurs entr'eux & le roi, exception qui ne tar-
dera pas à difparoître.

C'eft ainfi, c'eft par cette ordonnance de 1320,
que tous les roturiers ont été affujettis au droit de
franc-fief. Les différentes modifications que ce droit
a reçues depuis, font confignées dans tous les ouvrages fur cette matière. Il ne faut que lire pour
en être inftruit ; mais l'origine de ce droit n'eft pas
à beaucoup près auffi connue. Cependant elle mérite
de l'être.

Il n'y avoit anciennement point de temps fixe
pour le paiement du droit de *franc-fief* ; c'étoient
les befoins de l'état qui en déterminoient la recherche, & l'on faifoit alors payer les roturiers à proportion de leur jouiffance paffée, fans anticiper fur
le temps à venir.

Lors du règne de François I, ce droit fut levé
de vingt ans en vingt ans fur le pied d'une année
du revenu pour vingt années de jouiffance ; & ce
fut fur ce pied que Louis XIV en ordonna le recouvrement par fa déclaration du 29 décembre
1652, pour les vingt années de jouiffance échues
depuis 1633, jufqu'en 1653 ; mais par fon édit du
mois de mars 1655, dans la vue de foulager fes
fujets roturiers poffédant fiefs, des pourfuites auxquelles ils étoient expofés par les recherches du
droit de *franc-fief*, & faire ceffer les embarras qui
réfultoient pour le recouvrement, de ce que ces
recherches n'étant ordonnées que de vingt années
en vingt années, les héritages nobles, dans cet
intervalle de temps, fe trouvoient avoir été fucceffivement poffédés par des roturiers qui les
avoient enfuite délaiffés à des perfonnes nobles ou
privilégiées non fujettes aux droits, & par des
roturiers devenus privilégiés. Ce prince commua,
à commencer du premier janvier précédent, le
droit de *franc-fief* qui s'étoit levé jufqu'alors de
temps en temps, en un droit annuel payable au
commencement & dans le premier mois de chaque
année, & qu'il fixa par cet édit au vingtième d'une
année de revenu de tous les fiefs, arrière-fiefs,
héritages, rentes & autres biens nobles que les

roturiers poffédoient, en quelque degré de mouvance que ce fût.

Il fut fait en conféquence un bail de cette taxe
annuelle ; mais il fut bientôt reconnu que cet arrangement étoit plus onéreux que profitable, par
les frais qu'occafionnoit le recouvrement de ces
fommes qui, pour la plupart, étoient extrêmement
modiques, à caufe de la divifion en vingt parties
qui étoit faite du droit principal ; & il parut au
mois de novembre 1656, un nouvel édit qui,
changeant le fyftème qui avoit été adopté, accorda
à tous les roturiers poffédant fiefs & biens nobles,
la faculté de les tenir & d'en jouir à l'avenir, eux,
leurs fucceffeurs & ayans caufe, fans qu'ils puffent
être tenus de les mettre hors de leurs mains, ni
qu'ils fuffent fujets dans la fuite au paiement du
droit de *franc-fief*, les déchargeant par ce moyen,
pour toujours des frais qu'ils fupportoient lorfqu'il convenoit d'en faire la recherche & le recouvrement.

La taxe impofée par l'édit pour cet affranchiffement, devoit être fur le pied de deux années
du revenu des fiefs, arrière-fiefs, héritages, rentes, dîmes, inféodées & autres biens & droits nobles.

Ce recouvrement fut mis en traité, & ne pro-
duifit point les fecours que l'on en attendoit.

La déclaration du 23 mars 1672, en attribue la
caufe à la modicité des taxes qui en avoient été
faites, & qui ne montoient pas à la jufte valeur
de la moitié d'une feule année du revenu, &
d'ailleurs aux furprifes qui avoient été faites de la
part des redevables, ou pour n'être point compris
dans les taxes, ou pour en obtenir, fous de vains
prétextes, la décharge ; il paroît même que ces
circonftances avoient fait furfeoir à l'exécution de
l'édit du mois de novembre 1656 ; mais cette exécution fut reprife en vertu de la déclaration que
l'on vient de rappeler, qui accorda de nouveau
l'affranchiffement en payant, par les roturiers, le
revenu de trois années de leurs fiefs & biens nobles ; favoir, une année pour le droit échu depuis
1652 jufqu'en 1672, & deux années pour l'extinction & affranchiffement total de ce droit pour
l'avenir.

Un arrêt du confeil du 26 du même mois de
mars 1672, ordonna que les redevables feroient
tenus, dans le délai d'un mois, de remettre leurs
déclarations par eux fignées & certifiées, contenant au vrai par le menu tous les fiefs, arrière-
fiefs, aleux, héritages, dîmes, rentes, droits &
autres biens nobles par eux tenus & poffédés, avec
les appartenances & dépendances, les noms des
feigneurs dont ils relevoient & étoient mouvans,
en quelle juftice ils étoient affis, & de quelle redevance ils étoient chargés, enfemble le revenu annuel
par le détail de ces biens, & depuis quel temps ils les
poffédoient, qu'ils joindroient à ces déclarations
des copies collationnées des titres de leurs acquifitions, poffeffions, baux à ferme, tant anciens
que

que modernes, & les dernières quittances du paiement des droits, fous peine de confifcation & réunion au domaine des objets qu'ils auroient recelés, ou dont ils n'auroient pas déclaré la vraie valeur; & que faute par eux de fournir ces déclarations dans le temps prefcrit, il feroit procédé, à leurs frais, à l'information de la confiftance & valeur du revenu des fiefs & biens, & enfuite au paiement des droits par faifie, & même établiffement de commiffaire à la régie de ces biens; enfin que les droits feroient payés par préférence à toutes faifies, même réelles.

On vient de voir que l'édit de 1656, & la déclaration de 1672, qui confirmoit cet édit, accordoient, moyennant le paiement des taxes qui étoient ordonnées, un affranchiffement à perpétuité du droit de franc-fief, à ceux qui y étoient fujets, pour eux, leurs fucceffeurs & ayans caufes, relativement à la poffeffion des biens qui faifoient l'objet de la taxe. Un édit du mois d'août 1692, s'expliqua fur la véritable étendue que devoit avoir cet affranchiffement qui, aux termes de cet édit, ne pouvoit être regardé que comme un privilège perfonnel que ceux qui avoient payé les taxes, avoient acquis pour lever l'incapacité qui étoit dans leur perfonne, de pofféder des fiefs & biens nobles, fans que ce privilège pût paffer à d'autres poffeffeurs; l'intention du roi n'ayant point été d'affranchir du droit en queftion les biens nobles par eux poffédés, attendu que la nature & la qualité de ce droit y réfiftoient, & que les autres poffeffeurs roturiers des mêmes biens, auxquels ils avoient pu paffer depuis par fucceffion, donation ou autrement, fe trouvoient fujets au paiement de ce droit.

Cet édit confirma tous les roturiers poffédant fiefs & biens nobles qui avoient financé pour l'affranchiffement du droit, en conféquence de l'édit & déclaration de 1656 & 1672, dans l'affranchiffement à eux accordé pour raifon des fiefs & biens nobles qu'ils poffédoient alors; & en conféquence leur permit de les poffédér à l'avenir fans être obligés de payer aucun droit de franc-fief. Il ordonna que ceux qui en avoient acquis depuis 1672 par fucceffion, donation, ou à tous autres titres, paieroient une année de revenu pour en jouir par eux vingt années, à compter du jour qu'ils étoient entrés en poffeffion.

Quant à ceux qui s'étoient fouftraits à la dernière recherche, ou s'étoient fait décharger fous prétexte de nobleffe ou d'autres privilèges, qui depuis avoient ceffé ou avoient été révoqués, il fut ordonné qu'ils feroient tenus de payer une année de leur revenu pour les vingt années échues depuis 1672 jufqu'en 1692; & en outre, qu'ils auroient dû payer pour le temps qu'ils avoient poffédé leurs fiefs & biens nobles avant l'année 1672.

Un arrêt du confeil du 13 avril 1751, déclare les eccléfiaftiques exempts du droit de franc-fief. L'ar-

ticle 16 de cet arrêt porte: « les eccléfiaftiques
» conftitués en dignité dans les ordres facrés,
» payant ou non payant décimes, titulaires ou
» non titulaires de bénéfices, feront exempts des
» droits de franc-fief, tant pour les biens de leur
» bénéfice, que pour leurs biens patrimoniaux;
» & les fimples clercs pourvus de bénéfice, paie-
» ront les droits de franc-fief pour leurs biens nobles
» patrimoniaux, jufqu'à ce qu'ils aient pris le fou-
» diaconat. Les eccléfiaftiques qui ne font point
» partie du clergé de France, ne pourront prétendre
» cette exemption ».

Le titre d'écuyer attaché aux offices n'affranchit pas le titulaire du droit de franc-fief. En général, les privilèges les plus étendus n'exemptent pas du droit de franc-fief, à moins que cette exemption ne foit littéralement exprimée.

Un arrêt du confeil d'état, rendu le 15 mai 1778, détermine quels font les officiers commenfaux de la maifon du roi, de celles des princes & princeffes du fang, qui doivent jouir de l'exemption du droit de franc-fief.

La règle générale eft que le roturier ne doit le franc-fief que lorfqu'il poffède un immeuble féodal; mais il eft fouvent très-difficile de décider fi tel objet eft noble ou roturier; la difficulté réfulte des différentes difpofitions des coutumes fur les baux à cens, & fur les réunions des rotures aux fiefs.

Dans toutes les coutumes, le propriétaire d'un fief peut en arroturer le domaine pour le tout ou pour partie, en rempliffant certaines formalités. Celui qui poffède les parties ainfi arroturées, eft exempt du droit de franc-fief; il exifte fur ce point les autorités les plus précifes.

« L'héritage baillé à cenfive, noble & féodal,
» à l'égard du bailleur, eft fait roturier pour le
» regard du preneur; Bacquet, des droits de franc-
» fief, chap. 2, n. 11; & n'y a que le roturier poffé-
» dant héritage noble qui foit cotifable au droit de
» franc-fief, au moyen de ce qu'il eft incapable
» de pofféder fief & héritage noble en France. Idem,
» chap. 3, n. 3.

» Aucuns eftiment que la terre ainfi accenfée
» fans le confentement du feigneur de fief, de-
» meure toujours en fa priftine nature de fief; de
» forte qu'elle doit être partagée féodalement, &
» eft toujours fujette aux francs-fiefs & nouveaux
» acquêts. Néanmoins mon avis eft qu'à caufe de
» la règle générale, que le vaffal fe peut jouer
» de partie de fon fief fans démiffion de foi, la
» terre ainfi accenfivée devient roturière, quoad
» omnes, excepto patrono ». Loifeau, des feign. ch. 6,
nom. 28 & fuiv.

Outre ces autorités, il y a une loi précife qui affranchit les héritages ainfi arroturés du droit de franc-fief. C'eft un arrêt du confeil revêtu de lettres-patentes du 21 juin 1738. L'art. 19 porte: « pour
» faire ceffer les conteftations qui naiffent jour-
» nellement entre les fermiers des droits de franc-

K K k k

» fief & les redevables, à l'occafion des accenfe-
» mens ou aliénations à titre de cens & rentes
» qui fe font par les propriétaires des fiefs, or-
» donne fa majefté que les acquéreurs aufdits ti-
» tres ne feront fujets aux droits de franc-fief que
» dans le cas où les aliénations excéderoient la
» permiffion accordée par les coutumes aux fei-
» gneurs, de fe jouer ou d'aliéner une partie de
» leurs fiefs ».

Cet article s'exprime avec beaucoup de précifion; cependant on peut dire qu'il recule la difficulté fans la détruire; il en réfulte, à la vérité,
que toutes les aliénations de biens nobles à titre de
cens & rentes, font affranchies du droit de franc-
fief, pourvu que les aliénations n'excédent la permiffion accordée par les coutumes, de fe jouer ou d'aliéner une partie du fief. Mais il refte toujours la queftion de favoir qu'eft-ce que telle ou telle coutume permet ou défend à cet égard; quelle quotité
du domaine féodal il eft permis d'arroturer; en
quelle forme doit être l'acte qui renferme cet arroturement; enfin quel en peut être le prix, s'il
eft permis au feigneur de recevoir des deniers d'entrée, ou s'il doit fe contenter d'un cens & d'une
rente foncière équivalens au produit de l'héritage
qu'il veut arroturer. Ces différentes queftions font
le germe de la majeure partie des procès fur les
droits de franc-fief.

Les articles 51 & 52 de la coutume de Paris permettent au feigneur de donner à cens les deux tiers
de fon domaine féodal, pourvu qu'il y ait rétention de foi & d'un droit feigneurial & domanial
fur la partie aliénée; lorfque ces deux conditions
font remplies, c'eft-à-dire toutes les fois que l'aliénation n'excède pas les deux tiers, & que le feigneur fe réferve un droit feigneurial fur la partie
aliénée, l'arroturement eft valable, & conféquemment point de droit de franc-fief, parce que le
preneur à cens ne poffède réellement qu'une roture.

Cette décifion auroit lieu quand même cet arroturement auroit les caractères d'une vente, c'eft-à-
dire quand même le preneur à cens auroit donné
des deniers d'entrée équivalens à la valeur de la
chofe.

Cette permiffion de donner & recevoir des deniers d'entrée, réfulte des articles de la coutume
que nous venons de citer, & tel eft le droit commun pour toutes les coutumes qui n'ont pas de
difpofition à cet égard.

Mais cette facilité accordée aux feigneurs, de
pouvoir arroturer en recevant des deniers d'entrée,
eft compenfée par un inconvénient très-confidérable; c'eft qu'ils ne peuvent aliéner par cette voie
qu'une partie de leur domaine; la coutume de
Paris exige qu'ils en confervent le tiers, d'autres
moitié, &c. Dans les coutumes de cette efpèce,
l'acquéreur ou preneur à cens fera donc affujetti
au droit de franc-fief, malgré la réferve de la foi

& d'un droit feigneurial, fi la totalité du domaine
eft aliénée.

Mais toutes les coutumes n'ont pas à beaucoup
près, fur ce point, la même difpofition que celle
de Paris, & même il y en a quelques-unes qui,
quoique muettes à cet égard, ne doivent pas néanmoins, par des circonftances particulières, fuivre la règle établie par cette même coutume de
Paris.

Nous avons dix huit coutumes qui diffèrent de
celle de Paris de deux manières: 1°. en ce qu'elles
ne permettent de fe jouer de fon fief que par la
voie du bail à cens: 2°. en ce qu'elles permettent
l'aliénation de la totalité du domaine.

Dans ces coutumes, le roturier pourra donc devenir propriétaire de la totalité d'un domaine féodal, fans être affujetti au droit de franc-fief, pourvu néanmoins qu'il ait contracté par la voie d'un
fimple bail à cens fans deniers d'entrée. S'il en
exifte, fi l'on a donné une fomme pour prix de l'accenfement, par cela feul le contrat dégénère en
une vente pure & fimple, alors plus d'arroturement, l'immeuble conferve fa nature féodale; le
fermier conféquemment peut exiger le droit de
franc-fief.

A la tête des coutumes de cette deuxième claffe,
on place celle d'Orléans; & l'on tient aujourd'hui
pour maxime conftante, que dans cette coutume
& toutes celles qui ont des difpofitions femblables,
le bail à cens eft permis indéfiniment, c'eft-à-dire
pour la totalité du domaine; mais que les deniers
d'entrée y font prohibés.

Il n'a pas tenu à Bacquet que les francs-aleux,
qu'on appelle roturiers, n'aient été affujettis au
même droit. Cet auteur a foutenu dans fon traité
des francs-fiefs, qu'il n'y avoit anciennement en
France qu'une feule efpèce de franc-aleu, qui fignifioit liberté, franchife, immunité & exemption
de toute fujétion féodale, cenfuelle ou autre, emportant par cela la marque de quelque excellente
feigneurie; que par l'ancienne coutume de Paris,
tout héritage tenu en franc-aleu étoit noble, &
que l'introduction du franc-aleu roturier ne fut fondée que fur ce qu'on avoit remontré qu'il y avoit
dans l'étendue de cette coutume plufieurs maifons
& héritages fans charge de foi, d'hommage ni de
cenfive qu'on difoit être tenus en franc-aleu, &
qu'il pouvoit fe trouver & fe trouvoit en effet
qu'un père de famille ayant plufieurs enfans, n'avoit
pour tout bien, & ne laiffoit à fon décès qu'une
maifon en franc-aleu, laquelle, fuivant la coutume,
devant appartenir à l'aîné des mâles, les autres fe
trouvoient par-là fans hérédité & légitime portion,
ce qu'on éviteroit par la diftinction du franc-aleu
noble & du franc-aleu roturier; que la nouvelle coutume qui a adhéré à ces remontrances, ne pouvoit
avoir d'effet que dans les partages en faveur des
puînés, afin qu'ils ne fuffent pas privés de tout
droit fucceffif, & non pour ôter la liberté, franchife, nobleffe & immunité de l'héritage allodial,

& encore moins diminuer les droits du roi ; que par les anciennes ordonnances, lettres-patentes & instructions dressées sur le fait des *francs-fiefs*, nouveaux acquêts & acquisitions faites par non nobles, il étoit expressément porté que si gens de mainmorte & non nobles acquéroient ès fiefs, arrière-fiefs, ou ès aleux du roi, ils seroient sujets aux droits de *franc-fief* & nouveaux acquêts, sans qu'il y fût fait distinction du franc-aleu noble ou du franc-aleu roturier ; & enfin que tout héritage allodial étant réputé plus noble, plus libre & plus excellent que le fief, les coutumes n'avoient pu changer sa nature ; mais le conseil n'a eu aucun égard à ce grand raisonnement, & a laissé la liberté naturelle aux roturiers de posséder ces sortes de biens sans payer le droit en question.

L'engagiste du domaine de la couronne ne peut pas le donner à cens, & l'arroturer en tout ni en partie : s'il le fait, la réserve du cens est nulle relativement au roi, & le preneur doit le droit de *franc-fief*, comme détenteur d'un bien noble.

Ce principe a été confirmé par deux arrêts, l'un du parlement de Paris, & l'autre du conseil.

Le premier est du 15 décembre 1742, rendu sur les conclusions de M. Gilbert de Voisins, lors avocat-général, contre les carmélites de la rue Saint-Jacques, engagistes de Tresel en Bourbonnois. Ces religieuses soutenoient que leur auteur avoit pu détacher la haute-justice engagée, la haute-justice de Tresel en Bourbonnois, pour être tenue de lui en foi ; l'arrêt a déclaré l'aliénation nulle, & a adjugé la foi au roi.

L'arrêt du conseil est du 2 décembre 1748, rendu contre Bonhomme & M. le Duc d'Orléans, partie intervenante.

M. le duc d'Orléans, comme seigneur engagiste du comté de Chaumont, donna par acte du 15 décembre 1727, à bail emphytéotique, pour quarante années, au sieur Antoine Bonhomme les moulins bannaux de Vaucouleurs, à la charge de cinq sous de cens, portant lods & ventes, & de payer en outre au chapitre de Vaucouleurs 77 réseaux de bled froment, & 12 réseaux de bled mouture ; à celui de la cathédrale de Toul, 32 réseaux de bled mouture ; & aux religieux de l'abbaye de Mureau, 10 réseaux de bled.

Bonhomme fut attaqué pour le droit de *franc-fief*.

M. le duc d'Orléans prit son fait & cause, & demanda la décharge.

Ses moyens étoient que lesdits moulins ayant été chargés par le bail de cinq sous de cens, étoient en roture, & comme tels, non sujets au droit de *franc-fief*, suivant l'article 19 de l'arrêt du 21 janvier 1738 ; que l'on ne pouvoit pas à cet égard faire une distinction entre les seigneurs engagistes du domaine, & les seigneurs qui possèdent leurs fiefs à titre irrévocable ; & qu'il n'y avoit aucune raison pour soutenir que les seigneurs qui possèdent un fief à titre d'engagement, n'ont pas le droit de bailler à cens une partie des fiefs, jusqu'à concurrence de

ce que la coutume des lieux permet d'aliéner à ce titre.

Que c'est un principe de droit incontestable, qu'il y a une très-grande différence entre un simple engagement & une vente à faculté de rachat ; que ce sont deux contrats, dont l'un a des propriétés bien différentes de l'autre, & produit aussi des effets bien différens ; que c'est par un très-grand abus que l'on appelle engagement, les ventes du domaine du roi à faculté de rachat perpétuel.

Que le simple engagement n'est fait que pour la sûreté des deniers prêtés, & ne transporte aucune propriété à l'engagiste, lequel, suivant les vrais principes, ne peut pas même compenser les fruits avec les intérêts du principal qui lui est dû.

Que l'acquéreur à faculté de rachat n'est pas un simple engagiste ; il est véritable propriétaire jusqu'à ce que le rachat soit exercé ; ainsi la vente à faculté de rachat est un contrat bien différent, puisqu'il transporte la propriété à l'acquéreur ; qu'il est vrai que la vente est résolue, lorsque la faculté de rachat est exercée ; mais jusqu'à ce qu'elle le soit, l'acquéreur est véritablement & tellement propriétaire, que les biens ainsi acquis sont soumis au droit d'aînesse ; qu'ils sont propres en la personne de l'héritier de l'acquéreur ; qu'ils sont soumis aux réserves coutumières, & que l'on en peut disposer par donation ou par testament, conformément aux coutumes de la situation de ces sortes de biens ; que quoique sa majesté se réserve toujours les droits honorifiques, & le droit de recevoir la foi & hommage & les dénombremens des vassaux, cela n'empêche pas que pour tout ce qui est compris dans l'aliénation, l'acquéreur ne soit vrai propriétaire pendant tout le temps qu'il possède ; & quoique la vraie seigneurie demeure au roi, elle ne fait point d'obstacle à la propriété des possesseurs, laquelle est toujours subordonnée au droit de sa majesté, qui a la seigneurie médiate ou immédiate de tous les fiefs de son royaume ; que la prétention du fermier, fondée sur l'arrêt du parlement du 15 décembre 1742, forme une équivoque manifeste, étant certain qu'un bail à fief ou à cens ne peut être fait au préjudice du seigneur supérieur, à moins qu'il n'ait approuvé ces baux, ou qu'il ne les ait reçus par aveux ; mais que ces baux ont toujours leur effet entre le bailleur & le preneur, & qu'ils n'empêchent point que les biens ainsi aliénés ne relèvent toujours immédiatement du roi.

Sur ce est intervenu l'arrêt du 2 décembre 1748, qui porte : *condamne la veuve & héritiers Bonhomme à payer le droit de franc-fief.*

Ces arrêts jugent que l'engagiste ne peut se faire un fief ni une censive mouvant de lui, aux dépens & sur les ruines du domaine engagé ; que l'aliénation est nulle, & que la portion aliénée à titre de cens reste toujours noble entre les mains de l'acquéreur.

Les héritages sont-ils présumés nobles ou roturiers? Cette question qui n'auroit jamais dû naître, a néanmoins été élevée plus d'une fois. L'arrêt que nous allons rapporter juge de la manière la plus formelle, que la préfomption est toujours pour la roture.

Les fermiers des droits de *franc-fief* avoient obtenu au conseil du roi, le 13 septembre 1723, un premier arrêt qui, en ordonnant l'exécution des réglemens précédens pour le recouvrement des droits de *franc-fief*, avoit statué que les habitans roturiers de la province de Berri feroient tenus de payer les droits de *franc-fief*, pour les fiefs & biens nobles qu'ils poffédoient; & au cas qu'ils prétendiffent que les héritages pour lefquels ils fe trouveroient compris dans les rôles ou contraintes, étoient en roture, le même arrêt les aftreignoit à le juftifier par des déclarations en bonne forme, fournies au feigneur dont ils relevoient, contenant les cens & devoirs dont ils étoient chargés, finon que lefdits héritages feroient cenfés être en fief.

Sur ce premier arrêt, qui n'étoit que fur requête, les maire, échevins & habitans des villes de Bourges, Iffoudun, Vierzon, la Châtre, & autres de la province de Berri, fe pourvurent au confeil du roi, où ils demandèrent d'être reçus oppofans à cet arrêt; en conféquence que le franc-aleu roturier fût déclaré naturel dans toute l'étendue de la coutume de Berri, & que les habitans du Berri fuffent maintenus & gardés dans le droit de poffèder leurs terres & héritages y fitués en toute liberté & franchife.

Les habitans & officiers municipaux des villes de Berri fondoient leur oppofition au premier arrêt fur deux moyens différens.

Le premier étoit que le franc-aleu ayant lieu, felon eux, dans la coutume de Berri, on n'avoit pu les condamner par l'arrêt à juftifier que les terres qu'ils ne tenoient point en fief, relevoient de quelque feigneur.

Mais ils ajoutoient que quand bien même le franc-aleu ne feroit point de droit commun dans la province, ils n'auroient pas befoin de juftification, pour prouver que les héritages étoient en roture, & non en fief; parce qu'il eft de principe que tous les héritages font nés roturiers, que la nature les a fait tels; au lieu que les fiefs n'avoient pu le devenir, fans des conceffions particulières & des formalités; qu'ainfi, fi les fermiers des droits de *franc-fief* prétendoient que les héritages des habitans de Berri fuffent féodaux, c'étoit à eux à le juftifier, & non aux habitans à prouver qu'ils étoient en roture, parce que c'étoit leur état naturel.

Dans ces circonftances a été rendu, le 15 novembre 1724, un fecond arrêt du confeil. Cet arrêt *ayant aucunement égard aux requêtes des maire, échevins & habitans des villes & lieux de la province de Berri, les a reçus oppofans à l'arrêt du 13 feptembre 1723, en ce qu'il ordonnoit qu'en cas qu'ils prétendiffent que les héritages pour lefquels ils fe trouveront compris dans les rôles ou contraintes, étoient*

en roture, *ils feroient tenus de le juftifier par des déclarations fournies au feigneur, contenant les cens & devoirs dont lefdits héritages font chargés, finon que lefdits héritages feroient cenfés & réputés être en fief.*

Lorfqu'un bail à cens eft jugé irrégulier, & qu'en conféquence le preneur eft condamné à payer les droits féodaux, notamment celui de franc-fief, le feigneur eft-il obligé de l'indemnifer? Le preneur à cens avoit acquis pour tenir en roture, efpèce de tenure qui a la triple prérogative de fe partager par égale portion, de n'être affujettie aux droits de mutations qu'aux feules aliénations par vente, d'être affranchie de l'hommage, du relief & du quint, toujours plus confidérable que les lods & ventes, & du droit de franc-fief.

Lorfque par l'effet de l'irrégularité du bail à cens l'héritage eft déclaré n'avoir pas changé de nature, être féodal dans les mains de même preneur, il eft obligé de faire hommage au dominant, d'en payer le droit de *franc-fief*, s'il n'eft pas noble; enfin l'héritage eft affujetti au relief lorfqu'il change de main par fucceffion collatérale, & aux droits de quint aux mutations par vente.

Voilà donc la condition du preneur abfolument changée; il eft privé de tous les avantages que lui affuroit fon contrat, & fans lefquels il n'auroit pas acquis. Il eft affujetti à des charges très-onéreufes, dont ce même contrat lui garantiffoit l'affranchiffement.

Ce changement eft l'effet de l'irrégularité du bail à cens. C'eft uniquement parce que le bail n'eft pas conforme aux bornes prefcrites par la coutume pour ces efpèces d'aliénations, que l'héritage demeure noble & féodal: mais cette irrégularité eft-elle l'ouvrage du preneur ou du feigneur aliénant? Sans doute elle eft du fait du feigneur.

Comme vendeur, il faifoit la loi; il devoit la donner conforme à la loi publique.

Comme propriétaire, il devoit connoître la nature de fon domaine & les conditions fous lefquelles il pouvoit en difpofer.

Enfin, comme feigneur de fief, il devoit mieux connoître la loi des fiefs que le preneur à cens qui jamais n'en avoit poffédé, qui ne fe propofoit pas même en acquérir, puifque fon intention étoit d'acheter pour tenir roturièrement.

Lorfque le feigneur lui a dit qu'il lui transféroit une fimple roture, il devoit croire à cette affertion. Si par l'événement elle eft jugée fief, le feigneur qui l'a trompé eft donc tenu de l'indemnifer du préjudice qu'il lui caufe.

Tout ce que l'on peut dire pour le feigneur fe réduit en dernière analyfe à un feul raifonnement.

Il eft vrai que j'ai trompé le preneur à cens; mais moi-même j'étois dans l'erreur. Je penfois que les baux à cens étoient fufceptibles de telles & telles conditions, par exemple, que je pouvois recevoir des deniers d'entrée. Aujourd'hui l'on prétend que la coutume les exclut de ces fortes d'aliénations. C'eft uniquement fur ce motif que l'on juge que le bail à cens est irrégulier. Ce n'est donc ni sur la nature, ni sur la qualité, ni sur la quantité de mon domaine, que j'ai trompé mon acquéreur, mais sur le véritable sens de la coutume. Mais ne devoit-il pas le connoître comme moi, aussi-bien que moi ? Un texte de coutume, pour être uniquement relatif aux propriétés féodales, n'en est pas moins une loi publique que personne ne doit ignorer. Le vice du contrat est donc l'effet d'une erreur commune à mon acquéreur & à moi. C'est donc lui-même qui s'est trompé, conséquemment point d'indemnité, puisque la surprise qui lui porte préjudice est de son fait autant que du mien.

Cet argument, dans la grande sévérité des principes, paroît en effet conduire à la conséquence que l'on en fait résulter.

Mais d'abord, quoi qu'on puisse dire, il sera toujours vrai que le seigneur étoit plus strictement obligé de connoître la loi de son fief, qu'un laboureur auquel cette loi étoit absolument étrangère, puisqu'il ne vouloit acheter qu'en roture ; il sera toujours vrai que ce laboureur devoit supposer le seigneur plus instruit que lui, en conséquence croire que l'héritage qu'il achetoit étoit réellement en roture. L'équité s'oppose donc à ce que l'on repousse la demande en indemnité formée par le preneur à cens, par le principe que personne ne doit ignorer la loi. D'ailleurs, si ce principe existe, nous avons aussi cette autre maxime, *summum jus, summa injuria.*

En second lieu, pour pouvoir opposer au preneur à cens la maxime, que personne ne doit ignorer la loi, il faudroit que celle qui, dans certaines coutumes, proscrit les baux à cens avec deniers d'entrée, ne fût assujettie à aucune espèce d'exceptions, ou du moins, que ces exceptions purement légales fussent aussi connues que la loi elle-même.

Mais combien de circonstances dans les coutumes, même les plus exclusives des deniers d'entrée, peuvent autoriser les seigneurs à en recevoir !

Un seigneur peut posséder en roture comme en fief. Le fait qu'un héritage est dans les mains du seigneur territorial, ne prouve donc pas nécessairement la nobilité de cet héritage. Il est roturier, & même grevé d'un cens envers la seigneurie, si le seigneur l'avoit acquis de l'un de ses censitaires avec déclaration de non-réunion, ou même sans cette formalité, dans les coutumes qui ne l'exigent pas. Alors cet héritage pouvoit être aliéné, à la charge d'un nouveau cens ou de l'ancien, moyennant une rente, ou avec deniers d'entrée, au choix du seigneur.

De même il est possible que les titres d'une seigneurie dérogent à la loi générale ; que ces titres permettent au propriétaire du fief de l'accenser, de le sous-inféoder, comme il le juge à propos, & moyennant deniers d'entrée. Un pareil titre pré-

vaudra sur l'autorité de la coutume, suivant la règle *tenor investituræ omni feudorum naturæ derogat.* Non-seulement une pareille dérogation est possible, mais cela n'est rien moins que rare. Par exemple, une transaction de l'an 1302 entre Guillaume, évêque d'Amiens, & Jean de Préquigny, donne au seigneur de Pecquigny le droit de sous-inféoder le domaine de cette baronnie à quelle personne & de quelle manière il jugera à propos, pourvu qu'il retienne jusqu'à concurrence de *mille livres de terre,* quoique la coutume d'Amiens, qui régit la baronnie de Pecquigny, soit une des plus exclusives des deniers d'entrée dans les sous-inféodations & baux à cens. Cependant il faut convenir qu'aux termes de la transaction de 1302, le seigneur de Préquigny est en droit d'en recevoir.

Il y a donc des exceptions à cette loi, que l'on veut que le preneur à cens ait connue ; & telle est la nature de ces exceptions, que le seigneur peut seul les connoître, puisqu'elles résultent de titres qui lui sont personnels.

Lorsque le propriétaire d'un fief dit : moyennant telle somme, je vous donnerai tel domaine en roture ; le preneur qui connoît la loi générale, mais qui sait que le seigneur la connoît encore mieux que lui, doit donc supposer des titres qui dérogent à la coutume, & qui autorisent le propriétaire du fief à recevoir la somme qu'il exige.

L'axiome, que personne ne doit ignorer la loi, n'est donc pas applicable à cette espèce, puisque, malgré le texte de la coutume, l'accensement pouvoit être valable, puisque le preneur à cens, qui connoissoit la loi, savoit aussi que des titres particuliers pouvoient y déroger, & que la conduite du seigneur devoit faire supposer l'existence de ces titres.

Il est donc vrai de dire que l'irrégularité du bail à cens est du fait du seigneur. Le seigneur doit donc indemniser le preneur à cens du préjudice qu'il en souffre.

C'est en effet la décision de plusieurs arrêts. Voici le tableau de cette jurisprudence.

Arrêt du 12 mars 1719, rapporté au journal des audiences. Le sieur Desclainvilliers avoit aliéné par bail à cens, avec deniers d'entrée, aux religieuses de l'hôtel-dieu d'Amiens, partie de son fief de Bezins, dans la coutume de Péronne. L'arrêt déclare le bail irrégulier, condamne les religieuses à payer l'indemnité, & à fournir homme vivant & mourant au seigneur dominant ; *& faisant droit sur les demandes & sommations desdites religieuses, condamne ledit Desclainvilliers à les acquitter des condamnations contre elles prononcées, tant en principaux, intérêts que dépens.*

3 septembre 1759, arrêt très-connu au profit de M. le duc de Penthièvre, qui déclare irréguliers, attendu les deniers d'entrée, deux contrats qualifiés de baux à cens ; en conséquence, condamne les acquéreurs à rendre hommage, &c. *faisant droit sur les demandes en garantie desdits ac-*

quéreurs contre le fieur de Boifmorand (vendeur), le condamne à les acquitter & garantir de la condamnation contre eux ci-deffus prononcée.

4 avril 1767, arrêt conforme en faveur de M. le maréchal de Biron, contre le marquis de Maizières, bailleur à cens avec deniers d'entrée, Charles de Maucour & la veuve Vaffe, preneurs. Cet arrêt condamne le marquis de Maizières à garantir Maucour & la veuve Vaffe.

26 mai 1767, arrêt au rapport de M. l'abbé d'Efpagnac, contre le fieur du Belny, bailleur à cens, également avec deniers d'entrée. Cet arrêt condamne les preneurs à rendre hommage, dénombrement, &c. à M. le duc de Penthièvre, & le fieur de Belny à les garantir.

A la vérité, l'arrêt du 14 juillet 1775, en faveur de M. le duc d'Orléans, ne condamne pas M. le préfident Roland, bailleur à cens, à garantir le preneur; mais il juge du moins implicitement que cette garantie eft due. En effet il porte : *fauf le recours de ladite Mazière contre ledit Roland, tant pour les condamnations prononcées contre elle par le préfent arrêt, au profit du duc d'Orléans, tant en principaux qu'intérêts & frais, que pour raifon de l'indemnité, dommages & intérêts par elle prétendus, défenfes réfervées au contraire.*

27 juillet 1777, arrêt, au rapport de M. l'abbé d'Efpagnac, en faveur de M. le comte de Mailly, qui juge de même irréguliers des baux à cens faits par le fieur Henon au fieur le Clerc, condamne ce dernier à faire hommage & à payer le quint à M. le comte de Mailly, *& condamne le fieur Henon à garantir & indemnifer le fieur le Clerc, & en tous les dépens.*

Le nombre & la concordance de ces arrêts fembloient avoir affermi ce point de jurifprudence d'une manière déformais invariable.

Cependant la queftion s'étant de nouveau préfentée en 1780, fut jugée d'une manière toute différente. Voici l'efpèce & le difpofitif de l'arrêt.

M. de Balincourt, propriétaire d'une feigneurie fituée fous l'empire de la coutume d'Orléans, en avoit accenfé des parties à la veuve Mareille *avec deniers d'entrée.*

Sur le fondement très-folide que la coutume d'Orléans prohibe les deniers d'entrée dans les baux à cens, le feigneur dominant & l'adminiftration des domaines avoient demandé à la veuve Mareille les droits de mutation & celui de *franc-fief.*

Ces droits étoient dus, par la raifon que le bail à cens étant irrégulier, le domaine, malgré les claufes d'accenfement, étoit demeuré noble & féodal; déjà la veuve Mareille avoit payé une fomme de 2100 liv. pour le droit de *franc-fief.* Perfuadée, fur la foi des arrêts antérieurs, que M. de Balincourt lui devoit une indemnité, elle l'avoit fait affigner au bailliage d'Orléans, qui, par fentence du 19 août 1777, lui avoit adjugé fes conclufions.

Sur l'appel, l'arrêt du 28 juillet 1780, *en tant*

que touché l'appel interjetté par ledit de Balincourt de ladite fentence vis-à-vis de ladite veuve Mareille, & les demandes en garantie de ladite veuve Mareille contre lui, a mis & met l'appellation & ce dont étoit appel au néant, en ce que ladite fentence a condamné ledit de Balincourt à tenir compte à ladite veuve Mareille de la fomme de 2100 liv. par elle payée au fermier des francs-fiefs, pour raifon de ladite acquifition; comme auffi à lui rembourfer les droits & profits féodaux dus à l'avenir à chaque mutation, même le coût des ports de foi & hommage & preftation d'aveu & dénombrement; émendant, quant à ce, décharge ledit de Balincourt defdites condamnations, déboute ladite veuve Mareille de fes demandes en garantie à cet égard.

Dans l'inftruction au parlement, le comte de Balincourt, fubjugué par les précédens arrêts, *fur les demandes contre lui formées par la veuve Mareille,* s'en étoit rapporté à la prudence de la cour. On fent combien cette circonftance donne du poids à l'arrêt.

Tel eft donc aujourd'hui l'état de la jurifprudence. D'une part, différens arrêts qui jugent que le feigneur qui a vendu, comme roturier, un héritage noble, eft tenu d'indemnifer l'acquéreur. D'un autre côté, un arrêt unique, mais le dernier de tous, qui, dans la même efpèce, décide qu'il n'eft dû aucune indemnité.

D'après ce tableau, on fent combien il eft difficile d'affeoir une décifion.

Les magiftrats reviendront-ils à leur ancienne jurifprudence? S'en tiendront-ils au dernier arrêt? c'eft ce qu'il eft impoffible de prévoir avec une forte de certitude.

Ne peut-on pas dire que l'ancienne jurifprudence doit prévaloir à l'égard des droits de rachat & de quint; mais qu'à l'égard du droit de *franc fief,* on peut foutenir, avec efpérance de fuccès, que c'eft la dernière qui mérite la préférence?

Le feigneur qui vend, doit inconteftablement mieux connoître la nature de fon domaine & les charges dont il peut être grevé, que le particulier qui achète. Ce particulier doit donc croire à cette affertion, lorfqu'il lui dit que tel héritage eft roturier. Si néanmoins cet héritage eft noble, la méprife eft donc abfolument du fait du feigneur. Or chacun eft garant de fes faits, & doit à fon acquéreur une garantie, à raifon de toutes les charges réelles qu'entraîne la nobleffe.

Mais le droit de *franc-fief* n'eft rien moins qu'une charge réelle des héritages; c'eft bien plutôt un impôt fur les perfonnes. La véritable caufe productive de ce droit, c'eft la roture du propriétaire; la nobleffe de l'immeuble n'en eft que l'occafion.

Si le feigneur devoit connoître la nature de fon domaine, il pouvoit très-légitimement ignorer l'état de fon acquéreur. Si celui-ci peut fe plaindre de ce qu'on l'a induit en erreur fur la nobleffe de l'héritage, on peut également lui reprocher de n'avoir pas déclaré la roture de sa personne.

Ainsi l'assujettissement au droit de *franc-fief* dérive d'une cause étrangère au vendeur, d'une cause absolument personnelle à l'acquéreur.

Ainsi, relativement à ce droit, le seigneur n'a pas, à beaucoup près, les mêmes reproches à se faire qu'à l'égard du relief & du quint.

Que le vendeur doive une indemnité à raison des charges réelles qu'il n'a pas déclarées dans le contrat, cela est juste, & en général telle est la règle : mais ne seroit-ce pas en porter les conséquences beaucoup trop loin que de le rendre aussi garant des charges personnelles à son acquéreur ?

Ajoutons que cet assujettissement au droit de *franc-fief* peut cesser d'un instant à l'autre par l'anoblissement du propriétaire ou par la vente à un noble. Conséquemment il est impossible d'indemniser l'acquéreur pour l'avenir, sans s'exposer à lui donner le prix d'une perte qu'il n'éprouvera pas.

Ajoutons enfin que les arrêts antérieurs à 1780, s'expriment à la vérité en termes très-généraux ; mais que cependant ils ne parlent pas nominativement du droit de *franc-fief*, au lieu que le dernier arrêt infirme dans les termes les plus formels la sentence du bailliage d'Orléans, *en ce que ladite sentence a condamné ledit de Balincourt à tenir compte à ladite veuve Mareille de la somme de 2100 liv. par elle payée au fermier du droit de franc-fief.* Ainsi cet arrêt, quoiqu'unique, doit peut-être avoir sur la question autant & même plus d'influence que tous les autres réunis.

L'approbation donnée par le seigneur dominant à un bail à cens irrégulier, a-t-elle l'efficacité d'affranchir le preneur du droit de franc-fief ? Nous regardons ce problème comme très-difficile à résoudre. Il y a beaucoup de choses à dire de part & d'autre. Voici les raisons qui militent pour l'affirmative.

Les fiefs d'abord amovibles, comme personne ne l'ignore, ne furent, dans les premiers temps de la patrimonialité, aliénables qu'avec le consentement du seigneur. Les vassaux, gênés par cette restriction, imaginèrent ce que nous appellons *le jeu de fief.* Ils aliénèrent sous la réserve de l'hommage ou d'un cens ; & comme, au moyen de cette réserve, ils n'étoient pas absolument expropriés, ils prétendirent que le consentement du seigneur ne leur étoit pas nécessaire.

Cet usage, ou plutôt cet abus, étoit si général dès le onzième siècle, qu'il fallut une loi pour le réprimer. Cette loi est de l'empereur Frédéric ; on la trouve dans le livre des fiefs, *liv. 2, chap. 55*, le monument le plus ancien de la jurisprudence féodale.

L'empereur expose qu'il a reçu des plaintes très-graves des feudataires au sujet de leurs vassaux, qui croient pouvoir aliéner leurs fiefs sans leur consentement, *sine dominorum licentiâ*, pourvu que l'aliénation soit faite sous la réserve de la mouvance, *sub colore investituræ* ; ce que l'empereur appelle

callida machinatio. Enfin la loi défend toute espèce d'aliénation du fief, *sine permissione illius domini ad quem feudum spectare dignoscitur*, & en cas de contravention, *venditor & emptor feudum amittant & ad dominum revertatur.*

Arrêtons-nous un moment sur cette loi, la plus ancienne que l'on connoisse sur ce point. On y voit que tout, dans cette manière, est relatif à l'intérêt du seigneur dominant ; que l'existence & la validité du jeu de fief sont également subordonnées à sa volonté, en un mot, que le bail à cens, nul, s'il le rejette, est valable, quelles qu'en soient les conditions & la forme, s'il juge à propos de lui donner son approbation. Et dès qu'une fois cette approbation existe, tout est consommé, & l'héritage, quoique noble auparavant, est à perpétuité censuel & roturier.

Si, de ce premier monument de la jurisprudence féodale, nous passons au petit nombre d'ouvrages anciens qui nous restent sur cette matière, nous retrouvons le même esprit ; nous y voyons tous les principes du jeu de fief subordonnés à l'intérêt du seigneur dominant.

Lorsqu'enfin les fiefs passèrent dans le commerce, qu'ils furent héréditaires & aliénables sans le consentement du seigneur, on crut adoucir la rigueur des règles établies par la constitution de l'empereur Frédéric. En conséquence, on mit en principe que, comme les propriétaires de fief pouvoient les aliéner en entier sans le consentement du seigneur, ils pourroient de même les sous-inféoder ou en accenser la glebe. Mais l'accensement de la totalité, en diminuoit les services si efficaces, soit à la guerre, soit ailleurs ; en conséquence on mit des bornes à cette faculté, & l'on obligea le vassal à conserver une partie du domaine féodal, & ce de manière, disent les assises de Jérusalem, *ch. 192*, que *plus du fié demeure au seigneur qui le démembre.* Il paroît que, vers la fin du treizième siècle, cette faculté étoit restreinte au tiers. Du moins tel étoit l'usage en Beauvoisis : *selon la coutume de Beauvoisis, je puis bien faire du tiers de mon fief, arrière-fief ; mais si j'en ôte plus du tiers, li hommage du tiers & du surplus vient au seigneur.* (Beaumanoir, *ch. 5.*)

Même décision dans les anciennes coutumes données à la Champagne par le comte Thibaut. L'article 14 porte que, si le vavasseur sous-inféode une partie de son fief seulement, la sous-inféodation est valable, *puisqu'il tient encore du domaine qui relève du seigneur.*

Pourquoi le vassal ne peut-il ainsi aliéner que partie de son domaine ? quel est le motif de cette restriction ? nous venons de l'indiquer ; c'est parce que l'accensement de la totalité pourroit mettre le feudataire hors d'état de servir son dominant.

Cela est très-clairement exprimé dans la grande chartre d'Angleterre, qui, rédigée à la même époque, & dans le même esprit que l'ouvrage de Beaumanoir & les assises de Jérusalem, doit naturellement leur fervir de commentaire, d'autant plus que le régime féodal étoit le même dans toute l'Europe. Voici les termes de la chartre : *nullus liber homo det ampliùs alicui de terrâ suâ quàm ut de residuo terræ possit sufficienter fieri domino feudi servitium & debitum.*

On ne peut rien de plus positif que ce texte. Il en résulte évidemment que l'intérêt du seigneur est la mesure des droits du vassal & l'unique objet des règles & des modifications auxquelles le jeu de fief est assujetti. C'est encore ce que dit très-clairement Beaumanoir dans le passage suivant : *aucun ne peut donner abrégement de service ne franchise d'héritage sans l'autorité de son pardessus,* ch. 45.

Ainsi les affranchissemens, les sous-inféodations, les accensemens, quelle qu'en soit la forme, sont réguliers toutes les fois qu'ils sont approuvés par le dominant.

Ainsi, d'après les loix & les textes que nous citons, la question de savoir si le bail à cens est légal, s'il opère un véritable arroutement, dépend de ce point de fait : le bail à cens porte-t-il un préjudice trop notable au dominant ? Si cela est, il est nul, & l'héritage conserve sa nature féodale. Dans le cas contraire, l'arroutement de l'héritage est régulier ; & comme personne ne peut mieux que le dominant lui-même savoir ce qui choque ses intérêts, il est clair que la régularité des accensemens dépend uniquement de sa volonté, & que tous ceux qu'il approuve sont bons & valables.

Tel étoit donc pendant tout le cours de cette première époque, c'est-à-dire jusqu'à la rédaction des coutumes, notre droit féodal sur ce point. Quelle que fût la forme des accensemens, ils étoient valables, & la glèbe arroutée, toutes les fois que le dominant ne réclamoit pas, à plus forte raison s'il imprimoit au bail à cens la sanction d'une approbation formelle.

C'est ainsi que se sont formées presque toutes les mouvances. C'est en vertu de ce droit primitif que nous voyons un grand nombre de seigneuries dominer sur une censive très-étendue, quoiqu'elles n'aient qu'un domaine très-médiocre, & même il en existe qui n'en ont aucun. Personne ne s'est encore avisé de critiquer ces accensemens, pas même au nom du roi, pour le droit de *franc-fief,* & pourquoi ? c'est que le dominant a inféodés, ou du moins est présumé, par son silence, leur avoir donné son approbation.

Mais si tel a été, jusqu'à la rédaction des coutumes, notre droit féodal, si tous les accensemens étoient réguliers, quelle qu'en fût la forme, pourvu qu'ils fussent approuvés par le dominant, les propriétaires de fief ont encore ce droit, si les réformateurs des coutumes ne le leur ont pas enlevé : c'est ce qui reste à examiner.

Beaucoup de coutumes ont prescrit la forme & la mesure du jeu de fief. Il n'en est aucune qui prive les seigneurs du droit de légitimer par leur approbation un jeu de fief irrégulier, & dans le

nombre, nous en voyons qui leur conservent cette faculté.

La coutume d'Amiens déclare nul le bail à cens avec deniers d'entrée, mais c'est uniquement lorsqu'il est fait sans le su & consentement du seigneur, art. 26. La coutume d'Artois défend aux propriétaires de fief d'en accenser le domaine, moyennant des deniers d'entrée sans le congé de leur seigneur, art. 41. Même disposition dans la coutume de Saint-Omer, art. 16.

Dans le nombre des coutumes qui donnent des bornes au jeu de fief, il en existe, comme l'on voit, plusieurs qui disent, en termes formels, que le consentement du seigneur aura l'efficacité d'en couvrir le vice. Mais ne doit-on pas suppléer cette disposition dans toutes les coutumes ?

Premièrement, cette disposition n'est autre chose que le droit primitif, le droit qui existoit, lorsque les coutumes ont été rédigées. On doit présumer que leur intention a été de maintenir les seigneurs dans toutes les prérogatives qu'elles n'ont pas abrogées : or elles n'ont pas abrogé celles dont nous parlons.

2°. Les coutumes, relativement au jeu de fief, ont toutes le même objet, le même esprit général ; presque toutes sont rédigées dans les mêmes termes, & c'est une des règles de notre jurisprudence, d'interpréter les coutumes par celles qui leur sont analogues ; de suppléer au silence des unes par les dispositions des autres.

3°. Des coutumes dans lesquelles on juge aujourd'hui que les deniers d'entrée sont prohibés, douze sont muettes sur ces mêmes deniers d'entrée ; six seulement les proscrivent. De la disposition de ces dernières on a fait un règlement général pour toutes. On s'est fondé sur la maxime qui veut que l'on supplée au silence des coutumes par celles qui leur sont analogues. Mais si l'on a cru devoir suivre cette maxime contre les propriétaires de fief, ceux-ci ne sont-ils pas en droit de la réclamer, lorsqu'elle peut leur être favorable ? Puisque l'on a rendu commune à toutes les coutumes la proscription des deniers d'entrée, écrite dans quelques-unes, il est donc juste de supposer dans toutes cette autre disposition qui légitime les deniers d'entrée, lorsque le seigneur les approuve, puisqu'on la trouve également dans plusieurs coutumes de la même classe.

S'il en étoit autrement, si, lorsque le seigneur a inféodé le bail à cens, le roi pouvoit exiger le droit de *franc-fief,* quelle disparate ! le domaine accensé seroit tout-à-la-fois féodal & censuel. Le propriétaire, privé des avantages de la féodalité, en supporteroit néanmoins les charges ; cependant le même héritage, comme le même individu, ne peut pas être tout-à-la-fois noble & roturier.

Que l'on ne dise pas que le seigneur ne peut par son fait préjudicier au roi, & lui enlever un droit qui lui appartient : tous les seigneurs ont incontestablement le droit, dans leurs mouvances, **d'approuver** d'approuver les baux à cens, quelle qu'en soit la forme; & celui qui ne fait qu'user de son droit, ne préjudicie à personne. D'ailleurs, qu'est-ce que le droit de *franc-fief*? Subordonné à la qualité des héritages, il en suit toutes les variations; il se forme avec la noblesse, & s'éteint avec elle. Le roi n'en jouit sur les domaines nobles, qu'à la charge d'y renoncer à l'instant où ils seront arroturés : cette condition est inhérente à la chose. Le roi ne peut donc pas se plaindre, lorsqu'elle arrive. Enfin on ne peut pas dire que le consentement du seigneur enlève au roi un droit qui lui appartient, lorsque ce consentement est consigné dans l'acte du bail à cens, parce qu'alors l'attoturement est valable dans son principe; il n'y a jamais eu ouverture au droit de *franc-fief*.

Les contestations qui surviennent au sujet des droits de *franc-fief*, doivent être portées devant les intendans, & par appel au conseil. C'est ce qui résulte de différentes loix, & particulièrement d'un arrêt du conseil du 24 novembre 1730.

C'est sur ce fondement que, par arrêt du 24 octobre 1768, le roi en son conseil a fait défense au parlement de Dauphiné de prendre connoissance de la régie & perception du droit de *franc-fief*, circonstances & dépendances, à peine de désobéissance; & a ordonné que, sur la contestation concernant ce droit, demandé à divers particuliers dont les communautés du Briançonnois avoient pris le fait & cause, les parties seroient tenues de procéder devant l'intendant de la généralité de Grenoble. Il a été défendu par le même arrêt, à toute personne & à tout procureur, de porter en première instance les affaires concernant les droits de *franc-fief*, ailleurs que pardevant l'intendant de la généralité, & par appel au conseil, sous peine de cassation des procédures, de mille livres d'amende, & de tous dépens, dommages & intérêts.

Par un autre arrêt du 11 décembre 1770, le roi en son conseil a cassé trois arrêts du parlement de Paris, des 23 janvier, 20 avril & 8 juin 1769, & ordonné que le marquis de Nettancourt seroit tenu de procéder au conseil, à peine de mille livres d'amende, de cassation des procédures, & de tous dépens, dommages & intérêts, sur l'appel par lui interjetté au parlement, d'une ordonnance de l'intendant de Châlons, du 28 janvier 1761, qui avoit condamné le nommé *Oudot* au paiement du droit de *franc-fief*. (*Cet article est de M.* HENRION DE SAINT-AMAND, *avocat aux conseils du roi.*)

FRANC-FIÉVÉ, est le nom que l'on donne aux vingt-quatre officiers de la cour féodale de l'archevêché de Cambrai. M. Merlin, avocat au parlement de Flandre, nous apprend, dans le *Répertoire universel & raisonné de jurisprudence*, que les évêques de Cambrai, qui jouissoient de presque tous les droits régaliens, avoient érigé en fief, vers le douzième siècle, vingt-quatre places, dont les titulaires appellés *francs-fiévés*, étoient considérés comme des espèces de pages, & de pairs féodaux,

propres à connoître de tous les procès entre les vassaux de l'évêque pour raison de leurs fiefs.

Les *francs-fiévés*, pour les droits & franchises de leurs fiefs, ne reconnoissoient d'autres juges que l'évêque, où son bailli, & leurs confrères. Ils recevoient & partageoient entre eux les droits de cambrelage, qui se paient à chaque relief, par les vassaux de l'évêché. Ils étoient d'abord nourris & logés dans le château de l'évêque, & ce n'a été que dans le treizième siècle qu'il leur a été permis de demeurer dans la ville avec leur famille.

Les *francs-fiévés* jouissent encore aujourd'hui des mêmes droits; ils exercent à la conjure du bailli qui les préside, la haute-justice de l'archevêché, & jugent les appels des cours féodales du Cambresis, sous le ressort du parlement de Douai. Dans quelque lieu de la ville qu'ils demeurent, eux & leurs familles sont soumis pour la juridiction curiale, à un chanoine régulier de S. Aubert, commis par son abbé. Leurs veuves jouissent, pendant leur viduité, de tous les privilèges de leurs maris.

FRANC-HOMME, c'est le nom qu'on donnoit anciennement à tous ceux qui possédoient des fiefs sans distinction de nobles & de roturiers, avec cette différence néanmoins que les nobles jouissoient d'une franchise absolue, au lieu que les roturiers n'étoient *francs*, que lorsqu'ils demeuroient sur leurs fiefs. Il est parlé de la franchise que communiquoient les fiefs, dans Desfontaine, *chap. 33.* Beaumanoir, *chap. 46*; & dans la *Somme rurale* de Bouteiller, *liv. 2, tit. 10.*

Cette franchise consistoit dans l'exemption des servitudes auxquelles les roturiers ou vilains étoient communément assujettis. Le *franc-homme*, couchant & levant sur son fief, ne pouvoit être ajourné du soir au matin, ou du matin au soir, comme les autres roturiers, mais à quinzaine, comme les nobles.

FRANC-MARIAGE, dont il est parlé au traité des tenures, *liv. 1, chap. 2; liv. 2, chap. 6; & liv. 3, chap. 2,* se disoit d'un mariage noble : ainsi donner en *franc-mariage*, c'étoit marier noblement.

FRANC-MEIX, *ou* MEX : la coutume locale de Saint-Piat de Seclin sous Lille, désigne par cette expression les héritages mortaillables, qui ont été affranchis. *Voyez* MEX.

FRANC-OURINE, dans Beaumanoir, signifie *franche-origine*; on disoit anciennement *ourine* pour origine : ce terme est même encore en usage en Poitou, & en quelques autres provinces du royaume.

* FRANC ET QUITTE, est une clause qu'on insère communément dans le contrat de vente d'un immeuble, & qui signifie que les biens dont il s'agit ne sont grevés d'aucunes hypothèques ni autres charges. On ajoute aussi ordinairement qu'il est *franc & quitte* des arrérages de cens, & autres charges réelles du passé, jusqu'au jour de la vente.

Quelquefois un homme qui s'oblige déclare tous ses biens *francs & quittes*, c'est-à-dire qu'il ne doit rien ; ou bien il les déclare *francs & quittes* à l'exception d'une certaine somme qu'il spécifie.

Lorsque la déclaration de *franc & quitte* se trouve fausse , il faut distinguer si c'est par erreur qu'elle a été faite , ou si c'est de mauvaise foi.

L'erreur peut arriver lorsque celui qui a fait la déclaration de *franc & quitte* ignoroit les hypothèques qui avoient été constituées sur les biens par ses auteurs ; & en ce cas il est seulement tenu civilement de faire décharger les biens des hypothèques, ou de souffrir la résiliation du contrat avec dommages & intérêts.

Mais si la déclaration de *franc & quitte* a été faite de mauvaise foi, c'est un stellionat : & celui qui a fait cette déclaration est tenu de souffrir la résolution du contrat avec dommages & intérêts, & l'on peut le faire condamner par corps, quand même il auroit des biens suffisans pour répondre de ses engagemens. *Voyez* STELLIONAT.

FRANC-SALÉ. Ce mot s'entend de deux manières.

Il y a des provinces & des villes qu'on appelle pays de *franc-salé*, c'est-à-dire où chacun a la liberté d'acheter & revendre du sel sans payer au roi aucune imposition : tels sont le Poitou, l'Aunis , la Saintonge, le Périgord, l'Angoumois, le haut,& bas Limosin, la haute & basse Marche, qui ont acquis ce droit du roi Henri II , moyennant finance. La ville de Calais & les pays reconquis ont aussi obtenu ce droit lorsqu'ils sont sortis des mains des Anglois & rentrés sous la domination de France.

Le *franc-salé* ou *droit de franc-salé* qui appartient à certains officiers royaux & autres personnes, est une certaine provision de sel qui leur est accordée pour leur consommation. *Voyez* GABELLE (*A*).

FRANC-SERVANT, c'est le nom qu'on donne à Cambrai , à quatre officiers, chargés avec un prévôt leur chef, d'exercer la jurisdiction temporelle du chapitre métropolitain. Ils sont inféodés, comme les francs-fiévés de l'archevêque, dont nous avons parlé ci-dessus ; eux & leurs familles sont exempts de la jurisdiction des échevins, ils reconnoissent aussi pour curé, celui de S. Gengulfe, paroisse qui n'a pas de bornes réelles , & qui suit les personnes.

Ils réunissent en leurs personnes deux qualités : comme *francs-servans*, ils jugent les affaires de la jurisdiction temporelle du chapitre, à la conjure de leur prévôt ; & lorsqu'il se présente une affaire féodale, ou un cas de haute-justice, ils en connoissent comme hommes de fief, à la conjure du prévôt, qui prend alors la qualité de bailli. *Voyez* CONJURE.

FRANC-TENANT, & FRANC-TENEMENT, dans le traité des tenures, *liv. 1, chap. 6 & 9 ; liv. 2, chap. 1 & 2 ; & liv. 3, chap. 2*, on appelle *franc-tenant*, celui qui possède noblement & librement ; & *franc-tenement*, l'héritage possédé noblement, sans aucune charge roturière.

FRANCHE-AUMONE, s. f. En général on appelle *aumône*, les propriétés de l'église. *Eleemosyna*,

dit Ducange ; *dicuntur ecclesiarum possessiones.* Ce glossateur ajoute avec Bracton : *eleemosynæ sunt tenementa quæ conceduntur ecclesiis*..... Ainsi une aumône n'est autre chose qu'une libéralité envers l'église.

Mais cette libéralité, lorsqu'elle a pour objet un immeuble féodal, peut s'exercer de différentes manières & sous différentes modifications, d'où résultent des distinctions qu'il est très-important de saisir.

Il faut d'abord considérer si l'auteur de la libéralité donne sa seigneurie, ou partie de cette seigneurie ; s'il donne son fief, ou dans son fief. Dans le premier cas, c'est-à-dire, lorsqu'il donne le fief entier, l'universalité de la seigneurie, il transmet nécessairement la féodalité avec la glèbe ; il donne en aumône, mais il ne peut pas imprimer à sa libéralité le caractère de la pure aumône. « Si un » tenant, dit Littleton, donne à un abbé son te» nement en pure aumône, ces termes *pure au» mône* sont nuls..... Ainsi qu'un propriétaire d'un » fief par service de chevalier, donne, même avec » la permission de son seigneur, sa terre à un » abbé, cet abbé tiendra immédiatement du sei» gneur par service de chevalier, & il ne tiendra » pas à pure aumône du donateur »....

On voit clairement par la manière dont ce passage est conçu, qu'il ne s'adapte & ne peut s'adapter qu'à la donation d'un fief entier ; c'est ce qui résulte de ces mots, *si le propriétaire d'un fief.... donne sa terre ;* alors la donation emporte la transmission de la féodalité ; cette donation est une aumône, & non pas une pure aumône, & ces termes *pure aumône* seroient nuls, quand même ils seroient apposés à la donation.

Le motif de cette décision est facile à saisir : en transmettant un fief entier, le donateur ne peut le donner que comme il le possède ; c'est ce que dit très-bien l'ancien coutumier de Normandie, *aucun ne peut aumôner aucune terre, fors ce qu'il y a*. S'il en étoit autrement, si le vassal pouvoit affranchir le fief qu'il donne, des charges dont il est grevé, il préjudicieroit au seigneur dominant, ce qu'il ne peut pas être.

Ainsi, dans cette espèce de donation, la transmission de la féodalité s'opère nécessairement sans aucune stipulation, & par le seul fait que la libéralité embrasse la totalité du fief. Passons au second membre de notre distinction, au cas où l'auteur de sa libéralité donne dans son fief & partie de son fief, s'en réservant le surplus.

Cette donation peut s'opérer de quatre manières ; 1°. lorsque le seigneur donne expressément la féodalité avec la glèbe qu'il aliène, & cela purement & simplement, & sans se réserver la foi ; 2°. lorsqu'il donne par la voie du jeu de fief, sans démission de foi & avec réserve de l'hommage ou d'un cens sur la partie aliénée ; 3°. lorsqu'il grève cette partie aliénée , non de l'hommage ni d'aucun service temporel , mais de telles ou telles prières qu'il spécifie; 4°. enfin lorsqu'il donne cette glebe *liberè & absolutè* , sans aucune espèce de réserve, mais aussi sans aucune mention, ni de la foi , ni de la féodalité , sans exprimer s'il la transmet ou s'il la conserve: Cette dernière espèce de donation constitue seule *la tenure en franche-aumône.* Les trois premières ont des caractères tout-à-fait différens : il est très-intéressant de ne pas les confondre.

Depuis que les fiefs sont dans le commerce, il est permis d'en disposer comme de tous les autres immeubles , c'est-à-dire en tout ou en partie. Lorsque le propriétaire en aliène seulement une partie, la division ne tombe que sur la glebe , & le tout relève du même seigneur & sous un seul hommage , comme auparavant l'aliénation. Mais pour cela il est nécessaire que la féodalité soit transmise avec le domaine, que le propriétaire déclare qu'il aliène cette partie de son fief , comme fief & avec toutes les prérogatives & les charges féodales. Ces choses-là sont connues de tout le monde.

Lorsqu'une donation à l'église est ainsi conçue, c'est une aumône , & non une *franche-aumône.* L'église tient de la même manière que le donateur; l'un & l'autre relèvent du même dominant, & sous le même titre d'hommage.

Si, en donnant la glebe , le donateur n'a pas transmis la foi; au contraire, s'il a fait l'aliénation sans démission de foi , & à la charge par le donataire de lui porter l'hommage, dans ce cas , comme dans le précédent, la donation est encore simplement en aumône , & non en pure aumône. L'église possède encore en fief, mais d'une autre manière.

Dans tous les temps, il a été permis aux possesseurs ou propriétaires de fiefs d'en sous-inféoder une partie. Il est très-vraisemblable que cette liberté étoit indéfinie dans le premier âge du système féodal. On la restreignit ensuite, quant à la qualité; enfin on en a déterminé le nombre.

Ces sous-inféodations se nommoient autrefois *démembremens de fief* , & l'on distinguoit deux espèces de démembremens, l'un légal, l'autre illicite. Le démembrement légal étoit celui qui n'excédoit pas les bornes de la coutume ou de l'*assise* , comme on s'exprimoit alors. Aujourd'hui ce démembrement légal s'appelle *jeu de fief.* Cette espèce d'aliénation est autorisée par toutes les coutumes.

Le jeu de fief peut se faire de deux manières, par sous-inféodation ou par accensement ; la sous-inféodation établit un fief mouvant de celui dont il est séparé, & l'accensement forme une roture dans la dépendance censuelle du même fief.

Il y a sous-inféodation , lorsque celui qui aliène grève la partie dont il se joue, de l'hommage & des devoirs féodaux envers la partie qu'il retient. L'accensement a lieu, lorsqu'au lieu de l'hommage, la glebe aliénée est chargée d'une prestation annuelle. Mais dans l'un & l'autre cas , pour qu'il y

ait jeu de fief, il est absolument nécessaire que celui qui aliène déclare qu'il retient la foi ; sans cette déclaration, point de sous-inféodation ; *sans démission de foi* , dit la coutume de Normandie; *pourvu qu'il retienne sa foi*, porte celle de Paris.

Le propriétaire reporte à son dominant la foi ainsi retenue , de la même manière qu'il faisoit avant l'aliénation ou jeu de fief.

Lorsque ce propriétaire a rempli ces deux formalités, qu'il a retenu la foi, & qu'il a grevé de l'hommage la partie aliénée , alors il y a sous-inféodation, & l'objet ainsi aliéné relève en fief de celui dont il a été détaché.

La donation à l'église de partie d'un fief dans cette forme, constitue une aumône , & non pas une pure aumône, cela est évident. L'église tient encore en fief, non comme dans les deux premiers cas , du seigneur dominant , mais de son bienfaiteur.

Ainsi voilà trois espèces de donations en aumône , qui forment des fiefs dans les mains de l'église. Celle dont nous allons parler produit un effet à-peu-près semblable ; c'est la troisième manière de donner à l'église , lorsque la donation n'est que d'une partie du fief.

Cette espèce d'aumône consiste à grever l'objet donné, non de services temporels & féodaux, mais de devoirs spirituels que l'acte désigne & spécifie. Littleton a très-bien développé , *sect. 137,* le caractère & la nature de cette espèce de tenure; il remarque très-judicieusement qu'elle ne forme pas une *franche-aumône.* En effet , la donation est grevée d'une charge, & cette charge subrogée aux droits féodaux , en forme l'équivalent, & conserve à l'objet donné l'empreinte de la féodalité ; c'est ce que Littleton décide positivement. « Si un abbé » ou un prieur tient de quelque seigneur par quel- » que service divin qui soit spécifié, tel que ce- » lui de chanter une messe, chaque vendredi de » l'année ..... ils doivent féauté au seigneur pour » cette tenure & les autres devoirs stipulés lors » de l'inféodation. Cette tenure n'est donc pas en » *franche-aumône*, mais par service divin. Ainsi , » dès que par la cession de quelque fonds, l'é- » glise est assujettie à un service fixe & détermi- » né , cette cession ne constitue point une tenure » en *franche-aumône* ».

Ce passage est très-important , & l'espèce de tenure qu'il établit, très remarquable.

Cette tenure n'est pas en *franche-aumône*, parce qu'elle est grevée. A la vérité, elle ne doit pas l'hommage; cependant elle ne sort pas de la sphère de la féodalité, l'hommage étant représenté par le service divin. Mais un fief peut-il exister sans l'obligation de porter la foi? oui: cette formalité n'est que de la nature du fief. La fidélité seule en constitue l'essence, *substantia feudi in solâ fidelitate consistit*, & cette fidélité , l'église la doit au seigneur pour cette espèce de tenure. *Ils doivent féauté au seigneur, pour cette tenure* ; ce font les termes de l'auteur.

Dans ce cas, de même que dans les trois précédens, l'église tient encore en fief, & avec les prérogatives féodales : à la vérité elle ne doit que la fidélité ou *féauté*, & non l'hommage ; mais la fidélité fuffit pour conſtituer un fief.

Voilà donc quatre eſpèces de donations qui tranſmettent à la main-morte la féodalité de l'immeuble donné. Dans les deux premières, dont l'une embraſſe la totalité du fief, & l'autre ne frappe que ſur une partie, le fief ou la partie du fief qui forme l'objet de la libéralité, relève du même ſeigneur qu'auparavant la donation. Les deux autres tranſportent également la féodalité, mais avec cette différence qu'elles opèrent des ſous-inféodations, enſorte que la main-morte tient, à cet égard, du donateur, & non du dominant ; avec cette autre différence encore, que la première de ces deux donations eſt la ſeule qui impoſe à l'église la néceſſité de porter la foi, & que dans la deuxième, elle ne doit que la fidélité ſans hommage.

Aucune de ces quatre donations n'eſt en *franche-aumône*, mais ſimplement en aumône ; & la raiſon en eſt bien ſenſible, c'eſt que toutes ſont grevées, & que la *franche-aumône* rejette abſolument toute eſpèce de charge. Si l'une de ces donations pouvoit prétendre au titre de *franche-aumône*, ce ſeroit ſans contredit la dernière, celle par *divin ſervice*, puiſqu'elle eſt affranchie de tous devoirs temporels. Mais elle doit la féauté ; elle forme en conſéquence un véritable fief, & c'en eſt aſſez pour que les auteurs lui refuſent la qualification de *franche-aumône*. *Cette tenure*, dit Littleton, *ne conſtitue point une franche-aumône* (1).

Qu'eſt-ce donc que la véritable tenure en *franche-aumône* ? c'eſt ce que l'on va déterminer. On a cru devoir préſenter d'abord ces diſtinctions : elles peuvent ſervir en effet à mettre plus d'ordre dans les idées, à fixer l'état de la queſtion d'une manière plus préciſe.

La tenure en *franche-aumône* eſt, comme nous l'avons annoncé, la quatrième manière de donner partie de ſon fief. Quels ſont les caractères qui diſtinguent cette eſpèce de donation ?

Puiſque la réſerve de l'hommage, d'un devoir le plus modique, fût-il même ſpirituel, ſuffit pour exclure toute idée de *franche-aumône*, il eſt clair que cette tenure ne s'établit que dans le cas où le donateur ne s'eſt abſolument rien réſervé. C'eſt auſſi la définition que nous en donnent, & l'ancien coutumier de Normandie, & l'auteur que nous avons déjà cité. « On appelle tenant en *franche-aumône*, » dit Littleton, *ſect. 133*, un abbé ou un prieur » qui a reçu un fonds d'un ſeigneur, ſans aucune » charge, *in liberam eleemoſynam* ». On trouve la même définition dans l'ancien coutumier de Normandie : « la pure aumône, c'eſt en quoi le do-

(1) It is Land given *in alms*, but not in free alms. *Britton, ch. 66.*

» nateur ne retient aucune droiture ». *Chap. 32.*

Voilà le caractère diſtinctif de la pure aumône bien nettement déterminé. L'église tient en pure aumône, toutes les fois que la donation eſt départie d'un fief, & que cette donation ne renferme aucune eſpèce de réſerve.

Mais quelle eſt la nature de cette eſpèce de tenure ? eſt-elle allodiale ?

La tenure en *franche-aumône* n'eſt pas allodiale : cela ne peut pas faire la moindre difficulté : *tenure*, dit l'ancien coutumier de Normandie, *ch. 28, eſt la manière par quoi les tenemens ſont tenus des ſeigneurs.* Puiſque la donation en *franche-aumône* établit *une tenure*, par cela ſeul l'objet ainſi donné ne peut pas être allodial. A la vérité, dans cette eſpèce de donation, le ſeigneur ne retient aucune charge, mais auſſi il n'affranchit pas l'église de la mouvance ; & pour convertir un fief en aleu, il faut cet affranchiſſement de mouvance ; il faut de plus qu'il ſoit confirmé de tous les ſuzerains, en remontant juſqu'au roi.

En un mot, l'aleu *ne reconnoît ſupérieur en féodalité*, & toute eſpèce de tenure relève d'un ſeigneur.

Mais quel rang occupe dans l'ordre de la féodalité la tenure par aumône ? nous diſons qu'elle relève d'un ſeigneur. Voyons d'abord de quel ſeigneur ; nous examinerons enſuite à quel titre.

L'aliénation de partie d'un fief peut ſe faire & ſe fait même le plus ſouvent, de manière que la partie aliénée continue de relever du même ſeigneur qu'auparavant. Cela arrive toutes les fois que le propriétaire d'un fief en aliène une partie purement & ſimplement, qu'il transporte la féodalité avec le domaine. La diviſion alors ne tombant que ſur la glèbe, ſa mouvance ne reçoit aucune altération, & les deux propriétaires reportent chacun leurs portions ſous le même titre de fief. A l'égard des devoirs féodaux, chacun les remplit & les paie proportionnellement à ce qu'il poſſède.

Mais la tenure en *franche-aumône* répugne à cette obligation : en effet, elle ne ſeroit pas franche, ſi elle étoit aſſujettie à quelques devoirs, ſur-tout à des devoirs temporels.

Auſſi voyons-nous que les donations qui portent le véritable caractère de la *franche-aumône*, ne renferment pas la tranſmiſſion de la féodalité avec celle de la glèbe. S'il en étoit autrement, cette féodalité ſeroit dévolue au ſeigneur dominant ; il en exerceroit les droits, & dès-lors point de *franche-aumône*.

Si cela eſt, ſi par la nature même de la pure aumône, le dominant perd la mouvance immédiate ſur la partie du fief donnée à ce titre, cet objet ne relève donc plus de lui ; cependant le fief ainſi donné eſt encore dans la ſphère de la féodalité. C'eſt une tenure ; il eſt donc néceſſaire qu'il relève de quelqu'un ; il relèvera donc du donateur, propriétaire du ſurplus du fief.

C'eſt auſſi ce que nous apprennent Littleton & l'ancien coutumier de Normandie. (2).

« L'on ne peut tenir en pure aumône que de » ſon donateur & de ſes hoirs ». *Littleton*, *ſect.* 141.

« Ceux tiennent par aumône, qui tiennent des » terres données en pure aumône..... & tien- » nent d'iceux (donateurs) comme de patrons ». *Ancien coutumier*, *ch.* 32.

Ainſi la tenure par aumône diſtrait, comme l'on voit, l'objet aumôné de ſon ancienne mou- vance, pour le placer ſous celle du donateur : c'eſt de ce donateur qu'il relevera déſormais ; cela ſort de la nature même des choſes, & Littleton nous dit que cela ne peut pas être autrement.

Maintenant que nous ſavons que la donation en *franche-aumône* doit néceſſairement être faite ſans démiſſion de foi, que la *franche-aumône* forme une *tenure*, & que cette tenure eſt ſous la mouvance du donateur, rien de plus facile que de définir la donation en *franche-aumône*.

Qu'eſt-ce donc qu'une donation en *franche-au- mône*? *C'eſt un jeu de fief*?

Tous les ſeigneurs peuvent ſe jouer de leur fief; dans quelques coutumes, de la totalité du do- maine ; dans le plus grand nombre, d'une partie ſeulement.

Le ſeigneur qui ſe joue de ſon fief en faveur d'un laïque, ne peut le faire que de deux ma- nières, par ſous-inféodation, ou par bail à cens.

Si c'eſt en faveur de l'égliſe que le ſeigneur ſe joue de ſon fief, il peut le faire de trois ma- nières; par ſous-inféodation, par bail à cens, & par la voie de la *franche-aumône*.

Le ſeigneur a donné en fief, lorſqu'il a ſtipulé l'obligation de lui rendre hommage ; il a donné à cens, lorſqu'il a grevé la portion aliénée de preſtations roturières.

Le ſeigneur s'eſt joué par la voie de la *franche- aumône*, lorſque donnant à l'égliſe ſans démiſſion de foi, ſans réſerve d'aucune preſtation, la tota- lité ou partie de ſon domaine, ſuivant les cou- tumes, il a déclaré dans l'acte qu'il donnoit en *franche-aumône*, *in puram eleemoſynam*.

Cette eſpèce de jeu de fief eſt d'une inſtitution très-ancienne : on l'imagina, dès les premiers temps de la féodalité, pour échapper à la loi qui exige que le jeu de fief ſe faſſe avec la rétention de l'hom- mage ou d'un cens, afin d'ouvrir un champ plus vaſte à la pieuſe libéralité des ſeigneurs.

Quoique ces notions ſoient très-ſimples, cepen- dant il peut s'élever des difficultés ſur leur appli- cation, ſur le point de ſavoir ſi tel acte renferme une aliénation avec démiſſion de foi, une abdica- tion abſolue de la mouvance, ou bien une *fran- che-aumône*.

Il y a des circonſtances où l'on doit préſumer cette tenure en *franche-aumône* ; il en eſt d'autres où il faut qu'elle ſoit établie par une convention expreſſe ; il en eſt enfin qui en éloignent juſqu'à l'idée.

Pour juger ſi la main-morte tient en *franche- aumône*, il y a d'abord une diſtinction à faire ; l'immeuble, dont il s'agit de déterminer la nature, étoit féodal ou cenſuel, lorſqu'il eſt paſſé dans les mains de l'égliſe ; s'il étoit féodal, autre diſ- tinction.

Le propriétaire l'a tranſmis à l'égliſe avec ou ſans démiſſion de foi ; dans le premier cas, point de *franche-aumône*. Lorſque le ſeigneur a aliéné *ſans démiſſion de foi*, point encore de difficulté s'il a grevé la partie aliénée de l'hommage ou d'un cens, l'égliſe tient en fief ou en cenſive. Mais lorſque le ſeigneur, ſans parler de la foi, de la mouvance, ſans ſtipuler ni la réſerve de cette mouvance, ni la preſ- tation d'aucun devoir, s'eſt contenté de dire que l'égliſe poſſéderoit en *franche-aumône* : on peut mettre en problème ſi l'égliſe tient en fief, ſoit du ſeigneur donateur, ſoit plutôt du ſeigneur ſupérieur. Ce problème ſe réſout par la diſtinction ſuivante :

L'aliénation eſt à titre onéreux ou à titre gratuit. Lorſque le ſeigneur a donné gratuitement, *in puram eleemoſynam*, alors, ſans rétention de foi, ſans impo- ſition d'aucun devoir, ſans aucune eſpèce de con- vention, la nature ſeule de l'aliénation emporte la réſerve de la mouvance ; on préſume que, s'il n'a pas grevé l'égliſe d'un devoir ſeigneurial, c'eſt un effet de ſa piété. On ne va pas juſqu'à lui ſup- poſer l'intention d'abdiquer le domaine direct ; voilà le cas où la *franche-aumône* doit ſe préſumer.

La choſe eſt bien différente, lorſque l'aliénation eſt à titre onéreux. En général, il eſt poſſible par contrat de vente, comme par donation, d'établir une tenure en *franche-aumône*. Le ſeigneur qui vend, peut, comme celui qui donne, affranchir l'objet qu'il tranſmet à l'égliſe, des droits & devoirs ſeig- neuriaux, & néanmoins s'en réſerver la mou- vance ; mais il faut que cette réſerve ſoit ſtipulée, on ne la préſume jamais : lorſqu'elle n'eſt pas écrite, l'aliénation eſt réputée faite avec démiſſion de foi, & l'égliſe poſſède auſſi noblement que ſon ven- deur, aux mêmes conditions, & ſous la dépen- dance du même ſeigneur. Cette différence entre l'aliénation à titre onéreux & l'aliénation à titre gratuit, eſt fondée ſur quatre motifs principaux. 1°. Il eſt de la nature du contrat de vente d'em- porter l'expropriation abſolue du vendeur ; 2°. lorſ- qu'il y a dans un acte de vente de l'obſcurité, des équivoques, on les interprète contre le vendeur, *qui debebat apertiùs legem dicere* ; 3°. la réſerve de la mouvance que l'on préſume dans le cas de la donation eſt une eſpèce d'indemnité que l'on a cru devoir accorder au donateur. Dans les contrats de vente, point d'indemnité, puiſque le vendeur a reçu le prix de ſa choſe ; 4°. c'eſt par des motifs abſolument perſonnels à l'égliſe, que l'on donne à

---

(2) None can hold land by this tenure but of the Donor. *Law, Dictionary by Giles Jacob*, verbo *Franc- elmoign.*

fes miniftres. Si le donateur n'a pas grevé des droits feigneuriaux, l'immeuble qu'il confacroit au culte des autels, c'eft uniquement par piété, par refpect pour la religion. Au contraire, nulle différence entre la vente faite à l'églife, & la vente faite à des laïques; dans l'une & dans l'autre, l'intérêt eft le feul mobile: les effets doivent donc être identiques, puifque la caufe eft la même.

Enfin, il exifte une troifième efpèce d'aliénation qui exclut toute idée de *franche-aumône*; c'eft, comme nous l'avons déjà dit, lorfqu'il y a démiffion de foi, lorfque le propriétaire du fief a déclaré qu'il aliénoit non-feulement la glèbe, mais la feigneurie, mais le domaine direct. Ici nulle différence entre la donation & la vente; foit qu'il ait donné ou vendu, le feigneur eft également exproprié; en effet, il eft également impoffible de fe livrer à des conjectures fur fon intention, puifqu'elle eft écrite: puifqu'il a déclaré lui-même qu'il abdiquoit la mouvance, comment pourroit-on fuppofer qu'il fe l'eft réfervée? Ce feroit contre fa volonté, contre la foi des conventions qu'on lui conferveroit la directe; & la loi peut bien fuppléer aux conventions & les interpréter, mais jamais les détruire.

Lorfque c'eft un immeuble cenfuel qui paffe dans les mains de l'églife, la règle eft la même, à cette différence près, que le cenfitaire ne peut ni vendre, ni donner en *franche-aumône*, parce que le propriétaire d'un héritage roturier ne peut pas s'en réferver la mouvance.

Mais comme on peut fe jouer non-feulement du domaine, mais des mouvances de fon fief, comme on peut également aliéner l'un & l'autre, le feigneur de l'héritage que l'églife acquiert, peut en former une tenure en *franche-aumône*, ou le transformer en fief, foit en intervenant dans le contrat d'aliénation, foit par un acte poftérieur.

On juge des effets de cet acte par les diftinctions que nous venons de préfenter: fi c'eft gratuitement que le feigneur affranchit l'immeuble cenfuel, la mouvance demeure entre fes mains, quoiqu'il ait omis d'en ftipuler la réferve, & l'églife tient de lui en *franche-aumône*; s'il reçoit le prix de cet affranchiffement, l'aliénation du cens emporte de plein droit l'abdication du domaine direct; le feigneur ne peut le conferver qu'en vertu d'une convention expreffe. Enfin, fi le feigneur va jufqu'à la démiffion de la foi, s'il ne fe contente pas d'affranchir l'héritage grevé, s'il fe déclare qu'il cède, qu'il transmet à l'églife la feigneurie de cet héritage, alors, que l'aliénation foit à titre onéreux ou gratuit, plus de dépendance, les liens de la féodalité font rompus, & l'héritage cenfuel ennobli par la réunion du domaine direct au domaine utile, monte d'un degré l'échelle féodale, & fe trouve placé fur la même ligne & fous la même mouvance que le fief dont il relevoit auparavant.

Cette efpèce rentre fous l'empire du droit commun: il n'y a de dérogation aux loix féodales, que

pour la tenure en *franche-aumône*; dans tous les autres cas, l'églife poffède comme les laïques; fa condition eft la même; elle eft fans privilège comme fans défaveur. Pour connoître les effets d'une pareille abdication de la directe, il faut donc recourir aux règles générales; ces règles, les voici:

Lorfque le propriétaire d'un fief en aliène une partie par vente pure & fimple, & avec démiffion de foi; lorfqu'avec la glèbe il tranfmet la feigneurie, la partie aliénée conferve fa nature féodale, demeure fous la mouvance du feigneur dont elle relevoit avant l'aliénation; l'acquéreur ou le ceffionnaire eft obligé de la reporter noblement, & comme partie intégrante du fief dont elle eft détachée: ainfi le vendeur ne conferve fur cette partie aucune efpèce de droit, aucune efpèce de fupériorité: cela eft connu de tout le monde.

Si l'héritage étoit tenu roturièrement & en cenfive, la ceffion du cens ou de la dominité, produit un autre effet non moins notable; cet abandon a l'efficacité d'ennoblir l'héritage, de le transformer en fief.

L'aliénation de la feigneurie au détenteur de l'héritage fervant, le rend tout-à-la-fois propriétaire du domaine-utile, & du domaine direct: mais toutes les fois que ces deux domaines, le direct & l'utile, fe rencontrent dans la main du même propriétaire, à l'inftant ils fe réuniffent & fe confondent, *femblables à deux monceaux de cire fondus dans le même vafe*. Par cette réunion, *l'effence & la nature féodale, qui eft une fubftance noble & incorporelle, demeure infufe, dilatée & répandue dans l'héritage en roture; & par ce moyen, il fe fait un mélange & une confufion du corps moins noble au plus noble, qui lui fait perdre le nom obfcur, & éteint la qualité vile & abjecte de roture.* Brodeau & d'Argentré.

Ainfi la réunion du fief à la roture produit le même effet que celle de la roture au fief: dans les deux cas, l'héritage roturier devient noble, &, comme nous l'avons déjà dit, montant d'un degré l'échelle féodale, relève en fief du feigneur fupérieur.

Ces règles peuvent fervir à décider fi tel ou tel titre conftitue une tenure en *franche-aumône*.

Mais le plus fouvent les titres primordiaux n'exiftent plus, ou ne font pas produits. Cependant l'églife eft de temps immémorial en poffeffion de ne fervir aucun feigneur; alors doit-on préfumer la *franche-aumône*: c'eft le fyftème des eccléfiaftiques, ils prétendent que toutes les fois que le feigneur territorial n'a ni titres, ni actes poffeffoires qui affujettiffent les poffeffions de l'églife, on doit par cela feul préfumer qu'elles ont été données en *franche-aumône*; & fans autre preuve, les déclarer exemptes de toutes les fervitudes féodales.

Cette prétention a trouvé des partifans, & même les temps ne font pas éloignés, où, faute d'examen, on la croyoit à l'abri de toute efpèce de critique. Enfin on s'eft permis de la difcuter, & l'on tient aujourd'hui une opinion bien con traire. On se doute bien que les ecclésiastiques n'abandonnent pas facilement une prérogative aussi précieuse : afin de mettre les jurisconsultes à portée de décider cette importante question, nous allons rapprocher les motifs pour & contre. Voici d'abord le précis de ceux qui militent en faveur de l'église.

Depuis l'ordonnance de Blois & l'édit de Melun, les ecclésiastiques ont cessé d'être astreints à justifier des titres constitutifs de leurs droits. Il est avéré que la majeure partie des chartriers ont été ruinés par le temps & par la fureur des guerres de religion. Il n'eût été ni juste ni raisonnable d'assujettir les gens d'église à produire des preuves écrites, qu'il n'avoit pas dépendu d'eux de conserver. Les seigneurs de fiefs seroient eux-mêmes fort embarrassés, si on exigeoit d'eux la représentation des titres constitutifs de leurs droits. La possession leur en tient lieu : il seroit bien singulier qu'elle fût moins avantageuse aux ecclésiastiques, qui ont en leur faveur des édits & ordonnances, qu'aux laïques qui ne participent point au bénéfice de ces loix. S'il faut présumer que les seigneurs sont légitimement propriétaires des droits dont ils ont toujours joui, il faut présumer aussi que les ecclésiastiques ont été justement affranchis des charges qu'ils n'ont jamais supportées. La présomption, à l'égard des premiers, naît de la considération, qu'en aliénant leur domaine utile, ou plutôt en établissant la prestation dont ils jouissent. La présomption, par rapport aux derniers, dérive de ce qu'originairement les franches-aumônes étoient fort communes. Quelques reconnoissances passées par les débiteurs, constatent le droit des seigneurs ; celles des seigneurs constatent la franchise dont jouissent les ecclésiastiques, & c'est, de la part des seigneurs, avoir perpétuellement reconnu cette franchise, que de ne l'avoir jamais troublée.

Qu'un laïque ne puisse point se dispenser de servir des droits seigneuriaux, s'il ne rapporte un titre valable d'affranchissement, transeat ; mais il n'y a rien à inférer de-là contre les ecclésiastiques. Il est extraordinaire que des seigneurs se dépouillent de leur domaine direct en faveur d'un laïque, & par cette raison, il est obligé de justifier l'exemption qu'il allègue. Au contraire, les donations en franche-aumône ont été fort communes ; conséquemment il est naturel de présumer que les biens dont l'église a toujours joui franchement, lui ont été aumônés sans aucune retenue de droits seigneuriaux.

C'est donc par la possession de l'église qu'il faut se décider. On conjecturera donc que si telle église n'avoit pas, dans le principe, obtenu l'exemption des droits & des devoirs féodaux, les seigneurs, dans le territoire desquels elle possède, n'auroient pas, de temps immémorial, négligé de les lui demander.

Au surplus, la question qui se présente est décidée par le texte même de plusieurs coutumes, par nombre d'auteurs & par différens arrêts.

Article 141 de la coutume de Normandie : « Si » l'église possède par 40 ans fiefs ou héritages, » avec exemption de bailler homme vivant & » mourant, ou de pourvoir à l'indemnité du sei- » gneur, elle tiendra dorénavant le fief en pure » aumône, & ne sera tenue que de bailler simple- » ment déclaration au seigneur ».

Article 52 de la coutume de Poitou. « Les gens » d'église peuvent tenir en aleu, s'ils ont tenu » par 40 ans franchement sans en faire la foi & » hommage, devoir, ne redevance ».

De sorte, dit Boucheul sur cet article, n. 13, que pour établir la franchise des terres appartenantes à leurs bénéfices, les ecclésiastiques n'ont besoin que de justifier d'une paisible possession de 40 ans, sans autre titre que cette possession : c'est au seigneur qui prétend le contraire, à le justifier.

Bacquet, Traité du droit d'amortissement, ch. 56 & 60, n. 72, s'explique en ces termes : « Si la féo- » dalité est déniée par les gens de main-morte, » lesquels soutiennent les héritages, ou bien les » droits par eux possédés n'être aucunement à foi » & hommage, & qu'ils en ont franchement joui » par plus de cent ans, sans reconnoissance d'aucun » seigneur, & que leurs héritages sont francs & » allodiaux, encore qu'ils soient situés au dedans » de la seigneurie & châtellenie du gentilhomme » qui les a fait saisir, la possession centenaire doit » être reçue ».

L'auteur des principes généraux du droit Normand, chap. 6, section 4, art. 1, admet que la possession de 40 ans est suffisante pour que les héritages appartenans à l'église soient réputés tenus en pure & franche-aumône.

Le dernier commentateur de la coutume de la Rochelle, pense comme Boucheul.

Cochin dit dans sa treizième consultation qui est à la fin du premier volume de ses Œuvres, page 663 & 664 : « Le cens est imprescriptible parmi » nous, qui avons reçu la maxime nulle terre sans » seigneur..... Mais pour les biens que l'église » possède de temps immémorial, on distingue si » elle a reconnu une fois le seigneur, ou si elle » ne l'a jamais reconnu.

» Quand elle ne l'a jamais reconnu, doit-on pré- » sumer qu'elle possède en franche-aumône ? ou la » maxime contraire de l'imprescriptibilité du cens, » l'emporte-t-elle sur cette présomption ? On croit » que la présomption de la franche-aumône doit » prévaloir, & qu'il n'est pas nécessaire de prouver » que les héritages ont été donnés par le seigneur » lui-même pour être possédés avec une entière » liberté de tout devoir féodal.

Cochin ne s'en tient pas là : il ajoute, « 1°. que » l'on consulte ce qui nous reste des anciennes » fondations & dotations faites à l'église, on trou- » vera qu'elles ont été faites avec les clauses d'af- » franchissement, & on doit présumer que celles qui » ne paroissent pas faites de même, l'ont été.

» 2°. Quand elles auroient été faites par des vas-

» faux & cenfitaires qui ne pouvoient pas affran-
» chir leurs héritages, on doit préfumer que les
» feigneurs ont approuvé ces donations, & les ont
» affranchies de tout devoir : la preuve s'en tire de
» la poffeffion.

» 3°. Plufieurs de ńos coutumes parlent de la
» tenure en *franche-aumône*; & quoique bien d'au-
» tres n'en parlent point, cependant l'expref-
» fion des unes eft plus forte que le filence des
» autres, &c. »

Dans les remarques, qui fe trouvent à la fin du
fixième volume, le même jurifconfulte, *pag. 535*,
s'explique au mot *franche-aumône*, en ces termes:
« Ce que l'églife poffède, de temps immémorial,
» fans avoir reconnu aucun feigneur, eft franc;
» & on ne le peut obliger d'en paffer déclaration,
» ni de payer aucuns cens, ni de fournir homme
» vivant & mourant. Coutume de Normandie,
» *art.* 141; Poitou 108; Bacquet, du droit d'amor-
» tiffement, *chap. 56*; arrêt du 19 janvier 1717,
» pour l'ordre de Malthe, contre les minimes de
» Vitry-le-François. En ce cas, l'eccléfiaftique n'eft
» tenu de donner au feigneur qu'une déclaration
» fèche, pour fixer la confiftance de ce qu'il poffède
» librement, afin de ne pas confondre, avec l'an-
» cien domaine du bénéfice, de nouvelles acqui-
» fitions fujettes aux charges de la feigneurie.
» Arrêt rendu le 12 juin 1731, à la cinquième
» chambre pour frère Careireux, chanoine régulier
» de fainte Geneviève, curé de Nibelle, coutume
» d'Orléans, contre M. le comte de Saint-Florentin,
» au rapport de M. Chevalier ».

Tels font les principaux moyens des eccléfiaftiques. Voici la réponfe des feigneurs.

Le feigneur d'un territoire circonfcrit par des
bornes certaines, peut exercer tous les droits qui
dérivent de la juftice & de la directe dans toute
l'étendue du territoire, & cela indiftinctement fur
tous les héritages qu'il renferme. Tel eft l'effet du
droit d'enclave. Cependant il n'exclut pas les feigneuries particulières; il eft poffible qu'il en exifte
dans ces mêmes bornes; mais celui qui les prétend,
doit le établir par des titres bien pofitifs, par des
titres qui s'adaptent individuellement à chaque
partie qu'il veut affranchir, qu'il veut fouftraire à
la loi générale du territoire. Voilà la règle: on la
trouve dans tous les jurifconfultes; elle exifte dans
le traité des fiefs de Dumoulin, avec autant de
lumière que d'énergie: en voici les termes, ils font
précieux. *Habens territorium limitatum in certo jure
fibi competente eft fundatus ex jure communi, in eodem
jure, in quâlibet parte fui territorii..... habet intentionem fundatam quod quilibet poffeffor fundi in eodem
territorio teņetur agnofcere eum in feudum vel in cenfum.*
§. 68, gl. 1, n. 6.

Choppin tient abfolument le même langage:
*Quoties penes aliquem certum dominium ftat certis
regiunculis & finibus feptum tunc intrà ejus limites pofiti
fuņdi ei fervire præfumuntur*, coutume d'Anjou,
art. 140. Cette règle eft même revêtue, dans plu-

fieurs coutumes, de la fanction de l'autorité légif-
lative: « Tout feigneur châtelain, ou autre, ayant
» haute-juftice ou moyenne, & baffe & foncière
» avec territoire limité, eft fondé par la coutume
» de foi-dire & porter feigneur direct de tous
» les domaines & héritages étant en icelui qui ne
» montre duement du contraire ». Angoumois,
art. 35.

Nous retrouvons la même règle dans la coutume de la Rochelle. L'article 5 porte: « le fei-
» gneur ayant jurifdiction peut par fon fénéchal ou
» juge, faifir les chofes étant en fa jurifdiction,
» & auffi les fiefs de lui tenus & mouvans par
» défaut d'hommage non fait, cens non payés, ou
» par contrats recelés & non notifiés dans le temps
» de la coutume ».

On ne peut pas concevoir des autorités plus refpectables. Les auteurs, les coutumes, une multitude d'arrêts que nous pourrions rapporter, tout
fe réunit donc pour affurer au feigneur de l'enclave la juftice & la directe fur toutes les parties du
territoire: il eft, comme l'on voit, préfumé l'unique feigneur, le feigneur univerfel; & cette préfomption eft telle, que pour la détruire, il faut les
titres les plus pofitifs.

Voilà les principes; le palais en retentit tous
les jours, & tous les jours la cour les confacre
par fes arrêts. Ces principes font, comme on vient
de le voir, érigés en loi publique par différentes
coutumes.

Les corps eccléfiaftiques foumis, comme tous
les citoyens, aux loix du royaume, à l'empire des
coutumes, en feront-ils affranchis fur ce point? Ils
feroient donc les feuls fur lefquels ce droit d'enclave feroit fans autorité.

Mais ils ont été appellés, ils ont comparu à la
rédaction de toutes les coutumes, & la majeure
partie admettent, du moins implicitement, & la
maxime *nulle terre fans feigneur*, & le droit d'enclave dont nous parlons; cependant les eccléfiaftiques ne s'y font point oppofés; ils n'ont invoqué
à cet égard, ni exemption, ni privilège; ils n'ont
pas fait entendre la plus légère réclamation: ils fe
font donc foumis fciemment, publiquement,
volontairement, à l'empire de ces mêmes coutumes,
à toutes leurs difpofitions, conféquemment à ce droit
d'enclave, à cette règle, *nulle terre fans feigneur.*

Et comment auroient-ils tenté de s'y fouftraire?
Dans toutes les lettres-patentes pour la rédaction
des coutumes, le légiflateur dit formellement
qu'une fois rédigées, ces coutumes feront autant
de loix générales pour tous les ordres de l'état,
pour les eccléfiaftiques comme pour tous les autres
citoyens. Ce point eft notamment configné dans
des lettres-patentes du 2 avril 1507, pour la rédaction de la coutume d'Amiens. On y lit: « Vou-
» lons & ordonnons que nuls defdits feigneurs,
» barons, comtes, pairs, prélats & autres privi-
» légiés, puiffent ci-après alléguer aucune coutume
» particulière ou locale en leurfdites terres, comtés,
» baronnies,

» baronnies & feigneuries : *ains foient fujets*, lefdits » comtes , barons , feigneurs châtelains, prélats » & chapitres, & autres, & leurs fujets, terres & » héritages aux coutumes defdits fièges principaux » dudit bailliage ».

Auffi là plupart des commiffaires réformateurs ayant pris la précaution de configner dans leurs procès-verbaux des défenfes expreffes de contrevenir aux difpofitions qu'ils venoient de rédiger , les corps eccléfiaftiques font nominativement compris dans ces générales défenfes.

C'eft ce que l'on voit dans le procès-verbal de la coutume de la Rochelle. Ce procès-verbal énonce d'abord les perfonnes en préfence defquelles la coutume a été rédigée & publiée : on y voit, comme dans tous les autres, la nobleffe , le clergé & le tiers-état. Viennent enfuite les défenfes dont nous venons de parler ; elles font conçues dans les termes les plus prohibitifs ; les voici : « Après » laquelle publication avons enjoint aux deffufdits » & à tous autres, de dorénavant garder & obfer- » ver comme loi lefdites coutumes publiées & » arrêtées, & fait défenfes d'alléguer autres cou- » mes contraires & dérogeantes à icelles ».

Dans cette coutume, les eccléfiaftiques font donc foumis à la loi commune. Toutes les difpofitions qu'elle renferme , ont fur eux le même empire que fur les autres citoyens, & il leur eft expreffément défendu *d'en alléguer d'autres contraires & dérogeantes à icelle.*

Or, que portent fur ce point les différentes coutumes? Prefque toutes établiffent la règle *nulle terre fans feigneur* ; & rien de plus général, de plus abfolu que cette difpofition ; elle s'adreffe à tous les feigneurs, elle frappe fur tous les tenanciers, elle embraffe tous les héritages , elle veut bien formellement que tous ceux qui poffèdent dans l'enclave d'une feigneurie reconnoiffent le feigneur en fief ou en cenfive.

Les eccléfiaftiques ne peuvent donc, fans un titre formel, fe fouftraire à cette reconnoiffance.

Enfin, l'ordonnance de 1628 profcrit à jamais ce fyftême de *franche-aumône* par préfomption ; l'article 283 fuffit feul pour diffiper cette chimère ; cet article porte que tous les héritages font réputés relevans du roi ou des feigneurs, finon que les *poffeffeurs defdits héritages faffent apparoître de bons titres qui les en déclarent quittes* : rien de plus général que cette difpofition ; elle embraffe les main-mortes comme les laïques ; tous font donc également obligés de reconnoître un feigneur, à moins qu'ils ne fe rapportent un titre formel d'affranchiffement ; ainfi plus de préfomption en faveur de l'églife , point de *franche-aumône* préfumée.

En voilà trop, fans doute , pour diffiper le fyftême de la *franche-aumône* par préfomption, pour faire fentir que cette prétention, uniquement fondée fur l'intérêt & la vanité , eft deftituée de fondement, & même de prétexte. Cependant nous allons nous arrêter encore un inftant pour parcourir quelques

autres moyens des eccléfiaftiques, les feuls qui nous reftent à difcuter.

D'abord ils invoquent la faveur de *la franche aumône* ; elle eft fi favorable , difent-ils, *qu'elle n'a pas befoin de titres.*

Nous convenons de bonne foi qu'il nous eft impoffible d'imaginer ce qui pourroit mériter une faveur fi diftinguée à la *franche-aumône.* En quoi l'état , la religion , les mœurs peuvent-ils être intéreffés à ce que des religieux, déjà furchargés d'un immenfe fuperflu , jouiffent encore d'une franchife inconnue à tous les autres citoyens , & qui n'exifteroit que pour eux feuls?

Les eccléfiaftiques invoquent, en fecond lieu, le privilège de l'ancien patrimoine de l'églife ; ils prétendent que cet ancien patrimoine eft naturellement affranchi de toutes efpèces de charges.

Eft-il vrai que les églifes aient des privilèges auffi étendus ? que tout ce qui forme leur ancien patrimoine foit exempt de toute efpèce de charge ? Les eccléfiaftiques ne nous rapportent ni loi , ni coutume , ni jugement, ni préjugé qui établiffent une franchife auffi exorbitante ; au contraire, fi l'on fe réfère aux anciens monumens de notre légiflation, aux loix promulguées à l'époque à laquelle on peut placer la fondation & la dotation d'une très-grande quantité de bénéfices, c'eft-à-dire, dans les neuvième & dixième fiècles, on voit que les privilèges de l'églife étoient alors extrêmement bornés ; on tenoit pour règle générale qu'un héritage , quoique poffédé par un corps eccléfiaftique , n'en étoit pas moins affujetti aux charges anciennes & accoutumées. *Ut de rebus ex quibus cenfus ad partem regis exire folebat, fi ad ecclefiam traditæ fint, cenfum perfolvat.* Cap. de l'an 812.

Cette loi eft bien contraire à l'idée que l'on veut nous donner de l'ancien patrimoine des églifes.

Il y avoit cependant une exception à cette règle. Les mêmes capitulaires affranchiffent de toute efpèce de charge une partie des biens de chaque bénéfice, ce que l'on appelloit alors une manfe. *Sancitum eft ut unicuique ecclefiæ unus manfus integer abfque ullo fervitio attribuatur.* Cap. de Charlemagne, lib. 1, cap. 83.

On appelloit *manfe* la portion de terre que deux bœufs pouvoient cultiver dans une année. *Quantitas terræ quæ fuffīcit duobus bobus in anno ad laborandum.* Ducange, au mot *Manfus.*

A l'égard de la confultation de Cochin, qui paroît effectivement favorifer la *franche-aumône* par préfomption, voici la réponse. Ce jurifconfulte , à qui s'étoient adreffés quelques gens de main-morte qui invoquoient apparemment la *franche-aumône* , leur adminiftra des prétextes à employer dans leur caufe ; fa réponfe eft moins une confultation qu'un plaidoyer ; il ne leur indique pas des loix , il leur fuggère de fimples raifonnemens pour accréditer la préfomption qui faifoit leur reffource. Il les renvoie aux coutumes de Normandie & de Poitou, qui n'ont aucune autorité

au-delà de leur territoire ; il leur indique quelques
auteurs qui ont parlé de la *franche - aumône* ; mais
ces auteurs en ont donné la définition fans
décider qu'elle dût être préfumée lorfqu'elle n'étoit
pas juftifiée par titres ; il tranfcrit un paffage de
Bacquet : mais du temps de Bacquet, la règle,
nulle terre fans feigneur, étoit attaquée & fans force.
Bacquet enfeignoit que la poffeffion faifoit préfumer l'héritage allodial ; & ce qu'il décidoit pour
les gens d'églife, il le décidoit de même pour les
poffeffeurs laïques ; mais la règle, *nulle franchife
fans titre*, ayant repris toute fon autorité, elle doit
avoir fon effet contre la gens d'églife, de même
que contre les laïques. M. Cochin fondoit fon opinion fur quelques préjugés ; il citoit entre autres
un arrêt rendu en 1717, dans la coutume de Vitri ;
mais on tient que cette coutume eft allodiale, enforte que ce qui a été jugé pour l'églife, auroit
été jugé de même pour un particulier ; les prétendus préjugés qui ont pu faire incliner ce jurifconfulte à admettre la *franche-aumône* par préfomption,
n'étoient vraifemblablement que des arrêts de circonftances ; au furplus, à la différence des autres
confultations du même auteur, où après avoir pofé
des principes certains, il donne une décifion affirmative ; il ne décide rien en faveur des gens de
main-morte ; il dit, *on croit*, &c. Cette confultation
ne préfente donc qu'un fimple doute.

Les eccléfiaftiques cherchent encore, comme
nous l'avons déjà dit, à fe faire un moyen de
l'article 140 de la coutume de Normandie. Cet article veut en effet que les main-mortes, qui depuis
quarante ans poffèdent des héritages fans rien payer
au feigneur, foient réputées les avoir reçus en pure
aumône. Cette autorité eft très-refpectable dans la
province de Normandie, mais elle eft fans force au-
delà des bornes de fon territoire.

La jurifprudence eft conforme à ces principes ;
il y en a plufieurs arrêts très-récens ; celui du 15
mars 1777 juge la queftion de la manière la plus
pofitive ; il eft de la troifième des enquêtes, au
rapport de M. Mauffion de Candé. Voici les détails
de l'affaire tels qu'ils font confignés dans les mémoires des parties.

L'abbaye de la charité de Lezine, ordre de
Citeaux, poffède quelques arpens de terre dans le
territoire de la feigneurie de Beru. En 1772, le
fieur la Court, feigneur de Beru, prétendit, à
raifon de ces héritages, le cens, homme vivant
& mourant, &c. Sa prétention fut rejettée par fentence du bailliage de Sens, du 26 janvier 1773.

Sur l'appel, les religieux mirent dans leur défenfe tout le zèle, tout l'intérêt qu'une affaire d'une
influence auffi générale devoit naturellement leur
infpirer ; ils invoquèrent les coutumes de Normandie & de Poitou, un grand nombre d'autorités
& tous les arrêts connus fur cette queftion ; une
circonftance particulière leur donnoit un très-grand
avantage. Le titre primitif ne paroiffoit pas, &
amais ils n'avoient payé ni cens, ni aucune efpèce.

de droit feigneurial. « De tout temps, difoit le
» défenfeur de l'abbaye, les abbés & religieux de
» Lezine jouiffent franchement de plufieurs héri-
» tages qui joignent ceux dont le fieur de Beru
» eft feigneur direct ; la fondation de leur monaftère
» ne paroît pas plus ancienne que l'époque de cette
» jouiffance qui, jufqu'à la demande de la contef-
» tation actuelle, n'a jamais été troublée. Rien,
» ni dans les terriers, ni dans les autres titres de
» la feigneurie du fieur de Beru, ne relate la fujé-
» tion qu'il entreprend d'établir. Nul indice qu'à
» raifon des biens dont il eft queftion, il ait jamais
» été rien demandé par les feigneurs qui ont pré-
» cédé l'appellant, rien fervi ni reconnu par les
» religieux de Lezine ».

On devine aifément les conféquences que l'abbaye
tiroit de cette poffeffion ; elle les puifoit dans la
fource la plus refpectable, dans les coutumes de
Normandie & de Poitou, & finguliérement dans
les édits de 1580 & 1595, qui veulent *que tous les
eccléfiaftiques jouiffent de tous les droits appartenans
à leurs bénéfices, quand même ils ne rapporteroient que
des titres & preuves de poffeffion.*

On ne pouvoit rien de plus adroit, de mieux
combiné que cette défenfe ; néanmoins les vrais
principes, le droit d'enclave & l'imprefcriptibilité
du cens ont prévalu. On a refferré les coutumes
dans leur diftrict, & l'on a jugé que les édits ne
devoient s'appliquer qu'aux droits actifs ; l'arrêt
porte : « La cour a mis & met l'appellation &
» la fentence dont a été appellé au néant ; émen-
» dant, décharge le fieur de Beru des condamna-
» tions contre lui prononcées ; déclare valable le
» blâme fourni par le fieur de Beru ; condamne les
» abbés & religieux de la charité fur Lezine, à
» lui payer le cens & autres droits feigneuriaux,
» en outre vingt-neuf années d'arrérages échus
» du jour de la demande, à lui donner homme
» vivant ; & condamne en outre les religieux aux
» dépens ».

Cet arrêt, comme l'on voit, juge la queftion *in
terminis*, & dans les circonftances les plus favorables à l'églife.

La cour vient de juger la même queftion au
rapport de M. Dionis du Séjour, en faveur du
marquis de Courtenvaux, contre les religieux de
Molômes.

Ces religieux poffèdent des héritages dans l'enclave du comté de Tonnerre. De temps immémorial ils en jouiffoient franchement & librement,
fans payer aucune efpèce de preftation au feigneur
territorial. Enfin M. le marquis de Courtenvaux
a cru devoir exiger des droits fufpendus depuis
très-long-temps ; il a fait affigner les religieux de
Molômes, à l'effet de lui payer le cens, & de lui
donner homme vivant & mourant, à raifon des
héritages qu'ils poffèdent dans fon enclave.

Les religieux, dans l'impuiffance de rapporter
un titre d'affranchiffement, fe font défendus par
les moyens que nous venons d'indiquer ; ils ont

prétendu que l'églife eft préfumée tenir en *franche-aumône* toutes fes poffeffions : ils ont oppofé, 1°. le privilège de l'ancien patrimoine de l'églife; 2°. la confultation de Cochin; 3°. le fuffrage de Bacquet; 4°. quelques arrêts rendus dans les coutumes de Normandie & de Vitry, *&c.*

De fon côté, le marquis de Courtenvaux, après avoir diffipé ces différentes objections, concentroit fa défenfe dans la maxime, *nulle terre fans feigneur.* Voilà, difoit-il, la loi de tous les héritages affis fous l'empire de la coutume de Sens; les héritages que vous y poffédez, font affujettis à cette loi, à moins que vous ne rapportiez un titre de franchife, & ce titre vous manque. Tels étoient les moyens refpectifs des parties ; nous les puifons dans leurs mémoires imprimés. Dans celui du marquis de Courtenvaux, nous lifons en propres termes : *il s'agit de favoir fi dans une coutume qui n'admet aucune franchife fans titres, les maifons religieufes peuvent prétendre fans titres que leurs héritages font francs.*

Telle eft la queftion que la cour a jugée, & c'eft précifément celle que nous examinons. La cour a condamné les religieux de Molômes à payer le cens, à reconnoître le marquis de Courtenvaux pour feigneur direct de tous les héritages qu'ils poffédent dans le comté de Tonnerre. Cet arrêt eft du 14 juillet 1778.

Le 21 mars 1770 pareil arrêt en faveur de M. de Verduc, contre l'églife cathédrale de la Rochelle. Nous allons encore rappeller l'efpèce de cet arrêt, puifée dans les mémoires imprimés pour l'affaire.

M. de Verduc eft feigneur de la baronnie d'Oulmes en Poitou. Le chapitre poffède des terres dans l'enclave de cette baronnie.

Ces domaines avoient appartenu autrefois aux abbayes de Nieuil & de l'Abfie, réunies au chapitre.

M. de Verduc réclamoit le cens fur certaines parties, le terrage au douzième des fruits fur d'autres, il manquoit de titres fur deux de ces pièces de terres, l'une de fix boiffelées & demie, l'autre de quatre boiffelées.

Pour les autres, il rapportoit une reconnoiffance de l'an 1601, des anciens propriétaires du temps de l'abbaye de Nieuil.

A l'égard des deux pièces fur lefquelles il n'avoit pas de titres, il établiffoit par quatre aveux qu'elles étoient dans l'enclave de fa baronnie d'Oulmes, d'où il tiroit la conféquence qu'elles étoient affujetties au terrage.

Le chapitre critiquoit très-fortement la reconnoiffance de 1601 ; il prétendoit que les domaines y dénommés étoient du patrimoine primitif de l'abbaye, conféquemment que ceux qui avoient figné dans ces reconnoiffances ne pouvoient pas être, & n'étoient pas effectivement propriétaires des héritages reconnus.

A l'égard de ceux fur lefquels M. de Verduc ne rapportoit d'autre titre que fon droit d'enclave, le chapitre invoquoit le moyen bannal de la *franche-aumône.*

Il ajoutoit, page 25 de fon mémoire imprimé, que les abbayes de Nieuil & de l'Abfie, aux droits defquels il étoit, étoient de fondation royale, d'où il falloit conclure que tout fon patrimoine, venant de ces deux abbayes, étoit dans la mouvance du roi.

Enfin, le chapitre comptant peu, à ce qu'il paroît, fur l'idée de *franche-aumône*, & fur le fait de la fondation royale, faifoit les plus grands efforts pour déplacer les bornes de la baronnie d'Oulmes, & prouver que les héritages en litige n'étoient pas renfermés dans ces bornes.

Aucun de ces moyens n'a prévalu; l'arrêt de la troifième chambre des enquêtes, au rapport de M. Titon de Vilotran, condamne le chapitre à reconnoître les domaines qu'il poffède dans l'enclave de la baronnie d'Oulmes fujets à cens, à terrage, & à donner déclaration fèche de ceux qu'il prouvera affranchis defdits droits de cens & terrage.

Cependant le chapitre avoit oppofé la défenfe la plus vigoureufe; fa production étoit immenfe, & fes moyens rempliffoient 1699 rôles d'écritures.

On peut même dire que fon zèle, pour la confervation des biens de l'églife, l'avoit peut-être porté trop loin : condamné par quatre fentences des requêtes du palais, il y avoit d'abord acquiefcé en payant les dépens; il avoit enfuite révoqué fon procureur, & le chanoine qui avoit, conformément à fon intention, fourni l'argent pour les payer.

Cette matière préfente encore une queftion non moins importante que celle que nous venons d'examiner, celle de favoir de quelle nature font, entre les mains de l'églife, les biens à elle donnés en *franche-aumône.* Ces biens font-ils nobles ou roturiers ?

Si avant la donation ils étoient roturiers, ils demeurent tels ; à cet égard, point de difficulté : mais s'ils étoient nobles, confervent-ils leur nature primitive, ou defcendent-ils dans la claffe des rotures ? Ils deviennent roturiers, quoique nobles, dans la main du donateur. Cette converfion du fief en roture, eft l'effet néceffaire de la donation en *franche-aumône*, qui de fa nature ne conftitue qu'une tenure roturière.

Ce n'eft pas fans beaucoup de peines qu'enfin ce principe a prévalu. Les eccléfiaftiques ont fait les plus grands efforts pour le détruire, mais inutilement. Il eft aujourd'hui confacré par des arrêts fi folemnels, qu'il n'eft plus permis de le révoquer en doute. Ces arrêts jugent que toutes les fois qu'un feigneur a donné en *franche-aumône*, l'immeuble ainfi donné ne forme qu'une fimple roture entre les mains de l'églife. Les arrêts vont encore plus loin : fans égard pour la poffeffion, ils réduifent les parties de fief à la qualité de fimple roture ; quoique les eccléfiaftiques en aient rendu des aveux, quoiqu'ils aient exercé pendant le cours de plusieurs siècles, tous les actes possibles de justice & de féodalité. Si cette jurisprudence infiniment sage & non moins précieuse, n'est pas aussi connue qu'elle devroit l'être, en voici les détails recueillis avec beaucoup de soin.

Le premier arrêt a été rendu au parlement de Rouen le 16 mai 1616, entre les doyen, chanoines & chapitre de Notre-Dame de la Ronde de la même ville, & Adrien de Houdetot, seigneur du lieu & patron de Veauville. Cet arrêt est rapporté fort brièvement par Basnage, sur l'article 100, à la fin. En voici les détails:

Les chanoines & chapitre de Notre-Dame de la Ronde, soutenoient que les biens dont il s'agissoit, étoient dans leur mouvance, à cause d'un prétendu fief qu'ils appelloient *Valhuart*.

Ils produisoient des actes de féodalité depuis l'année 1367; & dans un acte de cette même année, il étoit dit que leur terre étoit une haute-justice en *franche-aumône*. Leurs auteurs avoient donné en 1369, une commission à leur bailli de cette même terre, haute-justice & *franche-aumône*.

Ils produisoient des baux à fiefs de 1404 & 1420; des aveux qui avoient été reçus aux plaids de leur prétendu fief & justice en 1425, 1471, 1472, 1473, 1487, 1494, 1501, 1502 & 1574; des provisions de leurs officiers de 1511, 1513 & 1532; des comptes de leurs revenus; des sentences rendues en leur prétendue justice & seigneurie; trois arrêts du parlement de Rouen, des années 1572, 1577, 1578; & un quatrième arrêt de 1580, par lequel, du consentement de M. le procureur général, la tenure des terres & héritages y énoncés avoit été adjugée aux chanoines & chapitre, à cause de leur prétendu fief de Valhuart; & le possesseur avoit été condamné à leur en passer aveu & payer les rentes, avec les droits & devoirs seigneuriaux.

Malgré tous ces titres & plus de trois siècles de possession, la tenure des biens dont il s'agissoit, fut adjugée par l'arrêt de 1616 au sieur Houdetot, avec les profits de fief. Mais l'arrêt passa plus avant; il fit inhibitions & défenses aux doyen, chanoines & chapitre, de prendre la qualité de seigneurs hauts-justiciers de Beons-le-Comte & Valhuart, sauf à eux à poursuivre & demander les rentes foncières & anciennes, & les arrérages, suivant leurs titres. Ainsi leurs rentes qu'ils prétendoient seigneuriales, furent déclarées simples, foncières, & ils furent dépouillés de toute féodalité, nonobstant leur ancienne usurpation.

Le second arrêt a été rendu au grand-conseil, le 18 juillet 1720, entre Jean-Antoine l'Hermite, seigneur de la Prée, & les prieur & religieux de Sainte-Foi de Longueville.

Les religieux se fondoient sur une chartre de Henri, roi d'Angleterre, comte d'Anjou & d'Aquitaine, par laquelle ce prince avoit confirmé aux religieux de Sainte-Foi les donations qui leur avoient été faites de trois charrues de terre dans la paroisse de la Prée, par Raoul ou Rodulphe du Bolhard, pour en jouir *honorificè*. Ce terme est remarquable, & répond assez à l'idée de tous les ecclésiastiques qui prétendent qu'en leur donnant des alimens, leurs fondateurs ont aussi voulu leur procurer des honneurs.

Cette chartre est sans date: mais cet Henri, roi d'Angleterre, étoit sans doute Henri II, qui vivoit dans le douzième siècle; car Henri I n'avoit été ni comte ni duc d'Aquitaine.

Les religieux produisoient aussi une autre chartre du même Henri, roi d'Angleterre, portant confirmation d'une donation de deux charrues de terre, dans la même paroisse, avec leurs vassaux & rentes, laquelle donation avoit aussi été faite par le même Raoul Bolhard, & il y avoit la même expression: pour en jouir *honorificè*.

Une autre chartre de S. Louis, roi de France, du mois de janvier 1269, laquelle confirmoit celle du roi d'Angleterre, & contenoit la même expression: pour en jouir *honorificè*.

Une autre chartre de Robert d'Estouteville, seigneur du Bolhard, du 12 mars 1363, qui confirmoit aux religieux, outre les héritages qui relevoient d'eux, le manoir qu'ils y avoient, avec les terres qui en dépendoient.

Les religieux de Sainte-Foi, pour se faire un titre qui les rendît seigneurs féodaux, avoient reconnu pour souverain Henri V, roi d'Angleterre, car l'on voit dans le même arrêt qu'ils avoient produit une déclaration ou un aveu donné en la chambre des comptes de Normandie le 26 avril 1419; ils avoient même obtenu en la même chambre un arrêt du 6 mai de la même année 1419, lequel avoit reçu leur aveu, comme il est dit dans cet arrêt de 1720.

Ils avoient aussi rendu à Louis XIV, le 9 août 1692, une déclaration ou aveu qui avoit été reçu par un arrêt du 13 septembre 1694.

Les mêmes religieux produisirent une quantité prodigieuse de titres qui prouvoient qu'ils avoient exercé tous les actes de féodalité pendant plusieurs siècles. Une infinité d'aveux & plusieurs de ces actes avoient été passés avec le seigneur de la Prée. Ces preuves de féodalité commençoient dès l'an 1227; mais depuis que les religieux avoient reconnu le roi d'Angleterre en 1419, les aveux étoient devenus plus fréquens.

Malgré tant de titres & une possession de cinq cens ans, le grand-conseil, par l'arrêt du 18 juillet 1720, déclara les tenemens qui avoient fait naître la contestation, être de la dépendance du seigneur de la Prée, & fit défenses aux religieux de Sainte-Foi de Longueville, de se dire & qualifier seigneurs de la Prée, ni d'y tenir aucun plaids.

Le troisième arrêt a été rendu par la chambre des comptes, aides & finances de Normandie, le 28 mai 1726, entre le sieur Leblond, baron de Sauchay, & les abbé & religieux de Sery.

On voit, à la tête de cet arrêt, un extrait de la déclaration que les religieux de Sery avoient donnée en 1723, en exécution des ordonnances de nos rois, dans laquelle ils prétendoient que les biens, dont ils donnoient la déclaration, étoient un fief qu'ils appelloient le *franc-fief de Saint-Nicolas*, autrement *des Rendus*, situé dans le comté d'Eu; & à la fin, ils difoient qu'ils poffédoient ce fief depuis près de fix cens ans, & dès le commencement de la fondation de leur abbaye; qu'il leur avoit été donné par Jean & Hugues, seigneurs de Sauchay, avec les droits spécifiés dans les titres en ces termes: *conceffi prædictis fratribus in omnibus his fanguinem, bannum & latronem*; en vertu de quoi ils prétendoient avoir même la haute-justice.

Le baron de Sauchay forma oppofition à cette déclaration ou aveu; & les religieux produifirent leur titre originaire, qui étoit une chartre, par laquelle Jean de Sauchay, du confentement de fon frère & de fon fils, avoit confirmé la donation faite en perpétuelle aumône, à l'églife de Notre-Dame de Sery, de cent quarante acres de terres & autres biens. Cette donation, fuivant l'ufage du temps, avoit été confirmée par l'archevêque de Rouen.

Ils produifirent plufieurs autres chartres, entre autres une de Jean de Sauchay de 1221, par laquelle il leur accordoit la juftice du fang & du larron: *fanguinem & latronem*, & tout ce qu'il pouvoit avoir de feigneurie & jurifdiction fur les bois, terres labourées ou incultes, prés ou pâtis, &c.

Ces donations avoient été confirmées par plufieurs chartres des fucceffeurs des donateurs, & encore par une chartre du roi Philippe de Valois de l'année 1338, laquelle confirmoit d'autres lettres du roi Charles-le-Bel de l'année 1323, portant que ce prince, après informations faites, avoit déclaré que les bois des Rendus, appartenans aux religieux de Sery, qui étoient fiefs du comté d'Eu, n'étoient point fujets au droit du tiers & danger.

Les religieux produifoient auffi un bail à fieffe fait par leurs prédéceffeurs, de 1458, & trois aveux préfentés en 1510 au fief noble, terre & feigneurie des Rendus, pour des rentes dues audit fief, des proclamations pour les gages-pleiges que les feigneurs féodaux ont accoutumé de tenir, fuivant la coutume de Normandie, des déclarations rendues à la même prétendue feigneurie, & plufieurs autres titres.

Nonobftant tous ces titres, l'arrêt de la chambre des comptes de Rouen ordonna que les termes de fief & franc-fief, & droit de paroiffe employés dans la déclaration des abbé & religieux de Sery, feroient rayés & fupprimés; ce faifant, qu'il feroit dit dans la déclaration, que les abbé & religieux poffèdent le franc ténement des Rendus, tenu en pure aumône du feigneur du Sauchay, dans l'enclos duquel ils ont une chapelle & oratoire.

Il faut obferver que cet arrêt, non-feulement condamne l'ufurpation que les religieux avoient faite depuis tant de fiècles de tous les droits de fief noble, mais qu'il juge auffi que la donation en pure & *franche-aumône*, conferve la tenure ou mouvance au feigneur donateur. C'eft pour cela que l'arrêt dit que les religieux mettront dans leur déclaration, que leur franc-ténement des Rendus eft tenu en pure aumône des feigneurs du Sauchay. Cependant les feigneurs du Sauchay n'avoient jamais demandé aucune déclaration aux religieux.

Le quatrième arrêt eft du premier juillet 1726. Il a été rendu par M. de Pontcarré, premier préfident du parlement de Rouen, & par M. Chapelain, procureur-général en la même cour, commiffaires nommés par le roi, pour juger les conteftations d'entre les religieufes de l'Eftrée, & M. Guenet, confeiller au parlement.

L'on voit dans cet arrêt que les religieufes foutenoient qu'elles étoient dans la mouvance immédiate du roi, & qu'elles demandoient d'être maintenues en la poffeffion de leurs fiefs de Bourgl'Abbé, Val-Hermien & autres domaines, fiefs & droits relevans de fa majefté.

M. Guenet demandoit d'être reçu oppofant à la prétendue déclaration du temporel de l'abbaye de l'Eftrée du 17 mars 1681, & que conformément aux titres primordiaux de la fondation, toutes les terres qui compofent le temporel de cette abbaye fuffent déclarées roturières.

Les religieufes produifoient un arrêt de dernière main-levée par elles obtenu en la chambre des comptes de Rouen, le 9 décembre 1682, fur une déclaration qu'elles avoient rendue au roi le 17 mars 1681, deux chartres très-anciennes contenant des donations en pure aumône, un grand nombre de titres defquels il réfultoit qu'elles avoient joui de tous les droits de fief noble depuis près de cinq cens ans.

Nonobftant tous ces titres, il avoit été rendu une fentence par le bailli d'Evreux au fiége d'Elz, le 3 mars 1731, fur les conclufions du fubftitut de M. le procureur-général, par laquelle la mouvance des biens conteftés avoit été adjugée à M. Guenet; les religieufes avoient été déboutées de tous leurs prétendus droits de fief, faute par elles d'en juftifier par des titres valables; défenfes leur avoient été faites de tenir aucuns gages-pleiges, de fe faire rendre aucun aveu, & de faire aucun acte de jurifdiction de fief dans l'étendue de l'enclave de la châtellenie de Louye & Marfy. Elles avoient été reftreintes aux droits & conceffions portées par les titres primordiaux de leur fondation; & M. Guenet avoit été reçu oppofant, en tant que befoin feroit, à la déclaration qu'elles avoient donnée au roi le 17 mars 1681.

Les religieufes avoient interjetté appel de cette fentence; & toutes les conteftations des parties ayant été renvoyées par fa majefté devant les commiffaires ci-deffus nommés, ils rendirent leur jugement en dernier reffort, le premier juillet 1726, par lequel la fentence fut confirmée, de même que les fentences précédentes rendues par le fénéchal de Marfy. Le jugement donne acte à M. Guenet de la déclaration par lui faite, qu'il confent que les religieufes jouiffent & perçoivent les rentes qui leur font dues pour les terres fieffées par leurs prédéceffeurs, non comme des rentes feigneuriales, mais comme des rentes foncières, & qu'elles pourront avoir un regiftre ou papier cueilloir, auquel elles ne pourront jamais, fous quelque prétexte que ce puiffe être, ajouter le titre de regiftre de gages-pleiges.

Le cinquième arrêt eft du 2 avril 1727. Il a été rendu au parlement de Rouen, entre le prieur commendataire, le prieur clauftral & les chanoines réguliers de Saint-Lo du Bourg-Achard, & Jacques-Georges Dufey, comte de Maulevrier & du Bourg-Achard, feigneur haut-jufticier du même lieu, patron honoraire & ayant les droits de fes prédéceffeurs, fondateurs du prieuré.

Les prieur & chanoines étoient appellans d'une fentence du bailliage de Rouen, par laquelle les biens aumônés par Roger Dubofc, aux prieur & religieux du Bourg-Achard, & poffédés fous le titre du fief de l'aumône, avoient été déclarés roturiers, & relever du fief & feigneurie du feigneur de Sainte-Foi; il avoit été fait défenfe aux religieux de tenir aucuns plaids; ils avoient été condamnés à détruire les boulins à pigeons. Les biens aumônés par Jean de la Marre avoient été pareillement déclarés relever de la même feigneurie; & fur la conteftation qui confiftoit à favoir fi le fief appellé de la Marre étoit noble ou roturier, la fentence avoit ordonné que l'acte de confirmation de la donation de Jean de la Marre de l'année 1156, produit par le prieur lors de la déclaration par lui donnée à la chambre des comptes en 1686, feroit repréfenté.

Les appellans produifoient une quantité prodigieufe d'actes de féodalité; quarante-cinq fentences rendues en leur faveur depuis 1430 jufqu'en 1696; foixante-trois aveux rendus à leur prétendue feigneurie, depuis 1381 jufqu'en 1677; des regiftres des gages-pleiges tenus par leur fénéchal, pour leurs prétendus fiefs de la Marre & de l'aumône, depuis 1529 jufqu'en 1542; un autre regiftre de leurs gages-pleiges, depuis 1638 jufqu'en 1646; un autre depuis 1675 jufqu'en 1687; un autre depuis 1581 jufqu'en 1584; & un papier terrier de 1493.

La chartre de Roger Dubofc, leur fondateur, contenoit la claufe la plus forte que l'on puiffe imaginer. Elle étoit conçue en ces termes: *Nullo jure terreno à me retento, præter patrocinium & defenfionem.*

Ils avoient donné au roi une déclaration en 1686, de même que les autres gens d'églifes & monaftères, en conféquence des ordonnances dont on a parlé ci-deffus.

Enfin, parmi un très-grand nombre d'autres titres qu'ils produifoient, il y en a un qui eft remarquable. C'eft une chartre d'amortiffement don-

née à ces religieux par le roi d'Angleterre en 1447. Il y a une faute dans l'arrêt qui nomme ce roi Henri IV, au lieu que c'étoit Henri VI, fils de Henri V. C'eft une chofe fingulière que l'affectation de tous les religieux de ce pays-là, de chercher toutes les occafions de reconnoître les rois d'Angleterre pour fouverains.

L'arrêt du parlement de Rouen du 2 avril 1727, confirma la fentence dont étoit appel, en ce qui concerne le fief de l'aumône; & quant au prétendu fief de la Marre, il ordonna que les parties inftruiroient plus amplement; en quoi il confirma auffi la fentence qui ordonnoit que le prieur repréfenteroit la confirmation de la donation de Jean de la Marre de l'an 1156, laquelle il avoit produite lors de la déclaration donnée à la chambre des comptes en 1686; & il prétendoit que cette confirmation prouvoit que Jean de la Marre avoit donné un fief noble. Ainfi cette décifion eft toujours fondée fur le même principe; favoir, que tous les biens font réputés roturiers, fi celui qui foutient que ce font des fiefs nobles n'en rapporte la preuve.

Mais quant aux biens aumônés par Roger Dubofc, que le prieur & religieux appelloient leur *fief de l'aumône*, ils furent déclarés roturiers, nonobftant une poffeffion contraire de plufieurs fiècles, & nonobftant cette claufe de la fondation: *Nullo jure terreno à me retento.*

Le fixième arrêt eft le plus célèbre de tous. Il a été rendu au grand-confeil le 9 avril 1739, entre M. le duc & madame la ducheffe de Luxembourg, en qualité de comte & comteffe de Gournay, & les abbé, prieur & religieux de Bellozane, ordre de Prémontré.

Ces religieux foutenoient que les biens qui avoient été aumônés à leur abbaye par les comtes de Gournay en 1112 & 1198, avoient tous les droits de fiefs nobles. Les donateurs avoient dit qu'ils tranfportoient à l'abbaye tout le droit qu'ils avoient fans en rien retenir, même la juftice. Enfin, on ne peut rien imaginer de plus fort que les claufes de ces chartres; cependant tous ces titres ne contenoient qu'une pure ou *franche-aumône. In puram & liberam eleemofynam.*

Ces donations avoient été confirmées par les ducs de Normandie, qui étoient alors rois d'Angleterre, & par plufieurs de nos rois. Il y avoit une infinité d'actes & de preuves de féodalité de toute efpèce pendant plus de cinq cens ans, & entre autres plus de quatre cens aveux. On peut voir tout ce détail dans l'arrêt, qui eft d'une très-grande étendue.

Mais nonobftant tous ces titres & une poffeffion de tant de fiècles, l'arrêt du grand-confeil ordonne que les prieur & religieux feront tenus de rayer & fupprimer de leur aveu, la qualité de feigneurs de Bellozane & de Bremontier, à caufe des héritages compris dans la donation de Hugues de Gournay de l'année 1198. Cette donation en avoit confirmé une autre, faite par Gauthier de Bou-chevilliers.

Et ayant égard au requifitoire du procureur-gé-néral, fans s'arrêter à la tranfaction du 4 mai 1703, ni au procès-verbal du 27 novembre 1704, en ce que lefdits actes emportent reconnoiffance de diffé-rentes tenures & mouvances au profit de ladite abbaye, leur fait défenfe de qualifier ni défigner lefdits héritages fous la dénomination de fief ou franc-aleu, & de fe dire & qualifier feigneurs de Bellozane & Bremontier, ni d'aucun fief, ni franc-aleu dans lefdits lieux.

Leur fait pareillement défenfe de tenir aucuns fiefs ni gages-pleiges, & d'exercer aucuns droits & actes de féodalité ou jurifdiction efdits lieux & fei-gneuries de Bellozane & Bremontier.

Ordonne que le colombier, par eux conftruit dans l'enclos de leur abbaye, fera fermé, & qu'ils en détruiront les boulins & pigeons trois mois après la fignification de l'arrêt, fauf à eux d'employer le bâtiment à tel autre ufage qu'ils trouveront à propos.

Et en outre que les religieux ajouteront à leur aveu les héritages par eux acquis en 1698 & 1716, qu'ils ont fuppofés mouvans de leurdite abbaye.

Qu'ils ajouteront un chapitre particulier qui con-tiendra la déclaration en détail de tous les biens qu'ils tiennent en aumône de la châtellenie de Gournay, & qu'ils emploieront dans ledit aveu & déclaration les rentes par eux créées fur ceux des héritages à eux aumônés qu'ils ont mis hors de leurs mains; lefquelles rentes ils déclareront fon-cières & non feigneuriales, fauf au duc & à la ducheffe de Luxembourg à fe faire rendre aveu defdits héritages par les poffeffeurs d'iceux.

Enfin, que lefdits prieur & religieux feront tenus de rayer & fupprimer la qualité de patrons de Bellozane & qu'ils diront aux aumônés qu'ils ont droit de préfenter à la cure de Bellozane, à eux aumônée par la donation de 1198.

L'arrêt prononce enfuite, dans un grand détail, fur tous les articles de blâme donnés par M. & madame de Luxembourg, contre l'aveu & décla-ration que les religieux leur avoient préfentés. Les décifions fur chaque article font fondées fur les règles établies au commencement de l'arrêt. Enfin, les religieux font condamnés en tous les dépens.

M. de Luxembourg avoit produit dans ce procès prefque tous les arrêts dont il a été parlé ci-deffus, lefquels avoient déjà décidé plufieurs fois la quef-tion dont il s'agiffoit.

Il faut obferver que les religieux de Bellozane avoient donné en 1735, à M. & à madame de Luxembourg, un aveu des terres qu'ils reconnoif-foient relever du comté de Gournay. M. le duc de Luxembourg blâma cet aveu, & foutint que les religieux devoient y comprendre comme terres roturières, toutes celles qui leur avoient été au-mônées par leur fondateur; & les religieux offrirent, par une requête du 13 août 1738, d'en donner

une déclaration fèche; mais ils prétendoient les déclarer comme fiefs nobles. L'arrêt dont on vient de rapporter les principaux chefs, jugea qu'ils de-voient comprendre dans leur aveu ou déclaration les terres aumônées, & reconnoître qu'elles étoient roturières.

Cet arrêt a donc jugé, en premier lieu, que les religieux auxquels les biens ont été donnés en pure & *franche-aumône*, font obligés d'en donner une déclaration au feigneur, dont ils tiennent les biens, & à fes fucceffeurs. Les religieux de Bellozane ne conteftoient pas même qu'ils ne fuffent obligés à donner cette déclaration; ils ne difputoient que fur la qualité des biens.

En fecond lieu, l'arrêt a jugé que les biens don-nés par aumône ne font que des rotures, s'il n'eft prouvé par les titres originaux que ce font des fiefs nobles.

Cet arrêt a fait grand bruit dans tout le royaume, à caufe des clameurs des religieux de Bellozane. Ils en demandèrent la caffation au confeil, où ils préfentèrent une requête qui fut imprimée, & ils en répandirent des exemplaires dans toute la France. L'on voit dans cette requête, qu'ils ont employé tous les moyens qu'il étoit poffible d'invoquer. Ils avoient fait des recherches infinies; mais tous leurs difcours ne fervirent qu'à faire mieux connoître la juftice de l'arrêt qui eft fondé fur les véritables principes. Auffi la requête en caffation fut rejettée, & l'arrêt demeura dans toute fa force.

Le feptième arrêt a été rendu au parlement de Rouen le 19 juillet 1741, entre M. le maréchal de Bellifle, & les prieur & chanoines réguliers de Saint-Laurent de Lyon.

On peut encore voir dans cet arrêt la grande quantité de titres qui prouvoient que les chanoines de Saint-Laurent & leurs prédéceffeurs avoient exercé tous les actes de féodalité, & tous les droits de fiefs nobles depuis la fin du douzième fiècle. Ils avoient des aveux & autres actes de toutes efpè-ces, des fentences, des arrêts, des papiers ter-riers, des baux à fiefs, des baux à loyer de leurs rentes feigneuriales, des aveux & déclarations ren-dus au roi, & enfin tous les actes que la plupart des religieux ont accumulés depuis plufieurs fiècles, pour ériger des fiefs nobles en leur faveur, & ufurper les droits de leurs fondateurs & bien-faiteurs.

Mais nonobftant tous ces actes, comme l'on voyoit par les chartres & titres originaux qu'il n'y avoit aucune preuve de fief noble, l'arrêt fait défenfes aux prieur & religieux de fe dire feigneurs de Saint-Laurent, ni d'aucun fief dans ledit lieu de Saint-Laurent; de tenir aucuns plaids & gages-pleiges, & d'exercer aucun droit ou acte de féodalité & jurifdiction.

La même queftion vient encore d'être jugée par une fentence arbitrale non moins folemnelle que les précédens arrêts; cette fentence, émanée de cinq avocats dont les talens font univerfellement connus

& refpectés, a é.é confacrée par l'approbation unanime du barreau , & par une tranfaction fignée le
jeudi 17 juillet 1777.

Les parties étoient M. le duc de Penthièvre d'une
part , & de l'autre , les religieux bénédictins de
l'abbaye de Jumièze.

M. le duc de Penthièvre prétendoit qu'une terre
affife dans le bourgage de Vernon, connue depuis
fix ou fept fiècles fous la dénomination de *baronnie
d'Authis* , ne formoit qu'une fimple roture, fans
aucune prérogative feigneuriale. Les religieux oppo-
foient à cette prétention une réfiftance propor-
tiennée à l'importance de l'objet; ils produifoient
une multitude d'actes de féodalité & de juftice ,
un grand nombre d'hommages rendus à nos rois,
aux ducs de Normandie, aux rois d'Angleterre, &
cela depuis le commencement du dixième fiècle :
on peut affurer qu'il eft impoffible non-feulement
de defirer, mais de concevoir une poffeffion plus
folidement établie. Tous ces actes poffeffoires furent
mis à l'écart; on les regarda comme une méprife
de la part des religieux , & leur approbation de la
part du roi , comme l'effet de la négligence des
officiers prépofés à la manutention du domaine.
M. le duc de Penthièvre étoit heureufement parvenu à retrouver, dans le tour de Londres, l'original de la donation; on s'y attacha exclufivement , & la poffeffion difparut ; fuivant cette
grande maxime, *à primordio tituli omnis formatur
eventus.*

La chartre de donation porte : *dedimus haltis &
quidquid ad hoc pertinet de vineis , pratis , terris cultis
& incultis , filvis , aquis , & de pifcariis quartam
partem in ingeniis quorumcumque.... hæc omnia habeant,
teneant & poffideant abfque ulla inquietudine cujuflibet fecularis vel judiciaris poteftatis ; ficut res ad
fifcum dominicum pertinentes.* Cette chartre eft de
l'an 1027.

La première partie de la claufe ne conftitue évidemment qu'une *franche-aumône*. MM. les arbitres
étoient trop éclairés pour s'y méprendre ; ils connoiffoient trop bien les principes pour varier fur
leur application ; mais la deuxième partie de cette
même claufe pouvoit peut-être faire quelque difficulté, en ce qu'elle paroît donner aux religieux la
juftice par ces mots, *abfque inquietatione cujuflibet
fecularis vel judiciaris poteftatis* ; les religieux perfuadés qu'une pareille difpofition leur transféroit
la juftice, difoient : à plus forte raifon avons-nous
le fief.

On leur répondoit : cette claufe ne peut influer
fur la queftion qu'autant qu'elle emporte en faveur
de l'abbaye du Jumièje, la tradition de la juftice
fur l'objet dont il s'agit; mais il n'y a rien dans
les termes que l'on vient de transcrire, qui puiffe
conduire à cette idée ; on y voit qu'une fimple
prohibition à toutes les puiffances tant eccléfiaftiques que civiles, de troubler les religieux de
Jumièze dans la poffeffion de ce qui vient de leur
être aumôné. Cela eft bien éloigné d'une tradition

de juftice ; il n'en réfulte pas même une fimple
exemption de la jurifdiction ducale.

Mais quand même cette exemption réfulteroit
de la claufe, on n'en pourroit rien conclure quant
à la tradition de la féodalité, ni même de la
juftice.

Anciennement, comme perfonne ne l'ignore,
on regardoit les propriétés de l'églife comme appartenantes à Dieu même; les eccléfiaftiques étoient
parvenus à perfuader qu'il étoit indécent que des
biens de cette efpèce fuffent affujettis à des juftices
temporelles & profanes ; en conféquence l'ufage
s'étoit établi d'affranchir les poffeffions eccléfiaftiques de la juftice féculière; mais cette exemption
n'étoit qu'une exemption , & rien de plus ; la
juftice feigneuriale, que le donateur avoit fur l'objet
aumôné, demeuroit entre fes mains ; la jurifdiction
eccléfiaftique prenoit fa place; mais cette dernière
n'avoit alors, comme aujourd'hui , rien de temporel, rien qui caractérifât la feigneurie ; en un mot,
ce n'étoit autre chofe que la jurifdiction purement
eccléfiaftique.

Ces affranchiffemens de la juftice féculière font
très - fréquens dans les anciennes donations faites
à l'églife. On pourroit en rapporter quantité
d'exemples.

L'examen de ces actes fixe parfaitement les idées
fur la valeur & l'effet de ces fortes d'exemptions.

Lorfque la donation ne renfermoit qu'un fimple
affranchiffement, on fe contentoit d'y inférer ces
claufes, *abfque introitu judicum, ab omni judiciaria
poteftate liberum*, ou autres femblables.

Si au contraire le donateur avoit intention de
tranfmettre à l'églife la juftice qu'il avoit fur l'objet
aumôné , alors à la claufe d'exemption on ne manquoit jamais d'ajouter une donation formelle de la
juftice.

L'exemption de la juftice féculière, & la donation de cette même juftice , étoient donc deux
chofes bien différentes.

Cette diftinction entre l'exemption de la juftice
& la donation de cette même juftice, n'a pas échappé
à Bafnage. Après avoir parlé de ces claufes fi
communes dans les anciennes donations à l'églife,
abfque introitu judicum, cet auteur ajoute, *il y a
grande différence entre un privilège ou une exemption &
un droit de juftice*, fur l'article 13 de la coutume de
Normandie.

Il exifte, comme l'on voit , une grande différence
entre l'exemption de la juftice féculière accordée
à une églife, & la tradition de cette même juftice,
& cette diftinction étoit très - connue dès le neuvième fiècle ; on en trouve des exemples dans
les capitulaires de Baluze, notamment dans les
formules du moine Marculfe ; & M. de Bignon,
dans fes notes fur ces formules, fait très-bien fentir
cette diftinction.

Si la tradition de la juftice peut être regardée
comme emportant celle du fief, il s'en faut bien
que

que l'on puisse tirer la même conséquence d'une exemption pure & simple.

La clause de la chartre de l'an 1027 renferme tout au plus cette exemption de la justice. On n'en peut donc absolument rien conclure relativement à la féodalité. Restoit donc uniquement la première partie de cette même chartre qui, ne renfermant qu'une simple donation en *franche-aumône*, n'avoit pu transférer aux religieux qu'une simple roture. C'est ce que MM. les arbitres ont jugé conformément à la jurisprudence & aux vrais principes.

Cependant cette règle, qui veut que l'objet donné en *franche-aumône*, quoique noble dans la main du donateur, soit tenu roturiérement par l'église, n'est rien moins que générale : elle reçoit dans l'application une restriction très-importante.

La donation consiste dans un immeuble corporel, ou bien elle ne comprend que des droits féodaux, tels que des cens ou des rentes qui en tiennent lieu, c'est uniquement & exclusivement au premier cas, c'est-à-dire, aux immeubles corporels que l'on peut adapter la règle qui veut que la donation en *franche-aumône* emporte de plein droit & sans stipulation, l'arroturement de l'objet aumôné. Lorsque la donation consiste, non en immeubles, mais en droits seigneuriaux & censuels, la chose est bien différente.

Les droits incorporels d'un fief sont, ainsi que le domaine, dans le commerce ; le propriétaire peut les aliéner, les donner à l'église ; & ces droits sont, comme le domaine corporel du fief, susceptibles de l'impression de la *franche-aumône* ; mais dans ce cas, cette *franche-aumône* est noble, sa mainmorte tient noblement & en fief ; cela est ainsi, parce que cela ne peut pas être autrement.

La *franche-aumône*, comme nous venons de le dire, n'est autre chose qu'un jeu de fief : cette espèce de jeu n'a rien de particulier, si ce n'est que les prières tiennent lieu du droit seigneurial, que le vassal est obligé de se réserver, lorsqu'il se joue en faveur d'un laïque. Au surplus, nulle différence. La loi est la même, dans tous les cas, pour les ecclésiastiques comme pour les laïques : pour savoir si la donation en *franche-aumône* d'un droit censuel, constitue une tenure noble ou roturière, il ne faut donc que se rappeller les règles générales du jeu de fief. Le propriétaire d'un fief peut s'en jouer de deux manières, par inféodation ou par bail à cens.

Le seigneur est le maître de choisir celle de ces deux manières qu'il juge à propos ; lorsque c'est une partie du domaine corporel de son fief qu'il aliéne, il est le maître de stipuler qu'elle relevera de lui en fief ou en roture ; mais il n'est pas de même lorsqu'il se joue des droits seigneuriaux attachés à son fief ; par exemple, des cens ou rentes censuelles qu'il a droit de percevoir sur les héritages de sa mouvance, comme ces droits sont essentiellement nobles, il ne dépend pas de lui de les arroturer, de stipuler qu'ils seront tenus

roturiérement ; une pareille convention seroit nulle, parce qu'elle choqueroit la nature des choses : toutes les fois que des droits de cette espèce font la matière d'une donation en *franche-aumône*, cette *franche-aumône* est donc nécessairement noble, & l'église possède noblement & en fief.

Cette distinction entre le domaine corporel du fief & les droits seigneuriaux & censuels, concilie tous les arrêts rendus dans cette matière, s'il en est qui jugent que la donation en *franche-aumône* ne constitue, dans la main de l'église, qu'une tenure roturière, c'est que l'objet de la donation étoit un domaine corporel ; on a pensé que le donateur étant libre de se jouer ce domaine par la voie de l'inféodation ou de l'arroturement, & n'ayant pas dans l'acte manifesté son choix, il falloit présumer qu'il avoit voulu faire ce qui lui étoit le moins préjudiciable ; & il est plus avantageux à un seigneur d'aliéner par bail à cens que par sous-inféodation, parce que, dans le premier cas, la chasse & tout l'honorifique continuent de lui appartenir. Au contraire, lorsqu'il s'est trouvé que le donateur avoit aumôné non-seulement des portions de domaine, mais des droits seigneuriaux & censuels, on a jugé que la *franche-aumône* étoit noble, & que l'église possédoit féodalement, parce qu'alors on n'a pas pu supposer au donateur l'intention de donner en roture, puisque les droits seigneuriaux ne peuvent pas être tenus roturiérement.

Mais lorsque le donateur a donné un homme, *hominem, mancipium*, la *franche-aumône* est-elle noble ou roturière ?

La question s'est élevée assez récemment au grand-conseil entre l'abbaye de Fontenelle, ordre de S. Augustin, & le marquis d'Aizenay. Voici l'espèce.

En 1231, le seigneur d'Aizenay avoit donné à l'abbaye de Fontenelle plusieurs rentes, & en outre *Guillelmum Neyrandum & hæredes suos cum omnibus pertinentiis suis, ab omni dominio & exactione in perpetuum liberos & immunes.*

Des possessions de cet homme les religieux s'étoient formé un fief dans la paroisse d'Aizenay, fief qui consistoit en cens, rentes & autres droits seigneuriaux.

Ils jouissoient de ce fief depuis très-long-temps & sans aucune contradiction, lorsque le marquis d'Aizenay prétendit que ces espèces de cens & droits seigneuriaux n'étoient que de simples rentes foncières, & qu'à lui seul appartenoit la seigneurie des héritages grevés de ces différentes prestations.

Voici quelle fut la défense des religieux : nous allons la présenter avec quelques détails ; on y verra que l'affaire fut jugée en très-grande connoissance de cause.

L'on ne peut contester, disoient les religieux, que les serfs ne fussent & ne soient encore des marques de la plus distinguée seigneurie. Lors donc qu'on donne un serf, *hominem*, c'est certainement donner le fief, fur-tout lorſqu'on ne ſe réſerve rien, & qu'au contraire on explique qu'on donne l'homme & ſes héritiers, *ab omni dominio & exactione in perpetuum liberos & immunes.*

Comment les fiefs ſe font-ils formés, ſi ce n'eſt par une conceſſion des poſſeſſeurs, & par une abnégation de tout empire & exaction ſur eux & leurs biens ?

Il eſt vrai que, dans la plupart des occaſions, on s'eſt réſervé la ſuzeraineté. Mais ici la donation ne s'eſt rien réſervé ſur les hommes & ſur leurs biens ; elle a donné une portion de fief en pure aumône, ce qui a conſtitué, en faveur de l'abbaye qui lui ſuccédoit en tout, un fief libre & indépendant : il n'eſt pas poſſible de ſe refuſer à cette évidence.

Mais, dit le marquis d'Aizenay, le don d'un poſſeſſeur n'induit pas une conceſſion de féodalité ; Neyrand étoit ſerf ; c'eſt ce que les Romains appelloient *ſervos adſcriptitios,* qui faiſoient partie de la terre, parce qu'ils y étoient attachés ; & en cédant la terre, on les cédoit auſſi ; les terres n'avoient pas d'autre nom que celui de ſes colons ; d'où s'enſuit qu'en cédant Neyrand, on n'avoit cédé que les héritages par lui poſſédés.

Cette idée du défenſeur du marquis d'Aizenay n'eſt pas juſte, répondoit l'abbaye, les colons appellés chez les Romains *ſervi adſcriptitii glebæ,* étoient des eſclaves ; eux & les poſſeſſions qu'ils cultivoient appartenoient à leurs maîtres, & il dépendoit des maîtres de les affranchir ; lorſqu'un maître employoit une des trois manières indiquées par les loix romaines pour les affranchir, le bien reſtoit *domino,* à moins qu'il ne le donnât en tout ou partie avec la liberté ; la terre reſtée au maître après la liberté accordée, n'étoit ſujette à rien, parce que *nemini ſua res ſervit* : en la donnant, il pouvoit y établir quelque droit *in recognitionem dominii.* L'exemple des eſclaves des Romains ne peut donc trouver place ici, puiſqu'il n'y a ni liberté donnée à l'homme, ni remiſe à lui faite de ce qu'il poſſédoit, qui même étoit dit lui appartenir, *cum omnibus pertinentiis ſuis.*

Il ne faut que conſulter la Thaumaſſière ſur la coutume de Berri, & on y verra les différences de nos ſerfs d'avec ceux des Romains.

Ces ſortes de transmiſſions de ſerfs ès mains de l'égliſe ont été très-fréquentes dans le treizième ſiècle. La Thaumaſſière en rapporte des exemples en foule, de rois même qui ont donné aux égliſes leurs ſerfs par piété. Or, dans le treizième ſiècle du chriſtianiſme, la ſervitude ancienne du paganiſme étoit abolie ; il n'y avoit plus de ſerfs tels que chez les Romains.

Ces ſerfs nouveaux, ce ſont toujours les religieux qui parlent, étoient propriétaires de leurs biens ; le don de 1231 le donne parfaitement à connoître par ces expreſſions, *cum omnibus pertinentiis ſuis* ; mais ils paſſoient aux ſeigneurs dans certains cas, & il y avoit des droits de ſervitudes perſonnelles & réelles, ſubſtituées ou reſtées à la place de ce droit cruel de vie & de mort qu'avoient les Romains ſur leurs eſclaves.

Et ce qui mérite une grande attention, c'eſt l'obſervation que fait la Thaumaſſière, *ch.* 16, où il dit que ces ſerfs faiſoient partie des fiefs & ſeigneuries, & que c'eſt ce qui a rendu les manumiſſions moins familières.

Que réſulte-t-il de toute cette explication ? c'eſt qu'en rapprochant le titre de 1231 de ce qui étoit lors en vigueur, & dont quelques coutumes nous ont laiſſé des traces viſibles, Neyrand qui faiſoit une portion de la ſeigneurie d'Aizenay, ayant été donné à l'abbaye de Fontenelle avec tout ce qui lui appartenoit, exempt de toute ſubjection & exaction envers le ſeigneur d'Aizenay, eſt reſté ſerf de cette abbaye, & qu'elle a eu la ſeigneurie ſur lui, telle que le donateur l'exerçoit avant le don.

Pourquoi le ſerf & ſes héritiers ont-ils diſparu ? c'eſt qu'il ſera arrivé une extinction de la famille ſerve, auquel cas l'abbaye, comme ſeigneur de leur poſſeſſion, en aura profité ; Neyrand, par exemple, ſera mort, ſans *communs* avec lui, & alors ſes biens auront paſſé, comme il étoit de règle, à l'abbaye ; elle aura enſuite donné à des affranchis les mêmes biens ſous des redevances ſeigneuriales, à la place du ſerf, qui avec ſes biens formoit ſon fief particulier dans l'origine du don.

Que devient l'objection, qu'il a fallu une conceſſion expreſſe du fief, lorſqu'on a donné ce en quoi il conſiſtoit, & qu'il étoit dans la choſe même donnée ?

Or on ne doit point raiſonner ici ſuivant les maximes modernes, touchant les permiſſions de ſe jouer de ſon fief ; il eſt indiſpenſable de ſe reporter au temps du don ; il renferme un fief, ſans que le donateur ait rien réſervé *in recognitionem dominii antiqui* : la ferveur & la piété permettoient alors les largeſſes ſans conditions ; la matière des fiefs s'eſt depuis épurée, mais ſa réforme ne peut rien changer ſur le temps qui l'a précédée.

Ce qu'il y a ici d'important, diſoit enfin l'abbaye, c'eſt que ce titre de 1231 a eu ſon exécution juſqu'à préſent, comme conceſſion d'un fief. L'abbaye a joui, en vertu de ce titre, d'un fief dans le bourg d'Aizenay ; il eſt ſi ancien, qu'il a pris ſa dénomination du nom de l'abbaye même, qu'il y eſt connu ſous la qualité de *fief de Fontenelle* : la poſſeſſion eſt ſans doute la fidelle interprète du titre. Or, ſi au vu & au ſu des ſeigneurs d'Aizenay, ſi, au milieu de leur ſeigneurie, l'abbaye a joui d'un fief, c'eſt une preuve bien complette que le don de 1231 le renfermoit, & la conſéquence paroît ſûre, qu'après 500 ans de poſſeſſion conſtante, le marquis d'Aizenay ne parviendra pas à ravir un fief ſi bien affermi, & reconnu même par ſes auteurs.

Maintenant voici la réponſe du marquis d'Aizenay.

Par la chartre de 1231, une dame d'Aizenay a aumôné aux religieux Neyrand & ses hoirs libres & exempts à perpétuité de tout domaine & exaction.

Les religieux veulent que ce soit une concession en fief.

Le marquis d'Aizenay soutient au contraire que ce n'est qu'une concession en franchise ou franc-aleu de l'héritage autrefois possédé par Neyrand, & ensuite par ses hoirs.

Pour décider en faveur du marquis d'Aizenay, il suffit de prendre lecture de la chartre.

On donna Neyrand, c'est-à-dire, selon le langage de ce temps-là, le tenement de Neyrand, qui portoit le nom de ce colon, parce que les anciens colons ou serfs de glèbe étoient attachés à la terre, & étoient réputés en faire partie.

Mais on donna l'héritage en franc-aleu, libre & exempt à perpétuité de tout domaine & exaction.

Or ce n'est pas là une donation en fief ; c'est une donation en franchise & immunité ; autre chose est de donner le droit d'imposer des charges seigneuriales, autre chose de donner un tenement exempt de ces charges. Dans la concession en fief, on cède le droit actif de directe. Dans la concession en franc-aleu, on ne fait que décharger du droit passif.

Ainsi il est évident que la chartre de 1231 (en l'expliquant de la manière la plus favorable aux religieux) n'est qu'une concession en franc-aleu.

La nature de la donation étant ainsi déterminée par le texte du titre, il s'agit à présent d'examiner si le franc-aleu établi par cet acte, est un franc-aleu noble, à la faveur duquel les religieux aient pu se faire un fief, ou si ce n'est au contraire qu'un franc-aleu simple & roturier.

Mais il est encore facile de déterminer ce point par une maxime enseignée dans tous les livres.

Cette maxime est qu'il n'y a point de franc-aleu noble que celui auquel par la concession il a été annexé droit de justice ou de mouvance en fief ou censive. Tout franc-aleu accordé sans l'une ou l'autre de ces circonstances, est un franc-aleu roturier.

Or les religieux ne trouveront point dans leur chartre, qu'on ait annexé à la donation qu'on leur fait, ni justice, ni mouvance en fief ou en censive ; donc la concession qu'on leur a faite n'est qu'un franc-aleu roturier.

De-là il suit que les religieux doivent se contenter de tenir franchement & allodialement, mais roturièrement, & qu'ils ne peuvent prétendre tenir en fief.

Ainsi ils ont bien pu, en aliénant le tout ou partie des héritages à eux donnés en franchise, leur imposer des cens & rentes, ou autres charges annuelles ; mais ces redevances ne peuvent être seigneuriales ni féodales, puisqu'ils n'ont ni fief ni seigneurie, & que leur titre résiste absolument à cette idée.

Les moyens du marquis d'Aizenay ont prévalu ; le premier mars 1735, arrêt qui déclare les rentes en litige purement foncières ; ordonne que les religieux les tiendront en franc-aleu roturier, & en donneront déclaration au marquis d'Aizenay.

L'église, comme nous l'avons déjà dit plusieurs fois, peut posséder son patrimoine de trois manières.

Sous la charge des droits & devoirs féodaux.

En *franche-aumône*.

En *franc-aleu*.

Dans le premier cas, nul changement lorsque l'immeuble rentre dans le commerce. Il continue d'être assujetti à tous les devoirs dont il étoit grevé lorsqu'il appartenoit à la main-morte.

Il en est de même si la main-morte possédoit en franc-aleu : en aliénant l'immeuble, elle transmet son privilège, & l'acquéreur jouit de la même franchise, de la même exemption des droits seigneuriaux.

Mais la chose est bien différente, lorsque l'église tient en *franche-aumône*.

La *franche-aumône* n'éteint pas la mouvance du seigneur ; elle en suspend seulement les effets, de manière que l'église possède franchement, & néanmoins sous la directe du seigneur.

Mais cette franchise est un privilège personnel à l'église ; un privilège qu'elle ne peut ni céder, ni communiquer : à l'instant où elle remet l'immeuble dans le commerce, la directe qui n'étoit que suspendue, reprend toute son activité, & l'acquéreur est assujetti à tous les droits & devoirs seigneuriaux.

Le point de savoir quels sont les droits du seigneur territorial sur un immeuble qui passe des mains de l'église en celles d'un laïque, est donc subordonné à cette autre question : quelle étoit la nature de cet immeuble, lorsqu'il appartenoit à la main-morte ? étoit-il tenu en franc-aleu, en *franche-aumône*, ou sous la charge des droits & devoirs féodaux ?

Cette question ne fait pas de difficulté pour les immeubles de la dernière espèce. Les services annuels ou périodiques ne laissent aucun doute. Il n'y en a pas davantage, quoique l'église n'ait jamais rien payé, lorsque des titres en bonne forme prouvent, ou la *franche-aumône*, ou le franc-aleu.

Mais il arrive souvent, & le plus souvent, que l'église possède depuis des siècles, sans avoir jamais ni servi, ni reconnu aucun seigneur, & sans qu'il soit possible d'établir par aucune espèce de titres, la cause de cette franchise, sans aucun renseignement qui indique s'il faut l'attribuer à la *franche-aumône* ou à l'allodialité.

Cependant, comme l'exemption de l'église dérivoit nécessairement, ou de la *franche-aumône*, ou de l'allodialité ; qu'elle ne pouvoit être affranchie des droits seigneuriaux qu'en vertu d'une donation en _franche-aumône_, ou bien parce que l'immeuble étoit allodial, lorsqu'il a passé dans ses mains, & que les deux causes ne pouvoient pas concourir cumulativement, il faut absolument faire un choix.

Dans cette position, dans le dénuement absolu de titres & d'indicateurs, il n'y a qu'un seul parti à prendre ; c'est de conjecturer.

Le premier pas à faire est de recourir à la coutume qui régit l'immeuble. Cette coutume est-elle allodiale ? obéit-elle à la règle _nulle terre sans seigneur_.

Dans celles-ci, la présomption _juris & de jure_, est que tous les héritages sont assujettis à la servitude féodale. Le seigneur n'a rien à prouver ; son titre c'est la coutume. Tout ce qui est renfermé dans la circonscription de sa seigneurie est soumis à sa directe, à moins que le propriétaire ne prouve qu'il tient en aleu ou d'un autre seigneur, _nisi claré per possessorem probetur_, dit Dumoulin, _quòd sit allodialis vel ab alio movens_.

Au contraire, dans le pays de franc-aleu, toutes les terres sont présumées franches & libres. Il faut, pour les asservir, que le seigneur rapporte, ou des titres généraux, qui embrassent toute la circonscription du territoire, ou des titres particuliers qui s'adaptent spécifiquement à ses différentes parties. En un mot, ces coutumes sont précisément l'inverse des coutumes censuelles. Dans les unes, le seigneur a tout à prouver contre les tenanciers ; de même que dans les autres, le tenancier a tout à prouver contre le seigneur. En un mot, le texte des coutumes allodiales est pour tous les propriétaires un titre de franchise toujours actif, toujours subsistant. Pour l'écarter, il faut au seigneur un titre formel de son fief, tel enfin qu'il puisse prévaloir sur l'expression de la loi.

En appliquant cette théorie à la question qui nous occupe, il n'y a personne qui ne sente que cette différence dans les coutumes doit conduire à des résultats très-différens.

Lorsque dans une coutume censuelle, l'église possède avec exemption des droits seigneuriaux sans titres qui indiquent la cause de cette franchise, ce n'est pas à l'allodialité qu'il faut l'attribuer ; il faut présumer qu'elle tient en _franche-aumône_, & pourquoi ? Il y en a deux motifs également décisifs.

La première, c'est que l'église dénuée de titres n'a pour elle que la possession, & que dans les coutumes de cette espèce, la possession seule n'est jamais une preuve d'allodialité.

La seconde est encore plus tranchante ; elle résulte de la loi publique & du principe, que, jusqu'à la preuve du contraire, la possession est toujours présumée conforme à la loi. Or, dans ces coutumes, la loi dit que toutes les terres sont assujetties à la servitude féodale. La présomption est donc que l'église possède sous la directe d'un seigneur, conséquemment en _franche-aumône_ ; conséquemment c'est à cette cause, c'est à la _franche-aumône_ qu'il faut attribuer la franchise dont elle jouit.

De ce principe, qu'à défaut de titre, la possession est toujours présumée conforme à la loi publique, résulte dans les coutumes allodiales une décision toute contraire.

Dans ces coutumes, la loi déclare tous les héritages francs. La loi est pour chaque tenancier un titre d'allodialité, lorsque de temps immémorial un propriétaire, tel qu'il soit, est en possession de ne rien payer ; la présomption est donc que son héritage a conservé sa franchise originelle. Pourquoi supposer que l'exemption dont il a joui, est l'effet, ou de la négligence du seigneur, ou d'une convention particulière ? La coutume nous apprend elle-même la cause de cette exemption ; & lorsque la loi parle, il n'est plus permis de se livrer à des conjectures.

Il est de la nature de la _franche-aumône_ de ne pouvoir exister qu'en faveur de l'église & tout le temps que l'église possède, de ne produire qu'une suspension momentanée, & non une aliénation totale des droits de la féodalité ; enfin, de laisser l'immeuble aumôné sous le joug de la directe seigneuriale. Dans les pays de franc-aleu, la présomption de _franche-aumône_ seroit donc en opposition avec la loi publique. En effet, ce seroit supposer la servitude, tandis que la loi suppose l'allodialité.

Cette décision nous paroît sans difficulté pour les francs-aleux roturiers ; mais en est-il de même pour les francs-aleux nobles ?

L'examen des coutumes allodiales, & de la manière dont les francs-aleux nobles se sont formés, conduit à trois observations : la première, que le mot _aleu_, dans son acception primitive & commune, ne désigne que des terres roturières, & que les coutumes qui disent que le franc-aleu est naturel & d'origine dans leur territoire, ne parlent que des francs-aleux roturiers. La seconde, que les francs-aleux nobles doivent leur existence à des concessions, à des affranchissemens, & qu'il n'y a point de franc-aleu noble d'origine. La troisième enfin, que les dispositions allodiales des coutumes ne disposent que pour les héritages roturiers.

Cependant nous n'allons pas jusqu'à dire qu'en général & dans tous les cas, l'allodialité de la coutume est absolument sans influence sur les francs-aleux nobles. Nous n'ignorons pas que des jurisconsultes, dont le suffrage est d'une grande autorité, sont d'avis que, dans les coutumes allodiale, il n'est pas toujours nécessaire que le franc-aleu noble soit établi par titres ; & que pour écarter le joug de la féodalité, il suffit, dans ces coutumes, de prouver que l'on est en possession immémoriale de ne reconnoître aucun seigneur.

Mais cette opinion, la plus favorable aux francs-aleux nobles, est peut-être ce qui fait le mieux sentir la différence qui existe entre cette espèce de propriété & le franc-aleu roturier.

S'il s'agissoit d'un héritage roturier, pour repousser la main qui voudroit l'asservir, le propriétaire n'auroit qu'un mot à prononcer : prouvez.

Effectivement la loi du franc-aleu le difpenfe-roit de rapporter, nous ne difons pas des titres, mais des adminicules, mais d'articuler une fimple poffeffion ; & même eût-on à lui oppofer quel-ques faits poffeffoires, il les écarteroit par la feule autorité de la coutume : dans le choc des préfomp-tions contraires réfultantes de cette poffeffion, & du vœu de la loi territoriale, l'avantage demeu-reroit à la loi : telle eft la règle. On juge tous les jours que dans une coutume allodiale, des cueil-lerets qui prouvent la preftation du cens, même une reconnoiffance émanée du propriétaire, lorf-qu'elle eft unique, font infuffifans pour afervir un héritage roturier.

Mais eft-il queftion d'une terre décorée des at-tributs de la féodalité ? la chofe, comme on vient de le voir, eft bien différente. La loi du franc-aleu, qui formoit un véritable titre pour le pro-priétaire de l'héritage roturier, n'eft plus qu'un fimple adminicule d'allodialité. Non-feulement elle ne l'emportera pas fur des faits poffeffoires, mais un feul hommage prévaudra fur elle ; mais il faut que le propriétaire prouve que de temps immé-morial il poffede en franchife.

Et pourquoi cette différence ? Il y en a deux motifs également juftes & palpables.

1°. Le franc-aleu noble ne pouvant exifter qu'en vertu d'un privilège, & par une double dérogation à la loi de la nature, qui connoît moins la nobleffe des terres que celle des hommes ; & à la loi des fiefs, qui veut que chaque feigneurie foit rapportée à un feigneur dominant, il eft tout fimple d'exiger, pour l'établir, un plus grand ap-pareil de preuves, que lorfqu'il ne s'agit que d'un fimple aleu roturier, dont l'exiftence peut bien, en quelque forte, choquer la loi des fiefs, mais qui a pour lui la loi naturelle.

Tous les droits de juftice & de mouvance ap-partiennent à l'ordre de la féodalité, forment les fiefs actifs ; ainfi tout immeuble décoré de ces prérogatives, eft un fief. La loi générale des fiefs doit donc le réputer affujetti à toutes les charges féodales ; & telle eft en effet fa préfomption, & cette préfomption eft fi forte, que la loi particu-lière du franc-aleu eft infuffifante pour l'écarter ; qu'il faut en outre l'indice réfultant d'une poffeffion immémoriale en franchife.

Toutes les fois qu'il s'agit de déterminer fi un fief actif eft en même temps fief paffif, ou s'il jouit de l'allodialité, la loi du franc-aleu repouffée par cette qualité de fief, demeure donc fans effi-cacité, à moins qu'une poffeffion immémoriale ne lui confère une autorité qu'elle n'a pas elle-même.

Ainfi, à l'égard des fiefs actifs, cette loi du franc-aleu n'agit qu'à l'aide de la poffeffion : elle n'agit donc que dans le cas où la poffeffion peut être prouvée par quelque chofe.

Lorfque l'un de ces fiefs actifs, dont nous par-lons, eft entre les mains d'un laïque qui de temps immémorial ne reconnoît aucun feigneur ; que l'on

décide dans les coutumes de franc-aleu qu'il pof-sède allodialement, cela peut fe juftifier par une raifon fort plaufible. On peut dire qu'il eft plus naturel de préfumer un titre d'affranchiffement, que de fuppofer que c'eft par négligence que le fei-gneur dominant a laiffé écouler tant de fiècles fans faire un feul acte de dominité, fans exiger une feule reconnoiffance.

Mais cette préfomption ne milite qu'en faveur des propriétaires laïques ; elle eft abfolument nulle toutes les fois qu'il s'agit d'un fief de temps im-mémorial dans les mains de l'églife.

En effet, lorfqu'un laïque poffede en franchife, on ne peut attribuer cette poffeffion qu'à deux cau-fes ; à un titre d'allodialité, ou, ce qui eft bien moins à préfumer dans les coutumes de franc-aleu, à un oubli, à un abandon abfolu de la part du fei-gneur dominant.

Mais, à l'égard de l'églife, cette poffeffion peut avoir plufieurs caufes ; celles que nous venons d'indi-quer, & en outre, la *franche-aumône*.

L'églife qui tient en *franche-aumône*, quoique fous la directe d'un feigneur, jouit de toutes les franchifes, de toutes les prérogatives de l'allodia-lité. Tenir en *franc-aleu ou en franche-aumône*, dit Loifel, *c'eft tout un en effet*, c'eft-à-dire, que les effets font les mêmes.

L'églife qui eft en poffeffion de ne reconnoître aucun feigneur, peut donc, à la différence des laïques, jouir de cette franchife, 1°. en vertu d'un titre d'allodialité ; 2°. parce qu'elle tient en *fran-che-aumône* ; 3°. parce que le feigneur dominant a négligé de fe faire fervir.

A l'égard du titre d'allodialité, il y a encore une nuance qui mérite d'être obfervée.

Lorfque le roi ou un autre feigneur ayant le pouvoir de donner en aleu, conftitue un aleu no-ble en faveur d'un laïque, cela forme, fi l'on peut parler ainfi, un aleu réel, & qui conferve fa fran-chife en quelques mains qu'il paffe.

Mais lorfque c'eft en faveur de l'églife qu'un fief eft transformé en aleu, l'effet n'en eft pas, à beaucoup près, le même. Quelque abfolus que foient les termes du diplôme, il n'en réfulte qu'un aleu perfonnel, un aleu qui rentre fous la directe du feigneur concédant, fitôt qu'il repaffe dans le com-merce. C'eft là la conféquence néceffaire de cette grande maxime, que l'affranchiffement des devoirs féodaux, en quelques termes qu'il foit conçu, lorf-qu'il eft fait à l'églife, *intuitu pietatis*, & par pure libéralité, ne forme dans fa main qu'une fimple tenure en *franche-aumône*.

Tel eft donc l'ordre des préfomptions & la dif-férence qui exifte, à cet égard, entre les propri-taires laïques & les corps main-mortables.

Lorfque, dans une coutume allodiale, le laïque, propriétaire d'un fief actif, peut prouver qu'il n'a jamais fervi aucun feigneur, la préfomption de la loi du franc-aleu, combinée avec celle réfultante de la poffeffion, doit, au jugement de quelques auteurs, faire réputer le fief actif affranchi de la mouvance passive, doit le faire regarder comme un véritable franc-aleu.

Et pourquoi? c'est, pour le répéter encore, c'est parce que cette possession ne pouvant être attribuée qu'à deux causes, un titre d'allodialité que le temps a détruit, ou une négligence très-extraordinaire de la part du seigneur dominant, il a paru plus naturel de supposer le titre d'allodialité.

L'église est dans une position bien différente : ce n'est pas seulement à ces deux causes qu'il faut référer sa possession en franchise ; il peut y en avoir quatre : 1°. un titre d'allodialité en faveur d'un laïque, qui depuis a transmis ce franc-aleu noble à un corps main-mortable ; 2°. un affranchissement donné à l'église elle-même, ce qui n'a constitué qu'un privilège personnel ; 3°. une donation en *franche-aumône* ; 4°. la négligence du seigneur dominant. Ajoutons que, lorsqu'il s'agit d'un corps main-mortable, cette négligence se présume plus facilement, d'après le préjugé autrefois si répandu, que ce qui étoit donné à l'église, appartenoit à Dieu même, & que l'idée d'assujettir à la dépendance féodale l'auteur de tous les êtres, étoit une espèce de sacrilège.

Quoi qu'il en soit, voilà quatre causes bien distinctes, auxquelles on peut référer la franchise dont l'église jouissoit, lorsque le fief étoit entre ses mains; & de ces quatre causes, trois sont contre l'acquéreur du fief. Dans trois de ces hypothèses, il doit reconnoître un seigneur ; il faudroit donc l'y condamner, quand on seroit réduit à se déterminer uniquement par le nombre.

Mais outre le nombre, il y a la vraisemblance : vraisemblance puisée dans l'usage, dans tout ce qui nous reste d'anciennes chartres ; si l'on consulte les monumens de la bienfaisance des laïques envers l'église, on y voit qu'elle a reçu de véritables aleux ; mais on y voit aussi que plus souvent les seigneurs ont affranchi les fiefs qu'elle possédoit, & que plus souvent encore on lui a donné pour tenir en *franche-aumône*. Lorsque le titre, en vertu duquel un corps main-mortable a possédé, est inconnu, tout se réunit donc pour nous dire qu'il faut supposer une donation en *franche-aumône*, ou un affranchissement personnel à l'église, même un oubli de la part du seigneur dominant, plutôt qu'un véritable titre d'allodialité.

Enfin, de ces différentes causes auxquelles on peut référer la franchise dont jouit un corps main-mortable, il résulte au moins que sa possession n'est pas une preuve, n'est pas même, à la différence des laïques, une présomption vraisemblable d'allodialité. Il n'en faut pas davantage, puisque, toutes les fois qu'il s'agit d'un aleu noble, qu'il s'agit d'établir qu'un fief actif est affranchi de la mouvance passive, l'allodialité de la coutume, même dans l'opinion la plus favorable au franc-aleu noble, ne peut influer qu'à l'aide d'une possession immémo-

riale. (*Cet article est de M.* HENRION, *avocat au parlement.*)

FRANCHE-COMTÉ, *ou* COMTÉ DE BOURGOGNE, (*Droit public.*) Cette province réunie à la couronne de France par le traité de Nimègue, a été nommée *comté de Bourgogne*, pour la distinguer du duché de ce nom, dans le temps que l'un & l'autre étoient soumis à la domination du même prince, & *Franche-Comté*, à cause des franchises dont elle jouissoit.

Sous la domination espagnole, elle se gouvernoit elle-même par ses propres états ; mais Louis XIV les supprima après avoir éprouvé quelque résistance de leur part ; ensorte que les impositions ordinaires s'y paient en vertu d'un arrêt du conseil, qui s'adresse tous les ans à l'intendant, & qui contient la somme qui doit être imposée & levée sur les contribuables de la province.

Une déclaration du 18 mai 1706 a réglé les juges qui doivent connoître des contestations qui naissent sur le fait des impositions ; l'instruction qui doit être suivie dans les instances en surtaux; la manière dont on doit procéder à l'imposition des rejets & dépens ; la nomination des échevins & commis à la répartition ; ce qui concerne la confection des rôles ; ceux qui doivent y être compris ; les réductions de cote & exemptions ; les recouvremens, &c.

La justice y est administrée par quatorze bailliages, dont les appels se relèvent pour les cas présidiaux, à cinq présidiaux établis par un édit du mois de septembre 1697, & pour les autres affaires à un parlement, qui tient ses séances à Besançon, capitale de la province, & qui est composé d'un premier président, de cinq présidens à mortier, de trois chevaliers d'honneur, de quarante-cinq conseillers, de quatre maîtres des requêtes, de deux avocats & d'un procureur généraux, de greffiers, huissiers & autres officiers subalternes.

Il y a aussi une chambre des comptes, qui tient ses séances à Dol.

On suit dans tous ces tribunaux les dispositions d'une coutume particulière, rédigée en 1499. Elle contient 109 articles en dix-sept chapitres. Nous n'en donnerons pas ici d'analyse, parce qu'elle ne diffère presque pas des autres coutumes du royaume, & que ce qui regarde le droit de main-morte qui s'y est conservé, sera nécessairement traité sous les mots MAIN-MORTE, MAIN-MORTABLE.

Les officiers du parlement ont été confirmés dans la noblesse au premier degré, par une déclaration du roi du 11 mars 1694.

Les roturiers qui possèdent des fiefs & biens nobles, en vertu d'un testament, d'une donation à cause de mort, ou pour cause de mariage, faits par un parent, d'une succession *ab intestat*, d'un partage entre co-héritiers, d'un assignat pour deniers dotaux ou de douaire, sont exempts du paiement des droits de franc-fief, tant par la coutume de la province, que par les édits & déclarations des 28 mars 1693, 9 mars 1700, 26 décembre 1705, & mois de mai 1708. Mais le nouveau poſſeſſeur d'un fief, par vente ou autre acte tranſlatif de propriété, étranger à la famille du vendeur, doit payer le franc-fief, qui conſiſte dans une année du revenu, après quoi il en demeure affranchi, ainſi que ſa famille.

FRANCHE-COMTÉ, (*Gouvernement eccléſiaſtique.*) Cette province ayant été long-temps ſous la domination de la maiſon d'Autriche, & n'ayant été réunie à la couronne de France qu'en 1678, ſon gouvernement eccléſiaſtique differe en beaucoup de choſes de celui des autres provinces du royaume.

Le concordat germanique, fait entre le pape Nicolas V, l'empereur Frédéric IV & les princes d'Allemagne, le 19 mars 1448, a été reçu & a toujours été obſervé dans la *Franche-Comté.* En conſéquence, elle a continué à être ſoumiſe a la réſerve des mois apoſtoliques. Par cette même raiſon les collateurs de cette province n'ont pu être grevés de l'expectative des gradués. Ils n'ont pu être, tout-à-la-fois, régis par le concordat germanique, & par le concordat françois.

Fevret, *Traité de l'abus, liv. 2, ch. 7, n°. 12,* aſſure qu'on traitoit ſi favorablement les collateurs Comtois, qu'on leur permettoit de diſpoſer librement des bénéfices de leur collation, ſitués dans le duché de Bourgogne, quoiqu'ils euſſent vaqué dans les mois affectés aux gradués par le concordat françois. Il cite un arrêt du grand-conſeil de 1633, qui, dit-il, a préjugé en faveur deſdits collateurs du comté, que les bénéfices, ſis en France, dépendant immédiatement de leur collation, n'étoient pas réglés ſelon les loix de France, & ne pouvoient être compris ſous l'obligation des collations néceſſaires, établies par le concordat en faveur des gradués.

M. Piales, *Traité de l'expectative des gradués, tom. 1, pag. 148,* dit que cet arrêt a été rendu dans les principes que l'on ſuit encore aujourd'hui: car ſi d'un côté on tient pour règle générale que dans la diſpoſition des bénéfices, il faut ſuivre les loix établies dans les lieux où les bénéfices ſont ſitués; de l'autre, il eſt de maxime que ſi la loi qui régit le chef-lieu eſt plus conforme au droit commun, & plus favorable au collateur que celle du lieu où le bénéfice eſt aſſis, c'eſt celle-là qui doit ſervir de règle..... Ces collateurs ont donc le privilège, ou pour mieux dire la liberté, de prendre pour règle la loi du chef-lieu, ou celle de la ſituation du bénéfice, & il n'eſt pas douteux qu'ils ne ſe déterminent pour celle qui leur eſt plus favorable.

Le même auteur, *page 6 de l'addition au volume cité,* ſemble adopter d'autres principes, deſquels, ſelon lui, il réſulte que les gradués peuvent notifier leurs titres & capacités aux collateurs de Bretagne, de Rouſſillon, de Provence, de *Franche-Comté,* des Trois-Evêchés, & généralement à tous les collateurs étrangers qui ont trois bénéfices à leur préſentation ou collation, ſitués en pays de concordat.

Nous chercherons à concilier ces principes à l'article GRADES. Nous nous contenterons ici de dire que l'expectative des gradués n'a pas lieu dans la *Franche-Comté,* & que les bénéfices qui y ſont ſitués, ainſi que leur chef-lieu, n'y ſont pas ſoumis.

Si le concordat germanique étoit dans toute ſa vigueur en *Franche-Comté,* les évêques devroient être élus par les chapitres & confirmés par le pape. Cependant le roi nomme à l'archevêché de Beſançon, & à l'évêché de S. Claude.

Dans nos principes le roi n'auroit pas beſoin d'un titre particulier pour nommer à ces prélatures. Du moment que la *Franche-Comté* a été réunie à la couronne, elle a dû être régie par les loix générales du royaume, ſelon leſquelles tous les évêchés ſont à la diſpoſition du prince. Mais la piété de Louis XIV l'a déterminé à ajouter, à des droits impreſcriptibles, un droit particulier ſur l'égliſe de Beſançon. Il a paſſé, le 29 juin 1698, un concordat avec le chapitre de cette égliſe, par lequel les doyen & chanoines, ſous le bon plaiſir de notre ſaint père le pape, ont fait au roi & à ſes ſucceſſeurs une ceſſion pure & ſimple, du droit & de la poſſeſſion dans laquelle ils étoient d'élire leur archevêque, tant en vertu du droit commun, qu'en conſéquence des concordats germaniques.

De ſon côté, le roi a promis pour lui & ſes ſucceſſeurs, de quelque manière & en quelque temps que ce puiſſe être, l'égliſe de Beſançon ſera exempte, comme elle l'a toujours été, de la régale ſpirituelle & temporelle, & qu'elle ne ſera point introduite dans la province ni dans le dioceſe, & qu'en conſéquence, l'adminiſtration & économat de l'archevêché, le ſiège vacant, appartiendra audit chapitre, ſuivant l'uſage des égliſes d'Allemagne, à l'excluſion de tous autres, non-ſeulement dans Beſançon, mais encore dans toute la province.

Le chapitre eſt maintenu dans le droit d'élection du haut doyenné, de ſes autres dignités & perſonnats, de même que dans l'élection de ſes canonicats, alternativement avec le S. ſiège, ſelon l'uſage de ladite égliſe, laquelle demeurera dans leſdits concordats germaniques, & dans tous les droits en dépendans.

L'égliſe de Beſançon eſt en outre maintenue dans tous ſes autres droits, & notamment dans ſon exemption de l'ordinaire, tant pour le ſpirituel que pour le temporel, conformément au traité fait en 1556, avec Claude de la Beaume, archevêque de Beſançon, & confirmé par Grégoire XIII.

Ce concordat fut approuvé & confirmé par des lettres-patentes du 15 juillet 1698.

L'égliſe de Beſançon a huit dignitaires; ſavoir, un doyen, un grand archidiacre, un grand chantre, & un tréſorier, avec les quatre petits archidiacres, de Salins, Favernai, Gray & Luxeuil, & quarante-trois prébendes. Le chapitre, comme on l'a vu, élit ſes dignitaires: il nomme alternativement de mois en mois aux canonicats avec le pape. Il n'y a que la prébende théologale qui se donne au concours qui se fait publiquement, & où l'on n'admet que des docteurs.

L'évêché de S. Claude, quoique situé en *Franche-Comté* & dans le bailliage de Salins, est suffragant de Lyon. Il a été érigé en 1742. C'étoit une célèbre abbaye de l'ordre de S. Benoît. Les religieux ont été sécularisés, & sont devenus chanoines. Il n'est pas étonnant que le roi se soit réservé, lors de cette érection, la nomination du nouvel évêque. Pour être admis dans le chapitre, il faut faire preuve de noblesse de quatre quartiers, tant du côté paternel que du côté maternel.

L'église de S. Claude a quatre dignitaires, un doyen, deux archidiacres & un chantre. L'évêque confère tous ces bénéfices, à l'exception de la chantrerie, dont il donne seulement la confirmation à celui qui est élu par le chapitre.

Les bulles d'érection doivent faire la loi de ce nouvel évêché, & il n'est pas entièrement régi par le concordat germanique.

Les mêmes motifs qui avoient engagé Louis XIV, à traiter avec le chapitre de Besançon pour acquérir un titre particulier à la nomination de l'archevêché, le firent consentir, à recevoir des indults des papes, pour nommer aux autres bénéfices consistoriaux de la *Franche-Comté*. Innocent XI en fit expédier deux en date du 20 mai 1686, qui furent revêtus de lettres-patentes du premier août 1686, & enregistrés au grand-conseil le 9 du même mois. Ces indults donnent au roi la nomination des évêchés d'Ypres & de Saint-Omer, ensemble des abbayes & autres bénéfices consistoriaux, situés dans l'étendue du comté de Bourgogne, y compris la ville de Besançon & son district; comme pareillement, ès villes, places & pays qui nous ont été cédés, dans la Flandre, par le roi catholique, & que nous y possédons à présent, & posséderons à l'avenir, en vertu du traité de Nimègue : ce sont les termes des lettres-patentes.

Innocent XIII en a accordé deux semblables à Louis XV, en date des 29 & 31 août 1722, qui furent revêtus de lettres-patentes du 8 septembre 1723, enregistrées au grand-conseil le 15 du même mois. Ces deux indults ne sont que pour la vie du roi, *tibi, tuâ vitâ tantùm durante*. Mais cette clause est regardée parmi nous comme non avenue. Si nos rois, à leur avénement à la couronne, acceptent ces sortes d'indults, ce n'est que par déférence pour la cour de Rome. Ils n'en ont pas besoin. Une fois accordés, ils sont irrévocables, parce qu'on ne croit pas en France qu'ils soient nécessaires dans leur origine. Nous ignorons si le monarque actuellement régnant en a reçu. *Voyez* INDULTS.

La *Franche-Comté* se prétend exempte de l'indult du parlement; la question n'est pas encore jugée : l'examen de la prétention de cette province a été renvoyé à des commissaires nommés par arrêt du conseil d'état du 29 janvier 1719.

Avant que la *Franche-Comté* fût réunie à la couronne, ses officialités avoient conservé l'usage de faire leurs procédures en langue latine : cet usage fut réformé en 1704, sur les représentations du parlement de Besançon.

Les pourvus, en cour de Rome, des bénéfices de la *Franche-Comté*, ne peuvent s'en mettre en possession, sans avoir obtenu du roi des lettres d'attache adressées au parlement de la province. Cette cour a rendu, à ce sujet, sur le requisitoire du procureur-général, un arrêt de réglement le 29 avril 1712.

Par la déclaration du 24 novembre 1737, il a été ordonné qu'aucuns dévolutaires ou impétrans ne puissent être admis à interjetter appel comme d'abus, des unions des cures & autres bénéfices, à des abbayes, chapitres, corps ou communautés séculières ou régulières de la province de *Franche-Comté*, lorsque lesdites unions se trouveroient avoir été faites quarante ans avant le premier janvier 1564. Voulons, dit le législateur, que lesdits dévolutaires ou impétrans, qui interjetteroient appel comme d'abus desdites unions, y soient déclarés non recevables, leur imposant un silence perpétuel à cet égard : le tout à la charge que lesdits chapitres, abbayes, corps ou communautés, seront tenus de se conformer aux dispositions de la déclaration du 20 janvier 1686, & autres données en conséquence sur ce qui concerne les portions congrues des curés ou vicaires, & autres charges dont les curés primitifs ou décimateurs sont tenus. *Voyez* UNIONS.

L'édit des insinuations n'a pas lieu dans la *Franche-Comté. Jurisp. can.* verbo *Insinuation*, n°. 7.

On n'admet point en *Franche-Comté* la maxime généralement reçue en France, *nulle terre sans dîme*. On y peut prescrire non - seulement la quotité de la dîme, mais encore l'exemption de la dîme même. Dunod rapporte deux arrêts du parlement de Besançon, des 4 septembre 1717 & 3 mars 1725, qui l'ont ainsi jugé. Cet auteur, dans son traité de la dîme, & comment elle se prescrit, rapporte les motifs de cette jurisprudence. Il en est un sur-tout qui paroît bien équitable : « en *Franche-Comté* nos cures » sont dotées, de prés, de champs, de vignes & » de prestations par feux & ménages des paroissiens, » qui assurent un revenu suffisant aux curés, sans » être beaucoup à charge aux particuliers. Mais » comme ces biens pourroient diminuer, & ne » plus produire un revenu suffisant, nous avons » pratiqué de tous temps, que les paroissiens paie- » roient aux curés le supplément de leurs portions » congrues en argent, comme étant chargés de » leur subsistance, soit qu'il y eût des décimateurs » ou non ; ce n'est que depuis la déclaration de » 1686, que les décimateurs y sont assujettis parmi » nous, & les paroissiens suppléent, comme aupa- » ravant, à leur défaut ». Les dîmes en *Franche-Comté*,

Comté, n'étant point destinées à l'entretien, & à la subsistance des pasteurs qui sont assurés sans elles, ne doivent leur existence, dans cette province, qu'à l'usage & à la possession; il est naturel que l'usage & la possession contraires puissent les anéantir, ou pour mieux dire, l'usage & la possession contraires font supposer qu'elles n'ont jamais existé.

Mais quel temps faudra-t-il pour prescrire l'exemption de la dime en *Franche-Comté*? Dunod se propose cette question. Après avoir dit que l'on pourroit soutenir que cette prescription, étant contre la prohibition expresse des canons, & contre l'usage presque universel, elle ne peut être acquise que par un temps qui excède la mémoire des vivans, il ajoute: « il me semble cependant que l'on pourroit
» soutenir que quarante ans d'une coutume géné-
» rale, universelle, & fondée sur des actes fré-
» quens, suffisent, parce qu'il ne faut pas cet espace
» de temps pour introduire une coutume con-
» traire au droit positif; & que celle de ne point
» payer de dime pendant quarante ans, prouve
» qu'il a été pourvu d'ailleurs à la subsistance du
» curé ».

Cette prescriptibilité de l'exemption de la dime a lieu en *Franche-Comté,* même en faveur des particuliers, & il n'est pas nécessaire que la généralité des habitans ait prescrit. C'est ce qui résulte d'un arrêt du parlement de Besançon du 11 août 1702: après avoir adjugé au curé primitif la dime, sur la généralité du territoire, à raison du dixième sur les vignes, & du onzième sur les champs, il ajouta que c'étoit sans préjudice du droit des particuliers, qui feroient conster en exécution, par titre ou par possession immémoriale, de l'exemption de leurs héritages, ou d'avoir payé à une moindre quotité.

Les principes & l'usage, attestés par Dunod, ont sans doute changé depuis lui, sur-tout quant à l'obligation de la part des habitans, de fournir un supplément à la portion congrue des curés & des vicaires. On peut juger par la réserve que le parlement de Besançon a apposée à l'enregistrement de l'édit de 1768: « la cour a ordonné &
» ordonne que ledit édit sera lu & publié, &
» enregistré aux actes importans de la cour, pour
» être exécuté suivant sa forme & teneur; à la
» réserve néanmoins, de ce qui concerne l'insi-
» nuation au greffe des insinuations ecclésiastiques,
» qui n'ont point lieu dans le ressort de la cour,
» & sans que les curés-vicaires perpétuels, ni les
» vicaires, puissent, en vertu du présent édit,
» former aucune demande, contre les paroissiens
» & communautés d'habitans, dans les lieux dans
» lesquels la dime ne se perçoit pas, ou se trou-
» veroit insuffisante, sauf auxdits curés ou vicaires
» de se pourvoir conformément à l'article 16 du
» présent édit, &c. ».

Les ecclésiastiques de la *Franche-Comté* ne font point partie du clergé de France; ils ne contribuent point aux décimes ni aux dons gratuits; ils subvien-

nent aux besoins de l'état d'une manière qui leur est particulière. (*Cet article est de M. l'abbé* BERTOLIO, *avocat au parlement*).

FRANCHE-FÊTE, c'est un privilège accordé à un seigneur pour l'exemption de tous droits sur les marchandises qui arrivent le jour de la fête du lieu, & quelquefois pendant un certain nombre de jours. Au mois d'octobre 1424, Philippe, comte de Saint-Paul, permit au sieur de Heudin, son vassal, à cause de Saint-Paul, d'obtenir du roi une *franche-fête*; & le 26 juillet 1425, le même seigneur affranchit toutes les marchandises arrivant à la *franche-fête* d'Heudin, pendant l'espace de cinq jours, des tonlieux, péages, & travers à lui apparte-nans. (*A*)

FRANCHE-VÉRITÉ. On appelle en Flandre & en Artois, *franches-vérités,* les assises que certaines coutumes autorisent les juges supérieurs à tenir de temps en temps, pour réprimer les abus qui se glissent dans l'administration de la justice, ou pour découvrir les crimes qui se commettent dans leur ressort, dont les auteurs n'ont point été pris en flagrant délit, & pour lesquels il n'y a point de partie formée & apparente.

Les hommes de loi, les habitans & censitaires, sont tenus d'y comparoître, à peine d'amende pour chaque fois qu'ils y défaillent. La tenue de ces plaids ou assises, appartient aux seigneurs hauts-justiciers & vicomtiers, mais elle n'est plus guère en usage.

FRANCHISE, f. f. (*Droit public & civil.*) ce mot qui donne toujours une idée de liberté, dans quelque sens qu'on le prenne, vient des Francs, qui étoient libres: il est si ancien, que lorsque le Cid assiégea & prit Tolède dans le onzième siècle, on donna des *franchies,* ou *franchises* aux François qui étoient venus à cette expédition, & qui s'éta-blirent dans cette ville.

Toutes les villes murées avoient des *franchises,* des libertés, des privilèges, jusque dans la plus grande anarchie du pouvoir féodal; dans tous les pays d'états, le souverain juroit, à son avénement, de conserver leurs *franchises.*

Ce nom qui a été donné généralement aux droits des peuples, aux immunités & aux asyles, avoit été particulièrement affecté aux quartiers des ambassadeurs à Rome. On y appelloit *franchise,* un certain espace de terrein autour de leurs palais, qui étoit plus ou moins grand, à la volonté de l'ambassadeur. Toute cette étendue étoit un asyle pour les criminels, qu'on ne pouvoit y poursuivre. Mais cette *franchise* a été restrainte sous Innocent XI, à l'enceinte des hôtels.

Nous ne nous étendrons pas davantage sur les *franchises,* qui tiennent au droit public & des gens, nous renvoyons au mot Asyle.

Dans notre droit coutumier, on appelle *fran-chise,* l'exemption accordée à certaines personnes, ou aux habitans de certains lieux, de plusieurs charges ou devoirs, auxquels les autres sont affujettis, tels que font les preftations de charrois, de corvées, de taille perfonnelle : par exemple, l'article 339 de la coûtume de Bourbonnois oblige ceux qui demeurent fous le reffort d'une haute-juftice, de donner au feigneur trois charrois par chacun an, s'il a bœuf & voiture, ou trois jour-nées de corvées, s'il n'a aucun bétail tirant à la charrette ; & il ajoute que les habitans des villes & autres lieux, à qui on a accordé franchife & privilège, ne font tenus de faire aucun charroi ni corvée.

FRANHOMATE. Les affifes de Jérufalem, *part.* 2, *chap.* 31, défignent par ce terme les perfonnes franches. *Voyez* FRANC-HOMME.

FRANQUET, f. m. (*Droit féodal.*) eft le nom du droit d'afforage, que les feigneurs territoriaux lèvent à leur profit, fur chaque braffin de bière, dans la partie de la ville de Douai fituée à la droite de la Scarpe.

Pour éviter toute conteftation entre les feigneurs à qui ce droit appartient, & les fraudes qui pour-roient fe commettre au préjudice des uns ou des autres, il fe lève par chacun d'eux dans les braf-feries même, non à raifon du territoire où elles font fituées, ni du nombre de braffins qui s'y font, mais à proportion du nombre des cabaretiers qui font établis dans chaque diftrict, & de la quantité de bière qu'ils débitent.

FRANQUIESME, dans la coutume locale de Hefli, eft une efpèce de tenure d'héritage différente du fief & de la coterie. Celui qui tient en franquiefme ne doit pour droit feigneurial que cinq fous d'en-trée & cinq fous d'iffue, quand s'en fait, & n'en eft dû pareillement relief que de bouche : & celui qui eft levant & couchant en franquiefme, ne doit ni afforage, ni gambage, ni herbage, ni autres droits femblables. *Voyez ces différens mots.*

FRAPPER les coups, expreffion particulière dont on fe fert dans le Hainaut, pour fignifier l'acte & la manière dont un propriétaire renfeigne dans un bor-nage les limites de fon bien.

Autrefois le propriétaire devoit frapper les coups en perfonne, il le peut faire aujourd'hui par procu-reur : mais lui fon procureur doivent prê-ter ferment fur les lieux, entre les mains du com-miffaire nommé, avant de procéder au bornage : la partie qui refufe de le prêter eft déchue de fa demande.

Lorfqu'en procédant au bornage, l'une des par-ties frappe fes coups à une ou plufieurs pierres, & foutient que ce font des bornes, fa partie adverfe peut demander qu'elles foient vifitées fur le champ, pour conftater fi elles forment véritablement des bornes. Lors du procès-verbal de defcente, le dé-fendeur ne doit frapper d'autres coups, c'eft-à-dire ne renfeigner d'autres limites, que ce qu'il en faut pour borner l'héritage du demandeur, ni en frap-per dans un autre endroit, que le demandeur a frappé les fiens. *Voyez* BORNAGE *&* CERQUEMANAGE.

FRARACHAGE, f. m. eft la même chofe que frérage : ces deux termes fignifioient anciennement partage & divifion ; car, comme le remarque M. Ducange, frarefcher & frérachier étoient la même chofe que divifer & partager : mais dans les cou-tumes d'Anjou, Maine, Poitou, Grand-Perche, & quelques autres, ils fignifient principalement les partages de fief, dans lefquels les frères & fœurs puînés ou autres co-partageans tiennent leur part en foi & hommage de l'aîné, ou fi ce n'eft pas entre frères de l'un des co-partageans.

On fe fert encore des mêmes mots pour défi-gner toute poffeffion indivife d'un même téne-ment, à quelque titre que les co-propriétaires le poffèdent.

Frarachage vient du verbe frarefcher, qui veut dire partager, & de-là les noms de frarachaux, frarefchers, frarefcheux & frarefcheurs, pour défi-gner tous ceux qui partagent, qui poffèdent des biens en commun, de quelque manière que ce foit, ou qui doivent en commun quelque rede-vance. Ainfi tous les co-héritiers qui poffèdent par indivis font frarefcheurs ; mais tous frarefcheurs ne font pas co-héritiers.

On voit bien que tous font dérivés du mot latin frater, frère, parce que le frérage arrive le plus fouvent entre frères, qui font appellés au partage d'une fucceffion commune ; on a étendu enfuite cette dénomination à ceux qui recueilloient une même fucceffion, foit frères, foit coufins, foit parens plus éloignés, & enfin à tous co-pro-priétaires indivis ; car tous, fous ce point de vue, font confidérés comme des frères.

D'après les notions que nous venons de don-ner des mots frarachage & frérage, il eft certain que, dans le fens que leur donnent les coutumes que nous avons citées, ils font fynonymes de chéme-rage & parage. C'eft pourquoi nous renvoyons nos lecteurs à ces mots. Cependant il eft néceffaire d'ob-ferver que frérage & parage ne préfentent pas tou-jours la même idée. Le frérage fe difoit non-feule-ment du partage des biens nobles entre l'aîné & fes puînés, mais encore de tout partage & poffef-fion commune entre frères coutumiers, ou d'au-tre qualité, & de toute efpèce de tenement.

M. Pithou, dans fes mémoires des comtes de Champagne, prétend encore que le frérage diffère du parage, en ce que le mot frérage femble autant fe dire de l'aîné que des autres, qui font nommés par les coutumes farefcheurs, & que celui de pa-rage appartient plus à la portion des puînés, qui poffédant leurs portions fous l'hommage de l'aîné, font pairs & égaux avec lui, d'où ils ont été dits tenir en parage, enforte que tout parage eft frérage, & que tout frérage n'eft pas parage.

Ce qui a donné lieu au frérage, c'eft que par l'ancien ufage de la France, lorfqu'un fief étoit échu à plufieurs enfans, il étoit prefque toujours dé-membré ; les puînés tenoient ordinairement de l'aî-né par frérage leur part, à charge de foi & hom-

mage, comme on le voit dans Othon de Frifin-
gie, *lib. 11 de gest. Frider. cap. 29.*

Pour empêcher que ces démembremens ne pré-
judiciassent aux seigneurs, Eudes, duc de Bourgogne, Venant, comte de Boulogne, le comte
de Saint-Paul, Gui de Dampierre & autres grands
seigneurs, firent autoriser par Philippe-Auguste une
ordonnance, portant que dorénavant, en cas de
partage d'un fief, chacun tiendroit sa part immédiatement du seigneur dominant. Cette ordonnance
se trouve dans le cartulaire de ce prince, dont il
y a un ancien manuscrit au tréfor des chartres, &
un autre à la chambre des comptes de Paris.

Ducange, en sa *troisième dissert. sur Joinville, p.*
150, remarque que cette ordonnance ne fût pas
suivie, comme il paroît suivant un hommage du
19 octobre 1317, rendu à Guillaume de Melun,
archevêque de Sens, par Jean, Robert & Louis,
ses frères, *tanquam primogenito, causâ fratriagii, &*
prout fratriagium de consuetudine patriæ requirebat, ra-
tione castri de Sancto Mauricio.

Beaumanoir, en ses *coutumes de Beauvoisis,* ch.
14, dit aussi que de son temps le tiers des fiefs se
partageoit également entre les frères & sœurs puînés, & que de leurs parties ils venoient à l'hommage de leur aîné.

Au reste, quoique l'ordonnance de Philippe-Auguste ne fût pas suivie par tout le royaume, la plupart des coutumes remédièrent diversement aux
inconvéniens du démembrement. Celles de Senlis,
Clermont, Valois, Amiens, ordonnèrent que les
puînés ne relèveroient qu'une fois de leur aîné;
qu'ensuite ils retourneroient à l'hommage du seigneur suzerain dont l'aîné relevoit. Celles d'Anjou,
Maine & quelques autres, ordonnèrent que l'aîné
garantiroit les puînés sous son hommage; ce qui
fut appellé en quelques lieux *parage,* en d'autres
miroir de fief.

FRAREUSETÉ. *Voyez* RETRAIT DE FRAREU-
SETÉ.

FRATERNITÉ, s. f. (*Droit civil & canon.*)
c'est le lien qui unit ensemble des frères & des
sœurs. *Voyez* FRÈRE.

Ce terme se prend aussi dans une acception générale, pour signifier l'union qui règne entre différentes espèces de personnes. Tertullien, S. Cyprien
& d'autres pères de l'église se sont servis du mot
fraternitas, pour désigner l'église; ou, pour mieux
dire, les chrétiens qui la composent. Les auteurs
qui traitent de la vie ascétique, s'en servent pour
désigner, 1°. les membres qui composent une communauté; 2°. l'association de plusieurs maisons religieuses, dont l'effet étoit de faire regarder les
membres de l'une comme membres de l'autre; 3°.
l'union que les laïques contractoient avec un ordre monastique, afin de participer aux prières, suffrages & bonnes œuvres des religieux.

Enfin le quatrième concile de Latran donne le
nom de *fraternités* aux redevances & autres prestations dues aux monastères par les laïques qui s'y
faisoient aggréger.

FRATRICIDE, s. m. (*Code criminel.*) *fratris*
cædes; c'est l'action de celui qui tue son frère ou
sa sœur.

Le meurtre de la sœur s'exprime plus particulièrement par le mot *sororicide;* mais, dans l'usage
général, on appelle *fratricide* celui qui tue son frère
ou sa sœur.

Nous n'avons pas encore dit que ce meurtre
étoit un crime horrible, & nous devions en effet commencer par définir l'action avant de la qualifier. Le mot de *crime* ne peut s'appliquer qu'aux
actions atroces commises à mauvaise intention, soit
qu'il y ait eu un dessein prémédité, soit qu'il n'y
en ait pas eu; ce qui cependant doit mettre encore
entre elles une très-grande différence; mais il est
possible d'être *fratricide* ou *sororicide* sans être coupable d'un crime. Il seroit sans doute injuste de qualifier également le meurtre d'un frère commis de
dessein prémédité ou dans un mouvement de
colère, & celui qui ne seroit l'effet que d'une imprudence. Le mot de *fratricide* qu'on emploie pour
généralement pour désigner le meurtre & le meurtrier d'un frère, ne doit donc, à ce que je crois,
s'appliquer qu'à celui qui s'est rendu véritablement
coupable d'un crime, c'est-à-dire à celui qui a été
meurtrier de fait & d'intention.

Ce crime est presque aussi ancien que le monde;
il n'y avoit encore que trois hommes sur la terre,
quand l'un d'eux périt par un *fratricide.*

Les loix romaines mettoient ce crime au rang
des parricides: cependant elles distinguoient quant
à la peine. Le parricide proprement dit étoit fustigé jusqu'à effusion de sang; on le renfermoit ensuite dans un sac de cuir avec un singe, un coq,
une vipère & un chien, puis on le jettoit dans la
mer ou dans le fleuve le plus prochain, afin que
celui qui avoit violé les loix les plus sacrées du
sang & de la nature, fût privé de tous les élémens, & n'eût même pas une sépulture après sa
mort. *Si quis parvuli aut filii, aut omnino affec-*
tionis ejus quæ nuncupatione parricidii continetur fata
properaverit, sive clam, sive palam id enisus fuerit; pœnâ
parricidii puniatur, & neque gladio, neque ignibus,
neque ulli aliæ pœnæ subjugetur; sed insutus culeo cum
cane & gallo gallinaceo, & viperâ & simio, & in-
ter eas feraces angustias comprehensus, serpentium con-
tuberniis misceatur, & ut regionis qualitas tulerit, vel
in vicinum mare, vel in amnem projiciatur, ut omni
elementorum usu vivus carere incipiat, & ei cœlum
superstiti terrâ mortuo auferatur. L. unic. cod. de
his qui parentes vel liberos occiderint.

A l'égard du fratricide, il n'étoit puni que comme
un simple homicide. *Qui alias personas occiderint*
præter patrem & matrem, avum & aviam, quos more
majorum puniri supra diximus, capitis pœnâ plecten-
tur, aut ultimo supplicio mactantur. L. 9, §. 1, ff.
de leg. Pomp. de parricidiis.

En France, on distingue, ainsi qu'à Rome, entre le parricide & le *fratricide* : on ajoute à la peine du premier l'amende honorable, le poing coupé, & on ordonne que le corps du supplicié, après avoir été roué vif, sera brûlé, & que les cendres seront jettées au vent. Cependant, & eu égard à l'atrocité du crime, on cumule quelquefois toutes ces peines contre le *fratricide* ; c'est ce qui résulte d'un arrêt du parlement de Paris, du 4 décembre 1779, par lequel Jean-Joseph Puré, cavalier au régiment du roi, a été condamné à faire amende honorable au devant de la principale porte de l'église de Laon, ayant écriteau devant & derrière, portant le mot *fratricide*, ensuite mené en la place du Bourg de ladite ville de Laon, & y avoir le poing coupé, y être rompu vif sur un échafaud dressé à cet effet, & à l'instant jetté dans un bûcher ardent, pour avoir assassiné de plusieurs coups de couteau Jean-Nicolas Puré, son frère, & lui avoir volé l'argent & les effets qu'il avoit sur lui, &c.

L'incapacité de succéder aux biens du frère assassiné, est encore une des peines du *fratricide*, & cette peine s'étend jusqu'aux enfans & descendans du meurtrier.

« Il est souvent arrivé, dit Maynard en ses » questions notables, tom. 2, liv. 7, chap. 94, » des controverses au sujet de la succession ab *in-* » *testat* d'un frère ou sœur tués par un leur frère, » entre le procureur-général du roi, au pays où » la confiscation appartient à sa majesté, ou le pro- » cureur fiscal, dans les lieux où la même con- » fiscation appartient au seigneur justicier, & les » plus proches parens, soit les fils & descendans, » ou bien autres plus proches du mort, sur les- » quelles il y a eu autrefois non-seulement diver- » ses & contraires opinions, mais encore divers » préjugés.

» Les premiers & plus anciens ayant estimé qu'un » tel meurtre, bien qu'abominable & exécrable, » n'est toutefois tel, qu'avant l'accusation & la sen- » tence de condamnation, il pût apporter au con- » damné aucune incapacité ou infamie pour la- » quelle il dût être exclus de la succession de la- » quelle il auroit été déclaré capable ; mais tou- » tefois la vigueur de la discipline publique ne » permettant point que d'un tel forfait il puisse & » doive remporter aucun gain & profit, la loi » auroit trouvé bon & équitable qu'à tels & sem- » blables *fratricides* si exécrables & si malheureux, » l'hérédité & succession, après la condamnation, » fût ôtée & arrachée de leurs mains, comme » de personnes en étant indignes ; & il a été ainsi » jugé par arrêt du parlement de Paris, en l'an 1591, » pour les biens de Rable, comme il est rapporté » dans les questions de M° Jean le Coq, quest. » 266, dont Papon auroit fait mention en son » recueil, liv. 21, tit. 1, des successions légitimes, » art. 2, & qui est encore rapporté par le prési- » dent Aufrery en ses arrêts, part. 4, art. 130. » Les autres auteurs au contraire, & presque » unanimement, y appellent, à l'exclusion des en-

» fans & descendans du meurtrier, afin que, par » un forfait si grand, il ne fût en la puissance des » pères, hasardant leur vie & leur honneur, d'en- » richir par ce moyen leurs enfans ; ces auteurs » donc, le fisc aussi exclus, soit de sa majesté, » soit du seigneur, appellent ab *intestat* les autres » plus proches parens, pour leur faire adjudica- » tion des biens & successions des assassinés ». (*Cet article est de M. Boucher d'Argis, conseil- ler au châtelet, des académies de Rouen, &c.*)

FRAUDE, s. f. (*Droit civil. Finance.*) en gé- néral, c'est une tromperie cachée, une action faite de mauvaise foi. Elle est opposée à la justice & à la véracité, & elle peut se trouver dans les dis- cours, dans les actions, & même dans le silence.

En terme de Finance, *fraude*, *contravention* & *contrebande* sont à-peu-près synonymes ; ils sont pris pour toute infraction aux ordonnances & régle- mens qui ont rapport aux droits établis sur les den- rées & marchandises. La *fraude* est sourde & ca- chée, comme lorsque l'on fait entrer ou sortir d'un état des marchandises par des routes détournées, pour éviter le paiement des droits dus sur celles qui sont permises, & la confiscation de celles qui sont prohibées. La *contravention* suppose de la bonne-foi, & vient de l'ignorance des réglemens, ensorte qu'elle se commet en manquant aux for- malités prescrites. La *contrebande* est un crime ca- pital, lorsqu'elle se fait avec attroupement & port d'armes, parce qu'elle est contraire aux loix éta- blies pour la sûreté de l'état.

Le bien commun rend justes l'imposition & la levée des tributs ; le besoin de l'état les rend né- cessaires. Il suit de ce principe, que les peuples sont obligés de s'en acquitter, comme d'une dette très-légitime, & qu'ils peuvent y être contraints par les voies établies par les loix & l'usage. De-là on peut conclure qu'il n'est pas permis de frauder les droits & de les faire perdre ; que c'est un de- voir de conscience de les payer ; car, outre que l'on fait une injustice, ou au public, ou à ceux qui en ont traité, on occasionne de grands frais, & beaucoup de précautions qui gênent le com- merce, pour prévenir les *fraudes*. Mais il faut aussi convenir que si on accordoit au commerce toute la liberté dont il a besoin pour être floris- sant, les *fraudes*, les contraventions & la contre- bande ne seroient pas communes. *Voyez* Contra- vention, Contrebande, & le *Dictionnaire des Finances*.

En Jurisprudence, la *fraude* est une tromperie avec ruse & finesse, au préjudice d'un tiers, & par-là même elle est différente du dol, qui est égale- ment une ruse & tromperie, faite dans l'intention de porter préjudice à celui avec lequel on con- tracte.

La *fraude* doit être bannie de tous les contrats, & être punie par-tout où on la découvre ; mais il est de principe qu'elle doit être prouvée, parce

que jamais elle ne se présume. *Voyez* DOL &
DÉCEPTION.

On applique particuliérement en droit, le nom
de *fraude* aux moyens que les débiteurs employent
pour frustrer leurs créanciers de ce qui leur est
dû, & les vendeurs & acquéreurs d'un héritage,
pour éviter de payer les droits seigneuriaux, &
empêcher les retraits seigneurial & lignager. Nous
allons l'examiner sous ces deux rapports.

Il y a dans le droit romain, *ff. lib. 43*, un titre entier, le huitième, qui traite des *fraudes* que
les débiteurs peuvent commettre au préjudice de
leurs créanciers. Nous remarquerons que ces *fraudes* sont moins fréquentes parmi nous que chez les
Romains. Chez eux on contractoit souvent sans
écrit; l'hypothèque même pouvoit s'acquérir par
une convention non écrite & par un simple pacte,
ce qui rendoit les *fraudes* faciles.

Dans le droit romain, on ne considéroit
comme *fraude* au préjudice des créanciers, que ce
qui alloit à la diminution des biens déjà acquis
au débiteur: mais on ne mettoit pas au même
rang, la délivrance que pouvoit faire un héritier
du total des legs & des fidéi-commis, sans retenir
ces portions, qu'on appelle *la falcidie* & *la trébellianique*, parce qu'on jugeoit que l'héritier avoit
la liberté de se priver de ce que la loi lui donnoit droit de retrancher sur les legs & les fidéi-
commis, & qu'ainsi il pouvoit acquitter pleinement
la volonté du défunt: il en étoit de même de la
renonciation qu'un débiteur faisoit d'une succession
à laquelle il étoit appellé, & d'un legs qui lui
étoit fait.

Nous ne suivons pas à cet égard les dispositions
des loix romaines; non seulement un débiteur ne
peut diminuer par *fraude* ses biens acquis au préjudice de ses créanciers, mais ceux-ci peuvent
encore exercer tous les droits & les actions de leurs
débiteurs, & en cela nous nous sommes rappro-
chés de l'équité, & même des principes consignés
dans la loi première *c. de prat. pign.* dont voici
les termes: *Si prætorium pignus quicumque judices
dandum alicui perspexerint; non solùm super mobi-
libus rebus, & immobilibus, & se moventibus, sed
etiam super actionibus quæ debitori competunt, præcipimus hoc eis licere decernere.* A quoi on peut
ajouter qu'il se peut faire que le créancier ait eu
sujet de compter parmi les assurances qu'il pouvoit prendre sur les biens de son débiteur, celles
des successions qu'il pouvoit attendre.

Tout ce que font les débiteurs pour frustrer
leurs créanciers, par des aliénations, & autres dispositions quelles qu'elles soient, est révoqué, selon que les circonstances & les règles qui suivent
peuvent y donner lieu.

Toutes les dispositions que peuvent faire les débiteurs à titre de libéralité, au préjudice de leurs
créanciers, peuvent être révoquées, soit que celui
qui reçoit la libéralité ait connu le préjudice fait
aux créanciers, ou qu'il l'ait ignoré. Car sa bonne-

foi n'empêche pas qu'il ne fût injuste qu'il profi-
tât de leur perte. Mais si le donataire ayant été de
bonne-foi, la chose donnée n'étoit plus en nature, & qu'il n'en eût tiré aucun profit, il ne seroit pas tenu de rendre un bienfait dont il ne lui
resteroit aucun avantage.

Les aliénations de meubles & immeubles que
font les débiteurs, à autre titre que de libéralité,
à des personnes qui acquièrent de bonne-foi &
à titre onéreux, ignorant qu'il soit fait préjudice
à des créanciers, ne peuvent être révoquées, quelque intention de frauder qu'ait le débiteur. Car sa
mauvaise foi ne doit pas causer une perte à ceux
qui exercent avec lui un commerce licite, & sans
part à sa *fraude*.

Quoique l'aliénation frauduleuse soit faite à titre
onéreux, comme par une vente, s'il est prouvé
que l'acheteur ait participé à la *fraude* pour en
profiter, achetant à vil prix, l'aliénation sera révoquée, sans aucune restitution du prix à cet
acheteur complice de la *fraude*, à moins que les
deniers qu'il auroit payés ne se trouvassent encore en
nature entre les mains de ce débiteur qui lui auroit vendu.

Pour obliger à la restitution celui qui acquiert
d'un débiteur, ce n'est pas assez qu'il ait su que
ce débiteur avoit des créanciers, mais il faut que
le dessein de frauder lui ait été connu. Car plusieurs de ceux qui ont des créanciers ne sont pas
insolvables, & on ne se rend complice d'une *fraude*
qu'en y prenant part.

Si le dessein de frauder n'est pas suivi de l'événement & de la perte effective des créanciers,
& que par exemple, pendant qu'ils exercent leur
action, ou qu'ils veulent l'exercer, le débiteur les
satisfasse par la vente de ses biens ou autrement,
l'aliénation qui avoit été faite à leur préjudice,
aura son effet. Et si dans la suite il vient à emprunter, les nouveaux créanciers ne pourront pas
révoquer cette première aliénation, qui n'avoit pas
été faite à leur préjudice. Mais s'ils avoient prêté
pour payer les premiers, & que les deniers eussent
été employés à ce paiement, ils pourroient révoquer l'aliénation faite avant leur créance. Car en
ce cas, ils exerceroient les droits de ceux à qui
ce paiement les auroit subrogés, suivant les règles
expliquées en leur lieu. *Voyez* SUBROGATION.

Toutes les manières dont les débiteurs dimi-
nuent frauduleusement les fonds de leurs biens
pour en priver leurs créanciers, sont illicites, &
tout ce qui se fait à leur préjudice par de telles
voies, est révoqué. Ainsi les donations, les ventes à vil prix, ou à un prix simulé, dont le débiteur donne la quittance, les transports à des personnes interposées, les acquits frauduleux & généralement tous les contrats, & autres actes & dispositions faites en *fraude* des créanciers, sont annullés.

Si pour frauder des créanciers, un débiteur
d'intelligence avec son débiteur, se désiste d'une

hypothèque qu'il avoit pour fa fûreté ; fi pour éteindre la dette, il fournit à fon débiteur des exceptions qui ne lui fuffent pas juftement acquifes, ou s'il lui défère le ferment fur une demande dépendant des faits qu'il pouvoit prouver ; s'il tranfige de mauvaife foi, ou s'il donne quittance fans paiement ; s'il fe laiffe débouter d'une demande légitime par collufion avec fon débiteur, ou s'il fe laiffe condamner envers un créancier contre qui il avoit de juftes défenfes ; s'il laiffe périr une inftance ; s'il laiffe prefcrire une dette par intelligence avec fon débiteur ; & s'il fait ou ceffe de faire quelque autre chofe par où il caufe une perte ou une diminution volontaire de fes biens au préjudice de fes créanciers ; ce qui aura été fait par cette collufion fera révoqué, & les créanciers feront remis aux premiers droits de leurs débiteurs.

Si un débiteur qui avoit un terme pour payer ce qu'il devoit à un de fes créanciers, ou qui ne devoit que fous une certaine condition, qui n'étoit pas encore arrivée, colludant avec ce créancier pour le favorifer, lui avance fon paiement ; les autres créanciers pourront demander à celui qui aura reçu ce paiement les intérêts du temps de l'avance, & même le principal, fi c'étoit une dette qui ne fût due que fous une condition qui ne feroit pas encore arrivée. Et en ce cas, il fera pourvu à la fûreté de ceux à qui cet argent devra revenir ; foit de ce créancier, fi la condition arrive, ou de ceux qui devront le recevoir, fi elle n'arrive point.

Si un débiteur s'oblige au préjudice de fes créanciers pour des chofes qu'il ne doive point, s'il donne de l'argent ou quelque autre chofe à des perfonnes à qui il ne devoir rien, ou s'il fait d'autres femblables fraudes, le tout fera révoqué par fes créanciers.

On ne doit pas mettre au nombre des libéralités frauduleufes qui peuvent être révoquées, ce qui eft donné à titre de dot, foit par le père de la fille, ou par d'autres perfonnes, lorfque le mari ignore la fraude. Car encore que la dot puiffe être conftituée frauduleufement de la part de ceux qui dotent la fille, le mari qui reçoit la dot à titre onéreux, & qui fans cette dot ne fe feroit pas engagé dans le mariage, ne doit pas la perdre. Mais fi le mari avoit participé à la fraude, il pourroit être tenu de ce qui feroit de fon fait, felon les circonftances.

Le créancier qui reçoit de fon débiteur ce qui lui eft dû, ne fait point de fraude, mais fe fait juftice en veillant pour foi, comme il lui eft permis. Et quoique fon débiteur fe trouve infolvable, & que par ce paiement, il n'en refte pas affez pour les autres créanciers, ou que même il ne refte rien, il n'eft pas tenu de rendre ce qu'il a reçu pour fon paiement ; mais les autres créanciers doivent s'imputer de n'avoir pas veillé pour eux comme a fait celui qui s'eft fait payer.

Si après une faifie des biens d'un débiteur, ou après le délaiffement qu'il en auroit fait à fes créanciers, un d'eux reçoit fon paiement ou du fond des chofes faifies, ou de ce qui étoit délaiffé aux créanciers, il rapportera ce qu'il aura reçu ; parce qu'alors il prend pour foi ce qui étoit à tous ; ce qui ne s'entend pas de ce qu'un faififfant de meubles peut recevoir par l'effet de fes diligences avant qu'il y ait des oppofitions.

Celui qui aura participé à une *fraude* faite à des créanciers, fera tenu de rendre tout ce qu'il fe trouvera avoir reçu par une telle voie, avec les fruits ou autres revenus, ou les intérêts, fi ce font des deniers, à compter depuis le jour qu'il les aura reçus. Et toutes chofes feront remifes au même état où elles étoient avant cette *fraude*.

Tous ceux qui contribuent aux *fraudes* que font les débiteurs à leurs créanciers, foit qu'ils en profitent, ou qu'ils prêtent feulement leurs noms, font tenus de réparer le tort qu'ils ont fait. Ainfi ceux qui acceptent des tranfports frauduleux de ce qui eft dû au débiteur, font tenus de remettre aux créanciers les titres des créances avec leurs tranfports, ou ce qu'ils peuvent en avoir reçu, ou fait recevoir par le débiteur qui empruntoit leur nom.

Le débiteur qui a fraudé fes créanciers, n'eft pas feulement tenu de réparer, autant qu'il fe peut, fur fes biens, l'effet de la *fraude* ; mais il doit auffi être condamné aux peines qu'il pourra mériter felon les circonftances.

Si un tuteur ou curateur fe rend participant de quelque *fraude* que fait un débiteur à fes créanciers, favorifant en cette qualité la mauvaife foi de ce débiteur par quelque acte qui regarde la perfonne que ce tuteur ou curateur peut avoir fous fa charge, il fera tenu perfonnellement de la perte que fon dol aura pu caufer. Et celui dont fon tuteur ou curateur adminiftroit les biens, fera auffi tenu de réparer la *fraude*, quoiqu'elle lui ait été inconnue, mais feulement jufqu'à la concurrence de ce qui en fera tourné à fon profit.

Il arrive très-fouvent que, pour éluder le paiement des droits feigneuriaux, de lods & ventes, de quint, ou pour empêcher le retrait lignager, féodal ou cenfuel, on donne à une véritable vente l'apparence d'un échange, d'une donation ; ou autre acte qui ne donne aucune ouverture, foit au retrait, foit au paiement des droits feigneuriaux.

Dans ce cas, les feigneurs ou les parens peuvent demander à être admis à la preuve de la *fraude*, afin d'être autorifés, les uns à fe faire payer les droits qui leur font légitimement dus ; les autres à exercer le retrait, parce qu'en effet la *fraude* ne doit jamais profiter à celui qui la commet, & que toute convention faite contre les loix, doit être réprouvée.

Mais on peut demander fi le feigneur ou le parent lignager peuvent être admis à la preuve teftimoniale, & dans quels cas ils doivent y être reçus ?

La coutume de Nivernois, *tit. des fiefs, art. 20,*

décide nettement la première question en faveur des seigneurs ; elle les autorise à faire preuve de la *fraude*, ou par deux témoins, ou par autre preuve de droit, ou par le serment des contractans. Cette disposition doit être suivie dans le droit commun, quoique l'ordonnance de Moulins & celle de 1667 rejettent la preuve par témoins contre & outre le contenu aux actes. La raison en est, 1°. que la prohibition portée par les ordonnances ne concerne directement que ceux qui ont passé l'acte, & non un tiers qui n'y étoit pas partie, & qu'on a voulu frauder ; 2°. que la convention simulée par laquelle on a voulu couvrir la *fraude*, se fait toujours dans le secret, qu'elle est communément très-difficile à prouver, qu'elle renferme une espèce de crime, dont on ne peut fournir souvent la preuve que par des conjectures & des témoins.

A l'égard de la seconde question, les auteurs & la jurisprudence des arrêts nous apprennent que le seigneur ou le lignager ne doivent être admis à prouver la *fraude*, que lorsqu'ils sont en état de démontrer que l'acte qu'on leur présente est tout autre que ce qu'il paroit. Ce n'est pas assez qu'ils puissent justifier qu'il y a eu *fraude* entre les contractans, qu'ils ont eu dessein de frustrer le seigneur de ses droits, ou le lignager de la faculté d'exercer le retrait. Il faut encore que ces derniers prouvent qu'un échange, par exemple, sous lequel on a voulu déguiser un contrat de vente, a cessé véritablement d'être un échange par le fait même des contractans.

En effet, dès que le contrat subsiste tel qu'il paroit être, que l'échange est sérieux, on n'entre pas dans la discussion de savoir si l'intention des parties a été de frauder les droits du seigneur ou du lignager ; il suffit qu'elles aient contracté dans une forme autorisée par la loi ou la coutume, qui ne donne aucune ouverture aux droits seigneuriaux & au retrait, pour que le seigneur ou le lignager ne puissent être admis à la preuve de la *fraude*. Il n'y a point alors effectivement de dol ; les contractans n'ont fait qu'user de la liberté qu'ils avoient de s'éviter le paiement des droits seigneuriaux ; & comme le dit Dumoulin sur la coutume de Paris : *dolum non admittit qui sibi prospicit ut damnum excludat, & licet unicuique sibi suisque negotiis consulere, etiam per interpositam personam.* D'ailleurs, comme dit d'Argentré sur la coutume de Bretagne, §. 73 : *nec oportet dominos esse curiosiores vel exploratores alieni commercii, etiamsi per consequentiam quidpiam pereat commodis feudalibus.*

Dans la coutume de Normandie, qui permet au vassal de se jouer de son fief, sans payer treizième à son seigneur féodal, jusqu'à démission de foi & hommage inclusivement, pourvu qu'il reste assez pour satisfaire aux rentes & redevances dues au seigneur, l'espèce de *fraude* dont nous parlons, peut se commettre ou par une vente déguisée sous le nom d'échange ou de bail à rente, ou par le jeu de fief.

Suivant l'article 465, lorsque le seigneur & le lignager peuvent prouver la *fraude*, le prix du contrat est confisqué au profit du roi, l'héritage s'accorde au clamant ou lignager, & le treizième au seigneur. Mais comme il est difficile de faire preuve de la *fraude*, l'article 27 du règlement de 1666, connu sous le nom d'*articles placités*, admettoit par présomption légale de *fraude*, dans une vente déguisée sous le nom de *bail à rente*, le rachat de cette rente fait dans l'an & jour du contrat. Une déclaration du 14 janvier 1698 avoit étendu cette disposition en faveur des droits seigneuriaux, au rachat fait avant treize années, & une du 10 janvier 1725, a ordonné la même chose en faveur de l'action en retrait ou clameur.

La jurisprudence du parlement de Rouen n'admettoit pas à la preuve de la *fraude*, dans le cas du jeu de fief, lorsque le domaine utile & la directe étoient acquis par des actes séparés, quoique passés à peu de distance les uns des autres. Mais une déclaration du 23 juin 1731 a ordonné que, lorsque la propriété du fief & du domaine utile passeroit dans la main du même acquéreur, par des actes différens, pendant le terme de dix ans, il y auroit ouverture soit au retrait, soit au droit de seizième, comme si le tout avoit été aliéné par un seul acte, à l'exception, 1°. du cas où la propriété du fief & du domaine utile concourre en la personne du même propriétaire, comme héritier de celui qui avoit aliéné une partie de sa terre, ou de ses héritiers ; 2°. dans celui d'une donation de la portion retenue, lorsqu'au temps de cette donation, le donataire se trouve héritier présomptif du donateur ; 3°. dans celui d'une donation faite par femme au mari, en faveur de mariage.

FRAUX *ou* FRÊCHES, s. m. plur. Ces mots se trouvent dans des titres & chartres anciennes ; ils signifient des terres incultes & en friche : on les appelle aussi dans quelques pays, *fros, frox* & *froux* : c'est ce que confirme l'article 10 de la coutume locale de Menetou-sur-Cher, où il est dit, que pour bêtes prises, il y a diverses amendes, supposé qu'elles soient sous une même garde & sous un même pâtre ; toutefois en *froux* ou *friche*, on ne peut faire prise, sinon qu'il soit bouché.

Suivant les dispositions de la coutume d'Auvergne, *tit.* 28, les habitans d'une même justice ou village peuvent destiner partie de leur *fraux* & pâturages, & aussi de leurs prés, en temps non défensable, pour leur bétail errant & labourant, sans qu'aucun autre bétail que celui du propriétaire puisse y entrer, à peine d'amende envers le seigneur, & des dommages & intérêts de la partie.

Dans quelques coutumes, on entend par *fraux* ou *frocs*, les chemins, & c'est par cette raison qu'en Artois, on donne le nom de *froqueurs*, à ceux qui les réparent. L'ancienne coutume d'Orléans, *art.* 157, appelloit *froux*, un lieu public & commun à tous : dans un arrêt donné à la chandeleur 1266, il est fait mention de *frotis* qui sont les places vuides & communes d'une ville. Dans ce fens, ce mot eft fynonyme de celui de *flegard*.

FREDUM, FREDA, FREDUS & FRIDUS : tous ces mots fe trouvent indifféremment employés dans le même fens, dans les loix barbares, les capitulaires de nos rois, les conftitutions de l'empereur Henri I, & les anciens hiftoriens.

Le terme de *fredum* vient du mot germanique *frid*, qui fignifie *paix*. On a donné ce nom à l'amende ou compofition en argent, qui étoit due par celui qui avoit enfreint la paix publique, ou qui, après avoir commis un délit envers un concitoyen, demandoit fa paix particulière. *Voyez* COMPOSITION.

Le *fredum* étoit proprement la portion de l'amende, qui appartenoit au roi ou aux juges, ainfi que nous l'apprenons du chapitre dernier des loix ripuaires, & des titres 5 & 55 de la loi falique. Cette portion confiftoit dans le tiers de la compofition, les deux autres tiers appartenoient à la partie offenfée.

Un grand nombre de chartres défendent aux juges royaux d'exiger le *fredum*, pour quelque caufe que ce foit dans les poffeffions de l'églife : & affez ordinairement lorfqu'il s'agiffoit de la compofition d'un délit commis envers un eccléfiaftique, le *fredum* appartenoit à l'églife dont il étoit membre.

Le mot *fredum* a été employé par la fuite pour fignifier l'exaction des frais de procédure ; c'eft ce que prouve M. Duchefne par plufieurs chartres. On trouve auffi dans les regiftres du parlement, fous la date de 1284 & de 1538, des arrêts, où les frais de procédure font défignés fous ce nom, & c'eft de-là apparemment que nos anciens praticiens les appellent *frez de procès*.

FRERAGE. *Voyez* FRARACHAGE.

FRERE, f. m. (*Droit naturel, civil & canon.*) ce terme fignifie ceux qui font nés d'un même père & d'une même mère, ou bien d'un même père & de deux mères différentes, ou enfin d'une même mère & de deux pères différens.

On diftingue les uns & les autres par des noms particuliers ; ceux qui font procréés des mêmes père & mère, font appellés *frères germains* ; ceux qui font de même père feulement, font *frères confanguins* ; & ceux qui font de même mère, *frères utérins*. Dans quelques coutumes & provinces les *frères* utérins & confanguins font appellés *demifrères*, parce qu'ils ne font joints que d'un côté feulement.

La qualité de *frère* naturel procède de la naiffance feule ; la qualité de *frère* légitime procède de la loi, c'eft-à-dire qu'il faut être né d'un même mariage valable.

On ne peut pas adopter quelqu'un pour fon *frère*, mais on peut avoir un *frère* adoptif dans les pays où l'adoption a encore lieu. Lorfqu'un homme adopte un enfant, cet enfant devient *frère* adoptif des enfans naturels & légitimes du père adoptif.

L'étroite parenté qui eft entre deux *frères*, fait que l'un ne peut époufer la veuve de l'autre.

Les *frères* étant unis par les liens du fang, font obligés entr'eux à tous les devoirs de la fociété encore plus étroitement que les étrangers ou que les parens plus éloignés ; cependant il n'arrive que trop fouvent que l'intérêt les fépare, *rara concordia fratrum*. Les tribunaux de la juftice retentiffent tous les jours des cris que le *frère* pouffe contre fon *frère*, & la fœur contre fa fœur.

Si la difcorde & les divifions entre *frères* ne nous infpirent plus d'horreur, c'eft que nous fommes corrompus par le luxe, qui éteint en nous les fentimens de la nature. Elle nous crie que les *frères* font les enfans d'un même père, qu'ils ont été formés dans le même fein, qu'ils doivent refter unis, pour que la paix & le bonheur demeurent dans la maifon paternelle. Rien ne devroit être plus flatteur pour un *frère* que d'être utile à fon *frère*, c'eft-à-dire à celui qui fent couler dans fes veines, le même fang qui circule dans les nôtres, à celui qui eft le plus voifin de notre exiftence, & qui a reçu la fienne de la même main que nous tenons la nôtre.

La condition des *frères* n'eft pas toujours égale ; l'un peut être libre, & l'autre efclave ou ferf de main-morte.

Dans le partage des biens nobles, le *frère* aîné a, felon les coutumes, divers avantages contre fes puînés mâles ; les *frères* excluent leurs fœurs de certaines fucceffions.

En pays de droit écrit, les *frères* germains fuccèdent à leur *frère* ou fœur décédés, concurremment avec les père & mère ; ils excluent les *frères* & fœurs confanguins & utérins ; ceux-ci, c'eft-à-dire les *frères* confanguins & utérins, concourent entr'eux fans diftinguer les biens paternels & maternels.

En pays coutumier, les *frères* & fœurs, même germains, ne concourent point avec les afcendans pour la fucceffion des meubles & acquêts ; mais dans les coutumes de double lien, les *frères* & fœurs germains font préférés aux autres. Du refte pour les propres, les *frères*, foit germains, confanguins, ou utérins, ne fuccèdent chacun qu'à ceux qui font de leur ligne.

Quelque union qu'il y ait naturellement entre les *frères* & fœurs, un *frère* ne peut point engager fon *frère* ou fa fœur fans leur confentement ; un *frère* ne peut pas non plus agir pour l'autre pour venger l'injure qui lui a été faite, mais il peut agir feul pour une affaire qui leur eft commune.

Le *frère* majeur eft tuteur légitime de fes *frères* & fœurs qui font mineurs, ou en démence. On peut auffi le nommer tuteur ou curateur.

Suivant les loix romaines, quoiqu'un *frère* pût agir contre fon *frère* pour les droits qu'il a contre lui, il ne pouvoit pas l'accufer d'un crime capital, fi ce n'eft pour caufe de plagiat ou d'adultère. Le

Le fratricide ou le meurtre d'un *frère* eſt un crime grave. *Voyez* FRATRICIDE.

On appelle improprement *frères & ſœurs de lait*, les enfans d'une femme qui a allaité les enfans d'une autre, quoiqu'il n'y ait aucune parenté ou affinité entre les enfans de, cette femme & les enfans étrangers qu'elle a nourris.

Dans les ordres militaires & religieux, on donne dans les actes publics, le titre de *frère*, aux chevaliers & commandeurs de Malthe, & à tout religieux prêtre, bénéficier ou autre.

Dans l'ordre de Malthe, on appelle *frères-ſervans*, ceux qui compoſent la troiſième des claſſes dont cet ordre eſt compoſé.

Dans les monaſtères on appelle *frères-lais*, ou *frères-convers*, les religieux qui ne ſont point dans la cléricature, & qui n'ont été reçus que pour rendre des ſervices manuels à la maiſon. On appelle auſſi *frères-externes*, ceux qui ſont affiliés aux prières & ſuffrages d'un monaſtère, ou des religieux d'un autre monaſtère, qui ſont de même affiliés.

FRÉSANGE ou FRESSENGE, ſ. f. (*Droit féodal.*) ce mot vient de *friſcinga*, qui, dans la baſſe latinité, ſignifioit *porc*. Il paroît que la *fréſange* étoit un droit que quelques ſeigneurs percevoient ſur les porcs nourris ou vendus dans l'étendue de leur ſeigneurie.

Il en eſt parlé dans un cartulaire de Saint-Denis, de l'an 1144, & dans des lettres de Louis-le-Jeune de l'an 1147, par leſquelles il donne aux lépreux de S. Lazare *decem friſcingas*, de trois ſous chacune, qui devoient être fournies par le fermier des boucheries de Paris. Il en eſt auſſi parlé dans l'hiſtoire de Gand, *liv. 5, pag. 263.*

Ce droit ſe changeoit ſouvent en argent ou autre eſpèce. M. de Laurière en rapporte pluſieurs exemples en ſon *gloſſaire*, au mot *Fréſange.*

Cet auteur penſe que ce droit peut être la même choſe que celui qui eſt appellé ailleurs *porcellagium* ou *porcelatio*; mais que *friſcinga* eſt quelque choſe de moindre que *porcus*. Il y a apparence que pour chaque porc, on ne devoit que *fréſange* qu'un morceau d'un certain poids, ou l'équivalent. M. de Laurière rapporte une chartre de l'an 1553, ſuivant laquelle celui qui avoit trois porcs ou truies ne devoit que deux ſous tournois pour le droit de *fréſange*; & celui qui avoit voulu frauder le droit, devoit au ſeigneur ſoixante ſous d'amende.

Le même M. de Laurière nous apprend qu'il étoit dû un droit de *fréſange*, au maître des eaux & forêts d'Aubigny en Berri, & de quelques autres endroits par le fermier des glandées & paiſſons; il ajoute avoir vu une ſentence de la châtellenie d'Aubigny, du 28 janvier 1520, dans laquelle il eſt queſtion de ce droit ſur les porcs.

FRET, ſ. m. (*Code maritime.*) c'eſt le prix du tranſport par mer des marchandiſes d'un lieu à un autre. *Voyez* ce mot dans le *Dictionnaire du commerce*, *Jurisprudence. Tome IV.*

& les mots AFFRÉTEMENT, ASSURANCE, AVARIES.

FRIEZ & SAVARTS, dans la coutume de Clermont, les *friez* ſont des terres incultes, les *ſavarts* des terres ſablonneuſes peu propres à la culture, enſorte que *friez* & *ſavarts* ſont des terres en friche. *Voyez* FRAUX.

FRIGIDITÉ, ſ. f. (*Droit civil & canon.*) ce vice qui forme dans l'homme un empêchement dirimant pour le mariage, eſt un défaut de force, & une eſpèce de foibleſſe de tempérament, qui n'eſt occaſionnée ni par la vieilleſſe ni par aucune maladie paſſagère; c'eſt l'état d'un homme impuiſſant, qui n'a jamais les ſenſations néceſſaires pour remplir le devoir conjugal.

Celui qui eſt froid ne peut régulièrement contracter mariage; & s'il le fait, le mariage eſt nul & peut être diſſous.

On ne parle ici que des hommes; car la *frigidité* n'eſt point dans les femmes une cauſe d'impuiſſance, ni un empêchement au mariage.

La *frigidité* peut provenir de trois cauſes différentes; ſavoir, de naiſſance, ou par cas fortuit, ou de quelque maléfice.

Celle qui provient de naiſſance peut auſſi procéder de trois cauſes; ſavoir, de la qualité du ſang, qui étant trop chargé de flegme, empêche les eſprits vitaux de ſe porter avec aſſez de vivacité dans la partie qui doit agir; ou bien le défaut provient de ce que les eſprits vitaux ne ſe communiquent pas facilement aux muſcles; ou enfin de la foibleſſe des organes.

Un homme, quoique froid de naiſſance, peut être bien conformé; mais le défaut de bonne conformation peut auſſi occaſionner la *frigidité*: cependant les eunuques, qui ſont impuiſſans, ne ſont pas toujours froids; leur inhabileté vient de leur mauvaiſe conformation.

L'inaction, & même l'inhabileté momentanée n'eſt point conſidérée comme un vice de *frigidité*, à moins qu'elle ne ſoit perpétuelle.

La *frigidité* peut arriver par cas fortuit, comme par maladie, bleſſure, ou autre accident, qui met l'homme hors d'état de remplir le devoir conjugal: ſi cet accident précède le mariage, il forme un empêchement dirimant; s'il eſt ſurvenu depuis, il ne peut donner atteinte au mariage, quand même la cauſe de *frigidité* ſeroit perpétuelle.

Pour ce qui eſt de la *frigidité* cauſée par maléfice, qu'on appelle vulgairement *nouement d'aiguillette*, c'eſt une des anciennes erreurs que les lumières du dix-huitième ſiècle diſſiperont entièrement: s'il exiſte une *frigidité* momentanée, elle ne doit être attribuée qu'à quelque cauſe ou ſecret naturel.

On trouve dans le quatrième livre des décrétales de Grégoire IX, un titre entier ſur cet objet, il eſt intitulé *de frigidis & maleficiatis.* *Voyez* EMPÊCHEMENT DE MARIAGE & IMPUISSANCE.

FRIPIER, ſ. m. (*Arts & Métiers. Police.*) marchand & ouvrier, qui fait profession d'acheter, vendre, & raccommoder de vieux meubles & de vieux habits. *Voyez* COLPORTEUR *de vieilles hardes*, & le *Dictionnaire du commerce*.

FROCS, FROU. *Voyez* FRAUX.

FROMENTAGE, f. m. (*Droit féodal.*) Ragueau, Bouchel & Brillon disent, « que c'est un » droit qui se prend sur certaines terres étant du » domaine d'autrui, dont est fait mention en un » arrêt de Paris, du 21 de février 1550, d'entre » le prieur de Beaudouille-sur-Dine en Poitou, » & le sieur de la Trimouille, vicomte de Thouars ».

On voit dans Ducange, au mot *Frumentagium*, que c'étoit une redevance qui se percevoit, non-seulement sur les terres labourables, mais aussi sur les vignes & sur d'autres domaines. Ce mot se retrouve dans les titres de plusieurs provinces. (*M.* GARRAN DE COULON.)

FRUITS, f. m. ce terme dans la signification propre qu'il a en droit, s'emploie toujours au pluriel, & ne s'entend que des émolumens qui naissent & renaissent du corps d'une chose, comme les *fruits* de la terre. Cependant on a donné le même nom à certains profits, qui ne proviennent pas de la chose même, mais qui sont dus à cause d'elle, tels sont les loyers d'une maison, les intérêts d'une somme d'argent, les émolumens attribués à un office.

De-là la division des *fruits* en naturels, industriaux & civils. On appelle *fruits naturels*, ceux que la nature seule produit, & qui ne demandent aucune culture, comme le foin, le bois, les fruits des arbres.

Les *fruits industriaux* ou *artificiels*, sont ceux que la nature ne produit pas toute seule, au moins avec abondance, & qui exigent des soins & de la culture, comme le vin, les bleds & autres grains.

Les *fruits civils*, sont des revenus que la loi civile assimile, à certains égards, aux *fruits* naturels. On met dans ce rang les loyers des maisons & héritages, les arrérages de rente, & généralement tous les profits annuels qui proviennent ou de la loi ou de la convention des parties.

Les *fruits* sont encore ou annuels ou casuels; les *annuels*, qu'on appelle encore *fruits ordinaires*, sont ceux qui se reproduisent chaque année: les *casuels*, sont ceux qui n'échéent qu'extraordinairement, & par des événemens imprévus, tels que sont les droits seigneuriaux dus pour les mutations par succession, vente ou autrement.

Par rapport aux questions qui peuvent naître sur la propriété des *fruits*, on les distingue en *fruits* extans ou consumés, *fruits* pendans par les racines, échus ou perçus.

Les *fruits extans*, sont ceux qui existent encore, à la différence des *fruits* consumés, que le possesseur a déjà perçus & employés à son usage.

Les *fruits pendans par les racines*, sont ceux qui ne sont pas encore séparés du fonds sur lequel ils naissent: on appelle *perçus*, ceux que le proprié-

taire ou possesseur a recueillis, quoiqu'ils ne soient pas encore consumés: & *échus*, les *fruits* civils dont le droit est acquis à quelqu'un, soit propriétaire, soit usufruitier, fermier ou autre possesseur.

Dans quelques provinces on appelle *fruits étroussés*, ceux qui ont été adjugés en justice: car étrousse signifie *adjudication*.

On appelle *fruits siens*, ceux que le possesseur gagne en vertu du droit ou possession qu'il a. C'est une maxime générale en droit, que le possesseur de mauvaise foi est obligé de restituer les *fruits* qu'il a perçus, même ceux qu'il auroit dû percevoir, que le possesseur de bonne foi au contraire fait les *fruits* siens. Le seigneur dominant, qui a saisi le fief de son vassal par faute d'homme, droits ou devoirs, fait également les *fruits* siens pendant la main-mise. *Voyez* POSSESSEUR, SAISIE-FÉODALE.

Les *fruits* d'un héritage appartiennent au propriétaire, quand même il ne les auroit pas ensemencés: *omnes fructus jure soli, non jure seminis, percipiuntur*, dit la loi 25, ff. *de usuris*. Mais dans le cas où le propriétaire n'a pas semé, il doit rendre les frais de labours & de semences.

Les *fruits* civils sont toujours réputés meubles; à l'égard des *fruits* naturels & industriaux, tant qu'ils tiennent à la terre qui les produit, ils sont censés ne faire avec elle qu'un seul & même tout; mais dès qu'ils en sont séparés par la récolte, ils deviennent meubles, puisqu'on peut les transporter d'un lieu dans un autre.

Les *fruits* civils, tels que les loyers d'une maison, les intérêts d'une rente, appartiennent à celui qui jouit de la propriété de la maison ou rente, en proportion de la jouissance qu'il a eu: les droits casuels seigneuriaux appartiennent à celui qui jouit de la seigneurie au moment où ils sont dus: mais les fermages des *fruits* naturels & industriaux appartiennent à celui qui jouit de la propriété de l'héritage au moment où ils sont récoltés, parce que ce n'est qu'alors qu'ils sont véritablement produits.

Nous ne nous arrêterons pas davantage sur les questions qui peuvent naître, par rapport aux personnes qui peuvent prétendre la propriété des *fruits*, il faut consulter les articles COMMUNAUTÉ, DÉGUERPISSEMENT, DON MUTUEL, BÉNÉFICE, PARTAGE, POSSESSION, SAISIE.

Lorsqu'un jugement ordonne la restitution des *fruits*, ceux de la dernière récolte doivent être restitués en nature; mais on fait la liquidation de ceux des années précédentes, d'après les appréciations faites chaque jour de marché par les marchands ou mesureurs, & enregistrées au greffe de la justice du lieu, à moins que le juge n'en ait ordonné autrement, ou qu'il n'y ait convention au contraire entre les parties.

L'ordonnance de 1669, *tit.* 27, *art.* 27, défend aux usagers d'abattre les glands, feines & autres *fruits* des arbres, de les amasser ou emporter, sous quelque prétexte que ce soit, à peine de 100 liv. d'amende : elle est moindre à l'égard de ceux qui ne sont pas usagers, & qui se bornent à amasser les *fruits* des arbres des forêts pour les emporter. La raison de cette rigueur de l'ordonnance est fondée sur deux motifs ; le premier, parce qu'en abattant les *fruits*, on peut endommager les arbres ; le second, parce que les usagers anticiperoient sur une jouissance, qu'ils ne doivent avoir que dans le temps, & de la manière prescrite par les réglemens.

Fruits, (*Matière bénéficiale.*) Les bénéfices sont composés d'un titre spirituel & de biens temporels qui y sont annexés. De-là on distingue deux espèces de *fruits*, par le rapport qu'ils ont avec ce qui forme les bénéfices ; les uns sont, pour ainsi dire, produits par le titre ; les autres par les biens. Dans la première classe, on compte particulièrement la collation des bénéfices qui dépendent de celui dont on est titulaire, ou la simple présentation à ces mêmes bénéfices. C'est ce qui a fait établir la maxime que, *collatio & præsentatio sunt in fructu.* La collation & la présentation étant censées des *fruits*, & l'église ne reconnoissant point de minorité dans les titulaires de ses bénéfices, pour la jouissance & la perception de leurs *fruits*, il s'ensuit qu'un bénéficier mineur peut exercer par lui-même les droits de collation & de présentation qui dépendent de son bénéfice. *Voyez* COLLATION, PATRONAGE.

C'est sur ce même principe que le roi, en vertu de son droit de régale, confère les bénéfices dépendans des évêchés vacans : tous les *fruits* lui appartiennent, & par conséquent la collation des bénéfices. *Voyez* RÉGALE.

Les *fruits* des biens temporels des bénéfices sont les revenus de ces mêmes biens : nous prenons ici, comme on voit, le mot *fruits* dans une acception particularisée ; ce qui nous fait éviter d'entrer dans les distinctions établies par les ultramontains entre *fructus, reditus, proventus, obventio, emolumentum :* ces distinctions peuvent être intéressantes en Italie, à cause des droits pécuniaires qui s'y paient, ou à la chancellerie, ou à la chambre apostolique : mais elles ne sont d'aucun usage en France.

Nous ne comprendrons point, sous l'expression *fruits*, les distributions qui se paient dans les chapitres à raison de la présence & de l'assistance aux offices, ni les anniversaires, obits & autres casuels des bénéfices. Ces revenus sont plutôt attachés au service personnel des titulaires, qu'au titre même des bénéfices. Il n'est pas nécessaire de les exprimer dans les suppliques présentées pour obtenir des provisions en cour de Rome, & ils n'entrent point dans la restitution des *fruits* qui sont ordonnés contre ceux qui ont possédé les bénéfices sans droit.

Ces notions une fois fixées, la première question qui se présente, est de savoir de quel jour les *fruits* sont acquis à ceux qui sont nouvellement pourvus des bénéfices. Pour résoudre cette question, il est nécessaire de connoître sur quel genre de vacance les provisions ont été accordées ; les unes sont conditionnelles, les autres sont absolues.

Les provisions conditionnelles sont celles accordées sur résignation en faveur, ou sur permutation. Le droit au bénéfice ne passe en entier du résignataire & du copermutant, que du moment que la résignation & la permutation sont effectuées, & elles ne le sont, que du jour de la prise de possession du résignataire & du copermutant ; ce n'est qu'alors que le résignant & l'autre copermutant sont absolument dépouillés, & n'ont plus de droit à leur bénéfice : les pourvus, sur résignation & sur permutation, n'acquièrent donc les *fruits* que du jour de leur prise de possession.

Les provisions absolues sont celles données sur vacance par mort ou par démission pure & simple. Elles acquièrent au nouveau pourvu les *fruits* du bénéfice du jour de la vacance, c'est-à-dire, du jour du décès du précédent titulaire, ou de celui où la démission a été acceptée ou signifiée : *voyez* DÉMISSION ; & cela, quoiqu'il y ait eu un intervalle entre la vacance, les provisions & la prise de possession. Le droit du nouveau pourvu aux *fruits*, est fondé sur la maxime qu'ils doivent être réservés pour les successeurs de l'ancien titulaire : *fructus futuro successori servantur.* C'est l'opinion de Duperai. Il est cependant des diocèses dans lesquels les évêques sont dans l'usage de disposer, en faveur des pauvres, des *fruits* échus entre la vacance & la prise de possession du nouveau pourvu, surtout quand il s'agit d'un bénéfice simple. Cet usage est contraire aux principes du droit canon ; mais les évêques répondent que les *fruits* étant attachés au service du bénéfice, *beneficium propter officium*, on ne peut y avoir droit que du jour de la prise de possession, parce que ce n'est que de ce jour qu'on peut en remplir les fonctions, & en acquitter les charges. Lorsqu'il y a litige, à l'occasion de plusieurs prétendans au même bénéfice, les cours sont dans l'usage d'ordonner que les *fruits* échus depuis la vacance jusqu'à la prise de possession de celui qui est maintenu définitivement, seront employés à l'augmentation du bénéfice, ou en ornemens s'il en a besoin, ou distribués aux pauvres.

Les dévolutaires, quoique leurs provisions soient accordées sur un genre de vacance déterminé, n'ont cependant droit aux *fruits* que du jour de leur prise de possession, & lorsqu'ils ont obtenu un jugement de pleine maintenue, avec restitution des *fruits*.

Il n'est pas toujours nécessaire d'avoir pris possession canonique des bénéfices, pour pouvoir en percevoir les *fruits*. Quelquefois la possession civile, ordonnée par arrêts des cours souveraines, suffit aux pourvus, ou ayans droit aux bénéfices qui ont essuyé d'injustes refus de la part des ordinaires, foit pour des *vifa*, foit pour des provifions; & il n'eft pas rare de voir des eccléfiaftiques en jouiffance des *fruits* des bénéfices, quoiqu'ils ne puiffent pas en exercer les fonctions, à défaut de l'inftitution canonique. Le clergé de France s'eft plaint de cet ufage, & il en a fait l'objet de fes remontrances au roi, depuis 1740 jufqu'en 1765. Il a demandé qu'aucun eccléfiaftique, refufé par fon fupérieur, ne pût être envoyé & gardé en poffeffion des *fruits* des bénéfices, fur-tout à charge d'ames, s'il n'a préalablement épuifé les différens degrés de la jurifdiction hiérarchique; & que les fujets, maintenus par les tribunaux en poffeffion civile, fuffent tenus d'obtenir des provifions dans l'efpace de fix mois, ou dans tout autre délai qu'il plaira au roi fixer : faute de quoi, ils feront déchus de tout droit, & leurs bénéfices déclarés vacans & impétrables; fi mieux n'aime, fa majefté, que les revenus feront féqueftrés pour être remis à fes fujets, après qu'ils fe feront conformés à la loi.

Cette nouvelle loi vivement follicitée par le clergé, pendant 25 ans, ne lui a point été accordée. Dans l'affemblée de 1770, il fut arrêté qu'on fufpendroit les inftances à cet égard. On les a reprifes en 1772, mais fans aucun fuccès jufqu'à préfent. Le légiflateur fe repofe, fans doute, fur les lumières & la juftice des tribunaux féculiers, qui ne maintiennent dans la poffeffion civile, & dans la jouiffance des *fruits*, que ceux qu'ils jugent avoir un droit réel aux bénéfices, & n'en être écartés par les fupérieurs eccléfiaftiques, que fur des motifs injuftes & vexatoires.

Les *fruits* des bénéfices, tombés en régale & mis en économats, fe régiffent par des loix particulières. *Voyez* ÉCONOMATS, RÉGALE.

Les revenus des biens des bénéfices, ne fe percevant pas *de die ad diem*, il arrive fouvent qu'un bénéficier décède avant d'avoir touché les portions des *fruits* qui correfpondent au temps de fa poffeffion, ou après les avoir recueillis en avance.

Il a donc fallu diftinguer ce qui appartenoit au titulaire décédé, de ce qui devoit appartenir à fon fucceffeur; il a d'abord fallu fixer à quelle époque commençoit l'année pour la jouiffance des *fruits*.

Il y a eu, à cet égard, trois ufages différens : pendant un temps, l'année, pour la jouiffance des *fruits* des bénéfices, a commencé à la S. Jean-Baptifte, parce que c'étoit à cette époque que commençoient les baux à ferme. On s'eft enfuite réglé, par l'année civile; & comme autrefois elle commençoit à Pâques, on partoit auffi de ce jour, pour commencer l'année de la jouiffance des bénéficiers. L'ordonnance de Rouffillon de 1563, ayant fixé le commencement de l'année au premier janvier, on a fuivi cette manière de compter, lorfqu'il a été queftion du partage des *fruits* entre les héritiers d'un titulaire & fon fucceffeur. Cela ne fouffre point aujourd'hui de difficulté, fans diftinc-

tion de bénéfice à charge d'ames, & de bénéfices fimples.

Mais le commencement de l'année une fois fixé, il a fallu déterminer la manière dont le partage devoit fe faire, foit que les *fruits* fuffent échus, & euffent été recueillis, foit qu'ils ne l'euffent pas encore été par le dernier titulaire. La décifion de cette queftion dépendoit du point de vue fous lequel on doit envifager un bénéficier. Si on le confidère comme un ufufruitier ordinaire, il fait les fruits fiens, *fimul ac feparati erunt à folo*, & il faut adjuger à fes héritiers ceux qu'il a recueillis pendant fa vie; au contraire, ceux qui font pendans par les racines & qui ne font pas encore échus, étant regardés comme faifant partie du fonds, doivent appartenir au fucceffeur : il y a d'anciens arrêts qui l'ont ainfi décidé.

Mais cette manière de confidérer les bénéficiers n'étoit point exacte : on les a comparés, avec plus de raifon, à un mari. Celui-ci perçoit les revenus des biens de fa femme, *ad fuftinenda onera matrimonii*. De même le bénéficier recueille des *fruits*, *ratione officii & oneris* : fuivant ce principe, qui paroît très-équitable, on a divifé les *fruits* échus ou non échus, *pro rata temporis*. On en a adjugé aux héritiers *pro eâ parte anni*, que le dernier titulaire avoit fervi le bénéfice, & le furplus à fon fucceffeur. On a évité par-là, un inconvénient confidérable. Il pouvoit arriver qu'un bénéficier, pourvu au mois de juillet, décédât au mois de novembre, après la récolte des *fruits* & l'échéance des termes des baux à ferme. Il auroit, pour quatre mois, joui par lui ou par fes héritiers, de l'année entière du revenu du bénéfice; ce qui n'eft pas jufte.

Dumoulin, quoiqu'il eût adopté la première opinion, ne remédioit pas à l'inconvénient qui en réfulte, en voulant que l'on prélevât, fur les *fruits* récoltés ou perçus, ce qui étoit néceffaire pour les charges & pour le fervice du bénéfice. Il eft évident qu'un titulaire décédé n'a aucun droit à des *fruits* qui doivent être le falaire des fonctions, & de l'office attachés à un titre qu'il n'a plus; c'eft pourquoi la jurifprudence des arrêts a changé depuis Dumoulin : & c'eft aujourd'hui une règle générale que les *fruits*, entre un ancien titulaire ou fes héritiers & fon fucceffeur, font partagés au prorata du temps de l'année qu'il a poffédé, en commençant l'année au premier de janvier.

Cette règle générale fouffre cependant des exceptions établies par des ufages locaux qui fe font confervés. Dans la plus grande partie de la Normandie, fi un curé décède après Pâques, les *fruits* de l'année entière appartiennent à fes héritiers, à la charge par eux de fournir les frais de defferte, jufqu'au mois de janvier fuivant. On confidère les fonctions curiales, pendant le temps pafchal, comme les plus importantes d'un curé, & devant lui acquérir la totalité des *fruits* de l'année : c'eft un abus ajouté au droit de déport. Il arrive fouvent qu'un nouveau curé eft obligé d'attendre dix-huit mois, avant d'entrer en jouiffance de fa cure , & que pendant ce temps la defferte en eft confiée à des prêtres gagés.

La plupart des chapitres du royaume ont des ftatuts, & ufages particuliers pour la perception des gros *fruits*. On les y maintient , parce qu'on ne les juge point contraires aux bonnes mœurs, & aux loix fondamentales de la difcipline eccléfiaftique. A Saint-Quentin ceux qui veulent participer aux diftributions ou partitions qui fe donnent en grains , doivent pernotter le jour de la S. Remy , dans la ville, époque de l'échéance & du renouvellement des baux. Dans l'églife de Paris , il fuffit qu'un chanoine vive la veille de S. Jean-Baptifte , pour gagner les gros *fruits* de toute l'année , jufqu'à la veille de la S. Jean-Baptifte fuivante , quand même il décéderoit , ou fe démettroit purement & fimplement, ou réfigneroit en faveur. Ainfi, pour les chapitres de l'églife de Paris & de Saint-Quentin, l'année, pour la jouiffance des gros *fruits* , ne commence point au mois de janvier. Il eft beaucoup d'autres chapitres qui ont des ufages femblables.

Ce que l'on vient de dire fur les *fruits* naturels qui appartiennent aux bénéfices, doit auffi s'appliquer aux fruits civils, tels que font les arrérages des rentes , les loyers des maifons , & autres femblables qui courent de jour en jour, & qui peuvent fe partager facilement. Mais en doit-il être de même pour les coupes de bois, & pour les droits cafuels des feigneuries annexées aux bénéfices ?

Si les bois font en coupes réglées , qui fe faffent chaque année, celle de l'année du décès du titulaire doit fe partager entre fes héritiers & le fucceffeur, foit que la coupe ait été faite, foit qu'elle refte à faire ; ces coupes font des *fruits* ordinaires qui doivent fe partager au prorata du temps que l'on a poffédé le bénéfice.

Mais *quid juris* s'il n'y a qu'un bois qui ne foit point féparé en plufieurs coupes, & qui ne s'exploite qu'après un certain nombre d'années ? Il y a des auteurs qui prétendent que celui qui eft titulaire à l'époque de la coupe doit feul en profiter, parce que pendant le temps précédant , les titulaires n'avoient aucun droit, le bois étant réputé immeuble, & faifant partie du fol.

Lacombe affure que l'opinion commune eft que le prix de ces bois doit être partagé, à proportion des années que l'ancien titulaire & le nouveau pourvu ont poffédé, parce que, ces bois étant en coupe réglée, ils doivent être confidérés comme des *fruits*. Il paroît que la chofe a été ainfi décidée par une fentence arbitrale, rendue en 1736 par cinq des plus célèbres jurifconfultes du parlement de Paris, entre l'héritier du cardinal Gualterio, & M. de Fits-James fon fucceffeur, à l'abbaye de S. Victor. Les arbitres adjugerent les feuilles des bois taillis de cette abbaye, qui étoient fur pied au décès du cardinal, à fon héritier, au prorata du temps qu'il avoit vécu. Gohard cite cette fentence

arbitrale ; comme Lacombe, il la date de 1732 , & femble dire que la totalité du prix des bois fut déclarée appartenir à l'héritier du dernier abbé ; ce qui eft totalement différent.

Quant aux droits cafuels des feigneuries annexées aux bénéfices, & qui échoient dans la dernière année de la jouiffance du dernier titulaire, les auteurs ne font point d'accord fur la manière dont ils doivent être partagés. La diverfité d'opinions vient, fans doute, de ce que plufieurs ont voulu appliquer aux bénéficiers, les principes fur les ufufruitiers ordinaires & fur les fimples fermiers. Gohard paroît décider formellement que les droits de relief, de lods & ventes , d'amende, de confifcation, &c. appartiennent à celui qui étoit en place, lorfqu'ils font venus à échoir. Lacombe fe propofe toutes ces queftions, copie à-peu-près deux chapitres de Duperai, & ne donne aucune folution bien claire. Duperai, après les avoir traitées d'une manière affez obfcure, finit ces deux chapitres par affurer que l'ufage eft à préfent de faire une feule maffe de tous ces *fruits*, & qu'elle fe partage au prorata du fervice qu'a rendu le dernier titulaire pendant l'année, encore que ces queftions fe décident autrement entre les propriétaires, ou ufufruitiers féculiers. Il nous paroit que c'eft à cette dernière opinion qu'il faut s'attacher.

On fent que toutes ces queftions ne peuvent avoir lieu que lorfque les droits cafuels & feigneuriaux ne font point affermés : car s'ils le font, ils appartiennent aux fermiers, & on fuit à leur égard les principes ordinaires. Dans ce cas il n'y a que le prix de l'année du fermage qui foit à partager, entre le nouveau titulaire & les héritiers de fon prédéceffeur, au prorata de l'année, à commencer du mois de janvier. (*Cet article eft de M. l'abbé BERTOLIO , avocat au parlement.*)

FRUSTRATOIRE, adj. *terme de Pratique* qui fe dit d'un acte ou procédure qui tend à furprendre quelqu'un , à éluder un jugement.

F U

FUIE, ou FUYE, f. f. (*Droit féodal.*) c'eft une efpèce de petit colombier où l'on nourrit un certain nombre de pigeons. *Voyez* COLOMBIER.

FUITE, *en terme de Palais*, fignifie un détour employé par une partie ou par fon procureur, pour éloigner le jugement ; comme quand on affecte de demander des copies ou communication de pièces que l'on connoît bien. Ces *fuites* font des chicanes très-odieufes. (*A*)

FULMINATION, f. f. (*Droit can.*) on définit la *fulmination*, une fentence d'un évêque, ou d'un official ou autre eccléfiaftique, qui eft délégué par le pape pour homologuer, c'eft-à-dire, ordonner l'exécution de quelques bulles, difpenfes , ou autres refcrits de cour de Rome.

On voit, par cette définition, que la *fulmination* peut avoir plufieurs objets. On fulmine les bulles des évêques, abbés ou abbesses; les dispenses de mariage ; les signatures portant dispenses d'irrégularités ; les rescrits de réclamations de vœux, ou contre les ordres sacrés, &c.

Les officiaux sont ordinairement commis pour les *fulminations*. Ils sont les exécuteurs nécessaires de ces commissions. Une fois qu'elles sont expédiées, le décès du pape ne les annulle point. C'est l'opinion de Rebuffe qui est suivie dans la pratique : *per mortem papæ concedentis gratiam, non extinguitur gratia etiam re integra*, dit la glose sur le chap. *si cui de præben. & dign. in sexto*.

On demande si l'official peut déléguer pour remplir sa commission. Ducasse, *Traité de la jurisdiction ecclésiastique*, tom. 2, ch. 4, dit qu'il faut remarquer que dans les rescrits il n'y a pas une simple exécution, mais encore de la jurisdiction. Ce qui regarde la commission, & qui est *nudum ministerium*, est l'entérinement du rescrit & la sentence rendue à ce sujet. Il faut que l'official la rende en personne, & s'il s'en déchargeoit sur un autre, elle seroit nulle. Ce qui est de la jurisdiction regarde le pouvoir qui est donné à l'official, d'interroger les parties, d'assigner & ouir les témoins, & de les obliger à venir rendre témoignage sur les faits qui ont été exposés. Il est certain, continue le même auteur, que l'official peut subdéléguer touchant cette partie de sa commission, & il y a même des occasions où il est obligé de se servir du ministère de l'official d'un autre diocèse, & de lui envoyer une commission rogatoire pour ouir des témoins que leur grand âge ou leurs infirmités empêchent de se présenter en personne. Mais de cette distinction de Ducasse, il suit toujours qu'il n'y a que l'official qui puisse faire la *fulmination*, puisqu'il n'y a que lui qui puisse rendre la sentence qui ordonne l'exécution du rescrit, & que c'est, à proprement parler, dans cette sentence que consiste la *fulmination*.

La *fulmination* est essentielle. Sans elle le rescrit & la concession de la grace ne produiroient aucun effet. Elle est pour la grace obtenue, ce que le *visa* est pour les provisions des bénéfices accordées en cour de Rome.

Nous avons, en traitant *des empêchemens du mariage*, renvoyé au présent article, pour faire connoître les formalités qui sont nécessaires quand on veut faire usage des dispenses de quelque empêchement. Nous allons les remettre en peu de mots sous les yeux de nos lecteurs.

Les parties doivent présenter, en personne à l'official, l'original de leurs lettres de dispense, avec une requête tendante à ce qu'il procède à la *fulmination* ; l'official accepte la commission & ordonne que les lettres seront communiquées au promoteur. Sur les conclusions par écrit du promoteur, il fait subir interrogatoire aux parties sur la vérité des faits exposés dans leur supplique, & procède à l'audition des témoins qui peuvent être les père & mère & autres parens, s'il s'agit d'un empêchement de parenté. Le tout ayant été

communiqué au promoteur qui donne ses conclusions, l'official fulmine les dispenses ou en déboute.

Il y a des cours ecclésiastiques où l'official se contente de dresser un procès-verbal qui contient la comparution des parties, la présentation du rescrit portant commission de les dispenser, & la requisition à lui faite de vouloir procéder à la *fulmination* de la dispense, ce qu'il fait à l'instant. Après leur avoir demandé leurs noms & surnoms, qualités & demeures, & pris leurs sermens, il les interroge séparément sur les faits contenus dans le rescrit. Il déclare ensuite dans son procès-verbal, que tels & tels témoins ont comparu pour déposer sur les faits exposés à N. S. P. le pape : qu'il les a ouis l'un après l'autre, & qu'ils ont fait telle & telle déclaration. Le tout étant rédigé par écrit, & signé par les parties & les témoins, l'official ordonne qu'il soit montré au promoteur, après les conclusions duquel, il rend sa sentence.

Ducasse, qui rapporte cette manière de procéder, la désapprouve. C'est une matière, dit-il, où il s'agit non-seulement de l'état, mais encore du repos des familles; il s'ensuit que l'official ne sauroit user d'une trop grande précaution au sujet des formes qui ont été prescrites, tant pour les enquêtes que pour l'audition des témoins. Certainement une pareille procédure seroit abusive, s'il s'agissoit de déclarer nuls les vœux d'un religieux, ou de relever un clerc des engagemens des ordres sacrés.

L'official est exécuteur nécessaire, c'est-à-dire, qu'il ne peut refuser de procéder à la *fulmination*. Mais il est juge de la vérité des faits exposés dans la supplique. C'est à lui à examiner si le rescrit n'est point obreptice ou subreptice. S'il le juge tel, il ne doit pas le fulminer ; il doit, au contraire, débouter les parties de leur demande. Mais il est nécessaire que la fausseté tombe sur quelque chose d'essentiel ; par exemple, s'il est dit que les suppliants sont parens au quatrième degré, tandis qu'ils le sont au troisième ; ou que le principal motif présenté au pape pour le déterminer à accorder la grace soit un mensonge.

Il est indifférent que ce qu'il y a de faux dans la supplique y ait été mis du consentement des parties ou à leur insu. Il est encore indifférent que l'exposé faux, lors de l'obtention du rescrit, ait cessé de l'être depuis, ou qu'étant vrai au moment de la demande, il soit devenu faux avant la *fulmination*. Dans tous ces cas, l'official ne doit point ordonner l'exécution du rescrit.

Mais si la fausseté, qui se trouve dans la supplique, ne porte que sur des choses de peu d'importance, & qui, connues du pape, ne l'auroient pas empêché d'accorder la grace, elle ne doit point arrêter l'official. Une erreur de nom, lorsque les parties sont d'ailleurs suffisamment désignées, ne doit point non plus être un obstacle à la *fulmination*.

Lorsque le rescrit est obreptice ou subreptice,

on étoit autrefois dans l'usage de recourir à Rome pour en obtenir un nouveau. Mais l'auteur des conférences de Paris nous apprend que cet usage a changé, & qu'aujourd'hui, en matière de dispenses de mariage, on se pourvoit devant l'évêque, qui supplée ce qui manque au rescrit du pape, & ordonne à l'official, à qui il est adressé, de le fulminer.

Les motifs de cet usage sont trop conformes aux principes toujours suivis dans l'église gallicane, pour ne pas les retracer ici. Un bref de dispense adressé à l'official du diocèse des parties, n'est pas regardé comme purement attributif, tel que celui qui seroit adressé à un évêque pour les affaires de personnes dont il ne seroit pas l'ordinaire. Dans les brefs purement attributifs, le délégué doit se renfermer dans les bornes du mandat; il ne peut jamais *egredi fines mandati*. Mais un bref de dispense adressé à l'official du diocèse des parties, est plutôt excitatif que simplement attributif; c'est-à-dire, que le pape, en renvoyant le pouvoir d'accorder la dispense à l'official de l'ordinaire, excite, ressuscite & rend, en quelque façon, à l'ordinaire, pour le cas présent, le pouvoir qu'il avoit d'accorder la dispense, & dont il a perdu l'exercice par la prescription qu'il a laissé acquérir contre lui. L'évêque étant donc rétabli dans son pouvoir, pour le cas présent, il peut suppléer à ce qui manque à la dispense du pape. C'est ainsi que raisonne Pothier, d'après l'auteur des conférences de Paris; ce jurisconsulte suppose, comme on voit, que les évêques ont pu être dépouillés par la prescription du droit de dispenser des empêchemens de mariage. *Voyez l'article* EMPÊCHEMENT. Il faut observer que ceci n'a lieu que pour cette espèce de dispense. Si un bref, qui relève un religieux de ses vœux, étoit entièrement obreptice ou subreptice, nous doutons qu'il soit au pouvoir de l'ordinaire de réformer ces vices essentiels, & d'autoriser la fulmination. *Voyez* VŒUX.

L'official a-t-il le droit de se taxer un honnête salaire pour les procédures qu'il fait, à raison de la fulmination des rescrits de cour de Rome? Quelques auteurs sont pour la négative, fondés sur la clause ordinaire dans les rescrits, par laquelle le pape déclare qu'il excommunie l'official, s'il reçoit des parties, *quodcumque munus aut præmium etiam sponte oblatum*.

D'autres auteurs prennent un milieu : ils distinguent ; si l'official a des gages, il ne peut ni ne doit se taxer pour l'exécution des rescrits de cour de Rome, le pape suppose alors qu'il est payé de son travail, & qu'il est obligé d'exercer gratuitement les fonctions de sa charge. S'il n'a point de gages, le pape n'entend point, par la clause rapportée, lui ôter la liberté de recevoir & même de se taxer, ce qui n'est que *stipendium laboris* : lorsqu'il lui défend d'accepter des présens, & d'autres gratifications qu'on peut faire par reconnoissance, c'est pour lui éviter le danger de se laisser cor-

rompre, mais non pour le priver de ce que le droit & la coutume lui permettent d'exiger & de recevoir.

C'est le sentiment de Sanchez, de Bonacina, de Filucius. C'est également celui d'Auboux, & de Sainte-Beuve, & de plusieurs autres auteurs françois. Ducasse dit avoir consulté, sur ce même point, des personnes très-habiles qui l'ont ainsi décidé. Il ajoute que, quelque clause encore plus forte qu'on insère dans les dispenses *in formâ pauperum*, il ne faut pas craindre qu'elles deviennent nulles, si l'official ne prend que ce qui lui est dû pour son travail ; & que les impétrans qui peuvent être pauvres eu égard à ce que leur coûteroit une dispense dans une autre forme, peuvent ne l'être pas assez pour être dispensés de payer à l'official ce qui lui est justement dû.

Ce que nous venons de dire regarde principalement la *fulmination* des dispenses de mariage. Les formalités sont à-peu-près les mêmes pour celles des signatures portant dispense d'irrégularités, des rescrits de réclamation contre les vœux, ou contre les ordres sacrés, & des brefs de translation d'un religieux.

Pour procéder à la *fulmination* des dispenses d'irrégularités, l'official interroge l'impétrant, procède sommairement à l'audition de quelques témoins dignes de foi, & sur les conclusions du promoteur, rend sa sentence de *fulmination*.

Il y a beaucoup plus de formalités pour la *fulmination* des rescrits de réclamation contre les vœux de religion, ou contre les ordres sacrés. La procédure de l'official doit être faite avec la plus grande exactitude : elle doit être contradictoire avec les parties intéressées, & avec le promoteur, partie publique. Les témoins seront assignés, & l'enquête sera faite dans la forme prescrite par le titre 22 de l'ordonnance de 1667 ; autrement il y auroit lieu à l'appel comme d'abus. Les bornes de cet ouvrage ne nous permettent pas d'entrer dans de plus grands détails ; on les trouvera dans Ducasse, *Pratique de la jurisdiction ecclésiastique contentieuse*, & dans Lacombe, *verbo Official*.

Pour fulminer un bref de translation d'un religieux, l'official, après avoir ordonné la communication du bref & de la requête au promoteur, ordonne que le supérieur de l'ordre, que l'impétrant veut quitter, & celui de l'ordre où il veut être transféré, seront entendus pour donner leur consentement. Il vérifie ensuite la cause dont l'impétrant se sert pour obtenir sa translation : si c'est pour raison de santé, les médecins seront assignés pour faire leur rapport juridique.

Toutes ces formalités observées, & sur les conclusions définitives du promoteur, l'official rend sa sentence de *fulmination* s'il y a lieu, & déclare l'impétrant libre des engagemens qu'il a contractés dans l'ordre dont il sort, & le transfère dans celui pour lequel il a obtenu le bref, à la charge, par lui, de satisfaire aux différentes clauses portées dans le bref. *Voyez* TRANSLATION.

Les bulles des bénéfices accordées sur la nomination du roi, sont adressées aux officiaux des lieux & sont par eux fulminées. Il n'y a pas autant de formalités à observer pour cette *fulmination*, que pour celle des rescrits dont nous venons de parler. L'official reçoit le serment du pourvu, en dresse procès-verbal, ainsi que de la présentation des bulles, & de l'acceptation qu'il fait de la commission qui lui est adressée. Il rend ensuite sa sentence qu'il adresse aux prieur & religieux de cette abbaye, & par laquelle, après avoir rappellé & daté les bulles, son procès-verbal & la prestation du serment, il déclare qu'il a mis, & met ledit N. en lui remettant lesdites bulles, son procès-verbal & sa sentence, dans la possession de l'abbaye & de tous les droits & dépendances d'icelle; enjoint aux prieur & religieux de la reconnoître pour leur abbé, & commet le premier notaire apostolique, sur ce requis, de le mettre, ou son procureur en son nom, en possession de l'abbaye avec les solemnités en tel cas accoutumées.

S'il s'agit d'une abbaye de filles, l'official se transporte au parloir du couvent où réside la pourvue, y reçoit son serment, & rend sa sentence, comme pour un abbé. (*Cet article est de M. l'abbé* BERTOLIO, *avocat au parlement.*)

FUMAGE, s. m. (*Droit féodal.*) est un droit dû à quelques seigneurs sur les étrangers, faisant feu & fumée dans leur seigneurie : le seigneur de Chèvre en Bretagne en jouit. *Voyez* FOUAGE & FOURNAGE. (*A*)

FUMEAU, dans l'article 220 de la coutume d'Auvergne, signifie *femelle*.

FURÉMPLAGE, terme usité dans les coutumes de Chartres, Châteauneuf & Dreux, pour dire *à proportion du prix, & valeur de la chose* : il vient de *fur* ou *feur*, dérivé du mot *forum*, qui dans les auteurs de la basse latinité, signifie le *prix du marché* ; ensorte que l'on disoit anciennement le *fur*, pour le prix d'une chose, & delà *furemplage*, pour signifier *en proportion du prix*.

FUREUR, s. f. (*Droit civil & criminel,*) c'est un emportement violent, causé par un déréglement habituel de l'esprit & de la raison.

Elle ne prive pas le furieux des droits & privilèges de citoyen ; ainsi il peut recueillir les successions qui lui sont dévolues par la loi, ou par testament; mais elle donne lieu à l'interdiction, & à la séparation de corps & de bien entre les époux. Le furieux interdit ne peut plus administrer ses biens, dont la gestion est confiée à un curateur.

La *fureur* se prouve par les actions, les discours, & par le rapport des médecins; lorsqu'elle est dangereuse, elle autorise la famille du furieux à le faire renfermer.

On demande si le dommage causé par un furieux, doit être réparé sur ses biens? Les auteurs se sont partagés sur cette question. Mais il est plus conforme à l'équité naturelle de décider que le *furieux*, malgré son état, est obligé de réparer sur ses biens les dommages qu'il a occasionnés.

L'obligation de restituer vient de la nature de la chose même, & non d'aucune convention ou d'aucun délit. Si le maître d'une bête qui m'a causé du dommage, est obligé de m'en indemnifer, pourquoi le furieux, quand même on le supposeroit un être purement physique, ne seroit-il pas tenu à la réparation du dommage causé? D'ailleurs, comme il doit être gardé aussi soigneusement qu'une bête féroce, s'il s'est échappé par la faute de ses gardes, ceux-ci sont tenus à réparer le dommage; mais s'il n'y a point eu de faute de leur part, l'équité & la justice demandent qu'il soit réparé sur les biens du *furieux*. Le droit à la réparation du dommage, dérive de ce que je ne suis pas obligé de le souffrir, & du droit de propriété. Quel que soit l'être qui m'attaque dans ce droit sacré, il doit m'en dédommager s'il est en état de le faire.

Tout homme attaqué d'une *fureur* perpétuelle, n'ayant aucun usage de sa raison, ne peut être regardé comme coupable d'un crime ; aussi lorsqu'il en a commis quelqu'un, on se contente de le faire enfermer ; on ne peut pas même le condamner pour raison d'un crime capital, lorsque dans la suite il vient à recouvrer la raison.

La Rocheflavin prétend sur le mot *furieux*, que la *fureur* n'est point une excuse, quand le crime concerne le prince, la religion, les magistrats, & que l'accusé doit être condamné suivant la rigueur de la loi. Je ne peux adopter ce sentiment, quoiqu'il paroisse confirmé par plusieurs anciens arrêts. En effet, l'action commise par un *furieux*, peut bien porter un préjudice immense à la société, & contenir un sacrilège & une profanation ; mais elle ne sera jamais un crime, puisqu'elle ne contient pas même implicitement la volonté de nuire. Elle est exactement semblable à celle d'un animal féroce, qui causeroit du mal au prince ou à un magistrat, ou qui, entré dans une église, renverseroit un autel, & fouleroit aux pieds les choses saintes. C'est par cette raison qu'on ne punit point un *furieux* qui tue un de ses proches parens, & qu'on exempte des peines du suicide, celui qui se donne la mort.

Lorsqu'un accusé devient *furieux* pendant l'instruction de son procès, il faut distinguer les différentes époques. La *fureur* survient, ou avant l'instruction complète, ou après cette instruction; avant le jugement, ou après la condamnation.

Dans le premier cas, il faut surseoir à la continuation de la procédure, ou tout au moins au jugement, jusqu'à ce qu'il ait recouvré sa raison, parce qu'il est juste qu'un accusé soit entendu avant d'être condamné.

Dans le second cas, s'il ne reste plus qu'à prendre contre lui des conclusions, & à procéder à

son

fon jugement, il peut valablement être condamné à une peine pécuniaire, même à une autre peine extraordinaire à l'arbitrage du juge, mais non à aucune peine corporelle.

Dans le troisième, on surseoit à l'exécution de la peine corporelle ; on se contente de le renfermer dans une maison de force, & on exécute seulement la peine pécuniaire & la confiscation prononcée contre lui.

FUST & TERRE (*livrement de*), c'est l'expression dont se sert la coutume de Solle, pour signifier la dessaisine & dépossession d'un héritage, en faveur d'un nouvel acquéreur. Le mot *fust* vient de *festuca, une paille*, parce que le signe de dévêt & dessaisine, de vêt & de saisine, se faisoit en remettant par le vendeur une paille & une motte de terre entre les mains du seigneur pour se dessaisir, & le seigneur remettoit entre les mains de l'acquéreur pour le saisir & investir de la terre, la même paille & la même motte ; dans les ventes par décret, le juge investissoit pareillement l'adjudicataire par le *livrement de fust & terre*. *Voyez* BASTON ET RAIN.

FUSTAGE, dans la coutume de Solle, signifie les bois propres au chauffage & au bâtiment. C'est de ce mot que dans le for de Bearn, *tit. des prescriptions*, les charpentiers, & autres ouvriers en bois sont appellés *fustées*.

FUSTIGATION. *Voyez* FOUET.

FUTAIE, s. f. (*terme d'Eaux & Forêts.*) on entend par arbre de *futaie*, tout arbre qui a passé cinquante ans, & par massif de *futaie*, les bois qu'on conserve, & qu'on élève pour former de grands arbres propres à la marine, & à la construction des édifices. On comprend aussi sous le nom de *futaie*, non-seulement les arbres réunis en masse, mais même ceux qui sont épars sur les héritages, & les bois plantés près des châteaux & maisons de campagne, pour leur embellissement & leur décoration. Tous sont soumis aux mêmes réglemens & à la même jurisdiction.

Les *futaies* sont ordinairement composées de chênes, hêtres, ormes, tilleuls, frênes, charmes, châtaigniers & sapins, espèces de bois dont l'utilité est la plus générale.

M. le Bret, *dans son traité de la souveraineté*, prétend que nos rois seuls avoient anciennement le droit d'avoir des bois de *haute-futaie*, & que personne ne pouvoit en laisser croître sans leur permission. Il s'appuie sur deux capitulaires de Louis-le-Débonnaire, intitulés, l'un de *forestibus noviter instituis* ; l'autre de *forestibus dominicis*. Quoi qu'il en soit, depuis long-temps il est permis à tout le monde d'avoir des *hautes-futaies*, qui sont d'une ressource plus avantageuse que les bois ordinaires.

Il est inutile de répéter ici ce que nous avons déjà dit sur l'administration & la police des *futaies* qui appartiennent, soit au roi, soit aux communautés ecclésiastiques & séculières, soit aux particuliers. *Voyez* BOIS, BALIVEAU, FORÊT, CHARTREUX, *Jurisprudence*. Tome IV.

De droit commun, les bois de haute *futaie* font considérés comme immeubles, parce qu'ils font partie des fonds tant qu'ils font sur pied ; conséquemment ils ne sont pas sujets à la saisie mobiliaire, à moins qu'ils n'en soient séparés.

Par une suite de ce principe, les bois de haute-*futaie*, coupés & vendus pendant une saisie féodale, ne sont point sujets à cette saisie, parce qu'ils ne font pas partie du revenu ordinaire du fief qui peut seul en être l'objet. C'est ce qui a été jugé par un arrêt du parlement de Paris du 8 mai 1725, rendu pour la coutume de Dunois.

Quand les arbres de *futaie* sont vendus avec le fonds, ils sont sujets au retrait lignager tant qu'ils sont sur pied, parce qu'alors ils font partie de ce fonds ; mais quand ils font vendus séparément, il n'y a pas lieu au retrait. La raison en est que l'acheteur ne pouvant, par cette vente, devenir propriétaire de ces arbres qu'après qu'il les a séparés de la terre, & qu'ils font devenus meubles, cette vente ne fait passer hors de la famille du vendeur que des meubles dont on ne peut faire le retrait.

La coutume de Normandie assujettit cependant au retrait la vente d'un bois de haute-*futaie*, quoique vendu pour être coupé, pourvu que, lors de la demande en retrait, il soit encore sur pied.

La coutume de Sens, art. 66 & 67, ainsi que celle de Bar, art. 162, admettent aussi le retrait d'un bois *futaie*, mais ce n'est que quand le fonds & la superficie appartiennent à deux différentes personnes : dans ce cas, le propriétaire du fonds, sans être parent lignager du vendeur, peut exercer le retrait de la coupe vendue.

Comme les dispositions de ces coutumes sont contraires au droit commun, elles ne peuvent avoir lieu hors de leurs territoires.

Les bois de haute-*futaie* étant regardés comme immeubles, on ne peut les léguer qu'avec les formalités & sous les conditions prescrites pour les legs des immeubles.

Par la même raison, la restitution a lieu en vente de bois de haute-*futaie*, en faveur du vendeur, pour lésion d'outre-moitié du juste prix, mais il faut que l'action en soit intentée avant que les arbres de *futaie* soient coupés. L'article 551 de la coutume de Bourgogne & l'article 463 de celle de Normandie en renferment une disposition précise. C'est d'ailleurs ce qui a été jugé par des arrêts du parlement de Dijon, des 22 juillet 1615, 26 juillet 1692 & 19 décembre 1749, qui ont admis en pareil cas la restitution pour lésion d'outre-moitié ; & même tant que dure l'instance en restitution, l'acquéreur ne peut faire couper les bois, parce que pendant tout ce temps il ne peut s'en dire propriétaire incommutable. Cela a été ainsi jugé par arrêt du parlement de Paris, du 14 juin 1515.

Quoique les bois de haute-*futaie* soient immeubles, le prix en est cependant mobilier, & il ne se distribue pas par ordre d'hypothèque, excepté dans les pays où les meubles font fusceptibles d'hy-pothèque.

Toutes ventes de bois de haute *futaie* faites contre les difpofitions des ordonnances & réglemens du conſeil, font nulles, & par conféquent n'obligent pas les contractans, parce qu'il eſt de principe, que ce qui eſt nul ne produit aucun effet.

De ce que les *futaies* font immeubles, il réſulte qu'on ne peut vendre celles qui appartiennent à des mineurs qu'avec les formalités preſcrites pour l'aliénation des biens des mineurs ; la coutume de Bretagne, conforme en cela au droit commun, en renferme une diſpoſition préciſe.

Cependant, s'il y avoit des réparations néceſſaires à faire dans un château ou dans une maiſon de mineur, & qu'il fallût des arbres pour cela, le tuteur pourroit en faire couper dans les bois de ſon pupille, après toutefois s'y être fait autoriſer par un avis de parens, homologué en juſtice, & après avoir rempli les formalités preſcrites par les réglemens.

Pluſieurs auteurs penſent, & nous l'avons dit ſous le *mot* COMMUNAUTÉ, *ſect.* 2, qu'en général un mari ne peut vendre les bois de haute-*futaie* ſur les héritages de ſa femme, ſans ſon conſentement, & que le prix n'en tombe point en communauté, quoique la femme ait conſenti à la vente, tellement que le remploi des deniers provenans d'une vente de *futaie* eſt dû comme d'un véritable immeuble, parce que ſans cela il en réſulteroit un avantage indirect en faveur de l'un ou de l'autre des conjoints.

En général, la vente des *futaies* ne produit pas de droits ſeigneuriaux, parce que le fonds ne change pas de main : cependant ſi elle étoit anticipée en fraude de la vente du fonds, il y auroit lieu aux droits. A la vérité, les arbres de *futaie* ſont cenſés faire partie du fonds, mais ce n'eſt que relativement à l'uſufruitier ou à l'emphytéote, parce que l'uſufruit ou toute autre jouiſſance précaire n'embraſſe que les fruits qui ſe reproduiſent chaque année, & qui étant coupés, n'altèrent pas la ſubſtance du fonds ; car, en ce qui regarde le propriétaire, la coupe des arbres de *futaie* fait partie de ſon revenu ordinaire.

Cependant les parlemens de Provence & de Bordeaux ont une juriſprudence contraire ; on y décide que la vente des arbres de haute-*futaie* eſt ſujette aux droits ſeigneuriaux.

Cette juriſprudence eſt fondée ſur deux raiſons ; la première eſt que les arbres de haute-*futaie* ſont partie du fonds ; la ſeconde que ces arbres font ordinairement la principale valeur du fonds, d'où il réſulte qu'étant coupés, les profits ſeigneuriaux ſeront moindres, ſi le fonds eſt aliéné ; qu'ainſi il eſt juſte d'indemniſer le ſeigneur.

Mais la plupart des auteurs donnent la préférence à la juriſprudence du parlement de Paris, & on doit décider que la vente des arbres de *futaie* doit être affranchie des droits ſeigneuriaux, lorſ-que la coutume n'a pas de diſpoſition contraire, comme celle de Normandie & quelques autres femblables.

Dans les provinces où la vente des arbres de *futaie* produit des droits ſeigneuriaux, elle donne lieu au centième denier.

Quoiqu'en Normandie cette ſorte de vente ſoit en général ſujette aux droits ſeigneuriaux, les gens de main-morte en ſont cependant exempts, ainſi qu'on le voit par un arrêt du conſeil du 23 janvier 1748.

Les bois, ſoit en *futaie*, ſoit en taillis, qui ſont ſur pied & qui dépendent de quelque ſucceſſion, doivent être compris dans les déclarations que donnent les héritiers collatéraux pour en payer le centième denier de la valeur, ainſi que du fonds.

Dans les pays où l'on paie la dîme des bois, il n'en eſt pas dû pour les arbres de haute-*futaie*, parce qu'ils ſont cenſés faire partie des fonds : on ne paie, dans ce cas, que le treizième du prix de la vente. Cela a été ainſi jugé par des arrêts du parlement de Rouen des 7 mai & 24 juillet 1638, 23 juin 1644 & 13 mai 1667, conformément à l'ordonnance de Charles VI de 1402, & à celle de 1515, ainſi qu'à l'édit de décembre 1606.

Une douairière & un uſufruitier ne peuvent diſpoſer des arbres de haute-*futaie* qui ſont ſur les terres ſujettes au douaire ou à l'uſufruit ; ils ont ſeulement la liberté de couper de ces arbres pour la réparation des bâtimens, mais en appellant le propriétaire : cela eſt conforme à la diſpoſition d'un grand nombre de coutumes, comme Normandie, Nivernois, Tours, Anjou, le Maine, &c.

Hors cela, la douairière & l'uſufruitier ne peuvent faire abattre aucun arbre de *futaie*, parce qu'ils n'ont que la jouiſſance qui ſe borne au panage pour les glands & aux fruits.

Les arbres *futaies*, faiſant partie du fonds du bois, ſont toujours cenſés appartenir au domaine du roi, en telle ſorte que les engagiſtes, conceſſionnaires, donataires, douairiers ou uſufruitiers des bois domaniaux, n'ont que la jouiſſance des taillis.

C'eſt par cette raiſon que l'ordonnance de 1669, *tit.* 12, leur défend de diſpoſer des *futaies*, arbres anciens & modernes, baliveaux ſur taillis, même ceux de l'âge du bois réſervé lors des dernières ventes, pas même des chablis, arbres de délit, amendes, reſtitutions & confiſcations provenans des bois du domaine, dont le roi leur a accordé la jouiſſance.

Il leur eſt auſſi défendu, ainſi qu'à leurs agens & fermiers, de couper aucun arbre de la qualité de ceux dont nous venons de parler, quand même ce ſeroit pour l'entretien & les réparations des maiſons, moulins & autres édifices dépendans des domaines engagés, ſi ce n'eſt en vertu de lettres-patentes, enregiſtrées au parlement & à la chambre des comptes, ſur l'avis & procès-verbaux des grands-maîtres, à peine, contre les poſſeſſeurs, de privation de leurs droits, d'amende au pied le tour, de condamnation ſolidaire aux mêmes amendes, contre les fermiers & autres qui les auroient fait couper, & d'interdiction, avec amende & restitution, contre les officiers qui en auroient fait la délivrance.

Ces dispositions de l'ordonnance ont été confirmées par plusieurs arrêts du conseil, ensorte qu'il faut tenir pour principe très-certain, que les engagistes, donataires, usufruitiers & douairiers ne peuvent disposer non-seulement des arbres dont nous avons parlé, mais même prétendre aucune chose dans le prix qui en provient.

C'est ce qui est clairement décidé par l'article 5 du titre 12, & par l'article 27 de la même ordonnance, où il est dit que tous les arbres de réserves & baliveaux sur taillis, seront à l'avenir réputés faire fonds des bois & forêts, sans que les douairiers, donataires, engagistes, usufruitiers, & leurs receveurs ou fermiers, y puissent rien prétendre, ni aux amendes qui en proviendront.

Des lettres-patentes du 6 novembre 1709 enjoignent à tous les grands-maîtres, chacun dans son département, de procéder à la reconnoissance des baliveaux anciens & modernes, bois chablis, arbres secs, dont tous les bois possédés à titre de douaire, concession à engagement & usufruit, & ensuite à la vente au profit du roi.

Il est inutile de citer un plus grand nombre de décisions. Mais il y a plus : les engagistes n'ont pas même la liberté d'aménager les taillis dont ils jouissent. Le balivage n'en peut être fait par leurs officiers, mais seulement par ceux des maîtrises, pour la raison que nous avons déjà dite, que c'est le taillis que produit la *futaie*.

C'est ce qui a été jugé par un arrêt du conseil du 9 décembre 1749, qui a débouté l'engagiste de la baronnie de Moncenis de la demande qu'il avoit formée à l'effet d'obtenir du roi la permission de disposer à sa volonté d'un petit canton de broussailles accrues sur un terrein qui faisoit originairement partie du château.

La vente de ces taillis doit d'ailleurs être faite par les officiers des maîtrises, conformément à l'article 7 du titre 22 de l'ordonnance de 1669, qui a été confirmé par différens arrêts du conseil des 27 novembre 1688, 10 août 1700, 31 mai 1701, &c.

Les engagistes, &c. n'ont pareillement pas la liberté de disposer des arbres qui sont dans les parcs joignant leurs châteaux, parce que ces arbres sont des *futaies* qui font partie du fonds du domaine, & qui, à ce titre, ne peuvent jamais leur appartenir; l'arrêt du 9 décembre 1749, ci-dessus cité, le prouve clairement, puisqu'il a même ôté au seigneur engagiste de Moncenis la faculté de disposer de quelques broussailles qui étoient crues dans les jardins du château.

Quoique les amendes fassent partie des revenus d'une terre, celles qui proviennent des délits de bois, soit *futaie*, ou taillis, n'entrent cependant pas dans la jouissance des engagistes, &c. attendu que leur bois étant sous la jurisdiction immédiate des maitrises, c'est au roi seul qu'elles doivent appartenir, non-seulement parce qu'elles sont prononcées par ses officiers, mais encore parce qu'elles sont expressément réservées par l'article 5 du titre 22, & par l'article 16 du titre 32 de l'ordonnance de 1669, dont plusieurs arrêts du conseil ont confirmé les dispositions.

Les seigneurs engagistes n'ont pas le droit de préposer des gardes pour la conservation de leurs bois; c'est au roi seul ou aux grands-maîtres à en commettre. C'est ce qui a été jugé par un arrêt du conseil du 22 novembre 1687, qui décide en outre qu'ils doivent payer les gages, chauffages & autres droits de ces gardes.

Comme il est défendu à toutes personnes d'entrer en jouissance des bois du domaine, tenus à titre d'engagement, concession, douaire, ou usufruit, sans que la visite n'en ait été préalablement faite par le grand-maître du département, & qu'il n'ait été dressé procès-verbal, contenant en détail l'âge, la nature & la qualité du bois, l'état, l'essence & le nombre des baliveaux sur taillis, distinctement par triages, &c. il faut qu'aussi-tôt qu'est expiré le terme de la jouissance, il soit fait une nouvelle visite dans la même forme que la première, de l'état de ces bois, afin que s'il s'y trouve des dégradations, dépérissemens ou changemens préjudiciables, on puisse contraindre ceux qui ont été possédés, ou leurs héritiers, à les remettre en bon état, ou à en payer l'indemnité au pied le tour. C'est ce que prescrivent les articles 1 & 4 du titre 22 de l'ordonnance de 1669.

Ces précautions ont été sagement établies pour mieux assurer la conservation des bois engagés, parce qu'il peut arriver que les possesseurs, naturellement portés à s'en regarder proprietaires incommutables, y commettent des dégradations qui pourroient échapper à la vigilance des officiers des maitrises ou des gardes; mais si elles restent impunies pendant quelque temps, pour n'avoir pas été reconnues lorsqu'on les a faites, les engagistes n'en sont pas déchargés pour cela, puisque le procès-verbal qu'on dresse à l'expiration de leur jouissance ne manque pas de les constater.

Les engagistes, de leur côté, sont intéressés à ne pas entrer en possession de ces bois, que l'on n'en ait vérifié l'état actuel, pour n'être pas chargés mal-à-propos de délits qui pourroient s'y trouver.

Ce que nous venons d'exposer ne peut s'appliquer aux douairières qu'autant qu'elles auroient quelque droit sur des bois dépendans des domaines du roi, & dont leur mari étoit engagiste ou concessionnaire; car s'il s'agissoit de bois patrimoniaux, dont elles eussent le droit de jouir pour leur douaire, leur usufruit seroit assujetti aux règles prescrites pour les bois des particuliers; ce qui dépend de la disposition des coutumes.

A l'égard des *futaies* des bois dépendans des

apanages, elles ne font pas à la libre difpofition des apanagiftes, parce qu'elles font, comme nous l'avons déjà dit, partie des fonds qui font inaliénables.

La jouiffance des apanagiftes eft, à la vérité, beaucoup plus étendue & plus avantageufe que celle des engagiftes ; mais elle n'eft l'effet que d'une diftraction momentanée d'une partie du domaine, & non d'une aliénation perpétuelle, puifque le roi y rentre de plein droit, à défaut de defcendans mâles.

C'eft pour cette raifon que le roi ne perd jamais le droit de veiller à la confervation de fon domaine, & l'apanagifte eft foumis à l'obligation d'en conferver le fonds.

Il ne peut donc pas détériorer ni changer de nature le fonds fans une autorifation expreffe, conféquemment il ne peut pas faire de défrichement dans les bois, ni convertir les *futaies* en taillis.

De plus il ne doit couper & adminiftrer fes bois de *futaie*, que felon les loix du royaume, qui ne lui permettent d'en ufer qu'en bon père de famille, & de n'en couper que pour entretenir les édifices & châteaux de l'apanage.

L'édit d'avril 1771, qui conftitue l'apanage de MONSIEUR, renferme expreffément cette condition, ainfi que celui d'octobre 1773, qui établit l'apanage de M. le comte d'Artois.

L'apanagifte doit au furplus fe conformer à l'édit conftitutif de fon apanage pour l'exploitation des *futaies*.

G

G, septième lettre de l'alphabet, qui servoit à désigner les monnoies fabriquées à Poitiers.

G A

GABELLE, f. f. (*Droit public. Finances.*) en latin *gabella*, & en basse latinité *gablum*, *gabulum*, & même par contraction, *gaulum*, signifioit anciennement *toute forte d'imposition publique*. Guichard tire l'étymologie de ce mot de l'hébreu *gab*, qui signifie la même chose. Ménage, dans ses *origines de la langue françoise*, a rapporté diverses opinions à ce sujet. Mais l'étymologie la plus probable est que ce mot vient du saxon *gabel*, qui signifie *tribut*.

En France, il y avoit autrefois la *gabelle* des vins, qui se payoit pour la vènte des vins au seigneur du lieu, ou à la commune de la ville; ce qui a été depuis appellé *droits d'aides*. On en trouve des exemples dans le *spicilège* de d'Achery, *tem.* 2, *p.* 576, & dans les *ordonnances* du duc de Bouillon, *art.* 572.

Il y avoit aussi la *gabelle* des draps. Un rouleau de l'an 1332 fait mention que l'on souloit rendre de l'imposition de la *gabelle* des draps de la sénéchauffée de Carcassonne, 4500 liv. tournois par an, laquelle fut abattue l'an 1333.

L'ordonnance du duc de Bouillon, *article* 572, fait mention de la *gabelle* de tonnieu, ou droit de tonlieu, *tributum telonei*, que les vendeurs & acheteurs paient au seigneur pour la vente des bestiaux & autres marchandises.

L'édit de Henri II, du 10 septembre 1549, veut que les droits de *gabelle* sur les épiceries & drogueries soient levés & cueillis sous la main du roi, par les receveurs & contrôleurs établis ès villes de Rouen, Marseille & Lyon, chacun en son regard. La déclaration de Charles IX, du 25 juillet 1566, *art.* 9, veut que les épiceries & drogueries prises en guerre, soit par terre ou par mer, paient comme les autres, les droits de *gabelle*, lorsqu'elles entreront dans le royaume. *Voyez* RESVE.

Enfin on donna aussi le nom de *gabelle* à l'imposition qui fut établie sur le sel; & comme le mot *gabelle* étoit alors un terme générique qui s'appliquoit à différentes impositions, pour distinguer celle-ci, on l'appelloit *la gabelle du sel*.

Dans la suite, le terme de *gabelle* est demeuré propre pour exprimer l'imposition du sel; & cette imposition a été appellée *gabelle* simplement, sans dire *gabelle du sel*.

Nous n'entrerons pas dans le détail des loix & des ordonnances, rendues sur le fait des *gabelles*, depuis celle de Philippe-le-Long, du 25 février 1318, jusqu'à présent. On en trouvera les détails dans le *Dictionnaire des Finances*, parce qu'ils ont plus de rapport à un traité de Finance qu'à celui de la Jurisprudence.

GAGE, f. m. en latin *pignus*, (*Droit civil*) se dit de tout ce qu'un obligé met entre les mains de quelqu'un pour sûreté de l'exécution de son engagement. Ce terme signifie aussi, 1°. le contrat par lequel le débiteur s'oblige à donner une chose en gage à son créancier; 2°. le droit que le créancier acquiert sur la chose donnée en gage: 3°. il est même pris quelquefois pour toute obligation d'une chose, soit mobiliaire, soit immobiliaire, & alors on confond le *gage* avec l'hypothèque, comme lorsque l'on dit que les meubles sont le *gage* du propriétaire pour ses loyers, qu'une maison saisie réellement devient le *gage* de la justice, qu'un tel objet est le *gage* des créanciers hypothécaires.

Mais le *gage* proprement dit, & le contrat de *gage* qu'on appelle aussi *nantissement*, s'entendent d'une chose mobiliaire, dont la possession réelle & actuelle est transférée au créancier, pour assurance d'une dette ou de toute autre obligation; au lieu que l'hypothèque s'entend des immeubles que le débiteur affecte, & qu'il engage au paiement de la dette, sans se dépouiller de leur possession.

§. I. *Du gage suivant les loix romaines.* Les jurisconsultes romains avoient établi plusieurs divisions du *gage*. Suivant une première, le *gage* étoit ou universel, ou particulier.

Le *gage universel* ou *général* étoit celui qui affectoit tous les biens du débiteur, présens ou à venir. Mais il étoit nécessaire qu'on insérât dans la convention du *gage* une mention détaillée de tous biens; la simple énonciation des biens meubles & immeubles ne suffisoit pas. Cette espèce de *gage* ne comprenoit pas les droits, actions & dettes actives du débiteur. *L.* 4, *l.* 9, *l.* ult. *c. quæ res pig. oblig.*

Le *gage particulier* ou *spécial* est celui par lequel on oblige singuliérement au créancier une chose certaine avec tous ses accessoires, & sur laquelle il acquiert par ce moyen un privilége particulier. Le débiteur ne pouvoit aliéner la chose donnée ainsi en gage; & s'il le faisoit, le créancier pouvoit intenter contre lui l'action de vol ou de stellionat. *L.* 15, §. 1, *l.* 16 pr. & §. 4, *ff. de pign. & hypot. L.* 66, *pr. ff. de furt. L.* 3, §. 1, *ff. de stell.*

Le *gage* étoit encore ou nécessaire, ou volontaire; celui-ci n'avoit lieu que par la volonté & le consentement du débiteur; le premier au contraire étoit acquis au créancier sans aucune intervention de sa part.

Le *gage nécessaire* étoit ou exprès, ou tacite. Le *gage tacite* avoit été établi par la loi, 1°. par rapport au bienfait signalé du créancier envers le débiteur; 2°. dans le cas où il importoit au public d'asfurer le paiement de ce qui étoit dû ; 3°. par rapport à la qualité de la personne ; 4°. lorsqu'on présumoit que telle étoit l'intention des contractans.

La loi accordoit un *gage tacite*, par la raison d'un bienfait important, à celui qui avoit prêté de l'argent pour le rétablissement & la reconstruction d'un édifice ; & à celui qui avoit fourni les deniers pour le rachat d'un captif. *L. 1, ff. in quib. cauf. pign. tacitè contrah. L. 2, l. 15, de capt. & poſtl. reverſis.*

La raison de l'utilité publique avoit fait accorder au fiſc un *gage tacite* ſur les biens ſujets aux impoſitions, pour raison de l'impôt, & ſur tous les biens de ceux qui lui étoient obligés, ſoit par contrat, ſoit par délit, ſoit pour cauſe de geſtion & d'adminiſtration. Le même *gage tacite* avoit lieu en faveur des villes & des corps & communautés, ſur les biens de leurs débiteurs & adminiſtrateurs. *L. 17, l. 37, ff. de jur. fiſci ; l. 2, c. de jur. reip. ; l. 20, c. de adminiſ.*

La faveur des personnes avoit fait accorder par la loi un *gage tacite*, 1°. aux enfans ſur les biens de leur père, pour l'adminiſtration de leurs biens adventifs, & ſur ceux de leur beau-père, lorſque leur mère convolant en ſecondes noces, ne s'étoit pas démiſe de leur tutèle ; 2°. aux pupilles & aux mineurs, ſur les biens de leurs tuteurs & curateurs ; 3°. au mari, ſur les biens de celui qui avoit promis une dot à ſa femme, juſqu'à ce qu'elle lui eût été donnée ; 4°, à la femme, ſur les biens de ſon mari, pour la reſtitution de ſa dot, des biens paraphernaux qu'elle avoit apportés dans la maiſon de ſon mari, & de la donation qui lui étoit faite pour cauſe de noces. *L. 6, §. ult. c. de bon. quæ lib. ; l. 6, c. de ſecund. nupt. ; l. 20, ff. de admin. tut. ; l. un, c. de rei uxo, act. ; l. ult. c. de paſt. conv. ; l. 29, c. de jure dotium.*

La loi enfin avoit ſuppoſé la volonté des parties, & en conſéquence accordé un *gage tacite* au bailleur d'une maiſon, ſur les meubles & biens qui y étoient introduits par le locataire ; au bailleur d'une ferme, ſur les fruits qui y étoient recueillis ; aux légataires & fidéicommiſſaires, ſur les choſes qui leur avoient été laiſſées par le teſtament. *L. 2, l. 7, pr. & §. 1, ff. l. ult. c. in quibus cauſ. pig. tac. contrah. L. 1, c. comm. legat. & fideic.*

Le *gage néceſſaire exprès* ſe ſubdiviſoit *en gage judiciel & gage prétorien*. Le judiciel étoit accordé par le juge, en connoiſſance de cauſe, ou ſur les choſes données en *gage*, ou ſur les biens du débiteur, dont on accordoit la poſſeſſion au créancier pour les faire vendre. Le prétorien étoit accordé par un premier décret du préteur ſur les biens du débiteur, ſaiſis de ſon autorité, lorſqu'il étoit contumax. Juſtinien ſemble avoir confondu ces deux eſpèces dans la loi dernière, *e. de præt. pig.* Il y avoit néanmoins de la différence entre eux.

Le *gage judiciel* proprement dit, étoit celui que l'exécuteur ou appariteur prenoit par autorité de juſtice pour mettre la ſentence à exécution. Loy-

ſeau le définit *quod in cauſam judicati ex bonis condemnati extra ordinèm capit executor juſſu & autoritate magiſtratus ;* ſur quoi il ajoute que c'étoit par l'autorité du magiſtrat qui avoit donné le juge, & non par celle du juge qui avoit rendu la ſentence.

On exécutoit une ſentence en trois manières ; ou par empriſonnement, *tranſactis juſtis diebus*, ſuivant la loi des douze tables, ſeule exécution connue dans l'ancien droit ; ou quand le débiteur étoit abſent & qu'on ne pouvoit le prendre, on ſe mettoit en poſſeſſion de ſes biens *ex edicto prætoris*, enſuite on les faiſoit vendre, ce qui notoit d'infamie le débiteur. Depuis, pour ſauver au débiteur la rigueur de la priſon ou de l'infamie, on inventa une forme extraordinaire, qui fut de demander au magiſtrat un exécuteur ou appariteur pour mettre la ſentence à exécution ; lequel *exigebat, capiebat, diſtrahebat & addicebat bona condamnati ſecundùm ordinem conſtitutionis de pig.* c'eſt-à-dire qu'il faiſoit commandement de payer, & pour le refus, ſaiſiſſoit, puis vendoit & adjugeoit d'abord les meubles, enſuite les immeubles, & en dernier lieu les droits & actions. Cette façon d'exécuter les ſentences fut appellée *gage judiciel.* Voyez *l. 15, §. 2 & 3, de re jud. ; l. 2, c. qui potior. in pign. ; l. 1, c. ſi in cauſ. jud. pign. cap.*

Le *gage prétorien* étoit celui par lequel, en vertu d'un mandement & commiſſion du magiſtrat, ce que l'on appelloit *autore prætore*, le créancier étoit mis en poſſeſſion des biens de ſon débiteur, quoiqu'il n'eût ſtipulé ſur ces biens aucun *gage* ou hypothèque.

Cette miſe en poſſeſſion ſe faiſoit avant la condamnation du débiteur ou après. Elle s'accordoit avant la condamnation, à cauſe de la contumace du débiteur, ſoit *in non comparendo, aut in non ſatis dando ;* elle s'accordoit après la condamnation, lorſque le débiteur ſe cachoit de peur d'être empriſonné faute de paiement, ſuivant la loi des douze tables.

Dans les actions réelles, cette miſe en poſſeſſion ne s'accordoit que ſur la choſe contentieuſe ſeulement, au lieu que, dans les actions perſonnelles, elle ſe faiſoit ſur tous les biens du débiteur ; mais Juſtinien la modéra *ad modum debiti*, comme il eſt dit en l'authentique *& qui jurat*, inſérée au code *de bonis autor. jud. poſſid.* C'eſt pourquoi depuis Juſtinien, cette miſe en poſſeſſion fut fort peu pratiquée, parce que l'uſage du *gage judiciel* fut trouvé plus commode, attendu qu'il étoit plutôt vendu, & avec moins de formalité.

Le *gage prétorien* ne s'accordoit que quand le débiteur étoit abſent, & qu'il ſe cachoit pour frauder ſes créanciers, ſuivant ce qui eſt dit dans les deux dernières loix, au code *de bonis autor. jud. poſſ.* Il avoit lieu auſſi après la mort du débiteur, quand il n'y avoit point d'héritier, ſuivant la loi *pro debito* au même titre ; car tant qu'on trouvoit la perſonne, on ne s'attaquoit jamais aux biens.

Le *gage volontaire* fe fubdivifoit également en public & privé. Le *gage public* étoit celui qui étoit conftitué par un acte authentique, ou en préfence de trois témoins. *L. 11, c. qui pot. in pig.*

Le *gage privé volontaire* avoit lieu, ou par le teftament du défunt, ou par la convention expreffe des parties, & il fe conftituoit de deux manières, 1°. par la tradition que le débiteur faifoit à fon créancier d'un meuble, 2°. par le pacte d'hypothèque, fans tradition de la chofe donnée en *gag*.

Les jurifconfultes romains appelloient encore *gage fimple*, celui qui ne contenoit aucune condition particulière, à la différence de l'antichrèfe, & de la convention appellée *fiducia*, qui étoient auffi des efpèces de *gages*, fur lefquels on donnoit au créancier certains droits particuliers. *Voyez* ANTICHRÈSE & FIDUCIE.

§. II. *Du gage fuivant la jurifprudence de France.*
On peut voir par ce que nous venons de dire ci-deffus, que le *gage* chez les Romains différoit peu de l'hypothèque, & qu'il fe conftituoit également fur les immeubles comme fur les meubles. Mais parmi nous le *gage* eft un contrat totalement différent de l'hypothèque, & il n'a lieu que fur les chofes mobiliaires.

On peut donner en *gage* toutes les chofes mobiliaires qui entrent dans le commerce.

Il y a certains *gages* qui ne font par eux-mêmes d'aucune valeur, & qui ne laiffent pas néanmoins d'être confidérés comme une fûreté pour le créancier. On en peut donner pour exemple Jean de Caftro, général portugais dans les Indes, qui, dans un befoin d'argent, fe coupa une de fes mouftaches, & envoya demander aux habitans de Goa vingt mille piftoles fur ce *gage*; elles lui furent auffi-tôt prêtées, & dans la fuite il retira fa mouftache avec honneur.

Les pierreries de la couronne, quoique réputées immeubles & inaliénables, ont été quelquefois mifes en *gage* dans les befoins preffans de l'état. Charles VI, en 1417, engagea un fleuron de la grande couronne à un chanoine de la grande églife de Paris (Notre-Dame), pour la fomme de 4600 liv. tournois, & le retira en la même année, en donnant une chape de velours cramoifi femée de perles.

Les reliques même ont auffi été quelquefois mifes en *gage*: mais préfentement les chofes facrées, telles que les calices, ornemens & livres d'églife, appartenans à l'églife, ne peuvent être mis en *gage*, finon en cas d'urgente néceffité.

Les perfonnes que l'on donne en otage, font auffi, à proprement parler, des *gages* pour l'affurance de quelque promeffe.

Un créancier peut recevoir pour *gage* ou nantiffement, des titres de propriété ou de créance, des titres de famille, &c. il n'eft pas obligé de les rendre, qu'on ne lui donne fatisfaction; & fi les débiteurs des fommes portées dans ces titres deviennent infolvables, il n'en eft pas garant.

Lorfqu'on veut donner pour *gage* à un créancier une dette active, le propriétaire en doit faire un tranfport pardevant notaires, remettre entre les mains de fon créancier le titre conftitutif de la dette, & faire fignifier ce tranfport au débiteur de cette même dette. Au moyen de l'obfervation de toutes ces formalités, le créancier acquiert fur cette dette le même privilège qu'il auroit fur un effet mobilier qu'on lui auroit donné en nantiffement.

Avant que les Juifs euffent été chaffés de France, ils y prêtoient beaucoup fur *gages*: fur quoi il fut fait divers réglemens. Philippe-Augufte, au mois de février 1218, leur défendit de recevoir en *gages* des ornemens d'églife, ni des vêtemens enfanglantés ou mouillés, dans la crainte que cela ne fervît à cacher le crime de celui qui auroit affaffiné ou noyé quelqu'un; il leur défendit auffi de prendre en *gage* des fers de charrue, des bêtes de labour, ou du bled non battu, fans doute afin qu'ils fuffent tenus de rendre la même mefure de bled: il leur défendit encore, par une autre ordonnance, de prendre en *gage* des vafes facrés ou des terres des églifes, foit dans le domaine du roi ou du comte de Troyes, ou des autres barons, fans leur permiffion. L'ordonnance de 1218 fut renouvellée par Louis Hutin, le 28 juillet 1315. Le roi Jean, en 1360, comprit dans la défenfe les reliques, les calices, les livres d'églifes, les fers de moulin. S. Louis leur défendit de prendre des *gages* qu'en préfence de témoins; & Philippe V, dit *le Long*, ordonna en 1317, qu'il pourroient fe défaire des chofes qui avoient prifes en *gage*, au bout de l'an, fi elles n'étoient pas de garde; & fi elles étoient de garde, au bout de deux ans.

Lorfque plufieurs chofes ont été données en *gage*, on ne peut pas en retirer une fans acquitter toute l'obligation, quand même on paieroit quelque fomme à proportion du *gage* que l'on voudroit retirer.

Le créancier nanti ne peut être forcé à rendre les *gages* que lorfqu'il a reçu fon paiement entier, tant en principal, qu'en intérêts légitimement dus. De même, lorfqu'un débiteur qui a donné un *gage* pour une première dette, en contracte une feconde, fans y obliger le *gage* donné pour la première, il ne peut néanmoins exercer l'action directe contre le créancier, que quand il a payé l'une & l'autre dette. On doit préfumer en effet que le créancier n'a confenti à prêter une feconde fois à fon débiteur, qu'en confidération du *gage* qu'il avoit déjà entre les mains.

Une des principales règles que l'on fuit en matière de *gages*, eft que ce contrat demande beaucoup de bonne-foi.

Il n'eft pas permis de prêter à intérêt fur *gage*.

L'ordonnance du commerce, *tit. 6, art. 8*, porte qu'aucun prêt ne fera fait fous *gage*, qu'il n'y ait un acte pardevant notaire, dont fera retenu minute, qui contiendra la fomme prêtée & les *gages* qui auront été délivrés, à peine de reftitution des *gages*, à laquelle le prêteur fera contraint par corps, fans qu'il puiffe prétendre de privilège fur les *gages*, fauf à exercer fes autres actions.

L'article fuivant veut que les *gages* qui nepourront être exprimés dans l'obligation, le foient dans une facture ou inventaire, dont il fera fait mention dans l'obligation, & que la facture ou inventaire contienne la quantité, qualité, poids & mefure des marchandifes ou autres effets donnés en *gage*, fous les peines portées par l'article précédent.

Ces difpofitions de l'ordonnance ne s'obfervent pas feulement entre marchands, mais entre toutes fortes de perfonnes. Elles ont été prefcrites pour empêcher les fraudes qu'on pourroit pratiquer envers des tiers, & affurer la date du nantiffement, en cas de faillite du débiteur.

Un fils de famille peut donner en *gage* un effet mobilier procédant de fon pécule, pourvu que ce ne foit pas pour l'obligation d'autrui.

Le tuteur peut auffi, pour les affaires du mineur, mettre en *gage* la chofe du mineur, mais non pas pour fes affaires.

Il en eft de même du mandataire ou fondé de procuration à l'égard de fon commettant.

Les loix romaines permettoient au créancier qui avoit reçu un effet en *gage*, de le donner luimême auffi en *gage* à fon créancier; elles ajoutoient que ce dernier n'y feroit maintenu qu'autant que le *gage* du premier fubfifteroit; mais cela paroît peu conforme à nos mœurs, fuivant lefquelles on ne peut en général engager la chofe d'autrui, à moins que ce ne foit du confentement exprès ou tacite du propriétaire. Celui qui confent de donner fa chofe en *gage* à quelqu'un, ne confent pas pour cela que celui-ci la donne en *gage* à un autre; il peut y avoir du rifque pour le propriétaire, que le créancier fe deffaififfe du *gage*.

Les fruits du *gage* font cenfés faire partie du *gage*, c'eft-à-dire, qu'ils reftent, ainfi que le *gage*, entre les mains du créancier; mais il ne peut fe les approprier. Il eft tenu au contraire d'en rendre compte au débiteur, & de les imputer fur ce qui lui eft dû.

Il n'eft pas permis en France au créancier de s'approprier le *gage* faute de paiement. On ne peut pas même valablement ftipuler, qu'après un certain délai, il appartiendra au créancier en paiement de fa dette; ce qui a été fagement introduit pour obvier aux fraudes des ufuriers, qui, à défaut de paiement au temps convenu, obtiendroient à vil prix les effets qui leur auroient été donnés en *gage*.

Mais, après l'expiration du délai convenu, le créancier nanti du *gage*, peut le faire vendre, foit en vertu d'ordonnance de juftice, ou même en vertu de la convention, fi cela a été expreffément convenu, pourvu néanmoins que la vente foit faite par un huiffier, en la manière ordinaire, & avec les formalités prefcrites par l'ordonnance de 1667, pour la vente des meubles faifis.

Lorfque le *gage* eft vendu, & qu'il fe trouve des faifies & oppofitions de la part de différens

créanciers, celui qui eft nanti du *gage* a un privilège fpécial, tellement que fur cet effet il eft payé par préférence à tous autres créanciers. Il importe même peu qu'il foit d'ailleurs créancier hypothécaire, & qu'il puiffe exercer fon hypothèque fur des autres biens de fon débiteur : ce motif ne lui fait pas perdre le privilège qui lui appartient fur le *gage* qu'il a entre les mains.

Si le prix du *gage* excède la dette, le furplus doit être rendu au débiteur; fi au contraire il ne fuffit pas pour acquitter toute la dette, le créancier a la faculté de demander le furplus fur les autres biens du débiteur.

La convention par laquelle un débiteur confent à ce que le créancier, faute de paiement, acquière la propriété du *gage*, conformément à l'eftimation qui en fera faite par experts, eft très-licite, puifqu'alors il n'en devient propriétaire, qu'en en payant la jufte valeur. Mais dans le cas où le débiteur ne feroit pas procéder volontairement à l'eftimation convenue, le créancier ne peut la faire faire qu'en vertu d'une fentence du juge; & fi l'eftimation excède le montant de la dette, il ne devient propriétaire du *gage*, qu'après avoir payé cet excédent, ou l'avoir configné en cas de refus du débiteur de l'accepter. Jufqu'à ce moment celui-ci peut redemander fon *gage*, en offrant d'acquitter la dette & tous les dépens.

Les dépenfes faites par le créancier pour conferver le *gage*, foit du confentement exprès ou tacite du débiteur, ou même fans fon confentement, fuppofé qu'elles fuffent néceffaires, peuvent être par lui répétées fur le *gage*, & avec le même privilège qu'il a pour le principal.

Le débiteur ou autre qui fouftrait le *gage*, commet un larcin dont il peut être accufé par le créancier.

Lorfque le créancier a été trompé fur la fubftance ou qualité du *gage*, il peut en demander un autre, ou exiger dès-lors fon paiement, quand même le débiteur feroit folvable.

Le créancier ne peut jamais prefcrire le *gage* quelque temps qu'il l'ait poffédé, parce que ne poffédant qu'à titre de nantiffement, ce titre rappelle continuellement la néceffité de rendre le *gage* après la dette acquittée; ce qui forme un obftacle perpétuel à la prefcription.

Le contrat de *gage* ayant été introduit en faveur du débiteur, comme du créancier; du débiteur, parce qu'il lui donne un moyen facile d'emprunter; du créancier, parce qu'il lui affure le paiement de fa dette : il s'enfuit que le créancier n'eft tenu pour la confervation du *gage*, qu'au dol & à la faute groffière & légère, comme l'emprunteur dans le contrat de prêt, & qu'il n'eft pas également refponfable des cas fortuits, à moins qu'il n'y ait donné lieu, ou qu'il n'ait été conftitué en retard pour rendre le *gage*. §. 4, *inft. quib. mod. re contrah. oblig. l. 23, ff. de reg. jur.*

L'action qui naît du *gage* eft directe ou contraire fuivant le droit romain, c'eft-à-dire que le *gage* produit

produit une double action ; favoir, celle qu'on appelle *directe*, qui a lieu au profit de celui qui a donné le *gage*, à l'effet de le répéter en fatisfaifant par lui aux conventions : cette action fert auffi à obliger le poffeffeur du *gage* à faire raifon des dégradations qu'il peut avoir commifes fur le *gage* ; à rendre compte des fruits qu'il a produits ; à en reftituer même la valeur entière, s'il eft tellement détérioré, que le propriétaire ne puiffe plus s'en fervir.

L'action contraire eft celle par laquelle le créancier qui a reçu le *gage*, demande qu'on lui faffe raifon des impenfes qu'il a été obligé de faire pour la confervation du *gage*, quand bien même il auroit été empêché d'en profiter, par cas fortuits ou force majeure. Il peut auffi, en vertu de cette action, fe pourvoir en dommages & intérêts, pour raifon des fraudes que l'on a pu commettre par rapport au *gage* ; comme fi on lui a remis des pierreries fauffes pour des fines, ou bien s'il a été dépoffédé du *gage* par le véritable propriétaire qui l'a réclamé. Dans ce dernier cas, le débiteur qui a donné en gage un effet, qu'il favoit ne pas lui appartenir, peut être pourfuivi comme ftellionataire, & condamné par corps au paiement de la dette contractée.

Gage de bataille : c'étoit, *dans l'ancien droit français*, & même dans le droit général des peuples qui fe font emparés de l'empire d'Occident, un *gage*, tel qu'un gant ou gantelet, un chaperon, ou autre chofe femblable, que l'accufateur, le demandeur ou l'affaillant jettoit à terre, & que l'accufé ou défendeur, ou autre auquel étoit fait le défi, relevoit pour accepter ce défi, c'eft-à-dire le duel.

L'ufage de ces fortes de *gages* étoit fréquent dans le temps que l'épreuve du duel étoit autorifée pour vuider les queftions tant civiles que criminelles.

Lorfqu'une fois le *gage de bataille* étoit donné, on ne pouvoit plus s'accommoder fans payer de part & d'autre une amende au feigneur.

Quelquefois par le terme de *gage de bataille*, on entendoit tel duel même dont le *gage* étoit le fignal ; c'eft en ce fens que l'on dit que S. Louis défendit en 1290 les *gages de bataille* ; on continua cependant d'en donner tant que les duels furent permis. *Voyez* COMBAT JUDICIAIRE.

Gage, (contre-) eft un droit, dit M. de Laurière, que quelques feigneurs ont prétendu, pour pouvoir, de leur autorité, faire des prifes quand on leur avoit fait tort ; il intervint à ce fujet deux arrêts au parlement en 1281 & 1283, contre les comtes de Champagne & d'Auxerre.

Gage-mort ou *mort-gage*, appellé dans la baffe latinité, *mortuum vadium* ; c'étoit une efpèce de *gage*, dont il eft beaucoup parlé dans les anciens auteurs.

Littleton, fect. 32, dit que le *mort-gage* eft un gage qui eft vendu au créancier, quand un débiteur ne le retire pas dans le temps dont il eft con-

venu. « Si une inféodation, dit-il, eft faite à condition que le fieffataire paiera à certain jour quarante livres d'argent, & que s'il ne paie pas, le fieffeur pourra reprendre le fonds, ce fieffataire eft appellé *tenant en mort-gage*. La raifon, ajoute-t-il, de cette dénomination, eft que le fieffataire devant payer réellement, au jour convenu, la fomme prefcrite par fon contrat, foit qu'il foit ou non en état de faire ce paiement ; fa terre eft comme le *gage* du paiement de cette fomme, & il perd pour toujours ce *gage*, fi la condition n'eft pas remplie : il eft auffi *mort* ou *perdu* pour le vendeur du fonds, lorfque le tenant s'acquitte au terme ».

Mais la fignification la plus ordinaire de ce terme, eft celle que donne Ragueau, dans fon *indice des droits royaux*, où il dit que *mort-gage* eft obliger un héritage pour le tenir tant & fi longuement que celui à qui il doit appartenir de droit, ne le rachète de la fomme qu'on y a affife & hypothéquée ; tellement qu'on ne décompte pas les fruits perçus.

Le *mort-gage*, dans ce fens, eft celui qui ne s'acquitte pas de lui-même, c'eft-à-dire, dont les fruits ne font pas imputés fur le fort principal, pour raifon duquel le *gage* a été donné, mais appartiennent au créancier en pure perte pour le débiteur. Il eft oppofé au *gage-vif*, qui, difent nos anciens auteurs, s'acquitte de fes iffues, c'eft-à-dire, vient chaque année en déduction de la fomme principale, pour fûreté de laquelle il eft donné. Le *mort-gage*, comme on voit, étoit ufuraire ; le *vif-gage* étoit feul légitime, & c'eft la même chofe que nous appellons aujourd'hui fimplement *gage*, tout *gage* étant préfumé *vif*.

Le *mort-gage* avoit lieu autrefois généralement en France ; il en eft fait mention dans un arrêt du parlement de Paris, donné à la fête de la nativité de la fainte Vierge, en 1259, au profit du roi, contre le feigneur de la Belle-vallée, pour raifon d'un fief donné par le père en *gage-mort*, en mariant fa fille.

Comme cette convention étoit ufuraire, il fut d'abord défendu aux clercs, par un concile tenu à Tours en 1164, de prêter à ufure, & il fut ordonné qu'à l'avenir les fruits des chofes données en antichrèfe feroient imputés fur le fort principal, & qu'après que les créanciers fe feroient ainfi payés par leurs mains, ils feroient obligés de rendre les *gages* à leurs débiteurs. Peu de temps après, cette difpofition fut étendue aux laïques, par une décrétale d'Alexandre III, adreffée à l'archevêque de Cantorberi.

Néanmoins le *mort-gage* fut encore toléré dans quatre cas : 1°. lorfque, pour fûreté de la dot promife, on donnoit à une femme un immeuble en *gage*, afin qu'elle pût foutenir les charges du mariage ; 2°. lorfqu'un laïque poffédant un fief dépendant de l'églife, le donnoit à titre de *mort-gage* à cette même églife qui lui prêtoit de l'argent ; 3°. quand ceux qui faifoient des rentes, en faifoient affiette aux acquéreurs fur un héritage, parce que les créanciers n'avoient pas plus en ce cas, en percevant leurs rentes par leurs mains, que s'ils les avoient reçues par les mains de leurs débiteurs ; 4°. quand les vaffaux donnoient leurs fiefs en *gage* à leurs feigneurs, & que les feigneurs, pendant cette jouiffance, les déchargeoient de tous fervices, enforte qu'alors les fiefs étoient comme éteints pendant un certain temps.

De ces quatre manières il n'en reftoit plus que deux en ufage du temps de Loifel. *Mort-gage*, dit-il, *liv. 3, tit. 7, inftit. cout.* n'a coutumièrement lieu qu'en deux cas ; en mariage de maifnés ou de fils, ou pour don & aumône d'églife.

Le *mort-gage* eft encore ufité dans l'Anjou, le Maine, la Touraine, la coutume de Lille & quelques autres endroits, où le contrat pignoratif a lieu. *Voyez* ANTICHRÈSE.

Les règles que l'on fuit en matière de *mort-gage* dans les pays où il eft ufité, font :

1°. Que le *mort-gage* n'eft qu'un fimple engagement, & non une aliénation ; c'eft pourquoi l'on ne dit point *vendre & engager*, ni *aliéner à titre de mort-gage*, mais *bailler, donner & délaiffer à titre de mort-gage*.

2°. La propriété de la chofe donnée à ce titre refte toujours pardevers celui qui la donne en *gage*, ou à fes héritiers & ayans caufe ; mais ils ne peuvent pas retirer l'héritage des mains de l'engagifte fans lui payer les caufes de l'engagement.

3°. L'engagifte qui jouit à titre de *mort-gage* ni fes ayans caufe ne peuvent prefcrire l'héritage, quand même ils l'auroient poffédé pendant mille ans & plus.

4°. Il n'eft pas permis à l'engagifte de vendre l'héritage par lui tenu à *mort-gage*, pour être payé de fon principal ; il eft obligé de le garder jufqu'à ce qu'il plaife au débiteur de le retirer ; mais l'engagifte peut aliéner le droit qu'il a de jouir à titre de *mort-gage*, à la charge que l'acquéreur fera fujet aux mêmes conditions que lui.

5°. Le créancier gagne les fruits du *mort-gage*, fans être obligé de les imputer fur fon principal.

6°. Il eft tenu de toutes les dépenfes dont les ufufruitiers font chargés, & s'il eft obligé de faire de groffes réparations, le propriétaire débiteur eft tenu de les lui rendre.

On ne peut pas ftipuler que le débiteur ne rentrera dans l'héritage donné à titre de *mort-gage*, que de certain temps en certain temps ; le débiteur peut y rentrer en tout temps nonobftant cette claufe, en rembourfant le fort principal, les labours & femences, impenfes & améliorations.

Les engagemens du domaine de la couronne font une efpèce de *mort-gage*, l'engagifte n'étant point tenu d'imputer les jouiffances fur le prix du rachat.

La coutume d'Artois, *art. 39*, déclare qu'on n'y ufe pas de *mort-gage*, c'eft-à-dire, qu'il n'y eft pas

permis. Cependant une bulle de Grégoire IX, de 1127, accorda à l'abbaye de S. Bertin, dans Saint-Omer en Artois, le droit de gagner les fruits des héritages qui lui font donnés à titre de *mort-gage*.

Le *mort-gage* eft encore toléré à Arras, pour y éluder la coutume locale de cette ville, qui défend de créer des rentes fur les maifons. Pour y pratiquer le *mort-gage*, le propriétaire d'une maifon la vend à faculté de rachat, puis il la reprend à loyer moyennant une fomme par an, qui eft égale à l'intérêt de l'argent qu'il a emprunté.

On peut encore confidérer comme une efpèce de *mort-gage* le droit accordé à la ville d'Arras par une chartre du mois de juillet 1481, de placer l'argent des mineurs à intérêt : les mineurs ayant, fuivant cette chartre, le droit de retirer le fond à leur majorité, fans imputer fur le principal les intérêts qu'ils ont touchés annuellement.

Le pays de Lallœue reffortiffant au confeil provincial d'Artois, eft en poffeffion immémoriale accompagnée de titres, d'ufer du *mort-gage* en toutes fortes de cas & entre toutes fortes de perfonnes, même de ne payer que quatre deniers d'iffue & quatre deniers d'entrée pour chaque contrat de *mort-gage*, pourvu que le *mort-gage* ne dure pas plus de 30 ans ; s'il duroit plus long-temps, il en feroit dû des droits de vente.

Il y a auffi plufieurs lieux hors de l'Artois où le *mort-gage* eft ufité en toutes fortes de cas, tels que le pays de Vaes & Dendermonde.

La coutume de Bretagne, *art. 397, 403, 406, 418 & 419*, appelle *gage-mort*, celui que l'on donne pour avoir délivrance des beftiaux qui ont été pris en délit.

GAGE-PLÈGE, terme particulier de la coutume de Normandie, où il a plufieurs fignifications.

1°. On entend par *gage-plège*, l'obligation que contracte quelqu'un pour le vaffal qui n'eft pas réféant fur fon fief, de payer pour lui les rentes & redevances dues pour l'année fuivante, à raifon de ce même fief. Le vaffal tenu du *gage-plège*, lorfqu'il ne réfide pas fur fon fief, doit donner une caution, qui demeure fur le fief, & qui s'oblige de payer les redevances.

2°. *Gage-plège* fignifie une convocation extraordinaire, que fait le juge dans le territoire d'un fief, pour l'élection d'un prévôt ou fergent chargé de faire payer les rentes & redevances feigneuriales dues au feigneur par fes cenfitaires, rentiers & redevables.

Le feigneur féodal a par rapport aux rentes & redevances dues à fon fief & feigneurie, deux devoirs différens : l'un de plaids, l'autre de *gage-plège* ; les plaids & *gage-plège* fe tiennent par fon juge bas-jufticier ; il ne peut pas les tenir lui-même ; la convocation doit être faite dans l'étendue du fief, & non ailleurs. Les plaids font pour juger les conteftations au fujet des rentes & redevances feigneuriales contre les redevables. Le *gage-plège* eft pour élire un prévôt, à l'effet de faire le recouvrement des rentes & redevances feigneuriales, & de recevoir les nouveaux aveux des cenfitaires & rentiers.

La convocation du *gage-plège* doit être faite par le fénéchal fi c'eft dans une haute-juftice, ou par le prévôt fi c'eft dans une moyenne ou baffe-juftice. Elle fe fait en préfence du greffier, tabellion, notaire ou autre perfonne publique, avant le 15 de juillet au plus tard ; tous les aveux & autres actes du *gage-plège* doivent être fignés tant du juge que du greffier, ou autre perfonne publique que l'on a commis pour en faire la fonction.

Les minutes des aveux & déclarations demeurent entre les mains du notaire ou tabellion, & les minutes des jugemens au greffe de la juftice. Ces minutes, qui font de véritables papiers terriers, portent auffi le nom de *gages-plèges*.

Le *gage-plège* ne fe tient qu'une fois l'année, à jour marqué.

Tous les hommes de fiefs, fujets ou vaffaux tenant roturièrement du fief, font obligés de comparoître au *gage-plège* en perfonne, ou par procureur fpécial & *ad hoc*, pour faire élection d'un prévôt-receveur, & en outre pour reconnoître les rentes & redevances feigneuriales par eux dues au fief & feigneurie ; ils doivent fpécifier les héritages à caufe defquels les rentes & redevances font dues ; & fi depuis leurs derniers aveux ou déclarations ils ont acheté ou vendu quelques héritages tenus de ladite feigneurie, le nom du vendeur ou de l'acheteur, le prix porté au contrat, & le nom du notaire ou tabellion qui a reçu l'acte.

Lorfque les fujets du feigneur font défaillans de comparoir au *gage-plège*, on les condamne en l'amende qui ne peut excéder la fomme de cinq fols pour chaque tête : cette amende eft taxée par le juge, eu égard à la qualité & quantité des héritages tenus par le vaffal ou fujet ; & outre l'amende, le juge peut faire faifir les fruits de l'héritage, & les faire vendre pour le paiement des rentes & redevances qui font dues, fans préjudice de l'amende des plaids, qui eft de 8 f. 1 den.

La proclamation du *gage-plège* doit être faite publiquement un jour de dimanche, à l'iffue de la grande meffe paroiffiale, par le prévôt de la feigneurie, quinze jours avant le terme d'icelui ; & cette publication doit annoncer le jour, le lieu, & l'heure de la féance.

Anciennement on appelloit *gage-plège de duel*, le *gage* ou otage que ceux qui fe battoient en duel donnoient à leur feigneur. Ces otages ou *gages-plèges* étoient des gentils-hommes de leurs parens ou amis. On difoit *pleiger un tenant*, ou *fe faire fon gage-plège de duel*, pour dire que l'on fe mettoit en *gage* ou otage pour lui. (*A*)

Addition au mot GAGE-PLÈGE. On appelle encore *gage-plège*, une clameur, c'eft-à-dire une action

propriétaire & poffeffoire tout enfemble, comme le dit l'ancien ftyle de Normandie. *Voyez* Terrien, *liv. 8, chap. 23, & le gloffaire du droit françois.*

Cette action eft de la compétence du vicomte ; fuivant l'article 5 de la coutume : elle a lieu non-feulement pour les héritages, mais auffi pour les fervitudes & droits corporels ; ce qui lui a donné fon nom, c'eft que le demandeur & le défendeur y doivent donner caution ou gage de répondre des intérêts & dépens de celui qui gagnera fa caufe, fuivant l'obfervation de Godefroy.

Enfin on donne encore quelquefois ce nom au droit de jurifdiction ou de féodalité : c'eft dans ce dernier fens que Godefroy, fur l'art. *336*, examine fi plufieurs frères peuvent, en faifant leurs partages, mettre le *gage-plège* en un lot & le domaine non-fieffé en l'autre, pour les rendre égaux. Cet auteur convient qu'il a vu tenir la négative de cette queftion ; mais il fe décide pour l'affirmative : « il » n'y a non plus d'inconvénient, dit-il, d'admettre » ladite féparation, à la charge que ceux qui auront » le domaine, le releveront dudit fief, que d'ap-» prouver les ventes faites par le feigneur de fes » domaines non fieffés, à la charge de le tenir » de lui ».

GAGES, f. m. plur. (*Droit public & particulier.*) fe dit des appointemens ou récompenfes annuelles, que le roi ou les feigneurs donnent à leurs officiers. Ce terme françois répond à ce que défignent les mots latins, *falaria*, *ftipendia*, *annona*.

On confondoit autrefois les falaires des officiers avec leurs *gages*, comme il paroît par le titre du code *de præbendo falario*; préfentement on diftingue deux fortes de fruits dans les offices, favoir les *gages* que l'on regarde comme les fruits naturels, & les falaires ou émolumens qui font les fruits induftriaux.

Dans les trois derniers livres du code, les *gages* ou profits annuels des officiers publics font appellés *annona*, parce qu'au commencement on les fourniffoit en une certaine quantité de vivres qui étoit donnée pour l'ufage d'une année ; mais ces profits furent convertis en argent par Théodofius & Honorius, en la loi *annona* au code *de erogat. milit. ann.* & ce fut-là proprement l'origine des *gages* en argent.

Les officiers publics n'avoient dans l'empire romain point d'autres profits que leurs *gages*, ne prenant rien fur les particuliers, comme il réfulte de la novelle 53, qui porte que *omnis militia nullum alium quæftum quàm ex imperatoris munificentiâ habet*. Les magiftrats, greffiers, notaires, appariteurs, & les avocats même avoient des *gages* ; les juges même du dernier ordre en avoient ordinairement ; & ceux qui n'en avoient pas, ce qui étoit fort rare, *extra omne commodum erant*, comme dit la novelle 15, chap. 6. C'eft pourquoi Juftinien permet aux défenfeurs des cités de prendre, au lieu de *gages*, quatre écus des parties pour chaque fentence définitive, & en la nóvelle *82*, *chap. 19*, il affigne aux juges pédanées quatré écus pour chaque procès à prendre fur les parties, outre deux marcs d'or de *gages* qu'ils prenoient fur le public.

En France les officiers publics, & fur-tout les juges n'avoient autrefois d'autres falaires que leurs *gages*.

On les payoit ordinairement en argent, comme il paroit par une ordonnance de Philippe V, dit *le Long*, du 18 juillet 1318, portant que les *gages* en deniers affis fur le tréfor, en baillies, prévôtés, fénéchauffées, & en l'hôtel du roi, ne feroient point échangés en terre, ni affis en terre.

Suivant la même ordonnance, perfonne ne pouvoit avoir doubles *gages*, excepté certains veneurs, auxquels le roi avoit donné la garde de quelques-unes de fes forêts. Charles V, étant régent du royaume, permit à Jean de Dormans, qui étoit chancelier de Normandie, & qu'il nomma chancelier de France, de jouir des *gages* de ces deux places.

Les clercs qui avoient du roi certaines penfions, ne les confervoient plus dès qu'ils avoient un bénéfice, parce que ce bénéfice leur tenoit lieu de *gages*.

Charles IV, dit *le Bel*, défendit le 15 mai 1327, à ceux qui avoient *gages* du roi, de vendre leurs cédules & *efcroës* à vil prix, & à toutes perfonnes de les acheter, fous peine de confifcation de corps & de biens.

Les *gages* fe comptoient à termes ou par jour, enforte que l'on diminuoit aux officiers le nombre de jours qu'ils n'avoient pas fervi. Il en eft parlé dans plufieurs ordonnances, & notamment dans une du 16 juin 1349, qui porte que les officiers ne feront payés de leurs *gages* qu'à proportion du temps qu'ils ferviront. C'eft apparemment de-là que vint l'ufage d'exiger d'eux une cédule appellée *fervivi*, par laquelle ils atteftoient le nombre de jours qu'ils avoient fervi dans leur office. Il eft encore parlé de ces *gages à termes* ou *par jour*, dans une ordonnance du roi Jean, du 13 janvier 1355.

Quoique tel fût l'ufage ordinaire, il y avoit néanmoins certains *gages à viè*, c'eft-à-dire que quelques officiers avoient leurs appointemens ou penfions affurés leur vie durant, foit qu'ils fiffent leur fervice fans y manquer un feul jour, foit qu'ils s'abfentaffent pendant un temps plus ou moins confidérable, par empêchement légitime ou fans néceffité.

Mais comme il réfultoit des abus de ces *gages* à vie, Philippe-de-Valois ordonna, le 19 mars 1341, que toutes les lettres obtenues pour avoir *gages* à vie, ne pourroient fervir aux impétrans, fi ce n'eft à ceux qui, par maladie ou vieilleffe, ne pourroient exercer leurs offices, ou à fes officiers, qui après fa mort feroient privés, fans qu'il y eût de leur faute, de leurs charges par fes fucceffeurs;

mais on conçoit aifément que cette dernière difpofition ne pouvoit avoir d'effet, qu'autant qu'il plaifoit aux fucceffeurs de ce prince, étant maîtres chacun de révoquer leurs officiers, & de continuer ou non les penfions accordées de grace par leurs prédéceffeurs.

Il y eut néanmoins encore dans la fuite de ces *gages à vies*; car on trouve une autre déclaration du 3 février 1405, par laquelle ils furent révoqués.

Quelques anciennes ordonnances donnent le nom de *gages ménagers* aux appointemens accordés à certaines gens de guerre, qui étoient prêts à marcher au premier ordre, & qui n'avoient qu'une paie modique lorfqu'ils ne fervoient pas actuellement.

En l'année 1351, le roi Jean augmenta les *gages* des gens de guerre, à caufe de la cherté des vivres & autres biens.

C'étoit d'abord fur la recette des bailliages & fénéchauffées, que les *gages* de tous officiers royaux étoient affignés. Charles V, en 1373, affigna ceux du parlement & des maîtres des requêtes fur les amendes; la même chofe avoit déjà été ordonnée le 12 novembre 1322. Dans la fuite, les *gages* des cours fouveraines, des préfidiaux & autres officiers, ont été affignés fur les gabelles.

On trouve, au regiftre de la cour de l'an 1430, temps où les Anglois étoient les maîtres du parlement, une conclufion portant que fi fes membres ne font payés de leurs *gages* dans Pâques, nul ne viendra au palais pour l'exercice de fon office: & *in hoc figno indiffolubile vinculum charitatis & focietatis ut fint focii conftitutionis & laboris*; & le 12 février audit an, il eft dit qu'il y eut ceffation de plaidoierie, *propter vadia non foluta*, jufqu'à la Pentecôte 28 avril, & fut envoyé fignifier au roi & à fon confeil à Rouen. *Voyez la bibliothèque de* Bouchel, *verbo* Gages.

Dans les offices non vénaux les *gages* ne courent que du jour de la réception de l'officier; dans les offices vénaux ils courent du jour des provifions.

Les augmentations de *gages* ont cela de fingulier, qu'elles peuvent être acquifes & poffédées par d'autres que par le propriétaire titulaire de l'office. On appelle augmentation de *gages*, le fupplément de *gages* que le roi accorde à un officier, moyennant une finance nouvelle qu'on lui fait payer pour fon office.

Les *gages* ceffent par la mort de l'officier, & du jour que fa réfignation eft admife.

On trouve néanmoins deux déclarations des 13 décembre 1408, & 18 janvier 1410, qui ordonnent que les confeillers qui auront fervi pendant 20 années, jouiront de leurs *gages*, leur vie durant; mais ce droit n'a plus lieu depuis la vénalité des charges.

L'ordonnance de Charles VII, du mois d'avril 1453, *art*. 11, défend à tous officiers de judicature, de prendre aucuns *gages* ou pensions de ceux qui sont leurs justiciables.

Plusieurs ordonnances ont défendu aux officiers royaux de prendre *gages* d'autres que du roi ; telle est la disposition de celle d'Orléans, *art. 44* ; de celle de Moulins, *art. 19 & 20* ; & de celle de Blois, *art. 112 & suivans* : ce qui s'observe encore présentement, à moins que l'officier n'ait obtenu du roi des lettres de compatibilité.

François I, par son ordonnance de 1539, *art. 124*, défendit aux présidens & conseillers de ses cours souveraines, de solliciter pour autrui les procès pendans ès cours où ils sont officiers, & d'en parler aux juges directement ou indirectement, sous peine de privation, entr'autres choses, de leurs *gages* pour un an.

L'ordonnance d'Orléans, *art. 55*, enjoint à tous hauts-justiciers de salarier leurs officiers de *gages* honnêtes, ce qui est assez mal observé ; mais lorsqu'il y a contestation portée en justice à ce sujet, on condamne les seigneurs à donner des *gages* à leurs juges.

Les *gages* des officiers de la maison du roi, de la reine, & des princes de la maison royale, ne sont pas saisissables, suivant une déclaration du 20 avril 1555, qui étend ce privilège aux *gages* de la gendarmerie ; elle excepte seulement les dettes qui seroient pour leurs nourriture, chevaux & harnois.

La déclaration du 24 novembre 1678, ordonne que les transports & cessions qui seront faits à l'avenir par les officiers du roi, des *gages* qui sont attribués à leurs charges, portés dans les contrats & obligations qui seront passés au profit de leurs créanciers, ou en quelque autre manière que ce soit, seront nuls & de nul effet, sans que les trésoriers de la maison du roi puissent avoir aucun égard aux saisies qui seront faites entre leurs mains ; la même chose est ordonnée pour les officiers employés sur les états des maisons de la reine, de Monsieur, duc d'Orléans, & de Madame, duchesse d'Orléans ; les *gages* de ces sortes d'offices ne peuvent même être compris dans une saisie réelle, parce que l'office même n'est pas saisissable.

Pour ce qui est des autres offices, les *gages* en sont saisissables, à la différence des autres émolumens, tels que les épices, vacations, & autres distributions semblables. *Voyez la déclaration du 19 mars 1661.*

Les *gages* des commis des fermes du roi ne sont pas saisissables, suivant l'ordonnance de 1681, titre commun à toutes les fermes, *art. 14.*

Il est défendu à toute personne indistinctement, de faire pour dettes civiles aucune saisie sur les *gages* & droits attribués aux gardes des eaux & forêts, & enjoint aux receveurs de les payer, sans avoir égard aux saisies faites entre leurs mains, à peine de payer deux fois.

Un arrêt du conseil du 9 décembre 1690, avoit permis de saisir les *gages* & chauffages attribués aux maîtres particuliers, lieutenans, procureurs du roi, gardes-marteau & greffiers : mais l'édit de mars 1708, a restraint cette faculté à ceux qui auroient prêté leurs deniers pour l'acquisition des charges.

Un arrêt du conseil du 26 août 1776 a ordonné que les *gages* des officiers des cours supérieures, des bureaux des finances, & des chancelleries „ ne pourroient être employés dans les états du roi, qu'avec la retenue de la capitation.

On appelle *gages anciens*, ceux qui ont d'abord été attribués à un office, & on leur donne cette dénomination, pour les distinguer des augmentations de *gages* qui ont été par la suite, même à différentes époques, attribuées aux mêmes offices.

Les *gages intermédiaires* sont ceux qui ont couru depuis le décès ou résignation du dernier titulaire, jusqu'au jour des provisions du nouvel officier. Avant la vénalité des offices, on ne parloit point de *gages intermédiaires* ; les *gages* n'étant donnés que pour le service de l'officier, ne couroient jamais que du jour de sa réception, & même seulement du jour que l'officier avoit commencé d'entrer en exercice. Mais depuis que les offices ont été rendus vénaux, & qu'on leur a attribué des *gages*, lesquels abusivement ont été considérés plutôt comme un fruit de l'office, que comme une récompense du service de l'officier, l'usage a introduit que pour ces sortes d'offices, les *gages* courent du jour des provisions, & l'on a appellé *gages intermédiaires*, comme on vient de le dire, ceux qui courent entre le décès ou résignation du dernier titulaire, & les provisions du nouvel officier.

Des lettres-patentes du 6 août 1777, enregistrées en la chambre des comptes, ont établi un régisseur particulier, pour faire le recouvrement des *gages intermédiaires* des offices vacans, qui n'appartient ni aux héritiers, ni aux successeurs du dernier titulaire. Ce régisseur en doit compter au vrai au conseil, & ensuite à la chambre des comptes. L'arrêt d'enregistrement porte que les fonds de ces *gages* resteront pendant deux ans entre les mains des trésoriers, receveurs & payeurs, auxquels ils auront été faits, sans pouvoir s'en dessaisir auparavant, afin de donner aux veuves, enfans, héritiers & successeurs des titulaires, le temps de se retirer par-devers le roi, pour en obtenir le don de sa majesté, conformément aux anciens arrêts de la cour.

On entend aussi quelquefois par *gages intermédiaires*, ceux qui ont couru entre les provisions & la réception.

On ne paie point au nouvel officier les *gages intermédiaires* sans lettres de chancellerie, qu'on appelle *lettres d'intermédiat* ; & à la chambre des comptes, où l'on suit scrupuleusement les anciens usages, on ne passe point encore purement & simplement les *intermédiats de gages* d'officiers d'entre les provisions & la réception ; si la difficulté en est faite au bureau, on laisse ordinairement cette partie en fouffrance ; ce qui oblige l'officier de recourir aux lettres de rétabliffement.

Suivant une déclaration du 22 juin 1777, il ne doit plus être expédié à l'avenir d'ordonnances de *gages intermédiaires*, aux officiers de la maifon du roi, de la reine, des princes & princeffes du fang. Les tréforiers entre les mains defquels les fonds de ces *gages* ont été remis, font tenus de les verfer entre les mains des gardes du tréfor royal, chacun en l'année de fon exercice.

GAGES, on emploie encore ce terme pour fignifier les fommes qu'on donne aux domeftiques, pour paiement de leurs fervices. *Voyez* DOMESTIQUE.

GAGEMENT, f. m. terme particulier de la coutume d'Orléans, *art. 431*, qui s'en fert dans la fignification d'obligation, d'hypothèque des biens d'un débiteur.

GAGER, v. a. qu'on trouve employé dans les coutumes, dans des fignifications différentes.

Celles de Melun, Sens, Senlis, Chaumont, Vitri, Bourbonnois, Auxerre & Bayonne, appellent *gager*, prendre des gages de quelqu'un, foit pour fûreté d'une dette, foit pour affurance du paiement d'un délit, fur-tout du dommage commis par les beftiaux fur l'héritage d'autrui. C'eft à caufe de cette fignification du mot *gager*, que quelques-uns appellent *gages*, les meubles pris par l'exécution d'un fergent.

Gager l'amende, dans la coutume de S. Pol, c'eft payer & acquitter l'amende en juftice. On trouve *emenda gratiata*, dans une ordonnance de S. Louis de 1259.

Gager la clameur de bourfe, en Normandie ; c'eft lorfque celui qui eft affigné en retrait tend le giron.

Gager la loi, dans l'ancienne coutume de Normandie, fignifie *offrir de faire ferment*. La loi n'étoit *gagée* qu'en fimple action perfonnelle de fait ou de droit, qui fe nommoit *defrène*. L'ancienne coutume de Normandie porte que *defrène* eft l'épurgement de ce dont aucun eft querellé, qu'elle fe fait par fon ferment & par le ferment de ceux qui lui aident ; cet ancien droit eft aboli.

Gager partage, en Normandie, c'eft offrir en jugement partage à fes frères puînés. Dans cette coutume, l'aîné eft faifi de toutes les fucceffions directes, & en fait les fruits fiens, jufqu'à ce que fes frères puînés lui aient demandé partage : mais fi d'un côté, l'aîné gagne ainfi les fruits des fucceffions directes dont il eft faifi, il perd d'un autre côté, parce que fi, dans le temps qu'il jouit, il lui échéoit une autre fucceffion, il ne peut prendre dans les deux qu'un feul préciput, n'étant alors réputées que comme une feule & même fucceffion.

Si l'aîné veut éviter cette perte, il faut, que dans la première des fucceffions échues, il déclare judiciairement, qu'il opte par préciput un fief, ou fi le préciput ne lui eft pas avantageux,

qu'il *gage*, c'eft-à-dire qu'il en offre partage à fes frères puînés, auquel cas y ayant divifion de fucceffion, il pourra opter le préciput dans la feconde. *Coutume de Normandie, art.* 236, 237, 238. & 347.

Gager perfonnes en fon dommage, c'eft prendre le chapeau ou autre habillement du pâtre du bétail qui fait dommage en l'héritage d'autrui. *Voyez* la coutume d'Auxerre, *art.* 271 & 272.

Gager le rachat, c'eft offrir réellement au feigneur le droit de rachat à lui dû. C'eft ainfi que s'énoncent quelques coutumes, telles que Tours, *art.* 144 ; Loudunois, *chap.* 11, *art.* 6, *chap.* 14, *art.* 3 ; Anjou, *art.* 115 & 226 ; Maine, *art.* 126 & 284.

GAGERIE, f. f. (*terme de Pratique.*) eft une fimple faifie & arrêt de meubles, fans déplacement ni tranfport.

Cette faifie fe fait ordinairement pour caufe privilégiée, fans qu'il y ait obligation par écrit ni condamnation.

L'effet de cette faifie eft que les meubles font mis fous la main de la juftice pour la fûreté du créancier.

Le faifi doit donner gardien folvable, ou fe charger lui-même comme dépofitaire des biens de juftice, autrement l'huiffier pourroit enlever les meubles ; mais la vente ne peut en être faite qu'en vertu d'un jugement qui l'ordonne.

Le feigneur cenfier peut, fuivant *l'art.* 186 de la coutume de Paris, procéder par fimple *gagerie* fur les meubles étant dans les maifons de la ville & banlieue de Paris, faute du paiement du cens, & pour trois années dudit cens, & au-deffous.

L'article 161 de la même coutume permet au propriétaire d'une maifon donnée à loyer, de procéder par voie de *gagerie* pour les termes à lui dus fur les meubles étant dans cette maifon.

Anciennement on procédoit par voie de *gagerie*, fans que l'ordonnance du juge fût néceffaire en aucun cas ; mais cet abus fut réformé par un arrêt de l'an 1389.

Il n'eft pas befoin d'ordonnance du juge pour ufer de fimple *gagerie*, lorfque le bail eft paffé devant notaire ; mais il en faut une, lorfque le bail eft fous feing-privé ou qu'il n'y en a point.

On peut auffi ufer de *gagerie*, fuivant *l'art.* 163 pour trois années feulement d'arrérages d'une rente foncière due fur une maifon fife en la ville & fauxbourgs de Paris, fur les meubles étant dans cette maifon appartenant au détenteur & débiteur de la rente.

Enfin le droit que *l'article* 173 de la même coutume accorde aux bourgeois de Paris d'arrêter les biens de leurs débiteurs forains trouvés en la ville, eft encore une *faifie-gagerie* qui fe peut faire, quoiqu'il n'y ait point de titre ; mais il faut auffi une permiffion du juge. *Voyez* SAISIE-GAGERIE. (*A*)

GAGEURE, f. f. (*Droit civil.*) eft une convention fur une chofe douteufe & incertaine, pour raifon de laquelle, chacun des contractans promet de donner une fomme, ou dépofe entre les mains d'un tiers des gages pour être remis à celui qui gagne la gageure.

On fait des *gageures* fur des chofes dont l'exécution dépend des parties, comme de faire une courfe en un certain temps fixé, ou fur des faits paffés, préfens, ou à venir, mais dont les parties ne font pas certaines.

Les *gageures* étoient ufitées chez les Romains; on les appelloit *fponfiones*, parce qu'elles fe faifoient ordinairement par une promeffe réciproque des deux parties, *per ftipulationem & reftipulationem;* au lieu que dans les autres contrats, l'un ftipuloit, l'autre promettoit.

En France on appelle ce contrat *gageure*, parce qu'il eft ordinairement accompagné de confignation de gages; car *gager* fignifie proprement *bailler des gages* ou *configner l'argent*, comme on dit *gager l'amende*, *gager le rachat*. Néanmoins en France on fait auffi les *gageures* par fimples promeffes réciproques fans dépofer de gages; & ces *gageures* ne laiffent pas d'être obligatoires, pourvu qu'elles foient faites par des perfonnes capables de contracter & fur des chofes licites, & que s'il s'agit d'un fait, les deux parties foient également dans le doute.

Les Romains faifoient auffi, comme nous, des *gageures* accompagnées de gages; mais les fimples fponfions étoient plus ordinaires.

Ces fortes de fponfions étoient de deux fortes, *fponfio erat judicialis aut ludicra.*

Sponfio judicialis étoit lorfque dans un procès le demandeur engageoit le défendeur à terminer plutôt leur différend, le provoquoit à gager une certaine fomme, pour être payée à celui qui gagneroit fa caufe, outre ce qui faifoit l'objet de la conteftation.

Cette première forte de *gageure* fe faifoit ou par ftipulation & reftipulation, ou *per facramentum*. On trouve nombre d'exemples de *gageures* faites par ftipulations réciproques dans les oraifons de Cicéron pour Quintius, pour Cæcina, contre Verrès, dans fon *livre des offices;* dans Varron, Quintilien, & autres auteurs.

La *gageure*, *per facramentum*, eft lorfque l'on dépofoit des gages *in æde facrâ*. Les Grecs pratiquoient auffi ces fortes de *gageures*, comme le remarque Budée. Ils dépofoient l'argent dans le Prytanée; c'étoit ordinairement le dixième de ce qui faifoit l'objet du procès, lorfque la conteftation étoit entre particuliers, & le cinquième dans les caufes qui intéreffoient la république, comme le remarque Julius Pollux. Varron explique très-bien cette efpèce de *gageure* ou *confignation* dans fon *livre 2 de la langue latine.* C'eft fans doute de là qu'on avoit pris l'idée de l'édit des confignations, autrement appelé de l'*abbréviation des procès*, donné en 1563, & que l'on vouloit renouveller en 1587, par lequel tout demandeur ou appellant devoit configner une certaine fomme proportionnée à l'objet

de la conteftation; & s'il obtenoit à fes fins, le défendeur ou intimé étoit obligé de lui rembourfer une pareille fomme.

L'ufage des *gageures* judiciaires fut peu-à-peu aboli à Rome; on y fubftitua l'action de calomnie, *pro decimâ parte litis*, dont il eft parlé aux *inftit. de pœnâ temerè litigant.*, ce qui étant auffi tombé en non ufage, fut depuis rétabli par la novelle 112ᵉ de Juftinien.

On diftinguoit auffi chez les Romains deux fortes de *gageures*, *ludicres*. L'une qui fe faifoit par ftipulation réciproque, & dont on trouve un exemple mémorable dans Pline, *liv. 9, chap. 35*, où il rapporte la *gageure* de Cléopâtre contre Antoine; & dans Valère Maxime, *liv. 2*, où eft rapportée la *gageure* de Valerius contre Luctatius. Il eft parlé de ces *gageures*, *ludicres*, en la loi 3, au digefte *de aleat.*, qui ne les permet que dans les cas où il étoit queftion de faire paroître de l'adreffe, de la force ou du courage; & le défendoit dans tous les autres, d'après la loi *Cornelia*.

L'autre forte de *gageure*, *ludicre*, fe faifoit en dépofant des gages, comme on voit dans une églogue de Virgile:

Depono, tu dic mecum quo pignore certes.

Il en eft parlé dans la loi *fi rem*, au digefte *de præfcriptis verbis*, par laquelle on voit qu'on mettoit affez ordinairement les anneaux en gage, comme étant plus en main que toute autre chofe: *fi quis*, dit la loi, *fponfionis caufâ annulos acceperit, nec reddat victori, præfcriptis verbis adverfus eum actio competit.*

Planude rapporte que Xantus, maître d'Éfope, ayant parié qu'il boiroit toute l'eau de la mer, avoit donné fon anneau en gage. Cette forte de *gageure*, *per depofitionem pignorum*, étoit la feule ufitée chez les Grecs, comme il réfulte d'un paffage de Démofthène, qui en parlant d'une *gageure*, dit qu'elle ne pouvoit fubfifter, parce que l'on avoit retiré les gages.

On ne doit pas confondre toutes fortes de *gageures* avec les contrats aléatoires, qui font profcrits par les loix; & c'eft une erreur de croire que toutes fortes de *gageures* foient défendues, qu'il n'y ait jamais d'action en juftice à cet égard, à moins que les gages ne foient dépofés. Ce n'eft pas toujours le dépôt des gages qui rend la *gageure* valable; c'eft plutôt ce qui fait l'objet de la *gageure*: ainfi elles ont été rejettées ou admifes en juftice, felon que les perfonnes qui avoient fait ces *gageures* étoient capables, ou non, de contracter, & que l'objet de la *gageure* étoit légitime.

Mornac fur la loi 3, au digefte, *de aleat.*, & fur la loi *fi rem*, ff. *de præfcriptis verbis*, dit qu'elles font permifes, *in rebus honeftis, veluti ob fpem futuri eventûs, & fimilibus.*

Boniface, *tom. 1, liv. 8, tit. 24, chap. 5;* Defpeiffes, *tom. 1, part. 1, tit. 18;* Catelan, *tom. 2,* rapportent plufieurs arrêts qui ont déclaré des *gageures* valables, & qu'il n'eſt pas même néceſſaire que la choſe ſoit dépoſée entre les mains d'un tiers : la parole ſeule ſuffit.

On connoît l'exemple d'une *gageure* aſſez conſidérable, dont l'exécution fut ordonnée au conſeil du roi, celui d'une *gageure* de 30000 livres, faite entre M. le maréchal d'Eſtrées & le ſieur Law, contrôleur général, par un écrit double du 14 mars 1720, au ſujet du cours que pourroit avoir dans cette année le change avec Londres & Amſterdam. M. le maréchal d'Eſtrées ayant gagné la *gageure*, les directeurs des créanciers du ſieur Law furent condamnés à lui payer les 30000 livres, quoique la ſomme n'eût pas été dépoſée.

Un arrêt du parlement défend de gager qu'une femme quelconque eſt groſſe, ou qu'elle accouchera d'un garçon ou d'une fille, ou d'une fille, & non d'un garçon. Le motif de cet arrêt eſt de prévenir le crime d'avortement, ou celui de ſuppoſition de part, que la cupidité du gain pourroit engager à commettre.

GAGIÈRE, ſ. f. vieux mot, qui vient de *gageria*, qu'on trouve dans le *cap. 3, extra de feudis*, dans la ſignification de gage-mort. Les ordonnances de Mets, *art.* 88 ; les anciennes coutumes de Bar, *art.* 32 ; celle de S. Mihiel, *art.* 42 ; & celle de Lorraine, *chap.* 17, *art.* 1 & 3, l'emploient dans le même ſens. *Voyez* GAGE-MORT.

Anciennement dans le pays Meſſin, on donnoit le nom de *gagières* à certains immeubles acquis ſous ce titre, c'eſt-à-dire avec déclaration qu'on entend les poſſéder & en diſpoſer comme de *gagières*, comme de meubles.

On y diſtinguoit trois ſortes de biens, les meubles, les immeubles & les *gagières*. Ces dernières étoient des immeubles, que le propriétaire avoit la liberté de laiſſer immeubles ou de faire réputer meubles.

Pour qu'un héritage devînt *gagière*, & ſortît nature de meuble, on mettoit le contrat ſous le nom d'un ami, dont on paroiſſoit créancier. Cet ami ſe reconnoiſſoit débiteur du prix, & à l'inſtant donnoit ce même fonds acquis à titre de *gagerie & mort-gage*, avec faculté d'en jouir & d'en percevoir tous les fruits & profits.

Au moyen de ces formalités, l'héritage étoit réputé meuble ; au lieu que ſi le véritable acquéreur paroiſſoit lui-même avoir acquis l'héritage, il étoit réputé immeuble. Mais cet ancien uſage fut aboli par l'article 88 des ordonnances de Metz, de l'an 1564, qui diſpenſe de prendre ce circuit, permet à celui qui veut acquérir à titre de *gagerie*, de le faire en ſon propre nom, & déclare que les héritages acquis à ce titre, ſeront toujours réputés meubles quant à la liberté d'en diſpoſer, & immeubles quant à l'hypothèque : ce qui eſt contraire à la juriſprudence établie au parlement de Paris, qui a déclaré les contrats pignoratifs immeubles.

GAGNABLE, (*terre*) dans l'article 162 de la coutume de Normandie, ſe dit des terres incultes,

ſauvages, ou ſauvées de la mer. Dans la ſomme rurale *terres gaignables* ou *ahanables*, ſont des terres de grand fruit, de grand rapport, ou qui ſe cultivent ou labourent avec beaucoup de peine.

GAGNAGE, ſ. m. terme ancien, qu'on rencontre dans pluſieurs coutumes. Quelques-unes s'en ſervent pour ſignifier les fruits de la terre, d'autres pour les terres même ſur leſquelles on récolte des fruits. Des auteurs penſent que les terres labourables ont été ainſi appellées, parce qu'on en tire du gain, du profit : *olim noſtri* guaing *appellabant, quod latini lucrum, unde terræ lucrabiles & non lucrabiles*.

GAGNERIES, dans l'ancienne coutume de Bretagne, eſt la même choſe que *gagnage* dans le ſens de profits tirés de la terre. *Sic veteres omne genus frúgum appellarunt*, dit d'Argentré.

GAIN, ſ. m. ſe dit en général de tout profit que l'on tire de ſon travail, de ſon induſtrie, de ſon jeu ; il eſt oppoſé à *perte*. En droit, ce terme s'applique à pluſieurs objets différens.

On appelle *gain* d'une cauſe, inſtance ou procès, lorſqu'une partie obtient à ſes fins : *gains & épargnes*, les profits qu'un enfant de famille a accumulés par ſon pécule : mais on ſe ſert plus particulièrement du mot *gain*, pour ſignifier les avantages qui ſont acquis au ſurvivant de deux conjoints par mariage, ſur les biens de la communauté, ou ſur ceux du prédécédé. On leur donne le nom de *gain de noces* ou *nuptiaux*, & celui de *gain de ſurvie*.

Dans l'exactitude du langage, *gain nuptial* eſt proprement l'avantage qui eſt acquis au mari ou à la femme, ſur les biens de l'autre conjoint en faveur du mariage ; *gain de ſurvie* eſt celui qui n'eſt acquis que par le prédécès de l'un d'eux. Mais l'on confond ſouvent ces deux mots, & l'on comprend ſous l'une & l'autre dénomination, tous les avantages qui ſe ſtipulent entre conjoints, ſoit en conſidération du mariage, ſoit en faveur du ſurvivant.

Ces termes appartiennent plus particulièrement aux pays de droit écrit, car en pays coutumier, on nomme ces avantages, *conventions matrimoniales*. Dans chacun de ces pays les *gains* nuptiaux & de ſurvie ont des noms & des effets différens.

Suivant le droit le plus général des coutumes, il y a entre les conjoints communauté des meubles & conquêts immeubles, qui ſe partage, après la mort de l'un d'eux, par égale portion, entre le ſurvivant & les héritiers du prédécédé. Mais cette diſpoſition n'empêche pas les conjoints de ſe faire divers avantages, tant ſur les biens de la communauté que ſur leurs propres. Certaines coutumes, telles que celles d'Anjou & du Maine, accordent au ſurvivant les acquêts, moitié en propriété, moitié en uſufruit, tant qu'il reſte en viduité, à la charge de nourrir & entretenir les enfans mineurs, s'il en exiſte, juſqu'à ce qu'ils ſoient en âge.

La coutume de Paris, *art.* 230, accorde aux père &

& mère, ayeul ou ayeule, fuccédant à leurs enfans, décédés fans héritiers de leurs corps, l'ufufruit des conquêts, auxquels ces enfans avoient fuccédé, lorfqu'il n'y a aucun defcendant de l'acquéreur de ces mêmes conquêts.

La plupart des coutumes attribuent à la femme
furvivante l'ufufruit de certains biens de fon mari
fous le titre de douaire. Plufieurs d'entre elles, attribuent au furvivant des conjoints nobles, lorfqu'il
n'y a pas d'enfans, tous les meubles & effets mobiliers en propriété, à la charge de payer les dettes,
& les frais funéraires du prédécédé.

La coutume de Normandie, qui exclut la communauté entre conjoints, donne à la femme dans
les biens acquis par le mari, une certaine portion
qui fe règle différemment, felon la fituation des
biens, outre laquelle elle jouit encore à titre de
douaire, de l'ufufruit fur le tiers de certains biens
de fon mari.

La coutume de Paris permet encore aux conjoints, lorfqu'ils marient leurs enfans, de ftipuler
en faveur du furvivant des père & mère, que les
enfans le laifferont jouir fa vie durant, de tous les
meubles & conquêts du prédécédé, à condition
qu'il ne paffera pas à de fecondes noces.

Outre ces gains de noces ou furvie, qu'on pourroit appeler légaux, puifqu'ils font déterminés par
la coutume, les conjoints ftipulent affez fouvent
un préciput, en vertu duquel le furvivant a droit
de prélever fur la maffe de la communauté, une
fomme d'argent, ou autre chofe, fans fouffrir aucune diminution fur la moitié qui doit lui revenir
dans le refte.

Ils peuvent auffi fe donner par contrat de mariage, ce qu'ils jugent à propos, tant en ufufruit,
qu'en propriété, foit que la donation fe faffe au
furvivant ou à l'un d'eux. Ceux d'entre eux qui
n'ont pas d'enfans, font autorifés par la plupart des
coutumes, à fe faire durant le mariage, un don
mutuel, qui donne droit au furvivant de jouir pendant fa vie, de la part qui appartenoit au prédécédé
dans la communauté. Voyez DOT, DONATION,
DOUAIRE, PRÉCIPUT.

Dans les pays de droit écrit, où la communauté
de biens n'eft point établie par la loi entre conjoints par mariage, à l'exception de quelques coutumes locales de la Bourgogne & de la Franche-
Comté, on ne connoît ni douaire, ni préciput,
ni aucun des autres droits qui dérivent de la communauté, à moins qu'on ne les ait ftipulés par le
contrat de mariage. Mais on y a fuppléé par des
difpofitions différentes, qui ne font pas uniformes
dans toutes ces provinces, & qui varient par les
ufages particuliers, foit fur la quotité, foit fur les
conditions de ces avantages.

Dans le Languedoc, la Guienne, le Béarn, le
Dauphiné, le Forez, le Lyonnois, le Beaujolois,
& quelques autres, la femme qui furvit, gagne
proportionnément à fa dot, une partie des biens
de fon mari : c'eft ce qu'on appelle en quelques

endroits, augment de dot; en quelques autres, agencement; en d'autres, donations à caufe de noces.

Dans la plupart de ces provinces, outre ce gain
de furvie, la femme prend encore un autre augment,
moins confidérable, qu'on appelle bagues & joyaux,
qui eft également proportionné à la dot. On ftipule auffi ordinairement, en faveur de la femme
furvivante, un droit d'habitation dans quelqu'une
des maifons du mari.

Dans le reffort des parlemens de Pau & de Bordeaux, le mari furvivant prend, par forme de gain
de furvie, une certaine portion fur la dot de fa
femme, qu'on appelle contre-augment.

En Provence, dans la Breffe & le Mâconnois,
au lieu d'augment, de bagues & joyaux, & de
contre-augment, on a coutume de ftipuler, en faveur
du conjoint furvivant, un avantage, qu'on appelle
donation de furvie.

Dans tous les pays de droit écrit, le conjoint
furvivant, en vertu de l'édit du préteur unde vir
& uxor, a le droit de fuccéder au prédécédé, qui
ne laiffe aucun parent habile à lui fuccéder : &
lors même qu'il en exifte, & qu'il eft pauvre, on
lui accorde un quart des biens du prédécédé. Voyez
AGENCEMENT, AUGMENT, CONTRE-AUGMENT,
BAGUES & JOYAUX, HABITATION.

L'hypothèque des gains nuptiaux remonte au jour
du contrat de mariage; & s'il n'y en a pas, au jour
de la célébration. Ils ne font pas réductibles pour
la légitime, s'ils n'excèdent pas ce qui eft fixé par
la loi ou par l'ufage. Mais ils font fujets au retranchement de l'édit des fecondes noces.

Les intérêts n'en font ordinairement dus au furvivant ou aux enfans, qu'après l'an de deuil; à
l'exception du reffort du parlement de Paris, où
ils font dus de plein droit, du jour du décès.

Ces fortes de gains font ordinairement reverfibles aux enfans, à moins qu'il n'y ait claufe au
contraire.

Dans le cas où ils font reverfibles, le furvivant doit donner caution; mais il a une virile en
propriété dont il peut difpofer comme bon lui
femble.

Si le furvivant fe remarie ayant des enfans, il
perd tout droit de propriété dans les gains nuptiaux,
même dans la virile, & eft obligé de réferver le
tout à fes enfans.

Le furvivant qui ne pourfuit pas la vengeance
de la mort du prédécédé, ou qui eft lui-même
auteur de fa mort, eft privé des gains nuptiaux;
les femmes en font encore privées lorfqu'elles font
convaincues d'adultère, ou qu'elles ont quitté leur
mari fans caufe légitime, ou qu'elles fe remarient
à des perfonnes indignes, qu'elles fe remarient dans
l'an du deuil, ou qu'elles vivent impudiquement
après la mort de leur mari.

Les enfans n'ont aucun droit certain dans les
gains nuptiaux du vivant de leurs père & mère,
quand on les fait renoncer d'avance à ces fortes

de *gains nuptiaux ;* mais il faut que la renonciation en faſſe mention nommément, parce que ces *gains* ſont un troiſième genre de biens que les enfans ont droit de prendre, quoiqu'ils ne ſoient point héritiers de leurs père & mère.

Les enfans peuvent donc le demander à la ſucceſſion de celui dont il dérive, ſans être ſes héritiers. La femme peut l'avoir pendant la vie de ſon mari, en cas de ſéparation de corps & de biens, pour mauvais traitement ; en cas de banqueroute ou de mort civile de ſon époux ; en cas de longue abſence : mais elle doit donner caution de le conſerver aux enfans, & de le remettre au mari en cas de retour.

Les *gains nuptiaux*, ſtipulés dans un contrat de mariage, ſont exempts de la formalité de l'inſinuation, juſqu'au jour du décès du prémourant ; mais le décès arrivé, ils doivent être inſinués au bureau du domicile du donateur dans les quatre mois, ſelon les lettres-patentes du 3 juillet 1769, enregiſtrées au parlement de Paris le 11 du même mois.

GAINE-COUTUMIÈRE, dans la coutume d'Auvergne, ſignifie ce que le ſurvivant des conjoints par mariage gagne ſelon la coutume, ſur les biens du prédécédé. Ainſi *gaine-coutumière* eſt un mot corrompu, dérivé de gain coutumier. (*A*)

GAIVES, adj. f. choſes *gaives*, dans l'ancienne coutume de Normandie, & dans la nouvelle, *chap. 19, art. 604*, & dans la chartre aux Normands, ſont choſes égarées & abandonnées, qui ne ſont appropriées à aucun uſage d'homme, ni réclamées par aucun : ces choſes doivent être gardées pendant un an & jour, & rendues à ceux qui font preuve qu'elles leur appartiennent ; & après l'an & jour, elles appartiennent au roi ou aux ſeigneurs, quand elles ont été trouvées ſur leurs fiefs.

Cette diſpoſition de la coutume de Normandie eſt confirmée par une ordonnance de Louis Hutin, du 22 juillet 1315.

Les choſes *gaives* appartiennent aux ſeigneurs hauts-juſticiers, à l'excluſion des moyens & bas-juſticiers. Elles font partie de l'uſufruit de la haute-juſtice & du bail, dans lequel ſont compris, ſans aucune réſerve, tous les revenus d'une ſeigneurie ayant haute-juſtice. C'eſt pourquoi on les accorde à l'uſufruitier & au fermier.

M. Houard, *dans ſes notes ſur les tenures de Littleton*, remarque que, ſuivant Britton, les ſeigneurs ne jouiſſoient ordinairement que par franchiſe des choſes *gaives*. Ils ne tenoient point ce droit de leurs fiefs, mais d'une conceſſion particulière du ſouverain : encore falloit-il que celui qui avoit trouvé l'*eſtray*, eût négligé de le proclamer, afin que ces ſeigneurs en profitaſſent. *Voyez* ÉPAVE, EXTRAIURE, VARECK.

GAJURE, c'eſt, dans la coutume de Loudun, l'offre faite au ſeigneur de lui payer le rachat. *Voyez* GAGER.

GALAYS *ou* GALOIS, ſ. m. ſelon Conſtant, ſur l'article 99 de la coutume de Poitou, c'eſt le nom qu'on donne aux épaves & choſes trouvées dans une juriſdiction & qui ne ſont pas avouées. *Voyez* ÉPAVE.

GALÈRE, ſ. f. (*Code criminel.*) une *galère*, en terme de marine, eſt un bâtiment plat, long, étroit & bas de bord, qui va à voiles & à rames.

C'eſt à ſervir comme forçats ſur les bâtimens de cette eſpèce, que les tribunaux condamnent les coupables de certains crimes, tels que les voleurs avec fauſſes clefs, ceux qui ont dérobé des objets qui étoient ſous la foi publique, &c.

C'eſt mal-à-propos que pluſieurs écrivains ont comparé la peine des *galères* à celle des criminels qui, chez les Romains, étoient condamnés *ad metalla*. Cette comparaiſon ne pourroit, tout au plus, s'appliquer qu'aux *galères* perpétuelles, parce qu'à Rome la condamnation aux mines ne ſe prononçoit jamais pour un temps limité, au lieu que dans notre juriſprudence la peine des *galères* varie, & dépend des circonſtances du procès ; les uns ſont condamnés aux *galères* pour trois ans, d'autres pour cinq, ſix ou pour neuf années. La peine des *galères* perpétuelles eſt, en quelque ſorte, une commutation de la peine de mort, dans les cas où le juge héſite ſur le complément de la preuve, & dans leſquels néanmoins il ſent la néceſſité de retrancher à jamais de la ſociété un membre trop dangereux, dont la juſtice ne peut eſpérer ni repentir ni remords.

Quelle autre différence encore, entre la peine des *galères*, & celle des mines ! Le galérien, enchaîné ſur ſon banc, jouit au moins du ſpectacle de la nature ; l'air qu'il reſpire eſt pur ; le pain groſſier, dont il eſt nourri, n'eſt pas imprégné d'un poiſon métallique ; dans les ports de mer où il eſt ſouvent fixé, il a quelquefois la liberté d'exercer un talent dont le produit adoucit les rigueurs de ſa captivité.

Celui qui étoit condamné aux mines, au contraire, ne pouvoit jamais eſpérer de revoir la lumière ; l'univers n'exiſtoit plus pour lui que dans l'horrible tombeau où il étoit enfermé ; ſon travail n'étoit éclairé que par une lampe ſépulcrale, qui mettoit à tout moment ſes jours en danger, en enflammant les exhalaiſons ſulfureuſes de la mine ; ſes alimens, au lieu de réparer ſes forces épuiſées, étoient le véhicule d'un poiſon dévorant, & faiſoient circuler dans ſes veines une mort lente & cruelle.

Quelques auteurs ont cru que la peine des *galères* étoit en uſage chez les Romains. Cujas, Paulus, Suidas & Joſeph, ſont tombés dans cette erreur ; ils ont fondé leur opinion ſur un paſſage de Valère Maxime, dans lequel il eſt dit, qu'Auguſte fit attacher à la rame de la *galère* publique, un impoſteur qui ſe diſoit fils d'Octavie ſa ſœur. Cet homme fut pendu à la rame de la *galère* publique, & n'y fut pas attaché comme forçat. C'eſt ainſi qu'il faut entendre le texte de Valère Maxime, Anne Robert a très-bien remarqué qu'il n'y a pas une ſeule loi romaine qui indique que la peine des *galères* fût ufitée dans l'empire.

Cette peine n'eft même pas fort ancienne en France. Charles IV, dit le Bel, eft le premier roi de France qui ait eu des *galères*. Jacques Cœur, argentier du roi Charles VII, en avoit quatre qui, après fa condamnation, furent vendues à Bernard de Vaux, de Montpellier. Le général des *galères* étoit alors un des grands officiers de la couronne; il étoit le chef de cette partie de la marine, comme l'amiral eft celui des flottes & de tous les vaiffeaux de haut-bord. Le premier général des *galères* fut Prégent de Bidouze, gentilhomme gafcon, fur la fin du règne de Charles VIII : il mourut des bleffures qu'il reçut dans un combat contre une galiote turque qu'il prit & amena à Nice.

L'ordonnance d'Orléans eft la première loi connue, qui faffe mention de la peine des *galères*; cependant elle paroit être plus ancienne de quelques années, ainfi que nous le prouverons dans un moment : « enjoignons, dit Charles IX par l'article » 104 de l'ordonnance d'Orléans, à nos baillis & » fénéchaux, leurs lieutenans & officiers, chacun » en fon endroit, faire commandement à tous ceux » qui s'appellent Bohémiens ou Egyptiens, leurs » femmes, enfans & autres de leur fuite, de vuider » dedans deux mois nos royaumes & pays de » notre obéiffance, à peine des *galères* & punition » corporelle; & s'ils font trouvés, ou retournent » après lefdits deux mois, nos juges feront fur » l'heure, fans autre forme de procès, rafer aux » hommes leur barbe & cheveux, & aux femmes » & enfans leurs cheveux, & après ils délivreront » les hommes à un capitaine de nos *galères*, pour » nous y fervir l'efpace de trois ans ».

Bientôt après, & par un édit donné à Marfeille au mois de novembre 1564, il défendit, tant aux cours fouveraines qu'à tous autres juges, de condamner dorénavant aux *galères* pour un temps moindre de dix ans.

Cette loi abfurde & cruelle, qui ne fuppofoit aucune proportion entre le crime & la peine, qui ordonnoit que tous les coupables fuffent traités indiftinctement, étoit digne du prince qui commanda les maffacres de la S. Barthélemi.

On voit, par la comparaifon de ces deux loix, que c'eft par erreur que plufieurs écrivains & jurifconfultes n'ont attribué l'origine de la condamnation aux *galères* qu'à l'édit de 1564. Le mot *dorénavant*, qui s'y trouve, doit d'abord faire préfumer que cette peine étoit déjà en ufage, & cette préfomption fe vérifie par l'article 104 de l'ordonnance d'Orléans.

D'ailleurs Charondas, en fes *Pandectes*, rapporte un arrêt de 1532, qui défendit aux juges d'églife de prononcer la peine des *galères*. La Roche-Flavin rapporte un arrêt du parlement de Toulouse du 27 janvier 1535, par lequel René de Belestar, pour les crimes & malfaits par lui commis, a été condamné à être mis perpétuellement aux *galères*, &

s'il échappoit, feroit pris & mené à la conciergerie & d'icelle à S. George, perdre la tête.

On trouve auffi dans Bouchel, *t. 2, p. 154*, que par arrêt du 22 mai 1544, fut reçu l'appel comme d'abus, de l'archevêque de Bourges, qui avoit condamné deux prêtres aux *galères* perpétuelles, & deux clercs aux *galères* à temps, & iceux délivrés au capitaine defdites *galères* : ledit archevêque condamné à les reprendre à fes dépens dedans le mois; à faute de ce faire, feroit fon temporel faifi, pour iceux repris les renvoyer és prifons de l'évêque de Paris, & tenu de bailler vicariat à l'official de Paris; & autres pour leur faire le procès fur le délit commun.

Suivant notre jurifprudence, la condamnation aux *galères* eft du nombre des peines infamantes & corporelles ou afflictives.

On diftingue, fuivant l'article 13 du titre 25 de l'ordonnance de 1670, deux efpèces de condamnations aux *galères*, celle à temps & celle à perpétuité. La proportion des *galères* à temps eft de trois, cinq, fix ou neuf années; l'une & l'autre de ces condamnations eft toujours accompagnée du fouet, & de la flétriffure ou impreffion d'un fer chaud en forme des lettres GAL fur l'épaule droite, afin que fi les condamnés venoient à s'échapper des *galères*, ou à commettre de nouveaux crimes après l'expiration de leur captivité, on puiffe connoître qu'ils ont déjà été repris de juftice, & les condamner à des peines plus graves.

On ne prononce point la peine des *galères* contre les femmes; la décence ne permet pas qu'on les confonde avec des forçats d'un fexe différent, & d'ailleurs la foibleffe de leur conftitution les rend incapables de fupporter les travaux qu'on exige quelquefois des galériens. On les condamne, dans les cas femblables, à ceux pour lefquels on prononce la peine des *galères* contre les hommes, à être renfermées à temps ou à perpétuité dans une maifon de force, & on les flétrit de la lettre V au lieu des lettres GAL.

On ne condamne pas non plus aux *galères* ceux qui font hors d'état de fervir comme forçats, foit à raifon de leurs infirmités, foit à caufe de leur vieilleffe. L'ordonnance des gabelles du mois de mai 1680, porte que la peine des *galères* prononcée contre ceux qui fe trouveront incapables de fervir le roi, fera convertie, favoir, celle des *galères* pour fix ans, en celle du fouet & de la flétriffure, & celle des *galères* pour neuf ans auffi, en celle du fouet & de la flétriffure de la lettre V.

L'âge auquel on n'envoie point aux *galères* ceux qui feroient dans le cas d'y être condamnés, paroit être fixé par la déclaration du roi du 3 août 1764, relative aux mendians : « dans le cas où ils feroient » (les mendians & vagabonds) arrêtés de nouveau & » convaincus d'avoir repris le même genre de vie, » feront condamnés, les hommes de foixante & » dix ans & au-deffus, les infirmes, femmes & » filles, à être enfermées pendant le temps de

» neuf années dans l'hôpital le plus prochain, &
» en cas de récidive, à perpétuité ».

Il y a peine de mort prononcée par la déclaration du roi du 4 septembre 1677, contre ceux des condamnés aux *galères* qui, après leurs jugemens, mutilent ou font mutiler leurs membres pour se mettre hors d'état de servir.

Ceux qui ont déjà été condamnés aux *galères*, soit à temps, soit à perpétuité, & qui font repris pour un crime emportant peine afflictive, font punis de mort, quand même ils auroient obtenu des lettres de rappel ou de commutation de peine, conformément aux articles 5 & 6 de la déclaration du roi du 4 mars 1724.

On a long-temps douté si les juges des seigneurs pouvoient prononcer la peine des *galères*, & le motif de ce doute provenoit de ce que les juges des seigneurs ne peuvent rien enjoindre aux officiers des *galères* qui appartiennent au roi, & qui font préposés par sa majesté. Il y a même sur cette matière un arrêt de réglement du parlement de Paris du 26 juillet 1641, rapporté par Bruneau, d'après Henrys; mais cet arrêt est antérieur à l'ordonnance criminelle qui n'a fait aucune distinction entre les juges royaux & ceux des seigneurs : d'ailleurs toute justice en France s'exerce au nom du roi & sous son autorité, parce qu'elle est toujours supérieure.

Les tribunaux ecclésiastiques ont voulu obtenir en France le droit de condamner leurs justiciables aux *galères*; la chambre ecclésiastique des états de 1614 estima que, pour contenir dans le devoir des clercs incorrigibles, il conviendroit que les juges d'église puffent les condamner aux *galères*. Cette pétition fit le sujet de l'article 28 des remontrances que cette chambre préfenta à Louis XIII; mais elle n'a pas été accueillie, & l'on a toujours tenu pour principe que les juges d'église ne pouvoient, sans abus, condamner à des peines corporelles: cette jurisprudence est universelle dans le royaume. Nous avons déjà rapporté ci-dessus l'arrêt de 1532, cité par Carondas, en ses *Pandectes*, arrêt par lequel il fut défendu aux juges d'église de prononcer la peine des *galères*: & nous avons cité aussi, d'après Bouchel, l'arrêt du 29 mai 1544, qui reçut l'appel comme d'abus, de l'archevêque de Bourges, qui avoit condamné deux prêtres aux *galères* perpétuelles, & deux clercs aux *galères* à temps.

La condamnation aux *galères* perpétuelles emporte la mort civile & la confiscation; mais quand elle n'est prononcée que pour un temps limité, elle n'emporte ni mort civile ni confiscation; cette peine est alors considérée comme moins rigoureuse que le bannissement perpétuel, attendu qu'il en résulte la mort civile du condamné.

La déclaration du roi du 5 juillet 1722, défend à tous ceux qui ont été condamnés aux *galères*, par quelque juge que ce soit, de se retirer, en aucun cas ni en aucun temps, dans la ville, fauxbourgs & banlieue de Paris, ni à la suite de la cour, sous les

peines portées par les déclarations du roi des 31 mai 1682 & 29 avril 1687.

La condamnation aux *galères* perpétuelles, emportant la mort civile donne ouverture aux droits de la femme afin de restitution de sa dot & de paiement de son douaire, de même que si son mari étoit mort naturellement, elle donne également ouverture à la substitution.

Ceux qui font condamnés aux *galères* à temps ne peuvent tester, ni s'obliger pendant toute la durée de leur détention. *Voyez les Observations* de M. le Camus, sur l'article 292 de la coutume de Paris; le mari, qui est dans ce cas, ne peut même pas autoriser sa femme.

Il nous reste, en finissant cet article, à dire comment s'exécute matériellement un jugement de condamnation aux *galères*. Ceux qui y font condamnés, après avoir été fustigés & flétris d'un fer chaud en forme des lettres G A L, conformément à la déclaration du roi du 4 mars 1724, font enfermés jusqu'au départ; alors on leur passe à chacun un anneau de fer au col, d'où pend une chaîne au bout de laquelle est un autre anneau qui est attaché au bas d'une jambe; du milieu de ces liens fort une autre chaîne avec un anneau à l'extrémité, qui est attaché au poignet opposé: le prisonnier a néanmoins la liberté de son bras. C'est ainsi qu'on le conduit, sur deux lignes, jusqu'au port auquel ils font destinés.

Depuis long-temps les *galères* ne font presque point de service, & les forçats font employés dans les ports & dans les chantiers aux travaux qui font indiqués par le gouvernement. (*Cet article est de* M. BOUCHER D'ARGIS, *conseiller au châtelet, de l'académie de Rouen*, &c.)

Addition au mot GALÈRE. La peine des *galères* transforme un citoyen libre en esclave de l'état, l'enchaîne, le couvre de vêtemens honteux, l'assujettit pendant plus ou moins d'années à d'indignes travaux, & lui ravissant quelquefois pour toujours sa liberté, lui fait perdre encore son existence civile.

Lorsqu'on réfléchit sur tout ce qu'a d'horrible un pareil supplice, on voudroit du moins être assuré qu'il ne tombe que sur ces hommes atroces dont les inclinations cruelles ont éteint pour eux la pitié de leurs semblables; mais il est bien difficile d'interdire le murmure & la plainte à son cœur, lorsqu'on pense qu'un misérable faux-faunier qui souvent n'a enfreint la loi que pour soulager son indigence avec un des bienfaits de la nature; qu'un jeune homme entraîné par une passion trop ardente; qu'un paysan qui a eu la témérité de tuer la biche qui dévastoit son champ; qu'un débiteur qui n'a qu'autre intention que celle de briser ses fers; qu'un écrivain assez imprudent pour mesurer sa foible plume contre l'autorité, font exposés à cette peine si horrible, qu'elle pourroit expier les plus grands crimes. Peut-être est-il encore réservé à la gloire du monarque que le ciel a placé sur le trône, dans ce siècle de lumière & d'humanité, de faire difparoître de notre légiflation criminelle les ordonnances fur lefquelles portent des jugemens auffi rigoureux.   ∗

Lorfqu'un fujet s'eft rendu coupable d'un délit public, qu'il ne puiffe fuffifamment réparer ni par la perte de fon honneur, ni par celle de fa fortune, le prince, dépofitaire de la puiffance publique, a le droit fans doute de fe venger fur fa perfonne; mais fi la juftice l'autorife à ufer de ce droit, l'humanité femble exiger qu'il veuille bien le modérer.

Un des grands inconvéniens attachés à la fouveraineté, c'eft de ne pouvoir defcendre du haut de fa grandeur à tous les foins de fon empire, d'être forcé d'en rejetter une partie fur des fujets que l'habitude de la tyrannie & l'efpèce d'hommes qu'ils commandent, a néceffairement endurcis. Malheur à celui de ces efclaves auquel il refteroit encore quelque idée de fon origine. Il faut qu'il s'abyme dans l'oubli de tous principes, de toutes maximes, & qu'il ne voie que fa chaîne . . . . C'eft de fon induftrie, de fa baffeffe, qu'il peut feul efpérer quelque adouciffement à fa miférable condition. Le plus à plaindre de tous eft celui qui ayant exercé une profeffion honorable, a dédaigné ce que le précepteur d'*Emile* a grand foin de faire apprendre à fon élève. Le prêtre, l'homme de loi, le cultivateur, que leur malheur ou leur foibleffe ont fait defcendre dans leur état d'abjection, font réduits à nettoyer nos ports ou les hôpitaux, à transporter des fardeaux : tout le jour ils font expofés aux intempéries de l'air, tandis que l'artifan, le compagnon travaillent paifiblement chez un maître, & reviennent le foir au *bagne* avec leur falaire. Ils ne s'apperçoivent fouvent, pendant le cours de leur efclavage, de leur fort que par l'habit qu'ils portent le jour, & par l'afyle odieux où ils paffent la nuit. Ne feroit-il pas à defirer que ces différences fuffent plus éclairées & moins dépendantes du caprice ou du hafard?

Avant qu'on eût fupprimé en France les bâtimens à rames, on employoit au fervice pénible des *galères* les coupables condamnés à la fervitude envers l'état : aujourd'hui qu'on n'en tire plus cette égalité de fervice, il feroit poffible de rendre leur efclavage plus utile & pour eux & pour l'état.

Souvent, lorfqu'un de ces miférables a paffé fix ou neuf années dans les emplois les plus vils, on détache fa chaîne & on le laiffe gagner en liberté l'endroit du royaume où il veut aller fe fixer; s'il n'a pas le moyen d'échanger l'habit qui décèle fon châtiment, il va traînant fa honte & fa mifère de village en village, effrayant fur les routes & dans les forêts le voyageur qui fe détourne à fa rencontre. S'il a pu prendre les vêtemens du fujet vulgaire, il arrive inconnu, ifolé dans une ville, cherchant les moyens d'exifter; mais quel eft le maître qui le prendra à fon fervice ou qui lui fournira de l'ouvrage, fans s'embarraffer de favoir d'où il vient, ce qu'il a fait? Si on le queftionne,

le trouble de fes réponfes vagues le rendra encore plus fufpect. Il a autrefois volé par pareffe, par débauche; aujourd'hui il volera par befoin. Comme l'empreinte dont il eft flétri l'expofe à perdre la vie, s'il tombe une feconde fois fous la main de la juftice, il fait de plus grands efforts pour éviter la fin dont il eft menacé. L'affaffinat lui eft devenu, pour ainfi dire, néceffaire : il défend fes jours en attaquant ceux des autres.

C'eft ainfi que les précautions que l'on prend contre le crime tournent à fon expérience; l'expérience confirme ce que j'avance : de dix galériens remis en liberté, il n'y en a peut-être pas trois qui n'aient depuis mérité d'être pendus. Mais, me dira-t-on, indiquez donc un remède qui puiffe fe concilier avec l'équité. Retiendra-t-on dans un efclavage éternel tous ceux que la juftice y envoie, par la feule raifon qu'il eft à craindre qu'ils ne ramènent le vol & le brigandage dans la fociété? A Dieu ne plaife que j'aie jamais l'intention d'être plus févère que la loi : je voudrois feulement qu'elle s'occupât plus du crime que du criminel.

Il y a quelques années qu'un fcélérat armé d'une fronde, lançoit la mort dans cette capitale, & immoloit tous les foirs une ou deux victimes. Arrêté enfin dans le cours de fes meurtres, il avoua qu'en revenant des *galères*, il avoit, chemin faifant, été frappé de la vue d'une pierre dont la forme pefante & aiguë lui avoit paru propre à remplir fes deffeins homicides : ce brigand, après neuf ans de châtiment pour fes larcins, ne cherchoit que la nature que des inftrumens fecrets de vol & d'affaffinat. Pourquoi? parce qu'il avoit été puni, & non pas corrigé.

Peut-être que fi l'on eût offert à ce miférable un moyen d'exifter moins périlleux que celui auquel il fe dévouoit, il l'eût préféré. Car, à l'exception de quelques individus chez lefquels le vol eft une paffion, un befoin irréfiftible, la plupart des hommes civilifés ne s'y livrent que par néceffité. Il faudroit donc, comme je l'ai déjà dit, faire difparoître cette néceffité impérieufe, plus forte que la crainte du déshonneur, de l'efclavage & de la mort. Sans cela, l'ordre de la fociété fera toujours troublé par le vol, par l'affaffinat, qui feront l'hydre renaiffante fous les coups de la juftice.

Renvoyer en liberté un galérien mis à la chaîne pour vols, c'eft à-peu-près comme fi on lui difoit : « Tu n'as vécu que de rapines dans un temps » où tu pouvois gagner ta vie par ta force, par » tes fervices, par ton induftrie. Loin que ton » ame fe foit purifiée dans l'efclavage, il y a tout » lieu de croire qu'elle s'eft encore plus corrom- » pue : cependant, puifque le temps de ta fervi- » tude eft expiré, retourne dans la fociété avec tes » vices plus enracinés & des befoins plus actifs; » tu es le maître d'y recommencer une nouvelle » carrière d'iniquités; mais tremble d'être pris fur

» le fait ; puifque la chaîne que tu as traînée tant
» d'années n'a pu faire naître en toi une probité
» courageufe , la mort fera le feul remède que la
» juftice employera dorénavant contre ta perver-
» fité ».

A ce langage d'une fatale indifférence fur les
maux à venir , ne feroit-il pas plus prudent & plus
conforme à l'équité de fubftituer celui-ci : « les
» vols , les injuftices que tu as commis , t'ont fait
» paffer de l'état de fujet à celui d'efclave. Tu as
» expié ton crime envers la puiffance publique par
» plufieurs années de travaux & d'ignominie. Ta
» perfonne va donc t'être rendue ; mais comme
» tu ne peux t'alimenter que par le travail , ou
» une fortune acquife , fi tu n'as pas de quoi te
» nourrir , & fi tu ne gagnes rien avec tes bras ,
» tu commettras néceffairement de nouvelles in-
» juftices, de nouveaux vols dont les fujets du
» roi feront les victimes ; tu feras dénoncé, ar-
» rêté ; la juftice alors te condamnera à mort, ce
» qui détruira, à la vérité, ta criminelle exiften-
» ce ; mais cela ne réparera pas le mal dont tu
» auras été l'auteur ; il faut donc , & pour ta pro-
» pre confervation , & pour la tranquillité de la
» fociété , s'affurer que tu ne feras pas un mau-
» vais ufage de ces bras dont le libre exercice t'eft
» rendu, que tu gagneras légitimement le pain qui
» te nourrira.

» As-tu de l'argent ? La loi t'enjoint d'acheter
» dans le village où tu voudras te fixer, un fonds
» de terre que tu ne pourras jamais vendre qu'à
» la condition de l'échanger contre un autre. Tu
» feras toute ta vie fous l'infpection du miniftère
» public , & fous fa tutèle ; le fonds de terre que
» tu auras acquis fera ta caution & le gage de
» ceux avec lefquels tu vivras. Es-tu dans une in-
» digence abfolue ? n'as-tu point de fûretés à don-
» ner à la fociété ? L'état qui t'a puni fi févére-
» ment, veut te garantir d'une punition plus ri-
» goureufe encore. Voilà des chemins à réparer,
» des forêts à éclaircir , des canaux à ouvrir , choi-
» fis le lieu où tu préfères d'être employé ; tes
» journées te feront exactement payées. Si par ton
» économie , la continuité de ton travail , tu par-
» viens à être un jour en état d'acquérir ce que
» tu ne peux acheter aujourd'hui , tu auras déjà
» donné une preuve de ton amélioration , & tu
» feras le maître de devenir un honorable culti-
» vateur, au lieu d'un fimple journalier. Mais juf-
» qu'à ce moment tu demeureras fous les ordres
» d'un infpecteur ou d'un chef d'attelier qui répon-
» dra de ta perfonne ; & fi tu cherchois à te fouf-
» traire à fon empire par la fuite, attends-toi à
» traîner, au milieu de tes travaux , une nouvelle
» chaîne qui arrêtera tes pas. Lorfque tu devien-
» dras vieux ou infirme, les hôpitaux te feront ou-
» verts. Aie donc le courage d'être laborieux &
» honnête homme ; tu feras du moins affuré d'a-
» chever les jours que la nature te deftine ».

Puiffent les agens de la fouveraineté être un

jour autorifés à répéter ce difcours que nous mettons d'avance dans leur bouche ! Les crimes ne
reflueront plus vers nous du lieu même de leur châtiment ; on n'aura plus à craindre que chaque galérien dont on détache la chaîne, ne foit une bête
féroce rendue à la liberté , & qui fe faffe redouter par de nouveaux ravages.

Qu'on me permette encore de configner ici les réflexions que j'ai faites dans mes *Réflexions philofo-
phiques fur l'origine de la civilifation*, à l'occafion
d'une lettre qui m'avoit été écrite par un officier qui
réunit aux talens de fa profeffion les connoiffances
d'un homme de lettres , fur les inconvéniens qui
réfultent de la peine des galères, à laquelle on condamne les enfans de quatorze ans, pris en récidive, faifant la contrebande avec leurs père & mère.

« Quelle autre idée de devoir, m'écrivoit-il , le
» légiflateur peut-il chercher à inculquer à un en-
» fant de cet âge, que celle de la foumiffion, non-
» feulement aux ordres , mais même aux exem-
» ples de fes parens ? Il a , direz-vous , été averti
» une première fois. Hé ! qu'importe ; fi vous le
» rendez à la même autorité ? Que fera ce mal-
» heureux ? fuira-t-il à la maifon paternelle, fon
» feul afyle ? ira-t-il dénoncer fon père ? Ici la loi
» eft complice du crime qu'elle punit. Mais ce n'eft
» pas tout ; l'état s'empare enfin de cet enfant :
» où le place-t-il ? aux *galères*..... L'âge où fe
» gravent toutes les impreffions qu'on reçoit , on
» le lui fait paffer au milieu des brigands ; on le
» renvoie enfin, lorfqu'il a atteint dix-huit à vingt
» ans, fans reffource , fans métier , ayant pour toute
» recommandation de fortir des *galères*. Quel moyen
» a-t-il pour vivre, autre que celui de voler ? &
» qui faudroit-il punir des crimes qu'il commettra ?
» Dans le feul bagne de Rochefort , il exifte plus
» de quarante de ces malheureux ».

Ces réflexions m'ont paru fi juftes, émanées d'une
ame fi honnête , que j'ai cru devoir en enrichir
mon ouvrage, & leur donner la publicité qu'elles
méritent. Plus il s'élève de voix contre les imper-
fections de la loi, plus on doit efpérer qu'elles
parviendront aux oreilles du légiflateur, & qu'elles
hâteront cette réforme falutaire, fi defirée de tous
les bons citoyens.

Oui, fans doute, la nature & l'humanité demandent qu'on brife les fers de ces adolefcens
flétris en fortant de l'enfance, parce qu'ils ont eu
le malheur de recevoir le jour d'un père indigent, de naître près des rivages de la mer, de
n'avoir pu, dans une éducation groffière, prendre
aucune idée des droits du fouverain fur une denrée devenue néceffaire à l'homme, & qu'un vafte
élément fembloit lui offrir généreufement. Mais,
avant d'ofer cenfurer la loi, faifons-la bien connoître.

L'article 3 du titre 17 de l'ordonnance de 1680,
porte que « ceux qui feront le commerce de faux-
» fel, feront, s'ils font attroupés avec armes, con-
» damnés aux *galères* pour neuf ans, & en cinq

» cens livres d'amende, &, en cas de récidive,
» pendus; que les faux-fauniers fans armes, avec
» chevaux, harnois, charrette ou bateaux, paie-
» ront, pour la première fois, une amende de
» 300 liv., &, en cas de récidive, feront con-
» damnés aux galères pour neuf ans, & en quatre
» cens livres d'amende; que les faux-fauniers à porte-
» col, fans armes, paieront, pour la première fois,
» deux cens livres d'amende, &, en cas de ré-
» cidive, feront envoyés aux galères pour fix ans,
» & condamnés en 300 livres d'amende ».

Suivant l'article 5, les femmes & les filles coupables de faux-faunage, « font condamnées, pour
» la première fois, en cent livres d'amende; pour
» la feconde fois, au fouet & trois cens livres
» d'amende; &, en cas de récidive, outre les
» peines ci-deffus, bannies à perpétuité du royau-
» me ».

Les pères & mères, porte le 6e article de cette
ordonnance, « feront responsables civilement &
» folidairement de leurs enfans mineurs, demeu-
» rant avec eux & non mariés, qui feront le
» faux-faunage, & l'hypothèque pour l'amende &
» reftitution des droits de gabelle, aura lieu fur
» leurs biens, du jour de la condamnation ren-
» due contre leurs enfans ».

Cette loi graduée avec affez d'équité, & qui
détournoit fa févérité de deffus la jeuneffe affer-
vie fous le pouvoir paternel, a depuis éprouvé
des changemens qui l'ont altérée, & ont produit
ces condamnations fi affligeantes pour la nature.

Suivant une déclaration du 12 juin 1722, tout
enfant de l'un ou l'autre fexe, au-deffous de l'âge
de 14 ans, & qui demeure dans la maifon paternelle, encourt la condamnation des amendes prononcées par les ordonnances, chaque fois qu'il eft
furpris faifant la contrebande du fel, & fes père
& mère font contraints par corps à payer l'amende.
D'après la même loi, fi le fils qui a déjà coûté
300 liv. à fes père & mère, ou leur liberté, pour
une première faute, qu'il a peut-être commife de
fon propre mouvement, ou pour le profit d'un
étranger, eft pris en récidive, le jour où fes quatorze ans font accomplis, ce n'eft plus le père qui
eft puni, c'eft l'enfant lui-même; on n'examine
point s'il s'eft rendu coupable par fa libre volonté,
ou par la crainte d'encourir la colère d'un père bru-
tal; il a quatorze ans, cela fuffit pour que la peine
le frappe. Et quelle eft-elle, cette première peine
infligée à ce jeune infortuné placé entre deux autorités également refpectables? C'eft, comme on l'a
obfervé, celle de la plus honteufe des fervitudes.

Mais qu'ai-je dit: ce n'eft plus le père qu'on punit? Quel eft le père, quelle eft la mère, qui
n'éprouvent pas un tourment horrible, en fentant
un fils de quatorze ans, à la chaîne fous les vêtemens
de l'opprobre & du crime? Quel fupplice de plus
pour eux, s'ils font la caufe de fon fort?

Ainfi donc, pour la première faute de l'enfant,
la loi punit aveuglément le père dans fa fortune

ou dans fa liberté; & pour la feconde, elle les punit tous deux d'une manière bien plus terrible encore.

Une loi plus jufte, fuivant moi, ne contrain-
droit les pères & mères à payer l'amende encourue par leurs enfans, qu'autant qu'il feroit reconnu que ceux-ci auroient commis la fraude du
l'aveu de leurs pères, ou pour le profit de la maifon paternelle; & s'ils étoient pris en récidive,
elle déclareroit les pères coupables d'abus de leur
autorité, & comme tels, indignes de la conferver
fur ces mêmes fils, qui dès-lors, pour affurer leur
fubfiftance, feroient enrôlés dans un fervice de
terre ou de mer, qui ne les déshonoreroit pas, &
les fixeroit jufqu'à vingt ans fous la feule autorité
du roi.

Cette loi fi impitoyable pour l'adolefcence n'eft-
elle pas auffi trop rigoureufe pour la virilité indi-
gente? La puiffance publique ayant affis une partie de l'impôt fur le fel, tout fujet qui en altère,
qui en diminue le produit, fe rend coupable, &
peut être légitimement condamné à réparer le tort
qu'il fait au revenu de l'état. Mais la peine prononcée contre ce coupable ne doit pas être aggravée, par la raifon qu'il eft pauvre. Or c'eft pourtant ce qui réfulte de la loi, qui convertit l'amende
de 200 liv. en la peine infamante du fouet, &
celle de 300 liv. en la peine horrible de trois ans
de galères, fi le faux-faunier ne la paie pas dans le
délai d'un mois. La pauvreté eft, comme on le
voit, punie, fans nulle comparaifon, beaucoup
plus que la fraude, ce qui eft un grand vice dans
une légiflation.

Certainement l'homme qui pouvant payer une
amende de 200 liv. ou de 300 liv., fait la contrebande, eft plus coupable que le miférable entraîné
par le befoin au-delà des bornes de l'obéiffance.
Cependant, la loi fatisfaite de l'argent du premier,
le laiffe paifible & honoré dans fa maifon, tandis qu'elle arrache l'autre de fes foyers, confifque
fa perfonne, & lui fait effuyer la honte & le fupplice des forçats.

Vous voulez donc, dira-t-on, que le fujet rebelle s'enveloppant dans fon indigence, puiffe braver impunément la loi? Non, je n'ai pas l'injuftice de prétendre que la pauvreté doive fervir
d'abri à la fraude; je defire feulement qu'elle n'ag-
grave pas la punition de celui qu'elle a rendu coupable. Je fuis même fi éloigné de vouloir que le
pauvre puiffe fe fouftraire à la néceffité de s'acquitter envers le roi, que je fouhaiterois qu'on ef-
façât de l'ordonnance l'article qui convertit l'amende
de 200 liv. en la peine du fouet, parce que cette
peine flétrit ftérilement le citoyen qui n'a pas pu
fauver fon honneur.

Mais, demandera-t-on, comment ferez-vous
payer celui qui n'a rien? avec fes bras, avec
fon induftrie, avec fon courage . . . . un
état comme celui-ci, qui a tant de canaux à ouvrir, tant de mines à exploiter, tant de ponts à

conftruire, tant de marais à deffécher, tant d'édifices publics à réparer, tant de chemins à prolonger, tant de terres vaines & vagues à défricher, tant de manufactures à perfectionner, tant de foldats à vêtir, tant de colonies à alimenter, peut-il être embarraffé d'employer utilement fes fujets, & de fournir à ceux qui lui doivent, les moyens de s'acquitter ?

Les raifons de juftice qui ont récemment déterminé le fouverain à ne plus fouffrir que les fimples débiteurs fuffent confondus avec les criminels dans les mêmes prifons, rompront fans doute un jour la chaine qui lie le crime à la foibleffe, la paifible indigence au vol & à la rebellion. En voyant deux galériens traînant un boulet du même poids, couverts d'une cafaque également honteufe, traités avec une pareille dureté, renfermés dans le même bagne, qui pourroit diftinguer un voleur, un fauffaire, d'avec un père de famille, dont le feul crime eft d'avoir ofé prendre dans fa fource le fel qu'il n'avoit pas le moyen d'acheter ?

Pour parvenir à faire difparoître cette confufion fi humiliante, fi cruelle pour la pauvreté, je n'imagine rien de plus convenable, que de créer dans chaque intendance divers atteliers, dont l'objet feroit déterminé par la nature du fol de la province, par fes productions & par fes befoins. On y claferoit les débiteurs de l'état (alors bien diftingués des criminels), les mendians, ceux qui, en fortant des galères, ne pourroient offrir de fûreté à l'ordre public. On auroit les égards de juftice & d'humanité pour la conftitution phyfique, l'induftrie, la profeffion & les mœurs des individus. Un tarif exact fixeroit le prix du travail en raifon de fon utilité. Le faux-faunier trouvant le moyen de s'acquitter envers l'état, pourroit, après quinze ou dix-huit mois, retourner dans le fein de fa famille, fans avoir été déshonoré par des travaux flétriffans.

Le mendiant & le galérien devenus libres acquerroient, au bout de quelques années d'un travail affidu, une portion de terrein défriché, ou une folde fuffifante pour leur affurer une exiftence tranquille dans leur vieilleffe.

On ne peut pas fe former une idée trop étendue des avantages qui réfulteroient de ces nouveaux établiffemens. Des fources de richeffes s'ouvriroient alors tout-à-coup dans tous les points du royaume. L'état trouveroit dans le travail du pauvre, ou du fujet rebelle aux loix, un fonds fuffifant pour alimenter la mifère, & prévenir les funeftes effets de l'indigence & du défefpoir. Que de prévarications, que de vols, que de meurtres de moins !

Bien des années s'écouleront fans doute, avant que ce projet, d'une exécution fi facile, fe réalife. Mais il eft impoffible qu'on n'en fente pas un jour toute l'importance ; & c'eft dans cet efpoir encourageant, que j'ai jetté les idées que l'on vient de lire.

En attendant qu'elles foient adoptées, ne feroit-il pas poffible d'établir parmi les galériens, cette diftinction que l'équité réclame pour plufieurs d'entre eux ? Qui empêcheroit qu'on ne marquât par la couleur de leurs vêtemens, le genre de délit pour lequel ils ont été envoyés à la chaîne ? Le braconnier folitaire, le contrebandier paifible, le prédicant infenfé, le féducteur effréné, n'infpireroient plus alors aux citoyens qui ont le courage de les vifiter, ou qui les rencontrent dans les rues, le même dégoût, là même horreur, que le brigand audacieux. Le véritable criminel n'ufurperoit plus la pitié due à des coupables d'un ordre fi différent. La charité éclairée, en abandonnant le premier à la rigueur de fon fort, pourroit adoucir celui des autres, & répandre fes dons avec plus d'affurance. (Cette addition eft de M. DE LA CROIX, avocat au parlement.)

GALÈRES DE TERRE, (Jurifprud.) c'eft ainfi qu'on appelle vulgairement l'établiffement formé par l'ordonnance du roi du 12 décembre 1775, contre les déferteurs.

« Ceux qui auront déferté à l'étranger en temps » de paix, feront condamnés pour trente ans à la » chaine, & à travailler comme forçats aux ouvra-» ges vils, ainfi qu'aux travaux publics & particu-» liers auxquels on jugera à propos de les em-» ployer, &c. », Art. 6.

François I avoit ordonné que tous déferteurs indiftinctement fuffent punis de mort, finon leur effigie mife en quartiers, &c. Cette loi rigoureufe qui s'étoit exécutée jufqu'à nos jours, fans diminuer le nombre des déferteurs, a été adoucie par l'humanité du roi régnant, en remettant la peine de mort encourue jufqu'alors par tout foldat fugitif, a voulu qu'à l'avenir, & à compter du premier janvier 1776, le crime de défertion fût diftingué fuivant fes différens cas, & qu'à chacun il fût appliqué une peine proportionnée à fa nature.

L'ordonnance du 12 décembre 1775, l'une des plus fages qui foient émanées du trône, & qui devroit fervir de modèle pour la formation d'un code criminel, nuance toutes les peines & les proportionne au genre de défertion.

Nous n'en rapportons ici que l'article 6, pour indiquer la formation des galères de terre, établies contre les déferteurs. (Cet article eft de M. BOUCHER D'ARGIS, confeiller au châtelet, de l'académie de Rouen, &c.)

GALÉRIEN, f. m. (Code criminel.) criminel condamné à fervir de forçat fur les galères du roi pendant un nombre d'années limité, ou à perpétuité : au premier cas, la condamnation à la peine des galères avec flétriffure, emporte infamie, fans confifcation de corps ni de biens : au fecond, elle emporte mort civile, confifcation de biens dans les provinces où la confifcation a lieu, & privation de tous effets civils.

GAMBAGE ou CAMBAGE, f. m. (Droit féodal.) eft un droit que les feigneurs de plufieurs endroits

endroits des Pays-Bas, lèvent fur les braſſeurs de
bière. Ce mot vient du latin *camum*, dont Ulpien
s'eſt ſervi dans la *l. 9, pr. ff. de trit. vin. ole. leg.*
pour déſigner une liqueur faite d'orge & d'autres
fruits. Cette étymologie indique que l'on devroit ſe
ſervir du mot *cambage* ; mais on trouve celui de
gambage dans la coutume de Bouloinnois.

Le *gambage* eſt différent de l'afforage, en ce que
le premier n'eſt dû que par les braſſeurs de bière,
le ſecond par les cabaretiers & autres marchands
détailleurs d'une liqueur quelconque. Il ne ſe lève
pas par-tout à la même quotité : à Cambrai & dans
le Boulonnois, il eſt de quatre lots par chaque braſſin ;
dans la mairie de S. André du Cateau - Cambreſis, de
vingt pots ; de deux pots ſeulement dans l'étendue de
la ſeigneurie de Hennin-Liétard en Artois. Il ſe
preſcrit, ainſi que le droit d'afforage, par le laps
de temps marqué par la coutume pour les cas
ordinaires.

GANERBINAT, (*Juriſpr.*) en allemand *ganerb-*
ſchaffi ; c'eſt ainſi qu'on nomme dans l'empire
d'Allemagne une convention faite entre des familles nobles & illuſtres, ſous de certaines clauſes & avec l'approbation du ſuzerain, pour ſe
défendre mutuellement contre les invaſions & les
brigandages qui ont eu lieu pendant fort long-
temps en Allemagne, & qui étoient des conſéquences funeſtes du gouvernement féodal. On y
ſtipuloit auſſi que lorſqu'une famille viendroit à
s'éteindre, ſa ſucceſſion tomberoit aux deſcendans
de celle avec qui le pacte de *ganerbinat* avoit été
fait. Ces conventions s'appellent auſſi *pactes de*
confraternité.

GANTS, (*droit de*) on donne ce nom, dans
notre Juriſprudence, à un droit de mutation. Ragueau, dans ſon *indice*, dit que le ſecond livre
des *tenures, chap. 5*, parle auſſi d'une paire (de
gants dus annuellement (*par an*) au ſeigneur ;
mais c'eſt une erreur. Il ſuffit de recourir à l'ouvrage de Littleton, *ſect. 128* ; pour s'aſſurer que le
droit de *gants* qui y eſt énoncé, eſt une eſpèce
de relief dû ſeulement à mutation de tenancier.
Ce qui a trompé Ragueau, c'eſt que Littleton dit
qu'il y a des tenans, « qui tiennent à payer *per*
» *an* certaine number de capons ou de gallines,
» ou une paire de *gants* », &c. Mais ces mots
per an ſignifient *par un*, & non pas *par an.*

Les *gants*, conſidérés comme un droit de mutation, remontent à l'origine des inveſtitures. Ragueau, la Thaumaſſière, & Frérot, commentateur
de la coutume de Chartres, ont cru par cette raiſon, que ce droit ſe payoit en ſigne de ce que
la main du ſeigneur eſt couverte, levée & arrêtée par le poſſeſſeur qui s'eſt mis à ſon devoir
& a ſatisfait le ſeigneur. Mais cette opinion a été
contredite par Galland, dans ſon *traité contre le*
franc-aleu ; & par Laurière, dans ſon *gloſſaire.* Ces
deux auteurs ne trouvent dans l'uſage de donner
des *gants*, que des ſignes d'inveſtiture, du même

genre que les verges, bâtons, & les autres marques énoncées dans les anciens titres.

On peut ajouter que ce ſigne étoit plus ſymbo-
lique que beaucoup d'autres. Le ſeigneur, en donnant des *gants* au vaſſal, annonçoit qu'il ſe dépouilloit de ſes droits pour l'en revêtir, & c'eſt à cette
eſpèce de type que font encore alluſion ces expreſſions de notre droit, *inveſtiture*, *veſt* & *de-*
veſt, &c.

Il y a cependant une obſervation à faire à ce
ſujet : c'eſt le ſeigneur qui inveſtit le vaſſal ou le
cenſitaire, & par-tout néanmoins ce ſont les derniers qui donnent les *gants.* Sans doute, lorſque
l'intérêt commença à régler les loix de la féodalité,
& ce temps arriva bientôt, le ſeigneur exigea que
le vaſſal fît les frais d'une cérémonie qui tournoit
toute à ſon avantage.

L'uſage même de faire les inveſtitures avec des
gants, ne tarda pas à s'abolir. Mais les ſeigneurs
n'en conſervèrent pas moins le droit de *gants* dans
beaucoup d'endroits. On l'abonna ſeulement en argent dans la plupart des ſeigneuries.

Ces abonnemens ſont très-anciens. M. le chevalier de Jaucourt, dans l'ancienne Encyclopédie,
cite une ancienne loi ſaxonne qui, après avoir attribué un denier par ſou au ſeigneur, pour *droit*
de vente, & en cas de vente d'une partie du territoire, ajoute : « *Major verò terræ illius pro wan-*
» *tis accipiet duos denarios* ».

Il eſt queſtion encore aujourd'hui du droit de
gants, dans pluſieurs de nos coutumes. Telles ſont
celles de Chartres, *art. 46 & ſuivans* ; de Château-neuf, *art. 47 & ſuivans* ; de Loudun, *chap.*
14, art. 23 ; de Montargis, *art. 4 du titre 2 des*
cens ; d'Orléans, *art. 106* ; de Senlis, *art. 246* ;
de Tours, *art. 147* ; de Valois, *art. 13.*

Ce droit y eſt toujours dû au ſeigneur direct ou
à ſes officiers. Le ſeigneur y perçoit en outre un
droit de mutation de tant par ſou, ou par livre ; les
gants y ſont abonnés à des prix très-différens, à
2, à 4, à 10, à 15, à 20 deniers, nouvelle
preuve de l'ancienneté plus ou moins grande de
ces abonnemens : il ſeroit inutile de détailler ces
variétés.

La coutume de Montargis conſerve ce droit en
nature ; elle dit *une paire de gants.*

On doit remarquer au ſurplus que cette preſtation n'eſt guère due que pour les cenſives, & ſeulement dans les mutations qui ſe font par vente,
ou à titre ſonant & équipolent à vente. Le Prouſt,
ſur l'article 23 du chapitre 14 de la coutume de
Loudun, parle néanmoins d'un fief qui doit un
gant blanc à muance de ſeigneur & d'homme. Du Lo-
rens, ſur la coutume de Château-neuf, dit auſſi que
la baronnie de Brezolles eſt tenue à une paire de
gants de relief ancien.

Quoique les *gants* ſoient mis par les coutumes
au nombre des droits ſeigneuriaux, on tient communément qu'ils n'ont pas les privilèges des droits

de cens, de lods & ventes, de relief, &c. dus en vertu de la coutume ; qu'ils font prefcriptibles à défaut de poffeffion ; que c'eft un droit feigneurial extraordinaire, que le feigneur ne peut pas exiger en vertu de l'ufage feul, & fans des titres qui le lui attribuent. L'article 106 de la coutume d'Orléans dit en conféquence qu'il y a des cenfives à droit de lods & ventes, d'autres à *gants* & ventes fimples, &c. d'autres à vins & ventes, & les autres à ventes fimples.

Il y a néanmoins des coutumes où les *gants* paroiffent dus de plein droit, & par la feule force de la coutume. Telles font celles de Tours & de Loudun, qui portent indéfiniment que, pour vendition d'héritage, il eft dû de ventes 20 deniers ; & pour les *gants*, 10 deniers pour tout l'acquêt, fuivant celle de Loudun, & 15 deniers, fuivant celle de Tours.

Dans d'autres coutumes, les *gants* font dus de plein droit dans certaines efpèces de cenfives feulement. Telles font, dans la coutume de Montargis, les cenfives qui font tenues à quint & ventes.

Cette coutume porte : « aucunes cenfives font » à droit de lods & ventes, d'autres à quint & » ventes fimplement ; ceux qui doivent lods & » ventes, il eft dû pour franc huit blancs; ceux » qui font à quint & ventes, 16 deniers parifis » pour franc, & une paire de gants ».

Les coutumes de Chartres & de Château-neuf attribuent les droits de *gants* au fergent du feigneur. *Voyez* les *articles* MUTATION & LODS ET VENTES. (*Cet article eft de M.* GARRAN DE COULON, *avocat au parlement.*)

GARANT, f. m. GARANTIE, f. f. (*Droit civil.*) on appelle *garantie*, l'obligation de faire jouir quelqu'un d'une chofe, ou de l'acquitter & indemnifer du trouble ou de l'éviction qu'il fouffre par rapport à cette même chofe ou partie d'icelle. On donne le nom de *garant* à celui qui contracte cette obligation.

On diftingue plufieurs fortes de *garanties*, favoir, 1°. celle de droit, & celle de fait ou conventionnelle.

La *garantie de droit*, qu'on appelle auffi *garantie naturelle*, eft celle qui eft due de plein droit par les feules raifons de juftice & d'équité, quand même elle n'auroit pas été ftipulée : telle eft la *garantie* que tout vendeur ou cédant doit à l'acquéreur, pour lui affurer la propriété de la chofe vendue ou cédée.

La *garantie conventionnelle*, qu'on appelle auffi *garantie de fait*, pour la diftinguer de la première, eft celle qui n'a lieu qu'en vertu d'une convention expreffe. On en fait un fréquent ufage dans les ceffions ou tranfports, foit de rentes, foit de dettes mobiliaires.

La *garantie conventionnelle* a plus d'étendue & oblige plus ftrictement le *garant* que la *garantie de droit*; car, outre l'obligation de garantir la pro-

priété de la chofe cédée, elle contient encore celle de répondre de la folvabilité du débiteur ; de la bonté & de la qualité de la chofe vendue.

Elle diffère même de la *garantie* de droit, en ce que dans celle-ci le contrat dont on demande la *garantie* fubfifte toujours, & ce n'eft que fubfidiairement que l'évincé demande une indemnité. Au contraire, dans la *garantie conventionnelle*, l'action de celui qui l'exige tend fouvent à faire réfilier l'acte qui y donne lieu.

On peut néanmoins, dans un certain fens, comprendre la *garantie* de droit fous le nom de la *garantie conventionnelle*. En effet, il arrive fouvent qu'on fait mention expreffe de la *garantie* de droit, quoiqu'elle ait lieu fans aucune convention des parties, & qu'on y oblige le vendeur par une claufe expreffe. Elle devient alors conventionnelle, puifqu'elle a lieu en vertu de la ftipulation, comme en vertu de la loi ; mais, dans ce cas, elle ajoute feulement à l'obligation que la loi impofe à tout vendeur, un lien plus étroit pour le contraindre à la remplir.

2°. La *garantie* eft encore formelle ou fimple.

On appelle *garantie formelle*, celle où le *garant* eft obligé de prendre le fait & caufe du garanti, même de le faire mettre hors de caufe : telle eft l'obligation du vendeur appellé en *garantie* par l'acquéreur.

La *garantie fimple* eft celle qui oblige feulement à faire raifon de l'éviction, foit pour le tout ou pour partie, fans affujettir le *garant* à prendre le fait & caufe du garanti : telle eft la *garantie* que les co-héritiers fe doivent les uns aux autres pour la fûreté de leurs lots.

Au ftyle du pays de Normandie, on appelle *garant abfolu*, le *garant* formel, c'eft-à-dire celui qui prend le fait & caufe du garanti, & qui le fait mettre hors de caufe; & *garant contributeur*, celui qui prend la *garantie* pour partie feulement, & non pour le tout.

On voit par ce que nous venons de dire, que nous comprenons fous le nom de *garantie*, 1°. l'action qui appartient à tout acquéreur ou poffeffeur, contre fon vendeur ou fon *garant*, à l'effet de faire ceffer le trouble qu'il éprouve dans la poffeffion de fa chofe, ou pour en être indemnifé, action que les loix romaines appellent *preftation de l'éviction*, & *ftipulation du double* : 2°. l'action par laquelle l'acquéreur d'un efclave ou d'un animal vicieux, demande la réfiliation du contrat & la reftitution du prix, & dont les jurifconfultes romains parlent fous le nom d'*action redhibitoire* ou *redhibition*. Nous traiterons de cette dernière fous le mot REDHIBITION.

La *garantie* a lieu principalement dans le contrat de vente, & elle réfulte de la nature même de cet acte. En effet, le vendeur contracte envers l'acheteur l'obligation de le faire jouir de la chofe vendue, & par cette raifon, lorfque ce dernier eft évincé de la profession qu'il avoit acquise, il doit en être dédommagé par le vendeur.

Les mêmes motifs de justice & d'équité ont engagé les législateurs à accorder également l'action en *garantie*, dans tous les contrats à titre onéreux, en faveur de celui qui essuie un trouble dans sa possession, ou dont la propriété se trouve diminuée. Ainsi tout fermier ou locataire, qui ne jouit pas de la totalité des choses comprises dans son bail, peut former contre son bailleur, l'action en *garantie*, à l'effet d'être indemnisé sur le prix de son bail, pour les objets dont il ne jouit pas.

On doit regarder comme principes certains, en fait de *garantie*, 1°. que tous ceux qui transfèrent en leur nom à un tiers, la propriété ou la possession d'une chose à titre onéreux, sont tenus de l'indemniser lorsqu'il souffre éviction : 2°. que la *garantie* n'a lieu, que dans le cas ou l'éviction procède d'une cause antérieure à l'acte de translation de la propriété ou possession : 3°. que celui qui demande la *garantie*, doit dénoncer à son auteur le trouble qu'il éprouve : 4°. que ce n'est que d'après la réunion de toutes ces conditions, qu'il peut exiger une indemnité proportionnée au dommage qu'il éprouve, & à l'intérêt qu'il avoit de jouir de la chose évincée.

I. Il suit du premier principe que nous venons d'établir, que l'action en *garantie* s'exerce, 1°. contre tous ceux, qui ont transféré en leur nom, la propriété ou possession d'une chose à titre onéreux, par la raison qu'ils sont tenus de faire jouir l'acquéreur : 2°. contre les héritiers du vendeur, parce qu'ils sont tenus de tous ses faits : 3°. contre ses cautions & fidéjusseurs, & leurs héritiers, parce qu'ils sont obligés d'accomplir son obligation, s'il n'est pas en état de la remplir.

Lorsqu'un acquéreur, troublé dans sa possession, veut former sa demande en *garantie* contre son vendeur, il peut le faire en même temps, & par le même acte par lequel il lui dénonce le trouble qu'il éprouve, & dans ce cas cette demande doit être portée devant le juge saisi de la contestation originaire. Mais si l'acquéreur a différé d'appeler en cause son vendeur, jusqu'après le jugement de l'éviction, il ne peut plus agir en *garantie*, que devant le juge du domicile de son vendeur, & l'action qui lui appartient ne se prescrit que par trente ans, à compter du jour du trouble qu'on lui a fait par la demande intentée contre lui.

Lorsque l'action en *garantie* se dirige contre les héritiers du vendeur, l'acheteur peut les actionner tous, ou seulement une partie. Mais, dans ce dernier cas, ceux qu'il a attaqués & qui succombent, ne sont personnellement tenus des dommages & intérêts de l'acheteur, qu'en proportion de la part pour laquelle ils sont héritiers du vendeur, & l'acheteur est obligé d'intenter une nouvelle demande contre les autres héritiers. C'est pourquoi il lui est plus avantageux de la former en même temps contre tous.

L'action en *garantie* n'a pas lieu contre ceux qui ont vendu au nom d'un autre, tels que les tuteurs, les curateurs, les fondés de procuration : dans le cas d'éviction, ce sont les personnes au nom desquelles ils ont vendu, qui sont tenues des dommages & intérêts de l'acquéreur.

Le créancier qui vend le gage dont il étoit nanti, n'est pas tenu également de l'éviction ; il en est de même d'un juge à l'égard des choses vendues en exécution de sa sentence, & de celui qui ne fait que consentir à une vente. Ce dernier en effet ne s'engage par son consentement, qu'à n'apporter de sa part aucun trouble, sans s'obliger à défendre l'acquéreur du trouble que d'autres pourroient lui apporter.

Suivant l'ordonnance de 1667, *tit. 8*, lorsque le garant ou ses héritiers déclarent prendre le fait & cause de l'acquéreur, celui-ci peut être mis hors de cour, s'il le requiert avant la contestation ; cependant il peut même dans ce cas, assister à la cause pour la conservation de ses droits, mais on ne doit lui rien signifier.

Au reste, comme la défense du *garant* & du garanti est la même, il en faut conclure que le jugement qui intervient entre le demandeur originaire & le *garant*, profite au garanti, lorsqu'il est rendu en faveur du *garant*, & que dans le cas contraire, il est exécutoire contre l'acheteur, qui peut être contraint à délaisser l'héritage, sur la simple signification du jugement qui y a condamné le *garant*. Mais ce jugement ne s'exécute contre le garanti, que pour raison de la demande principale, & non pour les dépens, qui sont supportés par le *garant* seul, comme étant la peine due à la témérité qu'il a eue de soutenir une mauvaise cause.

II. Nous avons dit plus haut que l'action en *garantie* avoit lieu dans tous les contrats, par lesquels on transfère la propriété ou la possession d'une chose à titre onéreux. Ainsi elle a lieu dans les contrats de vente, d'échange, de transaction, de bail à loyer, de bail emphytéotique, de partage de succession, de division & licitation d'une chose commune, & autres espèces de ce genre.

Mais elle ne peut être exercée dans le cas d'une donation, à moins que le donateur n'ait donné par fraude & par dol une chose qui ne lui appartenoit pas, ou que le donataire n'y ait fait des dépenses & améliorations ; ou qu'enfin le donateur ne se soit obligé expressément à la *garantie*. Il en est de même du legs d'une espèce particulière, que le testateur croyoit lui appartenir, dont ses héritiers ne peuvent être tenus de garantir la possession au légataire.

III. La demande en *garantie* ne peut avoir lieu, ou pour parler plus exactement, ne produit d'effet, que dans le cas seulement où l'acquéreur a été évincé de la chose vendue, ou d'une partie homogène de cette chose : par exemple, s'il étoit question d'un héritage de campagne, il y a lieu à la demande en *garantie* de la part de l'acquéreur, lorſqu'il eſt évincé de la totalité de l'héritage, ou d'un terrein qui en faiſoit portion ; le vendeur lui doit des dommages & intérêts, pour raiſon de l'éviction qu'il éprouve, quand bien même le ſurplus de l'héritage excéderoit par ſa valeur actuelle, la totalité du prix de l'acquiſition : mais ſi l'éviction n'a lieu que pour une partie hétérogène, vendue conjointement avec l'objet dont eſt queſtion ; par exemple, ſi après l'acquiſition d'une maiſon, on a revendiqué ſur l'acquéreur une colonne, une ſtatue, un tableau, un droit d'uſufruit ou ſervitude, ce n'eſt pas par l'action en garantie, mais par l'action réſultante du contrat de vente, qu'on déſigne en droit par le nom d'action *ex empto*, que l'acquéreur peut demander que ſon vendeur l'indemniſe de la perte qu'on lui occaſionne, & de l'inexécution d'une partie du contrat.

Lorſqu'on a vendu par un même acte pluſieurs choſes enſemble, ſoit qu'elles ſoient dépendantes & acceſſoires l'une de l'autre, ſoit qu'elles compoſent des objets différens, & que l'éviction a lieu par rapport à l'une d'elles, y a-t-il lieu à la demande en *garantie* pour l'objet évincé ?

Il faut diſtinguer ſi chacune des choſes vendues l'a été ſéparément & diſtinctement, ou ſi elles l'ont toutes été confuſément, & pour un prix unique. Dans le premier cas, la *garantie* a lieu pour l'objet évincé, quand la valeur du ſurplus ſeroit égale à ce qui reſte & à ce qui a été évincé : mais ſi les choſes ont été vendues en bloc, le vendeur n'eſt obligé à aucune eſpèce de *garantie*.

Il n'y a pas lieu à l'action en *garantie* dans pluſieurs eſpèces : 1°. lorſque l'objet de la vente a bien moins été la choſe vendue, que la prétention incertaine que le vendeur avoit à cette choſe : par exemple, lorſqu'on vend des droits litigieux ſur un fonds, ou qu'on ne cède pas une certaine choſe en particulier, mais le droit qu'on y a, ſans aucune *garantie* : 2°. lorſque le receleur achète du voleur les objets volés : 3°. lorſqu'on achète des héritages compris dans une ſubſtitution, qui a été duement publiée & enregiſtrée : 4°. lorſque la vente d'un objet n'a été faite que pour acquitter une dette contractée au jeu : 5°. lorſque l'acheteur a caché frauduleuſement au vendeur une cauſe d'éviction qu'il ignoroit.

Dans tous ces cas, à l'exception du ſecond & du quatrième, le vendeur n'eſt tenu de reſtituer à l'acquéreur, que le prix principal de ſon acquiſition, & les loyaux coûts, ſans aucuns dommages & intérêts.

Il n'y a pas également lieu à une demande en *garantie*, relativement aux charges réelles d'un héritage, lorſqu'elles ont été déclarées par le vendeur ; ou qu'elles ne pouvoient être ignorées par l'acheteur, parce que les héritages y ſont aſſujettis par le droit commun ; telles par exemple, que la dîme, le centième denier, les droits ſeigneuriaux

fixés par les coutumes, le droit de franc-fief, &c. mais ſi par des titres particuliers, l'héritage ſe trouve aſſujetti à des droits ſeigneuriaux plus conſidérables, ou qu'il ſoit affecté à des charges réelles, qui n'ont point été déclarées, l'acheteur peut agir en *garantie* contre ſon vendeur, pour raiſon de ces charges, dont on ne lui a pas donné connoiſſance ; il pourroit même demander la réſiliation du contrat, ſi les charges étoient de nature à faire préſumer qu'il n'auroit point acheté la choſe s'il les eût connues.

Enfin la demande en *garantie* ne peut avoir lieu, lorſque la choſe vendue a été évincée par la faute de l'acquéreur ; lorſqu'il a tranſigé ou acquieſcé volontairement à la demande en éviction ; lorſque la choſe vendue a péri par accident, ou par force majeure ; lorſque l'acquéreur en eſt expulſé par violence ; lorſque la cauſe de l'éviction eſt poſtérieure à la vente, & ne procède pas du fait du vendeur ; lorſqu'on vend l'eſpérance incertaine d'une choſe, telle que le poiſſon qui proviendra du jet d'un filet ; lorſqu'enfin le vendeur a ſtipulé expreſſément qu'il ne ſeroit pas tenu de l'éviction, car alors il n'eſt obligé qu'à la reſtitution du prix qu'il a reçu, & non aux dommages & intérêts de l'acquéreur.

IV. L'effet de la demande en *garantie*, eſt de faire condamner le *garant* qui y ſuccombe, à reſtituer à l'acquéreur, 1°. le prix qu'il a reçu de lui pour la choſe, quand bien même elle ſe trouveroit valoir beaucoup moins qu'au temps de la vente ; 2°. les fruits perçus que l'acquéreur a été contraint de rendre à celui qui l'a évincé ; 3°. les frais que lui ont occaſionnés, ſoit la demande originaire, ſoit la demande en *garantie*.

Par un ſecond effet de la *garantie*, on condamne en outre le vendeur aux dommages & intérêts, que l'éviction peut cauſer à l'acquéreur. Suivant les loix romaines, & la doctrine de Dumoulin & de Pothier, on eſtime ordinairement ces dommages & intérêts au double de la valeur de la choſe vendue en y comprenant cette même valeur. Par exemple, ſi je ſouffre l'éviction d'un héritage de la valeur de 10000 livres, mes dommages & intérêts ſeront évalués à 10000 livres, outre la reſtitution de cette ſomme, prix principal de mon acquiſition, & des frais que j'ai été obligé de faire, ou de ſouffrir par rapport à l'éviction, & à la demande en *garantie*.

Cependant cette eſtimation des dommages & intérêts n'eſt pas tellement déterminée, qu'on doive la ſuivre dans toutes les occaſions. Les parties peuvent entre elles ſtipuler qu'en cas d'éviction les dommages & intérêts ſeront fixés à une ſomme inférieure, même à une ſomme ſupérieure, comme du triple ou du quadruple de la valeur de la choſe. Le juge peut également les déterminer, eu égard à la valeur actuelle de la choſe évincée, aux circonſtances dans leſquelles les parties ſe trouvent,

& à la perte que l'évincé peut fupporter, foit par rapport à cet objet, foit par rapport à fes autres biens.

Le vendeur doit encore tenir compte à l'acheteur des fommes qu'il a été obligé de payer au demandeur originaire, pour raifon des dégradations, arrivées par fon fait ou fa faute, fur l'objet évincé, par la raifon que tout propriétaire de bonne foi eft le maître de laiffer dépérir fon bien; mais cependant fi l'acheteur avoit profité des dégradations, par exemple, s'il avoit vendu un bois de haute-futaie, & qu'il en eût reçu le prix, le garant ne pourroit être condamné à lui reftituer ce qu'il auroit payé à cet égard, parce qu'il en profiteroit feul au préjudice du vendeur: ce qui eft contraire à cet axiome de droit: *nemo cum alterius jacturâ locupletari debet.*

V. L'obligation de *garantie*, contractée par le vendeur en faveur de l'acquéreur, donne à ce dernier non-feulement une action pour être indemnifé de l'éviction qu'il éprouve, mais encore une exception, qu'il peut oppofer à une demande en revendication.

Cette exception a lieu, 1°. contre le vendeur, fi, après avoir vendu une chofe qui ne lui appartenoit pas, il en devient enfuite propriétaire, & la revendique fous ce prétexte: 2°. contre les héritiers du vendeur, lors même qu'ils font propriétaires de leur chef: 3°. contre fes légataires ou donataires univerfels, à moins qu'ils n'offrent d'abandonner les autres biens qu'il leur laiffe: 4°. contre les cautions du vendeur & leurs héritiers, puifqu'ils font tenus des faits du vendeur, quoique l'action en revendication provienne de leur chef: 5°. contre le mineur, héritier de fon tuteur ou curateur, pour raifon d'un héritage que fon tuteur auroit vendu en cette qualité: 6°. contre la femme qui revendiqueroit un de fes héritages propres, vendu par fon mari, fi elle accepte la communauté.

VI. Tout ce que nous venons de dire concerne également la *garantie* de droit & de fait. Mais la *garantie* de fait demande quelques éclairciffemens.

Cette dernière a principalement lieu dans les ceffions & transports de rentes, de dettes mobiliaires, ou autres effets. On peut la ftipuler de quatre manières différentes.

1°. Lorfque le cédant ne promet que la *garantie* ordinaire, ou fimplement la *garantie* de fes faits & promeffes, c'eft-à-dire que la chofe lui appartient légitimement, qu'elle lui eft due par le débiteur défigné dans l'acte, & qu'il ne l'a ni hypothéquée, ni engagée. Cette claufe qui eft toujours fous-entendue, quand bien même elle ne feroit pas exprimée, n'emporte point la *garantie* de la folvabilité du débiteur; elle n'a d'autre effet que d'affurer la réalité de la rente au moment du contrat.

2°. Le cédant peut promettre la *garantie* de tous troubles & empêchemens quelconques; ce qui emporte tout-à-la-fois une *garantie* de la propriété de la chofe, & de la folvabilité du débiteur au temps du transport, mais non de celle qui peut arriver dans la fuite.

3°. Si le cédant a promis de garantir, fournir & faire valoir, il eft tenu de l'infolvabilité du débiteur, quand même elle feroit furvenue depuis le transport, & de garantir la preftation du principal & des arrérages, en quelque temps que ce foit, jufqu'au racquit & remboursement. Cet effet néanmoins auroit moins d'étendue, s'il s'agiffoit d'une dette mobiliaire que l'on fois payer; car, en ce cas, il fuffit que le débiteur fût folvable au temps du transport: c'eft au ceffionnaire à s'imputer de n'avoir pas alors exigé fon paiement.

Enfin fi le cédant promet de garantir, fournir & faire valoir, même payer après un fimple commandement, cette claufe décharge le ceffionnaire de faire aucune difcuffion de la perfonne & biens du débiteur. Il peut forcer perfonnellement le cédant au paiement de la rente, fans être obligé de faire la moindre pourfuite contre le débiteur principal.

Il y a, comme on voit, une très-grande différence entre ces diverfes ftipulations. La première ne contient que la *garantie* ordinaire de droit; la feconde ajoute à cette obligation une *garantie* de la part du cédant, que le débiteur eft actuellement folvable; la troifième rend le vendeur garant de la folvabilité future du débiteur, & le conftitue fa caution, enforte qu'il eft tenu de payer pour lui, lorfqu'il eft hors d'état de le faire. La quatrième réduit le transport à une efpèce de délégation, d'affignation donnée par le cédant au ceffionnaire, qui n'eft pas même chargé de veiller à la confervation de la rente.

Par la troifième efpèce de ftipulation, le cédant eft donc, à la vérité, *garant* de la folvabilité du débiteur, jufqu'au remboursement de la rente: mais comme il ne fe foumet à cette *garantie* que comme fimple fidéjuffeur, comme fon obligation eft feulement fubfidiaire, le ceffionnaire ne peut agir contre lui, qu'après la difcuffion du débiteur principal, parce que l'obligation du cédant de fournir & faire valoir n'eft que conditionnelle, & dans le cas où le débiteur principal eft hors d'état d'acquitter la dette; ce qui n'eft fuffifamment juftifié que par la vente & difcuffion de fes biens meubles & immeubles, & non par la fimple relation d'un huiffier, contenue foit dans un commandement de payer, & refus de le faire par le débiteur, & même dans un procès-verbal de carence.

Au contraire, lorfque le cédant s'eft encore obligé de payer, au défaut du débiteur, fur fimple commandement, cette claufe change la nature du contrat; elle laiffe fubfifter la dette, ou l'obligation de la payer, en la perfonne du cédant; elle eft plutôt un engagement de la rente, qu'une véritable vente & transport. Le cédant n'eft plus une fimple caution; il reste toujours principal obligé; & par cette raison, le cessionnaire peut agir contre lui, & le faire contraindre au paiement des arrérages, sans aucune discussion préalable des biens du débiteur de la rente.

GARANTIE *de fief*, est, dans quelques coutumes, l'obligation où est l'aîné d'acquitter ses puînés de la foi & hommage pour la portion qu'ils tiennent du fief, dont il a le surplus comme aîné. (*A*)

C'est la même chose que *gariment* : voyez ce mot. (M. GARRAN DE COULON.)

GARANTIGIONNÉ, (*instrument*.) La coutume de Bayonne, dans la *rubrique* du *titre 16*, se sert de cette expression pour désigner un acte délivré en forme exécutoire : elle donne aussi à ce même acte le nom de *rolat*. Voyez AOROLAT.

GARANTISSEMENT, s. m. La coutume d'Anjou, *art. 427*, se sert de ce mot pour signifier l'obligation qui résulte de la garantie.

GARBAGE, s. m. on a donné ce nom à une redevance en *gerbes* : encore aujourd'hui les Picards disent *garbe* pour gerbe. Voyez le *Glossaire* de Ducange, au mot *Garbagium*, sous *Garba*, & celui de dom Carpentier, au mot *Garba*. (M. GARRAN DE COULON.)

GARCAGE, s. m. c'est un droit seigneurial, dont il est fait mention dans une chartre de l'an 1309, dont l'extrait se trouve dans le *Glossarium novum* de dom Carpentier. Cet auteur n'en donne point l'explication : peut-être est-ce la même chose que le *garbage*. La chartre de 1309 porte : « c'est » à savoir en complans, en *garcages*, en gardes, » en receps, en rentes, en terrages, &c ». (M. GARRAN DE COULON.)

GARDAIN, (*seigneur*) c'est le nom que la coutume de Normandie donne au seigneur qui est chargé de la garde-noble des enfans à cause des fiefs qui relèvent de lui. Voyez GARDE SEIGNEURIALE.

GARDE, s. m. & f. signifie *protection*, *conservation*, *administration* : ce terme s'applique également aux personnes & aux choses ; car on donne en *garde* la personne & les biens des mineurs, des églises, des orphelins, de la justice, &c. C'est dans ce sens que le mot est employé au féminin.

On appelle aussi *gardes*, ceux qui sont chargés de la *garde* & conservation de quelque chose. Cette qualification se donne à un grand nombre d'officiers dont les fonctions sont très-différentes, & dans ce sens le mot *garde* est du genre masculin. Nous traiterons d'abord du mot *garde* suivant les acceptions dans lesquelles les jurisconsultes l'emploient au féminin ; nous expliquerons ensuite celles dans lesquelles il est usité au masculin.

Première partie du mot garde, où l'on traite des différentes acceptions qu'il a, lorsqu'il est employé au féminin.

GARDE BOURGEOISE ; c'est le droit que plusieurs coutumes, telles que Paris, Calais & Clermont, accordent au survivant des deux conjoints, bourgeois desdites villes, de percevoir à son profit, le revenu des biens échus à leurs enfans mineurs, jusqu'à ce qu'ils aient atteint la majorité coutumière, à la charge de les nourrir & entretenir, de payer & acquitter les charges annuelles dues par ces biens, & de payer pareillement les dettes desdits mineurs.

On parlera plus en détail de ce droit au mot *Garde-noble*, afin d'éviter des répétitions inutiles. (M. GARRAN DE COULON.)

GARDE COUTUMIÈRE, se dit de la *garde*, soit royale, soit seigneuriale, noble ou bourgeoise des enfans mineurs, qui est déférée par les coutumes à certaines personnes, à la différence de la *garde* royale, ou *sauve-garde*, accordée à certaines personnes par des lettres-patentes, & dont nous parlerons sous le mot SAUVEGARDE.

GARDE DES ÉGLISES, est la protection spéciale que le roi ou quelque autre seigneur accordoit à certaines églises. Ce droit a toujours été regardé comme faisant partie des grandes régales ; c'est pourquoi il n'appartenoit qu'au roi ou aux grandes seigneuries qui relevoient immédiatement de la couronne. C'est ce que nous apprend Beaumanoir sur le chapitre 46 de la coutume de Beauvoisis : « nus n'a la *garde* des églises, si che n'est li rois, » ou chil qui du roi tiennent en baronnie ».

Nos rois se sont toujours fait une obligation de prendre les églises sous leur protection. En Normandie, le duc seul avoit de droit la *garde* des abbayes ; en Bourgogne & en Champagne il paroît, par plusieurs chartres, que différens seigneurs jouissoient du même droit.

S. Louis confirma en 1268 toutes les libertés, franchises, immunités, prérogatives, droits & privilèges accordés, tant par lui que par ses prédécesseurs, aux églises, monastères, lieux de piété, & aux religieux & personnes ecclésiastiques.

Philippe-le-Bel, par son ordonnance du 23 mars 1308, déclara que son intention étoit que toutes les églises, monastères, prélats & autres personnes ecclésiastiques, fussent sous sa protection. Le même prince déclara que cette *garde* n'empêchoit pas la jurisdiction des prélats.

Lorsque cette *garde* emportoit une attribution de toutes les causes d'une église à un certain juge, elle étoit limitée aux églises qui étoient d'ancienneté en possession de ce droit ; & Philippe-le-Bel déclara même que dans la *garde* des églises & monastères, les membres qui en dépendent n'y étoient pas compris.

Il étoit défendu aux gardiens des églises, ou aux commissaires députés de par le roi & par les sénéchaux, de mettre des panonceaux ou autres marques de *garde* royale sur les biens des églises, à moins qu'elles n'en fussent en possession paisible, ou à-peu-près telle. Lorsqu'il y avoit quelque contestation sur cette possession, le gardien ou le commisfaire faifoit ajourner les parties devant le juge ordinaire; & cependant il leur faifoit défenfe de rien faire au préjudice l'un de l'autre : il ne pourfuivoit perfonne *pro fractione gardiæ*, c'eft-à-dire , pour contravention à la *garde*, à moins que cette *garde* ne fût notoire , telle qu'eft celle de plufieurs cathédrales & de quelques monaftères qui, font depuis très-long-temps fous la garde du roi , ou que cette *garde* n'eût été publiée dans les affifes, ou fignifiée à la partie.

Philippe VI, dit de Valois , promit , par rapport à certaines fénéchauffées qui étoient par-delà la Loire, qu'il n'accorderoit plus de *garde* dans les terres des comtes & barons , ni dans celles de leurs fujets, fans connoiffance de caufe, les nobles appellés, *excepté* aux églifes & monaftères, qui de toute ancienneté font fous la *garde royale*, & aux veuves, pupilles, & aux clercs vivant cléricalement, tant qu'ils feroient dans cet état; que fi dans ces fénéchauffées, les fujets des hauts-jufticiers ou autres violoient une *garde*, les juges royaux connoîtroient de ce délit, mais qu'ils ne pourroient condamner le délinquant qu'à la troifième partie de fon bien; que la pourfuite qu'ils feroient contre lui, n'empêcheroit pas le juge ordinaire du haut-jufticier de procéder contre le délinquant, comme à lui appartiendroit; mais que fi le crime étoit capital, il ne pourroit rendre fa fentence que les juges royaux n'euffent rendu la leur au fujet de la fauve-garde.

On voit auffi dans les lettres du même prince de 1349, qu'il y avoit des perfonnes qui étoient immédiatement en la *garde* du roi, d'autres qui n'y étoient que par la voie de l'appel.

Le roi Jean déclara en 1351, que les juges royaux pourroient tenir leurs affifes fur les terres des feigneurs, quand le roi y avoit droit de *garde*. Ce même prince, donnant à Jean fon fils les duchés de Berry & d'Auvergne, retint la *garde* & les régales des églifes cathédrales & des églifes de fondation royale.

Le temporel de l'abbaye de Lagny fut faifi en 1364, à la requête du receveur de Meaux, pour payer la fomme de 800 livres due par cette abbaye pour les arrérages de la *garde* due au roi.

Par les lettres du mois de juillet 1365, Charles V déclara que toutes les églifes de fondation royale font de droit fous la fauve-garde royale.

Quand Charles VI donna le duché de Touraine à Jean, fon fecond fils, il fe réferva la *garde* de l'églife cathédrale de Tours, & de celles qui font de fondation royale ou en pariage, ou qui font tellement privilégiées, qu'elles ne peuvent être féparées du domaine de la couronne. Il fit la même réferve lorfqu'il lui donna le duché de Berry & le comté de Poitou; il en ufa auffi de même lorfqu'il donna le comté d'Evreux au duc d'Orléans fon frère.

Le principal effet du droit de *garde* étoit de placer l'églife fous la jurifdiction immédiate du gardien,

enforte que les églifes fous la *garde* du roi ne reconnoiffoient d'autres juges que lui, quand elles auroient été fituées dans le reffort d'une juftice feigneuriale : c'eft par cette raifon que les eccléfiaftiques recherchoient avec empreffement la prérogative d'être fous la *garde* du roi, & qu'ils lui donnoient la plus grande extenfion poffible, parce que dès-lors ils étoient entièrement affranchis de la jurifdiction des feigneurs.

Il étoit dû au roi, dans chaque ville, autant de *gîtes* qu'il y avoit d'églifes & de communautés, tant eccléfiaftiques que féculières, qui étoient dans fa *garde* immédiate : par exemple, à Rheims il étoit dû trois *gîtes*, un par l'archevêque, un par l'abbaye de S. Remi, & le troifième en commun par les abbayes de S. Thierry, S. Pierre d'Auvilé, & de S. Bâle.

Le roi & les feigneurs qui jouiffoient de la *garde des églifes*, étoient dans l'ufage d'inféoder la *garde* des monaftères, fitués dans l'étendue de leur domination. Philippe-Augufte, en 1190, donna en augmentation de fief, au comte de Touloufe, la *garde* de l'abbaye de Figeac : celle des abbayes de Molefme & de Ponthières, furent données en fief dans le treizième fiècle; la première, au comte de Champagne; la feconde, au duc de Bourgogne. Il eft probable que la *garde* de l'abbaye de Chery, que le comte de Grandpré tenoit en fief du comte de Champagne, lui avot été auffi inféodée.

Il eft effentiel de remarquer que ces fiefs de *garde* font bien différens des avoueries : ces dernières relevoient des églifes, au lieu que les *gardes* dont nous parlons, étoient dans la mouvance de celui qui les avoit inféodées, fans aucune dépendance de l'églife.

GARDE ENFREINTE. On fe fert de cette expreffion pour défigner l'action par laquelle un tiers fait quelque acte contraire au droit de *garde* ou *fauve-garde* accordé par le roi à quelqu'un. *Voyez* ASSUREMENT, SAUVE-GARDE.

[GARDE-FAITE, expreffion ufitée communément dans les coutumes. Celle de Bourbonnois, *art.* 531, définit la *garde-faite* quand celui qui eft commis à la *garde* du bétail eft trouvé gardant le bétail en l'héritage ou le dommage eft fait, ou que le gardien eft près du bétail, de manière qu'il le puiffe voir, & ne fait néanmoins diligence de le mettre dehors, ou lorfqu'il mène & conduit le bétail dans l'héritage, ou qu'il l'a déclos & débouché afin que fon bétail y puiffe entrer, & qu'enfuite par ce moyen le bétail y eft entré.

Quand le bétail qui a fait le dommage n'étoit pas gardé, le maître du bétail peut l'abandonner pour le délit; mais quand le bétail étoit à *garde-faite*, le maître doit payer le dommage. L'amende coutumière eft auffi moins confidérable, lorfque le dommage a été caufé par des beftiaux échappés à la vigilance du gardien, que lorfqu'ils font faifis faifant dommage à *garde-faite*. *Voyez* AGATIS.

GARDE-LIGE, eſt le ſervice qu'un vaſſal-lige doit à ſon ſeigneur ; on entend auſſi quelquefois par ce terme, le vaſſal même qui fait ce ſervice, & qui eſt obligé de garder le corps de ſon ſeigneur avec armes ſuffiſantes. (*A*)

GARDE NOBLE. *Voyez* GARDE SEIGNEURIALE.

GARDE-ORPHELINE, c'eſt le nom que portent, en certaines villes de Flandre, des tribunaux chargés de veiller aux intérêts des mineurs, ſous l'inſpection & ſurintendance des-échevinages.

Il y a de ces tribunaux à Lille, à Dunkerque, à Gravelines, à Ypres, à Bruges, à Bruxelles, &c. leur conſtitution & leur autorité offrent des particularités remarquables.

La *garde-orpheline* de Lille eſt compoſée de cinq officiers, qui ſe renouvellent chaque année par les commiſſaires du roi.

Celle de Dunkerque contient le même nombre d'officiers ; le premier eſt ſtable, & porte le titre de *grand-bailli* ; les quatre autres places ſont toujours remplies par les échevins dernièrement ſortis du magiſtrat.

Celle de Gravelines eſt toujours compoſée du bailli de la ville & des deux premiers membres de l'échevinage.

A Bruges, ces officiers ſont qualifiés d'*inſpecteurs & échevins des mineurs.*

A Bruxelles, ils ſont connus plus particulièrement ſous la dénomination de *chefs - tuteurs* : le nombre en eſt fixé dans cette ville à ſix, *deſquels,* porte l'article 20 de la coutume, *trois quittent le ſervice chacun an, auxquels les bourguemaiſtres des lignées & le premier échevin & conſeillant deſcendans ſuccèdent ; & s'il advenoit qu'iceux continuaſſent en la magiſtrature, ou qu'autrement délaiſſant leur ſervice, ils ſortiſſent de la ville, changeant de demeure, ou que quelqu'un durant ſon ſervice vînt à décéder, en ce cas les reſtans chefs-tuteurs préſentent au magiſtrat en la place du défunt ou défaillant, un autre de ſemblable qualité pour avoir leur agrégation.*

Régulièrement les *gardes-orphelines* n'adminiſtrent pas elles-mêmes les affaires des mineurs ; elles leur commettent des tuteurs particuliers, dont elles éclairent la conduite & la geſtion. L'article 21 d'un ſtatut imprimé à la ſuite de la coutume de Bruxelles, porte à ce ſujet, « qu'après la mort de
» père & mère, ou du père, en cas que la mère
» ſe remarie, ou mène une vie mal-honnête, un
» chacun pourra le dénoncer, & les prochains des
» orphelins du côté paternel ou maternel .... ſont
» tenus de le dénoncer aux chefs-tuteurs, requé-
» rant que les mineurs ſoient pourvus d'un tuteur
» & d'une *garde*, & ce en dedans la quinzaine,
» ſous l'amende de douze florins, une moitié pour
» le ſeigneur, & l'autre moitié pour la ville, con-
» tinuant ainſi ladite amende de quinze en quinze
» jours, juſqu'à ce qu'ils l'auront dénoncé, s'ils
» n'euſſent des excuſes légitimes ».

La coutume de la ville d'Ypres, *rubrique 5,*

art. 1 & 2, preſcrit abſolument la même choſe ; excepté qu'elle oblige indiſtinctement le ſurvivant des deux conjoints de faire les mêmes dénonciations que les collatéraux, & qu'elle modère l'amende à trois livres pariſis par chaque quinzaine.

Les *gardes-orphelines* ſont les dépoſitaires nées de tous les actes, titres & papiers qui concernent les mineurs ſoumis à leur juriſdiction. L'article 23 du ſtatut de Bruxelles en contient une diſpoſition préciſe.

La coutume d'Ypres veut que les greffiers des *gardes-orphelines* tranſcrivent dans un regiſtre particulier & en bonne forme, « tous les différends
» des parties, les dations de tutèles des mineurs,
» l'inventaire de leurs biens, & toutes les autres
» choſes qui concernent les mineurs, & cela en
» préſence de deux commiſſaires au moins ». Ce ſont les termes de l'article 30 de la rubrique 5.

L'article 31 ajoute que les greffiers ne peuvent communiquer leurs regiſtres, ni en donner des ex-traits, « ſi ce n'eſt aux père, mère, tuteurs ou
» autres ayant droit ou part en la décharge ou en
» l'inventaire, afin que les biens des mineurs ſoient
» tenus ſecrets ».

Suivant l'article 34 du ſtatut de Bruxelles, lorſqu'il s'élève un procès entre un mineur & ſon tuteur, ce ſont les officiers de la *garde-orpheline* qui doivent en connoître ; mais ils ne peuvent faire aucune compoſition touchant les intérêts du mineur, ſans le conſentement & l'intervention des échevins de la ville.

Les *gardes-orphelines* de Lille & Dunkerque ne ſont pas compétentes pour autoriſer les tuteurs à aliéner les biens de leurs mineurs ; elles n'ont, à cet égard, que le droit de donner leur avis aux échevins, & ceux-ci peuvent ſeuls accorder l'autoriſation : à Bruxelles, elles ont plus d'autorité ſur ce point ; car, aux termes de l'article 47 du ſtatut cité, elles peuvent *donner des appointemens ſur les requêtes tendantes à vendre les biens des mineurs,* pourvu que ce ſoit *dans la congrégation deſdits chefs - tuteurs, qui pour le moins devront être à trois* : à Ypres, elles peuvent autoriſer un tuteur à vendre la part que ſon mineur a dans une ſucceſſion, pourvu qu'elle n'excède pas la valeur de cinquante livres de gros ; à Bruges, autoriſer les aliénations & hypothèques juſqu'à la concurrence de cent florins.

Suivant l'article 5 de la rubrique 5 de la coutume d'Ypres, les *gardes-orphelines* ne peuvent pas deſtituer les tuteurs : ce pouvoir n'appartient qu'aux échevins, *ſi ce n'étoit que la deſtitution arrivât à la réquiſition du tuteur même, auquel cas la* garde - *orpheline aura pour cela ſeule tout pouvoir.*

En général, les officiers des *gardes-orphelines* ne peuvent étendre leur juriſdiction en matière contentieuſe, au-delà des bornes qui leur ſont preſcrites, ſoit par les coutumes homologuées, ſoit par une poſſeſſion valablement établie. Ainſi, quoique les comptes de tutelle doivent être rendus
devant

devant eux, ils ne font cependant pas compétens (du moins dans la plupart des villes) pour connoître des difficultés que ces comptes occasionnent. C'est ce que dit à ce sujet un réglement du 27 août 1638, rendu pour la *garde-orpheline* de Bruges.

Dans tous les endroits & les cas où les *gardes-orphelines* ont une jurisdiction contentieuse, l'appel de leurs sentences se porte immédiatement aux échevinages dont ils dépendent : c'est une des dispositions de la coutume de Bruges, *tit. 1, art. 5.*

Quoique les majeurs, interdits pour cause de démence ou de prodigalité, soient en plusieurs points assimilés aux pupiles & aux mineurs, les *gardes-orphelines* font cependant sans pouvoir & sans fonctions relativement à eux. Voet atteste que tel est l'usage de toute la Hollande; & le réglement cité, du 27 août 1638, nous apprend que la jurisprudence belgique y est conforme.

Depuis qu'un édit du mois d'avril 1675 a établi des notaires en Flandre, avec défenses à tous autres de passer des contrats ou autres actes publics de la compétence de ces officiers, il a été question de savoir, si les officiers des *gardes-orphelines* pouvoient encore procéder eux-mêmes à la vente des biens meubles ou immeubles des mineurs soumis à leur autorité. Cette question a été jugée en leur faveur, par arrêt du parlement de Flandre, du 2 mai 1698. *Voyez* ECHEVINAGE.

GARDE royale : c'est une espèce de *garde* seigneuriale qui appartient au roi en sa qualité de duc de Normandie, mais qui a des priviléges considérables au-dessus de la *garde* ordinaire. Comme elles ont néanmoins beaucoup de rapports l'une avec l'autre, il seroit inutile d'en traiter séparément. *Voyez l'article* GARDE SEIGNEURIALE. (*M. GARRAN DE COULON.*)

GARDE *seigneuriale* : c'est un droit en vertu duquel le seigneur féodal, dans la province de Normandie & dans quelques terres particulières de Bretagne, jouit des revenus des fiefs tenus immédiatement de lui, pendant que ses vassaux sont en bas-âge, à la charge d'entretenir les héritages & d'en payer les charges annuelles.

La *garde* royale est aussi une espèce de *garde seigneuriale*, qui néanmoins a beaucoup plus d'étendue. Pour éviter des répétitions superflues sur ce que ces deux sortes de *gardes* ont de commun, on a cru devoir les expliquer ici conjointement, en spécifiant avec soin les différences qu'il y a entre elles à bien des égards.

On va donc traiter, 1°. de l'histoire de la *garde* tant royale que seigneuriale; 2°. des cas où ces droits ont lieu; 3°. des personnes à qui ils appartiennent; 4°. de l'appréhension de l'une ou de l'autre *garde*; 5°. des droits qui en dépendent; 6°. des charges dont les gardiens sont tenus; 7°. des manières dont les deux *gardes* finissent; 8°. des effets & des suites de la sortie de *garde*.

§. I. *Histoire de la garde royale & seigneuriale.* Le droit féodal qui a, pour ainsi dire, créé les loix de toute l'Europe, a dû influer sur l'état des mineurs, comme sur tout le reste. Il est l'origine du droit de *garde-noble*; il est également la source de la *garde seigneuriale*.

Les fiefs étant devenus héréditaires, avant que leur possession eût cessé d'assujetir au service militaire, il fallut bien confier ceux des mineurs à l'un de leurs proches parens pour en faire le service, ou donner au seigneur même la *garde* de la personne & des biens des vassaux en bas-âge, pour qu'il les fît élever de la manière la plus convenable à leur destination, & qu'il pût, en attendant, disposer du revenu des fiefs, afin d'en faire faire le service.

La plupart des auteurs attribuent le premier établissement de la *garde seigneuriale* aux Normands, qui la portèrent, dit-on, en Angleterre; mais ce droit paroît avoir existé en Ecosse quelques années avant l'invasion de Guillaume-le-Conquérant, si les anciens statuts de ce royaume sont véritablement authentiques. Malcolm II, qui ne régnoit plus au temps de la conquête, puisqu'il mourut en 1057, se réserva les droits de *garde* & de *mariage* dans la révolution qui changea tous les aleux de ce royaume en fiefs. (Dalrymple's, *history of feudal property, chapt.* 2, *sect.* 2. Glanville, &c.)

On ne voit pas même qu'il soit fait mention du droit de *garde seigneuriale* dans les loix de Guillaume-le-Conquérant, ni dans celles de ses prédécesseurs, que Lambard & Wilson ont recueillies.

On pourroit dire à la vérité, qu'il n'est pas impossible que des circonstances semblables aient fait introduire le droit de *garde* chez différens peuples, sans aucune communication entre eux. On trouve du moins la *garde seigneuriale* établie anciennement dans plusieurs états d'Allemagne. *Voyez le jus provinciale saxonicum, lib.* 58; le *jus suevicum, cap.* 224, §. 2; *Auberti M. æi donationes belg. lib.* 1, *cap.* 95, & *Jo. Linnæi jus publicum, lib.* 3, *c.* 5.

Il est assez vraisemblable néanmoins que les fréquentes expéditions des empereurs dans le royaume de Naples, où les Normands avoient incontestablement porté le droit de *garde seigneuriale*, auront donné idée aux Allemands de l'introduire dans leur pays. Quelque extraordinaire que ce droit nous puisse paroître aujourd'hui, il étoit admirablement calculé pour les temps qui le virent naître, & c'étoit une des plus fermes colonnes de l'édifice immense de la féodalité.

Ce Fortescue, qui le premier a su rendre aux loix de sa patrie le tribut d'éloges qu'on leur a si justement prodigués dans la suite, prouve avec beaucoup de force que la *garde seigneuriale* étoit tout-à-la-fois utile aux vassaux & à leurs seigneurs. Elle plaçoit les premiers à l'école la plus propre à les former aux exercices & aux mœurs, qui faisoient

VVvv

toute l'éducation de ce temps-là, & personne n'é-
toit plus intéressé que les seigneurs à veiller à cette
éducation, dont ils devoient recueillir tout le fruit.
(*De laudibus legum Angliæ, cap.* 44.)

Nathanael Bacon, dont l'ouvrage trop peu connu sans doute, à cause de la barbarie de son style,
annonce à-la-fois tant de connoissances des origines
de son pays & tant d'amour pour la liberté, reconnoît « que le droit de mariage, bien loin d'ê-
» tre une usurpation sur le droit commun des su-
» jets anglois, étoit une coutume raisonnable & sa-
» gement établie par les Normands, pour assurer
» de bonne heure la tranquillité du gouvernement,
» & consolider les deux nations en une seule :
» c'est ainsi, ajoute cet auteur, qu'on vit s'ache-
» ver heureusement, dans sept années, entre les
» deux peuples, une union dont l'essai avoit coûté
» près de 200 ans d'efforts, & un océan de sang
» aux Saxons, depuis leur descente en Angleterre,
» faute d'avoir imaginé un moyen si propre de
» procurer la paix commune par des alliances mu-
» tuelles ». (*An historical discourse of the unifor-
mity of the government of England, chapt.* 52.)

Enfin l'un des plus illustres disciples de Montesquieu, le chevalier Dalrymple, observe très-
bien, que ce n'étoit pas une loi bien dure, que
celle qui donnoit ainsi le droit de disposer arbitrairement de la main d'une héritière, dans un temps
où, réduites à n'avoir aucun goût par leur éducation grossière, les nouvelles mariées restoient
des jours entiers dans les églises, jusqu'à ce que
leurs amans eussent vaincu leur répugnance ou composé avec elles pour les en faire sortir. (*ubi su-
prà*).

La barbarie des temps fit dégénérer cette belle
institution comme tant d'autres. La *garde seigneuriale* devint bientôt un véritable brigandage qu'il
fallut réprimer. L'abus que Guillaume-le-Mauvais
en fit dans la Sicile au milieu du douzième siècle,
en empêchant les filles de ses vassaux de se marier lorsqu'elles étoient nubiles, afin de réunir leurs
fiefs à son fisc, à défaut d'hoirs, occasionna plus
que toute autre chose, les troubles dont son règne
fut continuellement agité. Un des capitulaires du
pape Honoré IV ordonna, pour réprimer ces vexations, que le roi (de Naples & de Sicile) donneroit la *garde* des filles en bas-âge au plus proche
de ses parens. (Giannone, *Istoria civile de Na-
poli, lib. 11, cap. 5, lib. 12, cap. ult. & lib. 21,
cap. 21, §. 1.*)

En Angleterre, le roi & les seigneurs, non
contens de dévaster le fief de leur vassal, qu'ils
donnoient à l'enchère durant la *garde*, & de négliger le soin de sa personne, en exigeoient des
mineurs, à la sortie de *garde*, les droits les plus
onéreux à titre de relief, d'investiture & d'aide de
chevalerie; enforte qu'il étoit souvent impossible
aux vassaux de fournir à tant de dépenses; ils marioient les filles à leurs domestiques ou à d'indi-

gnes protégés; ils disposoient de même du mariage de leurs vassaux mâles.

La grande chartre d'Angleterre contient sur tout
cela des réglemens importans, où la coutume de
Normandie peut avoir puisé quelques dispositions.
L'article 4 ordonne que le seigneur ne pourra
prendre la *garde* de ses vassaux mineurs, avant que
d'en avoir reçu l'hommage, au moyen de quoi
ils seront mis en possession de leurs tenures, sans
rien payer, lorsqu'ils auront atteint l'âge de 21
ans.

Les deux articles suivans resserrent la jouissance
& les droits des gardiens dans de justes bornes.
L'article 7 règle le mariage des pupilles selon
leur état & condition, après que les parens en
auront été informés.
L'article 9 ordonne que les veuves ne pourront
être contraintes, par la saisie de leurs meubles, à
se remarier, pourvu qu'elles donnent caution de
ne point le faire sans le consentement du roi, ou
du seigneur d'où relève immédiatement le fief sur
lequel leur douaire est assigné.
Mais la *garde* de la personne & des biens du mineur restoit toujours au roi & au seigneur, avec
cette différence qui subsiste encore en Normandie,
que si l'une des tenures nobles relevoit du prince,
il avoit seul la *garde* de la personne & des biens
du mineur; tandis que si le mineur avoit plusieurs
tenures nobles relevant toutes de seigneurs particuliers, chacun avoit la *garde* des tenures qui relevoient de lui, & l'on adjugeoit celle du corps
de l'enfant au seigneur, dont il tenoit par la plus
ancienne tenure, parce qu'en acquérant de nouveaux fiefs, il n'avoit pu préjudicier au droit de
garde du premier seigneur.
Lorsque le mineur avoit plusieurs tenures également anciennes, la *garde* de sa personne appartenoit au premier occupant, *à celui que primes happa
le garde de corps*, suivant un vieux glossaire de
jurisprudence anglo-normande. (*les termes de la ley*,
au mot *Ward*.)
Henri III avoit voulu enlever ce droit aux seigneurs, & ce fut, suivant Nathanael Bacon, l'une
des principales causes de la guerre des barons. L'article 29 de la grande chartre, telle qu'elle fut
confirmée par ce prince, les y maintint.
Cette *garde* du corps étoit sur-tout très-importante à cause du droit de mariage: La fille ou la
veuve qui se marioit sans le consentement du seigneur, perdoit sa tenure ou son douaire; mais,
comme il étoit moins dangereux pour le seigneur
que son vassal se mariât contre son gré, le vassal
qui refusoit la femme offerte par son seigneur, payoit
seulement ce que l'on appelloit le *simple droit de
mariage*, & celui qui se marioit sans son consentement, payoit le double droit.
M. Dalrymple, qui donne tous ces détails, nous
apprend que la *garde* de la personne du mineur a
été abandonnée à ses parens par le seul effet de
l'humanité en Angleterre; & par une loi précise

en Ecoffe. Jacques IV & Jacques V firent auffi divers réglemens pour l'adminiftration de la *garde* dans ce dernier royaume.

Enfin un ftatut de Charles II abolit expreffément les droits de *garde* & de mariage en Angleterre. L'un & l'autre ont été abonnés pour une redevance annuelle en Écoffe dans ces derniers temps. (*Blackftone's commentaries , Book II , chapt.* 2.)

Il n'eft pas facile de fuivre l'hiftoire de la *garde* royale & feigneuriale d'une manière auffi détaillée en France , faute de monumens. Elle ne paroît guère avoir été connue que dans la province de Normandie & dans la Bretagne , où les princes anglois de la maifon de Plantagenet l'ont fans doute établie , quoique le déport de minorité qui fubfifte en Anjou & au Maine , puiffe auffi être un refte de ce droit.

On voit dans l'hiftoire de Bretagne , que l'abus du droit de *garde* , fait par les ducs de Bretagne , y caufa auffi des guerres fanglantes , jufqu'à ce qu'il y fut converti en un fimple rachat , par un accord fait avec la plupart des barons du pays , en 1275. (*Hiftoire de d'Argentré , liv.* 4 , *chap.* 178 ; *ancienne coutume de Bretagne , art.* 76.)

Ce droit fubfifte néanmoins encore dans quelques terres de cette province , dont les feigneurs ne furent point compris dans la convention de 1275. Il eft toujours univerfellement admis dans la Normandie.

Jufqu'à François I , nos rois y faifoient affermer la *garde* royale à leur profit. Ce prince introduifit l'ufage d'en gratifier les proches parens des pupilles , ou telle autre perfonne qu'il choififfoit , « à » la charge de rendre bon & loyal compte , & » de payer le reliquat aux mineurs venus en âge ». (*Terrien , liv.* 5 , *chap.* 10 , §. 7.)

Tous les fucceffeurs de François I ont pris pour règle cet exemple de bienfaifance , en fe réfervant feulement la nomination aux bénéfices : mais , par un refte de l'ancien ufage , la chambre des comptes fait faire un bail fimulé des biens des mineurs au plus bas prix , par exemple , pour un écu , & ce bail eft adjugé au donataire.

La *garde* des fiefs des mineurs a été confervée aux feigneurs , dont on a dû refpecter la propriété ; mais elle eft abfolument réduite à la jouiffance des fiefs.

Les mineurs ont aujourd'hui des tuteurs pour veiller à leur éducation & régir leurs autres biens ; & tandis qu'autrefois , fuivant d'Aviron & d'autres commentateurs , ils marioient , fans confulter perfonne , leurs vaffales , & même les filles de leurs tenanciers roturiers à leurs valets , en obtenant quelquefois des lettres de cachet pour couvrir d'un voile impofant cet abus de leur autorité , on n'eft plus obligé de demander leur confentement que pour le mariage de leurs vaffales , que pour les faire fortir de *garde* avant l'âge , & ils ne peuvent refufer ce confentement.

§. II. *Des cas où la garde a lieu.* Quoique la *garde*

fût , dans l'origine , une véritable tutèle , & qu'en Angleterre le roi conferve encore la *garde* des idiots & des infenfés , la *garde* royale ou feigneuriale n'a lieu dans la Normandie qu'en cas de minorité. L'article 213 de la coutume de cette province n'affujettit à ce droit que les *enfans mineurs d'ans.*

Il faut de plus , pour donner ouverture à la *garde* , que le mineur ait un ou plufieurs fiefs nobles , *foit fiefs de haubert , ou membres de haubert , jufqu'à un huitième* , fuivant l'article 213 de la coutume de Normandie. Auffi l'article 100 de la même coutume définit-il l'héritage noble , *celui à caufe duquel le vaffal tombe en garde , & doit foi & hommage.*

L'article 174 de l'ancienne coutume de Bretagne excepte néanmoins du droit de *garde* les héritages tenus en parage , qui font inconteftablement nobles , mais qui ne doivent point d'hommage. La même règle s'obferve en Normandie par un ufage conftant. C'eft que la coutume regarde les portions des puînés durant le parage , non comme des héritages particuliers , mais comme des portions de l'héritage de l'aîné , qui eft , par cette raifon , chargé de faire pour les puînés les hommages au *chef-feigneur* , & de lui payer les reliefs , aides & toutes les autres redevances feigneuriales , fuivant les articles 128 , 130 & 196.

Les membres de haubert au-deffous d'un huitième , les moulins , les colombiers & les autres droitures féodales , quand elles font féparées du corps du fief , ne tombent point en *garde* , parce qu'ils ne font plus réputés fiefs nobles , fuivant les articles 158 & 161 de la coutume , & l'article 31 du réglement de 1666.

Il en eft de même des eccléfiaftiques , quoique mineurs , à raifon des tenures en aumônes dépendantes de leurs bénéfices.

Quoique la coutume dife fimplement que *les mineurs tombent en garde , après la mort de leur père , mère , ou autre leur prédéceffeur ,* tous les commentateurs atteftent que ce droit eft ouvert durant la vie du père même , toutes les fois qu'il échet un fief noble au mineur , à quelque titre que ce foit , & l'on en peut donner cette raifon puifée dans les principes des fiefs , qu'il fuffit pour cela d'être fujet au fervice militaire & à la foi & hommage , que le bas-âge ne permet pas de faire. Littleton , *liv.* 2 , *fect.* 4 , pofe bien pour maxime , que la perfonne du mineur ne peut jamais tomber en *garde* durant la vie de fon père ; mais il ne parle que de fa perfonne , & il convient que , fi le mineur fuccède à un fief de chevalerie , ou chargé du fervice militaire , qui lui vienne du côté maternel , le feigneur aura la *garde* de la terre.

Il faut néanmoins excepter de cette règle le cas où l'ufufruit du fief appartient à un autre. On peut argumenter pour cette exception ainfi généralifée , de ce que dit la coutume de ce douaire du mari , qu'elle appelle *viduité* , & que les Anglois nomment *courtoifie d'Angleterre.* « Ce droit , dit l'art. 383 ,

VVvv 2

» appartient au mari au préjudice des seigneurs
» féodaux, auxquels pourroient appartenir les hé-
» ritages de la femme, soit à droit de confiscation,
» ligne éteinte ou reversion, ou *droit de garde des*
» *enfans ou héritiers mineurs d'ans de la femme* ».

§. III. *A qui appartient le droit de garde royale*
ou seigneuriale ? La coutume dit indistinctement dans
l'article 213, « que les enfans mineurs d'ans, après
» la mort de leur père, mère, ou autre leur pré-
» décesseur, tombent en la *garde du seigneur, du-*
» *quel est tenu, par foi & hommage, le fief noble à*
» *eux échu*, soit fief de haubert, ou membre de
» haubert, jusqu'à un huitième ». Il semble d'a-
près cela qu'on ne peut s'empêcher d'attribuer le
droit de *garde* à tous ceux dont un mineur tient
à foi & hommage un fief ou portion de fief noble.

Cependant des auteurs ont cru que les ecclésiastiques n'étant point sujets au droit de *garde* à cause
de leurs tenures en aumône, ne pouvoient pas le
réclamer sur les fiefs qui relèvent d'eux. Mais n'est-
ce point là confondre les franches-aumônes & les
fiefs des ecclésiastiques ? Les premières n'étant point
des fiefs, ne peuvent avoir de mouvances qui donnent occasion au droit de *garde*. A l'égard des seconds, l'article 41 de la coutume porte : « tous
» les ecclésiastiques possédant fiefs nobles par au-
» mône, ont l'exercice de la justice & tous autres
» droits appartenans à leurs fiefs par les mains de
» leurs juges, sénéchaux ou baillis ».

Ces fiefs tenus en aumône, qui ont l'exercice
de la justice, & des officiers pour la faire exercer,
doivent être soigneusement distingués des tenures
en franche-aumône ordinaires, comme on l'a fait
voir en parlant de ce droit. Ils doivent jouir du
droit de *garde*, comme tous les autres ; & ils en
jouissent en effet, comme Basnage nous l'enseigne.

Il ne paroît néanmoins que les fiefs des ecclésiastiques y soient assujettis dans l'usage. Mais il
est remarquable que la question n'est décidée par
aucune loi, & qu'elle ne paroît pas même avoir
été jugée par les tribunaux.

Quoi qu'il en soit, lorsque le mineur a plusieurs
fiefs ou portions de fiefs nobles, mouvans de différens seigneurs, chacun d'eux à la *garde* de ce qui
relève de lui. Si néanmoins un de ces fiefs est
dans la mouvance du roi, la *garde* du prince attire celle de tous les autres fiefs : mais ce privilége est absolument restreint aux fiefs véritablement
mouvans de lui. Si donc le roi jouissoit de l'arrière-
garde sur les fiefs des vassaux de celui dont il a la
garde, le roi n'étant qu'aux droits de son propre
vassal, cette arrière-*garde* n'est qu'une *garde seigneu-*
riale qui s'étend simplement aux fiefs mouvans du
mineur sujet à la *garde royale*.

Comme ce privilége n'appartient au roi qu'en sa
qualité de souverain de Normandie, il ne lui attribueroit pas la *garde* générale pour les fiefs même
de cette province, si celui à raison duquel le mineur tombe dans la *garde* du roi, étoit situé en Bretagne. Béraut & Godefroi citent un arrêt de 1595,

qui l'a ainsi jugé contre le cessionnaire des droits
du roi.

Quoique le roi soit dans l'usage d'abandonner
au tuteur ou aux plus proches parens du mineur le
profit de la *garde* qui lui appartient, le droit en
lui-même n'en est pas moins une des dépendances
du domaine de la couronne. Duret observe dans
son commentaire sur l'article 331 de l'ordonnance
de Blois, qui déclare incessibles les droits de la
couronne, que le parlement de Normandie mit au
nombre de ces droits celui de *garde* royale, par
son arrêt d'enregistrement, en ordonnant que le
roi ne cesseroit d'en jouir & disposer, nonobstant
tous engagemens & aliénations, ainsi qu'il faisoit
auparavant.

Le parlement de Rouen est même dans l'usage
de réserver au roi *la garde-noble de tous les fiefs*
tenus & mouvans des domaines qu'il cède en contre-
échange, pour en jouir de la même manière qu'il en
jouissoit avant le contrat d'échange. On voit dans M.
Roupnel, que cela a été particulièrement ordonné
par un arrêt rendu, toutes les chambres assemblées,
le 6 septembre 1764, au sujet de l'échange de la
souveraineté de Dombes, appartenant au comte
d'Eu, contre différentes terres, fiefs & jurisdictions du domaine du roi, situés en Normandie.

§. IV. *De l'appréhension de la garde royale ou*
seigneuriale. Le droit de *garde* est une faculté à laquelle le seigneur peut renoncer, s'il le juge convenable. Béraut rapporte même un arrêt du 11 juillet 1614, par lequel il a été jugé que le seigneur
étoit en droit d'exiger *la communication des lettres*
& écritures de la succession des mineurs, ensemble la
déclaration affirmée par leur mère tutrice, *des char-*
ges & dettes de la succession, à l'effet de voir si la
garde seroit utile ou onéreuse.

Il y a lieu de croire que cette faculté n'avoit
pas lieu dans le temps où le droit de *garde* appartenoit de plein droit aux seigneurs, sans qu'il
fût besoin d'aucune formalité pour en jouir. Aujourd'hui, suivant l'article 82 du réglement de 1666,
« la jouissance de la *garde*-noble royale ou seigneu-
» riale ne commence que du jour que celui qui
» la prétend en a fait la demande en justice, où
» le donataire présente les lettres du don qu'il en
» a obtenues pour être registrées, lesquelles lettres
» seront sans effet, si l'impétrant n'obtient sur icelles
» un arrêt d'enregistrement ».

Un arrêt du 9 août 1757, rendu en la grand'
chambre du parlement de Paris, a jugé que le
seigneur pouvoit former cette demande dans sa
propre justice, comme toutes les autres qui sont
relatives aux droits de sa seigneurie.

Quant à la *garde* royale, le don s'en fait par
des lettres expédiées en la grande chancellerie ;
& nonobstant le don, la chambre des comptes,
après la vérification, renvoie devant le bailli pour
adjuger la *garde* à titre de bail au donataire. Le
prix de cette adjudication, qui est toujours très-
modique, se paie au receveur du domaine.

Un arrêt rendu par la chambre des comptes de Paris, le 24 novembre 1773, avoit ordonné que les donataires feroient aussi signifier les lettres de don & l'arrêt d'enregistrement au receveur du domaine, afin de le mettre à portée d'acquérir la connoissance des droits appartenans au domaine, & de savoir le temps de la durée de la *garde* & de sa fin, qui donne ouverture à d'autres droits & devoirs, tels que les lettres de sortie de *gardes*, les foi & hommage, & même le relief, suivant cet arrêt.

Un nouvel arrêt du 16 mars 1774 ordonne qu'il sera tenu un registre par les commis du greffe de la chambre, sur lequel il sera fait mention, par extrait, de l'arrêt d'enregistrement & de sa date, de celle desdites lettres, des noms & demeures des impétrans d'icelles, des noms de ceux dont le décès aura donné ouverture à ladite *garde*-noble, des dates du décès, de celles de la naissance des mineurs tombés en *garde*-noble, des noms & qualités des fiefs qui en font partie, du chef-lieu dont ils font mouvans, & de la généralité & du bailliage dans le ressort duquel ils font situés .... de laquelle mention, ensemble de l'état des forces & charges de ladite *garde*-noble, copies signées & certifiées de l'un desdits commis du greffe, feront par lesdits commis délivrées aux procureurs des impétrans & au procureur-général du roi, à l'effet par lui d'en envoyer un double de lui signé à celui des receveurs-généraux de la province de Normandie, dans le département duquel feront situés les biens compris en ladite *garde*-noble, pour être ledit double rapporté au compte desdits receveurs des domaines & bois de ladite province, à commencer des comptes de leur exercice de la présente année, & servir à constater le montant des droits de relief des fiefs, faisant partie de ladite *garde*-noble & de la rente qui aura dû être payée au roi pendant sa durée, conformément aux arrêts d'enregistrement desdites lettres de don de *garde*-noble.

Le même arrêt autorise le greffier à percevoir, à cette occasion, 30 fous, & les procureurs 20 fous, pour tous droits.

Toutes ces formalités, & même l'enregistrement des lettres de don de *garde*, ne font pas nécessaires pour assurer le droit du roi, à l'exclusion des seigneurs particuliers qui voudroient prétendre la *garde* des fiefs situés dans leur directe : elles ne le font que pour donner aux impétrans le droit de jouir des biens compris en la *garde* royale. C'est l'avis de Me de Jort, dans son explication de la *garde* royale, & l'un des points jugés par l'arrêt du mois de juin 1764, dont on parlera bientôt.

§. V. *Des droits qui dépendent de la garde royale ou seigneuriale.* Quoique les articles 100, 113, 120 & 122 de la coutume de Normandie supposent encore que la personne même du mineur est sous la *garde* du seigneur, comme cela avoit lieu autrefois, l'usage contraire est incontestable aujourd'hui.

La seule espèce de droit qui reste au seigneur gardien sur la personne des mineurs, consiste dans l'obligation où l'on est de prendre *conseil & licence* de lui pour marier la fille qui est en sa *garde* ; & cela même, à proprement parler, n'est qu'un droit réel, puisque cette obligation n'est nécessaire que pour faire cesser la *garde* avant le temps ordinaire.

Suivant l'article 100, c'est le propre de tous les fiefs indistinctement d'être sujets à la *garde*. Cependant la coutume paroît supposer qu'il y a des fiefs qui en font exempts. L'article 217 dit « que les » biens appartenans à sous-âges, soit *en fief*, où » en roture, lesquels ne tombent en *garde*, sont » régis & gouvernés par leurs tuteurs, à la charge » de leur en rendre compte, quand ils seront en » âge ».

L'article 216 dit à-peu-près la même chose.

Les commentateurs ont fait beaucoup d'efforts pour sauver cette espèce d'antinomie. La plus vraisemblable de ces conciliations est celle de Pesnelle. Cet auteur pense que « les fiefs qui ne tombent » point en *garde*, & qui doivent être régis par les » tuteurs, font les fiefs des paragers ou ceux dont » la *garde* n'est point en la main des seigneurs » à qui elle appartenoit de droit, soit qu'ils aient » négligé de la demander, soit que l'ayant acceptée, » ils y aient depuis renoncé ».

M. Houard adopte la première de ces interprétations : il invoque, à cette occasion, un texte de l'ancien coutumier, qui porte que *les seigneurs n'ont la garde fors des fiefs qui ne font pas pariables* ; & l'autorité de Glanville, qui dit, au *liv. 7, chap. 3*, que les socages libres se divisent également entre les enfans, à l'exception du chef-mex, ou *mésuage*, qu'on accorde à l'aîné par forme de préciput, si ces socages font dans l'usage d'être divisés, sinon ils appartiendront pour le tout à l'aîné, ou même au cadet, suivant l'usage de quelques lieux.

Cependant tous les jurisconsultes anglois paroissent mettre la ténure en socage libre au nombre des rotures, & cela semble conforme à la section 118 de Littleton, que M. Houard a lui-même invoquée.

Peut-être aussi ces fiefs nobles, dont parle la nouvelle coutume de Normandie, ne font-ils rien autre chose que les francs-tenemens dont parle l'ancienne, au *chap.* 28. « Uns francs tenemens, y » est-il dit, font tenus fans hommage & fans pa- » rage *en fief lay*, & ce est fait par composition qui » est faite entre aucunes personnes, si comme se » un homme a 20 fous de rente sur un fief, & » en donne à un autre 10 fols, & retient les au- » tres 10 fous & hommage de son homme, cil » qui tient le fief ne fait pas hommage à autre ; » car il le tient par un *seul hommage*, &c. »

Si, pendant que le mineur est en *garde*, ceux qui tiennent des fiefs de lui tombent en sa *garde*, le gardien du mineur en jouit à titre d'arrière-*garde*. Il jouit des fruits de ces fiefs, comme du fief principal, sans être tenu d'en rendre aucun compte.

Il dépend néanmoins du tuteur & des parens du mineur d'abandonner la jouissance de tous les biens du mineur, tant nobles que roturiers, au seigneur qui a la *garde* de son fief, à la charge de nourrir & entretenir le mineur, suivant l'article 218. Mais, dans ce cas-là même, le seigneur n'a pas le droit d'élever chez lui le mineur ou de présider à son éducation. Il doit seulement, dit Godefroy, fournir au tuteur l'argent nécessaire pour cela, « en » ayant égard à l'honnêteté, mœurs & condition » du pupille, & se réglant à ce qui suffit pour » l'honnête frugalité ».

Cet auteur observe encore que le seigneur ne peut point exiger, dans ce cas, l'abandon des meubles du mineur, mais seulement agir contre le tuteur, pour lui faire placer le prix pour lequel ils ont été vendus, si mieux on n'aime lui en payer l'intérêt, parce que ces intérêts dont le tuteur doit rendre compte, représentent de véritables fruits.

La *garde* royale entraîne de plein droit, & dans tous les cas, cette universalité de jouissance des biens des mineurs. Suivant l'article 215, le roi, par privilège spécial, *fait les fruits siens de tous les autres fiefs nobles, rotures, rentes & revenus tenus d'autre seigneur* que de lui médiatement ou immédiatement.

Comme la coutume ne parle que des fruits & revenus, les meubles ne tombent pas plus dans la *garde* royale que dans la *garde* seigneuriale, suivant l'article 33 des articles placités de 1666. Mais on a demandé si la *garde* royale s'étend aux fiefs ou autres immeubles du mineur, qui sont provenus d'une succession différente de celle qui donne ouverture à la *garde* royale, & si, par conséquent, elle peut comprendre les *gardes seigneuriales* ouvertes antérieurement.

L'ancien coutumier de Normandie est pour l'affirmative. Il dit expressément que *toutes les échaètes qui lui échéront* (au mineur) *par héritage tenu comme il sera en la garde du duc*, *seront avec lui en la garde du duc*. Le Rouillé, dans sa *Glose*, comprend aussi dans cette *garde*, *toutes les échéances qui lui viennent pendant le temps de ladite garde*. Cependant l'additionnaire de Béraut cite un arrêt du 18 juillet 1617, qui a, dit-il, confirmé la présentation d'un bénéfice, faite par le tuteur, au préjudice de celle faite par le roi, attendu que le bénéfice dépendoit d'un fief qui étoit de la succession paternelle, tandis que la *garde* du roi étoit pour un fief de la succession maternelle. Merville, Pesnelle, Routier, M. Royer de la Tournerie, dans son *Traité des fiefs* à l'usage de Normandie, & l'auteur de l'*esprit de la coutume*, enseignent la même chose. Mais l'arrêt du 18 juillet 1617 n'a point jugé cela; il a seulement jugé que la *garde* seigneuriale du fils du second lit n'attiroit pas la *garde* seigneuriale des filles du premier lit, qui, suivant la coutume de Normandie, ne succèdent point avec leur frère, & n'ont aucune propriété dans les biens de leur père, quand il laisse des enfans mâles; il a décidé par cette raison, que

le fief & le patronage dépendans de la succession échue aux filles du second lit, n'avoient pu être compris dans la *garde* royale, qui avoit pour objet la succession des fils du premier lit.

C'est ce dont on s'est assuré par la lecture de cet arrêt, qui est transcrit en entier dans un mémoire imprimé, fait pour le sieur de Saint-Gervais, lors d'un arrêt du 23 juillet 1769, qui a véritablement jugé la question. On en rend à-peu-près le même compte dans l'édition de Béraut, Godefroy & d'Aviron, faite en 1776.

L'arrêt du 23 juillet 1769 a jugé au contraire de la manière la plus expresse, 1°. que le sieur Raveton n'avoit pas le droit de demander la *garde seigneuriale* du fief tenu de lui par les mineurs du Merle de Grand-Champ, qui étoient tombés dans la *garde* du roi à la mort de leur père, quoique ce fief dépendît de la succession maternelle ouverte postérieurement.

2°. Que pour prononcer cette exclusion, il n'étoit pas besoin que les lettres de don de *garde* fussent enregistrées; elles avoient seulement été présentées à l'enregistrement dans cette espèce.

3°. Que la *garde* royale & l'exclusion qui en étoit la suite avoient lieu, quoique le fief qui relevoit du roi fût grevé d'usufruit.

Un auteur très-savant paroît aussi avoir adopté l'avis de Béraut, quoiqu'il convienne que la question n'a point été décidée par l'arrêt de 1617, cité par cet auteur. Mais elle l'est, dit-il, par le principe, « que l'inféodation règle la succession : car » de-là il suit que celle faite par le roi à une ligne, » n'impose aucun devoir de vasselage à la ligne » qui n'y est pas soumise ». (*Dictionnaire du droit normand*, au mot *Fief*, tom. 2, p. 365.)

Mais ne peut-on pas dire que ce raisonnement ne prouve rien à force de trop prouver ? En adoptant le principe de M. Houard, il s'ensuivroit que la *garde* royale ne devroit jamais s'étendre aux fiefs qui ne sont pas tenus immédiatement du roi, puisqu'ils sont provenus d'une concession différente. Dès que, suivant l'article 215, la *garde* royale attribue la jouissance de tous les autres fiefs, *rotures*, *rentes* & *revenus* du mineur, à la charge de le nourrir & sous le terme de l'universalité de cette jouissance; est-il besoin de remonter à l'origine de chaque bien, & de rechercher les devoirs du vasselage, auxquels chacun d'eux peut être sujet ?

On a déjà observé que la présentation aux bénéfices est ordinairement réservée au roi dans le don qu'il fait de sa *garde*. Le roi a même ce privilège, qui n'appartient point aux seigneurs, que son droit de présentation s'étend sur les fiefs délaissés à la veuve pour son douaire, lorsqu'il y a un patronage attaché à ce fief, & qu'il n'y a pas dans la succession quelque autre fief en vertu duquel le roi puisse aussi présenter à un bénéfice. Terrien & Béraut citent des arrêts rendus tant au conseil qu'au parlement de Rouen, les 11 avril 1510; 3 avril 1516, 6 juin 1522 & 4 mars 1556, qui

l'ont ainſi jugé , le premier & le dernier , au profit du roi , & les deux autres , en faveur de la
douairière.

§. VI. *Des charges de la garde.* Les articles 215
& 221 chargent le roi & les ſeigneurs gardiens
de tenir les lieux dont ils jouiſſent en bon état. Ils
ajoutent que ces derniers « ne peuvent vendre ou
» arracher les bois , ni remuer les maiſons ; & s'ils
» font le contraire , ils en doivent perdre la *garde*
» & amender le dommage ».

Suivant l'article 215 , le roi qui jouit de tous
les revenus des mineurs, eſt auſſi tenu « de payer
» les arrérages des rentes ſeigneuriales , foncières
» & hypothèques, qui échéent pendant la *garde* ,
» & de nourrir & entretenir bien & duement les en-
» fans ſelon leurs qualités, âge , facultés & familles,
» & font ceux auxquels le roi fait don deſdites
» *gardes* , ſujets auxdites charges & d'en rendre
» compte au profit des mineurs ».

Le donataire du roi n'eſt néanmoins tenu de
toutes ces charges que juſqu'à la valeur du revenu
du mineur, ſuivant l'article 34 du réglement de
1666.

Comme le gardien ſeigneurial ne peut réclamer que
la jouiſſance de ce qui relève de lui noblement, « il
» n'eſt tenu , ſuivant l'article 218 , à la nourriture
» & entretenement des perſonnes des ſous-âgés,
» s'ils ont échéettes ou autres biens roturiers. Mais
» où les tuteurs & parens mettroient tous les hé-
» ritages & biens deſdits ſous-âgés entre les mains
» du ſeigneur gardien ; en ce cas , il eſt tenu les
» nourrir & entretenir, ſelon leur qualité & la
» valeur de leurs biens, *contribuer au mariage des*
» *filles,* conſerver le fief en ſon intégrité , en ou-
» tre de payer les arrérages des rentes foncières,
» hypothécaires, & autres charges réelles ».

» Et s'il y a pluſieurs ſeigneurs ayant la *garde-*
» *noble* à cauſe de divers fiefs appartenans aux-
» dits mineurs (ajoute l'article 219), ils ſeront
» tenus contribuer à la nourriture , entretenement
» & inſtruction d'iceux, chacun pour ſa quote-part
» de leurs fiefs & au marc la livre ».

Il n'eſt pas trop facile de décider ce que la coutume entend par cette contribution au mariage des
filles. Le plus ſûr eſt de donner en dot aux filles
une rente dont le gardien paiera les arrérages, tant
que la *garde* durera ; ou, ſi l'on conſtitue la dot en argent, de le charger d'en payer les intérêts. Tel
paroît l'avis de Godefroy.

L'auteur de l'*Eſprit de la coutume de Normandie*
dit à-peu-près la même choſe.

§. VII. *Des manières dont finiſſent les deux eſpèces de garde.* Outre la mort civile & naturelle du
mineur, la *garde* finit de ſix manières différentes,
qu'il faut parcourir ſucceſſivement.

I. La majorité du mineur eſt la manière la plus
naturelle de faire ceſſer la *garde* ; mais il faut ici
diſtinguer entre la *garde* royale & la *garde ſeigneuriale,* entre celle des mâles & celle des filles.

« La *garde*-noble , ſuivant l'article 223 , finit après
» que le *mineur* a vingt ans accomplis, & s'il eſt
» en la *garde* du roi après vingt-un ans accomplis ,
» & néanmoins (ajoute l'article 224) *il* demeure
» toujours en *garde* juſqu'à ce qu'*il* ait obtenu du
» roi des lettres-patentes de main-levée, & icelles
» fait expédier ; & pour les *gardes* des autres ſei-
» gneurs , il ſuffit leur ſignifier le paſſe-âge ».

L'article 229 dit généralement que *la fille étant
âgée de vingt ans ſort hors de garde.* Cependant , malgré cette expreſſion illimitée , Peſnelle penſe que
les filles ne ſortent à 20 ans que de la *garde ſeigneuriale,* & que la *garde* royale ne finit pour elles,
comme pour les mâles, qu'à vingt-un ans accomplis.

Godefroy, Routier & M. Roupnel ſont d'un avis
contraire. Il eſt aſſez extraordinaire qu'un point de
juriſprudence qui doit ſe préſenter ſi fréquemment
dans l'uſage, ne ſoit pas encore éclairci.

Il faut avouer que les plus anciens monumens
ſemblent favoriſer l'opinion de Peſnelle. Suivant les
juriſconſultes anglo-normands, la *garde,* tant royale
que ſeigneuriale , ne finiſſoit qu'à 21 ans. On a
depuis reſtreint ſa durée à 20 ans, ſur le fondement que ſon commencement étoit réputé pour accompli, lorſqu'il s'agiſſoit de l'utilité des mineurs ;
mais cette fiction qu'on n'a point admiſe contre le
roi, n'a pas plus d'étendue pour les filles que pour
les mâles.

Le vieux coutumier de Normandie dit , aux *chap.
33 & 43,* que le duc de Normandie a la *garde de
ceux qui ſont en non-âge, juſqu'à tant qu'ils aient 21
ans accomplis, & que les hoirs doivent être en garde,*
juſqu'à tant qu'ils aient *20 ans accomplis.* Il ſemble
réſulter de la coutume ne diſtingue que la
garde ſeigneuriale & la *garde* ducale, ſans s'occuper de la différence des ſexes ; & que ſi ces
mots *20 ans accomplis* doivent s'appliquer aux deux
ſexes pour la *garde ſeigneuriale,* ceux-ci *21 ans accomplis,* qui ſe rapportent à la *garde* royale ſont dans le
même cas.

Enfin l'article 220 de la nouvelle coutume de
Normandie dit que « ſi fille, étant hors de *garde,*
» ſe marie à un qui ne ſoit âgé de 20 ans ; ſon
» fief tombe en *garde,* tant que l'homme ſoit âgé ».
Il eſt viſible que par ce mot *garde,* la coutume
n'entend parler que de la *garde ſeigneuriale,* puiſque les garçons ſont ſujets à la *garde* royale juſqu'à
l'âge de 21 ans. Il faut donc, par la même raiſon
reſtreindre ainſi les articles qui ſemblent faire ceſſer
toute *garde* à vingt ans pour les filles.

Au reſte, l'âge ne fait pas ceſſer la *garde* de
plein droit, ſi le ſeigneur n'en eſt pas inſtruit par
la ſignification qu'on lui fait faire du paſſe-âge. Il
eſt même d'uſage, en ce cas, de faire certifier en
juſtice cette ſignification. Quant à la *garde* royale,
on obtient des lettres de ſortie de *garde* en la
grande chancellerie, & l'adreſſe s'en fait , comme
de celles de don de *garde,* à la chambre des comp-

tes, laquelle informée de l'âge du mineur, accorde main-levée de la *garde*.

L'impétrant doit faire lire l'arrêt de main-levée en la jurisdiction du bailli, en présence du procureur du roi, & le signifier au receveur du domaine, qui est jusque-là comptable du prix fixé par la chambre pour le don de *garde*-noble, si l'on n'en a pas aussi obtenu le don, ce que l'on fait rarement, vu la modicité du prix.

Comme la loi qui règle le droit de *garde* est un statut réel, les deux espèces de *garde* finissent toujours à l'âge fixé par la coutume de Normandie, lors même que le mineur demeure dans une province où l'on n'est majeur qu'à vingt-cinq ans.

II. Le roi fait quelquefois cesser la *garde* royale avant le temps, par des lettres d'émancipation. Mais de pareilles lettres ne feroient pas cesser la *garde seigneuriale*, parce que les graces du prince ne peuvent jamais préjudicier à des tiers, & que c'est au seigneur seul à juger si le mineur est capable de servir le fief, avant l'âge qui fait une présomption légale de cette capacité.

III. La *garde* finit pour les filles seules avant leur majorité, lorsqu'elles sont mariées *par le conseil & licence de leur seigneur*, suivant l'art. 227. « Mais, dit l'article 231, « si le seigneur étant requis, con- » tredit le mariage, ou refuse de donner son con- » seil & licence, il peut être appellé en justice pour » en dire les causes, & après la permission de jus- » tice, la fille aura délivrance de son fief, & si » le seigneur n'est présent, il suffira de demander » le congé à son sénéchal ou bailli ».

Quand la *garde* est royale, c'est au procureur du roi qu'il faut s'adresser pour avoir son consentement au mariage de la fille. Si néanmoins il étoit question de fiefs de dignité, tels que des duchés, marquisats & comtés, « il est raisonnable, dit Go- » defroy, d'obtenir la permission du roi, pour l'in- » térêt qu'il a, que lesdits fiefs qui sont comme » les colonnes de l'état, ne tombent à mains de » personnes indignes »,

Il faut remarquer néanmoins que le mariage ne fait cesser la *garde*, que lorsque l'époux a lui-même atteint son âge, & même, suivant l'article 230, le mariage d'une fille hors de *garde* y fait retomber son fief jusqu'à la majorité du mari. Cette manière de faire cesser la *garde* est d'ailleurs si favorable, que la femme mariée ne retombe point en *garde*, lorsque son mari meurt avant qu'elle ait atteint son âge, (*art.* 232.)

IV. Lorsque le vassal a laissé plusieurs fils mineurs, il suffit que l'aîné ait atteint son âge pour faire cesser la *garde* de tous les fiefs de la succession, (*art. 196.*)

La raison en est qu'en Normandie l'aîné seul est saisi de toute la succession. La coutume oblige les puînés à lui demander partage.

Cette décision n'a lieu qu'entre mâles; la fille aînée, âgée de vingt ans, ou mariée, ne fait point cesser la *garde* de ses sœurs puînées, parce qu'elle

n'a pas la saisine de toute la succession. Elle peut seulement demander son partage aux tuteurs de ses sœurs, pour avoir délivrance de ce qui lui appartient. (*art.* 234.)

Cette prérogative de l'aîné mâle doit-elle avoir lieu dans tous les cas, ou cesse-t-elle, lorsque, dans une succession où il y a plusieurs fiefs, l'aîné provoque le partage & fait l'option de l'un de ces fiefs, en laissant les autres à ses puînés?

Godefroy est de cette dernière opinion. Il invoque, à cette occasion, ce que l'on vient de dire du mariage d'une fille en âge avec un mineur.

Basnage & Pesnelle pensent au contraire qu'on ne doit pas faire des distinctions que la coutume n'a pas faites.

V. L'article 221 prononce la privation de la *garde* contre le seigneur qui abuse de ce droit, en dégradant les biens dont il jouit à ce titre. Lorsque le seigneur néglige de pourvoir à l'entretien des mineurs dans les cas où il y est obligé, l'article 220 déclare seulement que les tuteurs pourront le faire contraindre par justice à remplir ces devoirs; mais s'il persistoit dans sa négligence, après des interpellations judiciaires, il pourroit aussi être privé du droit de *garde* dans ce cas, Basnage cite un arrêt du 16 décembre 1667, qui l'a ainsi jugé.

VI. L'article 22 des placités de 1666 permet au seigneur de renoncer à la *garde* qu'il a acceptée, lorsqu'il la trouve plus onéreuse que profitable. Cette faculté n'a pas été toujours accordée au seigneur.

§. VIII. *Des effets & des suites de la sortie de garde.* On doit distinguer ici les droits acquis au mineur, & les charges dont il est tenu, lors de la cessation de la *garde*.

I. *Quant aux droits*, les mineurs ou leur tuteur doivent avoir l'entière administration des biens compris en la *garde*, ces biens doivent leur être remis en bon état par le gardien. Lorsqu'il s'agit d'une *garde* royale, le donataire est tenu de rendre compte aux mineurs des revenus qu'il a perçus ou dû percevoir. C'est toujours là une des charges de la *garde*, de sorte que tout l'avantage dont jouit personnellement le donataire, est qu'il n'est pas obligé, comme les tuteurs, de placer le résidu de ces fruits, toutes charges déduites, ou d'en payer les intérêts aux mineurs. Il faut même excepter de cette règle le mineur dont la mère, lorsque le don de *garde* leur a été fait, Il est alors réputé fait aux mineurs même, auxquels la mère ou le tuteur sont comptables de l'emploi du restant des revenus, comme à l'ordinaire.

Cette exception n'a pas lieu néanmoins contre le tuteur qui est institué postérieurement au don de *garde*, si, lors de son élection, il s'est réservé la faculté de jouir du bénéfice de ce don. Mais, dans ce cas, il ne peut rien demander pour ses vacations, comme les tuteurs en ont le droit en Normandie; il peut seulement répéter ses voyages & séjours hors de la maison; tout cela est décidé par le réglement de 1666, *articles* 34, 35 & 36.

II.

II. Quant aux charges dont le mineur est tenu à la sortie de *garde*, elles se réduisent à l'obligation de faire la foi & hommage à son seigneur, s'il a l'âge suffisant pour cela ; mais il ne doit point de relief en ce cas, suivant l'article 225, qui est conforme à l'article 4 de la grande chartre d'Angleterre.

Lors même que la *garde* appartient au roi, au préjudice des seigneurs particuliers, ils ne peuvent pas davantage demander de relief à l'expiration de la *garde* : car la décision de la coutume est générale, & sans cela, le privilège du roi sur les seigneurs seroit très-nuisible aux mineurs, à ne consulter que la rigueur du droit, puisqu'outre la privation de la jouissance des fiefs tenus des seigneurs particuliers, ils seroient obligés de payer les reliefs dont cette jouissance doit tenir lieu.

Il semble qu'il y ait une contradiction en cet article 225 & l'article 196, qui charge l'aîné de plusieurs frères, sortant de *garde*, *de faire la foi & hommage de tous les fiefs*, & *de payer les reliefs pour tous.* On pourroit concilier ces deux articles, en disant avec M. Roupnel, que *l'article 196 établit une exception très-favorable aux mineurs, & contient une espèce de transaction.* Au lieu de laisser durer la garde jusqu'à la majorité de tous les frères, la coutume accorde au seigneur un simple droit de relief en ce cas.

Ce qui paroît confirmer cette interprétation, c'est que l'arrêt de la chambre des comptes de Paris du 16 mars 1774, dont on a vu les dispositions au §. VI, parle de relief en cas de sortie de *garde*. Mais comme l'article 225 de la coutume de Normandie établit un droit nouveau, il y a lieu de croire qu'on aura laissé la mention du relief dans l'article 196 par une inadvertence dont les réformations de nos coutumes ne fournissent que trop d'exemples ; & d'après le texte de cette loi, la chambre des comptes aura cru devoir laisser l'énonciation de ce droit, pour servir au receveur du domaine ce que de raison.

Il est certain du moins que, dans les cas ordinaires, il n'est dû *aucuns droits de relief, d'ensaisinement ni d'autres droits*, pour la sortie de *garde*, lors même que le roi en a fait don aux mineurs ou à leurs tuteurs. M. Roupnel de Chenilly dit que cela a été ainsi jugé en 1713.

Enfin l'article 216 donne ce privilège aux vassaux sortans de *garde*, *qu'ils ont relief de leurs hommes & tous autres droits seigneuriaux qui leur sont dus*, tout ainsi que s'ils n'eussent point été en garde.

Cependant l'article 163 dit que *le relief est dû par mort ou mutation de vassal*, & Béraut cite un arrêt du 27 juin 1536, qui a jugé qu'une veuve douairière doit recevoir les reliefs & treizièmes, quoiqu'elle ne puisse se faire rendre les hommages, & il en est de même par le droit commun de tous les usufruitiers.

On peut concilier tout cela en remontant à nos anciens usages. La jurisprudence ne les a point suivis relativement aux douairières & aux usufruitiers en général. Mais la coutume y a puisé ses dispositions sur les reliefs qui échéent durant la *garde*. Comme ce droit de relief n'est dû qu'une fois par chaque vassal, la coutume n'a pas compris ce droit de mutation au nombre des fruits.

Le chapitre 15 de Beaumanoir contient une décision semblable pour les chevaux ou roussins de service, contre le bailliste ou gardien noble, « se il avient, y est-il dit, que aucuns tiegne en » bail, & il y a hommes de fief, par le reson » du bail li hommes ne sont pas tenus à payer » roussis de service pour la raison du bail, a cheli » que li bail tient, *donques lex manières de servi-* » *che si doivent être gardées dusques à l'âge de hoir ;* » & la raison si est que qui sert, en doit être quitte » toute sa vie, & *chil qui tient le bail ni a rien fors* » *que de chertains tans*, & se il pouvoit li servi- » ches lever, li hoir trouveroit son fief empiré de » tant comme il appartiendroit as serviches, qui » avoient été payés à chelui qui avoit tenu le bail ».

On trouve précisément la même décision dans les coutumes d'Anjou, art. 133, & du Maine, art. 143, tant pour les chevaux de services dus aux mineurs qui sont en *garde*, que pour ceux qui sont dus au vassal, dont le fief est tombé en rachat. *C'est*, ajoutent ces coutumes, *un droit qui échet par la mutation des propriétaires, qui leur doit être conservé.*

C'est dans le même sens que le chapitre 33 de l'ancien coutumier de Normandie dit, « que pour » ce, se, ils (les mineurs) & leurs terres furent » en *garde*, ils ne doivent pas perdre reliefs de » leurs hommes, quant ils leur auront fait hom- » mage ». (*M. Garran de Coulon*, avocat au parlement.)

GARDE ou *protection*, est une espèce de droit que les peuples accordèrent aux seigneurs dans le temps des incursions des Barbares, qui désolèrent la France sous la fin des rois de la seconde race, & des guerres privées qui l'inondèrent de sang, sous les premiers de la troisième race. Accablés de tous ces maux, les habitans de la campagne, & même ceux des villes, se mettoient sous la *garde* & *protection* de quelque seigneur puissant qui avoit droit de château & forteresse, afin d'être en sûreté, & d'être défendus des violences auxquelles ils étoient exposés ; & comme il se faisoit à ce sujet un contrat entre le seigneur & ses sujets, & que ceux-ci s'engageoient par reconnoissance à certains droits & devoirs envers le seigneur, cette *garde* devenoit aussi par rapport au seigneur un droit qu'il avoit sur ses sujets.

C'est pourquoi dans des lettres du roi Jean, du mois d'août 1354, portant confirmation des priviléges des habitans de Jouville-sur-Saone, il est dit que ces habitans ne pourront, sans le consentement de leur seigneur, se mettre sous la *garde* & *protection* d'un autre, si ce n'est contre les violences de gens qui ne seroient pas soumis à leurs seigneurs ; mais que dans ce cas ils seront tenus d'exprimer dans les lettres de *garde* qu'ils obtiendront de ces feigneurs étrangers, le nom des gens conre les violences defquels ils demandent protection. Et dans des lettres de Charles V, du mois d'août 1366, il est dit que la *garde* de quelques lieux appartenant à l'abbaye de Molefme, ne pourra être mife hors la main des comtes de Champagne; & l'on voit que ce droit de *garde* emportoit une jurifdiction fur les perfonnes qui étoient en la *garde* du feigneur. (*A*)

Seconde partie du mot garde, *où l'on traite des acceptions dans lefquelles il eft pris dans fa fignification mafculine.*

GARDE, employé au mafculin, fignifie ceux qui font chargés de la *garde* & confervation de quelque chofe, & fous ce terme, on comprend plufieurs officiers publics, dont les fonctions principales confiftent dans la *garde* d'un objet qui intéreffe l'ordre civil & politique. Pour les diftinguer entre eux, on ajoute au mot *garde*, une qualification qui détermine particuliérement la chofe à la confervation de laquelle il eft obligé d'apporter fes foins. Nous allons faire connoître, par ordre alphabétique, les perfonnes défignées par le nom de *garde*.

GARDE *des ablées* ou *grains pendans par les racines.* Charles V, par des lettres du 19 juin 1369, permit aux mayeurs & échevins d'Abbeville d'en établir, avec pouvoir à ce *garde* de faifir les charrois & beftiaux qui cauferoient du dommage dans les terres, & de condamner en l'amende ceux qui les conduiroient. Ces *gardes des ablées*, font les mêmes que l'on appelle ailleurs, *meffiers vigniers: voyez ces mots.*

GARDE *des bois* ou *des eaux & forêts.* On donne ce nom à ceux qui font prépofés pour veiller à la confervation des forêts. On leur donnoit autrefois le nom de *regardatores*, & *quafi fervientes.* Il y en avoit de plufieurs efpèces, fubordonnés les uns aux autres.

On diftinguoit parmi eux un maître-*garde*, qui, indépendamment des vifites qu'il étoit obligé de faire, avoit fous lui, pour marcher dans les forêts journellement, des fergens de plufieurs fortes, *dangereux, routiers, traverfiers* ou *fimples fergens.* Le maître-*garde* avoit une autorité plus étendue que les fergens dangereux & traverfiers, & ceux-ci une plus grande que les fergens ordinaires. C'eft ce que nous apprend l'ordonnance de Saint-Germain-en-Laye du 26 février 1598, où il eft dit *que les fergens ordinaires peuvent faire perquifition de filets & engins défendus*, en l'abfence du fergent dangereux.

Les fergens *dangereux, routiers* étoient des gardes-traverfiers, qui alloient autrefois faire des vifites extraordinairement de forêts en forêts, pour examiner fi les *gardes* & fergens ordinaires faifoient leur devoir, & qui avoient droit de faire des vifites domiciliaires; ce qui n'étoit permis aux fergens ordinaires qu'en leur abfence. Comme ils avoient

l'infpection fur les forêts où le roi avoit le droit de tiers & danger, c'eft de-là qu'on leur a donné le nom de *fergens dangereux.* Ils étoient obligés de rendre compte de leurs vifites au maître-*garde.*

Ce maître-*garde* étoit ce que l'on nommoit quelquefois maître particulier de la *garde*; il avoit une infpection immédiate fur les fergens dangereux & fur les fergens ordinaires, qui étoient obligés de lui rendre compte des différens délits qu'ils avoient découverts, & qu'il avoit droit de juger jufqu'à une certaine fomme. C'eft ce que prefcrivoit l'édit de mai 1597, où il eft dit, *article 21, que les rapports feront faits au maître particulier de la garde, ou au maître des eaux, au prorata de la fomme dont chacun peut être compétent;* ce qui femble annoncer que ce maître particulier de la *garde* étoit du nombre des fergens qui n'avoient droit de connoître des délits que jufqu'à concurrence de foixante fous.

On voit, par une ordonnance du mois de novembre 1219, qui renvoie pour le jugement des délits de la forêt de Retz, aux *gardes* à Villiers-la-Maifon, que les *gardes* des bois formoient un tribunal où fe portoit la connoiffance de certains délits commis dans les forêts.

Il paroît par l'ordonnance de 1545, rendue à Arque pour la forêt de Cervone, qu'il y avoit des forêts dont la *garde* étoit confiée aux riverains, que l'on avoit rendu refponfables de tous les délits qui s'y commettoient.

Mais l'ordonnance de 1669 ayant fupprimé tous les fergens traverfiers, maîtres-*gardes*, routiers, fergens dangereux, & y ayant fubftitué des *gardes* généraux à cheval, & des fergens à *garde* ou *gardes* à pied, ceux-ci feuls font aujourd'hui chargés de la *garde* des forêts.

L'édit du mois de novembre 1689 avoit érigé en titre d'office les places de *gardes*; mais on s'apperçut bientôt que l'établiffement de ces officiers portoit un très-grand préjudice à la confervation des forêts, parce que la plupart des *gardes* titulaires, pour fe dédommager de la finance qu'ils avoient payée pour l'acquifition de leurs offices, fe rendoient coupables de beaucoup de prévarications, foit en fouffrant que l'on commît, foit en commettant eux-mêmes des délits dans les bois confiés à leur *garde*, & en s'accommodant avec les délinquans. Ces motifs déterminèrent le roi à fupprimer ces offices par un arrêt de fon confeil du 12 novembre 1719: & à ordonner en même temps aux grands-maîtres des eaux & forêts d'établir, chacun dans fon département, d'autres *gardes* pour veiller à la confervation des forêts, jufqu'à ce qu'il lui plût d'y pourvoir par lettres du grand fceau.

Depuis cette époque les *gardes* font établis, foit par une commiffion du grand fceau, foit par une du grand-maître du département; mais dans l'un & l'autre cas ils doivent fe faire recevoir à la maîtrife dans laquelle ils font établis.

Leur réception est précédée d'une information
de vie & mœurs, qui doit être composée de témoins administrés par le procureur du roi, à la
requête duquel elle se fait, & dans le nombre desquels il faut entendre le curé ou un autre ecclésiastique, afin de justifier que le garde professe la
religion catholique, apostolique & romaine, parce
que l'exercice de toute autre religion est interdit
dans le royaume.

Après cette information, les officiers vérifient
s'il sait lire & écrire, car s'il ignoroit l'une ou
l'autre de ces choses, il ne seroit pas en état d'exercer
ses fonctions; parce qu'il ne pourroit s'instruire
exactement de tout ce qu'il est nécessaire qu'il sache
pour le remplir, & qu'il seroit dans l'impuissance
de dresser un procès-verbal.

Comme il doit avoir une capacité suffisante,
c'est-à-dire, être instruit de tout ce qui est relatif
à son devoir, il doit être interrogé sur les articles
de l'ordonnance qui concernent ses fonctions,
parce qu'il ne seroit pas raisonnable d'admettre
dans un état un homme qui en ignore les devoirs.

Il doit aussi donner une caution de trois cens
livres, pour sûreté des amendes, restitutions, dommages & intérêts, dont il pourroit à l'avenir être
responsable, ou auxquels il pourroit être condamné.

L'obligation de donner cette caution est très-
ancienne; on la trouve établie dans les ordonnances de 1346, 1376 & 1554; on voit même
que le règlement de 1602 veut qu'en cas de mort
ou d'insolvabilité, les cautions soient renouvellées
dans le terme d'un mois.

Après que ces formalités préliminaires sont remplies, le maître particulier reçoit le serment par
lequel le garde s'engage à remplir ses fonctions
avec honneur & probité, après quoi il l'envoie en
possession de la garde des bois qu'il est chargé de
conserver.

L'ordonnance ne fixe pas l'âge que doit avoir
un garde, ainsi il sembleroit qu'on devroit suivre
à leur égard la règle générale, qui ne permet
d'exercer des fonctions publiques qu'à l'âge de 25
ans: mais cependant, d'après l'édit de 1708, il paroît
qu'on peut en recevoir à l'âge de 22 ans.

Les gardes ne sont point obligés de faire enregistrer leurs commissions aux chambres des comptes,
bureaux des finances, ni ailleurs; ils en ont été
expressément dispensés par plusieurs arrêts du conseil des 21 octobre 1687, 17 novembre 1691, 14
mars 1724, & 13 juillet 1728. Ils ne doivent payer
que douze livres pour leur réception; savoir, trois
livres quinze sous pour l'audition de trois témoins,
trois livres pour épices, quarante sous pour les
conclusions du procureur du roi, & le surplus pour
les expéditions du greffier qui est chargé d'acquitter
les droits de contrôle.

Dès qu'un garde est reçu, il ne doit s'occuper
que de ce qui peut être l'objet des fonctions qu'il
a à remplir; aussi lui est-il défendu de tenir caba-

ret, d'exercer aucun métier, singulièrement ceux
où l'on emploie du bois, ni d'en faire aucun commerce par association directe ou indirecte avec les
marchands, à peine de cent livres d'amende.

Le motif de cette disposition de l'ordonnance
de 1669, est de renfermer les gardes dans leurs
fonctions, & d'en écarter tout ce qui y seroit étranger, en ne laissant subsister aucune liaison entre
eux, & ceux dont l'état est de fréquenter les forêts;
en cela, la loi n'a fait que suivre l'esprit des anciennes ordonnances.

Celles de septembre 1376 & 1402, ainsi que
celle de mars 1515, défendirent aux gardes tout
droit d'usage dans les bois confiés à leur garde:
aucun sergent, disent les deux premières, soit à
gages ou sans gages, n'usera de sa coutume, supposé, qu'il soit coutumier en la forêt où il sera sergent.

Cette disposition a été renouvellée par un arrêt
du 24 juin 1698, qui défend aux gardes d'être
usagers dans les forêts qui leur sont confiées, &
cela pour prévenir l'abus qu'ils peuvent faire de
leur usage.

L'arrêt de la chambre de réformation de Normandie du 17 décembre 1534, défend aux gardes
de revendre ni rendre aux délinquans aucun outil,
comme haches, serpes & scies. L'arrêt des juges
en dernier ressort du 2 décembre 1563, a fait la
même défense, afin d'empêcher que les gardes ne
puissent disposer arbitrairement des choses qu'ils
auroient mises sous la main de la justice en les
saisissant.

Les gardes étant responsables de tous les délits
& abroutissemens dont ils n'ont pas fait de rapport,
& devant alors être condamnés aux mêmes peines
que le délinquant, ils sont intéressés à veiller avec
la plus grande attention sur toutes les parties confiées
à leur garde.

Leurs fonctions exigent la plus constante assiduité; aussi leur est-il défendu de s'absenter sans
la permission expresse du maître particulier & du
procureur du roi, à moins que ce ne soit pour
raison de maladie, ou autre cause légitime; dans
ce cas, ils doivent faire avertir les officiers, qui
commettent alors un garde pour remplacer l'absent.

Pour s'acquitter exactement de son devoir &
pour le faire plus commodément, un garde ne
peut établir sa résidence trop près des forêts confiées à ses soins; aussi l'ordonnance de 1669 veut-
elle qu'il n'en soit éloigné que d'une demi-lieue
au plus.

Un garde doit s'attacher à bien connoître les
limites, ainsi que les bornes de chaque canton des
forêts; & pour acquérir à ce sujet les connoissances nécessaires, prévenir les méprises auxquelles
son ignorance pourroit donner lieu, & en même
temps les difficultés qu'occasione souvent un
déplacement de bornes, il doit de trois mois en
trois mois déposer au greffe de la maîtrise un
procès-verbal du nombre des bornes qui environnent ou qui séparent les bois sur lesquels il est

chargé de veiller, de leur état, de celui des foſſés creuſés pour empêcher les beſtiaux d'y entrer & prévenir les abrouriſſemens, avec déſignation des défauts qu'il y a remarqués; le tout à peine d'en demeurer perſonnellement reſponſable, d'être puni d'amende & même de deſtitution.

L'ordonnance exige auſſi qu'il tienne un regiſtre qui conſtate l'exercice journalier de ſes fonctions, & qu'il ſoit toujours en état de le repréſenter, comme une preuve de ſon exactitude & de ſa fidélité.

Ce regiſtre, coté & paraphé du maître particulier, ainſi que du procureur du roi, doit contenir un état des viſites du garde, des rapports qu'il a faits, des procès-verbaux qu'il a dreſſés, & de tous les actes qu'il eſt chargé de faire: enſemble un extrait des ventes ordinaires & extraordinaires, le nombre, le tour & l'eſpèce des arbres réſervés, la valeur & la qualité des chablis, celles des arbres encroués, & généralement tout ce qui dépend de ſes fonctions.

Cette obligation de tenir un regiſtre exiſtoit déjà lorſque l'ordonnance de 1669 parut; elle avoit été impoſée aux gardes par pluſieurs anciens réglemens, notamment par celui des juges en dernier reſſort, du 2 décembre 1563, par l'article 8 de celui du 2 ſeptembre 1597, par celui du 4 ſeptembre 1601, & par l'édit du mois de janvier 1583.

Tout garde eſt obligé de repréſenter aux officiers ſon regiſtre quand ils l'exigent, & il doit avoir attention qu'il ſoit tenu dans la forme la plus régulière, que les dates n'en ſoient pas interverties, qu'il n'y ait ni blancs, ni lacunes, en un mot, qu'il ne ſoit pas écrit d'une main étrangère, ce qui annonceroit de la négligence.

Un garde doit de même s'attacher à bien connoître toutes les perſonnes réſidentes dans l'étendue & dans les environs de ſon département, ſur-tout les gens qui ſont ſoupçonnés ou connus pour être des délinquans, afin de n'être point expoſé à tomber dans des mépriſes ſur leurs nom & qualité lorſqu'il les trouvera en contravention; il faut de plus, qu'il évite d'avoir aucune liaiſon, & ſur-tout de boire avec eux, cela lui étant expreſſément défendu, à peine de cent livres d'amende & même de deſtitution.

Comme l'établiſſement des gardes a principalement pour objet la conſervation des bois, plutôt que le profit des repriſes, un garde ſe rendroit criminel, ſi, par quelque manœuvre que ce fût, il donnoit lieu à un particulier de commettre des délits pour avoir occaſion de faire un rapport contre lui; car le mérite d'un bon garde conſiſte moins à faire beaucoup de procès-verbaux, qu'à prévenir par une vigilance exacte les délits dans les bois de ſon département.

Pour éloigner des gardes la tentation de chaſſer, on leur a interdit en général le port du fuſil; l'ordonnance ne leur permettant que celui du piſtolet.

Il eſt, en effet, du bien du ſervice qu'ils ſoient armés; par-là ils ſe font non-ſeulement reſpecter, mais ils en ont plus d'aſſurance lorſqu'ils rencontrent quelque déliquant.

Quoique la défenſe de porter le fuſil ſoit générale pour les gardes de tous les départemens, il y a cependant des exceptions pour quelques maîtriſes frontières, telles que Metz, Sainte-Menehould, Boulogne-ſur-mer, dans leſquelles, ſuivant les arrêts du conſeil des 11 avril 1724, premier octobre 1732, & 20 mars 1753, il eſt permis aux gardes de porter le fuſil dans l'exercice de leurs fonctions.

S'ils abuſent du port de leurs armes, s'ils chaſſent ou tirent ſur le gibier de quelque eſpèce que ce ſoit, dans les forêts ou dans les plaines, ils doivent être punis par amende, deſtitution ou banniſſement des forêts, même corporellement s'il y a lieu.

Il y a beaucoup de gardes qui ne regardent que comme comminatoire la diſpoſition rigoureuſe de l'ordonnance que nous venons de rapporter; mais ils ſont dans l'erreur, puiſqu'un arrêt du conſeil du 28 août 1753 a ordonné l'exécution d'une ſentence rendue par le grand-maître des eaux & forêts de Normandie, par laquelle un garde de bois avoit été condamné à cent livres d'amende, & déclaré incapable d'aucune fonction de garde dans les forêts du roi, pour avoir chaſſé.

Les gardes doivent comparoître alternativement à l'audience de la maîtriſe, ſuivant l'ordre qu'ils en reçoivent des officiers, non-ſeulement pour les informer de l'état des bois de leur canton, mais encore pour y préſenter, affirmer & faire enregiſtrer leurs rapports.

Comme il faut que la vigilance des gardes s'étende ſur tous les bois de leur département, ſoit qu'ils appartiennent au roi ou à des ſeigneurs engagiſtes, ou à des communautés eccléſiaſtiques & laïques, ou à des particuliers, il eſt néceſſaire qu'ils connoiſſent les règles preſcrites par l'ordonnance de 1669, pour la conſervation de ces différens bois.

Nous ne nous étendrons pas ſur toutes les obligations impoſées aux gardes, on les trouve détaillées dans l'ordonnance de 1669. Nous ne parlerons pas auſſi des rapports qu'ils ſont obligés de faire, nous en donnerons les règles ſous le mot RAPPORT.

Les aſſignations données verbalement par les gardes des eaux & forêts ſont ſuffiſantes, & leurs rapports, exploits & procès-verbaux, ne ſont point aſſujetis à la formalité du contrôle. Cette juriſprudence eſt autoriſée, à l'égard des aſſignations verbales, par les arrêts du conſeil du 26 avril 1738, 9 mai & 19 décembre 1741; & en ce qui concerne le contrôle, par un arrêt du 26 février 1689. Mais les gardes, ſoit des particuliers, ſoit des communautés laïques & eccléſiaſtiques, ne jouiſſent pas du même privilège, d'après les arrêts du conſeil des 19 avril 1691, & 16 mai 1752.

En matière d'affignation, les fonctions des *gardes* font bornées aux feules affaires qui concernent les eaux & forêts, & il leur eft défendu, fous peine de faux, d'exploiter dans l'étendue de la jurifdiction des maîtrifes, dans lefquelles ils font reçus, pour toute autre affaire que celles qui fe pourfuivent à la requête des procureurs du roi.

Les *gardes* n'ont pas le pouvoir de faire des vifites chez les particuliers pour la recherche des bois de délit, à moins qu'ils ne foient affiftés d'un officier de la maîtrife : s'il s'agiffoit cependant d'un délit récemment commis, & qu'un *garde* fût à la fuite, il pourroit dans ce cas faire les perquifitions néceffaires pour en découvrir les auteurs, parce qu'il s'agiroit d'une efpèce de flagrant délit ; mais il ne pourroit pas forcer l'ouverture des maifons, s'il n'y étoit autorifé, foit par une ordonnance du maître particulier, ou du juge des lieux.

Hors le cas du flagrant délit, un *garde* ne peut pas faire feul ces fortes de perquifitions ; il ne peut y procéder qu'en préfence d'un officier de la maîtrife, ou en la préfence du juge ordinaire de l'endroit ; & à fon refus, ou s'il n'y en a pas, il doit requérir l'affiftance, foit du maire, foit d'un échevin du lieu. C'eft ainfi qu'il faut entendre ce que l'ordonnance de 1669 prefcrit à ce fujet.

Tel eft l'ufage de prefque toutes les maîtrifes du royaume : s'il en étoit autrement, & s'il falloit ftrictement fuivre la difpofition littérale de l'ordonnance, qui ne parle ni du maire, ni d'un échevin, & qui n'admet que la préfence d'un officier de la maîtrife ou de celui de la juftice du lieu, il arriveroit que dans les villages où il n'y a pas de juftice établie, les *gardes* feroient dans l'impoffibilité d'y faire aucune perquifition utile des bois de délit, parce que les officiers de la juftice ordinaire, dont dépend ce village, trouveroient toujours des prétextes pour ne pas fe déplacer & ne pas affifter le *garde*. Mais comme il faut toujours faifir le véritable efprit d'une loi pour en faire l'application convenable dans l'exécution, dès qu'il eft évident que l'intention du légiflateur a été de prévenir l'impunité des délits, on doit favoir fuppléer aux cas non exprimés par ceux qui le font clairement.

Souvent un *garde* éprouve dans l'exercice de fes fonctions, de la réfiftance, même des violences & des rebellions ; il faut alors qu'il fe contente d'en dreffer un procès-verbal fur lequel on ne manque pas de punir févérement les coupables ; l'ordonnance défendant impérieufement à toutes perfonnes de troubler les *gardes* dans leurs fonctions, ni de les maltraiter, à peine d'être punies rigoureufement.

Si un *garde* commettoit quelque prévarication dans l'exercice de fes fonctions, comme de compofer avec les délinquans, d'en recevoir quelque chofe pour ne pas faire de rapport contre eux, ou d'abufer de quelque autre manière que ce fût de la confiance qu'on lui accorde, fur la preuve de quelqu'un de ces faits, il y auroit lieu non-feu-

lement à l'interdire, même à le deftituer, & fouvent à prononcer contre lui la peine des galères.

Quand il eft interdit, il ne lui eft pas permis d'exercer des fonctions, à peine de faux & de nullité, quand même il auroit formé oppofition à l'interdiction, ou qu'il en auroit interjetté appel.

Quant à la deftitution qui emporte la perte entière de l'état, les grands-maîtres peuvent la prononcer contre un *garde*, l'ordonnance leur donnant à cet égard un plein pouvoir que l'on doit regarder comme une dépendance de l'autorité qui leur eft confiée pour la police des eaux & forêts.

Les officiers des maîtrifes ont auffi la faculté de deftituer un *garde* ; mais ce ne doit être que fur des chefs d'accufation prouvés : en cela ils ufent du pouvoir qu'a tout juge, de priver de fon état le fubalterne qui en abufe.

Outre les devoirs particuliers dont nous avons parlé, les *gardes* en ont encore d'autres à remplir en général ; ils doivent affifter les officiers lors des vifites qu'ils font dans les forêts, leur donner connoiffance des outre-paffes, anticipations, déplacemens de bornes, & de toutes les autres chofes qui ont trait à la confervation des forêts ; fubordonnés aux *gardes* généraux, ils doivent fe conformer exactement aux ordres qu'ils en reçoivent pour le fervice, parce que l'objet effentiel de leurs fonctions, eft de concourir tous à la confervation des forêts, en y prévenant, autant qu'il eft poffible, les dégradations.

Les bois des communautés eccléfiaftiques & laïques, & ceux des particuliers étant foumis à la police générale établie pour les bois, les *gardes* doivent de temps à autre y faire des tournées pour reconnoître s'il ne s'y paffe rien de contraire aux ordonnances : s'ils y découvrent quelque malverfation, ils doivent en dreffer des procès-verbaux.

Nous ajouterons que les *gardes* font autorifés à arrêter un délinquant inconnu, fans quoi l'impunité fuivroit le délit, & qu'ils doivent de même amener dans les prifons ceux qui, ayant été déclarés inutiles & vagabonds, commettent de nouveaux délits, finon ils en font refponfables en leur propre nom, conformément à la difpofition de l'article 46 de l'édit de mai 1716.

Quoiqu'il n'y ait aucun réglement qui aftreigne les *gardes* à ne pas quitter la bandoulière qu'on eft dans l'ufage de leur donner, il faut cependant qu'ils la portent exactement, parce qu'elle annonce leur commiffion au public pour qui elle eft refpectable.

Les *gardes* ne peuvent être payés des gages & chauffages, pour lefquels ils font compris dans l'état du roi, que fur un certificat de fervices que leur donne le grand-maître du département.

Les gages & droits des *gardes* font infaififfables ; cela a été décidé par un arrêt du confeil du 10 février 1685, qui défend expreffément à toutes perfonnes indiftinctement de faire pour dettes civiles aucune saisie sur les gages & droits attribués aux *gardes* des eaux & forêts, à peine de nullité, cassation de procédures, &c. ; il est en même temps défendu à tout huissier de mettre à exécution contre les receveurs des domaines & bois aucun jugement rendu sur saisie des gages de ces *gardes*, à peine de suspension de leurs charges ; en conséquence, il est enjoint aux receveurs des domaines de payer aux *gardes* leurs droits, conformément aux arrêts du conseil, sans avoir égard aux saisies faites entre leurs mains, à peine de payer deux fois, &c.

Cet arrêt a été confirmé par un autre du 14 mars 1702, qui a ordonné que le nommé Hérisson, *garde* de la forêt de Compiegne, seroit payé de ses gages, sans avoir égard à la saisie du prieur de Royalieu, & à toutes autres faites ou à faire.

Ainsi il faut tenir pour certain que l'on ne peut saisir les gages des *gardes* pour quelque cause que ce soit. Cette règle reçoit cependant une exception : quand un *garde* a prévariqué, on peut arrêter ses gages pour les amendes auxquelles il a été condamné, parce que ses prévarications le rendent indigne de jouir du privilège établi en sa faveur.

Outre les gages & droits qui sont accordés aux *gardes*, le roi les a encore exemptés de beaucoup de charges.

C'est dans ces exemptions que consistent leurs privilèges que les arrêts du conseil ont constamment confirmés, toutes les fois qu'on a voulu y porter atteinte.

1°. Ils doivent être taxés d'office à la taille, sans que les collecteurs puissent rien exiger au-delà, à peine de restitution du surplus : c'est ce qui a été décidé par divers arrêts du conseil des 25 octobre 1689, 11 juillet 1690, 27 juillet 1694, & 2 février 1711.

2°. Les *gardes* sont exempts d'ustensiles, privilège qui a été confirmé par plusieurs décisions du même tribunal, & notamment par celles des 2 mai 1702, 13 mai 1704, 19 juillet 1712, 4 avril 1723 & 20 mars 1736, qui les déchargent des sommes pour lesquelles ils avoient été compris dans les rôles des ustensiles, avec injonction de rendre les sommes payées, & défenses expresses aux collecteurs de les imposer à l'avenir dans ces rôles, à peine de cinq cens livres d'amende.

On voit même que pour avoir voulu porter atteinte à ce privilège, l'arrêt de 1736 a condamné les maire & échevins de Poitiers en cinq cens livres d'amende & au coût de l'arrêt.

3°. Les *gardes* sont pareillement exempts de tutèle & de curatelle. Un arrêt du 19 juillet 1712, décharge Simon Boulard, l'un des *gardes* de la maîtrise de Lyon, d'une tutèle qu'il avoit été condamné d'accepter.

4°. Ils sont encore exempts de logement de gens de guerre ; plusieurs ordonnances particulières ont confirmé à cet égard la disposition de celle de 1669.

5°. Enfin, ils ne sont point assujettis aux corvées, à la collecte des tailles, ni à toutes les autres charges publiques, ainsi que l'ont décidé les arrêts du conseil des 28 octobre 1684, 13 octobre 1687, 10 août 1700, 2 février 1711, & 6 avril 1751.

Dans le nombre de leurs privilèges se trouve compris le droit d'avoir leurs causes commises au présidial du ressort ; ce qui a été confirmé par les arrêts du conseil des 4 août & 22 septembre 1728 ; les *gardes* ne sont même justiciables d'autres juges que de ceux des maîtrises, pour les violences par eux commises dans leurs fonctions, ainsi que l'a jugé un autre arrêt du 19 mai 1708.

Lorsque les *gardes* des bois réunissent les qualités de *garde*-chasse & de pêche, ainsi que cela arrive assez ordinairement, ils ne jouissent pas de plus grands privilèges que ceux dont nous venons de parler : mais ils ont, en ces deux dernières qualités, des devoirs particuliers à remplir, & dont nous parlerons sous les mots GARDE-CHASSE & GARDE-PÊCHE.

GARDES *des bois tenus en gruerie, tiers & dangers*. Les possesseurs des bois tenus en gruerie étoient autrefois dans l'usage de commettre des *gardes* pour y veiller ; mais comme cela leur donnoit la facilité de s'en attribuer tous les profits au préjudice du roi, il leur fut défendu par les ordonnances d'avril 1545, juillet 1547 & mars 1571, d'y commettre aucun *garde*, ni sergent, excepté les sergens à *garde* des bois du roi.

La réformation du premier mai 1666, renouvella cette défense, en ordonnant que les *gardes* veilleroient à la conservation des bois où le roi a des droits de gruerie, & qu'ils feroient leurs rapports aux maîtrises.

Pour mieux assurer la conservation des droits qu'a le roi dans ces sortes de bois, l'ordonnance de 1669, *titre 23, article 15*, a confirmé cette défense, en ordonnant qu'à l'avenir il y auroit dans chaque maîtrise un ou plusieurs sergens à *garde*, selon le nombre & la distance des bois tenus par indivis & en gruerie, grairie, tiers & danger, pour y faire la *garde* & les rapports des délits, abus & malversations, de la même manière que ceux préposés pour les bois du roi.

Ces *gardes* qui tiennent leur commission du grand-maître, doivent être reçus à la maîtrise avec les mêmes formalités que les *gardes* des bois du roi, & jouissent des mêmes privilèges qu'eux.

C'est à la maîtrise qu'ils doivent faire leurs rapports, parce que les amendes & confiscations résultantes des délits commis dans ces bois appartiennent au roi, ainsi que les restitutions, dommages & intérêts dans lesquels les possesseurs n'ont que la portion qu'ils peuvent prétendre en vertu de leurs titres.

GARDES *des bois des communautés laïques & ecclésiastiques, des engagistes & des seigneurs particuliers*. En général les obligations & les devoirs imposés aux *gardes* des bois du roi, sont également imposés à ceux dont nous parlons dans cet article ; mais nous avons cru devoir en traiter particuliérement, parce qu'il y a quelques différences entre les uns & les autres.

I. Les communautés laïques font tenues de prépofer des *gardes* pour la confervation de leurs bois, & faute par elles de le faire, le juge des lieux peut y pourvoir & en commettre d'office, dont les falaires font payés par les communautés qui ont refufé ou négligé d'en nommer.

La fonction des *gardes* prépofés par les communautés, ou s'exerce comme une charge de la communauté, ou eft confiée à un *garde* permanent. Dans le premier cas, le *garde* choifi par les habitans dans le nombre de ceux qui font propres à remplir cette place, n'exerce fes fonctions que pendant un an, & il doit être reçu fur une fimple preftation de ferment dont l'effet eft annal, ainfi que fa commiffion. Dans le fecond cas, il ne peut être reçu qu'après une information de vie & mœurs, & il eft difpenfé de réitérer chaque année fon ferment.

Ces *gardes* font reçus au fiége de la maîtrife, fous le reffort de laquelle font fitués les bois confiés à leurs foins. Mais fi leur réfidence eft éloignée de plus de quatre lieues de la maîtrife, ils peuvent prêter ferment devant le juge des lieux.

Suivant l'article 15 du titre 25 de l'ordonnance de 1669, ces *gardes* doivent faire leurs rapports devant les officiers des maîtrifes ou des grueries, & lorfque leur réfidence en eft éloignée de plus de quatre lieues, ils peuvent les faire pardevant les juges des lieux. Mais cet article ne doit pas fe prendre à la lettre.

Les procès-verbaux & les rapports des délits commis dans les hautes futaies, les quarts de réferve, fur les baliveaux des taillis, & les arbres épars, doivent être faits au greffe des maîtrifes, feules compétentes pour en juger. Mais ils peuvent faire au greffe de la juftice du lieu le rapport des légers délits commis dans les bois taillis, dont les hauts-jufticiers & les gruyers feigneuriaux peuvent connoître. Cependant fi la réfidence des *gardes* eft éloignée de plus de quatre lieues du fiége de la maîtrife, ils font autorifés à y dépofer leurs rapports, à la charge qu'ils feront envoyés auffi-tôt au greffe de la maîtrife, pour y être pourfuivis & jugés.

Le feul cas d'exception, à ce que nous venons de dire, eft celui où les communautés dépendent directement du domaine du roi, engagé ou non : car alors les *gardes*, quoique éloignés de plus de quatre lieues du fiége de la maîtrife, font obligés de s'y faire recevoir, & d'y apporter leurs rapports; ainfi qu'il a été clairement décidé par un arrêt du confeil du 23 août 1735, qui a caffé un arrêt du parlement de Befançon, en ce qu'il avoit ordonné que les *gardes-bois* d'une communauté dépendante d'un domaine engagé, & fituée au-delà de quatre lieues de la maîtrife, continueroient

de faire leurs rapports au greffe de la juftice des lieux.

Les rapports de ces *gardes* font fujets au contrôle, ils font tenus de les affirmer & les faire enregiftrer au greffe dans les vingt-quatre heures après la reconnoiffance des délits.

Le port du fufil leur eft interdit comme aux autres *gardes*. Ils font exempts de corvées pendant le temps de leur exercice. Lorfqu'ils prévariquent, ou fe rendent coupables d'une négligence grave, les grands-maîtres peuvent les deftituer, & en commettre d'autres à leurs places, fans le confentement des communautés. Cette deftitution n'eft pas fufceptible d'appel.

II. Les communautés eccléfiaftiques font tenues d'établir des *gardes* pour la confervation de leurs bois, & dans le cas de refus ou de négligence de leur part, les grands-maîtres font autorifés à le faire, à leur fixer des gages, & à décerner fur les biens des communautés, pour le paiement de ces mêmes gages, toutes contraintes & ordonnances néceffaires.

Ces *gardes* doivent être reçus pardevant les officiers des maîtrifes, où font fitués les bois qu'ils font chargés de garder. Leurs fonctions & leurs obligations font les mêmes que celles des autres *gardes-bois*. Ordinairement ils font en même temps gardes-chaffe & gardes-pêche, mais cette qualité ne leur donne pas le droit de porter un fufil, à moins qu'ils ne joignent celle de chaffeurs pour la communauté dont ils font *gardes*, & que cette qualité foit nommément exprimée dans leur commiffion, ainfi que l'exige l'article 3 de la déclaration du 27 juillet 1701.

III. Les feigneurs engagiftes, n'étant pas regardés comme propriétaires des domaines engagés, ne peuvent ni inftituer, ni deftituer les *gardes* prépofés à la confervation des bois fitués dans leur engagement : ils ont feulement le droit de préfenter les fujets au roi, qui leur accorde des provifions, ou au grand-maître du département, qui leur donne des commiffions. Ces *gardes* font reçus par les officiers de la maîtrife, & c'eft devant eux qu'ils font tenus de faire leurs rapports, quand bien même la haute-juftice auroit été engagée avec le domaine, & que leur réfidence feroit éloignée de plus de quatre lieues de la maîtrife.

IV. Les feigneurs particuliers peuvent établir des *gardes* pour la confervation de leur bois, chaffe & pêche. Ces *gardes* font reçus après une information de vie & de mœurs, foit au fiége de la maîtrife du reffort, foit à la juftice des feigneurs. Mais fi leurs officiers ne font pas en même temps gruyers, il n'y a pas d'option; il faut alors que la réception des *gardes* foit faite à la maîtrife, feule compétente pour juger les délits de futaie, & tous ceux dont les juges ordinaires ne peuvent point connoître, foit dans les bois des feigneurs, foit dans ceux des communautés dépendantes des hautes-jufticies. S'ils font gruyers, ils peuvent les recevoir ; mais si ces *gardes* ne sont pas encore reçus à la maîtrise, ils ne pourront pas faire de rapports pour les délits de futaie, de baliveaux sur taillis, & de taillis dans les quarts de réserve des bois des communautés.

Quelques seigneurs, dans l'idée de donner plus de poids à la réception de leurs *gardes*, ont imaginé de se pourvoir à cet effet à la table de marbre. Mais ce tribunal n'est pas compétent pour ces sortes de réceptions qui lui sont interdites à peine de nullité, à moins toutefois qu'il n'y ait un refus constaté des officiers des maîtrises, d'y procéder.

C'est ce qui a été décidé par les arrêts du conseil des 26 février 1737, 12 septembre 1741 & 28 mars 1752, qui ont fait défenses aux *gardes* ainsi reçus de faire aucune fonction des *gardes* de bois, pêche & chasse, & aux officiers des tables de marbre de connoître à l'avenir en première instance d'aucune matière des eaux & forêts, & de recevoir aucun *garde*, si ce n'est dans le cas où les officiers des maîtrises auroient refusé de procéder à la réception de ces *gardes*, & qu'il y auroit appel de ce refus, à peine de nullité & de cent livres d'amende envers les procureurs qui auroient signé les requêtes pour parvenir à ces réceptions, hors le cas de l'appel.

Ces *gardes* s'établissent sur lettres de provision signées des seigneurs. Ils doivent savoir lire, écrire, & être instruits des dispositions des ordonnances sur la matière des eaux & forêts.

Les *gardes* des seigneurs ne doivent pas plus porter de fusil que ceux des bois du roi ; ils ne peuvent avoir que des pistolets de ceinture pour la sûreté de leur personne. S'ils sont cependant en même temps chasseurs des seigneurs, ils peuvent avoir des fusils ; mais il faut que les commissions qui les établissent, soient enregistrées au greffe de la maîtrise.

GARDE-CHASSE. C'est celui qui est chargé de veiller à la conservation du gibier, & de tenir la main à ce que l'on ne chasse pas sans permission dans l'étendue du terrein confié à sa garde. Cette qualité est ordinairement réunie à celle de *garde-bois* ; quelquefois cependant elle en est séparée, notamment dans les capitaineries.

La réception d'un *garde-chasse* doit être précédée comme celle des *gardes*-bois, d'une information de vie & mœurs, & de la prestation de son serment.

Il doit savoir lire & écrire, & être instruit de tout ce qui a rapport aux fonctions qu'il est chargé de remplir.

Dans les capitaineries, les *gardes-chasse* doivent être reçus pardevant les capitaines ou leurs lieutenans, & ne doivent payer que six livres pour les frais de leur réception.

Hors des capitaineries, ils doivent être reçus au siège de la maîtrise à laquelle ils sont attachés.

Les ordonnances défendent en général aux *gardes*

de porter le fusil : il leur est seulement permis d'avoir des pistolets pour leur défense.

Comme il n'est rien dont on ne puisse abuser, un *garde-chasse* qui se sert de ses pistolets pour tirer sur le gibier, doit être condamné à l'amende, destitué, & même puni corporellement, parce que c'est de sa part non-seulement une désobéissance, mais encore un abus marqué de la confiance qu'on lui donne, en ce qu'il détruit ce qu'il est chargé de conserver.

Par la même raison, il est défendu, sous les mêmes peines, aux *gardes-chasse* de mener à leur suite aucun chien, parce qu'il en est peu qui ne prenne le gibier.

Un *garde-chasse* ne doit jamais entreprendre de désarmer un chasseur. C'est une voie de fait qui lui est interdite à cause des accidens qu'une résistance naturelle peut occasionner. Il doit se contenter de dresser son procès-verbal. Il ne faut pas même qu'il demande le fusil à ce chasseur. Il suffit qu'il lui déclare qu'il en fait la saisie entre ses mains, & qu'il l'en établit dépositaire pour le représenter lorsque cela sera ainsi ordonné.

Quand un chasseur a été désarmé par un *garde*, on ne prononce pas contre lui d'amende.

C'est ce qui se voit par un jugement de la table de marbre de Paris du 5 avril 1702, qui condamna les *gardes* de M. le duc de la Ferté à rendre les fusils qu'ils avoient ôtés à un chasseur & à son domestique.

Le même tribunal rendit en 1710, 1712 & 1715, différens jugemens qui renferment de pareilles condamnations.

Un arrêt de la tournelle du 31 juillet 1705, renvoya simplement un chasseur, par la seule raison que le *garde* lui avoit ôté son fusil.

D'après ces exemples un *garde-chasse* ne peut donc être trop circonspect, puisqu'il est certain qu'il ne doit jamais désarmer un chasseur. Il est néanmoins certains cas où les *gardes-chasse* peuvent désarmer & arrêter les chasseurs. Ils y sont autorisés par l'article 6 du titre 10, & l'article 31, titre 30 de l'ordonnance de 1669.

GARDE de commerce. C'est un officier qui a le droit exclusif de mettre à exécution à Paris, & dans la banlieue, les contraintes par corps pour dettes civiles. Ces officiers avoient été créés par un édit du mois de novembre 1772 : ils ont été ensuite supprimés par un autre édit du mois de juillet 1778, qui a établi à leur place douze commissions sous le titre d'*officiers-gardes du commerce*.

Ils obtiennent commissions scellées du grand sceau, sur la présentation du lieutenant-général de police, & ils sont reçus par les lieutenans civil & criminel du châtelet, sur les conclusions du procureur du roi, après une information de vie & mœurs.

Ils sont tenus de se trouver alternativement, & aux jours nommés, dans leur bureau commun, depuis neuf heures jusqu'à midi, & depuis trois

heures

heures de relevée jufqu'à fix, pour faire le fervice réglé entre eux, & exécuter par eux-mêmes, fans pouvoir fe faire fuppléer par des huiffiers les jugemens qui leur font apportés.

Ils ne peuvent mettre à exécution une contrainte par corps, qu'après que les titres & pièces ont été vifés & examinés par une perfonne verfée dans la pratique des affaires contentieufes, & commife par arrêt du parlement, & que cette même perfonne leur a donné un certificat qu'il n'eft furvenu aucun empêchement à l'exécution de la contrainte. *Voyez* CONTRAINTE *par corps.*

GARDE *des décrets & immatricules, & ita eft, du châtelet.* Cet officier a trois fonctions ; comme *garde des décrets,* il doit garder les décrets du châtelet vingt-quatre heures en fa poffeffion depuis qu'ils font fignés, recevoir les oppofitions, s'il en furvient, finon donner fon certificat fur lefdits décrets, & les remettre au fcelleur pour les fceller. Comme *garde des immatricules,* il doit faire immatriculer & figner fur fon regiftre les notaires & huiffiers qui font immatriculés au châtelet, & qui, en cette qualité, ont le droit d'inftrumenter par tout le royaume : enfin comme *ita eft,* il a le droit d'expédier les groffes que les notaires qui ont reçu les minutes n'ont pu expédier, foit par mort ou par vente; il figne au milieu, en mettant au-deffus de fa fignature *ita eft,* qui veut dire *collationné à la minute,* que le fucceffeur à l'office & pratique lui repréfente ; ce fucceffeur figne à droite, & le notaire en fecond à gauche. (*A*)

GARDE *des droits royaux de fouveraineté de reffort & exemptions dans la ville de Limoges :* cette qualité étoit donnée à des fergens que le fénéchal de Limoges commettoit pour être les confervateurs des privilèges de ceux qui étoient en la fauve-garde du roi. *Voyez les lettres* de Charles V, du 22 janvier 1371, pour le chapitre de Limoges. (*A*)

GARDE-ÉTALON, eft celui qu'on charge de la garde & entretien, quelquefois même de l'achat d'un cheval propre à fervir les jumens d'un certain arrondiffement. Suivant la déclaration du 22 feptembre 1709, le règlement pour le fervice des haras du 22 février 1717, l'arrêt du confeil du 30 juillet 1772, les *gardes-étalons* jouiffent de l'exemption de la collecte, tutelle, curatelle, guet & garde des villes & côtes, & du logement des gens de guerre. Ils doivent auffi être taxés d'office à la taille, proportionnément à leurs facultés, par l'intendant de la province, au pied des mandemens des tailles des paroiffes où ils réfident.

GARDES, ou *Maîtres des foires,* ou *des privilèges des foires,* étoient ceux qui avoient l'infpection fur la police des foires, & la manutention de leurs privilèges. L'ordonnance de Philippe-le-Bel, du 23 mars 1302, porte que les *gardes des foires* de Champagne feront choifis par délibération du grand-confeil ; c'étoient les mêmes officiers qui ont depuis été appellés *juges confervateurs des privilèges des foires.* (*A*)

GARDE *général des bois,* eft celui qui a été établi par l'ordonnance de 1669, pour exercer les fonctions des anciens fergens-traverfiers, maîtrés-gardes, fur-gardes, & fergens dangereux, fupprimés par cette même loi.

Un édit de 1689 avoit érigé les *gardes généraux* en titre d'office ; mais celui de mars 1708 les fupprima, & on créa en leur place, en titre d'office héréditaire, dans chaque maîtrife, un ou deux *gardes-généraux,* receveurs des amendes. Une déclaration du 14 octobre 1710 leur ôta le titre de receveurs des amendes, pour leur donner feulement celui de collecteurs ; plufieurs arrêts du confeil avoient fupprimé ces offices dans les différens départemens ; enfin ils ont tous fubi le même fort, par l'édit d'août 1777, à l'exception de ceux qui font établis dans les apanages des princes frères du roi, & de M. le duc d'Orléans.

Il paroît néanmoins que cette fuppreffion n'a frappé que fur la collecte des amendes, & non fur la qualité de *garde-général ;* car un arrêt du 12 février 1778 autorife les grands-maîtres à commettre des fujets pour remplir cette fonction, dans les maîtrifes de leurs départemens.

La différence qui fe rencontre entre les *gardes-généraux* & les autres *gardes-bois,* confifte en ce qu'un *garde* ordinaire a un canton circonfcrit, fur lequel il doit porter plus particulièrement fon attention ; au lieu que la vigilance d'un *garde-général* doit embraffer tous les cantonnemens de la maîtrife où il eft établi, parce qu'il eft le furveillant des *gardes* ordinaires ou *gardes* à pied. De plus, il doit être confidéré en quelque forte comme l'agent immédiat du grand-maître & des officiers de la maîtrife, pour l'exécution des ordres relatifs au fervice des eaux & forêts.

Un *garde-général* doit vifiter toutes les forêts de la maîtrife à laquelle il eft attaché, fans en excepter les bois des communautés & ceux des particuliers, afin d'examiner s'il ne s'y paffe rien de contraire aux ordonnances ; & lorfqu'il y découvre quelque contravention, il eft obligé d'en dreffer un procès-verbal.

Il y a des grands-maîtres qui, pour être affurés de l'exactitude des *gardes-généraux,* les aftreignent à leur envoyer tous les mois un mémoire qui contienne l'extrait des procès-verbaux des *gardes* particuliers, l'état où il ont trouvé leurs habillemens, quelle eft leur conduite, & les plaintes qu'il y a contre eux.

Ils doivent affifter les grands-maîtres & les maîtres particuliers dans toutes les defcentes, vifites & autres fonctions relatives au fervice.

L'ordonnance de 1669 leur enjoint de marcher continuellement dans les forêts & le long des rivières, fuivant les inftructions qu'ils recevront du grand-maître ou des officiers, afin de tenir les *gardes* ordinaires dans leurs devoirs, leur prêter main-forte, faire toutes fortes de captures & de rapports, exécuter les jugemens & ordonnances des maîtrises, & généralement de faire tous les actes & exploits relatifs à la chasse, à la pêche & aux bois.

Pour justifier l'exactitude de leurs services, les *gardes-généraux* doivent avoir, comme les *gardes* particuliers, un régistre coté & paraphé par le maître particulier & par le procureur du roi. Ce régistre doit contenir le journal de leurs courses, afin de prouver leur assiduité dans l'exercice de leurs fonctions.

Ils doivent faire mention s'ils ont trouvé les *gardes* dans leurs cantonnemens, & à quelle heure.

Pour rendre d'autant plus surveillans les *gardes* particuliers, il faut que les *gardes-généraux* évitent d'avoir aucune heure ni marche réglées dans leurs tournées.

Etablis pour inspecter la conduite des *gardes* particuliers, les *gardes-généraux* sont revêtus d'un pouvoir qui leur donne la supériorité sur eux. Ils doivent en user avec fermeté, mais avec prudence & discrétion, sans toutefois dissimuler leurs négligences, quand elles peuvent tirer à conséquence pour le bien du service.

L'objet général de leurs fonctions est à-peu-près le même que celui des *gardes* particuliers ; car les uns & les autres ne sont établis que pour veiller à la conservation des bois ; il faut donc qu'ils aient les mêmes qualités & les mêmes connoissances que celles dont nous avons parlé au mot GARDES *des bois du roi*.

Et comme leurs fonctions embrassent aussi tout ce qui concerne la chasse & la pêche, ils ne doivent rien ignorer de tout ce qui regarde ces deux parties. *Voyez* les mots GARDE-CHASSE & GARDE-PÊCHE.

Le *garde-général* doit mettre dans le service plus d'activité que les *gardes* particuliers, parce que le cheval qu'il a lui donne la facilité de se porter avec plus de promptitude dans les endroits qui exigent sa présence. Aussi est-il à portée de faire des rapports fréquens, les délinquans ne pouvant pas lui échapper aisément.

En général, pour exercer valablement leurs fonctions, les *gardes-généraux* doivent être âgés de vingt-cinq ans, comme les autres *gardes*. Suivant l'édit de 1708, il suffisoit qu'ils eussent vingt-deux ans.

Avant d'entrer en exercice, il faut qu'ils aient été reçus au siège de la maîtrise de leur établissement, avec les formalités prescrites par les ordonnances.

Ils ont la liberté de demeurer dans tel endroit que bon leur semble, pourvu que ce soit dans l'étendue de la maîtrise à laquelle ils sont attachés, à moins que les grands-maîtres n'aient jugé à propos de fixer le lieu de leur résidence.

Quand ils dressent des procès-verbaux, ils sont obligés de les affirmer dans les délais ordinaires ; & de se conformer, dans la rédaction, à toutes les formalités prescrites pour ces sortes d'actes.

Suivant l'édit de mars 1708, ils avoient le droit de mettre à exécution, dans l'étendue de la maîtrise où ils étoient établis, toutes ordonnances, sentences, jugemens, arrêts & commissions, tant des juges des eaux & forêts, que des juges ordinaires. Ce droit avoit été confirmé par plusieurs arrêts du conseil. Mais l'édit du mois d'août 1777, ayant supprimé les *gardes-généraux* établis par celui de 1708, les privilèges que cet édit leur accordoit se trouvent également supprimés ; ainsi ils ne peuvent plus exploiter que pour les matières d'eaux & forêts, conformément à l'ordonnance de 1669.

Selon l'arrêt du conseil du 12 février 1778, ils ne doivent jouir d'autres privilèges & exemptions que de ceux qui leur ont été attribués par cette ordonnance, & qui se bornent à ceux dont nous avons parlé au mot GARDES *des bois du roi*.

Les *gardes-généraux* ne doivent rien exiger de qui que ce soit pour les visites & autres opérations qu'ils font dans les bois. Ainsi, pour se mettre à l'abri de tout reproche à ce sujet, il faut qu'ils ne reçoivent que ce qui leur aura été taxé par le grand-maître.

Un arrêt du conseil du 22 février 1729, leur permet le port du fusil dans l'exercice de leurs fonctions.

GARDES ou *Greffiers des prisons* : cette qualité est donnée au greffier des prisons du châtelet dans une ancienne ordonnance. *Voyez le Recueil des ordonnances de la troisième race, tom. III à la table.* (*A*)

GARDE ou *Juge-garde des monnoies*, est un juge qui veille sur tout le travail de la monnoie. *Voyez au mot* MONNOIE, où il en sera parlé plus amplement. (*A*)

GARDE *de justice*, est le nom que l'on donne à certains juges, qui sont considérés comme n'ayant la justice qu'en dépôt & en *garde*. Par exemple, le prévôt de Paris n'est, selon quelques-uns, que *garde* de cette prévôté, parce que c'est le roi qui en est le premier juge & prévôt : c'est pourquoi il y a un dais au-dessus du siège du prévôt. M. le procureur-général est *garde* de la prévôté de Paris, le siège vacant ; ce qui signifie qu'il n'a cette prévôté qu'en dépôt, & non en titre d'office. *Voyez* PRÉVÔT DE PARIS.

On disoit aussi *donner en garde* une prévôté ou autre justice, les sceaux ou un greffe. Anciennement on les donnoit à ferme ; mais cet abus fut réformé, & on les donna en *garde*, c'est-à-dire seulement par commission révocable *ad nutum*, jusqu'au temps de Charles VIII, qui, en 1493, ordonna qu'il seroit pourvu aux prévôtés en titre d'office de personnes capables, par élection des praticiens du siège ; & depuis ce temps les prévôts ne s'intitulèrent plus simplement *gardes de la prévôté*, mais *prévôts. Voyez* Loiseau, *des offices, lib. 3, chap. 1, n. 75 & suiv.*

GARDE-MANEUR, terme usité dans plusieurs coutumes des Pays-Bas, & particuliérement dans les chartres du Hainaut. Il est dérivé de *manoir*, & il signifie proprement *gardien de maison* : mais les coutumes qui s'en servent lui donnent deux autres significations.

Les chartres générales du Hainaut, chap. 69, art. 9, appellent *gardes-maneurs*, les personnes établies à la garde des fruits ou des meubles saisis, lorsque la dette excède cinquante-cinq livres tournois. Cette espèce de *gardes-maneurs* est la même chose que ce qu'on appelle dans le reste du royaume *garnison* ou *gardien*.

La coutume de Valenciennes appelle *garde-maneur* celui qu'un sergent établit dans la maison d'un débiteur, jusqu'à ce qu'il ait satisfait à l'obligation pour laquelle il est poursuivi.

L'établissement de ce *garde-maneur* a lieu, lorsque le sergent ne trouve pas, chez une personne condamnée par le prévôt, suffisamment de meubles pour acquitter la dette, & que le débiteur sommé d'en indiquer d'autres, refuse de le faire. Dans ce cas le *garde-maneur* reste dans la maison du débiteur, y vit à ses dépens au moyen de ce qu'il est obligé de lui payer chaque jour, & y reste jusqu'à ce que le juge ait reçu la déclaration & l'affirmation par serment du débiteur qu'il n'a pas d'autres meubles.

Cette forme particulière d'exécuter par l'apposition d'un gardien, avoit lieu autrefois dans plusieurs autres endroits de la France, on lui donnoit le nom de *mangeur*. Un arrêt du parlement de Paris, rapporté dans le registre *olim, page 70*, porte : que désormais on ne mettra pour dettes, les mangeurs ès maisons des débiteurs; toutefois y seront mis en cas de crime, & pour subterfuge du débiteur. On lit néanmoins dans un arrêt du même parlement, du 29 septembre 1418, que deux conseillers & un huissier furent envoyés en garnison, en la maison du général des finances, pour le manger, par faute qu'il n'avoit pas payé les gages de la cour.

GARDES *des marchands & de certains arts & métiers*, sont des personnes choisies entre les maîtres de même état, pour avoir la manutention des statuts & privilèges de leur corps. Chaque corps de marchands & artisans a ses jurés & préposés, qui exercent à-peu-près les mêmes fonctions que les *gardes* : mais il n'est pas permis à ces jurés de prendre le titre de *gardes*; cela n'appartient qu'aux préposés des six corps des marchands, & à quelques autres corps de marchands, qui ont ce privilège par leurs statuts.

Il est parlé des *gardes* & jurés dans des ordonnances fort anciennes; ils sont nommés en latin *magistri & custodes*, dans des lettres de Philippe-de-Valois de 1329; & dans d'autres lettres de Phi-

lippe VI, du mois de mars 1355, pour les passementiers de Carcassonne, ils sont nommés *supra positi*.

Les *gardes* font des visites annuelles chez tous les marchands & maîtres de leur état, pour voir si les statuts sont observés. Ils en font aussi en cas de contravention, chez ceux qui, sans qualité, s'ingèrent de ce qui appartient à l'état, sur lequel ces *gardes* sont établis, pour dresser les procès-verbaux de contravention. Ils se font assister d'un huissier, & même quelquefois d'un commissaire, lorsqu'il s'agit de faire ouverture des portes. *Voyez* JURÉS & MAÎTRES. (*A*)

GARDE-MARTEAU, est un officier des eaux & forêts, chargé dans chaque maîtrise, de faire les martelages & balivages dans les bois dont on doit faire l'exploitation, & qui doit veiller sur le marteau pendant la durée des opérations, afin que les *gardes* qui s'en servent sous ses yeux pour marquer les réserves & les baliveaux n'en abusent pas. C'est de là que cet officier est appelé *garde-marteau*.

Avant la création en titre de cet office, tous les officiers indistinctement en faisoient les fonctions, singuliérement les verdiers, gruyers, forestiers, châtelains, maîtres-sergens, ségrayers & maîtres *garde* du marteau du roi, qui tous autrefois ne formoient sous ces différens titres qu'un seul & même office. Les maîtres particuliers, capitaines & leurs lieutenans, faisoient aussi les fonctions de *garde-marteau*. C'est ce que nous apprenons de l'article 22 de l'édit de janvier 1583.

Avant cette époque, les maîtres faisoient marquer les arbres par celui des officiers qu'ils jugeoient à propos de préposer, & ils employoient tel marteau que bon leur sembloit.

C'est ce que justifie l'ordonnance du mois de mars 1515, dont l'article 42 défendoit *à tout marchand d'entrer en exploit de sa vente, si avant toute œuvre elle n'est marquée & martelée par dehors par le mesureur, ou d'autre martel que les maîtres auront ordonné.*

L'édit du mois de février 1532 annonça un changement de police à cet égard, en statuant que le maître forestier auroit la garde du marteau pour marquer les bois dont la vente seroit ordonnée.

Enfin, l'édit de janvier 1583, art. 21, créa dans chaque jurisdiction des eaux & forêts, un *garde-marteau*, avec défenses à toute autre personne de s'immiscer à faire aucun martelage de bois.

En 1645, on créa des *gardes-marteau* triennaux & alternatifs qui exerçoient tour-à-tour, mais qui furent supprimés en 1663 & 1667, ensorte qu'il n'en resta qu'un dans chaque maîtrise.

Lors de l'érection en titre d'office de la place de *garde-marteau*, il n'y avoit que des gens de distinction qui en fussent pourvus. On voit même qu'un maître des requêtes fut le premier *garde-marteau* en titre dans la maîtrise de Paris.

Les fonctions de cette charge n'étoient pas alors

ce qu'elles font aujourd'hui ; elles fe bornoient aux martelages & balivages des bois ; mais l'ordonnance de 1669 y a donné beaucoup plus d'étendue, tellement qu'on doit regarder à préfent la place de *garde-marteau*, comme une des plus importantes dans la jurifdiction des eaux & forêts.

C'eft cet officier qui eft chargé particuliérement de veiller à la conduite des *gardes*, afin de s'affurer de leur affiduité & de leur exactitude dans l'exercice de leurs fonctions. Ses procès-verbaux doivent être le contrôle des leurs, enforte que des devoirs du *garde-marteau* bien remplis dépend effentiellement la confervation des forêts.

Les *gardes-marteau* doivent avoir au moins vingt-cinq ans accomplis, à moins qu'ils n'aient obtenu des lettres de difpenfe d'âge. Ils ne peuvent être pourvus que par le roi, & doivent être reçus à la table de marbre, information préalablement faite par le grand-maître, fon lieutenant, ou autre officier du fiège par lui commis, de leurs vie & mœurs, religion catholique, apoftolique & romaine, ainfi que de leur capacité au fait des eaux & forêts.

Il paroît, par l'article 2 du réglement de 1605, pour Villers-Cotterets, que le *garde-marteau* avoit le droit d'affifter aux audiences, avec le maître particulier & fon lieutenant. Il a été confirmé dans cette prérogative par l'ordonnance de 1669, qui lui accorde non-feulement voix délibérative aux audiences & en la chambre du confeil, mais même l'adminiftration de la juftice, en l'abfence du maître & du lieutenant, à l'exclufion des avocats & praticiens, à l'exception néanmoins de deux cas principaux.

Le premier, quand le pouvoir lui en a été ôté, foit par fes provifions, foit par le grand-maître, ou par les officiers du département. Ce qui a lieu lorfqu'un *garde-marteau* n'a pas les lumières & la capacité fuffifantes pour juger, quoiqu'il foit d'ailleurs en état d'exercer les autres fonctions de fa charge.

Le fecond, quand il s'agit de juger fur fes rapports : dans ce cas, il eft évident qu'il ne peut plus adminiftrer la juftice, parce qu'il feroit, pour ainfi dire, juge & partie. Auffi voyons-nous qu'un jugement de la table de marbre, du 5 septembre 1708, a infirmé un jugement rendu par le *garde-marteau* de Fontainebleau, fur un procès-verbal de délit qu'il avoit dreffé.

On peut en ajouter un troifième, favoir quand le *garde-marteau* n'eft pas gradué, & qu'il s'agit d'inftruction de procédures qui ne peuvent fe faire que par des gradués. Il eft clair alors que l'ancien avocat doit exercer à l'exclufion du *garde-marteau*, en l'abfence du maître particulier & du lieutenant.

Le *garde-marteau* ne prend aucune part dans les épices des jugemens auxquels il affifte, & à plus forte raifon dans les actes qui fe font à l'hôtel du maître-particulier. C'eft auffi par cette raifon qu'il ne paie rien des contributions en argent, que les

officiers d'une maîtrife peuvent avoir à fournir pour leurs charges.

Quoique les maîtres-particuliers aient feuls le droit, entre tous les officiers de maîtrife, de fiéger en épée aux audiences, les *gardes-marteau* y affiftent cependant de même, fans qu'ils en aient d'autre titre que l'ufage.

Les *gardes-marteau* doivent exercer en perfonne leur état fans pouvoir y commettre. Il leur eft même défendu de marquer aucun arbre que par ordonnance du maître-particulier ou de fon lieutenant, en préfence du procureur du roi. Un arrêt du confeil du 16 février 1688, qui confirme à cet égard la difpofition des ordonnances, leur défend de faire balivage ni martelage qu'en préfence des officiers de la maîtrife, à peine d'interdiction & de nullité de leurs procès-verbaux. Mais lorfque pour des caufes légitimes un *garde-marteau* ne peut affifter aux opérations de fa charge, il doit en avertir le maître & le procureur du roi, leur remettre fa clef du marteau, afin que fon abfence n'apporte aucun retardement au fervice, & qu'ils puiffent commettre à fa place.

L'ordonnance de 1669 oblige le *garde-marteau* à avoir un marteau particulier, pour marquer les chablis & les arbres de délit. C'eft pourquoi dès qu'il eft informé qu'il y a des chablis dans les bois de la maîtrife, il doit auffi-tôt en aller faire la reconnoiffance, ainfi que des arbres coupés que les délinquans n'ont point enlevés, & après les avoir marqués de fon marteau, en dreffer fur fon regiftre un procès-verbal fommaire, dans lequel font défignées les groffeur, qualité & efpèce de ces arbres. Il doit faire figner ce procès-verbal par le *garde* du canton. L'un & l'autre font obligés de veiller à la confervation des arbres marqués, dont ils font tous deux refponfables. L'ordonnance l'oblige auffi à dépofer, dans les trois jours, au greffe de la maîtrife, la copie du procès-verbal qu'il a infcrit fur fon regiftre.

Le *garde-marteau* doit tenir regiftre des martelages de pieds corniers, baliveaux & autres arbres qu'il marque, dreffer procès-verbaux de leur nombre, qualité, groffeur & effence, les figner conjointement avec le maître ou fon lieutenant, le procureur, le fergent de la *garde*, & le greffier.

Cette obligation lui eft impofée, parce qu'étant obligé à faire des vifites fréquentes dans les triages que l'on exploite, il eft néceffaire qu'il ait fous les yeux la défignation de tous les arbres réfervés, afin de veiller à ce qu'on n'en coupe ou qu'on n'en endommage aucun, & qu'il ne fe commette dans les ventes aucune fraude, dont la reconnoiffance pourroit être impoffible lors du récolement.

Le *garde-marteau* doit affifter le grand-maître & les officiers dans les vifites qu'ils font des forêts, ce qui n'eft ainfi ordonné que parce qu'il leur donne une connoiffance plus particulière de tout ce qui peut être un objet de réformation, tel que le changement ou la fuppreſſion des chemins inutiles ou nuiſibles dans les bois, l'abus que les uſagers font de leur droit d'uſage, les places vagues qu'il s'agit de repeupler, les foſſés qu'il faut rétablir, les bornes qu'il eſt néceſſaire de replacer, les délits que les gardes ont négligé de conſtater, les entrepriſes faites par les riverains, &c. Or, comme la connoiſſance qu'a un garde-marteau du local des forêts lui donne la facilité de mettre ces abus ſous les yeux des officiers, l'ordonnance lui a fait un devoir de les aſſiſter dans ſes viſites, pour qu'il ne leur échappe rien de tout ce qui eſt ſuſceptible de réformation.

Il eſt encore obligé de faire chaque mois dans tous les bois de la maîtriſe une viſite : cependant comme elle n'eſt pas toujours praticable, ſinguliérement dans les maîtriſes un peu étendues, il ne faut pas prendre trop à la lettre cette diſpoſition de l'ordonnance qui la preſcrit, & qui ne peut guère avoir d'exécution que dans les maîtriſes dont l'arrondiſſement eſt reſſerré.

La viſite qu'il doit faire de mois en mois dans les bois tenus en gruerie, &c. n'eſt que générale ; mais, ſuivant l'article 19 du titre 23 de l'ordonnance de 1669, il doit y en faire une particulière tous les ſix mois.

Il doit auſſi faire, de quinzaine en quinzaine, des viſites dans les ventes & dans la réponſe des coupes qui ſont en exploitation, afin de reconnoître par lui-même les défauts qu'il pourroit y avoir dans cette exploitation, & en même temps conſtater les délits qu'il y découvriroit, & dont il lui ſeroit plus difficile de prouver l'exiſtence, ſi, comme cela arrive quelquefois, on en ſupprimoit les traces, ce qui n'eſt pas aiſément praticable dans un délai auſſi court que celui de la quinzaine dans laquelle il doit réitérer ſes viſites.

Mais ce n'eſt pas aſſez qu'un garde-marteau faſſe les viſites qui lui ſont preſcrites ; il doit de plus en dreſſer des procès-verbaux, que l'article 42 de l'édit de mai 1716 l'oblige de communiquer aux autres officiers avant de les envoyer au grand-maître du département.

Il doit également porter ſon attention ſur les bois des communautés, tant eccléſiaſtiques que laïques, & ſur ceux des particuliers, en y faiſant exactement des viſites, pour examiner s'il ne s'y paſſe rien de contraire aux ordonnances.

Il doit auſſi viſiter les rivières, ſinguliérement celles qui ſont navigables, pour reconnoître ſi l'on n'y fait pas d'entrepriſes capables de gêner la navigation, & ſi les pêcheurs ſe conforment exactement aux règles preſcrites pour la pêche.

La chaſſe eſt encore un objet ſur lequel il doit porter ſon attention, afin de prévenir & de conſtater les contraventions qui s'y commettent, telles que de chaſſer dans les grains & dans les vignes, lors des temps défendus par l'ordonnance.

Si, ſur tous ces différens objets, un garde-marteau trouve les gardes en défaut, c'eſt-à-dire, que par

leur peu d'aſſiduité dans leurs cantonnemens, ils ſoient négligens de conſtater les abus & contraventions qui s'y commettent, il doit en dreſſer des procès-verbaux.

Lorſqu'il découvre quelque contravention, il doit en dreſſer un procès-verbal : c'eſt ce qui lui eſt enjoint par un jugement de la table de marbre de Paris, du 16 février 1683 ; mais il n'eſt pas obligé de l'affirmer comme font les gardes ; le ſerment qu'il a prêté à ſa réception tenant lieu de cette affirmation pour lui.

Le garde-marteau doit aſſiſter aux opérations qui ſe font dans les bois avec les autres officiers de la maîtriſe. Nous avons vu qu'il étoit obligé de faire en perſonne les martelages & les balivages. Il eſt également aſtreint à ſe trouver aux récolemens ; un arrêt du conſeil du 28 avril 1705 en fait l'injonction la plus préciſe au garde-marteau de Compiegne, à peine d'interdiction.

Le garde-marteau ne peut être délégué par le grand-maître au préjudice du lieutenant pour l'empêchement, ou en l'abſence du maître particulier. C'eſt ce qui a été jugé par un arrêt du parlement du 23 décembre 1707, rapporté au journal des audiences.

En général, on laiſſe au garde-marteau la liberté de réſider où il juge à propos, pourvu que ce ſoit dans l'étendue de la maîtriſe à laquelle il eſt attaché, & qu'il ne ſoit pas dans une trop grande diſtance des principales forêts de ſon reſſort. C'eſt ce qui paroît réſulter de l'article 4 de la réformation des eaux & forêts de Blois de 1665.

Comme les autres officiers de la maîtriſe, le garde-marteau eſt exempt de toutes charges publiques, a ſes cauſes commiſes au préſidial du reſſort, & a le droit de porter les armes lorſqu'il va en campagne. Il doit être taxé d'office pour la taille, & a le droit de mettre ſix porcs à la glandée dans les forêts du roi.

Ses vacations ne peuvent être ſaiſies ni arrêtées, pour quelque cauſe que ce ſoit, ſi ce n'eſt pour amendes ou autres condamnations prononcées contre lui pour ſa charge. C'eſt ce qui a été décidé par un arrêt du conſeil du 9 décembre 1690, par un autre du 24 avril 1703, enfin par un arrêt de réglement du 11 juin 1715.

Mais il n'en eſt pas de même de ſes gages & chauffages qui peuvent être ſaiſis pour toutes ſortes de dettes.

GARDE-NOTE, eſt un des titres que prennent les notaires, ce qui vient de ce qu'anciennement, ils ne gardoient qu'une ſimple note abrégée des conventions. Voyez NOTAIRE.

GARDE-PÊCHE, eſt celui qui eſt chargé de veiller à l'exécution des ordonnances, rendues pour maintenir la police ſur les fleuves, rivières & eaux, relativement à la pêche & à la navigation. Il doit avoir les mêmes qualités que les gardes des bois & chaſſe, ſa réception eſt accompagnée des mêmes formalités, & ſe fait devant les mêmes juges. C'eſt pourquoi nous renvoyons à ce que nous avons dit sous le mot GARDE des bois.

Les fonctions d'un *garde-pêche*, en ce qui concerne la pêche, sont de veiller à ce que nul ne pêche, s'il n'est propriétaire des eaux, ou n'en ait bail ou permission : d'empêcher de pêcher indifféremment avec toutes sortes de filets, principalement avec ceux qui sont défendus par les ordonnances ; & de veiller à ce que personne ne pêche pendant la nuit, & pendant la saison que le poisson fraie.

Quant à ce qui regarde la navigation, un *garde-pêche* doit veiller avec attention à ce qu'il ne se fasse aucun établissement capable de gêner le cours de la navigation, à ce qu'on n'affoiblisse ou détourne le cours des eaux par des tranchées, à ce qu'on ne jette dans les rivières & sur leurs bords, des immondices qui puissent y faire obstacle.

Comme les péages sont encore une dépendance de la police des rivières, le *garde-pêche* doit s'informer si on en fait payer, sans y être expressément autorisé par le roi, si les receveurs attachent à l'entrée des ponts & passages la pancarte qui détermine la nature & la quotité du droit.

Quand un *garde* trouve quelque contravention sur un des différens objets dont nous venons de parler, il doit en dresser exactement un procès-verbal ou rapport.

Ce rapport doit comprendre, en ce qui regarde la pêche, les noms, surnoms, qualité & demeure du délinquant, le jour & l'heure, si c'est avant le lever ou le coucher du soleil que le délit a été commis, ou si c'est dans un temps défendu ; bien désigner les filets & autres instrumens dont il étoit muni.

Si le délinquant refuse de remettre au *garde* ses filets, celui-ci doit les saisir entre ses mains, en lui déclarant qu'il l'en rend gardien & dépositaire, & en fera mention dans son rapport. Il y expliquera aussi, si ces filets sont plombés & marqués au coin de la maîtrise, & s'ils ont la maille prescrite par les ordonnances.

En ce qui concerne la navigation ; s'il s'agit d'entreprise sur le lit d'une rivière, le *garde* doit expliquer dans son rapport, de combien de toises ou de pieds elle a été faite, en quoi elle consiste, & si la liberté du passage en est beaucoup gênée.

A l'égard du péage, il doit dire si la perception s'en fait conformément à la pancarte, si les bacs sont en bon état, ainsi que les chemins pour y arriver.

Les *gardes-pêche*, dans les domaines du roi, jouissent des mêmes privilèges & exemptions que les *gardes* des bois du roi, & doivent comme eux affirmer leurs rapports après les avoir déposés au greffe de la maîtrise dans les délais prescrits.

GARDES *des ports & passages*, sont des personnes établies pour empêcher que l'on ne fasse entrer ou sortir quelque chose contre les ordonnances. Ils sont nommés, dans quelques ordonnances, *gardes*

des passages & détroits. Les baillifs & sénéchaux avoient anciennement le droit d'établir de ces *gardes* sur les ports & passages des frontières du royaume, aux lieux accoutumés, pour empêcher que l'on ne fît sortir de l'or & de l'argent hors du royaume, ou que l'on y fît entrer de la monnoie fausse ou contrefaite. Ces *gardes* avoient la cinquième partie des confiscations. Ils avoient au-dessus d'eux un maître ou *garde général des ports & passages*, qui fut supprimé en 1360. (*A*)

GARDES *de la prévôté de l'hôtel*, sont des hommes d'armes, qui font exécuter la police dans les lieux où le roi fait sa résidence. Ils sont commandés par le prévôt de l'hôtel. *Voyez* PRÉVÔT.

GARDES *des rôles des offices de France*, sont des officiers de la grande-chancellerie, dépositaires des rôles arrêtés au conseil, des taxes de tous les offices, tant par résignation, vacation, que nouvelle création ou autrement.

Ces rôles étoient anciennement gardés par le chancelier ou par le *garde* des sceaux, lorsqu'il y en avoit un. En 1560, le chancelier de l'Hôpital, en commit la garde à Gilbert Combant, son premier secrétaire.

Cette fonction fut ainsi exercée par les personnes commises par le chancelier ou par le *garde* des sceaux, jusqu'à l'édit du mois de mars 1631, par lequel Louis XIII créa en titre d'office formé, quatre offices de conseillers du roi, *garde des rôles des offices de France*, pour être exercés par les pourvus, chacun par quartier, comme sont les grands-audienciers. Il attribua à ces offices, privativement à tous autres, la fonction qui se faisoit auparavant par commission, de présenter aux chanceliers & *gardes* des sceaux, toutes les lettres & provisions d'offices qui s'expédient & se scellent en la chancellerie de France, sur les quittances des trésoriers des parties casuelles, hérédité, & sur toutes sortes de nominations, de quelque nature qu'elles soient.

Pour cet effet, les trésoriers des parties casuelles doivent remettre aux *gardes des rôles* durant leur quartier, les doubles des rôles arrêtés au conseil des offices, tant par résignation, vacation, que nouvelle création ou autrement.

Les secrétaires du roi doivent aussi leur remettre les provisions, qu'ils expédient en vertu de ces quittances, hérédité, & sur toute sorte de nominations, ensemble celles qui sont à réformer pour quelque cause & occasion que ce soit.

L'édit de création leur attribuoit des gages, tant sur l'émolument du sceau que sur le marc-d'or, & en outre les six cens livres qui se payoient au trésor royal, pour l'entretien de la charrette commune, destinée à transporter à la suite du conseil les coffres où se mettoient les rôles & provisions d'offices. Ces différens droits ne subsistent plus, au moyen des autres droits qui leur ont été attribués par différens édits & déclarations postérieurs, dont on va parler dans un moment.

Leurs honneurs, prérogatives & privilèges, sont les même que ceux des grands-audienciers & contrôleurs de la grande chancellerie.

Leur place en la grande chancellerie est à côté du chancelier ou garde des sceaux, où ils sont le rapport des provisions après le grand-audiencier & le grand-rapporteur.

Après que M. le chancelier ou M. le garde des sceaux a ouvert la cassette qui renferme les sceaux, c'est le *garde des rôles*, de service en la chancellerie, auquel appartient le droit de tirer les sceaux de la cassette, pour les mettre entre les mains du scelleur; & le sceau fini, il est chargé de les retirer de lui pour les replacer dans la cassette.

Le roi, en créant ces offices, ne se réserva que la première finance qui en devoit provenir, & accorda au chancelier & *gardes* des sceaux la nomination de ces offices pour l'avenir, avec la finance qui en proviendroit, vacation advenant d'iceux par mort, résignation ou autrement. Ensuite le roi Louis XIV, par édit du mois d'octobre 1645, statua qu'en confirmant le pouvoir accordé par le roi Louis XIII son prédécesseur, aux chanceliers & *gardes* des sceaux de France, de nommer aux offices de *gardes des rôles* contrôleurs généraux de l'augmentation du sceau, comme il vient d'être dit, ils auroient aussi celui d'en accorder dorénavant & à toujours, le droit de survivance à ceux qui en seroient pourvus, sans être tenus par ceux-ci de payer aucune finance au roi, attendu la liberté accordée auxdits chanceliers & *gardes* des sceaux, de disposer desdits offices.

Par un autre édit du mois d'avril suivant, le même prince ordonna que les *gardes des rôles* auroient la clef du coffre où se mettent les lettres scellées; qu'ils tiendroient le registre & contrôle, qui avoit été jusqu'alors tenu par commission, de la valeur des droits & émolumens, provenant de l'augmentation du sceau; qu'ils feroient chaque mois l'état & rôle des gages & bourses, appartenant aux officiers assignés sur icelle: après le paiement desquels il est dit que les *gardes des rôles* prendront chacun, pendant le quartier de leur exercice, cinq cens livres par forme de bourse. C'est en conséquence de cet édit, que les *gardes des rôles* ont depuis aussi été qualifiés de *contrôleurs généraux de l'augmentation du sceau.*

Cet édit accorde aussi aux *gardes des rôles* l'entrée dans les conseils du roi, afin qu'ils puissent le servir avec plus de connoissance & utilité en leurs charges.

Ce sont les *gardes des rôles* qui reçoivent les oppositions que l'on forme au sceau ou au titre des offices; toutes oppositions formées ailleurs seroient nulles. Il a même été défendu aux trésoriers des parties casuelles, commis au contrôle général des finances & autres, d'en recevoir aucune, ni de s'y arrêter; & il leur est enjoint de déclarer aux parties qu'elles aient, si bon leur semble, à se pourvoir au bureau des *gardes des rôles.*

Lorsqu'il se trouve quelque opposition au sceau ou au titre d'un office, le *garde des rôles* qui est de quartier, doit en faire mention sur le repli des provisions qu'il présente au sceau, soit pour les faire sceller à la charge des oppositions, quand ce sont des oppositions pour deniers, soit pour faire commettre un rapporteur, quand ce sont des oppositions au titre; ces dernières empêchant formellement le sceau des provisions qui en sont chargées.

Ces officiers ont prétendu jouir seuls, à l'exclusion des grands-audienciers, du droit de registre de toutes les lettres d'offices, attributions de qualités, privilèges, taxations, gages & droits qui paient chartre (on appelle *chartre*, suivant le tarif du sceau de 1704 & 1706, une patente qui accorde un droit nouveau & à perpétuité). Il y eut à ce sujet une transaction passée entre eux le 6 janvier 1633, qui fut homologuée par lettres-patentes du roi, portant que les *gardes des rôles* auront le tiers du droit de registre de toutes les lettres de chartre qui seroient scellées en la grande chancellerie de France, tant de lettres de rémission, abolition, naturalité, anoblissement, amortissement, érection de duché, comté, marquisat, baronnie, châtellenie, fiefs, justice, fourches patibulaires, foires, marchés, pont-levis, dispense de mariage, & autres de nature à être visés; & les grands-audienciers les deux autres tiers. Mais le règlement du 24 avril 1672, fait en conséquence de l'édit du même mois, art. 62, attribue aux *gardes des rôles* en quartier une bourse de préférence de quatre mille livres, & aux quatre *gardes des rôles* une bourse ordinaire de secrétaire du roi, chacun par quartier, conformément à l'article 69 du même règlement, pour tenir lieu du *registrata* dont ils jouissoient conjointement avec les grands-audienciers, suivant la transaction de 1633.

L'édit de création des offices de *gardes des rôles* leur avoient attribué les mêmes droits qu'aux grands-audienciers; mais comme on n'avoit pas exprimé nommément qu'ils seroient en conséquence secrétaires du roi, ils ne jouissoient point du droit de signature & expédition des lettres de chancellerie: c'est pourquoi Louis XIII, en interprétant l'édit de création des offices de *gardes des rôles*, par un autre édit du mois de décembre 1639, déclara qu'ils jouiroient, comme les grands-audienciers & contrôleurs, du titre, droits, fonctions, qualités & privilèges de ses conseillers & secrétaires, pour signer & expédier en la chancellerie de France & autres chancelleries, tant en exercice que hors d'icelui, toutes sortes de lettres, sans que le titre de *secrétaire du roi* pût être désuni de leurs charges; lequel édit de 1639 a été confirmé par autre édit du mois d'octobre 1641, vérifié au parlement le 26 juillet 1642, & en la cour des aides le 8 janvier 1643.

Au mois de septembre 1644, on créa en titre d'office quatre commis attachés aux quatre charges de *gardes des rôles*, pour soulager ces officiers & servir sous eux durant leur quartier. L'édit porte qu'ils recevront dans le bureau du *garde des rôles* toutes les lettres d'offices & dépendantes d'iceux, qui leur seront apportées par les secrétaires du roi ou autres, pour être par eux vues & paraphées au dos, & vérifier les oppositions qui pourroient être sur icelles, tant au titre que pour deniers ; qu'elles seront après par eux portées aux *gardes des rôles*, pour les présenter au chancelier ; que ces commis tiendront registre de toutes les oppositions qui seront faites sur les offices, tant au titre que pour deniers ; qu'ils parapheront les originaux des exploits qui seront faits par les huissiers ; & que si les originaux des oppositions ne sont paraphés par eux, ou par les *gardes des rôles*, les exploits seront nuls. L'édit ayant permis aux *gardes des rôles* de tenir ces charges de commis conjointement ou séparément avec la leur, avec pouvoir de les faire exercer par telles personnes que bon leur sembleroit, à la charge de demeurer responsables de leurs exercices & fonctions, les *gardes des rôles* ont acquis en corps ces charges, & les font exercer par un commis amovible.

Le nombre des *gardes des rôles* & de leurs commis devoit être augmenté de deux, suivant un édit de décembre 1647, qui ordonnoit une semblable augmentation pour tous les offices du conseil, de la chancellerie & des cours : mais il fut révoqué pour ce qui concernoit la grande chancellerie seulement, par un autre édit du mois de mars suivant.

Au mois de mai 1655, Louis XIV donna un édit registré au sceau le 5, portant attribution aux grands-audienciers, contrôleurs-généraux, *gardes des rôles* & leurs commis, de la jouissance, par droit de bourse, des droits & augmentations établis sur les lettres de chancellerie par les édits de mars & avril 1648, nonobstant la suppression qui avoit été faite des offices nouvellement créés pour la grande chancellerie.

L'édit du mois de mai 1697 leur attribue en outre à chacun une bourse d'honoraire ou d'expédition.

Il y eut encore une semblable création de deux *gardes des rôles* & de deux commis en titre, faite par édit du mois d'octobre 1691 ; de manière que les *gardes des rôles* tant anciens que nouveaux, ne devoient plus servir que deux mois de l'année : mais par édit du mois de novembre suivant, ces offices furent encore supprimés, & les droits en furent attribués aux anciens, moyennant finance.

Les *gardes des rôles* ont été maintenus & confirmés dans leurs privilèges par plusieurs édits & déclarations, notamment par ceux des mois d'avril 1631, décembre 1639, avril 1664 & 1672, & tout récemment par l'édit du mois de décembre 1743, au moyen du supplément de finance par eux payé en exécution de cet édit. (*A*)

GARDE-SACS, *greffier garde-sacs*, est celui qui est

dépositaire des sacs & productions des parties dans les affaires appointées. Il y a de ces greffiers au conseil & au parlement.

L'établissement de ces sortes d'officiers remonte jusqu'au temps des Romains ; on les appelloit *custodes*. Leur office principal étoit de tenir les boîtes ou sacs, dans lesquels on gardoit les pièces des procès : c'étoit sur-tout pour les matières criminelles, & pour empêcher la collusion entre l'accusateur & l'accusé. *Voyez* GREFFIER. (*A*)

GARDE DES SCEAUX DE FRANCE, est un des grands officiers de la couronne, dont la principale fonction est d'avoir la *garde* du grand sceau du roi, du sceau particulier dont on use pour la province de Dauphiné, & des contre-scels de ces deux sceaux ; il avoit aussi autrefois la *garde* de quelques autres scels particuliers, tels que ceux de Bretagne & de Navarre, qui, depuis la réunion de ces pays à la couronne, furent pendant quelque temps distingués de celui de France ; ces sceaux particuliers ne subsistent plus. Il avoit aussi la *garde des sceaux* de l'ordre royal & militaire de S. Louis, établi en 1693 ; mais le roi ayant, par édit du mois d'avril 1719, créé un grand-croix chancelier de cet ordre, lui a donné la *garde des sceaux* de ce même ordre.

C'est lui qui scelle toutes les lettres qui doivent être expédiées sous les sceaux dont il est dépositaire.

Il a aussi l'inspection sur les sceaux des chancelleries établies près des cours & des présidiaux.

L'anneau ou scel royal a toujours été regardé chez la plupart des nations, comme un attribut essentiel de la royauté, & la *garde* & apposition de ce scel ou anneau comme une fonction des plus importantes.

Les rois de Perse avoient leur anneau ou cachet dont ils scelloient les lettres qu'ils envoyoient aux gouverneurs de leurs provinces.

Alexandre-le-Grand se voyant près de mourir, commanda que l'on portât son anneau sigillaire à celui qu'il désignoit pour son successeur.

Aman, favori & ministre d'Assuérus, étoit dépositaire de l'anneau de ce prince ; mais ayant abusé de la faveur de son maître, & fini ses jours d'une manière ignominieuse, Assuérus donna à Mardochée le même anneau que portoit auparavant Aman, pour marque de la confiance dont il honoroit Mardochée, & du pouvoir qu'il lui donnoit d'administrer toutes les affaires de son état.

Pharaon pratiqua la même chose, lorsqu'il établit Joseph vice roi de toute l'Egypte : *tulit annulum de manu suâ, & dedit eum in manu ejus.*

Enfin Balthazar, dernier roi de Babylone, avoit aussi confié la garde de son anneau à Daniel.

Les Romains ne connoissoient point anciennement l'usage des sceaux publics : ainsi l'institution de la charge de *garde des sceaux* n'a point été empruntée d'eux : les édits des empereurs n'étoient point scellés ; ils étoient seulement souscrits par eux

eux d'une encre de couleur de pourpre, appellée *facrum encautum*, composée du sang du poisson *murex*, dont on faisoit la pourpre ; nul autre que l'empereur ne pouvoit user de cette encre sans commettre un crime de lèse-majesté, & sans encourir la confiscation de corps & de biens ; ensorte que cette encre particulière tenoit en quelque sorte lieu de sceau.

Auguste avoit à la vérité un sceau ou cachet, dont, en son absence & pendant les guerres civiles, ses amis se servirent pour sceller en son nom des lettres & des édits ; mais ce qui fut pratiqué dans ce cas de nécessité ne formoit pas un usage ordinaire, & les empereurs ne se servoient communément de leur cachet que pour clorre leurs lettres particulières, & non pour leurs édits & autres lettres qui devoient être publiques.

Justinien ordonna seulement par sa novelle 104, que tous les rescrits signés de l'empereur seroient aussi souscrits ou contre-signés par son questeur, auquel répond en France l'office de chancelier.

En France au contraire, dès le commencement de la monarchie, nos rois, au lieu de souscrire ou sceller leurs lettres, les scelloient ou faisoient sceller de leur sceau, soit parce que les clercs & les religieux étoient alors presque les seuls qui eussent l'usage de l'écriture, ou plutôt parce que les rois ne voulant pas alors s'assujettir à signer eux-mêmes toutes les lettres expédiées en leur nom, chargèrent une personne de confiance de la *garde de leur sceau*, pour en apposer l'empreinte à ces lettres au lieu de leur signature.

Celui qui étoit dépositaire du sceau du roi, du temps de la première race, étoit appellé *grand-référendaire*, parce qu'on lui faisoit le rapport de toutes les lettres qui devoient être scellées ; & comme sa principale fonction étoit de garder le sceau royal qu'il portoit toujours sur lui, on le désignoit aussi souvent sous le titre de *garde ou porteur du sceau royal ; gerulus annuli regalis, custos regii sigilli.*

Le premier qui soit désigné comme chargé du scel royal, est Amalsindon, lequel se trouve avoir scellé du sceau de Thierri premier, roi de Metz, la chartre portant dotation du monastère de Flavigny, au diocèse d'Autun ; *sigillante,* est-il dit, *perilluftri viro Amalfindone sigillo regio.* Le titre de *perilluftris* que l'on donne à cet officier, marque en quelle considération étoit dès-lors celui qui avoit la *garde du sceau.*

Grégoire de Tours, *liv. 5, ch. 3,* fait mention de Siggo, référendaire, qui gardoit l'anneau de Sigebert premier, roi d'Austrasie, *qui annulum Sigeberti tenuerat,* & que Chilperic, roi de Soissons, sollicita d'accepter auprès de lui le même emploi qu'il avoit eu près de son frère.

Sous Clotaire II, Ansbert, archevêque de Rouen, fut chargé de cette fonction, ainsi qu'il est dit en sa vie, écrite par Angrade ou Aigrade, religieux

Jurisprudence. Tome IV.

bénédictin, qui fait mention que ce prélat étoit *conditor regalium privilegiorum, & gerulus annuli regalis quo eadem signabantur privilegia.*

Surius, en la vie de S. Ouen, qui fut grand-référendaire de Dagobert I, & ensuite de Clovis II son fils, dit qu'il gardoit le scel ou anneau du roi pour sceller toutes les lettres & édits qu'il rédigeoit par écrit : *ad obsignanda scripta vel edicta regia quæ ab ipso conscribebantur ; sigillum vel annulum regis custodiebat.* Aimoin, *liv. 4, ch. 12,* & le moine Sigebert, en sa chronique de l'année 637, font aussi mention que S. Ouen avoit la *garde de l'anneau ou scel royal* dont il scelloit toutes les lettres du roi qui devoient être publiques.

On lit en la vie de S. Bonit, évêque de Clermont en Auvergne, qu'étant aimé très-particulièrement de Sigebert III, roi d'Austrasie, il fut pourvu de l'office de référendaire, en recevant de la main du roi son anneau, *annulo ex manu regis accepto.*

Du temps de Clotaire III, la même fonction étoit remplie par un nommé Robert : *quidam illustris Robertus nomine, generosâ ex stirpe proditus, gerulus fuerat annuli regii Clotarii ;* c'est ainsi que s'explique Aigrard qui a écrit la vie de sainte Angadresme sa fille.

Il paroît par ces différens exemples, que tous ceux qui remplissoient la fonction de référendaire sous la première race de nos rois, étoient tous en même temps chargés du scel ou anneau royal.

Il en fut de même, sous la seconde race, des chanceliers qui succédèrent aux grands-référendaires ; quoiqu'on n'ait point trouvé qu'aucun d'eux prit le titre de *garde du scel ou anneau royal,* il est néanmoins certain qu'ils étoient tous chargés de ce scel.

Sous la troisième race de nos rois, la garde des *sceaux* du roi a aussi le plus souvent été jointe à l'office de chancelier, tellement que la promotion de plusieurs chanceliers des premiers siècles de cette race n'est désignée qu'en disant qu'on leur remit le sceau ou les sceaux, quoiqu'ils fussent tout-à-la-fois chanceliers & *gardes des sceaux.*

On voit aussi dans les historiens de ce temps, qu'en parlant de plusieurs chanceliers qui se démirent volontairement de leurs fonctions, soit à cause de leur grand âge ou indisposition, ou qui furent destitués pour quelque disgrace, il est dit simplement qu'ils remirent les sceaux ; ce qui, dans cette occasion, ne signifie pas simplement qu'ils quittoient la fonction de *garde des sceaux,* mais qu'ils se démettoient totalement de l'office de chancelier que l'on désignoit par la *garde du sceau,* comme en étant la principale fonction. Aussi voit-on que les successeurs de ceux qui avoient ainsi remis les sceaux, prenoient le titre de *chanceliers,* même du vivant de leur prédécesseur, comme le remarque M. Ribier, conseiller d'état, dans un mémoire qui est inséré dans Joli, *des off. tom. I, aux addit.*

On ne parlera donc ici ni de ceux auxquels on

ZZzz

donna les sceaux avec l'office de chancelier, ni de ceux qui les quittèrent en cessant totalement d'être chanceliers ; mais seulement de ceux qui, sans être pourvus de l'office de chancelier, ont tenu les sceaux, soit avec le titre de *garde des sceaux*, ou autre titre équipollent.

Depuis la troisième race, il y a eu plus de quarante *gardes des sceaux*; les uns pendant que l'office de chancelier étoit vacant; les autres, dans le temps même que cet office étoit rempli, lorsque nos rois ont jugé à propos, pour les raisons particulières, de séparer la *garde* de leur sceau de la fonction de chancelier ; on comprend dans cette seconde classe plusieurs chanceliers qui ont tenu les sceaux séparément, avant de parvenir à la dignité de chancelier.

On fera aussi mention des vice-chanceliers, attendu qu'ils ont fait la fonction de *garde des sceaux*.

Les rois de la première & de la seconde race n'avoient qu'un seul sceau ou anneau, dont le chancelier ou le *garde du scel royal* étoit dépositaire. Pour le conserver avec plus de soin, & afin que personne ne pût s'en servir furtivement, il le portoit toujours pendu à son cou : cet usage avoit passé de France en Angleterre. En effet, Roger, vice-chancelier de Richard I, roi d'Angleterre, ayant péri sur mer par une tempête, on reconnut son corps parce qu'il avoit le scel du roi suspendu à son cou.

Depuis que l'on se servit en France de sceaux plus grands, & que le nombre en fut augmenté, il ne fut pas possible au chancelier ou *garde des sceaux* de les porter à son cou; il n'en a plus porté que les clefs qu'il a toujours sur lui dans une bourse.

Anciennement le coffre des sceaux étoit couvert de velours azuré, semé de fleurs-de-lys d'or ; & dans les cérémonies, ce coffre étoit porté sur une haquenée qu'un valet-de-pied conduisoit par la main : autour de cette haquenée chevauchoient les hérauts & poursuivans du roi, & autres seigneurs qui étoient présens ; d'autres disent que c'étoient des archers, d'autres les appellent des chevaliers vêtus de livrée : cela se trouve ainsi rapporté par Alain Chartier, sous l'an 1449 & 1451, & par Monstrelet au *troisième volume*, en parlant des entrées faites par le roi Charles VII à Rouen & à Bordeaux.

On trouve ailleurs que quand le chancelier alloit en voyage, c'étoit le chauffe-cire qui portoit le scel royal sur son dos, ainsi qu'il est dit dans un hommage rendu par Philippe, archiduc d'Autriche, au roi Louis XII, le 5 juillet 1499, pour les comtés de Flandre, Artois & Charolois.

Présentement le roi donne pour renfermer les sceaux un grand coffre couvert de vermeil, distribué en trois cases, contenant chacune une petite cassette fermante à clef.

La première qui est couverte de vermeil renferme le grand sceau de France & son contre-scel.

La seconde qui est couverte de velours rouge, parsemée de fleurs-de-lys & de dauphins de vermeil, contient le sceau particulier dont on use pour la province de Dauphiné ; & son contre-scel.

La troisième cassette contenoit le sceau & le contre-scel de l'ordre de S. Louis, établi en 1693 ; mais présentement cette cassette est vuide, les sceaux de cet ordre ayant été donnés en 1719 au chancelier *garde des sceaux* créé pour cet ordre, par édit du mois d'avril de la même année.

Comme il n'y a plus que les deux premières cassettes qui servent, le *garde des sceaux*, pour les transporter plus facilement, a fait faire un petit coffre de bois, dans lequel ces deux cassettes sont renfermées ; & lorsqu'il marche par la ville ou qu'il va en voyage, il fait toujours porter avec lui ce coffre dans son carrosse.

Ce fut vers le commencement de la troisième race que le nombre des sceaux du roi fut multiplié, que le roi garda lui-même depuis ce temps son petit scel ou anneau, qu'on appelloit *le petit signet du roi*, dont il scelloit lui-même toutes les lettres particulières qui devoient être closes ; & au lieu de ce scel ou anneau, on donna au chancelier ou au *garde des sceaux* d'autres sceaux plus grands, pour sceller les lettres qui devoient être publiques, & que par cette raison l'on envoyoit ouvertes, ce que l'on a depuis appelé *lettres-patentes*.

Le premier exemple que j'aie trouvé de ces grands sceaux, est dans une chartre du temps de Louis-le-Gros, datée de l'an 1106, pour l'église de S. Eloi de Paris ; elle est scellée de deux grands sceaux appliqués sur le parchemin de la lettre : dans l'un le roi est assis sur son trône, dans l'autre il est à cheval, & à l'entour sont écrits ces mots, *Philippus gratiâ Dei, Francorum rex*; ce qui prouve que ces sceaux étoient en usage dans le temps de Philippe I.

Depuis que l'on se servit ainsi de plusieurs sceaux, il étoit naturel que celui qui en étoit dépositaire fût appelé *garde des sceaux*; cependant on continua encore long-temps à l'appeller simplement *garde du scel royal*, comme si le scel du roi étoit unique ; ce qui feroit croire que le second sceau dont on a parlé, représentant le roi à cheval, n'étoit autre chose que le revers du premier sceau : mais on n'étoit point encore dans l'usage d'appliquer ce second sceau par forme de contre-scel, c'est-à-dire derrière le premier.

Le scel fabriqué du temps de Philippe I, étant beaucoup plus grand que le sceau ou anneau dont on s'étoit servi jusqu'alors, fut nommé le *grand scel*, & celui qui en étoit chargé étoit quelquefois appelé *le porteur du grand scel du roi*.

Cette distinction du grand scel fut sans doute établie, tant à cause du cachet ou sceau privé du roi, qu'à cause du contre-scel ou scel secret, qui fut établi sous Louis VII, & qui étoit porté par le grand-chambellan.

La chancellerie étoit vacante en 1128 , fuivant une chartre de Louis-le-Gros pour S. Martin-des-Champs, à la fin de laquelle il eſt dit *cancellario nullo* ; ce qui peut d'abord faire penſer qu'il y avoit alors quelqu'un commis pour tenir le grand ſcel du roi, mais il n'en eſt point fait mention; & il eſt plutôt à croire que, pendant cette vacance, le roi tenoit lui-même ſon ſceau , comme pluſieurs de nos rois l'ont pratiqué en pareille occaſion. On trouve pluſieurs chartres du douzième ſiècle, que les rois faiſoient ſceller en leur préſence , & à la fin deſquelles il y a ces mots , *data per manum regiam vacante cancellariâ* ; ce qui fait de plus en plus ſentir la dignité attachée à la fonction de *garde des ſceaux*, puiſque nos rois ne dédaignent point de tenir eux-mêmes le ſceau en certaines occaſions.

La chancellerie étoit dite *vacante*, lorſqu'il n'y avoit ni chancelier , ni *garde des ſceaux*.

Hugues de Chamfleuri fut nommé chancelier de France en 1151, mais ſa diſgrace le fit-deſtituer de cet office ; de ſorte que la chancellerie vaqua durant les années 1172, 1173, 1174, 1175, 1176 & 1177. Il paroît néanmoins que Hugues fut rétabli dans ſes fonctions en 1175, qui eſt l'année de ſa mort.

La chancellerie vaqua encore en 1179, comme il paroît par un titre du cartulaire de S. Victor.

Elle vaqua pareillement durant tout le règne de Philippe-Auguſte , ſi l'on en excepte les années 1180 & 1185, où il eſt parlé de Hugues de Puiſeaux en qualité de chancelier; l'année 1201, où Gui d'Athies , vice-chancelier pendant la vacance de la chancellerie, fit la fonction de *garde des ſceaux*, & les années 1203, 1204, 1205 & 1207, où frère Guérin , chevalier de l'ordre de S. Jean de Jéruſalem , fit la même fonction de *garde des ſceaux*, *vacante cancellariâ* ; il fut depuis élevé à la dignité de chancelier , dont il releva beaucoup l'éclat.

¶ Il paroît par une chartre de l'année 1226, qui eſt la première du règne de S. Louis, que frère Guérin faiſoit encore les fonctions de chancelier : mais depuis il n'y en eut point pendant tout le règne de S. Louis ; il ſe contenta de commettre ſucceſſivement différentes perſonnes à la *garde du ſceau*.

Suivant une cédule de la chambre des comptes au mémorial *A*, qui eſt ſans date ; & une autre cédule au mémorial *E*, *fol. 132*, Philippe d'Antogni portoit le grand ſcel du roi S. Louis : il prenoit pour ſoi , ſes chevaux & valets à cheval , ſept ſous pariſis par jour pour l'avoine & pour toute autre choſe, excepté ſon clerc, & ſon valet qui le ſervoit en la chambre , qui mangeoient à la cour ; & leurs gages étoient doubles aux quatre fêtes annuelles.

La dernière des deux cédules dont on vient de parler , fait auſſi mention de Philippe de Nogaret qui portoit le grand ſcel du roi.

Nicolas , doyen & archidiacre de Chartres , chapelain & conſeiller du roi S. Louis , fut choiſi en

1249 pour porter le ſceau du roi dans le voyage de la Terre-Sainte; il mourut en Egypte après la priſe de Damiète , en 1250.

Gilles, archevêque de Tyr en Phénicie , auſſi conſeiller du roi S. Louis , avoit la *garde du ſceau* de ce prince en 1253, comme on l'apprend de *l'hiſtoire de Joinville* , & de la *vie de S. Louis*, écrite par Guillaume de Nangis.

Raoul de Piris, doyen de S. Martin de Tours , fut fait *garde des ſceaux* au retour de la Terre-Sainte , & évêque d'Evreux en 1256; il fut cardinal & légat , & mourut l'an 1270 : il ſe trouve un titre pour l'abbaye de S. Remi de Rheims , ſcellé par lui, où on lit ces mots : *& has litteras dominus epiſcopus ebroïcenſis, tunc decanus turonenſis, ſigillavit.*

Pluſieurs titres de S. Denis & du prieuré de S. Sauveur-lez-Bray-ſur-Seine , font mention que la chancellerie vaqua en 1255 & 1258.

Mais dans cette même année 1258, Raoul de Gros-Parmy, tréſorier de l'égliſe de S. Frambaud de Senlis , fut fait *garde du ſceau* du roi. Teſſereau , en ſon *hiſtoire de la chancellerie*, cite à ce ſujet le regiſtre *olim* de la chambre des comptes de ladite année , où on lit, dit-il : *Radulphus Gros-Permius, theſaurarius ſancti Framboldi ſylvanectenſis, qui deferebat ſigillum domini regis* ; & le fait rapporté par Teſſereau eſt véritable : mais il faut qu'il y ait erreur dans la citation qu'il fait du regiſtre *olim* de la chambre des comptes , n'y ayant jamais eu dans cette chambre de regiſtre ainſi appellé : ce regiſtre eſt au parlement, & contient en effet mot pour mot les termes rapportés par Teſſereau.

La chronique de S. Martial de Limoges fait mention de Simon de Brion ou de Brie , tréſorier de S. Martin de Tours , qui fut *garde des ſceaux* du roi depuis 1260 juſqu'en l'année ſuivante , qu'il fut créé cardinal , & envoyé légat en France : il fut élu pape le 22 février 1281, ſous le nom de *Martin IV*, & mourut le 22 mars 1285.

La chancellerie vaqua en 1261 & 1262, comme il eſt dit dans quelques titres de ce temps; & l'on ne voit point à qui la *garde du ſceau* fut confiée juſqu'en 1270, que le roi S. Louis, avant de s'embarquer à Aigues-mortes le premier juillet, laiſſa le gouvernement de ſon royaume à Matthieu de Vendôme, abbé de S. Denis, & à Simon de Neeſle , & leur donna un ſceau particulier dont ils ſcelloient les lettres en ſon abſence; ce ſceau n'avoit qu'une couronne ſimple ſans écuſſon , & ces mots à l'entour : *S. Ludovici , Dei gratiâ Francorum regis, in partibus tranſmarinis agentis* ; le contre-ſcel avoit un écuſſon ſans couronne , ſemé de fleurs-de-lys.

La chancellerie vaqua ſous le règne de Philippe III , dit *le Hardi* , pendant les années 1273 & 1274, comme le prouve la chartre de confirmation des privilèges de la ville de Bourges , du mois de mars 1274.

Du temps de Philippe-le-Bel, Etienne de Suicy, appellé l'*archidiacre de Flandre*, qui fut chancelier de France en 1302, après Pierre Flotte, avoit été *garde du fcel royal* au mois de janvier 1290, comme il paroît par une ordonnance du roi donnée à Vincennes, datée defdits mois & an, au fujet de l'état de fa maifon, où il y a un article concernant les gages ou appointemens de l'archidiacre de Flandres, qui porte, eft-il dit, le fcel à 6 fous par jour, outre la bouche à cour pour lui & les fiens; & quand il feroit à Paris, à 20 fous par jour pour toutes chofes, en mangeant chez lui. Il falloit que le prix de fes denrées fût moindre alors qu'il n'étoit du temps de S. Louis, fous lequel Philippe d'Antogni avoit 7 f. parifis par jour, outre le droit de bouche à cour; au lieu que celui-ci n'avoit que fix fous : on voit auffi par-là qué le droit de bouche à cour pour le *garde des fceaux* & pour tous les fiens, n'étoit évalué qu'à quatorze fous par jour, puifqu'on ne lui donnoit que cela de plus lorfqu'il étoit à Paris & mangeoit chez lui. Ce même Etienne de Suicy fût archidiacre de Bruges en l'églife de Tournai, chancelier de France en 1302, & cardinal en 1305; il mourut en 1311.

Pierre Flotte, qui fut nommé chancelier en 1302, prenoit indifféremment la qualité de *chancelier* ou de *garde des fceaux*, comme il paroît par un titre pour l'archevêque de Bordeaux, du mercredi avant pâques de l'an 1302, où on lui donne la qualité de *garde des fceaux*.

Après fa mort arrivée dans la même année, Guillaume de Nogaret, feigneur de Calviffon, fut fait pour la première fois *garde des fceaux*, ainfi qu'on l'apprend d'une ordonnance de l'an 1303, portant qu'il y aura au parlement treize clercs & treize lais; & que les treize clercs feront M.e Guillaume de Nogaret, qui porte le grand fcel; & Philippe-le-Bel, dans le parlement qu'il établit à Paris en 1302, lui donna rang immédiatement après un évêque & un prince du fang, & avant tous autres juges.

Dans une autre ordonnance de 1304, le roi dit : « or eft notre entente, que cil qui portera » notre grand fcel ordonne de bailler ou envoyer » aux enquêtes de Languedoc & de la langue fran- » çoife des notaires, tant comme il verra à faire » pour les befognes dépêcher ».

Pierre de Belleperche, qui fut nommé chancelier en 1306, paroît être le premier qui ait joint au titre de *chancelier* celui de *garde du fceau royal*.

Les fceaux furent rendus à Guillaume de Nogaret en 1307, comme il paroît par un regiftre du tréfor; *traditum fuit figillum domino Guillelmo de Nogareto.* Il n'avoit pour fon plat à la fuite du roi, que « dix foudées de pain, trois feptiers de » vin, l'un pris devers le roi, & les deux autres » du commun, & quatre pièces de chair, & » quatre pièces de poulaille; & au jour de poif- » fon à l'avenant; & ne prenoit que fix pro- » vendes d'avoine, coufte, feurres, bufches, chan- » delles, & point de forge ».

Gilles Aicelin de Montagu, archevêque de Narbonne, fut *garde des fceaux* depuis le 27 février 1309 jufqu'au mois d'avril 1313, fuivant le regiftre 45.e du tréfor, où il eft qualifié, *habens figillum.*

Il eut pour fucceffeur en cette fonction Pierre de Latilly, archidiacre de l'églife de Châlons-fur-Marne : le regiftre 49 du tréfor porte : *tradidit dominus rex.... magnum figillum fuum magiftro Petro de Latilliaco.*

L'état de la maifon du roi arrêté le 2 décembre 1306 par Philippe-le-Long, règle les droits du chancelier, à l'inftar de ce qui avoit été accordé à Guillaume de Nogaret, *garde des fceaux*; enforte que les droits du *garde des fceaux* furent affimilés à ceux du chancelier.

Il fembloit même que le chancelier ne tirât fes plus grands privilèges que de la *garde du fceau* : en effet, les habitans de la ville de Laon ayant prétendu recufer le chancelier Pierre de Chappes, comme leur étant fufpect, il fut décidé dans le confeil tenu en préfence du roi le lundi avant l'afcenfion de l'année 1318, que le chancelier ne devoit être tenu pour fufpect; d'autant que, par le moyen de l'office du fceau, il étoit perfonne publique & tenu à une fpéciale fidélité au roi.

Il y avoit deux *gardes des fceaux* au mois de juillet 1320, fuivant un mémorial de la chambre des comptes, coté *H*, portant que le 9 dudit mois Pierre le Mire, chauffe-cire, avoit prêté ferment pour cet office « entre les mains des deux prépo- » fés à la *garde du fceau* ».

Au mois de février fuivant, Philippe-le-Long fit un réglement fur le port & état du grand fcel & fur la recette des émolumens d'icelui. Suivant ce réglement, tous les émolumens, tant du grand fceau que des chancelleries particulières de Champagne, de Navarre, & des Juifs, devoient à l'avenir appartenir au roi.

Jean de Marigni, chantre de l'églife de N. D. de Paris, évêque de Beauvais en 1312, tint les fceaux après Matthieu Ferrand, chancelier, depuis le dernier avril 1329 jufqu'au 6 juillet de la même année, qu'il les rendit; il les eut encore depuis le 7 feptembre jufqu'à la S. Martin 1329, qu'il en fut déchargé, & les remit ès mains de Guillaume de Sainte-Maure, doyen de Tours.

Après la mort de Guillaume de Sainte-Maure, chancelier, arrivée en 1334, Pierre Rogier, abbé de Fécamp, reçut les fceaux, & en fut déchargé lorfqu'il eut l'archevêché de Sens : il ne fe trouve cependant aucun acte qui marque qu'il ait été chancelier ni *garde des fceaux*; il fut depuis archevêque de Rouen, cardinal, & pape fous le nom de *Clément VI.*

Foulques Bardoul, confeiller au parlement de Paris, fut *garde* de la chancellerie pendant la prifon du roi Jean, après la deftitution du chancelier Pierre de la Forêt; il y avoit déjà été employé fous Philippe de Valois, pendant un voyage du chancelier Cocquerel ; & l'étoit au mois de mars 1356, comme il se voit par le journal du trésor du 24 mars de cette année, & par une lettre du 15 juin 1357 : ce qui cessa lorsque le régent donna les sceaux à Jean de Dormans. On ne voit pas au surplus qu'il eût le titre de *garde des sceaux*.

Jean de Dormans fut aussi d'abord commis seulement au fait de la chancellerie de France le 18 mars 1357, par Charles, régent du royaume ; il exerçoit la charge de chancelier au traité de Brétigni, le 9 mai 1360. Le roi Jean lui donna les sceaux le 18 septembre 1361, & l'institua chancelier de France, après la mort du cardinal de la Forêt.

Le parlement ayant été transféré à Poitiers, & la grande chancellerie établie dans la même ville, Jean de Bailleul, président au parlement, tint pendant ce temps les sceaux.

Quelques manuscrits supposent qu'Adam Fumée, chevalier, seigneur des Roches, maître des requêtes, fut commis à la *garde des sceaux* de France depuis l'an 1479, jusqu'en 1483 ; à quoi il y a néanmoins peu d'apparence, vu que pendant ce temps Pierre d'Oriole exerçoit l'office de chancelier : mais il est du-moins certain qu'il fut commis à la *garde des sceaux* après la mort du chancelier Guillaume de Rochefort, arrivée le 12 août 1492. Dans quelques actes il est qualifié de *garde des sceaux* ; & comme il ne tenoit cette charge que par commission, il conserva toujours celle de maître des requêtes, & exerça l'une & l'autre jusqu'à sa mort, arrivée au mois de novembre 1494.

Robert Briçonnet, archevêque de Rheims, exerça la fonction de *garde des sceaux* après le décès d'Adam Fumée, & fut ensuite pourvu de l'office de chancelier de France au mois d'août 1495.

Etienne Poncher, évêque de Paris, fut pareillement commis à la *garde des sceaux* de France en 1512, & les tint jusqu'au 2 janvier 1515.

François I, ayant dans la même année nommé Antoine Duprat pour chancelier, & ordonné qu'il passeroit les monts avec lui, messire Mondot de la Marthonie, premier président au parlement de Paris, fut chargé de la *garde du petit sceau* en l'absence du grand.

Ce même prince allant à Lyon en 1523, & laissant à Paris le chancelier Duprat, il commit M. Jean Brinon, premier président du parlement de Rouen, pour avoir près de S. M. la *garde du petit scel*, en l'absence du grand.

Le chancelier du Bourg étant mort en 1538, la *garde des sceaux* fut donnée en commission à Matthieu de Longuejoue, chevalier, Seigneur d'Yverni, évêque de Soissons, en attendant que Guillaume Poyet eût ses provisions de chancelier ; il reçut les sceaux pour la seconde fois après la mort de François Erraut en 1544, & en fut déchargé l'année suivante.

Lorsque le chancelier Poyet fut emprisonné en 1542, François de Montholon, premier du nom,

président au parlement, fut commis à la *garde des sceaux* de France, par des lettres du 9 août de ladite année ; il prêta serment entre les mains du cardinal de Tournon, le 22 du même mois : le dauphin l'établit aussi *garde des sceaux* du duché de Bretagne, par des lettres du 7 septembre de la même année ; ce qui est remarquable, en ce que l'office de chancelier de Bretagne avoit été supprimé dès l'an 1494. Le premier juin 1543, le roi lui fit remettre tous les papiers & enseignemens concernant les principales affaires du royaume, qui avoient été trouvés dans les coffres du chancelier Poyet, afin qu'il prît une plus grande connoissance des affaires de S. M. ; il mourut le 15 dudit mois de juin 1543.

François Erraut, seigneur de Chemans, maître des requêtes & président en la cour de parlement de Thurin, lui succéda en la charge de *garde des sceaux*, & conserva ses autres charges : le roi lui fit remettre les mêmes papiers & enseignemens qu'avoit eus son prédécesseur ; il fut destitué en 1544. Ce fut alors que Matthieu de Longuejoue reçut pour la seconde fois les sceaux, comme on l'a déjà dit.

Le chancelier Olivier étant tombé en paralysie, les sceaux furent mis entre les mains de Jean Bertrand ou Bertrandi, président au parlement de Toulouse ; lequel sans lettres de commission, les garda & scella jusqu'à ce que le chancelier crut être en état de reprendre ses fonctions : mais ayant perdu la vue, il fut déchargé des sceaux le 2 janvier 1550.

Par un édit donné à Amboise au mois d'avril suivant, le roi érigea un état de *garde des sceaux* de France en titre d'office, sans désignation d'aucune personne, avec attribution des honneurs & autorités appartenans à un chancelier de France, même de présider au parlement & au grand-conseil ; pour être ledit office supprimé après la mort du chancelier Olivier, & subrogé à icelui.

Cet édit fut vérifié contre les conclusions du procureur-général, & publié en l'audience le 8 mai 1551.

Bertrandi fut pourvu de cet office de *garde des sceaux* par lettres du 22 du même mois, vérifiées le 14 août suivant ; il fut archevêque de Sens, cardinal, & mourut à Venise, faisant la fonction d'ambassadeur, le 4 décembre 1560.

Il jouit paisiblement de son office de *garde des sceaux* ; présida souvent au parlement de Paris, tant en la grand-chambre, qu'aux grandes cérémonies des lits de justice, & processions générales, comme il paroît par les registres de ladite cour des 12 novembre ; 12, 15, 16, 17 & 18 février ; 28 mars 1551 ; 13 juin 1552 & autres.

Durant le voyage du roi en Allemagne, il demeura avec le conseil-privé établi à Châlons près de la reine régente, où il rendit pour elle, en sa présence & en plein conseil, les réponses nécessaires aux remontrances des députés du parlement.

Il faifoit les mêmes fonctions que fi le roi y eût été, comme il fe voit par les regiftres du parlement du 13 juin 1552 ; il exerça l'office de *garde des fceaux* jufqu'à la mort de Henri II, arrivée le 10 juillet 1559.

Le roi François II remit alors le chancelier Olivier dans l'exercice de fon office : mais étant mort le 30 mars 1560, & le cardinal Bertrandi ayant donné fa démiffion de l'office de *garde des fceaux*, le roi nomma pour chancelier Michel de l'Hôpital, auquel en 1568, il fit redemander les fceaux, attendu que le chancelier étoit indifpofé & hors d'état de fuivre le roi, qui fe difpofoit à faire un grand voyage.

Les fceaux furent auffi-tôt donnés à Jean de Morvilliers, évêque d'Orléans, auquel François II les avoit déja offerts dès 1560 ; il les garda fans commiffion jufque fur la fin de l'année 1570. Jamais perfonne n'avoit gardé les fceaux fi long-temps fans aucun titre. Il obtint, étant évêque d'Orléans, le 13 mai 1557, des lettres-patentes portant qu'il auroit féance & voix délibérative au parlement, tant aux jours de plaidoirie que de confeil, comme confeiller d'état ; en conféquence de l'édit fait en faveur de tous les confeillers du confeil-privé, nonobftant les modifications qui y avoient été apportées pour l'exclufion des jours de confeil ; lefquelles lettres-patentes furent vérifiées au parlement le 13 janvier fuivant, à la charge de ne pouvoir préfider en l'abfence des préfidens : en 1570, étant accablé d'infirmités, il obtint la permiffion de fe démettre des fceaux.

Charles IX les donna à René de Biragues, préfident, qui les garda quelques années fans avoir non plus aucunes provifions du roi ; & pendant ce temps, Jean de Morvilliers qui s'étoit démis des fceaux, retint toujours, comme plus ancien confeiller d'état, le rang & la préféance fur le fieur de Biragues, & préfida au confeil en l'abfence du roi, comme il avoit fait auparavant, quoique le fieur de Biragues eût les fceaux, & qu'il eût voulu tenir le rang de *garde des fceaux* au-deffus du premier préfident du parlement, à l'entrée du roi à Paris le 6 mars fuivant. Ledit fieur de Morvilliers continua d'avoir la principale direction des affaires, même après que le préfident de Biragues fut *garde des fceaux* en titre, & même depuis qu'il eut été nommé chancelier en 1573.

Le chancelier de Biragues ayant obtenu fa décharge des fceaux en 1573, Philippe Hurant, comte de Chiverny, commandeur de l'ordre du S. Efprit, fut fait *garde des fceaux* de France ; fes provifions furent expédiées en forme d'édit, portant création & provifion en fa faveur de l'office de *garde des fceaux*, aux mêmes honneurs & préféances des autres *gardes des fceaux* de France, fous la réserve du titre de *chancelier* audit fieur de Biragues ; & à la charge que vacation avenant dudit état & titre de *chancelier*, il feroit joint & réuni avec celui de *garde des fceaux*. Ces lettres qui font du mois

de feptembre, furent vérifiées au parlement le 9 décembre de la même année. Le comte de Chiverny fut fait chancelier après la mort du cardinal de Biragues ; il quitta les fceaux en 1588 : mais il fut rappellé à la cour par Henri IV, qui lui rendit les fceaux en 1590, & il les tint jufqu'à fa mort arrivée en 1599.

François de Montholon, II du nom, avocat au parlement, fils de François de Montholon, qui avoit été *garde des fceaux* de France fous le règne de François I, fut nommé pour remplir la même fonction par des lettres du 6 feptembre 1588, par lefquelles le roi le commit à l'exercice de la charge & état de fon chancelier, fous le nom & titre toutefois de *garde des fceaux*, aux honneurs & prérogatives des précédens *gardes des fceaux*, & aux gages de 4000 écus par an ; & ce par commiffion feulement, & pour tant qu'il plairoit audit feigneur roi : avant de procéder à la vérification de ces lettres, la cour députa vers le chancelier de Chiverny, pour lui en donner communication ; ces lettres furent préfentées à l'audience par de Fontenay, avocat, le 29 novembre fuivant, & regiftrées oui & confentant le procureur-général du roi. Le *garde des fceaux* de Montholon harangua au lit de juftice que le roi Henri III tint à Tours le 23 mars 1589, pour y établir fon parlement, & interdire celui de Paris.

Henri IV étant parvenu à la couronne par la mort de Henri III, arrivée le premier août 1589, Montholon fe démit volontairement des fceaux entre les mains de Charles de Bourbon, cardinal de Vendôme, qui fe trouva alors chef du confeil du roi ; il revint enfuite au palais, où il continua la profeffion d'avocat, comme il faifoit avant d'être *garde des fceaux*.

Le cardinal de Vendôme garda les fceaux jufqu'au mois de décembre fuivant, temps auquel le roi les lui fit redemander & retirer de fes mains par le fieur de Beaulieu-Ruzé, confeiller d'état & fecrétaire de fes commandemens, qui porta les fceaux au roi à Mantes.

Le roi tint pendant quelque temps le fceau en perfonne, ou le fit tenir par fon confeil, auquel préfidoit le maréchal de Biron. Quand le roi faifoit fceller en fa préfence, il mettoit lui-même le *visa* fur les lettres, ou le faifoit mettre par le fieur de Loménie, confeiller d'état fecrétaire des commandemens de Navarre & du cabinet, qui avoit la *garde des clefs du fceau*.

Quand le roi avoit d'autres affaires, il laiffoit à fon confeil le foin de tenir le fceau, ou bien il faifoit commencer à fceller en fa préfence, & laiffoit continuer le fceau par fon confeil. Quoique le maréchal de Biron y préfidât, il ne mettoit pourtant pas le *visa* fur les lettres ; c'étoit le fieur de Lomenie qui y demeuroit pour cet effet, & après que le fceau étoit levé, il retiroit les fceaux, les remettoit dans le coffre & en gardoit les clefs. L'adreffe des lettres qui a coutume de fe faire au chancelier, se faisoit alors aux conseillers d'état de S. M. ayant la *garde des sceaux* près de sa personne, & les sermens se faisoient entre les mains du plus ancien conseiller. Cet ordre fut gardé jusqu'au mois d'août 1590, que le roi rendit les sceaux au chancelier de Chiverny, qui les garda jusqu'à son décès.

Du temps du chancelier de Bellièvre, le roi créa à sa prière, par des lettres en forme d'édit du mois de décembre 1604, vérifiées au parlement le 14 mars 1605, un office de *garde des sceaux de France*, en faveur de Nicolas Brulart, seigneur de Sillery, aux mêmes honneurs, prérogatives, autorités, & pouvoirs des autres *gardes des sceaux de France*, pour le tenir & exercer en cas d'absence, maladie, ou autre empêchement dudit chancelier, à condition que vacation advenant de l'office de chancelier, il demeureroit joint & uni avec celui de *garde des sceaux*, sans qu'il fût besoin de prendre de nouvelles lettres de provisions ni de confirmation.

Leur sieur Brulart de Sillery prêta serment le 3 janvier 1605: on vit alors une chose qui n'avoit point encore eu d'exemple; c'est que la *garde des sceaux* fut quatre ou cinq mois sans avoir les sceaux, parce que le chancelier les retint jusqu'au voyage que le roi fit en sa province de Limosin. Cependant le *garde des sceaux* siégeoit dans le conseil au-dessous du chancelier, quoiqu'il n'eût point les sceaux. Mais le roi étant arrivé à Tours, fit retirer les sceaux des mains du chancelier, pour les mettre en celles du *garde des sceaux*, qui les garda toujours depuis, & en fit la fonction tant que le chancelier vécut, sans souffrir même qu'il reçût les sermens des officiers, ni qu'il disposât des offices & autres droits dépendans de la charge de chancelier; & le chancelier de Bellièvre étant mort en 1607, sa place fut donnée au *garde des sceaux*.

Pendant que la cour étoit à Blois au mois de mai 1616, le chancelier de Sillery ayant pressenti que le sieur du Vair avoit été mandé pour le faire *garde des sceaux*, il remit les sceaux au roi en présence de la reine sa mère, se contentant de supplier S. M. de lui laisser seulement ceux de Navarre, ce qui lui fut accordé. On voit par-là que l'on usoit encore alors de sceaux particuliers pour le royaume de Navarre, ce qui ne se pratique plus. Les sceaux de France furent donnés à Guillaume du Vair, évêque de Lizieux, qui avoit été premier président au parlement de Provence. Il avoit reçu divers commandemens du roi pour venir recevoir les sceaux, & s'en étoit long-temps excusé. Enfin étant venu, le roi lui en fit expédier des lettres en forme d'édit, signées & visées de la propre main de S. M. & scellées en sa présence, données à Paris au mois de mai 1616, portant réserve au chancelier de Sillery, sa vie durant, de ses droits, gages, états, pensions, avec création & don audit sieur du Vair d'un état de *garde des sceaux de France*, pour le tenir & exercer, aux honneurs, pouvoirs,

prééminences, gages, pensions, droits, dont les *gardes des sceaux* avoient joui, & qui lui seroient ordonnés & attribués, & de faire toutes fonctions avec pareille autorité que les chanceliers, même de présider en toutes cours de parlemens & autres compagnies souveraines, & sur icelles, & sur toutes autres justices, avoir l'œil & sur-intendance comme un chancelier, à condition que vacation advenant de l'office de chancelier, il demeureroit uni à celui de *garde des sceaux*, sans aucunes lettres de confirmation ni de provision; il en fit le serment entre les mains du roi.

Du Vair ayant fait présenter ses lettres au parlement de Paris, elles y furent vérifiées & regîtrées le 17 juin 1616, *sans approbation de la clause d'y présider*, quoique pareille clause y eût été passée autrefois sans difficulté aux offices des *gardes des sceaux* Bertrandi & de Biragues. Il ne laissa pourtant pas, nonobstant cette modification, d'y prendre la place des chanceliers aux pieds du roi, au lit de justice, tenu le 7 septembre suivant, lors de l'arrêt de M. le prince; d'y recueillir les voix & opinions, & d'y prononcer comme président; mais en entrant dans la grand-chambre avant le roi, il ne se plaça point dans le banc des présidens, il alla tout droit s'asseoir dans la chaire des chanceliers.

Le 25 novembre suivant, il remit les sceaux au roi; il ne laissa pas de faire présenter ses lettres de provisions à la chambre des comptes de Paris, pour valider les paiemens qu'il avoit reçus de ses gages. Elles y furent regîtrées sans approbation de la clause de présider en toutes cours. Les sceaux lui furent rendus le 25 avril 1617; il les garda jusqu'au jour de son décès, arrivé le 3 août 1621.

Le même jour qu'il remit les sceaux, c'est-à-dire, le 25 novembre 1616, Claude Mangot, conseiller & secrétaire d'état, fut pourvu de l'office de *garde des sceaux de France*, comme vacant par la démission volontaire du sieur du Vair, pour le tenir & exercer aux mêmes honneurs, autorités, & droits, dont lui & les autres *gardes des sceaux de France* avoient joui. Ses provisions contenoient les mêmes clauses que celles de son prédécesseur, à l'exception toutefois du droit de présider au parlement; & il fut dit que c'étoit sans diminution des droits, gages, états, & pensions, tant du *garde des sceaux* du Vair, que du chancelier de Sillery que sa majesté vouloit leur être continués leur vie durant. Il prêta serment le 26 novembre, & quelque temps après fit présenter ses lettres au parlement, où elles furent vérifiées le 17 décembre de la même année, après néanmoins qu'on eut député le doyen du parlement, rapporteur de ces lettres, & quelques autres conseillers, vers le sieur du Vair, pour apprendre de sa bouche la vérité de sa démission.

Le sieur Mangot garda les sceaux jusqu'au 24 avril 1617; le maréchal d'Ancre ayant été tué ce jour-là, le sieur Mangot qui tenoit le sceau chez lui, fut mandé au louvre, où il remit les sceaux au roi; le lendemain le roi les renvoya au fieur du Vair, par le fieur de Lomenie, fecrétaire d'état, avec de nouvelles lettres de déclaration & de juffion datées du 25 du même mois, par lefquelles fa majefté déclaroit que « fon intention étoit que le fieur du Vair exerçât la » charge de *garde des fceaux*, & en jouît pleinement » & entièrement avec tous les honneurs, autori- » tés, &c. à icelle appartenans, en vertu de fes pre- » mières lettres de provifion, nonobftant toutes » autres lettres contraires; mandant fa majefté aux » gens de fon parlement, chambre des comptes, &c. » de faire lire, publier & regiftrer, fi fait n'avoit » été, lefdites lettres de déclaration & provifion, » & d'obéir audit fieur du Vair ès chofes touchant » ladite charge de *garde des fceaux* ». Et alors lef- dites provifions furent purement & fimplement re- giftrées fans modification, pour en jouir fuivant lefdites lettres de déclaration, qui furent lues & publiées le dernier juillet fuivant.

Le chancelier de Sillery ayant été rappellé par le roi dans le même mois d'avril 1617, pour préfider dans fes confeils, *le garde des fceaux* du Vair lui laiffa par honneur la réception des fermens des confeillers du grand-confeil, & retint la fignature des arrêts, conjointement avec lui ; & comme les guerres civi- les qui affligeoient alors la France, obligèrent le roi de faire plufieurs voyages dans les provinces les plus éloignées, le *garde des fceaux* fuivoit & préfidoit au confeil qui étoit à la fuite de fa majefté, & le chance- lier qui étoit demeuré à Paris, préfidoit au confeil des parties & des finances, fans toutefois avoir eu aucun pouvoir ni commiffion expreffe pour cela, comme il s'étoit pratiqué autrefois. Les arrêts qui fe rendoient dans les confeils tenus à Paris, étoient fcellés du fceau de la chancellerie du palais, en l'ab- fence du grand fceau qui étoit près de fa majefté. L'union de la couronne de Navarre ayant été faite à celle de France, la charge de chancelier de Na- varre fut fupprimée; il eft probable que ce fut auffi alors que l'on ceffa d'ufer d'un fceau particulier pour la Navarre.

Au lit de juftice tenu par le roi au parlement de Paris le 18 février 1620, pour la publication de quelques édits, le *garde des fceaux* du Vair recueillit les opinions, comme il avoit fait en 1616. Il fit auffi la même fonction au lit de juftice tenu à Rouen le 11 juillet 1620, & à celui tenu à Bordeaux le 8 feptembre de la même année.

Le *garde des fceaux* du Vair mourut le 3 août 1621, étant à la fuite du roi au fiège de Clairac. Le fieur Ribier, confeiller d'état, fon neveu, s'étant trouvé près de lui, porta les fceaux à fa majefté, qui les donna à Charles d'Albert, duc de Luynes, pair & connétable de France, lequel étoit alors chef du con- feil du roi. Il les garda jufqu'à fon décès, arrivé le 14 décembre fuivant. Il fcelloit ordinairement en préfence des confeillers d'état qui étoient près de fa majefté. L'adreffe des lettres qu'on avoit coutume de faire au chancelier ou *au garde des fceaux*, fe fai- foit au connétable, quelquefois avec la qualité de

tenant le fceau du roi, ou bien *ayant la garde des fceaux du roi* ; & d'autres fois fans l'y mettre. Il recevoit les fermens avec telle plénitude de fonction pour ce regard, qu'un officier qui fe trouva à Paris, voulant y prêter ferment entre les mains du chancelier de Sillery, fut obligé d'obtenir des lettres, non-feule- ment de fimple relief d'adreffe, mais de commiffion particulière pour recevoir ce ferment ; & le danger des chemins pendant la guerre, fervit de prétexte pour obtenir ces lettres, & pour difpenfer l'impé- trant d'aller prêter le ferment entre les mains du connétable.

Après la mort du connétable, arrivée le 15 dé- cembre 1621, le roi tint le fceau en perfonne, & fit fceller diverfes fois en préfence de fon confeil, juf- qu'au 24 du même mois, qu'étant alors à Bordeaux, il donna les fceaux à Meric de Vic, feigneur d'Erme- nonville, confeiller d'état, & intendant de juftice en Guienne. Les lettres de don ou provifion de l'of- fice de *garde des fceaux*, vacant par la mort de Guil- laume du Vair, font datées du 24 décembre 1621. Elles contenoient prefque les mêmes claufes que celles dudit du Vair, à l'exception feulement de la claufe contenant droit de fuccéder en la charge de chancelier, vacation avenant, & de celle de préfi- der & avoir la furintendance de la juftice du royau- me ; où on ajouta que ce feroit feulement en l'ab- fence du chancelier de Sillery, auquel fa majefté réfervoit tous les honneurs & prééminences qui lui appartenoient, tout ainfi qu'il en avoit joui depuis la promotion dudit du Vair.

Le fieur de Vic conferva les fceaux jufqu'à fon décès, qui arriva le 2 feptembre 1622. Les fceaux furent portés au roi par l'abbé du Bec, fils du fieur de Vic. Le roi, en attendant qu'il eût choifi un autre *garde des fceaux*, commit verbalement les fieurs de Caumartin, de Preaux, de Léon & d'Aligre, con- feillers au confeil d'état ; & les fieurs Godard & Machault, maîtres des requêtes de fon hôtel, qui fe trouvoient alors à fa fuite, pour, quand il faudroit fceller, fe transporter au logis du roi, & vaquer à la tenue du fceau, ainfi qu'ils en aviferoient pour rai- fon. Lorfqu'ils y étoient arrivés, Galleteau, pre- mier valet-de-chambre du roi, tiroit le coffret des fceaux hors les coffres du roi, & le leur portoit avec les clefs. M. de Caumartin, comme le plus ancien, en faifoit l'ouverture, & tenoit la plume pour met- tre le *vifa*. Le fceau étant levé, on remettoit les fceaux dans le coffret, & on le rendoit audit Galle- teau, avec les clefs. Cet ordre s'obferva jufqu'au 23 dudit mois. Les confeillers d'état & maîtres des re- quêtes qui tenoient le fceau, firent demander au roi une commiffion par des lettres-patentes, pour leur décharge ; mais ils ne purent l'obtenir.

Le 13 du même mois le chancelier de Sillery ob- tint des lettres-patentes qui furent publiées au fceau le 22, portant qu'il jouiroit fa vie durant de tous les honneurs, droits, prérogatives, prééminences, fruits, profits, revenus & émolumens qui appartien- nent à la charge de chancelier de France, tout ainfi qu'il qu'il faifoit lorfqu'il avoit la fonction & exercice des fceaux, fans y rien changer ou innover, & fpécialement de la nomination, préfentation aux offices, tant de la chancellerie de France, que des autres chancelleries établies près les cours & préfidiaux; réception de tous les fermens des officiers pourvus par le roi; foi & hommage, & autres fermens que les chanceliers ont accoutumé de recevoir; droits de bourfe, & autres droits dont il jouiffoit pendant la fonction & exercice des fceaux, encore qu'il en fût pour lors déchargé; & fans que celui ou ceux auxquels le roi committroit dans la fuite la garde des fceaux, puiffent prétendre leur appartenir aucune chofe defdits droits, pouvoirs & émolumens, que le roi déclare appartenir à la charge de chancelier de France, privativement à tous autres. L'adreffe de ces lettres eft: « à nos amés & féaux les confeillers » d'état & maîtres des requêtes ordinaires de notre » hôtel, & autres tenant les fceaux de la grande & » petite chancellerie ».

Le 23 feptembre 1622, le roi donna la garde des fceaux à Louis Lefebvre, fieur de Caumartin, préfident au grand-confeil. Les lettres de provifion de cet office énoncent qu'il étoit vacant par le décès du garde des fceaux de Vic, & contiennent les mêmes claufes que celles du garde des fceaux du Vair, avec droit de préfider en toutes les cours de parlement, grand-confeil, & autres cours fouveraines; avoir l'œil & la furintendance, comme un chancelier, fur toutes les juftices & jurifdictions du royaume; & que vacation avenant de l'office de chancelier, il demeureroit joint & uni avec ledit état de garde des fceaux, pour en ufer par ledit fieur de Caumartin, en la même qualité, titre & dignité, & tout ainfi qu'avoient accoutumé de jouir les autres chanceliers de France, fans qu'il eût befoin de prendre de nouvelles lettres de provifion ni de confirmation; qu'il jouiroit dès-lors des gages, états & penfions attribués audit office de garde des fceaux, fans diminution toutefois des droits, gages, états & penfions du chancelier de Sillery, que fa majefté entendoit lui être payés & continués fa vie durant: voulant auffi qu'il jouit des droits réfervés par les lettres-patentes du 13 feptembre, dont on a parlé ci-devant, comme ledit chancelier en jouiffoit avant qu'il eût été déchargé des fceaux.

M. de Caumartin étant mort le 21 janvier 1623, le même jour les fceaux furent apportés au roi par le préfident de Boiffy, fon fils aîné, accompagné de l'évêque d'Amiens, fon fecond fils, & autres parens, le préfident de Boiffy portant la parole. Le roi les fit mettre dans fes coffres par fon premier valet-de-chambre, & le lendemain il les renvoya par le fieur de Lomenie, fecrétaire d'état, au chancelier de Sillery, fans aucunes nouvelles lettres.

Le 2 janvier 1624, le chancelier de Sillery ayant appris que le roi fe difpofoit à faire un voyage dans lequel fa fanté ne lui permettoit pas de l'accompagner fa majefté, il demanda d'être déchargé de la garde des fceaux, & les renvoya au roi par le fieur de Pui-

fieux fon fils, fecrétaire d'état. Le roi les donna à fon premier valet-de-chambre pour les mettre dans les coffres du roi, dont il avoit les clefs.

Le 6 du même mois, le roi ordonna au fieur de la Ville-aux-Clercs, fecrétaire de fes commandemens, d'expédier des provifions de garde des fceaux, le nom en blanc; & le roi les ayant fignées & vifées de fa main, les fit remplir de la perfonne d'Etienne d'Aligre, qui avoit été confeiller au grand-confeil, & étoit pour lors confeiller d'état & finances, lequel prêta ferment entre les mains du roi immédiatement après que fes provifions furent fcellées. Ses provifions portoient que c'étoit pour tenir ledit office, aux honneurs, droits, &c. dont les gardes des fceaux de France avoient ci-devant joui, ou qui lui feroient attribués par fa majefté, & généralement de toutes les fonctions qui dépendoient dudit office, avec pareille autorité & pouvoir que celui dont les chanceliers de France avoient accoutumé d'ufer & de jouir, même de préfider en toutes les cours de parlement, grand-confeil & autres cours fouveraines; pour fur icelles, & toutes autres juftices & jurifdictions du royaume, avoir l'œil & furintendance, comme un chancelier pouvoit & devoit faire, à caufe de fondit office & dignité; & encore qu'avenant vacation dudit office de chancelier, il demeureroit joint & uni avec ledit état de garde des fceaux, pour en jouir comme les chanceliers de France, fans qu'il eût befoin d'autres lettres de provifion ni de confirmation; fans diminution toutefois des droits, gages, états & penfions du chancelier de Sillery, que fa majefté voulut lui être continués fa vie durant.

Le chancelier de Sillery s'étoit retiré en fa maifon de Sillery, fuivant l'ordre qu'il en avoit reçu du roi le 4 février 1624; il y mourut le premier octobre fuivant: le roi donna les 3 de nouvelles provifions de chancelier à M. d'Aligre, éreignant & fupprimant l'office de garde des fceaux dont il étoit pourvu.

Le premier juin 1626, le chancelier d'Aligre rendit les fceaux au roi, qui lui ordonna de fe retirer en fa maifon du Perche, où il demeura jufqu'à fon décès. Les fceaux furent donnés le même jour à Michel de Marillac, confeiller d'état & furintendant des finances, lequel prêta ferment entre les mains de fa majefté. Ses provifions portoient création & érection en fa faveur, d'un office de garde des fceaux de France, pour l'exercer aux mêmes honneurs & droits que les autres gardes des fceaux, avec pareille autorité & pouvoir que les chanceliers; même de préfider dans toutes les cours fouveraines, pour fur icelles, & toutes autres jurifdictions, avoir l'œil & furintendance comme un chancelier; & que vacation avenant de l'office de chancelier, il fût joint & uni avec ledit état de garde des fceaux, fans qu'il eût befoin d'autres provifions ni confirmations; fous la réferve néanmoins des gages, droits, états & penfions du fieur d'Aligre, fa vie durant.

Toutes les grandes qualités & les fervices du fieur de Marillac n'empêchèrent pas fes ennemis d'exciter le roi à lui ôter les fceaux, qu'il avoit lui-même fouvent voulu remettre. Le 12 novembre 1630, le roi envoya le fieur de la Ville-aux-Clercs, fecrétaire d'état, retirer les fceaux des mains du fieur de Marillac, lequel fut conduit à Caen, puis à Lifieux, & enfin à Châteaudun, où il mourut le 7 août 1632.

Deux jours après que les fceaux eurent été ôtés au fieur de Marillac, le roi les donna à Charles de l'Aubefpine, marquis de Châteauneuf, commandeur & chancelier de l'ordre du Saint-Efprit, confeiller d'état & finances. Il prêta le ferment accoutumé entre les mains du roi. Ses provifions contenoient les mêmes claufes que celles du fieur de Marillac. Etant venu au parlement pour y préfider, & les préfidens ne s'étant pas levés à fon arrivée, le roi, par une lettre adreffée au procureur-général, déclara que fa volonté étoit que les préfidens fe levaffent lorfque le garde des fceaux viendroit au parlement. Cet ordre ayant été réitéré aux préfidens de la bouche même du roi, & le garde des fceaux étant entré en la grand-chambre le 12 août 1632, avant l'arrivée du roi qui vint tenir fon lit de juftice, les préfidens fe levèrent; mais le premier préfident lui dit que ce qu'ils en faifoient n'étoit que par le très-exprès commandement du roi; que cela n'étoit pas dû à fa charge, & qu'il en feroit fait regiftre.

Le 25 février 1633, le fieur de la Vrillière, fecrétaire des commandemens, eut ordre du roi d'aller retirer les fceaux des mains de M. de Châteauneuf, qui remit auffi-tôt le coffre où étoient les fceaux; & M. de la Vrillière l'ayant remis au roi, retourna demander à M. de Châteauneuf la clef du coffre, qu'il avoit pendue à fon cou: il fut enfuite conduit à Angoulefme.

Pierre Seguier, préfident au parlement, reçut les fceaux de la main du roi le dernier du même mois. Ses provifions portoient érection & création en fa faveur d'un état & office de garde des fceaux, & toutes les autres claufes que celles de Châteauneuf & de Marillac. Après la mort de M. le chancelier d'Aligre, arrivée en 1635, il fut choifi pour le remplacer, & prêta le ferment accoutumé le 19 décembre 1635. Lorfque Louis XIV fut parvenu à la couronne, les fceaux furent refaits à l'effigie de S. M. par l'ordre du chancelier Seguier, qui, après qu'ils furent achevés, fit rompre les vieux en plufieurs pièces, & les donna aux chauffe-cire, comme leur appartenans.

Le premier mars 1650, le fieur de la Vrillière, fecrétaire d'état, eut ordre du roi d'aller retirer les fceaux des mains du chancelier Seguier; le lendemain ils furent rendus au fieur de Châteauneuf, qui les avoit quittés en 1633. Ils lui furent redemandés par le fieur de la Vrillière le 3 avril 1651, & donnés le lendemain à Matthieu Molé, premier préfident au parlement de Paris, qui prêta ferment le même jour. Celui-ci les garda jufqu'au 13 dudit mois, qu'ils furent remis au chancelier Seguier, auquel on les retira encore le 7 feptembre

fuivant; & le 8 du même mois, le roi fit fceller en fa préfence trois lettres; celle de duc & pair pour le maréchal de Villeroi, fon gouverneur; les provifions de garde des fceaux pour le premier préfident Molé, & la commiffion de fur-intendant des finances pour le marquis de la Vieuville. Enfuite il envoya les fceaux à M. Molé, avec de nouvelles provifions, portant « que S. M. ayant » par fes lettres-patentes, en date du mois d'avril » 1651, pour les caufes y contenues, fait don » de la charge de garde des fceaux de France au » fieur Molé, chevalier, premier préfident en fon » parlement de Paris, & l'état de fes affaires l'ayant » obligé après de les retirer, elle avoit depuis ce » temps attendu le moment pour les remettre en- » tre fes mains, prenant affurance de fa conduite » par tant d'actions paffées qui avoient témoigné » fon courage & fa fidélité; S. M. déclaroit & vou- » loit que ledit fieur Molé jouît de la charge de » garde des fceaux de France, & qu'il l'exerçât avec » tous les honneurs qui lui étoient dus, confor- » mément à fes lettres-patentes précédentes, fans » qu'il fût tenu de prêter nouveau ferment, attendu » celui qu'il avoit ci-devant fait entre fes mains ». Il conferva depuis les fceaux jufqu'à fa mort, arrivée le 3 janvier 1656.

Le lendemain 4, les fceaux furent rendus au chancelier Seguier, qui les garda depuis fans aucune interruption jufqu'à fon décès, arrivé le 28 janvier 1672.

Le roi jugea alors à propos de tenir lui-même le fceau, à l'exemple de fes prédéceffeurs, jufqu'à ce qu'il eût fait choix d'une perfonne qui eût les qualités requifes; & en conféquence il fit un réglement daté du même jour 4 février 1672, pour la manière dont le fceau feroit tenu en fa préfence. Il nomma les fieurs d'Aligre, de Sève, Poncet, Boucherat, Puffort & Voifin, confeillers d'état ordinaires, pour avoir féance & voix délibérative dans ce confeil, avec fix maîtres des requêtes, dont S. M. feroit choix au commencement de chaque quartier, & le confeiller du grand-confeil, grand-rapporteur en femeftre. Il fut ordonné que les confeillers d'état feroient affis felon leur rang; les maîtres des requêtes & le grand-rapporteur debout, autour de la chaife de S. M. Il y eut un certain nombre de fecrétaires du roi, députés pour affifter aux divers fceaux qui furent tenus par S. M. à Saint-Germain & à Verfailles. Le premier fceau fut tenu à Saint-Germain le 6 février 1672, en la chambre du château, où le confeil a coutume de fe tenir.

Le roi voulant marcher en perfonne à la tête de fes armées, nomma le 3 avril 1672, pour garde des fceaux, meffire Etienne d'Aligre, fecond du nom, alors doyen du confeil d'état, lequel fut depuis chancelier. Il étoit fils d'Etienne d'Aligre premier du nom, auffi chancelier & garde des fceaux de France. Ses provifions contiennent les mêmes claufes que les précédentes, c'eft-à-dire création de l'office de *garde des fceaux*, avec les honneurs & droits dont les précédens *gardes des fceaux* & chanceliers avoient joui, même le droit de préfider dans les cours, & d'avoir la fur-intendance fur toute la juftice du royaume. Il prêta ferment le 24, & fes lettres furent regiftrées au parlement le 19 feptembre 1672, & à la chambre des comptes le 14 juin 1673.

MM. Boucherat, de Pontchartrain, Voifin & d'Aguelleau, qui furent fucceffivement chanceliers après M. d'Aligre, eurent tous les fceaux en même temps qu'ils furent nommés *chanceliers*. Leurs provifions ne leur donnent néanmoins d'autre titre que celui de *chanceliers*.

Marc-René de Voyer de Paulmy, marquis d'Argenfon, confeiller d'état, lieutenant-général de police, chancelier *garde des fceaux* de l'ordre royal & militaire de S. Louis, fut créé *garde des fceaux de France*, par édit du mois de janvier 1718. Il prêta ferment entre les mains du roi le 28 du même mois. Il remit les fceaux entre les mains du roi le 7 juin 1720, qui lui en conferva les honneurs. Les fceaux furent alors rendus à M. le chancelier d'Aguelleau.

Jofeph-Jean-Baptifte Fleuriau d'Armenonville fecrétaire d'état, fut créé *garde des fceaux* par lettres du 28 février 1722. Il prêta ferment entre les mains du roi le premier mars fuivant. Il repréfenta & fit les fonctions de chancelier au facre du roi, le 25 octobre 1722; fe trouva au lit de juftice pour la majorité de S. M. Ses provifions de *garde des fceaux de France* font mention que l'état & office de *garde des fceaux* étoit vacant par la mort de M. d'Argenfon. Du refte elles font conformes à celles de fes prédéceffeurs, & furent regiftrées au parlement le 12 février 1723. Il fe trouva encore au lit de juftice que le roi tint au parlement de Paris le 8 juin 1725, pour l'enregiftrement de différens édits & déclarations; remit les fceaux le 15 août 1727, & mourut le 27 novembre 1728.

Germain-Louis Chauvelin, préfident à mortier, fut nommé *garde des fceaux de France* le 17 août 1727. Ses provifions contiennent la claufe, que vacation arrivant de l'office de chancelier, il demeureroit réuni à celui de *garde des fceaux*, fans nouvelles provifions & fans nouveau ferment. Du refte elles font conformes à celles de fes prédéceffeurs, fi ce n'eft qu'elles ne détaillent point les droits que le roi lui attribue; il eft dit feulement que c'eft pour en jouir aux honneurs, autorités, prééminences & droits, dont les pourvus dudit office ont ci-devant joui & ufé. Il prêta ferment le 18 du même mois. Le roi lui donna enfuite la charge de fecrétaire d'état, avec le département des affaires étrangères, & le fit miniftre d'état. Les fceaux lui furent redemandés le 20 février 1737, lorfqu'il fut exilé à Gros-Bois; il y eut alors un édit de fuppreffion de la charge de *garde des fceaux* créée en fa faveur. Le 21 du même mois, ils furent rendus à M. d'Aguelleau, chancelier, qui les garda jufqu'au 27 novembre 1750, qu'il les remit à M. de Saint-Florentin, fecrétaire d'état.

M. de Lamoignon ayant été nommé chancelier de France le neuf décembre fuivant, M. de Machault d'Arnouville, miniftre d'état, confeiller au confeil royal, contrôleur-général des finances, & commandeur des ordres du roi, fut nommé *garde des fceaux*. Ses provifions portent que c'eft pour en jouir avec pareille autorité que les chanceliers; elles furent fcellées par le roi même, qui écrivit de fa main le *vifa* en ces termes. « *Vifa*, LOUIS, » pour création de la charge de *garde des fceaux* » *de France*, en faveur de J. B. de Machault ». Il prêta ferment le 10, & donna fa démiffion le premier février 1757.

Depuis cette époque jufqu'en 1762, le roi tint lui-même le fceau, & nomma pour y affifter MM. Feydeau de Brou, d'Aguelleau, de Bernages, d'Aguelleau de Frefnes, Trudaine & Poultier. M. Berrier qui fut alors nommé *garde des fceaux*, poffeda cet office jufqu'au jour de fon décès arrivé le 15 août du même année. M. Feydeau de Brou lui fuccéda jufqu'au 4 octobre 1763, que les fceaux furent donnés à M. de Maupeou, avec le titre de *vice-chancelier*.

Par lettres-patentes, en forme d'édit, données le 24 août 1774, enregiftrées au lit de juftice, tenu le 12 novembre fuivant, M. Hue de Miroménil, premier préfident du parlement de Rouen, fut nommé *garde des fceaux*. Ses provifions portent que la charge de *garde des fceaux* de France eft érigée en titre d'office formé, & que dans le cas où l'état & office de chancelier de France viendroit à vaquer, il demeureroit joint & uni à celui de *garde des fceaux*, fans nouvelles provifions, & fans nouveau ferment.

La forme du ferment des chanceliers & *gardes des fceaux de France* a changé plufieurs fois.

Celle qui fe trouve dans les regiftres du parlement en l'année 1375, ne contient rien qui foit relatif fingulièrement à la *garde du fceau*.

Mais le ferment qui fut prêté par le chancelier du Prat, entre les mains du roi, le 7 janvier 1514, eft remarquable en ce qui concerne la fonction de *garde des fceaux*. « Quand on vous apportera, eft- » il dit, à fceller quelque lettre fignée par le commandement du roi; fi elle n'eft de juftice & de » raifon, vous ne la fcellerez point, encore que » ledit feigneur le commandât par une ou deux » fois: mais viendrez devers icelui feigneur, & » lui remontrerez tous les points par lefquels ladite lettre n'eft raifonnable; & après que aura » entendu lefdits points, s'il vous commande de » la fceller, la fcellerez, car lors du péché en fera » fur ledit feigneur & non fur vous: exalterez à » votre pouvoir les bons, favans & vertueux perfonnages, les promouverez & ferez promouvoir » aux états & offices de judicature, dont avertirez le roi quand les vacations d'iceux offices arriveront, &c. ».

A A a a a 3

La forme particulière du serment pour la charge & commission de *garde des sceaux*, est telle :

« Vous jurez Dieu votre créateur, & sur la part » que vous prétendez en paradis, que bien & » loyaument vous servirez le roi à la *garde des* » *sceaux* qu'il vous a commise & commet présen- » tement par moi, ayant de lui suffisant pouvoir » en cette partie ; que vous garderez & observe- » rez, & ferez garder, observer & entretenir in- » violablement les autorités & droits de justice, » de sa couronne & de son domaine, sans faire » ni souffrir faire aucuns abus, corruptions & mal- » versations, ne autre chose que ce soit ou puisse » être, directement ou indirectement, contraire, » préjudiciable, ni dommageable à iceux ; que » vous n'accorderez, expédierez, ne ferez sceller » aucunes lettres inciviles & déraisonnables, ni » qui soient contre les commandemens & volon- » tés dudit seigneur, ou qui puissent préjudicier » à ses droits & autorités, privilèges, franchises » & libertés de son royaume ; que vous tiendrez » la main à l'observation de ses ordonnances, man- » demens, édits, & à la punition des transgres- » seurs & contrevenans à iceux ; que vous ne pren- » drez ni n'accepterez d'aucun roi, prince, poten- » tat, seigneurie, communauté, ne autre person- » nage particulier, de quelque qualité & condition » qu'il soit, aucuns états, pensions, dons, présens » & bienfaits, si ce n'est des gré & consentement » dudit seigneur ; & si aucuns vous en avoient jà » été promis, vous les quitterez & renoncerez ; » & généralement vous ferez, exécuterez, & ac- » complirez en cette charge & commission de *garde* » *des sceaux du roi*, en ce qui la concerne & en » dépend, tout ce qu'un bon, vrai & loyal chan- » celier de France, duquel vous tenez le lieu, » peut & doit faire pour son devoir en la qua- » lité de sa charge : & ainsi vous le promettez & » jurez ».

Le *garde des sceaux* prête serment entre les mains du roi. Ses provisions lui donnent le titre de *che-valier* ; elles sont enregistrées au parlement, au grand-conseil, en la chambre des comptes, & en la cour des aides.

Son habillement est le même que celui du chan-celier ; & aux *Te Deum*, il a un siège de la même forme que celui du chancelier, mais placé à sa gau-che. Il porte toujours sur lui la clef du sceau.

Il a au-dessus de ses armes le mortier à double galon, semblable à celui du chancelier ; derrière ses armes le manteau & deux masses passées en sautoir, en signe de celles que les huissiers de la chancellerie portent devant lui dans les céré-monies.

Lorsqu'il va par la ville ou en voyage, il est toujours accompagné d'un lieutenant de la prevôté de l'hôtel, qu'on appelle *le lieutenant du sceau* ; & de deux hocquetons ou gardes de la prevôté de l'hôtel, qui ont des charges particulières attachées à la *garde du sceau*.

Il siège au conseil du roi immédiatement après le chancelier.

Sa fonction à l'égard de la grande-chancellerie, consiste à présider au sceau, lequel se tient chez lui pour les lettres de grande-chancellerie. Il est juge souverain de la forme & du fond de toutes les expéditions que l'on présente au sceau. C'est à lui que l'on fait le rapport de toutes les lettres ; & il dépend de lui de les accorder ou refuser : le scelleur n'appose le sceau sur aucune que de son ordre.

Il a droit de *visa* sur toutes les lettres appellées. *lettres de charte*, qui sont adressées à tous, présens & à venir.

Il a aussi inspection sur toutes les autres chan-celleries établies près des cours, conseils & prési-diaux. Il nomme à tous les offices de ces chan-celleries ; ses nominations sont intitulées de son nom, signées par lui, contre-signées de son secré-taire, scellées de son sceau & contre-sceaux par-ticuliers. Les principaux officiers lui doivent à leur réception un droit de robe & un droit de serment, pour le serment qu'ils prêtent entre ses mains, ou entre celles de la personne qu'il commet à cet effet sur les lieux. Enfin il a sur ces offices le droit de survivance & le droit de casualité ; au moyen de quoi ceux qui ont les offices sujets à ce droit, lui paient la paulette.

C'est lui qui reçoit le serment des gouverneurs particuliers de toutes les villes du royaume.

C'est lui qui accorde toutes les lettres de par-don, rémission, abolition, commutation de peine, érection en marquisat, comté, baronnie, & autres graces dépendantes du sceau.

Il a le droit de placer les indults sur les colla-teurs du royaume. (*A*)

GARDES *des sceaux des apanages*, ou GARDES *des sceaux des fils & petits-fils puînés de France, &* premier prince du sang pour leur apanage, sont des officiers publics créés par le roi pour l'apanage, & pourvus par le prince apanagiste pour garder les sceaux & en faire sceller toutes les provisions, com-missions, & autres lettres qui émanent du prince pour son apanage.

Cette fonction de *garde des sceaux* est ordinai-rement jointe à celle de chancelier de l'apanage : néanmoins elle en a été quelquefois séparée, de même que la *garde des sceaux de France* l'a été plusieurs fois & l'est encore présentement de l'of-fice de chancelier de France.

Les chanceliers & *gardes des sceaux* des fils & petits-fils de France, prennent tout-à-la-fois le titre de *chancelier & garde des sceaux* du prince & de son apanage. Il en est de même des chanceliers & gar-des des sceaux d'un prince du sang qui est régent du royaume, lequel a droit d'avoir un sceau par-ticulier comme les fils & petits-fils de France : mais les chanceliers & gardes des sceaux des autres princes du sang apanagistes non-régens du royau-me, ne prennent point le titre de *chancelier &* garde des sceaux du prince ; ils sont seulement chanceliers & garde des sceaux de l'apanage, parce qu'en ce cas le sceau est moins un droit attaché à la personne du prince, qu'un droit dont il jouit à cause de l'apanage.

On a déjà parlé sous le mot CHANCELIER, des chanceliers d'apanage en général; c'est pourquoi l'on s'attachera ici principalement à ce qui concerne singuliérement la fonction de garde des sceaux de l'apanage, soit lorsque les sceaux sont tenus par le chancelier, soit lorsque la garde en est confiée à quelque autre personne.

L'institution des chanceliers des princes de la maison de France est presque aussi ancienne que la monarchie: on les appelloit au commencement custodes annuli ou sigilli; ce qui fait voir que la garde du sceau du prince étoit leur principale fonction, & qu'ils ont porté le titre de garde des sceaux avant de porter celui de chancelier. On les appelloit aussi référendaires, parce que c'étoient eux qui faisoient le rapport des lettres auxquelles on appliquoit le sceau. L'apposition de ce sceau servoit à donner l'authenticité à l'acte; & cette formalité étoit d'autant plus importante, que pendant long-temps elle tint lieu de signature: c'est pourquoi les princes avoient leur sceau, comme le roi avoit le sien.

Sous la première race & pendant une partie de la seconde, lorsque le royaume étoit partagé entre plusieurs enfans mâles du roi défunt, chacun tenoit sa part en souveraineté, & avoit son garde-scel ou référendaire, appellé depuis chancelier, & ensuite chancelier garde des sceaux.

Lorsque les puînés cessèrent de prendre leur part à titre de souveraineté, & qu'ils reçurent leur légitime en fiefs & seigneuries, ils avoient, comme tous les grands vassaux de la couronne, leur chancelier garde des sceaux, dont la fonction s'étendoit dans toutes leurs seigneuries.

Enfin lorsque la coutume de donner des apanages aux puînés fut introduite, ce qui arriva, comme on sait, dès le temps de Philippe-Auguste, vers l'an 1206, les princes apanagistes continuèrent d'avoir leur chancelier garde des sceaux. Il est fait mention en plusieurs endroits de ces chanceliers gardes des sceaux des princes apanagistes, dès le milieu du 14e siècle; entre autres des chanceliers des comtes de Poitiers, de ceux des comtes d'Anjou & de la Marche, &c.

Le dauphin de France avoit aussi son chancelier garde des sceaux pour le Dauphiné, comme les dauphins de Viennois en avoient auparavant. Charles V étant dauphin de France & duc de Normandie, avoit un chancelier particulier pour cette province, comme les anciens ducs de Normandie en avoient eu.

Présentement le dauphin n'ayant plus d'apanage, n'a point de chancelier ni de garde des sceaux; il en est de même du fils aîné du dauphin & des autres princes du sang qui n'ont point d'apanage: les princesses n'ont point non plus d'apanage ni de chancelier & garde des sceaux, à l'exception de la

reine qui a son chancelier garde des sceaux, comme on l'a dit en son lieu. Les grands vassaux de la couronne n'ont plus aussi de chancelier ni de garde des sceaux; de sorte que les fils & petits-fils de France, les princes du sang, apanagistes ou régens du royaume, sont les seuls qui aient, comme le roi & la reine, leur chancelier & garde des sceaux. Il y a néanmoins quelques églises, académies & autres corps qui ont leur chancelier particulier, mais ces chanceliers sont d'un ordre différent; & il n'y a pas d'exemple que la garde des sceaux dont ils sont chargés ait jamais été séparée de leur office.

On ne voit point si, dans les premiers temps de l'établissement des apanages, les princes apanagistes ont eu des gardes des sceaux autres que leurs chanceliers, c'étoit ordinairement le chancelier qui portoit le scel du prince; mais comme la garde des sceaux de France, sur le modèle de laquelle se règle celle des apanages, a été, depuis la troisième race, plusieurs fois séparée de l'office de chancelier, il se peut faire aussi que, dès l'institution des apanages, le prince ait quelquefois séparé la garde de son scel de l'office de chancelier: on en a trouvé des exemples assez anciens dans la maison d'Orléans. Le sieur Joachim Seiglière de Boisfranc, garde des sceaux de Monsieur, frère du roi Louis XIV, & Timoléon-Gilbert de Seiglière son fils, qui étoit reçu en survivance, ayant eu ordre de s'abstenir de leurs charges, Monsieur tint lui-même son sceau depuis le mois de septembre jusqu'au 29 décembre 1687, qu'il donna des provisions de cet office à M. de Bechameil de Nointel; & assez récemment dans la même maison, les sceaux furent donnés à M. Baille, conseiller au grand-conseil, qui les a depuis remis à M. de Silhouette; & par la démission de celui-ci, ils ont été remis à M. l'abbé de Breteuil; ils sont actuellement entre les mains de M. Le Moine de Belle-isle, chancelier & garde des sceaux: ainsi ce qui s'est pratiqué dans cette maison en ces occasions & autres semblables, a pu se pratiquer de même long-temps auparavant dans les différentes maisons des princes apanagistes.

Ce qui pourroit d'abord faire douter si l'office de garde des sceaux a jamais été séparé de celui de chancelier, est que le roi semble n'établir pour l'apanage qu'un seul office, qui anciennement n'étoit désigné que sous le titre de chancelier, & présentement sous celui de chancelier garde des sceaux; & comme il n'appartient qu'au roi de créer des offices dans son royaume, le prince apanagiste ne peut pas multiplier ceux que le roi a établis pour l'apanage. Mais comme l'office de chancelier simplement ou de chancelier garde des sceaux, renferme toujours deux fonctions différentes, l'une de chancelier, l'autre de garde des sceaux, & que ces deux fonctions ont été considérées comme deux offices différens, réunis en la personne du chancelier, l'usage a introduit que le prince apanagiste peut, quand bon lui semble, faire exercer ces deux offices ou fonctions par deux personnes différentes.

Les chanceliers & *gardes des sceaux* des apanages sont des officiers publics créés par le roi; car lorsqu'il établit par édit ou lettres-patentes, un apanage pour quelqu'un des princes de sa maison, il donne ensuite d'autres lettres-patentes, par lesquelles il crée, érige & établit en titre d'office, les officiers nécessaires pour la direction de l'apanage, dont le premier est le chancelier *garde des sceaux*: les autres officiers inférieurs sont un contrôleur de la chancellerie, deux secrétaires des finances, un audiencier-garde des rôles des offices, un chauffe-cire, & deux huissiers de la chancellerie.

Tous ces officiers sont attachés principalement au sceau, de-sorte que quand la *garde des sceaux* est séparée de l'office de chancelier, c'est le *garde des sceaux* qui tient les sceaux du prince pour l'apanage, & qui fait sceller tout ce qui concerne l'apanage; & dans ces cas, les autres officiers inférieurs font leurs fonctions près du *garde des sceaux*.

La première création du chancelier *garde des sceaux* est ordinairement faite par le même édit qui établit l'apanage, ou par un édit donné dans le même temps: ces offices une fois créés doivent naturellement subsister aussi long-temps que l'apanage pour lequel ils ont été établis; le décès du prince apanagiste, par le moyen duquel sa maison se trouve éteinte, ne devroit pas régulièrement éteindre les offices de chancelier & de *garde des sceaux*, ni les autres offices créés pour l'apanage, de sorte que ces offices n'auroient pas besoin d'être créés de nouveau pour le prince qui succède à l'apanage; il est néanmoins d'usage que quand l'apanage passe d'un prince à un autre par succession, sous prétexte que la maison du défunt est éteinte par son décès, le roi par des lettres-patentes crée de nouveau un chancelier *garde des sceaux*, & autres officiers pour l'apanage qui passe à un autre prince: mais par les dernières lettres-patentes du mois de février 1752, portant création d'un chancelier *garde des sceaux*, & autres officiers pour l'apanage de Louis-Philippe d'Orléans, duc d'Orléans, premier prince du sang, cette création n'a été faite qu'en tant que besoin seroit.

Quoique ces différentes créations d'officiers soient faites par le roi, on ne peut pas néanmoins les regarder comme des officiers royaux; car le roi crée bien l'office, mais ce n'est pas lui qui y pourvoit; il laisse au prince apanagiste la nomination, provision & institution du chancelier & *garde des sceaux*, & des autres officiers attachés au sceau. Chaque prince apanagiste a la liberté de les changer quand bon lui semble; & s'il continue le même chancelier *garde des sceaux* & autres officiers qu'avoit son prédécesseur, il ne laisse pas de leur donner de nouvelles provisions.

On trouve néanmoins que quand Louis XIII forma un apanage pour Gaston son frère, il pourvut en 1617 M. de Verdun, premier président du

parlement, de l'office de chancelier de Gaston qu'on appelloit alors *duc d'Anjou*, & que le 11 septembre 1625, il donna des provisions du même office à M. le Coigneux, président de la chambre des comptes, mais c'étoit peut-être à cause de la minorité de ce prince; & l'on voit même que le 25 septembre 1625, Gaston donna à M. le Coigneux des provisions sur celles du roi, & qu'il continua depuis d'en donner seul. Lorsqu'il y eut des mutations par rapport à cet office, les premiers chanceliers de ce prince ne joignoient point le titre de *garde des sceaux* à celui de *chancelier*, quoiqu'ils eussent en effet les sceaux; mais dans la suite ceux qui remplirent cette place, joignirent les deux titres de *chancelier garde des sceaux*, à l'imitation des chanceliers de France, qui les prennent de même, depuis quelque temps, lorsqu'ils ont les sceaux: ainsi les sceaux de Gaston étant vacans par la démission de M. de Chavigny, ministre d'état, M. de Choisy, par ses provisions du 27 avril 1644, fut nommé chancelier *garde des sceaux*.

Il en a été de même pour l'apanage de Monsieur, fils de France, établi par édit du mois de mars 1661. Lorsque M. le comte de Seran, qui étoit son chancelier *garde des sceaux*, eut donné sa démission en 1670, il fut donné des provisions sous le même titre à M. du Housset, le 2 janvier 1671.

M. Terrat a été aussi chancelier *garde des sceaux* de M. le duc d'Orléans, régent du royaume, jusqu'à son décès arrivé le 19 mars 1719.

M. le Pelletier de la Houssaye, conseiller d'état, lui succéda; il mourut au mois de septembre 1723. M. Pierre-Marc de Voyer de Paulmy, comte d'Argenson, grand-croix & chancelier de l'ordre royal & militaire de S. Louis, alors lieutenant-général de police, succéda en cet emploi à M. de la Houssaye, le 20 septembre 1723, suivant les provisions qui lui en furent données.

Après la mort de ce prince, arrivée le 2 décembre 1723, M. d'Argenson fut choisi par Louis, duc d'Orléans, premier prince du sang, pour remplir la même place, qui, sur sa démission, fut donnée, en 1741, à M. René-Louis de Voyer de Paulmy d'Argenson, conseiller d'état, son frère. Messire Julien-Louis Bidé de la Grandville, conseiller d'état, lui succéda en 1745; & sur sa démission, qu'il donna, au mois de mars 1748, entre les mains de Louis, duc d'Orléans, ce prince n'étant pas pour lors dans le dessein de pourvoir à l'office de chancelier *garde des sceaux*, donna seulement le 14 du même mois la commission de *garde des sceaux* à messire Nicolas Baille, conseiller honoraire du roi en son grand-conseil. Le prince ayant dans la suite révoqué cette commission, tint lui-même son sceau depuis le 26 juillet 1748, jusqu'au 6 août suivant, qu'il donna un semblable commission à messire Etienne de Silhouette, maître des requêtes de l'hôtel du roi; & le 5 décembre suivant, le prince tint encore lui-même son sceau; à l'effet de don-

ner au même meffire Etienne de Silhouette des provifions de l'office de chancelier *garde des fceaux*
de fon apanage. Le 15 mars 1752, Louis-Philippe,
duc d'Orléans, lui donna de nouvelles provifions
dudit office, comme il eſt d'ufage d'en donner à
tous les officiers de l'apanage, lorfque la maifon
du prince eſt renouvellée après le décès de fon
prédéceffeur.

Louis XIV ayant, par des lettres - patentes du
mois de juin 1710, établi un apanage pour Charles de France, duc de Berri, créa auffi pour lui
un office de chancelier *garde des fceaux* : cet office fubfiſta peu de temps, le duc de Berri étant
décédé fans enfans le 4 mai 1714.

Les fceaux des princes apanagiſtes, dont la *garde*
eſt confiée à leur chancelier ou au *garde des fceaux*,
font de deux fortes, favoir le grand fceau & le
contre-fcêl ou petit fceau ; ils font l'un & l'autre renfermés dans un coffret couvert de velours, dont
le chancelier ou le *garde des fceaux* a toujours la
clef fur lui.

Le grand fceau eſt ainfi appellé pour le diſtinguer, tant du contre-fcel ou petit fceau qui eſt beaucoup plus petit, que du fceau ou cachet particulier du prince.

Les princes apanagiſtes ufent de cire rouge molle
pour leur fceau & contre-fceau, de même que le
roi en ufe pour le Dauphiné.

L'empreinte du grand fceau repréfente le prince
à cheval, armé de pied en cap, & la légende contient fes noms & qualités ; par exemple, fur le
fceau de M. le duc d'Orléans, il y a : *Louis-Philippe d'Orléans, duc d'Orléans, de Valois, de Chartres*, &c. Il y a auffi ordinairement une infcription
fur la tranche du fceau : par exemple, fur celui
de M. le duc d'Orléans, on lifoit ces mots, *vox
muta Philippi*.

Le contre-fcel qui eſt beaucoup plus petit que le
grand fceau eſt aux armes du prince ; on l'applique
au revers du grand fceau ou féparément : il ne faut
pas le confondre avec le fceau particulier ou cachet
du prince, quoique l'empreinte & la grandeur foient
à-peu-près de même. Le cachet ou fceau particulier
qui eſt gardé par le fecrétaire des commandemens
du prince, ne fert que pour les brevets & autres dépêches particulieres qui concernent la maifon du
prince, ou fes terres & feigneuries autres que celles
qui compofent l'apanage ; il s'applique comme un
cachet ordinaire fur le papier ou parchemin, avec
un papier qui recouvre la cire ou pâte qui en reçoit
l'empreinte, au lieu que le fceau & le contre-fcel
font en cire rouge non couverte ; & ces fceaux s'appliquent de maniere qu'ils font pendans.

Le fceau fe tient ordinairement un certain jour de
chaque femaine chez le chancelier ou chez le *garde
des fceaux*, lorfqu'il y en a un.

L'audiencier-garde des rôles fait le rapport des
lettres qui font préfentées au fceau.

Le contrôleur de la chancellerie affiſte au fceau.

Le fcelleur chauffe-cire applique le fceau lorfque
le chancelier ou le *garde des fceaux* l'ordonne.

On fcelle du fceau du prince toutes les provifions
& commiffions d'office de judicature & autres pour
l'apanage, même pour les officiers qui ont le titre
d'*officiers royaux* ; mais pour les cas royaux le prince
n'a que la fimple nomination des officiers ; & fur ces
lettres de nomination fcellées du fceau de l'apanage,
le roi donne à l'officier des provifions.

Quoique les chanceliers & *gardes des fceaux* des
princes apanagiſtes ne foient établis principalement
que pour l'apanage, néanmoins le prince n'a qu'un
feul fceau & qu'un même dépofitaire de fon fceau :
le chancelier ou *garde des fceaux* donne auffi par droit
de fuite toutes les provifions & commiffions néceffaires dans les terres patrimoniales du prince
apanagiſte.

Il n'eſt pas d'ufage chez les princes apanagiſtes de
fceller fur des lacs de foie, mais feulement en queue
de parchemin.

Ce qui eſt de plus effentiel à remarquer par rapport au fceau des apanages, c'eſt qu'il eſt proprement une portion du fcel royal, ou du moins il y
eſt fubrogé, & opere le même effet, foit pour l'authenticité & l'autorité, foit pour purger les privileges & hypotheques qui peuvent être affectés fur des
offices, foit royaux, municipaux ou autres, de l'apanage : auffi l'audiencier-*garde* des rôles de la chancellerie de l'apanage, eſt - il confidéré comme un
officier public dont les regiſtres font foi, tant ceux
qu'il tient pour les rôles des offices qui fe taxent au
confeil, que pour les provifions des offices ; & ceux
qu'il tient pour les oppofitions qui peuvent être formées entre fes mains, pour raifon des offices de l'apanage, foit au fceau ou au titre : ces oppofitions fe
forment au fceau de l'apanage de même qu'au fceau
du roi, & elles ont le même effet qui eſt de conferver le droit de l'oppofant. Les huiffiers de la chancellerie de l'apanage femblent avoir le caractere
néceffaire pour former ces fortes d'oppofitions ;
cependant pour prévenir toute difficulté fur la capacité de ces officiers, on eſt dans l'ufage de former ces fortes d'oppofitions par le miniſtere des
huiffiers des confeils du roi, de même que pour
les autres oppofitions aux offices qui ne font point
de l'apanage.

Les chanceliers *gardes des fceaux* de l'apanage,
étant les premiers officiers de l'apanage & de la
maifon du prince, jouiffent en conféquence de tous
les privileges accordés par le roi aux officiers du
prince qui font fur l'état arrêté par le roi ; & en conformité duquel le prince fait fon état qui eſt mis &
reçu au greffe de la cour des aides. Ces privileges
font les mêmes que ceux dont jouiffent les officiers,
domeſtiques & commenfaux de la maifon du roi,
comme on peut voir par les lettres-patentes du mois
de février 1752, concernant les offices de l'apanage du défunt prince Louis duc d'Orléans ; ceux
qui étoient attachés au prince défunt, jouiffent des
mêmes privileges leur vie durant ; leurs veuves en

jouissent pareillement tant qu'elles demeurent en viduité : c'est ce que porte la déclaration du roi du 20 février 1752, registrée en la cour des aides le 21 avril 1752, qui conserve aux officiers de feu M. le duc d'Orléans lesdits priviléges, franchises & exemptions, nonobstant qu'ils ne soient pas spécifiés ni déclarés par cette loi. (*A*)

GARDES *des sceaux des chancelleries établies près les cours*, sont les officiers qui sont chargés de la *garde* du petit sceau, dont on use dans ces chancelleries.

La *garde* du petit sceau aussi-bien que du grand, appartient naturellement au chancelier ou au *garde des sceaux* de France, lorsque la *garde des sceaux* est séparée de l'office de chancelier.

En l'absence du chancelier ou du *garde des sceaux* de France, s'il y en a un, la *garde des petits sceaux des chancelleries établies près les cours souveraines* appartient aux maîtres des requêtes, lorsqu'ils se trouvent dans la ville où la chancellerie est établie.

A Paris, c'est toujours un maître des requêtes qui tient le sceau en la chancellerie du palais : c'est pourquoi il n'y a point de *garde des sceaux*. Mais comme ces magistrats ne résident point ordinairement dans les autres villes de province où il y a de semblables chancelleries, nos rois ont établi un officier dans chacune de ces chancelleries, pour garder les sceaux en l'absence des maîtres des requêtes ; & ce sont ces officiers auxquels le nom de *gardes des sceaux* de ces chancelleries est propre.

Il y a eu de ces officiers aussi-tôt que l'on a établi des chancelleries particulières dans les provinces.

Il y en avoit un en la chancellerie de Toulouse dès 1490, suivant l'ordonnance de Charles VIII, du mois de décembre de ladite année, où il est nommé *garde-scel*.

Les autres *gardes des sceaux* ont été établis à mesure que l'on a établi chaque chancellerie près des parlemens, conseils supérieurs, cours des aides, &c.

Dans celles de Navarre, de Bretagne, de Dauphiné & de Normandie, ils ont pris la place des chanceliers particuliers de ces chancelleries, qui ont été supprimés.

Ils furent tous supprimés par un édit du mois de février 1561, portant que le sceau de ces chancelleries seroit tenu par le plus ancien conseiller, chacun en son rang, par semaine ou par mois ; ils ont depuis été rétablis par différens édits. Dans les parlemens semestres, tels que celui de Bretagne & celui de Metz, il a été créé un second *garde des sceaux*, pour servir l'un & l'autre par semestre ; ce qui a été étendu à toutes les chancelleries près des cours qui sont semestres, par un édit du mois de juin 1715.

En quelques endroits ces offices furent unis à un office de conseiller de la cour près de laquelle est établie la chancellerie, ou ne peuvent être possédées que par un conseiller.

Par exemple, la déclaration du roi du 20 janvier 1704, ordonna que l'office de *garde-scel* du conseil

supérieur d'Alsace seroit possédé par un conseiller de ce conseil.

L'édit du mois d'octobre suivant supprima les titres & fonctions des *gardes-scels des chancelleries*, unis aux offices des conseillers des cours supérieures, & créa un office de *garde-scel* en chacune des chancelleries établies près desdites cours.

La déclaration du 31 mars 1705 ordonna que les sceaux de ces chancelleries près les cours, seroient remis aux officiers nommés par M. le chancelier, jusqu'à ce que les officiers de *gardes-scels* créés par édit du mois d'octobre 1704, fussent remplis.

Dans quelques villes où il y a deux chancelleries, une près le parlement & une autre près la cour des aides, comme à Rouen & à Bordeaux, il y a ordinairement un *garde des sceaux* en chaque chancellerie. Cependant l'édit du mois de juin 1704, a attribué au *garde-scel* de la chancellerie près le parlement de Rouen, les fonctions de *garde-scel* de celle près la cour des aides de la même ville, & a désuni cet office de *garde-scel* de la chancellerie près ladite cour des aides, de l'office de conseiller en icelle.

Quand un maître des requêtes arrive dans une ville où il y a chancellerie, le *garde des sceaux* est tenu de lui porter les sceaux ; & l'audiencier, contrôleur ou commis, la clef.

Le maître des requêtes ou le *garde des sceaux* qui tient le sceau, ne peut sceller que les lettres qui s'expédient ordinairement dans ces chancelleries ; ils ne peuvent sceller aucunes rémissions, si ce n'est pour homicides involontaires, & pour ceux qui sont commis dans une légitime défense de la vie, & quand l'impétrant aura couru risque de la perdre.

Le *garde des sceaux* est chargé de tenir la main au sceau & à la taxe des lettres, & de pourvoir aux contestations qui peuvent survenir pendant la tenue du sceau, ou à l'occasion d'icelui ; il peut rendre en cette matière des ordonnances & jugemens, sauf l'appel devant M. le chancelier, ou devant M. le *garde des sceaux* de France, lorsqu'il y en a un.

L'édit du mois de juin 1715, attribue aux *gardes des sceaux des chancelleries près les cours*, la noblesse au premier degré, droit de *committimus*, exemption de logement des gens de guerre, tutèle, curatèle, guet & garde, & de droits seigneuriaux dans la mouvance du roi. Ce dernier privilège n'a plus lieu depuis l'arrêt du conseil du 26 mai 1771, qui a supprimé toutes les exemptions des droits seigneuriaux dus au roi, au sujet des mutations des biens situés dans les mouvances & directes du domaine. (*A*)

GARDES *des sceaux des chancelleries présidiales ou des présidiaux*, sont des officiers qui ont la *garde du sceau* dont on scelle toutes les expéditions des chancelleries présidiales & les jugemens des présidiaux.

Henri II, ayant établi en 1551 des siéges présidiaux dans plusieurs villes du royaume, avoit alors

laissé

laiffé aux greffiers des préfidiaux la *garde du fcel*, ordonné pour fceller les expéditions de ces nouveaux tribunaux : mais comme ces greffiers n'avoient pas communément les connoiffances néceffaires pour juger du mérite des requêtes civiles, & autres lettres qui leur étoient préfentées pour fceller, Henri II, par édit du mois de décembre 1557, établit des confeillers *gardes des fceaux* près des préfidiaux : il ordonna que quant aux lettres de chancellerie, qui ne peuvent être concédées que par fa majefté, comme requêtes civiles, propofitions d'erreur, reftitutions en entier, relief d'appel, défertions, anticipations, acquiefcemens, & autres femblables, qui ont accoutumé être dépêchées ès chancelleries au nom du roi, elles feroient dépêchées par les *gardes des fceaux* des préfidiaux, fignées & expédiées par les fecrétaires du roi; & en leur abfence, par le greffier d'appeaux de chaque fiège préfidial, ou par leur commis.

Il fut ordonné que ces expéditions feroient fcellées de cire jaune, d'un fcel qui feroit fabriqué aux armes du roi, à trois fleurs-de-lys, qui feroient de moindre grandeur que celles des autres chancelleries; & qu'autour de ce fcel, feroit écrit, *le fcel royal du fiège préfidial de la ville de*, &c.

La garde de ce fcel fut attribuée à un confeiller & *garde des fceaux* créé par cet édit dans chaque préfidial, avec les mêmes droits que les autres confeillers.

Il fut en même temps créé un clerc & commis à l'audience, pour fceller les expéditions & recevoir les émolumens provenans dudit fcel.

Le roi déclare néanmoins que, par l'attribution faite aux *gardes des fceaux des préfidiaux*, il n'entend point empêcher fes fujets de fe pourvoir pour les lettres dont ils auront befoin en la grande chancellerie, ou en celles établies près des cours du parlement, comme ils faifoient auparavant.

Il déclare auffi que, par cet édit, il n'entend point préjudicier aux droits, prééminences & autorités, tant des maîtres des requêtes que des fecrétaires du roi, lefquels il veut demeurer dans le même ordre qu'ils ont tenu ci-devant avec les officiers des cours & fièges préfidiaux.

Ces *gardes des fceaux* furent fupprimés, ainfi que les clercs commis à l'audience, par un édit du mois de février 1561, qui permit néanmoins à ceux qui étoient pourvus de ces offices, d'en jouir leur vie durant, à moins qu'ils ne fuffent plutôt rembourfés. Le même édit ordonna qu'après la fuppreffion de ces *gardes des fceaux*, par mort ou rembourfement, le fceau feroit tenu par les lieutenant général, particulier, & confeillers préfidiaux, chacun par mois & l'un après l'autre, à commencer par le lieutenant général; que le lieutenant ou confeillers qui tiendront le fceau, auront la *garde* du coffre, & le fermier, la clef.

Les troubles furvenus dans le royaume furent caufe que cet édit fut mal obfervé; de forte que l'ufage ne fut pas par-tout uniforme. Mais Henri III,

par édit du mois de février 1575, rétablit les confeillers-*gardes des fceaux*, dans les préfidiaux près defquels il y a une chancellerie préfidiale, conformément à l'édit de 1561.

Enfin, par un édit du mois de juin 1715, tous les offices de confeillers-*gardes des fceaux* ou de confeillers-*gardes-fcel*, par quelques édits qu'ils euffent été créés, tant dans les chancelleries près les cours, que dans les chancelleries préfidiales, furent fupprimés; & par le même édit, il fut créé dans chaque chancellerie préfidiale, un nouvel office de confeiller du roi *garde-fcel*, avec le privilège de nobleffe au premier degré, en confidération de l'honneur qu'il a d'être dépofitaire du fceau du roi, pour en jouir par les pourvus, leurs veuves & defcendans, comme les officiers des chancelleries près les cours. L'édit les décharge de toute recherche pour la nobleffe; leur accorde droit de *committimus*, exemption de logement de gens de guerre, tutèle, curatelle, guet & *garde*.

En conféquence de cet édit, les confeillers-*gardes-fcel* des préfidiaux font dans les chancelleries préfidiales les mêmes fonctions que les *gardes des fceaux* des chancelleries établies près les cours font dans ces chancelleries.

Par un arrêt du confeil du 22 janvier 1697, ils ont été maintenus dans le droit de fceller tous les actes, fentences & jugemens rendus dans les cas préfidiaux. A l'égard des fentences, jugemens & actes des bailliages & fénéchauffées auxquels les préfidiaux font joints, ils doivent être fcellés par les confeillers-*gardes-fcels* des bailliages & fénéchauffées, fuivant l'édit du mois de novembre 1696. (*A*)

GARDE *des fceaux aux contrats*, font ceux qui ont la *garde* du petit fceau dont on fcelle les actes paffés devant notaires & tabellions royaux.

Anciennement c'étoit le juge qui fcelloit les contrats, de même que les jugemens, parce que les contrats font cenfés paffés fous fon autorité, & que les notaires n'étoient confidérés que comme les greffiers du juge pour la jurifdiction volontaire.

Dans la fuite, les fceaux furent joints au domaine & donnés à ferme; au moyen de quoi, le fceau des contrats auffi-bien que des jugemens, fut remis au fermier du fceau qui, par lui ou fon commis, fcelloit tous les jugemens & contrats.

En 1568, Charles IX créa dans toutes les jurifdictions royales des *gardes des fceaux*, tant pour les contrats que pour les fentences.

Ces offices furent fupprimés par édit du mois de novembre 1696, qui créa en même temps des offices de confeillers-*garde-fcels*, pour faire la même fonction.

Mais par une déclaration du 18 juin 1697, Louis XIV défunit les offices & droits de *gardes-fcels* des contrats, & actes des notaires & tabellions royaux, de ceux des fentences & actes des jurifdictions royales, pour être vendus féparément.

L'exécution de cette déclaration ayant foufert plu-

BBbbb

fieurs difficultés de la part des notaires & tabellions royaux, il y eut d'abord une déclaration du mois d'avril 1697, qui défunit l'office de *garde-fcels aux contrats* de celui de *garde-fcel* aux fentences, pour la ville & prévôté de Paris, & créa vingt notaires au châtelet, qui auroient feuls droit de fceller tous les actes; mais la communauté acheta ces vingt charges: au moyen de quoi tous les notaires de Paris font *gardes-fcels*, & ont droit de fceller eux-mêmes les actes qu'ils reçoivent.

A l'égard des *gardes-fcels aux contrats* pour les autres villes, par une autre déclaration du 17 feptembre 1697, on rétablit tous les offices de *garde-fcels des contrats* des notaires & tabellions, qui avoient été fupprimés par l'édit du mois de novembre précédent; à l'exception de ceux de la ville de Paris, qui étoient déjà unis au corps des notaires. Ces offices de *garde-fcels* ainsi rétablis, furent auffi unis au corps des notaires; & dans les lieux où les notaires ne formoient pas de communauté, le droit de *garde-fcel* fut donné à chaque notaire en particulier: & en conféquence de cette union, la déclaration permet à tous notaires, dans les villes où il y a parlement ou autres fièges préfidiaux, de prendre le titre de *confeiller du roi garde-fcel*, foit qu'ils aient acheté les offices en commun ou en particulier; de forte que dans les lieux où la communauté n'a pas acheté ces offices, il faut envoyer fceller l'acte chez celui qui eft *garde-fcel*. (*A*)

GARDES-SCELS *des jurifdictions royales & fubalternes*, font ceux qui ont la *garde* du petit fcel, dont les expéditions du tribunal doivent être fcellées.

Anciennement chaque juge avoit fon fceau ou cachet particulier, dont il fcelloit lui-même tous les jugemens & autres actes émanés de fa jurifdiction, & même les contrats & autres actes que l'on vouloit mettre à exécution.

Le châtelet de Paris fut le premier fiège qui commença à ufer du fcel royal, du temps de S. Louis.

Il y avoit dès-lors au châtelet un officier appellé *fcelleur*, dont la fonction étoit d'appofer le fcel aux jugemens & mandemens émanés du tribunal; ce qui fubfifte encore préfentement.

On donna auffi, aux autres fièges royaux, des fceaux aux armes du roi, pour fceller tous les jugemens & autres actes paffés dans le détroit de la jurifdiction. Mais Charles IX, étant informé que dans plufieurs jurifdictions royales les juges appofoient encore leurs fceaux, marques, cachets ou fignatures, au lieu du fcel royal, ou bien les fceaux des villes, & qu'il fe commettoit encore d'autres abus, créa, par édit du mois de juin 1568, des *gardes des fceaux* dans toutes les jurifdictions royales, excepté dans les chancelleries & préfidiaux, pour fceller tous les jugemens & contrats que l'on veut mettre à exécution.

Cet édit fut interprété & confirmé par plufieurs autres des 8 février 1571, mai & décembre 1639, juin 1640, & autres; en conféquence defquels il

fut établi des *gardes des fceaux* dans la plupart des jurifdictions royales.

Depuis, par édit du mois de novembre 1696, Louis XIV fupprima tous ces offices de *gardes-fcels*, foit qu'ils euffent été établis en conféquence des édits de juin 1568 & autres poftérieurs, ou que lefdits offices ou les titres & fonctions d'iceux, euffent été joints & unis à d'autres offices rétablis ou réunis au domaine du roi; à l'exception néanmoins des offices de *gardes-fcels* créés depuis l'année 1688: & au lieu de ces offices de *gardes-fcels* fimplement, il créa par le même édit, dans toutes les jurifdictions royales, un confeiller du roi *garde-fcel*, pour fceller tous les jugemens & autres expéditions, contrats & actes des notaires & tabellions royaux; qui furent joints & attribués au *garde-fcel*, avec attribution des mêmes fonctions, autorités, privilèges, droits, rang, féance, voix délibérative, part aux épices & diftribution des procès, que les autres confeillers & officiers des jurifdictions royales.

Par une déclaration du 18 juin 1697, les offices & droits de *garde-fcels* des contrats & actes des notaires & tabellions royaux, furent défunis de ceux des fentences & actes des jurifdictions royales, pour être vendus féparément. *Voyez* GARDE-SCEL AUX CONTRATS.

Enfin, par une autre déclaration du 17 décembre fuivant, Louis XIV rétablit tous les offices de *gardes-fcels*, qui étoient établis avant l'édit du mois de novembre 1696, dans les bailliages, fénéchauffées, vicomtés, prévôtés, vigueries, châtellenies, & autres jurifdictions royales ordinaires, à l'exception de celle du châtelet & des autres jurifdictions de la ville de Paris, pour laquelle l'exécution de l'édit de 1696 fut ordonnée.

La même déclaration ordonna que les propriétaires des anciens offices de *garde-fcels* en jouiroient, comme ils faifoient avant l'édit de 1696, fans être tenus d'acquérir ni de fe faire pourvoir, fi bon ne leur fembloit, des offices de confeillers-*gardes-fcels* créés par le même édit de 1696; defquels offices de confeillers le roi fe réferva de difpofer comme il jugeroit à propos, avec faculté néanmoins aux propriétaires des anciens offices de *garde-fcels*, aux compagnies ou autres particuliers, d'acquérir ces offices de confeillers.

A l'égard des jurifdictions des provinces & généralités, où les offices & droits de *garde-fcels* n'étoient pas rétablis avant l'édit du mois de novembre 1696, le roi, par la déclaration du 17 feptembre 1697, unit aux corps des jurifdictions lefdits offices de confeillers-*gardes-fcels* créés par édit du mois de novembre 1696, avec faculté auxdites jurifdictions de jouir defdits offices en commun, ou de les vendre, même les droits attachés.

Il a été défendu aux *gardes-fcels des jurifdictions royales*, par plufieurs réglemens, & notamment par une déclaration du 16 mars 1576, de fceller aucun des actes qui font du fait des chancelleries établies près des cours ou préfidiaux. (*A*)

GARDE-VENTE, eft le nom qu'on donne au commis, qu'un adjudicataire des bois prépofe à l'exploitation & à la vente de fes bois. On le nomme auffi *facteur : voyez* ce mot.

Un *garde-vente* ne peut vendre aucun arbre qu'il ne foit marqué du marteau de l'adjudicataire ; il doit avoir un regiftre, pour y infcrire les noms, furnoms & qualités de ceux à qui il vend des bois : il doit auffi tenir la main à ce que la coupe foit vuide dans le temps marqué pour le récolement de la vente, & fe conformer exactement dans l'exploitation aux claufes du cahier des charges de l'adjudicataire.

Il eft tenu de dreffer procès-verbal, & de le dépofer au greffe de la maitrife, de tous les délits qui fe commettent, foit dans fa vente, foit dans la réponfe de cette vente, à peine d'en être refponfable.

On appelle *réponfe*, une étendue de cinquante perches, autour de la vente, pour les bois de cinquante ans & au-deffus, & de vingt-cinq perches, pour ceux qui font au-deffous de cet âge.

Un *garde-vente*, convaincu de fraude ou de fuppofition dans la rédaction d'un rapport, doit être condamné aux galères perpétuelles.

GARDE, (*denier de*) eft une modique redevance de quelques deniers, qui fe paie au feigneur, fur une terre chargée en même temps de rente foncière ou champart, & de *garde*, pour les années que cette terre labourable fe repofe. La rente, champart, terrage, agrier, fe paient pour les autres années où la terre porte des fruits, & dans les années de repos & pâture, le propriétaire paie quelques deniers de *garde*. Il eft parlé de ce droit dans plufieurs anciens baux paffés fous le fcel de la baillie de Mehun-fur-Yèvre, qui ont été faits à la charge de rente foncière & de *garde*. On voit dans le procès-verbal de la *coutume du Grand-Perche*, que ce droit eft prétendu par le baron de Loigny : il en eft auffi fait mention en la queftion 9 des *décifions de Grenoble*. (*A*)

GARDE (*Droit de*) eft un droit qui fe levoit anciennement par les feigneurs, & que les titres appellent *garda* ou *gardagium* ; il eft fouvent nommé conjointement avec le droit de guet. Les vaffaux & autres hommes du feigneur étoient obligés de faire le guet, & de monter la *garde* à fon château pour fa défenfe. Ce fervice perfonnel fut enfuite converti en une redevance annuelle en argent ou en grains. Il y en a des titres de l'an 1213, 1237 & 1302, dans l'*hiftoire de Bretagne*, tom. 1 : il y en a auffi des exemples dans l'*hiftoire de Dauphiné*, par M. de Valbonnais.

La plupart des feigneurs s'arrogèrent ces droits, fous prétexte de la protection qu'ils accordoient à leurs vaffaux & fujets, dans les temps des guerres privées, & des incurfions que les Barbares firent dans le royaume : dans ces cas malheureux, les habitans de la campagne fe retiroient avec leurs femmes, leurs enfans & leurs meilleurs effets, dans les châteaux de leurs feigneurs, qui leur vendirent cette *garde*, protection ou avouerie, le plus cher qu'ils purent ; ils les affujettirent à payer un droit de *garde* en bled, vin ou argent, & les obligèrent, de plus, à faire le guet.

On voit dans le *chapitre 54 des établiffemens de S. Louis*, que dans certains lieux les fujets étoient obligés à la *garde* avec leurs femmes ; en d'autres, ils n'étoient pas obligés de mener leurs femmes avec eux ; & quand ils n'en avoient pas, ils devoient mener avec eux leurs fergens, c'eft-à-dire, leurs ferviteurs ou leur ménage. La *garde* ou le guet obligeoient l'homme à paffer les nuits dans le château du feigneur, lorfqu'il y avoit néceffité ; & il ne pouvoit vaquer à fes affaires, & à fon travail que pendant le jour. Ces droits de guet & de *garde*, furent dans la fuite réglés par nos rois. Louis XI les régla à cinq fols par an. *Voyez* GUET, LIGE-ÉTAGE. (*A*)

GARDE-GARDIENNE, (*Droit public.*) On donne ce nom à des lettres accordées par le roi à des abbayes, chapitres, prieurés & autres églifes ; univerfités, collèges & autres communautés, par lefquelles le roi déclare qu'il prend en fa *garde* fpéciale ceux aufquels il les accorde ; & pour cet effet, leur affigne des juges particuliers, pardevant lefquels toutes leurs caufes font commifes. Ce juge s'appelle *juge confervateur de leurs privilèges*.

Ceux qui ont droit de *garde-gardienne* peuvent, en vertu de ces lettres, attirer leur partie adverfe qui n'a point de privilège plus éminent, hors de fa jurifdiction naturelle, foit en demandant ou défendant, pourvu que les lettres de *garde-gardienne* aient été vérifiées au parlement où le juge confervateur reffortit.

On entend quelquefois, par le terme de *garde-gardienne*, le privilège réfultant des lettres d'attribution.

L'ufage des *gardes-gardiennes* eft fort ancien, furtout pour les églifes cathédrales & autres de fondation royale, que nos rois ont toujours prifes fous leur protection ; ce que l'on appelloit alors fimplement *garde* ou *fauve-garde*, ou bien *garde royale*. Dans la fuite on fe fervit du terme de *garde-gardienne*, foit parce que cette *garde* étoit adminiftrée par un gardien ou juge confervateur, ou bien pour diftinguer cette efpèce particulière de *garde*, de la *garde royale* des enfans mineurs qui a lieu en Normandie.

Les privilèges de *garde-gardienne* ont été confirmés par l'édit de Crémieu, qui veut que les baillis & fénéchaux aient la connoiffance des caufes & matières des églifes de fondation royale, aufquelles ont été & feront octroyées des lettres en forme de *garde-gardienne*, & non autrement.

Cette difpofition de l'édit de Crémieu a été également confirmée par l'édit du mois de juin 1559, qui reftreint cependant les privilèges des *gardes-*

gardiennes, en ce qu'il ordonne qu'il n'y aura que ceux qui font du corps commun de l'églife à laquelle ils ont été accordés, qui en jouiront, & qu'ils ne s'étendront pas aux bénéfices étant de fa collation.

En général, le privilège de *garde-gardienne*, accordé aux corps eccléfiaftiques, ne s'étend pas ordinairement au-delà du reffort du bailliage ou fénéchauffée, auquel il a été attribué, à moins qu'il n'y ait dans les lettres de conceffion une claufe qui en augmente l'étendue. C'eft ainfi que le chapitre de l'églife d'Orleans, par fes lettres de *garde-gardienne*, a fes caufes commifes au bailliage de la même ville, non-feulement pour les biens qu'il poffède fous fon reffort, mais encore pour ceux dont il jouit dans le reffort de ceux d'Etampes, du Berri, du Nivernois & autres. *Voyez* COMMITTIMUS.

L'ordonnance de 1669, *titre 4 des committimus, & gardes-gardiennes*, ordonne, *article 18*, que les églifes, chapitres, abbayes, prieurés, corps & communautés qui prétendent droit de *committimus*, feront tenus en rapporter les titres pour être examinés, & l'extrait envoyé aux chancelleries près les parlemens, & que jufqu'à ce, il ne leur foit expédié aucunes lettres.

Le privilège de *garde-gardienne*, accordé aux univerfités, eft plus étendu que celui des corps eccléfiaftiques. La même ordonnance de 1667, *art. 19*, permet aux principaux des collèges, docteurs, régens & autres du corps des univerfités qui tiennent des penfionnaires, de faire affigner de tous les endroits du royaume, pardevant le juge de leur domicile, les redevables des penfions & autres chofes par eux fournies à leurs écoliers, fans que leurs caufes en puiffent être évoquées ni renvoyées devant d'autres juges, en vertu de *committimus* ou autre privilège.

L'article fuivant porte que les recteurs, régens & lecteurs des univerfités exerçant actuellement, auront leurs caufes commifes en première inftance devant les juges confervateurs des privilèges des univerfités, auxquels l'attribution en a été faite par les titres de leur établiffement; & qu'à cet effet, il fera dreffé, par chacun an, un rôle par le recteur de chaque univerfité, pour être porté aux juges confervateurs de leurs privilèges.

En général, ceux qui veulent fe fervir du privilège de *garde-gardienne*, foit pour faire affigner quelqu'un, foit pour demander, pardevant le juge de leur privilège, le renvoi d'une action formée contre eux dans un autre tribunal, doivent donner copie de leurs lettres de *garde-gardienne*. Dans le cas où la caufe eft déjà portée devant un autre juge, c'eft à lui qu'on doit demander le renvoi pardevant le juge du privilège, à la différence de ce qui fe pratique à l'égard des *committimus*, pour lefquels l'évocation peut être faite fans qu'il foit befoin de demander le renvoi au juge déjà faifi.

La copie des lettres de *garde-gardienne*, dont nous venons de parler, fe prend au greffe du juge confervateur du privilège. Nous avons dit qu'en général, ceux qui veulent s'en fervir étoient obligés d'en donner copie à leurs parties adverfes. Mais il eft néceffaire de remarquer que les docteurs actuellement régentans font difpenfés de cette formalité. Leur qualité feule fuffit pour leur affurer la jouiffance du privilège de *garde-gardienne*, accordée à l'univerfité dont ils font membres.

Les écoliers étudiant fans fraude dans une univerfité ont, par rapport à leurs affaires perfonnelles, tant en demandant qu'en défendant, le privilège qu'on appelle de *fcholarité*, qui produit à-peu-près les mêmes effets que celui de *garde-gardienne*. *Voyez* UNIVERSITÉ.

GARDIEN, f. m. on fe fert de ce terme pour fignifier celui qui a la garde de quelques perfonnes ou de quelque chofe, de-là le nom de *gardiennoble* & de *gardien-bourgeois*, donné par les coutumes aux pères, mères ou autres afcendans, & même dans quelques-unes, aux collatéraux qui ont la garde-noble ou bourgeoife de leurs enfans. *Voyez* GARDE *bourgeoife*, *noble*, *royale* & *feigneuriale*.

Mais, dans l'ufage ordinaire du palais, on fe fert principalement du mot *gardien*, pour fignifier celui qui s'eft chargé de la garde des meubles faifis fur un débiteur, ou de ceux fur lefquels un officier public a appofé les fcellés.

Lorfqu'un huiffier fait une faifie de meubles, il doit fommer le débiteur de fournir un *gardien* folvable; & dans le cas de refus ou d'impuiffance, il doit en établir un pour la confervation des effets faifis.

Il eft d'ufage au châtelet de Paris, que l'huiffier, par fon procès-verbal d'établiffement de *gardien*, affigne le faifi à comparoître à heure déterminée, en l'hôtel du juge, à l'effet de fournir *gardien* bon & folvable, & à faute de ce, voir dire que celui qu'il a établi, reftera & fera payé à fes frais.

L'ordonnance du juge, portant confirmation du *gardien*, eft néceffaire pour l'autorifer à demander les frais de garde au faifi.

L'huiffier ne doit établir pour *gardien* qu'une perfonne folvable & de facile difcuffion; ce qu'on appelle, en *terme de Pratique*, un *gardien bon & folvable*.

On ne doit établir pour *gardien*, ni les parens de l'huiffier, ni le faifi, fa femme, enfant, ou petits-enfans; mais feulement fes frères, oncles & neveux, pourvu qu'ils y confentent expreffément, & qu'ils aient figné le procès-verbal de faifie, ou déclaré ne pouvoir figner.

Les femmes mariées ne peuvent être établies *gardiennes*, fans l'autorifation de leurs maris. On ne doit pas auffi établir pour *gardiens* des officiers de judicature; ni les confuls, pendant l'année de leur confulat, à l'exception des faifies faites pour fommes dues au roi. Cependant les commiffaires au châtelet de Paris peuvent être *gardiens*; mais il faut qu'ils aient été spécialement chargés de la garde par autorité de justice.

Celui qui accepte la commission de *gardien*, doit signer sur le procès-verbal, ou déclarer qu'il ne peut signer.

Si l'huissier ne trouve pas de *gardien* solvable, il doit établir garnison.

Il n'est pas permis d'empêcher l'établissement du *gardien*, ni de le troubler, à peine de payer le double de la valeur des meubles saisis, & de 100 livres d'amende, sans préjudice des poursuites extraordinaires.

Le *gardien* suit ordinairement la foi de celui sur qui la saisie est faite, c'est-à-dire qu'il laisse la partie saisie en possession des meubles ; cependant il peut requérir l'huissier qui en fait la saisie, de le mettre en possession de ces meubles, & de les enlever. Mais, dans aucun cas, il ne doit ni s'en servir, ni les louer à personne ; il doit les conserver fidèlement comme un dépositaire, à peine de tous dommages & intérêts. Si les choses saisies produisent d'elles-mêmes quelque profit ou revenu, il est tenu d'en rendre compte au saisi ou aux créanciers saisissans.

Les *gardiens* étant dépositaires de justice, sont contraignables par corps à la représentation des meubles saisis, soit pour être vendus à la requête du créancier, soit pour être restitués à la partie saisie, lorsqu'il y a eu déplacement, & que la partie saisie a obtenu main-levée.

La contrainte par corps n'a lieu néanmoins qu'en vertu d'un jugement qui la prononce.

S'il survient des oppositions qui retardent la vente, le *gardien* est déchargé deux mois après qu'elles ont été jugées ; ou si elles ne le sont pas, il est déchargé au bout d'un an : mais s'il a été mis en possession réelle des meubles, il en est chargé pendant trente ans. Pour empêcher dans ces cas la décharge du *gardien*, il est nécessaire d'obtenir un jugement qui le continue dans ses fonctions. Il n'en est pas besoin dans le ressort du parlement de Rouen, lorsqu'il s'agit d'un *gardien* volontaire.

Lorsqu'il se trouve quelque déficit dans les choses confiées à un *gardien*, la nouvelle jurisprudence du châtelet ne les oblige qu'au paiement de la valeur de ce qui manque, dans le temps du récolement de la saisie, & cette valeur s'estime suivant le rapport de ceux qui ont vu les effets. Cette espèce de modération n'entraîneroit-elle pas quelques abus ? Il est à craindre qu'un *gardien* ne détourne des objets saisis, dans l'espérance d'en payer une médiocre valeur.

Lorsqu'un huissier, par son procès-verbal de saisie, a constitué un *gardien*, si celui-ci ne veut pas accepter la garde, il doit faire insérer sa protestation dans le même procès-verbal. Le simple défaut de signature de sa part ne le décharge pas de la garde qu'on lui a imposée, & il ne lui reste qu'à se pourvoir contre le procès-verbal, par

la voie de l'inscription de faux. C'est ce qui résulte d'un arrêt du parlement de 1769, rapporté dans la collection de jurisprudence. *Voyez* GARNISON.

GARENNE, s. f. ce mot paroît dérivé de l'allemand *warren*, qui signifie *garder*, *défendre*. Il désignoit effectivement autrefois tout lieu défensable, c'est-à-dire un héritage où il n'est pas permis d'entrer sans la permission du propriétaire. On n'entend plus aujourd'hui par-là qu'un endroit destiné à la nourriture des lapins, & qui est d'ordinaire planté en bois, ou couvert de broussailles.

Les prérogatives que le droit féodal accorde aux seigneurs, se trouvent ici, comme dans tant d'autres cas, en opposition avec la liberté naturelle, & les loix du voisinage. Les lapins multiplient si prodigieusement, & font tant de dégât dans les lieux cultivés, qu'il faut une espèce de code particulier, pour concilier, autant qu'on le peut, les droits des seigneurs & le bien public.

On va tracer les principales règles de ce droit dans l'ordre suivant : 1°. des personnes qui ont droit de *garenne* ; 2°. de la propriété, de l'usage & des charges des *garennes* ; 3°. de la juridiction sur les *garennes*.

§. I. *Des personnes qui ont droit de garenne.* On distingue deux sortes de *garennes*, celles qui sont ouvertes, & les *garennes forcées*, c'est-à-dire celles qui sont fermées de murs ou de fossés à eau. Ces dernières ne sont pas interdites, ou du moins les défenses portées par les ordonnances ou par les coutumes, pour la formation & les accroissemens des *garennes*, ne les intéressent guère, parce qu'étant fermées, les lapins n'y causent pas ces dommages qui occasionnent si juste titre les plaintes des gens de campagne. Bobé, *sur l'article 211 de la coutume de Meaux ; Code des chasses* ; Fréminville, Guyot, &c.

Plusieurs auteurs enseignent néanmoins qu'il n'est pas permis aux roturiers d'avoir des *garennes*, même fermées, lorsqu'ils ne sont pas seigneurs de fief, parce que ce seroit soustraire un canton particulier au droit de chasse, qui appartient au seigneur féodal. Il faut même avouer que la rigueur du droit est, dans ce cas, en faveur du seigneur, dont la propriété doit être respectée, quelque défavorable qu'elle puisse être, tant que les loix n'y portent point d'atteinte. Mais s'il ne s'agissoit que d'un clos d'une petite étendue, qui ne causât point de préjudice notable au droit de chasse du seigneur, il seroit bien dur de priver les particuliers du droit d'élever quelques lapins auprès de leur maison.

Il faut ajouter seulement, 1°. que le seigneur justicier a ici le même intérêt que le seigneur féodal à empêcher les *garennes* fermées ; 2°. qu'il ne doit pas y avoir de différence, à cet égard, entre le noble & le roturier : car les prérogatives que le noble peut avoir personnellement, n'ont aucune influence sur le droit de *garenne*, qui est purement réel. La coutume de Bretagne forme une exception à cette règle, comme on le verra bientôt.

Quant aux *garennes* ouvertes, nos ordonnances & nos coutumes contiennent à cet égard diverses prohibitions. Un arrêt de l'an 1256 ordonna qu'une *garenne*, que le comte de Bourgogne, oncle du roi, avoit commencée en la ville neuve, membre de son comté, seroit détruite, sur les remontrances que firent les habitans que le pays en recevoit grand dommage; le testament de Philippe-le-Long du 26 août 1321, cité par Brillon, dans son *Dictionnaire*, au mot *Garenne*, ordonne aussi que les nouvelles *garennes* seront détruites. (*Traité de la police*, tom. 2, liv. 5, tit. 23, chap. 4, §. 2.)

La même règle se trouve encore autorisée par un arrêt du 14 avril 1339, rapporté par Chopin, lequel défend d'établir aucunes nouvelles *garennes* sans la permission expresse du roi, enregistrée en la chambre des comptes.

On trouve de pareilles ordonnances des années 1355 & 1356. Mais la dernière de ces loix n'ordonne la suppression que des *garennes* ou des accroissemens de *garennes* élevés depuis quarante ans. (*Code des chasses*, *Conférence de Guénois*, &c.)

Enfin l'ordonnance des eaux & forêts de 1669 a réputé les *garennes* ouvertes si préjudiciables, qu'elle charge, dans l'article 11 du titre 30, les officiers des chasses, & à leur défaut, les officiers des maîtrises, de faire renverser tous les terriers des lapins, qui sont dans les forêts du roi, à peine de 500 l. d'amende, & de suspension de leurs charges.

Cette loi ayant été mal exécutée, un arrêt du conseil du 11 janvier 1776, qui en a renouvellé les dispositions, a ordonné le renversement des terriers & la destruction des lapins dans l'étendue des capitaineries, en présence des officiers de ces capitaineries, qui seront tenus de se transporter sur les lieux, à la requisition du syndic de la communauté; & pour les terreins plantés en vignes, ou en bois d'une étendue moindre de cent arpens, l'arrêt permet aux propriétaires des bois où sont les terriers, & à ceux des terres adjacentes, de procéder à leur entière destruction, en en prenant la permission, qui ne peut leur être refusée par les officiers de la capitainerie, & en y procédant en présence des gardes de la capitainerie.

Le même titre de l'ordonnance de 1669 défend d'établir des *garennes* à l'avenir, si l'on n'en a le *droit par des aveux & dénombremens, possession ou autres titres suffisans.*

D'après toutes ces loix, c'est un principe généralement reconnu, que les seigneurs de fief même ne peuvent pas, suivant le droit commun, faire de nouvelles *garennes*, s'ils n'y sont pas autorisés de la manière prescrite par l'ordonnance de 1669.

Il y a néanmoins des coutumes qui font du droit de *garenne* une dépendance du fief ou de la justice foncière. Il faut même avouer que c'est la disposition de presque toutes celles qui se sont exprimées sur cet objet. *Voyez* les *coutumes d'Anjou*, art. 31; *de Bretagne*, art. 160; *du Maine*, art. 38; *de Normandie*, art. 160; *de Touraine*, art. 37, &c.

M. Salvaing dit aussi dans son chapitre 62 de l'*usage des fiefs*, « que par l'usage du Dauphiné, » les gentilshommes, seigneurs de terres ou non, » peuvent faire des *garennes*, pourvu qu'elles ne » soient pas à charge aux voisins ». Mais, outre qu'il est bien difficile d'établir une *garenne* ouverte qui ne fasse aucun tort aux terres voisines, l'article 31 des *libertés delphinales* permet uniquement aux gentilshommes de la province de chasser sur les terres dont ils ne sont pas seigneurs, & *même dans les garennes*: il ne leur permet point d'établir des *garennes* ouvertes.

Il faut donc dire que cet usage du Dauphiné, comme les dispositions des coutumes qu'on vient de citer, peut bien autoriser les *garennes* qui sont établies d'ancienneté, sans qu'on en ait d'ailleurs aucun titre, mais non pas donner le droit d'en former de nouvelles, lorsqu'on n'a ni aveu, ni aucune autre espèce de titres. L'ordonnance de 1669 a abrogé les coutumes & usages qui y sont contraires, & l'article 19 du titre 30 de cette loi dit textuellement, «que nul ne pourra établir *garenne* » à l'avenir, s'il n'en a le droit *par ses aveux &* » *dénombremens, possession ou autres titres suffisans,* » à peine de 500 liv. d'amende, & en outre, la » *garenne* détruite & ruinée à ses dépens ».

La Touloubre a adopté cette règle, pour les parlemens de Provence & de Languedoc, dans sa *jurisprudence féodale*, part. 1, tit. 13, n°. 22, & il observe que cette prohibition affecte les seigneurs hauts-justiciers & féodaux, comme les particuliers.

Des auteurs ont étendu ces prohibitions bien au-delà de ce que porte l'ordonnance même.

Fréminville prétend, avec d'autres auteurs, que le droit d'avoir *garenne* est *un droit domanial*, *pour lequel il faut un titre précis*, & *il ne peut y avoir de prescription*. Il ajoute « que M. le procureur-géné- » ral de la table de marbre obtint, sur sa requête, » une ordonnance du 21 mai 1681, pour y faire » assigner tous particuliers qui prétendoient avoir » *garennes* dans leurs terres & seigneuries, pour rap- » porter & justifier des titres, en vertu desquels » lesdites *garennes* ont été établies, & voir dire » que, faute de rapporter titres suffisans, elles se- » roient, suivant les ordonnances, détruites & » démolies ».

Cette ordonnance se trouve dans le *code des chasses*, avec la requête du procureur-général. On y voit que c'étoient là les conclusions de ce magistrat. Mais on y voit aussi qu'on ordonna seulement, « que commission seroit délivrée au sup- » pliant, pour faire assigner qui bon lui sembleroit » aux fins de sa requête, & *cependant que l'or-* » *donnance du mois d'août 1669*, *sur le fait des ga-* » *rennes*, *seroit exécutée selon sa forme & teneur* ». La table de marbre n'entendoit donc pas proscrire la possession dénuée de titres, puisqu'elle se référa à l'ordonnance de 1669, qui l'autorise expressément.

Il y a néanmoins quelques provinces, telles que l'Artois, où, pour avoir une *garenne* ouverte, il

faut repréfenter une conceffion du fouverain duement enregiftrée, fans qu'on puiffe y être autorifé par des titres énonciatifs, fuivis de poffeffion.
Cela a été ainfi jugé le 3 juillet 1722, par un arrêt confirmatif d'une fentence du confeil d'Artois,
rendue contre le fieur L'hofte, feigneur de Vil-
lemand. Un autre arrêt du 7 décembre 1751 a
jugé la même chofe contre le marquis de Mou-
chy-Cayeux, qui étoit en poffeffion depuis plufieurs fiècles, tant par lui que par fes auteurs, du
droit de *garenne* dans la terre dont il portoit le
nom.

L'article 391 de la coutume de Bretagne dit
que « noble homme peut faire en fa terre ou fief
» noble, faux à connils, en cas qu'il n'y auroit
» *garenne* à autre feigneur ». Suivant la maxime
qui dicit de uno de altero negat, on a conclu de-
là qu'il falloit non-feulement avoir un fief, mais
auffi être noble, pour avoir droit de *garenne* en
Bretagne. L'article 389 exige la même qualité pour
la conftruction des colombiers, lors même qu'on
a 300 journaux de terre en fief, comme cette coutume l'exige encore; & Devolant cite un arrêt
qui a jugé qu'un roturier ne pouvoit pas conftruire
de colombier dans un domaine noble de cette
étendue.

Les *garennes*, même fondées en titres, font aujourd'hui fujettes à être détruites, lorfqu'on établit
une capitainerie dans l'étendue de laquelle elles fe
trouvent comprifes. Deux arrêts du confeil des
années 1705 & 1726, ont néanmoins jugé le contraire. Mais l'ordonnance de 1669 & l'arrêt du confeil du 21 janvier 1776, ne font aucune diftinction dans ce qu'elles difent de la deftruction des
terriers à lapins; l'article 7 de ce dernier règlement porte même « que *fi la deftruction fe fait*
» *dans des parties de bois, qui*, quoique fituées dans
» les capitaineries, appartiennent à des particuliers,
» les propriétaires feront avertis du jour qui aura été
» indiqué, à l'effet de pouvoir s'y trouver, ou
» d'y envoyer leurs gardes ou autres perfonnes,
» ayant pouvoir d'eux, pour veiller à la confer-
» vation de leurs bois ».

L'ordonnance des eaux & forêts, en exigeant,
pour le droit de *garenne*, des dénombremens, poffeffion ou autres titres fuffifans, n'a point marqué
précifément ce qu'il falloit entendre par-là. Harcher, dans fon *traité des fiefs*, penfe que le droit
de *garenne* doit être reporté dans trois aveux. (*Chap.*
12, §. 11.)

A l'égard de la poffeffion, le même auteur &
Guyot difent qu'elle doit remonter au-delà de cent
ans, & la défaveur de cette efpèce de fervitude
paroît effectivement exiger qu'on ne regarde comme
équivalant à titre que la poffeffion immémoriale.

Quant *aux autres titres fuffifans*, dont parle l'ordonnance, il faut avouer que rien n'eft moins précis que cette énonciation. Il paroît du moins qu'on
doit mettre à la tête de ces titres les permiffions
du roi. Cela eft affez conforme aux difpofitions

de la coutume de Meaux, qui porte dans l'article
211 : « aucun ne peut tenir *garenne* jurée, fup-
» pofé qu'il ait haute-juftice en fa terre, s'il ne l'a
» par permiffion du roi, titre particulier & exprès,
» ou de telle & fi longue jouiffance qu'il ne foit
» mémoire du commencement ne du contraire ».
Cette permiffion s'obtient par des lettres-patentes,
qu'on fait enregiftrer au parlement, à la table de
marbre & à la chambre des comptes.

Mais cet enregiftrement n'a lieu qu'après l'information, *de commodo aut incommodo*, qui fe fait à
la requête de M. le procureur-général du parlement
ou de la table de marbre.

Il eft d'ufage d'entendre, dans ces informations,
les curés, fyndics, échevins, & les principaux &
notables habitans de l'endroit, ainfi que toutes les
perfonnes intéreffées qui peuvent s'oppofer à
l'établiffement de la *garenne*, s'il en peut réfulter
du dommage pour les héritages des propriétaires
voifins, parce que les graces du roi ne doivent
pas préjudicier à des tiers.

Un arrêt du 6 mai 1614, rendu dans la coutume
de Meaux, fur l'oppofition des habitans, a en conféquence défendu au fieur de Villeneuve de continuer la *garenne* qu'il avoit commencée, en vertu
de lettres-patentes.

Malgré toutes ces reftrictions que notre jurifprudence apporte au droit de *garenne*, Loifel a
mis au nombre de fes règles du droit françois,
que « le feigneur de fief faifant conftruire étang
» ou *garenne*, y peut enclorre les terres de fes
» fujets, en les récompenfant préalablement ». (*Liv.*
2, tit. 2, §. 27.)

On a vu au mot ÉTANG, que plufieurs coutumes accordoient le même privilège au feigneur
pour la conftruction d'un étang. Mais, outre qu'elles
exigent pour cela que la chauffée de l'étang foit
au domaine du feigneur, aucune coutume n'accorde
expreffément la même permiffion au feigneur de
fief pour les *garennes*, comme l'a remarqué le préfident Bouhier. L'article 37 de la coutume de Tours,
que Laurière a cité fur cette règle, ne porte feulement : « le feigneur qui a fief, n'eût-il que baffe-
» juftice, peut conftruire & faire eftang. Et quand
» la chauffée eft en fon fonds & fief, il peut faire
» retenue d'eaux, & en ce faifant, fubmerger les
» domaines de fes fujets étant en fon fief, en les
» récompenfant préalablement; finon qu'il y euft
» maifon ou fief au dedans defdits domaines. Auffi
» peut le feigneur de fief faire fuye ou *garenne*,
» fi bon lui femble ».

Ce n'eft pas là dire que le feigneur de fief puiffe
prendre les terres de fes fujets pour y faire une
garenne. Des loix fi attentatoires à la propriété doivent plus être reftreintes qu'étendues, & jamais
perfonne n'a prétendu qu'on pût prendre la
terre de fon fujet pour y faire une fuie, quoique la coutume de Tours s'explique de la même
manière fur ces deux objets.

Le même Laurière a du moins eu raifon d'obferver que cette règle de Loifel étant contre le droit commun, il femble qu'elle ne devroit point être pratiquée dans les coutumes qui n'en ont point de difpofition.

Au furplus, tout ce que l'on vient de dire de l'établiffement des nouvelles *garennes*, doit s'appliquer à l'augmentation des anciennes.

§. II. *De la propriete, de l'ufage & des charges des garennes.* Une *garenne* contiguë au principal manoir du fief, doit-elle faire partie du préciput de l'aîné ? Dumoulin, fur l'art. 8 de l'ancienne coutume de Paris, *glofe* 5, *n°. 4*, décide que non. Il fe fonde pour cela fur l'étendue que ces fortes de bois ont affez fouvent, & fur ce qu'ils ont plutôt pour objet le produit de la chaffe, ou des bois qui y croiffent, que l'agrément & la commodité de l'habitation, qu'on doit prendre pour règle dans la détermination du préciput.

Cependant l'article 89 de la coutume d'Angoumois comprend expreffément la *garenne* dans le préciput de l'aîné, avec la fuie, le four & le moulin bannal, « pourvu toutefois qu'ils ne foient fé-» parés par chemin carruau & public, & rivières » navigables, ou autre ancienne féparation dudit » château, ou manoir principal & préclôtures d'i-» celui ».

Quoi qu'il en foit, la jouiffance des *garennes* eft d'ailleurs affujettie aux règles que l'on fuit pour les autres biens. Elles tombent dans la garde-noble, & font même fujettes au droit de rachat ou de relief, fuivant le droit commun du royaume. Une ordonnance de 1235, rapportée au *tome 1* du *recueil du Louvre*, veut que ce droit foit pris fur le pied de cinq années une, fuivant l'eftimation qui en fera faite par deux vaffaux du feigneur, *per duos milites juratos, homines domini*.

La coutume de Normandie où les reliefs font généralement abonnés, porte dans l'article 160, « qu'a-» vec le corps des fiefs nobles, font relevés par » même moyen toutes les dépendances d'iceux, » comme font *garennes*, moulins, colombiers & » autres appartenances de fiefs ». L'article fuivant n'affujettit à un relief féparé que les moulins tenus à part & fans fief, d'où il fuit que les colombiers & les *garennes* n'y font pas fujets. La coutume confidere ces droitures de fief, lorfqu'elles font féparées du corps du fief, comme des rotures. Cependant la jurifprudence du confeil eft de les affujettir au paiement du franc-fief ; mais Bafnage trouve avec raifon que les principes de la coutume paroiffent être oppofés à cette décifion.

Comme les *garennes* font au rang des droits utiles d'une terre, dont elles augmentent le revenu, il eft permis de les affermer, à la différence de ce qui fe pratique pour le droit de chaffe. Fréminville cite divers arrêts qui l'ont ainfi jugé.

Il eft d'ailleurs défendu à toute perfonne de chaffer dans une *garenne* fans l'agrément du propriétaire, à peine d'être puni comme voleur. C'eft ce qui réfulte de l'article 19 du titre 30 de l'ordonnance de 1669 & des difpofitions de plufieurs coutumes. *Voyez* celles d'*Auvergne*, tit. 28, art. 2 ; *de Dourdan*, art. 147 ; d'*Etampes*, art. 183 ; *de la Marche*, art. 355 ; *de Nivernois*, tit. 18, art. 16 ; d'*Orléans*, art. 167 ; *de Poitou*, art. 198, & de *Saintonge*, art. 14, &c.

L'équité paroît exiger néanmoins que cette efpèce de vol foit punie moins févérement que la plupart des autres.

*Nec vincet ratio hoc tantumdem ut peccet idemque
Qui teneros caules alieni fregerit horti
Et qui nocturnus divum facra legerit.*

L'article 215 de la coutume de Meaux porte feulement, « que, fi celui qui chaffe en *garenne*, eft » coutumier d'y chaffer, en ce cas, felon » la difcrétion de juftice & qualité des perfonnes, » on peut procéder criminellement ou corporel-» lement à l'encontre de telle perfonne coutumière » de chaffer ».

C'eft pour prévenir les vols que l'on pourroit faire dans les *garennes*, que les ordonnances de 1318, 1600 & 1601, ne permettent qu'aux gentilshommes & à ceux qui ont droit de *garenne*, d'avoir en leurs mains des furets & poches à prendre les lapins.

La défenfe de chaffer dans les *garennes* eft fi générale, qu'elle s'étend même au feigneur dominant & au feigneur jufticier. La faculté d'y chaffer tendroit effectivement à rendre inutile l'établiffement des *garennes*, & d'ailleurs les lapins font réputés des animaux domeftiques, comme les pigeons fuyards, que les feigneurs, foit jufticiers, foit féodaux, ne peuvent pas chaffer non plus.

Il eft même défendu de tuer les lapins au-delà des limites d'une *garenne*, quand même ils cauferoient du dommage dans les héritages voifins, fauf à la perfonne léfée à fe pourvoir en juftice pour fes dommages-intérêts. Boucheul *fur Poitou*, art. 1.

Cette obligation d'indemnifer les propriétaires des terres où les lapins de *garenne* font du dégât, eft fondée fur la nature des chofes, & fur l'obligation où font les feigneurs de *garenne* de nourrir leurs lapins. La Roche-Flavin, dans fon *traité des droits feigneuriaux*, chap. 27, art. 5, rapporte un arrêt du parlement de Touloufe, qui l'a ainfi jugé contre M. de Benoift, confeiller.

Le parlement de Paris a rendu fur cet objet, le 21 juillet 1778, un arrêt de règlement qui renferme les difpofitions les plus fages. Cet arrêt ordonne que les propriétaires ou fermiers qui auront des demandes à former pour conftater le dégât caufé par le gibier & les bêtes fauves aux grains ou vignes, feront tenus de fe pourvoir devant les juges des eaux & forêts des lieux, pour faire procéder par experts, en préfence des parties intéreffées, ou elles duement appellées à trois vifites des terres prétendues endommagées, lefquelles feront défignées par tenans & aboutiffans ; que la première vifite se fera dans les trois mois, à compter du jour de la sentence, sans cependant qu'elle puisse être faite au-delà du mois de janvier.

La seconde visite doit être faite dans le courant des mois d'avril & de mai, pour connoître l'état des grains à cette époque, & la dernière, lors de la maturité des grains & avant la récolte.

A l'égard des menus grains seulement, cet arrêt porte, qu'il suffira de deux visites, « l'une avant » la S. Jean, pour connoître la qualité du sol, » l'espèce de grains, le dommage, s'il a été causé » par le gibier, l'espèce & d'où il provient ; & » l'autre visite, avant la récolte, pour estimer le » dommage dans la même forme que pour le bled ».

§. III. *De la jurisdiction sur les garennes.* L'article 2 du titre 1 de l'ordonnance de 1669 déclare faire partie de la matière attribuée aux juges établis pour le fait des eaux & forêts, « toutes ques-» tions qui seront mues pour raison de *nos forêts*, » bois, buissons & *garennes* » ; ce qui semble d'abord ne concerner que les bois & *garennes* royales. Mais l'article 14 du même titre porte : « faisons très-expresses inhibitions & dé-» fenses à tous prévôts, châtelains, viguiers, bail-» lis, sénéchaux, présidiaux & autres juges ordi-» naires, consuls, gens tenans nos requêtes de » l'hôtel & du palais, & à notre grand conseil, » même à nos cours de parlement en première » instance, de prendre connoissance des cas ci-» dessus, *ni d'aucuns faits d'eaux, rivières, buis-*» *sons, garennes*, forêts, circonstances & dépen-» dances, &c. ».

Il résulte de-là que les officiers des eaux & forêts doivent connoître de toutes les actions concernant les *garennes*, soit pour la destruction, soit pour la réduction de ces sortes de réserves, soit pour les délits qui y sont commis, soit enfin pour les dommages-intérêts qu'entraînent les dégâts faits par les lapins, sans qu'on puisse se soustraire à cette jurisdiction, en vertu de *committimus* ou d'autres privilèges.

Divers arrêts du conseil l'ont ainsi jugé les 23 février 1745, 21 février 1747, 24 novembre 1750, 11 mai 1751, 27 janvier 1756 & 16 août 1757, en annullant les jugemens contraires rendus dans les bailliages, ou même au parlement.

Tous ces arrêts sont rapportés en entier ou par extrait à la suite de la nouvelle édition de l'ordonnance des eaux & forêts, faite en 1776 par la compagnie des libraires. (*M. GARRAN DE COU-LON, avocat au parlement.*)

GARENTAGE, s. m. la coutume de Blois & quelques autres se servent de ce mot pour désigner la tenure en parage, ou généralement la tenure en gariment. *Voyez le Glossaire du droit fran-çois aux mots Garentage, & Garantir en ou sous son hommage.* (*M. GARRAN DE COULON.*)

GARENTIR en parage, v. a. c'est, dans la tenure en parage, servir, en qualité d'aîné, la totalité du fief, c'est-à-dire en rendre la foi & hom-

mage & les autres devoirs seigneuriaux, tant pour soi que pour ses puînés, afin de les préserver de la saisie féodale & des autres poursuites, de la part du seigneur commun. *Voyez* PARAGE. (*M. GAR-RAN DE COULON.*)

GARENTISSEUR & GARENTISSEMENT, s. m. ces termes sont employés dans le livre de l'établissement pour les plaids des prévôts de Paris & d'Orléans, & dans plusieurs coutumes, dans la même signification que *garant* & *garantie*.

GARIEUR, s. m. Dans les coutumes de Poitou, de S. Jean d'Angely, de Labourd & de S. Sever, signifie la même chose que *garant*.

GARIMENT, s. m. ce terme, dans sa signification la plus étendue, est synonyme à celui de *garantie*, & c'est en ce sens qu'il est employé en diverses coutumes & dans d'anciens praticiens. Il est aujourd'hui particuliérement consacré dans les coutumes de Poitou, de Saintonge & d'Angoumois, ainsi que dans l'usance de Saintes, pour désigner une tenure noble différente de la tenure à foi & hommage.

La tenure en *gariment* consiste en ce qu'entre divers tenanciers d'un bien noble, un seul qu'on appelle *le chemier* ou *le chef*, se charge de *garantir* tous les autres sous son hommage, c'est-à-dire de faire pour eux, comme pour lui, la foi & hommage, & d'acquitter les devoirs de fief à leur décharge ; c'est une suite de la faculté qu'a le vassal d'empirer le fief de son seigneur dans les coutumes qui l'admettent, & l'on n'y peut excéder les bornes qu'elles ont données à cet empirement de fief.

Il suit de-là que les tenures en *gariment* sont, à quelques égards, dépendantes de la directe & de la jurisdiction du seigneur direct du chemier, & dépendantes, à d'autres égards, de la directe du chemier : voilà pourquoi les articles 334 & suivans de la coutume de Bretagne, où cette sorte de tenure est connue sous le nom de *juveigneurie*, en assujettit les teneurs à l'hommage, tant envers *l'aîné*, c'est-à-dire le chemier, qu'envers *le seigneur supérieur dudit aîné*. Les coutumes de Poitou, de Saintonge & d'Angoumois les exemptent au contraire de tout hommage envers qui que ce soit, au moyen de celui que le chemier fait pour eux.

Il y a plusieurs sortes de tenures en *gariment*. Si cette tenure est établie par la seule force de la loi, en vertu du lignage ou de la parenté, c'est la tenure en *parage* proprement dite : si elle est établie par convention, & qu'elle donne aux teneurs en *gariment* le droit de partager avec le chemier les profits de fief, c'est alors une tenure en *part-prenant*. Si, sans leur donner ce droit, elle les assujettit à contribuer aux devoirs de fief, au prorata de leurs portions dans le domaine du fief, dont les tenures en *gariment* ont été tirées, c'est une tenure en *part-mettant* : que si les teneurs en *gariment* contribuent seulement pour un droit fixe, & non proportionnellement à la valeur de leur

CCccc

possession , c'est la tenure à *devoir noble abonni*. Mais comme ces trois dernières sortes de tenures en *gariment* ont des effets fort ressemblans, les coutumes & les commentateurs les confondent quelquefois les unes avec les autres. Il y a aussi beaucoup de *tenures à devoir noble abonni*, qui sont des fiefs distincts, & non pas des portions de fief tenues en *gariment*. (*M. GARRAN DE COULON*, avocat en parlement.)

GARLANDE, s. f. *Voyez* CHAPEL.

GARNISON, s. f. *terme de Pratique*, qui signifie celui ou ceux qu'on établit dans une maison pour contraindre un débiteur à payer, & y demeurer à ses frais jusqu'au paiement effectif : on l'applique encore au gardien établi à la conservation des meubles saisis.

L'usage des *garnisons*, dans la première acception que nous lui avons donnée, a principalement lieu dans la perception des droits & impositions royales, pour en accélérer le recouvrement. La *garnison* doit être composée d'un chef & de plusieurs hommes, suivant l'article 4 du réglement attaché sous le contre-scel de la déclaration du 13 avril 1761. Néanmoins les officiers de l'élection sont autorisés par un arrêt de la cour des aides, rendu le 4 septembre suivant, en interprétation de cet article, à viser les contraintes des receveurs des tailles, quoique délivrées à un chef de *garnison* seul, qui a prêté serment devant eux, & à lui permettre de s'établir chez les contribuables arriérés, sans être accompagné d'aucun autre homme. Le motif de l'arrêt a été de diminuer les frais du recouvrement.

GARNIR *la main de justice*, manière de parler usitée en terme de Pratique, pour dire que le paiement d'une somme due est assuré en justice. Un débiteur *garnit la main de justice*, lorsqu'après un commandement de payer, il fournit à l'huissier par provision la somme exigée, ou des meubles exploitables.

GASTELLERIE *ou* GATELLERIE, s. f. on donnoit ce nom à un droit que l'on exigeoit des *gastelliers*, c'est-à-dire de ceux qui faisoient & vendoient des gâteaux. *Voyez* le *Glossarium novum* de dom Carpentier, au mot *Gastellarius*. (*M. GARRAN DE COULON.*)

GASTIER, s. m. quelques coutumes locales d'Auvergne donnent ce nom à celui qui, sur la nomination & requête des habitans d'une paroisse, est commis par la justice, pour la garde des héritages & des fruits, & empêcher qu'ils ne soient gâtés & endommagés, soit par des personnes, ou des bestiaux. L'édit de Henri II en 1559, art. 5, joint les *gastiers* avec les messiers & autres gardes des vignes & autres fruits. *Voyez* MESSIER.

GASTINE, s. f. on trouve ce mot dans quelques coutumes, pour signifier une terre stérile & inculte. Il est synonyme à celui de *landes*.

GASTIS. *Voyez* AGATIS.

GAUDENCE, terme employé par la coutume

de Bordeaux, *art. 101*, pour signifier la jouissance d'un héritage donné à bail pour neuf ans ou à perpétuité. Ce mot vient du latin *gaudere*, dont les auteurs de la basse latinité se sont servis dans le sens de *jouir*, de *posséder*, parce qu'il y a du plaisir à posséder tranquillement une chose. De *gaudere* ils ont fait *gaudentia*, en françois *gaudence*, pour signifier *jouissance*. On trouve les mots *gaudere* & *gaudentia*, dans l'acception que nous leur donnons, dans les anciennes décisions latines sur le fait des amortissemens & des francs-fiefs.

GAVE, GAVENNE, GAULE *ou* GRAND GAULE : tous ces mots sont synonymes. Celui de *gavenne*, dit Maillard sur l'article 34 de la coutume d'Artois, en langue flamande, est la même chose que *présent* en françois. Dom Carpentier en dit à-peu-près autant dans son *Glossarium novum*, au mot *Gavena*. Ainsi le droit de *gave*, *gavenne* ou *gaule* désigne une espèce de don gratuit.

Suivant le même auteur, ce droit étoit originairement la reconnoissance que les vassaux & tenanciers des églises payoient en bled, avoine, poules, argent ou autre chose, à quelques seigneurs qui étoient les avoués de ces églises, pour les garantir des insultes de leurs ennemis, durant que les guerres particulières étoient tolérées.

Dom Carpentier, dans son *Glossarium novum*, au mot *Gavena*, cite une histoire manuscrite qui se rapporte à l'an 1575, où l'on définit ainsi la *gavène*, « droit de certaine quantité de grains, que » le gardien lève sur les charrues & manouvriers » de Cambresis : si comme de chacune charrue, » deux muids de froment & demi-muid d'avoine, » & de chacun manouvrier, qui n'a point de terre » à labour, un mencault de froment, & un men- » cault d'avoine; le tout mesure de Cambrai ».

Il est parlé du *gave* de Santerre dans les registres du parlement de Paris, à la date du 30 juillet 1483.

Ce droit se perçoit encore dans plusieurs endroits, notamment à Douai & dans les villages circonvoisins.

L'abbaye de Marchiennes en jouit également dans sa terre de Saillies en Artois.

Le seigneur des terres de Baudegnies & Capelle en Hainaut, a été maintenu dans un pareil droit par arrêt du parlement de Douai, du 11 mars 1729, rendu contradictoirement avec les habitans de ces deux villages.

Les communautés ecclésiastiques du Cambresis payoient aussi autrefois une semblable redevance aux comtes de Flandre, & après eux, aux ducs de Bourgogne & aux rois d'Espagne ; mais ces princes ne l'exigeoient point comme souverains (car la souveraineté du Cambresis appartenoit alors à l'empereur.) : ils ne l'ont jamais reçue qu'en qualité de protecteurs, & ils l'ont eux-mêmes reconnu par les sermens qu'ils ont faits, notamment les rois d'Espagne en 1549 & 1654.

Cette considération paroît avoir déterminé le confeil à rendre, le 18 février 1687, un arrêt qui, sans s'arrêter à diverses ordonnances de l'intendant de Flandre, rendues en faveur du fermier du domaine, pour le paiement de ce droit, « décharge les prévôt, doyen & chapitre de l'église » métropolitaine de Cambrai, & autres bénéficiers » & communautés eccléfiastiques, tant du Cambrefis, *que des autres lieux circonvoifins*, du paiement du droit de *gave* ou *gavenne*, prétendu par » le fermier du domaine, auquel fa majefté fait dé-» fenfes d'en faire aucune levée ; & en cas qu'il » eût reçu aucune chofe dudit droit defdits eccléfiaftiques, fa majefté ordonne qu'il en fera la » reftitution ». (M. GARRAN DE COULON.)

GAVENNE. *Voyez* GAVE.

GAULE, (*droit de*) *voyez* GAVE.

GAUMINE, f. f. on appelle *mariage à la gaumine*, celui que les Proteftans contractoient en France, en préfence du curé de leur domicile, mais malgré lui & fans bénédiction nuptiale. *Voyez* MARIAGE.

GAYN ou GAIN, f. m. on a donné ce nom à une efpèce de bled de cens ou rente, & même à la faifon où on le récoltoit. *Voyez* le *Gloffarium novum* de dom Carpentier, aux mots *Gaagnium* & *Gagnagium*. (M. GARRAN DE COULON.)

GAYVER ou GUESVER, v. a. d'où eft venu le fubftantif *guefvement*, font d'anciens mots qui fignifient la même chofe que *délaiffer*, *déguerpir*, *déguerpiffement*. La coutume d'Orléans, *art. 121 & 132*, dit *guefver l'héritage*, lorfque celui qui tient un héritage redevable de cens & de relevoifons à plaifir, le délaiffe au feigneur cenfier, pour en jouir par lui, fi bon lui femble, en acquit des relevoifons, qui confiftent dans le revenu pour un an de l'héritage cenfuel.

GAYVES. *Voyez* GAIVES.

GAZAILLE : la coutume de Saint-Sever & le for de Navarre fe fervent de cette expreffion, pour fignifier un bail de beftiaux à moitié perte & profit. *Voyez* CHEPTEL.

GE

GELINAGE ou GELINE de coutume : c'eft la redevance annuelle d'une poule. La Thaumaffière a remarqué dans le chapitre 11 des *anciennes coutumes de Berri*, que cette *geline* eft fouvent due par les ferfs tenant feu & lieu, & que les feigneurs fe la font auffi quelquefois réfervée par les chartes d'affranchiffement. Elle eft due dans ces deux cas par chaque chef de famille.

On doit ajouter que la *geline* eft auffi fouvent un cens ou un fur-cens dû par les fonds même, foit au feigneur direct, foit à l'ancien propriétaire qui les a baillés à cens. Rien n'eft plus fréquent que cette dernière efpèce de redevance dans plufieurs provinces. (M. GARRAN DE COULON.)

GENDRAGE, f. m. ce mot dérive de celui de *gendre*. Galland cité par Laurière, dans fon *gloffaire*, dit « que c'eft un droit qui fe prend par ufur-

pation par quelques feigneurs du Limofin, à » raifon de l'argent que portent les nouveaux ma-» riés, allant loger & demeurer chez leurs beaux-» pères ou chez leurs femmes ». (M. GARRAN DE COULON.)

GENDRE, f. m. (*Droit naturel & civil.*) terme d'affinité, par lequel on défigne le mari d'une femme vis-à-vis le père & la mère de cette femme : celui qui époufe ma fille devient mon *gendre*.

Le *gendre* eft-il cenfé de la famille de fon beaupère, en fait de retrait lignager ? cette queftion peut avoir lieu dans deux cas ; 1°. lorfqu'il acquiert un héritage propre dans la famille de fa femme ; 2°. lorfqu'il demande à exercer le retrait d'un héritage vendu à un étranger par un parent lignager de fa femme.

Dans le premier cas, l'héritage acquis par un *gendre*, eft fujet au retrait de la part des parens lignagers, quand bien même il auroit des enfans de fon mariage, parens du vendeur, par la raifon qu'étant le maître de vendre à fa volonté le bien qu'il a acquis, il priveroit les lignagers de fa femme de la faculté de le retrayer, puifqu'il feroit vendu par une perfonne étrangère. Boucheul rapporte un arrêt du 31 décembre 1532, qui l'a ainfi jugé.

Dans le fecond cas, il n'y a pas de doute que le *gendre* peut retirer un héritage propre dans la famille de fa femme, vendu à un étranger, pourvu que le retrait foit fait au nom de fa femme, ou de fes enfans, & non au fien, parce que le *gendre* n'eft pas réputé de la famille où il eft entré.

GÉNÉRAL, f. m. en matière de Jurifprudence, on a donné le titre de *général* à plufieurs perfonnes revêtues d'un office ou d'une dignité.

Sous le mot COUR DES AIDES, nous avons parlé des *généraux* des finances & des aides : nous traiterons des *généraux* des monnoies fous le mot MONNOIES, & des lieutenans-généraux des bailliages fous le mot LIEUTENANT-GÉNÉRAL. Il nous refte feulement à faire connoître les *généraux* des ordres religieux.

GÉNÉRAL D'ORDRE, (*Droit eccléfiaf.*) On entend par *général d'ordre*, celui qui eft le chef, le fupérieur d'un ordre religieux répandu dans plufieurs royaumes ou dans plufieurs provinces. *Generalis dicitur, qui omnibus fuæ religionis præeft.* Lorfque la vie monaftique s'eft établie dans l'églife, on ne connoiffoit point ce que nous appellons *général d'ordre*. Chaque monaftère avoit fon fupérieur particulier, que l'on nommoit *abbé*. Ce fupérieur régiffoit fa maifon, conformément à la règle qui y étoit en vigueur, & n'avoit lui-même d'autre fupérieur que l'évêque diocéfain. Les moines ou religieux ne formoient point des corps politiques dans l'état.

Le relâchement s'étant introduit dans les monaftères, on crut que ceux qui militoient fous la même règle l'obferveroient plus exactement, en les réuniffant fous un feul chef, revêtu d'une autorité fuffifante pour la maintenir. L'ordre de Cluny eut un feul abbé ; toutes les maifons qui en dépendoient, n'eurent que des prieurs, quelque grandes qu'elles fuffent. Les fondateurs de Citeaux attribuèrent le relâchement de Cluny en partie à l'autorité abfolue des abbés. Ils confervèrent cependant un abbé *général*, mais ils donnèrent des abbés particuliers aux nouveaux monaftères, & voulurent qu'ils s'affemblaffent tous les ans en chapitre, pour voir s'ils étoient uniformes & fidèles à obferver la règle. Ils confervèrent une grande autorité à Citeaux, fur fes quatre premières filles, & à chacune d'elles fur les monaftères de fa filiation ; enforte que l'abbé d'une mère églife préfidât à l'élection des abbés des filles, & qu'il pût avec le confeil de quelques autres abbés, les deftituer s'ils le méritoient.

Les ordres mendians établis poftérieurement à Citeaux, Cluny & autres monaftères anciens, reçurent un gouvernement différent. Ils eurent à leur tête des chefs, qui furent nommés miniftres dans l'ordre de S. François, maîtres, dans celui de S. Dominique, & prieurs dans les autres ; mais dans chacun de ces ordres, le chef fut plus communément appellé *général*.

Dans l'origine, le *général* étoit le fupérieur unique de tout l'ordre. A mefure que les maifons furent fondées, on leur donna des prieurs pour les gouverner ; ces fupérieurs particuliers & locaux reçurent le nom de *gardien*, chez les enfans de S. François. Les maifons s'étant extrèmement multipliées en peu de temps, on les divifa par provinces, & on établit des miniftres ou prieurs provinciaux.

Tous ces officiers font électifs. En quelques ordres le *général* eft à vie, en d'autres, il eft à temps ; les époques des chapitres varient.

Dans le chapitre général, on élit le *général* de l'ordre, & les autres grands officiers. Dans le chapitre provincial, on élit les provinciaux, & les prieurs ou gardiens, qui établiffent enfuite, de leur feule autorité, les officiers clauftraux. Le provincial peut transférer dans fa province, les religieux d'une maifon à l'autre, felon qu'il le juge à propos. Le *général* a le même pouvoir fur tout l'ordre, & ne dépend que du pape. Les *généraux* des mendians réfident ordinairement à Rome.

Cette efpèce de gouvernement, qui tient à l'ariftocratie & à la monarchie, ne fut point adopté par les Jéfuites. Ces religieux politiques virent que dans les affemblées fréquentes des chapitres, il s'élevoit des factions & des brigues, qui étoient une fource inépuifable de divifion dans les communautés. Pour parer à cet inconvénient, ils choifirent un régime purement monarchique. Tout fe faifoit chez eux par l'autorité du *général*. Il approuvoit tous les fujets qui fe préféntoient pour entrer dans la compagnie ; il en retranchoit ceux qui n'y étoient pas propres ; il donnoit toutes les charges ; il établiffoit les officiers des provinces & des maifons pour trois ans ; il pouvoit les continuer ou les révoquer : c'étoit auffi lui qui recevoit les fondations & qui faifoit tous les contrats au nom

de la fociété. Libre pour acquérir, il ne l'étoit pas pour aliéner ; il lui falloit dans ce dernier cas, le confentement de la congrégation générale, qui ne s'affembloit que rarement. Il étoit électif & à vie.

Les nouvelles congrégations de moines & de chanoines réguliers ont introduit un gouvernement affez approchant de celui des ordres mendians. Elles ont des abbés ou *généraux*, qui ne font des la plupart, que triennaux, afin qu'ils ne puiffent fe rendre trop abfolus. Ces *généraux* font élus par le chapitre, compofé des députés de toutes les provinces qui forment la congrégation. Outre le *général*, le chapitre élit les affiftans, les vifiteurs & les provinciaux. Si on veut prendre des notices plus étendues, fur la manière dont les *généraux* d'ordre s'élifent, on doit recourir aux articles de cet ouvrage, qui traitent de chaque ordre en particulier.

Les religieux qualifient leurs *généraux* de patriarches de la hiérarchie régulière ; ils leur attribuent une foule de prérogatives importantes : les *généraux* ne font pas compris dans les difpofitions pénales des canons, s'il n'y eft fait une expreffe mention d'eux, & en cela ils font affimilés aux évêques. Ils ne peuvent être pourfuivis & punis, même par le chapitre général, fans la permiffion du pape, leur feul juge naturel. Les ftatuts de certains ordres ont déterminé quelles feroient les caufes de dépofition des *généraux* : 1°. *Si transgrediatur publicè regulam* : 2°. *fi fit notorié criminofus* : 3°. *fi fit notabiliter negligens in officio fuo, fi fit incorrigibilis in fuis defectibus* : 4°. *fi fit fenior*, tels font les ftatuts des carmes déchaux.

Les auteurs religieux ont beaucoup étendu l'autorité des *généraux* ; ils leur donnent une puiffance dominative & une puiffance de jurifdiction. La première prend fon origine dans le vœu d'obéiffance ; la feconde concerne l'état & le gouvernement de l'ordre en général, & de fes membres en particulier. On divife la puiffance de jurifdiction en directive, en coërcitive, & en abfolutive & difpenfative.

La jurifdiction directive eft celle qui s'exerce fur les religieux, par la force de leurs vœux & à laquelle ils font foumis en confcience. En vertu de cette jurifdiction, le *général* peut faire des règlemens qui obligent les religieux, pourvu qu'ils ne foient pas contre la règle ou qu'ils n'ajoutent pas à fon auftérité. Il peut former de nouvelles provinces, y inftituer des provinciaux, fi cela ne lui eft pas prohibé par les ftatuts : il eft le maître de transférer les religieux d'une province à l'autre, avec jufte caufe ; mais le pape feul peut les difpenfer de la foumiffion à leurs fupérieurs immédiats, comme les prieurs & les provinciaux.

Le *général* difpofe des places monachales ; c'eft à lui à interpréter les ftatuts, conftitutions, indults, graces & privilèges de l'ordre, *non doctrinaliter, fed jure privilegiorum*. Il ne peut transférer un provincial d'une province à l'autre fans la permiffion du pape, à moins que le provincial ne soit manuel, c'est-à-dire à sa nomination. Mais lorsque les provinciaux sont manuels, le *général* doit toujours les choisir parmi les religieux de la province; s'il envoie un étranger, la province auroit une juste cause d'appel & de plainte. Il ne peut abandonner aucun monastère, ou souffrir que d'autres s'en emparent, qu'avec le consentement du pape. Il ne peut non plus recevoir un novice, & le placer dans un couvent où il a été refusé par l'avis du chapitre de ce couvent.

La puissance directive seroit inutile dans les mains d'un *général*, s'il ne pouvoit faire exécuter ses décisions, sa puissance coërcitive est donc une suite de la directive. Il peut contraindre ses religieux par les peines canoniques de droit commun. Sa puissance à cet égard est la même que celle des évêques, à moins que la règle & les statuts ne le décident autrement.

Un *général* peut défendre la confession à ses religieux, quand d'ailleurs ils seroient approuvés par l'évêque: il doit visiter par lui-même ou par d'autres les provinces & les maisons de son ordre, & dans le cours de sa visite, ordonner, régler, punir suivant l'exigence des cas: il doit s'enquérir de l'état & des besoins des couvens, ainsi que de l'observation des règles; il peut évoquer à lui pour de justes causes les affaires pendantes devant les supérieurs inférieurs.

Le pouvoir dispensatif d'un *général d'ordre* consiste à dispenser les religieux qui lui sont soumis, dans tous les cas où les évêques peuvent dispenser les séculiers; il en faut dire autant de la puissance absolutive pour les censures & les cas réservés. On établit cette maxime, en faveur des supérieurs réguliers, par les bulles de différens papes.

Il est nécessaire d'observer que les *généraux*, dans chaque ordre, ont plus ou moins de droits, plus ou moins de pouvoirs, selon les constitutions & la règle de leur ordre. Si on désire de plus amples détails sur cette matière, on doit recourir à l'ouvrage intitulé *directoire des réguliers*.

Ce que nous venons d'exposer sur les droits & les prérogatives des *généraux d'ordre*, n'est pas exactement suivi en France. Les principes des ultramontains, dans cette matière, comme en beaucoup d'autres, sont modifiés par les libertés de l'église gallicane & par les loix du royaume. Quoique morts civilement au monde, les religieux sont cependant dans l'état; ils n'ont pas perdu le droit que leur naissance leur a donné à la protection du prince, & ils continuent d'être toujours ses sujets, quelques soient les vœux qui les lient à leur ordre & à leur *général*. De-là il suit que le *général* ne peut ni ne doit exiger d'eux, rien de ce qui seroit contraire à la soumission, à l'obéissance & à la fidélité que tout sujet doit à son prince: de-là il suit encore, que si un *général* ou tout autre supérieur régulier traitoit ses religieux en despote absolu,

& leur faisoit souffrir des vexations & de mauvais traitemens, ces religieux trouveroient dans les loix & dans les magistrats des protecteurs & des vengeurs.

Il est un autre point de vue sous lequel les pouvoirs des *généraux d'ordre* sont limités en France. Dans nos principes les règles & statuts des religieux sont devenus des loix de l'état par le consentement que le prince a donné à leur exécution, & par leur homologation dans les cours souveraines. Les *généraux* ne peuvent y faire aucun changement, sans obtenir des lettres-patentes qui le leur permettent, autrement leurs décrets ou mandemens seroient abusifs.

Les *généraux d'ordre*, françois & résidans dans le royaume, peuvent y exercer par eux-mêmes tous les pouvoirs attachés à leurs places; mais la saine politique a exigé que les *généraux* étrangers n'eussent pas une influence aussi immédiate sur les sujets du roi. D'après nos loix & notre jurisprudence, ils doivent déléguer des religieux regnicoles pour diriger & conduire les monastères de leur ordre qui sont dans le royaume. Ils ne peuvent les visiter en personne, sans la permission du roi; ils ne peuvent non plus les faire visiter par des étrangers.

Nous ne pouvons mieux faire connoître nos principes en cette matière, qu'en donnant un extrait des lettres-patentes de 1556, enregistrées au parlement de Paris le 8 novembre 1557, & obtenues par François-Ange de Aversa, *général* de l'ordre de S. François. Sa majesté permet audit de Aversa « d'exercer ledit état de *général* de l'ordre » de S. François, faire les visitations, corrections » & autres charges appartenantes à icelui librement, » par tous les pays de son obéissance.... & pour » le regard du fait des commissaires nationaux, » veut ledit seigneur & lui plaît que par manière » de provision, & jusqu'à ce qu'autrement il en » soit ordonné, il puisse durant le temps seule- » ment qu'il exercera ladite charge en son royau- » me, commettre & député quelques uns des per- » sonnages dudit ordre, qui soient natifs & ori- » ginaires dudit royaume, ou bien religieux pro- » fès en icelui, & y demeurant depuis 25 ans en » çà, pour en son absence aller visiter les couvens » du royaume, où il ne pourra aller en personne, » & que ceux qu'il y commettra puissent faire les » corrections, visitations & ordonnances, & tout » ainsi qu'il feroit s'il y étoit en personne, dont toute- » fois ils seront tenus de lui faire rapport ou à la » congrégation générale..... le tout toutefois, sans » déroger aux saints décrets, privilèges, statuts, » ordonnances de ce royaume & église gallicane ».

Les *généraux d'ordre* ne peuvent forcer leurs religieux à sortir du royaume pour assister aux chapitres généraux, & les religieux ne peuvent s'y rendre sans la permission du roi. Louis XI, par son ordonnance du mois de septembre 1476, défendit expressément aux religieux de Cluny, de

Citeaux, de la Chartreufe, & aux jacobins, auguftins, carmes & frères mineurs des trois ordres, d'aller aux chapitres defdites abbayes de Citeaux, Cluny, la grande Chartreufe, ni à aucuns des autres chapitres généraux ou provinciaux, hors du royaume.

Les *généraux* étrangers devant lefquels on appelle des jugemens rendus par les premiers fupérieurs réguliers de France, ne peuvent ftatuer eux-mêmes fur les appellations de ces jugemens. Ils font obligés de déléguer des juges *in partibus* pour inftruire & juger; ils ne peuvent être plus privilégiés que le pape.

Les cours fouveraines, ainfi qu'on le voit par les arrêts rapportés dans le tome 6 des mémoires du clergé, ont toujours été fort attentives à maintenir ces principes, & à prévenir les abus qui pourroient naître des relations de fupériorité entre les religieux regnicoles & leurs *généraux* étrangers. On a craint avec raifon que des chefs imbus de maximes contraires à nos libertés, & peut-être attachés à des puiffances quelquefois ennemies, ne fe ferviffent de leur autorité pour porter atteinte à nos loix générales & troubler la tranquillité de l'état. On a donc, autant qu'on a pu, diminué leur influence fur leurs religieux dans le royaume, fans cependant vouloir nuire à la difcipline monaftique & à l'obfervation de la règle. C'eft ainfi qu'on a cherché à concilier le bien de l'état, avec la confervation de ces établiffemens, que la piété de nos pères a fait accueillir avec tant d'empreffement, fans confidérer les modifications que la faine politique devoit apporter à leurs ftatuts.

Quelques fouverains, & notamment l'empereur, viennent de prendre une voie plus courte pour prévenir les inconvéniens qui pouvoient naître de la dépendance des religieux de leurs états, d'un fupérieur étranger. Ils ont abfolument rompu tous les liens qui les y attachoient; ils ont défendu toute communication des monaftères de leur domination, avec des *généraux* étrangers, & ont ordonné qu'ils feroient régis & gouvernés par des fupérieurs nationaux. L'empereur, en fupprimant des ordres entiers & un grand nombre de couvens, a rendu moins difficile l'exécution de fes nouvelles loix; Rome a fans doute perdu de fon crédit par ces changemens, La France qui a plufieurs chefs d'ordre dans fon fein, a gardé le filence; les *généraux* de Citeaux, Cluny, Prémontré, des Chartreux, &c. ont vu diminuer l'étendue de leur jurifdiction; mais s'ils ne défirent que l'avantage de leur religion, comme il y a lieu de le croire, ils doivent voir fans beaucoup de peine, ces innovations. Des congrégations particulières, régies & adminiftrées par des fupérieurs nationaux & qui font fur les lieux, font plus propres à conferver dans leur fein la difcipline & la règle, que des corps immenfes, dont les chefs éloignés ne pouvoient veiller fur les membres épars, que par des intermédiaires fouvent intéreffés à les tromper & à leur déguifer

la vérité. Il n'en eft pas des ordres monaftiques comme de la religion : chaque ordre n'a pas befoin d'un centre commun; il fuffit que, comme le refte des catholiques, ils entretiennent l'unité de communion & de foi, avec le chef vifible de l'églife catholique; & pour cela, il n'eft pas néceffaire que tous les religieux qui militent fous des règles reçues dans l'églife, ne reconnoiffent qu'un feul fupérieur & un feul *général*. La loi politique qui ne permet pas aux monaftères de reconnoître des chefs nés & réfidans fous une autre domination, n'eft donc point contraire à l'effence même des ordres religieux, & ne peut nuire à leur confervation. (*M. l'abbé* BERTOLIO, *avocat au parlement.*)

GÉNÉRALITÉ, f. f. (*Droit public françois.*) eft une certaine étendue de pays déterminée par la jurifdiction d'un bureau des finances. L'établiffement de ces bureaux, & les divifions des provinces en *généralités*, ont eu pour objet de faciliter la régie des finances du roi. C'eft aux généraux des finances qu'eft due l'origine des *généralités*.

Sous nos deux premières races, nos rois n'avoient point d'autres recettes que les revenus de leurs propres domaines : bien avant fous la troifième, on ne parloit point de *généralités*, parce qu'il n'exiftoit point de receveurs généraux. Il n'y avoit alors qu'un feul officier qui avoit l'intendance & l'adminiftration du domaine; c'étoit le grand-tréforier de France.

Ce fut à l'occafion des guerres pour la religion, que Louis-le-Jeune obtint le premier la vingtième partie du revenu de fes fujets pour quatre ans. Il commença à lever cette taxe en 1145 pour le voyage de la Terre-Sainte. Philippe-Augufte, fon fils, fe fit donner la dixme des biens-meubles des laïques, & le dixième du revenu des biens de l'églife. En 1188, S. Louis établit une aide dans le royaume, & leva en 1247 le vingtième du revenu. En 1290, Philippe-le-Bel mit une aide fur les marchandifes qu'on vendoit dans le royaume. Philippe-le-Long introduifit le droit de gabelle fur le fel en 1321; ces fubfides continuèrent fous Charles-le-Bel & fous Philippe de Valois.

Jufque-là les impofitions furent modiques & paffagères; il n'y avoit, pour veiller à cette adminiftration, que le grand-tréforier : Philippe de Valois en ajouta un fecond.

Ce ne fut que fous le roi Jean que les aides & gabelles prirent une forme, qui encore ne fut rendue ftable & fixe que par Charles VII.

Le roi Jean, pour prévenir les cris du peuple, donna un édit daté du 28 décembre 1355, par lequel il établit certains receveurs & neuf perfonnes, trois de chaque ordre, que les trois états, du confentement du roi, choififfoient & nommoient, pour avoir l'intendance & la direction des deniers de fubfides.

On nommoit *élus* & *grenetiers*, ceux qui devoient veiller fur les aides & gabelles particulières des provinces; on appelloit les autres *géné-*

raux, parce qu'ils avoient l'inspection générale de ces impositions par tout le royaume. Voilà l'époque du parfait établissement des généraux des finances : ils furent établis alors tant pour la direction des deniers provenans des aides, que pour rendre la justice en dernier ressort sur le fait des aides.

Aux états tenus à Compiègne, en 1358, sous le régent Charles, pendant la prison du roi Jean son père, on élut trois généraux dans chacun des trois ordres. Les états les nommoient ; le roi les confirmoit ; c'étoit entre ses mains ou de ses officiers qu'ils faisoient le serment de remplir leurs fonctions avec honneur & fidélité.

Charles V parvenu à la couronne, outre les aides, sorte d'imposition sur les marchandises, établit par feux l'impôt qu'on nomma *fouage*, par lettres du 20 novembre 1379. Alors il supprima tous les receveurs-généraux des aides, & n'en laissa qu'un résidant à Paris. Depuis, ce fut toujours le roi qui institua & destitua les généraux à sa volonté.

Ce qu'on appelloit *fouage* sous Charles V, on le nomma *taille* sous Charles VI. La commission de lever ces deniers étoit donnée aux favoris du prince ; c'étoient les personnes les plus qualifiées de la cour, les plus distinguées dans l'état ecclésiastique & parmi la noblesse, qui les remplissoient. Charles V, par ordonnance du 17 avril 1364, rétablit trois généraux des finances, à qui il donna un pouvoir universel pour gouverner les finances du royaume ; il fixa leurs fonctions le 22 février 1371.

Ce fut vers ce temps que les généraux des finances, pour mieux veiller à la direction des deniers, & pour prendre une connoissance plus exacte du domaine de la couronne, se départirent en *Languedoc*, en *Languedouy*, en *outre Seine & Yonne*, & en *Normandie*, ce qui composoit alors tout le royaume. Voilà la première notion qu'on puisse donner des *généralités*, qui étoient au nombre de quatre.

Dans leurs tournées les généraux s'informoient de la conduite des élus, receveurs & autres officiers soumis à leur jurisdiction. Ils examinoient s'ils se comportoient avec équité tant envers le roi, que par rapport à ses sujets ; ils avoient le pouvoir d'instituer & de destituer les élus, greniers, contrôleurs, receveurs & sergens des aides.

Dès le temps de Charles VI, on commença à mettre quelque distinction entre les généraux des finances, & les généraux de la justice, comme il paroît par l'ordonnance du 9 février 1387, où le roi nomma quatre généraux, deux pour la finance, & deux pour la justice.

C'est à cette division qu'on peut fixer l'origine de la cour des aides, telle qu'elle existe aujourd'hui, & les distinctions qui la séparent d'avec les trésoriers de France. Au reste, cette distinction de généraux des finances, des aides, & généraux de la justice des aides, dura jusque vers la fin du règne de François I, qui, au mois de juillet 1543, érigea ces offices en cour souveraine, sous le nom de *cour des aides*, d'où ils furent appelés *conseil-*

lers-généraux sur le fait des aides, nom qu'ils ont conservé jusqu'en 1654. *Voyez* COUR DES AIDES.

Le même roi François I créa seize recettes générales pour toutes sortes de deniers, soit du domaine, des tailles, aides, gabelles ou subsides. Ces recettes furent établies dans les villes de Paris, Châlons, Amiens, Rouen, Caen, Bourges, Tours, Poitiers, Issoire, Agen, Toulouse, Montpellier, Lyon, Aix, Grenoble & Dijon. Dans chacune de ces villes, le roi nomma un receveur-général : voilà déjà seize *généralités* formées.

Henri II créa un trésorier de France & un général des finances dans chaque recette générale établie par son prédécesseur. Il créa une dix-septième *généralité* à Nantes ; il réunit dans un même office les charges de trésoriers de France & généraux des finances, & voulut que ceux qui en seroient revêtus fussent appellés dans la suite *trésoriers-généraux de France* ou *trésoriers de France & généraux des finances*.

Par édit du mois de septembre 1558, le même roi créa deux autres recettes générales ; l'une à Limoges, composée d'un démembrement des *généralités* de Riom & de Poitiers ; l'autre à Orléans, demembrée de la *généralité* de Bourges. Ces deux *généralités* furent supprimées bientôt après, & ne furent rétablies que sous Charles IX au mois de septembre 1573.

Sur les remontrances des états-généraux tenus à Orléans, Charles IX, au mois de février 1566, réduisit les dix-sept anciennes recettes générales au nombre de sept, qui étoient Paris, Rouen, Tours, Nantes, Lyon, Toulouse & Bordeaux, où avoit déjà été transférée la *généralité* d'Agen ; mais la réduction n'eut pas d'effet.

Henri III établit des bureaux des finances dans chaque *généralité*, au mois de juillet 1577. Par lettres-patentes du 6 avril 1579, le roi réduisit les dix-neuf *généralités* (celles de Limoges & d'Orléans étoient rétablies) au nombre de huit ; & le 26 du même mois, il les rétablit. La *généralité* de Limoges fut encore supprimée au mois de décembre 1583, & rétablie au mois de novembre 1586.

Ce fut encore Henri III qui créa la *généralité* de Moulins au mois de septembre 1587. Henri IV, au mois de novembre 1594, érigea une nouvelle *généralité* à Soissons : en 1598, il supprima tous les bureaux des finances, & les rétablit au mois de novembre 1608.

Au mois de novembre 1625, Louis XIII créa des bureaux des finances & des *généralités* à Angers, à Troyes, à Chartres, à Alençon & à Agen, qu'il supprima au mois de février 1626. Il en érigea à Grenoble pour le Dauphiné, au mois de décembre 1627 (la *généralité* dans cette ville, lors de la grande création par Henri II, avoit été supprimée) : le même roi créa un bureau des finances & une recette générale à Montauban, au mois de février 1635 ; il établit aussi une nouvelle *généralité* à Alençon au mois de mai 1636 : au mois d'avril 1640, il en avoit institué une à Nîmes, qu'il supprima au mois de janvier 1641.

Louis XIV, aux mois de mai & de septembre 1645, créa des *généralités* à la Rochelle, à Chartres & à Angers : elles furent supprimées bien-tôt après. Il en établit encore une dans la ville de Beaucaire au mois de juin 1636, qu'il révoqua tout de suite. Il en érigea une à Metz, au mois de novembre 1661, une autre à Lille, au mois de septembre 1691, Par un édit du mois d'avril 1694, le roi rétablit la *généralité* de la Rochelle, & créa celle de Rennes. Au mois de février 1696, il établit celle de Besançon ; mais les charges des trésoriers furent réunies à la chambre des comptes de Dole. Par édit du mois de septembre 1700, le roi supprima le bureau des finances qu'il avoit rétabli à Rennes, & qui depuis avoit été transféré à Vannes. Louis XIV avoit encore érigé une *généralité* à Ypres pour la Flandre occidentale au mois de février 1706.

Louis XV, par un édit du mois d'avril 1716, registré en la chambre des comptes de Paris, le 6 mai suivant, créa un bureau des finances & une *généralité* à Ausch pour la province de Gascogne. Il composa cette *généralité* d'élections démembrées des *généralités* de Bordeaux & de Montauban.

Il y a actuellement en France vingt-cinq *généralités*, dix-neuf dans les pays d'élection, & six dans les pays d'états : les premières sont Paris, Châlons, Soissons, Amiens, Bourges, Tours, Orléans, Rouen, Caen, Alençon, Poitiers, Limoges, la Rochelle, Bordeaux, Montauban, Lyon, Riom, Moulins & Ausch ; les autres sont Bretagne, Bourgogne, Dauphiné, Provence, Montpellier & Toulouse.

Dans chaque *généralité* il y a plusieurs élections ; chaque élection est composée de plusieurs paroisses.

Sous Louis XIII, en 1635, on commença à envoyer dans les *généralités* du royaume des maîtres des requêtes en qualité d'*intendans de justice, police & finances* ; on les nomme aussi *commissaires départis dans les provinces*, pour les intérêts du roi & le bien du public dans tous les lieux de leurs départemens.

Il n'y a dans la France considérée comme telle, que vingt-quatre intendans pour vingt-cinq *généralités*, parce que celles de Montpellier & de Toulouse sont sous le seul intendant de Languedoc. Mais il y en a encore sept départis dans la Flandre, le Hainaut, l'Alsace, le pays Messin, la Lorraine, la Franche-Comté & le Roussillon. *Voyez l'article* INTENDANT.

Il y avoit dans chaque *généralité* deux receveurs généraux des finances, alternativement en exercice ; ils prenoient des mains des receveurs des tailles les deniers royaux, pour les porter au trésor royal. Ces offices ont essuyé des variations dont on rendra compte sous le mot RECEVEUR.

La division du royaume en *généralités* comprend tout ce qui est soumis en Europe à la puissance du roi. Comme cette division a sur-tout rapport aux impositions, de quelque nature qu'elles soient, aucun lieu n'en est excepté ; il en étoit cependant où le roi ne levoit aucune imposition, & dont, par des concessions honorables, les seigneurs jouissoient de plusieurs droits de la souveraineté : telle étoit en Berri la principauté d'Enrichemont, appartenant à une branche de la maison de Béthune ; en Bresse, celle de Dombes ; & la principauté de Turenne, avant que le roi en eût fait l'acquisition. Dans ces principautés, les officiers de justices royales, les intendans ni les bureaux des finances n'avoient aucune autorité directe.

Comme les *généralités* ont été établies, supprimées, réunies, divisées en différens temps, sans rapport à aucun projet général ; que le royaume a aussi changé de face en différens temps, par les conquêtes de nos rois & les traités avec les princes voisins, & enfin par les différentes natures de droits & d'impôts qui ont été établis en différentes circonstances, & avec des arrondissemens particuliers, suivant la différente nature du pays, & autres impositions plus anciennes, auxquelles on les assimiloit pour une plus facile perception : il n'est pas surprenant que les *généralités* soient aussi mal arrondies qu'elles le sont : les unes sont trop fortes pour qu'un seul homme puisse porter par-tout une attention égale, & sur-tout depuis que les besoins de l'état ont obligé à augmenter les charges du peuple ; d'autres sont trop petites, eu égard aux premières ; & ces dernières cependant sont bien suffisantes pour occuper tout entier un homme attentif & laborieux. Dans la même *généralité*, il se trouve des cantons tout entiers où certaines natures de droits se perçoivent sous l'autorité du commissaire départi d'une autre province : il y a même des paroisses dont une partie est d'une *généralité*, & l'autre partie d'une autre ; ce qui donne souvent lieu à des abus & des difficultés.

Maintenant que le royaume paroît avoir pris toute la consistance dont il est susceptible, il seroit à souhaiter qu'il se fît un nouveau partage des *généralités*, qui les réduiroit à une presque-égalité, & dans lequel on auroit égard aux bornes que la nature du pays indique, à la nature des impositions, & aux formes d'administration particulières à chaque province. S'il ne s'agissoit dans ce partage que de dispenser entre un certain nombre d'intendans l'administration de toutes les parties, ce seroit une opération fort aisée ; comme ils n'ont que des commissions, on leur feroit à chacun telle part de cette administration qui conviendroit le mieux au bien des affaires : mais la multitude des charges relatives aux impositions, & dont les finances ont été fixées eu égard aux droits ou à l'étendue de juridiction qui leur étoient accordés sur ces impositions même, ou sur un nombre déterminé de paroisses ; telles que les charges de receveurs généraux des finances, receveurs des tailles, trésoriers de France, élus, officiers de greniers à sel,

&

& autres pareils offices : cette multitude de charges, dis-je, donneroit lieu à de grandes difficultés, & c'eſt ſans doute le motif qui empêche le
conſeil d'y penſer.

GENETAI, ſ. f. (*terme de Coutume.*) c'eſt une
terre ou lande plantée en genêt. Ces plantations
ſont communes dans les provinces où on élève
beaucoup de bêtes à laine, & on a ſoin de les
conſerver pour leur ſervir de pâturage dans les
temps d'hiver. La coutume de Bretagne contient
à leur égard pluſieurs diſpoſitions qui pourroient
s'étendre aux autres provinces. Elle défend, *art.*
409, de laiſſer aller dans les *genetais*, au-deſſous
de deux ans, les bêtes anmailles, à peine de deux
deniers d'amende par chaque bête; &, *art. 412*,
d'y conduire, en quelque temps que ce ſoit,
bouc ou chèvre, ſous peine de la même amende.

GENS, ſ. m. pl. du latin *gens*, ſignifie en général les *hommes* : mais ce mot n'eſt guère uſité
ſeul; on y joint preſque toujours une qualification
particulière pour déterminer l'eſpèce de perſonnes
dont on parle. Ainſi l'on dit *gens* de main-morte,
gens de loi, *gens* du roi, *gens* du monde, *gens* d'é-
gliſe, *&c.* pour déſigner la qualité & la condition
des hommes d'un certain état. Nous allons faire
connoître par ordre alphabétique les différentes eſpèces de *gens* qui appartiennent à la Juriſprudence.

GENS *de corps*, & GENS *de poſte* ou *poété*, (*Droit*
féodal.) Il ne faut pas confondre les *gens de poſte*
avec les *gens de corps*, comme l'ont fait beaucoup
d'auteurs. Les *gens de corps* ſont des main-mortables, de véritables ſerfs. Les *gens de poſte* ſont
d'une condition beaucoup plus libre.

Le mot *poſte*, *pote* ou *poété*, car c'eſt la même
choſe, vient du latin *poteſtas*. Il indique donc des
gens qui ſont ſous la puiſſance d'autrui, & l'on
voit dans Ducange qu'on appelloit effectivement
homines poteſtatis, dans la baſſe latinité, les *gens*
de poſte : mais cette dépendance n'a rien qui tienne
à la ſervitude. Elle n'attribue au ſeigneur que des
droits honorifiques ſur les *gens de poſte*, ſans lui
donner des droits utiles ſur leurs perſonnes ou
leurs biens.

On pourroit même dire, d'après pluſieurs monumens de notre droit, qui oppoſent les *gens de*
poſte aux *gens* nobles, que les *gens de poſte* ne ſont
rien autre choſe que les roturiers ou les cenſitai-
res. *Voyez* le grand *Coutumier*, liv. 2, chap. 41, &
la *Somme rurale* de Bouteiller, liv. 1, chap. 105.

Telle a été, même de nos jours, l'opinion du
préſident Bouhier, qui regarde tous les juſticiables
en haute-juſtice, comme étant de droit commun *gens*
de poſte. Cependant la coutume de Bourgogne ſur
laquelle il a écrit, paroît les diſtinguer des ſimples
roturiers, en diſant, dans l'article 6 du titre 13,
« qu'ils ne ſe peuvent aſſembler, ne faire guets ne
» collecte pour eux, ne faire ou paſſer procuration
» ſans l'autorité & licence de leur ſeigneur haut-
» juſticier, & en ſon refus ou délai, doivent re-
» courir au prince ou à ſes officiers ».

Juriſprudence. Tome IV.

Ainſi les *gens de poété* ſont ceux qui n'ont *corps*,
ni cry, ni commune, comme diſent d'autres coutumes, & qui ne peuvent s'aſſembler ſans la permiſſion de leur ſeigneur. C'eſt ce que Dumoulin a
très-bien ſaiſi dans une note ſur Chaſſeneux : *puto*,
dit cet auteur, *quòd, gens de poété, dicuntur*
homines tantùm ſimul habitantes, non habentes com-
munitatem approbatam, nec adminiſtratores nomine com-
munitatis, quia tales non poſſunt uſurpare jus, vel
factum communitatis ſine ſuperioris licentiâ.

Il réſulte de ces définitions, que la condition des
gens de poſte diffère tout-à-la-fois de celle des juſticiables & de celle des main-mortables. Auſſi, par
arrêt du parlement de Bourgogne du 22 août 1744,
au rapport de M. Commeau, les habitans de Nor-
deu, quoique déclarés *main-mortables* & juſticiables
en toute juſtice ſur leur ſeigneur, furent renvoyés
de la demande par lui formée à ce qu'ils fuſſent
déclarés *gens de poété*. Cet arrêt eſt cité par Ban-
nelier, *tom. 3*, note 71.

Il y a même des coutumes où les ſeigneurs
moyens & bas-juſticiers peuvent avoir des *gens de*
poſte. *Voyez* la coutume du comté de Bourgogne, tit. 16.

En Bourgogne, ce droit n'appartient qu'au haut-
juſticier.

Quoi qu'il en ſoit, le droit de *poſte* eſt tombé
preſque par-tout en non-uſage, & la juriſprudence
des cours le reſtreint, autant qu'il eſt poſſible,
pour favoriſer la liberté. Divers arrêts cités par les
commentateurs de la coutume de Bourgogne, ont
jugé, 1°. que les *gens de poſte* n'ont pas beſoin de
l'autoriſation du ſeigneur pour s'aſſembler, lorſqu'il s'agit de l'intérêt & du ſervice du roi, de
délibérer ſur les réparations des égliſes, & autres
choſes concernant le ſervice divin, ſur les affaires
que les habitans pourroient avoir contre leur
ſeigneur, ou enfin lorſque l'aſſemblée n'a pour
objet que les affaires ordinaires qui reviennent
tous les ans, comme la nomination des fabriciens,
l'arrêté de leurs comptes, le choix des meſſiers, &c.

2°. Que les *gens de poſte* ne ſont pas obligés
d'informer le ſeigneur du ſujet de leurs aſſemblées.
Un arrêt du conſeil du 5 janvier 1670, n'aſſujet-
tit même les habitans de Long-champ à requérir
cette permiſſion qu'une ſeule fois pour toute l'année.

Si le ſeigneur refuſoit la permiſſion, ou la faiſ-
ſoit trop attendre, les habitans ne devroient pas
paſſer outre. L'article 1 du titre 7 de la coutume
de Nivernois décide que, dans ce cas, « ils doi-
» vent avoir recours à ſon ſeigneur ſupérieur im-
» médiat, & s'ils ne le font, l'acte eſt nul, &
» ſont amendables d'amende arbitraire envers le
» ſeigneur haut-juſticier ».

On s'adreſſe plus ordinairement aux juges royaux
dans ce cas, comme l'indique la coutume de Bourgogne.

Si le ſeigneur ne réſidoit pas ſur les lieux, il
faudroit demander la permiſſion aux officiers qui
le repréſentent dans l'exercice de ſa juſtice.

Il faut avouer au ſurplus que cette déférence

n'eſt pas bien gênante pour les habitans. Auſſi y a-t-il pluſieurs coutumes du royaume où les communautés même, qui ont droit de mairie ou d'échevinage, ſont obligées de requérir pour leurs aſſemblées l'autoriſation du juge du ſeigneur, & de l'y inviter. On le pratique ainſi dans le reſſort de pluſieurs parlemens des pays de droit écrit, bien plus libres d'ailleurs que nos pays coutumiers. On y oblige-même les habitans à prévenir le juge du ſujet de la délibération, un ou pluſieurs jours d'avance. Voyez le Recueil de juriſprudence féodale, par la Touloubre, part. 1, tit. 4, n°. 46 & 47. (M. GARRAN DE COULON, avocat au parlement.)

GENS main-mortables. Voyez GENS de poſte, MAIN-MORTABLES, TAILLABLES, ECHUTES, &c.

GENS de main-morte, (Droit féodal & canon.) nous comprenons ſous cette dénomination deux ordres de perſonnes totalement différens. 1°. On entend par gens de main-morte, les corps & communautés tant eccléſiaſtiques que laïques, qui ſont perpétuels, & qui, par une ſubrogation de perſonnes, étant cenſés toujours les mêmes, ne produiſent aucune mutation par mort; qui ne peuvent ni acquérir, ni diſpoſer de leurs biens par vente, donation ou échange, ſans y être autoriſés par le roi, & ſans obſerver un grand nombre de formalités preſcrites par les ordonnances.

2°. Quelques coutumes appellent gens de main-morte, des hommes de condition ſervile, attachés à la glèbe ſur laquelle ils ſont nés, qu'ils ne peuvent quitter, ſans laiſſer cette même terre à leurs ſeigneurs, ainſi que tous leurs meubles & effets, & qui, même après avoir transféré leur domicile ſous un ciel plus heureux, & y avoir acquis de nouveaux biens par leur induſtrie, étoient privés de la douce ſatisfaction de les laiſſer à leurs héritiers, parce qu'un ſeigneur impitoyable venoit les réclamer en vertu d'un titre odieux.

La juriſprudence des arrêts avoit déjà écarté la main-morte perſonnelle, & elle a été entièrement abolie par l'édit du roi régnant, de l'année 1779, que nous ferons connoître ſous le mot MAIN-MORTE, & où nous traiterons des deux eſpèces de gens de main-morte.

GENS de loi, (Droit public des Pays-Bas.) c'eſt le nom qu'on donne aux échevins ou premiers magiſtrats des villes & villages des Pays-Bas. Les ſeigneurs ou autres, à qui la nomination en appartient, ſont obligés de les renouveller tous les ans, & faute par eux de le faire, il y eſt pourvu par le juge royal.

Les gens de loi nommés légitimement ne peuvent être deſtitués avant la fin de l'année, ſans cauſe valable & ſuffiſante. Ils ſont tenus de deſſervir leurs charges en perſonne, ſi ce n'eſt en cas de maladie, vieilleſſe ou autre empêchement légitime, dont ils doivent prévenir le mayeur ou bourgue-maître, afin d'en obtenir diſpenſe. Ils doivent réſider dans le lieu où ils exercent leurs fonctions, & s'aſſembler au moins une fois chaque

quinzaine, dans la chambre ordinaire de juſtice, & vuider, avant de ſe ſéparer, toutes les affaires publiques & particulières qu'ils ont à expédier. Lorſqu'ils négligent ſans cauſe de ſe rendre à l'aſſemblée, ils peuvent être condamnés à une amende de trois gros eſcalins, applicable aux officiers préſens.

Dans la partie des Pays-Bas ſoumiſe à la domination françoiſe, ils doivent envoyer les procès ſuffiſamment inſtruits devant eux, & conclus en droit, clos & cachetés, aux avocats, ſur l'avis deſquels ils doivent être jugés : mais ſous la domination autrichienne, ils ſont dans l'uſage de les porter eux-mêmes. La coutume de Mons contient même un chapitre exprès ſur les vacations, qui, dans ce cas, doivent être allouées à chacun d'eux.

Il leur eſt défendu de faire aucune dépenſe ſur le compte de la communauté, d'ordonner aucune députation, ſi ce n'eſt dans le cas d'une néceſſité urgente. Alors ils ne peuvent nommer plus d'un député; ils doivent arrêter ſa députation dans une aſſemblée au moins de cinq échevins, enregiſtrer ſa commiſſion avec les motifs, & dans la partie françoiſe faire autoriſer la députation par l'intendant de la province. Le député eſt obligé de rendre compte de ſa députation dans la première aſſemblée qui ſe tient après ſon retour, & d'y produire l'état de ſes vacations, à peine de déchéance de tout ce qu'il auroit droit d'exiger.

Le greffier doit ſe rendre le premier au lieu de l'aſſemblée, pour diſpoſer les matières ſur leſquelles les gens de loi doivent délibérer, avoir des regiſtres en règle, & tenir note de toutes les ordonnances rendues & réſolutions priſes & arrêtées. Voyez ECHEVINAGE.

GENS du roi, (Droit public.) eſt un terme générique qui, dans une ſignification étendue, comprend tous les officiers du roi, ſoit de judicature, de finance, ou même d'épée.

Par exemple, le roi, en parlant des officiers de ſon parlement, les qualifie de nos gens tenant la cour de parlement.

Dans une ordonnance de Philippe de Valois, du mois de juin 1338, on voit que ce prince donne à des tréſoriers des troupes le titre de gentes noſtræ.

Charles VI, dans des lettres du mois de juin 1394, en parlant des juges royaux de Provins, les appelle les gens du roi; & dans d'autres lettres du mois de janvier 1395, il deſigne même par les termes de gentes regias, les officiers de la ſénéchauſſée de Carcaſſonne.

Ces exemples ſuffiſent pour donner une idée des différentes ſignifications de ces termes, gens du roi.

Ce titre paroît venir du latin agentes noſtri, qui étoit le titre que les empereurs, & après eux nos rois, donnoient aux ducs & aux comtes, dont l'office s'appelloit agere comitatum.

Du mot agentes on a fait par abbréviation gentes regis, & en françois gens du roi.

Dans l'uſage préſent & le plus ordinaire, on

n'entend communément par les termes de *gens du roi*, que ceux qui sont chargés des intérêts du roi & du ministère public dans un siège royal, tels que les avocats & procureurs généraux dans les cours souveraines, les avocats & procureurs du roi dans les bailliages & sénéchauffées, & autres sièges royaux.

Les substituts des procureurs généraux & des procureurs du roi, sont aussi compris sous le terme de *gens du roi*, comme les substituant en certaines occasions.

La fonction des *gens du roi* n'est pas seulement de défendre les intérêts du roi, mais aussi de veiller à tout ce qui intéresse l'église, les hôpitaux, les communautés, les mineurs, & en général tout ce qui concerne la police & le public; c'est pourquoi on les désigne quelquefois sous le titre de *ministère public*, titre qui néanmoins n'est pas propre aux *gens du roi*, & qui leur est commun avec les avocats & procureurs fiscaux des justices seigneuriales. Ces officiers défendent les intérêts du seigneur, comme les *gens du roi* défendent ceux du roi dans les jurisdictions royales, & ont au surplus les mêmes fonctions que les *gens du roi* pour ce qui concerne l'église, les hôpitaux, les communautés, les mineurs, la police & le public.

Les fonctions que les *gens du roi* exerçoient étoient remplies chez les Romains par différens officiers.

Il y avoit d'abord dans la ville deux magistrats, l'un appellé *comes sacrarum largitionum*; *l'autre* appellé *comes rei privatæ*, qui étoient chacun dans leur district, comme les procureurs-généraux de l'empereur.

Les loix romaines font aussi mention qu'il y avoit un avocat du fisc dans le tribunal souverain du préfet du prétoire, qui étoit le premier magistrat de l'empire: dans la suite, les affaires s'étant multipliées, on lui donna un collègue.

Il y avoit aussi un avocat du fisc auprès du premier magistrat de chaque province.

La fonction de ces avocats du fisc étoit d'intervenir dans toutes les causes où il s'agissoit des revenus de l'empereur, de son trésor, de son domaine, & autres affaires semblables; les juges ne les pouvoient décider sans avoir auparavant oui l'avocat du fisc: celui-ci étoit tellement obligé de veiller aux intérêts du prince, que si quelque droit se perdoit par sa faute, il en étoit responsable.

Il y avoit aussi dans chacune des principales villes de l'empire un officier appellé *procurator Cæsaris*; ses fonctions consistoient non-seulement à veiller à la conservation du domaine & des revenus du prince; mais il étoit aussi juge des causes qui s'élevoient à ce sujet entre le prince & ses sujets, à l'exception des causes criminelles & des questions sur l'état des personnes, dont il ne connoissoit point, à moins que le président ne lui en donnât la commission.

Les avocats du fisc ni les procureurs du prince n'étoient pas chargés de la protection des veuves, des orphelins & des pauvres; on nommoit d'office à ces sortes de personnes, dans les occasions, un avocat qui prenoit leur défense; & lorsque c'étoient des pauvres, l'avocat étoit payé aux dépens du public.

Le même ordre étoit établi dans les Gaules par les Romains, lorsque nos rois en firent la conquête: mais suivant les capitulaires, il paroît qu'il y eut quelque changement. En effet, il n'y est point fait mention qu'il y eût des avocats du roi ou du fisc en titre d'office; il paroît que tous les avocats en faisoient les fonctions. Lorsque les églises & personnes ecclésiastiques avoient besoin d'un défenseur, le roi leur donnoit un de ces avocats.

Pour ce qui est des procureurs du roi, il y en avoit dès les commencemens de la monarchie; les anciennes chartres & les capitulaires en font mention sous les différens titres de *actores*, *dominici actores fisci*, *actores publici*, *actores vel procuratores reipublicæ*.

Il est souvent parlé dans les registres *olim*, de *gentes regis; gentibus d. regis pro d. rege multa proponentibus*: mais il ne paroît pas que l'on entendit par-là un procureur & des avocats du roi qui fussent attachés au parlement; on y voit au contraire que toutes les fois qu'il étoit question de s'opposer ou plaider pour le roi, ce sont toujours le prévôt de Paris ou les baillis royaux qui portent la parole pour les affaires qui intéressoient le roi, dans le territoire de chacun de ces officiers: c'est de-là que le prévôt de Paris & les baillis & sénéchaux ont encore une séance marquée en la grand'chambre du parlement, que l'on appelle *le banc des baillis & sénéchaux*, qui est couvert de fleurs-de-lys. C'est peut-être aussi par un reste de cet ancien usage, que l'officier qui fait les fonctions du ministère public à l'échevinage de Dunkerque, s'appelle encore *grand-bailli*.

On ne trouve aucune preuve qu'il y eût des avocats & procureurs du roi en titre au parlement, avant 1302: il paroît pourtant difficile de penser que le roi n'eût pas dès-lors des officiers chargés de défendre ses droits, spécialement pour le parlement, vu que le roi d'Angleterre, comme duc de Guienne; le comte de Flandre, le roi de Sicile, &c. en avoient en titre. Il est dit dans un arrêt de 1283, que le procureur du roi de Sicile parla, *procurator regis Siciliæ*: mais celui qui parla pour le roi Philippe III, n'est pas désigné autrement que par ces mots: *verum parte d. Philippi regis..... adjiciens pars regis*, &c.

Ce qui fait encore croire que le roi avoit dès-lors des *gens* chargés de ses intérêts au parlement, est qu'il y avoit dès-lors des procureurs & quelquefois aussi des avocats dans les bailliages, comme au châtelet. Un arrêt de 1265 juge que les avocats du roi ne sont justiciables que de sa cour, tant qu'ils seront chargés de ce ministère. L'ordonnance de 1302 parle des procureurs du roi dans les bailliages & sénéchaussées ; elle leur ordonne de faire dans chaque cause le serment ordinaire, qu'ils la croient bonne, & leur défend d'être procureurs dans aucune affaire de particuliers ; il y est même déjà parlé de leurs substituts.

Jean le Bossu & Jean Pastoureau remplissoient les fonctions d'avocats du roi au parlement, dès 1301, avant même que le parlement fût sédentaire à Paris.

Ce n'est qu'en 1308, qu'on trouve pour la première fois un procureur du roi parlant pour sa majesté au parlement : encore n'est-il pas certain que ce fût un magistrat attaché au parlement ; il paroît même qu'en ces occasions c'étoit le procureur du roi de tel ou tel bailliage, qui venoit au parlement défendre les droits du roi conjointement avec le bailli du lieu. On voit dans les *olim*, les baillis & sénéchaux, & le prévôt de Paris continuer de parler pour le roi, jusqu'en 1309 où finissent ces registres : une ordonnance de cette année les charge même expressément de cette fonction.

Une lettre de Philippe-le-Bel à l'archevêque de Sens, fait mention du procureur du roi au parlement, qu'elle qualifie *catholicum juris conditorem*.

Cependant l'ordonnance de 1309, dont on a déjà parlé, semble supposer qu'il n'y avoit point alors de procureur du roi au parlement ; peut-être avoit-il été supprimé avec les autres procureurs du roi : car le roi y ordonne qu'il y ait en son parlement une personne qui ait cure de faire délivrer & avancer les propres causes du roi, & qu'il puisse être de son conseil avec ses avocats ; ce qui confirme qu'il y avoit dès-lors des avocats du roi ; mais il paroît qu'ils n'étoient que pour conseiller : & supposé qu'il y eût un procureur du roi attaché au parlement, ceux des bailliages, les baillis & sénéchaux & le prévôt de Paris parloient comme lui pour le roi, chacun dans les affaires de leur territoire qui l'intéressoient.

Depuis ce temps, on trouve des preuves non équivoques qu'il y avoit deux avocats & un procureur du roi au parlement. Philippe-le-Bel, en parlant de ces trois magistrats, les nommoit ordinairement *gentes nostras*, c'est-à-dire les *gens du roi* ; titre qui est demeuré aux avocats & procureurs-généraux des cours souveraines, & qui est aussi commun aux avocats & procureurs du roi des bailliages & autres sièges royaux.

Avant la vénalité des charges, ces sortes d'officiers étoient choisis dans l'ordre des avocats ; & présentement il faut encore qu'ils aient prêté le serment d'avocat, avant de pouvoir posséder un office d'avocat ou procureur du roi.

Les *gens du roi* dans les cours souveraines sont les avocats-généraux & le procureur-général, lequel a rang & séance après le premier avocat-général : il n'y a pas de même des *gens du roi* au conseil, à cause que le roi est présent ou réputé présent. L'inspecteur du domaine donne son avis, & fait

des requisitoires, lorsqu'il y échet, dans les matières domaniales.

Dans les sièges royaux inférieurs, il y a ordinairement un avocat du roi ; dans certains sièges il y en a plusieurs ; il y a dans tous un procureur du roi, qui a rang & séance après le premier avocat du roi.

L'habillement des *gens du roi* est le bonnet quarré & le rabat, la robe à longues manches, la soutane, & le chaperon herminé de même que les avocats.

Les *gens du roi* des parlemens, cours des aides & cours des monnoies, c'est-à-dire les avocats & procureurs-généraux, portent la robe rouge dans les cérémonies : cette prérogative ne paroît point leur avoir été accordée par aucun titre particulier ; il paroît une suite du droit que les avocats au parlement ont pareillement de porter la robe rouge, ainsi qu'on le dira en son lieu ; les avocats & procureurs du roi de quelques présidiaux jouissent aussi du même honneur ; ce qui dépend des titres & de la possession.

La place des *gens du roi* est ordinairement à la tête du barreau ; les avocats-généraux du parlement se placent encore au premier barreau dans les petites audiences ; à l'égard de celles qui se tiennent sur les hauts sièges, le procureur-général se mettoit de tout temps sur le banc qui est au-dessous des présidens & des conseillers-clercs : les avocats-généraux se plaçoient autrefois à ces audiences sur le banc des baillis & sénéchaux ; ce n'est que depuis 1589, qu'ils se placent sur le banc au-dessous des présidens & des conseillers-clercs : ce changement fut fait pour la commodité du premier président de Verdun, *qui tardè audiebat*. Dans les cérémonies, ils marchent à la suite du tribunal, & sont précédés d'un ou deux huissiers.

A la rentrée des tribunaux royaux, les *gens du roi* font ordinairement une harangue ; ce sont eux aussi qui sont chargés de faire le discours des mercuriales.

Ils portent la parole aux audiences dans toutes les causes tant civiles que criminelles, dans lesquelles le roi, l'église, ou le public, sont intéressés : dans quelques sièges il est aussi d'usage de leur communiquer les causes des mineurs.

Ils donnent des conclusions par écrit dans toutes les affaires civiles de même nature qui sont appointées, & dans toutes les affaires criminelles.

Ils font aussi d'office des plaintes & requisitions, lorsque le cas y échet.

Lorsque les *gens du roi* portent la parole, ils sont debout & couverts, les deux mains gantées. Tous ceux qui ont séance après celui d'entr'eux qui porte la parole, se tiennent aussi debout & couverts pendant tout le temps qu'il parle.

Ils ont le privilège de ne pouvoir être interrompus par les parties ni par les avocats contre lesquels ils plaident.

Le 21 février 1721, M. l'avocat-général parlant

dans l'affaire du duc de la Force qui étoit préfent, celui-ci l'interrompit ; M. l'avocat-général dit qu'il ne pouvoit être interrompu par qui que ce foit que par M. le premier préfident.

Il n'eft pas d'ufage que les juges interrompent la plaidoirie des *gens du roi*, quoique l'heure à laquelle l'audience finit ordinairement vienne à fonner ; mais il y a des exemples que dans de grandes affaires les *gens du roi* ont eux-mêmes partagé leur plaidoirie en plufieurs audiences.

Dans les affaires où le miniftère public eft appellant ou demandeur, l'avocat de l'intimé ou du défendeur a la replique fur les *gens du roi :* mais il eft auffi d'ufage que ceux-ci ont la replique en dernier.

On dit communément que les *gens du roi* font folidaires, c'eft-à-dire qu'ils agiffent & parlent toujours en nom collectif ; ils font préfumés fe concerter entr'eux pour les conclufions qu'ils doivent prendre.

Il y a néanmoins des exemples que, dans la même affaire, un des *gens du roi* n'a pas fuivi les mêmes principes que fon collègue, & s'eft fait recevoir oppofant à un arrêt rendu fur les conclufions des *gens du roi*. Le procureur-général ou procureur du roi peut lui-même fe faire recevoir oppofant à un jugement rendu fur fes conclufions.

Le miniftère des *gens du roi* eft purement gratuit; excepté que dans les affaires civiles appointées, & dans les affaires criminelles où il y a une partie civile, leurs fubftituts ont des épices pour les conclufions.

On n'adjuge jamais de dépens ni de dommages & intérêts aux *gens du roi* ; mais on ne les condamne auffi jamais à aucune amende, dépens, ni dommages & intérêts.

Les *gens du roi* de chaque fiège ont un parquet ou chambre, dans lequel les avocats & procureurs vont leur communiquer les caufes où ils doivent porter la parole : c'eft auffi dans ce même lieu que l'on plaide devant eux les affaires qui doivent être vuidées par leur avis : les fubftituts y rapportent auffi au procureur-général, ou au procureur du roi, fi c'eft dans un fiège inférieur, les affaires civiles & criminelles qui leur font diftribuées. (*A*)

On trouvera fous les *mots* AVOCAT DU ROI, AVOCATS-GÉNÉRAUX ; PROCUREUR DU ROI, PROCUREUR-GÉNÉRAL, COMMUNICATION AUX GENS DU ROI, PARQUET, le détail de ce qui concerne les fonctions & le miniftère des *gens du roi*. Nous nous bornerons à donner ici l'extrait d'un mémoire, qui nous a été adreffé par un auteur qui defire refter inconnu, fur l'indépendance légale des *gens du roi*, près les cours, de tout autre que du roi ; & des *gens du roi*, près les tribunaux inférieurs, de tout autre que de la cour à laquelle leur compagnie reffortit.

Nous expoferons feulement les faits, & les loix qui ont rapport à cet objet, fans entrer dans aucune

difcuffion, & fans donner notre opinion particulière, qu'il ne nous appartient pas d'ailleurs de faire connoître fur une queftion qui tient effentiellement à l'ordre public.

De toutes les prérogatives du miniftère public, dit l'auteur du mémoire, la plus glorieufe, comme la plus importante à la pleine liberté de fes fonctions, eft que, lorfqu'il s'exerce dans les tribunaux inférieurs, il n'eft jufticiable que de la cour où fe porte l'appel des jugemens de ce tribunal ; & que lorfqu'il s'exerce dans les cours, il n'eft jufticiable que du roi, auquel le chef de la juftice rend compte immédiatement de ce dont les cours croient avoir à fe plaindre.

Ce principe de l'indépendance légale des *gens du roi*, a d'abord fon fondement dans cette vérité univerfellement admife, *qui dat jus ad finem, dat jus ad media ;* celui qui veut la fin, veut les moyens. Or, les loix du royaume & le roi conférant à fes *gens* près les cours, un miniftère d'activité, de furveillance, de follicitude, de provocation, d'oppofition même & de réfiftance ; ce miniftère par fa nature peut les mettre fouvent en bute à beaucoup de mauvais offices, de contradictions fecrètes, d'inimitiés cachées, dont la maffe venant enfin à fe groffir, les livreroit aux dégoûts les plus cruels, fi la protection immédiate du roi, exprimée par l'organe du chef de la juftice, ne foutenoit leur courage & ne maintenoit leur zèle.

Si cette fauve-garde fpéciale qui met uniquement les *gens du roi* près les cours, fous l'infpection & la cenfure du roi, exprimée par l'organe du chef de la juftice, n'exiftoit pas, il faudroit l'établir ; par cette raifon fans replique, que le roi voulant la fin, veut les moyens, & qu'il eft impoffible que fes *gens* près les cours aient le nerf & la vigueur néceffaires pour remplir les fonctions également importantes & falutaires qu'il leur a fpécialement confiées, fi leur fidélité à les remplir étoit ou pouvoit être pour eux une fource perpétuelle de traverfes, d'humiliations & de difgraces.

Mais cette fauve-garde exifte, & elle eft indiquée par les jurifconfultes les plus connus par leur attachement aux prérogatives des cours ; elle eft établie par leurs propres arrêts ; elle eft confacrée par une multitude d'exemples éclatans qui remontent à plus d'un fiècle, & dont plufieurs font de nos jours.

Henris, *tom.* 4, *tit.* 2, s'exprime ainfi : « on » doit fouftraire les *gens du roi* aux inquiétudes, » aux mouvemens, aux recherches, aux troubles, » à la difcuffion même des compagnies ; d'autant » plus que leurs fonctions, les inftructions parti- » culières qu'ils reçoivent du roi & de fes minif- » tres, les mettent fouvent dans le cas de s'op- » pofer aux vues de ces compagnies ; il peut fou- » vent arriver qu'ils déplaifent & qu'on cherche » à les traverfer ». Voilà ce qu'imprimoit avec autant de vérité que de courage, il y a près de deux fiècles, un des premiers publiciftes françois,

La Roche Flavin, en fon traité des parlemens, tient implicitement la même doctrine, lorfqu'il nomme les *gens du roi*, *l'œil des cours*, *les fentinelles des autres magiftrats & les furveillans du public*.

Comment en effet, ces magiftrats pourroient-ils remplir leur devoir, fi leur zèle étoit arrêté par la crainte de l'animadverfion de ceux qu'ils font obligés quelquefois de combattre ? comment pourroient-ils r'appeller le juge à l'obfervation des ordonnances, foit par des infinuations amiables, foit par la vigueur de leurs requifitoires, fi leurs expreffions pouvoient être converties en crime, & fi le jugement d'un tel crime, fi facile à fuppofer quand l'amour-propre eft l'interprète de fa propre offenfe, appartenoit à celui-là même qui croiroit avoir à venger fa dignité ou fes prétentions ? comment dans ces jours folemnels, qui, fous le nom de *mercuriales*, confervent encore un foible refte de l'ancienne & précieufe difcipline, l'homme du roi pourroit-il inculper l'action du magiftrat affis fur les fleurs-de-lys, & l'en faire defcendre, fi cette févérité falutaire, peut-être trop affoiblie aujourd'hui, devient pour lui la caufe prefque certaine d'un démêlé perfonnel & grave, qui compromettra & fon repos & fon honneur ; fi pour avoir rempli fon devoir, il trouve à l'inftant pour contradicteurs & pour juges à la fois, tous les collègues de celui qu'il aura voulu foumettre à l'obfervation du fien ? comment, lorfque *l'ordonnance aura formellement chargé l'honneur & la confcience du miniftère public* de fon obfervation, l'homme du roi pourra-t-il répondre à cette noble confiance de la loi, fi l'on prend pour offenfe les efforts qu'il fera pour remplir la miffion qu'elle lui donne ?

Si ces grandes vérités, dont la juftice fe fait fentir d'elle-même, avoient befoin d'un garant, nous appellerions ici cet homme immortel, qui auroit été le dépofitaire de la légiflation françoife par fa vertu & fon génie, s'il ne l'avoit pas été par l'éminence de fa dignité. M. le chancelier d'Agueffeau, dans la 23ᵉ & 29ᵉ lettres du tome 10 de fes œuvres, s'exprime ainfi, le 11 mars 1730 : « régulièrement les *gens du roi* (il s'agit dans cette » lettre des *gens du roi* d'un parlement & non d'un » tribunal inférieur) ne doivent rendre compte » qu'à fa majefté de ce qu'ils font ou de ce qu'ils » ne font pas en fon nom ».

Et le 21 juin 1731, « il y a des règles de l'or- » dre public que le roi ne doit pas permettre, aux » officiers qui affiftent en fon nom, de négliger dans » l'exercice de leur miniftère ; la principale de ces » règles, eft que, c'eft à fa majefté feule qu'il » appartient de leur en prefcrire dans tout ce qui » regarde leurs fonctions, & qui peut intéreffer » le bien de fon fervice : *ils ne dépendent point à* » *cet égard des compagnies auprès defquelles ils rem-* » *pliffent les devoirs de l'office public*, & elles ne » peuvent faire aucuns réglemens fur la manière » dont ils font obligés de s'en acquitter ».

Le parlement de Paris, a le premier confacré

cette doctrine de l'indépendance légale où font les *gens du roi*, des compagnies auxquelles ils font attachés, par un arrêt folemnel rapporté par Henris & par le journal des audiences : il eft du 24 février 1628. En voici l'efpèce :

Le fieur Mefnager, avocat du roi en la fénéchauffée d'Angers, s'oppofa à l'audience, à ce qu'on jugeât au nombre de fix juges, une oppofition à une fentence préfidiale.

On va aux opinions ; on ordonne qu'il fera paffé outre.

Appel de l'avocat du roi, à la face des juges.

Sentence, qui malgré fon appel, juge l'oppofition.

Second appel à la face des juges.

Seconde fentence qui lui ordonne, & par deux fois, de fe lever pour recevoir une réprimande publique ; à la feconde fois il fe lève, reçoit la réprimande publique, qui portoit en même temps défenfes de plus appeller à l'audience.

Troifième appel interjetté par lui encore à la face des juges.

L'affaire portée à la grand'chambre du parlement de Paris, meffieurs les *gens du roi*, pour la défenfe de leur propre miniftère attaqué en fa perfonne, croient devoir prendre fon fait & caufe. M. l'avocat-général Talon, établit formellement en principe, que les juges inférieurs *n'ont aucune jurifdiction fur l'avocat du roi pour ce qui eft de l'exercice de fa charge* ; il conclut expreffément à l'incompétence, à la tranfcription de l'arrêt en marge du regiftre du greffe, & à ce qu'il fût fait défenfes à eux de rien prononcer contre l'avocat du roi pour ce qui eft de l'exercice de fa charge.

L'arrêt prononce formellement l'incompétence, &c. fait défenfes aux juges d'Angers de prendre connoiffance des actions des gens du roi, en cas de prétendue contravention aux édits & ordonnances, finon en dreffer procès-verbal, & l'envoyer à la cour, pour, fur icelui vu & communiqué au procureur-général du roi, y être fait droit ainfi que de raifon ; condamne les fieurs juges d'Angers aux dépens ; ordonne que le procès-verbal fait par le lieutenant-particulier (qui avoit été le juge en chef dans cette affaire), & confeillers, fera fupprimé, & le préfent arrêt inféré au greffe d'Angers & mis en marge dudit procès-verbal.

22 février 1656, autre arrêt du parlement de Paris, encore pour Angers, qui ordonne aux fièges inférieurs de dreffer, en femblables cas, des procès-verbaux, & de les envoyer à la cour pour y être par elle ftatué, ainfi qu'il appartiendra.

Ce que le parlement de Paris a cru devoir faire en cette occafion pour affurer l'indépendance légale des *gens du roi*, des tribunaux inférieurs de fon reffort, tribunaux à l'égard defquels la cour d'appel eft le centre d'unité & de pouvoir : nos rois ont cru de leur juftice & de leur fageffe, de l'ordonner pareillement, par rapport à leurs *gens* près des cours fouveraines, à l'égard defquelles ils font, *fans contredit*, & plus *éminemment encore*, que les cours au regard des sièges inférieurs, *le centre de l'unité & la source du pouvoir.*

Le 2 mars 1656, le parlement de Dijon avoit ordonné, par arrêt, que les deux avocats-généraux & le procureur-général du roi près cette cour, se trouveroient à l'audience pour y déclarer que témérairement & malicieusement, ils avoient tenu des propos téméraires & injurieux, contre l'honneur & le respect qu'ils devoient à la justice souveraine du roi ; leur défendoit de récidiver, à peine d'être procédé contre eux extraordinairement ; & *jusqu'à avoir satisfait, les interdisoit de toutes fonctions.*

Louis XIV se fit rendre compte de cette affaire ; & par un arrêt rendu en sa présence le 13 juin 1656, « voulant pourvoir aux sieurs Millot, Languet & » Carré, ses avocats & procureur-généraux, & » faire connoître ses intentions sur ce sujet, & sur » les réglemens particuliers requis par eux, *après* » *avoir fait examiner l'affaire en sa présence, tout* » *considéré.*

» Sa majesté, étant en son conseil, a cassé, ré-» voqué & annullé l'arrêt de ladite cour du par-» lement de Dijon, dudit jour 21 mars dernier ; » lui fait défenses de rendre à l'avenir de pareils » arrêts ; interdire lesdits avocats & procureurs-» généraux de sa majesté ; les troubler ni empêcher » dans l'exercice de leurs charges ; donner des per-» missions d'informer sans communication ; dé-» créter les informations sans conclusions dudit » procureur-général, à peine de nullité ; cassation » des procédures & arrêts qui interviendront en » conséquence, *& de répondre par les rapporteurs &* » *président qui auront présidé, en leurs propres &* » *privés noms, des dépens, dommages - intérêts des* » *parties.*

» Fait aussi défenses aux substituts de sondit pro-» cureur-général en ladite cour, de *conclure en leur* » *présence, sous peine de nullité des conclusions & d'in-* » *terdiction ;* ordonne que Guillaume & Perrard, » avocats en icelle, comparoîtront en personne, au » mois, audit conseil, pour rendre raison de *leurs* » *entreprises :* leur fait pareillement défenses à l'ave-» nir, & à tous autres avocats, de donner de sem-» blables conclusions, sur les mêmes peines & de » 6000 livres d'amende : ordonne en outre que les » greffiers de ladite cour délivreront audit procu-» reur-général des expéditions en forme de tous » arrêts ; & à cet effet, lui représenteront leurs registres » toutes & quantes fois qu'ils en seront requis, sous » peine de 3000 livres d'amende, & d'interdiction de » leurs charges, &c. ».

Le 2 décembre 1679, autre arrêt du conseil rendu encore par Louis XIV, en personne, qui casse l'arrêt d'interdiction rendu le 22 juillet 1679, contre le procureur-général du roi, par le parlement de Metz, chambres assemblées, qui condamnoit ce magistrat à faire satisfaction à la cour, derrière le barreau, des termes injurieux dont il s'étoit servi ; & jusqu'à ce qu'il y eût satisfait, ordonnoit qu'il

demeureroit interdit de l'exercice & des fonctions de sa charge ; *sauf audit parlement, lorsqu'il aura des sujets de plainte contre ledit procureur-général, de les porter à sa majesté pour y être par elle pourvu ainsi que de raison :* cet arrêt est d'autant plus remarquable, que le roi donne, à son procureur-général, un tort marqué sur le fond de la contestation, & qu'il maintient l'arrêt dont ce magistrat avoit demandé la cassation : aussi le roi ne vit, en cette occasion, que le point important du droit public à maintenir contre toute atteinte.

En 1703, M. de Francheville, avocat-général au parlement de Bretagne, ayant été décrété d'ajournement personnel, par sa compagnie, pour raison de ses fonctions, ce magistrat se pourvut pardevers le roi : l'arrêt du parlement de Rennes fut cassé, avec défenses *d'en rendre de semblables à l'avenir.*

En 1756, la cour des aides de Montpellier fait appeler les *gens du roi,* pour savoir s'ils avoient des conclusions à prendre contre un secrétaire qu'ils avoient renvoyé, & contre lequel cette cour vouloit faire informer.

Ils répondent qu'ils avoient, en le renvoyant, rendu à la justice qu'ils avoient cru devoir rendre, & qu'ils n'ont rien plus à dire à la compagnie : pressés de nouveau, ils font la même réponse, & ils ajoutent qu'ils n'avoient de compte à rendre qu'au roi & à M. le chancelier.

Sur ce, la compagnie dresse procès verbal, prend une délibération le 8 mai, sursoit à toutes poursuites, & s'adresse à M. le chancelier de Lamoignon. Voici sa réponse au nom du roi : « J'ai rendu compte » au roi de la délibération prise par votre com-» pagnie le 8 mai dernier, au sujet d'un nommé » Bonnaud (le secrétaire renvoyé) ; sa majesté n'a » pu s'empêcher de la regarder comme une déli-» bération prise contre les officiers même de son » parquet ; & cette entreprise lui a infiniment déplu. » *Vous devez savoir qu'il ne vous appartient, dans* » *aucun cas, de faire des réglemens, pour ce qui con-* » *cerne le ministère public, au nom du roi. C'est à sa* » *majesté seule qu'ils doivent rendre compte de leur* » *conduite, & votre pouvoir se borne à m'informer des* » *abus que vous pouvez remarquer, afin que j'en rende* » *compte au roi :* sa majesté, qui désapprouve entière-» ment la délibération du 8 mai dernier, ne se con-» tente pas de vous ordonner que l'affaire ne soit » point suivie : son intention est que ma lettre soit » lue à la compagnie, & qu'elle soit insérée dans les » registres en marge de la délibération ».

Ainsi, l'indépendance légale des *gens du roi* paroît à sa majesté d'une telle importance à maintenir, que quand une poursuite criminelle à entamer contre un secrétaire du parquet, a paru pouvoir conduire à la recherche de ce qui s'est passé dans leurs cabinets, comme *gens du roi,* sa majesté a cru de sa sagesse de l'arrêter.

Un arrêt du 19 juin 1773, rendu par la cour des monnoies, avoit suspendu de ses fonctions le procureur-général de cette cour, sur le fondement de négligence qu'on lui imputoit dans l'exercice de ses fonctions ; de défenses qu'on lui imputoit d'avoir faites aux huiffiers , de mettre ses arrêts à exécution ; & sur les discours offensans qu'on le taxoit de tenir publiquement contre la compagnie.

Ces imputations étoient graves , sans doute ; car le roi , en maintenant l'indépendance légale de ses *gens près les cours* , n'entend pas qu'elle soit pour eux un titre d'offense & d'impunité.

Mais cette cour n'avoit point employé la voie *consacrée par ces divers exemples de notre droit public* , de dresser des procès-verbaux & de s'adresser au roi.

Le 4 septembre même année, le roi , par arrêt de son conseil , a cassé & annullé l'arrêt de la cour des monnoies ; *lui a fait défenses d'en rendre de semblables à l'avenir ; a ordonné qu'il seroit rayé & biffé des regiftres de cette cour , & que l'arrêt du conseil seroit transcrit en marge.*

Sans rechercher un plus grand nombre d'exemples , à l'égard des cours , que les cinq que l'on vient de citer , de 1656 à Dijon , de 1679 à Metz , de 1703 à Rennes , de 1756 à Montpellier , de 1773 à Paris , exemples qui remplissent un espace de plus d'un siècle , sans interruption , & qui tous confacrent la même doctrine , avec la fermeté due à l'importance de l'objet , l'édit de reftauration du mois de novembre 1774 , établit d'une manière affez marquée l'indépendance légale des *gens du roi* près les cours , en traçant la manière amicale de régler les différends qui pourroient s'élever entre eux.

L'article 7 porte que , s'il survient quelques difficultés entre les officiers de quelqu'une des chambres du parlement , & les avocats & procureurs-généraux relativement à leurs fonctions , elles doivent être réglées conformément aux articles 5 & 6 de la même loi , qui décident qu'elles seront portées à l'affemblée des chambres , & que s'il n'eft pas poffible de les *concilier* dans l'affemblée des chambres , ceux entre lesquels elles se seront élevées , enverront chacun leurs mémoires , contenant fommairement l'objet de la difficulté & les motifs des prétentions respectives , au chef de la justice , pour , sur le compte qu'il en rendra à sa majefté , être par elle ftatué ce qu'il appartiendra.

Cette loi , en traçant une forme auffi sage , conftate en même temps l'indépendance légale des *gens du roi* , en annonçant qu'elle ne fait que répéter les *bonnes & saintes conftitutions & ordonnances données par nos rois , pour régler la conduite & les fonctions des officiers deftinés à rendre la justice en leur nom.*

Ainsi , & la raison & les exemples se réuniffent pour prouver la sageffe en même temps que l'exiftence du principe de droit public , de l'indépendance légale des *gens du roi.*

La raison , aidée de l'expérience & de la connoiffance malheureusement trop vraie du cœur humain , démontre qu'il seroit impoffible aux *gens du roi* près les cours , de remplir avec une noble

fermeté les fonctions auguftes dont le roi les honore , parce que , malgré même la bonne volonté des chefs & des membres les plus sages de la compagnie , cette fermeté des *gens du roi* seroit pour eux un germe inépuifable de mortifications & de peines , sans la sauve-garde royale , qui ne les rendant comptables de leurs actions , *comme gens du roi* , qu'à sa majefté , sous les yeux de laquelle le chef de la justice les met , affure au vengeur public (suivant l'expreffion du Régent d'un vafte royaume) , tout pouvoir pour faire le bien , nul pouvoir pour faire le mal.

Et d'un autre côté , des exemples folemnels dans chacun defquels on voit le roi personnellement inftruit , & exprimant , dans la plus grande connoiffance de cause , sa volonté *propre* , apprennent à la nation que tel eft le principe fondamental qui a posé parmi nous une ligne de démarcation entre les cours & le miniftère public , principe au refte d'une équité si fensible , que la première cour du royaume l'a confacré elle-même , sans aucune difficulté par plusieurs arrêts à l'égard des tribunaux inférieurs de son reffort ; indépendance qui , par une raison d'analogie fensible , & par la gradation hiérarchique des tribunaux , a le roi lui - même pour protecteur à l'égard du miniftère public des cours souveraines ; de même qu'elle a les parlemens pour protecteurs à l'égard du miniftère public des tribunaux qui leur font soumis.

Cette doctrine , qui eft auffi certaine que les effets peuvent en être intéreffans , ne sera jamais regardée , par les magiftrats inftruits des vrais principes , comme une flatterie envers l'autorité.

Les jurisconsultes , s'honorent de la liberté de leurs opinions comme de celle de leurs actions , en tant qu'elles ont pour objet la défense des citoyens ; c'eft cette liberté qui fait l'effence de leur miniftère ; & s'ils n'étoient fermement perfuadés que cette doctrine eft auffi légale qu'elle leur paroît falutaire , nul pouvoir n'obtiendroit d'eux de l'écrire.

Que cette voie soit falutaire , c'eft ce dont conviendront sans peine ceux qui ont une jufte idée de la véritable dignité de la justice. Quoi de plus respectueux , & de plus propre en même temps à contenir tout officier dans les juftes bornes de ses fonctions , que de déposer aux pieds du père commun , ces monumens affligeans de ces divisions inteftines , que sa sageffe & sa justice fauront bien terminer ! Qui pourra , mieux que lui , peser dans une ame élevée au-deffus des paffions humaines par la sageffe & par la puiffance , si l'homme du roi n'a pas caché l'injure sous l'apparence du zèle ; s'il n'a pas soutenu du faint nom de devoir un reffentiment personnel ; ou si une fensibilité eftimable , une fermeté néceffaire , quelquefois même une vigueur généreuse & héroïque , commandée par les circonftances , ont dicté ses discours , ont dirigé sa conduite. Comme auffi , si le pur esprit de la juftice , la sainte impartialité de la loi , le seul empire du du devoir ont préſidé aux délibérations des cours, ont dicté ces arrêts que le nom du roi, mis en tête, avertit ſans ceſſe les cours de ne rendre que tels qu'il les rendroit lui-même! Vaut-il mieux faire retentir les temples de la juſtice de ces débats toujours fâcheux, qui affoibliſſent ſon pouvoir en affoibliſſant le reſpect qui lui eſt dû? Vaut-il mieux rendre les derniers des citoyens juges de leurs propres juges, en mettant ſous leurs yeux, en leur ſoumettant, pour ainſi dire, le bruyant ſcandale de ſes démêlés? Non, ſans doute, le recours reſpectif au trône, ſans chaleur & ſans éclat, eſt bien plus convenable à la vraie dignité de la magiſtrature; & le ſouverain, qui le prononce, ſe ſouvient ſans doute qu'il doit appui aux magiſtrats chargés de l'exécution de ſes volontés & de la défenſe de ſes droits; mais il n'oublie pas que, ſuivant l'expreſſion de Louis XIV, la dignité de ſes cours eſt une partie eſſentielle de ſa propre dignité, & qu'il n'eſt pas moins *le père commun que le juge ſuprême.*

On doit donc tenir pour principe conſtant, dans le royaume, que l'homme du roi, dans les tribunaux inférieurs, n'eſt comptable qu'à la cour à laquelle ſon tribunal reſſortit, de tout ce qu'il fait, ordonne, requiert ou omet en ſa qualité d'homme du roi, ou qu'il ſoutient avoir pu & dû faire, ou ne pas faire en cette qualité, & non de ſon tribunal.

Et pareillement, par l'application inconteſtable du même principe, que l'homme du roi, près les cours, n'eſt comptable qu'au roi & au chef de la juſtice, de tout ce qu'il fait, ordonne, requiert ou omet en ſa qualité d'homme du roi, ou qu'il ſoutient avoir pu & dû faire ou ne pas faire en cette qualité. Ces déciſions, au ſurplus, ne dérobent pas les dépoſitaires du miniſtère public aux pourſuites des cours pour tous autres délits, s'ils avoient le malheur d'en commettre: car tout homme du roi, *tout avocat général,* par exemple, *étant, par ſes proviſions enregiſtrées, conſeiller avocat-général pour le roi en ſa cour,* réunit donc, dans ſa perſonne, le double caractère très-diſtinct de membre néceſſaire de la compagnie & d'homme du roi, ayant une miſſion expreſſe, directe & ſpéciale du roi, pour parler & agir en ſon nom.

S'il commet quelque délit hors l'exercice de ſes fonctions, ou ſi, comme ſimple magiſtrat, membre de la compagnie, il prévarique ou faillit dans l'exercice des fonctions, ou dans les obligations *qui lui ſont communes avec tout magiſtrat,* alors point de doute qu'il ne rentre dans la claſſe des magiſtrats ordinaires; il eſt, comme chacun d'eux, membre de la même cour; comme chacun d'eux, il doit être jugé, chambres aſſemblées, & ne peut être jugé que là.

Si c'eſt *comme homme du roi & dans les cours ou l'exercice de ſes fonctions propres d'homme du roi,* qu'on lui impute d'avoir failli ou de s'être écarté, alors point de doute non plus; le parlement ne peut pas être

Juriſprudence. Tome IV.

ſon juge, puiſqu'il eſt ſa partie; & l'unique voie qu'il ait à ſuivre en pareil cas, *c'eſt de dreſſer procès-verbal* du manquement imputé à l'officier *perſonnel* du roi, & de le lui adreſſer par les mains du chef de la juſtice. *Le parlement doit ſavoir,* dit le roi dans ſa réponſe au parlement de Grenoble le 10 ſeptembre 1777, « *qu'on ne peut mettre en mercuriale mes » procureurs-généraux ſans une permiſſion* ».

Ces principes, auſſi ſalutaires que conformes au droit public national, ont été tout récemment diſcutés & approfondis avec autant de force que de préciſion, dans un mémoire & conſultation, ſignés de douze juriſconſultes fameux du parlement de Paris, faits pour M. Dufaure de la Jarthe, premier avocat-général au parlement de Bordeaux, qui avoit été interdit pour trois mois, par délibération des chambres aſſemblées, du 3 mars 1780, à l'occaſion d'un diſcours qu'il avoit prononcé la veille à l'audience de la grand'chambre.

Ils ont été également adoptés & confirmés par les lettres-patentes, données du propre mouvement du roi, le 16 ſeptembre de la même année, enregiſtrées le 21 du même mois au parlement de Bordeaux, du très-exprès commandement du roi, porté par le maréchal de Mouchy: & par de ſecondes patentes du 23 décembre ſuivant, confirmatives des premières, ſervant de première & finale juſſion, enregiſtrées au même parlement le 8 mars 1781, au retour de la députation mandée à Verſailles.

Nous obſerverons, avant de finir cet article, que l'indépendance légale des *gens du roi* n'a rapport qu'aux fonctions qu'ils exercent vis-à-vis des tribunaux dont ils font partie, & à ce qu'ils peuvent dire ou faire, dans l'exercice de ces mêmes fonctions, dont ils ſont ſeulement reſponſables, ſoit au roi & au chef de la magiſtrature, ſoit aux cours ſouveraines où ils reſſortiſſent.

Mais lorſque leur miniſtère eſt néceſſaire pour que les juges puiſſent prononcer ſur une affaire de leur compétence, ou ſur un objet propoſé & mis en délibération, les cours ſouveraines ſont dans l'uſage de mander les *gens du roi,* de leur communiquer l'affaire dont eſt queſtion, & de leur ordonner de prendre des concluſions. C'eſt ainſi que cela ſe pratique au parlement de Paris; il y en a un grand nombre d'exemples qu'il ſeroit trop long de rapporter.

GENTIEU-FAME, ſ. f. c'eſt-à-dire demoiſelle, femme de condition, *gentille-femme.* Ce mot ſe trouve dans Beaumanoir; chap. 14. *Voyez* GENTILHOMME & GENTIOUX. (*M. GARRAN DE COULON.*)

GENTILHOMME, ſ. m. (*Droit public.*) *nobilis genere,* ſignifie celui qui eſt noble d'extraction, à la différence de celui qui eſt anobli par charge ou par lettres du prince, qui eſt noble ſans être *gentilhomme,* mais qui communique la nobleſſe à ſes enfans, leſquels deviennent *gentilshommes.*

Quelques-uns tirent l'étymologie de ce mot du

latin *gentiles*, qui, chez les Romains, fignifioit ceux qui étoient d'une même famille, ou qui prouvoient l'ancienneté de leur race. Cette ancienneté que l'on appelloit *gentilitas*, étoit un titre d'honneur ; mais elle ne formoit pas une nobleffe, telle qu'eft parmi nous la nobleffe d'extraction : la nobleffe n'étoit pas même héréditaire, & ne paffoit pas les petits-enfans de celui qui avoit été annobli par l'exercice de quelque magiftrature.

D'autres veulent que les titres d'*écuyers* & de *gentilshommes* aient été empruntés des Romains, chez lefquels il y avoit deux fortes de troupes en confidération, appellées *fcutarii* & *gentiles*. Il en eft parlé dans Ammian-Marcellin, fous le règne de Julien l'Apoftat, qui fut affiégé en la ville de Sens par les Sicambriens, lefquels favoient *fcutarios non adeffe nec gentiles, per municipia diftributos.*

Enfin une troifième opinion qui paroît mieux fondée, eft que le terme de *gentilshommes* vient du latin *gentis homines*, qui fignifioit *les gens dévoués au fervice de l'état*, tels qu'étoient autrefois les Francs, d'où eft venue la première nobleffe d'extraction. Tacite, parlant des Gaules, dit que les compagnons du prince ne traitent d'aucunes affaires qu'ils n'aient embraffé la profeffion des armes ; que l'habit militaire eft pour eux la robe virile ; qu'ils ne font jufque-là que membres de familles particulières, mais qu'alors ils appartiennent à la patrie & à la nation, dont ils deviennent les membres & les défenfeurs.

Dans les anciennes ordonnances on trouve écrit tantôt *gentilhommes*, tantôt *gentilshommes*.

Les *gentilshommes* jouiffent de plufieurs privilèges qui feront expliqués *au mot* NOBLES. Nous nous contenterons d'expliquer quelques qualifications qu'on a coutume d'ajouter *au mot* GENTIL-HOMME.

On appelle *gentilhomme de nom & d'armes*, fuivant l'opinion la plus naturelle & la plus fuivie, celui qui eft noble d'ancienne extraction, qui juftifie que fes ancêtres portoient de temps immémorial le même nom & les mêmes armoiries qu'il porte. Il y a néanmoins diverfes opinions fur l'origine de ces termes *noms & armes*, qui font rapportées par la Roque, en fon *traité de la nobleffe*, chap. 5.

Gentilhomme de parage, étoit celui qui étoit noble par fon père. Le privilège de ces fortes de *gentilshommes* étoit de pouvoir être faits chevaliers, à la différence de ceux qui n'étoient *gentilshommes* ou nobles que par la mère, qui pouvoient bien pofféder des fiefs, mais non pas être faits chevaliers, ce qui eft très-bien expliqué par Beaumanoir, chap. 45.

Gentilhomme de haut parage, eft celui qui defcend d'une famille illuftre.

Gentilhomme de bas parage, eft celui qui defcend d'une famille moins noble. *Voyez* la Roque, *traité de la nobleffe*, chap. 11.

Gentilhomme de quatre lignes, eft celui qui eft en état de prouver fa nobleffe par les quatre lignes paternelles & autant de lignes du côté maternel ; ce qui fait huit quartiers. Il en eft parlé dans le *traité de la nobleffe* par de la Roque, chap. 10.

Gentilhomme de fang ou *de ligne*, eft la même chofe que *noble d'extraction*. Les ftatuts de l'ordre de la jarretière, faits par Edouard III, roi d'Angleterre, en 1347, portent que nul ne fera élu compagnon dudit ordre, s'il n'eft *gentilhomme de fang* ou *de ligne*. (*A*)

GENTIOUX : la coutume d'Acs, *tit.* 2, *art.* 1, appelle *héritages gentioux* les maifons nobles. Elle déclare que le fils aîné fuccède feul à ces fortes de biens, foit propre, foit acquêts, en apportionnant fes puînés & les filles du quart, en argent ou en héritages, s'il n'y a qu'un ou deux puînés ; & du tiers, s'ils font en plus grand nombre.

La fille aînée a le même droit, à défaut de mâles.

Cette coutume prend diverfes autres précautions pour affurer ces maifons nobles à l'aîné. Mais lorfqu'il y a des enfans de plufieurs lits, on divife la fucceffion des biens nobles en autant de parties qu'il y a eu de mariages, & l'aîné ou l'aînée de chaque lit fuccède univerfellement à chacune de ces parties, à la charge d'apportionner fes frères ou fœurs du même lit.

L'aîné du premier lit a feulement cette efpèce de préciput qu'on appelle *cap deulh*. (*M. GARRAN DE COULON.*)

GEOLAGE, f. m. (*Code criminel.*) ou *droit de geole*, eft un droit en argent qui eft dû au geolier ou concierge des prifons par chaque prifonnier, pour le foin qu'il prend de le garder, & ce à raifon de tant par jour, fuivant la manière dont le prifonnier eft tenu.

Les droits de gîte & *geolage* font réglés par chaque parlement dans leur reffort.

Suivant le tarif fait par le parlement de Paris en 1717, les prifonniers à la paille paient un fol par jour pour gîte & *geolage*, fans aucun droit d'entrée ni de fortie.

Ceux auxquels le geolier fournit un lit paient cinq fols par jour s'ils font feuls, & trois fols s'ils couchent deux dans un lit.

Les penfionnaires ne doivent payer pour nourriture, gîte & *geolage* au plus que trois livres par jour, s'ils ont pour eux feuls une chambre ; & s'il y a une cheminée, le droit eft augmenté à proportion.

Les prifonniers des chambres deftinées à la penfion, quand il n'y a point de penfionnaires, paient pour un lit où ils couchent feuls, pour gîte & *geolage*, 15 fols par jour ; & on voit par-là que le droit de *geolage* eft différent de la nourriture & du gîte.

D'après les arrêts du confeil, des 23 janvier 1691, 30 juin 1693, & 11 janvier 1729, les geoliers ne peuvent fe pourvoir contre les fermiers du roi ou leurs commis, pour raifon des gîtes & *geolage* des prifonniers qu'ils ont fait arrêter, & les juges ne peuvent décerner aucun exécutoire pour ces frais, contre les mêmes fermiers.

Les geoliers & autres préposés à la garde des prisons ne peuvent recevoir d'eux aucune avance pour nourriture, gîte & geolage, ni empêcher l'élargissement des prisonniers pour le paiement des mêmes objets. Ils doivent se contenter d'une obligation pour se pourvoir sur leurs biens seulement, ainsi qu'il est porté par l'ordonnance de 1670, tit. 13, art. 22 & 30. Mais ils ont, à la vérité, un privilége avant tout autre créancier.

GEÔLE, s. f. (Code criminel.) ce mot a été long-temps employé comme synonyme de prison. Ce dernier paroît avoir prévalu. On appelle encore aujourd'hui basse geole, le lieu où l'on expose à Paris les cadavres trouvés dans les rues, chemins & rivières, afin que chacun ait la liberté de les voir & de les reconnoître. Cette basse geole située, comme l'on fait, dans la cour du grand-châtelet, est plus communément appellée la morgue.

L'exposition des cadavres inconnus doit durer pendant deux fois vingt-quatre heures au moins. Aussi-tôt que le procureur du roi est instruit qu'il a été apporté un cadavre à la basse geole, il en requiert la visite par les médecins & chirurgiens du châtelet, qui doivent constater les causes de la mort, & en dresser procès-verbal.

Lorsque le cadavre n'est réclamé par qui que ce soit, M. le procureur du roi conclut à ce qu'il soit inhumé, & M. le lieutenant-criminel l'ordonne. Si au contraire le cadavre est reconnu, le réclamant doit présenter requête au magistrat, à l'effet d'obtenir la permission de faire transporter le défunt dans sa maison, pour le faire ensuite enterrer convenablement. Mais cette reconnoissance du cadavre ne dispense pas de la formalité de la visite des médecins & chirurgiens, & la permission de l'enlever ne s'accorde que sur les conclusions du procureur du roi. (Cet article est de M. BOUCHER D'ARGIS, conseiller au châtelet, de l'académie de Rouen, &c.)

GEOLIER, (Droit criminel.) est en général celui qui a la garde des prisons.

Les mots de geole & de geolier viennent, suivant Ménage, de gabiola, diminutif de gabia. Nicod & de Laurière les font dériver de cavea & caveola. D'autres étymologistes pensent que le mot de geole vient de gayola, vieux mot qui veut dire une cage. En Picardie, on appelle encore gayole ou geole, une cage. Dans la coutume d'Arras, on nomme encore la gayole d'un moulin à vent, ce qui ailleurs est appellé la cage; c'est même de ce mot gayole que sont venus, par une comparaison tirée des oiseaux, les mots enjoler & cajoler. Ne nous perdons pas dans des recherches qui nous entraîneroient trop loin de notre objet; on voit d'ailleurs que ces différentes étymologies rentrent à-peu-près les unes dans les autres.

Il ne faut pas confondre sous la même qualification tous ceux qui sont préposés à la garde des

prisons. Dans les grandes villes où la multitude des prisonniers exige plus de surveillans, le principal geolier est communément appellé concierge; les autres ne font que ses subordonnés; ils sont appellés guichetiers, comme étant spécialement chargés de la garde des guichets de la prison.

Les geoliers, aux termes des ordonnances, édits, réglemens, &c. & notamment d'une déclaration du roi du 7 novembre 1724, doivent savoir lire & écrire, être de bonne vie & mœurs, desquelles il doit être informé, à la requête du ministère public, avant leur prestation de serment.

Ils ne peuvent être en même temps ni huissiers, ni archers; ils ne peuvent joindre à leurs commissions de geoliers aucune autre fonction de justice.

Ils doivent exercer en personne, & non par un commis, à peine de destitution.

Tous geoliers, aux termes de l'article 19 de l'arrêt du 18 juin 1717, sont tenus de nourrir leurs guichetiers, & de leur donner à chacun au moins cent livres de gages par an, aux quatre termes accoutumés, en présence des procureurs de sa majesté ou de leurs substituts, qui doivent viser les quittances desdits gages, à peine de nullité; en conséquence il est fait défenses aux guichetiers, à peine de restitution du double, & d'être privés pour toujours de leur emploi, même de punition corporelle, s'il y a lieu, d'exiger, demander ou accepter aucune chose, en quelque manière & sous quelque prétexte que ce soit, tant des prisonniers que de ceux qui les amènent, écrouent, recommandent, viennent visiter, &c.

Dans les prisons pour lesquelles il n'y a point de greffier de la geole, les geoliers & concierges sont tenus d'avoir un registre, coté & paraphé par le juge à chaque feuillet, qui doit être partagé en deux colonnes pour les écrous & recommandations, les élargissemens & décharges. Ordonnance de 1670, tit. 13, art. 6.

Ils doivent encore, conformément à l'article 7 du même titre de la même ordonnance, avoir un autre registre coté & paraphé aussi par le juge, pour mettre, par forme d'inventaire, les papiers, hardes & meubles, dont les prisonniers auront été trouvés saisis, & dont il sera dressé procès-verbal par les huissiers, archers, sergens, qui auront fait les emprisonnemens.

Les greffiers des geoles & geoliers dans les prisons où il n'y a point de greffier, ne peuvent & ne doivent laisser aucun blanc dans leurs registres. Art. 8, tit. 13 de l'ordonnance de 1670.

Il leur est défendu, à peine des galères, de délivrer des écrous de personnes qui ne seroient point alors prisonnières, & de faire des écrous ou décharges sur des feuilles volantes, cahiers, ni autrement que sur le registre coté & paraphé par le juge. Art. 9 de la même ordonnance.

Il leur est également défendu de prendre aucuns droits pour les emprisonnemens, recommandations & décharges; mais ils peuvent seulement, pour les extraits qu'ils en délivrent, recevoir ceux qui leur auront été taxés par les juges, droits qui ne peuvent excéder six fols dans toutes les cours & jurifdictions royales, & cinq fols dans les juftices feigneuriales, fans néanmoins qu'il leur foit permis de prétendre une augmentation de droits dans les lieux où il eft d'ufage de donner moins.

L'article 14 du même titre de la même loi défend expreffément à tous geoliers, greffiers & guichetiers, & à l'ancien des prifonniers, appellé *doyen* ou *prévôt*, de rien prendre des prifonniers en argent ou en vivres, fous prétexte de bienvenue, quand même il leur feroit volontairement offert, ni de cacher leurs hardes, ou les maltraiter, à peine de punition exemplaire.

Les *geoliers* & guichetiers ne doivent permettre aucune communication quelconque avec les prifonniers détenus pour crime, avant leur interrogatoire, ni même après, s'il eft ainfi ordonné par le juge. Ils ne doivent point fouffrir qu'on leur remette aucunes lettres ou billets. *Art. 16 & 17 du titre 13 de l'ordonnance de 1670.*

Les *geoliers* & guichetiers font obligés de vifiter les prifonniers enfermés dans les cachots, au moins une fois le jour, & de donner avis aux procureurs du roi ou aux procureurs fifcaux des lieux, de ceux qui font malades, afin qu'ils foient vifités par les médecins & chirurgiens des prifons, s'il y en a, finon par ceux qui feront nommés par les juges. *Art. 21.*

Les *geoliers*, greffiers des geoles, guichetiers & cabaretiers ou autres, ne peuvent empêcher l'élargiffement des prifonniers, pour frais de nourriture, gîte, geolage, ou aucune autre dépenfe ou avance par eux prétendue faite. *Article 30 du titre 13 de la même ordonnance.*

Nous craignons d'avoir déjà donné trop d'étendue à cet article dont il eft cependant facile de fentir toute l'importance, à caufe de l'abus fi dangereux, & peut-être trop fréquent, que des *geoliers* & guichetiers peuvent faire de l'autorité ou de la force qui leur eft confiée; c'eft aux juges leurs fupérieurs à y veiller avec la plus grande & la plus fcrupuleufe exactitude. Nous invitons nos lecteurs & tous ceux qui auroient quelque intérêt d'approfondir cette matière, à lire le titre 13 de l'ordonnance de 1670, & l'arrêt du parlement du 18 juin 1717.

Il nous refte à traiter fommairement de quelques crimes qui peuvent être particuliers aux *geoliers* & guichetiers, & à dire de quelle manière ils doivent être punis.

L'ordonnance criminelle, *titre 15, art. 19,* défend aux *geoliers* & guichetiers de laiffer vaguer les prifonniers, fous peine des galères, c'eft-à-dire de les laiffer fortir de la prifon, quand même ils les accompagneroient. Ils doivent y être condamnés à plus forte raifon, lorfqu'ils ont participé à l'évafion des prifonniers, en leur fourniffant les inftrumens de leur fuite ou les outils, à l'aide def-

quels ils ont brifé leur prifon. Les loix romaines étoient, à cet égard, encore plus févères que les nôtres; car elles vouloient qu'on mît abfolûment le *geolier* à la place du prifonnier évadé, & qu'on lui fît fubir la même peine à laquelle il auroit été condamné. *Voyez* la loi 4, au code *de cuftod. reor.*

Lorfqu'un prifonnier pour dettes s'évade par la négligence des guichetiers & du *geolier*, ce dernier eft expofé à être pourfuivi par les créanciers qui peuvent demander & obtenir la contrainte par corps contre le gardien infidèle ou imprudent, qui étoit le dépofitaire de leur gage. Si au contraire le prifonnier trouve moyen de s'enfuir, foit à l'aide d'échelles de cordes, foit en faifant une ouverture dans le mur, enfin de manière que le *geolier* ne puiffe être convaincu de dol ou de négligence, il eft à l'abri de toutes pourfuites, foit de la part des créanciers, foit de la part de la juftice. *Voyez* Bouchet, *tom. 1, p. 183,* & le *Répertoire univerfel de jurifprudence, tom. 48, in-8°. p. 285.*

Le *geolier* qui fe rend coupable du rapt de féduction envers fa prifonnière, doit être puni plus févérement qu'un autre, parce qu'il abufe de la confiance des magiftrats, & de la crainte que fes pouvoirs le mettent dans le cas d'infpirer à fa captive. Il ne feroit pas moins criminel, quand, au lieu des menaces, il emploieroit les promeffes de faciliter ou de procurer fon évafion; on doit toujours reconnoître une violence dans le principe de la féduction, quels qu'en aient été les moyens. Il n'y a pas néanmoins de loi particulière contre ce genre de délit; fa punition dépend des circonftances, & les légiflateurs l'ont entièrement laiffée à l'arbitrage des juges. Quelques jurifconfultes, & entre autres, l'auteur des *loix criminelles de France, vol. in-fol.* penfent que le *geolier* qui abufe de fa prifonnière, le médecin de fa malade, le tuteur de fa pupile, le maître de fon écolière, &c. doivent être indiftinctement punis de mort. Nous ne trouvons cependant aucune difpofition de ce genre dans la dernière déclaration du roi du 22 novembre 1730, concernant le rapt de féduction. Cette déclaration d'ailleurs n'a été enregiftrée qu'au parlement de Bretagne, & ne peut être regardée comme loi pour tout le royaume.

Nous ne penfons pas de même à l'égard du *geolier* qui violeroit fa prifonnière; les facilités que fon état lui procure pour commettre ce crime fi atroce en lui-même, l'aggravent, & c'eft le cas, en appliquant au coupable toute la févérité des loix contre le viol, de le condamner à la mort.

Les *geoliers* étoient obligés autrefois de porter un habit particulier, qui étoit le même que celui des fergens. L'article premier du chapitre 21 de l'ordonnance de François I, donnée en 1535, concernant l'adminiftration de la juftice, porte qu'aucun ne fera reçu dorénavant en l'office de *geolier* des prifons, s'il n'eft pur lay, marié, portant continuellement habit rayé ou parti , ou ſoit ſans ton-ſure.

Les anciennes ordonnances leur donnoient le droit , quand *aucun* eſtoit *juſticié pour ſes démérites , de prendre la ceinture du condamné , ores qu'elle fût d'argent , non excédant le prix d'un marc , & ſa bourſe & ſon argent monnoyé , juſqu'à dix livres :* ce qui eſtoit au-deſſous appartenoit au bourreau , de quelque prix qu'il fût. *Ordonnance du châtelet de Paris. Des droits de l'exécuteur de la haute-juſtice , art.* 25. Bouchel , tom. 2 , p. 183. (*Cet article eſt de M.* BOUCHER D'ARGIS , *conſeiller au châtelet , de l'académie de Rouen ,* &c.)

GERBAGE ou GERBADGE , (*Droit féodal.*) c'eſt une eſpèce dè champart , ou le produit de ce droit, littéralement un droit de *gerbes*. (*M.* GARRAN DE COULON.)

GERMAIN , adj. *en Droit*, eſt une qualité que l'on donne à certains parens , & qui a deux ſignifications différentes.

On dit *frères & ſœurs germains* , pour exprimer ceux qui ſont conjoints des deux côtés , c'eſt-à-dire qui ſont procréés des mêmes père & mère.

On appelle *couſins-germains*, les enfans des deux frères , ou des deux ſœurs , ou d'un frère & d'une ſœur.

Couſins iſſus de germain, ſont ceux qui ſont éloignés d'un degré de plus que les *couſins-germains*. *Voyez* FRÈRE & COUSIN. (*A*)

GESTION , ſ. f. *en Droit*, ſignifie *adminiſtration* de quelque affaire. Ainſi on dit la *geſtion* d'une tutèle , des biens d'un abſent , d'un mineur , d'une communauté laïque ou eccléſiaſtique. *Voyez* ADMINISTRATION , TUTÈLE , CORPS ET COMMUNAUTÉ , HÔPITAL , &c.

On donne plus particuliérement le nom de *geſtion*, en latin *negotiorum geſtio* , à un quaſi-contrat qui ſe forme entre celui qui fait les affaires d'un autre ſans ſon ordre , ou à ſon inſu , & celui dont on fait ainſi les affaires. On peut la définir un quaſi-contrat , par lequel une perſonne ſe charge volontairement & gratuitement de faire les affaires d'une autre perſonne qui l'ignore.

La *geſtion* priſe dans cette acception, ne peut avoir lieu que pour les affaires extrajudiciaires, pour leſquelles on peut ſe rendre procureur volontaire. Le motif de l'obligation qu'elle entraîne de la part de la perſonne dont on fait les affaires, vis-à-vis le gérant , eſt fondée ſur le conſentement que la loi préſume de ſa part ; à cauſe des avantages qu'il en retire. Auſſi cette obligation ne devient-elle réelle , qu'autant que le gérant a adminiſtré utilement les affaires dont il s'eſt chargé.

Toute perſonne , même une femme ou un mineur , peuvent gérer les affaires d'autrui , gérer même celles de ceux qui ſont incapables de donner un conſentement valable , telle qu'un furieux, un abſent, un défunt, un enfant qui n'eſt pas encore né.

Le gérant oblige envers lui , ainſi que nous venons de le dire , celui dont il fait les affaires , dès qu'il a géré utilement, quand bien même cet avantage ne ſeroit pas permanent. Il eſt tenu de ſon côté à gérer entiérement l'affaire qu'il a commencée ; car s'il ceſſe ſes ſoins , il eſt tenu de ce qu'il n'a pas géré. Il doit apporter à ſa geſtion la vigilance la plus exacte, parce qu'il eſt reſponſable non ſeulement du dol, mais même de la faute la plus légère.

Il naît de ce quaſi-contrat deux actions, l'une que les juriſconſultes appellent *directe* , l'autre *contraire*.

L'action directe appartient à celui dont on a géré les affaires , ou à ſes héritiers & ayans-cauſe , pour obliger le gérant à rendre compte de ſa geſtion , le contraindre à la reſtitution de ce qu'il a reçu , & à la réparation du dommage qui peut être arrivé par ſa faute.

Par l'action contraire, le gérant peut demander à celui dont il a adminiſtré les affaires , de lui reſtituer les dépenſes néceſſaires qu'il a faites , & même l'intérêt de l'argent qu'il a avancé pour lui , à moins qu'il n'ait eu l'intention de lui en faire don , ou que la tendreſſe & l'attachement qui règne entre le gérant & celui dont on a géré les affaires ne faſſe préſumer cette donation , comme lorſque des pères ou mères , ou des enfans ſe ſont immiſcés dans la *geſtion* des affaires les uns des autres.

G H

GHELEYDE , terme dont ſe ſervent les placards de Flandre pour exprimer un ſauf conduit.

Un uſage autrefois reçu dans la plus grande partie des Pays-Bas , autoriſoit les juges royaux & ceux des ſeigneurs à donner des *gheleydes* ou ſaufconduits aux perſonnes accuſées de crimes , pour leſquels il y avoit lieu de décerner des peines afflictives. L'impunité des coupables & la multiplicité des délits étoient les ſuites néceſſaires de ces abus ; mais Philippe II , roi d'Eſpagne , y a remédié par l'article 29 de ſon placard du 5 juillet 1570 , portant abolition générale & perpétuelle des *gheleydes* , avec défenſes à tous officiers d'en accorder aucun , à peine de nullité , de privation de leurs charges , & de punition arbitraire.

GHIISELHUUS , terme employé par la coutume du pays de Langle en Artois : il ſe dit , ſuivant l'article premier de cette loi , d'une maiſon ſituée au milieu de ce pays, « où les juſticiers , » officiers & greffiers dudit pays ſe doivent trou- » ver & aſſembler pour l'adminiſtration de juſtice, » & y tiennent les plaids ordinaires en chambre » ſecrète , le mercredi ; ſavoir , depuis pâques juſ- » qu'au premier octobre , à huit heures du matin , » & dudit premier jour d'octobre juſqu'au jour » de pâques , à neuf heures ; & ſi ledit jour échet » un jour de fête , leſdits plaids ſe continueront » les jours enſuivans , aux heures que deſſus , & » ce de quinze en quinze jours ».

GIBET, (*Jurifpr. crim.*) ce mot exprime également la potence à laquelle on fufpend les criminels condamnés à être étranglés, & les fourches patibulaires auxquelles on les attache quelquefois après leur exécution, pour prolonger l'image de leur fupplice.

Ce mot, fuivant le gloffaire du droit françois, & celui de Ducange, vient de *gabalus*, auquel ils donnent pour fynonymes *crux* & *patibulum*. *Gabalus* eft peut-être lui-même dérivé du mot arabe *gibel*, qui fignifie *montagne*, *élévation*; quelques étymologiftes, fans parler de *gabalus*, prétendent que le mot *gibet* eft dérivé de *gibel*.

Quoique fous les mots de FOURCHES *patibulaires*, nous ayions traité avec quelque détail de ce qui concerne les *gibets*, il nous refte néanmoins à faire quelques obfervations particulieres à cet article.

Le fupplice de la potence étoit en ufage chez les Romains, & il y étoit connu fous le nom de *furca* ou *ftrangulatio*. Il en eft parlé dans nos anciennes coutumes, où il eft appellé la peine de *la hart* ou du *gibet*.

Le *gibet* de Montfaucon, que Sauval appelle le plus ancien, le plus fuperbe & le plus fameux *gibet* du royaume, eft en effet celui où on a long-temps exécuté les coupables condamnés à mort, avant qu'on eût introduit l'ufage d'exécuter dans les villes.

On ignore l'époque à laquelle cet ufage a commencé. Mais dans le temps même où la butte de Montfaucon fervoit de lieu patibulaire, il y en avoit plufieurs autres, tant aux halles qu'au marché aux pourceaux, près la butte S. Roch, &c.

Paris a été long-temps divifé entre un nombre très-confidérable de feigneurs, qui tous avoient droit de juftice & de *gibet*. Chacun d'eux avoit fon pilori & fon échelle, où fe faifoient les exécutions ordonnées par les juges de ces différentes juftices.

L'abbé de S. Germain avoit une échelle & un pilori au petit marché, dans un endroit où l'on a vu long-temps une barriere des fergens.

L'évêque de Paris avoit deux échelles, l'une dans le parvis, l'autre au port S. Landry.

Il y a quelques années qu'il exiftoit encore des débris de celle du temple.

Le *gibet* de Montfaucon fut rebâti fous Philippe-le-Hardi, par les foins de Pierre Debroffe, qui y fut pendu le premier. Ce Pierre Debroffe étoit un intriguant forti de la fange, qui de barbier du roi S. Louis avec qui il avoit fait les voyages d'outre-mer, étoit parvenu à être le favori de Philippe-le-Hardi fon fils. Soit que cette élévation prodigieufe eût révolté tous ceux qui avoient

intérêt à la détruire, foit que réellement cet homme fût un fcélérat hypocrite, il fut condamné à être pendu en 1277, comme coupable d'empoifonnemens & autres attentats envers des perfonnes du premier rang. Les ducs de Bourgogne, de Brabant, & Robert, comte d'Artois, voulurent être préfens à fon fupplice, pour lui faire honneur. Quel fiecle! quelles mœurs! quels princes!

Enguerrand de Marigny, le miniftre, le furintendant, l'ami de Philippe-le-Bel, y fut pendu prefque auffi-tôt après la mort de fon maître. Il avoit fait, ainfi que Debroffe, réparer le *gibet* de Montfaucon.

Nous ne fuivrons point Sauval & les autres auteurs de ce genre, dans la longue énumération qu'ils font de tous ceux qui ont été fuppliciés à Montfaucon ou aux autres *gibets* des environs de Paris. Ce détail n'eft point de notre objet.

Mezeray a remarqué que tous ceux qui avoient pris foin de réparer le *gibet* de Montfaucon y avoient terminé leurs jours, & Germain Brice obferve finement que ce pourroit fort bien être la caufe pour laquelle on le laiffe tomber en ruine.

Sauval, dont les annales font très-curieufes; mais dont le ftyle n'eft pas toujours très-pur, trouve que la Seine a fervi autrefois de lieu patibulaire, & il en donne pour preuve plufieurs exemples que nous allons rapporter.

Ne chicanons pas Sauval fur les mots, quoiqu'un fleuve où l'on noie ne puiffe jamais être appellé un *lieu patibulaire*, & profitons de fes recherches.

« En 1418, quantité d'Armagnacs y furent
» jettés (dans la riviere) & tout de même ces
» foldats débandés, auffi-bien que leurs capitaines
» Polifar & Rodrigo, que le maréchal Boucigault
» & le comte de S. Paul prirent, qui s'étoient
» cantonnés à Clayes, bourg entre Meaux &
» Paris, où ils voloient & tuoient tous ceux qu'ils
» pouvoient attraper, au rapport de Juvenal des
» Urfins.

» En 1441, Pontoife ayant été prife d'affaut
» fur les Anglois, tous furent menés à Paris,
» couverts d'un méchant haillon, la plupart même
» fans chauffes ni fouliers, & là furent tous jettés
» dans l'eau, à la Greve, vers le port au foin,
» pieds & poings liés, à la réferve de ceux qui
» pouvoient payer rançon.

— » En 1465, de Bourges, clerc de Berard,
» confeiller au parlement, François Menodeau &
» Gratien fon frere, notaire au châtelet, avec un
» aide à maçon, furent noyés par le bourreau,
» devant la tour de Billy, bâtie alors derriere
» l'arfenal fur le bord de l'eau, pour avoir confpiré avec le duc de Berry, contre le roi ».

Nous ne pourrions que copier Sauval, fi nous entreprenions de détailler les divers endroits de Paris où fe font faites long-temps les exécutions à mort, & nous prenons le parti d'y renvoyer ceux de nos lecteurs qui auroient besoin de plus amples recherches sur cette matière. —

Autrefois on exécutoit les criminels condamnés à mort, les dimanches & fêtes, sans avoir égard à la solemnité de ces jours, & on ne leur accordoit aucun secours spirituel ; ce n'est que sous le règne de Charles VI, vers l'an 1396, qu'on a donné pour la première fois des confesseurs aux condamnés, à la sollicitation de Pierre de Craon, qui fit ériger exprès sur le chemin & dans le voisinage de Montfaucon, une grande croix au pied de laquelle les criminels s'arrêtoient pour se confesser.

Pierre de Craon chargea les cordeliers du grand couvent de remplir ce devoir, & leur donna à cet effet des fonds dont ils jouissent encore. Néanmoins ce sont aujourd'hui des docteurs de la maison & société de Sorbonne qui remplissent ce triste & respectable ministère. (*Cet article est de M. Boucher d'Argis*, *conseiller au châtelet*, *de l'académie de Rouen*, &c.)

GIBET A FEST. On a désigné par-là des fourches patibulaires terminées par un *fest* ou *faite*. On a étendu les prérogatives de la féodalité jusque sur ces misérables signes. La coutume d'Anjou, *art. 48*, attribue le *gibet à fest* au duc seul, *en signe de suzeraineté*. Le grand coutumier, *liv. 1, chap. 4*, le réserve au roi seul, *en signe de sa noblesse & de sa suzeraineté*. (*Cet article est de M. Garran de Coulon*, *avocat au parlement*.)

GIBIER, s. m. (*Eaux & Forêts*.) c'est le nom qu'on donne aux animaux que l'on prend à la chasse, & dont la chair est bonne à manger. On comprend également, sous cette dénomination, les oiseaux & les quadrupèdes, que l'homme n'a point apprivoisés, & qu'il n'a pu réduire à l'état de domesticité.

Nous avons exposé sous le mot CHASSE, les réglemens qui concernent le droit de chasse ; les temps où elle est permise ; l'espèce de gibier qu'on peut chasser, & les personnes qui peuvent s'adonner à ce divertissement. Nous avons indiqué, sous les mots AIRE *d'oiseaux* & BRACONNIER, les précautions prises par les ordonnances pour la conservation du *gibier*, & pour arrêter l'ardeur des braconniers. C'est pourquoi il ne nous reste plus qu'à faire connoître quelques réglemens de police, qui ont rapport au *gibier*.

Les ordonnances de janvier 1549, février 1567 & novembre 1577, ont défendu aux rôtisseurs, pâtissiers, & autres vendeurs & revendeurs de vendre des perdrix, perdreaux, lièvres, levreaux & hérons, si ce n'est en plein marché. Les officiers de la table de marbre de Paris, par les réglemens des 15 mars 1556, 31 décembre 1658, 18 avril 1659, 19 février 1668, 17 avril & 16 juillet 1674, & les arrêts du premier mars 1706 & 26 juin 1780, ont défendu aux marchands de volaille d'acheter du gibier de gens inconnus ; à tous marchands forains, rôtisseurs, pâtissiers, cabaretiers & autres, d'en acheter, faire acheter, vendre & exposer, & mettre

en pâte des lièvres, depuis le premier jour de carême jusqu'à la fin du mois de juin ; & des perdrix, depuis le même temps jusqu'au 15 août, à peine de confiscation & de vingt livres d'amende, tant contre le vendeur que contre l'acheteur. Ces mêmes réglemens leur défendent pareillement de vendre des bêtes fauves, rousses ou noires, à moins qu'elles ne leur soient apportées par des personnes qu'ils connoissent.

Il étoit aussi généralement défendu d'exposer en vente, pendant le carême, aucune pièce de *gibier*, même de les faire entrer dans la ville de Paris ; mais ces défenses ont été supprimées par une déclaration du 25 décembre 1774.

Les réglemens défendent, à peine d'amende, aux marchands forains & aux rôtisseurs, d'exposer en vente du *gibier* qui n'est pas de bonne qualité, & enjoignent aux jurés des rôtisseurs de faire des visites pour cet objet, & de faire rapport des contraventions.

Il n'est pas permis aux gardes-chasses de fouiller qui que ce soit, sous prétexte qu'ils le soupçonnent d'avoir du *gibier* : un arrêt du 4 octobre 1758 a condamné en pareil cas un garde, en six cens livres de dommages & intérêts. Il ne leur est pas permis également d'entrer dans les maisons pour y faire des perquisitions de *gibier*, à moins qu'ils n'y soient autorisés par une ordonnance du juge, qui ne doit s'accorder que dans des circonstances qui intéressent la tranquillité publique, ou à la suite d'un flagrant délit.

GIRON (*tendre le*), expression dont se sert la coutume de Péronne, *art. 241*, pour signifier que l'acquéreur d'un héritage reconnoît en justice ou pardevant notaire, la validité du retrait lignager formé contre lui, pour l'héritage qu'il a acquis, & accepte les offres du retrayant.

GIROUETTE, s. f. c'est une pièce de fer-blanc ou d'autre métal, fort mince & taillée en forme de bande mise sur un pivot en un lieu élevé, ensorte qu'elle tourne au moindre vent.

On ne s'est pas contenté de faire servir cette petite machine à indiquer le vent, on a voulu aussi en faire un signe de noblesse ; il faut même avouer que cette prétention sur nos anciens usages n'avoit rien droit féodal. Lorsque la passion des croisades ou d'autres causes firent introduire l'usage des armoiries, chaque seigneurie formoit, à bien des égards, un état particulier, qui ne tenoit guère à la monarchie que d'autres liens que par ceux du vasselage. Les vassaux marchoient sous la bannière de leur seigneur, qui la plaçoit sur sa tente dans le camp. Il arboroit de même sa bannière sur la tour la plus élevée d'une seigneurie, lorsqu'il en prenoit possession, soit à titre de conquête, soit autrement, comme on arbore encore aujourd'hui le pavillon du roi dans une isle, ou son étendard sur un fort que l'on a conquis.

Voilà l'origine de nos *girouettes* dont la pièce tournante étoit relative, par sa forme, à la dignité

& aux armoiries de ceux qui les faisoient placer. Figurée en manière de pennon, elle désignoit les simples chevaliers; taillée en bannière, elle indiquoit les chevaliers bannerets. On peut consulter sur tout cela les mémoires de M. de Sainte-Palaye.

Les seigneurs se sont fondés sur ces anciens usages, pour soutenir que les *girouettes* étoient un signal affecté exclusivement aux maisons nobles. Quelques auteurs, parmi lesquels on trouve le savant abbé le Laboureur & le président Bouhier, ont adopté cette prétention. Mais on doit tenir avec le plus grand nombre des jurisconsultes, qu'on peut placer des *girouettes simples & non armoriées*, sur toute sorte de maisons, parce qu'elles ne sont point alors des marques de noblesse, mais un signe purement indicatif de la direction des vents.

M. Salvaing cite effectivement un arrêt qui ordonna, sur l'opposition du seigneur, la démolition des creneaux & meurtrières, qu'un particulier avoit fait faire à sa maison, en vertu d'une permission du roi, mais qui mit hors de cour sur la demande en suppression des *girouettes*. Notre jurisprudence est bien assez surchargée de loix prohibitives, sans qu'on gêne la liberté naturelle, sous des prétextes si frivoles.

Si les *girouettes* étoient armoriées, on pourroit leur appliquer les loix qui font des armoiries un privilège des nobles. (*M. Garran de Coulon, avocat au parlement.*)

GITE, s. m. (*Droit féodal.*) On a appelé *droit de gîte*, un ancien droit que les rois de France levoient dans les villes, bourgs, évêchés & abbayes, pour les indemniser des frais du voyage, passage ou séjour qu'ils faisoient sur les lieux.

Quand les rois de la première race & quelques-uns de la seconde voyageoient, ce qui leur arrivoit souvent, ils logeoient avec leur suite, pendant une nuit, aux dépens des villes, des bourgs & des villages qui étoient sur leur route. On leur fournissoit tout ce dont ils avoient besoin, & ils étoient magnifiquement défrayés; car leurs hôtes ne manquoient jamais d'y joindre au départ quelque présent en argenterie. Peu-à-peu cet établissement devint un droit royal, qu'on nomma *droit de gîte*, & personne n'en fut exempt. Jean le Coq rapporte un arrêt qui déclare les villes données en douaire à la reine, sujettes au droit de *gîte*. Un arrêt du dernier décembre 1332 nous apprend qu'il appartenoit au roi à son nouvel avénement.

Les évêques & les abbés payoient ce droit de *gîte* pour la visite de leur église; cependant pour ne pas ruiner un évêque ou un abbé, ce droit étoit ordinairement fixé & borné à certains temps, journées & fournitures. Mais quand nos rois se dégoûtèrent de mener une vie errante, ils continuèrent de l'exiger des évêques & des abbés, & autres prélats. Lors même que ces évêques & abbés furent affranchis du service militaire, ils restèrent soumis au droit de *gîte*. Louis VII en exempta la seule église

de Paris, en reconnoissance de l'éducation qu'elle lui avoit donnée.

Ce droit de *gîte* étoit souvent fixé à une certaine somme pour chaque évêché ou abbaye, toutes les fois que le roi venoit visiter l'église ou l'abbaye du lieu. Les comptes rendus au roi pour l'année 1234, portent en la recette : *thesaurarius sancti Martini, pro gisto domini regis,* neuf vingt quinze livres; *de abbate majoris monasterii, pro gisto ejusdem domini regis,* six livres. Il paroît que le droit de *gîte* n'a plus été perçu depuis l'établissement des décimes.

À l'exemple de nos rois, plusieurs seigneurs s'attribuèrent un pareil droit de *gîte* sur les églises de leurs dépendances, & sur leurs vassaux. M. Ducange, dans son *Glossaire*, rapporte l'extrait de plusieurs chartres, portant exemption ou réduction de ce droit des seigneurs, en faveur de différentes églises & monastères. On donnoit particuliérement le nom de *mangeries* aux *gîtes* ou repas que les seigneurs prenoient sur leurs tenanciers.

Les ecclésiastiques se crurent aussi fondés à exiger des droits de *gîte*, logement ou *past*. Dans le cartulaire du prieuré de Doncherey, il est dit que les bourgeois de Saint-Medard doivent, par chacun an, aux jours de S. Remi & de Pâques, la quantité d'un cartel de froment, demi-septier d'avoine, & la somme de trois sous parisis, laquelle redevance est appellée *gîte*. Les fournitures qui se font aux archidiacres dans le cours de leurs visites, sont désignées par le même mot. Cependant on trouve plus fréquemment ce droit de logement & de *past*, dû aux ecclésiastiques, désigné par le mot de *procuration*, que par celui de *gîte*. *Voyez* PROCURATION.

On appelle encore *gîte* ou *geolage*, les droits dus aux concierges des prisons, pour le *gîte*, la garde & le soin des prisonniers. *Voyez* GEOLAGE.

G L

GLACE, s. f. (*Eaux & Forêts.*) L'ordonnance de 1669, *tit. 30, art. 18*, défend à toutes personnes d'aller sur les marres, étangs & fossés, qui sont glacés, pour en rompre la *glace*, & y faire des trous, ni d'y porter des flambeaux, brandons & autres feux pour y pêcher, à peine d'être punis comme voleurs. La raison de ces défenses vient de ce que le poisson se rassemblant en foule, auprès des ouvertures pratiquées dans la *glace*, pour y respirer un air nouveau, il seroit aisé d'en détruire une très-grande quantité.

GLANAGE, s. m. c'est l'action de ramasser des épis de bled dans un champ, après que les gerbes en ont été enlevées. Les loix françoises, d'accord avec la loi des Juifs, & les principes du droit naturel & de l'humanité, permettent aux pauvres de ramasser après la récolte, les épis qui tombent de la main des moissonneurs, & qui seroient perdus pour le propriétaire du champ.

C'est dans cette vue que plusieurs coutumes, entr'autres celles d'Etampes & de Melun, ont défendu

défendu aux laboureurs, fermiers & autres, d'envoyer leur bétail dans les champs, & d'empêcher le *glanage* dans quelque temps que ce foit, dans les vingt-quatre heures qui suivent l'enlèvement des gerbes. La jurisprudence des arrêts a même prolongé cette défense jusqu'à trois jours, après que la dernière gerbe a été enlevée, sous peine de vingt livres d'amende contre les contrevenans, même d'être procédé contre eux extraordinairement, suivant l'exigence des cas. C'est la disposition précise d'un arrêt du 3 juillet 1778, rendu sur la requête du procureur-général, pour le bailliage de S. Pierre-le-Moutier.

Mais s'il est juste de secourir les pauvres & les indigens, il est également nécessaire que la loi veille aux intérêts du propriétaire. C'est pourquoi le même arrêt, conforme à l'ancienne jurisprudence, fait défenses aux glaneurs d'entrer dans les champs avant le soleil levé, d'y rester après le soleil couché, & sur-tout de glaner avant l'enlèvement de toutes les gerbes & de la dîme. Il ne permet aussi de glaner qu'aux vieillards, aux estropiés, aux petits enfans, & autres personnes hors d'état de travailler, à peine d'amende, même d'être procédé extraordinairement contre les contrevenans. Un arrêt du 23 juin 1731, a condamné trois femmes au fouet & à la marque, en portant écriteau avec ces mots: *voleuses de grains pendant la moisson*, sous prétexte de glaner. Un arrêt du conseil d'Artois, du 13 août 1725, en renouvellant & étendant les dispositions d'un placard du 5 juin 1557, défend d'entrer dans les champs avant que les grains soient liés & mis en diseaux, ou monts de dix gerbes, & aux fermiers de mettre leurs bestiaux dans les éteules, si ce n'est trois jours après que les ablais ont été emportés.

GLAND, f. m. (*Eaux & Forêts.*) fruit du chêne. L'ordonnance de 1669 défend d'abattre des *glands* dans les forêts, à peine de cent livres d'amende; d'en amasser & d'en emporter, à peine, pour la première fois, de cinq livres d'amende pour la charge d'un homme; de vingt pour celle d'un cheval ou autre bête de somme; de quarante pour celle d'une voiture; du double en cas de récidive; de bannissement du ressort de la maîtrise, pour la troisième fois; & dans tous les cas, de confiscation des chevaux & voitures qui en sont chargés. Ces défenses sont fondées sur l'utilité du *gland* pour l'engrais des bestiaux, & pour le repeuplement des bois, auquel il paroît naturellement destiné.

GLANDÉE, f. f. GLANDAGE, f. m. (*Eaux & Forêts.*) On trouve le mot *glandage* dans plusieurs coutumes, mais celui de *glandée* est plus usité. L'ordonnance de 1669 comprend sous ce nom, la récolte & l'usage du gland, des feines & autres fruits qui peuvent servir dans les forêts à la nourriture des porcs; elle prescrit, à cet égard, plusieurs règles que nous allons faire connoître.

De la glandée dans les bois du roi. L'ordonnance de 1669 veut que, lorsqu'il y a une quantité suffisante de glands & de feines, pour que la vente s'en

Jurisprudence. Tome IV.

puisse faire sans incommoder les forêts, les officiers des maîtrises visitent celles de leur ressort, dressent procès-verbal du nombre des porcs, qu'on peut y mettre en panage, avec un état de ceux qui y seront mis par eux & par les usagers.

Après cette visite, ils doivent procéder à l'adjudication de la *glandée*, à l'audience, à l'extinction des feux, au plus offrant & dernier enchérisseur, ayant préalablement fait apposer des publications & affiches pendant deux dimanches consécutifs, soit dans le lieu du siège de la maîtrise, soit dans les villes & villages qui avoisinent les forêts.

Les ordonnances de 1552 & de 1561 ont défendu de faire aucun don des *glandées*, & quoique l'adjudication ne s'en fasse pas tous les ans, mais seulement quand il y a une quantité suffisante de graines pour cet effet, elles ne doivent pas être considérées comme un revenu casuel, mais comme un fruit ordinaire du domaine. C'est par cette raison que si le roi les a comprises dans le bail de ses domaines, le fermier ne peut en jouir que conformément à l'ordonnance de 1669, & l'adjudication s'en fait judiciairement pardevant les officiers des maîtrises. Dans ce cas les deniers appartiennent au fermier; au lieu que, quand la *glandée* est exceptée de son bail, ils doivent être remis entre les mains du receveur des domaines & bois.

Les adjudications de *glandées* ne peuvent se faire pour plus d'un an, si ce n'est par ordre du roi. Cette jurisprudence se trouve confirmée par un arrêt du conseil du 9 octobre 1742, qui a cassé, comme attentatoire à l'autorité du conseil, une adjudication pour six ans des panages & *glandées* de la forêt de la Barre, & autres appartenans à sa majesté dans la maîtrise de Rhodez; a fait défenses au grand-maître & aux officiers de la maîtrise, d'en faire à l'avenir de pareilles sans y être autorisés par le roi, à peine d'interdiction; leur a enjoint de procéder annuellement à l'adjudication des *glandées*, dans la forme prescrite par l'ordonnance de 1669.

Les conditions ordinaires de ces sortes d'adjudications sont de donner caution, d'en payer le prix entre les mains de ceux qui sont chargés de la recette des bois dans les termes prescrits, de ne mettre dans les bois que la quantité de porcs déterminée par les officiers, & enfin d'y souffrir celle qui est réglée pour les officiers & pour les usagers.

En ce qui regarde les officiers, la quantité de porcs qu'ils peuvent mettre à la *glandée*, est fixée par l'ordonnance de 1669; savoir, le maître particulier huit, le lieutenant & le procureur du roi chacun six, le greffier quatre, & la garde du canton trois. Si les officiers ne veulent pas jouir en nature de leurs droits, l'adjudicataire doit leur payer les places, suivant qu'elles sont estimées dans l'adjudication.

A l'égard des usagers, ils ne peuvent mettre à la

FFfff

glandée une plus grande quantité de porcs que celle que porte le rôle qui en est déposé au greffe de la maîtrise.

L'adjudication d'une *glandée* doit toujours se faire avant le 15 de septembre ; mais cependant ce n'est qu'au premier octobre qu'elle est ouverte, & elle ne dure que jusqu'au premier février. Cette durée est ainsi fixée par l'ordonnance de 1669, qui prescrit à cet égard une police commune à tous les bois du royaume, & déroge aux dispositions de différentes coutumes, qui varioient entre elles sur l'ouverture & la durée des *glandées*, & dont quelques-unes fixoient un temps si long, qu'il en résultoit beaucoup d'inconvéniens. Néanmoins, lorsque les glands font tellement abondans, qu'ils n'ont pas été consommés pendant la durée de la *glandée*, les officiers des maîtrises peuvent accorder un arrière-panage jusqu'au moment où la végétation commence à faire germer les glands.

Avant d'introduire des porcs dans les forêts, les usagers & l'adjudicataire doivent avoir l'attention de les faire tous marquer au feu, & de ne pas excéder le nombre porté par l'adjudication & par le rôle, sans quoi les gardes font bien fondés à en saisir la quantité excédente, qui est confisquée au profit du roi, outre cent livres d'amende. L'empreinte de cette marque doit être déposée au greffe, afin d'y avoir recours en cas de fraude ou de falsification.

On accordoit autrefois aux adjudicataires de la *glandée* du bois vif pour leur chauffage, & pour construire leurs loges ; mais cet abus a été réprimé par les réglemens des juges en dernier ressort, du 2 décembre 1563 pour Compiegne, *article 22* ; de 1587 pour Dreux, *article 6* ; de mars 1598 pour Montfort, & par celui de la table de marbre, du 4 septembre 1601, *article 8*. Tous défendent aux officiers de permettre aux marchands de la *glandée* de prendre, pour la loge de leurs gardiens, d'autres bois que du mort-bois, & pour leur chauffage que des bois traînans ou des bois secs, morts & gisans, sans qu'ils en puissent couper à la serpe, ou autrement.

L'ordonnance défend également à l'adjudicataire d'une *glandée* & aux usagers, d'amasser & d'emporter des glands & feines, à peine de cent livres d'amende. Cette rigueur contre eux, est fondée sur la facilité qu'ils ont d'abuser de leur libre entrée dans les forêts, & d'y causer des dommages plus considérables, que des particuliers qui ne peuvent y entrer que clandestinement.

Il est expressément défendu à toutes personnes, autres que l'adjudicataire, les officiers & les usagers, d'envoyer des porcs en *glandée* dans les forêts du roi, si ce n'est en vertu d'une permission du marchand adjudicataire, à peine de cent livres d'amende envers le roi, & de confiscation des porcs, dont moitié au roi, & moitié au profit de l'adjudicataire.

Les usagers n'ont pas, ainsi que l'adjudicataire, la liberté de rétrocéder leur droit, parce

que tout usage étant personnel, il faut que celui qui a ce droit, en jouisse sans pouvoir le céder à qui que ce soit. C'est ce qui leur est interdit par l'ordonnance du mois de janvier 1529, qui défend toute vente ou transport des droits d'usage, & d'admettre dans les bois d'autres bêtes que celles des usagers.

L'adjudicataire d'un bois ne peut pas disposer des glands qui font sur les arbres qu'il a achetés, conséquemment il ne peut les faire amasser ni enlever quand ils font tombés, parce qu'ils appartiennent au sol pour le repeuplement, & pour le profit de la *glandée*, dont il ne peut empêcher l'adjudicataire de mettre des porcs dans les bois vendus, de même que l'adjudicataire de la *glandée* ne peut empêcher l'adjudicataire du bois d'en couper les arbres pendant la *glandée*.

De la glandée dans les bois des communautés laïques & ecclésiastiques, & des particuliers. Il est certain que la *glandée* étant un fruit des forêts, elle est une dépendance du droit de propriété, & que les profits qui en naissent appartiennent au propriétaire du bois. Mais la manière d'exercer ce droit a été assujetti à des règles, par l'ordonnance & par des arrêts du conseil.

1°. La *glandée* provenante des bois tenus en gruerie, grairie, tiers & dangers, appartient toujours au roi privativement à tous autres, à moins que les possesseurs de ces bois ne justifient d'une concession faite en leur faveur.

2°. En ce qui regarde la *glandée* dans les bois des communautés, elles peuvent en user par elles-mêmes en y mettant des porcs ; mais comme le nombre doit en être proportionné à la *glandée*, il faut qu'il y ait eu préalablement une visite qui constate & fixe la quantité qu'on peut y mettre. Sur quoi il y a une question qui divise depuis long-temps les officiers des maîtrises, & ceux des hauts-justiciers, pour savoir à qui des uns ou des autres appartient ce droit de visite.

A cet égard il y a une distinction essentielle à faire entre ceux des seigneurs qui ont le droit d'avoir des juges gruyers, & ceux qui ne l'ont pas.

La prétention des hauts-justiciers, qui n'ont pas la justice gruriale, ne paroît pas fondée, parce que la visite d'une *glandée* est une dépendance de l'exercice du droit de gruerie. Ainsi dès que ces hauts-justiciers n'ont pas le droit de gruerie, leurs officiers ne peuvent pas connoître de tout ce qui y est relatif, & conséquemment ils ne peuvent pas faire les visites des *glandées* ; car la *glandée*, considérée du côté de l'usage ou du repeuplement, est inhérente à l'administration des bois, dont il est très-certain que les officiers non gruyers des seigneurs ne peuvent prendre aucune connoissance.

A l'égard des seigneurs qui ont droit de gruerie, il est de fait que plusieurs juges gruyers font en possession de faire les visites des *glandées* dans l'étendue de leur jurisdiction. Il y a même un arrêt de la table de marbre de Metz, du 18 juillet 1650, qui leur adjuge fur cet objet la concurrence & la prévention. Mais s'ils donnent lieu à des abus & à des malverfations, & qu'ils excèdent la quantité de porcs qu'il convient de mettre dans les *glandées*, les officiers des maitrifes font bien fondés à agir contre ces gruyers. *Voyez* GRUYERS SEIGNEU-RIAUX.

3°. Les particuliers font également aftreints à fe conformer aux règles prefcrites par l'ordonnance, & ne mettre dans leurs bois qu'une quantité de porcs proportionnée à l'abondance des fruits; s'ils l'excèdent, ils font repréhenfibles, & les officiers des maitrifes font autorifés à punir leurs contraventions. *Voyez* PAISSON, PANAGE, USAGER.

GLÈBE, f. f. *en Droit*, fignifie *le fonds d'une terre*. Il y avoit chez les Romains des efclaves qui étoient attachés à la *glèbe*, & que l'on nommoit *fervi glebæ adfcriptitii*; il y a encore dans quelques provinces du royaume des efpèces de ferfs attachés à la *glèbe*. *Voyez* MORTAILLABLES & SERFS.

Parmi nous il y a auffi certains droits incorporels qui font attachés à une *glèbe*, c'eft-à-dire, à une terre dont ils ne peuvent être féparés, tels que le droit de juftice, le patronage. (A)

G O

GOBELETAGE, f. m. Il eft fait mention de ce droit dans le commentaire de Vaflin fur la coutume de la Rochelle, *art. 1, n°. 187*. Il fubfifte, dit-il, à Chatelaillon, à Angoulier, &c. il confifte dans une pinte de vin & un pain d'une livre que les cabaretiers du lieu paient au feigneur, pour chaque barrique de vin qu'ils débitent.

J'ai vu les titres de diverfes feigneuries de Saintonge, où ce droit eft auffi énoncé fous le nom de *gobeletage*.

Il y a apparence, comme le dit encore Vaflin, que ce droit eft un abonnement de celui de ban-vin, ou l'indemnité de l'abandon de ce dernier droit. (M. GARRAN DE COULON.)

GORD, f. m. (*Eaux & Forêts.*) c'eft le nom qu'on donne à une pêcherie, conftruite avec des pieux fichés dans une rivière, pour y étendre des filets.

L'ordonnance de 1669, *titre 27*, défend de conftruire des *gords*, dans les rivières flottables & navigables, fans permiffion expreffe du roi, à peine de deftruction, aux frais de ceux qui les ont fait faire, & d'amende arbitraire. Ceux même qui ont obtenu cette permiffion, doivent laiffer dans le *gord* 24 pieds de largeur, pour le libre paffage des bateaux, même plus, fi cette largeur n'eft pas fuffifante relativement à la fûreté de la navigation.

La coutume de Bourbonnois, *article 162*, défend expreffément de mettre du chanvre, du lin, de la chaux ou autres poifons, dans les pêcheries & *gords*, appartenans à des particuliers, fous peine d'amende envers le feigneur jufticier, & des dommages & intérêts de la partie.

On peut pêcher dans les *gords* pendant la nuit, excepté les jours de dimanches & fêtes, & pendant les mois où la pêche eft interdite.

Tout ce qui concerne les conftructions ou démolitions des *gords*, eft de la compétence des officiers des maitrifes, fans que les juges, même gruyers, des feigneurs puiffent en connoitre.

GOUFFANIER, f. m. La coutume de Boulenois fe fert de ce mot pour fignifier l'un des quatre pairs du comté de Boulogne. Le *gouffanier* étoit celui qui étoit chargé de porter & de garder l'étendart du comte. Ce terme eft le même que celui de *gonfanonnier*, qui dérive de *gonfanon*, dont on fe fervoit autrefois dans l'acception d'*enfeigne*, *drapeau*, *bannière*.

GOUTTIÈRE ou GESSE, f. f. La coutume de Bretagne fe fert indiftinctement de ces deux mots, pour fignifier un petit canal ou conduit, de plomb, de fer ou de bois, qu'on met au bas des toits des maifons pour recevoir les eaux pluviales, & les conduire au-delà des bâtimens.

En général, tout propriétaire eft le maître de ceindre fa maifon de *gouttière*, pourvu qu'il n'incommode pas fes voifins: lorfqu'une *gouttière* eft commune à deux maifons, dont elle reçoit également les eaux, les réparations qui font à y faire, font fupportées également par l'un & l'autre propriétaires; mais fi l'une des deux maifons eft plus haute, la coutume de Bretagne, *article 713*, oblige le propriétaire de cette maifon à payer les deux tiers de l'entretien, & réparation de la *gouttière* commune.

GOUVERNANCE, f. f. terme particulier qui eft ufité en Artois & en Flandre, où l'on s'en fert pour défigner les jurifdictions royales ordinaires de Lille, de Douai, d'Arras & de Béthune: il vient de ce qu'anciennement les gouverneurs de ces pays en étoient les grands baillis nés. Les *gouvernances* ne différent des bailliages que par le nom; car fous les anciens comtes d'Artois, on appelloit *bailliage*, ce qu'on a nommé dans la fuite *gouvernance*: aujourd'hui même les *gouvernances* de Lille & de Douai, portent le titre de fouverain bailliage. *Voyez* ARRAS, DOUAI, CONJURE, GRAND-BAILLI, &c.

GOUVERNEMENT, f. m. (*Droit naturel & politique.*) c'eft la manière dont la fouveraineté s'exerce dans chaque état. *Voy.* le *Dictionnaire diplom. écon. polit.*

GOUVERNEUR, f. m. (*Droit public.*) c'eft celui qui gouverne en chef dans une province ou une ville. *Voyez* le *Dictionnaire de l'art militaire*, & celui de *Diplom. écon. polit.*

G R

GRACE, f. f. (*Droit public, civil & criminel.*) Ce mot, en droit, a plufieurs fignifications: 1°. on entend par *grace* les dons, brevets, penfions & privilèges accordés par le prince. Les *graces*, fous cette acception, doivent toujours être favorablement interprétées, à moins qu'elles ne portent préjudice à un tiers. *Voyez* DONS DU ROI, PENSION, PRIVILÈGES.

2°. *Grace*, signifie plus particuliérement *pardon*, *rémiffion*, accordés par le fouverain à un ou plufieurs coupables.

3°. On appelle auffi lettres de *grace*, celles que le prince fait expédier fous fon fceau, pour décharger un accufé de quelque crime, ou de la peine à laquelle il devroit être condamné.

On fe fervoit autrefois, plus ordinairement, en ftyle de chancellerie, du mot *grace*, mais préfentement on dit, *abolition*, *rémiffion*, *pardon*: & quoique ces termes paroiffent d'abord fynonymes pour fignifier *grace*, ils ont cependant chacun leur fignification propre. *Abolition* eft lorfque le prince eftace le crime & en remet la peine, de manière qu'il ne refte aux juges aucun examen à faire des circonftances. *Rémiffion* eft lorfqu'il remet feulement la peine: ces lettres s'accordent pour homicide involontaire, ou commis par la néceffité d'une légitime défenfe de la vie. Les lettres de *pardon* s'accordent dans les cas où il n'échet pas peine de mort, & qui néanmoins ne peuvent être excufés. *Voyez* ABOLITION.

Le droit de faire *grace* eft le plus bel attribut de la fouveraineté. Le prince, loin d'être obligé de punir toujours les fautes puniffables, peut faire *grace* par de très-bonnes raifons; comme, par exemple, s'il revient plus d'utilité du pardon, que de la peine; fi le coupable ou les coupables ont rendu de grands fervices à l'état; s'ils poffèdent des qualités éminentes; fi certaines circonftances rendent leurs fautes plus excufables; s'ils font en grand nombre; s'ils ont été féduits par d'autres exemples; fi la raifon particuliére de la loi n'a point lieu à leur égard: dans tous ces cas & autres femblables, le fouverain peut faire *grace*, & il le doit toujours pour le bien public, parce que l'utilité publique eft la mefure des peines; & lorfque le fouverain n'a point de fortes raifons de faire la *grace* entière, il doit pencher à modérer fa juftice.

A plus forte raifon, le prince dans une monarchie ne peut pas juger lui-même; s'il le vouloit, la conftitution de l'état feroit détruite; les pouvoirs intermédiaires dépendans feroient anéantis; la crainte s'empareroit de tous les cœurs; on verroit la pâleur & l'effroi fur tous les vifages, & perfonne ne fauroit s'il feroit abfous, ou s'il recevroit fa *grace*: c'eft une excellente remarque de l'auteur de l'*efprit des loix*. Lorfque Louis XIII, ajoute-t-il pour la confirmer, voulut être juge dans le procès du duc de la Valette, le préfident de Belliévre déclara, « qu'il » voyoit dans cette affaire une chofe inouie, un » prince fonger à opiner au procès d'un de fes fujets; » que les rois ne s'étoient réfervé que les *graces*, & » renvoyoient toujours les condamnations vers » leurs officiers: votre majefté, continua-t-il, vou- » droit-elle voir fur la fellette un homme devant » elle, qui par fon jugement iroit dans une heure » à la mort? que bien au contraire, la vue feule

» des rois portoit les *graces*, & levoit les interdits » des églifes ». Concluons que le trône eft appuyé fur la clémence comme fur la juftice.

La rigueur de la juftice eft entre les mains des juges; la faveur ou le droit de pardonner appartient au monarque; s'il puniffoit lui-même, fon afpect feroit terrible; fi fa clémence n'avoit pas les mains liées, fon autorité s'aviliroit. Il faut, je l'avoue, des exemples de févérité pour contenir le peuple; mais il en faut également de bonté pour affermir le trône, & rendre l'empire d'un fouverain aimable. *Voyez* CLÉMENCE.

Il n'appartient qu'au roi de donner des *graces*. Cependant anciennement plufieurs feigneurs, & grands officiers de la couronne, tels que le connétable, les maréchaux de France, le maître des arbalêtriers, les capitaines ou gouverneurs des provinces, s'étoient arrogé le droit de faire *grace* aux criminels. Par une ordonnance du 13 mars 1359, Charles V, pour lors régent du royaume, leur défendit d'en accorder; cette défenfe fut réitérée pour toute forte de perfonnes, par Louis XII, en 1499.

Le chancelier de France, ou, en fon abfence, le garde des fceaux, les accorde aujourd'hui, mais c'eft toujours au nom du roi. Ce privilège fut attribué au chancelier de Corbie par Charles VI le 13 mars 1401. Les lettres portent qu'en tenant les requêtes générales avec tel nombre de perfonnes du grandconfeil qu'il voudra, il pourra accorder des lettres de *grace* en toutes fortes de cas, & à toutes fortes de perfonnes.

Suivant l'ordonnance de 1670, les lettres d'abolition, celles pour efter à droit après les cinq ans de la contumace, de rappel de ban ou de galéres, de commutation de peine, réhabilitation du condamné en fes biens & bonne renommée, & de revifion de procès, ne peuvent être fcellées qu'en la grande chancellerie.

Les lettres de rémiffion qui s'accordent pour homicide involontaire, ou commis dans la néceffité d'une légitime défenfe de la vie, peuvent être fcellées dans les petites chancelleries.

On peut obtenir *grace* par un fimple brevet, & fans qu'il y ait dans le moment des lettres de chancellerie. Ceci arrive quelquefois lorfque les rois font leur entrée pour la premiére fois dans une ville, après leur avénement à la couronne: alors ils ont coutume de donner *grace* à tous les criminels qui font détenus dans les prifons de la ville où ils entrent. Mais fi les criminels ne lèvent pas leurs lettres en chancellerie, fix mois après la date du brevet du grandaumônier, ils en font déchus.

Le roi accorde auffi quelquefois de femblables *graces*, à la naiffance des fils de France, & aux entrées des reines. *Voyez* COMMISSION DE GRACE.

Lorfque Charles VI établit le duc de Berri, fon frère, pour fon lieutenant dans le Languedoc en 1380, il lui donna, entr'autres chofes, le pouvoir d'accorder des lettres de *grace*.

Louis XI permit auffi à Charles, duc d'Angoulème, d'en donner une fois dans chaque ville où il feroit fon entrée.

Mais aucun prince n'a ce droit de fon chef ; & quelque étendue de pouvoir que nos rois accordent dans les apanages aux enfans de France, le droit de donner des lettres de *grace* n'y eft jamais compris. Louife de Savoie, ayant obtenu le privilège de donner des lettres de *grace* dans le duché d'Anjou, s'en départit, ayant appris que le parlement de Paris avoit délibéré de faire au roi des remontrances à ce fujet.

Il eft quelquefois arrivé que dans les facultés des légats envoyés en France par la cour de Rome, on a inféré le pouvoir d'abolir le crime d'héréfie, dont les accufés pourroient être prévenus. Les parlemens ont toujours rejetté ces fortes de claufes. Le cardinal de Plaifance, légat, ayant, en l'année 1547, donné des lettres de *grace* à un clerc qui avoit tué un foldat, par arrêt du 5 janvier 1548, il fut dit qu'il avoit été mal, nullement & abufivement procédé à l'entérinement de telles lettres par le juge eccléfiaftique, & que nonobftant ces lettres, le procès feroit fait & parfait à l'accufé.

Les évêques d'Orléans donnoient autrefois des lettres de *grace* à tous les criminels qui venoient fe rendre dans les prifons de cette ville avant leur entrée folemnelle : il ne s'en trouva d'abord que deux ou trois ; mais par fucceffion de temps le nombre s'en accrut beaucoup, tellement qu'en 1707, il y en eut jufqu'à 900, & en 1733 il y en eut plus de 1200. L'édit du mois de novembre 1753 a beaucoup reftreint ce privilège.

Il eft dit, dans le préambule, qu'il n'appartient qu'à la puiffance fouveraine de faire *grace* ; que les empereurs chrétiens, par refpect filial pour l'églife, donnoient accès aux fupplications de fes miniftres pour les criminels ; que les anciens rois de France déféroient auffi fouvent à la prière charitative des évêques, fur-tout aux occafions folemnelles où l'églife ufoit auffi quelquefois d'indulgence envers les pécheurs, en fe relâchant de l'auftérité des pénitences canoniques ; que telle eft l'origine de ce qui fe pratique à l'avénement des évêques d'Orléans à leur entrée ; que cet ufage n'étant pas foutenu de titres d'une autorité inébranlable, fa majefté a cru devoir lui donner des bornes.

Le roi ordonne en conféquence, qu'à l'avenir les évêques d'Orléans à leur entrée pourront donner aux prifonniers en ladite ville, pour tous crimes commis dans le diocèfe & non ailleurs, leurs lettres d'interceffion & déprécation, fur lefquelles le roi fera expédier des lettres de *grace* fans frais, pour être entérinées pareillement fans frais ; qu'en fignifiant les lettres déprécatoires, il fera furfis pendant fix mois à tout jugement de procès, pour raifon des crimes y mentionnés, fauf l'inftruction qui fera continuée : qu'il ne fera pas auffi attenté pendant le même délai, à la perfonne de ceux qui fe feroient remis volontairement dans les prifons de la ville d'Orléans ; & qui auroient affifté & participé à l'entrée folemnelle de l'évêque.

L'édit excepte de ces lettres, l'affaffinat prémédié, le meurtre ou outrage & excès, la recouffe des prifonniers pour crime des mains de la juftice, commis ou machinés par argent ou fous autre engagement ; le rapt commis par violence ; les excès ou outrages commis en la perfonne des magiftrats, ou officiers, huiffiers & fergens royaux exerçant, faifant ou exécutant quelque acte de juftice ; les circonftances & dépendances defdits crimes, telles qu'elles font prévues & marquées par les ordonnances, & tous autres forfaits & cas notoirement réputés non graciables dans le royaume.

Nous avons parlé fous le *mot* FIERTE, de la *grace* que le chapitre de l'églife de Rouen fait accorder tous les ans, le jour de l'afcenfion, à un criminel & à fes complices. La ville de Vendôme, depuis 1428, jouit pareillement du droit de délivrer tous les ans un criminel le vendredi qui précède les Rameaux, en conféquence du vœu folemnel, fait par Louis de Bourbon, comte de Vendôme.

Pour ce qui eft des règles que l'on obferve par rapport aux lettres de *grace* ; en général il faut obferver que tous les juges auxquels elles font adreffées, doivent les entériner inceffamment, fi elles font conformes aux charges & informations : les cours fouveraines peuvent cependant faire des remontrances au roi, & les autres juges repréfenter à M. le chancelier ce qu'ils jugent à propos fur l'atrocité du crime.

On ne doit pas en accorder pour les duels, affaffinats prémédités, foit pour ceux qui en font les auteurs ou complices, foit pour ceux qui à prix d'argent ou autrement, fe louent & s'engagent pour tuer, outrager, excéder ou retirer des mains de la juftice les prifonniers pour crime, ni à ceux qui les auront loués ou induits pour ce faire, quoiqu'il n'y ait eu que la feule machination & attentat fans effet ; que pour crime de rapt commis par violence, de fauffe monnoie, de viol, d'empoifonnement : ni à ceux qui ont excédé ou outragé quelque magiftrat, officier, huiffier, ou fergent royal, faifant ou exécutant quelque acte de juftice.

Lorfqu'on fe pourvoit en lettres de rappel de ban ou de galères, de commutation de peine, de réhabilitation, l'arrêt ou le jugement de condamnation doit être attaché fous le contre-fcel des lettres à peine de nullité. Au refte, elles doivent être entérinées, quoiqu'elles ne foient pas conformes aux charges & informations. Si elles font obtenues par des gentilshommes, ils doivent y exprimer nommément leur qualité, à peine de nullité.

Pour obtenir des lettres de révifion, on préfente requête au confeil, laquelle eft renvoyée aux maîtres des requêtes pour donner leur avis, enfuite duquel intervient arrêt, qui ordonne que les lettres feront expédiées. *Voyez* RÉVISION.

Les lettres de *grace* obtenues par les gentilshommes, doivent être adressées aux cours souveraines qui peuvent néanmoins renvoyer l'instruction sur les lieux, si la partie civile le requiert. L'adresse en peut aussi être faite aux présidiaux, si la compétence y a été jugée.

Les lettres obtenues par les roturiers, s'adressent aux baillis & sénéchaux des lieux où il y a siège présidial ; & dans les provinces, où il n'y a point de présidial, l'adresse se fait aux juges ressortissant nuement aux cours.

On ne peut présenter les lettres d'abolition, rémission, pardon, & pour ester à droit, que l'accusé ne soit actuellement en prison, & il doit y demeurer pendant toute l'instruction, & jusqu'au jugement définitif ; & la signification des lettres ne peut suspendre les décrets ni l'instruction, jugement & exécution de la contumace, si l'accusé n'est dans les prisons du juge auquel les lettres auront été adressées. Le roi dispense quelquefois l'impétrant de se présenter en personne. On en a un exemple dans les lettres de *grace*, accordées en 1605, à la marquise de Verneuil, qui furent entérinées en son absence.

On doit présenter les lettres dans les trois mois de leur date ; mais comme l'accusé est ordinairement absent, & même souvent qu'il ignore qu'on ait obtenu pour lui des lettres, on en a accordé quelquefois de nouvelles après les trois mois expirés.

Les charges & informations avec les lettres, même les procédures faites depuis l'obtention des lettres, doivent être incessamment apportées au greffe des juges auxquels l'adresse des lettres est faite ; & l'on ne peut procéder à l'entérinement, que toutes les charges & informations n'aient été apportées & communiquées avec les lettres aux procureurs du roi, quelque diligence que les impétrans aient faite pour les faire apporter, sauf à décerner des exécutoires & autres peines contre les greffiers négligens.

Les lettres doivent être signifiées à la partie civile, pour donner ses moyens d'opposition ; & le procureur du roi & la partie civile peuvent, nonobstant la présentation des lettres de rémission & pardon, informer par addition, & faire récoller & confronter les témoins.

Les demandeurs en lettres d'abolition, rémission & pardon, sont tenus de les présenter à l'audience tête nue & à genoux sans épée ; & après qu'elles ont été lues en leur présence, ils doivent affirmer qu'ils ont donné charge d'obtenir ces lettres, qu'elles contiennent vérité, qu'ils veulent s'en servir : après quoi ils sont renvoyés en prison, & ensuite sont interrogés par le rapporteur du procès.

De telle nature que soient les lettres de *grace*, ceux qui les ont impétrées doivent être interrogés sur la sellette, & l'interrogatoire rédigé par écrit

par le greffier, & envoyé, en cas d'appel, avec le procès.

Si les lettres sont obtenues pour des cas qui ne soient pas graciables, ou si elles ne sont pas conformes aux charges, l'impétrant en est débouté ; parce qu'on suppose que le roi a été surpris, son intention n'étant de faire *grace* qu'autant que le cas est graciable : ce qui néanmoins ne s'observe pas lorsque les lettres de *grace* ont été obtenues au grand sceau. Dans ce cas, si les charges & informations se trouvent différentes de l'exposé des lettres, le ministère public doit les envoyer à M. le chancelier, qui prend de nouveaux ordres du roi, & pendant ce temps, on ne doit ni faire aucune procédure, ni élargir l'impétrant. *Déclarations des 10 août 1686, & 10 avril 1727.*

GRACES *expectatives, en matière bénéficiale*, on donne ce nom à des provisions que la cour de Rome donne par avance, d'un bénéfice qui n'est pas encore vacant. Cette expression est synonyme au mot *mandat apostolique*, parce que le pape, en accordant une *grace expectative*, mande au collateur de ne le conférer qu'à la personne désignée.

Les *graces expectatives* étoient ou générales ou spéciales. Les générales par lesquelles le pape veut qu'un tel soit pourvu du premier bénéfice qui vaquera ; les spéciales, par lesquelles le pape mande à l'ordinaire de conférer un certain bénéfice à un tel.

Cette manière de conférer les bénéfices n'étoit point pratiquée par les premiers papes, & elle a toujours été réprouvée en France, à l'exception de l'*expectative* des indultaires & de celle des gradués. L'ordonnance d'Orléans a même défendu à tous juges, d'avoir égard aux provisions obtenues en cour de Rome, par forme de *grace expectative*.

On doit ranger dans la classe des *graces expectatives*, les brevets de serment de fidélité & de joyeux avénement, par lesquels nos rois mandent à un évêque nouvellement pourvu d'un évêché, & aux chapitres des églises cathédrales & collégiales, de conférer le premier bénéfice vacant à leur nomination au porteur du brevet. *Voyez* BREVET, *matière bénéficiale*, GRADUÉ, INDULT, MANDAT APOSTOLIQUE.

GRACIABLE, adj. *se dit en Droit*, d'un cas ou délit pour lequel on peut obtenir des lettres de grace. *Voyez* GRACE.

GRACIEUX, adj. n'est usité au palais, qu'en matière bénéficiale, & il s'applique à une forme particulière de provisions d'un bénéfice, accordée par le pape, de sa propre autorité. *Voyez* FORME, *matière bénéficiale*.

GRADES, GRADUÉS, (*Matière bénéficiale*.) *grade*, que l'on rend en latin par l'expression *gradus*, est le témoignage authentique de capacité, que rend une université à celui qui a fait le temps d'étude & subi les actes probatoires, exigés par les statuts de cette université. Le sujet qui obtient ce témoignage s'appelle *gradué* ; il jouit en conféquence de plufieurs privilèges, qui font comme la récompenfe & le fruit de fes travaux. Le plus important eft l'aptitude exclufive à poffeder certains bénéfices, & le droit de contraindre les patrons & les collateurs eccléfiaftiques à lui accorder leur nomination & leur collation dans les mois de l'année défignés par la loi.

La matière des *grades* eft une des plus importantes de notre droit bénéficial. Pour la traiter avec méthode, nous expoferons d'abord l'origine des *grades* ou degrés; nous examinerons enfuite, quelle faveur ils méritent; les univerfités qui peuvent les accorder; les provinces où ils ont lieu; combien d'efpèces on en diftingue; à quels bénéfices ils donnent droit; ce qu'il faut faire pour les acquérir; les formalités à remplir pour s'en fervir utilement; l'ordre qui doit être obfervé entre les *gradués*, dans le cas de concours entre eux; ce qui fait ceffer leur droit aux bénéfices; leurs privilèges vis-à-vis du pape, & leur pofition vis-à-vis des autres expectans; & nous terminerons cet article par un tableau abrégé des différentes loix qui ont établi & réglé parmi nous l'ufage des *grades*.

§. I. *Origine des grades.* Différentes caufes ont concouru à établir parmi nous les *grades*. A peine l'univerfité de Paris fut-elle fondée, que l'on vit les papes recommander aux collateurs du royaume, les eccléfiaftiques qui s'y étoient diftingués, & y avoient profeffé quelque fcience. Innocent III fit donner une prébende de Lille à un foudiacre qui en étoit originaire, & qui avoit enfeigné les humanités dans l'univerfité, le préférant par cette feule raifon, à un prêtre, quoique la prébende fût facerdotale. *Nos ad litteraturam ipfius qui dicebatur in artibus fcholas habuiffe, pium habentes refpectum.* Les fucceffeurs d'Innocent III protégèrent auffi quelquefois les hommes de lettres, & leur accordèrent des mandats lorfqu'ils furent parvenus à s'arroger le droit de difpofer des bénéfices au préjudice des collateurs ordinaires.

Les évêques de France ayant, dans quelques circonftances, intérêt à ménager l'univerfité de Paris, s'attachoient fes membres, en leur faifant part des bénéfices qui étoient à leur difpofition. Dans l'affemblée de 1283, convoquée pour s'oppofer aux prétentions des mendians, les docteurs furent appellés, & Simon de Beaulieu, archevêque de Bourges, leur dit, au nom de tous fes collègues, qu'ils devoient confpirer avec eux pour les mêmes deffeins, puifque c'étoit du corps de l'univerfité qu'avoient été tirés & que feroient tirés à l'avenir tous les prélats de France. *Quod nos fumus, vos eritis; credo enim quod non fit hodie prælatus inter nos, qui de hac univerfitate non fit affumptus.*

Mais lorfque les papes eurent ufurpé fur les évêques la majeure partie des collations, ils n'eurent plus que peu d'égards pour les hommes de lettres; & de leur côté les collateurs ordinaires ne gratifièrent que des hommes dont le feul mérite étoit

de leur plaire, ou d'avoir auprès d'eux de puiffantes recommandations.

Il faut cependant avouer qu'il y eut des papes, fur-tout parmi ceux qui réfidèrent à Avignon, qui favoriférent les meilleurs fujets de l'univerfité. Ce corps célèbre envoya à Jean XXII, le rôle des fujets qu'il propofoit pour les bénéfices. Le pape lui-même fit des plaintes aux prélats de France de ce qu'ils négligeoient les *gradués* dans la difpofition des bénéfices de leur collation. *Gemit Rachel pulchros habens palmites, quos ecclefiarum prælati refpicere dedignantur; debita namque virtutibus præmiâ non impendunt, honorem fapientiæ non tribuunt: fed potiùs Sion ex fanguinibus ædificare contendunt, unde ipfa univerfitas mirabiliter, ac lamentabiliter deficere cogitur, nifi per vos cæterofque ecclefiarum prælatos relevetur. Reginaldus, an. 1318, n. 26.*

Il y eut cent mille eccléfiaftiques, qui pour être pourvus de bénéfice, s'adreffèrent à Clément VI, qui tenoit le S. Siège en 1342. L'univerfité de Paris, lui envoya cette année fes rôles.

Mais pendant le funefte fchifme, que l'on appella le grand fchifme d'Occident, les gens de lettres & les collateurs françois furent également dépouillés, les uns du droit de parvenir aux bénéfices, & les autres du droit de les conférer. Tout fut envahi par les cardinaux de l'obédience de Clément VII, qui vint fixer fon féjour à Avignon. Pour fe former une idée de leur cupidité & de leur foif des richeffes, il faut lire la vie de Charles VI, par Paul Emile.

Mais les papes d'Avignon eurent befoin de l'univerfité de Paris, pour maintenir la France dans leur obédience. Ce motif de politique leur fit ménager les *gradués*: l'univerfité envoya fes rôles à Clément VII & à Benoît XIII.

On retrouve une partie de l'établiffement des *grades*, tel qu'il exifte aujourd'hui, dans un réglement fait par les prélats de France, dans une affemblée générale tenue à Paris en 1408. Il y fut arrêté

1°. Que les féculiers feroient nommés dans le rôle des univerfités.

2°. Que les abbés & fupérieurs d'ordres pourvoiroient leurs religieux qui auroient donné leur nom.

3°. Que les bénéfices de peu de valeur ne tiendroient lieu de rien, attendu qu'il eft au pouvoir des *gradués* nommés de les refufer.

4°. Qu'on ne pourroit fe faire infcrire que fur un feul rôle.

5°. Qu'on n'auroit qu'un mois pour accepter ou refufer le bénéfice conféré.

6°. Que 400 livres rempliroient un *gradué*, à moins qu'il ne fût noble de père & mère ou docteur, ou licencié, ou bachelier formé en théologie. *Voyez* l'Hiftoire du moine de S. Denis, *liv. 28, chap. 5.*

Le cardinal archevêque de Pife, envoyé à Paris par Jean XXIII, en 1414, fit annuller ce réglement de l'église gallicane ; ce fut sans doute pour y réussir qu'il consentit à ce que le roi, la reine & le dauphin disposassent des bénéfices à leur volonté.

L'université de Paris s'opposa à ces innovations avec toute la fermeté dont pouvoit être capable un corps qui jouissoit alors du plus grand crédit dans l'état, même pour les affaires politiques. Les menaces du dauphin, & l'emprisonnement de plusieurs de ses membres, ne purent l'ébranler.

Le concile de Constance, tenu en 1418, mit fin au grand schisme & favorisa les *gradués* ; mais leurs droits ne furent absolument fixés que par le concile de Basle en 1431 ; les décrets de ce concile furent adoptés & modifiés par l'assemblée de Bourges en 1438, & on en forma la célèbre pragmatique sanction, que l'on peut regarder comme la première base & le premier fondement de l'expectative des *gradués*, qui s'est élevée sur les ruines des mandats apostoliques avec lesquels elle a beaucoup de rapports, quoiqu'elle en diffère en plusieurs choses essentielles. On peut voir ces rapports & ces différences dans le chapitre 3 du tome premier du traité de l'expectative des *gradués*, par M. Piales.

Nous ne rendrons point compte ici de tous les efforts que fit la cour de Rome pour obtenir de nos rois, l'abolition de la pragmatique ; & les différentes révolutions qu'elle éprouva ; on les trouvera à l'article *pragmatique sanction*.

Cette loi si chère à nos ancêtres, & que nous regardons encore comme un monument précieux de nos libertés, étoit dans toute sa vigueur, lorsque Jules II cita au concile de Latran le roi, les princes & les parlemens du royaume, pour y répondre sur les motifs qu'ils avoient de s'opposer à son abrogation. Jules II mourut en 1513 : Léon X, son successeur, prorogea les délais fixés par les décrets de Jules II & suspendit les censures.

François I ayant succédé à cette même époque à Louis XII, & se trouvant dans les circonstances critiques, & entièrement occupé des guerres du Milanois, prêta l'oreille aux propositions de Léon X. Le pape & le roi eurent une entrevue à Boulogne ; ils convinrent de terminer par un concordat, les différends élevés entre le S. Siége & la France. Le cardinal Pucci & le chancelier Duprat furent chargés de le rédiger, & il ne leur fallut que peu de jours pour mettre la dernière main à ce grand ouvrage. *Voyez* CONCORDAT FRANÇOIS.

Par ce traité, la pragmatique sanction fut abolie dans plusieurs de ses dispositions, & conservée, & même perfectionnée dans quelques autres. Les *gradués* furent maintenus dans leurs droits, & l'on peut dire que la nouvelle loi leur fut favorable, en ce qu'elle les fixa d'une manière plus claire, & en rendit l'usage plus facile.

Si l'université de Paris se joignit aux parlemens & aux chapitres, pour s'opposer à l'exécution du

concordat, ce ne fut pas l'intérêt de ses *gradués* qui la détermina à cette démarche : l'abrogation des élections, & l'attachement à la pragmatique, que les François regardoient comme leur ouvrage, furent les principaux motifs de sa résistance à une loi que l'on a peut-être blâmée avec trop de rigueur. Le concordat fut enregistré au parlement de Paris, de l'exprès commandement du roi, le 22 mars 1517, en présence de M. de la Trémoille, grand chambellan de France. Ce premier tribunal du royaume enregistra, comme contraint, & avec protestation de continuer à juger selon la pragmatique. Mais tous ces obstacles ont été levés, & le concordat fait depuis deux siècles une partie importante de notre droit ecclésiastique. Il a reçu, par rapport aux droits des *gradués*, plusieurs modifications dont nous rendrons compte dans la suite de cet article.

On peut résumer en peu de mots tout ce que nous venons de dire sur l'origine de l'expectative des *gradués*. Dans le principe, les papes recommandèrent aux collateurs ordinaires, les hommes de lettres qui se distinguoient dans les universités. Les mandats *de providendo* s'étant insensiblement établis, il y en eut plusieurs d'accordés aux *gradués*. Par la suite, l'université envoya le rôle de ses *gradués* aux papes. Enfin les mandats ayant été abolis par le concile de Basle, on y substitua, en faveur des universités, l'expectative des *gradués*, expectative adoptée par la pragmatique sanction, & réglée ensuite définitivement par le concordat. Les décrets du concile de Basle, la pragmatique & le concordat sont donc les sources où il faut puiser, pour acquérir une connoissance exacte de la législation des *grades*.

§. II. *L'expectative des gradués est-elle favorable ?* Nos canonistes ont souvent comparé l'expectative des *gradués*, avec les anciens mandats *de providendo*. En effet, les droits des *gradués* sont régis par plusieurs principes qui régissoient les droits des mandataires ; mais il n'en faut pas conclure que les *grades* doivent être regardés du même œil que les mandats. Ceux-ci sont une des plaies les plus profondes qu'ait reçu la discipline ecclésiastique ; ceux-là n'ont eu pour but que de bannir de l'église, l'ignorance dans laquelle le clergé croupissoit depuis plusieurs siècles. Les uns sont les fruits amers de l'ambition démésurée de la cour de Rome ; les autres ont pris naissance dans la sagesse & la piété des évêques assemblés dans un concile général. Les mandats grevoient tous les collateurs ordinaires, en tout temps & pour tous les bénéfices, en faveur de sujets souvent inconnus, & presque toujours sans mérite. Les *grades* n'affectent qu'une portion limitée des bénéfices ; & ne présentent souvent aux collateurs que le choix, entre des clercs qui ont pour eux la présomption de la science & des talens. Les mandats étoient presque toujours le prix de l'intrigue, de la cabale & de la bassesse ; les *grades* sont la récompense d'un long travail, qui a pour but, la gloire de la religion, l'utilité de l'église,

&

& le falut des ames. De ce parallele, que l'on pourroit pouffer beaucoup plus loin, il eft naturel de conclure, qu'autant les mandats *de providendo* étoient odieux, autant l'expectative des *gradués* eft favorable.

Cependant les *grades* ont toujours eu & ont encore des détracteurs. Les uns les attaquent dans leur principe, les autres en appellent à l'expérience pour en prouver l'inutilité ou l'abus. Les premiers paroiffent gémir de voir la liberté des collateurs ordinaires, gênée dans la difpofition des bénéfices, & invoquent le droit commun, qui donne aux évêques le droit de choifir leurs coopérateurs. Les feconds peignent le relâchement & l'oubli des regles, qui fe font introduits dans les univerfités & infiftent fur le peu d'inftruction qu'en retirent ceux qui y prennent des degrés.

On peut répondre aux premiers que les collateurs font moins gênés dans la difpofition des bénéfices depuis l'expectative des *gradués*, qu'ils ne l'étoient dans le temps des mandats & des réferves, & qu'ils ne le feroient pas s'ils étoient foumis à l'alternative ou à la règle *de menfibus*. Il eft vrai que le droit du pape, de partager avec les évêques la collation des bénéfices, alternativement ou par mois, n'a pas un fondement plus folide que les anciens mandats & les réferves. Mais on ne s'en eft garanti en France que par l'introduction de l'expectative des *gradués*, & certainement elle eft moins onéreufe aux collateurs que l'alternative.

Si l'on vouloit remonter à l'origine des chofes, on verroit les évêques n'être pas les feuls difpenfateurs des titres eccléfiaftiques, on verroit leur clergé & même le peuple, concourir avec eux à choifir les fujets que l'on jugeoit digne d'occuper les différentes places du miniftère eccléfiaftique. Les évêques, par la fuite des temps, parvinrent à écarter le clergé & le peuple, & à fe rendre feuls maîtres des ordinations & des titres. Alors l'on vit naître la maxime, que de droit commun tous les bénéfices d'un diocéfe font à la collation de l'évêque. Cela fut de droit commun, parce que cela devint un ufage général; mais cela n'étoit point ni de droit divin, ni de droit primitif. Il n'y a aucun texte dans l'écriture fainte qui l'ordonne, & cet ufage n'étoit point établi dans les premiers fiecles de l'églife.

Le droit des évêques de conférer librement tous les bénéfices de leurs diocéfes, reçut une limitation par l'établiffement du droit de patronage, & une diminution confidérable, par les entreprifes des prélats du fecond ordre, qui, en vertu de la poffeffion ou de privilèges particuliers, s'érigèrent en ordinaires & conférèrent pleinement un grand nombre de bénéfices. Les collateurs inférieurs & les patrons exerçant des droits fondés fur un ufage général, invoquèrent à leur tour le droit commun pour s'y faire maintenir; de manière que les évêques, les collateurs inférieurs & les patrons eccléfiaftiques, fe réunirent pour oppofer aux *gradués*

le droit commun, qui difoient-ils, eft trop favorable pour ne pas l'emporter fur une expectative de nouvelle création.

Mais ce prétendu droit commun eft fondé ou fur un ufage général qui a acquis force de loi par le confentement tacite de l'églife & du prince, ou fur des loix générales également admifes dans l'églife & dans l'état. Quelle que foit celle des deux origines qu'on lui donne, on ne peut difconvenir que l'ufage & la loi pofitive ne puiffent être abrogés par un ufage, ou par une loi contraire; ufage & loi qui formeront à leur tour le droit commun: c'eft ce qui eft arrivé pour l'expectative des *gradués*. Les deux puiffances fe font réunies pour l'établir; elle eft devenue une loi générale de l'églife & de l'état; elle eft devenue de droit commun; comme les patronages & les collations des prélats inférieurs l'étoient déjà, & comme la collation exclufive des évêques l'étoit avant l'établiffement des patronages, & les privilèges accordés aux prélatures de la féconde claffe; ainfi les *gradués* peuvent oppofer droit commun à droit commun, & avec d'autant plus de raifon, que leur expectative a l'avantage particulier d'avoir été établie en grande connoiffance de caufe, par des loix mûrement réfléchies & émanées des deux puiffances. On ne peut donc exciper du droit commun pour rendre les *grades* défavorables.

Mais n'a-t-on pas droit de fe plaindre du relâchement introduit dans les univerfités? n'a-t-on pas droit de dire que les *grades* n'atteignent plus le but que l'églife s'étoit propofé dans leur établiffement; qu'ils ne font plus la preuve du favoir, de la capacité & des mœurs de ceux qui y font promus; qu'ils font dégénérés en une vaine formalité que l'on remplit, en paffant quelques années dans le fein de la capitale, où l'on s'occupe de plaifirs & d'agrémens, & non pas du travail & de l'étude; que fouvent même on les acquiert fans avoir habité la ville où fe donnent les leçons des profeffeurs dont on apporte cependant des atteftations; en un mot, que puifque les *grades* ne fervent plus à rendre les eccléfiaftiques ni plus favans ni plus pieux, on doit les dépouiller des privilèges qui y ont été attachés jufqu'à préfent, ou que du moins il faut rejetter cette expectative dans la claffe des droits qui doivent être reftreints dans les limites les plus étroites?

Tel, & plus fort encore, eft fouvent le langage des ennemis de l'expectative des *gradués*; on ne peut fe diffimuler, que parmi ces déclamations il fe rencontre des vérités. Sans doute un relâchement intolérable s'eft introduit dans quelques univerfités; celles qui ont le plus confervé l'efprit de leur fondation, & l'attachement à leurs ftatuts, ne font pas à l'abri de tout reproche: mais les chofes ne font pas portées auffi loin que les détracteurs des *grades* aiment à le fuppofer. Il faut fe défier des difcours des hommes paffionnés, & il en eft qui le font contre les univerfités. On a vu & on voit encore des évêques s'opposer à ce que les clercs de leur diocèse aillent étudier dans les villes où il y a des universités, sous prétexte que ces sujets revêtus des titres de bacheliers, licenciés ou docteurs, en seroient moins soumis à leurs ordres, & moins dans leur dépendance, à raison des droits éventifs que leurs *grades* leur donnent sur les bénéfices du diocèse. Quelques prélats respectables d'ailleurs par leur piété & leurs bonnes intentions, ont concouru à établir à Paris un séminaire, dont une des loix fondamentales portoit que les élèves ne pourroient étudier sous aucun professeur de l'université. On leur faisoit fréquenter les classes du collège des Jésuites, où l'on enseignoit la plus mauvaise philosophie, & où la théologie n'a jamais valu celle que l'on professe en Sorbonne & à Navarre. C'est assurément pousser bien loin la haine des *grades*.

Mais revenons au véritable état de la question, & examinons, avec le sang-froid de l'impartialité, si l'état où sont les universités du royaume exige que l'on abolisse l'expectative des *gradués*, ou du moins qu'on la considère comme défavorable.

Quand même les universités seroient dans un état aussi déplorable, que les partisans intéressés de quelques évêques despotes le publient, ce ne seroit pas encore une raison suffisante pour abolir les droits des *gradués*. Une maladie grave n'est pas une raison de donner la mort à celui qui en est attaqué. Il faut lui administrer les remèdes propres à sa guérison. On ne peut nier que les universités n'aient rendu les plus importans services aux sciences & à la religion. De grands hommes sortis de leur sein ont honoré les premières places de la hiérarchie ecclésiastique : elles peuvent encore produire ce qu'elles ont produit. Mais qu'on leur ôte l'expectative des *grades*, alors elles seront dans le cas du malade, dont nous venons de parler, que l'on tue, au lieu de lui donner les remèdes qui sont propres à sa maladie.

La nécessité d'être *gradué* pour être habile à posséder les premières dignités & les bénéfices les plus importans du royaume ; la certitude morale de parvenir à se procurer un état qui mettra à l'abri du besoin, & cela sans être obligé de recourir à la bassesse de l'adulation, & au ressort de l'intrigue : voilà les deux principaux motifs qui déterminent à venir étudier dans les universités, & à y prendre des degrés : voilà ce qui engage les familles à faire tant de sacrifices, pour y entretenir leurs enfans, & il est sûr que les écoles seroient bientôt désertes, si les études n'avoient point ce double objet. L'abrogation du concordat, ou simplement de l'expectative des *gradués*, seroit donc le dernier coup que l'on porteroit aux universités.

Mais comment les remplacer ? car enfin il est nécessaire qu'il y ait un enseignement public. Proposeroit-on les séminaires ? La chose est impossible. Nous sommes bien loin de blâmer l'établissement de ces maisons ; il ne peut que procurer un bien

infini à la religion, & par conséquent à l'état. Mais les séminaires n'ont pas & ne peuvent pas avoir le même but que les universités. On inspirera dans les séminaires aux jeunes gens les vertus propres à l'état ecclésiastique ; on s'assurera de leur vocation ; on les formera aux fonctions du saint ministère ; on les préparera à recevoir les ordres sacrés par la retraite & le recueillement. Mais c'est dans les universités seules qu'ils puiseront ce desir de se distinguer, qui développe avec tant d'activité le germe des talens ; c'est dans les universités seules qu'ils trouveront les secours multipliés, qui applanissent les difficultés du travail ; c'est dans les universités seules qu'ils recevront des leçons de maîtres habiles & éprouvés, & que les exercices fréquens, où ils auront à combattre des rivaux dignes d'eux, leur feront faire des efforts extraordinaires pour obtenir la palme du triomphe.

Rien de semblable ne peut avoir lieu dans un séminaire. 1°. Le théâtre n'est pas assez vaste pour exciter l'amour-propre à vaincre la paresse naturelle à l'homme. 2°. Les secours pour les connoissances à acquérir ne peuvent être aussi multipliés que dans une université. 3°. Il seroit impossible de s'y procurer des professeurs aussi habiles, que le sont ordinairement ceux de nos universités. Les places seroient en trop grand nombre, & elles ne pourroient être assez considérables pour fixer des hommes d'un mérite conformé. 4°. L'émulation ne seroit plus la même. 5°. Personne n'ignore la répugnance des jeunes clercs à entrer dans les séminaires de provinces ; il est souvent difficile de les y retenir plus de six mois de suite. Quel progrès peut-on faire dans un si court espace de temps ? il est vrai qu'on exige qu'ils y reviennent chaque fois qu'ils doivent être promus aux ordres : mais il en résulte toujours que leurs études n'ont point d'ensemble. 6°. La plupart des séminaires de provinces sont confiés à des congrégations séculières, distinguées à la vérité par la piété & la vertu de leurs membres, mais dont l'esprit de corps n'est pas ordinairement tourné vers les sciences.

Des vues plus grandes s'opposent encore à ce que les séminaires remplacent jamais les universités. Les séminaires sont, par leur fondation même, sous la seule inspection de l'évêque diocésain. Mais les études publiques & nationales doivent nécessairement être soumises à l'œil vigilant du magistrat politique. C'est à lui à veiller sur la doctrine ; plus nos maximes sur l'indépendance de la couronne & sur les libertés de l'église gallicane sont précieuses & importantes, plus il est essentiel que la jeunesse ne soit point élevée dans des préjugés contraires. Il importe en outre à l'ordre public, qu'il y ait de l'uniformité dans l'enseignement comme dans la doctrine, & qu'il y ait des corps qui répondent tout à la fois, & des hommes qui enseignent & des choses qu'ils enseignent. En matière de religion & de dogme, les universités sont les dépositaires des saines opinions auxquelles il faut s'attacher; ces corps feuls font en état d'étouffer dans leur naiffance les nouveautés dangereufes qui pourroient s'élever dans des écoles ifolées, & qui ne feroient foumifes à l'infpection, ni des chefs académiques, ni des magiftrats politiques.

C'eft donc fans fondement qu'on imagineroit pouvoir faire remplacer les univerfités par les féminaires. Ce font deux établiffemens précieux, fans doute, à la religion, à l'état, mais qui ont un but & un objet différens : il faut les conferver les uns & les autres. On anéantiroit les univerfités, fi on les dépouilloit de l'expectative des *grades* : en les fuppofant dans l'état de relâchement & de défordre, que leurs détracteurs leur reprochent fi amérement, il fuffiroit de les rappeler à leur première inftitution. Rien de plus facile : il ne s'agiroit point de réformer ni d'innover. Tous les ftatuts & tous les réglemens des univerfités font calqués à-peu-près fur le même modèle. Ils font tous dictés par la prudence & la fageffe. Les ordonnances du royaume qui les ont ou augmentés ou modifiés, font frappées au même coin. Qu'on tienne la main à l'exécution de ces ftatuts & de ces ordonnances, & l'on verra bientôt renaître l'émulation, l'exactitude & le travail dans les écoles. Les degrés feront ce qu'ils doivent être, c'eft-à-dire, un témoignage certain de la fcience & de la capacité des *gradués*, & un titre mérité à la poffeffion des bénéfices.

Mais il s'en faut de beaucoup que nos univerfités foient dans un état auffi trifte qu'on le fuppofe. Celle de Paris, la plus ancienne & la première, qui feule donne peut-être autant de degrés que toutes celles des provinces, renferme dans fon fein un nombre confidérable de profeffeurs inftruits & vertueux. Les belles-lettres y fleuriffent; la faine philofophie y eft enfeignée avec fruit & fuccès; les leçons de théologie y font données par des hommes qui ne font parvenus à leurs chaires, qu'après des travaux qui leur ont mérité que tous les fuffrages fe réuniffent fur eux.

La faculté des arts forme tous les jours des élèves qui portent dans la fociété le goût de la faine littérature. Ses cours de philofophie, qui ne fe font plus à préfent que dans les grands collèges, préfentent tous les objets d'inftruction que l'on peut defirer : & elle feroit à l'abri de tout reproche, fi les examens, pour parvenir à une maîtrife-ès-arts, étoient des actes plus probatoires qu'ils ne le font depuis long-temps; & fi les examinateurs étoient plus difficiles, fur-tout pour les eccléfiaftiques.

La faculté de théologie, conftamment attachée à fes anciens réglemens, ne difpenfe fes degrés qu'à ceux qui ont fait preuve de capacité & de talens. Il faut avoir étudié avec profit pour être en état de foutenir les examens & la thèfe de bachelier. Deux années de licence, remplies d'actes probatoires qui exigent une étude conftante, ne peuvent fe paffer fans qu'on acquière beaucoup de lumières & beaucoup de connoiffances.

Nous voudrions pouvoir rendre le même témoignage à la faculté de droit. Ses profeffeurs & fes agrégés font, fans contredit, en état de former de bons élèves : mais il ne faudroit pas fe contenter de leur faire apprendre par cœur des cahiers bannaux, fur lefquels on les interroge dans les examens pour les degrés, il ne faudroit pas fe contenter de thèfes qui ne font plus que des formalités. Il feroit néceffaire de remettre les ftatuts de la faculté en vigueur, & d'exécuter les ordonnances; alors les profeffeurs s'occuperoient férieufement de leurs leçons, & leurs claffes feroient fréquentées, non pas par quelques fcribes, mais par des difciples; & l'étude du droit canon & civil reprendroit, dans l'univerfité, la même faveur que celle de la philofophie & de la théologie.

La faculté de médecine ne mérite que des éloges; on ne peut lui reprocher ni abus, ni relâchement dans la manière dont elle difpenfe fes degrés.

Au refte ce font les facultés des arts & de théologie qui intéreffent plus particulièrement l'expectative des *gradués*. Quoique les autres facultés puiffent également donner droit aux bénéfices, c'eft ordinairement dans les deux premières que l'on prend fes degrés, à l'effet de pouvoir grever les collateurs & patrons, & requérir les bénéfices, à leur difpofition, vacans dans les mois affectés aux *gradués*. Ainfi quand la faculté de droit fe fentiroit de cet efprit de relâchement dont aucun corps de l'état ne s'eft entièrement préfervé, ce ne feroit pas une raifon pour regarder en général les *gradués* de l'univerfité de Paris comme peu favorables.

Quant aux univerfités dans les provinces, il y a fans doute des abus; on en compte cependant plufieurs où les études ont été, & font encore floriffantes, où l'on exige, pour l'obtention des *grades*, le temps d'affiftance aux leçons des profeffeurs, prefcrit par les ftatuts, & des actes vraiment probatoires. Les fujets qui fortent de ces univerfités, joints aux élèves de celle de Paris, forment fûrement le plus grand nombre des *gradués* qui font ufage de leur expectative : or, en général, ils font plus inftruits, plus éclairés, plus en état de conduire les ames, que la plupart des eccléfiaftiques qui n'ont fait d'études que celles des féminaires. Donc, dans l'état même actuel des chofes, les *grades* font utiles. Donc, malgré les abus introduits dans certaines univerfités, & le relâchement que l'on peut reprocher à quelques autres, l'expectative des *gradués* eft toujours favorable : elle fert toujours à entretenir l'émulation, à propager les lumières, à maintenir le véritable efprit des fciences, à bannir de parmi le clergé, du fecond ordre, les préjugés vulgaires, & les opinions plébeiennes qui ne fe perpétuent que trop dans les campagnes & dans les petites villes & qui font la fource d'une infinité de maux : elle fert à conferver, dans l'églife gallicane, l'unité d'efprit, d'opinion & des principes fur les matières les plus importantes, & c'eft peut-être à elle que nous devons l'avantage ineftimable d'avoir continué à être chrétiens catholiques, & cessé d'être chrétiens superstitieux.

« Si l'utilité de l'expectative des *gradués*, dit M.
» Piales, étoit douteuse, on pourroit peut-être,
» dans l'état présent des choses, la supprimer pour
» remettre les patrons & les collateurs dans leur
» première liberté. Mais cette utilité étant constante,
» il n'y a point à délibérer. L'unique parti à pren-
» dre, est de favoriser l'expectative, en réprimant
» les abus qui se sont glissés dans les universités,
» & dont on se plaint avec fondement; *il est beau-*
» *coup plus aisé de corriger les abus, que de remédier à*
» *ceux qui naîtroient infailliblement d'une liberté ex-*
» *cessive dans la disposition des bénéfices; on peut en*
» *juger par ce qui s'est passé dans le dixième siècle &*
» *dans les suivans* ».

§. III. *Différentes espèces de grades & gradués.* Les
grades que les ecclésiastiques prennent dans les universités ont deux objets; l'un de pouvoir requérir
les bénéfices vacans dans les mois affectés aux *gra-*
dués, l'autre de pouvoir posséder ceux que la loi
de la fondation, de l'église, ou de l'état, destine à
des *gradués*. Par conséquent deux espèces de *grades*,
comme deux espèces de *gradués*. *Grades* qui constituent ce qu'on appelle l'*expectative des gradués*;
grades qui donnent seulement l'aptitude à posséder
certains bénéfices: *gradués* expectans & *gradués* non-
expectans. Les *gradués* expectans sont *gradués* nommés ou *gradués* simples. Les *gradués* nommés sont
ceux qui ont des lettres de nomination d'une université sur tel collateur en particulier. Les *gradués*
simples sont ceux qui se contentent d'obtenir leurs
lettres de degrés, avec leurs attestations de temps
d'étude, & de faire signifier les unes & les autres aux
patrons ou collateurs qu'ils jugent à propos. Nous
verrons les droits de ces deux sortes de *gradués* au
§. 9 de cet article.

Parmi les *gradués* expectans, il en est qui le sont
ès arts, en médecine, en droit, en théologie. Chacune de ces facultés confère trois degrés: le premier
celui de bachelier, le second celui de licencié, &
le troisième celui de docteur.

La faculté des arts confère en même temps ses
trois degrés, ou pour mieux dire, elle les a réunis
dans un seul, qu'on appelle *maîtrise ès arts*. Ce degré
est nécessaire pour parvenir aux degrés des facultés
supérieures de médecine & de théologie, mais il
n'en est pas de même dans la faculté de droit.

Il faut donc distinguer quatre différentes espèces
de *gradués*; savoir, ès arts, en médecine, en droit
& en théologie. Il est même à remarquer que la
faculté de droit est double, parce qu'on y enseigne
le droit civil & le droit canon, & qu'elle peut conférer des degrés simplement en droit civil ou en
droit canon. Il est rare de ne pas y étudier l'un &
l'autre droit conjointement, on veut ordinairement
devenir bachelier, licencié, docteur *in utroque*.

Toutes les fois que l'on prend quelques-uns de
ces degrés, avec le temps d'étude prescrit par la
loi, on devient *gradué* expectant, c'est-à-dire, que

l'on a le droit de requérir les bénéfices vacans dans
certains mois de l'année, après cependant avoir
observé les formalités dont nous parlerons bientôt.

Si le temps d'étude n'accompagnoit point le
grade, on seroit ce que les canonistes appellent
gradué per saltum: ces sortes de degrés sont inutiles
pour requérir & même pour posséder les bénéfices
destinés aux véritables *gradués*. Il en seroit de
même des degrés de grace, c'est-à-dire, de ceux
que le pape accorderoit par des rescrits particuliers,
ou de ceux que le légat conféreroit. Comme ces
degrés de grace ne sont pas reconnus en France,
& qu'ils ne formeroient qu'un vain titre, on ne
voit guère personne en demander.

Parmi les *gradués* en droit, soit canon, soit civil,
on en distingue de deux sortes; savoir, les uns *jure*
communi, & les autres par bénéfice d'âge. On
appelle *gradués jure communi*, ceux qui ont fait les
cours d'étude ordinaires, réglés par la pragmatique,
le concordat & les statuts des universités. On
appelle *gradués* par bénéfice d'âge, ceux qui,
ayant atteint l'âge de 24 ans accomplis, obtiennent
le degré de bachelier après trois mois d'étude, &
celui de licencié après trois autres mois.

Les *gradués* par bénéfice d'âge sont incapables
de requérir les bénéfices affectés aux *gradués* expectans: mais ils peuvent, suivant la jurisprudence
actuelle, être valablement pourvus de ceux qu'on
ne peut posséder sans être *gradué*, comme les cures
des villes murées, les dignités des cathédrales &
les premières des collégiales. Il a même été jugé,
qu'un *gradué* en droit, avec une dispense de temps
d'étude accordée par des lettres-patentes duement
enregistrées, étoit capable d'être pourvu de ces
bénéfices. Les *grades* n'étant nécessaires dans cette
circonstance qu'en vertu des ordonnances du prince,
il est le maître d'y faire telle exception qu'il juge
à propos.

§. IV. *Quelles universités peuvent accorder des grades?*
On compte dans le royaume vingt-une universités,
en y comprenant celle d'Avignon. Ces universités
sont établies à Paris, Toulouse, Bordeaux, Rheims,
Bourges, Caen, Angers, Poitiers, Nantes, Valence, Aix, Montpellier, Besançon, Douai, Strasbourg, Dijon, Pau, Orléans, Orange, Nanci &
Avignon. Elles peuvent toutes accorder des degrés;
mais leurs degrés ne jouissent pas des mêmes droits
& des mêmes privilèges. L'expectative des bénéfices n'est point attachée aux degrés pris à Nantes,
Douai, Strasbourg, Besançon, Orange, Aix,
Nanci & Avignon, soit parce que ces universités
ne sont point fameuses & privilégiées, comme le
veulent la pragmatique & le concordat, soit parce
qu'elles ne sont point situées dans des provinces
où l'expectative des *gradués* ait été reçue. Cette
dernière raison nous paroît préférable, parce que
dans l'usage toutes les universités du royaume sont
réputées fameuses, à moins que l'on ne veuille
attribuer la qualité de fameuses, qu'à celles qui

réuniffent les quatre facultés des arts, de médecine, de droit & de théologie.

C'est au furplus à l'ufage & à la poffeffion qu'il faut s'en tenir. Les degrés des huit univerfités que nous venons de nommer, ne forment point des *gradués* expeftans. Ils ne peuvent être le fondement des lettres de nomination & des requifitions. Ils rendent feulement habiles à poffeder les dignités des cathédrales & collégiales, les théologales & les cures de villes murées, lorfqu'elles viennent à vaquer dans les mois libres.

Les degrés pris dans une univerfité étrangère ne donneroient aucun droit, ni aucune aptitude à la poffeffion des bénéfices. L'univerfité d'Avignon n'eft point réputée étrangère à la France, c'eft pourquoi nous l'avons comprife au nombre de celles du royaume, qui peuvent donner des *grades* fans expeftative. Il y a des auteurs qui avancent que depuis de nouvelles lettres-patentes de 1737, elle eft dans l'ufage d'accorder fréquemment des lettres de nomination à fes *gradués*.

§. V. *Dans quelles provinces l'expeftative des gradués eft-elle reçue?* Il eft conftant que le concordat a été fait pour être obfervé dans toutes les provinces & pays qui compofoient alors le royaume de France. Plufieurs jurifconfultes foutiennent que toutes les provinces qui, au commencement du règne de François I, relevoient en fief de la couronne, doivent être comprifes fous la dénomination de royaume de France. D'autres vont plus loin, & prétendent que par les termes de *royaume de France*, il faut entendre non-feulement toutes les provinces qui le compofoient anciennement, mais encore tous les pays qui peuvent être unis & incorporés au royaume par droit de conquête ou autrement.

« Nos ancêtres, difoit le célèbre Patru dans fon
» quatrième plaidoyer, ont jugé que le mot de
» royaume embraffoit généralement les terres, les
» principautés, & tout ce que la fortune ou la va-
» leur de nos monarques pouvoit ajouter au facré
» domaine des fleurs-de-lys, & certes il eft en
» cela des corps politiques comme des corps na-
» turels; les uns & les autres donnent à leur accroif-
» fement une nature toute nouvelle: au moment
» qu'une province devient françoife, au moment
» qu'elle devient membre du premier empire du
» monde, elle prend part à toutes nos prééminen-
» ces, à tous nos droits & à toute la grandeur d'une
» couronne fi augufte ».

Si on embraffe le premier fentiment, l'expeftative des *gradués* ne feroit admife que dans les provinces qui compofoient le royaume fous François I, *in regno & delphinatu*. Dans la feconde opinion, les droits des *gradués* expeftans auroient plus d'extenfion, puifqu'ils pourroient être exercés dans les provinces qui avoient été démembrées de la couronne avant le concordat & en relevoient toujours, & qui y ont été réunies depuis.

La troifième opinion nous paroît la plus fondée en droit. Il nous paroît évident que le concordat,

étant devenu une loi générale du royaume, doit y être obfervé dans toute fon étendue, abftraction faite du moment, de la circonftance & des motifs de la réunion des provinces. Nous nous fondons fur ce principe, que quand une province eft unie à un royaume, cette province eft foumife, au moment de l'union, à toutes les loix, participe à tous les privilèges & à toutes les prérogatives du royaume. Dumoulin a mis ce principe en axiome : *augmentum accedens per modum unionis, omnes qualitates & conditiones rei cui unitur, fufcipit, & omnino judicatur ficut eadem res*. Rebuffe l'a rendu d'une manière encore plus claire : *quando provinciæ vel villa adjicitur regno, debet regi fecundùm regulam regni cui accedit, & eifdem legibus & privilegiis eft gubernanda, quibus & regnum*.

Il eft difficile de décider à laquelle de ces trois opinions il faut donner la préférence, du moins fi on en juge par les faits. A peine le concordat fut-il publié, qu'il s'éleva des difficultés pour fixer les provinces où il devoit être exécuté. Ces expreffions *in regno & delphinatu* ne parurent pas claires. Les papes prétendirent qu'elles ne pouvoient s'entendre que des provinces foumifes à la domination françoife, dans le temps où la pragmatique fanftion fut publiée : & en conféquence, ils foutinrent que la Provence & la Bretagne devoient continuer d'être régies par les règles de la chancellerie romaine. La Provence fut fouftraite à ce joug, fans cependant que l'expeftative des *gradués* y fût introduite. La Bretagne refta provifoirement fous l'empire des règles de chancellerie, & nos rois, par déférence pour les papes, acceptèrent des indults qui les autorifoient à nommer aux bénéfices confiftoriaux. *Voy.* BRETAGNE, COMPACT BRETON.

Les collateurs & patrons de la Normandie s'oppoferent à l'expeftative des *gradués*, fous prétexte qu'ils n'avoient point affifté, ni par eux, ni par leurs repréfentans, à l'affemblée de Bourges où la pragmatique fanftion fut arrêtée; & que d'ailleurs le concordat ne pouvoit les obliger, parce qu'il ne contenoit point une dérogation expreffe aux privilèges de la chartre Normande. Ces deux motifs ne furent accueillis, ni par le grand-confeil, ni par le parlement de Paris, ni même par celui de Rouen. Si les Anglois étoient maîtres de la Normandie en 1438, c'étoit une ufurpation momentanée, qui n'empêchoit pas cette province d'être, dans le droit, une province du royaume. Quant à la chartre normande, elle ne pouvoit avoir d'application aux affaires de difcipline eccléfiaftique, telle que l'expeftative des *gradués*. Après plufieurs arrêts rendus en faveur des *gradués* de l'univerfité de Caen & de celle de Paris, les collateurs & patrons Normands fe font enfin foumis à la loi générale.

Après l'échange du marquifat de Saluces, on agita la queftion de favoir, fi la Breffe & les pays de Bugey, Valromey & Gex, qui avoient été tranfportés à la France, continueroient d'être régis par les règles de chancellerie romaine, ou feroient gouvernés par le concordat, & notamment si l'ex-pectative des *gradués* y auroit lieu. Le célèbre Patru fit valoir en 1643, les grands principes en faveur des *gradués*, & leur cause triompha.

L'Artois étoit une province de France en 1516, époque du concordat. Il passa sous la domination de la maison d'Autriche, & ne revint à la couronne que sous Louis XIV. Les diocèses d'Arras & de Saint-Omer ont prétendu successivement n'être pas soumis à l'expectative des *gradués*. La prétention du diocèse d'Arras a été condamnée par arrêt du conseil d'état du 30 juin 1688, & celle du diocèse de S. Omer, par arrêt du parlement de Paris du 26 janvier 1617.

La Flandre françoise a élevé les mêmes prétentions que l'Artois. La question a été agitée plusieurs fois entre les collateurs & les *gradués* : mais elle n'a pas encore reçu sa décision, *adhuc sub judice lis est.*

A l'égard de la Franche-Comté, du Roussillon, des Trois-Evêchés, de la Lorraine & de l'Alsace, nos auteurs disent qu'il faut distinguer le fait du droit. Dans le fait, les *gradués* n'y exercent pas leur expectative, parce que la réserve des mois apostoliques y est reçue : mais dans le droit, ils seroient très-fondés à l'y exercer & à en faire bannir les règles de chancellerie.

§. VI. *A quels bénéfices les gradués ont-ils droit ?* Nous avons distingué deux espèces de *gradués*. Les uns expectans & les autres non-expectans. Les *gradués* expectans ont un droit actif en vertu duquel ils peuvent requérir les bénéfices : les non-expectans n'y ont qu'un droit passif qui les rend seulement aptes à les posséder, & qui force les collateurs à choisir des titulaires parmi eux. Les bénéfices qui appartiennent dans ce sens aux *gradués* non-expectans, sont les dignités des églises cathédrales, & les premières des collégiales, selon l'article 31 de l'édit de 1606, ainsi que les théologales & les cures des villes murées, selon les dispositions de la pragmatique & du concordat. *Voyez* CURE, THÉOLOGALE.

Nous ne pouvons mieux faire connoître quels sont les bénéfices auxquels les *gradués* expectans ont droit, c'est-à-dire, qu'ils peuvent requérir, qu'en analysant les dispositions du titre 6 *de collationibus*, du concordat.

Præfatique ordinarii collatores, seu patroni ecclesiastici quicumque fuerint, ultra dictam præbendam theologalem quam ut preferur, qualificato conferre teneantur, tertiam partem, omnium dignitatum, personatuum, administrationum, & officiorum cæterorumque beneficiorum ecclesiasticorum, & eorum collationem, provisionem, nominationem, præsentationem seu quamvis aliam dispositionem, quomodo libet spectantium, viris litteratis graduatis & per universitatem nominatis, conferant hoc modo.

D'après cette disposition de la loi, la troisième partie de tous les bénéfices ecclésiastiques, à la disposition quelconque de tout collateur ou patron ecclésiastique, doit être soumise à l'expectative des *gradués*. Mais comment le sera-t-elle ? c'est ce que le concordat va nous apprendre à la suite du §. *præfatique.*

Dans le premier mois, après l'acceptation & la publication du concordat, les bénéfices qui viendront à vaquer, seront conférés aux *gradués* qui auront fait duement insinuer leurs lettres de degrés, & leurs attestations de temps d'étude : *graduatis hujusmodi qui litteras suorum graduum, cum tempore studii debitè insinuaverint, conferre teneantur.* Les *gradués* dont il s'agit ici sont les *gradués* simples, dont le droit n'est fondé que sur leurs lettres de degrés, & sur leurs attestations de temps d'étude.

Dans le second & le troisième mois, après l'acceptation & la publication de la loi, les bénéfices seront conférés selon le droit commun & ordinaire.

Dans le quatrième mois, les bénéfices qui viendront à vaquer, doivent être conférés, *viris graduatis per universitatem nominatis, qui gradus & nominationis litteras cum studii tempore, debitè insinuaverint.* Les *gradués*, dont il s'agit ici, ne sont pas les *gradués* simples, mais les *gradués* nommés, c'est-à-dire, ceux qui, outre leur *grade* & leur temps d'étude, ont encore des lettres de nomination de l'université où ils ont étudié.

Dans le cinquième & sixième mois, les collations seront libres.

Dans le septième, elles doivent être faites en faveur des *gradués* simples.

Dans les huitième & neuvième, elles seront libres.

Dans le dixième, elles sont destinées aux *gradués* nommés.

Enfin les collateurs & patrons useront librement de leurs droits, dans les onzième & douzième mois.

C'est ainsi que le concordat affecte le tiers des bénéfices aux *gradués*, en leur destinant ceux qui viendront à vaquer dans les quatre mois de l'année qui leur sont assignés.

Ces quatre mois sont, janvier, avril, juillet & octobre. Il y en a deux ; savoir, avril & octobre, qui sont affectés aux *gradués* simples, c'est-à-dire, à ceux qui n'ont d'autre titre que leur *grade* pour requérir. Les deux autres, savoir, janvier & juillet, appartiennent aux *gradués* nommés, c'est-à-dire, aux *gradués* qui, outre leur *grade*, ont des titres de nomination d'une université.

On appelle avril & octobre mois de faveur, parce que, pendant ces deux mois, le collateur peut favoriser, c'est-à-dire, choisir le *gradué* que bon lui semble parmi ceux duement insinués sur lui. On appelle janvier & juillet mois de rigueur, parce que, pendant ces deux mois, le collateur est obligé de conférer au plus ancien *gradué* nommé : *statuimus quoque & ordinamus quod collatores ordinarii & patroni ecclesiastici præfati, inter graduatos, qui litteras gradus cum tempore studii & attestatione nobilitatis debitè insinuaverint, quoad beneficia eis deputatis vacantia, gratificare possint illum ex eis, quem voluerint, quo verò ad beneficia in menfibus graduatis nominatis deputatis, antiquiori nominato conferre feu antiquiorem nominatum..... præfentare feu nominare teneantur.*

C'eût été faire peu de chofe pour les gens de lettres, de leur affecter les bénéfices qui vaqueroient pendant certains mois de l'année, fi l'on n'eût pris les moyens pour forcer les collateurs & les patrons à obéir à la loi. Le concordat a pris ces moyens, en déclarant nulles toutes les provifions données au mépris des difpofitions que nous venons de rapporter. Le décret irritant appofé à l'expectative des *gradués*, eft conçu en ces termes. *Si quis verò cujufcumque ftatus etiamfi cardinalatus, patriarchalis, archiepifcopalis, aut pontificalis, vel alterius cujuflibet dignitatis, contra prædiclum ordinem, & qualificationes fuperiùs ordinatas, de dignitatibus, perfonatibus, adminiftrationibus, vel officiis, feu quibuflibet aliis beneficiis ecclefiafticis hujus modi, aliter quàm modo prædiclo difpofuerit, difpofitiones ipfæ fint ipfo jure nullæ, collationefque & provifiones ac difpofitiones illorum, ad immediatum fuperiorem devolvantur, qui eifdem perfonis modo præmiffo qualificatis, providere teneantur, & fi contravenerint, ad alium fuperiorem devolvatur provifio & præfentati hujus modi gradatim, donec ad fedem apoftolicam fiat devolutio.*

Après avoir ainfi expofé le texte de la loi, revenons fur chacune de fes parties.

Le tiers des bénéfices, *tertiam partem*, eft affecté aux *gradués*, d'où l'on a conclu que les collateurs ou patrons monocules, c'eft-à-dire qui n'ont qu'un ou deux bénéfices à leur collation ou préfentation, n'étoient pas foumis à leur expectative. Cette conféquence n'eft peut-être pas bien exacte. Le tiers dont parle le concordat, n'eft point précifément une portion déterminée de bénéfices; il peut arriver que dans telle année, les *gradués* ne retirent pas le fixième de ceux qui auront vaqué, parce que la vacance ne fera pas arrivée dans leurs mois; comme par une raifon contraire, ils peuvent en recueillir plus du tiers. Ce n'eft donc pas la quotité des bénéfices que la loi a eu en vue, mais feulement la quotité des mois pendant lefquels ils viendroient à vaquer; peu importe donc la quotité de bénéfices, dont un collateur ou un patron pourront difpofer. Leur collation ou préfentation n'eft plus libre dès que le bénéfice vaque dans un mois de grade; les patrons ou collateurs monocules devroient donc être grevés comme les autres patrons ou collateurs : ce cas peut fe préfenter rarement, parce qu'il n'eft pas ordinaire que les *gradués* infinuent leurs grades, ou obtiennent des lettres de nomination fur un patron ou collateur qui ne nomme qu'à un bénéfice. L'opinion commune contraire aux *gradués*, doit être pour eux une raifon de ne pas s'expofer à en pourfuivre le jugement. Sur-tout depuis l'arrêt du parlement de Paris, du 22 août 1755, rendu en faveur d'un collateur monocule.

Il eft clairement décidé par les termes du concordat, que les dignités, perfonnats, adminiftra-

tions, offices & autres bénéfices eccléfiaftiques, qui dépendent des patrons ou collateurs eccléfiaftiques, peuvent être requis par les *gradués*, lorfqu'ils vaquent dans les mois qui leur font affectés. La dignité ou la qualité des collateurs ou patrons, ne peut les fouftraire à leur expectative; l'expreffion *etiamfi cardinalatus*, en fournit la preuve convaincante. Les cardinaux, qui, dans l'état actuel des chofes, ne reconnoiffent dans l'églife que le pape au-deffus, font foumis aux droits des *gradués*, quoiqu'ils foient parvenus à s'affranchir de l'indult du parlement de Paris, & que les indultaires foient conftamment préférés aux *gradués*. C'eft un des cas dans lefquels la prétendue règle, *fi vinco vincentem te, à fortiori te vincam*, eft fauffe : car dans le concours de trois pourvus d'un bénéfice, dépendant de la collation d'un cardinal, & qui aura vaqué dans un mois affecté à un *gradué*, l'un en vertu de l'indult, l'autre en vertu du grade, & le troifième par le cardinal *jure libero*, ce dernier ne fera point en droit d'exclure le *gradué*, en lui difant, je dois l'emporter fur l'indultaire, parce que le cardinal qui m'a fait titre n'eft point fujet à l'indult : mais l'indultaire l'emporte fur vous, puifque l'indult du parlement paffe avant l'expectative des *gradués* : donc je dois l'emporter fur vous, *fi vinco vincentem te, à fortiori te vincam*. Dans ce cas la règle eft fauffe, & le *gradué* exclut fans difficulté le pourvu par le cardinal : il y a beaucoup d'autres cas où cette règle ne peut pas s'appliquer. Dumoulin, *de infir. refign. n°. 70*, l'appelle *argutia in utramque partem verfatilis*.

Les *gradués* n'ont aucun droit pour requérir les évêchés, les abbayes & les prieurés conventuels qui font à la nomination du roi; ils n'ont aucun droit non plus fur les bénéfices à collation ou à patronage laïque. Le concordat le fait entendre par le foin qu'on a eu de répéter en plufieurs endroits *collatores & patroni ecclefiaftici....... beneficia ecclefiaftica*, ce qui exclut les collateurs, les patrons & les bénéfices laïques, felon l'axiome, *inclufio unius eft exclufio alterius.*

Les *gradués* peuvent requérir les bénéfices qui font à la nomination des abbeffes & autres fupérieures des monaftères des filles : c'eft l'opinion de Rebuffe, qui fe fonde fur ces expreffions du concordat, *fi quis verò cujufcumque fintus, &c.* il prétend qu'elles comprennent les hommes & les femmes. L'ufage y eft conforme.

Selon l'opinion commune, les bénéfices électifs & collatifs font fujets à l'expectative des *gradués*. Ces fortes de bénéfices font nommés improprement *électifs*, puifque les électeurs *eligendo conferunt*, & qu'il eft de la nature d'une élection d'être confirmée par le fupérieur. Quant aux bénéfices vraiment électifs, ils ne font point foumis à l'expectative des *gradués*. Il y en a peu qui ne foient pas à la nomination du roi.

A l'égard des bénéfices qui font à patronage mixte, il faut diftinguer. Les *gradués* n'ont pas droit

de requérir ceux auxquels les laïques & les eccléfiaftiques préfentent conjointement ; le patron eccléfiaftique profite alors du privilège du laïque : mais
fi le patronage n'eft mixte, que parce que les deux
patrons préfentent alternativement, le tour du patron eccléfiaftique eft fujet aux *gradués*, ainfi jugé au
parlement de Paris, par arrêt du 10 mai 1658. Cet
arrêt a été rendu au fujet des prébendes de Troyes,
qui font alternativement à la difpofition du roi &
du doyen du chapitre.

La partition que des chanoines feroient entr'eux
des collations des bénéfices appartenant au chapitre, ne pourroit préjudicier en rien aux droits des
gradués. Les chanoines ne conféreroient malgré le partage, que, *vice capituli* ; le chapitre reftéroit toujours collateur ; le droit feroit toujours le même
en foi, quoiqu'il eût changé quant à l'exercice.

La nomination des *gradués* fur un évêché, s'étend
à tous les bénéfices qui dépendent des abbayes &
des prieurés qui y font unis ; ainfi jugé au parlement de Paris le 9 décembre 1636. Dans cette caufe
M. l'avocat-général Bignon obferva qu'il faut faire
diftinction des unions ; quand le bénéfice uni eft
de qualité inférieure à l'autre, comme un prieuré,
à un évêché ou archevêché ; alors par le moyen
de l'union, le bénéfice uni perd fa qualité, qui
demeure fupprimée & confondue avec l'éclat de
la plus haute dignité, laquelle doit être confidérée
comme comprenant & enveloppant avec foi tous
les bénéfices unis. Suivant cette maxime, un *gradué*
nommé fur l'archevêché de Rheims, fut maintenu
dans la cure de Bourlonnal, diocèfe de Soiffons,
dépendante du prieuré d'Acy, réuni à cet archevêché.

Nous avons dit ci-deffus que les bénéfices confiftoriaux n'étoient point foumis à l'expectative des
gradués, non plus que les électifs confirmatifs, &
ceux qui font à la collation du roi. Ces exceptions
fe trouvent même dans le concordat ; mais il eft
d'autres bénéfices affranchis du droit actif des *gradués*, quoiqu'ils foient expreffément compris dans
les loix fondamentales de la matière ; ce font les
dignités des églifes cathédrales. Cet affranchiffement
a été prononcé par l'article premier de l'édit de
1606, enregiftré au parlement de Paris, avec la
claufe, *fans déroger au droit des indultaires*. Le grand-
confeil, le parlement de Bordeaux & celui de
Dijon, n'ont point enregiftré l'édit ; en conféquence
ces cours ont continué à fuivre la difpofition du
concordat.

L'édit de 1596, *art. 2*, avoit exempté de toute
expectative les premières dignités, tant des cathédrales que des collégiales, les pénitenceries & les
prébendes théologales & préceptoriales. Cet édit
n'a été vérifié dans aucune cour, & l'article premier de celui de 1606 parle taxativement des dignités des églifes cathédrales, & nullement de
celles des églifes collégiales : & on eft étonné de
voir M. Vaillant, Bengeus & Solier, s'appuyer de
l'édit de 1606, pour foutenir que les dignités des

collégiales ont été fouftraites à l'expectative des
gradués. C'eft une erreur reconnue aujourd'hui par
tous les jurifconfultes.

Au refte l'édit de 1606, par fon article 31, ordonne que nul ne pourra être pourvu des dignités
des églifes cathédrales, ni des premières des églifes
collégiales, s'il n'eft *gradué* en théologie ou en
droit canon ; & par la néceffité où font les collateurs de choifir des *gradués* pour remplir ces bénéfices en quelque mois de l'année qu'ils viennent
à vaquer, les gens de lettres fe trouvent dédom-
magés de ce que leur fait perdre l'article premier
du même édit.

C'eft une conféquence néceffaire de l'édit de
1606, que la pénitencerie & la théologale, dans
les cathédrales, font fujettes à l'expectative des
gradués, lorfqu'elles ne font point des dignités.

Lorfqu'un chef-lieu eft fitué en pays de concordat, & que les bénéfices qui en dépendent font
fitués en pays d'obédience, on demande fi ces bénéfices font fujets à l'expectative des *gradués* ? cette
première queftion en fait naître une feconde, qui
en eft l'inverfe. Lorfque le chef-lieu eft fitué en
pays d'obédience, & que les bénéfices qui en dépendent font en pays de concordat, les *gradués*
ont-ils droit à ces bénéfices, quand ils vaquent dans
les mois qui leur font affectés ?

Gohard, *tom. 3, pag. 107*, réfout ainfi ces queftions : « on a autrefois tenté d'affujettir à l'expec-
» tative des *gradués*, les diocèfes de Metz, Toul
» & Verdun, & vers le commencement de ce
» fiècle la Franche-Comté ; mais la forte oppofition
» qu'y ont faite les prélats du pays, ont rendu la
» tentative inutile. On juge même qu'ils doivent de-
» meurer déchargés, quoique le chef-lieu, dont
» les bénéfices fitués dans le pays dépendent, foit
» dans une province fujette au concordat. C'eft ce
» qui a été décidé au grand-confeil le 31 mai 1701,
» pour le prieuré de S. Nicolas de Ploermel en baffe
» Bretagne, membre de l'abbaye de Marmoutiers
» de Tours, & qui rend fort fufpect l'arrêt que
» M. d'Héricourt rapporte au contraire dans l'ar-
» ticle des *gradués*, n°. 30, fans date ni du mois
» ni de l'année, fur la foi du commentateur des
» maximes de Dubois. Fevret, dans fon traité de
» l'abus, *liv. 2, chap. 7, n°. 11*, va plus loin, &
» foutient qu'on doit décharger les bénéfices fitués
» même en pays de concordat, lorfque les abbayes
» ou prieurés à la nomination defquels ils font,
» fe trouvent en pays étranger & hors de la do-
» mination du roi, parce que les univerfités ne
» peuvent adreffer leurs lettres, qu'aux collateurs
» & patrons eccléfiaftiques du royaume, & qui
» lui font fujets. Il rapporte, pour le prouver, un
» autre arrêt du même tribunal, rendu en l'année
» 1633, en faveur de l'abbé de S. Claude, qui
» étoit alors fous la domination du roi d'Efpagne,
» pour le prieuré de la Ferté-fur-Aube ». Ainfi
Gohard femble décider les deux queftions contre les
gradués.

Cet

Cet auteur ne cite ni ne raisonne juste dans ce passage ; il sembleroit supposer que d'Héricourt a avancé que les bénéfices situés en pays d'obédience doivent être soumis à l'expectative des *gradués*, lorsque le chef-lieu est situé en pays de concordat. D'Héricourt ne dit rien de semblable ; voici son sentiment : « les pays d'obédience, qui sont régis
» pour la disposition des bénéfices, par la règle
» de chancellerie des mois & de l'alternative,
» sembleroient ne devoir pas être assujettis à l'ex-
» pectative des *gradués*, à cause des mois affectés
» au pape, qui dépouillent les collateurs de la dis-
» position d'une partie des bénéfices. Cependant
» l'auteur du commentaire, sur les maximes du
» droit canonique de M. Dubois, cite un arrêt du
» conseil, qui a jugé que les *gradués* pouvoient
» requérir en Bretagne les bénéfices vacans dans
» les mois de l'évêque. Si cette jurisprudence s'éta-
» blissoit, elle seroit d'autant plus dure pour les
» collateurs de cette province, que des six mois
» qu'ils ont pour conférer, trois sont affectés aux
» *gradués*. Si on vouloit les assujettir à cette char-
» ge, il faudroit les faire jouir de l'exemption de
» toutes les réserves apostoliques abolies par le
» concordat ». On voit que d'Héricourt est bien
loin de soutenir, comme le suppose Gohart, que
les bénéfices des pays d'obédience doivent être soumis à l'expectative des *gradués*, lorsque leur chef-
lieu est situé en pays de concordat. Gohart ne raisonne pas mieux qu'il ne cite juste, lorsqu'il décide
avec Fevret, que les bénéfices situés en pays de
concordat doivent être affranchis de la même expectative, quand leur chef-lieu est situé en pays
étranger ou en pays d'obédience. Nous en donnerons bientôt les raisons.

Lacombe traite, dans deux endroits de son *Recueil de jurisprudence canonique*, les deux questions
que nous examinons ici. Au mot *Gradué*, article
Bretagne, il s'exprime ainsi : « le droit des *gra-
» dués* n'a pas lieu en Bretagne, pas même pour
» les bénéfices qui y sont situés, & dont le chef-
» lieu est situé en pays de concordat : ainsi jugé
» par arrêt du grand-conseil de l'année 1701. Les
» prieurés unis de S. Nicolas de Boermelquer &
» de Frequiou, situés dans le diocèse de S. Malo,
» dépendans de l'abbaye de Marmoutier de Tours,
» ayant vaqué dans un mois de *gradué*, dom Pierre
» Rousset, religieux de S. Benoît, *gradué* nommé
» sur cette abbaye, fut condamné de laisser la pos-
» session de cette abbaye à M. l'évêque de Bayonne,
» pourvu par M. de Lionne, abbé de Marmoutier.
» Mais au contraire, si le bénéfice sujet à
» la collation est situé en pays de concordat, & le
» chef-lieu en Bretagne, le bénéfice est sujet au
» droit des *gradués*, parce que le concordat y as-
» sujettit la troisième partie de tous les bénéfices
» ecclésiastiques de France ; ce qui s'entend si le
» collateur de Bretagne a la collation de trois bé-
» néfices en pays de concordat, & non autre-
» ment ».

L'auteur décide nettement les deux questions. Il est clair d'après lui, que, lorsque le chef-lieu est en pays de concordat, & les bénéfices dépendans, en pays d'obédience, les *gradués* n'ont au-
cun droit sur ceux-ci ; & qu'au contraire, lorsque
le chef-lieu est en pays d'obédience, & les bénéfices dépendans, en pays de concordat, les bénéfices dépendans sont affectés à l'expectative des
gradués, s'ils sont au nombre de trois.

Cependant, au mot *Alternative*, *n*°. *11 & 12*, Lacombe avance des principes qui paroissent devoir
affecter aux grades les bénéfices situés en pays d'o-
bédience, lorsque leur chef-lieu est en pays de
concordat : « quand le bénéfice vacant & celui qui
» donne droit de conférer, sont situés en des pays
» différens, dont l'un est régi par le concordat, &
» l'autre par la règle de chancellerie des mois &
» de l'alternative, le collateur des pays appellés
» *d'obédience*, confère pendant toute l'année les
» bénéfices situés en pays de concordat ». La conséquence naturelle de ce principe est que le collateur doit être soumis à l'expectative des *gradués*,
pour les bénéfices de sa collation situés en pays
de concordat ; & cette conséquence s'accorde très-
bien avec ce que Lacombe a dit au mot *Gradué*.

Cet auteur continue : « de même aussi le col-
» lateur, dont le chef-lieu du bénéfice est en pays
» de concordat, dispose des bénéfices à sa colla-
» tion, situés en pays d'obédience, sans être su-
» jet à la réserve des mois apostoliques ; c'est
» ce qui a été jugé pour un bénéfice situé en
» Bretagne, dépendant de l'abbaye de S. Florent
» de Saumur, par arrêt du parlement de Paris,
» du 6 mai 1706, rendu sur les conclusions de
» M. Portail, alors avocat-général, depuis premier
» président ». Si la situation du chef-lieu en pays
de concordat, exempte de la réserve des mois apostoliques les bénéfices de sa dépendance, lorsqu'ils
sont en pays d'obédience, il paroîtroit conséquent
que ces bénéfices ainsi soustraits aux règles de
chancellerie, devinssent sujets à l'expectative des
grades. Car pourquoi le concordat s'étendroit-il,
contre le pape, aux pays d'obédience, & ne s'y
étendroit-il pas en faveur des *gradués ?* C'est peut-
être dans une espèce pareille qu'a été rendu l'arrêt cité par le commentateur de M. Dubois ; les
collateurs des pays d'obédience jouiroient, dans
ce cas, de plus de prérogatives que ceux des pays
de concordat, puisqu'ils seroient exempts tout-à-la-
fois & des réserves apostoliques, & de l'expectative des *gradués*.

M. Piales a traité ces questions dans son *Traité
des gradués*, & dans un article très-considérable,
qu'il a fourni au *Répertoire universel & raisonné de
jurisprudence*. Il s'exprime ainsi, *pag.* 24 du 28° tome
de ce dernier ouvrage, *première édition :* « c'est
» une question si, dans le cas où un bénéfice est
» situé en pays de concordat françois, mais dont
» le chef-lieu est situé dans une province où le
» concordat n'a pas lieu, il doit être assujetti à

» l'expectative des *gradués* ? La règle générale que
» les auteurs établissent d'après les principes du
» droit, est que, quand la loi du chef-lieu est plus
» favorable au collateur que celle du lieu de la
» situation du bénéfice, il faut la suivre ; & qu'au
» contraire, c'est celle du lieu du bénéfice qui doit
» être suivie, lorsqu'elle favorise davantage la li-
» berté du collateur : de-là on conclut que, quand
» le chef-lieu est situé en pays de concordat, &
» que les bénéfices qui en dépendent sont situés
» en pays d'usage, vulgairement *d'obédience*, où
» la règle *de mensibus* est observée, les bénéfices
» n'y sont point assujettis. Mais en est-il de même,
» lorsque le chef-lieu est situé en pays d'usage,
» & que les bénéfices qui en dépendent sont situés
» en pays de concordat ? La décision, en ce cas,
» est que les collateurs qui sont affranchis de la
» règle *de mensibus*, pour les bénéfices, ne peu-
» vent prétendre être affranchis de la loi du con-
» cordat, ni conséquemment de l'expectative des
» *gradués* ».

M. Piales, *p. 33* du même tome, dit encore :
« il a été jugé par plusieurs anciens arrêts, avant
» que la Franche-Comté eût été réunie à la cou-
» ronne, que les collateurs comtois n'étoient point
» obligés de conférer à des *gradués* les bénéfices
» de leur dépendance, situés dans le duché de
» Bourgogne : d'où l'on a conclu que les colla-
» teurs étrangers n'étoient point sujets à l'expecta-
» tive des *gradués*. Mais il y a lieu de douter si
» la question seroit jugée de même dans le cas où
» elle se présenteroit aujourd'hui, parce qu'on ne
» voit pas sur quel fondement ils pourroient être
» affranchis du droit des *gradués*. On parle des col-
» lateurs étrangers qui ont un certain nombre de
» bénéfices situés en pays de concordat, & qui
» par conséquent sont obligés d'avoir un vicaire
» en France, *ad conferenda beneficia*. Il est bien
» vrai que les *gradués* ne peuvent notifier leurs ti-
» tres & capacités à des patrons & collateurs ré-
» sidens en pays étrangers : mais rien n'empêche
» que les notifications, réitérations & requisitions
» ne soient faites aux vicaires de ces collateurs.
» S'ils étoient affranchis de l'expectative des gra-
» dés, il en résulteroit que leur sort, à cet égard,
» seroit bien plus avantageux que celui de tous
» les collateurs françois & de ceux de leur pays,
» attendu que ceux des collateurs qui ne sont pas
» assujettis à l'expectative des grades, le sont à la
» règle *de mensibus*, & que ceux qui sont exempts
» de cette règle sont sujets à l'expectative des *gra-
» dués* ; en conséquence ils jouiroient pendant toute
» l'année de la libre disposition de tous les béné-
» fices de leur dépendance : avantage que n'a au-
» cun collateur, soit françois, soit étranger. Il
» faut au moins que ces collateurs optent entre
» la loi du chef-lieu ou celle de la situation des
» bénéfices. Mais cette option ne peut avoir lieu
» pour les bénéfices qui sont en pays de concor-
» dat, quand le chef-lieu est situé dans un pays

» où la règle *de mensibus* est suivie, parce que
» cette règle ne peut être observée en pays de
» concordat françois ; les loix du royaume y ré-
» sistent absolument. Ainsi c'est aujourd'hui une
» opinion commune & fondée en principes, que les
» collateurs étrangers & ceux dont le chef-lieu est
» situé en pays d'usage, sont sujets à l'expectative,
» lorsqu'ils ont à leur disposition trois bénéfices
» situés en pays de concordat ».

On peut résumer en peu de mots l'opinion de
M. Piales. Si un collateur étranger a trois bénéfices en France, il est sujet à l'expectative des *grades*. Il en est de même d'un collateur françois,
qui dispose de bénéfices situés en pays de concordat, quoiqu'ils dépendent d'un chef-lieu situé en
pays d'usage. Cette première question nous paroît
décidée d'après les vrais principes, & ne pouvoir
souffrir de difficulté.

La seconde ne nous paroît pas aussi clairement
décidée. Selon M. Piales, il faut suivre la loi la
plus favorable au collateur ; d'où il conclut que,
quand le chef-lieu est situé en pays de concordat,
& que les bénéfices qui en dépendent situés
en pays d'usage, où la règle *de mensibus* est observée, les bénéfices ne sont point assujettis aux *grades*. Nous concevons parfaitement que les bénéfices
ne peuvent être tout-à-la-fois soumis à la règle
de mensibus & affectés à l'expectative des *gradués*.
C'est la raison pour laquelle les *grades* n'ont pas
lieu dans les pays d'usage. Mais si le concordat,
loi du chef-lieu, régit, comme l'assure Lacombe,
& comme il dit avoir été jugé par l'arrêt de 1706,
les bénéfices qui en dépendent, quoique situés en
pays d'usage, il n'y a pas de raison pour les soustraire à l'expectative des *gradués*. Au contraire,
dès que le concordat enlève ces bénéfices aux réserves apostoliques, il les affecte nécessairement aux
gradués. Les collateurs n'ont rien à opposer à ces
expectans. Ils ne peuvent pas dire que les bénéfices dépendans du chef-lieu dont ils sont titulaires,
sont, aux yeux de la loi, situés en pays d'obédience, puisque, si cela étoit, ils seroient sujets
aux réserves apostoliques. Il faut au moins, dit
M. Piales, qu'ils optent entre la loi du chef-lieu
& celle de la situation des bénéfices. Mais cette
option dépend-elle d'eux ? dépend-il des particuliers de restreindre une loi favorable, & qui, dans
les vrais principes, devroit régir tout le royaume
sans aucune exception, pour étendre des droits
contraires à la saine discipline, & qui ne sont que
tolérés parmi nous ? Il ne faut pas perdre de vue
que le concordat, en ce qui concerne les *gradués*,
mérite autant de faveur que la pragmatique, &
que les réserves apostoliques sont très-défavora-
bles, pour ne pas dire odieuses.

Nous ne dissimulerons point que nos auteurs
récens, tels que l'annotateur de d'Héricourt, ont
embrassé l'opinion de M. Piales. Mais il est à présumer qu'ils supposent soumis à la règle *de mensibus*, les bénéfices situés en pays d'usage, quoi-

que dépendans d'un chef-lieu situé en pays de concordat. Ils s'appuient sur l'arrêt de 1701, qui seul ne peut pas former jurisprudence, & qui d'ailleurs peut être balancé par celui de 1706.

Après avoir considéré les bénéfices affectés aux *gradués*, & en eux-mêmes, & par rapport aux collateurs & patrons, & par rapport au lieu de leur situation, nous devons encore les considérer par rapport à leur genre de vacance. Tout genre de vacance ne donne point ouverture aux droits des *gradués* sur les bénéfices vacans. *Quodque beneficia simpliciter vel ex causâ permutationis in mensibus graduatis simplicibus & nominatis assignatis vacantia, eis non sint affecta & debita; sed ex causâ permutationis, cum permutandis duntaxat : simpliciter verò vacantia beneficia hujusmodi personis idoneis, per ipsos ordinarios liberè conferri possint.*

Par cette disposition, le concordat excepte du nombre des bénéfices qui viennent à vaquer dans les mois qui sont affectés aux *gradués*, & que ces expectans ont droit de requérir, ceux qui vaquent par démission ou résignation pure & simple, & ceux qui vaquent par résignation pour cause de permutation. Il veut que les premiers soient à la libre disposition des collateurs, & que les seconds fassent impression sur la tête des copermutans. Il garde le silence sur les bénéfices qui vaquent par résignation en faveur entre les mains du pape. Mais si ceux qui vaquent par résignation simple, ou pour cause de permutation, sont affranchis de l'expectative des *gradués*, à combien plus forte raison ceux qui vaquent par résignation entre les mains du pape, doivent-ils en être déchargés ? C'est aussi un point constant dans la jurisprudence, que les titulaires des bénéfices peuvent, pendant les quatre mois affectés aux *gradués*, s'en démettre, les résigner en faveur, ou pour cause de permutation, sans que les expectans puissent les requérir, ni y prétendre aucun droit.

En convenant que les bénéfices vacans par permutation ne sont point sujets à l'expectative des *gradués*, nos anciens auteurs exceptoient le cas où les permutations étoient frauduleuses. L'exception est fondée en principe; mais la difficulté étoit de bien déterminer ce qui devoit caractériser, aux yeux de la loi, une permutation frauduleuse. Dumoulin l'avoit décidé : *si graviter ægrotans, pingue beneficium permutat, cum vili beneficio nepotis, & eodem morbo moriatur in mense graduati.* Mais Dumoulin a lui-même détruit cette décision, en disant que le mérite du copermutant survivant exclut toute idée de fraude. *Fraus excluditur, vel honesti ratio præpollet, si avunculus senex ægrotans permutat dignitatem vel pingue beneficium, cum tenui nepotis, doctoris & præstantis viri & talis beneficii digni.*

Il est facile de voir que toutes ces présomptions & leur application rendent la question absolument arbitraire. C'est pour détruire cette source de procès que l'on a établi que toute démission, permutation & résignation en faveur, seroient à l'abri de tout soupçon de fraude, & par conséquent des prétentions des *gradués*, si le démettant, le permutant ou le résignant est décédé après le temps marqué dans l'édit des insinuations de 1691, & après avoir été dépossédé par le démissionnaire, copermutant ou résignataire, de la manière & selon les formalités prescrites par les articles 12 & 13 de l'édit, & par la déclaration de 1748, interprétative de ces articles. *Voyez* INSINUATION, PERMUTATION, RÉSIGNATION.

Le concordat ne parle en aucune manière des vacances de droit, opérées par l'indignité, l'incapacité des titulaires, la nullité des titres, &c. De ce silence plusieurs auteurs, après la glose de la pragmatique-sanction, ont conclu, & avec raison, dit Boutaric, que le concordat, en n'excluant de l'expectative des *gradués* que les vacances sur démission pure & simple, ou pour cause de permutation, n'en avoit point exclu les vacances de droit, & qu'ainsi un bénéficier venant à commettre un de ces crimes qui font vaquer les bénéfices *ipso facto*, ou venant à se marier dans un des mois affectés aux *gradués*, ces expectans étoient fondés à faire valoir leur expectative : le raisonnement de ces auteurs est très-juste.

Cependant c'est aujourd'hui un point constant dans la jurisprudence, que les vacances de droit ne donnent point ouverture à l'expectative des *gradués*, & que cette expectative est réduite au seul genre de vacance par mort. C'est ce qui a été jugé en la grand'chambre du parlement de Paris le 4 juillet 1752, sur les conclusions de M. l'avocat-général Joly de Fleury, pour la chapelle Sainte-Croix, fondée dans l'église royale & collégiale de Melun, qui étoit en litige entre un pourvu *jure libero*, & un *gradué* nommé.

Les *gradués* n'ont pas indifféremment droit à toutes sortes de bénéfices : comme le clergé est divisé en deux classes, le séculier & le régulier, les *gradués* d'une classe ne peuvent pas requérir les bénéfices appartenans à l'autre classe; & cela est fondé sur la règle, *secularia secularibus, regularia regularibus,* dont le concordat a ordonné l'exécution. *Et insuper quòd tam graduati simplices quàm nominati, beneficia in mensibus eis assignatis petere & consequi possint, secundum propriæ personæ condecentiam & conformitatem, videlicet seculares, secularia, religiosi, regularia beneficia ecclesiastica, ita quòd secularis nominatus beneficia regularia in mensibus deputatis vacantia, pretextu cujusvis dispensationis apostolicæ, & è contrà religiosus, secularia beneficia petere aut consequi minimè possint.*

Cette clause, *prætextu cujusvis dispensationis apostolicæ,* fit naître, en 1770, une célèbre contestation entre la congrégation de S. Maur, & un *gradué* séculier, qui avoit obtenu, en qualité de *gradué*, d'un collateur, porteur d'un indult, avec la clause *licitè & liberè commendare valeas,* des provisions en commende d'un bénéfice régulier qui avoit vaqué en mois de *grade*. Cette contestation préfentoit la queſtion vraiment intéreſſante, de ſavoir ſi un collateur ordinaire, porteur d'un indult, qui lui donne la faculté de conférer en commende, peut uſer de cette faculté en faveur d'un gradué féculier, qui requiert un bénéfice régulier, vacant en mois de grade? La cauſe ayant été portée devant la commiſſion établie en 1771, le gradué féculier fut maintenu dans la poſſeſſion & jouiſſance du prieuré de Saint-Blin, dépendant de l'abbaye de Saint-Bénigne, en vertu de l'indult accordé à l'abbé de S. Bénigne.

La congrégation de S. Maur qui avoit fait conférer le bénéfice à un de ſes religieux gradué, ſe pourvut, ſous ſon nom, au conſeil du roi, qui, ſur ſimple requête, caſſa le jugement du 3 avril 1772, en ce qu'il auroit maintenu le gradué féculier en vertu de l'indult.

Le gradué féculier forma oppoſition à cet arrêt; il en fut débouté, & les parties renvoyées ſur le fond au conſeil ſupérieur de Nancy, qui, par ſon arrêt du 23 juin 1774, maintint dans le bénéfice contentieux un clerc féculier, réſignataire du gradué régulier. Ainſi il paroît décidé que les collateurs ordinaires, porteurs d'indult, n'ont pas la faculté de conférer en commende à des graduées féculiers, les bénéfices réguliers qui viennent à vaquer dans les mois de grade.

On demande ſi les lettres de nomination, accordées à un gradué féculier, peuvent ſervir à ce gradué devenu religieux? Malgré l'opinion de la gloſe ſur la pragmatique-ſanction, Boutaric décide en faveur du religieux; parce que, dit-il, les lettres de nomination affectent indifféremment les bénéfices féculiers & les réguliers, & qu'elles ſont accordées aux gradués, pour en jouir ſuivant & conformément à l'état dans lequel ils ſe trouveront, lors de la requiſition. M. Piales paroît avoir embraſſé l'opinion contraire.

§. VII. Comment on obtient des grades? Le concordat, qui eſt la baſe de la légiſlation des grades, preſcrit ce qui eſt néceſſaire pour devenir gradué. Præterea volumus quòd collatores ordinarii & patroni eccleſiaſtici, graduatis ſimplicibus aut nominatis, conferre teneantur qui per tempus competens, in univerſitate famoſâ ſtuduerint: tempus autem competens, decennium in doctoribus ſeu licentiatis aut baccalaureis in theologiâ; ſeptennium in doctoribus, ſeu licentiatis in jure canonico, civili, aut medicinâ; quinquennium in magiſtris, ſeu licentiatis in artibus cum rigore examinis à localibus incluſivè, aut in altiori facultate; ſexennium in baccalaureis ſimplicibus in theologiâ; quinquennium in baccalaureis juris canonici aut civilis, ſi ex utroque parente nobiles fuerint, triennium eſſe decernimus.

Nous remarquerons que ce paragraphe du concordat eſt la traduction exacte de l'article 5 de l'ordonnance du mois de mars 1498, renouvellée par celle du mois de juin 1510.

La première choſe néceſſaire pour acquérir des degrés ou grades utiles, à l'effet de pouvoir requérir des bénéfices, eſt le temps d'étude compétent dans une univerſité fameuſe: qui per tempus competens in univerſitate famoſâ ſtuduerint.

Le concordat, dans le paragraphe qu'on vient de rapporter, fixe le temps d'étude, qu'il appelle compétent. Mais, depuis la réformation des univerſités, chacune d'elles a des ſtatuts particuliers, dans leſquels eſt preſcrit le cours d'étude néceſſaire pour parvenir aux différens degrés. L'exécution de ces ſtatuts a été ordonnée par la déclaration de 1736, parce qu'ils forment la loi que les univerſités doivent ſuivre.

Originairement on ne pouvoit parvenir au degré de maître-ès-arts que par une étude de cinq ans en philoſophie: au commencement du ſeizième ſiècle, ce temps étoit déjà abrégé & réduit à trois ans ou trois ans & demi. Mais l'intention des deux puiſſances étant de n'attribuer le privilège de l'expectative qu'à ceux qui auroient un degré valable avec une étude académique de cinq ans, il fut réglé que, pour être maître-ès-arts avec faculté de jouir de l'expectative des gradués, il faudroit une étude de cinq années, dont deux en philoſophie, & trois dans une faculté ſupérieure: quinquennium autem in magiſtris ſeu licentiatis in artibus.... aut in altiori facultate.

D'après cette diſpoſition du concordat, un maître-ès-arts, ſur deux ans de philoſophie, qui veut jouir du privilège de l'expectative, a la liberté d'étudier trois ans dans celle des trois facultés ſupérieures que bon lui ſemble. Son temps d'étude ſeroit valable, quand il auroit étudié une année en théologie, une autre en droit, & une troiſième en médecine, ou quand il auroit étudié ſeulement ſix mois dans l'une des trois facultés, neuf mois dans une autre, & vingt-un mois dans une autre. Nous avouons que c'eſt donner bien de l'étendue à ces expreſſions, aut in altiori facultate: des études ainſi morcelées ne peuvent être d'une grande utilité, & nous avons de la peine à croire que telle ait été l'intention des légiſlateurs. C'eſt cependant l'opinion de M. Piales.

Le quinquennium ſeroit valable quand le gradué auroit commencé par faire une étude de trois années dans les facultés ſupérieures, & qu'enſuite il auroit fait ſon cours de philoſophie. Il en ſeroit de même dans le cas où il auroit étudié pendant deux ans de philoſophie, ſans prendre le degré de maître-ès-arts, & qu'enſuite il auroit pris le degré de bachelier en droit avec une étude de trois ans.

Dans les univerſités de Paris & de Louvain, il y a un règlement ſuivant lequel elles ne peuvent accorder des lettres de degré, qu'à ceux qui ont étudié dans leurs écoles. Mais dans celle de Paris, deux années de philoſophie, faites dans une des univerſités qui lui ſont affiliées, ſont comptées pour une, de ſorte qu'un écolier qui a fait dans l'univerſité de Reims ou dans celle de Nantes, un cours de deux années de philoſophie, peut être promu au degré de maître-ès-arts, dans l'univerſité de Pa-

GRA

GRA 797

ris , en y prenant feulement pendant un an les leçons d'un profeffeur de philofophie ; mais c'eft une
régle générale dans toutes les univerfités, de n'accorder des degrés fur des études faites dans d'autres univerfités, qu'en rapportant un certificat authentique de l'univerfité dans laquelle l'étude a été
faite. Il eft conféquent que des études faites dans
des écoles particulières, quelque célèbres qu'elles
puiffent être, font inutiles pour l'obtention des degrés, fi ces écoles ne dépendent ou ne font membres de quelque univerfité privilégiée. Toutes les
univerfités du royaume font privilégiées, quoique
toutes ne jouiffent pas de l'expectative des *grades*.

Pour qu'un degré foit valide, il eft néceffaire
qu'il ait été précédé par le temps d'étude requis.
Suppofons qu'un écolier, après une étude quelconque de philofophie, ait été créé maître-ès-arts,
& qu'enfuite s'appercevant de l'infuffifance de cette
étude, il faffe une feconde année de philofophie ;
dans cette fuppofition, le degré de maître-ès-arts,
pris par anticipation, feroit abfolument nul. Il faudroit fubir de nouveaux examens, & obtenir de
nouvelles lettres de maître-ès-arts.

Il faut de plus, pour la validité d'un degré, que
l'étude ait été faite dans la faculté qui confère ce
degré. Un arrêt du parlement de Touloufe du 2
mai 1747, fait défenfes aux univerfités de fon reffort, de conférer à l'avenir le degré de maître-ès-
arts à ceux qui n'auroient point étudié en philofophie pendant deux ans dans une univerfité privilégiée.

Plufieurs univerfités étoient tombées dans un relâchement confidérable fur la conceffion des degrés.
Elles en accordoient facilement, fans exiger ni le
temps d'étude prefcrit, ni les actes probatoires néceffaires pour s'affurer de la capacité de ceux qui
vouloient y parvenir. Avec de femblables degrés,
on occupoit paifiblement les dignités des églifes cathédrales, les premières places des collégiales &
les cures des villes murées. Mais quelques dévolutaires mirent fin à ces abus : dès 1731 , le par-
ment de Paris, par fon arrêt du 30 juillet, avoit
maintenu le fieur Maignon dans la poffeffion de
la cure de S. Nicolas de Civray, contre un particulier qui n'avoit point de degrés valables pour
poffeder une cure de ville murée, & fit défenfes
à l'univerfité de Poitiers d'accorder les lettres de
graduées à ceux qui n'auroient pas fatisfait aux réglemens.

Le parlement de Touloufe rendit le 5 avril 1735,
un arrêt qui fit trembler tous les détenteurs des
bénéfices avec des degrés obtenus fans temps d'é-
tude. Par cet arrêt, le fieur Caphern, pourvu de
l'archiprêtré-cure de la ville de Tournai au diocèfe de Tarbes, fut dépoffédé de ce bénéfice, &
le fieur Lay, dévolutaire, maintenu fur le fondement de la nullité du degré de maître-ès-arts, obtenu par le fieur Caphern, fans avoir rempli le
temps d'étude requis, & nonobftant qu'il fût poffeffeur paifible de cette cure depuis dix-huit ans.

Cet arrêt du parlement de Touloufe donna le
fignal aux dévolutaires, qui fe répandirent dans
toutes les provinces, & attaquèrent, fur le prétexte réel de nullité de leurs degrés, une multitude de dignitaires dans les cathédrales & les collégiales, & de curés dans les villes murées. Ainfi
d'un premier défordre il en naiffoit un fecond ;
c'étoit un défordre que les univerfités accordaffent
des degrés fans temps d'étude & fans actes probatoires. Mais c'en étoit un auffi de voir tout-à-
coup un nombre confidérable d'anciens & de pai-
fibles titulaires, dépouillés par des hommes qui
n'avoient d'autre reproche à leur faire que de s'ê-
tre conformés à un ufage, abufif à la vérité, mais
cependant généralement reçu.

Pour parer à cet inconvénient, & fur les remontrances de l'affemblée du clergé de 1735, eft
intervenue la déclaration du 6 décembre 1736, par
laquelle il a été ordonné que ceux qui obtiendroient
à l'avenir des degrés, feront tenus de fe conformer exactement, foit en ce qui concerne le temps
d'étude, ou en ce qui regarde les examens & actes
probatoires, aux régles établies par le concordat,
par les ordonnances du royaume, par les ftatuts &
réglemens de chaque univerfité, le tout à peine de
nullité. Sa majefté, par cette même déclaration,
voulut bien, conformément aux repréfentations du
clergé, fufpendre, pour le paffé, l'exécution rigoureufe des ordonnances, & avoir égard à la faveur
que pouvoient avoir les anciens poffeffeurs paifi-
bles des titres eccléfiaftiques, qui jouiffoient d'une
poffeffion triennale & paifible.

Il eft donc conftant que rien n'annulle davantage les *grades* que le défaut de temps d'étude, foit
qu'on les confidère comme donnant un droit actif
aux bénéfices, foit qu'on les envifage comme donnant une fimple aptitude à le poffeder. Les *gradués* expectans ne tombent guère dans ce défaut,
parce qu'ils font prefque toujours furveillés par des
rivaux, qui profiteroient du moindre vice qui fe
trouveroit dans leurs titres ; les *gradués* non expectans n'ont à craindre que les dévolutaires.

Quoique le temps d'étude foit abfolument requis pour la validité des *grades*, il fuffit cependant
d'une préfence moralement continuée dans le lieu
des écoles. Quelques jours d'abfence ne formeroient
point un vice radical : *in moralibus parùm pro nihilo
reputatur*. Ainfi jugé par deux arrêts de la grand'
chambre du parlement de Paris, des 26 août 1766
& 30 juillet 1777. Par le premier, le nommé de l'u-
niverfité d'Angers fut maintenu dans le bénéfice
contentieux, quoiqu'il lui manquât trente-fept jours
pour avoir fes deux années de philofophie complettes. Il avoit commencé la première année douze
jours après l'entrée des claffes, & l'avoit fini huit
jours avant la clôture : à l'égard de la feconde
année, il avoit quitté la claffe dix-huit jours avant
les vacances. On eftima que les vacances du commencement & de la fin de l'année n'étoient pas
confidérables, parce que dans l'un & dans l'autre

cas, les exercices claffiques font, à ces époques, peu animés ou fort languiffans.

Par le fecond arrêt, le fieur Tourniol fut maintenu dans la cure d'Ahun, quoiqu'il fût conftaté qu'il s'en falloit de huit jours que fes deux années de philofophie ne fuffent complettes.

Le concordat retranche deux années du temps d'étude en faveur des nobles; mais ce retranchement n'eft que pour les bacheliers en droit canonique & civil. On ne doit pas en étendre la difpofition aux *graduès* des autres facultés. La glofe de la pragmatique-fanction prend fi fort à la lettre les termes employés dans le concordat, qu'elle ne fouffre pas même l'extenfion aux autres degrés du droit canonique & civil, & qu'elle décide que, pour le doctorat ou la licence, les nobles & les roturiers ont befoin du même temps d'étude. *Si voluiffet Leo minus tempus fufficere, in licentiato vel doctore nobili dixiffet, fed non dixit, ideò nec nos dicemus.* Rebuffe & l'auteur des notes fur Charloteau, font d'un avis contraire : ils foutiennent que le retranchement de deux années en faveur des nobles doit avoir lieu pour tous les *grades* en droit canonique & civil, & non pas pour les bacheliers feulement.

De ce que nous venons de dire, il réfulte que, pour obtenir des *grades*, il faut avoir rempli le temps d'étude prefcrit par le concordat, les ordonnances du royaume, & les ftatuts des univerfités; avoir fubi les actes probatoires, néceffaires pour parvenir aux degrés; avoir les lettres de ces degrés, & des lettres de nomination, fi l'on veut être *graduè* nommé.

§. VIII. *Formalités à remplir pour fe fervir utilement des grades*, Avant d'entrer dans la difcuffion de ce 8e paragraphe, il eft néceffaire, pour l'intelligence de ce que nous avons à dire, de fixer les notions qu'on doit prendre du mot *infinuation*, qui, dans le concordat & dans nos ordonnances, préfente trois acceptions différentes, qu'il faut avoir grand foin de bien diftinguer.

La première infinuation dont parle le concordat au §. *prafat. ordinarii*, en ces termes, *qui litteras fuorum graduum cum tempore ftudii debite infinuaverint*, eft celle qui oblige les *graduès*, avant de pouvoir requérir comme *graduès*, les bénéfices vacans dans les mois qui leur font affectés, d'infinuer aux collateurs de qui ils efpérent des bénéfices, leurs titres & capacités. Cette infinuation n'eft autre chofe qu'une fignification & exhibition que font les *graduès* de leur nom & furnom, de leur extrait baptiftaire, lettres de tonfure, de leurs ordres facrés s'ils en ont, de leurs degrés, temps d'étude, atteftation de nobleffe, s'ils prétendent s'en fervir. Nous appellerons *notification* cette première infinuation.

La fecondc infinuation dont parle le concordat au §. *teneanturque*, fignifie la réitération de leurs noms, furnoms & qualités, que les *graduès* font tenus de faire aux collateurs tous les ans en temps

de carème, après leur première infinuation ou notification, & nous l'appellerons *réitération*.

La troifième efpèce d'infinuation, de laquelle ni la pragmatique-fanction, ni le concordat n'ont point parlé, mais que des ordonnances particulières & poftérieures ont établie, eft l'enregiftrement qu'on eft obligé de faire faire au greffe des infinuations, de la notification & réitération des titres & capacités, un mois après qu'elles ont été faites, à peine de nullité.

Ces notions une fois fixées, voyons ce que les *graduès* doivent faire pour fe fervir utilement de leurs grades. Nous ne parlerons ici que des *graduès* expectans : le concordat fera toujours notre guide.

Præfatique graduati & nominati collatoribus ordinariis, five patronis ecclefiafticis, femel ante vacationem beneficii, de litteris gradus, feu nominationis & de præfato tempore ftudii, per litteras patentes univerfitatis in quâ ftuduerint, manu fcribæ, & figillo univerfitatis fignatas fidem facere teneantur.

D'après cette difpofition du concordat, les *graduès* font obligés, une fois avant la vacance du bénéfice, de juftifier, *fidem facere*, aux collateurs ou patrons eccléfiaftiques, de leurs lettres de degrés & nomination, & de leur temps d'étude, certifiées par lettres-patentes de l'univerfité dans laquelle ils auront étudié, lefquelles lettres-patentes feront fcellées du fceau de l'univerfité, & fignées de fon fecrétaire.

Comment cette juftification doit-elle fe faire ? Le §. *teneanturque* va nous l'apprendre : *teneanturque præfati graduati tam fimplices quàm nominati, patronis ecclefiafticis, aut collatoribus ordinariis, quibus gradus aut nominationis infinuare debent, litteras fuorum gradus & nominationis, certificationis temporis ftudii, atteftationis nobilitatis duplicatas dare.* La juftification des titres & capacités fe fait donc, en donnant aux collateurs ou patrons des copies des lettres de degrés, de nomination, & de temps d'étude & d'atteftation de nobleffe. C'eft dans l'exécution de toutes ces conditions que confifte la première infinuation, que nous appellons *notification*. Elle eft d'une néceffité abfolue ; c'eft par elle feule que les collateurs ou patrons ont connoiffance de leurs créanciers ; c'eft par elle feule qu'ils deviennent débiteurs des *graduès*.

Il n'eft pas douteux que la notification doit précéder la réquifition, c'eft-à-dire la demande du bénéfice ; elle en eft le fondement. Mais cette notification doit-elle être faite avant la vacance du bénéfice ? Cette queftion n'en devroit pas faire une, d'après les termes même du concordat : *femel ante vacationem beneficii* ; rien ne paroît plus clair. Il y a cependant deux fens que l'on eft agitée. Rebuffe, Guimier & plufieurs autres auteurs prétendent qu'il fuffit que la notification foit faite pendant la vacance du bénéfice, qu'il n'y ait point d'autres *graduès* en règle qui aient grevé le patron & collateur, & que la requifition ait été faite avant toute provifion *per obitum*, c'eft-à-dire les chofes étant encore dans leur entier. On appuie même cette opinion sur plusieurs arrêts que l'on prétend avoir jugé contre des pourvus *per obitum* , par l'ordinaire ou par le pape, & en faveur des *gradués* qui avoient notifié après la vacance.

Les partisans de l'opinion contraire opposent à Rebuffe &, à ceux qui l'ont suivi, le texte même de l'ordonnance de 1512 & celui du concordat ; quant aux arrêts cités, ils soutiennent qu'il n'en est aucun qui ait jugé précisément la question, & cela est effectivement vrai, comme il est prouvé dans Denisart , *verbo Gradué.*

La question s'est présentée en 1775 en la grand'chambre du parlement de Paris, entre le sieur Cluzel, *gradué* nommé sur le chapitre de S. Calais, diocèse du Mans, & le sieur le Grand, aussi *gradué*, mais qui n'avoit notifié que postérieurement à la vacance de la cure de Bessé, à laquelle le chapitre, qui en étoit patron, l'avoit présenté. Le sieur Cluzel l'ayant requis depuis la nomination du sieur le Grand, essuya un refus de la part du chapitre, sur le motif que le bénéfice étoit rempli. Ce *gradué* réfusé se pourvut successivement auprès de M. l'évêque du Mans & de l'archevêque de Tours, auprès desquels il ne réussit pas mieux. Il interjetta appel de tous ces différens refus & de la présentation du sieur le Grand. Son moyen d'abus contre le refus du chapitre de Saint-Calais, & la nomination du sieur le Grand, consistoit à dire que le sieur le Grand n'ayant notifié ses *grades* que depuis la vacance de la cure de Bessé, n'y avoit aucun droit d'après les termes du concordat & l'ordonnance de 1512, & ne pouvoit par conséquent l'emporter sur lui, dont les titres & capacités , ainsi que la notification & la réitération, étoient parfaitement en règle.

Sur ce moyen d'abus, M. Séguier, avocat-général, qui porta la parole dans cette cause, établit qu'il suffisoit, pour pouvoir requérir un bénéfice, d'avoir notifié ses titres & capacités après la vacance, & que , d'après la déclaration de 1745 , le chapitre de S. Calais avoit pu nommer le sieur le Grand à la cure de Bessé, malgré l'antériorité de la notification du sieur Cluzel.

Par arrêt du vendredi premier septembre 1775 , il fut dit n'y avoir abus dans le refus fait au sieur Cluzel par le chapitre de S. Calais, ni dans la présentation du sieur le Grand, lequel fut maintenu dans la possession de la cure de Bessé. Cet arrêt a jugé qu'il suffit même contre un *gradué*, d'avoir notifié après la vacance du bénéfice, lorsqu'elle arrive dans les mois de faveur. La contestation présentoit plusieurs autres questions qui n'avoient aucun rapport avec celle de la notification des *grades.*

Il paroît que la jurisprudence actuelle seroit de déclarer bonne & valable une notification postérieure à la vacance, mais antérieure à toute provision, contre les pourvus *per obitum*, & même contre des *gradués* dans les mois de faveur ; mais il ne devroit pas en être de même dans les mois de rigueur.

Le concordat n'exige pas que l'on notifie toutes ses lettres de degrés ; il demande seulement la notification des lettres d'un degré ,. *de litteris gradûs.* Le maître-ès-arts , par-exemple , qui est aussi bachelier en théologie, peut , à son choix , notifier l'un ou l'autre de ces *grades.* Il n'est point obligé de les notifier tous les deux ; mais il doit prendre garde & avoir attention à choisir celui pour lequel il a le temps d'étude prescrit par le concordat. On a vu quelquefois des *gradués* perdre leur procès, parce qu'ils avoient eu l'imprudence d'insinuer comme bacheliers en théologie, n'ayant qu'un certificat de temps d'étude de cinq années. Boutaric observe sur ce paragraphe, que le concordat n'exigeant de la part des *gradués* simples, que l'insinuation de leurs *grades* & certificats de temps d'étude, & pour les *gradués* nommés, que l'insinuation de leurs lettres de *grades* , certificat d'étude & nomination ; ceux qui ont cru que les *gradués* étoient tenus d'insinuer encore leurs autres capacités , comme extrait de baptême , lettres de tonfure , &c. l'ont cru sans fondement.

Selon le concordat , les lettres de temps d'étude devroient être munies du sceau de l'université qui les accorde, & signées par son greffier. Il faut suivre, malgré la disposition de la loi, les usages des différentes universités. A Paris, les facultés , excepté celle des arts, font expédier des lettres de temps d'étude , signées seulement de leur grand-bedeau , qui fait dans ces corps la fonction de greffier ; les docteurs & les licenciés en théologie obtiennent de l'université des lettres de nomination sur ce témoignage : les docteurs & licenciés en droit & en médecine peuvent en obtenir dans la même forme. Les lettres du temps d'étude sont scellées du sceau de la faculté qui les accorde.

Les lettres du temps d'étude doivent exprimer le commencement & la fin des études. Un arrêt du parlement de Paris, rendu en forme de réglement pour l'université d'Angers, condamne l'usage où étoit cette université d'énoncer vaguement dans ses testimoniales le temps d'étude. L'énonciation exigée ne doit présenter aucune incertitude, & doit au contraire offrir , d'une manière déterminée, les époques où les études ont commencé & fini.

Au parlement de Toulouse, on n'admet point l'inscription de faux contre les certificats de temps d'étude, délivrés par les universités. Mais on peut les détruire par des actes contraires, tels que ceux qui prouveroient l'*alibi*. C'est ce qu'assure Boutaric , d'après plusieurs arrêts rapportés par M. Catelan. Drapier , *matières bénéficiales* , *tom. 2 , p. 315*, dit que l'on admet la preuve par témoins contre ces certificats, & il cite des arrêts du parlement de Paris des 6 mars 1648 & 28 mai 1663. Nous croyons que l'inscription de faux ne pourroit être admise, s'il n'y avoit au moins un commencement de preuve par écrit. Drapier convient qu'on ne seroit point admis à faire preuve, qu'un étudiant n'a pas fréquenté les écoles, quoiqu'il résidât dans la ville où est l'université, parce que la résidence, jointe aux lettres de temps d'étude, fait présumer qu'il a assisté aux leçons des professeurs.

La notification dont il s'agit ici peut se faire dans tous les temps de l'année indifféremment. Il n'y a point de délai marqué dans la pragmatique, ni dans le concordat, ni dans les ordonnances, dans lequel un *gradué* soit obligé de notifier, sous peine de déchéance. On regarde aujourd'hui les titres d'un *gradué* comme imprescriptibles, c'est-à-dire qu'il peut différer de les faire notifier autant qu'il lui plaira.

Autrefois la notification devoit se faire par le ministère d'un notaire royal : depuis l'édit du mois de décembre 1691, portant création des notaires apostoliques, c'est à ces derniers que ces sortes d'actes sont réservés exclusivement à tout autre, & à peine de nullité. M. Piales ne regarde cependant pas cette nullité comme radicale. Il n'y a qu'un *gradué* qui pourroit la faire valoir ; elle n'existeroit même pas, s'il n'y avoit point de notaire apostolique dans l'arrondissement du lieu où la notification est faite. L'édit de 1691 est en grande partie bursal, & les nullités qu'il prononce ne sont absolues, que lorsque l'infraction de ses dispositions pourroit faire présumer la fraude & le dol.

Il n'y a point de loi qui ait réglé la forme des actes de notification. Il faut se conformer exactement à la disposition du concordat rapportée ci-dessus. En conséquence, il faut, 1°. faire exhibition des lettres de degré, de temps d'étude & de nomination. 2°. Il faut que les lettres soient scellées du sceau, & signées du greffier de l'université qui les accorde, sauf cependant les usages particuliers à l'université de Paris. 3°. Il faut montrer les originaux des lettres. 4°. Il faut marquer dans l'acte de notification, que les lettres ont été montrées & exhibées au pourvu ou collateur, ou à celui qui le représente. 5°. Il faut laisser copie non-seulement de l'acte de notification, mais encore des lettres de degrés, temps d'étude & de nomination, afin que le patron ou collateur puisse les examiner : ces formalités doivent être observées à peine de nullité. Par arrêt du 4 septembre 1778, un *gradué* fut débouté de sa demande en complainte au sujet de la cure de S. Christophe-en-Boucherie, diocèse de Bourges, faute par lui d'avoir laissé copie de ses titres au patron, ou de n'avoir pas fait exprimer dans l'acte de notification, qu'il en laissoit copie.

La notification peut être faite par le *gradué* en personne, ou par son fondé de pouvoirs, ou même par celui qui est porteur des titres sans procuration : *traditione instrumenti fit procurator.* Boutaric regarde comme essentiel, le défaut de procuration pour notifier. Le plus sûr est d'en adresser une à celui que l'on charge de ses pièces.

La règle générale est que la notification doit être faite à ceux, soit patrons, soit collateurs, à qui les lettres de nomination sont adressées. Elle doit régulièrement l'être au chef-lieu de la prélature, dignité ou bénéfice, qui donne droit de présentation ou de collation. Si le collateur ou son vicaire est hors du diocèse ou de son domicile, la notification ne peut lui être faite qu'en parlant à sa personne.

Quoique le grand-vicaire d'un évêque n'ait point, par ses lettres, le pouvoir de conférer les bénéfices, il peut néanmoins recevoir les actes de notification. Mais il est plus sûr de faire ces actes à l'évêché, en parlant au secrétaire de l'évêque, lorsque le prélat est absent, & au suisse, à défaut de tout officier du prélat.

Lorsqu'un droit de présentation ou de collation est possédé en commun par l'abbé & les religieux, & que l'abbaye est en commende, la notification doit être faite tant à l'abbé qu'aux religieux, par des actes séparés. Dans ce cas, la notification pour l'abbé doit être faite au logis abbatial, en parlant au vicaire de l'abbé s'il en a un ; & si le vicaire réside dans la ville épiscopale, il faut aller le trouver. Quant aux religieux, la notification doit être faite au prieur, ou, en son absence, au sous-prieur ; & en l'absence de l'un & de l'autre, au procureur ou à l'ancien des religieux. La notification faite à l'abbé en parlant au prieur, n'est valable que quand l'abbaye est possédée en règle.

Dans l'absence du patron ou collateur, ou de son vicaire sur les lieux, la notification doit être faite au chef-lieu du bénéfice, en parlant au régisseur ou fermier, ou autre personne attachée à ce patron ou collateur ; & si l'on ne trouve personne dans la maison abbatiale ou prieurale, on en dresse procès-verbal, & l'on a recours au prieur claustral, si c'est un monastère, ou au plus proche voisin, si c'est une maison prieurale. On remet l'acte de notification, & les copies des titres & capacités à la personne à laquelle on a parlé.

Pendant la vacance du siège épiscopal, les notifications doivent être faites au secrétariat de l'évêché : pendant la vacance du siège abbatial & prieural, il faut notifier comme ci-dessus. Mais il n'est pas permis de notifier au greffe des insinuations ecclésiastiques du diocèse, sur-tout lorsque le siège est rempli, quoique le patron ou collateur soit absent, & qu'il n'y ait personne qui puisse le représenter. Ainsi jugé par arrêt du parlement de Paris du mois d'août 1702.

Quand la dignité ou bénéfice qui donne droit de présentation ou de collation, est en litige entre plusieurs prétendans, il n'y a qu'à notifier au chef-lieu, comme ci-dessus. Les *gradués* ne sont pas obligés d'aller trouver les prétendans droit dans leur domicile actuel.

Dans les notifications faites aux chapitres, il faut insérer la clause, tant conjointement que divisément ; ces sortes de notifications grèvent le chef & les membres du chapitre, autant qu'ils présentent ou confèrent *vice capituli.* Mais si un dignitaire ou chanoine dispose de certains bénéfices dépendans

dépendans de sa dignité ou de sa prébende, il faut lui faire un notification particulière, si on veut le grever pour ces bénéfices.

Le *gradué* ayant une fois notifié ses titres & capacités au collateur ou patron ecclésiastique, n'est pas obligé de les signifier & d'en donner de nouvelles copies au nouveau collateur ou patron, si le bénéfice change de titulaire; parce que la notification est plutôt faite au bénéfice qui ne meurt point, qu'à la personne du bénéficier. C'est d'ailleurs la disposition formelle de l'article 12 de l'ordonnance de 1510.

Il est une seconde formalité étrangère à la pragmatique & au concordat, mais qui a été introduite par les ordonnances du royaume pour les notifications; c'est celle de l'insinuation, c'est-à-dire de l'enregistrement au greffe des insinuations ecclésiastiques du diocèse dans lequel le bénéfice est situé.

Tous les titres & actes des *gradués* ont été soumis à la formalité de l'insinuation par l'édit de 1553, par celui du contrôle de 1637, enregistré seulement au grand-conseil, par la déclaration de 1646, enregistrée au parlement, & enfin par l'article 18 de l'édit des insinuations du mois de novembre 1691.

L'édit des insinuations étant bursal dans toutes ses dispositions, excepté les articles 11, 12, 13 & 21, le défaut d'insinuation, dit M. Piales, est le moindre qui puisse se rencontrer dans les titres & actes d'un *gradué*; aussi regarde-t-on que comme comminatoire la peine de nullité quant au délai d'un mois: cette nullité est toujours réparable jusqu'au jugement définitif. Il n'y a qu'un *gradué* qui puisse tirer avantage, de ce que les titres & actes de son concurrent n'ont point été insinués dans le délai d'un mois; encore les juges n'auroient-ils pas grand égard à un pareil moyen, si un *gradué* qui auroit négligé de remplir cette formalité, étoit favorable.

Boutaric dit qu'il a été rendu plusieurs arrêts au parlement de Toulouse, qui ont jugé que la peine de nullité prononcée contre les actes non insinués dans le temps prescrit, n'étoit que comminatoire; ensorte que les choses ont été insensiblement amenées au point où elles étoient du temps de Dumoulin, lequel dit, en parlant de l'édit de 1553, dont celui de 1691 n'a fait que renouveler la disposition: *cæterum non esse periculum propter defectum insinuationis, cum edictum illud insinuationis, sit quæstuosum, corrodendæ pecuniæ causâ sordidè factum, atque ideo justè spernitur à bonis judicibus, quoties abest suspicio fraudis vel falsi.* Dumoulin, continue Boutaric, excepte le cas où il peut se trouver le moindre soupçon de fausseté ou d'antidate. Ainsi pour prévenir à cet égard tout sujet & matière de contestation; on ne peut que conseiller aux *gradués*, & généralement aux ecclésiastiques, d'être attentifs à insinuer dans le temps marqué par l'édit, leurs lettres, titres & capacités. Ce conseil est très-sage.

La troisième insinuation à remplir par les *gra-*

dués, est celle qu'on appelle *réitération*. Voici comme s'en explique le concordat: *ac singulis annis tempore quadragesimæ, per se aut procuratorem suum, collatoribus, nominatoribus seu patronis ecclesiasticis, aut eorum vicariis, eorum nomina & cognomina insinuare, & eo anno quo præfatam insinuationem facere omiserint, beneficium in vim gradus ac nominationis petere non possint.*

Cette disposition de la loi assujettit les *gradués* à notifier, en temps de carême, leurs noms & surnoms, aux patrons & collateurs, ou aux vicaires des patrons & collateurs, s'ils sont absens. C'est ce que nous appelons *réitération*; cette formalité, bien différente de la notification, doit être faite par chaque *gradué* en personne, ou par un fondé de procuration: l'omission de cette formalité les prive du droit de requérir pendant l'année qui suivra immédiatement le carême auquel ils auront manqué d'y satisfaire.

Le concordat déclare de plus, que s'il ne se trouve aucun *gradué*, soit simple, soit nommé, qui ait notifié ses titres ou capacités, & réitéré ses noms & surnoms en temps de carême, les patrons ou collateurs ont la liberté de disposer des bénéfices qui viendront à vaquer dans les mois affectés aux *gradués*, ou que du moins dans ce cas, la disposition faite au profit d'un non *gradué*, ne sera pas pour cela nulle. *Et si collatoribus ordinariis aut patronis ecclesiasticis, in mensibus deputatis, graduatis simplicibus, aut graduatis nominatis, non esset graduatus aut nominatus qui diligentias præfatas fecerit: collatio seu presentatio ,per collatorem seu patronum ecclesiasticum, etiam eisdem mensibus facta, alteri quàm graduato, non propter hoc irrita censeatur.*

S'il n'est point intervenu de carême depuis la notification, le défaut de réitération n'empêche point le *gradué* de requérir le bénéfice qui viendra à vaquer. Le concordat le décide encore en termes exprès: *si tamen graduatus simplex aut nominatus, beneficium seu beneficia in vim graduis aut nominationis , in mensibus eis assignatis vacans petierit, & inter suam insinuationem, & præfatam requisitionem non supervenerit quadragesima, in quâ nomen & cognomen insinuare debuerit, ad beneficium sic vacans eum capacem, ipsumque illud consequi posse, & debere decernimus.*

Pour la validité de la réitération faite par procureur, il est nécessaire que le procureur soit muni d'un pouvoir spécial, c'est-à-dire d'une procuration en bonne forme, passée pardevant un notaire apostolique. Un laïque peut être chargé de cette procuration, qui n'est point sujette à surannation, & subsiste jusqu'à ce qu'elle soit révoquée.

La réitération, comme la notification, doit être faite à la personne ou domicile du patron ou collateur, ou au chef-lieu de la prélature ou bénéfice, qui attribue au patron le droit de présenter, & au collateur, celui de conférer. Il y a cependant une différence entre la notification & la réitération, tirée de l'article 13 de l'édit de

1553 qui a toujours été ponctuellement suivi. Par cet article, les collateurs & patrons, en cas d'absence, sont tenus d'établir dans les lieux où il y a des greffes des insinuations ecclésiastiques, des vicaires ou procureurs, auxquels les *gradués* puissent insinuer leurs noms & surnoms ; & ces expectans satisfont pleinement à la formalité de la réitération , en la faisant au greffe des insinuations ecclésiastiques du diocèse , lorsque le patron ou collateur est absent , & n'a point de vicaire sur les lieux pour le représenter. Mais il est indispensable que la réitération soit faite en parlant à la personne du greffier ou du commis du greffe : elle seroit nulle en parlant à toute autre personne.

Ainsi quelques auteurs se sont trompés , en soutenant que la première signification ou notification des titres d'un *gradué* peut être valablement faite au greffe des insinuations ecclésiastiques du diocèse , en l'absence du patron ou collateur qui n'a point laissé de vicaire sur les lieux. Il suffit de lire l'article 13 de l'édit de 1553 pour se convaincre qu'il ne parle que de la réitération , & non pas de la notification.

La réitération doit être faite dans le carême ; tellement que si elle étoit faite après pâques, elle seroit absolument nulle. Il y auroit aussi une nullité radicale , si l'acte par lequel on réitère n'étoit point signé par le *gradué* ou son fondé de pouvoirs ; & par le notaire & ses témoins.

Il est une dernière condition qui ne regarde que les *gradués* nommés, mais qu'ils doivent remplir, à peine de nullité de leurs lettres de nomination : c'est d'y faire exprimer les bénéfices qu'ils possèdent & leur juste valeur, & cela pour qu'on puisse connoître s'ils sont dans le cas de faire usage de leur expectative. *Volumus autem quòd nominati litteras nominationis ab universitatibus in quibus studuerint obtinentes, in nominationum litteris, beneficia per eos possessa & eorum verum valorem exprimere teneantur : alioquin litteræ nominationis eo ipso nullæ sint & esse censeantur.*

On excepte de cette disposition les bénéfices de pleine fondation & collation laïques, parce que ce ne sont point de vrais titres ecclésiastiques. Il est des auteurs qui mettent aussi dans l'exception les bénéfices de nomination royale ; ce qui doit sans doute avoir lieu pour tous ceux dont la pleine disposition appartient au roi en vertu de la fondation. Mais un *gradué* n'est-il pas rempli par un bénéfice ecclésiastique, auquel le roi l'a nommé, soit en vertu du droit de régale, soit en vertu du droit de garde royale ou de joyeuse entrée, &c. ? nous avons de la peine à ne pas le croire : le vœu de la loi est d'assurer un sort aux ecclésiastiques indigens, qui se sont livrés à l'étude pendant un certain temps ; elle n'a point eu en vue ceux qui possédoient déjà des portions considérables des biens de l'église. Il est injuste qu'un riche bénéficier, quoique pourvu par le roi, vienne disputer à un

gradué indigent un modique bénéfice vacant en mois de *grade.*

Ces mêmes raisons exigeroient sans doute que les *gradués* fussent tenus de faire exprimer dans leurs lettres de nomination , les pensions sur bénéfice dont ils jouissent. Cependant il est convenu que cette expression n'est pas nécessaire, à moins que le *gradué* ne soit régulier.

Les bénéfices en litige doivent également être exprimés. On pourroit omettre sans inconvénient ceux qui ne sont de nul revenu. Il n'y a aucune obligation à faire mention de ceux que l'on possède en pays étranger.

Le concordat a apposé le décret irritant à toutes ses dispositions en faveur des *gradués.* Quelle est la nature de ce décret ? comment les *gradués* doivent-ils s'en servir contre les patrons & collateurs ? que doivent-ils faire en cas de refus de leur part ? *Voyez* REQUISITION *des gradués,* où nous donnerons à toutes ces questions une étendue que la marche & l'exécution de cet ouvrage ne nous permettent pas de donner ici.

§. IX. *Quel ordre doit être observé entre les gradués, en cas de concours entre eux ? Voyez* PRÉFÉRENCE *entre les gradués,* RÉGENS SEPTENAIRES.

§. X. *Position des gradués à l'égard du pape, & des autres expectans. Voyez* BREVET *de serment de fidélité, de joyeux avénement,* INDULT *du parlement,* PRÉVENTION.

§. XI. *Tableau des différentes loix qui ont établi & règlent parmi nous les droits des gradués.*

1°. La pragmatique-sanction , titre *de collationibus.*

2°. L'ordonnance de Louis XII de 1499, & l'édit de 1512 du même prince.

3°. Le concordat entre Léon X & François I, titre *de collationibus.*

4°. La déclaration de François I, du 25 octobre 1518.

5°. La déclaration de Henri II, du 9 mars 1551.

6°. L'édit de mars 1553.

7°. L'article 75 de l'ordonnance de Moulins, & les articles 1, 30 & 31 de l'édit de 1606.

8°. L'édit de Louis XIV de 1651, & la déclaration de 1676. *Voyez* RÉGENS SEPTENAIRES.

9°. L'édit d'avril 1679, les déclarations des 6 août 1682, 17 novembre 1690, & janvier 1700, concernant les études du droit civil & canonique.

10°. La déclaration du 26 janvier 1680, concernant les officiaux & les universités étrangères.

11°. La déclaration de 1736, portant règlement pour ceux qui obtiendront à l'avenir des degrés dans les universités du royaume.

12°. La déclaration du 2 octobre 1743, qui règle la préférence entre différens *gradués* prétendans droit au même bénéfice. *Voyez* PRÉFÉRENCE *entre les gradués,* RÉGENS SEPTENAIRES.

13°. La déclaration de 1745 sur la nomination des *gradués* aux cures & bénéfices à charge d'ames. *Voyez* REQUISITION.

On peut lire avec profit Guimier sur la pragmatique; Rebuffe, sur le concordat & dans son *Traité des nominations*. Nous voudrions pouvoir dire la même chose du commentaire de Duperrai & de ses questions sur le concordat. Peu de clarté dans les idées, & des arrêts où il n'a pas fait grace à ses lecteurs, du vu des pièces, font ce qui distingue ces deux ouvrages. Cet auteur nous a cependant transmis d'intéressantes décisions de nos cours souveraines. D'Héricourt, Lacombe, & sur-tout le rédacteur des *Mémoires du clergé*, & M. Piales ont traité la matière en jurisconsultes éclairés & profonds. On peut encore avoir recours au *Traité des gradués*, imprimé en quatre volumes en 1757, & aux *principes sur les droits & obligations des gradués*, par M. de Joui. Le commentaire de Boutaric, quoique peu étendu, est précieux par la clarté, la précision & la justesse des idées. (*Cet article est de M. l'abbé* BERTOLIO, *avocat au parlement.*)

GRAINER, c'est mettre les porcs dans les bois à la paisson ou la glandée. *Voyez* Pithou, sur l'*art. 175* de la coutume de Troyes, & les coutumes d'Auxerre, *art. 265, 266, 269;* de Chaumont, *art. 107;* de Lorraine, *art. 6 & 9*, & de Sens, *art. 151.* (M. GARRAN DE COULON.)

GRAIRIE, s. f. (*Eaux & Forêts.*) est un droit de propriété & de domaine indivis, qui appartient au roi, conjointement avec d'autres propriétaires sur une partie de bois.

Quelques-uns confondent la *grairie*, avec la *gruerie*, mais ce sont deux choses totalement distinctes. La gruerie est un droit que le roi a dans le produit de la vente d'un bois, lequel il fait exercer la jurisdiction par ses officiers, & s'est réservé tous les profits qui y sont attachés. Aussi ces deux mots sont-ils employés dans les ordonnances, dans un sens très-différent.

Dans le droit de *grairie*, il faut considérer le roi comme propriétaire par indivis, des bois qui y sont assujettis, &, qui, à ce titre, sont soumis à la jurisdiction des officiers des eaux & forêts; ensorte que les co-propriétaires n'y peuvent disposer d'aucun arbre, ni y faire aucune vente de quelque espèce que ce soit, sans la permission du roi.

Ce droit est inaliénable, parce qu'il fait partie du domaine de la couronne; aussi est-il défendu par les ordonnances de 1318, *art. 8;* de 1484, *art. 10;* & celles d'août 1561, de février 1564, & de 1669, *tit. 23, art. 8*, de le donner ou vendre en tout ou en partie, ni même de l'affermer, sous quelque prétexte que ce soit.

Comme le droit de *grairie* rend le roi co-propriétaire d'un bois, il sembleroit, dès-lors, que les autres co-propriétaires n'ont pas, comme dans le droit de gruerie, la faculté de disposer du mortbois, ni du bois mort, parce que le droit de propriété du roi s'étend sur ces deux espèces de bois. Cependant les anciennes ordonnances, & celle de 1669, leur en permettent la libre disposition.

Le roi a incontestablement le droit de justice sur les bois soumis à la *grairie*, parce qu'il est le premier & le plus noble des co-propriétaires. C'est pour cette raison que ses officiers y ont une jurisdiction directe, & qu'ils sont chargés de veiller à ce qu'il ne s'y commette aucun abus contraire à ses intérêts.

Les co-propriétaires n'y ont pas même le droit de chasse que le roi s'est expressément réservé, ainsi que la paisson & la glandée, à moins qu'à l'égard de ces deux derniers droits, ils n'en aient obtenu la concession.

Les frais faits pour la conservation des bois sujets au droit de *grairie*, doivent être taxés par les grands-maîtres, & payés sur le prix de la première vente, afin que la charge en soit portée également par tous les propriétaires qui ont, dans les restitutions, dommages & intérêts, les mêmes portions qu'ils ont dans le prix des ventes. C'est la disposition précise de l'article 22 du titre 23 de l'ordonnance de 1669. A l'égard des amendes & confiscations provenantes des délits commis dans ces bois, elles appartiennent en entier au roi, privativement à tous autres.

Lorsqu'un bois en *grairie* est vendu, le roi, comme co-propriétaire, prend dans le prix de la vente, la part & portion qui lui appartient, suivant l'usage de la maîtrise où les bois sont situés. Dans quelques endroits, le droit de *grairie* est fixé en argent: par exemple dans la forêt d'Orléans, le roi lève, pour son droit de *grairie*, deux sous parisis d'une part, & dix-huit deniers de l'autre; ailleurs il est différent, la règle générale est qu'on doit suivre l'usage de chaque maîtrise, sans y rien innover.

GRANDS-AUDIENCIERS DE FRANCE, (*Droit public.*) font les premiers officiers de la chancellerie de France. Nous en avons dit quelque chose sous le mot AUDIENCIER, mais nous devons entrer ici dans un plus grand détail.

Les *grands-audienciers* rapportent les premiers au sceau, ils commencent par la liasse de MM. les secrétaires d'état, & rapportent, en certains cas, des édits & déclarations du roi, dont, après qu'ils sont scellés, ils font la lecture publique & les enregistrent sur le registre de l'audience de France, & en signent aussi l'enregistrement sur les originaux qui ne sont ni présentés ni registrés au parlement, ni dans aucune autre cour supérieure.

Après la liasse du roi, ils rapportent au sceau celle du public, composée de toutes espèces de lettres, à l'exception de lettres de justice, des provisions d'office, des lettres de ratification, & des lettres de rémission & pardon, qui sont rapportées par d'autres officiers. Ils enregistrent sur différens registres pour chaque matière, les provisions scellées des grands officiers & des secrétaires du roi de la grande chancellerie, qui viennent s'immatriculer chez le *grand-audiencier* de quartier, à la suite de leurs provisions registrées. Celles des autres secrétaires du roi des chancelleries près les cours supérieures du royaume, font auffi enregistrées fur un autre regiftre ; & ces dernières provifions ne font fcellées qu'après que l'information de vie & mœurs du récipiendaire a été faite par le *grand-audiencier* affifté de fon contrôleur, dont mention eft faite fur le repli des provifions à la fuite du renvoi qui leur en eft fait par M. le garde des fceaux, qui écrit de fa main le *foit montré*.

Les *grands-audienciers* enregiftrent encore fur des regiftres différens les octrois accordés par le roi, les prébendes de nomination royale, les indults, les privilèges & permiffions d'imprimer. A chacun des articles, M. le garde des fceaux écrit fur le regiftre, *fcellé*.

Ils préfident au contrôle, où leur fonction eft de taxer toutes les lettres qui ont été fcellées. Les taxes appofées fur chaque lettre, & paraphées du *grand-audiencier de France*, & de fon contrôleur, font le caractère & la preuve des lettres fcellées ; puifque pour l'ordinaire & par un abus très-repréhenfible, on ôte la cire fur laquelle font empreints les fceaux de France & du dauphin.

Le nom d'*audiencier* qu'on leur a donné vient, fuivant les formules de Marculphe, de ce que le parchemin qui fert à faire les lettres de chancellerie, s'appelloit autrefois *carta audientialis*: d'autres difent que c'eft parce que l'*audiencier* demande l'audience à celui qui tient le fceau, pour lui préfenter les lettres : d'autres prétendent que ce nom d'*audiencier* vient de ce que ce font eux qui préfentent les lettres au fceau, dont la tenue eft réputée une audience publique : d'autres enfin, & c'eft l'opinion qui paroît la mieux fondée, tiennent que l'*audiencier* eft ainfi nommé, parce que la falle où fe tient le fceau eft réputée la chambre du roi, & que le fceau qui s'y tient s'appelle l'*audience de France* : c'eft le terme des ordonnances. Dans cette audience, le *grand-audiencier* délivroit autrefois les lettres, nommant tout haut ceux au nom defquels elles étoient expédiées ; c'eft pourquoi on l'appelloit en latin *judiciarius præco*.

On leur donne encore en latin les noms, *in judiciali cancellariæ Franciæ prætorio fupremo diplomatum ac refcriptorum relatores, amanuenfium decuriones, fcribarum magiftri* : ces derniers titres annoncent qu'ils ont toujours été au-deffus des clercs-notaires & fécretaires du roi.

Ils ont auffi le titre de *confeillers du roi en fes confeils*, & font fécretaires du roi nés en la grande chancellerie ; ils en peuvent prendre le titre, & en faire toutes les fonctions, & en font tous les privilèges fans être obligés d'avoir un office de fécretaire du roi, étant tous réputés du collège des fécretaires du roi : ils peuvent cependant auffi poffeder en même temps un office de fécretaire du roi.

Leur office eft de la couronne du roi ; c'eft pourquoi ils paient leur capitation à la cour, à celui qui reçoit celle de la famille royale, des princes

& princeffes du fang, & des grands officiers de la couronne.

Il n'y avoit anciennement qu'un feul *audiencier* en la chancellerie de France. Les plus anciens titres où il en foit fait mention, font deux états de la maifon du roi Philippe-le-Long, l'un du 2 décembre 1316, l'autre du 18 novembre 1317, où il eft dit que le chancelier doit héberger avec lui fon chauffe-cire & celui qui rend les lettres ; celui-ci, quoique bien fupérieur à l'autre, puifqu'il eft le premier officier de la grande chancellerie, n'eft nommé que le dernier, foit par inattention du rédacteur, foit parce qu'on les a nommés fuivant l'ordre des opérations, & que l'on chauffe la cire pour fceller avant que l'on rende les lettres.

Celui qui faifoit alors la fonction d'*audiencier* étoit feul ; il rapportoit les lettres, les rendoit après les avoir taxées, & faifoit les fonctions de tréforier & de fcelleur.

On l'a depuis appellé *audiencier du roi*, ou *audiencier de France*, & enfuite *grand-audiencier de France*.

On le nommoit encore en 1321 comme en 1316, fuivant un réglement de Philippe-le-Long, du mois de février 1321, portant qu'il établira une certaine perfonne avec celui qui rend les lettres, pour recevoir l'émolument du fceau.

Ce même réglement ne vouloit pas que celui qui rendoit les lettres fût notaire, & cela, eft-il dit, pour ôter toute fufpicion ; ce qui a été bien changé depuis, puifque les *audienciers* font, en cette qualité, fécretaires du roi, qu'ils en peuvent prendre le titre & en faire toutes les fonctions.

L'*audiencier* a été furnommé *grand-audiencier*, foit à caufe de l'importance de fon office, & parce qu'il fait fes fonctions en la grande chancellerie de France ; foit pour le diftinguer des *audienciers* particuliers, qu'il commettoit autrefois dans les autres chancelleries, & qui ont depuis été érigés en titre d'office.

Le *fciendum* ou inftruction faite pour le fervice de la chancellerie, que quelques-uns croient de 1339, d'autres de 1394, d'autres feulement de 1415, eft l'acte le plus ancien qui donne le titre d'*audiencier* à celui qui exerce cette fonction.

Il y eft dit, entre autres chofes, que chaque notaire du roi (c'eft-à-dire fécretaire) aura foin d'envoyer chaque mois qu'il aura exercé fon office à Paris ou ailleurs, en fuivant la cour, à l'*audiencier* ou au contrôleur de l'audience du roi, fa cédule, le premier, le fecond, ou au plus tard le troifième ou le quatrième jour du mois, conçue en ces termes : *monfieur l'audiencier du roi, je tel ai été à Paris, où en la cour du roi pendant un tel mois faifant ma charge, ayant efcrit*, &c. Que fi, dans la diftribution des bourfes, le fécretaire du roi trouve de l'erreur à fon préjudice, il peut recourir à l'*audiencier* & lui dire : *monfieur, je vous prie de voir fi au rôle fecret de la diftribution des bourfes il ne s'eft pas trouvé de faute fur moi, car je n'ai* en ma bourfe que tant, & alors l'audiencier verra, est-il dit, le rôle fecret; & s'il y a erreur, il suppléera le défaut. La naïveté de ces formules fait connoître la fimplicité de ces temps, & peut faire croire que le fciendum eft plutôt de 1339 que de 1415.

Ce même fciendum porte que des lettres en fimple queue pour chaffeurs, venatoribus, & autres femblables, on n'a pas coutume de rien recevoir, mais qu'ils chaffent pour l'audiencier & le contrôleur; ce qui eft néanmoins de grace. Ces derniers termes font équivoques; car on ne fait fi c'eft la remife des droits qui étoit de grace, ou fi c'étoit le gibier que donnoient les chaffeurs.

Par le terme de chaffeurs on pourroit peut-être entendre le grand-veneur & autres officiers de la vénerie du roi, le grand-fauconnier, &c, En effet on voit que les principaux officiers du roi étoient exempts des droits du fceau, tels que le chancelier, les chambellans, le grand-bouteiller & autres femblables : mais il y a plus d'apparence que par le terme de chaffeurs on a entendu en cet endroit de fimples chaffeurs fans aucune dignité ; le droit de l'audiencier n'en étoit que plus étendu, vu qu'alors la chaffe étoit après la principale occupation de toute la nobleffe; & à ce compte la maifon de l'audiencier devoit être bien fournie de gibier; mais il faut auffi convenir que fi l'on chaffoit beaucoup, alors on prenoit peu de lettres en chancellerie.

Pour ce qui eft des perfonnes que le fciendum comprend fous ces mots & autres femblables, il y a apparence que c'étoient auffi des perfonnes peu opulentes qui vivoient de leur induftrie, & que par cette raifon le grand-audiencier ne prenoit point d'argent d'eux; de même que c'étoit alors la coutume qu'un ménétrier paffoit à un péage fans rien payer, pourvu qu'il jouât de fon inftrument devant le péager, ou qu'il fît jouer fon finge s'il en avoit un : d'où eft venu le proverbe, payer en monnoie de finge. On ne voit point comment l'ancien ufage a changé par rapport à l'audiencier, à moins que ce ne foit par les défenfes qui lui ont été faites dans la fuite de recevoir autre chofe que la taxe.

L'audiencier du roi, appellé depuis grand-audiencier, étoit autrefois feul pour la grande chancellerie de France, de même que le contrôleur-général de l'audience de France, dont la fonction eft de contrôler toutes les lettres que délivre l'audiencier.

A mefure que l'on établit des chancelleries près les cours, l'audiencier & le contrôleur y établiffoient de leur part des commis & fubdélégués, pour y faire en leur nom, les mêmes fonctions qu'ils faifoient en la grande chancellerie, & ces audienciers & contrôleurs particuliers commis étoient fubordonnés au grand-audiencier & au contrôleur-général, auxquels ils rendoient compte de leur miffion. Ce fut fans doute pour diftinguer l'audiencier de la grande chancellerie de tous ces au-

diencies particuliers par lui commis, qu'on le furnomma grand-audiencier de France.

Dans un réglement du roi Jean, du 7 décembre 1361, il eft fait mention de l'audiencier de Normandie, qui étoit apparemment un de ces audienciers commis par celui de la grande chancellerie, lequel y eft qualifié d'audiencier du roi.

Suivant les ftatuts des fecrétaires du roi, confirmés par lettres de Charles V du 24 mai 1389, quand le roi étoit hors de Paris pour quelque voyage, on commettoit un audiencier forain pour recevoir les émolumens des collations, lequel, à fon retour, devoit remettre les émolumens aux fecrétaires du roi, commis pour cette recette, en vérifiant la fienne fur fon journal de l'audience.

Il y avoit auffi un audiencier & un contrôleur particuliers pour la chancellerie de Bretagne, laquelle ayant formé autrefois une chancellerie particulière, indépendante de celle de France, avoit toujours confervé un audiencier & un contrôleur en titre, même depuis l'édit du mois de mai 1494, par lequel Charles VIII abolit le nom & l'office de chancelier de Bretagne.

A l'égard des autres chancelleries particulières établies près les cours, dans lefquelles le grand-audiencier & le contrôleur-général de l'audience avoient des commis ou fubdélégués, ces fonctions ayant paru trop importantes pour les confier à des perfonnes fans caractère, Henri II, par un édit du mois de janvier 1551, créa en chef & titre d'office formé fix offices d'audiencier & fix offices de contrôleur, tant pour la grande chancellerie que pour celles établies près les parlemens de Paris, Toulouse, Dijon, Bordeaux & Rouen; il fupprima les noms & qualités de grand-audiencier de France & de contrôleur-général de l'audience, & ordonna qu'ils s'appelleroient dorénavant, favoir en la grande chancellerie, confeiller du roi & audiencier de France, & contrôleur de l'audience de France; & que dans les autres chancelleries l'audiencier s'appelleroit confeiller du roi audiencier de la chancellerie du lieu où il feroit établi, & que le contrôleur s'appelleroit contrôleur de ladite chancellerie.

Par le même édit, ces nouveaux officiers furent créés, clercs-notaires & fecrétaires du roi, pour figner & expédier toutes lettres qui s'expédieroient en la chancellerie en laquelle chacun feroit établi, & non ailleurs; de manière qu'ils n'auroient pas befoin de tenir un autre office de fecrétaire du roi & de la maifon & couronne de France; mais fi quelqu'un d'eux s'en trouve pourvu, l'édit déclare ces deux charges compatibles, & veut qu'en ce cas il en prenne une bourfe à part à caufe de l'office de fecrétaire du roi.

On ne voit point par quel réglement le titre de grand-audiencier a été rendu à l'audiencier de la grande chancellerie; l'édit du mois de février 1561 paroît être le premier où cette qualité lui ait été donnée depuis la fuppreffion qui en avoit été faite dix ans auparavant; les édits & déclarations paf-

térieurs lui donnent auffi la plupart la même qualité, & elle a été communiquée aux trois autres
audienciers qui ont été créés pour la grande chancellerie.

L'édit du mois d'octobre 1571 créa pour la
grande chancellerie deux offices, l'un d'*audiencier*,
l'autre de contrôleur, pour exercer de fix mois en
fix mois avec les anciens, & avec les mêmes droits
qu'eux.

Au mois de juillet 1576, Henri III créa encore pour la grande chancellerie deux *audienciers* &
deux contrôleurs, outre les deux qui y étoient
déjà, pour exercer chacun par quartier, & les
nouveaux avec les mêmes droits que les anciens.

On a auffi depuis multiplié le nombre des *audienciers* dans les petites chancelleries, mais ceux
de la grande font les feuls qui prennent le titre
de *grands-audienciers de France*.

Ils prêtent ferment entre les mains de M. le
garde des fceaux.

Le *grand-audiencier* a fur les fecrétaires du roi
une certaine infpection relativement à leurs fonctions, & qui étoit même autrefois plus étendue
qu'elle ne l'eft préfentement.

Le roi Jean fit le 7 décembre 1361, un réglement pour les notaires du roi, fuivant lequel
ils devoient donner, à la fin de chaque mois, une
cédule des jours de leur fervice; ils étoient obligés à une continuelle réfidence dans le lieu où ils
étoient diftribués; & lorfqu'ils vouloient s'abfenter fans un mandement du roi, ils devoient prendre congé de l'*audiencier* & lui dire par ferment
la caufe pour laquelle ils vouloient s'abfenter : alors
il leur donnoit congé & leur fixoit un temps pour
revenir, felon les circonftances; mais il ne pouvoit pas leur donner plus de huit jours, fans l'autorité du chancelier. L'*audiencier* ni le chancelier
même ne pouvoient permettre à plus de quatre
à la fois de s'abfenter, & s'ils manquoient quatre
fois de fuite, à la quatrième l'*audiencier* pouvoit
mettre un des autres notaires en leur place, pour
fervir continuellement : il ne pouvoit cependant
le faire que par le confeil du chancelier.

Suivant une déclaration de Charles IX, du mois
de juillet 1565, les fecrétaires du roi doivent donner ou envoyer au *grand-audiencier* toutes les lettres qu'ils ont dreffées & fignées, pour les préfenter au fceau, à l'exception des provifions d'offices, qui fe portent chez le garde des rôles. Il
eft enjoint à l'*audiencier* ou à celui des fecrétaires
du roi qui fera commis en fon abfence ou empêchement légitime, de préfenter les lettres felon
l'ordre & ancienneté de leurs dates & longueur
du temps de la pourfuite des parties, avec défenfes d'en interrompre l'ordre pour quelque caufe
que ce foit, finon pour lettres concernant les affaires du roi : préfentement, après la liaffe du roi,
ils rapportent les autres lettres, en les arrangeant
par efpèces.

Le réglement fait par le chancelier de Sillery,

le 23 décembre 1609, pour l'ordre que l'on doit
tenir au fceau, porte pareillement que les lettres
feront préfentées par le *grand-audiencier* feul, &
non par d'autres; ce qui doit s'entendre feulement
des lettres de fa compétence. Il eft dit auffi que,
pendant la tenue du fceau, il n'en pourra recevoir
aucunes, finon les arrêts ou lettres concernant le
fervice de fa majefté.

Le garde des fceaux du Vair fit, le premier décembre 1619, un réglement pour le fceau, portant, entre autres chofes, que les provifions des *audienciers* & contrôleurs des chancelleries, avant d'être
préfentées au fceau, feront communiquées aux
grands-audienciers de France & contrôleurs-généraux de l'audience, qui mettront fur icelles s'ils
empêchent ou non lefdites provifions.

Il eft auffi d'ufage, fuivant un édit du mois de
novembre 1482, que les fecrétaires du roi ne peuvent faire aucune expédition ni fignature, qu'ils
n'aient fait ferment devant le *grand audiencier* &
le contrôleur, d'entretenir la confrairie du collège
des fecrétaires du roi, & qu'ils n'aient fait enregiftrer leurs provifions fur le livre de l'*audiencier*,
& du contrôleur.

Les *grands-audienciers* font chacun, pendant leur
quartier, le rapport des lettres qui font de leur compétence.

L'édit du mois de février 1599, & plufieurs
autres réglemens poftérieurs qui y font conformes,
veulent qu'auffi-tôt que les lettres font fcellées,
elles foient mifes dans les coffres, fans que les
audienciers, contrôleurs & autres, en puiffent délivrer aucune, pour quelque caufe que ce foit;
quand même les impétrans feroient fecrétaires du roi,
ou autres notoirement exempts du fceau; mais que
les lettres feront délivrées feulement après le contrôle, à moins que ce ne fût pour les affaires de
fa majefté & par ordre du chancelier.

Ce même édit ordonne que le contrôle & l'audience de la grande chancellerie fe feront en la
maifon du chancelier, fi faire fe peut, finon en
la maifon du *grand-audiencier* qui fera de quartier,
& en fon abfence dans celle du contrôleur, toutefois proche du logis de M. le chancelier.

Que l'*audiencier* & le contrôleur affifteront au
contrôle, qu'ils fuivront les réglemens pour la
taxe des lettres, que les taxes feront écrites tout
au long & paraphées de la main du *grand-audiencier* & du contrôleur.

Pour faire la taxe, toutes les lettres doivent être
lues intelligiblement par l'*audiencier* & le contrôleur alternativement, favoir la qualité des impétrans & le difpofitif.

Il eft défendu aux *audienciers* & contrôleurs d'en
donner aucune au clerc de l'audience, par lequel
il les font délivrer, qu'elles n'aient été lues &
taxées.

Enfin il eft ordonné aux *audienciers* & contrôleurs de faire un regiftre des lettres expédiées chaque jour de fceau, & qui feront taxées à cent

deux fols parifis & au-deffus : l'*audiencier* a, pour faire ce regiftre, un droit fur chaque lettre, appellé *contentor*, ou *droit de regiftrata*.

Au commencement, c'étoit le chancelier qui recevoit lui-même l'émolument du fceau ; enfuite il commettoit un receveur pour cet objet : depuis ce fut l'*audiencier* qui fut chargé de faire cette recette pour le chancelier ; il la faifoit faire par le clerc de l'audience, & en rendoit compte à la chambre des comptes fous le nom du chancelier, comme fi c'étoit le chancelier qui fût comptable ; ce qui bleffoit la dignité de fa charge ; c'eft pourquoi Louis XIII créa trois tréforiers du fceau, qui ont été depuis réduits à un feul ; & par une déclaration du mois d'août 1636, il fut ordonné que le compte des charges ordinaires feroit rendu par les *grands-audienciers* fous leur nom, fans néanmoins qu'au moyen de ce compte les *grands-audienciers* foient réputés comptables, & que le compte des charges extraordinaires fera rendu par les tréforiers du fceau.

Du nombre des charges ordinaires que le *grand-audiencier* doit acquitter, font les gages & penfions que le chancelier a fur le fceau, comme il eft dit dans les provifions du chancelier de Morvilliers, du 23 feptembre 1461, qu'il prendra fes gages & penfions par la main de l'*audiencier*.

Les *audienciers* des petites chancelleries étoient autrefois obligés de remettre au *grand-audiencier* les droits qui appartiennent au roi ; mais, depuis que ces droits font affermés, c'eft le fermier qui rémet au tréforier du fceau la fomme portée par fon bail. Le *grand-audiencier* compte de tous ces différens objets avec les émolumens du grand fceau. Par des lettres-patentes du 2 mars 1570, vérifiées en la chambre des comptes de Paris le 20, les *grands-audienciers* ont été déclarés exempts & réfervés de l'ordonnance du mois de juin 1532 ; portant que tous comptables, tant ordinaires qu'extraordinaires, feront tenus de préfenter leur compte à la chambre, dans le temps porté par ladite ordonnance.

Le *grand-audiencier* eft auffi chargé du compte de la cire que l'on emploie au fceau. L'édit de 1561 ordonne qu'auffi-tôt que le fceau fera levé, l'*audiencier* & le contrôleur, ou leur commis, arrêteront avec le cirier combien il aura été fourni de cire ; & ils doivent en faire regiftre figné d'eux, auffi-tôt que l'audience fera faite.

La diftribution des bourfes fe faifoit autrefois chaque mois par le *grand-audiencier* : les lettres du mois d'août 1358, données par Charles, régent du royaume, qui fut depuis le roi Charles V, pour l'établiffement des Céleftins à Paris, fuppofent que le *grand-audiencier* faifoit dès-lors chaque mois cette diftribution, & lui ordonnent de donner tous les mois une femblable bourfe aux Céleftins, laquelle a été depuis convertie en une fomme de 76 liv.

Ils prenoient en outre autrefois de grands profits fur l'émolument du fceau ; c'eft pourquoi l'ordonnance de Charles VI. du mois de mai 1413, ordonna que l'*audiencier* & le contrôleur ne prendroient dorénavant que fix fous par jour, comme les autres notaires du roi, avec leurs mêmes droits accoutumés d'ancienneté ; défenfes leur furent faites de prendre aucuns dons ou autres profits du roi, fur peine de les recouvrer fur eux ou leurs héritiers.

Préfentement la confection des bourfes fe fait tous les trois mois par le *grand-audiencier* qui eft de quartier, en préfence du contrôleur, & de l'avis des anciens officiers de la compagnie des fecrétaires du roi, des députés des officiers du marc d'or, & du garde des rôles.

Le *grand-audiencier* prélève d'abord pour lui une fomme de 8000 liv. appellée *bourfe de préférence* : après ce prélèvement & autres qui fe font fur la maffe, il compofe les bourfes dont il arrête le rôle ; il en préfente une au roi, & en reçoit cinq pour lui ; ce qui lui tient lieu d'anciens gages & taxations.

Les *grands-audienciers*, comme étant du nombre & collège des fecrétaires du roi, ont de tout temps joui des privilèges accordés à ces charges ; ce qui leur a été confirmé par différens édits, notamment par celui du mois de janvier 1551, qui les crée fecrétaires du roi, fans qu'ils foient obligés d'avoir ni tenir aucun office dudit nombre & collège : il eft dit qu'ils jouiront de tous les privilèges, franchifes, exemptions, conceffions & octrois accordés aux fecrétaires du roi, leurs veuves & enfans.

Les lettres-patentes du 18 février 1583 leur donnent droit de franc-falé.

Les clercs de l'audience qui avoient été érigés en titre d'office par édit du mois de mars 1631, ont été fupprimés, & leurs charges réunies à celles des *grands-audienciers*, qui les font exercer par commiffion.

Au nombre des petits officiers de la grande chancellerie, font le fourrier, les deux ciriers & les deux porte-coffres, qui paient l'annuel de leurs offices aux quatre *grands-audienciers* & aux quatre contrôleurs-généraux ; & à défaut de paiement en cas de mort, ces offices tombent dans leur cafuel & à leur profit. *Voyez* CHANCELLERIE DE FRANCE, SECRÉTAIRE DU ROI. (*A*)

GRAND-BAILLI, f. m. (*Droit public.*) eft le titre d'officiers d'épée, qui repréfentent le roi dans certains fièges de juftice du Hainaut, de la Flandre & de l'Artois.

Nous avons traité des fonctions, droits & privilèges des baillis fous le mot BAILLI : ainfi il ne nous refte que peu de chofe à dire fur les différences qui fe trouvent entre les *grands-baillis* des Pays-Bas, & les baillis d'épée des autres provinces du royaume.

Suivant les chartres générales du Hainaut, il n'y avoit qu'un feul *grand-bailli*, qu'elles qualifient d'officier *fouverain*, repréfentant & tenant le lieu du prince. Il étoit à la tête du conseil de Mons ; & lorsqu'il s'y trouvoit, ce n'étoit qu'à sa semonce que la justice devoit y être administrée. Il lui étoit autrefois permis d'accorder des lettres de grace aux criminels, des lettres de répi aux débiteurs obérés, de permettre aux communautés d'habitans de lever certains impôts, d'accorder sauvegarde & sûr état entre personnes étant en débats & querelles, d'exercer en un mot presque toutes les fonctions du souverain, ainsi qu'il est détaillé dans le chapitre 60 de ces mêmes chartres.

Son autorité actuellement est bornée à la partie du Hainaut soumise à la domination autrichienne : à l'égard de la partie françoise, les juges royaux connoissent en première instance des causes attribuées au *grand bailli* & à la cour souveraine de Mons, à la charge de l'appel au parlement de Douai, à l'exception néanmoins des droits vraiment régaliens, tels que ceux d'accorder des lettres de grace ou de répi, d'établir des impôts, d'autoriser les établissemens de main-morte.

Dans la Flandre, il n'existe dans les juridictions royales ordinaires qu'un seul *grand-bailli*, celui de Bailleul, chef du bailliage royal établi en cette ville. Ce titre lui est donné par l'édit d'avril 1704, portant création d'un présidial en ce siège.

Il diffère des baillis royaux de l'intérieur du royaume, en ce que, suivant l'article 4 d'un édit de janvier 1705, il doit avoir la première séance dans les deux chambres, avec voix délibérative, double part aux épices quand il assiste au jugement des procès, sans néanmoins qu'il puisse y faire les fonctions de semonceur.

Outre ce *grand-bailli*, on donne encore ce titre en Flandre, aux officiers des justices seigneuriales & municipales qui appartiennent au roi, soit qu'ils aient ce titre par l'érection de leurs charges, ou par une concession particulière du prince, ou par une possession immémoriale. Leurs fonctions se bornent à faire rendre la justice dans toutes les jurisdictions féodales, par les vassaux ou pairs des fiefs, & dans les jurisdictions municipales, par les pairs bourgeois. *Voyez* CONJURE.

Les chefs des gouvernances & bailliages d'Artois portent aussi le titre de *grands-baillis*. Ils réunissoient autrefois trois pouvoirs, qui distinguent aujourd'hui trois officiers différens, savoir l'administration de la justice, la police militaire & les finances. L'établissement des gouverneurs des provinces & des villes, & celui des intendans, ont restreint leurs fonctions à celle de représentant du roi, dans les sièges où la justice se rend en son nom, & à exercer la conjure de la même manière que l'exercent les *grands-baillis* des jurisdictions seigneuriales & municipales de la Flandre.

Les offices de *grands-baillis* ne furent d'abord exercés que par commission ; mais en 1692, Louis XIV en ordonna la vente, & depuis ce temps, ils sont vénaux & héréditaires.

GRAND-CHEMIN. *Voyez* CHEMIN ROYAL.

GRAND-CONSEIL, s. m. (*Droit public.*) tribunal supérieur, qui tient à Paris ses séances au Louvre, & qui connoît de plusieurs matieres civiles, bénéficiales, & criminelles. *Voyez* CONSEIL DU ROI. (GRAND-)

GRAND-MAITRE DE FRANCE, s. m. (*Droit public.*) officier de la couronne, appelé autrefois *souverain maître-d'hôtel du roi*, & qui est le chef & le surintendant général de la maison de sa majesté.

Le *grand-maître* regle la dépense de la bouche de la maison du roi : son autorité & sa jurisdiction s'étendent sur les sept offices, & il donne la plupart des charges qui viennent à vaquer. Il reçoit le serment de fidélité du maître de l'oratoire, du maître de la chapelle de musique, des aumôniers de la maison du roi & du commun, du premier maître-d'hôtel, du maître-d'hôtel ordinaire, des maîtres-d'hôtel de quartier, du grand-pannetier, du grand-échanson, du grand-écuyer-tranchant, des gentilshommes servans, des maîtres de la chambre aux deniers, des contrôleurs-généraux & des contrôleurs de quartier, du *grand-maître*, du maître & de l'aide des cérémonies, de l'introducteur des ambassadeurs, & du secrétaire à la conduite des ambassadeurs, de l'écuyer ordinaire du roi, & des écuyers de quartier, des quatre lieutenans des gardes de la porte, des concierges des tentes, &c.

Le *grand-maître* porte, pour marque de sa dignité, le bâton virolé d'or, que le roi lui met en main lorsqu'il prête son serment. Fauchet est d'opinion que ce bâton est aussi la marque de son ancienne jurisdiction dans la maison du roi, où il exerçoit autrefois la justice ; & le grand-prévôt, qui en est devenu le chef, n'en faisoit originairement l'exercice que sous l'autorité du *grand-maître*.

Aux festins royaux, le *grand-maître* marche immédiatement devant ceux qui portent la viande, ayant le bâton haut, au lieu que les autres maîtres-d'hôtel portent le bâton bas devant lui, pour témoigner leur infériorité & leur dépendance, de la même manière que le chancelier de France fait abaisser les masses de justice, qu'il fait porter devant lui aux grandes cérémonies, lorsque le roi y est présent.

Aux enterremens des rois, le *grand-maître* est chef du convoi, & fait les honneurs de la maison royale : il marche devant l'effigie ; il rompt son bâton & le jette dans le cercueil du roi décédé, en prononçant ces mots : *messieurs, le roi est mort ; vous n'avez plus de charges.* Puis reprenant un nouveau bâton, il dit : *messieurs, le roi vit, & vous rend vos charges.* Après la pompe funèbre, le *grand-maître* présente au nouveau roi tous les officiers de sa maison. Le *grand-maître*, & en son absence, le premier maître-d'hôtel, présente au roi, au commencement de chaque quartier, tous les officiers qui entrent en service : ceux qui ne s'y trouvent pas perdent leurs gages, & le *grand-maître* commet à leur place.

Le trésorier de la maison du roi ne peut point payer

payer de gages aux officiers de fa majesté, qu'en rapportant des certificats de leurs services signés du *grand-maître*, ou en son absence, du premier maître-d'hôtel. Les officiers commis pour servir à la place des absens, sont payés sur le certificat du *grand-maître*, ou, en son absence, sur celui du premier maître-d'hôtel, ou du contrôleur-général de la maison du roi.

Par le réglement général de la maison du roi, de l'an 1578, il est dit que le *grand-maître* doit faire observer les ordonnances faites par sa majesté, sur la correction & la punition des officiers-domestiques, & faire arrêter ceux qui auront délinqué, pour les mettre entre les mains du grand-prévôt. Cela autorise la prétention où est le *grand maître*, que les lieutenans & archers de la prévôté ne peuvent faire aucune capture, ni acte de justice dans la maison du roi, sans sa permission expresse, ou celle des maîtres-d'hôtel.

On a la liste de quarante-deux *grands-maîtres de France*, jusqu'à M. le prince de Condé, qui est aujourd'hui revêtu de cette charge, dont M. le duc de Bourbon son fils a obtenu la survivance.

GRAND-MAITRE DES EAUX ET FORÊTS. *Voyez* MAITRE DES EAUX ET FORÊTS.

GRAND-VICAIRE. *Voyez* VICAIRE-GÉNÉRAL.

GRANDS-JOURS. *Voyez* JOURS.

GRAPPETER, v. a. (*terme de Coutume.*) c'est cueillir dans une vigne vendangée, les grappes de raisin qui ont échappé à la vigilance des vendangeurs. Il est d'usage de permettre aux pauvres de ramasser à leur profit ce qui reste dans une vigne après les vendanges, de même qu'il leur est permis de glaner dans les bleds après la moisson. Mais il leur est sévèrement défendu d'y entrer avant l'enlévement des raisins. La coutume de Melun, *article dernier*, permet au propriétaire d'une vigne, d'amener dans les prisons les *grappeurs* qui s'y introduisent avant la fin des vendanges, & ne donne à ceux-ci la liberté d'y entrer que vingt-quatre heures après qu'elles sont finies : celle de Bourbonnois ne l'accorde que trois jours après les vignes vendangées.

GRAYER. On appelle ainsi dans la Bresse ceux qui sont chargés de prendre garde aux eaux & aux étangs.

Caseneuve, dans ses *Origines françoises*, dit qu'il y a quelque différence entre *grayer* & *gruïer*. Mais il n'explique point en quoi consiste cette différence. Il se contente d'ajouter que ces deux mots désignent toujours des officiers des forêts, & qu'ils viennent probablement du latin *ager* ou du grec αγρὸς, dont on s'est aussi servi pour désigner une forêt, & duquel on aura formé *grayer* & *gruyer*, comme qui diroit *agrarius* ou *agruarius*. Pithou, Ménage & Laurière ont proposé d'autres étymologies.

Quoi qu'il en soit, on pourroit dire que le *grayer* est un officier établi pour veiller à la conservation & à la police de la grairie. (*M.* GARRAN DE COULON.)

GRAZALAIGE. C'est un droit que des seigneurs hauts-justiciers du Languedoc prétendoient sur l'or que l'on recueilloit dans l'Auriègue qui passoit dans leurs terres. *Voyez* CUEILLEURS D'OR. (*M.* GARRAN DE COULON.)

GREFFE, s. m. (*Droit public & civil.*) se prend en plusieurs sens; 1°. on appelle *greffe*, l'office du greffier; 2°. plus ordinairement le lieu public où l'on conserve en dépôt les minutes, registres & autres actes d'une jurisdiction, pour y avoir recours au besoin; c'est aussi le lieu où ceux qui ont la garde de ce dépôt, font & délivrent les expéditions qu'on leur demande des actes qui y sont renfermés.

Ce bureau ou dépôt est ordinairement près du tribunal auquel il a rapport : il y a néanmoins certains *greffes* pour des objets particuliers, qui sont souvent éloignés du tribunal, comme pour les *greffes* des hypothèques, des insinuations, &c.

Chaque tribunal, soit supérieur, soit inférieur, a au moins un *greffe* : il y en a même plusieurs dans certains tribunaux, qui contiennent chacun le dépôt d'une certaine nature d'actes. Il y a en effet des *greffes* en chef, tant pour le civil que pour le criminel, des *greffes* des affirmations, des appeaux, des apprentissages, des arbitrages, de l'audience, des criées & décrets, des dépôts, des conciergeries, prisons & geoles, des hypothèques, des insinuations, des présentations, &c.

Les *greffes*, ou plutôt leurs expéditions, étoient appellés anciennement *écritures* ou *clergies*; on les vendoit quelquefois, ou bien on les donnoit à ferme : l'un & l'autre fut ensuite défendu, & on ordonna qu'il y seroit pourvu de personnes capables. Enfin les *greffes*, qui n'étoient que de simples commissions révocables *ad nutum*, ont été érigés en titre d'office. Les *greffes* royaux sont domaniaux; ceux des justices seigneuriales sont patrimoniaux à l'égard des seigneurs; à l'égard de leurs greffiers, ce ne sont que des commissions révocables, à moins que les greffiers n'aient été pourvus à titre onéreux. *Voyez* GREFFIER.

GREFFE, (*Droit de*) c'est, dit Ragueau dans son *Indice*, un droit qui se prend sur les ventes des bois, tant en Normandie qu'ailleurs. Il est de soixante-trois sous neuf deniers, outre dix-huit deniers pour livre, pour le droit de cire. (*M.* GARRAN DE COULON.)

GREFFIER, s. m. *scriba*, *actuarius*, *notarius*, *amanuensis*, est un officier préposé pour recevoir & expédier les jugemens, & autres actes qui émanent d'une jurisdiction; il est aussi chargé du dépôt de ces actes qu'on appelle *le greffe*.

Emilius Probus, en la vie d'Eumènes, dit que chez les Grecs la fonction de greffier étoit plus honorable que chez les Romains; que les premiers n'y admettoient que des personnes d'une fidélité & d'une capacité reconnues; que chez les Romains, au contraire, les scribes ou greffiers, que l'on appelloit aussi *notaires*, parce qu'ils écrivoient en note ou abrégé;

KKkkk

étoient d'abord des esclaves publics, appartenans au corps de chaque ville, qui les employoit à faire les expéditions des tribunaux, afin qu'elles fussent délivrées gratuitement.

Cela fit douter si l'esclave d'une ville ayant été affranchi, ne dérogeoit pas à sa liberté en continuant l'office de *greffier* ou *notaire* : mais la loi dernière, au code *de fervis reipubl.*, décide pour la liberté.

Dans la suite, Arcadius & Honorius défendirent de commettre des esclaves pour *greffiers* ou notaires ; de sorte qu'on les élisoit dans chaque ville, comme les juges appellés *defensores civitatum* : c'est pourquoi la fonction de *greffier* fut mise au nombre des offices municipaux ; de même qu'autrefois en France on mettoit aussi par élection les *greffiers* des villes, & ceux des consuls des marchands.

Les présidens & autres gouverneurs des provinces se servoient de leurs clercs, domestiques, pour *greffiers* ; ceux-ci étoient appellés *cancellarii*, ou bien ils en choisissoient un à leur volonté ; ce qui leur fut défendu par les empereurs Arcadius & Honorius, qui ordonnèrent que ces *greffiers* seroient dorénavant tirés par élection de l'office ou compagnie des officiers ministériels attachés à la suite du gouverneur, à la charge que ce corps & compagnie répondroit civilement des fautes de celui qu'il avoit élu pour *greffier*. Justinien ordonna que les greffiers des défenseurs des cités & des juges pédanées, seroient pris dans ce même corps.

L'office ou cohorte du gouverneur étoit composée de quatre sortes de ministres, dont les *greffiers* réunissent aujourd'hui toutes les fonctions : les uns appellés *exceptores*, qui recevoient sous le juge les actes judiciaires ; d'autres *regendarii*, qui transcrivoient ces actes dans des registres ; d'autres appellés *cancellarii*, à cause qu'ils étoient dans un lieu fermé de barreaux, mettoient ces actes en forme, les souscrivoient & délivroient aux parties. Ces chanceliers devinrent dans la suite des officiers plus considérables. Enfin il y avoit encore d'autres officiers que l'on appelloit *ab actis seu actuarii*, qui recevoient les actes de jurisdiction volontaire, tels que les émancipations, adoptions, manumissions, les contrats & testamens que l'on vouloit insinuer & publier, & ceux-ci tenoient un registre de ces actes qui étoit autre que celui des actes de jurisdiction contentieuse.

En France, les juges se servoient anciennement de leurs clercs pour notaires ou *greffiers* : on appelloit *clerc* tout homme lettré, parce que les ecclésiastiques étoient alors presque les seuls qui eussent connoissance des lettres. Ces clercs, attachés aux juges, demeuroient ordinairement avec eux, & étoient assez souvent du nombre de leurs domestiques & serviteurs ; c'étoient proprement des secrétaires, plutôt que des officiers publics ; Philippe-le-Bel, en 1303, leur défendit de se servir de leurs clercs pour notaires.

Ces clercs ou notaires étoient d'abord amovibles *ad nutum* du juge : cependant Chopin, sur la coutume de Paris, rapporte un arrêt de l'an 1254, où l'on trouve un exemple d'un greffe, c'étoit celui de la prévôté de Caën, qui étoit héréditaire, ayant été donné par Henri, roi d'Angleterre, à un particulier, pour lui & les siens ; au moyen de quoi on jugea que ce greffe étoit un patrimoine où la fille avoit part, quoiqu'elle ne pût pas exercer ce greffe, parce qu'elle le pouvoit faire exercer par une personne interposée : mais observez que ce n'étoit pas un greffe royal, car le roi d'Angleterre l'avoit donné comme duc de Normandie, & seigneur de la ville de Caën.

Dans les cours d'église, quoiqu'il y eût alors beaucoup plus d'affaires que dans les cours séculières, il n'y avoit point de scribe ou *greffier* en titré d'office, tant on faisoit peu d'attention à cet état. Le chapitre *quoniam extrà de prob.* permet au juge de nommer tel scribe que bon lui semblera, pour chaque cause.

Philippe-le-Bel révoqua les aliénations qui avoient été faites au profit de plusieurs personnes de ces notairies, écritures, enregistremens, garde des registres, &c. aux uns à vie, d'autres à volonté, d'autres pour un certain temps, par voie d'accensement. Ces lettres furent confirmées par Philippe V, dit *le Long*, le 8 mars 1316.

Charles IV, par un mandement du 10 novembre 1322, ordonna que les greffes seroient donnés à ferme ; mais les greffes n'y sont désignés que sous le nom de *scriptura*, *stilli*, *scribaniæ*, *memorialia processuum* : il paroît que l'on faisoit une différence entre *scripturæ* & *scribaniæ* : ce dernier terme semble se rapporter singulièrement à la fonction des commis du greffe, qui ne faisoient que copier, comme font aujourd'hui les *greffiers* en peau.

Dans une ordonnance de 1327, les *greffiers* du châtelet sont nommés *registratores*.

Ceux qui faisoient la fonction de *greffiers* au parlement, étoient d'abord qualifiés *notaires* ou *clercs*, & quelquefois *clercs-notaires* ou *amanuenses*, *quia manu propriâ scribebant* ; on leur donna ensuite le nom de *registreurs*. Il n'y avoit d'abord qu'un seul *greffier* en chef, qui étoit le *greffier* en chef civil : mais comme il étoit clerc, c'est-à-dire ecclésiastique, & qu'il ne devoit pas signer les jugemens dans les affaires criminelles, on établit un *greffier* en chef criminel qui étoit laï ; on établit ensuite un troisième *greffier* pour les présentations, qu'on appelloit d'abord le *receveur des présentations*. MM. du Tillet, *greffiers* en chef du parlement, prirent dans la suite le titre de *commentariensis*, qui est synonyme de *registrator*.

Ce n'est que dans une ordonnance du mois de mars 1356, faite par Charles V, alors lieutenant-général du royaume, qu'il est parlé pour la première fois des *greffiers* & clercs du parlement : les greffes ou écritures des *greffiers* en général y sont encore nommés *clergies* ; & il y est dit que les clergies ne seront plus données à ferme, à cause que les fermiers exigeoient des droits exorbitans, mais qu'ils feront donnés à garde par le confeil des gens du pays & du pays voifin.

Il ordonna néanmoins le contraire le 4 feptembre 1357, c'eft-à-dire, que les greffes qu'il appelle *fcripturæ*, feroient donnés à ferme & non en garde, parce que, dit-il, ils rapportent plus : lorfqu'ils font donnés en garde, la dépenfe excède fouvent la recette.

Le roi Jean, ayant reconnu l'inconvénient de ces baux, ordonna le 5 décembre 1360, que les clergeries ou greffes, tant des bailliages & fénéchauffées royales que des prévôtés royales, ne feroient plus données à ferme ; mais que dorénavant on les donneroit à des perfonnes fuffifantes & convenables qui fauroient les bien gouverner & exercer fans grever le peuple.

On voit dans un règlement fait par ce même prince, le 7 avril 1361, qu'il y avoit alors au parlement trois *greffiers* qui font nommés *regiftratores feu grefferii* ; ils avoient des gages & manteaux dont ils étoient payés fur les fonds affignés pour les gages du parlement.

Dans un autre règlement de la même année, le *greffier* civil & le *greffier* criminel du parlement, avec le receveur des préfentations, font compris dans la lifte des notaires ou fecrétaires du roi.

Il y avoit autrefois un fonds deftiné pour payer aux *greffiers* du parlement l'expédition des arrêts, au moyen de quoi ils les délivroient gratis, ce qui dura jufqu'au règne de Charles VIII, qu'un commis du greffe qui avoit le fonds deftiné au paiement de l'expédition des arrêts, s'étant enfui, le roi qui étoit en guerre avec fes voifins, & preffé d'argent, laiffa payer les arrêts par les parties ; ce qui ne coûtoit d'abord que fix blancs ou trois fous la pièce.

Dans les autres tribunaux, les *greffiers* n'étoient toujours appellés que *notaires* ou *clercs*, jufqu'au temps de Louis XII, où les ordonnances leur donnèrent le titre de *greffier*, & les autorifèrent à recevoir des parties un émolument pour l'expédition des jugemens.

Il s'étoit introduit un abus de donner à ferme les greffes avec les prévôtés & les bailliages ; ce qui fut défendu d'abord par Charles VI, en 1388, qui ordonna que les clergies feroient affermées à des perfonnes qui ne tiendroient point aux baillis & fénéchaux. Charles VIII, par fon ordonnance de l'an 1493, fépara auffi l'office de juge d'avec le greffe, & autres émolumens de la juftice.

L'ufage de donner les greffes royaux à ferme continua jufqu'en 1521, que François I érigea les *greffiers* en titre d'office. Cet édit ne fut pas d'abord exécuté, on continua encore de donner les greffes à ferme : Henri II renouvella en 1554 l'édit de François I, mais Charles IX le révoqua en 1564, remettant les greffes en ferme ; il le rétablit pourtant en 1567 : & enfin en 1580, Henri III réunit les greffes à fon domaine, & ordonna qu'ils feroient

vendus à faculté de rachat, de même que les autres biens domaniaux ; il attribua néanmoins à ces offices le droit d'hérédité. Les *greffiers* du parlement furent créés en charge dès 1577 ; mais cela ne fut exécuté que par édit du 23 mars 1673.

Les *greffiers*, ainfi érigés en titre d'office, avoient fous eux des commis ou fcribes que l'on appelloit *clercs*, lefquels par édit de 1577, furent auffi mis en titre d'office fous le titre de *commis-greffiers* ; la plupart de ces commis ont même peu-à-peu ufurpé le titre de *greffier* purement & fimplement ; & les affaires fe multipliant, ils ont pris fous eux d'autres commis.

Avant que ces clercs du greffe fuffent érigés en titre d'office, il leur étoit défendu, à peine de concuffion, de rien prendre des parties, encore que cela leur fût offert volontairement ; telle eft la difpofition de l'article 77 de l'ordonnance d'Orléans : cependant plufieurs s'étoient avifés de prendre un droit qu'ils appelloient *vin de clerc*, au lieu duquel l'édit de 1577 leur attribua la moitié des émolumens qu'avoient les *greffiers* en chef.

Depuis l'époque du règne de François I, il a été fait en différens temps & en différentes circonftances, diverfes créations d'offices de *greffiers*, auxquels on a attribué une multitude de droits différens. Ces offices, ainfi que ces droits, ont effuyé des variations multipliées, que nous allons faire connoître dans les fubdivifions fuivantes.

Le *greffier des affirmations*, eft le chef du bureau où l'on reçoit les affirmations des voyages des parties qui font venues d'un lieu dans un autre, pour apporter leurs pièces & faire juger quelque affaire. Ces *greffiers* ont été établis par un édit du mois d'août 1669, pour recevoir & expédier ces actes, à l'exclufion de tous les autres *greffiers*. *Voyez* AFFIRMATION *de voyage*.

Greffier d'appeaux fe difoit anciennement de celui qui tenoit la plume dans un bailliage ou fénéchauffée, à l'audience où l'on jugeoit les appels, que l'on difoit auffi *appeaux*, en parlant des appels au plurier ; comme on dit encore, *nouvel* & *nouveaux*.

Quelques-uns confondent les *greffiers d'appeaux* avec les *greffiers à peau*, ou *à la peau* ou *en peau* ; ceux-ci font néanmoins biens différens, car ce font ceux qui expédient les arrêts fur parchemin.

Les *greffiers des apprentiffages* furent créés par édit du mois d'août 1704, qui ordonnoit que, dans chaque ville du royaume où il y a maîtrife & jurande, il feroit établi un *greffe* pour infinuer & regiftrer tous les brevets d'apprentiffage, lettres de maîtrife & actes de réception. Ces offices ont depuis été réunis aux communautés.

Le *greffier des arbitrages* fut créé par édit du mois de mars 1673, à Paris & dans plufieurs autres villes du royaume : cet édit portoit qu'il feroit établi un certain nombre d'offices de *greffiers des arbitrages*, pour recevoir & expédier, chacun dans leur diftrict, toutes les fentences arbitrales : mais ces offices furent bientôt unis à ceux des notaires, par différentes déclarations rendues pour chaque lieu où il se trouvoit de ces greffiers établis.

Le greffier de l'audience, est celui d'entre les greffiers qui est particuliérement chargé de tenir la plume à l'audience, & d'écrire sur le plumitif, sommairement & en abrégé, les jugemens à mesure que le juge les prononce.

Les greffiers des baptêmes, mariages & sépulture, ou greffiers conservateurs des registres des baptêmes, &c. furent établis par l'édit du mois d'octobre 1691, dans toutes les villes du royaume où il y a justice royale, duché-pairie & autres jurisdictions, pour fournir dans le mois de décembre de chaque année à tous les curés des paroisses de leur ressort, deux registres cotés & paraphés par lesdits greffiers, à la réserve des première & dernière pages qui seroient signées sans frais par le juge du lieu; l'un desquels registres serviroit de minute, & l'autre de grosse, pour y écrire, par les curés, les baptêmes, mariages & sépultures. L'édit ordonnoit aussi que six semaines après l'expiration de chaque année, les greffiers pourroient retirer les grosses qui auroient servi pendant l'année précédente; & que les juges ou greffiers des jurisdictions royales, à qui les grosses de ces registres avoient été remises depuis l'ordonnance de 1667, seroient tenus de les remettre entre les mains de ces greffiers, aussi-bien que les registres des consistoires qui avoient été déposés entre leurs mains, en vertu de la déclaration du mois d'octobre 1685. Ces greffiers furent supprimés par édit du mois de décembre 1716.

Les greffiers des bâtimens, qu'on appelle aussi greffiers des experts, ou greffiers de l'écritoire, sont des personnes établies en titre d'office pour rédiger par écrit tous les rapports des experts jurés; tels que les visites, alignemens, prisées & estimations, & autres actes que font les experts, en garder la minute, & en délivrer des expéditions à ceux qui les en requièrent. On les appelloit anciennement clercs des bâtimens ou de l'écritoire.

Le premier office de cette espèce fut créé pour Paris par édit du mois d'octobre 1565, registré le 5 mars 1568.

Par un édit du mois d'octobre 1574, on en créa cinq pour Paris. On en créa aussi dans les autres villes du royaume.

Il y eut encore différentes créations & suppressions jusqu'au mois de mai 1690, qu'on en créa quatre pour Paris, outre les seize qui existoient alors. Mais le nombre en a été depuis réduit à seize, comme il est présentement.

Le même édit du mois de mai 1670 supprima tous les offices des greffiers de l'écritoire, créés anciennement pour les provinces, & en créa deux nouveaux dans les villes où il y a parlement, chambre des comptes ou cour des aides, & un dans chaque ville où il y a bureau des finances ou présidial.

L'édit du mois de juillet suivant en créa un dans chaque ville où il y a bailliage, sénéchaussée ou autre siège royal. Il y a encore eu depuis diverses créations & suppressions de ces sortes d'offices. Voyez les édits du mois de novembre 1704, 1 mars 1708, 12 août 1710.

Les greffiers des chancelleries sont des officiers établis dans les chancelleries, pour garder & conserver les minutes de toutes les lettres & autres actes qui sont présentés au sceau, & pour écrire en parchemin, ou faire écrire par leurs commis les expéditions de toutes ces lettres & actes qu'ils sont tenus de collationner sur la minute, & d'y mettre le mot collationné. Il fut créé quatre de ces offices pour la grande chancellerie par édit du mois de mai 1674, lesquels ayant été acquis par les secrétaires du roi, sont exercés par quartier par certains d'entre eux.

Au mois de mars 1692, le roi créa de semblables offices de greffiers-gardes-minutes dans les chancelleries près les parlemens, cours supérieures & présidiaux du royaume. Il y en a huit en la chancellerie du palais à Paris, qui sont exercés par des procureurs au parlement.

On appelle greffier en chef le premier greffier d'une cour souveraine, ou autre tribunal : c'est le seul auquel appartienne vraiment le titre de greffier. Tous les autres ne sont proprement que ses commis, quoique par les édits de création leurs charges, ou par extension dans l'usage, on leur ait aussi appliqué le titre de greffiers ; mais on les appelle greffiers simplement, ou commis-greffiers, au lieu que le greffier primitif de la jurisdiction est appelé greffier en chef, pour le distinguer des autres greffiers qui lui sont subordonnés.

Dans quelques tribunaux il y a un greffier en chef pour le civil, & un pour le criminel : dans d'autres il y a deux greffiers en chef, qui sont concurremment toutes les expéditions.

On appelle greffier civil, celui qui tient la plume dans les affaires civiles, & qui est chargé du dépôt de tous les actes qui les concernent. Le greffier criminel est, par la même raison, celui à qui on confie le dépôt des actes, pièces & jugemens des affaires criminelles, qui en fait, ou fait faire par ses commis, toutes les expéditions.

Ces sortes de greffiers n'ont été établis dans les tribunaux qu'à mesure que les affaires se sont multipliées, & qu'on a vu qu'un seul greffier ne pouvoit suffire pour faire toutes les expéditions.

Les greffiers du premier chirurgien du roi sont des officiers nommés par le premier chirurgien du roi, tant dans les communautés de chirurgiens, que dans celles de barbiers-perruquiers-baigneurs, & étuvistes, pour y tenir le registre des réceptions, & celui des delibérations.

L'établissement de ces greffiers est aussi ancien que celui des lieutenans du premier chirurgien du roi : ils furent supprimés dans les provinces du royaume par l'édit du mois de février 1692, qui, en créant deux chirurgiens royaux dans chaque communauté, ordonna qu'ils feroient alternativement chacun pendant une année la fonction de *greffiers*-receveurs & gardes des archives.

L'édit du mois de septembre 1723 a depuis rétabli le premier chirurgien dans le droit de nommer des lieutenans & *greffiers* dans toutes les villes où il y a archevêché, évêché, chambre des comptes, cour des aides, bailliage ou sénéchauffée ressortissans nûment aux cours de parlement, & l'exécution de cet édit a été ordonnée par une déclaration du 3 septembre 1736.

Suivant les nouveaux statuts des chirurgiens des provinces du 14 février 1720, & ceux des barbiers-perruquiers du 6 février 1725, tous les anciens registres, titres & papiers de chaque communauté sont enfermés dans un coffre ou armoire fermant à trois clefs, dont le *greffier* en a une. Les registres courans des réceptions & délibérations restent pendant trois ans entre ses mains.

Ce sont eux qui font toutes les expéditions, copies & extraits que l'on tire sur les registres, titres & papiers de la communauté.

Ceux qui sont nommés pour remplir la fonction de *greffier* des communautés de chirurgiens, jouissent de l'exemption de logement de gens de guerre, de collecte, guet & garde, tutèle, curatèle, & autres charges de ville & publiques.

Les *greffiers-commis* sont de plusieurs sortes : 1°. on donne ce nom à des commis du greffe qui ont été érigés en charge pour aider à faire les expéditions du tribunal sous le *greffier* en chef. Ils furent créés dans toutes les cours souveraines, bailliages, sénéchaussées & autres jurisdictions royales. Par édit du 22 mars 1578, on les appelloit alors *clercs des greffiers*. Ce titre de *clerc* étoit celui que les *greffiers* même portoient anciennement ; dans la suite on les a appellés *commis-greffiers* ; ils prennent même présentement le titre de *greffiers* simplement, quoique ce titre n'appartienne régulièrement qu'au *greffier* en chef.

2°. Outre ces *commis-greffiers* qui sont en charge, ces mêmes *greffiers* ont sous eux d'autres commis ou clercs amovibles qui sont à leurs ordres pour faire leurs expéditions. On appelle ceux-ci *commis du greffe* ou *gau reffe.*

3°. On appelle encore *commis-greffiers*, des praticiens qu'un juge nomme commissaires, délègue pour faire quelque acte particulier, & commet pour tenir la plume sous lui, comme lorsqu'il est nommé pour faire une descente sur les lieux, ou quelque autre procès-verbal.

Le *greffier des criées* ou *des décrets*, est celui qui tient la plume à l'audience particulière, destinée à faire l'adjudication des baux & décrets, & la certification des criées. Il y en a un au châtelet de Paris.

Tous les *greffes* en général sont autant de dépôts particuliers ; mais on appelle singulièrement le titre de *greffes des dépôts* à certains bureaux & dépôts où l'on conserve d'autres actes que les jugemens : tels sont les *greffes* des présentations & des affirmations ; ceux des *greffiers* appellés *gardesacs*, qui gardent les productions des parties ; & le *greffe des dépôts* proprement dit, où l'on conserve les registres de distributions des procès, les procédures faites dans les jurisdictions, telles qu'interrogatoires sur faits & articles, enquêtes, informations, récolemens, confrontations, procès-verbaux, &c.

Les *greffiers des dépris* étoient des officiers héréditaires, créés par l'édit du mois de février 1627, pour recevoir les dépris des vins, ou déclarations que l'on vient faire au bureau des aides pour la vente des vins. Ils furent supprimés par édit du mois de janvier 1692.

Greffiers ecclésiastiques. Les évêques ont eu dans tous les temps des officiers destinés à écrire les actes qui, pour la conservation de la discipline dans les diocèses, ont toujours dû être revêtus d'une certaine authenticité. Tels étoient autrefois les syncelles & les chanceliers. Ces espèces de secrétaires ne remplirent pas leurs fonctions avec toute l'exactitude possible. Cet abus s'étendit jusque dans l'exercice de la jurisdiction contentieuse. Le concile de Latran, tenu sous Innocent III, fut obligé d'y remédier par le règlement suivant.

Statuimus ut tam in ordinario judicio quàm extraordinario, judex semper adhibeat aut publicam, si potest habere, personam, aut duos viros idoneos, qui fideliter universa judicii acta conscribant, videlicet, citationes, dilationes, recusationes, exceptiones, petitiones, responsiones, interrogationes, confessiones, testium depositiones, instrumentorum productiones, interlocutiones, appellationes, renunciationes, conclusiones, & cætera quæ occurrunt competenti ordine conscribenda, loca designando, tempora & personas. Et omnia sic conscripta partibus tribuentur, ita quod originalia penes scriptores remaneant, ut si super processu judicis fuerit suborta contentio, per hoc veritas possit declarari. Quatenus hoc adhibito moderamine, sic honestis & discretis deferatur judicibus, quod per improvidos & iniquos, innocentium justitia non lædatur. Judex autem qui constitutionem ipsam neglexerit observare, si propter ejus negligentiam quid difficultatis emerserit, per superiorem judicem animadversione debita castigetur.

Quoique l'on ne trouve point dans ce règlement du concile aucune expression particulière qui revienne au mot GREFFIER, cependant par la description qu'il fait de l'officier qu'il veut être établi auprès des juges ecclésiastiques, soit ordinaires, soit extraordinaires, il est aisé de reconnoître ce que nous appellons *greffier.*

Au reste il est étonnant qu'il ait pu exister des tribunaux, dans lesquels on observoit des formes, sans qu'il y eût un officier qui fût dépositaire des actes judiciaires dont la conservation est nécessaire pour constater ce qui a été jugé, & la manière dont les jugemens ont été rendus.

La loi portée par le concile de Latran a reçu son exécution. Les conciles provinciaux, tenus en

France, ont eu foin de l'ordonner. Celui de Rouen, tenu en 1581, enjoignit aux évêques d'inftituer des *greffiers*, *actuarios vel graffarios*, dans les cours eccléfiaftiques, qui feroient des clercs ou des notaires non mariés & verfés dans l'écriture. Ces *greffiers* ne pourront, felon le concile, déléguer pour remplir leur office, *quibus non liceat aliis delegare officium*. Si la maladie ou quelque autre caufe les empêche de vaquer à leurs fonctions, l'official commettra à leur place quelque perfonne de probité : *in eorum locum officiales, notarium aliquem, aut probum virum fubftituant.*

Il eft expreffément défendu aux *greffiers* d'examiner les témoins en l'abfence de l'official : *caveant autem illi actuarii, ne abfente officiali, fuos teftes examinare præfumant, cùm fit id omni jure vetitum, fub pœna nullitatis.*

Ces réglemens ne regardent que les *greffiers* des officialités, c'eft-à-dire, ceux qui doivent dreffer, expédier & conferver les actes de la jurifdiction contentieufe. Quant à la jurifdiction gracieufe & volontaire, les *greffiers* des évêques fe nomment *fecrétaires*. Ces officiers rempliffent des fonctions très-importantes, qui n'ont point échappé aux foins & à la vigilance des conciles. Celui de Rouen, que nous venons de citer, a fait pour eux un réglement particulier conçu en ces termes : *præcipitur verò epifcopis ut certum locum fecretariis fuis affignent, ubi regiftra ordinationum, provifionum, collationum, & aliorum actorum à dictis epifcopis, feu eorum vicariis emanatorum perpetuò cuftodiantur, ne earum rerum pereat memoria, & inde exempla feu extractus cum neceffarium fuerit petantur.*

Les officialités étant des tribunaux publics & autorifés par le prince, dans lefquels on exerce fur les citoyens une jurifdiction qui influe fouvent fur leur état civil, il étoit naturel que les officiers qui les compofent, fuffent foumis aux loix qui réglent & régiffent tous les autres tribunaux du royaume. Auffi les *greffiers* eccléfiaftiques font-ils tenus de fe conformer à toutes les ordonnances.

Dans l'ufage & la pratique, les greffes des officialités peuvent être poffédés par des laïques : en cas d'abfence ou de légitime empêchement, l'official peut commettre un autre *greffier*, en obfervant les formalités prefcrites par l'ordonnance.

Un arrêt du parlement d'Aix du 19 juin 1608, enjoignit à tous les évêques d'avoir des *greffiers* de la qualité requife par les faints décrets & par les ordonnances. Ce même arrêt ordonna que les procédures & les regiftres du greffe ne feroient point tranfportées hors du lieu où le greffe eft établi, lors du changement ou de la mort du *greffier* : mais qu'ils feroient dans ce cas, confignés & remis au *greffier* fucceffeur qui s'en chargera, ou à quelque perfonne publique & capable.

Les évêques ne peuvent établir qu'un *greffier* en leur jurifdiction, & ils ne peuvent le prendre parmi leurs domeftiques. Arrêt du parlement de Provence du 15 janvier 1666.

Le *greffier* d'une officialité peut être deftitué par l'évêque, parce que le greffe étant quelque chofe de temporel, ne peut être aliéné au préjudice des fucceffeurs à l'évêché. C'eft la décifion de Loifeau, *Traité des offices.*

Il a été jugé que le greffe de la temporalité d'un évêché, doit être exercé pendant la régale, au profit du fermier des économats, & non par le *greffier* royal.

Le *greffier* du juge d'églife l'affifte, lorfqu'il inftruit une procédure, conjointement avec le juge royal.

Il y a des chapitres qui font dans l'ufage d'avoir des *greffiers*. On trouve un modèle des provifions qu'ils donnent dans le notaire apoftolique d'Horry. (*Cet article eft de M. l'abbé* BERTOLIO, *avocat au parlement.*)

Greffiers des gens de main-morte. Voyez MAIN-MORTE.

Greffiers des infinuations eccléfiaftiques. Voyez INSINUATIONS.

Les *greffiers gardes-facs : voyez* GARDE-SAC.

Les *greffiers des inftructions* étoient des *greffiers* créés par édit du mois d'octobre 1660, pour tenir la plume dans toutes les inftructions qui fe font aux confeils d'état, des finances & des parties. Ils furent fupprimés par édit du mois de juin 1661.

Les *greffiers des inventaires* étoient des officiers établis en certains lieux pour écrire les inventaires fous la dictée d'autres officiers appellés *commiffaires aux inventaires*, auxquels on avoit attribué dans ces mêmes lieux la confection des inventaires ; les uns & les autres furent établis par édit du mois de mai 1622 & décembre 1639, dans le reffort des parlemens de Touloufe, Bordeaux & Aix feulement : il ne fut levé qu'un petit nombre de ces offices, cette création n'ayant point eu lieu dans le reffort des autres parlemens. La confection des inventaires étoit fouvent conteftée entre différens officiers : c'eft pourquoi, par un édit du mois de mars 1702, portant fuppreffion des commiffaires aux inventaires & de leurs *greffiers* créés par les édits dont on a parlé, on établit de nouveaux offices de commiffaires aux inventaires, & de *greffiers* d'iceux dans toutes les juftices royales, excepté dans la ville de Paris : ces offices de commiffaires & de *greffiers* aux inventaires ont depuis été unis aux offices des juftices royales, & à ceux des notaires, chacun en droit foi, pour la faculté qu'ils ont de faire les inventaires.

Les *greffiers des notifications* étoient ceux qui recevoient les notifications de tous les contrats d'acquifition. Ils furent établis par édit du mois de décembre 1587, portant création d'un office de *greffier des notifications* des contrats en chaque fiège royal & autres principales villes. Ces offices furent créés à l'occafion de la difpofition de l'édit du mois de novembre précédent, portant que le retrait lignager auroit lieu dans toute l'étendue du royaume, & que l'an du retrait lignager ne courroit que du jour que les contrats feroient notifiés ou infinués au greffe des jurifdictions royales, dans le reffort defquelles les biens feroient fitués; il fut dit que les *greffiers* feroient regiftre à part de ces notifications, contenant l'an & jour des acquifitions par eux infinuées, le nom des contractans, le prix & charges de la vente, le nom des notaires qui auroient reçu le contrat; & qu'ils ne délivreroient ni endofferoient ladite notification aux contrats d'acquifition, qu'ils n'en euffent d'abord fait regiftre. C'étoient d'abord les *greffiers* ordinaires qui faifoient ces notifications; mais par l'édit du mois de décembre 1581, on en établit de particuliers pour rendre plus prompte l'expédition des notifications. Ils furent fupprimés par édit du mois de novembre 1584, & rétablis & réunis au domaine par autre édit du mois de mars 1586. Ils étoient encore connus fous ce titre en 1640, fuivant une déclaration du 10 décembre 1639, regiftrée le 17 janvier fuivant: on les a depuis appellés *greffiers des infinuations*, & leurs fonctions ont été réglées par différens édits concernant les infinuations laïques. *Voyez* INSINUATION.

Les *greffiers en peau*, ou, comme on dit vulgairement, les *greffiers à peau*, font ceux qui tranfcrivent fur le parchemin les jugemens & autres actes émanés du tribunal où ils font établis; ils furent créés en titre d'office héréditaire dans toutes les cours & jurifdictions royales du royaume, par édit du mois de février 1577: par un autre édit de 1580, ces offices furent déclarés domaniaux, & en conféquence aliénés à faculté de rachat perpétuel.

Le *greffier des préfentations* eft celui qui reçoit les actes de préfentation tant du demandeur que du défendeur, de l'appellant & de l'intimé.

Greffiers des fubdélégations: par l'édit du mois de janvier 1707, il fut établi un *greffier de la fubdélégation* dans les villes du royaume où il a été établi des fubdélégués, pour tenir minute & regiftre de tous les actes émanés des fubdélégués, & d'en délivrer des expéditions. Ces offices furent réunis à ceux des fubdélégués par une déclaration du 17 janvier 1708. *Voyez* SUBDÉLÉGUÉ.

Les *greffiers des tailles*, ou *des rôles des tailles*, ou *greffiers des paroiffes*, furent établis par édit du mois de feptembre 1515, portant création d'un office de *greffier* en chaque paroiffe du royaume, pour tenir regiftre, dreffer & écrire fous les affeffeurs, les rôles de tous les deniers qui fe lèvent par forme de taille. Ces offices avoient d'abord été créés héréditaires; mais par une déclaration du 16 janvier 1581, il fut dit qu'ils étoient compris dans l'édit du mois de mars 1580, portant fuppreffion & réunion au domaine de tous les greffes du royaume, pour être vendus à faculté de rachat perpétuel.

Ces offices furent fupprimés par édit du mois de novembre 1616.

Cependant, par édit du mois de juillet 1622,

il fut encore créé un office de *greffier héréditaire des tailles* en tous les diocèfes, villes, communautés & confulats de la province de Languedoc, & reffort de la cour des aides de Montpellier.

Par un autre édit du mois d'août 1690, on créa pareillement des offices de *greffiers des rôles & des tailles*, & *impofitions ordinaires & extraordinaires* en chaque ville, bourg & paroiffe taillable du reffort des cours des aides de Paris, Rouen, Montauban, Libourne, Clermont-Ferrand & Dijon: on en créa d'*alternatifs* dans le reffort de ces mêmes cours, par une déclaration du mois de novembre 1694.

Tous ces offices furent encore fupprimés par un édit du mois d'août 1698.

On les rétablit dans le reffort des cours des aides de Paris, Rouen, Montauban, Bordeaux, Clermont-Ferrand & Dijon, par un édit du mois d'octobre 1703; mais en même temps ils furent unis aux offices de fyndics, créés par édit de mars 1702, à ceux de *greffiers* des hôtels-de-ville établis par l'édit de juillet 1690, où il n'y avoit point de fyndic, & à ceux de maire, créés par édit du mois d'août 1692, où il n'y a ni *greffier* ni fyndic.

Ces mêmes offices furent fupprimés par édit du mois de novembre 1703, & leurs fonctions, droits, & privilèges attribués aux offices des fyndics.

Ils furent encore rétablis par un autre édit du mois d'août 1722, & confirmés dans leurs fonctions par un arrêt du confeil d'état du 15 février 1724, portant qu'aucun rôle des tailles ne pourra être mis à exécution qu'il n'ait été figné par eux.

Enfin ces mêmes offices ont depuis encore été fupprimés.

On voit par ce que nous venons de dire, que les befoins de l'état ont fouvent forcé d'avoir recours à la création d'offices nouveaux de *greffiers*, & à la vente & revente des anciens; que les attributions accordées à chacun d'eux ont été tantôt fupprimées avec l'office, tantôt confervées pour être perçues au profit du roi; que le roi poffède dans les greffes engagés une portion des droits réfervés par les engagemens; enforte qu'une partie des droits des greffes lui appartient, & fait partie de la ferme des domaines. On doit, à cet égard, confulter le *Dictionnaire des finances*.

Il nous refte pour finir cet article, de dire un mot des droits, fonctions & qualités des *greffiers*.

Différentes loix défendent aux officiers des cours & autres jurifdictions, de fe fervir d'autres perfonnes que des *greffiers*, tant dans les commiffions extraordinaires, que dans les procédures criminelles, à moins que le *greffier* ne foit malade ou abfent, ou légitimement fufpecté.

Lorfqu'un commiffaire a été contraint de fe fervir d'une perfonne étrangère pour remplir les fonctions du *greffier*, les minutes des actes & procès-verbaux doivent être dépofées au greffe de la jurifdiction dont les commiffions font émanées, pour en être les expéditions délivrées par le *greffier*. Si le commiffaire n'étoit d'aucune cour ou jurifdiction, le dépôt des actes de fa commiffion doit fe faire au greffe de la jurifdiction royale ordinaire des lieux.

Les greffiers font tenus de veiller à la confervation du dépôt des minutes, & des effets qui leur font confiés, fans pouvoir les déplacer ni fe les approprier, à peine d'être pourfuivis extraordinairement, & punis de peines afflictives, fuivant l'exigence des cas.

Ils doivent écrire les jugemens comme ils ont été prononcés, & il leur eft défendu d'en rien fupprimer, & d'y rien ajouter, à peine de faux. Ils doivent écrire fur les expéditions des fentences, ou arrêts rendus fur procès appointés, les épices taxées par les juges, & par qui elles ont été payées; ou faire mention qu'il n'en a point été taxé.

Pour fûreté des droits de greffe & de contrôle dus au roi, les réglemens obligent les greffiers d'inférer dans les minutes & expéditions des jugemens, les actes fur lefquels ils ont été rendus; de faire mention s'ils font fous fignature privée, ou pardevant notaires, de leurs dates, de leur contrôle, du nom du contrôleur; de communiquer aux fermiers ou à leurs prépofés les minutes & regiftres de leurs greffes, & de leur délivrer les extraits des jugemens, foit civils, foit criminels: le tout fous peine d'une amende de deux cens livres.

En matière criminelle, un greffier parent d'une des parties, doit fe récufer, à peine de nullité de la procédure.

Il faut être âgé de 25 ans pour exercer les fonctions de greffier: cependant la déclaration du 22 décembre 1699, n'exige que vingt ans pour le greffe des fièges de police; & l'édit de mars 1710, vingt-deux feulement pour ceux des jurifdictions confulaires.

Il eft défendu aux greffiers, ainfi qu'à leurs commis, de follíciter dans un procès, foumis à la décifion du fiège auquel ils font attachés, d'accepter aucune ceffion ou transport de droits litigieux: de fe rendre fermiers judiciaires, ou adjudicataires de biens vendus par décret dans leurs tribunaux: de recevoir aucun préfent des parties litigentes: de tenir deux offices, ou d'être en même temps procureurs.

Ils font du corps de la cour ou jurifdiction à laquelle ils font attachés, & ils ont rang & féance après les gens du roi.

GREFFIER du gros, en Artois, eft un officier dont les fonctions font totalement différentes de celles des greffiers dont nous avons parlé dans l'article précédent. Il eft chargé de garder les minutes des actes notariés, & d'en délivrer les groffes aux parties. Il eft connu dans le reffort du parlement de Flandre, fous le nom de tabellion.

Des placards de l'empereur Charles-Quint, & de Philippe II, roi d'Efpagne, obligent les notaires de porter au greffier du gros, les minutes de tous les contrats réciproques, dans le mois de leur date,

fous peine de dix florins d'amende pour la première fois, & de privation d'état pour la feconde.

La raifon de cet établiffement vient de ce que dans les Pays-Bas, l'office de notaire n'eft point uni, comme en France, à celui de garde-note, ou de tabellion, & qu'il n'y a qu'un feul tabellion dans le reffort de chaque jurifdiction royale. Voyez NOTAIRE.

GRENETIER, f. m. (Droit public. Finance.) eft un officier royal prépofé à un grenier à fel, fur lequel il a infpection pour recevoir le fel que l'on envoie dans ce grenier, juger de la bonté de ce fel, de la quantité qu'il en faut pour les paroiffes qui font dans l'arrondiffement de ce grenier, & d'en faire la diftribution à ceux auxquels il eft deftiné. C'eft auffi un des officiers qui exercent la jurifdiction établie pour ce grenier à fel, où ils jugent en première inftance, & même dans certains cas en dernier reffort, les différends qui furviennent par rapport au tranfport, diftribution, & débit du fel.

Philippe de Valois ayant établi le 20 mars 1342, des greniers ou gabelles de fel, nomma trois maîtres des requêtes clercs, & quatre autres perfonnes pour être maîtres, fouverains commiffaires-conducteurs & exécuteurs des greniers & gabelles; leur donnant pouvoir d'établir dans tous les endroits du royaume où ils jugeroient à propos, des commiffaires, grenetiers, gabelliers, clercs, & autres officiers; de leur faire donner des gages convenables, & de les deftituer à leur volonté. Ainfi les grenetiers font auffi anciens que les greniers à fel.

Une inftruction faite en 1360, par le grand-confeil du roi, fur la manière de lever l'aide ordonnée pour la délivrance du roi Jean, porte que le grenetier commis à chaque grenier à fel paieroit aux marchands le fel qui fe trouveroit dans le lieu, & qu'il le revendroit au profit du roi, le quint denier de plus; on voit par-là que les grenetiers faifoient alors l'office de receveurs des gabelles. Dans la fuite ces deux fonctions furent féparées; on ne laiffa au grenetier que l'infpection fur le grenier à fel, & la jurifdiction.

Les grenetiers furent compris dans la défenfe que Charles V fit le 13 novembre 1372, à certains officiers de fe mêler d'aucun fait de marchandife.

Le 6 décembre fuivant, il leur ordonna de remettre tous les mois le produit de leurs greniers au receveur du diocèfe où leur grenier étoit établi.

Les généraux des aides avoient le pouvoir de les nommer, & à l'exclufion de tous autres juges, celui de les punir, s'ils commettoient quelque malverfation dans l'exercice de leurs fonctions; on envoyoit quelquefois dans les provinces des réformateurs pour punir ceux d'entre ces officiers & autres prépofés à la levée des aides qui avoient malverfé.

L'ordonnance de Charles VI, du premier mars 1388, autorife les tréforiers de France à voir les états

états des *grenetiers*, receveurs, & vicomtes des aides avant la reddition de leurs comptes, toutes les fois que bon leur semblera; & lorsqu'ils étoient mandés à la chambre pour aller compter, s'ils ne s'y rendoient pas au jour qui leur étoit assigné, ils étoient sujets à l'amende pour cause de leur défobéissance, suivant une autre ordonnance de la même année.

Il fut aussi enjoint dans le même temps aux *grenetiers* d'exercer leur office en personne, & non par des lieutenans.

On leur donna des contrôleurs pour tenir un double registre de leur recette & dépense.

On ne voit rien jusque-là qui fasse mention que les *grenetiers* fissent des actes de jurisdiction. Il y a néanmoins apparence qu'ils en avoient déjà fait quelqu'un. En effet, dans une instruction donnée par Charles VI, au mois de juillet 1388, il est dit que si quelque officier des aides est battu ou injurié, information en sera faite par les élus ou *grenetiers*, ou par celui ou ceux qu'ils y commettront; que ceux qui seront trouvés coupables, seront punis; que si, pour ce faire, les élus ou *grenetiers*, ou leurs commis, ont besoin de conseil ou de force, ils appelleront les baillis & juges du pays, & le peuple, si besoin est, & que de tels cas les élus & *grenetiers* auront la connoissance, punition, ou correction; ou que, si bon leur semble, ils la renverront à Paris devant les généraux des aides, lesquels pourront les évoquer, & prendre connoissance, quand même les élus & *grenetiers* ne la leur auroient pas renvoyée.

Il est encore dit que toutes manières de gens menant & conduisant sel non gabellé, à port d'armes ou autrement, seroient par les *grenetiers* & contrôleurs, & par toutes justices où ils viendroient & passeroient, pris & punis de corps & de biens, selon que le cas le requerroit; que si les *grenetiers*, contrôleurs, ou autres gens de justice demandoient aide pour le roi, chacun seroit tenu de leur aider, sur peine d'amende arbitraire.

Les anciennes ordonnances concernant la jurisdiction des *grenetiers* & contrôleurs, furent renouvellées par celle de Louis XII, du 24 juin 1500, qui leur attribue la connoissance de toutes causes, querelles, débats, rebellions, injures, outrages, battures, meurtres, exactions, concussions, fraudes, fautes, & de tous excès, crimes, délits, maléfices, faussetés, procès, & matières procédant du fait des gabelles, quart de sel, fourniffement des greniers à sel, circonstances & dépendances en première instance, jusqu'à condamnation & exécution corporelle, sauf l'appel aux généraux des aides, appellés depuis *cour des aides*.

Les commissions de *grenetier* & de contrôleur furent érigées par François I, en titre d'office; & le sel devenant par la suite un objet de plus en plus important pour la finance qui en revient au roi, Henri II créa des *grenetiers* & contrôleurs alternatifs, afin que pendant que les uns seroient en exercice pour la distribution & vente du sel, & pour rendre la justice, les autres fiffent la recherche dans les paroisses de l'étendue de leur grenier.

Ces *grenetiers* & contrôleurs alternatifs furent depuis supprimés en 1555, & rétablis en 1572. En 1615, on en créa de triennaux, pour exercer avec l'ancien & l'alternatif, chacun de trois années l'une. Il y a eu depuis différentes suppressions & réunions de ces *grenetiers* alternatifs & triennaux.

Anciennement le *grenetier* étoit le premier officier du grenier à sel; mais depuis la création des présidens, dont l'époque est de 1629, il n'est plus que le second officier du tribunal. (*A*)

GRENIER A SEL, f. m. (*Droit public.*) est une jurisdiction royale, où se jugent en première instance les contraventions sur le fait du sel.

Cette jurisdiction est composée d'un président, d'un grenetier, d'un contrôleur, d'un procureur du roi & d'un greffier. Il n'est pas nécessaire d'être gradué pour exercer un de ces offices.

Le président de chaque grenier à sel peut, préférablement aux autres officiers du siège, donner seul & sans délibération du conseil, les permissions d'informer dans le cas où il y a lieu d'en accorder, procéder aux informations, décerner en conséquence tel décret qu'il appartient, faire les interrogatoires, rendre les jugemens à l'extraordinaire, & les jugemens préparatoires, procéder aux récolemens & confrontations, & en général faire toute l'instruction du procès, & rendre toutes les ordonnances qui peuvent être données par un seul juge, dans les sièges ordinaires auxquels la connoissance des matières criminelles est attribuée.

En cas d'absence, récusation, ou autre empêchement légitime du président, les fonctions qui lui sont attribuées, sont remplies par l'officier qui le suit immédiatement, & ainsi successivement, suivant l'ordre du tableau.

Les deux tiers des émolumens de toute la procédure sont attribués au président ou à l'officier qui en a rempli les fonctions, & le surplus doit être mis en bourse commune.

Les officiers des *greniers à sel* connoissent en dernier ressort, tant en principal que dépens, de la restitution des droits de gabelles, jusqu'à la concurrence d'un minot de sel, & de dix livres d'amende, quand bien même le fermier auroit conclu à une plus forte amende.

Il faut le nombre de trois juges pour rendre un jugement en dernier ressort, & dans ce cas, la sentence doit porter ces termes: par jugement en dernier ressort, la déclaration du 17 février 1688 défend aux officiers des *greniers à sel* de rendre plusieurs sentences définitives, sur un même procès-verbal de capture de faux-sauniers, lorsque les accusés sont complices du même fait. *Voyez* le *Dictionnaire des finances.*

GREVER, v. act. en *Droit*, signifie *charger* quelqu'un de quelque condition; ce terme s'applique sur-tout en matière de substitution & de fidéi-com-

mis ; on dit *grever* un héritier ou légataire de fubftitution ou fidéi-commis : le grevant, *gravans*, eft
celui qui met la condition ; le grevé, *gravatus*,
eft celui qui en eft chargé.

On ne peut en général *grever* perfonne, qu'en
lui faifant quelque avantage ; c'eft ce que fignifie
la maxime, *nemo oneratus nifi honoratus. Voyez* FIDÉI-
COMMIS & SUBSTITUTION. (*A*)

GRIAGE, c'eft la même chofe que le droit de
gruerie. *Voyez* les *Gloffaires latin & françois de dom*
Carpentier, aux mots Griagium, *fous* Gruarius, & Griage. (M. GARRAN DE COULON.)

GRIEFS, f. m. pl. *terme de Pratique*, qui fignifie
tort, préjudice qu'un jugement fait à quelqu'un.

On entend auffi finguliérement par *griefs*, les
différens chefs d'appel que l'on propofe contre une
fentence rendue en procès par écrit ; on diftingue
le premier, le fecond *grief*, &c.

On appelle auffi *griefs* les écritures qui contiennent les caufes & moyens d'appel dans un procès
par écrit ; au lieu que fur une appellation verbale
appointée au confeil, ces mêmes écritures s'appellent *caufes & moyens d'appel*.

Les *griefs* font quelquefois intitulés, *hors le procès*, parce que c'eft une pièce qui ne fait pas partie
du procès par écrit : mais cette qualification ne
convient proprement que quand il y a déjà des
griefs qui font partie du procès, comme cela arrive
quand il y a déjà eu appel devant un premier juge,
que le procès a été réglé par écrit, qu'on y a
fourni des *griefs* : alors, & l'on interjette encore
appel devant le juge fupérieur, les *griefs* que l'on
fournit devant lui font hors le procès, à la différence des *griefs* qui ont été fournis devant les premiers juges, lefquels font partie du procès.

L'appellant en procès par écrit fournit donc fes
griefs, & l'intimé fes réponfes à *griefs*, auxquelles
l'appellant peut repliquer par des écritures qu'on appelle *falvations de griefs. Voyez* APPOINTEMENT. (*A*)

GROIX, GROIS, GROIE, GROYE & GROE.
Quoique ces mots & leurs correfpondans de la baffe-
latinité croa, groa, groua, &c. fe trouvent dans
les anciens titres de plufieurs provinces, il n'eft
pas facile d'en bien fixer le fens.

Ducange, au mot Cro 2, dit d'après divers textes
de l'ancien droit anglois, que ce terme & ceux
de croy ou croïa, fignifient une terre marécageufe,
& ces textes le prouvent clairement pour les deux
premiers de ces mots. Mais celui de croïa paroît
avoir un autre fens, & fignifier des efpèces d'éclu-
fes ou de claies, faites pour retenir le poiffon ; ou
d'autres fortes d'engins relatifs à la pêche.

Cela réfulte du chapitre 11 des premiers ftatuts
de Robert I, roi d'Ecoffe, où il eft dit : *omnes
illi qui habent croïas, vel pifcarias, feu ftagna, aut
molendina in aquis ubi mare afcendit & fe retrahit,
& ubi falmunculi, feu fmolti vel triæ cujufcumque generis pifcium maris, vel aquæ dulcis afcendunt, vel
defcendunt, tales croïæ & pifcariæ machinæ interpofitæ
fint ad minus duorum pollicum in latitudine.*

Les additionnaires de Ducange difent auffi néanmoins que le mot *groïa* ou *groua*, fignifie, comme
celui de croïa, une terre marécageufe : mais les textes
qu'ils citent ne juftifient point cette interprétation,
& prouvent feulement qu'on a ainfi nommé une
efpèce particulière de fonds de terre.

Dom Carpentier, dans fon *gloffarium novum*, croit
qu'on doit entendre par-là un champ fermé
de haies ; & l'un des paffages qu'il rapporte, paroît du moins indiquer un lieu clos de haies, ou
entouré de buiffons : c'eft inconteftablement là ce
que fignifie le mot *pleffes* ou *pleffis* qui y eft joint,
comme fynonyme de *groïx*. Il y eft dit : « le fup-
» pliant & un autre... emmenèrent une femme...
» en une pleffes & *groyes* près d'illec ».

Peut-être le mot *groïx* défigne-t-il toute efpèce
de clôture, & particuliérement les lieux fermés de
claies. L'origine de ce mot pourroit être la même
que celle de *croifée*, parce que les claies font formées en croifant des baguettes de bois. (M. GAR-
RAN DE COULON.)

GROS, f. m. *en matière béneficiale*, fe dit de la
partie principale du revenu attaché à une prébende
ou à une cure. *Voyez* CHANOINE, CURÉ.

GROSSE, f. f. *terme de pratique*, qui fignifie
l'expédition d'un acte public, comme d'un contrat, d'une requête, d'une fentence ou arrêt. Dans
les contrats, inventaires, procès-verbaux & jugemens, la *groffe* eft la première expédition tirée fur
la minute qui eft l'original ; au contraire pour les
requêtes, inventaires de production, & autres écritures du palais, la *groffe* eft l'original, & la copie
eft ordinairement plus minutée.

On appelle *groffe* ces fortes d'expéditions, parce
qu'elles font ordinairement écrites en plus gros caractères que la minute ou copie.

Ce terme *groffe*, eft peu ufité dans les provinces
de droit écrit, on s'y fert du mot *expédition*. D'ailleurs, en parlant de la copie d'un acte ou d'un jugement, on peut l'appeler indifféremment, *copie*,
groffe ou *expédition*, ces trois mots font fynonymes.

La *groffe* des actes paffés devant notaires, fe délivre par eux, à l'exception de l'Artois, où elle
s'expédie par un officier particulier, appelé *tabellion* ou *greffier du gros. Voyez* ces mots. Autrefois
les notaires de Paris étoient obligés d'écrire eux-
mêmes la *groffe* de leurs actes, mais ils en ont été
difpenfés par des lettres-patentes du 1 feptembre
1541, qui leur permettent d'employer leurs clercs
à ces expéditions.

Les formes de l'expédition d'une *groffe* varient
beaucoup dans le royaume ; en Champagne & dans
les pays de droit écrit, elle s'intitule du nom du
roi ; à Paris, du nom du prévôt, & dans le cas
de vacance de cet office, de celui du procureur
général ; dans quelques juftices feigneuriales, du
nom du feigneur ; dans d'autres, de celui du juge ;
dans la plupart des provinces, du nom du garde-
fcel des contrats ; en Lorraine & dans le Lyonnois, elle ne s'intitule du nom d'aucun juge, elle

commence par une de ces différentes formules : *comme ainsi soit que*, &c. ; où bien *personnellement etablis tels*, &c. ; ou bien *pardevant les notaires*, &c. ; ou enfin *sachent tous que pardevant*, &c. On doit suivre à cet égard la forme établie dans chaque province.

En fait de contrats & de jugemens, on n'appelle *grosse* que la première expédition qui est en forme exécutoire.

Dans un ordre il faut rapporter la première *grosse* de l'obligation dont on demande le paiement ; si la première est perdue, on ne peut faire lever une seconde, en le faisant ordonner avec les parties intéressées ; mais en ce cas le créancier n'a hypothèque, n'est colloqué que du jour de la seconde *grosse*, parce que l'on présume que la première pourroit être quittancée.

Cette jurisprudence n'a guère lieu que dans le ressort du parlement de Paris ; dans celui de Normandie, le créancier ne laisse pas d'être colloqué du jour de l'obligation, & on n'y fait aucune différence, entre la première & la seconde *grosse*. Il en est de même dans le ressort des parlemens de Bordeaux, Bretagne, Dijon, Lorraine, & les pays de droit écrit, pourvu que la seconde expédition soit exempte du soupçon de fraude.

GROSSE-AVENTURE. *Voyez* AVENTURE.

GROSSESSE, s. f. (*Droit civil & criminel.*) se dit de l'état d'une femme enceinte. Une nombreuse population étant la force & le soutien de la puissance publique, les législateurs ont cru devoir accorder une protection spéciale à cette situation.

C'est par ce motif que la contrainte par corps ne peut être exercée contre une femme, dont la *grossesse* est apparente ; qu'elle est dispensée de comparoître en personne, sur un décret d'assignée pour être ouie, ou d'ajournement personnel, lorsqu'elle touche au terme de son accouchement, en rapportant un certificat d'un médecin, affirmé véritable devant le juge ; que l'exécution de la peine de mort, ou de toute autre peine corporelle, prononcée contre une femme grosse, se diffère jusqu'après son accouchement ; qu'elle n'est pas censée être dans un état de maladie, qui naturellement ait trait à la mort ; & qu'une donation entre-vifs, ou un don mutuel, faits par une femme pendant sa *grossesse*, ne sont pas regardés comme faits dans l'idée d'une mort prochaine, ni tomber dans la disposition de l'article 277 de la coutume de Paris.

La *grossesse* des femmes ou des filles peut occasionner différens crimes, sur lesquels nous renvoyons aux mots AVORTEMENT, EXPOSITION & SUPPOSITION DE PART, INFANTICIDE.

La *grossesse* d'une fille ou d'une femme veuve lui donne lieu de répéter des dommages & intérêts contre son séducteur. *Voyez* FORNICATION, SÉDUCTION. Mais cette action ne passe à ses héritiers, qu'autant qu'elle a été intentée ayant son décès.

D'après les dispositions de l'édit de 1556, toute fille ou veuve grosse est obligée de déclarer sa grossesse, si elle ne veut pas être accusée de l'avoir celée, ainsi que son accouchement. Cette déclaration doit être reçue sans frais, à Paris, par les commissaires ; dans les provinces, par le juge, le procureur du roi ou le greffier. On ne peut exiger qu'elle nomme l'auteur de sa *grossesse*.

Dans le cas de soupçon de la *grossesse* d'une fille, le juge ne peut ordonner aucune instruction, contraire aux bonnes mœurs, & nuisible à sa réputation : mais si, par des informations juridiquement faites, elle est chargée d'avoir celé sa *grossesse* & son accouchement, il peut la décréter, l'interroger, même la faire visiter s'il y échoit, & instruire son procès. C'est ce qui a été décidé par un arrêt de réglement du parlement de Paris du 16 décembre 1761.

Un arrêt du parlement de Dijon, du 20 février 1668, a jugé que les magistrats ne pouvoient obliger les matrônes de déclarer les filles qu'elles avoient accouchées. Cette jurisprudence est fondée en grande raison ; car il seroit à craindre que l'indiscrétion d'une femme, dont le secours est nécessaire, ne portât les filles à se délivrer elles-mêmes, pour sauver leur honneur.

GROSSOYER, v. a. *terme de Pratique*, qui signifie *mettre en grosse* une requête, une pièce d'écriture, une sentence ou arrêt, une obligation ou tout autre contrat. *Voyez* GROSSE.

GRUAGE, s. m. ce mot a signifié, 1°. un droit de gruerie, ou une espèce de terrage sur la coupe des bois ; 2°. une sorte de péage ou de droit d'entrée. *Voyez le Glossaire de* Ducange, au mot *Gruagium* sous *Gruarius*, & celui de dom Carpentier, au mot *Gruagium*. (*M. GARRAN DE COULON.*)

GRUERIE, s. f. (*Eaux & Forêts.*) ce mot a deux acceptions différentes. Il signifie, 1°. un droit de justice immédiate que le roi a sur certains bois, dont le fonds appartient soit à des gens de main-morte, soit à des particuliers : 2°. une jurisdiction qui connoît en première instance de toutes les contestations qui peuvent s'élever au sujet des eaux & forêts de son ressort, & des délits & malversations qui peuvent y être commis.

Quelques-uns tirent l'étymologie de *gruerie* & de *gruyers*, *à gruibus*, à cause que ces animaux veillent la nuit, & qu'un gruyer doit veiller avec le même soin sur les bois qui lui sont confiés. D'autres font venir *gruerie* du mot grec δρύς, qui signifie *chêne*, & même tout autre arbre. Mais Pithou, sur l'article 181 de la coutume de Troyes, dit que *gruerie* vient de *gru*, qui signifioit autrefois toutes sortes de fruits, tant de forêts qu'autres. En effet, le droit de *gruerie*, dans son origine, ne se levoit pas seulement sur les bois ; il se levoit aussi sur les terres labourables, comme il paroît par une chartre de l'an 1204, rapportée par Duchesne, en ses preuves de la maison de Montmorency, où il eſt parlé d'un accord fait *super griaria tam in ne-more quàm in plano*. Ragueau, en ſon *Gloſſaire*, dit qu'il y a la *gruerie* de charbon, dont on fait bail à Paris au profit du roi. Ducange tient que *gruerie* vient de l'allemand *gruen* ou *groen*, qui ſignifie *vi-ridis*, d'où on a fait *viridarius*; & en effet les gruyers ſont auſſi appellés *verdiers* en pluſieurs en-droits.

La *gruerie*, *priſe comme droit de juſtice appartenant au roi*, conſiſte, d'après le titre 23 de l'ordon-nance de 1669, en amendes, confiſcations & au-tres profits, ainſi qu'en une portion qui ſe perçoit au profit du roi ſur le prix des bois vendus.

Ce droit de *gruerie* differe de celui de *grairie*, en ce que celui-ci donne au roi la propriété d'une partie du fonds, au lieu que le droit de *gruerie* n'a pour objet que les profits dont nous venons de parler.

Un bois tenu en *gruerie* eſt ſuſceptible d'aliéna-tion & d'hypothèque de la part du propriétaire pour la totalité, parce que le fonds lui appartient en entier : le poſſeſſeur d'un bois tenu en grairie ne peut diſpoſer que de la portion éventuelle que lui donneroit un partage.

L'origine du droit de *gruerie* paroît remonter aux premiers temps de la monarchie. M. le Bret, dans ſon *traité de la ſouveraineté*, prétend qu'il tire ſon origine de ce qu'autrefois les rois avoient ſeuls le droit d'avoir des bois de haute-futaie, & que per-ſonne ne pouvoit en laiſſer croître ſans leur per-miſſion ; que lorſqu'ils les accordèrent, ils ſe ré-ſervèrent tous les droits de juriſdiction, avec les profits qui en dépendent. La preuve qu'il donne de ſon opinion, c'eſt que le droit de *gruerie* n'a lieu que ſur les forêts dont l'origine n'eſt pas con-nue, parce que nos rois ayant par la ſuite donné une permiſſion générale à tous leurs ſujets de poſſé-der des bois de haute-futaie, ils ont conſervé leur droit de *gruerie* ſur les anciennes forêts, ſans y aſſujettir les nouvelles.

Les bois tenus en *gruerie* ſont ſoumis à la juri-ſdiction des officiers du roi, aux mêmes règles d'adminiſtration, à la même police & aux mêmes viſites : le roi jouit ſur eux de quelques droits, à cauſe de la juſtice qu'il y fait exercer. Les bois de cette qualité ne peuvent être vendus que par le mi-niſtère des officiers pour les eaux & fo-rêts, & avec les mêmes formalités que les bois & forêts du roi. En conſéquence, c'eſt aux offi-ciers des maîtriſes d'en faire les martelages, bali-vages & ventes.

Dans tous les bois ſujets aux droits de *gruerie*, la juſtice, & en conſéquence tous les profits qui en procèdent, tels que les amendes & confiſcations, appartiennent au roi : ce ſont ſes officiers qui con-noiſſent des délits, abus & malverſations qui s'y commettent, tant pour la police, vente & con-ſervation des bois, que pour ce qui regarde la juſtice & la chaſſe. A l'égard des reſtitutions, dom-mages & intérêts, ils appartiennent au roi & au

propriétaire des bois, à proportion de ce que cha-cun d'eux a coutume d'avoir dans les ventes.

Les propriétaires tréfonciers d'un bois tenu en *gruerie* peuvent bien diſpoſer du bois mort & des neuf eſpèces de mort-bois, déſignées dans la char-tre de Louis Hutin, de 1315, parce que le roi n'y prend rien : mais les chablis qui s'y trouvent doivent être vendus de la même manière que ceux des bois du roi, pour le prix en être partagé pro-portionnément entre le roi & eux. Les arbres à bâtir dont ils peuvent avoir beſoin, leur ſont dé-livrés par les officiers de la maîtriſe, & on doit en même temps en faire vendre au profit du roi, pour une valeur égale à ſon droit.

L'ordonnance de Moulins défend de donner, vendre ni aliéner en tout ou partie, les droits de *gruerie*, ni même de les donner à ferme, pour telle cauſe & prétexte que ce ſoit. Ces défenſes ont été renouvellées par l'ordonnance de 1669, au moyen de quoi ces droits ne peuvent être engagés ni af-fermés ; mais leur produit ordinaire eſt donné à re-couvrer au receveur des domaines & bois.

Les parts & portions que le roi prend lors de la coupe & uſance des bois ſujets aux droits de *gruerie*, ſont levées & perçues en eſpèce ou ar-gent, ſuivant l'ancien uſage de chaque maîtriſe où ils ſont ſitués. Ils ſe perçoivent différemment dans les diverſes provinces. Dans quelques endroits, le roi prend, pour ſon droit de *gruerie*, la moitié du prix de la vente, ou la moitié en eſſence du meil-leur bois. Dans la Beauce, le Gâtinois, le Hure-poix, ce droit eſt de treize parts dans trente ; à Beaugency, il eſt de la moitié, le quint du princi-pal, & toute l'enchère qui ſe fait ſur la publi-cation de la vente faite par le tréfoncier. A Sen-lis, le roi a dans quelques bois le tiers ; dans d'au-tres la moitié, dans d'autres le quint & le ving-tième, dans d'autres le vingtième ſeulement. A Chauny, il a le quart & le quint. Au pays de Va-lois, il a le tiers dans les bois des tréfonciers. En Normandie & dans quelques autres pays, le roi a le tiers & danger, c'eſt-à-dire le tiers & le dixième. *Voyez* DANGER, TIERS ET DANGER.

La gruerie priſe pour juriſdiction ſur les eaux & fo-rêts, eſt un attribut naturel de la haute-juſtice, & on peut dire que, dans les premiers temps de la monarchie, les officiers ordinaires connoiſſoient des matières d'eaux & forêts, & de la police des bois, ainſi que de toutes les autres affaires qui naiſſoient dans l'étendue de leur département. Il paroît même que les ſeigneurs qui avoient des hautes-juſtices, ſoit à cauſe de leurs aïeux, ou à cauſe de leurs bénéfices civils, avoient également le droit de *gruerie*, c'eſt-à-dire qu'ils exerçoient la juſtice ſur les bois ſitués dans leur territoire.

Mais lorſque nos rois eurent établi des officiers particuliers, pour la conſervation des bois du do-maine, & du gibier, qu'ils leur eurent ſucceſſive-ment attribué pluſieurs fonctions de juſtice ſur cet objet, les grands vaſſaux de la couronne établirent aussi, à leur exemple, des officiers particuliers pour la conservation de leurs bois ; & la *gruerie*, c'est-à-dire la jurisdiction sur les bois, fut séparée de la haute-justice. Il arriva même, depuis l'usage des inféodations, que la *gruerie* fut démembrée de plusieurs hautes-justices, pour en former un fief séparé ; ce qui arriva dans les onzième & douzième siecles, où l'on donnoit en fief toutes sortes de choses, ainsi que le remarque M. Brussel, *usage des fiefs*.

En Champagne, la *gruerie* étoit séparée de la haute-justice en l'an 1317, comme il paroît par une contestation rapportée dans les registres *olim*, qui s'étoit élevée entre le gruyer de Champagne & le procureur du comte palatin de Champagne & de Brie. Le gruyer prétendoit avoir droit de chasse dans la garenne, dans les bois, & dans tout le territoire du village appellé *la Chapelle*, de nuit, de jour, à cor & à cri, tant par lui-même que par ses gens ; d'y prendre des bêtes de toute espèce, de punir les délinquans, d'en exiger des amendes quand le cas y échoit. La contestation fut décidée en sa faveur après une enquête.

La *gruerie* de la forêt de la Cuisse est encore un fief héréditaire dans la personne du seigneur du Haroy. Ses titres lui donnent la qualité de *gruyer hérédital*, & à son fief celle de *fief de la gruerie* en ladite forêt. Les prérogatives de ce fief sont, entre autres, de mener le roi quand il chasse dans cette forêt ; de pouvoir chasser lui-même dans tous les endroits de la forêt, son valet après lui portant une trousse de la gutte avec trois levriers & trois petits chiens, & un vautour sur le poing ; d'y prendre toutes sortes de bêtes à pied rond ; & en cas qu'il en prenne à pied fourché, il en est quitte en avertissant le garde de la forêt : plus le pouvoir de sargenter, allant par ladite forêt à cheval ou à pié ; de prendre 60 sols & un denier sur les chevaux, en cas de confiscation de charrette & chariots ; de pouvoir mener un sergent en sa place ; d'avoir droit de panage & d'herbage ; de prendre *la fille ou fils du chesne, tant pour ardoire* que pour édifier, faire cuves, tonneaux, *&c.* & ce au haut du genou, à la serpe & à la coignée ; comme aussi d'ébrancher les chênes jusqu'à la première fourche. *Voyez* le *droit public* de M. Bouquet, *tom. I, p.* 331.

On distingua dès-lors deux espèces de *grueries*, les *grueries* royales & les *grueries* seigneuriales. On donna le nom de *royales* à celles qui furent établies par le roi pour la conservation des bois de son domaine, & celui de *seigneuriales*, à celles qui furent démembrées par les seigneurs de leurs hautes-justices. Nous traiterons séparément des unes & des autres sous les *mots* GRUYER ROYAL & GRUYER SEIGNEURIAL.

GRUYER ROYAL, f. m. (*Eaux & Forêts.*) est un officier particulier des eaux & forêts, subordonné à ceux des maîtrises, qui a été établi pour

veiller à la conservation des bois éloignés du siege d'une maîtrise, & pour juger en première instance les moindres délits & malversations qui s'y commettent.

Il y a une très-grande différence entre les *gruyers* actuels & les anciens. Ces derniers jouissoient, dans le temps de leur établissement, d'une autorité très-étendue : il paroît qu'ils avoient même l'administration entière des eaux & forêts d'une province ou d'un département.

On leur donnoit différens noms, & on les trouve désignés indifféremment par ceux de *verdiers*, *gruyers*, *forestiers*, *châtelains*, *maîtres sergens* & *segrayers* : *verdiers*, du latin *viridarius*, parce qu'ils sont préposés pour la garde des forêts, qu'on doit considérer comme les plus beaux vergers de la France : *forestiers*, parce que leurs fonctions se rapportent au soin & à la conservation des forêts : *châtelains*, parce que leur office étoit assez ordinairement uni avec celui de concierge des châteaux, voisins des forêts : *maîtres-sergens*, parce qu'ils avoient l'inspection sur tous les autres sergens & gardes des bois : *segrayers*, parce qu'ils doivent être seuls & séparés, pour la visite continuelle de la garde des forêts qui leur sont commises.

Leur institution est très-ancienne : Miraumont cite une loi de Louis & de Clotaire, dans laquelle il est parlé du droit de gruerie, *jus gruariæ*, & où il est dit que l'on institua des *gruyers*, verdiers, gardes des eaux & forêts : *& ne fraus fieret canoni, instituti præfecti, gruarii, viridarii, custodes sylvarii, aliique quibus sylvarum procuratio demandata*.

Une ordonnance de Philippe-le-Bel de 1291, dit que les maîtres des eaux & forêts, *gruyers*, *gruarii*, & forestiers, feront serment entre les mains de leurs supérieurs, en la forme qui avoit déjà été ordonnée.

Il en est aussi parlé dans une ordonnance de l'an 1318 ; il y a aussi une sentence du 22 mars 1365, rendue par le maître-général des eaux & forêts du royaume, adressée au *gruyer* de Champagne & de Brie.

Les *gruyers* avoient dès-lors l'inspection sur les eaux, de même que sur les forêts : en effet, Philippe V ordonna en 1318 que les *gruyers* gouverneroient les eaux & forêts en la manière accoutumée ; que, sous prétexte d'aucun don ou mandement du roi, ils ne délivreroient à personne aucuns poissons du roi, jusqu'à ce que tous ses viviers & ses eaux fussent à plein publiés ; que quand les sergens des bois auroient compté de leurs prises & des exploits des forêts, les *gruyers* leur feroient écroues de leur compte sous leurs sceaux ; enfin que les *gruyers* ne feroient aucunes ventes, qu'elles ne fussent mesurées.

Les ordonnances de 1346, septembre 1402, & mars 1515, défendirent aux *gruyers* d'avoir des lieutenans : s'ils en avoient, ils en étoient responsables, à moins qu'ils ne fussent officiers de la maison du roi ou des enfans de France.

Les *gruyers royaux* ont été créés en titre d'office par édit du mois de février 1554, suivant lequel ils doivent être reçus par le maître particulier dans le reffort duquel ils font établis.

Les ordonnances de 1346, juillet 1376, mars 1388, feptembre 1402, mars 1515, 1556, & d'Orléans en 1560, leur ordonnent de donner caution lors de leur réception. Ils en font difpenfés aujourd'hui, parce que la finance de leurs charges leur en fert.

Leurs offices ont été déclarés héréditaires par édit de janvier 1583. Mais ils ne peuvent être reçus qu'à l'âge de vingt-cinq ans; leur réception doit fe faire à la maîtrise où ils reffortiffent, fuivant la règle générale, qui veut que tout officier foit reçu au fiège de la jurifdiction dont il relève.

Par d'autres édits des mois de mai, août & feptembre 1645, il en fut créé d'alternatifs, triennaux & quatriennaux, qui furent fupprimés par édits de décembre 1663, & avril 1667.

Suivant l'ordonnance des eaux & forêts, les *gruyers royaux* doivent avoir un lieu fixe pour y tenir leur fiège à jour & heure certains chaque femaine, & doivent réfider dans le détroit de leur gruerie le plus près des bois que faire fe peut, à peine de perte de leurs gages & d'interdiction.

Ils doivent auffi avoir un marteau particulier pour marquer les arbres de délit & les chablis. L'empreinte de ce marteau doit être dépofée au greffe de la maîtrise, pour qu'on puiffe, en cas de conteftation, en faire la vérification.

Ils ne peuvent juger d'autres délits que ceux dont l'amende eft fixée par les ordonnances à 12 liv. & au-deffous; fi elle excède ou qu'elle foit arbitraire, ils doivent renvoyer la caufe en la maîtrife du reffort, à peine de 500 liv. d'amende pour la première fois, & d'interdiction en cas de récidive.

Mais, comme en fait de délits, les reftitutions, dommages & intérêts font toujours de pareille fomme que l'amende. Ils n'excèdent pas leurs pouvoirs, lorfqu'en jugeant fur un rapport, ils condamnent le délinquant en vingt-quatre livres, favoir douze pour l'amende, & pareille fomme pour les dommages & intérêts.

Leur devoir eft de vifiter tous les quinze jours les eaux & forêts de leur gruerie en la même forme que les officiers des maîtrifes; d'en conftater toutes les contraventions; d'en dreffer des procès-verbaux, fauf à envoyer aux greffes des maîtrifes l'expédition de ceux dont ils ne peuvent pas connoître. En cas de flagrant délit, ils peuvent informer & décréter; mais, après l'information ou l'interrogatoire des coupables, ils doivent renvoyer le tout au fiège de la maîtrife.

Les fergens à garde doivent affirmer devant eux leurs rapports dans les vingt-quatre heures, à peine de nullité.

Ils ont un regiftre paraphé par le maître particulier, le lieutenant & procureur du roi, où ils tranfcrivent leurs vifites, les rapports affirmés devant eux, & autres actes de leur charge.

Faute d'avoir fait les diligences néceffaires, ils font refponfables des délits.

Tous les trois mois ils délivrent au procureur du roi en la maîtrife, le rôle des amendes qu'ils ont prononcées, pour être par lui fourni au collecteur, à l'effet d'en faire le recouvrement.

Il leur eft défendu, fous peine d'interdiction, de difpofer des amendes, fauf au grand-maître à leur faire taxe pour leurs vacations.

L'appel des *gruyers royaux* ne peut être relevé directement en la table de marbre, mais en la maîtrife, où il doit être jugé définitivement fur le champ.

Ces appellations doivent être relevées & pourfuivies dans la quinzaine de la fentence, finon elle s'exécute par provifion; & le mois écoulé fans appel ou fans pourfuite, elle paffe en force de chofe jugée en dernier reffort.

Un arrêt du confeil du 26 février 1753 défend aux *gruyers* de recevoir aucun garde des bois; leur pouvoir ne s'étend qu'à la réception du greffier & des huiffiers attachés à leur gruerie.

Ils ne font pas compétens pour recevoir les déclarations des particuliers qui veulent couper des bois, ni pour connoître d'aucune caufe ou conteftation entre parties, lorfqu'il s'agit que d'intérêts particuliers, ou de faits de police des rivières.

GRUYER SEIGNEURIAL, eft un officier qui a droit de connoître de quelques matières d'eaux & forêts, dans l'étendue des hautes-juftices feigneuriales.

Ce n'eft pas d'aujourd'hui que le droit de gruerie a été accordé à des feigneurs; car dans un réglement fait par Charles V au mois d'avril 1380, pour les pêcheurs de Nogent-fur-Seine, il eft parlé du *gruyer* de la reine Jeanne, qui étoit dame de ce lieu; & dans des lettres de Charles VI du mois d'octobre 1381, il eft dit que le feigneur de Dourlemont en Champagne établira un *gruyer*, auquel feront foumis les meffiers & foreftiers qui gardent fes bois. Il paroît auffi qu'au-deffus de ces *gruyers* des feigneurs particuliers, il y avoit un *gruyer* général pour toute la province : c'eft ce que fuppofent des lettres de Charles VI du mois de janvier 1382, qui font adreffées au *gruyer* de Champagne.

Le nom de *gruyer* étoit le titre que les ducs de Bourgogne & de Bretagne, & les comtes de Champagne, donnoient au principal officier chargé du gouvernement de leurs eaux & forêts.

Quoique tous les feigneurs hauts-jufticiers aient eu le droit d'avoir des juges ordinaires & dépendans d'eux pour veiller à la confervation de leurs domaines & de leurs droits, tous cependant n'avoient pas le pouvoir de conférer à leurs juges le titre de *gruyer*, & par-là leur attribuer la connoiffance des matières d'eaux & forêts, qui a toujours été réfervée aux officiers royaux établis pour cet effet.

Le droit de créer un *gruyer* n'appartenoit qu'aux

feigneurs, qui avoient obtenu du roi une conceſ-
fion particulière du droit de gruerie, ou qui étoient
fondés en poſſeſſion inconteſtable, confirmée par
des lettres-patentes, duement vérifiées. C'eſt la diſpoſition précife d'un arrêt du conſeil du 14 ſeptembre 1688, qui défend à tous feigneurs, tant
eccléſiaſtiques que féculiers, de fouffrir prendre,
ni donner à leurs juges les qualités de *verdiers*,
gruyers & *juges des eaux* & *forêts*, s'ils n'y ſont
fondés en titres, ou poſſeſſion confirmée par lettres-patentes du roi, qu'ils feront tenus de repréfenter dans trois mois, pardevant les grands-maîtres.

Les choſes font reſtées dans cet état juſqu'à l'é-
dit du mois de mars 1707, par lequel le roi créa
une gruerie dans chaque juſtice des ſeigneurs eccléſiaſtiques & laïques, pour faire, dans l'étendue
de ces juſtices, les mêmes fonctions qu'exerçoient
les *gruyers* du roi dans fes eaux & forêts. L'appel
de ces grueries étoit porté aux maîtrifes.

Les offices de ces nouvelles grueries n'ayant pas
été levés, par une déclaration du mois de mars
1708, ils furent réunis aux juſtices des ſeigneurs
moyennant finance. Depuis ce temps, tous les ſeigneurs hauts-juſticiers qui ont payé la finance
fixée par les rôles arrêtés au conſeil, en exécution
de cette déclaration, font réputés avoir droit de
gruerie chacun dans l'étendue de leur haute-juſtice,
& tous juges de ſeigneurs font *gruyers*.

Mais les inconvéniens que l'on trouva à laiſſer
les *gruyers* des ſeigneurs feuls maîtres de la pourfuite de toutes fortes de délits indiſtinctement, ſur-
tout dans les bois de gens de main-morte, donnèrent lieu à la déclaration du 8 janvier 1715, par
laquelle il a été ordonné que les officiers des
eaux & forêts du roi exerceront fur les eaux & forêts des prélats & autres eccléſiaſtiques, chapitres
& communautés régulières, féculières & laïques,
la même jurifdiction qu'ils exercent fur les eaux &
forêts du roi, en ce qui concerne le fait des uſages, délits, abus & malverſations qui s'y commettent, fans qu'il foit befoin qu'ils aient prévenu,
ni qu'ils en aient été requis, encore que les délits
n'aient pas été commis par les bénéficiers dans les
bois dépendans de leurs bénéfices; & à l'égard des
uſages, abus & malverſations qui concernent les
eaux & forêts qui appartiennent aux ſeigneurs laïques ou autres particuliers, il eſt dit que les officiers des eaux & forêts du roi en connoîtront pareillement fans qu'ils en aient été requis, ni qu'ils
aient prévenu, lorſque les propriétaires de ces
eaux & forêts auront eux-mêmes commis les délits & abus; mais ils ne peuvent en prendre connoiſſance quand ils n'ont été commis que par autres,
à moins qu'ils n'en aient été requis & qu'ils n'aient
prévenu les juges *gruyers* des ſeigneurs: enfin cette
déclaration ordonne que l'appel des *gruyers* des ſeigneurs fe relevera directement à la table de marbre, comme avant l'édit du mois de mars 1707.

Il réfulte de ces différentes loix, que le pouvoir des *gruyers feigneuriaux* eſt beaucoup plus

étendu que celui des *gruyers royaux*, quoiqu'il ait
été beaucoup diminué par la déclaration de 1715.

D'après les difpofitions de cette dernière loi,
& la jurifprudence du conſeil & des parlemens,
les *gruyers des ſeigneurs*, 1°. ne peuvent prendre
connoiſſance des coupes ni des délits de futaie,
des coupes des baliveaux fur taillis, & arbres épars,
dans les bois de gens de main-morte, ou des particuliers, fitués dans l'étendue de leur haute-juſtice: mais feulement des délits de futaie & taillis,
dans les bois des ſeigneurs dont ils ſont *gruyers*,
dont la connoiſſance leur eſt attribuée par l'art. 5,
tit. 26 de l'ordonnance de 1669.

2°. Ils ne peuvent pas connoître non plus des
délits de taillis, commis dans les quarts de réferve des communautés: cette connoiſſance leur
eſt interdite par les arrêts du conſeil des 5 août
1738, 10 juillet 1742, 17 avril 1753, 6 mai
1755.

3°. Ils ne peuvent faire aucun réglement des
coupes des bois communaux. Un arrêt du 29 décembre 1733 le leur défend.

4°. Ils ne peuvent point prendre connoiſſance
des marais, pâtis, communes, landes & ſecondes
herbes dans les prairies des communautés, & à plus
forte raifon, des pâturages dans les bois, non
plus que des repriſes des beſtiaux qui y ſont
trouvés en méſus. Cela leur eſt interdit par l'article 20 du titre 25 de l'ordonnance de 1669, &
par les arrêts du conſeil, des 6 janvier 1739, &
16 mai 1745; d'où dérive une autre conféquence,
que, *ſtricto jure*, ils ne doivent point connoître
non plus des glandées dans les bois des communautés de leur haute-juſtice.

C'eſt parce qu'ils ne ſont pas compétens pour
les objets dont nous venons de parler, que les
gardes des communautés, ainſi que ceux des ſeigneurs, doivent être reçus au fiège de la maîtrife du reſſort, afin d'y faire les rapports des délits, dont les officiers des ſeigneurs ne peuvent
point connoître.

Nous ajouterons encore à ce que nous venons
de dire, qu'il faut mettre au nombre des cas dont
les *gruyers* des ſeigneurs ne peuvent pas connoître,
1°. la chaſſe du cerf & de la biche; cela leur eſt
défendu par l'article 27 de l'ordonnance de 1600,
confirmée par celle de 1669; 2°. toutes les actions concernant les entrepriſes ou prétentions ſur
les rivières navigables & flottables, tant pour raifon de la navigation & du flottage, que pour ce
qui regarde les droits de pêche, paſſage, ponto-
nage & autres droits, les épaves fur l'eau, les
cadavres des noyés, la conſtruction & la démolition des écluſes, les gords, les pêcheries, les
moulins, la viſite & l'examen des poiſſons, tant
dans les bateaux que dans les boutiques & réſer-
voirs; en un mot, tout ce qui dépend de la police générale des rivières: objets qui ſont tous de
la feule compétence des officiers des maîtrifes,
conformément à l'article 3 du titre premier de

l'ordonnance de 1669, & à un arrêt du conseil du 20 octobre 1691, à moins cependant que les seigneurs n'aient titre & possession contraires; 3°. toutes les contraventions aux réglemens concernant la pêche dans les rivières navigables, dont la connoissance est expressément attribuée aux officiers des maîtrises, exclusivement aux juges des seigneurs, par l'article 82 du titre 31 de l'ordonnance de 1669; conséquemment les filets dont se servent les pêcheurs sur ces sortes de rivières, doivent être marqués au siège de la maîtrise; 4°. ils ne peuvent pas connoître des contestations qui naissent au sujet des partages de bois, prés, pâtis & eaux communes entre les seigneurs & les particuliers. Cette connoissance leur est interdite par l'article 20 du titre 25 de la même ordonnance; 5°. enfin des faits de chasse dans les justices situées dans les capitaineries. L'édit du mois de mars 1707 en renferme la défense précise.

Les *gruyers* des seigneurs sont obligés de se faire recevoir au siège de la maîtrise, dans l'étendue de laquelle est située leur justice, ainsi qu'il est ordonné par la déclaration du roi, du 9 mai 1742. Il y a cependant des tables de marbre qui exigent que cette réception soit faite en leur tribunal, parce que les appellations des hautes-justices y ressortissent en matière d'eaux & forêts. Cette prétention paroît fondée en raison, mais elle est contraire à cette déclaration du roi.

Leur réception doit se faire avec les mêmes formalités que celle des autres officiers.

Suivant l'édit de 1707, les appellations de leurs jugemens devoient se relever directement au siège des maîtrises; ce qui abrogeoit la disposition de l'ordonnance de 1669, qui vouloit qu'elles fussent portées à la table de marbre du ressort; mais la déclaration du roi, du 8 janvier 1715, a rétabli l'ordre de ces appellations, conformément à l'ordonnance de 1669.

Par la déclaration de 1715, le roi veut que l'édit de 1707 soit exécuté en ce qui n'y a pas été dérogé. Conséquemment à cette décision, les jugemens des *gruyers* des seigneurs sont exécutoires par provision, pour les condamnations pécuniaires qui n'excèdent pas douze livres. Cet édit en renferme une disposition précise. A l'égard des sentences qui portent une somme plus considérable, l'appel en suspend l'exécution. Il doit être relevé dans le mois de la signification, sinon la condamnation doit passer en force de chose jugée, ainsi que le prescrivent les articles 3 & 8 du titre 14 de l'ordonnance de 1669.

Suivant le même édit de 1707, les *gruyers* des seigneurs sont exempts de logemens de gens de guerre, de la milice pour eux & leurs enfans, de tutèle, curatelle, & d'autres charges publiques de cette nature, privilèges dont ils doivent jouir, tant qu'ils ne seront pas expressément révoqués.

En Lorraine, le pouvoir des *gruyers seigneuriaux* est plus étendu que celui des autres *gruyers* du royaume: c'est un effet des privilèges qui ont été conservés à cette province, lors de sa réunion à la couronne. On doit consulter à leur égard les ordonnances & arrêts du conseil du duc Léopold, & du roi Stanislas, & singulièrement les édits de 1707, 1729 & 1766; & les arrêts du conseil des 2 septembre 1740, 19 décembre 1750, &c.

GU

GUASON *ou* **WASON**, s. m. vieux mot françois qu'on trouve dans les coutumes générales du Hainaut, *chap. 69*, pour *gazon*. Il signifie une motte de terre couverte d'herbe.

Suivant les dispositions de cette coutume, un huissier ou sergent qui fait arrêt sur un fief, après avoir sommé le bailli ou seigneur, doit prendre herbe, gazon ou autre chose tenant à racine, & déclarer la somme pour laquelle il saisit.

GUERB, s. m. (*Droit féodal.*) ce mot est fort bien expliqué dans l'art. 408 de la coutume de Bretagne, & dans le dictionnaire *of barbarous french* de Gui Miège. Il y est dit que le *guerb* est la faculté de laisser paître ses bêtes sur les terres de ses voisins, depuis la mi-septembre jusqu'à la mi-février, lorsque ces terres ne sont pas ensemencées.

La coutume de Bretagne déclare que ce droit n'appartient point aux gens de *basse condition*, s'ils ont clos leur terre, d'où il suit que les gens nobles qui sont dans le même cas, peuvent jouir du droit de *guerb*, ce qui est fort injuste.

On doit ajouter enfin que le chapitre 148 de la très-ancienne coutume de cette province, que Sauvageau a fait réimprimer, donne le nom de *guerb* au droit d'épave du seigneur haut-justicier. Ainsi ce mot *guerb* a la même origine que celui de *déguerpissement*, qui désigne aussi un abandon. (*M. GARRAN DE COULON.*)

GUERP, GUERPIE, GUERPINE, GUERPIR & GUERPISON, anciens mots dérivés du mot allemand *verp* ou *guerp*, qui signifie *possession*, & qu'on trouve dans les coutumes de la Marche, Bourbonnois, Bordelois, S. Jean d'Angely, &c. dans le sens de *délaisser*, *abandonner*, *se départir d'un héritage*, *renoncer à la foi & hommage*.

Guerp, *guerpie* & *guerpine* se disent en même temps de l'action par laquelle celui qui tient un héritage serf, main-mortable ou censuel, le quitte & délaisse; & de l'héritage ainsi abandonné & délaissé.

Guerpir, se disoit d'abord dans le sens d'*ensaisiner*, mettre en possession; & de-là on avoit fait le mot de *déguerpir*, pour signifier quitter la possession d'un héritage. Mais dans la suite, on a donné au terme *guerpir* le même sens qu'à celui de *déguerpir*, ensorte que *guerpir*, c'est délaisser un héritage. La chronique de Flandre, *chap. 98*, se sert de l'expression de *guerpir l'hommage du roi*, dans le sens de *se départir*, de *renoncer à la foi &*

au

au service dû au roi. On donne le nom de *guerpison* à la chose délaissée.

GUERRE, s. f. (*Droit public.*) est cet état dans lequel on poursuit son droit par la force ; ce mot se prend aussi pour l'acte même & la manière de poursuivre son droit par la force. *Voyez le Dictionnaire diplom. écon. polit.*

GUERRES PRIVÉES : il manqueroit quelque chose à un ouvrage qui embrasse toutes les parties de la jurisprudence, si l'on omettoit de parler des *guerres privées* ; cet ancien droit si cher à la noblesse, qui a couvert la France de tant de malheurs, & qui forme une partie considérable de notre ancien code national.

M. de Laurière, dans la dissertation imprimée à la tête du premier volume des ordonnances du Louvre, attribue l'origine des *guerres privées* à l'ancienne coutume des peuples du Nord, de venger les injures particulières par les armes.

Lorsqu'une personne avoit été tuée, la famille du mort en demandoit raison à la famille de celui qui avoit *commis le crime* ; & si le différend ne se terminoit pas par un accommodement, ils entroient en *guerre* les uns contre les autres.

Cet abus a régné long-temps en France, comme on peut le voir dans plusieurs chapitres de Grégoire de Tours, & il continua sous nos rois de la première, de la seconde & même de la troisième race, sans qu'il fût possible de le faire cesser ; ensorte que des personnes innocentes se trouvoient souvent engagées dans des *guerres* auxquelles elles n'avoient aucune part.

On chercha d'abord à diminuer, ou du moins à adoucir ce mal, en attendant qu'on pût y remédier entiérement. Un de ces adoucissemens étoit que celui qui avoit commis l'homicide, ou sa famille, payoit une somme au roi pour acheter la paix, ce qui s'appelloit *fredum*, & une somme aux parens du mort, ce qu'on nommoit, selon quelques-uns, *faidum vel faidam*.

Charlemagne fut le premier de nos rois qui fit une loi générale contre les *guerres privées*. On la trouve dans le chapitre 32 de son capitulaire de l'an 802.

Mais cette loi n'étant point encore assez rigoureuse, pour réprimer un abus si ancien, & d'ailleurs l'autorité royale ayant souffert une espèce d'éclipse sous nos derniers rois de la seconde race, & sous les premiers de la troisième race, les seigneurs, tant ecclésiastiques que temporels, s'arrogèrent tellement le pouvoir de se faire la *guerre*, qu'ils firent, en quelque façon, un droit public de ce qui n'étoit auparavant qu'un usage toléré.

Les choses demeurèrent long-temps ainsi, parce que nos rois ne jouissoient pas alors de toute l'autorité qui leur appartenoit légitimement.

Mais lorsque, par la sagesse & la fermeté de leur conduite, ils eurent remis les seigneurs dans leur devoir, les choses commencèrent à changer de face.

Ils firent d'abord une ordonnance nommée la *quarantaine le roi*, par laquelle il fut établi que, depuis les meurtres commis, ou les injures faites jusqu'à quarante jours accomplis, il y auroit, de plein droit une trève de par le roi, dans laquelle les parens des deux parties seroient compris ; que cependant le meurtrier ou l'agresseur seroit arrêté & puni ; & que si, dans les quarante jours marqués, quelqu'un des parens se trouvoit avoir été tué, celui qui auroit commis le crime, seroit réputé traître & puni de mort.

En l'année 1296, Philippe-le-Bel fit une ordonnance au parlement de la Toussaint, par laquelle il défendit les *guerres privées*, tant que la sienne dureroit : *dominus rex, pro communi utilitate, & necessitate regni sui, statuit quod durante guerrâ suâ, nulla alia guerra fiat in regno.*

Il renouvella la même ordonnance en l'année 1303 ; mais les *guerres privées* s'étant encore rallumées pendant que le roi en paix avec ses voisins, il se servit de l'occasion d'une nouvelle *guerre* qu'il eut à soutenir, pour suspendre les *guerres privées* ; & pour mieux faire respecter l'autorité de la loi, il ajouta la peine de corps, dans celle qu'il fit publier sur ce sujet, le 29 juillet 1314, en ces termes : *propter guerram prædictam & ex aliis justis causis, omnes guerras in regno nostro, inter personas quascumque, sub pœnâ commissionis corporum & bonorum, durante guerrâ nostrâ, inhibimus, &c.*

Ces désordres ayant ensuite recommencé dans le comté de Bourgogne, sous Philippe-le-Long & Jeanne de Navarre son épouse, ils ne statuèrent rien de nouveau sur les *guerres privées* ; ils se contentèrent seulement de défendre les incendies, & d'ordonner que ceux qui en seroient coupables seroient regardés comme infracteurs de la paix, & comme ennemis publics.

Sous les règnes suivans, les *guerres privées* commencèrent à devenir plus rares : néanmoins, comme il y en avoit encore quelques-unes de temps en temps, le roi Jean, en l'année 1353, mit presque fin à ce mal invétéré, en ordonnant que la *quarantaine le roi* seroit ponctuellement observée, & que l'on poursuivroit extraordinairement ceux qui, par leurs crimes, auroient donné occasion à ces querelles ou à ces guerres.

Les *guerres privées* n'avoient lieu qu'entre gentilshommes. Les roturiers étoient privés de l'avantage de s'entre égorger pour leurs querelles particulières.

Si celui qui avoit commis l'injure ou le meurtre, n'étoit pas connu, & que l'on eût cependant des soupçons contre quelqu'un, on avoit recours à l'admirable expédient du duel.

Le passage que nous allons transcrire est bien propre à faire sentir toute l'horreur de ces *guerres privées* ; c'est Beaumanoir qui parle : *coutumes de Beauvoisis*, chap. 60. « Très-mauvaise coutume » souloit courir en cas de guerre el royaume de » France ; car quand aucun fait avenoit de mort

» ou de bâture, cil à qui la vilenie avoit été faite,
» regardoit aucun des parens à ceux qui l'y avoient
» fait la vilenie, & qui demeuroient loin du lieu
» où le fait avoit été fait, si que ils ne savoient
» rien du fait, & puis alloient là de nuit & de jour,
» & sitôt comme ils le trouvoient, ils l'ocioient,
» ou battoient, ou en faisoient toute leur volonté,
» comme de cil qui garde ne s'en donnoit ».

GUERRIE : un titre de l'évêché de Chartres de
l'an 1411 porte : « item tous les cens & guerrie qui
» sont dus à cause des terres de roture ». Dom
Carpentier, qui rapporte cet extrait au mot GUER-
RERIA de son glossarium novum, soupçonne que
c'est la même chose que la grairie. Mais rien ne
justifie cette interprétation, qui a néanmoins quelque probabilité, pour le mot latin de guerreria,
d'après les textes cités par dom Carpentier. La
guerrie n'est pas due sur les bois, mais sur les
terres de roture, suivant l'acte de 1411. Peut-être
doit-on lire querrie au lieu de guerrie dans ce titre,
& alors ce mot désigneroit les droits quérables par opposition au cens qui est communément rendable.
(M. GARRAN DE COULON.)

GUESVEMENT, GUESVER. Voyez GUÊVE-
MENT.

GUET, s. m. (Droit public. Police.) Cet article qui, au
premier coup-d'œil, paroît étranger au Dictionnaire de
jurisprudence, devoit nécessairement y trouver place.
On verra par nos développemens qu'il fait partie de
l'histoire des tribunaux, & de la police de la capitale.

Le mot de guet, pris dans un sens purement gram-
matical, exprime la garde que l'on fait pour découvrir quelque chose, ou pour surprendre quelqu'un ; de-là cette façon de parler si commune, faire
le guet.

C'est de-là encore qu'en terme d'art militaire,
on qualifie de guet un corps-de-garde placé sur quelque passage, ou une patrouille de soldats.

On appelle guet à Paris, l'un des corps préposés
à la police de cette grande ville, & au maintien
de la tranquillité publique.

Ces objets importans ont fixé dans tous les temps
l'attention des législateurs. La réunion des hommes
en société produit nécessairement celle des talens
& des vertus, des vices & des crimes ; quelque
sages & menaçantes que soient les loix, elles n'ont
qu'une force d'inertie & sans le secours des armes leur empire seroit bientôt méconnu par ceux
qui auroient intérêt de s'y soustraire.

Cette vérité paroît avoir été sentie par tous les
peuples policés. Les bornes qui nous sont prescrites,
ne nous permettent pas d'étendre ici nos recherches ; réduisons-nous donc à examiner sommairement ce qui se pratiquoit à cet égard chez les
Grecs & les Romains.

A Athènes, la garde de la ville étoit confiée à
une compagnie tirée du nombre des cinq cens notables, qui étoient choisis tous les ans pour le gouvernement de la république.

A Rome il y avoit, dans le principe, trois offi-

ciers appellés triumviri nocturni, qui étoient chargés de veiller aux incendies pendant la nuit, &
de donner leurs ordres pour en arrêter les progrès ;
les édiles & les tribuns du peuple partageoient ces
soins, & il y avoit près les portes & sur les murs
de la ville une troupe d'esclaves publics, qui apportoit des secours aussi-tôt qu'elle étoit mandée : apud
vetustiores incendiis arcendis triumviri præerant ; qui ab
eo quod excubias agebant, nocturni dicti sunt ; inter-
veniebant non nunquam & ædiles, & tribuni plebis,
erat autem familia publica circa portam & muros dis-
posita, unde, si opus esset, evocabatur, l. 1, ff. lib. 16,
tit. 15.

Rome ayant pris successivement des accroissemens proportionnés à l'étendue de sa puissance, trois
magistrats parurent insuffisans, leur nombre fut
porté jusqu'à dix, & la ville naturellement divisée
en deux parties par le Tibre, leur fut partagée ; il y
en eut donc cinq d'établis pour chaque partie de
la ville, & bientôt après, pour leur procurer le
degré de considération & d'autorité nécessaire pour
l'exercice de leurs fonctions, un décret du sénat leur
attribua le titre d'édiles des incendies.

Tel étoit l'état des choses lorsque Auguste, parvenu à l'empire, crut devoir réformer entièrement
la police de Rome. Jusque-là elle avoit été confiée
au préteur & aux édiles. Elle leur fut ôtée & attribuée à un nouveau magistrat créé sous le titre
de préfet de la ville, præfectus urbis.

Le même plan d'administration fut suivi pour la
police de la nuit. Les édiles des incendies furent
supprimés, & pour les remplacer, l'empereur établit sept cohortes, qui eurent chacune l'inspection
sur deux portions de la ville, qui étoit alors divisée
en quatorze quartiers. Chacune de ces cohortes
étoit commandée par un tribun, & elles avoient
toutes pour chef un homme choisi dans l'ordre des
chevaliers ; il étoit appellé le préfet des veilles.

Cet officier devoit marcher lui-même pendant
la nuit à la tête d'une des cohortes, & veiller à
ce que les autres fissent exactement les patrouilles
nécessaires ; il faisoit donner des secours en cas
d'incendie ; emprisonner les malfaiteurs dont ses
soldats pouvoient se saisir ; il pouvoit aussi répri-
mander, & même faire punir sur le champ, ceux
dont la négligence auroit été avérée avoir occasionné
l'incendie, & mis la ville en danger ; il avoit une
jurisdiction provisoire sur la plupart des délits qui se
commettoient pendant la nuit ; la connoissance des
crimes graves, ou de ceux qui avoient été commis
par des personnes distinguées, étoit réservée au préteur de la ville : nam salutem reipublicæ tueri, nulli
magis credidit convenire, nec alium sufficere ei rei quàm
Cæsarem. Itaque septem cohortes opportunis locis cons-
tituit, ut binas regiones urbis unaquæque cohors tueatur
præpositis eis tribunis, & super omnes spectabili viro qui
præfectus vigilum appellatur. Cognoscit præfectus vigilum
de incendiariis, effractoribus, furibus, raptoribus, recepta-
toribus : nisi si qua tam atrox tamque famosa persona sit,
ut præfecto urbis remittatur. Et quia plerumque incendia

culpâ ſunt inhabitantium : *aut fuſtibus caſtigat eos qui negligentiùs ignem habuerunt* : *aut ſeverâ inter-locutione comminatus, fuſtium caſtigationem remittit. Lib. 1, ff. lib. 15, de officio præfecti vigilum. Leg. 3.*

Le commiſſaire Lamarre, accoutumé à ſuivre toujours une chronologie non interrompue, à reconnoître dans le gouvernement françois l'image fidelle de l'adminiſtration établie chez les anciens, ne fait aucune difficulté d'aſſurer que l'uſage d'une garde ſurveillante à la tranquillité publique, a été introduit dans les Gaules, avec la domination romaine. Cette opinion n'eſt pas ſuffiſamment établie pour que nous puiſſions l'adopter, cependant elle n'eſt point dépourvue de toute vraiſemblance. Il ne nous eſt pas permis de nous livrer ici à des détails aſſez étendus pour approfondir cette queſtion. Bornons-nous donc à un hiſtorique ſommaire de ce qui s'eſt paſſé parmi nous, relativement au *guet* de Paris.

Il y avoit autrefois deux eſpèces de *guet* ; ſavoir, le *guet* royal & le *guet* bourgeois, appellé autrement le *guet des métiers*.

L'origine du *guet* royal eſt inconnue; la plus ancienne preuve de ſon exiſtence eſt conſignée dans une ordonnance de Philippe-de-Valois du 6 mars 1363. « Et en outre (y eſt-il dit) pour plus grant
» garde & ſûreté avoir & être en icelle ville fu par
» noz diz predeceſſeurs ordonné à leurs gages &
» depens oultre & par deſſus le dit *guet* des dits mé-
» tiers, chacune nuit être fait en icelle ville certain
» *guet* durant toute la nuit, de vingt ſergens à che-
» val & de vingt-ſix ſergens de pied, tous ſuivans
» en la compagnie d'un chevalier, dit le chevalier
» du *guet*, gouverneur & meneur d'iceux ſergens ».

Il y a donc lieu de croire que le *guet* royal n'a été établi que poſtérieurement au *guet* des métiers: & en effet, on trouve dans les capitulaires une ordonnance de Clotaire II de l'an 595, qui porte que quand un vol aura été fait de nuit, ceux qui feront de garde dans le quartier en répondront en leur propre & privé nom, s'ils n'arrêtent point le voleur; que ſi le voleur, en fuyant devant ces premiers, eſt vu dans un autre quartier, & que les gardes de ce ſecond quartier, en étant auſſi-tôt avertis, négligent de l'arrêter, la perte de ce vol tombera ſur eux, & ils ſeront en outre condamnés en 5 ſols d'amende; & ainſi de quartier en quartier juſqu'au troiſième incluſivement.

On lit dans les mêmes capitulaires une ordonnance de Charlemagne de l'an 813, portant que ſi quelqu'un de ceux qui ſont chargés de faire le *guet* manque à ſon devoir, il ſera condamné, par le comte ou premier magiſtrat, en quatre ſols d'amende.

On voit, par une chartre de l'an 1160, que Louis VII, dit *le Jeune*, donna les métiers des cavetiers, des baudroyeurs, des ſueurs, des megiſſiers & des bourſiers, à Thée, femme d'Yves la Cohe, & à ſes héritiers, avec le droit de *guet* que ces cinq métiers devoient.

Les baudroyeurs ſont aujourd'hui les corroyeurs; les ſueurs, ſont les cordonniers; leur nom primitif venoit du mot latin *ſutor*, qui veut dire un homme qui coud.

On tire encore une preuve de l'ancienneté du *guet des métiers*, des ſtatuts des talmeliers; ils font partie du règlement d'Etienne Boileau, prévôt de Paris en 1258 : l'article 47 porte « le roi
» Philippe établit que nul homme qui ne demourat
» dedans la banlieue de Paris ne pouvoit pain
» apporter ou faire apporter pour vendre à Paris,
» fors que au ſamedi pour la raiſon de ce que li
» talmeliers qui ſont dedans Paris doivent le *guet*
» au roi ».

Les bourgeois de Paris devoient le *guet*, ainſi que les gens de métier : c'eſt ce qui réſulte d'un arrêt de la Pentecôte 1271, qui jugea que les changeurs, les orſèvres, les drapiers, les taverniers & les autres bourgeois de Paris, devoient le *guet*, ſoit qu'ils fuſſent commandés par le prévôt de Paris en perſonne, ou non.

– On ignore quand les bourgeois de Paris ont été diſpenſés du *guet*; il y a lieu de préſumer que ce fut vers l'an 1502, que l'on croit être l'époque de l'établiſſement du *guet* royal.

Tous les métiers étoient claſſés, & chacun d'eux devoit le *guet* à ſon tour; ils fourniſſoient dix hommes par nuit : ces dix hommes étoient poſtés à demeurer en trois endroits; ſavoir, deux hommes au grand châtelet, deux hommes au palais, & ſix hommes à l'un des principaux carrefours, au choix des clercs du *guet*.

Ces dix hommes, avec les vingt ſergens à cheval & les vingt-ſix ſergens à pied du *guet* royal, qui ſervoient toutes les nuits, veilloient à la tranquillité publique pendant la nuit, & ces cinquante-ſix perſonnes ſuffiſoient alors au maintien du bon ordre & à la ſûreté des citoyens, dans une ville qui n'avoit pas alors la huitième partie de l'étendue qu'elle a reçue depuis.

Le *guet* des métiers ne faiſoit point de patrouille comme le *guet* royal, c'eſt pourquoi on l'appelloit le *guet aſſis*.

Il y avoit donc au commencement du onzième ſiècle, deux eſpèces de *guet* pour la nuit à Paris, le *guet* royal & le *guet* des métiers; quelques négligences dans le ſervice néceſſitèrent une réforme ſous le règne du roi Jean : il publia à cet effet des lettres-patentes le 6 mars 1367.

Ces lettres-patentes ordonnent que le *guet* ſera poſté en ſept endroits; ſavoir, ſix hommes aux carreaux du châtelet; ſix à la pierre du châtelet; ſix en la cité, devant l'hôtel des Fauxilles, près la Magdeleine; ſix en la place aux chats, près le cimetière des SS. Innocens; ſix ſous les piliers de la Grève, & ſix à la porte Baudoyer, devant l'hôtel des chappellés.

Ces lettres-patentes ne diſtinguent pas bien clairement le ſervice du *guet* des métiers de celui du *guet* royal; mais comme il n'y a point de preuve que les métiers fuſſent obligés de fournir plus de dix hommes par chaque nuit, il y en a lieu de croire que les trente-deux hommes de plus, néceſſaires pour garnir tous ces poſtes, ſe prenoient dans le *guet* royal.

Ces mêmes lettres-patentes nous apprennent qu'indépendamment de ce *guet*, il y en avoit un autre ſur les murs de la ville; & les lettres-patentes, accordées aux barbiers le 14 février 1364, confirment ce fait; mais on ignore abſolument tout ce qui concerne cette eſpèce de *guet*. Les archers du *guet* royal furent érigés en titre d'office par édit de Charles V, du mois de février 1367.

Il y avoit environ deux ſiècles & demi que le *guet* de nuit étoit partagé entre le *guet* royal & le *guet* des métiers, lorſque Michel de Vauldray, chevalier du *guet*, propoſa au roi, en 1549, de ſupprimer ce dernier, & d'augmenter le *guet* royal. Ce changement ſouffrit de très-grandes difficultés. Le châtelet & le bureau de la ville furent conſultés à ce ſujet. Enfin Henri II ſe détermina à ordonner, par des lettres-patentes du mois de mai 1559, que le *guet* de nuit, qui avoit coutume d'être fait à Paris par le *guet* royal, & le *guet* des métiers, feroit fait à l'avenir par un ſeul *guet*, compoſé de deux cens quarante hommes; ſavoir, trente-deux à cheval & deux cens huit à pied. Leur ſervice avoit ceci de particulier, que pendant les mois d'octobre, novembre, décembre, janvier & février, ces deux cens quarante hommes ſervoient toutes les nuits; ſavoir, la moitié depuis ſix heures du ſoir juſqu'à onze heures, & l'autre moitié depuis onze heures juſqu'à trois heures du matin : dans les autres mois de l'année, le *guet* ſervoit par moitié, & alternativement de deux nuits l'une.

La mort de Henri II, les troubles qui ſurvinrent & le défaut de fonds, retardèrent pendant plus de deux ans l'exécution de cet édit, & la tranquillité publique en ſouffrit tellement, que dans une émotion populaire, arrivée en 1561, le chevalier du *guet* eut de la peine à réunir trois hommes de ſa troupe pour arrêter le déſordre.

En 1561, Charles IX réduiſit le *guet* à deux cens archers, dont trente-deux de cheval & le reſte de pied. Ce petit nombre lui parut bientôt inſuffiſant, car en 1563 il établit Céſar Brancho de Caze pour chevalier du *guet*, avec cent hommes de cavalerie & quatre cens d'infanterie.

La ſolde d'une compagnie auſſi conſidérable éprouva de grandes difficultés, & au mois de novembre de la même année 1563, elle fut encore réduite, & on ne conſerva que cinquante hommes de cheval & cent de pied.

Un arrêt du parlement du 11 février 1634 nous apprend en quel état étoit alors le *guet* de nuit, & quelle étoit la forme de ſon ſervice. L'article 3 « enjoint au chevalier du *guet*, de mettre ſix corps-» de-garde par nuit, ainſi qu'il eſt tenu, tant au » châtelet, portes du palais, que autres lieux pu-» blics où beſoin ſera, & en chacun d'iceux douze

» archers avec l'un de ſes lieutenans ou autre ayant » commandement, leſquels y demeureront juſqu'à » douze heures de nuit, & après feront les rondes » par les autres endroits de la ville, ainſi qu'il avi-» ſera pour le mieux; & outre y fera marcher » douze archers à cheval, trois jours de la ſemaine » au moins; le tout juſqu'à ce qu'il ait plu au roi » lui en donner un plus grand nombre qu'il n'en » a de préſent, pour la ſûreté des habitans de la » ville de Paris, beaucoup accrue & augmentée » depuis l'inſtitution & création du *guet*; leſquels, » non avec fallots, feront la patrouille pour ſur-» prendre les voleurs & malfaiteurs, & iceux conſ-» tituer priſonniers ».

Cet arrêt nous apprend que les cinquante hommes de cheval portés, par les lettres-patentes du 10 novembre 1563, étoient réduits à douze, & qu'au lieu d'en faire ſervir la moitié chaque nuit alternativement, on les faiſoit tous ſervir de deux nuits l'une : à l'égard du *guet* à pied, il eſt à préſumer qu'il étoit partagé en deux portions de ſoixante & douze hommes, dont chacune étoit diviſée chaque nuit en douze poſtes, ce qui formoit, à trois hommes près, les cent cinquante hommes d'infanterie établis par les lettres-patentes de 1563.

On voit, par des mémoires dreſſés en 1643, qu'en 1639 la compagnie du *guet* étoit réduite à cent trente-neuf hommes à pied & trente-neuf à cheval, dont trente-deux ſeulement faiſoient le ſervice. Ces mémoires ſont à la bibliothèque de S. Germain des Prés, dans un recueil manuſcrit concernant la police.

En 1666, le *guet* à pied étoit de cent quarante hommes, on y ajouta une recrue de cent ſoixante fantaſſins, ce qui compoſa en tout trois cens archers qui furent diſtribués en quarante-deux eſcouades, commandées chacune par un ſergent, pour ſervir alternativement de deux nuits l'une, & s'aſſembler tous les ſoirs au châtelet afin d'être diſtribuées dans les différens quartiers de Paris.

L'ancien *guet* à cheval fut alors démonté, mais ne fut pas ſupprimé, & on y ſubſtitua une nouvelle troupe de cavalerie compoſée de cent vingt hommes en forme de compagnie d'ordonnance. On lui donna un commandant particulier qui ne dépendoit point, à ce qu'il paroît, du chevalier du *guet*; ces cent vingt cavaliers ne ſervoient également que la nuit.

Bodin & du Haillan nous apprennent que de leur temps les archers du *guet* portoient, ſur leurs caſaques ou hoquetons, une étoile qui étoit la marque de l'ordre de Notre-Dame de la noble maiſon inſtituée par le roi Jean. Cette étoile étoit le ſigne apparent de leur dépendance du chevalier du *guet*, qui étoit de droit chevalier de cet ordre. Il y a lieu de croire que les cent vingt hommes, qui furent formés en compagnie d'ordonnance en 1666, & auquel on donna un chef particulier, ne portèrent point cette marque diſtinctive. On peut regarder cette compagnie d'ordonnance comme l'origine de cet autre corps prépofé à la tranquillité publique, connu aujourd'hui fous le nom de *garde de Paris*, compofée aujourd'hui de neuf cens trente hommes d'infanterie & de cent vingt-huit cavaliers.

L'office de chevalier du *guet* fut fupprimé en 1737, après la mort de fieur Choppin, & par un arrêt du confeil du 31 juillet, il fut ordonné que les officiers & archers prêteroient, entre les mains du prévôt de Paris, le ferment qu'ils devoient à leur réception, & que les chevaliers du *guet* avoient droit de recevoir. Le lieutenant de police a été depuis commis par différens arrêts du confeil pour recevoir ce ferment, & il en a été ufé ainfi jufqu'en 1765. A l'égard des fonctions du commandement, elles furent confiées au commandant du *guet* à cheval qui, dès 1666, époque de fa création, étoit commiffaire infpecteur de la compagnie du *guet* à pied.

Par une déclaration du 12 juillet 1765, le feu roi jugea à propos de régler les fervices du *guet*, & de rétablir la place de chevalier du *guet*, mais en commiffion feulement.

L'article premier porte qu'elle continuera d'être compofée du chevalier du *guet*, de quatre lieutenans, d'un guidon, de huit exempts, de trente-neuf archers à cheval & de cent archers à pied, d'un greffier, d'un contrôleur & d'un tréforier.

L'article 3 ordonne qu'il fera établi un corps-de-garde dans la cour du châtelet, compofé d'un nombre d'archers fuffifans & commandés par un officier, qui monteront la garde jour & nuit, à l'effet d'exécuter les ordres des officiers du châtelet, &c.

Par édit du mois de feptembre 1771 cet ancien *guet* a été fupprimé, & récréé fous une nouvelle forme, & en commiffion feulement.

Aux termes de l'article 4, cette compagnie eft compofée d'un chevalier capitaine, d'un lieutenant faifant fonctions de major, d'un enfeigne, de deux exempts, de foixante-neuf archers, y compris les fergens, caporaux, tambours & fifre.

Le chevalier du *guet* a été maintenu dans le droit & l'ufage de prêter ferment au châtelet, de recevoir celui des officiers & archers de fa compagnie.

Jufqu'au mois d'octobre 1783 cette compagnie a continué fon fervice dans le même état; elle étoit divifée en différens poftes, l'un dans la cour du grand châtelet, l'autre auprès du petit châtelet, l'autre près la prifon de S. Martin; elle étoit chargée d'accompagner les magiftrats du châtelet lorfqu'ils alloient à quelque cérémonie publique, ils accompagnoient les criminels aux exécutions, &c. Mais fon fervice n'ayant pas paru fuffifant dans cet état, elle a été incorporée au mois d'octobre 1783 dans la garde de Paris, dont on lui a donné l'uniforme, à la réferve feulement d'une étoile bleue fur le repli de derrière de fon habit. Ce changement n'a point été fait en vertu d'une loi particulière, mais en conféquence d'un fimple ordre du roi, contenu dans une lettre miniftérielle, & les poftes que cette troupe occupoit ont été confiés à la compagnie de robe-courte. C'eft actuellement (en 1784) M. le chevalier Dubois, brigadier des armées du roi, qui eft chevalier du *guet*, en même temps que commandant de la garde de Paris. *Voyez* CHEVALIER DU GUET, GARDE DE PARIS. (*Cet article eft de M. BOUCHER D'ARGIS, confeiller au châtelet, de l'académie de Rouen, &c.*)

GUET-A-PENS *ou* GUET-APPENS. *Voyez* APPENS, HOMICIDE.

GUET, (*Droit de*) c'eft un droit dû à quelques feigneurs par leurs hommes. Il eft ordinairement joint au droit de garde, c'eft pourquoi on dit *guet & garde*, quoique ce foient deux droits différens. *Voyez* GARDE.

L'origine du droit de *guet* vient du temps des guerres privées; les vaffaux & fujets étoient obligés de faire le *guet*, de crainte de furprife; mais depuis que les guerres privées ont été abolies, ce droit de *guet* a été converti en une redevance en argent, pour tenir lieu du fervice du *guet*.

Ce que l'on appelle *guet de prévôt* dans la coutume de Châlons, *art. 3*, eft la comparution que les fujets font obligés de faire tous les ans devant le prévôt du feigneur, en mémoire du fervice de *guet* auquel ils étoient autrefois obligés. *Voyez* le *Gloffaire* de M. de Laurière, au mot *Guet*; les coutumes de Tours, *art. 295*; de Loudunois, *ch. 28, art. 3*; Bourbonnois, *chap. 36*; Bretagne, *art. 292*; Auvergne, *chap. 25, art. 17*; & ci-devant au mot GARDE. (*A*)

Voyez auffi la coutume de Lorraine, *tit. 9, art. 4*; ou §. *127* de l'édition de Fabert.

Voici les principales difpofitions de ces coutumes, fur le droit de *guet*. Il eft compris dans le préciput de l'aîné, comme le château même, dont il a la garde pour objet, fuivant les coutumes de Tours, de Loudun, & de Lorraine.

Suivant la coutume d'Auvergne, « les fujets » *guétables* (c'eft-à-dire fujets au *guet*) d'aucun châ- » tel qui ont droit de retraite en icelui en temps » d'éminent péril, & auffi ceux qui ont leur re- » traite ordinaire de leurs biens à un châtel ou » forterefle, font tenus feulement aux légères répa- » rations defdits châtel & forterefle ».

On ne penfe pas que cette contribution puiffe être autorifée dans le droit commun; car le feigneur eft d'ailleurs dédommagé fuffifamment, par les profits attachés au droit de juftice, de la protection qu'il eft tenu de donner à fes jufticiables, même à ceux qui font fujets au *guet*.

Au refte le droit de *guet* perfonnel dû au feigneur, n'a pas été formellement aboli par nos rois, comme le difent beaucoup d'auteurs.

Les ordonnances ont feulement donné à ceux qui y font fujets, l'alternative de faire perfonnellement le *guet*, ou de payer une fomme en argent, & au moyen de l'accroiffement des efpèces, cette fomme eft devenue fi modique, qu'il n'y a perfonne à qui il ne foit plus avantageux de la payer que de faire le *guet*. L'ordonnance de Louis XI, donnée à Tours au mois d'avril 1479, & celle de Louis XII, donnée à Paris au mois de décembre 1504, portent : 1°. que le *guet* se fera dans les places fortes qui sont de frontière, & où l'on a accoutumé de faire le *guet* une fois le mois en tout temps, par chaque chef de famille.

2°. Qu'à défaut de le faire, chacun d'eux paiera cinq deniers tournois, « & ce en tant que touche » ceux qui ont accoutumé de payer lesdits cinq de- » niers tournois ou plus, pour chacun défaut de » faire ledit *guet* chacun mois, Mais au regard de » ceux qui ont accoutumé de payer moins desdits » cinq deniers tournois pour le défaut, & qui ont » accoutumé faire ledit *guet*, moins qu'une fois le » mois, ils ne feront ledit *guet*, & ne paieront » pour défaut, sinon en la manière qu'ils ont ac- » coutumé ».

3°. Que le *guet* se fera, ou que l'on paiera les défauts de la même manière dans les autres places fortes, « ès quelles l'on a accoutumé de faire *guet*, » nonobstant qu'elles ne soient situées en lieux li- » mitrophes & de frontière; & *ce, seulement en temps* » *de guerre & éminent péril*. »

4°. Mais qu'on ne paiera que trois deniers tournois en temps de paix, pour le défaut du *guet* dans ces dernières places *en temps sûr & de paix*.

5°. Les ordonnances exemptent de cette charge ceux qui ne paient que 5 s. de taille, & au-dessous, les femmes veuves qui n'ont pas d'enfans mâles, âgés de dix-huit ans, demeurant avec elles, & les orphelins qui tiennent leur ménage à part, lorsqu'ils n'ont pas cet âge de 18 ans.

6°. Enfin elles défendent d'exiger ces droits au- trement que par les voies de justice, ou d'exiger plus que les droits ci-dessus. Mais elles veulent que ceux qui refuseront de faire le *guet*, ou de payer les sommes ci-dessus, soient tenus d'en payer le double,

On doit ajouter ici que le droit de *guet* dans plusieurs seigneuries, avoit servi de prétexte à di- verses exactions étrangères au château du seigneur. On voit dans la Thaumassière qu'on les avoit éten- dues jusques sur les fours publics & sur les maria- ges. Ce savant rapporte des chartres, qui contien- nent la renonciation à ces exactions. *Voyez son re- cueil des anciennes coutumes de Berry*, pag. 416, alinéa 4 & 8; & 436, alinéa 15 & 19. (M. GARRAN DE COULON, avocat au parlement.)

GUÉTABLES : on a donné ce nom à ceux qui sont sujets au droit de guet. *Voyez la coutume d'Au- vergne, tit. 25, art. 17; & l'article* GUET. (M. GAR- RAN DE COULON.)

GUÉVEMENT. Lorsque le profit de relevoi- sons à plaisir est ouvert, le censitaire a le choix de payer au seigneur l'estimation du loyer de la maison pour une année, suivant le dire d'experts, ou d'abandonner au seigneur la jouissance de la maison, pour, par le seigneur, en jouir & dispo-

ser pendant une année, soit en l'habitant lui-même, soit en la louant.

Cet abandon est ce que la coutume d'Orléans, la seule qui parle de relevoisons à plaisir, appelle *guévement*. Il paroît que ce mot a la même origine que celui de *gaives, gayves* ou *waifes*, qui signifie des choses abandonnées, des épaves. *Voyez le Glos- saire de* Ducange, *au mot* WAIF.

L'article 128 de la coutume d'Orléans, donne les principales règles du droit de *guévement*, de la manière suivante : « le seigneur, (c'est-à-dire le » censitaire qui a la seigneurie utile) d'un héritage » redevable d'un droit de relevoisons à plaisir, » peut, *quand bon lui semble, guéver*, & délaisser » audit seigneur censier ledit héritage, pour les » relevoisons qui seront dues; pour en jouir par » ledit seigneur censier une année entière, à com- » mencer au *prochain terme d'après le jour dudit gué- » vement*, dans le premier jour duquel prochain terme » le seigneur dudit héritage sera tenu bailler » ou faire bailler les clefs de la maison audit sei- » gneur censier; à la charge d'en jouir par ledit » seigneur censier, comme un bon père de fa- » mille, & de rendre ledit héritage en l'état qu'il » étoit lors dudit *guévement*; pour laquelle année » ledit seigneur d'héritage ne paiera aucuns cens » audit seigneur censier, ains en demourera » quitte, ensemble desdites relevoisons, en payant » audit seigneur censier les frais de l'obstacle, si » aucun a été fait ».

Il résulte de-là, 1°. que le *guévement* est une faculté dont le choix appartient au censitaire, & non pas au seigneur. C'est ce qu'indiquent ces mots, *peut, quand bon lui semble,*

2°. Que, suivant ces mots, *à commencer du pro- chain terme*, le censitaire peut guéver, soit pour la S. Jean, soit pour noël, puisque ce sont là les deux termes des loyers à Orléans, Quoique les délogemens ne s'y fassent qu'une fois l'année, à la S. Jean, & que le terme de noël soit un terme de paiement plutôt que de délogement; Lalande, & M. Martin, auteur des notes imprimées en 1711, sous le nom de *Fournier*, assurent que le *guévement* se peut faire pour le terme de noël, & ils en rapportent plusieurs sentences de 1649, 1681 & 1683,

3°. On peut guéver la veille du terme, à la différence de ce qui se pratique pour les congés des locataires. La coutume n'attribue au seigneur que *le prochain terme d'après le jour dudit guévement*.

4°. Il suffit de remettre les clefs au seigneur dans le premier jour du *guévement*, comme on le fait aux nouveaux locataires. L'usage a même établi qu'il suffisoit de les remettre dans le jour de la Saint Pierre, lorsque le *guévement* se fait à la S. Jean, le locataire qui sort n'étant pas obligé de les re- mettre plutôt, M. Martin rapporte une sentence qui confirme cet usage. Le seigneur peut d'autant moins s'en plaindre, qu'il n'est lui-même obligé de re- mettre les clefs qu'à la S. Pierre de l'année suivante. Il jouit donc une année entière , & le temps qui s'écoule depuis la S. Jean lui donne plus de facilités pour louer la maison guévée.

M. Martin prétend aussi que le censitaire qui guéve la maison, n'est point obligé de la mettre en état de pouvoir être occupée, & que *guéver* n'est pas s'obliger à faire jouir, mais seulement abandonner la jouissance de la maison telle qu'elle se trouve, permettre au seigneur d'en jouir comme il pourra. Lalande & Pothier sont d'un sentiment contraire , & leur opinion est conforme à l'esprit de la coutume. Elle veut que le *guévement* tienne lieu de l'estimation du loyer, & qu'il soit fait, *pour par le seigneur censier en jouir* (de la maison) *une année entière*. Ce n'est donc pas s'acquitter, de la part du censitaire, de ce qu'il doit au seigneur, que de lui abandonner une maison, dont l'état où elle est ne permet pas d'en jouir.

Lalande excepte de cette règle le cas où la maison seroit échue à un pauvre homme qui n'auroit pas le moyen d'en faire les réparations. Mais cette exception est encore réprouvée par Pothier, dans son traité posthume *des cens, sect. 5, art. 2*. « Si » ce pauvre homme, dit-il, n'a pas le moyen de » réparer sa maison, il ne doit pas la guéver, mais » la louer & déléguer les loyers aux ouvriers qui » la loueront : ces ouvriers seront préférés au » seigneur sur les loyers , & le seigneur attendra » l'année suivante, si son censitaire n'a pas moyen » de le payer ».

On peut ajouter que le seigneur est dans le cas de demander à rentrer dans le fonds qu'il a baillé à cens, si ce fonds n'est pas en état de supporter les charges du bail.

5°. Il résulte des derniers termes de l'article 128, que le censitaire ne doit point payer de cens pendant l'année du *guévement* : car ce cens étant une charge du revenu de l'année pour laquelle on guéve, le seigneur doit le confondre dans sa propre jouissance, & il ne peut avoir le revenu de l'année que sous la déduction des charges de ce revenu.

Au reste le *guévement* se notifie au seigneur par un exploit fait dans la forme ordinaire. La signification de cet exploit doit se faire à personne ou domicile, c'est-à-dire soit au vrai domicile du seigneur, soit au lieu où se paie le cens ; ce lieu étant réputé le domicile du seigneur pour tout ce qui concerne sa qualité de seigneur de censive, & le censitaire n'étant pas obligé d'en connoître d'autre.

Rien n'empêcheroit néanmoins que le *guévement* ne se fît de gré à gré, dans quelque lieu que ce fût ; pourvu que le censitaire eût soin de le faire constater par un acte signé du seigneur : peu importe que cet acte soit devant notaire ou sous seing-privé.

La jouissance du seigneur censier , durant le *guévement* , est d'ailleurs sujette aux mêmes règles que celle du seigneur féodal durant le relief. *Voyez* RELEVOISONS *&* RELIEF. (*Cet article est de M.* GARRAN DE COULON, *avocat au parlement.*)

GUIAGE , GUIDAGE ou GUIONAGE , *guidagium* , *guidaticum* , (*Droit féodal.*) est un droit dû en Languedoc par les habitans des lieux qui sont le long de la côte de la mer, en vertu duquel ils sont obligés de tenir toutes les nuits des flambeaux allumés sur les tours les plus élevées, pour servir de guide aux vaisseaux qui sont en mer. Ce droit a été long-temps sans être exigé ; mais par arrêt du conseil d'état de 1673 , il a été ordonné que ceux qui le devoient le paieroient à l'avenir. Les comtes de Toulouse levoient aussi autrefois un impôt pour la sûreté des chemins, appellé *guiage*. *Voyez le glossaire de Lauriere, au mot guiage.* (A)

GUICHET , s. m. (*Code criminel.*) on appelle *guichet* les portes d'une prison qui, comme chacun sait, sont ordinairement d'une construction très-basse & très-étroite. On appelle aussi *guichet*, le lieu où se tiennent les guichetiers entre les portes par lesquelles il faut passer pour pénétrer dans la prison.

Borel dérive ce mot de *huichet*, diminutif de *huis*. Ducange prétend que *guichet* vient de *wiktum*, qui, dans la basse latinité, signifioit une *petite porte*.

Bruneau, dans ses *Observations & maximes sur les matieres criminelles*, regarde *guichet* comme synonyme de *prison* : on sent aisément combien ce synonyme est faux ; c'est évidemment prendre la partie pour le tout.

Il est défendu de garder un prisonnier plus de vingt-quatre heures entre les deux *guichets*.

Un prisonnier est censé en liberté, lorsqu'il est entre les deux *guichets* ; & c'est là seulement qu'il peut passer & souscrire les actes relatifs à ses affaires : s'il n'y étoit pas fait mention que le prisonnier a été amené entre les deux *guichets*, comme lieu de liberté, l'acte seroit nul. (*Cet article est de M.* BOUCHER D'ARGIS *, conseiller au châtelet, de l'académie de Rouen,* &c.)

GUICHETIER, s. m. (*Code criminel.*) valet du geolier, & préposé par lui à la garde des guichets & au service de la prison. *Voyez* GEOLIER.

GULPINE , GULPIR & GURPIR. *Voyez* GUERP.

FIN DU TOME QUATRIÈME.